U0907168

2020

北京市人口普查年鉴

(上册)

BEIJING POPULATION CENSUS YEARBOOK 2020

(BOOK 1)

北京市第七次全国人口普查领导小组办公室
北　京　市　统　计　局　编

Compiled by
Office of the Leading Group of Beijing Municipality for the Seventh National Population Census
Beijing Municipal Bureau of Statistics

图书在版编目（CIP）数据

北京市人口普查年鉴. 2020. 上册 / 北京市第七次全国人口普查领导小组办公室，北京市统计局编. -- 北京：中国统计出版社，2022.8
ISBN 978-7-5037-9805-4

Ⅰ. ①北… Ⅱ. ①北… ②北… Ⅲ. ①人口普查－统计资料－北京－2020－年鉴 Ⅳ. ①C924.251-54

中国版本图书馆 CIP 数据核字(2022)第 134637 号

北京市人口普查年鉴-2020（上册）
Beijing Population Census Yearbook 2020 (Book 1)

作　　者/北京市第七次全国人口普查领导小组办公室　北京市统计局
责任编辑/张　洁
封面设计/李雪燕
出版发行/中国统计出版社有限公司
通信地址/北京市丰台区西三环南路甲 6 号　邮政编码/100073
发行电话/邮购（010）63376909　书店（010）68783171
网　　址/http://www.zgtjcbs.com/
印　　刷/河北鑫兆源印刷有限公司
经　　销/新华书店
开　　本/880mm×1230mm　1/16
字　　数/1056 千字
印　　张/33
版　　别/2022 年 8 月第 1 版
版　　次/2022 年 8 月第 1 次印刷
定　　价/910.00 元（全三册附光盘）

《北京市人口普查年鉴—2020》编委会和编辑工作人员

编辑说明

在以习近平同志为核心的党中央坚强领导下，在国务院第七次全国人口普查领导小组的统一部署下，市委、市政府高度重视、统筹调度，全市各地区各有关部门精心组织、协同推进，全体普查人员艰苦努力、无私奉献，广大普查对象共同参与、积极配合，北京市第七次全国人口普查取得了圆满成功，获得了丰富详实的资料。为满足社会各界需要，现将汇总的数据资料编辑出版。

为便于读者使用本资料，现将有关情况说明如下:

一、普查对象和标准时点

第七次全国人口普查的普查对象指普查标准时点在中华人民共和国境内的自然人以及在中华人民共和国境外但未定居的中国公民，不包括在中华人民共和国境内短期停留的境外人员。普查标准时点为 2020 年 11 月 1 日零时。

二、普查表式

第七次全国人口普查采用长、短两种普查表。普查短表包括反映人口基本状况的项目，由全部住户（不包括港澳台居民和外籍人员）填报；普查长表包括所有短表项目和人口的经济活动、婚姻生育和住房等情况的项目，在全部住户中抽取 10%的户（不包括港澳台居民和外籍人员）填报。

三、资料主要内容

本资料分四部分。第一部分是全部人口数据，主要反映人口的基本状况；第二部分是普查长表数据，主要反映人口的各种结构情况；第三部分是乡镇街道数据，主要反映分乡镇街道的人口情况；第四部分是附录，主要是普查的有关规定和技术文件等。

四、数据汇总口径及推算说明

本资料是普查实际登记直接汇总的数据，表中数据均为常住人口口径。具体包括居住在本乡镇街道，户口在本乡镇街道或户口待定的人；居住在本乡镇街道，离开户口所在的乡镇街道半年以上的人；户口在本乡镇街道，外出不满半年或在境外工作学习的人。不包括现役军人。

资料中各项指标的汇总结果未做任何误差校正，读者在使用时应考虑不同指标登记误差因素的影响。

由于普查长表是按户抽样并进行登记，因此人口总数以及各种人口结构数据的抽样比会存在略微差异，请读者使用本资料推算总体时，对采用的方法予以注意。

五、城乡划分规定

本次人口普查关于城乡的划分，按照国家统计局《统计上划分城乡的规定》执行。

六、其他

本资料中部分相对数由于单位取值问题而产生的计算误差，均未做机械调整。本资料中空项表示无数字或数字很小。

目　录

上　册

第一部分　全部数据资料

第一卷　概要

第二卷 民族

第三卷 年龄

第四卷 教育

第五卷　家庭

第六卷　死亡

第八卷　住房

中　册

第二部分　长表数据资料

第一卷　概要

第二卷　民族

第三卷　教育

第四卷 就业

第五卷 婚姻

下　册

第二部分　长表数据资料(续)

第六卷　生育

第七卷　迁移和户口登记地

第八卷　老年人口

第九卷 住房

第三部分 乡镇街道数据资料

第四部分 附 录

第一部分　全部数据资料

第一卷　概要

1-1 各地区户数、

地区	户数			合计			
	合计	家庭户	集体户	合计	男	女	性别比(女=100)
北京	**9137928**	**8230792**	**907136**	**21893095**	**11195390**	**10697705**	**104.65**
东城区	299866	285543	14323	708829	343913	364916	94.24
西城区	460843	440708	20135	1106214	536462	569752	94.16
朝阳区	1562291	1465020	97271	3452460	1706125	1746335	97.70
丰台区	872901	828157	44744	2019764	999286	1020478	97.92
石景山区	237695	222821	14874	567851	281740	286111	98.47
海淀区	1278799	1118037	160762	3133469	1562094	1571375	99.41
门头沟区	167059	155912	11147	392606	199066	193540	102.86
房山区	508475	454271	54204	1312778	675427	637351	105.97
通州区	745543	639191	106352	1840295	968061	872234	110.99
顺义区	559147	510917	48230	1324044	710705	613339	115.87
昌平区	962252	815773	146479	2269487	1219677	1049810	116.18
大兴区	791632	660307	131325	1993591	1072459	921132	116.43
怀柔区	171483	153338	18145	441040	235006	206034	114.06
平谷区	171837	160875	10962	457313	233891	223422	104.69
密云区	209634	195078	14556	527683	269688	257995	104.53
延庆区	138471	124844	13627	345671	181790	163881	110.93

1-1a 各地区户数、

地区	户数			合计			
	合计	家庭户	集体户	合计	男	女	性别比(女=100)
北京	**7439664**	**6690435**	**749229**	**17751681**	**8937161**	**8814520**	**101.39**
东城区	299866	285543	14323	708829	343913	364916	94.24
西城区	460843	440708	20135	1106214	536462	569752	94.16
朝阳区	1549302	1453819	95483	3426994	1693114	1733880	97.65
丰台区	862515	818152	44363	1992693	985296	1007397	97.81
石景山区	237695	222821	14874	567851	281740	286111	98.47
海淀区	1250435	1091855	158580	3058731	1521045	1537686	98.92
门头沟区	137189	127650	9539	326511	164146	162365	101.10
房山区	367511	320167	47344	927720	473446	454274	104.22
通州区	428947	361823	67124	1056366	539335	517031	104.31
顺义区	301396	271914	29482	721291	375091	346200	108.35
昌平区	613226	506309	106917	1483962	784247	699715	112.08
大兴区	561464	460366	101098	1419580	748514	671066	111.54
怀柔区	112272	98736	13536	281233	148516	132717	111.90
平谷区	86923	78771	8152	227603	115594	112009	103.20
密云区	111826	101580	10246	293855	147949	145906	101.40
延庆区	58254	50221	8033	152248	78753	73495	107.15

人口数和性别比

单位：户、人

人口数								平均家庭户规模（人/户）
家庭户				集体户				
小计	男	女	性别比（女=100）	小计	男	女	性别比（女=100）	
19014338	**9436296**	**9578042**	**98.52**	**2878757**	**1759094**	**1119663**	**157.11**	**2.31**
664218	316660	347558	91.11	44611	27253	17358	157.01	2.33
1044441	499059	545382	91.51	61773	37403	24370	153.48	2.37
3167579	1548623	1618956	95.66	284881	157502	127379	123.65	2.16
1889810	920448	969362	94.95	129954	78838	51116	154.23	2.28
522548	252691	269857	93.64	45303	29049	16254	178.72	2.35
2602895	1265018	1337877	94.55	530574	297076	233498	127.23	2.33
355253	175207	180046	97.31	37353	23859	13494	176.81	2.28
1131310	564311	566999	99.53	181468	111116	70352	157.94	2.49
1494172	752513	741659	101.46	346123	215548	130575	165.08	2.34
1177328	612975	564353	108.62	146716	97730	48986	199.51	2.30
1819742	934841	884901	105.64	449745	284836	164909	172.72	2.23
1579029	805524	773505	104.14	414562	266935	147627	180.82	2.39
366957	186946	180011	103.85	74083	48060	26023	184.68	2.39
420199	210735	209464	100.61	37114	23156	13958	165.90	2.61
481339	240688	240651	100.02	46344	29000	17344	167.20	2.47
297518	150057	147461	101.76	48153	31733	16420	193.26	2.38

人口数和性别比(城市)

单位：户、人

人口数								平均家庭户规模（人/户）
家庭户				集体户				
小计	男	女	性别比（女=100）	小计	男	女	性别比（女=100）	
15394356	**7536552**	**7857804**	**95.91**	**2357325**	**1400609**	**956716**	**146.40**	**2.30**
664218	316660	347558	91.11	44611	27253	17358	157.01	2.33
1044441	499059	545382	91.51	61773	37403	24370	153.48	2.37
3146704	1538668	1608036	95.69	280290	154446	125844	122.73	2.16
1864845	908027	956818	94.90	127848	77269	50579	152.77	2.28
522548	252691	269857	93.64	45303	29049	16254	178.72	2.35
2539069	1231702	1307367	94.21	519662	289343	230319	125.63	2.33
294844	144276	150568	95.82	31667	19870	11797	168.43	2.31
773477	381741	391736	97.45	154243	91705	62538	146.64	2.42
839741	409181	430560	95.03	216625	130154	86471	150.52	2.32
630308	316875	313433	101.10	90983	58216	32767	177.67	2.32
1158034	584232	573802	101.82	325928	200015	125913	158.85	2.29
1097019	547568	549451	99.66	322561	200946	121615	165.23	2.38
232318	117500	114818	102.34	48915	31016	17899	173.28	2.35
200837	99330	101507	97.86	26766	16264	10502	154.87	2.55
261335	128053	133282	96.08	32520	19896	12624	157.60	2.57
124618	60989	63629	95.85	27630	17764	9866	180.05	2.48

1-1b 各地区户数、

地区	户数			合计			
	合计	家庭户	集体户	合计	男	女	性别比(女=100)
北京	**595906**	**496221**	**99685**	**1414752**	**769805**	**644947**	**119.36**
东城区							
西城区							
朝阳区	12989	11201	1788	25466	13011	12455	104.46
丰台区	5078	4836	242	10959	5498	5461	100.68
石景山区							
海淀区							
门头沟区	13824	12570	1254	32434	17074	15360	111.16
房山区	36495	32948	3547	97600	50504	47096	107.24
通州区	126316	97209	29107	305037	167320	137717	121.50
顺义区	71225	61644	9581	153970	85961	68009	126.40
昌平区	166565	144025	22540	372153	201622	170531	118.23
大兴区	82831	62436	20395	202802	114083	88719	128.59
怀柔区	16533	13359	3174	53449	30116	23333	129.07
平谷区	18829	17173	1656	50898	26181	24717	105.92
密云区	23953	21523	2430	56543	29935	26608	112.50
延庆区	21268	17297	3971	53441	28500	24941	114.27

1-1c 各地区户数、

地区	户数			合计			
	合计	家庭户	集体户	合计	男	女	性别比(女=100)
北京	**1102358**	**1044136**	**58222**	**2726662**	**1488424**	**1238238**	**120.21**
东城区							
西城区							
朝阳区							
丰台区	5308	5169	139	16112	8492	7620	111.44
石景山区							
海淀区	28364	26182	2182	74738	41049	33689	121.85
门头沟区	16046	15692	354	33661	17846	15815	112.84
房山区	104469	101156	3313	287458	151477	135981	111.40
通州区	190280	180159	10121	478892	261406	217486	120.19
顺义区	186526	177359	9167	448783	249653	199130	125.37
昌平区	182461	165439	17022	413372	233808	179564	130.21
大兴区	147337	137505	9832	371209	209862	161347	130.07
怀柔区	42678	41243	1435	106358	56374	49984	112.78
平谷区	66085	64931	1154	178812	92116	86696	106.25
密云区	73855	71975	1880	177285	91804	85481	107.40
延庆区	58949	57326	1623	139982	74537	65445	113.89

人口数和性别比(镇)

单位：户、人

人口数								平均家庭户规模（人/户）
家庭户				集体户				
小计	男	女	性别比（女=100）	小计	男	女	性别比（女=100）	
1091296	**559609**	**531687**	**105.25**	**323456**	**210196**	**113260**	**185.59**	**2.20**
20875	9955	10920	91.16	4591	3056	1535	199.09	1.86
10257	5058	5199	97.29	702	440	262	167.94	2.12
27842	13931	13911	100.14	4592	3143	1449	216.91	2.21
84877	42210	42667	98.93	12723	8294	4429	187.27	2.58
210534	107850	102684	105.03	94503	59470	35033	169.75	2.17
126011	68136	57875	117.73	27959	17825	10134	175.89	2.04
303614	156847	146767	106.87	68539	44775	23764	188.42	2.11
140194	71093	69101	102.88	62608	42990	19618	219.14	2.25
33058	16680	16378	101.84	20391	13436	6955	193.18	2.47
45275	22727	22548	100.79	5623	3454	2169	159.24	2.64
49063	25225	23838	105.82	7480	4710	2770	170.04	2.28
39696	19897	19799	100.49	13745	8603	5142	167.31	2.29

人口数和性别比(乡村)

单位：户、人

人口数								平均家庭户规模（人/户）
家庭户				集体户				
小计	男	女	性别比（女=100）	小计	男	女	性别比（女=100）	
2528686	**1340135**	**1188551**	**112.75**	**197976**	**148289**	**49687**	**298.45**	**2.42**
14708	7363	7345	100.25	1404	1129	275	410.55	2.85
63826	33316	30510	109.20	10912	7733	3179	243.25	2.44
32567	17000	15567	109.21	1094	846	248	341.13	2.08
272956	140360	132596	105.86	14502	11117	3385	328.42	2.70
443897	235482	208415	112.99	34995	25924	9071	285.79	2.46
421009	227964	193045	118.09	27774	21689	6085	356.43	2.37
358094	193762	164332	117.91	55278	40046	15232	262.91	2.16
341816	186863	154953	120.59	29393	22999	6394	359.70	2.49
101581	52766	48815	108.09	4777	3608	1169	308.64	2.46
174087	88678	85409	103.83	4725	3438	1287	267.13	2.68
170941	87410	83531	104.64	6344	4394	1950	225.33	2.38
133204	69171	64033	108.02	6778	5366	1412	380.03	2.32

1-2 各地区外省来京

地　区	户数(户)		
	有外来人口的家庭户	纯外来人口的家庭户	有外来人口的集体户
北　京	**3555171**	**2733821**	**760646**
东 城 区	71674	46141	12713
西 城 区	119814	72947	15981
朝 阳 区	643224	502258	79101
丰 台 区	310291	223911	37366
石景山区	76812	50369	11953
海 淀 区	482190	350411	115103
门头沟区	47551	31128	10318
房 山 区	160673	112750	45240
通 州 区	328710	267608	95144
顺 义 区	279501	237997	41885
昌 平 区	522933	443962	127925
大 兴 区	362854	295412	117410
怀 柔 区	53863	40758	16653
平 谷 区	29003	17124	9469
密 云 区	42557	26822	12268
延 庆 区	23521	14223	12117

1-3 各地区分性别、

地　区	人　口　数			居住本乡、镇、街道，户口在本乡、镇、街道		
	合计	男	女	小计	男	女
北　京	**21893095**	**11195390**	**10697705**	**8277744**	**4118314**	**4159430**
东 城 区	708829	343913	364916	419008	203103	215905
西 城 区	1106214	536462	569752	642058	312828	329230
朝 阳 区	3452460	1706125	1746335	1303732	639209	664523
丰 台 区	2019764	999286	1020478	760579	379322	381257
石景山区	567851	281740	286111	238529	119467	119062
海 淀 区	3133469	1562094	1571375	1359276	666749	692527
门头沟区	392606	199066	193540	144096	72999	71097
房 山 区	1312778	675427	637351	562440	284505	277935
通 州 区	1840295	968061	872234	559556	280624	278932
顺 义 区	1324044	710705	613339	405342	205861	199481
昌 平 区	2269487	1219677	1049810	466730	235891	230839
大 兴 区	1993591	1072459	921132	510449	258864	251585
怀 柔 区	441040	235006	206034	180451	91160	89291
平 谷 区	457313	233891	223422	276960	140679	136281
密 云 区	527683	269688	257995	272919	137683	135236
延 庆 区	345671	181790	163881	175619	89370	86249

人员户数和人口数

人口数(人)		
有外来人口的家庭户	纯外来人口的家庭户	有外来人口的集体户
6327388	**5202939**	**2091030**
120847	88477	37254
195608	134753	48548
1077330	893114	203417
547101	435131	98221
135937	101895	30450
812525	629828	305690
86046	65163	29203
311914	247446	126439
625026	535541	272974
484869	425160	114417
964935	847664	345447
695212	597473	322688
95623	77947	60154
51833	35683	26443
78096	56647	33435
44486	31017	36250

户口登记状况的人口

单位：人

居住本乡、镇、街道，户口在外乡、镇、街道，离开户口登记地半年以上			居住本乡、镇、街道，户口待定			原住本乡、镇、街道，现在港澳台或国外工作学习		
小计	男	女	小计	男	女	小计	男	女
13409576	**6977849**	**6431727**	**74458**	**38844**	**35614**	**131317**	**60383**	**70934**
278939	135730	143209	948	505	443	9934	4575	5359
446612	215528	231084	1998	1114	884	15546	6992	8554
2117258	1051877	1065381	7601	4068	3533	23869	10971	12898
1243293	612464	630829	5509	2902	2607	10383	4598	5785
324850	160232	164618	1007	537	470	3465	1504	1961
1694567	857731	836836	24394	11680	12714	55232	25934	29298
247098	125400	121698	943	466	477	469	201	268
744906	388471	356435	3451	1585	1866	1981	866	1115
1276127	685126	591001	3238	1715	1523	1374	596	778
914431	502752	411679	2722	1404	1318	1549	688	861
1783664	973180	810484	14948	8657	6291	4145	1949	2196
1475964	809877	666087	5258	2828	2430	1920	890	1030
259582	143340	116242	656	359	297	351	147	204
179343	92673	86670	664	390	274	346	149	197
253569	131432	122137	667	353	314	528	220	308
169373	92036	77337	454	281	173	225	103	122

1—3a 各地区分性别、

地　区	人口数			居住本乡、镇、街道，户口在本乡、镇、街道		
	合计	男	女	小计	男	女
北　京	**17751681**	**8937161**	**8814520**	**6275250**	**3098157**	**3177093**
东 城 区	708829	343913	364916	419008	203103	215905
西 城 区	1106214	536462	569752	642058	312828	329230
朝 阳 区	3426994	1693114	1733880	1294134	634373	659761
丰 台 区	1992693	985296	1007397	744061	371002	373059
石景山区	567851	281740	286111	238529	119467	119062
海 淀 区	3058731	1521045	1537686	1327539	650908	676631
门头沟区	326511	164146	162365	102549	51540	51009
房 山 区	927720	473446	454274	292103	146237	145866
通 州 区	1056366	539335	517031	220907	110031	110876
顺 义 区	721291	375091	346200	142979	71429	71550
昌 平 区	1483962	784247	699715	256078	129717	126361
大 兴 区	1419580	748514	671066	255385	129209	126176
怀 柔 区	281233	148516	132717	88583	44153	44430
平 谷 区	227603	115594	112009	98604	48467	50137
密 云 区	293855	147949	145906	101884	50908	50976
延 庆 区	152248	78753	73495	50849	24785	26064

1—3b 各地区分性别、

地　区	人口数			居住本乡、镇、街道，户口在本乡、镇、街道		
	合计	男	女	小计	男	女
北　京	**1414752**	**769805**	**644947**	**449907**	**227062**	**222845**
东 城 区						
西 城 区						
朝 阳 区	25466	13011	12455	9598	4836	4762
丰 台 区	10959	5498	5461	4936	2403	2533
石景山区						
海 淀 区						
门头沟区	32434	17074	15360	18507	9612	8895
房 山 区	97600	50504	47096	61636	31085	30551
通 州 区	305037	167320	137717	75389	37832	37557
顺 义 区	153970	85961	68009	44173	22593	21580
昌 平 区	372153	201622	170531	66794	33418	33376
大 兴 区	202802	114083	88719	61270	30517	30753
怀 柔 区	53449	30116	23333	17217	8643	8574
平 谷 区	50898	26181	24717	32270	16655	15615
密 云 区	56543	29935	26608	33889	17135	16754
延 庆 区	53441	28500	24941	24228	12333	11895

户口登记状况的人口(城市)

单位：人

居住本乡、镇、街道，户口在外乡、镇、街道，离开户口登记地半年以上			居住本乡、镇、街道，户口待定			原住本乡、镇、街道，现在港澳台或国外工作学习		
小计	男	女	小计	男	女	小计	男	女
11286299	**5748420**	**5537879**	**62186**	**31672**	**30514**	**127946**	**58912**	**69034**
278939	135730	143209	948	505	443	9934	4575	5359
446612	215528	231084	1998	1114	884	15546	6992	8554
2101658	1043828	1057830	7579	4050	3529	23623	10863	12760
1232986	606983	626003	5281	2720	2561	10365	4591	5774
324850	160232	164618	1007	537	470	3465	1504	1961
1652065	832803	819262	24017	11445	12572	55110	25889	29221
222695	112009	110686	867	429	438	400	168	232
630907	325132	305775	3019	1335	1684	1691	742	949
832273	427736	404537	2153	1130	1023	1033	438	595
575691	302341	273350	1594	846	748	1027	475	552
1216807	648670	568137	7832	4329	3503	3245	1531	1714
1158088	616146	541942	4437	2367	2070	1670	792	878
191947	104001	87946	464	259	205	239	103	136
128420	66796	61624	385	245	140	194	86	108
191272	96698	94574	400	225	175	299	118	181
101089	53787	47302	205	136	69	105	45	60

户口登记状况的人口(镇)

单位：人

居住本乡、镇、街道，户口在外乡、镇、街道，离开户口登记地半年以上			居住本乡、镇、街道，户口待定			原住本乡、镇、街道，现在港澳台或国外工作学习		
小计	男	女	小计	男	女	小计	男	女
958712	**539769**	**418943**	**4577**	**2270**	**2307**	**1556**	**704**	**852**
15600	8049	7551	22	18	4	246	108	138
5808	2919	2889	207	173	34	8	3	5
13834	7415	6419	42	23	19	51	24	27
35771	19330	16441	97	52	45	96	37	59
229020	129159	99861	493	263	230	135	66	69
109020	63004	46016	568	272	296	209	92	117
302211	166752	135459	2567	1172	1395	581	280	301
141155	83375	57780	289	154	135	88	37	51
36141	21433	14708	57	30	27	34	10	24
18499	9462	9037	108	56	52	21	8	13
22524	12740	9784	69	30	39	61	30	31
29129	16131	12998	58	27	31	26	9	17

1-3c 各地区分性别、

地　区	人　口　数			居住本乡、镇、街道，户口在本乡、镇、街道		
	合计	男	女	小计	男	女
北　京	**2726662**	**1488424**	**1238238**	**1552587**	**793095**	**759492**
东城区						
西城区						
朝阳区						
丰台区	16112	8492	7620	11582	5917	5665
石景山区						
海淀区	74738	41049	33689	31737	15841	15896
门头沟区	33661	17846	15815	23040	11847	11193
房山区	287458	151477	135981	208701	107183	101518
通州区	478892	261406	217486	263260	132761	130499
顺义区	448783	249653	199130	218190	111839	106351
昌平区	413372	233808	179564	143858	72756	71102
大兴区	371209	209862	161347	193794	99138	94656
怀柔区	106358	56374	49984	74651	38364	36287
平谷区	178812	92116	86696	146086	75557	70529
密云区	177285	91804	85481	137146	69640	67506
延庆区	139982	74537	65445	100542	52252	48290

1-4 各地区分性别的

地　区	人口数			有外来人口的家庭户		
	合计	男	女	合计	男	女
北　京	**8418418**	**4545480**	**3872938**	**6327388**	**3191492**	**3135896**
东城区	158101	79465	78636	120847	56018	64829
西城区	244156	120498	123658	195608	89566	106042
朝阳区	1280747	647113	633634	1077330	527052	550278
丰台区	645322	325448	319874	547101	262540	284561
石景山区	166387	83341	83046	135937	62841	73096
海淀区	1118215	580271	537944	812525	395492	417033
门头沟区	115249	60252	54997	86046	40765	45281
房山区	438353	237463	200890	311914	154400	157514
通州区	898000	498252	399748	625026	320231	304795
顺义区	599286	348965	250321	484869	267999	216870
昌平区	1310382	735725	574657	964935	508301	456634
大兴区	1017900	580900	437000	695212	364114	331098
怀柔区	155777	92552	63225	95623	51966	43657
平谷区	78276	43631	34645	51833	26138	25695
密云区	111531	62810	48721	78096	40577	37519
延庆区	80736	48794	31942	44486	23492	20994

户口登记状况的人口(乡村)

单位：人

居住本乡、镇、街道，户口在外乡、镇、街道，离开户口登记地半年以上			居住本乡、镇、街道，户口待定			原住本乡、镇、街道，现在港澳台或国外工作学习		
小计	男	女	小计	男	女	小计	男	女
1164565	**689660**	**474905**	**7695**	**4902**	**2793**	**1815**	**767**	**1048**
4499	2562	1937	21	9	12	10	4	6
42502	24928	17574	377	235	142	122	45	77
10569	5976	4593	34	14	20	18	9	9
78228	44009	34219	335	198	137	194	87	107
214834	128231	86603	592	322	270	206	92	114
229720	137407	92313	560	286	274	313	121	192
264646	157758	106888	4549	3156	1393	319	138	181
176721	110356	66365	532	307	225	162	61	101
31494	17906	13588	135	70	65	78	34	44
32424	16415	16009	171	89	82	131	55	76
39773	21994	17779	198	98	100	168	72	96
39155	22118	17037	191	118	73	94	49	45

外省来京人员

单位：人

纯外来人口的家庭户			有外来人口的集体户		
合计	男	女	合计	男	女
5202939	**2794358**	**2408581**	**2091030**	**1353988**	**737042**
88477	46017	42460	37254	23447	13807
134753	70767	63986	48548	30932	17616
893114	463288	429826	203417	120061	83356
435131	227229	207902	98221	62908	35313
101895	52558	49337	30450	20500	9950
629828	335289	294539	305690	184779	120911
65163	34502	30661	29203	19487	9716
247446	131673	115773	126439	83063	43376
535541	284449	251092	272974	178021	94953
425160	244317	180843	114417	80966	33451
847664	463612	384052	345447	227424	118023
597473	327108	270365	322688	216786	105902
77947	44702	33245	60154	40586	19568
35683	19708	15975	26443	17493	8950
56647	31746	24901	33435	22233	11202
31017	17393	13624	36250	25302	10948

1-5 各地区分性别的户口登记地在外乡镇街道的人口状况

单位：人

地区	户口登记地					
	合计			本区		
	合计	男	女	小计	男	女
北京	**13409576**	**6977849**	**6431727**	**2645576**	**1284195**	**1361381**
东城区	278939	135730	143209	47218	22363	24855
西城区	446612	215528	231084	116967	55515	61452
朝阳区	2117258	1051877	1065381	468471	227766	240705
丰台区	1243293	612464	630829	214508	104238	110270
石景山区	324850	160232	164618	61196	30230	30966
海淀区	1694567	857731	836836	327616	160222	167394
门头沟区	247098	125400	121698	86818	43032	43786
房山区	744906	388471	356435	204124	99823	104301
通州区	1276127	685126	591001	197032	95817	101215
顺义区	914431	502752	411679	208283	99581	108702
昌平区	1783664	973180	810484	152945	74847	78098
大兴区	1475964	809877	666087	207100	100117	106983
怀柔区	259582	143340	116242	80410	39076	41334
平谷区	179343	92673	86670	82591	39841	42750
密云区	253569	131432	122137	118234	56852	61382
延庆区	169373	92036	77337	72063	34875	37188

1-5 续表

单位：人

地区	户口登记地					
	本市其他区			市外		
	小计	男	女	小计	男	女
北京	**2345582**	**1148174**	**1197408**	**8418418**	**4545480**	**3872938**
东城区	73620	33902	39718	158101	79465	78636
西城区	85489	39515	45974	244156	120498	123658
朝阳区	368040	176998	191042	1280747	647113	633634
丰台区	383463	182778	200685	645322	325448	319874
石景山区	97267	46661	50606	166387	83341	83046
海淀区	248736	117238	131498	1118215	580271	537944
门头沟区	45031	22116	22915	115249	60252	54997
房山区	102429	51185	51244	438353	237463	200890
通州区	181095	91057	90038	898000	498252	399748
顺义区	106862	54206	52656	599286	348965	250321
昌平区	320337	162608	157729	1310382	735725	574657
大兴区	250964	128860	122104	1017900	580900	437000
怀柔区	23395	11712	11683	155777	92552	63225
平谷区	18476	9201	9275	78276	43631	34645
密云区	23804	11770	12034	111531	62810	48721
延庆区	16574	8367	8207	80736	48794	31942

1-5a　各地区分性别的户口登记地在外乡镇街道的人口状况(城市)

单位：人

地　区	户口登记地					
	合　计			本　区		
	合计	男	女	小计	男	女
北　京	**11286299**	**5748420**	**5537879**	**2410697**	**1173681**	**1237016**
东城区	278939	135730	143209	47218	22363	24855
西城区	446612	215528	231084	116967	55515	61452
朝阳区	2101658	1043828	1057830	465695	226373	239322
丰台区	1232986	606983	626003	211320	102720	108600
石景山区	324850	160232	164618	61196	30230	30966
海淀区	1652065	832803	819262	320766	156719	164047
门头沟区	222695	112009	110686	81666	40425	41241
房山区	630907	325132	305775	182005	89921	92084
通州区	832273	427736	404537	163410	79680	83730
顺义区	575691	302341	273350	178568	86356	92212
昌平区	1216807	648670	568137	109880	53856	56024
大兴区	1158088	616146	541942	177484	86136	91348
怀柔区	191947	104001	87946	67748	32880	34868
平谷区	128420	66796	61624	67845	33736	34109
密云区	191272	96698	94574	104015	49913	54102
延庆区	101089	53787	47302	54914	26858	28056

1-5a　续表

单位：人

地　区	户口登记地					
	本市其他区			市　外		
	小计	男	女	小计	男	女
北　京	**2095577**	**1019778**	**1075799**	**6780025**	**3554961**	**3225064**
东城区	73620	33902	39718	158101	79465	78636
西城区	85489	39515	45974	244156	120498	123658
朝阳区	366414	176201	190213	1269549	641254	628295
丰台区	382286	182235	200051	639380	322028	317352
石景山区	97267	46661	50606	166387	83341	83046
海淀区	246550	116075	130475	1084749	560009	524740
门头沟区	41116	20189	20927	99913	51395	48518
房山区	90923	45444	45479	357979	189767	168212
通州区	127786	63536	64250	541077	284520	256557
顺义区	70859	35967	34892	326264	180018	146246
昌平区	238771	120313	118458	868156	474501	393655
大兴区	222445	113945	108500	758159	416065	342094
怀柔区	16497	8230	8267	107702	62891	44811
平谷区	11078	5604	5474	49497	27456	22041
密云区	16651	8184	8467	70606	38601	32005
延庆区	7825	3777	4048	38350	23152	15198

1-5b 各地区分性别的户口登记地在外乡镇街道的人口状况(镇)

单位：人

地区	户口登记地					
	合计			本区		
	合计	男	女	小计	男	女
北京	**958712**	**539769**	**418943**	**109246**	**53575**	**55671**
东城区						
西城区						
朝阳区	15600	8049	7551	2776	1393	1383
丰台区	5808	2919	2889	1982	947	1035
石景山区						
海淀区						
门头沟区	13834	7415	6419	3517	1754	1763
房山区	35771	19330	16441	9548	4451	5097
通州区	229020	129159	99861	16046	8022	8024
顺义区	109020	63004	46016	7649	3620	4029
昌平区	302211	166752	135459	23881	11735	12146
大兴区	141155	83375	57780	16253	8176	8077
怀柔区	36141	21433	14708	6358	3141	3217
平谷区	18499	9462	9037	7672	3591	4081
密云区	22524	12740	9784	5327	2661	2666
延庆区	29129	16131	12998	8237	4084	4153

1-5b 续表

单位：人

地区	户口登记地					
	本市其他区			市外		
	小计	男	女	小计	男	女
北京	**141303**	**72492**	**68811**	**708163**	**413702**	**294461**
东城区						
西城区						
朝阳区	1626	797	829	11198	5859	5339
丰台区	687	316	371	3139	1656	1483
石景山区						
海淀区						
门头沟区	2200	1061	1139	8117	4600	3517
房山区	4058	2038	2020	22165	12841	9324
通州区	33665	17412	16253	179309	103725	75584
顺义区	17068	8650	8418	84303	50734	33569
昌平区	52495	26770	25725	225835	128247	97588
大兴区	18250	9628	8622	106652	65571	41081
怀柔区	2720	1418	1302	27063	16874	10189
平谷区	2139	1037	1102	8688	4834	3854
密云区	2260	1151	1109	14937	8928	6009
延庆区	4135	2214	1921	16757	9833	6924

1－5c　各地区分性别的户口登记地在外乡镇街道的人口状况(乡村)

单位：人

地　区	户口登记地					
	合　计			本　区		
	合计	男	女	小计	男	女
北　京	**1164565**	**689660**	**474905**	**125633**	**56939**	**68694**
东城区						
西城区						
朝阳区						
丰台区	4499	2562	1937	1206	571	635
石景山区						
海淀区	42502	24928	17574	6850	3503	3347
门头沟区	10569	5976	4593	1635	853	782
房山区	78228	44009	34219	12571	5451	7120
通州区	214834	128231	86603	17576	8115	9461
顺义区	229720	137407	92313	22066	9605	12461
昌平区	264646	157758	106888	19184	9256	9928
大兴区	176721	110356	66365	13363	5805	7558
怀柔区	31494	17906	13588	6304	3055	3249
平谷区	32424	16415	16009	7074	2514	4560
密云区	39773	21994	17779	8892	4278	4614
延庆区	39155	22118	17037	8912	3933	4979

1－5c　续表

单位：人

地　区	户口登记地					
	本市其他区			市　外		
	小计	男	女	小计	男	女
北　京	**108702**	**55904**	**52798**	**930230**	**576817**	**353413**
东城区						
西城区						
朝阳区						
丰台区	490	227	263	2803	1764	1039
石景山区						
海淀区	2186	1163	1023	33466	20262	13204
门头沟区	1715	866	849	7219	4257	2962
房山区	7448	3703	3745	58209	34855	23354
通州区	19644	10109	9535	177614	110007	67607
顺义区	18935	9589	9346	188719	118213	70506
昌平区	29071	15525	13546	216391	132977	83414
大兴区	10269	5287	4982	153089	99264	53825
怀柔区	4178	2064	2114	21012	12787	8225
平谷区	5259	2560	2699	20091	11341	8750
密云区	4893	2435	2458	25988	15281	10707
延庆区	4614	2376	2238	25629	15809	9820

1-6 各地区分性别、民族的人口

单位：人

地区	合计			汉族		
	合计	男	女	小计	男	女
北京	**21893095**	**11195390**	**10697705**	**20845166**	**10678298**	**10166868**
东城区	708829	343913	364916	667875	324160	343715
西城区	1106214	536462	569752	1034497	502101	532396
朝阳区	3452460	1706125	1746335	3282108	1625043	1657065
丰台区	2019764	999286	1020478	1935375	959128	976247
石景山区	567851	281740	286111	544918	270725	274193
海淀区	3133469	1562094	1571375	2977009	1488334	1488675
门头沟区	392606	199066	193540	381869	193858	188011
房山区	1312778	675427	637351	1262396	649759	612637
通州区	1840295	968061	872234	1753609	923994	829615
顺义区	1324044	710705	613339	1266782	681033	585749
昌平区	2269487	1219677	1049810	2168560	1167531	1001029
大兴区	1993591	1072459	921132	1908585	1027915	880670
怀柔区	441040	235006	206034	398956	213492	185464
平谷区	457313	233891	223422	447857	229419	218438
密云区	527683	269688	257995	484859	248426	236433
延庆区	345671	181790	163881	329911	173380	156531

1-6 续表 1

单位：人

地区	蒙古族			回族			藏族		
	小计	男	女	小计	男	女	小计	男	女
北京	**123340**	**60036**	**63304**	**274112**	**134701**	**139411**	**8698**	**4181**	**4517**
东城区	3919	1866	2053	15269	7298	7971	179	91	88
西城区	6095	2881	3214	33749	16311	17438	247	134	113
朝阳区	19915	9418	10497	53459	25793	27666	1639	764	875
丰台区	9544	4444	5100	27157	13301	13856	369	180	189
石景山区	2886	1329	1557	5754	2731	3023	165	82	83
海淀区	20847	9620	11227	33191	15642	17549	2489	1103	1386
门头沟区	1697	805	892	1823	911	912	51	25	26
房山区	5639	2848	2791	10612	5332	5280	661	261	400
通州区	11321	5708	5613	28359	14224	14135	415	213	202
顺义区	7498	3884	3614	8295	4213	4082	170	86	84
昌平区	15499	7856	7643	21219	10946	10273	1083	539	544
大兴区	10597	5497	5100	26847	13516	13331	724	422	302
怀柔区	2733	1375	1358	1356	758	598	74	39	35
平谷区	1570	720	850	607	327	280	246	132	114
密云区	2447	1216	1231	5229	2745	2484	73	40	33
延庆区	1133	569	564	1186	653	533	113	70	43

1-6　续表 2　　单位：人

地　区	维吾尔族			苗　族			彝　族		
	小计	男	女	小计	男	女	小计	男	女
北　京	**8678**	**3973**	**4705**	**18054**	**9219**	**8835**	**9997**	**5488**	**4509**
东城区	146	59	87	408	198	210	194	92	102
西城区	321	183	138	700	328	372	359	164	195
朝阳区	1290	548	742	2676	1310	1366	1155	548	607
丰台区	404	154	250	1146	534	612	490	239	251
石景山区	355	149	206	425	223	202	237	132	105
海淀区	2513	1124	1389	4474	2259	2215	2244	1151	1093
门头沟区	151	76	75	236	136	100	154	94	60
房山区	515	215	300	975	536	439	491	256	235
通州区	770	318	452	1372	736	636	781	467	314
顺义区	168	94	74	730	383	347	541	323	218
昌平区	1098	532	566	2155	1112	1043	1210	683	527
大兴区	655	349	306	1566	845	721	1285	860	425
怀柔区	69	37	32	502	277	225	281	179	102
平谷区	55	32	23	208	94	114	184	79	105
密云区	116	70	46	308	155	153	236	131	105
延庆区	52	33	19	173	93	80	155	90	65

1-6　续表 3　　单位：人

地　区	壮　族			布依族			朝鲜族		
	小计	男	女	小计	男	女	小计	男	女
北　京	**21288**	**9875**	**11413**	**4572**	**2143**	**2429**	**32984**	**14599**	**18385**
东城区	512	241	271	98	45	53	802	333	469
西城区	815	402	413	111	52	59	1260	570	690
朝阳区	2875	1313	1562	645	270	375	8715	3742	4973
丰台区	1165	502	663	268	116	152	1961	848	1113
石景山区	600	299	301	80	45	35	654	287	367
海淀区	5048	2378	2670	1098	511	587	5180	2142	3038
门头沟区	226	103	123	48	18	30	259	109	150
房山区	931	439	492	374	172	202	977	459	518
通州区	1726	802	924	369	180	189	3689	1697	1992
顺义区	1254	533	721	164	78	86	3218	1531	1687
昌平区	2654	1293	1361	659	322	337	3027	1383	1644
大兴区	1399	691	708	398	211	187	2051	940	1111
怀柔区	657	344	313	80	39	41	265	129	136
平谷区	865	276	589	71	31	40	319	145	174
密云区	396	180	216	62	30	32	454	216	238
延庆区	165	79	86	47	23	24	153	68	85

1-6 续表 4 单位：人

地区	满族			侗族			瑶族		
	小计	男	女	小计	男	女	小计	男	女
北京	**469995**	**235738**	**234257**	**6325**	**3079**	**3246**	**4757**	**2242**	**2515**
东城区	17477	8620	8857	143	66	77	134	67	67
西城区	24297	11574	12723	305	134	171	264	126	138
朝阳区	66342	32135	34207	994	440	554	679	317	362
丰台区	36563	17455	19108	513	212	301	347	162	185
石景山区	9855	4782	5073	142	78	64	127	63	64
海淀区	60534	28970	31564	1645	740	905	1285	583	702
门头沟区	5256	2538	2718	79	40	39	36	15	21
房山区	25250	13145	12105	268	157	111	212	104	108
通州区	32478	16975	15503	438	230	208	293	126	167
顺义区	31749	16731	15018	227	115	112	247	119	128
昌平区	43138	22706	20432	819	435	384	573	286	287
大兴区	33414	17870	15544	474	271	203	332	177	155
怀柔区	34564	17563	17001	95	62	33	73	32	41
平谷区	4604	2287	2317	56	25	31	59	24	35
密云区	32591	16026	16565	72	44	28	66	25	41
延庆区	11883	6361	5522	55	30	25	30	16	14

1-6 续表 5 单位：人

地区	白族			土家族			哈尼族		
	小计	男	女	小计	男	女	小计	男	女
北京	**5143**	**2533**	**2610**	**29580**	**14282**	**15298**	**1226**	**642**	**584**
东城区	151	59	92	688	325	363	18	9	9
西城区	276	120	156	1565	756	809	27	13	14
朝阳区	804	370	434	4455	2009	2446	142	61	81
丰台区	292	140	152	2121	938	1183	75	39	36
石景山区	108	51	57	820	424	396	31	15	16
海淀区	1447	691	756	7783	3751	4032	211	101	110
门头沟区	38	11	27	314	144	170	12	5	7
房山区	247	132	115	1548	746	802	111	66	45
通州区	313	165	148	1923	940	983	121	62	59
顺义区	280	152	128	1357	706	651	62	31	31
昌平区	538	293	245	3435	1775	1660	161	94	67
大兴区	435	241	194	2086	1098	988	156	97	59
怀柔区	81	42	39	708	323	385	26	11	15
平谷区	29	12	17	245	98	147	21	9	12
密云区	50	25	25	301	142	159	34	18	16
延庆区	54	29	25	231	107	124	18	11	7

1-6　续表 6　　　　　　单位：人

地　区	哈萨克族			傣　族			黎　族		
	小计	男	女	小计	男	女	小计	男	女
北　京	**2393**	**955**	**1438**	**1235**	**560**	**675**	**1472**	**659**	**813**
东城区	63	29	34	34	23	11	41	19	22
西城区	89	44	45	84	32	52	64	24	40
朝阳区	344	112	232	203	92	111	200	70	130
丰台区	73	28	45	75	36	39	99	44	55
石景山区	62	26	36	16	7	9	33	14	19
海淀区	875	336	539	270	109	161	342	160	182
门头沟区	34	18	16	36	21	15	21	10	11
房山区	168	65	103	64	26	38	61	31	30
通州区	128	57	71	92	43	49	112	58	54
顺义区	43	16	27	44	19	25	46	15	31
昌平区	347	142	205	144	68	76	207	103	104
大兴区	132	61	71	116	55	61	159	70	89
怀柔区	12	11	1	15	9	6	14	4	10
平谷区	7	3	4	18	10	8	17	9	8
密云区	10	5	5	8	1	7	17	6	11
延庆区	6	2	4	16	9	7	39	22	17

1-6　续表 7　　　　　　单位：人

地　区	傈僳族			佤　族			畲　族		
	小计	男	女	小计	男	女	小计	男	女
北　京	**528**	**275**	**253**	**836**	**540**	**296**	**1992**	**1050**	**942**
东城区	8	5	3	19	9	10	62	34	28
西城区	8		8	22	10	12	131	66	65
朝阳区	56	22	34	74	43	31	381	190	191
丰台区	25	13	12	35	25	10	176	85	91
石景山区	11	4	7	25	16	9	57	32	25
海淀区	109	59	50	77	49	28	514	272	242
门头沟区				13	6	7	15	7	8
房山区	37	15	22	39	30	9	67	30	37
通州区	68	36	32	76	54	22	139	75	64
顺义区	39	26	13	56	36	20	68	44	24
昌平区	69	37	32	104	64	40	193	106	87
大兴区	54	31	23	168	115	53	130	79	51
怀柔区	17	9	8	39	20	19	22	16	6
平谷区	12	10	2	42	26	16	12	5	7
密云区	12	5	7	33	28	5	6	2	4
延庆区	3	3		14	9	5	19	7	12

1-6 续表 8 单位：人

地区	高山族			拉祜族			水族		
	小计	男	女	小计	男	女	小计	男	女
北京	**169**	**83**	**86**	**910**	**611**	**299**	**507**	**256**	**251**
东城区	8	4	4	19	12	7	7	1	6
西城区	5	3	2	2	1	1	12	7	5
朝阳区	27	10	17	94	60	34	53	26	27
丰台区	18	7	11	65	37	28	42	21	21
石景山区	10	6	4	8	6	2	19	13	6
海淀区	39	19	20	97	57	40	122	54	68
门头沟区	1	1		19	9	10	14	6	8
房山区	1		1	47	30	17	27	15	12
通州区	18	11	7	74	51	23	34	17	17
顺义区	6	1	5	63	45	18	12	6	6
昌平区	17	9	8	107	66	41	93	45	48
大兴区	16	9	7	199	159	40	42	26	16
怀柔区				49	36	13	9	5	4
平谷区				27	14	13	7	5	2
密云区	1	1		28	21	7	8	5	3
延庆区	2	2		12	7	5	6	4	2

1-6 续表 9 单位：人

地区	东乡族			纳西族			景颇族		
	小计	男	女	小计	男	女	小计	男	女
北京	**1504**	**1019**	**485**	**805**	**389**	**416**	**220**	**94**	**126**
东城区	27	18	9	23	14	9			
西城区	35	21	14	55	24	31	5	2	3
朝阳区	111	73	38	158	76	82	19	7	12
丰台区	45	30	15	43	9	34	6	3	3
石景山区	12	5	7	12	6	6	8	2	6
海淀区	205	128	77	219	99	120	31	15	16
门头沟区	34	25	9	2	1	1	4	2	2
房山区	116	67	49	48	26	22	5	2	3
通州区	137	102	35	55	31	24	28	14	14
顺义区	167	117	50	32	18	14	11	4	7
昌平区	240	176	64	62	34	28	28	3	25
大兴区	133	95	38	65	28	37	49	27	22
怀柔区	71	47	24	12	9	3	11	6	5
平谷区	66	46	20	5	4	1	3	1	2
密云区	68	41	27	6	4	2	8	3	5
延庆区	37	28	9	8	6	2	4	3	1

1-6　续表 10　　　　单位：人

地　区	柯尔克孜族			土　族			达斡尔族		
	小计	男	女	小计	男	女	小计	男	女
北　京	**249**	**110**	**139**	**736**	**375**	**361**	**3519**	**1514**	**2005**
东 城 区	6	3	3	8	6	2	133	56	77
西 城 区	5	1	4	27	10	17	182	85	97
朝 阳 区	32	18	14	100	45	55	672	292	380
丰 台 区	21	10	11	32	15	17	257	98	159
石景山区	7	2	5	26	11	15	105	43	62
海 淀 区	82	36	46	216	117	99	653	254	399
门头沟区	5	1	4	16	5	11	45	15	30
房 山 区	18	3	15	30	16	14	171	80	91
通 州 区	13	9	4	47	20	27	291	126	165
顺 义 区	7	2	5	21	8	13	186	85	101
昌 平 区	28	16	12	120	76	44	449	203	246
大 兴 区	22	7	15	58	35	23	261	129	132
怀 柔 区				9	1	8	35	19	16
平 谷 区	1		1	5	3	2	20	6	14
密 云 区	2	2		11	2	9	34	12	22
延 庆 区				10	5	5	25	11	14

1-6　续表 11　　　　单位：人

地　区	仫佬族			羌　族			布朗族		
	小计	男	女	小计	男	女	小计	男	女
北　京	**720**	**313**	**407**	**1041**	**519**	**522**	**126**	**58**	**68**
东 城 区	21	8	13	28	11	17			
西 城 区	27	9	18	38	17	21	2		2
朝 阳 区	120	48	72	125	57	68	28	11	17
丰 台 区	66	30	36	85	46	39	5	1	4
石景山区	10	4	6	18	12	6	2	1	1
海 淀 区	170	74	96	294	130	164	27	11	16
门头沟区				14	10	4	2	2	
房 山 区	22	9	13	53	27	26	3	2	1
通 州 区	59	27	32	80	49	31	10	6	4
顺 义 区	27	12	15	44	24	20	5	3	2
昌 平 区	102	44	58	112	56	56	21	8	13
大 兴 区	48	25	23	87	46	41	13	9	4
怀 柔 区	17	9	8	40	24	16	3	1	2
平 谷 区	5	3	2	10	5	5	2	2	
密 云 区	16	6	10	8	3	5	2	1	1
延 庆 区	10	5	5	5	2	3	1		1

1–6 续表 12 单位：人

地区	撒拉族			毛南族			仡佬族		
	小计	男	女	小计	男	女	小计	男	女
北　京	**391**	**213**	**178**	**247**	**105**	**142**	**1802**	**1043**	**759**
东城区	13	6	7				25	11	14
西城区	53	31	22	10	3	7	54	26	28
朝阳区	68	38	30	43	23	20	188	103	85
丰台区	14	6	8	18	6	12	137	62	75
石景山区	5	3	2	8		8	37	25	12
海淀区	68	33	35	71	28	43	413	219	194
门头沟区	6	4	2	1		1	11	8	3
房山区	18	8	10	10	9	1	151	96	55
通州区	32	15	17	21	7	14	184	113	71
顺义区	8	6	2	5	2	3	78	46	32
昌平区	60	36	24	27	12	15	237	137	100
大兴区	25	14	11	21	8	13	206	144	62
怀柔区	6	4	2	4	4		26	15	11
平谷区	5	4	1	1		1	11	6	5
密云区	4	2	2	6	2	4	17	12	5
延庆区	6	3	3	1	1		27	20	7

1–6 续表 13 单位：人

地区	锡伯族			阿昌族			普米族		
	小计	男	女	小计	男	女	小计	男	女
北　京	**4277**	**2027**	**2250**	**44**	**20**	**24**	**87**	**37**	**50**
东城区	167	73	94						
西城区	257	125	132				4	4	
朝阳区	873	382	491	7	3	4	9	4	5
丰台区	405	186	219	6	3	3	6	3	3
石景山区	127	53	74	1	1		7	3	4
海淀区	812	396	416	12	4	8	29	8	21
门头沟区	38	15	23	1		1			
房山区	198	99	99	5	3	2	2	1	1
通州区	353	176	177	3	1	2	3		3
顺义区	170	82	88	1		1	9	8	1
昌平区	478	245	233	3	1	2	7	1	6
大兴区	293	144	149	3	3		8	2	6
怀柔区	51	23	28				3	3	
平谷区	16	9	7						
密云区	23	11	12	2	1	1			
延庆区	16	8	8						

1-6 续表 14

单位：人

地 区	塔吉克族			怒 族			乌孜别克族		
	小计	男	女	小计	男	女	小计	男	女
北 京	**52**	**32**	**20**	**37**	**17**	**20**	**87**	**40**	**47**
东 城 区				1		1	7	4	3
西 城 区							3	1	2
朝 阳 区	11	4	7	8	5	3	13	4	9
丰 台 区	1	1		1	1		7	3	4
石景山区	1	1							
海 淀 区	13	6	7	6	3	3	26	11	15
门头沟区							2	2	
房 山 区	16	15	1				2	1	1
通 州 区	1		1	4	1	3	5	3	2
顺 义 区	2		2				3	2	1
昌 平 区	3	3		7	1	6	9	4	5
大 兴 区	2	1	1	4	3	1	9	5	4
怀 柔 区	1		1	3	1	2	1		1
平 谷 区	1	1							
密 云 区				3	2	1			
延 庆 区									

1-6 续表 15

单位：人

地 区	俄罗斯族			鄂温克族			德 昂 族		
	小计	男	女	小计	男	女	小计	男	女
北 京	**584**	**242**	**342**	**727**	**302**	**425**	**17**	**6**	**11**
东 城 区	35	7	28	23	7	16			
西 城 区	47	23	24	31	13	18			
朝 阳 区	118	45	73	126	44	82	4	1	3
丰 台 区	39	17	22	49	16	33			
石景山区	9	3	6	16	7	9			
海 淀 区	131	51	80	113	46	67	5	1	4
门头沟区	5	1	4	7	4	3			
房 山 区	31	20	11	44	20	24	6	4	2
通 州 区	32	16	16	83	36	47			
顺 义 区	30	12	18	31	11	20			
昌 平 区	62	28	34	103	53	50	1		1
大 兴 区	33	16	17	69	29	40	1		1
怀 柔 区	3	2	1	8	5	3			
平 谷 区	1		1	8	2	6			
密 云 区	6		6	11	5	6			
延 庆 区	2	1	1	5	4	1			

1－6　续表 16　　单位：人

地　区	保安族			裕固族			京　族		
	小计	男	女	小计	男	女	小计	男	女
北　京	**47**	**27**	**20**	**153**	**81**	**72**	**46**	**18**	**28**
东城区	1	1		4	3	1	1	1	
西城区				9	5	4	2	2	
朝阳区	2	2		23	14	9	5	1	4
丰台区	3	2	1	6	1	5	3	1	2
石景山区	3	2	1	3	2	1	1		1
海淀区	14	5	9	46	24	22	19	9	10
门头沟区	1	1							
房山区	4	2	2	6	3	3	4		4
通州区	4	2	2	10	7	3	2	1	1
顺义区	3	3		8	3	5			
昌平区	2	2		20	8	12	7	2	5
大兴区	3	1	2	14	7	7	1		1
怀柔区	1	1		3	3		1	1	
平谷区	1	1		1	1				
密云区	3	1	2						
延庆区	2	1	1						

1－6　续表 17　　单位：人

地　区	塔塔尔族			独龙族			鄂伦春族		
	小计	男	女	小计	男	女	小计	男	女
北　京	**38**	**13**	**25**	**15**	**6**	**9**	**247**	**103**	**144**
东城区							1	1	
西城区	1	1		3	1	2	13	6	7
朝阳区	10	4	6	1		1	52	21	31
丰台区	2	1	1				16	9	7
石景山区	1		1	2	1	1	6	2	4
海淀区	17	4	13	4	2	2	49	19	30
门头沟区							1		1
房山区	2	1	1				17	6	11
通州区	1	1		1		1	27	11	16
顺义区				1	1		4	2	2
昌平区	3	1	2	1		1	22	8	14
大兴区	1		1	1		1	20	9	11
怀柔区							9	5	4
平谷区									
密云区							8	3	5
延庆区				1	1		2	1	1

1-6 续表 18 单位：人

地区	赫哲族			门巴族			珞巴族		
	小计	男	女	小计	男	女	小计	男	女
北京	**295**	**118**	**177**	**41**	**21**	**20**	**9**	**3**	**6**
东城区	9	6	3	5	4	1	1		1
西城区	17	3	14	1		1			
朝阳区	62	29	33	3	2	1			
丰台区	40	10	30	4	3	1			
石景山区	10	3	7	1	1				
海淀区	52	22	30	13	4	9	4	1	3
门头沟区	2		2						
房山区	16	8	8				1	1	
通州区	24	11	13	1		1			
顺义区	9	5	4	3		3			
昌平区	14	4	10	7	5	2	2		2
大兴区	36	17	19	2	2		1	1	
怀柔区									
平谷区	1		1						
密云区	3		3	1		1			
延庆区									

1-6 续表 19 单位：人

地区	基诺族			未定族称人口			入籍		
	小计	男	女	小计	男	女	小计	男	女
北京	**39**	**11**	**28**	**861**	**450**	**411**	**75**	**46**	**29**
东城区	2	1	1	13	6	7	1	1	
西城区				19	8	11	9	5	4
朝阳区	10	3	7	119	52	67	15	8	7
丰台区	3		3	42	21	21	4	4	
石景山区	1		1	13	7	6	1	1	
海淀区	7	2	5	188	109	79	17	8	9
门头沟区				7	4	3			
房山区	4	1	3	55	27	28	2	1	1
通州区	1	1		62	34	28	3	2	1
顺义区	1	1		51	23	28	8	5	3
昌平区	6	1	5	130	79	51	5	4	1
大兴区	1		1	71	40	31	10	7	3
怀柔区	3	1	2	22	10	12			
平谷区				12	5	7			
密云区				24	12	12			
延庆区				33	13	20			

1-6a 各地区分性别、民族的人口(城市)

单位：人

地区	合计			汉族		
	合计	男	女	小计	男	女
北京	**17751681**	**8937161**	**8814520**	**16865317**	**8505182**	**8360135**
东城区	708829	343913	364916	667875	324160	343715
西城区	1106214	536462	569752	1034497	502101	532396
朝阳区	3426994	1693114	1733880	3257721	1612575	1645146
丰台区	1992693	985296	1007397	1908941	945437	963504
石景山区	567851	281740	286111	544918	270725	274193
海淀区	3058731	1521045	1537686	2903827	1448075	1455752
门头沟区	326511	164146	162365	317487	159822	157665
房山区	927720	473446	454274	888021	453529	434492
通州区	1056366	539335	517031	998634	510409	488225
顺义区	721291	375091	346200	686586	357490	329096
昌平区	1483962	784247	699715	1412590	747898	664692
大兴区	1419580	748514	671066	1356347	715723	640624
怀柔区	281233	148516	132717	254235	134740	119495
平谷区	227603	115594	112009	222884	113213	109671
密云区	293855	147949	145906	266471	134569	131902
延庆区	152248	78753	73495	144283	74716	69567

1-6a 续表 1

单位：人

地区	蒙古族			回族			藏族		
	小计	男	女	小计	男	女	小计	男	女
北京	**105154**	**50745**	**54409**	**241407**	**117713**	**123694**	**8052**	**3833**	**4219**
东城区	3919	1866	2053	15269	7298	7971	179	91	88
西城区	6095	2881	3214	33749	16311	17438	247	134	113
朝阳区	19758	9336	10422	53237	25686	27551	1637	763	874
丰台区	9471	4409	5062	27035	13237	13798	369	180	189
石景山区	2886	1329	1557	5754	2731	3023	165	82	83
海淀区	20599	9499	11100	32953	15524	17429	2472	1092	1380
门头沟区	1458	696	762	1643	808	835	45	22	23
房山区	4786	2416	2370	8262	4087	4175	642	254	388
通州区	7532	3743	3789	19057	9484	9573	295	154	141
顺义区	4443	2248	2195	5938	2976	2962	119	57	62
昌平区	11006	5566	5440	15394	7861	7533	809	403	406
大兴区	8404	4308	4096	17013	8508	8505	643	363	280
怀柔区	1838	948	890	906	486	420	47	24	23
平谷区	731	356	375	359	190	169	232	126	106
密云区	1633	845	788	4272	2223	2049	55	30	25
延庆区	595	299	296	566	303	263	96	58	38

1-6a　续表 2　　单位：人

地　区	维吾尔族			苗　族			彝　族		
	小计	男	女	小计	男	女	小计	男	女
北　　京	**8046**	**3667**	**4379**	**15242**	**7691**	**7551**	**7775**	**4122**	**3653**
东 城 区	146	59	87	408	198	210	194	92	102
西 城 区	321	183	138	700	328	372	359	164	195
朝 阳 区	1289	547	742	2647	1297	1350	1144	541	603
丰 台 区	403	154	249	1129	528	601	488	237	251
石景山区	355	149	206	425	223	202	237	132	105
海 淀 区	2508	1120	1388	4425	2233	2192	2207	1131	1076
门头沟区	140	74	66	161	85	76	102	57	45
房 山 区	489	199	290	806	449	357	412	222	190
通 州 区	670	273	397	865	458	407	522	308	214
顺 义 区	93	55	38	430	219	211	316	182	134
昌 平 区	849	425	424	1488	750	738	693	381	312
大 兴 区	584	312	272	1156	616	540	645	397	248
怀 柔 区	45	24	21	285	150	135	178	113	65
平 谷 区	20	11	9	77	40	37	57	32	25
密 云 区	99	59	40	164	78	86	151	86	65
延 庆 区	35	23	12	76	39	37	70	47	23

1-6a　续表 3　　单位：人

地　区	壮　族			布依族			朝鲜族		
	小计	男	女	小计	男	女	小计	男	女
北　　京	**17890**	**8508**	**9382**	**3789**	**1751**	**2038**	**30324**	**13333**	**16991**
东 城 区	512	241	271	98	45	53	802	333	469
西 城 区	815	402	413	111	52	59	1260	570	690
朝 阳 区	2853	1300	1553	640	267	373	8674	3724	4950
丰 台 区	1160	500	660	266	115	151	1955	846	1109
石景山区	600	299	301	80	45	35	654	287	367
海 淀 区	5019	2365	2654	1084	504	580	5166	2134	3032
门头沟区	189	89	100	35	11	24	236	98	138
房 山 区	786	390	396	259	119	140	836	388	448
通 州 区	1102	533	569	237	118	119	3004	1385	1619
顺 义 区	733	354	379	98	46	52	2717	1280	1437
昌 平 区	1918	942	976	465	224	241	2323	1049	1274
大 兴 区	1131	573	558	278	140	138	1798	812	986
怀 柔 区	495	271	224	51	24	27	218	104	114
平 谷 区	258	99	159	37	17	20	241	113	128
密 云 区	240	116	124	34	15	19	373	178	195
延 庆 区	79	34	45	16	9	7	67	32	35

1–6a 续表 4 单位：人

地区	满族			侗族			瑶族		
	小计	男	女	小计	男	女	小计	男	女
北京	**382169**	**188762**	**193407**	**5621**	**2672**	**2949**	**4256**	**1994**	**2262**
东城区	17477	8620	8857	143	66	77	134	67	67
西城区	24297	11574	12723	305	134	171	264	126	138
朝阳区	65895	31916	33979	990	438	552	672	313	359
丰台区	36205	17290	18915	512	212	300	347	162	185
石景山区	9855	4782	5073	142	78	64	127	63	64
海淀区	59735	28556	31179	1638	737	901	1282	581	701
门头沟区	4302	2056	2246	64	30	34	35	15	20
房山区	18993	9643	9350	249	145	104	190	90	100
通州区	20737	10606	10131	306	161	145	217	93	124
顺义区	17654	9091	8563	156	72	84	146	69	77
昌平区	29901	15466	14435	591	310	281	436	212	224
大兴区	26979	14315	12664	385	213	172	274	145	129
怀柔区	21912	11106	10806	54	36	18	42	18	24
平谷区	2376	1239	1137	25	11	14	25	12	13
密云区	19812	9478	10334	36	16	20	44	18	26
延庆区	6039	3024	3015	25	13	12	21	10	11

1–6a 续表 5 单位：人

地区	白族			土家族			哈尼族		
	小计	男	女	小计	男	女	小计	男	女
北京	**4486**	**2166**	**2320**	**26074**	**12459**	**13615**	**938**	**467**	**471**
东城区	151	59	92	688	325	363	18	9	9
西城区	276	120	156	1565	756	809	27	13	14
朝阳区	773	355	418	4415	1986	2429	139	61	78
丰台区	291	139	152	2105	933	1172	73	37	36
石景山区	108	51	57	820	424	396	31	15	16
海淀区	1442	686	756	7743	3729	4014	208	101	107
门头沟区	32	10	22	271	124	147	11	5	6
房山区	227	121	106	1290	629	661	95	57	38
通州区	207	110	97	1315	630	685	89	45	44
顺义区	173	95	78	876	447	429	34	18	16
昌平区	386	200	186	2437	1216	1221	85	42	43
大兴区	298	157	141	1625	830	795	77	43	34
怀柔区	54	31	23	501	224	277	18	7	11
平谷区	16	7	9	114	55	59	7	2	5
密云区	31	16	15	203	103	100	18	8	10
延庆区	21	9	12	106	48	58	8	4	4

1-6a　续表 6　　单位：人

地区	哈萨克族			傣族			黎族		
	小计	男	女	小计	男	女	小计	男	女
北京	**2214**	**875**	**1339**	**1027**	**467**	**560**	**1282**	**561**	**721**
东城区	63	29	34	34	23	11	41	19	22
西城区	89	44	45	84	32	52	64	24	40
朝阳区	342	111	231	200	91	109	196	67	129
丰台区	73	28	45	75	36	39	99	44	55
石景山区	62	26	36	16	7	9	33	14	19
海淀区	874	336	538	267	109	158	339	158	181
门头沟区	32	17	15	20	8	12	16	7	9
房山区	158	62	96	55	25	30	52	27	25
通州区	102	44	58	55	28	27	85	44	41
顺义区	29	10	19	29	16	13	28	10	18
昌平区	251	102	149	77	34	43	152	77	75
大兴区	121	58	63	80	41	39	137	59	78
怀柔区	5	5		9	6	3	10	3	7
平谷区	5	1	4	7	2	5	9	2	7
密云区	4	1	3	6	1	5	11	4	7
延庆区	4	1	3	13	8	5	10	2	8

1-6a　续表 7　　单位：人

地区	傈僳族			佤族			畲族		
	小计	男	女	小计	男	女	小计	男	女
北京	**419**	**209**	**210**	**552**	**350**	**202**	**1794**	**943**	**851**
东城区	8	5	3	19	9	10	62	34	28
西城区	8		8	22	10	12	131	66	65
朝阳区	56	22	34	71	41	30	380	190	190
丰台区	21	10	11	32	22	10	175	84	91
石景山区	11	4	7	25	16	9	57	32	25
海淀区	108	59	49	75	48	27	513	272	241
门头沟区				8	3	5	14	6	8
房山区	33	14	19	27	22	5	60	28	32
通州区	43	24	19	49	33	16	86	45	41
顺义区	24	14	10	30	18	12	41	26	15
昌平区	41	20	21	61	38	23	136	75	61
大兴区	38	19	19	85	58	27	106	65	41
怀柔区	12	7	5	11	5	6	17	12	5
平谷区	6	6		7	3	4	8	4	4
密云区	9	4	5	24	21	3	5	1	4
延庆区	1	1		6	3	3	3	3	

1-6a 续表 8 单位：人

地 区	高山族			拉祜族			水 族		
	小计	男	女	小计	男	女	小计	男	女
北 京	**152**	**74**	**78**	**615**	**396**	**219**	**428**	**214**	**214**
东城区	8	4	4	19	12	7	7	1	6
西城区	5	3	2	2	1	1	12	7	5
朝阳区	27	10	17	66	38	28	53	26	27
丰台区	18	7	11	63	36	27	42	21	21
石景山区	10	6	4	8	6	2	19	13	6
海淀区	39	19	20	93	57	36	122	54	68
门头沟区	1	1		18	9	9	9	4	5
房山区	1		1	44	30	14	25	14	11
通州区	8	4	4	45	33	12	21	12	9
顺义区	3	1	2	38	27	11	6	1	5
昌平区	14	8	6	50	20	30	60	30	30
大兴区	16	9	7	95	74	21	33	20	13
怀柔区				44	32	12	8	5	3
平谷区				9	4	5	1		1
密云区				14	11	3	6	4	2
延庆区	2	2		7	6	1	4	2	2

1-6a 续表 9 单位：人

地 区	东乡族			纳西族			景颇族		
	小计	男	女	小计	男	女	小计	男	女
北 京	**1115**	**750**	**365**	**736**	**344**	**392**	**153**	**64**	**89**
东城区	27	18	9	23	14	9			
西城区	35	21	14	55	24	31	5	2	3
朝阳区	111	73	38	155	75	80	19	7	12
丰台区	45	30	15	43	9	34	6	3	3
石景山区	12	5	7	12	6	6	8	2	6
海淀区	202	126	76	219	99	120	29	15	14
门头沟区	28	20	8	2	1	1	2	1	1
房山区	95	56	39	44	22	22	4	2	2
通州区	100	74	26	43	24	19	16	11	5
顺义区	68	49	19	16	7	9	6	1	5
昌平区	175	127	48	50	26	24	15	1	14
大兴区	104	75	29	55	22	33	29	13	16
怀柔区	44	27	17	9	6	3	9	5	4
平谷区	32	21	11	3	3		2		2
密云区	21	15	6	3	2	1	2		2
延庆区	16	13	3	4	4		1	1	

1-6a 续表 10 单位：人

地 区	柯尔克孜族			土 族			达斡尔族		
	小计	男	女	小计	男	女	小计	男	女
北 京	**222**	**98**	**124**	**640**	**327**	**313**	**3136**	**1332**	**1804**
东城区	6	3	3	8	6	2	133	56	77
西城区	5	1	4	27	10	17	182	85	97
朝阳区	32	18	14	100	45	55	671	292	379
丰台区	21	10	11	32	15	17	253	97	156
石景山区	7	2	5	26	11	15	105	43	62
海淀区	82	36	46	214	117	97	647	253	394
门头沟区	5	1	4	15	5	10	43	15	28
房山区	16	2	14	24	14	10	157	73	84
通州区	8	6	2	22	9	13	200	85	115
顺义区	3	1	2	11	5	6	119	50	69
昌平区	20	11	9	94	57	37	333	147	186
大兴区	16	7	9	46	27	19	211	102	109
怀柔区				5	1	4	32	17	15
平谷区	1		1	1	1		14	4	10
密云区				10	2	8	21	7	14
延庆区				5	2	3	15	6	9

1-6a 续表 11 单位：人

地 区	仫佬族			羌 族			布朗族		
	小计	男	女	小计	男	女	小计	男	女
北 京	**625**	**264**	**361**	**907**	**443**	**464**	**103**	**45**	**58**
东城区	21	8	13	28	11	17			
西城区	27	9	18	38	17	21	2		2
朝阳区	117	48	69	125	57	68	28	11	17
丰台区	64	29	35	83	45	38	5	1	4
石景山区	10	4	6	18	12	6	2	1	1
海淀区	170	74	96	293	129	164	27	11	16
门头沟区				12	9	3	1	1	
房山区	22	9	13	46	25	21	3	2	1
通州区	38	16	22	56	36	20	5	3	2
顺义区	15	6	9	29	15	14	2	1	1
昌平区	70	26	44	87	38	49	12	4	8
大兴区	38	19	19	60	30	30	11	7	4
怀柔区	12	8	4	22	15	7	2	1	1
平谷区	1		1	7	3	4	1	1	
密云区	13	4	9	3	1	2	2	1	1
延庆区	7	4	3						

1-6a 续表 12　　单位：人

地　区	撒拉族			毛南族			仡佬族		
	小计	男	女	小计	男	女	小计	男	女
北　京	**355**	**187**	**168**	**221**	**94**	**127**	**1452**	**825**	**627**
东 城 区	13	6	7				25	11	14
西 城 区	53	31	22	10	3	7	54	26	28
朝 阳 区	68	38	30	43	23	20	184	101	83
丰 台 区	14	6	8	18	6	12	132	60	72
石景山区	5	3	2	8		8	37	25	12
海 淀 区	68	33	35	71	28	43	409	215	194
门头沟区	5	4	1	1		1	10	7	3
房 山 区	17	8	9	9	8	1	117	77	40
通 州 区	22	9	13	17	6	11	108	64	44
顺 义 区	6	4	2	3	1	2	38	22	16
昌 平 区	48	27	21	17	7	10	156	95	61
大 兴 区	23	12	11	16	7	9	133	89	44
怀 柔 区	3	1	2	3	3		21	12	9
平 谷 区	2	1	1				6	3	3
密 云 区	3	1	2	5	2	3	9	7	2
延 庆 区	5	3	2				13	11	2

1-6a 续表 13　　单位：人

地　区	锡伯族			阿昌族			普米族		
	小计	男	女	小计	男	女	小计	男	女
北　京	**3901**	**1837**	**2064**	**41**	**18**	**23**	**75**	**30**	**45**
东 城 区	167	73	94						
西 城 区	257	125	132				4	4	
朝 阳 区	868	379	489	7	3	4	9	4	5
丰 台 区	403	186	217	6	3	3	6	3	3
石景山区	127	53	74	1	1		7	3	4
海 淀 区	809	395	414	12	4	8	29	8	21
门头沟区	36	14	22	1		1			
房 山 区	184	90	94	5	3	2	2	1	1
通 州 区	257	127	130	3	1	2	1		1
顺 义 区	111	50	61				5	5	
昌 平 区	366	184	182	2		2	5	1	4
大 兴 区	246	123	123	2	2		7	1	6
怀 柔 区	38	19	19						
平 谷 区	12	9	3						
密 云 区	14	8	6	2	1	1			
延 庆 区	6	2	4						

1-6a　续表 14　　　　单位：人

地　区	塔吉克族			怒　族			乌孜别克族		
	小计	男	女	小计	男	女	小计	男	女
北　京	**50**	**32**	**18**	**27**	**14**	**13**	**83**	**38**	**45**
东城区				1		1	7	4	3
西城区							3	1	2
朝阳区	11	4	7	8	5	3	13	4	9
丰台区	1	1		1	1		7	3	4
石景山区	1	1							
海淀区	13	6	7	6	3	3	26	11	15
门头沟区							2	2	
房山区	16	15	1				2	1	1
通州区	1		1	3	1	2	2	1	1
顺义区	1		1				3	2	1
昌平区	3	3		3	1	2	8	4	4
大兴区	2	1	1	2	1	1	9	5	4
怀柔区				2	1	1	1		1
平谷区	1	1							
密云区				1	1				
延庆区									

1-6a　续表 15　　　　单位：人

地　区	俄罗斯族			鄂温克族			德昂族		
	小计	男	女	小计	男	女	小计	男	女
北　京	**546**	**222**	**324**	**623**	**254**	**369**	**13**	**3**	**10**
东城区	35	7	28	23	7	16			
西城区	47	23	24	31	13	18			
朝阳区	118	45	73	126	44	82	4	1	3
丰台区	38	17	21	44	15	29			
石景山区	9	3	6	16	7	9			
海淀区	130	50	80	111	46	65	5	1	4
门头沟区	5	1	4	6	4	2			
房山区	28	19	9	33	16	17	3	1	2
通州区	27	13	14	63	27	36			
顺义区	24	9	15	22	6	16			
昌平区	46	19	27	76	38	38	1		1
大兴区	30	14	16	57	26	31			
怀柔区	1	1		5	2	3			
平谷区	1		1	2		2			
密云区	5		5	7	3	4			
延庆区	2	1	1	1		1			

1-6a 续表 16

单位：人

地　　区	保安族			裕固族			京　族		
	小计	男	女	小计	男	女	小计	男	女
北　　京	**37**	**22**	**15**	**143**	**73**	**70**	**42**	**18**	**24**
东 城 区	1	1		4	3	1	1	1	
西 城 区				9	5	4	2	2	
朝 阳 区	2	2		23	14	9	5	1	4
丰 台 区	3	2	1	6	1	5	3	1	2
石景山区	3	2	1	3	2	1	1		1
海 淀 区	11	4	7	46	24	22	18	9	9
门头沟区	1	1							
房 山 区	4	2	2	6	3	3	3		3
通 州 区	1		1	7	4	3	2	1	1
顺 义 区	2	2		8	3	5			
昌 平 区	1	1		18	6	12	5	2	3
大 兴 区	1	1		11	6	5	1		1
怀 柔 区	1	1		2	2		1	1	
平 谷 区	1	1							
密 云 区	3	1	2						
延 庆 区	2	1	1						

1-6a 续表 17

单位：人

地　　区	塔塔尔族			独龙族			鄂伦春族		
	小计	男	女	小计	男	女	小计	男	女
北　　京	**37**	**13**	**24**	**12**	**5**	**7**	**223**	**93**	**130**
东 城 区							1	1	
西 城 区	1	1		3	1	2	13	6	7
朝 阳 区	10	4	6	1		1	52	21	31
丰 台 区	2	1	1				16	9	7
石景山区	1		1	2	1	1	6	2	4
海 淀 区	17	4	13	4	2	2	49	19	30
门头沟区									
房 山 区	2	1	1				17	6	11
通 州 区	1	1					19	8	11
顺 义 区							3	1	2
昌 平 区	2	1	1				16	4	12
大 兴 区	1		1	1		1	16	7	9
怀 柔 区							9	5	4
平 谷 区									
密 云 区							5	3	2
延 庆 区				1	1		1	1	

1-6a　续表 18　　　　单位：人

地　区	赫哲族			门巴族			珞巴族		
	小计	男	女	小计	男	女	小计	男	女
北　京	**275**	**113**	**162**	**33**	**17**	**16**	**8**	**3**	**5**
东城区	9	6	3	5	4	1	1		1
西城区	17	3	14	1		1			
朝阳区	62	29	33	3	2	1			
丰台区	40	10	30	4	3	1			
石景山区	10	3	7	1	1				
海淀区	50	22	28	12	3	9	4	1	3
门头沟区	2		2						
房山区	14	7	7				1	1	
通州区	17	9	8						
顺义区	9	5	4						
昌平区	11	4	7	4	2	2	1		1
大兴区	33	15	18	2	2		1	1	
怀柔区									
平谷区									
密云区	1		1	1		1			
延庆区									

1-6a　续表 19　　　　单位：人

地　区	基诺族			未定族称人口			入　籍		
	小计	男	女	小计	男	女	小计	男	女
北　京	**36**	**11**	**25**	**720**	**376**	**344**	**68**	**42**	**26**
东城区	2	1	1	13	6	7	1	1	
西城区				19	8	11	9	5	4
朝阳区	10	3	7	119	52	67	15	8	7
丰台区	3		3	42	21	21	4	4	
石景山区	1		1	13	7	6	1	1	
海淀区	7	2	5	186	108	78	17	8	9
门头沟区				5	3	2			
房山区	3	1	2	44	20	24	1	1	
通州区	1	1		43	21	22			
顺义区	1	1		39	18	21	7	5	2
昌平区	5	1	4	96	59	37	3	2	1
大兴区	1		1	57	34	23	10	7	3
怀柔区	2	1	1	14	6	8			
平谷区				5	1	4			
密云区				9	5	4			
延庆区				16	7	9			

1-6b 各地区分性别、民族的人口(镇)

单位：人

地区	合计			汉族		
	合计	男	女	小计	男	女
北京	**1414752**	**769805**	**644947**	**1352187**	**736692**	**615495**
东城区						
西城区						
朝阳区	25466	13011	12455	24387	12468	11919
丰台区	10959	5498	5461	10601	5335	5266
石景山区						
海淀区						
门头沟区	32434	17074	15360	31323	16483	14840
房山区	97600	50504	47096	94697	48974	45723
通州区	305037	167320	137717	291541	160196	131345
顺义区	153970	85961	68009	147210	82305	64905
昌平区	372153	201622	170531	356199	193383	162816
大兴区	202802	114083	88719	193664	109007	84657
怀柔区	53449	30116	23333	48808	27694	21114
平谷区	50898	26181	24717	49932	25708	24224
密云区	56543	29935	26608	52895	28010	24885
延庆区	53441	28500	24941	50930	27129	23801

1-6b 续表 1

单位：人

地区	蒙古族			回族			藏族		
	小计	男	女	小计	男	女	小计	男	女
北京	**8025**	**4128**	**3897**	**12826**	**6729**	**6097**	**351**	**181**	**170**
东城区									
西城区									
朝阳区	157	82	75	222	107	115	2	1	1
丰台区	27	12	15	94	47	47			
石景山区									
海淀区									
门头沟区	130	60	70	115	71	44	2		2
房山区	251	131	120	402	209	193	9	4	5
通州区	1938	1010	928	3775	1954	1821	85	40	45
顺义区	1088	596	492	746	380	366	19	8	11
昌平区	2394	1184	1210	3669	1947	1722	157	75	82
大兴区	1082	582	500	2842	1442	1400	46	32	14
怀柔区	366	172	194	256	161	95	14	8	6
平谷区	184	85	99	72	43	29	2	2	
密云区	216	101	115	309	180	129	5	5	
延庆区	192	113	79	324	188	136	10	6	4

1-6b　续表 2　　　　单位：人

地　区	维吾尔族			苗　族			彝　族		
	小计	男	女	小计	男	女	小计	男	女
北　京	**330**	**153**	**177**	**1267**	**730**	**537**	**1115**	**716**	**399**
东城区									
西城区									
朝阳区	1	1		29	13	16	11	7	4
丰台区	1		1	4		4	1	1	
石景山区									
海淀区									
门头沟区	7		7	60	40	20	39	27	12
房山区	4	2	2	50	26	24	30	13	17
通州区	64	26	38	256	142	114	149	93	56
顺义区	43	23	20	118	76	42	69	43	26
昌平区	132	62	70	334	175	159	252	130	122
大兴区	50	24	26	239	141	98	423	317	106
怀柔区	16	9	7	79	53	26	70	46	24
平谷区	4	2	2	16	12	4	18	10	8
密云区	1		1	38	26	12	25	14	11
延庆区	7	4	3	44	26	18	28	15	13

1-6b　续表 3　　　　单位：人

地　区	壮　族			布依族			朝鲜族		
	小计	男	女	小计	男	女	小计	男	女
北　京	**1307**	**583**	**724**	**348**	**189**	**159**	**1566**	**732**	**834**
东城区									
西城区									
朝阳区	22	13	9	5	3	2	41	18	23
丰台区	4	1	3	2	1	1	2		2
石景山区									
海淀区									
门头沟区	19	8	11	7	3	4	15	8	7
房山区	49	24	25	29	10	19	48	16	32
通州区	285	136	149	75	42	33	440	194	246
顺义区	119	44	75	26	11	15	248	129	119
昌平区	421	188	233	91	52	39	484	227	257
大兴区	164	72	92	71	44	27	172	89	83
怀柔区	79	41	38	16	9	7	15	8	7
平谷区	73	22	51	9	4	5	34	15	19
密云区	40	15	25	8	6	2	26	12	14
延庆区	32	19	13	9	4	5	41	16	25

1-6b 续表 4 单位：人

地区	满族			侗族			瑶族		
	小计	男	女	小计	男	女	小计	男	女
北京	**30541**	**16227**	**14314**	**333**	**201**	**132**	**239**	**120**	**119**
东城区									
西城区									
朝阳区	447	219	228	4	2	2	7	4	3
丰台区	207	95	112	1		1			
石景山区									
海淀区									
门头沟区	650	336	314	2		2			
房山区	1808	988	820	7	3	4	10	6	4
通州区	5456	2975	2481	69	35	34	48	21	27
顺义区	3742	2049	1693	29	20	9	38	19	19
昌平区	6570	3413	3157	130	73	57	82	40	42
大兴区	3210	1779	1431	49	37	12	18	9	9
怀柔区	3453	1753	1700	26	17	9	19	12	7
平谷区	481	238	243	4	2	2	4	2	2
密云区	2859	1497	1362	6	6		6	2	4
延庆区	1658	885	773	6	6		7	5	2

1-6b 续表 5 单位：人

地区	白族			土家族			哈尼族		
	小计	男	女	小计	男	女	小计	男	女
北京	**418**	**233**	**185**	**1635**	**860**	**775**	**136**	**90**	**46**
东城区									
西城区									
朝阳区	31	15	16	40	23	17	3		3
丰台区	1	1		8	3	5			
石景山区									
海淀区									
门头沟区	3	1	2	28	14	14			
房山区	6	4	2	112	51	61	8	5	3
通州区	69	35	34	330	175	155	19	12	7
顺义区	40	22	18	180	91	89	14	8	6
昌平区	109	61	48	515	266	249	29	20	9
大兴区	112	72	40	208	124	84	48	35	13
怀柔区	21	8	13	121	70	51	4	1	3
平谷区	3	1	2	17	6	11	1	1	
密云区	7	3	4	26	10	16	7	6	1
延庆区	16	10	6	50	27	23	3	2	1

1-6b 续表 6 单位：人

地区	哈萨克族			傣族			黎族		
	小计	男	女	小计	男	女	小计	男	女
北京	**105**	**55**	**50**	**115**	**60**	**55**	**96**	**58**	**38**
东城区									
西城区									
朝阳区	2	1	1	3	1	2	4	3	1
丰台区									
石景山区									
海淀区									
门头沟区	2	1	1	10	9	1	4	3	1
房山区	4	1	3	3		3	1	1	
通州区	17	6	11	21	8	13	14	4	10
顺义区	10	4	6	3	1	2	9	4	5
昌平区	53	31	22	50	27	23	32	17	15
大兴区	6	2	4	19	10	9	8	7	1
怀柔区	6	5	1	4	2	2	1		1
平谷区	1	1		1	1		2	2	
密云区	4	3	1				2	2	
延庆区				1	1		19	15	4

1-6b 续表 7 单位：人

地区	傈僳族			佤族			畲族		
	小计	男	女	小计	男	女	小计	男	女
北京	**56**	**31**	**25**	**130**	**87**	**43**	**112**	**65**	**47**
东城区									
西城区									
朝阳区				3	2	1	1		1
丰台区									
石景山区									
海淀区									
门头沟区				3	2	1	1	1	
房山区	1		1	4	2	2	4	2	2
通州区	17	8	9	17	12	5	30	18	12
顺义区	6	4	2	16	11	5	15	10	5
昌平区	20	11	9	11	2	9	34	20	14
大兴区	9	6	3	59	43	16	13	9	4
怀柔区	1		1	9	7	2	4	3	1
平谷区	1	1		3	2	1	2		2
密云区				1	1		1	1	
延庆区	1	1		4	3	1	7	1	6

1-6b　续表 8　　　　单位：人

地　区	高山族			拉祜族			水　族		
	小计	男	女	小计	男	女	小计	男	女
北　京	**14**	**8**	**6**	**172**	**129**	**43**	**42**	**19**	**23**
东城区									
西城区									
朝阳区				28	22	6			
丰台区				2	1	1			
石景山区									
海淀区									
门头沟区							2	1	1
房山区				3		3	2	1	1
通州区	9	7	2	18	10	8	9	3	6
顺义区	2		2	6	3	3	3	2	1
昌平区	3	1	2	15	9	6	16	7	9
大兴区				85	72	13	7	5	2
怀柔区				1	1		1		1
平谷区				4	4		1		1
密云区				9	7	2	1		1
延庆区				1		1			

1-6b　续表 9　　　　单位：人

地　区	东乡族			纳西族			景颇族		
	小计	男	女	小计	男	女	小计	男	女
北　京	**221**	**153**	**68**	**36**	**21**	**15**	**33**	**18**	**15**
东城区									
西城区									
朝阳区				3	1	2			
丰台区									
石景山区									
海淀区									
门头沟区	3	3					2	1	1
房山区	7	4	3	1	1		1		1
通州区	24	17	7	7	4	3	3		3
顺义区	53	33	20	4	2	2	1	1	
昌平区	40	32	8	10	8	2	6	1	5
大兴区	17	14	3	7	4	3	14	11	3
怀柔区	15	12	3	1	1		1	1	
平谷区	17	13	4	1		1	1	1	
密云区	32	18	14				2	1	1
延庆区	13	7	6	2		2	2	1	1

1–6b　续表 10　　单位：人

地　区	柯尔克孜族			土　族			达斡尔族		
	小计	男	女	小计	男	女	小计	男	女
北　京	**15**	**7**	**8**	**49**	**26**	**23**	**188**	**100**	**88**
东城区									
西城区									
朝阳区							1		1
丰台区									
石景山区									
海淀区									
门头沟区							1		1
房山区	1	1		3	2	1			
通州区	5	3	2	15	7	8	41	20	21
顺义区	4	1	3	5	1	4	30	20	10
昌平区	1	1		18	12	6	73	34	39
大兴区	3		3	5	4	1	31	20	11
怀柔区				2		2	1	1	
平谷区							3	1	2
密云区	1	1					1	1	
延庆区				1		1	6	3	3

1–6b　续表 11　　单位：人

地　区	仫佬族			羌　族			布朗族		
	小计	男	女	小计	男	女	小计	男	女
北　京	**38**	**19**	**19**	**76**	**40**	**36**	**7**	**4**	**3**
东城区									
西城区									
朝阳区	3		3						
丰台区									
石景山区									
海淀区									
门头沟区				2	1	1			
房山区				4	2	2			
通州区	11	6	5	17	10	7	2	1	1
顺义区	2	1	1	7	3	4			
昌平区	14	7	7	9	8	1	1	1	
大兴区	7	5	2	16	6	10	2	2	
怀柔区	1		1	16	7	9	1		1
平谷区									
密云区				1	1				
延庆区				4	2	2	1		1

1-6b 续表 12 单位：人

地区	撒拉族			毛南族			仡佬族		
	小计	男	女	小计	男	女	小计	男	女
北京	**19**	**12**	**7**	**11**	**5**	**6**	**182**	**116**	**66**
东城区									
西城区									
朝阳区							4	2	2
丰台区							1	1	
石景山区									
海淀区									
门头沟区	1		1						
房山区	1		1				28	14	14
通州区	7	5	2	2		2	44	29	15
顺义区	1	1		1		1	14	10	4
昌平区	6	4	2	5	3	2	41	23	18
大兴区	1	1		1		1	40	30	10
怀柔区	1	1		1	1		1	1	
平谷区							1	1	
密云区							2	2	
延庆区	1		1	1	1		6	3	3

1-6b 续表 13 单位：人

地区	锡伯族			阿昌族			普米族		
	小计	男	女	小计	男	女	小计	男	女
北京	**217**	**114**	**103**				**6**	**4**	**2**
东城区									
西城区									
朝阳区	5	3	2						
丰台区	2		2						
石景山区									
海淀区									
门头沟区	1	1							
房山区	4	4							
通州区	63	33	30				2		2
顺义区	31	18	13						
昌平区	68	35	33						
大兴区	25	13	12				1	1	
怀柔区	7	3	4				3	3	
平谷区	2		2						
密云区	5	1	4						
延庆区	4	3	1						

1-6b　续表 14　　　　单位：人

地　区	塔吉克族			怒　族			乌孜别克族		
	小计	男	女	小计	男	女	小计	男	女
北　京	**1**		**1**	**7**	**2**	**5**	**2**	**1**	**1**
东城区									
西城区									
朝阳区									
丰台区									
石景山区									
海淀区									
门头沟区									
房山区									
通州区				1		1	2	1	1
顺义区	1		1						
昌平区				4		4			
大兴区				2	2				
怀柔区									
平谷区									
密云区									
延庆区									

1-6b　续表 15　　　　单位：人

地　区	俄罗斯族			鄂温克族			德昂族		
	小计	男	女	小计	男	女	小计	男	女
北　京	**20**	**11**	**9**	**52**	**26**	**26**	**1**		**1**
东城区									
西城区									
朝阳区									
丰台区	1		1						
石景山区									
海淀区									
门头沟区				1		1			
房山区				5	2	3			
通州区	4	2	2	9	4	5			
顺义区	2	1	1	6	4	2			
昌平区	9	6	3	16	8	8			
大兴区	3	2	1	6	2	4	1		1
怀柔区	1		1	1	1				
平谷区				2		2			
密云区				3	2	1			
延庆区				3	3				

1-6b 续表 16

单位：人

地区	保安族			裕固族			京族		
	小计	男	女	小计	男	女	小计	男	女
北京	**2**		**2**	**5**	**4**	**1**			
东城区									
西城区									
朝阳区									
丰台区									
石景山区									
海淀区									
门头沟区									
房山区									
通州区				2	2				
顺义区									
昌平区				1	1				
大兴区	2		2	1		1			
怀柔区				1	1				
平谷区									
密云区									
延庆区									

1-6b 续表 17

单位：人

地区	塔塔尔族			独龙族			鄂伦春族		
	小计	男	女	小计	男	女	小计	男	女
北京				**2**	**1**	**1**	**13**	**4**	**9**
东城区									
西城区									
朝阳区									
丰台区									
石景山区									
海淀区									
门头沟区									
房山区									
通州区				1		1	5	2	3
顺义区				1	1				
昌平区							3	1	2
大兴区							3	1	2
怀柔区									
平谷区									
密云区							1		1
延庆区							1		1

1-6b　续表 18　　单位：人

地　区	赫哲族			门巴族			珞巴族		
	小计	男	女	小计	男	女	小计	男	女
北　京	**8**	**3**	**5**	**5**	**2**	**3**			
东城区									
西城区									
朝阳区									
丰台区									
石景山区									
海淀区									
门头沟区									
房山区									
通州区	5	2	3	1		1			
顺义区				2		2			
昌平区	1		1	2	2				
大兴区	2	1	1						
怀柔区									
平谷区									
密云区									
延庆区									

1-6b　续表 19　　单位：人

地　区	基诺族			未定族称人口			入　籍		
	小计	男	女	小计	男	女	小计	男	女
北　京	**1**		**1**	**68**	**35**	**33**	**1**	**1**	
东城区									
西城区									
朝阳区									
丰台区									
石景山区									
海淀区									
门头沟区				1		1			
房山区	1		1	2	1	1			
通州区				12	9	3	1	1	
顺义区				6	1	5			
昌平区				23	14	9			
大兴区				8	4	4			
怀柔区				5	3	2			
平谷区				2	1	1			
密云区				3	1	2			
延庆区				6	1	5			

1-6c　各地区分性别、民族的人口(乡村)

单位：人

地　区	合　计			汉　族		
	合计	男	女	小计	男	女
北　京	**2726662**	**1488424**	**1238238**	**2627662**	**1436424**	**1191238**
东城区						
西城区						
朝阳区						
丰台区	16112	8492	7620	15833	8356	7477
石景山区						
海淀区	74738	41049	33689	73182	40259	32923
门头沟区	33661	17846	15815	33059	17553	15506
房山区	287458	151477	135981	279678	147256	132422
通州区	478892	261406	217486	463434	253389	210045
顺义区	448783	249653	199130	432986	241238	191748
昌平区	413372	233808	179564	399771	226250	173521
大兴区	371209	209862	161347	358574	203185	155389
怀柔区	106358	56374	49984	95913	51058	44855
平谷区	178812	92116	86696	175041	90498	84543
密云区	177285	91804	85481	165493	85847	79646
延庆区	139982	74537	65445	134698	71535	63163

1-6c　续表 1

单位：人

地　区	蒙古族			回　族			藏　族		
	小计	男	女	小计	男	女	小计	男	女
北　京	**10161**	**5163**	**4998**	**19879**	**10259**	**9620**	**295**	**167**	**128**
东城区									
西城区									
朝阳区									
丰台区	46	23	23	28	17	11			
石景山区									
海淀区	248	121	127	238	118	120	17	11	6
门头沟区	109	49	60	65	32	33	4	3	1
房山区	602	301	301	1948	1036	912	10	3	7
通州区	1851	955	896	5527	2786	2741	35	19	16
顺义区	1967	1040	927	1611	857	754	32	21	11
昌平区	2099	1106	993	2156	1138	1018	117	61	56
大兴区	1111	607	504	6992	3566	3426	35	27	8
怀柔区	529	255	274	194	111	83	13	7	6
平谷区	655	279	376	176	94	82	12	4	8
密云区	598	270	328	648	342	306	13	5	8
延庆区	346	157	189	296	162	134	7	6	1

1-6c　续表 2　　　　单位：人

地　区	维吾尔族			苗　族			彝　族		
	小计	男	女	小计	男	女	小计	男	女
北　京	**302**	**153**	**149**	**1545**	**798**	**747**	**1107**	**650**	**457**
东城区									
西城区									
朝阳区									
丰台区				13	6	7	1	1	
石景山区									
海淀区	5	4	1	49	26	23	37	20	17
门头沟区	4	2	2	15	11	4	13	10	3
房山区	22	14	8	119	61	58	49	21	28
通州区	36	19	17	251	136	115	110	66	44
顺义区	32	16	16	182	88	94	156	98	58
昌平区	117	45	72	333	187	146	265	172	93
大兴区	21	13	8	171	88	83	217	146	71
怀柔区	8	4	4	138	74	64	33	20	13
平谷区	31	19	12	115	42	73	109	37	72
密云区	16	11	5	106	51	55	60	31	29
延庆区	10	6	4	53	28	25	57	28	29

1-6c　续表 3　　　　单位：人

地　区	壮　族			布依族			朝鲜族		
	小计	男	女	小计	男	女	小计	男	女
北　京	**2091**	**784**	**1307**	**435**	**203**	**232**	**1094**	**534**	**560**
东城区									
西城区									
朝阳区									
丰台区	1	1					4	2	2
石景山区									
海淀区	29	13	16	14	7	7	14	8	6
门头沟区	18	6	12	6	4	2	8	3	5
房山区	96	25	71	86	43	43	93	55	38
通州区	339	133	206	57	20	37	245	118	127
顺义区	402	135	267	40	21	19	253	122	131
昌平区	315	163	152	103	46	57	220	107	113
大兴区	104	46	58	49	27	22	81	39	42
怀柔区	83	32	51	13	6	7	32	17	15
平谷区	534	155	379	25	10	15	44	17	27
密云区	116	49	67	20	9	11	55	26	29
延庆区	54	26	28	22	10	12	45	20	25

1-6c 续表 4 单位：人

地 区	满族			侗族			瑶族		
	小计	男	女	小计	男	女	小计	男	女
北 京	**57285**	**30749**	**26536**	**371**	**206**	**165**	**262**	**128**	**134**
东城区									
西城区									
朝阳区									
丰台区	151	70	81						
石景山区									
海淀区	799	414	385	7	3	4	3	2	1
门头沟区	304	146	158	13	10	3	1		1
房山区	4449	2514	1935	12	9	3	12	8	4
通州区	6285	3394	2891	63	34	29	28	12	16
顺义区	10353	5591	4762	42	23	19	63	31	32
昌平区	6667	3827	2840	98	52	46	55	34	21
大兴区	3225	1776	1449	40	21	19	40	23	17
怀柔区	9199	4704	4495	15	9	6	12	2	10
平谷区	1747	810	937	27	12	15	30	10	20
密云区	9920	5051	4869	30	22	8	16	5	11
延庆区	4186	2452	1734	24	11	13	2	1	1

1-6c 续表 5 单位：人

地 区	白族			土家族			哈尼族		
	小计	男	女	小计	男	女	小计	男	女
北 京	**239**	**134**	**105**	**1871**	**963**	**908**	**152**	**85**	**67**
东城区									
西城区									
朝阳区									
丰台区				8	2	6	2	2	
石景山区									
海淀区	5	5		40	22	18	3		3
门头沟区	3		3	15	6	9	1		1
房山区	14	7	7	146	66	80	8	4	4
通州区	37	20	17	278	135	143	13	5	8
顺义区	67	35	32	301	168	133	14	5	9
昌平区	43	32	11	483	293	190	47	32	15
大兴区	25	12	13	253	144	109	31	19	12
怀柔区	6	3	3	86	29	57	4	3	1
平谷区	10	4	6	114	37	77	13	6	7
密云区	12	6	6	72	29	43	9	4	5
延庆区	17	10	7	75	32	43	7	5	2

1-6c 续表 6 单位：人

地区	哈萨克族			傣族			黎族		
	小计	男	女	小计	男	女	小计	男	女
北京	**74**	**25**	**49**	**93**	**33**	**60**	**94**	**40**	**54**
东城区									
西城区									
朝阳区									
丰台区									
石景山区									
海淀区	1		1	3		3	3	2	1
门头沟区				6	4	2	1		1
房山区	6	2	4	6	1	5	8	3	5
通州区	9	7	2	16	7	9	13	10	3
顺义区	4	2	2	12	2	10	9	1	8
昌平区	43	9	34	17	7	10	23	9	14
大兴区	5	1	4	17	4	13	14	4	10
怀柔区	1	1		2	1	1	3	1	2
平谷区	1	1		10	7	3	6	5	1
密云区	2	1	1	2		2	4		4
延庆区	2	1	1	2		2	10	5	5

1-6c 续表 7 单位：人

地区	傈僳族			佤族			畲族		
	小计	男	女	小计	男	女	小计	男	女
北京	**53**	**35**	**18**	**154**	**103**	**51**	**86**	**42**	**44**
东城区									
西城区									
朝阳区									
丰台区	4	3	1	3	3		1	1	
石景山区									
海淀区	1		1	2	1	1	1		1
门头沟区				2	1	1			
房山区	3	1	2	8	6	2	3		3
通州区	8	4	4	10	9	1	23	12	11
顺义区	9	8	1	10	7	3	12	8	4
昌平区	8	6	2	32	24	8	23	11	12
大兴区	7	6	1	24	14	10	11	5	6
怀柔区	4	2	2	19	8	11	1	1	
平谷区	5	3	2	32	21	11	2	1	1
密云区	3	1	2	8	6	2			
延庆区	1	1		4	3	1	9	3	6

1-6c 续表 8 单位：人

地 区	高山族			拉祜族			水 族		
	小计	男	女	小计	男	女	小计	男	女
北 京	**3**	**1**	**2**	**123**	**86**	**37**	**37**	**23**	**14**
东城区									
西城区									
朝阳区									
丰台区									
石景山区									
海淀区				4		4			
门头沟区				1		1	3	1	2
房山区									
通州区	1		1	11	8	3	4	2	2
顺义区	1		1	19	15	4	3	3	
昌平区				42	37	5	17	8	9
大兴区				19	13	6	2	1	1
怀柔区				4	3	1			
平谷区				14	6	8	5	5	
密云区	1	1		5	3	2	1	1	
延庆区				4	1	3	2	2	

1-6c 续表 9 单位：人

地 区	东乡族			纳西族			景颇族		
	小计	男	女	小计	男	女	小计	男	女
北 京	**168**	**116**	**52**	**33**	**24**	**9**	**34**	**12**	**22**
东城区									
西城区									
朝阳区									
丰台区									
石景山区									
海淀区	3	2	1				2		2
门头沟区	3	2	1						
房山区	14	7	7	3	3				
通州区	13	11	2	5	3	2	9	3	6
顺义区	46	35	11	12	9	3	4	2	2
昌平区	25	17	8	2		2	7	1	6
大兴区	12	6	6	3	2	1	6	3	3
怀柔区	12	8	4	2	2		1		1
平谷区	17	12	5	1	1				
密云区	15	8	7	3	2	1	4	2	2
延庆区	8	8		2	2		1	1	

1-6c　续表 10　　　　单位：人

地　区	柯尔克孜族			土　族			达斡尔族		
	小计	男	女	小计	男	女	小计	男	女
北　京	**12**	**5**	**7**	**47**	**22**	**25**	**195**	**82**	**113**
东城区									
西城区									
朝阳区									
丰台区							4	1	3
石景山区									
海淀区				2		2	6	1	5
门头沟区				1		1	1		1
房山区	1		1	3		3	14	7	7
通州区				10	4	6	50	21	29
顺义区				5	2	3	37	15	22
昌平区	7	4	3	8	7	1	43	22	21
大兴区	3		3	7	4	3	19	7	12
怀柔区				2		2	2	1	1
平谷区				4	2	2	3	1	2
密云区	1	1		1		1	12	4	8
延庆区				4	3	1	4	2	2

1-6c　续表 11　　　　单位：人

地　区	仫佬族			羌　族			布朗族		
	小计	男	女	小计	男	女	小计	男	女
北　京	**57**	**30**	**27**	**58**	**36**	**22**	**16**	**9**	**7**
东城区									
西城区									
朝阳区									
丰台区	2	1	1	2	1	1			
石景山区									
海淀区				1	1				
门头沟区							1	1	
房山区				3		3			
通州区	10	5	5	7	3	4	3	2	1
顺义区	10	5	5	8	6	2	3	2	1
昌平区	18	11	7	16	10	6	8	3	5
大兴区	3	1	2	11	10	1			
怀柔区	4	1	3	2	2				
平谷区	4	3	1	3	2	1	1	1	
密云区	3	2	1	4	1	3			
延庆区	3	1	2	1		1			

1-6c 续表 12 单位：人

地 区	撒拉族			毛南族			仡佬族		
	小计	男	女	小计	男	女	小计	男	女
北 京	**17**	**14**	**3**	**15**	**6**	**9**	**168**	**102**	**66**
东城区									
西城区									
朝阳区									
丰台区							4	1	3
石景山区									
海淀区							4	4	
门头沟区							1	1	
房山区				1	1		6	5	1
通州区	3	1	2	2	1	1	32	20	12
顺义区	1	1		1	1		26	14	12
昌平区	6	5	1	5	2	3	40	19	21
大兴区	1	1		4	1	3	33	25	8
怀柔区	2	2					4	2	2
平谷区	3	3		1		1	4	2	2
密云区	1	1		1		1	6	3	3
延庆区							8	6	2

1-6c 续表 13 单位：人

地 区	锡伯族			阿昌族			普米族		
	小计	男	女	小计	男	女	小计	男	女
北 京	**159**	**76**	**83**	**3**	**2**	**1**	**6**	**3**	**3**
东城区									
西城区									
朝阳区									
丰台区									
石景山区									
海淀区	3	1	2						
门头沟区	1		1						
房山区	10	5	5						
通州区	33	16	17						
顺义区	28	14	14	1		1	4	3	1
昌平区	44	26	18	1	1		2		2
大兴区	22	8	14	1	1				
怀柔区	6	1	5						
平谷区	2		2						
密云区	4	2	2						
延庆区	6	3	3						

1-6c　续表 14　　　　单位：人

地　区	塔吉克族			怒　族			乌孜别克族		
	小计	男	女	小计	男	女	小计	男	女
北　京	**1**		**1**	**3**	**1**	**2**	**2**	**1**	**1**
东城区									
西城区									
朝阳区									
丰台区									
石景山区									
海淀区									
门头沟区									
房山区									
通州区							1	1	
顺义区									
昌平区							1		1
大兴区									
怀柔区	1		1	1		1			
平谷区									
密云区				2	1	1			
延庆区									

1-6c　续表 15　　　　单位：人

地　区	俄罗斯族			鄂温克族			德昂族		
	小计	男	女	小计	男	女	小计	男	女
北　京	**18**	**9**	**9**	**52**	**22**	**30**	**3**	**3**	
东城区									
西城区									
朝阳区									
丰台区				5	1	4			
石景山区									
海淀区	1	1		2		2			
门头沟区									
房山区	3	1	2	6	2	4	3	3	
通州区	1	1		11	5	6			
顺义区	4	2	2	3	1	2			
昌平区	7	3	4	11	7	4			
大兴区				6	1	5			
怀柔区	1	1		2	2				
平谷区				4	2	2			
密云区	1		1	1		1			
延庆区				1	1				

1-6c 续表 16

单位：人

地区	保安族			裕固族			京族		
	小计	男	女	小计	男	女	小计	男	女
北京	**8**	**5**	**3**	**5**	**4**	**1**	**4**		**4**
东城区									
西城区									
朝阳区									
丰台区									
石景山区									
海淀区	3	1	2				1		1
门头沟区									
房山区							1		1
通州区	3	2	1	1	1				
顺义区	1	1							
昌平区	1	1		1	1		2		2
大兴区				2	1	1			
怀柔区									
平谷区				1	1				
密云区									
延庆区									

1-6c 续表 17

单位：人

地区	塔塔尔族			独龙族			鄂伦春族		
	小计	男	女	小计	男	女	小计	男	女
北京	**1**		**1**	**1**		**1**	**11**	**6**	**5**
东城区									
西城区									
朝阳区									
丰台区									
石景山区									
海淀区									
门头沟区							1		1
房山区									
通州区							3	1	2
顺义区							1	1	
昌平区	1		1	1		1	3	3	
大兴区							1	1	
怀柔区									
平谷区									
密云区							2		2
延庆区									

1-6c　续表 18　　　　　　　　　　　　　　　　　　　　单位：人

地　区	赫哲族			门巴族			珞巴族		
	小计	男	女	小计	男	女	小计	男	女
北　京	**12**	**2**	**10**	**3**	**2**	**1**	**1**		**1**
东城区									
西城区									
朝阳区									
丰台区									
石景山区									
海淀区	2		2	1	1				
门头沟区									
房山区	2	1	1						
通州区	2		2						
顺义区				1		1			
昌平区	2		2	1	1		1		1
大兴区	1	1							
怀柔区									
平谷区	1		1						
密云区	2		2						
延庆区									

1-6c　续表 19　　　　　　　　　　　　　　　　　　　　单位：人

地　区	基诺族			未定族称人口			入　籍		
	小计	男	女	小计	男	女	小计	男	女
北　京	**2**		**2**	**73**	**39**	**34**	**6**	**3**	**3**
东城区									
西城区									
朝阳区									
丰台区									
石景山区									
海淀区				2	1	1			
门头沟区				1	1				
房山区				9	6	3	1		1
通州区				7	4	3	2	1	1
顺义区				6	4	2	1		1
昌平区	1		1	11	6	5	2	2	
大兴区				6	2	4			
怀柔区	1		1	3	1	2			
平谷区				5	3	2			
密云区				12	6	6			
延庆区				11	5	6			

1-7 各地区分性别、民族的外省来京人员

单位：人

地区	合计			汉族		
	合计	男	女	小计	男	女
北京	**8418418**	**4545480**	**3872938**	**8014389**	**4339654**	**3674735**
东城区	158101	79465	78636	152309	76675	75634
西城区	244156	120498	123658	233092	115384	117708
朝阳区	1280747	647113	633634	1224306	620871	603435
丰台区	645322	325448	319874	618839	313241	305598
石景山区	166387	83341	83046	158690	79738	78952
海淀区	1118215	580271	537944	1065636	555298	510338
门头沟区	115249	60252	54997	109927	57639	52288
房山区	438353	237463	200890	416758	226399	190359
通州区	898000	498252	399748	851729	473897	377832
顺义区	599286	348965	250321	567270	331366	235904
昌平区	1310382	735725	574657	1250719	704034	546685
大兴区	1017900	580900	437000	974501	557190	417311
怀柔区	155777	92552	63225	139334	83206	56128
平谷区	78276	43631	34645	73553	41041	32512
密云区	111531	62810	48721	100865	57112	43753
延庆区	80736	48794	31942	76861	46563	30298

1-7 续表 1

单位：人

地区	蒙古族			回族			藏族		
	小计	男	女	小计	男	女	小计	男	女
北京	**69312**	**34698**	**34614**	**52442**	**26660**	**25782**	**5786**	**2815**	**2971**
东城区	1045	512	533	1208	576	632	69	33	36
西城区	1553	672	881	3347	1660	1687	66	36	30
朝阳区	9859	4627	5232	8338	3970	4368	1082	503	579
丰台区	4814	2184	2630	3972	1868	2104	205	98	107
石景山区	1334	616	718	1011	463	548	106	53	53
海淀区	8349	3821	4528	7444	3676	3768	1376	616	760
门头沟区	976	466	510	596	319	277	32	18	14
房山区	3636	1882	1754	2682	1367	1315	566	230	336
通州区	8616	4476	4140	5843	2986	2857	314	154	160
顺义区	5595	3012	2583	2623	1390	1233	132	69	63
昌平区	11172	5794	5378	7014	3818	3196	783	385	398
大兴区	7712	4118	3594	5911	3101	2810	625	368	257
怀柔区	1838	1015	823	858	527	331	53	33	20
平谷区	859	435	424	326	196	130	233	129	104
密云区	1287	688	599	762	448	314	37	22	15
延庆区	667	380	287	507	295	212	107	68	39

1-7　续表 2　　单位：人

地　区	维吾尔族			苗　族			彝　族		
	小计	男	女	小计	男	女	小计	男	女
北　京	**5250**	**2400**	**2850**	**11423**	**6014**	**5409**	**7209**	**4128**	**3081**
东城区	68	29	39	145	84	61	95	50	45
西城区	157	102	55	271	121	150	143	62	81
朝阳区	755	308	447	1653	817	836	745	344	401
丰台区	245	91	154	596	277	319	311	160	151
石景山区	293	115	178	198	104	94	150	89	61
海淀区	1046	447	599	2365	1189	1176	1351	709	642
门头沟区	144	72	72	178	103	75	125	78	47
房山区	392	166	226	754	421	333	363	194	169
通州区	674	278	396	1051	577	474	692	422	270
顺义区	134	76	58	577	311	266	466	289	177
昌平区	625	317	308	1611	844	767	951	535	416
大兴区	474	256	218	1239	694	545	1162	787	375
怀柔区	60	32	28	345	217	128	247	161	86
平谷区	47	28	19	117	71	46	90	54	36
密云区	98	59	39	195	111	84	190	114	76
延庆区	38	24	14	128	73	55	128	80	48

1-7　续表 3　　单位：人

地　区	壮　族			布依族			朝鲜族		
	小计	男	女	小计	男	女	小计	男	女
北　京	**10959**	**4986**	**5973**	**3086**	**1476**	**1610**	**17877**	**7932**	**9945**
东城区	171	80	91	37	20	17	200	73	127
西城区	277	120	157	45	21	24	280	113	167
朝阳区	1450	615	835	405	168	237	4689	2006	2683
丰台区	564	204	360	154	68	86	868	362	506
石景山区	247	123	124	47	30	17	203	68	135
海淀区	2291	1008	1283	639	289	350	1587	631	956
门头沟区	138	59	79	33	11	22	130	51	79
房山区	590	282	308	284	138	146	555	258	297
通州区	1201	574	627	290	147	143	2727	1267	1460
顺义区	518	224	294	129	64	65	2490	1169	1321
昌平区	1812	874	938	504	241	263	1960	906	1054
大兴区	1043	508	535	335	186	149	1347	619	728
怀柔区	217	101	116	64	33	31	176	86	90
平谷区	166	82	84	42	19	23	250	118	132
密云区	153	73	80	40	21	19	314	158	156
延庆区	121	59	62	38	20	18	101	47	54

1-7 续表 4 单位：人

地区	满族			侗族			瑶族		
	小计	男	女	小计	男	女	小计	男	女
北京	**177588**	**93354**	**84234**	**3555**	**1734**	**1821**	**2434**	**1142**	**1292**
东城区	2139	1045	1094	39	21	18	40	18	22
西城区	3719	1689	2030	116	51	65	66	26	40
朝阳区	21590	10327	11263	481	198	283	330	150	180
丰台区	12048	5732	6316	215	82	133	162	72	90
石景山区	3137	1464	1673	64	30	34	77	38	39
海淀区	17414	8533	8881	813	354	459	532	239	293
门头沟区	2405	1167	1238	51	26	25	18	7	11
房山区	9183	4773	4410	185	103	82	129	60	69
通州区	20903	11468	9435	321	168	153	223	95	128
顺义区	16898	9659	7239	167	90	77	148	71	77
昌平区	26718	14576	12142	572	295	277	374	183	191
大兴区	18965	10462	8503	347	200	147	224	129	95
怀柔区	11682	6618	5064	75	48	27	49	24	25
平谷区	2168	1216	952	23	11	12	18	9	9
密云区	7049	3705	3344	50	36	14	27	10	17
延庆区	1570	920	650	36	21	15	17	11	6

1-7 续表 5 单位：人

地区	白族			土家族			哈尼族		
	小计	男	女	小计	男	女	小计	男	女
北京	**2689**	**1327**	**1362**	**15876**	**7623**	**8253**	**936**	**501**	**435**
东城区	35	13	22	213	93	120	11	5	6
西城区	68	25	43	478	206	272	18	7	11
朝阳区	356	166	190	2247	955	1292	107	47	60
丰台区	128	53	75	1082	440	642	53	28	25
石景山区	42	20	22	410	208	202	19	9	10
海淀区	597	273	324	3550	1682	1868	108	52	56
门头沟区	20	6	14	205	89	116	8	3	5
房山区	146	76	70	962	480	482	90	55	35
通州区	228	115	113	1271	601	670	104	53	51
顺义区	181	101	80	920	488	432	55	29	26
昌平区	377	206	171	2411	1243	1168	143	85	58
大兴区	356	200	156	1492	810	682	145	89	56
怀柔区	71	35	36	269	147	122	18	7	11
平谷区	23	9	14	97	49	48	15	7	8
密云区	25	9	16	134	66	68	28	16	12
延庆区	36	20	16	135	66	69	14	9	5

1-7　续表 6　　单位：人

地　区	哈萨克族			傣　族			黎　族		
	小计	男	女	小计	男	女	小计	男	女
北　京	**1264**	**510**	**754**	**831**	**378**	**453**	**952**	**412**	**540**
东城区	14	7	7	22	16	6	15	4	11
西城区	23	9	14	36	14	22	15	5	10
朝阳区	163	49	114	126	57	69	124	35	89
丰台区	51	18	33	43	18	25	64	23	41
石景山区	50	21	29	10	4	6	17	8	9
海淀区	438	174	264	145	58	87	196	96	100
门头沟区	28	14	14	31	17	14	12	6	6
房山区	83	38	45	48	22	26	40	19	21
通州区	99	43	56	74	33	41	91	44	47
顺义区	31	11	20	37	16	21	39	12	27
昌平区	179	73	106	111	51	60	160	77	83
大兴区	77	35	42	101	46	55	117	52	65
怀柔区	12	11	1	10	7	3	12	3	9
平谷区	2	1	1	16	10	6	9	5	4
密云区	8	4	4	7	1	6	7	4	3
延庆区	6	2	4	14	8	6	34	19	15

1-7　续表 7　　单位：人

地　区	傈僳族			佤　族			畲　族		
	小计	男	女	小计	男	女	小计	男	女
北　京	**442**	**228**	**214**	**773**	**515**	**258**	**983**	**532**	**451**
东城区	5	3	2	13	6	7	17	7	10
西城区	6		6	13	4	9	41	24	17
朝阳区	39	16	23	69	42	27	179	93	86
丰台区	18	9	9	31	24	7	78	40	38
石景山区	9	4	5	21	14	7	26	15	11
海淀区	81	41	40	68	46	22	192	97	95
门头沟区				13	6	7	8	5	3
房山区	35	14	21	35	27	8	40	18	22
通州区	65	34	31	74	53	21	90	51	39
顺义区	36	24	12	54	36	18	44	32	12
昌平区	64	34	30	98	63	35	128	71	57
大兴区	49	27	22	167	114	53	102	60	42
怀柔区	17	9	8	36	19	17	16	13	3
平谷区	10	9	1	38	25	13	9	3	6
密云区	6	2	4	31	28	3	5	2	3
延庆区	2	2		12	8	4	8	1	7

1-7 续表 8 单位：人

地区	高山族			拉祜族			水族		
	小计	男	女	小计	男	女	小计	男	女
北京	**59**	**25**	**34**	**843**	**582**	**261**	**379**	**199**	**180**
东城区				18	12	6	1		1
西城区				1		1	8	4	4
朝阳区	13	3	10	83	54	29	44	24	20
丰台区	10	5	5	59	36	23	25	13	12
石景山区	3	1	2	6	4	2	12	8	4
海淀区	5	3	2	71	46	25	79	38	41
门头沟区	1	1		16	9	7	7	3	4
房山区				46	29	17	19	11	8
通州区	5	3	2	74	51	23	30	14	16
顺义区	2	1	1	61	44	17	11	6	5
昌平区	11	5	6	102	64	38	79	36	43
大兴区	8	2	6	195	155	40	34	23	11
怀柔区				48	36	12	9	5	4
平谷区				25	14	11	7	5	2
密云区				28	21	7	8	5	3
延庆区	1	1		10	7	3	6	4	2

1-7 续表 9 单位：人

地区	东乡族			纳西族			景颇族		
	小计	男	女	小计	男	女	小计	男	女
北京	**1396**	**969**	**427**	**411**	**200**	**211**	**196**	**87**	**109**
东城区	26	18	8	7	5	2			
西城区	18	13	5	15	3	12	5	2	3
朝阳区	99	66	33	73	36	37	12	4	8
丰台区	38	26	12	15	3	12	6	3	3
石景山区	11	5	6	3		3	6	2	4
海淀区	167	114	53	84	32	52	26	13	13
门头沟区	34	25	9	1	1		4	2	2
房山区	112	65	47	32	17	15	5	2	3
通州区	131	97	34	44	26	18	25	13	12
顺义区	165	116	49	25	14	11	9	4	5
昌平区	224	169	55	40	23	17	28	3	25
大兴区	130	93	37	51	23	28	46	26	20
怀柔区	71	47	24	8	7	1	10	6	4
平谷区	66	46	20	3	3		3	1	2
密云区	67	41	26	4	3	1	7	3	4
延庆区	37	28	9	6	4	2	4	3	1

1-7　续表 10　　　　单位：人

地　区	柯尔克孜族			土　族			达斡尔族		
	小计	男	女	小计	男	女	小计	男	女
北　京	**139**	**59**	**80**	**449**	**239**	**210**	**1968**	**855**	**1113**
东城区	2		2	2	2		35	14	21
西城区	3		3	11	3	8	65	33	32
朝阳区	10	7	3	55	26	29	327	133	194
丰台区	13	5	8	18	6	12	131	50	81
石景山区	3	1	2	11	4	7	44	21	23
海淀区	37	14	23	123	73	50	286	107	179
门头沟区	3		3	9	3	6	26	8	18
房山区	10	2	8	15	8	7	107	48	59
通州区	10	8	2	32	13	19	225	97	128
顺义区	4	1	3	16	6	10	134	67	67
昌平区	23	12	11	91	59	32	320	145	175
大兴区	18	7	11	47	27	20	190	98	92
怀柔区				6	1	5	27	15	12
平谷区	1		1	2	2		9	2	7
密云区	2	2		3	1	2	24	7	17
延庆区				8	5	3	18	10	8

1-7　续表 11　　　　单位：人

地　区	仫佬族			羌　族			布朗族		
	小计	男	女	小计	男	女	小计	男	女
北　京	**393**	**172**	**221**	**695**	**349**	**346**	**93**	**42**	**51**
东城区	7	4	3	11	4	7			
西城区	11	4	7	21	6	15	2		2
朝阳区	67	22	45	78	32	46	22	9	13
丰台区	36	17	19	50	23	27	3	1	2
石景山区	7	4	3	5	4	1	1		1
海淀区	70	31	39	153	66	87	13	3	10
门头沟区				9	7	2	2	2	
房山区	18	8	10	38	19	19	3	2	1
通州区	40	17	23	76	48	28	9	5	4
顺义区	20	9	11	39	23	16	5	3	2
昌平区	68	29	39	82	44	38	14	5	9
大兴区	34	16	18	78	41	37	11	8	3
怀柔区	4	3	1	39	23	16	3	1	2
平谷区	4	3	1	8	4	4	2	2	
密云区	3	3		5	3	2	2	1	1
延庆区	4	2	2	3	2	1	1		1

1-7 续表 12

单位：人

地　区	撒拉族			毛南族			仡佬族		
	小计	男	女	小计	男	女	小计	男	女
北　京	**307**	**168**	**139**	**137**	**61**	**76**	**1312**	**794**	**518**
东 城 区	10	6	4				9	4	5
西 城 区	49	28	21	5	1	4	19	10	9
朝 阳 区	52	27	25	26	14	12	125	73	52
丰 台 区	8	2	6	13	4	9	102	45	57
石景山区	3	2	1	6		6	26	17	9
海 淀 区	38	16	22	28	11	17	244	131	113
门头沟区	6	4	2	1		1	11	8	3
房 山 区	16	8	8	4	4		119	78	41
通 州 区	30	14	16	12	7	5	161	101	60
顺 义 区	6	5	1	4	2	2	57	37	20
昌 平 区	53	33	20	20	7	13	189	110	79
大 兴 区	16	11	5	11	5	6	184	135	49
怀 柔 区	6	4	2	3	3		23	14	9
平 谷 区	5	4	1				7	5	2
密 云 区	3	1	2	3	2	1	13	10	3
延 庆 区	6	3	3	1	1		23	16	7

1-7 续表 13

单位：人

地　区	锡伯族			阿昌族			普米族		
	小计	男	女	小计	男	女	小计	男	女
北　京	**1705**	**810**	**895**	**37**	**16**	**21**	**53**	**19**	**34**
东 城 区	39	15	24						
西 城 区	50	22	28				2	2	
朝 阳 区	276	111	165	7	3	4	7	3	4
丰 台 区	140	73	67	5	3	2	2	1	1
石景山区	46	18	28	1	1		4	3	1
海 淀 区	212	90	122	9	2	7	17	4	13
门头沟区	26	10	16	1		1			
房 山 区	102	55	47	4	2	2	1		1
通 州 区	234	120	114	2		2	3		3
顺 义 区	91	48	43	1		1	3	3	
昌 平 区	273	140	133	2	1	1	6		6
大 兴 区	163	80	83	3	3		7	2	5
怀 柔 区	32	19	13				1	1	
平 谷 区	8	4	4						
密 云 区	10	4	6	2	1	1			
延 庆 区	3	1	2						

1–7　续表 14　　　　单位：人

地　区	塔吉克族			怒　族			乌孜别克族		
	小计	男	女	小计	男	女	小计	男	女
北　京	**36**	**24**	**12**	**28**	**10**	**18**	**26**	**11**	**15**
东城区				1		1	1		1
西城区							1		1
朝阳区	4	1	3	4	2	2	6	1	5
丰台区				1	1		4	1	3
石景山区	1	1							
海淀区	9	4	5	4	1	3	7	3	4
门头沟区									
房山区	15	14	1				1	1	
通州区				3		3	2	2	
顺义区	1		1				1	1	
昌平区	2	2		6	1	5	1	1	
大兴区	2	1	1	4	3	1	1	1	
怀柔区	1		1	3	1	2	1		1
平谷区	1	1							
密云区				2	1	1			
延庆区									

1–7　续表 15　　　　单位：人

地　区	俄罗斯族			鄂温克族			德昂族		
	小计	男	女	小计	男	女	小计	男	女
北　京	**211**	**87**	**124**	**421**	**162**	**259**	**16**	**6**	**10**
东城区	8	2	6	4	1	3			
西城区	8	5	3	8	2	6			
朝阳区	40	13	27	72	17	55	4	1	3
丰台区	12	4	8	32	10	22			
石景山区	5	1	4	4	1	3			
海淀区	31	10	21	45	18	27	5	1	4
门头沟区	4	1	3	4	2	2			
房山区	16	12	4	27	15	12	6	4	2
通州区	18	10	8	59	25	34			
顺义区	16	6	10	25	7	18			
昌平区	23	8	15	76	34	42			
大兴区	22	13	9	47	18	29	1		1
怀柔区	2	1	1	6	4	2			
平谷区				2	1	1			
密云区	4		4	6	4	2			
延庆区	2	1	1	4	3	1			

1-7 续表 16

单位：人

地 区	保安族			裕固族			京 族		
	小计	男	女	小计	男	女	小计	男	女
北 京	**42**	**25**	**17**	**70**	**40**	**30**	**22**	**9**	**13**
东城区	1	1					1	1	
西城区				2	2		1	1	
朝阳区	2	2		8	6	2	1	1	
丰台区	3	2	1	1	1		1		1
石景山区	2	2		1	1				
海淀区	11	4	7	21	10	11	9	3	6
门头沟区	1	1							
房山区	4	2	2	5	3	2	2		2
通州区	4	2	2	7	5	2	2	1	1
顺义区	3	3		3	1	2			
昌平区	1	1		12	5	7	4	1	3
大兴区	3	1	2	8	4	4			
怀柔区	1	1		1	1		1	1	
平谷区	1	1		1	1				
密云区	3	1	2						
延庆区	2	1	1						

1-7 续表 17

单位：人

地 区	塔塔尔族			独龙族			鄂伦春族		
	小计	男	女	小计	男	女	小计	男	女
北 京	**16**	**4**	**12**	**6**	**2**	**4**	**126**	**50**	**76**
东城区							1	1	
西城区	1	1		1		1	5	2	3
朝阳区	2		2				28	10	18
丰台区	2	1	1				12	6	6
石景山区	1		1				2	1	1
海淀区	5		5	3	2	1	13	5	8
门头沟区									
房山区	2	1	1				10	4	6
通州区	1	1		1		1	14	4	10
顺义区							4	2	2
昌平区	1		1	1		1	16	7	9
大兴区	1		1				18	7	11
怀柔区									
平谷区									
密云区							2	1	1
延庆区							1		1

1-7　续表 18　　　　单位：人

地　区	赫哲族			门巴族			珞巴族		
	小计	男	女	小计	男	女	小计	男	女
北　京	**115**	**48**	**67**	**24**	**12**	**12**	**4**	**2**	**2**
东城区	2	2		1	1				
西城区	4		4	1		1			
朝阳区	21	8	13	3	2	1			
丰台区	11	3	8	1		1			
石景山区	2		2						
海淀区	20	9	11	7	4	3	1		1
门头沟区	1		1						
房山区	9	4	5				1	1	
通州区	16	8	8	1		1			
顺义区	5	2	3	3		3			
昌平区	7	2	5	4	3	1	1		1
大兴区	15	10	5	2	2		1	1	
怀柔区									
平谷区									
密云区	2		2	1		1			
延庆区									

1-7　续表 19　　　　单位：人

地　区	基诺族			未定族称人口			入　籍		
	小计	男	女	小计	男	女	小计	男	女
北　京	**20**	**6**	**14**	**589**	**306**	**283**	**18**	**11**	**7**
东城区				3	1	2	1	1	
西城区				9	3	6			
朝阳区	4	1	3	76	36	40	3	1	2
丰台区	1		1	23	8	15	3	3	
石景山区	1		1	9	5	4			
海淀区	5	2	3	132	69	63	7	3	4
门头沟区				4	3	1			
房山区	1		1	46	22	24	1		1
通州区				47	22	25	2	2	
顺义区	1	1		27	14	13			
昌平区	4	1	3	111	68	43	1	1	
大兴区	1		1	57	33	24			
怀柔区	2	1	1	10	5	5			
平谷区				10	5	5			
密云区				9	6	3			
延庆区				16	6	10			

1–8 各地区分年龄、性别的人口

单位：人

地　区	合　计			0岁		
	合计	男	女	小计	男	女
北　京	**21893095**	**11195390**	**10697705**	**152730**	**79388**	**73342**
东城区	708829	343913	364916	4391	2265	2126
西城区	1106214	536462	569752	6974	3635	3339
朝阳区	3452460	1706125	1746335	23633	12329	11304
丰台区	2019764	999286	1020478	13836	7340	6496
石景山区	567851	281740	286111	4032	2052	1980
海淀区	3133469	1562094	1571375	18480	9717	8763
门头沟区	392606	199066	193540	3036	1574	1462
房山区	1312778	675427	637351	10577	5418	5159
通州区	1840295	968061	872234	13032	6743	6289
顺义区	1324044	710705	613339	10033	5158	4875
昌平区	2269487	1219677	1049810	15853	8214	7639
大兴区	1993591	1072459	921132	15296	7924	7372
怀柔区	441040	235006	206034	3109	1630	1479
平谷区	457313	233891	223422	3818	1981	1837
密云区	527683	269688	257995	4092	2099	1993
延庆区	345671	181790	163881	2538	1309	1229

1–8 续表 1

单位：人

地　区	1–4岁			5–9岁			10–14岁		
	小计	男	女	小计	男	女	小计	男	女
北　京	**863520**	**447165**	**416355**	**932953**	**485161**	**447792**	**642304**	**335714**	**306590**
东城区	25648	13193	12455	41319	21577	19742	26932	13924	13008
西城区	40667	20958	19709	66683	35042	31641	43588	22773	20815
朝阳区	127118	66048	61070	147162	76137	71025	97279	50283	46996
丰台区	74478	38452	36026	76228	39559	36669	55138	28822	26316
石景山区	21150	10989	10161	22805	11869	10936	16522	8604	7918
海淀区	107376	55551	51825	139680	72804	66876	105575	55545	50030
门头沟区	15836	8174	7662	14788	7602	7186	11100	5742	5358
房山区	60858	31732	29126	58677	30583	28094	39105	20351	18754
通州区	79720	41291	38429	78948	41148	37800	51026	26606	24420
顺义区	56340	29020	27320	53554	27862	25692	35391	18676	16715
昌平区	89574	46289	43285	80328	41765	38563	50210	26512	23698
大兴区	89267	46456	42811	81263	42503	38760	51090	27269	23821
怀柔区	17031	8824	8207	17260	8807	8453	14532	7565	6967
平谷区	22260	11484	10776	19736	10148	9588	14946	7682	7264
密云区	22316	11496	10820	21620	11096	10524	18719	9694	9025
延庆区	13881	7208	6673	12902	6659	6243	11151	5666	5485

1-8　续表 2　　　　单位：人

地　区	15-19岁			20-24岁			25-29岁		
	小计	男	女	小计	男	女	小计	男	女
北　京	**633557**	**345715**	**287842**	**1350502**	**715999**	**634503**	**1904688**	**995896**	**908792**
东城区	16436	8768	7668	24037	12350	11687	39887	19117	20770
西城区	25930	13800	12130	38486	19199	19287	61264	29632	31632
朝阳区	78554	41172	37382	183228	88221	95007	306262	147320	158942
丰台区	42369	22658	19711	86826	43235	43591	159636	77311	82325
石景山区	15911	8962	6949	28679	15558	13121	40207	20116	20091
海淀区	135408	69602	65806	305428	155066	150362	292736	151792	140944
门头沟区	8714	4780	3934	17160	9228	7932	29142	15316	13826
房山区	42805	23077	19728	69712	37674	32038	92631	49193	43438
通州区	47745	26329	21416	108947	59446	49501	180820	96602	84218
顺义区	31647	17652	13995	70987	39565	31422	116606	64466	52140
昌平区	78905	45693	33212	194801	109997	84804	282871	159647	123224
大兴区	61504	36682	24822	137380	78257	59123	190904	104327	86577
怀柔区	11611	6584	5027	28982	16831	12151	31434	17497	13937
平谷区	10037	5599	4438	16957	9533	7424	28615	15439	13176
密云区	13806	7592	6214	21589	11841	9748	31973	17228	14745
延庆区	12175	6765	5410	17303	9998	7305	19700	10893	8807

1-8　续表 3　　　　单位：人

地　区	30-34岁			35-39岁			40-44岁		
	小计	男	女	小计	男	女	小计	男	女
北　京	**2503029**	**1309189**	**1193840**	**2143185**	**1108136**	**1035049**	**1602133**	**838444**	**763689**
东城区	59373	28394	30979	72901	34173	38728	57182	27966	29216
西城区	88314	42457	45857	113826	52961	60865	94807	45809	48998
朝阳区	403274	200028	203246	366745	182892	183853	271600	138380	133220
丰台区	222632	110443	112189	196526	98529	97997	145774	74278	71496
石景山区	57695	28458	29237	53781	26234	27547	40354	19958	20396
海淀区	301115	154663	146452	280222	137347	142875	231034	114163	116871
门头沟区	41012	21112	19900	33699	17291	16408	26432	13432	13000
房山区	151600	78750	72850	126140	66176	59964	89657	48139	41518
通州区	237439	128020	109419	195679	104924	90755	140247	77408	62839
顺义区	183717	101440	82277	133067	74226	58841	95998	53972	42026
昌平区	309602	173853	135749	220159	121640	98519	153529	84801	68728
大兴区	272231	149107	123124	206643	115161	91482	143589	80780	62809
怀柔区	42628	23262	19366	37723	20623	17100	29290	15959	13331
平谷区	50803	26581	24222	37607	19916	17691	27543	14533	13010
密云区	49319	25367	23952	43146	22387	20759	33310	17466	15844
延庆区	32275	17254	15021	25321	13656	11665	21787	11400	10387

1-8 续表 4

单位：人

地区	45-49岁			50-54岁			55-59岁		
	小计	男	女	小计	男	女	小计	男	女
北京	**1618574**	**842337**	**776237**	**1619791**	**842484**	**777307**	**1627539**	**828013**	**799526**
东城区	49372	24285	25087	46355	22672	23683	57468	28767	28701
西城区	81644	40438	41206	71339	34938	36401	85371	42720	42651
朝阳区	252638	128147	124491	240124	121902	118222	245974	124131	121843
丰台区	146208	72875	73333	148976	75037	73939	172151	86680	85471
石景山区	39974	19791	20183	41261	20676	20585	47712	23967	23745
海淀区	225617	112019	113598	209786	105536	104250	202665	102570	100095
门头沟区	30494	15327	15167	34685	17761	16924	37749	19610	18139
房山区	100148	52771	47377	105578	55358	50220	105130	53319	51811
通州区	134181	73884	60297	132990	72141	60849	123545	63063	60482
顺义区	106954	59559	47395	110997	61631	49366	100002	52859	47143
昌平区	153789	83093	70696	153850	81630	72220	146845	74417	72428
大兴区	153882	84844	69038	152479	84395	68084	138855	72333	66522
怀柔区	38294	20622	17672	43308	23092	20216	39622	20906	18716
平谷区	35126	18162	16964	39236	19969	19267	40763	20245	20518
密云区	40926	21123	19803	53192	26831	26361	51569	25769	25800
延庆区	29327	15397	13930	35635	18915	16720	32118	16657	15461

1-8 续表 5

单位：人

地区	60-64岁			65-69岁			70-74岁		
	小计	男	女	小计	男	女	小计	男	女
北京	**1386530**	**677025**	**709505**	**1194671**	**568385**	**626286**	**668541**	**314838**	**353703**
东城区	58279	27964	30315	51749	24441	27308	27606	13244	14362
西城区	86289	41154	45135	78956	37033	41923	42636	20204	22432
朝阳区	216094	104303	111791	190826	89009	101817	109725	50634	59091
丰台区	158966	77289	81677	131869	62572	69297	71908	34287	37621
石景山区	44748	21671	23077	38963	18792	20171	19604	9324	10280
海淀区	169028	80462	88566	151062	70326	80736	85979	39442	46537
门头沟区	30825	15541	15284	24825	12296	12529	13411	6442	6969
房山区	86712	42607	44105	76104	36555	39549	43671	20194	23477
通州区	104120	50565	53555	96668	46038	50630	53145	25325	27820
顺义区	75184	37824	37360	63296	30328	32968	35223	16569	18654
昌平区	118637	58052	60585	96364	46319	50045	53316	25731	27585
大兴区	105681	52524	53157	84617	40877	43740	47270	21810	25460
怀柔区	29927	15431	14496	23392	11553	11839	12963	6295	6668
平谷区	34720	17287	17433	30764	15048	15716	19627	9411	10216
密云区	41971	21245	20726	33347	16591	16756	18832	9120	9712
延庆区	25349	13106	12243	21869	10607	11262	13625	6806	6819

1-8　续表 6　　单位：人

地　区	75–79岁			80–84岁			85–89岁		
	小计	男	女	小计	男	女	小计	男	女
北　京	**415173**	**184665**	**230508**	**348786**	**152087**	**196699**	**201947**	**89400**	**112547**
东城区	16313	7332	8981	16678	6550	10128	11542	4740	6802
西城区	25699	11531	14168	25773	10271	15502	18769	7953	10816
朝阳区	73055	32240	40815	67367	29164	38203	37183	17219	19964
丰台区	43847	19027	24820	40374	16871	23503	23465	10421	13044
石景山区	12413	5329	7084	12135	5034	7101	7184	3185	3999
海淀区	61517	25657	35860	61449	27301	34148	35554	16357	19197
门头沟区	8084	3344	4740	6675	2551	4124	3521	1412	2109
房山区	25896	11242	14654	16632	7313	9319	8086	3652	4434
通州区	28964	13651	15313	18557	8675	9882	9901	4334	5567
顺义区	21707	9861	11846	13297	6101	7196	7206	2901	4305
昌平区	30982	14277	16705	22154	10021	12133	12560	5558	7002
大兴区	26962	12031	14931	18822	8375	10447	10784	4709	6075
怀柔区	8255	4072	4183	6410	3075	3335	3778	1713	2065
平谷区	11101	5122	5979	7487	3372	4115	4317	1691	2626
密云区	12340	5939	6401	8862	4144	4718	4816	1954	2862
延庆区	8038	4010	4028	6114	3269	2845	3281	1601	1680

1-8　续表 7　　单位：人

地　区	90–94岁			95–99岁			100岁及以上		
	小计	男	女	小计	男	女	小计	男	女
北　京	**66260**	**28609**	**37651**	**13889**	**5637**	**8252**	**2793**	**1103**	**1690**
东城区	4280	1781	2499	946	371	575	135	39	96
西城区	7263	3152	4111	1626	673	953	310	129	181
朝阳区	11816	5372	6444	2410	1036	1374	393	158	235
丰台区	7050	3024	4026	1299	498	801	208	78	130
石景山区	2310	998	1312	387	162	225	24	11	13
海淀区	11286	5127	6159	2194	941	1253	278	106	172
门头沟区	1121	422	699	244	90	154	53	19	34
房山区	2387	1041	1346	513	217	296	159	65	94
通州区	3509	1406	2103	839	345	494	273	117	156
顺义区	2251	845	1406	459	144	315	128	46	82
昌平区	4015	1723	2292	908	355	553	235	90	145
大兴区	3705	1535	2170	993	387	606	374	173	201
怀柔区	1188	540	648	249	108	141	54	17	37
平谷区	1494	569	925	298	99	199	58	20	38
密云区	1570	578	992	307	111	196	61	17	44
延庆区	1015	496	519	217	100	117	50	18	32

1-8a 各地区分年龄、性别的人口(城市)

单位：人

地区	合计			0岁		
	合计	男	女	小计	男	女
北京	**17751681**	**8937161**	**8814520**	**122741**	**63877**	**58864**
东城区	708829	343913	364916	4391	2265	2126
西城区	1106214	536462	569752	6974	3635	3339
朝阳区	3426994	1693114	1733880	23444	12228	11216
丰台区	1992693	985296	1007397	13559	7184	6375
石景山区	567851	281740	286111	4032	2052	1980
海淀区	3058731	1521045	1537686	18001	9463	8538
门头沟区	326511	164146	162365	2635	1369	1266
房山区	927720	473446	454274	7441	3798	3643
通州区	1056366	539335	517031	7325	3808	3517
顺义区	721291	375091	346200	5934	3043	2891
昌平区	1483962	784247	699715	10661	5512	5149
大兴区	1419580	748514	671066	10647	5565	5082
怀柔区	281233	148516	132717	2111	1085	1026
平谷区	227603	115594	112009	1885	964	921
密云区	293855	147949	145906	2631	1360	1271
延庆区	152248	78753	73495	1070	546	524

1-8a 续表 1

单位：人

地区	1-4岁			5-9岁			10-14岁		
	小计	男	女	小计	男	女	小计	男	女
北京	**699762**	**362460**	**337302**	**790307**	**411049**	**379258**	**540126**	**282380**	**257746**
东城区	25648	13193	12455	41319	21577	19742	26932	13924	13008
西城区	40667	20958	19709	66683	35042	31641	43588	22773	20815
朝阳区	126192	65582	60610	146359	75733	70626	96808	50043	46765
丰台区	73269	37837	35432	75031	38933	36098	54364	28416	25948
石景山区	21150	10989	10161	22805	11869	10936	16522	8604	7918
海淀区	104612	54122	50490	136835	71318	65517	103563	54471	49092
门头沟区	13771	7103	6668	12896	6643	6253	9403	4864	4539
房山区	44448	23141	21307	43939	22966	20973	27481	14386	13095
通州区	45934	23723	22211	49773	25847	23926	32392	16865	15527
顺义区	34419	17705	16714	35210	18255	16955	22129	11621	10508
昌平区	60603	31357	29246	55300	28778	26522	34299	18218	16081
大兴区	63716	33289	30427	59633	31159	28474	37617	20017	17600
怀柔区	12008	6242	5766	12402	6326	6076	9670	5026	4644
平谷区	11477	5936	5541	11035	5667	5368	8404	4357	4047
密云区	14985	7721	7264	14514	7562	6952	11257	5852	5405
延庆区	6863	3562	3301	6573	3374	3199	5697	2943	2754

1-8a　续表 2　　　　单位：人

地　区	15-19岁			20-24岁			25-29岁		
	小计	男	女	小计	男	女	小计	男	女
北　京	**537402**	**288990**	**248412**	**1119524**	**580903**	**538621**	**1576537**	**806791**	**769746**
东城区	16436	8768	7668	24037	12350	11687	39887	19117	20770
西城区	25930	13800	12130	38486	19199	19287	61264	29632	31632
朝阳区	78066	40922	37144	181029	87286	93743	303599	146019	157580
丰台区	41596	22225	19371	85776	42650	43126	157709	76356	81353
石景山区	15911	8962	6949	28679	15558	13121	40207	20116	20091
海淀区	133484	68448	65036	301606	152823	148783	287274	148633	138641
门头沟区	7558	4085	3473	14720	7879	6841	25454	13216	12238
房山区	37223	19854	17369	55665	29584	26081	70382	36840	33542
通州区	30574	16125	14449	67369	35298	32071	107733	55186	52547
顺义区	17734	9923	7811	40327	21588	18739	69905	36981	32924
昌平区	51773	29767	22006	134172	73963	60209	202049	111925	90124
大兴区	48354	28389	19965	102826	57808	45018	142353	76058	66295
怀柔区	8897	4961	3936	15087	8620	6467	22197	12007	10190
平谷区	6928	3850	3078	9459	5247	4212	15969	8486	7483
密云区	10088	5391	4697	13084	7029	6055	20962	10990	9972
延庆区	6850	3520	3330	7202	4021	3181	9593	5229	4364

1-8a　续表 3　　　　单位：人

地　区	30-34岁			35-39岁			40-44岁		
	小计	男	女	小计	男	女	小计	男	女
北　京	**2015815**	**1030649**	**985166**	**1791251**	**905265**	**885986**	**1333822**	**684422**	**649400**
东城区	59373	28394	30979	72901	34173	38728	57182	27966	29216
西城区	88314	42457	45857	113826	52961	60865	94807	45809	48998
朝阳区	400298	198446	201852	364524	181722	182802	270086	137528	132558
丰台区	219755	108946	110809	194125	97271	96854	143906	73266	70640
石景山区	57695	28458	29237	53781	26234	27547	40354	19958	20396
海淀区	292945	149981	142964	273417	133446	139971	225779	111177	114602
门头沟区	36192	18441	17751	29473	14976	14497	22604	11405	11199
房山区	113061	57725	55336	96436	50044	46392	65174	34552	30622
通州区	132712	68266	64446	120327	61516	58811	86195	45956	40239
顺义区	105223	55538	49685	79801	42498	37303	53658	29011	24647
昌平区	207496	114520	92976	146614	79103	67511	99831	54044	45787
大兴区	195868	104234	91634	154072	83385	70687	103744	56904	46840
怀柔区	31187	16810	14377	27281	14717	12564	21190	11429	9761
平谷区	27373	13984	13389	21950	11374	10576	16165	8310	7855
密云区	32601	16222	16379	29425	14952	14473	21553	11158	10395
延庆区	15722	8227	7495	13298	6893	6405	11594	5949	5645

1-8a 续表 4 单位：人

地　区	45-49岁			50-54岁			55-59岁		
	小计	男	女	小计	男	女	小计	男	女
北　京	**1285488**	**656305**	**629183**	**1238499**	**631116**	**607383**	**1260665**	**632336**	**628329**
东城区	49372	24285	25087	46355	22672	23683	57468	28767	28701
西城区	81644	40438	41206	71339	34938	36401	85371	42720	42651
朝阳区	250913	127153	123760	238106	120774	117332	244015	123066	120949
丰台区	144127	71770	72357	146568	73707	72861	169600	85323	84277
石景山区	39974	19791	20183	41261	20676	20585	47712	23967	23745
海淀区	219495	108630	110865	203076	101764	101312	195815	98739	97076
门头沟区	24717	12245	12472	27914	14112	13802	30265	15465	14800
房山区	68142	35354	32788	68399	35461	32938	66337	32917	33420
通州区	72910	39140	33770	66832	35146	31686	63360	31386	31974
顺义区	54587	29565	25022	52375	28044	24331	46385	23267	23118
昌平区	91473	48333	43140	88303	45114	43189	87794	42878	44916
大兴区	104078	55807	48271	99546	53310	46236	91552	45842	45710
怀柔区	26155	14033	12122	27010	14306	12704	22453	11799	10654
平谷区	20013	10297	9716	18755	9402	9353	16815	8392	8423
密云区	23499	11977	11522	27433	13638	13795	23850	11617	12233
延庆区	14389	7487	6902	15227	8052	7175	11873	6191	5682

1-8a 续表 5 单位：人

地　区	60-64岁			65-69岁			70-74岁		
	小计	男	女	小计	男	女	小计	男	女
北　京	**1106124**	**532970**	**573154**	**955109**	**449515**	**505594**	**522169**	**244145**	**278024**
东城区	58279	27964	30315	51749	24441	27308	27606	13244	14362
西城区	86289	41154	45135	78956	37033	41923	42636	20204	22432
朝阳区	214522	103500	111022	189669	88424	101245	108994	50286	58708
丰台区	157043	76311	80732	130213	61786	68427	71086	33900	37186
石景山区	44748	21671	23077	38963	18792	20171	19604	9324	10280
海淀区	163622	77648	85974	146871	68220	78651	83628	38252	45376
门头沟区	24814	12389	12425	19523	9549	9974	9629	4576	5053
房山区	56415	27369	29046	48070	23026	25044	25611	11724	13887
通州区	57987	27629	30358	53266	24810	28456	28725	13550	15175
顺义区	36535	17650	18885	30538	14077	16461	16319	7387	8932
昌平区	74811	35601	39210	62403	29425	32978	33739	16212	17527
大兴区	74606	36235	38371	59228	28171	31057	30826	14284	16542
怀柔区	16568	8349	8219	12257	5897	6360	5892	2820	3072
平谷区	13479	6605	6874	11848	5640	6208	7029	3247	3782
密云区	17471	8443	9028	13865	6564	7301	6643	3113	3530
延庆区	8935	4452	4483	7690	3660	4030	4202	2022	2180

1-8a　续表 6　　单位：人

地　区	75-79岁			80-84岁			85-89岁		
	小计	男	女	小计	男	女	小计	男	女
北　京	**327724**	**143815**	**183909**	**291184**	**125055**	**166129**	**168570**	**75233**	**93337**
东 城 区	16313	7332	8981	16678	6550	10128	11542	4740	6802
西 城 区	25699	11531	14168	25773	10271	15502	18769	7953	10816
朝 阳 区	72408	32004	40404	66674	28875	37799	36850	17048	19802
丰 台 区	43280	18813	24467	39997	16726	23271	23235	10330	12905
石景山区	12413	5329	7084	12135	5034	7101	7184	3185	3999
海 淀 区	60033	25005	35028	60390	26819	33571	34826	16032	18794
门头沟区	6014	2413	3601	5153	1949	3204	2717	1075	1642
房 山 区	15290	6585	8705	10974	4783	6191	5278	2444	2834
通 州 区	15191	7086	8105	10266	4651	5615	5129	2306	2823
顺 义 区	9820	4345	5475	6171	2817	3354	3029	1283	1746
昌 平 区	19041	8834	10207	13559	6201	7358	7121	3232	3889
大 兴 区	17459	7750	9709	12906	5617	7289	7185	3230	3955
怀 柔 区	3832	1793	2039	2781	1281	1500	1618	733	885
平 谷 区	4137	1830	2307	2729	1193	1536	1521	577	944
密 云 区	4367	2016	2351	3209	1406	1803	1666	639	1027
延 庆 区	2427	1149	1278	1789	882	907	900	426	474

1-8a　续表 7　　单位：人

地　区	90-94岁			95-99岁			100岁及以上		
	小计	男	女	小计	男	女	小计	男	女
北　京	**55214**	**24265**	**30949**	**11507**	**4776**	**6731**	**2141**	**844**	**1297**
东 城 区	4280	1781	2499	946	371	575	135	39	96
西 城 区	7263	3152	4111	1626	673	953	310	129	181
朝 阳 区	11679	5298	6381	2377	1024	1353	382	153	229
丰 台 区	6974	2981	3993	1286	496	790	194	69	125
石景山区	2310	998	1312	387	162	225	24	11	13
海 淀 区	11040	5030	6010	2152	923	1229	267	101	166
门头沟区	848	312	536	180	68	112	31	12	19
房 山 区	1529	697	832	331	152	179	94	44	50
通 州 区	1783	781	1002	439	198	241	144	62	82
顺 义 区	927	402	525	207	74	133	58	17	41
昌 平 区	2248	976	1272	518	197	321	154	57	97
大 兴 区	2437	1064	1373	676	281	395	251	115	136
怀 柔 区	502	223	279	105	47	58	30	12	18
平 谷 区	509	190	319	99	38	61	24	8	16
密 云 区	604	246	358	120	44	76	28	9	19
延 庆 区	281	134	147	58	28	30	15	6	9

1-8b　各地区分年龄、性别的人口(镇)

单位：人

地　区	合　计			0岁		
	合计	男	女	小计	男	女
北　京	**1414752**	**769805**	**644947**	**10122**	**5222**	**4900**
东城区						
西城区						
朝阳区	25466	13011	12455	189	101	88
丰台区	10959	5498	5461	114	60	54
石景山区						
海淀区						
门头沟区	32434	17074	15360	213	119	94
房山区	97600	50504	47096	763	392	371
通州区	305037	167320	137717	2146	1131	1015
顺义区	153970	85961	68009	960	500	460
昌平区	372153	201622	170531	2637	1376	1261
大兴区	202802	114083	88719	1566	774	792
怀柔区	53449	30116	23333	298	161	137
平谷区	50898	26181	24717	440	224	216
密云区	56543	29935	26608	374	167	207
延庆区	53441	28500	24941	422	217	205

1-8b　续表 1

单位：人

地　区	1-4岁			5-9岁			10-14岁		
	小计	男	女	小计	男	女	小计	男	女
北　京	**57255**	**29562**	**27693**	**51680**	**26916**	**24764**	**34281**	**17904**	**16377**
东城区									
西城区									
朝阳区	926	466	460	803	404	399	471	240	231
丰台区	382	191	191	438	215	223	293	159	134
石景山区									
海淀区									
门头沟区	1156	609	547	1060	548	512	880	467	413
房山区	4045	2075	1970	3839	1953	1886	2954	1465	1489
通州区	12605	6541	6064	11739	6208	5531	7318	3827	3491
顺义区	5545	2868	2677	4828	2562	2266	3465	1870	1595
昌平区	14890	7716	7174	13173	6804	6369	7771	4034	3737
大兴区	9116	4610	4506	7656	4005	3651	4761	2567	2194
怀柔区	1665	851	814	1798	930	868	1524	792	732
平谷区	2834	1505	1329	2280	1201	1079	1498	766	732
密云区	1934	1018	916	1907	964	943	1802	935	867
延庆区	2157	1112	1045	2159	1122	1037	1544	782	762

1-8b　续表 2　　单位：人

地区	15-19岁			20-24岁			25-29岁		
	小计	男	女	小计	男	女	小计	男	女
北　京	**40987**	**23558**	**17429**	**106136**	**60330**	**45806**	**135399**	**76764**	**58635**
东城区									
西城区									
朝阳区	488	250	238	2199	935	1264	2663	1301	1362
丰台区	246	132	114	587	331	256	985	483	502
石景山区									
海淀区									
门头沟区	519	309	210	1275	703	572	2076	1166	910
房山区	1447	877	570	3731	2140	1591	5784	3132	2652
通州区	8648	5150	3498	21929	12610	9319	35834	20178	15656
顺义区	6780	3291	3489	11486	6391	5095	13674	7965	5709
昌平区	11139	6477	4662	29330	16686	12644	40904	23512	17392
大兴区	5653	3354	2299	16919	9698	7221	20276	11488	8788
怀柔区	811	497	314	10015	5826	4189	4017	2436	1581
平谷区	961	580	381	1736	995	741	3095	1646	1449
密云区	1014	606	408	2154	1253	901	3024	1765	1259
延庆区	3281	2035	1246	4775	2762	2013	3067	1692	1375

1-8b　续表 3　　单位：人

地区	30-34岁			35-39岁			40-44岁		
	小计	男	女	小计	男	女	小计	男	女
北　京	**182552**	**103133**	**79419**	**134449**	**76247**	**58202**	**95773**	**54765**	**41008**
东城区									
西城区									
朝阳区	2976	1582	1394	2221	1170	1051	1514	852	662
丰台区	1109	557	552	989	506	483	700	346	354
石景山区									
海淀区									
门头沟区	2665	1436	1229	2244	1231	1013	1947	1013	934
房山区	9683	5146	4537	7561	3986	3575	6162	3317	2845
通州区	46167	26202	19965	33346	18913	14433	21929	12707	9222
顺义区	20739	12271	8468	15026	8954	6072	11508	6822	4686
昌平区	50513	28502	22011	37750	21138	16612	26486	14874	11612
大兴区	27556	15929	11627	19020	11301	7719	13493	8154	5339
怀柔区	4604	2649	1955	4128	2397	1731	3091	1819	1272
平谷区	6339	3326	3013	4190	2250	1940	2799	1526	1273
密云区	4725	2647	2078	3992	2201	1791	3277	1786	1491
延庆区	5476	2886	2590	3982	2200	1782	2867	1549	1318

1-8b 续表 4

单位：人

地 区	45-49岁			50-54岁			55-59岁		
	小计	男	女	小计	男	女	小计	男	女
北 京	**108288**	**60308**	**47980**	**116221**	**64608**	**51613**	**106123**	**56442**	**49681**
东 城 区									
西 城 区									
朝 阳 区	1725	994	731	2018	1128	890	1959	1065	894
丰 台 区	791	395	396	898	459	439	1033	534	499
石景山区									
海 淀 区									
门头沟区	2898	1526	1372	3553	1912	1641	3521	1949	1572
房 山 区	8146	4373	3773	9663	5207	4456	9477	4909	4568
通 州 区	21616	12077	9539	21733	11981	9752	18942	9922	9020
顺 义 区	13480	7736	5744	13618	7855	5763	11229	6238	4991
昌 平 区	27885	15213	12672	28031	15229	12802	25299	13090	12209
大 兴 区	16046	9433	6613	17256	10359	6897	15173	8566	6607
怀 柔 区	4077	2393	1684	4753	2728	2025	4401	2506	1895
平 谷 区	3455	1813	1642	4089	2157	1932	4367	2150	2217
密 云 区	4449	2387	2062	6036	3139	2897	6280	3243	3037
延 庆 区	3720	1968	1752	4573	2454	2119	4442	2270	2172

1-8b 续表 5

单位：人

地 区	60-64岁			65-69岁			70-74岁		
	小计	男	女	小计	男	女	小计	男	女
北 京	**80584**	**40706**	**39878**	**65953**	**32488**	**33465**	**37373**	**17904**	**19469**
东 城 区									
西 城 区									
朝 阳 区	1572	803	769	1157	585	572	731	348	383
丰 台 区	840	439	401	638	303	335	306	143	163
石景山区									
海 淀 区									
门头沟区	2769	1446	1323	2304	1200	1104	1439	684	755
房 山 区	7678	3862	3816	7053	3404	3649	4335	2010	2325
通 州 区	14743	7305	7438	12382	6017	6365	6409	3078	3331
顺 义 区	7669	4016	3653	6110	3002	3108	3395	1640	1755
昌 平 区	19700	9636	10064	15835	7682	8153	8454	4155	4299
大 兴 区	9925	5182	4743	7511	3802	3709	4579	2092	2487
怀 柔 区	2859	1529	1330	2262	1098	1164	1201	591	610
平 谷 区	4078	1962	2116	3632	1805	1827	2267	1060	1207
密 云 区	5193	2718	2475	4086	2151	1935	2446	1197	1249
延 庆 区	3558	1808	1750	2983	1439	1544	1811	906	905

1-8b　续表 6　　单位：人

地区	75-79岁			80-84岁			85-89岁		
	小计	男	女	小计	男	女	小计	男	女
北　京	**22256**	**10048**	**12208**	**15878**	**7180**	**8698**	**9265**	**4002**	**5263**
东城区									
西城区									
朝阳区	647	236	411	693	289	404	333	171	162
丰台区	176	74	102	209	68	141	148	55	93
石景山区									
海淀区									
门头沟区	807	330	477	680	261	419	308	125	183
房山区	2638	1126	1512	1586	682	904	767	322	445
通州区	3425	1637	1788	2121	974	1147	1268	571	697
顺义区	2053	957	1096	1337	606	731	780	327	453
昌平区	4960	2211	2749	3904	1749	2155	2443	1075	1368
大兴区	2747	1204	1543	1810	823	987	1133	496	637
怀柔区	799	387	412	627	304	323	385	157	228
平谷区	1201	556	645	843	370	473	549	201	348
密云区	1716	812	904	1166	573	593	693	279	414
延庆区	1087	518	569	902	481	421	458	223	235

1-8b　续表 7　　单位：人

地区	90-94岁			95-99岁			100岁及以上		
	小计	男	女	小计	男	女	小计	男	女
北　京	**3175**	**1323**	**1852**	**728**	**276**	**452**	**274**	**119**	**155**
东城区									
西城区									
朝阳区	137	74	63	33	12	21	11	5	6
丰台区	57	38	19	7	1	6	13	9	4
石景山区									
海淀区									
门头沟区	94	36	58	18	2	16	8	2	6
房山区	214	105	109	55	16	39	19	5	14
通州区	525	199	326	145	63	82	67	29	38
顺义区	230	77	153	47	9	38	11	4	7
昌平区	817	363	454	185	81	104	47	19	28
大兴区	433	170	263	107	43	64	66	33	33
怀柔区	101	52	49	25	10	15	8	3	5
平谷区	206	75	131	29	10	19	10	3	7
密云区	218	72	146	51	18	33	6	4	2
延庆区	143	62	81	26	11	15	8	3	5

1-8c　各地区分年龄、性别的人口(乡村)

单位：人

地　区	合　计			0岁		
	合计	男	女	小计	男	女
北　京	**2726662**	**1488424**	**1238238**	**19867**	**10289**	**9578**
东城区						
西城区						
朝阳区						
丰台区	16112	8492	7620	163	96	67
石景山区						
海淀区	74738	41049	33689	479	254	225
门头沟区	33661	17846	15815	188	86	102
房山区	287458	151477	135981	2373	1228	1145
通州区	478892	261406	217486	3561	1804	1757
顺义区	448783	249653	199130	3139	1615	1524
昌平区	413372	233808	179564	2555	1326	1229
大兴区	371209	209862	161347	3083	1585	1498
怀柔区	106358	56374	49984	700	384	316
平谷区	178812	92116	86696	1493	793	700
密云区	177285	91804	85481	1087	572	515
延庆区	139982	74537	65445	1046	546	500

1-8c　续表 1

单位：人

地　区	1-4岁			5-9岁			10-14岁		
	小计	男	女	小计	男	女	小计	男	女
北　京	**106503**	**55143**	**51360**	**90966**	**47196**	**43770**	**67897**	**35430**	**32467**
东城区									
西城区									
朝阳区									
丰台区	827	424	403	759	411	348	481	247	234
石景山区									
海淀区	2764	1429	1335	2845	1486	1359	2012	1074	938
门头沟区	909	462	447	832	411	421	817	411	406
房山区	12365	6516	5849	10899	5664	5235	8670	4500	4170
通州区	21181	11027	10154	17436	9093	8343	11316	5914	5402
顺义区	16376	8447	7929	13516	7045	6471	9797	5185	4612
昌平区	14081	7216	6865	11855	6183	5672	8140	4260	3880
大兴区	16435	8557	7878	13974	7339	6635	8712	4685	4027
怀柔区	3358	1731	1627	3060	1551	1509	3338	1747	1591
平谷区	7949	4043	3906	6421	3280	3141	5044	2559	2485
密云区	5397	2757	2640	5199	2570	2629	5660	2907	2753
延庆区	4861	2534	2327	4170	2163	2007	3910	1941	1969

1-8c　续表 2　　单位：人

地　区	15-19岁			20-24岁			25-29岁		
	小计	男	女	小计	男	女	小计	男	女
北　京	**55168**	**33167**	**22001**	**124842**	**74766**	**50076**	**192752**	**112341**	**80411**
东城区									
西城区									
朝阳区									
丰台区	527	301	226	463	254	209	942	472	470
石景山区									
海淀区	1924	1154	770	3822	2243	1579	5462	3159	2303
门头沟区	637	386	251	1165	646	519	1612	934	678
房山区	4135	2346	1789	10316	5950	4366	16465	9221	7244
通州区	8523	5054	3469	19649	11538	8111	37253	21238	16015
顺义区	7133	4438	2695	19174	11586	7588	33027	19520	13507
昌平区	15993	9449	6544	31299	19348	11951	39918	24210	15708
大兴区	7497	4939	2558	17635	10751	6884	28275	16781	11494
怀柔区	1903	1126	777	3880	2385	1495	5220	3054	2166
平谷区	2148	1169	979	5762	3291	2471	9551	5307	4244
密云区	2704	1595	1109	6351	3559	2792	7987	4473	3514
延庆区	2044	1210	834	5326	3215	2111	7040	3972	3068

1-8c　续表 3　　单位：人

地　区	30-34岁			35-39岁			40-44岁		
	小计	男	女	小计	男	女	小计	男	女
北　京	**304662**	**175407**	**129255**	**217485**	**126624**	**90861**	**172538**	**99257**	**73281**
东城区									
西城区									
朝阳区									
丰台区	1768	940	828	1412	752	660	1168	666	502
石景山区									
海淀区	8170	4682	3488	6805	3901	2904	5255	2986	2269
门头沟区	2155	1235	920	1982	1084	898	1881	1014	867
房山区	28856	15879	12977	22143	12146	9997	18321	10270	8051
通州区	58560	33552	25008	42006	24495	17511	32123	18745	13378
顺义区	57755	33631	24124	38240	22774	15466	30832	18139	12693
昌平区	51593	30831	20762	35795	21399	14396	27212	15883	11329
大兴区	48807	28944	19863	33551	20475	13076	26352	15722	10630
怀柔区	6837	3803	3034	6314	3509	2805	5009	2711	2298
平谷区	17091	9271	7820	11467	6292	5175	8579	4697	3882
密云区	11993	6498	5495	9729	5234	4495	8480	4522	3958
延庆区	11077	6141	4936	8041	4563	3478	7326	3902	3424

1—8c 续表 4

单位：人

地区	45—49岁			50—54岁			55—59岁		
	小计	男	女	小计	男	女	小计	男	女
北京	**224798**	**125724**	**99074**	**265071**	**146760**	**118311**	**260751**	**139235**	**121516**
东城区									
西城区									
朝阳区									
丰台区	1290	710	580	1510	871	639	1518	823	695
石景山区									
海淀区	6122	3389	2733	6710	3772	2938	6850	3831	3019
门头沟区	2879	1556	1323	3218	1737	1481	3963	2196	1767
房山区	23860	13044	10816	27516	14690	12826	29316	15493	13823
通州区	39655	22667	16988	44425	25014	19411	41243	21755	19488
顺义区	38887	22258	16629	45004	25732	19272	42388	23354	19034
昌平区	34431	19547	14884	37516	21287	16229	33752	18449	15303
大兴区	33758	19604	14154	35677	20726	14951	32130	17925	14205
怀柔区	8062	4196	3866	11545	6058	5487	12768	6601	6167
平谷区	11658	6052	5606	16392	8410	7982	19581	9703	9878
密云区	12978	6759	6219	19723	10054	9669	21439	10909	10530
延庆区	11218	5942	5276	15835	8409	7426	15803	8196	7607

1—8c 续表 5

单位：人

地区	60—64岁			65—69岁			70—74岁		
	小计	男	女	小计	男	女	小计	男	女
北京	**199822**	**103349**	**96473**	**173609**	**86382**	**87227**	**108999**	**52789**	**56210**
东城区									
西城区									
朝阳区									
丰台区	1083	539	544	1018	483	535	516	244	272
石景山区									
海淀区	5406	2814	2592	4191	2106	2085	2351	1190	1161
门头沟区	3242	1706	1536	2998	1547	1451	2343	1182	1161
房山区	22619	11376	11243	20981	10125	10856	13725	6460	7265
通州区	31390	15631	15759	31020	15211	15809	18011	8697	9314
顺义区	30980	16158	14822	26648	13249	13399	15509	7542	7967
昌平区	24126	12815	11311	18126	9212	8914	11123	5364	5759
大兴区	21150	11107	10043	17878	8904	8974	11865	5434	6431
怀柔区	10500	5553	4947	8873	4558	4315	5870	2884	2986
平谷区	17163	8720	8443	15284	7603	7681	10331	5104	5227
密云区	19307	10084	9223	15396	7876	7520	9743	4810	4933
延庆区	12856	6846	6010	11196	5508	5688	7612	3878	3734

1-8c　续表 6　　单位：人

地　区	75-79岁			80-84岁			85-89岁		
	小计	男	女	小计	男	女	小计	男	女
北　京	**65193**	**30802**	**34391**	**41724**	**19852**	**21872**	**24112**	**10165**	**13947**
东城区									
西城区									
朝阳区									
丰台区	391	140	251	168	77	91	82	36	46
石景山区									
海淀区	1484	652	832	1059	482	577	728	325	403
门头沟区	1263	601	662	842	341	501	496	212	284
房山区	7968	3531	4437	4072	1848	2224	2041	886	1155
通州区	10348	4928	5420	6170	3050	3120	3504	1457	2047
顺义区	9834	4559	5275	5789	2678	3111	3397	1291	2106
昌平区	6981	3232	3749	4691	2071	2620	2996	1251	1745
大兴区	6756	3077	3679	4106	1935	2171	2466	983	1483
怀柔区	3624	1892	1732	3002	1490	1512	1775	823	952
平谷区	5763	2736	3027	3915	1809	2106	2247	913	1334
密云区	6257	3111	3146	4487	2165	2322	2457	1036	1421
延庆区	4524	2343	2181	3423	1906	1517	1923	952	971

1-8c　续表 7　　单位：人

地　区	90-94岁			95-99岁			100岁及以上		
	小计	男	女	小计	男	女	小计	男	女
北　京	**7871**	**3021**	**4850**	**1654**	**585**	**1069**	**378**	**140**	**238**
东城区									
西城区									
朝阳区									
丰台区	19	5	14	6	1	5	1		1
石景山区									
海淀区	246	97	149	42	18	24	11	5	6
门头沟区	179	74	105	46	20	26	14	5	9
房山区	644	239	405	127	49	78	46	16	30
通州区	1201	426	775	255	84	171	62	26	36
顺义区	1094	366	728	205	61	144	59	25	34
昌平区	950	384	566	205	77	128	34	14	20
大兴区	835	301	534	210	63	147	57	25	32
怀柔区	585	265	320	119	51	68	16	2	14
平谷区	779	304	475	170	51	119	24	9	15
密云区	748	260	488	136	49	87	27	4	23
延庆区	591	300	291	133	61	72	27	9	18

1-9 各地区分年龄、性别的外省来京人员

单位：人

地　区	合　计			0岁		
	合计	男	女	小计	男	女
北　京	**8418418**	**4545480**	**3872938**	**29443**	**15377**	**14066**
东城区	158101	79465	78636	274	132	142
西城区	244156	120498	123658	343	174	169
朝阳区	1280747	647113	633634	4285	2270	2015
丰台区	645322	325448	319874	2454	1346	1108
石景山区	166387	83341	83046	718	343	375
海淀区	1118215	580271	537944	2843	1522	1321
门头沟区	115249	60252	54997	527	261	266
房山区	438353	237463	200890	1790	904	886
通州区	898000	498252	399748	3198	1640	1558
顺义区	599286	348965	250321	2308	1166	1142
昌平区	1310382	735725	574657	5765	2999	2766
大兴区	1017900	580900	437000	3786	2008	1778
怀柔区	155777	92552	63225	423	235	188
平谷区	78276	43631	34645	210	115	95
密云区	111531	62810	48721	335	166	169
延庆区	80736	48794	31942	184	96	88

1-9 续表 1

单位：人

地　区	1-4岁			5-9岁			10-14岁		
	小计	男	女	小计	男	女	小计	男	女
北　京	**217794**	**113701**	**104093**	**225094**	**119281**	**105813**	**147173**	**80269**	**66904**
东城区	2114	1083	1031	3223	1730	1493	3256	1793	1463
西城区	2864	1472	1392	4201	2262	1939	3809	2106	1703
朝阳区	27960	14655	13305	33220	17590	15630	20775	11178	9597
丰台区	16067	8409	7658	16999	9017	7982	11415	6226	5189
石景山区	4325	2294	2031	4377	2361	2016	2946	1566	1380
海淀区	20569	10599	9970	23766	12491	11275	16326	9030	7296
门头沟区	3655	1873	1782	3346	1774	1572	2633	1408	1225
房山区	15328	8171	7157	16224	8707	7517	9405	5135	4270
通州区	26596	13848	12748	28613	15084	13529	18128	9742	8386
顺义区	16262	8386	7876	14826	7845	6981	10207	5621	4586
昌平区	41389	21523	19866	34881	18477	16404	18737	10228	8509
大兴区	30446	16064	14382	28996	15460	13536	18646	10376	8270
怀柔区	3569	1839	1730	4171	2126	2045	3504	1874	1630
平谷区	1953	1013	940	2564	1363	1201	2172	1172	1000
密云区	3000	1568	1432	3636	1894	1742	3069	1658	1411
延庆区	1697	904	793	2051	1100	951	2145	1156	989

1-9　续表 2　　单位：人

地　区	15-19岁			20-24岁			25-29岁		
	小计	男	女	小计	男	女	小计	男	女
北　京	**235032**	**143523**	**91509**	**816104**	**447940**	**368164**	**1254622**	**670079**	**584543**
东城区	3821	2353	1468	11585	6172	5413	19604	9580	10024
西城区	5801	3524	2277	18389	9513	8876	28639	14338	14301
朝阳区	27207	15837	11370	107663	53319	54344	206924	99710	107214
丰台区	11525	6829	4696	48155	24369	23786	96177	46290	49887
石景山区	4522	2643	1879	13868	7655	6213	22566	11340	11226
海淀区	40603	23028	17575	155778	81807	73971	178940	94292	84648
门头沟区	2601	1567	1034	8506	4773	3733	15084	8016	7068
房山区	16482	10042	6440	37019	20844	16175	50971	27559	23412
通州区	23984	14756	9228	80637	45092	35545	132981	72473	60508
顺义区	13135	8446	4689	49151	28203	20948	82151	46800	35351
昌平区	38576	24217	14359	145430	83512	61918	236187	135201	100986
大兴区	32189	20788	11401	98563	57319	41244	137754	77527	60227
怀柔区	4761	3105	1656	19643	12011	7632	16851	10041	6810
平谷区	2247	1417	830	5892	3548	2344	8963	4872	4091
密云区	3105	2031	1074	8101	4882	3219	12325	6971	5354
延庆区	4473	2940	1533	7724	4921	2803	8505	5069	3436

1-9　续表 3　　单位：人

地　区	30-34岁			35-39岁			40-44岁		
	小计	男	女	小计	男	女	小计	男	女
北　京	**1378233**	**750961**	**627272**	**980854**	**532456**	**448398**	**711812**	**392318**	**319494**
东城区	22380	11272	11108	19661	9469	10192	16680	8177	8503
西城区	32016	16215	15801	29725	14283	15442	25663	12361	13302
朝阳区	226053	114539	111514	165688	84033	81655	117787	61513	56274
丰台区	109108	54561	54547	77934	39310	38624	60019	30657	29362
石景山区	26940	13115	13825	20046	9577	10469	15128	7201	7927
海淀区	159352	86306	73046	113076	59293	53783	85813	44683	41130
门头沟区	19224	9830	9394	13348	6679	6669	10425	5229	5196
房山区	71039	36759	34280	54286	28992	25294	36491	20583	15908
通州区	147805	83092	64713	109893	61213	48680	77894	45050	32844
顺义区	101608	59266	42342	71399	42676	28723	52215	31663	20552
昌平区	230444	133744	96700	139141	79760	59381	91676	52775	38901
大兴区	168510	96595	71915	119545	69989	49556	85157	50633	34524
怀柔区	21734	12819	8915	16620	9956	6664	13834	8267	5567
平谷区	13293	6894	6399	9457	5173	4284	6706	3869	2837
密云区	17688	9578	8110	13173	7310	5863	9924	5730	4194
延庆区	11039	6376	4663	7862	4743	3119	6400	3927	2473

1-9 续表 4

单位：人

地 区	45-49岁			50-54岁			55-59岁		
	小计	男	女	小计	男	女	小计	男	女
北 京	**676954**	**377884**	**299070**	**622694**	**349104**	**273590**	**435264**	**228584**	**206680**
东城区	15349	7785	7564	13727	7121	6606	9448	4902	4546
西城区	24494	12060	12434	21934	10935	10999	15127	7484	7643
朝阳区	102243	54308	47935	85307	45453	39854	57315	28240	29075
丰台区	56493	29722	26771	49191	26282	22909	34147	16908	17239
石景山区	13014	6924	6090	11917	6313	5604	9023	4359	4664
海淀区	81111	41981	39130	75985	39463	36522	56408	27487	28921
门头沟区	10248	5581	4667	9640	5289	4351	6818	3607	3211
房山区	34198	19859	14339	32377	18617	13760	24557	12874	11683
通州区	69619	40928	28691	63250	36914	26336	44157	24020	20137
顺义区	57399	34576	22823	55124	33685	21439	35140	20770	14370
昌平区	86251	49040	37211	83069	46258	36811	61714	31645	30069
大兴区	86479	51011	35468	81126	48126	33000	54330	29951	24379
怀柔区	15289	9340	5949	14742	9173	5569	9744	6024	3720
平谷区	6982	4112	2870	6915	4157	2758	4751	2757	1994
密云区	10146	5903	4243	10186	6030	4156	7034	4017	3017
延庆区	7639	4754	2885	8204	5288	2916	5551	3539	2012

1-9 续表 5

单位：人

地 区	60-64岁			65-69岁			70-74岁		
	小计	男	女	小计	男	女	小计	男	女
北 京	**282207**	**135879**	**146328**	**222012**	**104159**	**117853**	**97951**	**46230**	**51721**
东城区	6248	2975	3273	5690	2624	3066	2763	1276	1487
西城区	11191	4868	6323	10969	4791	6178	5150	2374	2776
朝阳区	38565	17358	21207	31889	14337	17552	14682	6850	7832
丰台区	21854	10174	11680	17994	8169	9825	8304	3870	4434
石景山区	6287	2816	3471	5552	2448	3104	2696	1279	1417
海淀区	41252	18674	22578	35957	16024	19933	16656	7638	9018
门头沟区	3911	1953	1958	2706	1287	1419	1213	573	640
房山区	16666	8151	8515	12137	5954	6183	5166	2484	2682
通州区	29515	14464	15051	23925	11483	12442	9972	4843	5129
顺义区	18444	10103	8341	11678	5992	5686	4254	2064	2190
昌平区	41126	19826	21300	30837	14735	16102	13522	6534	6988
大兴区	32248	16052	16196	22829	11152	11677	9097	4294	4803
怀柔区	4944	2835	2109	3088	1598	1490	1437	704	733
平谷区	2635	1437	1198	1835	951	884	786	380	406
密云区	4297	2385	1912	2863	1471	1392	1258	573	685
延庆区	3024	1808	1216	2063	1143	920	995	494	501

1-9 续表 6 单位：人

地区	75-79岁			80-84岁			85-89岁		
	小计	男	女	小计	男	女	小计	男	女
北京	**44517**	**20111**	**24406**	**25653**	**11451**	**14202**	**10813**	**4584**	**6229**
东城区	1203	571	632	675	284	391	284	113	171
西城区	2146	1008	1138	1079	480	599	442	185	257
朝阳区	6980	3168	3812	4104	1857	2247	1540	686	854
丰台区	3915	1765	2150	2299	1026	1273	939	404	535
石景山区	1253	554	699	759	351	408	340	164	176
海淀区	7297	3144	4153	4168	1821	2347	1689	742	947
门头沟区	653	274	379	400	161	239	220	83	137
房山区	2219	993	1226	1228	550	678	555	199	356
通州区	4287	2039	2248	2264	1061	1203	916	372	544
顺义区	2034	878	1156	1213	518	695	516	221	295
昌平区	6083	2806	3277	3510	1611	1899	1468	622	846
大兴区	4176	1872	2304	2419	1035	1384	1117	471	646
怀柔区	663	280	383	443	190	253	230	106	124
平谷区	408	195	213	275	110	165	156	63	93
密云区	683	326	357	438	216	222	191	71	120
延庆区	517	238	279	379	180	199	210	82	128

1-9 续表 7 单位：人

地区	90-94岁			95-99岁			100岁及以上		
	小计	男	女	小计	男	女	小计	男	女
北京	**3363**	**1307**	**2056**	**697**	**235**	**462**	**132**	**47**	**85**
东城区	108	52	56	6	1	5	2		2
西城区	144	55	89	26	9	17	4	1	3
朝阳区	454	182	272	89	27	62	17	3	14
丰台区	276	98	178	46	11	35	11	5	6
石景山区	86	25	61	21	11	10	3	2	1
海淀区	508	212	296	96	28	68	22	6	16
门头沟区	67	28	39	21	5	16	3	1	2
房山区	170	62	108	39	21	18	6	3	3
通州区	297	113	184	59	19	40	10	6	4
顺义区	176	75	101	36	8	28	10	3	7
昌平区	461	174	287	99	35	64	16	3	13
大兴区	371	139	232	98	27	71	18	11	7
怀柔区	66	20	46	18	8	10	3	1	2
平谷区	59	23	36	13	8	5	4	2	2
密云区	64	23	41	13	7	6	2		2
延庆区	56	26	30	17	10	7	1		1

1-10 各地区分性别、受教育程度的3岁及以上人口

单位：人

地区	3岁及以上人口			未上过学		
	合计	男	女	小计	男	女
北京	**21344070**	**10910612**	**10433458**	**300020**	**99043**	**200977**
东城区	693631	336027	357604	8107	2822	5285
西城区	1082356	524215	558141	12707	4205	8502
朝阳区	3371966	1664291	1707675	37472	13562	23910
丰台区	1971414	974054	997360	24976	7546	17430
石景山区	554257	274673	279584	8186	2453	5733
海淀区	3068268	1528303	1539965	30673	10955	19718
门头沟区	382043	193587	188456	7333	2048	5285
房山区	1273137	654868	618269	22118	6643	15475
通州区	1790216	942106	848110	21382	7702	13680
顺义区	1287413	691730	595683	18229	5733	12496
昌平区	2210964	1189428	1021536	27088	9724	17364
大兴区	1935773	1042316	893457	26778	9653	17125
怀柔区	429895	229237	200658	12584	3867	8717
平谷区	443078	226542	216536	14484	3454	11030
密云区	513302	262311	250991	16059	4698	11361
延庆区	336357	176924	159433	11844	3978	7866

1-10 续表 1

单位：人

地区	学前教育			小学		
	小计	男	女	小计	男	女
北京	**603292**	**311609**	**291683**	**2299436**	**1083828**	**1215608**
东城区	19951	10185	9766	72741	33806	38935
西城区	32784	17178	15606	114787	52942	61845
朝阳区	90034	46620	43414	300504	139609	160895
丰台区	51035	26173	24862	176032	79420	96612
石景山区	14677	7613	7064	49784	23000	26784
海淀区	79987	41286	38701	265419	124523	140896
门头沟区	10305	5266	5039	47064	21001	26063
房山区	41157	21427	19730	167742	76188	91554
通州区	54770	28249	26521	220410	105927	114483
顺义区	38664	19867	18797	165306	81319	83987
昌平区	59485	30805	28680	199590	95876	103714
大兴区	59003	30599	28404	230343	112313	118030
怀柔区	11457	5877	5580	63871	31014	32857
平谷区	15428	7905	7523	77122	35236	41886
密云区	15631	8000	7631	86594	40777	45817
延庆区	8924	4559	4365	62127	30877	31250

1-10　续表 2　　单位：人

地区	初中			高中			大学专科		
	小计	男	女	小计	男	女	小计	男	女
北　京	**5098789**	**2835520**	**2263269**	**3851750**	**1998990**	**1852760**	**2928407**	**1473704**	**1454703**
东 城 区	112238	58091	54147	157185	76609	80576	96591	46632	49959
西 城 区	173262	88476	84786	212617	102798	109819	142327	67792	74535
朝 阳 区	640306	344929	295377	603797	301887	301910	467230	226764	240466
丰 台 区	403642	211925	191717	417086	206153	210933	293187	145189	147998
石景山区	99698	51840	47858	113430	55364	58066	85412	42723	42689
海 淀 区	469350	250536	218814	453957	226774	227183	361424	172069	189355
门头沟区	107034	58274	48760	82540	42610	39930	56951	29494	27457
房 山 区	410149	225469	184680	227396	120914	106482	172294	89326	82968
通 州 区	537648	308300	229348	309327	166952	142375	269332	137505	131827
顺 义 区	453441	265742	187699	218579	121708	96871	159201	81891	77310
昌 平 区	530479	304121	226358	387706	212718	174988	339555	180755	158800
大 兴 区	570405	337433	232972	350168	192771	157397	282021	146327	135694
怀 柔 区	145793	83957	61836	82533	45578	36955	49589	26588	23001
平 谷 区	148645	82299	66346	83963	45426	38537	54312	28446	25866
密 云 区	182054	98897	83157	93713	49950	43763	59937	31432	28505
延 庆 区	114645	65231	49414	57753	30778	26975	39044	20771	18273

1-10　续表 3　　单位：人

地区	大学本科			硕士研究生			博士研究生		
	小计	男	女	小计	男	女	小计	男	女
北　京	**4771495**	**2353594**	**2417901**	**1263015**	**616649**	**646366**	**227866**	**137675**	**90191**
东 城 区	175281	82886	92395	45193	21548	23645	6344	3448	2896
西 城 区	277406	132631	144775	101815	49491	52324	14651	8702	5949
朝 阳 区	940276	447919	492357	259236	123332	135904	33111	19669	13442
丰 台 区	474631	232704	241927	117380	56878	60502	13445	8066	5379
石景山区	141770	70458	71312	35901	17870	18031	5399	3352	2047
海 淀 区	915413	446833	468580	378515	185890	192625	113530	69437	44093
门头沟区	59862	29290	30572	9709	4851	4858	1245	753	492
房 山 区	195547	96787	98760	31308	15124	16184	5426	2990	2436
通 州 区	324096	161579	162517	48778	23298	25480	4473	2594	1879
顺 义 区	202206	99979	102227	29160	13954	15206	2627	1537	1090
昌 平 区	535630	285884	249746	114196	58617	55579	17235	10928	6307
大 兴 区	342757	175444	167313	67383	33652	33731	6915	4124	2791
怀 柔 区	49118	24137	24981	12842	6891	5951	2108	1328	780
平 谷 区	45253	21966	23287	3474	1580	1894	397	230	167
密 云 区	54082	26157	27925	4700	2114	2586	532	286	246
延 庆 区	38167	18940	19227	3425	1559	1866	428	231	197

1-10a 各地区分性别、受教育程度的3岁及以上人口(城市)

单位：人

地　区	3岁及以上人口			未上过学		
	合计	男	女	小计	男	女
北　京	**17312628**	**8709277**	**8603351**	**199060**	**68061**	**130999**
东 城 区	693631	336027	357604	8107	2822	5285
西 城 区	1082356	524215	558141	12707	4205	8502
朝 阳 区	3347096	1651576	1695520	37153	13469	23684
丰 台 区	1945207	960529	984678	24487	7409	17078
石景山区	554257	274673	279584	8186	2453	5733
海 淀 区	2995313	1488224	1507089	29271	10396	18875
门头沟区	317450	159451	157999	5297	1463	3834
房 山 区	899326	458735	440591	11698	3727	7971
通 州 区	1028280	524764	503516	9696	3739	5957
顺 义 区	699480	363727	335753	6775	2245	4530
昌 平 区	1444696	763936	680760	14879	5539	9340
大 兴 区	1378897	727180	651717	15979	5950	10029
怀 柔 区	273666	144607	129059	4140	1399	2741
平 谷 区	220491	111930	108561	4405	1182	3223
密 云 区	284440	143105	141335	4092	1248	2844
延 庆 区	148042	76598	71444	2188	815	1373

1-10a 续表 1

单位：人

地　区	学前教育			小　学		
	小计	男	女	小计	男	女
北　京	**496110**	**256441**	**239669**	**1660716**	**775261**	**885455**
东 城 区	19951	10185	9766	72741	33806	38935
西 城 区	32784	17178	15606	114787	52942	61845
朝 阳 区	89414	46283	43131	297997	138348	159649
丰 台 区	50228	25769	24459	172478	77742	94736
石景山区	14677	7613	7064	49784	23000	26784
海 淀 区	78213	40390	37823	255903	119899	136004
门头沟区	9085	4667	4418	35055	15620	19435
房 山 区	30528	15909	14619	102286	47493	54793
通 州 区	32394	16693	15701	106561	50859	55702
顺 义 区	24487	12539	11948	76876	37507	39369
昌 平 区	40195	20832	19363	116565	55127	61438
大 兴 区	42471	22104	20367	140621	67129	73492
怀 柔 区	8256	4248	4008	34709	16668	18041
平 谷 区	8266	4217	4049	29693	13543	16150
密 云 区	10552	5438	5114	34887	16120	18767
延 庆 区	4609	2376	2233	19773	9458	10315

1-10a　续表 2　　单位：人

地　区	初　中			高　中			大学专科		
	小计	男	女	小计	男	女	小计	男	女
北　京	**3485800**	**1889581**	**1596219**	**3135889**	**1586202**	**1549687**	**2492465**	**1240546**	**1251919**
东城区	112238	58091	54147	157185	76609	80576	96591	46632	49959
西城区	173262	88476	84786	212617	102798	109819	142327	67792	74535
朝阳区	634847	341691	293156	598975	299366	299609	463219	224822	238397
丰台区	395162	207227	187935	411184	202960	208224	289661	143371	146290
石景山区	99698	51840	47858	113430	55364	58066	85412	42723	42689
海淀区	441271	234107	207164	438827	217972	220855	352432	167341	185091
门头沟区	79810	42615	37195	71053	36202	34851	50744	26130	24614
房山区	236066	128117	107949	165870	85575	80295	138902	71582	67320
通州区	238451	132644	105807	172979	88461	84518	177919	89024	88895
顺义区	188404	107235	81169	114350	60117	54233	102775	52063	50712
昌平区	279457	155438	124019	236580	125636	110944	233986	123304	110682
大兴区	333980	191729	142251	252719	135770	116949	221960	114377	107583
怀柔区	86838	49372	37466	56141	30283	25858	37028	19659	17369
平谷区	61894	33802	28092	46566	24324	22242	33103	17083	16020
密云区	81740	42975	38765	59013	30365	28648	44178	22955	21223
延庆区	42682	24222	18460	28400	14400	14000	22228	11688	10540

1-10a　续表 3　　单位：人

地　区	大学本科			硕士研究生			博士研究生		
	小计	男	女	小计	男	女	小计	男	女
北　京	**4416745**	**2172620**	**2244125**	**1206254**	**588068**	**618186**	**219589**	**132497**	**87092**
东城区	175281	82886	92395	45193	21548	23645	6344	3448	2896
西城区	277406	132631	144775	101815	49491	52324	14651	8702	5949
朝阳区	933904	444954	488950	258524	123008	135516	33063	19635	13428
丰台区	471677	231317	240360	116937	56692	60245	13393	8042	5351
石景山区	141770	70458	71312	35901	17870	18031	5399	3352	2047
海淀区	908595	443408	465187	377403	185349	192054	113398	69362	44036
门头沟区	55906	27371	28535	9311	4669	4642	1189	714	475
房山区	178751	88970	89781	29984	14486	15498	5241	2876	2365
通州区	249545	123519	126026	37491	17961	19530	3244	1864	1380
顺义区	158893	78874	80019	24814	11914	12900	2106	1233	873
昌平区	416004	221561	194443	93369	47889	45480	13661	8610	5051
大兴区	302842	155393	147449	62065	31003	31062	6260	3725	2535
怀柔区	41129	20258	20871	4674	2265	2409	751	455	296
平谷区	33762	16478	17284	2546	1148	1398	256	153	103
密云区	45695	22062	23633	3882	1729	2153	401	213	188
延庆区	25585	12480	13105	2345	1046	1299	232	113	119

1-10b 各地区分性别、受教育程度的3岁及以上人口(镇)

单位：人

地区	3岁及以上人口			未上过学		
	合计	男	女	小计	男	女
北京	**1377158**	**750400**	**626758**	**23898**	**7885**	**16013**
东城区						
西城区						
朝阳区	24870	12715	12155	319	93	226
丰台区	10666	5340	5326	268	76	192
石景山区						
海淀区						
门头沟区	31615	16636	14979	816	228	588
房山区	94834	49085	45749	2309	611	1698
通州区	296904	163047	133857	2890	1039	1851
顺义区	150359	84114	66245	2431	916	1515
昌平区	362403	196591	165812	4368	1567	2801
大兴区	196874	111091	85783	3303	1249	2054
怀柔区	52308	29518	22790	1170	348	822
平谷区	49128	25251	23877	2136	522	1614
密云区	55255	29292	25963	2308	727	1581
延庆区	51942	27720	24222	1580	509	1071

1-10b 续表 1

单位：人

地区	学前教育			小学		
	小计	男	女	小计	男	女
北京	**38642**	**19981**	**18661**	**177848**	**86999**	**90849**
东城区						
西城区						
朝阳区	620	337	283	2507	1261	1246
丰台区	256	119	137	1230	585	645
石景山区						
海淀区						
门头沟区	679	354	325	5155	2273	2882
房山区	2717	1396	1321	16031	6948	9083
通州区	8651	4452	4199	34706	16911	17795
顺义区	3625	1898	1727	18243	9170	9073
昌平区	10242	5345	4897	35121	17231	17890
大兴区	6129	3134	2995	27505	14489	13016
怀柔区	1080	532	548	7250	3680	3570
平谷区	1912	1007	905	9340	4375	4965
密云区	1315	680	635	11592	5594	5998
延庆区	1416	727	689	9168	4482	4686

1-10b　续表 2　　单位：人

地　区	初　中			高　中			大学专科		
	小计	男	女	小计	男	女	小计	男	女
北　京	**462708**	**273293**	**189415**	**251886**	**142482**	**109404**	**182480**	**96023**	**86457**
东城区									
西城区									
朝阳区	5459	3238	2221	4822	2521	2301	4011	1942	2069
丰台区	2781	1467	1314	2489	1339	1150	1538	754	784
石景山区									
海淀区									
门头沟区	12803	7341	5462	6005	3293	2712	3496	1863	1633
房山区	42761	23658	19103	15580	8752	6828	9254	4808	4446
通州区	93904	55966	37938	57275	32965	24310	43814	23213	20601
顺义区	60272	36773	23499	27084	15806	11278	17003	8788	8215
昌平区	100569	58490	42079	69614	38761	30853	54743	28866	25877
大兴区	68236	42665	25571	34734	19767	14967	28031	14862	13169
怀柔区	16793	10437	6356	8502	4830	3672	4906	2698	2208
平谷区	16906	9368	7538	8486	4783	3703	5817	3045	2772
密云区	24399	13715	10684	8589	4854	3735	4080	2181	1899
延庆区	17825	10175	7650	8706	4811	3895	5787	3003	2784

1-10b　续表 3　　单位：人

地　区	大学本科			硕士研究生			博士研究生		
	小计	男	女	小计	男	女	小计	男	女
北　京	**192781**	**98854**	**93927**	**40770**	**20948**	**19822**	**6145**	**3935**	**2210**
东城区									
西城区									
朝阳区	6372	2965	3407	712	324	388	48	34	14
丰台区	1750	834	916	309	146	163	45	20	25
石景山区									
海淀区									
门头沟区	2382	1155	1227	249	110	139	30	19	11
房山区	5544	2605	2939	570	267	303	68	40	28
通州区	46575	24079	22496	8204	3891	4313	885	531	354
顺义区	19362	9584	9778	2105	1039	1066	234	140	94
昌平区	69184	36290	32894	15670	8138	7532	2892	1903	989
大兴区	24452	12571	11881	4023	2058	1965	461	296	165
怀柔区	3541	1721	1820	7781	4440	3341	1285	832	453
平谷区	4138	1966	2172	354	163	191	39	22	17
密云区	2605	1363	1242	310	144	166	57	34	23
延庆区	6876	3721	3155	483	228	255	101	64	37

1-10c 各地区分性别、受教育程度的3岁及以上人口(乡村)

单位：人

地区	3岁及以上人口			未上过学		
	合计	男	女	小计	男	女
北京	**2654284**	**1450935**	**1203349**	**77062**	**23097**	**53965**
东城区						
西城区						
朝阳区						
丰台区	15541	8185	7356	221	61	160
石景山区						
海淀区	72955	40079	32876	1402	559	843
门头沟区	32978	17500	15478	1220	357	863
房山区	278977	147048	131929	8111	2305	5806
通州区	465032	254295	210737	8796	2924	5872
顺义区	437574	243889	193685	9023	2572	6451
昌平区	403865	228901	174964	7841	2618	5223
大兴区	360002	204045	155957	7496	2454	5042
怀柔区	103921	55112	48809	7274	2120	5154
平谷区	173459	89361	84098	7943	1750	6193
密云区	173607	89914	83693	9659	2723	6936
延庆区	136373	72606	63767	8076	2654	5422

1-10c 续表 1

单位：人

地区	学前教育			小学		
	小计	男	女	小计	男	女
北京	**68540**	**35187**	**33353**	**460872**	**221568**	**239304**
东城区						
西城区						
朝阳区						
丰台区	551	285	266	2324	1093	1231
石景山区						
海淀区	1774	896	878	9516	4624	4892
门头沟区	541	245	296	6854	3108	3746
房山区	7912	4122	3790	49425	21747	27678
通州区	13725	7104	6621	79143	38157	40986
顺义区	10552	5430	5122	70187	34642	35545
昌平区	9048	4628	4420	47904	23518	24386
大兴区	10403	5361	5042	62217	30695	31522
怀柔区	2121	1097	1024	21912	10666	11246
平谷区	5250	2681	2569	38089	17318	20771
密云区	3764	1882	1882	40115	19063	21052
延庆区	2899	1456	1443	33186	16937	16249

1-10c 续表 2 单位：人

地区	初中			高中			大学专科		
	小计	男	女	小计	男	女	小计	男	女
北京	**1150281**	**672646**	**477635**	**463975**	**270306**	**193669**	**253462**	**137135**	**116327**
东城区									
西城区									
朝阳区									
丰台区	5699	3231	2468	3413	1854	1559	1988	1064	924
石景山区									
海淀区	28079	16429	11650	15130	8802	6328	8992	4728	4264
门头沟区	14421	8318	6103	5482	3115	2367	2711	1501	1210
房山区	131322	73694	57628	45946	26587	19359	24138	12936	11202
通州区	205293	119690	85603	79073	45526	33547	47599	25268	22331
顺义区	204765	121734	83031	77145	45785	31360	39423	21040	18383
昌平区	150453	90193	60260	81512	48321	33191	50826	28585	22241
大兴区	168189	103039	65150	62715	37234	25481	32030	17088	14942
怀柔区	42162	24148	18014	17890	10465	7425	7655	4231	3424
平谷区	69845	39129	30716	28911	16319	12592	15392	8318	7074
密云区	75915	42207	33708	26111	14731	11380	11679	6296	5383
延庆区	54138	30834	23304	20647	11567	9080	11029	6080	4949

1-10c 续表 3 单位：人

地区	大学本科			硕士研究生			博士研究生		
	小计	男	女	小计	男	女	小计	男	女
北京	**161969**	**82120**	**79849**	**15991**	**7633**	**8358**	**2132**	**1243**	**889**
东城区									
西城区									
朝阳区									
丰台区	1204	553	651	134	40	94	7	4	3
石景山区									
海淀区	6818	3425	3393	1112	541	571	132	75	57
门头沟区	1574	764	810	149	72	77	26	20	6
房山区	11252	5212	6040	754	371	383	117	74	43
通州区	27976	13981	13995	3083	1446	1637	344	199	145
顺义区	23951	11521	12430	2241	1001	1240	287	164	123
昌平区	50442	28033	22409	5157	2590	2567	682	415	267
大兴区	15463	7480	7983	1295	591	704	194	103	91
怀柔区	4448	2158	2290	387	186	201	72	41	31
平谷区	7353	3522	3831	574	269	305	102	55	47
密云区	5782	2732	3050	508	241	267	74	39	35
延庆区	5706	2739	2967	597	285	312	95	54	41

1-11 各地区分性别、受教育程度的3岁及以上外省来京人员

单位：人

地区	3岁及以上人口			未上过学		
	合计	男	女	小计	男	女
北　京	**8286123**	**4476558**	**3809565**	**79627**	**26818**	**52809**
东 城 区	156856	78834	78022	1288	371	917
西 城 区	242531	119659	122872	2451	594	1857
朝 阳 区	1263755	638247	625508	10120	3445	6675
丰 台 区	635322	320189	315133	6446	1915	4531
石景山区	163676	81953	81723	1984	626	1358
海 淀 区	1105604	573723	531881	9978	2888	7090
门头沟区	112916	59067	53849	1413	449	964
房 山 区	429519	232802	196717	5093	1674	3419
通 州 区	882290	490077	392213	7196	2698	4498
顺 义 区	588997	343676	245321	5561	1944	3617
昌 平 区	1284540	722334	562206	12435	4500	7935
大 兴 区	999708	571284	428424	9978	3841	6137
怀 柔 区	153699	91478	62221	1885	639	1246
平 谷 区	77153	43048	34105	1007	328	679
密 云 区	109805	61919	47886	1548	456	1092
延 庆 区	79752	48268	31484	1244	450	794

1-11 续表 1

单位：人

地区	学前教育			小学		
	小计	男	女	小计	男	女
北　京	**150194**	**78653**	**71541**	**793051**	**401492**	**391559**
东 城 区	1551	802	749	13551	6379	7172
西 城 区	2091	1080	1011	20989	8937	12052
朝 阳 区	19773	10437	9336	98808	48584	50224
丰 台 区	10920	5730	5190	55948	26604	29344
石景山区	3029	1613	1416	15070	7484	7586
海 淀 区	14275	7350	6925	86451	40013	46438
门头沟区	2334	1180	1154	13911	7001	6910
房 山 区	11071	5886	5185	51474	26468	25006
通 州 区	18744	9712	9032	92007	48098	43909
顺 义 区	10688	5550	5138	69169	38312	30857
昌 平 区	27141	14203	12938	107056	53861	53195
大 兴 区	20994	11140	9854	106790	56353	50437
怀 柔 区	2585	1328	1257	20651	11161	9490
平 谷 区	1513	820	693	11583	6179	5404
密 云 区	2254	1165	1089	16586	8767	7819
延 庆 区	1231	657	574	13007	7291	5716

1-11 续表 2　　单位：人

地区	初中			高中			大学专科		
	小计	男	女	小计	男	女	小计	男	女
北京	**2449556**	**1508223**	**941333**	**1408209**	**790313**	**617896**	**1178434**	**586026**	**592408**
东城区	42929	25241	17688	33923	17987	15936	21297	9583	11714
西城区	67555	38014	29541	51273	26941	24332	31375	13992	17383
朝阳区	312949	186467	126482	206719	111241	95478	179703	84215	95488
丰台区	161314	93464	67850	114935	59872	55063	99172	46455	52717
石景山区	36257	20810	15447	26371	12938	13433	25581	11885	13696
海淀区	246676	143579	103097	186156	102464	83692	139369	68178	71191
门头沟区	37381	22479	14902	19030	9591	9439	17031	7910	9121
房山区	146791	90275	56516	69445	38148	31297	60471	29339	31132
通州区	282930	179539	103391	145532	83963	61569	140757	71202	69555
顺义区	247966	160886	87080	94843	57114	37729	66574	33718	32856
昌平区	332651	204825	127826	216297	126691	89606	210172	114004	96168
大兴区	348285	223789	124496	173737	102585	71152	145244	74733	70511
怀柔区	66650	43163	23487	26304	15996	10308	13885	7330	6555
平谷区	34414	21240	13174	12936	7091	5845	8319	3850	4469
密云区	48335	29982	18353	19120	10803	8317	11520	5484	6036
延庆区	36473	24470	12003	11588	6888	4700	7964	4148	3816

1-11 续表 3　　单位：人

地区	大学本科			硕士研究生			博士研究生		
	小计	男	女	小计	男	女	小计	男	女
北京	**1813024**	**892040**	**920984**	**376997**	**170872**	**206125**	**37031**	**22121**	**14910**
东城区	33469	14709	18760	8215	3494	4721	633	268	365
西城区	49911	22436	27475	15806	7056	8750	1080	609	471
朝阳区	355367	159815	195552	75962	31532	44430	4354	2511	1843
丰台区	154074	72425	81649	30876	12857	18019	1637	867	770
石景山区	45353	21843	23510	9272	4305	4967	759	449	310
海淀区	295855	146399	149456	107190	50737	56453	19654	12115	7539
门头沟区	19041	9188	9853	2590	1160	1430	185	109	76
房山区	74250	36514	37736	9849	3988	5861	1075	510	565
通州区	174738	86018	88720	19427	8281	11146	959	566	393
顺义区	82985	41007	41978	10677	4854	5823	534	291	243
昌平区	324907	177143	147764	50755	25130	25625	3126	1977	1149
大兴区	168214	86634	81580	25131	11434	13697	1335	775	560
怀柔区	11376	5931	5445	8927	5011	3916	1436	919	517
平谷区	6618	3183	3435	696	311	385	67	46	21
密云区	9379	4767	4612	958	438	520	105	57	48
延庆区	7487	4028	3459	666	284	382	92	52	40

1-12 各地区分性别的15岁及以上文盲人口

单位：人、%

地　　区	15岁及以上人口			文盲人口			文盲人口占15岁及以上人口比重		
	合计	男	女	合计	男	女	合计	男	女
北　　京	**19301588**	**9847962**	**9453626**	**172141**	**38227**	**133914**	**0.89**	**0.39**	**1.42**
东 城 区	610539	292954	317585	2874	426	2448	0.47	0.15	0.77
西 城 区	948302	454054	494248	5095	740	4355	0.54	0.16	0.88
朝 阳 区	3057268	1501328	1555940	15008	2890	12118	0.49	0.19	0.78
丰 台 区	1800084	885113	914971	13261	2176	11085	0.74	0.25	1.21
石景山区	503342	248226	255116	4430	757	3673	0.88	0.30	1.44
海 淀 区	2762358	1368477	1393881	14351	2613	11738	0.52	0.19	0.84
门头沟区	347846	175974	171872	4933	985	3948	1.42	0.56	2.30
房 山 区	1143561	587343	556218	15172	3343	11829	1.33	0.57	2.13
通 州 区	1617569	852273	765296	11154	2657	8497	0.69	0.31	1.11
顺 义 区	1168726	629989	538737	11609	2674	8935	0.99	0.42	1.66
昌 平 区	2033522	1096897	936625	14828	3646	11182	0.73	0.33	1.19
大 兴 区	1756675	948307	808368	14508	3562	10946	0.83	0.38	1.35
怀 柔 区	389108	208180	180928	9645	2589	7056	2.48	1.24	3.90
平 谷 区	396553	202596	193957	12495	2670	9825	3.15	1.32	5.07
密 云 区	460936	235303	225633	13297	3542	9755	2.88	1.51	4.32
延 庆 区	305199	160948	144251	9481	2957	6524	3.11	1.84	4.52

1-12a 各地区分性别的15岁及以上文盲人口(城市)

单位：人、%

地　　区	15岁及以上人口			文盲人口			文盲人口占15岁及以上人口比重		
	合计	男	女	合计	男	女	合计	男	女
北　　京	**15598745**	**7817395**	**7781350**	**94740**	**17971**	**76769**	**0.61**	**0.23**	**0.99**
东 城 区	610539	292954	317585	2874	426	2448	0.47	0.15	0.77
西 城 区	948302	454054	494248	5095	740	4355	0.54	0.16	0.88
朝 阳 区	3034191	1489528	1544663	14853	2861	11992	0.49	0.19	0.78
丰 台 区	1776470	872926	903544	12920	2094	10826	0.73	0.24	1.20
石景山区	503342	248226	255116	4430	757	3673	0.88	0.30	1.44
海 淀 区	2695720	1331671	1364049	13449	2296	11153	0.50	0.17	0.82
门头沟区	287806	144167	143639	3281	563	2718	1.14	0.39	1.89
房 山 区	804411	409155	395256	6803	1367	5436	0.85	0.33	1.38
通 州 区	920942	469092	451850	3924	876	3048	0.43	0.19	0.67
顺 义 区	623599	324467	299132	3424	675	2749	0.55	0.21	0.92
昌 平 区	1323099	700382	622717	6499	1317	5182	0.49	0.19	0.83
大 兴 区	1247967	658484	589483	7218	1637	5581	0.58	0.25	0.95
怀 柔 区	245042	129837	115205	2446	614	1832	1.00	0.47	1.59
平 谷 区	194802	98670	96132	3563	796	2767	1.83	0.81	2.88
密 云 区	250468	125454	125014	2633	578	2055	1.05	0.46	1.64
延 庆 区	132045	68328	63717	1328	374	954	1.01	0.55	1.50

1-12b　各地区分性别的15岁及以上文盲人口(镇)

单位：人、%

地　区	15岁及以上人口			文盲人口			文盲人口占15岁及以上人口比重		
	合计	男	女	合计	男	女	合计	男	女
北　京	**1261414**	**690201**	**571213**	**16657**	**4444**	**12213**	**1.32**	**0.64**	**2.14**
东城区									
西城区									
朝阳区	23077	11800	11277	155	29	126	0.67	0.25	1.12
丰台区	9732	4873	4859	184	49	135	1.89	1.01	2.78
石景山区									
海淀区									
门头沟区	29125	15331	13794	627	147	480	2.15	0.96	3.48
房山区	85999	44619	41380	1869	433	1436	2.17	0.97	3.47
通州区	271229	149613	121616	1638	399	1239	0.60	0.27	1.02
顺义区	139172	78161	61011	1605	519	1086	1.15	0.66	1.78
昌平区	333682	181692	151990	2375	582	1793	0.71	0.32	1.18
大兴区	179703	102127	77576	2088	621	1467	1.16	0.61	1.89
怀柔区	48164	27382	20782	901	235	666	1.87	0.86	3.20
平谷区	43846	22485	21361	1951	446	1505	4.45	1.98	7.05
密云区	50526	26851	23675	2000	609	1391	3.96	2.27	5.88
延庆区	47159	25267	21892	1264	375	889	2.68	1.48	4.06

1-12c　各地区分性别的15岁及以上文盲人口(乡村)

单位：人、%

地　区	15岁及以上人口			文盲人口			文盲人口占15岁及以上人口比重		
	合计	男	女	合计	男	女	合计	男	女
北　京	**2441429**	**1340366**	**1101063**	**60744**	**15812**	**44932**	**2.49**	**1.18**	**4.08**
东城区									
西城区									
朝阳区									
丰台区	13882	7314	6568	157	33	124	1.13	0.45	1.89
石景山区									
海淀区	66638	36806	29832	902	317	585	1.35	0.86	1.96
门头沟区	30915	16476	14439	1025	275	750	3.32	1.67	5.19
房山区	253151	133569	119582	6500	1543	4957	2.57	1.16	4.15
通州区	425398	233568	191830	5592	1382	4210	1.31	0.59	2.19
顺义区	405955	227361	178594	6580	1480	5100	1.62	0.65	2.86
昌平区	376741	214823	161918	5954	1747	4207	1.58	0.81	2.60
大兴区	329005	187696	141309	5202	1304	3898	1.58	0.69	2.76
怀柔区	95902	50961	44941	6298	1740	4558	6.57	3.41	10.14
平谷区	157905	81441	76464	6981	1428	5553	4.42	1.75	7.26
密云区	159942	82998	76944	8664	2355	6309	5.42	2.84	8.20
延庆区	125995	67353	58642	6889	2208	4681	5.47	3.28	7.98

1–13　各地区分性别的15岁及以上外来文盲人口

单位：人、%

地　　区	15岁及以上人口			文盲人口			文盲人口占15岁及以上人口比重		
	合计	男	女	合计	男	女	合计	男	女
北　　京	**7798914**	**4216852**	**3582062**	**45799**	**10164**	**35635**	**0.59**	**0.24**	**0.99**
东 城 区	149234	74727	74507	684	132	552	0.46	0.18	0.74
西 城 区	232939	114484	118455	1580	236	1344	0.68	0.21	1.13
朝 阳 区	1194507	601420	593087	4792	957	3835	0.40	0.16	0.65
丰 台 区	598387	300450	297937	3856	688	3168	0.64	0.23	1.06
石景山区	154021	76777	77244	1160	233	927	0.75	0.30	1.20
海 淀 区	1054711	546629	508082	6587	1158	5429	0.62	0.21	1.07
门头沟区	105088	54936	50152	895	198	697	0.85	0.36	1.39
房 山 区	395606	214546	181060	3089	671	2418	0.78	0.31	1.34
通 州 区	821465	457938	363527	3626	893	2733	0.44	0.20	0.75
顺 义 区	555683	325947	229736	3296	815	2481	0.59	0.25	1.08
昌 平 区	1209610	682498	527112	6728	1561	5167	0.56	0.23	0.98
大 兴 区	936026	536992	399034	5355	1444	3911	0.57	0.27	0.98
怀 柔 区	144110	86478	57632	1293	365	928	0.90	0.42	1.61
平 谷 区	71377	39968	31409	785	220	565	1.10	0.55	1.80
密 云 区	101491	57524	43967	1122	272	850	1.11	0.47	1.93
延 庆 区	74659	45538	29121	951	321	630	1.27	0.70	2.16

1–14　各地区家庭户规模

单位：户、%

地　　区	家庭户	一人户		二人户		三人户	
	户　数	户数	比重	户数	比重	户数	比重
北　　京	**8230792**	**2463325**	**29.93**	**2727924**	**33.14**	**1787020**	**21.71**
东 城 区	285543	83563	29.26	88568	31.02	70989	24.86
西 城 区	440708	124928	28.35	133966	30.40	112497	25.53
朝 阳 区	1465020	503179	34.35	483063	32.97	302721	20.66
丰 台 区	828157	235973	28.49	291542	35.20	189837	22.92
石景山区	222821	56219	25.23	79058	35.48	56594	25.40
海 淀 区	1118037	348723	31.19	333150	29.80	256764	22.97
门头沟区	155912	41187	26.42	58429	37.48	36812	23.61
房 山 区	454271	106390	23.42	158538	34.90	105058	23.13
通 州 区	639191	190801	29.85	211339	33.06	133350	20.86
顺 义 区	510917	165902	32.47	166041	32.50	95136	18.62
昌 平 区	815773	275300	33.75	272466	33.40	146291	17.93
大 兴 区	660307	188507	28.55	220056	33.33	134039	20.30
怀 柔 区	153338	38876	25.35	55802	36.39	33216	21.66
平 谷 区	160875	33818	21.02	53785	33.43	38169	23.73
密 云 区	195078	42541	21.81	72676	37.25	45945	23.55
延 庆 区	124844	27418	21.96	49445	39.61	29602	23.71

1-14　续表 1　　　　单位：户、%

地　区	四人户		五人户		六人户	
	户数	比重	户数	比重	户数	比重
北　京	**736163**	**8.94**	**362811**	**4.41**	**122068**	**1.48**
东城区	27005	9.46	11438	4.01	3221	1.13
西城区	42465	9.64	19514	4.43	5899	1.34
朝阳区	111561	7.61	47578	3.25	14115	0.96
丰台区	67263	8.12	32475	3.92	9195	1.11
石景山区	19411	8.71	8992	4.04	2226	1.00
海淀区	106227	9.50	52665	4.71	16848	1.51
门头沟区	12714	8.15	5164	3.31	1361	0.87
房山区	46626	10.26	25253	5.56	9362	2.06
通州区	59361	9.29	29830	4.67	10855	1.70
顺义区	44277	8.67	26071	5.10	10053	1.97
昌平区	67660	8.29	38900	4.77	12364	1.52
大兴区	65375	9.90	34276	5.19	13843	2.10
怀柔区	14961	9.76	6989	4.56	2871	1.87
平谷区	19300	12.00	9929	6.17	4422	2.75
密云区	19868	10.18	9394	4.82	3853	1.98
延庆区	12089	9.68	4343	3.48	1580	1.27

1-14　续表 2　　　　单位：户、%

地　区	七人户		八人户		九人户		十人及以上户	
	户数	比重	户数	比重	户数	比重	户数	比重
北　京	**20084**	**0.24**	**6721**	**0.08**	**2426**	**0.03**	**2250**	**0.03**
东城区	490	0.17	133	0.05	64	0.02	72	0.03
西城区	933	0.21	271	0.06	108	0.02	127	0.03
朝阳区	1876	0.13	593	0.04	180	0.01	154	0.01
丰台区	1209	0.15	359	0.04	134	0.02	170	0.02
石景山区	232	0.10	51	0.02	15	0.01	23	0.01
海淀区	2468	0.22	700	0.06	208	0.02	284	0.03
门头沟区	158	0.10	47	0.03	13	0.01	27	0.02
房山区	1837	0.40	714	0.16	270	0.06	223	0.05
通州区	2110	0.33	831	0.13	345	0.05	369	0.06
顺义区	2169	0.42	798	0.16	291	0.06	179	0.04
昌平区	1824	0.22	605	0.07	179	0.02	184	0.02
大兴区	2568	0.39	962	0.15	403	0.06	278	0.04
怀柔区	422	0.28	115	0.07	46	0.03	40	0.03
平谷区	977	0.61	330	0.21	96	0.06	49	0.03
密云区	564	0.29	148	0.08	47	0.02	42	0.02
延庆区	247	0.20	64	0.05	27	0.02	29	0.02

1-14a　各地区家庭户规模(城市)

单位：户、%

地　　区	家庭户户　数	一人户		二人户		三人户	
		户数	比重	户数	比重	户数	比重
北　　京	**6690435**	**1984729**	**29.67**	**2207884**	**33.00**	**1516511**	**22.67**
东 城 区	285543	83563	29.26	88568	31.02	70989	24.86
西 城 区	440708	124928	28.35	133966	30.40	112497	25.53
朝 阳 区	1453819	498117	34.26	479397	32.98	300997	20.70
丰 台 区	818152	233401	28.53	288263	35.23	187540	22.92
石景山区	222821	56219	25.23	79058	35.48	56594	25.40
海 淀 区	1091855	341056	31.24	324479	29.72	251929	23.07
门头沟区	127650	32696	25.61	46835	36.69	31595	24.75
房 山 区	320167	78751	24.60	112519	35.14	76233	23.81
通 州 区	361823	101710	28.11	122549	33.87	83973	23.21
顺 义 区	271914	82277	30.26	88395	32.51	58552	21.53
昌 平 区	506309	158076	31.22	170253	33.63	98595	19.47
大 兴 区	460366	122287	26.56	159051	34.55	101377	22.02
怀 柔 区	98736	26378	26.72	34666	35.11	22501	22.79
平 谷 区	78771	16872	21.42	26218	33.28	20408	25.91
密 云 区	101580	18938	18.64	35018	34.47	28437	27.99
延 庆 区	50221	9460	18.84	18649	37.13	14294	28.46

1-14a　续表 1

单位：户、%

地　　区	四人户		五人户		六人户	
	户数	比重	户数	比重	户数	比重
北　　京	**596439**	**8.91**	**280220**	**4.19**	**86953**	**1.30**
东 城 区	27005	9.46	11438	4.01	3221	1.13
西 城 区	42465	9.64	19514	4.43	5899	1.34
朝 阳 区	111036	7.64	47408	3.26	14072	0.97
丰 台 区	66290	8.10	31910	3.90	8976	1.10
石景山区	19411	8.71	8992	4.04	2226	1.00
海 淀 区	103751	9.50	51085	4.68	16191	1.48
门头沟区	10649	8.34	4499	3.52	1179	0.92
房 山 区	31005	9.68	15318	4.78	5129	1.60
通 州 区	33249	9.19	15143	4.19	4478	1.24
顺 义 区	24792	9.12	12505	4.60	4403	1.62
昌 平 区	44883	8.86	25228	4.98	7780	1.54
大 兴 区	46726	10.15	22207	4.82	7302	1.59
怀 柔 区	9318	9.44	3955	4.01	1630	1.65
平 谷 区	9102	11.56	3962	5.03	1678	2.13
密 云 区	11662	11.48	5168	5.09	2061	2.03
延 庆 区	5095	10.15	1888	3.76	728	1.45

1-14a　续表 2

单位：户、%

地　区	七人户		八人户		九人户		十人及以上户	
	户数	比重	户数	比重	户数	比重	户数	比重
北　京	**11891**	**0.18**	**3456**	**0.05**	**1168**	**0.02**	**1184**	**0.02**
东城区	490	0.17	133	0.05	64	0.02	72	0.03
西城区	933	0.21	271	0.06	108	0.02	127	0.03
朝阳区	1871	0.13	591	0.04	180	0.01	150	0.01
丰台区	1170	0.14	331	0.04	119	0.01	152	0.02
石景山区	232	0.10	51	0.02	15	0.01	23	0.01
海淀区	2335	0.21	626	0.06	187	0.02	216	0.02
门头沟区	134	0.10	38	0.03	6	0.01	19	0.01
房山区	731	0.23	266	0.08	104	0.03	111	0.03
通州区	506	0.14	135	0.04	46	0.01	34	0.01
顺义区	679	0.25	195	0.07	63	0.02	53	0.02
昌平区	1006	0.20	311	0.06	92	0.02	85	0.02
大兴区	967	0.21	267	0.06	100	0.02	82	0.02
怀柔区	190	0.19	53	0.05	19	0.02	26	0.03
平谷区	343	0.44	126	0.16	44	0.06	18	0.02
密云区	222	0.22	47	0.05	15	0.01	12	0.01
延庆区	82	0.16	15	0.03	6	0.01	4	0.01

1-14b　各地区家庭户规模(镇)

单位：户、%

地　区	家庭户户　数	一人户		二人户		三人户	
		户数	比重	户数	比重	户数	比重
北　京	**496221**	**170086**	**34.28**	**171652**	**34.59**	**85302**	**17.19**
东城区							
西城区							
朝阳区	11201	5062	45.19	3666	32.73	1724	15.39
丰台区	4836	1708	35.32	1693	35.01	970	20.06
石景山区							
海淀区							
门头沟区	12570	3345	26.61	5198	41.35	2628	20.91
房山区	32948	6775	20.56	12302	37.34	7088	21.51
通州区	97209	34714	35.71	32531	33.47	17217	17.71
顺义区	61644	26983	43.77	19010	30.84	7805	12.66
昌平区	144025	54671	37.96	48724	33.83	22138	15.37
大兴区	62436	20029	32.08	21876	35.04	11373	18.22
怀柔区	13359	2956	22.13	5074	37.98	2948	22.07
平谷区	17173	3609	21.02	5825	33.92	3849	22.41
密云区	21523	5983	27.80	8689	40.37	3800	17.66
延庆区	17297	4251	24.58	7064	40.84	3762	21.75

1-14b 续表 1

单位：户、%

地　区	四人户		五人户		六人户	
	户数	比重	户数	比重	户数	比重
北　京	**38551**	**7.77**	**20244**	**4.08**	**7935**	**1.60**
东城区						
西城区						
朝阳区	525	4.69	170	1.52	43	0.38
丰台区	301	6.22	110	2.27	31	0.64
石景山区						
海淀区						
门头沟区	934	7.43	346	2.75	101	0.80
房山区	3467	10.52	2095	6.36	885	2.69
通州区	7437	7.65	3419	3.52	1402	1.44
顺义区	3809	6.18	2512	4.08	1104	1.79
昌平区	10393	7.22	5807	4.03	1845	1.28
大兴区	5341	8.55	2475	3.96	1035	1.66
怀柔区	1307	9.78	705	5.28	302	2.26
平谷区	1957	11.40	1202	7.00	575	3.35
密云区	1652	7.68	868	4.03	416	1.93
延庆区	1428	8.26	535	3.09	196	1.13

1-14b 续表 2

单位：户、%

地　区	七人户		八人户		九人户		十人及以上户	
	户数	比重	户数	比重	户数	比重	户数	比重
北　京	**1522**	**0.31**	**527**	**0.11**	**237**	**0.05**	**165**	**0.03**
东城区								
西城区								
朝阳区	5	0.04	2	0.02			4	0.04
丰台区	4	0.08	1	0.02	2	0.04	16	0.33
石景山区								
海淀区								
门头沟区	10	0.08	5	0.04	1	0.01	2	0.02
房山区	212	0.64	68	0.21	40	0.12	16	0.05
通州区	278	0.29	109	0.11	51	0.05	51	0.05
顺义区	275	0.45	87	0.14	43	0.07	16	0.03
昌平区	280	0.19	108	0.07	34	0.02	25	0.02
大兴区	195	0.31	64	0.10	32	0.05	16	0.03
怀柔区	41	0.31	11	0.08	8	0.06	7	0.05
平谷区	102	0.59	40	0.23	9	0.05	5	0.03
密云区	80	0.37	22	0.10	9	0.04	4	0.02
延庆区	40	0.23	10	0.06	8	0.05	3	0.02

1-14c　各地区家庭户规模(乡村)

单位：户、%

地　区	家庭户	一人户		二人户		三人户	
	户　数	户数	比重	户数	比重	户数	比重
北　京	**1044136**	**308510**	**29.55**	**348388**	**33.37**	**185207**	**17.74**
东城区							
西城区							
朝阳区							
丰台区	5169	864	16.72	1586	30.68	1327	25.67
石景山区							
海淀区	26182	7667	29.28	8671	33.12	4835	18.47
门头沟区	15692	5146	32.79	6396	40.76	2589	16.50
房山区	101156	20864	20.63	33717	33.33	21737	21.49
通州区	180159	54377	30.18	56259	31.23	32160	17.85
顺义区	177359	56642	31.94	58636	33.06	28779	16.23
昌平区	165439	62553	37.81	53489	32.33	25558	15.45
大兴区	137505	46191	33.59	39129	28.46	21289	15.48
怀柔区	41243	9542	23.14	16062	38.94	7767	18.83
平谷区	64931	13337	20.54	21742	33.48	13912	21.43
密云区	71975	17620	24.48	28969	40.25	13708	19.05
延庆区	57326	13707	23.91	23732	41.40	11546	20.14

1-14c　续表 1

单位：户、%

地　区	四人户		五人户		六人户	
	户数	比重	户数	比重	户数	比重
北　京	**101173**	**9.69**	**62347**	**5.97**	**27180**	**2.60**
东城区						
西城区						
朝阳区						
丰台区	672	13.00	455	8.80	188	3.64
石景山区						
海淀区	2476	9.46	1580	6.03	657	2.51
门头沟区	1131	7.21	319	2.03	81	0.52
房山区	12154	12.02	7840	7.75	3348	3.31
通州区	18675	10.37	11268	6.25	4975	2.76
顺义区	15676	8.84	11054	6.23	4546	2.56
昌平区	12384	7.49	7865	4.75	2739	1.66
大兴区	13308	9.68	9594	6.98	5506	4.00
怀柔区	4336	10.51	2329	5.65	939	2.28
平谷区	8241	12.69	4765	7.34	2169	3.34
密云区	6554	9.11	3358	4.67	1376	1.91
延庆区	5566	9.71	1920	3.35	656	1.14

1−14c 续表 2

单位：户、%

地区	七人户		八人户		九人户		十人及以上户	
	户数	比重	户数	比重	户数	比重	户数	比重
北京	**6671**	**0.64**	**2738**	**0.26**	**1021**	**0.10**	**901**	**0.09**
东城区								
西城区								
朝阳区								
丰台区	35	0.68	27	0.52	13	0.25	2	0.04
石景山区								
海淀区	133	0.51	74	0.28	21	0.08	68	0.26
门头沟区	14	0.09	4	0.03	6	0.04	6	0.04
房山区	894	0.88	380	0.38	126	0.12	96	0.09
通州区	1326	0.74	587	0.33	248	0.14	284	0.16
顺义区	1215	0.69	516	0.29	185	0.10	110	0.06
昌平区	538	0.33	186	0.11	53	0.03	74	0.04
大兴区	1406	1.02	631	0.46	271	0.20	180	0.13
怀柔区	191	0.46	51	0.12	19	0.05	7	0.02
平谷区	532	0.82	164	0.25	43	0.07	26	0.04
密云区	262	0.36	79	0.11	23	0.03	26	0.04
延庆区	125	0.22	39	0.07	13	0.02	22	0.04

1−15 各地区家庭户类别

单位：户、%

地区	家庭户户数	一代户		二代户	
		户数	比重	户数	比重
北京	**8230792**	**4842948**	**58.84**	**2532522**	**30.77**
东城区	285543	148077	51.86	105698	37.02
西城区	440708	227080	51.53	163513	37.10
朝阳区	1465020	914816	62.44	433336	29.58
丰台区	828157	487920	58.92	261653	31.59
石景山区	222821	122938	55.17	76881	34.50
海淀区	1118037	623941	55.81	367996	32.91
门头沟区	155912	92472	59.31	51048	32.74
房山区	454271	245709	54.09	149370	32.88
通州区	639191	382878	59.90	188301	29.46
顺义区	510917	323681	63.35	129680	25.38
昌平区	815773	529310	64.88	202214	24.79
大兴区	660307	391075	59.23	193153	29.25
怀柔区	153338	90031	58.71	47473	30.96
平谷区	160875	81374	50.58	55407	34.44
密云区	195078	108960	55.85	64734	33.18
延庆区	124844	72686	58.22	42065	33.69

1-15　续表　　单位：户、%

地　区	三代户		四代户		五代及以上户	
	户数	比重	户数	比重	户数	比重
北　京	**839474**	**10.20**	**15839**	**0.19**	**9**	
东城区	31448	11.01	320	0.11		
西城区	49538	11.24	577	0.13		
朝阳区	115598	7.89	1268	0.09	2	
丰台区	77473	9.35	1111	0.13		
石景山区	22777	10.22	225	0.10		
海淀区	124505	11.14	1594	0.14	1	
门头沟区	12187	7.82	205	0.13		
房山区	57859	12.74	1332	0.29	1	
通州区	66561	10.41	1450	0.23	1	
顺义区	55458	10.85	2096	0.41	2	
昌平区	82744	10.14	1505	0.18		
大兴区	74157	11.23	1920	0.29	2	
怀柔区	15346	10.01	488	0.32		
平谷区	23048	14.33	1046	0.65		
密云区	20875	10.70	509	0.26		
延庆区	9900	7.93	193	0.15		

1-15a　各地区家庭户类别(城市)

单位：户、%

地　区	家庭户	一代户		二代户	
	户　数	户数	比重	户数	比重
北　京	**6690435**	**3861582**	**57.72**	**2157277**	**32.24**
东城区	285543	148077	51.86	105698	37.02
西城区	440708	227080	51.53	163513	37.10
朝阳区	1453819	906739	62.37	430739	29.63
丰台区	818152	482403	58.96	258453	31.59
石景山区	222821	122938	55.17	76881	34.50
海淀区	1091855	608044	55.69	361096	33.07
门头沟区	127650	72971	57.16	43710	34.24
房山区	320167	174798	54.60	108766	33.97
通州区	361823	206929	57.19	119803	33.11
顺义区	271914	162983	59.94	80391	29.56
昌平区	506309	314429	62.10	136748	27.01
大兴区	460366	264574	57.47	146691	31.86
怀柔区	98736	56553	57.28	33109	33.53
平谷区	78771	38908	49.39	30145	38.27
密云区	101580	48993	48.23	41012	40.37
延庆区	50221	25163	50.10	20522	40.86

1-15a 续表

单位：户、%

地区	三代户		四代户		五代及以上户	
	户数	比重	户数	比重	户数	比重
北京	**662953**	**9.91**	**8618**	**0.13**	**5**	
东城区	31448	11.01	320	0.11		
西城区	49538	11.24	577	0.13		
朝阳区	115073	7.92	1266	0.09	2	
丰台区	76197	9.31	1099	0.13		
石景山区	22777	10.22	225	0.10		
海淀区	121214	11.10	1500	0.14	1	
门头沟区	10787	8.45	182	0.14		
房山区	36039	11.26	563	0.18	1	
通州区	34732	9.60	358	0.10	1	
顺义区	28048	10.32	492	0.18		
昌平区	54430	10.75	702	0.14		
大兴区	48516	10.54	585	0.13		
怀柔区	8873	8.99	201	0.20		
平谷区	9403	11.94	315	0.40		
密云区	11410	11.23	165	0.16		
延庆区	4468	8.90	68	0.14		

1-15b 各地区家庭户类别(镇)

单位：户、%

地区	家庭户	一代户		二代户	
	户数	户数	比重	户数	比重
北京	**496221**	**320578**	**64.60**	**128471**	**25.89**
东城区					
西城区					
朝阳区	11201	8077	72.11	2597	23.19
丰台区	4836	3206	66.29	1346	27.83
石景山区					
海淀区					
门头沟区	12570	7751	61.66	3978	31.65
房山区	32948	17219	52.26	10737	32.59
通州区	97209	62865	64.67	26015	26.76
顺义区	61644	44213	71.72	11789	19.12
昌平区	144025	98641	68.49	32410	22.50
大兴区	62436	38849	62.22	17913	28.69
怀柔区	13359	7376	55.21	4369	32.70
平谷区	17173	8391	48.86	5876	34.22
密云区	21523	13833	64.27	5586	25.95
延庆区	17297	10157	58.72	5855	33.85

1-15b　续表　　　　　　　　　　　　　　　　　　单位：户、%

地　区	三代户		四代户		五代及以上户	
	户数	比重	户数	比重	户数	比重
北　京	**45895**	**9.25**	**1275**	**0.26**	**2**	
东城区						
西城区						
朝阳区	525	4.69	2	0.02		
丰台区	284	5.87				
石景山区						
海淀区						
门头沟区	830	6.60	11	0.09		
房山区	4817	14.62	175	0.53		
通州区	8172	8.41	157	0.16		
顺义区	5380	8.73	261	0.42	1	
昌平区	12736	8.84	238	0.17		
大兴区	5521	8.84	152	0.24	1	
怀柔区	1558	11.66	56	0.42		
平谷区	2773	16.15	133	0.77		
密云区	2039	9.47	65	0.30		
延庆区	1260	7.28	25	0.14		

1-15c　各地区家庭户类别(乡村)

单位：户、%

地　区	家庭户	一代户		二代户	
	户　数	户数	比重	户数	比重
北　京	**1044136**	**660788**	**63.29**	**246774**	**23.63**
东城区					
西城区					
朝阳区					
丰台区	5169	2311	44.71	1854	35.87
石景山区					
海淀区	26182	15897	60.72	6900	26.35
门头沟区	15692	11750	74.88	3360	21.41
房山区	101156	53692	53.08	29867	29.53
通州区	180159	113084	62.77	42483	23.58
顺义区	177359	116485	65.68	37500	21.14
昌平区	165439	116240	70.26	33056	19.98
大兴区	137505	87652	63.74	28549	20.76
怀柔区	41243	26102	63.29	9995	24.23
平谷区	64931	34075	52.48	19386	29.86
密云区	71975	46134	64.10	18136	25.20
延庆区	57326	37366	65.18	15688	27.37

1—15c 续表

单位：户、%

地　　区	三代户		四代户		五代及以上户	
	户数	比重	户数	比重	户数	比重
北　　京	**130626**	**12.51**	**5946**	**0.57**	**2**	
东 城 区						
西 城 区						
朝 阳 区						
丰 台 区	992	19.19	12	0.23		
石景山区						
海 淀 区	3291	12.57	94	0.36		
门头沟区	570	3.63	12	0.08		
房 山 区	17003	16.81	594	0.59		
通 州 区	23657	13.13	935	0.52		
顺 义 区	22030	12.42	1343	0.76	1	
昌 平 区	15578	9.42	565	0.34		
大 兴 区	20120	14.63	1183	0.86	1	
怀 柔 区	4915	11.92	231	0.56		
平 谷 区	10872	16.74	598	0.92		
密 云 区	7426	10.32	279	0.39		
延 庆 区	4172	7.28	100	0.17		

1—16　各地区分性别、月份的出生人口
(2019.11.1—2020.10.31)

单位：人

地　　区	出生人口			2019年11月		
	合计	男	女	小计	男	女
北　　京	**152864**	**79479**	**73385**	**17106**	**8812**	**8294**
东 城 区	4398	2270	2128	465	234	231
西 城 区	6986	3642	3344	711	376	335
朝 阳 区	23644	12336	11308	2665	1411	1254
丰 台 区	13857	7353	6504	1523	792	731
石景山区	4039	2056	1983	434	219	215
海 淀 区	18486	9721	8765	1984	1029	955
门头沟区	3041	1576	1465	328	178	150
房 山 区	10594	5428	5166	1186	604	582
通 州 区	13045	6755	6290	1514	774	740
顺 义 区	10038	5162	4876	1202	621	581
昌 平 区	15859	8218	7641	1889	950	939
大 兴 区	15312	7936	7376	1773	920	853
怀 柔 区	3109	1630	1479	350	177	173
平 谷 区	3821	1984	1837	402	194	208
密 云 区	4093	2100	1993	425	214	211
延 庆 区	2542	1312	1230	255	119	136

1-16　续表 1　　单位：人

地　区	2019年12月			2020年1月		
	小计	男	女	小计	男	女
北　京	**16054**	**8340**	**7714**	**14572**	**7673**	**6899**
东城区	412	200	212	409	223	186
西城区	664	347	317	672	356	316
朝阳区	2464	1286	1178	2253	1183	1070
丰台区	1422	779	643	1291	678	613
石景山区	429	217	212	385	186	199
海淀区	1890	985	905	1734	939	795
门头沟区	327	169	158	276	143	133
房山区	1096	553	543	1006	531	475
通州区	1517	752	765	1241	646	595
顺义区	1029	530	499	930	493	437
昌平区	1711	866	845	1596	847	749
大兴区	1698	907	791	1456	740	716
怀柔区	309	158	151	284	161	123
平谷区	433	245	188	374	196	178
密云区	407	219	188	420	231	189
延庆区	246	127	119	245	120	125

1-16　续表 2　　单位：人

地　区	2020年2月			2020年3月			2020年4月		
	小计	男	女	小计	男	女	小计	男	女
北　京	**13073**	**6723**	**6350**	**13431**	**7028**	**6403**	**12239**	**6279**	**5960**
东城区	334	163	171	417	228	189	366	197	169
西城区	578	298	280	587	301	286	578	304	274
朝阳区	2001	1034	967	1996	1064	932	1840	944	896
丰台区	1120	586	534	1163	617	546	1127	599	528
石景山区	352	193	159	350	169	181	306	152	154
海淀区	1544	813	731	1637	842	795	1507	802	705
门头沟区	264	145	119	254	130	124	262	133	129
房山区	939	456	483	909	468	441	850	425	425
通州区	1127	569	558	1193	634	559	1031	517	514
顺义区	872	441	431	876	424	452	752	399	353
昌平区	1373	719	654	1430	766	664	1281	650	631
大兴区	1356	676	680	1343	709	634	1237	618	619
怀柔区	288	157	131	329	179	150	259	136	123
平谷区	342	172	170	326	167	159	300	143	157
密云区	351	181	170	375	191	184	339	169	170
延庆区	232	120	112	246	139	107	204	91	113

1-16 续表 3

单位：人

地　区	2020年5月			2020年6月			2020年7月		
	小计	男	女	小计	男	女	小计	男	女
北　京	**11390**	**5907**	**5483**	**11603**	**6036**	**5567**	**11998**	**6255**	**5743**
东城区	326	156	170	380	205	175	380	194	186
西城区	587	309	278	570	292	278	580	315	265
朝阳区	1803	937	866	1822	946	876	1830	976	854
丰台区	1038	571	467	1118	568	550	1129	600	529
石景山区	328	161	167	304	154	150	334	186	148
海淀区	1390	735	655	1444	762	682	1495	785	710
门头沟区	241	115	126	226	115	111	227	109	118
房山区	781	413	368	817	422	395	863	430	433
通州区	971	523	448	966	512	454	958	483	475
顺义区	790	405	385	755	376	379	765	383	382
昌平区	1093	552	541	1163	592	571	1212	633	579
大兴区	1059	531	528	1095	599	496	1144	612	532
怀柔区	189	94	95	206	109	97	231	111	120
平谷区	276	149	127	275	141	134	317	155	162
密云区	316	159	157	278	144	134	313	159	154
延庆区	202	97	105	184	99	85	220	124	96

1-16 续表 4

单位：人

地　区	2020年8月			2020年9月			2020年10月		
	小计	男	女	小计	男	女	小计	男	女
北　京	**11528**	**5938**	**5590**	**10815**	**5641**	**5174**	**9055**	**4847**	**4208**
东城区	341	173	168	306	168	138	262	129	133
西城区	551	265	286	521	272	249	387	207	180
朝阳区	1814	917	897	1665	849	816	1491	789	702
丰台区	1088	578	510	998	530	468	840	455	385
石景山区	311	160	151	292	162	130	214	97	117
海淀区	1302	678	624	1351	698	653	1208	653	555
门头沟区	236	123	113	216	111	105	184	105	79
房山区	793	414	379	776	403	373	578	309	269
通州区	932	502	430	916	485	431	679	358	321
顺义区	824	427	397	669	350	319	574	313	261
昌平区	1167	604	563	1072	563	509	872	476	396
大兴区	1123	583	540	1088	541	547	940	500	440
怀柔区	224	109	115	249	139	110	191	100	91
平谷区	296	150	146	252	141	111	228	131	97
密云区	335	151	184	270	137	133	264	145	119
延庆区	191	104	87	174	92	82	143	80	63

1-17　各地区分性别、月份的死亡人口
(2019.11.1-2020.10.31)

单位：人

地　区	死亡人口			2019年11月		
	合计	男	女	小计	男	女
北　京	**100439**	**56645**	**43794**	**7607**	**4340**	**3267**
东城区	7284	3858	3426	535	278	257
西城区	9495	5196	4299	709	385	324
朝阳区	15641	8859	6782	1150	658	492
丰台区	12180	6838	5342	994	561	433
石景山区	3106	1820	1286	223	145	78
海淀区	11624	6483	5141	829	482	347
门头沟区	2413	1387	1026	209	107	102
房山区	6840	3952	2888	533	312	221
通州区	5612	3195	2417	426	247	179
顺义区	4939	2780	2159	394	224	170
昌平区	5347	3063	2284	349	204	145
大兴区	5335	3042	2293	426	230	196
怀柔区	2258	1334	924	185	118	67
平谷区	3000	1667	1333	231	137	94
密云区	3450	2044	1406	274	174	100
延庆区	1915	1127	788	140	78	62

1-17　续表 1

单位：人

地　区	2019年12月			2020年1月		
	小计	男	女	小计	男	女
北　京	**7497**	**4271**	**3226**	**9023**	**4959**	**4064**
东城区	553	308	245	650	341	309
西城区	701	388	313	881	471	410
朝阳区	1085	610	475	1335	701	634
丰台区	978	573	405	1152	650	502
石景山区	220	136	84	271	152	119
海淀区	803	464	339	996	532	464
门头沟区	168	103	65	207	134	73
房山区	544	315	229	662	375	287
通州区	427	236	191	513	290	223
顺义区	381	206	175	453	246	207
昌平区	415	243	172	469	263	206
大兴区	401	228	173	463	253	210
怀柔区	160	93	67	207	127	80
平谷区	218	113	105	296	154	142
密云区	295	170	125	295	164	131
延庆区	148	85	63	173	106	67

1-17 续表 2

单位：人

地 区	2020年2月			2020年3月			2020年4月		
	小计	男	女	小计	男	女	小计	男	女
北 京	**8096**	**4550**	**3546**	**8257**	**4596**	**3661**	**7587**	**4262**	**3325**
东 城 区	582	290	292	588	309	279	539	284	255
西 城 区	789	429	360	800	444	356	693	372	321
朝 阳 区	1211	695	516	1243	711	532	1150	658	492
丰 台 区	973	547	426	1040	570	470	937	501	436
石景山区	241	135	106	251	148	103	217	128	89
海 淀 区	943	515	428	945	491	454	838	461	377
门头沟区	185	98	87	209	118	91	185	105	80
房 山 区	536	322	214	552	314	238	488	288	200
通 州 区	496	276	220	421	248	173	418	241	177
顺 义 区	434	240	194	372	195	177	403	237	166
昌 平 区	435	254	181	493	307	186	446	248	198
大 兴 区	409	249	160	447	224	223	408	231	177
怀 柔 区	189	111	78	202	112	90	173	108	65
平 谷 区	247	141	106	257	145	112	242	141	101
密 云 区	256	149	107	280	170	110	287	159	128
延 庆 区	170	99	71	157	90	67	163	100	63

1-17 续表 3

单位：人

地 区	2020年5月			2020年6月			2020年7月		
	小计	男	女	小计	男	女	小计	男	女
北 京	**8094**	**4556**	**3538**	**8380**	**4651**	**3729**	**7968**	**4493**	**3475**
东 城 区	562	312	250	652	340	312	580	327	253
西 城 区	873	474	399	769	418	351	787	430	357
朝 阳 区	1235	698	537	1269	720	549	1228	680	548
丰 台 区	957	527	430	1008	539	469	937	534	403
石景山区	269	156	113	248	154	94	305	176	129
海 淀 区	921	524	397	965	513	452	931	510	421
门头沟区	163	87	76	167	101	66	192	102	90
房 山 区	560	331	229	590	312	278	550	297	253
通 州 区	468	274	194	515	301	214	443	252	191
顺 义 区	373	203	170	413	234	179	398	225	173
昌 平 区	413	241	172	410	230	180	426	239	187
大 兴 区	457	253	204	495	283	212	383	237	146
怀 柔 区	189	110	79	185	117	68	194	108	86
平 谷 区	223	123	100	256	141	115	205	123	82
密 云 区	267	151	116	286	170	116	273	177	96
延 庆 区	164	92	72	152	78	74	136	76	60

1-17　续表 4　　单位：人

地　区	2020年8月			2020年9月			2020年10月		
	小计	男	女	小计	男	女	小计	男	女
北　京	**8478**	**4816**	**3662**	**9075**	**5223**	**3852**	**10377**	**5928**	**4449**
东城区	614	315	299	738	387	351	691	367	324
西城区	789	431	358	825	478	347	879	476	403
朝阳区	1296	751	545	1777	1016	761	1662	961	701
丰台区	978	557	421	1043	609	434	1183	670	513
石景山区	282	165	117	269	149	120	310	176	134
海淀区	1040	609	431	1069	627	442	1344	755	589
门头沟区	234	141	93	215	130	85	279	161	118
房山区	576	340	236	544	316	228	705	430	275
通州区	442	231	211	426	243	183	617	356	261
顺义区	385	213	172	423	265	158	510	292	218
昌平区	493	273	220	428	230	198	570	331	239
大兴区	482	279	203	409	248	161	555	327	228
怀柔区	161	90	71	202	112	90	211	128	83
平谷区	234	135	99	264	148	116	327	166	161
密云区	309	185	124	272	160	112	356	215	141
延庆区	163	101	62	171	105	66	178	117	61

1-18　各地区家庭户的住房间数和面积

地　区	家庭户户数（户）	家庭户人数（人）	平均每户住房建筑面积（平方米/户）	平均每户住房间数（间/户）	人均住房建筑面积（平方米/人）	人均住房间数（间/人）
北　京	**7770769**	**18102211**	**81.28**	**2.30**	**34.89**	**0.99**
东城区	275665	646507	61.57	1.94	26.25	0.83
西城区	423566	1015980	63.25	1.97	26.37	0.82
朝阳区	1419028	3084781	78.12	2.03	35.93	0.93
丰台区	795308	1836885	77.03	2.13	33.35	0.92
石景山区	215837	511637	73.54	2.06	31.02	0.87
海淀区	1061742	2513214	77.49	2.18	32.74	0.92
门头沟区	148820	340671	74.15	2.27	32.39	0.99
房山区	425002	1066255	102.31	2.90	40.78	1.15
通州区	581621	1365729	85.51	2.56	36.42	1.09
顺义区	476717	1104793	83.52	2.49	36.04	1.07
昌平区	768856	1722515	78.09	2.15	34.86	0.96
大兴区	585225	1425093	93.59	2.59	38.44	1.06
怀柔区	142013	340363	88.91	2.79	37.10	1.16
平谷区	151659	397362	106.26	3.30	40.55	1.26
密云区	184198	456138	102.03	2.71	41.20	1.10
延庆区	115512	274288	97.04	3.26	40.87	1.37

注：本表数据为居住在普通住宅的家庭户。

1-18a 各地区家庭户的住房间数和面积(城市)

地　　区	家庭户户　数(户)	家庭户人　数(人)	平均每户住房建筑面积(平方米/户)	平均每户住房间数(间/户)	人均住房建筑面积(平方米/人)	人　　均住房间数(间/人)
北　　京	**6373968**	**14812709**	**77.64**	**2.11**	**33.41**	**0.91**
东 城 区	275665	646507	61.57	1.94	26.25	0.83
西 城 区	423566	1015980	63.25	1.97	26.37	0.82
朝 阳 区	1410572	3067911	78.22	2.03	35.96	0.93
丰 台 区	786322	1813978	76.67	2.11	33.24	0.92
石景山区	215837	511637	73.54	2.06	31.02	0.87
海 淀 区	1037228	2452741	76.91	2.15	32.53	0.91
门头沟区	123179	286632	72.59	2.12	31.20	0.91
房 山 区	301559	735674	88.72	2.39	36.37	0.98
通 州 区	335778	783105	83.96	2.06	36.00	0.88
顺 义 区	257978	604000	80.88	2.11	34.55	0.90
昌 平 区	480530	1106399	77.97	2.03	33.86	0.88
大 兴 区	413648	1004112	84.35	2.14	34.75	0.88
怀 柔 区	92577	219161	74.88	2.34	31.63	0.99
平 谷 区	75243	193615	103.69	2.97	40.30	1.15
密 云 区	96924	252412	91.52	2.29	35.14	0.88
延 庆 区	47362	118845	86.54	2.60	34.49	1.04

注：本表数据为居住在普通住宅的家庭户。

1-18b 各地区家庭户的住房间数和面积(镇)

地　　区	家庭户户　数(户)	家庭户人　数(人)	平均每户住房建筑面积(平方米/户)	平均每户住房间数(间/户)	人均住房建筑面积(平方米/人)	人　　均住房间数(间/人)
北　　京	**445637**	**995859**	**85.19**	**2.45**	**38.12**	**1.10**
东 城 区						
西 城 区						
朝 阳 区	8456	16870	61.00	1.95	30.57	0.98
丰 台 区	4212	9185	73.27	2.08	33.60	0.95
石景山区						
海 淀 区						
门头沟区	11708	26364	79.11	2.44	35.13	1.08
房 山 区	30777	80132	115.98	3.58	44.55	1.37
通 州 区	85687	186642	78.76	2.30	36.16	1.06
顺 义 区	56148	116585	68.90	2.19	33.18	1.06
昌 平 区	135525	287739	77.90	2.13	36.69	1.00
大 兴 区	48739	115102	100.57	2.39	42.58	1.01
怀 柔 区	12121	30502	101.45	3.17	40.31	1.26
平 谷 区	16071	43137	103.01	3.38	38.38	1.26
密 云 区	20272	46581	106.67	2.92	46.42	1.27
延 庆 区	15921	37020	95.35	3.28	41.01	1.41

注：本表数据为居住在普通住宅的家庭户。

1-18c　各地区家庭户的住房间数和面积(乡村)

地　区	家庭户户　数(户)	家庭户人　数(人)	平均每户住房建筑面积(平方米/户)	平均每户住房间数(间/户)	人均住房建筑面积(平方米/人)	人　均住房间数(间/人)
北　京	**951164**	**2293643**	**103.91**	**3.53**	**43.09**	**1.46**
东城区						
西城区						
朝阳区						
丰台区	4774	137[illegible]2	139.74	4.96	48.62	1.73
石景山区						
海淀区	24514	60473	101.81	3.54	41.27	1.44
门头沟区	13933	27675	83.69	3.42	42.13	1.72
房山区	92666	250449	141.97	4.32	52.53	1.60
通州区	160156	395982	92.38	3.73	37.36	1.51
顺义区	162591	384208	92.74	3.19	39.25	1.35
昌平区	152801	328377	78.64	2.54	36.59	1.18
大兴区	122838	305879	121.94	4.17	48.97	1.67
怀柔区	37315	90700	119.66	3.78	49.23	1.56
平谷区	60345	160610	110.33	3.69	41.45	1.39
密云区	67002	157145	115.85	3.26	49.39	1.39
延庆区	52229	118423	107.08	3.85	47.23	1.70

注：本表数据为居住在普通住宅的家庭户。

第一部分　全部数据资料

第二卷　民族

2–1　全市各民族人口及比重

单位：人、%

民　族	人口数	男	女	各民族人口占总人口的比重
总　计	**21893095**	**11195390**	**10697705**	**100.00**
汉　族	20845166	10678298	10166868	95.21
蒙古族	123340	60036	63304	0.56
回　族	274112	134701	139411	1.25
藏　族	8698	4181	4517	0.04
维吾尔族	8678	3973	4705	0.04
苗　族	18054	9219	8835	0.08
彝　族	9997	5488	4509	0.05
壮　族	21288	9875	11413	0.10
布依族	4572	2143	2429	0.02
朝鲜族	32984	14599	18385	0.15
满　族	469995	235738	234257	2.15
侗　族	6325	3079	3246	0.03
瑶　族	4757	2242	2515	0.02
白　族	5143	2533	2610	0.02
土家族	29580	14282	15298	0.14
哈尼族	1226	642	584	0.01
哈萨克族	2393	955	1438	0.01
傣　族	1235	560	675	0.01
黎　族	1472	659	813	0.01
傈僳族	528	275	253	
佤　族	836	540	296	
畲　族	1992	1050	942	0.01
高山族	169	83	86	
拉祜族	910	611	299	
水　族	507	256	251	
东乡族	1504	1019	485	0.01
纳西族	805	389	416	
景颇族	220	94	126	
柯尔克孜族	249	110	139	
土　族	736	375	361	
达斡尔族	3519	1514	2005	0.02
仫佬族	720	313	407	
羌　族	1041	519	522	
布朗族	126	58	68	
撒拉族	391	213	178	
毛南族	247	105	142	
仡佬族	1802	1043	759	0.01
锡伯族	4277	2027	2250	0.02
阿昌族	44	20	24	
普米族	87	37	50	
塔吉克族	52	32	20	
怒　族	37	17	20	
乌孜别克族	87	40	47	
俄罗斯族	584	242	342	
鄂温克族	727	302	425	
德昂族	17	6	11	
保安族	47	27	20	
裕固族	153	81	72	
京　族	46	18	28	
塔塔尔族	38	13	25	
独龙族	15	6	9	
鄂伦春族	247	103	144	
赫哲族	295	118	177	
门巴族	41	21	20	
珞巴族	9	3	6	
基诺族	39	11	28	
未定族称人口	861	450	411	
入　籍	75	46	29	

2-1a 全市各民族人口及比重(城市)

单位：人、%

民 族	人口数	男	女	各民族人口占总人口的比重
总 计	**17751681**	**8937161**	**8814520**	**100.00**
汉 族	16865317	8505182	8360135	95.01
蒙古族	105154	50745	54409	0.59
回 族	241407	117713	123694	1.36
藏 族	8052	3833	4219	0.05
维吾尔族	8046	3667	4379	0.05
苗 族	15242	7691	7551	0.09
彝 族	7775	4122	3653	0.04
壮 族	17890	8508	9382	0.10
布依族	3789	1751	2038	0.02
朝鲜族	30324	13333	16991	0.17
满 族	382169	188762	193407	2.15
侗 族	5621	2672	2949	0.03
瑶 族	4256	1994	2262	0.02
白 族	4486	2166	2320	0.03
土家族	26074	12459	13615	0.15
哈尼族	938	467	471	0.01
哈萨克族	2214	875	1339	0.01
傣 族	1027	467	560	0.01
黎 族	1282	561	721	0.01
傈僳族	419	209	210	
佤 族	552	350	202	
畲 族	1794	943	851	0.01
高山族	152	74	78	
拉祜族	615	396	219	
水 族	428	214	214	
东乡族	1115	750	365	0.01
纳西族	736	344	392	
景颇族	153	64	89	
柯尔克孜族	222	98	124	
土 族	640	327	313	
达斡尔族	3136	1332	1804	0.02
仫佬族	625	264	361	
羌 族	907	443	464	0.01
布朗族	103	45	58	
撒拉族	355	187	168	
毛南族	221	94	127	
仡佬族	1452	825	627	0.01
锡伯族	3901	1837	2064	0.02
阿昌族	41	18	23	
普米族	75	30	45	
塔吉克族	50	32	18	
怒 族	27	14	13	
乌孜别克族	83	38	45	
俄罗斯族	546	222	324	
鄂温克族	623	254	369	
德昂族	13	3	10	
保安族	37	22	15	
裕固族	143	73	70	
京 族	42	18	24	
塔塔尔族	37	13	24	
独龙族	12	5	7	
鄂伦春族	223	93	130	
赫哲族	275	113	162	
门巴族	33	17	16	
珞巴族	8	3	5	
基诺族	36	11	25	
未定族称人口	720	376	344	
入 籍	68	42	26	

2–1b 全市各民族人口及比重(镇)

单位：人、%

民族	人口数	男	女	各民族人口占总人口的比重
总计	**1414752**	**769805**	**644947**	**100.00**
汉族	1352187	736692	615495	95.58
蒙古族	8025	4128	3897	0.57
回族	12826	6729	6097	0.91
藏族	351	181	170	0.02
维吾尔族	330	153	177	0.02
苗族	1267	730	537	0.09
彝族	1115	716	399	0.08
壮族	1307	583	724	0.09
布依族	348	189	159	0.02
朝鲜族	1566	732	834	0.11
满族	30541	16227	14314	2.16
侗族	333	201	132	0.02
瑶族	239	120	119	0.02
白族	418	233	185	0.03
土家族	1635	860	775	0.12
哈尼族	136	90	46	0.01
哈萨克族	105	55	50	0.01
傣族	115	60	55	0.01
黎族	96	58	38	0.01
傈僳族	56	31	25	
佤族	130	87	43	0.01
畲族	112	65	47	0.01
高山族	14	8	6	
拉祜族	172	129	43	0.01
水族	42	19	23	
东乡族	221	153	68	0.02
纳西族	36	21	15	
景颇族	33	18	15	
柯尔克孜族	15	7	8	
土族	49	26	23	
达斡尔族	188	100	88	0.01
仫佬族	38	19	19	
羌族	76	40	36	0.01
布朗族	7	4	3	
撒拉族	19	12	7	
毛南族	11	5	6	
仡佬族	182	116	66	0.01
锡伯族	217	114	103	0.02
阿昌族				
普米族	6	4	2	
塔吉克族	1		1	
怒族	7	2	5	
乌孜别克族	2	1	1	
俄罗斯族	20	11	9	
鄂温克族	52	26	26	
德昂族	1		1	
保安族	2		2	
裕固族	5	4	1	
京族				
塔塔尔族				
独龙族	2	1	1	
鄂伦春族	13	4	9	
赫哲族	8	3	5	
门巴族	5	2	3	
珞巴族				
基诺族	1		1	
未定族称人口	68	35	33	
入籍	1	1		

2-1c 全市各民族人口及比重(乡村)

单位：人、%

民 族	人口数	男	女	各民族人口占总人口的比重
总 计	**2726662**	**1488424**	**1238238**	**100.00**
汉 族	2627662	1436424	1191238	96.37
蒙古族	10161	5163	4998	0.37
回 族	19879	10259	9620	0.73
藏 族	295	167	128	0.01
维吾尔族	302	153	149	0.01
苗 族	1545	798	747	0.06
彝 族	1107	650	457	0.04
壮 族	2091	784	1307	0.08
布依族	435	203	232	0.02
朝鲜族	1094	534	560	0.04
满 族	57285	30749	26536	2.10
侗 族	371	206	165	0.01
瑶 族	262	128	134	0.01
白 族	239	134	105	0.01
土家族	1871	963	908	0.07
哈尼族	152	85	67	0.01
哈萨克族	74	25	49	
傣 族	93	33	60	
黎 族	94	40	54	
傈僳族	53	35	18	
佤 族	154	103	51	0.01
畲 族	86	42	44	
高山族	3	1	2	
拉祜族	123	86	37	
水 族	37	23	14	
东乡族	168	116	52	0.01
纳西族	33	24	9	
景颇族	34	12	22	
柯尔克孜族	12	5	7	
土 族	47	22	25	
达斡尔族	195	82	113	0.01
仫佬族	57	30	27	
羌 族	58	36	22	
布朗族	16	9	7	
撒拉族	17	14	3	
毛南族	15	6	9	
仡佬族	168	102	66	0.01
锡伯族	159	76	83	0.01
阿昌族	3	2	1	
普米族	6	3	3	
塔吉克族	1		1	
怒 族	3	1	2	
乌孜别克族	2	1	1	
俄罗斯族	18	9	9	
鄂温克族	52	22	30	
德昂族	3	3		
保安族	8	5	3	
裕固族	5	4	1	
京 族	4		4	
塔塔尔族	1		1	
独龙族	1		1	
鄂伦春族	11	6	5	
赫哲族	12	2	10	
门巴族	3	2	1	
珞巴族	1		1	
基诺族	2		2	
未定族称人口	73	39	34	
入 籍	6	3	3	

2-2　全市各民族分年龄、性别的人口

单位：人

年龄组	合　计			汉　族		
	合计	男	女	小计	男	女
总　计	**21893095**	**11195390**	**10697705**	**20845166**	**10678298**	**10166868**
0–4岁	1016250	526553	489697	937278	486208	451070
5–9岁	932953	485161	447792	859634	447490	412144
10–14岁	642304	335714	306590	595759	312023	283736
15–19岁	633557	345715	287842	585434	321030	264404
20–24岁	1350502	715999	634503	1258437	669563	588874
25–29岁	1904688	995896	908792	1809252	948170	861082
30–34岁	2503029	1309189	1193840	2386689	1252199	1134490
35–39岁	2143185	1108136	1035049	2036981	1057315	979666
40–44岁	1602133	838444	763689	1530262	803302	726960
45–49岁	1618574	842337	776237	1556079	811924	744155
50–54岁	1619791	842484	777307	1564950	815886	749064
55–59岁	1627539	828013	799526	1574520	802452	772068
60–64岁	1386530	677025	709505	1339087	654118	684969
65–69岁	1194671	568385	626286	1153155	548386	604769
70–74岁	668541	314838	353703	643279	302601	340678
75–79岁	415173	184665	230508	399945	177603	222342
80–84岁	348786	152087	196699	337763	147014	190749
85–89岁	201947	89400	112547	196157	86753	109404
90–94岁	66260	28609	37651	64373	27749	36624
95–99岁	13889	5637	8252	13455	5458	7997
100岁及以上	2793	1103	1690	2677	1054	1623

2-2　续表 1

单位：人

年龄组	蒙古族			回　族			藏　族		
	小计	男	女	小计	男	女	小计	男	女
总　计	**123340**	**60036**	**63304**	**274112**	**134701**	**139411**	**8698**	**4181**	**4517**
0–4岁	10321	5286	5035	16227	8225	8002	248	123	125
5–9岁	9524	4906	4618	16759	8588	8171	225	107	118
10–14岁	5556	2862	2694	11087	5594	5493	196	90	106
15–19岁	4944	2576	2368	10454	5614	4840	2255	979	1276
20–24岁	11663	5658	6005	16654	8756	7898	2579	1149	1430
25–29岁	14689	7336	7353	17759	9043	8716	744	381	363
30–34岁	16293	7957	8336	24970	12229	12741	629	349	280
35–39岁	15031	6956	8075	24950	12144	12806	435	250	185
40–44岁	8767	4156	4611	17733	8736	8997	348	191	157
45–49岁	7336	3479	3857	15703	7646	8057	311	173	138
50–54岁	5230	2532	2698	15587	7687	7900	218	122	96
55–59岁	4349	1984	2365	18876	9203	9673	191	100	91
60–64岁	3725	1662	2063	19107	9131	9976	121	71	50
65–69岁	2767	1223	1544	18602	8809	9793	81	49	32
70–74岁	1412	681	731	12369	5760	6609	47	21	26
75–79岁	821	363	458	7423	3320	4103	37	13	24
80–84岁	522	229	293	5454	2362	3092	23	11	12
85–89岁	277	130	147	3030	1287	1743	9	2	7
90–94岁	83	44	39	1038	441	597	1		1
95–99岁	26	13	13	247	92	155			
100岁及以上	4	3	1	83	34	49			

2-2 续表 2

单位：人

年龄组	维吾尔族			苗族			彝族		
	小计	男	女	小计	男	女	小计	男	女
总 计	**8678**	**3973**	**4705**	**18054**	**9219**	**8835**	**9997**	**5488**	**4509**
0–4岁	146	79	67	1217	623	594	426	222	204
5–9岁	175	88	87	1017	511	506	391	211	180
10–14岁	126	66	60	625	317	308	221	112	109
15–19岁	1659	639	1020	1335	724	611	872	485	387
20–24岁	3610	1659	1951	3163	1700	1463	2218	1269	949
25–29岁	1128	579	549	2102	1048	1054	1457	813	644
30–34岁	561	275	286	2059	1011	1048	1256	687	569
35–39岁	342	163	179	1747	872	875	948	515	433
40–44岁	229	122	107	1265	647	618	733	411	322
45–49岁	197	81	116	1371	666	705	596	320	276
50–54岁	140	55	85	889	449	440	399	193	206
55–59岁	126	69	57	554	279	275	209	111	98
60–64岁	87	34	53	244	93	151	113	58	55
65–69岁	62	27	35	244	141	103	79	39	40
70–74岁	45	13	32	94	56	38	40	23	17
75–79岁	17	8	9	49	30	19	16	9	7
80–84岁	19	11	8	43	29	14	13	6	7
85–89岁	6	3	3	26	19	7	9	4	5
90–94岁	3	2	1	8	4	4	1		1
95–99岁				2		2			
100岁及以上									

2-2 续表 3

单位：人

年龄组	壮族			布依族			朝鲜族		
	小计	男	女	小计	男	女	小计	男	女
总 计	**21288**	**9875**	**11413**	**4572**	**2143**	**2429**	**32984**	**14599**	**18385**
0–4岁	1532	801	731	226	130	96	2091	1017	1074
5–9岁	1372	747	625	189	89	100	2268	1125	1143
10–14岁	778	383	395	126	74	52	1657	807	850
15–19岁	1489	755	734	478	215	263	1323	605	718
20–24岁	3500	1686	1814	1151	552	599	1970	837	1133
25–29岁	2311	1024	1287	580	285	295	2572	1092	1480
30–34岁	2574	1104	1470	450	212	238	3817	1626	2191
35–39岁	2118	950	1168	326	136	190	3976	1723	2253
40–44岁	1425	669	756	314	138	176	2988	1339	1649
45–49岁	1004	449	555	260	112	148	2578	1177	1401
50–54岁	858	265	593	221	84	137	1800	805	995
55–59岁	870	308	562	102	43	59	1540	694	846
60–64岁	629	313	316	54	23	31	1335	528	807
65–69岁	349	126	223	51	23	28	1267	515	752
70–74岁	211	117	94	24	14	10	637	273	364
75–79岁	96	60	36	9	5	4	432	157	275
80–84岁	100	67	33	8	5	3	450	166	284
85–89岁	58	39	19	2	2		217	82	135
90–94岁	13	11	2	1	1		60	27	33
95–99岁	1	1					5	4	1
100岁及以上							1		1

2-2　续表 4　　单位：人

年龄组	满族			侗族			瑶族		
	小计	男	女	小计	男	女	小计	男	女
总　计	**469995**	**235738**	**234257**	**6325**	**3079**	**3246**	**4757**	**2242**	**2515**
0–4岁	40722	20884	19838	466	253	213	473	228	245
5–9岁	36306	18676	17630	413	233	180	412	203	209
10–14岁	23227	11871	11356	243	125	118	219	111	108
15–19岁	17383	9088	8295	532	266	266	335	168	167
20–24岁	32244	16613	15631	1137	575	562	689	324	365
25–29岁	43403	21916	21487	704	337	367	493	215	278
30–34岁	54914	27418	27496	703	321	382	603	263	340
35–39岁	48909	23674	25235	607	265	342	564	247	317
40–44岁	32846	16194	16652	404	186	218	356	179	177
45–49岁	28849	14226	14623	346	162	184	164	92	72
50–54岁	26681	13053	13628	223	93	130	128	62	66
55–59岁	24252	11898	12354	205	102	103	113	49	64
60–64岁	20585	10358	10227	141	48	93	88	41	47
65–69岁	16842	8500	8342	102	49	53	60	25	35
70–74岁	9804	4980	4824	35	21	14	28	15	13
75–79岁	6047	2954	3093	22	15	7	16	8	8
80–84岁	4134	2043	2091	27	17	10	8	6	2
85–89岁	2032	1008	1024	13	10	3	4	4	
90–94岁	642	310	332	2	1	1	4	2	2
95–99岁	146	62	84						
100岁及以上	27	12	15						

2-2　续表 5　　单位：人

年龄组	白族			土家族			哈尼族		
	小计	男	女	小计	男	女	小计	男	女
总　计	**5143**	**2533**	**2610**	**29580**	**14282**	**15298**	**1226**	**642**	**584**
0–4岁	314	166	148	2508	1284	1224	72	36	36
5–9岁	323	170	153	2169	1132	1037	49	22	27
10–14岁	192	101	91	1248	665	583	23	12	11
15–19岁	446	238	208	2178	1071	1107	100	56	44
20–24岁	961	474	487	4693	2309	2384	195	101	94
25–29岁	570	245	325	3216	1530	1686	167	85	82
30–34岁	555	258	297	3375	1515	1860	176	86	90
35–39岁	407	190	217	2956	1369	1587	172	86	86
40–44岁	356	162	194	2049	1007	1042	105	53	52
45–49岁	307	153	154	1823	866	957	86	48	38
50–54岁	227	122	105	1189	549	640	44	32	12
55–59岁	141	74	67	770	303	467	26	17	9
60–64岁	93	44	49	523	240	283	6	4	2
65–69岁	111	48	63	470	216	254	1	1	
70–74岁	42	26	16	217	114	103	3	2	1
75–79岁	33	14	19	71	39	32			
80–84岁	36	25	11	74	44	30			
85–89岁	20	18	2	39	22	17			
90–94岁	8	4	4	8	4	4	1	1	
95–99岁	1	1		3	3				
100岁及以上				1		1			

2-2 续表 6

单位：人

年龄组	哈萨克族			傣族			黎族		
	小计	男	女	小计	男	女	小计	男	女
总　计	**2393**	**955**	**1438**	**1235**	**560**	**675**	**1472**	**659**	**813**
0–4岁	54	35	19	62	29	33	92	52	40
5–9岁	47	20	27	64	31	33	103	46	57
10–14岁	24	13	11	45	25	20	52	24	28
15–19岁	295	112	183	121	54	67	138	72	66
20–24岁	1264	488	776	252	130	122	313	156	157
25–29岁	315	127	188	152	77	75	201	75	126
30–34岁	125	41	84	162	67	95	156	60	96
35–39岁	87	36	51	122	44	78	134	51	83
40–44岁	51	21	30	89	33	56	107	33	74
45–49岁	42	18	24	55	21	34	63	32	31
50–54岁	22	9	13	35	14	21	33	14	19
55–59岁	19	9	10	30	12	18	23	14	9
60–64岁	22	12	10	11	4	7	20	11	9
65–69岁	12	8	4	7	3	4	19	10	9
70–74岁	5	2	3	10	6	4	11	5	6
75–79岁	5	2	3	7	6	1	1		1
80–84岁	4	2	2	5	2	3	4	4	
85–89岁				4	2	2	2		2
90–94岁				2		2			
95–99岁									
100岁及以上									

2-2 续表 7

单位：人

年龄组	傈僳族			佤族			畲族		
	小计	男	女	小计	男	女	小计	男	女
总　计	**528**	**275**	**253**	**836**	**540**	**296**	**1992**	**1050**	**942**
0–4岁	16	9	7	13	5	8	196	98	98
5–9岁	15	11	4	14	4	10	192	97	95
10–14岁	12	4	8	6	5	1	98	45	53
15–19岁	50	22	28	93	64	29	121	63	58
20–24岁	112	58	54	122	67	55	244	125	119
25–29岁	88	48	40	130	95	35	186	94	92
30–34岁	99	54	45	143	96	47	245	123	122
35–39岁	58	33	25	111	67	44	198	112	86
40–44岁	31	17	14	82	53	29	154	102	52
45–49岁	27	9	18	54	42	12	114	60	54
50–54岁	12	7	5	36	22	14	54	28	26
55–59岁	5	1	4	20	13	7	71	38	33
60–64岁	1	1		7	5	2	31	12	19
65–69岁	2	1	1	3	2	1	51	28	23
70–74岁							13	6	7
75–79岁				1		1	11	8	3
80–84岁				1		1	9	7	2
85–89岁									
90–94岁							2	2	
95–99岁							2	2	
100岁及以上									

2–2　续表 8　　　　单位：人

年龄组	高山族			拉祜族			水族		
	小计	男	女	小计	男	女	小计	男	女
总　计	**169**	**83**	**86**	**910**	**611**	**299**	**507**	**256**	**251**
0–4岁	18	10	8	14	4	10	26	10	16
5–9岁	13	8	5	11	6	5	20	9	11
10–14岁	8	4	4	4	3	1	11	5	6
15–19岁	8	2	6	80	63	17	59	32	27
20–24岁	12	4	8	115	84	31	139	73	66
25–29岁	19	14	5	138	99	39	66	37	29
30–34岁	22	12	10	208	142	66	53	26	27
35–39岁	15	6	9	113	70	43	42	19	23
40–44岁	5	2	3	97	63	34	25	10	15
45–49岁	10	4	6	59	37	22	29	17	12
50–54岁	6	1	5	45	27	18	9	5	4
55–59岁	11	7	4	16	9	7	5	2	3
60–64岁	14	5	9	9	4	5	10	3	7
65–69岁	1		1	1		1	6	3	3
70–74岁	2	1	1				3	1	2
75–79岁	2	1	1				1	1	
80–84岁	1		1				3	3	
85–89岁									
90–94岁	2	2							
95–99岁									
100岁及以上									

2–2　续表 9　　　　单位：人

年龄组	东乡族			纳西族			景颇族		
	小计	男	女	小计	男	女	小计	男	女
总　计	**1504**	**1019**	**485**	**805**	**389**	**416**	**220**	**94**	**126**
0–4岁	83	42	41	50	27	23	5	2	3
5–9岁	48	28	20	48	26	22	4	1	3
10–14岁	35	20	15	32	20	12	2	2	
15–19岁	200	158	42	70	25	45	25	17	8
20–24岁	349	231	118	171	87	84	39	16	23
25–29岁	332	240	92	103	43	60	29	15	14
30–34岁	205	148	57	74	42	32	32	14	18
35–39岁	90	52	38	60	28	32	32	11	21
40–44岁	62	43	19	48	22	26	25	10	15
45–49岁	48	30	18	40	18	22	11	3	8
50–54岁	24	14	10	30	10	20	10	2	8
55–59岁	12	7	5	19	9	10	3		3
60–64岁	5	1	4	19	10	9	2	1	1
65–69岁	4	2	2	13	7	6			
70–74岁	3		3	11	4	7			
75–79岁	2	2		6	3	3	1		1
80–84岁	1		1	7	6	1			
85–89岁				2	1	1			
90–94岁				2	1	1			
95–99岁	1	1							
100岁及以上									

2-2 续表 10

单位：人

年龄组	柯尔克孜族			土族			达斡尔族		
	小计	男	女	小计	男	女	小计	男	女
总　计	**249**	**110**	**139**	**736**	**375**	**361**	**3519**	**1514**	**2005**
0-4岁	8	2	6	50	23	27	335	147	188
5-9岁	10	6	4	42	17	25	280	138	142
10-14岁	6	4	2	19	10	9	158	71	87
15-19岁	31	7	24	73	42	31	121	61	60
20-24岁	99	45	54	208	119	89	274	139	135
25-29岁	31	21	10	102	43	59	376	161	215
30-34岁	27	10	17	87	49	38	500	203	297
35-39岁	12	5	7	54	28	26	457	195	262
40-44岁	9	2	7	20	7	13	257	102	155
45-49岁	5	3	2	21	11	10	227	98	129
50-54岁	7	3	4	22	7	15	144	59	85
55-59岁	1	1		13	5	8	94	31	63
60-64岁	1	1		12	8	4	125	38	87
65-69岁	1		1	6	3	3	80	32	48
70-74岁	1		1	3	1	2	43	25	18
75-79岁				2	1	1	24	8	16
80-84岁							16	4	12
85-89岁				2	1	1	7	1	6
90-94岁							1	1	
95-99岁									
100岁及以上									

2-2 续表 11

单位：人

年龄组	仫佬族			羌族			布朗族		
	小计	男	女	小计	男	女	小计	男	女
总　计	**720**	**313**	**407**	**1041**	**519**	**522**	**126**	**58**	**68**
0-4岁	59	30	29	51	29	22	5	3	2
5-9岁	51	30	21	51	25	26	7	3	4
10-14岁	25	11	14	30	16	14	4	2	2
15-19岁	54	19	35	79	35	44	12	7	5
20-24岁	137	55	82	182	90	92	29	12	17
25-29岁	76	25	51	109	52	57	21	9	12
30-34岁	69	33	36	119	48	71	13	6	7
35-39岁	72	25	47	82	43	39	15	6	9
40-44岁	60	31	29	96	43	53	10	2	8
45-49岁	45	24	21	91	45	46	1		1
50-54岁	21	9	12	73	46	27	6	5	1
55-59岁	18	5	13	33	20	13	1	1	
60-64岁	13	7	6	20	13	7			
65-69岁	6	2	4	12	4	8	1	1	
70-74岁	7	4	3	8	6	2	1	1	
75-79岁	3		3	3	2	1			
80-84岁	2	1	1	1	1				
85-89岁	2	2		1	1				
90-94岁									
95-99岁									
100岁及以上									

2–2　续表 12　　　　单位：人

年龄组	撒拉族			毛南族			仡佬族		
	小计	男	女	小计	男	女	小计	男	女
总　计	**391**	**213**	**178**	**247**	**105**	**142**	**1802**	**1043**	**759**
0–4岁	24	11	13	23	12	11	70	31	39
5–9岁	21	12	9	14	6	8	83	37	46
10–14岁	19	8	11	11	5	6	49	24	25
15–19岁	40	22	18	23	11	12	167	89	78
20–24岁	72	40	32	65	33	32	433	238	195
25–29岁	43	22	21	24	5	19	200	126	74
30–34岁	55	36	19	24	7	17	146	85	61
35–39岁	43	24	19	23	7	16	135	82	53
40–44岁	32	18	14	12	6	6	134	86	48
45–49岁	19	8	11	12	6	6	161	94	67
50–54岁	10	6	4	4	3	1	114	81	33
55–59岁	4	3	1	5	1	4	56	42	14
60–64岁	5	2	3	5	3	2	22	11	11
65–69岁	1	1		2		2	15	10	5
70–74岁	1		1				12	5	7
75–79岁	1		1				2		2
80–84岁							2	1	1
85–89岁	1		1				1	1	
90–94岁									
95–99岁									
100岁及以上									

2–2　续表 13　　　　单位：人

年龄组	锡伯族			阿昌族			普米族		
	小计	男	女	小计	男	女	小计	男	女
总　计	**4277**	**2027**	**2250**	**44**	**20**	**24**	**87**	**37**	**50**
0–4岁	383	193	190	3	2	1	6	3	3
5–9岁	364	194	170	1	1		3		3
10–14岁	228	113	115	1	1		3	1	2
15–19岁	199	91	108	5	2	3	11	5	6
20–24岁	384	171	213	14	7	7	27	11	16
25–29岁	411	192	219	7	3	4	12	6	6
30–34岁	480	222	258	8	2	6	9	3	6
35–39岁	437	199	238	2	1	1	7	5	2
40–44岁	315	153	162	1	1		2		2
45–49岁	266	129	137	1		1	3	1	2
50–54岁	189	84	105						
55–59岁	142	64	78				2		2
60–64岁	157	71	86	1		1	2	2	
65–69岁	135	67	68						
70–74岁	77	38	39						
75–79岁	44	22	22						
80–84岁	42	15	27						
85–89岁	21	7	14						
90–94岁	3	2	1						
95–99岁									
100岁及以上									

2-2 续表 14

单位：人

年龄组	塔吉克族			怒族			乌孜别克族		
	小计	男	女	小计	男	女	小计	男	女
总　计	**52**	**32**	**20**	**37**	**17**	**20**	**87**	**40**	**47**
0-4岁				2	1	1	5	3	2
5-9岁	2	1	1	2	2		6	3	3
10-14岁				1	1		3	3	
15-19岁	13	6	7	6	2	4	10	5	5
20-24岁	22	16	6	3		3	17	7	10
25-29岁	6	3	3	6	4	2	10	4	6
30-34岁	3	3		3		3	8	1	7
35-39岁				7	4	3	7	4	3
40-44岁	1		1	6	3	3	6	3	3
45-49岁				1		1	6	3	3
50-54岁							3	1	2
55-59岁	2		2				2	1	1
60-64岁	2	2							
65-69岁							1		1
70-74岁	1	1					1	1	
75-79岁							2	1	1
80-84岁									
85-89岁									
90-94岁									
95-99岁									
100岁及以上									

2-2 续表 15

单位：人

年龄组	俄罗斯族			鄂温克族			德昂族		
	小计	男	女	小计	男	女	小计	男	女
总　计	**584**	**242**	**342**	**727**	**302**	**425**	**17**	**6**	**11**
0-4岁	48	30	18	67	38	29			
5-9岁	46	19	27	65	27	38			
10-14岁	39	18	21	35	15	20			
15-19岁	39	17	22	24	15	9	6	4	2
20-24岁	53	26	27	61	26	35	7	1	6
25-29岁	45	16	29	90	40	50	2		2
30-34岁	43	16	27	101	39	62			
35-39岁	53	24	29	110	41	69	1		1
40-44岁	59	24	35	43	16	27			
45-49岁	41	12	29	32	9	23			
50-54岁	22	6	16	28	9	19	1	1	
55-59岁	14	3	11	30	10	20			
60-64岁	32	10	22	14	6	8			
65-69岁	17	9	8	13	6	7			
70-74岁	14	4	10	9	3	6			
75-79岁	8	4	4	1		1			
80-84岁	6	3	3	4	2	2			
85-89岁	4	1	3						
90-94岁	1		1						
95-99岁									
100岁及以上									

2–2　续表 16　　　　单位：人

年龄组	保安族			裕固族			京　族		
	小计	男	女	小计	男	女	小计	男	女
总　计	**47**	**27**	**20**	**153**	**81**	**72**	**46**	**18**	**28**
0–4岁	1		1	5	3	2	3	2	1
5–9岁				10	5	5	2	1	1
10–14岁	2	1	1	6		6	1		1
15–19岁	6	4	2	15	9	6	8	2	6
20–24岁	17	9	8	31	17	14	10	8	2
25–29岁	12	9	3	14	9	5	4		4
30–34岁	3	1	2	14	10	4	4	2	2
35–39岁	2	2		8	3	5	3		3
40–44岁	1		1	11	8	3	4	1	3
45–49岁	3	1	2	18	7	11	4	1	3
50–54岁				7	5	2	1		1
55–59岁				8	4	4	1		1
60–64岁				1		1			
65–69岁				2	1	1	1	1	
70–74岁				2		2			
75–79岁				1		1			
80–84岁									
85–89岁									
90–94岁									
95–99岁									
100岁及以上									

2–2　续表 17　　　　单位：人

年龄组	塔塔尔族			独 龙 族			鄂伦春族		
	小计	男	女	小计	男	女	小计	男	女
总　计	**38**	**13**	**25**	**15**	**6**	**9**	**247**	**103**	**144**
0–4岁	3		3	1		1	25	13	12
5–9岁	1	1		1	1		18	8	10
10–14岁	2	2					14	8	6
15–19岁	2		2	5	2	3	8	2	6
20–24岁	9	2	7				28	12	16
25–29岁	4	3	1	1		1	33	10	23
30–34岁	3	1	2	2		2	31	13	18
35–39岁	2	1	1				30	13	17
40–44岁	2		2				16	5	11
45–49岁	3		3	1	1		13	4	9
50–54岁	2	1	1	1	1		5	2	3
55–59岁				2	1	1	11	4	7
60–64岁	3	1	2				5	3	2
65–69岁				1		1	5	3	2
70–74岁							2		2
75–79岁	2	1	1				2	2	
80–84岁							1	1	
85–89岁									
90–94岁									
95–99岁									
100岁及以上									

2-2 续表 18 单位：人

年龄组	赫哲族			门巴族			珞巴族		
	小计	男	女	小计	男	女	小计	男	女
总 计	**295**	**118**	**177**	**41**	**21**	**20**	**9**	**3**	**6**
0-4岁	36	17	19	2	1	1			
5-9岁	35	23	12	1		1			
10-14岁	16	7	9	1	1				
15-19岁	5	1	4	6	4	2	2		2
20-24岁	12	6	6	16	9	7	5	2	3
25-29岁	25	9	16	5	2	3			
30-34岁	50	15	35	3	1	2			
35-39岁	34	13	21	1		1			
40-44岁	25	7	18	2	2		1		1
45-49岁	10	3	7						
50-54岁	10	3	7	1		1			
55-59岁	10	3	7	2	1	1			
60-64岁	9	4	5						
65-69岁	6	4	2						
70-74岁	9	3	6				1	1	
75-79岁	1		1						
80-84岁	2		2	1		1			
85-89岁									
90-94岁									
95-99岁									
100岁及以上									

2-2 续表 19 单位：人

年龄组	基诺族			未定族称人口			入籍		
	小计	男	女	小计	男	女	小计	男	女
总 计	**39**	**11**	**28**	**861**	**450**	**411**	**75**	**46**	**29**
0-4岁	2	2		127	64	63	10	5	5
5-9岁	2		2	25	12	13	5	4	1
10-14岁	2		2	15	7	8	2	2	
15-19岁	3		3	103	55	48	4	3	1
20-24岁	8	1	7	274	148	126	9	5	4
25-29岁	8	2	6	101	54	47	4	3	1
30-34岁	5	3	2	62	37	25	9	8	1
35-39岁	3		3	42	21	21	12	6	6
40-44岁	3		3	46	22	24	3	1	2
45-49岁	1	1		27	11	16			
50-54岁	1	1		15	7	8	4	2	2
55-59岁				8	4	4	2	2	
60-64岁	1	1		6	4	2	5	3	2
65-69岁				3		3	1		1
70-74岁				3	2	1	1	1	
75-79岁				4	2	2	2	1	1
80-84岁									
85-89岁							1		1
90-94岁							1		1
95-99岁									
100岁及以上									

2-2a　全市各民族分年龄、性别的人口(城市)

单位：人

年龄组	合　计			汉　族		
	合计	男	女	小计	男	女
总　计	**17751681**	**8937161**	**8814520**	**16865317**	**8505182**	**8360135**
0-4岁	822503	426337	396166	756738	392678	364060
5-9岁	790307	411049	379258	726104	378041	348063
10-14岁	540126	282380	257746	500291	262039	238252
15-19岁	537402	288990	248412	495438	267806	227632
20-24岁	1119524	580903	538621	1041224	542396	498828
25-29岁	1576537	806791	769746	1496486	767632	728854
30-34岁	2015815	1030649	985166	1918546	983804	934742
35-39岁	1791251	905265	885986	1699895	862231	837664
40-44岁	1333822	684422	649400	1272102	654605	617497
45-49岁	1285488	656305	629183	1234272	631605	602667
50-54岁	1238499	631116	607383	1195416	610401	585015
55-59岁	1260665	632336	628329	1218084	612131	605953
60-64岁	1106124	532970	573154	1065990	513908	552082
65-69岁	955109	449515	505594	918889	432237	486652
70-74岁	522169	244145	278024	500090	233507	266583
75-79岁	327724	143815	183909	314290	137698	176592
80-84岁	291184	125055	166129	281260	120593	160667
85-89岁	168570	75233	93337	163455	72909	90546
90-94岁	55214	24265	30949	53566	23523	30043
95-99岁	11507	4776	6731	11128	4628	6500
100岁及以上	2141	844	1297	2053	810	1243

2-2a　续表 1

单位：人

年龄组	蒙古族			回　族			藏　族		
	小计	男	女	小计	男	女	小计	男	女
总　计	**105154**	**50745**	**54409**	**241407**	**117713**	**123694**	**8052**	**3833**	**4219**
0-4岁	8810	4509	4301	13835	7034	6801	230	117	113
5-9岁	8404	4325	4079	14998	7705	7293	209	101	108
10-14岁	4741	2462	2279	9902	5006	4896	183	84	99
15-19岁	4234	2169	2065	9192	4875	4317	2170	939	1231
20-24岁	9910	4706	5204	14412	7420	6992	2382	1050	1332
25-29岁	12458	6081	6377	15183	7638	7545	664	338	326
30-34岁	13810	6643	7167	21622	10451	11171	572	319	253
35-39岁	12863	5901	6962	22387	10745	11642	388	215	173
40-44岁	7488	3537	3951	16014	7846	8168	306	162	144
45-49岁	5998	2867	3131	13678	6599	7079	279	153	126
50-54岁	4152	1985	2167	13307	6495	6812	192	107	85
55-59岁	3589	1638	1951	16431	7977	8454	174	90	84
60-64岁	3259	1438	1821	17033	8098	8935	115	67	48
65-69岁	2516	1118	1398	16706	7908	8798	79	48	31
70-74岁	1304	634	670	11015	5138	5877	44	20	24
75-79岁	765	339	426	6709	2972	3737	35	12	23
80-84岁	497	217	280	5043	2148	2895	20	9	11
85-89岁	253	122	131	2737	1168	1569	9	2	7
90-94岁	76	41	35	916	384	532	1		1
95-99岁	25	12	13	220	80	140			
100岁及以上	2	1	1	67	26	41			

2-2a 续表 2　单位：人

年龄组	维吾尔族			苗 族			彝 族		
	小计	男	女	小计	男	女	小计	男	女
总 计	**8046**	**3667**	**4379**	**15242**	**7691**	**7551**	**7775**	**4122**	**3653**
0-4岁	129	68	61	1053	541	512	344	188	156
5-9岁	155	82	73	897	454	443	343	187	156
10-14岁	117	61	56	534	267	267	188	91	97
15-19岁	1581	605	976	1188	642	546	763	404	359
20-24岁	3357	1538	1819	2722	1416	1306	1823	1004	819
25-29岁	1030	524	506	1778	881	897	1112	598	514
30-34岁	504	243	261	1725	825	900	938	494	444
35-39岁	307	151	156	1472	719	753	696	353	343
40-44岁	212	113	99	1011	510	501	513	282	231
45-49岁	184	74	110	1048	504	544	407	206	201
50-54岁	128	49	79	724	369	355	279	132	147
55-59岁	114	64	50	466	236	230	138	64	74
60-64岁	82	33	49	215	81	134	94	47	47
65-69岁	60	27	33	214	119	95	71	34	37
70-74岁	43	13	30	77	48	29	33	21	12
75-79岁	17	8	9	45	29	16	13	8	5
80-84岁	18	10	8	40	28	12	11	5	6
85-89岁	5	2	3	24	18	6	8	4	4
90-94岁	3	2	1	8	4	4	1		1
95-99岁				1		1			
100岁及以上									

2-2a 续表 3　单位：人

年龄组	壮 族			布依族			朝鲜族		
	小计	男	女	小计	男	女	小计	男	女
总 计	**17890**	**8508**	**9382**	**3789**	**1751**	**2038**	**30324**	**13333**	**16991**
0-4岁	1281	662	619	192	109	83	1871	907	964
5-9岁	1211	663	548	162	78	84	2113	1041	1072
10-14岁	658	331	327	109	66	43	1545	752	793
15-19岁	1327	667	660	427	193	234	1219	557	662
20-24岁	3063	1445	1618	1002	471	531	1817	769	1048
25-29岁	1969	869	1100	479	229	250	2336	977	1359
30-34岁	2117	898	1219	373	174	199	3451	1463	1988
35-39岁	1791	796	995	265	101	164	3664	1581	2083
40-44岁	1218	574	644	231	97	134	2794	1236	1558
45-49岁	820	392	428	198	84	114	2388	1081	1307
50-54岁	574	234	340	146	51	95	1635	731	904
55-59岁	615	283	332	76	33	43	1394	620	774
60-64岁	523	293	230	44	19	25	1224	480	744
65-69岁	283	120	163	42	19	23	1172	476	696
70-74岁	186	110	76	23	14	9	599	257	342
75-79岁	90	56	34	9	5	4	412	144	268
80-84岁	93	65	28	8	5	3	427	159	268
85-89岁	57	38	19	2	2		204	75	129
90-94岁	13	11	2	1	1		56	26	30
95-99岁	1	1					2	1	1
100岁及以上							1		1

2-2a　续表 4　　　　单位：人

年龄组	满族			侗族			瑶族		
	小计	男	女	小计	男	女	小计	男	女
总　计	**382169**	**188762**	**193407**	**5621**	**2672**	**2949**	**4256**	**1994**	**2262**
0–4岁	32857	16901	15956	415	224	191	430	203	227
5–9岁	31054	15967	15087	379	213	166	378	185	193
10–14岁	19172	9849	9323	228	116	112	205	104	101
15–19岁	14586	7514	7072	473	227	246	311	157	154
20–24岁	26095	13072	13023	995	480	515	625	287	338
25–29岁	35486	17470	18016	623	292	331	443	193	250
30–34岁	44626	21885	22741	628	281	347	516	223	293
35–39岁	41100	19556	21544	545	229	316	499	212	287
40–44岁	27475	13325	14150	361	166	195	318	160	158
45–49岁	22676	11058	11618	301	138	163	146	82	64
50–54岁	19656	9481	10175	180	73	107	108	56	52
55–59岁	17938	8497	9441	174	85	89	95	44	51
60–64岁	16249	7945	8304	128	42	86	74	34	40
65–69岁	14011	6919	7092	97	46	51	55	22	33
70–74岁	8215	4098	4117	34	20	14	23	14	9
75–79岁	5079	2411	2668	18	12	6	15	7	8
80–84岁	3518	1679	1839	27	17	10	8	6	2
85–89岁	1697	826	871	13	10	3	3	3	
90–94岁	538	254	284	2	1	1	4	2	2
95–99岁	124	48	76						
100岁及以上	17	7	10						

2-2a　续表 5　　　　单位：人

年龄组	白族			土家族			哈尼族		
	小计	男	女	小计	男	女	小计	男	女
总　计	**4486**	**2166**	**2320**	**26074**	**12459**	**13615**	**938**	**467**	**471**
0–4岁	282	147	135	2246	1154	1092	59	28	31
5–9岁	302	159	143	1981	1037	944	44	18	26
10–14岁	177	94	83	1140	601	539	18	9	9
15–19岁	411	218	193	2003	975	1028	83	46	37
20–24岁	863	419	444	4131	1998	2133	164	77	87
25–29岁	498	208	290	2835	1313	1522	132	68	64
30–34岁	442	200	242	2971	1326	1645	135	61	74
35–39岁	338	154	184	2618	1189	1429	123	59	64
40–44岁	300	131	169	1776	867	909	71	33	38
45–49岁	263	125	138	1465	696	769	51	28	23
50–54岁	185	94	91	957	438	519	32	23	9
55–59岁	118	59	59	663	243	420	16	10	6
60–64岁	71	30	41	481	219	262	5	3	2
65–69岁	102	44	58	421	190	231	1	1	
70–74岁	39	24	15	203	108	95	3	2	1
75–79岁	33	14	19	62	36	26			
80–84岁	34	24	10	71	41	30			
85–89岁	19	17	2	38	21	17			
90–94岁	8	4	4	8	4	4	1	1	
95–99岁	1	1		3	3				
100岁及以上				1		1			

2-2a 续表 6 单位：人

年龄组	哈萨克族			傣族			黎族		
	小计	男	女	小计	男	女	小计	男	女
总 计	**2214**	**875**	**1339**	**1027**	**467**	**560**	**1282**	**561**	**721**
0-4岁	49	31	18	48	22	26	79	44	35
5-9岁	46	20	26	60	30	30	93	40	53
10-14岁	23	13	10	42	23	19	48	22	26
15-19岁	270	98	172	107	50	57	113	57	56
20-24岁	1163	447	716	221	117	104	269	129	140
25-29岁	294	116	178	130	67	63	179	67	112
30-34岁	116	39	77	123	53	70	128	48	80
35-39岁	81	34	47	106	38	68	127	48	79
40-44岁	48	18	30	61	18	43	95	32	63
45-49岁	40	17	23	42	13	29	53	26	27
50-54岁	20	9	11	27	10	17	27	10	17
55-59岁	17	8	9	22	7	15	19	12	7
60-64岁	21	11	10	7	2	5	17	9	8
65-69岁	12	8	4	6	2	4	17	8	9
70-74岁	5	2	3	8	5	3	11	5	6
75-79岁	5	2	3	7	6	1	1		1
80-84岁	4	2	2	5	2	3	4	4	
85-89岁				4	2	2	2		2
90-94岁				1		1			
95-99岁									
100岁及以上									

2-2a 续表 7 单位：人

年龄组	傈僳族			佤族			畲族		
	小计	男	女	小计	男	女	小计	男	女
总 计	**419**	**209**	**210**	**552**	**350**	**202**	**1794**	**943**	**851**
0-4岁	12	6	6	11	5	6	177	89	88
5-9岁	12	8	4	14	4	10	177	90	87
10-14岁	9	3	6	4	3	1	89	42	47
15-19岁	47	20	27	45	34	11	108	57	51
20-24岁	94	45	49	86	43	43	219	109	110
25-29岁	63	29	34	82	58	24	177	88	89
30-34岁	77	42	35	104	70	34	207	108	99
35-39岁	47	27	20	71	41	30	180	100	80
40-44岁	24	14	10	54	34	20	138	94	44
45-49岁	20	7	13	37	30	7	99	50	49
50-54岁	8	6	2	25	15	10	50	25	25
55-59岁	5	1	4	12	8	4	59	29	30
60-64岁	1	1		5	4	1	29	11	18
65-69岁				1	1		50	27	23
70-74岁							12	6	6
75-79岁							11	8	3
80-84岁				1		1	9	7	2
85-89岁									
90-94岁							1	1	
95-99岁							2	2	
100岁及以上									

2-2a　续表 8　　　　单位：人

年龄组	高山族			拉祜族			水族		
	小计	男	女	小计	男	女	小计	男	女
总　计	**152**	**74**	**78**	**615**	**396**	**219**	**428**	**214**	**214**
0–4岁	18	10	8	11	3	8	22	9	13
5–9岁	12	8	4	10	6	4	19	8	11
10–14岁	7	3	4	2	2		9	3	6
15–19岁	6	2	4	51	40	11	51	28	23
20–24岁	11	3	8	71	50	21	122	64	58
25–29岁	17	12	5	103	72	31	52	29	23
30–34岁	19	10	9	138	90	48	46	23	23
35–39岁	14	6	8	75	42	33	36	16	20
40–44岁	4	2	2	55	37	18	23	9	14
45–49岁	7	2	5	44	24	20	18	11	7
50–54岁	5	1	4	34	18	16	8	4	4
55–59岁	10	6	4	14	9	5	5	2	3
60–64岁	14	5	9	6	3	3	7	2	5
65–69岁	1		1	1		1	5	3	2
70–74岁	2	1	1				3	1	2
75–79岁	2	1	1						
80–84岁	1		1				2	2	
85–89岁									
90–94岁	2	2							
95–99岁									
100岁及以上									

2-2a　续表 9　　　　单位：人

年龄组	东乡族			纳西族			景颇族		
	小计	男	女	小计	男	女	小计	男	女
总　计	**1115**	**750**	**365**	**736**	**344**	**392**	**153**	**64**	**89**
0–4岁	54	26	28	48	26	22	2	1	1
5–9岁	33	23	10	46	25	21	1	1	
10–14岁	28	17	11	30	18	12	2	2	
15–19岁	155	124	31	64	22	42	22	14	8
20–24岁	273	171	102	155	76	79	33	13	20
25–29岁	243	175	68	90	33	57	18	11	7
30–34岁	153	107	46	63	35	28	23	9	14
35–39岁	58	33	25	59	28	31	15	4	11
40–44岁	48	32	16	43	17	26	16	5	11
45–49岁	34	22	12	35	15	20	7	1	6
50–54岁	16	11	5	25	8	17	8	2	6
55–59岁	9	5	4	18	9	9	3		3
60–64岁	5	1	4	19	10	9	2	1	1
65–69岁	2	1	1	13	7	6			
70–74岁	1		1	11	4	7			
75–79岁	2	2		6	3	3	1		1
80–84岁	1		1	7	6	1			
85–89岁				2	1	1			
90–94岁				2	1	1			
95–99岁									
100岁及以上									

2-2a 续表 10

单位：人

年龄组	柯尔克孜族			土族			达斡尔族		
	小计	男	女	小计	男	女	小计	男	女
总计	**222**	**98**	**124**	**640**	**327**	**313**	**3136**	**1332**	**1804**
0-4岁	8	2	6	42	18	24	298	138	160
5-9岁	9	6	3	39	17	22	254	125	129
10-14岁	6	4	2	17	9	8	140	59	81
15-19岁	26	6	20	64	35	29	108	53	55
20-24岁	92	41	51	182	106	76	239	121	118
25-29岁	27	19	8	91	39	52	333	134	199
30-34岁	21	8	13	72	39	33	430	163	267
35-39岁	12	5	7	44	23	21	408	177	231
40-44岁	8	2	6	18	6	12	231	89	142
45-49岁	4	2	2	19	11	8	212	91	121
50-54岁	5	1	4	19	7	12	128	54	74
55-59岁	1	1		11	4	7	78	25	53
60-64岁	1	1		11	8	3	115	37	78
65-69岁	1		1	5	2	3	75	30	45
70-74岁	1		1	2	1	1	40	23	17
75-79岁				2	1	1	23	7	16
80-84岁							16	4	12
85-89岁				2	1	1	7	1	6
90-94岁							1	1	
95-99岁									
100岁及以上									

2-2a 续表 11

单位：人

年龄组	仫佬族			羌族			布朗族		
	小计	男	女	小计	男	女	小计	男	女
总计	**625**	**264**	**361**	**907**	**443**	**464**	**103**	**45**	**58**
0-4岁	54	25	29	50	28	22	4	3	1
5-9岁	48	27	21	50	25	25	6	2	4
10-14岁	23	10	13	26	14	12	3	2	1
15-19岁	48	19	29	71	30	41	8	3	5
20-24岁	123	47	76	158	75	83	26	12	14
25-29岁	68	20	48	100	48	52	20	8	12
30-34岁	62	27	35	108	41	67	9	4	5
35-39岁	56	18	38	70	36	34	13	6	7
40-44岁	51	27	24	80	34	46	8	1	7
45-49岁	33	18	15	73	35	38	1		1
50-54岁	14	6	8	53	35	18	4	3	1
55-59岁	14	5	9	27	17	10			
60-64岁	13	7	6	17	11	6			
65-69岁	5	2	3	11	4	7			
70-74岁	7	4	3	8	6	2	1	1	
75-79岁	3		3	3	2	1			
80-84岁	2	1	1	1	1				
85-89岁	1	1		1	1				
90-94岁									
95-99岁									
100岁及以上									

2–2a　续表 12　　　　单位：人

年龄组	撒拉族			毛南族			仡佬族		
	小计	男	女	小计	男	女	小计	男	女
总　计	**355**	**187**	**168**	**221**	**94**	**127**	**1452**	**825**	**627**
0–4岁	22	10	12	22	12	10	55	25	30
5–9岁	20	11	9	11	5	6	70	30	40
10–14岁	16	6	10	10	5	5	44	23	21
15–19岁	36	18	18	20	10	10	142	75	67
20–24岁	68	36	32	59	29	30	372	197	175
25–29岁	37	17	20	22	4	18	166	102	64
30–34岁	50	33	17	21	6	15	110	61	49
35–39岁	41	22	19	20	6	14	107	67	40
40–44岁	26	16	10	11	6	5	103	68	35
45–49岁	17	7	10	11	5	6	117	66	51
50–54岁	9	5	4	2	2		82	59	23
55–59岁	4	3	1	5	1	4	40	30	10
60–64岁	5	2	3	5	3	2	14	6	8
65–69岁	1	1		2		2	14	9	5
70–74岁	1		1				11	5	6
75–79岁	1		1				2		2
80–84岁							2	1	1
85–89岁	1		1				1	1	
90–94岁									
95–99岁									
100岁及以上									

2–2a　续表 13　　　　单位：人

年龄组	锡伯族			阿昌族			普米族		
	小计	男	女	小计	男	女	小计	男	女
总　计	**3901**	**1837**	**2064**	**41**	**18**	**23**	**75**	**30**	**45**
0–4岁	344	171	173	3	2	1	4	1	3
5–9岁	335	180	155	1	1		3		3
10–14岁	216	105	111	1	1		3	1	2
15–19岁	180	81	99	5	2	3	11	5	6
20–24岁	346	153	193	13	6	7	25	10	15
25–29岁	374	178	196	6	3	3	9	4	5
30–34岁	440	202	238	8	2	6	8	3	5
35–39岁	386	178	208	2	1	1	5	4	1
40–44岁	292	139	153				2		2
45–49岁	246	116	130	1		1	3	1	2
50–54岁	172	75	97						
55–59岁	124	53	71				1		1
60–64岁	145	65	80	1		1	1	1	
65–69岁	124	60	64						
70–74岁	72	37	35						
75–79岁	42	22	20						
80–84岁	40	13	27						
85–89岁	20	7	13						
90–94岁	3	2	1						
95–99岁									
100岁及以上									

2–2a　续表 14　　　　单位：人

年龄组	塔吉克族			怒　族			乌孜别克族		
	小计	男	女	小计	男	女	小计	男	女
总　计	**50**	**32**	**18**	**27**	**14**	**13**	**83**	**38**	**45**
0–4岁				1		1	5	3	2
5–9岁	2	1	1	2	2		6	3	3
10–14岁				1	1		3	3	
15–19岁	11	6	5	5	2	3	8	4	4
20–24岁	22	16	6	2		2	17	7	10
25–29岁	6	3	3	4	4		10	4	6
30–34岁	3	3		2		2	7	1	6
35–39岁				4	3	1	7	4	3
40–44岁	1		1	5	2	3	6	3	3
45–49岁				1		1	6	3	3
50–54岁							2		2
55–59岁	2		2				2	1	1
60–64岁	2	2							
65–69岁							1		1
70–74岁	1	1					1	1	
75–79岁							2	1	1
80–84岁									
85–89岁									
90–94岁									
95–99岁									
100岁及以上									

2–2a　续表 15　　　　单位：人

年龄组	俄罗斯族			鄂温克族			德 昂 族		
	小计	男	女	小计	男	女	小计	男	女
总　计	**546**	**222**	**324**	**623**	**254**	**369**	**13**	**3**	**10**
0–4岁	46	28	18	61	37	24			
5–9岁	45	18	27	57	23	34			
10–14岁	39	18	21	26	11	15			
15–19岁	35	14	21	19	11	8	5	3	2
20–24岁	48	22	26	48	18	30	5		5
25–29岁	38	13	25	81	35	46	2		2
30–34岁	38	16	22	87	33	54			
35–39岁	49	23	26	91	35	56	1		1
40–44岁	55	21	34	36	14	22			
45–49岁	39	12	27	29	7	22			
50–54岁	21	5	16	25	8	17			
55–59岁	14	3	11	26	6	20			
60–64岁	31	9	22	14	6	8			
65–69岁	16	8	8	9	5	4			
70–74岁	13	4	9	9	3	6			
75–79岁	8	4	4	1		1			
80–84岁	6	3	3	4	2	2			
85–89岁	4	1	3						
90–94岁	1		1						
95–99岁									
100岁及以上									

2-2a　续表 16　　　　　　　　　　　　单位：人

年龄组	保安族			裕固族			京族		
	小计	男	女	小计	男	女	小计	男	女
总　计	**37**	**22**	**15**	**143**	**73**	**70**	**42**	**18**	**24**
0–4岁	1		1	5	3	2	2	2	
5–9岁				10	5	5	1	1	
10–14岁				6		6	1		1
15–19岁	5	3	2	15	9	6	8	2	6
20–24岁	16	8	8	29	15	14	10	8	2
25–29岁	10	8	2	13	8	5	4		4
30–34岁	2	1	1	13	9	4	3	2	1
35–39岁	1	1		7	2	5	3		3
40–44岁				10	8	2	4	1	3
45–49岁	2	1	1	16	5	11	4	1	3
50–54岁				5	4	1	1		1
55–59岁				8	4	4			
60–64岁				1		1			
65–69岁				2	1	1	1	1	
70–74岁				2		2			
75–79岁				1		1			
80–84岁									
85–89岁									
90–94岁									
95–99岁									
100岁及以上									

2-2a　续表 17　　　　　　　　　　　　单位：人

年龄组	塔塔尔族			独龙族			鄂伦春族		
	小计	男	女	小计	男	女	小计	男	女
总　计	**37**	**13**	**24**	**12**	**5**	**7**	**223**	**93**	**130**
0–4岁	3		3	1		1	22	11	11
5–9岁	1	1		1	1		17	8	9
10–14岁	2	2					14	8	6
15–19岁	2		2	5	2	3	8	2	6
20–24岁	8	2	6				23	10	13
25–29岁	4	3	1				28	8	20
30–34岁	3	1	2	1		1	31	13	18
35–39岁	2	1	1				29	13	16
40–44岁	2		2				10	2	8
45–49岁	3		3				10	3	7
50–54岁	2	1	1	1	1		5	2	3
55–59岁				2	1	1	11	4	7
60–64岁	3	1	2				5	3	2
65–69岁				1		1	5	3	2
70–74岁							2		2
75–79岁	2	1	1				2	2	
80–84岁							1	1	
85–89岁									
90–94岁									
95–99岁									
100岁及以上									

2-2a 续表 18　　单位：人

年龄组	赫哲族			门巴族			珞巴族		
	小计	男	女	小计	男	女	小计	男	女
总　计	**275**	**113**	**162**	**33**	**17**	**16**	**8**	**3**	**5**
0-4岁	33	16	17	2	1	1			
5-9岁	35	23	12						
10-14岁	15	7	8	1	1				
15-19岁	5	1	4	6	4	2	1		1
20-24岁	11	5	6	13	7	6	5	2	3
25-29岁	24	8	16	4	1	3			
30-34岁	44	15	29	3	1	2			
35-39岁	31	12	19						
40-44岁	24	7	17	1	1		1		1
45-49岁	10	3	7						
50-54岁	7	2	5	1		1			
55-59岁	9	3	6	1	1				
60-64岁	9	4	5						
65-69岁	6	4	2						
70-74岁	9	3	6				1	1	
75-79岁	1		1						
80-84岁	2		2	1		1			
85-89岁									
90-94岁									
95-99岁									
100岁及以上									

2-2a 续表 19　　单位：人

年龄组	基诺族			未定族称人口			入籍		
	小计	男	女	小计	男	女	小计	男	女
总　计	**36**	**11**	**25**	**720**	**376**	**344**	**68**	**42**	**26**
0-4岁	2	2		101	53	48	9	4	5
5-9岁	2		2	20	11	9	5	4	1
10-14岁	1		1	9	5	4	2	2	
15-19岁	3		3	94	48	46	3	2	1
20-24岁	8	1	7	246	129	117	8	5	3
25-29岁	7	2	5	85	47	38	4	3	1
30-34岁	5	3	2	54	32	22	7	6	1
35-39岁	3		3	27	13	14	12	6	6
40-44岁	2		2	33	18	15	3	1	2
45-49岁	1	1		20	7	13			
50-54岁	1	1		13	5	8	3	2	1
55-59岁				5	2	3	2	2	
60-64岁	1	1		5	3	2	5	3	2
65-69岁				2		2	1		1
70-74岁				3	2	1	1	1	
75-79岁				3	1	2	1	1	
80-84岁									
85-89岁							1		1
90-94岁							1		1
95-99岁									
100岁及以上									

2–2b　全市各民族分年龄、性别的人口(镇)

单位：人

年龄组	合计			汉族		
	合计	男	女	小计	男	女
总　计	**1414752**	**769805**	**644947**	**1352187**	**736692**	**615495**
0–4岁	67377	34784	32593	62542	32361	30181
5–9岁	51680	26916	24764	48086	25101	22985
10–14岁	34281	17904	16377	32021	16763	15258
15–19岁	40987	23558	17429	38154	21990	16164
20–24岁	106136	60330	45806	99547	56638	42909
25–29岁	135399	76764	58635	128735	73056	55679
30–34岁	182552	103133	79419	174690	98899	75791
35–39岁	134449	76247	58202	128104	72877	55227
40–44岁	95773	54765	41008	91702	52587	39115
45–49岁	108288	60308	47980	104315	58215	46100
50–54岁	116221	64608	51613	112412	62616	49796
55–59岁	106123	56442	49681	102810	54767	48043
60–64岁	80584	40706	39878	78150	39473	38677
65–69岁	65953	32488	33465	64172	31598	32574
70–74岁	37373	17904	19469	36342	17400	18942
75–79岁	22256	10048	12208	21714	9766	11948
80–84岁	15878	7180	8698	15562	7020	8542
85–89岁	9265	4002	5263	9061	3906	5155
90–94岁	3175	1323	1852	3100	1283	1817
95–99岁	728	276	452	708	266	442
100岁及以上	274	119	155	260	110	150

2–2b　续表 1

单位：人

年龄组	蒙古族			回族			藏族		
	小计	男	女	小计	男	女	小计	男	女
总　计	**8025**	**4128**	**3897**	**12826**	**6729**	**6097**	**351**	**181**	**170**
0–4岁	641	323	318	873	443	430	10	3	7
5–9岁	503	256	247	730	356	374	9	3	6
10–14岁	290	129	161	440	236	204	4	2	2
15–19岁	341	189	152	582	334	248	48	22	26
20–24岁	865	452	413	1092	633	459	125	54	71
25–29岁	1060	590	470	1092	619	473	44	25	19
30–34岁	1132	621	511	1353	727	626	25	11	14
35–39岁	969	481	488	1146	614	532	19	15	4
40–44岁	533	268	265	697	362	335	20	12	8
45–49岁	509	245	264	734	390	344	18	14	4
50–54岁	418	221	197	777	418	359	10	7	3
55–59岁	293	125	168	848	418	430	9	7	2
60–64岁	226	116	110	737	366	371	5	3	2
65–69岁	135	55	80	710	343	367	2	1	1
70–74岁	54	27	27	491	226	265			
75–79岁	23	15	8	252	122	130	2	1	1
80–84岁	13	8	5	124	58	66	1	1	
85–89岁	11	2	9	93	38	55			
90–94岁	6	2	4	39	19	20			
95–99岁	1	1		9	3	6			
100岁及以上	2	2		7	4	3			

2–2b 续表 2　　　　单位：人

年龄组	维吾尔族			苗族			彝族		
	小计	男	女	小计	男	女	小计	男	女
总　计	**330**	**153**	**177**	**1267**	**730**	**537**	**1115**	**716**	**399**
0–4岁	8	5	3	61	27	34	31	14	17
5–9岁	13	3	10	49	23	26	21	10	11
10–14岁	7	3	4	33	21	12	10	4	6
15–19岁	49	23	26	73	41	32	48	33	15
20–24岁	125	64	61	233	147	86	224	141	83
25–29岁	50	24	26	155	83	72	186	121	65
30–34岁	25	10	15	163	94	69	157	104	53
35–39岁	14	4	10	126	78	48	139	90	49
40–44岁	11	5	6	115	63	52	118	79	39
45–49岁	8	4	4	121	73	48	82	57	25
50–54岁	7	4	3	66	38	28	47	28	19
55–59岁	7	2	5	39	20	19	31	22	9
60–64岁	3	1	2	9	5	4	11	7	4
65–69岁	1		1	10	10		6	4	2
70–74岁	1		1	10	5	5	2	2	
75–79岁							1		1
80–84岁				3	1	2	1		1
85–89岁	1	1		1	1				
90–94岁									
95–99岁									
100岁及以上									

2–2b 续表 3　　　　单位：人

年龄组	壮族			布依族			朝鲜族		
	小计	男	女	小计	男	女	小计	男	女
总　计	**1307**	**583**	**724**	**348**	**189**	**159**	**1566**	**732**	**834**
0–4岁	86	47	39	13	9	4	125	55	70
5–9岁	59	31	28	10	6	4	87	45	42
10–14岁	31	14	17	6	2	4	70	36	34
15–19岁	84	47	37	27	15	12	61	30	31
20–24岁	254	127	127	79	42	37	96	48	48
25–29岁	139	57	82	50	26	24	141	71	70
30–34岁	185	73	112	39	22	17	215	89	126
35–39岁	150	69	81	24	17	7	186	83	103
40–44岁	90	46	44	28	16	12	110	62	48
45–49岁	61	26	35	23	7	16	108	52	56
50–54岁	69	14	55	27	16	11	92	40	52
55–59岁	41	11	30	13	6	7	81	39	42
60–64岁	32	10	22	3	2	1	78	30	48
65–69岁	11	3	8	5	3	2	61	27	34
70–74岁	9	5	4	1		1	17	6	11
75–79岁	2	1	1				11	7	4
80–84岁	3	1	2				13	4	9
85–89岁	1	1					10	6	4
90–94岁							3	1	2
95–99岁							1	1	
100岁及以上									

2–2b 续表 4 单位：人

年龄组	满族			侗族			瑶族		
	小计	男	女	小计	男	女	小计	男	女
总 计	**30541**	**16227**	**14314**	**333**	**201**	**132**	**239**	**120**	**119**
0–4岁	2674	1332	1342	21	13	8	20	9	11
5–9岁	1895	981	914	17	11	6	17	8	9
10–14岁	1258	625	633	4	3	1	9	4	5
15–19岁	1151	629	522	37	22	15	11	5	6
20–24岁	2603	1463	1140	77	52	25	43	26	17
25–29岁	3154	1741	1413	41	25	16	22	9	13
30–34岁	3923	2138	1785	35	20	15	41	18	23
35–39岁	3070	1657	1413	27	18	9	31	15	16
40–44岁	1980	1060	920	16	8	8	21	12	9
45–49岁	1972	1025	947	18	7	11	4	2	2
50–54岁	2080	1083	997	14	8	6	4	2	2
55–59岁	1803	932	871	17	8	9	5	3	2
60–64岁	1252	647	605	3	1	2	7	4	3
65–69岁	777	408	369	3	2	1	3	2	1
70–74岁	430	225	205	1	1				
75–79岁	242	130	112	2	2				
80–84岁	153	82	71						
85–89岁	85	45	40				1	1	
90–94岁	26	17	9						
95–99岁	8	4	4						
100岁及以上	5	3	2						

2–2b 续表 5 单位：人

年龄组	白族			土家族			哈尼族		
	小计	男	女	小计	男	女	小计	男	女
总 计	**418**	**233**	**185**	**1635**	**860**	**775**	**136**	**90**	**46**
0–4岁	23	15	8	116	52	64	3	1	2
5–9岁	11	4	7	93	41	52	1	1	
10–14岁	4	2	2	47	29	18	4	2	2
15–19岁	24	13	11	105	51	54	11	6	5
20–24岁	60	30	30	326	175	151	17	13	4
25–29岁	49	28	21	181	105	76	17	10	7
30–34岁	71	38	33	182	86	96	17	11	6
35–39岁	52	28	24	153	77	76	22	14	8
40–44岁	36	19	17	121	66	55	15	10	5
45–49岁	27	16	11	129	77	52	14	10	4
50–54岁	29	19	10	74	35	39	7	6	1
55–59岁	13	9	4	43	26	17	7	5	2
60–64岁	13	9	4	23	14	9	1	1	
65–69岁	5	2	3	28	16	12			
70–74岁				7	5	2			
75–79岁				4	2	2			
80–84岁	1	1		2	2				
85–89岁				1	1				
90–94岁									
95–99岁									
100岁及以上									

2-2b 续表 6

单位：人

年龄组	哈萨克族			傣族			黎族		
	小计	男	女	小计	男	女	小计	男	女
总 计	**105**	**55**	**50**	**115**	**60**	**55**	**96**	**58**	**38**
0-4岁	3	2	1	6	4	2	7	4	3
5-9岁	1		1	1		1	5	4	1
10-14岁	1		1	1	1				
15-19岁	18	11	7	8	1	7	16	11	5
20-24岁	57	29	28	15	7	8	25	20	5
25-29岁	14	9	5	10	7	3	11	4	7
30-34岁	3		3	21	8	13	16	7	9
35-39岁	4	1	3	10	5	5	4	1	3
40-44岁	1	1		17	9	8	3		3
45-49岁	2	1	1	12	8	4	3	2	1
50-54岁				5	3	2	1	1	
55-59岁				5	4	1	2	2	
60-64岁	1	1		3	2	1	2	1	1
65-69岁				1	1		1	1	
70-74岁									
75-79岁									
80-84岁									
85-89岁									
90-94岁									
95-99岁									
100岁及以上									

2-2b 续表 7

单位：人

年龄组	傈僳族			佤族			畲族		
	小计	男	女	小计	男	女	小计	男	女
总 计	**56**	**31**	**25**	**130**	**87**	**43**	**112**	**65**	**47**
0-4岁	3	2	1	1		1	14	8	6
5-9岁	1	1					5	1	4
10-14岁	3	1	2				4	1	3
15-19岁	1	1		10	9	1	7	3	4
20-24岁	7	4	3	14	9	5	18	11	7
25-29岁	13	10	3	27	19	8	6	5	1
30-34岁	9	4	5	16	11	5	20	9	11
35-39岁	9	5	4	19	9	10	8	7	1
40-44岁	2	1	1	17	12	5	9	5	4
45-49岁	4		4	10	8	2	8	5	3
50-54岁	3	1	2	8	4	4	2	1	1
55-59岁				5	4	1	6	6	
60-64岁				1	1		2	1	1
65-69岁	1	1		2	1	1	1	1	
70-74岁							1		1
75-79岁									
80-84岁									
85-89岁									
90-94岁							1	1	
95-99岁									
100岁及以上									

2-2b　续表 8　　　　单位：人

年龄组	高山族			拉祜族			水　族		
	小计	男	女	小计	男	女	小计	男	女
总　计	**14**	**8**	**6**	**172**	**129**	**43**	**42**	**19**	**23**
0–4岁							3	1	2
5–9岁	1		1				1	1	
10–14岁	1	1					1	1	
15–19岁	2		2	17	13	4	3	1	2
20–24岁	1	1		24	18	6	12	4	8
25–29岁	2	2		23	18	5	4	3	1
30–34岁	3	2	1	41	31	10	5	1	4
35–39岁	1		1	20	17	3	3	2	1
40–44岁				26	15	11	2	1	1
45–49岁	3	2	1	13	11	2	3	2	1
50–54岁				6	5	1			
55–59岁				1		1			
60–64岁				1	1		2		2
65–69岁							1		1
70–74岁									
75–79岁							1	1	
80–84岁							1	1	
85–89岁									
90–94岁									
95–99岁									
100岁及以上									

2-2b　续表 9　　　　单位：人

年龄组	东乡族			纳西族			景颇族		
	小计	男	女	小计	男	女	小计	男	女
总　计	**221**	**153**	**68**	**36**	**21**	**15**	**33**	**18**	**15**
0–4岁	14	9	5	1		1			
5–9岁	12	4	8	2	1	1	1		1
10–14岁	2	1	1	1	1				
15–19岁	25	18	7	2		2	1	1	
20–24岁	36	31	5	9	5	4	2		2
25–29岁	50	37	13	5	3	2	9	3	6
30–34岁	35	27	8	9	6	3	3	3	
35–39岁	18	11	7				9	5	4
40–44岁	7	5	2	2	2		4	4	
45–49岁	11	5	6	2	1	1	4	2	2
50–54岁	6	3	3	2	2				
55–59岁	2	1	1	1		1			
60–64岁									
65–69岁	1		1						
70–74岁	1		1						
75–79岁									
80–84岁									
85–89岁									
90–94岁									
95–99岁	1	1							
100岁及以上									

2-2b 续表 10 单位：人

年龄组	柯尔克孜族			土族			达斡尔族		
	小计	男	女	小计	男	女	小计	男	女
总　计	**15**	**7**	**8**	**49**	**26**	**23**	**188**	**100**	**88**
0-4岁				4	4		19	6	13
5-9岁	1		1				14	10	4
10-14岁				1		1	9	9	
15-19岁	3		3	5	3	2	6	3	3
20-24岁	2	2		15	8	7	15	8	7
25-29岁	4	2	2	7	3	4	23	15	8
30-34岁	2		2	6	3	3	36	20	16
35-39岁				5	3	2	21	6	15
40-44岁							12	7	5
45-49岁	1	1					8	5	3
50-54岁	2	2		1		1	8	4	4
55-59岁				2	1	1	9	4	5
60-64岁				1		1	2		2
65-69岁				1	1		3	1	2
70-74岁				1		1	2	1	1
75-79岁							1	1	
80-84岁									
85-89岁									
90-94岁									
95-99岁									
100岁及以上									

2-2b 续表 11 单位：人

年龄组	仫佬族			羌族			布朗族		
	小计	男	女	小计	男	女	小计	男	女
总　计	**38**	**19**	**19**	**76**	**40**	**36**	**7**	**4**	**3**
0-4岁	2	2		1	1				
5-9岁				1		1			
10-14岁				2	2				
15-19岁	4		4	5	3	2	1	1	
20-24岁	5	1	4	13	8	5	2		2
25-29岁	3	1	2	5	1	4			
30-34岁	2	2		6	4	2	1	1	
35-39岁	7	5	2	8	3	5	1		1
40-44岁	2	2		8	3	5			
45-49岁	7	3	4	11	5	6			
50-54岁	4	3	1	9	6	3	1	1	
55-59岁	2		2	3	2	1			
60-64岁				3	2	1			
65-69岁				1		1	1	1	
70-74岁									
75-79岁									
80-84岁									
85-89岁									
90-94岁									
95-99岁									
100岁及以上									

2-2b　续表 12　　　　单位：人

年龄组	撒拉族			毛南族			仡佬族		
	小计	男	女	小计	男	女	小计	男	女
总　计	**19**	**12**	**7**	**11**	**5**	**6**	**182**	**116**	**66**
0–4岁	2	1	1				7	2	5
5–9岁				1	1		5	3	2
10–14岁	1		1				2	1	1
15–19岁	1	1		2	1	1	17	9	8
20–24岁	1	1		4	3	1	33	23	10
25–29岁	3	3					16	10	6
30–34岁	4	2	2	1		1	19	14	5
35–39岁	1	1		1		1	16	9	7
40–44岁	4	2	2	1		1	13	8	5
45–49岁	2	1	1				21	13	8
50–54岁				1		1	17	12	5
55–59岁							12	10	2
60–64岁							4	2	2
65–69岁									
70–74岁									
75–79岁									
80–84岁									
85–89岁									
90–94岁									
95–99岁									
100岁及以上									

2-2b　续表 13　　　　单位：人

年龄组	锡伯族			阿昌族			普米族		
	小计	男	女	小计	男	女	小计	男	女
总　计	**217**	**114**	**103**				**6**	**4**	**2**
0–4岁	30	19	11						
5–9岁	16	7	9						
10–14岁	9	6	3						
15–19岁	11	7	4						
20–24岁	25	11	14				2	1	1
25–29岁	23	9	14				1	1	
30–34岁	20	10	10				1		1
35–39岁	25	11	14				1	1	
40–44岁	13	8	5						
45–49岁	13	8	5						
50–54岁	7	4	3						
55–59岁	8	5	3						
60–64岁	6	3	3				1	1	
65–69岁	6	4	2						
70–74岁	3	1	2						
75–79岁	1		1						
80–84岁	1	1							
85–89岁									
90–94岁									
95–99岁									
100岁及以上									

2–2b 续表 14

单位：人

年龄组	塔吉克族			怒 族			乌孜别克族		
	小计	男	女	小计	男	女	小计	男	女
总 计	**1**		**1**	**7**	**2**	**5**	**2**	**1**	**1**
0–4岁									
5–9岁									
10–14岁									
15–19岁	1		1	1		1			
20–24岁				1		1			
25–29岁				1		1			
30–34岁							1		1
35–39岁				3	1	2			
40–44岁				1	1				
45–49岁									
50–54岁							1	1	
55–59岁									
60–64岁									
65–69岁									
70–74岁									
75–79岁									
80–84岁									
85–89岁									
90–94岁									
95–99岁									
100岁及以上									

2–2b 续表 15

单位：人

年龄组	俄罗斯族			鄂温克族			德 昂 族		
	小计	男	女	小计	男	女	小计	男	女
总 计	**20**	**11**	**9**	**52**	**26**	**26**	**1**		**1**
0–4岁	1	1							
5–9岁				5	2	3			
10–14岁				3	3				
15–19岁	3	2	1	4	3	1			
20–24岁	3	3		7	4	3	1		1
25–29岁	3	1	2	6	3	3			
30–34岁	4		4	9	5	4			
35–39岁	3	1	2	8	2	6			
40–44岁	1	1		3		3			
45–49岁				1	1				
50–54岁				2		2			
55–59岁				2	2				
60–64岁	1	1							
65–69岁	1	1		2	1	1			
70–74岁									
75–79岁									
80–84岁									
85–89岁									
90–94岁									
95–99岁									
100岁及以上									

2–2b 续表 16 单位：人

年龄组	保安族			裕固族			京族		
	小计	男	女	小计	男	女	小计	男	女
总 计	**2**		**2**	**5**	**4**	**1**			
0–4岁									
5–9岁									
10–14岁									
15–19岁									
20–24岁				2	2				
25–29岁	1		1						
30–34岁	1		1	1	1				
35–39岁									
40–44岁									
45–49岁				1	1				
50–54岁				1		1			
55–59岁									
60–64岁									
65–69岁									
70–74岁									
75–79岁									
80–84岁									
85–89岁									
90–94岁									
95–99岁									
100岁及以上									

2–2b 续表 17 单位：人

年龄组	塔塔尔族			独龙族			鄂伦春族		
	小计	男	女	小计	男	女	小计	男	女
总 计				**2**	**1**	**1**	**13**	**4**	**9**
0–4岁							1	1	
5–9岁									
10–14岁									
15–19岁									
20–24岁							4	1	3
25–29岁				1		1	3	1	2
30–34岁									
35–39岁							1		1
40–44岁							3	1	2
45–49岁				1	1		1		1
50–54岁									
55–59岁									
60–64岁									
65–69岁									
70–74岁									
75–79岁									
80–84岁									
85–89岁									
90–94岁									
95–99岁									
100岁及以上									

2-2b 续表 18

单位：人

年龄组	赫哲族			门巴族			珞巴族		
	小计	男	女	小计	男	女	小计	男	女
总　计	**8**	**3**	**5**	**5**	**2**	**3**			
0-4岁	1	1							
5-9岁				1		1			
10-14岁									
15-19岁									
20-24岁	1	1		3	2	1			
25-29岁									
30-34岁	2		2						
35-39岁	2	1	1	1		1			
40-44岁									
45-49岁									
50-54岁	1		1						
55-59岁	1		1						
60-64岁									
65-69岁									
70-74岁									
75-79岁									
80-84岁									
85-89岁									
90-94岁									
95-99岁									
100岁及以上									

2-2b 续表 19

单位：人

年龄组	基诺族			未定族称人口			入籍		
	小计	男	女	小计	男	女	小计	男	女
总　计	**1**		**1**	**68**	**35**	**33**	**1**	**1**	
0-4岁				10	7	3			
5-9岁				5	1	4			
10-14岁				2	1	1			
15-19岁				6	5	1	1	1	
20-24岁				11	7	4			
25-29岁				9	4	5			
30-34岁				2	1	1			
35-39岁				8	3	5			
40-44岁	1		1	8	2	6			
45-49岁				3	2	1			
50-54岁									
55-59岁				2	1	1			
60-64岁				1	1				
65-69岁				1		1			
70-74岁									
75-79岁									
80-84岁									
85-89岁									
90-94岁									
95-99岁									
100岁及以上									

2-2c　全市各民族分年龄、性别的人口(乡村)

单位：人

年龄组	合　计			汉　族		
	合计	男	女	小计	男	女
总　计	**2726662**	**1488424**	**1238238**	**2627662**	**1436424**	**1191238**
0-4岁	126370	65432	60938	117998	61169	56829
5-9岁	90966	47196	43770	85444	44348	41096
10-14岁	67897	35430	32467	63447	33221	30226
15-19岁	55168	33167	22001	51842	31234	20608
20-24岁	124842	74766	50076	117666	70529	47137
25-29岁	192752	112341	80411	184031	107482	76549
30-34岁	304662	175407	129255	293453	169496	123957
35-39岁	217485	126624	90861	208982	122207	86775
40-44岁	172538	99257	73281	166458	96110	70348
45-49岁	224798	125724	99074	217492	122104	95388
50-54岁	265071	146760	118311	257122	142869	114253
55-59岁	260751	139235	121516	253626	135554	118072
60-64岁	199822	103349	96473	194947	100737	94210
65-69岁	173609	86382	87227	170094	84551	85543
70-74岁	108999	52789	56210	106847	51694	55153
75-79岁	65193	30802	34391	63941	30139	33802
80-84岁	41724	19852	21872	40941	19401	21540
85-89岁	24112	10165	13947	23641	9938	13703
90-94岁	7871	3021	4850	7707	2943	4764
95-99岁	1654	585	1069	1619	564	1055
100岁及以上	378	140	238	364	134	230

2-2c　续表 1

单位：人

年龄组	蒙古族			回　族			藏　族		
	小计	男	女	小计	男	女	小计	男	女
总　计	**10161**	**5163**	**4998**	**19879**	**10259**	**9620**	**295**	**167**	**128**
0-4岁	870	454	416	1519	748	771	8	3	5
5-9岁	617	325	292	1031	527	504	7	3	4
10-14岁	525	271	254	745	352	393	9	4	5
15-19岁	369	218	151	680	405	275	37	18	19
20-24岁	888	500	388	1150	703	447	72	45	27
25-29岁	1171	665	506	1484	786	698	36	18	18
30-34岁	1351	693	658	1995	1051	944	32	19	13
35-39岁	1199	574	625	1417	785	632	28	20	8
40-44岁	746	351	395	1022	528	494	22	17	5
45-49岁	829	367	462	1291	657	634	14	6	8
50-54岁	660	326	334	1503	774	729	16	8	8
55-59岁	467	221	246	1597	808	789	8	3	5
60-64岁	240	108	132	1337	667	670	1	1	
65-69岁	116	50	66	1186	558	628			
70-74岁	54	20	34	863	396	467	3	1	2
75-79岁	33	9	24	462	226	236			
80-84岁	12	4	8	287	156	131	2	1	1
85-89岁	13	6	7	200	81	119			
90-94岁	1	1		83	38	45			
95-99岁				18	9	9			
100岁及以上				9	4	5			

2−2c 续表 2 单位：人

年龄组	维吾尔族			苗族			彝族		
	小计	男	女	小计	男	女	小计	男	女
总 计	**302**	**153**	**149**	**1545**	**798**	**747**	**1107**	**650**	**457**
0−4岁	9	6	3	103	55	48	51	20	31
5−9岁	7	3	4	71	34	37	27	14	13
10−14岁	2	2		58	29	29	23	17	6
15−19岁	29	11	18	74	41	33	61	48	13
20−24岁	128	57	71	208	137	71	171	124	47
25−29岁	48	31	17	169	84	85	159	94	65
30−34岁	32	22	10	171	92	79	161	89	72
35−39岁	21	8	13	149	75	74	113	72	41
40−44岁	6	4	2	139	74	65	102	50	52
45−49岁	5	3	2	202	89	113	107	57	50
50−54岁	5	2	3	99	42	57	73	33	40
55−59岁	5	3	2	49	23	26	40	25	15
60−64岁	2		2	20	7	13	8	4	4
65−69岁	1		1	20	12	8	2	1	1
70−74岁	1		1	7	3	4	5		5
75−79岁				4	1	3	2	1	1
80−84岁	1	1					1	1	
85−89岁				1		1	1		1
90−94岁									
95−99岁				1		1			
100岁及以上									

2−2c 续表 3 单位：人

年龄组	壮族			布依族			朝鲜族		
	小计	男	女	小计	男	女	小计	男	女
总 计	**2091**	**784**	**1307**	**435**	**203**	**232**	**1094**	**534**	**560**
0−4岁	165	92	73	21	12	9	95	55	40
5−9岁	102	53	49	17	5	12	68	39	29
10−14岁	89	38	51	11	6	5	42	19	23
15−19岁	78	41	37	24	7	17	43	18	25
20−24岁	183	114	69	70	39	31	57	20	37
25−29岁	203	98	105	51	30	21	95	44	51
30−34岁	272	133	139	38	16	22	151	74	77
35−39岁	177	85	92	37	18	19	126	59	67
40−44岁	117	49	68	55	25	30	84	41	43
45−49岁	123	31	92	39	21	18	82	44	38
50−54岁	215	17	198	48	17	31	73	34	39
55−59岁	214	14	200	13	4	9	65	35	30
60−64岁	74	10	64	7	2	5	33	18	15
65−69岁	55	3	52	4	1	3	34	12	22
70−74岁	16	2	14				21	10	11
75−79岁	4	3	1				9	6	3
80−84岁	4	1	3				10	3	7
85−89岁							3	1	2
90−94岁							1		1
95−99岁							2	2	
100岁及以上									

2–2c　续表 4　　　　单位：人

年龄组	满　族			侗　族			瑶　族		
	小计	男	女	小计	男	女	小计	男	女
总　计	**57285**	**30749**	**26536**	**371**	**206**	**165**	**262**	**128**	**134**
0–4岁	5191	2651	2540	30	16	14	23	16	7
5–9岁	3357	1728	1629	17	9	8	17	10	7
10–14岁	2797	1397	1400	11	6	5	5	3	2
15–19岁	1646	945	701	22	17	5	13	6	7
20–24岁	3546	2078	1468	65	43	22	21	11	10
25–29岁	4763	2705	2058	40	20	20	28	13	15
30–34岁	6365	3395	2970	40	20	20	46	22	24
35–39岁	4739	2461	2278	35	18	17	34	20	14
40–44岁	3391	1809	1582	27	12	15	17	7	10
45–49岁	4201	2143	2058	27	17	10	14	8	6
50–54岁	4945	2489	2456	29	12	17	16	4	12
55–59岁	4511	2469	2042	14	9	5	13	2	11
60–64岁	3084	1766	1318	10	5	5	7	3	4
65–69岁	2054	1173	881	2	1	1	2	1	1
70–74岁	1159	657	502				5	1	4
75–79岁	726	413	313	2	1	1	1	1	
80–84岁	463	282	181						
85–89岁	250	137	113						
90–94岁	78	39	39						
95–99岁	14	10	4						
100岁及以上	5	2	3						

2–2c　续表 5　　　　单位：人

年龄组	白　族			土家族			哈尼族		
	小计	男	女	小计	男	女	小计	男	女
总　计	**239**	**134**	**105**	**1871**	**963**	**908**	**152**	**85**	**67**
0–4岁	9	4	5	146	78	68	10	7	3
5–9岁	10	7	3	95	54	41	4	3	1
10–14岁	11	5	6	61	35	26	1	1	
15–19岁	11	7	4	70	45	25	6	4	2
20–24岁	38	25	13	236	136	100	14	11	3
25–29岁	23	9	14	200	112	88	18	7	11
30–34岁	42	20	22	222	103	119	24	14	10
35–39岁	17	8	9	185	103	82	27	13	14
40–44岁	20	12	8	152	74	78	19	10	9
45–49岁	17	12	5	229	93	136	21	10	11
50–54岁	13	9	4	158	76	82	5	3	2
55–59岁	10	6	4	64	34	30	3	2	1
60–64岁	9	5	4	19	7	12			
65–69岁	4	2	2	21	10	11			
70–74岁	3	2	1	7	1	6			
75–79岁				5	1	4			
80–84岁	1		1	1	1				
85–89岁	1	1							
90–94岁									
95–99岁									
100岁及以上									

2-2c 续表 6

单位：人

年龄组	哈萨克族			傣族			黎族		
	小计	男	女	小计	男	女	小计	男	女
总计	**74**	**25**	**49**	**93**	**33**	**60**	**94**	**40**	**54**
0-4岁	2	2		8	3	5	6	4	2
5-9岁				3	1	2	5	2	3
10-14岁				2	1	1	4	2	2
15-19岁	7	3	4	6	3	3	9	4	5
20-24岁	44	12	32	16	6	10	19	7	12
25-29岁	7	2	5	12	3	9	11	4	7
30-34岁	6	2	4	18	6	12	12	5	7
35-39岁	2	1	1	6	1	5	3	2	1
40-44岁	2	2		11	6	5	9	1	8
45-49岁				1		1	7	4	3
50-54岁	2		2	3	1	2	5	3	2
55-59岁	2	1	1	3	1	2	2		2
60-64岁				1		1	1	1	
65-69岁							1	1	
70-74岁				2	1	1			
75-79岁									
80-84岁									
85-89岁									
90-94岁				1		1			
95-99岁									
100岁及以上									

2-2c 续表 7

单位：人

年龄组	傈僳族			佤族			畲族		
	小计	男	女	小计	男	女	小计	男	女
总计	**53**	**35**	**18**	**154**	**103**	**51**	**86**	**42**	**44**
0-4岁	1	1		1		1	5	1	4
5-9岁	2	2					10	6	4
10-14岁				2	2		5	2	3
15-19岁	2	1	1	38	21	17	6	3	3
20-24岁	11	9	2	22	15	7	7	5	2
25-29岁	12	9	3	21	18	3	3	1	2
30-34岁	13	8	5	23	15	8	18	6	12
35-39岁	2	1	1	21	17	4	10	5	5
40-44岁	5	2	3	11	7	4	7	3	4
45-49岁	3	2	1	7	4	3	7	5	2
50-54岁	1		1	3	3		2	2	
55-59岁				3	1	2	6	3	3
60-64岁				1		1			
65-69岁	1		1						
70-74岁									
75-79岁				1		1			
80-84岁									
85-89岁									
90-94岁									
95-99岁									
100岁及以上									

2-2c　续表 8　　　　　　　　　　　　　　　　　　　　　　单位：人

年龄组	高山族			拉祜族			水族		
	小计	男	女	小计	男	女	小计	男	女
总　计	**3**	**1**	**2**	**123**	**86**	**37**	**37**	**23**	**14**
0–4岁				3	1	2	1		1
5–9岁				1		1			
10–14岁				2	1	1	1	1	
15–19岁				12	10	2	5	3	2
20–24岁				20	16	4	5	5	
25–29岁				12	9	3	10	5	5
30–34岁				29	21	8	2	2	
35–39岁				18	11	7	3	1	2
40–44岁	1		1	16	11	5			
45–49岁				2	2		8	4	4
50–54岁	1		1	5	4	1	1	1	
55–59岁	1	1		1		1			
60–64岁				2		2	1	1	
65–69岁									
70–74岁									
75–79岁									
80–84岁									
85–89岁									
90–94岁									
95–99岁									
100岁及以上									

2-2c　续表 9　　　　　　　　　　　　　　　　　　　　　　单位：人

年龄组	东乡族			纳西族			景颇族		
	小计	男	女	小计	男	女	小计	男	女
总　计	**168**	**116**	**52**	**33**	**24**	**9**	**34**	**12**	**22**
0–4岁	15	7	8	1	1		3	1	2
5–9岁	3	1	2				2		2
10–14岁	5	2	3	1	1				
15–19岁	20	16	4	4	3	1	2	2	
20–24岁	40	29	11	7	6	1	4	3	1
25–29岁	39	28	11	8	7	1	2	1	1
30–34岁	17	14	3	2	1	1	6	2	4
35–39岁	14	8	6	1		1	8	2	6
40–44岁	7	6	1	3	3		5	1	4
45–49岁	3	3		3	2	1			
50–54岁	2		2	3		3	2		2
55–59岁	1	1							
60–64岁									
65–69岁	1	1							
70–74岁	1		1						
75–79岁									
80–84岁									
85–89岁									
90–94岁									
95–99岁									
100岁及以上									

2–2c 续表 10 单位：人

年龄组	柯尔克孜族			土 族			达斡尔族		
	小计	男	女	小计	男	女	小计	男	女
总 计	**12**	**5**	**7**	**47**	**22**	**25**	**195**	**82**	**113**
0–4岁				4	1	3	18	3	15
5–9岁				3		3	12	3	9
10–14岁				1	1		9	3	6
15–19岁	2	1	1	4	4		7	5	2
20–24岁	5	2	3	11	5	6	20	10	10
25–29岁				4	1	3	20	12	8
30–34岁	4	2	2	9	7	2	34	20	14
35–39岁				5	2	3	28	12	16
40–44岁	1		1	2	1	1	14	6	8
45–49岁				2		2	7	2	5
50–54岁				2		2	8	1	7
55–59岁							7	2	5
60–64岁							8	1	7
65–69岁							2	1	1
70–74岁							1	1	
75–79岁									
80–84岁									
85–89岁									
90–94岁									
95–99岁									
100岁及以上									

2–2c 续表 11 单位：人

年龄组	仫佬族			羌 族			布朗族		
	小计	男	女	小计	男	女	小计	男	女
总 计	**57**	**30**	**27**	**58**	**36**	**22**	**16**	**9**	**7**
0–4岁	3	3					1		1
5–9岁	3	3					1	1	
10–14岁	2	1	1	2		2	1		1
15–19岁	2		2	3	2	1	3	3	
20–24岁	9	7	2	11	7	4	1		1
25–29岁	5	4	1	4	3	1	1	1	
30–34岁	5	4	1	5	3	2	3	1	2
35–39岁	9	2	7	4	4		1		1
40–44岁	7	2	5	8	6	2	2	1	1
45–49岁	5	3	2	7	5	2			
50–54岁	3		3	11	5	6	1	1	
55–59岁	2		2	3	1	2	1	1	
60–64岁									
65–69岁	1		1						
70–74岁									
75–79岁									
80–84岁									
85–89岁	1	1							
90–94岁									
95–99岁									
100岁及以上									

2–2c　续表 12　　单位：人

年龄组	撒拉族			毛南族			仡佬族		
	小计	男	女	小计	男	女	小计	男	女
总　计	**17**	**14**	**3**	**15**	**6**	**9**	**168**	**102**	**66**
0–4岁				1		1	8	4	4
5–9岁	1	1		2		2	8	4	4
10–14岁	2	2		1		1	3		3
15–19岁	3	3		1		1	8	5	3
20–24岁	3	3		2	1	1	28	18	10
25–29岁	3	2	1	2	1	1	18	14	4
30–34岁	1	1		2	1	1	17	10	7
35–39岁	1	1		2	1	1	12	6	6
40–44岁	2		2				18	10	8
45–49岁				1	1		23	15	8
50–54岁	1	1		1	1		15	10	5
55–59岁							4	2	2
60–64岁							4	3	1
65–69岁							1	1	
70–74岁							1		1
75–79岁									
80–84岁									
85–89岁									
90–94岁									
95–99岁									
100岁及以上									

2–2c　续表 13　　单位：人

年龄组	锡伯族			阿昌族			普米族		
	小计	男	女	小计	男	女	小计	男	女
总　计	**159**	**76**	**83**	**3**	**2**	**1**	**6**	**3**	**3**
0–4岁	9	3	6				2	2	
5–9岁	13	7	6						
10–14岁	3	2	1						
15–19岁	8	3	5						
20–24岁	13	7	6	1	1				
25–29岁	14	5	9	1		1	2	1	1
30–34岁	20	10	10						
35–39岁	26	10	16				1		1
40–44岁	10	6	4	1	1				
45–49岁	7	5	2						
50–54岁	10	5	5						
55–59岁	10	6	4				1		1
60–64岁	6	3	3						
65–69岁	5	3	2						
70–74岁	2		2						
75–79岁	1		1						
80–84岁	1	1							
85–89岁	1		1						
90–94岁									
95–99岁									
100岁及以上									

2-2c 续表 14

单位：人

年龄组	塔吉克族			怒　族			乌孜别克族		
	小计	男	女	小计	男	女	小计	男	女
总　计	**1**		**1**	**3**	**1**	**2**	**2**	**1**	**1**
0–4岁				1	1				
5–9岁									
10–14岁									
15–19岁	1		1				2	1	1
20–24岁									
25–29岁				1		1			
30–34岁				1		1			
35–39岁									
40–44岁									
45–49岁									
50–54岁									
55–59岁									
60–64岁									
65–69岁									
70–74岁									
75–79岁									
80–84岁									
85–89岁									
90–94岁									
95–99岁									
100岁及以上									

2-2c 续表 15

单位：人

年龄组	俄罗斯族			鄂温克族			德昂族		
	小计	男	女	小计	男	女	小计	男	女
总　计	**18**	**9**	**9**	**52**	**22**	**30**	**3**	**3**	
0–4岁	1	1		6	1	5			
5–9岁	1	1		3	2	1			
10–14岁				6	1	5			
15–19岁	1	1		1	1		1	1	
20–24岁	2	1	1	6	4	2	1	1	
25–29岁	4	2	2	3	2	1			
30–34岁	1		1	5	1	4			
35–39岁	1		1	11	4	7			
40–44岁	3	2	1	4	2	2			
45–49岁	2		2	2	1	1			
50–54岁	1	1		1	1		1	1	
55–59岁				2	2				
60–64岁									
65–69岁				2		2			
70–74岁	1		1						
75–79岁									
80–84岁									
85–89岁									
90–94岁									
95–99岁									
100岁及以上									

2-2c　续表 16　　　　单位：人

年龄组	保安族			裕固族			京族		
	小计	男	女	小计	男	女	小计	男	女
总　计	**8**	**5**	**3**	**5**	**4**	**1**	**4**		**4**
0–4岁							1		1
5–9岁							1		1
10–14岁	2	1	1						
15–19岁	1	1							
20–24岁	1	1							
25–29岁	1	1		1	1				
30–34岁							1		1
35–39岁	1	1		1	1				
40–44岁	1		1	1		1			
45–49岁	1		1	1	1				
50–54岁				1	1				
55–59岁							1		1
60–64岁									
65–69岁									
70–74岁									
75–79岁									
80–84岁									
85–89岁									
90–94岁									
95–99岁									
100岁及以上									

2-2c　续表 17　　　　单位：人

年龄组	塔塔尔族			独龙族			鄂伦春族		
	小计	男	女	小计	男	女	小计	男	女
总　计	**1**		**1**	**1**		**1**	**11**	**6**	**5**
0–4岁							2	1	1
5–9岁							1		1
10–14岁									
15–19岁									
20–24岁	1		1				1	1	
25–29岁							2	1	1
30–34岁				1		1			
35–39岁									
40–44岁							3	2	1
45–49岁							2	1	1
50–54岁									
55–59岁									
60–64岁									
65–69岁									
70–74岁									
75–79岁									
80–84岁									
85–89岁									
90–94岁									
95–99岁									
100岁及以上									

2−2c　续表 18　　单位：人

年龄组	赫哲族			门巴族			珞巴族		
	小计	男	女	小计	男	女	小计	男	女
总　计	**12**	**2**	**10**	**3**	**2**	**1**	**1**		**1**
0−4岁	2		2						
5−9岁									
10−14岁	1		1						
15−19岁							1		1
20−24岁									
25−29岁	1	1		1	1				
30−34岁	4		4						
35−39岁	1		1						
40−44岁	1		1	1	1				
45−49岁									
50−54岁	2	1	1						
55−59岁				1		1			
60−64岁									
65−69岁									
70−74岁									
75−79岁									
80−84岁									
85−89岁									
90−94岁									
95−99岁									
100岁及以上									

2−2c　续表 19　　单位：人

年龄组	基诺族			未定族称人口			入籍		
	小计	男	女	小计	男	女	小计	男	女
总　计	**2**		**2**	**73**	**39**	**34**	**6**	**3**	**3**
0−4岁				16	4	12	1	1	
5−9岁									
10−14岁	1		1	4	1	3			
15−19岁				3	2	1			
20−24岁				17	12	5	1		1
25−29岁	1		1	7	3	4			
30−34岁				6	4	2	2	2	
35−39岁				7	5	2			
40−44岁				5	2	3			
45−49岁				4	2	2			
50−54岁				2	2		1		1
55−59岁				1	1				
60−64岁									
65−69岁									
70−74岁									
75−79岁				1	1		1		1
80−84岁									
85−89岁									
90−94岁									
95−99岁									
100岁及以上									

2–3　全市各民族分性别、受教育程度的3岁及以上人口

单位：人

民　族	3岁及以上人口			未上过学		
	合计	男	女	小计	男	女
总　计	**21344070**	**10910612**	**10433458**	**300020**	**99043**	**200977**
汉　族	20338962	10415373	9923589	286352	93255	193097
蒙古族	117651	57111	60540	1271	606	665
回　族	265682	130411	135271	4225	1557	2668
藏　族	8563	4113	4450	107	52	55
维吾尔族	8603	3930	4673	25	14	11
苗　族	17387	8884	8503	317	136	181
彝　族	9758	5361	4397	169	74	95
壮　族	20474	9441	11033	220	85	135
布依族	4451	2075	2376	66	26	40
朝鲜族	31900	14074	17826	252	117	135
满　族	447590	224292	223298	6128	2745	3383
侗　族	6064	2943	3121	63	20	43
瑶　族	4496	2115	2381	55	21	34
白　族	4971	2442	2529	62	30	32
土家族	28246	13615	14631	323	129	194
哈尼族	1193	627	566	26	16	10
哈萨克族	2367	940	1427	6	5	1
傣　族	1206	543	663	15	5	10
黎　族	1424	632	792	14	4	10
傈僳族	516	268	248	15	11	4
佤　族	830	538	292	9	5	4
畲　族	1894	996	898	24	10	14
高山族	162	79	83	6	3	3
拉祜族	901	609	292	25	12	13
水　族	496	253	243	3	1	2
东乡族	1464	996	468	49	16	33
纳西族	778	373	405	10	7	3
景颇族	218	94	124	4	2	2
柯尔克孜族	246	110	136			
土　族	707	366	341	6	5	1
达斡尔族	3332	1437	1895	25	9	16
仫佬族	689	297	392	8	5	3
羌　族	1017	505	512	12	5	7
布朗族	123	56	67			
撒拉族	377	205	172	12	6	6
毛南族	233	97	136	4	2	2
仡佬族	1761	1021	740	17	4	13
锡伯族	4078	1929	2149	39	20	19
阿昌族	43	20	23	1		1
普米族	83	35	48	2		2
塔吉克族	52	32	20			
怒　族	35	16	19	1	1	
乌孜别克族	84	38	46	2	1	1
俄罗斯族	557	224	333	8	4	4
鄂温克族	690	281	409	10	6	4
德昂族	17	6	11			
保安族	47	27	20			
裕固族	149	79	70	1		1
京　族	43	16	27			
塔塔尔族	38	13	25	1		1
独龙族	15	6	9			
鄂伦春族	227	94	133	4	1	3
赫哲族	276	107	169	5	1	4
门巴族	40	21	19			
珞巴族	9	3	6			
基诺族	39	11	28	2	1	1
未定族称人口	749	390	359	19	8	11
入　籍	67	42	25			

2-3 续表 1 单位：人

民 族	学前教育			小 学		
	小计	男	女	小计	男	女
总 计	**603292**	**311609**	**291683**	**2299436**	**1083828**	**1215608**
汉 族	556661	287855	268806	2176231	1022365	1153866
蒙古族	5966	3064	2902	13719	6988	6731
回 族	10177	5159	5018	32515	15492	17023
藏 族	141	70	71	554	297	257
维吾尔族	120	52	68	290	166	124
苗 族	707	356	351	2546	1332	1214
彝 族	262	138	124	1596	963	633
壮 族	945	493	452	2088	910	1178
布依族	129	71	58	508	229	279
朝鲜族	1370	652	718	3021	1414	1607
满 族	23378	11930	11448	57371	28980	28391
侗 族	275	168	107	633	324	309
瑶 族	297	144	153	530	247	283
白 族	197	100	97	546	286	260
土家族	1528	804	724	3231	1580	1651
哈尼族	48	25	23	253	162	91
哈萨克族	35	21	14	53	22	31
傣 族	39	15	24	158	77	81
黎 族	54	33	21	139	54	85
傈僳族	6	2	4	111	49	62
佤 族	11	4	7	234	166	68
畲 族	118	48	70	262	127	135
高山族	9	4	5	18	10	8
拉祜族	9	4	5	337	252	85
水 族	17	9	8	51	22	29
东乡族	40	23	17	498	324	174
纳西族	30	13	17	66	40	26
景颇族	3		3	45	14	31
柯尔克孜族	5	2	3	14	8	6
土 族	25	13	12	64	25	39
达斡尔族	201	98	103	342	168	174
仫佬族	36	20	16	70	33	37
羌 族	32	18	14	169	93	76
布朗族	2	1	1	20	12	8
撒拉族	13	5	8	101	57	44
毛南族	9	4	5	17	7	10
仡佬族	48	14	34	240	138	102
锡伯族	227	118	109	446	227	219
阿昌族	2	2		2	1	1
普米族	3	1	2	4		4
塔吉克族	1	1		1		1
怒 族				10	6	4
乌孜别克族	2	1	1	7	3	4
俄罗斯族	24	12	12	60	29	31
鄂温克族	37	18	19	85	36	49
德昂族						
保安族	1		1	9	7	2
裕固族	2	2		12	4	8
京 族	1		1	1	1	
塔塔尔族	2		2	1	1	
独龙族	1		1	1	1	
鄂伦春族	7	5	2	22	12	10
赫哲族	21	10	11	38	23	15
门巴族	1	1		2	1	1
珞巴族						
基诺族	1	1		4	2	2
未定族称人口	13	3	10	84	36	48
入 籍	3	2	1	6	5	1

2-3　续表 2　　　　　　　　　　　　　　　　　　　　　　　　　　　　单位：人

民族	初中			高中			大学专科		
	小计	男	女	小计	男	女	小计	男	女
总　计	**5098789**	**2835520**	**2263269**	**3851750**	**1998990**	**1852760**	**2928407**	**1473704**	**1454703**
汉　族	4907241	2730773	2176468	3693626	1920025	1773601	2798240	1410678	1387562
蒙古族	19122	10471	8651	15126	7566	7560	15779	7381	8398
回　族	55782	29561	26221	51132	25246	25886	35055	17341	17714
藏　族	709	410	299	1950	872	1078	622	281	341
维吾尔族	541	361	180	1830	708	1122	513	229	284
苗　族	3286	1878	1408	1868	948	920	1403	660	743
彝　族	2521	1631	890	1045	561	484	673	328	345
壮　族	2987	1348	1639	2389	1159	1230	2077	957	1120
布依族	728	396	332	459	211	248	356	157	199
朝鲜族	3125	1384	1741	4142	1759	2383	3916	1744	2172
满　族	92112	51409	40703	70438	36246	34192	63339	31117	32222
侗　族	830	437	393	670	350	320	612	288	324
瑶　族	494	248	246	400	190	210	376	169	207
白　族	657	380	277	552	263	289	400	168	232
土家族	3672	1804	1868	3013	1396	1617	2492	1090	1402
哈尼族	324	183	141	143	67	76	74	30	44
哈萨克族	55	32	23	263	110	153	110	44	66
傣　族	314	168	146	150	62	88	108	38	70
黎　族	196	81	115	179	67	112	148	64	84
傈僳族	160	101	59	74	37	37	37	15	22
佤　族	420	282	138	62	42	20	32	12	20
畲　族	222	130	92	158	85	73	172	92	80
高山族	13	7	6	19	7	12	25	13	12
拉祜族	371	276	95	60	31	29	18	8	10
水　族	81	51	30	60	35	25	39	15	24
东乡族	558	454	104	127	94	33	27	14	13
纳西族	80	54	26	96	47	49	75	29	46
景颇族	92	45	47	28	15	13	13	6	7
柯尔克孜族	15	9	6	35	13	22	15	8	7
土　族	63	37	26	63	37	26	77	29	48
达斡尔族	402	202	200	378	168	210	461	201	260
仫佬族	80	34	46	54	22	32	67	25	42
羌　族	191	119	72	119	53	66	72	25	47
布朗族	26	16	10	16	4	12	9	2	7
撒拉族	103	64	39	29	14	15	20	9	11
毛南族	19	13	6	16	6	10	13	2	11
仡佬族	363	252	111	181	113	68	125	71	54
锡伯族	442	229	213	421	191	230	459	216	243
阿昌族	8	5	3	4	2	2	3	2	1
普米族	14	7	7	12	6	6	10	3	7
塔吉克族	3	3		11	4	7	18	16	2
怒　族	6	2	4	6	3	3	2		2
乌孜别克族	3	3		7	4	3	4	2	2
俄罗斯族	46	18	28	72	28	44	72	26	46
鄂温克族	91	43	48	79	36	43	103	37	66
德昂族	6	4	2	5		5			
保安族	15	11	4	8	4	4	1		1
裕固族	12	3	9	21	13	8	19	7	12
京　族	3	1	2	5	2	3	2		2
塔塔尔族	4	2	2	3		3	3	2	1
独龙族	2	1	1	8	3	5			
鄂伦春族	26	13	13	35	17	18	31	15	16
赫哲族	20	8	12	19	9	10	37	12	25
门巴族	2		2	6	3	3	1	1	
珞巴族									
基诺族	5	2	3	6	1	5	2		2
未定族称人口	121	61	60	67	32	35	49	24	25
入　籍	5	3	2	5	3	2	1	1	

2-3 续表 3

单位：人

民族	大学本科			硕士研究生			博士研究生		
	小计	男	女	小计	男	女	小计	男	女
总　计	**4771495**	**2353594**	**2417901**	**1263015**	**616649**	**646366**	**227866**	**137675**	**90191**
汉　族	4508013	2231290	2276723	1196131	587572	608559	216467	131560	84907
蒙古族	33726	15657	18069	10966	4451	6515	1976	927	1049
回　族	61380	28874	32506	13367	6016	7351	2049	1165	884
藏　族	3741	1790	1951	594	263	331	145	78	67
维吾尔族	4574	2100	2474	577	239	338	133	61	72
苗　族	5281	2604	2677	1621	737	884	358	233	125
彝　族	2560	1231	1329	745	324	421	187	111	76
壮　族	7408	3405	4003	1934	837	1097	426	247	179
布依族	1783	815	968	346	138	208	76	32	44
朝鲜族	12353	5441	6912	3127	1267	1860	594	296	298
满　族	105730	48752	56978	25431	11166	14265	3663	1947	1716
侗　族	2185	1013	1172	659	269	390	137	74	63
瑶　族	1628	766	862	585	263	322	131	67	64
白　族	1742	850	892	642	262	380	173	103	70
土家族	9444	4555	4889	3734	1761	1973	809	496	313
哈尼族	247	105	142	62	29	33	16	10	6
哈萨克族	1601	628	973	200	65	135	44	13	31
傣　族	318	142	176	83	27	56	21	9	12
黎　族	568	272	296	115	51	64	11	6	5
傈僳族	84	39	45	25	11	14	4	3	1
佤　族	49	21	28	12	5	7	1	1	
畲　族	616	321	295	262	144	118	60	39	21
高山族	52	25	27	16	7	9	4	3	1
拉祜族	46	13	33	30	10	20	5	3	2
水　族	198	101	97	37	15	22	10	4	6
东乡族	119	51	68	36	15	21	10	5	5
纳西族	292	125	167	96	44	52	33	14	19
景颇族	30	10	20	2	2		1		1
柯尔克孜族	136	59	77	18	8	10	8	3	5
土　族	329	178	151	52	25	27	28	17	11
达斡尔族	1107	432	675	353	130	223	63	29	34
仫佬族	262	115	147	101	40	61	11	3	8
羌　族	284	134	150	108	42	66	30	16	14
布朗族	35	14	21	11	6	5	4	1	3
撒拉族	76	38	38	23	12	11			
毛南族	127	52	75	20	8	12	8	3	5
仡佬族	637	344	293	128	72	56	22	13	9
锡伯族	1488	677	811	476	199	277	80	52	28
阿昌族	19	6	13	4	2	2			
普米族	30	15	15	8	3	5			
塔吉克族	15	6	9	3	2	1			
怒　族	9	3	6	1	1				
乌孜别克族	46	19	27	8	3	5	5	2	3
俄罗斯族	219	88	131	46	17	29	10	2	8
鄂温克族	210	82	128	64	21	43	11	2	9
德昂族	4	2	2	1		1	1		1
保安族	13	5	8						
裕固族	63	40	23	13	6	7	6	4	2
京　族	22	10	12	9	2	7			
塔塔尔族	16	4	12	7	3	4	1	1	
独龙族	2		2	1	1				
鄂伦春族	75	23	52	20	5	15	7	3	4
赫哲族	88	28	60	36	11	25	12	5	7
门巴族	25	14	11	3	1	2			
珞巴族	9	3	6						
基诺族	14	3	11	5	1	4			
未定族称人口	332	187	145	55	33	22	9	6	3
入　籍	35	17	18	6	5	1	6	6	

2–3a　全市各民族分性别、受教育程度的3岁及以上人口(城市)

单位：人

民　族	3岁及以上人口			未上过学		
	合计	男	女	小计	男	女
总　计	**17312628**	**8709277**	**8603351**	**199060**	**68061**	**130999**
汉　族	16461514	8295285	8166229	188904	63638	125266
蒙古族	100338	48272	52066	1064	506	558
回　族	234304	114089	120215	3111	1135	1976
藏　族	7927	3770	4157	89	46	43
维吾尔族	7981	3631	4350	24	14	10
苗　族	14669	7399	7270	246	108	138
彝　族	7585	4017	3568	118	51	67
壮　族	17221	8163	9058	164	72	92
布依族	3691	1698	1993	43	20	23
朝鲜族	29363	12875	16488	223	104	119
满　族	364307	179625	184682	4324	2050	2274
侗　族	5390	2552	2838	57	18	39
瑶　族	4016	1881	2135	50	19	31
白　族	4334	2086	2248	53	24	29
土家族	24895	11863	13032	293	120	173
哈尼族	912	456	456	13	7	6
哈萨克族	2190	862	1328	5	5	
傣　族	1003	454	549	9	2	7
黎　族	1241	537	704	14	4	10
傈僳族	411	205	206	14	10	4
佤　族	547	348	199	7	4	3
畲　族	1704	894	810	20	8	12
高山族	145	70	75	6	3	3
拉祜族	608	395	213	18	10	8
水　族	419	211	208	3	1	2
东乡族	1088	734	354	29	8	21
纳西族	710	329	381	8	6	2
景颇族	152	64	88	1	1	
柯尔克孜族	219	98	121			
土　族	613	320	293	6	5	1
达斡尔族	2971	1260	1711	20	7	13
仫佬族	596	250	346	7	4	3
羌　族	884	430	454	11	5	6
布朗族	100	43	57			
撒拉族	342	180	162	11	5	6
毛南族	207	86	121	3	2	1
仡佬族	1418	809	609	11	2	9
锡伯族	3727	1754	1973	35	18	17
阿昌族	40	18	22	1		1
普米族	73	30	43	2		2
塔吉克族	50	32	18			
怒　族	26	14	12	1	1	
乌孜别克族	80	36	44	2	1	1
俄罗斯族	521	206	315	8	4	4
鄂温克族	592	234	358	10	6	4
德昂族	13	3	10			
保安族	37	22	15			
裕固族	139	71	68	1		1
京　族	40	16	24			
塔塔尔族	37	13	24	1		1
独龙族	12	5	7			
鄂伦春族	205	85	120	3	1	2
赫哲族	256	102	154	4	1	3
门巴族	32	17	15			
珞巴族	8	3	5			
基诺族	36	11	25	2	1	1
未定族称人口	628	325	303	11	4	7
入　籍	61	39	22			

2–3a 续表 1

单位：人

民 族	学前教育			小 学		
	小计	男	女	小计	男	女
总 计	**496110**	**256441**	**239669**	**1660716**	**775261**	**885455**
汉 族	456503	236220	220283	1562260	726385	835875
蒙古族	5165	2638	2527	11345	5799	5546
回 族	8842	4517	4325	26925	12851	14074
藏 族	131	67	64	477	244	233
维吾尔族	105	47	58	256	148	108
苗 族	610	307	303	1989	1030	959
彝 族	220	117	103	1071	633	438
壮 族	814	432	382	1614	782	832
布依族	113	61	52	371	170	201
朝鲜族	1248	591	657	2787	1300	1487
满 族	19280	9852	9428	44196	22113	22083
侗 族	248	151	97	547	273	274
瑶 族	264	128	136	468	222	246
白 族	178	89	89	433	227	206
土家族	1382	724	658	2787	1357	1430
哈尼族	42	21	21	165	95	70
哈萨克族	32	19	13	52	22	30
傣 族	29	12	17	125	63	62
黎 族	46	27	19	117	42	75
傈僳族	5	2	3	77	29	48
佤 族	10	4	6	159	114	45
畲 族	108	46	62	235	115	120
高山族	9	4	5	16	9	7
拉祜族	7	3	4	207	157	50
水 族	14	7	7	44	18	26
东乡族	27	17	10	342	223	119
纳西族	29	13	16	56	33	23
景颇族	1		1	29	8	21
柯尔克孜族	5	2	3	12	8	4
土 族	19	10	9	55	23	32
达斡尔族	183	93	90	300	142	158
仫佬族	34	18	16	58	27	31
羌 族	31	18	13	141	79	62
布朗族	1	1		13	7	6
撒拉族	11	4	7	86	46	40
毛南族	7	3	4	14	5	9
仡佬族	36	13	23	182	105	77
锡伯族	208	108	100	410	209	201
阿昌族	2	2		2	1	1
普米族	3	1	2	2		2
塔吉克族	1	1		1		1
怒 族				7	4	3
乌孜别克族	2	1	1	7	3	4
俄罗斯族	24	12	12	59	28	31
鄂温克族	35	17	18	71	30	41
德昂族						
保安族	1		1	5	5	
裕固族	2	2		12	4	8
京 族				1	1	
塔塔尔族	2		2	1	1	
独龙族	1		1	1	1	
鄂伦春族	6	4	2	21	12	9
赫哲族	19	9	10	38	23	15
门巴族	1	1		1	1	
珞巴族						
基诺族	1	1		3	2	1
未定族称人口	10	2	8	57	27	30
入 籍	3	2	1	6	5	1

2–3a 续表 2 单位：人

民 族	初 中			高 中			大学专科		
	小计	男	女	小计	男	女	小计	男	女
总 计	**3485800**	**1889581**	**1596219**	**3135889**	**1586202**	**1549687**	**2492465**	**1240546**	**1251919**
汉 族	3345720	1814038	1531682	3003056	1520971	1482085	2381133	1187069	1194064
蒙古族	13731	7581	6150	12365	6128	6237	13300	6169	7131
回 族	45507	23741	21766	45883	22450	23433	31407	15426	15981
藏 族	601	345	256	1876	830	1046	548	246	302
维吾尔族	453	308	145	1732	656	1076	459	196	263
苗 族	2356	1342	1014	1533	758	775	1207	556	651
彝 族	1578	993	585	834	436	398	544	261	283
壮 族	2008	1013	995	1940	951	989	1692	772	920
布依族	482	255	227	385	177	208	301	134	167
朝鲜族	2707	1169	1538	3695	1556	2139	3527	1563	1964
满 族	62863	34562	28301	56010	28225	27785	52844	25775	27069
侗 族	641	325	316	575	298	277	536	248	288
瑶 族	384	194	190	335	154	181	323	146	177
白 族	455	257	198	474	224	250	339	141	198
土家族	2701	1305	1396	2564	1157	1407	2103	880	1223
哈尼族	212	120	92	111	54	57	63	25	38
哈萨克族	42	28	14	245	100	145	97	39	58
傣 族	242	130	112	119	48	71	92	35	57
黎 族	158	60	98	145	56	89	127	53	74
傈僳族	114	72	42	65	30	35	33	13	20
佤 族	243	162	81	46	29	17	29	12	17
畲 族	169	100	69	137	70	67	152	83	69
高山族	11	5	6	16	5	11	17	10	7
拉祜族	232	167	65	52	27	25	14	7	7
水 族	58	36	22	49	30	19	34	13	21
东乡族	408	336	72	104	74	30	25	13	12
纳西族	63	41	22	88	43	45	66	23	43
景颇族	59	27	32	22	14	8	8	3	5
柯尔克孜族	12	8	4	31	11	20	11	5	6
土 族	47	27	20	47	31	16	63	23	40
达斡尔族	313	151	162	324	140	184	398	172	226
仫佬族	52	22	30	48	19	29	54	18	36
羌 族	138	83	55	100	43	57	59	22	37
布朗族	21	13	8	14	3	11	7	1	6
撒拉族	93	57	36	27	12	15	18	8	10
毛南族	15	11	4	16	6	10	12	2	10
仡佬族	240	167	73	132	82	50	100	55	45
锡伯族	370	183	187	372	167	205	410	198	212
阿昌族	6	3	3	4	2	2	2	2	
普米族	12	5	7	11	5	6	7	3	4
塔吉克族	3	3		10	4	6	18	16	2
怒 族	3	2	1	5	3	2	2		2
乌孜别克族	3	3		7	4	3	3	1	2
俄罗斯族	40	15	25	67	24	43	66	24	42
鄂温克族	66	32	34	61	25	36	90	31	59
德昂族	3	1	2	4		4			
保安族	13	10	3	6	4	2	1		1
裕固族	10	2	8	19	11	8	17	6	11
京 族	2	1	1	5	2	3	1		1
塔塔尔族	4	2	2	3		3	3	2	1
独龙族	2	1	1	5	2	3			
鄂伦春族	21	10	11	31	15	16	28	15	13
赫哲族	16	7	9	16	8	8	33	12	21
门巴族	1		1	5	2	3			
珞巴族									
基诺族	5	2	3	5	1	4	1		1
未定族称人口	86	45	41	56	24	32	40	18	22
入 籍	5	3	2	2	1	1	1	1	

2-3a 续表 3　　单位：人

民族	大学本科			硕士研究生			博士研究生		
	小计	男	女	小计	男	女	小计	男	女
总　计	**4416745**	**2172620**	**2244125**	**1206254**	**588068**	**618186**	**219589**	**132497**	**87092**
汉　族	4173093	2059990	2113103	1142259	560375	581884	208586	126599	81987
蒙古族	30963	14317	16646	10498	4244	6254	1907	890	1017
回　族	57748	27054	30694	12896	5792	7104	1985	1123	862
藏　族	3496	1664	1832	571	254	317	138	74	64
维吾尔族	4289	1980	2309	537	224	313	126	58	68
苗　族	4840	2379	2461	1544	696	848	344	223	121
彝　族	2352	1119	1233	686	299	387	182	108	74
壮　族	6766	3124	3642	1819	778	1041	404	239	165
布依族	1607	726	881	318	125	193	71	30	41
朝鲜族	11600	5088	6512	3005	1217	1788	571	287	284
满　族	96880	44501	52379	24367	10660	13707	3543	1887	1656
侗　族	2032	927	1105	624	244	380	130	68	62
瑶　族	1513	708	805	551	245	306	128	65	63
白　族	1625	778	847	608	245	363	169	101	68
土家族	8756	4192	4564	3529	1651	1878	780	477	303
哈尼族	231	95	136	60	29	31	15	10	5
哈萨克族	1486	578	908	192	62	130	39	9	30
傣　族	288	129	159	79	27	52	20	8	12
黎　族	516	241	275	108	48	60	10	6	4
傈僳族	76	36	40	23	10	13	4	3	1
佤　族	41	18	23	11	4	7	1	1	
畲　族	575	298	277	250	136	114	58	38	20
高山族	51	25	26	15	6	9	4	3	1
拉祜族	43	11	32	30	10	20	5	3	2
水　族	170	87	83	37	15	22	10	4	6
东乡族	107	43	64	36	15	21	10	5	5
纳西族	278	117	161	90	40	50	32	13	19
景颇族	29	9	20	2	2		1		1
柯尔克孜族	123	54	69	17	7	10	8	3	5
土　族	300	161	139	48	23	25	28	17	11
达斡尔族	1028	400	628	343	126	217	62	29	33
仫佬族	235	103	132	97	36	61	11	3	8
羌　族	271	124	147	104	41	63	29	15	14
布朗族	32	13	19	8	4	4	4	1	3
撒拉族	73	36	37	23	12	11			
毛南族	115	48	67	18	7	11	7	2	5
仡佬族	577	309	268	119	64	55	21	12	9
锡伯族	1392	634	758	451	185	266	79	52	27
阿昌族	19	6	13	4	2	2			
普米族	28	13	15	8	3	5			
塔吉克族	14	6	8	3	2	1			
怒　族	7	3	4	1	1				
乌孜别克族	44	19	25	7	2	5	5	2	3
俄罗斯族	203	81	122	44	16	28	10	2	8
鄂温克族	188	73	115	60	18	42	11	2	9
德昂族	4	2	2	1		1	1		1
保安族	11	3	8						
裕固族	60	37	23	12	5	7	6	4	2
京　族	22	10	12	9	2	7			
塔塔尔族	15	4	11	7	3	4	1	1	
独龙族	2		2	1	1				
鄂伦春族	68	20	48	20	5	15	7	3	4
赫哲族	83	26	57	36	11	25	11	5	6
门巴族	21	12	9	3	1	2			
珞巴族	8	3	5						
基诺族	14	3	11	5	1	4			
未定族称人口	305	167	138	54	32	22	9	6	3
入　籍	32	16	16	6	5	1	6	6	

2–3b　全市各民族分性别、受教育程度的3岁及以上人口(镇)

单位：人

民　族	3岁及以上人口			未上过学		
	合计	男	女	小计	男	女
总　计	**1377158**	**750400**	**626758**	**23898**	**7885**	**16013**
汉　族	1317298	718653	598645	23012	7514	15498
蒙古族	7666	3938	3728	80	36	44
回　族	12351	6491	5860	228	87	141
藏　族	344	178	166	6	2	4
维吾尔族	326	151	175			
苗　族	1233	717	516	18	8	10
彝　族	1096	707	389	20	13	7
壮　族	1258	552	706	10	3	7
布依族	340	184	156	6	2	4
朝鲜族	1500	700	800	19	9	10
满　族	29031	15481	13550	425	174	251
侗　族	320	192	128	2	1	1
瑶　族	228	113	115	2	1	1
白　族	406	225	181	7	5	2
土家族	1570	832	738	9	3	6
哈尼族	135	90	45	8	7	1
哈萨克族	104	54	50	1		1
傣　族	113	58	55	5	3	2
黎　族	93	57	36			
傈僳族	53	29	24	1	1	
佤　族	129	87	42	1		1
畲　族	107	61	46	3	2	1
高山族	14	8	6			
拉祜族	172	129	43	7	2	5
水　族	41	19	22			
东乡族	214	148	66	11	3	8
纳西族	36	21	15	1		1
景颇族	33	18	15	1		1
柯尔克孜族	15	7	8			
土　族	47	24	23			
达斡尔族	177	97	80	3	2	1
仫佬族	37	18	19			
羌　族	75	39	36			
布朗族	7	4	3			
撒拉族	18	11	7			
毛南族	11	5	6			
仡佬族	179	114	65	4	2	2
锡伯族	196	101	95	3	2	1
阿昌族						
普米族	6	4	2			
塔吉克族	1		1			
怒　族	7	2	5			
乌孜别克族	2	1	1			
俄罗斯族	19	10	9			
鄂温克族	52	26	26			
德昂族	1		1			
保安族	2		2			
裕固族	5	4	1			
京　族						
塔塔尔族						
独龙族	2	1	1			
鄂伦春族	12	3	9	1		1
赫哲族	8	3	5			
门巴族	5	2	3			
珞巴族						
基诺族	1		1			
未定族称人口	61	30	31	4	3	1
入　籍	1	1				

2-3b 续表 1　　单位：人

民族	学前教育			小学		
	小计	男	女	小计	男	女
总　计	**38642**	**19981**	**18661**	**177848**	**86999**	**90849**
汉　族	35928	18614	17314	169415	82683	86732
蒙古族	364	183	181	929	466	463
回　族	535	267	268	1950	911	1039
藏　族	5	1	4	37	26	11
维吾尔族	9	3	6	22	10	12
苗　族	45	21	24	223	130	93
彝　族	18	10	8	251	170	81
壮　族	48	22	26	117	40	77
布依族	7	6	1	51	28	23
朝鲜族	70	31	39	126	63	63
满　族	1429	739	690	3958	2013	1945
侗　族	10	5	5	31	21	10
瑶　族	14	3	11	28	12	16
白　族	17	9	8	62	36	26
土家族	74	34	40	182	90	92
哈尼族	1		1	48	40	8
哈萨克族	1	1		1		1
傣　族	3	1	2	22	12	10
黎　族	5	4	1	7	4	3
傈僳族	1		1	17	9	8
佤　族				41	27	14
畲　族	7	2	5	10	2	8
高山族				2	1	1
拉祜族				89	68	21
水　族	3	2	1	2	2	
东乡族	7	3	4	92	60	32
纳西族	1		1	6	3	3
景颇族	1		1	5	3	2
柯尔克孜族				1		1
土　族	2	2		3	1	2
达斡尔族	9	4	5	22	17	5
仫佬族	1	1		4	2	2
羌　族	1		1	15	8	7
布朗族				2	2	
撒拉族	1		1	8	6	2
毛南族	1	1				
仡佬族	6	1	5	26	15	11
锡伯族	13	8	5	17	8	9
阿昌族						
普米族						
塔吉克族						
怒　族				2	2	
乌孜别克族						
俄罗斯族						
鄂温克族	2	1	1	6	4	2
德昂族						
保安族				1		1
裕固族						
京　族						
塔塔尔族						
独龙族						
鄂伦春族						
赫哲族	1	1				
门巴族				1		1
珞巴族						
基诺族						
未定族称人口	2	1	1	16	4	12
入　籍						

2-3b 续表 2 单位：人

民族	初中			高中			大学专科		
	小计	男	女	小计	男	女	小计	男	女
总计	**462708**	**273293**	**189415**	**251886**	**142482**	**109404**	**182480**	**96023**	**86457**
汉族	445774	263368	182406	242497	137371	105126	174478	91973	82505
蒙古族	1908	1076	832	1150	592	558	1206	612	594
回族	3588	2076	1512	2146	1189	957	1495	780	715
藏族	40	29	11	35	14	21	38	15	23
维吾尔族	37	18	19	52	25	27	26	13	13
苗族	388	244	144	143	80	63	93	59	34
彝族	481	339	142	91	53	38	63	34	29
壮族	277	131	146	160	74	86	156	68	88
布依族	96	59	37	26	15	11	32	11	21
朝鲜族	201	102	99	243	106	137	237	107	130
满族	8699	5101	3598	4844	2698	2146	4195	2119	2076
侗族	79	51	28	32	15	17	42	21	21
瑶族	49	27	22	16	11	5	24	11	13
白族	129	74	55	45	22	23	35	17	18
土家族	340	186	154	177	91	86	180	99	81
哈尼族	43	24	19	18	9	9	4	3	1
哈萨克族	5	2	3	9	4	5	8	4	4
傣族	42	27	15	10	4	6	7	1	6
黎族	13	9	4	12	5	7	12	9	3
傈僳族	22	11	11	6	5	1	1	1	
佤族	81	56	25	3	3		1		1
畲族	22	13	9	13	9	4	11	6	5
高山族	1	1		3	2	1	6	3	3
拉祜族	68	55	13	4	3	1	2		2
水族	9	5	4	6	2	4	3	2	1
东乡族	78	60	18	16	15	1	1	1	
纳西族	6	5	1	4	2	2	4	2	2
景颇族	20	13	7	3		3	3	2	1
柯尔克孜族	2	1	1	2	1	1	3	3	
土族	3	2	1	8	3	5	7	3	4
达斡尔族	36	22	14	27	16	11	32	16	16
仫佬族	8	5	3	2		2	5	1	4
羌族	29	17	12	8	2	6	9	3	6
布朗族	1		1				1	1	
撒拉族	6	3	3						
毛南族	1		1				1		1
仡佬族	67	50	17	27	17	10	6	3	3
锡伯族	26	19	7	25	12	13	30	10	20
阿昌族									
普米族	2	2		1	1		2		2
塔吉克族									
怒族	2		2	1		1			
乌孜别克族									
俄罗斯族	2	2					5	2	3
鄂温克族	13	6	7	9	5	4	4	3	1
德昂族				1		1			
保安族	1		1						
裕固族	1		1	1	1				
京族									
塔塔尔族									
独龙族				2	1	1			
鄂伦春族	1		1	2	1	1	2		2
赫哲族	1		1				2		2
门巴族							1	1	
珞巴族									
基诺族				1		1			
未定族称人口	10	2	8	4	2	2	7	4	3
入籍				1	1				

2–3b 续表 3 单位：人

民族	大学本科			硕士研究生			博士研究生		
	小计	男	女	小计	男	女	小计	男	女
总 计	**192781**	**98854**	**93927**	**40770**	**20948**	**19822**	**6145**	**3935**	**2210**
汉 族	181675	93448	88227	38680	19923	18757	5839	3759	2080
蒙古族	1629	795	834	350	153	197	50	25	25
回 族	2036	987	1049	318	156	162	55	38	17
藏 族	161	84	77	17	5	12	5	2	3
维吾尔族	147	67	80	27	13	14	6	2	4
苗 族	256	134	122	59	36	23	8	5	3
彝 族	126	66	60	42	19	23	4	3	1
壮 族	377	157	220	97	50	47	16	7	9
布依族	96	52	44	21	9	12	5	2	3
朝鲜族	504	237	267	83	38	45	17	7	10
满 族	4647	2236	2411	745	351	394	89	50	39
侗 族	88	49	39	30	24	6	6	5	1
瑶 族	69	34	35	23	12	11	3	2	1
白 族	77	45	32	30	15	15	4	2	2
土家族	416	217	199	168	95	73	24	17	7
哈尼族	11	7	4	1		1	1		1
哈萨克族	71	39	32	4	1	3	4	3	1
傣 族	21	9	12	2		2	1	1	
黎 族	37	23	14	6	3	3	1		1
傈僳族	4	1	3	1	1				
佤 族	1		1	1	1				
畲 族	28	18	10	12	8	4	1	1	
高山族	1		1	1	1				
拉祜族	2	1	1						
水 族	18	6	12						
东乡族	9	6	3						
纳西族	11	6	5	2	2		1	1	
景颇族									
柯尔克孜族	7	2	5						
土 族	21	12	9	3	1	2			
达斡尔族	40	17	23	7	3	4	1		1
仫佬族	14	6	8	3	3				
羌 族	9	7	2	3	1	2	1	1	
布朗族	2	1	1	1		1			
撒拉族	3	2	1						
毛南族	6	3	3	1		1	1	1	
仡佬族	35	19	16	7	6	1	1	1	
锡伯族	64	30	34	17	12	5	1		1
阿昌族									
普米族	1	1							
塔吉克族	1		1						
怒 族	2		2						
乌孜别克族	1		1	1	1				
俄罗斯族	10	5	5	2	1	1			
鄂温克族	14	4	10	4	3	1			
德昂族									
保安族									
裕固族	3	3							
京 族									
塔塔尔族									
独龙族									
鄂伦春族	6	2	4						
赫哲族	4	2	2						
门巴族	3	1	2						
珞巴族									
基诺族									
未定族称人口	17	13	4	1	1				
入 籍									

2–3c　全市各民族分性别、受教育程度的3岁及以上人口(乡村)

单位：人

民　族	3岁及以上人口			未上过学		
	合计	男	女	小计	男	女
总　计	**2654284**	**1450935**	**1203349**	**77062**	**23097**	**53965**
汉　族	2560150	1401435	1158715	74436	22103	52333
蒙古族	9647	4901	4746	127	64	63
回　族	19027	9831	9196	886	335	551
藏　族	292	165	127	12	4	8
维吾尔族	296	148	148	1		1
苗　族	1485	768	717	53	20	33
彝　族	1077	637	440	31	10	21
壮　族	1995	726	1269	46	10	36
布依族	420	193	227	17	4	13
朝鲜族	1037	499	538	10	4	6
满　族	54252	29186	25066	1379	521	858
侗　族	354	199	155	4	1	3
瑶　族	252	121	131	3	1	2
白　族	231	131	100	2	1	1
土家族	1781	920	861	21	6	15
哈尼族	146	81	65	5	2	3
哈萨克族	73	24	49			
傣　族	90	31	59	1		1
黎　族	90	38	52			
傈僳族	52	34	18			
佤　族	154	103	51	1	1	
畲　族	83	41	42	1		1
高山族	3	1	2			
拉祜族	121	85	36			
水　族	36	23	13			
东乡族	162	114	48	9	5	4
纳西族	32	23	9	1	1	
景颇族	33	12	21	2	1	1
柯尔克孜族	12	5	7			
土　族	47	22	25			
达斡尔族	184	80	104	2		2
仫佬族	56	29	27	1	1	
羌　族	58	36	22	1		1
布朗族	16	9	7			
撒拉族	17	14	3	1	1	
毛南族	15	6	9	1		1
仡佬族	164	98	66	2		2
锡伯族	155	74	81	1		1
阿昌族	3	2	1			
普米族	4	1	3			
塔吉克族	1		1			
怒　族	2		2			
乌孜别克族	2	1	1			
俄罗斯族	17	8	9			
鄂温克族	46	21	25			
德昂族	3	3				
保安族	8	5	3			
裕固族	5	4	1			
京　族	3		3			
塔塔尔族	1		1			
独龙族	1		1			
鄂伦春族	10	6	4			
赫哲族	12	2	10	1		1
门巴族	3	2	1			
珞巴族	1		1			
基诺族	2		2			
未定族称人口	60	35	25	4	1	3
入　籍	5	2	3			

2-3c 续表 1 单位：人

民族	学前教育			小学		
	小计	男	女	小计	男	女
总计	**68540**	**35187**	**33353**	**460872**	**221568**	**239304**
汉族	64230	33021	31209	444556	213297	231259
蒙古族	437	243	194	1445	723	722
回族	800	375	425	3640	1730	1910
藏族	5	2	3	40	27	13
维吾尔族	6	2	4	12	8	4
苗族	52	28	24	334	172	162
彝族	24	11	13	274	160	114
壮族	83	39	44	357	88	269
布依族	9	4	5	86	31	55
朝鲜族	52	30	22	108	51	57
满族	2669	1339	1330	9217	4854	4363
侗族	17	12	5	55	30	25
瑶族	19	13	6	34	13	21
白族	2	2		51	23	28
土家族	72	46	26	262	133	129
哈尼族	5	4	1	40	27	13
哈萨克族	2	1	1			
傣族	7	2	5	11	2	9
黎族	3	2	1	15	8	7
傈僳族				17	11	6
佤族	1		1	34	25	9
畲族	3		3	17	10	7
高山族						
拉祜族	2	1	1	41	27	14
水族				5	2	3
东乡族	6	3	3	64	41	23
纳西族				4	4	
景颇族	1		1	11	3	8
柯尔克孜族				1		1
土族	4	1	3	6	1	5
达斡尔族	9	1	8	20	9	11
仫佬族	1	1		8	4	4
羌族				13	6	7
布朗族	1		1	5	3	2
撒拉族	1	1		7	5	2
毛南族	1		1	3	2	1
仡佬族	6		6	32	18	14
锡伯族	6	2	4	19	10	9
阿昌族						
普米族				2		2
塔吉克族						
怒族				1		1
乌孜别克族						
俄罗斯族				1	1	
鄂温克族				8	2	6
德昂族						
保安族				3	2	1
裕固族						
京族	1		1			
塔塔尔族						
独龙族						
鄂伦春族	1	1		1		1
赫哲族	1		1			
门巴族						
珞巴族						
基诺族				1		1
未定族称人口	1		1	11	5	6
入籍						

2-3c　续表 2　　　　　　　　　　　　　　　　　　　　　　　　单位：人

民　族	初　中			高　中			大学专科		
	小计	男	女	小计	男	女	小计	男	女
总　计	**1150281**	**672646**	**477635**	**463975**	**270306**	**193669**	**253462**	**137135**	**116327**
汉　族	1115747	653367	462380	448073	261683	186390	242629	131636	110993
蒙古族	3483	1814	1669	1611	846	765	1273	600	673
回　族	6687	3744	2943	3103	1607	1496	2153	1135	1018
藏　族	68	36	32	39	28	11	36	20	16
维吾尔族	51	35	16	46	27	19	28	20	8
苗　族	542	292	250	192	110	82	103	45	58
彝　族	462	299	163	120	72	48	66	33	33
壮　族	702	204	498	289	134	155	229	117	112
布依族	150	82	68	48	19	29	23	12	11
朝鲜族	217	113	104	204	97	107	152	74	78
满　族	20550	11746	8804	9584	5323	4261	6300	3223	3077
侗　族	110	61	49	63	37	26	34	19	15
瑶　族	61	27	34	49	25	24	29	12	17
白　族	73	49	24	33	17	16	26	10	16
土家族	631	313	318	272	148	124	209	111	98
哈尼族	69	39	30	14	4	10	7	2	5
哈萨克族	8	2	6	9	6	3	5	1	4
傣　族	30	11	19	21	10	11	9	2	7
黎　族	25	12	13	22	6	16	9	2	7
傈僳族	24	18	6	3	2	1	3	1	2
佤　族	96	64	32	13	10	3	2		2
畲　族	31	17	14	8	6	2	9	3	6
高山族	1	1					2		2
拉祜族	71	54	17	4	1	3	2	1	1
水　族	14	10	4	5	3	2	2		2
东乡族	72	58	14	7	5	2	1		1
纳西族	11	8	3	4	2	2	5	4	1
景颇族	13	5	8	3	1	2	2	1	1
柯尔克孜族	1		1	2	1	1	1		1
土　族	13	8	5	8	3	5	7	3	4
达斡尔族	53	29	24	27	12	15	31	13	18
仫佬族	20	7	13	4	3	1	8	6	2
羌　族	24	19	5	11	8	3	4		4
布朗族	4	3	1	2	1	1	1		1
撒拉族	4	4		2	2		2	1	1
毛南族	3	2	1						
仡佬族	56	35	21	22	14	8	19	13	6
锡伯族	46	27	19	24	12	12	19	8	11
阿昌族	2	2					1		1
普米族							1		1
塔吉克族				1		1			
怒　族	1		1						
乌孜别克族							1	1	
俄罗斯族	4	1	3	5	4	1	1		1
鄂温克族	12	5	7	9	6	3	9	3	6
德昂族	3	3							
保安族	1	1		2		2			
裕固族	1	1		1	1		2	1	1
京　族	1		1				1		1
塔塔尔族									
独龙族				1		1			
鄂伦春族	4	3	1	2	1	1	1		1
赫哲族	3	1	2	3	1	2	2		2
门巴族	1		1	1	1				
珞巴族									
基诺族							1		1
未定族称人口	25	14	11	7	6	1	2	2	
入　籍				2	1	1			

2−3c 续表 3

单位：人

民族	大学本科			硕士研究生			博士研究生		
	小计	男	女	小计	男	女	小计	男	女
总　计	**161969**	**82120**	**79849**	**15991**	**7633**	**8358**	**2132**	**1243**	**889**
汉　族	153245	77852	75393	15192	7274	7918	2042	1202	840
蒙古族	1134	545	589	118	54	64	19	12	7
回　族	1596	833	763	153	68	85	9	4	5
藏　族	84	42	42	6	4	2	2	2	
维吾尔族	138	53	85	13	2	11	1	1	
苗　族	185	91	94	18	5	13	6	5	1
彝　族	82	46	36	17	6	11	1		1
壮　族	265	124	141	18	9	9	6	1	5
布依族	80	37	43	7	4	3			
朝鲜族	249	116	133	39	12	27	6	2	4
满　族	4203	2015	2188	319	155	164	31	10	21
侗　族	65	37	28	5	1	4	1	1	
瑶　族	46	24	22	11	6	5			
白　族	40	27	13	4	2	2			
土家族	272	146	126	37	15	22	5	2	3
哈尼族	5	3	2	1		1			
哈萨克族	44	11	33	4	2	2	1	1	
傣　族	9	4	5	2		2			
黎　族	15	8	7	1		1			
傈僳族	4	2	2	1		1			
佤　族	7	3	4						
畲　族	13	5	8				1		1
高山族									
拉祜族	1	1							
水　族	10	8	2						
东乡族	3	2	1						
纳西族	3	2	1	4	2	2			
景颇族	1	1							
柯尔克孜族	6	3	3	1	1				
土　族	8	5	3	1	1				
达斡尔族	39	15	24	3	1	2			
仫佬族	13	6	7	1	1				
羌　族	4	3	1	1		1			
布朗族	1		1	2	2				
撒拉族									
毛南族	6	1	5	1	1				
仡佬族	25	16	9	2	2				
锡伯族	32	13	19	8	2	6			
阿昌族									
普米族	1	1							
塔吉克族									
怒　族									
乌孜别克族	1		1						
俄罗斯族	6	2	4						
鄂温克族	8	5	3						
德昂族									
保安族	2	2							
裕固族				1	1				
京　族									
塔塔尔族	1		1						
独龙族									
鄂伦春族	1	1							
赫哲族	1		1				1		1
门巴族	1	1							
珞巴族	1		1						
基诺族									
未定族称人口	10	7	3						
入　籍	3	1	2						

2-4　全市各民族按户口登记地、性别分的户口登记地在外乡镇街道的人口

单位：人

民族	户口登记地					
	合计			市内		
	合计	男	女	小计	男	女
总　计	**13409576**	**6977849**	**6431727**	**4991158**	**2432369**	**2558789**
汉　族	12776927	6663353	6113574	4762538	2323699	2438839
蒙古族	88401	43730	44671	19089	9032	10057
回　族	129721	63489	66232	77279	36829	40450
藏　族	6701	3269	3432	915	454	461
维吾尔族	6197	2869	3328	947	469	478
苗　族	13543	7040	6503	2120	1026	1094
彝　族	8007	4533	3474	798	405	393
壮　族	13950	6477	7473	2991	1491	1500
布依族	3535	1671	1864	449	195	254
朝鲜族	22750	10057	12693	4873	2125	2748
满　族	286019	144881	141138	108431	51527	56904
侗　族	4464	2189	2275	909	455	454
瑶　族	3203	1510	1693	769	368	401
白　族	3493	1711	1782	804	384	420
土家族	20256	9777	10479	4380	2154	2226
哈尼族	1030	545	485	94	44	50
哈萨克族	1607	652	955	343	142	201
傣　族	943	430	513	112	52	60
黎　族	1097	480	617	145	68	77
傈僳族	465	242	223	23	14	9
佤　族	795	524	271	22	9	13
畲　族	1340	719	621	357	187	170
高山族	100	45	55	41	20	21
拉祜族	860	589	271	17	7	10
水　族	421	218	203	42	19	23
东乡族	1425	981	444	29	12	17
纳西族	549	264	285	138	64	74
景颇族	200	88	112	4	1	3
柯尔克孜族	168	72	96	29	13	16
土　族	535	281	254	86	42	44
达斡尔族	2499	1080	1419	531	225	306
仫佬族	505	219	286	112	47	65
羌　族	806	402	404	111	53	58
布朗族	116	53	63	23	11	12
撒拉族	335	183	152	28	15	13
毛南族	176	75	101	39	14	25
仡佬族	1455	874	581	143	80	63
锡伯族	2603	1203	1400	898	393	505
阿昌族	38	17	21	1	1	
普米族	57	20	37	4	1	3
塔吉克族	40	27	13	4	3	1
怒　族	33	14	19	5	4	1
乌孜别克族	47	21	26	21	10	11
俄罗斯族	336	142	194	125	55	70
鄂温克族	536	214	322	115	52	63
德昂族	16	6	10			
保安族	44	26	18	2	1	1
裕固族	102	50	52	32	10	22
京　族	31	11	20	9	2	7
塔塔尔族	23	8	15	7	4	3
独龙族	7	3	4	1	1	
鄂伦春族	165	71	94	39	21	18
赫哲族	193	75	118	78	27	51
门巴族	29	15	14	5	3	2
珞巴族	4	2	2			
基诺族	28	9	19	8	3	5
未定族称人口	626	328	298	37	22	15
入　籍	24	15	9	6	4	2

2–4 续表

单位：人

民族	户口登记地					
	市内			市外		
	其中市辖区内人户分离					
	小计	男	女	小计	男	女
总　计	**4991158**	**2432369**	**2558789**	**8418418**	**4545480**	**3872938**
汉　族	4762538	2323699	2438839	8014389	4339654	3674735
蒙古族	19089	9032	10057	69312	34698	34614
回　族	77279	36829	40450	52442	26660	25782
藏　族	915	454	461	5786	2815	2971
维吾尔族	947	469	478	5250	2400	2850
苗　族	2120	1026	1094	11423	6014	5409
彝　族	798	405	393	7209	4128	3081
壮　族	2991	1491	1500	10959	4986	5973
布依族	449	195	254	3086	1476	1610
朝鲜族	4873	2125	2748	17877	7932	9945
满　族	108431	51527	56904	177588	93354	84234
侗　族	909	455	454	3555	1734	1821
瑶　族	769	368	401	2434	1142	1292
白　族	804	384	420	2689	1327	1362
土家族	4380	2154	2226	15876	7623	8253
哈尼族	94	44	50	936	501	435
哈萨克族	343	142	201	1264	510	754
傣　族	112	52	60	831	378	453
黎　族	145	68	77	952	412	540
傈僳族	23	14	9	442	228	214
佤　族	22	9	13	773	515	258
畲　族	357	187	170	983	532	451
高山族	41	20	21	59	25	34
拉祜族	17	7	10	843	582	261
水　族	42	19	23	379	199	180
东乡族	29	12	17	1396	969	427
纳西族	138	64	74	411	200	211
景颇族	4	1	3	196	87	109
柯尔克孜族	29	13	16	139	59	80
土　族	86	42	44	449	239	210
达斡尔族	531	225	306	1968	855	1113
仫佬族	112	47	65	393	172	221
羌　族	111	53	58	695	349	346
布朗族	23	11	12	93	42	51
撒拉族	28	15	13	307	168	139
毛南族	39	14	25	137	61	76
仡佬族	143	80	63	1312	794	518
锡伯族	898	393	505	1705	810	895
阿昌族	1	1		37	16	21
普米族	4	1	3	53	19	34
塔吉克族	4	3	1	36	24	12
怒　族	5	4	1	28	10	18
乌孜别克族	21	10	11	26	11	15
俄罗斯族	125	55	70	211	87	124
鄂温克族	115	52	63	421	162	259
德昂族				16	6	10
保安族	2	1	1	42	25	17
裕固族	32	10	22	70	40	30
京　族	9	2	7	22	9	13
塔塔尔族	7	4	3	16	4	12
独龙族	1	1		6	2	4
鄂伦春族	39	21	18	126	50	76
赫哲族	78	27	51	115	48	67
门巴族	5	3	2	24	12	12
珞巴族				4	2	2
基诺族	8	3	5	20	6	14
未定族称人口	37	22	15	589	306	283
入　籍	6	4	2	18	11	7

2-4a 全市各民族按户口登记地、性别分的户口登记地在外乡镇街道的人口(城市)

单位：人

民族	户口登记地					
	合计			市内		
	合计	男	女	小计	男	女
总计	**11286299**	**5748420**	**5537879**	**4506274**	**2193459**	**2312815**
汉族	10748189	5486283	5261906	4297803	2094615	2203188
蒙古族	74104	36005	38099	17557	8295	9262
回族	115982	56237	59745	71119	33818	37301
藏族	6119	2947	3172	804	390	414
维吾尔族	5622	2582	3040	797	406	391
苗族	11192	5673	5519	1897	926	971
彝族	6050	3259	2791	702	356	346
壮族	11944	5521	6423	2677	1347	1330
布依族	2878	1324	1554	390	168	222
朝鲜族	20538	9014	11524	4375	1904	2471
满族	237948	117728	120220	98406	46629	51777
侗族	3892	1844	2048	845	422	423
瑶族	2815	1303	1512	696	333	363
白族	2913	1387	1526	734	340	394
土家族	17531	8255	9276	3992	1954	2038
哈尼族	767	382	385	81	36	45
哈萨克族	1438	573	865	283	113	170
傣族	768	351	417	97	46	51
黎族	938	395	543	131	57	74
傈僳族	367	183	184	20	11	9
佤族	517	336	181	22	9	13
畲族	1171	626	545	332	175	157
高山族	89	40	49	36	18	18
拉祜族	571	375	196	16	7	9
水族	352	182	170	38	17	21
东乡族	1039	712	327	25	9	16
纳西族	488	223	265	125	56	69
景颇族	139	58	81	4	1	3
柯尔克孜族	142	60	82	27	13	14
土族	459	243	216	78	38	40
达斡尔族	2177	919	1258	490	204	286
仫佬族	427	175	252	98	37	61
羌族	683	330	353	102	49	53
布朗族	94	41	53	20	9	11
撒拉族	300	158	142	27	14	13
毛南族	153	64	89	33	11	22
仡佬族	1152	676	476	123	68	55
锡伯族	2290	1040	1250	816	356	460
阿昌族	35	15	20	1	1	
普米族	51	18	33	4	1	3
塔吉克族	38	27	11	4	3	1
怒族	25	12	13	5	4	1
乌孜别克族	45	20	25	20	10	10
俄罗斯族	308	127	181	118	50	68
鄂温克族	454	174	280	98	44	54
德昂族	12	3	9			
保安族	34	21	13			
裕固族	92	42	50	32	10	22
京族	30	11	19	9	2	7
塔塔尔族	22	8	14	7	4	3
独龙族	4	2	2			
鄂伦春族	147	62	85	36	19	17
赫哲族	173	70	103	73	26	47
门巴族	21	11	10	4	2	2
珞巴族	4	2	2			
基诺族	27	9	18	8	3	5
未定族称人口	519	269	250	32	19	13
入籍	20	13	7	5	4	1

2-4a 续表　　单位：人

民族	户口登记地					
	市内			市外		
	其中市辖区内人户分离					
	小计	男	女	小计	男	女
总　计	**4506274**	**2193459**	**2312815**	**6780025**	**3554961**	**3225064**
汉　族	4297803	2094615	2203188	6450386	3391668	3058718
蒙古族	17557	8295	9262	56547	27710	28837
回　族	71119	33818	37301	44863	22419	22444
藏　族	804	390	414	5315	2557	2758
维吾尔族	797	406	391	4825	2176	2649
苗　族	1897	926	971	9295	4747	4548
彝　族	702	356	346	5348	2903	2445
壮　族	2677	1347	1330	9267	4174	5093
布依族	390	168	222	2488	1156	1332
朝鲜族	4375	1904	2471	16163	7110	9053
满　族	98406	46629	51777	139542	71099	68443
侗　族	845	422	423	3047	1422	1625
瑶　族	696	333	363	2119	970	1149
白　族	734	340	394	2179	1047	1132
土家族	3992	1954	2038	13539	6301	7238
哈尼族	81	36	45	686	346	340
哈萨克族	283	113	170	1155	460	695
傣　族	97	46	51	671	305	366
黎　族	131	57	74	807	338	469
傈僳族	20	11	9	347	172	175
佤　族	22	9	13	495	327	168
畲　族	332	175	157	839	451	388
高山族	36	18	18	53	22	31
拉祜族	16	7	9	555	368	187
水　族	38	17	21	314	165	149
东乡族	25	9	16	1014	703	311
纳西族	125	56	69	363	167	196
景颇族	4	1	3	135	57	78
柯尔克孜族	27	13	14	115	47	68
土　族	78	38	40	381	205	176
达斡尔族	490	204	286	1687	715	972
仫佬族	98	37	61	329	138	191
羌　族	102	49	53	581	281	300
布朗族	20	9	11	74	32	42
撒拉族	27	14	13	273	144	129
毛南族	33	11	22	120	53	67
仡佬族	123	68	55	1029	608	421
锡伯族	816	356	460	1474	684	790
阿昌族	1	1		34	14	20
普米族	4	1	3	47	17	30
塔吉克族	4	3	1	34	24	10
怒　族	5	4	1	20	8	12
乌孜别克族	20	10	10	25	10	15
俄罗斯族	118	50	68	190	77	113
鄂温克族	98	44	54	356	130	226
德昂族				12	3	9
保安族				34	21	13
裕固族	32	10	22	60	32	28
京　族	9	2	7	21	9	12
塔塔尔族	7	4	3	15	4	11
独龙族				4	2	2
鄂伦春族	36	19	17	111	43	68
赫哲族	73	26	47	100	44	56
门巴族	4	2	2	17	9	8
珞巴族				4	2	2
基诺族	8	3	5	19	6	13
未定族称人口	32	19	13	487	250	237
入　籍	5	4	1	15	9	6

2–4b　全市各民族按户口登记地、性别分的户口登记地在外乡镇街道的人口(镇)

单位：人

民族	户口登记地					
	合计			市内		
	合计	男	女	小计	男	女
总　计	**958712**	**539769**	**418943**	**250549**	**126067**	**124482**
汉　族	912597	514721	397876	239305	120455	118850
蒙古族	6979	3667	3312	956	456	500
回　族	7070	3775	3295	3210	1632	1578
藏　族	327	167	160	69	41	28
维吾尔族	301	144	157	83	36	47
苗　族	1142	675	467	127	56	71
彝　族	1063	702	361	62	34	28
壮　族	1101	508	593	194	85	109
布依族	313	174	139	39	17	22
朝鲜族	1345	625	720	337	157	180
满　族	22127	12127	10000	5542	2748	2794
侗　族	283	176	107	36	22	14
瑶　族	199	100	99	44	21	23
白　族	383	212	171	54	35	19
土家族	1388	749	639	240	131	109
哈尼族	132	90	42	9	6	3
哈萨克族	99	54	45	37	22	15
傣　族	101	55	46	9	4	5
黎　族	90	57	33	9	7	2
傈僳族	52	28	24	2	2	
佤　族	130	87	43			
畲　族	96	57	39	20	11	9
高山族	10	5	5	4	2	2
拉祜族	171	129	42			
水　族	39	16	23	3	1	2
东乡族	220	153	67	4	3	1
纳西族	32	19	13	8	5	3
景颇族	32	18	14			
柯尔克孜族	14	7	7	1		1
土　族	44	21	23	5	3	2
达斡尔族	171	93	78	27	17	10
仫佬族	32	17	15	5	5	
羌　族	72	39	33	5	3	2
布朗族	6	3	3			
撒拉族	19	12	7	1	1	
毛南族	11	5	6	5	2	3
仡佬族	164	108	56	15	9	6
锡伯族	187	96	91	51	21	30
阿昌族						
普米族	4	2	2			
塔吉克族	1		1			
怒　族	6	2	4			
乌孜别克族	1		1	1		1
俄罗斯族	17	8	9	6	4	2
鄂温克族	49	24	25	14	6	8
德昂族	1		1			
保安族	2		2			
裕固族	5	4	1			
京　族						
塔塔尔族						
独龙族	2	1	1	1	1	
鄂伦春族	10	3	7	2	2	
赫哲族	8	3	5	3	1	2
门巴族	5	2	3	1	1	
珞巴族						
基诺族						
未定族称人口	58	28	30	3	2	1
入　籍	1	1				

2-4b 续表　　　　单位：人

民族	户口登记地					
	市内			市外		
	其中市辖区内人户分离					
	小计	男	女	小计	男	女
总　计	**250549**	**126067**	**124482**	**708163**	**413702**	**294461**
汉　族	239305	120455	118850	673292	394266	279026
蒙古族	956	456	500	6023	3211	2812
回　族	3210	1632	1578	3860	2143	1717
藏　族	69	41	28	258	126	132
维吾尔族	83	36	47	218	108	110
苗　族	127	56	71	1015	619	396
彝　族	62	34	28	1001	668	333
壮　族	194	85	109	907	423	484
布依族	39	17	22	274	157	117
朝鲜族	337	157	180	1008	468	540
满　族	5542	2748	2794	16585	9379	7206
侗　族	36	22	14	247	154	93
瑶　族	44	21	23	155	79	76
白　族	54	35	19	329	177	152
土家族	240	131	109	1148	618	530
哈尼族	9	6	3	123	84	39
哈萨克族	37	22	15	62	32	30
傣　族	9	4	5	92	51	41
黎　族	9	7	2	81	50	31
傈僳族	2	2		50	26	24
佤　族				130	87	43
畲　族	20	11	9	76	46	30
高山族	4	2	2	6	3	3
拉祜族				171	129	42
水　族	3	1	2	36	15	21
东乡族	4	3	1	216	150	66
纳西族	8	5	3	24	14	10
景颇族				32	18	14
柯尔克孜族	1		1	13	7	6
土　族	5	3	2	39	18	21
达斡尔族	27	17	10	144	76	68
仫佬族	5	5		27	12	15
羌　族	5	3	2	67	36	31
布朗族				6	3	3
撒拉族	1	1		18	11	7
毛南族	5	2	3	6	3	3
仡佬族	15	9	6	149	99	50
锡伯族	51	21	30	136	75	61
阿昌族						
普米族				4	2	2
塔吉克族				1		1
怒　族				6	2	4
乌孜别克族	1		1			
俄罗斯族	6	4	2	11	4	7
鄂温克族	14	6	8	35	18	17
德昂族				1		1
保安族				2		2
裕固族				5	4	1
京　族						
塔塔尔族						
独龙族	1	1		1		1
鄂伦春族	2	2		8	1	7
赫哲族	3	1	2	5	2	3
门巴族	1	1		4	1	3
珞巴族						
基诺族						
未定族称人口	3	2	1	55	26	29
入　籍				1	1	

2-4c　全市各民族按户口登记地、性别分的户口登记地在外乡镇街道的人口(乡村)

单位：人

民　族	户口登记地					
	合　计			市　内		
	合计	男	女	小计	男	女
总　计	**1164565**	**689660**	**474905**	**234335**	**112843**	**121492**
汉　族	1116141	662349	453792	225430	108629	116801
蒙古族	7318	4058	3260	576	281	295
回　族	6669	3477	3192	2950	1379	1571
藏　族	255	155	100	42	23	19
维吾尔族	274	143	131	67	27	40
苗　族	1209	692	517	96	44	52
彝　族	894	572	322	34	15	19
壮　族	905	448	457	120	59	61
布依族	344	173	171	20	10	10
朝鲜族	867	418	449	161	64	97
满　族	25944	15026	10918	4483	2150	2333
侗　族	289	169	120	28	11	17
瑶　族	189	107	82	29	14	15
白　族	197	112	85	16	9	7
土家族	1337	773	564	148	69	79
哈尼族	131	73	58	4	2	2
哈萨克族	70	25	45	23	7	16
傣　族	74	24	50	6	2	4
黎　族	69	28	41	5	4	1
傈僳族	46	31	15	1	1	
佤　族	148	101	47			
畲　族	73	36	37	5	1	4
高山族	1		1	1		1
拉祜族	118	85	33	1		1
水　族	30	20	10	1	1	
东乡族	166	116	50			
纳西族	29	22	7	5	3	2
景颇族	29	12	17			
柯尔克孜族	12	5	7	1		1
土　族	32	17	15	3	1	2
达斡尔族	151	68	83	14	4	10
仫佬族	46	27	19	9	5	4
羌　族	51	33	18	4	1	3
布朗族	16	9	7	3	2	1
撒拉族	16	13	3			
毛南族	12	6	6	1	1	
仡佬族	139	90	49	5	3	2
锡伯族	126	67	59	31	16	15
阿昌族	3	2	1			
普米族	2		2			
塔吉克族	1		1			
怒　族	2		2			
乌孜别克族	1	1				
俄罗斯族	11	7	4	1	1	
鄂温克族	33	16	17	3	2	1
德昂族	3	3				
保安族	8	5	3	2	1	1
裕固族	5	4	1			
京　族	1		1			
塔塔尔族	1		1			
独龙族	1		1			
鄂伦春族	8	6	2	1		1
赫哲族	12	2	10	2		2
门巴族	3	2	1			
珞巴族						
基诺族	1		1			
未定族称人口	49	31	18	2	1	1
入　籍	3	1	2	1		1

2-4c 续表

单位：人

民族	户口登记地					
	市内			市外		
	其中市辖区内人户分离					
	小计	男	女	小计	男	女
总　计	**234335**	**112843**	**121492**	**930230**	**576817**	**353413**
汉　族	225430	108629	116801	890711	553720	336991
蒙古族	576	281	295	6742	3777	2965
回　族	2950	1379	1571	3719	2098	1621
藏　族	42	23	19	213	132	81
维吾尔族	67	27	40	207	116	91
苗　族	96	44	52	1113	648	465
彝　族	34	15	19	860	557	303
壮　族	120	59	61	785	389	396
布依族	20	10	10	324	163	161
朝鲜族	161	64	97	706	354	352
满　族	4483	2150	2333	21461	12876	8585
侗　族	28	11	17	261	158	103
瑶　族	29	14	15	160	93	67
白　族	16	9	7	181	103	78
土家族	148	69	79	1189	704	485
哈尼族	4	2	2	127	71	56
哈萨克族	23	7	16	47	18	29
傣　族	6	2	4	68	22	46
黎　族	5	4	1	64	24	40
傈僳族	1	1		45	30	15
佤　族				148	101	47
畲　族	5	1	4	68	35	33
高山族	1		1			
拉祜族	1		1	117	85	32
水　族	1	1		29	19	10
东乡族				166	116	50
纳西族	5	3	2	24	19	5
景颇族				29	12	17
柯尔克孜族	1		1	11	5	6
土　族	3	1	2	29	16	13
达斡尔族	14	4	10	137	64	73
仫佬族	9	5	4	37	22	15
羌　族	4	1	3	47	32	15
布朗族	3	2	1	13	7	6
撒拉族				16	13	3
毛南族	1	1		11	5	6
仡佬族	5	3	2	134	87	47
锡伯族	31	16	15	95	51	44
阿昌族				3	2	1
普米族				2		2
塔吉克族				1		1
怒　族				2		2
乌孜别克族				1	1	
俄罗斯族	1	1		10	6	4
鄂温克族	3	2	1	30	14	16
德昂族				3	3	
保安族	2	1	1	6	4	2
裕固族				5	4	1
京　族				1		1
塔塔尔族				1		1
独龙族				1		1
鄂伦春族	1		1	7	6	1
赫哲族	2		2	10	2	8
门巴族				3	2	1
珞巴族						
基诺族				1		1
未定族称人口	2	1	1	47	30	17
入　籍	1		1	2	1	1

第一部分　全部数据资料

第三卷　年龄

3-1　全市分年龄、性别的人口

单位：人、%

年　龄	人口数			占总人口比重			性别比
	合计	男	女	合计	男	女	(女=100)
总　计	**21893095**	**11195390**	**10697705**	**100.00**	**51.14**	**48.86**	**104.65**
0–4岁	**1016250**	**526553**	**489697**	**4.64**	**2.41**	**2.24**	**107.53**
0	152730	79388	73342	0.70	0.36	0.34	108.24
1	196180	101767	94413	0.90	0.46	0.43	107.79
2	200115	103623	96492	0.91	0.47	0.44	107.39
3	238599	123426	115173	1.09	0.56	0.53	107.17
4	228626	118349	110277	1.04	0.54	0.50	107.32
5–9岁	**932953**	**485161**	**447792**	**4.26**	**2.22**	**2.05**	**108.35**
5	173323	90129	83194	0.79	0.41	0.38	108.34
6	223486	116234	107252	1.02	0.53	0.49	108.37
7	179813	93147	86666	0.82	0.43	0.40	107.48
8	195188	101687	93501	0.89	0.46	0.43	108.75
9	161143	83964	77179	0.74	0.38	0.35	108.79
10–14岁	**642304**	**335714**	**306590**	**2.93**	**1.53**	**1.40**	**109.50**
10	136465	71268	65197	0.62	0.33	0.30	109.31
11	141783	74355	67428	0.65	0.34	0.31	110.27
12	131852	68508	63344	0.60	0.31	0.29	108.15
13	129816	67748	62068	0.59	0.31	0.28	109.15
14	102388	53835	48553	0.47	0.25	0.22	110.88
15–19岁	**633557**	**345715**	**287842**	**2.89**	**1.58**	**1.31**	**120.11**
15	96136	51014	45122	0.44	0.23	0.21	113.06
16	96027	52184	43843	0.44	0.24	0.20	119.02
17	92590	51342	41248	0.42	0.23	0.19	124.47
18	157181	86100	71081	0.72	0.39	0.32	121.13
19	191623	105075	86548	0.88	0.48	0.40	121.41
20–24岁	**1350502**	**715999**	**634503**	**6.17**	**3.27**	**2.90**	**112.84**
20	226431	122786	103645	1.03	0.56	0.47	118.47
21	227263	122477	104786	1.04	0.56	0.48	116.88
22	260741	139585	121156	1.19	0.64	0.55	115.21
23	305675	160120	145555	1.40	0.73	0.66	110.01
24	330392	171031	159361	1.51	0.78	0.73	107.32
25–29岁	**1904688**	**995896**	**908792**	**8.70**	**4.55**	**4.15**	**109.58**
25	358247	184877	173370	1.64	0.84	0.79	106.64
26	362652	187350	175302	1.66	0.86	0.80	106.87
27	389046	203251	185795	1.78	0.93	0.85	109.40
28	395455	208506	186949	1.81	0.95	0.85	111.53
29	399288	211912	187376	1.82	0.97	0.86	113.09

3-1 续表 1

单位：人、%

年 龄	人口数			占总人口比重			性别比
	合计	男	女	合计	男	女	(女=100)
30-34岁	**2503029**	**1309189**	**1193840**	**11.43**	**5.98**	**5.45**	**109.66**
30	509575	271115	238460	2.33	1.24	1.09	113.69
31	510402	268008	242394	2.33	1.22	1.11	110.57
32	498319	259517	238802	2.28	1.19	1.09	108.67
33	525230	272492	252738	2.40	1.24	1.15	107.82
34	459503	238057	221446	2.10	1.09	1.01	107.50
35-39岁	**2143185**	**1108136**	**1035049**	**9.79**	**5.06**	**4.73**	**107.06**
35	402544	208153	194391	1.84	0.95	0.89	107.08
36	415497	214362	201135	1.90	0.98	0.92	106.58
37	433285	223733	209552	1.98	1.02	0.96	106.77
38	491285	253502	237783	2.24	1.16	1.09	106.61
39	400574	208386	192188	1.83	0.95	0.88	108.43
40-44岁	**1602133**	**838444**	**763689**	**7.32**	**3.83**	**3.49**	**109.79**
40	362259	188766	173493	1.65	0.86	0.79	108.80
41	354732	185897	168835	1.62	0.85	0.77	110.11
42	325474	169906	155568	1.49	0.78	0.71	109.22
43	278055	145996	132059	1.27	0.67	0.60	110.55
44	281613	147879	133734	1.29	0.68	0.61	110.58
45-49岁	**1618574**	**842337**	**776237**	**7.39**	**3.85**	**3.55**	**108.52**
45	275875	143896	131979	1.26	0.66	0.60	109.03
46	305298	158535	146763	1.39	0.72	0.67	108.02
47	339737	176378	163359	1.55	0.81	0.75	107.97
48	345554	180035	165519	1.58	0.82	0.76	108.77
49	352110	183493	168617	1.61	0.84	0.77	108.82
50-54岁	**1619791**	**842484**	**777307**	**7.40**	**3.85**	**3.55**	**108.38**
50	362822	189176	173646	1.66	0.86	0.79	108.94
51	338865	175790	163075	1.55	0.80	0.74	107.80
52	355405	184446	170959	1.62	0.84	0.78	107.89
53	264291	137457	126834	1.21	0.63	0.58	108.38
54	298408	155615	142793	1.36	0.71	0.65	108.98
55-59岁	**1627539**	**828013**	**799526**	**7.43**	**3.78**	**3.65**	**103.56**
55	310940	160806	150134	1.42	0.73	0.69	107.11
56	352824	180427	172397	1.61	0.82	0.79	104.66
57	442051	224716	217335	2.02	1.03	0.99	103.40
58	307621	156604	151017	1.41	0.72	0.69	103.70
59	214103	105460	108643	0.98	0.48	0.50	97.07
60-64岁	**1386530**	**677025**	**709505**	**6.33**	**3.09**	**3.24**	**95.42**
60	280106	138414	141692	1.28	0.63	0.65	97.69
61	249189	122537	126652	1.14	0.56	0.58	96.75
62	284248	139627	144621	1.30	0.64	0.66	96.55
63	298939	144985	153954	1.37	0.66	0.70	94.17
64	274048	131462	142586	1.25	0.60	0.65	92.20

3-1　续表 2　　　　　　　　　　　　　　　　　　　　　　　　　单位：人、%

年　龄	人　口　数			占总人口比重			性别比
	合计	男	女	合计	男	女	(女=100)
65–69岁	**1194671**	**568385**	**626286**	**5.46**	**2.60**	**2.86**	**90.75**
65	278309	133631	144678	1.27	0.61	0.66	92.36
66	272624	129379	143245	1.25	0.59	0.65	90.32
67	234020	110928	123092	1.07	0.51	0.56	90.12
68	222966	105524	117442	1.02	0.48	0.54	89.85
69	186752	88923	97829	0.85	0.41	0.45	90.90
70–74岁	**668541**	**314838**	**353703**	**3.05**	**1.44**	**1.62**	**89.01**
70	169949	81351	88598	0.78	0.37	0.40	91.82
71	147193	70073	77120	0.67	0.32	0.35	90.86
72	122311	56970	65341	0.56	0.26	0.30	87.19
73	118178	55200	62978	0.54	0.25	0.29	87.65
74	110910	51244	59666	0.51	0.23	0.27	85.88
75–79岁	**415173**	**184665**	**230508**	**1.90**	**0.84**	**1.05**	**80.11**
75	97367	43963	53404	0.44	0.20	0.24	82.32
76	82167	37230	44937	0.38	0.17	0.21	82.85
77	78325	34749	43576	0.36	0.16	0.20	79.74
78	80092	35018	45074	0.37	0.16	0.21	77.69
79	77222	33705	43517	0.35	0.15	0.20	77.45
80–84岁	**348786**	**152087**	**196699**	**1.59**	**0.69**	**0.90**	**77.32**
80	75921	32958	42963	0.35	0.15	0.20	76.71
81	70776	30071	40705	0.32	0.14	0.19	73.88
82	72529	31498	41031	0.33	0.14	0.19	76.77
83	68056	30195	37861	0.31	0.14	0.17	79.75
84	61504	27365	34139	0.28	0.12	0.16	80.16
85–89岁	**201947**	**89400**	**112547**	**0.92**	**0.41**	**0.51**	**79.43**
85	56860	25048	31812	0.26	0.11	0.15	78.74
86	47195	20786	26409	0.22	0.09	0.12	78.71
87	40914	18289	22625	0.19	0.08	0.10	80.84
88	32156	14321	17835	0.15	0.07	0.08	80.30
89	24822	10956	13866	0.11	0.05	0.06	79.01
90–94岁	**66260**	**28609**	**37651**	**0.30**	**0.13**	**0.17**	**75.98**
90	22260	9812	12448	0.10	0.04	0.06	78.82
91	15924	6797	9127	0.07	0.03	0.04	74.47
92	12821	5546	7275	0.06	0.03	0.03	76.23
93	9043	3836	5207	0.04	0.02	0.02	73.67
94	6212	2618	3594	0.03	0.01	0.02	72.84
95–99岁	**13889**	**5637**	**8252**	**0.06**	**0.03**	**0.04**	**68.31**
95	4881	1945	2936	0.02	0.01	0.01	66.25
96	3631	1489	2142	0.02	0.01	0.01	69.51
97	2325	948	1377	0.01		0.01	68.85
98	1788	743	1045	0.01			71.10
99	1264	512	752	0.01			68.09
100岁及以上	**2793**	**1103**	**1690**	**0.01**	**0.01**	**0.01**	**65.27**

3-1a 全市分年龄、性别的人口(城市)

单位：人、%

年 龄	人口数			占总人口比重			性别比
	合计	男	女	合计	男	女	(女=100)
总 计	**17751681**	**8937161**	**8814520**	**100.00**	**50.35**	**49.65**	**101.39**
0-4岁	**822503**	**426337**	**396166**	**4.63**	**2.40**	**2.23**	**107.62**
0	122741	63877	58864	0.69	0.36	0.33	108.52
1	156373	81202	75171	0.88	0.46	0.42	108.02
2	159939	82805	77134	0.90	0.47	0.43	107.35
3	194139	100380	93759	1.09	0.57	0.53	107.06
4	189311	98073	91238	1.07	0.55	0.51	107.49
5-9岁	**790307**	**411049**	**379258**	**4.45**	**2.32**	**2.14**	**108.38**
5	146114	76104	70010	0.82	0.43	0.39	108.70
6	189405	98613	90792	1.07	0.56	0.51	108.61
7	152659	78957	73702	0.86	0.44	0.42	107.13
8	165843	86350	79493	0.93	0.49	0.45	108.63
9	136286	71025	65261	0.77	0.40	0.37	108.83
10-14岁	**540126**	**282380**	**257746**	**3.04**	**1.59**	**1.45**	**109.56**
10	115461	60353	55108	0.65	0.34	0.31	109.52
11	119955	62968	56987	0.68	0.35	0.32	110.50
12	111232	57866	53366	0.63	0.33	0.30	108.43
13	109200	56960	52240	0.62	0.32	0.29	109.04
14	84278	44233	40045	0.47	0.25	0.23	110.46
15-19岁	**537402**	**288990**	**248412**	**3.03**	**1.63**	**1.40**	**116.33**
15	81495	42994	38501	0.46	0.24	0.22	111.67
16	84209	45411	38798	0.47	0.26	0.22	117.04
17	78618	43147	35471	0.44	0.24	0.20	121.64
18	132022	71215	60807	0.74	0.40	0.34	117.12
19	161058	86223	74835	0.91	0.49	0.42	115.22
20-24岁	**1119524**	**580903**	**538621**	**6.31**	**3.27**	**3.03**	**107.85**
20	189820	100622	89198	1.07	0.57	0.50	112.81
21	189105	99867	89238	1.07	0.56	0.50	111.91
22	211837	110959	100878	1.19	0.63	0.57	109.99
23	253187	129853	123334	1.43	0.73	0.69	105.29
24	275575	139602	135973	1.55	0.79	0.77	102.67
25-29岁	**1576537**	**806791**	**769746**	**8.88**	**4.54**	**4.34**	**104.81**
25	297849	150313	147536	1.68	0.85	0.83	101.88
26	302861	153341	149520	1.71	0.86	0.84	102.56
27	324237	165699	158538	1.83	0.93	0.89	104.52
28	328037	169368	158669	1.85	0.95	0.89	106.74
29	323553	168070	155483	1.82	0.95	0.88	108.10

3-1a　续表 1　　　　单位：人、%

年　龄	人　口　数			占总人口比重			性别比
	合计	男	女	合计	男	女	(女=100)
30–34岁	**2015815**	**1030649**	**985166**	**11.36**	**5.81**	**5.55**	**104.62**
30	409963	213300	196663	2.31	1.20	1.11	108.46
31	409074	210126	198948	2.30	1.18	1.12	105.62
32	401309	204278	197031	2.26	1.15	1.11	103.68
33	423246	214548	208698	2.38	1.21	1.18	102.80
34	372223	188397	183826	2.10	1.06	1.04	102.49
35–39岁	**1791251**	**905265**	**885986**	**10.09**	**5.10**	**4.99**	**102.18**
35	329200	166246	162954	1.85	0.94	0.92	102.02
36	345315	173990	171325	1.95	0.98	0.97	101.56
37	364487	183940	180547	2.05	1.04	1.02	101.88
38	414804	209268	205536	2.34	1.18	1.16	101.82
39	337445	171821	165624	1.90	0.97	0.93	103.74
40–44岁	**1333822**	**684422**	**649400**	**7.51**	**3.86**	**3.66**	**105.39**
40	304733	155584	149149	1.72	0.88	0.84	104.31
41	296264	152044	144220	1.67	0.86	0.81	105.43
42	271177	138739	132438	1.53	0.78	0.75	104.76
43	230418	118770	111648	1.30	0.67	0.63	106.38
44	231230	119285	111945	1.30	0.67	0.63	106.56
45–49岁	**1285488**	**656305**	**629183**	**7.24**	**3.70**	**3.54**	**104.31**
45	224171	114866	109305	1.26	0.65	0.62	105.09
46	244132	124365	119767	1.38	0.70	0.67	103.84
47	271332	138073	133259	1.53	0.78	0.75	103.61
48	271721	139127	132594	1.53	0.78	0.75	104.93
49	274132	139874	134258	1.54	0.79	0.76	104.18
50–54岁	**1238499**	**631116**	**607383**	**6.98**	**3.56**	**3.42**	**103.91**
50	279675	142780	136895	1.58	0.80	0.77	104.30
51	262660	133481	129179	1.48	0.75	0.73	103.33
52	274427	139556	134871	1.55	0.79	0.76	103.47
53	198510	101113	97397	1.12	0.57	0.55	103.82
54	223227	114186	109041	1.26	0.64	0.61	104.72
55–59岁	**1260665**	**632336**	**628329**	**7.10**	**3.56**	**3.54**	**100.64**
55	232126	118102	114024	1.31	0.67	0.64	103.58
56	270261	136189	134072	1.52	0.77	0.76	101.58
57	346553	173805	172748	1.95	0.98	0.97	100.61
58	240818	121094	119724	1.36	0.68	0.67	101.14
59	170907	83146	87761	0.96	0.47	0.49	94.74
60–64岁	**1106124**	**532970**	**573154**	**6.23**	**3.00**	**3.23**	**92.99**
60	220014	107262	112752	1.24	0.60	0.64	95.13
61	196609	95345	101264	1.11	0.54	0.57	94.15
62	226942	110001	116941	1.28	0.62	0.66	94.07
63	242419	115905	126514	1.37	0.65	0.71	91.61
64	220140	104457	115683	1.24	0.59	0.65	90.30

3-1a 续表 2

单位：人、%

年 龄	人口数			占总人口比重			性别比
	合计	男	女	合计	男	女	(女=100)
65-69岁	**955109**	**449515**	**505594**	**5.38**	**2.53**	**2.85**	**88.91**
65	224195	106322	117873	1.26	0.60	0.66	90.20
66	219743	103253	116490	1.24	0.58	0.66	88.64
67	186693	87436	99257	1.05	0.49	0.56	88.09
68	175662	82207	93455	0.99	0.46	0.53	87.96
69	148816	70297	78519	0.84	0.40	0.44	89.53
70-74岁	**522169**	**244145**	**278024**	**2.94**	**1.38**	**1.57**	**87.81**
70	134439	64075	70364	0.76	0.36	0.40	91.06
71	114852	54325	60527	0.65	0.31	0.34	89.75
72	95180	43808	51372	0.54	0.25	0.29	85.28
73	91587	42465	49122	0.52	0.24	0.28	86.45
74	86111	39472	46639	0.49	0.22	0.26	84.63
75-79岁	**327724**	**143815**	**183909**	**1.85**	**0.81**	**1.04**	**78.20**
75	75774	33897	41877	0.43	0.19	0.24	80.94
76	63408	28358	35050	0.36	0.16	0.20	80.91
77	61629	26983	34646	0.35	0.15	0.20	77.88
78	64210	27574	36636	0.36	0.16	0.21	75.26
79	62703	27003	35700	0.35	0.15	0.20	75.64
80-84岁	**291184**	**125055**	**166129**	**1.64**	**0.70**	**0.94**	**75.28**
80	62872	26846	36026	0.35	0.15	0.20	74.52
81	58756	24411	34345	0.33	0.14	0.19	71.08
82	60322	25672	34650	0.34	0.14	0.20	74.09
83	57305	25172	32133	0.32	0.14	0.18	78.34
84	51929	22954	28975	0.29	0.13	0.16	79.22
85-89岁	**168570**	**75233**	**93337**	**0.95**	**0.42**	**0.53**	**80.60**
85	47531	20960	26571	0.27	0.12	0.15	78.88
86	39504	17418	22086	0.22	0.10	0.12	78.86
87	34097	15451	18646	0.19	0.09	0.11	82.86
88	26734	12034	14700	0.15	0.07	0.08	81.86
89	20704	9370	11334	0.12	0.05	0.06	82.67
90-94岁	**55214**	**24265**	**30949**	**0.31**	**0.14**	**0.17**	**78.40**
90	18614	8312	10302	0.10	0.05	0.06	80.68
91	13222	5762	7460	0.07	0.03	0.04	77.24
92	10586	4694	5892	0.06	0.03	0.03	79.67
93	7543	3234	4309	0.04	0.02	0.02	75.05
94	5249	2263	2986	0.03	0.01	0.02	75.79
95-99岁	**11507**	**4776**	**6731**	**0.06**	**0.03**	**0.04**	**70.96**
95	4062	1659	2403	0.02	0.01	0.01	69.04
96	2992	1257	1735	0.02	0.01	0.01	72.45
97	1937	820	1117	0.01		0.01	73.41
98	1478	611	867	0.01			70.47
99	1038	429	609	0.01			70.44
100岁及以上	**2141**	**844**	**1297**	**0.01**		**0.01**	**65.07**

3-1b 全市分年龄、性别的人口(镇)

单位：人、%

年 龄	人口数			占总人口比重			性别比
	合计	男	女	合计	男	女	(女=100)
总 计	**1414752**	**769805**	**644947**	**100.00**	**54.41**	**45.59**	**119.36**
0-4岁	**67377**	**34784**	**32593**	**4.76**	**2.46**	**2.30**	**106.72**
0	10122	5222	4900	0.72	0.37	0.35	106.57
1	13682	7133	6549	0.97	0.50	0.46	108.92
2	13790	7050	6740	0.97	0.50	0.48	104.60
3	15563	8069	7494	1.10	0.57	0.53	107.67
4	14220	7310	6910	1.01	0.52	0.49	105.79
5-9岁	**51680**	**26916**	**24764**	**3.65**	**1.90**	**1.75**	**108.69**
5	10042	5224	4818	0.71	0.37	0.34	108.43
6	12466	6450	6016	0.88	0.46	0.43	107.21
7	9806	5155	4651	0.69	0.36	0.33	110.84
8	10485	5481	5004	0.74	0.39	0.35	109.53
9	8881	4606	4275	0.63	0.33	0.30	107.74
10-14岁	**34281**	**17904**	**16377**	**2.42**	**1.27**	**1.16**	**109.32**
10	7247	3749	3498	0.51	0.26	0.25	107.18
11	7427	3874	3553	0.52	0.27	0.25	109.03
12	7029	3584	3445	0.50	0.25	0.24	104.03
13	6752	3577	3175	0.48	0.25	0.22	112.66
14	5826	3120	2706	0.41	0.22	0.19	115.30
15-19岁	**40987**	**23558**	**17429**	**2.90**	**1.67**	**1.23**	**135.17**
15	4852	2646	2206	0.34	0.19	0.16	119.95
16	4410	2532	1878	0.31	0.18	0.13	134.82
17	5835	3321	2514	0.41	0.23	0.18	132.10
18	11066	6398	4668	0.78	0.45	0.33	137.06
19	14824	8661	6163	1.05	0.61	0.44	140.53
20-24岁	**106136**	**60330**	**45806**	**7.50**	**4.26**	**3.24**	**131.71**
20	17378	10050	7328	1.23	0.71	0.52	137.15
21	17735	10095	7640	1.25	0.71	0.54	132.13
22	23282	13243	10039	1.65	0.94	0.71	131.92
23	23802	13483	10319	1.68	0.95	0.73	130.66
24	23939	13459	10480	1.69	0.95	0.74	128.43
25-29岁	**135399**	**76764**	**58635**	**9.57**	**5.43**	**4.14**	**130.92**
25	25465	14195	11270	1.80	1.00	0.80	125.95
26	25198	14007	11191	1.78	0.99	0.79	125.16
27	27347	15696	11651	1.93	1.11	0.82	134.72
28	28129	16195	11934	1.99	1.14	0.84	135.70
29	29260	16671	12589	2.07	1.18	0.89	132.43

3-1b 续表 1

单位：人、%

年 龄	人口数			占总人口比重			性别比
	合计	男	女	合计	男	女	(女=100)
30–34岁	**182552**	**103133**	**79419**	**12.90**	**7.29**	**5.61**	**129.86**
30	37774	21775	15999	2.67	1.54	1.13	136.10
31	37553	21234	16319	2.65	1.50	1.15	130.12
32	36293	20365	15928	2.57	1.44	1.13	127.86
33	38241	21489	16752	2.70	1.52	1.18	128.28
34	32691	18270	14421	2.31	1.29	1.02	126.69
35–39岁	**134449**	**76247**	**58202**	**9.50**	**5.39**	**4.11**	**131.00**
35	27623	15456	12167	1.95	1.09	0.86	127.03
36	26811	15133	11678	1.90	1.07	0.83	129.59
37	26778	15227	11551	1.89	1.08	0.82	131.82
38	29499	16779	12720	2.09	1.19	0.90	131.91
39	23738	13652	10086	1.68	0.96	0.71	135.36
40–44岁	**95773**	**54765**	**41008**	**6.77**	**3.87**	**2.90**	**133.55**
40	21225	12087	9138	1.50	0.85	0.65	132.27
41	20961	12151	8810	1.48	0.86	0.62	137.92
42	19245	10978	8267	1.36	0.78	0.58	132.79
43	16665	9592	7073	1.18	0.68	0.50	135.61
44	17677	9957	7720	1.25	0.70	0.55	128.98
45–49岁	**108288**	**60308**	**47980**	**7.65**	**4.26**	**3.39**	**125.69**
45	17741	9975	7766	1.25	0.71	0.55	128.44
46	20182	11178	9004	1.43	0.79	0.64	124.14
47	22336	12528	9808	1.58	0.89	0.69	127.73
48	23610	13054	10556	1.67	0.92	0.75	123.66
49	24419	13573	10846	1.73	0.96	0.77	125.14
50–54岁	**116221**	**64608**	**51613**	**8.21**	**4.57**	**3.65**	**125.18**
50	25876	14467	11409	1.83	1.02	0.81	126.80
51	23755	13136	10619	1.68	0.93	0.75	123.70
52	24791	13728	11063	1.75	0.97	0.78	124.09
53	19602	10913	8689	1.39	0.77	0.61	125.60
54	22197	12364	9833	1.57	0.87	0.70	125.74
55–59岁	**106123**	**56442**	**49681**	**7.50**	**3.99**	**3.51**	**113.61**
55	22595	12314	10281	1.60	0.87	0.73	119.77
56	23788	12701	11087	1.68	0.90	0.78	114.56
57	27978	14893	13085	1.98	1.05	0.92	113.82
58	19208	10139	9069	1.36	0.72	0.64	111.80
59	12554	6395	6159	0.89	0.45	0.44	103.83
60–64岁	**80584**	**40706**	**39878**	**5.70**	**2.88**	**2.82**	**102.08**
60	17078	8781	8297	1.21	0.62	0.59	105.83
61	14870	7552	7318	1.05	0.53	0.52	103.20
62	16493	8424	8069	1.17	0.60	0.57	104.40
63	16698	8401	8297	1.18	0.59	0.59	101.25
64	15445	7548	7897	1.09	0.53	0.56	95.58

3-1b 续表 2 单位：人、%

年 龄	人口数			占总人口比重			性别比
	合计	男	女	合计	男	女	(女=100)
65-69岁	**65953**	**32488**	**33465**	**4.66**	**2.30**	**2.37**	**97.08**
65	15295	7618	7677	1.08	0.54	0.54	99.23
66	14865	7329	7536	1.05	0.52	0.53	97.25
67	12973	6345	6628	0.92	0.45	0.47	95.73
68	12476	6074	6402	0.88	0.43	0.45	94.88
69	10344	5122	5222	0.73	0.36	0.37	98.09
70-74岁	**37373**	**17904**	**19469**	**2.64**	**1.27**	**1.38**	**91.96**
70	9428	4566	4862	0.67	0.32	0.34	93.91
71	8299	3992	4307	0.59	0.28	0.30	92.69
72	6889	3348	3541	0.49	0.24	0.25	94.55
73	6660	3136	3524	0.47	0.22	0.25	88.99
74	6097	2862	3235	0.43	0.20	0.23	88.47
75-79岁	**22256**	**10048**	**12208**	**1.57**	**0.71**	**0.86**	**82.31**
75	5399	2433	2966	0.38	0.17	0.21	82.03
76	4729	2174	2555	0.33	0.15	0.18	85.09
77	4152	1882	2270	0.29	0.13	0.16	82.91
78	4100	1847	2253	0.29	0.13	0.16	81.98
79	3876	1712	2164	0.27	0.12	0.15	79.11
80-84岁	**15878**	**7180**	**8698**	**1.12**	**0.51**	**0.61**	**82.55**
80	3558	1604	1954	0.25	0.11	0.14	82.09
81	3404	1496	1908	0.24	0.11	0.13	78.41
82	3333	1544	1789	0.24	0.11	0.13	86.31
83	2934	1363	1571	0.21	0.10	0.11	86.76
84	2649	1173	1476	0.19	0.08	0.10	79.47
85-89岁	**9265**	**4002**	**5263**	**0.65**	**0.28**	**0.37**	**76.04**
85	2584	1127	1457	0.18	0.08	0.10	77.35
86	2125	954	1171	0.15	0.07	0.08	81.47
87	1946	838	1108	0.14	0.06	0.08	75.63
88	1454	597	857	0.10	0.04	0.06	69.66
89	1156	486	670	0.08	0.03	0.05	72.54
90-94岁	**3175**	**1323**	**1852**	**0.22**	**0.09**	**0.13**	**71.44**
90	1045	456	589	0.07	0.03	0.04	77.42
91	766	306	460	0.05	0.02	0.03	66.52
92	638	256	382	0.05	0.02	0.03	67.02
93	449	194	255	0.03	0.01	0.02	76.08
94	277	111	166	0.02	0.01	0.01	66.87
95-99岁	**728**	**276**	**452**	**0.05**	**0.02**	**0.03**	**61.06**
95	255	91	164	0.02	0.01	0.01	55.49
96	194	76	118	0.01	0.01	0.01	64.41
97	107	32	75	0.01		0.01	42.67
98	92	45	47	0.01			95.74
99	80	32	48	0.01			66.67
100岁及以上	**274**	**119**	**155**	**0.02**	**0.01**	**0.01**	**76.77**

3-1c 全市分年龄、性别的人口(乡村)

单位：人、%

年龄	人口数			占总人口比重			性别比
	合计	男	女	合计	男	女	(女=100)
总　计	**2726662**	**1488424**	**1238238**	**100.00**	**54.59**	**45.41**	**120.21**
0-4岁	**126370**	**65432**	**60938**	**4.63**	**2.40**	**2.23**	**107.37**
0	19867	10289	9578	0.73	0.38	0.35	107.42
1	26125	13432	12693	0.96	0.49	0.47	105.82
2	26386	13768	12618	0.97	0.50	0.46	109.11
3	28897	14977	13920	1.06	0.55	0.51	107.59
4	25095	12966	12129	0.92	0.48	0.44	106.90
5-9岁	**90966**	**47196**	**43770**	**3.34**	**1.73**	**1.61**	**107.83**
5	17167	8801	8366	0.63	0.32	0.31	105.20
6	21615	11171	10444	0.79	0.41	0.38	106.96
7	17348	9035	8313	0.64	0.33	0.30	108.69
8	18860	9856	9004	0.69	0.36	0.33	109.46
9	15976	8333	7643	0.59	0.31	0.28	109.03
10-14岁	**67897**	**35430**	**32467**	**2.49**	**1.30**	**1.19**	**109.13**
10	13757	7166	6591	0.50	0.26	0.24	108.72
11	14401	7513	6888	0.53	0.28	0.25	109.07
12	13591	7058	6533	0.50	0.26	0.24	108.04
13	13864	7211	6653	0.51	0.26	0.24	108.39
14	12284	6482	5802	0.45	0.24	0.21	111.72
15-19岁	**55168**	**33167**	**22001**	**2.02**	**1.22**	**0.81**	**150.75**
15	9789	5374	4415	0.36	0.20	0.16	121.72
16	7408	4241	3167	0.27	0.16	0.12	133.91
17	8137	4874	3263	0.30	0.18	0.12	149.37
18	14093	8487	5606	0.52	0.31	0.21	151.39
19	15741	10191	5550	0.58	0.37	0.20	183.62
20-24岁	**124842**	**74766**	**50076**	**4.58**	**2.74**	**1.84**	**149.31**
20	19233	12114	7119	0.71	0.44	0.26	170.16
21	20423	12515	7908	0.75	0.46	0.29	158.26
22	25622	15383	10239	0.94	0.56	0.38	150.24
23	28686	16784	11902	1.05	0.62	0.44	141.02
24	30878	17970	12908	1.13	0.66	0.47	139.22
25-29岁	**192752**	**112341**	**80411**	**7.07**	**4.12**	**2.95**	**139.71**
25	34933	20369	14564	1.28	0.75	0.53	139.86
26	34593	20002	14591	1.27	0.73	0.54	137.08
27	37462	21856	15606	1.37	0.80	0.57	140.05
28	39289	22943	16346	1.44	0.84	0.60	140.36
29	46475	27171	19304	1.70	1.00	0.71	140.75

3-1c　续表 1　　　　单位：人、%

年龄	人口数			占总人口比重			性别比
	合计	男	女	合计	男	女	(女=100)
30-34岁	**304662**	**175407**	**129255**	**11.17**	**6.43**	**4.74**	**135.71**
30	61838	36040	25798	2.27	1.32	0.95	139.70
31	63775	36648	27127	2.34	1.34	0.99	135.10
32	60717	34874	25843	2.23	1.28	0.95	134.95
33	63743	36455	27288	2.34	1.34	1.00	133.59
34	54589	31390	23199	2.00	1.15	0.85	135.31
35-39岁	**217485**	**126624**	**90861**	**7.98**	**4.64**	**3.33**	**139.36**
35	45721	26451	19270	1.68	0.97	0.71	137.27
36	43371	25239	18132	1.59	0.93	0.66	139.20
37	42020	24566	17454	1.54	0.90	0.64	140.75
38	46982	27455	19527	1.72	1.01	0.72	140.60
39	39391	22913	16478	1.44	0.84	0.60	139.05
40-44岁	**172538**	**99257**	**73281**	**6.33**	**3.64**	**2.69**	**135.45**
40	36301	21095	15206	1.33	0.77	0.56	138.73
41	37507	21702	15805	1.38	0.80	0.58	137.31
42	35052	20189	14863	1.29	0.74	0.55	135.83
43	30972	17634	13338	1.14	0.65	0.49	132.21
44	32706	18637	14069	1.20	0.68	0.52	132.47
45-49岁	**224798**	**125724**	**99074**	**8.24**	**4.61**	**3.63**	**126.90**
45	33963	19055	14908	1.25	0.70	0.55	127.82
46	40984	22992	17992	1.50	0.84	0.66	127.79
47	46069	25777	20292	1.69	0.95	0.74	127.03
48	50223	27854	22369	1.84	1.02	0.82	124.52
49	53559	30046	23513	1.96	1.10	0.86	127.78
50-54岁	**265071**	**146760**	**118311**	**9.72**	**5.38**	**4.34**	**124.05**
50	57271	31929	25342	2.10	1.17	0.93	125.99
51	52450	29173	23277	1.92	1.07	0.85	125.33
52	56187	31162	25025	2.06	1.14	0.92	124.52
53	46179	25431	20748	1.69	0.93	0.76	122.57
54	52984	29065	23919	1.94	1.07	0.88	121.51
55-59岁	**260751**	**139235**	**121516**	**9.56**	**5.11**	**4.46**	**114.58**
55	56219	30390	25829	2.06	1.11	0.95	117.66
56	58775	31537	27238	2.16	1.16	1.00	115.78
57	67520	36018	31502	2.48	1.32	1.16	114.34
58	47595	25371	22224	1.75	0.93	0.82	114.16
59	30642	15919	14723	1.12	0.58	0.54	108.12
60-64岁	**199822**	**103349**	**96473**	**7.33**	**3.79**	**3.54**	**107.13**
60	43014	22371	20643	1.58	0.82	0.76	108.37
61	37710	19640	18070	1.38	0.72	0.66	108.69
62	40813	21202	19611	1.50	0.78	0.72	108.11
63	39822	20679	19143	1.46	0.76	0.70	108.02
64	38463	19457	19006	1.41	0.71	0.70	102.37

3-1c 续表 2

单位：人、%

年 龄	人 口 数			占总人口比重			性别比
	合计	男	女	合计	男	女	(女=100)
65-69岁	**173609**	**86382**	**87227**	**6.37**	**3.17**	**3.20**	**99.03**
65	38819	19691	19128	1.42	0.72	0.70	102.94
66	38016	18797	19219	1.39	0.69	0.70	97.80
67	34354	17147	17207	1.26	0.63	0.63	99.65
68	34828	17243	17585	1.28	0.63	0.64	98.06
69	27592	13504	14088	1.01	0.50	0.52	95.85
70-74岁	**108999**	**52789**	**56210**	**4.00**	**1.94**	**2.06**	**93.91**
70	26082	12710	13372	0.96	0.47	0.49	95.05
71	24042	11756	12286	0.88	0.43	0.45	95.69
72	20242	9814	10428	0.74	0.36	0.38	94.11
73	19931	9599	10332	0.73	0.35	0.38	92.91
74	18702	8910	9792	0.69	0.33	0.36	90.99
75-79岁	**65193**	**30802**	**34391**	**2.39**	**1.13**	**1.26**	**89.56**
75	16194	7633	8561	0.59	0.28	0.31	89.16
76	14030	6698	7332	0.51	0.25	0.27	91.35
77	12544	5884	6660	0.46	0.22	0.24	88.35
78	11782	5597	6185	0.43	0.21	0.23	90.49
79	10643	4990	5653	0.39	0.18	0.21	88.27
80-84岁	**41724**	**19852**	**21872**	**1.53**	**0.73**	**0.80**	**90.76**
80	9491	4508	4983	0.35	0.17	0.18	90.47
81	8616	4164	4452	0.32	0.15	0.16	93.53
82	8874	4282	4592	0.33	0.16	0.17	93.25
83	7817	3660	4157	0.29	0.13	0.15	88.04
84	6926	3238	3688	0.25	0.12	0.14	87.80
85-89岁	**24112**	**10165**	**13947**	**0.88**	**0.37**	**0.51**	**72.88**
85	6745	2961	3784	0.25	0.11	0.14	78.25
86	5566	2414	3152	0.20	0.09	0.12	76.59
87	4871	2000	2871	0.18	0.07	0.11	69.66
88	3968	1690	2278	0.15	0.06	0.08	74.19
89	2962	1100	1862	0.11	0.04	0.07	59.08
90-94岁	**7871**	**3021**	**4850**	**0.29**	**0.11**	**0.18**	**62.29**
90	2601	1044	1557	0.10	0.04	0.06	67.05
91	1936	729	1207	0.07	0.03	0.04	60.40
92	1597	596	1001	0.06	0.02	0.04	59.54
93	1051	408	643	0.04	0.01	0.02	63.45
94	686	244	442	0.03	0.01	0.02	55.20
95-99岁	**1654**	**585**	**1069**	**0.06**	**0.02**	**0.04**	**54.72**
95	564	195	369	0.02	0.01	0.01	52.85
96	445	156	289	0.02	0.01	0.01	53.98
97	281	96	185	0.01		0.01	51.89
98	218	87	131	0.01			66.41
99	146	51	95	0.01			53.68
100岁及以上	**378**	**140**	**238**	**0.01**	**0.01**	**0.01**	**58.82**

3-2　全市分年龄、性别的外省来京人员

单位：人、%

年　龄	人口数			占总人口比重			性别比
	合计	男	女	合计	男	女	(女=100)
总　计	**8418418**	**4545480**	**3872938**	**100.00**	**53.99**	**46.01**	**117.37**
0–4岁	**247237**	**129078**	**118159**	**2.94**	**1.53**	**1.40**	**109.24**
0	29443	15377	14066	0.35	0.18	0.17	109.32
1	51936	27175	24761	0.62	0.32	0.29	109.75
2	50916	26370	24546	0.60	0.31	0.29	107.43
3	57309	29749	27560	0.68	0.35	0.33	107.94
4	57633	30407	27226	0.68	0.36	0.32	111.68
5–9岁	**225094**	**119281**	**105813**	**2.67**	**1.42**	**1.26**	**112.73**
5	44423	23571	20852	0.53	0.28	0.25	113.04
6	52062	27610	24452	0.62	0.33	0.29	112.92
7	43019	22593	20426	0.51	0.27	0.24	110.61
8	47038	25037	22001	0.56	0.30	0.26	113.80
9	38552	20470	18082	0.46	0.24	0.21	113.21
10–14岁	**147173**	**80269**	**66904**	**1.75**	**0.95**	**0.79**	**119.98**
10	35932	19427	16505	0.43	0.23	0.20	117.70
11	34938	18989	15949	0.42	0.23	0.19	119.06
12	28984	15668	13316	0.34	0.19	0.16	117.66
13	26051	14225	11826	0.31	0.17	0.14	120.29
14	21268	11960	9308	0.25	0.14	0.11	128.49
15–19岁	**235032**	**143523**	**91509**	**2.79**	**1.70**	**1.09**	**156.84**
15	17919	10622	7297	0.21	0.13	0.09	145.57
16	23848	14971	8877	0.28	0.18	0.11	168.65
17	35690	22485	13205	0.42	0.27	0.16	170.28
18	62737	38588	24149	0.75	0.46	0.29	159.79
19	94838	56857	37981	1.13	0.68	0.45	149.70
20–24岁	**816104**	**447940**	**368164**	**9.69**	**5.32**	**4.37**	**121.67**
20	117147	68631	48516	1.39	0.82	0.58	141.46
21	125843	72104	53739	1.49	0.86	0.64	134.17
22	161250	89375	71875	1.92	1.06	0.85	124.35
23	194014	103738	90276	2.30	1.23	1.07	114.91
24	217850	114092	103758	2.59	1.36	1.23	109.96
25–29岁	**1254622**	**670079**	**584543**	**14.90**	**7.96**	**6.94**	**114.63**
25	239740	125264	114476	2.85	1.49	1.36	109.42
26	241586	126454	115132	2.87	1.50	1.37	109.83
27	261189	139465	121724	3.10	1.66	1.45	114.57
28	257573	139479	118094	3.06	1.66	1.40	118.11
29	254534	139417	115117	3.02	1.66	1.37	121.11

3–2 续表 1 单位：人、%

年 龄	人口数			占总人口比重			性别比
	合计	男	女	合计	男	女	(女=100)
30–34岁	**1378233**	**750961**	**627272**	**16.37**	**8.92**	**7.45**	**119.72**
30	310088	171295	138793	3.68	2.03	1.65	123.42
31	291233	158900	132333	3.46	1.89	1.57	120.08
32	268125	145585	122540	3.18	1.73	1.46	118.81
33	274625	148816	125809	3.26	1.77	1.49	118.29
34	234162	126365	107797	2.78	1.50	1.28	117.22
35–39岁	**980854**	**532456**	**448398**	**11.65**	**6.32**	**5.33**	**118.75**
35	199353	107742	91611	2.37	1.28	1.09	117.61
36	197967	107193	90774	2.35	1.27	1.08	118.09
37	192675	104223	88452	2.29	1.24	1.05	117.83
38	215116	116570	98546	2.56	1.38	1.17	118.29
39	175743	96728	79015	2.09	1.15	0.94	122.42
40–44岁	**711812**	**392318**	**319494**	**8.46**	**4.66**	**3.80**	**122.79**
40	154205	85105	69100	1.83	1.01	0.82	123.16
41	154934	85642	69292	1.84	1.02	0.82	123.60
42	143245	78534	64711	1.70	0.93	0.77	121.36
43	126751	69998	56753	1.51	0.83	0.67	123.34
44	132677	73039	59638	1.58	0.87	0.71	122.47
45–49岁	**676954**	**377884**	**299070**	**8.04**	**4.49**	**3.55**	**126.35**
45	126590	69984	56606	1.50	0.83	0.67	123.63
46	132092	74025	58067	1.57	0.88	0.69	127.48
47	137636	77063	60573	1.63	0.92	0.72	127.22
48	140610	78324	62286	1.67	0.93	0.74	125.75
49	140026	78488	61538	1.66	0.93	0.73	127.54
50–54岁	**622694**	**349104**	**273590**	**7.40**	**4.15**	**3.25**	**127.60**
50	144776	81451	63325	1.72	0.97	0.75	128.62
51	127877	71684	56193	1.52	0.85	0.67	127.57
52	133673	74838	58835	1.59	0.89	0.70	127.20
53	104224	58218	46006	1.24	0.69	0.55	126.54
54	112144	62913	49231	1.33	0.75	0.58	127.79
55–59岁	**435264**	**228584**	**206680**	**5.17**	**2.72**	**2.46**	**110.60**
55	103341	56485	46856	1.23	0.67	0.56	120.55
56	98201	52126	46075	1.17	0.62	0.55	113.13
57	109911	57509	52402	1.31	0.68	0.62	109.75
58	79318	40714	38604	0.94	0.48	0.46	105.47
59	44493	21750	22743	0.53	0.26	0.27	95.63
60–64岁	**282207**	**135879**	**146328**	**3.35**	**1.61**	**1.74**	**92.86**
60	54523	26267	28256	0.65	0.31	0.34	92.96
61	49073	23885	25188	0.58	0.28	0.30	94.83
62	59017	28809	30208	0.70	0.34	0.36	95.37
63	62848	30038	32810	0.75	0.36	0.39	91.55
64	56746	26880	29866	0.67	0.32	0.35	90.00

3-2　续表 2　　　　单位：人、%

年　龄	人　口　数			占总人口比重			性别比
	合计	男	女	合计	男	女	(女=100)
65–69岁	**222012**	**104159**	**117853**	**2.64**	**1.24**	**1.40**	**88.38**
65	55961	26437	29524	0.66	0.31	0.35	89.54
66	52454	24695	27759	0.62	0.29	0.33	88.96
67	43326	20187	23139	0.51	0.24	0.27	87.24
68	39006	18274	20732	0.46	0.22	0.25	88.14
69	31265	14566	16699	0.37	0.17	0.20	87.23
70–74岁	**97951**	**46230**	**51721**	**1.16**	**0.55**	**0.61**	**89.38**
70	27619	13154	14465	0.33	0.16	0.17	90.94
71	23267	11032	12235	0.28	0.13	0.15	90.17
72	17727	8263	9464	0.21	0.10	0.11	87.31
73	15733	7395	8338	0.19	0.09	0.10	88.69
74	13605	6386	7219	0.16	0.08	0.09	88.46
75–79岁	**44517**	**20111**	**24406**	**0.53**	**0.24**	**0.29**	**82.40**
75	11258	5177	6081	0.13	0.06	0.07	85.13
76	9739	4491	5248	0.12	0.05	0.06	85.58
77	8482	3827	4655	0.10	0.05	0.06	82.21
78	7825	3440	4385	0.09	0.04	0.05	78.45
79	7213	3176	4037	0.09	0.04	0.05	78.67
80–84岁	**25653**	**11451**	**14202**	**0.30**	**0.14**	**0.17**	**80.63**
80	6617	2962	3655	0.08	0.04	0.04	81.04
81	5404	2332	3072	0.06	0.03	0.04	75.91
82	5275	2338	2937	0.06	0.03	0.03	79.61
83	4537	2119	2418	0.05	0.03	0.03	87.63
84	3820	1700	2120	0.05	0.02	0.03	80.19
85–89岁	**10813**	**4584**	**6229**	**0.13**	**0.05**	**0.07**	**73.59**
85	3211	1385	1826	0.04	0.02	0.02	75.85
86	2521	1030	1491	0.03	0.01	0.02	69.08
87	2127	904	1223	0.03	0.01	0.01	73.92
88	1659	714	945	0.02	0.01	0.01	75.56
89	1295	551	744	0.02	0.01	0.01	74.06
90–94岁	**3363**	**1307**	**2056**	**0.04**	**0.02**	**0.02**	**63.57**
90	1187	478	709	0.01	0.01	0.01	67.42
91	782	314	468	0.01		0.01	67.09
92	618	233	385	0.01			60.52
93	452	168	284	0.01			59.15
94	324	114	210				54.29
95–99岁	**697**	**235**	**462**	**0.01**		**0.01**	**50.87**
95	246	80	166				48.19
96	168	66	102				64.71
97	124	38	86				44.19
98	89	28	61				45.90
99	70	23	47				48.94
100岁及以上	**132**	**47**	**85**				**55.29**

3-3 各地区人口年龄构成(一)

单位：人、%

地　区	人口数				比重			
	合计	0-14岁	15-64岁	65岁及以上	合计	0-14岁	15-64岁	65岁及以上
北　京	**21893095**	**2591507**	**16389528**	**2912060**	**100.00**	**11.84**	**74.86**	**13.30**
东城区	708829	98290	481290	129249	100.00	13.87	67.90	18.23
西城区	1106214	157912	747270	201032	100.00	14.27	67.55	18.17
朝阳区	3452460	395192	2564493	492775	100.00	11.45	74.28	14.27
丰台区	2019764	219680	1480064	320020	100.00	10.88	73.28	15.84
石景山区	567851	64509	410322	93020	100.00	11.36	72.26	16.38
海淀区	3133469	371111	2353039	409319	100.00	11.84	75.09	13.06
门头沟区	392606	44760	289912	57934	100.00	11.40	73.84	14.76
房山区	1312778	169217	970113	173448	100.00	12.89	73.90	13.21
通州区	1840295	222726	1405713	211856	100.00	12.10	76.39	11.51
顺义区	1324044	155318	1025159	143567	100.00	11.73	77.43	10.84
昌平区	2269487	235965	1812988	220534	100.00	10.40	79.89	9.72
大兴区	1993591	236916	1563148	193527	100.00	11.88	78.41	9.71
怀柔区	441040	51932	332819	56289	100.00	11.77	75.46	12.76
平谷区	457313	60760	321407	75146	100.00	13.29	70.28	16.43
密云区	527683	66747	380801	80135	100.00	12.65	72.16	15.19
延庆区	345671	40472	250990	54209	100.00	11.71	72.61	15.68

3-3a 各地区人口年龄构成(一)(城市)

单位：人、%

地　区	人口数				比重			
	合计	0-14岁	15-64岁	65岁及以上	合计	0-14岁	15-64岁	65岁及以上
北　京	**17751681**	**2152936**	**13265127**	**2333618**	**100.00**	**12.13**	**74.73**	**13.15**
东城区	708829	98290	481290	129249	100.00	13.87	67.90	18.23
西城区	1106214	157912	747270	201032	100.00	14.27	67.55	18.17
朝阳区	3426994	392803	2545158	489033	100.00	11.46	74.27	14.27
丰台区	1992693	216223	1460205	316265	100.00	10.85	73.28	15.87
石景山区	567851	64509	410322	93020	100.00	11.36	72.26	16.38
海淀区	3058731	363011	2296513	399207	100.00	11.87	75.08	13.05
门头沟区	326511	38705	243711	44095	100.00	11.85	74.64	13.50
房山区	927720	123309	697234	107177	100.00	13.29	75.16	11.55
通州区	1056366	135424	805999	114943	100.00	12.82	76.30	10.88
顺义区	721291	97692	556530	67069	100.00	13.54	77.16	9.30
昌平区	1483962	160863	1184316	138783	100.00	10.84	79.81	9.35
大兴区	1419580	171613	1116999	130968	100.00	12.09	78.69	9.23
怀柔区	281233	36191	218025	27017	100.00	12.87	77.52	9.61
平谷区	227603	32801	166906	27896	100.00	14.41	73.33	12.26
密云区	293855	43387	219966	30502	100.00	14.76	74.86	10.38
延庆区	152248	20203	114683	17362	100.00	13.27	75.33	11.40

3–3b　各地区人口年龄构成(一)(镇)

单位：人、%

地　区	人口数				比重			
	合计	0–14岁	15–64岁	65岁及以上	合计	0–14岁	15–64岁	65岁及以上
北　京	**1414752**	**153338**	**1106512**	**154902**	**100.00**	**10.84**	**78.21**	**10.95**
东城区								
西城区								
朝阳区	25466	2389	19335	3742	100.00	9.38	75.92	14.69
丰台区	10959	1227	8178	1554	100.00	11.20	74.62	14.18
石景山区								
海淀区								
门头沟区	32434	3309	23467	5658	100.00	10.20	72.35	17.44
房山区	97600	11601	69332	16667	100.00	11.89	71.04	17.08
通州区	305037	33808	244887	26342	100.00	11.08	80.28	8.64
顺义区	153970	14798	125209	13963	100.00	9.61	81.32	9.07
昌平区	372153	38471	297037	36645	100.00	10.34	79.82	9.85
大兴区	202802	23099	161317	18386	100.00	11.39	79.54	9.07
怀柔区	53449	5285	42756	5408	100.00	9.89	79.99	10.12
平谷区	50898	7052	35109	8737	100.00	13.86	68.98	17.17
密云区	56543	6017	40144	10382	100.00	10.64	71.00	18.36
延庆区	53441	6282	39741	7418	100.00	11.76	74.36	13.88

3–3c　各地区人口年龄构成(一)(乡村)

单位：人、%

地　区	人口数				比重			
	合计	0–14岁	15–64岁	65岁及以上	合计	0–14岁	15–64岁	65岁及以上
北　京	**2726662**	**285233**	**2017889**	**423540**	**100.00**	**10.46**	**74.01**	**15.53**
东城区								
西城区								
朝阳区								
丰台区	16112	2230	11681	2201	100.00	13.84	72.50	13.66
石景山区								
海淀区	74738	8100	56526	10112	100.00	10.84	75.63	13.53
门头沟区	33661	2746	22734	8181	100.00	8.16	67.54	24.30
房山区	287458	34307	203547	49604	100.00	11.93	70.81	17.26
通州区	478892	53494	354827	70571	100.00	11.17	74.09	14.74
顺义区	448783	42828	343420	62535	100.00	9.54	76.52	13.93
昌平区	413372	36631	331635	45106	100.00	8.86	80.23	10.91
大兴区	371209	42204	284832	44173	100.00	11.37	76.73	11.90
怀柔区	106358	10456	72038	23864	100.00	9.83	67.73	22.44
平谷区	178812	20907	119392	38513	100.00	11.69	66.77	21.54
密云区	177285	17343	120691	39251	100.00	9.78	68.08	22.14
延庆区	139982	13987	96566	29429	100.00	9.99	68.98	21.02

3–4 各地区外省来京人员年龄构成(一)

单位：人、%

地 区	人 口 数				比 重			
	合计	0–14岁	15–64岁	65岁及以上	合计	0–14岁	15–64岁	65岁及以上
北 京	**8418418**	**619504**	**7393776**	**405138**	**100.00**	**7.36**	**87.83**	**4.81**
东 城 区	158101	8867	138503	10731	100.00	5.61	87.60	6.79
西 城 区	244156	11217	212979	19960	100.00	4.59	87.23	8.18
朝 阳 区	1280747	86240	1134752	59755	100.00	6.73	88.60	4.67
丰 台 区	645322	46935	564603	33784	100.00	7.27	87.49	5.24
石景山区	166387	12366	143311	10710	100.00	7.43	86.13	6.44
海 淀 区	1118215	63504	988318	66393	100.00	5.68	88.38	5.94
门头沟区	115249	10161	99805	5283	100.00	8.82	86.60	4.58
房 山 区	438353	42747	374086	21520	100.00	9.75	85.34	4.91
通 州 区	898000	76535	779735	41730	100.00	8.52	86.83	4.65
顺 义 区	599286	43603	535766	19917	100.00	7.28	89.40	3.32
昌 平 区	1310382	100772	1153614	55996	100.00	7.69	88.04	4.27
大 兴 区	1017900	81874	895901	40125	100.00	8.04	88.01	3.94
怀 柔 区	155777	11667	138162	5948	100.00	7.49	88.69	3.82
平 谷 区	78276	6899	67841	3536	100.00	8.81	86.67	4.52
密 云 区	111531	10040	95979	5512	100.00	9.00	86.06	4.94
延 庆 区	80736	6077	70421	4238	100.00	7.53	87.22	5.25

3–5 各地区人口年龄构成(二)

单位：人、%

地 区	人 口 数				比 重			
	合计	0–15岁	16–59岁	60岁及以上	合计	0–15岁	16–59岁	60岁及以上
北 京	**21893095**	**2687643**	**14906862**	**4298590**	**100.00**	**12.28**	**68.09**	**19.63**
东 城 区	708829	101901	419400	187528	100.00	14.38	59.17	26.46
西 城 区	1106214	163746	655147	287321	100.00	14.80	59.22	25.97
朝 阳 区	3452460	409152	2334439	708869	100.00	11.85	67.62	20.53
丰 台 区	2019764	228032	1312746	478986	100.00	11.29	65.00	23.71
石景山区	567851	66932	363151	137768	100.00	11.79	63.95	24.26
海 淀 区	3133469	387044	2168078	578347	100.00	12.35	69.19	18.46
门头沟区	392606	46594	257253	88759	100.00	11.87	65.52	22.61
房 山 区	1312778	175361	877257	260160	100.00	13.36	66.82	19.82
通 州 区	1840295	229729	1294590	315976	100.00	12.48	70.35	17.17
顺 义 区	1324044	160502	944791	218751	100.00	12.12	71.36	16.52
昌 平 区	2269487	243701	1686615	339171	100.00	10.74	74.32	14.94
大 兴 区	1993591	245087	1449296	299208	100.00	12.29	72.70	15.01
怀 柔 区	441040	54184	300640	86216	100.00	12.29	68.17	19.55
平 谷 区	457313	63223	284224	109866	100.00	13.82	62.15	24.02
密 云 区	527683	69998	335579	122106	100.00	13.27	63.59	23.14
延 庆 区	345671	42457	223656	79558	100.00	12.28	64.70	23.02

3–5a　各地区人口年龄构成(二)(城市)

单位：人、%

地　区	人口数				比重			
	合计	0–15岁	16–59岁	60岁及以上	合计	0–15岁	16–59岁	60岁及以上
北　京	**17751681**	**2234431**	**12077508**	**3439742**	**100.00**	**12.59**	**68.04**	**19.38**
东城区	708829	101901	419400	187528	100.00	14.38	59.17	26.46
西城区	1106214	163746	655147	287321	100.00	14.80	59.22	25.97
朝阳区	3426994	406689	2316750	703555	100.00	11.87	67.60	20.53
丰台区	1992693	224313	1295072	473308	100.00	11.26	64.99	23.75
石景山区	567851	66932	363151	137768	100.00	11.79	63.95	24.26
海淀区	3058731	378619	2117283	562829	100.00	12.38	69.22	18.40
门头沟区	326511	40278	217324	68909	100.00	12.34	66.56	21.10
房山区	927720	127872	636256	163592	100.00	13.78	68.58	17.63
通州区	1056366	139767	743669	172930	100.00	13.23	70.40	16.37
顺义区	721291	101050	516637	103604	100.00	14.01	71.63	14.36
昌平区	1483962	166089	1104279	213594	100.00	11.19	74.41	14.39
大兴区	1419580	177817	1036189	205574	100.00	12.53	72.99	14.48
怀柔区	281233	37816	199832	43585	100.00	13.45	71.06	15.50
平谷区	227603	34427	151801	41375	100.00	15.13	66.70	18.18
密云区	293855	45651	200231	47973	100.00	15.54	68.14	16.33
延庆区	152248	21464	104487	26297	100.00	14.10	68.63	17.27

3–5b　各地区人口年龄构成(二)(镇)

单位：人、%

地　区	人口数				比重			
	合计	0–15岁	16–59岁	60岁及以上	合计	0–15岁	16–59岁	60岁及以上
北　京	**1414752**	**158190**	**1021076**	**235486**	**100.00**	**11.18**	**72.17**	**16.65**
东城区								
西城区								
朝阳区	25466	2463	17689	5314	100.00	9.67	69.46	20.87
丰台区	10959	1273	7292	2394	100.00	11.62	66.54	21.85
石景山区								
海淀区								
门头沟区	32434	3427	20580	8427	100.00	10.57	63.45	25.98
房山区	97600	12013	61242	24345	100.00	12.31	62.75	24.94
通州区	305037	34810	229142	41085	100.00	11.41	75.12	13.47
顺义区	153970	15344	116994	21632	100.00	9.97	75.98	14.05
昌平区	372153	39638	276170	56345	100.00	10.65	74.21	15.14
大兴区	202802	23710	150781	28311	100.00	11.69	74.35	13.96
怀柔区	53449	5453	39729	8267	100.00	10.20	74.33	15.47
平谷区	50898	7269	30814	12815	100.00	14.28	60.54	25.18
密云区	56543	6259	34709	15575	100.00	11.07	61.39	27.55
延庆区	53441	6531	35934	10976	100.00	12.22	67.24	20.54

3-5c 各地区人口年龄构成(二)(乡村)

单位：人、%

地区	人口数				比重			
	合计	0-15岁	16-59岁	60岁及以上	合计	0-15岁	16-59岁	60岁及以上
北京	**2726662**	**295022**	**1808278**	**623362**	**100.00**	**10.82**	**66.32**	**22.86**
东城区								
西城区								
朝阳区								
丰台区	16112	2446	10382	3284	100.00	15.18	64.44	20.38
石景山区								
海淀区	74738	8425	50795	15518	100.00	11.27	67.96	20.76
门头沟区	33661	2889	19349	11423	100.00	8.58	57.48	33.94
房山区	287458	35476	179759	72223	100.00	12.34	62.53	25.12
通州区	478892	55152	321779	101961	100.00	11.52	67.19	21.29
顺义区	448783	44108	311160	93515	100.00	9.83	69.33	20.84
昌平区	413372	37974	306166	69232	100.00	9.19	74.07	16.75
大兴区	371209	43560	262326	65323	100.00	11.73	70.67	17.60
怀柔区	106358	10915	61079	34364	100.00	10.26	57.43	32.31
平谷区	178812	21527	101609	55676	100.00	12.04	56.82	31.14
密云区	177285	18088	100639	58558	100.00	10.20	56.77	33.03
延庆区	139982	14462	83235	42285	100.00	10.33	59.46	30.21

3-6 各地区外省来京人员年龄构成(二)

单位：人、%

地区	人口数				比重			
	合计	0-15岁	16-59岁	60岁及以上	合计	0-15岁	16-59岁	60岁及以上
北京	**8418418**	**637423**	**7093650**	**687345**	**100.00**	**7.57**	**84.26**	**8.16**
东城区	158101	9230	131892	16979	100.00	5.84	83.42	10.74
西城区	244156	11660	201345	31151	100.00	4.78	82.47	12.76
朝阳区	1280747	88729	1093698	98320	100.00	6.93	85.40	7.68
丰台区	645322	48118	541566	55638	100.00	7.46	83.92	8.62
石景山区	166387	12664	136726	16997	100.00	7.61	82.17	10.22
海淀区	1118215	65357	945213	107645	100.00	5.84	84.53	9.63
门头沟区	115249	10498	95557	9194	100.00	9.11	82.91	7.98
房山区	438353	43885	356282	38186	100.00	10.01	81.28	8.71
通州区	898000	78590	748165	71245	100.00	8.75	83.31	7.93
顺义区	599286	44923	516002	38361	100.00	7.50	86.10	6.40
昌平区	1310382	103336	1109924	97122	100.00	7.89	84.70	7.41
大兴区	1017900	84333	861194	72373	100.00	8.28	84.60	7.11
怀柔区	155777	12120	132765	10892	100.00	7.78	85.23	6.99
平谷区	78276	7168	64937	6171	100.00	9.16	82.96	7.88
密云区	111531	10379	91343	9809	100.00	9.31	81.90	8.79
延庆区	80736	6433	67041	7262	100.00	7.97	83.04	8.99

第一部分　全部数据资料

第四卷　教育

4-1　全市分年龄、性别、受教育程度的3岁及以上人口

单位：人

年　龄	3岁及以上人口			未上过学		
	合计	男	女	小计	男	女
总　计	**21344070**	**10910612**	**10433458**	**300020**	**99043**	**200977**
3	238599	123426	115173	58828	30836	27992
4	228626	118349	110277	25563	13277	12286
5–9岁	**932953**	**485161**	**447792**	**16778**	**8838**	**7940**
5	173323	90129	83194	11264	5826	5438
6	223486	116234	107252	3813	2043	1770
7	179813	93147	86666	715	413	302
8	195188	101687	93501	571	321	250
9	161143	83964	77179	415	235	180
10–14岁	**642304**	**335714**	**306590**	**2013**	**1139**	**874**
10	136465	71268	65197	438	237	201
11	141783	74355	67428	486	278	208
12	131852	68508	63344	439	240	199
13	129816	67748	62068	396	228	168
14	102388	53835	48553	254	156	98
15–19岁	**633557**	**345715**	**287842**	**1085**	**693**	**392**
15	96136	51014	45122	224	139	85
16	96027	52184	43843	203	111	92
17	92590	51342	41248	215	145	70
18	157181	86100	71081	244	165	79
19	191623	105075	86548	199	133	66
20–24岁	**1350502**	**715999**	**634503**	**1327**	**833**	**494**
20	226431	122786	103645	314	211	103
21	227263	122477	104786	251	153	98
22	260741	139585	121156	238	156	82
23	305675	160120	145555	249	145	104
24	330392	171031	159361	275	168	107
25–29岁	**1904688**	**995896**	**908792**	**1533**	**885**	**648**
25	358247	184877	173370	273	154	119
26	362652	187350	175302	274	167	107
27	389046	203251	185795	317	176	141
28	395455	208506	186949	334	184	150
29	399288	211912	187376	335	204	131
30–34岁	**2503029**	**1309189**	**1193840**	**2517**	**1402**	**1115**
30	509575	271115	238460	464	264	200
31	510402	268008	242394	524	297	227
32	498319	259517	238802	494	253	241
33	525230	272492	252738	548	310	238
34	459503	238057	221446	487	278	209
35–39岁	**2143185**	**1108136**	**1035049**	**2574**	**1360**	**1214**
35	402544	208153	194391	456	260	196
36	415497	214362	201135	496	275	221
37	433285	223733	209552	476	240	236
38	491285	253502	237783	579	293	286
39	400574	208386	192188	567	292	275
40–44岁	**1602133**	**838444**	**763689**	**3016**	**1290**	**1726**
40	362259	188766	173493	508	248	260
41	354732	185897	168835	594	265	329
42	325474	169906	155568	597	255	342
43	278055	145996	132059	604	245	359
44	281613	147879	133734	713	277	436

4-1 续表 1 单位：人

年 龄	3岁及以上人口			未上过学		
	合计	男	女	小计	男	女
45-49岁	**1618574**	**842337**	**776237**	**6823**	**2349**	**4474**
45	275875	143896	131979	848	317	531
46	305298	158535	146763	1138	415	723
47	339737	176378	163359	1364	489	875
48	345554	180035	165519	1660	541	1119
49	352110	183493	168617	1813	587	1226
50-54岁	**1619791**	**842484**	**777307**	**10407**	**3427**	**6980**
50	362822	189176	173646	2005	633	1372
51	338865	175790	163075	2053	713	1340
52	355405	184446	170959	2211	702	1509
53	264291	137457	126834	1930	629	1301
54	298408	155615	142793	2208	750	1458
55-59岁	**1627539**	**828013**	**799526**	**10914**	**3147**	**7767**
55	310940	160806	150134	2130	703	1427
56	352824	180427	172397	2196	685	1511
57	442051	224716	217335	2671	800	1871
58	307621	156604	151017	2235	551	1684
59	214103	105460	108643	1682	408	1274
60-64岁	**1386530**	**677025**	**709505**	**17829**	**4279**	**13550**
60	280106	138414	141692	2464	651	1813
61	249189	122537	126652	2669	668	2001
62	284248	139627	144621	3641	906	2735
63	298939	144985	153954	4465	1047	3418
64	274048	131462	142586	4590	1007	3583
65-69岁	**1194671**	**568385**	**626286**	**25402**	**5491**	**19911**
65	278309	133631	144678	5025	1083	3942
66	272624	129379	143245	5513	1184	4329
67	234020	110928	123092	5177	1135	4042
68	222966	105524	117442	5567	1232	4335
69	186752	88923	97829	4120	857	3263
70-74岁	**668541**	**314838**	**353703**	**16991**	**3822**	**13169**
70	169949	81351	88598	3834	878	2956
71	147193	70073	77120	3659	865	2794
72	122311	56970	65341	3300	764	2536
73	118178	55200	62978	3159	703	2456
74	110910	51244	59666	3039	612	2427
75-79岁	**415173**	**184665**	**230508**	**16489**	**2966**	**13523**
75	97367	43963	53404	2957	573	2384
76	82167	37230	44937	2886	546	2340
77	78325	34749	43576	3083	563	2520
78	80092	35018	45074	3600	626	2974
79	77222	33705	43517	3963	658	3305
80-84岁	**348786**	**152087**	**196699**	**29432**	**4805**	**24627**
80	75921	32958	42963	4589	725	3864
81	70776	30071	40705	5299	880	4419
82	72529	31498	41031	6354	1041	5313
83	68056	30195	37861	6485	1038	5447
84	61504	27365	34139	6705	1121	5584
85岁及以上	**284889**	**124749**	**160140**	**50499**	**8204**	**42295**

4-1　续表 2　　　　单位：人

年　龄	学前教育			小　学		
	小计	男	女	小计	男	女
总　计	**603292**	**311609**	**291683**	**2299436**	**1083828**	**1215608**
3	179771	92590	87181			
4	203063	105072	97991			
5–9岁	**208141**	**108425**	**99716**	**701100**	**364198**	**336902**
5	144923	75285	69638	17136	9018	8118
6	52382	27587	24795	166019	85925	80094
7	5300	2701	2599	172440	89330	83110
8	3415	1743	1672	189100	98491	90609
9	2121	1109	1012	156405	81434	74971
10–14岁	**5057**	**2636**	**2421**	**316309**	**165822**	**150487**
10	1513	779	734	130567	68171	62396
11	1282	693	589	127729	66862	60867
12	675	353	322	43060	22856	20204
13	755	379	376	10808	5751	5057
14	832	432	400	4145	2182	1963
15–19岁	**1039**	**536**	**503**	**8867**	**5264**	**3603**
15	572	280	292	1752	949	803
16	208	114	94	1666	959	707
17	77	43	34	1550	912	638
18	108	57	51	1981	1219	762
19	74	42	32	1918	1225	693
20–24岁	**379**	**214**	**165**	**8809**	**5949**	**2860**
20	90	55	35	1831	1193	638
21	52	26	26	1602	1093	509
22	83	41	42	1617	1125	492
23	77	39	38	1750	1173	577
24	77	53	24	2009	1365	644
25–29岁	**249**	**121**	**128**	**14349**	**9730**	**4619**
25	68	37	31	2258	1563	695
26	53	19	34	2308	1577	731
27	47	23	24	2950	1963	987
28	45	25	20	3138	2119	1019
29	36	17	19	3695	2508	1187
30–34岁	**294**	**136**	**158**	**27532**	**17720**	**9812**
30	64	30	34	4891	3249	1642
31	62	24	38	5434	3578	1856
32	60	27	33	5455	3531	1924
33	59	28	31	6133	3897	2236
34	49	27	22	5619	3465	2154
35–39岁	**192**	**99**	**93**	**27885**	**16371**	**11514**
35	36	14	22	4984	3015	1969
36	34	20	14	4926	2911	2015
37	47	23	24	5164	3040	2124
38	45	25	20	6626	3858	2768
39	30	17	13	6185	3547	2638
40–44岁	**164**	**89**	**75**	**45809**	**24011**	**21798**
40	32	16	16	6770	3593	3177
41	29	14	15	8491	4650	3841
42	39	23	16	9117	4799	4318
43	28	16	12	9582	4983	4599
44	36	20	16	11849	5986	5863

4-1 续表 3

单位：人

年 龄	学前教育			小 学		
	小计	男	女	小计	男	女
45–49岁	**283**	**128**	**155**	**96444**	**46514**	**49930**
45	39	23	16	13562	6702	6860
46	46	19	27	16809	8133	8676
47	51	24	27	19383	9299	10084
48	71	32	39	22205	10600	11605
49	76	30	46	24485	11780	12705
50–54岁	**477**	**225**	**252**	**155912**	**76118**	**79794**
50	90	41	49	29123	13844	15279
51	88	42	46	30787	15071	15716
52	109	64	45	34760	17012	17748
53	81	32	49	28933	14095	14838
54	109	46	63	32309	16096	16213
55–59岁	**440**	**186**	**254**	**126033**	**59775**	**66258**
55	88	37	51	29817	14513	15304
56	117	55	62	28203	13721	14482
57	100	43	57	30651	14715	15936
58	83	32	51	22818	10510	12308
59	52	19	33	14544	6316	8228
60–64岁	**519**	**212**	**307**	**132481**	**54478**	**78003**
60	87	31	56	20743	8861	11882
61	83	36	47	21546	9196	12350
62	117	48	69	27645	11557	16088
63	119	51	68	30758	12533	18225
64	113	46	67	31789	12331	19458
65–69岁	**517**	**189**	**328**	**179992**	**68374**	**111618**
65	109	42	67	35868	13753	22115
66	121	50	71	37773	14387	23386
67	99	29	70	36405	13948	22457
68	114	45	69	37903	14453	23450
69	74	23	51	32043	11833	20210
70–74岁	**451**	**127**	**324**	**144168**	**53795**	**90373**
70	103	25	78	32128	11829	20299
71	85	26	59	31747	11980	19767
72	93	26	67	27893	10510	17383
73	75	24	51	27172	10118	17054
74	95	26	69	25228	9358	15870
75–79岁	**464**	**125**	**339**	**100490**	**35739**	**64751**
75	79	24	55	22134	7912	14222
76	83	30	53	19281	7041	12240
77	90	28	62	18905	6768	12137
78	92	19	73	19891	6972	12919
79	120	24	96	20279	7046	13233
80–84岁	**722**	**201**	**521**	**112178**	**38707**	**73471**
80	117	31	86	21430	7111	14319
81	134	37	97	21971	7237	14734
82	148	39	109	24134	8306	15828
83	151	43	108	23162	8192	14970
84	172	51	121	21481	7861	13620
85岁及以上	**1070**	**298**	**772**	**101078**	**41263**	**59815**

4-1 续表 4 单位：人

年 龄	初 中			高 中			大学专科		
	小计	男	女	小计	男	女	小计	男	女
总 计	**5098789**	**2835520**	**2263269**	**3851750**	**1998990**	**1852760**	**2928407**	**1473704**	**1454703**
3									
4									
5–9岁	**6913**	**3692**	**3221**	**21**	**8**	**13**			
5									
6	1272	679	593						
7	1358	703	655						
8	2091	1128	963	11	4	7			
9	2192	1182	1010	10	4	6			
10–14岁	**309720**	**161406**	**148314**	**9092**	**4653**	**4439**	**39**	**18**	**21**
10	3918	2064	1854	9	4	5	4	2	2
11	12242	6499	5743	25	15	10	8	2	6
12	87568	45003	42565	86	43	43	7	5	2
13	115047	59906	55141	2780	1472	1308	11	4	7
14	90945	47934	43011	6192	3119	3073	9	5	4
15–19岁	**106216**	**69557**	**36659**	**278526**	**150353**	**128173**	**59518**	**31601**	**27917**
15	34554	19467	15087	57166	29196	27970	1098	562	536
16	16875	10712	6163	73440	38406	35034	2193	1166	1027
17	15334	10746	4588	61926	32895	29031	5267	2850	2417
18	18172	13137	5035	49335	28144	21191	20633	10960	9673
19	21281	15495	5786	36659	21712	14947	30327	16063	14264
20–24岁	**142593**	**98980**	**43613**	**190077**	**116867**	**73210**	**295373**	**152885**	**142488**
20	23937	17095	6842	38504	23050	15454	40988	21452	19536
21	24984	17626	7358	35990	21980	14010	47228	24581	22647
22	29421	20470	8951	37011	23141	13870	60584	31405	29179
23	31022	21262	9760	38580	24123	14457	71353	36886	34467
24	33229	22527	10702	39992	24573	15419	75220	38561	36659
25–29岁	**217539**	**147852**	**69687**	**242003**	**149306**	**92697**	**401337**	**208681**	**192656**
25	36523	24762	11761	43298	26912	16386	79890	41094	38796
26	37390	25297	12093	44194	27384	16810	78347	40753	37594
27	43830	29979	13851	48537	29964	18573	80426	42007	38419
28	46830	31976	14854	50128	30795	19333	79986	41904	38082
29	52966	35838	17128	55846	34251	21595	82688	42923	39765
30–34岁	**370504**	**243832**	**126672**	**372238**	**219735**	**152503**	**511810**	**257367**	**254443**
30	71770	48516	23254	74281	45218	29063	105411	54515	50896
31	73768	49086	24682	75132	44704	30428	105854	53685	52169
32	72761	47784	24977	74011	43845	30166	103099	51817	51282
33	80615	52432	28183	79863	46459	33404	106870	52683	54187
34	71590	46014	25576	68951	39509	29442	90576	44667	45909
35–39岁	**341930**	**213560**	**128370**	**316284**	**176048**	**140236**	**391852**	**192747**	**199105**
35	63634	40438	23196	58159	33041	25118	75766	37397	38369
36	65181	41036	24145	58411	32808	25603	75770	37674	38096
37	65979	41438	24541	61805	34472	27333	79140	38868	40272
38	77400	47915	29485	74212	40992	33220	89769	44068	45701
39	69736	42733	27003	63697	34735	28962	71407	34740	36667
40–44岁	**364496**	**211245**	**153251**	**280666**	**147995**	**132671**	**270734**	**131299**	**139435**
40	66931	40296	26635	60866	33208	27658	65265	31794	33471
41	73923	43487	30436	62122	33085	29037	61496	29880	31616
42	73203	42335	30868	57151	29892	27259	55661	26969	28692
43	70274	40175	30099	49773	25774	23999	45104	21823	23281
44	80165	44952	35213	50754	26036	24718	43208	20833	22375

4-1　续表 5　　　　单位：人

年龄	初中			高中			大学专科		
	小计	男	女	小计	男	女	小计	男	女
45–49岁	**557857**	**304369**	**253488**	**296702**	**149230**	**147472**	**220805**	**106348**	**114457**
45	85262	47346	37916	49746	25038	24708	40309	19153	21156
46	101426	55351	46075	55254	27814	27440	42877	20618	22259
47	114608	62364	52244	62224	31287	30937	47204	22805	24399
48	124589	67509	57080	63788	32070	31718	45334	21990	23344
49	131972	71799	60173	65690	33021	32669	45081	21782	23299
50–54岁	**667810**	**362192**	**305618**	**310040**	**152502**	**157538**	**173015**	**83633**	**89382**
50	141952	77446	64506	69151	34855	34296	43886	21195	22691
51	133897	72713	61184	65877	32549	33328	39535	19027	20508
52	144656	78365	66291	68026	33444	34582	38899	18841	20058
53	116709	63141	53568	48702	23741	24961	24315	11724	12591
54	130596	70527	60069	58284	27913	30371	26380	12846	13534
55–59岁	**571718**	**302067**	**269651**	**517032**	**245402**	**271630**	**168746**	**80893**	**87853**
55	129770	68966	60804	72407	34535	37872	27970	13434	14536
56	131418	69505	61913	102309	48284	54025	35219	16898	18321
57	150382	79322	71060	145904	69202	76702	47944	22807	25137
58	98805	52543	46262	108558	52080	56478	34177	16488	17689
59	61343	31731	29612	87854	41301	46553	23436	11266	12170
60–64岁	**450979**	**231513**	**219466**	**510824**	**238280**	**272544**	**143756**	**72331**	**71425**
60	81121	41714	39407	118941	56273	62668	28327	14040	14287
61	72816	37279	35537	105557	50137	55420	23653	11967	11686
62	90947	47331	43616	109109	50862	58247	28340	14484	13856
63	100527	52058	48469	103007	46847	56160	32500	16334	16166
64	105568	53131	52437	74210	34161	40049	30936	15506	15430
65–69岁	**508901**	**252437**	**256464**	**234876**	**109992**	**124884**	**134999**	**69329**	**65670**
65	111188	55734	55454	64451	30198	34253	33082	16633	16449
66	114677	56684	57993	56155	26253	29902	32290	16189	16101
67	103428	51102	52326	43227	20162	23065	25177	12985	12192
68	98471	48577	49894	38623	18016	20607	23749	12499	11250
69	81137	40340	40797	32420	15363	17057	20701	11023	9678
70–74岁	**244730**	**120101**	**124629**	**129094**	**61012**	**68082**	**74134**	**40869**	**33265**
70	71062	35447	35615	29096	13920	15176	18955	10466	8489
71	53882	26735	27147	28569	13579	14990	16999	9498	7501
72	42037	20390	21647	25482	11947	13535	13930	7543	6387
73	40222	19635	20587	24612	11687	12925	13126	7171	5955
74	37527	17894	19633	21335	9879	11456	11124	6191	4933
75–79岁	**121789**	**56169**	**65620**	**81275**	**36443**	**44832**	**39534**	**21325**	**18209**
75	32437	15172	17265	18818	8565	10253	9255	4963	4292
76	25575	12137	13438	16144	7270	8874	8137	4410	3727
77	22864	10598	12266	15914	7060	8854	7721	4163	3558
78	21887	9849	12038	16048	7127	8921	7656	4118	3538
79	19026	8413	10613	14351	6421	7930	6765	3671	3094
80–84岁	**69426**	**31723**	**37703**	**51542**	**24375**	**27167**	**25893**	**14510**	**11383**
80	17547	7800	9747	12784	5775	7009	6180	3352	2828
81	14520	6219	8301	10847	4905	5942	5272	2837	2435
82	13788	6155	7633	10342	4921	5421	5303	2983	2320
83	12516	6024	6492	9424	4673	4751	4878	2834	2044
84	11055	5525	5530	8145	4101	4044	4260	2504	1756
85岁及以上	**45668**	**24825**	**20843**	**31458**	**16789**	**14669**	**16862**	**9868**	**6994**

4-1　续表 6　　　　　　　　　　　　　　　　　　　　　　　　　　　　　　单位：人

年　龄	大学本科			硕士研究生			博士研究生		
	小计	男	女	小计	男	女	小计	男	女
总　计	**4771495**	**2353594**	**2417901**	**1263015**	**616649**	**646366**	**227866**	**137675**	**90191**
3									
4									
5–9岁									
5									
6									
7									
8									
9									
10–14岁	**68**	**37**	**31**	**6**	**3**	**3**			
10	16	11	5						
11	11	6	5						
12	15	7	8	2	1	1			
13	16	7	9	3	1	2			
14	10	6	4	1	1				
15–19岁	**177825**	**87437**	**90388**	**404**	**233**	**171**	**77**	**41**	**36**
15	765	418	347	3	1	2	2	2	
16	1441	716	725	1		1			
17	8160	3719	4441	52	28	24	9	4	5
18	66567	32345	34222	122	65	57	19	8	11
19	100892	50239	50653	226	139	87	47	27	20
20–24岁	**564123**	**272452**	**291671**	**134097**	**59426**	**74671**	**13724**	**8393**	**5331**
20	119958	59362	60596	703	310	393	106	58	48
21	110744	54221	56523	5789	2396	3393	623	401	222
22	100060	48442	51618	28831	12940	15891	2896	1865	1031
23	111302	52948	58354	47163	20952	26211	4179	2592	1587
24	122059	57479	64580	51611	22828	28783	5920	3477	2443
25–29岁	**728544**	**345922**	**382622**	**249928**	**106063**	**143865**	**49206**	**27336**	**21870**
25	136854	63735	73119	50630	21839	28791	8453	4781	3672
26	141478	66189	75289	48564	20472	28092	10044	5492	4552
27	151545	72017	79528	50496	21108	29388	10898	6014	4884
28	153202	74120	79082	51519	21706	29813	10273	5677	4596
29	145465	69861	75604	48719	20938	27781	9538	5372	4166
30–34岁	**887629**	**415883**	**471746**	**284357**	**126701**	**157656**	**46148**	**26413**	**19735**
30	181238	87055	94183	60818	26297	34521	10638	5971	4667
31	179838	84800	95038	59868	26191	33677	9922	5643	4279
32	177407	82340	95067	56070	24826	31244	8962	5094	3868
33	185469	85747	99722	56931	25844	31087	8742	5092	3650
34	163677	75941	87736	50670	23543	27127	7884	4613	3271
35–39岁	**779690**	**367507**	**412183**	**244524**	**118206**	**126318**	**38254**	**22238**	**16016**
35	146879	68341	78538	45604	21608	23996	7026	4039	2987
36	154439	72115	82324	48761	23168	25593	7479	4355	3124
37	162153	76627	85526	50689	24430	26259	7832	4595	3237
38	178261	84210	94051	55698	27093	28605	8695	5048	3647
39	137958	66214	71744	43772	21907	21865	7222	4201	3021
40–44岁	**462290**	**227057**	**235233**	**146292**	**78310**	**67982**	**28666**	**17148**	**11518**
40	118607	57133	61474	36895	18723	18172	6385	3755	2630
41	106551	52094	54457	35023	18545	16478	6503	3877	2626
42	93963	45967	47996	29847	16227	13620	5896	3439	2457
43	74291	36993	37298	23331	12894	10437	5068	3093	1975
44	68878	34870	34008	21196	11921	9275	4814	2984	1830

4–1 续表 7

单位：人

年龄	大学本科			硕士研究生			博士研究生		
	小计	男	女	小计	男	女	小计	男	女
45–49岁	**332003**	**169454**	**162549**	**86512**	**50533**	**35979**	**21145**	**13412**	**7733**
45	63408	32122	31286	18323	10490	7833	4378	2705	1673
46	65508	33103	32405	17813	10303	7510	4427	2779	1648
47	71739	36468	35271	18513	10741	7772	4651	2901	1750
48	67099	34662	32437	16763	10002	6761	4045	2629	1416
49	64249	33099	31150	15100	8997	6103	3644	2398	1246
50–54岁	**238931**	**124562**	**114369**	**49864**	**30641**	**19223**	**13335**	**9184**	**4151**
50	60424	31195	29229	12928	7819	5109	3263	2148	1115
51	53060	27291	25769	10769	6488	4281	2799	1896	903
52	53193	27638	25555	10764	6473	4291	2787	1907	880
53	34455	18199	16256	7194	4499	2695	1972	1397	575
54	37799	20239	17560	8209	5362	2847	2514	1836	678
55–59岁	**185509**	**103328**	**82181**	**36470**	**24911**	**11559**	**10677**	**8304**	**2373**
55	37614	20872	16742	8533	5770	2763	2611	1976	635
56	41946	23302	18644	8788	5964	2824	2628	2013	615
57	51252	28518	22734	10177	6955	3222	2970	2354	616
58	33276	18858	14418	5986	4191	1795	1683	1351	332
59	21421	11778	9643	2986	2031	955	785	610	175
60–64岁	**112670**	**63359**	**49311**	**14013**	**9813**	**4200**	**3459**	**2760**	**699**
60	24467	13978	10489	3215	2257	958	741	609	132
61	19857	11088	8769	2403	1691	712	605	475	130
62	20974	11936	9038	2766	1923	843	709	580	129
63	23748	13372	10376	3028	2124	904	787	619	168
64	23624	12985	10639	2601	1818	783	617	477	140
65–69岁	**99891**	**55438**	**44453**	**8515**	**5915**	**2600**	**1578**	**1220**	**358**
65	25354	13905	11449	2701	1866	835	531	417	114
66	23543	12835	10708	2145	1496	649	407	301	106
67	18772	10359	8413	1476	1021	455	259	187	72
68	17139	9706	7433	1188	825	363	212	171	41
69	15083	8633	6450	1005	707	298	169	144	25
70–74岁	**55403**	**32452**	**22951**	**3006**	**2216**	**790**	**564**	**444**	**120**
70	13797	8091	5706	832	594	238	142	101	41
71	11473	6797	4676	658	490	168	121	103	18
72	9015	5378	3637	463	332	131	98	80	18
73	9255	5443	3812	469	351	118	88	68	20
74	11863	6743	5120	584	449	135	115	92	23
75–79岁	**52928**	**30166**	**22762**	**1854**	**1457**	**397**	**350**	**275**	**75**
75	11077	6284	4793	512	394	118	98	76	22
76	9565	5392	4173	430	350	80	66	54	12
77	9362	5258	4104	320	253	67	66	58	8
78	10550	6022	4528	310	246	64	58	39	19
79	12374	7210	5164	282	214	68	62	48	14
80–84岁	**57875**	**36505**	**21370**	**1438**	**1057**	**381**	**280**	**204**	**76**
80	12936	7901	5035	275	219	56	63	44	19
81	12400	7697	4703	277	216	61	56	43	13
82	12117	7808	4309	284	205	79	59	40	19
83	11120	7154	3966	271	198	73	49	39	10
84	9302	5945	3357	331	219	112	53	38	15
85岁及以上	**36116**	**22035**	**14081**	**1735**	**1164**	**571**	**403**	**303**	**100**

4-1a 全市分年龄、性别、受教育程度的3岁及以上人口(城市)

单位：人

年 龄	3岁及以上人口			未上过学		
	合计	男	女	小计	男	女
总 计	**17312628**	**8709277**	**8603351**	**199060**	**68061**	**130999**
3	194139	100380	93759	48670	25508	23162
4	189311	98073	91238	22391	11622	10769
5-9岁	**790307**	**411049**	**379258**	**14568**	**7647**	**6921**
5	146114	76104	70010	9917	5137	4780
6	189405	98613	90792	3292	1743	1549
7	152659	78957	73702	568	327	241
8	165843	86350	79493	464	252	212
9	136286	71025	65261	327	188	139
10-14岁	**540126**	**282380**	**257746**	**1571**	**870**	**701**
10	115461	60353	55108	343	186	157
11	119955	62968	56987	398	222	176
12	111232	57866	53366	354	190	164
13	109200	56960	52240	306	172	134
14	84278	44233	40045	170	100	70
15-19岁	**537402**	**288990**	**248412**	**565**	**335**	**230**
15	81495	42994	38501	140	82	58
16	84209	45411	38798	97	45	52
17	78618	43147	35471	90	60	30
18	132022	71215	60807	131	88	43
19	161058	86223	74835	107	60	47
20-24岁	**1119524**	**580903**	**538621**	**795**	**504**	**291**
20	189820	100622	89198	194	126	68
21	189105	99867	89238	154	96	58
22	211837	110959	100878	142	87	55
23	253187	129853	123334	146	91	55
24	275575	139602	135973	159	104	55
25-29岁	**1576537**	**806791**	**769746**	**893**	**513**	**380**
25	297849	150313	147536	149	85	64
26	302861	153341	149520	166	101	65
27	324237	165699	158538	173	97	76
28	328037	169368	158669	195	102	93
29	323553	168070	155483	210	128	82
30-34岁	**2015815**	**1030649**	**985166**	**1472**	**808**	**664**
30	409963	213300	196663	269	149	120
31	409074	210126	198948	303	170	133
32	401309	204278	197031	302	144	158
33	423246	214548	208698	317	185	132
34	372223	188397	183826	281	160	121
35-39岁	**1791251**	**905265**	**885986**	**1561**	**803**	**758**
35	329200	166246	162954	263	155	108
36	345315	173990	171325	309	160	149
37	364487	183940	180547	286	141	145
38	414804	209268	205536	373	177	196
39	337445	171821	165624	330	170	160
40-44岁	**1333822**	**684422**	**649400**	**1919**	**783**	**1136**
40	304733	155584	149149	321	161	160
41	296264	152044	144220	372	166	206
42	271177	138739	132438	390	149	241
43	230418	118770	111648	384	146	238
44	231230	119285	111945	452	161	291

4－1a　续表 1　　　　单位：人

年　龄	3岁及以上人口			未上过学		
	合计	男	女	小计	男	女
45－49岁	**1285488**	**656305**	**629183**	**4376**	**1323**	**3053**
45	224171	114866	109305	553	185	368
46	244132	124365	119767	715	233	482
47	271332	138073	133259	878	277	601
48	271721	139127	132594	1082	306	776
49	274132	139874	134258	1148	322	826
50－54岁	**1238499**	**631116**	**607383**	**6577**	**1912**	**4665**
50	279675	142780	136895	1326	382	944
51	262660	133481	129179	1322	402	920
52	274427	139556	134871	1402	387	1015
53	198510	101113	97397	1192	335	857
54	223227	114186	109041	1335	406	929
55－59岁	**1260665**	**632336**	**628329**	**6836**	**1777**	**5059**
55	232126	118102	114024	1310	399	911
56	270261	136189	134072	1348	377	971
57	346553	173805	172748	1639	422	1217
58	240818	121094	119724	1435	313	1122
59	170907	83146	87761	1104	266	838
60－64岁	**1106124**	**532970**	**573154**	**9709**	**2100**	**7609**
60	220014	107262	112752	1357	331	1026
61	196609	95345	101264	1506	353	1153
62	226942	110001	116941	2023	446	1577
63	242419	115905	126514	2424	507	1917
64	220140	104457	115683	2399	463	1936
65－69岁	**955109**	**449515**	**505594**	**11953**	**2300**	**9653**
65	224195	106322	117873	2485	458	2027
66	219743	103253	116490	2663	505	2158
67	186693	87436	99257	2388	467	1921
68	175662	82207	93455	2484	502	1982
69	148816	70297	78519	1933	368	1565
70－74岁	**522169**	**244145**	**278024**	**7073**	**1468**	**5605**
70	134439	64075	70364	1726	377	1349
71	114852	54325	60527	1548	337	1211
72	95180	43808	51372	1402	309	1093
73	91587	42465	49122	1218	239	979
74	86111	39472	46639	1179	206	973
75－79岁	**327724**	**143815**	**183909**	**7428**	**1091**	**6337**
75	75774	33897	41877	1213	214	999
76	63408	28358	35050	1200	204	996
77	61629	26983	34646	1383	229	1154
78	64210	27574	36636	1669	211	1458
79	62703	27003	35700	1963	233	1730
80－84岁	**291184**	**125055**	**166129**	**17397**	**2096**	**15301**
80	62872	26846	36026	2487	275	2212
81	58756	24411	34345	3043	390	2653
82	60322	25672	34650	3684	430	3254
83	57305	25172	32133	3946	463	3483
84	51929	22954	28975	4237	538	3699
85岁及以上	**237432**	**105118**	**132314**	**33306**	**4601**	**28705**

4–1a　续表 2　　单位：人

年　龄	学前教育			小　学		
	小计	男	女	小计	男	女
总　计	**496110**	**256441**	**239669**	**1660716**	**775261**	**885455**
3	145469	74872	70597			
4	166920	86451	80469			
5–9岁	**174377**	**90936**	**83441**	**595697**	**309470**	**286227**
5	121932	63452	58480	14265	7515	6750
6	43413	22860	20553	141684	73460	68224
7	4350	2224	2126	146629	75853	70776
8	2891	1469	1422	160763	83711	77052
9	1791	931	860	132356	68931	63425
10–14岁	**4284**	**2230**	**2054**	**265929**	**139373**	**126556**
10	1293	667	626	110551	57781	52770
11	1102	587	515	108098	56619	51479
12	563	292	271	35500	18802	16698
13	626	312	314	8547	4478	4069
14	700	372	328	3233	1693	1540
15–19岁	**883**	**455**	**428**	**7072**	**4131**	**2941**
15	484	241	243	1340	709	631
16	177	96	81	1324	758	566
17	62	32	30	1240	713	527
18	99	53	46	1661	1010	651
19	61	33	28	1507	941	566
20–24岁	**296**	**166**	**130**	**6318**	**4231**	**2087**
20	74	46	28	1405	906	499
21	43	22	21	1156	778	378
22	58	28	30	1140	789	351
23	57	28	29	1219	827	392
24	64	42	22	1398	931	467
25–29岁	**200**	**97**	**103**	**9584**	**6513**	**3071**
25	57	31	26	1549	1065	484
26	49	17	32	1567	1070	497
27	34	20	14	1985	1328	657
28	37	19	18	2119	1430	689
29	23	10	13	2364	1620	744
30–34岁	**219**	**95**	**124**	**17719**	**11312**	**6407**
30	38	18	20	3171	2091	1080
31	50	17	33	3523	2293	1230
32	48	21	27	3496	2225	1271
33	46	22	24	3924	2490	1434
34	37	17	20	3605	2213	1392
35–39岁	**146**	**73**	**73**	**18213**	**10435**	**7778**
35	27	9	18	3184	1891	1293
36	21	13	8	3148	1823	1325
37	38	20	18	3396	1961	1435
38	36	18	18	4381	2488	1893
39	24	13	11	4104	2272	1832
40–44岁	**111**	**53**	**58**	**30092**	**15195**	**14897**
40	20	7	13	4474	2314	2160
41	21	9	12	5439	2905	2534
42	26	14	12	5880	2990	2890
43	20	10	10	6344	3157	3187
44	24	13	11	7955	3829	4126

4–1a 续表 3 单位：人

年 龄	学前教育			小 学		
	小计	男	女	小计	男	女
45–49岁	**200**	**83**	**117**	**64334**	**29779**	**34555**
45	27	14	13	9188	4401	4787
46	31	11	20	11277	5258	6019
47	37	17	20	13047	5971	7076
48	50	19	31	14762	6741	8021
49	55	22	33	16060	7408	8652
50–54岁	**323**	**132**	**191**	**100545**	**46915**	**53630**
50	67	27	40	19181	8689	10492
51	62	25	37	20056	9399	10657
52	80	44	36	22542	10562	11980
53	43	13	30	18625	8693	9932
54	71	23	48	20141	9572	10569
55–59岁	**302**	**119**	**183**	**75711**	**34606**	**41105**
55	67	28	39	18151	8440	9711
56	80	33	47	16808	7875	8933
57	60	21	39	18412	8529	9883
58	60	24	36	13724	6086	7638
59	35	13	22	8616	3676	4940
60–64岁	**364**	**150**	**214**	**74436**	**29426**	**45010**
60	58	17	41	11569	4770	6799
61	59	22	37	12084	4979	7105
62	80	36	44	15744	6346	9398
63	83	40	43	17527	6852	10675
64	84	35	49	17512	6479	11033
65–69岁	**319**	**113**	**206**	**97393**	**35003**	**62390**
65	81	28	53	19653	7074	12579
66	76	31	45	20545	7430	13115
67	59	13	46	19740	7160	12580
68	59	24	35	20143	7295	12848
69	44	17	27	17312	6044	11268
70–74岁	**211**	**50**	**161**	**77323**	**26499**	**50824**
70	55	12	43	17204	5898	11306
71	47	12	35	17049	5974	11075
72	44	10	34	14997	5127	9870
73	24	9	15	14533	4947	9586
74	41	7	34	13540	4553	8987
75–79岁	**225**	**56**	**169**	**58166**	**17736**	**40430**
75	31	8	23	12033	3807	8226
76	37	15	22	10369	3281	7088
77	47	15	32	10819	3351	7468
78	42	7	35	12092	3561	8531
79	68	11	57	12853	3736	9117
80–84岁	**468**	**105**	**363**	**82000**	**23820**	**58180**
80	63	9	54	14714	3981	10733
81	79	18	61	15618	4149	11469
82	108	26	82	17633	5022	12611
83	97	21	76	17495	5291	12204
84	121	31	90	16540	5377	11163
85岁及以上	**793**	**205**	**588**	**80184**	**30817**	**49367**

4–1a 续表 4

单位：人

年 龄	初 中			高 中			大学专科		
	小计	男	女	小计	男	女	小计	男	女
总 计	**3485800**	**1889581**	**1596219**	**3135889**	**1586202**	**1549687**	**2492465**	**1240546**	**1251919**
3									
4									
5–9岁	**5647**	**2989**	**2658**	**18**	**7**	**11**			
5									
6	1016	550	466						
7	1112	553	559						
8	1715	914	801	10	4	6			
9	1804	972	832	8	3	5			
10–14岁	**260422**	**135851**	**124571**	**7814**	**3999**	**3815**	**35**	**18**	**17**
10	3248	1704	1544	6	2	4	4	2	2
11	10316	5519	4797	23	13	10	7	2	5
12	74710	38529	36181	81	40	41	7	5	2
13	97281	50713	46568	2413	1273	1140	10	4	6
14	74867	39386	35481	5291	2671	2620	7	5	2
15–19岁	**83312**	**53727**	**29585**	**240947**	**129045**	**111902**	**47820**	**24967**	**22853**
15	28220	15774	12446	49759	25372	24387	855	427	428
16	13470	8367	5103	66150	34624	31526	1782	929	853
17	11852	8182	3670	54142	28730	25412	4006	2124	1882
18	13790	9865	3925	41620	23463	18157	16424	8571	7853
19	15980	11539	4441	29276	16856	12420	24753	12916	11837
20–24岁	**102431**	**70683**	**31748**	**140282**	**84566**	**55716**	**229506**	**117098**	**112408**
20	17641	12477	5164	29956	17510	12446	32723	16843	15880
21	18319	12835	5484	27130	16221	10909	36452	18779	17673
22	21032	14520	6512	26989	16561	10428	46583	23780	22803
23	22053	15059	6994	27735	17078	10657	55205	28158	27047
24	23386	15792	7594	28472	17196	11276	58543	29538	29005
25–29岁	**146594**	**99357**	**47237**	**167554**	**102756**	**64798**	**312489**	**161007**	**151482**
25	25359	17164	8195	30393	18675	11718	61987	31345	30642
26	25534	17202	8332	31157	19166	11991	61483	31727	29756
27	29560	20115	9445	34128	20921	13207	63194	32693	30501
28	31395	21376	10019	34579	21207	13372	62673	32604	30069
29	34746	23500	11246	37297	22787	14510	63152	32638	30514
30–34岁	**235890**	**155284**	**80606**	**245013**	**143750**	**101263**	**396636**	**198274**	**198362**
30	46619	31524	15095	48743	29528	19215	80231	41235	38996
31	46996	31247	15749	48919	28946	19973	80740	40788	39952
32	46365	30492	15873	48487	28635	19852	79776	39854	39922
33	51276	33355	17921	52805	30443	22362	83946	41164	42782
34	44634	28666	15968	46059	26198	19861	71943	35233	36710
35–39岁	**213112**	**132773**	**80339**	**224446**	**122931**	**101515**	**330930**	**161007**	**169923**
35	38981	24696	14285	39440	22224	17216	61544	30108	31436
36	40417	25406	15011	40756	22636	18120	62886	30938	31948
37	41160	25882	15278	43986	24133	19853	67100	32514	34586
38	48591	29930	18661	53639	29065	24574	77352	37588	39764
39	43963	26859	17104	46625	24873	21752	62048	29859	32189
40–44岁	**231305**	**132385**	**98920**	**216174**	**111291**	**104883**	**242239**	**116017**	**126222**
40	42062	25152	16910	45355	24302	21053	57559	27767	29792
41	46346	26918	19428	47302	24611	22691	54712	26208	28504
42	46120	26335	19785	44050	22488	21562	50011	23869	26142
43	44960	25355	19605	39073	19711	19362	40780	19527	21253
44	51817	28625	23192	40394	20179	20215	39177	18646	20531

4−1a 续表 5 单位：人

年龄	初中			高中			大学专科		
	小计	男	女	小计	男	女	小计	男	女
45−49岁	**351548**	**187441**	**164107**	**240518**	**117828**	**122690**	**201433**	**95821**	**105612**
45	54860	29950	24910	40068	19611	20457	36576	17168	19408
46	64455	34340	30115	44329	21747	22582	38912	18467	20445
47	72198	38269	33929	50712	24838	25874	43105	20577	22528
48	78047	41412	36635	51723	25387	26336	41454	19872	21582
49	81988	43470	38518	53686	26245	27441	41386	19737	21649
50−54岁	**418787**	**222168**	**196619**	**262009**	**126148**	**135861**	**159709**	**76183**	**83526**
50	88057	46814	41243	57097	28179	28918	40270	19181	21089
51	84643	44953	39690	55817	27069	28748	36617	17421	19196
52	92076	48797	43279	58022	27941	30081	36062	17221	18841
53	72884	38567	34317	41387	19732	21655	22454	10686	11768
54	81127	43037	38090	49686	23227	26459	24306	11674	12632
55−59岁	**345715**	**179139**	**166576**	**450144**	**210705**	**239439**	**158078**	**74850**	**83228**
55	77995	40624	37371	61805	28897	32908	25982	12280	13702
56	78933	40965	37968	88973	41388	47585	32848	15550	17298
57	91493	47416	44077	127961	59929	68032	44944	21100	23844
58	59689	31194	28495	94326	44690	49636	32165	15382	16783
59	37605	18940	18665	77079	35801	41278	22139	10538	11601
60−64岁	**308367**	**153344**	**155023**	**451873**	**207214**	**244659**	**136044**	**67771**	**68273**
60	49579	24709	24870	103421	48180	55241	26666	13064	13602
61	46306	22939	23367	92315	43167	49148	22329	11162	11167
62	62000	31441	30559	96720	44294	52426	26857	13596	13261
63	72327	36272	36055	92623	41331	51292	30847	15387	15460
64	78155	37983	40172	66794	30242	36552	29345	14562	14783
65−69岁	**395610**	**187576**	**208034**	**215349**	**98838**	**116511**	**128435**	**65493**	**62942**
65	84577	40707	43870	58455	26829	31626	31376	15648	15728
66	89161	42389	46772	51382	23533	27849	30754	15301	15453
67	80949	38197	42752	39823	18183	21640	23974	12288	11686
68	76875	35955	40920	35629	16293	19336	22597	11840	10757
69	64048	30328	33720	30060	14000	16060	19734	10416	9318
70−74岁	**190045**	**88128**	**101917**	**120027**	**55611**	**64416**	**70625**	**38626**	**31999**
70	56200	26811	29389	26953	12615	14338	18053	9914	8139
71	41640	19493	22147	26588	12423	14165	16177	8983	7194
72	32551	14780	17771	23706	10903	12803	13256	7117	6139
73	30875	14173	16702	22946	10682	12264	12539	6781	5758
74	28779	12871	15908	19834	8988	10846	10600	5831	4769
75−79岁	**95034**	**40516**	**54518**	**75817**	**33368**	**42449**	**37730**	**20236**	**17494**
75	24775	10764	14011	17604	7872	9732	8816	4707	4109
76	19231	8399	10832	15090	6698	8392	7774	4177	3597
77	17769	7621	10148	14822	6441	8381	7378	3960	3418
78	17600	7281	10319	14922	6502	8420	7319	3921	3398
79	15659	6451	9208	13379	5855	7524	6443	3471	2972
80−84岁	**60692**	**26183**	**34509**	**48372**	**22506**	**25866**	**24695**	**13779**	**10916**
80	14931	6208	8723	11937	5292	6645	5880	3171	2709
81	12554	4994	7560	10144	4470	5674	5026	2700	2326
82	12119	5028	7091	9698	4536	5162	5052	2824	2228
83	11130	5150	5980	8915	4372	4543	4668	2706	1962
84	9958	4803	5155	7678	3836	3842	4069	2378	1691
85岁及以上	**41289**	**22037**	**19252**	**29532**	**15639**	**13893**	**16061**	**9399**	**6662**

4-1a　续表 6　　　　　　　　　　　　　　　　　　　　　　　　　　单位：人

年　龄	大学本科			硕士研究生			博士研究生		
	小计	男	女	小计	男	女	小计	男	女
总　计	**4416745**	**2172620**	**2244125**	**1206254**	**588068**	**618186**	**219589**	**132497**	**87092**
3									
4									
5–9岁									
5									
6									
7									
8									
9									
10–14岁	**66**	**36**	**30**	**5**	**3**	**2**			
10	16	11	5						
11	11	6	5						
12	15	7	8	2	1	1			
13	15	7	8	2	1	1			
14	9	5	4	1	1				
15–19岁	**156371**	**76084**	**80287**	**361**	**209**	**152**	**71**	**37**	**34**
15	692	386	306	3	1	2	2	2	
16	1208	592	616	1		1			
17	7171	3278	3893	46	24	22	9	4	5
18	58165	28097	30068	113	60	53	19	8	11
19	89135	43731	45404	198	124	74	41	23	18
20–24岁	**505127**	**242859**	**262268**	**122417**	**53305**	**69112**	**12352**	**7491**	**4861**
20	107145	52412	54733	593	253	340	89	49	40
21	100666	48957	51709	4721	1884	2837	464	295	169
22	89429	43298	46131	24245	10462	13783	2219	1434	785
23	99103	47068	52035	43792	19159	24633	3877	2385	1492
24	108784	51124	57660	49066	21547	27519	5703	3328	2375
25–29岁	**654653**	**309799**	**344854**	**237250**	**100558**	**136692**	**47320**	**26191**	**21129**
25	122038	56597	65441	48182	20756	27426	8135	4595	3540
26	127117	59344	67773	46108	19451	26657	9680	5263	4417
27	136842	64775	72067	47832	19989	27843	10489	5761	4728
28	138239	66639	71600	48935	20574	28361	9865	5417	4448
29	130417	62444	67973	46193	19788	26405	9151	5155	3996
30–34岁	**803999**	**375533**	**428466**	**270597**	**120271**	**150326**	**44270**	**25322**	**18948**
30	162823	78087	84736	57879	24965	32914	10190	5703	4487
31	162068	76359	85709	56959	24889	32070	9516	5417	4099
32	160763	74437	86326	53480	23587	29893	8592	4883	3709
33	168462	77512	90950	54089	24479	29610	8381	4898	3483
34	149883	69138	80745	48190	22351	25839	7591	4421	3170
35–39岁	**730249**	**342183**	**388066**	**235526**	**113547**	**121979**	**37068**	**21513**	**15555**
35	135545	62740	72805	43463	20544	22919	6753	3879	2874
36	143783	66679	77104	46767	22136	24631	7228	4199	3029
37	152034	71367	80667	48891	23485	25406	7596	4437	3159
38	168077	78923	89154	53900	26174	27726	8455	4905	3550
39	130810	62474	68336	42505	21208	21297	7036	4093	2943
40–44岁	**441363**	**215748**	**225615**	**142587**	**76197**	**66390**	**28032**	**16753**	**11279**
40	112869	54083	58786	35863	18149	17714	6210	3649	2561
41	101584	49400	52184	34149	18056	16093	6339	3771	2568
42	89822	43710	46112	29093	15807	13286	5785	3377	2408
43	71112	35264	35848	22766	12564	10202	4979	3036	1943
44	65976	33291	32685	20716	11621	9095	4719	2920	1799

4–1a 续表 7 单位：人

年 龄	大学本科			硕士研究生			博士研究生		
	小计	男	女	小计	男	女	小计	男	女
45–49岁	**318127**	**161721**	**156406**	**84291**	**49204**	**35087**	**20661**	**13105**	**7556**
45	60722	30667	30055	17891	10224	7667	4286	2646	1640
46	62725	31561	31164	17360	10028	7332	4328	2720	1608
47	68770	34811	33959	18035	10471	7564	4550	2842	1708
48	64340	33084	31256	16313	9735	6578	3950	2571	1379
49	61570	31598	29972	14692	8746	5946	3547	2326	1221
50–54岁	**229147**	**118972**	**110175**	**48382**	**29721**	**18661**	**13020**	**8965**	**4055**
50	57945	29816	28129	12546	7595	4951	3186	2097	1089
51	50965	26074	24891	10447	6285	4162	2731	1853	878
52	51039	26426	24613	10466	6306	4160	2738	1872	866
53	33040	17385	15655	6970	4346	2624	1915	1356	559
54	36158	19271	16887	7953	5189	2764	2450	1787	663
55–59岁	**178065**	**98842**	**79223**	**35404**	**24196**	**11208**	**10410**	**8102**	**2308**
55	35972	19900	16072	8296	5605	2691	2548	1929	619
56	40166	22237	17929	8544	5799	2745	2561	1965	596
57	49290	27343	21947	9856	6747	3109	2898	2298	600
58	31989	18036	13953	5795	4054	1741	1635	1315	320
59	20648	11326	9322	2913	1991	922	768	595	173
60–64岁	**108421**	**60782**	**47639**	**13553**	**9500**	**4053**	**3357**	**2683**	**674**
60	23537	13408	10129	3101	2183	918	726	600	126
61	19106	10628	8478	2318	1634	684	586	461	125
62	20167	11424	8743	2666	1857	809	685	561	124
63	22883	12854	10029	2941	2061	880	764	601	163
64	22728	12468	10260	2527	1765	762	596	460	136
65–69岁	**96296**	**53294**	**43002**	**8230**	**5716**	**2514**	**1524**	**1182**	**342**
65	24460	13381	11079	2597	1796	801	511	401	110
66	22686	12317	10369	2087	1457	630	389	290	99
67	18084	9964	8120	1423	981	442	253	183	70
68	16516	9335	7181	1152	797	355	207	166	41
69	14550	8297	6253	971	685	286	164	142	22
70–74岁	**53424**	**31198**	**22226**	**2903**	**2140**	**763**	**538**	**425**	**113**
70	13300	7770	5530	810	579	231	138	99	39
71	11048	6529	4519	643	478	165	112	96	16
72	8688	5174	3514	443	313	130	93	75	18
73	8926	5233	3693	444	337	107	82	64	18
74	11462	6492	4970	563	433	130	113	91	22
75–79岁	**51223**	**29151**	**22072**	**1772**	**1404**	**368**	**329**	**257**	**72**
75	10724	6076	4648	489	380	109	89	69	20
76	9236	5196	4040	408	337	71	63	51	12
77	9045	5071	3974	306	243	63	60	52	8
78	10207	5813	4394	301	239	62	58	39	19
79	12011	6995	5016	268	205	63	59	46	13
80–84岁	**55947**	**35374**	**20573**	**1353**	**1003**	**350**	**260**	**189**	**71**
80	12539	7659	4880	262	209	53	59	42	17
81	11978	7445	4533	263	207	56	51	38	13
82	11708	7573	4135	265	196	69	55	37	18
83	10755	6945	3810	256	189	67	43	35	8
84	8967	5752	3215	307	202	105	52	37	15
85岁及以上	**34267**	**21044**	**13223**	**1623**	**1094**	**529**	**377**	**282**	**95**

4-1b　全市分年龄、性别、受教育程度的3岁及以上人口(镇)

单位：人

年龄	3岁及以上人口			未上过学		
	合计	男	女	小计	男	女
总　计	**1377158**	**750400**	**626758**	**23898**	**7885**	**16013**
3	15563	8069	7494	3375	1775	1600
4	14220	7310	6910	1138	585	553
5–9岁	**51680**	**26916**	**24764**	**732**	**392**	**340**
5	10042	5224	4818	464	241	223
6	12466	6450	6016	167	94	73
7	9806	5155	4651	40	23	17
8	10485	5481	5004	38	24	14
9	8881	4606	4275	23	10	13
10–14岁	**34281**	**17904**	**16377**	**156**	**93**	**63**
10	7247	3749	3498	28	16	12
11	7427	3874	3553	32	18	14
12	7029	3584	3445	30	13	17
13	6752	3577	3175	28	17	11
14	5826	3120	2706	38	29	9
15–19岁	**40987**	**23558**	**17429**	**150**	**120**	**30**
15	4852	2646	2206	23	17	6
16	4410	2532	1878	22	19	3
17	5835	3321	2514	33	25	8
18	11066	6398	4668	44	36	8
19	14824	8661	6163	28	23	5
20–24岁	**106136**	**60330**	**45806**	**210**	**148**	**62**
20	17378	10050	7328	45	36	9
21	17735	10095	7640	38	26	12
22	23282	13243	10039	43	33	10
23	23802	13483	10319	39	26	13
24	23939	13459	10480	45	27	18
25–29岁	**135399**	**76764**	**58635**	**191**	**117**	**74**
25	25465	14195	11270	42	26	16
26	25198	14007	11191	33	24	9
27	27347	15696	11651	49	27	22
28	28129	16195	11934	35	16	19
29	29260	16671	12589	32	24	8
30–34岁	**182552**	**103133**	**79419**	**251**	**150**	**101**
30	37774	21775	15999	48	29	19
31	37553	21234	16319	41	25	16
32	36293	20365	15928	47	27	20
33	38241	21489	16752	54	31	23
34	32691	18270	14421	61	38	23
35–39岁	**134449**	**76247**	**58202**	**254**	**156**	**98**
35	27623	15456	12167	40	28	12
36	26811	15133	11678	48	30	18
37	26778	15227	11551	51	26	25
38	29499	16779	12720	59	38	21
39	23738	13652	10086	56	34	22
40–44岁	**95773**	**54765**	**41008**	**317**	**151**	**166**
40	21225	12087	9138	48	23	25
41	20961	12151	8810	61	28	33
42	19245	10978	8267	68	33	35
43	16665	9592	7073	69	30	39
44	17677	9957	7720	71	37	34

4-1b 续表 1

单位：人

年 龄	3岁及以上人口			未上过学		
	合计	男	女	小计	男	女
45-49岁	**108288**	**60308**	**47980**	**645**	**268**	**377**
45	17741	9975	7766	81	40	41
46	20182	11178	9004	105	46	59
47	22336	12528	9808	131	55	76
48	23610	13054	10556	154	56	98
49	24419	13573	10846	174	71	103
50-54岁	**116221**	**64608**	**51613**	**970**	**407**	**563**
50	25876	14467	11409	161	64	97
51	23755	13136	10619	173	84	89
52	24791	13728	11063	211	84	127
53	19602	10913	8689	191	76	115
54	22197	12364	9833	234	99	135
55-59岁	**106123**	**56442**	**49681**	**1010**	**351**	**659**
55	22595	12314	10281	192	72	120
56	23788	12701	11087	236	89	147
57	27978	14893	13085	254	103	151
58	19208	10139	9069	189	55	134
59	12554	6395	6159	139	32	107
60-64岁	**80584**	**40706**	**39878**	**1785**	**447**	**1338**
60	17078	8781	8297	245	78	167
61	14870	7552	7318	247	54	193
62	16493	8424	8069	352	94	258
63	16698	8401	8297	474	105	369
64	15445	7548	7897	467	116	351
65-69岁	**65953**	**32488**	**33465**	**2743**	**617**	**2126**
65	15295	7618	7677	534	133	401
66	14865	7329	7536	587	129	458
67	12973	6345	6628	565	128	437
68	12476	6074	6402	603	131	472
69	10344	5122	5222	454	96	358
70-74岁	**37373**	**17904**	**19469**	**1862**	**451**	**1411**
70	9428	4566	4862	397	105	292
71	8299	3992	4307	418	97	321
72	6889	3348	3541	340	92	248
73	6660	3136	3524	358	81	277
74	6097	2862	3235	349	76	273
75-79岁	**22256**	**10048**	**12208**	**1764**	**338**	**1426**
75	5399	2433	2966	336	70	266
76	4729	2174	2555	336	58	278
77	4152	1882	2270	300	60	240
78	4100	1847	2253	388	74	314
79	3876	1712	2164	404	76	328
80-84岁	**15878**	**7180**	**8698**	**2528**	**544**	**1984**
80	3558	1604	1954	462	101	361
81	3404	1496	1908	485	98	387
82	3333	1544	1789	558	113	445
83	2934	1363	1571	519	121	398
84	2649	1173	1476	504	111	393
85岁及以上	**13442**	**5720**	**7722**	**3817**	**775**	**3042**

4–1b 续表 2 单位：人

年 龄	学前教育			小 学		
	小计	男	女	小计	男	女
总 计	**38642**	**19981**	**18661**	**177848**	**86999**	**90849**
3	12188	6294	5894			
4	13082	6725	6357			
5–9岁	**12437**	**6501**	**5936**	**37995**	**19731**	**18264**
5	8522	4455	4067	1056	528	528
6	3274	1714	1560	8930	4589	4341
7	333	170	163	9325	4900	4425
8	178	92	86	10113	5267	4846
9	130	70	60	8571	4447	4124
10–14岁	**256**	**121**	**135**	**17108**	**8947**	**8161**
10	68	29	39	6911	3579	3332
11	51	31	20	6650	3469	3181
12	33	16	17	2559	1353	1206
13	53	23	30	700	392	308
14	51	22	29	288	154	134
15–19岁	**74**	**39**	**35**	**729**	**450**	**279**
15	39	18	21	125	77	48
16	15	8	7	161	88	73
17	8	6	2	152	92	60
18	5	2	3	128	84	44
19	7	5	2	163	109	54
20–24岁	**42**	**22**	**20**	**1028**	**725**	**303**
20	7	3	4	188	128	60
21	5	3	2	175	133	42
22	15	7	8	198	140	58
23	10	5	5	208	143	65
24	5	4	1	259	181	78
25–29岁	**27**	**15**	**12**	**1846**	**1247**	**599**
25	4	3	1	283	189	94
26	2	1	1	304	219	85
27	10	3	7	377	252	125
28	3	2	1	394	265	129
29	8	6	2	488	322	166
30–34岁	**26**	**15**	**11**	**3477**	**2302**	**1175**
30	8	3	5	648	438	210
31	3	2	1	675	456	219
32	4	2	2	663	465	198
33	6	3	3	787	506	281
34	5	5		704	437	267
35–39岁	**30**	**19**	**11**	**3251**	**2048**	**1203**
35	6	5	1	594	378	216
36	9	5	4	612	373	239
37	4		4	593	369	224
38	6	5	1	776	491	285
39	5	4	1	676	437	239
40–44岁	**22**	**18**	**4**	**4961**	**2832**	**2129**
40	4	4		752	429	323
41	2	2		974	557	417
42	5	4	1	1015	573	442
43	4	3	1	977	568	409
44	7	5	2	1243	705	538

4-1b 续表 3 单位：人

年 龄	学前教育			小 学		
	小计	男	女	小计	男	女
45-49岁	**48**	**30**	**18**	**10027**	**5260**	**4767**
45	3	2	1	1360	718	642
46	11	6	5	1795	944	851
47	9	6	3	2003	1108	895
48	11	8	3	2323	1192	1131
49	14	8	6	2546	1298	1248
50-54岁	**83**	**52**	**31**	**16112**	**8620**	**7492**
50	20	11	9	2988	1565	1423
51	16	11	5	3162	1713	1449
52	19	13	6	3623	1910	1713
53	14	7	7	2907	1555	1352
54	14	10	4	3432	1877	1555
55-59岁	**66**	**35**	**31**	**13317**	**6772**	**6545**
55	11	7	4	3156	1703	1453
56	22	15	7	3075	1539	1536
57	17	7	10	3247	1679	1568
58	9	4	5	2391	1179	1212
59	7	2	5	1448	672	776
60-64岁	**39**	**19**	**20**	**13809**	**5895**	**7914**
60	6	2	4	2183	971	1212
61	8	6	2	2273	1016	1257
62	9	4	5	2850	1270	1580
63	7	4	3	3261	1370	1891
64	9	3	6	3242	1268	1974
65-69岁	**40**	**14**	**26**	**18650**	**7486**	**11164**
65	10	5	5	3769	1516	2253
66	6	2	4	3963	1640	2323
67	8	1	7	3774	1507	2267
68	13	5	8	3855	1556	2299
69	3	1	2	3289	1267	2022
70-74岁	**41**	**14**	**27**	**14103**	**5529**	**8574**
70	11	3	8	3256	1263	1993
71	3	2	1	3103	1230	1873
72	6	4	2	2741	1101	1640
73	11	3	8	2623	984	1639
74	10	2	8	2380	951	1429
75-79岁	**52**	**13**	**39**	**8973**	**3517**	**5456**
75	10	3	7	2055	769	1286
76	9	2	7	1878	717	1161
77	5	2	3	1713	680	1033
78	14	4	10	1660	684	976
79	14	2	12	1667	667	1000
80-84岁	**46**	**16**	**30**	**7104**	**3143**	**3961**
80	6	3	3	1522	634	888
81	10	3	7	1544	651	893
82	7	2	5	1508	706	802
83	13	5	8	1351	638	713
84	10	3	7	1179	514	665
85岁及以上	**43**	**19**	**24**	**5358**	**2495**	**2863**

4–1b　续表 4　　　　单位：人

年　龄	初　中			高　中			大学专科		
	小计	男	女	小计	男	女	小计	男	女
总　计	**462708**	**273293**	**189415**	**251886**	**142482**	**109404**	**182480**	**96023**	**86457**
3									
4									
5–9岁	**516**	**292**	**224**						
5									
6	95	53	42						
7	108	62	46						
8	156	98	58						
9	157	79	78						
10–14岁	**16262**	**8476**	**7786**	**498**	**267**	**231**	**1**		**1**
10	239	124	115	1	1				
11	694	356	338						
12	4407	2202	2205						
13	5820	3068	2752	151	77	74			
14	5102	2726	2376	346	189	157	1		1
15–19岁	**8329**	**5789**	**2540**	**15107**	**8403**	**6704**	**4695**	**2477**	**2218**
15	2063	1232	831	2471	1241	1230	84	44	40
16	1257	849	408	2640	1394	1246	145	80	65
17	1318	944	374	3302	1707	1595	483	284	199
18	1645	1230	415	3276	1904	1372	1602	850	752
19	2046	1534	512	3418	2157	1261	2381	1219	1162
20–24岁	**15523**	**10828**	**4695**	**20137**	**12505**	**7632**	**26851**	**14209**	**12642**
20	2516	1834	682	3923	2450	1473	3326	1774	1552
21	2527	1793	734	3802	2330	1472	4283	2273	2010
22	3137	2198	939	3903	2437	1466	5811	3031	2780
23	3528	2427	1101	4164	2584	1580	6677	3543	3134
24	3815	2576	1239	4345	2704	1641	6754	3588	3166
25–29岁	**25851**	**17759**	**8092**	**27147**	**16927**	**10220**	**34872**	**18618**	**16254**
25	4226	2898	1328	4824	3016	1808	7027	3684	3343
26	4418	3008	1410	4842	3035	1807	6687	3508	3179
27	5279	3647	1632	5431	3433	1998	6909	3816	3093
28	5661	3939	1722	5740	3569	2171	6942	3792	3150
29	6267	4267	2000	6310	3874	2436	7307	3818	3489
30–34岁	**43629**	**29096**	**14533**	**39774**	**23986**	**15788**	**42595**	**21890**	**20705**
30	8527	5857	2670	8280	5156	3124	9211	4838	4373
31	8825	5915	2910	8126	4953	3173	9077	4721	4356
32	8543	5620	2923	7983	4778	3205	8627	4453	4174
33	9389	6201	3188	8376	5011	3365	8541	4332	4209
34	8345	5503	2842	7009	4088	2921	7139	3546	3593
35–39岁	**39012**	**24802**	**14210**	**29084**	**16772**	**12312**	**25876**	**13322**	**12554**
35	7450	4817	2633	5816	3369	2447	5706	2876	2830
36	7524	4768	2756	5443	3173	2270	5289	2731	2558
37	7575	4821	2754	5756	3305	2451	5168	2682	2486
38	8707	5524	3183	6530	3746	2784	5542	2871	2671
39	7756	4872	2884	5539	3179	2360	4171	2162	2009
40–44岁	**39364**	**23619**	**15745**	**21440**	**12177**	**9263**	**13677**	**7193**	**6484**
40	7344	4568	2776	5018	2850	2168	3602	1832	1770
41	8054	4920	3134	4852	2799	2053	3251	1758	1493
42	7895	4699	3196	4401	2477	1924	2751	1475	1276
43	7490	4481	3009	3613	2078	1535	2109	1093	1016
44	8581	4951	3630	3556	1973	1583	1964	1035	929

4—1b 续表 5

单位：人

年龄	初中			高中			大学专科		
	小计	男	女	小计	男	女	小计	男	女
45—49岁	**58314**	**33262**	**25052**	**19486**	**10674**	**8812**	**9382**	**4938**	**4444**
45	9092	5269	3823	3317	1830	1487	1821	952	869
46	10492	5935	4557	3828	2101	1727	1872	973	899
47	12034	6931	5103	3940	2130	1810	2000	1066	934
48	13002	7322	5680	4193	2303	1890	1855	986	869
49	13694	7805	5889	4208	2310	1898	1834	961	873
50—54岁	**67516**	**38314**	**29202**	**17462**	**9456**	**8006**	**6696**	**3554**	**3142**
50	14888	8552	6336	4270	2343	1927	1727	920	807
51	13634	7660	5974	3640	1954	1686	1510	788	722
52	14187	8052	6135	3696	2011	1685	1474	795	679
53	11765	6668	5097	2696	1472	1224	896	473	423
54	13042	7382	5660	3160	1676	1484	1089	578	511
55—59岁	**56505**	**30977**	**25528**	**23961**	**11942**	**12019**	**5705**	**3023**	**2682**
55	13239	7312	5927	3800	1955	1845	986	541	445
56	13101	7200	5901	4831	2407	2424	1250	686	564
57	14795	8085	6710	6520	3257	3263	1625	861	764
58	9581	5251	4330	4918	2448	2470	1123	573	550
59	5789	3129	2660	3892	1875	2017	721	362	359
60—64岁	**36277**	**19466**	**16811**	**20988**	**10490**	**10498**	**4428**	**2419**	**2009**
60	7818	4178	3640	5171	2619	2552	941	504	437
61	6469	3423	3046	4554	2280	2274	742	415	327
62	7359	3970	3389	4425	2214	2211	865	475	390
63	7407	4073	3334	3896	1932	1964	982	519	463
64	7224	3822	3402	2942	1445	1497	898	506	392
65—69岁	**30181**	**16607**	**13574**	**8178**	**4288**	**3890**	**3661**	**2004**	**1657**
65	6949	3805	3144	2439	1269	1170	926	507	419
66	6901	3716	3185	1962	1019	943	864	474	390
67	5961	3270	2691	1504	809	695	671	352	319
68	5728	3155	2573	1229	641	588	653	353	300
69	4642	2661	1981	1044	550	494	547	318	229
70—74岁	**14148**	**7793**	**6355**	**3938**	**2123**	**1815**	**1922**	**1147**	**775**
70	3985	2184	1801	937	523	414	504	277	227
71	3190	1781	1409	850	437	413	449	266	183
72	2423	1374	1049	786	416	370	376	224	152
73	2374	1314	1060	739	410	329	315	197	118
74	2176	1140	1036	626	337	289	278	183	95
75—79岁	**6888**	**3709**	**3179**	**2360**	**1184**	**1176**	**1006**	**578**	**428**
75	1969	1047	922	519	264	255	247	134	113
76	1624	913	711	450	225	225	200	118	82
77	1238	654	584	477	246	231	192	112	80
78	1138	597	541	488	245	243	186	106	80
79	919	498	421	426	204	222	181	108	73
80—84岁	**2755**	**1543**	**1212**	**1422**	**756**	**666**	**656**	**381**	**275**
80	783	427	356	353	180	173	163	93	70
81	612	318	294	312	173	139	136	72	64
82	528	322	206	295	150	145	134	85	49
83	456	261	195	228	127	101	113	63	50
84	376	215	161	234	126	108	110	68	42
85岁及以上	**1638**	**961**	**677**	**904**	**532**	**372**	**457**	**270**	**187**

4-1b　续表 6　　单位：人

年　龄	大学本科			硕士研究生			博士研究生		
	小计	男	女	小计	男	女	小计	男	女
总　计	**192781**	**98854**	**93927**	**40770**	**20948**	**19822**	**6145**	**3935**	**2210**
3									
4									
5–9岁									
5									
6									
7									
8									
9									
10–14岁									
10									
11									
12									
13									
14									
15–19岁	**11869**	**6258**	**5611**	**30**	**19**	**11**	**4**	**3**	**1**
15	47	17	30						
16	170	94	76						
17	535	260	275	4	3	1			
18	4363	2290	2073	3	2	1			
19	6754	3597	3157	23	14	9	4	3	1
20–24岁	**30639**	**15380**	**15259**	**10403**	**5649**	**4754**	**1303**	**864**	**439**
20	7266	3769	3497	93	49	44	14	7	7
21	5724	2943	2781	1025	491	534	156	103	53
22	5168	2591	2577	4341	2381	1960	666	425	241
23	5912	2891	3021	2977	1665	1312	287	199	88
24	6569	3186	3383	1967	1063	904	180	130	50
25–29岁	**36023**	**17641**	**18382**	**8044**	**3558**	**4486**	**1398**	**882**	**516**
25	7210	3472	3738	1590	744	846	259	163	96
26	7029	3360	3669	1590	660	930	293	192	101
27	7284	3591	3693	1701	732	969	307	195	112
28	7413	3702	3711	1660	728	932	281	182	99
29	7087	3516	3571	1503	694	809	258	150	108
30–34岁	**42604**	**20766**	**21838**	**8993**	**4214**	**4779**	**1203**	**714**	**489**
30	8937	4436	4501	1836	845	991	279	173	106
31	8712	4207	4505	1826	796	1030	268	159	109
32	8503	4087	4416	1702	802	900	221	131	90
33	8922	4322	4600	1921	953	968	245	130	115
34	7530	3714	3816	1708	818	890	190	121	69
35–39岁	**29650**	**15269**	**14381**	**6468**	**3353**	**3115**	**824**	**506**	**318**
35	6312	3128	3184	1517	752	765	182	103	79
36	6307	3225	3082	1404	716	688	175	112	63
37	6168	3221	2947	1301	692	609	162	111	51
38	6374	3315	3059	1333	686	647	172	103	69
39	4489	2380	2109	913	507	406	133	77	56
40–44岁	**12926**	**6987**	**5939**	**2604**	**1500**	**1104**	**462**	**288**	**174**
40	3552	1872	1680	774	431	343	131	78	53
41	3049	1675	1374	603	340	263	115	72	43
42	2525	1383	1142	503	285	218	82	49	33
43	1964	1076	888	379	225	154	60	38	22
44	1836	981	855	345	219	126	74	51	23

4-1b 续表 7 单位：人

年 龄	大学本科			硕士研究生			博士研究生		
	小计	男	女	小计	男	女	小计	男	女
45-49岁	**8496**	**4728**	**3768**	**1553**	**926**	**627**	**337**	**222**	**115**
45	1687	925	762	309	190	119	71	49	22
46	1674	923	751	335	211	124	70	39	31
47	1822	1007	815	333	185	148	64	40	24
48	1697	965	732	308	180	128	67	42	25
49	1616	908	708	268	160	108	65	52	13
50-54岁	**6091**	**3382**	**2709**	**1062**	**663**	**399**	**229**	**160**	**69**
50	1503	826	677	270	154	116	49	32	17
51	1327	739	588	241	153	88	52	34	18
52	1331	717	614	213	119	94	37	27	10
53	923	515	408	167	116	51	43	31	12
54	1007	585	422	171	121	50	48	36	12
55-59岁	**4598**	**2682**	**1916**	**763**	**509**	**254**	**198**	**151**	**47**
55	989	570	419	172	119	53	50	35	15
56	1055	617	438	171	111	60	47	37	10
57	1242	714	528	227	146	81	51	41	10
58	822	503	319	138	100	38	37	26	11
59	490	278	212	55	33	22	13	12	1
60-64岁	**2820**	**1667**	**1153**	**361**	**243**	**118**	**77**	**60**	**17**
60	610	362	248	92	60	32	12	7	5
61	500	305	195	63	43	20	14	10	4
62	535	330	205	79	50	29	19	17	2
63	586	337	249	69	49	20	16	12	4
64	589	333	256	58	41	17	16	14	2
65-69岁	**2251**	**1308**	**943**	**209**	**136**	**73**	**40**	**28**	**12**
65	572	322	250	83	51	32	13	10	3
66	525	314	211	42	26	16	15	9	6
67	448	248	200	38	27	11	4	3	1
68	370	214	156	21	15	6	4	4	
69	336	210	126	25	17	8	4	2	2
70-74岁	**1257**	**774**	**483**	**83**	**59**	**24**	**19**	**14**	**5**
70	318	198	120	17	11	6	3	2	1
71	269	165	104	11	9	2	6	5	1
72	199	120	79	14	13	1	4	4	
73	215	134	81	21	11	10	4	2	2
74	256	157	99	20	15	5	2	1	1
75-79岁	**1140**	**661**	**479**	**56**	**34**	**22**	**17**	**14**	**3**
75	239	133	106	16	7	9	8	6	2
76	218	132	86	11	6	5	3	3	
77	213	117	96	10	7	3	4	4	
78	219	131	88	7	6	1			
79	251	148	103	12	8	4	2	1	1
80-84岁	**1289**	**748**	**541**	**62**	**36**	**26**	**16**	**13**	**3**
80	257	158	99	9	6	3	3	2	1
81	291	171	120	9	5	4	5	5	
82	285	157	128	14	6	8	4	3	1
83	237	137	100	13	8	5	4	3	1
84	219	125	94	17	11	6			
85岁及以上	**1128**	**603**	**525**	**79**	**49**	**30**	**18**	**16**	**2**

4-1c　全市分年龄、性别、受教育程度的3岁及以上人口(乡村)

单位：人

年　龄	3岁及以上人口			未上过学		
	合计	男	女	小计	男	女
总　计	**2654284**	**1450935**	**1203349**	**77062**	**23097**	**53965**
3	28897	14977	13920	6783	3553	3230
4	25095	12966	12129	2034	1070	964
5-9岁	**90966**	**47196**	**43770**	**1478**	**799**	**679**
5	17167	8801	8366	883	448	435
6	21615	11171	10444	354	206	148
7	17348	9035	8313	107	63	44
8	18860	9856	9004	69	45	24
9	15976	8333	7643	65	37	28
10-14岁	**67897**	**35430**	**32467**	**286**	**176**	**110**
10	13757	7166	6591	67	35	32
11	14401	7513	6888	56	38	18
12	13591	7058	6533	55	37	18
13	13864	7211	6653	62	39	23
14	12284	6482	5802	46	27	19
15-19岁	**55168**	**33167**	**22001**	**370**	**238**	**132**
15	9789	5374	4415	61	40	21
16	7408	4241	3167	84	47	37
17	8137	4874	3263	92	60	32
18	14093	8487	5606	69	41	28
19	15741	10191	5550	64	50	14
20-24岁	**124842**	**74766**	**50076**	**322**	**181**	**141**
20	19233	12114	7119	75	49	26
21	20423	12515	7908	59	31	28
22	25622	15383	10239	53	36	17
23	28686	16784	11902	64	28	36
24	30878	17970	12908	71	37	34
25-29岁	**192752**	**112341**	**80411**	**449**	**255**	**194**
25	34933	20369	14564	82	43	39
26	34593	20002	14591	75	42	33
27	37462	21856	15606	95	52	43
28	39289	22943	16346	104	66	38
29	46475	27171	19304	93	52	41
30-34岁	**304662**	**175407**	**129255**	**794**	**444**	**350**
30	61838	36040	25798	147	86	61
31	63775	36648	27127	180	102	78
32	60717	34874	25843	145	82	63
33	63743	36455	27288	177	94	83
34	54589	31390	23199	145	80	65
35-39岁	**217485**	**126624**	**90861**	**759**	**401**	**358**
35	45721	26451	19270	153	77	76
36	43371	25239	18132	139	85	54
37	42020	24566	17454	139	73	66
38	46982	27455	19527	147	78	69
39	39391	22913	16478	181	88	93
40-44岁	**172538**	**99257**	**73281**	**780**	**356**	**424**
40	36301	21095	15206	139	64	75
41	37507	21702	15805	161	71	90
42	35052	20189	14863	139	73	66
43	30972	17634	13338	151	69	82
44	32706	18637	14069	190	79	111

4-1c 续表 1

单位：人

年 龄	3岁及以上人口			未上过学		
	合计	男	女	小计	男	女
45-49岁	**224798**	**125724**	**99074**	**1802**	**758**	**1044**
45	33963	19055	14908	214	92	122
46	40984	22992	17992	318	136	182
47	46069	25777	20292	355	157	198
48	50223	27854	22369	424	179	245
49	53559	30046	23513	491	194	297
50-54岁	**265071**	**146760**	**118311**	**2860**	**1108**	**1752**
50	57271	31929	25342	518	187	331
51	52450	29173	23277	558	227	331
52	56187	31162	25025	598	231	367
53	46179	25431	20748	547	218	329
54	52984	29065	23919	639	245	394
55-59岁	**260751**	**139235**	**121516**	**3068**	**1019**	**2049**
55	56219	30390	25829	628	232	396
56	58775	31537	27238	612	219	393
57	67520	36018	31502	778	275	503
58	47595	25371	22224	611	183	428
59	30642	15919	14723	439	110	329
60-64岁	**199822**	**103349**	**96473**	**6335**	**1732**	**4603**
60	43014	22371	20643	862	242	620
61	37710	19640	18070	916	261	655
62	40813	21202	19611	1266	366	900
63	39822	20679	19143	1567	435	1132
64	38463	19457	19006	1724	428	1296
65-69岁	**173609**	**86382**	**87227**	**10706**	**2574**	**8132**
65	38819	19691	19128	2006	492	1514
66	38016	18797	19219	2263	550	1713
67	34354	17147	17207	2224	540	1684
68	34828	17243	17585	2480	599	1881
69	27592	13504	14088	1733	393	1340
70-74岁	**108999**	**52789**	**56210**	**8056**	**1903**	**6153**
70	26082	12710	13372	1711	396	1315
71	24042	11756	12286	1693	431	1262
72	20242	9814	10428	1558	363	1195
73	19931	9599	10332	1583	383	1200
74	18702	8910	9792	1511	330	1181
75-79岁	**65193**	**30802**	**34391**	**7297**	**1537**	**5760**
75	16194	7633	8561	1408	289	1119
76	14030	6698	7332	1350	284	1066
77	12544	5884	6660	1400	274	1126
78	11782	5597	6185	1543	341	1202
79	10643	4990	5653	1596	349	1247
80-84岁	**41724**	**19852**	**21872**	**9507**	**2165**	**7342**
80	9491	4508	4983	1640	349	1291
81	8616	4164	4452	1771	392	1379
82	8874	4282	4592	2112	498	1614
83	7817	3660	4157	2020	454	1566
84	6926	3238	3688	1964	472	1492
85岁及以上	**34015**	**13911**	**20104**	**13376**	**2828**	**10548**

4-1c 续表 2 单位：人

年 龄	学前教育			小 学		
	小计	男	女	小计	男	女
总 计	**68540**	**35187**	**33353**	**460872**	**221568**	**239304**
3	22114	11424	10690			
4	23061	11896	11165			
5–9岁	**21327**	**10988**	**10339**	**67408**	**34997**	**32411**
5	14469	7378	7091	1815	975	840
6	5695	3013	2682	15405	7876	7529
7	617	307	310	16486	8577	7909
8	346	182	164	18224	9513	8711
9	200	108	92	15478	8056	7422
10–14岁	**517**	**285**	**232**	**33272**	**17502**	**15770**
10	152	83	69	13105	6811	6294
11	129	75	54	12981	6774	6207
12	79	45	34	5001	2701	2300
13	76	44	32	1561	881	680
14	81	38	43	624	335	289
15–19岁	**82**	**42**	**40**	**1066**	**683**	**383**
15	49	21	28	287	163	124
16	16	10	6	181	113	68
17	7	5	2	158	107	51
18	4	2	2	192	125	67
19	6	4	2	248	175	73
20–24岁	**41**	**26**	**15**	**1463**	**993**	**470**
20	9	6	3	238	159	79
21	4	1	3	271	182	89
22	10	6	4	279	196	83
23	10	6	4	323	203	120
24	8	7	1	352	253	99
25–29岁	**22**	**9**	**13**	**2919**	**1970**	**949**
25	7	3	4	426	309	117
26	2	1	1	437	288	149
27	3		3	588	383	205
28	5	4	1	625	424	201
29	5	1	4	843	566	277
30–34岁	**49**	**26**	**23**	**6336**	**4106**	**2230**
30	18	9	9	1072	720	352
31	9	5	4	1236	829	407
32	8	4	4	1296	841	455
33	7	3	4	1422	901	521
34	7	5	2	1310	815	495
35–39岁	**16**	**7**	**9**	**6421**	**3888**	**2533**
35	3		3	1206	746	460
36	4	2	2	1166	715	451
37	5	3	2	1175	710	465
38	3	2	1	1469	879	590
39	1		1	1405	838	567
40–44岁	**31**	**18**	**13**	**10756**	**5984**	**4772**
40	8	5	3	1544	850	694
41	6	3	3	2078	1188	890
42	8	5	3	2222	1236	986
43	4	3	1	2261	1258	1003
44	5	2	3	2651	1452	1199

4-1c 续表 3 单位：人

年 龄	学前教育			小 学		
	小计	男	女	小计	男	女
45-49岁	**35**	**15**	**20**	**22083**	**11475**	**10608**
45	9	7	2	3014	1583	1431
46	4	2	2	3737	1931	1806
47	5	1	4	4333	2220	2113
48	10	5	5	5120	2667	2453
49	7		7	5879	3074	2805
50-54岁	**71**	**41**	**30**	**39255**	**20583**	**18672**
50	3	3		6954	3590	3364
51	10	6	4	7569	3959	3610
52	10	7	3	8595	4540	4055
53	24	12	12	7401	3847	3554
54	24	13	11	8736	4647	4089
55-59岁	**72**	**32**	**40**	**37005**	**18397**	**18608**
55	10	2	8	8510	4370	4140
56	15	7	8	8320	4307	4013
57	23	15	8	8992	4507	4485
58	14	4	10	6703	3245	3458
59	10	4	6	4480	1968	2512
60-64岁	**116**	**43**	**73**	**44236**	**19157**	**25079**
60	23	12	11	6991	3120	3871
61	16	8	8	7189	3201	3988
62	28	8	20	9051	3941	5110
63	29	7	22	9970	4311	5659
64	20	8	12	11035	4584	6451
65-69岁	**158**	**62**	**96**	**63949**	**25885**	**38064**
65	18	9	9	12446	5163	7283
66	39	17	22	13265	5317	7948
67	32	15	17	12891	5281	7610
68	42	16	26	13905	5602	8303
69	27	5	22	11442	4522	6920
70-74岁	**199**	**63**	**136**	**52742**	**21767**	**30975**
70	37	10	27	11668	4668	7000
71	35	12	23	11595	4776	6819
72	43	12	31	10155	4282	5873
73	40	12	28	10016	4187	5829
74	44	17	27	9308	3854	5454
75-79岁	**187**	**56**	**131**	**33351**	**14486**	**18865**
75	38	13	25	8046	3336	4710
76	37	13	24	7034	3043	3991
77	38	11	27	6373	2737	3636
78	36	8	28	6139	2727	3412
79	38	11	27	5759	2643	3116
80-84岁	**208**	**80**	**128**	**23074**	**11744**	**11330**
80	48	19	29	5194	2496	2698
81	45	16	29	4809	2437	2372
82	33	11	22	4993	2578	2415
83	41	17	24	4316	2263	2053
84	41	17	24	3762	1970	1792
85岁及以上	**234**	**74**	**160**	**15536**	**7951**	**7585**

4-1c　续表 4　　　　单位：人

年　龄	初　中			高　中			大学专科		
	小计	男	女	小计	男	女	小计	男	女
总　计	**1150281**	**672646**	**477635**	**463975**	**270306**	**193669**	**253462**	**137135**	**116327**
3									
4									
5–9岁	**750**	**411**	**339**	**3**	**1**	**2**			
5									
6	161	76	85						
7	138	88	50						
8	220	116	104	1		1			
9	231	131	100	2	1	1			
10–14岁	**33036**	**17079**	**15957**	**780**	**387**	**393**	**3**		**3**
10	431	236	195	2	1	1			
11	1232	624	608	2	2		1		1
12	8451	4272	4179	5	3	2			
13	11946	6125	5821	216	122	94	1		1
14	10976	5822	5154	555	259	296	1		1
15–19岁	**14575**	**10041**	**4534**	**22472**	**12905**	**9567**	**7003**	**4157**	**2846**
15	4271	2461	1810	4936	2583	2353	159	91	68
16	2148	1496	652	4650	2388	2262	266	157	109
17	2164	1620	544	4482	2458	2024	778	442	336
18	2737	2042	695	4439	2777	1662	2607	1539	1068
19	3255	2422	833	3965	2699	1266	3193	1928	1265
20–24岁	**24639**	**17469**	**7170**	**29658**	**19796**	**9862**	**39016**	**21578**	**17438**
20	3780	2784	996	4625	3090	1535	4939	2835	2104
21	4138	2998	1140	5058	3429	1629	6493	3529	2964
22	5252	3752	1500	6119	4143	1976	8190	4594	3596
23	5441	3776	1665	6681	4461	2220	9471	5185	4286
24	6028	4159	1869	7175	4673	2502	9923	5435	4488
25–29岁	**45094**	**30736**	**14358**	**47302**	**29623**	**17679**	**53976**	**29056**	**24920**
25	6938	4700	2238	8081	5221	2860	10876	6065	4811
26	7438	5087	2351	8195	5183	3012	10177	5518	4659
27	8991	6217	2774	8978	5610	3368	10323	5498	4825
28	9774	6661	3113	9809	6019	3790	10371	5508	4863
29	11953	8071	3882	12239	7590	4649	12229	6467	5762
30–34岁	**90985**	**59452**	**31533**	**87451**	**51999**	**35452**	**72579**	**37203**	**35376**
30	16624	11135	5489	17258	10534	6724	15969	8442	7527
31	17947	11924	6023	18087	10805	7282	16037	8176	7861
32	17853	11672	6181	17541	10432	7109	14696	7510	7186
33	19950	12876	7074	18682	11005	7677	14383	7187	7196
34	18611	11845	6766	15883	9223	6660	11494	5888	5606
35–39岁	**89806**	**55985**	**33821**	**62754**	**36345**	**26409**	**35046**	**18418**	**16628**
35	17203	10925	6278	12903	7448	5455	8516	4413	4103
36	17240	10862	6378	12212	6999	5213	7595	4005	3590
37	17244	10735	6509	12063	7034	5029	6872	3672	3200
38	20102	12461	7641	14043	8181	5862	6875	3609	3266
39	18017	11002	7015	11533	6683	4850	5188	2719	2469
40–44岁	**93827**	**55241**	**38586**	**43052**	**24527**	**18525**	**14818**	**8089**	**6729**
40	17525	10576	6949	10493	6056	4437	4104	2195	1909
41	19523	11649	7874	9968	5675	4293	3533	1914	1619
42	19188	11301	7887	8700	4927	3773	2899	1625	1274
43	17824	10339	7485	7087	3985	3102	2215	1203	1012
44	19767	11376	8391	6804	3884	2920	2067	1152	915

4-1c 续表 5　　　　单位：人

年 龄	初中			高中			大学专科		
	小计	男	女	小计	男	女	小计	男	女
45-49岁	**147995**	**83666**	**64329**	**36698**	**20728**	**15970**	**9990**	**5589**	**4401**
45	21310	12127	9183	6361	3597	2764	1912	1033	879
46	26479	15076	11403	7097	3966	3131	2093	1178	915
47	30376	17164	13212	7572	4319	3253	2099	1162	937
48	33540	18775	14765	7872	4380	3492	2025	1132	893
49	36290	20524	15766	7796	4466	3330	1861	1084	777
50-54岁	**181507**	**101710**	**79797**	**30569**	**16898**	**13671**	**6610**	**3896**	**2714**
50	39007	22080	16927	7784	4333	3451	1889	1094	795
51	35620	20100	15520	6420	3526	2894	1408	818	590
52	38393	21516	16877	6308	3492	2816	1363	825	538
53	32060	17906	14154	4619	2537	2082	965	565	400
54	36427	20108	16319	5438	3010	2428	985	594	391
55-59岁	**169498**	**91951**	**77547**	**42927**	**22755**	**20172**	**4963**	**3020**	**1943**
55	38536	21030	17506	6802	3683	3119	1002	613	389
56	39384	21340	18044	8505	4489	4016	1121	662	459
57	44094	23821	20273	11423	6016	5407	1375	846	529
58	29535	16098	13437	9314	4942	4372	889	533	356
59	17949	9662	8287	6883	3625	3258	576	366	210
60-64岁	**106335**	**58703**	**47632**	**37963**	**20576**	**17387**	**3284**	**2141**	**1143**
60	23724	12827	10897	10349	5474	4875	720	472	248
61	20041	10917	9124	8688	4690	3998	582	390	192
62	21588	11920	9668	7964	4354	3610	618	413	205
63	20793	11713	9080	6488	3584	2904	671	428	243
64	20189	11326	8863	4474	2474	2000	693	438	255
65-69岁	**83110**	**48254**	**34856**	**11349**	**6866**	**4483**	**2903**	**1832**	**1071**
65	19662	11222	8440	3557	2100	1457	780	478	302
66	18615	10579	8036	2811	1701	1110	672	414	258
67	16518	9635	6883	1900	1170	730	532	345	187
68	15868	9467	6401	1765	1082	683	499	306	193
69	12447	7351	5096	1316	813	503	420	289	131
70-74岁	**40537**	**24180**	**16357**	**5129**	**3278**	**1851**	**1587**	**1096**	**491**
70	10877	6452	4425	1206	782	424	398	275	123
71	9052	5461	3591	1131	719	412	373	249	124
72	7063	4236	2827	990	628	362	298	202	96
73	6973	4148	2825	927	595	332	272	193	79
74	6572	3883	2689	875	554	321	246	177	69
75-79岁	**19867**	**11944**	**7923**	**3098**	**1891**	**1207**	**798**	**511**	**287**
75	5693	3361	2332	695	429	266	192	122	70
76	4720	2825	1895	604	347	257	163	115	48
77	3857	2323	1534	615	373	242	151	91	60
78	3149	1971	1178	638	380	258	151	91	60
79	2448	1464	984	546	362	184	141	92	49
80-84岁	**5979**	**3997**	**1982**	**1748**	**1113**	**635**	**542**	**350**	**192**
80	1833	1165	668	494	303	191	137	88	49
81	1354	907	447	391	262	129	110	65	45
82	1141	805	336	349	235	114	117	74	43
83	930	613	317	281	174	107	97	65	32
84	721	507	214	233	139	94	81	58	23
85岁及以上	**2741**	**1827**	**914**	**1022**	**618**	**404**	**344**	**199**	**145**

4-1c　续表 6　　　　单位：人

年　龄	大学本科			硕士研究生			博士研究生		
	小计	男	女	小计	男	女	小计	男	女
总　计	**161969**	**82120**	**79849**	**15991**	**7633**	**8358**	**2132**	**1243**	**889**
3									
4									
5–9岁									
5									
6									
7									
8									
9									
10–14岁	**2**	**1**	**1**	**1**		**1**			
10									
11									
12									
13	1		1	1		1			
14	1	1							
15–19岁	**9585**	**5095**	**4490**	**13**	**5**	**8**	**2**	**1**	**1**
15	26	15	11						
16	63	30	33						
17	454	181	273	2	1	1			
18	4039	1958	2081	6	3	3			
19	5003	2911	2092	5	1	4	2	1	1
20–24岁	**28357**	**14213**	**14144**	**1277**	**472**	**805**	**69**	**38**	**31**
20	5547	3181	2366	17	8	9	3	2	1
21	4354	2321	2033	43	21	22	3	3	
22	5463	2553	2910	245	97	148	11	6	5
23	6287	2989	3298	394	128	266	15	8	7
24	6706	3169	3537	578	218	360	37	19	18
25–29岁	**37868**	**18482**	**19386**	**4634**	**1947**	**2687**	**488**	**263**	**225**
25	7606	3666	3940	858	339	519	59	23	36
26	7332	3485	3847	866	361	505	71	37	34
27	7419	3651	3768	963	387	576	102	58	44
28	7550	3779	3771	924	404	520	127	78	49
29	7961	3901	4060	1023	456	567	129	67	62
30–34岁	**41026**	**19584**	**21442**	**4767**	**2216**	**2551**	**675**	**377**	**298**
30	9478	4532	4946	1103	487	616	169	95	74
31	9058	4234	4824	1083	506	577	138	67	71
32	8141	3816	4325	888	437	451	149	80	69
33	8085	3913	4172	921	412	509	116	64	52
34	6264	3089	3175	772	374	398	103	71	32
35–39岁	**19791**	**10055**	**9736**	**2530**	**1306**	**1224**	**362**	**219**	**143**
35	5022	2473	2549	624	312	312	91	57	34
36	4349	2211	2138	590	316	274	76	44	32
37	3951	2039	1912	497	253	244	74	47	27
38	3810	1972	1838	465	233	232	68	40	28
39	2659	1360	1299	354	192	162	53	31	22
40–44岁	**8001**	**4322**	**3679**	**1101**	**613**	**488**	**172**	**107**	**65**
40	2186	1178	1008	258	143	115	44	28	16
41	1918	1019	899	271	149	122	49	34	15
42	1616	874	742	251	135	116	29	13	16
43	1215	653	562	186	105	81	29	19	10
44	1066	598	468	135	81	54	21	13	8

4-1c 续表 7 单位：人

年龄	大学本科			硕士研究生			博士研究生		
	小计	男	女	小计	男	女	小计	男	女
45-49岁	**5380**	**3005**	**2375**	**668**	**403**	**265**	**147**	**85**	**62**
45	999	530	469	123	76	47	21	10	11
46	1109	619	490	118	64	54	29	20	9
47	1147	650	497	145	85	60	37	19	18
48	1062	613	449	142	87	55	28	16	12
49	1063	593	470	140	91	49	32	20	12
50-54岁	**3693**	**2208**	**1485**	**420**	**257**	**163**	**86**	**59**	**27**
50	976	553	423	112	70	42	28	19	9
51	768	478	290	81	50	31	16	9	7
52	823	495	328	85	48	37	12	8	4
53	492	299	193	57	37	20	14	10	4
54	634	383	251	85	52	33	16	13	3
55-59岁	**2846**	**1804**	**1042**	**303**	**206**	**97**	**69**	**51**	**18**
55	653	402	251	65	46	19	13	12	1
56	725	448	277	73	54	19	20	11	9
57	720	461	259	94	62	32	21	15	6
58	465	319	146	53	37	16	11	10	1
59	283	174	109	18	7	11	4	3	1
60-64岁	**1429**	**910**	**519**	**99**	**70**	**29**	**25**	**17**	**8**
60	320	208	112	22	14	8	3	2	1
61	251	155	96	22	14	8	5	4	1
62	272	182	90	21	16	5	5	2	3
63	279	181	98	18	14	4	7	6	1
64	307	184	123	16	12	4	5	3	2
65-69岁	**1344**	**836**	**508**	**76**	**63**	**13**	**14**	**10**	**4**
65	322	202	120	21	19	2	7	6	1
66	332	204	128	16	13	3	3	2	1
67	240	147	93	15	13	2	2	1	1
68	253	157	96	15	13	2	1	1	
69	197	126	71	9	5	4	1		1
70-74岁	**722**	**480**	**242**	**20**	**17**	**3**	**7**	**5**	**2**
70	179	123	56	5	4	1	1		1
71	156	103	53	4	3	1	3	2	1
72	128	84	44	6	6		1	1	
73	114	76	38	4	3	1	2	2	
74	145	94	51	1	1				
75-79岁	**565**	**354**	**211**	**26**	**19**	**7**	**4**	**4**	
75	114	75	39	7	7		1	1	
76	111	64	47	11	7	4			
77	104	70	34	4	3	1	2	2	
78	124	78	46	2	1	1			
79	112	67	45	2	1	1	1	1	
80-84岁	**639**	**383**	**256**	**23**	**18**	**5**	**4**	**2**	**2**
80	140	84	56	4	4		1		1
81	131	81	50	5	4	1			
82	124	78	46	5	3	2			
83	128	72	56	2	1	1	2	1	1
84	116	68	48	7	6	1	1	1	
85岁及以上	**721**	**388**	**333**	**33**	**21**	**12**	**8**	**5**	**3**

4-2　全市分年龄、性别、受教育程度的3岁及以上外省来京人员

单位：人

年　龄	3岁及以上人口			未上过学		
	合计	男	女	小计	男	女
总　计	**8286123**	**4476558**	**3809565**	**79627**	**26818**	**52809**
3	57309	29749	27560	15540	8217	7323
4	57633	30407	27226	6526	3458	3068
5-9岁	**225094**	**119281**	**105813**	**4126**	**2160**	**1966**
5	44423	23571	20852	2662	1357	1305
6	52062	27610	24452	978	536	442
7	43019	22593	20426	199	105	94
8	47038	25037	22001	178	101	77
9	38552	20470	18082	109	61	48
10-14岁	**147173**	**80269**	**66904**	**549**	**309**	**240**
10	35932	19427	16505	114	65	49
11	34938	18989	15949	135	72	63
12	28984	15668	13316	132	71	61
13	26051	14225	11826	110	67	43
14	21268	11960	9308	58	34	24
15-19岁	**235032**	**143523**	**91509**	**274**	**171**	**103**
15	17919	10622	7297	50	32	18
16	23848	14971	8877	52	26	26
17	35690	22485	13205	48	34	14
18	62737	38588	24149	58	45	13
19	94838	56857	37981	66	34	32
20-24岁	**816104**	**447940**	**368164**	**452**	**275**	**177**
20	117147	68631	48516	100	65	35
21	125843	72104	53739	81	56	25
22	161250	89375	71875	86	50	36
23	194014	103738	90276	82	46	36
24	217850	114092	103758	103	58	45
25-29岁	**1254622**	**670079**	**584543**	**613**	**354**	**259**
25	239740	125264	114476	105	56	49
26	241586	126454	115132	113	70	43
27	261189	139465	121724	131	72	59
28	257573	139479	118094	115	63	52
29	254534	139417	115117	149	93	56
30-34岁	**1378233**	**750961**	**627272**	**955**	**527**	**428**
30	310088	171295	138793	197	113	84
31	291233	158900	132333	201	111	90
32	268125	145585	122540	183	94	89
33	274625	148816	125809	184	108	76
34	234162	126365	107797	190	101	89
35-39岁	**980854**	**532456**	**448398**	**988**	**480**	**508**
35	199353	107742	91611	179	107	72
36	197967	107193	90774	188	100	88
37	192675	104223	88452	157	68	89
38	215116	116570	98546	231	98	133
39	175743	96728	79015	233	107	126
40-44岁	**711812**	**392318**	**319494**	**1720**	**621**	**1099**
40	154205	85105	69100	241	101	140
41	154934	85642	69292	297	120	177
42	143245	78534	64711	355	128	227
43	126751	69998	56753	367	119	248
44	132677	73039	59638	460	153	307

4-2 续表 1

单位：人

年龄	3岁及以上人口			未上过学		
	合计	男	女	小计	男	女
45—49岁	**676954**	**377884**	**299070**	**4639**	**1240**	**3399**
45	126590	69984	56606	555	164	391
46	132092	74025	58067	766	216	550
47	137636	77063	60573	940	268	672
48	140610	78324	62286	1132	279	853
49	140026	78488	61538	1246	313	933
50—54岁	**622694**	**349104**	**273590**	**7178**	**1869**	**5309**
50	144776	81451	63325	1390	350	1040
51	127877	71684	56193	1399	369	1030
52	133673	74838	58835	1560	390	1170
53	104224	58218	46006	1331	348	983
54	112144	62913	49231	1498	412	1086
55—59岁	**435264**	**228584**	**206680**	**6912**	**1511**	**5401**
55	103341	56485	46856	1361	354	1007
56	98201	52126	46075	1392	324	1068
57	109911	57509	52402	1601	363	1238
58	79318	40714	38604	1541	299	1242
59	44493	21750	22743	1017	171	846
60—64岁	**282207**	**135879**	**146328**	**8416**	**1631**	**6785**
60	54523	26267	28256	1207	246	961
61	49073	23885	25188	1290	254	1036
62	59017	28809	30208	1756	352	1404
63	62848	30038	32810	2125	409	1716
64	56746	26880	29866	2038	370	1668
65—69岁	**222012**	**104159**	**117853**	**9182**	**1749**	**7433**
65	55961	26437	29524	2048	356	1692
66	52454	24695	27759	2103	385	1718
67	43326	20187	23139	1826	360	1466
68	39006	18274	20732	1824	362	1462
69	31265	14566	16699	1381	286	1095
70—74岁	**97951**	**46230**	**51721**	**4131**	**899**	**3232**
70	27619	13154	14465	1216	261	955
71	23267	11032	12235	972	238	734
72	17727	8263	9464	765	172	593
73	15733	7395	8338	650	132	518
74	13605	6386	7219	528	96	432
75—79岁	**44517**	**20111**	**24406**	**2419**	**460**	**1959**
75	11258	5177	6081	528	103	425
76	9739	4491	5248	500	104	396
77	8482	3827	4655	455	98	357
78	7825	3440	4385	432	78	354
79	7213	3176	4037	504	77	427
80—84岁	**25653**	**11451**	**14202**	**2375**	**436**	**1939**
80	6617	2962	3655	486	96	390
81	5404	2332	3072	484	70	414
82	5275	2338	2937	512	94	418
83	4537	2119	2418	464	87	377
84	3820	1700	2120	429	89	340
85岁及以上	**15005**	**6173**	**8832**	**2632**	**451**	**2181**

4–2　续表 2　　　　单位：人

年　龄	学前教育			小　学		
	小计	男	女	小计	男	女
总　计	**150194**	**78653**	**71541**	**793051**	**401492**	**391559**
3	41769	21532	20237			
4	51107	26949	24158			
5–9岁	**53275**	**28197**	**25078**	**165203**	**87553**	**77650**
5	36917	19623	17294	4844	2591	2253
6	13455	7130	6325	37163	19697	17466
7	1467	734	733	40851	21487	19364
8	898	448	450	45221	24067	21154
9	538	262	276	37124	19711	17413
10–14岁	**1366**	**723**	**643**	**80629**	**43816**	**36813**
10	391	206	185	33980	18329	15651
11	321	177	144	30701	16645	14056
12	186	98	88	11375	6263	5112
13	224	112	112	3203	1800	1403
14	244	130	114	1370	779	591
15–19岁	**295**	**180**	**115**	**4258**	**2839**	**1419**
15	135	77	58	657	397	260
16	59	37	22	655	425	230
17	33	21	12	783	516	267
18	34	21	13	938	651	287
19	34	24	10	1225	850	375
20–24岁	**174**	**100**	**74**	**7012**	**4913**	**2099**
20	36	23	13	1211	849	362
21	18	12	6	1210	871	339
22	47	21	26	1339	957	382
23	42	23	19	1503	1035	468
24	31	21	10	1749	1201	548
25–29岁	**140**	**66**	**74**	**12279**	**8500**	**3779**
25	29	16	13	1974	1384	590
26	28	9	19	1965	1371	594
27	32	17	15	2530	1719	811
28	27	14	13	2693	1865	828
29	24	10	14	3117	2161	956
30–34岁	**140**	**77**	**63**	**22424**	**14776**	**7648**
30	34	18	16	4058	2759	1299
31	32	17	15	4464	3031	1433
32	24	13	11	4433	2925	1508
33	26	14	12	4948	3203	1745
34	24	15	9	4521	2858	1663
35–39岁	**94**	**50**	**44**	**22991**	**13714**	**9277**
35	12	6	6	4066	2485	1581
36	20	11	9	4079	2468	1611
37	21	8	13	4208	2531	1677
38	26	14	12	5447	3191	2256
39	15	11	4	5191	3039	2152
40–44岁	**119**	**65**	**54**	**39566**	**20845**	**18721**
40	22	11	11	5731	3058	2673
41	16	8	8	7229	3986	3243
42	25	15	10	7816	4150	3666
43	26	15	11	8351	4353	3998
44	30	16	14	10439	5298	5141

4-2 续表 3 单位：人

年 龄	学前教育			小 学		
	小计	男	女	小计	男	女
45-49岁	**211**	**90**	**121**	**82483**	**40308**	**42175**
45	26	15	11	11946	5953	5993
46	37	14	23	14601	7170	7431
47	37	16	21	16623	8095	8528
48	50	23	27	18871	9150	9721
49	61	22	39	20442	9940	10502
50-54岁	**397**	**187**	**210**	**122463**	**60683**	**61780**
50	73	30	43	23826	11495	12331
51	76	37	39	24656	12277	12379
52	94	55	39	27284	13517	13767
53	66	26	40	22389	11031	11358
54	88	39	49	24308	12363	11945
55-59岁	**333**	**137**	**196**	**83526**	**41032**	**42494**
55	75	29	46	21329	10659	10670
56	91	42	49	18992	9484	9508
57	67	32	35	20025	9935	10090
58	66	24	42	14988	7200	7788
59	34	10	24	8192	3754	4438
60-64岁	**306**	**140**	**166**	**54579**	**24240**	**30339**
60	51	18	33	9684	4319	5365
61	51	23	28	9257	4223	5034
62	73	35	38	11556	5256	6300
63	66	33	33	12738	5635	7103
64	65	31	34	11344	4807	6537
65-69岁	**223**	**92**	**131**	**50293**	**21006**	**29287**
65	62	25	37	12038	5045	6993
66	59	31	28	11481	4804	6677
67	46	12	34	10051	4223	5828
68	34	18	16	9250	3944	5306
69	22	6	16	7473	2990	4483
70-74岁	**114**	**30**	**84**	**23365**	**9369**	**13996**
70	37	9	28	6353	2573	3780
71	26	7	19	5718	2299	3419
72	23	7	16	4346	1805	2541
73	12	3	9	3840	1462	2378
74	16	4	12	3108	1230	1878
75-79岁	**49**	**15**	**34**	**10317**	**3734**	**6583**
75	15	6	9	2588	968	1620
76	9	3	6	2259	826	1433
77	6	3	3	1922	661	1261
78	9		9	1776	641	1135
79	10	3	7	1772	638	1134
80-84岁	**33**	**8**	**25**	**6922**	**2496**	**4426**
80	11	2	9	1720	612	1108
81	6	1	5	1451	530	921
82	3	2	1	1420	479	941
83	7	2	5	1243	499	744
84	6	1	5	1088	376	712
85岁及以上	**49**	**15**	**34**	**4741**	**1668**	**3073**

4–2　续表 4　　　　单位：人

年　龄	初　中			高　中			大学专科		
	小计	男	女	小计	男	女	小计	男	女
总　计	**2449556**	**1508223**	**941333**	**1408209**	**790313**	**617896**	**1178434**	**586026**	**592408**
3									
4									
5–9岁	**2487**	**1370**	**1117**	**3**	**1**	**2**			
5									
6	466	247	219						
7	502	267	235						
8	739	421	318	2		2			
9	780	435	345	1	1				
10–14岁	**62339**	**34173**	**28166**	**2273**	**1240**	**1033**	**6**	**2**	**4**
10	1445	825	620	1	1				
11	3769	2087	1682	6	5	1	3	1	2
12	17288	9234	8054	2	2				
13	21821	11868	9953	689	378	311	2		2
14	18016	10159	7857	1575	854	721	1	1	
15–19岁	**68214**	**48879**	**19335**	**83247**	**49051**	**34196**	**26404**	**14267**	**12137**
15	9625	6062	3563	7062	3836	3226	253	142	111
16	9399	6716	2683	12328	6996	5332	914	531	383
17	12534	9180	3354	16833	9789	7044	2892	1651	1241
18	16389	12085	4304	21706	12876	8830	7807	4282	3525
19	20267	14836	5431	25318	15554	9764	14538	7661	6877
20–24岁	**134947**	**94164**	**40783**	**149189**	**91967**	**57222**	**193630**	**96795**	**96835**
20	22749	16371	6378	28468	17578	10890	22818	11593	11225
21	23819	16903	6916	27653	17162	10491	29697	14922	14775
22	27980	19524	8456	30033	18697	11336	41410	20740	20670
23	29196	20144	9052	31026	19143	11883	48303	24168	24135
24	31203	21222	9981	32009	19387	12622	51402	25372	26030
25–29岁	**203373**	**139120**	**64253**	**187169**	**115439**	**71730**	**264006**	**133259**	**130747**
25	34264	23345	10919	34295	21098	13197	54149	26690	27459
26	34996	23787	11209	34466	21176	13290	52226	26147	26079
27	41232	28363	12869	38340	23695	14645	54383	27658	26725
28	43972	30229	13743	38880	23965	14915	52229	26763	25466
29	48909	33396	15513	41188	25505	15683	51019	26001	25018
30–34岁	**324274**	**217291**	**106983**	**231119**	**138412**	**92707**	**259939**	**127746**	**132193**
30	65506	44816	20690	52151	32011	20140	61486	31323	30163
31	65948	44493	21455	48540	29151	19389	56539	28047	28492
32	63637	42587	21050	45275	27225	18050	50389	24551	25838
33	69181	45880	23301	46227	27378	18849	50012	23929	26083
34	60002	39515	20487	38926	22647	16279	41513	19896	21617
35–39岁	**270789**	**175417**	**95372**	**157548**	**89900**	**67648**	**159525**	**76234**	**83291**
35	52599	34446	18153	32612	18991	13621	33901	16277	17624
36	52953	34503	18450	31126	18006	13120	32432	15648	16784
37	51610	33666	17944	29946	16964	12982	30756	14609	16147
38	59524	38291	21233	34158	19289	14869	34758	16526	18232
39	54103	34511	19592	29706	16650	13056	27678	13174	14504
40–44岁	**272600**	**164623**	**107977**	**127865**	**68471**	**59394**	**101726**	**48976**	**52750**
40	50970	31912	19058	27088	15149	11939	24116	11464	12652
41	55480	33940	21540	27945	15124	12821	23224	11242	11982
42	54741	32913	21828	25748	13587	12161	20972	10050	10922
43	52405	31256	21149	23042	12090	10952	17119	8228	8891
44	59004	34602	24402	24042	12521	11521	16295	7992	8303

4–2 续表 5 单位：人

年龄	初中			高中			大学专科		
	小计	男	女	小计	男	女	小计	男	女
45–49岁	**349253**	**203932**	**145321**	**115233**	**62547**	**52686**	**55546**	**29157**	**26389**
45	60013	35090	24923	22724	11894	10830	13464	6706	6758
46	67033	38986	28047	22936	12604	10332	11895	6343	5552
47	71417	41670	29747	23579	12807	10772	11136	5981	5155
48	75092	43651	31441	23198	12686	10512	10062	5342	4720
49	75698	44535	31163	22796	12556	10240	8989	4785	4204
50–54岁	**335566**	**199386**	**136180**	**93620**	**50906**	**42714**	**29425**	**15609**	**13816**
50	78674	46625	32049	22920	12767	10153	8245	4447	3798
51	68495	40677	27818	19406	10539	8867	6412	3392	3020
52	71740	42579	29161	19660	10758	8902	6198	3259	2939
53	56714	33678	23036	14854	8009	6845	4049	2153	1896
54	59943	35827	24116	16780	8833	7947	4521	2358	2163
55–59岁	**204788**	**117494**	**87294**	**91382**	**43581**	**47801**	**24419**	**10879**	**13540**
55	53650	31420	22230	17171	8765	8406	4646	2196	2450
56	48117	27585	20532	18736	9053	9683	5366	2397	2969
57	50907	29102	21805	24377	11570	12807	6644	2889	3755
58	34511	19665	14846	19178	8948	10230	4757	2083	2674
59	17603	9722	7881	11920	5245	6675	3006	1314	1692
60–64岁	**97421**	**51894**	**45527**	**81453**	**36885**	**44568**	**23576**	**11572**	**12004**
60	20101	10831	9270	16195	7138	9057	4124	1927	2197
61	17242	9293	7949	14690	6677	8013	3869	1873	1996
62	20229	10944	9285	17265	7891	9374	4831	2393	2438
63	21001	11156	9845	17713	7950	9763	5497	2725	2772
64	18848	9670	9178	15590	7229	8361	5255	2654	2601
65–69岁	**75888**	**37569**	**38319**	**50899**	**24370**	**26529**	**21192**	**11122**	**10070**
65	18434	9336	9098	14533	6838	7695	5271	2735	2536
66	17548	8680	8868	12666	6146	6520	5162	2706	2456
67	14961	7352	7609	9566	4602	4964	4074	2087	1987
68	13869	6753	7116	7907	3796	4111	3673	1952	1721
69	11076	5448	5628	6227	2988	3239	3012	1642	1370
70–74岁	**29549**	**14485**	**15064**	**21400**	**10241**	**11159**	**10992**	**6138**	**4854**
70	9517	4727	4790	5711	2816	2895	2877	1633	1244
71	7005	3496	3509	5110	2407	2703	2665	1518	1147
72	5005	2392	2613	4151	1968	2183	2075	1089	986
73	4393	2154	2239	3565	1733	1832	1853	1059	794
74	3629	1716	1913	2863	1317	1546	1522	839	683
75–79岁	**10804**	**4988**	**5816**	**9281**	**4192**	**5089**	**4388**	**2266**	**2122**
75	2890	1371	1519	2316	1049	1267	1066	529	537
76	2410	1119	1291	1996	937	1059	967	519	448
77	2026	942	1084	1785	799	986	878	449	429
78	1848	802	1046	1724	749	975	787	403	384
79	1630	754	876	1460	658	802	690	366	324
80–84岁	**4771**	**2224**	**2547**	**4558**	**2131**	**2427**	**2532**	**1362**	**1170**
80	1384	649	735	1267	589	678	624	320	304
81	978	412	566	967	448	519	559	288	271
82	987	480	507	933	430	503	520	285	235
83	765	384	381	781	368	413	455	253	202
84	657	299	358	610	296	314	374	216	158
85岁及以上	**2493**	**1214**	**1279**	**1970**	**979**	**991**	**1128**	**642**	**486**

4-2　续表 6　　　　　　　　　　　　　　　　　　　　　　　　　　　　单位：人

年　龄	大学本科			硕士研究生			博士研究生		
	小计	男	女	小计	男	女	小计	男	女
总　计	**1813024**	**892040**	**920984**	**376997**	**170872**	**206125**	**37031**	**22121**	**14910**
3									
4									
5–9岁									
5									
6									
7									
8									
9									
10–14岁	**10**	**6**	**4**	**1**		**1**			
10	1	1							
11	3	2	1						
12	1		1						
13	1		1	1		1			
14	4	3	1						
15–19岁	**52217**	**28053**	**24164**	**104**	**69**	**35**	**19**	**14**	**5**
15	136	75	61				1	1	
16	441	240	201						
17	2553	1283	1270	11	8	3	3	3	
18	15770	8602	7168	32	23	9	3	3	
19	33317	17853	15464	61	38	23	12	7	5
20–24岁	**263418**	**128215**	**135203**	**62546**	**28548**	**33998**	**4736**	**2963**	**1773**
20	41410	21984	19426	309	143	166	46	25	21
21	40366	20828	19538	2737	1178	1559	262	172	90
22	46060	22427	23633	13125	6203	6922	1170	756	414
23	60686	28316	32370	21814	10001	11813	1362	862	500
24	74896	34660	40236	24561	11023	13538	1896	1148	748
25–29岁	**457602**	**217481**	**240121**	**114212**	**47109**	**67103**	**15228**	**8751**	**6477**
25	87453	40406	47047	24827	10726	14101	2644	1543	1101
26	91131	42460	48671	23512	9647	13865	3149	1787	1362
27	97812	46534	51278	23188	9411	13777	3541	1996	1545
28	94402	45911	48491	22054	8814	13240	3201	1855	1346
29	86804	42170	44634	20631	8511	12120	2693	1570	1123
30–34岁	**434034**	**206240**	**227794**	**96750**	**40868**	**55882**	**8598**	**5024**	**3574**
30	100397	48957	51440	23649	9788	13861	2610	1510	1100
31	91777	43859	47918	21687	9010	12677	2045	1181	864
32	84089	39473	44616	18530	7799	10731	1565	918	647
33	84766	39713	45053	17963	7772	10191	1318	819	499
34	73005	34238	38767	14921	6499	8422	1060	596	464
35–39岁	**305288**	**146556**	**158732**	**59617**	**27750**	**31867**	**4014**	**2355**	**1659**
35	62690	29383	33307	12419	5559	6860	875	488	387
36	63764	30278	33486	12563	5689	6874	842	490	352
37	62887	30295	32592	12291	5605	6686	799	477	322
38	67132	32455	34677	13005	6201	6804	835	505	330
39	48815	24145	24670	9339	4696	4643	663	395	268
40–44岁	**141669**	**73796**	**67873**	**24586**	**13715**	**10871**	**1961**	**1206**	**755**
40	38655	19502	19153	6889	3628	3261	493	280	213
41	34208	17622	16586	6060	3297	2763	475	303	172
42	28400	14724	13676	4780	2724	2056	408	243	165
43	21479	11591	9888	3633	2131	1502	329	215	114
44	18927	10357	8570	3224	1935	1289	256	165	91

4-2 续表 7 单位：人

年龄	大学本科			硕士研究生			博士研究生		
	小计	男	女	小计	男	女	小计	男	女
45–49岁	**58822**	**33703**	**25119**	**9730**	**6206**	**3524**	**1037**	**701**	**336**
45	15142	8447	6695	2491	1566	925	229	149	80
46	12488	7192	5296	2121	1352	769	215	148	67
47	11755	6865	4890	1924	1217	707	225	144	81
48	10310	5940	4370	1712	1120	592	183	133	50
49	9127	5259	3868	1482	951	531	185	127	58
50–54岁	**28985**	**17019**	**11966**	**4487**	**3020**	**1467**	**573**	**425**	**148**
50	8190	4789	3401	1313	848	465	145	100	45
51	6315	3645	2670	985	650	335	133	98	35
52	6103	3583	2520	925	614	311	109	83	26
53	4113	2483	1630	625	431	194	83	59	24
54	4264	2519	1745	639	477	162	103	85	18
55–59岁	**20837**	**11659**	**9178**	**2602**	**1911**	**691**	**465**	**380**	**85**
55	4357	2510	1847	643	463	180	109	89	20
56	4761	2690	2071	643	470	173	103	81	22
57	5470	3006	2464	696	510	186	124	102	22
58	3785	2123	1662	410	303	107	82	69	13
59	2464	1330	1134	210	165	45	47	39	8
60–64岁	**15108**	**8530**	**6578**	**1143**	**820**	**323**	**205**	**167**	**38**
60	2866	1573	1293	263	189	74	32	26	6
61	2461	1394	1067	176	116	60	37	32	5
62	3018	1733	1285	246	174	72	43	31	12
63	3403	1909	1494	265	187	78	40	34	6
64	3360	1921	1439	193	154	39	53	44	9
65–69岁	**13570**	**7717**	**5853**	**658**	**461**	**197**	**107**	**73**	**34**
65	3324	1915	1409	202	150	52	49	37	12
66	3260	1813	1447	159	121	38	16	9	7
67	2664	1468	1196	119	72	47	19	11	8
68	2348	1387	961	85	51	34	16	11	5
69	1974	1134	840	93	67	26	7	5	2
70–74岁	**8113**	**4860**	**3253**	**257**	**185**	**72**	**30**	**23**	**7**
70	1832	1082	750	72	50	22	4	3	1
71	1701	1014	687	61	44	17	9	9	
72	1308	793	515	46	31	15	8	6	2
73	1374	818	556	42	32	10	4	2	2
74	1898	1153	745	36	28	8	5	3	2
75–79岁	**7097**	**4339**	**2758**	**135**	**96**	**39**	**27**	**21**	**6**
75	1810	1120	690	39	26	13	6	5	1
76	1557	953	604	36	26	10	5	4	1
77	1387	857	530	19	14	5	4	4	
78	1219	744	475	25	20	5	5	3	2
79	1124	665	459	16	10	6	7	5	2
80–84岁	**4368**	**2729**	**1639**	**82**	**59**	**23**	**12**	**6**	**6**
80	1103	677	426	21	17	4	1		1
81	941	575	366	14	5	9	4	3	1
82	880	551	329	18	16	2	2	1	1
83	807	516	291	13	9	4	2	1	1
84	637	410	227	16	12	4	3	1	2
85岁及以上	**1886**	**1137**	**749**	**87**	**55**	**32**	**19**	**12**	**7**

4–3 各地区分性别、受教育程度的15岁及以上人口

单位：人

地区	15岁及以上人口			未上过学		
	合计	男	女	小计	男	女
北 京	**19301588**	**9847962**	**9453626**	**196838**	**44953**	**151885**
东城区	610539	292954	317585	4112	706	3406
西城区	948302	454054	494248	6735	1128	5607
朝阳区	3057268	1501328	1555940	19151	3970	15181
丰台区	1800084	885113	914971	15761	2702	13059
石景山区	503342	248226	255116	5219	949	4270
海淀区	2762358	1368477	1393881	15751	3050	12701
门头沟区	347846	175974	171872	5574	1126	4448
房山区	1143561	587343	556218	16782	3804	12978
通州区	1617569	852273	765296	13064	3277	9787
顺义区	1168726	629989	538737	13386	3214	10172
昌平区	2033522	1096897	936625	16295	4102	12193
大兴区	1756675	948307	808368	16769	4400	12369
怀柔区	389108	208180	180928	10591	2829	7762
平谷区	396553	202596	193957	12992	2710	10282
密云区	460936	235303	225633	14233	3750	10483
延庆区	305199	160948	144251	10423	3236	7187

4–3 续表 1

单位：人

地区	学前教育			小学		
	小计	男	女	小计	男	女
北 京	**7260**	**2886**	**4374**	**1282027**	**553808**	**728219**
东城区	181	64	117	26409	9642	16767
西城区	310	116	194	40779	14136	26643
朝阳区	1155	410	745	142247	57915	84332
丰台区	536	178	358	92924	36108	56816
石景山区	302	133	169	24947	10073	14874
海淀区	706	295	411	107295	41872	65423
门头沟区	143	38	105	30761	12648	18113
房山区	426	172	254	104798	43376	61422
通州区	682	272	410	135417	61660	73757
顺义区	315	140	175	107591	51074	56517
昌平区	739	316	423	116237	52344	63893
大兴区	812	386	426	144973	67374	77599
怀柔区	266	102	164	43979	20764	23215
平谷区	244	81	163	54895	23756	31139
密云区	284	109	175	61675	27912	33763
延庆区	159	74	85	47100	23154	23946

4–3　续表 2

单位：人

地　区	初　中			高　中			大学专科		
	小计	男	女	小计	男	女	小计	男	女
北　京	**4782156**	**2670422**	**2111734**	**3842637**	**1994329**	**1848308**	**2928368**	**1473686**	**1454682**
东 城 区	99702	51646	48056	156728	76383	80345	96589	46631	49958
西 城 区	152178	77515	74663	212106	102545	109561	142325	67792	74533
朝 阳 区	592495	320178	272317	602373	301176	301197	467227	226762	240465
丰 台 区	375972	197526	178446	416267	205771	210496	293182	145187	147995
石景山区	91207	47421	43786	113187	55248	57939	85411	42722	42689
海 淀 区	417197	223002	194195	452571	226052	226519	361412	172062	189350
门头沟区	101215	55235	45980	82386	42539	39847	56951	29494	27457
房 山 区	389998	215053	174945	226987	120714	106273	172291	89324	82967
通 州 区	513240	295579	217661	308492	166511	141981	269330	137505	131825
顺 义 区	436138	256725	179413	218104	121475	96629	159199	81891	77308
昌 平 区	506673	291638	215035	386975	212320	174655	339551	180753	158798
大 兴 区	545767	324329	221438	349285	192276	157009	282020	146326	135694
怀 柔 区	138280	80061	58219	82336	45480	36856	49589	26588	23001
平 谷 区	141249	78517	62732	83739	45310	38429	54310	28446	25864
密 云 区	172005	93715	78290	93488	49828	43660	59937	31432	28505
延 庆 区	108840	62282	46558	57613	30701	26912	39044	20771	18273

4–3　续表 3

单位：人

地　区	大学本科			硕士研究生			博士研究生		
	小计	男	女	小计	男	女	小计	男	女
北　京	**4771427**	**2353557**	**2417870**	**1263009**	**616646**	**646363**	**227866**	**137675**	**90191**
东 城 区	175281	82886	92395	45193	21548	23645	6344	3448	2896
西 城 区	277403	132629	144774	101815	49491	52324	14651	8702	5949
朝 阳 区	940274	447917	492357	259235	123331	135904	33111	19669	13442
丰 台 区	474620	232699	241921	117377	56876	60501	13445	8066	5379
石景山区	141769	70458	71311	35901	17870	18031	5399	3352	2047
海 淀 区	915382	446817	468565	378514	185890	192624	113530	69437	44093
门头沟区	59862	29290	30572	9709	4851	4858	1245	753	492
房 山 区	195545	96786	98759	31308	15124	16184	5426	2990	2436
通 州 区	324093	161577	162516	48778	23298	25480	4473	2594	1879
顺 义 区	202206	99979	102227	29160	13954	15206	2627	1537	1090
昌 平 区	535622	285879	249743	114195	58617	55578	17235	10928	6307
大 兴 区	342751	175440	167311	67383	33652	33731	6915	4124	2791
怀 柔 区	49117	24137	24980	12842	6891	5951	2108	1328	780
平 谷 区	45253	21966	23287	3474	1580	1894	397	230	167
密 云 区	54082	26157	27925	4700	2114	2586	532	286	246
延 庆 区	38167	18940	19227	3425	1559	1866	428	231	197

4–3a　各地区分性别、受教育程度的15岁及以上人口(城市)

单位：人

地　区	15岁及以上人口			未上过学		
	合计	男	女	小计	男	女
北　京	**15598745**	**7817395**	**7781350**	**111860**	**22414**	**89446**
东 城 区	610539	292954	317585	4112	706	3406
西 城 区	948302	454054	494248	6735	1128	5607
朝 阳 区	3034191	1489528	1544663	18974	3935	15039
丰 台 区	1776470	872926	903544	15385	2616	12769
石景山区	503342	248226	255116	5219	949	4270
海 淀 区	2695720	1331671	1364049	14756	2691	12065
门头沟区	287806	144167	143639	3759	657	3102
房 山 区	804411	409155	395256	7733	1624	6109
通 州 区	920942	469092	451850	4592	1068	3524
顺 义 区	623599	324467	299132	4025	875	3150
昌 平 区	1323099	700382	622717	7256	1561	5695
大 兴 区	1247967	658484	589483	8472	2051	6421
怀 柔 区	245042	129837	115205	2791	689	2102
平 谷 区	194802	98670	96132	3665	812	2853
密 云 区	250468	125454	125014	2934	642	2292
延 庆 区	132045	68328	63717	1452	410	1042

4–3a　续表 1

单位：人

地　区	学前教育			小　学		
	小计	男	女	小计	男	女
北　京	**5060**	**1952**	**3108**	**799090**	**326418**	**472672**
东 城 区	181	64	117	26409	9642	16767
西 城 区	310	116	194	40779	14136	26643
朝 阳 区	1148	405	743	140536	57058	83478
丰 台 区	520	171	349	90644	35107	55537
石景山区	302	133	169	24947	10073	14874
海 淀 区	673	282	391	100956	38914	62042
门头沟区	104	32	72	20987	8407	12580
房 山 区	268	111	157	56154	23340	32814
通 州 区	269	114	155	52183	22628	29555
顺 义 区	145	63	82	39266	17906	21360
昌 平 区	338	144	194	59141	25051	34090
大 兴 区	453	184	269	78062	34276	43786
怀 柔 区	91	34	57	20727	9471	11256
平 谷 区	84	30	54	17339	7123	10216
密 云 区	108	35	73	18738	7724	11014
延 庆 区	66	34	32	12222	5562	6660

4-3a 续表 2 单位：人

地区	初中			高中			大学专科		
	小计	男	女	小计	男	女	小计	男	女
北京	**3219731**	**1750741**	**1468990**	**3128057**	**1582196**	**1545861**	**2492430**	**1240528**	**1251902**
东城区	99702	51646	48056	156728	76383	80345	96589	46631	49958
西城区	152178	77515	74663	212106	102545	109561	142325	67792	74533
朝阳区	587270	317056	270214	597559	298660	298899	463216	224820	238396
丰台区	367903	193037	174866	410369	202582	207787	289656	143369	146287
石景山区	91207	47421	43786	113187	55248	57939	85411	42722	42689
海淀区	390086	207083	183003	437465	217264	220201	352420	167334	185086
门头沟区	74886	40045	34841	70920	36142	34778	50744	26130	24614
房山区	221830	120753	101077	165553	85416	80137	138899	71580	67319
通州区	223274	124742	98532	172429	88174	84255	177918	89024	88894
顺义区	177513	101567	75946	114063	59972	54091	102774	52063	50711
昌平区	263252	146903	116349	236101	125366	110735	233984	123302	110682
大兴区	315843	182112	133731	252016	135367	116649	221959	114376	107583
怀柔区	81860	46796	35064	55992	30210	25782	37028	19659	17369
平谷区	57650	31602	26048	46399	24241	22158	33101	17083	16018
密云区	75683	39820	35863	58849	30274	28575	44178	22955	21223
延庆区	39594	22643	16951	28321	14352	13969	22228	11688	10540

4-3a 续表 3 单位：人

地区	大学本科			硕士研究生			博士研究生		
	小计	男	女	小计	男	女	小计	男	女
北京	**4416679**	**2172584**	**2244095**	**1206249**	**588065**	**618184**	**219589**	**132497**	**87092**
东城区	175281	82886	92395	45193	21548	23645	6344	3448	2896
西城区	277403	132629	144774	101815	49491	52324	14651	8702	5949
朝阳区	933902	444952	488950	258523	123007	135516	33063	19635	13428
丰台区	471666	231312	240354	116934	56690	60244	13393	8042	5351
石景山区	141769	70458	71311	35901	17870	18031	5399	3352	2047
海淀区	908564	443392	465172	377402	185349	192053	113398	69362	44036
门头沟区	55906	27371	28535	9311	4669	4642	1189	714	475
房山区	178749	88969	89780	29984	14486	15498	5241	2876	2365
通州区	249542	123517	126025	37491	17961	19530	3244	1864	1380
顺义区	158893	78874	80019	24814	11914	12900	2106	1233	873
昌平区	415997	221556	194441	93369	47889	45480	13661	8610	5051
大兴区	302837	155390	147447	62065	31003	31062	6260	3725	2535
怀柔区	41128	20258	20870	4674	2265	2409	751	455	296
平谷区	33762	16478	17284	2546	1148	1398	256	153	103
密云区	45695	22062	23633	3882	1729	2153	401	213	188
延庆区	25585	12480	13105	2345	1046	1299	232	113	119

4-3b 各地区分性别、受教育程度的15岁及以上人口(镇)

单位：人

地　区	15岁及以上人口			未上过学		
	合计	男	女	小计	男	女
北　京	**1261414**	**690201**	**571213**	**18497**	**5040**	**13457**
东城区						
西城区						
朝阳区	23077	11800	11277	177	35	142
丰台区	9732	4873	4859	209	50	159
石景山区						
海淀区						
门头沟区	29125	15331	13794	682	163	519
房山区	85999	44619	41380	2042	473	1569
通州区	271229	149613	121616	1801	451	1350
顺义区	139172	78161	61011	1878	603	1275
昌平区	333682	181692	151990	2806	749	2057
大兴区	179703	102127	77576	2447	789	1658
怀柔区	48164	27382	20782	968	246	722
平谷区	43846	22485	21361	1968	428	1540
密云区	50526	26851	23675	2116	629	1487
延庆区	47159	25267	21892	1403	424	979

4-3b 续表 1

单位：人

地　区	学前教育			小　学		
	小计	男	女	小计	男	女
北　京	**679**	**340**	**339**	**122745**	**58321**	**64424**
东城区						
西城区						
朝阳区	7	5	2	1711	857	854
丰台区	9	5	4	753	342	411
石景山区						
海淀区						
门头沟区	12	1	11	3947	1642	2305
房山区	36	12	24	11703	4766	6937
通州区	83	28	55	22313	10410	11903
顺义区	35	19	16	12926	6331	6595
昌平区	157	77	80	21864	10409	11455
大兴区	204	138	66	19545	10301	9244
怀柔区	43	19	24	5096	2558	2538
平谷区	53	19	34	6840	3078	3762
密云区	17	6	11	9319	4417	4902
延庆区	23	11	12	6728	3210	3518

4-3b 续表 2

单位：人

地区	初中			高中			大学专科		
	小计	男	女	小计	男	女	小计	男	女
北京	**445930**	**264525**	**181405**	**251388**	**142215**	**109173**	**182479**	**96023**	**86456**
东城区									
西城区									
朝阳区	5225	3122	2103	4814	2516	2298	4011	1942	2069
丰台区	2631	1384	1247	2488	1338	1150	1538	754	784
石景山区									
海淀区									
门头沟区	12333	7091	5242	5994	3287	2707	3496	1863	1633
房山区	41224	22903	18321	15558	8745	6813	9254	4808	4446
通州区	90414	54121	36293	57140	32889	24251	43814	23213	20601
顺义区	58590	35879	22711	27040	15778	11262	17002	8788	8214
昌平区	96900	56573	40327	69466	38687	30779	54743	28866	25877
大兴区	65876	41385	24491	34664	19727	14937	28031	14862	13169
怀柔区	16056	10043	6013	8488	4825	3663	4906	2698	2208
平谷区	16167	8994	7173	8470	4770	3700	5817	3045	2772
密云区	23447	13229	10218	8575	4848	3727	4080	2181	1899
延庆区	17067	9801	7266	8691	4805	3886	5787	3003	2784

4-3b 续表 3

单位：人

地区	大学本科			硕士研究生			博士研究生		
	小计	男	女	小计	男	女	小计	男	女
北京	**192781**	**98854**	**93927**	**40770**	**20948**	**19822**	**6145**	**3935**	**2210**
东城区									
西城区									
朝阳区	6372	2965	3407	712	324	388	48	34	14
丰台区	1750	834	916	309	146	163	45	20	25
石景山区									
海淀区									
门头沟区	2382	1155	1227	249	110	139	30	19	11
房山区	5544	2605	2939	570	267	303	68	40	28
通州区	46575	24079	22496	8204	3891	4313	885	531	354
顺义区	19362	9584	9778	2105	1039	1066	234	140	94
昌平区	69184	36290	32894	15670	8138	7532	2892	1903	989
大兴区	24452	12571	11881	4023	2058	1965	461	296	165
怀柔区	3541	1721	1820	7781	4440	3341	1285	832	453
平谷区	4138	1966	2172	354	163	191	39	22	17
密云区	2605	1363	1242	310	144	166	57	34	23
延庆区	6876	3721	3155	483	228	255	101	64	37

4–3c　各地区分性别、受教育程度的15岁及以上人口(乡村)

单位：人

地　区	15岁及以上人口			未上过学		
	合计	男	女	小计	男	女
北　京	**2441429**	**1340366**	**1101063**	**66481**	**17499**	**48982**
东城区						
西城区						
朝阳区						
丰台区	13882	7314	6568	167	36	131
石景山区						
海淀区	66638	36806	29832	995	359	636
门头沟区	30915	16476	14439	1133	306	827
房山区	253151	133569	119582	7007	1707	5300
通州区	425398	233568	191830	6671	1758	4913
顺义区	405955	227361	178594	7483	1736	5747
昌平区	376741	214823	161918	6233	1792	4441
大兴区	329005	187696	141309	5850	1560	4290
怀柔区	95902	50961	44941	6832	1894	4938
平谷区	157905	81441	76464	7359	1470	5889
密云区	159942	82998	76944	9183	2479	6704
延庆区	125995	67353	58642	7568	2402	5166

4–3c　续表 1

单位：人

地　区	学前教育			小　学		
	小计	男	女	小计	男	女
北　京	**1521**	**594**	**927**	**360192**	**169069**	**191123**
东城区						
西城区						
朝阳区						
丰台区	7	2	5	1527	659	868
石景山区						
海淀区	33	13	20	6339	2958	3381
门头沟区	27	5	22	5827	2599	3228
房山区	122	49	73	36941	15270	21671
通州区	330	130	200	60921	28622	32299
顺义区	135	58	77	55399	26837	28562
昌平区	244	95	149	35232	16884	18348
大兴区	155	64	91	47366	22797	24569
怀柔区	132	49	83	18156	8735	9421
平谷区	107	32	75	30716	13555	17161
密云区	159	68	91	33618	15771	17847
延庆区	70	29	41	28150	14382	13768

4-3c 续表 2

单位：人

地区	初中			高中			大学专科		
	小计	男	女	小计	男	女	小计	男	女
北京	**1116495**	**655156**	**461339**	**463192**	**269918**	**193274**	**253459**	**137135**	**116324**
东城区									
西城区									
朝阳区									
丰台区	5438	3105	2333	3410	1851	1559	1988	1064	924
石景山区									
海淀区	27111	15919	11192	15106	8788	6318	8992	4728	4264
门头沟区	13996	8099	5897	5472	3110	2362	2711	1501	1210
房山区	126944	71397	55547	45876	26553	19323	24138	12936	11202
通州区	199552	116716	82836	78923	45448	33475	47598	25268	22330
顺义区	200035	119279	80756	77001	45725	31276	39423	21040	18383
昌平区	146521	88162	58359	81408	48267	33141	50824	28585	22239
大兴区	164048	100832	63216	62605	37182	25423	32030	17088	14942
怀柔区	40364	23222	17142	17856	10445	7411	7655	4231	3424
平谷区	67432	37921	29511	28870	16299	12571	15392	8318	7074
密云区	72875	40666	32209	26064	14706	11358	11679	6296	5383
延庆区	52179	29838	22341	20601	11544	9057	11029	6080	4949

4-3c 续表 3

单位：人

地区	大学本科			硕士研究生			博士研究生		
	小计	男	女	小计	男	女	小计	男	女
北京	**161967**	**82119**	**79848**	**15990**	**7633**	**8357**	**2132**	**1243**	**889**
东城区									
西城区									
朝阳区									
丰台区	1204	553	651	134	40	94	7	4	3
石景山区									
海淀区	6818	3425	3393	1112	541	571	132	75	57
门头沟区	1574	764	810	149	72	77	26	20	6
房山区	11252	5212	6040	754	371	383	117	74	43
通州区	27976	13981	13995	3083	1446	1637	344	199	145
顺义区	23951	11521	12430	2241	1001	1240	287	164	123
昌平区	50441	28033	22408	5156	2590	2566	682	415	267
大兴区	15462	7479	7983	1295	591	704	194	103	91
怀柔区	4448	2158	2290	387	186	201	72	41	31
平谷区	7353	3522	3831	574	269	305	102	55	47
密云区	5782	2732	3050	508	241	267	74	39	35
延庆区	5706	2739	2967	597	285	312	95	54	41

4-4　各地区分性别、受教育程度的15岁及以上外省来京人员

单位：人

地　区	15岁及以上人口			未上过学		
	合计	男	女	小计	男	女
北　京	**7798914**	**4216852**	**3582062**	**52886**	**12674**	**40212**
东城区	149234	74727	74507	959	203	756
西城区	232939	114484	118455	1972	347	1625
朝阳区	1194507	601420	593087	5978	1301	4677
丰台区	598387	300450	297937	4470	840	3630
石景山区	154021	76777	77244	1385	314	1071
海淀区	1054711	546629	508082	7100	1378	5722
门头沟区	105088	54936	50152	995	218	777
房山区	395606	214546	181060	3570	838	2732
通州区	821465	457938	363527	4197	1103	3094
顺义区	555683	325947	229736	3850	1042	2808
昌平区	1209610	682498	527112	7498	1871	5627
大兴区	936026	536992	399034	6387	1938	4449
怀柔区	144110	86478	57632	1415	399	1016
平谷区	71377	39968	31409	815	233	582
密云区	101491	57524	43967	1251	305	946
延庆区	74659	45538	29121	1044	344	700

4-4　续表 1

单位：人

地　区	学前教育			小　学		
	小计	男	女	小计	男	女
北　京	**2677**	**1252**	**1425**	**547219**	**270123**	**277096**
东城区	42	20	22	9362	4114	5248
西城区	50	13	37	15748	6083	9665
朝阳区	368	151	217	62927	29533	33394
丰台区	120	38	82	36663	16276	20387
石景山区	124	74	50	10291	4898	5393
海淀区	358	167	191	59513	25581	33932
门头沟区	36	11	25	10033	4941	5092
房山区	177	81	96	34083	17072	17011
通州区	238	101	137	60825	31615	29210
顺义区	129	67	62	52838	29520	23318
昌平区	392	180	212	72123	35217	36906
大兴区	460	259	201	75989	39767	36222
怀柔区	83	39	44	15734	8607	7127
平谷区	29	11	18	8524	4568	3956
密云区	33	20	13	12207	6456	5751
延庆区	38	20	18	10359	5875	4484

4–4 续表 2

单位：人

地　区	初中			高中			大学专科		
	小计	男	女	小计	男	女	小计	男	女
北　京	**2384730**	**1472680**	**912050**	**1405933**	**789072**	**616861**	**1178428**	**586024**	**592404**
东城区	41391	24372	17019	33866	17964	15902	21297	9583	11714
西城区	65766	37028	28738	51232	26920	24312	31374	13992	17382
朝阳区	303431	181272	122159	206418	111091	95327	179703	84215	95488
丰台区	156556	90886	65670	114820	59807	55013	99172	46455	52717
石景山区	34928	20093	14835	26328	12916	13412	25581	11885	13696
海淀区	239763	139746	100017	185913	102328	83585	139368	68178	71190
门头沟区	36194	21834	14360	18983	9565	9418	17031	7910	9121
房山区	142818	88128	54690	69314	38076	31238	60471	29339	31132
通州区	275081	175261	99820	145244	83791	61453	140756	71202	69554
顺义区	243399	158407	84992	94697	57041	37656	66574	33718	32856
昌平区	324689	200480	124209	215954	126500	89454	210170	114003	96167
大兴区	339873	219069	120804	173395	102385	71010	145243	74732	70511
怀柔区	65006	42269	22737	26248	15973	10275	13885	7330	6555
平谷区	33427	20701	12726	12882	7065	5817	8319	3850	4469
密云区	46953	29216	17737	19085	10781	8304	11520	5484	6036
延庆区	35455	23918	11537	11554	6869	4685	7964	4148	3816

4–4 续表 3

单位：人

地　区	大学本科			硕士研究生			博士研究生		
	小计	男	女	小计	男	女	小计	男	女
北　京	**1813014**	**892034**	**920980**	**376996**	**170872**	**206124**	**37031**	**22121**	**14910**
东城区	33469	14709	18760	8215	3494	4721	633	268	365
西城区	49911	22436	27475	15806	7056	8750	1080	609	471
朝阳区	355366	159814	195552	75962	31532	44430	4354	2511	1843
丰台区	154073	72424	81649	30876	12857	18019	1637	867	770
石景山区	45353	21843	23510	9272	4305	4967	759	449	310
海淀区	295852	146399	149453	107190	50737	56453	19654	12115	7539
门头沟区	19041	9188	9853	2590	1160	1430	185	109	76
房山区	74249	36514	37735	9849	3988	5861	1075	510	565
通州区	174738	86018	88720	19427	8281	11146	959	566	393
顺义区	82985	41007	41978	10677	4854	5823	534	291	243
昌平区	324904	177140	147764	50754	25130	25624	3126	1977	1149
大兴区	168213	86633	81580	25131	11434	13697	1335	775	560
怀柔区	11376	5931	5445	8927	5011	3916	1436	919	517
平谷区	6618	3183	3435	696	311	385	67	46	21
密云区	9379	4767	4612	958	438	520	105	57	48
延庆区	7487	4028	3459	666	284	382	92	52	40

4–5　各地区分性别、受教育程度的16–59岁人口

单位：人

地　区	16–59岁人口			未上过学		
	合计	男	女	小计	男	女
北　京	**14906862**	**7775199**	**7131663**	**39972**	**15247**	**24725**
东城区	419400	204683	214717	692	238	454
西城区	655147	318928	336219	1349	393	956
朝阳区	2334439	1164852	1169587	4262	1534	2728
丰台区	1312746	656619	656127	3036	962	2074
石景山区	363151	182376	180775	898	340	558
海淀区	2168078	1094372	1073706	4004	1273	2731
门头沟区	257253	132890	124363	887	355	532
房山区	877257	461320	415937	3215	1353	1862
通州区	1294590	698110	596480	3375	1338	2037
顺义区	944791	522667	422124	3222	1353	1869
昌平区	1686615	930505	756110	4774	1842	2932
大兴区	1449296	801317	647979	4655	1988	2667
怀柔区	300640	164169	136471	1404	581	823
平谷区	284224	148670	135554	1234	487	747
密云区	335579	173869	161710	1634	624	1010
延庆区	223656	119852	103804	1331	586	745

4–5　续表 1

单位：人

地　区	学前教育			小　学		
	小计	男	女	小计	男	女
北　京	**2945**	**1454**	**1491**	**509888**	**260503**	**249385**
东城区	38	21	17	7775	3572	4203
西城区	134	63	71	13162	5462	7700
朝阳区	463	203	260	55735	27657	28078
丰台区	175	65	110	33059	15945	17114
石景山区	115	68	47	8628	4497	4131
海淀区	331	154	177	45891	21106	24785
门头沟区	40	18	22	10873	5435	5438
房山区	207	102	105	36840	18653	18187
通州区	279	128	151	55798	29905	25893
顺义区	135	74	61	50482	28331	22151
昌平区	337	167	170	57843	29779	28064
大兴区	429	252	177	69759	37857	31902
怀柔区	92	46	46	17122	8869	8253
平谷区	48	24	24	13737	6651	7086
密云区	48	33	15	18423	8918	9505
延庆区	74	36	38	14761	7866	6895

4-5 续表 2

单位：人

地区	初中			高中			大学专科		
	小计	男	女	小计	男	女	小计	男	女
北京	**3306109**	**1934187**	**1371922**	**2746402**	**1478242**	**1268160**	**2492092**	**1244892**	**1247200**
东城区	47670	27366	20304	87679	44354	43325	72333	34454	37879
西城区	73813	41448	32365	119496	60778	58718	99274	46286	52988
朝阳区	371154	216688	154466	396123	207109	189014	377223	181028	196195
丰台区	213027	119669	93358	269826	137283	132543	237373	115131	122242
石景山区	45739	25823	19916	70026	34752	35274	68410	33515	34895
海淀区	265537	154187	111350	299592	160233	139359	275063	130360	144703
门头沟区	65947	36567	29380	60592	31522	29070	51235	26143	25092
房山区	278815	155875	122940	175549	94489	81060	159133	81530	77603
通州区	375014	225076	149938	246085	135751	110334	250030	126634	123396
顺义区	336555	204324	132231	180629	102951	77678	147672	75128	72544
昌平区	378134	226840	151294	302580	171752	130828	305735	162494	143241
大兴区	429499	264056	165443	284502	160075	124427	259931	134004	125927
怀柔区	107659	62603	45056	66769	37070	29699	45777	24143	21634
平谷区	102544	55706	46838	67432	36351	31081	51649	26709	24940
密云区	129354	69339	60015	73752	39350	34402	55467	28604	26863
延庆区	85648	48620	37028	45770	24422	21348	35787	18729	17058

4-5 续表 3

单位：人

地区	大学本科			硕士研究生			博士研究生		
	小计	男	女	小计	男	女	小计	男	女
北京	**4355779**	**2113184**	**2242595**	**1232445**	**595023**	**637422**	**221230**	**132467**	**88763**
东城区	153472	70891	82581	43640	20513	23127	6101	3274	2827
西城区	235225	108909	126316	98587	47308	51279	14107	8281	5826
朝阳区	845294	393550	451744	252422	118459	133963	31763	18624	13139
丰台区	428278	204696	223582	114838	55044	59794	13134	7824	5310
石景山区	128848	62745	66103	35195	17367	17828	5292	3269	2023
海淀区	799390	381795	417595	367816	178291	189525	110454	66973	43481
门头沟区	56922	27397	29525	9533	4716	4817	1224	737	487
房山区	187211	91545	95666	30920	14833	16087	5367	2940	2427
通州区	311458	153897	157561	48172	22858	25314	4379	2523	1856
顺义区	194864	95430	99434	28693	13610	15083	2539	1466	1073
昌平区	508393	269938	238455	112126	57188	54938	16693	10505	6188
大兴区	327371	166129	161242	66385	32939	33446	6765	4017	2748
怀柔区	46982	22727	24255	12743	6817	5926	2092	1313	779
平谷区	43772	20977	22795	3420	1541	1879	388	224	164
密云区	51787	24696	27091	4601	2033	2568	513	272	241
延庆区	36512	17862	18650	3354	1506	1848	419	225	194

4–5a　各地区分性别、受教育程度的16–59岁人口(城市)

单位：人

地　区	16–59岁人口			未上过学		
	合计	男	女	小计	男	女
北　京	**12077508**	**6173783**	**5903725**	**24854**	**8676**	**16178**
东城区	419400	204683	214717	692	238	454
西城区	655147	318928	336219	1349	393	956
朝阳区	2316750	1155614	1161136	4222	1522	2700
丰台区	1295072	647231	647841	2979	938	2041
石景山区	363151	182376	180775	898	340	558
海淀区	2117283	1065435	1051848	3722	1136	2586
门头沟区	217324	111008	106316	633	224	409
房山区	636256	330040	306216	1675	643	1032
通州区	743669	385767	357902	1345	516	829
顺义区	516637	274685	241952	1148	416	732
昌平区	1104279	596768	507511	2088	710	1378
大兴区	1036189	558314	477875	2463	944	1519
怀柔区	199832	107819	92013	537	224	313
平谷区	151801	78459	73342	438	180	258
密云区	200231	101773	98458	398	138	260
延庆区	104487	54883	49604	267	114	153

4–5a　续表 1

单位：人

地　区	学前教育			小　学		
	小计	男	女	小计	男	女
北　京	**2196**	**1032**	**1164**	**328248**	**162408**	**165840**
东城区	38	21	17	7775	3572	4203
西城区	134	63	71	13162	5462	7700
朝阳区	459	200	259	54885	27094	27791
丰台区	170	62	108	32270	15502	16768
石景山区	115	68	47	8628	4497	4131
海淀区	321	149	172	43195	19677	23518
门头沟区	32	17	15	7959	3945	4014
房山区	153	76	77	22022	11250	10772
通州区	167	77	90	23047	12106	10941
顺义区	69	35	34	20094	11062	9032
昌平区	173	82	91	29410	14389	15021
大兴区	218	102	116	38953	19967	18986
怀柔区	43	20	23	9825	5218	4607
平谷区	28	15	13	5133	2552	2581
密云区	32	20	12	7120	3452	3668
延庆区	44	25	19	4770	2663	2107

4–5a 续表 2

单位：人

地　区	初　中			高　中			大学专科		
	小计	男	女	小计	男	女	小计	男	女
北　京	**2100474**	**1217183**	**883291**	**2137328**	**1123648**	**1013680**	**2077985**	**1024797**	**1053188**
东 城 区	47670	27366	20304	87679	44354	43325	72333	34454	37879
西 城 区	73813	41448	32365	119496	60778	58718	99274	46286	52988
朝 阳 区	367647	214364	153283	392932	205400	187532	373885	179488	194397
丰 台 区	207652	116587	91065	265129	134726	130403	233982	113397	120585
石景山区	45739	25823	19916	70026	34752	35274	68410	33515	34895
海 淀 区	246089	142283	103806	287394	152987	134407	266645	125994	140651
门头沟区	48220	26397	21823	51635	26566	25069	45391	23023	22368
房 山 区	155359	87162	68197	124287	65121	59166	126899	64587	62312
通 州 区	151177	90171	61006	126407	66060	60347	162347	80308	82039
顺 义 区	133347	80361	52986	89061	48088	40973	93527	46724	46803
昌 平 区	187925	110564	77361	174742	96373	78369	208282	109532	98750
大 兴 区	239122	144309	94813	197464	108845	88619	201987	103323	98664
怀 柔 区	65369	38183	27186	45517	24801	20716	33867	17649	16218
平 谷 区	42575	23447	19128	37244	19543	17701	31032	15756	15276
密 云 区	57788	30702	27086	46449	24080	22369	40446	20648	19798
延 庆 区	30982	18016	12966	21866	11174	10692	19678	10113	9565

4–5a 续表 3

单位：人

地　区	大学本科			硕士研究生			博士研究生		
	小计	男	女	小计	男	女	小计	男	女
北　京	**4016409**	**1941355**	**2075054**	**1176812**	**567207**	**609605**	**213202**	**127477**	**85725**
东 城 区	153472	70891	82581	43640	20513	23127	6101	3274	2827
西 城 区	235225	108909	126316	98587	47308	51279	14107	8281	5826
朝 阳 区	839280	390811	448469	251722	118143	133579	31718	18592	13126
丰 台 区	425407	203357	222050	114398	54860	59538	13085	7802	5283
石景山区	128848	62745	66103	35195	17367	17828	5292	3269	2023
海 淀 区	792885	378558	414327	366709	177752	188957	110323	66899	43424
门头沟区	53137	25596	27541	9148	4542	4606	1169	698	471
房 山 区	171044	84149	86895	29632	14224	15408	5185	2828	2357
通 州 区	239005	117123	121882	37004	17598	19406	3170	1808	1362
顺 义 区	152919	75184	77735	24428	11633	12795	2044	1182	862
昌 平 区	396340	209853	186487	92036	46951	45085	13283	8314	4969
大 兴 区	288734	146871	141863	61125	30326	30799	6123	3627	2496
怀 柔 区	39352	19082	20270	4583	2198	2385	739	444	295
平 谷 区	32595	15698	16897	2507	1120	1387	249	148	101
密 云 区	43809	20867	22942	3806	1667	2139	383	199	184
延 庆 区	24357	11661	12696	2292	1005	1287	231	112	119

4–5b　各地区分性别、受教育程度的16–59岁人口(镇)

单位：人

地　区	16–59岁人口			未上过学		
	合计	男	女	小计	男	女
北　京	**1021076**	**573509**	**447567**	**3975**	**1851**	**2124**
东城区						
西城区						
朝阳区	17689	9238	8451	40	12	28
丰台区	7292	3714	3578	17	9	8
石景山区						
海淀区						
门头沟区	20580	11176	9404	100	48	52
房山区	61242	32861	28381	342	157	185
通州区	229142	129194	99948	491	178	313
顺义区	116994	67234	49760	625	344	281
昌平区	276170	154098	122072	922	384	538
大兴区	150781	87933	62848	730	416	314
怀柔区	39729	23162	16567	173	70	103
平谷区	30814	16326	14488	129	56	73
密云区	34709	18897	15812	232	96	136
延庆区	35934	19676	16258	174	81	93

4–5b　续表 1

单位：人

地　区	学前教育			小　学		
	小计	男	女	小计	男	女
北　京	**379**	**227**	**152**	**54623**	**30179**	**24444**
东城区						
西城区						
朝阳区	4	3	1	850	563	287
丰台区	4	2	2	257	134	123
石景山区						
海淀区						
门头沟区	4		4	1317	644	673
房山区	9	2	7	3687	1879	1808
通州区	40	13	27	10588	5612	4976
顺义区	20	11	9	6547	3635	2912
昌平区	102	57	45	11960	6513	5447
大兴区	151	114	37	10493	6494	3999
怀柔区	28	16	12	2348	1379	969
平谷区	6	3	3	1581	784	797
密云区	2	1	1	2867	1448	1419
延庆区	9	5	4	2128	1094	1034

4-5b 续表 2

单位：人

地　区	初　中			高　中			大学专科		
	小计	男	女	小计	男	女	小计	男	女
北　京	**351980**	**213214**	**138766**	**211127**	**121601**	**89526**	**170265**	**89180**	**81085**
东城区									
西城区									
朝阳区	3507	2324	1183	3191	1709	1482	3338	1540	1798
丰台区	1597	861	736	1931	1046	885	1450	702	748
石景山区									
海淀区									
门头沟区	8555	4918	3637	4732	2604	2128	3315	1744	1571
房山区	29873	16478	13395	12554	7051	5503	8865	4559	4306
通州区	72524	44712	27812	49698	29108	20590	41611	21977	19634
顺义区	49142	30618	18524	23701	14107	9594	15996	8216	7780
昌平区	75739	45852	29887	56993	32756	24237	49187	25908	23279
大兴区	54381	34998	19383	30128	17320	12808	26827	14183	12644
怀柔区	12927	8154	4773	7083	4072	3011	4679	2553	2126
平谷区	12001	6522	5479	6990	3917	3073	5675	2958	2717
密云区	18160	10047	8113	6870	3890	2980	3798	1996	1802
延庆区	13574	7730	5844	7256	4021	3235	5524	2844	2680

4-5b 续表 3

单位：人

地　区	大学本科			硕士研究生			博士研究生		
	小计	男	女	小计	男	女	小计	男	女
北　京	**182849**	**93076**	**89773**	**39920**	**20391**	**19529**	**5958**	**3790**	**2168**
东城区									
西城区									
朝阳区	6014	2739	3275	700	316	384	45	32	13
丰台区	1687	797	890	306	144	162	43	19	24
石景山区									
海淀区									
门头沟区	2287	1093	1194	241	106	135	29	19	10
房山区	5292	2440	2852	553	256	297	67	39	28
通州区	45200	23238	21962	8119	3837	4282	871	519	352
顺义区	18688	9176	9512	2056	999	1057	219	128	91
昌平区	63453	33094	30359	15060	7740	7320	2754	1794	960
大兴区	23632	12081	11551	3987	2037	1950	452	290	162
怀柔区	3425	1646	1779	7781	4440	3341	1285	832	453
平谷区	4048	1907	2141	345	157	188	39	22	17
密云区	2428	1252	1176	296	133	163	56	34	22
延庆区	6695	3613	3082	476	226	250	98	62	36

4–5c　各地区分性别、受教育程度的16–59岁人口(乡村)

单位：人

地　区	16–59岁人口			未上过学		
	合计	男	女	小计	男	女
北　京	**1808278**	**1027907**	**780371**	**11143**	**4720**	**6423**
东城区						
西城区						
朝阳区						
丰台区	10382	5674	4708	40	15	25
石景山区						
海淀区	50795	28937	21858	282	137	145
门头沟区	19349	10706	8643	154	83	71
房山区	179759	98419	81340	1198	553	645
通州区	321779	183149	138630	1539	644	895
顺义区	311160	180748	130412	1449	593	856
昌平区	306166	179639	126527	1764	748	1016
大兴区	262326	155070	107256	1462	628	834
怀柔区	61079	33188	27891	694	287	407
平谷区	101609	53885	47724	667	251	416
密云区	100639	53199	47440	1004	390	614
延庆区	83235	45293	37942	890	391	499

4–5c　续表 1

单位：人

地　区	学前教育			小　学		
	小计	男	女	小计	男	女
北　京	**370**	**195**	**175**	**127017**	**67916**	**59101**
东城区						
西城区						
朝阳区						
丰台区	1	1		532	309	223
石景山区						
海淀区	10	5	5	2696	1429	1267
门头沟区	4	1	3	1597	846	751
房山区	45	24	21	11131	5524	5607
通州区	72	38	34	22163	12187	9976
顺义区	46	28	18	23841	13634	10207
昌平区	62	28	34	16473	8877	7596
大兴区	60	36	24	20313	11396	8917
怀柔区	21	10	11	4949	2272	2677
平谷区	14	6	8	7023	3315	3708
密云区	14	12	2	8436	4018	4418
延庆区	21	6	15	7863	4109	3754

4-5c 续表 2 单位：人

地 区	初 中			高 中			大学专科		
	小计	男	女	小计	男	女	小计	男	女
北 京	**853655**	**503790**	**349865**	**397947**	**232993**	**164954**	**243842**	**130915**	**112927**
东 城 区									
西 城 区									
朝 阳 区									
丰 台 区	3778	2221	1557	2766	1511	1255	1941	1032	909
石景山区									
海 淀 区	19448	11904	7544	12198	7246	4952	8418	4366	4052
门头沟区	9172	5252	3920	4225	2352	1873	2529	1376	1153
房 山 区	93583	52235	41348	38708	22317	16391	23369	12384	10985
通 州 区	151313	90193	61120	69980	40583	29397	46072	24349	21723
顺 义 区	154066	93345	60721	67867	40756	27111	38149	20188	17961
昌 平 区	114470	70424	44046	70845	42623	28222	48266	27054	21212
大 兴 区	135996	84749	51247	56910	33910	23000	31117	16498	14619
怀 柔 区	29363	16266	13097	14169	8197	5972	7231	3941	3290
平 谷 区	47968	25737	22231	23198	12891	10307	14942	7995	6947
密 云 区	53406	28590	24816	20433	11380	9053	11223	5960	5263
延 庆 区	41092	22874	18218	16648	9227	7421	10585	5772	4813

4-5c 续表 3 单位：人

地 区	大学本科			硕士研究生			博士研究生		
	小计	男	女	小计	男	女	小计	男	女
北 京	**156521**	**78753**	**77768**	**15713**	**7425**	**8288**	**2070**	**1200**	**870**
东 城 区									
西 城 区									
朝 阳 区									
丰 台 区	1184	542	642	134	40	94	6	3	3
石景山区									
海 淀 区	6505	3237	3268	1107	539	568	131	74	57
门头沟区	1498	708	790	144	68	76	26	20	6
房 山 区	10875	4956	5919	735	353	382	115	73	42
通 州 区	27253	13536	13717	3049	1423	1626	338	196	142
顺 义 区	23257	11070	12187	2209	978	1231	276	156	120
昌 平 区	48600	26991	21609	5030	2497	2533	656	397	259
大 兴 区	15005	7177	7828	1273	576	697	190	100	90
怀 柔 区	4205	1999	2206	379	179	200	68	37	31
平 谷 区	7129	3372	3757	568	264	304	100	54	46
密 云 区	5550	2577	2973	499	233	266	74	39	35
延 庆 区	5460	2588	2872	586	275	311	90	51	39

4-6 各地区分性别、受教育程度的16-59岁外省来京人员

单位：人

地 区	16-59岁人口			未上过学		
	合计	男	女	小计	男	女
北 京	**7093650**	**3882227**	**3211423**	**23681**	**7016**	**16665**
东 城 区	131892	66634	65258	458	110	348
西 城 区	201345	100469	100876	962	194	768
朝 阳 区	1093698	555500	538198	2828	751	2077
丰 台 区	541566	274228	267338	2038	431	1607
石景山区	136726	68959	67767	605	169	436
海 淀 区	945213	497259	447954	2930	695	2235
门头沟区	95557	50379	45178	410	114	296
房 山 区	356282	195471	160811	1401	419	982
通 州 区	748165	422316	325849	1964	659	1305
顺 义 区	516002	305317	210685	1852	589	1263
昌 平 区	1109924	634541	475383	3305	1057	2248
大 兴 区	861194	500448	360746	3184	1237	1947
怀 柔 区	132765	80481	52284	570	210	360
平 谷 区	64937	36646	28291	340	107	233
密 云 区	91343	52254	39089	481	138	343
延 庆 区	67041	41325	25716	353	136	217

4-6 续表 1

单位：人

地 区	学前教育			小 学		
	小计	男	女	小计	男	女
北 京	**1768**	**875**	**893**	**396345**	**207213**	**189132**
东 城 区	19	11	8	6568	2994	3574
西 城 区	34	8	26	10940	4435	6505
朝 阳 区	254	112	142	46999	23194	23805
丰 台 区	71	19	52	26415	12512	13903
石景山区	93	57	36	7266	3787	3479
海 淀 区	192	86	106	40166	18321	21845
门头沟区	23	10	13	7324	3834	3490
房 山 区	128	63	65	23695	12665	11030
通 州 区	145	65	80	43875	24364	19511
顺 义 区	91	49	42	41621	24083	17538
昌 平 区	255	123	132	50593	26166	24427
大 兴 区	339	209	130	56907	31593	25314
怀 柔 区	60	28	32	11704	6659	5045
平 谷 区	18	8	10	6210	3513	2697
密 云 区	22	15	7	8680	4761	3919
延 庆 区	24	12	12	7382	4332	3050

4-6 续表 2

单位：人

地　区	初　中			高　中			大学专科		
	小计	男	女	小计	男	女	小计	男	女
北　京	**2154179**	**1354244**	**799935**	**1229310**	**706438**	**522872**	**1114367**	**552780**	**561587**
东 城 区	36297	21817	14480	28803	15668	13135	19232	8558	10674
西 城 区	56845	32963	23882	41730	22775	18955	27532	12062	15470
朝 阳 区	274281	167457	106824	177424	98391	79033	167875	78389	89486
丰 台 区	139122	82382	56740	99243	52612	46631	93090	43217	49873
石景山区	29736	17647	12089	21692	10804	10888	23583	10847	12736
海 淀 区	208241	124702	83539	154724	88475	66249	127172	62081	65091
门头沟区	32944	20052	12892	16995	8576	8419	16445	7595	8850
房 山 区	128962	80656	48306	60566	33708	26858	57899	27907	29992
通 州 区	247619	161060	86559	128242	75563	52679	135174	68125	67049
顺 义 区	228490	149635	78855	87108	53258	33850	64224	32492	31732
昌 平 区	290760	182850	107910	191325	114665	76660	201526	109406	92120
大 兴 区	312747	204608	108139	156766	94121	62645	140163	72038	68125
怀 柔 区	60940	39787	21153	24546	15017	9529	13451	7069	6382
平 谷 区	31021	19275	11746	11983	6563	5420	8123	3729	4394
密 云 区	43355	27134	16221	17533	9902	7631	11142	5253	5889
延 庆 区	32819	22219	10600	10630	6340	4290	7736	4012	3724

4-6 续表 3

单位：人

地　区	大学本科			硕士研究生			博士研究生		
	小计	男	女	小计	男	女	小计	男	女
北　京	**1762736**	**862647**	**900089**	**374634**	**169196**	**205438**	**36630**	**21818**	**14812**
东 城 区	31796	13799	17997	8103	3420	4683	616	257	359
西 城 区	46615	20515	26100	15629	6924	8705	1058	593	465
朝 阳 区	344360	153621	190739	75414	31148	44266	4263	2437	1826
丰 台 区	149297	69495	79802	30681	12714	17967	1609	846	763
石景山区	43795	20944	22851	9200	4258	4942	756	446	310
海 淀 区	285557	140494	145063	106689	50375	56314	19542	12030	7512
门头沟区	18661	8944	9717	2573	1147	1426	182	107	75
房 山 区	72766	35600	37166	9798	3951	5847	1067	502	565
通 州 区	170895	83727	87168	19310	8198	11112	941	555	386
顺 义 区	81488	40123	41365	10604	4806	5798	524	282	242
昌 平 区	318628	173406	145222	50457	24929	25528	3075	1939	1136
大 兴 区	164816	84582	80234	24965	11304	13661	1307	756	551
怀 柔 区	11149	5792	5357	8909	5000	3909	1436	919	517
平 谷 区	6486	3098	3388	692	308	384	64	45	19
密 云 区	9080	4565	4515	949	432	517	101	54	47
延 庆 区	7347	3942	3405	661	282	379	89	50	39

4-7　各地区分性别、受教育程度的25岁及以上人口

单位：人

地　区	25岁及以上人口			未上过学		
	合计	男	女	小计	男	女
北　京	**17317529**	**8786248**	**8531281**	**194426**	**43427**	**150999**
东 城 区	570066	271836	298230	4082	686	3396
西 城 区	883886	421055	462831	6663	1083	5580
朝 阳 区	2795486	1371935	1423551	18955	3853	15102
丰 台 区	1670889	819220	851669	15635	2634	13001
石景山区	458752	223706	235046	5168	915	4253
海 淀 区	2321522	1143809	1177713	15555	2925	12630
门头沟区	321972	161966	160006	5532	1102	4430
房 山 区	1031044	526592	504452	16593	3696	12897
通 州 区	1460877	766498	694379	12858	3150	9708
顺 义 区	1066092	572772	493320	13056	2959	10097
昌 平 区	1759816	941207	818609	15872	3855	12017
大 兴 区	1557791	833368	724423	16481	4207	12274
怀 柔 区	348515	184765	163750	10523	2788	7735
平 谷 区	369559	187464	182095	12947	2686	10261
密 云 区	425541	215870	209671	14144	3690	10454
延 庆 区	275721	144185	131536	10362	3198	7164

4-7　续表 1

单位：人

地　区	学前教育			小　学		
	小计	男	女	小计	男	女
北　京	**5842**	**2136**	**3706**	**1264351**	**542595**	**721756**
东 城 区	159	49	110	25945	9365	16580
西 城 区	221	68	153	40060	13736	26324
朝 阳 区	956	311	645	140278	56664	83614
丰 台 区	443	138	305	91853	35444	56409
石景山区	268	112	156	24617	9873	14744
海 淀 区	555	219	336	105647	40847	64800
门头沟区	116	25	91	30422	12441	17981
房 山 区	344	130	214	103729	42714	61015
通 州 区	487	169	318	133258	60242	73016
顺 义 区	241	92	149	106250	50176	56074
昌 平 区	598	239	359	114182	51049	63133
大 兴 区	647	299	348	142320	65643	76677
怀 柔 区	218	75	143	43491	20457	23034
平 谷 区	217	68	149	54464	23481	30983
密 云 区	256	90	166	61177	27602	33575
延 庆 区	116	52	64	46658	22861	23797

4-7 续表 2

单位：人

地区	初中			高中			大学专科		
	小计	男	女	小计	男	女	小计	男	女
北京	**4533347**	**2501885**	**2031462**	**3374034**	**1727109**	**1646925**	**2573477**	**1289200**	**1284277**
东城区	93815	47946	45869	143702	69203	74499	90609	43630	46979
西城区	143649	71952	71697	191318	91203	100115	133778	63892	69886
朝阳区	560191	298694	261497	533963	264150	269813	425123	206016	219107
丰台区	361410	187982	173428	381939	186502	195437	268269	132735	135534
石景山区	87277	44819	42458	103357	49805	53552	77091	38001	39090
海淀区	391140	205517	185623	383076	186923	196153	326294	154706	171588
门头沟区	97327	52663	44664	74919	38394	36525	49863	25710	24153
房山区	374895	204742	170153	199985	105293	94692	147953	76041	71912
通州区	485394	276349	209045	267628	142894	124734	228513	116918	111595
顺义区	414642	241890	172752	190904	105613	85291	137922	70973	66949
昌平区	474483	269865	204618	330261	177834	152427	280996	148724	132272
大兴区	510699	299726	210973	295179	160527	134652	234748	121285	113463
怀柔区	131682	75547	56135	70957	38831	32126	42683	22700	19983
平谷区	136864	75654	61210	75365	40535	34830	47204	24448	22756
密云区	166076	89772	76304	81647	43201	38446	50629	26477	24152
延庆区	103803	58767	45036	49834	26201	23633	31802	16944	14858

4-7 续表 3

单位：人

地区	大学本科			硕士研究生			博士研究生		
	小计	男	女	小计	男	女	小计	男	女
北京	**4029479**	**1993668**	**2035811**	**1128508**	**556987**	**571521**	**214065**	**129241**	**84824**
东城区	161965	76617	85348	43530	20929	22601	6259	3411	2848
西城区	256032	122651	133381	97680	47860	49820	14485	8610	5875
朝阳区	840534	405821	434713	243018	117039	125979	32468	19387	13081
丰台区	426563	211032	215531	111573	54793	56780	13204	7960	5244
石景山区	122013	60101	61912	33760	16858	16902	5201	3222	1979
海淀区	689776	336385	353391	306245	153329	152916	103234	62958	40276
门头沟区	53321	26236	27085	9264	4656	4608	1208	739	469
房山区	154196	76979	77217	28095	14066	14029	5254	2931	2323
通州区	282163	141856	140307	46215	22389	23826	4361	2531	1830
顺义区	172730	86060	86670	27767	13495	14272	2580	1514	1066
昌平区	424831	226831	198000	101863	52225	49638	16730	10585	6145
大兴区	287514	145915	141599	63451	31732	31719	6752	4034	2718
怀柔区	42467	20976	21491	5461	2756	2705	1033	635	398
平谷区	38954	18915	20039	3169	1454	1715	375	223	152
密云区	46811	22801	24010	4296	1961	2335	505	276	229
延庆区	29609	14492	15117	3121	1445	1676	416	225	191

4–7a　各地区分性别、受教育程度的25岁及以上人口(城市)

单位：人

地　区	25岁及以上人口			未上过学		
	合计	男	女	小计	男	女
北　京	**13941819**	**6947502**	**6994317**	**110500**	**21575**	**88925**
东城区	570066	271836	298230	4082	686	3396
西城区	883886	421055	462831	6663	1083	5580
朝阳区	2775096	1361320	1413776	18779	3819	14960
丰台区	1649098	808051	841047	15259	2548	12711
石景山区	458752	223706	235046	5168	915	4253
海淀区	2260630	1110400	1150230	14571	2574	11997
门头沟区	265528	132203	133325	3727	640	3087
房山区	711523	359717	351806	7621	1563	6058
通州区	822999	417669	405330	4484	1002	3482
顺义区	565538	292956	272582	3944	819	3125
昌平区	1137154	596652	540502	7150	1495	5655
大兴区	1096787	572287	524500	8299	1935	6364
怀柔区	221058	116256	104802	2766	673	2093
平谷区	178415	89573	88842	3648	803	2845
密云区	227296	113034	114262	2904	620	2284
延庆区	117993	60787	57206	1435	400	1035

4–7a　续表 1

单位：人

地　区	学前教育			小　学		
	小计	男	女	小计	男	女
北　京	**3881**	**1331**	**2550**	**785700**	**318056**	**467644**
东城区	159	49	110	25945	9365	16580
西城区	221	68	153	40060	13736	26324
朝阳区	949	306	643	138588	55822	82766
丰台区	429	133	296	89582	34449	55133
石景山区	268	112	156	24617	9873	14744
海淀区	530	209	321	99368	37933	61435
门头沟区	77	19	58	20718	8243	12475
房山区	202	74	128	55377	22859	32518
通州区	138	47	91	50837	21756	29081
顺义区	96	31	65	38531	17422	21109
昌平区	236	90	146	57926	24292	33634
大兴区	321	114	207	76203	33105	43098
怀柔区	70	21	49	20405	9260	11145
平谷区	67	21	46	17087	6972	10115
密云区	82	18	64	18451	7551	10900
延庆区	36	19	17	12005	5418	6587

4-7a 续表 2 单位：人

地区	初中			高中			大学专科		
	小计	男	女	小计	男	女	小计	男	女
北京	**3033988**	**1626331**	**1407657**	**2746828**	**1368585**	**1378243**	**2215104**	**1098463**	**1116641**
东城区	93815	47946	45869	143702	69203	74499	90609	43630	46979
西城区	143649	71952	71697	191318	91203	100115	133778	63892	69886
朝阳区	555260	295783	259477	529625	261880	267745	421752	204335	217417
丰台区	353547	183639	169908	376834	183787	193047	265178	131150	134028
石景山区	87277	44819	42458	103357	49805	53552	77091	38001	39090
海淀区	365277	190469	174808	369789	179293	190496	318816	150764	168052
门头沟区	71704	37965	33739	64427	32574	31853	44799	22955	21844
房山区	211000	113397	97603	144013	73264	70749	120446	61563	58883
通州区	208422	114492	93930	148921	75098	73823	151876	76522	75354
顺义区	166796	94315	72481	98666	51273	47393	91194	46095	45099
昌平区	243555	133739	109816	201506	104616	96890	192518	100853	91665
大兴区	292505	166056	126449	212284	112388	99896	187252	96306	90946
怀柔区	77215	43640	33575	47262	25305	21957	32380	17068	15312
平谷区	54928	29823	25105	40721	21099	19622	29799	15214	14585
密云区	72117	37467	34650	50641	25840	24801	38634	20049	18585
延庆区	36921	20829	16092	23762	11957	11805	18982	10066	8916

4-7a 续表 3 单位：人

地区	大学本科			硕士研究生			博士研究生		
	小计	男	女	小计	男	女	小计	男	女
北京	**3755181**	**1853641**	**1901540**	**1083471**	**534551**	**548920**	**207166**	**124969**	**82197**
东城区	161965	76617	85348	43530	20929	22601	6259	3411	2848
西城区	256032	122651	133381	97680	47860	49820	14485	8610	5875
朝阳区	835386	403300	432086	242337	116722	125615	32420	19353	13067
丰台区	423959	209795	214164	111158	54614	56544	13152	7936	5216
石景山区	122013	60101	61912	33760	16858	16902	5201	3222	1979
海淀区	683933	333453	350480	305242	152822	152420	103104	62883	40221
门头沟区	50014	24619	25395	8907	4487	4420	1155	701	454
房山区	140843	70674	70169	26942	13501	13441	5079	2822	2257
通州区	219667	109690	109977	35485	17238	18247	3169	1824	1345
顺义区	140486	70200	70286	23754	11582	12172	2071	1219	852
昌平区	336950	180119	156831	83925	43008	40917	13388	8440	4948
大兴区	255351	129510	125841	58446	29218	29228	6126	3655	2471
怀柔区	36016	17800	18216	4240	2061	2179	704	428	276
平谷区	29571	14420	15151	2348	1071	1277	246	150	96
密云区	40504	19669	20835	3579	1614	1965	384	206	178
延庆区	22491	11023	11468	2138	966	1172	223	109	114

4-7b 各地区分性别、受教育程度的25岁及以上人口(镇)

单位：人

地 区	25岁及以上人口			未上过学		
	合计	男	女	小计	男	女
北 京	**1114291**	**606313**	**507978**	**18137**	**4772**	**13365**
东城区						
西城区						
朝阳区	20390	10615	9775	176	34	142
丰台区	8899	4410	4489	209	50	159
石景山区						
海淀区						
门头沟区	27331	14319	13012	678	159	519
房山区	80821	41602	39219	2025	461	1564
通州区	240652	131853	108799	1770	434	1336
顺义区	120906	68479	52427	1678	438	1240
昌平区	293213	158529	134684	2767	723	2044
大兴区	157131	89075	68056	2420	768	1652
怀柔区	37338	21059	16279	953	239	714
平谷区	41149	20910	20239	1965	425	1540
密云区	47358	24992	22366	2103	622	1481
延庆区	39103	20470	18633	1393	419	974

4-7b 续表 1

单位：人

地 区	学前教育			小 学		
	小计	男	女	小计	男	女
北 京	**563**	**279**	**284**	**120988**	**57146**	**63842**
东城区						
西城区						
朝阳区	7	5	2	1690	842	848
丰台区	9	5	4	746	337	409
石景山区						
海淀区						
门头沟区	12	1	11	3903	1617	2286
房山区	29	11	18	11621	4713	6908
通州区	57	15	42	21930	10145	11785
顺义区	27	14	13	12771	6224	6547
昌平区	136	63	73	21384	10126	11258
大兴区	181	125	56	19203	10043	9160
怀柔区	25	10	15	5043	2527	2516
平谷区	49	18	31	6790	3041	3749
密云区	17	6	11	9259	4373	4886
延庆区	14	6	8	6648	3158	3490

4-7b 续表 2

单位：人

地　区	初中			高中			大学专科		
	小计	男	女	小计	男	女	小计	男	女
北　京	**422078**	**247908**	**174170**	**216144**	**121307**	**94837**	**150933**	**79337**	**71596**
东城区									
西城区									
朝阳区	4931	2911	2020	4338	2270	2068	3371	1681	1690
丰台区	2540	1321	1219	2190	1152	1038	1317	639	678
石景山区									
海淀区									
门头沟区	11996	6851	5145	5526	3010	2516	2921	1566	1355
房山区	40068	22101	17967	14215	7914	6301	7761	3975	3786
通州区	84304	49900	34404	48296	27410	20886	37046	19567	17479
顺义区	55648	33834	21814	23121	13587	9534	13386	7183	6203
昌平区	90934	52523	38411	60437	33419	27018	47185	24775	22410
大兴区	61936	38590	23346	27419	15544	11875	21282	11148	10134
怀柔区	15283	9468	5815	7693	4333	3360	4224	2314	1910
平谷区	15708	8693	7015	7763	4332	3431	4919	2533	2386
密云区	22706	12725	9981	7647	4290	3357	3239	1721	1518
延庆区	16024	8991	7033	7499	4046	3453	4282	2235	2047

4-7b 续表 3

单位：人

地　区	大学本科			硕士研究生			博士研究生		
	小计	男	女	小计	男	女	小计	男	女
北　京	**150273**	**77216**	**73057**	**30337**	**15280**	**15057**	**4838**	**3068**	**1770**
东城区									
西城区									
朝阳区	5148	2521	2627	681	317	364	48	34	14
丰台区	1544	744	800	299	142	157	45	20	25
石景山区									
海淀区									
门头沟区	2035	990	1045	231	106	125	29	19	10
房山区	4535	2152	2383	501	236	265	66	39	27
通州区	38587	20112	18475	7799	3752	4047	863	518	345
顺义区	12063	6068	5995	1985	996	989	227	135	92
昌平区	54582	28417	26165	13116	6744	6372	2672	1739	933
大兴区	20453	10617	9836	3798	1959	1839	439	281	158
怀柔区	2973	1472	1501	882	529	353	262	167	95
平谷区	3591	1695	1896	329	153	176	35	20	15
密云区	2062	1091	971	272	131	141	53	33	20
延庆区	2700	1337	1363	444	215	229	99	63	36

4-7c　各地区分性别、受教育程度的25岁及以上人口(乡村)

单位：人

地　区	25岁及以上人口			未上过学		
	合计	男	女	小计	男	女
北　京	**2261419**	**1232433**	**1028986**	**65789**	**17080**	**48709**
东城区						
西城区						
朝阳区						
丰台区	12892	6759	6133	167	36	131
石景山区						
海淀区	60892	33409	27483	984	351	633
门头沟区	29113	15444	13669	1127	303	824
房山区	238700	125273	113427	6947	1672	5275
通州区	397226	216976	180250	6604	1714	4890
顺义区	379648	211337	168311	7434	1702	5732
昌平区	329449	186026	143423	5955	1637	4318
大兴区	303873	172006	131867	5762	1504	4258
怀柔区	90119	47450	42669	6804	1876	4928
平谷区	149995	76981	73014	7334	1458	5876
密云区	150887	77844	73043	9137	2448	6689
延庆区	118625	62928	55697	7534	2379	5155

4-7c　续表 1

单位：人

地　区	学前教育			小　学		
	小计	男	女	小计	男	女
北　京	**1398**	**526**	**872**	**357663**	**167393**	**190270**
东城区						
西城区						
朝阳区						
丰台区	5		5	1525	658	867
石景山区						
海淀区	25	10	15	6279	2914	3365
门头沟区	27	5	22	5801	2581	3220
房山区	113	45	68	36731	15142	21589
通州区	292	107	185	60491	28341	32150
顺义区	118	47	71	54948	26530	28418
昌平区	226	86	140	34872	16631	18241
大兴区	145	60	85	46914	22495	24419
怀柔区	123	44	79	18043	8670	9373
平谷区	101	29	72	30587	13468	17119
密云区	157	66	91	33467	15678	17789
延庆区	66	27	39	28005	14285	13720

4–7c 续表 2　　单位：人

地　区	初　中			高　中			大学专科		
	小计	男	女	小计	男	女	小计	男	女
北　京	**1077281**	**627646**	**449635**	**411062**	**237217**	**173845**	**207440**	**111400**	**96040**
东城区									
西城区									
朝阳区									
丰台区	5323	3022	2301	2915	1563	1352	1774	946	828
石景山区									
海淀区	25863	15048	10815	13287	7630	5657	7478	3942	3536
门头沟区	13627	7847	5780	4966	2810	2156	2143	1189	954
房山区	123827	69244	54583	41757	24115	17642	19746	10503	9243
通州区	192668	111957	80711	70411	40386	30025	39591	20829	18762
顺义区	192198	113741	78457	69117	40753	28364	33342	17695	15647
昌平区	139994	83603	56391	68318	39799	28519	41293	23096	18197
大兴区	156258	95080	61178	55476	32595	22881	26214	13831	12383
怀柔区	39184	22439	16745	16002	9193	6809	6079	3318	2761
平谷区	66228	37138	29090	26881	15104	11777	12486	6701	5785
密云区	71253	39580	31673	23359	13071	10288	8756	4707	4049
延庆区	50858	28947	21911	18573	10198	8375	8538	4643	3895

4–7c 续表 3　　单位：人

地　区	大学本科			硕士研究生			博士研究生		
	小计	男	女	小计	男	女	小计	男	女
北　京	**124025**	**62811**	**61214**	**14700**	**7156**	**7544**	**2061**	**1204**	**857**
东城区									
西城区									
朝阳区									
丰台区	1060	493	567	116	37	79	7	4	3
石景山区									
海淀区	5843	2932	2911	1003	507	496	130	75	55
门头沟区	1272	627	645	126	63	63	24	19	5
房山区	8818	4153	4665	652	329	323	109	70	39
通州区	23909	12054	11855	2931	1399	1532	329	189	140
顺义区	20181	9792	10389	2028	917	1111	282	160	122
昌平区	33299	18295	15004	4822	2473	2349	670	406	264
大兴区	11710	5788	5922	1207	555	652	187	98	89
怀柔区	3478	1704	1774	339	166	173	67	40	27
平谷区	5792	2800	2992	492	230	262	94	53	41
密云区	4245	2041	2204	445	216	229	68	37	31
延庆区	4418	2132	2286	539	264	275	94	53	41

4–8　各地区分性别、受教育程度的25岁及以上外省来京人员

单位：人

地　区	25岁及以上人口			未上过学		
	合计	男	女	小计	男	女
北　京	**6747778**	**3625389**	**3122389**	**52160**	**12228**	**39932**
东 城 区	133828	66202	67626	948	195	753
西 城 区	208749	101447	107302	1958	338	1620
朝 阳 区	1059637	532264	527373	5907	1255	4652
丰 台 区	538707	269252	269455	4439	826	3613
石景山区	135631	66479	69152	1367	305	1062
海 淀 区	858330	441794	416536	7034	1338	5696
门头沟区	93981	48596	45385	986	211	775
房 山 区	342105	183660	158445	3516	812	2704
通 州 区	716844	398090	318754	4100	1040	3060
顺 义 区	493397	289298	204099	3792	1005	2787
昌 平 区	1025604	574769	450835	7388	1806	5582
大 兴 区	805274	458885	346389	6256	1846	4410
怀 柔 区	119706	71362	48344	1397	391	1006
平 谷 区	63238	35003	28235	808	229	579
密 云 区	90285	50611	39674	1234	295	939
延 庆 区	62462	37677	24785	1030	336	694

4–8　续表 1

单位：人

地　区	学前教育			小　学		
	小计	男	女	小计	男	女
北　京	**2208**	**972**	**1236**	**535949**	**262371**	**273578**
东 城 区	38	16	22	9138	3963	5175
西 城 区	45	10	35	15515	5931	9584
朝 阳 区	318	118	200	61788	28752	33036
丰 台 区	102	29	73	36110	15904	20206
石景山区	119	69	50	10126	4788	5338
海 淀 区	325	148	177	58666	24976	33690
门头沟区	32	8	24	9832	4802	5030
房 山 区	140	58	82	33330	16587	16743
通 州 区	150	52	98	59301	30535	28766
顺 义 区	104	47	57	51796	28789	23007
昌 平 区	321	143	178	70652	34230	36422
大 兴 区	375	211	164	74055	38424	35631
怀 柔 区	56	25	31	15372	8364	7008
平 谷 区	27	9	18	8282	4405	3877
密 云 区	26	15	11	11909	6245	5664
延 庆 区	30	14	16	10077	5676	4401

4-8 续表 2

单位：人

地区	初中			高中			大学专科		
	小计	男	女	小计	男	女	小计	男	女
北京	**2181569**	**1329637**	**851932**	**1173497**	**648054**	**525443**	**958394**	**474962**	**483432**
东城区	37521	21689	15832	29396	15218	14178	18081	8121	9960
西城区	59908	32860	27048	44378	22845	21533	26508	11995	14513
朝阳区	277651	163327	114324	173608	92232	81376	151893	71221	80672
丰台区	145711	83444	62267	101282	51732	49550	84015	39455	44560
石景山区	32478	18396	14082	22893	10997	11896	21773	9963	11810
海淀区	220080	125767	94313	157651	85203	72448	114855	56491	58364
门头沟区	33222	19777	13445	16358	8039	8319	14147	6450	7697
房山区	130695	79548	51147	57274	30700	26574	49400	23445	25955
通州区	250659	157889	92770	118256	67294	50962	114827	58020	56807
顺义区	224151	144880	79271	79273	47484	31789	52571	26693	25878
昌平区	296254	180776	115478	177333	102476	74857	164059	88829	75230
大兴区	308889	196798	112091	139449	81784	57665	113719	58515	55204
怀柔区	59359	38277	21082	20673	12343	8330	11079	5740	5339
平谷区	30467	18679	11788	10826	5795	5031	6644	2942	3702
密云区	42658	26240	16418	15928	8809	7119	9437	4409	5028
延庆区	31866	21290	10576	8919	5103	3816	5386	2673	2713

4-8 续表 3

单位：人

地区	大学本科			硕士研究生			博士研究生		
	小计	男	女	小计	男	女	小计	男	女
北京	**1497379**	**735766**	**761613**	**314346**	**142255**	**172091**	**32276**	**19144**	**13132**
东城区	30437	13420	17017	7654	3318	4336	615	262	353
西城区	44813	20266	24547	14561	6602	7959	1063	600	463
朝阳区	313786	143088	170698	70496	29822	40674	4190	2449	1741
丰台区	136725	64839	71886	28757	12186	16571	1566	837	729
石景山区	37836	17782	20054	8357	3780	4577	682	399	283
海淀区	208825	102294	106531	74237	35386	38851	16657	10191	6466
门头沟区	16764	8095	8669	2460	1107	1353	180	107	73
房山区	58482	28495	29987	8249	3525	4724	1019	490	529
通州区	150658	74913	75745	17980	7812	10168	913	535	378
顺义区	71071	35403	35668	10121	4712	5409	518	285	233
昌平区	262305	143093	119212	44362	21576	22786	2930	1840	1090
大兴区	138130	70114	68016	23112	10449	12663	1289	744	545
怀柔区	9450	4921	4529	1909	1042	867	411	259	152
平谷区	5498	2623	2875	627	279	348	59	42	17
密云区	8122	4136	3986	876	409	467	95	53	42
延庆区	4477	2284	2193	588	250	338	89	51	38

4-9　全市分年龄、性别的15岁及以上文盲人口

单位：人、%

年龄	15岁及以上人口			文盲人口			文盲人口占15岁及以上人口比重		
	合计	男	女	合计	男	女	合计	男	女
总　计	**19301588**	**9847962**	**9453626**	**172141**	**38227**	**133914**	**0.89**	**0.39**	**1.42**
15-19岁	**633557**	**345715**	**287842**	**1028**	**643**	**385**	**0.16**	**0.19**	**0.13**
15	96136	51014	45122	270	158	112	0.28	0.31	0.25
16	96027	52184	43843	207	114	93	0.22	0.22	0.21
17	92590	51342	41248	183	114	69	0.20	0.22	0.17
18	157181	86100	71081	205	146	59	0.13	0.17	0.08
19	191623	105075	86548	163	111	52	0.09	0.11	0.06
20-24岁	**1350502**	**715999**	**634503**	**1016**	**642**	**374**	**0.08**	**0.09**	**0.06**
20	226431	122786	103645	248	166	82	0.11	0.14	0.08
21	227263	122477	104786	196	114	82	0.09	0.09	0.08
22	260741	139585	121156	189	130	59	0.07	0.09	0.05
23	305675	160120	145555	178	103	75	0.06	0.06	0.05
24	330392	171031	159361	205	129	76	0.06	0.08	0.05
25-29岁	**1904688**	**995896**	**908792**	**1066**	**607**	**459**	**0.06**	**0.06**	**0.05**
25	358247	184877	173370	198	113	85	0.06	0.06	0.05
26	362652	187350	175302	194	109	85	0.05	0.06	0.05
27	389046	203251	185795	217	123	94	0.06	0.06	0.05
28	395455	208506	186949	234	129	105	0.06	0.06	0.06
29	399288	211912	187376	223	133	90	0.06	0.06	0.05
30-34岁	**2503029**	**1309189**	**1193840**	**1773**	**979**	**794**	**0.07**	**0.07**	**0.07**
30	509575	271115	238460	303	172	131	0.06	0.06	0.05
31	510402	268008	242394	377	222	155	0.07	0.08	0.06
32	498319	259517	238802	344	174	170	0.07	0.07	0.07
33	525230	272492	252738	405	220	185	0.08	0.08	0.07
34	459503	238057	221446	344	191	153	0.07	0.08	0.07
35-39岁	**2143185**	**1108136**	**1035049**	**1927**	**1016**	**911**	**0.09**	**0.09**	**0.09**
35	402544	208153	194391	333	182	151	0.08	0.09	0.08
36	415497	214362	201135	350	202	148	0.08	0.09	0.07
37	433285	223733	209552	379	189	190	0.09	0.08	0.09
38	491285	253502	237783	443	229	214	0.09	0.09	0.09
39	400574	208386	192188	422	214	208	0.11	0.10	0.11
40-44岁	**1602133**	**838444**	**763689**	**2437**	**1008**	**1429**	**0.15**	**0.12**	**0.19**
40	362259	188766	173493	402	180	222	0.11	0.10	0.13
41	354732	185897	168835	480	207	273	0.14	0.11	0.16
42	325474	169906	155568	481	200	281	0.15	0.12	0.18
43	278055	145996	132059	478	191	287	0.17	0.13	0.22
44	281613	147879	133734	596	230	366	0.21	0.16	0.27

4-9 续表

单位：人、%

年龄	15岁及以上人口			文盲人口			文盲人口占15岁及以上人口比重		
	合计	男	女	合计	男	女	合计	男	女
45-49岁	**1618574**	**842337**	**776237**	**5847**	**1953**	**3894**	**0.36**	**0.23**	**0.50**
45	275875	143896	131979	709	241	468	0.26	0.17	0.35
46	305298	158535	146763	970	345	625	0.32	0.22	0.43
47	339737	176378	163359	1142	402	740	0.34	0.23	0.45
48	345554	180035	165519	1471	461	1010	0.43	0.26	0.61
49	352110	183493	168617	1555	504	1051	0.44	0.27	0.62
50-54岁	**1619791**	**842484**	**777307**	**9135**	**2954**	**6181**	**0.56**	**0.35**	**0.80**
50	362822	189176	173646	1738	527	1211	0.48	0.28	0.70
51	338865	175790	163075	1742	583	1159	0.51	0.33	0.71
52	355405	184446	170959	1967	623	1344	0.55	0.34	0.79
53	264291	137457	126834	1715	564	1151	0.65	0.41	0.91
54	298408	155615	142793	1973	657	1316	0.66	0.42	0.92
55-59岁	**1627539**	**828013**	**799526**	**9573**	**2610**	**6963**	**0.59**	**0.32**	**0.87**
55	310940	160806	150134	1892	593	1299	0.61	0.37	0.87
56	352824	180427	172397	1963	563	1400	0.56	0.31	0.81
57	442051	224716	217335	2317	676	1641	0.52	0.30	0.76
58	307621	156604	151017	1929	456	1473	0.63	0.29	0.98
59	214103	105460	108643	1472	322	1150	0.69	0.31	1.06
60-64岁	**1386530**	**677025**	**709505**	**16188**	**3827**	**12361**	**1.17**	**0.57**	**1.74**
60	280106	138414	141692	2223	568	1655	0.79	0.41	1.17
61	249189	122537	126652	2419	588	1831	0.97	0.48	1.45
62	284248	139627	144621	3351	835	2516	1.18	0.60	1.74
63	298939	144985	153954	4020	935	3085	1.34	0.64	2.00
64	274048	131462	142586	4175	901	3274	1.52	0.69	2.30
65-69岁	**1194671**	**568385**	**626286**	**23160**	**4970**	**18190**	**1.94**	**0.87**	**2.90**
65	278309	133631	144678	4600	969	3631	1.65	0.73	2.51
66	272624	129379	143245	5010	1097	3913	1.84	0.85	2.73
67	234020	110928	123092	4721	1016	3705	2.02	0.92	3.01
68	222966	105524	117442	5090	1123	3967	2.28	1.06	3.38
69	186752	88923	97829	3739	765	2974	2.00	0.86	3.04
70-74岁	**668541**	**314838**	**353703**	**15461**	**3427**	**12034**	**2.31**	**1.09**	**3.40**
70	169949	81351	88598	3519	797	2722	2.07	0.98	3.07
71	147193	70073	77120	3295	780	2515	2.24	1.11	3.26
72	122311	56970	65341	3032	683	2349	2.48	1.20	3.59
73	118178	55200	62978	2863	622	2241	2.42	1.13	3.56
74	110910	51244	59666	2752	545	2207	2.48	1.06	3.70
75-79岁	**415173**	**184665**	**230508**	**14785**	**2607**	**12178**	**3.56**	**1.41**	**5.28**
75	97367	43963	53404	2664	509	2155	2.74	1.16	4.04
76	82167	37230	44937	2632	490	2142	3.20	1.32	4.77
77	78325	34749	43576	2749	488	2261	3.51	1.40	5.19
78	80092	35018	45074	3206	539	2667	4.00	1.54	5.92
79	77222	33705	43517	3534	581	2953	4.58	1.72	6.79
80-84岁	**348786**	**152087**	**196699**	**25406**	**4162**	**21244**	**7.28**	**2.74**	**10.80**
80	75921	32958	42963	4017	638	3379	5.29	1.94	7.86
81	70776	30071	40705	4567	761	3806	6.45	2.53	9.35
82	72529	31498	41031	5490	903	4587	7.57	2.87	11.18
83	68056	30195	37861	5559	905	4654	8.17	3.00	12.29
84	61504	27365	34139	5773	955	4818	9.39	3.49	14.11
85岁及以上	**284889**	**124749**	**160140**	**43339**	**6822**	**36517**	**15.21**	**5.47**	**22.80**

4–9a　全市分年龄、性别的15岁及以上文盲人口(城市)

单位：人、%

年　龄	15岁及以上人口			文盲人口			文盲人口占15岁及以上人口比重		
	合计	男	女	合计	男	女	合计	男	女
总　计	**15598745**	**7817395**	**7781350**	**94740**	**17971**	**76769**	**0.61**	**0.23**	**0.99**
15–19岁	**537402**	**288990**	**248412**	**537**	**313**	**224**	**0.10**	**0.11**	**0.09**
15	81495	42994	38501	172	97	75	0.21	0.23	0.19
16	84209	45411	38798	105	50	55	0.12	0.11	0.14
17	78618	43147	35471	67	40	27	0.09	0.09	0.08
18	132022	71215	60807	113	80	33	0.09	0.11	0.05
19	161058	86223	74835	80	46	34	0.05	0.05	0.05
20–24岁	**1119524**	**580903**	**538621**	**562**	**362**	**200**	**0.05**	**0.06**	**0.04**
20	189820	100622	89198	146	96	50	0.08	0.10	0.06
21	189105	99867	89238	109	63	46	0.06	0.06	0.05
22	211837	110959	100878	104	68	36	0.05	0.06	0.04
23	253187	129853	123334	91	59	32	0.04	0.05	0.03
24	275575	139602	135973	112	76	36	0.04	0.05	0.03
25–29岁	**1576537**	**806791**	**769746**	**542**	**302**	**240**	**0.03**	**0.04**	**0.03**
25	297849	150313	147536	92	52	40	0.03	0.03	0.03
26	302861	153341	149520	107	60	47	0.04	0.04	0.03
27	324237	165699	158538	96	54	42	0.03	0.03	0.03
28	328037	169368	158669	121	59	62	0.04	0.03	0.04
29	323553	168070	155483	126	77	49	0.04	0.05	0.03
30–34岁	**2015815**	**1030649**	**985166**	**942**	**519**	**423**	**0.05**	**0.05**	**0.04**
30	409963	213300	196663	161	90	71	0.04	0.04	0.04
31	409074	210126	198948	200	115	85	0.05	0.05	0.04
32	401309	204278	197031	194	92	102	0.05	0.05	0.05
33	423246	214548	208698	214	124	90	0.05	0.06	0.04
34	372223	188397	183826	173	98	75	0.05	0.05	0.04
35–39岁	**1791251**	**905265**	**885986**	**1033**	**530**	**503**	**0.06**	**0.06**	**0.06**
35	329200	166246	162954	164	95	69	0.05	0.06	0.04
36	345315	173990	171325	197	109	88	0.06	0.06	0.05
37	364487	183940	180547	194	92	102	0.05	0.05	0.06
38	414804	209268	205536	251	118	133	0.06	0.06	0.06
39	337445	171821	165624	227	116	111	0.07	0.07	0.07
40–44岁	**1333822**	**684422**	**649400**	**1479**	**575**	**904**	**0.11**	**0.08**	**0.14**
40	304733	155584	149149	240	112	128	0.08	0.07	0.09
41	296264	152044	144220	288	121	167	0.10	0.08	0.12
42	271177	138739	132438	299	107	192	0.11	0.08	0.14
43	230418	118770	111648	293	108	185	0.13	0.09	0.17
44	231230	119285	111945	359	127	232	0.16	0.11	0.21

4-9a 续表

单位：人、%

年 龄	15岁及以上人口			文盲人口			文盲人口占15岁及以上人口比重		
	合计	男	女	合计	男	女	合计	男	女
45–49岁	**1285488**	**656305**	**629183**	**3629**	**1041**	**2588**	**0.28**	**0.16**	**0.41**
45	224171	114866	109305	443	120	323	0.20	0.10	0.30
46	244132	124365	119767	589	191	398	0.24	0.15	0.33
47	271332	138073	133259	712	216	496	0.26	0.16	0.37
48	271721	139127	132594	928	248	680	0.34	0.18	0.51
49	274132	139874	134258	957	266	691	0.35	0.19	0.51
50–54岁	**1238499**	**631116**	**607383**	**5659**	**1581**	**4078**	**0.46**	**0.25**	**0.67**
50	279675	142780	136895	1132	293	839	0.40	0.21	0.61
51	262660	133481	129179	1103	323	780	0.42	0.24	0.60
52	274427	139556	134871	1225	338	887	0.45	0.24	0.66
53	198510	101113	97397	1041	298	743	0.52	0.29	0.76
54	223227	114186	109041	1158	329	829	0.52	0.29	0.76
55–59岁	**1260665**	**632336**	**628329**	**5933**	**1430**	**4503**	**0.47**	**0.23**	**0.72**
55	232126	118102	114024	1146	326	820	0.49	0.28	0.72
56	270261	136189	134072	1201	299	902	0.44	0.22	0.67
57	346553	173805	172748	1390	340	1050	0.40	0.20	0.61
58	240818	121094	119724	1237	256	981	0.51	0.21	0.82
59	170907	83146	87761	959	209	750	0.56	0.25	0.85
60–64岁	**1106124**	**532970**	**573154**	**8626**	**1808**	**6818**	**0.78**	**0.34**	**1.19**
60	220014	107262	112752	1197	276	921	0.54	0.26	0.82
61	196609	95345	101264	1334	305	1029	0.68	0.32	1.02
62	226942	110001	116941	1845	405	1440	0.81	0.37	1.23
63	242419	115905	126514	2124	421	1703	0.88	0.36	1.35
64	220140	104457	115683	2126	401	1725	0.97	0.38	1.49
65–69岁	**955109**	**449515**	**505594**	**10635**	**1966**	**8669**	**1.11**	**0.44**	**1.71**
65	224195	106322	117873	2221	383	1838	0.99	0.36	1.56
66	219743	103253	116490	2341	440	1901	1.07	0.43	1.63
67	186693	87436	99257	2147	408	1739	1.15	0.47	1.75
68	175662	82207	93455	2223	432	1791	1.27	0.53	1.92
69	148816	70297	78519	1703	303	1400	1.14	0.43	1.78
70–74岁	**522169**	**244145**	**278024**	**6298**	**1261**	**5037**	**1.21**	**0.52**	**1.81**
70	134439	64075	70364	1560	330	1230	1.16	0.52	1.75
71	114852	54325	60527	1362	293	1069	1.19	0.54	1.77
72	95180	43808	51372	1266	259	1007	1.33	0.59	1.96
73	91587	42465	49122	1062	196	866	1.16	0.46	1.76
74	86111	39472	46639	1048	183	865	1.22	0.46	1.85
75–79岁	**327724**	**143815**	**183909**	**6524**	**940**	**5584**	**1.99**	**0.65**	**3.04**
75	75774	33897	41877	1056	177	879	1.39	0.52	2.10
76	63408	28358	35050	1065	171	894	1.68	0.60	2.55
77	61629	26983	34646	1223	200	1023	1.98	0.74	2.95
78	64210	27574	36636	1461	182	1279	2.28	0.66	3.49
79	62703	27003	35700	1719	210	1509	2.74	0.78	4.23
80–84岁	**291184**	**125055**	**166129**	**14518**	**1715**	**12803**	**4.99**	**1.37**	**7.71**
80	62872	26846	36026	2102	228	1874	3.34	0.85	5.20
81	58756	24411	34345	2523	310	2213	4.29	1.27	6.44
82	60322	25672	34650	3076	362	2714	5.10	1.41	7.83
83	57305	25172	32133	3270	380	2890	5.71	1.51	8.99
84	51929	22954	28975	3547	435	3112	6.83	1.90	10.74
85岁及以上	**237432**	**105118**	**132314**	**27823**	**3628**	**24195**	**11.72**	**3.45**	**18.29**

4–9b　全市分年龄、性别的15岁及以上文盲人口(镇)

单位：人、%

年　龄	15岁及以上人口			文盲人口			文盲人口占15岁及以上人口比重		
	合计	男	女	合计	男	女	合计	男	女
总　计	**1261414**	**690201**	**571213**	**16657**	**4444**	**12213**	**1.32**	**0.64**	**2.14**
15–19岁	**40987**	**23558**	**17429**	**146**	**115**	**31**	**0.36**	**0.49**	**0.18**
15	4852	2646	2206	29	20	9	0.60	0.76	0.41
16	4410	2532	1878	21	18	3	0.48	0.71	0.16
17	5835	3321	2514	35	24	11	0.60	0.72	0.44
18	11066	6398	4668	35	31	4	0.32	0.48	0.09
19	14824	8661	6163	26	22	4	0.18	0.25	0.06
20–24岁	**106136**	**60330**	**45806**	**183**	**132**	**51**	**0.17**	**0.22**	**0.11**
20	17378	10050	7328	42	32	10	0.24	0.32	0.14
21	17735	10095	7640	37	26	11	0.21	0.26	0.14
22	23282	13243	10039	40	31	9	0.17	0.23	0.09
23	23802	13483	10319	28	19	9	0.12	0.14	0.09
24	23939	13459	10480	36	24	12	0.15	0.18	0.11
25–29岁	**135399**	**76764**	**58635**	**145**	**86**	**59**	**0.11**	**0.11**	**0.10**
25	25465	14195	11270	35	23	12	0.14	0.16	0.11
26	25198	14007	11191	23	16	7	0.09	0.11	0.06
27	27347	15696	11651	43	22	21	0.16	0.14	0.18
28	28129	16195	11934	27	13	14	0.10	0.08	0.12
29	29260	16671	12589	17	12	5	0.06	0.07	0.04
30–34岁	**182552**	**103133**	**79419**	**172**	**98**	**74**	**0.09**	**0.10**	**0.09**
30	37774	21775	15999	28	16	12	0.07	0.07	0.08
31	37553	21234	16319	29	19	10	0.08	0.09	0.06
32	36293	20365	15928	29	15	14	0.08	0.07	0.09
33	38241	21489	16752	37	18	19	0.10	0.08	0.11
34	32691	18270	14421	49	30	19	0.15	0.16	0.13
35–39岁	**134449**	**76247**	**58202**	**211**	**123**	**88**	**0.16**	**0.16**	**0.15**
35	27623	15456	12167	37	24	13	0.13	0.16	0.11
36	26811	15133	11678	34	19	15	0.13	0.13	0.13
37	26778	15227	11551	43	21	22	0.16	0.14	0.19
38	29499	16779	12720	58	38	20	0.20	0.23	0.16
39	23738	13652	10086	39	21	18	0.16	0.15	0.18
40–44岁	**95773**	**54765**	**41008**	**271**	**124**	**147**	**0.28**	**0.23**	**0.36**
40	21225	12087	9138	42	15	27	0.20	0.12	0.30
41	20961	12151	8810	47	21	26	0.22	0.17	0.30
42	19245	10978	8267	59	30	29	0.31	0.27	0.35
43	16665	9592	7073	55	22	33	0.33	0.23	0.47
44	17677	9957	7720	68	36	32	0.38	0.36	0.41

4-9b 续表

单位：人、%

年 龄	15岁及以上人口			文盲人口			文盲人口占15岁及以上人口比重		
	合计	男	女	合计	男	女	合计	男	女
45-49岁	**108288**	**60308**	**47980**	**571**	**243**	**328**	**0.53**	**0.40**	**0.68**
45	17741	9975	7766	75	35	40	0.42	0.35	0.52
46	20182	11178	9004	98	42	56	0.49	0.38	0.62
47	22336	12528	9808	110	48	62	0.49	0.38	0.63
48	23610	13054	10556	141	50	91	0.60	0.38	0.86
49	24419	13573	10846	147	68	79	0.60	0.50	0.73
50-54岁	**116221**	**64608**	**51613**	**856**	**357**	**499**	**0.74**	**0.55**	**0.97**
50	25876	14467	11409	143	64	79	0.55	0.44	0.69
51	23755	13136	10619	153	69	84	0.64	0.53	0.79
52	24791	13728	11063	190	78	112	0.77	0.57	1.01
53	19602	10913	8689	167	62	105	0.85	0.57	1.21
54	22197	12364	9833	203	84	119	0.91	0.68	1.21
55-59岁	**106123**	**56442**	**49681**	**881**	**278**	**603**	**0.83**	**0.49**	**1.21**
55	22595	12314	10281	162	57	105	0.72	0.46	1.02
56	23788	12701	11087	207	72	135	0.87	0.57	1.22
57	27978	14893	13085	225	84	141	0.80	0.56	1.08
58	19208	10139	9069	164	42	122	0.85	0.41	1.35
59	12554	6395	6159	123	23	100	0.98	0.36	1.62
60-64岁	**80584**	**40706**	**39878**	**1637**	**396**	**1241**	**2.03**	**0.97**	**3.11**
60	17078	8781	8297	228	59	169	1.34	0.67	2.04
61	14870	7552	7318	223	47	176	1.50	0.62	2.41
62	16493	8424	8069	326	83	243	1.98	0.99	3.01
63	16698	8401	8297	434	104	330	2.60	1.24	3.98
64	15445	7548	7897	426	103	323	2.76	1.36	4.09
65-69岁	**65953**	**32488**	**33465**	**2512**	**571**	**1941**	**3.81**	**1.76**	**5.80**
65	15295	7618	7677	497	122	375	3.25	1.60	4.88
66	14865	7329	7536	535	118	417	3.60	1.61	5.53
67	12973	6345	6628	511	114	397	3.94	1.80	5.99
68	12476	6074	6402	560	129	431	4.49	2.12	6.73
69	10344	5122	5222	409	88	321	3.95	1.72	6.15
70-74岁	**37373**	**17904**	**19469**	**1727**	**413**	**1314**	**4.62**	**2.31**	**6.75**
70	9428	4566	4862	369	98	271	3.91	2.15	5.57
71	8299	3992	4307	382	91	291	4.60	2.28	6.76
72	6889	3348	3541	313	86	227	4.54	2.57	6.41
73	6660	3136	3524	335	74	261	5.03	2.36	7.41
74	6097	2862	3235	328	64	264	5.38	2.24	8.16
75-79岁	**22256**	**10048**	**12208**	**1635**	**311**	**1324**	**7.35**	**3.10**	**10.85**
75	5399	2433	2966	303	67	236	5.61	2.75	7.96
76	4729	2174	2555	320	59	261	6.77	2.71	10.22
77	4152	1882	2270	283	55	228	6.82	2.92	10.04
78	4100	1847	2253	353	64	289	8.61	3.47	12.83
79	3876	1712	2164	376	66	310	9.70	3.86	14.33
80-84岁	**15878**	**7180**	**8698**	**2261**	**491**	**1770**	**14.24**	**6.84**	**20.35**
80	3558	1604	1954	418	93	325	11.75	5.80	16.63
81	3404	1496	1908	434	93	341	12.75	6.22	17.87
82	3333	1544	1789	488	98	390	14.64	6.35	21.80
83	2934	1363	1571	474	111	363	16.16	8.14	23.11
84	2649	1173	1476	447	96	351	16.87	8.18	23.78
85岁及以上	**13442**	**5720**	**7722**	**3449**	**706**	**2743**	**25.66**	**12.34**	**35.52**

4–9c　全市分年龄、性别的15岁及以上文盲人口(乡村)

单位：人、%

年　龄	15岁及以上人口			文盲人口			文盲人口占15岁及以上人口比重		
	合计	男	女	合计	男	女	合计	男	女
总　计	**2441429**	**1340366**	**1101063**	**60744**	**15812**	**44932**	**2.49**	**1.18**	**4.08**
15–19岁	**55168**	**33167**	**22001**	**345**	**215**	**130**	**0.63**	**0.65**	**0.59**
15	9789	5374	4415	69	41	28	0.70	0.76	0.63
16	7408	4241	3167	81	46	35	1.09	1.08	1.11
17	8137	4874	3263	81	50	31	1.00	1.03	0.95
18	14093	8487	5606	57	35	22	0.40	0.41	0.39
19	15741	10191	5550	57	43	14	0.36	0.42	0.25
20–24岁	**124842**	**74766**	**50076**	**271**	**148**	**123**	**0.22**	**0.20**	**0.25**
20	19233	12114	7119	60	38	22	0.31	0.31	0.31
21	20423	12515	7908	50	25	25	0.24	0.20	0.32
22	25622	15383	10239	45	31	14	0.18	0.20	0.14
23	28686	16784	11902	59	25	34	0.21	0.15	0.29
24	30878	17970	12908	57	29	28	0.18	0.16	0.22
25–29岁	**192752**	**112341**	**80411**	**379**	**219**	**160**	**0.20**	**0.19**	**0.20**
25	34933	20369	14564	71	38	33	0.20	0.19	0.23
26	34593	20002	14591	64	33	31	0.19	0.16	0.21
27	37462	21856	15606	78	47	31	0.21	0.22	0.20
28	39289	22943	16346	86	57	29	0.22	0.25	0.18
29	46475	27171	19304	80	44	36	0.17	0.16	0.19
30–34岁	**304662**	**175407**	**129255**	**659**	**362**	**297**	**0.22**	**0.21**	**0.23**
30	61838	36040	25798	114	66	48	0.18	0.18	0.19
31	63775	36648	27127	148	88	60	0.23	0.24	0.22
32	60717	34874	25843	121	67	54	0.20	0.19	0.21
33	63743	36455	27288	154	78	76	0.24	0.21	0.28
34	54589	31390	23199	122	63	59	0.22	0.20	0.25
35–39岁	**217485**	**126624**	**90861**	**683**	**363**	**320**	**0.31**	**0.29**	**0.35**
35	45721	26451	19270	132	63	69	0.29	0.24	0.36
36	43371	25239	18132	119	74	45	0.27	0.29	0.25
37	42020	24566	17454	142	76	66	0.34	0.31	0.38
38	46982	27455	19527	134	73	61	0.29	0.27	0.31
39	39391	22913	16478	156	77	79	0.40	0.34	0.48
40–44岁	**172538**	**99257**	**73281**	**687**	**309**	**378**	**0.40**	**0.31**	**0.52**
40	36301	21095	15206	120	53	67	0.33	0.25	0.44
41	37507	21702	15805	145	65	80	0.39	0.30	0.51
42	35052	20189	14863	123	63	60	0.35	0.31	0.40
43	30972	17634	13338	130	61	69	0.42	0.35	0.52
44	32706	18637	14069	169	67	102	0.52	0.36	0.72

4-9c 续表

单位：人、%

年 龄	15岁及以上人口			文盲人口			文盲人口占15岁及以上人口比重		
	合计	男	女	合计	男	女	合计	男	女
45–49岁	**224798**	**125724**	**99074**	**1647**	**669**	**978**	**0.73**	**0.53**	**0.99**
45	33963	19055	14908	191	86	105	0.56	0.45	0.70
46	40984	22992	17992	283	112	171	0.69	0.49	0.95
47	46069	25777	20292	320	138	182	0.69	0.54	0.90
48	50223	27854	22369	402	163	239	0.80	0.59	1.07
49	53559	30046	23513	451	170	281	0.84	0.57	1.20
50–54岁	**265071**	**146760**	**118311**	**2620**	**1016**	**1604**	**0.99**	**0.69**	**1.36**
50	57271	31929	25342	463	170	293	0.81	0.53	1.16
51	52450	29173	23277	486	191	295	0.93	0.65	1.27
52	56187	31162	25025	552	207	345	0.98	0.66	1.38
53	46179	25431	20748	507	204	303	1.10	0.80	1.46
54	52984	29065	23919	612	244	368	1.16	0.84	1.54
55–59岁	**260751**	**139235**	**121516**	**2759**	**902**	**1857**	**1.06**	**0.65**	**1.53**
55	56219	30390	25829	584	210	374	1.04	0.69	1.45
56	58775	31537	27238	555	192	363	0.94	0.61	1.33
57	67520	36018	31502	702	252	450	1.04	0.70	1.43
58	47595	25371	22224	528	158	370	1.11	0.62	1.66
59	30642	15919	14723	390	90	300	1.27	0.57	2.04
60–64岁	**199822**	**103349**	**96473**	**5925**	**1623**	**4302**	**2.97**	**1.57**	**4.46**
60	43014	22371	20643	798	233	565	1.86	1.04	2.74
61	37710	19640	18070	862	236	626	2.29	1.20	3.46
62	40813	21202	19611	1180	347	833	2.89	1.64	4.25
63	39822	20679	19143	1462	410	1052	3.67	1.98	5.50
64	38463	19457	19006	1623	397	1226	4.22	2.04	6.45
65–69岁	**173609**	**86382**	**87227**	**10013**	**2433**	**7580**	**5.77**	**2.82**	**8.69**
65	38819	19691	19128	1882	464	1418	4.85	2.36	7.41
66	38016	18797	19219	2134	539	1595	5.61	2.87	8.30
67	34354	17147	17207	2063	494	1569	6.01	2.88	9.12
68	34828	17243	17585	2307	562	1745	6.62	3.26	9.92
69	27592	13504	14088	1627	374	1253	5.90	2.77	8.89
70–74岁	**108999**	**52789**	**56210**	**7436**	**1753**	**5683**	**6.82**	**3.32**	**10.11**
70	26082	12710	13372	1590	369	1221	6.10	2.90	9.13
71	24042	11756	12286	1551	396	1155	6.45	3.37	9.40
72	20242	9814	10428	1453	338	1115	7.18	3.44	10.69
73	19931	9599	10332	1466	352	1114	7.36	3.67	10.78
74	18702	8910	9792	1376	298	1078	7.36	3.34	11.01
75–79岁	**65193**	**30802**	**34391**	**6626**	**1356**	**5270**	**10.16**	**4.40**	**15.32**
75	16194	7633	8561	1305	265	1040	8.06	3.47	12.15
76	14030	6698	7332	1247	260	987	8.89	3.88	13.46
77	12544	5884	6660	1243	233	1010	9.91	3.96	15.17
78	11782	5597	6185	1392	293	1099	11.81	5.23	17.77
79	10643	4990	5653	1439	305	1134	13.52	6.11	20.06
80–84岁	**41724**	**19852**	**21872**	**8627**	**1956**	**6671**	**20.68**	**9.85**	**30.50**
80	9491	4508	4983	1497	317	1180	15.77	7.03	23.68
81	8616	4164	4452	1610	358	1252	18.69	8.60	28.12
82	8874	4282	4592	1926	443	1483	21.70	10.35	32.30
83	7817	3660	4157	1815	414	1401	23.22	11.31	33.70
84	6926	3238	3688	1779	424	1355	25.69	13.09	36.74
85岁及以上	**34015**	**13911**	**20104**	**12067**	**2488**	**9579**	**35.48**	**17.89**	**47.65**

4-10　全市分年龄、性别的15岁及以上外来文盲人口

单位：人、%

年　龄	15岁及以上人口			文盲人口			文盲人口占15岁及以上人口比重		
	合计	男	女	合计	男	女	合计	男	女
总　计	**7798914**	**4216852**	**3582062**	**45799**	**10164**	**35635**	**0.59**	**0.24**	**0.99**
15-19岁	**235032**	**143523**	**91509**	**218**	**130**	**88**	**0.09**	**0.09**	**0.10**
15	17919	10622	7297	58	32	26	0.32	0.30	0.36
16	23848	14971	8877	51	28	23	0.21	0.19	0.26
17	35690	22485	13205	28	16	12	0.08	0.07	0.09
18	62737	38588	24149	37	30	7	0.06	0.08	0.03
19	94838	56857	37981	44	24	20	0.05	0.04	0.05
20-24岁	**816104**	**447940**	**368164**	**249**	**159**	**90**	**0.03**	**0.04**	**0.02**
20	117147	68631	48516	67	44	23	0.06	0.06	0.05
21	125843	72104	53739	52	36	16	0.04	0.05	0.03
22	161250	89375	71875	52	33	19	0.03	0.04	0.03
23	194014	103738	90276	33	21	12	0.02	0.02	0.01
24	217850	114092	103758	45	25	20	0.02	0.02	0.02
25-29岁	**1254622**	**670079**	**584543**	**281**	**160**	**121**	**0.02**	**0.02**	**0.02**
25	239740	125264	114476	47	28	19	0.02	0.02	0.02
26	241586	126454	115132	50	28	22	0.02	0.02	0.02
27	261189	139465	121724	70	36	34	0.03	0.03	0.03
28	257573	139479	118094	46	26	20	0.02	0.02	0.02
29	254534	139417	115117	68	42	26	0.03	0.03	0.02
30-34岁	**1378233**	**750961**	**627272**	**513**	**268**	**245**	**0.04**	**0.04**	**0.04**
30	310088	171295	138793	93	48	45	0.03	0.03	0.03
31	291233	158900	132333	113	68	45	0.04	0.04	0.03
32	268125	145585	122540	101	48	53	0.04	0.03	0.04
33	274625	148816	125809	103	54	49	0.04	0.04	0.04
34	234162	126365	107797	103	50	53	0.04	0.04	0.05
35-39岁	**980854**	**532456**	**448398**	**674**	**291**	**383**	**0.07**	**0.05**	**0.09**
35	199353	107742	91611	105	51	54	0.05	0.05	0.06
36	197967	107193	90774	116	56	60	0.06	0.05	0.07
37	192675	104223	88452	116	45	71	0.06	0.04	0.08
38	215116	116570	98546	166	65	101	0.08	0.06	0.10
39	175743	96728	79015	171	74	97	0.10	0.08	0.12
40-44岁	**711812**	**392318**	**319494**	**1364**	**446**	**918**	**0.19**	**0.11**	**0.29**
40	154205	85105	69100	185	66	119	0.12	0.08	0.17
41	154934	85642	69292	228	79	149	0.15	0.09	0.22
42	143245	78534	64711	278	90	188	0.19	0.11	0.29
43	126751	69998	56753	289	85	204	0.23	0.12	0.36
44	132677	73039	59638	384	126	258	0.29	0.17	0.43

4-10 续表

单位：人、%

年 龄	15岁及以上人口			文盲人口			文盲人口占15岁及以上人口比重		
	合计	男	女	合计	男	女	合计	男	女
45-49岁	**676954**	**377884**	**299070**	**3982**	**1017**	**2965**	**0.59**	**0.27**	**0.99**
45	126590	69984	56606	461	119	342	0.36	0.17	0.60
46	132092	74025	58067	662	179	483	0.50	0.24	0.83
47	137636	77063	60573	785	213	572	0.57	0.28	0.94
48	140610	78324	62286	1003	239	764	0.71	0.31	1.23
49	140026	78488	61538	1071	267	804	0.76	0.34	1.31
50-54岁	**622694**	**349104**	**273590**	**6292**	**1561**	**4731**	**1.01**	**0.45**	**1.73**
50	144776	81451	63325	1217	281	936	0.84	0.34	1.48
51	127877	71684	56193	1182	290	892	0.92	0.40	1.59
52	133673	74838	58835	1401	343	1058	1.05	0.46	1.80
53	104224	58218	46006	1159	295	864	1.11	0.51	1.88
54	112144	62913	49231	1333	352	981	1.19	0.56	1.99
55-59岁	**435264**	**228584**	**206680**	**6133**	**1245**	**4888**	**1.41**	**0.54**	**2.37**
55	103341	56485	46856	1212	288	924	1.17	0.51	1.97
56	98201	52126	46075	1246	257	989	1.27	0.49	2.15
57	109911	57509	52402	1406	303	1103	1.28	0.53	2.10
58	79318	40714	38604	1347	250	1097	1.70	0.61	2.84
59	44493	21750	22743	922	147	775	2.07	0.68	3.41
60-64岁	**282207**	**135879**	**146328**	**7612**	**1410**	**6202**	**2.70**	**1.04**	**4.24**
60	54523	26267	28256	1074	193	881	1.97	0.73	3.12
61	49073	23885	25188	1175	218	957	2.39	0.91	3.80
62	59017	28809	30208	1603	317	1286	2.72	1.10	4.26
63	62848	30038	32810	1905	362	1543	3.03	1.21	4.70
64	56746	26880	29866	1855	320	1535	3.27	1.19	5.14
65-69岁	**222012**	**104159**	**117853**	**8274**	**1532**	**6742**	**3.73**	**1.47**	**5.72**
65	55961	26437	29524	1852	306	1546	3.31	1.16	5.24
66	52454	24695	27759	1877	346	1531	3.58	1.40	5.52
67	43326	20187	23139	1672	319	1353	3.86	1.58	5.85
68	39006	18274	20732	1654	311	1343	4.24	1.70	6.48
69	31265	14566	16699	1219	250	969	3.90	1.72	5.80
70-74岁	**97951**	**46230**	**51721**	**3668**	**775**	**2893**	**3.74**	**1.68**	**5.59**
70	27619	13154	14465	1098	224	874	3.98	1.70	6.04
71	23267	11032	12235	839	206	633	3.61	1.87	5.17
72	17727	8263	9464	702	149	553	3.96	1.80	5.84
73	15733	7395	8338	546	108	438	3.47	1.46	5.25
74	13605	6386	7219	483	88	395	3.55	1.38	5.47
75-79岁	**44517**	**20111**	**24406**	**2148**	**397**	**1751**	**4.83**	**1.97**	**7.17**
75	11258	5177	6081	473	91	382	4.20	1.76	6.28
76	9739	4491	5248	433	89	344	4.45	1.98	6.55
77	8482	3827	4655	404	83	321	4.76	2.17	6.90
78	7825	3440	4385	394	68	326	5.04	1.98	7.43
79	7213	3176	4037	444	66	378	6.16	2.08	9.36
80-84岁	**25653**	**11451**	**14202**	**2110**	**388**	**1722**	**8.23**	**3.39**	**12.13**
80	6617	2962	3655	440	93	347	6.65	3.14	9.49
81	5404	2332	3072	411	60	351	7.61	2.57	11.43
82	5275	2338	2937	453	82	371	8.59	3.51	12.63
83	4537	2119	2418	422	80	342	9.30	3.78	14.14
84	3820	1700	2120	384	73	311	10.05	4.29	14.67
85岁及以上	**15005**	**6173**	**8832**	**2281**	**385**	**1896**	**15.20**	**6.24**	**21.47**

第一部分　全部数据资料

第五卷　家庭

5-1　全市不同规模的家庭户类别

单位：户

家庭户规模	家庭户户数	一代户	二代户	三代户	四代户	五代及以上户
总　计	**8230792**	**4842948**	**2532522**	**839474**	**15839**	**9**
一人户	2463325	2463325				
二人户	2727924	2169951	557973			
三人户	1787020	129910	1581684	75426		
四人户	736163	53562	349458	331880	1263	
五人户	362811	16873	34300	306962	4675	1
六人户	122068	5071	6782	104234	5979	2
七人户	20084	1747	1537	13928	2869	3
八人户	6721	901	481	4626	712	1
九人户	2426	465	141	1604	214	2
十人及以上户	2250	1143	166	814	127	

5-1a　全市不同规模的家庭户类别(城市)

单位：户

家庭户规模	家庭户户数	一代户	二代户	三代户	四代户	五代及以上户
总　计	**6690435**	**3861582**	**2157277**	**662953**	**8618**	**5**
一人户	1984729	1984729				
二人户	2207884	1727311	480573			
三人户	1516511	97806	1353350	65355		
四人户	596439	33152	287569	274724	994	
五人户	280220	11398	28608	237150	3063	1
六人户	86953	4253	5500	74134	3065	1
七人户	11891	1302	1164	8277	1146	2
八人户	3456	638	331	2253	234	
九人户	1168	307	85	699	76	1
十人及以上户	1184	686	97	361	40	

5-1b 全市不同规模的家庭户类别(镇)

单位：户

家庭户规模	家庭户户数	一代户	二代户	三代户	四代户	五代及以上户
总 计	**496221**	**320578**	**128471**	**45895**	**1275**	**2**
一人户	170086	170086				
二人户	171652	142702	28950			
三人户	85302	5191	76872	3239		
四人户	38551	1642	20305	16554	50	
五人户	20244	519	1828	17581	316	
六人户	7935	210	382	6830	512	1
七人户	1522	84	78	1066	294	
八人户	527	32	34	389	72	
九人户	237	38	11	165	22	1
十人及以上户	165	74	11	71	9	

5-1c 全市不同规模的家庭户类别(乡村)

单位：户

家庭户规模	家庭户户数	一代户	二代户	三代户	四代户	五代及以上户
总 计	**1044136**	**660788**	**246774**	**130626**	**5946**	**2**
一人户	308510	308510				
二人户	348388	299938	48450			
三人户	185207	26913	151462	6832		
四人户	101173	18768	41584	40602	219	
五人户	62347	4956	3864	52231	1296	
六人户	27180	608	900	23270	2402	
七人户	6671	361	295	4585	1429	1
八人户	2738	231	116	1984	406	1
九人户	1021	120	45	740	116	
十人及以上户	901	383	58	382	78	

5-2　各地区分年龄、性别的一人户

单位：户

地　区	合　计			14岁及以下		
	合计	男	女	小计	男	女
北　京	**2463325**	**1352821**	**1110504**	**47453**	**24872**	**22581**
东城区	83563	40003	43560	3497	1763	1734
西城区	124928	60863	64065	5426	2833	2593
朝阳区	503179	260376	242803	9526	4980	4546
丰台区	235973	121466	114507	3817	1975	1842
石景山区	56219	28145	28074	834	436	398
海淀区	348723	185654	163069	8174	4375	3799
门头沟区	41187	20853	20334	919	457	462
房山区	106390	56915	49475	1916	1005	911
通州区	190801	106584	84217	3409	1814	1595
顺义区	165902	107613	58289	1510	821	689
昌平区	275300	171118	104182	2688	1401	1287
大兴区	188507	114527	73980	2895	1539	1356
怀柔区	38876	23561	15315	643	329	314
平谷区	33818	17896	15922	725	387	338
密云区	42541	22876	19665	729	382	347
延庆区	27418	14371	13047	745	375	370

5-2　续表 1　　单位：户

地　区	15-19岁			20-24岁		
	小计	男	女	小计	男	女
北　京	**26997**	**16285**	**10712**	**161413**	**89791**	**71622**
东城区	931	504	427	2982	1529	1453
西城区	1517	847	670	5190	2544	2646
朝阳区	4640	2708	1932	28688	14612	14076
丰台区	2007	1155	852	11745	6148	5597
石景山区	427	244	183	2778	1460	1318
海淀区	4793	2825	1968	28667	15419	13248
门头沟区	394	227	167	1969	1105	864
房山区	1300	797	503	5830	3462	2368
通州区	1909	1181	728	13236	7342	5894
顺义区	2248	1504	744	13852	8412	5440
昌平区	3024	1908	1116	28035	16637	11398
大兴区	2125	1349	776	12455	7304	5151
怀柔区	562	365	197	2091	1410	681
平谷区	352	223	129	1154	739	415
密云区	460	282	178	1669	1020	649
延庆区	308	166	142	1072	648	424

5–2 续表 2

单位：户

地区	25–29岁			30–34岁			35–39岁		
	小计	男	女	小计	男	女	小计	男	女
北京	**362011**	**203189**	**158822**	**379981**	**231047**	**148934**	**258269**	**159442**	**98827**
东城区	7375	3466	3909	9271	4748	4523	7939	4254	3685
西城区	13017	6222	6795	14004	7436	6568	11146	6116	5030
朝阳区	72859	36723	36136	83975	45757	38218	59870	33830	26040
丰台区	30842	15931	14911	34158	19515	14643	24073	14222	9851
石景山区	7174	3771	3403	7540	4336	3204	5218	3030	2188
海淀区	67081	36529	30552	54218	32307	21911	32068	19673	12395
门头沟区	4151	2370	1781	4708	2828	1880	3313	1952	1361
房山区	11180	6646	4534	13919	8623	5296	9787	5972	3815
通州区	28478	15889	12589	31485	18903	12582	22668	13921	8747
顺义区	26140	16703	9437	28670	20182	8488	19039	13553	5486
昌平区	57062	36514	20548	50979	35358	15621	29411	20186	9225
大兴区	25905	15407	10498	32727	21340	11387	23396	15890	7506
怀柔区	3473	2361	1112	4399	3120	1279	3488	2423	1065
平谷区	2503	1631	872	3724	2454	1270	2500	1575	925
密云区	3078	1987	1091	3906	2625	1281	2804	1869	935
延庆区	1693	1039	654	2298	1515	783	1549	976	573

5–2 续表 3

单位：户

地区	40–44岁			45–49岁			50–54岁		
	小计	男	女	小计	男	女	小计	男	女
北京	**185252**	**112705**	**72547**	**190080**	**110244**	**79836**	**181774**	**106911**	**74863**
东城区	5596	2992	2604	5566	2812	2754	5745	3069	2676
西城区	8080	4446	3634	8700	4585	4115	8538	4657	3881
朝阳区	41252	23541	17711	39215	21910	17305	36022	20584	15438
丰台区	17500	10508	6992	18002	10028	7974	17330	9804	7526
石景山区	3804	2160	1644	4067	2177	1890	4135	2290	1845
海淀区	22815	13514	9301	24926	13183	11743	24142	13083	11059
门头沟区	2578	1463	1115	2974	1646	1328	3375	1879	1496
房山区	7637	4454	3183	8375	4582	3793	8384	4725	3659
通州区	16150	9815	6335	14917	9015	5902	13278	7917	5361
顺义区	14119	9803	4316	15316	10386	4930	14545	10127	4418
昌平区	20094	13329	6765	19710	12406	7304	17774	11112	6662
大兴区	17074	11420	5654	17075	11066	6009	15251	10020	5231
怀柔区	2873	1911	962	3672	2346	1326	4037	2545	1492
平谷区	1949	1086	863	2461	1260	1201	2640	1386	1254
密云区	2313	1447	866	2971	1667	1304	3903	2203	1700
延庆区	1418	816	602	2133	1175	958	2675	1510	1165

5-2　续表 4

单位：户

地　区	55-59岁			60-64岁			65岁及以上		
	小计	男	女	小计	男	女	小计	男	女
北　京	**169900**	**96024**	**73876**	**130990**	**66362**	**64628**	**369205**	**135949**	**233256**
东城区	7754	4099	3655	7434	3580	3854	19473	7187	12286
西城区	10768	5803	4965	10128	4944	5184	28414	10430	17984
朝阳区	33435	18392	15043	25061	12179	12882	68636	25160	43476
丰台区	18718	10138	8580	15538	7418	8120	42243	14624	27619
石景山区	4489	2351	2138	4001	1899	2102	11752	3991	7761
海淀区	21731	11772	9959	15643	7587	8056	44465	15387	29078
门头沟区	3716	1983	1733	3235	1615	1620	9855	3328	6527
房山区	8476	4672	3804	6985	3601	3384	22601	8376	14225
通州区	11650	6585	5065	8910	4559	4351	24711	9643	15068
顺义区	9886	6766	3120	5763	3511	2252	14814	5845	8969
昌平区	14023	8313	5710	9274	4945	4329	23226	9009	14217
大兴区	12034	7429	4605	7634	4123	3511	19936	7640	12296
怀柔区	3319	2101	1218	2570	1466	1104	7749	3184	4565
平谷区	3190	1746	1444	2802	1483	1319	9818	3926	5892
密云区	4189	2430	1759	3789	2155	1634	12730	4809	7921
延庆区	2522	1444	1078	2223	1297	926	8782	3410	5372

5-2a　各地区分年龄、性别的一人户(城市)

单位：户

地　区	合　计			14岁及以下		
	合计	男	女	小计	男	女
北　京	**1984729**	**1050103**	**934626**	**39628**	**20695**	**18933**
东城区	83563	40003	43560	3497	1763	1734
西城区	124928	60863	64065	5426	2833	2593
朝阳区	498117	257945	240172	9318	4875	4443
丰台区	233401	120181	113220	3730	1924	1806
石景山区	56219	28145	28074	834	436	398
海淀区	341056	180869	160187	8003	4295	3708
门头沟区	32696	16355	16341	666	333	333
房山区	78751	41557	37194	1101	579	522
通州区	101710	51143	50567	2011	1039	972
顺义区	82277	49415	32862	773	395	378
昌平区	158076	94311	63765	1481	758	723
大兴区	122287	69795	52492	1709	906	803
怀柔区	26378	16236	10142	368	187	181
平谷区	16872	8897	7975	287	148	139
密云区	18938	9713	9225	244	127	117
延庆区	9460	4675	4785	180	97	83

5-2a 续表 1 单位：户

地　区	15-19岁			20-24岁		
	小计	男	女	小计	男	女
北　京	**21073**	**12425**	**8648**	**130328**	**70173**	**60155**
东城区	931	504	427	2982	1529	1453
西城区	1517	847	670	5190	2544	2646
朝阳区	4550	2669	1881	28181	14411	13770
丰台区	1974	1132	842	11604	6076	5528
石景山区	427	244	183	2778	1460	1318
海淀区	4673	2754	1919	28246	15150	13096
门头沟区	286	172	114	1696	951	745
房山区	943	572	371	4956	2912	2044
通州区	921	522	399	7960	4063	3897
顺义区	1020	655	365	7766	4382	3384
昌平区	1621	1008	613	17377	9978	7399
大兴区	1213	747	466	7759	4328	3431
怀柔区	407	256	151	1571	1019	552
平谷区	240	154	86	794	504	290
密云区	219	117	102	997	587	410
延庆区	131	72	59	471	279	192

5-2a 续表 2 单位：户

地　区	25-29岁			30-34岁			35-39岁		
	小计	男	女	小计	男	女	小计	男	女
北　京	**306596**	**165760**	**140836**	**312348**	**182157**	**130191**	**210981**	**125042**	**85939**
东城区	7375	3466	3909	9271	4748	4523	7939	4254	3685
西城区	13017	6222	6795	14004	7436	6568	11146	6116	5030
朝阳区	72117	36405	35712	83347	45443	37904	59453	33608	25845
丰台区	30541	15784	14757	33845	19345	14500	23868	14096	9772
石景山区	7174	3771	3403	7540	4336	3204	5218	3030	2188
海淀区	66303	36028	30275	53226	31573	21653	31312	19110	12202
门头沟区	3760	2152	1608	4269	2539	1730	2859	1658	1201
房山区	9864	5777	4087	11862	7169	4693	8149	4812	3337
通州区	17510	8952	8558	17147	9252	7895	12400	6816	5584
顺义区	16311	9667	6644	15580	10129	5451	9338	6114	3224
昌平区	36789	22498	14291	30438	20332	10106	16775	11065	5710
大兴区	18409	10269	8140	21944	13345	8599	15355	9746	5609
怀柔区	2799	1881	918	3698	2596	1102	2855	1959	896
平谷区	1743	1113	630	2486	1564	922	1690	1040	650
密云区	2108	1306	802	2625	1681	944	1855	1167	688
延庆区	776	469	307	1066	669	397	769	451	318

5–2a　续表 3　　单位：户

地　区	40–44岁			45–49岁			50–54岁		
	小计	男	女	小计	男	女	小计	男	女
北　京	**148086**	**86800**	**61286**	**147848**	**81983**	**65865**	**138681**	**78126**	**60555**
东 城 区	5596	2992	2604	5566	2812	2754	5745	3069	2676
西 城 区	8080	4446	3634	8700	4585	4115	8538	4657	3881
朝 阳 区	40930	23368	17562	38873	21706	17167	35621	20346	15275
丰 台 区	17343	10402	6941	17809	9919	7890	17136	9690	7446
石景山区	3804	2160	1644	4067	2177	1890	4135	2290	1845
海 淀 区	22163	13047	9116	24156	12678	11478	23372	12577	10795
门头沟区	2122	1187	935	2333	1231	1102	2605	1381	1224
房 山 区	5962	3358	2604	6235	3202	3033	5850	3127	2723
通 州 区	8310	4473	3837	6692	3547	3145	5467	2767	2700
顺 义 区	6487	4205	2282	6606	4227	2379	6035	3955	2080
昌 平 区	10759	6877	3882	9746	5834	3912	8347	4887	3460
大 兴 区	10845	6889	3956	10253	6315	3938	8992	5618	3374
怀 柔 区	2350	1563	787	2834	1803	1031	2889	1833	1056
平 谷 区	1277	683	594	1510	732	778	1339	644	695
密 云 区	1386	787	599	1513	750	763	1593	783	810
延 庆 区	672	363	309	955	465	490	1017	502	515

5–2a　续表 4　　单位：户

地　区	55–59岁			60–64岁			65岁及以上		
	小计	男	女	小计	男	女	小计	男	女
北　京	**134070**	**72825**	**61245**	**105358**	**51013**	**54345**	**289732**	**103104**	**186628**
东 城 区	7754	4099	3655	7434	3580	3854	19473	7187	12286
西 城 区	10768	5803	4965	10128	4944	5184	28414	10430	17984
朝 阳 区	33071	18188	14883	24812	12054	12758	67844	24872	42972
丰 台 区	18521	10042	8479	15379	7346	8033	41651	14425	27226
石景山区	4489	2351	2138	4001	1899	2102	11752	3991	7761
海 淀 区	21082	11361	9721	15197	7350	7847	43323	14946	28377
门头沟区	2836	1431	1405	2448	1137	1311	6816	2183	4633
房 山 区	5670	2964	2706	4594	2231	2363	13565	4854	8711
通 州 区	5534	2725	2809	4803	2242	2561	12955	4745	8210
顺 义 区	3992	2524	1468	2232	1134	1098	6137	2028	4109
昌 平 区	7271	3970	3301	5085	2531	2554	12387	4573	7814
大 兴 区	7555	4326	3229	5150	2588	2562	13103	4718	8385
怀 柔 区	2015	1260	755	1330	685	645	3262	1194	2068
平 谷 区	1229	657	572	947	461	486	3330	1197	2133
密 云 区	1470	720	750	1205	552	653	3723	1136	2587
延 庆 区	813	404	409	613	279	334	1997	625	1372

5-2b 各地区分年龄、性别的一人户(镇)

单位：户

地区	合计			14岁及以下		
	合计	男	女	小计	男	女
北京	**170086**	**101755**	**68331**	**2873**	**1518**	**1355**
东城区						
西城区						
朝阳区	5062	2431	2631	208	105	103
丰台区	1708	860	848	68	42	26
石景山区						
海淀区						
门头沟区	3345	1687	1658	90	44	46
房山区	6775	3480	3295	164	84	80
通州区	34714	20267	14447	553	302	251
顺义区	26983	18258	8725	232	126	106
昌平区	54671	34199	20472	548	289	259
大兴区	20029	11164	8865	601	308	293
怀柔区	2956	1733	1223	68	34	34
平谷区	3609	1891	1718	121	69	52
密云区	5983	3622	2361	83	49	34
延庆区	4251	2163	2088	137	66	71

5-2b 续表 1

单位：户

地区	15-19岁			20-24岁		
	小计	男	女	小计	男	女
北京	**2008**	**1212**	**796**	**13663**	**7933**	**5730**
东城区						
西城区						
朝阳区	90	39	51	507	201	306
丰台区	30	20	10	115	58	57
石景山区						
海淀区						
门头沟区	39	18	21	114	66	48
房山区	62	41	21	157	98	59
通州区	296	183	113	2115	1215	900
顺义区	455	272	183	2522	1515	1007
昌平区	571	347	224	5293	3210	2083
大兴区	289	168	121	2217	1153	1064
怀柔区	33	21	12	149	95	54
平谷区	32	24	8	90	58	32
密云区	78	58	20	211	149	62
延庆区	33	21	12	173	115	58

5-2b　续表 2　　单位：户

地　区	25-29岁			30-34岁			35-39岁		
	小计	男	女	小计	男	女	小计	男	女
北　京	**24389**	**15231**	**9158**	**27454**	**18359**	**9095**	**18569**	**12431**	**6138**
东城区									
西城区									
朝阳区	742	318	424	628	314	314	417	222	195
丰台区	235	112	123	220	116	104	150	94	56
石景山区									
海淀区									
门头沟区	180	98	82	193	119	74	204	123	81
房山区	252	150	102	455	291	164	379	236	143
通州区	4931	2858	2073	6424	3935	2489	4672	2914	1758
顺义区	3718	2480	1238	4629	3436	1193	3432	2538	894
昌平区	10239	6842	3397	9898	6952	2946	6094	4176	1918
大兴区	2931	1615	1316	3280	1987	1293	2055	1336	719
怀柔区	261	170	91	305	215	90	273	194	79
平谷区	239	147	92	471	319	152	242	136	106
密云区	335	252	83	517	403	114	388	305	83
延庆区	326	189	137	434	272	162	263	157	106

5-2b　续表 3　　单位：户

地　区	40-44岁			45-49岁			50-54岁		
	小计	男	女	小计	男	女	小计	男	女
北　京	**13367**	**8609**	**4758**	**14048**	**8745**	**5303**	**13627**	**8494**	**5133**
东城区									
西城区									
朝阳区	322	173	149	342	204	138	401	238	163
丰台区	87	59	28	118	64	54	119	70	49
石景山区									
海淀区									
门头沟区	208	115	93	271	154	117	321	200	121
房山区	405	235	170	517	306	211	692	431	261
通州区	3138	1953	1185	2888	1788	1100	2726	1657	1069
顺义区	2570	1841	729	2842	1934	908	2496	1746	750
昌平区	4234	2745	1489	4376	2685	1691	4067	2516	1551
大兴区	1377	850	527	1430	844	586	1310	774	536
怀柔区	218	135	83	243	164	79	280	158	122
平谷区	212	104	108	248	130	118	248	141	107
密云区	348	249	99	494	317	177	613	376	237
延庆区	248	150	98	279	155	124	354	187	167

5-2b 续表 4

单位：户

地区	55-59岁			60-64岁			65岁及以上		
	小计	男	女	小计	男	女	小计	男	女
北　京	**11164**	**6701**	**4463**	**7768**	**4236**	**3532**	**21156**	**8286**	**12870**
东城区									
西城区									
朝阳区	364	204	160	249	125	124	792	288	504
丰台区	129	62	67	104	47	57	333	116	217
石景山区									
海淀区									
门头沟区	371	225	146	305	175	130	1049	350	699
房山区	678	384	294	603	325	278	2411	899	1512
通州区	2274	1329	945	1559	805	754	3138	1328	1810
顺义区	1588	1084	504	844	560	284	1655	726	929
昌平区	2844	1677	1167	1845	961	884	4662	1799	2863
大兴区	1302	749	553	847	436	411	2390	944	1446
怀柔区	285	192	93	207	107	100	634	248	386
平谷区	351	190	161	319	173	146	1036	400	636
密云区	623	404	219	538	340	198	1755	720	1035
延庆区	355	201	154	348	182	166	1301	468	833

5-2c 各地区分年龄、性别的一人户(乡村)

单位：户

地区	合计			14岁及以下		
	合计	男	女	小计	男	女
北　京	**308510**	**200963**	**107547**	**4952**	**2659**	**2293**
东城区						
西城区						
朝阳区						
丰台区	864	425	439	19	9	10
石景山区						
海淀区	7667	4785	2882	171	80	91
门头沟区	5146	2811	2335	163	80	83
房山区	20864	11878	8986	651	342	309
通州区	54377	35174	19203	845	473	372
顺义区	56642	39940	16702	505	300	205
昌平区	62553	42608	19945	659	354	305
大兴区	46191	33568	12623	585	325	260
怀柔区	9542	5592	3950	207	108	99
平谷区	13337	7108	6229	317	170	147
密云区	17620	9541	8079	402	206	196
延庆区	13707	7533	6174	428	212	216

5-2c 续表 1 单位：户

地 区	15-19岁			20-24岁		
	小计	男	女	小计	男	女
北 京	**3916**	**2648**	**1268**	**17422**	**11685**	**5737**
东城区						
西城区						
朝阳区						
丰台区	3	3		26	14	12
石景山区						
海淀区	120	71	49	421	269	152
门头沟区	69	37	32	159	88	71
房山区	295	184	111	717	452	265
通州区	692	476	216	3161	2064	1097
顺义区	773	577	196	3564	2515	1049
昌平区	832	553	279	5365	3449	1916
大兴区	623	434	189	2479	1823	656
怀柔区	122	88	34	371	296	75
平谷区	80	45	35	270	177	93
密云区	163	107	56	461	284	177
延庆区	144	73	71	428	254	174

5-2c 续表 2 单位：户

地 区	25-29岁			30-34岁			35-39岁		
	小计	男	女	小计	男	女	小计	男	女
北 京	**31026**	**22198**	**8828**	**40179**	**30531**	**9648**	**28719**	**21969**	**6750**
东城区									
西城区									
朝阳区									
丰台区	66	35	31	93	54	39	55	32	23
石景山区									
海淀区	778	501	277	992	734	258	756	563	193
门头沟区	211	120	91	246	170	76	250	171	79
房山区	1064	719	345	1602	1163	439	1259	924	335
通州区	6037	4079	1958	7914	5716	2198	5596	4191	1405
顺义区	6111	4556	1555	8461	6617	1844	6269	4901	1368
昌平区	10034	7174	2860	10643	8074	2569	6542	4945	1597
大兴区	4565	3523	1042	7503	6008	1495	5986	4808	1178
怀柔区	413	310	103	396	309	87	360	270	90
平谷区	521	371	150	767	571	196	568	399	169
密云区	635	429	206	764	541	223	561	397	164
延庆区	591	381	210	798	574	224	517	368	149

5-2c 续表 3

单位：户

地区	40-44岁			45-49岁			50-54岁		
	小计	男	女	小计	男	女	小计	男	女
北京	**23799**	**17296**	**6503**	**28184**	**19516**	**8668**	**29466**	**20291**	**9175**
东城区									
西城区									
朝阳区									
丰台区	70	47	23	75	45	30	75	44	31
石景山区									
海淀区	652	467	185	770	505	265	770	506	264
门头沟区	248	161	87	370	261	109	449	298	151
房山区	1270	861	409	1623	1074	549	1842	1167	675
通州区	4702	3389	1313	5337	3680	1657	5085	3493	1592
顺义区	5062	3757	1305	5868	4225	1643	6014	4426	1588
昌平区	5101	3707	1394	5588	3887	1701	5360	3709	1651
大兴区	4852	3681	1171	5392	3907	1485	4949	3628	1321
怀柔区	305	213	92	595	379	216	868	554	314
平谷区	460	299	161	703	398	305	1053	601	452
密云区	579	411	168	964	600	364	1697	1044	653
延庆区	498	303	195	899	555	344	1304	821	483

5-2c 续表 4

单位：户

地区	55-59岁			60-64岁			65岁及以上		
	小计	男	女	小计	男	女	小计	男	女
北京	**24666**	**16498**	**8168**	**17864**	**11113**	**6751**	**58317**	**24559**	**33758**
东城区									
西城区									
朝阳区									
丰台区	68	34	34	55	25	30	259	83	176
石景山区									
海淀区	649	411	238	446	237	209	1142	441	701
门头沟区	509	327	182	482	303	179	1990	795	1195
房山区	2128	1324	804	1788	1045	743	6625	2623	4002
通州区	3842	2531	1311	2548	1512	1036	8618	3570	5048
顺义区	4306	3158	1148	2687	1817	870	7022	3091	3931
昌平区	3908	2666	1242	2344	1453	891	6177	2637	3540
大兴区	3177	2354	823	1637	1099	538	4443	1978	2465
怀柔区	1019	649	370	1033	674	359	3853	1742	2111
平谷区	1610	899	711	1536	849	687	5452	2329	3123
密云区	2096	1306	790	2046	1263	783	7252	2953	4299
延庆区	1354	839	515	1262	836	426	5484	2317	3167

5–3　各地区家庭户中民族混合户户数

单位：户、%

地　区	家庭户户数	单一民族户		二个民族户		三个民族户		四个及以上民族户	
		户数	占家庭户比重	户数	占家庭户比重	户数	占家庭户比重	户数	占家庭户比重
北　京	**8230792**	**7895168**	**95.92**	**332294**	**4.04**	**3283**	**0.04**	**47**	
东城区	285543	271570	95.11	13843	4.85	130	0.05		
西城区	440708	417936	94.83	22555	5.12	214	0.05	3	
朝阳区	1465020	1408799	96.16	55716	3.80	497	0.03	8	
丰台区	828157	796505	96.18	31397	3.79	252	0.03	3	
石景山区	222821	214406	96.22	8351	3.75	62	0.03	2	
海淀区	1118037	1071080	95.80	46426	4.15	520	0.05	11	
门头沟区	155912	151986	97.48	3879	2.49	47	0.03		
房山区	454271	437820	96.38	16302	3.59	147	0.03	2	
通州区	639191	616773	96.49	22120	3.46	294	0.05	4	
顺义区	510917	491868	96.27	18821	3.68	227	0.04	1	
昌平区	815773	785872	96.33	29566	3.62	333	0.04	2	
大兴区	660307	639004	96.77	21074	3.19	225	0.03	4	
怀柔区	153338	138136	90.09	15090	9.84	109	0.07	3	
平谷区	160875	157179	97.70	3643	2.26	53	0.03		
密云区	195078	177836	91.16	17123	8.78	116	0.06	3	
延庆区	124844	118398	94.84	6388	5.12	57	0.05	1	

5–3a　各地区家庭户中民族混合户户数(城市)

单位：户、%

地　区	家庭户户数	单一民族户		二个民族户		三个民族户		四个及以上民族户	
		户数	占家庭户比重	户数	占家庭户比重	户数	占家庭户比重	户数	占家庭户比重
北　京	**6690435**	**6409965**	**95.81**	**277947**	**4.15**	**2487**	**0.04**	**36**	
东城区	285543	271570	95.11	13843	4.85	130	0.05		
西城区	440708	417936	94.83	22555	5.12	214	0.05	3	
朝阳区	1453819	1397894	96.15	55421	3.81	496	0.03	8	
丰台区	818152	786741	96.16	31159	3.81	249	0.03	3	
石景山区	222821	214406	96.22	8351	3.75	62	0.03	2	
海淀区	1091855	1045420	95.75	45911	4.20	513	0.05	11	
门头沟区	127650	124422	97.47	3198	2.51	30	0.02		
房山区	320167	308196	96.26	11881	3.71	89	0.03	1	
通州区	361823	347367	96.00	14331	3.96	124	0.03	1	
顺义区	271914	261283	96.09	10520	3.87	110	0.04	1	
昌平区	506309	485275	95.85	20822	4.11	212	0.04		
大兴区	460366	443662	96.37	16549	3.59	152	0.03	3	
怀柔区	98736	89805	90.95	8887	9.00	41	0.04	3	
平谷区	78771	77479	98.36	1280	1.62	12	0.02		
密云区	101580	91233	89.81	10301	10.14	46	0.05		
延庆区	50221	47276	94.14	2938	5.85	7	0.01		

5-3b 各地区家庭户中民族混合户户数(镇)

单位：户、%

地区	家庭户户数	单一民族户		二个民族户		三个民族户		四个及以上民族户	
		户数	占家庭户比重	户数	占家庭户比重	户数	占家庭户比重	户数	占家庭户比重
北京	**496221**	**480131**	**96.76**	**15931**	**3.21**	**157**	**0.03**	**2**	
东城区									
西城区									
朝阳区	11201	10905	97.36	295	2.63	1	0.01		
丰台区	4836	4711	97.42	123	2.54	2	0.04		
石景山区									
海淀区									
门头沟区	12570	12206	97.10	357	2.84	7	0.06		
房山区	32948	31932	96.92	1009	3.06	6	0.02	1	
通州区	97209	94564	97.28	2614	2.69	31	0.03		
顺义区	61644	59846	97.08	1775	2.88	23	0.04		
昌平区	144025	139704	97.00	4262	2.96	59	0.04		
大兴区	62436	60861	97.48	1566	2.51	9	0.01		
怀柔区	13359	11978	89.66	1374	10.29	7	0.05		
平谷区	17173	16838	98.05	331	1.93	4	0.02		
密云区	21523	20102	93.40	1414	6.57	6	0.03	1	
延庆区	17297	16484	95.30	811	4.69	2	0.01		

5-3c 各地区家庭户中民族混合户户数(乡村)

单位：户、%

地区	家庭户户数	单一民族户		二个民族户		三个民族户		四个及以上民族户	
		户数	占家庭户比重	户数	占家庭户比重	户数	占家庭户比重	户数	占家庭户比重
北京	**1044136**	**1005072**	**96.26**	**38416**	**3.68**	**639**	**0.06**	**9**	
东城区									
西城区									
朝阳区									
丰台区	5169	5053	97.76	115	2.22	1	0.02		
石景山区									
海淀区	26182	25660	98.01	515	1.97	7	0.03		
门头沟区	15692	15358	97.87	324	2.06	10	0.06		
房山区	101156	97692	96.58	3412	3.37	52	0.05		
通州区	180159	174842	97.05	5175	2.87	139	0.08	3	
顺义区	177359	170739	96.27	6526	3.68	94	0.05		
昌平区	165439	160893	97.25	4482	2.71	62	0.04	2	
大兴区	137505	134481	97.80	2959	2.15	64	0.05	1	
怀柔区	41243	36353	88.14	4829	11.71	61	0.15		
平谷区	64931	62862	96.81	2032	3.13	37	0.06		
密云区	71975	66501	92.39	5408	7.51	64	0.09	2	
延庆区	57326	54638	95.31	2639	4.60	48	0.08	1	

5–4　各地区有60岁及以上人口的家庭户户数

单位：户

地　区	合　计	有一个60岁及以上人口的户				有二个60岁及以上人口的户				有三个60岁及以上人口的户
		小计	独自居住	只与未成年人口共同居住	其他	小计	只有一对60岁及以上夫妇居住	只有一对60岁及以上夫妇与未成年人口共同居住	其他	
北　京	**2715249**	**1333104**	**500195**	**15865**	**817044**	**1341847**	**695129**	**28806**	**617912**	**40298**
东 城 区	124185	66520	26907	1524	38089	55264	22653	2080	30531	2401
西 城 区	189187	98024	38542	2064	57418	87277	36759	3211	47307	3886
朝 阳 区	459954	233041	93697	2829	136515	220278	110971	4407	104900	6635
丰 台 区	307350	146497	57781	1197	87519	156427	87361	2965	66101	4426
石景山区	87396	40857	15753	332	24772	45259	25351	907	19001	1280
海 淀 区	368441	179188	60108	2613	116467	182844	78281	4586	99977	6409
门头沟区	56716	28778	13090	221	15467	27364	18602	463	8299	574
房 山 区	162756	79233	29586	723	48924	81981	46974	1587	33420	1542
通 州 区	190990	91661	33621	1086	56954	96952	52073	2005	42874	2377
顺 义 区	136239	64270	20577	486	43207	69972	36828	1266	31878	1997
昌 平 区	206403	99395	32500	736	66159	104008	52660	1297	50051	3000
大 兴 区	178161	86254	27570	828	57856	89476	46900	1384	41192	2431
怀 柔 区	52964	25950	10319	285	15346	26223	16522	607	9094	791
平 谷 区	68135	32028	12620	364	19044	34985	19486	766	14733	1122
密 云 区	76820	37486	16519	348	20619	38384	25786	783	11815	950
延 庆 区	49552	23922	11005	229	12688	25153	17922	492	6739	477

5–4a　各地区有60岁及以上人口的家庭户户数(城市)

单位：户

地　区	合　计	有一个60岁及以上人口的户				有二个60岁及以上人口的户				有三个60岁及以上人口的户
		小计	独自居住	只与未成年人口共同居住	其他	小计	只有一对60岁及以上夫妇居住	只有一对60岁及以上夫妇与未成年人口共同居住	其他	
北　京	**2175949**	**1066315**	**395090**	**13567**	**657658**	**1077090**	**548080**	**23999**	**505011**	**32544**
东 城 区	124185	66520	26907	1524	38089	55264	22653	2080	30531	2401
西 城 区	189187	98024	38542	2064	57418	87277	36759	3211	47307	3886
朝 阳 区	456541	231121	92656	2800	135665	218807	110045	4381	104381	6613
丰 台 区	303642	144606	57030	1180	86396	154645	86353	2943	65349	4391
石景山区	87396	40857	15753	332	24772	45259	25351	907	19001	1280
海 淀 区	359487	174943	58520	2581	113842	178277	75916	4515	97846	6267
门头沟区	43820	22068	9264	181	12623	21263	13839	412	7012	489
房 山 区	100733	48646	18159	459	30028	51204	30794	961	19449	883
通 州 区	103561	49828	17758	649	31421	52623	28871	1101	22651	1110
顺 义 区	63234	28793	8369	247	20177	33724	19012	673	14039	717
昌 平 区	127748	58884	17472	450	40962	66907	32909	798	33200	1957
大 兴 区	121211	58244	18253	578	39413	61469	33386	902	27181	1498
怀 柔 区	25951	12425	4592	151	7682	13231	8236	307	4688	295
平 谷 区	24776	11204	4277	154	6773	13240	7818	292	5130	332
密 云 区	29232	13428	4928	131	8369	15502	10298	338	4866	302
延 庆 区	15245	6724	2610	86	4028	8398	5840	178	2380	123

5-4b 各地区有60岁及以上人口的家庭户户数(镇)

单位：户

地区	合计	有一个60岁及以上人口的户				有二个60岁及以上人口的户				有三个60岁及以上人口的户
		小计	独自居住	只与未成年人口共同居住	其他	小计	只有一对60岁及以上夫妇居住	只有一对60岁及以上夫妇与未成年人口共同居住	其他	
北京	**140619**	**69805**	**28924**	**727**	**40154**	**69031**	**40272**	**1272**	**27487**	**1783**
东城区										
西城区										
朝阳区	3413	1920	1041	29	850	1471	926	26	519	22
丰台区	1571	855	437	10	408	698	484	13	201	18
石景山区										
海淀区										
门头沟区	5217	2597	1354	19	1224	2588	1941	28	619	32
房山区	15011	7147	3014	74	4059	7686	4336	152	3198	178
通州区	23143	11563	4697	150	6716	11321	6404	230	4687	259
顺义区	13353	6663	2499	58	4106	6496	3205	113	3178	194
昌平区	34672	17531	6507	137	10887	16677	8957	224	7496	464
大兴区	15871	7950	3237	114	4599	7730	4799	156	2775	191
怀柔区	4733	2289	841	23	1425	2373	1437	60	876	71
平谷区	7672	3447	1355	34	2058	4071	2217	97	1757	154
密云区	9331	4612	2293	48	2271	4587	3098	109	1380	132
延庆区	6632	3231	1649	31	1551	3333	2468	64	801	68

5-4c 各地区有60岁及以上人口的家庭户户数(乡村)

单位：户

地区	合计	有一个60岁及以上人口的户				有二个60岁及以上人口的户				有三个60岁及以上人口的户
		小计	独自居住	只与未成年人口共同居住	其他	小计	只有一对60岁及以上夫妇居住	只有一对60岁及以上夫妇与未成年人口共同居住	其他	
北京	**398681**	**196984**	**76181**	**1571**	**119232**	**195726**	**106777**	**3535**	**85414**	**5971**
东城区										
西城区										
朝阳区										
丰台区	2137	1036	314	7	715	1084	524	9	551	17
石景山区										
海淀区	8954	4245	1588	32	2625	4567	2365	71	2131	142
门头沟区	7679	4113	2472	21	1620	3513	2822	23	668	53
房山区	47012	23440	8413	190	14837	23091	11844	474	10773	481
通州区	64286	30270	11166	287	18817	33008	16798	674	15536	1008
顺义区	59652	28814	9709	181	18924	29752	14611	480	14661	1086
昌平区	43983	22980	8521	149	14310	20424	10794	275	9355	579
大兴区	41079	20060	6080	136	13844	20277	8715	326	11236	742
怀柔区	22280	11236	4886	111	6239	10619	6849	240	3530	425
平谷区	35687	17377	6988	176	10213	17674	9451	377	7846	636
密云区	38257	19446	9298	169	9979	18295	12390	336	5569	516
延庆区	27675	13967	6746	112	7109	13422	9614	250	3558	286

5–5 各地区有65岁及以上人口的家庭户户数

单位：户

地区	合计	有一个65岁及以上人口的户				有二个65岁及以上人口的户				有三个65岁及以上人口的户
		小计	独自居住	只与未成年人口共同居住	其他	小计	只有一对65岁及以上夫妇居住	只有一对65岁及以上夫妇与未成年人口共同居住	其他	
北京	**1945261**	**1087021**	**369205**	**9970**	**707846**	**845238**	**460665**	**15159**	**369414**	**13002**
东城区	90477	54255	19473	975	33807	35452	15489	1208	18755	770
西城区	139804	81500	28414	1395	51691	56947	25320	1947	29680	1357
朝阳区	334530	187878	68636	1833	117409	144604	76493	2540	65571	2048
丰台区	216986	118868	42243	758	75867	96834	56987	1566	38281	1284
石景山区	62419	33826	11752	199	21875	28229	16806	436	10987	364
海淀区	274338	149103	44465	1712	102926	123091	55497	2831	64763	2144
门头沟区	39340	23046	9855	130	13061	16117	11452	208	4457	177
房山区	115287	65072	22601	403	42068	49702	30293	711	18698	513
通州区	136005	74965	24711	684	49570	60217	34306	967	24944	823
顺义区	95349	52130	14814	285	37031	42616	23886	543	18187	603
昌平区	141835	77703	23226	403	54074	63125	33850	587	28688	1007
大兴区	122148	67937	19936	483	47518	53438	29967	612	22859	773
怀柔区	37162	21441	7749	168	13524	15461	10173	227	5061	260
平谷区	49715	27699	9818	209	17672	21618	12876	314	8428	398
密云区	53845	31263	12730	186	18347	22273	15730	275	6268	309
延庆区	36021	20335	8782	147	11406	15514	11540	187	3787	172

5–5a 各地区有65岁及以上人口的家庭户户数(城市)

单位：户

地区	合计	有一个65岁及以上人口的户				有二个65岁及以上人口的户				有三个65岁及以上人口的户
		小计	独自居住	只与未成年人口共同居住	其他	小计	只有一对65岁及以上夫妇居住	只有一对65岁及以上夫妇与未成年人口共同居住	其他	
北京	**1557473**	**863386**	**289732**	**8600**	**565054**	**683682**	**366521**	**13160**	**304001**	**10405**
东城区	90477	54255	19473	975	33807	35452	15489	1208	18755	770
西城区	139804	81500	28414	1395	51691	56947	25320	1947	29680	1357
朝阳区	332041	186389	67844	1815	116730	143610	75824	2523	65263	2042
丰台区	214337	117263	41651	747	74865	95799	56359	1558	37882	1275
石景山区	62419	33826	11752	199	21875	28229	16806	436	10987	364
海淀区	268130	145614	43323	1697	100594	120410	54059	2794	63557	2106
门头沟区	29828	17363	6816	102	10445	12313	8398	185	3730	152
房山区	69874	38825	13565	252	25008	30776	19796	446	10534	273
通州区	72660	39483	12955	403	26125	32809	19199	551	13059	368
顺义区	43313	22564	6137	131	16296	20532	12440	280	7812	217
昌平区	87522	45958	12387	249	33322	40898	21493	392	19013	666
大兴区	81483	44641	13103	332	31206	36369	21212	411	14746	473
怀柔区	17244	9722	3262	88	6372	7435	4906	116	2413	87
平谷区	17830	9538	3330	92	6116	8175	5200	117	2858	117
密云区	19751	10805	3723	68	7014	8855	6305	132	2418	91
延庆区	10760	5640	1997	55	3588	5073	3715	64	1294	47

5-5b 各地区有65岁及以上人口的家庭户户数(镇)

单位：户

地区	合计	有一个65岁及以上人口的户				有二个65岁及以上人口的户				有三个65岁及以上人口的户
		小计	独自居住	只与未成年人口共同居住	其他	小计	只有一对65岁及以上夫妇居住	只有一对65岁及以上夫妇与未成年人口共同居住	其他	
北京	**98347**	**56185**	**21156**	**427**	**34602**	**41590**	**25560**	**539**	**15491**	**572**
东城区										
西城区										
朝阳区	2489	1489	792	18	679	994	669	17	308	6
丰台区	1099	697	333	4	360	398	303	4	91	4
石景山区										
海淀区										
门头沟区	3702	2141	1049	12	1080	1552	1202	11	339	9
房山区	11014	6245	2411	42	3792	4720	2781	68	1871	49
通州区	15655	8853	3138	93	5622	6709	3992	111	2606	93
顺义区	9210	5268	1655	40	3573	3885	2044	49	1792	57
昌平区	23860	13616	4662	73	8881	10091	5758	87	4246	153
大兴区	11026	6374	2390	68	3916	4601	3009	68	1524	51
怀柔区	3352	1903	634	8	1261	1425	886	23	516	24
平谷区	5588	3038	1036	19	1983	2489	1459	47	983	61
密云区	6605	3898	1755	29	2114	2664	1866	33	765	43
延庆区	4747	2663	1301	21	1341	2062	1591	21	450	22

5-5c 各地区有65岁及以上人口的家庭户户数(乡村)

单位：户

地区	合计	有一个65岁及以上人口的户				有二个65岁及以上人口的户				有三个65岁及以上人口的户
		小计	独自居住	只与未成年人口共同居住	其他	小计	只有一对65岁及以上夫妇居住	只有一对65岁及以上夫妇与未成年人口共同居住	其他	
北京	**289441**	**167450**	**58317**	**943**	**108190**	**119966**	**68584**	**1460**	**49922**	**2025**
东城区										
西城区										
朝阳区										
丰台区	1550	908	259	7	642	637	325	4	308	5
石景山区										
海淀区	6208	3489	1142	15	2332	2681	1438	37	1206	38
门头沟区	5810	3542	1990	16	1536	2252	1852	12	388	16
房山区	34399	20002	6625	109	13268	14206	7716	197	6293	191
通州区	47690	26629	8618	188	17823	20699	11115	305	9279	362
顺义区	42826	24298	7022	114	17162	18199	9402	214	8583	329
昌平区	30453	18129	6177	81	11871	12136	6599	108	5429	188
大兴区	29639	16922	4443	83	12396	12468	5746	133	6589	249
怀柔区	16566	9816	3853	72	5891	6601	4381	88	2132	149
平谷区	26297	15123	5452	98	9573	10954	6217	150	4587	220
密云区	27489	16560	7252	89	9219	10754	7559	110	3085	175
延庆区	20514	12032	5484	71	6477	8379	6234	102	2043	103

5–6 各地区有80岁及以上人口的家庭户户数

单位：户

地　区	合　计	有一个80岁及以上人口的户				有二个80岁及以上人口的户				有三个80岁及以上人口的户
		小计	独自居住	只与未成年人口共同居住	其他	小计	只有一对80岁及以上夫妇居住	只有一对80岁及以上夫妇与未成年人口共同居住	其他	
北　京	**508449**	**414517**	**121946**	**1511**	**291060**	**93674**	**50882**	**463**	**42329**	**258**
东城区	28131	23122	7027	189	15906	5004	2394	45	2565	5
西城区	44502	35940	10917	260	24763	8530	3993	78	4459	32
朝阳区	96192	77042	23860	291	52891	19093	10395	104	8594	57
丰台区	59802	48573	14877	132	33564	11210	6596	40	4574	19
石景山区	17872	14450	4457	32	9961	3410	2021	5	1384	12
海淀区	87924	67766	16556	238	50972	20113	9387	127	10599	45
门头沟区	9817	8579	3378	18	5183	1238	858	1	379	
房山区	22257	18967	6330	42	12595	3282	2214	8	1060	8
通州区	25334	21679	6326	69	15284	3641	2128	8	1505	14
顺义区	19283	16398	3833	41	12524	2882	1615	3	1264	3
昌平区	30424	24930	6659	41	18230	5461	3132	5	2324	33
大兴区	25425	21510	5852	61	15597	3908	2308	14	1586	7
怀柔区	9360	7975	2431	21	5523	1381	857	7	517	4
平谷区	10836	9236	2684	37	6515	1592	902	9	681	8
密云区	12480	10695	3886	15	6794	1783	1222	7	554	2
延庆区	8810	7655	2873	24	4758	1146	860	2	284	9

5–6a 各地区有80岁及以上人口的家庭户户数(城市)

单位：户

地　区	合　计	有一个80岁及以上人口的户				有二个80岁及以上人口的户				有三个80岁及以上人口的户
		小计	独自居住	只与未成年人口共同居住	其他	小计	只有一对80岁及以上夫妇居住	只有一对80岁及以上夫妇与未成年人口共同居住	其他	
北　京	**422576**	**339973**	**98910**	**1321**	**239742**	**82394**	**44272**	**429**	**37693**	**209**
东城区	28131	23122	7027	189	15906	5004	2394	45	2565	5
西城区	44502	35940	10917	260	24763	8530	3993	78	4459	32
朝阳区	95281	76314	23524	288	52502	18910	10260	103	8547	57
丰台区	59174	48008	14637	131	33240	11147	6553	40	4554	19
石景山区	17872	14450	4457	32	9961	3410	2021	5	1384	12
海淀区	86492	66534	16198	237	50099	19914	9276	127	10511	44
门头沟区	7542	6578	2402	12	4164	964	641	1	322	
房山区	13964	11559	3941	24	7594	2399	1678	8	713	6
通州区	13149	10988	3291	36	7661	2157	1319	3	835	4
顺义区	8146	6704	1639	15	5050	1441	916		525	1
昌平区	17640	14248	3298	26	10924	3375	1855	3	1517	17
大兴区	16735	13852	3990	35	9827	2876	1796	8	1072	7
怀柔区	3809	3210	942	9	2259	599	388	4	207	
平谷区	3685	3071	942	16	2113	610	404	2	204	4
密云区	4208	3509	1129	4	2376	699	494	2	203	
延庆区	2246	1886	576	7	1303	359	284		75	1

5-6b 各地区有80岁及以上人口的家庭户户数(镇)

单位：户

地区	合计	有一个80岁及以上人口的户				有二个80岁及以上人口的户				有三个80岁及以上人口的户
		小计	独自居住	只与未成年人口共同居住	其他	小计	只有一对80岁及以上夫妇居住	只有一对80岁及以上夫妇与未成年人口共同居住	其他	
北京	**21511**	**18208**	**6155**	**55**	**11998**	**3287**	**2155**	**8**	**1124**	**16**
东城区										
西城区										
朝阳区	911	728	336	3	389	183	135	1	47	
丰台区	375	334	164		170	41	29		12	
石景山区										
海淀区										
门头沟区	876	753	331	1	421	123	100		23	
房山区	2132	1877	693	4	1180	253	163		90	2
通州区	2516	2155	642	8	1505	359	221	1	137	2
顺义区	1918	1655	454	8	1193	262	140		122	1
昌平区	5647	4557	1431	5	3121	1082	708	1	373	8
大兴区	2331	2019	647	15	1357	312	195	2	115	
怀柔区	852	724	199	1	524	127	77		50	1
平谷区	1218	1047	290	4	753	171	105	1	65	
密云区	1540	1336	544	4	788	204	148	2	54	
延庆区	1195	1023	424	2	597	170	134		36	2

5-6c 各地区有80岁及以上人口的家庭户户数(乡村)

单位：户

地区	合计	有一个80岁及以上人口的户				有二个80岁及以上人口的户				有三个80岁及以上人口的户
		小计	独自居住	只与未成年人口共同居住	其他	小计	只有一对80岁及以上夫妇居住	只有一对80岁及以上夫妇与未成年人口共同居住	其他	
北京	**64362**	**56336**	**16881**	**135**	**39320**	**7993**	**4455**	**26**	**3512**	**33**
东城区										
西城区										
朝阳区										
丰台区	253	231	76	1	154	22	14		8	
石景山区										
海淀区	1432	1232	358	1	873	199	111		88	1
门头沟区	1399	1248	645	5	598	151	117		34	
房山区	6161	5531	1696	14	3821	630	373		257	
通州区	9669	8536	2393	25	6118	1125	588	4	533	8
顺义区	9219	8039	1740	18	6281	1179	559	3	617	1
昌平区	7137	6125	1930	10	4185	1004	569	1	434	8
大兴区	6359	5639	1215	11	4413	720	317	4	399	
怀柔区	4699	4041	1290	11	2740	655	392	3	260	3
平谷区	5933	5118	1452	17	3649	811	393	6	412	4
密云区	6732	5850	2213	7	3630	880	580	3	297	2
延庆区	5369	4746	1873	15	2858	617	442	2	173	6

第一部分　全部数据资料

第六卷　死亡

6–1　各地区分年龄、性别的死亡人口
(2019.11.1–2020.10.31)

单位：人

地　　区	死亡人口			0岁		
	合计	男	女	小计	男	女
北　　京	**100439**	**56645**	**43794**	**165**	**113**	**52**
东 城 区	7284	3858	3426	8	6	2
西 城 区	9495	5196	4299	14	8	6
朝 阳 区	15641	8859	6782	21	13	8
丰 台 区	12180	6838	5342	23	15	8
石景山区	3106	1820	1286	7	4	3
海 淀 区	11624	6483	5141	8	6	2
门头沟区	2413	1387	1026	6	3	3
房 山 区	6840	3952	2888	20	12	8
通 州 区	5612	3195	2417	13	12	1
顺 义 区	4939	2780	2159	6	4	2
昌 平 区	5347	3063	2284	10	7	3
大 兴 区	5335	3042	2293	17	13	4
怀 柔 区	2258	1334	924	2	1	1
平 谷 区	3000	1667	1333	5	5	
密 云 区	3450	2044	1406	1	1	
延 庆 区	1915	1127	788	4	3	1

6–1　续表 1

单位：人

地　　区	1–4岁			5–9岁			10–14岁		
	小计	男	女	小计	男	女	小计	男	女
北　　京	**77**	**52**	**25**	**61**	**29**	**32**	**63**	**39**	**24**
东 城 区	6	3	3	4	3	1	3	1	2
西 城 区	4	3	1	3	3		3	2	1
朝 阳 区	13	10	3	6	2	4	7	4	3
丰 台 区	3	3		7	5	2	9	5	4
石景山区	3	3		1	1				
海 淀 区	8	7	1	8	4	4	12	8	4
门头沟区	1	1							
房 山 区	4	3	1	7	1	6	2	1	1
通 州 区	7	3	4	4	1	3	4	3	1
顺 义 区	5	4	1	5	3	2	4	2	2
昌 平 区	7	3	4	2		2	5	2	3
大 兴 区	6	2	4	9	4	5	6	5	1
怀 柔 区	3	3		1		1	2	2	
平 谷 区	2	1	1	3	2	1	3	1	2
密 云 区	1		1	1		1	2	2	
延 庆 区	4	3	1				1	1	

6—1 续表 2

单位：人

地　区	15—19岁			20—24岁			25—29岁		
	小计	男	女	小计	男	女	小计	男	女
北　京	**67**	**41**	**26**	**124**	**75**	**49**	**181**	**128**	**53**
东城区	3	2	1	3	3		13	11	2
西城区	4		4	3		3	10	8	2
朝阳区	7	3	4	21	15	6	22	12	10
丰台区	5	4	1	9	3	6	24	20	4
石景山区	1	1		3	3		1	1	
海淀区	7	5	2	20	11	9	19	15	4
门头沟区	2		2	7	4	3	2	2	
房山区	2	1	1	11	5	6	18	15	3
通州区	6	3	3	6	3	3	15	9	6
顺义区	9	4	5	2	1	1	8	7	1
昌平区	6	6		16	10	6	19	12	7
大兴区	8	6	2	12	9	3	8	6	2
怀柔区				2	2		3	1	2
平谷区				4	3	1	6	3	3
密云区	4	4		3	2	1	8	6	2
延庆区	3	2	1	2	1	1	5		5

6—1 续表 3

单位：人

地　区	30—34岁			35—39岁			40—44岁		
	小计	男	女	小计	男	女	小计	男	女
北　京	**403**	**265**	**138**	**729**	**492**	**237**	**805**	**550**	**255**
东城区	26	18	8	56	33	23	42	26	16
西城区	26	18	8	40	26	14	49	31	18
朝阳区	46	28	18	75	54	21	98	59	39
丰台区	44	29	15	98	65	33	95	58	37
石景山区	7	3	4	30	22	8	25	21	4
海淀区	44	25	19	79	50	29	94	57	37
门头沟区	17	10	7	16	10	6	32	23	9
房山区	49	32	17	74	49	25	85	61	24
通州区	25	23	2	45	32	13	58	38	20
顺义区	26	16	10	42	25	17	40	30	10
昌平区	20	11	9	43	32	11	58	48	10
大兴区	27	16	11	49	34	15	46	30	16
怀柔区	12	9	3	19	11	8	11	7	4
平谷区	10	8	2	20	16	4	25	21	4
密云区	15	12	3	29	23	6	30	25	5
延庆区	9	7	2	14	10	4	17	15	2

6-1　续表 4　　单位：人

地　区	45-49岁			50-54岁			55-59岁		
	小计	男	女	小计	男	女	小计	男	女
北　京	**1714**	**1221**	**493**	**2755**	**1923**	**832**	**4994**	**3611**	**1383**
东城区	83	55	28	133	87	46	347	235	112
西城区	107	75	32	171	120	51	412	309	103
朝阳区	216	150	66	350	239	111	678	488	190
丰台区	210	136	74	333	238	95	629	479	150
石景山区	40	34	6	69	47	22	161	126	35
海淀区	182	122	60	303	193	110	501	361	140
门头沟区	58	48	10	76	56	20	156	123	33
房山区	169	124	45	244	165	79	433	314	119
通州区	129	97	32	161	118	43	261	180	81
顺义区	78	54	24	160	119	41	257	183	74
昌平区	111	82	29	190	132	58	270	181	89
大兴区	109	75	34	173	127	46	281	200	81
怀柔区	50	38	12	82	60	22	134	97	37
平谷区	55	37	18	94	65	29	145	100	45
密云区	69	54	15	143	107	36	228	166	62
延庆区	48	40	8	73	50	23	101	69	32

6-1　续表 5　　单位：人

地　区	60-64岁			65-69岁			70-74岁		
	小计	男	女	小计	男	女	小计	男	女
北　京	**7081**	**4979**	**2102**	**9602**	**6222**	**3380**	**9621**	**5820**	**3801**
东城区	544	393	151	640	432	208	573	356	217
西城区	630	430	200	820	552	268	709	453	256
朝阳区	1004	731	273	1348	853	495	1368	817	551
丰台区	897	650	247	1153	760	393	1091	671	420
石景山区	214	160	54	294	198	96	249	169	80
海淀区	670	458	212	886	566	320	903	541	362
门头沟区	189	129	60	221	148	73	226	153	73
房山区	544	384	160	814	505	309	928	547	381
通州区	410	282	128	643	416	227	716	414	302
顺义区	384	262	122	557	363	194	582	342	240
昌平区	380	258	122	595	379	216	568	343	225
大兴区	411	280	131	553	367	186	579	330	249
怀柔区	151	114	37	215	141	74	230	142	88
平谷区	226	160	66	331	204	127	366	225	141
密云区	299	206	93	343	233	110	322	199	123
延庆区	128	82	46	189	105	84	211	118	93

6-1 续表 6

单位：人

地　区	75-79岁			80-84岁			85-89岁		
	小计	男	女	小计	男	女	小计	男	女
北　京	**11409**	**6388**	**5021**	**18557**	**9416**	**9141**	**18743**	**9222**	**9521**
东城区	610	347	263	1239	563	676	1539	683	856
西城区	793	430	363	1716	834	882	2124	1011	1113
朝阳区	1814	1019	795	3094	1585	1509	3187	1682	1505
丰台区	1248	691	557	2437	1131	1306	2364	1182	1182
石景山区	324	192	132	604	291	313	656	329	327
海淀区	1257	681	576	2375	1234	1141	2418	1247	1171
门头沟区	294	155	139	461	233	228	408	181	227
房山区	969	504	465	1102	583	519	889	434	455
通州区	714	404	310	897	493	404	846	411	435
顺义区	711	397	314	830	459	371	769	331	438
昌平区	702	423	279	930	477	453	877	421	456
大兴区	643	360	283	933	483	450	908	437	471
怀柔区	272	147	125	420	237	183	421	225	196
平谷区	374	209	165	518	263	255	493	233	260
密云区	453	276	177	617	324	293	541	262	279
延庆区	231	153	78	384	226	158	303	153	150

6-1 续表 7

单位：人

地　区	90-94岁			95-99岁			100岁及以上		
	小计	男	女	小计	男	女	小计	男	女
北　京	**9929**	**4673**	**5256**	**2776**	**1180**	**1596**	**583**	**206**	**377**
东城区	1025	436	589	316	138	178	71	27	44
西城区	1340	664	676	438	188	250	79	31	48
朝阳区	1664	837	827	461	206	255	141	52	89
丰台区	1117	529	588	324	145	179	60	19	41
石景山区	320	175	145	85	36	49	12	4	8
海淀区	1371	678	693	375	181	194	84	33	51
门头沟区	175	85	90	52	18	34	14	5	9
房山区	373	167	206	88	41	47	15	4	11
通州区	499	194	305	127	48	79	26	11	15
顺义区	358	147	211	93	24	69	13	3	10
昌平区	402	186	216	113	49	64	23	1	22
大兴区	449	214	235	95	39	56	13	5	8
怀柔区	166	79	87	53	15	38	9	3	6
平谷区	260	94	166	49	15	34	11	2	9
密云区	257	113	144	77	25	52	7	4	3
延庆区	153	75	78	30	12	18	5	2	3

6–1a　各地区分年龄、性别的死亡人口
(2019.11.1–2020.10.31)(城市)

单位：人

地　区	死亡人口			0岁		
	合计	男	女	小计	男	女
北　京	**75639**	**42533**	**33106**	**120**	**79**	**41**
东 城 区	7284	3858	3426	8	6	2
西 城 区	9495	5196	4299	14	8	6
朝 阳 区	15281	8640	6641	21	13	8
丰 台 区	12022	6757	5265	23	15	8
石景山区	3106	1820	1286	7	4	3
海 淀 区	11230	6272	4958	6	5	1
门头沟区	1646	937	709	3	2	1
房 山 区	3367	1964	1403	12	7	5
通 州 区	2009	1203	806	6	5	1
顺 义 区	1709	948	761	1		1
昌 平 区	2688	1540	1148	7	4	3
大 兴 区	2857	1651	1206	8	7	1
怀 柔 区	773	478	295	1		1
平 谷 区	905	497	408	1	1	
密 云 区	913	562	351			
延 庆 区	354	210	144	2	2	

6–1a　续表 1　　　　单位：人

地　区	1–4岁			5–9岁			10–14岁		
	小计	男	女	小计	男	女	小计	男	女
北　京	**59**	**42**	**17**	**43**	**24**	**19**	**48**	**29**	**19**
东 城 区	6	3	3	4	3	1	3	1	2
西 城 区	4	3	1	3	3		3	2	1
朝 阳 区	13	10	3	6	2	4	6	3	3
丰 台 区	3	3		7	5	2	9	5	4
石景山区	3	3		1	1				
海 淀 区	8	7	1	8	4	4	12	8	4
门头沟区									
房 山 区	3	2	1	3		3			
通 州 区	4	2	2	1	1		4	3	1
顺 义 区	2	2		2	1	1	1		1
昌 平 区	4	3	1	1		1	4	2	2
大 兴 区	6	2	4	5	3	2	4	4	
怀 柔 区	2	2		1		1			
平 谷 区				1	1		1		1
密 云 区	1		1				1	1	
延 庆 区									

6−1a　续表 2　　单位：人

地　区	15−19岁			20−24岁			25−29岁		
	小计	男	女	小计	男	女	小计	男	女
北　京	**45**	**24**	**21**	**83**	**51**	**32**	**116**	**88**	**28**
东 城 区	3	2	1	3	3		13	11	2
西 城 区	4		4	3		3	10	8	2
朝 阳 区	7	3	4	21	15	6	21	12	9
丰 台 区	5	4	1	9	3	6	24	20	4
石景山区	1	1		3	3		1	1	
海 淀 区	7	5	2	19	10	9	17	14	3
门头沟区	2		2	4	3	1	1	1	
房 山 区	1	1		3	1	2	5	4	1
通 州 区	2		2	1		1	5	3	2
顺 义 区	4	2	2				1	1	
昌 平 区	3	3		7	5	2	10	7	3
大 兴 区	5	3	2	5	5		3	3	
怀 柔 区				1	1		2	1	1
平 谷 区				2	1	1			
密 云 区				2	1	1	3	2	1
延 庆 区	1		1						

6−1a　续表 3　　单位：人

地　区	30−34岁			35−39岁			40−44岁		
	小计	男	女	小计	男	女	小计	男	女
北　京	**274**	**167**	**107**	**537**	**355**	**182**	**569**	**366**	**203**
东 城 区	26	18	8	56	33	23	42	26	16
西 城 区	26	18	8	40	26	14	49	31	18
朝 阳 区	45	27	18	71	51	20	95	57	38
丰 台 区	43	29	14	97	64	33	93	58	35
石景山区	7	3	4	30	22	8	25	21	4
海 淀 区	44	25	19	76	50	26	90	55	35
门头沟区	14	7	7	14	10	4	19	11	8
房 山 区	20	10	10	32	21	11	38	21	17
通 州 区	8	8		22	12	10	16	10	6
顺 义 区	5	1	4	17	10	7	17	15	2
昌 平 区	9	5	4	25	17	8	25	18	7
大 兴 区	12	7	5	24	16	8	22	11	11
怀 柔 区	7	5	2	11	6	5	6	4	2
平 谷 区	3	1	2	5	3	2	13	11	2
密 云 区	4	3	1	14	12	2	14	13	1
延 庆 区	1		1	3	2	1	5	4	1

6-1a 续表 4 单位：人

地区	45-49岁			50-54岁			55-59岁		
	小计	男	女	小计	男	女	小计	男	女
北京	**1199**	**828**	**371**	**1867**	**1289**	**578**	**3593**	**2615**	**978**
东城区	83	55	28	133	87	46	347	235	112
西城区	107	75	32	171	120	51	412	309	103
朝阳区	209	145	64	339	230	109	663	480	183
丰台区	205	131	74	325	235	90	614	470	144
石景山区	40	34	6	69	47	22	161	126	35
海淀区	172	117	55	295	186	109	483	349	134
门头沟区	44	35	9	49	37	12	110	87	23
房山区	78	57	21	109	81	28	193	142	51
通州区	50	38	12	54	42	12	103	68	35
顺义区	32	19	13	54	36	18	80	59	21
昌平区	50	35	15	85	58	27	117	81	36
大兴区	55	34	21	85	61	24	136	93	43
怀柔区	22	18	4	22	17	5	47	36	11
平谷区	14	9	5	27	18	9	51	34	17
密云区	26	20	6	39	29	10	55	33	22
延庆区	12	6	6	11	5	6	21	13	8

6-1a 续表 5 单位：人

地区	60-64岁			65-69岁			70-74岁		
	小计	男	女	小计	男	女	小计	男	女
北京	**5271**	**3757**	**1514**	**6946**	**4548**	**2398**	**6675**	**4100**	**2575**
东城区	544	393	151	640	432	208	573	356	217
西城区	630	430	200	820	552	268	709	453	256
朝阳区	980	716	264	1317	832	485	1325	790	535
丰台区	887	644	243	1137	754	383	1076	660	416
石景山区	214	160	54	294	198	96	249	169	80
海淀区	649	443	206	837	531	306	854	513	341
门头沟区	130	88	42	134	93	41	145	100	45
房山区	269	200	69	391	250	141	434	256	178
通州区	157	118	39	242	156	86	236	152	84
顺义区	137	95	42	206	140	66	203	109	94
昌平区	199	130	69	292	191	101	292	185	107
大兴区	224	156	68	300	207	93	284	170	114
怀柔区	54	41	13	81	60	21	81	58	23
平谷区	66	48	18	110	64	46	112	64	48
密云区	100	73	27	103	65	38	73	51	22
延庆区	31	22	9	42	23	19	29	14	15

6-1a 续表 6

单位：人

地区	75-79岁			80-84岁			85-89岁		
	小计	男	女	小计	男	女	小计	男	女
北京	**8132**	**4520**	**3612**	**14299**	**7125**	**7174**	**14844**	**7375**	**7469**
东城区	610	347	263	1239	563	676	1539	683	856
西城区	793	430	363	1716	834	882	2124	1011	1113
朝阳区	1754	985	769	3024	1537	1487	3132	1653	1479
丰台区	1222	674	548	2407	1120	1287	2346	1172	1174
石景山区	324	192	132	604	291	313	656	329	327
海淀区	1206	655	551	2310	1202	1108	2347	1213	1134
门头沟区	188	96	92	325	161	164	302	129	173
房山区	446	232	214	594	309	285	483	250	233
通州区	249	147	102	348	191	157	282	138	144
顺义区	253	134	119	263	136	127	254	111	143
昌平区	365	211	154	479	240	239	429	214	215
大兴区	324	184	140	495	248	247	514	263	251
怀柔区	123	67	56	116	74	42	132	63	69
平谷区	117	67	50	148	73	75	133	61	72
密云区	121	76	45	151	86	65	126	60	66
延庆区	37	23	14	80	60	20	45	25	20

6-1a 续表 7

单位：人

地区	90-94岁			95-99岁			100岁及以上		
	小计	男	女	小计	男	女	小计	男	女
北京	**8082**	**3928**	**4154**	**2321**	**1032**	**1289**	**516**	**191**	**325**
东城区	1025	436	589	316	138	178	71	27	44
西城区	1340	664	676	438	188	250	79	31	48
朝阳区	1634	822	812	457	205	252	141	52	89
丰台区	1108	527	581	323	145	178	59	19	40
石景山区	320	175	145	85	36	49	12	4	8
海淀区	1338	669	669	368	178	190	84	33	51
门头沟区	123	61	62	29	12	17	10	4	6
房山区	195	92	103	48	24	24	10	4	6
通州区	162	77	85	45	24	21	12	8	4
顺义区	138	65	73	31	10	21	8	2	6
昌平区	213	102	111	60	28	32	12	1	11
大兴区	275	144	131	62	28	34	9	2	7
怀柔区	46	21	25	14	3	11	4	1	3
平谷区	80	35	45	18	5	13	3	1	2
密云区	58	28	30	20	7	13	2	2	
延庆区	27	10	17	7	1	6			

6-1b　各地区分年龄、性别的死亡人口
(2019.11.1-2020.10.31)(镇)

单位：人

地　区	死亡人口			0岁		
	合计	男	女	小计	男	女
北　京	**5756**	**3242**	**2514**	**12**	**10**	**2**
东城区						
西城区						
朝阳区	360	219	141			
丰台区	56	27	29			
石景山区						
海淀区						
门头沟区	354	192	162	1	1	
房山区	788	451	337	3	2	1
通州区	748	418	330	4	4	
顺义区	647	358	289			
昌平区	946	547	399			
大兴区	546	283	263	3	3	
怀柔区	239	134	105			
平谷区	355	199	156			
密云区	465	273	192			
延庆区	252	141	111	1		1

6-1b　续表 1

单位：人

地　区	1-4岁			5-9岁			10-14岁		
	小计	男	女	小计	男	女	小计	男	女
北　京	**2**	**1**	**1**	**5**		**5**	**4**	**2**	**2**
东城区									
西城区									
朝阳区							1	1	
丰台区									
石景山区									
海淀区									
门头沟区									
房山区	1	1		1		1	1		1
通州区				2		2			
顺义区	1		1	1		1			
昌平区							1		1
大兴区				1		1			
怀柔区									
平谷区									
密云区							1	1	
延庆区									

6-1b 续表 2 单位：人

地区	15-19岁			20-24岁			25-29岁		
	小计	男	女	小计	男	女	小计	男	女
北京	**7**	**6**	**1**	**9**	**4**	**5**	**13**	**10**	**3**
东城区									
西城区									
朝阳区							1		1
丰台区									
石景山区									
海淀区									
门头沟区				1		1			
房山区				1	1		3	2	1
通州区	1	1		1		1			
顺义区	3	2	1	1		1	1	1	
昌平区	1	1		3	1	2	4	3	1
大兴区				1	1		1	1	
怀柔区				1	1				
平谷区							1	1	
密云区	1	1					2	2	
延庆区	1	1							

6-1b 续表 3 单位：人

地区	30-34岁			35-39岁			40-44岁		
	小计	男	女	小计	男	女	小计	男	女
北京	**28**	**22**	**6**	**42**	**30**	**12**	**69**	**51**	**18**
东城区									
西城区									
朝阳区	1	1		4	3	1	3	2	1
丰台区				1	1				
石景山区									
海淀区									
门头沟区	1	1		2		2	2	2	
房山区	5	3	2	5	5		8	6	2
通州区	4	4		4	4		13	8	5
顺义区	4	4		9	6	3	10	5	5
昌平区	2	1	1	6	4	2	14	13	1
大兴区	2	1	1	3	1	2	5	3	2
怀柔区	2	2		1		1	3	2	1
平谷区	2	2		3	3		3	2	1
密云区	1		1	3	2	1	5	5	
延庆区	4	3	1	1	1		3	3	

6-1b　续表 4　　单位：人

地　区	45-49岁			50-54岁			55-59岁		
	小计	男	女	小计	男	女	小计	男	女
北　京	**115**	**86**	**29**	**212**	**160**	**52**	**350**	**235**	**115**
东城区									
西城区									
朝阳区	7	5	2	11	9	2	15	8	7
丰台区	2	2					4	3	1
石景山区									
海淀区									
门头沟区	5	4	1	11	10	1	21	19	2
房山区	21	16	5	32	21	11	54	41	13
通州区	19	14	5	24	19	5	37	24	13
顺义区	6	4	2	28	22	6	41	27	14
昌平区	19	14	5	30	23	7	61	36	25
大兴区	13	11	2	23	19	4	33	22	11
怀柔区	3		3	12	6	6	11	8	3
平谷区	6	5	1	15	11	4	17	10	7
密云区	10	8	2	16	13	3	38	27	11
延庆区	4	3	1	10	7	3	18	10	8

6-1b　续表 5　　单位：人

地　区	60-64岁			65-69岁			70-74岁		
	小计	男	女	小计	男	女	小计	男	女
北　京	**425**	**276**	**149**	**630**	**408**	**222**	**674**	**390**	**284**
东城区									
西城区									
朝阳区	24	15	9	31	21	10	43	27	16
丰台区	6	5	1	7	2	5	5	4	1
石景山区									
海淀区									
门头沟区	27	17	10	44	24	20	33	20	13
房山区	61	44	17	90	58	32	112	61	51
通州区	63	37	26	103	72	31	100	51	49
顺义区	45	31	14	72	51	21	77	52	25
昌平区	60	41	19	106	71	35	91	54	37
大兴区	47	25	22	47	28	19	70	36	34
怀柔区	14	12	2	28	18	10	24	14	10
平谷区	25	17	8	37	26	11	44	30	14
密云区	35	22	13	38	25	13	46	23	23
延庆区	18	10	8	27	12	15	29	18	11

6-1b 续表 6

单位：人

地　区	75-79岁			80-84岁			85-89岁		
	小计	男	女	小计	男	女	小计	男	女
北　京	**780**	**428**	**352**	**958**	**496**	**462**	**870**	**402**	**468**
东城区									
西城区									
朝阳区	60	34	26	70	48	22	55	29	26
丰台区	7	4	3	11	2	9	4	3	1
石景山区									
海淀区									
门头沟区	53	22	31	72	39	33	45	19	26
房山区	116	60	56	130	60	70	91	42	49
通州区	100	52	48	91	50	41	103	51	52
顺义区	102	54	48	90	45	45	101	39	62
昌平区	104	64	40	167	92	75	164	75	89
大兴区	75	41	34	93	41	52	87	33	54
怀柔区	28	18	10	45	21	24	39	20	19
平谷区	44	23	21	56	26	30	66	31	35
密云区	61	35	26	85	46	39	78	45	33
延庆区	30	21	9	48	26	22	37	15	22

6-1b 续表 7

单位：人

地　区	90-94岁			95-99岁			100岁及以上		
	小计	男	女	小计	男	女	小计	男	女
北　京	**431**	**186**	**245**	**96**	**34**	**62**	**24**	**5**	**19**
东城区									
西城区									
朝阳区	30	15	15	4	1	3			
丰台区	7	1	6	1		1	1		1
石景山区									
海淀区									
门头沟区	28	12	16	7	2	5	1		1
房山区	41	24	17	10	4	6	2		2
通州区	57	21	36	18	5	13	4	1	3
顺义区	44	14	30	10	1	9	1		1
昌平区	88	45	43	18	9	9	7		7
大兴区	35	13	22	6	3	3	1	1	
怀柔区	20	10	10	6	2	4	2		2
平谷区	30	10	20	5	2	3	1		1
密云区	33	13	20	10	4	6	2	1	1
延庆区	18	8	10	1	1		2	2	

6–1c　各地区分年龄、性别的死亡人口
(2019.11.1–2020.10.31)(乡村)

单位：人

地　区	死亡人口			0岁		
	合计	男	女	小计	男	女
北　京	**19044**	**10870**	**8174**	**33**	**24**	**9**
东 城 区						
西 城 区						
朝 阳 区						
丰 台 区	102	54	48			
石景山区						
海 淀 区	394	211	183	2	1	1
门头沟区	413	258	155	2		2
房 山 区	2685	1537	1148	5	3	2
通 州 区	2855	1574	1281	3	3	
顺 义 区	2583	1474	1109	5	4	1
昌 平 区	1713	976	737	3	3	
大 兴 区	1932	1108	824	6	3	3
怀 柔 区	1246	722	524	1	1	
平 谷 区	1740	971	769	4	4	
密 云 区	2072	1209	863	1	1	
延 庆 区	1309	776	533	1	1	

6–1c　续表 1

单位：人

地　区	1–4岁			5–9岁			10–14岁		
	小计	男	女	小计	男	女	小计	男	女
北　京	**16**	**9**	**7**	**13**	**5**	**8**	**11**	**8**	**3**
东 城 区									
西 城 区									
朝 阳 区									
丰 台 区									
石景山区									
海 淀 区									
门头沟区	1	1							
房 山 区				3	1	2	1	1	
通 州 区	3	1	2	1		1			
顺 义 区	2	2		2	2		3	2	1
昌 平 区	3		3	1		1			
大 兴 区				3	1	2	2	1	1
怀 柔 区	1	1					2	2	
平 谷 区	2	1	1	2	1	1	2	1	1
密 云 区				1		1			
延 庆 区	4	3	1				1	1	

6-1c 续表 2

单位：人

地区	15-19岁			20-24岁			25-29岁		
	小计	男	女	小计	男	女	小计	男	女
北京	**15**	**11**	**4**	**32**	**20**	**12**	**52**	**30**	**22**
东城区									
西城区									
朝阳区									
丰台区									
石景山区									
海淀区				1	1		2	1	1
门头沟区				2	1	1	1	1	
房山区	1		1	7	3	4	10	9	1
通州区	3	2	1	4	3	1	10	6	4
顺义区	2		2	1	1		6	5	1
昌平区	2	2		6	4	2	5	2	3
大兴区	3	3		6	3	3	4	2	2
怀柔区							1		1
平谷区				2	2		5	2	3
密云区	3	3		1	1		3	2	1
延庆区	1	1		2	1	1	5		5

6-1c 续表 3

单位：人

地区	30-34岁			35-39岁			40-44岁		
	小计	男	女	小计	男	女	小计	男	女
北京	**101**	**76**	**25**	**150**	**107**	**43**	**167**	**133**	**34**
东城区									
西城区									
朝阳区									
丰台区	1		1				2		2
石景山区									
海淀区				3		3	4	2	2
门头沟区	2	2					11	10	1
房山区	24	19	5	37	23	14	39	34	5
通州区	13	11	2	19	16	3	29	20	9
顺义区	17	11	6	16	9	7	13	10	3
昌平区	9	5	4	12	11	1	19	17	2
大兴区	13	8	5	22	17	5	19	16	3
怀柔区	3	2	1	7	5	2	2	1	1
平谷区	5	5		12	10	2	9	8	1
密云区	10	9	1	12	9	3	11	7	4
延庆区	4	4		10	7	3	9	8	1

6-1c　续表 4　　　　单位：人

地　区	45-49岁			50-54岁			55-59岁		
	小计	男	女	小计	男	女	小计	男	女
北　京	**400**	**307**	**93**	**676**	**474**	**202**	**1051**	**761**	**290**
东城区									
西城区									
朝阳区									
丰台区	3	3		8	3	5	11	6	5
石景山区									
海淀区	10	5	5	8	7	1	18	12	6
门头沟区	9	9		16	9	7	25	17	8
房山区	70	51	19	103	63	40	186	131	55
通州区	60	45	15	83	57	26	121	88	33
顺义区	40	31	9	78	61	17	136	97	39
昌平区	42	33	9	75	51	24	92	64	28
大兴区	41	30	11	65	47	18	112	85	27
怀柔区	25	20	5	48	37	11	76	53	23
平谷区	35	23	12	52	36	16	77	56	21
密云区	33	26	7	88	65	23	135	106	29
延庆区	32	31	1	52	38	14	62	46	16

6-1c　续表 5　　　　单位：人

地　区	60-64岁			65-69岁			70-74岁		
	小计	男	女	小计	男	女	小计	男	女
北　京	**1385**	**946**	**439**	**2026**	**1266**	**760**	**2272**	**1330**	**942**
东城区									
西城区									
朝阳区									
丰台区	4	1	3	9	4	5	10	7	3
石景山区									
海淀区	21	15	6	49	35	14	49	28	21
门头沟区	32	24	8	43	31	12	48	33	15
房山区	214	140	74	333	197	136	382	230	152
通州区	190	127	63	298	188	110	380	211	169
顺义区	202	136	66	279	172	107	302	181	121
昌平区	121	87	34	197	117	80	185	104	81
大兴区	140	99	41	206	132	74	225	124	101
怀柔区	83	61	22	106	63	43	125	70	55
平谷区	135	95	40	184	114	70	210	131	79
密云区	164	111	53	202	143	59	203	125	78
延庆区	79	50	29	120	70	50	153	86	67

6-1c 续表 6

单位：人

地区	75-79岁			80-84岁			85-89岁		
	小计	男	女	小计	男	女	小计	男	女
北京	**2497**	**1440**	**1057**	**3300**	**1795**	**1505**	**3029**	**1445**	**1584**
东城区									
西城区									
朝阳区									
丰台区	19	13	6	19	9	10	14	7	7
石景山区									
海淀区	51	26	25	65	32	33	71	34	37
门头沟区	53	37	16	64	33	31	61	33	28
房山区	407	212	195	378	214	164	315	142	173
通州区	365	205	160	458	252	206	461	222	239
顺义区	356	209	147	477	278	199	414	181	233
昌平区	233	148	85	284	145	139	284	132	152
大兴区	244	135	109	345	194	151	307	141	166
怀柔区	121	62	59	259	142	117	250	142	108
平谷区	213	119	94	314	164	150	294	141	153
密云区	271	165	106	381	192	189	337	157	180
延庆区	164	109	55	256	140	116	221	113	108

6-1c 续表 7

单位：人

地区	90-94岁			95-99岁			100岁及以上		
	小计	男	女	小计	男	女	小计	男	女
北京	**1416**	**559**	**857**	**359**	**114**	**245**	**43**	**10**	**33**
东城区									
西城区									
朝阳区									
丰台区	2	1	1						
石景山区									
海淀区	33	9	24	7	3	4			
门头沟区	24	12	12	16	4	12	3	1	2
房山区	137	51	86	30	13	17	3		3
通州区	280	96	184	64	19	45	10	2	8
顺义区	176	68	108	52	13	39	4	1	3
昌平区	101	39	62	35	12	23	4		4
大兴区	139	57	82	27	8	19	3	2	1
怀柔区	100	48	52	33	10	23	3	2	1
平谷区	150	49	101	26	8	18	7	1	6
密云区	166	72	94	47	14	33	3	1	2
延庆区	108	57	51	22	10	12	3		3

6–2　各地区分性别、受教育程度的3岁及以上死亡人口
(2019.11.1–2020.10.31)

单位：人

地　区	3岁及以上死亡人口			未上过学		
	合计	男	女	小计	男	女
北　京	**100229**	**56502**	**43727**	**10923**	**2951**	**7972**
东城区	7274	3850	3424	388	76	312
西城区	9479	5187	4292	501	111	390
朝阳区	15613	8842	6771	1054	282	772
丰台区	12155	6821	5334	982	222	760
石景山区	3096	1813	1283	302	52	250
海淀区	11611	6473	5138	553	111	442
门头沟区	2406	1383	1023	408	103	305
房山区	6817	3938	2879	941	239	702
通州区	5597	3183	2414	779	217	562
顺义区	4929	2772	2157	728	169	559
昌平区	5334	3055	2279	613	142	471
大兴区	5312	3027	2285	627	185	442
怀柔区	2256	1333	923	632	222	410
平谷区	2994	1661	1333	905	253	652
密云区	3448	2043	1405	923	332	591
延庆区	1908	1121	787	587	235	352

6–2　续表 1

单位：人

地　区	学前教育			小　学		
	小计	男	女	小计	男	女
北　京	**249**	**103**	**146**	**33627**	**16357**	**17270**
东城区	24	10	14	2439	987	1452
西城区	15	4	11	2623	1100	1523
朝阳区	42	18	24	5109	2361	2748
丰台区	46	18	28	3997	1792	2205
石景山区	3	1	2	918	429	489
海淀区	18	9	9	2561	1092	1469
门头沟区	4	1	3	879	450	429
房山区	16	6	10	2544	1311	1233
通州区	30	14	16	2389	1256	1133
顺义区	6		6	2016	1054	962
昌平区	11	5	6	1614	783	831
大兴区	12	4	8	2328	1187	1141
怀柔区	6	3	3	835	500	335
平谷区	6	2	4	1186	725	461
密云区	7	6	1	1392	835	557
延庆区	3	2	1	797	495	302

6-2 续表 2 单位：人

地　区	初　中			高　中			大学专科		
	小计	男	女	小计	男	女	小计	男	女
北　京	**28425**	**18748**	**9677**	**15218**	**10109**	**5109**	**5050**	**3507**	**1543**
东城区	1811	1052	759	1657	1079	578	417	280	137
西城区	2792	1595	1197	2002	1300	702	677	459	218
朝阳区	4450	2790	1660	2880	1937	943	873	599	274
丰台区	3563	2302	1261	2155	1460	695	679	498	181
石景山区	912	623	289	576	416	160	201	156	45
海淀区	2658	1570	1088	2356	1373	983	1080	689	391
门头沟区	765	580	185	256	179	77	59	44	15
房山区	2372	1696	676	625	452	173	178	134	44
通州区	1783	1264	519	421	295	126	119	77	42
顺义区	1616	1148	468	356	250	106	115	87	28
昌平区	1820	1234	586	721	495	226	286	202	84
大兴区	1523	1069	454	517	363	154	177	130	47
怀柔区	526	410	116	190	145	45	44	35	9
平谷区	661	508	153	181	127	54	38	31	7
密云区	801	624	177	218	167	51	77	60	17
延庆区	372	283	89	107	71	36	30	26	4

6-2 续表 3 单位：人

地　区	大学本科			硕士研究生			博士研究生		
	小计	男	女	小计	男	女	小计	男	女
北　京	**6311**	**4412**	**1899**	**354**	**258**	**96**	**72**	**57**	**15**
东城区	512	351	161	23	13	10	3	2	1
西城区	832	590	242	32	24	8	5	4	1
朝阳区	1140	811	329	53	35	18	12	9	3
丰台区	701	508	193	30	20	10	2	1	1
石景山区	173	127	46	10	8	2	1	1	
海淀区	2176	1464	712	166	129	37	43	36	7
门头沟区	32	24	8	3	2	1			
房山区	135	98	37	5	1	4	1	1	
通州区	70	55	15	6	5	1			
顺义区	86	60	26	6	4	2			
昌平区	255	183	72	11	9	2	3	2	1
大兴区	120	83	37	6	5	1	2	1	1
怀柔区	21	16	5	2	2				
平谷区	16	14	2	1	1				
密云区	30	19	11						
延庆区	12	9	3						

6–2a　各地区分性别、受教育程度的3岁及以上死亡人口
(2019.11.1–2020.10.31)(城市)

单位：人

地　区	3岁及以上死亡人口			未上过学		
	合计	男	女	小计	男	女
北　京	**75484**	**42432**	**33052**	**5604**	**1295**	**4309**
东 城 区	7274	3850	3424	388	76	312
西 城 区	9479	5187	4292	501	111	390
朝 阳 区	15253	8623	6630	1035	276	759
丰 台 区	11997	6740	5257	962	219	743
石景山区	3096	1813	1283	302	52	250
海 淀 区	11219	6263	4956	505	104	401
门头沟区	1643	935	708	256	52	204
房 山 区	3353	1956	1397	328	57	271
通 州 区	2002	1198	804	157	47	110
顺 义 区	1706	946	760	164	24	140
昌 平 区	2679	1535	1144	201	34	167
大 兴 区	2843	1642	1201	256	81	175
怀 柔 区	772	478	294	99	24	75
平 谷 区	904	496	408	234	52	182
密 云 区	912	562	350	157	63	94
延 庆 区	352	208	144	59	23	36

6–2a　续表 1

单位：人

地　区	学前教育			小　学		
	小计	男	女	小计	男	女
北　京	**175**	**71**	**104**	**23078**	**10502**	**12576**
东 城 区	24	10	14	2439	987	1452
西 城 区	15	4	11	2623	1100	1523
朝 阳 区	42	18	24	4985	2303	2682
丰 台 区	46	18	28	3942	1765	2177
石景山区	3	1	2	918	429	489
海 淀 区	18	9	9	2422	1033	1389
门头沟区	2	1	1	569	285	284
房 山 区	5	3	2	1104	557	547
通 州 区	3	1	2	664	334	330
顺 义 区	1		1	606	295	311
昌 平 区	2	1	1	698	315	383
大 兴 区	7	1	6	1071	513	558
怀 柔 区	4	1	3	283	157	126
平 谷 区	1	1		323	193	130
密 云 区	2	2		298	160	138
延 庆 区				133	76	57

6-2a 续表 2

单位：人

地区	初中			高中			大学专科		
	小计	男	女	小计	男	女	小计	男	女
北京	**21390**	**13530**	**7860**	**13933**	**9162**	**4771**	**4734**	**3266**	**1468**
东城区	1811	1052	759	1657	1079	578	417	280	137
西城区	2792	1595	1197	2002	1300	702	677	459	218
朝阳区	4307	2690	1617	2832	1901	931	855	586	269
丰台区	3491	2260	1231	2146	1452	694	679	498	181
石景山区	912	623	289	576	416	160	201	156	45
海淀区	2524	1476	1048	2306	1338	968	1072	682	390
门头沟区	514	385	129	214	148	66	55	40	15
房山区	1197	829	368	444	311	133	146	108	38
通州区	735	508	227	294	208	86	84	50	34
顺义区	568	367	201	211	146	65	82	64	18
昌平区	927	598	329	469	315	154	187	130	57
大兴区	839	574	265	405	282	123	148	110	38
怀柔区	217	169	48	116	87	29	32	24	8
平谷区	218	165	53	93	57	36	22	17	5
密云区	244	178	66	125	94	31	60	47	13
延庆区	94	61	33	43	28	15	17	15	2

6-2a 续表 3

单位：人

地区	大学本科			硕士研究生			博士研究生		
	小计	男	女	小计	男	女	小计	男	女
北京	**6148**	**4293**	**1855**	**350**	**256**	**94**	**72**	**57**	**15**
东城区	512	351	161	23	13	10	3	2	1
西城区	832	590	242	32	24	8	5	4	1
朝阳区	1133	805	328	52	35	17	12	9	3
丰台区	699	507	192	30	20	10	2	1	1
石景山区	173	127	46	10	8	2	1	1	
海淀区	2163	1456	707	166	129	37	43	36	7
门头沟区	30	22	8	3	2	1			
房山区	123	89	34	5	1	4	1	1	
通州区	60	45	15	5	5				
顺义区	68	46	22	6	4	2			
昌平区	181	131	50	11	9	2	3	2	1
大兴区	110	76	34	5	4	1	2	1	1
怀柔区	20	15	5	1	1				
平谷区	12	10	2	1	1				
密云区	26	18	8						
延庆区	6	5	1						

6–2b　各地区分性别、受教育程度的3岁及以上死亡人口(2019.11.1–2020.10.31)(镇)

单位：人

地　区	3岁及以上死亡人口			未上过学		
	合计	男	女	小计	男	女
北　京	**5743**	**3231**	**2512**	**975**	**279**	**696**
东城区						
西城区						
朝阳区	360	219	141	19	6	13
丰台区	56	27	29	10	1	9
石景山区						
海淀区						
门头沟区	353	191	162	74	19	55
房山区	784	448	336	110	23	87
通州区	744	414	330	102	34	68
顺义区	647	358	289	113	29	84
昌平区	946	547	399	102	23	79
大兴区	543	280	263	84	21	63
怀柔区	239	134	105	73	26	47
平谷区	355	199	156	119	34	85
密云区	465	273	192	103	43	60
延庆区	251	141	110	66	20	46

6–2b　续表 1　　单位：人

地　区	学前教育			小　学		
	小计	男	女	小计	男	女
北　京	**8**	**1**	**7**	**2395**	**1260**	**1135**
东城区						
西城区						
朝阳区				124	58	66
丰台区				11	4	7
石景山区						
海淀区						
门头沟区	1		1	147	76	71
房山区				337	177	160
通州区	2		2	353	185	168
顺义区	3		3	277	142	135
昌平区				323	168	155
大兴区	1		1	268	124	144
怀柔区				86	49	37
平谷区				137	88	49
密云区	1	1		220	122	98
延庆区				112	67	45

6-2b 续表 2

单位：人

地　区	初　中			高　中			大学专科		
	小计	男	女	小计	男	女	小计	男	女
北　京	**1733**	**1231**	**502**	**414**	**300**	**114**	**129**	**96**	**33**
东城区									
西城区									
朝阳区	143	100	43	48	36	12	18	13	5
丰台区	29	16	13	5	5				
石景山区									
海淀区									
门头沟区	105	79	26	25	16	9	1	1	
房山区	293	212	81	39	31	8	4	4	
通州区	239	161	78	36	25	11	10	8	2
顺义区	196	140	56	40	33	7	9	6	3
昌平区	280	185	95	120	86	34	62	44	18
大兴区	148	108	40	30	18	12	9	7	2
怀柔区	53	38	15	20	15	5	5	4	1
平谷区	75	58	17	18	14	4	5	4	1
密云区	115	91	24	21	13	8	4	3	1
延庆区	57	43	14	12	8	4	2	2	

6-2b 续表 3

单位：人

地　区	大学本科			硕士研究生			博士研究生		
	小计	男	女	小计	男	女	小计	男	女
北　京	**86**	**63**	**23**	**3**	**1**	**2**			
东城区									
西城区									
朝阳区	7	6	1	1		1			
丰台区	1	1							
石景山区									
海淀区									
门头沟区									
房山区	1	1							
通州区	1	1		1		1			
顺义区	9	8	1						
昌平区	59	41	18						
大兴区	3	2	1						
怀柔区	1	1		1	1				
平谷区	1	1							
密云区	1		1						
延庆区	2	1	1						

6-2c　各地区分性别、受教育程度的3岁及以上死亡人口(2019.11.1—2020.10.31)(乡村)

单位：人

地　区	3岁及以上死亡人口			未上过学		
	合计	男	女	小计	男	女
北　京	**19002**	**10839**	**8163**	**4344**	**1377**	**2967**
东城区						
西城区						
朝阳区						
丰台区	102	54	48	10	2	8
石景山区						
海淀区	392	210	182	48	7	41
门头沟区	410	257	153	78	32	46
房山区	2680	1534	1146	503	159	344
通州区	2851	1571	1280	520	136	384
顺义区	2576	1468	1108	451	116	335
昌平区	1709	973	736	310	85	225
大兴区	1926	1105	821	287	83	204
怀柔区	1245	721	524	460	172	288
平谷区	1735	966	769	552	167	385
密云区	2071	1208	863	663	226	437
延庆区	1305	772	533	462	192	270

6-2c　续表 1

单位：人

地　区	学前教育			小　学		
	小计	男	女	小计	男	女
北　京	**66**	**31**	**35**	**8154**	**4595**	**3559**
东城区						
西城区						
朝阳区						
丰台区				44	23	21
石景山区						
海淀区				139	59	80
门头沟区	1		1	163	89	74
房山区	11	3	8	1103	577	526
通州区	25	13	12	1372	737	635
顺义区	2		2	1133	617	516
昌平区	9	4	5	593	300	293
大兴区	4	3	1	989	550	439
怀柔区	2	2		466	294	172
平谷区	5	1	4	726	444	282
密云区	4	3	1	874	553	321
延庆区	3	2	1	552	352	200

6–2c　续表 2　　单位：人

地　区	初　中			高　中			大学专科		
	小计	男	女	小计	男	女	小计	男	女
北　京	**5302**	**3987**	**1315**	**871**	**647**	**224**	**187**	**145**	**42**
东城区									
西城区									
朝阳区									
丰台区	43	26	17	4	3	1			
石景山区									
海淀区	134	94	40	50	35	15	8	7	1
门头沟区	146	116	30	17	15	2	3	3	
房山区	882	655	227	142	110	32	28	22	6
通州区	809	595	214	91	62	29	25	19	6
顺义区	852	641	211	105	71	34	24	17	7
昌平区	613	451	162	132	94	38	37	28	9
大兴区	536	387	149	82	63	19	20	13	7
怀柔区	256	203	53	54	43	11	7	7	
平谷区	368	285	83	70	56	14	11	10	1
密云区	442	355	87	72	60	12	13	10	3
延庆区	221	179	42	52	35	17	11	9	2

6–2c　续表 3　　单位：人

地　区	大学本科			硕士研究生			博士研究生		
	小计	男	女	小计	男	女	小计	男	女
北　京	**77**	**56**	**21**	**1**	**1**				
东城区									
西城区									
朝阳区									
丰台区	1		1						
石景山区									
海淀区	13	8	5						
门头沟区	2	2							
房山区	11	8	3						
通州区	9	9							
顺义区	9	6	3						
昌平区	15	11	4						
大兴区	7	5	2	1	1				
怀柔区									
平谷区	3	3							
密云区	3	1	2						
延庆区	4	3	1						

6–3 各地区分性别、婚姻状况的15岁及以上死亡人口
(2019.11.1–2020.10.31)

单位：人

地区	15岁及以上死亡人口			未婚		
	合计	男	女	小计	男	女
北京	**100073**	**56412**	**43661**	**2279**	**1825**	**454**
东城区	7263	3845	3418	175	126	49
西城区	9471	5180	4291	159	114	45
朝阳区	15594	8830	6764	276	187	89
丰台区	12138	6810	5328	248	185	63
石景山区	3095	1812	1283	58	51	7
海淀区	11588	6458	5130	209	145	64
门头沟区	2406	1383	1023	77	64	13
房山区	6807	3935	2872	200	176	24
通州区	5584	3176	2408	139	120	19
顺义区	4919	2767	2152	104	88	16
昌平区	5323	3051	2272	135	109	26
大兴区	5297	3018	2279	103	87	16
怀柔区	2250	1328	922	82	78	4
平谷区	2987	1658	1329	83	75	8
密云区	3445	2041	1404	118	112	6
延庆区	1906	1120	786	113	108	5

6–3 续表

单位：人

地区	有配偶			离婚			丧偶		
	小计	男	女	小计	男	女	小计	男	女
北京	**57966**	**38996**	**18970**	**2236**	**1589**	**647**	**37592**	**14002**	**23590**
东城区	4316	2718	1598	164	117	47	2608	884	1724
西城区	5150	3448	1702	276	198	78	3886	1420	2466
朝阳区	9281	6207	3074	307	208	99	5730	2228	3502
丰台区	6898	4714	2184	268	182	86	4724	1729	2995
石景山区	1806	1262	544	86	67	19	1145	432	713
海淀区	7109	4656	2453	255	152	103	4015	1505	2510
门头沟区	1295	925	370	67	54	13	967	340	627
房山区	3917	2656	1261	175	137	38	2515	966	1549
通州区	3222	2186	1036	102	74	28	2121	796	1325
顺义区	2857	1959	898	68	54	14	1890	666	1224
昌平区	3211	2201	1010	131	85	46	1846	656	1190
大兴区	3066	2048	1018	92	64	28	2036	819	1217
怀柔区	1270	880	390	66	52	14	832	318	514
平谷区	1639	1093	546	35	25	10	1230	465	765
密云区	1894	1343	551	76	61	15	1357	525	832
延庆区	1035	700	335	68	59	9	690	253	437

6-3a 各地区分性别、婚姻状况的15岁及以上死亡人口(2019.11.1-2020.10.31)(城市)

单位：人

地区	15岁及以上死亡人口			未婚		
	合计	男	女	小计	男	女
北京	**75369**	**42359**	**33010**	**1417**	**1033**	**384**
东城区	7263	3845	3418	175	126	49
西城区	9471	5180	4291	159	114	45
朝阳区	15235	8612	6623	268	181	87
丰台区	11980	6729	5251	246	183	63
石景山区	3095	1812	1283	58	51	7
海淀区	11196	6248	4948	204	140	64
门头沟区	1643	935	708	42	32	10
房山区	3349	1955	1394	66	54	12
通州区	1994	1192	802	32	20	12
顺义区	1703	945	758	24	16	8
昌平区	2672	1531	1141	50	39	11
大兴区	2834	1635	1199	41	32	9
怀柔区	769	476	293	17	16	1
平谷区	902	495	407	15	12	3
密云区	911	561	350	13	11	2
延庆区	352	208	144	7	6	1

6-3a 续表

单位：人

地区	有配偶			离婚			丧偶		
	小计	男	女	小计	男	女	小计	男	女
北京	**44584**	**29874**	**14710**	**1703**	**1176**	**527**	**27665**	**10276**	**17389**
东城区	4316	2718	1598	164	117	47	2608	884	1724
西城区	5150	3448	1702	276	198	78	3886	1420	2466
朝阳区	9070	6056	3014	299	204	95	5598	2171	3427
丰台区	6821	4666	2155	265	181	84	4648	1699	2949
石景山区	1806	1262	544	86	67	19	1145	432	713
海淀区	6895	4516	2379	246	147	99	3851	1445	2406
门头沟区	910	640	270	41	31	10	650	232	418
房山区	2049	1405	644	80	66	14	1154	430	724
通州区	1288	884	404	39	26	13	635	262	373
顺义区	1077	731	346	22	18	4	580	180	400
昌平区	1685	1145	540	64	37	27	873	310	563
大兴区	1706	1164	542	55	34	21	1032	405	627
怀柔区	495	352	143	20	16	4	237	92	145
平谷区	515	328	187	13	9	4	359	146	213
密云区	580	412	168	20	15	5	298	123	175
延庆区	221	147	74	13	10	3	111	45	66

6-3b　各地区分性别、婚姻状况的15岁及以上死亡人口(2019.11.1-2020.10.31)(镇)

单位：人

地　区	15岁及以上死亡人口			未　婚		
	合计	男	女	小计	男	女
北　京	**5733**	**3229**	**2504**	**171**	**154**	**17**
东城区						
西城区						
朝阳区	359	218	141	8	6	2
丰台区	56	27	29	1	1	
石景山区						
海淀区						
门头沟区	353	191	162	7	5	2
房山区	782	448	334	27	25	2
通州区	742	414	328	23	21	2
顺义区	645	358	287	12	10	2
昌平区	945	547	398	24	20	4
大兴区	542	280	262	7	7	
怀柔区	239	134	105	12	11	1
平谷区	355	199	156	9	9	
密云区	464	272	192	29	28	1
延庆区	251	141	110	12	11	1

6-3b　续表

单位：人

地　区	有配偶			离　婚			丧　偶		
	小计	男	女	小计	男	女	小计	男	女
北　京	**3172**	**2192**	**980**	**124**	**87**	**37**	**2266**	**796**	**1470**
东城区									
西城区									
朝阳区	211	151	60	8	4	4	132	57	75
丰台区	19	12	7				36	14	22
石景山区									
海淀区									
门头沟区	172	126	46	11	8	3	163	52	111
房山区	421	293	128	19	12	7	315	118	197
通州区	414	281	133	17	13	4	288	99	189
顺义区	375	262	113	11	9	2	247	77	170
昌平区	558	389	169	23	15	8	340	123	217
大兴区	303	194	109	9	8	1	223	71	152
怀柔区	132	85	47	8	5	3	87	33	54
平谷区	185	132	53	2	2		159	56	103
密云区	239	166	73	10	6	4	186	72	114
延庆区	143	101	42	6	5	1	90	24	66

6-3c 各地区分性别、婚姻状况的15岁及以上死亡人口 (2019.11.1-2020.10.31)(乡村)

单位：人

地区	15岁及以上死亡人口			未婚		
	合计	男	女	小计	男	女
北京	**18971**	**10824**	**8147**	**691**	**638**	**53**
东城区						
西城区						
朝阳区						
丰台区	102	54	48	1	1	
石景山区						
海淀区	392	210	182	5	5	
门头沟区	410	257	153	28	27	1
房山区	2676	1532	1144	107	97	10
通州区	2848	1570	1278	84	79	5
顺义区	2571	1464	1107	68	62	6
昌平区	1706	973	733	61	50	11
大兴区	1921	1103	818	55	48	7
怀柔区	1242	718	524	53	51	2
平谷区	1730	964	766	59	54	5
密云区	2070	1208	862	76	73	3
延庆区	1303	771	532	94	91	3

6-3c 续表

单位：人

地区	有配偶			离婚			丧偶		
	小计	男	女	小计	男	女	小计	男	女
北京	**10210**	**6930**	**3280**	**409**	**326**	**83**	**7661**	**2930**	**4731**
东城区									
西城区									
朝阳区									
丰台区	58	36	22	3	1	2	40	16	24
石景山区									
海淀区	214	140	74	9	5	4	164	60	104
门头沟区	213	159	54	15	15		154	56	98
房山区	1447	958	489	76	59	17	1046	418	628
通州区	1520	1021	499	46	35	11	1198	435	763
顺义区	1405	966	439	35	27	8	1063	409	654
昌平区	968	667	301	44	33	11	633	223	410
大兴区	1057	690	367	28	22	6	781	343	438
怀柔区	643	443	200	38	31	7	508	193	315
平谷区	939	633	306	20	14	6	712	263	449
密云区	1075	765	310	46	40	6	873	330	543
延庆区	671	452	219	49	44	5	489	184	305

6-4　全市分年龄、性别的死亡人口状况
(2019.11.1-2020.10.31)

单位：人、‰

年　龄	平均人口			死亡人口			死亡率		
	合计	男	女	合计	男	女	合计	男	女
总　计	**21879078**	**11190433**	**10688645**	**100439**	**56645**	**43794**	**4.59**	**5.06**	**4.10**
0-4岁	**1022261**	**529652**	**492609**	**242**	**165**	**77**	**0.24**	**0.31**	**0.16**
0	185681	96098	89583	165	113	52	0.89	1.18	0.58
1	193430	100481	92949	26	15	11	0.13	0.15	0.12
2	213261	110347	102914	19	15	4	0.09	0.14	0.04
3	263718	136335	127383	17	11	6	0.06	0.08	0.05
4	166171	86391	79780	15	11	4	0.09	0.13	0.05
5-9岁	**926660**	**482003**	**444657**	**61**	**29**	**32**	**0.07**	**0.06**	**0.07**
5	225388	117067	108321	17	5	12	0.08	0.04	0.11
6	188363	97878	90485	8	3	5	0.04	0.03	0.06
7	195151	101301	93850	16	11	5	0.08	0.11	0.05
8	175936	91674	84262	10	4	6	0.06	0.04	0.07
9	141822	74083	67739	10	6	4	0.07	0.08	0.06
10-14岁	**622364**	**325902**	**296462**	**63**	**39**	**24**	**0.10**	**0.12**	**0.08**
10	142875	74893	67982	14	8	6	0.10	0.11	0.09
11	135552	70583	64969	12	5	7	0.09	0.07	0.11
12	136320	71000	65320	13	7	6	0.10	0.10	0.09
13	111570	58426	53144	11	8	3	0.10	0.14	0.06
14	96047	51000	45047	13	11	2	0.14	0.22	0.04
15-19岁	**698535**	**381292**	**317243**	**67**	**41**	**26**	**0.10**	**0.11**	**0.08**
15	105233	56050	49183	9	5	4	0.09	0.09	0.08
16	78549	43742	34807	6	5	1	0.08	0.11	0.03
17	132841	72409	60432	20	13	7	0.15	0.18	0.12
18	169676	93537	76139	16	9	7	0.09	0.10	0.09
19	212236	115554	96682	16	9	7	0.08	0.08	0.07
20-24岁	**1417842**	**748286**	**669556**	**124**	**75**	**49**	**0.09**	**0.10**	**0.07**
20	228726	123651	105075	15	7	8	0.07	0.06	0.08
21	239613	129238	110375	22	15	7	0.09	0.12	0.06
22	281546	148727	132819	32	19	13	0.11	0.13	0.10
23	319566	166287	153279	23	14	9	0.07	0.08	0.06
24	348391	180383	168008	32	20	12	0.09	0.11	0.07
25-29岁	**1974371**	**1035424**	**938947**	**181**	**128**	**53**	**0.09**	**0.12**	**0.06**
25	360035	185595	174440	31	20	11	0.09	0.11	0.06
26	372056	192904	179152	30	24	6	0.08	0.12	0.03
27	398794	209670	189124	41	29	12	0.10	0.14	0.06
28	382370	202767	179603	33	22	11	0.09	0.11	0.06
29	461116	244488	216628	46	33	13	0.10	0.13	0.06

6-4 续表 1

单位：人、‰

年 龄	平均人口			死亡人口			死亡率		
	合计	男	女	合计	男	女	合计	男	女
30–34岁	**2458542**	**1282829**	**1175713**	**403**	**265**	**138**	**0.16**	**0.21**	**0.12**
30	513158	271838	241320	49	36	13	0.10	0.13	0.05
31	505000	263893	241107	94	68	26	0.19	0.26	0.11
32	523988	272381	251607	74	45	29	0.14	0.17	0.12
33	483174	250372	232802	84	49	35	0.17	0.20	0.15
34	433222	224345	208877	102	67	35	0.24	0.30	0.17
35–39岁	**2118195**	**1096005**	**1022190**	**729**	**492**	**237**	**0.34**	**0.45**	**0.23**
35	404407	208895	195512	98	59	39	0.24	0.28	0.20
36	420791	217151	203640	112	76	36	0.27	0.35	0.18
37	466956	240911	226045	169	111	58	0.36	0.46	0.26
38	460156	238128	222028	178	121	57	0.39	0.51	0.26
39	365885	190920	174965	172	125	47	0.47	0.65	0.27
40–44岁	**1563495**	**818139**	**745356**	**805**	**550**	**255**	**0.51**	**0.67**	**0.34**
40	364077	190416	173661	160	111	49	0.44	0.58	0.28
41	340786	177899	162887	158	107	51	0.46	0.60	0.31
42	301298	157593	143705	158	111	47	0.52	0.70	0.33
43	279406	146902	132504	152	99	53	0.54	0.67	0.40
44	277928	145329	132599	177	122	55	0.64	0.84	0.41
45–49岁	**1659459**	**863573**	**795886**	**1714**	**1221**	**493**	**1.03**	**1.41**	**0.62**
45	284770	147990	136780	244	182	62	0.86	1.23	0.45
46	323405	167914	155491	293	194	99	0.91	1.16	0.64
47	350089	182312	167777	354	247	107	1.01	1.35	0.64
48	346891	180871	166020	373	268	105	1.08	1.48	0.63
49	354304	184486	169818	450	330	120	1.27	1.79	0.71
50–54岁	**1594218**	**828958**	**765260**	**2755**	**1923**	**832**	**1.73**	**2.32**	**1.09**
50	347711	181348	166363	469	324	145	1.35	1.79	0.87
51	368024	191019	177005	588	400	188	1.60	2.09	1.06
52	302994	156906	146088	526	372	154	1.74	2.37	1.05
53	272980	142214	130766	538	385	153	1.97	2.71	1.17
54	302509	157471	145038	634	442	192	2.10	2.81	1.32
55–59岁	**1609676**	**816022**	**793654**	**4994**	**3611**	**1383**	**3.10**	**4.43**	**1.74**
55	322618	166314	156304	779	549	230	2.41	3.30	1.47
56	404704	206286	198418	1090	789	301	2.69	3.82	1.52
57	403595	205506	198089	1276	931	345	3.16	4.53	1.74
58	233503	117264	116239	870	627	243	3.73	5.35	2.09
59	245256	120652	124604	979	715	264	3.99	5.93	2.12
60–64岁	**1394211**	**680219**	**713992**	**7081**	**4979**	**2102**	**5.08**	**7.32**	**2.94**
60	274207	135488	138719	1126	811	315	4.11	5.99	2.27
61	264785	130423	134362	1293	923	370	4.88	7.08	2.75
62	297529	145555	151974	1498	1084	414	5.03	7.45	2.72
63	284841	137672	147169	1564	1100	464	5.49	7.99	3.15
64	272849	131081	141768	1600	1061	539	5.86	8.09	3.80

6-4　续表 2　　单位：人、‰

年　龄	平均人口			死亡人口			死亡率		
	合计	男	女	合计	男	女	合计	男	女
65–69岁	**1149986**	**547377**	**602609**	**9602**	**6222**	**3380**	**8.35**	**11.37**	**5.61**
65	282939	135081	147858	1848	1203	645	6.53	8.91	4.36
66	257046	122067	134979	1910	1273	637	7.43	10.43	4.72
67	229179	108900	120279	1879	1231	648	8.20	11.30	5.39
68	205126	97184	107942	2052	1331	721	10.00	13.70	6.68
69	175696	84145	91551	1913	1184	729	10.89	14.07	7.96
70–74岁	**639740**	**300441**	**339299**	**9621**	**5820**	**3801**	**15.04**	**19.37**	**11.20**
70	164819	79224	85595	1936	1254	682	11.75	15.83	7.97
71	130277	61132	69145	1831	1096	735	14.05	17.93	10.63
72	121429	56764	64665	1741	1040	701	14.34	18.32	10.84
73	115371	53792	61579	2030	1194	836	17.60	22.20	13.58
74	107844	49529	58315	2083	1236	847	19.31	24.96	14.52
75–79岁	**406382**	**180658**	**225724**	**11409**	**6388**	**5021**	**28.07**	**35.36**	**22.24**
75	89419	40465	48954	2033	1191	842	22.74	29.43	17.20
76	79002	35518	43484	2028	1173	855	25.67	33.03	19.66
77	80949	35988	44961	2283	1288	995	28.20	35.79	22.13
78	80558	35170	45388	2478	1332	1146	30.76	37.87	25.25
79	76454	33517	42937	2587	1404	1183	33.84	41.89	27.55
80–84岁	**350446**	**153640**	**196806**	**18557**	**9416**	**9141**	**52.95**	**61.29**	**46.45**
80	75539	32501	43038	3091	1522	1569	40.92	46.83	36.46
81	73187	31699	41488	3362	1715	1647	45.94	54.10	39.70
82	73702	32323	41379	3869	1975	1894	52.50	61.10	45.77
83	65909	29490	36419	4036	2069	1967	61.24	70.16	54.01
84	62109	27627	34482	4199	2135	2064	67.61	77.28	59.86
85–89岁	**194349**	**86527**	**107822**	**18743**	**9222**	**9521**	**96.44**	**106.58**	**88.30**
85	54129	23928	30201	4352	2203	2149	80.40	92.07	71.16
86	47023	21017	26006	4123	2041	2082	87.68	97.11	80.06
87	37910	16815	21095	3900	1883	2017	102.88	111.98	95.62
88	30214	13679	16535	3300	1576	1724	109.22	115.21	104.26
89	25073	11088	13985	3068	1519	1549	122.36	136.99	110.76
90–94岁	**62514**	**27041**	**35473**	**9929**	**4673**	**5256**	**158.83**	**172.81**	**148.17**
90	20899	9162	11737	2835	1380	1455	135.65	150.62	123.97
91	15304	6549	8755	2401	1137	1264	156.89	173.61	144.37
92	12016	5216	6800	2045	954	1091	170.19	182.90	160.44
93	8162	3578	4584	1475	657	818	180.72	183.62	178.45
94	6133	2536	3597	1173	545	628	191.26	214.91	174.59
95–99岁	**13139**	**5369**	**7770**	**2776**	**1180**	**1596**	**211.28**	**219.78**	**205.41**
95	4641	1943	2698	970	466	504	209.01	239.84	186.81
96	3306	1314	1992	687	277	410	207.80	210.81	205.82
97	2344	982	1362	478	188	290	203.92	191.45	212.92
98	1687	693	994	390	159	231	231.18	229.44	232.39
99	1161	437	724	251	90	161	216.19	205.95	222.38
100岁及以上	**2693**	**1076**	**1617**	**583**	**206**	**377**	**216.49**	**191.45**	**233.15**

6-4a 全市分年龄、性别的死亡人口状况
(2019.11.1-2020.10.31)(城市)

单位：人、‰

年龄	平均人口			死亡人口			死亡率		
	合计	男	女	合计	男	女	合计	男	女
总 计	**17738286**	**8931931**	**8806355**	**75639**	**42533**	**33106**	**4.26**	**4.76**	**3.76**
0-4岁	**830101**	**430275**	**399826**	**179**	**121**	**58**	**0.22**	**0.28**	**0.15**
0	148806	77138	71668	120	79	41	0.81	1.02	0.57
1	154423	80184	74239	21	12	9	0.14	0.15	0.12
2	171636	88770	82866	14	10	4	0.08	0.11	0.05
3	216886	112248	104638	14	10	4	0.06	0.09	0.04
4	138350	71935	66415	10	10		0.07	0.14	
5-9岁	**785530**	**408641**	**376889**	**43**	**24**	**19**	**0.05**	**0.06**	**0.05**
5	190638	99119	91519	13	5	8	0.07	0.05	0.09
6	159960	83118	76842	5	2	3	0.03	0.02	0.04
7	165915	86060	79855	14	10	4	0.08	0.12	0.05
8	149183	77700	71483	5	3	2	0.03	0.04	0.03
9	119834	62644	57190	6	4	2	0.05	0.06	0.03
10-14岁	**522766**	**273759**	**249007**	**48**	**29**	**19**	**0.09**	**0.11**	**0.08**
10	120754	63366	57388	11	6	5	0.09	0.09	0.09
11	114640	59816	54824	9	4	5	0.08	0.07	0.09
12	114895	59780	55115	11	6	5	0.10	0.10	0.09
13	92824	48592	44232	8	6	2	0.09	0.12	0.05
14	79653	42205	37448	9	7	2	0.11	0.17	0.05
15-19岁	**592057**	**317726**	**274331**	**45**	**24**	**21**	**0.08**	**0.08**	**0.08**
15	91408	48308	43100	8	4	4	0.09	0.08	0.09
16	67593	37275	30318	3	2	1	0.04	0.05	0.03
17	112523	60605	51918	15	8	7	0.13	0.13	0.13
18	142244	76838	65406	7	5	2	0.05	0.07	0.03
19	178289	94700	83589	12	5	7	0.07	0.05	0.08
20-24岁	**1174650**	**606793**	**567857**	**83**	**51**	**32**	**0.07**	**0.08**	**0.06**
20	191398	101301	90097	11	6	5	0.06	0.06	0.06
21	196518	103919	92599	19	13	6	0.10	0.13	0.06
22	230629	119011	111618	24	16	8	0.10	0.13	0.07
23	266219	135739	130480	12	8	4	0.05	0.06	0.03
24	289886	146823	143063	17	8	9	0.06	0.05	0.06
25-29岁	**1628873**	**835902**	**792971**	**116**	**88**	**28**	**0.07**	**0.11**	**0.04**
25	300291	151631	148660	17	9	8	0.06	0.06	0.05
26	310396	157466	152930	18	16	2	0.06	0.10	0.01
27	332094	170964	161130	27	22	5	0.08	0.13	0.03
28	313137	162502	150635	25	18	7	0.08	0.11	0.05
29	372955	193339	179616	29	23	6	0.08	0.12	0.03

6-4a　续表 1　　　　单位：人、‰

年龄	平均人口			死亡人口			死亡率		
	合计	男	女	合计	男	女	合计	男	女
30–34岁	**1980915**	**1010386**	**970529**	**274**	**167**	**107**	**0.14**	**0.17**	**0.11**
30	411123	213253	197870	34	22	12	0.08	0.10	0.06
31	406239	207602	198637	63	45	18	0.16	0.22	0.09
32	421442	214063	207379	50	26	24	0.12	0.12	0.12
33	389830	197249	192581	59	33	26	0.15	0.17	0.14
34	352281	178219	174062	68	41	27	0.19	0.23	0.16
35–39岁	**1775546**	**898190**	**877356**	**537**	**355**	**182**	**0.30**	**0.40**	**0.21**
35	333531	168246	165285	65	37	28	0.19	0.22	0.17
36	351985	177555	174430	85	57	28	0.24	0.32	0.16
37	393869	198590	195279	127	82	45	0.32	0.41	0.23
38	388457	196571	191886	133	88	45	0.34	0.45	0.23
39	307704	157228	150476	127	91	36	0.41	0.58	0.24
40–44岁	**1297294**	**665744**	**631550**	**569**	**366**	**203**	**0.44**	**0.55**	**0.32**
40	304759	156235	148524	121	79	42	0.40	0.51	0.28
41	284889	145624	139265	110	68	42	0.39	0.47	0.30
42	250155	128312	121843	109	71	38	0.44	0.55	0.31
43	230430	119091	111339	108	68	40	0.47	0.57	0.36
44	227061	116482	110579	121	80	41	0.53	0.69	0.37
45–49岁	**1311017**	**669120**	**641897**	**1199**	**828**	**371**	**0.91**	**1.24**	**0.58**
45	229639	117287	112352	168	118	50	0.73	1.01	0.45
46	258073	131273	126800	204	130	74	0.79	0.99	0.58
47	277570	142009	135561	257	174	83	0.93	1.23	0.61
48	271783	138971	132812	265	188	77	0.98	1.35	0.58
49	273952	139580	134372	305	218	87	1.11	1.56	0.65
50–54岁	**1215421**	**619377**	**596044**	**1867**	**1289**	**578**	**1.54**	**2.08**	**0.97**
50	267952	136933	131019	319	215	104	1.19	1.57	0.79
51	286015	145343	140672	396	274	122	1.38	1.89	0.87
52	230931	117259	113672	376	262	114	1.63	2.23	1.00
53	204472	104333	100139	347	245	102	1.70	2.35	1.02
54	226051	115509	110542	429	293	136	1.90	2.54	1.23
55–59岁	**1252476**	**626363**	**626113**	**3593**	**2615**	**978**	**2.87**	**4.17**	**1.56**
55	242233	123015	119218	509	357	152	2.10	2.90	1.27
56	314685	158181	156504	794	575	219	2.52	3.64	1.40
57	314030	157832	156198	933	689	244	2.97	4.37	1.56
58	186040	92347	93693	649	474	175	3.49	5.13	1.87
59	195488	94988	100500	708	520	188	3.62	5.47	1.87
60–64岁	**1114961**	**536890**	**578071**	**5271**	**3757**	**1514**	**4.73**	**7.00**	**2.62**
60	215958	105245	110713	802	586	216	3.71	5.57	1.95
61	209299	101621	107678	947	672	275	4.52	6.61	2.55
62	240751	116219	124532	1156	856	300	4.80	7.37	2.41
63	228883	109277	119606	1183	843	340	5.17	7.71	2.84
64	220070	104528	115542	1183	800	383	5.38	7.65	3.31

6-4a 续表 2

单位：人、‰

年 龄	平均人口			死亡人口			死亡率		
	合计	男	女	合计	男	女	合计	男	女
65–69岁	**917057**	**431939**	**485118**	**6946**	**4548**	**2398**	**7.57**	**10.53**	**4.94**
65	227141	107136	120005	1366	891	475	6.01	8.32	3.96
66	206377	96890	109487	1396	948	448	6.76	9.78	4.09
67	181872	85436	96436	1349	893	456	7.42	10.45	4.73
68	162012	76068	85944	1438	939	499	8.88	12.34	5.81
69	139655	66409	73246	1397	877	520	10.00	13.21	7.10
70–74岁	**498135**	**232154**	**265981**	**6675**	**4100**	**2575**	**13.40**	**17.66**	**9.68**
70	129545	61949	67596	1370	901	469	10.58	14.54	6.94
71	101416	47164	54252	1257	774	483	12.39	16.41	8.90
72	94121	43509	50612	1232	748	484	13.09	17.19	9.56
73	89182	41274	47908	1401	831	570	15.71	20.13	11.90
74	83871	38258	45613	1415	846	569	16.87	22.11	12.47
75–79岁	**322209**	**141128**	**181081**	**8132**	**4520**	**3612**	**25.24**	**32.03**	**19.95**
75	69220	30942	38278	1381	813	568	19.95	26.27	14.84
76	61171	27146	34025	1399	809	590	22.87	29.80	17.34
77	64597	28284	36313	1651	924	727	25.56	32.67	20.02
78	64624	27765	36859	1794	968	826	27.76	34.86	22.41
79	62597	26991	35606	1907	1006	901	30.46	37.27	25.30
80–84岁	**292432**	**126386**	**166046**	**14299**	**7125**	**7174**	**48.90**	**56.37**	**43.20**
80	62640	26434	36206	2317	1114	1203	36.99	42.14	33.23
81	60716	25694	35022	2513	1235	1278	41.39	48.07	36.49
82	61386	26533	34853	2958	1477	1481	48.19	55.67	42.49
83	55567	24676	30891	3203	1627	1576	57.64	65.93	51.02
84	52123	23049	29074	3308	1672	1636	63.47	72.54	56.27
85–89岁	**161824**	**72771**	**89053**	**14844**	**7375**	**7469**	**91.73**	**101.35**	**83.87**
85	45200	20031	25169	3410	1716	1694	75.44	85.67	67.31
86	39153	17624	21529	3260	1619	1641	83.26	91.86	76.22
87	31587	14181	17406	3081	1513	1568	97.54	106.69	90.08
88	24952	11531	13421	2650	1293	1357	106.20	112.13	101.11
89	20932	9404	11528	2443	1234	1209	116.71	131.22	104.88
90–94岁	**52040**	**22994**	**29046**	**8082**	**3928**	**4154**	**155.30**	**170.83**	**143.01**
90	17493	7816	9677	2308	1158	1150	131.94	148.16	118.84
91	12548	5493	7055	1915	928	987	152.61	168.94	139.90
92	9937	4401	5536	1660	797	863	167.05	181.10	155.89
93	6926	3093	3833	1225	569	656	176.87	183.96	171.15
94	5136	2191	2945	974	476	498	189.64	217.25	169.10
95–99岁	**10889**	**4556**	**6333**	**2321**	**1032**	**1289**	**213.15**	**226.51**	**203.54**
95	3842	1644	2198	813	402	411	211.61	244.53	186.99
96	2753	1143	1610	562	239	323	204.14	209.10	200.62
97	1946	822	1124	404	167	237	207.61	203.16	210.85
98	1399	579	820	324	142	182	231.59	245.25	221.95
99	949	368	581	218	82	136	229.72	222.83	234.08
100岁及以上	**2093**	**837**	**1256**	**516**	**191**	**325**	**246.54**	**228.20**	**258.76**

6–4b　全市分年龄、性别的死亡人口状况
(2019.11.1–2020.10.31)(镇)

单位：人、‰

年　龄	平均人口			死亡人口			死亡率		
	合计	男	女	合计	男	女	合计	男	女
总　计	**1413393**	**769242**	**644151**	**5756**	**3242**	**2514**	**4.07**	**4.21**	**3.90**
0–4岁	**67338**	**34811**	**32527**	**14**	**11**	**3**	**0.21**	**0.32**	**0.09**
0	12680	6558	6122	12	10	2	0.95	1.52	0.33
1	13503	6997	6506						
2	14247	7356	6891	1	1		0.07	0.14	
3	16803	8631	8172	1		1	0.06		0.12
4	10105	5269	4836						
5–9岁	**50853**	**26433**	**24420**	**5**		**5**	**0.10**		**0.20**
5	12850	6637	6213	4		4	0.31		0.64
6	10199	5296	4903	1		1	0.10		0.20
7	10557	5584	4973						
8	9521	4923	4598						
9	7726	3993	3733						
10–14岁	**33311**	**17481**	**15830**	**4**	**2**	**2**	**0.12**	**0.11**	**0.13**
10	7584	3947	3637						
11	7178	3693	3485	2	1	1	0.28	0.27	0.29
12	7141	3727	3414	1		1	0.14		0.29
13	6138	3266	2872						
14	5270	2848	2422	1	1		0.19	0.35	
15–19岁	**46964**	**27160**	**19804**	**7**	**6**	**1**	**0.15**	**0.22**	**0.05**
15	4794	2668	2126						
16	4392	2558	1834	1	1		0.23	0.39	
17	8818	4980	3838	2	2		0.23	0.40	
18	12517	7358	5159	2	1	1	0.16	0.14	0.19
19	16443	9596	6847	2	2		0.12	0.21	
20–24岁	**110442**	**62553**	**47889**	**9**	**4**	**5**	**0.08**	**0.06**	**0.10**
20	17472	10010	7462	1		1	0.06		0.13
21	20526	11584	8942						
22	23709	13548	10161	2		2	0.08		0.20
23	23709	13347	10362	3	2	1	0.13	0.15	0.10
24	25026	14064	10962	3	2	1	0.12	0.14	0.09
25–29岁	**140781**	**80187**	**60594**	**13**	**10**	**3**	**0.09**	**0.12**	**0.05**
25	24963	13825	11138	4	3	1	0.16	0.22	0.09
26	26043	14755	11288	1	1		0.04	0.07	
27	28363	16278	12085	3	2	1	0.11	0.12	0.08
28	27743	15935	11808	4	3	1	0.14	0.19	0.08
29	33669	19394	14275	1	1		0.03	0.05	

6-4b 续表 1

单位：人、‰

年 龄	平均人口			死亡人口			死亡率		
	合计	男	女	合计	男	女	合计	男	女
30-34岁	**178625**	**100558**	**78067**	**28**	**22**	**6**	**0.16**	**0.22**	**0.08**
30	38134	21699	16435	6	5	1	0.16	0.23	0.06
31	36848	20687	16161	6	5	1	0.16	0.24	0.06
32	38278	21543	16735	7	6	1	0.18	0.28	0.06
33	34974	19606	15368	6	3	3	0.17	0.15	0.20
34	30391	17023	13368	3	3		0.10	0.18	
35-39岁	**130700**	**74160**	**56540**	**42**	**30**	**12**	**0.32**	**0.40**	**0.21**
35	26864	15100	11764	8	6	2	0.30	0.40	0.17
36	26598	15008	11590	9	9		0.34	0.60	
37	28298	16056	12242	9	4	5	0.32	0.25	0.41
38	27380	15698	11682	8	4	4	0.29	0.25	0.34
39	21560	12298	9262	8	7	1	0.37	0.57	0.11
40-44岁	**94325**	**53945**	**40380**	**69**	**51**	**18**	**0.73**	**0.95**	**0.45**
40	21559	12371	9188	10	6	4	0.46	0.49	0.44
41	20066	11638	8428	13	9	4	0.65	0.77	0.47
42	17790	10154	7636	15	12	3	0.84	1.18	0.39
43	17336	9847	7489	14	10	4	0.81	1.02	0.53
44	17574	9935	7639	17	14	3	0.97	1.41	0.39
45-49岁	**112349**	**62542**	**49807**	**115**	**86**	**29**	**1.02**	**1.38**	**0.58**
45	18472	10246	8226	18	16	2	0.97	1.56	0.24
46	21467	11980	9487	20	10	10	0.93	0.83	1.05
47	23392	13023	10369	20	16	4	0.85	1.23	0.39
48	23894	13198	10696	20	14	6	0.84	1.06	0.56
49	25124	14095	11029	37	30	7	1.47	2.13	0.63
50-54岁	**114388**	**63489**	**50899**	**212**	**160**	**52**	**1.85**	**2.52**	**1.02**
50	24671	13661	11010	30	24	6	1.22	1.76	0.54
51	25389	14151	11238	48	36	12	1.89	2.54	1.07
52	21732	11999	9733	42	29	13	1.93	2.42	1.34
53	20285	11310	8975	42	31	11	2.07	2.74	1.23
54	22311	12368	9943	50	40	10	2.24	3.23	1.01
55-59岁	**103288**	**54594**	**48694**	**350**	**235**	**115**	**3.39**	**4.30**	**2.36**
55	23143	12446	10697	67	43	24	2.90	3.45	2.24
56	26048	13855	12193	65	45	20	2.50	3.25	1.64
57	25888	13796	12092	86	54	32	3.32	3.91	2.65
58	13742	7120	6622	64	43	21	4.66	6.04	3.17
59	14467	7377	7090	68	50	18	4.70	6.78	2.54
60-64岁	**80214**	**40427**	**39787**	**425**	**276**	**149**	**5.30**	**6.83**	**3.74**
60	16530	8381	8149	78	50	28	4.72	5.97	3.44
61	15702	8094	7608	93	65	28	5.92	8.03	3.68
62	16746	8507	8239	85	52	33	5.08	6.11	4.01
63	16208	8022	8186	84	55	29	5.18	6.86	3.54
64	15028	7423	7605	85	54	31	5.66	7.27	4.08

6-4b　续表 2　　单位：人、‰

年　龄	平均人口			死亡人口			死亡率		
	合计	男	女	合计	男	女	合计	男	女
65–69岁	**63660**	**31357**	**32303**	**630**	**408**	**222**	**9.90**	**13.01**	**6.87**
65	15671	7813	7858	141	91	50	9.00	11.65	6.36
66	13979	6871	7108	110	77	33	7.87	11.21	4.64
67	12757	6255	6502	112	78	34	8.78	12.47	5.23
68	11403	5544	5859	149	97	52	13.07	17.50	8.88
69	9850	4874	4976	118	65	53	11.98	13.34	10.65
70–74岁	**35839**	**17114**	**18725**	**674**	**390**	**284**	**18.81**	**22.79**	**15.17**
70	9187	4481	4706	137	88	49	14.91	19.64	10.41
71	7373	3537	3836	124	69	55	16.82	19.51	14.34
72	6810	3288	3522	109	64	45	16.01	19.46	12.78
73	6533	3045	3488	150	87	63	22.96	28.57	18.06
74	5936	2763	3173	154	82	72	25.94	29.68	22.69
75–79岁	**21540**	**9768**	**11772**	**780**	**428**	**352**	**36.21**	**43.82**	**29.90**
75	5058	2307	2751	148	83	65	29.26	35.98	23.63
76	4427	1978	2449	141	76	65	31.85	38.42	26.54
77	4135	1928	2207	151	85	66	36.52	44.09	29.90
78	4219	1893	2326	151	77	74	35.79	40.68	31.81
79	3701	1662	2039	189	107	82	51.07	64.38	40.22
80–84岁	**15913**	**7198**	**8715**	**958**	**496**	**462**	**60.20**	**68.91**	**53.01**
80	3662	1614	2048	186	92	94	50.79	57.00	45.90
81	3399	1571	1828	194	105	89	57.08	66.84	48.69
82	3355	1548	1807	209	110	99	62.30	71.06	54.79
83	2778	1250	1528	176	92	84	63.35	73.60	54.97
84	2719	1215	1504	193	97	96	70.98	79.84	63.83
85–89岁	**8962**	**3872**	**5090**	**870**	**402**	**468**	**97.08**	**103.82**	**91.94**
85	2451	1087	1364	223	116	107	90.98	106.72	78.45
86	2212	981	1231	190	79	111	85.90	80.53	90.17
87	1746	728	1018	179	88	91	102.52	120.88	89.39
88	1366	573	793	145	62	83	106.15	108.20	104.67
89	1187	503	684	133	57	76	112.05	113.32	111.11
90–94岁	**2981**	**1228**	**1753**	**431**	**186**	**245**	**144.58**	**151.47**	**139.76**
90	949	405	544	115	48	67	121.18	118.52	123.16
91	775	311	464	123	57	66	158.71	183.28	142.24
92	608	256	352	88	40	48	144.74	156.25	136.36
93	370	167	203	53	25	28	143.24	149.70	137.93
94	279	89	190	52	16	36	186.38	179.78	189.47
95–99岁	**665**	**257**	**408**	**96**	**34**	**62**	**144.36**	**132.30**	**151.96**
95	225	86	139	29	14	15	128.89	162.79	107.91
96	158	58	100	24	7	17	151.90	120.69	170.00
97	112	42	70	23	7	16	205.36	166.67	228.57
98	95	44	51	16	5	11	168.42	113.64	215.69
99	75	27	48	4	1	3	53.33	37.04	62.50
100岁及以上	**255**	**108**	**147**	**24**	**5**	**19**	**94.12**	**46.30**	**129.25**

6-4c 全市分年龄、性别的死亡人口状况 (2019.11.1-2020.10.31)(乡村)

单位：人、‰

年 龄	平均人口			死亡人口			死亡率		
	合计	男	女	合计	男	女	合计	男	女
总 计	**2727399**	**1489260**	**1238139**	**19044**	**10870**	**8174**	**6.98**	**7.30**	**6.60**
0-4岁	**124822**	**64566**	**60256**	**49**	**33**	**16**	**0.39**	**0.51**	**0.27**
0	24195	12402	11793	33	24	9	1.36	1.94	0.76
1	25504	13300	12204	5	3	2	0.20	0.23	0.16
2	27378	14221	13157	4	4		0.15	0.28	
3	30029	15456	14573	2	1	1	0.07	0.06	0.07
4	17716	9187	8529	5	1	4	0.28	0.11	0.47
5-9岁	**90277**	**46929**	**43348**	**13**	**5**	**8**	**0.14**	**0.11**	**0.18**
5	21900	11311	10589						
6	18204	9464	8740	2	1	1	0.11	0.11	0.11
7	18679	9657	9022	2	1	1	0.11	0.10	0.11
8	17232	9051	8181	5	1	4	0.29	0.11	0.49
9	14262	7446	6816	4	2	2	0.28	0.27	0.29
10-14岁	**66287**	**34662**	**31625**	**11**	**8**	**3**	**0.17**	**0.23**	**0.09**
10	14537	7580	6957	3	2	1	0.21	0.26	0.14
11	13734	7074	6660	1		1	0.07		0.15
12	14284	7493	6791	1	1		0.07	0.13	
13	12608	6568	6040	3	2	1	0.24	0.30	0.17
14	11124	5947	5177	3	3		0.27	0.50	
15-19岁	**59514**	**36406**	**23108**	**15**	**11**	**4**	**0.25**	**0.30**	**0.17**
15	9031	5074	3957	1	1		0.11	0.20	
16	6564	3909	2655	2	2		0.30	0.51	
17	11500	6824	4676	3	3		0.26	0.44	
18	14915	9341	5574	7	3	4	0.47	0.32	0.72
19	17504	11258	6246	2	2		0.11	0.18	
20-24岁	**132750**	**78940**	**53810**	**32**	**20**	**12**	**0.24**	**0.25**	**0.22**
20	19856	12340	7516	3	1	2	0.15	0.08	0.27
21	22569	13735	8834	3	2	1	0.13	0.15	0.11
22	27208	16168	11040	6	3	3	0.22	0.19	0.27
23	29638	17201	12437	8	4	4	0.27	0.23	0.32
24	33479	19496	13983	12	10	2	0.36	0.51	0.14
25-29岁	**204717**	**119335**	**85382**	**52**	**30**	**22**	**0.25**	**0.25**	**0.26**
25	34781	20139	14642	10	8	2	0.29	0.40	0.14
26	35617	20683	14934	11	7	4	0.31	0.34	0.27
27	38337	22428	15909	11	5	6	0.29	0.22	0.38
28	41490	24330	17160	4	1	3	0.10	0.04	0.17
29	54492	31755	22737	16	9	7	0.29	0.28	0.31

6-4c　续表 1　　　　单位：人、‰

年龄	平均人口			死亡人口			死亡率		
	合计	男	女	合计	男	女	合计	男	女
30–34岁	**299002**	**171885**	**127117**	**101**	**76**	**25**	**0.34**	**0.44**	**0.20**
30	63901	36886	27015	9	9		0.14	0.24	
31	61913	35604	26309	25	18	7	0.40	0.51	0.27
32	64268	36775	27493	17	13	4	0.26	0.35	0.15
33	58370	33517	24853	19	13	6	0.33	0.39	0.24
34	50550	29103	21447	31	23	8	0.61	0.79	0.37
35–39岁	**211949**	**123655**	**88294**	**150**	**107**	**43**	**0.71**	**0.87**	**0.49**
35	44012	25549	18463	25	16	9	0.57	0.63	0.49
36	42208	24588	17620	18	10	8	0.43	0.41	0.45
37	44789	26265	18524	33	25	8	0.74	0.95	0.43
38	44319	25859	18460	37	29	8	0.83	1.12	0.43
39	36621	21394	15227	37	27	10	1.01	1.26	0.66
40–44岁	**171876**	**98450**	**73426**	**167**	**133**	**34**	**0.97**	**1.35**	**0.46**
40	37759	21810	15949	29	26	3	0.77	1.19	0.19
41	35831	20637	15194	35	30	5	0.98	1.45	0.33
42	33353	19127	14226	34	28	6	1.02	1.46	0.42
43	31640	17964	13676	30	21	9	0.95	1.17	0.66
44	33293	18912	14381	39	28	11	1.17	1.48	0.76
45–49岁	**236093**	**131911**	**104182**	**400**	**307**	**93**	**1.69**	**2.33**	**0.89**
45	36659	20457	16202	58	48	10	1.58	2.35	0.62
46	43865	24661	19204	69	54	15	1.57	2.19	0.78
47	49127	27280	21847	77	57	20	1.57	2.09	0.92
48	51214	28702	22512	88	66	22	1.72	2.30	0.98
49	55228	30811	24417	108	82	26	1.96	2.66	1.06
50–54岁	**264409**	**146092**	**118317**	**676**	**474**	**202**	**2.56**	**3.24**	**1.71**
50	55088	30754	24334	120	85	35	2.18	2.76	1.44
51	56620	31525	25095	144	90	54	2.54	2.85	2.15
52	50331	27648	22683	108	81	27	2.15	2.93	1.19
53	48223	26571	21652	149	109	40	3.09	4.10	1.85
54	54147	29594	24553	155	109	46	2.86	3.68	1.87
55–59岁	**253912**	**135065**	**118847**	**1051**	**761**	**290**	**4.14**	**5.63**	**2.44**
55	57242	30853	26389	203	149	54	3.55	4.83	2.05
56	63971	34250	29721	231	169	62	3.61	4.93	2.09
57	63677	33878	29799	257	188	69	4.04	5.55	2.32
58	33721	17797	15924	157	110	47	4.66	6.18	2.95
59	35301	18287	17014	203	145	58	5.75	7.93	3.41
60–64岁	**199036**	**102902**	**96134**	**1385**	**946**	**439**	**6.96**	**9.19**	**4.57**
60	41719	21862	19857	246	175	71	5.90	8.00	3.58
61	39784	20708	19076	253	186	67	6.36	8.98	3.51
62	40032	20829	19203	257	176	81	6.42	8.45	4.22
63	39750	20373	19377	297	202	95	7.47	9.92	4.90
64	37751	19130	18621	332	207	125	8.79	10.82	6.71

6-4c 续表 2　　单位：人、‰

年 龄	平均人口			死亡人口			死亡率		
	合计	男	女	合计	男	女	合计	男	女
65—69岁	**169269**	**84081**	**85188**	**2026**	**1266**	**760**	**11.97**	**15.06**	**8.92**
65	40127	20132	19995	341	221	120	8.50	10.98	6.00
66	36690	18306	18384	404	248	156	11.01	13.55	8.49
67	34550	17209	17341	418	260	158	12.10	15.11	9.11
68	31711	15572	16139	465	295	170	14.66	18.94	10.53
69	26191	12862	13329	398	242	156	15.20	18.82	11.70
70—74岁	**105766**	**51173**	**54593**	**2272**	**1330**	**942**	**21.48**	**25.99**	**17.25**
70	26087	12794	13293	429	265	164	16.44	20.71	12.34
71	21488	10431	11057	450	253	197	20.94	24.25	17.82
72	20498	9967	10531	400	228	172	19.51	22.88	16.33
73	19656	9473	10183	479	276	203	24.37	29.14	19.94
74	18037	8508	9529	514	308	206	28.50	36.20	21.62
75—79岁	**62633**	**29762**	**32871**	**2497**	**1440**	**1057**	**39.87**	**48.38**	**32.16**
75	15141	7216	7925	504	295	209	33.29	40.88	26.37
76	13404	6394	7010	488	288	200	36.41	45.04	28.53
77	12217	5776	6441	481	279	202	39.37	48.30	31.36
78	11715	5512	6203	533	287	246	45.50	52.07	39.66
79	10156	4864	5292	491	291	200	48.35	59.83	37.79
80—84岁	**42101**	**20056**	**22045**	**3300**	**1795**	**1505**	**78.38**	**89.50**	**68.27**
80	9237	4453	4784	588	316	272	63.66	70.96	56.86
81	9072	4434	4638	655	375	280	72.20	84.57	60.37
82	8961	4242	4719	702	388	314	78.34	91.47	66.54
83	7564	3564	4000	657	350	307	86.86	98.20	76.75
84	7267	3363	3904	698	366	332	96.05	108.83	85.04
85—89岁	**23563**	**9884**	**13679**	**3029**	**1445**	**1584**	**128.55**	**146.20**	**115.80**
85	6478	2810	3668	719	371	348	110.99	132.03	94.87
86	5658	2412	3246	673	343	330	118.95	142.21	101.66
87	4577	1906	2671	640	282	358	139.83	147.95	134.03
88	3896	1575	2321	505	221	284	129.62	140.32	122.36
89	2954	1181	1773	492	228	264	166.55	193.06	148.90
90—94岁	**7493**	**2819**	**4674**	**1416**	**559**	**857**	**188.98**	**198.30**	**183.35**
90	2457	941	1516	412	174	238	167.68	184.91	156.99
91	1981	745	1236	363	152	211	183.24	204.03	170.71
92	1471	559	912	297	117	180	201.90	209.30	197.37
93	866	318	548	197	63	134	227.48	198.11	244.53
94	718	256	462	147	53	94	204.74	207.03	203.46
95—99岁	**1585**	**556**	**1029**	**359**	**114**	**245**	**226.50**	**205.04**	**238.10**
95	574	213	361	128	50	78	223.00	234.74	216.07
96	395	113	282	101	31	70	255.70	274.34	248.23
97	286	118	168	51	14	37	178.32	118.64	220.24
98	193	70	123	50	12	38	259.07	171.43	308.94
99	137	42	95	29	7	22	211.68	166.67	231.58
100岁及以上	**345**	**131**	**214**	**43**	**10**	**33**	**124.64**	**76.34**	**154.21**

第一部分　全部数据资料

第七卷　户口登记状况

7-1 全市按现住地、户口登记地、

现住地	户口					
	合计			市内		
	合计	男	女	小计	男	女
北京	**13409576**	**6977849**	**6431727**	**4991158**	**2432369**	**2558789**
东城区	278939	135730	143209	120838	56265	64573
西城区	446612	215528	231084	202456	95030	107426
朝阳区	2117258	1051877	1065381	836511	404764	431747
丰台区	1243293	612464	630829	597971	287016	310955
石景山区	324850	160232	164618	158463	76891	81572
海淀区	1694567	857731	836836	576352	277460	298892
门头沟区	247098	125400	121698	131849	65148	66701
房山区	744906	388471	356435	306553	151008	155545
通州区	1276127	685126	591001	378127	186874	191253
顺义区	914431	502752	411679	315145	153787	161358
昌平区	1783664	973180	810484	473282	237455	235827
大兴区	1475964	809877	666087	458064	228977	229087
怀柔区	259582	143340	116242	103805	50788	53017
平谷区	179343	92673	86670	101067	49042	52025
密云区	253569	131432	122137	142038	68622	73416
延庆区	169373	92036	77337	88637	43242	45395

7-1a 全市按现住地、户口登记地、

现住地	户口					
	合计			市内		
	合计	男	女	小计	男	女
北京	**11286299**	**5748420**	**5537879**	**4506274**	**2193459**	**2312815**
东城区	278939	135730	143209	120838	56265	64573
西城区	446612	215528	231084	202456	95030	107426
朝阳区	2101658	1043828	1057830	832109	402574	429535
丰台区	1232986	606983	626003	593606	284955	308651
石景山区	324850	160232	164618	158463	76891	81572
海淀区	1652065	832803	819262	567316	272794	294522
门头沟区	222695	112009	110686	122782	60614	62168
房山区	630907	325132	305775	272928	135365	137563
通州区	832273	427736	404537	291196	143216	147980
顺义区	575691	302341	273350	249427	122323	127104
昌平区	1216807	648670	568137	348651	174169	174482
大兴区	1158088	616146	541942	399929	200081	199848
怀柔区	191947	104001	87946	84245	41110	43135
平谷区	128420	66796	61624	78923	39340	39583
密云区	191272	96698	94574	120666	58097	62569
延庆区	101089	53787	47302	62739	30635	32104

性别分的户口登记地在外乡镇街道的人口

单位：人

登记地					
市辖区内人户分离			市　　外		
小计	男	女	小计	男	女
4991158	**2432369**	**2558789**	**8418418**	**4545480**	**3872938**
120838	56265	64573	158101	79465	78636
202456	95030	107426	244156	120498	123658
836511	404764	431747	1280747	647113	633634
597971	287016	310955	645322	325448	319874
158463	76891	81572	166387	83341	83046
576352	277460	298892	1118215	580271	537944
131849	65148	66701	115249	60252	54997
306553	151008	155545	438353	237463	200890
378127	186874	191253	898000	498252	399748
315145	153787	161358	599286	348965	250321
473282	237455	235827	1310382	735725	574657
458064	228977	229087	1017900	580900	437000
103805	50788	53017	155777	92552	63225
101067	49042	52025	78276	43631	34645
142038	68622	73416	111531	62810	48721
88637	43242	45395	80736	48794	31942

性别分的户口登记地在外乡镇街道的人口(城市)

单位：人

登记地					
市辖区内人户分离			市　　外		
小计	男	女	小计	男	女
4506274	**2193459**	**2312815**	**6780025**	**3554961**	**3225064**
120838	56265	64573	158101	79465	78636
202456	95030	107426	244156	120498	123658
832109	402574	429535	1269549	641254	628295
593606	284955	308651	639380	322028	317352
158463	76891	81572	166387	83341	83046
567316	272794	294522	1084749	560009	524740
122782	60614	62168	99913	51395	48518
272928	135365	137563	357979	189767	168212
291196	143216	147980	541077	284520	256557
249427	122323	127104	326264	180018	146246
348651	174169	174482	868156	474501	393655
399929	200081	199848	758159	416065	342094
84245	41110	43135	107702	62891	44811
78923	39340	39583	49497	27456	22041
120666	58097	62569	70606	38601	32005
62739	30635	32104	38350	23152	15198

7-1b 全市按现住地、户口登记地、

现住地	户口					
	合计			市内		
	合计	男	女	小计	男	女
北京	**958712**	**539769**	**418943**	**250549**	**126067**	**124482**
东城区						
西城区						
朝阳区	15600	8049	7551	4402	2190	2212
丰台区	5808	2919	2889	2669	1263	1406
石景山区						
海淀区						
门头沟区	13834	7415	6419	5717	2815	2902
房山区	35771	19330	16441	13606	6489	7117
通州区	229020	129159	99861	49711	25434	24277
顺义区	109020	63004	46016	24717	12270	12447
昌平区	302211	166752	135459	76376	38505	37871
大兴区	141155	83375	57780	34503	17804	16699
怀柔区	36141	21433	14708	9078	4559	4519
平谷区	18499	9462	9037	9811	4628	5183
密云区	22524	12740	9784	7587	3812	3775
延庆区	29129	16131	12998	12372	6298	6074

7-1c 全市按现住地、户口登记地、

现住地	户口					
	合计			市内		
	合计	男	女	小计	男	女
北京	**1164565**	**689660**	**474905**	**234335**	**112843**	**121492**
东城区						
西城区						
朝阳区						
丰台区	4499	2562	1937	1696	798	898
石景山区						
海淀区	42502	24928	17574	9036	4666	4370
门头沟区	10569	5976	4593	3350	1719	1631
房山区	78228	44009	34219	20019	9154	10865
通州区	214834	128231	86603	37220	18224	18996
顺义区	229720	137407	92313	41001	19194	21807
昌平区	264646	157758	106888	48255	24781	23474
大兴区	176721	110356	66365	23632	11092	12540
怀柔区	31494	17906	13588	10482	5119	5363
平谷区	32424	16415	16009	12333	5074	7259
密云区	39773	21994	17779	13785	6713	7072
延庆区	39155	22118	17037	13526	6309	7217

性别分的户口登记地在外乡镇街道的人口(镇)

单位：人

登记地					
市辖区内人户分离			市　外		
小计	男	女	小计	男	女
250549	**126067**	**124482**	**708163**	**413702**	**294461**
4402	2190	2212	11198	5859	5339
2669	1263	1406	3139	1656	1483
5717	2815	2902	8117	4600	3517
13606	6489	7117	22165	12841	9324
49711	25434	24277	179309	103725	75584
24717	12270	12447	84303	50734	33569
76376	38505	37871	225835	128247	97588
34503	17804	16699	106652	65571	41081
9078	4559	4519	27063	16874	10189
9811	4628	5183	8688	4834	3854
7587	3812	3775	14937	8928	6009
12372	6298	6074	16757	9833	6924

性别分的户口登记地在外乡镇街道的人口(乡村)

单位：人

登记地					
市辖区内人户分离			市　外		
小计	男	女	小计	男	女
234335	**112843**	**121492**	**930230**	**576817**	**353413**
1696	798	898	2803	1764	1039
9036	4666	4370	33466	20262	13204
3350	1719	1631	7219	4257	2962
20019	9154	10865	58209	34855	23354
37220	18224	18996	177614	110007	67607
41001	19194	21807	188719	118213	70506
48255	24781	23474	216391	132977	83414
23632	11092	12540	153089	99264	53825
10482	5119	5363	21012	12787	8225
12333	5074	7259	20091	11341	8750
13785	6713	7072	25988	15281	10707
13526	6309	7217	25629	15809	9820

7-2 全市按户口登记地、年龄、性别分的

年龄	合计			户口 市内		
	合计	男	女	小计	男	女
总计	**13409576**	**6977849**	**6431727**	**4991158**	**2432369**	**2558789**
0-4岁	**499237**	**259583**	**239654**	**252000**	**130505**	**121495**
0	59932	31204	28728	30489	15827	14662
1	100921	52652	48269	48985	25477	23508
2	102045	52873	49172	51129	26503	24626
3	118552	61397	57155	61243	31648	29595
4	117787	61457	56330	60154	31050	29104
5-9岁	**451063**	**236544**	**214519**	**225969**	**117263**	**108706**
5	90341	47334	43007	45918	23763	22155
6	107024	56080	50944	54962	28470	26492
7	84584	44133	40451	41565	21540	20025
8	92844	48805	44039	45806	23768	22038
9	76270	40192	36078	37718	19722	17996
10-14岁	**311369**	**165411**	**145958**	**164196**	**85142**	**79054**
10	66921	35463	31458	30989	16036	14953
11	69383	36906	32477	34445	17917	16528
12	63018	33345	29673	34034	17677	16357
13	61991	32830	29161	35940	18605	17335
14	50056	26867	23189	28788	14907	13881
15-19岁	**417055**	**235726**	**181329**	**182023**	**92203**	**89820**
15	50830	27439	23391	32911	16817	16094
16	60787	33802	26985	36939	18831	18108
17	63588	36577	27011	27898	14092	13806
18	100263	57712	42551	37526	19124	18402
19	141587	80196	61391	46749	23339	23410
20-24岁	**1031532**	**555332**	**476200**	**215428**	**107392**	**108036**
20	168091	94032	74059	50944	25401	25543
21	167273	92630	74643	41430	20526	20904
22	197233	107641	89592	35983	18266	17717
23	236331	124789	111542	42317	21051	21266
24	262604	136240	126364	44754	22148	22606
25-29岁	**1565943**	**817054**	**748889**	**311321**	**146975**	**164346**
25	291555	149953	141602	51815	24689	27126
26	298380	153414	144966	56794	26960	29834
27	323942	168886	155056	62753	29421	33332
28	326626	172155	154471	69053	32676	36377
29	325440	172646	152794	70906	33229	37677

户口登记地在外乡镇街道的人口

单位：人

登记地					
其中市辖区内人户分离			市外		
小计	男	女	小计	男	女
4991158	**2432369**	**2558789**	**8418418**	**4545480**	**3872938**
252000	**130505**	**121495**	**247237**	**129078**	**118159**
30489	15827	14662	29443	15377	14066
48985	25477	23508	51936	27175	24761
51129	26503	24626	50916	26370	24546
61243	31648	29595	57309	29749	27560
60154	31050	29104	57633	30407	27226
225969	**117263**	**108706**	**225094**	**119281**	**105813**
45918	23763	22155	44423	23571	20852
54962	28470	26492	52062	27610	24452
41565	21540	20025	43019	22593	20426
45806	23768	22038	47038	25037	22001
37718	19722	17996	38552	20470	18082
164196	**85142**	**79054**	**147173**	**80269**	**66904**
30989	16036	14953	35932	19427	16505
34445	17917	16528	34938	18989	15949
34034	17677	16357	28984	15668	13316
35940	18605	17335	26051	14225	11826
28788	14907	13881	21268	11960	9308
182023	**92203**	**89820**	**235032**	**143523**	**91509**
32911	16817	16094	17919	10622	7297
36939	18831	18108	23848	14971	8877
27898	14092	13806	35690	22485	13205
37526	19124	18402	62737	38588	24149
46749	23339	23410	94838	56857	37981
215428	**107392**	**108036**	**816104**	**447940**	**368164**
50944	25401	25543	117147	68631	48516
41430	20526	20904	125843	72104	53739
35983	18266	17717	161250	89375	71875
42317	21051	21266	194014	103738	90276
44754	22148	22606	217850	114092	103758
311321	**146975**	**164346**	**1254622**	**670079**	**584543**
51815	24689	27126	239740	125264	114476
56794	26960	29834	241586	126454	115132
62753	29421	33332	261189	139465	121724
69053	32676	36377	257573	139479	118094
70906	33229	37677	254534	139417	115117

7-2 续表 1

年龄	户口					
	合计			市内		
	合计	男	女	小计	男	女
30-34岁	**1906896**	**997730**	**909166**	**528663**	**246769**	**281894**
30	406913	216738	190175	96825	45443	51382
31	395993	207680	188313	104760	48780	55980
32	376745	196180	180565	108620	50595	58025
33	390492	202362	188130	115867	53546	62321
34	336753	174770	161983	102591	48405	54186
35-39岁	**1478523**	**770908**	**707615**	**497669**	**238452**	**259217**
35	290299	150944	139355	90946	43202	47744
36	292775	152253	140522	94808	45060	49748
37	295501	153538	141963	102826	49315	53511
38	331055	172298	158757	115939	55728	60211
39	268893	141875	127018	93150	45147	48003
40-44岁	**1076552**	**570791**	**505761**	**364740**	**178473**	**186267**
40	240267	126916	113351	86062	41811	44251
41	236737	125902	110835	81803	40260	41543
42	217710	114901	102809	74465	36367	38098
43	188622	100451	88171	61871	30453	31418
44	193216	102621	90595	60539	29582	30957
45-49岁	**1047112**	**559617**	**487495**	**370158**	**181733**	**188425**
45	186724	99463	87261	60134	29479	30655
46	200763	107453	93310	68671	33428	35243
47	217433	116044	101389	79797	38981	40816
48	220535	117947	102588	79925	39623	40302
49	221657	118710	102947	81631	40222	41409
50-54岁	**987680**	**529250**	**458430**	**364986**	**180146**	**184840**
50	227871	122426	105445	83095	40975	42120
51	207153	110631	96522	79276	38947	40329
52	215839	115350	100489	82166	40512	41654
53	160462	86027	74435	56238	27809	28429
54	176355	94816	81539	64211	31903	32308
55-59岁	**851968**	**437858**	**414110**	**416704**	**209274**	**207430**
55	174098	92151	81947	70757	35666	35091
56	186799	96698	90101	88598	44572	44026
57	227603	116697	110906	117692	59188	58504
58	159396	81347	78049	80078	40633	39445
59	104072	50965	53107	59579	29215	30364
60-64岁	**652930**	**317512**	**335418**	**370723**	**181633**	**189090**
60	131065	64105	66960	76542	37838	38704
61	116729	57293	59436	67656	33408	34248
62	134487	65971	68516	75470	37162	38308
63	142502	68705	73797	79654	38667	40987
64	128147	61438	66709	71401	34558	36843

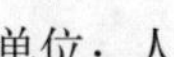

单位：人

登记地					
其中市辖区内人户分离			市　　外		
小计	男	女	小计	男	女
528663	**246769**	**281894**	**1378233**	**750961**	**627272**
96825	45443	51382	310088	171295	138793
104760	48780	55980	291233	158900	132333
108620	50595	58025	268125	145585	122540
115867	53546	62321	274625	148816	125809
102591	48405	54186	234162	126365	107797
497669	**238452**	**259217**	**980854**	**532456**	**448398**
90946	43202	47744	199353	107742	91611
94808	45060	49748	197967	107193	90774
102826	49315	53511	192675	104223	88452
115939	55728	60211	215116	116570	98546
93150	45147	48003	175743	96728	79015
364740	**178473**	**186267**	**711812**	**392318**	**319494**
86062	41811	44251	154205	85105	69100
81803	40260	41543	154934	85642	69292
74465	36367	38098	143245	78534	64711
61871	30453	31418	126751	69998	56753
60539	29582	30957	132677	73039	59638
370158	**181733**	**188425**	**676954**	**377884**	**299070**
60134	29479	30655	126590	69984	56606
68671	33428	35243	132092	74025	58067
79797	38981	40816	137636	77063	60573
79925	39623	40302	140610	78324	62286
81631	40222	41409	140026	78488	61538
364986	**180146**	**184840**	**622694**	**349104**	**273590**
83095	40975	42120	144776	81451	63325
79276	38947	40329	127877	71684	56193
82166	40512	41654	133673	74838	58835
56238	27809	28429	104224	58218	46006
64211	31903	32308	112144	62913	49231
416704	**209274**	**207430**	**435264**	**228584**	**206680**
70757	35666	35091	103341	56485	46856
88598	44572	44026	98201	52126	46075
117692	59188	58504	109911	57509	52402
80078	40633	39445	79318	40714	38604
59579	29215	30364	44493	21750	22743
370723	**181633**	**189090**	**282207**	**135879**	**146328**
76542	37838	38704	54523	26267	28256
67656	33408	34248	49073	23885	25188
75470	37162	38308	59017	28809	30208
79654	38667	40987	62848	30038	32810
71401	34558	36843	56746	26880	29866

7-2 续表 2

年龄	户口					
	合计			市内		
	合计	男	女	小计	男	女
65-69岁	**527253**	**250368**	**276885**	**305241**	**146209**	**159032**
65	128179	61400	66779	72218	34963	37255
66	122529	58120	64409	70075	33425	36650
67	102519	48418	54101	59193	28231	30962
68	95186	45019	50167	56180	26745	29435
69	78840	37411	41429	47575	22845	24730
70-74岁	**262467**	**124814**	**137653**	**164516**	**78584**	**85932**
70	70379	33844	36535	42760	20690	22070
71	59621	28604	31017	36354	17572	18782
72	47645	22520	25125	29918	14257	15661
73	44399	20952	23447	28666	13557	15109
74	40423	18894	21529	26818	12508	14310
75-79岁	**142192**	**63653**	**78539**	**97675**	**43542**	**54133**
75	34363	15603	18760	23105	10426	12679
76	28712	13169	15543	18973	8678	10295
77	26820	12073	14747	18338	8246	10092
78	26872	11806	15066	19047	8366	10681
79	25425	11002	14423	18212	7826	10386
80-84岁	**109640**	**47294**	**62346**	**83987**	**35843**	**48144**
80	24686	10681	14005	18069	7719	10350
81	22581	9503	13078	17177	7171	10006
82	22595	9686	12909	17320	7348	9972
83	20961	9128	11833	16424	7009	9415
84	18817	8296	10521	14997	6596	8401
85-89岁	**61480**	**26626**	**34854**	**50667**	**22042**	**28625**
85	16837	7237	9600	13626	5852	7774
86	14391	6178	8213	11870	5148	6722
87	12580	5483	7097	10453	4579	5874
88	9901	4348	5553	8242	3634	4608
89	7771	3380	4391	6476	2829	3647
90-94岁	**21640**	**8969**	**12671**	**18277**	**7662**	**10615**
90	7154	3010	4144	5967	2532	3435
91	5084	2111	2973	4302	1797	2505
92	4128	1684	2444	3510	1451	2059
93	3060	1278	1782	2608	1110	1498
94	2214	886	1328	1890	772	1118
95-99岁	**5370**	**2120**	**3250**	**4673**	**1885**	**2788**
95	1787	690	1097	1541	610	931
96	1329	533	796	1161	467	694
97	929	367	562	805	329	476
98	761	307	454	672	279	393
99	564	223	341	494	200	294
100岁及以上	**1674**	**689**	**985**	**1542**	**642**	**900**

单位：人

登记地					
其中市辖区内人户分离			市　　外		
小计	男	女	小计	男	女
305241	**146209**	**159032**	**222012**	**104159**	**117853**
72218	34963	37255	55961	26437	29524
70075	33425	36650	52454	24695	27759
59193	28231	30962	43326	20187	23139
56180	26745	29435	39006	18274	20732
47575	22845	24730	31265	14566	16699
164516	**78584**	**85932**	**97951**	**46230**	**51721**
42760	20690	22070	27619	13154	14465
36354	17572	18782	23267	11032	12235
29918	14257	15661	17727	8263	9464
28666	13557	15109	15733	7395	8338
26818	12508	14310	13605	6386	7219
97675	**43542**	**54133**	**44517**	**20111**	**24406**
23105	10426	12679	11258	5177	6081
18973	8678	10295	9739	4491	5248
18338	8246	10092	8482	3827	4655
19047	8366	10681	7825	3440	4385
18212	7826	10386	7213	3176	4037
83987	**35843**	**48144**	**25653**	**11451**	**14202**
18069	7719	10350	6617	2962	3655
17177	7171	10006	5404	2332	3072
17320	7348	9972	5275	2338	2937
16424	7009	9415	4537	2119	2418
14997	6596	8401	3820	1700	2120
50667	**22042**	**28625**	**10813**	**4584**	**6229**
13626	5852	7774	3211	1385	1826
11870	5148	6722	2521	1030	1491
10453	4579	5874	2127	904	1223
8242	3634	4608	1659	714	945
6476	2829	3647	1295	551	744
18277	**7662**	**10615**	**3363**	**1307**	**2056**
5967	2532	3435	1187	478	709
4302	1797	2505	782	314	468
3510	1451	2059	618	233	385
2608	1110	1498	452	168	284
1890	772	1118	324	114	210
4673	**1885**	**2788**	**697**	**235**	**462**
1541	610	931	246	80	166
1161	467	694	168	66	102
805	329	476	124	38	86
672	279	393	89	28	61
494	200	294	70	23	47
1542	**642**	**900**	**132**	**47**	**85**

7-2a 全市按户口登记地、年龄、性别分的

年龄	合计			户口 市内		
	合计	男	女	小计	男	女
总计	**11286299**	**5748420**	**5537879**	**4506274**	**2193459**	**2312815**
0-4岁	**424165**	**220619**	**203546**	**222964**	**115557**	**107407**
0	51181	26684	24497	26912	13989	12923
1	84706	44196	40510	42829	22309	20520
2	86055	44606	41449	44911	23307	21604
3	101338	52451	48887	54554	28150	26404
4	100885	52682	48203	53758	27802	25956
5-9岁	**391760**	**205409**	**186351**	**205129**	**106577**	**98552**
5	77651	40711	36940	41345	21448	19897
6	93014	48769	44245	49685	25769	23916
7	73676	38388	35288	37828	19591	18237
8	81155	42598	38557	41809	21698	20111
9	66264	34943	31321	34462	18071	16391
10-14岁	**272448**	**144591**	**127857**	**151974**	**78911**	**73063**
10	58187	30808	27379	28567	14798	13769
11	60451	32109	28342	31732	16542	15190
12	55284	29281	26003	31483	16384	15099
13	54825	29008	25817	33469	17361	16108
14	43701	23385	20316	26723	13826	12897
15-19岁	**352963**	**196016**	**156947**	**163726**	**82517**	**81209**
15	44948	24011	20937	30436	15491	14945
16	53841	29563	24278	34563	17618	16945
17	53752	30545	23207	25688	12972	12716
18	83841	47322	36519	33275	16834	16441
19	116581	64575	52006	39764	19602	20162
20-24岁	**855349**	**450508**	**404841**	**189109**	**93144**	**95965**
20	138105	75547	62558	43372	21288	22084
21	137545	74625	62920	36274	17591	18683
22	159955	85323	74632	31833	15989	15844
23	197483	102050	95433	37769	18633	19136
24	222261	112963	109298	39861	19643	20218
25-29岁	**1318370**	**673906**	**644464**	**277537**	**131630**	**145907**
25	246589	124119	122470	46207	21981	24226
26	253246	127732	125514	50678	24133	26545
27	273712	139618	134094	56134	26411	29723
28	274588	141814	132774	61812	29426	32386
29	270235	140623	129612	62706	29679	33027

户口登记地在外乡镇街道的人口(城市)

单位：人

登记地					
其中市辖区内人户分离			市外		
小计	男	女	小计	男	女
4506274	**2193459**	**2312815**	**6780025**	**3554961**	**3225064**
222964	**115557**	**107407**	**201201**	**105062**	**96139**
26912	13989	12923	24269	12695	11574
42829	22309	20520	41877	21887	19990
44911	23307	21604	41144	21299	19845
54554	28150	26404	46784	24301	22483
53758	27802	25956	47127	24880	22247
205129	**106577**	**98552**	**186631**	**98832**	**87799**
41345	21448	19897	36306	19263	17043
49685	25769	23916	43329	23000	20329
37828	19591	18237	35848	18797	17051
41809	21698	20111	39346	20900	18446
34462	18071	16391	31802	16872	14930
151974	**78911**	**73063**	**120474**	**65680**	**54794**
28567	14798	13769	29620	16010	13610
31732	16542	15190	28719	15567	13152
31483	16384	15099	23801	12897	10904
33469	17361	16108	21356	11647	9709
26723	13826	12897	16978	9559	7419
163726	**82517**	**81209**	**189237**	**113499**	**75738**
30436	15491	14945	14512	8520	5992
34563	17618	16945	19278	11945	7333
25688	12972	12716	28064	17573	10491
33275	16834	16441	50566	30488	20078
39764	19602	20162	76817	44973	31844
189109	**93144**	**95965**	**666240**	**357364**	**308876**
43372	21288	22084	94733	54259	40474
36274	17591	18683	101271	57034	44237
31833	15989	15844	128122	69334	58788
37769	18633	19136	159714	83417	76297
39861	19643	20218	182400	93320	89080
277537	**131630**	**145907**	**1040833**	**542276**	**498557**
46207	21981	24226	200382	102138	98244
50678	24133	26545	202568	103599	98969
56134	26411	29723	217578	113207	104371
61812	29426	32386	212776	112388	100388
62706	29679	33027	207529	110944	96585

7-2a 续表 1

年 龄	户口					
	合 计			市 内		
	合计	男	女	小计	男	女
30-34岁	**1579410**	**809382**	**770028**	**470872**	**221888**	**248984**
30	336105	175497	160608	85780	40693	45087
31	326803	168099	158704	92822	43777	49045
32	312320	159320	153000	97022	45646	51376
33	324083	164334	159749	103261	48082	55179
34	280099	142132	137967	91987	43690	48297
35-39岁	**1253362**	**636856**	**616506**	**456418**	**218758**	**237660**
35	241734	122540	119194	82142	39178	42964
36	246792	124877	121915	86754	41166	45588
37	252247	127799	124448	94447	45266	49181
38	283492	143826	139666	106944	51360	55584
39	229097	117814	111283	86131	41788	44343
40-44岁	**904816**	**467472**	**437344**	**336949**	**164724**	**172225**
40	203920	104957	98963	79482	38571	40911
41	199717	103441	96276	75525	37094	38431
42	182867	94039	88828	68821	33639	35182
43	157687	81847	75840	57119	28069	29050
44	160625	83188	77437	56002	27351	28651
45-49岁	**854318**	**444869**	**409449**	**339096**	**166409**	**172687**
45	154042	80075	73967	55428	27138	28290
46	164118	85647	78471	63049	30695	32354
47	177622	92286	85336	73092	35733	37359
48	179023	93404	85619	73030	36218	36812
49	179513	93457	86056	74497	36625	37872
50-54岁	**797354**	**414324**	**383030**	**331303**	**163192**	**168111**
50	183475	95673	87802	75618	37250	38368
51	168070	87224	80846	72150	35378	36772
52	174915	90742	84173	74690	36773	37917
53	128697	66765	61932	50873	25103	25770
54	142197	73920	68277	57972	28688	29284
55-59岁	**713520**	**355546**	**357974**	**377623**	**188955**	**188668**
55	141746	72583	69163	63777	32088	31689
56	154971	77712	77259	80082	40109	39973
57	192208	95564	96644	106859	53542	53317
58	134826	66825	68001	72655	36743	35912
59	89769	42862	46907	54250	26473	27777
60-64岁	**572446**	**272338**	**300108**	**336505**	**163851**	**172654**
60	113867	54439	59428	69433	34176	35257
61	102046	48896	53150	61470	30158	31312
62	117953	56513	61440	68576	33474	35102
63	125608	59327	66281	72422	34942	37480
64	112972	53163	59809	64604	31101	33503

单位：人

登记地					
其中市辖区内人户分离			市　　外		
小计	男	女	小计	男	女
470872	**221888**	**248984**	**1108538**	**587494**	**521044**
85780	40693	45087	250325	134804	115521
92822	43777	49045	233981	124322	109659
97022	45646	51376	215298	113674	101624
103261	48082	55179	220822	116252	104570
91987	43690	48297	188112	98442	89670
456418	**218758**	**237660**	**796944**	**418098**	**378846**
82142	39178	42964	159592	83362	76230
86754	41166	45588	160038	83711	76327
94447	45266	49181	157800	82533	75267
106944	51360	55584	176548	92466	84082
86131	41788	44343	142966	76026	66940
336949	**164724**	**172225**	**567867**	**302748**	**265119**
79482	38571	40911	124438	66386	58052
75525	37094	38431	124192	66347	57845
68821	33639	35182	114046	60400	53646
57119	28069	29050	100568	53778	46790
56002	27351	28651	104623	55837	48786
339096	**166409**	**172687**	**515222**	**278460**	**236762**
55428	27138	28290	98614	52937	45677
63049	30695	32354	101069	54952	46117
73092	35733	37359	104530	56553	47977
73030	36218	36812	105993	57186	48807
74497	36625	37872	105016	56832	48184
331303	**163192**	**168111**	**466051**	**251132**	**214919**
75618	37250	38368	107857	58423	49434
72150	35378	36772	95920	51846	44074
74690	36773	37917	100225	53969	46256
50873	25103	25770	77824	41662	36162
57972	28688	29284	84225	45232	38993
377623	**188955**	**188668**	**335897**	**166591**	**169306**
63777	32088	31689	77969	40495	37474
80082	40109	39973	74889	37603	37286
106859	53542	53317	85349	42022	43327
72655	36743	35912	62171	30082	32089
54250	26473	27777	35519	16389	19130
336505	**163851**	**172654**	**235941**	**108487**	**127454**
69433	34176	35257	44434	20263	24171
61470	30158	31312	40576	18738	21838
68576	33474	35102	49377	23039	26338
72422	34942	37480	53186	24385	28801
64604	31101	33503	48368	22062	26306

7-2a 续表 2

年龄	户口					
	合计			市内		
	合计	男	女	小计	男	女
65-69岁	**467165**	**218211**	**248954**	**275676**	**130944**	**144732**
65	113343	53371	59972	65287	31419	33868
66	108661	50683	57978	63360	29981	33379
67	90708	42102	48606	53397	25263	28134
68	84349	39203	45146	50693	23841	26852
69	70104	32852	37252	42939	20440	22499
70-74岁	**232602**	**109497**	**123105**	**147433**	**69700**	**77733**
70	62604	29807	32797	38614	18560	20054
71	52895	25115	27780	32619	15597	17022
72	42162	19698	22464	26750	12639	14111
73	39174	18341	20833	25530	11935	13595
74	35767	16536	19231	23920	10969	12951
75-79岁	**125143**	**55727**	**69416**	**86767**	**38367**	**48400**
75	30340	13693	16647	20575	9210	11365
76	25260	11529	13731	16904	7670	9234
77	23578	10569	13009	16242	7252	8990
78	23684	10324	13360	16944	7372	9572
79	22281	9612	12669	16102	6863	9239
80-84岁	**95530**	**41066**	**54464**	**73834**	**31348**	**42486**
80	21543	9270	12273	15912	6758	9154
81	19752	8294	11458	15143	6294	8849
82	19690	8379	11311	15232	6399	8833
83	18267	7959	10308	14456	6170	8286
84	16278	7164	9114	13091	5727	7364
85-89岁	**52267**	**22607**	**29660**	**43358**	**18774**	**24584**
85	14403	6177	8226	11718	5010	6708
86	12286	5255	7031	10204	4388	5816
87	10702	4681	6021	8962	3926	5036
88	8352	3653	4699	7001	3067	3934
89	6524	2841	3683	5473	2383	3090
90-94岁	**17927**	**7371**	**10556**	**15235**	**6307**	**8928**
90	5963	2502	3461	5027	2117	2910
91	4218	1735	2483	3592	1477	2115
92	3420	1366	2054	2914	1178	1736
93	2492	1036	1456	2131	899	1232
94	1834	732	1102	1571	636	935
95-99岁	**4234**	**1638**	**2596**	**3713**	**1471**	**2242**
95	1442	548	894	1256	493	763
96	1055	409	646	929	362	567
97	731	292	439	641	260	381
98	588	225	363	520	209	311
99	418	164	254	367	147	220
100岁及以上	**1150**	**467**	**683**	**1053**	**435**	**618**

单位：人

登记地					
其中市辖区内人户分离			市　　外		
小计	男	女	小计	男	女
275676	**130944**	**144732**	**191489**	**87267**	**104222**
65287	31419	33868	48056	21952	26104
63360	29981	33379	45301	20702	24599
53397	25263	28134	37311	16839	20472
50693	23841	26852	33656	15362	18294
42939	20440	22499	27165	12412	14753
147433	**69700**	**77733**	**85169**	**39797**	**45372**
38614	18560	20054	23990	11247	12743
32619	15597	17022	20276	9518	10758
26750	12639	14111	15412	7059	8353
25530	11935	13595	13644	6406	7238
23920	10969	12951	11847	5567	6280
86767	**38367**	**48400**	**38376**	**17360**	**21016**
20575	9210	11365	9765	4483	5282
16904	7670	9234	8356	3859	4497
16242	7252	8990	7336	3317	4019
16944	7372	9572	6740	2952	3788
16102	6863	9239	6179	2749	3430
73834	**31348**	**42486**	**21696**	**9718**	**11978**
15912	6758	9154	5631	2512	3119
15143	6294	8849	4609	2000	2609
15232	6399	8833	4458	1980	2478
14456	6170	8286	3811	1789	2022
13091	5727	7364	3187	1437	1750
43358	**18774**	**24584**	**8909**	**3833**	**5076**
11718	5010	6708	2685	1167	1518
10204	4388	5816	2082	867	1215
8962	3926	5036	1740	755	985
7001	3067	3934	1351	586	765
5473	2383	3090	1051	458	593
15235	**6307**	**8928**	**2692**	**1064**	**1628**
5027	2117	2910	936	385	551
3592	1477	2115	626	258	368
2914	1178	1736	506	188	318
2131	899	1232	361	137	224
1571	636	935	263	96	167
3713	**1471**	**2242**	**521**	**167**	**354**
1256	493	763	186	55	131
929	362	567	126	47	79
641	260	381	90	32	58
520	209	311	68	16	52
367	147	220	51	17	34
1053	**435**	**618**	**97**	**32**	**65**

7–2b　全市按户口登记地、年龄、性别分的

年龄	户口					
	合计			市内		
	合计	男	女	小计	男	女
总　计	**958712**	**539769**	**418943**	**250549**	**126067**	**124482**
0–4岁	**36173**	**18658**	**17515**	**14100**	**7229**	**6871**
0	4231	2163	2068	1732	887	845
1	7666	4018	3648	2884	1483	1401
2	7586	3872	3714	2963	1523	1440
3	8474	4343	4131	3343	1720	1623
4	8216	4262	3954	3178	1616	1562
5–9岁	**29486**	**15441**	**14045**	**10955**	**5573**	**5382**
5	6122	3211	2911	2365	1196	1169
6	7047	3643	3404	2713	1346	1367
7	5519	2885	2634	1983	1015	968
8	5786	3069	2717	2119	1098	1021
9	5012	2633	2379	1775	918	857
10–14岁	**18815**	**9973**	**8842**	**6687**	**3399**	**3288**
10	4154	2153	2001	1306	655	651
11	4296	2283	2013	1510	757	753
12	3832	1999	1833	1414	716	698
13	3511	1887	1624	1364	696	668
14	3022	1651	1371	1093	575	518
15–19岁	**32465**	**19097**	**13368**	**10393**	**5144**	**5249**
15	2718	1524	1194	1224	628	596
16	3105	1844	1261	1022	513	509
17	4661	2724	1937	980	462	518
18	8536	5129	3407	2575	1267	1308
19	13445	7876	5569	4592	2274	2318
20–24岁	**93523**	**53616**	**39907**	**15699**	**8474**	**7225**
20	15832	9212	6620	4736	2395	2341
21	15873	9121	6752	3243	1760	1483
22	20500	11820	8680	2372	1370	1002
23	20720	11818	8902	2670	1491	1179
24	20598	11645	8953	2678	1458	1220
25–29岁	**116436**	**66382**	**50054**	**16784**	**8493**	**8291**
25	21921	12286	9635	2887	1530	1357
26	21800	12116	9684	3139	1587	1552
27	23834	13798	10036	3388	1720	1668
28	24326	14076	10250	3599	1806	1793
29	24555	14106	10449	3771	1850	1921

户口登记地在外乡镇街道的人口(镇)

单位：人

登记地					
其中市辖区内人户分离			市外		
小计	男	女	小计	男	女
250549	**126067**	**124482**	**708163**	**413702**	**294461**
14100	**7229**	**6871**	**22073**	**11429**	**10644**
1732	887	845	2499	1276	1223
2884	1483	1401	4782	2535	2247
2963	1523	1440	4623	2349	2274
3343	1720	1623	5131	2623	2508
3178	1616	1562	5038	2646	2392
10955	**5573**	**5382**	**18531**	**9868**	**8663**
2365	1196	1169	3757	2015	1742
2713	1346	1367	4334	2297	2037
1983	1015	968	3536	1870	1666
2119	1098	1021	3667	1971	1696
1775	918	857	3237	1715	1522
6687	**3399**	**3288**	**12128**	**6574**	**5554**
1306	655	651	2848	1498	1350
1510	757	753	2786	1526	1260
1414	716	698	2418	1283	1135
1364	696	668	2147	1191	956
1093	575	518	1929	1076	853
10393	**5144**	**5249**	**22072**	**13953**	**8119**
1224	628	596	1494	896	598
1022	513	509	2083	1331	752
980	462	518	3681	2262	1419
2575	1267	1308	5961	3862	2099
4592	2274	2318	8853	5602	3251
15699	**8474**	**7225**	**77824**	**45142**	**32682**
4736	2395	2341	11096	6817	4279
3243	1760	1483	12630	7361	5269
2372	1370	1002	18128	10450	7678
2670	1491	1179	18050	10327	7723
2678	1458	1220	17920	10187	7733
16784	**8493**	**8291**	**99652**	**57889**	**41763**
2887	1530	1357	19034	10756	8278
3139	1587	1552	18661	10529	8132
3388	1720	1668	20446	12078	8368
3599	1806	1793	20727	12270	8457
3771	1850	1921	20784	12256	8528

7-2b 续表 1

年 龄	户口					
	合 计			市 内		
	合计	男	女	小计	男	女
30-34岁	**144189**	**82411**	**61778**	**28056**	**13755**	**14301**
30	31210	18178	13032	5139	2560	2579
31	30038	17170	12868	5502	2681	2821
32	28433	16118	12315	5746	2743	3003
33	29544	16815	12729	6305	3130	3175
34	24964	14130	10834	5364	2641	2723
35-39岁	**101162**	**58608**	**42554**	**22405**	**11396**	**11009**
35	21168	12107	9061	4569	2302	2267
36	20504	11839	8665	4293	2192	2101
37	19832	11523	8309	4624	2378	2246
38	21873	12645	9228	5020	2521	2499
39	17785	10494	7291	3899	2003	1896
40-44岁	**72158**	**42442**	**29716**	**14807**	**7601**	**7206**
40	15734	9209	6525	3559	1810	1749
41	15691	9347	6344	3336	1777	1559
42	14485	8490	5995	2949	1474	1475
43	12705	7529	5176	2487	1305	1182
44	13543	7867	5676	2476	1235	1241
45-49岁	**76603**	**44446**	**32157**	**16016**	**8009**	**8007**
45	13250	7667	5583	2506	1277	1229
46	14587	8403	6184	2922	1457	1465
47	15769	9252	6517	3433	1682	1751
48	16442	9506	6936	3545	1771	1774
49	16555	9618	6937	3610	1822	1788
50-54岁	**75714**	**44130**	**31584**	**17347**	**8709**	**8638**
50	17379	10135	7244	3776	1860	1916
51	15619	9055	6564	3735	1879	1856
52	16233	9322	6911	3913	1935	1978
53	12651	7454	5197	2728	1363	1365
54	13832	8164	5668	3195	1672	1523
55-59岁	**58936**	**33083**	**25853**	**20350**	**10415**	**9935**
55	12999	7556	5443	3470	1773	1697
56	13310	7535	5775	4355	2265	2090
57	15450	8630	6820	5766	2948	2818
58	10688	5897	4791	3939	2008	1931
59	6489	3465	3024	2820	1421	1399
60-64岁	**38996**	**20381**	**18615**	**18194**	**9098**	**9096**
60	8165	4339	3826	3806	1913	1893
61	7119	3775	3344	3306	1677	1629
62	8032	4283	3749	3660	1889	1771
63	8252	4236	4016	3828	1876	1952
64	7428	3748	3680	3594	1743	1851

单位：人

登记地					
其中市辖区内人户分离			市外		
小计	男	女	小计	男	女
28056	**13755**	**14301**	**116133**	**68656**	**47477**
5139	2560	2579	26071	15618	10453
5502	2681	2821	24536	14489	10047
5746	2743	3003	22687	13375	9312
6305	3130	3175	23239	13685	9554
5364	2641	2723	19600	11489	8111
22405	**11396**	**11009**	**78757**	**47212**	**31545**
4569	2302	2267	16599	9805	6794
4293	2192	2101	16211	9647	6564
4624	2378	2246	15208	9145	6063
5020	2521	2499	16853	10124	6729
3899	2003	1896	13886	8491	5395
14807	**7601**	**7206**	**57351**	**34841**	**22510**
3559	1810	1749	12175	7399	4776
3336	1777	1559	12355	7570	4785
2949	1474	1475	11536	7016	4520
2487	1305	1182	10218	6224	3994
2476	1235	1241	11067	6632	4435
16016	**8009**	**8007**	**60587**	**36437**	**24150**
2506	1277	1229	10744	6390	4354
2922	1457	1465	11665	6946	4719
3433	1682	1751	12336	7570	4766
3545	1771	1774	12897	7735	5162
3610	1822	1788	12945	7796	5149
17347	**8709**	**8638**	**58367**	**35421**	**22946**
3776	1860	1916	13603	8275	5328
3735	1879	1856	11884	7176	4708
3913	1935	1978	12320	7387	4933
2728	1363	1365	9923	6091	3832
3195	1672	1523	10637	6492	4145
20350	**10415**	**9935**	**38586**	**22668**	**15918**
3470	1773	1697	9529	5783	3746
4355	2265	2090	8955	5270	3685
5766	2948	2818	9684	5682	4002
3939	2008	1931	6749	3889	2860
2820	1421	1399	3669	2044	1625
18194	**9098**	**9096**	**20802**	**11283**	**9519**
3806	1913	1893	4359	2426	1933
3306	1677	1629	3813	2098	1715
3660	1889	1771	4372	2394	1978
3828	1876	1952	4424	2360	2064
3594	1743	1851	3834	2005	1829

7-2b 续表 2

年 龄	户口					
	合 计			市 内		
	合计	男	女	小计	男	女
65-69岁	**29045**	**14719**	**14326**	**15066**	**7623**	**7443**
65	7166	3657	3509	3536	1777	1759
66	6747	3418	3329	3451	1724	1727
67	5750	2891	2859	2962	1479	1483
68	5135	2607	2528	2738	1419	1319
69	4247	2146	2101	2379	1224	1155
70-74岁	**13979**	**6984**	**6995**	**8194**	**4149**	**4045**
70	3756	1889	1867	2089	1046	1043
71	3155	1579	1576	1802	920	882
72	2491	1235	1256	1441	702	739
73	2431	1183	1248	1487	746	741
74	2146	1098	1048	1375	735	640
75-79岁	**7905**	**3577**	**4328**	**5214**	**2395**	**2819**
75	1857	853	1004	1225	571	654
76	1617	745	872	996	466	530
77	1506	688	818	1004	464	540
78	1468	652	816	1002	444	558
79	1457	639	818	987	450	537
80-84岁	**6526**	**2914**	**3612**	**4839**	**2159**	**2680**
80	1423	638	785	1009	443	566
81	1326	555	771	988	426	562
82	1330	616	714	992	452	540
83	1246	564	682	924	408	516
84	1201	541	660	926	430	496
85-89岁	**4244**	**1890**	**2354**	**3458**	**1575**	**1883**
85	1136	515	621	911	416	495
86	961	432	529	787	368	419
87	917	407	510	747	343	404
88	663	283	380	539	230	309
89	567	253	314	474	218	256
90-94岁	**1679**	**730**	**949**	**1383**	**613**	**770**
90	547	242	305	444	197	247
91	384	166	218	309	141	168
92	326	145	181	276	122	154
93	254	111	143	210	94	116
94	168	66	102	144	59	85
95-99岁	**465**	**195**	**270**	**402**	**172**	**230**
95	151	60	91	128	52	76
96	118	53	65	104	48	56
97	71	20	51	62	18	44
98	63	35	28	54	30	24
99	62	27	35	54	24	30
100岁及以上	**213**	**92**	**121**	**200**	**86**	**114**

单位：人

登记地					
其中市辖区内人户分离			市外		
小计	男	女	小计	男	女
15066	**7623**	**7443**	**13979**	**7096**	**6883**
3536	1777	1759	3630	1880	1750
3451	1724	1727	3296	1694	1602
2962	1479	1483	2788	1412	1376
2738	1419	1319	2397	1188	1209
2379	1224	1155	1868	922	946
8194	**4149**	**4045**	**5785**	**2835**	**2950**
2089	1046	1043	1667	843	824
1802	920	882	1353	659	694
1441	702	739	1050	533	517
1487	746	741	944	437	507
1375	735	640	771	363	408
5214	**2395**	**2819**	**2691**	**1182**	**1509**
1225	571	654	632	282	350
996	466	530	621	279	342
1004	464	540	502	224	278
1002	444	558	466	208	258
987	450	537	470	189	281
4839	**2159**	**2680**	**1687**	**755**	**932**
1009	443	566	414	195	219
988	426	562	338	129	209
992	452	540	338	164	174
924	408	516	322	156	166
926	430	496	275	111	164
3458	**1575**	**1883**	**786**	**315**	**471**
911	416	495	225	99	126
787	368	419	174	64	110
747	343	404	170	64	106
539	230	309	124	53	71
474	218	256	93	35	58
1383	**613**	**770**	**296**	**117**	**179**
444	197	247	103	45	58
309	141	168	75	25	50
276	122	154	50	23	27
210	94	116	44	17	27
144	59	85	24	7	17
402	**172**	**230**	**63**	**23**	**40**
128	52	76	23	8	15
104	48	56	14	5	9
62	18	44	9	2	7
54	30	24	9	5	4
54	24	30	8	3	5
200	**86**	**114**	**13**	**6**	**7**

7-2c 全市按户口登记地、年龄、性别分的

年龄	户口					
	合计			市内		
	合计	男	女	小计	男	女
总计	**1164565**	**689660**	**474905**	**234335**	**112843**	**121492**
0-4岁	**38899**	**20306**	**18593**	**14936**	**7719**	**7217**
0	4520	2357	2163	1845	951	894
1	8549	4438	4111	3272	1685	1587
2	8404	4395	4009	3255	1673	1582
3	8740	4603	4137	3346	1778	1568
4	8686	4513	4173	3218	1632	1586
5-9岁	**29817**	**15694**	**14123**	**9885**	**5113**	**4772**
5	6568	3412	3156	2208	1119	1089
6	6963	3668	3295	2564	1355	1209
7	5389	2860	2529	1754	934	820
8	5903	3138	2765	1878	972	906
9	4994	2616	2378	1481	733	748
10-14岁	**20106**	**10847**	**9259**	**5535**	**2832**	**2703**
10	4580	2502	2078	1116	583	533
11	4636	2514	2122	1203	618	585
12	3902	2065	1837	1137	577	560
13	3655	1935	1720	1107	548	559
14	3333	1831	1502	972	506	466
15-19岁	**31627**	**20613**	**11014**	**7904**	**4542**	**3362**
15	3164	1904	1260	1251	698	553
16	3841	2395	1446	1354	700	654
17	5175	3308	1867	1230	658	572
18	7886	5261	2625	1676	1023	653
19	11561	7745	3816	2393	1463	930
20-24岁	**82660**	**51208**	**31452**	**10620**	**5774**	**4846**
20	14154	9273	4881	2836	1718	1118
21	13855	8884	4971	1913	1175	738
22	16778	10498	6280	1778	907	871
23	18128	10921	7207	1878	927	951
24	19745	11632	8113	2215	1047	1168
25-29岁	**131137**	**76766**	**54371**	**17000**	**6852**	**10148**
25	23045	13548	9497	2721	1178	1543
26	23334	13566	9768	2977	1240	1737
27	26396	15470	10926	3231	1290	1941
28	27712	16265	11447	3642	1444	2198
29	30650	17917	12733	4429	1700	2729

户口登记地在外乡镇街道的人口(乡村)

单位：人

登记地

其中市辖区内人户分离			市外		
小计	男	女	小计	男	女
234335	**112843**	**121492**	**930230**	**576817**	**353413**
14936	**7719**	**7217**	**23963**	**12587**	**11376**
1845	951	894	2675	1406	1269
3272	1685	1587	5277	2753	2524
3255	1673	1582	5149	2722	2427
3346	1778	1568	5394	2825	2569
3218	1632	1586	5468	2881	2587
9885	**5113**	**4772**	**19932**	**10581**	**9351**
2208	1119	1089	4360	2293	2067
2564	1355	1209	4399	2313	2086
1754	934	820	3635	1926	1709
1878	972	906	4025	2166	1859
1481	733	748	3513	1883	1630
5535	**2832**	**2703**	**14571**	**8015**	**6556**
1116	583	533	3464	1919	1545
1203	618	585	3433	1896	1537
1137	577	560	2765	1488	1277
1107	548	559	2548	1387	1161
972	506	466	2361	1325	1036
7904	**4542**	**3362**	**23723**	**16071**	**7652**
1251	698	553	1913	1206	707
1354	700	654	2487	1695	792
1230	658	572	3945	2650	1295
1676	1023	653	6210	4238	1972
2393	1463	930	9168	6282	2886
10620	**5774**	**4846**	**72040**	**45434**	**26606**
2836	1718	1118	11318	7555	3763
1913	1175	738	11942	7709	4233
1778	907	871	15000	9591	5409
1878	927	951	16250	9994	6256
2215	1047	1168	17530	10585	6945
17000	**6852**	**10148**	**114137**	**69914**	**44223**
2721	1178	1543	20324	12370	7954
2977	1240	1737	20357	12326	8031
3231	1290	1941	23165	14180	8985
3642	1444	2198	24070	14821	9249
4429	1700	2729	26221	16217	10004

7-2c 续表 1

年龄	合计			户口 市内		
	合计	男	女	小计	男	女
30-34岁	**183297**	**105937**	**77360**	**29735**	**11126**	**18609**
30	39598	23063	16535	5906	2190	3716
31	39152	22411	16741	6436	2322	4114
32	35992	20742	15250	5852	2206	3646
33	36865	21213	15652	6301	2334	3967
34	31690	18508	13182	5240	2074	3166
35-39岁	**123999**	**75444**	**48555**	**18846**	**8298**	**10548**
35	27397	16297	11100	4235	1722	2513
36	25479	15537	9942	3761	1702	2059
37	23422	14216	9206	3755	1671	2084
38	25690	15827	9863	3975	1847	2128
39	22011	13567	8444	3120	1356	1764
40-44岁	**99578**	**60877**	**38701**	**12984**	**6148**	**6836**
40	20613	12750	7863	3021	1430	1591
41	21329	13114	8215	2942	1389	1553
42	20358	12372	7986	2695	1254	1441
43	18230	11075	7155	2265	1079	1186
44	19048	11566	7482	2061	996	1065
45-49岁	**116191**	**70302**	**45889**	**15046**	**7315**	**7731**
45	19432	11721	7711	2200	1064	1136
46	22058	13403	8655	2700	1276	1424
47	24042	14506	9536	3272	1566	1706
48	25070	15037	10033	3350	1634	1716
49	25589	15635	9954	3524	1775	1749
50-54岁	**114612**	**70796**	**43816**	**16336**	**8245**	**8091**
50	27017	16618	10399	3701	1865	1836
51	23464	14352	9112	3391	1690	1701
52	24691	15286	9405	3563	1804	1759
53	19114	11808	7306	2637	1343	1294
54	20326	12732	7594	3044	1543	1501
55-59岁	**79512**	**49229**	**30283**	**18731**	**9904**	**8827**
55	19353	12012	7341	3510	1805	1705
56	18518	11451	7067	4161	2198	1963
57	19945	12503	7442	5067	2698	2369
58	13882	8625	5257	3484	1882	1602
59	7814	4638	3176	2509	1321	1188
60-64岁	**41488**	**24793**	**16695**	**16024**	**8684**	**7340**
60	9033	5327	3706	3303	1749	1554
61	7564	4622	2942	2880	1573	1307
62	8502	5175	3327	3234	1799	1435
63	8642	5142	3500	3404	1849	1555
64	7747	4527	3220	3203	1714	1489

单位：人

登记地					
其中市辖区内人户分离			市外		
小计	男	女	小计	男	女
29735	**11126**	**18609**	**153562**	**94811**	**58751**
5906	2190	3716	33692	20873	12819
6436	2322	4114	32716	20089	12627
5852	2206	3646	30140	18536	11604
6301	2334	3967	30564	18879	11685
5240	2074	3166	26450	16434	10016
18846	**8298**	**10548**	**105153**	**67146**	**38007**
4235	1722	2513	23162	14575	8587
3761	1702	2059	21718	13835	7883
3755	1671	2084	19667	12545	7122
3975	1847	2128	21715	13980	7735
3120	1356	1764	18891	12211	6680
12984	**6148**	**6836**	**86594**	**54729**	**31865**
3021	1430	1591	17592	11320	6272
2942	1389	1553	18387	11725	6662
2695	1254	1441	17663	11118	6545
2265	1079	1186	15965	9996	5969
2061	996	1065	16987	10570	6417
15046	**7315**	**7731**	**101145**	**62987**	**38158**
2200	1064	1136	17232	10657	6575
2700	1276	1424	19358	12127	7231
3272	1566	1706	20770	12940	7830
3350	1634	1716	21720	13403	8317
3524	1775	1749	22065	13860	8205
16336	**8245**	**8091**	**98276**	**62551**	**35725**
3701	1865	1836	23316	14753	8563
3391	1690	1701	20073	12662	7411
3563	1804	1759	21128	13482	7646
2637	1343	1294	16477	10465	6012
3044	1543	1501	17282	11189	6093
18731	**9904**	**8827**	**60781**	**39325**	**21456**
3510	1805	1705	15843	10207	5636
4161	2198	1963	14357	9253	5104
5067	2698	2369	14878	9805	5073
3484	1882	1602	10398	6743	3655
2509	1321	1188	5305	3317	1988
16024	**8684**	**7340**	**25464**	**16109**	**9355**
3303	1749	1554	5730	3578	2152
2880	1573	1307	4684	3049	1635
3234	1799	1435	5268	3376	1892
3404	1849	1555	5238	3293	1945
3203	1714	1489	4544	2813	1731

7-2c 续表 2

年龄	合计			户口 市内		
	合计	男	女	小计	男	女
65-69岁	**31043**	**17438**	**13605**	**14499**	**7642**	**6857**
65	7670	4372	3298	3395	1767	1628
66	7121	4019	3102	3264	1720	1544
67	6061	3425	2636	2834	1489	1345
68	5702	3209	2493	2749	1485	1264
69	4489	2413	2076	2257	1181	1076
70-74岁	**15886**	**8333**	**7553**	**8889**	**4735**	**4154**
70	4019	2148	1871	2057	1084	973
71	3571	1910	1661	1933	1055	878
72	2992	1587	1405	1727	916	811
73	2794	1428	1366	1649	876	773
74	2510	1260	1250	1523	804	719
75-79岁	**9144**	**4349**	**4795**	**5694**	**2780**	**2914**
75	2166	1057	1109	1305	645	660
76	1835	895	940	1073	542	531
77	1736	816	920	1092	530	562
78	1720	830	890	1101	550	551
79	1687	751	936	1123	513	610
80-84岁	**7584**	**3314**	**4270**	**5314**	**2336**	**2978**
80	1720	773	947	1148	518	630
81	1503	654	849	1046	451	595
82	1575	691	884	1096	497	599
83	1448	605	843	1044	431	613
84	1338	591	747	980	439	541
85-89岁	**4969**	**2129**	**2840**	**3851**	**1693**	**2158**
85	1298	545	753	997	426	571
86	1144	491	653	879	392	487
87	961	395	566	744	310	434
88	886	412	474	702	337	365
89	680	286	394	529	228	301
90-94岁	**2034**	**868**	**1166**	**1659**	**742**	**917**
90	644	266	378	496	218	278
91	482	210	272	401	179	222
92	382	173	209	320	151	169
93	314	131	183	267	117	150
94	212	88	124	175	77	98
95-99岁	**671**	**287**	**384**	**558**	**242**	**316**
95	194	82	112	157	65	92
96	156	71	85	128	57	71
97	127	55	72	102	51	51
98	110	47	63	98	40	58
99	84	32	52	73	29	44
100岁及以上	**311**	**130**	**181**	**289**	**121**	**168**

单位：人

登记地					
其中市辖区内人户分离			市外		
小计	男	女	小计	男	女
14499	**7642**	**6857**	**16544**	**9796**	**6748**
3395	1767	1628	4275	2605	1670
3264	1720	1544	3857	2299	1558
2834	1489	1345	3227	1936	1291
2749	1485	1264	2953	1724	1229
2257	1181	1076	2232	1232	1000
8889	**4735**	**4154**	**6997**	**3598**	**3399**
2057	1084	973	1962	1064	898
1933	1055	878	1638	855	783
1727	916	811	1265	671	594
1649	876	773	1145	552	593
1523	804	719	987	456	531
5694	**2780**	**2914**	**3450**	**1569**	**1881**
1305	645	660	861	412	449
1073	542	531	762	353	409
1092	530	562	644	286	358
1101	550	551	619	280	339
1123	513	610	564	238	326
5314	**2336**	**2978**	**2270**	**978**	**1292**
1148	518	630	572	255	317
1046	451	595	457	203	254
1096	497	599	479	194	285
1044	431	613	404	174	230
980	439	541	358	152	206
3851	**1693**	**2158**	**1118**	**436**	**682**
997	426	571	301	119	182
879	392	487	265	99	166
744	310	434	217	85	132
702	337	365	184	75	109
529	228	301	151	58	93
1659	**742**	**917**	**375**	**126**	**249**
496	218	278	148	48	100
401	179	222	81	31	50
320	151	169	62	22	40
267	117	150	47	14	33
175	77	98	37	11	26
558	**242**	**316**	**113**	**45**	**68**
157	65	92	37	17	20
128	57	71	28	14	14
102	51	51	25	4	21
98	40	58	12	7	5
73	29	44	11	3	8
289	**121**	**168**	**22**	**9**	**13**

7-3 全市按现住地、性别分的户口登记地在外省的人口

单位：人

现住地	户口登记地					
	合计			天津		
	合计	男	女	小计	男	女
北京	**8418418**	**4545480**	**3872938**	**298417**	**144418**	**153999**
东城区	158101	79465	78636	5276	2348	2928
西城区	244156	120498	123658	7898	3584	4314
朝阳区	1280747	647113	633634	59266	27190	32076
丰台区	645322	325448	319874	28538	13653	14885
石景山区	166387	83341	83046	7204	3372	3832
海淀区	1118215	580271	537944	40798	19624	21174
门头沟区	115249	60252	54997	3030	1499	1531
房山区	438353	237463	200890	11726	5745	5981
通州区	898000	498252	399748	33951	16536	17415
顺义区	599286	348965	250321	14242	7379	6863
昌平区	1310382	735725	574657	46942	23614	23328
大兴区	1017900	580900	437000	33380	16626	16754
怀柔区	155777	92552	63225	2026	1011	1015
平谷区	78276	43631	34645	1682	870	812
密云区	111531	62810	48721	1512	833	679
延庆区	80736	48794	31942	946	534	412

7-3 续表 1

单位：人

现住地	户口登记地					
	河北			山西		
	小计	男	女	小计	男	女
北京	**2162099**	**1198542**	**963557**	**433979**	**231747**	**202232**
东城区	33726	17355	16371	8434	4194	4240
西城区	53973	27336	26637	15271	7811	7460
朝阳区	268070	138831	129239	62035	31009	31026
丰台区	163646	82863	80783	31061	15303	15758
石景山区	41821	20690	21131	8074	3900	4174
海淀区	243838	129684	114154	64129	32951	31178
门头沟区	33916	17491	16425	5028	2579	2449
房山区	129631	70870	58761	20788	11030	9758
通州区	240473	136318	104155	47024	25851	21173
顺义区	175540	107589	67951	31186	17946	13240
昌平区	350914	201499	149415	75775	42867	32908
大兴区	281811	163942	117869	48947	27233	21714
怀柔区	51697	31119	20578	6195	3506	2689
平谷区	24788	13587	11201	3023	1631	1392
密云区	40652	22851	17801	3797	2073	1724
延庆区	27603	16517	11086	3212	1863	1349

7-3　续表 2　　单位：人

现住地	户口登记地								
	内蒙古			辽宁			吉林		
	小计	男	女	小计	男	女	小计	男	女
北　京	**295018**	**147840**	**147178**	**370648**	**179558**	**191090**	**284376**	**138939**	**145437**
东城区	4629	2205	2424	7707	3421	4286	5087	2339	2748
西城区	6534	2934	3600	11213	4843	6370	7164	3166	3998
朝阳区	43782	20658	23124	63697	28638	35059	45870	20711	25159
丰台区	19589	8958	10631	27858	12671	15187	20888	9446	11442
石景山区	5793	2662	3131	7990	3628	4362	5588	2525	3063
海淀区	35128	16995	18133	46202	21729	24473	31271	14461	16810
门头沟区	3607	1707	1900	4595	2166	2429	3930	1842	2088
房山区	15402	7741	7661	18253	8931	9322	15133	7478	7655
通州区	37225	18998	18227	43080	21376	21704	34696	17538	17158
顺义区	22118	11775	10343	24665	12682	11983	20986	10945	10041
昌平区	52031	27383	24648	58358	30192	28166	46494	23816	22678
大兴区	32584	16978	15606	41014	20679	20335	32815	16898	15917
怀柔区	5939	3198	2741	5924	3377	2547	5820	3221	2599
平谷区	3237	1670	1567	2879	1456	1423	2678	1369	1309
密云区	4355	2248	2107	4596	2325	2271	3579	1854	1725
延庆区	3065	1730	1335	2617	1444	1173	2377	1330	1047

7-3　续表 3　　单位：人

现住地	户口登记地								
	黑龙江			上海			江苏		
	小计	男	女	小计	男	女	小计	男	女
北　京	**455150**	**216967**	**238183**	**20700**	**10689**	**10011**	**200095**	**116015**	**84080**
东城区	8025	3466	4559	956	479	477	4858	2569	2289
西城区	12858	5559	7299	1431	703	728	6352	3315	3037
朝阳区	77363	34719	42644	5817	2847	2970	35550	19845	15705
丰台区	40503	18110	22393	1394	727	667	14224	7933	6291
石景山区	9667	4332	5335	369	196	173	3590	1981	1609
海淀区	52229	24337	27892	4716	2527	2189	26140	14270	11870
门头沟区	5945	2601	3344	85	42	43	3085	1759	1326
房山区	21902	10378	11524	442	243	199	9616	5596	4020
通州区	51433	25131	26302	1103	560	543	20589	12397	8192
顺义区	31674	16223	15451	885	462	423	11801	7151	4650
昌平区	76639	38882	37757	1787	961	826	26522	16012	10510
大兴区	49742	24499	25243	1402	776	626	25185	15524	9661
怀柔区	6140	3212	2928	111	55	56	4117	2577	1540
平谷区	3546	1785	1761	63	36	27	2514	1495	1019
密云区	5345	2588	2757	73	36	37	3019	1775	1244
延庆区	2139	1145	994	66	39	27	2933	1816	1117

7−3 续表 4　　单位：人

现住地	户口登记地								
	浙江			安徽			福建		
	小计	男	女	小计	男	女	小计	男	女
北京	**87439**	**45956**	**41483**	**310271**	**171752**	**138519**	**86134**	**48307**	**37827**
东城区	2700	1345	1355	7990	4073	3917	1906	1037	869
西城区	3498	1767	1731	11856	6064	5792	4014	2071	1943
朝阳区	15690	7796	7894	51970	27599	24371	15298	8175	7123
丰台区	10757	5580	5177	28480	14977	13503	9311	5264	4047
石景山区	1184	586	598	6703	3565	3138	1583	902	681
海淀区	13711	7122	6589	52564	28341	24223	12536	6870	5666
门头沟区	701	372	329	3441	1872	1569	606	348	258
房山区	3750	2015	1735	13980	7750	6230	4054	2327	1727
通州区	7456	3978	3478	23243	13011	10232	8565	4900	3665
顺义区	3633	2001	1632	22793	13265	9528	4800	2811	1989
昌平区	9867	5319	4548	45224	26402	18822	10731	6143	4588
大兴区	10461	5785	4676	32481	19066	13415	8673	5090	3583
怀柔区	1355	775	580	3747	2312	1435	1507	888	619
平谷区	598	330	268	1424	825	599	607	345	262
密云区	1101	624	477	3126	1833	1293	1203	701	502
延庆区	977	561	416	1249	797	452	740	435	305

7−3 续表 5　　单位：人

现住地	户口登记地								
	江西			山东			河南		
	小计	男	女	小计	男	女	小计	男	女
北京	**99060**	**53009**	**46051**	**697539**	**393766**	**303773**	**1271904**	**760310**	**511594**
东城区	1982	946	1036	13153	7174	5979	21700	12334	9366
西城区	3479	1699	1780	20604	10879	9725	28351	15486	12865
朝阳区	17415	8740	8675	104992	56202	48790	180494	103253	77241
丰台区	9212	4778	4434	50174	26538	23636	94097	53740	40357
石景山区	1955	997	958	12763	6549	6214	23932	13795	10137
海淀区	17054	9271	7783	103622	55788	47834	150681	85516	65165
门头沟区	807	400	407	8872	4690	4182	20545	12169	8376
房山区	4954	2628	2326	33695	18943	14752	70252	42039	28213
通州区	8734	4768	3966	72875	42668	30207	142742	88487	54255
顺义区	5509	3054	2455	47073	28037	19036	100220	62378	37842
昌平区	15468	8751	6717	106362	62353	44009	192046	116906	75140
大兴区	9182	5059	4123	94096	56273	37823	173540	107636	65904
怀柔区	1210	749	461	11455	7002	4453	26027	16701	9326
平谷区	611	341	270	5289	3078	2211	14286	8846	5440
密云区	991	547	444	7498	4339	3159	16915	10535	6380
延庆区	497	281	216	5016	3253	1763	16076	10489	5587

7–3 续表 6

单位：人

现住地	户口登记地								
	湖北			湖南			广东		
	小计	男	女	小计	男	女	小计	男	女
北　京	**214784**	**110155**	**104629**	**115615**	**54395**	**61220**	**90938**	**48534**	**42404**
东城区	4082	1827	2255	2353	1005	1348	4039	2192	1847
西城区	7542	3427	4115	4503	1939	2564	4023	2139	1884
朝阳区	37346	17879	19467	20297	8637	11660	20194	10150	10044
丰台区	19325	9502	9823	9487	4275	5212	6953	3748	3205
石景山区	4810	2329	2481	2564	1134	1430	1488	755	733
海淀区	36403	18405	17998	23333	11107	12226	17382	9459	7923
门头沟区	2358	1115	1243	1042	452	590	932	489	443
房山区	9838	5069	4769	4981	2341	2640	2910	1495	1415
通州区	18211	9361	8850	9575	4596	4979	7160	3866	3294
顺义区	13100	7236	5864	6210	3128	3082	3889	2079	1810
昌平区	33514	18242	15272	18672	9608	9064	10302	5650	4652
大兴区	21520	11951	9569	9872	4772	5100	8073	4557	3516
怀柔区	2686	1568	1118	1185	637	548	1248	681	567
平谷区	1174	629	545	437	208	229	673	380	293
密云区	1954	1085	869	555	259	296	847	464	383
延庆区	921	530	391	549	297	252	825	430	395

7–3 续表 7

单位：人

现住地	户口登记地								
	广西			海南			重庆		
	小计	男	女	小计	男	女	小计	男	女
北　京	**37746**	**17569**	**20177**	**12970**	**6262**	**6708**	**69632**	**34025**	**35607**
东城区	789	350	439	273	118	155	1555	658	897
西城区	1196	554	642	390	163	227	2367	1012	1355
朝阳区	6457	2728	3729	2816	1221	1595	12834	5944	6890
丰台区	2175	840	1335	868	381	487	4928	2082	2846
石景山区	825	387	438	254	121	133	1422	635	787
海淀区	7313	3399	3914	2513	1212	1301	12729	6168	6561
门头沟区	379	163	216	110	59	51	856	408	448
房山区	1805	875	930	490	227	263	3292	1650	1642
通州区	3866	1855	2011	939	452	487	6237	3228	3009
顺义区	1742	801	941	945	522	423	3786	1936	1850
昌平区	5846	2836	3010	1723	909	814	9612	4851	4761
大兴区	3662	1863	1799	1235	654	581	6754	3641	3113
怀柔区	597	322	275	105	50	55	1389	768	621
平谷区	362	198	164	45	28	17	511	255	256
密云区	379	196	183	77	30	47	665	362	303
延庆区	353	202	151	187	115	72	695	427	268

7-3　续表 8　　单位：人

现住地	户口登记地								
	四川			贵州			云南		
	小计	男	女	小计	男	女	小计	男	女
北　京	**246664**	**128299**	**118365**	**55059**	**28906**	**26153**	**37868**	**19752**	**18116**
东城区	5163	2409	2754	879	410	469	708	337	371
西城区	8011	3649	4362	1379	622	757	1125	509	616
朝阳区	49048	24340	24708	8502	3947	4555	5632	2608	3024
丰台区	16444	7515	8929	3314	1512	1802	1956	925	1031
石景山区	5085	2492	2593	1187	646	541	777	420	357
海淀区	36133	17635	18498	9222	4560	4662	7317	3644	3673
门头沟区	4451	2386	2065	792	439	353	419	229	190
房山区	13143	7162	5981	3379	1866	1513	2076	1084	992
通州区	21544	11633	9911	5651	3143	2508	3412	1826	1586
顺义区	17581	9878	7703	2783	1540	1243	2174	1186	988
昌平区	31720	17095	14625	8107	4498	3609	5129	2742	2387
大兴区	27226	15582	11644	6728	3888	2840	4801	2877	1924
怀柔区	4509	2676	1833	1197	724	473	924	512	412
平谷区	1948	1068	880	556	312	244	464	273	191
密云区	2447	1410	1037	700	412	288	499	290	209
延庆区	2211	1369	842	683	387	296	455	290	165

7-3　续表 9　　单位：人

现住地	户口登记地								
	西藏			陕西			甘肃		
	小计	男	女	小计	男	女	小计	男	女
北　京	**3342**	**1530**	**1812**	**176366**	**94521**	**81845**	**200104**	**104100**	**96004**
东城区	22	10	12	3859	1962	1897	4546	2160	2386
西城区	53	29	24	6304	3147	3157	9840	4728	5112
朝阳区	730	282	448	26724	13260	13464	27873	13486	14387
丰台区	101	44	57	12453	6135	6318	12041	5578	6463
石景山区	56	28	28	3554	1785	1769	4100	2007	2093
海淀区	869	402	467	30225	15441	14784	25979	12863	13116
门头沟区	13	5	8	2158	1147	1011	2542	1339	1203
房山区	552	217	335	8133	4485	3648	9955	5302	4653
通州区	102	44	58	16456	9234	7222	22763	12271	10492
顺义区	34	20	14	10902	6234	4668	15274	8895	6379
昌平区	448	210	238	28152	15581	12571	28267	15406	12861
大兴区	321	220	101	18920	11091	7829	25127	13583	11544
怀柔区	13	5	8	3666	2156	1510	4012	2264	1748
平谷区	9	4	5	1375	798	577	2793	1438	1355
密云区	14	8	6	1974	1144	830	2855	1578	1277
延庆区	5	2	3	1511	921	590	2137	1202	935

7-3　续表 10

单位：人

现住地	户口登记地								
	青海			宁夏			新疆		
	小计	男	女	小计	男	女	小计	男	女
北京	**15223**	**7446**	**7777**	**25355**	**12896**	**12459**	**43923**	**19275**	**24648**
东城区	308	139	169	480	232	248	916	371	545
西城区	464	220	244	920	471	449	1543	672	871
朝阳区	2276	1079	1197	4384	2039	2345	8325	3300	5025
丰台区	1003	435	568	1705	784	921	2837	1151	1686
石景山区	354	153	201	493	252	241	1202	517	685
海淀区	2437	1145	1292	4578	2288	2290	7163	3057	4106
门头沟区	147	77	70	260	134	126	597	273	324
房山区	836	404	432	1148	591	557	2237	981	1256
通州区	1413	690	723	2584	1361	1223	4898	2175	2723
顺义区	718	382	336	1084	555	529	1939	875	1064
昌平区	2891	1470	1421	4315	2346	1969	6524	3181	3343
大兴区	1579	824	755	2529	1341	1188	4240	1992	2248
怀柔区	203	110	93	302	155	147	471	221	250
平谷区	296	157	139	146	86	60	262	133	129
密云区	130	65	65	196	116	80	477	229	248
延庆区	168	96	72	231	145	86	292	147	145

7-3a　全市按现住地、性别分的户口登记地在外省的人口(城市)

单位：人

现住地	户口登记地					
	合计			天津		
	合计	男	女	小计	男	女
北京	**6780025**	**3554961**	**3225064**	**268665**	**128639**	**140026**
东城区	158101	79465	78636	5276	2348	2928
西城区	244156	120498	123658	7898	3584	4314
朝阳区	1269549	641254	628295	58914	27030	31884
丰台区	639380	322028	317352	28460	13616	14844
石景山区	166387	83341	83046	7204	3372	3832
海淀区	1084749	560009	524740	40298	19331	20967
门头沟区	99913	51395	48518	2874	1425	1449
房山区	357979	189767	168212	11128	5436	5692
通州区	541077	284520	256557	24632	11695	12937
顺义区	326264	180018	146246	11177	5625	5552
昌平区	868156	474501	393655	37125	18548	18577
大兴区	758159	416065	342094	29554	14578	14976
怀柔区	107702	62891	44811	1575	774	801
平谷区	49497	27456	22041	1047	519	528
密云区	70606	38601	32005	1113	561	552
延庆区	38350	23152	15198	390	197	193

7−3a 续表 1 单位：人

现住地	户口登记地					
	河北			山西		
	小计	男	女	小计	男	女
北京	**1667055**	**890582**	**776473**	**354802**	**184925**	**169877**
东城区	33726	17355	16371	8434	4194	4240
西城区	53973	27336	26637	15271	7811	7460
朝阳区	265270	137253	128017	61568	30790	30778
丰台区	162035	81965	80070	30816	15174	15642
石景山区	41821	20690	21131	8074	3900	4174
海淀区	233140	123089	110051	62584	32046	30538
门头沟区	29135	14728	14407	4517	2289	2228
房山区	102779	54753	48026	17309	9058	8251
通州区	136646	72338	64308	28877	15247	13630
顺义区	87760	50704	37056	16315	8780	7535
昌平区	224091	124557	99534	52981	29586	23395
大兴区	206300	114156	92144	37549	20254	17295
怀柔区	37079	21972	15107	4301	2391	1910
平谷区	15850	8602	7248	2052	1124	928
密云区	24734	13441	11293	2570	1369	1201
延庆区	12716	7643	5073	1584	912	672

7−3a 续表 2 单位：人

现住地	户口登记地								
	内蒙古			辽宁			吉林		
	小计	男	女	小计	男	女	小计	男	女
北京	**240082**	**117531**	**122551**	**313095**	**148153**	**164942**	**234871**	**111926**	**122945**
东城区	4629	2205	2424	7707	3421	4286	5087	2339	2748
西城区	6534	2934	3600	11213	4843	6370	7164	3166	3998
朝阳区	43352	20461	22891	63071	28380	34691	45471	20543	24928
丰台区	19420	8870	10550	27569	12507	15062	20711	9359	11352
石景山区	5793	2662	3131	7990	3628	4362	5588	2525	3063
海淀区	34100	16410	17690	45146	21132	24014	30528	14057	16471
门头沟区	3239	1522	1717	4143	1944	2199	3452	1604	1848
房山区	13266	6567	6699	15906	7684	8222	13062	6368	6694
通州区	25177	12418	12759	29601	14217	15384	23363	11389	11974
顺义区	12452	6322	6130	15439	7501	7938	12811	6321	6490
昌平区	35863	18587	17276	41478	21019	20459	31880	15980	15900
大兴区	25699	12976	12723	33250	16368	16882	26094	13103	12991
怀柔区	4226	2250	1976	4278	2347	1931	4322	2373	1949
平谷区	2018	1082	936	1877	930	947	1702	865	837
密云区	2870	1442	1428	3125	1517	1608	2485	1272	1213
延庆区	1444	823	621	1302	715	587	1151	662	489

7–3a　续表 3　　单位：人

现住地	户口登记地								
	黑龙江			上海			江苏		
	小计	男	女	小计	男	女	小计	男	女
北京	**379887**	**176209**	**203678**	**19541**	**10041**	**9500**	**162939**	**92152**	**70787**
东城区	8025	3466	4559	956	479	477	4858	2569	2289
西城区	12858	5559	7299	1431	703	728	6352	3315	3037
朝阳区	76782	34455	42327	5803	2839	2964	35193	19669	15524
丰台区	40177	17959	22218	1392	726	666	14068	7811	6257
石景山区	9667	4332	5335	369	196	173	3590	1981	1609
海淀区	50800	23558	27242	4697	2516	2181	25612	13931	11681
门头沟区	5486	2388	3098	75	36	39	2601	1471	1130
房山区	18871	8805	10066	418	225	193	7902	4513	3389
通州区	34618	16111	18507	875	434	441	13094	7638	5456
顺义区	18529	8858	9671	729	390	339	6820	3832	2988
昌平区	52697	26077	26620	1386	725	661	16976	9901	7075
大兴区	39287	18624	20663	1227	683	544	18783	11172	7611
怀柔区	4623	2360	2263	75	34	41	2542	1581	961
平谷区	2472	1258	1214	34	21	13	1513	902	611
密云区	3975	1856	2119	45	21	24	1832	1109	723
延庆区	1020	543	477	29	13	16	1203	757	446

7–3a　续表 4　　单位：人

现住地	户口登记地								
	浙江			安徽			福建		
	小计	男	女	小计	男	女	小计	男	女
北京	**76228**	**39499**	**36729**	**249873**	**134743**	**115130**	**74579**	**41383**	**33196**
东城区	2700	1345	1355	7990	4073	3917	1906	1037	869
西城区	3498	1767	1731	11856	6064	5792	4014	2071	1943
朝阳区	15648	7772	7876	51644	27441	24203	15233	8141	7092
丰台区	10728	5566	5162	28211	14811	13400	9250	5229	4021
石景山区	1184	586	598	6703	3565	3138	1583	902	681
海淀区	13572	7042	6530	51299	27604	23695	12348	6756	5592
门头沟区	592	317	275	2977	1602	1375	554	320	234
房山区	3232	1711	1521	11319	6140	5179	3421	1932	1489
通州区	5026	2639	2387	12097	6278	5819	5665	3132	2533
顺义区	2328	1237	1091	10509	5838	4671	2757	1579	1178
昌平区	7136	3760	3376	26037	14602	11435	7780	4426	3354
大兴区	8229	4480	3749	22900	12973	9927	7152	4165	2987
怀柔区	872	486	386	2670	1590	1080	1067	625	442
平谷区	364	185	179	908	529	379	438	249	189
密云区	721	391	330	2053	1165	888	974	555	419
延庆区	398	215	183	700	468	232	437	264	173

7-3a 续表 5

单位：人

现住地	户口登记地								
	江西			山东			河南		
	小计	男	女	小计	男	女	小计	男	女
北　京	**83921**	**44068**	**39853**	**557789**	**306356**	**251433**	**971444**	**568363**	**403081**
东城区	1982	946	1036	13153	7174	5979	21700	12334	9366
西城区	3479	1699	1780	20604	10879	9725	28351	15486	12865
朝阳区	17320	8709	8611	103898	55662	48236	178455	101904	76551
丰台区	9152	4742	4410	49743	26267	23476	92930	52999	39931
石景山区	1955	997	958	12763	6549	6214	23932	13795	10137
海淀区	16725	9082	7643	100238	53640	46598	143797	81131	62666
门头沟区	728	360	368	7698	4017	3681	17127	9954	7173
房山区	3905	2007	1898	27362	15007	12355	54080	31930	22150
通州区	5553	2885	2668	41755	23243	18512	74900	44867	30033
顺义区	3142	1634	1508	25414	14318	11096	51338	31305	20033
昌平区	10869	6061	4808	70265	40027	30238	119818	71576	48242
大兴区	6930	3737	3193	67355	39084	28271	120508	72960	47548
怀柔区	707	395	312	7397	4490	2907	17800	11280	6520
平谷区	452	253	199	3217	1912	1305	8566	5288	3278
密云区	751	410	341	4566	2564	2002	10046	6239	3807
延庆区	271	151	120	2361	1523	838	8096	5315	2781

7-3a 续表 6

单位：人

现住地	户口登记地								
	湖北			湖南			广东		
	小计	男	女	小计	男	女	小计	男	女
北　京	**180763**	**89927**	**90836**	**100811**	**46270**	**54541**	**81264**	**43188**	**38076**
东城区	4082	1827	2255	2353	1005	1348	4039	2192	1847
西城区	7542	3427	4115	4503	1939	2564	4023	2139	1884
朝阳区	37164	17793	19371	20156	8591	11565	20128	10118	10010
丰台区	19192	9427	9765	9430	4245	5185	6919	3725	3194
石景山区	4810	2329	2481	2564	1134	1430	1488	755	733
海淀区	35678	17984	17694	22970	10895	12075	17279	9408	7871
门头沟区	2184	1037	1147	964	419	545	783	401	382
房山区	7929	3986	3943	4289	1956	2333	2598	1344	1254
通州区	11568	5575	5993	6428	2953	3475	4906	2563	2343
顺义区	7714	4021	3693	4053	1929	2124	2757	1469	1288
昌平区	22890	12097	10793	13485	6728	6757	7628	4174	3454
大兴区	15846	8175	7671	8099	3766	4333	6821	3870	2951
怀柔区	1605	873	732	639	322	317	692	374	318
平谷区	816	428	388	291	134	157	383	213	170
密云区	1273	699	574	404	178	226	481	265	216
延庆区	470	249	221	183	76	107	339	178	161

7–3a　续表 7　　　　单位：人

现住地	户口登记地								
	广西			海南			重庆		
	小计	男	女	小计	男	女	小计	男	女
北　京	**32513**	**14898**	**17615**	**11761**	**5631**	**6130**	**58549**	**27888**	**30661**
东城区	789	350	439	273	118	155	1555	658	897
西城区	1196	554	642	390	163	227	2367	1012	1355
朝阳区	6435	2718	3717	2803	1212	1591	12753	5911	6842
丰台区	2163	834	1329	866	380	486	4878	2052	2826
石景山区	825	387	438	254	121	133	1422	635	787
海淀区	7231	3356	3875	2492	1201	1291	12508	6046	6462
门头沟区	321	136	185	97	51	46	768	368	400
房山区	1589	763	826	460	218	242	2770	1367	1403
通州区	2684	1251	1433	714	346	368	3936	1956	1980
顺义区	1102	497	605	800	446	354	2204	1046	1158
昌平区	4207	2030	2177	1323	699	624	6351	3163	3188
大兴区	3035	1541	1494	1110	597	513	5114	2669	2445
怀柔区	349	175	174	69	33	36	833	436	397
平谷区	201	114	87	21	11	10	319	157	162
密云区	235	116	119	64	24	40	437	224	213
延庆区	151	76	75	25	11	14	334	188	146

7–3a　续表 8　　　　单位：人

现住地	户口登记地								
	四川			贵州			云南		
	小计	男	女	小计	男	女	小计	男	女
北　京	**196279**	**98732**	**97547**	**44948**	**22962**	**21986**	**30597**	**15534**	**15063**
东城区	5163	2409	2754	879	410	469	708	337	371
西城区	8011	3649	4362	1379	622	757	1125	509	616
朝阳区	48763	24204	24559	8386	3880	4506	5525	2550	2975
丰台区	16230	7415	8815	3282	1493	1789	1917	895	1022
石景山区	5085	2492	2593	1187	646	541	777	420	357
海淀区	35318	17187	18131	9124	4508	4616	7248	3618	3630
门头沟区	3624	1923	1701	594	309	285	359	190	169
房山区	10203	5462	4741	2754	1497	1257	1765	914	851
通州区	12189	6263	5926	3613	1966	1647	2232	1204	1028
顺义区	9093	4963	4130	1564	849	715	1263	669	594
昌平区	17912	9322	8590	5493	2997	2496	3402	1785	1617
大兴区	18299	9761	8538	4965	2798	2167	3002	1696	1306
怀柔区	2731	1618	1113	721	433	288	541	323	218
平谷区	1148	631	517	312	170	142	211	123	88
密云区	1486	810	676	396	216	180	320	173	147
延庆区	1024	623	401	299	168	131	202	128	74

7-3a 续表 9

单位：人

现住地	户口登记地								
	西藏			陕西			甘肃		
	小计	男	女	小计	男	女	小计	男	女
北京	**3167**	**1432**	**1735**	**147767**	**77122**	**70645**	**162521**	**82471**	**80050**
东城区	22	10	12	3859	1962	1897	4546	2160	2386
西城区	53	29	24	6304	3147	3157	9840	4728	5112
朝阳区	730	282	448	26483	13152	13331	27687	13404	14283
丰台区	100	43	57	12340	6067	6273	11900	5502	6398
石景山区	56	28	28	3554	1785	1769	4100	2007	2093
海淀区	862	395	467	29682	15122	14560	25438	12547	12891
门头沟区	12	4	8	1903	1004	899	2194	1137	1057
房山区	547	216	331	6962	3770	3192	8329	4371	3958
通州区	92	39	53	10368	5572	4796	13847	7230	6617
顺义区	20	10	10	6433	3465	2968	9118	5184	3934
昌平区	334	149	185	19840	10718	9122	19014	10184	8830
大兴区	313	215	98	14652	8246	6406	18950	9901	9049
怀柔区	8	3	5	2569	1497	1072	2755	1530	1225
平谷区	7	2	5	862	488	374	1893	994	899
密云区	9	6	3	1225	701	524	1797	968	829
延庆区	2	1	1	731	426	305	1113	624	489

7-3a 续表 10

单位：人

现住地	户口登记地								
	青海			宁夏			新疆		
	小计	男	女	小计	男	女	小计	男	女
北京	**12945**	**6270**	**6675**	**22168**	**11097**	**11071**	**39201**	**16969**	**22232**
东城区	308	139	169	480	232	248	916	371	545
西城区	464	220	244	920	471	449	1543	672	871
朝阳区	2267	1077	1190	4359	2027	2332	8288	3286	5002
丰台区	991	431	560	1694	777	917	2816	1141	1675
石景山区	354	153	201	493	252	241	1202	517	685
海淀区	2414	1130	1284	4511	2252	2259	7110	3035	4075
门头沟区	135	70	65	232	117	115	545	252	293
房山区	745	353	392	1031	520	511	2048	894	1154
通州区	991	482	509	1863	954	909	3767	1635	2132
顺义区	465	239	226	763	368	395	1395	619	776
昌平区	1794	916	878	3191	1738	1453	4910	2369	2541
大兴区	1380	716	664	2077	1085	992	3679	1716	1963
怀柔区	140	75	65	201	103	98	315	148	167
平谷区	270	145	125	105	57	48	148	70	78
密云区	105	52	53	147	87	60	367	170	197
延庆区	122	72	50	101	57	44	152	74	78

7–3b　全市按现住地、性别分的户口登记地在外省的人口(镇)

单位：人

现住地	户口登记地					
	合计			天津		
	合计	男	女	小计	男	女
北　京	**708163**	**413702**	**294461**	**18051**	**9267**	**8784**
东城区						
西城区						
朝阳区	11198	5859	5339	352	160	192
丰台区	3139	1656	1483	62	30	32
石景山区						
海淀区						
门头沟区	8117	4600	3517	81	42	39
房山区	22165	12841	9324	216	99	117
通州区	179309	103725	75584	6158	3133	3025
顺义区	84303	50734	33569	1391	759	632
昌平区	225835	128247	97588	6448	3243	3205
大兴区	106652	65571	41081	2402	1241	1161
怀柔区	27063	16874	10189	266	138	128
平谷区	8688	4834	3854	182	95	87
密云区	14937	8928	6009	155	108	47
延庆区	16757	9833	6924	338	219	119

7–3b　续表 1

单位：人

现住地	户口登记地					
	河北			山西		
	小计	男	女	小计	男	女
北　京	**199747**	**119643**	**80104**	**37638**	**21484**	**16154**
东城区						
西城区						
朝阳区	2800	1578	1222	467	219	248
丰台区	873	470	403	157	83	74
石景山区						
海淀区						
门头沟区	2626	1441	1185	256	140	116
房山区	7111	4075	3036	1101	619	482
通州区	51053	30488	20565	10086	5739	4347
顺义区	24561	15570	8991	6314	3838	2476
昌平区	60631	35182	25449	11721	6541	5180
大兴区	29173	18392	10781	4955	2862	2093
怀柔区	7329	4608	2721	1171	656	515
平谷区	2590	1439	1151	291	140	151
密云区	5782	3439	2343	487	285	202
延庆区	5218	2961	2257	632	362	270

7–3b 续表 2

单位：人

现住地	户口登记地 内蒙古 小计	男	女	辽宁 小计	男	女	吉林 小计	男	女
北　京	**24900**	**13404**	**11496**	**28578**	**14893**	**13685**	**23609**	**12517**	**11092**
东城区									
西城区									
朝阳区	430	197	233	626	258	368	399	168	231
丰台区	74	36	38	137	63	74	96	40	56
石景山区									
海淀区									
门头沟区	199	95	104	237	107	130	248	125	123
房山区	639	350	289	736	389	347	597	297	300
通州区	6169	3246	2923	7747	3980	3767	5995	3166	2829
顺义区	3086	1722	1364	3267	1735	1532	2893	1603	1290
昌平区	8706	4635	4071	9631	5001	4630	8149	4264	3885
大兴区	3402	1941	1461	4107	2169	1938	3364	1844	1520
怀柔区	732	406	326	795	492	303	699	392	307
平谷区	349	168	181	309	150	159	300	152	148
密云区	502	271	231	502	284	218	367	201	166
延庆区	612	337	275	484	265	219	502	265	237

7–3b 续表 3

单位：人

现住地	户口登记地 黑龙江 小计	男	女	上海 小计	男	女	江苏 小计	男	女
北　京	**34625**	**18056**	**16569**	**724**	**401**	**323**	**17267**	**10713**	**6554**
东城区									
西城区									
朝阳区	581	264	317	14	8	6	357	176	181
丰台区	195	83	112	1		1	72	48	24
石景山区									
海淀区									
门头沟区	273	113	160	5	4	1	228	144	84
房山区	807	392	415	11	10	1	510	319	191
通州区	8219	4226	3993	155	81	74	4149	2528	1621
顺义区	4693	2575	2118	97	47	50	1719	1090	629
昌平区	13567	7009	6558	264	150	114	5142	3159	1983
大兴区	4133	2240	1893	130	73	57	2868	1875	993
怀柔区	765	442	323	19	11	8	813	538	275
平谷区	356	178	178	8	5	3	248	137	111
密云区	509	276	233	10	4	6	385	230	155
延庆区	527	258	269	10	8	2	776	469	307

7-3b 续表 4 单位：人

现住地	户口登记地								
	浙江			安徽			福建		
	小计	男	女	小计	男	女	小计	男	女
北　京	**6100**	**3438**	**2662**	**23339**	**13807**	**9532**	**5528**	**3254**	**2274**
东城区									
西城区									
朝阳区	42	24	18	326	158	168	65	34	31
丰台区	21	9	12	137	69	68	52	31	21
石景山区									
海淀区									
门头沟区	57	30	27	201	112	89	25	15	10
房山区	158	91	67	710	408	302	186	115	71
通州区	1538	822	716	4396	2532	1864	1519	921	598
顺义区	490	280	210	3496	2069	1427	534	320	214
昌平区	1547	848	699	9976	6006	3970	1624	916	708
大兴区	1321	753	568	2422	1401	1021	942	565	377
怀柔区	357	223	134	760	517	243	312	184	128
平谷区	75	51	24	211	112	99	51	24	27
密云区	117	71	46	493	311	182	89	54	35
延庆区	377	236	141	211	112	99	129	75	54

7-3b 续表 5 单位：人

现住地	户口登记地								
	江西			山东			河南		
	小计	男	女	小计	男	女	小计	男	女
北　京	**6612**	**3769**	**2843**	**58075**	**34519**	**23556**	**117595**	**74745**	**42850**
东城区									
西城区									
朝阳区	95	31	64	1094	540	554	2039	1349	690
丰台区	24	15	9	262	151	111	524	295	229
石景山区									
海淀区									
门头沟区	36	21	15	569	313	256	1763	1197	566
房山区	280	160	120	1696	1015	681	4229	2670	1559
通州区	1444	842	602	14921	8858	6063	30897	19437	11460
顺义区	766	438	328	6829	4119	2710	13611	8650	4961
昌平区	2411	1335	1076	17986	10631	7355	33611	20769	12842
大兴区	859	477	382	9273	5607	3666	19186	12716	6470
怀柔区	410	291	119	2573	1568	1005	4434	3029	1405
平谷区	81	43	38	682	377	305	1716	1067	649
密云区	88	49	39	1048	613	435	2527	1626	901
延庆区	118	67	51	1142	727	415	3058	1940	1118

7-3b 续表 6

单位：人

现住地	户口登记地								
	湖北			湖南			广东		
	小计	男	女	小计	男	女	小计	男	女
北京	**14526**	**8417**	**6109**	**7354**	**3851**	**3503**	**5420**	**3022**	**2398**
东城区									
西城区									
朝阳区	182	86	96	141	46	95	66	32	34
丰台区	72	41	31	44	21	23	19	11	8
石景山区									
海淀区									
门头沟区	122	52	70	37	16	21	69	45	24
房山区	317	185	132	158	87	71	92	48	44
通州区	2982	1626	1356	1799	901	898	1442	818	624
顺义区	1651	970	681	834	443	391	456	240	216
昌平区	5548	3031	2517	2707	1445	1262	1671	936	735
大兴区	2347	1599	748	770	393	377	813	442	371
怀柔区	763	506	257	460	271	189	371	218	153
平谷区	91	47	44	54	24	30	72	40	32
密云区	283	169	114	77	44	33	130	76	54
延庆区	168	105	63	273	160	113	219	116	103

7-3b 续表 7

单位：人

现住地	户口登记地								
	广西			海南			重庆		
	小计	男	女	小计	男	女	小计	男	女
北京	**2677**	**1348**	**1329**	**736**	**400**	**336**	**5716**	**3118**	**2598**
东城区									
西城区									
朝阳区	22	10	12	13	9	4	81	33	48
丰台区	10	4	6	2	1	1	25	14	11
石景山区									
海淀区									
门头沟区	26	11	15	9	6	3	57	24	33
房山区	77	48	29	9	3	6	170	85	85
通州区	719	374	345	170	85	85	1348	751	597
顺义区	215	99	116	80	45	35	529	284	245
昌平区	925	430	495	211	104	107	1873	957	916
大兴区	337	164	173	62	24	38	949	555	394
怀柔区	172	104	68	23	12	11	405	248	157
平谷区	51	30	21	9	8	1	68	38	30
密云区	48	26	22	6	4	2	83	45	38
延庆区	75	48	27	142	99	43	128	84	44

7-3b　续表 8　　单位：人

现住地	户口登记地								
	四川			贵州			云南		
	小计	男	女	小计	男	女	小计	男	女
北京	**21927**	**12686**	**9241**	**5062**	**3009**	**2053**	**3871**	**2285**	**1586**
东城区									
西城区									
朝阳区	285	136	149	116	67	49	107	58	49
丰台区	79	29	50	17	10	7	18	16	2
石景山区									
海淀区									
门头沟区	517	279	238	105	67	38	28	17	11
房山区	955	561	394	214	127	87	100	58	42
通州区	4106	2255	1851	1130	652	478	674	361	313
顺义区	2120	1172	948	489	288	201	267	136	131
昌平区	7244	3938	3306	1284	726	558	934	509	425
大兴区	4352	2971	1381	1124	720	404	1187	814	373
怀柔区	1248	743	505	305	183	122	287	138	149
平谷区	305	184	121	64	40	24	48	31	17
密云区	298	176	122	97	62	35	72	48	24
延庆区	418	242	176	117	67	50	149	99	50

7-3b　续表 9　　单位：人

现住地	户口登记地								
	西藏			陕西			甘肃		
	小计	男	女	小计	男	女	小计	男	女
北京	**100**	**50**	**50**	**14119**	**8359**	**5760**	**18207**	**10215**	**7992**
东城区									
西城区									
朝阳区				241	108	133	186	82	104
丰台区	1	1		67	35	32	63	32	31
石景山区									
海淀区									
门头沟区				118	57	61	174	104	70
房山区	3	1	2	386	240	146	553	314	239
通州区	10	5	5	3629	2149	1480	5298	2983	2315
顺义区	1		1	1441	852	589	2005	1153	852
昌平区	70	36	34	4469	2496	1973	4962	2686	2276
大兴区	7	4	3	2381	1618	763	3053	1748	1305
怀柔区	3		3	660	397	263	728	451	277
平谷区	1	1		139	77	62	282	147	135
密云区	2	2		264	151	113	447	267	180
延庆区	2		2	324	179	145	456	248	208

7-3b 续表 10

单位：人

现住地	户口登记地								
	青海			宁夏			新疆		
	小计	男	女	小计	男	女	小计	男	女
北京	**1524**	**765**	**759**	**1741**	**921**	**820**	**2795**	**1346**	**1449**
东城区									
西城区									
朝阳区	9	2	7	25	12	13	37	14	23
丰台区	11	4	7	8	6	2	16	8	8
石景山区									
海淀区									
门头沟区	4	2	2	20	12	8	27	9	18
房山区	37	18	19	46	30	16	61	27	34
通州区	288	144	144	466	247	219	802	375	427
顺义区	89	54	35	119	59	60	260	124	136
昌平区	886	443	443	644	322	322	993	499	494
大兴区	111	54	57	260	139	121	362	170	192
怀柔区	48	24	24	67	37	30	88	47	41
平谷区	10	6	4	14	9	5	31	14	17
密云区	11	5	6	19	12	7	39	19	20
延庆区	20	9	11	53	36	17	79	40	39

7-3c 全市按现住地、性别分的户口登记地在外省的人口(乡村)

单位：人

现住地	户口登记地					
	合计			天津		
	合计	男	女	小计	男	女
北京	**930230**	**576817**	**353413**	**11701**	**6512**	**5189**
东城区						
西城区						
朝阳区						
丰台区	2803	1764	1039	16	7	9
石景山区						
海淀区	33466	20262	13204	500	293	207
门头沟区	7219	4257	2962	75	32	43
房山区	58209	34855	23354	382	210	172
通州区	177614	110007	67607	3161	1708	1453
顺义区	188719	118213	70506	1674	995	679
昌平区	216391	132977	83414	3369	1823	1546
大兴区	153089	99264	53825	1424	807	617
怀柔区	21012	12787	8225	185	99	86
平谷区	20091	11341	8750	453	256	197
密云区	25988	15281	10707	244	164	80
延庆区	25629	15809	9820	218	118	100

7-3c　续表 1　　单位：人

现住地	户口登记地					
	河北			山西		
	小计	男	女	小计	男	女
北　京	**295297**	**188317**	**106980**	**41539**	**25338**	**16201**
东城区						
西城区						
朝阳区						
丰台区	738	428	310	88	46	42
石景山区						
海淀区	10698	6595	4103	1545	905	640
门头沟区	2155	1322	833	255	150	105
房山区	19741	12042	7699	2378	1353	1025
通州区	52774	33492	19282	8061	4865	3196
顺义区	63219	41315	21904	8557	5328	3229
昌平区	66192	41760	24432	11073	6740	4333
大兴区	46338	31394	14944	6443	4117	2326
怀柔区	7289	4539	2750	723	459	264
平谷区	6348	3546	2802	680	367	313
密云区	10136	5971	4165	740	419	321
延庆区	9669	5913	3756	996	589	407

7-3c　续表 2　　单位：人

现住地	户口登记地								
	内蒙古			辽宁			吉林		
	小计	男	女	小计	男	女	小计	男	女
北　京	**30036**	**16905**	**13131**	**28975**	**16512**	**12463**	**25896**	**14496**	**11400**
东城区									
西城区									
朝阳区									
丰台区	95	52	43	152	101	51	81	47	34
石景山区									
海淀区	1028	585	443	1056	597	459	743	404	339
门头沟区	169	90	79	215	115	100	230	113	117
房山区	1497	824	673	1611	858	753	1474	813	661
通州区	5879	3334	2545	5732	3179	2553	5338	2983	2355
顺义区	6580	3731	2849	5959	3446	2513	5282	3021	2261
昌平区	7462	4161	3301	7249	4172	3077	6465	3572	2893
大兴区	3483	2061	1422	3657	2142	1515	3357	1951	1406
怀柔区	981	542	439	851	538	313	799	456	343
平谷区	870	420	450	693	376	317	676	352	324
密云区	983	535	448	969	524	445	727	381	346
延庆区	1009	570	439	831	464	367	724	403	321

7-3c 续表 3

单位：人

现住地	户口登记地								
	黑龙江			上海			江苏		
	小计	男	女	小计	男	女	小计	男	女
北京	**40638**	**22702**	**17936**	**435**	**247**	**188**	**19889**	**13150**	**6739**
东城区									
西城区									
朝阳区									
丰台区	131	68	63	1	1		84	74	10
石景山区									
海淀区	1429	779	650	19	11	8	528	339	189
门头沟区	186	100	86	5	2	3	256	144	112
房山区	2224	1181	1043	13	8	5	1204	764	440
通州区	8596	4794	3802	73	45	28	3346	2231	1115
顺义区	8452	4790	3662	59	25	34	3262	2229	1033
昌平区	10375	5796	4579	137	86	51	4404	2952	1452
大兴区	6322	3635	2687	45	20	25	3534	2477	1057
怀柔区	752	410	342	17	10	7	762	458	304
平谷区	718	349	369	21	10	11	753	456	297
密云区	861	456	405	18	11	7	802	436	366
延庆区	592	344	248	27	18	9	954	590	364

7-3c 续表 4

单位：人

现住地	户口登记地								
	浙江			安徽			福建		
	小计	男	女	小计	男	女	小计	男	女
北京	**5111**	**3019**	**2092**	**37059**	**23202**	**13857**	**6027**	**3670**	**2357**
东城区									
西城区									
朝阳区									
丰台区	8	5	3	132	97	35	9	4	5
石景山区									
海淀区	139	80	59	1265	737	528	188	114	74
门头沟区	52	25	27	263	158	105	27	13	14
房山区	360	213	147	1951	1202	749	447	280	167
通州区	892	517	375	6750	4201	2549	1381	847	534
顺义区	815	484	331	8788	5358	3430	1509	912	597
昌平区	1184	711	473	9211	5794	3417	1327	801	526
大兴区	911	552	359	7159	4692	2467	579	360	219
怀柔区	126	66	60	317	205	112	128	79	49
平谷区	159	94	65	305	184	121	118	72	46
密云区	263	162	101	580	357	223	140	92	48
延庆区	202	110	92	338	217	121	174	96	78

7–3c 续表 5

单位：人

现住地	户口登记地								
	江 西			山 东			河 南		
	小计	男	女	小计	男	女	小计	男	女
北 京	**8527**	**5172**	**3355**	**81675**	**52891**	**28784**	**182865**	**117202**	**65663**
东城区									
西城区									
朝阳区									
丰台区	36	21	15	169	120	49	643	446	197
石景山区									
海淀区	329	189	140	3384	2148	1236	6884	4385	2499
门头沟区	43	19	24	605	360	245	1655	1018	637
房山区	769	461	308	4637	2921	1716	11943	7439	4504
通州区	1737	1041	696	16199	10567	5632	36945	24183	12762
顺义区	1601	982	619	14830	9600	5230	35271	22423	12848
昌平区	2188	1355	833	18111	11695	6416	38617	24561	14056
大兴区	1393	845	548	17468	11582	5886	33846	21960	11886
怀柔区	93	63	30	1485	944	541	3793	2392	1401
平谷区	78	45	33	1390	789	601	4004	2491	1513
密云区	152	88	64	1884	1162	722	4342	2670	1672
延庆区	108	63	45	1513	1003	510	4922	3234	1688

7–3c 续表 6

单位：人

现住地	户口登记地								
	湖 北			湖 南			广 东		
	小计	男	女	小计	男	女	小计	男	女
北 京	**19495**	**11811**	**7684**	**7450**	**4274**	**3176**	**4254**	**2324**	**1930**
东城区									
西城区									
朝阳区									
丰台区	61	34	27	13	9	4	15	12	3
石景山区									
海淀区	725	421	304	363	212	151	103	51	52
门头沟区	52	26	26	41	17	24	80	43	37
房山区	1592	898	694	534	298	236	220	103	117
通州区	3661	2160	1501	1348	742	606	812	485	327
顺义区	3735	2245	1490	1323	756	567	676	370	306
昌平区	5076	3114	1962	2480	1435	1045	1003	540	463
大兴区	3327	2177	1150	1003	613	390	439	245	194
怀柔区	318	189	129	86	44	42	185	89	96
平谷区	267	154	113	92	50	42	218	127	91
密云区	398	217	181	74	37	37	236	123	113
延庆区	283	176	107	93	61	32	267	136	131

7—3c 续表 7 单位：人

现住地	户口登记地								
	广西			海南			重庆		
	小计	男	女	小计	男	女	小计	男	女
北京	**2556**	**1323**	**1233**	**473**	**231**	**242**	**5367**	**3019**	**2348**
东城区									
西城区									
朝阳区									
丰台区	2	2					25	16	9
石景山区									
海淀区	82	43	39	21	11	10	221	122	99
门头沟区	32	16	16	4	2	2	31	16	15
房山区	139	64	75	21	6	15	352	198	154
通州区	463	230	233	55	21	34	953	521	432
顺义区	425	205	220	65	31	34	1053	606	447
昌平区	714	376	338	189	106	83	1388	731	657
大兴区	290	158	132	63	33	30	691	417	274
怀柔区	76	43	33	13	5	8	151	84	67
平谷区	110	54	56	15	9	6	124	60	64
密云区	96	54	42	7	2	5	145	93	52
延庆区	127	78	49	20	5	15	233	155	78

7—3c 续表 8 单位：人

现住地	户口登记地								
	四川			贵州			云南		
	小计	男	女	小计	男	女	小计	男	女
北京	**28458**	**16881**	**11577**	**5049**	**2935**	**2114**	**3400**	**1933**	**1467**
东城区									
西城区									
朝阳区									
丰台区	135	71	64	15	9	6	21	14	7
石景山区									
海淀区	815	448	367	98	52	46	69	26	43
门头沟区	310	184	126	93	63	30	32	22	10
房山区	1985	1139	846	411	242	169	211	112	99
通州区	5249	3115	2134	908	525	383	506	261	245
顺义区	6368	3743	2625	730	403	327	644	381	263
昌平区	6564	3835	2729	1330	775	555	793	448	345
大兴区	4575	2850	1725	639	370	269	612	367	245
怀柔区	530	315	215	171	108	63	96	51	45
平谷区	495	253	242	180	102	78	205	119	86
密云区	663	424	239	207	134	73	107	69	38
延庆区	769	504	265	267	152	115	104	63	41

7-3c 续表 9 单位：人

现住地	户口登记地								
	西藏			陕西			甘肃		
	小计	男	女	小计	男	女	小计	男	女
北京	**75**	**48**	**27**	**14480**	**9040**	**5440**	**19376**	**11414**	**7962**
东城区									
西城区									
朝阳区									
丰台区				46	33	13	78	44	34
石景山区									
海淀区	7	7		543	319	224	541	316	225
门头沟区	1	1		137	86	51	174	98	76
房山区	2		2	785	475	310	1073	617	456
通州区				2459	1513	946	3618	2058	1560
顺义区	13	10	3	3028	1917	1111	4151	2558	1593
昌平区	44	25	19	3843	2367	1476	4291	2536	1755
大兴区	1	1		1887	1227	660	3124	1934	1190
怀柔区	2	2		437	262	175	529	283	246
平谷区	1	1		374	233	141	618	297	321
密云区	3		3	485	292	193	611	343	268
延庆区	1	1		456	316	140	568	330	238

7-3c 续表 10 单位：人

现住地	户口登记地								
	青海			宁夏			新疆		
	小计	男	女	小计	男	女	小计	男	女
北京	**754**	**411**	**343**	**1446**	**878**	**568**	**1927**	**960**	**967**
东城区									
西城区									
朝阳区									
丰台区	1		1	3	1	2	5	2	3
石景山区									
海淀区	23	15	8	67	36	31	53	22	31
门头沟区	8	5	3	8	5	3	25	12	13
房山区	54	33	21	71	41	30	128	60	68
通州区	134	64	70	255	160	95	329	165	164
顺义区	164	89	75	202	128	74	284	132	152
昌平区	211	111	100	480	286	194	621	313	308
大兴区	88	54	34	192	117	75	199	106	93
怀柔区	15	11	4	34	15	19	68	26	42
平谷区	16	6	10	27	20	7	83	49	34
密云区	14	8	6	30	17	13	71	40	31
延庆区	26	15	11	77	52	25	61	33	28

7-4 全市按现住地、离开户口登记地时间分的户口登记地在外乡镇街道的人口

单位：人

现住地	离开户口登记地时间							
	合计							
	合计	半年以上，不满一年	一年以上，不满二年	二年以上，不满三年	三年以上，不满四年	四年以上，不满五年	五年以上，不满十年	十年以上
北京	**13409576**	**1998226**	**1507947**	**1399984**	**1270713**	**975909**	**2665645**	**3591152**
东城区	278939	35306	26906	27471	25449	18115	51711	93981
西城区	446612	48527	43415	44043	41096	29954	91193	148384
朝阳区	2117258	390255	202149	180740	180182	143870	419455	600607
丰台区	1243293	155866	107078	102634	95999	81421	256613	443682
石景山区	324850	48111	28801	29115	26543	19381	64532	108367
海淀区	1694567	213579	219895	200140	170246	120086	330892	439729
门头沟区	247098	42201	26259	23238	20497	18410	61615	54878
房山区	744906	109698	89149	81663	77232	51896	149202	186066
通州区	1276127	217058	155896	138698	120604	99180	252827	291864
顺义区	914431	134651	110509	106475	96383	71394	179720	215299
昌平区	1783664	230585	227451	210965	179260	136070	351999	447334
大兴区	1475964	235498	174419	164380	155576	116142	287355	342594
怀柔区	259582	42011	27194	24776	23343	24165	49420	68673
平谷区	179343	26625	21146	19728	18538	13995	33179	46132
密云区	253569	37149	27832	27495	22997	20727	55316	62053
延庆区	169373	31106	19848	18423	16768	11103	30616	41509

7-4 续表 1

单位：人

现住地	离开户口登记地时间							
	市内							
	小计	半年以上，不满一年	一年以上，不满二年	二年以上，不满三年	三年以上，不满四年	四年以上，不满五年	五年以上，不满十年	十年以上
北京	**4991158**	**598286**	**473208**	**487117**	**469724**	**358352**	**1053137**	**1551334**
东城区	120838	14959	10492	11258	11295	7903	21510	43421
西城区	202456	24929	19977	21162	18810	12750	39006	65822
朝阳区	836511	156552	65599	65555	68857	52319	164815	262814
丰台区	597971	64570	45523	47719	45449	38133	122756	233821
石景山区	158463	22311	13180	14486	13237	9240	32311	53698
海淀区	576352	69853	67407	61991	56262	39050	112670	169119
门头沟区	131849	15664	12207	11975	11557	11159	41619	27668
房山区	306553	30953	33411	35088	37093	24075	69966	75967
通州区	378127	36335	39300	37644	36134	32469	85272	110973
顺义区	315145	34670	28494	32097	31662	24452	68543	95227
昌平区	473282	44326	47216	47894	42747	33191	95652	162256
大兴区	458064	41534	46604	52078	52666	38074	101484	125624
怀柔区	103805	9592	10276	10229	10176	7168	22953	33411
平谷区	101067	9540	9969	11561	11078	8595	20077	30247
密云区	142038	14127	14571	16108	12885	13108	35228	36011
延庆区	88637	8371	8982	10272	9816	6666	19275	25255

7-4　续表 2　　　　单位：人

现住地	离开户口登记地时间							
	市外							
	小计	半年以上，不满一年	一年以上，不满二年	二年以上，不满三年	三年以上，不满四年	四年以上，不满五年	五年以上，不满十年	十年以上
北　京	**8418418**	**1399940**	**1034739**	**912867**	**800989**	**617557**	**1612508**	**2039818**
东城区	158101	20347	16414	16213	14154	10212	30201	50560
西城区	244156	23598	23438	22881	22286	17204	52187	82562
朝阳区	1280747	233703	136550	115185	111325	91551	254640	337793
丰台区	645322	91296	61555	54915	50550	43288	133857	209861
石景山区	166387	25800	15621	14629	13306	10141	32221	54669
海淀区	1118215	143726	152488	138149	113984	81036	218222	270610
门头沟区	115249	26537	14052	11263	8940	7251	19996	27210
房山区	438353	78745	55738	46575	40139	27821	79236	110099
通州区	898000	180723	116596	101054	84470	66711	167555	180891
顺义区	599286	99981	82015	74378	64721	46942	111177	120072
昌平区	1310382	186259	180235	163071	136513	102879	256347	285078
大兴区	1017900	193964	127815	112302	102910	78068	185871	216970
怀柔区	155777	32419	16918	14547	13167	16997	26467	35262
平谷区	78276	17085	11177	8167	7460	5400	13102	15885
密云区	111531	23022	13261	11387	10112	7619	20088	26042
延庆区	80736	22735	10866	8151	6952	4437	11341	16254

7-4a　全市按现住地、离开户口登记地时间分的户口登记地在外乡镇街道的人口(城市)

单位：人

现住地	离开户口登记地时间							
	合计							
	合计	半年以上，不满一年	一年以上，不满二年	二年以上，不满三年	三年以上，不满四年	四年以上，不满五年	五年以上，不满十年	十年以上
北　京	**11286299**	**1587760**	**1208151**	**1137337**	**1055007**	**817749**	**2310041**	**3170254**
东城区	278939	35306	26906	27471	25449	18115	51711	93981
西城区	446612	48527	43415	44043	41096	29954	91193	148384
朝阳区	2101658	386188	199861	179062	178829	143014	417398	597306
丰台区	1232986	151526	106143	101391	95292	81029	255425	442180
石景山区	324850	48111	28801	29115	26543	19381	64532	108367
海淀区	1652065	207606	214388	195115	165854	116700	323035	429367
门头沟区	222695	37240	23374	20567	18341	16834	56553	49786
房山区	630907	87009	74788	70500	66529	43898	127779	160404
通州区	832273	114641	87382	82117	77876	66741	184079	219437
顺义区	575691	73258	64388	63277	58717	45664	121300	149087
昌平区	1216807	146976	141275	136730	120776	95913	252761	322376
大兴区	1158088	165575	132101	126182	123077	93511	236607	281035
怀柔区	191947	29621	20844	18947	18161	13235	37661	53478
平谷区	128420	15894	14202	13496	12619	10480	25053	36676
密云区	191272	24547	20422	20474	17102	16636	44076	48015
延庆区	101089	15735	9861	8850	8746	6644	20878	30375

7-4a 续表 1 单位：人

现住地	离开户口登记地时间							
	市内							
	小计	半年以上，不满一年	一年以上，不满二年	二年以上，不满三年	三年以上，不满四年	四年以上，不满五年	五年以上，不满十年	十年以上
北京	**4506274**	**532275**	**413049**	**426478**	**415936**	**319614**	**958107**	**1440815**
东城区	120838	14959	10492	11258	11295	7903	21510	43421
西城区	202456	24929	19977	21162	18810	12750	39006	65822
朝阳区	832109	155549	65014	65192	68542	52059	164212	261541
丰台区	593606	62791	45107	46965	45137	37986	122302	233318
石景山区	158463	22311	13180	14486	13237	9240	32311	53698
海淀区	567316	68669	66264	60885	55313	38324	110768	167093
门头沟区	122782	14553	11445	11037	10716	10448	38914	25669
房山区	272928	27036	30015	31997	33619	20925	61601	67735
通州区	291196	24276	27604	26965	26668	24075	69511	92097
顺义区	249427	22464	21141	24635	25004	19983	55231	80969
昌平区	348651	30132	30219	31916	29189	24312	71627	131256
大兴区	399929	34210	39379	44244	45846	32916	89917	113417
怀柔区	84245	7466	8464	8354	8269	5705	18556	27431
平谷区	78923	6380	7225	8245	7811	6903	16381	25978
密云区	120666	11216	12189	13602	10779	11600	31025	30255
延庆区	62739	5334	5334	5535	5701	4485	15235	21115

7-4a 续表 2 单位：人

现住地	离开户口登记地时间							
	市外							
	小计	半年以上，不满一年	一年以上，不满二年	二年以上，不满三年	三年以上，不满四年	四年以上，不满五年	五年以上，不满十年	十年以上
北京	**6780025**	**1055485**	**795102**	**710859**	**639071**	**498135**	**1351934**	**1729439**
东城区	158101	20347	16414	16213	14154	10212	30201	50560
西城区	244156	23598	23438	22881	22286	17204	52187	82562
朝阳区	1269549	230639	134847	113870	110287	90955	253186	335765
丰台区	639380	88735	61036	54426	50155	43043	133123	208862
石景山区	166387	25800	15621	14629	13306	10141	32221	54669
海淀区	1084749	138937	148124	134230	110541	78376	212267	262274
门头沟区	99913	22687	11929	9530	7625	6386	17639	24117
房山区	357979	59973	44773	38503	32910	22973	66178	92669
通州区	541077	90365	59778	55152	51208	42666	114568	127340
顺义区	326264	50794	43247	38642	33713	25681	66069	68118
昌平区	868156	116844	111056	104814	91587	71601	181134	191120
大兴区	758159	131365	92722	81938	77231	60595	146690	167618
怀柔区	107702	22155	12380	10593	9892	7530	19105	26047
平谷区	49497	9514	6977	5251	4808	3577	8672	10698
密云区	70606	13331	8233	6872	6323	5036	13051	17760
延庆区	38350	10401	4527	3315	3045	2159	5643	9260

7–4b　全市按现住地、离开户口登记地时间分的户口登记地在外乡镇街道的人口(镇)

单位：人

现住地	离开户口登记地时间							
	合　计							
	合计	半年以上，不满一年	一年以上，不满二年	二年以上，不满三年	三年以上，不满四年	四年以上，不满五年	五年以上，不满十年	十年以上
北　京	**958712**	**185320**	**135863**	**116745**	**96215**	**74804**	**162478**	**187287**
东城区								
西城区								
朝阳区	15600	4067	2288	1678	1353	856	2057	3301
丰台区	5808	1261	729	1063	539	277	810	1129
石景山区								
海淀区								
门头沟区	13834	2416	1572	1494	1137	951	3490	2774
房山区	35771	6602	4145	3177	2990	2751	8044	8062
通州区	229020	56250	36643	27986	21055	16245	36353	34488
顺义区	109020	21575	14846	12700	11443	8589	18107	21760
昌平区	302211	38272	44021	39929	32693	21420	54927	70949
大兴区	141155	35846	18893	15705	13222	10152	21593	25744
怀柔区	36141	5723	2500	2506	2464	8994	6547	7407
平谷区	18499	3737	2775	2811	2802	1266	2607	2501
密云区	22524	3927	2629	2485	2219	1493	4346	5425
延庆区	29129	5644	4822	5211	4298	1810	3597	3747

7–4b　续表 1

单位：人

现住地	离开户口登记地时间							
	市　内							
	小计	半年以上，不满一年	一年以上，不满二年	二年以上，不满三年	三年以上，不满四年	四年以上，不满五年	五年以上，不满十年	十年以上
北　京	**250549**	**34449**	**32640**	**30440**	**27817**	**19676**	**49449**	**56078**
东城区								
西城区								
朝阳区	4402	1003	585	363	315	260	603	1273
丰台区	2669	673	359	693	223	95	268	358
石景山区								
海淀区								
门头沟区	5717	622	437	521	506	498	2113	1020
房山区	13606	1386	1567	1097	1121	1534	4075	2826
通州区	49711	7198	7908	6133	5342	3849	9285	9996
顺义区	24717	6620	2723	2422	2023	1556	3694	5679
昌平区	76376	8254	9901	8122	8059	5527	15620	20893
大兴区	34503	4016	4127	4724	4202	3429	6920	7085
怀柔区	9078	775	701	790	940	726	2437	2709
平谷区	9811	1489	1543	1887	1915	696	1283	998
密云区	7587	961	869	870	807	561	1660	1859
延庆区	12372	1452	1920	2818	2364	945	1491	1382

7-4b 续表 2

单位：人

现住地	离开户口登记地时间							
	市外							
	小计	半年以上，不满一年	一年以上，不满二年	二年以上，不满三年	三年以上，不满四年	四年以上，不满五年	五年以上，不满十年	十年以上
北京	**708163**	**150871**	**103223**	**86305**	**68398**	**55128**	**113029**	**131209**
东城区								
西城区								
朝阳区	11198	3064	1703	1315	1038	596	1454	2028
丰台区	3139	588	370	370	316	182	542	771
石景山区								
海淀区								
门头沟区	8117	1794	1135	973	631	453	1377	1754
房山区	22165	5216	2578	2080	1869	1217	3969	5236
通州区	179309	49052	28735	21853	15713	12396	27068	24492
顺义区	84303	14955	12123	10278	9420	7033	14413	16081
昌平区	225835	30018	34120	31807	24634	15893	39307	50056
大兴区	106652	31830	14766	10981	9020	6723	14673	18659
怀柔区	27063	4948	1799	1716	1524	8268	4110	4698
平谷区	8688	2248	1232	924	887	570	1324	1503
密云区	14937	2966	1760	1615	1412	932	2686	3566
延庆区	16757	4192	2902	2393	1934	865	2106	2365

7-4c 全市按现住地、离开户口登记地时间分的户口登记地在外乡镇街道的人口(乡村)

单位：人

现住地	离开户口登记地时间							
	合计							
	合计	半年以上，不满一年	一年以上，不满二年	二年以上，不满三年	三年以上，不满四年	四年以上，不满五年	五年以上，不满十年	十年以上
北京	**1164565**	**225146**	**163933**	**145902**	**119491**	**83356**	**193126**	**233611**
东城区								
西城区								
朝阳区								
丰台区	4499	3079	206	180	168	115	378	373
石景山区								
海淀区	42502	5973	5507	5025	4392	3386	7857	10362
门头沟区	10569	2545	1313	1177	1019	625	1572	2318
房山区	78228	16087	10216	7986	7713	5247	13379	17600
通州区	214834	46167	31871	28595	21673	16194	32395	37939
顺义区	229720	39818	31275	30498	26223	17141	40313	44452
昌平区	264646	45337	42155	34306	25791	18737	44311	54009
大兴区	176721	34077	23425	22493	19277	12479	29155	35815
怀柔区	31494	6667	3850	3323	2718	1936	5212	7788
平谷区	32424	6994	4169	3421	3117	2249	5519	6955
密云区	39773	8675	4781	4536	3676	2598	6894	8613
延庆区	39155	9727	5165	4362	3724	2649	6141	7387

7-4c　续表 1　　单位：人

现住地	离开户口登记地时间							
	市内							
	小计	半年以上，不满一年	一年以上，不满二年	二年以上，不满三年	三年以上，不满四年	四年以上，不满五年	五年以上，不满十年	十年以上
北　京	**234335**	**31562**	**27519**	**30199**	**25971**	**19062**	**45581**	**54441**
东城区								
西城区								
朝阳区								
丰台区	1696	1106	57	61	89	52	186	145
石景山区								
海淀区	9036	1184	1143	1106	949	726	1902	2026
门头沟区	3350	489	325	417	335	213	592	979
房山区	20019	2531	1829	1994	2353	1616	4290	5406
通州区	37220	4861	3788	4546	4124	4545	6476	8880
顺义区	41001	5586	4630	5040	4635	2913	9618	8579
昌平区	48255	5940	7096	7856	5499	3352	8405	10107
大兴区	23632	3308	3098	3110	2618	1729	4647	5122
怀柔区	10482	1351	1111	1085	967	737	1960	3271
平谷区	12333	1671	1201	1429	1352	996	2413	3271
密云区	13785	1950	1513	1636	1299	947	2543	3897
延庆区	13526	1585	1728	1919	1751	1236	2549	2758

7-4c　续表 2　　单位：人

现住地	离开户口登记地时间							
	市外							
	小计	半年以上，不满一年	一年以上，不满二年	二年以上，不满三年	三年以上，不满四年	四年以上，不满五年	五年以上，不满十年	十年以上
北　京	**930230**	**193584**	**136414**	**115703**	**93520**	**64294**	**147545**	**179170**
东城区								
西城区								
朝阳区								
丰台区	2803	1973	149	119	79	63	192	228
石景山区								
海淀区	33466	4789	4364	3919	3443	2660	5955	8336
门头沟区	7219	2056	988	760	684	412	980	1339
房山区	58209	13556	8387	5992	5360	3631	9089	12194
通州区	177614	41306	28083	24049	17549	11649	25919	29059
顺义区	188719	34232	26645	25458	21588	14228	30695	35873
昌平区	216391	39397	35059	26450	20292	15385	35906	43902
大兴区	153089	30769	20327	19383	16659	10750	24508	30693
怀柔区	21012	5316	2739	2238	1751	1199	3252	4517
平谷区	20091	5323	2968	1992	1765	1253	3106	3684
密云区	25988	6725	3268	2900	2377	1651	4351	4716
延庆区	25629	8142	3437	2443	1973	1413	3592	4629

7-5 全市按户口登记地、性别、受教育程度分的户口登记地在外乡镇街道的人口

单位：人

受教育程度	合计			市内		
	合计	男	女	小计	男	女
总 计	**13146678**	**6841120**	**6305558**	**4860555**	**2364562**	**2495993**
未上过学	134160	46944	87216	54533	20126	34407
学前教育	306797	159399	147398	156603	80746	75857
小 学	1182849	580629	602220	389798	179137	210661
初 中	3158513	1853775	1304738	708957	345552	363405
高 中	2340782	1239853	1100929	932573	449540	483033
大学专科	1957046	967719	989327	778612	381693	396919
大学本科	3185069	1558298	1626771	1372045	666258	705787
硕士研究生	765050	364772	400278	388053	193900	194153
博士研究生	116412	69731	46681	79381	47610	31771

7-5 续表

单位：人

受教育程度	市内			市外		
	其中市辖区内人户分离					
	小计	男	女	小计	男	女
总 计	**4860555**	**2364562**	**2495993**	**8286123**	**4476558**	**3809565**
未上过学	54533	20126	34407	79627	26818	52809
学前教育	156603	80746	75857	150194	78653	71541
小 学	389798	179137	210661	793051	401492	391559
初 中	708957	345552	363405	2449556	1508223	941333
高 中	932573	449540	483033	1408209	790313	617896
大学专科	778612	381693	396919	1178434	586026	592408
大学本科	1372045	666258	705787	1813024	892040	920984
硕士研究生	388053	193900	194153	376997	170872	206125
博士研究生	79381	47610	31771	37031	22121	14910

7–5a　全市按户口登记地、性别、受教育程度分的户口登记地在外乡镇街道的人口(城市)

单位：人

受教育程度	合计			市内		
	合计	男	女	小计	男	女
总　计	**11064357**	**5632934**	**5431423**	**4391622**	**2133854**	**2257768**
未上过学	108181	37221	70960	46245	17036	29209
学前教育	262070	136164	125906	139877	72176	67701
小　学	940102	448811	491291	342589	157172	185417
初　中	2361003	1340322	1020681	612849	296572	316277
高　中	1949070	1009728	939342	833783	401483	432300
大学专科	1695419	832777	862642	702566	346058	356508
大学本科	2921182	1421534	1499648	1271156	615173	655983
硕士研究生	718032	341140	376892	367521	183295	184226
博士研究生	109298	65237	44061	75036	44889	30147

7–5a　续表

单位：人

受教育程度	市内			市外		
	其中市辖区内人户分离					
	小计	男	女	小计	男	女
总　计	**4391622**	**2133854**	**2257768**	**6672735**	**3499080**	**3173655**
未上过学	46245	17036	29209	61936	20185	41751
学前教育	139877	72176	67701	122193	63988	58205
小　学	342589	157172	185417	597513	291639	305874
初　中	612849	296572	316277	1748154	1043750	704404
高　中	833783	401483	432300	1115287	608245	507042
大学专科	702566	346058	356508	992853	486719	506134
大学本科	1271156	615173	655983	1650026	806361	843665
硕士研究生	367521	183295	184226	350511	157845	192666
博士研究生	75036	44889	30147	34262	20348	13914

7－5b 全市按户口登记地、性别、受教育程度分的户口登记地在外乡镇街道的人口(镇)

单位：人

受教育程度	合计			市内		
	合计	男	女	小计	男	女
总　计	**939229**	**529716**	**409513**	**242970**	**122174**	**120796**
未上过学	10271	3842	6429	3323	1192	2131
学前教育	22007	11419	10588	8427	4277	4150
小　学	97382	51322	46060	22107	10222	11885
初　中	296516	186790	109726	42296	21518	20778
高　中	176716	101810	74906	47628	23803	23825
大学专科	136458	70987	65471	39823	19895	19928
大学本科	160375	82668	77707	62637	32155	30482
硕士研究生	34184	17449	16735	13737	7190	6547
博士研究生	5320	3429	1891	2992	1922	1070

7－5b 续表

单位：人

受教育程度	市内			市外		
	其中市辖区内人户分离					
	小计	男	女	小计	男	女
总　计	**242970**	**122174**	**120796**	**696259**	**407542**	**288717**
未上过学	3323	1192	2131	6948	2650	4298
学前教育	8427	4277	4150	13580	7142	6438
小　学	22107	10222	11885	75275	41100	34175
初　中	42296	21518	20778	254220	165272	88948
高　中	47628	23803	23825	129088	78007	51081
大学专科	39823	19895	19928	96635	51092	45543
大学本科	62637	32155	30482	97738	50513	47225
硕士研究生	13737	7190	6547	20447	10259	10188
博士研究生	2992	1922	1070	2328	1507	821

7–5c　全市按户口登记地、性别、受教育程度分的户口登记地在外乡镇街道的人口(乡村)

单位：人

受教育程度	合计			市内		
	合计	男	女	小计	男	女
总　计	**1143092**	**678470**	**464622**	**225963**	**108534**	**117429**
未上过学	15708	5881	9827	4965	1898	3067
学前教育	22720	11816	10904	8299	4293	4006
小　学	145365	80496	64869	25102	11743	13359
初　中	500994	326663	174331	53812	27462	26350
高　中	214996	128315	86681	51162	24254	26908
大学专科	125169	63955	61214	36223	15740	20483
大学本科	103512	54096	49416	38252	18930	19322
硕士研究生	12834	6183	6651	6795	3415	3380
博士研究生	1794	1065	729	1353	799	554

7–5c　续表

单位：人

受教育程度	市内			市外		
	其中市辖区内人户分离					
	小计	男	女	小计	男	女
总　计	**225963**	**108534**	**117429**	**917129**	**569936**	**347193**
未上过学	4965	1898	3067	10743	3983	6760
学前教育	8299	4293	4006	14421	7523	6898
小　学	25102	11743	13359	120263	68753	51510
初　中	53812	27462	26350	447182	299201	147981
高　中	51162	24254	26908	163834	104061	59773
大学专科	36223	15740	20483	88946	48215	40731
大学本科	38252	18930	19322	65260	35166	30094
硕士研究生	6795	3415	3380	6039	2768	3271
博士研究生	1353	799	554	441	266	175

7-6 全市按现住地、受教育程度、性别分的户口登记地在本市其他乡镇街道的人口

单位：人

现住地	合计			未上过学		
	合计	男	女	小计	男	女
北　京	**4860555**	**2364562**	**2495993**	**54533**	**20126**	**34407**
东城区	119213	55420	63793	960	356	604
西城区	199751	93624	106127	1486	511	975
朝阳区	817609	394893	422716	8160	3268	4892
丰台区	583073	279225	303848	6429	2203	4226
石景山区	155061	75124	79937	1868	624	1244
海淀区	563154	270687	292467	5007	2135	2872
门头沟区	128044	63167	64877	2186	637	1549
房山区	296383	145788	150595	3821	1317	2504
通州区	368077	181718	186359	3599	1488	2111
顺义区	304635	148319	156316	2926	1006	1920
昌平区	461000	231128	229872	4947	1985	2962
大兴区	443421	221281	222140	5445	2115	3330
怀柔区	100523	49072	51451	1754	609	1145
平谷区	97497	47167	50330	1646	483	1163
密云区	137435	66234	71201	2663	793	1870
延庆区	85679	41715	43964	1636	596	1040

7-6 续表 1

单位：人

现住地	学前教育			小学		
	小计	男	女	小计	男	女
北　京	**156603**	**80746**	**75857**	**389798**	**179137**	**210661**
东城区	2382	1179	1203	9060	4270	4790
西城区	4213	2229	1984	15863	7530	8333
朝阳区	23659	12256	11403	53956	25030	28926
丰台区	18428	9391	9037	41159	18948	22211
石景山区	4282	2209	2073	10137	4584	5553
海淀区	16942	8809	8133	37875	18012	19863
门头沟区	4009	2073	1936	12045	5121	6924
房山区	11478	5979	5499	28266	12719	15547
通州区	12477	6476	6001	31470	14580	16890
顺义区	12849	6559	6290	30355	14114	16241
昌平区	14143	7322	6821	31997	14719	17278
大兴区	16017	8249	7768	39241	18032	21209
怀柔区	3486	1775	1711	10930	4920	6010
平谷区	4324	2220	2104	10496	4745	5751
密云区	5033	2580	2453	16220	7030	9190
延庆区	2881	1440	1441	10728	4783	5945

7-6　续表 2　　单位：人

现住地	初中			高中			大学专科		
	小计	男	女	小计	男	女	小计	男	女
北　京	**708957**	**345552**	**363405**	**932573**	**449540**	**483033**	**778612**	**381693**	**396919**
东城区	12539	5795	6744	24272	10996	13276	17555	8099	9456
西城区	20979	9688	11291	34932	15744	19188	28102	12899	15203
朝阳区	95735	46555	49180	149296	70651	78645	124070	59448	64622
丰台区	75933	36621	39312	120498	56316	64182	92559	44981	47578
石景山区	19746	9662	10084	30381	14469	15912	26021	12881	13140
海淀区	54382	26428	27954	78678	36776	41902	70215	31886	38329
门头沟区	26364	13162	13202	31383	15846	15537	21694	11291	10403
房山区	55541	27175	28366	58280	29044	29236	52063	26574	25489
通州区	63263	31220	32043	74714	36506	38208	68693	34138	34555
顺义区	56062	27179	28883	57532	28365	29167	51411	25340	26071
昌平区	64777	31736	33041	88424	42926	45498	77523	39078	38445
大兴区	67772	33328	34444	89092	44224	44868	76953	39213	37740
怀柔区	21307	10424	10883	23701	11941	11760	16883	8611	8272
平谷区	17826	8700	9126	22888	11448	11440	18183	8776	9407
密云区	37355	18219	19136	30376	15385	14991	22620	11397	11223
延庆区	19376	9660	9716	18126	8903	9223	14067	7081	6986

7-6　续表 3　　单位：人

现住地	大学本科			硕士研究生			博士研究生		
	小计	男	女	小计	男	女	小计	男	女
北　京	**1372045**	**666258**	**705787**	**388053**	**193900**	**194153**	**79381**	**47610**	**31771**
东城区	38464	17876	20588	11912	5646	6266	2069	1203	866
西城区	63104	29303	33801	26696	13103	13593	4376	2617	1759
朝阳区	264532	127446	137086	84376	41952	42424	13825	8287	5538
丰台区	171894	82080	89814	49086	24435	24651	7087	4250	2837
石景山区	46527	22317	24210	13446	6732	6714	2653	1646	1007
海淀区	187569	88015	99554	85629	42497	43132	26857	16129	10728
门头沟区	25010	12168	12842	4571	2394	2177	782	475	307
房山区	72133	35417	36716	11861	5931	5930	2940	1632	1308
通州区	94426	47308	47118	16945	8586	8359	2490	1416	1074
顺义区	79846	38857	40989	12089	5955	6134	1565	944	621
昌平区	133918	68886	65032	36022	18686	17336	9249	5790	3459
大兴区	117609	59678	57931	27173	14012	13161	4119	2430	1689
怀柔区	19360	9159	10201	2565	1301	1264	537	332	205
平谷区	20012	9764	10248	1853	880	973	269	151	118
密云区	20788	9701	11087	2085	969	1116	295	160	135
延庆区	16853	8283	8570	1744	821	923	268	148	120

7-6a 全市按现住地、受教育程度、性别分的户口登记地在本市其他乡镇街道的人口(城市)

单位：人

现住地	合计			未上过学		
	合计	男	女	小计	男	女
北　京	**4391622**	**2133854**	**2257768**	**46245**	**17036**	**29209**
东城区	119213	55420	63793	960	356	604
西城区	199751	93624	106127	1486	511	975
朝阳区	813307	392755	420552	8090	3247	4843
丰台区	578850	277232	301618	6377	2191	4186
石景山区	155061	75124	79937	1868	624	1244
海淀区	554330	266135	288195	4682	1984	2698
门头沟区	119277	58800	60477	1955	557	1398
房山区	264018	130786	133232	3036	1044	1992
通州区	283997	139524	144473	2618	1066	1552
顺义区	240976	117915	123061	2137	718	1419
昌平区	339568	169496	170072	3398	1400	1998
大兴区	387419	193468	193951	4448	1737	2711
怀柔区	81709	39778	41931	1204	410	794
平谷区	76512	38071	38441	1016	287	729
密云区	116788	56071	60717	1974	564	1410
延庆区	60846	29655	31191	996	340	656

7-6a 续表 1

单位：人

现住地	学前教育			小学		
	小计	男	女	小计	男	女
北　京	**139877**	**72176**	**67701**	**342589**	**157172**	**185417**
东城区	2382	1179	1203	9060	4270	4790
西城区	4213	2229	1984	15863	7530	8333
朝阳区	23526	12182	11344	53651	24909	28742
丰台区	18252	9312	8940	40796	18776	22020
石景山区	4282	2209	2073	10137	4584	5553
海淀区	16724	8698	8026	36971	17582	19389
门头沟区	3758	1933	1825	11017	4679	6338
房山区	10178	5292	4886	24016	10847	13169
通州区	9280	4875	4405	23919	10980	12939
顺义区	10695	5432	5263	24818	11481	13337
昌平区	10552	5472	5080	23014	10568	12446
大兴区	13823	7146	6677	32834	15033	17801
怀柔区	2829	1447	1382	8468	3763	4705
平谷区	3107	1611	1496	7803	3497	4306
密云区	4312	2197	2115	12912	5526	7386
延庆区	1964	962	1002	7310	3147	4163

7-6a　续表 2　　单位：人

现住地	初中			高中			大学专科		
	小计	男	女	小计	男	女	小计	男	女
北　京	**612849**	**296572**	**316277**	**833783**	**401483**	**432300**	**702566**	**346058**	**356508**
东城区	12539	5795	6744	24272	10996	13276	17555	8099	9456
西城区	20979	9688	11291	34932	15744	19188	28102	12899	15203
朝阳区	95200	46309	48891	148318	70162	78156	123324	59068	64256
丰台区	75180	36231	38949	119374	55729	63645	91843	44654	47189
石景山区	19746	9662	10084	30381	14469	15912	26021	12881	13140
海淀区	52316	25324	26992	76580	35627	40953	68838	31213	37625
门头沟区	23934	11896	12038	29391	14824	14567	20405	10660	9745
房山区	45820	22357	23463	51514	25870	25644	47396	24685	22711
通州区	47306	22961	24345	55795	27026	28769	53431	26527	26904
顺义区	42001	19923	22078	43939	21849	22090	40800	20822	19978
昌平区	45848	22208	23640	64873	31559	33314	58310	29472	28838
大兴区	56754	27588	29166	77409	38575	38834	67846	34955	32891
怀柔区	16696	8003	8693	19301	9692	9609	13900	7187	6713
平谷区	13863	6878	6985	18609	9676	8933	14366	7334	7032
密云区	31051	14902	16149	26027	13168	12859	20007	10227	9780
延庆区	13616	6847	6769	13068	6517	6551	10422	5375	5047

7-6a　续表 3　　单位：人

现住地	大学本科			硕士研究生			博士研究生		
	小计	男	女	小计	男	女	小计	男	女
北　京	**1271156**	**615173**	**655983**	**367521**	**183295**	**184226**	**75036**	**44889**	**30147**
东城区	38464	17876	20588	11912	5646	6266	2069	1203	866
西城区	63104	29303	33801	26696	13103	13593	4376	2617	1759
朝阳区	263225	126758	136467	84173	41850	42323	13800	8270	5530
丰台区	171089	81751	89338	48885	24355	24530	7054	4233	2821
石景山区	46527	22317	24210	13446	6732	6714	2653	1646	1007
海淀区	186135	87296	98839	85313	42333	42980	26771	16078	10693
门头沟区	23734	11533	12201	4335	2267	2068	748	451	297
房山区	68066	33557	34509	11175	5579	5596	2817	1555	1262
通州区	76854	38461	38393	13042	6643	6399	1752	985	767
顺义区	65383	32005	33378	9969	4938	5031	1234	747	487
昌平区	98756	50143	48613	27741	14304	13437	7076	4370	2706
大兴区	106020	53672	52348	24567	12581	11986	3718	2181	1537
怀柔区	16793	7980	8813	2085	1033	1052	433	263	170
平谷区	16223	8046	8177	1353	639	714	172	103	69
密云区	18611	8612	9999	1674	759	915	220	116	104
延庆区	12172	5863	6309	1155	533	622	143	71	72

7-6b 全市按现住地、受教育程度、性别分的户口登记地在本市其他乡镇街道的人口(镇)

单位：人

现住地	合计			未上过学		
	合计	男	女	小计	男	女
北　京	**242970**	**122174**	**120796**	**3323**	**1192**	**2131**
东城区						
西城区						
朝阳区	4302	2138	2164	70	21	49
丰台区	2584	1221	1363	41	10	31
石景山区						
海淀区						
门头沟区	5517	2707	2810	137	32	105
房山区	13185	6270	6915	291	77	214
通州区	48302	24703	23599	433	178	255
顺义区	24128	11975	12153	230	89	141
昌平区	74459	37506	36953	719	271	448
大兴区	33211	17156	16055	546	211	335
怀柔区	8746	4378	4368	188	61	127
平谷区	9253	4341	4912	238	85	153
密云区	7371	3707	3664	194	54	140
延庆区	11912	6072	5840	236	103	133

7-6b 续表 1

单位：人

现住地	学前教育			小学		
	小计	男	女	小计	男	女
北　京	**8427**	**4277**	**4150**	**22107**	**10222**	**11885**
东城区						
西城区						
朝阳区	133	74	59	305	121	184
丰台区	104	44	60	258	126	132
石景山区						
海淀区						
门头沟区	167	93	74	637	267	370
房山区	461	246	215	1807	722	1085
通州区	1637	801	836	3954	1908	2046
顺义区	684	348	336	1610	794	816
昌平区	2304	1198	1106	5108	2334	2774
大兴区	1317	651	666	3218	1467	1751
怀柔区	310	142	168	1180	556	624
平谷区	618	322	296	1079	508	571
密云区	241	132	109	1258	595	663
延庆区	451	226	225	1693	824	869

7-6b　续表 2　单位：人

现住地	初中			高中			大学专科		
	小计	男	女	小计	男	女	小计	男	女
北　京	**42296**	**21518**	**20778**	**47628**	**23803**	**23825**	**39823**	**19895**	**19928**
东城区									
西城区									
朝阳区	535	246	289	978	489	489	746	380	366
丰台区	455	223	232	569	298	271	413	207	206
石景山区									
海淀区									
门头沟区	1477	756	721	1269	646	623	863	423	440
房山区	4328	2195	2133	2529	1259	1270	1718	774	944
通州区	8002	4166	3836	10472	5350	5122	8805	4591	4214
顺义区	3653	2019	1634	4463	2239	2224	3709	1658	2051
昌平区	10272	5044	5228	13358	6375	6983	12064	6045	6019
大兴区	5563	2857	2706	6532	3308	3224	5525	2887	2638
怀柔区	1976	1025	951	2011	1073	938	1500	776	724
平谷区	1422	660	762	1739	832	907	1843	848	995
密云区	2269	1167	1102	1448	784	664	967	471	496
延庆区	2344	1160	1184	2260	1150	1110	1670	835	835

7-6b　续表 3　单位：人

现住地	大学本科			硕士研究生			博士研究生		
	小计	男	女	小计	男	女	小计	男	女
北　京	**62637**	**32155**	**30482**	**13737**	**7190**	**6547**	**2992**	**1922**	**1070**
东城区									
西城区									
朝阳区	1307	688	619	203	102	101	25	17	8
丰台区	584	241	343	131	59	72	29	13	16
石景山区									
海淀区									
门头沟区	802	405	397	147	73	74	18	12	6
房山区	1688	813	875	316	157	159	47	27	20
通州区	11748	6026	5722	2721	1366	1355	530	317	213
顺义区	8597	4234	4363	1036	511	525	146	83	63
昌平区	22565	11702	10863	6328	3375	2953	1741	1162	579
大兴区	8243	4480	3763	1987	1114	873	280	181	99
怀柔区	1246	551	695	278	156	122	57	38	19
平谷区	2083	975	1108	206	99	107	25	12	13
密云区	809	412	397	149	71	78	36	21	15
延庆区	2965	1628	1337	235	107	128	58	39	19

7-6c 全市按现住地、受教育程度、性别分的户口登记地在本市其他乡镇街道的人口(乡村)

单位：人

现住地	合计			未上过学		
	合计	男	女	小计	男	女
北京	**225963**	**108534**	**117429**	**4965**	**1898**	**3067**
东城区						
西城区						
朝阳区						
丰台区	1639	772	867	11	2	9
石景山区						
海淀区	8824	4552	4272	325	151	174
门头沟区	3250	1660	1590	94	48	46
房山区	19180	8732	10448	494	196	298
通州区	35778	17491	18287	548	244	304
顺义区	39531	18429	21102	559	199	360
昌平区	46973	24126	22847	830	314	516
大兴区	22791	10657	12134	451	167	284
怀柔区	10068	4916	5152	362	138	224
平谷区	11732	4755	6977	392	111	281
密云区	13276	6456	6820	495	175	320
延庆区	12921	5988	6933	404	153	251

7-6c 续表 1

单位：人

现住地	学前教育			小学		
	小计	男	女	小计	男	女
北京	**8299**	**4293**	**4006**	**25102**	**11743**	**13359**
东城区						
西城区						
朝阳区						
丰台区	72	35	37	105	46	59
石景山区						
海淀区	218	111	107	904	430	474
门头沟区	84	47	37	391	175	216
房山区	839	441	398	2443	1150	1293
通州区	1560	800	760	3597	1692	1905
顺义区	1470	779	691	3927	1839	2088
昌平区	1287	652	635	3875	1817	2058
大兴区	877	452	425	3189	1532	1657
怀柔区	347	186	161	1282	601	681
平谷区	599	287	312	1614	740	874
密云区	480	251	229	2050	909	1141
延庆区	466	252	214	1725	812	913

7-6c　续表 2　　单位：人

现住地	初　中			高　中			大学专科		
	小计	男	女	小计	男	女	小计	男	女
北　京	**53812**	**27462**	**26350**	**51162**	**24254**	**26908**	**36223**	**15740**	**20483**
东城区									
西城区									
朝阳区									
丰台区	298	167	131	555	289	266	303	120	183
石景山区									
海淀区	2066	1104	962	2098	1149	949	1377	673	704
门头沟区	953	510	443	723	376	347	426	208	218
房山区	5393	2623	2770	4237	1915	2322	2949	1115	1834
通州区	7955	4093	3862	8447	4130	4317	6457	3020	3437
顺义区	10408	5237	5171	9130	4277	4853	6902	2860	4042
昌平区	8657	4484	4173	10193	4992	5201	7149	3561	3588
大兴区	5455	2883	2572	5151	2341	2810	3582	1371	2211
怀柔区	2635	1396	1239	2389	1176	1213	1483	648	835
平谷区	2541	1162	1379	2540	940	1600	1974	594	1380
密云区	4035	2150	1885	2901	1433	1468	1646	699	947
延庆区	3416	1653	1763	2798	1236	1562	1975	871	1104

7-6c　续表 3　　单位：人

现住地	大学本科			硕士研究生			博士研究生		
	小计	男	女	小计	男	女	小计	男	女
北　京	**38252**	**18930**	**19322**	**6795**	**3415**	**3380**	**1353**	**799**	**554**
东城区									
西城区									
朝阳区									
丰台区	221	88	133	70	21	49	4	4	
石景山区									
海淀区	1434	719	715	316	164	152	86	51	35
门头沟区	474	230	244	89	54	35	16	12	4
房山区	2379	1047	1332	370	195	175	76	50	26
通州区	5824	2821	3003	1182	577	605	208	114	94
顺义区	5866	2618	3248	1084	506	578	185	114	71
昌平区	12597	7041	5556	1953	1007	946	432	258	174
大兴区	3346	1526	1820	619	317	302	121	68	53
怀柔区	1321	628	693	202	112	90	47	31	16
平谷区	1706	743	963	294	142	152	72	36	36
密云区	1368	677	691	262	139	123	39	23	16
延庆区	1716	792	924	354	181	173	67	38	29

7-7 全市按现住地、受教育程度、性别分的户口登记地在外省的人口

单位：人

现住地	合计			未上过学		
	合计	男	女	小计	男	女
北　　京	**8286123**	**4476558**	**3809565**	**79627**	**26818**	**52809**
东 城 区	156856	78834	78022	1288	371	917
西 城 区	242531	119659	122872	2451	594	1857
朝 阳 区	1263755	638247	625508	10120	3445	6675
丰 台 区	635322	320189	315133	6446	1915	4531
石景山区	163676	81953	81723	1984	626	1358
海 淀 区	1105604	573723	531881	9978	2888	7090
门头沟区	112916	59067	53849	1413	449	964
房 山 区	429519	232802	196717	5093	1674	3419
通 州 区	882290	490077	392213	7196	2698	4498
顺 义 区	588997	343676	245321	5561	1944	3617
昌 平 区	1284540	722334	562206	12435	4500	7935
大 兴 区	999708	571284	428424	9978	3841	6137
怀 柔 区	153699	91478	62221	1885	639	1246
平 谷 区	77153	43048	34105	1007	328	679
密 云 区	109805	61919	47886	1548	456	1092
延 庆 区	79752	48268	31484	1244	450	794

7-7 续表 1

单位：人

现住地	学前教育			小　　学		
	小计	男	女	小计	男	女
北　　京	**150194**	**78653**	**71541**	**793051**	**401492**	**391559**
东 城 区	1551	802	749	13551	6379	7172
西 城 区	2091	1080	1011	20989	8937	12052
朝 阳 区	19773	10437	9336	98808	48584	50224
丰 台 区	10920	5730	5190	55948	26604	29344
石景山区	3029	1613	1416	15070	7484	7586
海 淀 区	14275	7350	6925	86451	40013	46438
门头沟区	2334	1180	1154	13911	7001	6910
房 山 区	11071	5886	5185	51474	26468	25006
通 州 区	18744	9712	9032	92007	48098	43909
顺 义 区	10688	5550	5138	69169	38312	30857
昌 平 区	27141	14203	12938	107056	53861	53195
大 兴 区	20994	11140	9854	106790	56353	50437
怀 柔 区	2585	1328	1257	20651	11161	9490
平 谷 区	1513	820	693	11583	6179	5404
密 云 区	2254	1165	1089	16586	8767	7819
延 庆 区	1231	657	574	13007	7291	5716

7-7　续表 2　　单位：人

现住地	初中			高中			大学专科		
	小计	男	女	小计	男	女	小计	男	女
北　京	**2449556**	**1508223**	**941333**	**1408209**	**790313**	**617896**	**1178434**	**586026**	**592408**
东城区	42929	25241	17688	33923	17987	15936	21297	9583	11714
西城区	67555	38014	29541	51273	26941	24332	31375	13992	17383
朝阳区	312949	186467	126482	206719	111241	95478	179703	84215	95488
丰台区	161314	93464	67850	114935	59872	55063	99172	46455	52717
石景山区	36257	20810	15447	26371	12938	13433	25581	11885	13696
海淀区	246676	143579	103097	186156	102464	83692	139369	68178	71191
门头沟区	37381	22479	14902	19030	9591	9439	17031	7910	9121
房山区	146791	90275	56516	69445	38148	31297	60471	29339	31132
通州区	282930	179539	103391	145532	83963	61569	140757	71202	69555
顺义区	247966	160886	87080	94843	57114	37729	66574	33718	32856
昌平区	332651	204825	127826	216297	126691	89606	210172	114004	96168
大兴区	348285	223789	124496	173737	102585	71152	145244	74733	70511
怀柔区	66650	43163	23487	26304	15996	10308	13885	7330	6555
平谷区	34414	21240	13174	12936	7091	5845	8319	3850	4469
密云区	48335	29982	18353	19120	10803	8317	11520	5484	6036
延庆区	36473	24470	12003	11588	6888	4700	7964	4148	3816

7-7　续表 3　　单位：人

现住地	大学本科			硕士研究生			博士研究生		
	小计	男	女	小计	男	女	小计	男	女
北　京	**1813024**	**892040**	**920984**	**376997**	**170872**	**206125**	**37031**	**22121**	**14910**
东城区	33469	14709	18760	8215	3494	4721	633	268	365
西城区	49911	22436	27475	15806	7056	8750	1080	609	471
朝阳区	355367	159815	195552	75962	31532	44430	4354	2511	1843
丰台区	154074	72425	81649	30876	12857	18019	1637	867	770
石景山区	45353	21843	23510	9272	4305	4967	759	449	310
海淀区	295855	146399	149456	107190	50737	56453	19654	12115	7539
门头沟区	19041	9188	9853	2590	1160	1430	185	109	76
房山区	74250	36514	37736	9849	3988	5861	1075	510	565
通州区	174738	86018	88720	19427	8281	11146	959	566	393
顺义区	82985	41007	41978	10677	4854	5823	534	291	243
昌平区	324907	177143	147764	50755	25130	25625	3126	1977	1149
大兴区	168214	86634	81580	25131	11434	13697	1335	775	560
怀柔区	11376	5931	5445	8927	5011	3916	1436	919	517
平谷区	6618	3183	3435	696	311	385	67	46	21
密云区	9379	4767	4612	958	438	520	105	57	48
延庆区	7487	4028	3459	666	284	382	92	52	40

7-7a　全市按现住地、受教育程度、性别分的户口登记地在外省的人口(城市)

单位：人

现住地	合计			未上过学		
	合计	男	女	小计	男	女
北　京	**6672735**	**3499080**	**3173655**	**61936**	**20185**	**41751**
东城区	156856	78834	78022	1288	371	917
西城区	242531	119659	122872	2451	594	1857
朝阳区	1252680	632443	620237	10013	3414	6599
丰台区	629454	316807	312647	6386	1899	4487
石景山区	163676	81953	81723	1984	626	1358
海淀区	1072736	553800	518936	9479	2676	6803
门头沟区	97854	50359	47495	1189	372	817
房山区	350201	185693	164508	4078	1299	2779
通州区	530972	279284	251688	4289	1582	2707
顺义区	319702	176620	143082	2844	931	1913
昌平区	850528	465359	385169	7744	2781	4963
大兴区	743279	408149	335130	7154	2621	4533
怀柔区	106179	62115	44064	1230	428	802
平谷区	48746	27079	21667	541	171	370
密云区	69460	38024	31436	797	240	557
延庆区	37881	22902	14979	469	180	289

7-7a　续表 1

单位：人

现住地	学前教育			小学		
	小计	男	女	小计	男	女
北　京	**122193**	**63988**	**58205**	**597513**	**291639**	**305874**
东城区	1551	802	749	13551	6379	7172
西城区	2091	1080	1011	20989	8937	12052
朝阳区	19621	10354	9267	97561	47805	49756
丰台区	10839	5681	5158	55335	26240	29095
石景山区	3029	1613	1416	15070	7484	7586
海淀区	13746	7092	6654	82546	37898	44648
门头沟区	2126	1089	1037	11508	5706	5802
房山区	9631	5112	4519	40114	20269	19845
通州区	12143	6244	5899	52433	26176	26257
顺义区	6732	3523	3209	33493	17572	15921
昌平区	18594	9716	8878	64842	31329	33513
大兴区	16951	8964	7987	73741	36670	37071
怀柔区	2016	1040	976	14360	7623	6737
平谷区	961	509	452	6616	3353	3263
密云区	1469	785	684	9343	4808	4535
延庆区	693	384	309	6011	3390	2621

7-7a　续表 2　　单位：人

现住地	初中			高中			大学专科		
	小计	男	女	小计	男	女	小计	男	女
北　京	**1748154**	**1043750**	**704404**	**1115287**	**608245**	**507042**	**992853**	**486719**	**506134**
东城区	42929	25241	17688	33923	17987	15936	21297	9583	11714
西城区	67555	38014	29541	51273	26941	24332	31375	13992	17383
朝阳区	309755	184257	125498	205078	110307	94771	178020	83532	94488
丰台区	159183	92002	67181	113740	59204	54536	98317	46041	52276
石景山区	36257	20810	15447	26371	12938	13433	25581	11885	13696
海淀区	232432	134205	98227	179539	98195	81344	135684	66223	69461
门头沟区	30004	17653	12351	16692	8312	8380	15616	7283	8333
房山区	104856	63004	41852	56769	30586	26183	53701	26257	27444
通州区	137836	83737	54099	80117	43283	36834	96639	47719	48920
顺义区	109148	69038	40110	46961	26539	20422	43667	21453	22214
昌平区	181864	107658	74206	128143	72663	55480	145211	77908	67303
大兴区	220804	135631	85173	129940	74367	55573	119836	61016	58820
怀柔区	47711	30239	17472	19679	11797	7882	10532	5434	5098
平谷区	21469	13139	8330	8566	4780	3786	5437	2615	2822
密云区	28326	17093	11233	12932	7106	5826	8348	3889	4459
延庆区	18025	12029	5996	5564	3240	2324	3592	1889	1703

7-7a　续表 3　　单位：人

现住地	大学本科			硕士研究生			博士研究生		
	小计	男	女	小计	男	女	小计	男	女
北　京	**1650026**	**806361**	**843665**	**350511**	**157845**	**192666**	**34262**	**20348**	**13914**
东城区	33469	14709	18760	8215	3494	4721	633	268	365
西城区	49911	22436	27475	15806	7056	8750	1080	609	471
朝阳区	352538	158816	193722	75743	31450	44293	4351	2508	1843
丰台区	153299	72070	81229	30731	12808	17923	1624	862	762
石景山区	45353	21843	23510	9272	4305	4967	759	449	310
海淀区	293008	144917	148091	106670	50490	56180	19632	12104	7528
门头沟区	18044	8713	9331	2501	1130	1371	174	101	73
房山区	70472	34829	35643	9537	3848	5689	1043	489	554
通州区	132977	64300	68677	13886	5873	8013	652	370	282
顺义区	67171	33143	34028	9267	4203	5064	419	218	201
昌平区	259166	140724	118442	42616	21105	21511	2348	1475	873
大兴区	150405	77534	72871	23276	10668	12608	1172	678	494
怀柔区	9082	4734	4348	1369	698	671	200	122	78
平谷区	4638	2279	2359	476	206	270	42	27	15
密云区	7397	3701	3696	766	358	408	82	44	38
延庆区	3096	1613	1483	380	153	227	51	24	27

7-7b 全市按现住地、受教育程度、性别分的户口登记地在外省的人口(镇)

单位：人

现住地	合计			未上过学		
	合计	男	女	小计	男	女
北　京	**696259**	**407542**	**288717**	**6948**	**2650**	**4298**
东城区						
西城区						
朝阳区	11075	5804	5271	107	31	76
丰台区	3095	1632	1463	39	10	29
石景山区						
海淀区						
门头沟区	8008	4535	3473	109	33	76
房山区	21826	12656	9170	301	103	198
通州区	176180	102086	74094	1265	470	795
顺义区	83106	50130	32976	766	258	508
昌平区	221352	125951	95401	2340	891	1449
大兴区	105009	64742	40267	1186	589	597
怀柔区	26825	16740	10085	228	76	152
平谷区	8537	4749	3788	118	41	77
密云区	14693	8791	5902	278	77	201
延庆区	16553	9726	6827	211	71	140

7-7b 续表 1

单位：人

现住地	学前教育			小学		
	小计	男	女	小计	男	女
北　京	**13580**	**7142**	**6438**	**75275**	**41100**	**34175**
东城区						
西城区						
朝阳区	152	83	69	1247	779	468
丰台区	45	28	17	296	150	146
石景山区						
海淀区						
门头沟区	106	52	54	1185	633	552
房山区	434	231	203	3425	1841	1584
通州区	3600	1884	1716	17082	8889	8193
顺义区	1354	703	651	8971	4939	4032
昌平区	4950	2603	2347	20934	10899	10035
大兴区	1930	1035	895	13270	8075	5195
怀柔区	293	150	143	2942	1735	1207
平谷区	188	113	75	1217	635	582
密云区	281	130	151	2538	1379	1159
延庆区	247	130	117	2168	1146	1022

7-7b　续表 2　　单位：人

现住地	初中			高中			大学专科		
	小计	男	女	小计	男	女	小计	男	女
北　京	**254220**	**165272**	**88948**	**129088**	**78007**	**51081**	**96635**	**51092**	**45543**
东城区									
西城区									
朝阳区	3194	2210	984	1641	934	707	1683	683	1000
丰台区	837	489	348	674	383	291	504	254	250
石景山区									
海淀区									
门头沟区	3863	2511	1352	1251	662	589	827	345	482
房山区	10692	6882	3810	3221	1883	1338	2111	961	1150
通州区	59587	38397	21190	34423	21109	13314	26523	14171	12352
顺义区	39779	25940	13839	15286	9582	5704	8964	4773	4191
昌平区	68240	42309	25931	45519	26863	18656	35078	18844	16234
大兴区	41749	28978	12771	18096	11122	6974	15121	8113	7008
怀柔区	8807	6254	2553	2905	1830	1075	1759	983	776
平谷区	3747	2336	1411	1387	786	601	1017	446	571
密云区	7441	4789	2652	2216	1360	856	1032	553	479
延庆区	6284	4177	2107	2469	1493	976	2016	966	1050

7-7b　续表 3　　单位：人

现住地	大学本科			硕士研究生			博士研究生		
	小计	男	女	小计	男	女	小计	男	女
北　京	**97738**	**50513**	**47225**	**20447**	**10259**	**10188**	**2328**	**1507**	**821**
东城区									
西城区									
朝阳区	2829	999	1830	219	82	137	3	3	
丰台区	578	275	303	111	38	73	11	5	6
石景山区									
海淀区									
门头沟区	604	275	329	56	20	36	7	4	3
房山区	1472	675	797	155	69	86	15	11	4
通州区	29266	15230	14036	4205	1792	2413	229	144	85
顺义区	7269	3568	3701	667	332	335	50	35	15
昌平区	37804	20207	17597	5862	2933	2929	625	402	223
大兴区	12135	6170	5965	1403	582	821	119	78	41
怀柔区	1225	656	569	7444	4264	3180	1222	792	430
平谷区	770	348	422	82	36	46	11	8	3
密云区	807	459	348	91	39	52	9	5	4
延庆区	2979	1651	1328	152	72	80	27	20	7

7-7c 全市按现住地、受教育程度、性别分的户口登记地在外省的人口(乡村)

单位：人

现住地	合计			未上过学		
	合计	男	女	小计	男	女
北　京	**917129**	**569936**	**347193**	**10743**	**3983**	**6760**
东城区						
西城区						
朝阳区						
丰台区	2773	1750	1023	21	6	15
石景山区						
海淀区	32868	19923	12945	499	212	287
门头沟区	7054	4173	2881	115	44	71
房山区	57492	34453	23039	714	272	442
通州区	175138	108707	66431	1642	646	996
顺义区	186189	116926	69263	1951	755	1196
昌平区	212660	131024	81636	2351	828	1523
大兴区	151420	98393	53027	1638	631	1007
怀柔区	20695	12623	8072	427	135	292
平谷区	19870	11220	8650	348	116	232
密云区	25652	15104	10548	473	139	334
延庆区	25318	15640	9678	564	199	365

7-7c 续表 1

单位：人

现住地	学前教育			小学		
	小计	男	女	小计	男	女
北　京	**14421**	**7523**	**6898**	**120263**	**68753**	**51510**
东城区						
西城区						
朝阳区						
丰台区	36	21	15	317	214	103
石景山区						
海淀区	529	258	271	3905	2115	1790
门头沟区	102	39	63	1218	662	556
房山区	1006	543	463	7935	4358	3577
通州区	3001	1584	1417	22492	13033	9459
顺义区	2602	1324	1278	26705	15801	10904
昌平区	3597	1884	1713	21280	11633	9647
大兴区	2113	1141	972	19779	11608	8171
怀柔区	276	138	138	3349	1803	1546
平谷区	364	198	166	3750	2191	1559
密云区	504	250	254	4705	2580	2125
延庆区	291	143	148	4828	2755	2073

7–7c　续表 2

单位：人

现住地	初中			高中			大学专科		
	小计	男	女	小计	男	女	小计	男	女
北　京	**447182**	**299201**	**147981**	**163834**	**104061**	**59773**	**88946**	**48215**	**40731**
东城区									
西城区									
朝阳区									
丰台区	1294	973	321	521	285	236	351	160	191
石景山区									
海淀区	14244	9374	4870	6617	4269	2348	3685	1955	1730
门头沟区	3514	2315	1199	1087	617	470	588	282	306
房山区	31243	20389	10854	9455	5679	3776	4659	2121	2538
通州区	85507	57405	28102	30992	19571	11421	17595	9312	8283
顺义区	99039	65908	33131	32596	20993	11603	13943	7492	6451
昌平区	82547	54858	27689	42635	27165	15470	29883	17252	12631
大兴区	85732	59180	26552	25701	17096	8605	10287	5604	4683
怀柔区	10132	6670	3462	3720	2369	1351	1594	913	681
平谷区	9198	5765	3433	2983	1525	1458	1865	789	1076
密云区	12568	8100	4468	3972	2337	1635	2140	1042	1098
延庆区	12164	8264	3900	3555	2155	1400	2356	1293	1063

7–7c　续表 3

单位：人

现住地	大学本科			硕士研究生			博士研究生		
	小计	男	女	小计	男	女	小计	男	女
北　京	**65260**	**35166**	**30094**	**6039**	**2768**	**3271**	**441**	**266**	**175**
东城区									
西城区									
朝阳区									
丰台区	197	80	117	34	11	23	2		2
石景山区									
海淀区	2847	1482	1365	520	247	273	22	11	11
门头沟区	393	200	193	33	10	23	4	4	
房山区	2306	1010	1296	157	71	86	17	10	7
通州区	12495	6488	6007	1336	616	720	78	52	26
顺义区	8545	4296	4249	743	319	424	65	38	27
昌平区	27937	16212	11725	2277	1092	1185	153	100	53
大兴区	5674	2930	2744	452	184	268	44	19	25
怀柔区	1069	541	528	114	49	65	14	5	9
平谷区	1210	556	654	138	69	69	14	11	3
密云区	1175	607	568	101	41	60	14	8	6
延庆区	1412	764	648	134	59	75	14	8	6

7-8 全市分年龄、性别、迁移原因的户口登记地在外乡镇街道的人口

单位：人

年龄	合计			工作就业		
	合计	男	女	小计	男	女
总计	**13409576**	**6977849**	**6431727**	**6951675**	**4035052**	**2916623**
0-4岁	**499237**	**259583**	**239654**			
0	59932	31204	28728			
1	100921	52652	48269			
2	102045	52873	49172			
3	118552	61397	57155			
4	117787	61457	56330			
5-9岁	**451063**	**236544**	**214519**			
5	90341	47334	43007			
6	107024	56080	50944			
7	84584	44133	40451			
8	92844	48805	44039			
9	76270	40192	36078			
10-14岁	**311369**	**165411**	**145958**	**429**	**256**	**173**
10	66921	35463	31458	71	42	29
11	69383	36906	32477	80	48	32
12	63018	33345	29673	73	44	29
13	61991	32830	29161	83	48	35
14	50056	26867	23189	122	74	48
15-19岁	**417055**	**235726**	**181329**	**103990**	**69605**	**34385**
15	50830	27439	23391	3573	2492	1081
16	60787	33802	26985	8288	5898	2390
17	63588	36577	27011	17124	11839	5285
18	100263	57712	42551	30099	20098	10001
19	141587	80196	61391	44906	29278	15628
20-24岁	**1031532**	**555332**	**476200**	**606458**	**340326**	**266132**
20	168091	94032	74059	61923	39021	22902
21	167273	92630	74643	80345	47859	32486
22	197233	107641	89592	120779	68265	52514
23	236331	124789	111542	157376	85942	71434
24	262604	136240	126364	186035	99239	86796
25-29岁	**1565943**	**817054**	**748889**	**1204464**	**660359**	**544105**
25	291555	149953	141602	218325	115902	102423
26	298380	153414	144966	229206	122307	106899
27	323942	168886	155056	252964	138388	114576
28	326626	172155	154471	253018	141285	111733
29	325440	172646	152794	250951	142477	108474

7-8　续表 1　　　　单位：人

年　龄	合　计			工作就业		
	合计	男	女	小计	男	女
30-34岁	**1906896**	**997730**	**909166**	**1378329**	**792602**	**585727**
30	406913	216738	190175	307982	177410	130572
31	395993	207680	188313	291292	167123	124169
32	376745	196180	180565	269587	154842	114745
33	390492	202362	188130	275195	158336	116859
34	336753	174770	161983	234273	134891	99382
35-39岁	**1478523**	**770908**	**707615**	**987635**	**571408**	**416227**
35	290299	150944	139355	199644	115073	84571
36	292775	152253	140522	198093	114310	83783
37	295501	153538	141963	195110	112526	82584
38	331055	172298	158757	217294	125624	91670
39	268893	141875	127018	177494	103875	73619
40-44岁	**1076552**	**570791**	**505761**	**717426**	**419565**	**297861**
40	240267	126916	113351	157311	92128	65183
41	236737	125902	110835	156696	91915	64781
42	217710	114901	102809	144454	83962	60492
43	188622	100451	88171	126847	74382	52465
44	193216	102621	90595	132118	77178	54940
45-49岁	**1047112**	**559617**	**487495**	**711434**	**411834**	**299600**
45	186724	99463	87261	128809	74579	54230
46	200763	107453	93310	138111	80114	57997
47	217433	116044	101389	146588	84472	62116
48	220535	117947	102588	149293	86254	63039
49	221657	118710	102947	148633	86415	62218
50-54岁	**987680**	**529250**	**458430**	**616504**	**372003**	**244501**
50	227871	122426	105445	150747	88891	61856
51	207153	110631	96522	130092	77493	52599
52	215839	115350	100489	132784	80041	52743
53	160462	86027	74435	99323	60709	38614
54	176355	94816	81539	103558	64869	38689
55-59岁	**851968**	**437858**	**414110**	**363001**	**231943**	**131058**
55	174098	92151	81947	91683	58169	33514
56	186799	96698	90101	85470	54151	31319
57	227603	116697	110906	91184	58770	32414
58	159396	81347	78049	61552	39848	21704
59	104072	50965	53107	33112	21005	12107
60-64岁	**652930**	**317512**	**335418**	**143294**	**92491**	**50803**
60	131065	64105	66960	34593	21977	12616
61	116729	57293	59436	27253	17763	9490
62	134487	65971	68516	29514	19342	10172
63	142502	68705	73797	28439	18485	9954
64	128147	61438	66709	23495	14924	8571
65岁及以上	**1131716**	**524533**	**607183**	**118711**	**72660**	**46051**

7−8 续表 2

单位：人

年 龄	学习培训			随同离开/投亲靠友			拆迁/搬家		
	小计	男	女	小计	男	女	小计	男	女
总 计	**788409**	**402642**	**385767**	**1481756**	**694125**	**787631**	**2004837**	**1007578**	**997259**
0−4岁	**3940**	**2014**	**1926**	**370047**	**192276**	**177771**	**43053**	**22503**	**20550**
0	101	52	49	44556	23229	21327	4611	2425	2186
1	264	127	137	75805	39477	36328	7617	4013	3604
2	405	226	179	76294	39427	36867	8551	4399	4152
3	1370	666	704	86987	45054	41933	11107	5774	5333
4	1800	943	857	86405	45089	41316	11167	5892	5275
5−9岁	**59633**	**31824**	**27809**	**290753**	**152051**	**138702**	**47224**	**24557**	**22667**
5	1638	863	775	65358	34326	31032	9048	4670	4378
6	13968	7472	6496	69390	36299	33091	11233	5788	5445
7	13978	7434	6544	52767	27338	25429	8627	4557	4070
8	16153	8605	7548	57046	29908	27138	9976	5200	4776
9	13896	7450	6446	46192	24180	22012	8340	4342	3998
10−14岁	**69525**	**37356**	**32169**	**172365**	**91532**	**80833**	**39267**	**20475**	**18792**
10	13013	7019	5994	40018	21168	18850	7121	3688	3433
11	14070	7529	6541	40252	21395	18857	8231	4364	3867
12	14247	7682	6565	34497	18272	16225	8141	4141	4000
13	14955	7978	6977	32535	17281	15254	8760	4577	4183
14	13240	7148	6092	25063	13416	11647	7014	3705	3309
15−19岁	**203085**	**106260**	**96825**	**64353**	**35002**	**29351**	**26913**	**14291**	**12622**
15	19605	10331	9274	17635	9352	8283	6291	3272	3019
16	28636	15071	13565	14629	7911	6718	5743	3018	2725
17	28029	14799	13230	11031	6046	4985	4305	2202	2103
18	49303	26009	23294	11489	6366	5123	5573	3050	2523
19	77512	40050	37462	9569	5327	4242	5001	2749	2252
20−24岁	**275749**	**139600**	**136149**	**56654**	**28585**	**28069**	**47543**	**24701**	**22842**
20	84079	42671	41408	10138	5413	4725	6091	3324	2767
21	64120	32502	31618	9740	5153	4587	6965	3618	3347
22	46238	24040	22198	11555	5732	5823	9839	5048	4791
23	43241	21482	21759	12977	6395	6582	11937	6092	5845
24	38071	18905	19166	12244	5892	6352	12711	6619	6092
25−29岁	**91215**	**44912**	**46303**	**54631**	**24908**	**29723**	**89442**	**45665**	**43777**
25	28737	14202	14535	12289	5873	6416	14718	7489	7229
26	20636	10213	10423	11261	5292	5969	16140	8314	7826
27	16921	8251	8670	10728	4867	5861	17579	8890	8689
28	13665	6689	6976	10644	4726	5918	19874	10194	9680
29	11256	5557	5699	9709	4150	5559	21131	10778	10353

7-8 续表 3

单位：人

年 龄	学习培训			随同离开/投亲靠友			拆迁/搬家		
	小计	男	女	小计	男	女	小计	男	女
30-34岁	**42049**	**19839**	**22210**	**54252**	**21358**	**32894**	**183814**	**93353**	**90461**
30	11681	5724	5957	12033	4979	7054	30561	15604	14957
31	9296	4388	4908	11246	4461	6785	34892	17656	17236
32	7887	3679	4208	10802	4244	6558	38102	19360	18742
33	7184	3319	3865	10901	4118	6783	42052	21164	20888
34	6001	2729	3272	9270	3556	5714	38207	19569	18638
35-39岁	**23593**	**10917**	**12676**	**41746**	**15758**	**25988**	**198527**	**101333**	**97194**
35	4959	2212	2747	8084	3059	5025	34949	17981	16968
36	4915	2255	2660	8305	3070	5235	37054	18860	18194
37	4799	2208	2591	8423	3234	5189	41067	20919	20148
38	5207	2452	2755	9470	3632	5838	47062	23806	23256
39	3713	1790	1923	7464	2763	4701	38395	19767	18628
40-44岁	**10632**	**5280**	**5352**	**28551**	**10045**	**18506**	**155655**	**78674**	**76981**
40	3018	1472	1546	6515	2407	4108	35721	18242	17479
41	2535	1271	1264	6376	2276	4100	34339	17592	16747
42	2051	1027	1024	5673	2000	3673	31811	16003	15808
43	1645	809	836	4978	1777	3201	26715	13463	13252
44	1383	701	682	5009	1585	3424	27069	13374	13695
45-49岁	**4234**	**2252**	**1982**	**30445**	**9350**	**21095**	**172308**	**84963**	**87345**
45	1090	578	512	4945	1558	3387	26892	13258	13634
46	932	488	444	5480	1681	3799	31222	15242	15980
47	846	461	385	6307	2002	4305	36762	18255	18507
48	688	368	320	6764	2082	4682	37880	18697	19183
49	678	357	321	6949	2027	4922	39552	19511	20041
50-54岁	**1831**	**1006**	**825**	**41292**	**11727**	**29565**	**191062**	**94627**	**96435**
50	537	295	242	7697	2134	5563	41635	20563	21072
51	410	224	186	8275	2413	5862	40916	20063	20853
52	395	218	177	9211	2598	6613	43424	21502	21922
53	262	145	117	7383	2061	5322	30179	14991	15188
54	227	124	103	8726	2521	6205	34908	17508	17400
55-59岁	**1074**	**550**	**524**	**57113**	**17918**	**39195**	**230150**	**117562**	**112588**
55	255	144	111	10052	2976	7076	38980	19695	19285
56	250	136	114	11790	3599	8191	48721	24835	23886
57	258	125	133	15630	4939	10691	65065	33365	31700
58	194	96	98	11549	3743	7806	44427	23119	21308
59	117	49	68	8092	2661	5431	32957	16548	16409
60-64岁	**705**	**317**	**388**	**63912**	**23642**	**40270**	**204816**	**103349**	**101467**
60	140	60	80	11305	3909	7396	42684	21834	20850
61	126	55	71	10952	4026	6926	37239	18848	18391
62	142	67	75	13300	4962	8338	41660	21122	20538
63	143	71	72	14613	5551	9062	43979	21939	22040
64	154	64	90	13742	5194	8548	39254	19606	19648
65岁及以上	**1144**	**515**	**629**	**155642**	**59973**	**95669**	**375063**	**181525**	**193538**

7-8 续表 4

单位：人

年 龄	寄挂户口			婚姻嫁娶			照料孙子女		
	小计	男	女	小计	男	女	小计	男	女
总 计	**145043**	**77748**	**67295**	**619955**	**133432**	**486523**	**438979**	**154615**	**284364**
0-4岁	**8279**	**4288**	**3991**						
0	842	433	409						
1	1878	979	899						
2	1761	912	849						
3	1935	1018	917						
4	1863	946	917						
5-9岁	**7115**	**3707**	**3408**						
5	1573	807	766						
6	1709	891	818						
7	1340	679	661						
8	1394	733	661						
9	1099	597	502						
10-14岁	**4108**	**2120**	**1988**	**21**	**14**	**7**			
10	940	489	451	4	3	1			
11	886	453	433	3	3				
12	876	471	405	4	1	3			
13	756	379	377	2	1	1			
14	650	328	322	8	6	2			
15-19岁	**3371**	**1810**	**1561**	**212**	**57**	**155**	**3**	**2**	**1**
15	629	318	311	25	9	16	2	1	1
16	561	279	282	21	7	14			
17	444	228	216	24	9	15			
18	568	316	252	44	16	28			
19	1169	669	500	98	16	82	1	1	
20-24岁	**9791**	**5311**	**4480**	**7526**	**677**	**6849**	**14**	**4**	**10**
20	1417	875	542	225	22	203	2	1	1
21	1170	670	500	450	33	417	1		1
22	1880	1011	869	1017	78	939	3		3
23	2294	1219	1075	2118	191	1927	2	1	1
24	3030	1536	1494	3716	353	3363	6	2	4
25-29岁	**23675**	**12216**	**11459**	**62107**	**8041**	**54066**	**35**	**8**	**27**
25	3940	1956	1984	6108	622	5486	3	1	2
26	4451	2254	2197	8930	1045	7885	8	2	6
27	5181	2663	2518	12338	1546	10792	4		4
28	5285	2728	2557	15582	2109	13473	13	3	10
29	4818	2615	2203	19149	2719	16430	7	2	5

7-8 续表 5

单位：人

年 龄	寄挂户口			婚姻嫁娶			照料孙子女		
	小计	男	女	小计	男	女	小计	男	女
30-34岁	**21882**	**11819**	**10063**	**164626**	**28063**	**136563**	**836**	**273**	**563**
30	5347	2919	2428	28195	4378	23817	131	37	94
31	4915	2713	2202	32421	5278	27143	180	66	114
32	4173	2254	1919	33964	5773	28191	157	54	103
33	4034	2166	1868	37417	6619	30798	181	50	131
34	3413	1767	1646	32629	6015	26614	187	66	121
35-39岁	**15018**	**8030**	**6988**	**140026**	**29072**	**110954**	**989**	**410**	**579**
35	3091	1684	1407	27799	5348	22451	169	69	100
36	3040	1633	1407	28136	5669	22467	172	66	106
37	2942	1553	1389	28598	6136	22462	221	95	126
38	3349	1752	1597	31295	6725	24570	238	99	139
39	2596	1408	1188	24198	5194	19004	189	81	108
40-44岁	**10529**	**5666**	**4863**	**85710**	**19307**	**66403**	**1058**	**317**	**741**
40	2408	1287	1121	21116	4708	16408	186	56	130
41	2277	1269	1008	19742	4519	15223	216	71	145
42	2136	1149	987	17429	4017	13412	219	74	145
43	1848	1007	841	14158	3155	11003	198	56	142
44	1860	954	906	13265	2908	10357	239	60	179
45-49岁	**9427**	**5232**	**4195**	**48273**	**12444**	**35829**	**4291**	**745**	**3546**
45	1742	981	761	10917	2531	8386	313	74	239
46	1838	1039	799	9546	2404	7142	451	83	368
47	2024	1087	937	9904	2594	7310	680	139	541
48	1950	1085	865	9209	2514	6695	1090	164	926
49	1873	1040	833	8697	2401	6296	1757	285	1472
50-54岁	**7582**	**4192**	**3390**	**32850**	**9414**	**23436**	**30551**	**5486**	**25065**
50	1761	978	783	8320	2342	5978	2810	424	2386
51	1641	890	751	7384	2139	5245	4398	764	3634
52	1686	938	748	7263	2098	5165	6355	1116	5239
53	1149	640	509	4730	1357	3373	6864	1248	5616
54	1345	746	599	5153	1478	3675	10124	1934	8190
55-59岁	**6715**	**3811**	**2904**	**28348**	**9234**	**19114**	**87492**	**21133**	**66359**
55	1365	753	612	5125	1574	3551	13357	2805	10552
56	1467	827	640	6149	2006	4143	16708	3743	12965
57	1818	1070	748	7994	2578	5416	23985	5831	18154
58	1281	716	565	5247	1790	3457	19716	5001	14715
59	784	445	339	3833	1286	2547	13726	3753	9973
60-64岁	**4713**	**2685**	**2028**	**21290**	**7371**	**13919**	**129047**	**46834**	**82213**
60	971	550	421	4736	1639	3097	20925	6660	14265
61	861	498	363	4072	1440	2632	21310	7480	13830
62	995	572	423	4259	1505	2754	27040	9878	17162
63	1011	560	451	4429	1491	2938	30751	11450	19301
64	875	505	370	3794	1296	2498	29021	11366	17655
65岁及以上	**12838**	**6861**	**5977**	**28966**	**9738**	**19228**	**184663**	**79403**	**105260**

7-8 续表 6

单位：人

年 龄	为子女就学			养老/康养			其 他		
	小计	男	女	小计	男	女	小计	男	女
总 计	**122104**	**56554**	**65550**	**257881**	**112565**	**145316**	**598937**	**303538**	**295399**
0-4岁							**73918**	**38502**	**35416**
0							9822	5065	4757
1							15357	8056	7301
2							15034	7909	7125
3							17153	8885	8268
4							16552	8587	7965
5-9岁							**46338**	**24405**	**21933**
5							12724	6668	6056
6							10724	5630	5094
7							7872	4125	3747
8							8275	4359	3916
9							6743	3623	3120
10-14岁				**9**	**5**	**4**	**25645**	**13653**	**11992**
10							5754	3054	2700
11				1	1		5860	3113	2747
12				2	1	1	5178	2733	2445
13				3	2	1	4897	2564	2333
14				3	1	2	3956	2189	1767
15-19岁	**437**	**208**	**229**	**11**	**10**	**1**	**14680**	**8481**	**6199**
15	140	69	71	5	4	1	2925	1591	1334
16	106	51	55				2803	1567	1236
17	94	44	50				2537	1410	1127
18	66	27	39	3	3		3118	1827	1291
19	31	17	14	3	3		3297	2086	1211
20-24岁	**401**	**184**	**217**	**33**	**21**	**12**	**27363**	**15923**	**11440**
20	69	38	31	3	3		4144	2664	1480
21	66	33	33	5	4	1	4411	2758	1653
22	70	31	39	9	4	5	5843	3432	2411
23	93	45	48	7	3	4	6286	3419	2867
24	103	37	66	9	7	2	6679	3650	3029
25-29岁	**1183**	**391**	**792**	**49**	**31**	**18**	**39142**	**20523**	**18619**
25	114	35	79	6	4	2	7315	3869	3446
26	166	58	108	10	6	4	7572	3923	3649
27	183	58	125	12	6	6	8032	4217	3815
28	290	94	196	14	10	4	8241	4317	3924
29	430	146	284	7	5	2	7982	4197	3785

7-8　续表 7　　　　单位：人

年　龄	为子女就学			养老/康养			其　他		
	小计	男	女	小计	男	女	小计	男	女
30–34岁	**10761**	**4201**	**6560**	**117**	**73**	**44**	**50230**	**26149**	**24081**
30	935	344	591	12	8	4	10036	5335	4701
31	1368	528	840	21	15	6	10362	5452	4910
32	2085	814	1271	34	17	17	9954	5143	4811
33	2903	1115	1788	22	17	5	10603	5458	5145
34	3470	1400	2070	28	16	12	9275	4761	4514
35–39岁	**27275**	**11542**	**15733**	**164**	**96**	**68**	**43550**	**22342**	**21208**
35	3647	1482	2165	17	10	7	7940	4026	3914
36	4592	1905	2687	26	15	11	8442	4470	3972
37	5557	2346	3211	37	22	15	8747	4499	4248
38	7082	3073	4009	46	27	19	10012	5108	4904
39	6397	2736	3661	38	22	16	8409	4239	4170
40–44岁	**31216**	**13858**	**17358**	**203**	**112**	**91**	**35572**	**17967**	**17605**
40	6529	2833	3696	35	22	13	7428	3761	3667
41	6762	2984	3778	33	24	9	7761	3981	3780
42	6616	2920	3696	44	21	23	7277	3728	3549
43	5703	2522	3181	47	23	24	6483	3257	3226
44	5606	2599	3007	44	22	22	6623	3240	3383
45–49岁	**25690**	**13170**	**12520**	**406**	**199**	**207**	**40604**	**19428**	**21176**
45	5403	2642	2761	33	14	19	6580	3248	3332
46	5659	2775	2884	53	33	20	7471	3594	3877
47	5730	2925	2805	84	38	46	8508	4071	4437
48	4717	2526	2191	95	49	46	8849	4208	4641
49	4181	2302	1879	141	65	76	9196	4307	4889
50–54岁	**11022**	**6106**	**4916**	**9942**	**3634**	**6308**	**45044**	**21055**	**23989**
50	3351	1841	1510	1163	386	777	9850	4572	5278
51	2771	1547	1224	1853	645	1208	9413	4453	4960
52	2347	1291	1056	2285	832	1453	10089	4716	5373
53	1290	713	577	1935	759	1176	7347	3404	3943
54	1263	714	549	2706	1012	1694	8345	3910	4435
55–59岁	**5305**	**2834**	**2471**	**25155**	**10088**	**15067**	**47615**	**22785**	**24830**
55	1199	671	528	3446	1315	2131	8636	4049	4587
56	1275	690	585	4743	1830	2913	10226	4881	5345
57	1412	768	644	7108	2887	4221	13149	6364	6785
58	839	419	420	5398	2198	3200	9193	4417	4776
59	580	286	294	4460	1858	2602	6411	3074	3337
60–64岁	**3508**	**1582**	**1926**	**41843**	**19646**	**22197**	**39802**	**19595**	**20207**
60	708	328	380	6917	3175	3742	8086	3973	4113
61	607	275	332	6984	3281	3703	7325	3627	3698
62	742	338	404	8677	4147	4530	8158	4038	4120
63	760	345	415	9737	4524	5213	8640	4289	4351
64	691	296	395	9528	4519	5009	7593	3668	3925
65岁及以上	**5306**	**2478**	**2828**	**179949**	**78650**	**101299**	**69434**	**32730**	**36704**

7-8a 全市分年龄、性别、迁移原因的户口登记地在外乡镇街道的人口(城市)

单位：人

年龄	合计			工作就业		
	合计	男	女	小计	男	女
总 计	**11286299**	**5748420**	**5537879**	**5599684**	**3156242**	**2443442**
0-4岁	**424165**	**220619**	**203546**			
0	51181	26684	24497			
1	84706	44196	40510			
2	86055	44606	41449			
3	101338	52451	48887			
4	100885	52682	48203			
5-9岁	**391760**	**205409**	**186351**			
5	77651	40711	36940			
6	93014	48769	44245			
7	73676	38388	35288			
8	81155	42598	38557			
9	66264	34943	31321			
10-14岁	**272448**	**144591**	**127857**	**382**	**229**	**153**
10	58187	30808	27379	65	37	28
11	60451	32109	28342	71	44	27
12	55284	29281	26003	70	41	29
13	54825	29008	25817	74	44	30
14	43701	23385	20316	102	63	39
15-19岁	**352963**	**196016**	**156947**	**81188**	**53473**	**27715**
15	44948	24011	20937	2759	1921	838
16	53841	29563	24278	6601	4649	1952
17	53752	30545	23207	13413	9190	4223
18	83841	47322	36519	23621	15507	8114
19	116581	64575	52006	34794	22206	12588
20-24岁	**855349**	**450508**	**404841**	**489790**	**267834**	**221956**
20	138105	75547	62558	47827	29549	18278
21	137545	74625	62920	62712	36667	26045
22	159955	85323	74632	96319	53022	43297
23	197483	102050	95433	128556	68444	60112
24	222261	112963	109298	154376	80152	74224
25-29岁	**1318370**	**673906**	**644464**	**1006681**	**536268**	**470413**
25	246589	124119	122470	182300	94015	88285
26	253246	127732	125514	193132	100228	92904
27	273712	139618	134094	212384	112806	99578
28	274588	141814	132774	211391	114787	96604
29	270235	140623	129612	207474	114432	93042

7-8a　续表 1　　　　单位：人

年　龄	合　计			工作就业		
	合计	男	女	小计	男	女
30-34岁	**1579410**	**809382**	**770028**	**1127685**	**629329**	**498356**
30	336105	175497	160608	252453	141263	111190
31	326803	168099	158704	238251	132644	105607
32	312320	159320	153000	220549	122944	97605
33	324083	164334	159749	224994	125522	99472
34	280099	142132	137967	191438	106956	84482
35-39岁	**1253362**	**636856**	**616506**	**813085**	**456749**	**356336**
35	241734	122540	119194	162475	90718	71757
36	246792	124877	121915	162468	90899	71569
37	252247	127799	124448	161775	90651	71124
38	283492	143826	139666	180278	101302	78976
39	229097	117814	111283	146089	83179	62910
40-44岁	**904816**	**467472**	**437344**	**578950**	**330096**	**248854**
40	203920	104957	98963	128516	73242	55274
41	199717	103441	96276	127266	72665	54601
42	182867	94039	88828	116406	65966	50440
43	157687	81847	75840	101653	58208	43445
44	160625	83188	77437	105109	60015	45094
45-49岁	**854318**	**444869**	**409449**	**552890**	**311707**	**241183**
45	154042	80075	73967	101559	57470	44089
46	164118	85647	78471	107684	60946	46738
47	177622	92286	85336	113914	63777	50137
48	179023	93404	85619	115320	64964	50356
49	179513	93457	86056	114413	64550	49863
50-54岁	**797354**	**414324**	**383030**	**468041**	**274168**	**193873**
50	183475	95673	87802	114870	65679	49191
51	168070	87224	80846	99413	57555	41858
52	174915	90742	84173	100952	59126	41826
53	128697	66765	61932	74853	44352	30501
54	142197	73920	68277	77953	47456	30497
55-59岁	**713520**	**355546**	**357974**	**275539**	**171048**	**104491**
55	141746	72583	69163	68752	42382	26370
56	154971	77712	77259	64629	39791	24838
57	192208	95564	96644	69703	43536	26167
58	134826	66825	68001	46858	29539	17319
59	89769	42862	46907	25597	15800	9797
60-64岁	**572446**	**272338**	**300108**	**110868**	**69212**	**41656**
60	113867	54439	59428	26791	16476	10315
61	102046	48896	53150	21000	13209	7791
62	117953	56513	61440	22858	14505	8353
63	125608	59327	66281	22038	13836	8202
64	112972	53163	59809	18181	11186	6995
65岁及以上	**996018**	**456584**	**539434**	**94585**	**56129**	**38456**

7–8a 续表 2

单位：人

年 龄	学习培训			随同离开/投亲靠友			拆迁/搬家		
	小计	男	女	小计	男	女	小计	男	女
总 计	**694062**	**349764**	**344298**	**1279155**	**599734**	**679421**	**1843633**	**925884**	**917749**
0–4岁	**3577**	**1838**	**1739**	**312736**	**162496**	**150240**	**38153**	**19987**	**18166**
0	94	47	47	37877	19773	18104	3982	2110	1872
1	236	115	121	63377	32993	30384	6688	3525	3163
2	367	208	159	63989	33069	30920	7529	3883	3646
3	1248	613	635	73915	38280	35635	9924	5138	4786
4	1632	855	777	73578	38381	35197	10030	5331	4699
5–9岁	**52245**	**27791**	**24454**	**251428**	**131591**	**119837**	**42505**	**22073**	**20432**
5	1506	788	718	55828	29364	26464	8151	4207	3944
6	12228	6547	5681	60106	31479	28627	10141	5203	4938
7	12189	6453	5736	45893	23776	22117	7731	4074	3657
8	14186	7530	6656	49692	26048	23644	8998	4675	4323
9	12136	6473	5663	39909	20924	18985	7484	3914	3570
10–14岁	**60784**	**32641**	**28143**	**149824**	**79408**	**70416**	**36106**	**18846**	**17260**
10	11318	6104	5214	34570	18275	16295	6531	3385	3146
11	12247	6530	5717	34819	18452	16367	7546	4013	3533
12	12511	6761	5750	30098	15936	14162	7479	3805	3674
13	13214	7041	6173	28592	15169	13423	8101	4222	3879
14	11494	6205	5289	21745	11576	10169	6449	3421	3028
15–19岁	**174040**	**89714**	**84326**	**57474**	**30995**	**26479**	**24948**	**13226**	**11722**
15	17299	9026	8273	15735	8286	7449	5900	3061	2839
16	25533	13299	12234	13256	7115	6141	5397	2825	2572
17	23845	12525	11320	9902	5370	4532	3993	2039	1954
18	41789	21639	20150	10219	5615	4604	5114	2786	2328
19	65574	33225	32349	8362	4609	3753	4544	2515	2029
20–24岁	**238623**	**118392**	**120231**	**49461**	**24964**	**24497**	**42658**	**22183**	**20475**
20	71720	35730	35990	8800	4691	4109	5476	2991	2485
21	55360	27528	27832	8500	4486	4014	6195	3231	2964
22	37911	19232	18679	10044	4979	5065	8810	4526	4284
23	38391	18658	19733	11396	5631	5765	10734	5481	5253
24	35241	17244	17997	10721	5177	5544	11443	5954	5489
25–29岁	**85176**	**41529**	**43647**	**47567**	**21803**	**25764**	**81484**	**41557**	**39927**
25	26770	13072	13698	10806	5172	5634	13274	6743	6531
26	19246	9460	9786	9846	4649	5197	14719	7587	7132
27	15843	7629	8214	9352	4272	5080	16070	8120	7950
28	12788	6194	6594	9274	4127	5147	18163	9287	8876
29	10529	5174	5355	8289	3583	4706	19258	9820	9438

7-8a 续表 3

单位：人

年 龄	学习培训			随同离开/投亲靠友			拆迁/搬家		
	小计	男	女	小计	男	女	小计	男	女
30–34岁	**39217**	**18429**	**20788**	**46624**	**18448**	**28176**	**168147**	**85457**	**82690**
30	10897	5299	5598	10288	4281	6007	27973	14263	13710
31	8686	4075	4611	9578	3828	5750	31930	16196	15734
32	7327	3411	3916	9287	3659	5628	34930	17770	17160
33	6701	3094	3607	9439	3580	5859	38421	19339	19082
34	5606	2550	3056	8032	3100	4932	34893	17889	17004
35–39岁	**22200**	**10210**	**11990**	**36577**	**13943**	**22634**	**184197**	**93877**	**90320**
35	4609	2039	2570	6955	2659	4296	32032	16493	15539
36	4606	2097	2509	7229	2678	4551	34271	17408	16863
37	4544	2090	2454	7466	2905	4561	38149	19376	18773
38	4939	2316	2623	8377	3234	5143	43898	22170	21728
39	3502	1668	1834	6550	2467	4083	35847	18430	17417
40–44岁	**10025**	**4950**	**5075**	**24681**	**8844**	**15837**	**144781**	**73206**	**71575**
40	2850	1382	1468	5676	2118	3558	33272	16992	16280
41	2403	1196	1207	5524	2009	3515	31953	16357	15596
42	1940	967	973	4920	1781	3139	29577	14908	14669
43	1532	753	779	4286	1552	2734	24805	12481	12324
44	1300	652	648	4275	1384	2891	25174	12468	12706
45–49岁	**3943**	**2112**	**1831**	**25613**	**8067**	**17546**	**159358**	**78633**	**80725**
45	1026	546	480	4201	1366	2835	25002	12336	12666
46	866	453	413	4635	1462	3173	28870	14106	14764
47	797	445	352	5295	1725	3570	34041	16938	17103
48	631	341	290	5670	1787	3883	34958	17266	17692
49	623	327	296	5812	1727	4085	36487	17987	18500
50–54岁	**1656**	**934**	**722**	**34789**	**10097**	**24692**	**176223**	**87191**	**89032**
50	494	283	211	6469	1852	4617	38381	18962	19419
51	369	202	167	6971	2087	4884	37821	18543	19278
52	361	203	158	7799	2249	5550	40140	19849	20291
53	234	133	101	6166	1738	4428	27825	13822	14003
54	198	113	85	7384	2171	5213	32056	16015	16041
55–59岁	**937**	**478**	**459**	**49575**	**15644**	**33931**	**212355**	**108413**	**103942**
55	222	126	96	8540	2565	5975	35765	18071	17694
56	214	114	100	10178	3106	7072	44939	22870	22069
57	223	108	115	13628	4335	9293	60068	30811	29257
58	176	86	90	10097	3293	6804	41041	21343	19698
59	102	44	58	7132	2345	4787	30542	15318	15224
60–64岁	**626**	**288**	**338**	**56455**	**20959**	**35496**	**189627**	**95601**	**94026**
60	128	54	74	9940	3460	6480	39466	20208	19258
61	110	51	59	9664	3562	6102	34511	17441	17070
62	125	62	63	11733	4388	7345	38600	19461	19139
63	129	65	64	12938	4940	7998	40807	20372	20435
64	134	56	78	12180	4609	7571	36243	18119	18124
65岁及以上	**1013**	**458**	**555**	**136351**	**52475**	**83876**	**343091**	**165634**	**177457**

7-8a 续表 4

单位：人

年龄	寄挂户口			婚姻嫁娶			照料孙子女		
	小计	男	女	小计	男	女	小计	男	女
总计	**111730**	**59446**	**52284**	**518997**	**115081**	**403916**	**404908**	**143770**	**261138**
0-4岁	**6554**	**3367**	**3187**						
0	706	354	352						
1	1465	758	707						
2	1385	712	673						
3	1542	807	735						
4	1456	736	720						
5-9岁	**5545**	**2890**	**2655**						
5	1231	634	597						
6	1333	704	629						
7	1035	514	521						
8	1074	555	519						
9	872	483	389						
10-14岁	**3319**	**1716**	**1603**	**19**	**13**	**6**			
10	756	386	370	4	3	1			
11	725	370	355	3	3				
12	682	377	305	4	1	3			
13	610	308	302	2	1	1			
14	546	275	271	6	5	1			
15-19岁	**2219**	**1195**	**1024**	**160**	**49**	**111**	**3**	**2**	**1**
15	516	258	258	23	9	14	2	1	1
16	468	235	233	17	5	12			
17	365	189	176	22	8	14			
18	384	213	171	31	14	17			
19	486	300	186	67	13	54	1	1	
20-24岁	**6985**	**3666**	**3319**	**5027**	**517**	**4510**	**10**	**3**	**7**
20	670	406	264	153	18	135	1	1	
21	794	442	352	312	25	287	1		1
22	1394	726	668	661	64	597	3		3
23	1770	916	854	1390	148	1242	1	1	
24	2357	1176	1181	2511	262	2249	4	1	3
25-29岁	**18179**	**9279**	**8900**	**45852**	**6382**	**39470**	**24**	**4**	**20**
25	2980	1467	1513	4313	470	3843	2		2
26	3431	1734	1697	6465	819	5646	6	2	4
27	4026	2039	1987	9194	1249	7945	3		3
28	4121	2096	2025	11707	1685	10022	9	2	7
29	3621	1943	1678	14173	2159	12014	4		4

7-8a　续表 5　　　　单位：人

年　龄	寄挂户口			婚姻嫁娶			照料孙子女		
	小计	男	女	小计	男	女	小计	男	女
30-34岁	**16999**	**9135**	**7864**	**128291**	**23054**	**105237**	**712**	**246**	**466**
30	4092	2226	1866	21180	3497	17683	106	34	72
31	3801	2100	1701	24587	4267	20320	150	56	94
32	3276	1775	1501	26598	4783	21815	132	47	85
33	3181	1697	1484	29607	5481	24126	155	47	108
34	2649	1337	1312	26319	5026	21293	169	62	107
35-39岁	**11821**	**6331**	**5490**	**121046**	**25416**	**95630**	**897**	**380**	**517**
35	2316	1265	1051	23098	4564	18534	146	59	87
36	2340	1250	1090	24138	4927	19211	153	61	92
37	2312	1212	1100	24926	5408	19518	207	88	119
38	2744	1448	1296	27484	5925	21559	220	94	126
39	2109	1156	953	21400	4592	16808	171	78	93
40-44岁	**8281**	**4425**	**3856**	**76630**	**17137**	**59493**	**937**	**296**	**641**
40	1880	992	888	18850	4222	14628	169	51	118
41	1790	986	804	17492	3969	13523	196	69	127
42	1649	881	768	15592	3523	12069	186	69	117
43	1470	802	668	12717	2821	9896	177	52	125
44	1492	764	728	11979	2602	9377	209	55	154
45-49岁	**7429**	**4072**	**3357**	**42551**	**10860**	**31691**	**3632**	**644**	**2988**
45	1387	777	610	9828	2256	7572	277	68	209
46	1509	849	660	8444	2107	6337	385	72	313
47	1580	830	750	8694	2256	6438	580	118	462
48	1529	838	691	8019	2158	5861	924	139	785
49	1424	778	646	7566	2083	5483	1466	247	1219
50-54岁	**5944**	**3279**	**2665**	**28370**	**8004**	**20366**	**26414**	**4781**	**21633**
50	1385	765	620	7217	2006	5211	2413	373	2040
51	1290	692	598	6434	1833	4601	3763	668	3095
52	1346	747	599	6333	1799	4534	5443	979	4464
53	896	509	387	3984	1125	2859	5898	1073	4825
54	1027	566	461	4402	1241	3161	8897	1688	7209
55-59岁	**5249**	**2966**	**2283**	**25393**	**8189**	**17204**	**78820**	**19098**	**59722**
55	1028	573	455	4452	1349	3103	11880	2519	9361
56	1124	626	498	5447	1757	3690	14887	3347	11540
57	1401	819	582	7240	2316	4924	21628	5268	16360
58	1042	575	467	4728	1588	3140	17890	4533	13357
59	654	373	281	3526	1179	2347	12535	3431	9104
60-64岁	**3869**	**2181**	**1688**	**19408**	**6718**	**12690**	**119763**	**43540**	**76223**
60	799	446	353	4294	1495	2799	19216	6118	13098
61	708	401	307	3722	1307	2415	19667	6907	12760
62	815	463	352	3907	1376	2531	25091	9197	15894
63	821	452	369	4030	1363	2667	28675	10716	17959
64	726	419	307	3455	1177	2278	27114	10602	16512
65岁及以上	**9337**	**4944**	**4393**	**26250**	**8742**	**17508**	**173696**	**74776**	**98920**

7－8a 续表 6 单位：人

年 龄	为子女就学			养老/康养			其 他		
	小计	男	女	小计	男	女	小计	男	女
总 计	**117435**	**54621**	**62814**	**208873**	**89462**	**119411**	**507822**	**254416**	**253406**
0－4岁							**63145**	**32931**	**30214**
0							8522	4400	4122
1							12940	6805	6135
2							12785	6734	6051
3							14709	7613	7096
4							14189	7379	6810
5－9岁							**40037**	**21064**	**18973**
5							10935	5718	5217
6							9206	4836	4370
7							6828	3571	3257
8							7205	3790	3415
9							5863	3149	2714
10－14岁				**6**	**2**	**4**	**22008**	**11736**	**10272**
10							4943	2618	2325
11				1	1		5039	2696	2343
12				2	1	1	4438	2359	2079
13				1		1	4231	2223	2008
14				2		2	3357	1840	1517
15－19岁	**424**	**202**	**222**	**6**	**5**	**1**	**12501**	**7155**	**5346**
15	135	64	71	2	1	1	2577	1384	1193
16	105	51	54				2464	1384	1080
17	92	43	49				2120	1181	939
18	61	27	34	2	2		2620	1519	1101
19	31	17	14	2	2		2720	1687	1033
20－24岁	**357**	**166**	**191**	**19**	**11**	**8**	**22419**	**12772**	**9647**
20	61	32	29	2	2		3395	2127	1268
21	59	31	28	3	2	1	3609	2213	1396
22	65	29	36	6	2	4	4742	2743	1999
23	84	44	40	4	3	1	5157	2724	2433
24	88	30	58	4	2	2	5516	2965	2551
25－29岁	**1029**	**348**	**681**	**28**	**16**	**12**	**32350**	**16720**	**15630**
25	97	27	70	3	2	1	6044	3151	2893
26	145	50	95	5	3	2	6251	3200	3051
27	160	53	107	8	3	5	6672	3447	3225
28	244	86	158	8	5	3	6883	3545	3338
29	383	132	251	4	3	1	6500	3377	3123

7-8a　续表 7　　　　　　　　　　　　　　　　　　　　　　　　　　　　单位：人

年　龄	为子女就学			养老/康养			其　他		
	小计	男	女	小计	男	女	小计	男	女
30–34岁	**10082**	**3961**	**6121**	**65**	**38**	**27**	**41588**	**21285**	**20303**
30	839	315	524	7	3	4	8270	4316	3954
31	1269	498	771	10	6	4	8541	4429	4112
32	1948	769	1179	22	9	13	8251	4153	4098
33	2741	1049	1692	9	8	1	8835	4517	4318
34	3285	1330	1955	17	12	5	7691	3870	3821
35–39岁	**26325**	**11163**	**15162**	**99**	**56**	**43**	**37115**	**18731**	**18384**
35	3470	1421	2049	9	5	4	6624	3317	3307
36	4416	1831	2585	14	7	7	7157	3719	3438
37	5369	2264	3105	25	15	10	7474	3790	3684
38	6872	2984	3888	29	16	13	8651	4337	4314
39	6198	2663	3535	22	13	9	7209	3568	3641
40–44岁	**30380**	**13524**	**16856**	**117**	**61**	**56**	**30034**	**14933**	**15101**
40	6327	2749	3578	14	11	3	6366	3198	3168
41	6576	2910	3666	18	13	5	6499	3267	3232
42	6464	2861	3603	26	11	15	6107	3072	3035
43	5539	2455	3084	31	15	16	5477	2708	2769
44	5474	2549	2925	28	11	17	5585	2688	2897
45–49岁	**24960**	**12837**	**12123**	**236**	**115**	**121**	**33706**	**15822**	**17884**
45	5253	2575	2678	14	5	9	5495	2676	2819
46	5511	2710	2801	28	17	11	6186	2925	3261
47	5572	2850	2722	47	22	25	7102	3325	3777
48	4589	2465	2124	57	29	28	7326	3417	3909
49	4035	2237	1798	90	42	48	7597	3479	4118
50–54岁	**10532**	**5891**	**4641**	**7698**	**2728**	**4970**	**37687**	**17251**	**20436**
50	3206	1773	1433	864	275	589	8176	3705	4471
51	2653	1499	1154	1421	474	947	7935	3671	4264
52	2238	1249	989	1777	633	1144	8526	3908	4618
53	1227	681	546	1495	562	933	6119	2770	3349
54	1208	689	519	2141	784	1357	6931	3197	3734
55–59岁	**5009**	**2700**	**2309**	**19964**	**7820**	**12144**	**40679**	**19190**	**21489**
55	1140	638	502	2732	1035	1697	7235	3325	3910
56	1210	664	546	3743	1391	2352	8600	4046	4554
57	1332	728	604	5650	2217	3433	11335	5426	5909
58	787	401	386	4305	1730	2575	7902	3737	4165
59	540	269	271	3534	1447	2087	5607	2656	2951
60–64岁	**3302**	**1488**	**1814**	**33687**	**15400**	**18287**	**34841**	**16951**	**17890**
60	660	305	355	5526	2449	3077	7047	3428	3619
61	570	262	308	5647	2606	3041	6447	3150	3297
62	700	317	383	6999	3268	3731	7125	3476	3649
63	721	329	392	7886	3540	4346	7563	3714	3849
64	651	275	376	7629	3537	4092	6659	3183	3476
65岁及以上	**5035**	**2341**	**2694**	**146948**	**63210**	**83738**	**59712**	**27875**	**31837**

7-8b 全市分年龄、性别、迁移原因的户口登记地在外乡镇街道的人口(镇)

单位：人

年 龄	合 计			工作就业		
	合计	男	女	小计	男	女
总 计	**958712**	**539769**	**418943**	**575849**	**359904**	**215945**
0-4岁	**36173**	**18658**	**17515**			
0	4231	2163	2068			
1	7666	4018	3648			
2	7586	3872	3714			
3	8474	4343	4131			
4	8216	4262	3954			
5-9岁	**29486**	**15441**	**14045**			
5	6122	3211	2911			
6	7047	3643	3404			
7	5519	2885	2634			
8	5786	3069	2717			
9	5012	2633	2379			
10-14岁	**18815**	**9973**	**8842**	**18**	**6**	**12**
10	4154	2153	2001	2	1	1
11	4296	2283	2013	1		1
12	3832	1999	1833			
13	3511	1887	1624	4	1	3
14	3022	1651	1371	11	4	7
15-19岁	**32465**	**19097**	**13368**	**10272**	**7091**	**3181**
15	2718	1524	1194	366	259	107
16	3105	1844	1261	705	493	212
17	4661	2724	1937	1706	1176	530
18	8536	5129	3407	2878	1980	898
19	13445	7876	5569	4617	3183	1434
20-24岁	**93523**	**53616**	**39907**	**56183**	**33240**	**22943**
20	15832	9212	6620	6535	4264	2271
21	15873	9121	6752	8166	4906	3260
22	20500	11820	8680	11539	6762	4777
23	20720	11818	8902	14271	8279	5992
24	20598	11645	8953	15672	9029	6643
25-29岁	**116436**	**66382**	**50054**	**94059**	**56413**	**37646**
25	21921	12286	9635	17553	10155	7398
26	21800	12116	9684	17425	10142	7283
27	23834	13798	10036	19454	11810	7644
28	24326	14076	10250	19799	12089	7710
29	24555	14106	10449	19828	12217	7611

7-8b　续表 1　　　　单位：人

年　龄	合　计			工作就业		
	合计	男	女	小计	男	女
30-34岁	**144189**	**82411**	**61778**	**112374**	**69925**	**42449**
30	31210	18178	13032	25168	15740	9428
31	30038	17170	12868	23728	14716	9012
32	28433	16118	12315	21951	13593	8358
33	29544	16815	12729	22578	14112	8466
34	24964	14130	10834	18949	11764	7185
35-39岁	**101162**	**58608**	**42554**	**77174**	**48347**	**28827**
35	21168	12107	9061	16168	10082	6086
36	20504	11839	8665	15726	9800	5926
37	19832	11523	8309	14988	9413	5575
38	21873	12645	9228	16623	10381	6242
39	17785	10494	7291	13669	8671	4998
40-44岁	**72158**	**42442**	**29716**	**56054**	**35329**	**20725**
40	15734	9209	6525	12026	7597	4429
41	15691	9347	6344	12058	7713	4345
42	14485	8490	5995	11236	7036	4200
43	12705	7529	5176	9967	6303	3664
44	13543	7867	5676	10767	6680	4087
45-49岁	**76603**	**44446**	**32157**	**60101**	**37134**	**22967**
45	13250	7667	5583	10587	6489	4098
46	14587	8403	6184	11577	7063	4514
47	15769	9252	6517	12379	7752	4627
48	16442	9506	6936	12769	7886	4883
49	16555	9618	6937	12789	7944	4845
50-54岁	**75714**	**44130**	**31584**	**55240**	**35616**	**19624**
50	17379	10135	7244	13347	8425	4922
51	15619	9055	6564	11464	7289	4175
52	16233	9322	6911	11719	7474	4245
53	12651	7454	5197	9118	6021	3097
54	13832	8164	5668	9592	6407	3185
55-59岁	**58936**	**33083**	**25853**	**32580**	**22193**	**10387**
55	12999	7556	5443	8367	5704	2663
56	13310	7535	5775	7778	5216	2562
57	15450	8630	6820	8093	5587	2506
58	10688	5897	4791	5509	3759	1750
59	6489	3465	3024	2833	1927	906
60-64岁	**38996**	**20381**	**18615**	**12448**	**8616**	**3832**
60	8165	4339	3826	2996	2076	920
61	7119	3775	3344	2427	1694	733
62	8032	4283	3749	2538	1786	752
63	8252	4236	4016	2455	1712	743
64	7428	3748	3680	2032	1348	684
65岁及以上	**64056**	**31101**	**32955**	**9346**	**5994**	**3352**

7—8b 续表 2

单位：人

年 龄	学习培训			随同离开/投亲靠友			拆迁/搬家		
	小计	男	女	小计	男	女	小计	男	女
总 计	**59067**	**32244**	**26823**	**92636**	**43245**	**49391**	**98475**	**49480**	**48995**
0—4岁	**173**	**80**	**93**	**26752**	**13815**	**12937**	**2877**	**1475**	**1402**
0	3	2	1	3121	1590	1531	366	184	182
1	13	5	8	5691	2996	2695	538	283	255
2	17	10	7	5626	2858	2768	581	300	281
3	58	22	36	6208	3177	3031	732	377	355
4	82	41	41	6106	3194	2912	660	331	329
5—9岁	**3678**	**1991**	**1687**	**19072**	**9933**	**9139**	**2891**	**1526**	**1365**
5	56	32	24	4509	2357	2152	528	284	244
6	857	454	403	4603	2376	2227	659	351	308
7	932	496	436	3371	1771	1600	533	273	260
8	952	516	436	3562	1863	1699	617	339	278
9	881	493	388	3027	1566	1461	554	279	275
10—14岁	**4047**	**2204**	**1843**	**10539**	**5609**	**4930**	**2042**	**1044**	**998**
10	772	409	363	2509	1309	1200	377	190	187
11	852	461	391	2540	1371	1169	436	215	221
12	809	444	365	2109	1094	1015	434	223	211
13	813	461	352	1895	1011	884	423	223	200
14	801	429	372	1486	824	662	372	193	179
15—19岁	**16291**	**8676**	**7615**	**3153**	**1803**	**1350**	**1266**	**681**	**585**
15	965	510	455	880	477	403	256	141	115
16	1303	735	568	641	361	280	222	133	89
17	1921	983	938	521	303	218	212	107	105
18	4455	2433	2022	600	362	238	287	161	126
19	7647	4015	3632	511	300	211	289	139	150
20—24岁	**26994**	**15088**	**11906**	**3156**	**1580**	**1576**	**2883**	**1439**	**1444**
20	7882	4134	3748	573	314	259	355	186	169
21	6179	3376	2803	531	301	230	457	217	240
22	6854	3947	2907	651	323	328	599	299	300
23	3913	2302	1611	726	341	385	706	345	361
24	2166	1329	837	675	301	374	766	392	374
25—29岁	**4115**	**2341**	**1774**	**2983**	**1318**	**1665**	**4767**	**2418**	**2349**
25	1327	782	545	627	297	330	835	413	422
26	963	531	432	621	277	344	862	440	422
27	741	423	318	584	264	320	940	473	467
28	598	337	261	578	257	321	1033	545	488
29	486	268	218	573	223	350	1097	547	550

7-8b 续表 3　　　　单位：人

年　龄	学习培训			随同离开/投亲靠友			拆迁/搬家		
	小计	男	女	小计	男	女	小计	男	女
30-34岁	**1905**	**941**	**964**	**3053**	**1142**	**1911**	**10287**	**5137**	**5150**
30	516	276	240	661	258	403	1631	824	807
31	406	209	197	659	246	413	1850	917	933
32	369	179	190	628	247	381	2118	1049	1069
33	345	162	183	600	216	384	2438	1218	1220
34	269	115	154	505	175	330	2250	1129	1121
35-39岁	**989**	**494**	**495**	**2209**	**768**	**1441**	**9582**	**4971**	**4611**
35	245	119	126	492	157	335	1912	959	953
36	240	124	116	475	170	305	1808	939	869
37	175	78	97	424	153	271	1978	1045	933
38	192	96	96	451	166	285	2152	1105	1047
39	137	77	60	367	122	245	1732	923	809
40-44岁	**410**	**222**	**188**	**1461**	**486**	**975**	**6933**	**3475**	**3458**
40	115	57	58	337	124	213	1578	793	785
41	95	56	39	325	109	216	1537	796	741
42	75	41	34	283	78	205	1408	700	708
43	72	36	36	257	91	166	1181	606	575
44	53	32	21	259	84	175	1229	580	649
45-49岁	**167**	**80**	**87**	**1767**	**451**	**1316**	**7872**	**3809**	**4063**
45	42	21	21	281	69	212	1167	576	591
46	40	22	18	305	74	231	1425	685	740
47	30	11	19	381	101	280	1644	774	870
48	27	12	15	382	99	283	1782	857	925
49	28	14	14	418	108	310	1854	917	937
50-54岁	**99**	**37**	**62**	**2520**	**618**	**1902**	**9039**	**4463**	**4576**
50	26	6	20	432	94	338	1952	931	1021
51	23	14	9	468	112	356	1937	938	999
52	18	8	10	570	129	441	2021	1014	1007
53	16	5	11	489	131	358	1426	694	732
54	16	4	12	561	152	409	1703	886	817
55-59岁	**77**	**40**	**37**	**3455**	**1031**	**2424**	**10570**	**5373**	**5197**
55	16	11	5	660	176	484	1797	907	890
56	18	11	7	734	223	511	2184	1136	1048
57	21	8	13	931	276	655	3050	1543	1507
58	12	7	5	671	208	463	2049	1035	1014
59	10	3	7	459	148	311	1490	752	738
60-64岁	**46**	**18**	**28**	**3895**	**1362**	**2533**	**9482**	**4715**	**4767**
60	10	5	5	689	223	466	2050	1025	1025
61	8	2	6	666	236	430	1723	862	861
62	9	3	6	825	289	536	1898	1013	885
63	8	4	4	892	317	575	1950	933	1017
64	11	4	7	823	297	526	1861	882	979
65岁及以上	**76**	**32**	**44**	**8621**	**3329**	**5292**	**17984**	**8954**	**9030**

7–8b 续表 4 单位：人

年 龄	寄挂户口			婚姻嫁娶			照料孙子女		
	小计	男	女	小计	男	女	小计	男	女
总 计	**16217**	**8917**	**7300**	**28076**	**5367**	**22709**	**20995**	**6929**	**14066**
0–4岁	**833**	**433**	**400**						
0	70	37	33						
1	201	101	100						
2	179	84	95						
3	194	108	86						
4	189	103	86						
5–9岁	**745**	**367**	**378**						
5	161	81	80						
6	172	74	98						
7	150	70	80						
8	139	82	57						
9	123	60	63						
10–14岁	**405**	**208**	**197**						
10	97	54	43						
11	68	39	29						
12	111	56	55						
13	65	29	36						
14	64	30	34						
15–19岁	**275**	**156**	**119**	**17**	**2**	**15**			
15	72	34	38						
16	51	26	25	1	1				
17	41	22	19						
18	44	32	12	2		2			
19	67	42	25	14	1	13			
20–24岁	**1104**	**619**	**485**	**617**	**42**	**575**	**4**	**1**	**3**
20	87	45	42	24	3	21	1		1
21	122	68	54	31	1	30			
22	243	151	92	85		85			
23	283	162	121	178	14	164	1		1
24	369	193	176	299	24	275	2	1	1
25–29岁	**2942**	**1586**	**1356**	**4198**	**468**	**3730**	**2**	**1**	**1**
25	483	243	240	461	45	416	1	1	
26	553	286	267	680	66	614			
27	647	361	286	791	91	700			
28	666	360	306	967	114	853			
29	593	336	257	1299	152	1147	1		1

7-8b　续表 5　　　　单位：人

年　龄	寄挂户口			婚姻嫁娶			照料孙子女		
	小计	男	女	小计	男	女	小计	男	女
30-34岁	**2580**	**1436**	**1144**	**9547**	**1484**	**8063**	**56**	**14**	**42**
30	651	369	282	1733	244	1489	6		6
31	587	335	252	1928	275	1653	10	4	6
32	476	252	224	1989	311	1678	14	5	9
33	471	257	214	2166	369	1797	17	3	14
34	395	223	172	1731	285	1446	9	2	7
35-39岁	**1686**	**903**	**783**	**5815**	**1204**	**4611**	**39**	**13**	**26**
35	355	191	164	1272	240	1032	8	6	2
36	335	178	157	1213	247	966	8	2	6
37	366	202	164	1157	241	916	9	3	6
38	356	180	176	1261	266	995	9	1	8
39	274	152	122	912	210	702	5	1	4
40-44岁	**1149**	**633**	**516**	**2962**	**663**	**2299**	**56**	**11**	**45**
40	280	156	124	738	162	576	10	4	6
41	233	141	92	735	161	574	8		8
42	229	122	107	584	154	430	17	4	13
43	193	106	87	479	105	374	7	1	6
44	214	108	106	426	81	345	14	2	12
45-49岁	**1076**	**635**	**441**	**1688**	**460**	**1228**	**326**	**51**	**275**
45	205	122	83	369	88	281	19	3	16
46	188	105	83	325	94	231	34	6	28
47	230	129	101	333	97	236	39	10	29
48	230	142	88	360	99	261	83	13	70
49	223	137	86	301	82	219	151	19	132
50-54岁	**877**	**491**	**386**	**1245**	**386**	**859**	**2192**	**402**	**1790**
50	189	101	88	316	108	208	185	20	165
51	205	126	79	270	83	187	346	60	286
52	174	95	79	276	85	191	466	76	390
53	128	66	62	202	62	140	511	101	410
54	181	103	78	181	48	133	684	145	539
55-59岁	**701**	**415**	**286**	**826**	**264**	**562**	**5276**	**1264**	**4012**
55	157	91	66	192	53	139	854	177	677
56	154	96	58	194	69	125	1077	241	836
57	204	123	81	220	61	159	1461	356	1105
58	119	68	51	130	49	81	1116	286	830
59	67	37	30	90	32	58	768	204	564
60-64岁	**480**	**278**	**202**	**475**	**152**	**323**	**6134**	**2222**	**3912**
60	102	62	40	127	34	93	1088	363	725
61	83	51	32	80	27	53	1123	394	729
62	105	60	45	76	22	54	1294	463	831
63	115	62	53	106	40	66	1384	493	891
64	75	43	32	86	29	57	1245	509	736
65岁及以上	**1364**	**757**	**607**	**686**	**242**	**444**	**6910**	**2950**	**3960**

7-8b 续表 6

单位：人

年 龄	为子女就学			养老/康养			其 他		
	小计	男	女	小计	男	女	小计	男	女
总 计	**2593**	**1078**	**1515**	**21510**	**9702**	**11808**	**43294**	**22903**	**20391**
0-4岁							**5538**	**2855**	**2683**
0							671	350	321
1							1223	633	590
2							1183	620	563
3							1282	659	623
4							1179	593	586
5-9岁							**3100**	**1624**	**1476**
5							868	457	411
6							756	388	368
7							533	275	258
8							516	269	247
9							427	235	192
10-14岁				**1**	**1**		**1763**	**901**	**862**
10							397	190	207
11							399	197	202
12							369	182	187
13							311	162	149
14				1	1		287	170	117
15-19岁	**6**	**3**	**3**				**1185**	**685**	**500**
15	2	2					177	101	76
16							182	95	87
17	1	1					259	132	127
18	3		3				267	161	106
19							300	196	104
20-24岁	**21**	**10**	**11**				**2561**	**1597**	**964**
20	5	3	2				370	263	107
21	2		2				385	252	133
22	3	2	1				526	336	190
23	4	1	3				638	374	264
24	7	4	3				642	372	270
25-29岁	**74**	**13**	**61**	**7**	**4**	**3**	**3289**	**1820**	**1469**
25	3	1	2	2	2		629	347	282
26	10	2	8	2	1	1	684	371	313
27	12	2	10	1		1	664	374	290
28	26	3	23	1	1		658	370	288
29	23	5	18	1		1	654	358	296

7-8b　续表 7　　　　单位：人

年　龄	为子女就学			养老/康养			其　他		
	小计	男	女	小计	男	女	小计	男	女
30-34岁	**375**	**134**	**241**	**30**	**18**	**12**	**3982**	**2180**	**1802**
30	49	15	34	2	2		793	450	343
31	46	16	30	6	5	1	818	447	371
32	74	22	52	5	3	2	809	457	352
33	95	44	51	9	6	3	825	428	397
34	111	37	74	8	2	6	737	398	339
35-39岁	**529**	**205**	**324**	**43**	**27**	**16**	**3096**	**1676**	**1420**
35	94	32	62	6	4	2	616	317	299
36	99	37	62	7	4	3	593	338	255
37	110	43	67	8	5	3	617	340	277
38	114	51	63	10	7	3	705	392	313
39	112	42	70	12	7	5	565	289	276
40-44岁	**502**	**210**	**292**	**40**	**26**	**14**	**2591**	**1387**	**1204**
40	128	55	73	11	6	5	511	255	256
41	111	45	66	8	7	1	581	319	262
42	92	37	55	9	5	4	552	313	239
43	98	42	56	5	1	4	446	238	208
44	73	31	42	7	7		501	262	239
45-49岁	**418**	**201**	**217**	**65**	**25**	**40**	**3123**	**1600**	**1523**
45	87	44	43	9	3	6	484	252	232
46	88	42	46	8	5	3	597	307	290
47	93	41	52	15	6	9	625	331	294
48	70	34	36	15	6	9	724	358	366
49	80	40	40	18	5	13	693	352	341
50-54岁	**248**	**113**	**135**	**918**	**329**	**589**	**3336**	**1675**	**1661**
50	73	34	39	128	37	91	731	379	352
51	57	27	30	167	60	107	682	346	336
52	50	18	32	228	73	155	711	350	361
53	37	17	20	174	73	101	550	284	266
54	31	17	14	221	86	135	662	316	346
55-59岁	**163**	**70**	**93**	**2083**	**820**	**1263**	**3205**	**1613**	**1592**
55	33	18	15	290	97	193	633	322	311
56	32	8	24	419	181	238	720	354	366
57	45	24	21	577	232	345	848	420	428
58	30	10	20	431	157	274	621	318	303
59	23	10	13	366	153	213	383	199	184
60-64岁	**118**	**49**	**69**	**3511**	**1712**	**1799**	**2407**	**1257**	**1150**
60	28	13	15	576	284	292	499	254	245
61	17	6	11	571	277	294	421	226	195
62	27	12	15	750	369	381	510	266	244
63	23	8	15	789	386	403	530	281	249
64	23	10	13	825	396	429	447	230	217
65岁及以上	**139**	**70**	**69**	**14812**	**6740**	**8072**	**4118**	**2033**	**2085**

7-8c 全市分年龄、性别、迁移原因的户口登记地在外乡镇街道的人口(乡村)

单位：人

年 龄	合 计			工作就业		
	合计	男	女	小计	男	女
总 计	**1164565**	**689660**	**474905**	**776142**	**518906**	**257236**
0-4岁	**38899**	**20306**	**18593**			
0	4520	2357	2163			
1	8549	4438	4111			
2	8404	4395	4009			
3	8740	4603	4137			
4	8686	4513	4173			
5-9岁	**29817**	**15694**	**14123**			
5	6568	3412	3156			
6	6963	3668	3295			
7	5389	2860	2529			
8	5903	3138	2765			
9	4994	2616	2378			
10-14岁	**20106**	**10847**	**9259**	**29**	**21**	**8**
10	4580	2502	2078	4	4	
11	4636	2514	2122	8	4	4
12	3902	2065	1837	3	3	
13	3655	1935	1720	5	3	2
14	3333	1831	1502	9	7	2
15-19岁	**31627**	**20613**	**11014**	**12530**	**9041**	**3489**
15	3164	1904	1260	448	312	136
16	3841	2395	1446	982	756	226
17	5175	3308	1867	2005	1473	532
18	7886	5261	2625	3600	2611	989
19	11561	7745	3816	5495	3889	1606
20-24岁	**82660**	**51208**	**31452**	**60485**	**39252**	**21233**
20	14154	9273	4881	7561	5208	2353
21	13855	8884	4971	9467	6286	3181
22	16778	10498	6280	12921	8481	4440
23	18128	10921	7207	14549	9219	5330
24	19745	11632	8113	15987	10058	5929
25-29岁	**131137**	**76766**	**54371**	**103724**	**67678**	**36046**
25	23045	13548	9497	18472	11732	6740
26	23334	13566	9768	18649	11937	6712
27	26396	15470	10926	21126	13772	7354
28	27712	16265	11447	21828	14409	7419
29	30650	17917	12733	23649	15828	7821

7-8c　续表 1　　　　单位：人

年　龄	合　计			工作就业		
	合计	男	女	小计	男	女
30-34岁	**183297**	**105937**	**77360**	**138270**	**93348**	**44922**
30	39598	23063	16535	30361	20407	9954
31	39152	22411	16741	29313	19763	9550
32	35992	20742	15250	27087	18305	8782
33	36865	21213	15652	27623	18702	8921
34	31690	18508	13182	23886	16171	7715
35-39岁	**123999**	**75444**	**48555**	**97376**	**66312**	**31064**
35	27397	16297	11100	21001	14273	6728
36	25479	15537	9942	19899	13611	6288
37	23422	14216	9206	18347	12462	5885
38	25690	15827	9863	20393	13941	6452
39	22011	13567	8444	17736	12025	5711
40-44岁	**99578**	**60877**	**38701**	**82422**	**54140**	**28282**
40	20613	12750	7863	16769	11289	5480
41	21329	13114	8215	17372	11537	5835
42	20358	12372	7986	16812	10960	5852
43	18230	11075	7155	15227	9871	5356
44	19048	11566	7482	16242	10483	5759
45-49岁	**116191**	**70302**	**45889**	**98443**	**62993**	**35450**
45	19432	11721	7711	16663	10620	6043
46	22058	13403	8655	18850	12105	6745
47	24042	14506	9536	20295	12943	7352
48	25070	15037	10033	21204	13404	7800
49	25589	15635	9954	21431	13921	7510
50-54岁	**114612**	**70796**	**43816**	**93223**	**62219**	**31004**
50	27017	16618	10399	22530	14787	7743
51	23464	14352	9112	19215	12649	6566
52	24691	15286	9405	20113	13441	6672
53	19114	11808	7306	15352	10336	5016
54	20326	12732	7594	16013	11006	5007
55-59岁	**79512**	**49229**	**30283**	**54882**	**38702**	**16180**
55	19353	12012	7341	14564	10083	4481
56	18518	11451	7067	13063	9144	3919
57	19945	12503	7442	13388	9647	3741
58	13882	8625	5257	9185	6550	2635
59	7814	4638	3176	4682	3278	1404
60-64岁	**41488**	**24793**	**16695**	**19978**	**14663**	**5315**
60	9033	5327	3706	4806	3425	1381
61	7564	4622	2942	3826	2860	966
62	8502	5175	3327	4118	3051	1067
63	8642	5142	3500	3946	2937	1009
64	7747	4527	3220	3282	2390	892
65岁及以上	**71642**	**36848**	**34794**	**14780**	**10537**	**4243**

7-8c 续表 2 单位：人

年 龄	学习培训			随同离开/投亲靠友			拆迁/搬家		
	小计	男	女	小计	男	女	小计	男	女
总 计	**35280**	**20634**	**14646**	**109965**	**51146**	**58819**	**62729**	**32214**	**30515**
0-4岁	**190**	**96**	**94**	**30559**	**15965**	**14594**	**2023**	**1041**	**982**
0	4	3	1	3558	1866	1692	263	131	132
1	15	7	8	6737	3488	3249	391	205	186
2	21	8	13	6679	3500	3179	441	216	225
3	64	31	33	6864	3597	3267	451	259	192
4	86	47	39	6721	3514	3207	477	230	247
5-9岁	**3710**	**2042**	**1668**	**20253**	**10527**	**9726**	**1828**	**958**	**870**
5	76	43	33	5021	2605	2416	369	179	190
6	883	471	412	4681	2444	2237	433	234	199
7	857	485	372	3503	1791	1712	363	210	153
8	1015	559	456	3792	1997	1795	361	186	175
9	879	484	395	3256	1690	1566	302	149	153
10-14岁	**4694**	**2511**	**2183**	**12002**	**6515**	**5487**	**1119**	**585**	**534**
10	923	506	417	2939	1584	1355	213	113	100
11	971	538	433	2893	1572	1321	249	136	113
12	927	477	450	2290	1242	1048	228	113	115
13	928	476	452	2048	1101	947	236	132	104
14	945	514	431	1832	1016	816	193	91	102
15-19岁	**12754**	**7870**	**4884**	**3726**	**2204**	**1522**	**699**	**384**	**315**
15	1341	795	546	1020	589	431	135	70	65
16	1800	1037	763	732	435	297	124	60	64
17	2263	1291	972	608	373	235	100	56	44
18	3059	1937	1122	670	389	281	172	103	69
19	4291	2810	1481	696	418	278	168	95	73
20-24岁	**10132**	**6120**	**4012**	**4037**	**2041**	**1996**	**2002**	**1079**	**923**
20	4477	2807	1670	765	408	357	260	147	113
21	2581	1598	983	709	366	343	313	170	143
22	1473	861	612	860	430	430	430	223	207
23	937	522	415	855	423	432	497	266	231
24	664	332	332	848	414	434	502	273	229
25-29岁	**1924**	**1042**	**882**	**4081**	**1787**	**2294**	**3191**	**1690**	**1501**
25	640	348	292	856	404	452	609	333	276
26	427	222	205	794	366	428	559	287	272
27	337	199	138	792	331	461	569	297	272
28	279	158	121	792	342	450	678	362	316
29	241	115	126	847	344	503	776	411	365

7-8c 续表 3

单位：人

年龄	学习培训			随同离开/投亲靠友			拆迁/搬家		
	小计	男	女	小计	男	女	小计	男	女
30-34岁	**927**	**469**	**458**	**4575**	**1768**	**2807**	**5380**	**2759**	**2621**
30	268	149	119	1084	440	644	957	517	440
31	204	104	100	1009	387	622	1112	543	569
32	191	89	102	887	338	549	1054	541	513
33	138	63	75	862	322	540	1193	607	586
34	126	64	62	733	281	452	1064	551	513
35-39岁	**404**	**213**	**191**	**2960**	**1047**	**1913**	**4748**	**2485**	**2263**
35	105	54	51	637	243	394	1005	529	476
36	69	34	35	601	222	379	975	513	462
37	80	40	40	533	176	357	940	498	442
38	76	40	36	642	232	410	1012	531	481
39	74	45	29	547	174	373	816	414	402
40-44岁	**197**	**108**	**89**	**2409**	**715**	**1694**	**3941**	**1993**	**1948**
40	53	33	20	502	165	337	871	457	414
41	37	19	18	527	158	369	849	439	410
42	36	19	17	470	141	329	826	395	431
43	41	20	21	435	134	301	729	376	353
44	30	17	13	475	117	358	666	326	340
45-49岁	**124**	**60**	**64**	**3065**	**832**	**2233**	**5078**	**2521**	**2557**
45	22	11	11	463	123	340	723	346	377
46	26	13	13	540	145	395	927	451	476
47	19	5	14	631	176	455	1077	543	534
48	30	15	15	712	196	516	1140	574	566
49	27	16	11	719	192	527	1211	607	604
50-54岁	**76**	**35**	**41**	**3983**	**1012**	**2971**	**5800**	**2973**	**2827**
50	17	6	11	796	188	608	1302	670	632
51	18	8	10	836	214	622	1158	582	576
52	16	7	9	842	220	622	1263	639	624
53	12	7	5	728	192	536	928	475	453
54	13	7	6	781	198	583	1149	607	542
55-59岁	**60**	**32**	**28**	**4083**	**1243**	**2840**	**7225**	**3776**	**3449**
55	17	7	10	852	235	617	1418	717	701
56	18	11	7	878	270	608	1598	829	769
57	14	9	5	1071	328	743	1947	1011	936
58	6	3	3	781	242	539	1337	741	596
59	5	2	3	501	168	333	925	478	447
60-64岁	**33**	**11**	**22**	**3562**	**1321**	**2241**	**5707**	**3033**	**2674**
60	2	1	1	676	226	450	1168	601	567
61	8	2	6	622	228	394	1005	545	460
62	8	2	6	742	285	457	1162	648	514
63	6	2	4	783	294	489	1222	634	588
64	9	4	5	739	288	451	1150	605	545
65岁及以上	**55**	**25**	**30**	**10670**	**4169**	**6501**	**13988**	**6937**	**7051**

7-8c 续表 4

单位：人

年龄	寄挂户口			婚姻嫁娶			照料孙子女		
	小计	男	女	小计	男	女	小计	男	女
总计	**17096**	**9385**	**7711**	**72882**	**12984**	**59898**	**13076**	**3916**	**9160**
0-4岁	**892**	**488**	**404**						
0	66	42	24						
1	212	120	92						
2	197	116	81						
3	199	103	96						
4	218	107	111						
5-9岁	**825**	**450**	**375**						
5	181	92	89						
6	204	113	91						
7	155	95	60						
8	181	96	85						
9	104	54	50						
10-14岁	**384**	**196**	**188**	**2**	**1**	**1**			
10	87	49	38						
11	93	44	49						
12	83	38	45						
13	81	42	39						
14	40	23	17	2	1	1			
15-19岁	**877**	**459**	**418**	**35**	**6**	**29**			
15	41	26	15	2		2			
16	42	18	24	3	1	2			
17	38	17	21	2	1	1			
18	140	71	69	11	2	9			
19	616	327	289	17	2	15			
20-24岁	**1702**	**1026**	**676**	**1882**	**118**	**1764**			
20	660	424	236	48	1	47			
21	254	160	94	107	7	100			
22	243	134	109	271	14	257			
23	241	141	100	550	29	521			
24	304	167	137	906	67	839			
25-29岁	**2554**	**1351**	**1203**	**12057**	**1191**	**10866**	**9**	**3**	**6**
25	477	246	231	1334	107	1227			
26	467	234	233	1785	160	1625	2		2
27	508	263	245	2353	206	2147	1		1
28	498	272	226	2908	310	2598	4	1	3
29	604	336	268	3677	408	3269	2	2	

7-8c 续表 5

单位：人

年 龄	寄挂户口			婚姻嫁娶			照料孙子女		
	小计	男	女	小计	男	女	小计	男	女
30-34岁	**2303**	**1248**	**1055**	**26788**	**3525**	**23263**	**68**	**13**	**55**
30	604	324	280	5282	637	4645	19	3	16
31	527	278	249	5906	736	5170	20	6	14
32	421	227	194	5377	679	4698	11	2	9
33	382	212	170	5644	769	4875	9		9
34	369	207	162	4579	704	3875	9	2	7
35-39岁	**1511**	**796**	**715**	**13165**	**2452**	**10713**	**53**	**17**	**36**
35	420	228	192	3429	544	2885	15	4	11
36	365	205	160	2785	495	2290	11	3	8
37	264	139	125	2515	487	2028	5	4	1
38	249	124	125	2550	534	2016	9	4	5
39	213	100	113	1886	392	1494	13	2	11
40-44岁	**1099**	**608**	**491**	**6118**	**1507**	**4611**	**65**	**10**	**55**
40	248	139	109	1528	324	1204	7	1	6
41	254	142	112	1515	389	1126	12	2	10
42	258	146	112	1253	340	913	16	1	15
43	185	99	86	962	229	733	14	3	11
44	154	82	72	860	225	635	16	3	13
45-49岁	**922**	**525**	**397**	**4034**	**1124**	**2910**	**333**	**50**	**283**
45	150	82	68	720	187	533	17	3	14
46	141	85	56	777	203	574	32	5	27
47	214	128	86	877	241	636	61	11	50
48	191	105	86	830	257	573	83	12	71
49	226	125	101	830	236	594	140	19	121
50-54岁	**761**	**422**	**339**	**3235**	**1024**	**2211**	**1945**	**303**	**1642**
50	187	112	75	787	228	559	212	31	181
51	146	72	74	680	223	457	289	36	253
52	166	96	70	654	214	440	446	61	385
53	125	65	60	544	170	374	455	74	381
54	137	77	60	570	189	381	543	101	442
55-59岁	**765**	**430**	**335**	**2129**	**781**	**1348**	**3396**	**771**	**2625**
55	180	89	91	481	172	309	623	109	514
56	189	105	84	508	180	328	744	155	589
57	213	128	85	534	201	333	896	207	689
58	120	73	47	389	153	236	710	182	528
59	63	35	28	217	75	142	423	118	305
60-64岁	**364**	**226**	**138**	**1407**	**501**	**906**	**3150**	**1072**	**2078**
60	70	42	28	315	110	205	621	179	442
61	70	46	24	270	106	164	520	179	341
62	75	49	26	276	107	169	655	218	437
63	75	46	29	293	88	205	692	241	451
64	74	43	31	253	90	163	662	255	407
65岁及以上	**2137**	**1160**	**977**	**2030**	**754**	**1276**	**4057**	**1677**	**2380**

7-8c 续表 6 单位：人

年 龄	为子女就学			养老/康养			其 他		
	小计	男	女	小计	男	女	小计	男	女
总 计	**2076**	**855**	**1221**	**27498**	**13401**	**14097**	**47821**	**26219**	**21602**
0-4岁							**5235**	**2716**	**2519**
0							629	315	314
1							1194	618	576
2							1066	555	511
3							1162	613	549
4							1184	615	569
5-9岁							**3201**	**1717**	**1484**
5							921	493	428
6							762	406	356
7							511	279	232
8							554	300	254
9							453	239	214
10-14岁				**2**	**2**		**1874**	**1016**	**858**
10							414	246	168
11							422	220	202
12							371	192	179
13				2	2		355	179	176
14							312	179	133
15-19岁	**7**	**3**	**4**	**5**	**5**		**994**	**641**	**353**
15	3	3		3	3		171	106	65
16	1		1				157	88	69
17	1		1				158	97	61
18	2		2	1	1		231	147	84
19				1	1		277	203	74
20-24岁	**23**	**8**	**15**	**14**	**10**	**4**	**2383**	**1554**	**829**
20	3	3		1	1		379	274	105
21	5	2	3	2	2		417	293	124
22	2		2	3	2	1	575	353	222
23	5		5	3		3	491	321	170
24	8	3	5	5	5		521	313	208
25-29岁	**80**	**30**	**50**	**14**	**11**	**3**	**3503**	**1983**	**1520**
25	14	7	7	1		1	642	371	271
26	11	6	5	3	2	1	637	352	285
27	11	3	8	3	3		696	396	300
28	20	5	15	5	4	1	700	402	298
29	24	9	15	2	2		828	462	366

7-8c　续表 7　　　　单位：人

年　龄	为子女就学			养老/康养			其　他		
	小计	男	女	小计	男	女	小计	男	女
30-34岁	**304**	**106**	**198**	**22**	**17**	**5**	**4660**	**2684**	**1976**
30	47	14	33	3	3		973	569	404
31	53	14	39	5	4	1	1003	576	427
32	63	23	40	7	5	2	894	533	361
33	67	22	45	4	3	1	943	513	430
34	74	33	41	3	2	1	847	493	354
35-39岁	**421**	**174**	**247**	**22**	**13**	**9**	**3339**	**1935**	**1404**
35	83	29	54	2	1	1	700	392	308
36	77	37	40	5	4	1	692	413	279
37	78	39	39	4	2	2	656	369	287
38	96	38	58	7	4	3	656	379	277
39	87	31	56	4	2	2	635	382	253
40-44岁	**334**	**124**	**210**	**46**	**25**	**21**	**2947**	**1647**	**1300**
40	74	29	45	10	5	5	551	308	243
41	75	29	46	7	4	3	681	395	286
42	60	22	38	9	5	4	618	343	275
43	66	25	41	11	7	4	560	311	249
44	59	19	40	9	4	5	537	290	247
45-49岁	**312**	**132**	**180**	**105**	**59**	**46**	**3775**	**2006**	**1769**
45	63	23	40	10	6	4	601	320	281
46	60	23	37	17	11	6	688	362	326
47	65	34	31	22	10	12	781	415	366
48	58	27	31	23	14	9	799	433	366
49	66	25	41	33	18	15	906	476	430
50-54岁	**242**	**102**	**140**	**1326**	**577**	**749**	**4021**	**2129**	**1892**
50	72	34	38	171	74	97	943	488	455
51	61	21	40	265	111	154	796	436	360
52	59	24	35	280	126	154	852	458	394
53	26	15	11	266	124	142	678	350	328
54	24	8	16	344	142	202	752	397	355
55-59岁	**133**	**64**	**69**	**3108**	**1448**	**1660**	**3731**	**1982**	**1749**
55	26	15	11	424	183	241	768	402	366
56	33	18	15	581	258	323	906	481	425
57	35	16	19	881	438	443	966	518	448
58	22	8	14	662	311	351	670	362	308
59	17	7	10	560	258	302	421	219	202
60-64岁	**88**	**45**	**43**	**4645**	**2534**	**2111**	**2554**	**1387**	**1167**
60	20	10	10	815	442	373	540	291	249
61	20	7	13	766	398	368	457	251	206
62	15	9	6	928	510	418	523	296	227
63	16	8	8	1062	598	464	547	294	253
64	17	11	6	1074	586	488	487	255	232
65岁及以上	**132**	**67**	**65**	**18189**	**8700**	**9489**	**5604**	**2822**	**2782**

7-9 全市按现住地、性别、迁移原因分的户口登记地在本市其他乡镇街道的人口

单位：人

现住地	合计			工作就业		
	合计	男	女	小计	男	女
北京	**4991158**	**2432369**	**2558789**	**1038205**	**559601**	**478604**
东城区	120838	56265	64573	24124	12348	11776
西城区	202456	95030	107426	39956	20907	19049
朝阳区	836511	404764	431747	190022	98920	91102
丰台区	597971	287016	310955	97052	52326	44726
石景山区	158463	76891	81572	27006	14500	12506
海淀区	576352	277460	298892	132952	71595	61357
门头沟区	131849	65148	66701	18249	10177	8072
房山区	306553	151008	155545	61905	33934	27971
通州区	378127	186874	191253	83663	45165	38498
顺义区	315145	153787	161358	72043	40172	31871
昌平区	473282	237455	235827	107433	58432	49001
大兴区	458064	228977	229087	89738	49169	40569
怀柔区	103805	50788	53017	26466	14772	11694
平谷区	101067	49042	52025	19239	10717	8522
密云区	142038	68622	73416	33603	18424	15179
延庆区	88637	43242	45395	14754	8043	6711

7-9 续表 1

单位：人

现住地	学习培训			随同离开/投亲靠友			拆迁/搬家		
	小计	男	女	小计	男	女	小计	男	女
北京	**287544**	**144193**	**143351**	**719111**	**343561**	**375550**	**1767745**	**895713**	**872032**
东城区	6474	3149	3325	19445	9215	10230	27649	13610	14039
西城区	13860	6738	7122	27797	13292	14505	43028	21540	21488
朝阳区	33607	16465	17142	108773	52068	56705	316329	160077	156252
丰台区	18037	8367	9670	87919	41960	45959	261459	131645	129814
石景山区	11575	6454	5121	21682	10301	11381	65672	33179	32493
海淀区	58682	28285	30397	85768	40993	44775	153484	76567	76917
门头沟区	2936	1449	1487	12923	6054	6869	71363	36292	35071
房山区	26077	12841	13236	48150	23118	25032	100488	51744	48744
通州区	16763	7878	8885	54779	26001	28778	131667	67121	64546
顺义区	17895	8506	9389	49036	23743	25293	112703	56714	55989
昌平区	35437	19404	16033	62673	30196	32477	166727	84084	82643
大兴区	24782	13866	10916	68270	32472	35798	179556	91835	87721
怀柔区	4579	2288	2291	18262	8752	9510	29320	15090	14230
平谷区	3891	2077	1814	17337	8312	9025	33320	17615	15705
密云区	6793	3420	3373	24660	11670	12990	42710	21826	20884
延庆区	6156	3006	3150	11637	5414	6223	32270	16774	15496

7–9　续表 2　　　　单位：人

现住地	寄挂户口			婚姻嫁娶			照料孙子女		
	小计	男	女	小计	男	女	小计	男	女
北　京	**115107**	**62588**	**52519**	**347774**	**90934**	**256840**	**91867**	**33981**	**57886**
东城区	1641	831	810	16375	5474	10901	3525	1401	2124
西城区	1997	1025	972	26146	8233	17913	6674	2627	4047
朝阳区	10242	5503	4739	61118	17846	43272	12962	4957	8005
丰台区	4816	2585	2231	52578	14255	38323	8293	3213	5080
石景山区	1412	735	677	12395	3060	9335	2879	1100	1779
海淀区	7897	4032	3865	45183	12993	32190	12354	4737	7617
门头沟区	2477	1374	1103	6943	1451	5492	1890	689	1201
房山区	10663	5856	4807	16955	3485	13470	6122	2097	4025
通州区	19793	10869	8924	20507	5181	15326	5644	2102	3542
顺义区	6852	3746	3106	20027	4074	15953	6576	2162	4414
昌平区	15358	8477	6881	16794	4325	12469	7316	2740	4576
大兴区	19254	10615	8639	20087	4297	15790	7564	2792	4772
怀柔区	3515	1906	1609	8273	1687	6586	1871	594	1277
平谷区	3257	1804	1453	9160	1350	7810	1649	532	1117
密云区	3060	1673	1387	8815	1712	7103	4937	1670	3267
延庆区	2873	1557	1316	6418	1511	4907	1611	568	1043

7–9　续表 3　　　　单位：人

现住地	为子女就学			养老/康养			其　他		
	小计	男	女	小计	男	女	小计	男	女
北　京	**103054**	**50235**	**52819**	**186340**	**83438**	**102902**	**334411**	**168125**	**166286**
东城区	7101	3476	3625	4400	1896	2504	10104	4865	5239
西城区	17483	8640	8843	6419	2590	3829	19096	9438	9658
朝阳区	12325	6031	6294	28716	12237	16479	62417	30660	31757
丰台区	7762	3791	3971	16126	6902	9224	43929	21972	21957
石景山区	2919	1404	1515	5660	2434	3226	7263	3724	3539
海淀区	27141	13174	13967	15872	6907	8965	37019	18177	18842
门头沟区	1067	515	552	3674	1713	1961	10327	5434	4893
房山区	3686	1856	1830	15111	7170	7941	17396	8907	8489
通州区	2365	1116	1249	12449	5838	6611	30497	15603	14894
顺义区	4514	2220	2294	12178	5723	6455	13321	6727	6594
昌平区	3891	1866	2025	28776	13137	15639	28877	14794	14083
大兴区	2985	1430	1555	16700	7603	9097	29128	14898	14230
怀柔区	1224	556	668	3931	1837	2094	6364	3306	3058
平谷区	2062	1073	989	3985	1844	2141	7167	3718	3449
密云区	4075	1947	2128	8644	3860	4784	4741	2420	2321
延庆区	2454	1140	1314	3699	1747	1952	6765	3482	3283

7-9a 全市按现住地、性别、迁移原因分的户口登记地在本市其他乡镇街道的人口(城市)

单位：人

现住地	合计			工作就业		
	合计	男	女	小计	男	女
北京	**4506274**	**2193459**	**2312815**	**939139**	**501577**	**437562**
东城区	120838	56265	64573	24124	12348	11776
西城区	202456	95030	107426	39956	20907	19049
朝阳区	832109	402574	429535	188496	98017	90479
丰台区	593606	284955	308651	96313	51921	44392
石景山区	158463	76891	81572	27006	14500	12506
海淀区	567316	272794	294522	131068	70454	60614
门头沟区	122782	60614	62168	16719	9244	7475
房山区	272928	135365	137563	56821	30855	25966
通州区	291196	143216	147980	63644	33786	29858
顺义区	249427	122323	127104	57906	31490	26416
昌平区	348651	174169	174482	79554	42764	36790
大兴区	399929	200081	199848	78986	42625	36361
怀柔区	84245	41110	43135	22205	12124	10081
平谷区	78923	39340	39583	16722	9273	7449
密云区	120666	58097	62569	28450	15307	13143
延庆区	62739	30635	32104	11169	5962	5207

7-9a 续表 1

单位：人

现住地	学习培训			随同离开/投亲靠友			拆迁/搬家		
	小计	男	女	小计	男	女	小计	男	女
北京	**257595**	**127887**	**129708**	**651425**	**310901**	**340524**	**1636259**	**828812**	**807447**
东城区	6474	3149	3325	19445	9215	10230	27649	13610	14039
西城区	13860	6738	7122	27797	13292	14505	43028	21540	21488
朝阳区	33555	16432	17123	108326	51882	56444	314980	159401	155579
丰台区	17739	8191	9548	87277	41659	45618	260106	131002	129104
石景山区	11575	6454	5121	21682	10301	11381	65672	33179	32493
海淀区	58073	27913	30160	84499	40372	44127	151241	75413	75828
门头沟区	2783	1370	1413	11793	5530	6263	67944	34533	33411
房山区	25653	12622	13031	42767	20518	22249	90997	46985	44012
通州区	13736	6238	7498	44287	20914	23373	107321	54726	52595
顺义区	11396	5623	5773	39708	19179	20529	95677	48040	47637
昌平区	22084	11575	10509	46673	22552	24121	135311	68207	67104
大兴区	22736	12731	10005	60402	28703	31699	160348	82019	78329
怀柔区	4117	2049	2068	14210	6775	7435	25457	13056	12401
平谷区	3480	1861	1619	13634	6480	7154	27006	14397	12609
密云区	6213	3095	3118	20866	9818	11048	39124	19998	19126
延庆区	4121	1846	2275	8059	3711	4348	24398	12706	11692

7-9a　续表 2　　单位：人

现住地	寄挂户口			婚姻嫁娶			照料孙子女		
	小计	男	女	小计	男	女	小计	男	女
北　京	**88773**	**47890**	**40883**	**302326**	**82400**	**219926**	**86731**	**32155**	**54576**
东城区	1641	831	810	16375	5474	10901	3525	1401	2124
西城区	1997	1025	972	26146	8233	17913	6674	2627	4047
朝阳区	10108	5433	4675	60847	17799	43048	12889	4926	7963
丰台区	4778	2566	2212	51857	14000	37857	8245	3195	5050
石景山区	1412	735	677	12395	3060	9335	2879	1100	1779
海淀区	7822	3993	3829	44370	12737	31633	12261	4705	7556
门头沟区	1952	1077	875	6050	1281	4769	1804	655	1149
房山区	8471	4628	3843	11788	2693	9095	5851	2007	3844
通州区	13509	7379	6130	14092	3866	10226	4887	1822	3065
顺义区	4304	2329	1975	11941	2818	9123	5977	1966	4011
昌平区	10136	5519	4617	10979	2769	8210	5842	2218	3624
大兴区	15053	8254	6799	15261	3604	11657	6889	2537	4352
怀柔区	2573	1388	1185	5733	1167	4566	1643	518	1125
平谷区	1728	975	753	5158	936	4222	1352	441	911
密云区	1803	958	845	5860	1042	4818	4648	1557	3091
延庆区	1486	800	686	3474	921	2553	1365	480	885

7-9a　续表 3　　单位：人

现住地	为子女就学			养老/康养			其　他		
	小计	男	女	小计	男	女	小计	男	女
北　京	**100232**	**48899**	**51333**	**147980**	**64810**	**83170**	**295814**	**148128**	**147686**
东城区	7101	3476	3625	4400	1896	2504	10104	4865	5239
西城区	17483	8640	8843	6419	2590	3829	19096	9438	9658
朝阳区	12309	6022	6287	28413	12118	16295	62186	30544	31642
丰台区	7701	3764	3937	16013	6851	9162	43577	21806	21771
石景山区	2919	1404	1515	5660	2434	3226	7263	3724	3539
海淀区	27083	13144	13939	14416	6160	8256	36483	17903	18580
门头沟区	999	485	514	3215	1454	1761	9523	4985	4538
房山区	3494	1764	1730	12293	5755	6538	14793	7538	7255
通州区	2037	959	1078	8766	4006	4760	18917	9520	9397
顺义区	4136	2037	2099	8054	3609	4445	10328	5232	5096
昌平区	3041	1461	1580	14349	6484	7865	20682	10620	10062
大兴区	2769	1318	1451	12576	5583	6993	24909	12707	12202
怀柔区	1096	502	594	2446	1089	1357	4765	2442	2323
平谷区	1922	1005	917	2518	1134	1384	5403	2838	2565
密云区	3861	1845	2016	6283	2681	3602	3558	1796	1762
延庆区	2281	1073	1208	2159	966	1193	4227	2170	2057

7-9b 全市按现住地、性别、迁移原因分的户口登记地在本市其他乡镇街道的人口(镇)

单位：人

现住地	合计			工作就业		
	合计	男	女	小计	男	女
北　京	**250549**	**126067**	**124482**	**53878**	**30749**	**23129**
东城区						
西城区						
朝阳区	4402	2190	2212	1526	903	623
丰台区	2669	1263	1406	503	270	233
石景山区						
海淀区						
门头沟区	5717	2815	2902	857	504	353
房山区	13606	6489	7117	1738	1003	735
通州区	49711	25434	24277	12753	7120	5633
顺义区	24717	12270	12447	5781	3571	2210
昌平区	76376	38505	37871	16455	8939	7516
大兴区	34503	17804	16699	7089	4269	2820
怀柔区	9078	4559	4519	2231	1357	874
平谷区	9811	4628	5183	1144	612	532
密云区	7587	3812	3775	2354	1381	973
延庆区	12372	6298	6074	1447	820	627

7-9b 续表 1

单位：人

现住地	学习培训			随同离开/投亲靠友			拆迁/搬家		
	小计	男	女	小计	男	女	小计	男	女
北　京	**19237**	**10001**	**9236**	**31447**	**14991**	**16456**	**82266**	**41663**	**40603**
东城区									
西城区									
朝阳区	52	33	19	447	186	261	1349	676	673
丰台区	45	24	21	346	156	190	1067	497	570
石景山区									
海淀区									
门头沟区	91	48	43	620	287	333	2726	1399	1327
房山区	164	83	81	1696	792	904	5922	2954	2968
通州区	1662	815	847	5688	2725	2963	16101	8196	7905
顺义区	5778	2517	3261	2546	1245	1301	5442	2762	2680
昌平区	7490	4320	3170	10110	4825	5285	23141	11634	11507
大兴区	1285	656	629	4433	2080	2353	13778	7060	6718
怀柔区	321	174	147	1873	898	975	2357	1213	1144
平谷区	227	128	99	1406	706	700	4235	2135	2100
密云区	281	139	142	1075	501	574	1274	650	624
延庆区	1841	1064	777	1207	590	617	4874	2487	2387

7–9b 续表 2 单位：人

现住地	寄挂户口			婚姻嫁娶			照料孙子女		
	小计	男	女	小计	男	女	小计	男	女
北　京	**12809**	**7173**	**5636**	**11668**	**2784**	**8884**	**3168**	**1129**	**2039**
东城区									
西城区									
朝阳区	134	70	64	271	47	224	73	31	42
丰台区	18	10	8	268	122	146	35	11	24
石景山区									
海淀区									
门头沟区	236	132	104	500	95	405	58	22	36
房山区	833	473	360	1310	249	1061	112	34	78
通州区	4083	2288	1795	1819	516	1303	475	182	293
顺义区	787	430	357	1207	229	978	311	103	208
昌平区	2450	1388	1062	2121	624	1497	995	358	637
大兴区	2599	1452	1147	1125	253	872	516	198	318
怀柔区	384	216	168	783	148	635	141	47	94
平谷区	404	217	187	957	168	789	204	55	149
密云区	378	212	166	604	152	452	119	46	73
延庆区	503	285	218	703	181	522	129	42	87

7–9b 续表 3 单位：人

现住地	为子女就学			养老/康养			其　他		
	小计	男	女	小计	男	女	小计	男	女
北　京	**1623**	**772**	**851**	**16112**	**7461**	**8651**	**18341**	**9344**	**8997**
东城区									
西城区									
朝阳区	16	9	7	303	119	184	231	116	115
丰台区	47	21	26	95	42	53	245	110	135
石景山区									
海淀区									
门头沟区	49	23	26	168	87	81	412	218	194
房山区	90	49	41	836	369	467	905	483	422
通州区	173	82	91	1437	695	742	5520	2815	2705
顺义区	225	108	117	1634	818	816	1006	487	519
昌平区	537	259	278	7971	3620	4351	5106	2538	2568
大兴区	158	78	80	1326	607	719	2194	1151	1043
怀柔区	74	30	44	300	133	167	614	343	271
平谷区	73	34	39	447	202	245	714	371	343
密云区	86	39	47	1100	531	569	316	161	155
延庆区	95	40	55	495	238	257	1078	551	527

7-9c 全市按现住地、性别、迁移原因分的户口登记地在本市其他乡镇街道的人口(乡村)

单位：人

现住地	合计			工作就业		
	合计	男	女	小计	男	女
北京	**234335**	**112843**	**121492**	**45188**	**27275**	**17913**
东城区						
西城区						
朝阳区						
丰台区	1696	798	898	236	135	101
石景山区						
海淀区	9036	4666	4370	1884	1141	743
门头沟区	3350	1719	1631	673	429	244
房山区	20019	9154	10865	3346	2076	1270
通州区	37220	18224	18996	7266	4259	3007
顺义区	41001	19194	21807	8356	5111	3245
昌平区	48255	24781	23474	11424	6729	4695
大兴区	23632	11092	12540	3663	2275	1388
怀柔区	10482	5119	5363	2030	1291	739
平谷区	12333	5074	7259	1373	832	541
密云区	13785	6713	7072	2799	1736	1063
延庆区	13526	6309	7217	2138	1261	877

7-9c 续表 1

单位：人

现住地	学习培训			随同离开/投亲靠友			拆迁/搬家		
	小计	男	女	小计	男	女	小计	男	女
北京	**10712**	**6305**	**4407**	**36239**	**17669**	**18570**	**49220**	**25238**	**23982**
东城区									
西城区									
朝阳区									
丰台区	253	152	101	296	145	151	286	146	140
石景山区									
海淀区	609	372	237	1269	621	648	2243	1154	1089
门头沟区	62	31	31	510	237	273	693	360	333
房山区	260	136	124	3687	1808	1879	3569	1805	1764
通州区	1365	825	540	4804	2362	2442	8245	4199	4046
顺义区	721	366	355	6782	3319	3463	11584	5912	5672
昌平区	5863	3509	2354	5890	2819	3071	8275	4243	4032
大兴区	761	479	282	3435	1689	1746	5430	2756	2674
怀柔区	141	65	76	2179	1079	1100	1506	821	685
平谷区	184	88	96	2297	1126	1171	2079	1083	996
密云区	299	186	113	2719	1351	1368	2312	1178	1134
延庆区	194	96	98	2371	1113	1258	2998	1581	1417

7-9c　续表 2　　　　单位：人

现住地	寄挂户口			婚姻嫁娶			照料孙子女		
	小计	男	女	小计	男	女	小计	男	女
北　京	**13525**	**7525**	**6000**	**33780**	**5750**	**28030**	**1968**	**697**	**1271**
东城区									
西城区									
朝阳区									
丰台区	20	9	11	453	133	320	13	7	6
石景山区									
海淀区	75	39	36	813	256	557	93	32	61
门头沟区	289	165	124	393	75	318	28	12	16
房山区	1359	755	604	3857	543	3314	159	56	103
通州区	2201	1202	999	4596	799	3797	282	98	184
顺义区	1761	987	774	6879	1027	5852	288	93	195
昌平区	2772	1570	1202	3694	932	2762	479	164	315
大兴区	1602	909	693	3701	440	3261	159	57	102
怀柔区	558	302	256	1757	372	1385	87	29	58
平谷区	1125	612	513	3045	246	2799	93	36	57
密云区	879	503	376	2351	518	1833	170	67	103
延庆区	884	472	412	2241	409	1832	117	46	71

7-9c　续表 3　　　　单位：人

现住地	为子女就学			养老/康养			其　他		
	小计	男	女	小计	男	女	小计	男	女
北　京	**1199**	**564**	**635**	**22248**	**11167**	**11081**	**20256**	**10653**	**9603**
东城区									
西城区									
朝阳区									
丰台区	14	6	8	18	9	9	107	56	51
石景山区									
海淀区	58	30	28	1456	747	709	536	274	262
门头沟区	19	7	12	291	172	119	392	231	161
房山区	102	43	59	1982	1046	936	1698	886	812
通州区	155	75	80	2246	1137	1109	6060	3268	2792
顺义区	153	75	78	2490	1296	1194	1987	1008	979
昌平区	313	146	167	6456	3033	3423	3089	1636	1453
大兴区	58	34	24	2798	1413	1385	2025	1040	985
怀柔区	54	24	30	1185	615	570	985	521	464
平谷区	67	34	33	1020	508	512	1050	509	541
密云区	128	63	65	1261	648	613	867	463	404
延庆区	78	27	51	1045	543	502	1460	761	699

7-10 全市按现住地、性别、迁移原因分的户口登记地在外省的人口

单位：人

现住地	合计			工作就业		
	合计	男	女	小计	男	女
北京	**8418418**	**4545480**	**3872938**	**5913470**	**3475451**	**2438019**
东城区	158101	79465	78636	109687	60806	48881
西城区	244156	120498	123658	165330	91002	74328
朝阳区	1280747	647113	633634	944388	511756	432632
丰台区	645322	325448	319874	452227	251245	200982
石景山区	166387	83341	83046	106764	59138	47626
海淀区	1118215	580271	537944	722069	406437	315632
门头沟区	115249	60252	54997	73691	44328	29363
房山区	438353	237463	200890	277216	168964	108252
通州区	898000	498252	399748	637524	384100	253424
顺义区	599286	348965	250321	466431	292196	174235
昌平区	1310382	735725	574657	959396	575517	383879
大兴区	1017900	580900	437000	720817	447476	273341
怀柔区	155777	92552	63225	105800	69783	36017
平谷区	78276	43631	34645	49394	31837	17557
密云区	111531	62810	48721	72692	46403	26289
延庆区	80736	48794	31942	50044	34463	15581

7-10 续表 1

单位：人

现住地	学习培训			随同离开/投亲靠友			拆迁/搬家		
	小计	男	女	小计	男	女	小计	男	女
北京	**500865**	**258449**	**242416**	**762645**	**350564**	**412081**	**237092**	**111865**	**125227**
东城区	6127	2776	3351	12661	5626	7035	4006	1876	2130
西城区	10823	4888	5935	17619	7719	9900	3487	1570	1917
朝阳区	53132	23171	29961	102105	47314	54791	36847	16536	20311
丰台区	21906	9753	12153	62278	28212	34066	21228	9649	11579
石景山区	11823	6404	5419	16668	7687	8981	6609	2917	3692
海淀区	161750	83999	77751	86020	38518	47502	17040	7498	9542
门头沟区	3826	1896	1930	10247	4545	5702	7137	3154	3983
房山区	27644	14062	13582	50319	23553	26766	17173	8203	8970
通州区	35814	17862	17952	92652	42364	50288	29809	14557	15252
顺义区	15401	7890	7511	51594	23576	28018	14017	6845	7172
昌平区	79218	44736	34482	117258	55213	62045	25668	12484	13184
大兴区	48325	26790	21535	100319	46561	53758	37281	18172	19109
怀柔区	13311	7519	5792	14518	6465	8053	4473	2292	2181
平谷区	2488	1317	1171	8329	3874	4455	3521	1741	1780
密云区	3171	1729	1442	12655	5855	6800	5066	2474	2592
延庆区	6106	3657	2449	7403	3482	3921	3730	1897	1833

7-10 续表 2

单位：人

现住地	寄挂户口			婚姻嫁娶			照料孙子女		
	小计	男	女	小计	男	女	小计	男	女
北　京	**29936**	**15160**	**14776**	**272181**	**42498**	**229683**	**347112**	**120634**	**226478**
东城区	789	334	455	9055	1498	7557	7285	2733	4552
西城区	379	157	222	13942	2147	11795	18735	7068	11667
朝阳区	2300	1115	1185	42672	7076	35596	47097	16586	30511
丰台区	892	454	438	32638	4776	27862	29131	10157	18974
石景山区	426	203	223	8237	977	7260	9946	3442	6504
海淀区	1303	626	677	27823	4055	23768	67131	24175	42956
门头沟区	936	471	465	7731	796	6935	4167	1315	2852
房山区	2351	1186	1165	20592	3034	17558	20234	6982	13252
通州区	5462	2783	2679	22900	3414	19486	26738	9042	17696
顺义区	1738	938	800	14713	2754	11959	16995	5524	11471
昌平区	4020	2041	1979	21147	3329	17818	56023	19161	36862
大兴区	5311	2752	2559	24978	3908	21070	34537	11503	23034
怀柔区	1187	626	561	6398	1170	5228	3063	961	2102
平谷区	879	458	421	7075	1227	5848	1590	534	1056
密云区	929	480	449	7490	1437	6053	2975	972	2003
延庆区	1034	536	498	4790	900	3890	1465	479	986

7-10 续表 3

单位：人

现住地	为子女就学			养老/康养			其他		
	小计	男	女	小计	男	女	小计	男	女
北　京	**19050**	**6319**	**12731**	**71541**	**29127**	**42414**	**264526**	**135413**	**129113**
东城区	999	359	640	1737	710	1027	5755	2747	3008
西城区	2004	717	1287	2276	933	1343	9561	4297	5264
朝阳区	2854	910	1944	12765	5123	7642	36587	17526	19061
丰台区	1541	489	1052	5696	2258	3438	17785	8455	9330
石景山区	521	180	341	1938	791	1147	3455	1602	1853
海淀区	3449	1123	2326	8410	3235	5175	23220	10605	12615
门头沟区	241	76	165	873	341	532	6400	3330	3070
房山区	1129	371	758	5190	2186	3004	16505	8922	7583
通州区	1152	388	764	6742	2868	3874	39207	20874	18333
顺义区	1022	348	674	3389	1393	1996	13986	7501	6485
昌平区	1766	544	1222	11802	4837	6965	34084	17863	16221
大兴区	1379	468	911	7162	2884	4278	37791	20386	17405
怀柔区	204	60	144	974	413	561	5849	3263	2586
平谷区	203	78	125	537	244	293	4260	2321	1939
密云区	354	124	230	1375	616	759	4824	2720	2104
延庆区	232	84	148	675	295	380	5257	3001	2256

7-10a 全市按现住地、性别、迁移原因分的户口登记地在外省的人口(城市)

单位：人

现住地	合计			工作就业		
	合计	男	女	小计	男	女
北京	**6780025**	**3554961**	**3225064**	**4660545**	**2654665**	**2005880**
东城区	158101	79465	78636	109687	60806	48881
西城区	244156	120498	123658	165330	91002	74328
朝阳区	1269549	641254	628295	935415	506714	428701
丰台区	639380	322028	317352	447837	248340	199497
石景山区	166387	83341	83046	106764	59138	47626
海淀区	1084749	560009	524740	695834	389243	306591
门头沟区	99913	51395	48518	63905	37605	26300
房山区	357979	189767	168212	220966	130538	90428
通州区	541077	284520	256557	361113	205606	155507
顺义区	326264	180018	146246	240396	143412	96984
昌平区	868156	474501	393655	617466	360068	257398
大兴区	758159	416065	342094	514302	306315	207987
怀柔区	107702	62891	44811	77687	50021	27666
平谷区	49497	27456	22041	32628	20395	12233
密云区	70606	38601	32005	45291	27953	17338
延庆区	38350	23152	15198	25924	17509	8415

7-10a 续表 1

单位：人

现住地	学习培训			随同离开/投亲靠友			拆迁/搬家		
	小计	男	女	小计	男	女	小计	男	女
北京	**436467**	**221877**	**214590**	**627730**	**288833**	**338897**	**207374**	**97072**	**110302**
东城区	6127	2776	3351	12661	5626	7035	4006	1876	2130
西城区	10823	4888	5935	17619	7719	9900	3487	1570	1917
朝阳区	52994	23101	29893	101429	47024	54405	36477	16447	20030
丰台区	21821	9710	12111	61923	28052	33871	21173	9624	11549
石景山区	11823	6404	5419	16668	7687	8981	6609	2917	3692
海淀区	160637	83407	77230	82556	36911	45645	16659	7337	9322
门头沟区	3421	1679	1742	8821	3947	4874	6456	2828	3628
房山区	26184	13281	12903	42357	19924	22433	15372	7313	8059
通州区	26038	12662	13376	63639	29150	34489	22539	10923	11616
顺义区	9879	5026	4853	30799	14161	16638	10335	4937	5398
昌平区	57974	32285	25689	80772	38149	42623	20379	9856	10523
大兴区	39898	21896	18002	81463	38038	43425	32680	15923	16757
怀柔区	3724	1959	1765	10460	4654	5806	3469	1761	1708
平谷区	1528	803	725	5261	2439	2822	2262	1117	1145
密云区	2118	1140	978	7923	3722	4201	3806	1822	1984
延庆区	1478	860	618	3379	1630	1749	1665	821	844

7-10a　续表 2　　单位：人

现住地	寄挂户口			婚姻嫁娶			照料孙子女		
	小计	男	女	小计	男	女	小计	男	女
北　京	**22957**	**11556**	**11401**	**216671**	**32681**	**183990**	**318177**	**111615**	**206562**
东城区	789	334	455	9055	1498	7557	7285	2733	4552
西城区	379	157	222	13942	2147	11795	18735	7068	11667
朝阳区	2278	1108	1170	42422	7054	35368	46764	16480	30284
丰台区	884	448	436	31968	4652	27316	29004	10115	18889
石景山区	426	203	223	8237	977	7260	9946	3442	6504
海淀区	1284	616	668	26865	3834	23031	66478	23989	42489
门头沟区	698	345	353	6287	640	5647	3956	1248	2708
房山区	1892	960	932	13196	1797	11399	19219	6660	12559
通州区	3781	1932	1849	12901	1997	10904	21436	7453	13983
顺义区	1120	590	530	7619	1354	6265	13865	4556	9309
昌平区	2934	1487	1447	13132	1824	11308	43701	15310	28391
大兴区	4192	2187	2005	17440	2586	14854	30793	10278	20515
怀柔区	843	442	401	4049	682	3367	2569	813	1756
平谷区	455	232	223	3351	586	2765	1126	382	744
密云区	515	264	251	4328	694	3634	2404	795	1609
延庆区	487	251	236	1879	359	1520	896	293	603

7-10a　续表 3　　单位：人

现住地	为子女就学			养老/康养			其　他		
	小计	男	女	小计	男	女	小计	男	女
北　京	**17203**	**5722**	**11481**	**60893**	**24652**	**36241**	**212008**	**106288**	**105720**
东城区	999	359	640	1737	710	1027	5755	2747	3008
西城区	2004	717	1287	2276	933	1343	9561	4297	5264
朝阳区	2845	906	1939	12693	5095	7598	36232	17325	18907
丰台区	1533	487	1046	5674	2250	3424	17563	8350	9213
石景山区	521	180	341	1938	791	1147	3455	1602	1853
海淀区	3407	1113	2294	8210	3160	5050	22819	10399	12420
门头沟区	214	68	146	783	307	476	5372	2728	2644
房山区	1009	330	679	4440	1871	2569	13344	7093	6251
通州区	876	300	576	5107	2170	2937	23647	12327	11320
顺义区	819	280	539	2370	959	1411	9062	4743	4319
昌平区	1091	333	758	7637	3102	4535	23070	12087	10983
大兴区	1158	396	762	5754	2308	3446	30479	16138	14341
怀柔区	158	47	111	693	286	407	4050	2226	1824
平谷区	157	58	99	276	126	150	2453	1318	1135
密云区	277	102	175	1021	457	564	2923	1652	1271
延庆区	135	46	89	284	127	157	2223	1256	967

7-10b 全市按现住地、性别、迁移原因分的户口登记地在外省的人口(镇)

单位：人

现住地	合计			工作就业		
	合计	男	女	小计	男	女
北　京	**708163**	**413702**	**294461**	**521971**	**329155**	**192816**
东城区						
西城区						
朝阳区	11198	5859	5339	8973	5042	3931
丰台区	3139	1656	1483	2455	1407	1048
石景山区						
海淀区						
门头沟区	8117	4600	3517	5058	3479	1579
房山区	22165	12841	9324	14412	9797	4615
通州区	179309	103725	75584	135136	83692	51444
顺义区	84303	50734	33569	68906	43823	25083
昌平区	225835	128247	97588	168763	102396	66367
大兴区	106652	65571	41081	80466	53702	26764
怀柔区	27063	16874	10189	13910	9893	4017
平谷区	8688	4834	3854	5158	3384	1774
密云区	14937	8928	6009	10481	7027	3454
延庆区	16757	9833	6924	8253	5513	2740

7-10b 续表 1

单位：人

现住地	学习培训			随同离开/投亲靠友			拆迁/搬家		
	小计	男	女	小计	男	女	小计	男	女
北　京	**39830**	**22243**	**17587**	**61189**	**28254**	**32935**	**16209**	**7817**	**8392**
东城区									
西城区									
朝阳区	138	70	68	676	290	386	370	89	281
丰台区	60	26	34	193	97	96	35	14	21
石景山区									
海淀区									
门头沟区	191	102	89	716	301	415	461	207	254
房山区	576	302	274	2476	1081	1395	887	412	475
通州区	6996	3658	3338	15448	7184	8264	4557	2252	2305
顺义区	2510	1313	1197	6374	2948	3426	1331	697	634
昌平区	10596	5947	4649	21234	10023	11211	3589	1747	1842
大兴区	5263	2898	2365	8373	3786	4587	2683	1269	1414
怀柔区	8942	5219	3723	1812	793	1019	420	220	200
平谷区	444	231	213	922	433	489	503	212	291
密云区	368	208	160	1684	746	938	480	251	229
延庆区	3746	2269	1477	1281	572	709	893	447	446

7-10b　续表 2　　单位：人

现住地	寄挂户口			婚姻嫁娶			照料孙子女		
	小计	男	女	小计	男	女	小计	男	女
北　京	**3408**	**1744**	**1664**	**16408**	**2583**	**13825**	**17827**	**5800**	**12027**
东城区									
西城区									
朝阳区	22	7	15	250	22	228	333	106	227
丰台区	2	1	1	153	21	132	103	34	69
石景山区									
海淀区									
门头沟区	110	62	48	882	85	797	131	44	87
房山区	174	89	85	1953	336	1617	405	137	268
通州区	1043	518	525	3163	427	2736	3476	1076	2400
顺义区	188	94	94	1330	228	1102	1525	498	1027
昌平区	648	320	328	3191	532	2659	8395	2753	5642
大兴区	666	339	327	2248	326	1922	2509	857	1652
怀柔区	105	66	39	793	148	645	284	78	206
平谷区	123	75	48	799	150	649	208	73	135
密云区	140	77	63	834	167	667	225	72	153
延庆区	187	96	91	812	141	671	233	72	161

7-10b　续表 3　　单位：人

现住地	为子女就学			养老/康养			其　他		
	小计	男	女	小计	男	女	小计	男	女
北　京	**970**	**306**	**664**	**5398**	**2241**	**3157**	**24953**	**13559**	**11394**
东城区									
西城区									
朝阳区	9	4	5	72	28	44	355	201	154
丰台区	7	2	5	18	7	11	113	47	66
石景山区									
海淀区									
门头沟区	18	5	13	40	13	27	510	302	208
房山区	49	16	33	227	103	124	1006	568	438
通州区	179	59	120	817	328	489	8494	4531	3963
顺义区	103	37	66	415	172	243	1621	924	697
昌平区	385	118	267	2719	1144	1575	6315	3267	3048
大兴区	109	31	78	659	254	405	3676	2109	1567
怀柔区	20	7	13	117	54	63	660	396	264
平谷区	22	7	15	57	24	33	452	245	207
密云区	28	6	22	123	54	69	574	320	254
延庆区	41	14	27	134	60	74	1177	649	528

7-10c 全市按现住地、性别、迁移原因分的户口登记地在外省的人口(乡村)

单位：人

现住地	合计			工作就业		
	合计	男	女	小计	男	女
北京	**930230**	**576817**	**353413**	**730954**	**491631**	**239323**
东城区						
西城区						
朝阳区						
丰台区	2803	1764	1039	1935	1498	437
石景山区						
海淀区	33466	20262	13204	26235	17194	9041
门头沟区	7219	4257	2962	4728	3244	1484
房山区	58209	34855	23354	41838	28629	13209
通州区	177614	110007	67607	141275	94802	46473
顺义区	188719	118213	70506	157129	104961	52168
昌平区	216391	132977	83414	173167	113053	60114
大兴区	153089	99264	53825	126049	87459	38590
怀柔区	21012	12787	8225	14203	9869	4334
平谷区	20091	11341	8750	11608	8058	3550
密云区	25988	15281	10707	16920	11423	5497
延庆区	25629	15809	9820	15867	11441	4426

7-10c 续表 1

单位：人

现住地	学习培训			随同离开/投亲靠友			拆迁/搬家		
	小计	男	女	小计	男	女	小计	男	女
北京	**24568**	**14329**	**10239**	**73726**	**33477**	**40249**	**13509**	**6976**	**6533**
东城区									
西城区									
朝阳区									
丰台区	25	17	8	162	63	99	20	11	9
石景山区									
海淀区	1113	592	521	3464	1607	1857	381	161	220
门头沟区	214	115	99	710	297	413	220	119	101
房山区	884	479	405	5486	2548	2938	914	478	436
通州区	2780	1542	1238	13565	6030	7535	2713	1382	1331
顺义区	3012	1551	1461	14421	6467	7954	2351	1211	1140
昌平区	10648	6504	4144	15252	7041	8211	1700	881	819
大兴区	3164	1996	1168	10483	4737	5746	1918	980	938
怀柔区	645	341	304	2246	1018	1228	584	311	273
平谷区	516	283	233	2146	1002	1144	756	412	344
密云区	685	381	304	3048	1387	1661	780	401	379
延庆区	882	528	354	2743	1280	1463	1172	629	543

7-10c　续表 2　　单位：人

现住地	寄挂户口			婚姻嫁娶			照料孙子女		
	小计	男	女	小计	男	女	小计	男	女
北　京	**3571**	**1860**	**1711**	**39102**	**7234**	**31868**	**11108**	**3219**	**7889**
东城区									
西城区									
朝阳区									
丰台区	6	5	1	517	103	414	24	8	16
石景山区									
海淀区	19	10	9	958	221	737	653	186	467
门头沟区	128	64	64	562	71	491	80	23	57
房山区	285	137	148	5443	901	4542	610	185	425
通州区	638	333	305	6836	990	5846	1826	513	1313
顺义区	430	254	176	5764	1172	4592	1605	470	1135
昌平区	438	234	204	4824	973	3851	3927	1098	2829
大兴区	453	226	227	5290	996	4294	1235	368	867
怀柔区	239	118	121	1556	340	1216	210	70	140
平谷区	301	151	150	2925	491	2434	256	79	177
密云区	274	139	135	2328	576	1752	346	105	241
延庆区	360	189	171	2099	400	1699	336	114	222

7-10c　续表 3　　单位：人

现住地	为子女就学			养老/康养			其　他		
	小计	男	女	小计	男	女	小计	男	女
北　京	**877**	**291**	**586**	**5250**	**2234**	**3016**	**27565**	**15566**	**11999**
东城区									
西城区									
朝阳区									
丰台区	1		1	4	1	3	109	58	51
石景山区									
海淀区	42	10	32	200	75	125	401	206	195
门头沟区	9	3	6	50	21	29	518	300	218
房山区	71	25	46	523	212	311	2155	1261	894
通州区	97	29	68	818	370	448	7066	4016	3050
顺义区	100	31	69	604	262	342	3303	1834	1469
昌平区	290	93	197	1446	591	855	4699	2509	2190
大兴区	112	41	71	749	322	427	3636	2139	1497
怀柔区	26	6	20	164	73	91	1139	641	498
平谷区	24	13	11	204	94	110	1355	758	597
密云区	49	16	33	231	105	126	1327	748	579
延庆区	56	24	32	257	108	149	1857	1096	761

第一部分　全部数据资料

第八卷　住房

8-1　各地区按住房间数分的家庭户户数

单位：户

地　区	家庭户户数	住房间数				
		一间	二间	三间	四间	五间
北　京	**7770769**	**2088197**	**3208826**	**1720182**	**362299**	**179205**
东城区	275665	90408	125763	50500	6997	1292
西城区	423566	129097	197298	83905	10052	2128
朝阳区	1419028	403218	653219	306624	42521	8000
丰台区	795308	187008	396561	174376	24767	5174
石景山区	215837	42614	125623	42719	3853	527
海淀区	1061742	303722	417184	263054	54811	10732
门头沟区	148820	26843	78114	33723	5195	2206
房山区	425002	58527	184820	100861	26240	20176
通州区	581621	136746	254756	103410	25881	28931
顺义区	476717	177958	123859	94081	26839	25486
昌平区	768856	304684	244834	147229	31751	17238
大兴区	585225	158338	239228	109419	25146	19522
怀柔区	142013	30563	35957	45402	15483	7153
平谷区	151659	9052	30164	63782	24300	16015
密云区	184198	22183	71956	57091	20739	5719
延庆区	115512	7236	29490	44006	17724	8906

注：本表数据为居住在普通住宅的家庭户。

8-1　续表　　单位：户

地　区	住房间数				
	六间	七间	八间	九间	十间及以上
北　京	**73013**	**26527**	**36346**	**11251**	**64923**
东城区	349	113	76	34	133
西城区	581	115	109	60	221
朝阳区	3187	663	741	147	708
丰台区	2301	751	1405	519	2446
石景山区	203	59	85	18	136
海淀区	4453	1156	1953	515	4162
门头沟区	1181	382	490	152	534
房山区	11077	4567	6753	2377	9604
通州区	9856	4743	5175	1829	10294
顺义区	10091	4150	4758	1454	8041
昌平区	7594	2664	4570	1551	6741
大兴区	7800	3179	4597	1458	16538
怀柔区	3116	937	1478	329	1595
平谷区	4227	1145	1558	219	1197
密云区	2987	868	1159	288	1208
延庆区	4010	1035	1439	301	1365

8-1a 各地区按住房间数分的家庭户户数(城市)

单位：户

地区	家庭户户数	住房间数				
		一间	二间	三间	四间	五间
北京	**6373968**	**1697972**	**2888444**	**1472969**	**213534**	**52015**
东城区	275665	90408	125763	50500	6997	1292
西城区	423566	129097	197298	83905	10052	2128
朝阳区	1410572	401654	647399	305581	42510	7995
丰台区	786322	186324	392544	172510	24426	4606
石景山区	215837	42614	125623	42719	3853	527
海淀区	1037228	296994	409489	260450	53320	9190
门头沟区	123179	22825	68565	28207	2570	538
房山区	301559	49154	157907	72899	9086	3571
通州区	335778	68236	193133	65452	6344	1598
顺义区	257978	86614	91933	62719	9097	4235
昌平区	480530	169315	176677	109337	15199	6353
大兴区	413648	103193	199515	88089	14287	3943
怀柔区	92577	25728	25136	33532	5026	1612
平谷区	75243	7676	15766	38465	6643	3502
密云区	96924	13865	46641	33141	2506	392
延庆区	47362	4275	15055	25463	1618	533

注：本表数据为居住在普通住宅的家庭户。

8-1a 续表

单位：户

地区	住房间数				
	六间	七间	八间	九间	十间及以上
北京	**20413**	**5102**	**8675**	**2067**	**12777**
东城区	349	113	76	34	133
西城区	581	115	109	60	221
朝阳区	3183	662	739	144	705
丰台区	1976	460	1238	371	1867
石景山区	203	59	85	18	136
海淀区	3446	800	1107	257	2175
门头沟区	220	39	82	21	112
房山区	2751	769	1847	485	3090
通州区	471	112	126	49	257
顺义区	1318	603	521	144	794
昌平区	1732	411	638	128	740
大兴区	1481	391	968	199	1582
怀柔区	739	149	367	59	229
平谷区	1515	340	649	79	608
密云区	221	36	42	6	74
延庆区	227	43	81	13	54

8-1b　各地区按住房间数分的家庭户户数(镇)

单位：户

地　区	家庭户户数	住房间数				
		一间	二间	三间	四间	五间
北　京	**445637**	**142507**	**148051**	**82886**	**29106**	**20722**
东城区						
西城区						
朝阳区	8456	1564	5820	1043	11	5
丰台区	4212	496	2950	727	30	3
石景山区						
海淀区						
门头沟区	11708	2025	6059	2162	654	357
房山区	30777	1919	10816	7066	3727	2903
通州区	85687	27925	32078	15962	3248	3322
顺义区	56148	29848	9673	7584	2954	3123
昌平区	135525	61832	37833	19683	7018	3731
大兴区	48739	9904	24882	9473	1283	1444
怀柔区	12121	1851	4025	3030	1207	786
平谷区	16071	374	3628	5873	2955	2698
密云区	20272	3698	5712	5148	3461	1065
延庆区	15921	1071	4575	5135	2558	1285

注：本表数据为居住在普通住宅的家庭户。

8-1b　续表

单位：户

地　区	住房间数				
	六间	七间	八间	九间	十间及以上
北　京	**8424**	**2679**	**3895**	**1537**	**5830**
东城区					
西城区					
朝阳区	4	1	2	3	3
丰台区	2	2	1		1
石景山区					
海淀区					
门头沟区	214	45	77	27	88
房山区	1436	548	835	318	1209
通州区	1074	341	437	329	971
顺义区	1276	418	471	120	681
昌平区	1974	670	963	470	1351
大兴区	527	199	270	98	659
怀柔区	434	144	207	63	374
平谷区	315	66	121	5	36
密云区	520	136	235	49	248
延庆区	648	109	276	55	209

8-1c 各地区按住房间数分的家庭户户数(乡村)

单位：户

地区	家庭户户数	住房间数				
		一间	二间	三间	四间	五间
北京	**951164**	**247718**	**172331**	**164327**	**119659**	**106468**
东城区						
西城区						
朝阳区						
丰台区	4774	188	1067	1139	311	565
石景山区						
海淀区	24514	6728	7695	2604	1491	1542
门头沟区	13933	1993	3490	3354	1971	1311
房山区	92666	7454	16097	20896	13427	13702
通州区	160156	40585	29545	21996	16289	24011
顺义区	162591	61496	22253	23778	14788	18128
昌平区	152801	73537	30324	18209	9534	7154
大兴区	122838	45241	14831	11857	9576	14135
怀柔区	37315	2984	6796	8840	9250	4755
平谷区	60345	1002	10770	19444	14702	9815
密云区	67002	4620	19603	18802	14772	4262
延庆区	52229	1890	9860	13408	13548	7088

注：本表数据为居住在普通住宅的家庭户。

8-1c 续表

单位：户

地区	住房间数				
	六间	七间	八间	九间	十间及以上
北京	**44176**	**18746**	**23776**	**7647**	**46316**
东城区					
西城区					
朝阳区					
丰台区	323	289	166	148	578
石景山区					
海淀区	1007	356	846	258	1987
门头沟区	747	298	331	104	334
房山区	6890	3250	4071	1574	5305
通州区	8311	4290	4612	1451	9066
顺义区	7497	3129	3766	1190	6566
昌平区	3888	1583	2969	953	4650
大兴区	5792	2589	3359	1161	14297
怀柔区	1943	644	904	207	992
平谷区	2397	739	788	135	553
密云区	2246	696	882	233	886
延庆区	3135	883	1082	233	1102

8–2 各地区按人均住房建筑面积分的家庭户户数

单位：户

地区	家庭户户数	人均住房建筑面积(平方米)			
		8及以下	9–12	13–16	17–19
北京	**7770769**	**350349**	**487668**	**597686**	**416649**
东城区	275665	33980	28703	28219	19198
西城区	423566	41036	40096	43772	30258
朝阳区	1419028	71594	87104	100408	70956
丰台区	795308	23711	40346	52053	45014
石景山区	215837	4819	9489	15151	14158
海淀区	1061742	52974	79068	91352	64978
门头沟区	148820	3098	5918	10234	5970
房山区	425002	4385	11840	19439	16880
通州区	581621	14114	27796	34497	23412
顺义区	476717	29657	40044	52770	22062
昌平区	768856	38321	63729	72237	55193
大兴区	585225	20272	30495	46192	30456
怀柔区	142013	7656	11939	11073	4512
平谷区	151659	1446	3580	6641	5104
密云区	184198	2493	5201	8938	5191
延庆区	115512	793	2320	4710	3307

注：本表数据为居住在普通住宅的家庭户。

8–2 续表

单位：户

地区	人均住房建筑面积(平方米)					
	20–29	30–39	40–49	50–59	60–69	70及以上
北京	**1681398**	**1176175**	**938225**	**570514**	**440284**	**1111821**
东城区	58680	34739	20129	16066	11696	24255
西城区	97320	59011	34160	26480	19604	31829
朝阳区	282045	203552	160370	122362	91236	229401
丰台区	185291	139011	100883	63919	47250	97830
石景山区	57974	40563	24386	17695	11728	19874
海淀区	239696	159701	113504	75694	56683	128092
门头沟区	40589	25695	22748	8721	10047	15800
房山区	93739	67684	68427	35058	27968	79582
通州区	125929	96138	86841	42772	30230	99892
顺义区	95567	63948	52090	31604	23222	65753
昌平区	167951	99616	88538	42956	36762	103553
大兴区	125287	84165	80076	36278	33046	98958
怀柔区	27123	20658	16897	9869	8894	23392
平谷区	27873	27211	22881	14465	9041	33417
密云区	33538	32259	27422	15988	15388	37780
延庆区	22796	22224	18873	10587	7489	22413

8-2a 各地区按人均住房建筑面积分的家庭户户数(城市)

单位：户

地 区	家庭户户 数	人均住房建筑面积(平方米)			
		8及以下	9-12	13-16	17-19
北 京	**6373968**	**289190**	**386377**	**478193**	**360743**
东 城 区	275665	33980	28703	28219	19198
西 城 区	423566	41036	40096	43772	30258
朝 阳 区	1410572	71354	86769	99795	70387
丰 台 区	786322	23575	40140	51776	44726
石景山区	215837	4819	9489	15151	14158
海 淀 区	1037228	51695	76961	88942	64347
门头沟区	123179	2570	4642	8427	5291
房 山 区	301559	3390	9226	14846	15039
通 州 区	335778	2874	7066	14296	15888
顺 义 区	257978	12194	15038	25550	13034
昌 平 区	480530	19201	33501	39395	31580
大 兴 区	413648	12203	17097	28499	24016
怀 柔 区	92577	6856	10370	8573	3663
平 谷 区	75243	1271	2452	3281	2742
密 云 区	96924	1573	3308	5168	4224
延 庆 区	47362	599	1519	2503	2192

注：本表数据为居住在普通住宅的家庭户。

8-2a 续表

单位：户

地 区	人均住房建筑面积(平方米)					
	20-29	30-39	40-49	50-59	60-69	70及以上
北 京	**1441352**	**999541**	**773402**	**466187**	**348796**	**830187**
东 城 区	58680	34739	20129	16066	11696	24255
西 城 区	97320	59011	34160	26480	19604	31829
朝 阳 区	279993	201955	159900	121285	90239	228895
丰 台 区	183248	138022	99433	62673	46634	96095
石景山区	57974	40563	24386	17695	11728	19874
海 淀 区	234807	157170	110669	74016	55118	123503
门头沟区	35059	21535	19364	6317	8333	11641
房 山 区	75669	49099	51557	22770	15300	44663
通 州 区	79887	61526	56240	22789	17830	57382
顺 义 区	59117	41126	32251	17356	11959	30353
昌 平 区	112964	69810	60833	29487	22942	60817
大 兴 区	98102	66892	61120	24655	21991	59073
怀 柔 区	19923	13641	10222	4956	4301	10072
平 谷 区	14160	14601	10956	7710	3851	14219
密 云 区	22866	19887	14813	7636	5555	11894
延 庆 区	11583	9964	7369	4296	1715	5622

8–2b　各地区按人均住房建筑面积分的家庭户户数(镇)

单位：户

地　区	家庭户户　数	人均住房建筑面积(平方米)			
		8及以下	9–12	13–16	17–19
北　京	**445637**	**21203**	**30779**	**40785**	**23700**
东城区					
西城区					
朝阳区	8456	240	335	613	569
丰台区	4212	136	183	205	218
石景山区					
海淀区					
门头沟区	11708	190	530	889	518
房山区	30777	243	618	1303	737
通州区	85687	3401	5615	5121	2777
顺义区	56148	6205	7632	10468	2317
昌平区	135525	8918	12540	16432	12496
大兴区	48739	681	1141	1894	2387
怀柔区	12121	487	784	872	375
平谷区	16071	45	241	707	581
密云区	20272	605	950	1639	305
延庆区	15921	52	210	642	420

注：本表数据为居住在普通住宅的家庭户。

8–2b　续表

单位：户

地　区	人均住房建筑面积(平方米)					
	20–29	30–39	40–49	50–59	60–69	70及以上
北　京	**82685**	**56771**	**57161**	**30522**	**24120**	**77911**
东城区						
西城区						
朝阳区	2052	1597	470	1077	997	506
丰台区	1280	226	830	515	107	512
石景山区						
海淀区						
门头沟区	2915	1941	1463	1121	542	1599
房山区	5613	5007	4665	2799	2593	7199
通州区	17084	12752	12890	7253	3721	15073
顺义区	8372	5001	4240	2866	2241	6806
昌平区	23809	14327	14143	5714	6439	20707
大兴区	9944	5849	9580	3481	2906	10876
怀柔区	2296	1881	1057	1154	918	2297
平谷区	3439	2661	2571	1330	817	3679
密云区	2571	2703	2469	1800	1864	5366
延庆区	3310	2826	2783	1412	975	3291

8-2c　各地区按人均住房建筑面积分的家庭户户数(乡村)

单位：户

地　区	家庭户户数	人均住房建筑面积(平方米)			
		8及以下	9-12	13-16	17-19
北　京	**951164**	**39956**	**70512**	**78708**	**32206**
东城区					
西城区					
朝阳区					
丰台区	4774		23	72	70
石景山区					
海淀区	24514	1279	2107	2410	631
门头沟区	13933	338	746	918	161
房山区	92666	752	1996	3290	1104
通州区	160156	7839	15115	15080	4747
顺义区	162591	11258	17374	16752	6711
昌平区	152801	10202	17688	16410	11117
大兴区	122838	7388	12257	15799	4053
怀柔区	37315	313	785	1628	474
平谷区	60345	130	887	2653	1781
密云区	67002	315	943	2131	662
延庆区	52229	142	591	1565	695

注：本表数据为居住在普通住宅的家庭户。

8-2c　续表

单位：户

地　区	人均住房建筑面积(平方米)					
	20-29	30-39	40-49	50-59	60-69	70及以上
北　京	**157361**	**119863**	**107662**	**73805**	**67368**	**203723**
东城区						
西城区						
朝阳区						
丰台区	763	763	620	731	509	1223
石景山区						
海淀区	4889	2531	2835	1678	1565	4589
门头沟区	2615	2219	1921	1283	1172	2560
房山区	12457	13578	12205	9489	10075	27720
通州区	28958	21860	17711	12730	8679	27437
顺义区	28078	17821	15599	11382	9022	28594
昌平区	31178	15479	13562	7755	7381	22029
大兴区	17241	11424	9376	8142	8149	29009
怀柔区	4904	5136	5618	3759	3675	11023
平谷区	10274	9949	9354	5425	4373	15519
密云区	8101	9669	10140	6552	7969	20520
延庆区	7903	9434	8721	4879	4799	13500

8-3　各地区按家庭户类别和住房间数分的家庭户户数

单位：户

地　区	家庭户户　数	一代户				
		一间	二间	三间	四间	五间及以上
北　京	**7770769**	**1756666**	**1651252**	**765686**	**160947**	**159715**
东城区	275665	60224	56337	20106	2696	869
西城区	423566	89316	86536	31486	3733	1351
朝阳区	1419028	340533	367174	147706	19240	5533
丰台区	795308	150727	212204	80928	12003	4523
石景山区	215837	33386	62572	18796	1854	492
海淀区	1061742	255490	190212	100925	21170	8743
门头沟区	148820	21470	42184	17410	3016	3096
房山区	425002	49471	98015	45850	10879	20702
通州区	581621	118699	137369	50038	12160	25253
顺义区	476717	161933	62995	40020	10655	21018
昌平区	768856	276310	123990	65449	13923	15828
大兴区	585225	139173	121603	48540	9732	18645
怀柔区	142013	27386	19235	20558	7778	6920
平谷区	151659	7948	16591	28925	10333	10483
密云区	184198	18614	37557	26430	11241	6515
延庆区	115512	5986	16678	22519	10534	9744

注：本表数据为居住在普通住宅的家庭户。

8-3　续表 1

单位：户

地　区	二代户				
	一间	二间	三间	四间	五间及以上
北　京	**290640**	**1207859**	**679831**	**130401**	**122611**
东城区	25486	53028	21570	3009	738
西城区	34010	85077	36721	4248	1226
朝阳区	55923	227788	118004	16800	4412
丰台区	31965	145235	66766	8809	4144
石景山区	8027	48867	17245	1381	323
海淀区	42112	172065	115343	22699	7893
门头沟区	4906	29170	12331	1631	1357
房山区	8074	68653	37748	9117	18101
通州区	15764	91609	37554	8442	18191
顺义区	14215	46621	36755	9380	16273
昌平区	25005	86660	54581	11071	12923
大兴区	16595	88828	42051	9357	16633
怀柔区	3053	13928	18435	4862	4324
平谷区	1040	11279	25682	7993	7536
密云区	3287	27952	21895	6024	3457
延庆区	1178	11099	17150	5578	5080

8-3 续表 2 单位：户

地区	三代户				
	一间	二间	三间	四间	五间及以上
北京	**40649**	**346689**	**269945**	**68687**	**103482**
东城区	4665	16236	8718	1279	386
西城区	5727	25399	15495	2037	628
朝阳区	6725	57824	40385	6342	3378
丰台区	4295	38717	26204	3872	3814
石景山区	1197	14069	6584	610	209
海淀区	6086	54394	46164	10759	6109
门头沟区	464	6682	3889	532	477
房山区	978	18015	16937	6040	15103
通州区	2276	25590	15555	5099	16586
顺义区	1785	14123	16827	6467	15568
昌平区	3353	33915	26734	6536	11088
大兴区	2562	28626	18467	5819	16707
怀柔区	123	2767	6250	2736	3170
平谷区	64	2252	8906	5641	5943
密云区	280	6384	8572	3334	2150
延庆区	69	1696	4258	1584	2166

8-3 续表 3 单位：户

地区	四代户				
	一间	二间	三间	四间	五间及以上
北京	**242**	**3025**	**4717**	**2264**	**5452**
东城区	33	162	106	13	4
西城区	44	286	203	34	9
朝阳区	37	433	528	139	122
丰台区	21	405	478	83	115
石景山区	4	115	94	8	4
海淀区	34	513	621	183	226
门头沟区	3	78	93	16	15
房山区	4	136	326	204	648
通州区	7	188	262	180	798
顺义区	25	120	479	337	1119
昌平区	16	269	465	221	519
大兴区	8	171	361	238	1107
怀柔区	1	27	159	107	194
平谷区		42	269	333	399
密云区	2	63	194	140	107
延庆区	3	17	79	28	66

8-3 续表 4

单位：户

地 区	五代及以上户				
	一间	二间	三间	四间	五间及以上
北 京		**1**	**3**		**5**
东城区					
西城区					
朝阳区			1		1
丰台区					
石景山区					
海淀区			1		
门头沟区					
房山区		1			
通州区			1		
顺义区					2
昌平区					
大兴区					2
怀柔区					
平谷区					
密云区					
延庆区					

8-3a 各地区按家庭户类别和住房间数分的家庭户户数(城市)

单位：户

地 区	家庭户户数	一代户				
		一间	二间	三间	四间	五间及以上
北 京	**6373968**	**1398410**	**1460832**	**640721**	**90589**	**38902**
东城区	275665	60224	56337	20106	2696	869
西城区	423566	89316	86536	31486	3733	1351
朝阳区	1410572	339170	363440	147111	19234	5528
丰台区	786322	150195	209753	80056	11873	3884
石景山区	215837	33386	62572	18796	1854	492
海淀区	1037228	249541	185866	99640	20527	6454
门头沟区	123179	18077	36151	13830	1264	520
房山区	301559	41125	81525	31860	3715	4322
通州区	335778	55942	101121	30822	3018	1196
顺义区	257978	77005	43987	25752	3529	2783
昌平区	480530	152571	87510	47294	6585	3702
大兴区	413648	87384	98429	38913	5839	3211
怀柔区	92577	23164	12169	14004	2117	1239
平谷区	75243	6755	7774	16697	2794	2587
密云区	96924	11025	20298	13091	1035	329
延庆区	47362	3530	7364	11263	776	435

注：本表数据为居住在普通住宅的家庭户。

8-3a 续表 1

单位：户

地区	二代户				
	一间	二间	三间	四间	五间及以上
北京	**261427**	**1104545**	**596744**	**83455**	**34150**
东城区	25486	53028	21570	3009	738
西城区	34010	85077	36721	4248	1226
朝阳区	55742	226073	117651	16796	4403
丰台区	31834	143888	66024	8671	3410
石景山区	8027	48867	17245	1381	323
海淀区	41386	169388	114411	22175	6098
门头沟区	4306	26165	10747	928	330
房山区	7106	60072	28350	3336	4065
通州区	10562	71062	24663	2251	840
顺义区	8311	36434	25843	3717	2444
昌平区	14593	63361	41447	5508	3559
大兴区	13436	75571	34394	5805	2943
怀柔区	2469	10837	14708	1863	1135
平谷区	869	6885	17076	2179	2060
密云区	2588	21199	14639	971	266
延庆区	702	6638	11255	617	310

8-3a 续表 2

单位：户

地区	三代户				
	一间	二间	三间	四间	五间及以上
北京	**37918**	**320317**	**231916**	**38606**	**26898**
东城区	4665	16236	8718	1279	386
西城区	5727	25399	15495	2037	628
朝阳区	6705	57454	40290	6341	3375
丰台区	4274	38498	25953	3801	3118
石景山区	1197	14069	6584	610	209
海淀区	6033	53726	45786	10444	4266
门头沟区	439	6176	3544	365	155
房山区	919	16203	12475	1974	3958
通州区	1729	20803	9817	1053	550
顺义区	1284	11426	10894	1806	2278
昌平区	2140	25616	20280	3029	2640
大兴区	2366	25374	14542	2572	2296
怀柔区	94	2111	4718	1008	740
平谷区	52	1086	4598	1587	1931
密云区	251	5097	5323	479	170
延庆区	43	1043	2899	221	198

8–3a　续表 3　　　　单位：户

地　区	四代户				
	一间	二间	三间	四间	五间及以上
北　　京	**217**	**2749**	**3585**	**884**	**1098**
东城区	33	162	106	13	4
西城区	44	286	203	34	9
朝阳区	37	432	528	139	121
丰台区	21	405	477	81	106
石景山区	4	115	94	8	4
海淀区	34	509	612	174	157
门头沟区	3	73	86	13	7
房山区	4	106	214	61	168
通州区	3	147	149	22	27
顺义区	14	86	230	45	110
昌平区	11	190	316	77	101
大兴区	7	141	240	71	114
怀柔区	1	19	102	38	41
平谷区		21	94	83	115
密云区	1	47	88	21	6
延庆区		10	46	4	8

8–3a　续表 4　　　　单位：户

地　区	五代及以上户				
	一间	二间	三间	四间	五间及以上
北　　京		**1**	**3**		**1**
东城区					
西城区					
朝阳区			1		1
丰台区					
石景山区					
海淀区			1		
门头沟区					
房山区		1			
通州区			1		
顺义区					
昌平区					
大兴区					
怀柔区					
平谷区					
密云区					
延庆区					

8-3b 各地区按家庭户类别和住房间数分的家庭户户数(镇)

单位：户

地　区	家庭户户数	一代户				
		一间	二间	三间	四间	五间及以上
北　京	**445637**	**128614**	**83570**	**40708**	**13618**	**17734**
东城区						
西城区						
朝阳区	8456	1363	3734	595	6	5
丰台区	4212	395	1859	362	12	4
石景山区						
海淀区						
门头沟区	11708	1630	3442	1169	379	496
房山区	30777	1597	6552	3505	1507	2654
通州区	85687	24854	18629	8003	1627	2577
顺义区	56148	27850	5321	3372	1099	2196
昌平区	135525	56242	19632	9527	3310	3775
大兴区	48739	8687	14004	4342	471	1142
怀柔区	12121	1508	2245	1311	585	895
平谷区	16071	299	2031	2747	1209	1346
密云区	20272	3376	3666	2805	1899	1183
延庆区	15921	813	2455	2970	1514	1461

注：本表数据为居住在普通住宅的家庭户。

8-3b 续表 1

单位：户

地　区	二代户				
	一间	二间	三间	四间	五间及以上
北　京	**12359**	**50537**	**29475**	**9675**	**13522**
东城区					
西城区					
朝阳区	181	1715	353	4	9
丰台区	83	920	280	14	4
石景山区					
海淀区					
门头沟区	375	2157	770	217	250
房山区	307	3569	2370	1309	2496
通州区	2723	10767	5657	1064	1860
顺义区	1756	3321	2761	1039	1939
昌平区	4872	13053	6904	2465	2977
大兴区	1110	8666	3551	426	985
怀柔区	327	1471	1248	379	584
平谷区	69	1305	2185	998	1003
密云区	313	1760	1639	944	609
延庆区	243	1833	1757	816	806

8–3b　续表 2　　单位：户

地　区	三代户				
	一间	二间	三间	四间	五间及以上
北　京	**1523**	**13834**	**12413**	**5559**	**11235**
东城区					
西城区					
朝阳区	20	370	95	1	3
丰台区	18	171	85	4	1
石景山区					
海淀区					
门头沟区	20	455	218	57	62
房山区	15	684	1161	869	2007
通州区	346	2662	2271	534	1959
顺义区	236	1018	1405	761	1814
昌平区	716	5119	3198	1202	2298
大兴区	107	2194	1538	368	1002
怀柔区	16	305	448	234	509
平谷区	6	290	909	707	834
密云区	9	283	686	597	439
延庆区	14	283	399	225	307

8–3b　续表 3　　单位：户

地　区	四代户				
	一间	二间	三间	四间	五间及以上
北　京	**11**	**110**	**290**	**254**	**594**
东城区					
西城区					
朝阳区		1			1
丰台区					
石景山区					
海淀区					
门头沟区		5	5	1	
房山区		11	30	42	92
通州区	2	20	31	23	78
顺义区	6	13	46	55	139
昌平区	2	29	54	41	109
大兴区		18	42	18	67
怀柔区		4	23	9	20
平谷区		2	32	41	58
密云区		3	18	21	22
延庆区	1	4	9	3	8

8-3b 续表 4

单位：户

地区	五代及以上户				
	一间	二间	三间	四间	五间及以上
北京					**2**
东城区					
西城区					
朝阳区					
丰台区					
石景山区					
海淀区					
门头沟区					
房山区					
通州区					
顺义区					1
昌平区					
大兴区					1
怀柔区					
平谷区					
密云区					
延庆区					

8-3c 各地区按家庭户类别和住房间数分的家庭户户数(乡村)

单位：户

地区	家庭户户数	一代户				
		一间	二间	三间	四间	五间及以上
北京	**951164**	**229642**	**106850**	**84257**	**56740**	**103079**
东城区						
西城区						
朝阳区						
丰台区	4774	137	592	510	118	635
石景山区						
海淀区	24514	5949	4346	1285	643	2289
门头沟区	13933	1763	2591	2411	1373	2080
房山区	92666	6749	9938	10485	5657	13726
通州区	160156	37903	17619	11213	7515	21480
顺义区	162591	57078	13687	10896	6027	16039
昌平区	152801	67497	16848	8628	4028	8351
大兴区	122838	43102	9170	5285	3422	14292
怀柔区	37315	2714	4821	5243	5076	4786
平谷区	60345	894	6786	9481	6330	6550
密云区	67002	4213	13593	10534	8307	5003
延庆区	52229	1643	6859	8286	8244	7848

注：本表数据为居住在普通住宅的家庭户。

8-3c　续表 1　　单位：户

地　区	二代户				
	一间	二间	三间	四间	五间及以上
北　京	**16854**	**52777**	**53612**	**37271**	**74939**
东城区					
西城区					
朝阳区					
丰台区	48	427	462	124	730
石景山区					
海淀区	726	2677	932	524	1795
门头沟区	225	848	814	486	777
房山区	661	5012	7028	4472	11540
通州区	2479	9780	7234	5127	15491
顺义区	4148	6866	8151	4624	11890
昌平区	5540	10246	6230	3098	6387
大兴区	2049	4591	4106	3126	12705
怀柔区	257	1620	2479	2620	2605
平谷区	102	3089	6421	4816	4473
密云区	386	4993	5617	4109	2582
延庆区	233	2628	4138	4145	3964

8-3c　续表 2　　单位：户

地　区	三代户				
	一间	二间	三间	四间	五间及以上
北　京	**1208**	**12538**	**25616**	**24522**	**65349**
东城区					
西城区					
朝阳区					
丰台区	3	48	166	67	695
石景山区					
海淀区	53	668	378	315	1843
门头沟区	5	51	127	110	260
房山区	44	1128	3301	3197	9138
通州区	201	2125	3467	3512	14077
顺义区	265	1679	4528	3900	11476
昌平区	497	3180	3256	2305	6150
大兴区	89	1058	2387	2879	13409
怀柔区	13	351	1084	1494	1921
平谷区	6	876	3399	3347	3178
密云区	20	1004	2563	2258	1541
延庆区	12	370	960	1138	1661

8-3c　续表 3　　　　单位：户

地　区	四代户				
	一间	二间	三间	四间	五间及以上
北　京	**14**	**166**	**842**	**1126**	**3760**
东城区					
西城区					
朝阳区					
丰台区			1	2	9
石景山区					
海淀区		4	9	9	69
门头沟区			2	2	8
房山区		19	82	101	388
通州区	2	21	82	135	693
顺义区	5	21	203	237	870
昌平区	3	50	95	103	309
大兴区	1	12	79	149	926
怀柔区		4	34	60	133
平谷区		19	143	209	226
密云区	1	13	88	98	79
延庆区	2	3	24	21	50

8-3c　续表 4　　　　单位：户

地　区	五代及以上户				
	一间	二间	三间	四间	五间及以上
北　京					**2**
东城区					
西城区					
朝阳区					
丰台区					
石景山区					
海淀区					
门头沟区					
房山区					
通州区					
顺义区					1
昌平区					
大兴区					1
怀柔区					
平谷区					
密云区					
延庆区					

8-4　全市按户主的受教育程度分的家庭户住房状况

受教育程度	户　数 (户)	人　数 (人)	平均每户住房间数 (间/户)	人均住房建筑面积 (平方米/人)	人均住房间　数 (间/人)
总　计	**7257927**	**17214827**	**2.30**	**34.26**	**0.97**
未上过学	63887	131687	2.68	39.13	1.30
学前教育	3620	6968	2.39	40.60	1.24
小　学	466605	1076885	2.74	35.78	1.19
初　中	1795556	4235589	2.50	32.45	1.06
高　中	1408642	3277264	2.17	31.53	0.93
大学专科	1102259	2580601	2.14	34.41	0.91
大学本科	1792413	4296493	2.20	36.93	0.92
硕士研究生	536099	1370370	2.21	35.92	0.87
博士研究生	88846	238970	2.32	35.16	0.86

注：本表数据为居住在普通住宅的家庭户。

8-4a　全市按户主的受教育程度分的家庭户住房状况(城市)

受教育程度	户　数 (户)	人　数 (人)	平均每户住房间数 (间/户)	人均住房建筑面积 (平方米/人)	人均住房间　数 (间/人)
总　计	**5935003**	**14045218**	**2.10**	**32.80**	**0.89**
未上过学	36889	78027	2.14	31.43	1.01
学前教育	2757	5187	2.14	38.76	1.14
小　学	277408	613425	2.11	29.73	0.95
初　中	1169184	2666517	1.99	27.84	0.87
高　中	1167822	2724440	2.02	29.95	0.87
大学专科	979352	2313720	2.11	33.95	0.89
大学本科	1695319	4080524	2.19	36.71	0.91
硕士研究生	519409	1329267	2.21	35.69	0.86
博士研究生	86863	234111	2.32	34.86	0.86

注：本表数据为居住在普通住宅的家庭户。

8–4b 全市按户主的受教育程度分的家庭户住房状况(镇)

受教育程度	户数(户)	人数(人)	平均每户住房间数(间/户)	人均住房建筑面积(平方米/人)	人均住房间数(间/人)
总计	**421688**	**957120**	**2.44**	**37.29**	**1.08**
未上过学	5053	10038	2.89	46.23	1.45
学前教育	212	409	2.53	45.92	1.31
小学	39614	92260	2.95	40.16	1.27
初中	151704	354482	2.65	35.66	1.13
高中	86724	186826	2.22	34.74	1.03
大学专科	63206	136497	2.08	36.86	0.96
大学本科	61211	141142	2.26	40.94	0.98
硕士研究生	12463	31720	2.46	43.24	0.96
博士研究生	1501	3746	2.69	50.63	1.08

注：本表数据为居住在普通住宅的家庭户。

8–4c 全市按户主的受教育程度分的家庭户住房状况(乡村)

受教育程度	户数(户)	人数(人)	平均每户住房间数(间/户)	人均住房建筑面积(平方米/人)	人均住房间数(间/人)
总计	**901236**	**2212489**	**3.52**	**42.21**	**1.43**
未上过学	21945	43622	3.55	51.28	1.78
学前教育	651	1372	3.39	45.96	1.61
小学	149583	371200	3.86	44.68	1.56
初中	474668	1214590	3.70	41.61	1.44
高中	154096	365998	3.27	41.67	1.38
大学专科	59701	130384	2.70	39.99	1.24
大学本科	35883	74827	2.35	40.86	1.13
硕士研究生	4227	9383	2.26	43.64	1.02
博士研究生	482	1113	2.48	45.40	1.07

注：本表数据为居住在普通住宅的家庭户。

8–5　全市按户主受教育程度、人均住房建筑面积分的家庭户户数

单位：户

受教育程度	户　数	人均住房建筑面积(平方米)			
		8及以下	9–12	13–16	17–19
总　计	**7257927**	**340236**	**469567**	**572023**	**398746**
未上过学	63887	2735	3607	4253	2347
学前教育	3620	132	195	234	186
小　学	466605	34430	40804	37644	18371
初　中	1795556	165639	196808	180365	83777
高　中	1408642	86662	110593	127937	85487
大学专科	1102259	28935	50895	79349	66747
大学本科	1792413	18514	49343	102594	102467
硕士研究生	536099	2662	14491	33374	33360
博士研究生	88846	527	2831	6273	6004

注：本表数据为居住在普通住宅的家庭户。

8–5　续表　　单位：户

受教育程度	人均住房建筑面积(平方米)				
	20–29	30–39	40–49	50–59	60及以上
总　计	**1604577**	**1115509**	**882394**	**517925**	**1356950**
未上过学	10358	8160	6789	5566	20072
学前教育	610	393	321	360	1189
小　学	78295	60876	54835	35118	106232
初　中	341240	235865	201388	111576	278898
高　中	326773	213542	156423	89505	211720
大学专科	272469	181743	135658	79200	207263
大学本科	425081	309345	242181	144625	398263
硕士研究生	128742	91089	72515	44507	115359
博士研究生	21009	14496	12284	7468	17954

8-5a 全市按户主受教育程度、人均住房建筑面积分的家庭户户数(城市)

单位：户

受教育程度	户　数	人均住房建筑面积(平方米)			
		8及以下	9-12	13-16	17-19
总　计	**5935003**	**279558**	**370161**	**456250**	**344807**
未上过学	36889	2341	2818	3113	1924
学前教育	2757	112	153	176	155
小　学	277408	27565	29336	25267	13543
初　中	1169184	129964	140806	120131	61902
高　中	1167822	74221	90466	103566	73605
大学专科	979352	25066	43317	68404	59088
大学本科	1695319	17148	46170	96709	96336
硕士研究生	519409	2627	14276	32684	32351
博士研究生	86863	514	2819	6200	5903

注：本表数据为居住在普通住宅的家庭户。

8-5a 续表

单位：户

受教育程度	人均住房建筑面积(平方米)				
	20-29	30-39	40-49	50-59	60及以上
总　计	**1372797**	**945362**	**725001**	**418686**	**1022381**
未上过学	7087	4685	3435	3358	8128
学前教育	499	298	232	279	853
小　学	51220	35171	30106	19301	45899
初　中	238769	156868	127782	64091	128871
高　中	281970	183669	130088	72613	157624
大学专科	245055	165288	121794	71161	180179
大学本科	402714	296178	229482	137368	373214
硕士研究生	124847	88961	70090	43187	110386
博士研究生	20636	14244	11992	7328	17227

8–5b　全市按户主受教育程度、人均住房建筑面积分的家庭户户数(镇)

单位：户

受教育程度	户　数	人均住房建筑面积(平方米)			
		8及以下	9–12	13–16	17–19
总　计	**421688**	**21053**	**30144**	**39509**	**22872**
未上过学	5053	111	185	246	112
学前教育	212	13	11	11	8
小　学	39614	1864	2864	2898	1239
初　中	151704	11472	15047	17263	6804
高　中	86724	5255	7349	10070	5810
大学专科	63206	1750	3151	5457	4333
大学本科	61211	570	1416	3075	3736
硕士研究生	12463	10	112	450	750
博士研究生	1501	8	9	39	80

注：本表数据为居住在普通住宅的家庭户。

8–5b　续表

单位：户

受教育程度	人均住房建筑面积(平方米)				
	20–29	30–39	40–49	50–59	60及以上
总　计	**79877**	**54527**	**54363**	**28664**	**90679**
未上过学	694	663	650	465	1927
学前教育	31	17	20	19	82
小　学	5987	5240	5636	3065	10821
初　中	25380	18685	19109	9970	27974
高　中	16726	10683	10023	5351	15457
大学专科	14173	8723	7987	4154	13478
大学本科	13762	8682	8834	4595	16541
硕士研究生	2859	1636	1878	944	3824
博士研究生	265	198	226	101	575

8-5c 全市按户主受教育程度、人均住房建筑面积分的家庭户户数(乡村)

单位：户

受教育程度	户 数	人均住房建筑面积(平方米)			
		8及以下	9-12	13-16	17-19
总 计	**901236**	**39625**	**69262**	**76264**	**31067**
未上过学	21945	283	604	894	311
学前教育	651	7	31	47	23
小 学	149583	5001	8604	9479	3589
初 中	474668	24203	40955	42971	15071
高 中	154096	7186	12778	14301	6072
大学专科	59701	2119	4427	5488	3326
大学本科	35883	796	1757	2810	2395
硕士研究生	4227	25	103	240	259
博士研究生	482	5	3	34	21

注：本表数据为居住在普通住宅的家庭户。

8-5c 续表

单位：户

受教育程度	人均住房建筑面积(平方米)				
	20-29	30-39	40-49	50-59	60及以上
总 计	**151903**	**115620**	**103030**	**70575**	**243890**
未上过学	2577	2812	2704	1743	10017
学前教育	80	78	69	62	254
小 学	21088	20465	19093	12752	49512
初 中	77091	60312	54497	37515	122053
高 中	28077	19190	16312	11541	38639
大学专科	13241	7732	5877	3885	13606
大学本科	8605	4485	3865	2662	8508
硕士研究生	1036	492	547	376	1149
博士研究生	108	54	66	39	152

2020

北京市人口普查年鉴

（中册）

BEIJING POPULATION CENSUS YEARBOOK 2020

(BOOK 2)

北京市第七次全国人口普查领导小组办公室
北　京　市　统　计　局　编

Compiled by
Office of the Leading Group of Beijing Municipality for the Seventh National Population Census
Beijing Municipal Bureau of Statistics

图书在版编目（CIP）数据

北京市人口普查年鉴. 2020. 中册 / 北京市第七次全国人口普查领导小组办公室, 北京市统计局编. -- 北京 : 中国统计出版社, 2022.8
ISBN 978-7-5037-9805-4

Ⅰ. ①北… Ⅱ. ①北… ②北… Ⅲ. ①人口普查－统计资料－北京－2020－年鉴 Ⅳ. ①C924.251-54

中国版本图书馆 CIP 数据核字(2022)第 136712 号

北京市人口普查年鉴-2020（中册）
Beijing Population Census Yearbook 2020 (Book 2)

作　者/北京市第七次全国人口普查领导小组办公室　北京市统计局
责任编辑/张　洁
封面设计/李雪燕
出版发行/中国统计出版社有限公司
通信地址/北京市丰台区西三环南路甲 6 号　邮政编码/100073
发行电话/邮购（010）63376909　书店（010）68783171
网　址/http://www.zgtjcbs.com/
印　刷/河北鑫兆源印刷有限公司
经　销/新华书店
开　本/880mm×1230mm　1/16
字　数/1288 千字
印　张/40.25
版　别/2022 年 8 月第 1 版
版　次/2022 年 8 月第 1 次印刷
定　价/910.00 元（全三册附光盘）

目 录

中 册

第二部分　长表数据资料

第四卷　就业

第二部分 长表数据资料

第一卷 概要

1-1　各地区户数、

地区	户数						
	合计	家庭户	集体户	合计			
				合计	男	女	性别比(女=100)
北京	**843896**	**793403**	**50493**	**2090903**	**1061056**	**1029847**	**103.03**
东城区	28680	28101	579	74443	35999	38444	93.64
西城区	44729	43243	1486	117517	57244	60273	94.97
朝阳区	142570	137139	5431	325656	160105	165551	96.71
丰台区	84931	81398	3533	204623	101429	103194	98.29
石景山区	22548	21548	1000	55888	27747	28141	98.60
海淀区	122611	109052	13559	317203	158618	158585	100.02
门头沟区	15248	15064	184	36275	18075	18200	99.31
房山区	45513	43431	2082	120391	61175	59216	103.31
通州区	64632	60983	3649	162210	83852	78358	107.01
顺义区	52723	50025	2698	126551	67668	58883	114.92
昌平区	89604	80225	9379	214751	114714	100037	114.67
大兴区	67083	61710	5373	170510	90001	80509	111.79
怀柔区	15220	14772	448	39348	20589	18759	109.76
平谷区	15874	15623	251	43903	22248	21655	102.74
密云区	19627	19177	450	50480	25454	25026	101.71
延庆区	12303	11912	391	31154	16138	15016	107.47

1-1a　各地区户数、

地区	户数						
	合计	家庭户	集体户	合计			
				合计	男	女	性别比(女=100)
北京	**685040**	**643821**	**41219**	**1690884**	**843767**	**847117**	**99.60**
东城区	28680	28101	579	74443	35999	38444	93.64
西城区	44729	43243	1486	117517	57244	60273	94.97
朝阳区	141568	136248	5320	323510	158977	164533	96.62
丰台区	83990	80481	3509	202017	100086	101931	98.19
石景山区	22548	21548	1000	55888	27747	28141	98.60
海淀区	119785	106434	13351	309329	154284	155045	99.51
门头沟区	12493	12344	149	30120	14906	15214	97.98
房山区	32381	30651	1730	82493	41500	40993	101.24
通州区	36341	34494	1847	89894	44489	45405	97.98
顺义区	27708	26390	1318	66612	34143	32469	105.16
昌平区	55644	49071	6573	136641	71413	65228	109.48
大兴区	46622	43113	3509	117876	60410	57466	105.12
怀柔区	9724	9477	247	24021	12375	11646	106.26
平谷区	7816	7646	170	20796	10364	10432	99.35
密云区	10058	9801	257	26728	13247	13481	98.26
延庆区	4953	4779	174	12999	6583	6416	102.60

人口数和性别比

单位：户、人

人口数								平均家庭户规模（人/户）
家庭户				集体户				
小计	男	女	性别比（女=100）	小计	男	女	性别比（女=100）	
1911557	**948741**	**962816**	**98.54**	**179346**	**112315**	**67031**	**167.56**	**2.41**
72102	34468	37634	91.59	2341	1531	810	189.01	2.57
111812	53694	58118	92.39	5705	3550	2155	164.73	2.59
309364	151300	158064	95.72	16292	8805	7487	117.60	2.26
193123	94323	98800	95.47	11500	7106	4394	161.72	2.37
52619	25687	26932	95.38	3269	2060	1209	170.39	2.44
268894	131254	137640	95.36	48309	27364	20945	130.65	2.47
35197	17243	17954	96.04	1078	832	246	338.21	2.34
111887	55787	56100	99.44	8504	5388	3116	172.91	2.58
147724	74343	73381	101.31	14486	9509	4977	191.06	2.42
117538	61214	56324	108.68	9013	6454	2559	252.21	2.35
182990	93921	89069	105.45	31761	20793	10968	189.58	2.28
151522	76832	74690	102.87	18988	13169	5819	226.31	2.46
36189	18329	17860	102.63	3159	2260	899	251.39	2.45
42739	21425	21314	100.52	1164	823	341	241.35	2.74
48710	24250	24460	99.14	1770	1204	566	212.72	2.54
29147	14671	14476	101.35	2007	1467	540	271.67	2.45

人口数和性别比(城市)

单位：户、人

人口数								平均家庭户规模（人/户）
家庭户				集体户				
小计	男	女	性别比（女=100）	小计	男	女	性别比（女=100）	
1548989	**759196**	**789793**	**96.13**	**141895**	**84571**	**57324**	**147.53**	**2.41**
72102	34468	37634	91.59	2341	1531	810	189.01	2.57
111812	53694	58118	92.39	5705	3550	2155	164.73	2.59
307549	150429	157120	95.74	15961	8548	7413	115.31	2.26
190743	93157	97586	95.46	11274	6929	4345	159.47	2.37
52619	25687	26932	95.38	3269	2060	1209	170.39	2.44
262212	127786	134426	95.06	47117	26498	20619	128.51	2.46
29349	14325	15024	95.35	771	581	190	305.79	2.38
75829	37537	38292	98.03	6664	3963	2701	146.72	2.47
82983	40432	42551	95.02	6911	4057	2854	142.15	2.41
62387	31328	31059	100.87	4225	2815	1410	199.65	2.36
115140	58003	57137	101.52	21501	13410	8091	165.74	2.35
105382	52338	53044	98.67	12494	8072	4422	182.54	2.44
22749	11460	11289	101.51	1272	915	357	256.30	2.40
20163	9932	10231	97.08	633	432	201	214.93	2.64
25727	12580	13147	95.69	1001	667	334	199.70	2.62
12243	6040	6203	97.37	756	543	213	254.93	2.56

1-1b 各地区户数、

地区	户数			合计			
	合计	家庭户	集体户	合计	男	女	性别比(女=100)
北京	**52195**	**47998**	**4197**	**126235**	**68034**	**58201**	**116.89**
东城区							
西城区							
朝阳区	1002	891	111	2146	1128	1018	110.81
丰台区	454	440	14	1044	521	523	99.62
石景山区							
海淀区							
门头沟区	1238	1221	17	2987	1528	1459	104.73
房山区	3233	3178	55	9005	4585	4420	103.73
通州区	10129	9152	977	24722	13275	11447	115.97
顺义区	6680	6195	485	14552	8133	6419	126.70
昌平区	15938	14690	1248	35908	19372	16536	117.15
大兴区	6400	5468	932	15964	8964	7000	128.06
怀柔区	1408	1289	119	4851	2717	2134	127.32
平谷区	1702	1674	28	4909	2494	2415	103.27
密云区	2220	2157	63	5401	2819	2582	109.18
延庆区	1791	1643	148	4746	2498	2248	111.12

1-1c 各地区户数、

地区	户数			合计			
	合计	家庭户	集体户	合计	男	女	性别比(女=100)
北京	**106661**	**101584**	**5077**	**273784**	**149255**	**124529**	**119.86**
东城区							
西城区							
朝阳区							
丰台区	487	477	10	1562	822	740	111.08
石景山区							
海淀区	2826	2618	208	7874	4334	3540	122.43
门头沟区	1517	1499	18	3168	1641	1527	107.47
房山区	9899	9602	297	28893	15090	13803	109.32
通州区	18162	17337	825	47594	26088	21506	121.31
顺义区	18335	17440	895	45387	25392	19995	126.99
昌平区	18022	16464	1558	42202	23929	18273	130.95
大兴区	14061	13129	932	36670	20627	16043	128.57
怀柔区	4088	4006	82	10476	5497	4979	110.40
平谷区	6356	6303	53	18198	9390	8808	106.61
密云区	7349	7219	130	18351	9388	8963	104.74
延庆区	5559	5490	69	13409	7057	6352	111.10

人口数和性别比(镇)

单位：户、人

人口数								平均家庭户规模(人/户)
家庭户				集体户				
小计	男	女	性别比(女=100)	小计	男	女	性别比(女=100)	
109451	**56182**	**53269**	**105.47**	**16784**	**11852**	**4932**	**240.31**	**2.28**
1815	871	944	92.27	331	257	74	347.30	2.04
973	466	507	91.91	71	55	16	343.75	2.21
2804	1391	1413	98.44	183	137	46	297.83	2.30
8618	4277	4341	98.53	387	308	79	389.87	2.71
20527	10474	10053	104.19	4195	2801	1394	200.93	2.24
12954	7023	5931	118.41	1598	1110	488	227.46	2.09
31674	16432	15242	107.81	4234	2940	1294	227.20	2.16
12780	6484	6296	102.99	3184	2480	704	352.27	2.34
3337	1678	1659	101.15	1514	1039	475	218.74	2.59
4777	2422	2355	102.85	132	72	60	120.00	2.85
5179	2660	2519	105.60	222	159	63	252.38	2.40
4013	2004	2009	99.75	733	494	239	206.69	2.44

人口数和性别比(乡村)

单位：户、人

人口数								平均家庭户规模(人/户)
家庭户				集体户				
小计	男	女	性别比(女=100)	小计	男	女	性别比(女=100)	
253117	**133363**	**119754**	**111.36**	**20667**	**15892**	**4775**	**332.82**	**2.49**
1407	700	707	99.01	155	122	33	369.70	2.95
6682	3468	3214	107.90	1192	866	326	265.64	2.55
3044	1527	1517	100.66	124	114	10	1140.00	2.03
27440	13973	13467	103.76	1453	1117	336	332.44	2.86
44214	23437	20777	112.80	3380	2651	729	363.65	2.55
42197	22863	19334	118.25	3190	2529	661	382.60	2.42
36176	19486	16690	116.75	6026	4443	1583	280.67	2.20
33360	18010	15350	117.33	3310	2617	693	377.63	2.54
10103	5191	4912	105.68	373	306	67	456.72	2.52
17799	9071	8728	103.93	399	319	80	398.75	2.82
17804	9010	8794	102.46	547	378	169	223.67	2.47
12891	6627	6264	105.80	518	430	88	488.64	2.35

1-2　各地区分性别、

地　区	人口数			居住本乡、镇、街道，户口在本乡、镇、街道		
	合计	男	女	小计	男	女
北　京	**2090903**	**1061056**	**1029847**	**885710**	**441785**	**443925**
东城区	74443	35999	38444	48825	23797	25028
西城区	117517	57244	60273	71763	35079	36684
朝阳区	325656	160105	165551	135593	66325	69268
丰台区	204623	101429	103194	79888	40084	39804
石景山区	55888	27747	28141	25518	13013	12505
海淀区	317203	158618	158585	145623	71864	73759
门头沟区	36275	18075	18200	15234	7643	7591
房山区	120391	61175	59216	59237	30000	29237
通州区	162210	83852	78358	60170	30373	29797
顺义区	126551	67668	58883	43295	22106	21189
昌平区	214751	114714	100037	49204	24830	24374
大兴区	170510	90001	80509	52660	26493	26167
怀柔区	39348	20589	18759	19303	9780	9523
平谷区	43903	22248	21655	30444	15559	14885
密云区	50480	25454	25026	29938	15113	14825
延庆区	31154	16138	15016	19015	9726	9289

1-2a　各地区分性别、

地　区	人口数			居住本乡、镇、街道，户口在本乡、镇、街道		
	合计	男	女	小计	男	女
北　京	**1690884**	**843767**	**847117**	**671579**	**332525**	**339054**
东城区	74443	35999	38444	48825	23797	25028
西城区	117517	57244	60273	71763	35079	36684
朝阳区	323510	158977	164533	134841	65947	68894
丰台区	202017	100086	101931	78207	39238	38969
石景山区	55888	27747	28141	25518	13013	12505
海淀区	309329	154284	155045	142361	70262	72099
门头沟区	30120	14906	15214	10843	5417	5426
房山区	82493	41500	40993	30206	15184	15022
通州区	89894	44489	45405	24212	12110	12102
顺义区	66612	34143	32469	15269	7646	7623
昌平区	136641	71413	65228	27146	13779	13367
大兴区	117876	60410	57466	26511	13266	13245
怀柔区	24021	12375	11646	9193	4598	4595
平谷区	20796	10364	10432	10641	5210	5431
密云区	26728	13247	13481	10696	5341	5355
延庆区	12999	6583	6416	5347	2638	2709

户口登记状况的人口

单位：人

居住本乡、镇、街道，户口在外乡、镇、街道，离开户口登记地半年以上			居住本乡、镇、街道，户口待定			原住本乡、镇、街道，现在港澳台或国外工作学习		
小计	男	女	小计	男	女	小计	男	女
1191206	**612341**	**578865**	**6812**	**3664**	**3148**	**7175**	**3266**	**3909**
25020	11907	13113	58	42	16	540	253	287
44621	21610	23011	167	94	73	966	461	505
187924	92734	95190	637	355	282	1502	691	811
123696	60812	62884	424	250	174	615	283	332
30083	14590	15493	87	50	37	200	94	106
166536	84428	82108	2422	1157	1265	2622	1169	1453
20961	10399	10562	54	26	28	26	7	19
60723	30981	29742	298	142	156	133	52	81
101666	53280	48386	300	168	132	74	31	43
82891	45368	37523	270	151	119	95	43	52
163853	88900	74953	1497	894	603	197	90	107
117405	63277	54128	349	190	159	96	41	55
19954	10765	9189	63	28	35	28	16	12
13364	6631	6733	65	42	23	30	16	14
20434	10289	10145	71	41	30	37	11	26
12075	6370	5705	50	34	16	14	8	6

户口登记状况的人口(城市)

单位：人

居住本乡、镇、街道，户口在外乡、镇、街道，离开户口登记地半年以上			居住本乡、镇、街道，户口待定			原住本乡、镇、街道，现在港澳台或国外工作学习		
小计	男	女	小计	男	女	小计	男	女
1006767	**505153**	**501614**	**5598**	**2934**	**2664**	**6940**	**3155**	**3785**
25020	11907	13113	58	42	16	540	253	287
44621	21610	23011	167	94	73	966	461	505
186545	91995	94550	634	352	282	1490	683	807
122792	60333	62459	405	233	172	613	282	331
30083	14590	15493	87	50	37	200	94	106
161946	81703	80243	2412	1153	1259	2610	1166	1444
19206	9461	9745	48	22	26	23	6	17
51917	26156	25761	259	118	141	111	42	69
65440	32257	33183	198	103	95	44	19	25
51126	26375	24751	159	91	68	58	31	27
108608	57141	51467	748	433	315	139	60	79
90995	46949	44046	289	160	129	81	35	46
14769	7751	7018	37	16	21	22	10	12
10108	5126	4982	29	22	7	18	6	12
15968	7874	8094	44	28	16	20	4	16
7623	3925	3698	24	17	7	5	3	2

1-2b 各地区分性别、

地　　区	人　口　数			居住本乡、镇、街道，户口在本乡、镇、街道		
	合计	男	女	小计	男	女
北　　京	**126235**	**68034**	**58201**	**46659**	**23624**	**23035**
东 城 区						
西 城 区						
朝 阳 区	2146	1128	1018	752	378	374
丰 台 区	1044	521	523	515	253	262
石景山区						
海 淀 区						
门头沟区	2987	1528	1459	1868	948	920
房 山 区	9005	4585	4420	6575	3326	3249
通 州 区	24722	13275	11447	7880	4007	3873
顺 义 区	14552	8133	6419	4758	2440	2318
昌 平 区	35908	19372	16536	6907	3429	3478
大 兴 区	15964	8964	7000	5690	2846	2844
怀 柔 区	4851	2717	2134	1823	919	904
平 谷 区	4909	2494	2415	3537	1844	1693
密 云 区	5401	2819	2582	3686	1874	1812
延 庆 区	4746	2498	2248	2668	1360	1308

1-2c 各地区分性别、

地　　区	人　口　数			居住本乡、镇、街道，户口在本乡、镇、街道		
	合计	男	女	小计	男	女
北　　京	**273784**	**149255**	**124529**	**167472**	**85636**	**81836**
东 城 区						
西 城 区						
朝 阳 区						
丰 台 区	1562	822	740	1166	593	573
石景山区						
海 淀 区	7874	4334	3540	3262	1602	1660
门头沟区	3168	1641	1527	2523	1278	1245
房 山 区	28893	15090	13803	22456	11490	10966
通 州 区	47594	26088	21506	28078	14256	13822
顺 义 区	45387	25392	19995	23268	12020	11248
昌 平 区	42202	23929	18273	15151	7622	7529
大 兴 区	36670	20627	16043	20459	10381	10078
怀 柔 区	10476	5497	4979	8287	4263	4024
平 谷 区	18198	9390	8808	16266	8505	7761
密 云 区	18351	9388	8963	15556	7898	7658
延 庆 区	13409	7057	6352	11000	5728	5272

户口登记状况的人口(镇)

单位：人

居住本乡、镇、街道，户口在外乡、镇、街道，离开户口登记地半年以上			居住本乡、镇、街道，户口待定			原住本乡、镇、街道，现在港澳台或国外工作学习		
小计	男	女	小计	男	女	小计	男	女
79028	**44127**	**34901**	**443**	**227**	**216**	**105**	**56**	**49**
1379	739	640	3	3		12	8	4
508	250	258	19	17	2	2	1	1
1113	576	537	4	3	1	2	1	1
2415	1250	1165	8	4	4	7	5	2
16787	9234	7553	46	30	16	9	4	5
9725	5660	4065	53	27	26	16	6	10
28698	15804	12894	258	114	144	45	25	20
10249	6105	4144	20	11	9	5	2	3
3021	1796	1225	7	2	5			
1355	639	716	16	10	6	1	1	
1703	938	765	6	4	2	6	3	3
2075	1136	939	3	2	1			

户口登记状况的人口(乡村)

单位：人

居住本乡、镇、街道，户口在外乡、镇、街道，离开户口登记地半年以上			居住本乡、镇、街道，户口待定			原住本乡、镇、街道，现在港澳台或国外工作学习		
小计	男	女	小计	男	女	小计	男	女
105411	**63061**	**42350**	**771**	**503**	**268**	**130**	**55**	**75**
396	229	167						
4590	2725	1865	10	4	6	12	3	9
642	362	280	2	1	1	1		1
6391	3575	2816	31	20	11	15	5	10
19439	11789	7650	56	35	21	21	8	13
22040	13333	8707	58	33	25	21	6	15
26547	15955	10592	491	347	144	13	5	8
16161	10223	5938	40	19	21	10	4	6
2164	1218	946	19	10	9	6	6	
1901	866	1035	20	10	10	11	9	2
2763	1477	1286	21	9	12	11	4	7
2377	1309	1068	23	15	8	9	5	4

1–3 各地区分年龄、性别的人口

单位：人

地　　区	合　　计			0岁		
	合计	男	女	小计	男	女
北　　京	**2090903**	**1061056**	**1029847**	**12595**	**6607**	**5988**
东 城 区	74443	35999	38444	466	249	217
西 城 区	117517	57244	60273	782	419	363
朝 阳 区	325656	160105	165551	1852	951	901
丰 台 区	204623	101429	103194	1123	620	503
石景山区	55888	27747	28141	360	203	157
海 淀 区	317203	158618	158585	1576	838	738
门头沟区	36275	18075	18200	257	126	131
房 山 区	120391	61175	59216	898	453	445
通 州 区	162210	83852	78358	1003	528	475
顺 义 区	126551	67668	58883	817	451	366
昌 平 区	214751	114714	100037	1142	550	592
大 兴 区	170510	90001	80509	1122	573	549
怀 柔 区	39348	20589	18759	291	141	150
平 谷 区	43903	22248	21655	326	184	142
密 云 区	50480	25454	25026	353	196	157
延 庆 区	31154	16138	15016	227	125	102

1–3　续表 1

单位：人

地　　区	1–4岁			5–9岁			10–14岁		
	小计	男	女	小计	男	女	小计	男	女
北　　京	**78754**	**40722**	**38032**	**87673**	**45847**	**41826**	**59879**	**31151**	**28728**
东 城 区	2678	1387	1291	4094	2136	1958	2746	1437	1309
西 城 区	4224	2129	2095	6910	3639	3271	4500	2327	2173
朝 阳 区	10835	5575	5260	13307	6840	6467	8714	4540	4174
丰 台 区	7058	3666	3392	7544	3978	3566	5449	2815	2634
石景山区	2043	1095	948	2152	1129	1023	1607	835	772
海 淀 区	10553	5520	5033	13980	7372	6608	10553	5584	4969
门头沟区	1410	707	703	1315	683	632	996	506	490
房 山 区	5578	2878	2700	5290	2773	2517	3537	1841	1696
通 州 区	6884	3597	3287	6929	3675	3254	4337	2260	2077
顺 义 区	5116	2635	2481	5085	2664	2421	3278	1711	1567
昌 平 区	7934	4113	3821	7347	3823	3524	4526	2366	2160
大 兴 区	7435	3810	3625	7027	3680	3347	4186	2142	2044
怀 柔 区	1490	768	722	1514	801	713	1268	642	626
平 谷 区	2160	1090	1070	1850	932	918	1372	676	696
密 云 区	2101	1089	1012	2163	1108	1055	1839	961	878
延 庆 区	1255	663	592	1166	614	552	971	508	463

1-3　续表 2　　单位：人

地　区	15–19岁			20–24岁			25–29岁		
	小计	男	女	小计	男	女	小计	男	女
北　京	**58182**	**30955**	**27227**	**121999**	**63206**	**58793**	**172444**	**88820**	**83624**
东城区	1620	831	789	2390	1198	1192	3902	1844	2058
西城区	2614	1401	1213	3973	1976	1997	6300	3063	3237
朝阳区	6957	3609	3348	15676	7348	8328	27128	12874	14254
丰台区	4338	2311	2027	9024	4452	4572	16254	7777	8477
石景山区	1394	778	616	2732	1473	1259	3870	1921	1949
海淀区	13504	6891	6613	30640	15625	15015	29059	15031	14028
门头沟区	764	417	347	1439	748	691	2560	1320	1240
房山区	3674	1906	1768	5889	3057	2832	7699	4028	3671
通州区	4194	2238	1956	8457	4400	4057	14375	7518	6857
顺义区	2829	1520	1309	6431	3445	2986	10889	5909	4980
昌平区	7024	3992	3032	18016	9989	8027	26347	14813	11534
大兴区	4932	2785	2147	10581	5801	4780	14954	7848	7106
怀柔区	928	460	468	2385	1356	1029	2486	1347	1139
平谷区	951	517	434	1383	763	620	2546	1338	1208
密云区	1325	703	622	1701	896	805	2690	1444	1246
延庆区	1134	596	538	1282	679	603	1385	745	640

1-3　续表 3　　单位：人

地　区	30–34岁			35–39岁			40–44岁		
	小计	男	女	小计	男	女	小计	男	女
北　京	**238038**	**122869**	**115169**	**210916**	**108605**	**102311**	**155841**	**81577**	**74264**
东城区	6340	2989	3351	7780	3697	4083	5897	2887	3010
西城区	9541	4600	4941	12455	5879	6576	10221	5030	5191
朝阳区	37758	18480	19278	35583	17743	17840	26209	13354	12855
丰台区	22901	11365	11536	20469	10324	10145	14987	7596	7391
石景山区	5564	2641	2923	5427	2648	2779	3986	2025	1961
海淀区	29862	15308	14554	29180	14358	14822	23945	11885	12060
门头沟区	3708	1877	1831	3092	1520	1572	2513	1278	1235
房山区	13925	7063	6862	11862	6194	5668	8075	4300	3775
通州区	20993	11015	9978	18360	9696	8664	12851	7045	5806
顺义区	17855	9787	8068	12922	7280	5642	9343	5267	4076
昌平区	29954	16794	13160	21603	11936	9667	14863	8270	6593
大兴区	23647	12696	10951	18782	10308	8474	12510	7061	5449
怀柔区	3560	1897	1663	3418	1820	1598	2630	1451	1179
平谷区	4987	2596	2391	3542	1891	1651	2551	1370	1181
密云区	4602	2266	2336	4185	2139	2046	3245	1707	1538
延庆区	2841	1495	1346	2256	1172	1084	2015	1051	964

1-3 续表 4

单位：人

地区	45-49岁			50-54岁			55-59岁		
	小计	男	女	小计	男	女	小计	男	女
北京	**153789**	**79885**	**73904**	**153949**	**79487**	**74462**	**158842**	**79929**	**78913**
东城区	5069	2493	2576	4794	2257	2537	6237	3101	3136
西城区	8448	4131	4317	7455	3701	3754	9131	4604	4527
朝阳区	24197	12326	11871	22731	11446	11285	24185	12069	12116
丰台区	14694	7448	7246	15140	7710	7430	17338	8745	8593
石景山区	3840	1895	1945	4152	2101	2051	4870	2444	2426
海淀区	23037	11401	11636	21421	10955	10466	20622	10421	10201
门头沟区	2772	1360	1412	3266	1625	1641	3626	1891	1735
房山区	9267	4871	4396	9539	4908	4631	9904	4939	4965
通州区	11409	6270	5139	11416	6014	5402	11093	5484	5609
顺义区	10400	5840	4560	10588	5872	4716	9677	5067	4610
昌平区	14552	7879	6673	14374	7483	6891	13800	6897	6903
大兴区	12911	7114	5797	12666	6964	5702	12319	6276	6043
怀柔区	3413	1801	1612	4010	2112	1898	3772	1945	1827
平谷区	3359	1718	1641	3762	1945	1817	4100	1984	2116
密云区	3794	1948	1846	5317	2633	2684	5148	2524	2624
延庆区	2627	1390	1237	3318	1761	1557	3020	1538	1482

1-3 续表 5

单位：人

地区	60-64岁			65-69岁			70-74岁		
	小计	男	女	小计	男	女	小计	男	女
北京	**139906**	**67919**	**71987**	**120793**	**57405**	**63388**	**66649**	**31529**	**35120**
东城区	6590	3165	3425	5632	2724	2908	3001	1427	1574
西城区	9561	4571	4990	8719	4085	4634	4579	2227	2352
朝阳区	21745	10559	11186	19750	9195	10555	10814	5061	5753
丰台区	16174	7782	8392	13470	6404	7066	7356	3563	3793
石景山区	4706	2306	2400	3892	1877	2015	1950	928	1022
海淀区	17707	8494	9213	15628	7300	8328	8770	4010	4760
门头沟区	2996	1479	1517	2399	1172	1227	1345	640	705
房山区	8619	4188	4431	7582	3668	3914	4177	1955	2222
通州区	9950	4767	5183	9305	4370	4935	5117	2467	2650
顺义区	7278	3662	3616	6247	2997	3250	3585	1679	1906
昌平区	11710	5653	6057	9466	4536	4930	5230	2506	2724
大兴区	9817	4804	5013	7894	3760	4134	4347	1997	2350
怀柔区	2897	1463	1434	2251	1101	1150	1225	594	631
平谷区	3506	1734	1772	3121	1535	1586	1944	902	1042
密云区	4178	2057	2121	3275	1637	1638	1872	901	971
延庆区	2472	1235	1237	2162	1044	1118	1337	672	665

1-3　续表 6　　　　单位：人

地　区	75-79岁			80-84岁			85-89岁		
	小计	男	女	小计	男	女	小计	男	女
北　京	**40749**	**18267**	**22482**	**33622**	**14683**	**18939**	**19118**	**8491**	**10627**
东 城 区	1777	816	961	1750	676	1074	1143	482	661
西 城 区	2663	1226	1437	2679	1040	1639	1897	819	1078
朝 阳 区	7124	3189	3935	6340	2774	3566	3530	1599	1931
丰 台 区	4284	1887	2397	3923	1636	2287	2317	1013	1304
石景山区	1221	532	689	1141	486	655	720	310	410
海 淀 区	6266	2620	3646	6131	2770	3361	3466	1625	1841
门头沟区	762	311	451	618	243	375	318	128	190
房 山 区	2406	1032	1374	1515	659	856	740	363	377
通 州 区	2728	1269	1459	1659	778	881	794	340	454
顺 义 区	2114	990	1124	1226	556	670	638	257	381
昌 平 区	3054	1424	1630	2198	965	1233	1188	540	648
大 兴 区	2477	1085	1392	1704	781	923	875	374	501
怀 柔 区	794	413	381	566	275	291	354	166	188
平 谷 区	1125	513	612	770	354	416	393	149	244
密 云 区	1202	584	618	859	409	450	455	185	270
延 庆 区	752	376	376	543	281	262	290	141	149

1-3　续表 7　　　　单位：人

地　区	90-94岁			95-99岁			100岁及以上		
	小计	男	女	小计	男	女	小计	男	女
北　京	**5995**	**2633**	**3362**	**1076**	**439**	**637**	**94**	**30**	**64**
东 城 区	436	164	272	94	37	57	7	2	5
西 城 区	712	305	407	140	66	74	13	6	7
朝 阳 区	1020	502	518	182	70	112	19	1	18
丰 台 区	648	283	365	118	49	69	14	5	9
石景山区	221	105	116	35	12	23	5	3	2
海 淀 区	1086	517	569	202	83	119	15	10	5
门头沟区	106	37	69	13	7	6			
房 山 区	184	88	96	29	11	18	2		2
通 州 区	299	98	201	49	22	27	8	1	7
顺 义 区	203	74	129	30	5	25			
昌 平 区	351	157	194	67	28	39	5		5
大 兴 区	274	122	152	47	19	28	3	1	2
怀 柔 区	81	29	52	14	7	7	1		1
平 谷 区	135	52	83	18	4	14	2	1	1
密 云 区	152	58	94	24	9	15			
延 庆 区	87	42	45	14	10	4			

1-3a 各地区分年龄、性别的人口(城市)

单位：人

地 区	合 计			0岁		
	合计	男	女	小计	男	女
北 京	**1690884**	**843767**	**847117**	**9789**	**5133**	**4656**
东城区	74443	35999	38444	466	249	217
西城区	117517	57244	60273	782	419	363
朝阳区	323510	158977	164533	1842	943	899
丰台区	202017	100086	101931	1102	610	492
石景山区	55888	27747	28141	360	203	157
海淀区	309329	154284	155045	1534	819	715
门头沟区	30120	14906	15214	214	102	112
房山区	82493	41500	40993	553	280	273
通州区	89894	44489	45405	494	252	242
顺义区	66612	34143	32469	430	227	203
昌平区	136641	71413	65228	714	347	367
大兴区	117876	60410	57466	694	369	325
怀柔区	24021	12375	11646	186	81	105
平谷区	20796	10364	10432	137	77	60
密云区	26728	13247	13481	203	112	91
延庆区	12999	6583	6416	78	43	35

1-3a 续表 1

单位：人

地 区	1-4岁			5-9岁			10-14岁		
	小计	男	女	小计	男	女	小计	男	女
北 京	**63444**	**32862**	**30582**	**74441**	**38956**	**35485**	**50565**	**26391**	**24174**
东城区	2678	1387	1291	4094	2136	1958	2746	1437	1309
西城区	4224	2129	2095	6910	3639	3271	4500	2327	2173
朝阳区	10775	5547	5228	13250	6809	6441	8691	4525	4166
丰台区	6947	3612	3335	7418	3914	3504	5378	2786	2592
石景山区	2043	1095	948	2152	1129	1023	1607	835	772
海淀区	10283	5377	4906	13684	7217	6467	10357	5487	4870
门头沟区	1239	625	614	1177	621	556	850	434	416
房山区	3932	2030	1902	3862	2049	1813	2430	1272	1158
通州区	3848	2005	1843	4363	2338	2025	2725	1431	1294
顺义区	3027	1572	1455	3286	1716	1570	2013	1048	965
昌平区	5296	2775	2521	5015	2616	2399	3063	1603	1460
大兴区	5200	2675	2525	5206	2711	2495	3025	1555	1470
怀柔区	1002	523	479	1050	549	501	842	433	409
平谷区	1040	511	529	977	501	476	754	376	378
密云区	1337	691	646	1426	715	711	1074	567	507
延庆区	573	308	265	571	296	275	510	275	235

1-3a　续表 2　　单位：人

地　区	15-19岁			20-24岁			25-29岁		
	小计	男	女	小计	男	女	小计	男	女
北　京	**48902**	**25654**	**23248**	**101188**	**51362**	**49826**	**142408**	**71742**	**70666**
东城区	1620	831	789	2390	1198	1192	3902	1844	2058
西城区	2614	1401	1213	3973	1976	1997	6300	3063	3237
朝阳区	6925	3585	3340	15492	7275	8217	26889	12760	14129
丰台区	4247	2264	1983	8905	4381	4524	16078	7688	8390
石景山区	1394	778	616	2732	1473	1259	3870	1921	1949
海淀区	13320	6802	6518	30275	15422	14853	28422	14676	13746
门头沟区	658	353	305	1235	641	594	2253	1155	1098
房山区	3037	1550	1487	4690	2407	2283	5653	2929	2724
通州区	2500	1247	1253	4960	2415	2545	8157	4010	4147
顺义区	1600	832	768	3573	1837	1736	6375	3300	3075
昌平区	4455	2548	1907	12026	6484	5542	18357	10101	8256
大兴区	3766	2085	1681	7628	4101	3527	10756	5477	5279
怀柔区	702	321	381	1067	592	475	1718	891	827
平谷区	607	343	264	734	387	347	1353	697	656
密云区	877	444	433	1011	517	494	1667	873	794
延庆区	580	270	310	497	256	241	658	357	301

1-3a　续表 3　　单位：人

地　区	30-34岁			35-39岁			40-44岁		
	小计	男	女	小计	男	女	小计	男	女
北　京	**189659**	**95259**	**94400**	**175602**	**88162**	**87440**	**129473**	**66272**	**63201**
东城区	6340	2989	3351	7780	3697	4083	5897	2887	3010
西城区	9541	4600	4941	12455	5879	6576	10221	5030	5191
朝阳区	37480	18334	19146	35396	17649	17747	26091	13280	12811
丰台区	22601	11206	11395	20232	10200	10032	14791	7492	7299
石景山区	5564	2641	2923	5427	2648	2779	3986	2025	1961
海淀区	28964	14785	14179	28401	13917	14484	23359	11527	11832
门头沟区	3313	1666	1647	2737	1345	1392	2160	1087	1073
房山区	9917	4918	4999	8896	4572	4324	5767	3063	2704
通州区	10948	5314	5634	11022	5509	5513	7625	4001	3624
顺义区	9644	4942	4702	7485	3975	3510	4977	2652	2325
昌平区	19521	10715	8806	13928	7397	6531	9403	5096	4307
大兴区	16477	8458	8019	13606	7184	6422	8787	4776	4011
怀柔区	2515	1327	1188	2443	1277	1166	1853	1008	845
平谷区	2570	1292	1278	1973	1022	951	1469	759	710
密云区	2965	1396	1569	2678	1335	1343	2044	1056	988
延庆区	1299	676	623	1143	556	587	1043	533	510

1-3a 续表 4

单位：人

地区	45-49岁			50-54岁			55-59岁		
	小计	男	女	小计	男	女	小计	男	女
北　京	**121483**	**61698**	**59785**	**116822**	**58829**	**57993**	**123000**	**61030**	**61970**
东 城 区	5069	2493	2576	4794	2257	2537	6237	3101	3136
西 城 区	8448	4131	4317	7455	3701	3754	9131	4604	4527
朝 阳 区	24053	12237	11816	22565	11350	11215	24008	11969	12039
丰 台 区	14514	7337	7177	14910	7579	7331	17110	8626	8484
石景山区	3840	1895	1945	4152	2101	2051	4870	2444	2426
海 淀 区	22383	11040	11343	20692	10519	10173	19918	10040	9878
门头沟区	2241	1097	1144	2553	1250	1303	2837	1467	1370
房 山 区	6081	3112	2969	5961	2994	2967	6054	2912	3142
通 州 区	5857	3072	2785	5305	2615	2690	5591	2641	2950
顺 义 区	5118	2778	2340	4821	2539	2282	4453	2177	2276
昌 平 区	8226	4330	3896	7756	3809	3947	8045	3844	4201
大 兴 区	8290	4401	3889	7800	4066	3734	7816	3793	4023
怀 柔 区	2253	1177	1076	2442	1266	1176	2024	1032	992
平 谷 区	1809	906	903	1688	844	844	1661	793	868
密 云 区	2069	1049	1020	2568	1234	1334	2221	1066	1155
延 庆 区	1232	643	589	1360	705	655	1024	521	503

1-3a 续表 5

单位：人

地区	60-64岁			65-69岁			70-74岁		
	小计	男	女	小计	男	女	小计	男	女
北　京	**111923**	**53669**	**58254**	**97001**	**45697**	**51304**	**52424**	**24662**	**27762**
东 城 区	6590	3165	3425	5632	2724	2908	3001	1427	1574
西 城 区	9561	4571	4990	8719	4085	4634	4579	2227	2352
朝 阳 区	21623	10488	11135	19646	9147	10499	10751	5031	5720
丰 台 区	16019	7710	8309	13300	6327	6973	7285	3530	3755
石景山区	4706	2306	2400	3892	1877	2015	1950	928	1022
海 淀 区	17166	8209	8957	15215	7087	8128	8524	3887	4637
门头沟区	2373	1138	1235	1908	923	985	969	452	517
房 山 区	5471	2631	2840	4697	2281	2416	2427	1119	1308
通 州 区	5488	2550	2938	5200	2402	2798	2849	1357	1492
顺 义 区	3384	1610	1774	2907	1350	1557	1675	756	919
昌 平 区	7301	3417	3884	6015	2819	3196	3370	1602	1768
大 兴 区	6856	3268	3588	5526	2587	2939	2821	1305	1516
怀 柔 区	1518	754	764	1140	543	597	493	234	259
平 谷 区	1290	616	674	1141	558	583	712	313	399
密 云 区	1730	832	898	1366	663	703	605	293	312
延 庆 区	847	404	443	697	324	373	413	201	212

1-3a　续表 6　　单位：人

地　区	75-79岁			80-84岁			85-89岁		
	小计	男	女	小计	男	女	小计	男	女
北　京	**32288**	**14326**	**17962**	**28296**	**12184**	**16112**	**16104**	**7184**	**8920**
东城区	1777	816	961	1750	676	1074	1143	482	661
西城区	2663	1226	1437	2679	1040	1639	1897	819	1078
朝阳区	7063	3164	3899	6265	2742	3523	3497	1578	1919
丰台区	4227	1864	2363	3889	1624	2265	2288	1000	1288
石景山区	1221	532	689	1141	486	655	720	310	410
海淀区	6139	2570	3569	6029	2725	3304	3383	1579	1804
门头沟区	569	226	343	499	201	298	237	90	147
房山区	1411	624	787	992	424	568	514	265	249
通州区	1430	651	779	943	428	515	412	181	231
顺义区	914	424	490	568	259	309	261	113	148
昌平区	1926	907	1019	1376	623	753	624	279	345
大兴区	1602	701	901	1197	531	666	597	261	336
怀柔区	353	172	181	231	106	125	150	70	80
平谷区	396	174	222	285	119	166	158	61	97
密云区	390	179	211	290	132	158	149	63	86
延庆区	207	96	111	162	68	94	74	33	41

1-3a　续表 7　　单位：人

地　区	90-94岁			95-99岁			100岁及以上		
	小计	男	女	小计	男	女	小计	男	女
北　京	**5055**	**2275**	**2780**	**932**	**390**	**542**	**85**	**30**	**55**
东城区	436	164	272	94	37	57	7	2	5
西城区	712	305	407	140	66	74	13	6	7
朝阳区	1007	493	514	182	70	112	19	1	18
丰台区	647	282	365	116	49	67	13	5	8
石景山区	221	105	116	35	12	23	5	3	2
海淀区	1065	507	558	201	82	119	15	10	5
门头沟区	90	28	62	8	5	3			
房山区	124	58	66	23	10	13	1		1
通州区	146	55	91	27	14	13	4	1	3
顺义区	87	34	53	14	2	12			
昌平区	184	84	100	36	17	19	4		4
大兴区	188	90	98	35	15	20	3	1	2
怀柔区	35	15	20	4	4				
平谷区	35	13	22	6	1	5	1	1	
密云区	51	28	23	7	2	5			
延庆区	27	14	13	4	4				

1-3b 各地区分年龄、性别的人口(镇)

单位：人

地区	合计			0岁		
	合计	男	女	小计	男	女
北京	**126235**	**68034**	**58201**	**802**	**434**	**368**
东城区						
西城区						
朝阳区	2146	1128	1018	10	8	2
丰台区	1044	521	523	8	3	5
石景山区						
海淀区						
门头沟区	2987	1528	1459	21	12	9
房山区	9005	4585	4420	81	41	40
通州区	24722	13275	11447	160	92	68
顺义区	14552	8133	6419	84	52	32
昌平区	35908	19372	16536	200	94	106
大兴区	15964	8964	7000	103	56	47
怀柔区	4851	2717	2134	28	15	13
平谷区	4909	2494	2415	34	19	15
密云区	5401	2819	2582	34	20	14
延庆区	4746	2498	2248	39	22	17

1-3b 续表 1

单位：人

地区	1-4岁			5-9岁			10-14岁		
	小计	男	女	小计	男	女	小计	男	女
北京	**4917**	**2481**	**2436**	**4376**	**2281**	**2095**	**2825**	**1458**	**1367**
东城区									
西城区									
朝阳区	60	28	32	57	31	26	23	15	8
丰台区	40	16	24	39	18	21	31	12	19
石景山区									
海淀区									
门头沟区	102	47	55	76	32	44	84	44	40
房山区	384	203	181	366	182	184	261	129	132
通州区	1005	506	499	926	486	440	530	277	253
顺义区	500	243	257	424	222	202	319	170	149
昌平区	1326	662	664	1207	632	575	670	354	316
大兴区	661	336	325	542	282	260	343	171	172
怀柔区	149	73	76	150	85	65	117	57	60
平谷区	279	142	137	209	106	103	138	78	60
密云区	198	111	87	185	104	81	195	100	95
延庆区	213	114	99	195	101	94	114	51	63

1–3b　续表 2

单位：人

地　区	15–19岁			20–24岁			25–29岁		
	小计	男	女	小计	男	女	小计	男	女
北　京	**3464**	**1934**	**1530**	**9046**	**4950**	**4096**	**11316**	**6295**	**5021**
东城区									
西城区									
朝阳区	32	24	8	184	73	111	239	114	125
丰台区	19	11	8	62	37	25	91	47	44
石景山区									
海淀区									
门头沟区	50	31	19	99	51	48	191	95	96
房山区	129	73	56	284	154	130	465	244	221
通州区	741	414	327	1626	902	724	2683	1512	1171
顺义区	458	221	237	986	534	452	1337	754	583
昌平区	1033	562	471	2799	1539	1260	3852	2189	1663
大兴区	411	240	171	1299	704	595	1439	787	652
怀柔区	53	32	21	993	563	430	332	202	130
平谷区	92	48	44	128	73	55	274	138	136
密云区	105	65	40	159	93	66	212	115	97
延庆区	341	213	128	427	227	200	201	98	103

1–3b　续表 3

单位：人

地　区	30–34岁			35–39岁			40–44岁		
	小计	男	女	小计	男	女	小计	男	女
北　京	**16429**	**9162**	**7267**	**12499**	**7081**	**5418**	**8727**	**4999**	**3728**
东城区									
西城区									
朝阳区	278	146	132	187	94	93	118	74	44
丰台区	117	63	54	95	48	47	75	37	38
石景山区									
海淀区									
门头沟区	230	118	112	185	94	91	176	91	85
房山区	886	439	447	675	366	309	501	254	247
通州区	3821	2120	1701	2900	1606	1294	1881	1054	827
顺义区	2048	1221	827	1419	850	569	1154	688	466
昌平区	4877	2766	2111	3859	2199	1660	2669	1518	1151
大兴区	2197	1264	933	1650	977	673	1097	682	415
怀柔区	390	210	180	369	223	146	257	160	97
平谷区	659	336	323	384	203	181	264	154	110
密云区	440	232	208	405	210	195	322	181	141
延庆区	486	247	239	371	211	160	213	106	107

1-3b 续表 4

单位：人

地区	45-49岁			50-54岁			55-59岁		
	小计	男	女	小计	男	女	小计	男	女
北京	**9591**	**5342**	**4249**	**10436**	**5838**	**4598**	**9776**	**5166**	**4610**
东城区									
西城区									
朝阳区	144	89	55	166	96	70	177	100	77
丰台区	72	45	27	93	49	44	86	41	45
石景山区									
海淀区									
门头沟区	261	138	123	366	193	173	370	197	173
房山区	765	408	357	908	491	417	949	487	462
通州区	1603	890	713	1680	893	787	1577	815	762
顺义区	1322	750	572	1312	768	544	1074	621	453
昌平区	2762	1519	1243	2686	1473	1213	2395	1226	1169
大兴区	1279	761	518	1336	827	509	1245	709	536
怀柔区	382	217	165	449	266	183	408	229	179
平谷区	312	165	147	395	220	175	483	223	260
密云区	388	204	184	616	321	295	606	304	302
延庆区	301	156	145	429	241	188	406	214	192

1-3b 续表 5

单位：人

地区	60-64岁			65-69岁			70-74岁		
	小计	男	女	小计	男	女	小计	男	女
北京	**7687**	**3817**	**3870**	**6221**	**3056**	**3165**	**3514**	**1679**	**1835**
东城区									
西城区									
朝阳区	122	71	51	104	48	56	63	30	33
丰台区	54	28	26	78	32	46	22	9	13
石景山区									
海淀区									
门头沟区	268	139	129	185	101	84	153	75	78
房山区	775	384	391	668	323	345	428	204	224
通州区	1369	673	696	1070	497	573	591	291	300
顺义区	769	400	369	587	281	306	329	166	163
昌平区	1979	940	1039	1609	794	815	798	386	412
大兴区	851	454	397	650	327	323	397	175	222
怀柔区	263	137	126	207	105	102	119	53	66
平谷区	406	190	216	350	181	169	207	93	114
密云区	500	253	247	406	214	192	233	109	124
延庆区	331	148	183	307	153	154	174	88	86

1–3b　续表 6　　单位：人

地　区	75–79岁			80–84岁			85–89岁		
	小计	男	女	小计	男	女	小计	男	女
北　京	**2038**	**923**	**1115**	**1450**	**635**	**815**	**827**	**383**	**444**
东城区									
西城区									
朝阳区	61	25	36	75	32	43	33	21	12
丰台区	17	9	8	20	6	14	21	9	12
石景山区									
海淀区									
门头沟区	70	30	40	53	16	37	39	21	18
房山区	240	97	143	161	68	93	62	29	33
通州区	276	126	150	160	69	91	73	35	38
顺义区	207	103	104	131	52	79	69	27	42
昌平区	458	199	259	363	153	210	269	127	142
大兴区	225	101	124	134	60	74	76	36	40
怀柔区	86	44	42	61	30	31	35	16	19
平谷区	134	62	72	97	42	55	45	15	30
密云区	171	77	94	132	69	63	70	31	39
延庆区	93	50	43	63	38	25	35	16	19

1–3b　续表 7　　单位：人

地　区	90–94岁			95–99岁			100岁及以上		
	小计	男	女	小计	男	女	小计	男	女
北　京	**254**	**107**	**147**	**36**	**13**	**23**	**4**		**4**
东城区									
西城区									
朝阳区	13	9	4						
丰台区	1	1		2		2	1		1
石景山区									
海淀区									
门头沟区	6	3	3	2		2			
房山区	16	9	7	1		1			
通州区	42	12	30	7	5	2	1		1
顺义区	21	10	11	2		2			
昌平区	82	35	47	14	5	9	1		1
大兴区	26	13	13	3	2	1			
怀柔区	3		3						
平谷区	17	6	11	1		1	1		1
密云区	21	6	15	3		3			
延庆区	6	3	3	1	1				

1−3c 各地区分年龄、性别的人口(乡村)

单位：人

地　　区	合　　计			0岁		
	合计	男	女	小计	男	女
北　　京	**273784**	**149255**	**124529**	**2004**	**1040**	**964**
东 城 区						
西 城 区						
朝 阳 区						
丰 台 区	1562	822	740	13	7	6
石景山区						
海 淀 区	7874	4334	3540	42	19	23
门头沟区	3168	1641	1527	22	12	10
房 山 区	28893	15090	13803	264	132	132
通 州 区	47594	26088	21506	349	184	165
顺 义 区	45387	25392	19995	303	172	131
昌 平 区	42202	23929	18273	228	109	119
大 兴 区	36670	20627	16043	325	148	177
怀 柔 区	10476	5497	4979	77	45	32
平 谷 区	18198	9390	8808	155	88	67
密 云 区	18351	9388	8963	116	64	52
延 庆 区	13409	7057	6352	110	60	50

1−3c 续表 1

单位：人

地　　区	1−4岁			5−9岁			10−14岁		
	小计	男	女	小计	男	女	小计	男	女
北　　京	**10393**	**5379**	**5014**	**8856**	**4610**	**4246**	**6489**	**3302**	**3187**
东 城 区									
西 城 区									
朝 阳 区									
丰 台 区	71	38	33	87	46	41	40	17	23
石景山区									
海 淀 区	270	143	127	296	155	141	196	97	99
门头沟区	69	35	34	62	30	32	62	28	34
房 山 区	1262	645	617	1062	542	520	846	440	406
通 州 区	2031	1086	945	1640	851	789	1082	552	530
顺 义 区	1589	820	769	1375	726	649	946	493	453
昌 平 区	1312	676	636	1125	575	550	793	409	384
大 兴 区	1574	799	775	1279	687	592	818	416	402
怀 柔 区	339	172	167	314	167	147	309	152	157
平 谷 区	841	437	404	664	325	339	480	222	258
密 云 区	566	287	279	552	289	263	570	294	276
延 庆 区	469	241	228	400	217	183	347	182	165

1-3c　续表 2　　单位：人

地　区	15-19岁			20-24岁			25-29岁		
	小计	男	女	小计	男	女	小计	男	女
北　京	**5816**	**3367**	**2449**	**11765**	**6894**	**4871**	**18720**	**10783**	**7937**
东城区									
西城区									
朝阳区									
丰台区	72	36	36	57	34	23	85	42	43
石景山区									
海淀区	184	89	95	365	203	162	637	355	282
门头沟区	56	33	23	105	56	49	116	70	46
房山区	508	283	225	915	496	419	1581	855	726
通州区	953	577	376	1871	1083	788	3535	1996	1539
顺义区	771	467	304	1872	1074	798	3177	1855	1322
昌平区	1536	882	654	3191	1966	1225	4138	2523	1615
大兴区	755	460	295	1654	996	658	2759	1584	1175
怀柔区	173	107	66	325	201	124	436	254	182
平谷区	252	126	126	521	303	218	919	503	416
密云区	343	194	149	531	286	245	811	456	355
延庆区	213	113	100	358	196	162	526	290	236

1-3c　续表 3　　单位：人

地　区	30-34岁			35-39岁			40-44岁		
	小计	男	女	小计	男	女	小计	男	女
北　京	**31950**	**18448**	**13502**	**22815**	**13362**	**9453**	**17641**	**10306**	**7335**
东城区									
西城区									
朝阳区									
丰台区	183	96	87	142	76	66	121	67	54
石景山区									
海淀区	898	523	375	779	441	338	586	358	228
门头沟区	165	93	72	170	81	89	177	100	77
房山区	3122	1706	1416	2291	1256	1035	1807	983	824
通州区	6224	3581	2643	4438	2581	1857	3345	1990	1355
顺义区	6163	3624	2539	4018	2455	1563	3212	1927	1285
昌平区	5556	3313	2243	3816	2340	1476	2791	1656	1135
大兴区	4973	2974	1999	3526	2147	1379	2626	1603	1023
怀柔区	655	360	295	606	320	286	520	283	237
平谷区	1758	968	790	1185	666	519	818	457	361
密云区	1197	638	559	1102	594	508	879	470	409
延庆区	1056	572	484	742	405	337	759	412	347

1-3c 续表 4

单位：人

地区	45-49岁			50-54岁			55-59岁		
	小计	男	女	小计	男	女	小计	男	女
北京	**22715**	**12845**	**9870**	**26691**	**14820**	**11871**	**26066**	**13733**	**12333**
东城区									
西城区									
朝阳区									
丰台区	108	66	42	137	82	55	142	78	64
石景山区									
海淀区	654	361	293	729	436	293	704	381	323
门头沟区	270	125	145	347	182	165	419	227	192
房山区	2421	1351	1070	2670	1423	1247	2901	1540	1361
通州区	3949	2308	1641	4431	2506	1925	3925	2028	1897
顺义区	3960	2312	1648	4455	2565	1890	4150	2269	1881
昌平区	3564	2030	1534	3932	2201	1731	3360	1827	1533
大兴区	3342	1952	1390	3530	2071	1459	3258	1774	1484
怀柔区	778	407	371	1119	580	539	1340	684	656
平谷区	1238	647	591	1679	881	798	1956	968	988
密云区	1337	695	642	2133	1078	1055	2321	1154	1167
延庆区	1094	591	503	1529	815	714	1590	803	787

1-3c 续表 5

单位：人

地区	60-64岁			65-69岁			70-74岁		
	小计	男	女	小计	男	女	小计	男	女
北京	**20296**	**10433**	**9863**	**17571**	**8652**	**8919**	**10711**	**5188**	**5523**
东城区									
西城区									
朝阳区									
丰台区	101	44	57	92	45	47	49	24	25
石景山区									
海淀区	541	285	256	413	213	200	246	123	123
门头沟区	355	202	153	306	148	158	223	113	110
房山区	2373	1173	1200	2217	1064	1153	1322	632	690
通州区	3093	1544	1549	3035	1471	1564	1677	819	858
顺义区	3125	1652	1473	2753	1366	1387	1581	757	824
昌平区	2430	1296	1134	1842	923	919	1062	518	544
大兴区	2110	1082	1028	1718	846	872	1129	517	612
怀柔区	1116	572	544	904	453	451	613	307	306
平谷区	1810	928	882	1630	796	834	1025	496	529
密云区	1948	972	976	1503	760	743	1034	499	535
延庆区	1294	683	611	1158	567	591	750	383	367

1-3c 续表 6 单位：人

地　区	75-79岁			80-84岁			85-89岁		
	小计	男	女	小计	男	女	小计	男	女
北　京	**6423**	**3018**	**3405**	**3876**	**1864**	**2012**	**2187**	**924**	**1263**
东城区									
西城区									
朝阳区									
丰台区	40	14	26	14	6	8	8	4	4
石景山区									
海淀区	127	50	77	102	45	57	83	46	37
门头沟区	123	55	68	66	26	40	42	17	25
房山区	755	311	444	362	167	195	164	69	95
通州区	1022	492	530	556	281	275	309	124	185
顺义区	993	463	530	527	245	282	308	117	191
昌平区	670	318	352	459	189	270	295	134	161
大兴区	650	283	367	373	190	183	202	77	125
怀柔区	355	197	158	274	139	135	169	80	89
平谷区	595	277	318	388	193	195	190	73	117
密云区	641	328	313	437	208	229	236	91	145
延庆区	452	230	222	318	175	143	181	92	89

1-3c 续表 7 单位：人

地　区	90-94岁			95-99岁			100岁及以上		
	小计	男	女	小计	男	女	小计	男	女
北　京	**686**	**251**	**435**	**108**	**36**	**72**	**5**		**5**
东城区									
西城区									
朝阳区									
丰台区									
石景山区									
海淀区	21	10	11	1	1				
门头沟区	10	6	4	3	2	1			
房山区	44	21	23	5	1	4	1		1
通州区	111	31	80	15	3	12	3		3
顺义区	95	30	65	14	3	11			
昌平区	85	38	47	17	6	11			
大兴区	60	19	41	9	2	7			
怀柔区	43	14	29	10	3	7	1		1
平谷区	83	33	50	11	3	8			
密云区	80	24	56	14	7	7			
延庆区	54	25	29	9	5	4			

1–4 全市分年龄、性别的人口

单位：人、%

年 龄	人口数			占总人口比重			性别比
	合计	男	女	合计	男	女	(女=100)
总 计	**2090903**	**1061056**	**1029847**	**100.00**	**50.75**	**49.25**	**103.03**
0–4岁	**91349**	**47329**	**44020**	**4.37**	**2.26**	**2.11**	**107.52**
0	12595	6607	5988	0.60	0.32	0.29	110.34
1	17491	9036	8455	0.84	0.43	0.40	106.87
2	17974	9343	8631	0.86	0.45	0.41	108.25
3	22171	11376	10795	1.06	0.54	0.52	105.38
4	21118	10967	10151	1.01	0.52	0.49	108.04
5–9岁	**87673**	**45847**	**41826**	**4.19**	**2.19**	**2.00**	**109.61**
5	15948	8384	7564	0.76	0.40	0.36	110.84
6	21070	10971	10099	1.01	0.52	0.48	108.63
7	17146	8927	8219	0.82	0.43	0.39	108.61
8	18294	9664	8630	0.87	0.46	0.41	111.98
9	15215	7901	7314	0.73	0.38	0.35	108.03
10–14岁	**59879**	**31151**	**28728**	**2.86**	**1.49**	**1.37**	**108.43**
10	12675	6606	6069	0.61	0.32	0.29	108.85
11	13442	7014	6428	0.64	0.34	0.31	109.12
12	12115	6274	5841	0.58	0.30	0.28	107.41
13	12140	6298	5842	0.58	0.30	0.28	107.81
14	9507	4959	4548	0.45	0.24	0.22	109.04
15–19岁	**58182**	**30955**	**27227**	**2.78**	**1.48**	**1.30**	**113.69**
15	8660	4566	4094	0.41	0.22	0.20	111.53
16	9220	4897	4323	0.44	0.23	0.21	113.28
17	8576	4640	3936	0.41	0.22	0.19	117.89
18	13428	7160	6268	0.64	0.34	0.30	114.23
19	18298	9692	8606	0.88	0.46	0.41	112.62
20–24岁	**121999**	**63206**	**58793**	**5.83**	**3.02**	**2.81**	**107.51**
20	21578	11414	10164	1.03	0.55	0.49	112.30
21	21308	10975	10333	1.02	0.52	0.49	106.21
22	22786	12023	10763	1.09	0.58	0.51	111.71
23	27011	13926	13085	1.29	0.67	0.63	106.43
24	29316	14868	14448	1.40	0.71	0.69	102.91
25–29岁	**172444**	**88820**	**83624**	**8.25**	**4.25**	**4.00**	**106.21**
25	31885	16312	15573	1.52	0.78	0.74	104.75
26	32808	16765	16043	1.57	0.80	0.77	104.50
27	35236	18197	17039	1.69	0.87	0.81	106.80
28	35921	18631	17290	1.72	0.89	0.83	107.76
29	36594	18915	17679	1.75	0.90	0.85	106.99

1-4 续表 1 单位：人、%

年 龄	人 口 数			占总人口比重			性别比
	合计	男	女	合计	男	女	(女=100)
30-34岁	**238038**	**122869**	**115169**	**11.38**	**5.88**	**5.51**	**106.69**
30	47466	24774	22692	2.27	1.18	1.09	109.18
31	47978	24906	23072	2.29	1.19	1.10	107.95
32	47633	24483	23150	2.28	1.17	1.11	105.76
33	50293	25885	24408	2.41	1.24	1.17	106.05
34	44668	22821	21847	2.14	1.09	1.04	104.46
35-39岁	**210916**	**108605**	**102311**	**10.09**	**5.19**	**4.89**	**106.15**
35	39269	20141	19128	1.88	0.96	0.91	105.30
36	40927	21142	19785	1.96	1.01	0.95	106.86
37	42768	22002	20766	2.05	1.05	0.99	105.95
38	48619	25001	23618	2.33	1.20	1.13	105.86
39	39333	20319	19014	1.88	0.97	0.91	106.86
40-44岁	**155841**	**81577**	**74264**	**7.45**	**3.90**	**3.55**	**109.85**
40	35679	18581	17098	1.71	0.89	0.82	108.67
41	34633	18050	16583	1.66	0.86	0.79	108.85
42	31811	16759	15052	1.52	0.80	0.72	111.34
43	26789	14131	12658	1.28	0.68	0.61	111.64
44	26929	14056	12873	1.29	0.67	0.62	109.19
45-49岁	**153789**	**79885**	**73904**	**7.36**	**3.82**	**3.53**	**108.09**
45	26109	13474	12635	1.25	0.64	0.60	106.64
46	29297	15241	14056	1.40	0.73	0.67	108.43
47	32145	16618	15527	1.54	0.79	0.74	107.03
48	32807	17181	15626	1.57	0.82	0.75	109.95
49	33431	17371	16060	1.60	0.83	0.77	108.16
50-54岁	**153949**	**79487**	**74462**	**7.36**	**3.80**	**3.56**	**106.75**
50	34406	17854	16552	1.65	0.85	0.79	107.87
51	32417	16847	15570	1.55	0.81	0.74	108.20
52	34014	17582	16432	1.63	0.84	0.79	107.00
53	24814	12702	12112	1.19	0.61	0.58	104.87
54	28298	14502	13796	1.35	0.69	0.66	105.12
55-59岁	**158842**	**79929**	**78913**	**7.60**	**3.82**	**3.77**	**101.29**
55	29816	15173	14643	1.43	0.73	0.70	103.62
56	34094	17271	16823	1.63	0.83	0.80	102.66
57	43367	21813	21554	2.07	1.04	1.03	101.20
58	30291	15166	15125	1.45	0.73	0.72	100.27
59	21274	10506	10768	1.02	0.50	0.51	97.57
60-64岁	**139906**	**67919**	**71987**	**6.69**	**3.25**	**3.44**	**94.35**
60	28042	13886	14156	1.34	0.66	0.68	98.09
61	25078	12142	12936	1.20	0.58	0.62	93.86
62	28605	13941	14664	1.37	0.67	0.70	95.07
63	30364	14639	15725	1.45	0.70	0.75	93.09
64	27817	13311	14506	1.33	0.64	0.69	91.76

1-4 续表 2 单位：人、%

年 龄	人口数			占总人口比重			性别比
	合计	男	女	合计	男	女	(女=100)
65-69岁	**120793**	**57405**	**63388**	**5.78**	**2.75**	**3.03**	**90.56**
65	27971	13401	14570	1.34	0.64	0.70	91.98
66	27420	12967	14453	1.31	0.62	0.69	89.72
67	23927	11279	12648	1.14	0.54	0.60	89.18
68	22666	10801	11865	1.08	0.52	0.57	91.03
69	18809	8957	9852	0.90	0.43	0.47	90.92
70-74岁	**66649**	**31529**	**35120**	**3.19**	**1.51**	**1.68**	**89.78**
70	17262	8209	9053	0.83	0.39	0.43	90.68
71	14591	6904	7687	0.70	0.33	0.37	89.81
72	12077	5620	6457	0.58	0.27	0.31	87.04
73	11801	5645	6156	0.56	0.27	0.29	91.70
74	10918	5151	5767	0.52	0.25	0.28	89.32
75-79岁	**40749**	**18267**	**22482**	**1.95**	**0.87**	**1.08**	**81.25**
75	9775	4441	5334	0.47	0.21	0.26	83.26
76	8008	3736	4272	0.38	0.18	0.20	87.45
77	7700	3423	4277	0.37	0.16	0.20	80.03
78	7913	3429	4484	0.38	0.16	0.21	76.47
79	7353	3238	4115	0.35	0.15	0.20	78.69
80-84岁	**33622**	**14683**	**18939**	**1.61**	**0.70**	**0.91**	**77.53**
80	7302	3252	4050	0.35	0.16	0.19	80.30
81	6862	2929	3933	0.33	0.14	0.19	74.47
82	6892	3023	3869	0.33	0.14	0.19	78.13
83	6618	2893	3725	0.32	0.14	0.18	77.66
84	5948	2586	3362	0.28	0.12	0.16	76.92
85-89岁	**19118**	**8491**	**10627**	**0.91**	**0.41**	**0.51**	**79.90**
85	5509	2430	3079	0.26	0.12	0.15	78.92
86	4348	1966	2382	0.21	0.09	0.11	82.54
87	3923	1754	2169	0.19	0.08	0.10	80.87
88	3017	1329	1688	0.14	0.06	0.08	78.73
89	2321	1012	1309	0.11	0.05	0.06	77.31
90-94岁	**5995**	**2633**	**3362**	**0.29**	**0.13**	**0.16**	**78.32**
90	2061	910	1151	0.10	0.04	0.06	79.06
91	1435	635	800	0.07	0.03	0.04	79.38
92	1177	528	649	0.06	0.03	0.03	81.36
93	790	342	448	0.04	0.02	0.02	76.34
94	532	218	314	0.03	0.01	0.02	69.43
95-99岁	**1076**	**439**	**637**	**0.05**	**0.02**	**0.03**	**68.92**
95	407	155	252	0.02	0.01	0.01	61.51
96	297	130	167	0.01	0.01	0.01	77.84
97	172	73	99	0.01			73.74
98	125	53	72	0.01			73.61
99	75	28	47				59.57
100岁及以上	**94**	**30**	**64**				**46.88**

1–4a　全市分年龄、性别的人口(城市)

单位：人、%

年　龄	人　口　数			占总人口比重			性别比
	合计	男	女	合计	男	女	(女=100)
总　计	**1690884**	**843767**	**847117**	**100.00**	**49.90**	**50.10**	**99.60**
0–4岁	**73233**	**37995**	**35238**	**4.33**	**2.25**	**2.08**	**107.82**
0	9789	5133	4656	0.58	0.30	0.28	110.24
1	13858	7164	6694	0.82	0.42	0.40	107.02
2	14318	7469	6849	0.85	0.44	0.41	109.05
3	17929	9223	8706	1.06	0.55	0.51	105.94
4	17339	9006	8333	1.03	0.53	0.49	108.08
5–9岁	**74441**	**38956**	**35485**	**4.40**	**2.30**	**2.10**	**109.78**
5	13505	7077	6428	0.80	0.42	0.38	110.10
6	17851	9303	8548	1.06	0.55	0.51	108.83
7	14555	7594	6961	0.86	0.45	0.41	109.09
8	15588	8223	7365	0.92	0.49	0.44	111.65
9	12942	6759	6183	0.77	0.40	0.37	109.32
10–14岁	**50565**	**26391**	**24174**	**2.99**	**1.56**	**1.43**	**109.17**
10	10790	5639	5151	0.64	0.33	0.30	109.47
11	11446	5979	5467	0.68	0.35	0.32	109.37
12	10293	5365	4928	0.61	0.32	0.29	108.87
13	10192	5324	4868	0.60	0.31	0.29	109.37
14	7844	4084	3760	0.46	0.24	0.22	108.62
15–19岁	**48902**	**25654**	**23248**	**2.89**	**1.52**	**1.37**	**110.35**
15	7186	3784	3402	0.42	0.22	0.20	111.23
16	7827	4133	3694	0.46	0.24	0.22	111.88
17	7147	3836	3311	0.42	0.23	0.20	115.86
18	11292	5921	5371	0.67	0.35	0.32	110.24
19	15450	7980	7470	0.91	0.47	0.44	106.83
20–24岁	**101188**	**51362**	**49826**	**5.98**	**3.04**	**2.95**	**103.08**
20	18204	9450	8754	1.08	0.56	0.52	107.95
21	17687	8936	8751	1.05	0.53	0.52	102.11
22	18430	9521	8909	1.09	0.56	0.53	106.87
23	22343	11277	11066	1.32	0.67	0.65	101.91
24	24524	12178	12346	1.45	0.72	0.73	98.64
25–29岁	**142408**	**71742**	**70666**	**8.42**	**4.24**	**4.18**	**101.52**
25	26534	13304	13230	1.57	0.79	0.78	100.56
26	27413	13771	13642	1.62	0.81	0.81	100.95
27	29242	14776	14466	1.73	0.87	0.86	102.14
28	29736	15015	14721	1.76	0.89	0.87	102.00
29	29483	14876	14607	1.74	0.88	0.86	101.84

1–4a 续表 1 单位：人、%

年龄	人口数			占总人口比重			性别比
	合计	男	女	合计	男	女	(女=100)
30–34岁	**189659**	**95259**	**94400**	**11.22**	**5.63**	**5.58**	**100.91**
30	37939	19364	18575	2.24	1.15	1.10	104.25
31	38036	19183	18853	2.25	1.13	1.11	101.75
32	37928	18922	19006	2.24	1.12	1.12	99.56
33	39902	19955	19947	2.36	1.18	1.18	100.04
34	35854	17835	18019	2.12	1.05	1.07	98.98
35–39岁	**175602**	**88162**	**87440**	**10.39**	**5.21**	**5.17**	**100.83**
35	31949	15912	16037	1.89	0.94	0.95	99.22
36	33982	17127	16855	2.01	1.01	1.00	101.61
37	35823	17985	17838	2.12	1.06	1.05	100.82
38	40895	20568	20327	2.42	1.22	1.20	101.19
39	32953	16570	16383	1.95	0.98	0.97	101.14
40–44岁	**129473**	**66272**	**63201**	**7.66**	**3.92**	**3.74**	**104.86**
40	29941	15242	14699	1.77	0.90	0.87	103.69
41	28789	14625	14164	1.70	0.86	0.84	103.25
42	26524	13676	12848	1.57	0.81	0.76	106.44
43	22199	11479	10720	1.31	0.68	0.63	107.08
44	22020	11250	10770	1.30	0.67	0.64	104.46
45–49岁	**121483**	**61698**	**59785**	**7.18**	**3.65**	**3.54**	**103.20**
45	21148	10717	10431	1.25	0.63	0.62	102.74
46	23203	11761	11442	1.37	0.70	0.68	102.79
47	25590	12997	12593	1.51	0.77	0.74	103.21
48	25620	13139	12481	1.52	0.78	0.74	105.27
49	25922	13084	12838	1.53	0.77	0.76	101.92
50–54岁	**116822**	**58829**	**57993**	**6.91**	**3.48**	**3.43**	**101.44**
50	26292	13330	12962	1.55	0.79	0.77	102.84
51	24926	12606	12320	1.47	0.75	0.73	102.32
52	26165	13215	12950	1.55	0.78	0.77	102.05
53	18528	9218	9310	1.10	0.55	0.55	99.01
54	20911	10460	10451	1.24	0.62	0.62	100.09
55–59岁	**123000**	**61030**	**61970**	**7.27**	**3.61**	**3.66**	**98.48**
55	22132	11085	11047	1.31	0.66	0.65	100.34
56	26173	13086	13087	1.55	0.77	0.77	99.99
57	34080	16932	17148	2.02	1.00	1.01	98.74
58	23639	11662	11977	1.40	0.69	0.71	97.37
59	16976	8265	8711	1.00	0.49	0.52	94.88
60–64岁	**111923**	**53669**	**58254**	**6.62**	**3.17**	**3.45**	**92.13**
60	22008	10689	11319	1.30	0.63	0.67	94.43
61	19786	9484	10302	1.17	0.56	0.61	92.06
62	22892	11004	11888	1.35	0.65	0.70	92.56
63	24806	11825	12981	1.47	0.70	0.77	91.09
64	22431	10667	11764	1.33	0.63	0.70	90.67

1-4a 续表 2

单位：人、%

年 龄	人 口 数			占总人口比重			性别比
	合计	男	女	合计	男	女	(女=100)
65–69岁	**97001**	**45697**	**51304**	**5.74**	**2.70**	**3.03**	**89.07**
65	22686	10782	11904	1.34	0.64	0.70	90.57
66	22157	10420	11737	1.31	0.62	0.69	88.78
67	19094	8912	10182	1.13	0.53	0.60	87.53
68	17911	8449	9462	1.06	0.50	0.56	89.29
69	15153	7134	8019	0.90	0.42	0.47	88.96
70–74岁	**52424**	**24662**	**27762**	**3.10**	**1.46**	**1.64**	**88.83**
70	13688	6516	7172	0.81	0.39	0.42	90.85
71	11379	5343	6036	0.67	0.32	0.36	88.52
72	9497	4348	5149	0.56	0.26	0.30	84.44
73	9222	4416	4806	0.55	0.26	0.28	91.89
74	8638	4039	4599	0.51	0.24	0.27	87.82
75–79岁	**32288**	**14326**	**17962**	**1.91**	**0.85**	**1.06**	**79.76**
75	7657	3467	4190	0.45	0.21	0.25	82.74
76	6212	2871	3341	0.37	0.17	0.20	85.93
77	6069	2669	3400	0.36	0.16	0.20	78.50
78	6345	2713	3632	0.38	0.16	0.21	74.70
79	6005	2606	3399	0.36	0.15	0.20	76.67
80–84岁	**28296**	**12184**	**16112**	**1.67**	**0.72**	**0.95**	**75.62**
80	6034	2633	3401	0.36	0.16	0.20	77.42
81	5798	2416	3382	0.34	0.14	0.20	71.44
82	5773	2527	3246	0.34	0.15	0.19	77.85
83	5611	2411	3200	0.33	0.14	0.19	75.34
84	5080	2197	2883	0.30	0.13	0.17	76.21
85–89岁	**16104**	**7184**	**8920**	**0.95**	**0.42**	**0.53**	**80.54**
85	4655	2036	2619	0.28	0.12	0.15	77.74
86	3673	1643	2030	0.22	0.10	0.12	80.94
87	3297	1496	1801	0.19	0.09	0.11	83.06
88	2537	1136	1401	0.15	0.07	0.08	81.08
89	1942	873	1069	0.11	0.05	0.06	81.67
90–94岁	**5055**	**2275**	**2780**	**0.30**	**0.13**	**0.16**	**81.83**
90	1737	772	965	0.10	0.05	0.06	80.00
91	1201	545	656	0.07	0.03	0.04	83.08
92	986	465	521	0.06	0.03	0.03	89.25
93	673	296	377	0.04	0.02	0.02	78.51
94	458	197	261	0.03	0.01	0.02	75.48
95–99岁	**932**	**390**	**542**	**0.06**	**0.02**	**0.03**	**71.96**
95	345	134	211	0.02	0.01	0.01	63.51
96	257	117	140	0.02	0.01	0.01	83.57
97	146	65	81	0.01			80.25
98	111	47	64	0.01			73.44
99	73	27	46				58.70
100岁及以上	**85**	**30**	**55**	**0.01**			**54.55**

1-4b 全市分年龄、性别的人口(镇)

单位：人、%

年龄	人口数			占总人口比重			性别比
	合计	男	女	合计	男	女	(女=100)
总计	**126235**	**68034**	**58201**	**100.00**	**53.89**	**46.11**	**116.89**
0-4岁	**5719**	**2915**	**2804**	**4.53**	**2.31**	**2.22**	**103.96**
0	802	434	368	0.64	0.34	0.29	117.93
1	1128	583	545	0.89	0.46	0.43	106.97
2	1155	571	584	0.91	0.45	0.46	97.77
3	1368	697	671	1.08	0.55	0.53	103.87
4	1266	630	636	1.00	0.50	0.50	99.06
5-9岁	**4376**	**2281**	**2095**	**3.47**	**1.81**	**1.66**	**108.88**
5	848	450	398	0.67	0.36	0.32	113.07
6	1103	585	518	0.87	0.46	0.41	112.93
7	851	427	424	0.67	0.34	0.34	100.71
8	839	446	393	0.66	0.35	0.31	113.49
9	735	373	362	0.58	0.30	0.29	103.04
10-14岁	**2825**	**1458**	**1367**	**2.24**	**1.15**	**1.08**	**106.66**
10	558	279	279	0.44	0.22	0.22	100.00
11	645	335	310	0.51	0.27	0.25	108.06
12	524	258	266	0.42	0.20	0.21	96.99
13	598	308	290	0.47	0.24	0.23	106.21
14	500	278	222	0.40	0.22	0.18	125.23
15-19岁	**3464**	**1934**	**1530**	**2.74**	**1.53**	**1.21**	**126.41**
15	438	227	211	0.35	0.18	0.17	107.58
16	458	244	214	0.36	0.19	0.17	114.02
17	497	276	221	0.39	0.22	0.18	124.89
18	819	476	343	0.65	0.38	0.27	138.78
19	1252	711	541	0.99	0.56	0.43	131.42
20-24岁	**9046**	**4950**	**4096**	**7.17**	**3.92**	**3.24**	**120.85**
20	1442	789	653	1.14	0.63	0.52	120.83
21	1661	891	770	1.32	0.71	0.61	115.71
22	2057	1141	916	1.63	0.90	0.73	124.56
23	1955	1090	865	1.55	0.86	0.69	126.01
24	1931	1039	892	1.53	0.82	0.71	116.48
25-29岁	**11316**	**6295**	**5021**	**8.96**	**4.99**	**3.98**	**125.37**
25	2064	1116	948	1.64	0.88	0.75	117.72
26	2011	1080	931	1.59	0.86	0.74	116.00
27	2310	1307	1003	1.83	1.04	0.79	130.31
28	2356	1356	1000	1.87	1.07	0.79	135.60
29	2575	1436	1139	2.04	1.14	0.90	126.08

1-4b 续表 1　　　　单位：人、%

年 龄	人口数			占总人口比重			性别比
	合计	男	女	合计	男	女	(女=100)
30-34岁	**16429**	**9162**	**7267**	**13.01**	**7.26**	**5.76**	**126.08**
30	3247	1874	1373	2.57	1.48	1.09	136.49
31	3293	1817	1476	2.61	1.44	1.17	123.10
32	3383	1849	1534	2.68	1.46	1.22	120.53
33	3528	1982	1546	2.79	1.57	1.22	128.20
34	2978	1640	1338	2.36	1.30	1.06	122.57
35-39岁	**12499**	**7081**	**5418**	**9.90**	**5.61**	**4.29**	**130.69**
35	2581	1462	1119	2.04	1.16	0.89	130.65
36	2486	1400	1086	1.97	1.11	0.86	128.91
37	2473	1410	1063	1.96	1.12	0.84	132.64
38	2770	1564	1206	2.19	1.24	0.96	129.68
39	2189	1245	944	1.73	0.99	0.75	131.89
40-44岁	**8727**	**4999**	**3728**	**6.91**	**3.96**	**2.95**	**134.09**
40	1990	1114	876	1.58	0.88	0.69	127.17
41	1951	1134	817	1.55	0.90	0.65	138.80
42	1755	1003	752	1.39	0.79	0.60	133.38
43	1432	827	605	1.13	0.66	0.48	136.69
44	1599	921	678	1.27	0.73	0.54	135.84
45-49岁	**9591**	**5342**	**4249**	**7.60**	**4.23**	**3.37**	**125.72**
45	1559	862	697	1.23	0.68	0.55	123.67
46	1837	1034	803	1.46	0.82	0.64	128.77
47	1941	1042	899	1.54	0.83	0.71	115.91
48	2124	1197	927	1.68	0.95	0.73	129.13
49	2130	1207	923	1.69	0.96	0.73	130.77
50-54岁	**10436**	**5838**	**4598**	**8.27**	**4.62**	**3.64**	**126.97**
50	2326	1276	1050	1.84	1.01	0.83	121.52
51	2189	1232	957	1.73	0.98	0.76	128.74
52	2187	1228	959	1.73	0.97	0.76	128.05
53	1704	965	739	1.35	0.76	0.59	130.58
54	2030	1137	893	1.61	0.90	0.71	127.32
55-59岁	**9776**	**5166**	**4610**	**7.74**	**4.09**	**3.65**	**112.06**
55	2060	1123	937	1.63	0.89	0.74	119.85
56	2138	1155	983	1.69	0.91	0.78	117.50
57	2562	1319	1243	2.03	1.04	0.98	106.11
58	1822	961	861	1.44	0.76	0.68	111.61
59	1194	608	586	0.95	0.48	0.46	103.75
60-64岁	**7687**	**3817**	**3870**	**6.09**	**3.02**	**3.07**	**98.63**
60	1624	824	800	1.29	0.65	0.63	103.00
61	1416	695	721	1.12	0.55	0.57	96.39
62	1554	803	751	1.23	0.64	0.59	106.92
63	1581	782	799	1.25	0.62	0.63	97.87
64	1512	713	799	1.20	0.56	0.63	89.24

1-4b 续表 2 单位：人、%

年 龄	人口数			占总人口比重			性别比
	合计	男	女	合计	男	女	(女=100)
65–69岁	**6221**	**3056**	**3165**	**4.93**	**2.42**	**2.51**	**96.56**
65	1422	717	705	1.13	0.57	0.56	101.70
66	1458	706	752	1.15	0.56	0.60	93.88
67	1193	558	635	0.95	0.44	0.50	87.87
68	1175	588	587	0.93	0.47	0.47	100.17
69	973	487	486	0.77	0.39	0.38	100.21
70–74岁	**3514**	**1679**	**1835**	**2.78**	**1.33**	**1.45**	**91.50**
70	943	430	513	0.75	0.34	0.41	83.82
71	800	372	428	0.63	0.29	0.34	86.92
72	601	311	290	0.48	0.25	0.23	107.24
73	639	315	324	0.51	0.25	0.26	97.22
74	531	251	280	0.42	0.20	0.22	89.64
75–79岁	**2038**	**923**	**1115**	**1.61**	**0.73**	**0.88**	**82.78**
75	514	223	291	0.41	0.18	0.23	76.63
76	434	198	236	0.34	0.16	0.19	83.90
77	366	171	195	0.29	0.14	0.15	87.69
78	376	167	209	0.30	0.13	0.17	79.90
79	348	164	184	0.28	0.13	0.15	89.13
80–84岁	**1450**	**635**	**815**	**1.15**	**0.50**	**0.65**	**77.91**
80	338	153	185	0.27	0.12	0.15	82.70
81	267	124	143	0.21	0.10	0.11	86.71
82	314	136	178	0.25	0.11	0.14	76.40
83	288	124	164	0.23	0.10	0.13	75.61
84	243	98	145	0.19	0.08	0.11	67.59
85–89岁	**827**	**383**	**444**	**0.66**	**0.30**	**0.35**	**86.26**
85	233	107	126	0.18	0.08	0.10	84.92
86	202	103	99	0.16	0.08	0.08	104.04
87	175	83	92	0.14	0.07	0.07	90.22
88	112	44	68	0.09	0.03	0.05	64.71
89	105	46	59	0.08	0.04	0.05	77.97
90–94岁	**254**	**107**	**147**	**0.20**	**0.08**	**0.12**	**72.79**
90	90	40	50	0.07	0.03	0.04	80.00
91	58	27	31	0.05	0.02	0.02	87.10
92	53	19	34	0.04	0.02	0.03	55.88
93	36	13	23	0.03	0.01	0.02	56.52
94	17	8	9	0.01	0.01	0.01	88.89
95–99岁	**36**	**13**	**23**	**0.03**	**0.01**	**0.02**	**56.52**
95	16	5	11	0.01		0.01	45.45
96	9	2	7	0.01		0.01	28.57
97	6	3	3				100.00
98	4	2	2				100.00
99	1	1					
100岁及以上	**4**		**4**				

1–4c　全市分年龄、性别的人口(乡村)

单位：人、%

年　龄	人　口　数			占总人口比重			性别比
	合计	男	女	合计	男	女	(女=100)
总　计	**273784**	**149255**	**124529**	**100.00**	**54.52**	**45.48**	**119.86**
0–4岁	**12397**	**6419**	**5978**	**4.53**	**2.34**	**2.18**	**107.38**
0	2004	1040	964	0.73	0.38	0.35	107.88
1	2505	1289	1216	0.91	0.47	0.44	106.00
2	2501	1303	1198	0.91	0.48	0.44	108.76
3	2874	1456	1418	1.05	0.53	0.52	102.68
4	2513	1331	1182	0.92	0.49	0.43	112.61
5–9岁	**8856**	**4610**	**4246**	**3.23**	**1.68**	**1.55**	**108.57**
5	1595	857	738	0.58	0.31	0.27	116.12
6	2116	1083	1033	0.77	0.40	0.38	104.84
7	1740	906	834	0.64	0.33	0.30	108.63
8	1867	995	872	0.68	0.36	0.32	114.11
9	1538	769	769	0.56	0.28	0.28	100.00
10–14岁	**6489**	**3302**	**3187**	**2.37**	**1.21**	**1.16**	**103.61**
10	1327	688	639	0.48	0.25	0.23	107.67
11	1351	700	651	0.49	0.26	0.24	107.53
12	1298	651	647	0.47	0.24	0.24	100.62
13	1350	666	684	0.49	0.24	0.25	97.37
14	1163	597	566	0.42	0.22	0.21	105.48
15–19岁	**5816**	**3367**	**2449**	**2.12**	**1.23**	**0.89**	**137.48**
15	1036	555	481	0.38	0.20	0.18	115.38
16	935	520	415	0.34	0.19	0.15	125.30
17	932	528	404	0.34	0.19	0.15	130.69
18	1317	763	554	0.48	0.28	0.20	137.73
19	1596	1001	595	0.58	0.37	0.22	168.24
20–24岁	**11765**	**6894**	**4871**	**4.30**	**2.52**	**1.78**	**141.53**
20	1932	1175	757	0.71	0.43	0.28	155.22
21	1960	1148	812	0.72	0.42	0.30	141.38
22	2299	1361	938	0.84	0.50	0.34	145.10
23	2713	1559	1154	0.99	0.57	0.42	135.10
24	2861	1651	1210	1.04	0.60	0.44	136.45
25–29岁	**18720**	**10783**	**7937**	**6.84**	**3.94**	**2.90**	**135.86**
25	3287	1892	1395	1.20	0.69	0.51	135.63
26	3384	1914	1470	1.24	0.70	0.54	130.20
27	3684	2114	1570	1.35	0.77	0.57	134.65
28	3829	2260	1569	1.40	0.83	0.57	144.04
29	4536	2603	1933	1.66	0.95	0.71	134.66

1-4c 续表 1

单位：人、%

年 龄	人口数			占总人口比重			性别比
	合计	男	女	合计	男	女	(女=100)
30-34岁	**31950**	**18448**	**13502**	**11.67**	**6.74**	**4.93**	**136.63**
30	6280	3536	2744	2.29	1.29	1.00	128.86
31	6649	3906	2743	2.43	1.43	1.00	142.40
32	6322	3712	2610	2.31	1.36	0.95	142.22
33	6863	3948	2915	2.51	1.44	1.06	135.44
34	5836	3346	2490	2.13	1.22	0.91	134.38
35-39岁	**22815**	**13362**	**9453**	**8.33**	**4.88**	**3.45**	**141.35**
35	4739	2767	1972	1.73	1.01	0.72	140.31
36	4459	2615	1844	1.63	0.96	0.67	141.81
37	4472	2607	1865	1.63	0.95	0.68	139.79
38	4954	2869	2085	1.81	1.05	0.76	137.60
39	4191	2504	1687	1.53	0.91	0.62	148.43
40-44岁	**17641**	**10306**	**7335**	**6.44**	**3.76**	**2.68**	**140.50**
40	3748	2225	1523	1.37	0.81	0.56	146.09
41	3893	2291	1602	1.42	0.84	0.59	143.01
42	3532	2080	1452	1.29	0.76	0.53	143.25
43	3158	1825	1333	1.15	0.67	0.49	136.91
44	3310	1885	1425	1.21	0.69	0.52	132.28
45-49岁	**22715**	**12845**	**9870**	**8.30**	**4.69**	**3.61**	**130.14**
45	3402	1895	1507	1.24	0.69	0.55	125.75
46	4257	2446	1811	1.55	0.89	0.66	135.06
47	4614	2579	2035	1.69	0.94	0.74	126.73
48	5063	2845	2218	1.85	1.04	0.81	128.27
49	5379	3080	2299	1.96	1.12	0.84	133.97
50-54岁	**26691**	**14820**	**11871**	**9.75**	**5.41**	**4.34**	**124.84**
50	5788	3248	2540	2.11	1.19	0.93	127.87
51	5302	3009	2293	1.94	1.10	0.84	131.23
52	5662	3139	2523	2.07	1.15	0.92	124.42
53	4582	2519	2063	1.67	0.92	0.75	122.10
54	5357	2905	2452	1.96	1.06	0.90	118.47
55-59岁	**26066**	**13733**	**12333**	**9.52**	**5.02**	**4.50**	**111.35**
55	5624	2965	2659	2.05	1.08	0.97	111.51
56	5783	3030	2753	2.11	1.11	1.01	110.06
57	6725	3562	3163	2.46	1.30	1.16	112.61
58	4830	2543	2287	1.76	0.93	0.84	111.19
59	3104	1633	1471	1.13	0.60	0.54	111.01
60-64岁	**20296**	**10433**	**9863**	**7.41**	**3.81**	**3.60**	**105.78**
60	4410	2373	2037	1.61	0.87	0.74	116.49
61	3876	1963	1913	1.42	0.72	0.70	102.61
62	4159	2134	2025	1.52	0.78	0.74	105.38
63	3977	2032	1945	1.45	0.74	0.71	104.47
64	3874	1931	1943	1.41	0.71	0.71	99.38

1-4c　续表 2　　　　单位：人、%

年　龄	人　口　数			占总人口比重			性别比
	合计	男	女	合计	男	女	(女=100)
65-69岁	**17571**	**8652**	**8919**	**6.42**	**3.16**	**3.26**	**97.01**
65	3863	1902	1961	1.41	0.69	0.72	96.99
66	3805	1841	1964	1.39	0.67	0.72	93.74
67	3640	1809	1831	1.33	0.66	0.67	98.80
68	3580	1764	1816	1.31	0.64	0.66	97.14
69	2683	1336	1347	0.98	0.49	0.49	99.18
70-74岁	**10711**	**5188**	**5523**	**3.91**	**1.89**	**2.02**	**93.93**
70	2631	1263	1368	0.96	0.46	0.50	92.32
71	2412	1189	1223	0.88	0.43	0.45	97.22
72	1979	961	1018	0.72	0.35	0.37	94.40
73	1940	914	1026	0.71	0.33	0.37	89.08
74	1749	861	888	0.64	0.31	0.32	96.96
75-79岁	**6423**	**3018**	**3405**	**2.35**	**1.10**	**1.24**	**88.63**
75	1604	751	853	0.59	0.27	0.31	88.04
76	1362	667	695	0.50	0.24	0.25	95.97
77	1265	583	682	0.46	0.21	0.25	85.48
78	1192	549	643	0.44	0.20	0.23	85.38
79	1000	468	532	0.37	0.17	0.19	87.97
80-84岁	**3876**	**1864**	**2012**	**1.42**	**0.68**	**0.73**	**92.64**
80	930	466	464	0.34	0.17	0.17	100.43
81	797	389	408	0.29	0.14	0.15	95.34
82	805	360	445	0.29	0.13	0.16	80.90
83	719	358	361	0.26	0.13	0.13	99.17
84	625	291	334	0.23	0.11	0.12	87.13
85-89岁	**2187**	**924**	**1263**	**0.80**	**0.34**	**0.46**	**73.16**
85	621	287	334	0.23	0.10	0.12	85.93
86	473	220	253	0.17	0.08	0.09	86.96
87	451	175	276	0.16	0.06	0.10	63.41
88	368	149	219	0.13	0.05	0.08	68.04
89	274	93	181	0.10	0.03	0.07	51.38
90-94岁	**686**	**251**	**435**	**0.25**	**0.09**	**0.16**	**57.70**
90	234	98	136	0.09	0.04	0.05	72.06
91	176	63	113	0.06	0.02	0.04	55.75
92	138	44	94	0.05	0.02	0.03	46.81
93	81	33	48	0.03	0.01	0.02	68.75
94	57	13	44	0.02		0.02	29.55
95-99岁	**108**	**36**	**72**	**0.04**	**0.01**	**0.03**	**50.00**
95	46	16	30	0.02	0.01	0.01	53.33
96	31	11	20	0.01		0.01	55.00
97	20	5	15	0.01		0.01	33.33
98	10	4	6				66.67
99	1		1				
100岁及以上	**5**		**5**				

第二部分　长表数据资料

第二卷　民族

2-1　全市各民族分性别、行业的人口

单位：人

民　族	人口数			农、林、牧、渔业			采矿业		
	合计	男	女	小计	男	女	小计	男	女
总　计	**1015152**	**587523**	**427629**	**13407**	**8169**	**5238**	**1387**	**971**	**416**
汉　族	970735	563706	407029	13034	7977	5057	1334	937	397
蒙古族	5868	3006	2862	51	25	26	11	9	2
回　族	10094	5545	4549	47	25	22	11	5	6
藏　族	193	98	95						
维吾尔族	181	84	97	1	1				
苗　族	710	385	325	6	3	3			
彝　族	439	267	172	5	3	2			
壮　族	868	426	442	18	3	15			
布依族	181	91	90	1		1			
朝鲜族	1445	703	742	1	1		4	2	2
满　族	21366	11618	9748	226	123	103	25	18	7
侗　族	227	116	111	2	1	1			
瑶　族	181	99	82	2		2			
白　族	221	104	117						
土家族	1261	639	622	9	5	4			
哈尼族	72	36	36	1		1			
哈萨克族	39	18	21						
傣　族	37	13	24	1		1			
黎　族	54	28	26						
傈僳族	34	24	10						
佤　族	33	23	10	1	1				
畲　族	73	46	27						
高山族	9	4	5						
拉祜族	30	16	14						
水　族	17	8	9						
东乡族	82	58	24						
纳西族	34	17	17						
景颇族	2	1	1						
柯尔克孜族	8	5	3						
土　族	28	17	11						
达斡尔族	172	82	90						
仫佬族	23	10	13						
羌　族	48	23	25						
布朗族	8	6	2						
撒拉族	10	5	5						
毛南族	10	5	5						
仡佬族	62	42	20						
锡伯族	178	91	87	1	1		2		2
阿昌族									
普米族	2	1	1						
塔吉克族									
怒　族									
乌孜别克族	2	1	1						
俄罗斯族	21	9	12						
鄂温克族	36	19	17						
德昂族									
保安族									
裕固族	5	3	2						
京　族	1		1						
塔塔尔族	3		3						
独龙族	1	1							
鄂伦春族	8	4	4						
赫哲族	16	5	11						
门巴族	1		1						
珞巴族									
基诺族	2	1	1						
未定族称人口	16	10	6						
入　籍	5	4	1						

2–1　续表 1　　　　　　　　　　　　　　　　　　　　　　　　　　　　　　单位：人

民　族	制造业			电力、热力、燃气及水生产和供应业			建筑业		
	小计	男	女	小计	男	女	小计	男	女
总　计	**83137**	**54055**	**29082**	**9567**	**6829**	**2738**	**75350**	**62041**	**13309**
汉　族	79632	51871	27761	9169	6560	2609	72849	60122	12727
蒙古族	474	273	201	47	34	13	267	201	66
回　族	599	379	220	109	78	31	289	198	91
藏　族	9	2	7				8	5	3
维吾尔族	5	2	3	2	1	1	4	2	2
苗　族	38	24	14	3	1	2	75	64	11
彝　族	24	18	6	2		2	141	109	32
壮　族	70	36	34	1	1		51	35	16
布依族	10	7	3	2	1	1	26	21	5
朝鲜族	197	106	91	7	5	2	37	25	12
满　族	1898	1227	671	214	141	73	1326	1052	274
侗　族	14	7	7				12	8	4
瑶　族	13	11	2	2	1	1	11	8	3
白　族	17	9	8	1	1		32	21	11
土家族	89	59	30	2	2		86	65	21
哈尼族	1		1				37	23	14
哈萨克族							1		1
傣　族	1		1				2	1	1
黎　族							2	2	
傈僳族	2	1	1				20	17	3
佤　族	2	1	1				14	12	2
畲　族	4	2	2				2	2	
高山族									
拉祜族							10	6	4
水　族							3	3	
东乡族									
纳西族	2	1	1				1	1	
景颇族									
柯尔克孜族									
土　族	2	2					2	2	
达斡尔族	13	9	4	4	1	3	6	3	3
仫佬族	1		1				1		1
羌　族	1	1					8	7	1
布朗族							1	1	
撒拉族									
毛南族							1	1	
仡佬族	4	1	3	1	1		15	15	
锡伯族	9	4	5	1	1		6	6	
阿昌族									
普米族									
塔吉克族									
怒　族									
乌孜别克族									
俄罗斯族	1	1							
鄂温克族	3	1	2				1		1
德昂族									
保安族									
裕固族									
京　族									
塔塔尔族									
独龙族									
鄂伦春族	1		1						
赫哲族							1	1	
门巴族									
珞巴族									
基诺族									
未定族称人口	1		1				2	2	
入　籍									

2-1　续表 2　　　　单位：人

民　族	批发和零售业			交通运输、仓储和邮政业			住宿和餐饮业		
	小计	男	女	小计	男	女	小计	男	女
总　计	**138341**	**73403**	**64938**	**60381**	**46786**	**13595**	**45405**	**25505**	**19900**
汉　族	132763	70617	62146	58055	45074	12981	43020	24115	18905
蒙古族	716	342	374	262	175	87	229	111	118
回　族	1274	666	608	695	509	186	917	592	325
藏　族	16	6	10	3	1	2	13	8	5
维吾尔族	11	7	4	4	2	2	16	14	2
苗　族	81	41	40	47	37	10	46	23	23
彝　族	26	12	14	12	7	5	29	16	13
壮　族	97	40	57	28	15	13	57	32	25
布依族	21	9	12	3	2	1	13	7	6
朝鲜族	219	117	102	38	26	12	41	22	19
满　族	2812	1415	1397	1141	881	260	802	430	372
侗　族	31	14	17	7	5	2	11	6	5
瑶　族	21	11	10	1	1		6	4	2
白　族	13	3	10	12	6	6	9	4	5
土家族	116	48	68	37	26	11	70	29	41
哈尼族	1	1		1		1	4	4	
哈萨克族	4	2	2				2	2	
傣　族	7	1	6				9	6	3
黎　族	7	2	5	2	1	1	1	1	
傈僳族	1	1		1		1	3		3
佤　族	2		2	1		1	2	2	
畲　族	13	8	5	2	1	1			
高山族	1		1	1	1		1	1	
拉祜族	1	1					2	1	1
水　族	1		1				1		1
东乡族	6	3	3				67	51	16
纳西族	4	1	3				1	1	
景颇族							1	1	
柯尔克孜族	1	1							
土　族	1		1	2	1	1	2	2	
达斡尔族	21	6	15	5	4	1	6	5	1
仫佬族	2	1	1						
羌　族	10	4	6	1	1		1	1	
布朗族									
撒拉族	1	1					3	1	2
毛南族	1		1						
仡佬族	7	2	5	1	1		6	6	
锡伯族	18	12	6	13	7	6	7	5	2
阿昌族									
普米族							1		1
塔吉克族									
怒　族									
乌孜别克族				1		1			
俄罗斯族	3	2	1	1	1		1		1
鄂温克族	4	2	2	1	1				
德昂族									
保安族									
裕固族	1	1							
京　族									
塔塔尔族				1		1			
独龙族									
鄂伦春族	1	1					1		1
赫哲族	4	2	2	1		1	1		1
门巴族				1		1			
珞巴族									
基诺族							2	1	1
未定族称人口	1		1				1	1	
入　籍									

2-1 续表 3 单位：人

民　族	信息传输、软件和信息技术服务业			金融业			房地产业		
	小计	男	女	小计	男	女	小计	男	女
总　计	**95578**	**60246**	**35332**	**45682**	**21996**	**23686**	**43100**	**26646**	**16454**
汉　族	91250	57688	33562	43401	20993	22408	41266	25569	15697
蒙古族	672	422	250	289	138	151	249	151	98
回　族	839	510	329	631	284	347	440	276	164
藏　族	24	16	8	9	5	4	5	3	2
维吾尔族	18	9	9	8	3	5	6	1	5
苗　族	76	45	31	28	12	16	21	6	15
彝　族	31	18	13	6	4	2	15	10	5
壮　族	126	79	47	48	16	32	27	11	16
布依族	26	12	14	8	4	4	8	5	3
朝鲜族	194	102	92	70	24	46	34	20	14
满　族	1922	1111	811	1042	452	590	948	551	397
侗　族	32	23	9	14	6	8	7	4	3
瑶　族	22	11	11	5	3	2	5	3	2
白　族	30	15	15	14	6	8	6	2	4
土家族	177	106	71	68	28	40	30	12	18
哈尼族	8	3	5	3		3			
哈萨克族	4	3	1	1		1	1		1
傣　族	2	1	1				1		1
黎　族	7	5	2	3	1	2	1	1	
傈僳族				1	1		1	1	
佤　族									
畲　族	15	11	4	4	2	2			
高山族									
拉祜族	1	1		1	1		2	1	1
水　族	5	3	2	1		1	1	1	
东乡族									
纳西族	3	1	2	2	1	1	1		1
景颇族									
柯尔克孜族	1	1							
土　族	5	3	2	2		2			
达斡尔族	32	15	17	3	1	2	10	8	2
仫佬族	3	2	1	1	1		2	1	1
羌　族	2		2	2	2		1	1	
布朗族	1		1	2	2		1	1	
撒拉族	1		1	1		1	1	1	
毛南族	3	2	1				1	1	
仡佬族	5	2	3				1	1	
锡伯族	22	15	7	8	3	5	7	4	3
阿昌族									
普米族									
塔吉克族									
怒　族									
乌孜别克族									
俄罗斯族	4	2	2						
鄂温克族	7	4	3	1	1				
德昂族									
保安族									
裕固族	1		1				1		1
京　族									
塔塔尔族									
独龙族									
鄂伦春族				2	1	1			
赫哲族	2	2		1		1			
门巴族									
珞巴族									
基诺族									
未定族称人口	4	2	2	1	1				
入　籍	1	1		1		1			

2-1　续表 4　　　　　　　　　　　　　　　　　　　　　　　　单位：人

民　族	租赁和商务服务业			科学研究和技术服务业			水利、环境和公共设施管理业		
	小计	男	女	小计	男	女	小计	男	女
总　计	**82488**	**45505**	**36983**	**68240**	**40188**	**28052**	**17453**	**11761**	**5692**
汉　族	78591	43567	35024	65128	38459	26669	16756	11316	5440
蒙古族	554	269	285	526	281	245	82	50	32
回　族	850	430	420	606	338	268	142	99	43
藏　族	23	12	11	16	11	5	1	1	
维吾尔族	24	9	15	15	6	9			
苗　族	60	24	36	56	34	22	6	3	3
彝　族	41	28	13	18	10	8	3	1	2
壮　族	78	45	33	73	40	33	1	1	
布依族	13	6	7	12	4	8	1	1	
朝鲜族	170	69	101	116	60	56	11	7	4
满　族	1776	916	860	1410	791	619	430	271	159
侗　族	26	11	15	23	13	10			
瑶　族	25	9	16	16	11	5			
白　族	19	7	12	17	9	8			
土家族	117	49	68	119	71	48	12	6	6
哈尼族	5	3	2	2	1	1	1	1	
哈萨克族	7	2	5	2	1	1			
傣　族	3		3	2	2				
黎　族	7	2	5	2	2				
傈僳族	1	1		1	1				
佤　族	3	1	2						
畲　族	7	4	3	8	5	3	2	1	1
高山族	2	1	1	1		1			
拉祜族	5	2	3	4	2	2	1		1
水　族				2	1	1			
东乡族	1	1							
纳西族	6	4	2	6	4	2			
景颇族									
柯尔克孜族									
土　族	3	2	1	1	1				
达斡尔族	23	9	14	17	10	7	2	1	1
仫佬族	1		1	4	3	1			
羌　族	3	1	2	3	2	1			
布朗族	2	1	1				1	1	
撒拉族	2	1	1						
毛南族	1		1	1		1			
仡佬族	7	5	2	2	1	1			
锡伯族	21	7	14	19	8	11	1	1	
阿昌族									
普米族	1	1							
塔吉克族									
怒　族									
乌孜别克族									
俄罗斯族	3	2	1	2		2			
鄂温克族	2	1	1	6	4	2			
德昂族									
保安族									
裕固族	1	1							
京　族									
塔塔尔族	1		1						
独龙族				1	1				
鄂伦春族				2	1	1			
赫哲族				1		1			
门巴族									
珞巴族									
基诺族									
未定族称人口	1		1						
入　籍	2	2							

2–1 续表 5

单位：人

民族	居民服务、修理和其他服务业			教育			卫生和社会工作		
	小计	男	女	小计	男	女	小计	男	女
总计	**35821**	**15532**	**20289**	**67275**	**23999**	**43276**	**36250**	**10419**	**25831**
汉族	34554	14983	19571	63789	22872	40917	34563	9978	24585
蒙古族	179	64	115	501	148	353	229	55	174
回族	181	97	84	853	294	559	410	117	293
藏族	7	3	4	22	6	16	10	4	6
维吾尔族	2		2	31	12	19	9	2	7
苗族	30	14	16	55	25	30	21	4	17
彝族	25	8	17	23	8	15	9	2	7
壮族	25	8	17	62	19	43	26	7	19
布依族	6	3	3	10		10	6	2	4
朝鲜族	46	13	33	103	32	71	41	9	32
满族	678	304	374	1560	489	1071	853	217	636
侗族	10	5	5	19	4	15	4	3	1
瑶族	5	3	2	17	7	10	5	2	3
白族	6	3	3	19	9	10	5	1	4
土家族	44	17	27	122	36	86	30	10	20
哈尼族	2		2	1		1	1		1
哈萨克族	1		1	10	5	5			
傣族	1		1	3	2	1	2		2
黎族	3	2	1	6	3	3	5	2	3
傈僳族	1		1	2	1	1			
佤族				2	1	1			
畲族	2	1	1	6	4	2	1		1
高山族				1		1			
拉祜族	1		1	2	1	1			
水族				1		1	1		1
东乡族				4	2	2			
纳西族	1		1	1	1				
景颇族									
柯尔克孜族				2		2	1		1
土族				4	3	1	1		1
达斡尔族	2		2	8	2	6	2		2
仫佬族				2	1	1	2		2
羌族	2		2	2		2	1		1
布朗族									
撒拉族									
毛南族				1		1	1	1	
仡佬族	2		2	5	3	2	2	2	
锡伯族	3	2	1	13	5	8	4		4
阿昌族									
普米族									
塔吉克族									
怒族									
乌孜别克族									
俄罗斯族				3	1	2			
鄂温克族	2	2		3	1	2	4	1	3
德昂族									
保安族									
裕固族				1	1				
京族				1		1			
塔塔尔族				1		1			
独龙族									
鄂伦春族									
赫哲族				3		3	1		1
门巴族									
珞巴族									
基诺族									
未定族称人口				1	1				
入籍									

2-1　续表 6　　　　单位：人

民　族	文化、体育和娱乐业			公共管理、社会保障和社会组织			国际组织		
	小计	男	女	小计	男	女	小计	男	女
总　计	**31308**	**15834**	**15474**	**64785**	**37554**	**27231**	**197**	**84**	**113**
汉　族	29551	14969	14582	61843	35960	25883	187	79	108
蒙古族	251	125	126	279	133	146			
回　族	424	207	217	772	438	334	5	3	2
藏　族	16	9	7	11	6	5			
维吾尔族	19	10	9	6	3	3			
苗　族	27	7	20	34	18	16			
彝　族	22	10	12	7	3	4			
壮　族	43	19	24	37	19	18			
布依族	9	4	5	6	3	3			
朝鲜族	75	44	31	40	18	22	1	1	
满　族	696	348	348	1605	880	725	2	1	1
侗　族	12	4	8	3	2	1			
瑶　族	14	9	5	11	5	6			
白　族	16	5	11	4	3	1	1		1
土家族	60	26	34	73	44	29			
哈尼族	1		1	3		3			
哈萨克族	5	3	2	1		1			
傣　族	1		1	1		1	1		1
黎　族	4	2	2	4	2	2			
傈僳族									
佤　族	6	5	1						
畲　族	3	2	1	4	3	1			
高山族	2	1	1						
拉祜族									
水　族	1		1						
东乡族	3		3	1	1				
纳西族	1	1		5	1	4			
景颇族	1		1						
柯尔克孜族	2	2		1	1				
土　族	1	1		2		2			
达斡尔族	9	6	3	9	2	7			
仫佬族	1		1	3	1	2			
羌　族	6	2	4	5	1	4			
布朗族									
撒拉族	1	1							
毛南族									
仡佬族	1		1	3	2	1			
锡伯族	16	8	8	7	2	5			
阿昌族									
普米族									
塔吉克族									
怒　族									
乌孜别克族	1	1							
俄罗斯族	2		2	1		1			
鄂温克族	2	1	1						
德昂族									
保安族									
裕固族									
京　族									
塔塔尔族									
独龙族									
鄂伦春族				1	1				
赫哲族	1		1						
门巴族									
珞巴族									
基诺族									
未定族称人口	1	1		3	2	1			
入　籍	1	1							

2–2 全市各民族分性别、职业的人口

单位：人

民族	人口数			党的机关、国家机关、群众团体和社会组织、企事业单位负责人		
	合计	男	女	小计	男	女
总计	**1015152**	**587523**	**427629**	**41802**	**29324**	**12478**
汉族	970735	563706	407029	39775	27988	11787
蒙古族	5868	3006	2862	266	160	106
回族	10094	5545	4549	493	337	156
藏族	193	98	95	11	7	4
维吾尔族	181	84	97	9	4	5
苗族	710	385	325	25	16	9
彝族	439	267	172	14	7	7
壮族	868	426	442	30	18	12
布依族	181	91	90	8	3	5
朝鲜族	1445	703	742	109	65	44
满族	21366	11618	9748	903	613	290
侗族	227	116	111	8	6	2
瑶族	181	99	82	16	14	2
白族	221	104	117	14	9	5
土家族	1261	639	622	60	41	19
哈尼族	72	36	36	1	1	
哈萨克族	39	18	21			
傣族	37	13	24			
黎族	54	28	26	5	3	2
傈僳族	34	24	10			
佤族	33	23	10	1	1	
畲族	73	46	27	4	4	
高山族	9	4	5			
拉祜族	30	16	14			
水族	17	8	9	1		1
东乡族	82	58	24	3	3	
纳西族	34	17	17	3	1	2
景颇族	2	1	1			
柯尔克孜族	8	5	3	1	1	
土族	28	17	11	1	1	
达斡尔族	172	82	90	22	11	11
仫佬族	23	10	13	2	2	
羌族	48	23	25	1	1	
布朗族	8	6	2			
撒拉族	10	5	5	1		1
毛南族	10	5	5			
仡佬族	62	42	20	2	2	
锡伯族	178	91	87	7	3	4
阿昌族						
普米族	2	1	1			
塔吉克族						
怒族						
乌孜别克族	2	1	1	1	1	
俄罗斯族	21	9	12	2		2
鄂温克族	36	19	17	2	1	1
德昂族						
保安族						
裕固族	5	3	2			
京族	1		1			
塔塔尔族	3		3	1		1
独龙族	1	1				
鄂伦春族	8	4	4			
赫哲族	16	5	11			
门巴族	1		1			
珞巴族						
基诺族	2	1	1			
未定族称人口	16	10	6			
入籍	5	4	1			

2-2　续表 1　　　　　　　　　　　　　　　　　　　　　　　　　　　　单位：人

民　族	专业技术人员			办事人员和有关人员			社会生产服务和生活服务人员		
	小计	男	女	小计	男	女	小计	男	女
总　计	**260735**	**116948**	**143787**	**154557**	**84187**	**70370**	**436638**	**261862**	**174776**
汉　族	247820	111633	136187	147182	80502	66680	418721	251552	167169
蒙古族	1866	765	1101	880	396	484	2371	1334	1037
回　族	2909	1197	1712	1922	973	949	4236	2638	1598
藏　族	74	37	37	28	17	11	72	34	38
维吾尔族	79	31	48	23	12	11	65	34	31
苗　族	186	81	105	92	43	49	302	164	138
彝　族	77	33	44	40	22	18	142	70	72
壮　族	269	109	160	114	58	56	366	187	179
布依族	54	21	33	30	16	14	66	34	32
朝鲜族	516	195	321	223	112	111	524	285	239
满　族	5879	2411	3468	3618	1853	1765	8609	4914	3695
侗　族	74	32	42	22	9	13	101	56	45
瑶　族	71	30	41	31	17	14	51	31	20
白　族	76	28	48	20	6	14	79	39	40
土家族	424	179	245	202	94	108	459	238	221
哈尼族	7		7	8	2	6	19	8	11
哈萨克族	17	7	10	5	1	4	17	10	7
傣　族	9	2	7	3	2	1	21	7	14
黎　族	24	9	15	5	3	2	17	10	7
傈僳族	3	2	1	1	1		11	4	7
佤　族	6	2	4	1	1		8	3	5
畲　族	33	20	13	10	4	6	24	17	7
高山族	7	2	5				2	2	
拉祜族	5	2	3	2	1	1	8	2	6
水　族	5	2	3	2	1	1	7	3	4
东乡族	5	2	3	2	1	1	72	52	20
纳西族	11	8	3	4	2	2	14	4	10
景颇族							2	1	1
柯尔克孜族	5	2	3	2	2				
土　族	11	5	6	2		2	11	9	2
达斡尔族	50	23	27	23	9	14	70	34	36
仫佬族	14	6	8	2		2	4	1	3
羌　族	12	6	6	6	2	4	19	6	13
布朗族	4	3	1				3	2	1
撒拉族	3	2	1				6	3	3
毛南族	4	2	2				6	3	3
仡佬族	16	10	6	4	1	3	21	11	10
锡伯族	67	35	32	27	12	15	69	33	36
阿昌族									
普米族							2	1	1
塔吉克族									
怒　族									
乌孜别克族	1		1						
俄罗斯族	7	2	5	4	1	3	7	5	2
鄂温克族	17	6	11	3	3		13	9	4
德昂族									
保安族									
裕固族	2	1	1	2	1	1	1	1	
京　族	1		1						
塔塔尔族	1		1				1		1
独龙族				1	1				
鄂伦春族	4	2	2	1	1		3	1	2
赫哲族	7	1	6	5	3	2	3	1	2
门巴族				1		1			
珞巴族									
基诺族							2	1	1
未定族称人口	1		1	3	2	1	9	6	3
入　籍	2	2		1		1	2	2	

2–2 续表 2　　　　单位：人

民　族	农、林、牧、渔业生产及辅助人员			生产制造及有关人员			不便分类的其他从业人员		
	小计	男	女	小计	男	女	小计	男	女
总　计	**14569**	**8797**	**5772**	**105944**	**85851**	**20093**	**907**	**554**	**353**
汉　族	14124	8559	5565	102246	82938	19308	867	534	333
蒙古族	46	27	19	434	322	112	5	2	3
回　族	46	28	18	477	366	111	11	6	5
藏　族				8	3	5			
维吾尔族				5	3	2			
苗　族	6	1	5	99	80	19			
彝　族	1		1	163	133	30	2	2	
壮　族	19	3	16	70	51	19			
布依族	1		1	22	17	5			
朝鲜族	1	1		72	45	27			
满　族	309	171	138	2029	1646	383	19	10	9
侗　族	2	1	1	20	12	8			
瑶　族	2		2	10	7	3			
白　族				31	22	9	1		1
土家族	8	4	4	106	83	23	2		2
哈尼族	1		1	36	25	11			
哈萨克族									
傣　族	1		1	3	2	1			
黎　族				3	3				
傈僳族				19	17	2			
佤　族	2	2		15	14	1			
畲　族				2	1	1			
高山族									
拉祜族				15	11	4			
水　族				2	2				
东乡族									
纳西族				2	2				
景颇族									
柯尔克孜族									
土　族				3	2	1			
达斡尔族				7	5	2			
仫佬族				1	1				
羌　族				10	8	2			
布朗族				1	1				
撒拉族									
毛南族									
仡佬族				19	18	1			
锡伯族				8	8				
阿昌族									
普米族									
塔吉克族									
怒　族									
乌孜别克族									
俄罗斯族				1	1				
鄂温克族				1		1			
德昂族									
保安族									
裕固族									
京　族									
塔塔尔族									
独龙族									
鄂伦春族									
赫哲族				1		1			
门巴族									
珞巴族									
基诺族									
未定族称人口				3	2	1			
入　籍									

2–3 全市各民族分性别、主要生活来源的15岁及以上人口

单位：人

民 族	15岁及以上人口			劳动收入		
	合计	男	女	小计	男	女
总 计	**1852002**	**936729**	**915273**	**1017992**	**589865**	**428127**
汉 族	1770751	897559	873192	973484	565955	407529
蒙古族	9132	4237	4895	5888	3023	2865
回 族	22933	11086	11847	10087	5535	4552
藏 族	700	310	390	193	98	95
维吾尔族	696	308	388	179	85	94
苗 族	1225	607	618	710	388	322
彝 族	714	387	327	445	271	174
壮 族	1706	768	938	869	425	444
布依族	319	157	162	181	91	90
朝鲜族	2557	1091	1466	1458	712	746
满 族	35734	17624	18110	21420	11678	9742
侗 族	432	207	225	224	117	107
瑶 族	344	167	177	182	100	82
白 族	402	183	219	223	106	117
土家族	2197	1005	1192	1264	641	623
哈尼族	95	44	51	72	36	36
哈萨克族	210	85	125	39	18	21
傣 族	81	31	50	37	13	24
黎 族	114	56	58	54	28	26
傈僳族	45	27	18	34	24	10
佤 族	43	27	16	33	23	10
畲 族	135	82	53	74	47	27
高山族	19	4	15	9	4	5
拉祜族	39	17	22	31	16	15
水 族	26	13	13	18	8	10
东乡族	102	66	36	83	59	24
纳西族	62	28	34	33	17	16
景颇族	8	3	5	2	1	1
柯尔克孜族	19	9	10	8	5	3
土 族	53	31	22	28	17	11
达斡尔族	270	115	155	171	83	88
仫佬族	53	19	34	23	10	13
羌 族	79	34	45	49	24	25
布朗族	13	7	6	9	6	3
撒拉族	22	10	12	10	5	5
毛南族	18	8	10	10	5	5
仡佬族	102	60	42	62	42	20
锡伯族	304	144	160	178	92	86
阿昌族	3	1	2			
普米族	6	4	2	2	1	1
塔吉克族	9	8	1			
怒 族	1	1				
乌孜别克族	7	4	3	2	1	1
俄罗斯族	42	15	27	21	9	12
鄂温克族	47	23	24	36	19	17
德昂族						
保安族	1		1			
裕固族	10	5	5	5	3	2
京 族	4		4	1		1
塔塔尔族	4		4	3		3
独龙族	4	1	3	1	1	
鄂伦春族	20	7	13	8	4	4
赫哲族	32	8	24	16	5	11
门巴族	2		2	1		1
珞巴族	1		1			
基诺族	2	1	1	2	1	1
未定族称人口	38	25	13	15	9	6
入 籍	15	10	5	5	4	1

2–3 续表 1 单位：人

民　族	离退休金/养老金			最低生活保障金			失业保险金		
	小计	男	女	小计	男	女	小计	男	女
总　计	**458083**	**189907**	**268176**	**11908**	**6257**	**5651**	**1613**	**1041**	**572**
汉　族	441456	183008	258448	11551	6068	5483	1535	995	540
蒙古族	1115	417	698	8	4	4	8	5	3
回　族	7777	3245	4532	145	82	63	29	16	13
藏　族	31	13	18	2	1	1	1	1	
维吾尔族	36	11	25	1		1			
苗　族	75	32	43	4	2	2			
彝　族	33	14	19	1		1			
壮　族	191	98	93	5		5	1	1	
布依族	19	11	8						
朝鲜族	462	159	303	4	2	2			
满　族	6458	2732	3726	177	93	84	37	22	15
侗　族	40	17	23						
瑶　族	29	13	16						
白　族	41	17	24	1	1				
土家族	145	58	87	5	1	4	1		1
哈尼族	3	1	2						
哈萨克族	4	3	1	3	2	1			
傣　族	7	5	2						
黎　族	6	2	4						
傈僳族	1		1						
佤　族	3	1	2						
畲　族	14	6	8	1	1				
高山族	6		6						
拉祜族									
水　族	1	1							
东乡族									
纳西族	9	4	5						
景颇族									
柯尔克孜族									
土　族	5	2	3						
达斡尔族	33	11	22						
仫佬族	5	2	3						
羌　族	3	1	2						
布朗族									
撒拉族	3	1	2						
毛南族	1		1						
仡佬族	1		1						
锡伯族	47	16	31				1	1	
阿昌族									
普米族									
塔吉克族	1	1							
怒　族									
乌孜别克族	1		1						
俄罗斯族	6	2	4						
鄂温克族	3		3						
德昂族									
保安族									
裕固族	1	1							
京　族									
塔塔尔族	1		1						
独龙族									
鄂伦春族									
赫哲族	8	1	7						
门巴族									
珞巴族									
基诺族									
未定族称人口									
入　籍	2	1	1						

2–3　续表 2　　　　单位：人

民　族	财产性收入			家庭其他成员供养			其　他		
	小计	男	女	小计	男	女	小计	男	女
总　计	**15507**	**8589**	**6918**	**273730**	**102156**	**171574**	**73169**	**38914**	**34255**
汉　族	14857	8225	6632	257665	95943	161722	70203	37365	32838
蒙古族	51	24	27	1705	584	1121	357	180	177
回　族	267	160	107	3747	1548	2199	881	500	381
藏　族				446	183	263	27	14	13
维吾尔族	3	1	2	454	203	251	23	8	15
苗　族	8	2	6	377	165	212	51	18	33
彝　族	1		1	212	91	121	22	11	11
壮　族	5		5	567	214	353	68	30	38
布依族				111	52	59	8	3	5
朝鲜族	31	13	18	496	165	331	106	40	66
满　族	251	150	101	6161	2297	3864	1230	652	578
侗　族	2	2		159	66	93	7	5	2
瑶　族	2	1	1	122	49	73	9	4	5
白　族				126	51	75	11	8	3
土家族	12	5	7	692	268	424	78	32	46
哈尼族	1	1		16	5	11	3	1	2
哈萨克族				157	60	97	7	2	5
傣　族				33	13	20	4		4
黎　族				44	22	22	10	4	6
傈僳族				9	2	7	1	1	
佤　族				6	2	4	1	1	
畲　族				42	24	18	4	4	
高山族				4		4			
拉祜族				6	1	5	2		2
水　族				7	4	3			
东乡族				17	6	11	2	1	1
纳西族	1		1	18	7	11	1		1
景颇族				6	2	4			
柯尔克孜族				11	4	7			
土　族				17	10	7	3	2	1
达斡尔族	7	2	5	45	13	32	14	6	8
仫佬族				22	6	16	3	1	2
羌　族				24	7	17	3	2	1
布朗族				4	1	3			
撒拉族				9	4	5			
毛南族				7	3	4			
仡佬族				37	18	19	2		2
锡伯族	6	3	3	63	23	40	9	9	
阿昌族				3	1	2			
普米族				3	2	1	1	1	
塔吉克族				8	7	1			
怒　族				1	1				
乌孜别克族				3	2	1	1	1	
俄罗斯族				14	4	10	1		1
鄂温克族				4	2	2	4	2	2
德昂族									
保安族				1		1			
裕固族				2	1	1	2		2
京　族				3		3			
塔塔尔族									
独龙族				2		2	1		1
鄂伦春族	1		1	11	3	8			
赫哲族				7	2	5	1		1
门巴族				1		1			
珞巴族				1		1			
基诺族									
未定族称人口				19	13	6	4	3	1
入　籍	1		1	3	2	1	4	3	1

2-4 全市各民族分性别、婚姻状况的15岁及以上人口

单位：人

民族	15岁及以上人口			未婚		
	合计	男	女	小计	男	女
总计	**1852002**	**936729**	**915273**	**385045**	**207421**	**177624**
汉族	1770751	897559	873192	362368	196034	166334
蒙古族	9132	4237	4895	3008	1451	1557
回族	22933	11086	11847	4745	2424	2321
藏族	700	310	390	524	229	295
维吾尔族	696	308	388	535	246	289
苗族	1225	607	618	548	283	265
彝族	714	387	327	340	195	145
壮族	1706	768	938	762	383	379
布依族	319	157	162	158	82	76
朝鲜族	2557	1091	1466	714	310	404
满族	35734	17624	18110	8893	4603	4290
侗族	432	207	225	200	102	98
瑶族	344	167	177	153	75	78
白族	402	183	219	184	82	102
土家族	2197	1005	1192	914	426	488
哈尼族	95	44	51	27	9	18
哈萨克族	210	85	125	187	75	112
傣族	81	31	50	37	18	19
黎族	114	56	58	53	32	21
傈僳族	45	27	18	19	11	8
佤族	43	27	16	17	13	4
畲族	135	82	53	54	34	20
高山族	19	4	15	6	2	4
拉祜族	39	17	22	19	9	10
水族	26	13	13	13	5	8
东乡族	102	66	36	43	26	17
纳西族	62	28	34	23	10	13
景颇族	8	3	5	4	2	2
柯尔克孜族	19	9	10	11	5	6
土族	53	31	22	24	18	6
达斡尔族	270	115	155	105	51	54
仫佬族	53	19	34	26	8	18
羌族	79	34	45	37	14	23
布朗族	13	7	6	9	5	4
撒拉族	22	10	12	9	5	4
毛南族	18	8	10	10	4	6
仡佬族	102	60	42	48	25	23
锡伯族	304	144	160	105	56	49
阿昌族	3	1	2	2	1	1
普米族	6	4	2	4	3	1
塔吉克族	9	8	1	8	7	1
怒族	1	1		1	1	
乌孜别克族	7	4	3	3	2	1
俄罗斯族	42	15	27	16	6	10
鄂温克族	47	23	24	16	9	7
德昂族						
保安族	1		1	1		1
裕固族	10	5	5	4	1	3
京族	4		4	2		2
塔塔尔族	4		4			
独龙族	4	1	3	2		2
鄂伦春族	20	7	13	10	5	5
赫哲族	32	8	24	10	3	7
门巴族	2		2	1		1
珞巴族	1		1	1		1
基诺族	2	1	1	1		1
未定族称人口	38	25	13	23	16	7
入籍	15	10	5	8	5	3

2-4　续表　　　　　　　　　　　　　　　　　　　　　　　　　　单位：人

民　族	有配偶			离　婚			丧　偶		
	小计	男	女	小计	男	女	小计	男	女
总　计	**1338026**	**689321**	**648705**	**52412**	**22303**	**30109**	**76519**	**17684**	**58835**
汉　族	1284479	663084	621395	49954	21356	28598	73950	17085	56865
蒙古族	5727	2676	3051	238	80	158	159	30	129
回　族	16154	8064	8090	809	321	488	1225	277	948
藏　族	162	73	89	7	4	3	7	4	3
维吾尔族	154	59	95	5	2	3	2	1	1
苗　族	646	314	332	23	6	17	8	4	4
彝　族	357	188	169	10	3	7	7	1	6
壮　族	884	370	514	22	9	13	38	6	32
布依族	154	73	81	7	2	5			
朝鲜族	1666	750	916	81	19	62	96	12	84
满　族	24736	12311	12425	1137	460	677	968	250	718
侗　族	210	101	109	11	2	9	11	2	9
瑶　族	180	88	92	7	3	4	4	1	3
白　族	203	99	104	5	1	4	10	1	9
土家族	1219	558	661	44	16	28	20	5	15
哈尼族	65	34	31	3	1	2			
哈萨克族	22	9	13				1	1	
傣　族	43	13	30	1		1			
黎　族	60	23	37	1	1				
傈僳族	24	15	9	1	1		1		1
佤　族	25	14	11	1		1			
畲　族	78	45	33	2	2		1	1	
高山族	10	2	8	2		2	1		1
拉祜族	20	8	12						
水　族	11	6	5	1	1		1	1	
东乡族	59	40	19						
纳西族	36	17	19	2	1	1	1		1
景颇族	4	1	3						
柯尔克孜族	8	4	4						
土　族	28	12	16	1	1				
达斡尔族	147	62	85	15	2	13	3		3
仫佬族	27	11	16						
羌　族	39	19	20	3	1	2			
布朗族	3	1	2	1	1				
撒拉族	13	5	8						
毛南族	8	4	4						
仡佬族	52	34	18	2	1	1			
锡伯族	185	83	102	11	4	7	3	1	2
阿昌族	1		1						
普米族	2	1	1						
塔吉克族	1	1							
怒　族									
乌孜别克族	4	2	2						
俄罗斯族	24	9	15	1		1	1		1
鄂温克族	29	13	16	2	1	1			
德昂族									
保安族									
裕固族	4	3	1	1		1	1	1	
京　族	2		2						
塔塔尔族	4		4						
独龙族	2	1	1						
鄂伦春族	10	2	8						
赫哲族	21	4	17	1	1				
门巴族	1		1						
珞巴族									
基诺族	1	1							
未定族称人口	15	9	6						
入　籍	7	5	2						

2-5　全市各民族分性别、初婚年龄的人口

单位：人

民　族	合　计			15岁以下		
	合计	男	女	小计	男	女
总　计	**1466957**	**729308**	**737649**	**816**	**270**	**546**
汉　族	1408383	701525	706858	796	265	531
蒙古族	6124	2786	3338	3	1	2
回　族	18188	8662	9526	5	2	3
藏　族	176	81	95			
维吾尔族	161	62	99			
苗　族	677	324	353	1	1	
彝　族	374	192	182			
壮　族	944	385	559			
布依族	161	75	86			
朝鲜族	1843	781	1062			
满　族	26841	13021	13820	9	1	8
侗　族	232	105	127			
瑶　族	191	92	99			
白　族	218	101	117			
土家族	1283	579	704	1		1
哈尼族	68	35	33			
哈萨克族	23	10	13			
傣　族	44	13	31			
黎　族	61	24	37			
傈僳族	26	16	10			
佤　族	26	14	12			
畲　族	81	48	33			
高山族	13	2	11			
拉祜族	20	8	12			
水　族	13	8	5			
东乡族	59	40	19	1		1
纳西族	39	18	21			
景颇族	4	1	3			
柯尔克孜族	8	4	4			
土　族	29	13	16			
达斡尔族	165	64	101			
仫佬族	27	11	16			
羌　族	42	20	22			
布朗族	4	2	2			
撒拉族	13	5	8			
毛南族	8	4	4			
仡佬族	54	35	19			
锡伯族	199	88	111			
阿昌族	1		1			
普米族	2	1	1			
塔吉克族	1	1				
怒　族						
乌孜别克族	4	2	2			
俄罗斯族	26	9	17			
鄂温克族	31	14	17			
德昂族						
保安族						
裕固族	6	4	2			
京　族	2		2			
塔塔尔族	4		4			
独龙族	2	1	1			
鄂伦春族	10	2	8			
赫哲族	22	5	17			
门巴族	1		1			
珞巴族						
基诺族	1	1				
未定族称人口	15	9	6			
入　籍	7	5	2			

2–5　续表 1

单位：人

民　族	15岁			16岁		
	小计	男	女	小计	男	女
总　计	**4093**	**1223**	**2870**	**6965**	**1856**	**5109**
汉　族	3962	1194	2768	6724	1794	4930
蒙古族	11	5	6	19	6	13
回　族	44	3	41	80	20	60
藏　族				2		2
维吾尔族	2		2			
苗　族	3	1	2	5	1	4
彝　族	1		1	8	5	3
壮　族	3		3	4	1	3
布依族				3	1	2
朝鲜族	1		1	5		5
满　族	56	18	38	97	23	74
侗　族				1		1
瑶　族	2		2			
白　族	2	1	1	1	1	
土家族	1		1	5	1	4
哈尼族	2		2	1		1
哈萨克族						
傣　族	1		1			
黎　族				1		1
傈僳族						
佤　族				1	1	
畲　族				2		2
高山族						
拉祜族				1		1
水　族				1	1	
东乡族	1	1		2		2
纳西族						
景颇族						
柯尔克孜族						
土　族						
达斡尔族	1		1			
仫佬族				1		1
羌　族						
布朗族						
撒拉族				1	1	
毛南族						
仡佬族						
锡伯族						
阿昌族						
普米族						
塔吉克族						
怒　族						
乌孜别克族						
俄罗斯族						
鄂温克族						
德昂族						
保安族						
裕固族						
京　族						
塔塔尔族						
独龙族						
鄂伦春族						
赫哲族						
门巴族						
珞巴族						
基诺族						
未定族称人口						
入　籍						

2-5 续表 2　　单位：人

民　族	17岁			18岁			19岁		
	小计	男	女	小计	男	女	小计	男	女
总　计	**12790**	**3328**	**9462**	**21813**	**6181**	**15632**	**40887**	**13359**	**27528**
汉　族	12420	3253	9167	21166	6031	15135	39558	12985	26573
蒙古族	32	9	23	54	14	40	123	30	93
回　族	134	18	116	205	42	163	398	113	285
藏　族	2		2	2		2	7	5	2
维吾尔族	2		2				1	1	
苗　族	6	1	5	14	3	11	18	5	13
彝　族	7	2	5	16	7	9	7	4	3
壮　族	6	1	5	11	1	10	23	3	20
布依族							6	2	4
朝鲜族	8		8	10		10	28	3	25
满　族	148	40	108	291	72	219	645	196	449
侗　族	3		3	1		1	7		7
瑶　族	3		3	2		2	3		3
白　族	1		1	4	1	3	5	3	2
土家族	6	2	4	13	1	12	27	3	24
哈尼族	2	1	1	3	1	2	1	1	
哈萨克族									
傣　族	2	1	1	3		3	3	1	2
黎　族	1		1	1	1		1		1
傈僳族	1		1	2	1	1	1		1
佤　族				1		1	2		2
畲　族				1	1		3	1	2
高山族							1		1
拉祜族				1	1		2		2
水　族							1		1
东乡族	2		2	6	3	3	4	2	2
纳西族									
景颇族									
柯尔克孜族									
土　族	1		1				1		1
达斡尔族				1		1	2		2
仫佬族									
羌　族							1		1
布朗族									
撒拉族	2		2						
毛南族							1		1
仡佬族				2		2	1	1	
锡伯族	1		1	1		1			
阿昌族									
普米族									
塔吉克族									
怒　族									
乌孜别克族									
俄罗斯族				1		1	1		1
鄂温克族									
德昂族									
保安族									
裕固族									
京　族									
塔塔尔族									
独龙族							1		1
鄂伦春族							2		2
赫哲族				1	1		1		1
门巴族									
珞巴族									
基诺族									
未定族称人口							1		1
入　籍									

2-5　续表 3　　　　单位：人

民　族	20岁			21岁			22岁		
	小计	男	女	小计	男	女	小计	男	女
总　计	**66044**	**23196**	**42848**	**95769**	**40546**	**55223**	**139210**	**64693**	**74517**
汉　族	63861	22537	41324	92642	39381	53261	134524	62687	71837
蒙古族	232	63	169	296	113	183	421	174	247
回　族	629	192	437	882	329	553	1384	558	826
藏　族	5		5	6	3	3	12	7	5
维吾尔族	5	2	3	4	1	3	10	3	7
苗　族	33	10	23	40	14	26	41	20	21
彝　族	19	11	8	25	11	14	32	20	12
壮　族	35	5	30	37	7	30	66	17	49
布依族	7	4	3	9	2	7	13	8	5
朝鲜族	35	5	30	60	17	43	90	16	74
满　族	1056	331	725	1627	626	1001	2433	1122	1311
侗　族	7	2	5	14	3	11	15	6	9
瑶　族	4	1	3	6		6	9	3	6
白　族	9	1	8	6	2	4	10	3	7
土家族	52	13	39	56	15	41	70	15	55
哈尼族	3	3		2	1	1	5	2	3
哈萨克族							1		1
傣　族				1		1	2		2
黎　族	3	1	2	1		1			
傈僳族	1		1	1		1	3	3	
佤　族	5	2	3	1		1	1		1
畲　族	4		4	4	2	2	5	3	2
高山族							1		1
拉祜族	3		3	2		2	4	3	1
水　族							3	2	1
东乡族	8	5	3	6	6		7	6	1
纳西族	1		1	2		2	2		2
景颇族				1		1	2	1	1
柯尔克孜族							2	1	1
土　族				1	1		2		2
达斡尔族	7	3	4	7	1	6	11	2	9
仫佬族	1	1		2	1	1	2		2
羌　族	3	1	2	5	2	3	5	3	2
布朗族									
撒拉族	1		1						
毛南族									
仡佬族	3	1	2	5	4	1	4	4	
锡伯族	5	1	4	8	3	5	9	2	7
阿昌族									
普米族									
塔吉克族									
怒　族									
乌孜别克族							1		1
俄罗斯族	2		2	3		3	3		3
鄂温克族	3	1	2	1		1			
德昂族									
保安族									
裕固族									
京　族									
塔塔尔族									
独龙族									
鄂伦春族				1		1			
赫哲族	1		1	4	1	3	3		3
门巴族									
珞巴族									
基诺族							1	1	
未定族称人口	1		1	1		1	1	1	
入　籍									

2-5 续表 4 单位：人

民族	23岁			24岁			25岁		
	小计	男	女	小计	男	女	小计	男	女
总计	**154873**	**67142**	**87731**	**167556**	**77082**	**90474**	**171829**	**85764**	**86065**
汉族	149359	64874	84485	161245	74419	86826	164796	82454	82342
蒙古族	511	208	303	604	250	354	680	288	392
回族	1751	664	1087	2055	867	1188	2360	1115	1245
藏族	18	6	12	12	5	7	27	12	15
维吾尔族	9	1	8	22	5	17	19	6	13
苗族	61	32	29	65	22	43	78	31	47
彝族	43	23	20	40	19	21	37	17	20
壮族	69	13	56	83	28	55	92	35	57
布依族	14	3	11	13	6	7	15	9	6
朝鲜族	129	35	94	183	60	123	191	85	106
满族	2688	1188	1500	2947	1294	1653	3203	1571	1632
侗族	19	5	14	20	8	12	20	11	9
瑶族	10	6	4	18	6	12	25	10	15
白族	16	5	11	19	6	13	27	12	15
土家族	87	37	50	122	42	80	147	65	82
哈尼族	10	7	3	6	3	3	7	1	6
哈萨克族	2		2	1		1	2	1	1
傣族	2	1	1	4	1	3	3	1	2
黎族	8	3	5	3		3	6		6
傈僳族	5	4	1	6	4	2	1	1	
佤族	3	2	1	3	2	1	2	2	
畲族	3	2	1	11	6	5	8	5	3
高山族				1		1	3		3
拉祜族	3	3		1		1			
水族	2	1	1				1		1
东乡族	7	5	2	4	3	1	5	5	
纳西族	4	1	3	4	3	1	5	2	3
景颇族				1		1			
柯尔克孜族	1	1					2	1	1
土族	2		2	5	1	4	2	1	1
达斡尔族	11	4	7	11	5	6	15	3	12
仫佬族				2		2	2	1	1
羌族	4		4	3	1	2	5	3	2
布朗族									
撒拉族							1		1
毛南族				2	1	1			
仡佬族	3	2	1	5	3	2	3	2	1
锡伯族	13	3	10	22	7	15	26	10	16
阿昌族									
普米族							1		1
塔吉克族									
怒族									
乌孜别克族									
俄罗斯族	2		2	1		1	3	1	2
鄂温克族	2	1	1	4	2	2	1	1	
德昂族									
保安族									
裕固族									
京族									
塔塔尔族							2		2
独龙族									
鄂伦春族				2		2			
赫哲族				1	1		4	1	3
门巴族									
珞巴族									
基诺族									
未定族称人口	2	2		3		3	1	1	
入籍				2	2		1		1

2-5　续表 5　　　　单位：人

民　族	26岁			27岁			28岁		
	小计	男	女	小计	男	女	小计	男	女
总　计	**144940**	**76529**	**68411**	**114483**	**64262**	**50221**	**85829**	**51147**	**34682**
汉　族	138566	73430	65136	109355	61573	47782	81747	48828	32919
蒙古族	754	341	413	569	277	292	504	263	241
回　族	2044	1049	995	1626	896	730	1218	696	522
藏　族	17	4	13	20	12	8	11	6	5
维吾尔族	16	6	10	16	8	8	13	5	8
苗　族	77	33	44	65	35	30	49	28	21
彝　族	31	14	17	24	7	17	25	19	6
壮　族	132	54	78	88	40	48	67	38	29
布依族	14	7	7	12	2	10	14	8	6
朝鲜族	198	79	119	199	91	108	161	83	78
满　族	2764	1377	1387	2195	1152	1043	1752	1020	732
侗　族	26	11	15	25	17	8	19	11	8
瑶　族	16	5	11	32	20	12	18	10	8
白　族	28	13	15	22	12	10	21	13	8
土家族	153	65	88	136	66	70	118	70	48
哈尼族	10	5	5	3	3		2	1	1
哈萨克族	1	1		5	1	4	2	1	1
傣　族	2		2	3	2	1	6	1	5
黎　族	9	5	4	4		4	7	6	1
傈僳族	1	1		3	1	2			
佤　族	3	2	1	1	1		1	1	
畲　族	2		2	10	4	6	6	6	
高山族				1		1	2		2
拉祜族	1	1					1		1
水　族	1	1					1		1
东乡族				4	2	2	1	1	
纳西族	2	2		4	2	2	5	3	2
景颇族									
柯尔克孜族									
土　族	2	1	1	4	3	1	1		1
达斡尔族	23	5	18	11	6	5	17	7	10
仫佬族	4	1	3	2		2	2	2	
羌　族	4	2	2	4	1	3	2	1	1
布朗族	1		1	1	1				
撒拉族	2	1	1	1		1			
毛南族	1		1						
仡佬族	5	2	3	4	2	2	5	3	2
锡伯族	20	7	13	17	13	4	17	8	9
阿昌族									
普米族				1	1				
塔吉克族				1	1				
怒　族									
乌孜别克族	1		1	1	1				
俄罗斯族	1	1		3	3		3	1	2
鄂温克族	2	1	1	5	3	2	5	2	3
德昂族									
保安族									
裕固族	1	1		1	1		2	2	
京　族	1		1						
塔塔尔族									
独龙族									
鄂伦春族	2		2	1	1		1	1	
赫哲族	1		1	2		2	2	1	1
门巴族									
珞巴族									
基诺族									
未定族称人口				1	1		1	1	
入　籍	1	1		1		1			

2-5 续表 6　　　　单位：人

民族	29岁			30岁			31岁		
	小计	男	女	小计	男	女	小计	男	女
总　计	**61441**	**38049**	**23392**	**43507**	**27367**	**16140**	**30285**	**19465**	**10820**
汉　族	58510	36330	22180	41371	26064	15307	28812	18572	10240
蒙古族	351	187	164	260	145	115	170	95	75
回　族	832	516	316	602	381	221	433	262	171
藏　族	8	6	2	3	1	2	5	4	1
维吾尔族	7	3	4	10	7	3	8	4	4
苗　族	29	16	13	28	21	7	14	11	3
彝　族	20	9	11	11	6	5	8	4	4
壮　族	63	33	30	35	21	14	38	25	13
布依族	11	8	3	10	5	5	3	1	2
朝鲜族	156	76	80	88	49	39	92	55	37
满　族	1254	758	496	969	594	375	608	373	235
侗　族	13	9	4	10	5	5	7	2	5
瑶　族	17	10	7	9	6	3	6	5	1
白　族	11	5	6	10	4	6	7	6	1
土家族	87	49	38	55	35	20	33	20	13
哈尼族	3	2	1	1	1		3	2	1
哈萨克族	4	2	2	3	2	1	1	1	
傣　族	4	1	3	1	1		2	1	1
黎　族	6	3	3	1		1	2		2
傈僳族									
佤　族	1	1							
畲　族	6	4	2	2	2		5	4	1
高山族	2	1	1	1	1				
拉祜族				1		1			
水　族	1	1					1	1	
东乡族									
纳西族	3		3	1	1		3	2	1
景颇族									
柯尔克孜族	1		1						
土　族	5	4	1						
达斡尔族	8	3	5	10	7	3	6	4	2
仫佬族	1		1	3	2	1	2	1	1
羌　族							1	1	
布朗族							1		1
撒拉族	2	1	1	1		1	1	1	
毛南族	1		1	1	1				
仡佬族	3	1	2	2	2		3	2	1
锡伯族	13	6	7	5	2	3	6	5	1
阿昌族	1		1						
普米族									
塔吉克族									
怒　族									
乌孜别克族									
俄罗斯族	2	2							
鄂温克族	2		2	1		1	3	1	2
德昂族									
保安族									
裕固族				1		1	1		1
京　族									
塔塔尔族									
独龙族	1	1							
鄂伦春族									
赫哲族	1		1						
门巴族									
珞巴族									
基诺族									
未定族称人口	1	1							
入　籍				1	1				

2–5　续表 7　　　　单位：人

民　族	32岁			33岁			34岁		
	小计	男	女	小计	男	女	小计	男	女
总　计	**22560**	**14513**	**8047**	**16990**	**10893**	**6097**	**13350**	**8579**	**4771**
汉　族	21499	13866	7633	16131	10385	5746	12717	8179	4538
蒙古族	119	75	44	97	53	44	77	50	27
回　族	332	200	132	235	144	91	201	125	76
藏　族	4	1	3	1		1	4	1	3
维吾尔族	5	2	3	2	2		3	1	2
苗　族	13	10	3	9	7	2	10	10	
彝　族	7	5	2	3	3		5	3	2
壮　族	19	11	8	19	14	5	10	7	3
布依族	3	2	1	4	2	2	2	1	1
朝鲜族	54	31	23	40	25	15	27	18	9
满　族	441	266	175	386	214	172	254	154	100
侗　族	2	2		7	3	4	5	2	3
瑶　族	2	2		3	2	1	2	2	
白　族	4	4		4	3	1	3	2	1
土家族	30	21	9	22	17	5	13	11	2
哈尼族	1	1		1		1			
哈萨克族									
傣　族	1		1	1	1		1		1
黎　族	1		1	1	1		2	2	
傈僳族				1	1				
佤　族									
畲　族	3	3		1	1		1	1	
高山族	1		1						
拉祜族									
水　族									
东乡族							1	1	
纳西族				1		1	1	1	
景颇族									
柯尔克孜族	1	1							
土　族	1	1							
达斡尔族	5	3	2	6	4	2	2	2	
仫佬族				2	1	1			
羌　族	1	1		2	2				
布朗族							1	1	
撒拉族				1	1				
毛南族				1	1				
仡佬族	1	1		2	2				
锡伯族	7	2	5	5	2	3	4	4	
阿昌族									
普米族									
塔吉克族									
怒　族									
乌孜别克族	1	1							
俄罗斯族				1	1				
鄂温克族	1	1					1	1	
德昂族									
保安族									
裕固族									
京　族							1		1
塔塔尔族							2		2
独龙族									
鄂伦春族									
赫哲族	1		1						
门巴族									
珞巴族									
基诺族									
未定族称人口				1	1				
入　籍									

2–5 续表 8　　单位：人

民族	35岁			36岁			37岁		
	小计	男	女	小计	男	女	小计	男	女
总　计	**10431**	**6689**	**3742**	**7667**	**4959**	**2708**	**6174**	**4087**	**2087**
汉　族	9911	6357	3554	7310	4754	2556	5865	3907	1958
蒙古族	57	38	19	41	19	22	28	15	13
回　族	159	102	57	100	60	40	94	63	31
藏　族	1		1	1	1		1	1	
维吾尔族							1	1	
苗　族	6	4	2	2	1	1	2	1	1
彝　族				2	1	1			
壮　族	11	8	3	7	4	3	6	4	2
布依族	4	3	1				1		1
朝鲜族	20	10	10	11	6	5	13	4	9
满　族	233	148	85	174	104	70	137	75	62
侗　族	5	5		1		1	3	2	1
瑶　族				2	2				
白　族	1	1		1		1	3		3
土家族	9	6	3	5	2	3	13	8	5
哈尼族	1		1						
哈萨克族									
傣　族	1		1						
黎　族	1		1	1	1		1	1	
傈僳族									
佤　族									
畲　族				1	1				
高山族									
拉祜族									
水　族	1	1							
东乡族									
纳西族	1	1							
景颇族									
柯尔克孜族				1		1			
土　族									
达斡尔族	3	2	1	2	1	1	1		1
仫佬族							1	1	
羌　族									
布朗族									
撒拉族									
毛南族	1	1							
仡佬族									
锡伯族	3	1	2	4	2	2	3	3	
阿昌族									
普米族									
塔吉克族									
怒　族									
乌孜别克族									
俄罗斯族									
鄂温克族									
德昂族									
保安族									
裕固族									
京　族									
塔塔尔族									
独龙族									
鄂伦春族	1		1						
赫哲族									
门巴族				1		1			
珞巴族									
基诺族									
未定族称人口	1	1							
入　籍							1	1	

2-5　续表 9　　　　　单位：人

民　族	38岁			39岁			40岁及以上		
	小计	男	女	小计	男	女	小计	男	女
总　计	**4740**	**3207**	**1533**	**3712**	**2520**	**1192**	**18203**	**12402**	**5801**
汉　族	4523	3066	1457	3537	2413	1124	17476	11927	5549
蒙古族	25	18	7	12	7	5	74	42	32
回　族	73	50	23	48	27	21	264	168	96
藏　族	1	1		1	1		5	4	1
维吾尔族				1	1		5	3	2
苗　族	1	1					7	5	2
彝　族	1	1					2	1	1
壮　族	3	3		6	4	2	11	8	3
布依族							3	1	2
朝鲜族	7	5	2	13	10	3	24	18	6
满　族	91	50	41	86	51	35	297	203	94
侗　族				1		1	1	1	
瑶　族							2	2	
白　族	1	1		2	2				
土家族	6	5	1	3	2	1	13	8	5
哈尼族	1		1						
哈萨克族							1	1	
傣　族							1	1	
黎　族									
傈僳族									
佤　族							1		1
畲　族	1	1					2	1	1
高山族									
拉祜族									
水　族									
东乡族									
纳西族									
景颇族									
柯尔克孜族									
土　族	1	1					1		1
达斡尔族	2	1	1				3	1	2
仫佬族									
羌　族							2	2	
布朗族									
撒拉族									
毛南族									
仡佬族				2	2		1	1	
锡伯族	3	3					7	4	3
阿昌族									
普米族									
塔吉克族									
怒　族									
乌孜别克族									
俄罗斯族									
鄂温克族									
德昂族									
保安族									
裕固族									
京　族									
塔塔尔族									
独龙族									
鄂伦春族									
赫哲族									
门巴族									
珞巴族									
基诺族									
未定族称人口									
入　籍									

2–6 全市按民族、生育孩次分的育龄妇女人数
(2019.11.1–2020.10.31)

单位：人

民　族	合　计	生男孩的妇女人数	生女孩的妇女人数	一　孩			二　孩		
				小计	男	女	小计	男	女
总　计	**16828**	**8817**	**8011**	**10514**	**5546**	**4968**	**5988**	**3098**	**2890**
汉　族	15905	8328	7577	9918	5223	4695	5676	2939	2737
蒙古族	148	75	73	110	59	51	36	16	20
回　族	170	91	79	109	61	48	59	29	30
藏　族	3	3		3	3				
维吾尔族	7	2	5	4	2	2	3		3
苗　族	19	9	10	10	6	4	9	3	6
彝　族	6	5	1	3	2	1	2	2	
壮　族	21	10	11	16	7	9	5	3	2
布依族	2	2		1	1		1	1	
朝鲜族	28	15	13	18	8	10	7	5	2
满　族	444	242	202	270	147	123	169	93	76
侗　族	5	3	2	4	2	2	1	1	
瑶　族	5	2	3	2	1	1	3	1	2
白　族	5	2	3	2	1	1	3	1	2
土家族	35	14	21	22	11	11	11	2	9
哈尼族									
哈萨克族									
傣　族									
黎　族	4	4		3	3		1	1	
傈僳族	1		1	1		1			
佤　族									
畲　族	2	1	1	2	1	1			
高山族									
拉祜族									
水　族									
东乡族	1		1				1		1
纳西族	1	1		1	1				
景颇族									
柯尔克孜族	1		1	1		1			
土　族	2		2	2		2			
达斡尔族	3	1	2	3	1	2			
仫佬族	1	1					1	1	
羌　族									
布朗族	1		1	1		1			
撒拉族	2	2		2	2				
毛南族									
仡佬族									
锡伯族	2	1	1	2	1	1			
阿昌族									
普米族									
塔吉克族									
怒　族									
乌孜别克族									
俄罗斯族									
鄂温克族	3	2	1	3	2	1			
德昂族									
保安族									
裕固族									
京　族									
塔塔尔族									
独龙族									
鄂伦春族									
赫哲族									
门巴族									
珞巴族									
基诺族									
未定族称人口	1	1		1	1				
入　籍									

2-6　续表　　　　　　　　　　　　　　　　　　　　　　　　　　　　单位：人

民　族	三　孩			四　孩			五孩及以上		
	小计	男	女	小计	男	女	小计	男	女
总　计	**288**	**157**	**131**	**29**	**14**	**15**	**9**	**2**	**7**
汉　族	273	150	123	29	14	15	9	2	7
蒙古族	2		2						
回　族	2	1	1						
藏　族									
维吾尔族									
苗　族									
彝　族	1	1							
壮　族									
布依族									
朝鲜族	3	2	1						
满　族	5	2	3						
侗　族									
瑶　族									
白　族									
土家族	2	1	1						
哈尼族									
哈萨克族									
傣　族									
黎　族									
傈僳族									
佤　族									
畲　族									
高山族									
拉祜族									
水　族									
东乡族									
纳西族									
景颇族									
柯尔克孜族									
土　族									
达斡尔族									
仫佬族									
羌　族									
布朗族									
撒拉族									
毛南族									
仡佬族									
锡伯族									
阿昌族									
普米族									
塔吉克族									
怒　族									
乌孜别克族									
俄罗斯族									
鄂温克族									
德昂族									
保安族									
裕固族									
京　族									
塔塔尔族									
独龙族									
鄂伦春族									
赫哲族									
门巴族									
珞巴族									
基诺族									
未定族称人口									
入　籍									

2-7 全市各民族15-64岁妇女平均活产子女数和平均存活子女数

单位：人、%

民族	15-64岁妇女人数	活产子女总数			存活子女总数			存活子女数占活产子女数的百分比	妇女平均活产子女数	妇女平均存活子女数
		小计	男	女	小计	男	女			
总计	**760654**	**673331**	**358764**	**314567**	**658663**	**350116**	**308547**	**97.82**	**0.89**	**0.87**
汉族	723942	645221	344017	301204	631161	335721	295440	97.82	0.89	0.87
蒙古族	4541	3209	1738	1471	3139	1697	1442	97.82	0.71	0.69
回族	9235	7354	3753	3601	7193	3658	3535	97.81	0.80	0.78
藏族	383	100	45	55	100	45	55	100.00	0.26	0.26
维吾尔族	382	110	54	56	109	53	56	99.09	0.29	0.29
苗族	601	437	233	204	426	228	198	97.48	0.73	0.71
彝族	318	228	132	96	225	130	95	98.68	0.72	0.71
壮族	894	622	374	248	616	369	247	99.04	0.70	0.69
布依族	160	95	60	35	95	60	35	100.00	0.59	0.59
朝鲜族	1283	873	456	417	862	451	411	98.74	0.68	0.67
满族	16084	13258	6950	6308	12959	6779	6180	97.74	0.82	0.81
侗族	217	130	80	50	128	78	50	98.46	0.60	0.59
瑶族	171	106	47	59	105	46	59	99.06	0.62	0.61
白族	201	114	65	49	104	61	43	91.23	0.57	0.52
土家族	1160	809	423	386	796	415	381	98.39	0.70	0.69
哈尼族	51	41	23	18	32	18	14	78.05	0.80	0.63
哈萨克族	125	11	9	2	11	9	2	100.00	0.09	0.09
傣族	49	35	20	15	35	20	15	100.00	0.71	0.71
黎族	56	44	23	21	42	21	21	95.45	0.79	0.75
傈僳族	18	11	4	7	11	4	7	100.00	0.61	0.61
佤族	15	17	8	9	17	8	9	100.00	1.13	1.13
畲族	50	45	25	20	45	25	20	100.00	0.90	0.90
高山族	13	9	3	6	8	3	5	88.89	0.69	0.62
拉祜族	22	16	7	9	16	7	9	100.00	0.73	0.73
水族	13	6	5	1	6	5	1	100.00	0.46	0.46
东乡族	36	28	15	13	28	15	13	100.00	0.78	0.78
纳西族	33	23	12	11	22	12	10	95.65	0.70	0.67
景颇族	5	2	2		2	2		100.00	0.40	0.40
柯尔克孜族	10	4	1	3	4	1	3	100.00	0.40	0.40
土族	21	17	10	7	17	10	7	100.00	0.81	0.81
达斡尔族	144	92	42	50	89	40	49	96.74	0.64	0.62
仫佬族	33	18	8	10	18	8	10	100.00	0.55	0.55
羌族	44	25	13	12	24	13	11	96.00	0.57	0.55
布朗族	6	2		2	2		2	100.00	0.33	0.33
撒拉族	12	12	6	6	12	6	6	100.00	1.00	1.00
毛南族	10	6	3	3	4	1	3	66.67	0.60	0.40
仡佬族	42	24	14	10	24	14	10	100.00	0.57	0.57
锡伯族	146	96	46	50	95	45	50	98.96	0.66	0.65
阿昌族	2	1		1	1		1	100.00	0.50	0.50
普米族	2	1		1	1		1	100.00	0.50	0.50
塔吉克族	1									
怒族										
乌孜别克族	3	4	3	1	4	3	1	100.00	1.33	1.33
俄罗斯族	24	15	6	9	15	6	9	100.00	0.63	0.63
鄂温克族	22	13	7	6	13	7	6	100.00	0.59	0.59
德昂族										
保安族	1									
裕固族	5	2	2		2	2		100.00	0.40	0.40
京族	4	1		1	1		1	100.00	0.25	0.25
塔塔尔族	4	4	3	1	4	3	1	100.00	1.00	1.00
独龙族	3	2	1	1	2	1	1	100.00	0.67	0.67
鄂伦春族	13	6	3	3	6	3	3	100.00	0.46	0.46
赫哲族	22	18	8	10	18	8	10	100.00	0.82	0.82
门巴族	2	1		1	1		1	100.00	0.50	0.50
珞巴族	1									
基诺族	1									
未定族称人口	13	8	4	4	8	4	4	100.00	0.62	0.62
入籍	5	5	1	4	5	1	4	100.00	1.00	1.00

第二部分　长表数据资料

第三卷　教育

3-1　全市分学业完成情况、性别、受教育程度的3岁及以上人口

单位：人

学业完成情况	合计			小学		
	合计	男	女	小计	男	女
总　计	**1958940**	**998332**	**960608**	**208036**	**96510**	**111526**
在　校	237614	121971	115643	92894	48391	44503
毕　业	1696280	863632	832648	105603	44289	61314
肄　业	6787	3388	3399	3031	1116	1915
辍　学	8044	4170	3874	4375	1860	2515
其　他	10215	5171	5044	2133	854	1279

3-1　续表 1

单位：人

学业完成情况	初中			高中			大学专科		
	小计	男	女	小计	男	女	小计	男	女
总　计	**458231**	**250298**	**207933**	**370243**	**190643**	**179600**	**294307**	**148470**	**145837**
在　校	32630	16994	15636	25492	13426	12066	10508	5594	4914
毕　业	417310	228353	188957	341315	175257	166058	282062	141894	140168
肄　业	2526	1538	988	810	503	307	199	112	87
辍　学	2838	1777	1061	726	462	264	57	49	8
其　他	2927	1636	1291	1900	995	905	1481	821	660

3-1　续表 2

单位：人

学业完成情况	大学本科			硕士研究生			博士研究生		
	小计	男	女	小计	男	女	小计	男	女
总　计	**475730**	**235001**	**240729**	**128601**	**63063**	**65538**	**23792**	**14347**	**9445**
在　校	51176	25263	25913	17974	8384	9590	6940	3919	3021
毕　业	422878	208918	213960	110309	54524	55785	16803	10397	6406
肄　业	183	100	83	36	18	18	2	1	1
辍　学	44	21	23	2	1	1	2		2
其　他	1449	699	750	280	136	144	45	30	15

3-1a 全市分学业完成情况、性别、受教育程度的3岁及以上人口(城市)

单位：人

学业完成情况	合计			小学		
	合计	男	女	小计	男	女
总 计	**1588813**	**794335**	**794478**	**148739**	**68356**	**80383**
在 校	205750	105251	100499	78928	41223	37705
毕 业	1367832	681531	686301	65195	25470	39725
肄 业	4274	2094	2180	1622	539	1083
辍 学	4059	2081	1978	1847	708	1139
其 他	6898	3378	3520	1147	416	731

3-1a 续表 1

单位：人

学业完成情况	初中			高中			大学专科		
	小计	男	女	小计	男	女	小计	男	女
总 计	**305008**	**160817**	**144191**	**298755**	**149534**	**149221**	**248819**	**123885**	**124934**
在 校	27331	14273	13058	21736	11459	10277	8268	4257	4011
毕 业	272649	143616	129033	274545	136711	137834	239249	118914	120335
肄 业	1639	964	675	648	399	249	158	81	77
辍 学	1623	1006	617	503	310	193	45	39	6
其 他	1766	958	808	1323	655	668	1099	594	505

3-1a 续表 2

单位：人

学业完成情况	大学本科			硕士研究生			博士研究生		
	小计	男	女	小计	男	女	小计	男	女
总 计	**440957**	**217335**	**223622**	**123399**	**60424**	**62975**	**23136**	**13984**	**9152**
在 校	46234	22647	23587	16596	7611	8985	6657	3781	2876
毕 业	393251	193975	199276	106512	52672	53840	16431	10173	6258
肄 业	171	92	79	34	18	16	2	1	1
辍 学	37	17	20	2	1	1	2		2
其 他	1264	604	660	255	122	133	44	29	15

3-1b　全市分学业完成情况、性别、受教育程度的3岁及以上人口(镇)

单位：人

学业完成情况	合计			小学		
	合计	男	女	小计	男	女
总　计	**117630**	**64000**	**53630**	**15071**	**7218**	**7853**
在　校	12120	6384	5736	4467	2285	2182
毕　业	102900	56233	46667	9561	4473	5088
肄　业	576	290	286	302	120	182
辍　学	905	501	404	496	229	267
其　他	1129	592	537	245	111	134

3-1b　续表 1　单位：人

学业完成情况	初中			高中			大学专科		
	小计	男	女	小计	男	女	小计	男	女
总　计	**39360**	**22938**	**16422**	**23134**	**13016**	**10118**	**17686**	**9341**	**8345**
在　校	1580	839	741	1373	685	688	643	383	260
毕　业	36884	21561	15323	21434	12143	9291	16836	8836	8000
肄　业	207	124	83	45	30	15	14	11	3
辍　学	321	213	108	84	55	29	4	4	
其　他	368	201	167	198	103	95	189	107	82

3-1b　续表 2　单位：人

学业完成情况	大学本科			硕士研究生			博士研究生		
	小计	男	女	小计	男	女	小计	男	女
总　计	**18034**	**9221**	**8813**	**3814**	**1969**	**1845**	**531**	**297**	**234**
在　校	2583	1352	1231	1221	715	506	253	125	128
毕　业	15330	7801	7529	2578	1248	1330	277	171	106
肄　业	6	5	1	2		2			
辍　学									
其　他	115	63	52	13	6	7	1	1	

3-1c 全市分学业完成情况、性别、受教育程度的3岁及以上人口(乡村)

单位：人

学业完成情况	合计			小学		
	合计	男	女	小计	男	女
总　计	**252497**	**139997**	**112500**	**44226**	**20936**	**23290**
在　校	19744	10336	9408	9499	4883	4616
毕　业	225548	125868	99680	30847	14346	16501
肄　业	1937	1004	933	1107	457	650
辍　学	3080	1588	1492	2032	923	1109
其　他	2188	1201	987	741	327	414

3-1c 续表 1

单位：人

学业完成情况	初中			高中			大学专科		
	小计	男	女	小计	男	女	小计	男	女
总　计	**113863**	**66543**	**47320**	**48354**	**28093**	**20261**	**27802**	**15244**	**12558**
在　校	3719	1882	1837	2383	1282	1101	1597	954	643
毕　业	107777	63176	44601	45336	26403	18933	25977	14144	11833
肄　业	680	450	230	117	74	43	27	20	7
辍　学	894	558	336	139	97	42	8	6	2
其　他	793	477	316	379	237	142	193	120	73

3-1c 续表 2

单位：人

学业完成情况	大学本科			硕士研究生			博士研究生		
	小计	男	女	小计	男	女	小计	男	女
总　计	**16739**	**8445**	**8294**	**1388**	**670**	**718**	**125**	**66**	**59**
在　校	2359	1264	1095	157	58	99	30	13	17
毕　业	14297	7142	7155	1219	604	615	95	53	42
肄　业	6	3	3						
辍　学	7	4	3						
其　他	70	32	38	12	8	4			

3-2　全市分年龄、性别、学业完成情况的3岁及以上各种受教育程度人口

单位：人

年龄	合计								
	合计			在校			毕业		
	合计	男	女	小计	男	女	小计	男	女
总　计	**1958940**	**998332**	**960608**	**237614**	**121971**	**115643**	**1696280**	**863632**	**832648**
3									
4									
5–9岁	**66839**	**34855**	**31984**	**64911**	**33802**	**31109**	**1747**	**955**	**792**
5	1010	535	475	950	500	450	45	26	19
6	16008	8258	7750	15541	7995	7546	417	232	185
7	16737	8712	8025	16259	8466	7793	433	224	209
8	18018	9530	8488	17512	9246	8266	472	264	208
9	15066	7820	7246	14649	7595	7054	380	209	171
10–14岁	**59507**	**30939**	**28568**	**57163**	**29619**	**27544**	**2221**	**1256**	**965**
10	12572	6552	6020	12233	6376	5857	316	169	147
11	13322	6946	6376	12932	6731	6201	364	199	165
12	12068	6244	5824	11523	5940	5583	527	297	230
13	12080	6261	5819	11496	5928	5568	554	314	240
14	9465	4936	4529	8979	4644	4335	460	277	183
15–19岁	**58085**	**30895**	**27190**	**49904**	**25514**	**24390**	**7852**	**5173**	**2679**
15	8644	4558	4086	8393	4364	4029	227	181	46
16	9193	4887	4306	8580	4453	4127	578	412	166
17	8556	4624	3932	7258	3745	3513	1217	830	387
18	13407	7144	6263	11026	5613	5413	2308	1486	822
19	18285	9682	8603	14647	7339	7308	3522	2264	1258
20–24岁	**121879**	**63135**	**58744**	**50364**	**25084**	**25280**	**70591**	**37492**	**33099**
20	21547	11393	10154	15855	7939	7916	5557	3373	2184
21	21285	10963	10322	12984	6272	6712	8137	4585	3552
22	22762	12009	10753	8271	4294	3977	14307	7602	6705
23	26986	13912	13074	7332	3627	3705	19435	10153	9282
24	29299	14858	14441	5922	2952	2970	23155	11779	11376
25–29岁	**172295**	**88721**	**83574**	**10977**	**5754**	**5223**	**159938**	**82117**	**77821**
25	31860	16295	15565	4039	2079	1960	27578	14062	13516
26	32786	16751	16035	2568	1341	1227	29949	15242	14707
27	35203	18178	17025	1899	1032	867	33012	16970	16042
28	35887	18608	17279	1411	732	679	34208	17709	16499
29	36559	18889	17670	1060	570	490	35191	18134	17057
30–34岁	**237808**	**122738**	**115070**	**2434**	**1244**	**1190**	**233376**	**120238**	**113138**
30	47428	24749	22679	856	444	412	46186	24078	22108
31	47928	24881	23047	543	291	252	46975	24311	22664
32	47587	24456	23131	439	217	222	46758	23992	22766
33	50243	25862	24381	351	179	172	49443	25405	24038
34	44622	22790	21832	245	113	132	44014	22452	21562
35–39岁	**210654**	**108472**	**102182**	**821**	**404**	**417**	**208225**	**107090**	**101135**
35	39222	20121	19101	200	108	92	38720	19838	18882
36	40885	21121	19764	151	68	83	40432	20849	19583
37	42715	21974	20741	156	72	84	42243	21719	20524
38	48555	24961	23594	175	90	85	48030	24663	23367
39	39277	20295	18982	139	66	73	38800	20021	18779
40–44岁	**155562**	**81460**	**74102**	**375**	**185**	**190**	**153644**	**80381**	**73263**
40	35632	18558	17074	95	49	46	35237	18333	16904
41	34574	18028	16546	92	45	47	34155	17788	16367
42	31768	16742	15026	80	35	45	31385	16537	14848
43	26731	14107	12624	61	29	32	26386	13908	12478
44	26857	14025	12832	47	27	20	26481	13815	12666
45–49岁	**153139**	**79686**	**73453**	**226**	**126**	**100**	**150751**	**78381**	**72370**
45	26036	13451	12585	46	23	23	25681	13253	12428
46	29178	15201	13977	47	25	22	28702	14944	13758
47	32023	16591	15432	55	28	27	31506	16322	15184
48	32647	17133	15514	46	26	20	32102	16837	15265
49	33255	17310	15945	32	24	8	32760	17025	15735
50岁及以上	**723172**	**357431**	**365741**	**439**	**239**	**200**	**707935**	**350549**	**357386**

3-2 续表 1

单位：人

年 龄	合 计								
	肄 业			辍 学			其 他		
	小计	男	女	小计	男	女	小计	男	女
总 计	**6787**	**3388**	**3399**	**8044**	**4170**	**3874**	**10215**	**5171**	**5044**
3									
4									
5-9岁	**42**	**23**	**19**	**7**	**4**	**3**	**132**	**71**	**61**
5	1	1					14	8	6
6	9	7	2	3	1	2	38	23	15
7	12	5	7	1	1		32	16	16
8	8	6	2	2	1	1	24	13	11
9	12	4	8	1	1		24	11	13
10-14岁	**25**	**12**	**13**	**27**	**17**	**10**	**71**	**35**	**36**
10	5		5	2	1	1	16	6	10
11	6	4	2	3		3	17	12	5
12	4	1	3	3	2	1	11	4	7
13	7	4	3	6	5	1	17	10	7
14	3	3		13	9	4	10	3	7
15-19岁	**89**	**59**	**30**	**142**	**95**	**47**	**98**	**54**	**44**
15	7	4	3	13	7	6	4	2	2
16	6	3	3	17	12	5	12	7	5
17	25	16	9	38	25	13	18	8	10
18	21	13	8	29	20	9	23	12	11
19	30	23	7	45	31	14	41	25	16
20-24岁	**208**	**136**	**72**	**203**	**150**	**53**	**513**	**273**	**240**
20	34	21	13	42	30	12	59	30	29
21	38	28	10	43	31	12	83	47	36
22	42	24	18	36	29	7	106	60	46
23	51	35	16	41	27	14	127	70	57
24	43	28	15	41	33	8	138	66	72
25-29岁	**286**	**194**	**92**	**342**	**249**	**93**	**752**	**407**	**345**
25	53	35	18	57	41	16	133	78	55
26	54	40	14	62	43	19	153	85	68
27	64	43	21	61	46	15	167	87	80
28	58	40	18	69	50	19	141	77	64
29	57	36	21	93	69	24	158	80	78
30-34岁	**443**	**303**	**140**	**481**	**344**	**137**	**1074**	**609**	**465**
30	80	46	34	96	63	33	210	118	92
31	92	72	20	109	80	29	209	127	82
32	96	73	23	85	59	26	209	115	94
33	96	59	37	115	84	31	238	135	103
34	79	53	26	76	58	18	208	114	94
35-39岁	**385**	**255**	**130**	**391**	**266**	**125**	**832**	**457**	**375**
35	78	57	21	76	46	30	148	72	76
36	71	49	22	69	50	19	162	105	57
37	80	47	33	76	50	26	160	86	74
38	78	48	30	83	59	24	189	101	88
39	78	54	24	87	61	26	173	93	80
40-44岁	**371**	**223**	**148**	**475**	**279**	**196**	**697**	**392**	**305**
40	78	51	27	90	50	40	132	75	57
41	74	46	28	97	63	34	156	86	70
42	65	37	28	93	53	40	145	80	65
43	77	42	35	82	52	30	125	76	49
44	77	47	30	113	61	52	139	75	64
45-49岁	**536**	**307**	**229**	**808**	**466**	**342**	**818**	**406**	**412**
45	73	45	28	112	65	47	124	65	59
46	106	69	37	154	81	73	169	82	87
47	115	57	58	177	104	73	170	80	90
48	122	61	61	184	112	72	193	97	96
49	120	75	45	181	104	77	162	82	80
50岁及以上	**4402**	**1876**	**2526**	**5168**	**2300**	**2868**	**5228**	**2467**	**2761**

3–2　续表 2　　单位：人

年　龄	小学								
	合　计			在　校			毕　业		
	合计	男	女	小计	男	女	小计	男	女
总　计	**208036**	**96510**	**111526**	**92894**	**48391**	**44503**	**105603**	**44289**	**61314**
3									
4									
5–9岁	**66545**	**34695**	**31850**	**64653**	**33670**	**30983**	**1712**	**928**	**784**
5	1010	535	475	950	500	450	45	26	19
6	15966	8232	7734	15500	7970	7530	416	231	185
7	16679	8683	7996	16211	8444	7767	424	218	206
8	17915	9468	8447	17423	9195	8228	458	253	205
9	14975	7777	7198	14569	7561	7008	369	200	169
10–14岁	**29167**	**15232**	**13935**	**28181**	**14693**	**13488**	**931**	**510**	**421**
10	12395	6452	5943	12071	6282	5789	301	163	138
11	12559	6544	6015	12208	6349	5859	329	181	148
12	3436	1822	1614	3241	1713	1528	192	107	85
13	583	310	273	512	271	241	67	35	32
14	194	104	90	149	78	71	42	24	18
15–19岁	**194**	**139**	**55**	**24**	**12**	**12**	**141**	**110**	**31**
15	14	10	4	3	2	1	8	7	1
16	27	19	8	4	2	2	21	16	5
17	40	32	8	7	5	2	22	19	3
18	42	29	13	5	2	3	31	25	6
19	71	49	22	5	1	4	59	43	16
20–24岁	**330**	**230**	**100**	**9**	**5**	**4**	**286**	**206**	**80**
20	56	36	20	5	2	3	44	30	14
21	50	35	15	2	1	1	40	30	10
22	80	63	17	1	1		70	55	15
23	63	40	23	1	1		54	36	18
24	81	56	25				78	55	23
25–29岁	**756**	**531**	**225**	**1**		**1**	**698**	**489**	**209**
25	101	66	35	1		1	90	58	32
26	121	84	37				111	78	33
27	139	97	42				132	92	40
28	160	117	43				150	109	41
29	235	167	68				215	152	63
30–34岁	**1793**	**1163**	**630**	**1**	**1**		**1653**	**1065**	**588**
30	299	200	99				279	185	94
31	346	255	91	1	1		315	231	84
32	343	220	123				312	198	114
33	412	247	165				378	226	152
34	393	241	152				369	225	144
35–39岁	**2089**	**1167**	**922**	**1**		**1**	**1936**	**1080**	**856**
35	336	198	138				306	182	124
36	357	205	152				336	191	145
37	416	221	195	1		1	381	205	176
38	493	276	217				460	257	203
39	487	267	220				453	245	208
40–44岁	**3652**	**1835**	**1817**				**3374**	**1690**	**1684**
40	526	256	270				475	228	247
41	697	373	324				642	342	300
42	739	380	359				679	351	328
43	782	385	397				736	358	378
44	908	441	467				842	411	431
45–49岁	**7667**	**3586**	**4081**				**7074**	**3282**	**3792**
45	1001	481	520				927	444	483
46	1358	660	698				1246	599	647
47	1470	672	798				1350	613	737
48	1857	874	983				1715	800	915
49	1981	899	1082				1836	826	1010
50岁及以上	**95843**	**37932**	**57911**	**24**	**10**	**14**	**87798**	**34929**	**52869**

3–2 续表 3 单位：人

年龄	小学								
	肄业			辍学			其他		
	小计	男	女	小计	男	女	小计	男	女
总计	**3031**	**1116**	**1915**	**4375**	**1860**	**2515**	**2133**	**854**	**1279**
3									
4									
5–9岁	**41**	**22**	**19**	**7**	**4**	**3**	**132**	**71**	**61**
5	1	1					14	8	6
6	9	7	2	3	1	2	38	23	15
7	11	4	7	1	1		32	16	16
8	8	6	2	2	1	1	24	13	11
9	12	4	8	1	1		24	11	13
10–14岁	**8**	**3**	**5**	**11**	**7**	**4**	**36**	**19**	**17**
10	5		5	2	1	1	16	6	10
11	2	2		3		3	17	12	5
12				1	1		2	1	1
13	1	1		3	3				
14				2	2		1		1
15–19岁	**6**	**2**	**4**	**17**	**12**	**5**	**6**	**3**	**3**
15	1		1	2	1	1			
16	1		1	1	1				
17				7	5	2	4	3	1
18	1		1	3	2	1	2		2
19	3	2	1	4	3	1			
20–24岁	**10**	**5**	**5**	**15**	**7**	**8**	**10**	**7**	**3**
20	2	1	1	3	1	2	2	2	
21	1		1	4	2	2	3	2	1
22	5	4	1	2	2		2	1	1
23	1		1	4	1	3	3	2	1
24	1		1	2	1	1			
25–29岁	**18**	**15**	**3**	**32**	**23**	**9**	**7**	**4**	**3**
25	3	3		5	4	1	2	1	1
26	4	3	1	6	3	3			
27	2	2		5	3	2			
28	2	1	1	7	6	1	1	1	
29	7	6	1	9	7	2	4	2	2
30–34岁	**40**	**26**	**14**	**78**	**53**	**25**	**21**	**18**	**3**
30	4	1	3	12	11	1	4	3	1
31	9	8	1	17	12	5	4	3	1
32	9	8	1	16	8	8	6	6	
33	7	2	5	21	14	7	6	5	1
34	11	7	4	12	8	4	1	1	
35–39岁	**48**	**25**	**23**	**79**	**48**	**31**	**25**	**14**	**11**
35	11	6	5	17	9	8	2	1	1
36	4	3	1	14	8	6	3	3	
37	12	6	6	12	5	7	10	5	5
38	10	3	7	19	14	5	4	2	2
39	11	7	4	17	12	5	6	3	3
40–44岁	**76**	**43**	**33**	**161**	**79**	**82**	**41**	**23**	**18**
40	14	9	5	31	16	15	6	3	3
41	14	8	6	30	17	13	11	6	5
42	18	8	10	38	19	19	4	2	2
43	17	10	7	23	13	10	6	4	2
44	13	8	5	39	14	25	14	8	6
45–49岁	**175**	**78**	**97**	**327**	**178**	**149**	**91**	**48**	**43**
45	25	11	14	37	19	18	12	7	5
46	35	23	12	57	28	29	20	10	10
47	32	10	22	67	39	28	21	10	11
48	37	11	26	87	51	36	18	12	6
49	46	23	23	79	41	38	20	9	11
50岁及以上	**2609**	**897**	**1712**	**3648**	**1449**	**2199**	**1764**	**647**	**1117**

3-2　续表 4　　　　　　　　　　　　　　　　　　　　　　　　　　　　单位：人

年　龄	初　中								
	合　计			在　校			毕　业		
	合计	男	女	小计	男	女	小计	男	女
总　计	**458231**	**250298**	**207933**	**32630**	**16994**	**15636**	**417310**	**228353**	**188957**
3									
4									
5–9岁	**293**	**159**	**134**	**258**	**132**	**126**	**34**	**26**	**8**
5									
6	42	26	16	41	25	16	1	1	
7	58	29	29	48	22	26	9	6	3
8	103	62	41	89	51	38	14	11	3
9	90	42	48	80	34	46	10	8	2
10–14岁	**29713**	**15382**	**14331**	**28412**	**14635**	**13777**	**1238**	**714**	**524**
10	177	100	77	162	94	68	15	6	9
11	763	402	361	724	382	342	35	18	17
12	8615	4412	4203	8265	4217	4048	335	190	145
13	11344	5864	5480	10852	5580	5272	467	270	197
14	8814	4604	4210	8409	4362	4047	386	230	156
15–19岁	**7389**	**4775**	**2614**	**3856**	**2166**	**1690**	**3411**	**2523**	**888**
15	2822	1597	1225	2625	1441	1184	182	148	34
16	1134	702	432	730	399	331	384	288	96
17	990	702	288	264	171	93	698	516	182
18	1125	817	308	151	95	56	954	706	248
19	1318	957	361	86	60	26	1193	865	328
20–24岁	**8957**	**6131**	**2826**	**13**	**7**	**6**	**8692**	**5940**	**2752**
20	1450	1037	413	2		2	1401	1006	395
21	1572	1074	498	6	4	2	1511	1029	482
22	1887	1290	597	3	2	1	1840	1252	588
23	1973	1324	649	1	1		1919	1286	633
24	2075	1406	669	1		1	2021	1367	654
25–29岁	**15484**	**10463**	**5021**	**6**	**5**	**1**	**15074**	**10161**	**4913**
25	2494	1695	799	1	1		2432	1650	782
26	2590	1765	825	2	2		2515	1711	804
27	3137	2131	1006	1	1		3049	2060	989
28	3376	2297	1079	2	1	1	3302	2238	1064
29	3887	2575	1312				3776	2502	1274
30–34岁	**29000**	**19008**	**9992**	**8**	**3**	**5**	**28310**	**18527**	**9783**
30	5354	3573	1781	2	1	1	5223	3495	1728
31	5715	3775	1940				5576	3671	1905
32	5568	3660	1908	3	1	2	5432	3564	1868
33	6532	4274	2258	3	1	2	6368	4155	2213
34	5831	3726	2105				5711	3642	2069
35–39岁	**28913**	**17984**	**10929**	**5**	**1**	**4**	**28349**	**17599**	**10750**
35	5250	3329	1921				5145	3260	1885
36	5557	3510	2047				5442	3426	2016
37	5664	3534	2130	2		2	5556	3465	2091
38	6498	3966	2532	2	1	1	6392	3898	2494
39	5944	3645	2299	1		1	5814	3550	2264
40–44岁	**31375**	**18127**	**13248**	**3**	**3**		**30733**	**17742**	**12991**
40	5708	3416	2292				5592	3348	2244
41	6380	3786	2594				6259	3706	2553
42	6318	3636	2682	2	2		6195	3568	2627
43	6067	3453	2614				5943	3375	2568
44	6902	3836	3066	1	1		6744	3745	2999
45–49岁	**49733**	**26923**	**22810**	**8**	**4**	**4**	**48668**	**26308**	**22360**
45	7418	4044	3374	1		1	7265	3951	3314
46	9055	4920	4135	1		1	8842	4791	4051
47	10119	5362	4757	3	3		9887	5239	4648
48	11131	6034	5097	1		1	10897	5903	4994
49	12010	6563	5447	2	1	1	11777	6424	5353
50岁及以上	**257374**	**131346**	**126028**	**61**	**38**	**23**	**252801**	**128813**	**123988**

3-2 续表 5

单位：人

年龄	初中								
	肄业			辍学			其他		
	小计	男	女	小计	男	女	小计	男	女
总计	**2526**	**1538**	**988**	**2838**	**1777**	**1061**	**2927**	**1636**	**1291**
3									
4									
5-9岁	**1**	**1**							
5									
6									
7	1	1							
8									
9									
10-14岁	**16**	**8**	**8**	**15**	**10**	**5**	**32**	**15**	**17**
10									
11	4	2	2						
12	4	1	3	2	1	1	9	3	6
13	6	3	3	3	2	1	16	9	7
14	2	2		10	7	3	7	3	4
15-19岁	**36**	**26**	**10**	**66**	**47**	**19**	**20**	**13**	**7**
15	5	3	2	7	4	3	3	1	2
16	3	1	2	13	10	3	4	4	
17	10	6	4	15	9	6	3		3
18	5	4	1	12	9	3	3	3	
19	13	12	1	19	15	4	7	5	2
20-24岁	**68**	**55**	**13**	**107**	**83**	**24**	**77**	**46**	**31**
20	11	9	2	26	18	8	10	4	6
21	12	11	1	21	17	4	22	13	9
22	14	10	4	18	16	2	12	10	2
23	19	15	4	22	14	8	12	8	4
24	12	10	2	20	18	2	21	11	10
25-29岁	**117**	**90**	**27**	**186**	**145**	**41**	**101**	**62**	**39**
25	21	15	6	28	22	6	12	7	5
26	23	18	5	34	25	9	16	9	7
27	29	25	4	32	27	5	26	18	8
28	22	19	3	31	25	6	19	14	5
29	22	13	9	61	46	15	28	14	14
30-34岁	**225**	**161**	**64**	**264**	**191**	**73**	**193**	**126**	**67**
30	43	24	19	50	29	21	36	24	12
31	44	36	8	58	44	14	37	24	13
32	55	42	13	44	32	12	34	21	13
33	49	36	13	65	48	17	47	34	13
34	34	23	11	47	38	9	39	23	16
35-39岁	**190**	**131**	**59**	**206**	**146**	**60**	**163**	**107**	**56**
35	38	29	9	39	24	15	28	16	12
36	35	24	11	44	34	10	36	26	10
37	42	24	18	39	28	11	25	17	8
38	34	24	10	36	24	12	34	19	15
39	41	30	11	48	36	12	40	29	11
40-44岁	**179**	**103**	**76**	**252**	**160**	**92**	**208**	**119**	**89**
40	39	23	16	43	28	15	34	17	17
41	34	22	12	55	39	16	32	19	13
42	32	17	15	42	22	20	47	27	20
43	33	19	14	49	32	17	42	27	15
44	41	22	19	63	39	24	53	29	24
45-49岁	**273**	**180**	**93**	**418**	**250**	**168**	**366**	**181**	**185**
45	36	27	9	67	42	25	49	24	25
46	56	41	15	84	49	35	72	39	33
47	59	32	27	93	53	40	77	35	42
48	67	42	25	82	52	30	84	37	47
49	55	38	17	92	54	38	84	46	38
50岁及以上	**1421**	**783**	**638**	**1324**	**745**	**579**	**1767**	**967**	**800**

3-2 续表 6 单位：人

年 龄	高中								
	合 计			在 校			毕 业		
	合计	男	女	小计	男	女	小计	男	女
总 计	**370243**	**190643**	**179600**	**25492**	**13426**	**12066**	**341315**	**175257**	**166058**
3									
4									
5-9岁	**1**	**1**					**1**	**1**	
5									
6									
7									
8									
9	1	1					1	1	
10-14岁	**626**	**325**	**301**	**569**	**291**	**278**	**52**	**32**	**20**
10									
11									
12	17	10	7	17	10	7			
13	152	87	65	131	77	54	20	9	11
14	457	228	229	421	204	217	32	23	9
15-19岁	**26392**	**14088**	**12304**	**23336**	**12176**	**11160**	**2937**	**1842**	**1095**
15	5711	2896	2815	5676	2870	2806	29	22	7
16	7753	4029	3724	7597	3926	3671	143	97	46
17	6417	3370	3047	5981	3101	2880	398	245	153
18	3951	2265	1686	2980	1687	1293	944	562	382
19	2560	1528	1032	1102	592	510	1423	916	507
20-24岁	**14125**	**8946**	**5179**	**1500**	**918**	**582**	**12398**	**7867**	**4531**
20	2594	1636	958	698	387	311	1859	1222	637
21	2590	1655	935	458	300	158	2086	1322	764
22	2754	1758	996	203	138	65	2515	1595	920
23	2990	1923	1067	89	61	28	2846	1823	1023
24	3197	1974	1223	52	32	20	3092	1905	1187
25-29岁	**20591**	**12737**	**7854**	**9**	**6**	**3**	**20255**	**12526**	**7729**
25	3427	2133	1294	3	2	1	3361	2088	1273
26	3687	2285	1402	1	1		3628	2244	1384
27	4188	2623	1565				4122	2585	1537
28	4324	2666	1658	4	2	2	4251	2625	1626
29	4965	3030	1935	1	1		4893	2984	1909
30-34岁	**34693**	**20652**	**14041**	**7**	**5**	**2**	**34267**	**20373**	**13894**
30	6767	4140	2627	2	2		6682	4084	2598
31	6964	4194	2770	1	1		6872	4138	2734
32	6979	4152	2827	1	1		6894	4092	2802
33	7405	4382	3023	2		2	7321	4330	2991
34	6578	3784	2794	1	1		6498	3729	2769
35-39岁	**30623**	**16969**	**13654**	**4**	**3**	**1**	**30253**	**16731**	**13522**
35	5543	3149	2394	1	1		5477	3106	2371
36	5650	3149	2501	1		1	5588	3107	2481
37	5952	3318	2634				5880	3275	2605
38	7343	4022	3321	2	2		7248	3955	3293
39	6135	3331	2804				6060	3288	2772
40-44岁	**27222**	**14484**	**12738**	**4**	**1**	**3**	**26939**	**14310**	**12629**
40	5968	3246	2722	1		1	5906	3208	2698
41	5989	3196	2793	1	1		5923	3159	2764
42	5583	3043	2540				5531	3008	2523
43	4796	2529	2267	1		1	4742	2498	2244
44	4886	2470	2416	1		1	4837	2437	2400
45-49岁	**28570**	**14339**	**14231**	**7**	**2**	**5**	**28292**	**14195**	**14097**
45	4813	2388	2425	1	1		4773	2366	2407
46	5330	2697	2633	3		3	5272	2677	2595
47	6076	3061	3015	1	1		6019	3029	2990
48	6078	3071	3007	1		1	6008	3035	2973
49	6273	3122	3151	1		1	6220	3088	3132
50岁及以上	**187400**	**88102**	**99298**	**56**	**24**	**32**	**185921**	**87380**	**98541**

3-2 续表 7

单位：人

年 龄	高中								
	肄业			辍学			其他		
	小计	男	女	小计	男	女	小计	男	女
总 计	**810**	**503**	**307**	**726**	**462**	**264**	**1900**	**995**	**905**
3									
4									
5-9岁									
5									
6									
7									
8									
9									
10-14岁	**1**	**1**		**1**		**1**	**3**	**1**	**2**
10									
11									
12									
13							1	1	
14	1	1		1		1	2		2
15-19岁	**37**	**25**	**12**	**52**	**30**	**22**	**30**	**15**	**15**
15	1	1		4	2	2	1	1	
16	2	2		3	1	2	8	3	5
17	15	10	5	15	10	5	8	4	4
18	7	4	3	13	8	5	7	4	3
19	12	8	4	17	9	8	6	3	3
20-24岁	**75**	**53**	**22**	**65**	**47**	**18**	**87**	**61**	**26**
20	12	9	3	10	8	2	15	10	5
21	20	15	5	15	10	5	11	8	3
22	8	5	3	12	8	4	16	12	4
23	18	13	5	12	9	3	25	17	8
24	17	11	6	16	12	4	20	14	6
25-29岁	**80**	**51**	**29**	**99**	**65**	**34**	**148**	**89**	**59**
25	15	10	5	16	11	5	32	22	10
26	13	9	4	18	14	4	27	17	10
27	21	12	9	20	12	8	25	14	11
28	15	10	5	25	14	11	29	15	14
29	16	10	6	20	14	6	35	21	14
30-34岁	**91**	**62**	**29**	**118**	**86**	**32**	**210**	**126**	**84**
30	14	7	7	28	19	9	41	28	13
31	20	14	6	30	21	9	41	20	21
32	17	15	2	24	18	6	43	26	17
33	18	10	8	23	19	4	41	23	18
34	22	16	6	13	9	4	44	29	15
35-39岁	**86**	**62**	**24**	**93**	**62**	**31**	**187**	**111**	**76**
35	16	13	3	18	12	6	31	17	14
36	16	12	4	9	6	3	36	24	12
37	19	12	7	21	14	7	32	17	15
38	20	14	6	25	19	6	48	32	16
39	15	11	4	20	11	9	40	21	19
40-44岁	**77**	**53**	**24**	**58**	**38**	**20**	**144**	**82**	**62**
40	19	14	5	16	6	10	26	18	8
41	18	12	6	11	6	5	36	18	18
42	7	6	1	11	11		34	18	16
43	16	9	7	10	7	3	27	15	12
44	17	12	5	10	8	2	21	13	8
45-49岁	**69**	**38**	**31**	**57**	**35**	**22**	**145**	**69**	**76**
45	9	5	4	7	4	3	23	12	11
46	12	3	9	13	4	9	30	13	17
47	19	11	8	14	10	4	23	10	13
48	13	7	6	13	8	5	43	21	22
49	16	12	4	10	9	1	26	13	13
50岁及以上	**294**	**158**	**136**	**183**	**99**	**84**	**946**	**441**	**505**

3-2　续表 8　　　　单位：人

年　龄	大学专科								
	合　计			在　校			毕　业		
	合计	男	女	小计	男	女	小计	男	女
总　计	**294307**	**148470**	**145837**	**10508**	**5594**	**4914**	**282062**	**141894**	**140168**
3									
4									
5–9岁									
5									
6									
7									
8									
9									
10–14岁									
10									
11									
12									
13									
14									
15–19岁	**5902**	**3056**	**2846**	**4742**	**2447**	**2295**	**1113**	**579**	**534**
15	71	42	29	65	39	26	6	3	3
16	170	85	85	146	77	69	24	8	16
17	448	233	215	353	183	170	91	48	43
18	2041	1054	987	1710	888	822	314	156	158
19	3172	1642	1530	2468	1260	1208	678	364	314
20–24岁	**28087**	**14311**	**13776**	**4849**	**2628**	**2221**	**23045**	**11577**	**11468**
20	4179	2113	2066	2369	1230	1139	1781	871	910
21	4608	2339	2269	1318	700	618	3261	1621	1640
22	5642	2875	2767	602	347	255	4989	2502	2487
23	6656	3428	3228	344	217	127	6269	3185	3084
24	7002	3556	3446	216	134	82	6745	3398	3347
25–29岁	**37909**	**19881**	**18028**	**403**	**241**	**162**	**37252**	**19494**	**17758**
25	7430	3931	3499	153	97	56	7232	3809	3423
26	7436	3929	3507	76	48	28	7302	3847	3455
27	7636	4022	3614	66	40	26	7519	3952	3567
28	7600	3970	3630	56	32	24	7493	3906	3587
29	7807	4029	3778	52	24	28	7706	3980	3726
30–34岁	**51246**	**25909**	**25337**	**169**	**94**	**75**	**50751**	**25617**	**25134**
30	10360	5387	4973	44	21	23	10248	5320	4928
31	10485	5325	5160	28	21	7	10393	5261	5132
32	10248	5171	5077	41	21	20	10154	5126	5028
33	10800	5401	5399	31	20	11	10692	5334	5358
34	9353	4625	4728	25	11	14	9264	4576	4688
35–39岁	**39958**	**19753**	**20205**	**112**	**58**	**54**	**39641**	**19570**	**20071**
35	7636	3766	3870	27	15	12	7568	3728	3840
36	7739	3928	3811	21	11	10	7672	3885	3787
37	8141	4054	4087	26	16	10	8079	4015	4064
38	9120	4456	4664	20	10	10	9055	4422	4633
39	7322	3549	3773	18	6	12	7267	3520	3747
40–44岁	**27494**	**13377**	**14117**	**75**	**42**	**33**	**27275**	**13256**	**14019**
40	6710	3305	3405	15	12	3	6665	3275	3390
41	6205	2975	3230	17	8	9	6151	2945	3206
42	5593	2720	2873	20	9	11	5550	2699	2851
43	4611	2223	2388	12	7	5	4570	2200	2370
44	4375	2154	2221	11	6	5	4339	2137	2202
45–49岁	**22577**	**11081**	**11496**	**48**	**26**	**22**	**22402**	**10984**	**11418**
45	4141	1997	2144	8	3	5	4114	1983	2131
46	4407	2143	2264	12	9	3	4366	2121	2245
47	4899	2408	2491	9	3	6	4858	2386	2472
48	4609	2292	2317	12	6	6	4567	2269	2298
49	4521	2241	2280	7	5	2	4497	2225	2272
50岁及以上	**81134**	**41102**	**40032**	**110**	**58**	**52**	**80583**	**40817**	**39766**

3-2 续表 9　　单位：人

年龄	大学专科								
	肄业			辍学			其他		
	小计	男	女	小计	男	女	小计	男	女
总计	**199**	**112**	**87**	**57**	**49**	**8**	**1481**	**821**	**660**
3									
4									
5-9岁									
5									
6									
7									
8									
9									
10-14岁									
10									
11									
12									
13									
14									
15-19岁	**8**	**4**	**4**	**5**	**4**	**1**	**34**	**22**	**12**
15									
16									
17				1	1		3	1	2
18	7	4	3	1	1		9	5	4
19	1		1	3	2	1	22	16	6
20-24岁	**30**	**13**	**17**	**10**	**9**	**1**	**153**	**84**	**69**
20	7	1	6	2	2		20	9	11
21	2	2		2	2		25	14	11
22	11	4	7	3	2	1	37	20	17
23	5	3	2	2	2		36	21	15
24	5	3	2	1	1		35	20	15
25-29岁	**35**	**21**	**14**	**11**	**10**	**1**	**208**	**115**	**93**
25	7	6	1	2	2		36	17	19
26	6	4	2				52	30	22
27	6	2	4	3	3		42	25	17
28	9	5	4	3	3		39	24	15
29	7	4	3	3	2	1	39	19	20
30-34岁	**31**	**25**	**6**	**12**	**11**	**1**	**283**	**162**	**121**
30	6	6		2	2		60	38	22
31	9	7	2	3	3		52	33	19
32				1	1		52	23	29
33	9	6	3	4	3	1	64	38	26
34	7	6	1	2	2		55	30	25
35-39岁	**30**	**20**	**10**	**8**	**7**	**1**	**167**	**98**	**69**
35	9	7	2	1	1		31	15	16
36	8	6	2	2	2		36	24	12
37	2	2		2	2		32	19	13
38	7	3	4	2	1	1	36	20	16
39	4	2	2	1	1		32	20	12
40-44岁	**19**	**11**	**8**	**1**	**1**		**124**	**67**	**57**
40	3	3					27	15	12
41	4	1	3				33	21	12
42	2	2		1	1		20	9	11
43	7	3	4				22	13	9
44	3	2	1				22	9	13
45-49岁	**5**	**2**	**3**	**5**	**3**	**2**	**117**	**66**	**51**
45				1		1	18	11	7
46							29	13	16
47				2	2		30	17	13
48	2		2	2	1	1	26	16	10
49	3	2	1				14	9	5
50岁及以上	**41**	**16**	**25**	**5**	**4**	**1**	**395**	**207**	**188**

3-2　续表 10　　　　单位：人

年　龄	大学本科								
	合　计			在　校			毕　业		
	合计	男	女	小计	男	女	小计	男	女
总　计	**475730**	**235001**	**240729**	**51176**	**25263**	**25913**	**422878**	**208918**	**213960**
3									
4									
5-9岁									
5									
6									
7									
8									
9									
10-14岁	**1**		**1**	**1**		**1**			
10									
11									
12									
13	1		1	1		1			
14									
15-19岁	**18176**	**8820**	**9356**	**17915**	**8696**	**9219**	**249**	**119**	**130**
15	26	13	13	24	12	12	2	1	1
16	109	52	57	103	49	54	6	3	3
17	658	286	372	650	284	366	8	2	6
18	6238	2973	3265	6171	2935	3236	64	37	27
19	11145	5496	5649	10967	5416	5551	169	76	93
20-24岁	**55251**	**26633**	**28618**	**30533**	**15209**	**15324**	**24528**	**11345**	**13183**
20	13182	6524	6658	12697	6274	6423	470	243	227
21	11834	5601	6233	10590	5020	5570	1218	571	647
22	9133	4497	4636	4297	2324	1973	4795	2156	2639
23	9919	4752	5167	1909	1027	882	7962	3703	4259
24	11183	5259	5924	1040	564	476	10083	4672	5411
25-29岁	**68633**	**32205**	**36428**	**1637**	**820**	**817**	**66720**	**31249**	**35471**
25	12679	5834	6845	678	333	345	11947	5473	6474
26	13316	6183	7133	401	207	194	12857	5945	6912
27	14260	6679	7581	241	124	117	13954	6527	7427
28	14485	6969	7516	183	86	97	14247	6856	7391
29	13893	6540	7353	134	70	64	13715	6448	7267
30-34岁	**87939**	**40844**	**47095**	**446**	**217**	**229**	**87164**	**40471**	**46693**
30	17516	8297	9219	134	59	75	17315	8207	9108
31	17533	8189	9344	85	46	39	17377	8101	9276
32	17946	8289	9657	89	44	45	17793	8214	9579
33	18505	8509	9996	78	41	37	18353	8438	9915
34	16439	7560	8879	60	27	33	16326	7511	8815
35-39岁	**79611**	**37914**	**41697**	**267**	**118**	**149**	**79091**	**37683**	**41408**
35	15018	7038	7980	61	25	36	14909	6994	7915
36	15793	7501	8292	46	17	29	15704	7462	8242
37	16520	7833	8687	43	16	27	16422	7790	8632
38	18273	8759	9514	58	28	30	18151	8703	9448
39	14007	6783	7224	59	32	27	13905	6734	7171
40-44岁	**47101**	**23401**	**23700**	**138**	**64**	**74**	**46801**	**23249**	**23552**
40	12154	5941	6213	42	16	26	12073	5903	6170
41	10857	5364	5493	35	18	17	10788	5329	5459
42	9640	4768	4872	25	13	12	9575	4731	4844
43	7445	3777	3668	21	8	13	7400	3758	3642
44	7005	3551	3454	15	9	6	6965	3528	3437
45-49岁	**33296**	**16979**	**16317**	**93**	**55**	**38**	**33111**	**16883**	**16228**
45	6317	3157	3160	22	13	9	6274	3134	3140
46	6684	3410	3274	19	9	10	6654	3395	3259
47	6993	3588	3405	17	8	9	6953	3569	3384
48	6776	3539	3237	23	15	8	6732	3514	3218
49	6526	3285	3241	12	10	2	6498	3271	3227
50岁及以上	**85722**	**48205**	**37517**	**146**	**84**	**62**	**85214**	**47919**	**37295**

3-2 续表 11 单位：人

年龄	大学本科								
	肄业			辍学			其他		
	小计	男	女	小计	男	女	小计	男	女
总计	**183**	**100**	**83**	**44**	**21**	**23**	**1449**	**699**	**750**
3									
4									
5-9岁									
5									
6									
7									
8									
9									
10-14岁									
10									
11									
12									
13									
14									
15-19岁	**2**	**2**		**2**	**2**		**8**	**1**	**7**
15									
16									
17									
18	1	1					2		2
19	1	1		2	2		6	1	5
20-24岁	**22**	**9**	**13**	**6**	**4**	**2**	**162**	**66**	**96**
20	2	1	1	1	1		12	5	7
21	3		3	1		1	22	10	12
22	4	1	3	1	1		36	15	21
23	7	3	4	1	1		40	18	22
24	6	4	2	2	1	1	52	18	34
25-29岁	**29**	**16**	**13**	**13**	**6**	**7**	**234**	**114**	**120**
25	5	1	4	5	2	3	44	25	19
26	7	5	2	4	1	3	47	25	22
27	5	2	3	1	1		59	25	34
28	7	5	2	3	2	1	45	20	25
29	5	3	2				39	19	20
30-34岁	**44**	**21**	**23**	**8**	**3**	**5**	**277**	**132**	**145**
30	11	7	4	3	2	1	53	22	31
31	7	5	2	1		1	63	37	26
32	11	5	6				53	26	27
33	11	4	7	2		2	61	26	35
34	4		4	2	1	1	47	21	26
35-39岁	**25**	**14**	**11**	**4**	**3**	**1**	**224**	**96**	**128**
35	4	2	2	1		1	43	17	26
36	6	3	3				37	19	18
37	5	3	2	1	1		49	23	26
38	5	3	2	1	1		58	24	34
39	5	3	2	1	1		37	13	24
40-44岁	**15**	**10**	**5**	**2**		**2**	**145**	**78**	**67**
40	3	2	1				36	20	16
41	3	3					31	14	17
42	4	3	1	1		1	35	21	14
43	4	1	3				20	10	10
44	1	1		1		1	23	13	10
45-49岁	**12**	**8**	**4**	**1**		**1**	**79**	**33**	**46**
45	3	2	1				18	8	10
46	1	1					10	5	5
47	5	4	1	1		1	17	7	10
48	3	1	2				18	9	9
49							16	4	12
50岁及以上	**34**	**20**	**14**	**8**	**3**	**5**	**320**	**179**	**141**

3-2　续表 12　　单位：人

年　龄	硕士研究生								
	合　计			在　校			毕　业		
	合计	男	女	小计	男	女	小计	男	女
总　计	**128601**	**63063**	**65538**	**17974**	**8384**	**9590**	**110309**	**54524**	**55785**
3									
4									
5–9岁									
5									
6									
7									
8									
9									
10–14岁									
10									
11									
12									
13									
14									
15–19岁	**30**	**16**	**14**	**29**	**16**	**13**	**1**		**1**
15									
16									
17	3	1	2	3	1	2			
18	10	6	4	9	6	3	1		1
19	17	9	8	17	9	8			
20–24岁	**13638**	**6044**	**7594**	**12008**	**5498**	**6510**	**1603**	**536**	**1067**
20	76	42	34	74	41	33	2	1	1
21	567	234	333	546	222	324	21	12	9
22	2954	1362	1592	2858	1322	1536	93	38	55
23	4926	2159	2767	4540	2041	2499	374	113	261
24	5115	2247	2868	3990	1872	2118	1113	372	741
25–29岁	**23948**	**10152**	**13796**	**4896**	**2409**	**2487**	**18997**	**7720**	**11277**
25	4881	2151	2730	2391	1181	1210	2481	964	1517
26	4604	1943	2661	1128	554	574	3464	1384	2080
27	4748	2021	2727	656	337	319	4077	1679	2398
28	4932	2031	2901	435	197	238	4489	1832	2657
29	4783	2006	2777	286	140	146	4486	1861	2625
30–34岁	**28564**	**12571**	**15993**	**655**	**276**	**379**	**27819**	**12248**	**15571**
30	6033	2539	3494	228	107	121	5790	2428	3362
31	5950	2617	3333	144	59	85	5792	2547	3245
32	5609	2470	3139	120	52	68	5468	2405	3063
33	5706	2546	3160	94	35	59	5594	2503	3091
34	5266	2399	2867	69	23	46	5175	2365	2810
35–39岁	**25442**	**12312**	**13130**	**211**	**96**	**115**	**25170**	**12190**	**12980**
35	4700	2220	2480	52	30	22	4639	2187	2452
36	5028	2372	2656	39	17	22	4974	2346	2628
37	5200	2532	2668	37	15	22	5151	2513	2638
38	5894	2934	2960	53	24	29	5832	2906	2926
39	4620	2254	2366	30	10	20	4574	2238	2336
40–44岁	**15576**	**8391**	**7185**	**96**	**42**	**54**	**15446**	**8328**	**7118**
40	3921	2028	1893	25	11	14	3894	2016	1878
41	3722	1916	1806	21	10	11	3687	1898	1789
42	3234	1806	1428	21	6	15	3206	1796	1410
43	2472	1400	1072	14	7	7	2452	1388	1064
44	2227	1241	986	15	8	7	2207	1230	977
45–49岁	**9018**	**5308**	**3710**	**43**	**25**	**18**	**8958**	**5278**	**3680**
45	1882	1100	782	8	3	5	1872	1096	776
46	1843	1054	789	6	4	2	1829	1049	780
47	1956	1162	794	15	7	8	1940	1155	785
48	1797	1066	731	7	5	2	1786	1059	727
49	1540	926	614	7	6	1	1531	919	612
50岁及以上	**12385**	**8269**	**4116**	**36**	**22**	**14**	**12315**	**8224**	**4091**

3-2 续表 13

单位：人

年 龄	硕士研究生								
	肄 业			辍 学			其 他		
	小计	男	女	小计	男	女	小计	男	女
总 计	**36**	**18**	**18**	**2**	**1**	**1**	**280**	**136**	**144**
3									
4									
5-9岁									
5									
6									
7									
8									
9									
10-14岁									
10									
11									
12									
13									
14									
15-19岁									
15									
16									
17									
18									
19									
20-24岁	**3**	**1**	**2**				**24**	**9**	**15**
20									
21									
22							3	2	1
23	1	1					11	4	7
24	2		2				10	3	7
25-29岁	**7**	**1**	**6**				**48**	**22**	**26**
25	2		2				7	6	1
26	1	1					11	4	7
27	1		1				14	5	9
28	3		3				5	2	3
29							11	5	6
30-34岁	**10**	**7**	**3**				**80**	**40**	**40**
30	2	1	1				13	3	10
31	3	2	1				11	9	2
32	3	3					18	10	8
33	1		1				17	8	9
34	1	1					21	10	11
35-39岁	**6**	**3**	**3**	**1**		**1**	**54**	**23**	**31**
35							9	3	6
36	2	1	1				13	8	5
37				1		1	11	4	7
38	2	1	1				7	3	4
39	2	1	1				14	5	9
40-44岁	**5**	**3**	**2**	**1**	**1**		**28**	**17**	**11**
40							2	1	1
41	1		1	1	1		12	7	5
42	2	1	1				5	3	2
43							6	5	1
44	2	2					3	1	2
45-49岁	**2**	**1**	**1**				**15**	**4**	**11**
45							2	1	1
46	2	1	1				6		6
47							1		1
48							4	2	2
49							2	1	1
50岁及以上	**3**	**2**	**1**				**31**	**21**	**10**

3-2 续表 14

单位：人

年 龄	博士研究生								
	合 计			在 校			毕 业		
	合计	男	女	小计	男	女	小计	男	女
总 计	**23792**	**14347**	**9445**	**6940**	**3919**	**3021**	**16803**	**10397**	**6406**
3									
4									
5—9岁									
5									
6									
7									
8									
9									
10—14岁									
10									
11									
12									
13									
14									
15—19岁	**2**	**1**	**1**	**2**	**1**	**1**			
15									
16									
17									
18									
19	2	1	1	2	1	1			
20—24岁	**1491**	**840**	**651**	**1452**	**819**	**633**	**39**	**21**	**18**
20	10	5	5	10	5	5			
21	64	25	39	64	25	39			
22	312	164	148	307	160	147	5	4	1
23	459	286	173	448	279	169	11	7	4
24	646	360	286	623	350	273	23	10	13
25—29岁	**4974**	**2752**	**2222**	**4025**	**2273**	**1752**	**942**	**478**	**464**
25	848	485	363	812	465	347	35	20	15
26	1032	562	470	960	529	431	72	33	39
27	1095	605	490	935	530	405	159	75	84
28	1010	558	452	731	414	317	276	143	133
29	989	542	447	587	335	252	400	207	193
30—34岁	**4573**	**2591**	**1982**	**1148**	**648**	**500**	**3412**	**1937**	**1475**
30	1099	613	486	446	254	192	649	359	290
31	935	526	409	284	163	121	650	362	288
32	894	494	400	185	98	87	705	393	312
33	883	503	380	143	82	61	737	419	318
34	762	455	307	90	51	39	671	404	267
35—39岁	**4018**	**2373**	**1645**	**221**	**128**	**93**	**3785**	**2237**	**1548**
35	739	421	318	59	37	22	676	381	295
36	761	456	305	44	23	21	716	432	284
37	822	482	340	47	25	22	774	456	318
38	934	548	386	40	25	15	892	522	370
39	762	466	296	31	18	13	727	446	281
40—44岁	**3142**	**1845**	**1297**	**59**	**33**	**26**	**3076**	**1806**	**1270**
40	645	366	279	12	10	2	632	355	277
41	724	418	306	18	8	10	705	409	296
42	661	389	272	12	5	7	649	384	265
43	558	340	218	13	7	6	543	331	212
44	554	332	222	4	3	1	547	327	220
45—49岁	**2278**	**1470**	**808**	**27**	**14**	**13**	**2246**	**1451**	**795**
45	464	284	180	6	3	3	456	279	177
46	501	317	184	6	3	3	493	312	181
47	510	338	172	10	6	4	499	331	168
48	399	257	142	2		2	397	257	140
49	404	274	130	3	2	1	401	272	129
50岁及以上	**3314**	**2475**	**839**	**6**	**3**	**3**	**3303**	**2467**	**836**

3-2 续表 15

单位：人

年龄	博士研究生								
	肄业			辍学			其他		
	小计	男	女	小计	男	女	小计	男	女
总计	**2**	**1**	**1**	**2**		**2**	**45**	**30**	**15**
3									
4									
5-9岁									
5									
6									
7									
8									
9									
10-14岁									
10									
11									
12									
13									
14									
15-19岁									
15									
16									
17									
18									
19									
20-24岁									
20									
21									
22									
23									
24									
25-29岁				**1**		**1**	**6**	**1**	**5**
25				1		1			
26									
27							1		1
28							3	1	2
29							2		2
30-34岁	**2**	**1**	**1**	**1**		**1**	**10**	**5**	**5**
30				1		1	3		3
31							1	1	
32	1		1				3	3	
33	1	1					2	1	1
34							1		1
35-39岁							**12**	**8**	**4**
35							4	3	1
36							1	1	
37							1	1	
38							2	1	1
39							4	2	2
40-44岁							**7**	**6**	**1**
40							1	1	
41							1	1	
42									
43							2	2	
44							3	2	1
45-49岁							**5**	**5**	
45							2	2	
46							2	2	
47							1	1	
48									
49									
50岁及以上							**5**	**5**	

3–2a　全市分年龄、性别、学业完成情况的3岁及以上各种受教育程度人口(城市)

单位：人

年龄	合计								
	合计			在校			毕业		
	合计	男	女	小计	男	女	小计	男	女
总　计	**1588813**	**794335**	**794478**	**205750**	**105251**	**100499**	**1367832**	**681531**	**686301**
3									
4									
5–9岁	**56881**	**29727**	**27154**	**55246**	**28847**	**26399**	**1489**	**803**	**686**
5	834	439	395	790	413	377	32	18	14
6	13634	7055	6579	13240	6837	6403	353	193	160
7	14235	7424	6811	13829	7216	6613	371	193	178
8	15363	8117	7246	14924	7874	7050	411	228	183
9	12815	6692	6123	12463	6507	5956	322	171	151
10–14岁	**50266**	**26223**	**24043**	**48314**	**25122**	**23192**	**1856**	**1051**	**805**
10	10706	5594	5112	10413	5439	4974	273	149	124
11	11350	5926	5424	11025	5750	5275	302	162	140
12	10252	5339	4913	9785	5081	4704	455	253	202
13	10147	5298	4849	9677	5029	4648	449	255	194
14	7811	4066	3745	7414	3823	3591	377	232	145
15–19岁	**48849**	**25627**	**23222**	**42719**	**21682**	**21037**	**5893**	**3795**	**2098**
15	7177	3782	3395	6998	3647	3351	165	128	37
16	7809	4128	3681	7349	3804	3545	437	312	125
17	7141	3830	3311	6183	3195	2988	899	599	300
18	11281	5914	5367	9493	4792	4701	1731	1088	643
19	15441	7973	7468	12696	6244	6452	2661	1668	993
20–24岁	**101135**	**51329**	**49806**	**44954**	**22080**	**22874**	**55526**	**28867**	**26659**
20	18187	9438	8749	13928	6894	7034	4158	2482	1676
21	17677	8930	8747	11545	5514	6031	6012	3338	2674
22	18423	9516	8907	7194	3688	3506	11106	5763	5343
23	22331	11270	11061	6736	3268	3468	15447	7913	7534
24	24517	12175	12342	5551	2716	2835	18803	9371	9432
25–29岁	**142329**	**71690**	**70639**	**10446**	**5439**	**5007**	**130910**	**65677**	**65233**
25	26524	13297	13227	3801	1937	1864	22543	11250	11293
26	27399	13761	13638	2443	1262	1181	24757	12376	12381
27	29223	14767	14456	1828	987	841	27185	13663	13522
28	29718	15004	14714	1352	699	653	28175	14192	13983
29	29465	14861	14604	1022	554	468	28250	14196	14054
30–34岁	**189523**	**95182**	**94341**	**2320**	**1185**	**1135**	**185847**	**93160**	**92687**
30	37919	19350	18569	826	432	394	36825	18765	18060
31	38010	19172	18838	519	277	242	37231	18714	18517
32	37896	18903	18993	408	203	205	37218	18533	18685
33	39870	19940	19930	338	169	169	39223	19590	19633
34	35828	17817	18011	229	104	125	35350	17558	17792
35–39岁	**175446**	**88077**	**87369**	**766**	**377**	**389**	**173598**	**87055**	**86543**
35	31923	15898	16025	183	101	82	31556	15691	15865
36	33958	17114	16844	137	63	74	33610	16908	16702
37	35792	17968	17824	150	68	82	35425	17776	17649
38	40857	20545	20312	162	81	81	40459	20333	20126
39	32916	16552	16364	134	64	70	32548	16347	16201
40–44岁	**129282**	**66198**	**63084**	**355**	**174**	**181**	**127867**	**65442**	**62425**
40	29912	15229	14683	92	48	44	29609	15063	14546
41	28751	14612	14139	88	44	44	28437	14439	13998
42	26493	13665	12828	74	30	44	26209	13521	12688
43	22156	11465	10691	56	26	30	21903	11330	10573
44	21970	11227	10743	45	26	19	21709	11089	10620
45–49岁	**121093**	**61595**	**59498**	**219**	**123**	**96**	**119472**	**60740**	**58732**
45	21106	10704	10402	46	23	23	20860	10570	10290
46	23137	11744	11393	46	25	21	22802	11579	11223
47	25513	12983	12530	54	27	27	25143	12795	12348
48	25522	13113	12409	43	25	18	25154	12912	12242
49	25815	13051	12764	30	23	7	25513	12884	12629
50岁及以上	**574009**	**278687**	**295322**	**411**	**222**	**189**	**565374**	**274941**	**290433**

3-2a 续表 1 单位：人

年龄	合计								
	肄业			辍学			其他		
	小计	男	女	小计	男	女	小计	男	女
总计	**4274**	**2094**	**2180**	**4059**	**2081**	**1978**	**6898**	**3378**	**3520**
3									
4									
5-9岁	**31**	**14**	**17**	**7**	**4**	**3**	**108**	**59**	**49**
5	1	1					11	7	4
6	7	5	2	3	1	2	31	19	12
7	8	2	6	1	1		26	12	14
8	5	3	2	2	1	1	21	11	10
9	10	3	7	1	1		19	10	9
10-14岁	**16**	**8**	**8**	**20**	**13**	**7**	**60**	**29**	**31**
10	4		4	2	1	1	14	5	9
11	5	3	2	2		2	16	11	5
12	2		2	2	2		8	3	5
13	2	2		5	4	1	14	8	6
14	3	3		9	6	3	8	2	6
15-19岁	**65**	**46**	**19**	**97**	**66**	**31**	**75**	**38**	**37**
15	5	3	2	6	3	3	3	1	2
16	6	3	3	9	6	3	8	3	5
17	18	12	6	27	18	9	14	6	8
18	15	11	4	25	17	8	17	6	11
19	21	17	4	30	22	8	33	22	11
20-24岁	**167**	**104**	**63**	**146**	**110**	**36**	**342**	**168**	**174**
20	27	16	11	32	24	8	42	22	20
21	28	20	8	33	24	9	59	34	25
22	33	16	17	23	17	6	67	32	35
23	40	27	13	29	21	8	79	41	38
24	39	25	14	29	24	5	95	39	56
25-29岁	**226**	**147**	**79**	**222**	**158**	**64**	**525**	**269**	**256**
25	42	26	16	40	30	10	98	54	44
26	46	33	13	44	31	13	109	59	50
27	51	32	19	43	32	11	116	53	63
28	48	32	16	42	27	15	101	54	47
29	39	24	15	53	38	15	101	49	52
30-34岁	**313**	**212**	**101**	**308**	**218**	**90**	**735**	**407**	**328**
30	58	34	24	64	40	24	146	79	67
31	59	50	9	63	46	17	138	85	53
32	70	50	20	57	41	16	143	76	67
33	70	42	28	72	51	21	167	88	79
34	56	36	20	52	40	12	141	79	62
35-39岁	**279**	**186**	**93**	**225**	**155**	**70**	**578**	**304**	**274**
35	54	39	15	43	26	17	87	41	46
36	51	35	16	40	32	8	120	76	44
37	52	33	19	50	31	19	115	60	55
38	60	35	25	43	32	11	133	64	69
39	62	44	18	49	34	15	123	63	60
40-44岁	**263**	**146**	**117**	**298**	**165**	**133**	**499**	**271**	**228**
40	53	30	23	55	30	25	103	58	45
41	51	31	20	57	35	22	118	63	55
42	51	25	26	61	37	24	98	52	46
43	54	28	26	53	28	25	90	53	37
44	54	32	22	72	35	37	90	45	45
45-49岁	**367**	**201**	**166**	**490**	**269**	**221**	**545**	**262**	**283**
45	52	32	20	63	38	25	85	41	44
46	74	44	30	98	45	53	117	51	66
47	83	39	44	118	65	53	115	57	58
48	84	44	40	108	66	42	133	66	67
49	74	42	32	103	55	48	95	47	48
50岁及以上	**2547**	**1030**	**1517**	**2246**	**923**	**1323**	**3431**	**1571**	**1860**

3-2a　续表 2　　　　单位：人

年龄	小学								
	合计			在校			毕业		
	合计	男	女	小计	男	女	小计	男	女
总　计	**148739**	**68356**	**80383**	**78928**	**41223**	**37705**	**65195**	**25470**	**39725**
3									
4									
5–9岁	**56623**	**29589**	**27034**	**55017**	**28731**	**26286**	**1461**	**782**	**679**
5	834	439	395	790	413	377	32	18	14
6	13596	7032	6564	13203	6815	6388	352	192	160
7	14182	7399	6783	13783	7195	6588	365	190	175
8	15274	8064	7210	14847	7830	7017	399	219	180
9	12737	6655	6082	12394	6478	5916	313	163	150
10–14岁	**24685**	**12920**	**11765**	**23865**	**12470**	**11395**	**775**	**428**	**347**
10	10550	5506	5044	10270	5355	4915	260	145	115
11	10705	5591	5114	10413	5431	4982	273	148	125
12	2834	1500	1334	2673	1410	1263	159	89	70
13	452	244	208	398	216	182	52	26	26
14	144	79	65	111	58	53	31	20	11
15–19岁	**129**	**89**	**40**	**21**	**11**	**10**	**91**	**70**	**21**
15	8	5	3	3	2	1	3	3	
16	18	12	6	2	1	1	14	10	4
17	26	20	6	7	5	2	14	11	3
18	31	21	10	4	2	2	21	17	4
19	46	31	15	5	1	4	39	29	10
20–24岁	**201**	**144**	**57**	**5**	**3**	**2**	**177**	**131**	**46**
20	32	19	13	2	1	1	27	17	10
21	34	25	9	1		1	27	21	6
22	46	36	10	1	1		40	32	8
23	41	28	13	1	1		38	26	12
24	48	36	12				45	35	10
25–29岁	**461**	**332**	**129**	**1**		**1**	**426**	**309**	**117**
25	66	46	20	1		1	60	42	18
26	77	54	23				70	50	20
27	88	64	24				82	60	22
28	107	78	29				102	74	28
29	123	90	33				112	83	29
30–34岁	**1046**	**666**	**380**	**1**	**1**		**968**	**611**	**357**
30	183	118	65				172	111	61
31	191	143	48	1	1		174	129	45
32	199	128	71				181	113	68
33	242	140	102				225	130	95
34	231	137	94				216	128	88
35–39岁	**1256**	**686**	**570**	**1**		**1**	**1175**	**642**	**533**
35	200	109	91				188	105	83
36	217	127	90				205	117	88
37	240	120	120	1		1	218	111	107
38	292	167	125				275	158	117
39	307	163	144				289	151	138
40–44岁	**2230**	**1062**	**1168**				**2065**	**990**	**1075**
40	306	141	165				277	127	150
41	408	209	199				383	198	185
42	452	228	224				411	209	202
43	506	236	270				475	220	255
44	558	248	310				519	236	283
45–49岁	**4809**	**2102**	**2707**				**4476**	**1938**	**2538**
45	645	303	342				602	280	322
46	838	377	461				771	345	426
47	921	382	539				852	351	501
48	1159	504	655				1080	461	619
49	1246	536	710				1171	501	670
50岁及以上	**57299**	**20766**	**36533**	**17**	**7**	**10**	**53581**	**19569**	**34012**

3–2a 续表 3 单位：人

年龄	小学								
	肄业			辍学			其他		
	小计	男	女	小计	男	女	小计	男	女
总计	**1622**	**539**	**1083**	**1847**	**708**	**1139**	**1147**	**416**	**731**
3									
4									
5–9岁	**30**	**13**	**17**	**7**	**4**	**3**	**108**	**59**	**49**
5	1	1					11	7	4
6	7	5	2	3	1	2	31	19	12
7	7	1	6	1	1		26	12	14
8	5	3	2	2	1	1	21	11	10
9	10	3	7	1	1		19	10	9
10–14岁	**5**	**1**	**4**	**8**	**5**	**3**	**32**	**16**	**16**
10	4		4	2	1	1	14	5	9
11	1	1		2		2	16	11	5
12				1	1		1		1
13				2	2				
14				1	1		1		1
15–19岁	**5**	**1**	**4**	**7**	**5**	**2**	**5**	**2**	**3**
15	1		1	1		1			
16	1		1	1	1				
17				2	2		3	2	1
18	1		1	3	2	1	2		2
19	2	1	1						
20–24岁	**6**	**2**	**4**	**7**	**5**	**2**	**6**	**3**	**3**
20	1		1	1		1	1	1	
21	1		1	2	2		3	2	1
22	3	2	1	1	1		1		1
23				1	1		1		1
24	1		1	2	1	1			
25–29岁	**11**	**8**	**3**	**18**	**13**	**5**	**5**	**2**	**3**
25	1	1		3	3		1		1
26	3	2	1	4	2	2			
27	2	2		4	2	2			
28	2	1	1	2	2		1	1	
29	3	2	1	5	4	1	3	1	2
30–34岁	**27**	**16**	**11**	**39**	**28**	**11**	**11**	**10**	**1**
30	4	1	3	7	6	1			
31	7	6	1	6	5	1	3	2	1
32	5	5		8	5	3	5	5	
33	5	1	4	9	6	3	3	3	
34	6	3	3	9	6	3			
35–39岁	**34**	**18**	**16**	**33**	**17**	**16**	**13**	**9**	**4**
35	4	1	3	8	3	5			
36	3	3		7	5	2	2	2	
37	10	5	5	5	1	4	6	3	3
38	8	3	5	8	5	3	1	1	
39	9	6	3	5	3	2	4	3	1
40–44岁	**52**	**28**	**24**	**89**	**34**	**55**	**24**	**10**	**14**
40	10	5	5	14	6	8	5	3	2
41	8	6	2	12	4	8	5	1	4
42	15	6	9	24	13	11	2		2
43	11	7	4	15	6	9	5	3	2
44	8	4	4	24	5	19	7	3	4
45–49岁	**117**	**52**	**65**	**173**	**90**	**83**	**43**	**22**	**21**
45	16	7	9	19	12	7	8	4	4
46	24	14	10	33	13	20	10	5	5
47	22	8	14	38	20	18	9	3	6
48	27	10	17	43	27	16	9	6	3
49	28	13	15	40	18	22	7	4	3
50岁及以上	**1335**	**400**	**935**	**1466**	**507**	**959**	**900**	**283**	**617**

3-2a　续表 4　　　　　　　　　　　　　　　　　　　　　　　　　单位：人

年　龄	初中								
	合　计			在　校			毕　业		
	合计	男	女	小计	男	女	小计	男	女
总　计	**305008**	**160817**	**144191**	**27331**	**14273**	**13058**	**272649**	**143616**	**129033**
3									
4									
5-9岁	**257**	**137**	**120**	**229**	**116**	**113**	**27**	**20**	**7**
5									
6	38	23	15	37	22	15	1	1	
7	53	25	28	46	21	25	6	3	3
8	89	53	36	77	44	33	12	9	3
9	77	36	41	69	29	40	8	7	1
10-14岁	**25045**	**13022**	**12023**	**23962**	**12401**	**11561**	**1036**	**595**	**441**
10	156	88	68	143	84	59	13	4	9
11	645	335	310	612	319	293	29	14	15
12	7401	3829	3572	7095	3661	3434	296	164	132
13	9564	4982	4582	9164	4749	4415	382	222	160
14	7279	3788	3491	6948	3588	3360	316	191	125
15-19岁	**5645**	**3594**	**2051**	**3061**	**1709**	**1352**	**2502**	**1824**	**678**
15	2228	1262	966	2086	1150	936	134	108	26
16	874	535	339	576	310	266	289	219	70
17	725	502	223	208	130	78	497	360	137
18	834	591	243	122	74	48	696	504	192
19	984	704	280	69	45	24	886	633	253
20-24岁	**6167**	**4191**	**1976**	**10**	**5**	**5**	**5985**	**4063**	**1922**
20	1036	726	310	2		2	998	702	296
21	1117	758	359	4	3	1	1077	727	350
22	1284	872	412	2	1	1	1253	849	404
23	1337	899	438	1	1		1302	875	427
24	1393	936	457	1		1	1355	910	445
25-29岁	**9665**	**6490**	**3175**	**2**	**2**		**9397**	**6293**	**3104**
25	1607	1098	509	1	1		1562	1066	496
26	1683	1129	554	1	1		1623	1085	538
27	1924	1302	622				1869	1257	612
28	2077	1386	691				2032	1352	680
29	2374	1575	799				2311	1533	778
30-34岁	**16831**	**10988**	**5843**	**6**	**3**	**3**	**16407**	**10692**	**5715**
30	3220	2137	1083	2	1	1	3134	2086	1048
31	3288	2149	1139				3210	2086	1124
32	3249	2120	1129	2	1	1	3161	2061	1100
33	3726	2447	1279	2	1	1	3626	2374	1252
34	3348	2135	1213				3276	2085	1191
35-39岁	**16541**	**10139**	**6402**	**3**	**1**	**2**	**16207**	**9906**	**6301**
35	2947	1825	1122				2890	1785	1105
36	3236	2029	1207				3164	1977	1187
37	3226	1985	1241	1		1	3162	1943	1219
38	3723	2233	1490	1	1		3663	2194	1469
39	3409	2067	1342	1		1	3328	2007	1321
40-44岁	**18708**	**10561**	**8147**	**2**	**2**		**18306**	**10332**	**7974**
40	3350	1981	1369				3277	1942	1335
41	3756	2181	1575				3678	2131	1547
42	3748	2102	1646	1	1		3672	2063	1609
43	3628	2007	1621				3547	1959	1588
44	4226	2290	1936	1	1		4132	2237	1895
45-49岁	**29863**	**15609**	**14254**	**6**	**3**	**3**	**29187**	**15236**	**13951**
45	4578	2432	2146	1		1	4481	2375	2106
46	5431	2849	2582	1		1	5297	2776	2521
47	6070	3106	2964	2	2		5910	3024	2886
48	6650	3494	3156	1		1	6502	3411	3091
49	7134	3728	3406	1	1		6997	3650	3347
50岁及以上	**176286**	**86086**	**90200**	**50**	**31**	**19**	**173595**	**84655**	**88940**

3-2a 续表 5 单位：人

年龄	初中								
	肄业			辍学			其他		
	小计	男	女	小计	男	女	小计	男	女
总计	**1639**	**964**	**675**	**1623**	**1006**	**617**	**1766**	**958**	**808**
3									
4									
5-9岁	**1**	**1**							
5									
6									
7	1	1							
8									
9									
10-14岁	**10**	**6**	**4**	**11**	**8**	**3**	**26**	**12**	**14**
10									
11	4	2	2						
12	2		2	1	1		7	3	4
13	2	2		3	2	1	13	7	6
14	2	2		7	5	2	6	2	4
15-19岁	**25**	**19**	**6**	**47**	**35**	**12**	**10**	**7**	**3**
15	3	2	1	3	2	1	2		2
16	3	1	2	6	5	1			
17	6	3	3	13	9	4	1		1
18	4	4		10	7	3	2	2	
19	9	9		15	12	3	5	5	
20-24岁	**49**	**39**	**10**	**79**	**62**	**17**	**44**	**22**	**22**
20	7	6	1	20	15	5	9	3	6
21	9	8	1	16	13	3	11	7	4
22	12	8	4	12	10	2	5	4	1
23	11	8	3	18	12	6	5	3	2
24	10	9	1	13	12	1	14	5	9
25-29岁	**88**	**65**	**23**	**117**	**91**	**26**	**61**	**39**	**22**
25	16	11	5	19	16	3	9	4	5
26	20	15	5	26	20	6	13	8	5
27	21	18	3	21	18	3	13	9	4
28	16	13	3	17	11	6	12	10	2
29	15	8	7	34	26	8	14	8	6
30-34岁	**143**	**103**	**40**	**164**	**117**	**47**	**111**	**73**	**38**
30	27	16	11	32	17	15	25	17	8
31	25	23	2	32	25	7	21	15	6
32	37	25	12	29	21	8	20	12	8
33	31	24	7	41	29	12	26	19	7
34	23	15	8	30	25	5	19	10	9
35-39岁	**124**	**89**	**35**	**125**	**91**	**34**	**82**	**52**	**30**
35	24	18	6	23	15	8	10	7	3
36	23	16	7	26	21	5	23	15	8
37	24	16	8	27	19	8	12	7	5
38	22	15	7	19	14	5	18	9	9
39	31	24	7	30	22	8	19	14	5
40-44岁	**117**	**58**	**59**	**160**	**102**	**58**	**123**	**67**	**56**
40	22	9	13	28	20	8	23	10	13
41	22	13	9	34	25	9	22	12	10
42	24	10	14	27	15	12	24	13	11
43	23	12	11	32	19	13	26	17	9
44	26	14	12	39	23	16	28	15	13
45-49岁	**182**	**111**	**71**	**276**	**154**	**122**	**212**	**105**	**107**
45	29	21	8	39	22	17	28	14	14
46	39	26	13	55	29	26	39	18	21
47	40	17	23	70	38	32	48	25	23
48	42	28	14	56	34	22	49	21	28
49	32	19	13	56	31	25	48	27	21
50岁及以上	**900**	**473**	**427**	**644**	**346**	**298**	**1097**	**581**	**516**

3-2a　续表 6　　　　单位：人

年　龄	高　中								
	合　计			在　校			毕　业		
	合计	男	女	小计	男	女	小计	男	女
总　计	**298755**	**149534**	**149221**	**21736**	**11459**	**10277**	**274545**	**136711**	**137834**
3									
4									
5–9岁	**1**	**1**					**1**	**1**	
5									
6									
7									
8									
9	1	1					1	1	
10–14岁	**535**	**281**	**254**	**486**	**251**	**235**	**45**	**28**	**17**
10									
11									
12	17	10	7	17	10	7			
13	130	72	58	114	64	50	15	7	8
14	388	199	189	355	177	178	30	21	9
15–19岁	**22384**	**11896**	**10488**	**20057**	**10476**	**9581**	**2235**	**1365**	**870**
15	4878	2481	2397	4853	2464	2389	21	14	7
16	6732	3500	3232	6609	3419	3190	111	76	35
17	5521	2891	2630	5177	2681	2496	314	192	122
18	3286	1877	1409	2543	1443	1100	721	421	300
19	1967	1147	820	875	469	406	1068	662	406
20–24岁	**10028**	**6305**	**3723**	**1111**	**695**	**416**	**8761**	**5500**	**3261**
20	1915	1197	718	516	294	222	1370	880	490
21	1855	1176	679	340	231	109	1484	923	561
22	1961	1242	719	152	105	47	1789	1124	665
23	2077	1324	753	68	46	22	1972	1253	719
24	2220	1366	854	35	19	16	2146	1320	826
25–29岁	**13747**	**8468**	**5279**	**9**	**6**	**3**	**13514**	**8329**	**5185**
25	2385	1468	917	3	2	1	2334	1434	900
26	2509	1549	960	1	1		2469	1521	948
27	2811	1763	1048				2764	1738	1026
28	2854	1754	1100	4	2	2	2803	1726	1077
29	3188	1934	1254	1	1		3144	1910	1234
30–34岁	**21694**	**12800**	**8894**	**6**	**4**	**2**	**21429**	**12622**	**8807**
30	4269	2611	1658	2	2		4215	2576	1639
31	4282	2544	1738	1	1		4229	2512	1717
32	4282	2527	1755				4229	2488	1741
33	4660	2714	1946	2		2	4607	2681	1926
34	4201	2404	1797	1	1		4149	2365	1784
35–39岁	**21001**	**11392**	**9609**	**2**	**1**	**1**	**20767**	**11243**	**9524**
35	3572	1996	1576				3535	1971	1564
36	3863	2114	1749	1		1	3823	2087	1736
37	4085	2251	1834				4040	2223	1817
38	5139	2750	2389	1	1		5078	2710	2368
39	4342	2281	2061				4291	2252	2039
40–44岁	**20551**	**10584**	**9967**	**4**	**1**	**3**	**20351**	**10467**	**9884**
40	4360	2295	2065	1		1	4309	2263	2046
41	4438	2283	2155	1	1		4389	2257	2132
42	4244	2265	1979				4213	2245	1968
43	3711	1906	1805	1		1	3678	1889	1789
44	3798	1835	1963	1		1	3762	1813	1949
45–49岁	**22766**	**11059**	**11707**	**7**	**2**	**5**	**22566**	**10959**	**11607**
45	3816	1834	1982	1	1		3789	1820	1969
46	4165	2010	2155	3		3	4120	1996	2124
47	4892	2412	2480	1	1		4850	2386	2464
48	4795	2354	2441	1		1	4743	2328	2415
49	5098	2449	2649	1		1	5064	2429	2635
50岁及以上	**166048**	**76748**	**89300**	**54**	**23**	**31**	**164876**	**76197**	**88679**

3-2a 续表 7 单位：人

年龄	高中								
	肄业			辍学			其他		
	小计	男	女	小计	男	女	小计	男	女
总计	**648**	**399**	**249**	**503**	**310**	**193**	**1323**	**655**	**668**
3									
4									
5-9岁									
5									
6									
7									
8									
9									
10-14岁	**1**	**1**		**1**		**1**	**2**	**1**	**1**
10									
11									
12									
13							1	1	
14	1	1		1		1	1		1
15-19岁	**29**	**22**	**7**	**38**	**22**	**16**	**25**	**11**	**14**
15	1	1		2	1	1	1	1	
16	2	2		2		2	8	3	5
17	12	9	3	11	6	5	7	3	4
18	6	4	2	12	8	4	4	1	3
19	8	6	2	11	7	4	5	3	2
20-24岁	**64**	**45**	**19**	**44**	**30**	**14**	**48**	**35**	**13**
20	12	9	3	8	6	2	9	8	1
21	14	11	3	12	7	5	5	4	1
22	6	3	3	6	3	3	8	7	1
23	16	12	4	7	5	2	14	8	6
24	16	10	6	11	9	2	12	8	4
25-29岁	**65**	**40**	**25**	**70**	**45**	**25**	**89**	**48**	**41**
25	12	7	5	13	9	4	23	16	7
26	11	7	4	11	9	2	17	11	6
27	17	9	8	16	10	6	14	6	8
28	12	8	4	18	10	8	17	8	9
29	13	9	4	12	7	5	18	7	11
30-34岁	**65**	**45**	**20**	**88**	**62**	**26**	**106**	**67**	**39**
30	10	5	5	20	14	6	22	14	8
31	11	8	3	21	13	8	20	10	10
32	14	12	2	19	14	5	20	13	7
33	14	8	6	17	13	4	20	12	8
34	16	12	4	11	8	3	24	18	6
35-39岁	**66**	**48**	**18**	**56**	**37**	**19**	**110**	**63**	**47**
35	14	12	2	11	7	4	12	6	6
36	11	8	3	5	4	1	23	15	8
37	12	8	4	14	8	6	19	12	7
38	18	12	6	14	11	3	28	16	12
39	11	8	3	12	7	5	28	14	14
40-44岁	**61**	**41**	**20**	**45**	**27**	**18**	**90**	**48**	**42**
40	16	12	4	13	4	9	21	16	5
41	15	9	6	10	5	5	23	11	12
42	5	4	1	8	8		18	8	10
43	11	7	4	6	3	3	15	7	8
44	14	9	5	8	7	1	13	6	7
45-49岁	**52**	**29**	**23**	**38**	**24**	**14**	**103**	**45**	**58**
45	6	3	3	5	4	1	15	6	9
46	8	2	6	10	3	7	24	9	15
47	16	10	6	8	6	2	17	9	8
48	10	5	5	8	5	3	33	16	17
49	12	9	3	7	6	1	14	5	9
50岁及以上	**245**	**128**	**117**	**123**	**63**	**60**	**750**	**337**	**413**

3-2a　续表 8　　　　单位：人

年　龄	大学专科								
	合　计			在　校			毕　业		
	合计	男	女	小计	男	女	小计	男	女
总　计	**248819**	**123885**	**124934**	**8268**	**4257**	**4011**	**239249**	**118914**	**120335**
3									
4									
5–9岁									
5									
6									
7									
8									
9									
10–14岁									
10									
11									
12									
13									
14									
15–19岁	**4579**	**2295**	**2284**	**3697**	**1842**	**1855**	**847**	**432**	**415**
15	39	22	17	34	20	14	5	2	3
16	116	48	68	98	44	54	18	4	14
17	303	164	139	233	128	105	66	34	32
18	1580	790	790	1331	669	662	239	116	123
19	2541	1271	1270	2001	981	1020	519	276	243
20–24岁	**21411**	**10713**	**10698**	**3828**	**2004**	**1824**	**17456**	**8644**	**8812**
20	3294	1643	1651	1916	966	950	1356	669	687
21	3455	1725	1730	1046	547	499	2386	1164	1222
22	4263	2118	2145	459	252	207	3769	1852	1917
23	5042	2564	2478	259	157	102	4759	2391	2368
24	5357	2663	2694	148	82	66	5186	2568	2618
25–29岁	**28924**	**15027**	**13897**	**300**	**174**	**126**	**28459**	**14761**	**13698**
25	5680	2983	2697	110	66	44	5539	2900	2639
26	5703	3002	2701	52	33	19	5611	2946	2665
27	5872	3064	2808	50	30	20	5794	3020	2774
28	5873	3015	2858	48	26	22	5789	2968	2821
29	5796	2963	2833	40	19	21	5726	2927	2799
30–34岁	**38822**	**19464**	**19358**	**142**	**75**	**67**	**38452**	**19252**	**19200**
30	7690	4024	3666	40	18	22	7606	3976	3630
31	7884	3971	3913	24	17	7	7814	3920	3894
32	7736	3837	3899	33	17	16	7668	3806	3862
33	8244	4065	4179	26	15	11	8161	4019	4142
34	7268	3567	3701	19	8	11	7203	3531	3672
35–39岁	**33517**	**16395**	**17122**	**87**	**45**	**42**	**33289**	**16261**	**17028**
35	6170	3033	3137	18	13	5	6129	3005	3124
36	6358	3195	3163	15	8	7	6310	3163	3147
37	6852	3370	3482	23	13	10	6800	3339	3461
38	7826	3796	4030	15	6	9	7780	3773	4007
39	6311	3001	3310	16	5	11	6270	2981	3289
40–44岁	**24500**	**11758**	**12742**	**63**	**38**	**25**	**24325**	**11659**	**12666**
40	5892	2863	3029	13	11	2	5857	2840	3017
41	5450	2573	2877	13	7	6	5405	2545	2860
42	5005	2394	2611	17	7	10	4972	2378	2594
43	4189	1996	2193	10	7	3	4157	1978	2179
44	3964	1932	2032	10	6	4	3934	1918	2016
45–49岁	**20599**	**9963**	**10636**	**44**	**24**	**20**	**20451**	**9883**	**10568**
45	3729	1776	1953	8	3	5	3705	1764	1941
46	3994	1912	2082	11	9	2	3955	1890	2065
47	4488	2178	2310	9	3	6	4456	2162	2294
48	4226	2064	2162	10	5	5	4193	2047	2146
49	4162	2033	2129	6	4	2	4142	2020	2122
50岁及以上	**76467**	**38270**	**38197**	**107**	**55**	**52**	**75970**	**38022**	**37948**

3-2a 续表 9 单位：人

年 龄	大学专科								
	肄 业			辍 学			其 他		
	小计	男	女	小计	男	女	小计	男	女
总 计	**158**	**81**	**77**	**45**	**39**	**6**	**1099**	**594**	**505**
3									
4									
5-9岁									
5									
6									
7									
8									
9									
10-14岁									
10									
11									
12									
13									
14									
15-19岁	**4**	**2**	**2**	**3**	**2**	**1**	**28**	**17**	**11**
15									
16									
17				1	1		3	1	2
18	3	2	1				7	3	4
19	1		1	2	1	1	18	13	5
20-24岁	**23**	**8**	**15**	**10**	**9**	**1**	**94**	**48**	**46**
20	5		5	2	2		15	6	9
21	1	1		2	2		20	11	9
22	8	2	6	3	2	1	24	10	14
23	5	3	2	2	2		17	11	6
24	4	2	2	1	1		18	10	8
25-29岁	**30**	**18**	**12**	**6**	**5**	**1**	**129**	**69**	**60**
25	7	6	1	1	1		23	10	13
26	4	3	1				36	20	16
27	5	1	4	1	1		22	12	10
28	9	5	4	2	2		25	14	11
29	5	3	2	2	1	1	23	13	10
30-34岁	**25**	**20**	**5**	**11**	**10**	**1**	**192**	**107**	**85**
30	4	4		2	2		38	24	14
31	8	7	1	3	3		35	24	11
32				1	1		34	13	21
33	7	4	3	4	3	1	46	24	22
34	6	5	1	1	1		39	22	17
35-39岁	**25**	**15**	**10**	**7**	**7**		**109**	**67**	**42**
35	8	6	2	1	1		14	8	6
36	6	4	2	2	2		25	18	7
37	1	1		2	2		26	15	11
38	6	2	4	1	1		24	14	10
39	4	2	2	1	1		20	12	8
40-44岁	**15**	**8**	**7**	**1**	**1**		**96**	**52**	**44**
40	3	3					19	9	10
41	3	1	2				29	20	9
42	1	1		1	1		14	7	7
43	5	1	4				17	10	7
44	3	2	1				17	6	11
45-49岁	**4**	**1**	**3**	**2**	**1**	**1**	**98**	**54**	**44**
45							16	9	7
46							28	13	15
47				1	1		22	12	10
48	2		2	1		1	20	12	8
49	2	1	1				12	8	4
50岁及以上	**32**	**9**	**23**	**5**	**4**	**1**	**353**	**180**	**173**

3-2a　续表 10　　　　单位：人

年龄	大学本科								
	合计			在校			毕业		
	合计	男	女	小计	男	女	小计	男	女
总　计	**440957**	**217335**	**223622**	**46234**	**22647**	**23587**	**393251**	**193975**	**199276**
3									
4									
5-9岁									
5									
6									
7									
8									
9									
10-14岁	**1**		**1**	**1**		**1**			
10									
11									
12									
13	1		1	1		1			
14									
15-19岁	**16084**	**7737**	**8347**	**15856**	**7628**	**8228**	**217**	**104**	**113**
15	24	12	12	22	11	11	2	1	1
16	69	33	36	64	30	34	5	3	2
17	564	252	312	556	250	306	8	2	6
18	5540	2629	2911	5484	2598	2886	53	30	23
19	9887	4811	5076	9730	4739	4991	149	68	81
20-24岁	**49536**	**23802**	**25734**	**27801**	**13740**	**14061**	**21577**	**9996**	**11581**
20	11843	5812	6031	11427	5593	5834	405	213	192
21	10731	5042	5689	9689	4541	5148	1018	491	527
22	8158	4022	4136	3965	2143	1822	4162	1868	2294
23	8817	4217	4600	1765	942	823	7011	3255	3756
24	9987	4709	5278	955	521	434	8981	4169	4812
25-29岁	**61789**	**28991**	**32798**	**1543**	**771**	**772**	**60017**	**28110**	**31907**
25	11334	5203	6131	625	304	321	10665	4877	5788
26	12018	5632	6386	385	200	185	11590	5410	6180
27	12918	6047	6871	233	121	112	12626	5902	6724
28	13103	6275	6828	174	81	93	12881	6169	6712
29	12416	5834	6582	126	65	61	12255	5752	6503
30-34岁	**79386**	**36743**	**42643**	**416**	**201**	**215**	**78693**	**36413**	**42280**
30	15709	7436	8273	126	58	68	15525	7349	8176
31	15752	7342	8410	79	42	37	15616	7269	8347
32	16195	7456	8739	80	39	41	16061	7392	8669
33	16697	7645	9052	75	38	37	16557	7582	8975
34	15033	6864	8169	56	24	32	14934	6821	8113
35-39岁	**74611**	**35278**	**39333**	**249**	**110**	**139**	**74131**	**35067**	**39064**
35	13830	6416	7414	57	22	35	13730	6377	7353
36	14732	6946	7786	39	15	24	14653	6910	7743
37	15529	7320	8209	43	16	27	15438	7281	8157
38	17226	8211	9015	53	25	28	17115	8163	8952
39	13294	6385	6909	57	32	25	13195	6336	6859
40-44岁	**44969**	**22231**	**22738**	**133**	**60**	**73**	**44689**	**22091**	**22598**
40	11549	5621	5928	41	16	25	11474	5586	5888
41	10356	5090	5266	35	18	17	10292	5058	5234
42	9216	4523	4693	24	12	12	9152	4487	4665
43	7153	3613	3540	19	6	13	7111	3597	3514
44	6695	3384	3311	14	8	6	6660	3363	3297
45-49岁	**31998**	**16229**	**15769**	**92**	**55**	**37**	**31824**	**16139**	**15685**
45	6035	3001	3034	22	13	9	5997	2981	3016
46	6413	3255	3158	19	9	10	6384	3241	3143
47	6733	3442	3291	17	8	9	6693	3423	3270
48	6544	3398	3146	22	15	7	6501	3373	3128
49	6273	3133	3140	12	10	2	6249	3121	3128
50岁及以上	**82583**	**46324**	**36259**	**143**	**82**	**61**	**82103**	**46055**	**36048**

3-2a 续表 11

单位：人

年 龄	大学本科								
	肄 业			辍 学			其 他		
	小计	男	女	小计	男	女	小计	男	女
总 计	**171**	**92**	**79**	**37**	**17**	**20**	**1264**	**604**	**660**
3									
4									
5-9岁									
5									
6									
7									
8									
9									
10-14岁									
10									
11									
12									
13									
14									
15-19岁	**2**	**2**		**2**	**2**		**7**	**1**	**6**
15									
16									
17									
18	1	1					2		2
19	1	1		2	2		5	1	4
20-24岁	**22**	**9**	**13**	**6**	**4**	**2**	**130**	**53**	**77**
20	2	1	1	1	1		8	4	4
21	3		3	1		1	20	10	10
22	4	1	3	1	1		26	9	17
23	7	3	4	1	1		33	16	17
24	6	4	2	2	1	1	43	14	29
25-29岁	**26**	**15**	**11**	**10**	**4**	**6**	**193**	**91**	**102**
25	4	1	3	3	1	2	37	20	17
26	7	5	2	3		3	33	17	16
27	5	2	3	1	1		53	21	32
28	7	5	2	3	2	1	38	18	20
29	3	2	1				32	15	17
30-34岁	**42**	**20**	**22**	**5**	**1**	**4**	**230**	**108**	**122**
30	11	7	4	2	1	1	45	21	24
31	6	4	2	1		1	50	27	23
32	10	5	5				44	20	24
33	11	4	7	1		1	53	21	32
34	4		4	1		1	38	19	19
35-39岁	**24**	**13**	**11**	**3**	**3**		**204**	**85**	**119**
35	4	2	2				39	15	24
36	6	3	3				34	18	16
37	5	3	2	1	1		42	19	23
38	4	2	2	1	1		53	20	33
39	5	3	2	1	1		36	13	23
40-44岁	**13**	**8**	**5**	**2**		**2**	**132**	**72**	**60**
40	2	1	1				32	18	14
41	2	2					27	12	15
42	4	3	1	1		1	35	21	14
43	4	1	3				19	9	10
44	1	1		1		1	19	12	7
45-49岁	**10**	**7**	**3**	**1**		**1**	**71**	**28**	**43**
45	1	1					15	6	9
46	1	1					9	4	5
47	5	4	1	1		1	17	7	10
48	3	1	2				18	9	9
49							12	2	10
50岁及以上	**32**	**18**	**14**	**8**	**3**	**5**	**297**	**166**	**131**

3-2a　续表 12　　　　单位：人

年　龄	硕士研究生								
	合　计			在　校			毕　业		
	合计	男	女	小计	男	女	小计	男	女
总　计	**123399**	**60424**	**62975**	**16596**	**7611**	**8985**	**106512**	**52672**	**53840**
3									
4									
5–9岁									
5									
6									
7									
8									
9									
10–14岁									
10									
11									
12									
13									
14									
15–19岁	**26**	**15**	**11**	**25**	**15**	**10**	**1**		**1**
15									
16									
17	2	1	1	2	1	1			
18	10	6	4	9	6	3	1		1
19	14	8	6	14	8	6			
20–24岁	**12424**	**5371**	**7053**	**10866**	**4850**	**6016**	**1535**	**513**	**1022**
20	59	36	23	57	35	22	2	1	1
21	438	180	258	418	168	250	20	12	8
22	2465	1079	1386	2373	1042	1331	89	35	54
23	4582	1962	2620	4217	1852	2365	355	106	249
24	4880	2114	2766	3801	1753	2048	1069	359	710
25–29岁	**22924**	**9724**	**13200**	**4693**	**2295**	**2398**	**18183**	**7409**	**10774**
25	4635	2034	2601	2278	1118	1160	2350	912	1438
26	4418	1860	2558	1081	524	557	3326	1332	1994
27	4539	1940	2599	633	323	310	3892	1612	2280
28	4734	1958	2776	422	191	231	4305	1765	2540
29	4598	1932	2666	279	139	140	4310	1788	2522
30–34岁	**27317**	**12014**	**15303**	**634**	**271**	**363**	**26599**	**11699**	**14900**
30	5784	2429	3355	222	106	116	5547	2319	3228
31	5709	2516	3193	139	59	80	5560	2449	3111
32	5372	2360	3012	114	49	65	5238	2298	2940
33	5444	2436	3008	94	35	59	5332	2393	2939
34	5008	2273	2735	65	22	43	4922	2240	2682
35–39岁	**24601**	**11870**	**12731**	**207**	**94**	**113**	**24339**	**11753**	**12586**
35	4484	2107	2377	49	29	20	4427	2076	2351
36	4816	2263	2553	39	17	22	4763	2238	2525
37	5056	2452	2604	37	15	22	5009	2434	2575
38	5736	2851	2885	53	24	29	5674	2823	2851
39	4509	2197	2312	29	9	20	4466	2182	2284
40–44岁	**15224**	**8179**	**7045**	**94**	**40**	**54**	**15097**	**8119**	**6978**
40	3822	1969	1853	25	11	14	3795	1957	1838
41	3631	1864	1767	21	10	11	3597	1847	1750
42	3175	1767	1408	20	5	15	3148	1758	1390
43	2415	1369	1046	13	6	7	2396	1358	1038
44	2181	1210	971	15	8	7	2161	1199	962
45–49岁	**8806**	**5182**	**3624**	**43**	**25**	**18**	**8747**	**5152**	**3595**
45	1843	1078	765	8	3	5	1833	1074	759
46	1801	1027	774	6	4	2	1788	1022	766
47	1906	1130	776	15	7	8	1890	1123	767
48	1750	1043	707	7	5	2	1739	1036	703
49	1506	904	602	7	6	1	1497	897	600
50岁及以上	**12077**	**8069**	**4008**	**34**	**21**	**13**	**12011**	**8027**	**3984**

3－2a 续表 13　　单位：人

年　龄	硕士研究生								
	肄　业			辍　学			其　他		
	小计	男	女	小计	男	女	小计	男	女
总　计	**34**	**18**	**16**	**2**	**1**	**1**	**255**	**122**	**133**
3									
4									
5－9岁									
5									
6									
7									
8									
9									
10－14岁									
10									
11									
12									
13									
14									
15－19岁									
15									
16									
17									
18									
19									
20－24岁	**3**	**1**	**2**				**20**	**7**	**13**
20									
21									
22							3	2	1
23	1	1					9	3	6
24	2		2				8	2	6
25－29岁	**6**	**1**	**5**				**42**	**19**	**23**
25	2		2				5	4	1
26	1	1					10	3	7
27	1		1				13	5	8
28	2		2				5	2	3
29							9	5	4
30－34岁	**9**	**7**	**2**				**75**	**37**	**38**
30	2	1	1				13	3	10
31	2	2					8	6	2
32	3	3					17	10	7
33	1		1				17	8	9
34	1	1					20	10	10
35－39岁	**6**	**3**	**3**	**1**		**1**	**48**	**20**	**28**
35							8	2	6
36	2	1	1				12	7	5
37				1		1	9	3	6
38	2	1	1				7	3	4
39	2	1	1				12	5	7
40－44岁	**5**	**3**	**2**	**1**	**1**		**27**	**16**	**11**
40							2	1	1
41	1		1	1	1		11	6	5
42	2	1	1				5	3	2
43							6	5	1
44	2	2					3	1	2
45－49岁	**2**	**1**	**1**				**14**	**4**	**10**
45							2	1	1
46	2	1	1				5		5
47							1		1
48							4	2	2
49							2	1	1
50岁及以上	**3**	**2**	**1**				**29**	**19**	**10**

3-2a 续表 14 单位：人

年 龄	博士研究生								
	合 计			在 校			毕 业		
	合计	男	女	小计	男	女	小计	男	女
总 计	**23136**	**13984**	**9152**	**6657**	**3781**	**2876**	**16431**	**10173**	**6258**
3									
4									
5–9岁									
5									
6									
7									
8									
9									
10–14岁									
10									
11									
12									
13									
14									
15–19岁	**2**	**1**	**1**	**2**	**1**	**1**			
15									
16									
17									
18									
19	2	1	1	2	1	1			
20–24岁	**1368**	**803**	**565**	**1333**	**783**	**550**	**35**	**20**	**15**
20	8	5	3	8	5	3			
21	47	24	23	47	24	23			
22	246	147	99	242	144	98	4	3	1
23	435	276	159	425	269	156	10	7	3
24	632	351	281	611	341	270	21	10	11
25–29岁	**4819**	**2658**	**2161**	**3898**	**2191**	**1707**	**914**	**466**	**448**
25	817	465	352	783	446	337	33	19	14
26	991	535	456	923	503	420	68	32	36
27	1071	587	484	912	513	399	158	74	84
28	970	538	432	704	399	305	263	138	125
29	970	533	437	576	330	246	392	203	189
30–34岁	**4427**	**2507**	**1920**	**1115**	**630**	**485**	**3299**	**1871**	**1428**
30	1064	595	469	434	247	187	626	348	278
31	904	507	397	275	157	118	628	349	279
32	863	475	388	179	97	82	680	375	305
33	857	493	364	139	80	59	715	411	304
34	739	437	302	88	49	39	650	388	262
35–39岁	**3919**	**2317**	**1602**	**217**	**126**	**91**	**3690**	**2183**	**1507**
35	720	412	308	59	37	22	657	372	285
36	736	440	296	43	23	20	692	416	276
37	804	470	334	45	24	21	758	445	313
38	915	537	378	39	24	15	874	512	362
39	744	458	286	31	18	13	709	438	271
40–44岁	**3100**	**1823**	**1277**	**59**	**33**	**26**	**3034**	**1784**	**1250**
40	633	359	274	12	10	2	620	348	272
41	712	412	300	18	8	10	693	403	290
42	653	386	267	12	5	7	641	381	260
43	554	338	216	13	7	6	539	329	210
44	548	328	220	4	3	1	541	323	218
45–49岁	**2252**	**1451**	**801**	**27**	**14**	**13**	**2221**	**1433**	**788**
45	460	280	180	6	3	3	453	276	177
46	495	314	181	6	3	3	487	309	178
47	503	333	170	10	6	4	492	326	166
48	398	256	142	2		2	396	256	140
49	396	268	128	3	2	1	393	266	127
50岁及以上	**3249**	**2424**	**825**	**6**	**3**	**3**	**3238**	**2416**	**822**

3-2a 续表 15

单位：人

年 龄	博士研究生								
	肄 业			辍 学			其 他		
	小计	男	女	小计	男	女	小计	男	女
总 计	**2**	**1**	**1**	**2**		**2**	**44**	**29**	**15**
3									
4									
5-9岁									
5									
6									
7									
8									
9									
10-14岁									
10									
11									
12									
13									
14									
15-19岁									
15									
16									
17									
18									
19									
20-24岁									
20									
21									
22									
23									
24									
25-29岁				**1**		**1**	**6**	**1**	**5**
25				1		1			
26									
27							1		1
28							3	1	2
29							2		2
30-34岁	**2**	**1**	**1**	**1**		**1**	**10**	**5**	**5**
30				1		1	3		3
31							1	1	
32	1		1				3	3	
33	1	1					2	1	1
34							1		1
35-39岁							**12**	**8**	**4**
35							4	3	1
36							1	1	
37							1	1	
38							2	1	1
39							4	2	2
40-44岁							**7**	**6**	**1**
40							1	1	
41							1	1	
42									
43							2	2	
44							3	2	1
45-49岁							**4**	**4**	
45							1	1	
46							2	2	
47							1	1	
48									
49									
50岁及以上							**5**	**5**	

3–2b　全市分年龄、性别、学业完成情况的3岁及以上各种受教育程度人口(镇)

单位：人

年　龄	合计								
	合　计			在　校			毕　业		
	合计	男	女	小计	男	女	小计	男	女
总　计	**117630**	**64000**	**53630**	**12120**	**6384**	**5736**	**102900**	**56233**	**46667**
3									
4									
5–9岁	**3261**	**1671**	**1590**	**3160**	**1609**	**1551**	**88**	**53**	**35**
5	58	30	28	51	24	27	7	6	1
6	824	423	401	795	407	388	26	14	12
7	825	413	412	801	400	401	19	9	10
8	827	438	389	803	422	381	21	13	8
9	727	367	360	710	356	354	15	11	4
10–14岁	**2808**	**1450**	**1358**	**2691**	**1389**	**1302**	**110**	**58**	**52**
10	551	277	274	539	273	266	11	3	8
11	643	335	308	623	322	301	19	12	7
12	523	258	265	499	244	255	23	14	9
13	592	303	289	552	282	270	36	20	16
14	499	277	222	478	268	210	21	9	12
15–19岁	**3451**	**1923**	**1528**	**2695**	**1405**	**1290**	**727**	**501**	**226**
15	435	225	210	412	207	205	18	16	2
16	458	244	214	410	212	198	44	29	15
17	490	270	220	357	182	175	124	81	43
18	817	474	343	602	324	278	211	148	63
19	1251	710	541	914	480	434	330	227	103
20–24岁	**9024**	**4932**	**4092**	**3156**	**1733**	**1423**	**5775**	**3142**	**2633**
20	1437	784	653	893	454	439	536	325	211
21	1656	886	770	853	456	397	792	423	369
22	2052	1139	913	770	426	344	1261	697	564
23	1952	1087	865	407	249	158	1513	820	693
24	1927	1036	891	233	148	85	1673	877	796
25–29岁	**11300**	**6285**	**5015**	**318**	**197**	**121**	**10833**	**5995**	**4838**
25	2059	1112	947	146	93	53	1891	1005	886
26	2008	1079	929	71	50	21	1911	1012	899
27	2307	1305	1002	43	27	16	2231	1256	975
28	2353	1354	999	41	21	20	2282	1314	968
29	2573	1435	1138	17	6	11	2518	1408	1110
30–34岁	**16408**	**9148**	**7260**	**64**	**32**	**32**	**16132**	**8991**	**7141**
30	3242	1871	1371	16	6	10	3189	1843	1346
31	3288	1814	1474	14	9	5	3221	1775	1446
32	3379	1846	1533	18	6	12	3321	1817	1504
33	3525	1980	1545	8	6	2	3474	1945	1529
34	2974	1637	1337	8	5	3	2927	1611	1316
35–39岁	**12471**	**7066**	**5405**	**15**	**8**	**7**	**12274**	**6939**	**5335**
35	2578	1462	1116	7	4	3	2533	1435	1098
36	2480	1397	1083	3	1	2	2438	1369	1069
37	2467	1407	1060	2	1	1	2435	1391	1044
38	2759	1556	1203	2	2		2719	1524	1195
39	2187	1244	943	1		1	2149	1220	929
40–44岁	**8706**	**4987**	**3719**	**7**	**4**	**3**	**8530**	**4880**	**3650**
40	1985	1113	872	2	1	1	1950	1089	861
41	1947	1132	815	1		1	1901	1104	797
42	1754	1002	752	2	2		1721	985	736
43	1428	823	605	2	1	1	1402	806	596
44	1592	917	675				1556	896	660
45–49岁	**9534**	**5318**	**4216**	**3**		**3**	**9313**	**5188**	**4125**
45	1551	860	691				1525	842	683
46	1824	1029	795	1		1	1781	1002	779
47	1931	1039	892				1885	1017	868
48	2109	1190	919	2		2	2054	1158	896
49	2119	1200	919				2068	1169	899
50岁及以上	**40667**	**21220**	**19447**	**11**	**7**	**4**	**39118**	**20486**	**18632**

3-2b 续表 1

单位：人

年 龄	合 计								
	肄 业			辍 学			其 他		
	小计	男	女	小计	男	女	小计	男	女
总 计	**576**	**290**	**286**	**905**	**501**	**404**	**1129**	**592**	**537**
3									
4									
5—9岁	**6**	**5**	**1**				**7**	**4**	**3**
5									
6	1	1					2	1	1
7	3	2	1				2	2	
8	2	2					1	1	
9							2		2
10—14岁	**5**	**1**	**4**				**2**	**2**	
10							1	1	
11	1	1							
12	1		1						
13	3		3				1	1	
14									
15—19岁	**9**	**4**	**5**	**14**	**9**	**5**	**6**	**4**	**2**
15	1		1	3	1	2	1	1	
16				3	2	1	1	1	
17	4	3	1	3	3		2	1	1
18	2		2	1	1		1	1	
19	2	1	1	4	2	2	1		1
20—24岁	**6**	**5**	**1**	**21**	**14**	**7**	**66**	**38**	**28**
20	1	1		1	1		6	3	3
21	2	1	1	3	2	1	6	4	2
22	1	1		5	5		15	10	5
23	2	2		5	2	3	25	14	11
24				7	4	3	14	7	7
25—29岁	**15**	**10**	**5**	**50**	**33**	**17**	**84**	**50**	**34**
25	3	2	1	8	5	3	11	7	4
26	2	1	1	7	4	3	17	12	5
27	1	1		7	5	2	25	16	9
28	2	1	1	10	8	2	18	10	8
29	7	5	2	18	11	7	13	5	8
30—34岁	**38**	**24**	**14**	**55**	**34**	**21**	**119**	**67**	**52**
30	5	3	2	12	8	4	20	11	9
31	12	6	6	16	9	7	25	15	10
32	7	6	1	8	4	4	25	13	12
33	7	4	3	13	9	4	23	16	7
34	7	5	2	6	4	2	26	12	14
35—39岁	**32**	**24**	**8**	**52**	**38**	**14**	**98**	**57**	**41**
35	10	7	3	10	7	3	18	9	9
36	8	7	1	11	8	3	20	12	8
37	6	3	3	5	2	3	19	10	9
38	4	4		13	11	2	21	15	6
39	4	3	1	13	10	3	20	11	9
40—44岁	**26**	**22**	**4**	**45**	**30**	**15**	**98**	**51**	**47**
40	9	9		7	3	4	17	11	6
41	6	5	1	17	12	5	22	11	11
42	1		1	8	5	3	22	10	12
43	6	5	1	5	5		13	6	7
44	4	3	1	8	5	3	24	13	11
45—49岁	**40**	**26**	**14**	**79**	**53**	**26**	**99**	**51**	**48**
45	5	4	1	10	7	3	11	7	4
46	12	10	2	17	9	8	13	8	5
47	5	3	2	13	10	3	28	9	19
48	12	4	8	20	14	6	21	14	7
49	6	5	1	19	13	6	26	13	13
50岁及以上	**399**	**169**	**230**	**589**	**290**	**299**	**550**	**268**	**282**

3-2b　续表 2　　　　单位：人

年　龄	小学								
	合　计			在　校			毕　业		
	合计	男	女	小计	男	女	小计	男	女
总　计	**15071**	**7218**	**7853**	**4467**	**2285**	**2182**	**9561**	**4473**	**5088**
3									
4									
5–9岁	**3243**	**1661**	**1582**	**3147**	**1603**	**1544**	**83**	**49**	**34**
5	58	30	28	51	24	27	7	6	1
6	822	422	400	793	406	387	26	14	12
7	823	411	412	800	399	401	18	8	10
8	820	433	387	798	419	379	19	11	8
9	720	365	355	705	355	350	13	10	3
10–14岁	**1361**	**704**	**657**	**1316**	**681**	**635**	**43**	**21**	**22**
10	546	275	271	534	271	263	11	3	8
11	603	312	291	585	301	284	17	10	7
12	163	91	72	152	85	67	11	6	5
13	33	18	15	30	16	14	3	2	1
14	16	8	8	15	8	7	1		1
15–19岁	**22**	**19**	**3**	**1**		**1**	**16**	**14**	**2**
15	1	1					1	1	
16									
17	6	6					3	3	
18	5	4	1	1		1	4	4	
19	10	8	2				8	6	2
20–24岁	**44**	**28**	**16**	**1**		**1**	**41**	**28**	**13**
20	5	4	1	1		1	4	4	
21	7	4	3				6	4	2
22	14	11	3				14	11	3
23	6	2	4				5	2	3
24	12	7	5				12	7	5
25–29岁	**94**	**68**	**26**				**88**	**64**	**24**
25	11	7	4				9	6	3
26	7	5	2				7	5	2
27	15	9	6				14	8	6
28	18	16	2				17	15	2
29	43	31	12				41	30	11
30–34岁	**212**	**144**	**68**				**192**	**135**	**57**
30	40	29	11				37	27	10
31	46	30	16				42	29	13
32	36	25	11				31	23	8
33	45	33	12				39	29	10
34	45	27	18				43	27	16
35–39岁	**256**	**164**	**92**				**238**	**147**	**91**
35	47	30	17				41	24	17
36	44	29	15				43	28	15
37	57	39	18				56	38	18
38	66	41	25				61	36	25
39	42	25	17				37	21	16
40–44岁	**414**	**233**	**181**				**384**	**211**	**173**
40	61	33	28				54	28	26
41	79	42	37				70	35	35
42	102	52	50				96	48	48
43	61	37	24				59	35	24
44	111	69	42				105	65	40
45–49岁	**756**	**398**	**358**				**695**	**357**	**338**
45	96	54	42				86	46	40
46	147	75	72				136	68	68
47	152	86	66				141	81	60
48	182	95	87				165	82	83
49	179	88	91				167	80	87
50岁及以上	**8669**	**3799**	**4870**	**2**	**1**	**1**	**7781**	**3447**	**4334**

3-2b 续表 3

单位：人

年龄	小学								
	肄业			辍学			其他		
	小计	男	女	小计	男	女	小计	男	女
总计	**302**	**120**	**182**	**496**	**229**	**267**	**245**	**111**	**134**
3									
4									
5-9岁	**6**	**5**	**1**				**7**	**4**	**3**
5									
6	1	1					2	1	1
7	3	2	1				2	2	
8	2	2					1	1	
9							2		2
10-14岁	**1**	**1**					**1**	**1**	
10							1	1	
11	1	1							
12									
13									
14									
15-19岁				**4**	**4**		**1**	**1**	
15									
16									
17				2	2		1	1	
18									
19				2	2				
20-24岁				**2**		**2**			
20									
21				1		1			
22									
23				1		1			
24									
25-29岁	**1**	**1**		**4**	**2**	**2**	**1**	**1**	
25				1		1	1	1	
26									
27				1	1				
28				1	1				
29	1	1		1		1			
30-34岁	**4**	**2**	**2**	**12**	**4**	**8**	**4**	**3**	**1**
30				1	1		2	1	1
31				4	1	3			
32	2	1	1	2		2	1	1	
33	1	1		4	2	2	1	1	
34	1		1	1		1			
35-39岁	**3**	**3**		**13**	**12**	**1**	**2**	**2**	
35	3	3		2	2		1	1	
36				1	1				
37							1	1	
38				5	5				
39				5	4	1			
40-44岁	**6**	**5**	**1**	**19**	**14**	**5**	**5**	**3**	**2**
40	3	3		4	2	2			
41	1	1		6	5	1	2	1	1
42	1		1	4	3	1	1	1	
43	1	1		1	1				
44				4	3	1	2	1	1
45-49岁	**9**	**5**	**4**	**32**	**23**	**9**	**20**	**13**	**7**
45	2	2		5	3	2	3	3	
46	2	2		6	3	3	3	2	1
47	2		2	3	2	1	6	3	3
48	2		2	12	10	2	3	3	
49	1	1		6	5	1	5	2	3
50岁及以上	**272**	**98**	**174**	**410**	**170**	**240**	**204**	**83**	**121**

3-2b　续表 4　　　　　　　　　　　　　　　　　　　　　　　　　　　　　　　单位：人

年　龄	初　中								
	合　计			在　校			毕　业		
	合计	男	女	小计	男	女	小计	男	女
总　计	**39360**	**22938**	**16422**	**1580**	**839**	**741**	**36884**	**21561**	**15323**
3									
4									
5–9岁	**18**	**10**	**8**	**13**	**6**	**7**	**5**	**4**	**1**
5									
6	2	1	1	2	1	1			
7	2	2		1	1		1	1	
8	7	5	2	5	3	2	2	2	
9	7	2	5	5	1	4	2	1	1
10–14岁	**1408**	**725**	**683**	**1338**	**688**	**650**	**65**	**36**	**29**
10	5	2	3	5	2	3			
11	40	23	17	38	21	17	2	2	
12	360	167	193	347	159	188	12	8	4
13	552	280	272	517	262	255	31	17	14
14	451	253	198	431	244	187	20	9	11
15–19岁	**508**	**360**	**148**	**223**	**142**	**81**	**273**	**211**	**62**
15	173	102	71	157	90	67	13	11	2
16	68	47	21	40	29	11	25	16	9
17	83	63	20	13	12	1	66	48	18
18	86	69	17	8	6	2	78	63	15
19	98	79	19	5	5		91	73	18
20–24岁	**851**	**569**	**282**	**1**	**1**		**827**	**550**	**277**
20	130	101	29				127	98	29
21	124	83	41				120	80	40
22	185	114	71	1	1		178	108	70
23	198	132	66				193	129	64
24	214	139	75				209	135	74
25–29岁	**1789**	**1213**	**576**	**2**	**1**	**1**	**1742**	**1182**	**560**
25	279	171	108				271	165	106
26	273	195	78	1	1		267	191	76
27	365	249	116				357	244	113
28	413	284	129	1		1	406	278	128
29	459	314	145				441	304	137
30–34岁	**3332**	**2222**	**1110**	**1**		**1**	**3253**	**2173**	**1080**
30	620	439	181				607	431	176
31	688	457	231				666	445	221
32	640	408	232	1		1	626	401	225
33	741	499	242				725	488	237
34	643	419	224				629	408	221
35–39岁	**3294**	**2103**	**1191**				**3229**	**2062**	**1167**
35	588	378	210				573	370	203
36	614	400	214				600	390	210
37	664	410	254				653	406	247
38	761	491	270				748	481	267
39	667	424	243				655	415	240
40–44岁	**3290**	**1938**	**1352**				**3225**	**1901**	**1324**
40	603	363	240				591	355	236
41	689	432	257				672	421	251
42	664	377	287				653	373	280
43	618	360	258				610	355	255
44	716	406	310				699	397	302
45–49岁	**5105**	**2890**	**2215**				**4987**	**2821**	**2166**
45	776	441	335				767	435	332
46	945	547	398				919	529	390
47	1019	554	465				993	540	453
48	1158	655	503				1130	641	489
49	1207	693	514				1178	676	502
50岁及以上	**19765**	**10908**	**8857**	**2**	**1**	**1**	**19278**	**10621**	**8657**

3-2b 续表 5

单位：人

年龄	初中								
	肄业			辍学			其他		
	小计	男	女	小计	男	女	小计	男	女
总计	**207**	**124**	**83**	**321**	**213**	**108**	**368**	**201**	**167**
3									
4									
5-9岁									
5									
6									
7									
8									
9									
10-14岁	**4**		**4**				**1**	**1**	
10									
11									
12	1		1						
13	3		3				1	1	
14									
15-19岁	**6**	**4**	**2**	**3**	**1**	**2**	**3**	**2**	**1**
15	1		1	1		1	1	1	
16				2	1	1	1	1	
17	3	3					1		1
18									
19	2	1	1						
20-24岁	**5**	**5**		**8**	**6**	**2**	**10**	**7**	**3**
20	1	1		1	1		1	1	
21	1	1		1	1		2	1	1
22	1	1		1	1		4	3	1
23	2	2		2	1	1	1		1
24				3	2	1	2	2	
25-29岁	**7**	**5**	**2**	**29**	**19**	**10**	**9**	**6**	**3**
25	2	1	1	4	3	1	2	2	
26	1	1		3	1	2	1	1	
27				4	3	1	4	2	2
28	1	1		5	5				
29	3	2	1	13	7	6	2	1	1
30-34岁	**19**	**13**	**6**	**33**	**22**	**11**	**26**	**14**	**12**
30	4	3	1	7	4	3	2	1	1
31	7	4	3	9	6	3	6	2	4
32	3	3		4	2	2	6	2	4
33	3	1	2	8	6	2	5	4	1
34	2	2		5	4	1	7	5	2
35-39岁	**16**	**10**	**6**	**27**	**17**	**10**	**22**	**14**	**8**
35	5	3	2	6	3	3	4	2	2
36	3	2	1	8	6	2	3	2	1
37	3		3	2		2	6	4	2
38	3	3		4	3	1	6	4	2
39	2	2		7	5	2	3	2	1
40-44岁	**12**	**9**	**3**	**23**	**13**	**10**	**30**	**15**	**15**
40	5	5		3	1	2	4	2	2
41	3	2	1	10	6	4	4	3	1
42				3	1	2	8	3	5
43	2	1	1	3	3		3	1	2
44	2	1	1	4	2	2	11	6	5
45-49岁	**26**	**19**	**7**	**41**	**28**	**13**	**51**	**22**	**29**
45	1	1		4	4		4	1	3
46	9	8	1	10	6	4	7	4	3
47	3	3		8	7	1	15	4	11
48	8	3	5	7	4	3	13	7	6
49	5	4	1	12	7	5	12	6	6
50岁及以上	**112**	**59**	**53**	**157**	**107**	**50**	**216**	**120**	**96**

3-2b 续表 6

单位：人

年 龄	高中								
	合计			在校			毕业		
	合计	男	女	小计	男	女	小计	男	女
总 计	**23134**	**13016**	**10118**	**1373**	**685**	**688**	**21434**	**12143**	**9291**
3									
4									
5–9岁									
5									
6									
7									
8									
9									
10–14岁	**39**	**21**	**18**	**37**	**20**	**17**	**2**	**1**	**1**
10									
11									
12									
13	7	5	2	5	4	1	2	1	1
14	32	16	16	32	16	16			
15–19岁	**1389**	**735**	**654**	**1092**	**533**	**559**	**289**	**199**	**90**
15	252	119	133	247	115	132	3	3	
16	333	167	166	317	155	162	15	11	4
17	297	147	150	257	125	132	38	21	17
18	250	138	112	156	77	79	93	61	32
19	257	164	93	115	61	54	140	103	37
20–24岁	**1586**	**964**	**622**	**244**	**132**	**112**	**1320**	**817**	**503**
20	309	184	125	105	53	52	203	130	73
21	321	192	129	87	48	39	231	142	89
22	310	202	108	36	22	14	267	174	93
23	305	186	119	11	6	5	289	177	112
24	341	200	141	5	3	2	330	194	136
25–29岁	**2243**	**1418**	**825**				**2209**	**1397**	**812**
25	366	234	132				361	231	130
26	371	241	130				365	236	129
27	474	306	168				468	303	165
28	474	301	173				465	297	168
29	558	336	222				550	330	220
30–34岁	**3644**	**2228**	**1416**				**3597**	**2201**	**1396**
30	728	473	255				718	466	252
31	729	440	289				718	435	283
32	761	449	312				751	442	309
33	784	482	302				777	479	298
34	642	384	258				633	379	254
35–39岁	**2809**	**1634**	**1175**				**2763**	**1604**	**1159**
35	593	363	230				586	359	227
36	513	294	219				502	287	215
37	532	309	223				525	304	221
38	650	367	283				639	358	281
39	521	301	220				511	296	215
40–44岁	**2030**	**1194**	**836**				**1996**	**1172**	**824**
40	471	274	197				468	272	196
41	469	273	196				460	268	192
42	410	234	176				400	228	172
43	340	205	135				333	201	132
44	340	208	132				335	203	132
45–49岁	**1872**	**1014**	**858**				**1851**	**1004**	**847**
45	299	160	139				296	158	138
46	381	214	167				377	213	164
47	378	185	193				374	184	190
48	416	235	181				411	232	179
49	398	220	178				393	217	176
50岁及以上	**7522**	**3808**	**3714**				**7407**	**3748**	**3659**

3-2b　续表 7　　　　　　　　　　　　　　　　单位：人

年　龄	高中								
	肄　业			辍　学			其　他		
	小计	男	女	小计	男	女	小计	男	女
总　计	**45**	**30**	**15**	**84**	**55**	**29**	**198**	**103**	**95**
3									
4									
5-9岁									
5									
6									
7									
8									
9									
10-14岁									
10									
11									
12									
13									
14									
15-19岁	**2**		**2**	**6**	**3**	**3**			
15				2	1	1			
16				1	1				
17	1		1	1	1				
18	1		1						
19				2		2			
20-24岁	**1**		**1**	**11**	**8**	**3**	**10**	**7**	**3**
20							1	1	
21	1		1	1	1		1	1	
22				4	4		3	2	1
23				2	1	1	3	2	1
24				4	2	2	2	1	1
25-29岁	**2**	**2**		**14**	**9**	**5**	**18**	**10**	**8**
25	1	1		2	1	1	2	1	1
26				4	3	1	2	2	
27	1	1		1		1	4	2	2
28				3	1	2	6	3	3
29				4	4		4	2	2
30-34岁	**13**	**8**	**5**	**10**	**8**	**2**	**24**	**11**	**13**
30	1		1	4	3	1	5	4	1
31	4	2	2	3	2	1	4	1	3
32	2	2		2	2		6	3	3
33	2	1	1	1	1		4	1	3
34	4	3	1				5	2	3
35-39岁	**8**	**6**	**2**	**12**	**9**	**3**	**26**	**15**	**11**
35	1		1	2	2		4	2	2
36	3	3		2	1	1	6	3	3
37	2	2		3	2	1	2	1	1
38				4	3	1	7	6	1
39	2	1	1	1	1		7	3	4
40-44岁	**4**	**4**		**3**	**3**		**27**	**15**	**12**
40							3	2	1
41	1	1		1	1		7	3	4
42				1	1		9	5	4
43	1	1		1	1		5	2	3
44	2	2					3	3	
45-49岁	**3**	**1**	**2**	**6**	**2**	**4**	**12**	**7**	**5**
45				1		1	2	2	
46	1		1	1		1	2	1	1
47				2	1	1	2		2
48	2	1	1	1		1	2	2	
49				1	1		4	2	2
50岁及以上	**12**	**9**	**3**	**22**	**13**	**9**	**81**	**38**	**43**

3-2b 续表 8 单位：人

年龄	大学专科								
	合计			在校			毕业		
	合计	男	女	小计	男	女	小计	男	女
总计	**17686**	**9341**	**8345**	**643**	**383**	**260**	**16836**	**8836**	**8000**
3									
4									
5-9岁									
5									
6									
7									
8									
9									
10-14岁									
10									
11									
12									
13									
14									
15-19岁	**459**	**258**	**201**	**319**	**182**	**137**	**136**	**74**	**62**
15	9	3	6	8	2	6	1	1	
16	26	16	10	22	14	8	4	2	2
17	58	33	25	41	24	17	17	9	8
18	155	94	61	120	73	47	32	19	13
19	211	112	99	128	69	59	82	43	39
20-24岁	**2545**	**1322**	**1223**	**275**	**169**	**106**	**2244**	**1138**	**1106**
20	296	147	149	122	67	55	173	80	93
21	420	218	202	78	55	23	339	161	178
22	565	296	269	38	24	14	524	270	254
23	643	344	299	22	13	9	606	321	285
24	621	317	304	15	10	5	602	306	296
25-29岁	**3264**	**1740**	**1524**	**25**	**17**	**8**	**3200**	**1697**	**1503**
25	612	316	296	12	10	2	595	304	291
26	630	321	309	4	2	2	618	313	305
27	639	351	288	2	1	1	626	341	285
28	657	375	282	4	4		645	364	281
29	726	377	349	3		3	716	375	341
30-34岁	**4216**	**2160**	**2056**	**10**	**7**	**3**	**4167**	**2129**	**2038**
30	892	456	436	1	1		883	450	433
31	841	442	399	1	1		834	436	398
32	895	454	441	3	1	2	883	449	434
33	871	450	421	2	2		860	441	419
34	717	358	359	3	2	1	707	353	354
35-39岁	**2528**	**1273**	**1255**	**6**	**4**	**2**	**2490**	**1251**	**1239**
35	556	265	291	3	1	2	546	262	284
36	510	256	254	1	1		499	248	251
37	507	277	230	1	1		502	274	228
38	530	254	276	1	1		525	252	273
39	425	221	204				418	215	203
40-44岁	**1393**	**746**	**647**	**4**	**2**	**2**	**1364**	**731**	**633**
40	379	190	189	1	1		371	184	187
41	345	186	159	1		1	340	185	155
42	273	153	120	1	1		268	151	117
43	190	103	87	1		1	183	99	84
44	206	114	92				202	112	90
45-49岁	**863**	**478**	**385**	**2**		**2**	**851**	**473**	**378**
45	188	100	88				188	100	88
46	155	82	73	1		1	154	82	72
47	186	100	86				181	98	83
48	179	101	78	1		1	175	99	76
49	155	95	60				153	94	59
50岁及以上	**2418**	**1364**	**1054**	**2**	**2**		**2384**	**1343**	**1041**

3-2b 续表 9

单位：人

年 龄	大学专科								
	肄 业			辍 学			其 他		
	小计	男	女	小计	男	女	小计	男	女
总 计	**14**	**11**	**3**	**4**	**4**		**189**	**107**	**82**
3									
4									
5-9岁									
5									
6									
7									
8									
9									
10-14岁									
10									
11									
12									
13									
14									
15-19岁	**1**		**1**	**1**	**1**		**2**	**1**	**1**
15									
16									
17									
18	1		1	1	1		1	1	
19							1		1
20-24岁							**26**	**15**	**11**
20							1		1
21							3	2	1
22							3	2	1
23							15	10	5
24							4	1	3
25-29岁	**3**	**1**	**2**	**3**	**3**		**33**	**22**	**11**
25				1	1		4	1	3
26	1		1				7	6	1
27				1	1		10	8	2
28				1	1		7	6	1
29	2	1	1				5	1	4
30-34岁	**1**	**1**					**38**	**23**	**15**
30							8	5	3
31							6	5	1
32							9	4	5
33	1	1					8	6	2
34							7	3	4
35-39岁	**4**	**4**					**28**	**14**	**14**
35	1	1					6	1	5
36	2	2					8	5	3
37	1	1					3	1	2
38							4	1	3
39							7	6	1
40-44岁	**2**	**2**					**23**	**11**	**12**
40							7	5	2
41							4	1	3
42							4	1	3
43	2	2					4	2	2
44							4	2	2
45-49岁							**10**	**5**	**5**
45									
46									
47							5	2	3
48							3	2	1
49							2	1	1
50岁及以上	**3**	**3**					**29**	**16**	**13**

3-2b　续表 10　　单位：人

年　龄	大学本科								
	合　计			在　校			毕　业		
	合计	男	女	小计	男	女	小计	男	女
总　计	**18034**	**9221**	**8813**	**2583**	**1352**	**1231**	**15330**	**7801**	**7529**
3									
4									
5-9岁									
5									
6									
7									
8									
9									
10-14岁									
10									
11									
12									
13									
14									
15-19岁	**1071**	**550**	**521**	**1058**	**547**	**511**	**13**	**3**	**10**
15									
16	31	14	17	31	14	17			
17	45	21	24	45	21	24			
18	321	169	152	317	168	149	4	1	3
19	674	346	328	665	344	321	9	2	7
20-24岁	**2775**	**1376**	**1399**	**1458**	**775**	**683**	**1299**	**592**	**707**
20	679	342	337	647	328	319	29	13	16
21	642	334	308	547	298	249	95	36	59
22	446	227	219	165	92	73	276	132	144
23	470	227	243	59	40	19	406	185	221
24	538	246	292	40	17	23	493	226	267
25-29岁	**3137**	**1483**	**1654**	**40**	**15**	**25**	**3074**	**1456**	**1618**
25	610	284	326	23	10	13	585	272	313
26	579	238	341	6	1	5	566	234	332
27	655	321	334	4	1	3	645	316	329
28	639	322	317	6	2	4	628	319	309
29	654	318	336	1	1		650	315	335
30-34岁	**4102**	**1986**	**2116**	**16**	**9**	**7**	**4061**	**1962**	**2099**
30	780	388	392	2		2	775	388	387
31	825	380	445	3	3		814	371	443
32	880	429	451	7	3	4	870	423	447
33	885	435	450	2	2		878	429	449
34	732	354	378	2	1	1	724	351	373
35-39岁	**2890**	**1534**	**1356**	**5**	**3**	**2**	**2870**	**1521**	**1349**
35	620	333	287	2	2		616	329	287
36	620	326	294	1		1	617	325	292
37	590	308	282				585	306	279
38	625	337	288	1	1		619	331	288
39	435	230	205	1		1	433	230	203
40-44岁	**1296**	**710**	**586**	**2**	**1**	**1**	**1280**	**701**	**579**
40	382	200	182	1		1	377	197	180
41	298	162	136				293	159	134
42	257	156	101				257	156	101
43	179	99	80	1	1		177	97	80
44	180	93	87				176	92	84
45-49岁	**758**	**434**	**324**	**1**		**1**	**750**	**430**	**320**
45	157	84	73				154	83	71
46	158	88	70				157	87	70
47	154	89	65				154	89	65
48	136	85	51	1		1	135	85	50
49	153	88	65				150	86	64
50岁及以上	**2005**	**1148**	**857**	**3**	**2**	**1**	**1983**	**1136**	**847**

3-2b 续表 11 单位：人

年龄	大学本科								
	肄业			辍学			其他		
	小计	男	女	小计	男	女	小计	男	女
总计	**6**	**5**	**1**				**115**	**63**	**52**
3									
4									
5-9岁									
5									
6									
7									
8									
9									
10-14岁									
10									
11									
12									
13									
14									
15-19岁									
15									
16									
17									
18									
19									
20-24岁							**18**	**9**	**9**
20							3	1	2
21									
22							5	3	2
23							5	2	3
24							5	3	2
25-29岁	**1**	**1**					**22**	**11**	**11**
25							2	2	
26							7	3	4
27							6	4	2
28							5	1	4
29	1	1					2	1	1
30-34岁							**25**	**15**	**10**
30							3		3
31							8	6	2
32							3	3	
33							5	4	1
34							6	2	4
35-39岁	**1**	**1**					**14**	**9**	**5**
35							2	2	
36							2	1	1
37							5	2	3
38	1	1					4	4	
39							1		1
40-44岁	**2**	**2**					**12**	**6**	**6**
40	1	1					3	2	1
41	1	1					4	2	2
42									
43							1	1	
44							4	1	3
45-49岁	**2**	**1**	**1**				**5**	**3**	**2**
45	2	1	1				1		1
46							1	1	
47									
48									
49							3	2	1
50岁及以上							**19**	**10**	**9**

3-2b 续表 12 单位：人

年 龄	硕士研究生								
	合 计			在 校			毕 业		
	合计	男	女	小计	男	女	小计	男	女
总 计	**3814**	**1969**	**1845**	**1221**	**715**	**506**	**2578**	**1248**	**1330**
3									
4									
5-9岁									
5									
6									
7									
8									
9									
10-14岁									
10									
11									
12									
13									
14									
15-19岁	**2**	**1**	**1**	**2**	**1**	**1**			
15									
16									
17	1		1	1		1			
18									
19	1	1		1	1				
20-24岁	**1102**	**637**	**465**	**1058**	**620**	**438**	**42**	**17**	**25**
20	16	6	10	16	6	10			
21	125	54	71	124	54	70	1		1
22	467	273	194	465	271	194	2	2	
23	306	186	120	292	180	112	13	6	7
24	188	118	70	161	109	52	26	9	17
25-29岁	**650**	**281**	**369**	**145**	**89**	**56**	**503**	**192**	**311**
25	155	81	74	86	55	31	69	26	43
26	115	54	61	28	21	7	87	33	54
27	140	55	85	18	11	7	121	44	77
28	121	41	80	8	2	6	112	39	73
29	119	50	69	5		5	114	50	64
30-34岁	**797**	**343**	**454**	**11**	**2**	**9**	**783**	**340**	**443**
30	158	72	86	4		4	154	72	82
31	138	51	87	3		3	133	50	83
32	145	66	79	3	2	1	142	64	78
33	180	74	106				180	74	106
34	176	80	96	1		1	174	80	94
35-39岁	**612**	**312**	**300**	**2**	**1**	**1**	**604**	**308**	**296**
35	158	86	72	2	1	1	155	84	71
36	157	78	79				156	77	79
37	105	56	49				103	55	48
38	110	56	54				110	56	54
39	82	36	46				80	36	44
40-44岁	**253**	**149**	**104**	**1**	**1**		**251**	**147**	**104**
40	80	48	32				80	48	32
41	60	33	27				59	32	27
42	42	28	14	1	1		41	27	14
43	37	17	20				37	17	20
44	34	23	11				34	23	11
45-49岁	**161**	**91**	**70**				**161**	**91**	**70**
45	32	18	14				32	18	14
46	34	21	13				34	21	13
47	37	22	15				37	22	15
48	37	18	19				37	18	19
49	21	12	9				21	12	9
50岁及以上	**237**	**155**	**82**	**2**	**1**	**1**	**234**	**153**	**81**

3-2b 续表 13

单位：人

年 龄	硕士研究生								
	肄 业			辍 学			其 他		
	小计	男	女	小计	男	女	小计	男	女
总 计	**2**		**2**				**13**	**6**	**7**
3									
4									
5-9岁									
5									
6									
7									
8									
9									
10-14岁									
10									
11									
12									
13									
14									
15-19岁									
15									
16									
17									
18									
19									
20-24岁							**2**		**2**
20									
21									
22									
23							1		1
24							1		1
25-29岁	**1**		**1**				**1**		**1**
25									
26									
27							1		1
28	1		1						
29									
30-34岁	**1**		**1**				**2**	**1**	**1**
30									
31	1		1				1	1	
32									
33									
34							1		1
35-39岁							**6**	**3**	**3**
35							1	1	
36							1	1	
37							2	1	1
38									
39							2		2
40-44岁							**1**	**1**	
40									
41							1	1	
42									
43									
44									
45-49岁									
45									
46									
47									
48									
49									
50岁及以上							**1**	**1**	

3–2b　续表 14　　　　单位：人

年　龄	博士研究生								
	合　计			在　校			毕　业		
	合计	男	女	小计	男	女	小计	男	女
总　计	**531**	**297**	**234**	**253**	**125**	**128**	**277**	**171**	**106**
3									
4									
5–9岁									
5									
6									
7									
8									
9									
10–14岁									
10									
11									
12									
13									
14									
15–19岁									
15									
16									
17									
18									
19									
20–24岁	**121**	**36**	**85**	**119**	**36**	**83**	**2**		**2**
20	2		2	2		2			
21	17	1	16	17	1	16			
22	65	16	49	65	16	49			
23	24	10	14	23	10	13	1		1
24	13	9	4	12	9	3	1		1
25–29岁	**123**	**82**	**41**	**106**	**75**	**31**	**17**	**7**	**10**
25	26	19	7	25	18	7	1	1	
26	33	25	8	32	25	7	1		1
27	19	14	5	19	14	5			
28	31	15	16	22	13	9	9	2	7
29	14	9	5	8	5	3	6	4	2
30–34岁	**105**	**65**	**40**	**26**	**14**	**12**	**79**	**51**	**28**
30	24	14	10	9	5	4	15	9	6
31	21	14	7	7	5	2	14	9	5
32	22	15	7	4		4	18	15	3
33	19	7	12	4	2	2	15	5	10
34	19	15	4	2	2		17	13	4
35–39岁	**82**	**46**	**36**	**2**		**2**	**80**	**46**	**34**
35	16	7	9				16	7	9
36	22	14	8	1		1	21	14	7
37	12	8	4	1		1	11	8	3
38	17	10	7				17	10	7
39	15	7	8				15	7	8
40–44岁	**30**	**17**	**13**				**30**	**17**	**13**
40	9	5	4				9	5	4
41	7	4	3				7	4	3
42	6	2	4				6	2	4
43	3	2	1				3	2	1
44	5	4	1				5	4	1
45–49岁	**19**	**13**	**6**				**18**	**12**	**6**
45	3	3					2	2	
46	4	2	2				4	2	2
47	5	3	2				5	3	2
48	1	1					1	1	
49	6	4	2				6	4	2
50岁及以上	**51**	**38**	**13**				**51**	**38**	**13**

3-2b 续表 15

单位：人

年 龄	博士研究生								
	肄 业			辍 学			其 他		
	小计	男	女	小计	男	女	小计	男	女
总 计							**1**	**1**	
3									
4									
5–9岁									
5									
6									
7									
8									
9									
10–14岁									
10									
11									
12									
13									
14									
15–19岁									
15									
16									
17									
18									
19									
20–24岁									
20									
21									
22									
23									
24									
25–29岁									
25									
26									
27									
28									
29									
30–34岁									
30									
31									
32									
33									
34									
35–39岁									
35									
36									
37									
38									
39									
40–44岁									
40									
41									
42									
43									
44									
45–49岁							**1**	**1**	
45							1	1	
46									
47									
48									
49									
50岁及以上									

3–2c　全市分年龄、性别、学业完成情况的3岁及以上各种受教育程度人口(乡村)

单位：人

年　龄	合计								
	合　计			在　校			毕　业		
	合计	男	女	小计	男	女	小计	男	女
总　计	**252497**	**139997**	**112500**	**19744**	**10336**	**9408**	**225548**	**125868**	**99680**
3									
4									
5–9岁	**6697**	**3457**	**3240**	**6505**	**3346**	**3159**	**170**	**99**	**71**
5	118	66	52	109	63	46	6	2	4
6	1550	780	770	1506	751	755	38	25	13
7	1677	875	802	1629	850	779	43	22	21
8	1828	975	853	1785	950	835	40	23	17
9	1524	761	763	1476	732	744	43	27	16
10–14岁	**6433**	**3266**	**3167**	**6158**	**3108**	**3050**	**255**	**147**	**108**
10	1315	681	634	1281	664	617	32	17	15
11	1329	685	644	1284	659	625	43	25	18
12	1293	647	646	1239	615	624	49	30	19
13	1341	660	681	1267	617	650	69	39	30
14	1155	593	562	1087	553	534	62	36	26
15–19岁	**5785**	**3345**	**2440**	**4490**	**2427**	**2063**	**1232**	**877**	**355**
15	1032	551	481	983	510	473	44	37	7
16	926	515	411	821	437	384	97	71	26
17	925	524	401	718	368	350	194	150	44
18	1309	756	553	931	497	434	366	250	116
19	1593	999	594	1037	615	422	531	369	162
20–24岁	**11720**	**6874**	**4846**	**2254**	**1271**	**983**	**9290**	**5483**	**3807**
20	1923	1171	752	1034	591	443	863	566	297
21	1952	1147	805	586	302	284	1333	824	509
22	2287	1354	933	307	180	127	1940	1142	798
23	2703	1555	1148	189	110	79	2475	1420	1055
24	2855	1647	1208	138	88	50	2679	1531	1148
25–29岁	**18666**	**10746**	**7920**	**213**	**118**	**95**	**18195**	**10445**	**7750**
25	3277	1886	1391	92	49	43	3144	1807	1337
26	3379	1911	1468	54	29	25	3281	1854	1427
27	3673	2106	1567	28	18	10	3596	2051	1545
28	3816	2250	1566	18	12	6	3751	2203	1548
29	4521	2593	1928	21	10	11	4423	2530	1893
30–34岁	**31877**	**18408**	**13469**	**50**	**27**	**23**	**31397**	**18087**	**13310**
30	6267	3528	2739	14	6	8	6172	3470	2702
31	6630	3895	2735	10	5	5	6523	3822	2701
32	6312	3707	2605	13	8	5	6219	3642	2577
33	6848	3942	2906	5	4	1	6746	3870	2876
34	5820	3336	2484	8	4	4	5737	3283	2454
35–39岁	**22737**	**13329**	**9408**	**40**	**19**	**21**	**22353**	**13096**	**9257**
35	4721	2761	1960	10	3	7	4631	2712	1919
36	4447	2610	1837	11	4	7	4384	2572	1812
37	4456	2599	1857	4	3	1	4383	2552	1831
38	4939	2860	2079	11	7	4	4852	2806	2046
39	4174	2499	1675	4	2	2	4103	2454	1649
40–44岁	**17574**	**10275**	**7299**	**13**	**7**	**6**	**17247**	**10059**	**7188**
40	3735	2216	1519	1		1	3678	2181	1497
41	3876	2284	1592	3	1	2	3817	2245	1572
42	3521	2075	1446	4	3	1	3455	2031	1424
43	3147	1819	1328	3	2	1	3081	1772	1309
44	3295	1881	1414	2	1	1	3216	1830	1386
45–49岁	**22512**	**12773**	**9739**	**4**	**3**	**1**	**21966**	**12453**	**9513**
45	3379	1887	1492				3296	1841	1455
46	4217	2428	1789				4119	2363	1756
47	4579	2569	2010	1	1		4478	2510	1968
48	5016	2830	2186	1	1		4894	2767	2127
49	5321	3059	2262	2	1	1	5179	2972	2207
50岁及以上	**108496**	**57524**	**50972**	**17**	**10**	**7**	**103443**	**55122**	**48321**

3－2c 续表 1 单位：人

年龄	合计								
	肄业			辍学			其他		
	小计	男	女	小计	男	女	小计	男	女
总计	**1937**	**1004**	**933**	**3080**	**1588**	**1492**	**2188**	**1201**	**987**
3									
4									
5－9岁	**5**	**4**	**1**				**17**	**8**	**9**
5							3	1	2
6	1	1					5	3	2
7	1	1					4	2	2
8	1	1					2	1	1
9	2	1	1				3	1	2
10－14岁	**4**	**3**	**1**	**7**	**4**	**3**	**9**	**4**	**5**
10	1		1				1		1
11				1		1	1	1	
12	1	1		1		1	3	1	2
13	2	2		1	1		2	1	1
14				4	3	1	2	1	1
15－19岁	**15**	**9**	**6**	**31**	**20**	**11**	**17**	**12**	**5**
15	1	1		4	3	1			
16				5	4	1	3	3	
17	3	1	2	8	4	4	2	1	1
18	4	2	2	3	2	1	5	5	
19	7	5	2	11	7	4	7	3	4
20－24岁	**35**	**27**	**8**	**36**	**26**	**10**	**105**	**67**	**38**
20	6	4	2	9	5	4	11	5	6
21	8	7	1	7	5	2	18	9	9
22	8	7	1	8	7	1	24	18	6
23	9	6	3	7	4	3	23	15	8
24	4	3	1	5	5		29	20	9
25－29岁	**45**	**37**	**8**	**70**	**58**	**12**	**143**	**88**	**55**
25	8	7	1	9	6	3	24	17	7
26	6	6		11	8	3	27	14	13
27	12	10	2	11	9	2	26	18	8
28	8	7	1	17	15	2	22	13	9
29	11	7	4	22	20	2	44	26	18
30－34岁	**92**	**67**	**25**	**118**	**92**	**26**	**220**	**135**	**85**
30	17	9	8	20	15	5	44	28	16
31	21	16	5	30	25	5	46	27	19
32	19	17	2	20	14	6	41	26	15
33	19	13	6	30	24	6	48	31	17
34	16	12	4	18	14	4	41	23	18
35－39岁	**74**	**45**	**29**	**114**	**73**	**41**	**156**	**96**	**60**
35	14	11	3	23	13	10	43	22	21
36	12	7	5	18	10	8	22	17	5
37	22	11	11	21	17	4	26	16	10
38	14	9	5	27	16	11	35	22	13
39	12	7	5	25	17	8	30	19	11
40－44岁	**82**	**55**	**27**	**132**	**84**	**48**	**100**	**70**	**30**
40	16	12	4	28	17	11	12	6	6
41	17	10	7	23	16	7	16	12	4
42	13	12	1	24	11	13	25	18	7
43	17	9	8	24	19	5	22	17	5
44	19	12	7	33	21	12	25	17	8
45－49岁	**129**	**80**	**49**	**239**	**144**	**95**	**174**	**93**	**81**
45	16	9	7	39	20	19	28	17	11
46	20	15	5	39	27	12	39	23	16
47	27	15	12	46	29	17	27	14	13
48	26	13	13	56	32	24	39	17	22
49	40	28	12	59	36	23	41	22	19
50岁及以上	**1456**	**677**	**779**	**2333**	**1087**	**1246**	**1247**	**628**	**619**

3-2c　续表 2　　单位：人

年　龄	小学								
	合　计			在　校			毕　业		
	合计	男	女	小计	男	女	小计	男	女
总　计	**44226**	**20936**	**23290**	**9499**	**4883**	**4616**	**30847**	**14346**	**16501**
3									
4									
5–9岁	**6679**	**3445**	**3234**	**6489**	**3336**	**3153**	**168**	**97**	**71**
5	118	66	52	109	63	46	6	2	4
6	1548	778	770	1504	749	755	38	25	13
7	1674	873	801	1628	850	778	41	20	21
8	1821	971	850	1778	946	832	40	23	17
9	1518	757	761	1470	728	742	43	27	16
10–14岁	**3121**	**1608**	**1513**	**3000**	**1542**	**1458**	**113**	**61**	**52**
10	1299	671	628	1267	656	611	30	15	15
11	1251	641	610	1210	617	593	39	23	16
12	439	231	208	416	218	198	22	12	10
13	98	48	50	84	39	45	12	7	5
14	34	17	17	23	12	11	10	4	6
15–19岁	**43**	**31**	**12**	**2**	**1**	**1**	**34**	**26**	**8**
15	5	4	1				4	3	1
16	9	7	2	2	1	1	7	6	1
17	8	6	2				5	5	
18	6	4	2				6	4	2
19	15	10	5				12	8	4
20–24岁	**85**	**58**	**27**	**3**	**2**	**1**	**68**	**47**	**21**
20	19	13	6	2	1	1	13	9	4
21	9	6	3	1	1		7	5	2
22	20	16	4				16	12	4
23	16	10	6				11	8	3
24	21	13	8				21	13	8
25–29岁	**201**	**131**	**70**				**184**	**116**	**68**
25	24	13	11				21	10	11
26	37	25	12				34	23	11
27	36	24	12				36	24	12
28	35	23	12				31	20	11
29	69	46	23				62	39	23
30–34岁	**535**	**353**	**182**				**493**	**319**	**174**
30	76	53	23				70	47	23
31	109	82	27				99	73	26
32	108	67	41				100	62	38
33	125	74	51				114	67	47
34	117	77	40				110	70	40
35–39岁	**577**	**317**	**260**				**523**	**291**	**232**
35	89	59	30				77	53	24
36	96	49	47				88	46	42
37	119	62	57				107	56	51
38	135	68	67				124	63	61
39	138	79	59				127	73	54
40–44岁	**1008**	**540**	**468**				**925**	**489**	**436**
40	159	82	77				144	73	71
41	210	122	88				189	109	80
42	185	100	85				172	94	78
43	215	112	103				202	103	99
44	239	124	115				218	110	108
45–49岁	**2102**	**1086**	**1016**				**1903**	**987**	**916**
45	260	124	136				239	118	121
46	373	208	165				339	186	153
47	397	204	193				357	181	176
48	516	275	241				470	257	213
49	556	275	281				498	245	253
50岁及以上	**29875**	**13367**	**16508**	**5**	**2**	**3**	**26436**	**11913**	**14523**

3-2c 续表 3

单位：人

年龄	小学								
	肄业			辍学			其他		
	小计	男	女	小计	男	女	小计	男	女
总计	**1107**	**457**	**650**	**2032**	**923**	**1109**	**741**	**327**	**414**
3									
4									
5-9岁	**5**	**4**	**1**				**17**	**8**	**9**
5							3	1	2
6	1	1					5	3	2
7	1	1					4	2	2
8	1	1					2	1	1
9	2	1	1				3	1	2
10-14岁	**2**	**1**	**1**	**3**	**2**	**1**	**3**	**2**	**1**
10	1		1				1		1
11				1		1	1	1	
12							1	1	
13	1	1		1	1				
14				1	1				
15-19岁	**1**	**1**		**6**	**3**	**3**			
15				1	1				
16									
17				3	1	2			
18									
19	1	1		2	1	1			
20-24岁	**4**	**3**	**1**	**6**	**2**	**4**	**4**	**4**	
20	1	1		2	1	1	1	1	
21				1		1			
22	2	2		1	1		1	1	
23	1		1	2		2	2	2	
24									
25-29岁	**6**	**6**		**10**	**8**	**2**	**1**	**1**	
25	2	2		1	1				
26	1	1		2	1	1			
27									
28				4	3	1			
29	3	3		3	3		1	1	
30-34岁	**9**	**8**	**1**	**27**	**21**	**6**	**6**	**5**	**1**
30				4	4		2	2	
31	2	2		7	6	1	1	1	
32	2	2		6	3	3			
33	1		1	8	6	2	2	1	1
34	4	4		2	2		1	1	
35-39岁	**11**	**4**	**7**	**33**	**19**	**14**	**10**	**3**	**7**
35	4	2	2	7	4	3	1		1
36	1		1	6	2	4	1	1	
37	2	1	1	7	4	3	3	1	2
38	2		2	6	4	2	3	1	2
39	2	1	1	7	5	2	2		2
40-44岁	**18**	**10**	**8**	**53**	**31**	**22**	**12**	**10**	**2**
40	1	1		13	8	5	1		1
41	5	1	4	12	8	4	4	4	
42	2	2		10	3	7	1	1	
43	5	2	3	7	6	1	1	1	
44	5	4	1	11	6	5	5	4	1
45-49岁	**49**	**21**	**28**	**122**	**65**	**57**	**28**	**13**	**15**
45	7	2	5	13	4	9	1		1
46	9	7	2	18	12	6	7	3	4
47	8	2	6	26	17	9	6	4	2
48	8	1	7	32	14	18	6	3	3
49	17	9	8	33	18	15	8	3	5
50岁及以上	**1002**	**399**	**603**	**1772**	**772**	**1000**	**660**	**281**	**379**

3-2c 续表 4　　　　单位：人

年龄	初中								
	合计			在校			毕业		
	合计	男	女	小计	男	女	小计	男	女
总计	**113863**	**66543**	**47320**	**3719**	**1882**	**1837**	**107777**	**63176**	**44601**
3									
4									
5-9岁	**18**	**12**	**6**	**16**	**10**	**6**	**2**	**2**	
5									
6	2	2		2	2				
7	3	2	1	1		1	2	2	
8	7	4	3	7	4	3			
9	6	4	2	6	4	2			
10-14岁	**3260**	**1635**	**1625**	**3112**	**1546**	**1566**	**137**	**83**	**54**
10	16	10	6	14	8	6	2	2	
11	78	44	34	74	42	32	4	2	2
12	854	416	438	823	397	426	27	18	9
13	1228	602	626	1171	569	602	54	31	23
14	1084	563	521	1030	530	500	50	30	20
15-19岁	**1236**	**821**	**415**	**572**	**315**	**257**	**636**	**488**	**148**
15	421	233	188	382	201	181	35	29	6
16	192	120	72	114	60	54	70	53	17
17	182	137	45	43	29	14	135	108	27
18	205	157	48	21	15	6	180	139	41
19	236	174	62	12	10	2	216	159	57
20-24岁	**1939**	**1371**	**568**	**2**	**1**	**1**	**1880**	**1327**	**553**
20	284	210	74				276	206	70
21	331	233	98	2	1	1	314	222	92
22	418	304	114				409	295	114
23	438	293	145				424	282	142
24	468	331	137				457	322	135
25-29岁	**4030**	**2760**	**1270**	**2**	**2**		**3935**	**2686**	**1249**
25	608	426	182				599	419	180
26	634	441	193				625	435	190
27	848	580	268	1	1		823	559	264
28	886	627	259	1	1		864	608	256
29	1054	686	368				1024	665	359
30-34岁	**8837**	**5798**	**3039**	**1**		**1**	**8650**	**5662**	**2988**
30	1514	997	517				1482	978	504
31	1739	1169	570				1700	1140	560
32	1679	1132	547				1645	1102	543
33	2065	1328	737	1		1	2017	1293	724
34	1840	1172	668				1806	1149	657
35-39岁	**9078**	**5742**	**3336**	**2**		**2**	**8913**	**5631**	**3282**
35	1715	1126	589				1682	1105	577
36	1707	1081	626				1678	1059	619
37	1774	1139	635	1		1	1741	1116	625
38	2014	1242	772	1		1	1981	1223	758
39	1868	1154	714				1831	1128	703
40-44岁	**9377**	**5628**	**3749**	**1**	**1**		**9202**	**5509**	**3693**
40	1755	1072	683				1724	1051	673
41	1935	1173	762				1909	1154	755
42	1906	1157	749	1	1		1870	1132	738
43	1821	1086	735				1786	1061	725
44	1960	1140	820				1913	1111	802
45-49岁	**14765**	**8424**	**6341**	**2**	**1**	**1**	**14494**	**8251**	**6243**
45	2064	1171	893				2017	1141	876
46	2679	1524	1155				2626	1486	1140
47	3030	1702	1328	1	1		2984	1675	1309
48	3323	1885	1438				3265	1851	1414
49	3669	2142	1527	1		1	3602	2098	1504
50岁及以上	**61323**	**34352**	**26971**	**9**	**6**	**3**	**59928**	**33537**	**26391**

3−2c 续表 5 单位：人

年龄	初中								
	肄业			辍学			其他		
	小计	男	女	小计	男	女	小计	男	女
总计	**680**	**450**	**230**	**894**	**558**	**336**	**793**	**477**	**316**
3									
4									
5−9岁									
5									
6									
7									
8									
9									
10−14岁	**2**	**2**		**4**	**2**	**2**	**5**	**2**	**3**
10									
11									
12	1	1		1		1	2		2
13	1	1					2	1	1
14				3	2	1	1	1	
15−19岁	**5**	**3**	**2**	**16**	**11**	**5**	**7**	**4**	**3**
15	1	1		3	2	1			
16				5	4	1	3	3	
17	1		1	2		2	1		1
18	1		1	2	2		1	1	
19	2	2		4	3	1	2		2
20−24岁	**14**	**11**	**3**	**20**	**15**	**5**	**23**	**17**	**6**
20	3	2	1	5	2	3			
21	2	2		4	3	1	9	5	4
22	1	1		5	5		3	3	
23	6	5	1	2	1	1	6	5	1
24	2	1	1	4	4		5	4	1
25−29岁	**22**	**20**	**2**	**40**	**35**	**5**	**31**	**17**	**14**
25	3	3		5	3	2	1	1	
26	2	2		5	4	1	2		2
27	8	7	1	7	6	1	9	7	2
28	5	5		9	9		7	4	3
29	4	3	1	14	13	1	12	5	7
30−34岁	**63**	**45**	**18**	**67**	**52**	**15**	**56**	**39**	**17**
30	12	5	7	11	8	3	9	6	3
31	12	9	3	17	13	4	10	7	3
32	15	14	1	11	9	2	8	7	1
33	15	11	4	16	13	3	16	11	5
34	9	6	3	12	9	3	13	8	5
35−39岁	**50**	**32**	**18**	**54**	**38**	**16**	**59**	**41**	**18**
35	9	8	1	10	6	4	14	7	7
36	9	6	3	10	7	3	10	9	1
37	15	8	7	10	9	1	7	6	1
38	9	6	3	13	7	6	10	6	4
39	8	4	4	11	9	2	18	13	5
40−44岁	**50**	**36**	**14**	**69**	**45**	**24**	**55**	**37**	**18**
40	12	9	3	12	7	5	7	5	2
41	9	7	2	11	8	3	6	4	2
42	8	7	1	12	6	6	15	11	4
43	8	6	2	14	10	4	13	9	4
44	13	7	6	20	14	6	14	8	6
45−49岁	**65**	**50**	**15**	**101**	**68**	**33**	**103**	**54**	**49**
45	6	5	1	24	16	8	17	9	8
46	8	7	1	19	14	5	26	17	9
47	16	12	4	15	8	7	14	6	8
48	17	11	6	19	14	5	22	9	13
49	18	15	3	24	16	8	24	13	11
50岁及以上	**409**	**251**	**158**	**523**	**292**	**231**	**454**	**266**	**188**

3-2c　续表 6　　　　单位：人

年龄	高中								
	合计			在校			毕业		
	合计	男	女	小计	男	女	小计	男	女
总　计	**48354**	**28093**	**20261**	**2383**	**1282**	**1101**	**45336**	**26403**	**18933**
3									
4									
5-9岁									
5									
6									
7									
8									
9									
10-14岁	**52**	**23**	**29**	**46**	**20**	**26**	**5**	**3**	**2**
10									
11									
12									
13	15	10	5	12	9	3	3	1	2
14	37	13	24	34	11	23	2	2	
15-19岁	**2619**	**1457**	**1162**	**2187**	**1167**	**1020**	**413**	**278**	**135**
15	581	296	285	576	291	285	5	5	
16	688	362	326	671	352	319	17	10	7
17	599	332	267	547	295	252	46	32	14
18	415	250	165	281	167	114	130	80	50
19	336	217	119	112	62	50	215	151	64
20-24岁	**2511**	**1677**	**834**	**145**	**91**	**54**	**2317**	**1550**	**767**
20	370	255	115	77	40	37	286	212	74
21	414	287	127	31	21	10	371	257	114
22	483	314	169	15	11	4	459	297	162
23	608	413	195	10	9	1	585	393	192
24	636	408	228	12	10	2	616	391	225
25-29岁	**4601**	**2851**	**1750**				**4532**	**2800**	**1732**
25	676	431	245				666	423	243
26	807	495	312				794	487	307
27	903	554	349				890	544	346
28	996	611	385				983	602	381
29	1219	760	459				1199	744	455
30-34岁	**9355**	**5624**	**3731**	**1**	**1**		**9241**	**5550**	**3691**
30	1770	1056	714				1749	1042	707
31	1953	1210	743				1925	1191	734
32	1936	1176	760	1	1		1914	1162	752
33	1961	1186	775				1937	1170	767
34	1735	996	739				1716	985	731
35-39岁	**6813**	**3943**	**2870**	**2**	**2**		**6723**	**3884**	**2839**
35	1378	790	588	1	1		1356	776	580
36	1274	741	533				1263	733	530
37	1335	758	577				1315	748	567
38	1554	905	649	1	1		1531	887	644
39	1272	749	523				1258	740	518
40-44岁	**4641**	**2706**	**1935**				**4592**	**2671**	**1921**
40	1137	677	460				1129	673	456
41	1082	640	442				1074	634	440
42	929	544	385				918	535	383
43	745	418	327				731	408	323
44	748	427	321				740	421	319
45-49岁	**3932**	**2266**	**1666**				**3875**	**2232**	**1643**
45	698	394	304				688	388	300
46	784	473	311				775	468	307
47	806	464	342				795	459	336
48	867	482	385				854	475	379
49	777	453	324				763	442	321
50岁及以上	**13830**	**7546**	**6284**	**2**	**1**	**1**	**13638**	**7435**	**6203**

3-2c 续表 7 单位：人

年龄	高中								
	肄业			辍学			其他		
	小计	男	女	小计	男	女	小计	男	女
总计	**117**	**74**	**43**	**139**	**97**	**42**	**379**	**237**	**142**
3									
4									
5-9岁									
5									
6									
7									
8									
9									
10-14岁							**1**		**1**
10									
11									
12									
13									
14							1		1
15-19岁	**6**	**3**	**3**	**8**	**5**	**3**	**5**	**4**	**1**
15									
16									
17	2	1	1	3	3		1	1	
18				1		1	3	3	
19	4	2	2	4	2	2	1		1
20-24岁	**10**	**8**	**2**	**10**	**9**	**1**	**29**	**19**	**10**
20				2	2		5	1	4
21	5	4	1	2	2		5	3	2
22	2	2		2	1	1	5	3	2
23	2	1	1	3	3		8	7	1
24	1	1		1	1		6	5	1
25-29岁	**13**	**9**	**4**	**15**	**11**	**4**	**41**	**31**	**10**
25	2	2		1	1		7	5	2
26	2	2		3	2	1	8	4	4
27	3	2	1	3	2	1	7	6	1
28	3	2	1	4	3	1	6	4	2
29	3	1	2	4	3	1	13	12	1
30-34岁	**13**	**9**	**4**	**20**	**16**	**4**	**80**	**48**	**32**
30	3	2	1	4	2	2	14	10	4
31	5	4	1	6	6		17	9	8
32	1	1		3	2	1	17	10	7
33	2	1	1	5	5		17	10	7
34	2	1	1	2	1	1	15	9	6
35-39岁	**12**	**8**	**4**	**25**	**16**	**9**	**51**	**33**	**18**
35	1	1		5	3	2	15	9	6
36	2	1	1	2	1	1	7	6	1
37	5	2	3	4	4		11	4	7
38	2	2		7	5	2	13	10	3
39	2	2		7	3	4	5	4	1
40-44岁	**12**	**8**	**4**	**10**	**8**	**2**	**27**	**19**	**8**
40	3	2	1	3	2	1	2		2
41	2	2					6	4	2
42	2	2		2	2		7	5	2
43	4	1	3	3	3		7	6	1
44	1	1		2	1	1	5	4	1
45-49岁	**14**	**8**	**6**	**13**	**9**	**4**	**30**	**17**	**13**
45	3	2	1	1		1	6	4	2
46	3	1	2	2	1	1	4	3	1
47	3	1	2	4	3	1	4	1	3
48	1	1		4	3	1	8	3	5
49	4	3	1	2	2		8	6	2
50岁及以上	**37**	**21**	**16**	**38**	**23**	**15**	**115**	**66**	**49**

3-2c　续表 8　　　　　　　　　　　　　　　　　　　　　　单位：人

年龄	大学专科								
	合计			在校			毕业		
	合计	男	女	小计	男	女	小计	男	女
总计	**27802**	**15244**	**12558**	**1597**	**954**	**643**	**25977**	**14144**	**11833**
3									
4									
5–9岁									
5									
6									
7									
8									
9									
10–14岁									
10									
11									
12									
13									
14									
15–19岁	**864**	**503**	**361**	**726**	**423**	**303**	**130**	**73**	**57**
15	23	17	6	23	17	6			
16	28	21	7	26	19	7	2	2	
17	87	36	51	79	31	48	8	5	3
18	306	170	136	259	146	113	43	21	22
19	420	259	161	339	210	129	77	45	32
20–24岁	**4131**	**2276**	**1855**	**746**	**455**	**291**	**3345**	**1795**	**1550**
20	589	323	266	331	197	134	252	122	130
21	733	396	337	194	98	96	536	296	240
22	814	461	353	105	71	34	696	380	316
23	971	520	451	63	47	16	904	473	431
24	1024	576	448	53	42	11	957	524	433
25–29岁	**5721**	**3114**	**2607**	**78**	**50**	**28**	**5593**	**3036**	**2557**
25	1138	632	506	31	21	10	1098	605	493
26	1103	606	497	20	13	7	1073	588	485
27	1125	607	518	14	9	5	1099	591	508
28	1070	580	490	4	2	2	1059	574	485
29	1285	689	596	9	5	4	1264	678	586
30–34岁	**8208**	**4285**	**3923**	**17**	**12**	**5**	**8132**	**4236**	**3896**
30	1778	907	871	3	2	1	1759	894	865
31	1760	912	848	3	3		1745	905	840
32	1617	880	737	5	3	2	1603	871	732
33	1685	886	799	3	3		1671	874	797
34	1368	700	668	3	1	2	1354	692	662
35–39岁	**3913**	**2085**	**1828**	**19**	**9**	**10**	**3862**	**2058**	**1804**
35	910	468	442	6	1	5	893	461	432
36	871	477	394	5	2	3	863	474	389
37	782	407	375	2	2		777	402	375
38	764	406	358	4	3	1	750	397	353
39	586	327	259	2	1	1	579	324	255
40–44岁	**1601**	**873**	**728**	**8**	**2**	**6**	**1586**	**866**	**720**
40	439	252	187	1		1	437	251	186
41	410	216	194	3	1	2	406	215	191
42	315	173	142	2	1	1	310	170	140
43	232	124	108	1		1	230	123	107
44	205	108	97	1		1	203	107	96
45–49岁	**1115**	**640**	**475**	**2**	**2**		**1100**	**628**	**472**
45	224	121	103				221	119	102
46	258	149	109				257	149	108
47	225	130	95				221	126	95
48	204	127	77	1	1		199	123	76
49	204	113	91	1	1		202	111	91
50岁及以上	**2249**	**1468**	**781**	**1**	**1**		**2229**	**1452**	**777**

3–2c 续表 9 单位：人

年 龄	大学专科								
	肄 业			辍 学			其 他		
	小计	男	女	小计	男	女	小计	男	女
总 计	**27**	**20**	**7**	**8**	**6**	**2**	**193**	**120**	**73**
3									
4									
5–9岁									
5									
6									
7									
8									
9									
10–14岁									
10									
11									
12									
13									
14									
15–19岁	**3**	**2**	**1**	**1**	**1**		**4**	**4**	
15									
16									
17									
18	3	2	1				1	1	
19				1	1		3	3	
20–24岁	**7**	**5**	**2**				**33**	**21**	**12**
20	2	1	1				4	3	1
21	1	1					2	1	1
22	3	2	1				10	8	2
23							4		4
24	1	1					13	9	4
25–29岁	**2**	**2**		**2**	**2**		**46**	**24**	**22**
25							9	6	3
26	1	1					9	4	5
27	1	1		1	1		10	5	5
28							7	4	3
29				1	1		11	5	6
30–34岁	**5**	**4**	**1**	**1**	**1**		**53**	**32**	**21**
30	2	2					14	9	5
31	1		1				11	4	7
32							9	6	3
33	1	1					10	8	2
34	1	1		1	1		9	5	4
35–39岁	**1**	**1**		**1**		**1**	**30**	**17**	**13**
35							11	6	5
36							3	1	2
37							3	3	
38	1	1		1		1	8	5	3
39							5	2	3
40–44岁	**2**	**1**	**1**				**5**	**4**	**1**
40							1	1	
41	1		1						
42	1	1					2	1	1
43							1	1	
44							1	1	
45–49岁	**1**	**1**		**3**	**2**	**1**	**9**	**7**	**2**
45				1		1	2	2	
46							1		1
47				1	1		3	3	
48				1	1		3	2	1
49	1	1							
50岁及以上	**6**	**4**	**2**				**13**	**11**	**2**

3-2c　续表 10　　单位：人

年　龄	大学本科								
	合　计			在　校			毕　业		
	合计	男	女	小计	男	女	小计	男	女
总　计	**16739**	**8445**	**8294**	**2359**	**1264**	**1095**	**14297**	**7142**	**7155**
3									
4									
5–9岁									
5									
6									
7									
8									
9									
10–14岁									
10									
11									
12									
13									
14									
15–19岁	**1021**	**533**	**488**	**1001**	**521**	**480**	**19**	**12**	**7**
15	2	1	1	2	1	1			
16	9	5	4	8	5	3	1		1
17	49	13	36	49	13	36			
18	377	175	202	370	169	201	7	6	1
19	584	339	245	572	333	239	11	6	5
20–24岁	**2940**	**1455**	**1485**	**1274**	**694**	**580**	**1652**	**757**	**895**
20	660	370	290	623	353	270	36	17	19
21	461	225	236	354	181	173	105	44	61
22	529	248	281	167	89	78	357	156	201
23	632	308	324	85	45	40	545	263	282
24	658	304	354	45	26	19	609	277	332
25–29岁	**3707**	**1731**	**1976**	**54**	**34**	**20**	**3629**	**1683**	**1946**
25	735	347	388	30	19	11	697	324	373
26	719	313	406	10	6	4	701	301	400
27	687	311	376	4	2	2	683	309	374
28	743	372	371	3	3		738	368	370
29	823	388	435	7	4	3	810	381	429
30–34岁	**4451**	**2115**	**2336**	**14**	**7**	**7**	**4410**	**2096**	**2314**
30	1027	473	554	6	1	5	1015	470	545
31	956	467	489	3	1	2	947	461	486
32	871	404	467	2	2		862	399	463
33	923	429	494	1	1		918	427	491
34	674	342	332	2	2		668	339	329
35–39岁	**2110**	**1102**	**1008**	**13**	**5**	**8**	**2090**	**1095**	**995**
35	568	289	279	2	1	1	563	288	275
36	441	229	212	6	2	4	434	227	207
37	401	205	196				399	203	196
38	422	211	211	4	2	2	417	209	208
39	278	168	110	1		1	277	168	109
40–44岁	**836**	**460**	**376**	**3**	**3**		**832**	**457**	**375**
40	223	120	103				222	120	102
41	203	112	91				203	112	91
42	167	89	78	1	1		166	88	78
43	113	65	48	1	1		112	64	48
44	130	74	56	1	1		129	73	56
45–49岁	**540**	**316**	**224**				**537**	**314**	**223**
45	125	72	53				123	70	53
46	113	67	46				113	67	46
47	106	57	49				106	57	49
48	96	56	40				96	56	40
49	100	64	36				99	64	35
50岁及以上	**1134**	**733**	**401**				**1128**	**728**	**400**

3-2c 续表 11

单位：人

年 龄	大学本科								
	肄 业			辍 学			其 他		
	小计	男	女	小计	男	女	小计	男	女
总 计	6	3	3	7	4	3	70	32	38
3									
4									
5-9岁									
5									
6									
7									
8									
9									
10-14岁									
10									
11									
12									
13									
14									
15-19岁							1		1
15									
16									
17									
18									
19							1		1
20-24岁							14	4	10
20							1		1
21							2		2
22							5	3	2
23							2		2
24							4	1	3
25-29岁	2		2	3	2	1	19	12	7
25	1		1	2	1	1	5	3	2
26				1	1		7	5	2
27									
28							2	1	1
29	1		1				5	3	2
30-34岁	2	1	1	3	2	1	22	9	13
30				1	1		5	1	4
31	1	1					5	4	1
32	1		1				6	3	3
33				1		1	3	1	2
34				1	1		3		3
35-39岁				1		1	6	2	4
35				1		1	2		2
36							1		1
37							2	2	
38							1		1
39									
40-44岁							1		1
40							1		1
41									
42									
43									
44									
45-49岁							3	2	1
45							2	2	
46									
47									
48									
49							1		1
50岁及以上	2	2					4	3	1

3–2c　续表 12　　　　单位：人

年龄	硕士研究生								
	合计			在校			毕业		
	合计	男	女	小计	男	女	小计	男	女
总　计	**1388**	**670**	**718**	**157**	**58**	**99**	**1219**	**604**	**615**
3									
4									
5–9岁									
5									
6									
7									
8									
9									
10–14岁									
10									
11									
12									
13									
14									
15–19岁	**2**		**2**	**2**		**2**			
15									
16									
17									
18									
19	2		2	2		2			
20–24岁	**112**	**36**	**76**	**84**	**28**	**56**	**26**	**6**	**20**
20	1		1	1		1			
21	4		4	4		4			
22	22	10	12	20	9	11	2	1	1
23	38	11	27	31	9	22	6	1	5
24	47	15	32	28	10	18	18	4	14
25–29岁	**374**	**147**	**227**	**58**	**25**	**33**	**311**	**119**	**192**
25	91	36	55	27	8	19	62	26	36
26	71	29	42	19	9	10	51	19	32
27	69	26	43	5	3	2	64	23	41
28	77	32	45	5	4	1	72	28	44
29	66	24	42	2	1	1	62	23	39
30–34岁	**450**	**214**	**236**	**10**	**3**	**7**	**437**	**209**	**228**
30	91	38	53	2	1	1	89	37	52
31	103	50	53	2		2	99	48	51
32	92	44	48	3	1	2	88	43	45
33	82	36	46				82	36	46
34	82	46	36	3	1	2	79	45	34
35–39岁	**229**	**130**	**99**	**2**	**1**	**1**	**227**	**129**	**98**
35	58	27	31	1		1	57	27	30
36	55	31	24				55	31	24
37	39	24	15				39	24	15
38	48	27	21				48	27	21
39	29	21	8	1	1		28	20	8
40–44岁	**99**	**63**	**36**	**1**	**1**		**98**	**62**	**36**
40	19	11	8				19	11	8
41	31	19	12				31	19	12
42	17	11	6				17	11	6
43	20	14	6	1	1		19	13	6
44	12	8	4				12	8	4
45–49岁	**51**	**35**	**16**				**50**	**35**	**15**
45	7	4	3				7	4	3
46	8	6	2				7	6	1
47	13	10	3				13	10	3
48	10	5	5				10	5	5
49	13	10	3				13	10	3
50岁及以上	**71**	**45**	**26**				**70**	**44**	**26**

3-2c 续表 13

单位：人

年 龄	硕士研究生								
	肄 业			辍 学			其 他		
	小计	男	女	小计	男	女	小计	男	女
总 计							**12**	**8**	**4**
3									
4									
5-9岁									
5									
6									
7									
8									
9									
10-14岁									
10									
11									
12									
13									
14									
15-19岁									
15									
16									
17									
18									
19									
20-24岁							**2**	**2**	
20									
21									
22									
23							1	1	
24							1	1	
25-29岁							**5**	**3**	**2**
25							2	2	
26							1	1	
27									
28									
29							2		2
30-34岁							**3**	**2**	**1**
30									
31							2	2	
32							1		1
33									
34									
35-39岁									
35									
36									
37									
38									
39									
40-44岁									
40									
41									
42									
43									
44									
45-49岁							**1**		**1**
45									
46							1		1
47									
48									
49									
50岁及以上							**1**	**1**	

3-2c　续表 14　　　　单位：人

年　龄	博士研究生								
	合　计			在　校			毕　业		
	合计	男	女	小计	男	女	小计	男	女
总　计	**125**	**66**	**59**	**30**	**13**	**17**	**95**	**53**	**42**
3									
4									
5-9岁									
5									
6									
7									
8									
9									
10-14岁									
10									
11									
12									
13									
14									
15-19岁									
15									
16									
17									
18									
19									
20-24岁	**2**	**1**	**1**				**2**	**1**	**1**
20									
21									
22	1	1					1	1	
23									
24	1		1				1		1
25-29岁	**32**	**12**	**20**	**21**	**7**	**14**	**11**	**5**	**6**
25	5	1	4	4	1	3	1		1
26	8	2	6	5	1	4	3	1	2
27	5	4	1	4	3	1	1	1	
28	9	5	4	5	2	3	4	3	1
29	5		5	3		3	2		2
30-34岁	**41**	**19**	**22**	**7**	**4**	**3**	**34**	**15**	**19**
30	11	4	7	3	2	1	8	2	6
31	10	5	5	2	1	1	8	4	4
32	9	4	5	2	1	1	7	3	4
33	7	3	4				7	3	4
34	4	3	1				4	3	1
35-39岁	**17**	**10**	**7**	**2**	**2**		**15**	**8**	**7**
35	3	2	1				3	2	1
36	3	2	1				3	2	1
37	6	4	2	1	1		5	3	2
38	2	1	1	1	1		1		1
39	3	1	2				3	1	2
40-44岁	**12**	**5**	**7**				**12**	**5**	**7**
40	3	2	1				3	2	1
41	5	2	3				5	2	3
42	2	1	1				2	1	1
43	1		1				1		1
44	1		1				1		1
45-49岁	**7**	**6**	**1**				**7**	**6**	**1**
45	1	1					1	1	
46	2	1	1				2	1	1
47	2	2					2	2	
48									
49	2	2					2	2	
50岁及以上	**14**	**13**	**1**				**14**	**13**	**1**

3-2c 续表 15

单位：人

年 龄	博士研究生								
	肄 业			辍 学			其 他		
	小计	男	女	小计	男	女	小计	男	女
总 计									
3									
4									
5-9岁									
5									
6									
7									
8									
9									
10-14岁									
10									
11									
12									
13									
14									
15-19岁									
15									
16									
17									
18									
19									
20-24岁									
20									
21									
22									
23									
24									
25-29岁									
25									
26									
27									
28									
29									
30-34岁									
30									
31									
32									
33									
34									
35-39岁									
35									
36									
37									
38									
39									
40-44岁									
40									
41									
42									
43									
44									
45-49岁									
45									
46									
47									
48									
49									
50岁及以上									

3–3　全市分年龄、性别、学业完成情况的3岁及以上各种受教育程度外省来京人员

单位：人

年龄	合计								
	合计			在校			毕业		
	合计	男	女	小计	男	女	小计	男	女
总　计	**709583**	**378309**	**331274**	**56928**	**29982**	**26946**	**641301**	**341836**	**299465**
3									
4									
5–9岁	**13547**	**7226**	**6321**	**13116**	**6984**	**6132**	**394**	**223**	**171**
5	213	121	92	203	114	89	8	6	2
6	3135	1653	1482	3021	1588	1433	102	59	43
7	3424	1806	1618	3311	1745	1566	101	55	46
8	3750	2027	1723	3638	1966	1672	107	58	49
9	3025	1619	1406	2943	1571	1372	76	45	31
10–14岁	**10914**	**5826**	**5088**	**10396**	**5523**	**4873**	**474**	**278**	**196**
10	2837	1489	1348	2743	1449	1294	86	38	48
11	2756	1510	1246	2667	1458	1209	83	50	33
12	2078	1121	957	1973	1056	917	101	63	38
13	1860	958	902	1748	886	862	100	63	37
14	1383	748	635	1265	674	591	104	64	40
15–19岁	**17634**	**10473**	**7161**	**10161**	**5521**	**4640**	**7227**	**4797**	**2430**
15	1289	754	535	1089	596	493	182	148	34
16	1790	1075	715	1236	675	561	529	384	145
17	2622	1641	981	1405	811	594	1156	795	361
18	4250	2559	1691	2078	1145	933	2119	1379	740
19	7683	4444	3239	4353	2294	2059	3241	2091	1150
20–24岁	**68297**	**36326**	**31971**	**17531**	**8981**	**8550**	**50093**	**26929**	**23164**
20	9776	5504	4272	4983	2576	2407	4698	2867	1831
21	10442	5678	4764	4073	2058	2015	6246	3535	2711
22	13190	7098	6092	3088	1653	1435	9972	5366	4606
23	16269	8558	7711	2898	1474	1424	13207	6983	6224
24	18620	9488	9132	2489	1220	1269	15970	8178	7792
25–29岁	**109807**	**57501**	**52306**	**4306**	**2235**	**2071**	**104425**	**54593**	**49832**
25	20561	10588	9973	1698	868	830	18675	9600	9075
26	21162	10834	10328	1038	543	495	19914	10159	9755
27	22939	12059	10880	693	378	315	22019	11539	10480
28	22651	12064	10587	510	259	251	21933	11677	10256
29	22494	11956	10538	367	187	180	21884	11618	10266
30–34岁	**124806**	**66709**	**58097**	**867**	**446**	**421**	**122561**	**65356**	**57205**
30	27870	14984	12886	302	143	159	27278	14668	12610
31	26146	14005	12141	194	116	78	25669	13692	11977
32	24349	13050	11299	163	82	81	23933	12796	11137
33	24785	13291	11494	118	62	56	24353	13018	11335
34	21656	11379	10277	90	43	47	21328	11182	10146
35–39岁	**91477**	**48997**	**42480**	**281**	**149**	**132**	**90157**	**48177**	**41980**
35	18410	9798	8612	64	40	24	18154	9640	8514
36	18704	10093	8611	43	20	23	18462	9933	8529
37	18125	9608	8517	55	27	28	17859	9453	8406
38	20004	10586	9418	73	39	34	19711	10410	9301
39	16234	8912	7322	46	23	23	15971	8741	7230
40–44岁	**65181**	**35826**	**29355**	**125**	**68**	**57**	**64024**	**35171**	**28853**
40	14264	7773	6491	26	15	11	14035	7643	6392
41	14316	7819	6497	32	15	17	14087	7686	6401
42	13115	7270	5845	24	15	9	12885	7143	5742
43	11654	6459	5195	26	13	13	11434	6335	5099
44	11832	6505	5327	17	10	7	11583	6364	5219
45–49岁	**58212**	**32449**	**25763**	**52**	**30**	**22**	**56640**	**31565**	**25075**
45	11052	6052	5000	12	9	3	10820	5915	4905
46	11582	6475	5107	11	6	5	11263	6296	4967
47	11695	6469	5226	13	7	6	11359	6287	5072
48	11965	6712	5253	8	2	6	11605	6512	5093
49	11918	6741	5177	8	6	2	11593	6555	5038
50岁及以上	**149708**	**76976**	**72732**	**93**	**45**	**48**	**145306**	**74747**	**70559**

3-3 续表 1

单位：人

年龄	合计								
	肄业			辍学			其他		
	小计	男	女	小计	男	女	小计	男	女
总计	**3211**	**1851**	**1360**	**4082**	**2455**	**1627**	**4061**	**2185**	**1876**
3									
4									
5–9岁	**7**	**3**	**4**	**1**		**1**	**29**	**16**	**13**
5							2	1	1
6	2	2		1		1	9	4	5
7	3	1	2				9	5	4
8							5	3	2
9	2		2				4	3	1
10–14岁	**9**	**5**	**4**	**19**	**12**	**7**	**16**	**8**	**8**
10	2		2	1		1	5	2	3
11	2	1	1	1		1	3	1	2
12				3	2	1	1		1
13	2	1	1	4	4		6	4	2
14	3	3		10	6	4	1	1	
15–19岁	**72**	**46**	**26**	**111**	**77**	**34**	**63**	**32**	**31**
15	5	3	2	11	6	5	2	1	1
16	6	3	3	12	7	5	7	6	1
17	20	12	8	31	21	10	10	2	8
18	18	11	7	21	17	4	14	7	7
19	23	17	6	36	26	10	30	16	14
20–24岁	**159**	**107**	**52**	**169**	**132**	**37**	**345**	**177**	**168**
20	25	18	7	29	22	7	41	21	20
21	27	21	6	36	29	7	60	35	25
22	31	18	13	31	24	7	68	37	31
23	38	26	12	35	26	9	91	49	42
24	38	24	14	38	31	7	85	35	50
25–29岁	**254**	**170**	**84**	**309**	**230**	**79**	**513**	**273**	**240**
25	49	32	17	49	38	11	90	50	40
26	48	36	12	55	40	15	107	56	51
27	60	40	20	55	42	13	112	60	52
28	47	32	15	64	45	19	97	51	46
29	50	30	20	86	65	21	107	56	51
30–34岁	**360**	**251**	**109**	**400**	**294**	**106**	**618**	**362**	**256**
30	67	38	29	86	56	30	137	79	58
31	72	57	15	93	68	25	118	72	46
32	74	59	15	71	52	19	108	61	47
33	77	51	26	90	71	19	147	89	58
34	70	46	24	60	47	13	108	61	47
35–39岁	**311**	**210**	**101**	**307**	**216**	**91**	**421**	**245**	**176**
35	59	44	15	58	33	25	75	41	34
36	62	44	18	57	45	12	80	51	29
37	62	36	26	62	40	22	87	52	35
38	63	39	24	67	51	16	90	47	43
39	65	47	18	63	47	16	89	54	35
40–44岁	**290**	**169**	**121**	**384**	**226**	**158**	**358**	**192**	**166**
40	64	40	24	71	39	32	68	36	32
41	51	31	20	79	53	26	67	34	33
42	51	28	23	77	45	32	78	39	39
43	63	33	30	65	39	26	66	39	27
44	61	37	24	92	50	42	79	44	35
45–49岁	**413**	**236**	**177**	**656**	**381**	**275**	**451**	**237**	**214**
45	57	34	23	93	57	36	70	37	33
46	88	57	31	133	69	64	87	47	40
47	81	39	42	146	87	59	96	49	47
48	92	47	45	148	89	59	112	62	50
49	95	59	36	136	79	57	86	42	44
50岁及以上	**1336**	**654**	**682**	**1726**	**887**	**839**	**1247**	**643**	**604**

3-3　续表 2　　　　单位：人

年　龄	小学								
	合计			在校			毕业		
	合计	男	女	小计	男	女	小计	男	女
总　计	**61576**	**30390**	**31186**	**19090**	**10190**	**8900**	**39357**	**18763**	**20594**
3									
4									
5–9岁	**13488**	**7195**	**6293**	**13067**	**6961**	**6106**	**385**	**216**	**169**
5	213	121	92	203	114	89	8	6	2
6	3126	1648	1478	3012	1583	1429	102	59	43
7	3410	1799	1611	3301	1742	1559	98	52	46
8	3732	2016	1716	3623	1958	1665	104	55	49
9	3007	1611	1396	2928	1564	1364	73	44	29
10–14岁	**6237**	**3344**	**2893**	**6002**	**3219**	**2783**	**219**	**118**	**101**
10	2798	1463	1335	2708	1425	1283	82	36	46
11	2596	1408	1188	2519	1363	1156	73	44	29
12	700	387	313	658	363	295	41	23	18
13	112	70	42	94	58	36	15	9	6
14	31	16	15	23	10	13	8	6	2
15–19岁	**149**	**116**	**33**	**7**	**4**	**3**	**125**	**101**	**24**
15	6	4	2				5	4	1
16	22	16	6				20	15	5
17	27	23	4	4	3	1	19	17	2
18	34	27	7	2	1	1	28	24	4
19	60	46	14	1		1	53	41	12
20–24岁	**261**	**191**	**70**	**5**	**3**	**2**	**241**	**178**	**63**
20	46	30	16	3	1	2	39	26	13
21	35	30	5	1	1		31	26	5
22	57	45	12	1	1		53	43	10
23	49	33	16				47	31	16
24	74	53	21				71	52	19
25–29岁	**625**	**460**	**165**	**1**		**1**	**588**	**432**	**156**
25	87	60	27	1		1	81	55	26
26	94	68	26				88	64	24
27	122	91	31				117	87	30
28	136	99	37				130	95	35
29	186	142	44				172	131	41
30–34岁	**1403**	**946**	**457**	**1**	**1**		**1320**	**885**	**435**
30	250	171	79				237	160	77
31	286	217	69	1	1		266	201	65
32	256	168	88				240	156	84
33	312	198	114				291	184	107
34	299	192	107				286	184	102
35–39岁	**1639**	**937**	**702**	**1**		**1**	**1543**	**885**	**658**
35	270	158	112				253	151	102
36	278	170	108				267	161	106
37	306	160	146	1		1	283	151	132
38	396	226	170				372	213	159
39	389	223	166				368	209	159
40–44岁	**3100**	**1580**	**1520**				**2884**	**1469**	**1415**
40	430	205	225				390	183	207
41	580	310	270				541	288	253
42	637	340	297				587	317	270
43	664	334	330				628	314	314
44	789	391	398				738	367	371
45–49岁	**6369**	**3013**	**3356**				**5903**	**2786**	**3117**
45	859	428	431				802	400	402
46	1137	557	580				1051	513	538
47	1224	548	676				1125	503	622
48	1522	725	797				1411	667	744
49	1627	755	872				1514	703	811
50岁及以上	**28305**	**12608**	**15697**	**6**	**2**	**4**	**26149**	**11693**	**14456**

3-3 续表 3　　　　单位：人

年　龄	小学								
	肄　业			辍　学			其　他		
	小计	男	女	小计	男	女	小计	男	女
总　计	**947**	**396**	**551**	**1627**	**804**	**823**	**555**	**237**	**318**
3									
4									
5–9岁	**6**	**2**	**4**	**1**		**1**	**29**	**16**	**13**
5							2	1	1
6	2	2		1		1	9	4	5
7	2		2				9	5	4
8							5	3	2
9	2		2				4	3	1
10–14岁	**2**		**2**	**6**	**4**	**2**	**8**	**3**	**5**
10	2		2	1		1	5	2	3
11				1		1	3	1	2
12				1	1				
13				3	3				
14									
15–19岁	**4**	**2**	**2**	**10**	**9**	**1**	**3**		**3**
15				1		1			
16	1		1	1	1				
17				3	3		1		1
18				2	2		2		2
19	3	2	1	3	3				
20–24岁	**5**	**2**	**3**	**5**	**4**	**1**	**5**	**4**	**1**
20	2	1	1				2	2	
21				2	2		1	1	
22	2	1	1				1		1
23				1	1		1	1	
24	1		1	2	1	1			
25–29岁	**13**	**11**	**2**	**22**	**16**	**6**	**1**	**1**	
25	2	2		3	3				
26	2	2		4	2	2			
27	2	2		3	2	1			
28	1		1	5	4	1			
29	6	5	1	7	5	2	1	1	
30–34岁	**20**	**13**	**7**	**50**	**38**	**12**	**12**	**9**	**3**
30	1	1		9	8	1	3	2	1
31	4	4		12	9	3	3	2	1
32	3	3		10	6	4	3	3	
33	5	2	3	13	10	3	3	2	1
34	7	3	4	6	5	1			
35–39岁	**36**	**17**	**19**	**45**	**26**	**19**	**14**	**9**	**5**
35	7	3	4	9	3	6	1	1	
36	2	2		8	6	2	1	1	
37	9	4	5	6	2	4	7	3	4
38	8	2	6	14	10	4	2	1	1
39	10	6	4	8	5	3	3	3	
40–44岁	**60**	**36**	**24**	**124**	**58**	**66**	**32**	**17**	**15**
40	11	7	4	24	12	12	5	3	2
41	6	5	1	26	14	12	7	3	4
42	16	7	9	31	15	16	3	1	2
43	16	10	6	15	7	8	5	3	2
44	11	7	4	28	10	18	12	7	5
45–49岁	**145**	**59**	**86**	**261**	**138**	**123**	**60**	**30**	**30**
45	18	7	11	31	17	14	8	4	4
46	29	18	11	46	20	26	11	6	5
47	27	7	20	55	30	25	17	8	9
48	32	10	22	68	41	27	11	7	4
49	39	17	22	61	30	31	13	5	8
50岁及以上	**656**	**254**	**402**	**1103**	**511**	**592**	**391**	**148**	**243**

3-3　续表 4　　　　　　　　　　　　　　　　　　　　　　　　单位：人

年　龄	初　中								
	合　计			在　校			毕　业		
	合计	男	女	小计	男	女	小计	男	女
总　计	**192510**	**116707**	**75803**	**5174**	**2807**	**2367**	**182668**	**110901**	**71767**
3									
4									
5–9岁	**59**	**31**	**28**	**49**	**23**	**26**	**9**	**7**	**2**
5									
6	9	5	4	9	5	4			
7	14	7	7	10	3	7	3	3	
8	18	11	7	15	8	7	3	3	
9	18	8	10	15	7	8	3	1	2
10–14岁	**4555**	**2421**	**2134**	**4287**	**2250**	**2037**	**243**	**155**	**88**
10	39	26	13	35	24	11	4	2	2
11	160	102	58	148	95	53	10	6	4
12	1378	734	644	1315	693	622	60	40	20
13	1721	872	849	1632	814	818	81	53	28
14	1257	687	570	1157	624	533	88	54	34
15–19岁	**4147**	**3000**	**1147**	**791**	**506**	**285**	**3255**	**2424**	**831**
15	591	386	205	422	250	172	157	130	27
16	568	413	155	184	123	61	369	280	89
17	777	567	210	79	53	26	673	500	173
18	988	741	247	65	51	14	908	677	231
19	1223	893	330	41	29	12	1148	837	311
20–24岁	**8473**	**5815**	**2658**	**8**	**6**	**2**	**8244**	**5641**	**2603**
20	1390	998	392				1353	971	382
21	1491	1031	460	5	4	1	1438	989	449
22	1787	1220	567	2	1	1	1744	1186	558
23	1866	1255	611	1	1		1817	1219	598
24	1939	1311	628				1892	1276	616
25–29岁	**14273**	**9724**	**4549**	**2**	**2**		**13901**	**9448**	**4453**
25	2320	1585	735				2264	1544	720
26	2398	1638	760				2330	1589	741
27	2906	1993	913	1	1		2827	1929	898
28	3109	2142	967	1	1		3040	2087	953
29	3540	2366	1174				3440	2299	1141
30–34岁	**24542**	**16389**	**8153**	**7**	**3**	**4**	**23947**	**15969**	**7978**
30	4787	3239	1548	2	1	1	4669	3170	1499
31	4919	3296	1623				4801	3208	1593
32	4715	3171	1544	3	1	2	4597	3086	1511
33	5395	3612	1783	2	1	1	5255	3505	1750
34	4726	3071	1655				4625	3000	1625
35–39岁	**21946**	**14192**	**7754**	**4**	**1**	**3**	**21482**	**13864**	**7618**
35	4168	2732	1436				4085	2673	1412
36	4373	2864	1509				4279	2793	1486
37	4291	2791	1500	2		2	4201	2734	1467
38	4782	3028	1754	2	1	1	4695	2972	1723
39	4332	2777	1555				4222	2692	1530
40–44岁	**22347**	**13478**	**8869**	**1**	**1**		**21840**	**13175**	**8665**
40	4144	2574	1570				4051	2521	1530
41	4553	2789	1764				4463	2728	1735
42	4470	2699	1771				4374	2647	1727
43	4367	2594	1773				4267	2533	1734
44	4813	2822	1991	1	1		4685	2746	1939
45–49岁	**28564**	**16626**	**11938**	**8**	**4**	**4**	**27757**	**16148**	**11609**
45	4928	2848	2080	1		1	4809	2776	2033
46	5530	3204	2326	1		1	5357	3098	2259
47	5759	3317	2442	3	3		5579	3216	2363
48	6109	3542	2567	1		1	5934	3441	2493
49	6238	3715	2523	2	1	1	6078	3617	2461
50岁及以上	**63604**	**35031**	**28573**	**17**	**11**	**6**	**61990**	**34070**	**27920**

3-3 续表 5

单位：人

年 龄	初中								
	肄业			辍学			其他		
	小计	男	女	小计	男	女	小计	男	女
总 计	**1488**	**967**	**521**	**1829**	**1219**	**610**	**1351**	**813**	**538**
3									
4									
5-9岁	**1**	**1**							
5									
6									
7	1	1							
8									
9									
10-14岁	**6**	**4**	**2**	**12**	**8**	**4**	**7**	**4**	**3**
10									
11	2	1	1						
12				2	1	1	1		1
13	2	1	1	1	1		5	3	2
14	2	2		9	6	3	1	1	
15-19岁	**31**	**21**	**10**	**55**	**39**	**16**	**15**	**10**	**5**
15	4	2	2	7	4	3	1		1
16	3	1	2	8	5	3	4	4	
17	9	5	4	14	9	5	2		2
18	4	3	1	9	8	1	2	2	
19	11	10	1	17	13	4	6	4	2
20-24岁	**62**	**51**	**11**	**93**	**76**	**17**	**66**	**41**	**25**
20	10	9	1	20	15	5	7	3	4
21	10	9	1	19	17	2	19	12	7
22	14	10	4	15	13	2	12	10	2
23	17	14	3	20	14	6	11	7	4
24	11	9	2	19	17	2	17	9	8
25-29岁	**110**	**83**	**27**	**176**	**139**	**37**	**84**	**52**	**32**
25	20	14	6	26	21	5	10	6	4
26	22	17	5	31	23	8	15	9	6
27	27	23	4	31	26	5	20	14	6
28	20	17	3	30	24	6	18	13	5
29	21	12	9	58	45	13	21	10	11
30-34岁	**206**	**149**	**57**	**232**	**167**	**65**	**150**	**101**	**49**
30	42	24	18	47	26	21	27	18	9
31	39	31	8	52	39	13	27	18	9
32	48	38	10	39	29	10	28	17	11
33	45	34	11	54	41	13	39	31	8
34	32	22	10	40	32	8	29	17	12
35-39岁	**157**	**110**	**47**	**179**	**131**	**48**	**124**	**86**	**38**
35	29	24	5	36	23	13	18	12	6
36	33	23	10	39	31	8	22	17	5
37	30	16	14	35	24	11	23	17	6
38	27	18	9	30	22	8	28	15	13
39	38	29	9	39	31	8	33	25	8
40-44岁	**150**	**82**	**68**	**209**	**134**	**75**	**147**	**86**	**61**
40	35	20	15	33	22	11	25	11	14
41	25	14	11	45	34	11	20	13	7
42	26	12	14	35	19	16	35	21	14
43	29	16	13	41	26	15	30	19	11
44	35	20	15	55	33	22	37	22	15
45-49岁	**213**	**141**	**72**	**347**	**212**	**135**	**239**	**121**	**118**
45	31	22	9	56	36	20	31	14	17
46	49	35	14	75	45	30	48	26	22
47	45	25	20	80	47	33	52	26	26
48	48	30	18	69	42	27	57	29	28
49	40	29	11	67	42	25	51	26	25
50岁及以上	**552**	**325**	**227**	**526**	**313**	**213**	**519**	**312**	**207**

3-3　续表 6　　　　单位：人

年　龄	高　中								
	合　计			在　校			毕　业		
	合计	男	女	小计	男	女	小计	男	女
总　计	**125192**	**69214**	**55978**	**4623**	**2548**	**2075**	**118662**	**65459**	**53203**
3									
4									
5–9岁									
5									
6									
7									
8									
9									
10–14岁	**122**	**61**	**61**	**107**	**54**	**53**	**12**	**5**	**7**
10									
11									
12									
13	27	16	11	22	14	8	4	1	3
14	95	45	50	85	40	45	8	4	4
15–19岁	**6602**	**3824**	**2778**	**3829**	**2091**	**1738**	**2685**	**1680**	**1005**
15	675	355	320	653	339	314	17	12	5
16	1091	591	500	967	505	462	116	81	35
17	1478	859	619	1077	612	465	372	230	142
18	1566	920	646	684	393	291	863	516	347
19	1792	1099	693	448	242	206	1317	841	476
20–24岁	**11136**	**6939**	**4197**	**658**	**394**	**264**	**10296**	**6419**	**3877**
20	1965	1246	719	299	162	137	1639	1064	575
21	2018	1269	749	202	124	78	1778	1117	661
22	2248	1413	835	98	72	26	2123	1323	800
23	2381	1498	883	34	24	10	2301	1443	858
24	2524	1513	1011	25	12	13	2455	1472	983
25–29岁	**15334**	**9430**	**5904**	**5**	**4**	**1**	**15049**	**9249**	**5800**
25	2674	1626	1048	1	1		2618	1585	1033
26	2743	1670	1073	1	1		2695	1636	1059
27	3223	2024	1199				3163	1989	1174
28	3194	1966	1228	3	2	1	3135	1934	1201
29	3500	2144	1356				3438	2105	1333
30–34岁	**20564**	**12371**	**8193**	**5**	**3**	**2**	**20237**	**12144**	**8093**
30	4597	2824	1773	1	1		4523	2777	1746
31	4286	2612	1674	1	1		4214	2564	1650
32	4109	2476	1633				4048	2429	1619
33	4050	2420	1630	2		2	3990	2378	1612
34	3522	2039	1483	1	1		3462	1996	1466
35–39岁	**14527**	**8179**	**6348**	**1**	**1**		**14282**	**8014**	**6268**
35	2921	1675	1246	1	1		2877	1646	1231
36	2933	1676	1257				2890	1647	1243
37	2723	1519	1204				2672	1485	1187
38	3230	1799	1431				3166	1751	1415
39	2720	1510	1210				2677	1485	1192
40–44岁	**12078**	**6435**	**5643**	**3**		**3**	**11888**	**6322**	**5566**
40	2536	1393	1143	1		1	2493	1370	1123
41	2610	1384	1226				2569	1363	1206
42	2467	1336	1131				2431	1310	1121
43	2193	1160	1033	1		1	2158	1140	1018
44	2272	1162	1110	1		1	2237	1139	1098
45–49岁	**10691**	**5726**	**4965**	**2**		**2**	**10522**	**5626**	**4896**
45	2094	1087	1007				2066	1070	996
46	2139	1143	996	2		2	2104	1130	974
47	2211	1190	1021				2186	1171	1015
48	2125	1151	974				2082	1126	956
49	2122	1155	967				2084	1129	955
50岁及以上	**34138**	**16249**	**17889**	**13**	**1**	**12**	**33691**	**16000**	**17691**

3−3 续表 7 单位：人

年龄	高中								
	肄业			辍学			其他		
	小计	男	女	小计	男	女	小计	男	女
总计	**536**	**354**	**182**	**564**	**385**	**179**	**807**	**468**	**339**
3									
4									
5−9岁									
5									
6									
7									
8									
9									
10−14岁	**1**	**1**		**1**		**1**	**1**	**1**	
10									
11									
12									
13							1	1	
14	1	1		1		1			
15−19岁	**28**	**18**	**10**	**42**	**26**	**16**	**18**	**9**	**9**
15	1	1		3	2	1	1	1	
16	2	2		3	1	2	3	2	1
17	11	7	4	13	8	5	5	2	3
18	6	3	3	10	7	3	3	1	2
19	8	5	3	13	8	5	6	3	3
20−24岁	**58**	**41**	**17**	**59**	**42**	**17**	**65**	**43**	**22**
20	9	7	2	7	5	2	11	8	3
21	14	11	3	14	9	5	10	8	2
22	5	3	2	12	8	4	10	7	3
23	14	10	4	12	9	3	20	12	8
24	16	10	6	14	11	3	14	8	6
25−29岁	**72**	**45**	**27**	**93**	**62**	**31**	**115**	**70**	**45**
25	15	10	5	16	11	5	24	19	5
26	11	8	3	17	14	3	19	11	8
27	21	12	9	18	11	7	21	12	9
28	10	6	4	24	13	11	22	11	11
29	15	9	6	18	13	5	29	17	12
30−34岁	**81**	**57**	**24**	**105**	**78**	**27**	**136**	**89**	**47**
30	14	7	7	27	19	8	32	20	12
31	18	13	5	26	18	8	27	16	11
32	16	14	2	21	16	5	24	17	7
33	12	7	5	20	17	3	26	18	8
34	21	16	5	11	8	3	27	18	9
35−39岁	**75**	**54**	**21**	**74**	**53**	**21**	**95**	**57**	**38**
35	12	10	2	12	7	5	19	11	8
36	15	11	4	8	6	2	20	12	8
37	17	12	5	18	12	6	16	10	6
38	19	13	6	21	18	3	24	17	7
39	12	8	4	15	10	5	16	7	9
40−44岁	**59**	**40**	**19**	**50**	**33**	**17**	**78**	**40**	**38**
40	15	10	5	14	5	9	13	8	5
41	14	9	5	8	5	3	19	7	12
42	6	6		10	10		20	10	10
43	11	6	5	9	6	3	14	8	6
44	13	9	4	9	7	2	12	7	5
45−49岁	**46**	**30**	**16**	**45**	**29**	**16**	**76**	**41**	**35**
45	6	4	2	6	4	2	16	9	7
46	8	2	6	12	4	8	13	7	6
47	8	6	2	10	9	1	7	4	3
48	10	7	3	9	5	4	24	13	11
49	14	11	3	8	7	1	16	8	8
50岁及以上	**116**	**68**	**48**	**95**	**62**	**33**	**223**	**118**	**105**

3–3　续表 8　　　　　　　　　　　　　　　　　　　　　　　　　　　　单位：人

年　龄	大学专科								
	合　计			在　校			毕　业		
	合计	男	女	小计	男	女	小计	男	女
总　计	**112319**	**55604**	**56715**	**3407**	**1755**	**1652**	**108110**	**53395**	**54715**
3									
4									
5–9岁									
5									
6									
7									
8									
9									
10–14岁									
10									
11									
12									
13									
14									
15–19岁	**2315**	**1186**	**1129**	**1283**	**655**	**628**	**996**	**511**	**485**
15	14	8	6	11	6	5	3	2	1
16	72	36	36	52	30	22	20	6	14
17	228	130	98	138	82	56	87	47	40
18	689	358	331	393	209	184	282	141	141
19	1312	654	658	689	328	361	604	315	289
20–24岁	**17435**	**8417**	**9018**	**1729**	**874**	**855**	**15578**	**7479**	**8099**
20	2141	1007	1134	783	369	414	1338	630	708
21	2689	1263	1426	487	242	245	2183	1010	1173
22	3671	1742	1929	231	126	105	3402	1598	1804
23	4343	2152	2191	144	90	54	4167	2045	2122
24	4591	2253	2338	84	47	37	4488	2196	2292
25–29岁	**23934**	**12170**	**11764**	**196**	**114**	**82**	**23562**	**11959**	**11603**
25	4773	2430	2343	63	38	25	4677	2375	2302
26	4801	2430	2371	46	31	15	4714	2375	2339
27	4876	2488	2388	32	16	16	4810	2454	2356
28	4855	2485	2370	27	16	11	4789	2446	2343
29	4629	2337	2292	28	13	15	4572	2309	2263
30–34岁	**24898**	**12245**	**12653**	**95**	**56**	**39**	**24628**	**12085**	**12543**
30	5828	3013	2815	26	13	13	5759	2973	2786
31	5364	2615	2749	15	12	3	5314	2579	2735
32	4770	2314	2456	19	10	9	4728	2294	2434
33	4798	2339	2459	19	11	8	4731	2299	2432
34	4138	1964	2174	16	10	6	4096	1940	2156
35–39岁	**15681**	**7411**	**8270**	**45**	**25**	**20**	**15533**	**7318**	**8215**
35	3255	1557	1698	14	8	6	3220	1536	1684
36	3248	1592	1656	4	3	1	3220	1571	1649
37	3065	1404	1661	12	8	4	3035	1385	1650
38	3345	1537	1808	7	3	4	3318	1523	1795
39	2768	1321	1447	8	3	5	2740	1303	1437
40–44岁	**10195**	**4933**	**5262**	**27**	**17**	**10**	**10108**	**4885**	**5223**
40	2383	1138	1245	9	7	2	2365	1124	1241
41	2314	1106	1208	5	2	3	2295	1097	1198
42	2055	988	1067	3	2	1	2040	979	1061
43	1765	841	924	4	2	2	1747	833	914
44	1678	860	818	6	4	2	1661	852	809
45–49岁	**5645**	**3019**	**2626**	**11**	**6**	**5**	**5580**	**2979**	**2601**
45	1403	700	703	2	1	1	1393	693	700
46	1224	679	545	3	3		1212	671	541
47	1122	580	542	1		1	1106	571	535
48	1019	571	448	3		3	997	560	437
49	877	489	388	2	2		872	484	388
50岁及以上	**12216**	**6223**	**5993**	**21**	**8**	**13**	**12125**	**6179**	**5946**

3-3 续表 9 单位：人

年龄	大学专科								
	肄业			辍学			其他		
	小计	男	女	小计	男	女	小计	男	女
总计	**122**	**71**	**51**	**42**	**37**	**5**	**638**	**346**	**292**
3									
4									
5-9岁									
5									
6									
7									
8									
9									
10-14岁									
10									
11									
12									
13									
14									
15-19岁	**8**	**4**	**4**	**4**	**3**	**1**	**24**	**13**	**11**
15									
16									
17				1	1		2		2
18	7	4	3				7	4	3
19	1		1	3	2	1	15	9	6
20-24岁	**20**	**9**	**11**	**8**	**7**	**1**	**100**	**48**	**52**
20	3	1	2	2	2		15	5	10
21	1	1		1	1		17	9	8
22	8	3	5	3	2	1	27	13	14
23	4	2	2	1	1		27	14	13
24	4	2	2	1	1		14	7	7
25-29岁	**28**	**16**	**12**	**11**	**10**	**1**	**137**	**71**	**66**
25	5	5		2	2		26	10	16
26	6	4	2				35	20	15
27	5	1	4	3	3		26	14	12
28	8	4	4	3	3		28	16	12
29	4	2	2	3	2	1	22	11	11
30-34岁	**20**	**15**	**5**	**9**	**9**		**146**	**80**	**66**
30	1	1		2	2		40	24	16
31	6	5	1	2	2		27	17	10
32				1	1		22	9	13
33	8	5	3	3	3		37	21	16
34	5	4	1	1	1		20	9	11
35-39岁	**24**	**17**	**7**	**5**	**4**	**1**	**74**	**47**	**27**
35	8	6	2				13	7	6
36	8	6	2	2	2		14	10	4
37	1	1		1	1		16	9	7
38	5	3	2	1		1	14	8	6
39	2	1	1	1	1		17	13	4
40-44岁	**12**	**6**	**6**	**1**	**1**		**47**	**24**	**23**
40	2	2					7	5	2
41	3	1	2				11	6	5
42	2	2		1	1		9	4	5
43	4	1	3				10	5	5
44	1		1				10	4	6
45-49岁	**4**	**2**	**2**	**3**	**2**	**1**	**47**	**30**	**17**
45							8	6	2
46							9	5	4
47				1	1		14	8	6
48	2		2	2	1	1	15	10	5
49	2	2					1	1	
50岁及以上	**6**	**2**	**4**	**1**	**1**		**63**	**33**	**30**

3-3　续表 10　　　　单位：人

年　龄	大学本科								
	合　计			在　校			毕　业		
	合计	男	女	小计	男	女	小计	男	女
总　计	**176421**	**86867**	**89554**	**14750**	**7690**	**7060**	**160947**	**78828**	**82119**
3									
4									
5–9岁									
5									
6									
7									
8									
9									
10–14岁									
10									
11									
12									
13									
14									
15–19岁	**4410**	**2341**	**2069**	**4241**	**2259**	**1982**	**165**	**81**	**84**
15	3	1	2	3	1	2			
16	37	19	18	33	17	16	4	2	2
17	112	62	50	107	61	46	5	1	4
18	967	510	457	929	488	441	37	21	16
19	3291	1749	1542	3169	1692	1477	119	57	62
20–24岁	**24470**	**11903**	**12567**	**9446**	**4915**	**4531**	**14912**	**6943**	**7969**
20	4199	2205	1994	3865	2027	1838	327	175	152
21	3923	1969	1954	3101	1577	1524	807	387	420
22	4075	2006	2069	1458	804	654	2596	1193	1403
23	5383	2539	2844	648	327	321	4708	2198	2510
24	6890	3184	3706	374	180	194	6474	2990	3484
25–29岁	**43021**	**20270**	**22751**	**666**	**312**	**354**	**42173**	**19871**	**22302**
25	8075	3705	4370	272	125	147	7768	3564	4204
26	8530	3898	4632	171	78	93	8318	3801	4517
27	9246	4356	4890	106	53	53	9097	4283	4814
28	8878	4330	4548	75	34	41	8770	4281	4489
29	8292	3981	4311	42	22	20	8220	3942	4278
30–34岁	**42647**	**20102**	**22545**	**180**	**91**	**89**	**42294**	**19927**	**22367**
30	9738	4650	5088	56	24	32	9644	4606	5038
31	8887	4229	4658	39	26	13	8811	4182	4629
32	8452	3993	4459	31	15	16	8396	3966	4430
33	8259	3857	4402	27	14	13	8191	3826	4365
34	7311	3373	3938	27	12	15	7252	3347	3905
35–39岁	**31132**	**15107**	**16025**	**109**	**50**	**59**	**30911**	**15005**	**15906**
35	6389	3008	3381	21	11	10	6344	2987	3357
36	6532	3155	3377	18	9	9	6494	3136	3358
37	6417	3088	3329	18	5	13	6371	3067	3304
38	6808	3297	3511	29	14	15	6754	3274	3480
39	4986	2559	2427	23	11	12	4948	2541	2407
40–44岁	**14619**	**7762**	**6857**	**55**	**28**	**27**	**14507**	**7708**	**6799**
40	3983	2023	1960	10	4	6	3954	2009	1945
41	3541	1834	1707	16	9	7	3515	1820	1695
42	2919	1571	1348	12	8	4	2896	1559	1337
43	2239	1264	975	11	4	7	2219	1257	962
44	1937	1070	867	6	3	3	1923	1063	860
45–49岁	**5835**	**3361**	**2474**	**22**	**16**	**6**	**5784**	**3327**	**2457**
45	1479	811	668	7	6	1	1463	800	663
46	1297	731	566	4	3	1	1288	724	564
47	1171	710	461	5	2	3	1160	704	456
48	994	592	402	3	2	1	987	587	400
49	894	517	377	3	3		886	512	374
50岁及以上	**10287**	**6021**	**4266**	**31**	**19**	**12**	**10201**	**5966**	**4235**

3–3 续表 11 单位：人

年龄	大学本科								
	肄业			辍学			其他		
	小计	男	女	小计	男	女	小计	男	女
总计	**103**	**56**	**47**	**19**	**10**	**9**	**602**	**283**	**319**
3									
4									
5–9岁									
5									
6									
7									
8									
9									
10–14岁									
10									
11									
12									
13									
14									
15–19岁	**1**	**1**					**3**		**3**
15									
16									
17									
18	1	1							
19							3		3
20–24岁	**13**	**4**	**9**	**4**	**3**	**1**	**95**	**38**	**57**
20	1		1				6	3	3
21	2		2				13	5	8
22	2	1	1	1	1		18	7	11
23	3		3	1	1		23	13	10
24	5	3	2	2	1	1	35	10	25
25–29岁	**27**	**14**	**13**	**7**	**3**	**4**	**148**	**70**	**78**
25	5	1	4	2	1	1	28	14	14
26	6	4	2	3	1	2	32	14	18
27	5	2	3				38	18	20
28	7	5	2	2	1	1	24	9	15
29	4	2	2				26	15	11
30–34岁	**28**	**13**	**15**	**4**	**2**	**2**	**141**	**69**	**72**
30	8	5	3	1	1		29	14	15
31	4	3	1	1		1	32	18	14
32	5	2	3				20	10	10
33	7	3	4				34	14	20
34	4		4	2	1	1	26	13	13
35–39岁	**16**	**11**	**5**	**3**	**2**	**1**	**93**	**39**	**54**
35	3	1	2	1		1	20	9	11
36	3	2	1				17	8	9
37	5	3	2	1	1		22	12	10
38	3	3		1	1		21	5	16
39	2	2					13	5	8
40–44岁	**8**	**5**	**3**				**49**	**21**	**28**
40	1	1					18	9	9
41	2	2					8	3	5
42	1	1					10	3	7
43	3		3				6	3	3
44	1	1					7	3	4
45–49岁	**4**	**3**	**1**				**25**	**15**	**10**
45	2	1	1				7	4	3
46	1	1					4	3	1
47	1	1					5	3	2
48							4	3	1
49							5	2	3
50岁及以上	**6**	**5**	**1**	**1**		**1**	**48**	**31**	**17**

3-3　续表 12　　　　单位：人

年龄	硕士研究生								
	合计			在校			毕业		
	合计	男	女	小计	男	女	小计	男	女
总计	**37779**	**17362**	**20417**	**7716**	**3810**	**3906**	**29946**	**13510**	**16436**
3									
4									
5–9岁									
5									
6									
7									
8									
9									
10–14岁									
10									
11									
12									
13									
14									
15–19岁	**11**	**6**	**5**	**10**	**6**	**4**	**1**		**1**
15									
16									
17									
18	6	3	3	5	3	2	1		1
19	5	3	2	5	3	2			
20–24岁	**6048**	**2826**	**3222**	**5231**	**2563**	**2668**	**802**	**260**	**542**
20	32	18	14	30	17	13	2	1	1
21	259	110	149	250	104	146	9	6	3
22	1232	623	609	1181	602	579	51	21	30
23	2125	1014	1111	1953	967	986	163	45	118
24	2400	1061	1339	1817	873	944	577	187	390
25–29岁	**11134**	**4621**	**6513**	**2194**	**1112**	**1082**	**8910**	**3499**	**5411**
25	2400	1052	1348	1140	581	559	1256	470	786
26	2287	952	1335	529	263	266	1751	686	1065
27	2231	926	1305	271	148	123	1954	776	1178
28	2148	866	1282	153	75	78	1989	789	1200
29	2068	825	1243	101	45	56	1960	778	1182
30–34岁	**9881**	**4174**	**5707**	**203**	**88**	**115**	**9641**	**4068**	**5573**
30	2402	945	1457	71	27	44	2324	917	1407
31	2194	919	1275	41	23	18	2150	894	1256
32	1869	829	1040	38	17	21	1818	805	1013
33	1858	800	1058	35	15	20	1816	782	1034
34	1558	681	877	18	6	12	1533	670	863
35–39岁	**6116**	**2908**	**3208**	**47**	**25**	**22**	**6047**	**2877**	**3170**
35	1317	613	704	11	7	4	1304	606	698
36	1248	579	669	10	3	7	1231	573	658
37	1240	593	647	7	5	2	1229	587	642
38	1343	641	702	16	10	6	1325	630	695
39	968	482	486	3		3	958	481	477
40–44岁	**2620**	**1496**	**1124**	**23**	**12**	**11**	**2592**	**1481**	**1111**
40	742	412	330	5	3	2	737	409	328
41	653	351	302	6	1	5	644	348	296
42	511	301	210	4	2	2	506	299	207
43	392	246	146	6	5	1	386	241	145
44	322	186	136	2	1	1	319	184	135
45–49岁	**984**	**624**	**360**	**5**	**2**	**3**	**974**	**621**	**353**
45	256	157	99	1	1		255	156	99
46	231	144	87				228	143	85
47	188	113	75	2	1	1	185	112	73
48	172	118	54	1		1	170	118	52
49	137	92	45	1		1	136	92	44
50岁及以上	**985**	**707**	**278**	**3**	**2**	**1**	**979**	**704**	**275**

3-3 续表 13 单位：人

年 龄	硕士研究生								
	肄 业			辍 学			其 他		
	小计	男	女	小计	男	女	小计	男	女
总 计	**15**	**7**	**8**	**1**		**1**	**101**	**35**	**66**
3									
4									
5-9岁									
5									
6									
7									
8									
9									
10-14岁									
10									
11									
12									
13									
14									
15-19岁									
15									
16									
17									
18									
19									
20-24岁	**1**		**1**				**14**	**3**	**11**
20									
21									
22									
23							9	2	7
24	1		1				5	1	4
25-29岁	**4**	**1**	**3**				**26**	**9**	**17**
25	2		2				2	1	1
26	1	1					6	2	4
27							6	2	4
28	1		1				5	2	3
29							7	2	5
30-34岁	**5**	**4**	**1**				**32**	**14**	**18**
30	1		1				6	1	5
31	1	1					2	1	1
32	2	2					11	5	6
33							7	3	4
34	1	1					6	4	2
35-39岁	**3**	**1**	**2**	**1**		**1**	**18**	**5**	**13**
35							2		2
36	1		1				6	3	3
37				1		1	3	1	2
38	1		1				1	1	
39	1	1					6		6
40-44岁	**1**		**1**				**4**	**3**	**1**
40									
41	1		1				2	2	
42							1		1
43									
44							1	1	
45-49岁	**1**	**1**					**4**		**4**
45									
46	1	1					2		2
47							1		1
48							1		1
49									
50岁及以上							**3**	**1**	**2**

3-3　续表 14　　　　单位：人

年　龄	博士研究生								
	合　计			在　校			毕　业		
	合计	男	女	小计	男	女	小计	男	女
总　计	**3786**	**2165**	**1621**	**2168**	**1182**	**986**	**1611**	**980**	**631**
3									
4									
5–9岁									
5									
6									
7									
8									
9									
10–14岁									
10									
11									
12									
13									
14									
15–19岁									
15									
16									
17									
18									
19									
20–24岁	**474**	**235**	**239**	**454**	**226**	**228**	**20**	**9**	**11**
20	3		3	3		3			
21	27	6	21	27	6	21			
22	120	49	71	117	47	70	3	2	1
23	122	67	55	118	65	53	4	2	2
24	202	113	89	189	108	81	13	5	8
25–29岁	**1486**	**826**	**660**	**1242**	**691**	**551**	**242**	**135**	**107**
25	232	130	102	221	123	98	11	7	4
26	309	178	131	291	170	121	18	8	10
27	335	181	154	283	160	123	51	21	30
28	331	176	155	251	131	120	80	45	35
29	279	161	118	196	107	89	82	54	28
30–34岁	**871**	**482**	**389**	**376**	**204**	**172**	**494**	**278**	**216**
30	268	142	126	146	77	69	122	65	57
31	210	117	93	97	53	44	113	64	49
32	178	99	79	72	39	33	106	60	46
33	113	65	48	33	21	12	79	44	35
34	102	59	43	28	14	14	74	45	29
35–39岁	**436**	**263**	**173**	**74**	**47**	**27**	**359**	**214**	**145**
35	90	55	35	17	13	4	71	41	30
36	92	57	35	11	5	6	81	52	29
37	83	53	30	15	9	6	68	44	24
38	100	58	42	19	11	8	81	47	34
39	71	40	31	12	9	3	58	30	28
40–44岁	**222**	**142**	**80**	**16**	**10**	**6**	**205**	**131**	**74**
40	46	28	18	1	1		45	27	18
41	65	45	20	5	3	2	60	42	18
42	56	35	21	5	3	2	51	32	19
43	34	20	14	4	2	2	29	17	12
44	21	14	7	1	1		20	13	7
45–49岁	**124**	**80**	**44**	**4**	**2**	**2**	**120**	**78**	**42**
45	33	21	12	1	1		32	20	12
46	24	17	7	1		1	23	17	6
47	20	11	9	2	1	1	18	10	8
48	24	13	11				24	13	11
49	23	18	5				23	18	5
50岁及以上	**173**	**137**	**36**	**2**	**2**		**171**	**135**	**36**

3-3 续表 15

单位：人

年 龄	博士研究生								
	肄 业			辍 学			其 他		
	小计	男	女	小计	男	女	小计	男	女
总 计							**7**	**3**	**4**
3									
4									
5-9岁									
5									
6									
7									
8									
9									
10-14岁									
10									
11									
12									
13									
14									
15-19岁									
15									
16									
17									
18									
19									
20-24岁									
20									
21									
22									
23									
24									
25-29岁							**2**		**2**
25									
26									
27							1		1
28									
29							1		1
30-34岁							**1**		**1**
30									
31									
32									
33							1		1
34									
35-39岁							**3**	**2**	**1**
35							2	1	1
36									
37									
38									
39							1	1	
40-44岁							**1**	**1**	
40									
41									
42									
43							1	1	
44									
45-49岁									
45									
46									
47									
48									
49									
50岁及以上									

第二部分 长表数据资料

第四卷　就业

4-1　各地区分性别、年龄的就业人口

单位：人

地　区 性　别	合计	16-19岁	20-24岁	25-29岁	30-34岁	35-39岁	40-44岁
北　京	**1015007**	**6760**	**60517**	**140709**	**201948**	**177447**	**129632**
东 城 区	31286	182	1229	3190	5376	6659	4981
西 城 区	50865	362	2082	5014	8084	10652	8655
朝 阳 区	158963	869	8525	22576	32267	30074	21723
丰 台 区	98285	576	5585	14098	19903	17357	12504
石景山区	24288	104	1175	3224	4820	4596	3327
海 淀 区	146051	1094	8348	20677	25500	25169	20492
门头沟区	15297	61	844	2007	2993	2303	1949
房 山 区	53526	250	2903	6152	11210	9491	6460
通 州 区	79387	616	5266	11788	17085	14624	10129
顺 义 区	71523	547	4611	9527	15497	11239	8069
昌 平 区	118911	984	10466	22386	25963	18482	12472
大 兴 区	89988	837	6083	12693	20097	15815	10312
怀 柔 区	18923	117	983	1960	2952	2847	2180
平 谷 区	21138	62	828	2110	4151	2941	2135
密 云 区	23003	60	1059	2225	3814	3413	2631
延 庆 区	13573	39	530	1082	2236	1785	1613
男	**587409**	**4495**	**32722**	**74897**	**110313**	**97260**	**72445**
东 城 区	16753	113	644	1506	2629	3312	2570
西 城 区	27395	228	1065	2483	4033	5230	4496
朝 阳 区	87721	560	4325	11027	16556	15896	11857
丰 台 区	54870	359	2863	6934	10320	9221	6727
石景山区	13428	64	618	1606	2396	2374	1805
海 淀 区	80768	710	4400	10769	13611	13012	10716
门头沟区	8896	50	454	1076	1609	1226	1060
房 山 区	32497	187	1644	3447	6239	5447	3755
通 州 区	47687	434	2898	6493	9672	8414	6019
顺 义 区	44283	356	2616	5419	9080	6729	4850
昌 平 区	71733	650	5859	13020	15335	10863	7404
大 兴 区	54698	571	3414	6982	11512	9300	6273
怀 柔 区	11718	97	600	1101	1683	1617	1290
平 谷 区	12577	46	474	1156	2301	1687	1217
密 云 区	13972	44	572	1255	2048	1914	1497
延 庆 区	8413	26	276	623	1289	1018	909
女	**427598**	**2265**	**27795**	**65812**	**91635**	**80187**	**57187**
东 城 区	14533	69	585	1684	2747	3347	2411
西 城 区	23470	134	1017	2531	4051	5422	4159
朝 阳 区	71242	309	4200	11549	15711	14178	9866
丰 台 区	43415	217	2722	7164	9583	8136	5777
石景山区	10860	40	557	1618	2424	2222	1522
海 淀 区	65283	384	3948	9908	11889	12157	9776
门头沟区	6401	11	390	931	1384	1077	889
房 山 区	21029	63	1259	2705	4971	4044	2705
通 州 区	31700	182	2368	5295	7413	6210	4110
顺 义 区	27240	191	1995	4108	6417	4510	3219
昌 平 区	47178	334	4607	9366	10628	7619	5068
大 兴 区	35290	266	2669	5711	8585	6515	4039
怀 柔 区	7205	20	383	859	1269	1230	890
平 谷 区	8561	16	354	954	1850	1254	918
密 云 区	9031	16	487	970	1766	1499	1134
延 庆 区	5160	13	254	459	947	767	704

4-1 续表 单位：人

地区 性别	45-49岁	50-54岁	55-59岁	60-64岁	65-69岁	70-74岁	75岁及以上
北京	**122464**	**95748**	**61123**	**12168**	**4965**	**1144**	**382**
东城区	4107	2950	2235	275	90	8	4
西城区	6887	4954	3565	399	154	38	19
朝阳区	19309	13674	8449	986	406	61	44
丰台区	11815	9346	6133	686	222	43	17
石景山区	2982	2417	1427	150	54	11	1
海淀区	18946	14586	9179	1436	495	85	44
门头沟区	1956	1721	1080	229	114	29	11
房山区	6941	5370	3458	798	384	87	22
通州区	8418	6316	3672	938	415	98	22
顺义区	8813	7112	4427	1149	448	69	15
昌平区	11710	9164	5397	1302	465	97	23
大兴区	10069	7881	4678	1047	374	87	15
怀柔区	2720	2484	1756	586	234	72	32
平谷区	2723	2551	2005	917	512	167	36
密云区	2983	3180	2292	774	379	131	62
延庆区	2085	2042	1370	496	219	61	15
男	**69124**	**63479**	**49049**	**8883**	**3614**	**850**	**278**
东城区	2136	1753	1827	184	71	5	3
西城区	3574	2994	2884	271	103	23	11
朝阳区	10623	8881	6913	706	300	46	31
丰台区	6422	6145	5188	493	153	32	13
石景山区	1611	1598	1197	117	37	5	
海淀区	10031	8996	7051	1029	353	61	29
门头沟区	1088	1191	889	154	68	23	8
房山区	4115	3836	2846	608	289	67	17
通州区	5204	4460	2975	721	301	78	18
顺义区	5300	5010	3576	914	360	62	11
昌平区	6926	6048	4257	924	356	73	18
大兴区	6144	5555	3779	787	300	70	11
怀柔区	1551	1728	1392	430	156	48	25
平谷区	1501	1671	1462	608	323	106	25
密云区	1700	2197	1764	568	270	98	45
延庆区	1198	1416	1049	369	174	53	13
女	**53340**	**32269**	**12074**	**3285**	**1351**	**294**	**104**
东城区	1971	1197	408	91	19	3	1
西城区	3313	1960	681	128	51	15	8
朝阳区	8686	4793	1536	280	106	15	13
丰台区	5393	3201	945	193	69	11	4
石景山区	1371	819	230	33	17	6	1
海淀区	8915	5590	2128	407	142	24	15
门头沟区	868	530	191	75	46	6	3
房山区	2826	1534	612	190	95	20	5
通州区	3214	1856	697	217	114	20	4
顺义区	3513	2102	851	235	88	7	4
昌平区	4784	3116	1140	378	109	24	5
大兴区	3925	2326	899	260	74	17	4
怀柔区	1169	756	364	156	78	24	7
平谷区	1222	880	543	309	189	61	11
密云区	1283	983	528	206	109	33	17
延庆区	887	626	321	127	45	8	2

4-1a　各地区分性别、年龄的就业人口(城市)

单位：人

地　区 性　别	合计	16-19岁	20-24岁	25-29岁	30-34岁	35-39岁	40-44岁
北　京	**810074**	**5181**	**47723**	**115973**	**162059**	**148762**	**108117**
东 城 区	31286	182	1229	3190	5376	6659	4981
西 城 区	50865	362	2082	5014	8084	10652	8655
朝 阳 区	157649	858	8358	22354	32005	29901	21619
丰 台 区	97134	566	5499	13951	19659	17174	12359
石景山区	24288	104	1175	3224	4820	4596	3327
海 淀 区	141771	1033	8079	20140	24715	24516	19993
门头沟区	12622	51	728	1751	2673	2028	1679
房 山 区	37512	194	2136	4537	8175	7270	4688
通 州 区	42604	252	2823	6669	8978	8927	6053
顺 义 区	37295	251	2491	5657	8484	6530	4280
昌 平 区	74790	575	7038	15787	17027	12021	7892
大 兴 区	61193	564	4113	9229	14190	11582	7267
怀 柔 区	12456	84	694	1424	2107	2074	1549
平 谷 区	9962	46	416	1118	2163	1652	1232
密 云 区	12469	37	612	1400	2496	2227	1678
延 庆 区	6178	22	250	528	1107	953	865
男	**454571**	**3373**	**25141**	**59896**	**85581**	**79128**	**58933**
东 城 区	16753	113	644	1506	2629	3312	2570
西 城 区	27395	228	1065	2483	4033	5230	4496
朝 阳 区	86951	550	4258	10920	16414	15805	11788
丰 台 区	54149	352	2812	6852	10180	9113	6645
石景山区	13428	64	618	1606	2396	2374	1805
海 淀 区	77992	674	4248	10453	13124	12612	10392
门头沟区	7249	41	392	932	1425	1080	901
房 山 区	22005	135	1212	2497	4388	4066	2691
通 州 区	23837	159	1432	3405	4666	4837	3437
顺 义 区	21695	151	1351	3023	4626	3685	2431
昌 平 区	43573	384	3836	8922	9795	6756	4552
大 兴 区	35471	376	2204	4880	7717	6493	4249
怀 柔 区	7520	68	405	770	1176	1148	910
平 谷 区	5708	34	222	586	1145	910	668
密 云 区	7228	28	318	758	1260	1200	930
延 庆 区	3617	16	124	303	607	507	468
女	**355503**	**1808**	**22582**	**56077**	**76478**	**69634**	**49184**
东 城 区	14533	69	585	1684	2747	3347	2411
西 城 区	23470	134	1017	2531	4051	5422	4159
朝 阳 区	70698	308	4100	11434	15591	14096	9831
丰 台 区	42985	214	2687	7099	9479	8061	5714
石景山区	10860	40	557	1618	2424	2222	1522
海 淀 区	63779	359	3831	9687	11591	11904	9601
门头沟区	5373	10	336	819	1248	948	778
房 山 区	15507	59	924	2040	3787	3204	1997
通 州 区	18767	93	1391	3264	4312	4090	2616
顺 义 区	15600	100	1140	2634	3858	2845	1849
昌 平 区	31217	191	3202	6865	7232	5265	3340
大 兴 区	25722	188	1909	4349	6473	5089	3018
怀 柔 区	4936	16	289	654	931	926	639
平 谷 区	4254	12	194	532	1018	742	564
密 云 区	5241	9	294	642	1236	1027	748
延 庆 区	2561	6	126	225	500	446	397

4-1a 续表 单位：人

地区 性别	45-49岁	50-54岁	55-59岁	60-64岁	65-69岁	70-74岁	75岁及以上
北京	**97171**	**71792**	**44466**	**6090**	**2185**	**381**	**174**
东城区	4107	2950	2235	275	90	8	4
西城区	6887	4954	3565	399	154	38	19
朝阳区	19182	13555	8350	968	395	60	44
丰台区	11679	9221	6062	682	222	43	17
石景山区	2982	2417	1427	150	54	11	1
海淀区	18433	14103	8856	1331	451	78	43
门头沟区	1585	1276	709	89	39	6	8
房山区	4690	3338	1996	309	142	30	7
通州区	4322	2735	1502	238	81	20	4
顺义区	4323	3112	1757	283	108	14	5
昌平区	6540	4628	2669	444	144	22	3
大兴区	6509	4641	2567	378	128	18	7
怀柔区	1829	1524	876	214	65	9	7
平谷区	1442	1071	628	133	50	10	1
密云区	1628	1406	820	119	38	5	3
延庆区	1033	861	447	78	24	9	1
男	**53335**	**46590**	**36247**	**4393**	**1560**	**278**	**116**
东城区	2136	1753	1827	184	71	5	3
西城区	3574	2994	2884	271	103	23	11
朝阳区	10542	8793	6826	689	290	45	31
丰台区	6330	6048	5128	491	153	32	13
石景山区	1611	1598	1197	117	37	5	
海淀区	9724	8625	6794	945	316	57	28
门头沟区	867	890	622	64	25	5	5
房山区	2646	2343	1675	226	98	24	4
通州区	2522	1872	1250	184	55	15	3
顺义区	2525	2151	1438	217	83	12	2
昌平区	3765	2968	2164	308	105	15	3
大兴区	3807	3207	2125	293	101	16	3
怀柔区	1027	1061	733	165	44	7	6
平谷区	781	707	518	97	34	5	1
密云区	913	994	702	90	28	5	2
延庆区	565	586	364	52	17	7	1
女	**43836**	**25202**	**8219**	**1697**	**625**	**103**	**58**
东城区	1971	1197	408	91	19	3	1
西城区	3313	1960	681	128	51	15	8
朝阳区	8640	4762	1524	279	105	15	13
丰台区	5349	3173	934	191	69	11	4
石景山区	1371	819	230	33	17	6	1
海淀区	8709	5478	2062	386	135	21	15
门头沟区	718	386	87	25	14	1	3
房山区	2044	995	321	83	44	6	3
通州区	1800	863	252	54	26	5	1
顺义区	1798	961	319	66	25	2	3
昌平区	2775	1660	505	136	39	7	
大兴区	2702	1434	442	85	27	2	4
怀柔区	802	463	143	49	21	2	1
平谷区	661	364	110	36	16	5	
密云区	715	412	118	29	10		1
延庆区	468	275	83	26	7	2	

4-1b　各地区分性别、年龄的就业人口(镇)

单位：人

地区 性别	合计	16-19岁	20-24岁	25-29岁	30-34岁	35-39岁	40-44岁
北　京	**65835**	**623**	**5059**	**9424**	**13695**	**10068**	**7073**
东城区							
西城区							
朝阳区	1314	11	167	222	262	173	104
丰台区	479	7	48	80	98	72	49
石景山区							
海淀区							
门头沟区	1265	5	56	160	196	141	133
房山区	3683	6	189	363	687	498	395
通州区	13127	171	1145	2266	3114	2219	1429
顺义区	8790	97	664	1179	1766	1235	1008
昌平区	20016	184	1603	3201	4202	3244	2236
大兴区	8749	115	836	1210	1807	1306	886
怀柔区	2018	11	81	203	320	291	222
平谷区	2333	3	73	229	532	307	210
密云区	2464	7	118	166	370	312	255
延庆区	1597	6	79	145	341	270	146
男	**41436**	**431**	**2824**	**5518**	**8205**	**6208**	**4376**
东城区							
西城区							
朝阳区	770	10	67	107	142	91	69
丰台区	278	4	27	43	57	39	23
石景山区							
海淀区							
门头沟区	789	4	28	84	109	78	76
房山区	2317	6	103	205	380	292	224
通州区	8129	139	661	1348	1849	1344	868
顺义区	5688	56	374	703	1130	788	642
昌平区	12301	108	892	1892	2519	1990	1349
大兴区	5794	82	462	704	1132	865	606
怀柔区	1364	8	51	126	186	187	149
平谷区	1412	3	47	125	292	179	131
密云区	1560	6	72	98	212	189	157
延庆区	1034	5	40	83	197	166	82
女	**24399**	**192**	**2235**	**3906**	**5490**	**3860**	**2697**
东城区							
西城区							
朝阳区	544	1	100	115	120	82	35
丰台区	201	3	21	37	41	33	26
石景山区							
海淀区							
门头沟区	476	1	28	76	87	63	57
房山区	1366		86	158	307	206	171
通州区	4998	32	484	918	1265	875	561
顺义区	3102	41	290	476	636	447	366
昌平区	7715	76	711	1309	1683	1254	887
大兴区	2955	33	374	506	675	441	280
怀柔区	654	3	30	77	134	104	73
平谷区	921		26	104	240	128	79
密云区	904	1	46	68	158	123	98
延庆区	563	1	39	62	144	104	64

4-1b 续表 单位：人

地区 性别	45-49岁	50-54岁	55-59岁	60-64岁	65-69岁	70-74岁	75岁及以上
北京	**7485**	**6507**	**4108**	**1165**	**474**	**113**	**41**
东城区							
西城区							
朝阳区	127	119	99	18	11	1	
丰台区	59	45	20	1			
石景山区							
海淀区							
门头沟区	178	204	139	36	13	4	
房山区	548	506	321	95	54	18	3
通州区	1143	911	540	124	49	11	5
顺义区	1134	916	569	169	45	4	4
昌平区	2215	1780	1005	239	86	12	9
大兴区	969	849	546	157	52	15	1
怀柔区	318	280	203	61	24	3	1
平谷区	258	281	240	112	64	23	1
密云区	315	395	296	125	69	21	15
延庆区	221	221	130	28	7	1	2
男	**4633**	**4625**	**3261**	**885**	**366**	**74**	**30**
东城区							
西城区							
朝阳区	81	88	87	17	10	1	
丰台区	39	31	15				
石景山区							
海淀区							
门头沟区	116	151	105	27	7	4	
房山区	343	375	258	73	42	13	3
通州区	717	633	424	96	39	7	4
顺义区	690	660	464	139	36	3	3
昌平区	1337	1183	782	171	66	6	6
大兴区	655	647	454	129	47	10	1
怀柔区	197	211	173	51	21	3	1
平谷区	138	194	175	71	44	13	
密云区	183	269	214	90	47	13	10
延庆区	137	183	110	21	7	1	2
女	**2852**	**1882**	**847**	**280**	**108**	**39**	**11**
东城区							
西城区							
朝阳区	46	31	12	1	1		
丰台区	20	14	5	1			
石景山区							
海淀区							
门头沟区	62	53	34	9	6		
房山区	205	131	63	22	12	5	
通州区	426	278	116	28	10	4	1
顺义区	444	256	105	30	9	1	1
昌平区	878	597	223	68	20	6	3
大兴区	314	202	92	28	5	5	
怀柔区	121	69	30	10	3		
平谷区	120	87	65	41	20	10	1
密云区	132	126	82	35	22	8	5
延庆区	84	38	20	7			

4-1c　各地区分性别、年龄的就业人口(乡村)

单位：人

地区 性别	合计	16-19岁	20-24岁	25-29岁	30-34岁	35-39岁	40-44岁
北　京	**139098**	**956**	**7735**	**15312**	**26194**	**18617**	**14442**
东城区							
西城区							
朝阳区							
丰台区	672	3	38	67	146	111	96
石景山区							
海淀区	4280	61	269	537	785	653	499
门头沟区	1410	5	60	96	124	134	137
房山区	12331	50	578	1252	2348	1723	1377
通州区	23656	193	1298	2853	4993	3478	2647
顺义区	25438	199	1456	2691	5247	3474	2781
昌平区	24105	225	1825	3398	4734	3217	2344
大兴区	20046	158	1134	2254	4100	2927	2159
怀柔区	4449	22	208	333	525	482	409
平谷区	8843	13	339	763	1456	982	693
密云区	8070	16	329	659	948	874	698
延庆区	5798	11	201	409	788	562	602
男	**91402**	**691**	**4757**	**9483**	**16527**	**11924**	**9136**
东城区							
西城区							
朝阳区							
丰台区	443	3	24	39	83	69	59
石景山区							
海淀区	2776	36	152	316	487	400	324
门头沟区	858	5	34	60	75	68	83
房山区	8175	46	329	745	1471	1089	840
通州区	15721	136	805	1740	3157	2233	1714
顺义区	16900	149	891	1693	3324	2256	1777
昌平区	15859	158	1131	2206	3021	2117	1503
大兴区	13433	113	748	1398	2663	1942	1418
怀柔区	2834	21	144	205	321	282	231
平谷区	5457	9	205	445	864	598	418
密云区	5184	10	182	399	576	525	410
延庆区	3762	5	112	237	485	345	359
女	**47696**	**265**	**2978**	**5829**	**9667**	**6693**	**5306**
东城区							
西城区							
朝阳区							
丰台区	229		14	28	63	42	37
石景山区							
海淀区	1504	25	117	221	298	253	175
门头沟区	552		26	36	49	66	54
房山区	4156	4	249	507	877	634	537
通州区	7935	57	493	1113	1836	1245	933
顺义区	8538	50	565	998	1923	1218	1004
昌平区	8246	67	694	1192	1713	1100	841
大兴区	6613	45	386	856	1437	985	741
怀柔区	1615	1	64	128	204	200	178
平谷区	3386	4	134	318	592	384	275
密云区	2886	6	147	260	372	349	288
延庆区	2036	6	89	172	303	217	243

4-1c 续表

单位：人

地区 性别	45-49岁	50-54岁	55-59岁	60-64岁	65-69岁	70-74岁	75岁及以上
北京	**17808**	**17449**	**12549**	**4913**	**2306**	**650**	**167**
东城区							
西城区							
朝阳区							
丰台区	77	80	51	3			
石景山区							
海淀区	513	483	323	105	44	7	1
门头沟区	193	241	232	104	62	19	3
房山区	1703	1526	1141	394	188	39	12
通州区	2953	2670	1630	576	285	67	13
顺义区	3356	3084	2101	697	295	51	6
昌平区	2955	2756	1723	619	235	63	11
大兴区	2591	2391	1565	512	194	54	7
怀柔区	573	680	677	311	145	60	24
平谷区	1023	1199	1137	672	398	134	34
密云区	1040	1379	1176	530	272	105	44
延庆区	831	960	793	390	188	51	12
男	**11156**	**12264**	**9541**	**3605**	**1688**	**498**	**132**
东城区							
西城区							
朝阳区							
丰台区	53	66	45	2			
石景山区							
海淀区	307	371	257	84	37	4	1
门头沟区	105	150	162	63	36	14	3
房山区	1126	1118	913	309	149	30	10
通州区	1965	1955	1301	441	207	56	11
顺义区	2085	2199	1674	558	241	47	6
昌平区	1824	1897	1311	445	185	52	9
大兴区	1682	1701	1200	365	152	44	7
怀柔区	327	456	486	214	91	38	18
平谷区	582	770	769	440	245	88	24
密云区	604	934	848	388	195	80	33
延庆区	496	647	575	296	150	45	10
女	**6652**	**5185**	**3008**	**1308**	**618**	**152**	**35**
东城区							
西城区							
朝阳区							
丰台区	24	14	6	1			
石景山区							
海淀区	206	112	66	21	7	3	
门头沟区	88	91	70	41	26	5	
房山区	577	408	228	85	39	9	2
通州区	988	715	329	135	78	11	2
顺义区	1271	885	427	139	54	4	
昌平区	1131	859	412	174	50	11	2
大兴区	909	690	365	147	42	10	
怀柔区	246	224	191	97	54	22	6
平谷区	441	429	368	232	153	46	10
密云区	436	445	328	142	77	25	11
延庆区	335	313	218	94	38	6	2

4–2　各地区分性别、年龄的外来就业人口

单位：人

地区 性别	合计	16–19岁	20–24岁	25–29岁	30–34岁	35–39岁	40–44岁
北　京	**507801**	**6488**	**45273**	**94011**	**108692**	**79364**	**56054**
东城区	10179	178	784	1489	1858	1596	1296
西城区	17598	351	1485	2580	2913	2699	2256
朝阳区	80875	839	6614	15667	17839	13411	9375
丰台区	47254	536	4058	8957	10167	7235	5320
石景山区	9918	100	750	1803	2196	1639	1187
海淀区	71821	1039	6719	14362	14142	10399	7623
门头沟区	5562	56	442	927	1278	823	664
房山区	20837	232	1527	3010	4789	3844	2530
通州区	46223	604	4111	8435	10145	8002	5508
顺义区	41212	527	3617	6691	8294	5952	4469
昌平区	83690	964	9228	19154	19441	11920	7569
大兴区	54156	813	4750	8910	11935	8923	5928
怀柔区	7231	111	496	769	1330	1086	944
平谷区	3327	56	192	389	771	571	382
密云区	5135	50	351	616	1058	877	664
延庆区	2783	32	149	252	536	387	339
男	**298429**	**4315**	**25019**	**51419**	**62196**	**45740**	**33285**
东城区	5399	110	412	710	966	834	686
西城区	9504	218	771	1340	1585	1390	1171
朝阳区	44104	540	3391	7738	9419	7204	5314
丰台区	25996	333	2119	4437	5404	3920	2914
石景山区	5255	61	403	902	1104	824	621
海淀区	40695	683	3614	7707	8021	5848	4271
门头沟区	3171	46	251	510	682	410	370
房山区	12655	172	946	1752	2623	2203	1570
通州区	28034	426	2294	4743	5973	4725	3406
顺义区	26436	338	2112	3936	5155	3854	2911
昌平区	51359	637	5239	11338	11921	7301	4682
大兴区	33867	556	2717	5087	7175	5491	3810
怀柔区	4801	92	350	479	824	672	633
平谷区	2020	41	113	231	401	318	250
密云区	3230	39	203	368	605	508	444
延庆区	1903	23	84	141	338	238	232
女	**209372**	**2173**	**20254**	**42592**	**46496**	**33624**	**22769**
东城区	4780	68	372	779	892	762	610
西城区	8094	133	714	1240	1328	1309	1085
朝阳区	36771	299	3223	7929	8420	6207	4061
丰台区	21258	203	1939	4520	4763	3315	2406
石景山区	4663	39	347	901	1092	815	566
海淀区	31126	356	3105	6655	6121	4551	3352
门头沟区	2391	10	191	417	596	413	294
房山区	8182	60	581	1258	2166	1641	960
通州区	18189	178	1817	3692	4172	3277	2102
顺义区	14776	189	1505	2755	3139	2098	1558
昌平区	32331	327	3989	7816	7520	4619	2887
大兴区	20289	257	2033	3823	4760	3432	2118
怀柔区	2430	19	146	290	506	414	311
平谷区	1307	15	79	158	370	253	132
密云区	1905	11	148	248	453	369	220
延庆区	880	9	65	111	198	149	107

4-2 续表　　　　单位：人

地区 性别	45-49岁	50-54岁	55-59岁	60-64岁	65-69岁	70-74岁	75岁及以上
北京	**49845**	**39673**	**20202**	**5629**	**2165**	**334**	**71**
东城区	1194	988	562	173	59	2	
西城区	2150	1804	1019	230	91	15	5
朝阳区	7950	5615	2651	604	262	32	16
丰台区	4728	3715	1869	476	162	27	4
石景山区	937	785	382	95	34	10	
海淀区	6944	5971	3269	941	355	49	8
门头沟区	584	484	213	62	23	5	1
房山区	2069	1580	862	246	117	26	5
通州区	4138	3084	1526	442	187	35	6
顺义区	4756	3946	2062	621	238	31	8
昌平区	6596	5200	2469	785	304	52	8
大兴区	5533	4451	2141	550	190	29	3
怀柔区	979	823	458	167	56	10	2
平谷区	372	320	180	65	23	4	2
密云区	546	527	301	105	36	3	1
延庆区	369	380	238	67	28	4	2
男	**30018**	**25854**	**14419**	**4173**	**1671**	**267**	**53**
东城区	628	544	338	121	49	1	
西城区	1119	1030	653	153	62	11	1
朝阳区	4550	3472	1799	429	210	26	12
丰台区	2721	2360	1304	343	117	21	3
石景山区	503	478	257	74	24	4	
海淀区	3826	3619	2138	665	257	40	6
门头沟区	350	321	164	47	14	5	1
房山区	1315	1104	661	191	91	22	5
通州区	2714	2091	1150	341	138	28	5
顺义区	3087	2759	1558	493	199	29	5
昌平区	4088	3431	1848	587	241	39	7
大兴区	3606	3167	1649	422	160	25	2
怀柔区	635	589	342	135	40	9	1
平谷区	239	231	131	45	16	2	2
密云区	362	360	234	76	27	3	1
延庆区	275	298	193	51	26	2	2
女	**19827**	**13819**	**5783**	**1456**	**494**	**67**	**18**
东城区	566	444	224	52	10	1	
西城区	1031	774	366	77	29	4	4
朝阳区	3400	2143	852	175	52	6	4
丰台区	2007	1355	565	133	45	6	1
石景山区	434	307	125	21	10	6	
海淀区	3118	2352	1131	276	98	9	2
门头沟区	234	163	49	15	9		
房山区	754	476	201	55	26	4	
通州区	1424	993	376	101	49	7	1
顺义区	1669	1187	504	128	39	2	3
昌平区	2508	1769	621	198	63	13	1
大兴区	1927	1284	492	128	30	4	1
怀柔区	344	234	116	32	16	1	1
平谷区	133	89	49	20	7	2	
密云区	184	167	67	29	9		
延庆区	94	82	45	16	2	2	

4-3　各地区分性别、受教育程度的就业人口

单位：人

地　区 性　别	合　计	未上过学	学前教育	小　学	初　中	高　中	大学专科	大学本科	硕　士 研究生	博　士 研究生
北　京	**1015007**	**2181**	**144**	**31215**	**204177**	**156190**	**183429**	**323374**	**98612**	**15685**
东 城 区	31286	41	2	522	3024	4518	5362	12897	4289	631
西 城 区	50865	99	7	1059	5697	6172	7404	19436	9579	1412
朝 阳 区	158963	232	21	3619	22386	20043	26173	62550	21371	2568
丰 台 区	98285	190	6	2230	14807	15064	18730	35746	10339	1173
石景山区	24288	49	6	494	2544	3235	4669	9909	2972	410
海 淀 区	146051	291	25	3587	20426	17141	20621	51675	25464	6821
门头沟区	15297	36	2	455	3189	2878	3450	4452	748	87
房 山 区	53526	102	4	1677	14902	9942	11569	12739	2275	316
通 州 区	79387	126	7	2531	18673	13613	17515	22915	3738	269
顺 义 区	71523	176	8	3599	24174	12784	12377	15871	2359	175
昌 平 区	118911	235	13	3440	24241	18708	23654	38355	9049	1216
大 兴 区	89988	209	34	3551	23236	15638	17986	23339	5470	525
怀 柔 区	18923	94	4	1100	6493	4144	3268	3486	289	45
平 谷 区	21138	97	4	1145	7159	4824	4200	3521	174	14
密 云 区	23003	123	1	1345	8232	4791	4114	4093	294	10
延 庆 区	13573	81		861	4994	2695	2337	2390	202	13
男	**587409**	**877**	**75**	**18986**	**140057**	**101785**	**101386**	**165242**	**49293**	**9708**
东 城 区	16753	12		255	1939	2877	2844	6354	2093	379
西 城 区	27395	30	3	486	3571	4096	3885	9647	4798	879
朝 阳 区	87721	87	7	2054	15062	12964	14116	31335	10533	1563
丰 台 区	54870	74	1	1247	9839	9709	10169	18028	5110	693
石景山区	13428	20	3	281	1654	2134	2505	5078	1503	250
海 淀 区	80768	89	9	1913	13594	11020	11023	26065	12772	4283
门头沟区	8896	10	1	264	2157	1869	1930	2234	380	51
房 山 区	32497	49	2	1083	10365	6497	6522	6620	1175	184
通 州 区	47687	56	5	1670	13299	8938	9811	11909	1846	153
顺 义 区	44283	85	5	2354	17090	8481	6922	8072	1162	112
昌 平 区	71733	113	8	2170	16781	12239	13663	21233	4734	792
大 兴 区	54698	101	25	2388	16610	10321	10127	12073	2739	314
怀 柔 区	11718	32	3	683	4467	2762	1861	1732	147	31
平 谷 区	12577	22	2	674	4655	3067	2360	1704	83	10
密 云 区	13972	51	1	850	5505	3111	2305	2025	117	7
延 庆 区	8413	46		614	3469	1700	1343	1133	101	7
女	**427598**	**1304**	**69**	**12229**	**64120**	**54405**	**82043**	**158132**	**49319**	**5977**
东 城 区	14533	29	2	267	1085	1641	2518	6543	2196	252
西 城 区	23470	69	4	573	2126	2076	3519	9789	4781	533
朝 阳 区	71242	145	14	1565	7324	7079	12057	31215	10838	1005
丰 台 区	43415	116	5	983	4968	5355	8561	17718	5229	480
石景山区	10860	29	3	213	890	1101	2164	4831	1469	160
海 淀 区	65283	202	16	1674	6832	6121	9598	25610	12692	2538
门头沟区	6401	26	1	191	1032	1009	1520	2218	368	36
房 山 区	21029	53	2	594	4537	3445	5047	6119	1100	132
通 州 区	31700	70	2	861	5374	4675	7704	11006	1892	116
顺 义 区	27240	91	3	1245	7084	4303	5455	7799	1197	63
昌 平 区	47178	122	5	1270	7460	6469	9991	17122	4315	424
大 兴 区	35290	108	9	1163	6626	5317	7859	11266	2731	211
怀 柔 区	7205	62	1	417	2026	1382	1407	1754	142	14
平 谷 区	8561	75	2	471	2504	1757	1840	1817	91	4
密 云 区	9031	72		495	2727	1680	1809	2068	177	3
延 庆 区	5160	35		247	1525	995	994	1257	101	6

4-3a　各地区分性别、受教育程度的就业人口(城市)

单位：人

地　区 性　别	合　计	未上过学	学前教育	小　学	初　中	高　中	大学专科	大学本科	硕　士 研究生	博　士 研究生
北　京	**810074**	**1312**	**96**	**17981**	**119171**	**112012**	**150018**	**298899**	**95222**	**15363**
东 城 区	31286	41	2	522	3024	4518	5362	12897	4289	631
西 城 区	50865	99	7	1059	5697	6172	7404	19436	9579	1412
朝 阳 区	157649	230	20	3554	22153	19875	25915	62048	21288	2566
丰 台 区	97134	189	6	2204	14511	14809	18438	35518	10291	1168
石景山区	24288	49	6	494	2544	3235	4669	9909	2972	410
海 淀 区	141771	279	25	3357	18769	16231	19895	51029	25373	6813
门头沟区	12622	22	1	282	2023	2291	3022	4159	737	85
房 山 区	37512	48	3	889	7281	6396	8890	11477	2216	312
通 州 区	42604	40	4	557	4717	5680	10801	17677	2925	203
顺 义 区	37295	69	2	1203	8238	5299	7505	12724	2099	156
昌 平 区	74790	91	4	1274	9710	9383	15507	30323	7466	1032
大 兴 区	61193	79	11	1295	10154	9752	13627	20626	5145	504
怀 柔 区	12456	23	2	494	3719	2568	2357	2985	266	42
平 谷 区	9962	22	2	249	2286	2192	2414	2639	145	13
密 云 区	12469	17	1	336	2840	2535	2913	3549	271	7
延 庆 区	6178	14		212	1505	1076	1299	1903	160	9
男	**454571**	**482**	**38**	**10235**	**79932**	**72233**	**82132**	**152415**	**47590**	**9514**
东 城 区	16753	12		255	1939	2877	2844	6354	2093	379
西 城 区	27395	30	3	486	3571	4096	3885	9647	4798	879
朝 阳 区	86951	85	6	2005	14871	12846	13992	31088	10497	1561
丰 台 区	54149	73	1	1229	9613	9535	10000	17921	5087	690
石景山区	13428	20	3	281	1654	2134	2505	5078	1503	250
海 淀 区	77992	82	9	1763	12372	10394	10621	25752	12720	4279
门头沟区	7249	6		173	1363	1488	1690	2103	375	51
房 山 区	22005	23	1	575	4957	4100	4982	6034	1152	181
通 州 区	23837	20	3	330	3262	3609	5951	9097	1449	116
顺 义 区	21695	25	1	753	5773	3383	4109	6515	1034	102
昌 平 区	43573	39	1	748	6513	6045	8902	16739	3911	675
大 兴 区	35471	32	7	804	7056	6332	7658	10705	2575	302
怀 柔 区	7520	14	1	319	2529	1704	1323	1464	137	29
平 谷 区	5708	6	1	155	1506	1374	1321	1264	72	9
密 云 区	7228	7	1	210	1887	1647	1623	1737	111	5
延 庆 区	3617	8		149	1066	669	726	917	76	6
女	**355503**	**830**	**58**	**7746**	**39239**	**39779**	**67886**	**146484**	**47632**	**5849**
东 城 区	14533	29	2	267	1085	1641	2518	6543	2196	252
西 城 区	23470	69	4	573	2126	2076	3519	9789	4781	533
朝 阳 区	70698	145	14	1549	7282	7029	11923	30960	10791	1005
丰 台 区	42985	116	5	975	4898	5274	8438	17597	5204	478
石景山区	10860	29	3	213	890	1101	2164	4831	1469	160
海 淀 区	63779	197	16	1594	6397	5837	9274	25277	12653	2534
门头沟区	5373	16	1	109	660	803	1332	2056	362	34
房 山 区	15507	25	2	314	2324	2296	3908	5443	1064	131
通 州 区	18767	20	1	227	1455	2071	4850	8580	1476	87
顺 义 区	15600	44	1	450	2465	1916	3396	6209	1065	54
昌 平 区	31217	52	3	526	3197	3338	6605	13584	3555	357
大 兴 区	25722	47	4	491	3098	3420	5969	9921	2570	202
怀 柔 区	4936	9	1	175	1190	864	1034	1521	129	13
平 谷 区	4254	16	1	94	780	818	1093	1375	73	4
密 云 区	5241	10		126	953	888	1290	1812	160	2
延 庆 区	2561	6		63	439	407	573	986	84	3

4–3b　各地区分性别、受教育程度的就业人口(镇)

单位：人

地区 性别	合计	未上过学	学前教育	小学	初中	高中	大学专科	大学本科	硕士 研究生	博士 研究生
北　京	**65835**	**184**	**32**	**3298**	**21439**	**13303**	**12666**	**12389**	**2284**	**240**
东城区										
西城区										
朝阳区	1314	2	1	65	233	168	258	502	83	2
丰台区	479			6	75	109	134	131	22	2
石景山区										
海淀区										
门头沟区	1265	1	1	56	508	262	222	204	9	2
房山区	3683	7		188	1602	783	709	373	17	4
通州区	13127	10	1	430	3349	2844	2885	2981	577	50
顺义区	8790	17	2	435	3815	1846	1402	1136	128	9
昌平区	20016	58	5	821	5350	3929	3963	4627	1118	145
大兴区	8749	46	19	703	2909	1517	1738	1532	267	18
怀柔区	2018	7	1	171	796	441	345	238	16	3
平谷区	2333	8	2	123	884	547	432	324	12	1
密云区	2464	21		230	1300	490	264	146	11	2
延庆区	1597	7		70	618	367	314	195	24	2
男	**41436**	**104**	**25**	**2237**	**15146**	**8849**	**7178**	**6618**	**1130**	**149**
东城区										
西城区										
朝阳区	770	2	1	49	191	118	124	247	36	2
丰台区	278			4	51	74	70	65	13	1
石景山区										
海淀区										
门头沟区	789		1	30	368	174	121	91	4	
房山区	2317	5		124	1101	501	411	165	7	3
通州区	8129	4		268	2342	1919	1645	1639	282	30
顺义区	5688	9	1	285	2714	1238	799	569	66	7
昌平区	12301	36	5	532	3702	2565	2251	2565	556	89
大兴区	5794	30	15	542	2206	1049	982	821	138	11
怀柔区	1364	3	1	122	600	291	216	121	8	2
平谷区	1412	1	1	75	566	364	244	155	5	1
密云区	1560	8		152	856	317	139	83	3	2
延庆区	1034	6		54	449	239	176	97	12	1
女	**24399**	**80**	**7**	**1061**	**6293**	**4454**	**5488**	**5771**	**1154**	**91**
东城区										
西城区										
朝阳区	544			16	42	50	134	255	47	
丰台区	201			2	24	35	64	66	9	1
石景山区										
海淀区										
门头沟区	476	1		26	140	88	101	113	5	2
房山区	1366	2		64	501	282	298	208	10	1
通州区	4998	6	1	162	1007	925	1240	1342	295	20
顺义区	3102	8	1	150	1101	608	603	567	62	2
昌平区	7715	22		289	1648	1364	1712	2062	562	56
大兴区	2955	16	4	161	703	468	756	711	129	7
怀柔区	654	4		49	196	150	129	117	8	1
平谷区	921	7	1	48	318	183	188	169	7	
密云区	904	13		78	444	173	125	63	8	
延庆区	563	1		16	169	128	138	98	12	1

4-3c　各地区分性别、受教育程度的就业人口(乡村)

单位：人

地区 性别	合计	未上过学	学前教育	小学	初中	高中	大学专科	大学本科	硕士 研究生	博士 研究生
北京	**139098**	**685**	**16**	**9936**	**63567**	**30875**	**20745**	**12086**	**1106**	**82**
东城区										
西城区										
朝阳区										
丰台区	672	1		20	221	146	158	97	26	3
石景山区										
海淀区	4280	12		230	1657	910	726	646	91	8
门头沟区	1410	13		117	658	325	206	89	2	
房山区	12331	47	1	600	6019	2763	1970	889	42	
通州区	23656	76	2	1544	10607	5089	3829	2257	236	16
顺义区	25438	90	4	1961	12121	5639	3470	2011	132	10
昌平区	24105	86	4	1345	9181	5396	4184	3405	465	39
大兴区	20046	84	4	1553	10173	4369	2621	1181	58	3
怀柔区	4449	64	1	435	1978	1135	566	263	7	
平谷区	8843	67		773	3989	2085	1354	558	17	
密云区	8070	85		779	4092	1766	937	398	12	1
延庆区	5798	60		579	2871	1252	724	292	18	2
男	**91402**	**291**	**12**	**6514**	**44979**	**20703**	**12076**	**6209**	**573**	**45**
东城区										
西城区										
朝阳区										
丰台区	443	1		14	175	100	99	42	10	2
石景山区										
海淀区	2776	7		150	1222	626	402	313	52	4
门头沟区	858	4		61	426	207	119	40	1	
房山区	8175	21	1	384	4307	1896	1129	421	16	
通州区	15721	32	2	1072	7695	3410	2215	1173	115	7
顺义区	16900	51	3	1316	8603	3860	2014	988	62	3
昌平区	15859	38	2	890	6566	3629	2510	1929	267	28
大兴区	13433	39	3	1042	7348	2940	1487	547	26	1
怀柔区	2834	15	1	242	1338	767	322	147	2	
平谷区	5457	15		444	2583	1329	795	285	6	
密云区	5184	36		488	2762	1147	543	205	3	
延庆区	3762	32		411	1954	792	441	119	13	
女	**47696**	**394**	**4**	**3422**	**18588**	**10172**	**8669**	**5877**	**533**	**37**
东城区										
西城区										
朝阳区										
丰台区	229			6	46	46	59	55	16	1
石景山区										
海淀区	1504	5		80	435	284	324	333	39	4
门头沟区	552	9		56	232	118	87	49	1	
房山区	4156	26		216	1712	867	841	468	26	
通州区	7935	44		472	2912	1679	1614	1084	121	9
顺义区	8538	39	1	645	3518	1779	1456	1023	70	7
昌平区	8246	48	2	455	2615	1767	1674	1476	198	11
大兴区	6613	45	1	511	2825	1429	1134	634	32	2
怀柔区	1615	49		193	640	368	244	116	5	
平谷区	3386	52		329	1406	756	559	273	11	
密云区	2886	49		291	1330	619	394	193	9	1
延庆区	2036	28		168	917	460	283	173	5	2

4-4　各地区分性别、受教育程度的外来就业人口

单位：人

地区 性别	合计	未上过学	学前教育	小学	初中	高中	大学专科	大学本科	硕士 研究生	博士 研究生
北　京	**507801**	**1661**	**131**	**25298**	**143056**	**83647**	**86041**	**138379**	**28024**	**1564**
东城区	10179	35	2	501	2600	2243	1490	2586	683	39
西城区	17598	90	5	1017	5089	3452	2408	4055	1390	92
朝阳区	80875	216	20	3409	18794	11871	12655	27191	6435	284
丰台区	47254	179	6	2049	11649	8084	8472	13807	2883	125
石景山区	9918	43	6	459	2055	1376	1762	3445	744	28
海淀区	71821	279	22	3409	17890	11775	10706	20965	6208	567
门头沟区	5562	21	2	286	1623	917	1085	1426	195	7
房山区	20837	55	4	1100	6872	3346	3993	4786	645	36
通州区	46223	101	4	2038	12515	7556	9573	12846	1532	58
顺义区	41212	151	8	3160	17803	6779	5470	6868	929	44
昌平区	83690	219	13	3105	19618	13257	16471	26628	4201	178
大兴区	54156	185	32	2987	17626	9440	9744	12022	2026	94
怀柔区	7231	30	4	656	3603	1452	795	631	51	9
平谷区	3327	14	3	298	1543	650	444	344	28	3
密云区	5135	26		494	2278	1056	686	546	49	
延庆区	2783	17		330	1498	393	287	233	25	
男	**298429**	**646**	**68**	**15237**	**98265**	**53639**	**45988**	**70727**	**12902**	**957**
东城区	5399	7		241	1639	1288	691	1208	307	18
西城区	9504	25	3	465	3137	2139	1134	1892	648	61
朝阳区	44104	78	7	1913	12460	7372	6325	12922	2846	181
丰台区	25996	67	1	1115	7621	4826	4313	6744	1246	63
石景山区	5255	17	3	254	1290	798	853	1676	347	17
海淀区	40695	85	8	1784	11722	7461	5679	10652	2941	363
门头沟区	3171	5	1	173	1109	550	515	731	83	4
房山区	12655	24	2	721	4845	2108	2142	2509	287	17
通州区	28034	40	3	1330	9010	5029	5232	6654	704	32
顺义区	26436	66	5	2060	12699	4614	3013	3538	415	26
昌平区	51359	103	8	1947	13689	8765	9589	15047	2099	112
大兴区	33867	88	23	2005	12785	6387	5383	6240	903	53
怀柔区	4801	17	3	437	2524	991	437	362	23	7
平谷区	2020	3	1	215	1027	386	209	161	15	3
密云区	3230	9		329	1542	680	350	294	26	
延庆区	1903	12		248	1166	245	123	97	12	
女	**209372**	**1015**	**63**	**10061**	**44791**	**30008**	**40053**	**67652**	**15122**	**607**
东城区	4780	28	2	260	961	955	799	1378	376	21
西城区	8094	65	2	552	1952	1313	1274	2163	742	31
朝阳区	36771	138	13	1496	6334	4499	6330	14269	3589	103
丰台区	21258	112	5	934	4028	3258	4159	7063	1637	62
石景山区	4663	26	3	205	765	578	909	1769	397	11
海淀区	31126	194	14	1625	6168	4314	5027	10313	3267	204
门头沟区	2391	16	1	113	514	367	570	695	112	3
房山区	8182	31	2	379	2027	1238	1851	2277	358	19
通州区	18189	61	1	708	3505	2527	4341	6192	828	26
顺义区	14776	85	3	1100	5104	2165	2457	3330	514	18
昌平区	32331	116	5	1158	5929	4492	6882	11581	2102	66
大兴区	20289	97	9	982	4841	3053	4361	5782	1123	41
怀柔区	2430	13	1	219	1079	461	358	269	28	2
平谷区	1307	11	2	83	516	264	235	183	13	
密云区	1905	17		165	736	376	336	252	23	
延庆区	880	5		82	332	148	164	136	13	

4－5 全市分年龄、性别、受教育程度的就业人口

单位：人

年龄组 性别	合计	未上过学	学前教育	小学	初中	高中	大学专科	大学本科	硕士研究生	博士研究生
总计	**1015007**	**2181**	**144**	**31215**	**204177**	**156190**	**183429**	**323374**	**98612**	**15685**
16－19岁	6760	3	3	105	2815	2543	1038	252	1	
20－24岁	60517	12	4	223	7581	10504	19955	20662	1535	41
25－29岁	140709	29	7	570	13102	16705	31744	59605	17959	988
30－34岁	201948	64	15	1387	24386	27647	41883	76942	26263	3361
35－39岁	177447	87	11	1618	23921	23760	31974	68866	23518	3692
40－44岁	129632	123	18	2942	25844	21093	21963	40537	14147	2965
45－49岁	122464	351	17	5978	38915	21303	17633	28156	7964	2147
50－54岁	95748	517	28	8533	37212	15357	10479	17993	4311	1318
55－59岁	61123	352	20	5067	22493	14149	5989	9426	2628	999
60－64岁	12168	279	15	2525	5343	2566	501	597	214	128
65－69岁	4965	273	5	1645	2057	456	207	232	54	36
70－74岁	1144	62	1	493	409	75	45	43	11	5
75岁及以上	382	29		129	99	32	18	63	7	5
男	**587409**	**877**	**75**	**18986**	**140057**	**101785**	**101386**	**165242**	**49293**	**9708**
16－19岁	4495	3	2	87	2124	1610	541	128		
20－24岁	32722	8	1	175	5530	6931	10041	9486	528	22
25－29岁	74897	21	4	447	9579	11123	17376	28467	7369	511
30－34岁	110313	41	10	992	17375	17972	22863	37327	11820	1913
35－39岁	97260	43	6	989	16172	14388	17140	34597	11717	2208
40－44岁	72445	47	10	1594	16155	12249	11512	21224	7888	1766
45－49岁	69124	100	7	3103	23341	11901	9404	15034	4833	1401
50－54岁	63479	205	13	4979	26225	11055	6697	10555	2817	933
55－59岁	49049	133	9	3351	17410	12229	5260	7754	2101	802
60－64岁	8883	113	7	1687	4083	1908	365	443	163	114
65－69岁	3614	111	5	1140	1653	340	142	152	42	29
70－74岁	850	31	1	351	334	61	30	27	10	5
75岁及以上	278	21		91	76	18	15	48	5	4
女	**427598**	**1304**	**69**	**12229**	**64120**	**54405**	**82043**	**158132**	**49319**	**5977**
16－19岁	2265		1	18	691	933	497	124	1	
20－24岁	27795	4	3	48	2051	3573	9914	11176	1007	19
25－29岁	65812	8	3	123	3523	5582	14368	31138	10590	477
30－34岁	91635	23	5	395	7011	9675	19020	39615	14443	1448
35－39岁	80187	44	5	629	7749	9372	14834	34269	11801	1484
40－44岁	57187	76	8	1348	9689	8844	10451	19313	6259	1199
45－49岁	53340	251	10	2875	15574	9402	8229	13122	3131	746
50－54岁	32269	312	15	3554	10987	4302	3782	7438	1494	385
55－59岁	12074	219	11	1716	5083	1920	729	1672	527	197
60－64岁	3285	166	8	838	1260	658	136	154	51	14
65－69岁	1351	162		505	404	116	65	80	12	7
70－74岁	294	31		142	75	14	15	16	1	
75岁及以上	104	8		38	23	14	3	15	2	1

4-5a　全市分年龄、性别、受教育程度的就业人口(城市)

单位：人

年龄组 性别	合计	未上过学	学前教育	小学	初中	高中	大学专科	大学本科	硕士 研究生	博士 研究生
总计	**810074**	**1312**	**96**	**17981**	**119171**	**112012**	**150018**	**298899**	**95222**	**15363**
16-19岁	5181		3	67	2143	1959	785	223	1	
20-24岁	47723	4	3	148	5298	7487	15148	18135	1461	39
25-29岁	115973	18	4	362	8310	11224	24313	53580	17203	959
30-34岁	162059	42	10	824	14386	17339	31720	69372	25109	3257
35-39岁	148762	57	7	999	13837	16151	26759	64596	22749	3607
40-44岁	108117	94	14	1821	15454	15687	19548	38723	13851	2925
45-49岁	97171	225	10	3823	23421	16665	16044	27080	7781	2122
50-54岁	71792	348	17	5229	21470	12371	9579	17253	4222	1303
55-59岁	44466	241	14	2881	11807	11397	5496	9081	2567	982
60-64岁	6090	133	10	1115	2158	1390	401	551	208	124
65-69岁	2185	122	4	569	750	273	171	207	53	36
70-74岁	381	21		114	109	47	37	38	11	4
75岁及以上	174	7		29	28	22	17	60	6	5
男	**454571**	**482**	**38**	**10235**	**79932**	**72233**	**82132**	**152415**	**47590**	**9514**
16-19岁	3373		2	54	1588	1211	401	117		
20-24岁	25141	3	1	109	3815	4875	7478	8343	496	21
25-29岁	59896	13	2	281	5980	7372	13111	25567	7071	499
30-34岁	85581	26	5	572	10114	11102	17126	33498	11287	1851
35-39岁	79128	28	3	580	9137	9550	14192	32184	11298	2156
40-44岁	58933	33	6	915	9416	8835	10104	20179	7701	1744
45-49岁	53335	52	3	1834	13517	9034	8419	14374	4719	1383
50-54岁	46590	116	6	2820	14932	8913	6044	10081	2754	924
55-59岁	36247	81	4	1832	9116	10086	4826	7463	2050	789
60-64岁	4393	56	2	736	1623	1019	282	406	159	110
65-69岁	1560	55	4	402	594	190	112	133	41	29
70-74岁	278	13		83	84	36	23	25	10	4
75岁及以上	116	6		17	16	10	14	45	4	4
女	**355503**	**830**	**58**	**7746**	**39239**	**39779**	**67886**	**146484**	**47632**	**5849**
16-19岁	1808		1	13	555	748	384	106	1	
20-24岁	22582	1	2	39	1483	2612	7670	9792	965	18
25-29岁	56077	5	2	81	2330	3852	11202	28013	10132	460
30-34岁	76478	16	5	252	4272	6237	14594	35874	13822	1406
35-39岁	69634	29	4	419	4700	6601	12567	32412	11451	1451
40-44岁	49184	61	8	906	6038	6852	9444	18544	6150	1181
45-49岁	43836	173	7	1989	9904	7631	7625	12706	3062	739
50-54岁	25202	232	11	2409	6538	3458	3535	7172	1468	379
55-59岁	8219	160	10	1049	2691	1311	670	1618	517	193
60-64岁	1697	77	8	379	535	371	119	145	49	14
65-69岁	625	67		167	156	83	59	74	12	7
70-74岁	103	8		31	25	11	14	13	1	
75岁及以上	58	1		12	12	12	3	15	2	1

4–5b 全市分年龄、性别、受教育程度的就业人口(镇)

单位：人

年龄组 性别	合计	未上过学	学前教育	小学	初中	高中	大学专科	大学本科	硕士 研究生	博士 研究生
总计	**65835**	**184**	**32**	**3298**	**21439**	**13303**	**12666**	**12389**	**2284**	**240**
16–19岁	623	2		15	213	254	128	11		
20–24岁	5059	3	1	29	703	1143	1988	1150	41	1
25–29岁	9424	2	2	74	1499	1864	2728	2766	471	18
30–34岁	13695	6	2	165	2766	2929	3410	3602	741	74
35–39岁	10068	5	2	193	2684	2137	1966	2448	562	71
40–44岁	7073	11	3	336	2686	1601	1108	1086	213	29
45–49岁	7485	27	5	576	3978	1432	681	629	139	18
50–54岁	6507	41	7	886	3745	914	377	457	67	13
55–59岁	4108	28	6	510	2315	780	217	192	48	12
60–64岁	1165	31	3	265	579	206	47	28	2	4
65–69岁	474	16	1	181	212	37	14	13		
70–74岁	113	8		53	43	4	1	4		
75岁及以上	41	4		15	16	2	1	3		
男	**41436**	**104**	**25**	**2237**	**15146**	**8849**	**7178**	**6618**	**1130**	**149**
16–19岁	431	2		13	168	176	69	3		
20–24岁	2824	3		25	498	736	1022	522	18	
25–29岁	5518	1	2	60	1102	1258	1553	1356	179	7
30–34岁	8205	3	2	124	1999	1955	1900	1845	328	49
35–39岁	6208	3	1	141	1877	1364	1079	1402	297	44
40–44岁	4376	6	3	212	1719	1018	644	624	133	17
45–49岁	4633	12	3	338	2521	864	415	385	83	12
50–54岁	4625	27	5	591	2752	653	255	287	48	7
55–59岁	3261	17	5	374	1829	635	190	160	42	9
60–64岁	885	16	3	188	460	154	39	19	2	4
65–69岁	366	8	1	128	177	31	11	10		
70–74岁	74	3		34	31	4		2		
75岁及以上	30	3		9	13	1	1	3		
女	**24399**	**80**	**7**	**1061**	**6293**	**4454**	**5488**	**5771**	**1154**	**91**
16–19岁	192			2	45	78	59	8		
20–24岁	2235		1	4	205	407	966	628	23	1
25–29岁	3906	1		14	397	606	1175	1410	292	11
30–34岁	5490	3		41	767	974	1510	1757	413	25
35–39岁	3860	2	1	52	807	773	887	1046	265	27
40–44岁	2697	5		124	967	583	464	462	80	12
45–49岁	2852	15	2	238	1457	568	266	244	56	6
50–54岁	1882	14	2	295	993	261	122	170	19	6
55–59岁	847	11	1	136	486	145	27	32	6	3
60–64岁	280	15		77	119	52	8	9		
65–69岁	108	8		53	35	6	3	3		
70–74岁	39	5		19	12		1	2		
75岁及以上	11	1		6	3	1				

4–5c 全市分年龄、性别、受教育程度的就业人口(乡村)

单位：人

年龄组 性别	合计	未上过学	学前教育	小学	初中	高中	大学专科	大学本科	硕士 研究生	博士 研究生
总计	**139098**	**685**	**16**	**9936**	**63567**	**30875**	**20745**	**12086**	**1106**	**82**
16–19岁	956	1		23	459	330	125	18		
20–24岁	7735	5		46	1580	1874	2819	1377	33	1
25–29岁	15312	9	1	134	3293	3617	4703	3259	285	11
30–34岁	26194	16	3	398	7234	7379	6753	3968	413	30
35–39岁	18617	25	2	426	7400	5472	3249	1822	207	14
40–44岁	14442	18	1	785	7704	3805	1307	728	83	11
45–49岁	17808	99	2	1579	11516	3206	908	447	44	7
50–54岁	17449	128	4	2418	11997	2072	523	283	22	2
55–59岁	12549	83		1676	8371	1972	276	153	13	5
60–64岁	4913	115	2	1145	2606	970	53	18	4	
65–69岁	2306	135		895	1095	146	22	12	1	
70–74岁	650	33	1	326	257	24	7	1		1
75岁及以上	167	18		85	55	8			1	
男	**91402**	**291**	**12**	**6514**	**44979**	**20703**	**12076**	**6209**	**573**	**45**
16–19岁	691	1		20	368	223	71	8		
20–24岁	4757	2		41	1217	1320	1541	621	14	1
25–29岁	9483	7		106	2497	2493	2712	1544	119	5
30–34岁	16527	12	3	296	5262	4915	3837	1984	205	13
35–39岁	11924	12	2	268	5158	3474	1869	1011	122	8
40–44岁	9136	8	1	467	5020	2396	764	421	54	5
45–49岁	11156	36	1	931	7303	2003	570	275	31	6
50–54岁	12264	62	2	1568	8541	1489	398	187	15	2
55–59岁	9541	35		1145	6465	1508	244	131	9	4
60–64岁	3605	41	2	763	2000	735	44	18	2	
65–69岁	1688	48		610	882	119	19	9	1	
70–74岁	498	15	1	234	219	21	7			1
75岁及以上	132	12		65	47	7			1	
女	**47696**	**394**	**4**	**3422**	**18588**	**10172**	**8669**	**5877**	**533**	**37**
16–19岁	265			3	91	107	54	10		
20–24岁	2978	3		5	363	554	1278	756	19	
25–29岁	5829	2	1	28	796	1124	1991	1715	166	6
30–34岁	9667	4		102	1972	2464	2916	1984	208	17
35–39岁	6693	13		158	2242	1998	1380	811	85	6
40–44岁	5306	10		318	2684	1409	543	307	29	6
45–49岁	6652	63	1	648	4213	1203	338	172	13	1
50–54岁	5185	66	2	850	3456	583	125	96	7	
55–59岁	3008	48		531	1906	464	32	22	4	1
60–64岁	1308	74		382	606	235	9		2	
65–69岁	618	87		285	213	27	3	3		
70–74岁	152	18		92	38	3		1		
75岁及以上	35	6		20	8	1				

4－6　全市分年龄、性别、受教育程度的外来就业人口

单位：人

年龄组 性　别	合　计	未上过学	学前教育	小　学	初　中	高　中	大学专科	大学本科	硕　士 研究生	博　士 研究生
总　计	**507801**	**1661**	**131**	**25298**	**143056**	**83647**	**86041**	**138379**	**28024**	**1564**
16－19岁	6488	3	3	105	2779	2456	965	176	1	
20－24岁	45273	10	3	212	7346	9130	14226	13470	856	20
25－29岁	94011	17	6	527	12369	13008	20712	38534	8575	263
30－34岁	108692	44	12	1211	21471	17496	20948	37897	9125	488
35－39岁	79364	60	8	1422	19225	12220	13073	27376	5619	361
40－44岁	56054	98	13	2656	19545	10050	8501	12640	2357	194
45－49岁	49845	304	17	5313	24815	8841	4603	4963	874	115
50－54岁	39673	442	28	7222	21456	5960	1966	2133	402	64
55－59岁	20202	303	20	3941	10569	3343	817	982	177	50
60－64岁	5629	180	15	1678	2519	921	151	129	28	8
65－69岁	2165	168	5	840	827	195	62	61	7	
70－74岁	334	25	1	149	113	20	13	10	2	1
75岁及以上	71	7		22	22	7	4	8	1	
男	**298429**	**646**	**68**	**15237**	**98265**	**53639**	**45988**	**70727**	**12902**	**957**
16－19岁	4315	3	2	87	2096	1547	488	92		
20－24岁	25019	7	1	167	5358	5971	6918	6301	287	9
25－29岁	51419	12	3	417	9095	8657	11057	18629	3401	148
30－34岁	62196	30	8	881	15447	11456	11242	18881	3976	275
35－39岁	45740	30	4	871	13305	7543	6825	14178	2763	221
40－44岁	33285	33	8	1446	12625	5916	4544	7159	1425	129
45－49岁	30018	80	7	2754	15520	5199	2745	3062	577	74
50－54岁	25854	157	13	4142	14466	3951	1331	1453	293	48
55－59岁	14419	108	9	2546	7582	2501	662	814	152	45
60－64岁	4173	83	7	1161	1966	718	113	99	19	7
65－69岁	1671	81	5	628	698	160	49	44	6	
70－74岁	267	16	1	119	93	17	10	8	2	1
75岁及以上	53	6		18	14	3	4	7	1	
女	**209372**	**1015**	**63**	**10061**	**44791**	**30008**	**40053**	**67652**	**15122**	**607**
16－19岁	2173		1	18	683	909	477	84	1	
20－24岁	20254	3	2	45	1988	3159	7308	7169	569	11
25－29岁	42592	5	3	110	3274	4351	9655	19905	5174	115
30－34岁	46496	14	4	330	6024	6040	9706	19016	5149	213
35－39岁	33624	30	4	551	5920	4677	6248	13198	2856	140
40－44岁	22769	65	5	1210	6920	4134	3957	5481	932	65
45－49岁	19827	224	10	2559	9295	3642	1858	1901	297	41
50－54岁	13819	285	15	3080	6990	2009	635	680	109	16
55－59岁	5783	195	11	1395	2987	842	155	168	25	5
60－64岁	1456	97	8	517	553	203	38	30	9	1
65－69岁	494	87		212	129	35	13	17	1	
70－74岁	67	9		30	20	3	3	2		
75岁及以上	18	1		4	8	4		1		

4–7　各地区分性别、行业大类的就业人口

单位：人

地　区 性　别	合计	农、林、牧、渔业						采矿业	
		小计	农业	林业	畜牧业	渔业	农、林、牧、渔专业及辅助性活动	小计	煤炭开采和洗选业
北　京	**1015007**	**13406**	**10583**	**1043**	**1099**	**184**	**497**	**1387**	**167**
东城区	31286	6	2	1	2		1	55	5
西城区	50865	16	8	1	3		4	108	9
朝阳区	158963	140	57	32	8	22	21	389	28
丰台区	98285	213	151		12	12	38	85	7
石景山区	24288	30	13	7	4		6	41	2
海淀区	146051	381	246	33	46	12	44	145	21
门头沟区	15297	131	64	56	5	1	5	70	42
房山区	53526	1108	807	134	112	11	44	69	33
通州区	79387	1067	675	244	78	26	44	38	5
顺义区	71523	1414	988	145	221	26	34	23	3
昌平区	118911	940	607	117	129	6	81	100	3
大兴区	89988	1576	1422	36	58	7	53	42	5
怀柔区	18923	324	252	20	19	6	27	2	
平谷区	21138	3287	2981	22	203	32	49	12	3
密云区	23003	1928	1768	25	108	20	7	206	1
延庆区	13573	845	542	170	91	3	39	2	
男	**587409**	**8168**	**6223**	**714**	**749**	**139**	**343**	**971**	**132**
东城区	16753	5	2	1	1		1	39	4
西城区	27395	10	4	1	2		3	71	6
朝阳区	87721	90	38	20	4	16	12	235	23
丰台区	54870	142	98		10	10	24	48	4
石景山区	13428	18	6	4	3		5	27	2
海淀区	80768	242	154	21	27	9	31	94	16
门头沟区	8896	83	39	37	2	1	4	61	36
房山区	32497	691	481	83	85	10	32	56	30
通州区	47687	699	416	178	57	20	28	26	2
顺义区	44283	891	590	98	163	20	20	17	2
昌平区	71733	586	362	87	86	3	48	66	2
大兴区	54698	934	820	30	39	6	39	31	2
怀柔区	11718	218	161	17	15	3	22	2	
平谷区	12577	1871	1668	17	119	24	43	8	2
密云区	13972	1148	1035	17	74	16	6	189	1
延庆区	8413	540	349	103	62	1	25	1	
女	**427598**	**5238**	**4360**	**329**	**350**	**45**	**154**	**416**	**35**
东城区	14533	1			1			16	1
西城区	23470	6	4		1		1	37	3
朝阳区	71242	50	19	12	4	6	9	154	5
丰台区	43415	71	53		2	2	14	37	3
石景山区	10860	12	7	3	1		1	14	
海淀区	65283	139	92	12	19	3	13	51	5
门头沟区	6401	48	25	19	3		1	9	6
房山区	21029	417	326	51	27	1	12	13	3
通州区	31700	368	259	66	21	6	16	12	3
顺义区	27240	523	398	47	58	6	14	6	1
昌平区	47178	354	245	30	43	3	33	34	1
大兴区	35290	642	602	6	19	1	14	11	3
怀柔区	7205	106	91	3	4	3	5		
平谷区	8561	1416	1313	5	84	8	6	4	1
密云区	9031	780	733	8	34	4	1	17	
延庆区	5160	305	193	67	29	2	14	1	

4-7 续表 1 单位：人

地 区 性 别	采矿业						制造业		
	石油和天然气开采业	黑色金属矿采选业	有色金属矿采选业	非金属矿采选业	开采专业及辅助性活动	其他采矿业	小计	农副食品加工业	食品制造业
北 京	**321**	**273**	**47**	**87**	**449**	**43**	**83130**	**2434**	**4575**
东 城 区	14	3	2	1	28	2	1179	9	22
西 城 区	45	6	3	4	39	2	2093	28	80
朝 阳 区	133	15	6	13	181	13	6941	115	360
丰 台 区	14	8	11	7	29	9	6162	77	170
石景山区	7	14	1	6	7	4	1433	19	36
海 淀 区	34	9	3	9	65	4	7484	107	206
门头沟区	3	9		15	1		917	9	37
房 山 区	9	1	2	7	17		5985	244	270
通 州 区	8		5	3	17		8668	302	542
顺 义 区	10	1	1	6	1	1	10361	455	700
昌 平 区	25		4	13	51	4	9797	220	530
大 兴 区	14	2	5	2	11	3	12659	389	737
怀 柔 区					2		3390	181	406
平 谷 区	2	4	2			1	2626	140	311
密 云 区	2	200	2	1			2731	87	118
延 庆 区	1	1					704	52	50
男	**208**	**233**	**29**	**63**	**282**	**24**	**54048**	**1452**	**2354**
东 城 区	8	2	2	1	20	2	729	7	9
西 城 区	33	4	3	2	22	1	1292	18	34
朝 阳 区	77	10	4	5	109	7	4337	69	191
丰 台 区	10	7	4	4	15	4	4125	44	99
石景山区	4	8		5	7	1	972	13	22
海 淀 区	25	4	3	6	38	2	4772	52	102
门头沟区	2	7		15	1		644	4	26
房 山 区	5	1		6	14		4137	136	122
通 州 区	7		3	1	13		5511	191	295
顺 义 区	8	1	1	3	1	1	6825	284	363
昌 平 区	16		2	12	32	2	6429	136	285
大 兴 区	10	2	4	2	8	3	8014	226	362
怀 柔 区					2		2262	108	202
平 谷 区	1	3	1			1	1674	84	153
密 云 区	2	183	2	1			1840	48	66
延 庆 区		1					485	32	23
女	**113**	**40**	**18**	**24**	**167**	**19**	**29082**	**982**	**2221**
东 城 区	6	1			8		450	2	13
西 城 区	12	2		2	17	1	801	10	46
朝 阳 区	56	5	2	8	72	6	2604	46	169
丰 台 区	4	1	7	3	14	5	2037	33	71
石景山区	3	6	1	1		3	461	6	14
海 淀 区	9	5		3	27	2	2712	55	104
门头沟区	1	2					273	5	11
房 山 区	4		2	1	3		1848	108	148
通 州 区	1		2	2	4		3157	111	247
顺 义 区	2			3			3536	171	337
昌 平 区	9		2	1	19	2	3368	84	245
大 兴 区	4		1		3		4645	163	375
怀 柔 区							1128	73	204
平 谷 区	1	1	1				952	56	158
密 云 区		17					891	39	52
延 庆 区	1						219	20	27

4-7　续表 2　　　　　　　　　　　　　　　　　　　　　　　　　　　　　单位：人

地区 性别	制造业								
	酒、饮料和精制茶制造业	烟草制品业	纺织业	纺织服装、服饰业	皮革、毛皮、羽毛及其制品和制鞋业	木材加工和木、竹、藤、棕、草制品业	家具制造业	造纸和纸制品业	印刷和记录媒介复制业
北京	**2206**	**89**	**452**	**2347**	**203**	**359**	**1508**	**698**	**2599**
东城区	15	5	6	34	3	1	7	6	61
西城区	30	4	10	36	7	5	9	13	237
朝阳区	124	11	54	246	15	36	108	38	234
丰台区	72	2	46	114	14	29	32	20	218
石景山区	14		10	22	4	6	5	3	37
海淀区	45		23	98	23	9	74	21	203
门头沟区	24		8	16	3	1	5	3	19
房山区	98	4	45	126	11	22	88	168	82
通州区	115	54	42	230	37	56	309	90	407
顺义区	1008	1	62	436	19	53	445	95	346
昌平区	103	4	37	123	18	36	95	42	154
大兴区	167	2	45	595	36	53	254	56	431
怀柔区	144		3	24	1	27	45	27	49
平谷区	49	1	42	118	9	11	7	56	22
密云区	189	1	15	109	3	9	16	58	89
延庆区	9		4	20		5	9	2	10
男	**1440**	**55**	**211**	**841**	**92**	**259**	**1035**	**439**	**1629**
东城区	10	2	2	15	2	1	6	2	43
西城区	15	3	6	13	3	2	4	9	154
朝阳区	64	7	26	100	4	28	66	24	137
丰台区	38	2	28	46	5	19	20	17	147
石景山区	6		3	4	2	4	1	2	20
海淀区	20		10	33	13	5	47	12	123
门头沟区	18		5	5		1	4	2	13
房山区	59	3	15	33	4	15	60	116	55
通州区	69	32	20	69	15	35	198	50	248
顺义区	736	1	27	132	11	35	323	58	204
昌平区	64	2	16	45	6	29	76	27	94
大兴区	83	1	25	278	21	44	178	31	285
怀柔区	97		2	8	1	18	28	13	31
平谷区	30	1	18	30	3	11	4	37	14
密云区	124	1	6	26	2	8	13	38	54
延庆区	7		2	4		4	7	1	7
女	**766**	**34**	**241**	**1506**	**111**	**100**	**473**	**259**	**970**
东城区	5	3	4	19	1		1	4	18
西城区	15	1	4	23	4	3	5	4	83
朝阳区	60	4	28	146	11	8	42	14	97
丰台区	34		18	68	9	10	12	3	71
石景山区	8		7	18	2	2	4	1	17
海淀区	25		13	65	10	4	27	9	80
门头沟区	6		3	11	3		1	1	6
房山区	39	1	30	93	7	7	28	52	27
通州区	46	22	22	161	22	21	111	40	159
顺义区	272		35	304	8	18	122	37	142
昌平区	39	2	21	78	12	7	19	15	60
大兴区	84	1	20	317	15	9	76	25	146
怀柔区	47		1	16		9	17	14	18
平谷区	19		24	88	6		3	19	8
密云区	65		9	83	1	1	3	20	35
延庆区	2		2	16		1	2	1	3

4-7 续表 3 单位：人

地区 性别	制造业								
	文教、工美、体育和娱乐用品制造业	石油、煤炭及其他燃料加工业	化学原料和化学制品制造业	医药制造业	化学纤维制造业	橡胶和塑料制品业	非金属矿物制品业	黑色金属冶炼和压延加工业	有色金属冶炼和压延加工业
北京	**1232**	**869**	**2368**	**6344**	**43**	**1324**	**3668**	**625**	**348**
东城区	41	19	36	95		18	36	9	5
西城区	61	41	70	180	2	22	29	13	12
朝阳区	215	105	263	573	6	90	327	16	25
丰台区	63	60	106	492	2	68	212	21	16
石景山区	26	13	51	67	1	22	45	128	23
海淀区	90	60	169	410	2	108	290	26	115
门头沟区	13	2	17	54		7	24	111	3
房山区	47	332	448	254	5	215	497	46	10
通州区	191	32	299	897	4	158	354	34	34
顺义区	172	47	214	416	6	103	421	62	15
昌平区	101	55	178	722	5	85	646	56	42
大兴区	141	84	306	1609	5	172	337	31	8
怀柔区	18	6	61	217	3	115	82	10	20
平谷区	36	7	74	133	1	39	112	18	6
密云区	12	6	65	149		97	161	33	7
延庆区	5		11	76	1	5	95	11	7
男	**686**	**587**	**1415**	**3043**	**26**	**841**	**2837**	**508**	**258**
东城区	22	11	21	42		13	18	7	3
西城区	36	23	39	74	2	15	16	6	10
朝阳区	121	70	145	281	4	61	247	11	18
丰台区	33	37	56	244	1	46	167	15	12
石景山区	15	9	31	32	1	14	36	107	17
海淀区	50	35	97	190	1	66	231	18	90
门头沟区	9	2	9	28		7	17	95	3
房山区	30	231	297	110	4	142	389	41	8
通州区	109	27	181	444	1	92	265	23	22
顺义区	89	32	130	171	4	68	320	48	10
昌平区	56	42	101	379	3	52	514	46	29
大兴区	77	52	181	779	2	104	266	23	6
怀柔区	10	5	28	95	2	78	58	10	14
平谷区	16	7	44	70	1	28	94	17	5
密云区	8	4	46	69		52	123	32	4
延庆区	5		9	35		3	76	9	7
女	**546**	**282**	**953**	**3301**	**17**	**483**	**831**	**117**	**90**
东城区	19	8	15	53		5	18	2	2
西城区	25	18	31	106		7	13	7	2
朝阳区	94	35	118	292	2	29	80	5	7
丰台区	30	23	50	248	1	22	45	6	4
石景山区	11	4	20	35		8	9	21	6
海淀区	40	25	72	220	1	42	59	8	25
门头沟区	4		8	26			7	16	
房山区	17	101	151	144	1	73	108	5	2
通州区	82	5	118	453	3	66	89	11	12
顺义区	83	15	84	245	2	35	101	14	5
昌平区	45	13	77	343	2	33	132	10	13
大兴区	64	32	125	830	3	68	71	8	2
怀柔区	8	1	33	122	1	37	24		6
平谷区	20		30	63		11	18	1	1
密云区	4	2	19	80		45	38	1	3
延庆区			2	41	1	2	19	2	

4-7　续表 4　　　　单位：人

地　区 性　别	制造业								
	金　属 制品业	通用设备 制造业	专用设备 制造业	汽　车 制造业	铁路、船舶、航空航天和其他运输设备制造业	电气机械和器材制造业	计算机、通信和其他电子设备制造业	仪器仪表 制造业	其　他 制造业
北　京	**3902**	**5316**	**6172**	**8526**	**5635**	**4160**	**9823**	**2276**	**723**
东 城 区	25	80	114	70	136	46	181	37	13
西 城 区	69	143	172	78	224	109	232	91	12
朝 阳 区	246	438	692	337	380	345	943	216	75
丰 台 区	303	519	363	247	1597	306	590	152	105
石景山区	92	142	141	40	144	91	138	42	27
海 淀 区	320	496	586	171	1148	349	1567	409	150
门头沟区	24	158	51	22	112	31	77	47	7
房 山 区	305	384	578	390	350	234	259	148	53
通 州 区	409	494	695	815	127	609	870	229	87
顺 义 区	704	646	387	1909	191	296	475	121	42
昌 平 区	478	615	983	982	463	563	1766	407	57
大 兴 区	427	621	875	1392	623	585	2236	250	66
怀 柔 区	145	64	157	1076	35	247	143	22	8
平 谷 区	138	119	205	512	45	115	187	61	13
密 云 区	157	309	143	463	46	205	115	31	4
延 庆 区	60	88	30	22	14	29	44	13	4
男	**2901**	**3872**	**3861**	**6576**	**4013**	**2786**	**6244**	**1414**	**484**
东 城 区	13	54	64	45	88	32	128	25	9
西 城 区	47	90	107	52	155	78	160	56	7
朝 阳 区	170	316	426	230	277	219	602	127	45
丰 台 区	216	383	235	182	1139	218	381	106	65
石景山区	69	100	96	30	102	66	83	28	20
海 淀 区	231	356	383	117	769	217	972	253	108
门头沟区	20	116	32	15	92	22	47	22	5
房 山 区	240	303	435	313	273	177	173	91	38
通 州 区	305	355	436	654	97	410	561	138	54
顺 义 区	526	452	221	1465	132	186	271	69	25
昌 平 区	369	464	598	722	323	380	1103	248	40
大 兴 区	313	453	521	1085	454	365	1490	162	46
怀 柔 区	107	46	86	867	27	174	79	15	5
平 谷 区	106	89	110	416	38	77	91	38	9
密 云 区	117	234	90	362	38	142	70	27	4
延 庆 区	52	61	21	21	9	23	33	9	4
女	**1001**	**1444**	**2311**	**1950**	**1622**	**1374**	**3579**	**862**	**239**
东 城 区	12	26	50	25	48	14	53	12	4
西 城 区	22	53	65	26	69	31	72	35	5
朝 阳 区	76	122	266	107	103	126	341	89	30
丰 台 区	87	136	128	65	458	88	209	46	40
石景山区	23	42	45	10	42	25	55	14	7
海 淀 区	89	140	203	54	379	132	595	156	42
门头沟区	4	42	19	7	20	9	30	25	2
房 山 区	65	81	143	77	77	57	86	57	15
通 州 区	104	139	259	161	30	199	309	91	33
顺 义 区	178	194	166	444	59	110	204	52	17
昌 平 区	109	151	385	260	140	183	663	159	17
大 兴 区	114	168	354	307	169	220	746	88	20
怀 柔 区	38	18	71	209	8	73	64	7	3
平 谷 区	32	30	95	96	7	38	96	23	4
密 云 区	40	75	53	101	8	63	45	4	
延 庆 区	8	27	9	1	5	6	11	4	

4-7 续表 5 单位：人

地区 性别	制造业		电力、热力、燃气及水生产和供应业				建筑业		
	废弃资源综合利用业	金属制品、机械和设备修理业	小计	电力、热力生产和供应业	燃气生产和供应业	水的生产和供应业	小计	房屋建筑业	土木工程建筑业
北　京	**482**	**1824**	**9567**	**6119**	**1621**	**1827**	**75347**	**29386**	**11746**
东城区	10	39	283	166	65	52	1096	424	307
西城区	22	52	705	578	64	63	1716	484	628
朝阳区	42	266	1241	701	353	187	9124	1970	1329
丰台区	4	142	1048	752	127	169	6271	2246	1259
石景山区	8	36	370	266	55	49	1763	770	274
海淀区	52	157	894	606	137	151	7066	2550	1343
门头沟区	27	5	294	195	36	63	1270	547	290
房山区	72	200	813	513	121	179	4884	2153	817
通州区	42	104	693	401	121	171	6618	2556	1120
顺义区	40	474	575	307	115	153	9053	4655	784
昌平区	71	160	844	522	143	179	8756	2880	956
大兴区	26	100	787	519	117	151	9964	3989	1269
怀柔区	25	29	225	124	45	56	2355	1261	435
平谷区	19	20	296	166	52	78	1557	780	310
密云区	11	23	324	180	46	98	2165	1019	427
延庆区	11	17	175	123	24	28	1689	1102	198
男	**363**	**1526**	**6829**	**4379**	**1157**	**1293**	**62038**	**24728**	**9099**
东城区	6	29	197	112	48	37	814	330	230
西城区	15	43	478	398	43	37	1286	361	479
朝阳区	32	219	841	473	236	132	7264	1556	991
丰台区	2	122	737	523	93	121	4898	1780	927
石景山区	7	32	267	196	39	32	1344	608	183
海淀区	45	126	614	419	97	98	5676	2091	986
门头沟区	21	4	228	148	27	53	994	425	215
房山区	53	171	611	391	91	129	4038	1853	652
通州区	27	88	515	302	92	121	5413	2134	912
顺义区	34	398	435	237	81	117	7677	4010	592
昌平区	51	129	586	362	103	121	7479	2519	767
大兴区	21	80	534	351	84	99	8389	3368	1030
怀柔区	20	28	171	97	32	42	1991	1084	360
平谷区	13	20	226	125	40	61	1363	691	268
密云区	10	22	246	146	30	70	1887	909	343
延庆区	6	15	143	99	21	23	1525	1009	164
女	**119**	**298**	**2738**	**1740**	**464**	**534**	**13309**	**4658**	**2647**
东城区	4	10	86	54	17	15	282	94	77
西城区	7	9	227	180	21	26	430	123	149
朝阳区	10	47	400	228	117	55	1860	414	338
丰台区	2	20	311	229	34	48	1373	466	332
石景山区	1	4	103	70	16	17	419	162	91
海淀区	7	31	280	187	40	53	1390	459	357
门头沟区	6	1	66	47	9	10	276	122	75
房山区	19	29	202	122	30	50	846	300	165
通州区	15	16	178	99	29	50	1205	422	208
顺义区	6	76	140	70	34	36	1376	645	192
昌平区	20	31	258	160	40	58	1277	361	189
大兴区	5	20	253	168	33	52	1575	621	239
怀柔区	5	1	54	27	13	14	364	177	75
平谷区	6		70	41	12	17	194	89	42
密云区	1	1	78	34	16	28	278	110	84
延庆区	5	2	32	24	3	5	164	93	34

4-7 续表 6

单位：人

地区 性别	建筑业		批发和零售业			交通运输、仓储和邮政业			
	建筑安装业	建筑装饰、装修和其他建筑业	小计	批发业	零售业	小计	铁路运输业	道路运输业	水上运输业
北京	**4764**	**29451**	**138321**	**51548**	**86773**	**60377**	**3070**	**36882**	**161**
东城区	71	294	4186	1649	2537	1287	73	651	17
西城区	118	486	5467	2188	3279	1811	252	918	15
朝阳区	498	5327	24522	9233	15289	7544	172	3915	33
丰台区	523	2243	16683	6716	9967	5503	927	3272	10
石景山区	119	600	2918	1134	1784	1196	70	870	7
海淀区	557	2616	15311	6670	8641	4107	222	2325	27
门头沟区	85	348	1935	498	1437	1354	139	1071	5
房山区	390	1524	7447	2568	4879	4288	237	3305	5
通州区	386	2556	12763	4605	8158	5852	128	4082	12
顺义区	445	3169	8495	3036	5459	9733	76	4114	2
昌平区	571	4349	16537	5498	11039	5200	162	3627	15
大兴区	584	4122	14024	5889	8135	6123	193	3850	7
怀柔区	138	521	1936	481	1455	1262	155	868	
平谷区	88	379	2139	514	1625	2052	55	1605	1
密云区	122	597	2650	506	2144	2040	143	1572	
延庆区	69	320	1308	363	945	1025	66	837	5
男	**3902**	**24309**	**73388**	**29648**	**43740**	**46782**	**2580**	**29974**	**103**
东城区	53	201	2116	894	1222	933	62	488	10
西城区	73	373	2777	1157	1620	1349	197	703	8
朝阳区	401	4316	12866	5081	7785	5548	138	3113	24
丰台区	411	1780	8752	3788	4964	4239	784	2510	5
石景山区	87	466	1444	627	817	878	52	646	4
海淀区	438	2161	8165	3710	4455	3150	160	1833	18
门头沟区	77	277	936	286	650	1098	131	864	1
房山区	316	1217	3945	1553	2392	3590	206	2815	2
通州区	314	2053	6864	2633	4231	4658	105	3343	8
顺义区	379	2696	4586	1911	2675	6931	66	3327	2
昌平区	484	3709	9154	3351	5803	4266	137	3028	11
大兴区	489	3502	7719	3445	4274	4766	161	3125	5
怀柔区	127	420	1026	313	713	1062	148	734	
平谷区	83	321	1048	328	720	1707	42	1366	1
密云区	108	527	1311	329	982	1735	134	1361	
延庆区	62	290	679	242	437	872	57	718	4
女	**862**	**5142**	**64933**	**21900**	**43033**	**13595**	**490**	**6908**	**58**
东城区	18	93	2070	755	1315	354	11	163	7
西城区	45	113	2690	1031	1659	462	55	215	7
朝阳区	97	1011	11656	4152	7504	1996	34	802	9
丰台区	112	463	7931	2928	5003	1264	143	762	5
石景山区	32	134	1474	507	967	318	18	224	3
海淀区	119	455	7146	2960	4186	957	62	492	9
门头沟区	8	71	999	212	787	256	8	207	4
房山区	74	307	3502	1015	2487	698	31	490	3
通州区	72	503	5899	1972	3927	1194	23	739	4
顺义区	66	473	3909	1125	2784	2802	10	787	
昌平区	87	640	7383	2147	5236	934	25	599	4
大兴区	95	620	6305	2444	3861	1357	32	725	2
怀柔区	11	101	910	168	742	200	7	134	
平谷区	5	58	1091	186	905	345	13	239	
密云区	14	70	1339	177	1162	305	9	211	
延庆区	7	30	629	121	508	153	9	119	1

4-7 续表 7 单位：人

地区 性别	交通运输、仓储和邮政业					住宿和餐饮业		
	航空运输业	管道运输业	多式联运和运输代理业	装卸搬运和仓储业	邮政业	小计	住宿业	餐饮业
北　京	**6612**	**47**	**2105**	**2493**	**9007**	**45354**	**9963**	**35391**
东城区	195	1	86	20	244	2233	818	1415
西城区	149	2	92	29	354	3387	1015	2372
朝阳区	1298	17	459	326	1324	7305	1584	5721
丰台区	204	1	169	218	702	3754	1107	2647
石景山区	52	1	31	22	143	802	204	598
海淀区	222	4	199	149	959	7742	1731	6011
门头沟区	13		3	6	117	583	143	440
房山区	71	4	83	221	362	1876	277	1599
通州区	196	3	201	272	958	2779	355	2424
顺义区	2976	4	424	394	1743	3154	625	2529
昌平区	164	6	135	170	921	5184	902	4282
大兴区	827	2	152	451	641	2980	415	2565
怀柔区	25		20	77	117	1045	264	781
平谷区	125	2	32	48	184	744	108	636
密云区	83		14	66	162	1045	265	780
延庆区	12		5	24	76	741	150	591
男	**3868**	**36**	**1310**	**1886**	**7025**	**25462**	**5157**	**20305**
东城区	114	1	53	13	192	1277	468	809
西城区	93	1	50	20	277	1872	498	1374
朝阳区	705	13	270	251	1034	4187	905	3282
丰台区	125	1	101	169	544	1964	567	1397
石景山区	37	1	20	15	103	445	118	327
海淀区	116	3	132	114	774	4392	841	3551
门头沟区	10			3	89	335	75	260
房山区	54	3	54	169	287	1001	136	865
通州区	124	1	140	210	727	1705	196	1509
顺义区	1708	3	251	291	1283	1716	304	1412
昌平区	97	5	83	132	773	3053	448	2605
大兴区	496	2	110	347	520	1649	225	1424
怀柔区	16		15	59	90	576	127	449
平谷区	104	2	21	27	144	352	45	307
密云区	62		7	48	123	533	133	400
延庆区	7		3	18	65	405	71	334
女	**2744**	**11**	**795**	**607**	**1982**	**19892**	**4806**	**15086**
东城区	81		33	7	52	956	350	606
西城区	56	1	42	9	77	1515	517	998
朝阳区	593	4	189	75	290	3118	679	2439
丰台区	79		68	49	158	1790	540	1250
石景山区	15		11	7	40	357	86	271
海淀区	106	1	67	35	185	3350	890	2460
门头沟区	3		3	3	28	248	68	180
房山区	17	1	29	52	75	875	141	734
通州区	72	2	61	62	231	1074	159	915
顺义区	1268	1	173	103	460	1438	321	1117
昌平区	67	1	52	38	148	2131	454	1677
大兴区	331		42	104	121	1331	190	1141
怀柔区	9		5	18	27	469	137	332
平谷区	21		11	21	40	392	63	329
密云区	21		7	18	39	512	132	380
延庆区	5		2	6	11	336	79	257

4-7　续表 8　　　　单位：人

地区 性别	信息传输、软件和信息技术服务业 小计	电信、广播电视和卫星传输服务	互联网和相关服务	软件和信息技术服务业	金融业 小计	货币金融服务	资本市场服务	保险业	其他金融业
北　京	**95576**	**8543**	**30187**	**56846**	**45681**	**19078**	**8284**	**11379**	**6940**
东城区	2354	326	693	1335	2677	1230	530	555	362
西城区	4027	847	1032	2148	5489	2758	1176	945	610
朝阳区	17013	1323	7067	8623	9250	3066	2093	2174	1917
丰台区	8226	969	2637	4620	5819	2883	910	1250	776
石景山区	2498	296	655	1547	1566	656	288	334	288
海淀区	19749	1579	4986	13184	6658	2912	1329	1413	1004
门头沟区	899	118	224	557	553	297	63	141	52
房山区	2971	379	778	1814	1489	573	196	514	206
通州区	5553	494	2050	3009	2806	841	448	1073	444
顺义区	3498	285	1037	2176	1598	759	216	459	164
昌平区	21895	885	7032	13978	3336	1107	592	1049	588
大兴区	5179	562	1522	3095	2708	1122	379	756	451
怀柔区	392	131	64	197	337	191	10	127	9
平谷区	512	135	134	243	506	274	21	178	33
密云区	582	133	221	228	610	264	22	307	17
延庆区	228	81	55	92	279	145	11	104	19
男	**60244**	**5095**	**18850**	**36299**	**21996**	**8795**	**4639**	**4897**	**3665**
东城区	1417	177	433	807	1280	559	301	235	185
西城区	2436	469	646	1321	2681	1298	633	421	329
朝阳区	10606	790	4437	5379	4469	1389	1143	937	1000
丰台区	5230	566	1721	2943	2701	1277	507	523	394
石景山区	1529	158	402	969	790	323	176	144	147
海淀区	12068	987	2949	8132	3165	1305	738	612	510
门头沟区	569	70	138	361	236	121	36	52	27
房山区	1932	233	519	1180	728	275	119	219	115
通州区	3570	303	1276	1991	1411	406	253	511	241
顺义区	2234	165	645	1424	771	351	132	194	94
昌平区	14217	570	4362	9285	1721	531	351	496	343
大兴区	3361	329	1010	2022	1335	550	214	330	241
怀柔区	243	79	42	122	140	81	5	48	6
平谷区	317	85	79	153	216	131	13	59	13
密云区	373	65	158	150	229	127	12	81	9
延庆区	142	49	33	60	123	71	6	35	11
女	**35332**	**3448**	**11337**	**20547**	**23685**	**10283**	**3645**	**6482**	**3275**
东城区	937	149	260	528	1397	671	229	320	177
西城区	1591	378	386	827	2808	1460	543	524	281
朝阳区	6407	533	2630	3244	4781	1677	950	1237	917
丰台区	2996	403	916	1677	3118	1606	403	727	382
石景山区	969	138	253	578	776	333	112	190	141
海淀区	7681	592	2037	5052	3493	1607	591	801	494
门头沟区	330	48	86	196	317	176	27	89	25
房山区	1039	146	259	634	761	298	77	295	91
通州区	1983	191	774	1018	1395	435	195	562	203
顺义区	1264	120	392	752	827	408	84	265	70
昌平区	7678	315	2670	4693	1615	576	241	553	245
大兴区	1818	233	512	1073	1373	572	165	426	210
怀柔区	149	52	22	75	197	110	5	79	3
平谷区	195	50	55	90	290	143	8	119	20
密云区	209	68	63	78	381	137	10	226	8
延庆区	86	32	22	32	156	74	5	69	8

4-7 续表 9　　单位：人

地区 性别	房地产业		租赁和商务服务业			科学研究和技术服务业			
	小计	房地产业	小计	租赁业	商务服务业	小计	研究和试验发展	专业技术服务业	科技推广和应用服务业
北　京	**43099**	**43099**	**82484**	**3698**	**78786**	**68240**	**19391**	**25035**	**23814**
东城区	1758	1758	3277	57	3220	1927	545	794	588
西城区	2702	2702	4629	128	4501	3929	1211	1652	1066
朝阳区	7873	7873	17600	538	17062	11240	2818	4262	4160
丰台区	4599	4599	9122	291	8831	6527	1727	2799	2001
石景山区	1036	1036	1950	47	1903	1932	616	845	471
海淀区	6839	6839	13188	387	12801	16978	6000	4847	6131
门头沟区	775	775	908	66	842	776	184	333	259
房山区	1906	1906	3515	194	3321	2961	824	1257	880
通州区	3270	3270	6824	365	6459	4044	868	1533	1643
顺义区	2533	2533	4365	428	3937	2590	508	1214	868
昌平区	4283	4283	7672	415	7257	8392	2198	2526	3668
大兴区	3530	3530	5970	438	5532	5186	1543	2110	1533
怀柔区	501	501	941	93	848	539	178	204	157
平谷区	460	460	793	94	699	517	72	263	182
密云区	680	680	940	92	848	416	58	233	125
延庆区	354	354	790	65	725	286	41	163	82
男	**26645**	**26645**	**45501**	**2905**	**42596**	**40188**	**11320**	**15177**	**13691**
东城区	1150	1150	1698	40	1658	1054	292	453	309
西城区	1706	1706	2569	84	2485	2217	666	958	593
朝阳区	4763	4763	8958	395	8563	6392	1596	2460	2336
丰台区	2800	2800	4701	217	4484	3832	1059	1678	1095
石景山区	665	665	978	34	944	1155	368	522	265
海淀区	4324	4324	7416	303	7113	9760	3498	2788	3474
门头沟区	457	457	529	55	474	473	109	216	148
房山区	1113	1113	2095	160	1935	1836	517	828	491
通州区	2042	2042	3783	292	3491	2466	511	956	999
顺义区	1521	1521	2670	349	2321	1591	313	775	503
昌平区	2770	2770	4341	332	4009	5190	1320	1621	2249
大兴区	2165	2165	3599	358	3241	3024	829	1309	886
怀柔区	311	311	600	81	519	374	133	142	99
平谷区	272	272	489	78	411	359	46	186	127
密云区	378	378	595	69	526	277	34	166	77
延庆区	208	208	480	58	422	188	29	119	40
女	**16454**	**16454**	**36983**	**793**	**36190**	**28052**	**8071**	**9858**	**10123**
东城区	608	608	1579	17	1562	873	253	341	279
西城区	996	996	2060	44	2016	1712	545	694	473
朝阳区	3110	3110	8642	143	8499	4848	1222	1802	1824
丰台区	1799	1799	4421	74	4347	2695	668	1121	906
石景山区	371	371	972	13	959	777	248	323	206
海淀区	2515	2515	5772	84	5688	7218	2502	2059	2657
门头沟区	318	318	379	11	368	303	75	117	111
房山区	793	793	1420	34	1386	1125	307	429	389
通州区	1228	1228	3041	73	2968	1578	357	577	644
顺义区	1012	1012	1695	79	1616	999	195	439	365
昌平区	1513	1513	3331	83	3248	3202	878	905	1419
大兴区	1365	1365	2371	80	2291	2162	714	801	647
怀柔区	190	190	341	12	329	165	45	62	58
平谷区	188	188	304	16	288	158	26	77	55
密云区	302	302	345	23	322	139	24	67	48
延庆区	146	146	310	7	303	98	12	44	42

4-7　续表 10　　　　单位：人

地区 性别	水利、环境和公共设施管理业					居民服务、修理和其他服务业			
	小计	水利管理业	生态保护和环境治理业	公共设施管理业	土地管理业	小计	居民服务业	机动车、电子产品和日用产品修理业	其他服务业
北　京	**17452**	**872**	**1519**	**14906**	**155**	**35795**	**22878**	**6361**	**6556**
东城区	405	19	33	351	2	930	651	136	143
西城区	599	39	40	499	21	1479	1098	160	221
朝阳区	1759	67	168	1504	20	6672	4437	1021	1214
丰台区	1447	66	111	1262	8	3224	2060	634	530
石景山区	376	14	39	317	6	710	465	134	111
海淀区	1831	103	201	1510	17	5071	3653	548	870
门头沟区	311	13	24	274		498	307	112	79
房山区	1179	86	155	930	8	1867	1076	492	299
通州区	1953	78	135	1732	8	2551	1507	531	513
顺义区	1230	63	83	1072	12	3039	1723	534	782
昌平区	1653	77	201	1356	19	4383	2869	859	655
大兴区	1715	53	179	1461	22	3021	1726	653	642
怀柔区	448	24	49	374	1	640	409	157	74
平谷区	598	15	41	538	4	594	310	156	128
密云区	998	111	19	866	2	732	368	152	212
延庆区	950	44	41	860	5	384	219	82	83
男	**11760**	**584**	**959**	**10126**	**91**	**15514**	**7342**	**5187**	**2985**
东城区	268	13	22	232	1	371	193	108	70
西城区	417	27	22	354	14	523	286	122	115
朝阳区	1147	36	96	1005	10	2753	1434	829	490
丰台区	948	42	70	834	2	1501	725	517	259
石景山区	255	8	21	222	4	303	142	110	51
海淀区	1202	63	112	1018	9	1841	1003	458	380
门头沟区	226	10	12	204		249	118	92	39
房山区	814	66	89	654	5	932	399	386	147
通州区	1317	59	95	1158	5	1320	596	442	282
顺义区	857	42	62	746	7	1228	431	444	353
昌平区	1166	54	120	978	14	1907	942	705	260
大兴区	1214	37	137	1026	14	1495	652	528	315
怀柔区	293	17	29	247		309	147	130	32
平谷区	389	8	31	348	2	276	91	128	57
密云区	657	76	15	566		312	95	120	97
延庆区	590	26	26	534	4	194	88	68	38
女	**5692**	**288**	**560**	**4780**	**64**	**20281**	**15536**	**1174**	**3571**
东城区	137	6	11	119	1	559	458	28	73
西城区	182	12	18	145	7	956	812	38	106
朝阳区	612	31	72	499	10	3919	3003	192	724
丰台区	499	24	41	428	6	1723	1335	117	271
石景山区	121	6	18	95	2	407	323	24	60
海淀区	629	40	89	492	8	3230	2650	90	490
门头沟区	85	3	12	70		249	189	20	40
房山区	365	20	66	276	3	935	677	106	152
通州区	636	19	40	574	3	1231	911	89	231
顺义区	373	21	21	326	5	1811	1292	90	429
昌平区	487	23	81	378	5	2476	1927	154	395
大兴区	501	16	42	435	8	1526	1074	125	327
怀柔区	155	7	20	127	1	331	262	27	42
平谷区	209	7	10	190	2	318	219	28	71
密云区	341	35	4	300	2	420	273	32	115
延庆区	360	18	15	326	1	190	131	14	45

4-7 续表 11

单位：人

地区 性别	教育		卫生和社会工作			文化、体育和娱乐业				
	小计	教育	小计	卫生	社会工作	小计	新闻和出版业	广播、电视、电影和录音制作业	文化艺术业	体育
北京	**67257**	**67257**	**36249**	**34158**	**2091**	**31303**	**7179**	**8575**	**6518**	**3096**
东城区	1672	1672	1571	1535	36	1584	520	349	360	121
西城区	3012	3012	2485	2364	121	2513	904	605	541	132
朝阳区	9400	9400	4770	4521	249	7996	1586	2750	1609	620
丰台区	5443	5443	4434	4202	232	3327	979	764	718	333
石景山区	1711	1711	1193	1152	41	955	265	265	138	106
海淀区	14645	14645	5570	5240	330	4441	1366	1049	969	396
门头沟区	1113	1113	777	734	43	300	59	83	52	31
房山区	3685	3685	2227	2108	119	930	175	202	179	129
通州区	4578	4578	2378	2254	124	2919	314	912	733	228
顺义区	3409	3409	1686	1598	88	1150	98	294	234	264
昌平区	9425	9425	3474	3178	296	2595	477	654	459	416
大兴区	4702	4702	2686	2535	151	1798	382	448	380	184
怀柔区	1197	1197	620	561	59	277	12	96	43	43
平谷区	1231	1231	931	854	77	160	15	40	35	22
密云区	1177	1177	938	842	96	243	17	46	38	51
延庆区	857	857	509	480	29	115	10	18	30	20
男	**23987**	**23987**	**10419**	**9675**	**744**	**15831**	**3054**	**4599**	**3243**	**1817**
东城区	549	549	488	481	7	793	222	191	186	67
西城区	985	985	787	740	47	1256	391	332	273	83
朝阳区	3257	3257	1465	1379	86	3869	656	1362	777	380
丰台区	1693	1693	1225	1121	104	1663	434	398	364	190
石景山区	555	555	333	325	8	495	120	129	77	70
海淀区	5905	5905	1474	1365	109	2091	563	545	407	233
门头沟区	345	345	220	199	21	153	24	48	25	19
房山区	1255	1255	613	569	44	488	78	119	102	60
通州区	1588	1588	683	628	55	1640	148	508	406	143
顺义区	1097	1097	462	441	21	612	33	173	125	151
昌平区	3766	3766	1070	973	97	1412	198	423	238	235
大兴区	1561	1561	749	689	60	918	167	243	189	108
怀柔区	403	403	185	159	26	157	5	62	21	26
平谷区	403	403	263	238	25	87	4	26	18	12
密云区	359	359	260	234	26	143	6	30	19	34
延庆区	266	266	142	134	8	54	5	10	16	6
女	**43270**	**43270**	**25830**	**24483**	**1347**	**15472**	**4125**	**3976**	**3275**	**1279**
东城区	1123	1123	1083	1054	29	791	298	158	174	54
西城区	2027	2027	1698	1624	74	1257	513	273	268	49
朝阳区	6143	6143	3305	3142	163	4127	930	1388	832	240
丰台区	3750	3750	3209	3081	128	1664	545	366	354	143
石景山区	1156	1156	860	827	33	460	145	136	61	36
海淀区	8740	8740	4096	3875	221	2350	803	504	562	163
门头沟区	768	768	557	535	22	147	35	35	27	12
房山区	2430	2430	1614	1539	75	442	97	83	77	69
通州区	2990	2990	1695	1626	69	1279	166	404	327	85
顺义区	2312	2312	1224	1157	67	538	65	121	109	113
昌平区	5659	5659	2404	2205	199	1183	279	231	221	181
大兴区	3141	3141	1937	1846	91	880	215	205	191	76
怀柔区	794	794	435	402	33	120	7	34	22	17
平谷区	828	828	668	616	52	73	11	14	17	10
密云区	818	818	678	608	70	100	11	16	19	17
延庆区	591	591	367	346	21	61	5	8	14	14

4-7　续表 12　　　　　　　　　　　　　　　　　　　　　　　　　　单位：人

地区 性别	娱乐业	公共管理、社会保障和社会组织							国际组织	
		小计	中国共产党机关	国家机构	人民政协、民主党派	社会保障	群众团体、社会团体和其他成员组织	基层群众自治组织	小计	国际组织
北　京	**5935**	**64785**	**1285**	**46265**	**172**	**418**	**4370**	**12275**	**197**	**197**
东城区	234	2793	88	2210	17	12	253	213	13	13
西城区	331	4685	312	3565	30	18	468	292	13	13
朝阳区	1431	8089	13	5961	21	55	811	1228	95	95
丰台区	533	6368	153	4499	30	42	606	1038	30	30
石景山区	181	1806	47	1407	5	22	143	182	2	2
海淀区	661	7939	305	5824	25	86	886	813	12	12
门头沟区	75	1831	23	1170	4	5	57	572	2	2
房山区	245	4322	61	2770	3	44	139	1305	4	4
通州区	732	4025	98	2774	10	29	247	867	8	8
顺义区	260	3609	30	2578	3	11	123	864	8	8
昌平区	589	4440	9	3031	7	11	238	1144	5	5
大兴区	404	5334	61	3870	6	38	231	1128	4	4
怀柔区	83	2492	34	1362	1	6	54	1035		
平谷区	48	2123	14	1525	3	16	36	529		
密云区	91	2598	24	1946	3	1	35	589		
延庆区	37	2331	13	1773	4	22	43	476	1	1
男	**3118**	**37554**	**803**	**28130**	**113**	**178**	**2074**	**6256**	**84**	**84**
东城区	127	1567	57	1311	10	6	113	70	8	8
西城区	177	2679	190	2148	21	7	218	95	4	4
朝阳区	694	4637	8	3613	13	27	400	576	37	37
丰台区	277	3658	96	2751	23	18	298	472	13	13
石景山区	99	975	35	825	4	8	65	38		
海淀区	343	4410	196	3422	10	36	405	341	7	7
门头沟区	37	1058	16	736	4	3	25	274	2	2
房山区	129	2620	34	1738	2	22	67	757	2	2
通州区	435	2474	57	1750	7	13	122	525	2	2
顺义区	130	2159	16	1566	3	4	41	529	3	3
昌平区	318	2552	5	1831	5	2	119	590	2	2
大兴区	211	3238	38	2397	5	19	119	660	3	3
怀柔区	43	1395	17	836	1	3	35	503		
平谷区	27	1257	11	906	2	5	18	315		
密云区	54	1500	18	1191	1	1	10	279		
延庆区	17	1375	9	1109	2	4	19	232	1	1
女	**2817**	**27231**	**482**	**18135**	**59**	**240**	**2296**	**6019**	**113**	**113**
东城区	107	1226	31	899	7	6	140	143	5	5
西城区	154	2006	122	1417	9	11	250	197	9	9
朝阳区	737	3452	5	2348	8	28	411	652	58	58
丰台区	256	2710	57	1748	7	24	308	566	17	17
石景山区	82	831	12	582	1	14	78	144	2	2
海淀区	318	3529	109	2402	15	50	481	472	5	5
门头沟区	38	773	7	434		2	32	298		
房山区	116	1702	27	1032	1	22	72	548	2	2
通州区	297	1551	41	1024	3	16	125	342	6	6
顺义区	130	1450	14	1012		7	82	335	5	5
昌平区	271	1888	4	1200	2	9	119	554	3	3
大兴区	193	2096	23	1473	1	19	112	468	1	1
怀柔区	40	1097	17	526		3	19	532		
平谷区	21	866	3	619	1	11	18	214		
密云区	37	1098	6	755	2		25	310		
延庆区	20	956	4	664	2	18	24	244		

4-7a 各地区分性别、行业大类的就业人口(城市)

单位：人

地区 性别	合计	农、林、牧、渔业						采矿业	
		小计	农业	林业	畜牧业	渔业	农、林、牧、渔专业及辅助性活动	小计	煤炭开采和洗选业
北京	**810074**	**1913**	**1024**	**289**	**286**	**69**	**245**	**1170**	**129**
东城区	31286	6	2	1	2		1	55	5
西城区	50865	16	8	1	3		4	108	9
朝阳区	157649	140	57	32	8	22	21	389	28
丰台区	97134	212	150		12	12	38	85	7
石景山区	24288	30	13	7	4		6	41	2
海淀区	141771	309	182	31	44	12	40	143	20
门头沟区	12622	30	7	17	5	1		47	33
房山区	37512	219	134	35	24	3	23	33	10
通州区	42604	83	50	13	6	1	13	26	4
顺义区	37295	138	59	41	29	1	8	19	3
昌平区	74790	158	54	41	20	2	41	65	2
大兴区	61193	97	46	9	17	3	22	36	5
怀柔区	12456	42	20	5	7	3	7	2	
平谷区	9962	253	161	6	67	6	13	7	1
密云区	12469	70	27	10	31	2		113	
延庆区	6178	110	54	40	7	1	8	1	
男	**454571**	**1227**	**645**	**185**	**177**	**52**	**168**	**781**	**95**
东城区	16753	5	2	1	1		1	39	4
西城区	27395	10	4	1	2		3	71	6
朝阳区	86951	90	38	20	4	16	12	235	23
丰台区	54149	141	97		10	10	24	48	4
石景山区	13428	18	6	4	3		5	27	2
海淀区	77992	198	115	20	26	9	28	92	15
门头沟区	7249	21	3	15	2	1		39	27
房山区	22005	130	72	21	14	3	20	22	7
通州区	23837	47	27	10	3	1	6	18	1
顺义区	21695	85	38	23	20		4	13	2
昌平区	43573	108	37	30	15	1	25	43	1
大兴区	35471	73	34	6	13	3	17	26	2
怀柔区	7520	30	14	3	5	2	6	2	
平谷区	5708	164	105	4	39	4	12	5	1
密云区	7228	40	16	6	16	2		101	
延庆区	3617	67	37	21	4		5		
女	**355503**	**686**	**379**	**104**	**109**	**17**	**77**	**389**	**34**
东城区	14533	1			1			16	1
西城区	23470	6	4		1		1	37	3
朝阳区	70698	50	19	12	4	6	9	154	5
丰台区	42985	71	53		2	2	14	37	3
石景山区	10860	12	7	3	1		1	14	
海淀区	63779	111	67	11	18	3	12	51	5
门头沟区	5373	9	4	2	3			8	6
房山区	15507	89	62	14	10		3	11	3
通州区	18767	36	23	3	3		7	8	3
顺义区	15600	53	21	18	9	1	4	6	1
昌平区	31217	50	17	11	5	1	16	22	1
大兴区	25722	24	12	3	4		5	10	3
怀柔区	4936	12	6	2	2	1	1		
平谷区	4254	89	56	2	28	2	1	2	
密云区	5241	30	11	4	15			12	
延庆区	2561	43	17	19	3	1	3	1	

4-7a　续表 1　　　　单位：人

地区 性别	采矿业						制造业		
	石油和天然气开采业	黑色金属矿采选业	有色金属矿采选业	非金属矿采选业	开采专业及辅助性活动	其他采矿业	小计	农副食品加工业	食品制造业
北　京	**305**	**176**	**43**	**57**	**420**	**40**	**56049**	**1145**	**2452**
东城区	14	3	2	1	28	2	1179	9	22
西城区	45	6	3	4	39	2	2093	28	80
朝阳区	133	15	6	13	181	13	6853	115	347
丰台区	14	8	11	7	29	9	6067	76	149
石景山区	7	14	1	6	7	4	1433	19	36
海淀区	34	8	3	9	65	4	7122	105	202
门头沟区	2	9		3			793	5	32
房山区	6		2	4	11		4080	93	136
通州区	6		4		12		2726	51	149
顺义区	9		1	5	1		4625	180	257
昌平区	20		2	3	35	3	5614	76	179
大兴区	12	1	4	2	10	2	7931	139	274
怀柔区					2		2292	116	307
平谷区		3	2			1	1438	90	213
密云区	2	109	2				1580	34	61
延庆区	1						223	9	8
男	**199**	**141**	**27**	**35**	**263**	**21**	**36010**	**673**	**1254**
东城区	8	2	2	1	20	2	729	7	9
西城区	33	4	3	2	22	1	1292	18	34
朝阳区	77	10	4	5	109	7	4275	69	183
丰台区	10	7	4	4	15	4	4056	44	83
石景山区	4	8		5	7	1	972	13	22
海淀区	25	3	3	6	38	2	4503	51	99
门头沟区	2	7		3			562	2	23
房山区	3			3	9		2809	56	59
通州区	5		3		9		1634	33	75
顺义区	7		1	2	1		2990	108	132
昌平区	14		1	2	24	1	3523	49	89
大兴区	9	1	3	2	7	2	5001	76	147
怀柔区					2		1512	68	150
平谷区		2	1			1	921	55	106
密云区	2	97	2				1076	18	41
延庆区							155	6	2
女	**106**	**35**	**16**	**22**	**157**	**19**	**20039**	**472**	**1198**
东城区	6	1			8		450	2	13
西城区	12	2		2	17	1	801	10	46
朝阳区	56	5	2	8	72	6	2578	46	164
丰台区	4	1	7	3	14	5	2011	32	66
石景山区	3	6	1	1		3	461	6	14
海淀区	9	5		3	27	2	2619	54	103
门头沟区		2					231	3	9
房山区	3		2	1	2		1271	37	77
通州区	1		1		3		1092	18	74
顺义区	2			3			1635	72	125
昌平区	6		1	1	11	2	2091	27	90
大兴区	3		1		3		2930	63	127
怀柔区							780	48	157
平谷区		1	1				517	35	107
密云区		12					504	16	20
延庆区	1						68	3	6

4-7a 续表 2 单位：人

地区 性别	制造业								
	酒、饮料和精制茶制造业	烟草制品业	纺织业	纺织服装、服饰业	皮革、毛皮、羽毛及其制品和制鞋业	木材加工和木、竹、藤、棕、草制品业	家具制造业	造纸和纸制品业	印刷和记录媒介复制业
北京	**1504**	**83**	**295**	**1292**	**135**	**174**	**639**	**343**	**1615**
东城区	15	5	6	34	3	1	7	6	61
西城区	30	4	10	36	7	5	9	13	237
朝阳区	124	11	54	245	15	36	108	38	233
丰台区	72	2	46	112	14	29	32	20	217
石景山区	14		10	22	4	6	5	3	37
海淀区	43		21	97	18	9	65	21	197
门头沟区	22		7	11	3	1	4	2	16
房山区	49	3	28	54	7	13	18	44	52
通州区	53	53	17	106	19	20	60	16	114
顺义区	666	1	21	182	8	9	171	36	66
昌平区	48	2	22	78	9	9	40	23	68
大兴区	96	1	26	208	20	22	87	37	228
怀柔区	110		1	12		5	22	18	23
平谷区	30		18	30	5	7	4	27	8
密云区	128	1	5	55	3	2	4	39	53
延庆区	4		3	10			3		5
男	**948**	**49**	**145**	**447**	**56**	**117**	**408**	**224**	**1012**
东城区	10	2	2	15	2	1	6	2	43
西城区	15	3	6	13	3	2	4	9	154
朝阳区	64	7	26	100	4	28	66	24	136
丰台区	38	2	28	46	5	19	20	17	147
石景山区	6		3	4	2	4	1	2	20
海淀区	18		9	33	8	5	40	12	119
门头沟区	17		5	4		1	3	2	12
房山区	28	2	9	10	2	8	13	27	36
通州区	33	31	8	27	10	9	33	9	59
顺义区	463	1	12	53	2	4	122	30	35
昌平区	27		9	29	3	6	27	16	44
大兴区	49		14	80	11	17	51	23	146
怀柔区	75		1	6		4	14	9	14
平谷区	16		9	11	2	7	2	16	6
密云区	85	1	2	14	2	2	3	26	37
延庆区	4		2	2			3		4
女	**556**	**34**	**150**	**845**	**79**	**57**	**231**	**119**	**603**
东城区	5	3	4	19	1		1	4	18
西城区	15	1	4	23	4	3	5	4	83
朝阳区	60	4	28	145	11	8	42	14	97
丰台区	34		18	66	9	10	12	3	70
石景山区	8		7	18	2	2	4	1	17
海淀区	25		12	64	10	4	25	9	78
门头沟区	5		2	7	3		1		4
房山区	21	1	19	44	5	5	5	17	16
通州区	20	22	9	79	9	11	27	7	55
顺义区	203		9	129	6	5	49	6	31
昌平区	21	2	13	49	6	3	13	7	24
大兴区	47	1	12	128	9	5	36	14	82
怀柔区	35			6		1	8	9	9
平谷区	14		9	19	3		2	11	2
密云区	43		3	41	1		1	13	16
延庆区			1	8					1

4-7a　续表 3　　　　单位：人

地区 性别	制造业 文教、工美、体育和娱乐用品制造业	石油、煤炭及其他燃料加工业	化学原料和化学制品制造业	医药制造业	化学纤维制造业	橡胶和塑料制品业	非金属矿物制品业	黑色金属冶炼和压延加工业	有色金属冶炼和压延加工业
北京	**835**	**773**	**1722**	**4471**	**34**	**847**	**1914**	**473**	**261**
东城区	41	19	36	95		18	36	9	5
西城区	61	41	70	180	2	22	29	13	12
朝阳区	213	105	263	570	6	90	326	15	25
丰台区	62	55	104	489	2	67	210	21	16
石景山区	26	13	51	67	1	22	45	128	23
海淀区	86	60	166	400	2	86	248	22	109
门头沟区	12	1	16	48		5	19	105	2
房山区	34	312	382	183	5	155	291	26	6
通州区	62	23	138	347	1	42	69	21	10
顺义区	73	28	99	212	2	34	101	26	3
昌平区	47	41	108	400	5	47	222	25	29
大兴区	97	60	173	1112	5	95	138	10	4
怀柔区	8	6	43	158	3	93	38	8	13
平谷区	7	4	42	72		16	50	10	1
密云区	3	5	26	104		54	62	25	3
延庆区	3		5	34		1	30	9	
男	**460**	**515**	**1017**	**2146**	**23**	**536**	**1430**	**390**	**192**
东城区	22	11	21	42		13	18	7	3
西城区	36	23	39	74	2	15	16	6	10
朝阳区	120	70	145	279	4	61	246	10	18
丰台区	33	32	55	242	1	45	166	15	12
石景山区	15	9	31	32	1	14	36	107	17
海淀区	48	35	96	187	1	52	193	15	84
门头沟区	9	1	8	24		5	13	90	2
房山区	19	216	258	84	4	98	227	22	5
通州区	31	21	80	169	1	27	45	15	7
顺义区	37	19	59	82	2	22	75	25	2
昌平区	27	30	61	201	3	27	157	22	17
大兴区	52	35	96	549	2	51	96	7	3
怀柔区	3	5	22	69	2	65	28	8	10
平谷区	3	4	25	42		12	42	10	1
密云区	2	4	18	50		29	48	24	1
延庆区	3		3	20			24	7	
女	**375**	**258**	**705**	**2325**	**11**	**311**	**484**	**83**	**69**
东城区	19	8	15	53		5	18	2	2
西城区	25	18	31	106		7	13	7	2
朝阳区	93	35	118	291	2	29	80	5	7
丰台区	29	23	49	247	1	22	44	6	4
石景山区	11	4	20	35		8	9	21	6
海淀区	38	25	70	213	1	34	55	7	25
门头沟区	3		8	24			6	15	
房山区	15	96	124	99	1	57	64	4	1
通州区	31	2	58	178		15	24	6	3
顺义区	36	9	40	130		12	26	1	1
昌平区	20	11	47	199	2	20	65	3	12
大兴区	45	25	77	563	3	44	42	3	1
怀柔区	5	1	21	89	1	28	10		3
平谷区	4		17	30		4	8		
密云区	1	1	8	54		25	14	1	2
延庆区			2	14		1	6	2	

4-7a 续表 4 单位：人

地区 性别	制造业								
	金属制品业	通用设备制造业	专用设备制造业	汽车制造业	铁路、船舶、航空航天和其他运输设备制造业	电气机械和器材制造业	计算机、通信和其他电子设备制造业	仪器仪表制造业	其他制造业
北京	**2181**	**3771**	**4676**	**4736**	**5085**	**2662**	**7949**	**1774**	**602**
东城区	25	80	114	70	136	46	181	37	13
西城区	69	143	172	78	224	109	232	91	12
朝阳区	246	438	690	336	379	343	942	215	75
丰台区	298	499	360	242	1584	301	590	150	105
石景山区	92	142	141	40	144	91	138	42	27
海淀区	295	461	562	149	1101	323	1529	397	147
门头沟区	20	140	49	16	104	28	65	42	7
房山区	177	279	500	240	287	145	195	111	41
通州区	117	206	265	152	83	113	226	99	42
顺义区	173	290	195	905	128	121	219	69	22
昌平区	205	340	666	621	309	303	1286	276	44
大兴区	202	451	622	585	515	404	2029	170	49
怀柔区	103	42	110	719	25	143	115	15	5
平谷区	68	49	130	313	22	50	111	36	6
密云区	74	198	88	264	38	136	74	21	3
延庆区	17	13	12	6	6	6	17	3	4
男	**1557**	**2718**	**2942**	**3461**	**3596**	**1773**	**5093**	**1114**	**400**
东城区	13	54	64	45	88	32	128	25	9
西城区	47	90	107	52	155	78	160	56	7
朝阳区	170	316	424	229	276	219	601	127	45
丰台区	213	364	233	178	1131	214	381	105	65
石景山区	69	100	96	30	102	66	83	28	20
海淀区	208	328	368	99	730	201	948	247	106
门头沟区	16	102	30	11	85	19	43	20	5
房山区	130	220	375	182	224	106	122	69	27
通州区	82	142	169	103	61	72	153	61	25
顺义区	114	192	110	664	90	89	123	40	11
昌平区	156	249	400	417	209	183	802	167	29
大兴区	139	333	380	437	373	257	1371	113	37
怀柔区	71	30	57	565	19	112	63	12	3
平谷区	57	40	65	243	19	29	56	25	4
密云区	58	150	55	200	31	91	48	17	3
延庆区	14	8	9	6	3	5	11	2	4
女	**624**	**1053**	**1734**	**1275**	**1489**	**889**	**2856**	**660**	**202**
东城区	12	26	50	25	48	14	53	12	4
西城区	22	53	65	26	69	31	72	35	5
朝阳区	76	122	266	107	103	124	341	88	30
丰台区	85	135	127	64	453	87	209	45	40
石景山区	23	42	45	10	42	25	55	14	7
海淀区	87	133	194	50	371	122	581	150	41
门头沟区	4	38	19	5	19	9	22	22	2
房山区	47	59	125	58	63	39	73	42	14
通州区	35	64	96	49	22	41	73	38	17
顺义区	59	98	85	241	38	32	96	29	11
昌平区	49	91	266	204	100	120	484	109	15
大兴区	63	118	242	148	142	147	658	57	12
怀柔区	32	12	53	154	6	31	52	3	2
平谷区	11	9	65	70	3	21	55	11	2
密云区	16	48	33	64	7	45	26	4	
延庆区	3	5	3		3	1	6	1	

4-7a　续表 5　　　　　　　　　　　　　　　　　　　　　　单位：人

地区 性别	制造业		电力、热力、燃气及水生产和供应业				建筑业		
	废弃资源综合利用业	金属制品、机械和设备修理业	小计	电力、热力生产和供应业	燃气生产和供应业	水的生产和供应业	小计	房屋建筑业	土木工程建筑业
北　京	**285**	**1321**	**7737**	**5093**	**1307**	**1337**	**50370**	**18489**	**8838**
东城区	10	39	283	166	65	52	1096	424	307
西城区	22	52	705	578	64	63	1716	484	628
朝阳区	42	208	1232	695	352	185	9039	1948	1305
丰台区	4	139	1029	744	125	160	6152	2166	1248
石景山区	8	36	370	266	55	49	1763	770	274
海淀区	47	154	876	595	135	146	6613	2414	1290
门头沟区	6	5	257	177	29	51	1014	452	204
房山区	55	159	610	399	88	123	3138	1207	559
通州区	9	43	364	235	48	81	2957	1138	781
顺义区	6	322	329	177	75	77	3959	2333	356
昌平区	22	64	513	311	101	101	3639	1152	481
大兴区	18	54	548	376	74	98	5163	1772	667
怀柔区	16	15	163	85	33	45	1656	896	296
平谷区	11	8	174	106	26	42	665	359	97
密云区	4	13	195	116	26	53	1076	488	257
延庆区	5	10	89	67	11	11	724	486	88
男	**211**	**1103**	**5389**	**3570**	**918**	**901**	**40052**	**15024**	**6604**
东城区	6	29	197	112	48	37	814	330	230
西城区	15	43	478	398	43	37	1286	361	479
朝阳区	32	176	833	468	235	130	7192	1535	972
丰台区	2	120	720	516	92	112	4794	1706	917
石景山区	7	32	267	196	39	32	1344	608	183
海淀区	40	123	602	412	96	94	5268	1964	940
门头沟区	6	4	192	130	21	41	769	340	145
房山区	40	131	453	300	65	88	2511	1010	429
通州区	7	36	258	167	37	54	2294	908	636
顺义区	5	267	232	129	52	51	3209	1973	244
昌平区	13	54	352	214	74	64	2966	964	358
大兴区	13	43	350	247	47	56	4144	1405	494
怀柔区	13	14	120	65	22	33	1376	766	233
平谷区	6	8	127	74	20	33	560	308	77
密云区	3	13	136	89	17	30	890	410	194
延庆区	3	10	72	53	10	9	635	436	73
女	**74**	**218**	**2348**	**1523**	**389**	**436**	**10318**	**3465**	**2234**
东城区	4	10	86	54	17	15	282	94	77
西城区	7	9	227	180	21	26	430	123	149
朝阳区	10	32	399	227	117	55	1847	413	333
丰台区	2	19	309	228	33	48	1358	460	331
石景山区	1	4	103	70	16	17	419	162	91
海淀区	7	31	274	183	39	52	1345	450	350
门头沟区		1	65	47	8	10	245	112	59
房山区	15	28	157	99	23	35	627	197	130
通州区	2	7	106	68	11	27	663	230	145
顺义区	1	55	97	48	23	26	750	360	112
昌平区	9	10	161	97	27	37	673	188	123
大兴区	5	11	198	129	27	42	1019	367	173
怀柔区	3	1	43	20	11	12	280	130	63
平谷区	5		47	32	6	9	105	51	20
密云区	1		59	27	9	23	186	78	63
延庆区	2		17	14	1	2	89	50	15

4-7a 续表 6 单位：人

地区 性别	建筑业 建筑安装业	建筑业 建筑装饰、装修和其他建筑业	批发和零售业 小计	批发和零售业 批发业	批发和零售业 零售业	交通运输、仓储和邮政业 小计	交通运输、仓储和邮政业 铁路运输业	交通运输、仓储和邮政业 道路运输业	交通运输、仓储和邮政业 水上运输业
北京	**3264**	**19779**	**110990**	**42883**	**68107**	**39195**	**2676**	**22674**	**153**
东城区	71	294	4186	1649	2537	1287	73	651	17
西城区	118	486	5467	2188	3279	1811	252	918	15
朝阳区	492	5294	24388	9163	15225	7122	171	3877	33
丰台区	519	2219	16529	6661	9868	5403	915	3206	10
石景山区	119	600	2918	1134	1784	1196	70	870	7
海淀区	529	2380	14755	6428	8327	3811	212	2107	27
门头沟区	72	286	1665	446	1219	1082	125	829	5
房山区	310	1062	5271	1944	3327	2281	167	1640	4
通州区	137	901	6792	2475	4317	1807	97	1129	11
顺义区	147	1123	4474	1706	2768	4727	53	1489	1
昌平区	254	1752	9591	3495	6096	2507	114	1617	11
大兴区	340	2384	10242	4534	5708	2952	161	2004	7
怀柔区	61	403	1382	355	1027	762	80	515	
平谷区	30	179	1127	260	867	912	35	672	1
密云区	48	283	1638	312	1326	1108	105	819	
延庆区	17	133	565	133	432	427	46	331	4
男	**2576**	**15848**	**58113**	**24177**	**33936**	**29605**	**2227**	**17836**	**98**
东城区	53	201	2116	894	1222	933	62	488	10
西城区	73	373	2777	1157	1620	1349	197	703	8
朝阳区	396	4289	12786	5038	7748	5343	137	3084	24
丰台区	408	1763	8668	3761	4907	4157	773	2454	5
石景山区	87	466	1444	627	817	878	52	646	4
海淀区	411	1953	7837	3549	4288	2904	151	1649	18
门头沟区	65	219	801	252	549	872	117	664	1
房山区	248	824	2774	1143	1631	1861	147	1364	2
通州区	106	644	3531	1381	2150	1367	78	879	8
顺义区	113	879	2337	1025	1312	3035	46	1094	1
昌平区	211	1433	5216	2083	3133	1985	95	1302	8
大兴区	271	1974	5489	2584	2905	2313	133	1589	5
怀柔区	54	323	708	226	482	628	75	430	
平谷区	29	146	543	157	386	726	25	548	1
密云区	37	249	804	208	596	911	99	679	
延庆区	14	112	282	92	190	343	40	263	3
女	**688**	**3931**	**52877**	**18706**	**34171**	**9590**	**449**	**4838**	**55**
东城区	18	93	2070	755	1315	354	11	163	7
西城区	45	113	2690	1031	1659	462	55	215	7
朝阳区	96	1005	11602	4125	7477	1779	34	793	9
丰台区	111	456	7861	2900	4961	1246	142	752	5
石景山区	32	134	1474	507	967	318	18	224	3
海淀区	118	427	6918	2879	4039	907	61	458	9
门头沟区	7	67	864	194	670	210	8	165	4
房山区	62	238	2497	801	1696	420	20	276	2
通州区	31	257	3261	1094	2167	440	19	250	3
顺义区	34	244	2137	681	1456	1692	7	395	
昌平区	43	319	4375	1412	2963	522	19	315	3
大兴区	69	410	4753	1950	2803	639	28	415	2
怀柔区	7	80	674	129	545	134	5	85	
平谷区	1	33	584	103	481	186	10	124	
密云区	11	34	834	104	730	197	6	140	
延庆区	3	21	283	41	242	84	6	68	1

4-7a　续表 7　　　　单位：人

地　区 性　别	交通运输、仓储和邮政业					住宿和餐饮业		
	航空运输业	管道运输业	多式联运和运输代理业	装卸搬运和仓储业	邮政业	小计	住宿业	餐饮业
北　京	**4502**	**41**	**1679**	**1402**	**6068**	**36363**	**8188**	**28175**
东城区	195	1	86	20	244	2233	818	1415
西城区	149	2	92	29	354	3387	1015	2372
朝阳区	927	17	457	325	1315	7269	1574	5695
丰台区	203	1	169	204	695	3693	1076	2617
石景山区	52	1	31	22	143	802	204	598
海淀区	220	4	191	133	917	7548	1704	5844
门头沟区	13		3	6	101	461	98	363
房山区	40	3	66	145	216	1301	187	1114
通州区	121	2	96	57	294	1384	206	1178
顺义区	2150	3	253	106	672	1533	280	1253
昌平区	96	4	94	87	484	2859	420	2439
大兴区	188	2	100	138	352	2039	293	1746
怀柔区	18		16	58	75	661	133	528
平谷区	78	1	15	26	84	381	38	343
密云区	46		10	35	93	475	96	379
延庆区	6			11	29	337	46	291
男	**2614**	**30**	**1007**	**1046**	**4747**	**20572**	**4289**	**16283**
东城区	114	1	53	13	192	1277	468	809
西城区	93	1	50	20	277	1872	498	1374
朝阳区	538	13	270	250	1027	4166	902	3264
丰台区	124	1	101	160	539	1922	542	1380
石景山区	37	1	20	15	103	445	118	327
海淀区	115	3	127	103	738	4280	826	3454
门头沟区	10			3	77	271	52	219
房山区	30	2	44	104	168	717	95	622
通州区	73		54	42	233	860	117	743
顺义区	1208	2	137	70	477	839	132	707
昌平区	51	3	58	67	401	1713	215	1498
大兴区	112	2	70	112	290	1176	166	1010
怀柔区	12		11	42	58	365	64	301
平谷区	62	1	8	12	69	203	18	185
密云区	32		4	24	73	267	51	216
延庆区	3			9	25	199	25	174
女	**1888**	**11**	**672**	**356**	**1321**	**15791**	**3899**	**11892**
东城区	81		33	7	52	956	350	606
西城区	56	1	42	9	77	1515	517	998
朝阳区	389	4	187	75	288	3103	672	2431
丰台区	79		68	44	156	1771	534	1237
石景山区	15		11	7	40	357	86	271
海淀区	105	1	64	30	179	3268	878	2390
门头沟区	3		3	3	24	190	46	144
房山区	10	1	22	41	48	584	92	492
通州区	48	2	42	15	61	524	89	435
顺义区	942	1	116	36	195	694	148	546
昌平区	45	1	36	20	83	1146	205	941
大兴区	76		30	26	62	863	127	736
怀柔区	6		5	16	17	296	69	227
平谷区	16		7	14	15	178	20	158
密云区	14		6	11	20	208	45	163
延庆区	3			2	4	138	21	117

4-7a 续表 8

单位：人

地区 性别	信息传输、软件和信息技术服务业				金融业				
	小计	电信、广播电视和卫星传输服务	互联网和相关服务	软件和信息技术服务业	小计	货币金融服务	资本市场服务	保险业	其他金融业
北京	**86762**	**7616**	**27435**	**51711**	**42534**	**18037**	**7884**	**10036**	**6577**
东城区	2354	326	693	1335	2677	1230	530	555	362
西城区	4027	847	1032	2148	5489	2758	1176	945	610
朝阳区	16969	1321	7050	8598	9225	3056	2090	2166	1913
丰台区	8165	955	2622	4588	5780	2863	906	1240	771
石景山区	2498	296	655	1547	1566	656	288	334	288
海淀区	19397	1531	4934	12932	6579	2869	1322	1389	999
门头沟区	832	99	209	524	520	275	60	134	51
房山区	2544	311	640	1593	1229	472	174	408	175
通州区	4042	329	1402	2311	2182	674	392	755	361
顺义区	2637	187	800	1650	1192	599	173	295	125
昌平区	17731	636	5874	11221	2424	856	379	729	460
大兴区	4476	458	1235	2783	2405	1004	349	634	418
怀柔区	285	90	50	145	280	170	8	94	8
平谷区	291	84	66	141	345	208	13	105	19
密云区	384	101	138	145	458	232	16	200	10
延庆区	130	45	35	50	183	115	8	53	7
男	**54336**	**4502**	**17010**	**32824**	**20468**	**8307**	**4384**	**4316**	**3461**
东城区	1417	177	433	807	1280	559	301	235	185
西城区	2436	469	646	1321	2681	1298	633	421	329
朝阳区	10575	788	4425	5362	4460	1384	1142	935	999
丰台区	5191	559	1709	2923	2684	1269	506	518	391
石景山区	1529	158	402	969	790	323	176	144	147
海淀区	11841	949	2914	7978	3124	1284	733	600	507
门头沟区	535	59	130	346	225	116	34	49	26
房山区	1647	189	422	1036	600	224	103	174	99
通州区	2556	198	855	1503	1085	319	225	351	190
顺义区	1681	110	491	1080	598	289	103	132	74
昌平区	11394	407	3605	7382	1225	410	211	342	262
大兴区	2865	258	793	1814	1191	494	192	276	229
怀柔区	174	54	33	87	117	72	4	36	5
平谷区	179	52	38	89	154	99	9	39	7
密云区	236	48	93	95	168	107	8	46	7
延庆区	80	27	21	32	86	60	4	18	4
女	**32426**	**3114**	**10425**	**18887**	**22066**	**9730**	**3500**	**5720**	**3116**
东城区	937	149	260	528	1397	671	229	320	177
西城区	1591	378	386	827	2808	1460	543	524	281
朝阳区	6394	533	2625	3236	4765	1672	948	1231	914
丰台区	2974	396	913	1665	3096	1594	400	722	380
石景山区	969	138	253	578	776	333	112	190	141
海淀区	7556	582	2020	4954	3455	1585	589	789	492
门头沟区	297	40	79	178	295	159	26	85	25
房山区	897	122	218	557	629	248	71	234	76
通州区	1486	131	547	808	1097	355	167	404	171
顺义区	956	77	309	570	594	310	70	163	51
昌平区	6337	229	2269	3839	1199	446	168	387	198
大兴区	1611	200	442	969	1214	510	157	358	189
怀柔区	111	36	17	58	163	98	4	58	3
平谷区	112	32	28	52	191	109	4	66	12
密云区	148	53	45	50	290	125	8	154	3
延庆区	50	18	14	18	97	55	4	35	3

4-7a　续表 9　　　　单位：人

地区 性别	房地产业		租赁和商务服务业			科学研究和技术服务业			
	小计	房地产业	小计	租赁业	商务服务业	小计	研究和试验发展	专业技术服务业	科技推广和应用服务业
北京	**36108**	**36108**	**70521**	**2431**	**68090**	**61166**	**17700**	**22312**	**21154**
东城区	1758	1758	3277	57	3220	1927	545	794	588
西城区	2702	2702	4629	128	4501	3929	1211	1652	1066
朝阳区	7843	7843	17427	537	16890	11195	2813	4239	4143
丰台区	4542	4542	9027	288	8739	6481	1707	2785	1989
石景山区	1036	1036	1950	47	1903	1932	616	845	471
海淀区	6656	6656	12802	362	12440	16690	5958	4755	5977
门头沟区	660	660	700	58	642	730	178	308	244
房山区	1427	1427	2639	119	2520	2549	761	1057	731
通州区	2067	2067	4495	142	4353	2485	440	1021	1024
顺义区	1331	1331	2368	117	2251	1766	372	812	582
昌平区	2465	2465	5031	206	4825	6043	1514	1773	2756
大兴区	2483	2483	4368	193	4175	4323	1337	1742	1244
怀柔区	314	314	597	63	534	408	149	145	114
平谷区	242	242	382	47	335	294	39	143	112
密云区	429	429	503	39	464	275	45	150	80
延庆区	153	153	326	28	298	139	15	91	33
男	**22214**	**22214**	**37676**	**1830**	**35846**	**35667**	**10280**	**13314**	**12073**
东城区	1150	1150	1698	40	1658	1054	292	453	309
西城区	1706	1706	2569	84	2485	2217	666	958	593
朝阳区	4747	4747	8853	395	8458	6362	1592	2447	2323
丰台区	2764	2764	4654	215	4439	3803	1046	1669	1088
石景山区	665	665	978	34	944	1155	368	522	265
海淀区	4216	4216	7141	279	6862	9583	3468	2733	3382
门头沟区	383	383	384	47	337	451	107	201	143
房山区	812	812	1504	98	1406	1574	479	688	407
通州区	1280	1280	2287	101	2186	1480	262	619	599
顺义区	804	804	1344	90	1254	1059	226	508	325
昌平区	1539	1539	2757	161	2596	3700	902	1097	1701
大兴区	1509	1509	2447	143	2304	2467	699	1053	715
怀柔区	187	187	360	53	307	285	110	99	76
平谷区	139	139	218	36	182	200	26	96	78
密云区	222	222	295	29	266	179	25	101	53
延庆区	91	91	187	25	162	98	12	70	16
女	**13894**	**13894**	**32845**	**601**	**32244**	**25499**	**7420**	**8998**	**9081**
东城区	608	608	1579	17	1562	873	253	341	279
西城区	996	996	2060	44	2016	1712	545	694	473
朝阳区	3096	3096	8574	142	8432	4833	1221	1792	1820
丰台区	1778	1778	4373	73	4300	2678	661	1116	901
石景山区	371	371	972	13	959	777	248	323	206
海淀区	2440	2440	5661	83	5578	7107	2490	2022	2595
门头沟区	277	277	316	11	305	279	71	107	101
房山区	615	615	1135	21	1114	975	282	369	324
通州区	787	787	2208	41	2167	1005	178	402	425
顺义区	527	527	1024	27	997	707	146	304	257
昌平区	926	926	2274	45	2229	2343	612	676	1055
大兴区	974	974	1921	50	1871	1856	638	689	529
怀柔区	127	127	237	10	227	123	39	46	38
平谷区	103	103	164	11	153	94	13	47	34
密云区	207	207	208	10	198	96	20	49	27
延庆区	62	62	139	3	136	41	3	21	17

4-7a 续表 10 单位：人

地区 性别	水利、环境和公共设施管理业					居民服务、修理和其他服务业			
	小计	水利管理业	生态保护和环境治理业	公共设施管理业	土地管理业	小计	居民服务业	机动车、电子产品和日用产品修理业	其他服务业
北京	**10819**	**687**	**1042**	**8952**	**138**	**27882**	**18706**	**4571**	**4605**
东城区	405	19	33	351	2	930	651	136	143
西城区	599	39	40	499	21	1479	1098	160	221
朝阳区	1733	66	168	1479	20	6637	4418	1014	1205
丰台区	1411	65	111	1227	8	3194	2044	629	521
石景山区	376	14	39	317	6	710	465	134	111
海淀区	1678	99	194	1368	17	4900	3548	515	837
门头沟区	208	11	20	177		425	267	96	62
房山区	609	53	83	466	7	1372	820	325	227
通州区	524	58	55	405	6	1289	918	188	183
顺义区	438	48	45	335	10	1286	875	203	208
昌平区	715	40	102	561	12	2290	1528	453	309
大兴区	901	39	95	749	18	2006	1228	401	377
怀柔区	286	20	26	239	1	457	311	100	46
平谷区	224	7	14	199	4	297	168	76	53
密云区	346	71	11	262	2	408	242	93	73
延庆区	366	38	6	318	4	202	125	48	29
男	**7144**	**445**	**632**	**5987**	**80**	**11690**	**5981**	**3651**	**2058**
东城区	268	13	22	232	1	371	193	108	70
西城区	417	27	22	354	14	523	286	122	115
朝阳区	1124	36	96	982	10	2736	1429	823	484
丰台区	921	42	70	807	2	1487	720	512	255
石景山区	255	8	21	222	4	303	142	110	51
海淀区	1102	60	107	926	9	1748	959	428	361
门头沟区	147	8	9	130		221	111	78	32
房山区	400	36	48	312	4	670	306	244	120
通州区	339	44	33	258	4	612	354	154	104
顺义区	279	30	30	213	6	484	239	156	89
昌平区	479	26	63	381	9	993	522	357	114
大兴区	626	27	72	515	12	938	448	308	182
怀柔区	181	14	17	150		207	109	80	18
平谷区	151	1	10	138	2	136	52	60	24
密云区	246	51	7	188		163	66	71	26
延庆区	209	22	5	179	3	98	45	40	13
女	**3675**	**242**	**410**	**2965**	**58**	**16192**	**12725**	**920**	**2547**
东城区	137	6	11	119	1	559	458	28	73
西城区	182	12	18	145	7	956	812	38	106
朝阳区	609	30	72	497	10	3901	2989	191	721
丰台区	490	23	41	420	6	1707	1324	117	266
石景山区	121	6	18	95	2	407	323	24	60
海淀区	576	39	87	442	8	3152	2589	87	476
门头沟区	61	3	11	47		204	156	18	30
房山区	209	17	35	154	3	702	514	81	107
通州区	185	14	22	147	2	677	564	34	79
顺义区	159	18	15	122	4	802	636	47	119
昌平区	236	14	39	180	3	1297	1006	96	195
大兴区	275	12	23	234	6	1068	780	93	195
怀柔区	105	6	9	89	1	250	202	20	28
平谷区	73	6	4	61	2	161	116	16	29
密云区	100	20	4	74	2	245	176	22	47
延庆区	157	16	1	139	1	104	80	8	16

4-7a　续表 11　　　　单位：人

地　区 性　别	教育		卫生和社会工作			文化、体育和娱乐业				
	小计	教育	小计	卫生	社会工作	小计	新闻和出版业	广播、电视、电影和录音制作业	文化艺术业	体育
北　京	**58808**	**58808**	**31326**	**29811**	**1515**	**28330**	**6923**	**7975**	**5810**	**2509**
东城区	1672	1672	1571	1535	36	1584	520	349	360	121
西城区	3012	3012	2485	2364	121	2513	904	605	541	132
朝阳区	9358	9358	4749	4500	249	7974	1583	2748	1606	614
丰台区	5379	5379	4384	4154	230	3299	975	760	715	329
石景山区	1711	1711	1193	1152	41	955	265	265	138	106
海淀区	14393	14393	5400	5092	308	4373	1363	1034	953	387
门头沟区	979	979	698	668	30	280	58	77	46	29
房山区	2965	2965	1708	1645	63	728	163	163	146	81
通州区	3132	3132	1597	1519	78	2104	266	793	390	145
顺义区	2391	2391	1122	1098	24	743	70	201	171	133
昌平区	6581	6581	2275	2143	132	1679	357	434	311	204
大兴区	3827	3827	2109	2012	97	1576	357	398	331	149
怀柔区	915	915	446	426	20	212	9	82	34	23
平谷区	889	889	609	573	36	95	11	20	23	14
密云区	962	962	657	618	39	157	15	34	27	31
延庆区	642	642	323	312	11	58	7	12	18	11
男	**20774**	**20774**	**8983**	**8435**	**548**	**14111**	**2933**	**4216**	**2836**	**1467**
东城区	549	549	488	481	7	793	222	191	186	67
西城区	985	985	787	740	47	1256	391	332	273	83
朝阳区	3241	3241	1457	1371	86	3856	656	1360	776	375
丰台区	1675	1675	1214	1111	103	1647	433	395	363	187
石景山区	555	555	333	325	8	495	120	129	77	70
海淀区	5797	5797	1432	1335	97	2053	562	534	400	226
门头沟区	293	293	195	180	15	144	24	44	22	18
房山区	1011	1011	469	445	24	382	74	93	83	41
通州区	1057	1057	472	431	41	1155	114	444	200	91
顺义区	749	749	316	306	10	379	22	117	87	70
昌平区	2538	2538	684	641	43	875	147	268	155	106
大兴区	1277	1277	586	550	36	794	153	216	162	89
怀柔区	285	285	126	120	6	113	3	51	16	12
平谷区	292	292	161	150	11	50	3	14	12	8
密云区	286	286	176	167	9	91	6	21	14	20
延庆区	184	184	87	82	5	28	3	7	10	4
女	**38034**	**38034**	**22343**	**21376**	**967**	**14219**	**3990**	**3759**	**2974**	**1042**
东城区	1123	1123	1083	1054	29	791	298	158	174	54
西城区	2027	2027	1698	1624	74	1257	513	273	268	49
朝阳区	6117	6117	3292	3129	163	4118	927	1388	830	239
丰台区	3704	3704	3170	3043	127	1652	542	365	352	142
石景山区	1156	1156	860	827	33	460	145	136	61	36
海淀区	8596	8596	3968	3757	211	2320	801	500	553	161
门头沟区	686	686	503	488	15	136	34	33	24	11
房山区	1954	1954	1239	1200	39	346	89	70	63	40
通州区	2075	2075	1125	1088	37	949	152	349	190	54
顺义区	1642	1642	806	792	14	364	48	84	84	63
昌平区	4043	4043	1591	1502	89	804	210	166	156	98
大兴区	2550	2550	1523	1462	61	782	204	182	169	60
怀柔区	630	630	320	306	14	99	6	31	18	11
平谷区	597	597	448	423	25	45	8	6	11	6
密云区	676	676	481	451	30	66	9	13	13	11
延庆区	458	458	236	230	6	30	4	5	8	7

4-7a 续表 12 单位：人

地区 性别	娱乐业	公共管理、社会保障和社会组织							国际组织	
		小计	中国共产党机关	国家机构	人民政协、民主党派	社会保障	群众团体、社会团体和其他成员组织	基层群众自治组织	小计	国际组织
北　京	**5113**	**51840**	**1214**	**39726**	**165**	**348**	**4039**	**6348**	**191**	**191**
东城区	234	2793	88	2210	17	12	253	213	13	13
西城区	331	4685	312	3565	30	18	468	292	13	13
朝阳区	1423	8012	13	5891	21	55	807	1225	95	95
丰台区	520	6272	152	4455	30	42	600	993	30	30
石景山区	181	1806	47	1407	5	22	143	182	2	2
海淀区	636	7714	299	5735	25	73	876	706	12	12
门头沟区	70	1239	22	961	4	4	49	199	2	2
房山区	175	2806	51	2107	3	31	116	498	3	3
通州区	510	2541	79	2009	7	17	167	262	7	7
顺义区	168	2211	26	1820	2	5	90	268	6	6
昌平区	373	2606	6	2008	4	7	173	408	4	4
大兴区	341	3707	47	2975	6	36	175	468	4	4
怀柔区	64	1296	31	1037	1	2	45	180		
平谷区	27	1337	12	1085	3	9	28	200		
密云区	50	1635	23	1422	3		26	161		
延庆区	10	1180	6	1039	4	15	23	93		
男	**2659**	**29678**	**759**	**24039**	**107**	**152**	**1894**	**2727**	**81**	**81**
东城区	127	1567	57	1311	10	6	113	70	8	8
西城区	177	2679	190	2148	21	7	218	95	4	4
朝阳区	689	4583	8	3560	13	27	399	576	37	37
丰台区	269	3590	95	2715	23	18	296	443	13	13
石景山区	99	975	35	825	4	8	65	38		
海淀区	331	4264	191	3370	10	30	400	263	7	7
门头沟区	36	742	15	609	4	3	21	90	2	2
房山区	91	1657	28	1312	2	16	55	244	2	2
通州区	306	1503	45	1255	5	10	76	112	2	2
顺义区	83	1261	15	1092	2	2	25	125	1	1
昌平区	199	1481	5	1214	2	1	80	179	2	2
大兴区	174	2196	31	1843	5	18	89	210	3	3
怀柔区	31	744	14	621	1	1	29	78		
平谷区	13	779	9	641	2	3	14	110		
密云区	30	941	18	863	1		5	54		
延庆区	4	716	3	660	2	2	9	40		
女	**2454**	**22162**	**455**	**15687**	**58**	**196**	**2145**	**3621**	**110**	**110**
东城区	107	1226	31	899	7	6	140	143	5	5
西城区	154	2006	122	1417	9	11	250	197	9	9
朝阳区	734	3429	5	2331	8	28	408	649	58	58
丰台区	251	2682	57	1740	7	24	304	550	17	17
石景山区	82	831	12	582	1	14	78	144	2	2
海淀区	305	3450	108	2365	15	43	476	443	5	5
门头沟区	34	497	7	352		1	28	109		
房山区	84	1149	23	795	1	15	61	254	1	1
通州区	204	1038	34	754	2	7	91	150	5	5
顺义区	85	950	11	728		3	65	143	5	5
昌平区	174	1125	1	794	2	6	93	229	2	2
大兴区	167	1511	16	1132	1	18	86	258	1	1
怀柔区	33	552	17	416		1	16	102		
平谷区	14	558	3	444	1	6	14	90		
密云区	20	694	5	559	2		21	107		
延庆区	6	464	3	379	2	13	14	53		

4-7b 各地区分性别、行业大类的就业人口(镇)

单位：人

地区 性别	合计	农、林、牧、渔业						采矿业	
		小计	农业	林业	畜牧业	渔业	农、林、牧、渔专业及辅助性活动	小计	煤炭开采和洗选业
北　京	**65835**	**1346**	**1046**	**99**	**129**	**18**	**54**	**76**	**27**
东城区									
西城区									
朝阳区	1314								
丰台区	479								
石景山区									
海淀区									
门头沟区	1265	26	8	17			1	13	9
房山区	3683	71	40	10	15	3	3	23	18
通州区	13127	94	50	21	8	3	12	7	
顺义区	8790	118	67	17	25	1	8	2	
昌平区	20016	163	107	19	26		11	19	
大兴区	8749	97	85	1	5	2	4	4	
怀柔区	2018	36	31				5		
平谷区	2333	392	364	1	22	5			
密云区	2464	299	278	3	12	4	2	8	
延庆区	1597	50	16	10	16		8		
男	**41436**	**797**	**595**	**66**	**89**	**12**	**35**	**63**	**27**
东城区									
西城区									
朝阳区	770								
丰台区	278								
石景山区									
海淀区									
门头沟区	789	18	6	11			1	12	9
房山区	2317	41	18	8	11	2	2	22	18
通州区	8129	66	38	13	5	1	9	5	
顺义区	5688	76	39	12	19	1	5	2	
昌平区	12301	99	65	13	15		6	11	
大兴区	5794	59	50	1	5	1	2	3	
怀柔区	1364	28	25				3		
平谷区	1412	213	194	1	14	4			
密云区	1560	169	151	3	10	3	2	8	
延庆区	1034	28	9	4	10		5		
女	**24399**	**549**	**451**	**33**	**40**	**6**	**19**	**13**	
东城区									
西城区									
朝阳区	544								
丰台区	201								
石景山区									
海淀区									
门头沟区	476	8	2	6				1	
房山区	1366	30	22	2	4	1	1	1	
通州区	4998	28	12	8	3	2	3	2	
顺义区	3102	42	28	5	6		3		
昌平区	7715	64	42	6	11		5	8	
大兴区	2955	38	35			1	2	1	
怀柔区	654	8	6				2		
平谷区	921	179	170		8	1			
密云区	904	130	127		2	1			
延庆区	563	22	7	6	6		3		

4－7b　续表 1　　　　单位：人

地区 性别	采矿业						制造业		
	石油和天然气开采业	黑色金属矿采选业	有色金属矿采选业	非金属矿采选业	开采专业及辅助性活动	其他采矿业	小计	农副食品加工业	食品制造业
北京	**7**	**8**	**3**	**8**	**23**		**8196**	**328**	**613**
东城区									
西城区									
朝阳区							88		13
丰台区							35	1	20
石景山区									
海淀区									
门头沟区	1			3			66	1	1
房山区	1				4		502	13	45
通州区	1		1	2	3		2722	75	177
顺义区	1			1			1259	88	150
昌平区	1		1	2	15		1182	30	83
大兴区	2		1		1		1264	75	55
怀柔区							349	12	28
平谷区							269	12	20
密云区		8					318	11	6
延庆区							142	10	15
男	**3**	**8**	**2**	**7**	**16**		**5286**	**193**	**321**
东城区									
西城区									
朝阳区							62		8
丰台区							24		15
石景山区									
海淀区									
门头沟区				3			46	1	1
房山区					4		344	8	14
通州区	1			1	3		1756	41	98
顺义区	1			1			791	51	88
昌平区			1	2	8		756	18	37
大兴区	1		1		1		789	48	24
怀柔区							238	7	17
平谷区							164	6	8
密云区		8					219	7	2
延庆区							97	6	9
女	**4**		**1**	**1**	**7**		**2910**	**135**	**292**
东城区									
西城区									
朝阳区							26		5
丰台区							11	1	5
石景山区									
海淀区									
门头沟区	1						20		
房山区	1						158	5	31
通州区			1	1			966	34	79
顺义区							468	37	62
昌平区	1				7		426	12	46
大兴区	1						475	27	31
怀柔区							111	5	11
平谷区							105	6	12
密云区							99	4	4
延庆区							45	4	6

4-7b　续表 2　　　　单位：人

地　区 性　别	制造业								
	酒、饮料和精制茶制造业	烟　草制品业	纺织业	纺织服装、服饰业	皮革、毛皮、羽毛及其制品和制鞋业	木材加工和木、竹、藤、棕、草制品业	家　具制造业	造纸和纸制品业	印刷和记录媒介复制业
北　京	**157**	**3**	**31**	**394**	**20**	**40**	**189**	**143**	**332**
东城区									
西城区									
朝阳区				1					1
丰台区									1
石景山区									
海淀区									
门头沟区				3			1		3
房山区	12		3	24	1	2	29	59	6
通州区	30		9	21	3	14	68	40	127
顺义区	50		7	55		4	28	7	109
昌平区	16	2	3	23	4	9	20	10	25
大兴区	17		1	221	10	6	35	5	44
怀柔区	11			2	1		8	5	4
平谷区	4	1	5	19	1	3		13	6
密云区	15		3	22		1		3	5
延庆区	2			3		1		1	1
男	**110**	**3**	**12**	**160**	**9**	**34**	**134**	**98**	**202**
东城区									
西城区									
朝阳区									1
丰台区									
石景山区									
海淀区									
门头沟区				1			1		1
房山区	8		1	9		2	17	47	4
通州区	19		5	10		11	45	24	81
顺义区	37		2	17		4	23	3	64
昌平区	11	2	2	7	1	8	18	5	14
大兴区	9		1	106	7	4	25	4	27
怀柔区	8				1		5	3	4
平谷区	4	1		1		3		9	4
密云区	13		1	9		1		3	2
延庆区	1					1			
女	**47**		**19**	**234**	**11**	**6**	**55**	**45**	**130**
东城区									
西城区									
朝阳区				1					
丰台区									1
石景山区									
海淀区									
门头沟区				2					2
房山区	4		2	15	1		12	12	2
通州区	11		4	11	3	3	23	16	46
顺义区	13		5	38			5	4	45
昌平区	5		1	16	3	1	2	5	11
大兴区	8			115	3	2	10	1	17
怀柔区	3			2			3	2	
平谷区			5	18	1			4	2
密云区	2		2	13					3
延庆区	1			3				1	1

4－7b 续表 3 单位：人

地区 性别	制造业								
	文教、工美、体育和娱乐用品制造业	石油、煤炭及其他燃料加工业	化学原料和化学制品制造业	医药制造业	化学纤维制造业	橡胶和塑料制品业	非金属矿物制品业	黑色金属冶炼和压延加工业	有色金属冶炼和压延加工业
北京	**107**	**23**	**190**	**627**	**1**	**116**	**422**	**28**	**38**
东城区									
西城区									
朝阳区	2			3			1	1	
丰台区	1		1	3					
石景山区									
海淀区									
门头沟区	1		1	5		2		5	1
房山区	4	5	23	22		11	62	6	
通州区	42	2	42	270	1	33	81	4	18
顺义区	15	1	27	41		8	62	5	3
昌平区	21	9	27	117		7	71	4	6
大兴区	11	5	46	90		27	57	1	
怀柔区	3		7	32		9	24		4
平谷区	6	1	7	17		5	9	1	2
密云区			8	12		12	28	1	
延庆区	1		1	15		2	27		4
男	**65**	**15**	**115**	**297**		**81**	**328**	**26**	**29**
东城区									
西城区									
朝阳区	1			2			1	1	
丰台区			1	2					
石景山区									
海淀区									
门头沟区			1	3		2		4	1
房山区	3	2	11	7		11	48	6	
通州区	30	1	28	129		19	59	4	12
顺义区	7	1	19	22		5	49	4	3
昌平区	11	8	14	59		4	56	4	5
大兴区	6	2	31	42		19	49	1	
怀柔区	3		3	17		7	17		2
平谷区	3	1	3	6		5	9	1	2
密云区			3	3		8	19	1	
延庆区	1		1	5		1	21		4
女	**42**	**8**	**75**	**330**	**1**	**35**	**94**	**2**	**9**
东城区									
西城区									
朝阳区	1			1					
丰台区	1			1					
石景山区									
海淀区									
门头沟区	1			2				1	
房山区	1	3	12	15			14		
通州区	12	1	14	141	1	14	22		6
顺义区	8		8	19		3	13	1	
昌平区	10	1	13	58		3	15		1
大兴区	5	3	15	48		8	8		
怀柔区			4	15		2	7		2
平谷区	3		4	11					
密云区			5	9		4	9		
延庆区				10		1	6		

4-7b 续表 4

单位：人

地区 性别	制造业								
	金属制品业	通用设备制造业	专用设备制造业	汽车制造业	铁路、船舶、航空航天和其他运输设备制造业	电气机械和器材制造业	计算机、通信和其他电子设备制造业	仪器仪表制造业	其他制造业
北京	**375**	**470**	**467**	**1044**	**134**	**570**	**836**	**221**	**40**
东城区									
西城区									
朝阳区			2	1	1	2	1	1	
丰台区	1	1	2		3				
石景山区									
海淀区									
门头沟区	2	5	2	3	6	1	3	2	
房山区	27	27	18	35	12	15	20	10	
通州区	100	148	186	389	9	232	475	82	18
顺义区	87	80	50	144	13	57	83	19	9
昌平区	62	107	91	51	36	91	161	57	6
大兴区	39	46	49	205	44	70	61	32	3
怀柔区	15	6	21	64	4	71	7	3	1
平谷区	8	17	21	49	5	8	10	10	2
密云区	16	23	21	98		16	8	2	1
延庆区	18	10	4	5	1	7	7	3	
男	**275**	**346**	**288**	**832**	**92**	**354**	**515**	**140**	**28**
东城区									
西城区									
朝阳区			2	1	1		1		
丰台区	1	1	2		2				
石景山区									
海淀区									
门头沟区	2	3	2	2	6	1		2	
房山区	22	20	13	33	10	14	16	7	
通州区	77	106	110	332	7	133	296	50	12
顺义区	62	60	30	95	8	33	39	13	7
昌平区	42	83	57	34	23	62	102	37	5
大兴区	25	30	29	159	26	46	41	20	1
怀柔区	14	5	14	51	3	44	4	1	1
平谷区	4	11	12	40	5	6	7	5	1
密云区	12	19	14	80		9	4	2	1
延庆区	14	8	3	5	1	6	5	3	
女	**100**	**124**	**179**	**212**	**42**	**216**	**321**	**81**	**12**
东城区									
西城区									
朝阳区						2		1	
丰台区					1				
石景山区									
海淀区									
门头沟区		2		1			3		
房山区	5	7	5	2	2	1	4	3	
通州区	23	42	76	57	2	99	179	32	6
顺义区	25	20	20	49	5	24	44	6	2
昌平区	20	24	34	17	13	29	59	20	1
大兴区	14	16	20	46	18	24	20	12	2
怀柔区	1	1	7	13	1	27	3	2	
平谷区	4	6	9	9		2	3	5	1
密云区	4	4	7	18		7	4		
延庆区	4	2	1			1	2		

4-7b 续表 5

单位：人

地区 性别	制造业		电力、热力、燃气及水生产和供应业				建筑业		
	废弃资源综合利用业	金属制品、机械和设备修理业	小计	电力、热力生产和供应业	燃气生产和供应业	水的生产和供应业	小计	房屋建筑业	土木工程建筑业
北京	**58**	**179**	**535**	**316**	**98**	**121**	**8117**	**4257**	**880**
东城区									
西城区									
朝阳区		58	9	6	1	2	85	22	24
丰台区		1	12	4		8	19	4	2
石景山区									
海淀区									
门头沟区	18		23	11	2	10	166	63	71
房山区	2	9	43	24	5	14	418	292	41
通州区	7	19	93	46	21	26	1025	382	94
顺义区	6	51	62	39	13	10	1117	530	95
昌平区	16	17	146	95	24	27	2201	809	171
大兴区	1	8	61	33	17	11	1993	1532	224
怀柔区	1	6	19	14	3	2	385	221	54
平谷区	3	4	33	18	7	8	222	124	34
密云区	4	2	19	15	3	1	290	138	41
延庆区		4	15	11	2	2	196	140	29
男	**40**	**144**	**412**	**245**	**77**	**90**	**7021**	**3770**	**731**
东城区									
西城区									
朝阳区		43	8	5	1	2	72	21	19
丰台区			11	3		8	11	1	2
石景山区									
海淀区									
门头沟区	12		23	11	2	10	141	58	56
房山区	2	9	35	20	4	11	358	249	37
通州区	1	16	65	35	16	14	821	316	73
顺义区	3	42	54	36	10	8	976	468	78
昌平区	13	14	98	63	18	17	1908	717	138
大兴区	1	6	44	22	13	9	1764	1378	194
怀柔区	1	6	15	11	2	2	340	191	47
平谷区	3	4	28	15	7	6	193	111	28
密云区	4	2	18	15	2	1	257	130	33
延庆区		2	13	9	2	2	180	130	26
女	**18**	**35**	**123**	**71**	**21**	**31**	**1096**	**487**	**149**
东城区									
西城区									
朝阳区		15	1	1			13	1	5
丰台区		1	1	1			8	3	
石景山区									
海淀区									
门头沟区	6						25	5	15
房山区			8	4	1	3	60	43	4
通州区	6	3	28	11	5	12	204	66	21
顺义区	3	9	8	3	3	2	141	62	17
昌平区	3	3	48	32	6	10	293	92	33
大兴区		2	17	11	4	2	229	154	30
怀柔区			4	3	1		45	30	7
平谷区			5	3		2	29	13	6
密云区			1		1		33	8	8
延庆区		2	2	2			16	10	3

4-7b　续表 6　　　　单位：人

地　区 性　别	建筑业		批发和零售业			交通运输、仓储和邮政业			
	建　筑 安装业	建筑装 饰、装修 和其他 建筑业	小计	批发业	零售业	小计	铁　路 运输业	道　路 运输业	水　上 运输业
北　京	**383**	**2597**	**9319**	**2865**	**6454**	**6549**	**136**	**3496**	**5**
东 城 区									
西 城 区									
朝 阳 区	6	33	134	70	64	422	1	38	
丰 台 区	2	11	76	30	46	40	1	22	
石景山区									
海 淀 区									
门头沟区	7	25	135	27	108	139	7	123	
房 山 区	19	66	483	138	345	413	13	359	
通 州 区	74	475	2090	878	1212	988	4	677	1
顺 义 区	40	452	988	305	683	1887	4	732	
昌 平 区	109	1112	3426	900	2526	928	19	621	4
大 兴 区	31	206	1007	315	692	992	13	368	
怀 柔 区	62	48	197	46	151	170	57	92	
平 谷 区	10	54	264	62	202	236	6	185	
密 云 区	21	90	310	55	255	197	2	163	
延 庆 区	2	25	209	39	170	137	9	116	
男	**321**	**2199**	**5096**	**1713**	**3383**	**4906**	**120**	**2894**	**3**
东 城 区									
西 城 区									
朝 阳 区	5	27	80	43	37	205	1	29	
丰 台 区	1	7	41	13	28	30		18	
石景山区									
海 淀 区									
门头沟区	6	21	72	22	50	115	7	103	
房 山 区	15	57	247	95	152	349	10	304	
通 州 区	58	374	1102	474	628	752	2	535	
顺 义 区	32	398	556	211	345	1382	3	609	
昌 平 区	83	970	1922	533	1389	778	16	536	3
大 兴 区	28	164	562	187	375	655	11	273	
怀 柔 区	62	40	112	32	80	149	55	79	
平 谷 区	9	45	130	40	90	202	5	161	
密 云 区	20	74	166	35	131	170	2	147	
延 庆 区	2	22	106	28	78	119	8	100	
女	**62**	**398**	**4223**	**1152**	**3071**	**1643**	**16**	**602**	**2**
东 城 区									
西 城 区									
朝 阳 区	1	6	54	27	27	217		9	
丰 台 区	1	4	35	17	18	10	1	4	
石景山区									
海 淀 区									
门头沟区	1	4	63	5	58	24		20	
房 山 区	4	9	236	43	193	64	3	55	
通 州 区	16	101	988	404	584	236	2	142	1
顺 义 区	8	54	432	94	338	505	1	123	
昌 平 区	26	142	1504	367	1137	150	3	85	1
大 兴 区	3	42	445	128	317	337	2	95	
怀 柔 区		8	85	14	71	21	2	13	
平 谷 区	1	9	134	22	112	34	1	24	
密 云 区	1	16	144	20	124	27		16	
延 庆 区		3	103	11	92	18	1	16	

4-7b 续表 7 单位：人

地区 性别	交通运输、仓储和邮政业					住宿和餐饮业		
	航空运输业	管道运输业	多式联运和运输代理业	装卸搬运和仓储业	邮政业	小计	住宿业	餐饮业
北京	**1430**	**3**	**135**	**262**	**1082**	**3306**	**643**	**2663**
东城区								
西城区								
朝阳区	371		2	1	9	36	10	26
丰台区				13	4	25	2	23
石景山区								
海淀区								
门头沟区					9	71	26	45
房山区	9	1	2	10	19	142	24	118
通州区	15	1	19	59	212	581	75	506
顺义区	470		61	115	505	549	97	452
昌平区	35	1	22	24	202	1153	259	894
大兴区	512		22	18	59	251	33	218
怀柔区	1		2	6	12	117	44	73
平谷区	15		2	4	24	92	12	80
密云区	2		2	12	16	190	44	146
延庆区			1		11	99	17	82
男	**773**	**3**	**93**	**198**	**822**	**1873**	**326**	**1547**
东城区								
西城区								
朝阳区	167			1	7	21	3	18
丰台区				9	3	15	2	13
石景山区								
海淀区								
门头沟区					5	39	13	26
房山区	8	1	2	9	15	62	9	53
通州区	10	1	12	43	149	362	45	317
顺义区	258		44	86	382	299	43	256
昌平区	24	1	11	18	169	689	138	551
大兴区	292		18	15	46	132	15	117
怀柔区			2	5	8	65	21	44
平谷区	13		2	3	18	46	5	41
密云区	1		1	9	10	89	23	66
延庆区			1		10	54	9	45
女	**657**		**42**	**64**	**260**	**1433**	**317**	**1116**
东城区								
西城区								
朝阳区	204		2		2	15	7	8
丰台区				4	1	10		10
石景山区								
海淀区								
门头沟区					4	32	13	19
房山区	1			1	4	80	15	65
通州区	5		7	16	63	219	30	189
顺义区	212		17	29	123	250	54	196
昌平区	11		11	6	33	464	121	343
大兴区	220		4	3	13	119	18	101
怀柔区	1			1	4	52	23	29
平谷区	2			1	6	46	7	39
密云区	1		1	3	6	101	21	80
延庆区					1	45	8	37

4-7b 续表 8 单位：人

地区 性别	信息传输、软件和信息技术服务业				金融业				
	小计	电信、广播电视和卫星传输服务	互联网和相关服务	软件和信息技术服务业	小计	货币金融服务	资本市场服务	保险业	其他金融业
北京	**3917**	**299**	**1216**	**2402**	**1166**	**374**	**175**	**464**	**153**
东城区									
西城区									
朝阳区	44	2	17	25	25	10	3	8	4
丰台区	26	3	7	16	23	13	1	5	4
石景山区									
海淀区									
门头沟区	30	6	10	14	25	17	2	5	1
房山区	109	18	31	60	66	23	7	31	5
通州区	714	47	266	401	218	50	34	99	35
顺义区	217	20	55	142	97	39	14	34	10
昌平区	2353	107	685	1561	458	124	92	162	80
大兴区	228	33	89	106	118	50	13	45	10
怀柔区	46	20	6	20	23	7	1	15	
平谷区	60	18	18	24	39	16	4	19	
密云区	59	16	25	18	38	10	3	25	
延庆区	31	9	7	15	36	15	1	16	4
男	**2584**	**177**	**780**	**1627**	**559**	**171**	**114**	**188**	**86**
东城区									
西城区									
朝阳区	31	2	12	17	9	5	1	2	1
丰台区	20	2	6	12	10	4	1	3	2
石景山区									
海淀区									
门头沟区	13	3	5	5	6	3	1	1	1
房山区	68	10	21	37	29	8	6	12	3
通州区	470	31	167	272	114	28	19	43	24
顺义区	130	9	30	91	44	15	8	17	4
昌平区	1568	59	445	1064	244	64	61	75	44
大兴区	153	23	54	76	53	24	10	16	3
怀柔区	28	12	2	14	10	2	1	7	
平谷区	38	11	10	17	11	5	2	4	
密云区	45	10	23	12	12	6	3	3	
延庆区	20	5	5	10	17	7	1	5	4
女	**1333**	**122**	**436**	**775**	**607**	**203**	**61**	**276**	**67**
东城区									
西城区									
朝阳区	13		5	8	16	5	2	6	3
丰台区	6	1	1	4	13	9		2	2
石景山区									
海淀区									
门头沟区	17	3	5	9	19	14	1	4	
房山区	41	8	10	23	37	15	1	19	2
通州区	244	16	99	129	104	22	15	56	11
顺义区	87	11	25	51	53	24	6	17	6
昌平区	785	48	240	497	214	60	31	87	36
大兴区	75	10	35	30	65	26	3	29	7
怀柔区	18	8	4	6	13	5		8	
平谷区	22	7	8	7	28	11	2	15	
密云区	14	6	2	6	26	4		22	
延庆区	11	4	2	5	19	8		11	

4-7b 续表 9

单位：人

地区 性别	房地产业		租赁和商务服务业			科学研究和技术服务业			
	小计	房地产业	小计	租赁业	商务服务业	小计	研究和试验发展	专业技术服务业	科技推广和应用服务业
北京	**2669**	**2669**	**4565**	**303**	**4262**	**2990**	**821**	**1044**	**1125**
东城区									
西城区									
朝阳区	30	30	173	1	172	45	5	23	17
丰台区	35	35	59	1	58	16	6	3	7
石景山区									
海淀区									
门头沟区	69	69	85	8	77	29	5	16	8
房山区	129	129	198	5	193	112	18	56	38
通州区	479	479	965	38	927	864	288	237	339
顺义区	326	326	684	67	617	192	22	107	63
昌平区	1001	1001	1431	69	1362	1242	319	410	513
大兴区	323	323	599	61	538	335	131	115	89
怀柔区	90	90	89	12	77	52	15	21	16
平谷区	48	48	91	13	78	55	7	30	18
密云区	72	72	109	16	93	23	2	11	10
延庆区	67	67	82	12	70	25	3	15	7
男	**1723**	**1723**	**2866**	**252**	**2614**	**1855**	**510**	**682**	**663**
东城区									
西城区									
朝阳区	16	16	105		105	30	4	13	13
丰台区	21	21	29		29	12	4	2	6
石景山区									
海淀区									
门头沟区	47	47	57	8	49	11	1	8	2
房山区	78	78	128	4	124	70	11	35	24
通州区	294	294	621	33	588	531	170	153	208
顺义区	195	195	444	57	387	110	12	64	34
昌平区	707	707	836	49	787	761	190	271	300
大兴区	196	196	394	54	340	224	98	80	46
怀柔区	56	56	66	11	55	35	12	15	8
平谷区	28	28	64	12	52	40	5	22	13
密云区	38	38	73	13	60	18	2	8	8
延庆区	47	47	49	11	38	13	1	11	1
女	**946**	**946**	**1699**	**51**	**1648**	**1135**	**311**	**362**	**462**
东城区									
西城区									
朝阳区	14	14	68	1	67	15	1	10	4
丰台区	14	14	30	1	29	4	2	1	1
石景山区									
海淀区									
门头沟区	22	22	28		28	18	4	8	6
房山区	51	51	70	1	69	42	7	21	14
通州区	185	185	344	5	339	333	118	84	131
顺义区	131	131	240	10	230	82	10	43	29
昌平区	294	294	595	20	575	481	129	139	213
大兴区	127	127	205	7	198	111	33	35	43
怀柔区	34	34	23	1	22	17	3	6	8
平谷区	20	20	27	1	26	15	2	8	5
密云区	34	34	36	3	33	5		3	2
延庆区	20	20	33	1	32	12	2	4	6

4-7b　续表 10　　　　单位：人

地区 性别	水利、环境和公共设施管理业					居民服务、修理和其他服务业			
	小计	水利管理业	生态保护和环境治理业	公共设施管理业	土地管理业	小计	居民服务业	机动车、电子产品和日用产品修理业	其他服务业
北京	**1350**	**47**	**99**	**1195**	**9**	**2668**	**1623**	**531**	**514**
东城区									
西城区									
朝阳区	26	1		25		35	19	7	9
丰台区	6	1		5		13	7	1	5
石景山区									
海淀区									
门头沟区	39		1	38		42	20	10	12
房山区	124	6	9	109		101	58	35	8
通州区	222	6	12	204		422	247	81	94
顺义区	113	5	5	102	1	400	207	84	109
昌平区	295	9	31	250	5	1147	797	183	167
大兴区	194	3	26	162	3	221	132	52	37
怀柔区	32	3	5	24		60	33	20	7
平谷区	68		7	61		69	32	22	15
密云区	116	13	1	102		103	45	22	36
延庆区	115		2	113		55	26	14	15
男	**937**	**31**	**65**	**836**	**5**	**1229**	**537**	**448**	**244**
东城区									
西城区									
朝阳区	23			23		17	5	6	6
丰台区	2			2		4	1	1	2
石景山区									
海淀区									
门头沟区	31			31		19	5	8	6
房山区	93	5	7	81		53	19	28	6
通州区	140	2	8	130		244	122	72	50
顺义区	84	4	5	74	1	162	36	74	52
昌平区	202	8	19	172	3	460	240	156	64
大兴区	143	1	19	122	1	127	64	42	21
怀柔区	20	2	2	16		32	11	17	4
平谷区	47		4	43		36	10	17	9
密云区	75	9	1	65		46	12	16	18
延庆区	77			77		29	12	11	6
女	**413**	**16**	**34**	**359**	**4**	**1439**	**1086**	**83**	**270**
东城区									
西城区									
朝阳区	3	1		2		18	14	1	3
丰台区	4	1		3		9	6		3
石景山区									
海淀区									
门头沟区	8		1	7		23	15	2	6
房山区	31	1	2	28		48	39	7	2
通州区	82	4	4	74		178	125	9	44
顺义区	29	1		28		238	171	10	57
昌平区	93	1	12	78	2	687	557	27	103
大兴区	51	2	7	40	2	94	68	10	16
怀柔区	12	1	3	8		28	22	3	3
平谷区	21		3	18		33	22	5	6
密云区	41	4		37		57	33	6	18
延庆区	38		2	36		26	14	3	9

4–7b 续表 11

单位：人

地区 性别	教育		卫生和社会工作			文化、体育和娱乐业				
	小计	教育	小计	卫生	社会工作	小计	新闻和出版业	广播、电视、电影和录音制作业	文化艺术业	体育
北京	**3061**	**3061**	**1601**	**1435**	**166**	**1293**	**131**	**261**	**407**	**171**
东城区										
西城区										
朝阳区	42	42	21	21		22	3	2	3	6
丰台区	19	19	23	23		16	4	1	3	4
石景山区										
海淀区										
门头沟区	76	76	42	36	6	10	1	2	3	2
房山区	176	176	131	114	17	48	3	7	7	8
通州区	614	614	248	239	9	441	19	53	247	26
顺义区	243	243	151	127	24	104	8	26	22	21
昌平区	1263	1263	558	490	68	496	77	139	96	78
大兴区	281	281	206	190	16	82	11	18	17	9
怀柔区	128	128	41	35	6	24	2	4	3	5
平谷区	99	99	84	78	6	12	1	3	3	3
密云区	42	42	53	44	9	22		4	3	7
延庆区	78	78	43	38	5	16	2	2		2
男	**1145**	**1145**	**477**	**431**	**46**	**736**	**57**	**156**	**231**	**104**
东城区										
西城区										
朝阳区	16	16	8	8		13		2	1	5
丰台区	5	5	5	5		9	1	1	1	3
石景山区										
海淀区										
门头沟区	30	30	14	11	3	4		1	2	1
房山区	53	53	36	28	8	25	1	4	3	3
通州区	247	247	66	65	1	263	12	28	153	13
顺义区	99	99	48	45	3	47	3	11	10	11
昌平区	478	478	174	158	16	290	33	92	50	53
大兴区	89	89	60	54	6	43	5	10	7	5
怀柔区	55	55	9	8	1	16	1	2	2	4
平谷区	28	28	26	22	4	7		2	1	2
密云区	12	12	19	15	4	12		2	1	4
延庆区	33	33	12	12		7	1	1		
女	**1916**	**1916**	**1124**	**1004**	**120**	**557**	**74**	**105**	**176**	**67**
东城区										
西城区										
朝阳区	26	26	13	13		9	3		2	1
丰台区	14	14	18	18		7	3		2	1
石景山区										
海淀区										
门头沟区	46	46	28	25	3	6	1	1	1	1
房山区	123	123	95	86	9	23	2	3	4	5
通州区	367	367	182	174	8	178	7	25	94	13
顺义区	144	144	103	82	21	57	5	15	12	10
昌平区	785	785	384	332	52	206	44	47	46	25
大兴区	192	192	146	136	10	39	6	8	10	4
怀柔区	73	73	32	27	5	8	1	2	1	1
平谷区	71	71	58	56	2	5	1	1	2	1
密云区	30	30	34	29	5	10		2	2	3
延庆区	45	45	31	26	5	9	1	1		2

4-7b　续表 12　　　　单位：人

地区 性别	娱乐业	公共管理、社会保障和社会组织						国际组织	
		小计	中国共产党机关	国家机构	人民政协、民主党派	社会保障	群众团体、社会团体和其他成员组织	基层群众自治组织	小计	国际组织
北　京	**323**	**3108**	**19**	**2008**	**2**	**18**	**123**	**938**	**3**	**3**
东城区										
西城区										
朝阳区	8	77		70			4	3		
丰台区	4	36	1	20			3	12		
石景山区										
海淀区										
门头沟区	2	179		117			3	59		
房山区	23	393	2	191		5	1	194	1	1
通州区	96	339	10	203		4	28	94	1	1
顺义区	27	281	1	158		2	11	109		
昌平区	106	553		369	2	3	34	145	1	1
大兴区	27	493	2	358			30	103		
怀柔区	10	160	2	101		2	2	53		
平谷区	2	200	1	140		1	2	56		
密云区	8	196		132			1	63		
延庆区	10	201		149		1	4	47		
男	**188**	**1871**	**15**	**1259**	**2**	**5**	**62**	**528**		
东城区										
西城区										
朝阳区	5	54		53			1			
丰台区	3	29	1	20			1	7		
石景山区										
海淀区										
门头沟区		91		63			1	27		
房山区	14	226	2	118		2		104		
通州区	57	210	7	125		1	12	65		
顺义区	12	189	1	104		1	6	77		
昌平区	62	320		220	2		21	77		
大兴区	16	304	1	235			14	54		
怀柔区	7	90	2	60			2	26		
平谷区	2	111	1	76			1	33		
密云区	5	114		82			1	31		
延庆区	5	133		103		1	2	27		
女	**135**	**1237**	**4**	**749**		**13**	**61**	**410**	**3**	**3**
东城区										
西城区										
朝阳区	3	23		17			3	3		
丰台区	1	7					2	5		
石景山区										
海淀区										
门头沟区	2	88		54			2	32		
房山区	9	167		73		3	1	90	1	1
通州区	39	129	3	78		3	16	29	1	1
顺义区	15	92		54		1	5	32		
昌平区	44	233		149		3	13	68	1	1
大兴区	11	189	1	123			16	49		
怀柔区	3	70		41		2		27		
平谷区		89		64		1	1	23		
密云区	3	82		50				32		
延庆区	5	68		46			2	20		

4–7c 各地区分性别、行业大类的就业人口(乡村)

单位：人

地区 性别	合计	农、林、牧、渔业						采矿业	
		小计	农业	林业	畜牧业	渔业	农、林、牧、渔专业及辅助性活动	小计	煤炭开采和洗选业
北京	**139098**	**10147**	**8513**	**655**	**684**	**97**	**198**	**141**	**11**
东城区									
西城区									
朝阳区									
丰台区	672	1	1						
石景山区									
海淀区	4280	72	64	2	2		4	2	1
门头沟区	1410	75	49	22			4	10	
房山区	12331	818	633	89	73	5	18	13	5
通州区	23656	890	575	210	64	22	19	5	1
顺义区	25438	1158	862	87	167	24	18	2	
昌平区	24105	619	446	57	83	4	29	16	1
大兴区	20046	1382	1291	26	36	2	27	2	
怀柔区	4449	246	201	15	12	3	15		
平谷区	8843	2642	2456	15	114	21	36	5	2
密云区	8070	1559	1463	12	65	14	5	85	1
延庆区	5798	685	472	120	68	2	23	1	
男	**91402**	**6144**	**4983**	**463**	**483**	**75**	**140**	**127**	**10**
东城区									
西城区									
朝阳区									
丰台区	443	1	1						
石景山区									
海淀区	2776	44	39	1	1		3	2	1
门头沟区	858	44	30	11			3	10	
房山区	8175	520	391	54	60	5	10	12	5
通州区	15721	586	351	155	49	18	13	3	1
顺义区	16900	730	513	63	124	19	11	2	
昌平区	15859	379	260	44	56	2	17	12	1
大兴区	13433	802	736	23	21	2	20	2	
怀柔区	2834	160	122	14	10	1	13		
平谷区	5457	1494	1369	12	66	16	31	3	1
密云区	5184	939	868	8	48	11	4	80	1
延庆区	3762	445	303	78	48	1	15	1	
女	**47696**	**4003**	**3530**	**192**	**201**	**22**	**58**	**14**	**1**
东城区									
西城区									
朝阳区									
丰台区	229								
石景山区									
海淀区	1504	28	25	1	1		1		
门头沟区	552	31	19	11			1		
房山区	4156	298	242	35	13		8	1	
通州区	7935	304	224	55	15	4	6	2	
顺义区	8538	428	349	24	43	5	7		
昌平区	8246	240	186	13	27	2	12	4	
大兴区	6613	580	555	3	15		7		
怀柔区	1615	86	79	1	2	2	2		
平谷区	3386	1148	1087	3	48	5	5	2	1
密云区	2886	620	595	4	17	3	1	5	
延庆区	2036	240	169	42	20	1	8		

4-7c　续表 1　　　　单位：人

地　区 性　别	采矿业						制造业		
	石油和天然气开采业	黑色金属矿采选业	有色金属矿采选业	非金属矿采选业	开采专业及辅助性活动	其他采矿业	小计	农副食品加工业	食品制造业
北　京	**9**	**89**	**1**	**22**	**6**	**3**	**18885**	**961**	**1510**
东城区									
西城区									
朝阳区									
丰台区							60		1
石景山区									
海淀区		1					362	2	4
门头沟区				9	1		58	3	4
房山区	2	1		3	2		1403	138	89
通州区	1			1	2		3220	176	216
顺义区		1				1	4477	187	293
昌平区	4		1	8	1	1	3001	114	268
大兴区		1				1	3464	175	408
怀柔区							749	53	71
平谷区	2	1					919	38	78
密云区		83		1			833	42	51
延庆区		1					339	33	27
男	**6**	**84**		**21**	**3**	**3**	**12752**	**586**	**779**
东城区									
西城区									
朝阳区									
丰台区							45		1
石景山区									
海淀区		1					269	1	3
门头沟区				9	1		36	1	2
房山区	2	1		3	1		984	72	49
通州区	1				1		2121	117	122
顺义区		1				1	3044	125	143
昌平区	2			8		1	2150	69	159
大兴区		1				1	2224	102	191
怀柔区							512	33	35
平谷区	1	1					589	23	39
密云区		78		1			545	23	23
延庆区		1					233	20	12
女	**3**	**5**	**1**	**1**	**3**		**6133**	**375**	**731**
东城区									
西城区									
朝阳区									
丰台区							15		
石景山区									
海淀区							93	1	1
门头沟区							22	2	2
房山区					1		419	66	40
通州区				1	1		1099	59	94
顺义区							1433	62	150
昌平区	2		1		1		851	45	109
大兴区							1240	73	217
怀柔区							237	20	36
平谷区	1						330	15	39
密云区		5					288	19	28
延庆区							106	13	15

4-7c 续表 2 单位：人

地区 性别	制造业								
	酒、饮料和精制茶制造业	烟草制品业	纺织业	纺织服装、服饰业	皮革、毛皮、羽毛及其制品和制鞋业	木材加工和木、竹、藤、棕、草制品业	家具制造业	造纸和纸制品业	印刷和记录媒介复制业
北京	**545**	**3**	**126**	**661**	**48**	**145**	**680**	**212**	**652**
东城区									
西城区									
朝阳区									
丰台区				2					
石景山区									
海淀区	2		2	1	5		9		6
门头沟区	2		1	2				1	
房山区	37	1	14	48	3	7	41	65	24
通州区	32	1	16	103	15	22	181	34	166
顺义区	292		34	199	11	40	246	52	171
昌平区	39		12	22	5	18	35	9	61
大兴区	54	1	18	166	6	25	132	14	159
怀柔区	23		2	10		22	15	4	22
平谷区	15		19	69	3	1	3	16	8
密云区	46		7	32		6	12	16	31
延庆区	3		1	7		4	6	1	4
男	**382**	**3**	**54**	**234**	**27**	**108**	**493**	**117**	**415**
东城区									
西城区									
朝阳区									
丰台区									
石景山区									
海淀区	2		1		5		7		4
门头沟区	1								
房山区	23	1	5	14	2	5	30	42	15
通州区	17	1	7	32	5	15	120	17	108
顺义区	236		13	62	9	27	178	25	105
昌平区	26		5	9	2	15	31	6	36
大兴区	25	1	10	92	3	23	102	4	112
怀柔区	14		1	2		14	9	1	13
平谷区	10		9	18	1	1	2	12	4
密云区	26		3	3		5	10	9	15
延庆区	2			2		3	4	1	3
女	**163**		**72**	**427**	**21**	**37**	**187**	**95**	**237**
东城区									
西城区									
朝阳区									
丰台区				2					
石景山区									
海淀区			1	1			2		2
门头沟区	1		1	2				1	
房山区	14		9	34	1	2	11	23	9
通州区	15		9	71	10	7	61	17	58
顺义区	56		21	137	2	13	68	27	66
昌平区	13		7	13	3	3	4	3	25
大兴区	29		8	74	3	2	30	10	47
怀柔区	9		1	8		8	6	3	9
平谷区	5		10	51	2		1	4	4
密云区	20		4	29		1	2	7	16
延庆区	1		1	5		1	2		1

4-7c　续表 3　　　　　　　　　　　　　　　　　　　　　　　　单位：人

地区 性别	制造业								
	文教、工美、体育和娱乐用品制造业	石油、煤炭及其他燃料加工业	化学原料和化学制品制造业	医药制造业	化学纤维制造业	橡胶和塑料制品业	非金属矿物制品业	黑色金属冶炼和压延加工业	有色金属冶炼和压延加工业
北　京	**290**	**73**	**456**	**1246**	**8**	**361**	**1332**	**124**	**49**
东城区									
西城区									
朝阳区									
丰台区		5	1			1	2		
石景山区									
海淀区	4		3	10		22	42	4	6
门头沟区		1		1			5	1	
房山区	9	15	43	49		49	144	14	4
通州区	87	7	119	280	2	83	204	9	6
顺义区	84	18	88	163	4	61	258	31	9
昌平区	33	5	43	205		31	353	27	7
大兴区	33	19	87	407		50	142	20	4
怀柔区	7		11	27		13	20	2	3
平谷区	23	2	25	44	1	18	53	7	3
密云区	9	1	31	33		31	71	7	4
延庆区	1		5	27	1	2	38	2	3
男	**161**	**57**	**283**	**600**	**3**	**224**	**1079**	**92**	**37**
东城区									
西城区									
朝阳区									
丰台区		5				1	1		
石景山区									
海淀区	2		1	3		14	38	3	6
门头沟区		1		1			4	1	
房山区	8	13	28	19		33	114	13	3
通州区	48	5	73	146		46	161	4	3
顺义区	45	12	52	67	2	41	196	19	5
昌平区	18	4	26	119		21	301	20	7
大兴区	19	15	54	188		34	121	15	3
怀柔区	4		3	9		6	13	2	2
平谷区	10	2	16	22	1	11	43	6	2
密云区	6		25	16		15	56	7	3
延庆区	1		5	10		2	31	2	3
女	**129**	**16**	**173**	**646**	**5**	**137**	**253**	**32**	**12**
东城区									
西城区									
朝阳区									
丰台区			1				1		
石景山区									
海淀区	2		2	7		8	4	1	
门头沟区							1		
房山区	1	2	15	30		16	30	1	1
通州区	39	2	46	134	2	37	43	5	3
顺义区	39	6	36	96	2	20	62	12	4
昌平区	15	1	17	86		10	52	7	
大兴区	14	4	33	219		16	21	5	1
怀柔区	3		8	18		7	7		1
平谷区	13		9	22		7	10	1	1
密云区	3	1	6	17		16	15		1
延庆区				17	1		7		

4-7c 续表 4　　　　单位：人

地区 性别	制造业								
	金属制品业	通用设备制造业	专用设备制造业	汽车制造业	铁路、船舶、航空航天和其他运输设备制造业	电气机械和器材制造业	计算机、通信和其他电子设备制造业	仪器仪表制造业	其他制造业
北京	**1346**	**1075**	**1029**	**2746**	**416**	**928**	**1038**	**281**	**81**
东城区									
西城区									
朝阳区									
丰台区	4	19	1	5	10	5		2	
石景山区									
海淀区	25	35	24	22	47	26	38	12	3
门头沟区	2	13		3	2	2	9	3	
房山区	101	78	60	115	51	74	44	27	12
通州区	192	140	244	274	35	264	169	48	27
顺义区	444	276	142	860	50	118	173	33	11
昌平区	211	168	226	310	118	169	319	74	7
大兴区	186	124	204	602	64	111	146	48	14
怀柔区	27	16	26	293	6	33	21	4	2
平谷区	62	53	54	150	18	57	66	15	5
密云区	67	88	34	101	8	53	33	8	
延庆区	25	65	14	11	7	16	20	7	
男	**1069**	**808**	**631**	**2283**	**325**	**659**	**636**	**160**	**56**
东城区									
西城区									
朝阳区									
丰台区	2	18		4	6	4		1	
石景山区									
海淀区	23	28	15	18	39	16	24	6	2
门头沟区	2	11		2	1	2	4		
房山区	88	63	47	98	39	57	35	15	11
通州区	146	107	157	219	29	205	112	27	17
顺义区	350	200	81	706	34	64	109	16	7
昌平区	171	132	141	271	91	135	199	44	6
大兴区	149	90	112	489	55	62	78	29	8
怀柔区	22	11	15	251	5	18	12	2	1
平谷区	45	38	33	133	14	42	28	8	4
密云区	47	65	21	82	7	42	18	8	
延庆区	24	45	9	10	5	12	17	4	
女	**277**	**267**	**398**	**463**	**91**	**269**	**402**	**121**	**25**
东城区									
西城区									
朝阳区									
丰台区	2	1	1	1	4	1		1	
石景山区									
海淀区	2	7	9	4	8	10	14	6	1
门头沟区		2		1	1		5	3	
房山区	13	15	13	17	12	17	9	12	1
通州区	46	33	87	55	6	59	57	21	10
顺义区	94	76	61	154	16	54	64	17	4
昌平区	40	36	85	39	27	34	120	30	1
大兴区	37	34	92	113	9	49	68	19	6
怀柔区	5	5	11	42	1	15	9	2	1
平谷区	17	15	21	17	4	15	38	7	1
密云区	20	23	13	19	1	11	15		
延庆区	1	20	5	1	2	4	3	3	

4-7c　续表 5　　　　单位：人

地区 性别	制造业		电力、热力、燃气及水生产和供应业				建筑业		
	废弃资源综合利用业	金属制品、机械和设备修理业	小计	电力、热力生产和供应业	燃气生产和供应业	水的生产和供应业	小计	房屋建筑业	土木工程建筑业
北　京	**139**	**324**	**1295**	**710**	**216**	**369**	**16860**	**6640**	**2028**
东城区									
西城区									
朝阳区									
丰台区		2	7	4	2	1	100	76	9
石景山区									
海淀区	5	3	18	11	2	5	453	136	53
门头沟区	3		14	7	5	2	90	32	15
房山区	15	32	160	90	28	42	1328	654	217
通州区	26	42	236	120	52	64	2636	1036	245
顺义区	28	101	184	91	27	66	3977	1792	333
昌平区	33	79	185	116	18	51	2916	919	304
大兴区	7	38	178	110	26	42	2808	685	378
怀柔区	8	8	43	25	9	9	314	144	85
平谷区	5	8	89	42	19	28	670	297	179
密云区	3	8	110	49	17	44	799	393	129
延庆区	6	3	71	45	11	15	769	476	81
男	**112**	**279**	**1028**	**564**	**162**	**302**	**14965**	**5934**	**1764**
东城区									
西城区									
朝阳区									
丰台区		2	6	4	1	1	93	73	8
石景山区									
海淀区	5	3	12	7	1	4	408	127	46
门头沟区	3		13	7	4	2	84	27	14
房山区	11	31	123	71	22	30	1169	594	186
通州区	19	36	192	100	39	53	2298	910	203
顺义区	26	89	149	72	19	58	3492	1569	270
昌平区	25	61	136	85	11	40	2605	838	271
大兴区	7	31	140	82	24	34	2481	585	342
怀柔区	6	8	36	21	8	7	275	127	80
平谷区	4	8	71	36	13	22	610	272	163
密云区	3	7	92	42	11	39	740	369	116
延庆区	3	3	58	37	9	12	710	443	65
女	**27**	**45**	**267**	**146**	**54**	**67**	**1895**	**706**	**264**
东城区									
西城区									
朝阳区									
丰台区			1		1		7	3	1
石景山区									
海淀区			6	4	1	1	45	9	7
门头沟区			1		1		6	5	1
房山区	4	1	37	19	6	12	159	60	31
通州区	7	6	44	20	13	11	338	126	42
顺义区	2	12	35	19	8	8	485	223	63
昌平区	8	18	49	31	7	11	311	81	33
大兴区		7	38	28	2	8	327	100	36
怀柔区	2		7	4	1	2	39	17	5
平谷区	1		18	6	6	6	60	25	16
密云区		1	18	7	6	5	59	24	13
延庆区	3		13	8	2	3	59	33	16

4-7c 续表 6 单位：人

地区 性别	建筑业		批发和零售业			交通运输、仓储和邮政业			
	建筑安装业	建筑装饰、装修和其他建筑业	小计	批发业	零售业	小计	铁路运输业	道路运输业	水上运输业
北　京	**1117**	**7075**	**18012**	**5800**	**12212**	**14633**	**258**	**10712**	**3**
东城区									
西城区									
朝阳区									
丰台区	2	13	78	25	53	60	11	44	
石景山区									
海淀区	28	236	556	242	314	296	10	218	
门头沟区	6	37	135	25	110	133	7	119	
房山区	61	396	1693	486	1207	1594	57	1306	1
通州区	175	1180	3881	1252	2629	3057	27	2276	
顺义区	258	1594	3033	1025	2008	3119	19	1893	1
昌平区	208	1485	3520	1103	2417	1765	29	1389	
大兴区	213	1532	2775	1040	1735	2179	19	1478	
怀柔区	15	70	357	80	277	330	18	261	
平谷区	48	146	748	192	556	904	14	748	
密云区	53	224	702	139	563	735	36	590	
延庆区	50	162	534	191	343	461	11	390	1
男	**1005**	**6262**	**10179**	**3758**	**6421**	**12271**	**233**	**9244**	**2**
东城区									
西城区									
朝阳区									
丰台区	2	10	43	14	29	52	11	38	
石景山区									
海淀区	27	208	328	161	167	246	9	184	
门头沟区	6	37	63	12	51	111	7	97	
房山区	53	336	924	315	609	1380	49	1147	
通州区	150	1035	2231	778	1453	2539	25	1929	
顺义区	234	1419	1693	675	1018	2514	17	1624	1
昌平区	190	1306	2016	735	1281	1503	26	1190	
大兴区	190	1364	1668	674	994	1798	17	1263	
怀柔区	11	57	206	55	151	285	18	225	
平谷区	45	130	375	131	244	779	12	657	
密云区	51	204	341	86	255	654	33	535	
延庆区	46	156	291	122	169	410	9	355	1
女	**112**	**813**	**7833**	**2042**	**5791**	**2362**	**25**	**1468**	**1**
东城区									
西城区									
朝阳区									
丰台区		3	35	11	24	8		6	
石景山区									
海淀区	1	28	228	81	147	50	1	34	
门头沟区			72	13	59	22		22	
房山区	8	60	769	171	598	214	8	159	1
通州区	25	145	1650	474	1176	518	2	347	
顺义区	24	175	1340	350	990	605	2	269	
昌平区	18	179	1504	368	1136	262	3	199	
大兴区	23	168	1107	366	741	381	2	215	
怀柔区	4	13	151	25	126	45		36	
平谷区	3	16	373	61	312	125	2	91	
密云区	2	20	361	53	308	81	3	55	
延庆区	4	6	243	69	174	51	2	35	

4-7c　续表 7　　单位：人

地区 性别	交通运输、仓储和邮政业					住宿和餐饮业		
	航空运输业	管道运输业	多式联运和运输代理业	装卸搬运和仓储业	邮政业	小计	住宿业	餐饮业
北　京	**680**	**3**	**291**	**829**	**1857**	**5685**	**1132**	**4553**
东城区								
西城区								
朝阳区								
丰台区	1			1	3	36	29	7
石景山区								
海淀区	2		8	16	42	194	27	167
门头沟区					7	51	19	32
房山区	22		15	66	127	433	66	367
通州区	60		86	156	452	814	74	740
顺义区	356	1	110	173	566	1072	248	824
昌平区	33	1	19	59	235	1172	223	949
大兴区	127		30	295	230	690	89	601
怀柔区	6		2	13	30	267	87	180
平谷区	32	1	15	18	76	271	58	213
密云区	35		2	19	53	380	125	255
延庆区	6		4	13	36	305	87	218
男	**481**	**3**	**210**	**642**	**1456**	**3017**	**542**	**2475**
东城区								
西城区								
朝阳区								
丰台区	1				2	27	23	4
石景山区								
海淀区	1		5	11	36	112	15	97
门头沟区					7	25	10	15
房山区	16		8	56	104	222	32	190
通州区	41		74	125	345	483	34	449
顺义区	242	1	70	135	424	578	129	449
昌平区	22	1	14	47	203	651	95	556
大兴区	92		22	220	184	341	44	297
怀柔区	4		2	12	24	146	42	104
平谷区	29	1	11	12	57	103	22	81
密云区	29		2	15	40	177	59	118
延庆区	4		2	9	30	152	37	115
女	**199**		**81**	**187**	**401**	**2668**	**590**	**2078**
东城区								
西城区								
朝阳区								
丰台区				1	1	9	6	3
石景山区								
海淀区	1		3	5	6	82	12	70
门头沟区						26	9	17
房山区	6		7	10	23	211	34	177
通州区	19		12	31	107	331	40	291
顺义区	114		40	38	142	494	119	375
昌平区	11		5	12	32	521	128	393
大兴区	35		8	75	46	349	45	304
怀柔区	2			1	6	121	45	76
平谷区	3		4	6	19	168	36	132
密云区	6			4	13	203	66	137
延庆区	2		2	4	6	153	50	103

4-7c 续表 8

单位：人

地区 性别	信息传输、软件和信息技术服务业				金融业				
	小计	电信、广播电视和卫星传输服务	互联网和相关服务	软件和信息技术服务业	小计	货币金融服务	资本市场服务	保险业	其他金融业
北京	**4897**	**628**	**1536**	**2733**	**1981**	**667**	**225**	**879**	**210**
东城区									
西城区									
朝阳区									
丰台区	35	11	8	16	16	7	3	5	1
石景山区									
海淀区	352	48	52	252	79	43	7	24	5
门头沟区	37	13	5	19	8	5	1	2	
房山区	318	50	107	161	194	78	15	75	26
通州区	797	118	382	297	406	117	22	219	48
顺义区	644	78	182	384	309	121	29	130	29
昌平区	1811	142	473	1196	454	127	121	158	48
大兴区	475	71	198	206	185	68	17	77	23
怀柔区	61	21	8	32	34	14	1	18	1
平谷区	161	33	50	78	122	50	4	54	14
密云区	139	16	58	65	114	22	3	82	7
延庆区	67	27	13	27	60	15	2	35	8
男	**3324**	**416**	**1060**	**1848**	**969**	**317**	**141**	**393**	**118**
东城区									
西城区									
朝阳区									
丰台区	19	5	6	8	7	4		2	1
石景山区									
海淀区	227	38	35	154	41	21	5	12	3
门头沟区	21	8	3	10	5	2	1	2	
房山区	217	34	76	107	99	43	10	33	13
通州区	544	74	254	216	212	59	9	117	27
顺义区	423	46	124	253	129	47	21	45	16
昌平区	1255	104	312	839	252	57	79	79	37
大兴区	343	48	163	132	91	32	12	38	9
怀柔区	41	13	7	21	13	7		5	1
平谷区	100	22	31	47	51	27	2	16	6
密云区	92	7	42	43	49	14	1	32	2
延庆区	42	17	7	18	20	4	1	12	3
女	**1573**	**212**	**476**	**885**	**1012**	**350**	**84**	**486**	**92**
东城区									
西城区									
朝阳区									
丰台区	16	6	2	8	9	3	3	3	
石景山区									
海淀区	125	10	17	98	38	22	2	12	2
门头沟区	16	5	2	9	3	3			
房山区	101	16	31	54	95	35	5	42	13
通州区	253	44	128	81	194	58	13	102	21
顺义区	221	32	58	131	180	74	8	85	13
昌平区	556	38	161	357	202	70	42	79	11
大兴区	132	23	35	74	94	36	5	39	14
怀柔区	20	8	1	11	21	7	1	13	
平谷区	61	11	19	31	71	23	2	38	8
密云区	47	9	16	22	65	8	2	50	5
延庆区	25	10	6	9	40	11	1	23	5

4-7c　续表 9　　　　单位：人

地区 性别	房地产业		租赁和商务服务业			科学研究和技术服务业			
	小计	房地产业	小计	租赁业	商务服务业	小计	研究和试验发展	专业技术服务业	科技推广和应用服务业
北京	**4322**	**4322**	**7398**	**964**	**6434**	**4084**	**870**	**1679**	**1535**
东城区									
西城区									
朝阳区									
丰台区	22	22	36	2	34	30	14	11	5
石景山区									
海淀区	183	183	386	25	361	288	42	92	154
门头沟区	46	46	123		123	17	1	9	7
房山区	350	350	678	70	608	300	45	144	111
通州区	724	724	1364	185	1179	695	140	275	280
顺义区	876	876	1313	244	1069	632	114	295	223
昌平区	817	817	1210	140	1070	1107	365	343	399
大兴区	724	724	1003	184	819	528	75	253	200
怀柔区	97	97	255	18	237	79	14	38	27
平谷区	170	170	320	34	286	168	26	90	52
密云区	179	179	328	37	291	118	11	72	35
延庆区	134	134	382	25	357	122	23	57	42
男	**2708**	**2708**	**4959**	**823**	**4136**	**2666**	**530**	**1181**	**955**
东城区									
西城区									
朝阳区									
丰台区	15	15	18	2	16	17	9	7	1
石景山区									
海淀区	108	108	275	24	251	177	30	55	92
门头沟区	27	27	88		88	11	1	7	3
房山区	223	223	463	58	405	192	27	105	60
通州区	468	468	875	158	717	455	79	184	192
顺义区	522	522	882	202	680	422	75	203	144
昌平区	524	524	748	122	626	729	228	253	248
大兴区	460	460	758	161	597	333	32	176	125
怀柔区	68	68	174	17	157	54	11	28	15
平谷区	105	105	207	30	177	119	15	68	36
密云区	118	118	227	27	200	80	7	57	16
延庆区	70	70	244	22	222	77	16	38	23
女	**1614**	**1614**	**2439**	**141**	**2298**	**1418**	**340**	**498**	**580**
东城区									
西城区									
朝阳区									
丰台区	7	7	18		18	13	5	4	4
石景山区									
海淀区	75	75	111	1	110	111	12	37	62
门头沟区	19	19	35		35	6		2	4
房山区	127	127	215	12	203	108	18	39	51
通州区	256	256	489	27	462	240	61	91	88
顺义区	354	354	431	42	389	210	39	92	79
昌平区	293	293	462	18	444	378	137	90	151
大兴区	264	264	245	23	222	195	43	77	75
怀柔区	29	29	81	1	80	25	3	10	12
平谷区	65	65	113	4	109	49	11	22	16
密云区	61	61	101	10	91	38	4	15	19
延庆区	64	64	138	3	135	45	7	19	19

4–7c　续表 10　　　　单位：人

地区 性别	水利、环境和公共设施管理业					居民服务、修理和其他服务业			
	小计	水利管理业	生态保护和环境治理业	公共设施管理业	土地管理业	小计	居民服务业	机动车、电子产品和日用产品修理业	其他服务业
北　京	**5283**	**138**	**378**	**4759**	**8**	**5245**	**2549**	**1259**	**1437**
东城区									
西城区									
朝阳区									
丰台区	30			30		17	9	4	4
石景山区									
海淀区	153	4	7	142		171	105	33	33
门头沟区	64	2	3	59		31	20	6	5
房山区	446	27	63	355	1	394	198	132	64
通州区	1207	14	68	1123	2	840	342	262	236
顺义区	679	10	33	635	1	1353	641	247	465
昌平区	643	28	68	545	2	946	544	223	179
大兴区	620	11	58	550	1	794	366	200	228
怀柔区	130	1	18	111		123	65	37	21
平谷区	306	8	20	278		228	110	58	60
密云区	536	27	7	502		221	81	37	103
延庆区	469	6	33	429	1	127	68	20	39
男	**3679**	**108**	**262**	**3303**	**6**	**2595**	**824**	**1088**	**683**
东城区									
西城区									
朝阳区									
丰台区	25			25		10	4	4	2
石景山区									
海淀区	100	3	5	92		93	44	30	19
门头沟区	48	2	3	43		9	2	6	1
房山区	321	25	34	261	1	209	74	114	21
通州区	838	13	54	770	1	464	120	216	128
顺义区	494	8	27	459		582	156	214	212
昌平区	485	20	38	425	2	454	180	192	82
大兴区	445	9	46	389	1	430	140	178	112
怀柔区	92	1	10	81		70	27	33	10
平谷区	191	7	17	167		104	29	51	24
密云区	336	16	7	313		103	17	33	53
延庆区	304	4	21	278	1	67	31	17	19
女	**1604**	**30**	**116**	**1456**	**2**	**2650**	**1725**	**171**	**754**
东城区									
西城区									
朝阳区									
丰台区	5			5		7	5		2
石景山区									
海淀区	53	1	2	50		78	61	3	14
门头沟区	16			16		22	18		4
房山区	125	2	29	94		185	124	18	43
通州区	369	1	14	353	1	376	222	46	108
顺义区	185	2	6	176	1	771	485	33	253
昌平区	158	8	30	120		492	364	31	97
大兴区	175	2	12	161		364	226	22	116
怀柔区	38		8	30		53	38	4	11
平谷区	115	1	3	111		124	81	7	36
密云区	200	11		189		118	64	4	50
延庆区	165	2	12	151		60	37	3	20

4-7c　续表 11　　　　单位：人

地　区 性　别	教育		卫生和社会工作			文化、体育和娱乐业				
	小计	教育	小计	卫生	社会工作	小计	新闻和出版业	广播、电视、电影和录音制作业	文化艺术业	体育
北　京	**5388**	**5388**	**3322**	**2912**	**410**	**1680**	**125**	**339**	**301**	**416**
东城区										
西城区										
朝阳区										
丰台区	45	45	27	25	2	12		3		
石景山区										
海淀区	252	252	170	148	22	68	3	15	16	9
门头沟区	58	58	37	30	7	10		4	3	
房山区	544	544	388	349	39	154	9	32	26	40
通州区	832	832	533	496	37	374	29	66	96	57
顺义区	775	775	413	373	40	303	20	67	41	110
昌平区	1581	1581	641	545	96	420	43	81	52	134
大兴区	594	594	371	333	38	140	14	32	32	26
怀柔区	154	154	133	100	33	41	1	10	6	15
平谷区	243	243	238	203	35	53	3	17	9	5
密云区	173	173	228	180	48	64	2	8	8	13
延庆区	137	137	143	130	13	41	1	4	12	7
男	**2068**	**2068**	**959**	**809**	**150**	**984**	**64**	**227**	**176**	**246**
东城区										
西城区										
朝阳区										
丰台区	13	13	6	5	1	7		2		
石景山区										
海淀区	108	108	42	30	12	38	1	11	7	7
门头沟区	22	22	11	8	3	5		3	1	
房山区	191	191	108	96	12	81	3	22	16	16
通州区	284	284	145	132	13	222	22	36	53	39
顺义区	249	249	98	90	8	186	8	45	28	70
昌平区	750	750	212	174	38	247	18	63	33	76
大兴区	195	195	103	85	18	81	9	17	20	14
怀柔区	63	63	50	31	19	28	1	9	3	10
平谷区	83	83	76	66	10	30	1	10	5	2
密云区	61	61	65	52	13	40		7	4	10
延庆区	49	49	43	40	3	19	1	2	6	2
女	**3320**	**3320**	**2363**	**2103**	**260**	**696**	**61**	**112**	**125**	**170**
东城区										
西城区										
朝阳区										
丰台区	32	32	21	20	1	5		1		
石景山区										
海淀区	144	144	128	118	10	30	2	4	9	2
门头沟区	36	36	26	22	4	5		1	2	
房山区	353	353	280	253	27	73	6	10	10	24
通州区	548	548	388	364	24	152	7	30	43	18
顺义区	526	526	315	283	32	117	12	22	13	40
昌平区	831	831	429	371	58	173	25	18	19	58
大兴区	399	399	268	248	20	59	5	15	12	12
怀柔区	91	91	83	69	14	13		1	3	5
平谷区	160	160	162	137	25	23	2	7	4	3
密云区	112	112	163	128	35	24	2	1	4	3
延庆区	88	88	100	90	10	22		2	6	5

4-7c 续表 12 单位：人

地区 性别	娱乐业	公共管理、社会保障和社会组织							国际组织	
		小计	中国共产党机关	国家机构	人民政协、民主党派	社会保障	群众团体、社会团体和其他成员组织	基层群众自治组织	小计	国际组织
北　京	**499**	**9837**	**52**	**4531**	**5**	**52**	**208**	**4989**	**3**	**3**
东城区										
西城区										
朝阳区										
丰台区	9	60		24			3	33		
石景山区										
海淀区	25	225	6	89		13	10	107		
门头沟区	3	413	1	92		1	5	314		
房山区	47	1123	8	472		8	22	613		
通州区	126	1145	9	562	3	8	52	511		
顺义区	65	1117	3	600	1	4	22	487	2	2
昌平区	110	1281	3	654	1	1	31	591		
大兴区	36	1134	12	537		2	26	557		
怀柔区	9	1036	1	224		2	7	802		
平谷区	19	586	1	300		6	6	273		
密云区	33	767	1	392		1	8	365		
延庆区	17	950	7	585		6	16	336	1	1
男	**271**	**6005**	**29**	**2832**	**4**	**21**	**118**	**3001**	**3**	**3**
东城区										
西城区										
朝阳区										
丰台区	5	39		16			1	22		
石景山区										
海淀区	12	146	5	52		6	5	78		
门头沟区	1	225	1	64			3	157		
房山区	24	737	4	308		4	12	409		
通州区	72	761	5	370	2	2	34	348		
顺义区	35	709		370	1	1	10	327	2	2
昌平区	57	751		397	1	1	18	334		
大兴区	21	738	6	319		1	16	396		
怀柔区	5	561	1	155		2	4	399		
平谷区	12	367	1	189		2	3	172		
密云区	19	445		246		1	4	194		
延庆区	8	526	6	346		1	8	165	1	1
女	**228**	**3832**	**23**	**1699**	**1**	**31**	**90**	**1988**		
东城区										
西城区										
朝阳区										
丰台区	4	21		8			2	11		
石景山区										
海淀区	13	79	1	37		7	5	29		
门头沟区	2	188		28		1	2	157		
房山区	23	386	4	164		4	10	204		
通州区	54	384	4	192	1	6	18	163		
顺义区	30	408	3	230		3	12	160		
昌平区	53	530	3	257			13	257		
大兴区	15	396	6	218		1	10	161		
怀柔区	4	475		69			3	403		
平谷区	7	219		111		4	3	101		
密云区	14	322	1	146			4	171		
延庆区	9	424	1	239		5	8	171		

4-8　各地区分性别、行业大类的外来就业人口

单位：人

地区 性别	合计	农、林、牧、渔业						采矿业	
		小计	农业	林业	畜牧业	渔业	农、林、牧、渔专业及辅助性活动	小计	煤炭开采和洗选业
北　京	**507801**	**3583**	**2504**	**367**	**460**	**62**	**190**	**371**	**59**
东城区	10179	3		1	1		1	10	2
西城区	17598	7	5		1		1	26	6
朝阳区	80875	94	40	20	4	18	12	96	8
丰台区	47254	82	57		7	5	13	28	3
石景山区	9918	14	9	3			2	10	1
海淀区	71821	183	131	12	17	9	14	37	9
门头沟区	5562	17	10	6			1	22	13
房山区	20837	488	376	39	59	3	11	21	10
通州区	46223	421	265	82	40	6	28	20	3
顺义区	41212	672	445	88	119	7	13	12	
昌平区	83690	496	299	81	72	4	40	49	1
大兴区	54156	723	674	18	18	3	10	23	3
怀柔区	7231	56	41	4	5		6		
平谷区	3327	122	50	3	42	6	21	2	
密云区	5135	93	53	2	36	1	1	15	
延庆区	2783	112	49	8	39		16		
男	**298429**	**2204**	**1477**	**247**	**310**	**43**	**127**	**238**	**44**
东城区	5399	3		1	1		1	7	2
西城区	9504	3	2				1	16	4
朝阳区	44104	65	29	15	2	12	7	53	5
丰台区	25996	49	32		6	4	7	12	
石景山区	5255	6	3	1			2	4	1
海淀区	40695	120	83	8	10	7	12	27	8
门头沟区	3171	9	5	3			1	22	13
房山区	12655	295	214	23	46	3	9	15	9
通州区	28034	257	165	48	25	3	16	11	
顺义区	26436	426	270	63	82	4	7	9	
昌平区	51359	320	185	61	49	2	23	33	1
大兴区	33867	415	379	13	13	2	8	14	1
怀柔区	4801	37	26	2	4		5		
平谷区	2020	75	29	1	22	5	18	2	
密云区	3230	49	22	2	24	1		13	
延庆区	1903	75	33	6	26		10		
女	**209372**	**1379**	**1027**	**120**	**150**	**19**	**63**	**133**	**15**
东城区	4780							3	
西城区	8094	4	3		1			10	2
朝阳区	36771	29	11	5	2	6	5	43	3
丰台区	21258	33	25		1	1	6	16	3
石景山区	4663	8	6	2				6	
海淀区	31126	63	48	4	7	2	2	10	1
门头沟区	2391	8	5	3					
房山区	8182	193	162	16	13		2	6	1
通州区	18189	164	100	34	15	3	12	9	3
顺义区	14776	246	175	25	37	3	6	3	
昌平区	32331	176	114	20	23	2	17	16	
大兴区	20289	308	295	5	5	1	2	9	2
怀柔区	2430	19	15	2	1		1		
平谷区	1307	47	21	2	20	1	3		
密云区	1905	44	31		12		1	2	
延庆区	880	37	16	2	13		6		

4-8 续表 1　　　　单位：人

地区 性别	采矿业						制造业		
	石油和天然气开采业	黑色金属矿采选业	有色金属矿采选业	非金属矿采选业	开采专业及辅助性活动	其他采矿业	小计	农副食品加工业	食品制造业
北京	**87**	**26**	**16**	**38**	**127**	**18**	**42390**	**1495**	**2843**
东城区	4				4		275	1	6
西城区	11	1			8		470	9	32
朝阳区	22	5		11	47	3	2958	69	210
丰台区	3	3	4	1	9	5	2361	43	104
石景山区	4	1	1	1	1	1	426	15	15
海淀区	5			5	16	2	3511	70	117
门头沟区	1			8			369	2	21
房山区	3		1	3	4		2433	152	169
通州区	7		2	1	7		5172	193	397
顺义区	5		1	5		1	5510	243	438
昌平区	13		3	3	25	4	6732	148	426
大兴区	8	1	4		6	1	8376	302	483
怀柔区							1748	125	222
平谷区	1					1	835	75	136
密云区		15					1010	38	48
延庆区							204	10	19
男	**60**	**19**	**6**	**25**	**74**	**10**	**27147**	**865**	**1462**
东城区	3				2		157		2
西城区	9				3		275	5	16
朝阳区	14	3		3	27	1	1727	40	104
丰台区	2	2			6	2	1522	24	62
石景山区	1			1	1		250	10	11
海淀区	4			4	9	2	2268	31	54
门头沟区	1			8			246		16
房山区	2			2	2		1618	92	78
通州区	6			1	4		3271	111	214
顺义区	4		1	3		1	3578	145	219
昌平区	9		2	3	16	2	4419	88	223
大兴区	4	1	3		4	1	5309	173	242
怀柔区							1144	69	111
平谷区	1					1	542	50	71
密云区		13					697	22	30
延庆区							124	5	9
女	**27**	**7**	**10**	**13**	**53**	**8**	**15243**	**630**	**1381**
东城区	1				2		118	1	4
西城区	2	1			5		195	4	16
朝阳区	8	2		8	20	2	1231	29	106
丰台区	1	1	4	1	3	3	839	19	42
石景山区	3	1	1			1	176	5	4
海淀区	1			1	7		1243	39	63
门头沟区							123	2	5
房山区	1		1	1	2		815	60	91
通州区	1		2		3		1901	82	183
顺义区	1			2			1932	98	219
昌平区	4		1		9	2	2313	60	203
大兴区	4		1		2		3067	129	241
怀柔区							604	56	111
平谷区							293	25	65
密云区		2					313	16	18
延庆区							80	5	10

4-8　续表 2　　　　单位：人

地　区 性　别	制造业								
	酒、饮料和精制茶制造业	烟　草制品业	纺织业	纺织服装、服饰业	皮革、毛皮、羽毛及其制品和制鞋业	木材加工和木、竹、藤、棕、草制品业	家　具制造业	造纸和纸制品业	印刷和记录媒介复制业
北　京	**618**	**9**	**255**	**1485**	**111**	**271**	**1218**	**343**	**1422**
东城区	2		1	14			2		12
西城区	7		3	14	3	4	6	8	40
朝阳区	75	1	22	147	9	26	86	18	92
丰台区	29		33	73	7	18	20	11	51
石景山区	6		8	12	2	3	3		16
海淀区	23		13	48	16	6	56	8	91
门头沟区	9		4	7	2	1	3	2	10
房山区	39	2	23	64	3	16	70	88	36
通州区	72	4	29	152	15	44	248	54	295
顺义区	83		39	272	13	40	380	45	277
昌平区	61	2	25	90	13	32	81	33	94
大兴区	108		33	522	22	45	219	36	342
怀柔区	37			10	1	23	30	12	23
平谷区	8		13	15	4	5	3	10	2
密云区	56		7	38	1	6	8	18	38
延庆区	3		2	7		2	3		3
男	**354**	**6**	**114**	**587**	**50**	**196**	**853**	**219**	**877**
东城区	1			4			2		7
西城区	4		1	4		2	2	7	21
朝阳区	37	1	8	55	2	21	53	11	50
丰台区	14		19	26		10	10	10	30
石景山区	1		2	2	1	1	1		6
海淀区	8		4	18	9	3	39	4	60
门头沟区	6		2	3		1	2	1	5
房山区	22	2	8	23	1	9	46	67	24
通州区	44	2	13	52	7	30	163	28	177
顺义区	60		18	92	9	29	279	24	168
昌平区	35	1	9	33	6	27	66	22	55
大兴区	48		18	254	12	37	158	20	228
怀柔区	25			4	1	15	20	5	18
平谷区	6		8	3	1	5	2	7	2
密云区	42		2	13	1	5	7	13	24
延庆区	1		2	1		1	3		2
女	**264**	**3**	**141**	**898**	**61**	**75**	**365**	**124**	**545**
东城区	1		1	10					5
西城区	3		2	10	3	2	4	1	19
朝阳区	38		14	92	7	5	33	7	42
丰台区	15		14	47	7	8	10	1	21
石景山区	5		6	10	1	2	2		10
海淀区	15		9	30	7	3	17	4	31
门头沟区	3		2	4	2		1	1	5
房山区	17		15	41	2	7	24	21	12
通州区	28	2	16	100	8	14	85	26	118
顺义区	23		21	180	4	11	101	21	109
昌平区	26	1	16	57	7	5	15	11	39
大兴区	60		15	268	10	8	61	16	114
怀柔区	12			6		8	10	7	5
平谷区	2		5	12	3		1	3	
密云区	14		5	25		1	1	5	14
延庆区	2			6		1			1

4–8 续表 3 单位：人

地区 性别	制造业								
	文教、工美、体育和娱乐用品制造业	石油、煤炭及其他燃料加工业	化学原料和化学制品制造业	医药制造业	化学纤维制造业	橡胶和塑料制品业	非金属矿物制品业	黑色金属冶炼和压延加工业	有色金属冶炼和压延加工业
北京	**679**	**245**	**992**	**3336**	**19**	**591**	**2256**	**128**	**165**
东城区	13	4	4	15		1	11	4	2
西城区	24	4	11	47		3	6	2	2
朝阳区	110	22	100	236	2	27	211	4	13
丰台区	31	27	30	245		23	150	6	5
石景山区	10	3	12	34		2	23	13	3
海淀区	29	20	68	179		60	202	5	52
门头沟区	6		4	20		3	4	9	1
房山区	24	36	92	92		68	239	8	3
通州区	124	8	141	467	2	79	234	6	26
顺义区	130	26	136	208	4	58	292	17	10
昌平区	72	29	117	472	5	54	450	23	26
大兴区	85	59	188	1109	3	102	241	19	4
怀柔区	6	2	32	125	2	70	43	5	13
平谷区	6	1	22	23	1	10	51	2	2
密云区	8	4	35	53		30	75	1	2
延庆区	1			11		1	24	4	1
男	**372**	**151**	**557**	**1608**	**12**	**358**	**1782**	**89**	**123**
东城区	7	4	2	4		1	6	3	1
西城区	15		7	18		2	3	1	2
朝阳区	54	13	42	107	1	15	162	3	10
丰台区	13	19	10	116		14	128	3	4
石景山区	6	3	6	19		1	15	7	3
海淀区	13	10	38	87		39	171	4	44
门头沟区	5		3	10		3	2	5	1
房山区	15	21	57	42		40	188	6	2
通州区	74	6	79	220		44	175	5	17
顺义区	73	15	79	77	3	38	224	11	6
昌平区	40	21	65	249	3	31	366	17	18
大兴区	45	34	115	554	2	61	194	13	2
怀柔区	3	1	13	60	2	44	32	5	9
平谷区	3	1	13	16	1	9	44	2	2
密云区	5	3	28	26		16	53	1	1
延庆区	1			3			19	3	1
女	**307**	**94**	**435**	**1728**	**7**	**233**	**474**	**39**	**42**
东城区	6		2	11			5	1	1
西城区	9	4	4	29		1	3	1	
朝阳区	56	9	58	129	1	12	49	1	3
丰台区	18	8	20	129		9	22	3	1
石景山区	4		6	15		1	8	6	
海淀区	16	10	30	92		21	31	1	8
门头沟区	1		1	10			2	4	
房山区	9	15	35	50		28	51	2	1
通州区	50	2	62	247	2	35	59	1	9
顺义区	57	11	57	131	1	20	68	6	4
昌平区	32	8	52	223	2	23	84	6	8
大兴区	40	25	73	555	1	41	47	6	2
怀柔区	3	1	19	65		26	11		4
平谷区	3		9	7		1	7		
密云区	3	1	7	27		14	22		1
延庆区				8		1	5	1	

4-8　续表 4　　　　单位：人

地　区 性　别	制造业								
	金　属 制品业	通用设备 制造业	专用设备 制造业	汽　车 制造业	铁路、船舶、 航空航天和 其他运输 设备制造业	电气机械 和器材 制造业	计算机、 通信和其 他电子设 备制造业	仪器仪表 制造业	其　他 制造业
北　京	**2419**	**2389**	**2994**	**3980**	**1354**	**2371**	**5935**	**1011**	**342**
东 城 区	7	15	25	8	19	12	72	7	2
西 城 区	13	19	45	10	33	43	41	16	
朝 阳 区	140	154	275	113	70	154	356	65	25
丰 台 区	166	182	150	72	271	170	295	51	42
石景山区	29	62	35	5	14	28	52	15	1
海 淀 区	208	226	242	58	289	185	867	164	97
门头沟区	11	99	25	9	22	11	36	21	2
房 山 区	167	141	257	103	119	102	128	50	19
通 州 区	239	241	373	454	32	402	582	126	54
顺 义 区	539	345	213	888	59	179	260	53	27
昌 平 区	355	408	675	638	200	415	1323	266	29
大 兴 区	303	345	484	768	198	377	1727	143	41
怀 柔 区	71	26	79	492	12	154	92	8	1
平 谷 区	64	18	80	163	2	40	46	13	2
密 云 区	78	67	32	199	14	85	48	10	
延 庆 区	29	41	4			14	10	3	
男	**1814**	**1762**	**1838**	**3060**	**945**	**1621**	**3734**	**627**	**217**
东 城 区	3	8	8	4	9	9	55	4	2
西 城 区	9	13	30	9	23	31	24	9	
朝 阳 区	101	112	153	75	43	93	209	36	13
丰 台 区	117	129	92	51	195	128	187	36	27
石景山区	21	44	17	2	9	17	29	13	
海 淀 区	148	172	149	44	200	117	542	99	67
门头沟区	10	72	13	8	19	7	22	10	1
房 山 区	129	111	187	73	87	79	79	26	10
通 州 区	177	174	247	374	21	275	368	78	36
顺 义 区	413	252	120	672	33	118	148	33	16
昌 平 区	282	310	416	482	142	291	809	164	18
大 兴 区	223	256	304	593	144	249	1157	95	26
怀 柔 区	53	20	41	397	7	110	45	5	
平 谷 区	48	13	36	129	1	25	21	9	1
密 云 区	57	52	23	147	12	62	34	8	
延 庆 区	23	24	2			10	5	2	
女	**605**	**627**	**1156**	**920**	**409**	**750**	**2201**	**384**	**125**
东 城 区	4	7	17	4	10	3	17	3	
西 城 区	4	6	15	1	10	12	17	7	
朝 阳 区	39	42	122	38	27	61	147	29	12
丰 台 区	49	53	58	21	76	42	108	15	15
石景山区	8	18	18	3	5	11	23	2	1
海 淀 区	60	54	93	14	89	68	325	65	30
门头沟区	1	27	12	1	3	4	14	11	1
房 山 区	38	30	70	30	32	23	49	24	9
通 州 区	62	67	126	80	11	127	214	48	18
顺 义 区	126	93	93	216	26	61	112	20	11
昌 平 区	73	98	259	156	58	124	514	102	11
大 兴 区	80	89	180	175	54	128	570	48	15
怀 柔 区	18	6	38	95	5	44	47	3	1
平 谷 区	16	5	44	34	1	15	25	4	1
密 云 区	21	15	9	52	2	23	14	2	
延 庆 区	6	17	2			4	5	1	

4-8 续表 5 单位：人

地区 性别	制造业		电力、热力、燃气及水生产和供应业				建筑业		
	废弃资源综合利用业	金属制品、机械和设备修理业	小计	电力、热力生产和供应业	燃气生产和供应业	水的生产和供应业	小计	房屋建筑业	土木工程建筑业
北京	**411**	**703**	**2195**	**1530**	**309**	**356**	**55206**	**21059**	**6219**
东城区	8	8	26	17	4	5	536	240	124
西城区	19	6	162	138	12	12	848	209	299
朝阳区	41	85	261	165	57	39	6684	1200	578
丰台区	2	54	276	209	25	42	4249	1437	667
石景山区	3	2	66	44	8	14	1166	514	118
海淀区	51	61	234	171	25	38	4899	1744	673
门头沟区	24	1	62	49	5	8	871	358	159
房山区	58	65	140	107	19	14	2823	1207	389
通州区	34	45	176	116	27	33	5166	2002	709
顺义区	34	202	156	80	35	41	7574	3935	447
昌平区	64	106	324	225	45	54	7638	2410	628
大兴区	19	49	224	152	35	37	8528	3379	869
怀柔区	22	10	25	10	6	9	1707	979	232
平谷区	16	2	17	14	1	2	553	273	141
密云区	9	2	34	25	4	5	972	474	112
延庆区	7	5	12	8	1	3	992	698	74
男	**310**	**584**	**1557**	**1079**	**224**	**254**	**46808**	**18235**	**5036**
东城区	5	6	17	11	2	4	445	212	102
西城区	13	4	115	100	7	8	701	175	255
朝阳区	31	72	172	107	38	27	5559	1006	456
丰台区	2	46	206	148	23	35	3449	1203	499
石景山区	2	1	37	26	3	8	931	425	83
海淀区	44	50	173	128	19	26	4210	1542	537
门头沟区	18	1	53	42	4	7	703	294	120
房山区	42	52	102	79	15	8	2338	1041	309
通州区	23	37	127	83	24	20	4295	1701	606
顺义区	29	175	124	62	25	37	6524	3421	349
昌平区	44	86	218	148	32	38	6635	2162	517
大兴区	15	37	149	102	25	22	7309	2910	725
怀柔区	19	10	18	9	3	6	1462	838	199
平谷区	11	2	10	8	1	1	490	242	129
密云区	8	2	28	21	2	5	851	413	92
延庆区	4	3	8	5	1	2	906	650	58
女	**101**	**119**	**638**	**451**	**85**	**102**	**8398**	**2824**	**1183**
东城区	3	2	9	6	2	1	91	28	22
西城区	6	2	47	38	5	4	147	34	44
朝阳区	10	13	89	58	19	12	1125	194	122
丰台区		8	70	61	2	7	800	234	168
石景山区	1	1	29	18	5	6	235	89	35
海淀区	7	11	61	43	6	12	689	202	136
门头沟区	6		9	7	1	1	168	64	39
房山区	16	13	38	28	4	6	485	166	80
通州区	11	8	49	33	3	13	871	301	103
顺义区	5	27	32	18	10	4	1050	514	98
昌平区	20	20	106	77	13	16	1003	248	111
大兴区	4	12	75	50	10	15	1219	469	144
怀柔区	3		7	1	3	3	245	141	33
平谷区	5		7	6		1	63	31	12
密云区	1		6	4	2		121	61	20
延庆区	3	2	4	3		1	86	48	16

4-8 续表 6　　　　单位：人

地　区 性　别	建筑业		批发和零售业			交通运输、仓储和邮政业			
	建筑安装业	建筑装饰、装修和其他建筑业	小计	批发业	零售业	小计	铁路运输业	道路运输业	水上运输业
北　京	**3108**	**24820**	**86313**	**31110**	**55203**	**24253**	**535**	**12437**	**64**
东城区	20	152	1733	520	1213	255	10	86	3
西城区	41	299	2539	771	1768	388	30	133	2
朝阳区	288	4618	14787	4965	9822	3194	29	1442	11
丰台区	322	1823	11231	4516	6715	1657	219	799	3
石景山区	63	471	1565	557	1008	260	8	137	1
海淀区	353	2129	9293	3591	5702	1901	24	917	12
门头沟区	66	288	979	233	746	211	7	145	1
房山区	170	1057	3956	1398	2558	966	24	607	2
通州区	297	2158	8407	3113	5294	2881	21	1781	8
顺义区	330	2862	5615	2066	3549	5457	9	2219	1
昌平区	482	4118	13071	4264	8807	2956	43	1863	12
大兴区	488	3792	10187	4413	5774	3378	73	1850	6
怀柔区	106	390	990	246	744	358	27	238	
平谷区	5	134	574	144	430	100		41	
密云区	56	330	965	185	780	245	8	155	
延庆区	21	199	421	128	293	46	3	24	2
男	**2613**	**20924**	**45859**	**17871**	**27988**	**18883**	**393**	**10427**	**40**
东城区	16	115	793	261	532	204	7	72	2
西城区	24	247	1217	385	832	321	21	114	
朝阳区	240	3857	7554	2663	4891	2466	21	1208	7
丰台区	254	1493	5837	2552	3285	1312	166	647	1
石景山区	47	376	706	279	427	213	4	115	1
海淀区	294	1837	4867	1960	2907	1616	14	791	9
门头沟区	60	229	449	125	324	173	5	122	
房山区	135	853	2164	831	1333	804	16	520	
通州区	244	1744	4586	1789	2797	2292	11	1467	5
顺义区	292	2462	3155	1348	1807	3766	6	1830	1
昌平区	416	3540	7283	2594	4689	2528	33	1644	9
大兴区	416	3258	5663	2609	3054	2586	56	1519	4
怀柔区	101	324	543	155	388	300	23	204	
平谷区	4	115	299	103	196	67		28	
密云区	50	296	507	128	379	196	8	126	
延庆区	20	178	236	89	147	39	2	20	1
女	**495**	**3896**	**40454**	**13239**	**27215**	**5370**	**142**	**2010**	**24**
东城区	4	37	940	259	681	51	3	14	1
西城区	17	52	1322	386	936	67	9	19	2
朝阳区	48	761	7233	2302	4931	728	8	234	4
丰台区	68	330	5394	1964	3430	345	53	152	2
石景山区	16	95	859	278	581	47	4	22	
海淀区	59	292	4426	1631	2795	285	10	126	3
门头沟区	6	59	530	108	422	38	2	23	1
房山区	35	204	1792	567	1225	162	8	87	2
通州区	53	414	3821	1324	2497	589	10	314	3
顺义区	38	400	2460	718	1742	1691	3	389	
昌平区	66	578	5788	1670	4118	428	10	219	3
大兴区	72	534	4524	1804	2720	792	17	331	2
怀柔区	5	66	447	91	356	58	4	34	
平谷区	1	19	275	41	234	33		13	
密云区	6	34	458	57	401	49		29	
延庆区	1	21	185	39	146	7	1	4	1

4–8 续表 7

单位：人

地区 性别	交通运输、仓储和邮政业					住宿和餐饮业		
	航空运输业	管道运输业	多式联运和运输代理业	装卸搬运和仓储业	邮政业	小计	住宿业	餐饮业
北京	**2513**	**15**	**1033**	**1625**	**6031**	**34348**	**5848**	**28500**
东城区	14		14	5	123	1623	513	1110
西城区	8		26	10	179	2683	676	2007
朝阳区	317	3	195	231	966	5548	836	4712
丰台区	44		86	130	376	2714	656	2058
石景山区	8	1	10	14	81	539	86	453
海淀区	20	1	86	114	727	6568	1216	5352
门头沟区	3		1	1	53	365	45	320
房山区	9	3	45	104	172	1124	116	1008
通州区	52		136	192	691	2147	190	1957
顺义区	1434	1	223	265	1305	2547	404	2143
昌平区	71	3	93	122	749	4416	597	3819
大兴区	505	2	105	377	460	2375	260	2115
怀柔区	5		5	26	57	609	110	499
平谷区	13	1	5	9	31	323	31	292
密云区	9		3	23	47	471	72	399
延庆区	1			2	14	296	40	256
男	**1117**	**14**	**672**	**1292**	**4928**	**19238**	**2692**	**16546**
东城区	3		9	3	108	877	265	612
西城区	3		15	8	160	1454	297	1157
朝阳区	113	3	122	181	811	3073	409	2664
丰台区	15		49	107	327	1342	277	1065
石景山区	5	1	7	12	68	290	44	246
海淀区	9	1	64	94	634	3712	524	3188
门头沟区	1			1	44	214	16	198
房山区	6	2	29	83	148	631	53	578
通州区	25		102	152	530	1337	93	1244
顺义区	637	1	136	204	951	1409	189	1220
昌平区	37	3	58	100	644	2622	272	2350
大兴区	249	2	74	300	382	1330	136	1194
怀柔区	2		3	20	48	335	52	283
平谷区	7	1	3	5	23	171	11	160
密云区	5		1	20	36	269	37	232
延庆区				2	14	172	17	155
女	**1396**	**1**	**361**	**333**	**1103**	**15110**	**3156**	**11954**
东城区	11		5	2	15	746	248	498
西城区	5		11	2	19	1229	379	850
朝阳区	204		73	50	155	2475	427	2048
丰台区	29		37	23	49	1372	379	993
石景山区	3		3	2	13	249	42	207
海淀区	11		22	20	93	2856	692	2164
门头沟区	2		1		9	151	29	122
房山区	3	1	16	21	24	493	63	430
通州区	27		34	40	161	810	97	713
顺义区	797		87	61	354	1138	215	923
昌平区	34		35	22	105	1794	325	1469
大兴区	256		31	77	78	1045	124	921
怀柔区	3		2	6	9	274	58	216
平谷区	6		2	4	8	152	20	132
密云区	4		2	3	11	202	35	167
延庆区	1					124	23	101

4-8　续表 8　　　　　　　　　　　　　　　　　　　　　　　　　　　　单位：人

地　区 性　别	信息传输、软件和信息技术服务业				金融业				
	小计	电信、广播电视和卫星传输服务	互联网和相关服务	软件和信息技术服务业	小计	货币金融服　务	资本市场服　务	保险业	其　他金融业
北　京	**60446**	**2742**	**20998**	**36706**	**14963**	**3785**	**3306**	**4891**	**2981**
东城区	684	43	263	378	502	122	157	143	80
西城区	1213	148	372	693	1126	408	338	232	148
朝阳区	10036	420	4774	4842	3262	670	850	945	797
丰台区	4811	290	1698	2823	1928	616	393	543	376
石景山区	1307	92	370	845	477	145	90	132	110
海淀区	11825	534	3396	7895	1752	485	398	567	302
门头沟区	497	26	129	342	149	43	20	66	20
房山区	1628	111	433	1084	447	90	88	171	98
通州区	3910	224	1550	2136	1456	248	264	657	287
顺义区	2430	126	790	1514	614	186	105	229	94
昌平区	18258	457	6006	11795	1917	427	392	680	418
大兴区	3511	229	1108	2174	1144	310	199	397	238
怀柔区	113	15	30	68	47	11	4	31	1
平谷区	73	4	18	51	36	8	2	22	4
密云区	117	18	53	46	73	10	3	57	3
延庆区	33	5	8	20	33	6	3	19	5
男	**38349**	**1701**	**13167**	**23481**	**7216**	**1822**	**1778**	**2040**	**1576**
东城区	394	21	159	214	234	55	93	52	34
西城区	703	82	228	393	540	199	172	87	82
朝阳区	6236	229	3049	2958	1495	305	416	365	409
丰台区	3068	167	1133	1768	872	268	207	216	181
石景山区	794	50	225	519	218	73	44	46	55
海淀区	7257	357	2029	4871	863	230	220	243	170
门头沟区	317	11	76	230	68	22	12	22	12
房山区	1084	81	290	713	210	43	44	68	55
通州区	2490	153	948	1389	738	136	144	313	145
顺义区	1576	83	480	1013	327	103	70	99	55
昌平区	11894	305	3728	7861	1031	217	236	335	243
大兴区	2328	141	752	1435	565	160	114	162	129
怀柔区	72	7	18	47	23	5	3	14	1
平谷区	40	1	6	33	8	2		6	
密云区	78	10	41	27	12	3	1	6	2
延庆区	18	3	5	10	12	1	2	6	3
女	**22097**	**1041**	**7831**	**13225**	**7747**	**1963**	**1528**	**2851**	**1405**
东城区	290	22	104	164	268	67	64	91	46
西城区	510	66	144	300	586	209	166	145	66
朝阳区	3800	191	1725	1884	1767	365	434	580	388
丰台区	1743	123	565	1055	1056	348	186	327	195
石景山区	513	42	145	326	259	72	46	86	55
海淀区	4568	177	1367	3024	889	255	178	324	132
门头沟区	180	15	53	112	81	21	8	44	8
房山区	544	30	143	371	237	47	44	103	43
通州区	1420	71	602	747	718	112	120	344	142
顺义区	854	43	310	501	287	83	35	130	39
昌平区	6364	152	2278	3934	886	210	156	345	175
大兴区	1183	88	356	739	579	150	85	235	109
怀柔区	41	8	12	21	24	6	1	17	
平谷区	33	3	12	18	28	6	2	16	4
密云区	39	8	12	19	61	7	2	51	1
延庆区	15	2	3	10	21	5	1	13	2

4-8 续表 9

单位：人

地区 性别	房地产业 小计	房地产业 房地产业	租赁和商务服务业 小计	租赁和商务服务业 租赁业	租赁和商务服务业 商务服务业	科学研究和技术服务业 小计	科学研究和技术服务业 研究和试验发展	科学研究和技术服务业 专业技术服务业	科学研究和技术服务业 科技推广和应用服务业
北京	**21315**	**21315**	**43030**	**1978**	**41052**	**30040**	**5991**	**10697**	**13352**
东城区	829	829	1106	12	1094	418	69	168	181
西城区	1447	1447	1738	26	1712	850	158	373	319
朝阳区	3882	3882	9145	273	8872	4582	651	1782	2149
丰台区	1979	1979	4789	153	4636	2741	466	1184	1091
石景山区	429	429	859	18	841	676	164	299	213
海淀区	3995	3995	6602	233	6369	6290	1402	1706	3182
门头沟区	258	258	339	28	311	329	67	130	132
房山区	629	629	1502	90	1412	1208	252	507	449
通州区	1676	1676	4442	184	4258	2488	498	892	1098
顺义区	1208	1208	2676	291	2385	1412	242	606	564
昌平区	2757	2757	5386	281	5105	5688	1160	1670	2858
大兴区	1838	1838	3769	294	3475	2916	758	1209	949
怀柔区	156	156	300	31	269	203	80	60	63
平谷区	56	56	103	13	90	104	8	36	60
密云区	104	104	144	30	114	79	8	48	23
延庆区	72	72	130	21	109	56	8	27	21
男	**13037**	**13037**	**23707**	**1542**	**22165**	**17137**	**3256**	**6309**	**7572**
东城区	562	562	577	8	569	218	32	97	89
西城区	934	934	1036	14	1022	463	99	194	170
朝阳区	2217	2217	4546	200	4346	2424	309	973	1142
丰台区	1198	1198	2312	101	2211	1539	252	695	592
石景山区	253	253	408	13	395	379	88	176	115
海淀区	2528	2528	3911	192	3719	3499	783	955	1761
门头沟区	133	133	186	23	163	194	38	86	70
房山区	348	348	868	70	798	707	143	314	250
通州区	979	979	2396	143	2253	1484	277	550	657
顺义区	731	731	1716	235	1481	837	152	367	318
昌平区	1835	1835	3020	230	2790	3474	661	1055	1758
大兴区	1121	1121	2305	235	2070	1633	342	739	552
怀柔区	97	97	201	26	175	146	66	39	41
平谷区	27	27	57	10	47	65	5	21	39
密云区	46	46	83	22	61	45	5	30	10
延庆区	28	28	85	20	65	30	4	18	8
女	**8278**	**8278**	**19323**	**436**	**18887**	**12903**	**2735**	**4388**	**5780**
东城区	267	267	529	4	525	200	37	71	92
西城区	513	513	702	12	690	387	59	179	149
朝阳区	1665	1665	4599	73	4526	2158	342	809	1007
丰台区	781	781	2477	52	2425	1202	214	489	499
石景山区	176	176	451	5	446	297	76	123	98
海淀区	1467	1467	2691	41	2650	2791	619	751	1421
门头沟区	125	125	153	5	148	135	29	44	62
房山区	281	281	634	20	614	501	109	193	199
通州区	697	697	2046	41	2005	1004	221	342	441
顺义区	477	477	960	56	904	575	90	239	246
昌平区	922	922	2366	51	2315	2214	499	615	1100
大兴区	717	717	1464	59	1405	1283	416	470	397
怀柔区	59	59	99	5	94	57	14	21	22
平谷区	29	29	46	3	43	39	3	15	21
密云区	58	58	61	8	53	34	3	18	13
延庆区	44	44	45	1	44	26	4	9	13

4-8 续表 10

单位：人

地 区 性 别	水利、环境和公共设施管理业					居民服务、修理和其他服务业			
	小计	水 利 管理业	生态保护 和环境 治理业	公共设施 管理业	土 地 管理业	小计	居 民 服务业	机动车、 电子产品 和日用产 品修理业	其 他 服务业
北 京	**6166**	**152**	**544**	**5431**	**39**	**26306**	**17983**	**4028**	**4295**
东 城 区	190	4	10	176		625	482	34	109
西 城 区	294	12	8	270	4	1115	875	70	170
朝 阳 区	771	14	70	680	7	5175	3566	711	898
丰 台 区	455	15	40	398	2	2318	1544	397	377
石景山区	152	3	9	139	1	512	364	73	75
海 淀 区	774	21	64	686	3	4126	3057	348	721
门头沟区	76	1	4	71		291	195	54	42
房 山 区	219	18	32	168	1	1069	657	267	145
通 州 区	932	12	73	844	3	1855	1218	328	309
顺 义 区	553	11	41	498	3	2182	1414	373	395
昌 平 区	794	19	113	653	9	3828	2567	692	569
大 兴 区	576	15	73	483	5	2274	1372	484	418
怀 柔 区	88	2	1	85		369	257	94	18
平 谷 区	22		2	20		163	116	32	15
密 云 区	202	2	2	198		288	215	50	23
延 庆 区	68	3	2	62	1	116	84	21	11
男	**4153**	**110**	**352**	**3668**	**23**	**10099**	**4983**	**3325**	**1791**
东 城 区	130	3	7	120		184	103	26	55
西 城 区	229	9	4	213	3	312	169	56	87
朝 阳 区	491	7	36	445	3	1855	953	591	311
丰 台 区	302	11	30	261		938	431	331	176
石景山区	99	2	3	94		175	86	61	28
海 淀 区	539	15	33	490	1	1250	651	297	302
门头沟区	55	1	3	51		122	61	47	14
房 山 区	148	15	12	120	1	512	234	204	74
通 州 区	603	8	55	537	3	908	471	277	160
顺 义 区	383	8	29	343	3	775	328	309	138
昌 平 区	570	16	74	475	5	1602	813	575	214
大 兴 区	379	10	62	304	3	1083	496	393	194
怀 柔 区	58	2	1	55		160	78	74	8
平 谷 区	14		2	12		58	24	25	9
密 云 区	104	1	1	102		114	59	42	13
延 庆 区	49	2		46	1	51	26	17	8
女	**2013**	**42**	**192**	**1763**	**16**	**16207**	**13000**	**703**	**2504**
东 城 区	60	1	3	56		441	379	8	54
西 城 区	65	3	4	57	1	803	706	14	83
朝 阳 区	280	7	34	235	4	3320	2613	120	587
丰 台 区	153	4	10	137	2	1380	1113	66	201
石景山区	53	1	6	45	1	337	278	12	47
海 淀 区	235	6	31	196	2	2876	2406	51	419
门头沟区	21		1	20		169	134	7	28
房 山 区	71	3	20	48		557	423	63	71
通 州 区	329	4	18	307		947	747	51	149
顺 义 区	170	3	12	155		1407	1086	64	257
昌 平 区	224	3	39	178	4	2226	1754	117	355
大 兴 区	197	5	11	179	2	1191	876	91	224
怀 柔 区	30			30		209	179	20	10
平 谷 区	8			8		105	92	7	6
密 云 区	98	1	1	96		174	156	8	10
延 庆 区	19	1	2	16		65	58	4	3

4-8 续表 11 单位：人

地区 性别	教育		卫生和社会工作			文化、体育和娱乐业				
	小计	教育	小计	卫生	社会工作	小计	新闻和出版业	广播、电视、电影和录音制作业	文化艺术业	体育
北京	**23886**	**23886**	**12159**	**11150**	**1009**	**14671**	**2273**	**4417**	**2855**	**1786**
东城区	296	296	344	322	22	387	114	70	74	50
西城区	694	694	641	574	67	634	166	142	155	53
朝阳区	3543	3543	1690	1556	134	4231	471	1704	802	375
丰台区	1873	1873	1782	1646	136	1287	308	289	235	179
石景山区	545	545	444	420	24	326	78	84	46	31
海淀区	4977	4977	2223	2027	196	1594	331	340	304	263
门头沟区	272	272	252	243	9	103	18	32	12	12
房山区	936	936	601	572	29	405	88	82	57	56
通州区	1930	1930	716	648	68	2024	180	697	541	143
顺义区	1211	1211	431	406	25	684	48	193	145	168
昌平区	5447	5447	1713	1541	172	1721	270	470	259	294
大兴区	1655	1655	1077	998	79	1027	189	256	200	117
怀柔区	219	219	68	56	12	113	3	41	11	12
平谷区	99	99	58	48	10	28	2	8	6	
密云区	108	108	81	59	22	86	5	6	7	23
延庆区	81	81	38	34	4	21	2	3	1	10
男	**8667**	**8667**	**3330**	**2989**	**341**	**7296**	**866**	**2308**	**1394**	**1009**
东城区	108	108	103	102	1	170	39	29	36	25
西城区	230	230	220	199	21	294	50	69	81	31
朝阳区	1192	1192	502	460	42	1984	162	841	359	220
丰台区	571	571	459	404	55	598	133	132	108	93
石景山区	173	173	94	92	2	156	30	33	25	20
海淀区	1990	1990	539	478	61	755	132	162	130	147
门头沟区	73	73	53	50	3	47	5	17	4	7
房山区	327	327	163	150	13	201	35	44	30	24
通州区	691	691	213	178	35	1125	79	390	299	82
顺义区	435	435	130	123	7	372	13	114	82	102
昌平区	2160	2160	492	441	51	936	99	305	129	166
大兴区	547	547	289	258	31	516	85	136	97	63
怀柔区	80	80	24	16	8	66	1	28	6	7
平谷区	40	40	12	8	4	12		5	3	
密云区	29	29	26	21	5	58	2	2	5	19
延庆区	21	21	11	9	2	6	1	1		3
女	**15219**	**15219**	**8829**	**8161**	**668**	**7375**	**1407**	**2109**	**1461**	**777**
东城区	188	188	241	220	21	217	75	41	38	25
西城区	464	464	421	375	46	340	116	73	74	22
朝阳区	2351	2351	1188	1096	92	2247	309	863	443	155
丰台区	1302	1302	1323	1242	81	689	175	157	127	86
石景山区	372	372	350	328	22	170	48	51	21	11
海淀区	2987	2987	1684	1549	135	839	199	178	174	116
门头沟区	199	199	199	193	6	56	13	15	8	5
房山区	609	609	438	422	16	204	53	38	27	32
通州区	1239	1239	503	470	33	899	101	307	242	61
顺义区	776	776	301	283	18	312	35	79	63	66
昌平区	3287	3287	1221	1100	121	785	171	165	130	128
大兴区	1108	1108	788	740	48	511	104	120	103	54
怀柔区	139	139	44	40	4	47	2	13	5	5
平谷区	59	59	46	40	6	16	2	3	3	
密云区	79	79	55	38	17	28	3	4	2	4
延庆区	60	60	27	25	2	15	1	2	1	7

4-8　续表 12　　　　　　　　　　　　　　　　　　　　　　　　　　　　　单位：人

地区 性别	娱乐业	公共管理、社会保障和社会组织						国际组织	
		小计	中国共产党机关	国家机构	人民政协、民主党派	社会保障	群众团体、社会团体和其他成员组织	基层群众自治组织	小计	国际组织
北　京	**3340**	**6105**	**163**	**4217**	**14**	**63**	**1188**	**460**	**55**	**55**
东城区	79	334	7	272	5	1	44	5	3	3
西城区	118	721	69	537	4	3	89	19	2	2
朝阳区	879	899	1	578	2	6	243	69	37	37
丰台区	276	691	17	447	2	4	191	30	2	2
石景山区	87	145	4	99		1	40	1		
海淀区	356	1036	32	688		18	213	85	1	1
门头沟区	29	99	1	65		1	15	17	1	1
房山区	122	242	4	159		5	41	33		
通州区	463	402	10	273	1	6	80	32	2	2
顺义区	130	266	2	198		1	34	31	2	2
昌平区	428	497	2	331		2	101	61	2	2
大兴区	265	552	11	396		12	86	47	3	3
怀柔区	46	62	2	49			6	5		
平谷区	12	59		49		1	2	7		
密云区	45	48	1	39			3	5		
延庆区	5	52		37		2		13		
男	**1719**	**3484**	**91**	**2543**	**9**	**28**	**542**	**271**	**20**	**20**
东城区	41	214	7	183	3	1	18	2	2	2
西城区	63	440	41	348	2	2	37	10	1	1
朝阳区	402	482	1	333	1	3	109	35	11	11
丰台区	132	410	11	285	2	1	94	17		
石景山区	48	69	4	53			12			
海淀区	184	571	14	393		5	92	67		
门头沟区	14	53	1	36		1	6	9	1	1
房山区	68	120	2	81		1	21	15		
通州区	275	231	3	165	1	3	42	17		
顺义区	61	161		130			13	18	2	2
昌平区	237	286	1	192		1	53	39	1	1
大兴区	135	324	5	241		9	39	30	2	2
怀柔区	24	35		30			3	2		
平谷区	4	31		26			2	3		
密云区	30	25	1	21			1	2		
延庆区	1	32		26		1		5		
女	**1621**	**2621**	**72**	**1674**	**5**	**35**	**646**	**189**	**35**	**35**
东城区	38	120		89	2		26	3	1	1
西城区	55	281	28	189	2	1	52	9	1	1
朝阳区	477	417		245	1	3	134	34	26	26
丰台区	144	281	6	162		3	97	13	2	2
石景山区	39	76		46		1	28	1		
海淀区	172	465	18	295		13	121	18	1	1
门头沟区	15	46		29			9	8		
房山区	54	122	2	78		4	20	18		
通州区	188	171	7	108		3	38	15	2	2
顺义区	69	105	2	68		1	21	13		
昌平区	191	211	1	139		1	48	22	1	1
大兴区	130	228	6	155		3	47	17	1	1
怀柔区	22	27	2	19			3	3		
平谷区	8	28		23		1		4		
密云区	15	23		18			2	3		
延庆区	4	20		11		1		8		

4–9 全市分年龄、性别、行业大类的就业人口

单位：人

年龄组 性别	合计	农、林、牧、渔业						采矿业	
		小计	农业	林业	畜牧业	渔业	农、林、牧、渔专业及辅助性活动	小计	煤炭开采和洗选业
总　计	**1015007**	**13406**	**10583**	**1043**	**1099**	**184**	**497**	**1387**	**167**
16–19岁	6760	16	11	1	3		1	2	
20–24岁	60517	178	125	10	25		18	18	3
25–29岁	140709	391	246	40	63	3	39	69	5
30–34岁	201948	862	571	76	115	27	73	223	17
35–39岁	177447	905	575	94	151	27	58	260	25
40–44岁	129632	917	635	93	126	13	50	213	23
45–49岁	122464	1609	1183	157	171	22	76	239	32
50–54岁	95748	2490	1972	222	183	39	74	236	41
55–59岁	61123	2614	2190	170	151	34	69	108	17
60–64岁	12168	1774	1571	100	65	11	27	9	1
65–69岁	4965	1158	1043	65	33	7	10	6	1
70–74岁	1144	381	358	11	9	1	2	1	1
75岁及以上	382	111	103	4	4			3	1
男	**587409**	**8168**	**6223**	**714**	**749**	**139**	**343**	**971**	**132**
16–19岁	4495	13	8	1	3		1		
20–24岁	32722	118	82	6	17		13	7	1
25–29岁	74897	248	153	25	41	2	27	23	1
30–34岁	110313	544	359	51	71	19	44	139	9
35–39岁	97260	552	352	53	95	21	31	178	19
40–44岁	72445	506	356	45	68	10	27	139	19
45–49岁	69124	912	633	99	112	14	54	172	27
50–54岁	63479	1451	1059	172	132	30	58	198	39
55–59岁	49049	1610	1275	129	122	26	58	99	14
60–64岁	8883	1113	954	75	52	11	21	9	1
65–69岁	3614	764	676	49	27	5	7	5	1
70–74岁	850	260	244	7	6	1	2		
75岁及以上	278	77	72	2	3			2	1
女	**427598**	**5238**	**4360**	**329**	**350**	**45**	**154**	**416**	**35**
16–19岁	2265	3	3					2	
20–24岁	27795	60	43	4	8		5	11	2
25–29岁	65812	143	93	15	22	1	12	46	4
30–34岁	91635	318	212	25	44	8	29	84	8
35–39岁	80187	353	223	41	56	6	27	82	6
40–44岁	57187	411	279	48	58	3	23	74	4
45–49岁	53340	697	550	58	59	8	22	67	5
50–54岁	32269	1039	913	50	51	9	16	38	2
55–59岁	12074	1004	915	41	29	8	11	9	3
60–64岁	3285	661	617	25	13		6		
65–69岁	1351	394	367	16	6	2	3	1	
70–74岁	294	121	114	4	3			1	1
75岁及以上	104	34	31	2	1			1	

4-9　续表 1　　　　　　　　　　　　　　　　　　　　　　　　　　　　　　单位：人

年龄组 性　别	采矿业						制造业		
	石油和天然气开采业	黑色金属矿采选业	有色金属矿采选业	非金属矿采选业	开采专业及辅助性活动	其他采矿业	小计	农副食品加工业	食品制造业
总　计	**321**	**273**	**47**	**87**	**449**	**43**	**83130**	**2434**	**4575**
16-19岁					2		590	17	71
20-24岁	3	1			8	3	4459	98	293
25-29岁	19	11	2	5	24	3	10439	196	523
30-34岁	57	44	11	9	78	7	18450	409	950
35-39岁	82	40	8	12	88	5	15903	371	872
40-44岁	54	42	6	11	73	4	11316	330	694
45-49岁	43	59	10	12	74	9	9779	444	609
50-54岁	42	61	9	17	59	7	7083	345	337
55-59岁	17	14	1	14	41	4	4296	177	184
60-64岁	2	1		3	1	1	568	31	34
65-69岁	2			2	1		179	13	8
70-74岁							45	3	
75岁及以上				2			23		
男	**208**	**233**	**29**	**63**	**282**	**24**	**54048**	**1452**	**2354**
16-19岁							450	17	45
20-24岁	2				3	1	3018	59	149
25-29岁	5	6	1	3	5	2	6632	119	278
30-34岁	34	36	5	5	46	4	11783	236	479
35-39岁	51	35	5	8	57	3	9730	213	424
40-44岁	37	30	4	7	41	1	6787	166	306
45-49岁	27	55	7	7	45	4	6001	229	300
50-54岁	31	56	6	16	44	6	5244	238	207
55-59岁	17	14	1	12	39	2	3753	141	136
60-64岁	2	1		3	1	1	459	23	24
65-69岁	2			1	1		141	9	6
70-74岁							36	2	
75岁及以上				1			14		
女	**113**	**40**	**18**	**24**	**167**	**19**	**29082**	**982**	**2221**
16-19岁					2		140		26
20-24岁	1	1			5	2	1441	39	144
25-29岁	14	5	1	2	19	1	3807	77	245
30-34岁	23	8	6	4	32	3	6667	173	471
35-39岁	31	5	3	4	31	2	6173	158	448
40-44岁	17	12	2	4	32	3	4529	164	388
45-49岁	16	4	3	5	29	5	3778	215	309
50-54岁	11	5	3	1	15	1	1839	107	130
55-59岁				2	2	2	543	36	48
60-64岁							109	8	10
65-69岁				1			38	4	2
70-74岁							9	1	
75岁及以上				1			9		

4-9 续表 2　　单位：人

年龄组 性　别	制造业								
	酒、饮料和精制茶制造业	烟　草制品业	纺织业	纺织服装、服饰业	皮革、毛皮、羽毛及其制品和制鞋业	木材加工和木、竹、藤、棕、草制品业	家　具制造业	造纸和纸制品业	印刷和记录媒介复制业
总　计	**2206**	**89**	**452**	**2347**	**203**	**359**	**1508**	**698**	**2599**
16-19岁	1		1	13			6	3	32
20-24岁	68	3	9	74	5	13	78	26	128
25-29岁	179	5	35	194	17	26	169	65	246
30-34岁	406	19	70	393	34	56	332	102	497
35-39岁	364	17	76	448	35	62	236	112	494
40-44岁	359	10	75	386	39	46	220	106	371
45-49岁	414	20	76	415	28	63	223	109	355
50-54岁	250	9	55	272	21	41	163	95	242
55-59岁	145	6	45	120	16	41	63	57	213
60-64岁	16		5	24	3	8	16	11	16
65-69岁	2		4	7	3	2	2	9	3
70-74岁	1		1	1	2	1		3	2
75岁及以上	1								
男	**1440**	**55**	**211**	**841**	**92**	**259**	**1035**	**439**	**1629**
16-19岁	1		1	7			5		26
20-24岁	46	2	6	30	3	10	55	15	80
25-29岁	105	2	18	74	9	18	105	42	137
30-34岁	253	12	24	143	13	39	227	57	312
35-39岁	219	10	27	146	13	39	160	68	310
40-44岁	219	3	38	119	9	33	149	59	215
45-49岁	238	13	27	122	15	45	139	64	188
50-54岁	209	7	30	98	13	28	125	68	166
55-59岁	131	6	35	81	11	36	56	47	182
60-64岁	15		3	15	3	8	12	9	9
65-69岁	2		1	5	2	2	2	7	3
70-74岁	1		1	1	1	1		3	1
75岁及以上	1								
女	**766**	**34**	**241**	**1506**	**111**	**100**	**473**	**259**	**970**
16-19岁				6			1	3	6
20-24岁	22	1	3	44	2	3	23	11	48
25-29岁	74	3	17	120	8	8	64	23	109
30-34岁	153	7	46	250	21	17	105	45	185
35-39岁	145	7	49	302	22	23	76	44	184
40-44岁	140	7	37	267	30	13	71	47	156
45-49岁	176	7	49	293	13	18	84	45	167
50-54岁	41	2	25	174	8	13	38	27	76
55-59岁	14		10	39	5	5	7	10	31
60-64岁	1		2	9			4	2	7
65-69岁			3	2	1			2	
70-74岁					1				1
75岁及以上									

4-9　续表 3　　　　　　　　　　　　　　　　　　　　　　　　　　　　单位：人

年龄组 性　别	制造业								
	文教、工美、体育和娱乐用品制造业	石油、煤炭及其他燃料加工业	化学原料和化学制品制造业	医　药制造业	化学纤维制造业	橡胶和塑　料制品业	非金属矿　物制品业	黑色金属冶炼和压延加工业	有色金属冶炼和压延加工业
总　计	**1232**	**869**	**2368**	**6344**	**43**	**1324**	**3668**	**625**	**348**
16-19岁	12		3	48		6	11		
20-24岁	64	19	90	536	2	39	127	15	13
25-29岁	142	67	233	1021	6	114	259	20	39
30-34岁	227	140	435	1567	6	221	606	71	66
35-39岁	239	164	443	1203	10	214	612	113	68
40-44岁	199	150	359	764	5	235	488	102	38
45-49岁	141	140	383	607	9	233	591	112	46
50-54岁	114	110	258	361	5	147	561	139	39
55-59岁	76	75	137	203		91	331	45	33
60-64岁	9	4	20	25		14	60	4	3
65-69岁	4		6	5		8	18	3	2
70-74岁	5			3		2	1	1	1
75岁及以上			1	1			3		
男	**686**	**587**	**1415**	**3043**	**26**	**841**	**2837**	**508**	**258**
16-19岁	7		1	23		6	11		
20-24岁	30	9	51	235	1	29	103	12	9
25-29岁	71	35	119	480	3	68	182	13	30
30-34岁	115	94	226	732	4	132	455	62	46
35-39岁	128	111	232	539	5	129	422	87	49
40-44岁	110	89	204	330	3	136	366	74	22
45-49岁	76	94	237	281	5	133	442	91	32
50-54岁	72	80	198	226	5	112	474	124	34
55-59岁	63	71	124	169		78	307	41	30
60-64岁	9	4	17	21		11	55	2	3
65-69岁	3		6	3		6	17	2	2
70-74岁	2			3		1	1		1
75岁及以上				1			2		
女	**546**	**282**	**953**	**3301**	**17**	**483**	**831**	**117**	**90**
16-19岁	5		2	25					
20-24岁	34	10	39	301	1	10	24	3	4
25-29岁	71	32	114	541	3	46	77	7	9
30-34岁	112	46	209	835	2	89	151	9	20
35-39岁	111	53	211	664	5	85	190	26	19
40-44岁	89	61	155	434	2	99	122	28	16
45-49岁	65	46	146	326	4	100	149	21	14
50-54岁	42	30	60	135		35	87	15	5
55-59岁	13	4	13	34		13	24	4	3
60-64岁			3	4		3	5	2	
65-69岁	1			2		2	1	1	
70-74岁	3					1		1	
75岁及以上			1				1		

4-9 续表 4　　单位：人

年龄组 性别	制造业								
	金属制品业	通用设备制造业	专用设备制造业	汽车制造业	铁路、船舶、航空航天和其他运输设备制造业	电气机械和器材制造业	计算机、通信和其他电子设备制造业	仪器仪表制造业	其他制造业
总计	**3902**	**5316**	**6172**	**8526**	**5635**	**4160**	**9823**	**2276**	**723**
16-19岁	31	36	36	88	16	31	110	5	3
20-24岁	153	215	311	493	276	211	841	96	41
25-29岁	357	527	715	1316	837	518	2003	268	91
30-34岁	764	1172	1464	2577	1347	945	2478	537	151
35-39岁	681	1045	1349	1729	1024	892	1995	519	151
40-44岁	581	785	826	926	718	588	1188	358	97
45-49岁	550	657	658	610	549	475	649	224	64
50-54岁	456	497	452	504	446	292	346	158	67
55-59岁	276	326	312	246	383	166	185	93	41
60-64岁	43	38	34	25	26	28	24	9	12
65-69岁	6	15	12	9	9	7	3	4	4
70-74岁	2	2	2	2		3		3	1
75岁及以上	2	1	1	1	4	4	1	2	
男	**2901**	**3872**	**3861**	**6576**	**4013**	**2786**	**6244**	**1414**	**484**
16-19岁	26	30	22	86	15	26	81	5	1
20-24岁	120	167	206	425	220	159	578	70	26
25-29岁	254	365	418	1041	613	343	1251	171	60
30-34岁	522	859	873	2046	927	626	1522	313	104
35-39岁	488	705	786	1290	696	552	1212	307	82
40-44岁	416	525	483	635	467	381	752	204	61
45-49岁	415	455	412	406	368	300	426	139	47
50-54岁	380	415	339	399	315	226	248	111	56
55-59岁	234	303	283	215	359	141	159	84	35
60-64岁	38	32	28	22	22	23	12	6	8
65-69岁	5	13	8	8	9	3	3	2	3
70-74岁	2	2	2	2		3		2	1
75岁及以上	1	1	1	1	2	3			
女	**1001**	**1444**	**2311**	**1950**	**1622**	**1374**	**3579**	**862**	**239**
16-19岁	5	6	14	2	1	5	29		2
20-24岁	33	48	105	68	56	52	263	26	15
25-29岁	103	162	297	275	224	175	752	97	31
30-34岁	242	313	591	531	420	319	956	224	47
35-39岁	193	340	563	439	328	340	783	212	69
40-44岁	165	260	343	291	251	207	436	154	36
45-49岁	135	202	246	204	181	175	223	85	17
50-54岁	76	82	113	105	131	66	98	47	11
55-59岁	42	23	29	31	24	25	26	9	6
60-64岁	5	6	6	3	4	5	12	3	4
65-69岁	1	2	4	1		4		2	1
70-74岁								1	
75岁及以上	1				2	1	1	2	

4-9　续表 5　　　　　　　　　　　　　　　　　　　　　　　　　　　　单位：人

年龄组 性　别	制造业		电力、热力、燃气及水生产和供应业				建筑业		
	废弃资源综合利用业	金属制品、机械和设备修理业	小计	电力、热力生产和供应业	燃气生产和供应业	水的生产和供应业	小计	房屋建筑业	土木工程建筑业
总　计	**482**	**1824**	**9567**	**6119**	**1621**	**1827**	**75347**	**29386**	**11746**
16–19岁	3	7	13	13			312	116	44
20–24岁	3	119	430	240	74	116	2767	956	570
25–29岁	19	232	1027	629	160	238	6699	2302	1303
30–34岁	53	355	1618	1025	294	299	11479	4144	2095
35–39岁	58	307	1576	981	295	300	10522	3619	1921
40–44岁	56	217	1217	765	224	228	9604	3506	1380
45–49岁	111	214	1468	958	239	271	12220	4805	1610
50–54岁	101	200	1218	830	187	201	12187	5224	1471
55–59岁	57	153	901	617	133	151	7374	3576	999
60–64岁	14	12	71	48	10	13	1629	869	239
65–69岁	4	7	25	13	5	7	469	228	94
70–74岁	2	1	1			1	65	34	12
75岁及以上	1		2			2	20	7	8
男	**363**	**1526**	**6829**	**4379**	**1157**	**1293**	**62038**	**24728**	**9099**
16–19岁	2	6	11	11			285	112	39
20–24岁	3	110	324	183	55	86	2155	774	438
25–29岁	13	195	708	417	102	189	5127	1824	956
30–34岁	38	292	1038	658	193	187	8983	3300	1493
35–39岁	40	241	999	609	195	195	8134	2857	1382
40–44岁	42	171	796	511	145	140	7669	2841	1025
45–49岁	85	177	1003	670	173	160	10015	3954	1259
50–54岁	75	166	1008	684	156	168	10757	4630	1263
55–59岁	47	148	860	587	127	146	6866	3344	928
60–64岁	13	12	59	39	8	12	1528	833	213
65–69岁	2	7	20	10	3	7	441	219	86
70–74岁	2	1	1			1	62	34	11
75岁及以上	1		2			2	16	6	6
女	**119**	**298**	**2738**	**1740**	**464**	**534**	**13309**	**4658**	**2647**
16–19岁	1	1	2	2			27	4	5
20–24岁		9	106	57	19	30	612	182	132
25–29岁	6	37	319	212	58	49	1572	478	347
30–34岁	15	63	580	367	101	112	2496	844	602
35–39岁	18	66	577	372	100	105	2388	762	539
40–44岁	14	46	421	254	79	88	1935	665	355
45–49岁	26	37	465	288	66	111	2205	851	351
50–54岁	26	34	210	146	31	33	1430	594	208
55–59岁	10	5	41	30	6	5	508	232	71
60–64岁	1		12	9	2	1	101	36	26
65–69岁	2		5	3	2		28	9	8
70–74岁							3		1
75岁及以上							4	1	2

4-9 续表 6 单位：人

年龄组 性别	建筑业		批发和零售业			交通运输、仓储和邮政业			
	建筑安装业	建筑装饰、装修和其他建筑业	小计	批发业	零售业	小计	铁路运输业	道路运输业	水上运输业
总计	**4764**	**29451**	**138321**	**51548**	**86773**	**60377**	**3070**	**36882**	**161**
16-19岁	31	121	995	282	713	256	13	94	1
20-24岁	212	1029	7247	2345	4902	3097	141	1332	7
25-29岁	485	2609	16715	5948	10767	6595	312	3031	11
30-34岁	857	4383	28537	10348	18189	11241	379	6055	32
35-39岁	817	4165	27110	10276	16834	10250	309	6195	33
40-44岁	674	4044	20840	8018	12822	8472	372	5706	20
45-49岁	688	5117	18300	6684	11616	8970	483	6361	23
50-54岁	574	4918	11352	4603	6749	6899	485	4927	21
55-59岁	350	2449	5686	2455	3231	4178	562	2883	11
60-64岁	52	469	1025	387	638	322	10	232	
65-69岁	21	126	419	170	249	78	3	52	1
70-74岁	2	17	72	24	48	12		9	
75岁及以上	1	4	23	8	15	7	1	5	1
男	**3902**	**24309**	**73388**	**29648**	**43740**	**46782**	**2580**	**29974**	**103**
16-19岁	28	106	648	206	442	187	3	67	
20-24岁	170	773	3911	1325	2586	2073	114	986	5
25-29岁	378	1969	8458	3117	5341	4662	229	2262	5
30-34岁	681	3509	14494	5557	8937	8108	269	4561	20
35-39岁	617	3278	13565	5481	8084	7622	232	4808	18
40-44岁	549	3254	10512	4424	6088	6499	328	4486	12
45-49岁	567	4235	9198	3906	5292	7034	398	5185	14
50-54岁	515	4349	7107	3159	3948	6223	443	4579	16
55-59岁	326	2268	4388	2030	2358	4007	551	2773	11
60-64岁	49	433	735	291	444	282	9	209	
65-69岁	19	117	297	124	173	67	3	45	1
70-74岁	2	15	58	21	37	11		8	
75岁及以上	1	3	17	7	10	7	1	5	1
女	**862**	**5142**	**64933**	**21900**	**43033**	**13595**	**490**	**6908**	**58**
16-19岁	3	15	347	76	271	69	10	27	1
20-24岁	42	256	3336	1020	2316	1024	27	346	2
25-29岁	107	640	8257	2831	5426	1933	83	769	6
30-34岁	176	874	14043	4791	9252	3133	110	1494	12
35-39岁	200	887	13545	4795	8750	2628	77	1387	15
40-44岁	125	790	10328	3594	6734	1973	44	1220	8
45-49岁	121	882	9102	2778	6324	1936	85	1176	9
50-54岁	59	569	4245	1444	2801	676	42	348	5
55-59岁	24	181	1298	425	873	171	11	110	
60-64岁	3	36	290	96	194	40	1	23	
65-69岁	2	9	122	46	76	11		7	
70-74岁		2	14	3	11	1		1	
75岁及以上		1	6	1	5				

4-9　续表 7　　　　单位：人

年龄组 性　别	交通运输、仓储和邮政业					住宿和餐饮业		
	航　空 运输业	管　道 运输业	多式联运 和运输 代理业	装卸搬运 和仓储业	邮政业	小计	住宿业	餐饮业
总　计	**6612**	**47**	**2105**	**2493**	**9007**	**45354**	**9963**	**35391**
16–19岁	20		10	15	103	1608	189	1419
20–24岁	710		104	84	719	4466	794	3672
25–29岁	1280	1	266	240	1454	5681	1006	4675
30–34岁	1503	9	463	442	2358	7801	1516	6285
35–39岁	1212	10	429	406	1656	6531	1507	5024
40–44岁	686	8	304	306	1070	5397	1300	4097
45–49岁	592	4	244	373	890	6157	1535	4622
50–54岁	374	8	187	384	513	4567	1180	3387
55–59岁	223	6	85	190	218	2427	759	1668
60–64岁	9		9	42	20	545	131	414
65–69岁	3	1	4	9	5	141	42	99
70–74岁				2	1	25	1	24
75岁及以上						8	3	5
男	**3868**	**36**	**1310**	**1886**	**7025**	**25462**	**5157**	**20305**
16–19岁	9		10	13	85	1143	100	1043
20–24岁	310		61	53	544	2842	388	2454
25–29岁	662	1	156	177	1170	3532	505	3027
30–34岁	843	6	253	313	1843	4595	750	3845
35–39岁	741	8	254	292	1269	3639	757	2882
40–44岁	461	6	180	218	808	2719	600	2119
45–49岁	353	4	163	276	641	2699	627	2072
50–54岁	272	4	143	326	440	2250	681	1569
55–59岁	208	6	81	174	203	1576	612	964
60–64岁	6		7	35	16	347	103	244
65–69岁	3	1	2	7	5	99	31	68
70–74岁				2	1	14	1	13
75岁及以上						7	2	5
女	**2744**	**11**	**795**	**607**	**1982**	**19892**	**4806**	**15086**
16–19岁	11			2	18	465	89	376
20–24岁	400		43	31	175	1624	406	1218
25–29岁	618		110	63	284	2149	501	1648
30–34岁	660	3	210	129	515	3206	766	2440
35–39岁	471	2	175	114	387	2892	750	2142
40–44岁	225	2	124	88	262	2678	700	1978
45–49岁	239		81	97	249	3458	908	2550
50–54岁	102	4	44	58	73	2317	499	1818
55–59岁	15		4	16	15	851	147	704
60–64岁	3		2	7	4	198	28	170
65–69岁			2	2		42	11	31
70–74岁						11		11
75岁及以上						1	1	

4-9 续表 8 单位：人

年龄组 性 别	信息传输、软件和信息技术服务业				金融业				
	小计	电信、广播电视和卫星传输服务	互联网和相关服务	软件和信息技术服务业	小计	货币金融服务	资本市场服务	保险业	其他金融业
总 计	**95576**	**8543**	**30187**	**56846**	**45681**	**19078**	**8284**	**11379**	**6940**
16-19岁	308	29	108	171	73	16	18	30	9
20-24岁	8817	395	3064	5358	2064	937	337	451	339
25-29岁	24291	1259	8505	14527	7966	3291	1546	1753	1376
30-34岁	25272	2020	8608	14644	12216	5009	2252	2947	2008
35-39岁	17820	1914	5194	10712	10197	4079	1819	2747	1552
40-44岁	9714	1208	2439	6067	5245	1981	951	1589	724
45-49岁	5347	890	1270	3187	3970	1729	715	1049	477
50-54岁	2620	494	705	1421	2698	1394	431	570	303
55-59岁	1212	305	256	651	1145	601	196	206	142
60-64岁	121	22	27	72	81	32	14	29	6
65-69岁	40	5	8	27	18	7	3	6	2
70-74岁	7		2	5	3			2	1
75岁及以上	7	2	1	4	5	2	2		1
男	**60244**	**5095**	**18850**	**36299**	**21996**	**8795**	**4639**	**4897**	**3665**
16-19岁	230	19	87	124	45	9	13	16	7
20-24岁	5289	229	1745	3315	950	392	142	245	171
25-29岁	14658	739	4867	9052	3678	1433	759	825	661
30-34岁	15656	1131	5326	9199	5659	2108	1184	1342	1025
35-39岁	11208	1089	3354	6765	4772	1858	1020	1076	818
40-44岁	6460	729	1734	3997	2546	984	574	591	397
45-49岁	3638	519	945	2174	1944	798	454	402	290
50-54岁	1925	341	542	1042	1410	678	303	253	176
55-59岁	1051	274	223	554	938	516	176	132	114
60-64岁	88	18	20	50	39	15	10	10	4
65-69岁	31	5	5	21	10	3	2	4	1
70-74岁	4		1	3	2			1	1
75岁及以上	6	2	1	3	3	1	2		
女	**35332**	**3448**	**11337**	**20547**	**23685**	**10283**	**3645**	**6482**	**3275**
16-19岁	78	10	21	47	28	7	5	14	2
20-24岁	3528	166	1319	2043	1114	545	195	206	168
25-29岁	9633	520	3638	5475	4288	1858	787	928	715
30-34岁	9616	889	3282	5445	6557	2901	1068	1605	983
35-39岁	6612	825	1840	3947	5425	2221	799	1671	734
40-44岁	3254	479	705	2070	2699	997	377	998	327
45-49岁	1709	371	325	1013	2026	931	261	647	187
50-54岁	695	153	163	379	1288	716	128	317	127
55-59岁	161	31	33	97	207	85	20	74	28
60-64岁	33	4	7	22	42	17	4	19	2
65-69岁	9		3	6	8	4	1	2	1
70-74岁	3		1	2	1			1	
75岁及以上	1			1	2	1			1

4-9 续表 9

单位：人

年龄组 性 别	房地产业		租赁和商务服务业			科学研究和技术服务业			
	小计	房地产业	小计	租赁业	商 务 服务业	小计	研究和 试验发展	专业技术 服务业	科技推广 和应用 服务业
总 计	**43099**	**43099**	**82484**	**3698**	**78786**	**68240**	**19391**	**25035**	**23814**
16-19岁	308	308	682	13	669	127	25	35	67
20-24岁	2306	2306	5439	141	5298	3975	912	1402	1661
25-29岁	4810	4810	12637	406	12231	11211	2914	3802	4495
30-34岁	7360	7360	16905	731	16174	15727	4416	5545	5766
35-39岁	6904	6904	15204	640	14564	14075	3953	5172	4950
40-44岁	5475	5475	10711	527	10184	9057	2629	3279	3149
45-49岁	5840	5840	9111	499	8612	6232	1809	2525	1898
50-54岁	4972	4972	6600	428	6172	4318	1369	1839	1110
55-59岁	3890	3890	4301	250	4051	3072	1184	1268	620
60-64岁	902	902	610	36	574	311	121	121	69
65-69岁	290	290	218	20	198	99	41	35	23
70-74岁	36	36	51	7	44	18	8	8	2
75岁及以上	6	6	15		15	18	10	4	4
男	**26645**	**26645**	**45501**	**2905**	**42596**	**40188**	**11320**	**15177**	**13691**
16-19岁	168	168	473	12	461	79	18	24	37
20-24岁	1279	1279	2774	95	2679	2111	452	782	877
25-29岁	2791	2791	5892	307	5585	6107	1586	2104	2417
30-34岁	4320	4320	8385	533	7852	8772	2467	3155	3150
35-39岁	3952	3952	7748	466	7282	8023	2248	2965	2810
40-44岁	3099	3099	5807	408	5399	5365	1542	1981	1842
45-49岁	3302	3302	5279	410	4869	3851	1064	1589	1198
50-54岁	3548	3548	4780	380	4400	2938	838	1325	775
55-59岁	3241	3241	3679	235	3444	2584	964	1114	506
60-64岁	677	677	468	34	434	250	95	99	56
65-69岁	234	234	168	18	150	77	31	28	18
70-74岁	31	31	39	7	32	15	7	7	1
75岁及以上	3	3	9		9	16	8	4	4
女	**16454**	**16454**	**36983**	**793**	**36190**	**28052**	**8071**	**9858**	**10123**
16-19岁	140	140	209	1	208	48	7	11	30
20-24岁	1027	1027	2665	46	2619	1864	460	620	784
25-29岁	2019	2019	6745	99	6646	5104	1328	1698	2078
30-34岁	3040	3040	8520	198	8322	6955	1949	2390	2616
35-39岁	2952	2952	7456	174	7282	6052	1705	2207	2140
40-44岁	2376	2376	4904	119	4785	3692	1087	1298	1307
45-49岁	2538	2538	3832	89	3743	2381	745	936	700
50-54岁	1424	1424	1820	48	1772	1380	531	514	335
55-59岁	649	649	622	15	607	488	220	154	114
60-64岁	225	225	142	2	140	61	26	22	13
65-69岁	56	56	50	2	48	22	10	7	5
70-74岁	5	5	12		12	3	1	1	1
75岁及以上	3	3	6		6	2	2		

4–9 续表 10 单位：人

年龄组 性别	水利、环境和公共设施管理业					居民服务、修理和其他服务业			
	小计	水利管理业	生态保护和环境治理业	公共设施管理业	土地管理业	小计	居民服务业	机动车、电子产品和日用产品修理业	其他服务业
总计	**17452**	**872**	**1519**	**14906**	**155**	**35795**	**22878**	**6361**	**6556**
16–19岁	19			18	1	723	558	130	35
20–24岁	380	31	37	306	6	2380	1638	524	218
25–29岁	1012	94	146	748	24	3336	2191	757	388
30–34岁	1930	174	257	1463	36	4943	3015	1350	578
35–39岁	2220	132	278	1784	26	4239	2565	1084	590
40–44岁	1982	99	190	1675	18	4084	2546	812	726
45–49岁	3048	114	180	2740	14	5900	3882	692	1326
50–54岁	3030	117	208	2686	19	5534	3652	557	1325
55–59岁	2539	101	143	2284	11	3380	2119	353	908
60–64岁	806	6	52	748		878	496	68	314
65–69岁	399	2	22	375		342	190	28	124
70–74岁	79	1	6	72		49	23	4	22
75岁及以上	8	1		7		7	3	2	2
男	**11760**	**584**	**959**	**10126**	**91**	**15514**	**7342**	**5187**	**2985**
16–19岁	15			14	1	415	266	124	25
20–24岁	233	19	27	184	3	1210	632	468	110
25–29岁	600	56	76	455	13	1728	917	619	192
30–34岁	1106	102	137	849	18	2641	1222	1108	311
35–39岁	1368	77	163	1114	14	2089	993	826	270
40–44岁	1170	69	125	967	9	1617	701	633	283
45–49岁	1757	79	115	1554	9	1691	772	541	378
50–54岁	2303	80	149	2060	14	1867	848	462	557
55–59岁	2178	93	108	1967	10	1610	756	318	536
60–64岁	634	6	40	588		417	144	57	216
65–69岁	323	2	14	307		196	82	25	89
70–74岁	67	1	5	61		29	8	4	17
75岁及以上	6			6		4	1	2	1
女	**5692**	**288**	**560**	**4780**	**64**	**20281**	**15536**	**1174**	**3571**
16–19岁	4			4		308	292	6	10
20–24岁	147	12	10	122	3	1170	1006	56	108
25–29岁	412	38	70	293	11	1608	1274	138	196
30–34岁	824	72	120	614	18	2302	1793	242	267
35–39岁	852	55	115	670	12	2150	1572	258	320
40–44岁	812	30	65	708	9	2467	1845	179	443
45–49岁	1291	35	65	1186	5	4209	3110	151	948
50–54岁	727	37	59	626	5	3667	2804	95	768
55–59岁	361	8	35	317	1	1770	1363	35	372
60–64岁	172		12	160		461	352	11	98
65–69岁	76		8	68		146	108	3	35
70–74岁	12		1	11		20	15		5
75岁及以上	2	1		1		3	2		1

4-9　续表 11　　　　单位：人

年龄组 性别	教育		卫生和社会工作			文化、体育和娱乐业				
	小计	教育	小计	卫生	社会工作	小计	新闻和出版业	广播、电视、电影和录音制作业	文化艺术业	体育
总　计	**67257**	**67257**	**36249**	**34158**	**2091**	**31303**	**7179**	**8575**	**6518**	**3096**
16-19岁	386	386	77	74	3	169	3	23	29	68
20-24岁	5428	5428	2864	2756	108	2286	266	692	470	381
25-29岁	10902	10902	5853	5706	147	5293	1018	1692	954	628
30-34岁	12147	12147	7819	7567	252	6853	1398	2067	1359	654
35-39岁	10442	10442	6058	5814	244	6169	1469	1706	1324	458
40-44岁	8962	8962	4059	3836	223	3972	1114	979	822	300
45-49岁	8457	8457	3908	3522	386	2845	799	695	629	246
50-54岁	6504	6504	3339	2931	408	1986	555	400	505	190
55-59岁	3354	3354	1646	1418	228	1467	501	271	355	139
60-64岁	459	459	368	301	67	167	33	34	40	24
65-69岁	167	167	188	168	20	67	18	11	20	7
70-74岁	26	26	45	43	2	14	2	2	7	1
75岁及以上	23	23	25	22	3	15	3	3	4	
男	**23987**	**23987**	**10419**	**9675**	**744**	**15831**	**3054**	**4599**	**3243**	**1817**
16-19岁	144	144	26	26		97	2	13	12	43
20-24岁	1537	1537	620	593	27	1122	82	361	200	252
25-29岁	3259	3259	1295	1241	54	2424	328	803	426	383
30-34岁	3844	3844	1792	1704	88	3223	471	1093	591	364
35-39岁	3544	3544	1703	1611	92	2941	576	898	606	234
40-44岁	3009	3009	1298	1231	67	2017	485	527	435	164
45-49岁	3016	3016	1189	1076	113	1460	383	407	324	110
50-54岁	2796	2796	1138	1002	136	1170	281	241	308	132
55-59岁	2371	2371	1004	888	116	1173	407	217	286	107
60-64岁	327	327	207	171	36	131	20	29	30	21
65-69岁	109	109	99	88	11	50	15	6	16	6
70-74岁	15	15	32	30	2	12	2	2	6	1
75岁及以上	16	16	16	14	2	11	2	2	3	
女	**43270**	**43270**	**25830**	**24483**	**1347**	**15472**	**4125**	**3976**	**3275**	**1279**
16-19岁	242	242	51	48	3	72	1	10	17	25
20-24岁	3891	3891	2244	2163	81	1164	184	331	270	129
25-29岁	7643	7643	4558	4465	93	2869	690	889	528	245
30-34岁	8303	8303	6027	5863	164	3630	927	974	768	290
35-39岁	6898	6898	4355	4203	152	3228	893	808	718	224
40-44岁	5953	5953	2761	2605	156	1955	629	452	387	136
45-49岁	5441	5441	2719	2446	273	1385	416	288	305	136
50-54岁	3708	3708	2201	1929	272	816	274	159	197	58
55-59岁	983	983	642	530	112	294	94	54	69	32
60-64岁	132	132	161	130	31	36	13	5	10	3
65-69岁	58	58	89	80	9	17	3	5	4	1
70-74岁	11	11	13	13		2			1	
75岁及以上	7	7	9	8	1	4	1	1	1	

4-9 续表 12 单位：人

年龄组 性 别	娱乐业	公共管理、社会保障和社会组织						国际组织	
		小计	中国共产党机关	国家机构	人民政协、民主党派	社会保障	群众团体、社会团体和其他成员组织	基层群众自治组织	小计	国际组织
总 计	**5935**	**64785**	**1285**	**46265**	**172**	**418**	**4370**	**12275**	**197**	**197**
16-19岁	46	96	4	75			9	8		
20-24岁	477	1909	39	1621		11	121	117	7	7
25-29岁	1001	5761	106	4682	9	47	463	454	21	21
30-34岁	1375	10532	187	8308	15	62	784	1176	33	33
35-39岁	1212	11020	255	8232	40	73	893	1527	42	42
40-44岁	757	8361	184	6084	28	62	667	1336	34	34
45-49岁	476	9039	192	6378	22	84	500	1863	25	25
50-54岁	336	8100	153	5517	21	39	445	1925	15	15
55-59岁	201	7516	142	4899	32	40	391	2012	17	17
60-64岁	36	1521	16	324	4		62	1115	1	1
65-69岁	11	660	5	107	1		31	516	2	2
70-74岁	2	214	1	30			3	180		
75岁及以上	5	56	1	8			1	46		
男	**3118**	**37554**	**803**	**28130**	**113**	**178**	**2074**	**6256**	**84**	**84**
16-19岁	27	66	3	53			4	6		
20-24岁	227	1146	17	1017		7	41	64	3	3
25-29岁	484	3067	48	2603	6	20	181	209	8	8
30-34岁	704	5225	107	4338	8	21	304	447	6	6
35-39岁	627	5475	152	4398	28	29	358	510	18	18
40-44岁	406	4416	113	3494	19	22	314	454	14	14
45-49岁	236	4951	120	3797	15	19	247	753	12	12
50-54岁	208	5355	106	3842	13	25	271	1098	11	11
55-59岁	156	6050	119	4217	20	35	290	1369	11	11
60-64岁	31	1112	13	259	3		39	798	1	1
65-69岁	7	483	3	83	1		21	375		
70-74岁	1	162	1	23			3	135		
75岁及以上	4	46	1	6			1	38		
女	**2817**	**27231**	**482**	**18135**	**59**	**240**	**2296**	**6019**	**113**	**113**
16-19岁	19	30	1	22			5	2		
20-24岁	250	763	22	604		4	80	53	4	4
25-29岁	517	2694	58	2079	3	27	282	245	13	13
30-34岁	671	5307	80	3970	7	41	480	729	27	27
35-39岁	585	5545	103	3834	12	44	535	1017	24	24
40-44岁	351	3945	71	2590	9	40	353	882	20	20
45-49岁	240	4088	72	2581	7	65	253	1110	13	13
50-54岁	128	2745	47	1675	8	14	174	827	4	4
55-59岁	45	1466	23	682	12	5	101	643	6	6
60-64岁	5	409	3	65	1		23	317		
65-69岁	4	177	2	24			10	141	2	2
70-74岁	1	52		7				45		
75岁及以上	1	10		2				8		

4-9a　全市分年龄、性别、行业大类的就业人口(城市)

单位：人

年龄组 性　别	合计	农、林、牧、渔业						采矿业	
		小计	农业	林业	畜牧业	渔业	农、林、牧、渔专业及辅助性活动	小计	煤炭开采和洗选业
总　计	**810074**	**1913**	**1024**	**289**	**286**	**69**	**245**	**1170**	**129**
16-19岁	5181	1	1					2	
20-24岁	47723	40	21	4			15	16	3
25-29岁	115973	110	44	24	16	2	24	61	5
30-34岁	162059	254	106	40	43	16	49	194	14
35-39岁	148762	301	145	42	61	15	38	235	25
40-44岁	108117	234	121	29	47	7	30	185	21
45-49岁	97171	272	147	41	41	11	32	200	22
50-54岁	71792	316	190	46	42	9	29	173	21
55-59岁	44466	217	130	29	28	6	24	92	16
60-64岁	6090	100	69	20	6	1	4	6	1
65-69岁	2185	49	33	14	1	1		3	
70-74岁	381	16	14		1	1		1	1
75岁及以上	174	3	3					2	
男	**454571**	**1227**	**645**	**185**	**177**	**52**	**168**	**781**	**95**
16-19岁	3373	1	1						
20-24岁	25141	22	11	1			10	5	1
25-29岁	59896	65	22	15	9	1	18	18	1
30-34岁	85581	153	65	21	24	12	31	117	7
35-39岁	79128	173	89	21	29	13	21	154	19
40-44岁	58933	135	73	15	26	5	16	120	17
45-49岁	53335	164	89	25	23	6	21	135	17
50-54岁	46590	227	127	34	36	6	24	140	19
55-59岁	36247	170	94	23	24	6	23	83	13
60-64岁	4393	69	42	18	4	1	4	6	1
65-69岁	1560	38	24	12	1	1		2	
70-74岁	278	8	6		1	1			
75岁及以上	116	2	2					1	
女	**355503**	**686**	**379**	**104**	**109**	**17**	**77**	**389**	**34**
16-19岁	1808							2	
20-24岁	22582	18	10	3			5	11	2
25-29岁	56077	45	22	9	7	1	6	43	4
30-34岁	76478	101	41	19	19	4	18	77	7
35-39岁	69634	128	56	21	32	2	17	81	6
40-44岁	49184	99	48	14	21	2	14	65	4
45-49岁	43836	108	58	16	18	5	11	65	5
50-54岁	25202	89	63	12	6	3	5	33	2
55-59岁	8219	47	36	6	4		1	9	3
60-64岁	1697	31	27	2	2				
65-69岁	625	11	9	2				1	
70-74岁	103	8	8					1	1
75岁及以上	58	1	1					1	

4–9a　续表 1　　　　　　　　　　　　　　　　　　　　　　　　　　　　单位：人

年龄组 性　别	采矿业						制造业		
	石油和天然气开采业	黑色金属矿采选业	有色金属矿采选业	非金属矿采选业	开采专业及辅助性活　动	其　他采矿业	小计	农副食品加工业	食　品制造业
总　计	**305**	**176**	**43**	**57**	**420**	**40**	**56049**	**1145**	**2452**
16–19岁					2		325	10	31
20–24岁	3	1			7	2	2790	39	158
25–29岁	17	8	2	4	22	3	7060	99	278
30–34岁	52	31	11	6	73	7	11649	192	442
35–39岁	80	24	7	9	85	5	11192	182	467
40–44岁	51	29	5	7	68	4	8143	164	403
45–49岁	43	38	10	9	69	9	6769	215	360
50–54岁	41	35	7	11	52	6	4685	165	189
55–59岁	16	9	1	7	40	3	3004	71	105
60–64岁	2	1			1	1	287	6	15
65–69岁				2	1		106	2	4
70–74岁							21		
75岁及以上				2			18		
男	**199**	**141**	**27**	**35**	**263**	**21**	**36010**	**673**	**1254**
16–19岁							234	10	18
20–24岁	2				2		1833	24	79
25–29岁	5	3	1	2	4	2	4317	53	146
30–34岁	31	23	5	3	44	4	7194	108	208
35–39岁	50	19	4	5	54	3	6727	102	211
40–44岁	35	19	4	4	40	1	4874	87	184
45–49岁	27	36	7	4	40	4	4229	106	187
50–54岁	31	31	5	10	39	5	3541	116	125
55–59岁	16	9	1	5	38	1	2715	61	84
60–64岁	2	1			1	1	239	5	9
65–69岁				1	1		81	1	3
70–74岁							17		
75岁及以上				1			9		
女	**106**	**35**	**16**	**22**	**157**	**19**	**20039**	**472**	**1198**
16–19岁					2		91		13
20–24岁	1	1			5	2	957	15	79
25–29岁	12	5	1	2	18	1	2743	46	132
30–34岁	21	8	6	3	29	3	4455	84	234
35–39岁	30	5	3	4	31	2	4465	80	256
40–44岁	16	10	1	3	28	3	3269	77	219
45–49岁	16	2	3	5	29	5	2540	109	173
50–54岁	10	4	2	1	13	1	1144	49	64
55–59岁				2	2	2	289	10	21
60–64岁							48	1	6
65–69岁				1			25	1	1
70–74岁							4		
75岁及以上				1			9		

4-9a　续表 2　　　　单位：人

年龄组 性　别	制造业								
	酒、饮料和精制茶制造业	烟　草制品业	纺织业	纺织服装、服饰业	皮革、毛皮、羽毛及其制品和制鞋业	木材加工和木、竹、藤、棕、草制品业	家　具制造业	造纸和纸制品业	印刷和记录媒介复制业
总　计	**1504**	**83**	**295**	**1292**	**135**	**174**	**639**	**343**	**1615**
16–19岁	1		1	1			1	1	10
20–24岁	47	2	7	35	2	8	33	10	54
25–29岁	113	5	21	112	11	13	70	34	124
30–34岁	267	16	49	231	24	24	131	48	282
35–39岁	247	16	57	261	23	30	121	53	296
40–44岁	273	10	47	233	29	24	96	51	259
45–49岁	302	19	38	209	16	35	94	58	250
50–54岁	153	9	37	132	13	20	60	46	164
55–59岁	91	6	32	68	12	14	29	30	166
60–64岁	8		2	5	1	3	3	5	7
65–69岁	1		3	4	3	2	1	5	3
70–74岁			1	1	1	1		2	
75岁及以上	1								
男	**948**	**49**	**145**	**447**	**56**	**117**	**408**	**224**	**1012**
16–19岁	1		1				1		7
20–24岁	31	1	5	15	1	6	21	5	38
25–29岁	67	2	12	39	3	7	36	23	58
30–34岁	157	9	18	71	10	16	84	28	168
35–39岁	139	9	19	82	7	15	73	33	176
40–44岁	162	3	22	58	6	15	64	32	151
45–49岁	162	12	15	62	8	23	54	31	137
50–54岁	130	7	22	58	9	15	45	37	121
55–59岁	89	6	27	55	9	14	26	25	149
60–64岁	8		2	4	1	3	3	4	4
65–69岁	1		1	2	2	2	1	4	3
70–74岁			1	1		1		2	
75岁及以上	1								
女	**556**	**34**	**150**	**845**	**79**	**57**	**231**	**119**	**603**
16–19岁				1				1	3
20–24岁	16	1	2	20	1	2	12	5	16
25–29岁	46	3	9	73	8	6	34	11	66
30–34岁	110	7	31	160	14	8	47	20	114
35–39岁	108	7	38	179	16	15	48	20	120
40–44岁	111	7	25	175	23	9	32	19	108
45–49岁	140	7	23	147	8	12	40	27	113
50–54岁	23	2	15	74	4	5	15	9	43
55–59岁	2		5	13	3		3	5	17
60–64岁				1				1	3
65–69岁			2	2	1			1	
70–74岁					1				
75岁及以上									

4-9a 续表 3　　　　单位：人

年龄组 性别	制造业								
	文教、工美、体育和娱乐用品制造业	石油、煤炭及其他燃料加工业	化学原料和化学制品制造业	医药制造业	化学纤维制造业	橡胶和塑料制品业	非金属矿物制品业	黑色金属冶炼和压延加工业	有色金属冶炼和压延加工业
总计	**835**	**773**	**1722**	**4471**	**34**	**847**	**1914**	**473**	**261**
16-19岁	7		2	35		2	4		
20-24岁	43	18	61	370	2	24	53	9	6
25-29岁	108	58	163	730	2	79	129	11	35
30-34岁	151	121	281	1049	6	143	314	40	37
35-39岁	177	143	317	899	9	144	349	84	53
40-44岁	131	138	289	568	4	163	266	82	34
45-49岁	91	132	298	425	7	144	332	92	39
50-54岁	66	99	195	239	4	88	264	115	27
55-59岁	52	60	100	132		45	171	34	26
60-64岁	5	4	13	18		10	21	2	3
65-69岁	2		2	4		4	8	3	
70-74岁	2			1		1		1	1
75岁及以上			1	1			3		
男	**460**	**515**	**1017**	**2146**	**23**	**536**	**1430**	**390**	**192**
16-19岁	4			17		2	4		
20-24岁	19	9	30	170	1	16	44	9	3
25-29岁	50	28	82	331	2	46	85	6	27
30-34岁	70	82	137	475	4	85	233	34	23
35-39岁	89	93	159	406	4	85	222	64	40
40-44岁	77	80	161	253	3	99	186	59	19
45-49岁	51	89	185	205	5	84	245	77	27
50-54岁	48	72	157	154	4	66	221	105	24
55-59岁	46	58	94	114		41	161	33	25
60-64岁	5	4	10	16		8	19	1	3
65-69岁	1		2	3		3	8	2	
70-74岁				1		1			1
75岁及以上				1			2		
女	**375**	**258**	**705**	**2325**	**11**	**311**	**484**	**83**	**69**
16-19岁	3		2	18					
20-24岁	24	9	31	200	1	8	9		3
25-29岁	58	30	81	399		33	44	5	8
30-34岁	81	39	144	574	2	58	81	6	14
35-39岁	88	50	158	493	5	59	127	20	13
40-44岁	54	58	128	315	1	64	80	23	15
45-49岁	40	43	113	220	2	60	87	15	12
50-54岁	18	27	38	85		22	43	10	3
55-59岁	6	2	6	18		4	10	1	1
60-64岁			3	2		2	2	1	
65-69岁	1			1		1		1	
70-74岁	2							1	
75岁及以上			1				1		

4−9a 续表 4　　　　单位：人

年龄组 性 别	制造业								
	金 属 制品业	通用设备 制造业	专用设备 制造业	汽 车 制造业	铁路、船舶、 航空航天和 其他运输 设备制造业	电气机械 和器材 制造业	计算机、 通信和其 他电子设 备制造业	仪器仪表 制造业	其 他 制造业
总 计	**2181**	**3771**	**4676**	**4736**	**5085**	**2662**	**7949**	**1774**	**602**
16−19岁	10	18	21	50	9	13	88	2	3
20−24岁	77	132	218	176	224	122	684	71	34
25−29岁	186	364	535	678	715	296	1649	195	72
30−34岁	411	753	1013	1287	1166	549	1859	376	120
35−39岁	394	752	1036	1082	959	611	1636	398	128
40−44岁	346	592	661	579	685	406	1024	300	81
45−49岁	306	501	529	394	513	338	557	195	53
50−54岁	248	366	365	319	411	203	283	138	58
55−59岁	178	259	264	154	372	104	149	84	40
60−64岁	21	25	23	12	18	12	16	8	8
65−69岁	2	8	10	4	9	5	3	3	4
70−74岁	1	1	1			1		2	1
75岁及以上	1			1	4	2	1	2	
男	**1557**	**2718**	**2942**	**3461**	**3596**	**1773**	**5093**	**1114**	**400**
16−19岁	7	15	11	48	8	10	64	2	1
20−24岁	56	98	139	132	176	93	476	49	21
25−29岁	115	249	304	508	514	183	1026	123	45
30−34岁	272	538	601	946	792	359	1148	215	83
35−39岁	263	501	605	785	653	376	1003	237	72
40−44岁	239	383	398	383	443	263	656	182	50
45−49岁	226	356	340	260	343	227	374	121	38
50−54岁	207	305	272	247	291	157	204	101	47
55−59岁	150	245	243	136	349	90	130	76	34
60−64岁	20	20	21	11	16	11	9	5	5
65−69岁	1	7	7	4	9	2	3	1	3
70−74岁	1	1	1			1		2	1
75岁及以上				1	2	1			
女	**624**	**1053**	**1734**	**1275**	**1489**	**889**	**2856**	**660**	**202**
16−19岁	3	3	10	2	1	3	24		2
20−24岁	21	34	79	44	48	29	208	22	13
25−29岁	71	115	231	170	201	113	623	72	27
30−34岁	139	215	412	341	374	190	711	161	37
35−39岁	131	251	431	297	306	235	633	161	56
40−44岁	107	209	263	196	242	143	368	118	31
45−49岁	80	145	189	134	170	111	183	74	15
50−54岁	41	61	93	72	120	46	79	37	11
55−59岁	28	14	21	18	23	14	19	8	6
60−64岁	1	5	2	1	2	1	7	3	3
65−69岁	1	1	3			3		2	1
70−74岁									
75岁及以上	1				2	1	1	2	

4-9a 续表 5

单位：人

年龄组 性 别	制造业		电力、热力、燃气及水生产和供应业				建筑业		
	废弃资源综合利用业	金属制品、机械和设备修理业	小计	电力、热力生产和供应业	燃气生产和供应业	水的生产和供应业	小计	房屋建筑业	土木工程建筑业
总 计	**285**	**1321**	**7737**	**5093**	**1307**	**1337**	**50370**	**18489**	**8838**
16-19岁	2	3	9	9			186	75	23
20-24岁		71	299	174	44	81	1921	659	404
25-29岁	12	163	774	506	117	151	4744	1625	996
30-34岁	29	238	1270	828	235	207	7900	2841	1588
35-39岁	34	234	1333	845	246	242	7506	2441	1575
40-44岁	34	171	1047	677	190	180	6662	2287	1108
45-49岁	62	165	1236	807	208	221	8189	3039	1225
50-54岁	59	150	997	706	148	143	7698	3052	1032
55-59岁	41	115	714	497	111	106	4542	2007	705
60-64岁	6	7	40	32	5	3	753	354	117
65-69岁	3	4	18	12	3	3	224	91	55
70-74岁	2						34	15	6
75岁及以上	1						11	3	4
男	**211**	**1103**	**5389**	**3570**	**918**	**901**	**40052**	**15024**	**6604**
16-19岁	1	2	7	7			165	71	19
20-24岁		66	211	128	29	54	1455	518	306
25-29岁	8	139	525	328	78	119	3479	1242	708
30-34岁	21	199	788	523	148	117	5896	2168	1074
35-39岁	21	183	821	510	159	152	5494	1814	1083
40-44岁	25	131	666	438	121	107	5124	1795	800
45-49岁	45	134	818	548	147	123	6550	2430	931
50-54岁	47	127	819	578	122	119	6723	2678	862
55-59岁	34	111	687	475	108	104	4229	1870	664
60-64岁	5	7	33	26	4	3	692	336	100
65-69岁	1	4	14	9	2	3	205	85	48
70-74岁	2						32	15	6
75岁及以上	1						8	2	3
女	**74**	**218**	**2348**	**1523**	**389**	**436**	**10318**	**3465**	**2234**
16-19岁	1	1	2	2			21	4	4
20-24岁		5	88	46	15	27	466	141	98
25-29岁	4	24	249	178	39	32	1265	383	288
30-34岁	8	39	482	305	87	90	2004	673	514
35-39岁	13	51	512	335	87	90	2012	627	492
40-44岁	9	40	381	239	69	73	1538	492	308
45-49岁	17	31	418	259	61	98	1639	609	294
50-54岁	12	23	178	128	26	24	975	374	170
55-59岁	7	4	27	22	3	2	313	137	41
60-64岁	1		7	6	1		61	18	17
65-69岁	2		4	3	1		19	6	7
70-74岁							2		
75岁及以上							3	1	1

4-9a　续表 6　　　　单位：人

年龄组 性别	建筑业		批发和零售业			交通运输、仓储和邮政业			
	建筑安装业	建筑装饰、装修和其他建筑业	小计	批发业	零售业	小计	铁路运输业	道路运输业	水上运输业
总　计	**3264**	**19779**	**110990**	**42883**	**68107**	**39195**	**2676**	**22674**	**153**
16-19岁	19	69	736	196	540	131	11	41	
20-24岁	127	731	5577	1852	3725	1816	116	807	6
25-29岁	316	1807	13277	4876	8401	4139	244	1856	9
30-34岁	569	2902	22210	8372	13838	7029	327	3566	31
35-39岁	584	2906	22269	8782	13487	6855	281	3889	31
40-44岁	462	2805	17453	6990	10463	5721	332	3659	19
45-49岁	499	3426	15006	5664	9342	5870	422	3877	23
50-54岁	399	3215	9040	3761	5279	4483	432	2957	21
55-59岁	254	1576	4456	1983	2473	2941	500	1877	11
60-64岁	26	256	641	258	383	154	8	104	
65-69岁	8	70	271	127	144	45	2	33	1
70-74岁	1	12	37	17	20	7		6	
75岁及以上		4	17	5	12	4	1	2	1
男	**2576**	**15848**	**58113**	**24177**	**33936**	**29605**	**2227**	**17836**	**98**
16-19岁	17	58	460	141	319	103	2	34	
20-24岁	99	532	2947	1014	1933	1243	94	585	4
25-29岁	239	1290	6516	2473	4043	2897	178	1354	4
30-34岁	427	2227	11046	4358	6688	4893	229	2574	19
35-39岁	420	2177	11026	4589	6437	4891	206	2883	17
40-44岁	358	2171	8716	3789	4927	4196	289	2735	11
45-49岁	393	2796	7452	3254	4198	4404	340	3025	14
50-54岁	353	2830	5722	2597	3125	3976	390	2714	16
55-59岁	238	1457	3534	1659	1875	2824	489	1804	11
60-64岁	23	233	462	193	269	131	7	93	
65-69岁	8	64	190	92	98	37	2	28	1
70-74岁	1	10	29	14	15	6		5	
75岁及以上		3	13	4	9	4	1	2	1
女	**688**	**3931**	**52877**	**18706**	**34171**	**9590**	**449**	**4838**	**55**
16-19岁	2	11	276	55	221	28	9	7	
20-24岁	28	199	2630	838	1792	573	22	222	2
25-29岁	77	517	6761	2403	4358	1242	66	502	5
30-34岁	142	675	11164	4014	7150	2136	98	992	12
35-39岁	164	729	11243	4193	7050	1964	75	1006	14
40-44岁	104	634	8737	3201	5536	1525	43	924	8
45-49岁	106	630	7554	2410	5144	1466	82	852	9
50-54岁	46	385	3318	1164	2154	507	42	243	5
55-59岁	16	119	922	324	598	117	11	73	
60-64岁	3	23	179	65	114	23	1	11	
65-69岁		6	81	35	46	8		5	
70-74岁		2	8	3	5	1		1	
75岁及以上		1	4	1	3				

4-9a 续表 7 单位：人

年龄组 性 别	交通运输、仓储和邮政业					住宿和餐饮业		
	航 空运输业	管 道运输业	多式联运和运输代理业	装卸搬运和仓储业	邮政业	小计	住宿业	餐饮业
总 计	**4502**	**41**	**1679**	**1402**	**6068**	**36363**	**8188**	**28175**
16-19岁	3		6	3	67	1441	155	1286
20-24岁	302		79	37	469	3801	671	3130
25-29岁	781		183	108	958	4645	848	3797
30-34岁	1061	8	358	195	1483	6125	1219	4906
35-39岁	936	10	363	229	1116	5147	1245	3902
40-44岁	499	8	258	192	754	4308	1093	3215
45-49岁	450	3	203	244	648	4944	1272	3672
50-54岁	290	8	148	239	388	3562	935	2627
55-59岁	172	4	72	130	175	1882	627	1255
60-64岁	7		7	20	8	393	92	301
65-69岁	1		2	4	2	95	29	66
70-74岁				1		16		16
75岁及以上						4	2	2
男	**2614**	**30**	**1007**	**1046**	**4747**	**20572**	**4289**	**16283**
16-19岁	2		6	3	56	1028	79	949
20-24岁	128		47	20	365	2425	336	2089
25-29岁	404		101	76	780	2883	424	2459
30-34岁	569	5	187	131	1179	3614	610	3004
35-39岁	560	8	202	161	854	2895	631	2264
40-44岁	315	6	147	136	557	2177	519	1658
45-49岁	261	3	131	180	450	2180	530	1650
50-54岁	207	4	111	201	333	1790	548	1242
55-59岁	162	4	69	119	166	1257	517	740
60-64岁	5		5	16	5	245	71	174
65-69岁	1		1	2	2	67	23	44
70-74岁				1		8		8
75岁及以上						3	1	2
女	**1888**	**11**	**672**	**356**	**1321**	**15791**	**3899**	**11892**
16-19岁	1				11	413	76	337
20-24岁	174		32	17	104	1376	335	1041
25-29岁	377		82	32	178	1762	424	1338
30-34岁	492	3	171	64	304	2511	609	1902
35-39岁	376	2	161	68	262	2252	614	1638
40-44岁	184	2	111	56	197	2131	574	1557
45-49岁	189		72	64	198	2764	742	2022
50-54岁	83	4	37	38	55	1772	387	1385
55-59岁	10		3	11	9	625	110	515
60-64岁	2		2	4	3	148	21	127
65-69岁			1	2		28	6	22
70-74岁						8		8
75岁及以上						1	1	

4-9a　续表 8　　　　单位：人

年龄组 性　别	信息传输、软件和信息技术服务业				金融业				
	小计	电信、广播电视和卫星传输服务	互联网和相关服务	软件和信息技术服务业	小计	货币金融服　务	资本市场服　务	保险业	其　他金融业
总　计	**86762**	**7616**	**27435**	**51711**	**42534**	**18037**	**7884**	**10036**	**6577**
16-19岁	251	18	91	142	44	13	10	15	6
20-24岁	7797	328	2737	4732	1734	818	263	364	289
25-29岁	21924	1086	7741	13097	7307	3046	1468	1504	1289
30-34岁	22545	1693	7777	13075	11318	4710	2156	2551	1901
35-39岁	16469	1785	4793	9891	9685	3951	1764	2483	1487
40-44岁	9125	1142	2248	5735	5009	1930	918	1460	701
45-49岁	5006	828	1158	3020	3759	1659	688	948	464
50-54岁	2405	451	630	1324	2521	1316	411	499	295
55-59岁	1104	267	227	610	1064	562	188	179	135
60-64岁	95	13	23	59	68	24	13	25	6
65-69岁	30	3	8	19	17	6	3	6	2
70-74岁	5		2	3	3			2	1
75岁及以上	6	2		4	5	2	2		1
男	**54336**	**4502**	**17010**	**32824**	**20468**	**8307**	**4384**	**4316**	**3461**
16-19岁	183	9	71	103	24	7	5	7	5
20-24岁	4653	192	1548	2913	790	351	103	189	147
25-29岁	13115	630	4397	8088	3339	1323	713	685	618
30-34岁	13895	950	4786	8159	5226	1983	1125	1159	959
35-39岁	10289	1009	3070	6210	4525	1791	982	973	779
40-44岁	6027	681	1589	3757	2446	956	553	551	386
45-49岁	3367	470	852	2045	1850	758	434	378	280
50-54岁	1758	305	479	974	1326	631	288	235	172
55-59岁	954	241	196	517	893	492	168	124	109
60-64岁	66	10	16	40	35	12	9	10	4
65-69岁	21	3	5	13	9	2	2	4	1
70-74岁	3		1	2	2			1	1
75岁及以上	5	2		3	3	1	2		
女	**32426**	**3114**	**10425**	**18887**	**22066**	**9730**	**3500**	**5720**	**3116**
16-19岁	68	9	20	39	20	6	5	8	1
20-24岁	3144	136	1189	1819	944	467	160	175	142
25-29岁	8809	456	3344	5009	3968	1723	755	819	671
30-34岁	8650	743	2991	4916	6092	2727	1031	1392	942
35-39岁	6180	776	1723	3681	5160	2160	782	1510	708
40-44岁	3098	461	659	1978	2563	974	365	909	315
45-49岁	1639	358	306	975	1909	901	254	570	184
50-54岁	647	146	151	350	1195	685	123	264	123
55-59岁	150	26	31	93	171	70	20	55	26
60-64岁	29	3	7	19	33	12	4	15	2
65-69岁	9		3	6	8	4	1	2	1
70-74岁	2		1	1	1			1	
75岁及以上	1			1	2	1			1

4-9a 续表 9 单位：人

年龄组 性 别	房地产业		租赁和商务服务业			科学研究和技术服务业			
	小计	房地产业	小计	租赁业	商 务 服务业	小计	研究和 试验发展	专业技术 服务业	科技推广 和应用 服务业
总 计	**36108**	**36108**	**70521**	**2431**	**68090**	**61166**	**17700**	**22312**	**21154**
16-19岁	247	247	499	6	493	88	12	29	47
20-24岁	1905	1905	4369	82	4287	3283	740	1140	1403
25-29岁	4071	4071	10974	262	10712	9808	2564	3302	3942
30-34岁	6075	6075	14507	478	14029	13754	3942	4850	4962
35-39岁	5976	5976	13514	418	13096	12933	3681	4767	4485
40-44岁	4728	4728	9487	373	9114	8491	2513	3045	2933
45-49岁	4853	4853	7780	346	7434	5720	1711	2268	1741
50-54岁	4076	4076	5373	268	5105	3894	1258	1643	993
55-59岁	3205	3205	3426	159	3267	2821	1114	1137	570
60-64岁	710	710	421	24	397	257	111	93	53
65-69岁	226	226	131	9	122	86	37	29	20
70-74岁	30	30	34	6	28	14	7	6	1
75岁及以上	6	6	6		6	17	10	3	4
男	**22214**	**22214**	**37676**	**1830**	**35846**	**35667**	**10280**	**13314**	**12073**
16-19岁	135	135	337	5	332	57	9	21	27
20-24岁	1048	1048	2156	46	2110	1708	360	619	729
25-29岁	2342	2342	4929	182	4747	5274	1378	1791	2105
30-34岁	3547	3547	6973	323	6650	7563	2190	2704	2669
35-39岁	3398	3398	6716	286	6430	7265	2063	2687	2515
40-44岁	2673	2673	5036	273	4763	5001	1472	1821	1708
45-49岁	2742	2742	4373	275	4098	3510	1009	1402	1099
50-54岁	2909	2909	3784	248	3536	2623	767	1165	691
55-59岁	2687	2687	2914	154	2760	2366	903	998	465
60-64岁	526	526	330	23	307	205	87	75	43
65-69岁	178	178	101	9	92	68	28	23	17
70-74岁	26	26	25	6	19	12	6	5	1
75岁及以上	3	3	2		2	15	8	3	4
女	**13894**	**13894**	**32845**	**601**	**32244**	**25499**	**7420**	**8998**	**9081**
16-19岁	112	112	162	1	161	31	3	8	20
20-24岁	857	857	2213	36	2177	1575	380	521	674
25-29岁	1729	1729	6045	80	5965	4534	1186	1511	1837
30-34岁	2528	2528	7534	155	7379	6191	1752	2146	2293
35-39岁	2578	2578	6798	132	6666	5668	1618	2080	1970
40-44岁	2055	2055	4451	100	4351	3490	1041	1224	1225
45-49岁	2111	2111	3407	71	3336	2210	702	866	642
50-54岁	1167	1167	1589	20	1569	1271	491	478	302
55-59岁	518	518	512	5	507	455	211	139	105
60-64岁	184	184	91	1	90	52	24	18	10
65-69岁	48	48	30		30	18	9	6	3
70-74岁	4	4	9		9	2	1	1	
75岁及以上	3	3	4		4	2	2		

4-9a 续表 10

单位：人

年龄组 性别	水利、环境和公共设施管理业					居民服务、修理和其他服务业			
	小计	水利管理业	生态保护和环境治理业	公共设施管理业	土地管理业	小计	居民服务业	机动车、电子产品和日用产品修理业	其他服务业
总计	**10819**	**687**	**1042**	**8952**	**138**	**27882**	**18706**	**4571**	**4605**
16-19岁	12			12		631	502	97	32
20-24岁	239	25	23	187	4	1968	1430	368	170
25-29岁	736	75	116	522	23	2651	1816	528	307
30-34岁	1348	147	197	970	34	3800	2459	903	438
35-39岁	1610	116	224	1247	23	3282	2084	767	431
40-44岁	1368	81	148	1123	16	3195	2052	622	521
45-49岁	1939	86	121	1719	13	4559	3107	533	919
50-54岁	1697	78	120	1483	16	4269	2955	421	893
55-59岁	1355	74	72	1200	9	2577	1731	275	571
60-64岁	320	2	13	305		664	407	40	217
65-69岁	161	2	7	152		243	142	16	85
70-74岁	29		1	28		39	19	1	19
75岁及以上	5	1		4		4	2		2
男	**7144**	**445**	**632**	**5987**	**80**	**11690**	**5981**	**3651**	**2058**
16-19岁	9			9		353	237	92	24
20-24岁	147	14	17	114	2	956	543	328	85
25-29岁	415	43	57	302	13	1305	736	424	145
30-34岁	734	87	95	535	17	1949	996	725	228
35-39岁	968	64	125	768	11	1574	818	561	195
40-44岁	804	56	93	647	8	1250	564	472	214
45-49岁	1131	57	77	988	9	1313	631	403	279
50-54岁	1307	50	88	1157	12	1397	679	351	367
55-59岁	1226	70	64	1084	8	1169	615	249	305
60-64岁	253	2	11	240		276	104	31	141
65-69岁	128	2	5	121		123	50	14	59
70-74岁	18			18		23	7	1	15
75岁及以上	4			4		2	1		1
女	**3675**	**242**	**410**	**2965**	**58**	**16192**	**12725**	**920**	**2547**
16-19岁	3			3		278	265	5	8
20-24岁	92	11	6	73	2	1012	887	40	85
25-29岁	321	32	59	220	10	1346	1080	104	162
30-34岁	614	60	102	435	17	1851	1463	178	210
35-39岁	642	52	99	479	12	1708	1266	206	236
40-44岁	564	25	55	476	8	1945	1488	150	307
45-49岁	808	29	44	731	4	3246	2476	130	640
50-54岁	390	28	32	326	4	2872	2276	70	526
55-59岁	129	4	8	116	1	1408	1116	26	266
60-64岁	67		2	65		388	303	9	76
65-69岁	33		2	31		120	92	2	26
70-74岁	11		1	10		16	12		4
75岁及以上	1	1				2	1		1

4-9a　续表 11　　　　单位：人

年龄组 性　别	教育		卫生和社会工作			文化、体育和娱乐业				
	小计	教育	小计	卫生	社会工作	小计	新闻和出版业	广播、电视、电影和录音制作业	文化艺术业	体育
总　计	**58808**	**58808**	**31326**	**29811**	**1515**	**28330**	**6923**	**7975**	**5810**	**2509**
16－19岁	305	305	63	60	3	135	2	15	28	52
20－24岁	4482	4482	2247	2164	83	1986	249	620	416	311
25－29岁	9338	9338	4776	4666	110	4810	968	1570	857	531
30－34岁	10454	10454	6712	6521	191	6151	1339	1898	1226	529
35－39岁	9414	9414	5548	5358	190	5717	1422	1615	1215	376
40－44岁	8084	8084	3762	3590	172	3676	1078	928	735	258
45－49岁	7526	7526	3486	3202	284	2584	774	657	556	190
50－54岁	5744	5744	2914	2630	284	1765	543	375	434	141
55－59岁	2908	2908	1397	1255	142	1311	495	252	298	103
60－64岁	365	365	252	212	40	126	32	30	30	14
65－69岁	146	146	126	113	13	50	16	11	9	4
70－74岁	20	20	24	23	1	9	2	2	4	
75岁及以上	22	22	19	17	2	10	3	2	2	
男	**20774**	**20774**	**8983**	**8435**	**548**	**14111**	**2933**	**4216**	**2836**	**1467**
16－19岁	127	127	23	23		79	1	9	11	35
20－24岁	1279	1279	468	451	17	957	76	323	176	205
25－29岁	2809	2809	1069	1027	42	2153	310	731	376	316
30－34岁	3301	3301	1566	1498	68	2837	446	989	516	297
35－39岁	3167	3167	1547	1471	76	2688	554	834	550	191
40－44岁	2685	2685	1192	1135	57	1852	459	496	388	145
45－49岁	2623	2623	1061	970	91	1321	372	378	280	86
50－54岁	2380	2380	982	882	100	1027	275	223	265	100
55－59岁	2020	2020	850	781	69	1051	402	198	240	78
60－64岁	256	256	145	124	21	96	20	26	22	11
65－69岁	99	99	55	50	5	37	14	6	8	3
70－74岁	13	13	15	14	1	7	2	2	3	
75岁及以上	15	15	10	9	1	6	2	1	1	
女	**38034**	**38034**	**22343**	**21376**	**967**	**14219**	**3990**	**3759**	**2974**	**1042**
16－19岁	178	178	40	37	3	56	1	6	17	17
20－24岁	3203	3203	1779	1713	66	1029	173	297	240	106
25－29岁	6529	6529	3707	3639	68	2657	658	839	481	215
30－34岁	7153	7153	5146	5023	123	3314	893	909	710	232
35－39岁	6247	6247	4001	3887	114	3029	868	781	665	185
40－44岁	5399	5399	2570	2455	115	1824	619	432	347	113
45－49岁	4903	4903	2425	2232	193	1263	402	279	276	104
50－54岁	3364	3364	1932	1748	184	738	268	152	169	41
55－59岁	888	888	547	474	73	260	93	54	58	25
60－64岁	109	109	107	88	19	30	12	4	8	3
65－69岁	47	47	71	63	8	13	2	5	1	1
70－74岁	7	7	9	9		2			1	
75岁及以上	7	7	9	8	1	4	1	1	1	

4-9a　续表 12　　　　单位：人

年龄组 性　别	娱乐业	公共管理、社会保障和社会组织							国际组织	
		小计	中国共产党机关	国家机构	人民政协、民主党派	社会保障	群众团体、社会团体和其他成员组织	基层群众自治组织	小计	国际组织
总　计	**5113**	**51840**	**1214**	**39726**	**165**	**348**	**4039**	**6348**	**191**	**191**
16–19岁	38	75	4	58			7	6		
20–24岁	390	1447	34	1213		9	105	86	6	6
25–29岁	884	4748	100	3842	9	41	427	329	20	20
30–34岁	1159	8732	169	6905	13	49	732	864	32	32
35–39岁	1089	9734	245	7396	39	67	839	1148	42	42
40–44岁	677	7405	173	5547	27	53	633	972	34	34
45–49岁	407	7449	184	5573	20	62	462	1148	24	24
50–54岁	272	6167	146	4723	21	35	394	848	13	13
55–59岁	163	5433	139	4214	31	32	360	657	17	17
60–64岁	20	437	14	174	4		50	195	1	1
65–69岁	10	156	4	56	1		27	68	2	2
70–74岁	1	42	1	19			2	20		
75岁及以上	3	15	1	6			1	7		
男	**2659**	**29678**	**759**	**24039**	**107**	**152**	**1894**	**2727**	**81**	**81**
16–19岁	23	48	3	38			3	4		
20–24岁	177	836	13	732		6	38	47	2	2
25–29岁	420	2438	46	2062	6	19	163	142	8	8
30–34岁	589	4283	100	3568	7	17	282	309	6	6
35–39岁	559	4792	145	3929	27	26	333	332	18	18
40–44岁	364	3945	104	3226	18	20	293	284	14	14
45–49岁	205	4101	115	3347	13	15	225	386	11	11
50–54岁	164	4149	101	3282	13	21	234	498	10	10
55–59岁	133	4607	117	3658	19	28	270	515	11	11
60–64岁	17	327	11	139	3		32	142	1	1
65–69岁	6	107	2	40	1		18	46		
70–74岁		34	1	14			2	17		
75岁及以上	2	11	1	4			1	5		
女	**2454**	**22162**	**455**	**15687**	**58**	**196**	**2145**	**3621**	**110**	**110**
16–19岁	15	27	1	20			4	2		
20–24岁	213	611	21	481		3	67	39	4	4
25–29岁	464	2310	54	1780	3	22	264	187	12	12
30–34岁	570	4449	69	3337	6	32	450	555	26	26
35–39岁	530	4942	100	3467	12	41	506	816	24	24
40–44岁	313	3460	69	2321	9	33	340	688	20	20
45–49岁	202	3348	69	2226	7	47	237	762	13	13
50–54岁	108	2018	45	1441	8	14	160	350	3	3
55–59岁	30	826	22	556	12	4	90	142	6	6
60–64岁	3	110	3	35	1		18	53		
65–69岁	4	49	2	16			9	22	2	2
70–74岁	1	8		5				3		
75岁及以上	1	4		2				2		

4-9b 全市分年龄、性别、行业大类的就业人口(镇)

单位：人

年龄组 性 别	合计	农、林、牧、渔业						采矿业	
		小计	农业	林业	畜牧业	渔业	农、林、牧、渔专业及辅助性活动	小计	煤炭开采和洗选业
总 计	**65835**	**1346**	**1046**	**99**	**129**	**18**	**54**	**76**	**27**
16-19岁	623	2		1			1		
20-24岁	5059	19	10	2	5		2		
25-29岁	9424	56	26	2	23	1	4	3	
30-34岁	13695	86	55	5	14	3	9	11	
35-39岁	10068	76	45	10	13	3	5	8	
40-44岁	7073	66	49	6	4	2	5	7	1
45-49岁	7485	160	119	17	13	2	9	13	7
50-54岁	6507	223	168	23	22	2	8	27	18
55-59岁	4108	248	212	12	18	1	5	6	1
60-64岁	1165	206	185	9	6	2	4	1	
65-69岁	474	141	121	9	7	2	2		
70-74岁	113	43	39	1	3				
75岁及以上	41	20	17	2	1				
男	**41436**	**797**	**595**	**66**	**89**	**12**	**35**	**63**	**27**
16-19岁	431	2		1			1		
20-24岁	2824	14	7	1	4		2		
25-29岁	5518	35	14	1	17	1	2	1	
30-34岁	8205	47	28	3	10	2	4	6	
35-39岁	6208	46	30	5	9	1	1	8	
40-44岁	4376	33	24	1	2	2	4	3	1
45-49岁	4633	87	62	13	5	1	6	13	7
50-54岁	4625	126	87	17	15	1	6	25	18
55-59岁	3261	147	117	10	15	1	4	6	1
60-64岁	885	125	108	6	6	2	3	1	
65-69岁	366	98	84	7	4	1	2		
70-74岁	74	25	24		1				
75岁及以上	30	12	10	1	1				
女	**24399**	**549**	**451**	**33**	**40**	**6**	**19**	**13**	
16-19岁	192								
20-24岁	2235	5	3	1	1				
25-29岁	3906	21	12	1	6		2	2	
30-34岁	5490	39	27	2	4	1	5	5	
35-39岁	3860	30	15	5	4	2	4		
40-44岁	2697	33	25	5	2		1	4	
45-49岁	2852	73	57	4	8	1	3		
50-54岁	1882	97	81	6	7	1	2	2	
55-59岁	847	101	95	2	3		1		
60-64岁	280	81	77	3			1		
65-69岁	108	43	37	2	3	1			
70-74岁	39	18	15	1	2				
75岁及以上	11	8	7	1					

4-9b　续表 1　　　　单位：人

年龄组 性　别	采矿业						制造业		
	石油和天然气开采业	黑色金属矿采选业	有色金属矿采选业	非金属矿采选业	开采专业及辅助性活　动	其　他采矿业	小计	农副食品加工业	食　品制造业
总　计	**7**	**8**	**3**	**8**	**23**		**8196**	**328**	**613**
16-19岁							91		20
20-24岁							606	14	63
25-29岁	1				2		1153	38	72
30-34岁	4	2		1	4		2070	55	130
35-39岁	1	2	1	1	3		1496	38	113
40-44岁	1		1	1	3		955	54	71
45-49岁		1			5		786	49	65
50-54岁		2	1	1	5		600	46	39
55-59岁		1		3	1		348	28	32
60-64岁				1			63	3	8
65-69岁							17	2	
70-74岁							10	1	
75岁及以上							1		
男	**3**	**8**	**2**	**7**	**16**		**5286**	**193**	**321**
16-19岁							72		16
20-24岁							394	9	33
25-29岁					1		746	24	38
30-34岁	2	2			2		1341	32	70
35-39岁	1	2	1	1	3		933	22	58
40-44岁				1	1		572	27	33
45-49岁		1			5		449	22	26
50-54岁		2	1	1	3		425	34	20
55-59岁		1		3	1		284	18	21
60-64岁				1			48	3	6
65-69岁							15	2	
70-74岁							6		
75岁及以上							1		
女	**4**		**1**	**1**	**7**		**2910**	**135**	**292**
16-19岁							19		4
20-24岁							212	5	30
25-29岁	1				1		407	14	34
30-34岁	2			1	2		729	23	60
35-39岁							563	16	55
40-44岁	1		1		2		383	27	38
45-49岁							337	27	39
50-54岁					2		175	12	19
55-59岁							64	10	11
60-64岁							15		2
65-69岁							2		
70-74岁							4	1	
75岁及以上									

4-9b 续表 2

单位：人

年龄组 性 别	制造业								
	酒、饮料和精制茶制造业	烟 草制品业	纺织业	纺织服装、服饰业	皮革、毛皮、羽毛及其制品和制鞋业	木材加工和木、竹、藤、棕、草制品业	家 具制造业	造纸和纸制品业	印刷和记录媒介复制业
总 计	**157**	**3**	**31**	**394**	**20**	**40**	**189**	**143**	**332**
16-19岁				8			1	1	7
20-24岁	6	1		16	1	1	14	9	37
25-29岁	22		3	34	1	2	16	18	43
30-34岁	32	1	6	71	4	4	42	17	64
35-39岁	32	1	4	66	5	9	29	31	71
40-44岁	24		9	58	4	7	25	21	44
45-49岁	13		5	70	3	5	27	21	32
50-54岁	15		2	48	1	8	25	12	19
55-59岁	9		2	18		3	8	10	9
60-64岁	3			3	1	1	2	1	4
65-69岁				2				2	
70-74岁	1								2
75岁及以上									
男	**110**	**3**	**12**	**160**	**9**	**34**	**134**	**98**	**202**
16-19岁				4					5
20-24岁	3	1		5		1	9	7	18
25-29岁	11		1	18	1	2	12	12	32
30-34岁	24	1	2	31	1	3	32	12	40
35-39岁	24	1	2	22	3	7	20	19	43
40-44岁	18		3	29	2	5	17	11	25
45-49岁	6		1	23	1	5	15	16	18
50-54岁	14		1	15		7	20	9	10
55-59岁	7		2	9		3	8	9	8
60-64岁	2			2	1	1	1	1	2
65-69岁				2				2	
70-74岁	1								1
75岁及以上									
女	**47**		**19**	**234**	**11**	**6**	**55**	**45**	**130**
16-19岁				4			1	1	2
20-24岁	3			11	1		5	2	19
25-29岁	11		2	16			4	6	11
30-34岁	8		4	40	3	1	10	5	24
35-39岁	8		2	44	2	2	9	12	28
40-44岁	6		6	29	2	2	8	10	19
45-49岁	7		4	47	2		12	5	14
50-54岁	1		1	33	1	1	5	3	9
55-59岁	2			9				1	1
60-64岁	1			1			1		2
65-69岁									
70-74岁									1
75岁及以上									

4-9b　续表 3　　　　　　　　　　　　　　　　　　　　　　　　　　　　单位：人

年龄组 性　别	制造业								
	文教、工美、体育和娱乐用品制造业	石油、煤炭及其他燃料加工业	化学原料和化学制品制造业	医　药制造业	化学纤维制造业	橡胶和塑　料制品业	非金属矿　物制品业	黑色金属冶炼和压延加工业	有色金属冶炼和压延加工业
总　计	**107**	**23**	**190**	**627**	**1**	**116**	**422**	**28**	**38**
16–19岁	3			5		3	3		
20–24岁	5		7	79		6	18		2
25–29岁	10	2	30	125		12	23	2	
30–34岁	23	4	39	155		21	78	6	9
35–39岁	11	5	41	109		18	57	4	5
40–44岁	21	3	28	54	1	13	63	4	2
45–49岁	14	2	19	49		21	71	4	5
50–54岁	11	1	16	27		11	69	7	7
55–59岁	4	6	7	22		10	33		7
60–64岁	2		1	2		1	5	1	
65–69岁	1		2				2		1
70–74岁	2								
75岁及以上									
男	**65**	**15**	**115**	**297**		**81**	**328**	**26**	**29**
16–19岁	3			2		3	3		
20–24岁	3		5	29		5	14		1
25–29岁	7	1	16	58		9	18	2	
30–34岁	14	1	24	78		13	59	6	8
35–39岁	7	5	22	49		10	38	3	4
40–44岁	10	3	16	21		10	46	4	1
45–49岁	8		11	27		14	51	4	3
50–54岁	6		12	14		10	60	7	6
55–59岁	3	5	6	18		6	32		5
60–64岁	2		1	1		1	5		
65–69岁	1		2				2		1
70–74岁	1								
75岁及以上									
女	**42**	**8**	**75**	**330**	**1**	**35**	**94**	**2**	**9**
16–19岁				3					
20–24岁	2		2	50		1	4		1
25–29岁	3	1	14	67		3	5		
30–34岁	9	3	15	77		8	19		1
35–39岁	4		19	60		8	19	1	1
40–44岁	11		12	33	1	3	17		1
45–49岁	6	2	8	22		7	20		2
50–54岁	5	1	4	13		1	9		1
55–59岁	1	1	1	4		4	1		2
60–64岁				1				1	
65–69岁									
70–74岁	1								
75岁及以上									

4－9b 续表 4

单位：人

年龄组 性 别	制造业								
	金 属 制品业	通用设备 制造业	专用设备 制造业	汽 车 制造业	铁路、船舶、航空航天和其他运输设备制造业	电气机械和器材制造业	计算机、通信和其他电子设备制造业	仪器仪表 制造业	其 他 制造业
总 计	**375**	**470**	**467**	**1044**	**134**	**570**	**836**	**221**	**40**
16－19岁	10	4	3	8	2	2	3	3	
20－24岁	17	27	25	103	8	35	74	16	2
25－29岁	45	49	59	193	26	86	165	38	5
30－34岁	79	137	151	348	39	150	282	66	12
35－39岁	68	89	94	191	26	128	164	50	6
40－44岁	47	53	52	90	11	69	80	21	7
45－49岁	50	52	37	48	5	49	32	11	4
50－54岁	33	34	24	39	12	28	23	12	3
55－59岁	22	22	15	20	2	19	12	2	
60－64岁	4	2	5	1	3	3	1		1
65－69岁		1	1	1				1	
70－74岁				2		1		1	
75岁及以上			1						
男	**275**	**346**	**288**	**832**	**92**	**354**	**515**	**140**	**28**
16－19岁	9	4	2	8	2	1	2	3	
20－24岁	12	24	18	95	5	20	43	15	2
25－29岁	34	34	33	147	20	59	103	24	3
30－34岁	50	94	90	284	30	96	166	39	8
35－39岁	53	66	59	147	14	76	100	33	3
40－44岁	30	43	26	66	6	42	51	8	5
45－49岁	39	29	20	34	4	22	20	9	3
50－54岁	26	29	22	31	7	20	18	6	3
55－59岁	19	21	13	18	2	15	11	2	
60－64岁	3	1	4		2	2	1		1
65－69岁		1						1	
70－74岁				2		1			
75岁及以上			1						
女	**100**	**124**	**179**	**212**	**42**	**216**	**321**	**81**	**12**
16－19岁	1		1			1	1		
20－24岁	5	3	7	8	3	15	31	1	
25－29岁	11	15	26	46	6	27	62	14	2
30－34岁	29	43	61	64	9	54	116	27	4
35－39岁	15	23	35	44	12	52	64	17	3
40－44岁	17	10	26	24	5	27	29	13	2
45－49岁	11	23	17	14	1	27	12	2	1
50－54岁	7	5	2	8	5	8	5	6	
55－59岁	3	1	2	2		4	1		
60－64岁	1	1	1	1	1	1			
65－69岁			1	1					
70－74岁								1	
75岁及以上									

4-9b 续表 5

单位：人

年龄组 性 别	制造业		电力、热力、燃气及水生产和供应业				建筑业		
	废弃资源综合利用业	金属制品、机械和设备修理业	小计	电力、热力生产和供应业	燃气生产和供应业	水的生产和供应业	小计	房屋建筑业	土木工程建筑业
总 计	**58**	**179**	**535**	**316**	**98**	**121**	**8117**	**4257**	**880**
16-19岁	1	4	1	1			39	21	6
20-24岁	1	19	44	25	9	10	300	126	51
25-29岁	2	32	81	46	17	18	746	335	110
30-34岁	7	38	101	61	19	21	1189	566	160
35-39岁	9	22	95	56	19	20	1012	488	120
40-44岁	8	11	52	31	9	12	973	507	81
45-49岁	9	14	49	26	10	13	1283	688	112
50-54岁	10	18	47	23	9	15	1402	787	123
55-59岁	8	18	52	41	4	7	849	530	74
60-64岁	3	2	10	6	2	2	249	159	33
65-69岁		1	3			3	66	42	9
70-74岁							6	5	1
75岁及以上							3	3	
男	**40**	**144**	**412**	**245**	**77**	**90**	**7021**	**3770**	**731**
16-19岁	1	4	1	1			38	21	6
20-24岁	1	16	36	19	8	9	240	109	40
25-29岁		27	52	29	10	13	608	290	81
30-34岁	5	28	75	45	16	14	990	484	128
35-39岁	7	16	70	40	16	14	862	428	99
40-44岁	5	9	39	25	6	8	825	433	65
45-49岁	7	11	40	23	8	9	1101	594	96
50-54岁	6	12	38	19	7	12	1265	711	108
55-59岁	5	18	49	39	4	6	785	499	67
60-64岁	3	2	9	5	2	2	236	153	31
65-69岁		1	3			3	62	40	9
70-74岁							6	5	1
75岁及以上							3	3	
女	**18**	**35**	**123**	**71**	**21**	**31**	**1096**	**487**	**149**
16-19岁							1		
20-24岁		3	8	6	1	1	60	17	11
25-29岁	2	5	29	17	7	5	138	45	29
30-34岁	2	10	26	16	3	7	199	82	32
35-39岁	2	6	25	16	3	6	150	60	21
40-44岁	3	2	13	6	3	4	148	74	16
45-49岁	2	3	9	3	2	4	182	94	16
50-54岁	4	6	9	4	2	3	137	76	15
55-59岁	3		3	2		1	64	31	7
60-64岁			1	1			13	6	2
65-69岁							4	2	
70-74岁									
75岁及以上									

4-9b 续表 6 单位：人

年龄组 性别	建筑业		批发和零售业			交通运输、仓储和邮政业			
	建筑安装业	建筑装饰、装修和其他建筑业	小计	批发业	零售业	小计	铁路运输业	道路运输业	水上运输业
总 计	**383**	**2597**	**9319**	**2865**	**6454**	**6549**	**136**	**3496**	**5**
16-19岁	2	10	106	32	74	62	1	25	1
20-24岁	18	105	688	180	508	630	5	159	1
25-29岁	48	253	1318	393	925	998	33	316	1
30-34岁	65	398	2097	659	1438	1324	17	641	
35-39岁	61	343	1630	525	1105	999	11	591	1
40-44岁	55	330	1179	348	831	756	13	485	1
45-49岁	54	429	1061	314	747	829	17	604	
50-54岁	50	442	729	242	487	594	12	432	
55-59岁	22	223	354	127	227	314	27	215	
60-64岁	5	52	103	35	68	33		22	
65-69岁	3	12	39	7	32	7		3	
70-74岁			13	2	11	2		2	
75岁及以上			2	1	1	1		1	
男	**321**	**2199**	**5096**	**1713**	**3383**	**4906**	**120**	**2894**	**3**
16-19岁	1	10	75	24	51	31	1	10	
20-24岁	15	76	374	106	268	333	2	108	1
25-29岁	36	201	709	225	484	654	28	243	1
30-34岁	55	323	1120	373	747	965	12	509	
35-39岁	47	288	849	294	555	763	10	477	
40-44岁	45	282	613	198	415	610	12	409	1
45-49岁	52	359	565	197	368	671	16	502	
50-54岁	44	402	429	160	269	545	12	406	
55-59岁	18	201	251	101	150	294	27	203	
60-64岁	5	47	73	28	45	30		21	
65-69岁	3	10	28	4	24	7		3	
70-74岁			9	2	7	2		2	
75岁及以上			1	1		1		1	
女	**62**	**398**	**4223**	**1152**	**3071**	**1643**	**16**	**602**	**2**
16-19岁	1		31	8	23	31		15	1
20-24岁	3	29	314	74	240	297	3	51	
25-29岁	12	52	609	168	441	344	5	73	
30-34岁	10	75	977	286	691	359	5	132	
35-39岁	14	55	781	231	550	236	1	114	1
40-44岁	10	48	566	150	416	146	1	76	
45-49岁	2	70	496	117	379	158	1	102	
50-54岁	6	40	300	82	218	49		26	
55-59岁	4	22	103	26	77	20		12	
60-64岁		5	30	7	23	3		1	
65-69岁		2	11	3	8				
70-74岁			4		4				
75岁及以上			1		1				

4-9b 续表 7 单位：人

年龄组 性 别	交通运输、仓储和邮政业					住宿和餐饮业		
	航 空 运输业	管 道 运输业	多式联运 和运输 代理业	装卸搬运 和仓储业	邮政业	小计	住宿业	餐饮业
总 计	**1430**	**3**	**135**	**262**	**1082**	**3306**	**643**	**2663**
16-19岁	15		2	1	17	78	20	58
20-24岁	357		6	11	91	286	56	230
25-29岁	389		34	28	197	449	59	390
30-34岁	273	1	32	53	307	643	114	529
35-39岁	147		20	35	194	487	85	402
40-44岁	86		21	30	120	392	72	320
45-49岁	77	1	10	34	86	404	89	315
50-54岁	50		8	44	48	326	81	245
55-59岁	32		2	20	18	182	53	129
60-64岁	2			6	3	41	13	28
65-69岁	2	1			1	14	1	13
70-74岁						2		2
75岁及以上						2		2
男	**773**	**3**	**93**	**198**	**822**	**1873**	**326**	**1547**
16-19岁	7		2		11	55	12	43
20-24岁	148		4	7	63	183	24	159
25-29岁	187		22	19	154	280	24	256
30-34岁	162	1	18	39	224	388	57	331
35-39岁	87		16	26	147	263	41	222
40-44岁	66		13	18	91	197	32	165
45-49岁	46	1	9	29	68	193	38	155
50-54岁	39		7	38	43	157	44	113
55-59岁	28		2	17	17	115	42	73
60-64岁	1			5	3	30	11	19
65-69岁	2	1			1	9	1	8
70-74岁						1		1
75岁及以上						2		2
女	**657**		**42**	**64**	**260**	**1433**	**317**	**1116**
16-19岁	8			1	6	23	8	15
20-24岁	209		2	4	28	103	32	71
25-29岁	202		12	9	43	169	35	134
30-34岁	111		14	14	83	255	57	198
35-39岁	60		4	9	47	224	44	180
40-44岁	20		8	12	29	195	40	155
45-49岁	31		1	5	18	211	51	160
50-54岁	11		1	6	5	169	37	132
55-59岁	4			3	1	67	11	56
60-64岁	1			1		11	2	9
65-69岁						5		5
70-74岁						1		1
75岁及以上								

4-9b 续表 8 单位：人

年龄组 性别	信息传输、软件和信息技术服务业				金融业				
	小计	电信、广播电视和卫星传输服务	互联网和相关服务	软件和信息技术服务业	小计	货币金融服务	资本市场服务	保险业	其他金融业
总计	**3917**	**299**	**1216**	**2402**	**1166**	**374**	**175**	**464**	**153**
16-19岁	18	1	7	10	5		2	3	
20-24岁	422	16	143	263	95	27	20	34	14
25-29岁	1009	58	340	611	250	95	33	92	30
30-34岁	1201	110	389	702	333	111	42	128	52
35-39岁	705	46	195	464	217	59	30	96	32
40-44岁	306	22	84	200	88	17	17	45	9
45-49岁	143	21	34	88	81	25	10	38	8
50-54岁	74	10	19	45	70	29	15	23	3
55-59岁	30	14	2	14	21	7	5	4	5
60-64岁	5	1	2	2	5	3	1	1	
65-69岁	1			1	1	1			
70-74岁	2			2					
75岁及以上	1		1						
男	**2584**	**177**	**780**	**1627**	**559**	**171**	**114**	**188**	**86**
16-19岁	15	1	7	7	3		2	1	
20-24岁	256	6	85	165	44	8	9	19	8
25-29岁	668	32	208	428	116	41	17	47	11
30-34岁	767	60	247	460	156	43	26	57	30
35-39岁	462	24	123	315	102	29	23	31	19
40-44岁	214	17	58	139	47	9	12	20	6
45-49岁	114	17	30	67	37	16	7	8	6
50-54岁	53	7	17	29	36	18	12	4	2
55-59岁	28	12	2	14	14	4	5	1	4
60-64岁	4	1	2	1	3	2	1		
65-69岁	1			1	1	1			
70-74岁	1			1					
75岁及以上	1		1						
女	**1333**	**122**	**436**	**775**	**607**	**203**	**61**	**276**	**67**
16-19岁	3			3	2			2	
20-24岁	166	10	58	98	51	19	11	15	6
25-29岁	341	26	132	183	134	54	16	45	19
30-34岁	434	50	142	242	177	68	16	71	22
35-39岁	243	22	72	149	115	30	7	65	13
40-44岁	92	5	26	61	41	8	5	25	3
45-49岁	29	4	4	21	44	9	3	30	2
50-54岁	21	3	2	16	34	11	3	19	1
55-59岁	2	2			7	3		3	1
60-64岁	1			1	2	1		1	
65-69岁									
70-74岁	1			1					
75岁及以上									

4-9b　续表 9　　　　　　　　　　　　　　　　　　　　　　　　　　单位：人

年龄组 性　别	房地产业		租赁和商务服务业			科学研究和技术服务业			
	小计	房地产业	小计	租赁业	商　务 服务业	小计	研究和 试验发展	专业技术 服务业	科技推广 和应用 服务业
总　计	**2669**	**2669**	**4565**	**303**	**4262**	**2990**	**821**	**1044**	**1125**
16-19岁	23	23	101		101	8	3	2	3
20-24岁	144	144	531	11	520	274	76	99	99
25-29岁	304	304	723	38	685	594	168	191	235
30-34岁	478	478	907	70	837	789	230	251	308
35-39岁	360	360	664	56	608	552	151	172	229
40-44岁	310	310	476	34	442	283	62	107	114
45-49岁	409	409	453	29	424	215	45	98	72
50-54岁	336	336	375	35	340	165	51	75	39
55-59岁	222	222	263	26	237	93	29	42	22
60-64岁	65	65	52	4	48	13	5	5	3
65-69岁	17	17	12		12	3	1	1	1
70-74岁	1	1	5		5	1		1	
75岁及以上			3		3				
男	**1723**	**1723**	**2866**	**252**	**2614**	**1855**	**510**	**682**	**663**
16-19岁	12	12	76		76	5	3	2	
20-24岁	71	71	296	8	288	148	43	56	49
25-29岁	179	179	404	31	373	339	99	110	130
30-34岁	292	292	517	53	464	468	133	157	178
35-39岁	228	228	388	44	344	372	111	115	146
40-44岁	184	184	300	31	269	175	35	70	70
45-49岁	252	252	299	26	273	132	23	67	42
50-54岁	256	256	307	32	275	119	32	60	27
55-59岁	180	180	228	23	205	83	26	38	19
60-64岁	52	52	38	4	34	11	4	5	2
65-69岁	16	16	7		7	2	1	1	
70-74岁	1	1	5		5	1		1	
75岁及以上			1		1				
女	**946**	**946**	**1699**	**51**	**1648**	**1135**	**311**	**362**	**462**
16-19岁	11	11	25		25	3			3
20-24岁	73	73	235	3	232	126	33	43	50
25-29岁	125	125	319	7	312	255	69	81	105
30-34岁	186	186	390	17	373	321	97	94	130
35-39岁	132	132	276	12	264	180	40	57	83
40-44岁	126	126	176	3	173	108	27	37	44
45-49岁	157	157	154	3	151	83	22	31	30
50-54岁	80	80	68	3	65	46	19	15	12
55-59岁	42	42	35	3	32	10	3	4	3
60-64岁	13	13	14		14	2	1		1
65-69岁	1	1	5		5	1			1
70-74岁									
75岁及以上			2		2				

4-9b 续表 10

单位：人

年龄组 性别	水利、环境和公共设施管理业					居民服务、修理和其他服务业			
	小计	水利管理业	生态保护和环境治理业	公共设施管理业	土地管理业	小计	居民服务业	机动车、电子产品和日用产品修理业	其他服务业
总计	**1350**	**47**	**99**	**1195**	**9**	**2668**	**1623**	**531**	**514**
16-19岁	1				1	37	27	9	1
20-24岁	31	3		26	2	181	94	63	24
25-29岁	68	6	11	50	1	246	160	65	21
30-34岁	145	9	17	119		395	241	120	34
35-39岁	158	4	22	131	1	328	190	106	32
40-44岁	125	1	13	109	2	288	182	52	54
45-49岁	229	7	8	214		447	301	42	104
50-54岁	252	10	14	226	2	414	251	40	123
55-59岁	220	7	9	204		247	134	25	88
60-64岁	74		3	71		59	30	3	26
65-69岁	42		2	40		22	12	3	7
70-74岁	5			5		2	1	1	
75岁及以上						2		2	
男	**937**	**31**	**65**	**836**	**5**	**1229**	**537**	**448**	**244**
16-19岁	1				1	24	16	8	
20-24岁	18	3		14	1	105	37	56	12
25-29岁	36	2	5	29		144	77	53	14
30-34岁	90	5	11	74		230	106	103	21
35-39岁	110	3	16	90	1	178	75	89	14
40-44岁	82		8	73	1	109	50	42	17
45-49岁	133	5	4	124		111	53	35	23
50-54岁	192	7	11	173	1	145	55	31	59
55-59岁	176	6	7	163		127	46	23	58
60-64岁	61		2	59		36	14	2	20
65-69岁	34		1	33		17	8	3	6
70-74岁	4			4		1		1	
75岁及以上						2		2	
女	**413**	**16**	**34**	**359**	**4**	**1439**	**1086**	**83**	**270**
16-19岁						13	11	1	1
20-24岁	13			12	1	76	57	7	12
25-29岁	32	4	6	21	1	102	83	12	7
30-34岁	55	4	6	45		165	135	17	13
35-39岁	48	1	6	41		150	115	17	18
40-44岁	43	1	5	36	1	179	132	10	37
45-49岁	96	2	4	90		336	248	7	81
50-54岁	60	3	3	53	1	269	196	9	64
55-59岁	44	1	2	41		120	88	2	30
60-64岁	13		1	12		23	16	1	6
65-69岁	8		1	7		5	4		1
70-74岁	1			1		1	1		
75岁及以上									

4-9b　续表 11　　　　　　　　　　　　　　　　　　　　　　　　　　　　单位：人

年龄组 性别	教育		卫生和社会工作			文化、体育和娱乐业				
	小计	教育	小计	卫生	社会工作	小计	新闻和出版业	广播、电视、电影和录音制作业	文化艺术业	体育
总　计	**3061**	**3061**	**1601**	**1435**	**166**	**1293**	**131**	**261**	**407**	**171**
16-19岁	33	33				7	1	3		1
20-24岁	358	358	168	154	14	135	4	37	33	18
25-29岁	607	607	322	307	15	213	21	49	59	34
30-34岁	654	654	386	368	18	295	29	66	73	46
35-39岁	419	419	221	202	19	207	29	42	56	27
40-44岁	305	305	102	91	11	142	20	28	51	14
45-49岁	259	259	148	118	30	100	14	15	34	16
50-54岁	255	255	138	104	34	106	9	9	57	9
55-59岁	134	134	74	54	20	64	4	9	30	4
60-64岁	29	29	23	22	1	15		2	6	2
65-69岁	4	4	16	12	4	7			7	
70-74岁	4	4	3	3						
75岁及以上						2		1	1	
男	**1145**	**1145**	**477**	**431**	**46**	**736**	**57**	**156**	**231**	**104**
16-19岁	7	7				5	1	2		1
20-24岁	96	96	45	39	6	73	2	19	14	11
25-29岁	179	179	85	84	1	115	6	25	33	25
30-34岁	219	219	80	76	4	162	12	39	38	24
35-39岁	159	159	71	66	5	110	11	27	30	14
40-44岁	118	118	36	33	3	81	13	18	26	8
45-49岁	104	104	38	35	3	56	5	10	22	9
50-54岁	131	131	51	40	11	67	4	5	34	7
55-59岁	109	109	45	36	9	47	3	9	21	3
60-64岁	19	19	10	10		11		1	5	2
65-69岁	3	3	13	9	4	7			7	
70-74岁	1	1	3	3						
75岁及以上						2		1	1	
女	**1916**	**1916**	**1124**	**1004**	**120**	**557**	**74**	**105**	**176**	**67**
16-19岁	26	26				2		1		
20-24岁	262	262	123	115	8	62	2	18	19	7
25-29岁	428	428	237	223	14	98	15	24	26	9
30-34岁	435	435	306	292	14	133	17	27	35	22
35-39岁	260	260	150	136	14	97	18	15	26	13
40-44岁	187	187	66	58	8	61	7	10	25	6
45-49岁	155	155	110	83	27	44	9	5	12	7
50-54岁	124	124	87	64	23	39	5	4	23	2
55-59岁	25	25	29	18	11	17	1		9	1
60-64岁	10	10	13	12	1	4		1	1	
65-69岁	1	1	3	3						
70-74岁	3	3								
75岁及以上										

4-9b 续表 12 单位：人

年龄组 性 别	娱乐业	公共管理、社会保障和社会组织						国际组织	
		小计	中国共产党机关	国家机构	人民政协、民主党派	社会保障	群众团体、社会团体和其他成员组织	基层群众自治组织	小计	国际组织
总 计	**323**	**3108**	**19**	**2008**	**2**	**18**	**123**	**938**	**3**	**3**
16-19岁	2	11		9			2			
20-24岁	43	147	3	129			7	8		
25-29岁	50	283	3	247		1	10	22	1	1
30-34岁	81	590	3	486		7	24	70	1	1
35-39岁	53	434	3	318	1	1	25	86		
40-44岁	29	268	3	174		1	12	78		
45-49岁	21	416	2	243		6	16	149		
50-54岁	22	373	1	201		2	14	155	1	1
55-59岁	17	387		176	1		10	200		
60-64岁	5	119	1	18			2	98		
65-69岁		62		6			1	55		
70-74岁		14						14		
75岁及以上		4		1				3		
男	**188**	**1871**	**15**	**1259**	**2**	**5**	**62**	**528**		
16-19岁	1	9		8			1			
20-24岁	27	98	3	89			2	4		
25-29岁	26	168	2	153			5	8		
30-34岁	49	292	1	252		2	8	29		
35-39岁	28	234	3	182	1		11	37		
40-44岁	16	138	2	99			7	30		
45-49岁	10	238	2	149		1	10	76		
50-54岁	17	258	1	153		2	9	93		
55-59岁	11	293		153	1		7	132		
60-64岁	3	88	1	16			1	70		
65-69岁		43		4			1	38		
70-74岁		8						8		
75岁及以上		4		1				3		
女	**135**	**1237**	**4**	**749**		**13**	**61**	**410**	**3**	**3**
16-19岁	1	2		1			1			
20-24岁	16	49		40			5	4		
25-29岁	24	115	1	94		1	5	14	1	1
30-34岁	32	298	2	234		5	16	41	1	1
35-39岁	25	200		136		1	14	49		
40-44岁	13	130	1	75		1	5	48		
45-49岁	11	178		94		5	6	73		
50-54岁	5	115		48			5	62	1	1
55-59岁	6	94		23			3	68		
60-64岁	2	31		2			1	28		
65-69岁		19		2				17		
70-74岁		6						6		
75岁及以上										

4-9c　全市分年龄、性别、行业大类的就业人口(乡村)

单位：人

年龄组 性　别	合计	农、林、牧、渔业						采矿业	
		小计	农业	林业	畜牧业	渔业	农、林、牧、渔专业及辅助性活动	小计	煤炭开采和洗选业
总　计	**139098**	**10147**	**8513**	**655**	**684**	**97**	**198**	**141**	**11**
16-19岁	956	13	10		3				
20-24岁	7735	119	94	4	20		1	2	
25-29岁	15312	225	176	14	24		11	5	
30-34岁	26194	522	410	31	58	8	15	18	3
35-39岁	18617	528	385	42	77	9	15	17	
40-44岁	14442	617	465	58	75	4	15	21	1
45-49岁	17808	1177	917	99	117	9	35	26	3
50-54岁	17449	1951	1614	153	119	28	37	36	2
55-59岁	12549	2149	1848	129	105	27	40	10	
60-64岁	4913	1468	1317	71	53	8	19	2	
65-69岁	2306	968	889	42	25	4	8	3	1
70-74岁	650	322	305	10	5		2		
75岁及以上	167	88	83	2	3			1	1
男	**91402**	**6144**	**4983**	**463**	**483**	**75**	**140**	**127**	**10**
16-19岁	691	10	7		3				
20-24岁	4757	82	64	4	13		1	2	
25-29岁	9483	148	117	9	15		7	4	
30-34岁	16527	344	266	27	37	5	9	16	2
35-39岁	11924	333	233	27	57	7	9	16	
40-44岁	9136	338	259	29	40	3	7	16	1
45-49岁	11156	661	482	61	84	7	27	24	3
50-54岁	12264	1098	845	121	81	23	28	33	2
55-59岁	9541	1293	1064	96	83	19	31	10	
60-64岁	3605	919	804	51	42	8	14	2	
65-69岁	1688	628	568	30	22	3	5	3	1
70-74岁	498	227	214	7	4		2		
75岁及以上	132	63	60	1	2			1	1
女	**47696**	**4003**	**3530**	**192**	**201**	**22**	**58**	**14**	**1**
16-19岁	265	3	3						
20-24岁	2978	37	30		7				
25-29岁	5829	77	59	5	9		4	1	
30-34岁	9667	178	144	4	21	3	6	2	1
35-39岁	6693	195	152	15	20	2	6	1	
40-44岁	5306	279	206	29	35	1	8	5	
45-49岁	6652	516	435	38	33	2	8	2	
50-54岁	5185	853	769	32	38	5	9	3	
55-59岁	3008	856	784	33	22	8	9		
60-64岁	1308	549	513	20	11		5		
65-69岁	618	340	321	12	3	1	3		
70-74岁	152	95	91	3	1				
75岁及以上	35	25	23	1	1				

4－9c 续表 1

单位：人

年龄组 性 别	采矿业						制造业		
	石油和天然气开采业	黑色金属矿采选业	有色金属矿采选业	非金属矿采选业	开采专业及辅助性活动	其 他采矿业	小计	农副食品加工业	食 品制造业
总 计	**9**	**89**	**1**	**22**	**6**	**3**	**18885**	**961**	**1510**
16－19岁							174	7	20
20－24岁					1	1	1063	45	72
25－29岁	1	3		1			2226	59	173
30－34岁	1	11		2	1		4731	162	378
35－39岁	1	14		2			3215	151	292
40－44岁	2	13		3	2		2218	112	220
45－49岁		20		3			2224	180	184
50－54岁	1	24	1	5	2	1	1798	134	109
55－59岁	1	4		4		1	944	78	47
60－64岁				2			218	22	11
65－69岁	2						56	9	4
70－74岁							14	2	
75岁及以上							4		
男	**6**	**84**		**21**	**3**	**3**	**12752**	**586**	**779**
16－19岁							144	7	11
20－24岁					1	1	791	26	37
25－29岁		3		1			1569	42	94
30－34岁	1	11		2			3248	96	201
35－39岁		14		2			2070	89	155
40－44岁	2	11		2			1341	52	89
45－49岁		18		3			1323	101	87
50－54岁		23		5	2	1	1278	88	62
55－59岁	1	4		4		1	754	62	31
60－64岁				2			172	15	9
65－69岁	2						45	6	3
70－74岁							13	2	
75岁及以上							4		
女	**3**	**5**	**1**	**1**	**3**		**6133**	**375**	**731**
16－19岁							30		9
20－24岁							272	19	35
25－29岁	1						657	17	79
30－34岁					1		1483	66	177
35－39岁	1						1145	62	137
40－44岁		2		1	2		877	60	131
45－49岁		2					901	79	97
50－54岁	1	1	1				520	46	47
55－59岁							190	16	16
60－64岁							46	7	2
65－69岁							11	3	1
70－74岁							1		
75岁及以上									

4-9c　续表 2　　　　单位：人

年龄组 性　别	制造业								
	酒、饮料和精制茶制造业	烟　草制品业	纺织业	纺织服装、服饰业	皮革、毛皮、羽毛及其制品和制鞋业	木材加工和木、竹、藤、棕、草制品业	家　具制造业	造纸和纸制品业	印刷和记录媒介复制业
总　计	**545**	**3**	**126**	**661**	**48**	**145**	**680**	**212**	**652**
16-19岁				4			4	1	15
20-24岁	15		2	23	2	4	31	7	37
25-29岁	44		11	48	5	11	83	13	79
30-34岁	107	2	15	91	6	28	159	37	151
35-39岁	85		15	121	7	23	86	28	127
40-44岁	62		19	95	6	15	99	34	68
45-49岁	99	1	33	136	9	23	102	30	73
50-54岁	82		16	92	7	13	78	37	59
55-59岁	45		11	34	4	24	26	17	38
60-64岁	5		3	16	1	4	11	5	5
65-69岁	1		1	1			1	2	
70-74岁					1			1	
75岁及以上									
男	**382**	**3**	**54**	**234**	**27**	**108**	**493**	**117**	**415**
16-19岁				3			4		14
20-24岁	12		1	10	2	3	25	3	24
25-29岁	27		5	17	5	9	57	7	47
30-34岁	72	2	4	41	2	20	111	17	104
35-39岁	56		6	42	3	17	67	16	91
40-44岁	39		13	32	1	13	68	16	39
45-49岁	70	1	11	37	6	17	70	17	33
50-54岁	65		7	25	4	6	60	22	35
55-59岁	35		6	17	2	19	22	13	25
60-64岁	5		1	9	1	4	8	4	3
65-69岁	1			1			1	1	
70-74岁					1			1	
75岁及以上									
女	**163**		**72**	**427**	**21**	**37**	**187**	**95**	**237**
16-19岁				1				1	1
20-24岁	3		1	13		1	6	4	13
25-29岁	17		6	31		2	26	6	32
30-34岁	35		11	50	4	8	48	20	47
35-39岁	29		9	79	4	6	19	12	36
40-44岁	23		6	63	5	2	31	18	29
45-49岁	29		22	99	3	6	32	13	40
50-54岁	17		9	67	3	7	18	15	24
55-59岁	10		5	17	2	5	4	4	13
60-64岁			2	7			3	1	2
65-69岁			1					1	
70-74岁									
75岁及以上									

4–9c 续表 3 单位：人

年龄组 性 别	制造业								
	文教、工美、体育和娱乐用品制造业	石油、煤炭及其他燃料加工业	化学原料和化学制品制造业	医 药制造业	化学纤维制造业	橡胶和塑 料制品业	非金属矿 物制品业	黑色金属冶炼和压延加工业	有色金属冶炼和压延加工业
总 计	**290**	**73**	**456**	**1246**	**8**	**361**	**1332**	**124**	**49**
16–19岁	2		1	8		1	4		
20–24岁	16	1	22	87		9	56	6	5
25–29岁	24	7	40	166	4	23	107	7	4
30–34岁	53	15	115	363		57	214	25	20
35–39岁	51	16	85	195	1	52	206	25	10
40–44岁	47	9	42	142		59	159	16	2
45–49岁	36	6	66	133	2	68	188	16	2
50–54岁	37	10	47	95	1	48	228	17	5
55–59岁	20	9	30	49		36	127	11	
60–64岁	2		6	5		3	34	1	
65–69岁	1		2	1		4	8		1
70–74岁	1			2		1	1		
75岁及以上									
男	**161**	**57**	**283**	**600**	**3**	**224**	**1079**	**92**	**37**
16–19岁			1	4		1	4		
20–24岁	8		16	36		8	45	3	5
25–29岁	14	6	21	91	1	13	79	5	3
30–34岁	31	11	65	179		34	163	22	15
35–39岁	32	13	51	84	1	34	162	20	5
40–44岁	23	6	27	56		27	134	11	2
45–49岁	17	5	41	49		35	146	10	2
50–54岁	18	8	29	58	1	36	193	12	4
55–59岁	14	8	24	37		31	114	8	
60–64岁	2		6	4		2	31	1	
65–69岁	1		2			3	7		1
70–74岁	1			2			1		
75岁及以上									
女	**129**	**16**	**173**	**646**	**5**	**137**	**253**	**32**	**12**
16–19岁	2			4					
20–24岁	8	1	6	51		1	11	3	
25–29岁	10	1	19	75	3	10	28	2	1
30–34岁	22	4	50	184		23	51	3	5
35–39岁	19	3	34	111		18	44	5	5
40–44岁	24	3	15	86		32	25	5	
45–49岁	19	1	25	84	2	33	42	6	
50–54岁	19	2	18	37		12	35	5	1
55–59岁	6	1	6	12		5	13	3	
60–64岁				1		1	3		
65–69岁				1		1	1		
70–74岁						1			
75岁及以上									

4-9c　续表 4　　　　单位：人

年龄组 性别	制造业								
	金　属 制品业	通用设备 制造业	专用设备 制造业	汽　车 制造业	铁路、船舶、 航空航天和 其他运输 设备制造业	电气机械 和器材 制造业	计算机、 通信和其 他电子设 备制造业	仪器仪表 制造业	其　他 制造业
总　计	**1346**	**1075**	**1029**	**2746**	**416**	**928**	**1038**	**281**	**81**
16-19岁	11	14	12	30	5	16	19		
20-24岁	59	56	68	214	44	54	83	9	5
25-29岁	126	114	121	445	96	136	189	35	14
30-34岁	274	282	300	942	142	246	337	95	19
35-39岁	219	204	219	456	39	153	195	71	17
40-44岁	188	140	113	257	22	113	84	37	9
45-49岁	194	104	92	168	31	88	60	18	7
50-54岁	175	97	63	146	23	61	40	8	6
55-59岁	76	45	33	72	9	43	24	7	1
60-64岁	18	11	6	12	5	13	7	1	3
65-69岁	4	6	1	4		2			
70-74岁	1	1	1			1			
75岁及以上	1	1				2			
男	**1069**	**808**	**631**	**2283**	**325**	**659**	**636**	**160**	**56**
16-19岁	10	11	9	30	5	15	15		
20-24岁	52	45	49	198	39	46	59	6	3
25-29岁	105	82	81	386	79	101	122	24	12
30-34岁	200	227	182	816	105	171	208	59	13
35-39岁	172	138	122	358	29	100	109	37	7
40-44岁	147	99	59	186	18	76	45	14	6
45-49岁	150	70	52	112	21	51	32	9	6
50-54岁	147	81	45	121	17	49	26	4	6
55-59岁	65	37	27	61	8	36	18	6	1
60-64岁	15	11	3	11	4	10	2	1	2
65-69岁	4	5	1	4		1			
70-74岁	1	1	1			1			
75岁及以上	1	1				2			
女	**277**	**267**	**398**	**463**	**91**	**269**	**402**	**121**	**25**
16-19岁	1	3	3			1	4		
20-24岁	7	11	19	16	5	8	24	3	2
25-29岁	21	32	40	59	17	35	67	11	2
30-34岁	74	55	118	126	37	75	129	36	6
35-39岁	47	66	97	98	10	53	86	34	10
40-44岁	41	41	54	71	4	37	39	23	3
45-49岁	44	34	40	56	10	37	28	9	1
50-54岁	28	16	18	25	6	12	14	4	
55-59岁	11	8	6	11	1	7	6	1	
60-64岁	3		3	1	1	3	5		1
65-69岁		1				1			
70-74岁									
75岁及以上									

4-9c 续表 5 单位：人

年龄组 性别	制造业		电力、热力、燃气及水生产和供应业				建筑业		
	废弃资源综合利用业	金属制品、机械和设备修理业	小计	电力、热力生产和供应业	燃气生产和供应业	水的生产和供应业	小计	房屋建筑业	土木工程建筑业
总　计	**139**	**324**	**1295**	**710**	**216**	**369**	**16860**	**6640**	**2028**
16-19岁			3	3			87	20	15
20-24岁	2	29	87	41	21	25	546	171	115
25-29岁	5	37	172	77	26	69	1209	342	197
30-34岁	17	79	247	136	40	71	2390	737	347
35-39岁	15	51	148	80	30	38	2004	690	226
40-44岁	14	35	118	57	25	36	1969	712	191
45-49岁	40	35	183	125	21	37	2748	1078	273
50-54岁	32	32	174	101	30	43	3087	1385	316
55-59岁	8	20	135	79	18	38	1983	1039	220
60-64岁	5	3	21	10	3	8	627	356	89
65-69岁	1	2	4	1	2	1	179	95	30
70-74岁		1	1			1	25	14	5
75岁及以上			2			2	6	1	4
男	**112**	**279**	**1028**	**564**	**162**	**302**	**14965**	**5934**	**1764**
16-19岁			3	3			82	20	14
20-24岁	2	28	77	36	18	23	460	147	92
25-29岁	5	29	131	60	14	57	1040	292	167
30-34岁	12	65	175	90	29	56	2097	648	291
35-39岁	12	42	108	59	20	29	1778	615	200
40-44岁	12	31	91	48	18	25	1720	613	160
45-49岁	33	32	145	99	18	28	2364	930	232
50-54岁	22	27	151	87	27	37	2769	1241	293
55-59岁	8	19	124	73	15	36	1852	975	197
60-64岁	5	3	17	8	2	7	600	344	82
65-69岁	1	2	3	1	1	1	174	94	29
70-74岁		1	1			1	24	14	4
75岁及以上			2			2	5	1	3
女	**27**	**45**	**267**	**146**	**54**	**67**	**1895**	**706**	**264**
16-19岁							5		1
20-24岁		1	10	5	3	2	86	24	23
25-29岁		8	41	17	12	12	169	50	30
30-34岁	5	14	72	46	11	15	293	89	56
35-39岁	3	9	40	21	10	9	226	75	26
40-44岁	2	4	27	9	7	11	249	99	31
45-49岁	7	3	38	26	3	9	384	148	41
50-54岁	10	5	23	14	3	6	318	144	23
55-59岁		1	11	6	3	2	131	64	23
60-64岁			4	2	1	1	27	12	7
65-69岁			1		1		5	1	1
70-74岁							1		1
75岁及以上							1		1

4−9c　续表 6　　　　　　　　　　　　　　　　　　　　　　　　单位：人

年龄组 性　别	建筑业		批发和零售业			交通运输、仓储和邮政业			
	建　筑 安装业	建筑装 饰、装修 和其他 建筑业	小计	批发业	零售业	小计	铁　路 运输业	道　路 运输业	水　上 运输业
总　计	**1117**	**7075**	**18012**	**5800**	**12212**	**14633**	**258**	**10712**	**3**
16−19岁	10	42	153	54	99	63	1	28	
20−24岁	67	193	982	313	669	651	20	366	
25−29岁	121	549	2120	679	1441	1458	35	859	1
30−34岁	223	1083	4230	1317	2913	2888	35	1848	1
35−39岁	172	916	3211	969	2242	2396	17	1715	1
40−44岁	157	909	2208	680	1528	1995	27	1562	
45−49岁	135	1262	2233	706	1527	2271	44	1880	
50−54岁	125	1261	1583	600	983	1822	41	1538	
55−59岁	74	650	876	345	531	923	35	791	
60−64岁	21	161	281	94	187	135	2	106	
65−69岁	10	44	109	36	73	26	1	16	
70−74岁	1	5	22	5	17	3		1	
75岁及以上	1		4	2	2	2		2	
男	**1005**	**6262**	**10179**	**3758**	**6421**	**12271**	**233**	**9244**	**2**
16−19岁	10	38	113	41	72	53		23	
20−24岁	56	165	590	205	385	497	18	293	
25−29岁	103	478	1233	419	814	1111	23	665	
30−34岁	199	959	2328	826	1502	2250	28	1478	1
35−39岁	150	813	1690	598	1092	1968	16	1448	1
40−44岁	146	801	1183	437	746	1693	27	1342	
45−49岁	122	1080	1181	455	726	1959	42	1658	
50−54岁	118	1117	956	402	554	1702	41	1459	
55−59岁	70	610	603	270	333	889	35	766	
60−64岁	21	153	200	70	130	121	2	95	
65−69岁	8	43	79	28	51	23	1	14	
70−74岁	1	5	20	5	15	3		1	
75岁及以上	1		3	2	1	2		2	
女	**112**	**813**	**7833**	**2042**	**5791**	**2362**	**25**	**1468**	**1**
16−19岁		4	40	13	27	10	1	5	
20−24岁	11	28	392	108	284	154	2	73	
25−29岁	18	71	887	260	627	347	12	194	1
30−34岁	24	124	1902	491	1411	638	7	370	
35−39岁	22	103	1521	371	1150	428	1	267	
40−44岁	11	108	1025	243	782	302		220	
45−49岁	13	182	1052	251	801	312	2	222	
50−54岁	7	144	627	198	429	120		79	
55−59岁	4	40	273	75	198	34		25	
60−64岁		8	81	24	57	14		11	
65−69岁	2	1	30	8	22	3		2	
70−74岁			2		2				
75岁及以上			1		1				

4-9c 续表 7

单位：人

年龄组 性别	交通运输、仓储和邮政业					住宿和餐饮业		
	航空运输业	管道运输业	多式联运和运输代理业	装卸搬运和仓储业	邮政业	小计	住宿业	餐饮业
总计	**680**	**3**	**291**	**829**	**1857**	**5685**	**1132**	**4553**
16-19岁	2		2	11	19	89	14	75
20-24岁	51		19	36	159	379	67	312
25-29岁	110	1	49	104	299	587	99	488
30-34岁	169		73	194	568	1033	183	850
35-39岁	129		46	142	346	897	177	720
40-44岁	101		25	84	196	697	135	562
45-49岁	65		31	95	156	809	174	635
50-54岁	34		31	101	77	679	164	515
55-59岁	19	2	11	40	25	363	79	284
60-64岁			2	16	9	111	26	85
65-69岁			2	5	2	32	12	20
70-74岁				1	1	7	1	6
75岁及以上						2	1	1
男	**481**	**3**	**210**	**642**	**1456**	**3017**	**542**	**2475**
16-19岁			2	10	18	60	9	51
20-24岁	34		10	26	116	234	28	206
25-29岁	71	1	33	82	236	369	57	312
30-34岁	112		48	143	440	593	83	510
35-39岁	94		36	105	268	481	85	396
40-44岁	80		20	64	160	345	49	296
45-49岁	46		23	67	123	326	59	267
50-54岁	26		25	87	64	303	89	214
55-59岁	18	2	10	38	20	204	53	151
60-64岁			2	14	8	72	21	51
65-69岁			1	5	2	23	7	16
70-74岁				1	1	5	1	4
75岁及以上						2	1	1
女	**199**		**81**	**187**	**401**	**2668**	**590**	**2078**
16-19岁	2			1	1	29	5	24
20-24岁	17		9	10	43	145	39	106
25-29岁	39		16	22	63	218	42	176
30-34岁	57		25	51	128	440	100	340
35-39岁	35		10	37	78	416	92	324
40-44岁	21		5	20	36	352	86	266
45-49岁	19		8	28	33	483	115	368
50-54岁	8		6	14	13	376	75	301
55-59岁	1		1	2	5	159	26	133
60-64岁				2	1	39	5	34
65-69岁			1			9	5	4
70-74岁						2		2
75岁及以上								

4-9c　续表 8　　　　单位：人

年龄组 性　别	信息传输、软件和信息技术服务业				金融业				
	小计	电信、广播电视和卫星传输服务	互联网和相关服务	软件和信息技术服务业	小计	货币金融服　务	资本市场服　务	保险业	其　他金融业
总　计	**4897**	**628**	**1536**	**2733**	**1981**	**667**	**225**	**879**	**210**
16-19岁	39	10	10	19	24	3	6	12	3
20-24岁	598	51	184	363	235	92	54	53	36
25-29岁	1358	115	424	819	409	150	45	157	57
30-34岁	1526	217	442	867	565	188	54	268	55
35-39岁	646	83	206	357	295	69	25	168	33
40-44岁	283	44	107	132	148	34	16	84	14
45-49岁	198	41	78	79	130	45	17	63	5
50-54岁	141	33	56	52	107	49	5	48	5
55-59岁	78	24	27	27	60	32	3	23	2
60-64岁	21	8	2	11	8	5		3	
65-69岁	9	2		7					
70-74岁									
75岁及以上									
男	**3324**	**416**	**1060**	**1848**	**969**	**317**	**141**	**393**	**118**
16-19岁	32	9	9	14	18	2	6	8	2
20-24岁	380	31	112	237	116	33	30	37	16
25-29岁	875	77	262	536	223	69	29	93	32
30-34岁	994	121	293	580	277	82	33	126	36
35-39岁	457	56	161	240	145	38	15	72	20
40-44岁	219	31	87	101	53	19	9	20	5
45-49岁	157	32	63	62	57	24	13	16	4
50-54岁	114	29	46	39	48	29	3	14	2
55-59岁	69	21	25	23	31	20	3	7	1
60-64岁	18	7	2	9	1	1			
65-69岁	9	2		7					
70-74岁									
75岁及以上									
女	**1573**	**212**	**476**	**885**	**1012**	**350**	**84**	**486**	**92**
16-19岁	7	1	1	5	6	1		4	1
20-24岁	218	20	72	126	119	59	24	16	20
25-29岁	483	38	162	283	186	81	16	64	25
30-34岁	532	96	149	287	288	106	21	142	19
35-39岁	189	27	45	117	150	31	10	96	13
40-44岁	64	13	20	31	95	15	7	64	9
45-49岁	41	9	15	17	73	21	4	47	1
50-54岁	27	4	10	13	59	20	2	34	3
55-59岁	9	3	2	4	29	12		16	1
60-64岁	3	1		2	7	4		3	
65-69岁									
70-74岁									
75岁及以上									

4-9c 续表 9

单位：人

年龄组 性 别	房地产业		租赁和商务服务业			科学研究和技术服务业			
	小计	房地产业	小计	租赁业	商务服务业	小计	研究和试验发展	专业技术服务业	科技推广和应用服务业
总 计	**4322**	**4322**	**7398**	**964**	**6434**	**4084**	**870**	**1679**	**1535**
16-19岁	38	38	82	7	75	31	10	4	17
20-24岁	257	257	539	48	491	418	96	163	159
25-29岁	435	435	940	106	834	809	182	309	318
30-34岁	807	807	1491	183	1308	1184	244	444	496
35-39岁	568	568	1026	166	860	590	121	233	236
40-44岁	437	437	748	120	628	283	54	127	102
45-49岁	578	578	878	124	754	297	53	159	85
50-54岁	560	560	852	125	727	259	60	121	78
55-59岁	463	463	612	65	547	158	41	89	28
60-64岁	127	127	137	8	129	41	5	23	13
65-69岁	47	47	75	11	64	10	3	5	2
70-74岁	5	5	12	1	11	3	1	1	1
75岁及以上			6		6	1		1	
男	**2708**	**2708**	**4959**	**823**	**4136**	**2666**	**530**	**1181**	**955**
16-19岁	21	21	60	7	53	17	6	1	10
20-24岁	160	160	322	41	281	255	49	107	99
25-29岁	270	270	559	94	465	494	109	203	182
30-34岁	481	481	895	157	738	741	144	294	303
35-39岁	326	326	644	136	508	386	74	163	149
40-44岁	242	242	471	104	367	189	35	90	64
45-49岁	308	308	607	109	498	209	32	120	57
50-54岁	383	383	689	100	589	196	39	100	57
55-59岁	374	374	537	58	479	135	35	78	22
60-64岁	99	99	100	7	93	34	4	19	11
65-69岁	40	40	60	9	51	7	2	4	1
70-74岁	4	4	9	1	8	2	1	1	
75岁及以上			6		6	1		1	
女	**1614**	**1614**	**2439**	**141**	**2298**	**1418**	**340**	**498**	**580**
16-19岁	17	17	22		22	14	4	3	7
20-24岁	97	97	217	7	210	163	47	56	60
25-29岁	165	165	381	12	369	315	73	106	136
30-34岁	326	326	596	26	570	443	100	150	193
35-39岁	242	242	382	30	352	204	47	70	87
40-44岁	195	195	277	16	261	94	19	37	38
45-49岁	270	270	271	15	256	88	21	39	28
50-54岁	177	177	163	25	138	63	21	21	21
55-59岁	89	89	75	7	68	23	6	11	6
60-64岁	28	28	37	1	36	7	1	4	2
65-69岁	7	7	15	2	13	3	1	1	1
70-74岁	1	1	3		3	1			1
75岁及以上									

4-9c　续表 10　　　　　　　　　　　　　　　　　　　　　　　　　　　　　单位：人

年龄组 性　别	水利、环境和公共设施管理业					居民服务、修理和其他服务业			
	小计	水　利 管理业	生态保护 和环境 治理业	公共设施 管理业	土　地 管理业	小计	居　民 服务业	机动车、 电子产品 和日用产 品修理业	其　他 服务业
总　计	**5283**	**138**	**378**	**4759**	**8**	**5245**	**2549**	**1259**	**1437**
16–19岁	6			6		55	29	24	2
20–24岁	110	3	14	93		231	114	93	24
25–29岁	208	13	19	176		439	215	164	60
30–34岁	437	18	43	374	2	748	315	327	106
35–39岁	452	12	32	406	2	629	291	211	127
40–44岁	489	17	29	443		601	312	138	151
45–49岁	880	21	51	807	1	894	474	117	303
50–54岁	1081	29	74	977	1	851	446	96	309
55–59岁	964	20	62	880	2	556	254	53	249
60–64岁	412	4	36	372		155	59	25	71
65–69岁	196		13	183		77	36	9	32
70–74岁	45	1	5	39		8	3	2	3
75岁及以上	3			3		1	1		
男	**3679**	**108**	**262**	**3303**	**6**	**2595**	**824**	**1088**	**683**
16–19岁	5			5		38	13	24	1
20–24岁	68	2	10	56		149	52	84	13
25–29岁	149	11	14	124		279	104	142	33
30–34岁	282	10	31	240	1	462	120	280	62
35–39岁	290	10	22	256	2	337	100	176	61
40–44岁	284	13	24	247		258	87	119	52
45–49岁	493	17	34	442		267	88	103	76
50–54岁	804	23	50	730	1	325	114	80	131
55–59岁	776	17	37	720	2	314	95	46	173
60–64岁	320	4	27	289		105	26	24	55
65–69岁	161		8	153		56	24	8	24
70–74岁	45	1	5	39		5	1	2	2
75岁及以上	2			2					
女	**1604**	**30**	**116**	**1456**	**2**	**2650**	**1725**	**171**	**754**
16–19岁	1			1		17	16		1
20–24岁	42	1	4	37		82	62	9	11
25–29岁	59	2	5	52		160	111	22	27
30–34岁	155	8	12	134	1	286	195	47	44
35–39岁	162	2	10	150		292	191	35	66
40–44岁	205	4	5	196		343	225	19	99
45–49岁	387	4	17	365	1	627	386	14	227
50–54岁	277	6	24	247		526	332	16	178
55–59岁	188	3	25	160		242	159	7	76
60–64岁	92		9	83		50	33	1	16
65–69岁	35		5	30		21	12	1	8
70–74岁						3	2		1
75岁及以上	1			1		1	1		

4-9c　续表 11　　单位：人

年龄组 性　别	教育		卫生和社会工作			文化、体育和娱乐业				
	小计	教育	小计	卫生	社会工作	小计	新闻和出版业	广播、电视、电影和录音制作业	文　化艺术业	体育
总　计	**5388**	**5388**	**3322**	**2912**	**410**	**1680**	**125**	**339**	**301**	**416**
16-19岁	48	48	14	14		27		5	1	15
20-24岁	588	588	449	438	11	165	13	35	21	52
25-29岁	957	957	755	733	22	270	29	73	38	63
30-34岁	1039	1039	721	678	43	407	30	103	60	79
35-39岁	609	609	289	254	35	245	18	49	53	55
40-44岁	573	573	195	155	40	154	16	23	36	28
45-49岁	672	672	274	202	72	161	11	23	39	40
50-54岁	505	505	287	197	90	115	3	16	14	40
55-59岁	312	312	175	109	66	92	2	10	27	32
60-64岁	65	65	93	67	26	26	1	2	4	8
65-69岁	17	17	46	43	3	10	2		4	3
70-74岁	2	2	18	17	1	5			3	1
75岁及以上	1	1	6	5	1	3			1	
男	**2068**	**2068**	**959**	**809**	**150**	**984**	**64**	**227**	**176**	**246**
16-19岁	10	10	3	3		13		2	1	7
20-24岁	162	162	107	103	4	92	4	19	10	36
25-29岁	271	271	141	130	11	156	12	47	17	42
30-34岁	324	324	146	130	16	224	13	65	37	43
35-39岁	218	218	85	74	11	143	11	37	26	29
40-44岁	206	206	70	63	7	84	13	13	21	11
45-49岁	289	289	90	71	19	83	6	19	22	15
50-54岁	285	285	105	80	25	76	2	13	9	25
55-59岁	242	242	109	71	38	75	2	10	25	26
60-64岁	52	52	52	37	15	24		2	3	8
65-69岁	7	7	31	29	2	6	1		1	3
70-74岁	1	1	14	13	1	5			3	1
75岁及以上	1	1	6	5	1	3			1	
女	**3320**	**3320**	**2363**	**2103**	**260**	**696**	**61**	**112**	**125**	**170**
16-19岁	38	38	11	11		14		3		8
20-24岁	426	426	342	335	7	73	9	16	11	16
25-29岁	686	686	614	603	11	114	17	26	21	21
30-34岁	715	715	575	548	27	183	17	38	23	36
35-39岁	391	391	204	180	24	102	7	12	27	26
40-44岁	367	367	125	92	33	70	3	10	15	17
45-49岁	383	383	184	131	53	78	5	4	17	25
50-54岁	220	220	182	117	65	39	1	3	5	15
55-59岁	70	70	66	38	28	17			2	6
60-64岁	13	13	41	30	11	2	1		1	
65-69岁	10	10	15	14	1	4	1		3	
70-74岁	1	1	4	4						
75岁及以上										

4-9c　续表 12　　　　　　　　　　　　　　　　　　　　　　　　　　单位：人

年龄组 性　别	娱乐业	公共管理、社会保障和社会组织							国际组织	
		小计	中国共产党机关	国家机构	人民政协、民主党派	社会保障	群众团体、社会团体和其他成员组织	基层群众自治组织	小计	国际组织
总　计	**499**	**9837**	**52**	**4531**	**5**	**52**	**208**	**4989**	**3**	**3**
16-19岁	6	10		8				2		
20-24岁	44	315	2	279		2	9	23	1	1
25-29岁	67	730	3	593		5	26	103		
30-34岁	135	1210	15	917	2	6	28	242		
35-39岁	70	852	7	518		5	29	293		
40-44岁	51	688	8	363	1	8	22	286		
45-49岁	48	1174	6	562	2	16	22	566	1	1
50-54岁	42	1560	6	593		2	37	922	1	1
55-59岁	21	1696	3	509		8	21	1155		
60-64岁	11	965	1	132			10	822		
65-69岁	1	442	1	45			3	393		
70-74岁	1	158		11			1	146		
75岁及以上	2	37		1				36		
男	**271**	**6005**	**29**	**2832**	**4**	**21**	**118**	**3001**	**3**	**3**
16-19岁	3	9		7				2		
20-24岁	23	212	1	196		1	1	13	1	1
25-29岁	38	461		388		1	13	59		
30-34岁	66	650	6	518	1	2	14	109		
35-39岁	40	449	4	287		3	14	141		
40-44岁	26	333	7	169	1	2	14	140		
45-49岁	21	612	3	301	2	3	12	291	1	1
50-54岁	27	948	4	407		2	28	507	1	1
55-59岁	12	1150	2	406		7	13	722		
60-64岁	11	697	1	104			6	586		
65-69岁	1	333	1	39			2	291		
70-74岁	1	120		9			1	110		
75岁及以上	2	31		1				30		
女	**228**	**3832**	**23**	**1699**	**1**	**31**	**90**	**1988**		
16-19岁	3	1		1						
20-24岁	21	103	1	83		1	8	10		
25-29岁	29	269	3	205		4	13	44		
30-34岁	69	560	9	399	1	4	14	133		
35-39岁	30	403	3	231		2	15	152		
40-44岁	25	355	1	194		6	8	146		
45-49岁	27	562	3	261		13	10	275		
50-54岁	15	612	2	186			9	415		
55-59岁	9	546	1	103		1	8	433		
60-64岁		268		28			4	236		
65-69岁		109		6			1	102		
70-74岁		38		2				36		
75岁及以上		6						6		

4-10 全市分年龄、性别、行业大类的外来就业人口

单位：人

年龄组 性别	合计	农、林、牧、渔业						采矿业	
		小计	农业	林业	畜牧业	渔业	农、林、牧、渔专业及辅助性活动	小计	煤炭开采和洗选业
总计	**507801**	**3583**	**2504**	**367**	**460**	**62**	**190**	**371**	**59**
16-19岁	6488	14	9	1	3		1	2	
20-24岁	45273	116	79	6	18		13	11	1
25-29岁	94011	218	137	14	41	1	25	28	4
30-34岁	108692	375	260	25	46	13	31	75	6
35-39岁	79364	356	228	30	67	15	16	86	11
40-44岁	56054	373	270	29	46	8	20	43	7
45-49岁	49845	545	395	42	76	9	23	47	11
50-54岁	39673	715	528	78	77	5	27	54	17
55-59岁	20202	467	346	52	45	5	19	15	
60-64岁	5629	235	153	42	29	2	9	4	1
65-69岁	2165	130	78	35	9	3	5	4	1
70-74岁	334	31	16	11	2	1	1		
75岁及以上	71	8	5	2	1			2	
男	**298429**	**2204**	**1477**	**247**	**310**	**43**	**127**	**238**	**44**
16-19岁	4315	12	7	1	3		1		
20-24岁	25019	70	46	4	12		8	6	1
25-29岁	51419	133	75	8	30	1	19	8	
30-34岁	62196	237	161	18	30	7	21	40	2
35-39岁	45740	215	132	19	44	11	9	58	6
40-44岁	33285	201	145	15	25	6	10	26	7
45-49岁	30018	321	222	31	47	4	17	35	10
50-54岁	25854	431	300	56	54	4	17	44	16
55-59岁	14419	296	217	29	31	4	15	13	
60-64岁	4173	164	100	33	23	2	6	4	1
65-69岁	1671	98	58	25	9	3	3	3	1
70-74岁	267	21	10	7	2	1	1		
75岁及以上	53	5	4	1				1	
女	**209372**	**1379**	**1027**	**120**	**150**	**19**	**63**	**133**	**15**
16-19岁	2173	2	2					2	
20-24岁	20254	46	33	2	6		5	5	
25-29岁	42592	85	62	6	11		6	20	4
30-34岁	46496	138	99	7	16	6	10	35	4
35-39岁	33624	141	96	11	23	4	7	28	5
40-44岁	22769	172	125	14	21	2	10	17	
45-49岁	19827	224	173	11	29	5	6	12	1
50-54岁	13819	284	228	22	23	1	10	10	1
55-59岁	5783	171	129	23	14	1	4	2	
60-64岁	1456	71	53	9	6		3		
65-69岁	494	32	20	10			2	1	
70-74岁	67	10	6	4					
75岁及以上	18	3	1	1	1			1	

4-10 续表 1 单位：人

年龄组 性 别	采矿业						制造业		
	石油和天然气开采业	黑色金属矿采选业	有色金属矿采选业	非金属矿采选业	开采专业及辅助性活动	其他采矿业	小计	农副食品加工业	食品制造业
总 计	**87**	**26**	**16**	**38**	**127**	**18**	**42390**	**1495**	**2843**
16-19岁					2		577	17	70
20-24岁	2				5	3	3550	86	255
25-29岁	6	5		3	7	3	7221	160	398
30-34岁	26	7	4	4	27	1	10230	263	627
35-39岁	29	4	5	6	29	2	7495	215	493
40-44岁	8	3	1	5	18	1	5050	221	363
45-49岁	6	3	1	4	17	5	3956	265	316
50-54岁	6	3	5	7	14	2	2681	183	194
55-59岁	2			5	7	1	1234	70	95
60-64岁		1		1	1		275	10	28
65-69岁	2			1			91	4	4
70-74岁							23	1	
75岁及以上				2			7		
男	**60**	**19**	**6**	**25**	**74**	**10**	**27147**	**865**	**1462**
16-19岁							439	17	45
20-24岁	2				2	1	2381	52	130
25-29岁	1	2		1	2	2	4518	104	212
30-34岁	16	6	1	2	13		6473	158	334
35-39岁	22	4	2	4	19	1	4562	125	240
40-44岁	5	1		3	9	1	3062	107	152
45-49岁	5	3	1	3	11	2	2492	127	157
50-54岁	5	2	2	6	11	2	1913	112	110
55-59岁	2			4	6	1	983	50	60
60-64岁		1		1	1		225	9	19
65-69岁	2						74	4	3
70-74岁							19		
75岁及以上				1			6		
女	**27**	**7**	**10**	**13**	**53**	**8**	**15243**	**630**	**1381**
16-19岁					2		138		25
20-24岁					3	2	1169	34	125
25-29岁	5	3		2	5	1	2703	56	186
30-34岁	10	1	3	2	14	1	3757	105	293
35-39岁	7		3	2	10	1	2933	90	253
40-44岁	3	2	1	2	9		1988	114	211
45-49岁	1			1	6	3	1464	138	159
50-54岁	1	1	3	1	3		768	71	84
55-59岁				1	1		251	20	35
60-64岁							50	1	9
65-69岁				1			17		1
70-74岁							4	1	
75岁及以上				1			1		

4–10 续表 2 单位：人

年龄组 性 别	制造业								
	酒、饮料和精制茶制造业	烟 草 制品业	纺织业	纺织 服装、 服饰业	皮革、毛皮、羽毛及其制品和制鞋业	木材加工和木、竹、藤、棕、草制品业	家 具 制造业	造纸和 纸制品业	印刷和 记录媒介 复制业
总 计	**618**	**9**	**255**	**1485**	**111**	**271**	**1218**	**343**	**1422**
16–19岁	1		1	13			6	3	32
20–24岁	42	1	5	67	2	12	71	20	111
25–29岁	95		25	164	12	23	155	41	201
30–34岁	148	2	45	292	24	47	281	61	313
35–39岁	107	4	51	281	13	46	188	55	262
40–44岁	85		51	258	22	35	163	44	199
45–49岁	70	1	31	219	19	52	172	47	170
50–54岁	44		28	130	11	32	130	46	85
55–59岁	21	1	17	41	5	19	37	18	40
60–64岁	4			13		4	13	4	6
65–69岁	1		1	7	2		2	2	2
70–74岁					1	1		2	1
75岁及以上									
男	**354**	**6**	**114**	**587**	**50**	**196**	**853**	**219**	**877**
16–19岁	1		1	7			5		26
20–24岁	29		3	27	1	10	51	10	67
25–29岁	48		13	63	7	15	98	27	118
30–34岁	81	1	14	117	8	35	198	37	198
35–39岁	57	3	18	106	5	29	133	36	167
40–44岁	46		29	99	8	24	115	23	124
45–49岁	42	1	12	82	11	41	109	32	84
50–54岁	30		13	49	6	21	101	33	54
55–59岁	15	1	11	24	3	16	32	14	32
60–64岁	4			8		4	9	4	4
65–69岁	1			5	1		2	1	2
70–74岁						1		2	1
75岁及以上									
女	**264**	**3**	**141**	**898**	**61**	**75**	**365**	**124**	**545**
16–19岁				6			1	3	6
20–24岁	13	1	2	40	1	2	20	10	44
25–29岁	47		12	101	5	8	57	14	83
30–34岁	67	1	31	175	16	12	83	24	115
35–39岁	50	1	33	175	8	17	55	19	95
40–44岁	39		22	159	14	11	48	21	75
45–49岁	28		19	137	8	11	63	15	86
50–54岁	14		15	81	5	11	29	13	31
55–59岁	6		6	17	2	3	5	4	8
60–64岁				5			4		2
65–69岁			1	2	1			1	
70–74岁					1				
75岁及以上									

4-10 续表 3 单位：人

年龄组 性 别	制造业								
	文教、工美、体育和娱乐用品制造业	石油、煤炭及其他燃料加工业	化学原料和化学制品制造业	医 药制造业	化学纤维制造业	橡胶和塑 料制品业	非金属矿 物制品业	黑色金属冶炼和压延加工业	有色金属冶炼和压延加工业
总 计	**679**	**245**	**992**	**3336**	**19**	**591**	**2256**	**128**	**165**
16-19岁	12		3	46		6	11		
20-24岁	47	18	72	432	1	33	107	10	9
25-29岁	96	32	161	743	5	70	201	11	31
30-34岁	135	54	237	820	3	114	414	19	34
35-39岁	140	44	173	534	7	91	367	22	31
40-44岁	110	31	121	309	2	100	317	17	16
45-49岁	64	28	128	224		90	341	20	16
50-54岁	45	22	61	137	1	41	308	19	17
55-59岁	23	14	27	70		30	149	7	10
60-64岁	2	2	5	15		7	31	2	
65-69岁	3		4	4		7	9	1	
70-74岁	2			2		2			1
75岁及以上							1		
男	**372**	**151**	**557**	**1608**	**12**	**358**	**1782**	**89**	**123**
16-19岁	7		1	22		6	11		
20-24岁	23	9	39	188	1	24	87	7	7
25-29岁	53	16	76	335	3	41	142	8	23
30-34岁	72	30	125	369	3	68	322	13	27
35-39岁	73	30	85	247	3	51	271	15	23
40-44岁	57	18	69	163	1	54	244	12	9
45-49岁	39	19	85	127		48	266	12	10
50-54岁	27	13	45	87	1	31	265	14	14
55-59岁	16	14	24	52		24	135	6	9
60-64岁	2	2	4	13		4	30	2	
65-69岁	2		4	3		6	9		
70-74岁	1			2		1			1
75岁及以上									
女	**307**	**94**	**435**	**1728**	**7**	**233**	**474**	**39**	**42**
16-19岁	5		2	24					
20-24岁	24	9	33	244		9	20	3	2
25-29岁	43	16	85	408	2	29	59	3	8
30-34岁	63	24	112	451		46	92	6	7
35-39岁	67	14	88	287	4	40	96	7	8
40-44岁	53	13	52	146	1	46	73	5	7
45-49岁	25	9	43	97		42	75	8	6
50-54岁	18	9	16	50		10	43	5	3
55-59岁	7		3	18		6	14	1	1
60-64岁			1	2		3	1		
65-69岁	1			1		1		1	
70-74岁	1					1			
75岁及以上							1		

4-10 续表 4 单位：人

年龄组 性 别	制造业								
	金 属 制品业	通用设备 制造业	专用设备 制造业	汽 车 制造业	铁路、船舶、 航空航天和 其他运输 设备制造业	电气机械 和器材 制造业	计算机、 通信和其 他电子设 备制造业	仪器仪表 制造业	其 他 制造业
总 计	**2419**	**2389**	**2994**	**3980**	**1354**	**2371**	**5935**	**1011**	**342**
16-19岁	31	29	36	87	16	31	109	5	3
20-24岁	128	160	249	395	129	186	735	59	31
25-29岁	295	363	496	797	277	389	1578	191	66
30-34岁	529	648	833	1119	403	608	1604	284	86
35-39岁	406	444	608	744	231	483	1011	230	59
40-44岁	358	309	360	358	106	309	496	123	36
45-49岁	314	215	208	206	75	184	221	57	26
50-54岁	223	143	116	173	66	106	116	42	18
55-59岁	106	55	63	78	38	51	51	17	9
60-64岁	23	16	17	15	6	17	13		6
65-69岁	3	6	8	6	6	2	1	2	1
70-74岁	2	1		1		3		1	1
75岁及以上	1			1	1	2			
男	**1814**	**1762**	**1838**	**3060**	**945**	**1621**	**3734**	**627**	**217**
16-19岁	26	23	22	85	15	26	80	5	1
20-24岁	102	123	161	340	107	143	509	43	18
25-29岁	221	256	288	621	199	262	988	118	43
30-34岁	377	495	508	855	261	411	985	167	57
35-39岁	297	304	359	554	145	310	592	136	33
40-44岁	259	213	212	248	68	208	305	75	20
45-49岁	244	158	133	141	53	114	147	37	19
50-54岁	179	121	85	138	49	81	81	27	15
55-59岁	82	49	52	58	36	44	40	16	6
60-64岁	21	14	13	13	5	16	6		4
65-69岁	3	5	5	5	6	1	1	2	
70-74岁	2	1		1		3		1	1
75岁及以上	1			1	1	2			
女	**605**	**627**	**1156**	**920**	**409**	**750**	**2201**	**384**	**125**
16-19岁	5	6	14	2	1	5	29		2
20-24岁	26	37	88	55	22	43	226	16	13
25-29岁	74	107	208	176	78	127	590	73	23
30-34岁	152	153	325	264	142	197	619	117	29
35-39岁	109	140	249	190	86	173	419	94	26
40-44岁	99	96	148	110	38	101	191	48	16
45-49岁	70	57	75	65	22	70	74	20	7
50-54岁	44	22	31	35	17	25	35	15	3
55-59岁	24	6	11	20	2	7	11	1	3
60-64岁	2	2	4	2	1	1	7		2
65-69岁		1	3	1		1			1
70-74岁									
75岁及以上									

4-10　续表 5　　单位：人

年龄组 性　别	制造业		电力、热力、燃气及水生产和供应业				建筑业		
	废弃资源综合利用业	金属制品、机械和设备修理业	小计	电力、热力生产和供应业	燃气生产和供应业	水的生产和供应业	小计	房屋建筑业	土木工程建筑业
总　计	**411**	**703**	**2195**	**1530**	**309**	**356**	**55206**	**21059**	**6219**
16-19岁	3	6	11	11			308	115	42
20-24岁	3	74	117	82	11	24	2230	755	384
25-29岁	17	128	292	205	40	47	5237	1760	815
30-34岁	40	143	425	297	57	71	8301	2964	1075
35-39岁	45	110	375	261	60	54	7098	2387	878
40-44岁	48	83	277	173	53	51	7087	2556	655
45-49岁	106	71	253	180	36	37	9166	3546	808
50-54岁	88	56	241	165	36	40	9305	3910	794
55-59岁	47	25	162	127	15	20	4897	2300	499
60-64岁	12	4	32	23	1	8	1164	577	178
65-69岁		3	9	6		3	351	159	76
70-74岁	1						52	26	11
75岁及以上	1		1			1	10	4	4
男	**310**	**584**	**1557**	**1079**	**224**	**254**	**46808**	**18235**	**5036**
16-19岁	2	5	9	9			282	111	37
20-24岁	3	67	82	54	10	18	1772	624	306
25-29岁	12	108	194	134	24	36	4113	1461	599
30-34岁	30	117	277	199	35	43	6823	2505	807
35-39岁	31	84	247	164	48	35	5848	2010	689
40-44岁	37	63	179	111	34	34	5905	2154	520
45-49岁	80	62	189	134	28	27	7805	3037	678
50-54岁	64	47	193	130	31	32	8289	3487	711
55-59岁	38	24	148	117	13	18	4495	2115	447
60-64岁	11	4	29	21	1	7	1091	550	158
65-69岁		3	9	6		3	326	151	70
70-74岁	1						50	26	10
75岁及以上	1		1			1	9	4	4
女	**101**	**119**	**638**	**451**	**85**	**102**	**8398**	**2824**	**1183**
16-19岁	1	1	2	2			26	4	5
20-24岁		7	35	28	1	6	458	131	78
25-29岁	5	20	98	71	16	11	1124	299	216
30-34岁	10	26	148	98	22	28	1478	459	268
35-39岁	14	26	128	97	12	19	1250	377	189
40-44岁	11	20	98	62	19	17	1182	402	135
45-49岁	26	9	64	46	8	10	1361	509	130
50-54岁	24	9	48	35	5	8	1016	423	83
55-59岁	9	1	14	10	2	2	402	185	52
60-64岁	1		3	2		1	73	27	20
65-69岁							25	8	6
70-74岁							2		1
75岁及以上							1		

4-10 续表 6

单位：人

年龄组 性 别	建筑业		批发和零售业			交通运输、仓储和邮政业			
	建 筑 安装业	建筑装 饰、装修 和其他 建筑业	小计	批发业	零售业	小计	铁 路 运输业	道 路 运输业	水 上 运输业
总 计	**3108**	**24820**	**86313**	**31110**	**55203**	**24253**	**535**	**12437**	**64**
16-19岁	31	120	965	281	684	232	10	79	1
20-24岁	167	924	6061	1930	4131	2087	82	707	6
25-29岁	370	2292	12776	4491	8285	3943	110	1501	5
30-34岁	612	3650	18545	6674	11871	5387	98	2511	15
35-39岁	531	3302	15486	5729	9757	3972	62	2114	13
40-44岁	455	3421	12307	4557	7750	2979	43	1831	11
45-49岁	420	4392	10204	3608	6596	2758	42	1799	3
50-54岁	324	4277	6527	2445	4082	1925	49	1240	6
55-59岁	146	1952	2554	1019	1535	755	36	506	3
60-64岁	35	374	596	244	352	158	3	107	
65-69岁	15	101	251	115	136	48		35	1
70-74岁	2	13	35	15	20	6		4	
75岁及以上		2	6	2	4	3		3	
男	**2613**	**20924**	**45859**	**17871**	**27988**	**18883**	**393**	**10427**	**40**
16-19岁	28	106	627	205	422	169	1	55	
20-24岁	134	708	3263	1099	2164	1348	70	521	4
25-29岁	296	1757	6450	2373	4077	2833	83	1182	5
30-34岁	499	3012	9482	3624	5858	4112	71	2070	7
35-39岁	426	2723	7819	3092	4727	3117	39	1737	6
40-44岁	390	2841	6391	2589	3802	2443	31	1572	7
45-49岁	362	3728	5455	2199	3256	2324	23	1594	3
50-54岁	293	3798	3937	1633	2304	1678	40	1110	4
55-59岁	135	1798	1763	760	1003	673	32	457	3
60-64岁	35	348	448	194	254	135	3	91	
65-69岁	13	92	189	87	102	42		31	1
70-74岁	2	12	30	14	16	6		4	
75岁及以上		1	5	2	3	3		3	
女	**495**	**3896**	**40454**	**13239**	**27215**	**5370**	**142**	**2010**	**24**
16-19岁	3	14	338	76	262	63	9	24	1
20-24岁	33	216	2798	831	1967	739	12	186	2
25-29岁	74	535	6326	2118	4208	1110	27	319	
30-34岁	113	638	9063	3050	6013	1275	27	441	8
35-39岁	105	579	7667	2637	5030	855	23	377	7
40-44岁	65	580	5916	1968	3948	536	12	259	4
45-49岁	58	664	4749	1409	3340	434	19	205	
50-54岁	31	479	2590	812	1778	247	9	130	2
55-59岁	11	154	791	259	532	82	4	49	
60-64岁		26	148	50	98	23		16	
65-69岁	2	9	62	28	34	6		4	
70-74岁		1	5	1	4				
75岁及以上		1	1		1				

4-10　续表 7　　　　　　　　　　　　　　　　　　　　　　　　　　　　　　　　单位：人

年龄组 性别	交通运输、仓储和邮政业					住宿和餐饮业		
	航空运输业	管道运输业	多式联运和运输代理业	装卸搬运和仓储业	邮政业	小计	住宿业	餐饮业
总　计	**2513**	**15**	**1033**	**1625**	**6031**	**34348**	**5848**	**28500**
16-19岁	18		9	15	100	1579	182	1397
20-24岁	508		83	57	644	4049	681	3368
25-29岁	745		167	200	1215	4910	778	4132
30-34岁	575	1	246	285	1656	6081	985	5096
35-39岁	325	7	180	269	1002	4519	778	3741
40-44岁	149	1	146	192	606	3842	697	3145
45-49岁	97	1	105	245	466	4293	786	3507
50-54岁	64	2	64	241	259	3163	577	2586
55-59岁	28	3	25	85	69	1396	269	1127
60-64岁	4		5	27	12	396	85	311
65-69岁			3	7	2	101	30	71
70-74岁				2		17		17
75岁及以上						2		2
男	**1117**	**14**	**672**	**1292**	**4928**	**19238**	**2692**	**16546**
16-19岁	8		9	13	83	1123	94	1029
20-24岁	171		53	34	495	2581	319	2262
25-29岁	298		104	152	1009	3077	366	2711
30-34岁	243	1	138	213	1369	3644	469	3175
35-39岁	174	7	116	209	829	2544	355	2189
40-44岁	100	1	98	148	486	1936	289	1647
45-49岁	60	1	74	204	365	1857	280	1577
50-54岁	38	1	52	212	221	1402	258	1144
55-59岁	22	3	22	76	58	744	174	570
60-64岁	3		4	23	11	247	66	181
65-69岁			2	6	2	72	22	50
70-74岁				2		9		9
75岁及以上						2		2
女	**1396**	**1**	**361**	**333**	**1103**	**15110**	**3156**	**11954**
16-19岁	10			2	17	456	88	368
20-24岁	337		30	23	149	1468	362	1106
25-29岁	447		63	48	206	1833	412	1421
30-34岁	332		108	72	287	2437	516	1921
35-39岁	151		64	60	173	1975	423	1552
40-44岁	49		48	44	120	1906	408	1498
45-49岁	37		31	41	101	2436	506	1930
50-54岁	26	1	12	29	38	1761	319	1442
55-59岁	6		3	9	11	652	95	557
60-64岁	1		1	4	1	149	19	130
65-69岁			1	1		29	8	21
70-74岁						8		8
75岁及以上								

4-10 续表 8　　单位：人

年龄组 性　别	信息传输、软件和信息技术服务业				金融业				
	小计	电信、广播电视和卫星传输服务	互联网和相关服务	软件和信息技术服务业	小计	货币金融服　务	资本市场服　务	保险业	其　他金融业
总　计	**60446**	**2742**	**20998**	**36706**	**14963**	**3785**	**3306**	**4891**	**2981**
16-19岁	296	29	106	161	70	15	16	30	9
20-24岁	7513	267	2632	4614	1132	356	226	304	246
25-29岁	19401	665	6977	11759	3780	1060	848	1056	816
30-34岁	16752	736	5944	10072	4307	1096	947	1315	949
35-39岁	9266	514	2922	5830	2948	622	666	1090	570
40-44岁	4275	268	1273	2734	1307	253	297	564	193
45-49岁	1777	149	650	978	766	169	162	328	107
50-54岁	798	67	372	359	448	135	107	144	62
55-59岁	284	35	103	146	172	65	30	49	28
60-64岁	53	8	12	33	24	10	5	8	1
65-69岁	25	4	5	16	8	3	2	3	
70-74岁	4		2	2					
75岁及以上	2			2	1	1			
男	**38349**	**1701**	**13167**	**23481**	**7216**	**1822**	**1778**	**2040**	**1576**
16-19岁	220	19	85	116	43	8	12	16	7
20-24岁	4557	155	1528	2874	523	149	94	153	127
25-29岁	11875	408	4037	7430	1808	492	413	488	415
30-34岁	10611	438	3745	6428	2056	515	481	574	486
35-39岁	5971	318	1935	3718	1427	321	376	414	316
40-44岁	2932	179	936	1817	642	149	200	184	109
45-49岁	1317	103	519	695	367	81	103	116	67
50-54岁	587	46	287	254	222	61	69	60	32
55-59岁	220	26	84	110	112	41	26	28	17
60-64岁	38	5	8	25	11	3	3	5	
65-69岁	18	4	2	12	4	1	1	2	
70-74岁	2		1	1					
75岁及以上	1			1	1	1			
女	**22097**	**1041**	**7831**	**13225**	**7747**	**1963**	**1528**	**2851**	**1405**
16-19岁	76	10	21	45	27	7	4	14	2
20-24岁	2956	112	1104	1740	609	207	132	151	119
25-29岁	7526	257	2940	4329	1972	568	435	568	401
30-34岁	6141	298	2199	3644	2251	581	466	741	463
35-39岁	3295	196	987	2112	1521	301	290	676	254
40-44岁	1343	89	337	917	665	104	97	380	84
45-49岁	460	46	131	283	399	88	59	212	40
50-54岁	211	21	85	105	226	74	38	84	30
55-59岁	64	9	19	36	60	24	4	21	11
60-64岁	15	3	4	8	13	7	2	3	1
65-69岁	7		3	4	4	2	1	1	
70-74岁	2		1	1					
75岁及以上	1			1					

4-10 续表 9

单位：人

年龄组 性 别	房地产业		租赁和商务服务业			科学研究和技术服务业			
	小计	房地产业	小计	租赁业	商 务 服务业	小计	研究和 试验发展	专业技术 服务业	科技推广 和应用 服务业
总　计	**21315**	**21315**	**43030**	**1978**	**41052**	**30040**	**5991**	**10697**	**13352**
16-19岁	296	296	668	13	655	120	24	31	65
20-24岁	1821	1821	4155	109	4046	2933	635	959	1339
25-29岁	3472	3472	8617	309	8308	7305	1613	2292	3400
30-34岁	4079	4079	9378	474	8904	7778	1587	2672	3519
35-39岁	2949	2949	7060	328	6732	5519	989	2083	2447
40-44岁	2146	2146	4732	256	4476	3005	489	1145	1371
45-49岁	2116	2116	3588	199	3389	1650	260	720	670
50-54岁	2076	2076	2801	171	2630	1058	216	505	337
55-59岁	1497	1497	1527	77	1450	509	124	225	160
60-64岁	617	617	346	18	328	115	38	44	33
65-69岁	219	219	126	17	109	42	13	19	10
70-74岁	24	24	28	7	21	5	2	2	1
75岁及以上	3	3	4		4	1	1		
男	**13037**	**13037**	**23707**	**1542**	**22165**	**17137**	**3256**	**6309**	**7572**
16-19岁	160	160	467	12	455	73	17	20	36
20-24岁	1003	1003	2148	78	2070	1519	297	522	700
25-29岁	2031	2031	4027	245	3782	3948	830	1266	1852
30-34岁	2476	2476	4740	344	4396	4269	849	1501	1919
35-39岁	1795	1795	3758	245	3513	3163	569	1179	1415
40-44岁	1279	1279	2760	205	2555	1812	276	716	820
45-49岁	1281	1281	2249	169	2080	1070	154	477	439
50-54岁	1314	1314	1992	140	1852	754	129	385	240
55-59岁	1049	1049	1163	66	1097	400	95	186	119
60-64岁	450	450	275	16	259	88	26	37	25
65-69岁	177	177	101	15	86	36	11	18	7
70-74岁	21	21	25	7	18	4	2	2	
75岁及以上	1	1	2		2	1	1		
女	**8278**	**8278**	**19323**	**436**	**18887**	**12903**	**2735**	**4388**	**5780**
16-19岁	136	136	201	1	200	47	7	11	29
20-24岁	818	818	2007	31	1976	1414	338	437	639
25-29岁	1441	1441	4590	64	4526	3357	783	1026	1548
30-34岁	1603	1603	4638	130	4508	3509	738	1171	1600
35-39岁	1154	1154	3302	83	3219	2356	420	904	1032
40-44岁	867	867	1972	51	1921	1193	213	429	551
45-49岁	835	835	1339	30	1309	580	106	243	231
50-54岁	762	762	809	31	778	304	87	120	97
55-59岁	448	448	364	11	353	109	29	39	41
60-64岁	167	167	71	2	69	27	12	7	8
65-69岁	42	42	25	2	23	6	2	1	3
70-74岁	3	3	3		3	1			1
75岁及以上	2	2	2		2				

4-10 续表 10 单位：人

年龄组 性别	水利、环境和公共设施管理业 小计	水利管理业	生态保护和环境治理业	公共设施管理业	土地管理业	居民服务、修理和其他服务业 小计	居民服务业	机动车、电子产品和日用产品修理业	其他服务业
总　计	**6166**	**152**	**544**	**5431**	**39**	**26306**	**17983**	**4028**	**4295**
16-19岁	17			16	1	717	554	129	34
20-24岁	211	10	19	178	4	2176	1537	460	179
25-29岁	450	17	75	350	8	2799	1934	581	284
30-34岁	612	32	94	478	8	3686	2392	928	366
35-39岁	642	21	102	511	8	2885	1865	666	354
40-44岁	637	25	77	530	5	2850	1921	468	461
45-49岁	948	17	49	879	3	4099	2878	384	837
50-54岁	1009	10	56	942	1	4032	2869	262	901
55-59岁	821	15	42	763	1	2083	1445	103	535
60-64岁	488	2	21	465		670	413	32	225
65-69岁	284	1	6	277		272	158	14	100
70-74岁	43	1	3	39		35	16	1	18
75岁及以上	4	1		3		2	1		1
男	**4153**	**110**	**352**	**3668**	**23**	**10099**	**4983**	**3325**	**1791**
16-19岁	14			13	1	411	263	123	25
20-24岁	122	6	15	99	2	1102	595	415	92
25-29岁	273	13	35	221	4	1428	800	486	142
30-34岁	362	19	50	290	3	1901	925	779	197
35-39岁	417	14	62	335	6	1356	684	513	159
40-44岁	391	18	56	315	2	1017	479	370	168
45-49岁	589	16	33	537	3	984	448	307	229
50-54岁	701	8	40	652	1	898	383	214	301
55-59岁	626	12	36	577	1	564	236	82	246
60-64岁	381	2	19	360		275	102	24	149
65-69岁	239	1	4	234		142	63	11	68
70-74岁	36	1	2	33		20	5	1	14
75岁及以上	2			2		1			1
女	**2013**	**42**	**192**	**1763**	**16**	**16207**	**13000**	**703**	**2504**
16-19岁	3			3		306	291	6	9
20-24岁	89	4	4	79	2	1074	942	45	87
25-29岁	177	4	40	129	4	1371	1134	95	142
30-34岁	250	13	44	188	5	1785	1467	149	169
35-39岁	225	7	40	176	2	1529	1181	153	195
40-44岁	246	7	21	215	3	1833	1442	98	293
45-49岁	359	1	16	342		3115	2430	77	608
50-54岁	308	2	16	290		3134	2486	48	600
55-59岁	195	3	6	186		1519	1209	21	289
60-64岁	107		2	105		395	311	8	76
65-69岁	45		2	43		130	95	3	32
70-74岁	7		1	6		15	11		4
75岁及以上	2	1		1		1	1		

4-10　续表 11　　　　　　　　　　　　　　　　　　　　　　　　　　　　　单位：人

年龄组 性　别	教育		卫生和社会工作			文化、体育和娱乐业				
	小计	教育	小计	卫生	社会工作	小计	新闻和出版业	广播、电视、电影和录音制作业	文　化艺术业	体育
总　计	**23886**	**23886**	**12159**	**11150**	**1009**	**14671**	**2273**	**4417**	**2855**	**1786**
16-19岁	312	312	67	65	2	148	3	21	28	52
20-24岁	3424	3424	1462	1390	72	1640	141	503	323	327
25-29岁	6308	6308	2775	2703	72	3453	529	1166	568	471
30-34岁	5185	5185	2854	2754	100	3535	526	1181	646	382
35-39岁	3294	3294	1903	1802	101	2562	497	751	496	204
40-44岁	1946	1946	968	865	103	1525	321	375	313	147
45-49岁	1466	1466	775	596	179	848	131	233	196	76
50-54岁	1067	1067	727	509	218	532	69	113	158	58
55-59岁	662	662	416	304	112	300	36	52	94	48
60-64岁	152	152	142	104	38	78	12	13	15	17
65-69岁	59	59	58	47	11	37	7	7	12	3
70-74岁	9	9	8	8		5			3	1
75岁及以上	2	2	4	3	1	8	1	2	3	
男	**8667**	**8667**	**3330**	**2989**	**341**	**7296**	**866**	**2308**	**1394**	**1009**
16-19岁	104	104	22	22		81	2	12	11	31
20-24岁	1080	1080	277	262	15	820	41	265	137	210
25-29岁	2070	2070	554	529	25	1551	164	530	237	274
30-34岁	1825	1825	615	577	38	1702	172	617	296	204
35-39岁	1176	1176	577	533	44	1231	184	394	238	101
40-44岁	745	745	354	319	35	814	157	208	166	79
45-49岁	600	600	280	228	52	451	63	144	113	27
50-54岁	505	505	312	248	64	339	44	81	103	36
55-59岁	405	405	217	176	41	209	26	40	66	29
60-64岁	109	109	82	62	20	58	6	11	11	14
65-69岁	41	41	30	24	6	30	6	5	11	3
70-74岁	6	6	6	6		4			3	1
75岁及以上	1	1	4	3	1	6	1	1	2	
女	**15219**	**15219**	**8829**	**8161**	**668**	**7375**	**1407**	**2109**	**1461**	**777**
16-19岁	208	208	45	43	2	67	1	9	17	21
20-24岁	2344	2344	1185	1128	57	820	100	238	186	117
25-29岁	4238	4238	2221	2174	47	1902	365	636	331	197
30-34岁	3360	3360	2239	2177	62	1833	354	564	350	178
35-39岁	2118	2118	1326	1269	57	1331	313	357	258	103
40-44岁	1201	1201	614	546	68	711	164	167	147	68
45-49岁	866	866	495	368	127	397	68	89	83	49
50-54岁	562	562	415	261	154	193	25	32	55	22
55-59岁	257	257	199	128	71	91	10	12	28	19
60-64岁	43	43	60	42	18	20	6	2	4	3
65-69岁	18	18	28	23	5	7	1	2	1	
70-74岁	3	3	2	2		1				
75岁及以上	1	1				2		1	1	

4–10 续表 12

单位：人

年龄组 性别	娱乐业	公共管理、社会保障和社会组织						国际组织	
		小计	中国共产党机关	国家机构	人民政协、民主党派	社会保障	群众团体、社会团体和其他成员组织	基层群众自治组织	小计	国际组织
总　计	**3340**	**6105**	**163**	**4217**	**14**	**63**	**1188**	**460**	**55**	**55**
16–19岁	44	89	4	72			9	4		
20–24岁	346	582	22	486		4	50	20	3	3
25–29岁	719	1014	28	720	4	16	209	37	12	12
30–34岁	800	1093	22	749	1	9	260	52	14	14
35–39岁	614	941	32	583	2	13	235	76	8	8
40–44岁	369	697	18	429	1	7	189	53	8	8
45–49岁	212	587	8	415	3	6	92	63	3	3
50–54岁	134	510	12	358	1	5	71	63	4	4
55–59岁	70	448	13	338	2	3	45	47	3	3
60–64岁	21	84	2	36			22	24		
65–69岁	8	50	2	27			6	15		
70–74岁	1	9		4				5		
75岁及以上	2	1						1		
男	**1719**	**3484**	**91**	**2543**	**9**	**28**	**542**	**271**	**20**	**20**
16–19岁	25	59	3	50			4	2		
20–24岁	167	364	8	325		3	17	11	1	1
25–29岁	346	523	10	396	4	5	85	23	5	5
30–34岁	413	549	18	403	1	4	100	23	2	2
35–39岁	314	456	16	305	1	4	102	28	3	3
40–44岁	204	395	9	253	1	4	102	26	1	1
45–49岁	104	349	5	250	1	4	48	41	3	3
50–54岁	75	341	9	246		2	40	44	2	2
55–59岁	48	336	9	263	1	2	26	35	3	3
60–64岁	16	63	2	28			13	20		
65–69岁	5	40	2	20			5	13		
70–74岁		8		4				4		
75岁及以上	2	1						1		
女	**1621**	**2621**	**72**	**1674**	**5**	**35**	**646**	**189**	**35**	**35**
16–19岁	19	30	1	22			5	2		
20–24岁	179	218	14	161		1	33	9	2	2
25–29岁	373	491	18	324		11	124	14	7	7
30–34岁	387	544	4	346		5	160	29	12	12
35–39岁	300	485	16	278	1	9	133	48	5	5
40–44岁	165	302	9	176		3	87	27	7	7
45–49岁	108	238	3	165	2	2	44	22		
50–54岁	59	169	3	112	1	3	31	19	2	2
55–59岁	22	112	4	75	1	1	19	12		
60–64岁	5	21		8			9	4		
65–69岁	3	10		7			1	2		
70–74岁	1	1						1		
75岁及以上										

4-11　各地区分性别、职业中类的就业人口

单位：人

地　区 性　别	合计	党的机关、国家机关、群众团体和社会组织、企事业单位负责人						
		小计	中国共产党机关负责人	国家机关负责人	民主党派和工商联负责人	人民团体和群众团体、社会组织及其他成员组织负责人	基层群众自治组织负责人	企事业单位负责人
北　京	**1015007**	**41802**	**93**	**1158**	**9**	**794**	**663**	**39085**
东城区	31286	1815	4	57	1	38	3	1712
西城区	50865	2642	8	136		59	5	2434
朝阳区	158963	5638	1	89	1	74	41	5432
丰台区	98285	3751	32	132		147	22	3418
石景山区	24288	1105		22		21	18	1044
海淀区	146051	9130	12	233	1	117	38	8729
门头沟区	15297	436	3	23		10	40	360
房山区	53526	2296	2	58	1	66	60	2109
通州区	79387	4033	4	65	1	54	62	3847
顺义区	71523	1226	1	35		28	58	1104
昌平区	118911	3012	6	67		56	102	2781
大兴区	89988	4563	16	95	2	76	63	4311
怀柔区	18923	605		32		6	30	537
平谷区	21138	634	2	38	2	30	36	526
密云区	23003	513	1	40		5	54	413
延庆区	13573	403	1	36		7	31	328
男	**587409**	**29324**	**57**	**823**	**6**	**481**	**424**	**27533**
东城区	16753	1228	2	41	1	19	1	1164
西城区	27395	1761	5	88		33	2	1633
朝阳区	87721	3947	1	74		41	16	3815
丰台区	54870	2618	14	84		99	8	2413
石景山区	13428	751		13		12	8	718
海淀区	80768	6222	8	157		66	11	5980
门头沟区	8896	304	2	14		6	22	260
房山区	32497	1639	2	45		41	43	1508
通州区	47687	2859	2	46	1	36	43	2731
顺义区	44283	877	1	24		15	41	796
昌平区	71733	2191	6	51		38	70	2026
大兴区	54698	3303	11	76	2	43	40	3131
怀柔区	11718	469		24		5	26	414
平谷区	12577	451	2	28	2	18	28	373
密云区	13972	407	1	30		5	43	328
延庆区	8413	297		28		4	22	243
女	**427598**	**12478**	**36**	**335**	**3**	**313**	**239**	**11552**
东城区	14533	587	2	16		19	2	548
西城区	23470	881	3	48		26	3	801
朝阳区	71242	1691		15	1	33	25	1617
丰台区	43415	1133	18	48		48	14	1005
石景山区	10860	354		9		9	10	326
海淀区	65283	2908	4	76	1	51	27	2749
门头沟区	6401	132	1	9		4	18	100
房山区	21029	657		13	1	25	17	601
通州区	31700	1174	2	19		18	19	1116
顺义区	27240	349		11		13	17	308
昌平区	47178	821		16		18	32	755
大兴区	35290	1260	5	19		33	23	1180
怀柔区	7205	136		8		1	4	123
平谷区	8561	183		10		12	8	153
密云区	9031	106		10			11	85
延庆区	5160	106	1	8		3	9	85

4-11 续表 1 单位：人

地区 性别	专业技术人员 小计	科学研究人员	工程技术人员	农业技术人员	飞机和船舶技术人员	卫生专业技术人员	经济和金融专业人员	法律、社会和宗教专业人员	教学人员	文学艺术、体育专业人员
北京	**260724**	**7310**	**74347**	**947**	**619**	**27428**	**73407**	**9090**	**46195**	**8945**
东城区	8940	239	1790	14	21	1187	3010	523	1191	292
西城区	16466	447	3993	29	23	1865	5646	685	2178	549
朝阳区	45165	1307	11263	105	123	3503	15059	2018	6542	2347
丰台区	28193	432	8252	81	35	3306	8660	1251	3954	887
石景山区	7753	245	2268	12	9	936	2076	342	1196	202
海淀区	47612	2692	14360	207	32	4293	11497	1334	9612	1179
门头沟区	3410	58	723	9		584	917	157	807	55
房山区	12193	212	3674	48	6	1692	2914	348	2661	218
通州区	17699	209	4501	53	25	1892	5358	588	3199	1095
顺义区	11657	123	3349	57	273	1269	3150	299	2415	414
昌平区	30019	714	10963	113	21	2572	7205	620	5821	984
大兴区	20031	543	6613	87	36	2145	5394	615	3330	555
怀柔区	2899	32	728	48	1	434	613	69	818	81
平谷区	3378	18	737	25	11	679	726	105	959	38
密云区	3224	20	720	25	3	681	744	82	856	33
延庆区	2085	19	413	34		390	438	54	656	16
男	**116939**	**3912**	**55494**	**607**	**581**	**6730**	**22214**	**3664**	**14055**	**4915**
东城区	3737	131	1313	9	20	326	976	207	332	163
西城区	7223	226	2830	14	17	527	1982	281	614	320
朝阳区	20161	697	8240	63	116	935	4920	836	1984	1231
丰台区	12422	207	6172	49	32	755	2712	482	1028	492
石景山区	3454	150	1703	3	8	225	621	116	321	111
海淀区	21293	1503	10095	115	30	927	3168	535	3476	607
门头沟区	1362	29	553	6		138	302	63	208	31
房山区	5572	131	2946	36	6	394	831	144	801	119
通州区	7841	112	3524	39	23	461	1585	240	917	616
顺义区	5239	60	2607	43	265	307	822	114	657	245
昌平区	14663	384	8304	80	18	647	2050	270	1950	567
大兴区	9259	234	5033	50	34	541	1597	259	923	308
怀柔区	1245	16	596	37	1	112	153	32	213	57
平谷区	1364	13	611	19	9	164	183	39	275	20
密云区	1279	11	621	19	2	168	192	24	206	18
延庆区	825	8	346	25		103	120	22	150	10
女	**143785**	**3398**	**18853**	**340**	**38**	**20698**	**51193**	**5426**	**32140**	**4030**
东城区	5203	108	477	5	1	861	2034	316	859	129
西城区	9243	221	1163	15	6	1338	3664	404	1564	229
朝阳区	25004	610	3023	42	7	2568	10139	1182	4558	1116
丰台区	15771	225	2080	32	3	2551	5948	769	2926	395
石景山区	4299	95	565	9	1	711	1455	226	875	91
海淀区	26319	1189	4265	92	2	3366	8329	799	6136	572
门头沟区	2048	29	170	3		446	615	94	599	24
房山区	6621	81	728	12		1298	2083	204	1860	99
通州区	9858	97	977	14	2	1431	3773	348	2282	479
顺义区	6418	63	742	14	8	962	2328	185	1758	169
昌平区	15356	330	2659	33	3	1925	5155	350	3871	417
大兴区	10772	309	1580	37	2	1604	3797	356	2407	247
怀柔区	1654	16	132	11		322	460	37	605	24
平谷区	2014	5	126	6	2	515	543	66	684	18
密云区	1945	9	99	6	1	513	552	58	650	15
延庆区	1260	11	67	9		287	318	32	506	6

4-11 续表 2

单位：人

地区 性别	专业技术人员		办事人员和有关人员				社会生产服务和生活服务人员		
	新闻出版、文化专业人员	其他专业技术人员	小计	办事人员	安全和消防人员	其他办事人员和有关人员	小计	批发与零售服务人员	交通运输、仓储和邮政业服务人员
北京	**11467**	**969**	**154552**	**133156**	**20552**	**844**	**436524**	**135129**	**69116**
东城区	631	42	6917	6001	868	48	12343	3976	1263
西城区	977	74	10403	9231	1127	45	19532	4982	1769
朝阳区	2705	193	27855	25332	2344	179	71032	24228	8582
丰台区	1284	51	16895	14958	1881	56	42354	15737	5929
石景山区	413	54	4520	4014	475	31	9023	2957	1148
海淀区	2177	229	22917	19659	3088	170	56786	14981	5302
门头沟区	96	4	2421	2115	303	3	7119	1930	1537
房山区	381	39	7389	5981	1374	34	22641	7299	5039
通州区	719	60	10385	8705	1622	58	35565	12303	6806
顺义区	269	39	9045	7407	1578	60	33154	8222	9425
昌平区	926	80	12925	11688	1186	51	59204	18050	7209
大兴区	655	58	11574	9509	2009	56	37372	12764	7565
怀柔区	71	4	2683	2052	628	3	7361	1835	1621
平谷区	64	16	2646	2025	596	25	7803	2135	2216
密云区	59	1	3786	2868	916	2	9567	2572	2474
延庆区	40	25	2191	1611	557	23	5668	1158	1231
男	**4148**	**619**	**84183**	**65385**	**18352**	**446**	**261773**	**70941**	**57980**
东城区	235	25	3770	2955	782	33	7015	2017	1061
西城区	368	44	5748	4730	992	26	11214	2549	1482
朝阳区	1020	119	14591	12426	2067	98	41273	12722	7167
丰台区	464	29	9227	7544	1659	24	24855	8253	4989
石景山区	160	36	2494	2054	420	20	5156	1492	904
海淀区	702	135	12299	9448	2764	87	33288	7919	4522
门头沟区	29	3	1324	1049	274	1	4376	931	1274
房山区	133	31	4100	2851	1233	16	14078	3799	4336
通州区	280	44	5729	4228	1475	26	22207	6528	5812
顺义区	89	30	5073	3636	1413	24	20064	4274	7465
昌平区	343	50	6715	5648	1035	32	37115	9891	6200
大兴区	244	36	6328	4514	1783	31	23058	6938	6253
怀柔区	25	3	1583	1000	581	2	4343	906	1387
平谷区	20	11	1542	1000	530	12	4776	999	1924
密云区	17	1	2295	1455	839	1	5608	1196	2148
延庆区	19	22	1365	847	505	13	3347	527	1056
女	**7319**	**350**	**70369**	**67771**	**2200**	**398**	**174751**	**64188**	**11136**
东城区	396	17	3147	3046	86	15	5328	1959	202
西城区	609	30	4655	4501	135	19	8318	2433	287
朝阳区	1685	74	13264	12906	277	81	29759	11506	1415
丰台区	820	22	7668	7414	222	32	17499	7484	940
石景山区	253	18	2026	1960	55	11	3867	1465	244
海淀区	1475	94	10618	10211	324	83	23498	7062	780
门头沟区	67	1	1097	1066	29	2	2743	999	263
房山区	248	8	3289	3130	141	18	8563	3500	703
通州区	439	16	4656	4477	147	32	13358	5775	994
顺义区	180	9	3972	3771	165	36	13090	3948	1960
昌平区	583	30	6210	6040	151	19	22089	8159	1009
大兴区	411	22	5246	4995	226	25	14314	5826	1312
怀柔区	46	1	1100	1052	47	1	3018	929	234
平谷区	44	5	1104	1025	66	13	3027	1136	292
密云区	42		1491	1413	77	1	3959	1376	326
延庆区	21	3	826	764	52	10	2321	631	175

4–11 续表 3 单位：人

地区 性别	社会生产服务和生活服务人员								
	住宿和餐饮服务人员	信息传输、软件和信息技术服务人员	金融服务人员	房地产服务人员	租赁和商务服务人员	技术辅助服务人员	水利、环境和公共设施管理服务人员	居民服务人员	电力、燃气及水供应服务人员
北京	**41395**	**48577**	**16974**	**14564**	**23923**	**16731**	**29323**	**21761**	**3314**
东城区	1698	941	975	477	719	470	634	696	96
西城区	3175	1593	1808	1082	1571	559	987	1185	161
朝阳区	5964	7623	3282	2709	4082	3908	3540	3859	349
丰台区	3115	3755	2183	1565	2414	1604	2154	2095	258
石景山区	663	1139	551	341	487	365	420	483	89
海淀区	7224	10247	2065	2226	3149	1928	3607	3831	362
门头沟区	572	669	282	364	438	154	573	279	92
房山区	1941	1372	628	565	1143	695	1725	975	312
通州区	2431	2738	1106	932	1767	1784	2770	1303	259
顺义区	3243	2134	754	653	1836	1013	2979	1588	276
昌平区	4686	13014	1293	1994	2989	2127	2895	2659	368
大兴区	2852	2518	1031	1043	2170	1420	2859	1518	285
怀柔区	1110	224	184	149	311	182	998	373	76
平谷区	761	264	272	101	341	184	809	313	111
密云区	1220	224	418	243	204	208	1202	393	92
延庆区	740	122	142	120	302	130	1171	211	128
男	**22200**	**34224**	**7620**	**9756**	**15073**	**9498**	**14176**	**5943**	**2811**
东城区	943	674	433	341	440	259	314	182	80
西城区	1758	1092	879	743	1082	309	516	247	121
朝阳区	3452	5307	1500	1820	2339	2114	1479	1078	286
丰台区	1622	2648	948	1056	1479	922	1026	618	195
石景山区	346	771	240	250	276	208	205	115	73
海淀区	4047	7104	897	1506	1958	1068	1677	911	311
门头沟区	280	485	114	244	316	86	291	94	79
房山区	929	961	292	335	791	435	885	312	275
通州区	1407	1957	548	631	1054	1059	1477	442	226
顺义区	1604	1445	326	396	1127	603	1405	357	243
昌平区	2506	9487	597	1359	2062	1208	1308	743	328
大兴区	1502	1766	469	694	1444	795	1442	492	245
怀柔区	537	142	69	98	177	114	500	121	63
平谷区	321	166	112	72	223	114	429	69	102
密云区	594	145	138	130	113	125	632	89	70
延庆区	352	74	58	81	192	79	590	73	114
女	**19195**	**14353**	**9354**	**4808**	**8850**	**7233**	**15147**	**15818**	**503**
东城区	755	267	542	136	279	211	320	514	16
西城区	1417	501	929	339	489	250	471	938	40
朝阳区	2512	2316	1782	889	1743	1794	2061	2781	63
丰台区	1493	1107	1235	509	935	682	1128	1477	63
石景山区	317	368	311	91	211	157	215	368	16
海淀区	3177	3143	1168	720	1191	860	1930	2920	51
门头沟区	292	184	168	120	122	68	282	185	13
房山区	1012	411	336	230	352	260	840	663	37
通州区	1024	781	558	301	713	725	1293	861	33
顺义区	1639	689	428	257	709	410	1574	1231	33
昌平区	2180	3527	696	635	927	919	1587	1916	40
大兴区	1350	752	562	349	726	625	1417	1026	40
怀柔区	573	82	115	51	134	68	498	252	13
平谷区	440	98	160	29	118	70	380	244	9
密云区	626	79	280	113	91	83	570	304	22
延庆区	388	48	84	39	110	51	581	138	14

4-11　续表 4　　　　单位：人

地　区 性　别	社会生产服务和生活服务人员				农、林、牧、渔业生产及辅助人员				
	修理及制作服务人员	文化、体育和娱乐服务人员	健康服务人员	其他社会生产和生活服务人员	小计	农业生产人员	林业生产人员	畜牧业生产人员	渔业生产人员
北　京	**9122**	**4757**	**1657**	**181**	**14568**	**10441**	**2755**	**963**	**144**
东城区	173	149	55	21	11	5	2	2	1
西城区	251	284	113	12	33	20	2	6	2
朝阳区	1413	1184	267	42	120	43	44	24	2
丰台区	834	522	181	8	109	52	31	13	3
石景山区	204	122	53	1	40	29	6	1	1
海淀区	1037	606	187	34	442	293	100	28	3
门头沟区	147	48	34		302	80	214	3	
房山区	663	184	93	7	1236	786	308	108	9
通州区	843	428	87	8	937	591	225	72	26
顺义区	745	205	71	10	1349	982	138	180	24
昌平区	1148	551	210	11	1151	558	399	140	14
大兴区	908	258	170	11	1586	1429	56	70	7
怀柔区	185	77	32	4	814	272	496	14	4
平谷区	228	29	36	3	3257	2957	107	131	31
密云区	208	70	39		2036	1769	170	75	16
延庆区	135	40	29	9	1145	575	457	96	1
男	**8287**	**2655**	**521**	**88**	**8796**	**6165**	**1662**	**680**	**112**
东城区	157	86	15	13	9	4	2	2	
西城区	226	163	42	5	22	13	1	3	2
朝阳区	1280	632	77	20	90	32	37	16	2
丰台区	757	278	63	1	78	35	22	10	2
石景山区	184	69	22	1	31	22	6	1	1
海淀区	954	341	56	17	293	195	67	17	2
门头沟区	138	32	12		153	52	95	3	
房山区	599	100	25	4	769	479	180	90	6
通州区	766	267	31	2	623	370	161	55	20
顺义区	681	117	18	3	851	579	102	133	20
昌平区	1037	324	58	7	692	337	225	85	13
大兴区	823	137	55	3	936	824	44	49	4
怀柔区	177	37	11	4	473	181	263	12	2
平谷区	205	20	18	2	1846	1645	82	76	23
密云区	180	37	11		1212	1033	105	56	14
延庆区	123	15	7	6	718	364	270	72	1
女	**835**	**2102**	**1136**	**93**	**5772**	**4276**	**1093**	**283**	**32**
东城区	16	63	40	8	2	1			1
西城区	25	121	71	7	11	7	1	3	
朝阳区	133	552	190	22	30	11	7	8	
丰台区	77	244	118	7	31	17	9	3	1
石景山区	20	53	31		9	7			
海淀区	83	265	131	17	149	98	33	11	1
门头沟区	9	16	22		149	28	119		
房山区	64	84	68	3	467	307	128	18	3
通州区	77	161	56	6	314	221	64	17	6
顺义区	64	88	53	7	498	403	36	47	4
昌平区	111	227	152	4	459	221	174	55	1
大兴区	85	121	115	8	650	605	12	21	3
怀柔区	8	40	21		341	91	233	2	2
平谷区	23	9	18	1	1411	1312	25	55	8
密云区	28	33	28		824	736	65	19	2
延庆区	12	25	22	3	427	211	187	24	

4–11 续表 5 单位：人

地区 性别	农林牧渔生产辅助人员	其他农、林、牧、渔业生产加工人员	生产制造及有关人员						
			小计	农副产品加工人员	食品、饮料生产加工人员	烟草及其制品加工人员	纺织、针织、印染人员	纺织品、服装和皮革、毛皮制品加工制作人员	木材加工、家具与木制品制作人员
北京	**248**	**17**	**105932**	**917**	**3126**	**49**	**111**	**1673**	**2623**
东城区	1		1218	7	34		2	17	7
西城区	3		1754	7	54	3	2	10	8
朝阳区	7		9053	21	235	1	8	114	220
丰台区	10		6983	38	138	3	8	89	132
石景山区	3		1796	1	27		2	15	35
海淀区	17	1	8819	13	184	1	5	73	193
门头沟区	5		1584	5	18		3	5	18
房山区	20	5	7771	121	180	2	12	146	110
通州区	23		10618	119	304	34	4	183	377
顺义区	23	2	15092	173	642		20	325	344
昌平区	36	4	12600	76	386	3	6	93	301
大兴区	23	1	14745	121	338	1	13	373	602
怀柔区	28		4561	92	253			18	94
平谷区	29	2	3391	52	188	1	12	115	45
密云区	6		3876	44	120		9	86	52
延庆区	14	2	2071	27	25		5	11	85
男	**167**	**10**	**85841**	**539**	**1648**	**29**	**37**	**616**	**2353**
东城区	1		968	7	18		1	10	6
西城区	3		1404	4	30	3	1	5	7
朝阳区	3		7591	13	127		3	49	208
丰台区	9		5670	22	71	1	3	45	127
石景山区	1		1511	1	16		1	5	35
海淀区	11	1	7175	9	90	1	4	39	174
门头沟区	3		1366	2	12		2	1	16
房山区	11	3	6339	63	92	1	1	48	100
通州区	17		8335	75	157	21	3	62	326
顺义区	16	1	12179	99	394		9	83	287
昌平区	29	3	10357	51	191		3	37	276
大兴区	14	1	11735	68	164	1	4	180	547
怀柔区	15		3605	54	130			5	80
平谷区	19	1	2580	32	73	1	1	25	37
密云区	4		3170	21	72		1	21	44
延庆区	11		1856	18	11			1	83
女	**81**	**7**	**20091**	**378**	**1478**	**20**	**74**	**1057**	**270**
东城区			250		16		1	7	1
西城区			350	3	24		1	5	1
朝阳区	4		1462	8	108	1	5	65	12
丰台区	1		1313	16	67	2	5	44	5
石景山区	2		285		11		1	10	
海淀区	6		1644	4	94		1	34	19
门头沟区	2		218	3	6		1	4	2
房山区	9	2	1432	58	88	1	11	98	10
通州区	6		2283	44	147	13	1	121	51
顺义区	7	1	2913	74	248		11	242	57
昌平区	7	1	2243	25	195	3	3	56	25
大兴区	9		3010	53	174		9	193	55
怀柔区	13		956	38	123			13	14
平谷区	10	1	811	20	115		11	90	8
密云区	2		706	23	48		8	65	8
延庆区	3	2	215	9	14		5	10	2

4-11　续表 6　　　　单位：人

地区 性别	生产制造及有关人员 纸及纸制品生产加工人员	印刷和记录媒介复制人员	文教、工美、体育和娱乐用品制造人员	石油加工和炼焦、煤化工生产人员	化学原料和化学制品制造人员	医药制造人员	化学纤维制造人员	橡胶和塑料制品制造人员	非金属矿物制品制造人员
北　京	**268**	**1448**	**652**	**226**	**765**	**1986**	**19**	**386**	**979**
东城区	1	31	19	1	7	35		1	4
西城区	9	108	35	6	11	47		3	5
朝阳区	6	137	48	10	41	121		8	74
丰台区	3	105	68	3	68	100		20	72
石景山区	2	18	8	1	4	26		4	5
海淀区	12	118	41	23	48	149		11	81
门头沟区	1	10	10	3	10	11		2	3
房山区	79	61	46	129	222	107	2	85	134
通州区	25	233	106	5	76	307	1	40	103
顺义区	36	169	104	10	65	129	1	46	123
昌平区	16	131	53	3	44	256		14	173
大兴区	15	223	68	28	86	501	1	47	70
怀柔区	13	32	13	1	32	73	14	43	12
平谷区	30	8	22	3	24	59		20	40
密云区	18	55	7		24	33		40	57
延庆区	2	9	4		3	32		2	23
男	**166**	**918**	**402**	**166**	**504**	**934**	**9**	**272**	**824**
东城区		15	13		5	13		1	4
西城区	5	81	24	5	6	22		2	5
朝阳区	4	74	27	8	24	51		6	62
丰台区	2	66	37	2	38	47		17	63
石景山区		15	7	1	3	12		3	2
海淀区	9	76	19	13	32	59		7	70
门头沟区		6	7	3	4	6		2	2
房山区	57	39	32	93	163	38	2	58	107
通州区	11	147	67	5	52	154		27	83
顺义区	25	108	64	10	41	54	1	34	101
昌平区	9	76	36	2	31	133		11	157
大兴区	7	155	45	20	59	261	1	35	59
怀柔区	5	20	5	1	15	27	5	31	4
平谷区	19	4	10	3	11	26		13	36
密云区	12	31	5		18	15		23	49
延庆区	1	5	4		2	16		2	20
女	**102**	**530**	**250**	**60**	**261**	**1052**	**10**	**114**	**155**
东城区	1	16	6	1	2	22			
西城区	4	27	11	1	5	25		1	
朝阳区	2	63	21	2	17	70		2	12
丰台区	1	39	31	1	30	53		3	9
石景山区	2	3	1		1	14		1	3
海淀区	3	42	22	10	16	90		4	11
门头沟区	1	4	3		6	5			1
房山区	22	22	14	36	59	69		27	27
通州区	14	86	39		24	153	1	13	20
顺义区	11	61	40		24	75		12	22
昌平区	7	55	17	1	13	123		3	16
大兴区	8	68	23	8	27	240		12	11
怀柔区	8	12	8		17	46	9	12	8
平谷区	11	4	12		13	33		7	4
密云区	6	24	2		6	18		17	8
延庆区	1	4			1	16			3

4–11 续表 7 单位：人

地区 性别	生产制造及有关人员								
	采矿人员	金属冶炼和压延加工人员	机械制造基础加工人员	金属制品制造人员	通用设备制造人员	专用设备制造人员	汽车制造人员	铁路、船舶、航空设备制造人员	电气机械和器材制造人员
北京	**329**	**433**	**3473**	**1256**	**840**	**977**	**3770**	**636**	**913**
东城区	5	1	32	8	4	10	11	9	3
西城区	9	5	19	6	10	19	19	20	18
朝阳区	22	7	132	59	50	43	54	52	52
丰台区	28	23	278	60	105	88	71	127	45
石景山区	4	38	80	10	17	11	7	9	8
海淀区	52	73	234	57	50	68	40	78	43
门头沟区	18	27	56	15	2	9	9	15	6
房山区	39	33	427	121	67	48	190	38	69
通州区	17	22	315	136	98	134	409	24	216
顺义区	6	27	465	256	96	77	1024	60	74
昌平区	34	53	508	144	121	161	255	61	54
大兴区	23	53	359	128	100	178	586	77	113
怀柔区		25	167	74	20	36	533	18	86
平谷区	5	15	118	74	28	64	301	20	24
密云区	67	20	222	66	65	25	247	14	69
延庆区		11	61	42	7	6	14	14	33
男	**285**	**374**	**3140**	**1029**	**694**	**582**	**3113**	**524**	**681**
东城区	5	1	30	6	3	8	9	7	3
西城区	8	5	14	6	7	12	16	16	10
朝阳区	19	5	121	48	47	30	39	42	42
丰台区	22	19	253	52	75	56	60	112	33
石景山区	4	33	72	9	14	9	7	6	7
海淀区	36	64	201	52	39	41	35	52	28
门头沟区	18	25	52	13	2	4	8	13	4
房山区	32	28	399	100	64	30	168	33	64
通州区	15	15	275	112	80	90	351	20	155
顺义区	6	24	427	222	86	45	796	51	58
昌平区	30	49	444	114	102	98	209	57	37
大兴区	20	39	330	105	68	98	491	60	79
怀柔区		23	155	58	16	9	458	12	66
平谷区	5	15	102	58	25	33	253	16	23
密云区	65	19	205	41	59	14	200	13	52
延庆区		10	60	33	7	5	13	14	20
女	**44**	**59**	**333**	**227**	**146**	**395**	**657**	**112**	**232**
东城区			2	2	1	2	2	2	
西城区	1		5		3	7	3	4	8
朝阳区	3	2	11	11	3	13	15	10	10
丰台区	6	4	25	8	30	32	11	15	12
石景山区		5	8	1	3	2		3	1
海淀区	16	9	33	5	11	27	5	26	15
门头沟区		2	4	2		5	1	2	2
房山区	7	5	28	21	3	18	22	5	5
通州区	2	7	40	24	18	44	58	4	61
顺义区		3	38	34	10	32	228	9	16
昌平区	4	4	64	30	19	63	46	4	17
大兴区	3	14	29	23	32	80	95	17	34
怀柔区		2	12	16	4	27	75	6	20
平谷区			16	16	3	31	48	4	1
密云区	2	1	17	25	6	11	47	1	17
延庆区		1	1	9		1	1		13

4-11 续表 8 单位：人

地区 性别	生产制造及有关人员								不便分类的其他从业人员
	计算机、通信和其他电子设备制造人员	仪器仪表制造人员	废弃资源综合利用人员	电力、热力、气体、水生产和输配人员	建筑施工人员	运输设备和通用工程机械操作人员及有关人员	生产辅助人员	其他生产制造及有关人员	
北　京	**6102**	**271**	**152**	**1353**	**44397**	**4372**	**21227**	**203**	**905**
东城区	66	2		30	431	48	392		42
西城区	87	16	8	62	581	83	479	5	35
朝阳区	282	16	15	129	4796	383	1900	17	100
丰台区	369	16	12	139	2582	407	1779	7	
石景山区	74	6	1	44	725	138	471	5	51
海淀区	650	49	18	145	3757	280	2247	26	345
门头沟区	51	4	1	82	695	168	322	5	25
房山区	320	26	14	145	2698	389	1697	14	
通州区	941	34	8	61	3968	353	1955	10	150
顺义区	704	21	19	89	6773	491	2690	33	
昌平区	912	41	12	115	6070	364	2102	38	
大兴区	1125	31	25	160	6033	570	2682	15	117
怀柔区	138	2	8	51	1741	202	755	15	
平谷区	234	3	7	39	1018	163	647	12	29
密云区	112	4		35	1370	194	820	1	1
延庆区	37		4	27	1159	139	289		10
男	**4174**	**185**	**114**	**1167**	**40254**	**4067**	**15892**	**149**	**553**
东城区	44	1		26	404	35	293		26
西城区	65	13	5	50	532	74	367	4	23
朝阳区	207	9	11	110	4360	355	1479	11	68
丰台区	282	10	9	114	2332	357	1339	4	
石景山区	59	5	1	36	633	124	387	4	31
海淀区	474	44	13	122	3439	263	1650	20	198
门头沟区	35	1	1	73	632	151	266	5	11
房山区	267	21	11	115	2419	364	1319	11	
通州区	643	21	5	50	3554	337	1414	8	93
顺义区	442	13	17	80	6095	457	2027	23	
昌平区	609	21	7	108	5540	343	1547	29	
大兴区	722	21	21	146	5470	551	1899	9	79
怀柔区	85		5	46	1529	181	571	9	
平谷区	138	2	6	35	937	155	475	11	18
密云区	75	3		30	1267	184	630	1	1
延庆区	27		2	26	1111	136	229		5
女	**1928**	**86**	**38**	**186**	**4143**	**305**	**5335**	**54**	**352**
东城区	22	1		4	27	13	99		16
西城区	22	3	3	12	49	9	112	1	12
朝阳区	75	7	4	19	436	28	421	6	32
丰台区	87	6	3	25	250	50	440	3	
石景山区	15	1		8	92	14	84	1	20
海淀区	176	5	5	23	318	17	597	6	147
门头沟区	16	3		9	63	17	56		14
房山区	53	5	3	30	279	25	378	3	
通州区	298	13	3	11	414	16	541	2	57
顺义区	262	8	2	9	678	34	663	10	
昌平区	303	20	5	7	530	21	555	9	
大兴区	403	10	4	14	563	19	783	6	38
怀柔区	53	2	3	5	212	21	184	6	
平谷区	96	1	1	4	81	8	172	1	11
密云区	37	1		5	103	10	190		
延庆区	10		2	1	48	3	60		5

4-11a 各地区分性别、职业中类的就业人口(城市)

单位：人

地区 性别	合计	党的机关、国家机关、群众团体和社会组织、企事业单位负责人						
		小计	中国共产党机关负责人	国家机关负责人	民主党派和工商联负责人	人民团体和群众团体、社会组织及其他成员组织负责人	基层群众自治组织负责人	企事业单位负责人
北　京	**810074**	**36732**	**78**	**1078**	**6**	**672**	**313**	**34585**
东城区	31286	1815	4	57	1	38	3	1712
西城区	50865	2642	8	136		59	5	2434
朝阳区	157649	5624	1	89	1	74	39	5420
丰台区	97134	3731	32	132		144	22	3401
石景山区	24288	1105		22		21	18	1044
海淀区	141771	8993	12	233	1	116	36	8595
门头沟区	12622	388	3	21		7	20	337
房山区	37512	1925	2	49	1	42	27	1804
通州区	42604	2581	2	50		34	9	2486
顺义区	37295	723	1	26		18	26	652
昌平区	74790	1997	3	50		35	44	1865
大兴区	61193	3751	8	83	1	57	19	3583
怀柔区	12456	478		27		5	11	435
平谷区	9962	391	2	36	1	16	8	328
密云区	12469	368		40		4	20	304
延庆区	6178	220		27		2	6	185
男	**454571**	**25598**	**46**	**764**	**3**	**412**	**149**	**24224**
东城区	16753	1228	2	41	1	19	1	1164
西城区	27395	1761	5	88		33	2	1633
朝阳区	86951	3939	1	74		41	16	3807
丰台区	54149	2607	14	84		98	8	2403
石景山区	13428	751		13		12	8	718
海淀区	77992	6114	8	157		65	9	5875
门头沟区	7249	271	2	12		5	9	243
房山区	22005	1375	2	39		25	17	1292
通州区	23837	1813	1	35		21	4	1752
顺义区	21695	494	1	18		10	12	453
昌平区	43573	1434	3	37		24	24	1346
大兴区	35471	2706	5	67	1	37	9	2587
怀柔区	7520	375		20		4	9	342
平谷区	5708	278	2	27	1	12	4	232
密云区	7228	289		30		4	14	241
延庆区	3617	163		22		2	3	136
女	**355503**	**11134**	**32**	**314**	**3**	**260**	**164**	**10361**
东城区	14533	587	2	16		19	2	548
西城区	23470	881	3	48		26	3	801
朝阳区	70698	1685		15	1	33	23	1613
丰台区	42985	1124	18	48		46	14	998
石景山区	10860	354		9		9	10	326
海淀区	63779	2879	4	76	1	51	27	2720
门头沟区	5373	117	1	9		2	11	94
房山区	15507	550		10	1	17	10	512
通州区	18767	768	1	15		13	5	734
顺义区	15600	229		8		8	14	199
昌平区	31217	563		13		11	20	519
大兴区	25722	1045	3	16		20	10	996
怀柔区	4936	103		7		1	2	93
平谷区	4254	113		9		4	4	96
密云区	5241	79		10			6	63
延庆区	2561	57		5			3	49

4-11a　续表 1　　　　　　　　　　　　　　　　　　　　　　　　　　　单位：人

地区 性别	专业技术人员									
	小计	科学研究人员	工程技术人员	农业技术人员	飞机和船舶技术人员	卫生专业技术人员	经济和金融专业人员	法律、社会和宗教专业人员	教学人员	文学艺术、体育专业人员
北　京	**234315**	**6952**	**66011**	**703**	**528**	**23994**	**66777**	**8527**	**41236**	**7911**
东城区	8940	239	1790	14	21	1187	3010	523	1191	292
西城区	16466	447	3993	29	23	1865	5646	685	2178	549
朝阳区	44969	1305	11193	105	94	3486	15016	2014	6517	2345
丰台区	27953	432	8189	81	35	3265	8606	1239	3904	874
石景山区	7753	245	2268	12	9	936	2076	342	1196	202
海淀区	46866	2684	14132	201	32	4175	11332	1316	9467	1155
门头沟区	3117	55	668	7		539	836	137	726	53
房山区	10055	198	3043	29	5	1332	2413	296	2211	181
通州区	12377	124	2882	22	16	1258	3971	486	2286	702
顺义区	8456	105	2417	29	246	874	2230	241	1818	270
昌平区	22114	536	8255	67	9	1779	5298	490	4244	684
大兴区	16903	515	5521	53	27	1757	4588	519	2796	484
怀柔区	2262	27	532	16	1	335	478	56	693	60
平谷区	2196	11	390	10	7	466	431	71	729	25
密云区	2538	18	558	9	3	493	567	70	754	24
延庆区	1350	11	180	19		247	279	42	526	11
男	**104350**	**3700**	**48662**	**421**	**498**	**5926**	**20468**	**3419**	**12626**	**4235**
东城区	3737	131	1313	9	20	326	976	207	332	163
西城区	7223	226	2830	14	17	527	1982	281	614	320
朝阳区	20051	696	8183	63	88	928	4911	834	1981	1229
丰台区	12314	207	6116	49	32	746	2699	473	1016	486
石景山区	3454	150	1703	3	8	225	621	116	321	111
海淀区	20963	1496	9913	111	30	908	3133	532	3426	593
门头沟区	1244	27	505	4		129	281	51	187	29
房山区	4593	121	2396	22	5	324	695	122	680	93
通州区	5304	63	2220	14	15	319	1228	189	659	356
顺义区	3764	48	1827	22	240	210	609	92	486	149
昌平区	10734	284	6167	45	8	453	1503	215	1415	376
大兴区	7748	217	4122	28	26	450	1378	216	801	260
怀柔区	936	13	426	11	1	86	125	26	184	41
平谷区	828	9	316	7	6	109	108	27	216	11
密云区	981	9	478	7	2	121	138	20	184	11
延庆区	476	3	147	12		65	81	18	124	7
女	**129965**	**3252**	**17349**	**282**	**30**	**18068**	**46309**	**5108**	**28610**	**3676**
东城区	5203	108	477	5	1	861	2034	316	859	129
西城区	9243	221	1163	15	6	1338	3664	404	1564	229
朝阳区	24918	609	3010	42	6	2558	10105	1180	4536	1116
丰台区	15639	225	2073	32	3	2519	5907	766	2888	388
石景山区	4299	95	565	9	1	711	1455	226	875	91
海淀区	25903	1188	4219	90	2	3267	8199	784	6041	562
门头沟区	1873	28	163	3		410	555	86	539	24
房山区	5462	77	647	7		1008	1718	174	1531	88
通州区	7073	61	662	8	1	939	2743	297	1627	346
顺义区	4692	57	590	7	6	664	1621	149	1332	121
昌平区	11380	252	2088	22	1	1326	3795	275	2829	308
大兴区	9155	298	1399	25	1	1307	3210	303	1995	224
怀柔区	1326	14	106	5		249	353	30	509	19
平谷区	1368	2	74	3	1	357	323	44	513	14
密云区	1557	9	80	2	1	372	429	50	570	13
延庆区	874	8	33	7		182	198	24	402	4

4-11a 续表 2

单位：人

地区 性别	专业技术人员		办事人员和有关人员				社会生产服务和生活服务人员		
	新闻出版、文化专业人员	其他专业技术人员	小计	办事人员	安全和消防人员	其他办事人员和有关人员	小计	批发与零售服务人员	交通运输、仓储和邮政业服务人员
北京	**10818**	**858**	**134395**	**117975**	**15665**	**755**	**339418**	**109889**	**43042**
东城区	631	42	6917	6001	868	48	12343	3976	1263
西城区	977	74	10403	9231	1127	45	19532	4982	1769
朝阳区	2701	193	27628	25158	2292	178	70341	24103	8291
丰台区	1278	50	16722	14820	1846	56	41796	15598	5797
石景山区	413	54	4520	4014	475	31	9023	2957	1148
海淀区	2152	220	22347	19256	2925	166	54746	14481	4838
门头沟区	92	4	2073	1851	219	3	5704	1695	1158
房山区	317	30	5714	4780	904	30	14840	5270	2586
通州区	593	37	6814	5955	821	38	17788	6987	1897
顺义区	199	27	5880	5039	808	33	16162	4558	3826
昌平区	698	54	8842	8073	734	35	36637	11079	3268
大兴区	594	49	8724	7496	1176	52	24685	9592	3583
怀柔区	62	2	1967	1579	386	2	4722	1338	998
平谷区	44	12	1765	1415	331	19	3750	1154	938
密云区	42		2706	2226	479	1	4990	1566	1228
延庆区	25	10	1373	1081	274	18	2359	553	454
男	**3865**	**530**	**72244**	**57935**	**13903**	**406**	**200108**	**57549**	**35803**
东城区	235	25	3770	2955	782	33	7015	2017	1061
西城区	368	44	5748	4730	992	26	11214	2549	1482
朝阳区	1019	119	14455	12340	2017	98	40924	12664	7032
丰台区	462	28	9123	7473	1626	24	24496	8180	4877
石景山区	160	36	2494	2054	420	20	5156	1492	904
海淀区	693	128	11932	9226	2621	85	31971	7636	4121
门头沟区	28	3	1127	930	196	1	3480	819	952
房山区	113	22	3053	2238	802	13	8975	2758	2191
通州区	215	26	3670	2920	730	20	10613	3692	1591
顺义区	63	18	3218	2485	714	19	9387	2372	2745
昌平区	236	32	4510	3846	645	19	22798	6007	2787
大兴区	219	31	4589	3538	1024	27	14869	5175	3005
怀柔区	21	2	1137	778	358	1	2726	653	855
平谷区	12	7	1007	707	291	9	2233	541	787
密云区	11		1584	1153	431		2873	733	1036
延庆区	10	9	827	562	254	11	1378	261	377
女	**6953**	**328**	**62151**	**60040**	**1762**	**349**	**139310**	**52340**	**7239**
东城区	396	17	3147	3046	86	15	5328	1959	202
西城区	609	30	4655	4501	135	19	8318	2433	287
朝阳区	1682	74	13173	12818	275	80	29417	11439	1259
丰台区	816	22	7599	7347	220	32	17300	7418	920
石景山区	253	18	2026	1960	55	11	3867	1465	244
海淀区	1459	92	10415	10030	304	81	22775	6845	717
门头沟区	64	1	946	921	23	2	2224	876	206
房山区	204	8	2661	2542	102	17	5865	2512	395
通州区	378	11	3144	3035	91	18	7175	3295	306
顺义区	136	9	2662	2554	94	14	6775	2186	1081
昌平区	462	22	4332	4227	89	16	13839	5072	481
大兴区	375	18	4135	3958	152	25	9816	4417	578
怀柔区	41		830	801	28	1	1996	685	143
平谷区	32	5	758	708	40	10	1517	613	151
密云区	31		1122	1073	48	1	2117	833	192
延庆区	15	1	546	519	20	7	981	292	77

4-11a 续表 3

单位：人

地区 性别	社会生产服务和生活服务人员								
	住宿和餐饮服务人员	信息传输、软件和信息技术服务人员	金融服务人员	房地产服务人员	租赁和商务服务人员	技术辅助服务人员	水利、环境和公共设施管理服务人员	居民服务人员	电力、燃气及水供应服务人员
北京	**31961**	**44001**	**15505**	**12547**	**18897**	**14567**	**16911**	**17741**	**2254**
东城区	1698	941	975	477	719	470	634	696	96
西城区	3175	1593	1808	1082	1571	559	987	1185	161
朝阳区	5907	7602	3272	2699	4003	3894	3502	3840	346
丰台区	3054	3721	2164	1555	2380	1594	2085	2079	254
石景山区	663	1139	551	341	487	365	420	483	89
海淀区	7003	10074	2031	2161	3051	1890	3392	3712	343
门头沟区	442	626	256	310	286	144	290	233	73
房山区	1260	1210	517	422	710	562	790	708	173
通州区	1106	1925	807	658	1056	1292	511	772	104
顺义区	1466	1655	548	379	940	654	764	777	99
昌平区	2535	10782	912	1301	1614	1516	1045	1391	152
大兴区	1807	2215	890	795	1467	1167	1138	1068	144
怀柔区	676	173	152	98	221	132	415	273	49
平谷区	372	139	208	49	158	108	277	160	54
密云区	476	144	320	166	109	143	340	245	44
延庆区	321	62	94	54	125	77	321	119	73
男	**17702**	**30959**	**6985**	**8363**	**11543**	**8130**	**7783**	**4821**	**1847**
东城区	943	674	433	341	440	259	314	182	80
西城区	1758	1092	879	743	1082	309	516	247	121
朝阳区	3419	5288	1499	1814	2303	2105	1457	1073	283
丰台区	1582	2625	940	1050	1454	916	987	617	191
石景山区	346	771	240	250	276	208	205	115	73
海淀区	3934	6970	883	1460	1906	1042	1566	867	295
门头沟区	225	461	106	199	199	80	141	86	61
房山区	643	851	245	243	450	347	389	230	152
通州区	688	1379	404	448	590	746	245	252	83
顺义区	765	1127	253	223	544	385	331	193	84
昌平区	1407	7821	407	861	985	821	440	400	127
大兴区	1022	1561	407	526	938	629	545	340	118
怀柔区	336	110	56	56	127	81	185	87	38
平谷区	188	92	86	34	103	69	144	34	49
密云区	276	95	108	83	63	84	166	63	29
延庆区	170	42	39	32	83	49	152	35	63
女	**14259**	**13042**	**8520**	**4184**	**7354**	**6437**	**9128**	**12920**	**407**
东城区	755	267	542	136	279	211	320	514	16
西城区	1417	501	929	339	489	250	471	938	40
朝阳区	2488	2314	1773	885	1700	1789	2045	2767	63
丰台区	1472	1096	1224	505	926	678	1098	1462	63
石景山区	317	368	311	91	211	157	215	368	16
海淀区	3069	3104	1148	701	1145	848	1826	2845	48
门头沟区	217	165	150	111	87	64	149	147	12
房山区	617	359	272	179	260	215	401	478	21
通州区	418	546	403	210	466	546	266	520	21
顺义区	701	528	295	156	396	269	433	584	15
昌平区	1128	2961	505	440	629	695	605	991	25
大兴区	785	654	483	269	529	538	593	728	26
怀柔区	340	63	96	42	94	51	230	186	11
平谷区	184	47	122	15	55	39	133	126	5
密云区	200	49	212	83	46	59	174	182	15
延庆区	151	20	55	22	42	28	169	84	10

4-11a　续表 4　　　　单位：人

地区 性别	社会生产服务和生活服务人员				农、林、牧、渔业生产及辅助人员				
	修理及制作服务人员	文化、体育和娱乐服务人员	健康服务人员	其他社会生产和生活服务人员	小计	农业生产人员	林业生产人员	畜牧业生产人员	渔业生产人员
北京	**6453**	**4140**	**1351**	**159**	**1653**	**865**	**410**	**224**	**36**
东城区	173	149	55	21	11	5	2	2	1
西城区	251	284	113	12	33	20	2	6	2
朝阳区	1398	1176	266	42	110	35	42	24	2
丰台区	817	515	175	8	105	50	29	13	3
石景山区	204	122	53	1	40	29	6	1	1
海淀区	965	591	181	33	307	211	57	24	3
门头沟区	124	44	23		40	11	24	1	
房山区	420	140	67	5	154	85	34	21	3
通州区	290	325	52	6	48	24	10	6	1
顺义区	324	123	46	3	108	51	31	19	
昌平区	571	327	138	6	142	44	46	31	9
大兴区	513	209	88	9	108	64	10	17	5
怀柔区	110	58	25	4	88	34	45	2	1
平谷区	100	12	19	2	211	138	24	30	5
密云区	126	49	34		59	21	18	18	
延庆区	67	16	16	7	89	43	30	9	
男	**5832**	**2300**	**417**	**74**	**1112**	**552**	**313**	**145**	**26**
东城区	157	86	15	13	9	4	2	2	
西城区	226	163	42	5	22	13	1	3	2
朝阳区	1265	625	77	20	81	25	35	16	2
丰台区	740	275	61	1	75	33	21	10	2
石景山区	184	69	22	1	31	22	6	1	1
海淀区	888	332	55	16	201	138	40	13	2
门头沟区	115	30	6		28	7	17	1	
房山区	375	79	19	3	92	46	24	15	1
通州区	263	211	20	1	30	12	8	4	
顺义区	290	63	12		68	29	20	14	
昌平区	513	185	33	4	104	29	39	19	9
大兴区	456	115	31	1	67	40	7	12	2
怀柔区	103	28	7	4	69	27	37	2	1
平谷区	91	8	6	1	140	87	22	17	4
密云区	106	24	7		34	12	13	9	
延庆区	60	7	4	4	61	28	21	7	
女	**621**	**1840**	**934**	**85**	**541**	**313**	**97**	**79**	**10**
东城区	16	63	40	8	2	1			1
西城区	25	121	71	7	11	7	1	3	
朝阳区	133	551	189	22	29	10	7	8	
丰台区	77	240	114	7	30	17	8	3	1
石景山区	20	53	31		9	7			
海淀区	77	259	126	17	106	73	17	11	1
门头沟区	9	14	17		12	4	7		
房山区	45	61	48	2	62	39	10	6	2
通州区	27	114	32	5	18	12	2	2	1
顺义区	34	60	34	3	40	22	11	5	
昌平区	58	142	105	2	38	15	7	12	
大兴区	57	94	57	8	41	24	3	5	3
怀柔区	7	30	18		19	7	8		
平谷区	9	4	13	1	71	51	2	13	1
密云区	20	25	27		25	9	5	9	
延庆区	7	9	12	3	28	15	9	2	

4-11a 续表 5 单位：人

地区 性别	农林牧渔生产辅助人员	其他农、林、牧、渔业生产加工人员	生产制造及有关人员 小计	农副产品加工人员	食品、饮料生产加工人员	烟草及其制品加工人员	纺织、针织、印染人员	纺织品、服装和皮革、毛皮制品加工制作人员	木材加工、家具与木制品制作人员
北京	**108**	**10**	**62754**	**357**	**1773**	**42**	**71**	**778**	**1285**
东城区	1		1218	7	34		2	17	7
西城区	3		1754	7	54	3	2	10	8
朝阳区	7		8877	20	234	1	8	114	220
丰台区	10		6827	38	132	2	8	88	130
石景山区	3		1796	1	27		2	15	35
海淀区	11	1	8172	13	179	1	5	65	185
门头沟区	4		1275	3	16		2	5	15
房山区	7	4	4824	30	78	1	5	72	37
通州区	7		2908	8	62	32	2	54	72
顺义区	5	2	5966	80	314		10	106	128
昌平区	11	1	5058	23	103	2	6	46	95
大兴区	11	1	6918	29	130		12	91	207
怀柔区	6		2939	52	209			9	53
平谷区	14		1630	33	121		3	40	24
密云区	2		1807	10	71		2	39	26
延庆区	6	1	785	3	9		2	7	43
男	**71**	**5**	**50667**	**206**	**937**	**24**	**30**	**299**	**1174**
东城区	1		968	7	18		1	10	6
西城区	3		1404	4	30	3	1	5	7
朝阳区	3		7433	13	127		3	49	208
丰台区	9		5534	22	66	1	3	45	125
石景山区	1		1511	1	16		1	5	35
海淀区	7	1	6618	9	88	1	4	32	167
门头沟区	3		1088	1	11		2	1	13
房山区	4	2	3917	15	43			24	34
通州区	6		2349	6	24	19	1	19	65
顺义区	4	1	4764	41	195		7	29	106
昌平区	8		3993	15	44		3	14	90
大兴区	5	1	5423	15	66		4	41	189
怀柔区	2		2277	28	109			3	48
平谷区	10		1210	23	44			13	17
密云区			1466	4	50			8	21
延庆区	5		712	2	6			1	43
女	**37**	**5**	**12087**	**151**	**836**	**18**	**41**	**479**	**111**
东城区			250		16		1	7	1
西城区			350	3	24		1	5	1
朝阳区	4		1444	7	107	1	5	65	12
丰台区	1		1293	16	66	1	5	43	5
石景山区	2		285		11		1	10	
海淀区	4		1554	4	91		1	33	18
门头沟区	1		187	2	5			4	2
房山区	3	2	907	15	35	1	5	48	3
通州区	1		559	2	38	13	1	35	7
顺义区	1	1	1202	39	119		3	77	22
昌平区	3	1	1065	8	59	2	3	32	5
大兴区	6		1495	14	64		8	50	18
怀柔区	4		662	24	100			6	5
平谷区	4		420	10	77		3	27	7
密云区	2		341	6	21		2	31	5
延庆区	1	1	73	1	3		2	6	

4-11a 续表 6 单位：人

地 区 性 别	生产制造及有关人员								
	纸及纸制品生产加工人员	印刷和记录媒介复制人员	文教、工美、体育和娱乐用品制造人 员	石油加工和炼焦、煤化工生产人员	化学原料和化学制品制造人 员	医药制造人 员	化学纤维制造人员	橡胶和塑料制品制造人员	非金属矿物制品制造人员
北 京	**112**	**826**	**375**	**208**	**522**	**1265**	**14**	**184**	**471**
东 城 区	1	31	19	1	7	35		1	4
西 城 区	9	108	35	6	11	47		3	5
朝 阳 区	6	137	48	10	41	121		8	73
丰 台 区	3	105	68	3	66	97		20	72
石景山区	2	18	8	1	4	26		4	5
海 淀 区	11	115	40	23	46	144		9	77
门头沟区		9	9	2	10	8		1	1
房 山 区	14	39	17	123	196	71	2	54	88
通 州 区	4	54	19	3	21	85		2	15
顺 义 区	17	19	25	8	28	66		10	20
昌 平 区	7	38	27	2	20	123		5	40
大 兴 区	9	110	45	23	28	314		10	22
怀 柔 区	7	12	10	1	19	53	12	31	7
平 谷 区	14	1	3	2	10	38		11	18
密 云 区	8	26	1		14	21		15	18
延 庆 区		4	1		1	16			6
男	**71**	**512**	**232**	**154**	**343**	**600**	**7**	**135**	**387**
东 城 区		15	13		5	13		1	4
西 城 区	5	81	24	5	6	22		2	5
朝 阳 区	4	74	27	8	24	51		6	61
丰 台 区	2	66	37	2	37	46		17	63
石景山区		15	7	1	3	12		3	2
海 淀 区	8	73	19	13	31	58		6	66
门头沟区		5	6	2	4	3		1	1
房 山 区	8	20	7	90	147	29	2	35	71
通 州 区	4	27	14	3	11	43		2	13
顺 义 区	15	12	18	8	18	25		8	16
昌 平 区	4	21	19	2	11	64		5	32
大 兴 区	6	73	35	17	19	176		7	16
怀 柔 区	1	8	3	1	11	20	5	25	4
平 谷 区	8	1	1	2	4	18		9	14
密 云 区	6	18	1		12	11		8	14
延 庆 区		3	1			9			5
女	**41**	**314**	**143**	**54**	**179**	**665**	**7**	**49**	**84**
东 城 区	1	16	6	1	2	22			
西 城 区	4	27	11	1	5	25		1	
朝 阳 区	2	63	21	2	17	70		2	12
丰 台 区	1	39	31	1	29	51		3	9
石景山区	2	3	1		1	14		1	3
海 淀 区	3	42	21	10	15	86		3	11
门头沟区		4	3		6	5			
房 山 区	6	19	10	33	49	42		19	17
通 州 区		27	5		10	42			2
顺 义 区	2	7	7		10	41		2	4
昌 平 区	3	17	8		9	59			8
大 兴 区	3	37	10	6	9	138		3	6
怀 柔 区	6	4	7		8	33	7	6	3
平 谷 区	6		2		6	20		2	4
密 云 区	2	8			2	10		7	4
延 庆 区		1			1	7			1

4-11a　续表 7　　　　单位：人

地　区 性　别	生产制造及有关人员								
	采矿人员	金属冶炼和压延加工人员	机械制造基础加工人员	金属制品制造人员	通用设备制造人员	专用设备制造人员	汽车制造人员	铁路、船舶、航空设备制造人员	电气机械和器材制造人员
北　京	**222**	**306**	**1784**	**552**	**500**	**593**	**1699**	**504**	**395**
东城区	5	1	32	8	4	10	11	9	3
西城区	9	5	19	6	10	19	19	20	18
朝阳区	21	6	132	59	50	43	54	49	52
丰台区	28	23	265	59	103	88	69	122	44
石景山区	4	38	80	10	17	11	7	9	8
海淀区	52	73	191	49	48	65	32	76	40
门头沟区	8	26	51	7	1	9	8	14	6
房山区	24	17	279	51	41	26	121	23	24
通州区	4	10	72	22	11	24	36	12	8
顺义区	4	10	96	56	31	25	433	42	23
昌平区	19	26	164	66	55	87	101	34	31
大兴区	12	31	128	47	70	99	159	46	43
怀柔区		19	94	39	8	26	337	18	44
平谷区	1	8	57	34	10	43	184	9	7
密云区	31	10	104	26	39	14	126	9	42
延庆区		3	20	13	2	4	2	12	2
男	**180**	**261**	**1600**	**446**	**400**	**364**	**1386**	**411**	**298**
东城区	5	1	30	6	3	8	9	7	3
西城区	8	5	14	6	7	12	16	16	10
朝阳区	18	4	121	48	47	30	39	39	42
丰台区	22	19	242	51	73	56	58	107	32
石景山区	4	33	72	9	14	9	7	6	7
海淀区	36	64	160	44	37	39	27	51	26
门头沟区	8	24	48	6	1	4	8	12	4
房山区	18	14	259	42	40	18	102	19	21
通州区	2	6	60	18	10	20	26	9	7
顺义区	4	9	88	47	28	15	341	37	19
昌平区	16	23	131	50	42	55	78	33	19
大兴区	9	21	120	37	45	58	132	35	31
怀柔区		17	85	28	6	6	286	12	37
平谷区	1	8	51	28	9	22	150	8	7
密云区	29	10	99	16	36	9	105	8	32
延庆区		3	20	10	2	3	2	12	1
女	**42**	**45**	**184**	**106**	**100**	**229**	**313**	**93**	**97**
东城区			2	2	1	2	2	2	
西城区	1		5		3	7	3	4	8
朝阳区	3	2	11	11	3	13	15	10	10
丰台区	6	4	23	8	30	32	11	15	12
石景山区		5	8	1	3	2		3	1
海淀区	16	9	31	5	11	26	5	25	14
门头沟区		2	3	1		5		2	2
房山区	6	3	20	9	1	8	19	4	3
通州区	2	4	12	4	1	4	10	3	1
顺义区		1	8	9	3	10	92	5	4
昌平区	3	3	33	16	13	32	23	1	12
大兴区	3	10	8	10	25	41	27	11	12
怀柔区		2	9	11	2	20	51	6	7
平谷区			6	6	1	21	34	1	
密云区	2		5	10	3	5	21	1	10
延庆区				3		1			1

4-11a 续表 8　　　　单位：人

地区 性别	生产制造及有关人员								不便分类的其他从业人员
	计算机、通信和其他电子设备制造人员	仪器仪表制造人员	废弃资源综合利用人员	电力、热力、气体、水生产和输配人员	建筑施工人员	运输设备和通用工程机械操作人员及有关人员	生产辅助人员	其他生产制造及有关人员	
北京	**3770**	**195**	**80**	**997**	**25497**	**2746**	**14486**	**145**	**807**
东城区	66	2		30	431	48	392		42
西城区	87	16	8	62	581	83	479	5	35
朝阳区	281	16	15	129	4704	373	1835	17	100
丰台区	358	16	12	138	2509	397	1757	7	
石景山区	74	6	1	44	725	138	471	5	51
海淀区	597	49	9	136	3429	265	2124	24	340
门头沟区	41	3	1	58	536	150	270	5	25
房山区	227	20	5	116	1554	272	1189	8	
通州区	120	7	2	28	1288	114	713	4	88
顺义区	236	14	4	40	2646	192	1271	12	
昌平区	508	20	8	54	2085	145	1091	27	
大兴区	892	19	3	97	2473	197	1562	10	104
怀柔区	107	2	7	25	1153	117	457	11	
平谷区	108	3	5	17	398	78	341	9	19
密云区	57	2		16	540	102	437	1	1
延庆区	11			7	445	75	97		2
男	**2640**	**140**	**59**	**840**	**22983**	**2502**	**10940**	**106**	**492**
东城区	44	1		26	404	35	293		26
西城区	65	13	5	50	532	74	367	4	23
朝阳区	206	9	11	110	4273	346	1424	11	68
丰台区	274	10	9	114	2263	348	1320	4	
石景山区	59	5	1	36	633	124	387	4	31
海淀区	434	44	8	115	3139	248	1553	18	193
门头沟区	29	1	1	50	478	135	224	5	11
房山区	189	17	4	90	1381	252	919	7	
通州区	88	4	1	22	1155	106	560	4	58
顺义区	161	8	3	37	2332	167	961	9	
昌平区	340	11	5	50	1876	136	784	20	
大兴区	578	13	2	84	2242	191	1156	5	69
怀柔区	68		5	22	1001	98	334	6	
平谷区	57	2	4	15	364	72	250	8	12
密云区	40	2		13	488	97	328	1	1
延庆区	8			6	422	73	80		
女	**1130**	**55**	**21**	**157**	**2514**	**244**	**3546**	**39**	**315**
东城区	22	1		4	27	13	99		16
西城区	22	3	3	12	49	9	112	1	12
朝阳区	75	7	4	19	431	27	411	6	32
丰台区	84	6	3	24	246	49	437	3	
石景山区	15	1		8	92	14	84	1	20
海淀区	163	5	1	21	290	17	571	6	147
门头沟区	12	2		8	58	15	46		14
房山区	38	3	1	26	173	20	270	1	
通州区	32	3	1	6	133	8	153		30
顺义区	75	6	1	3	314	25	310	3	
昌平区	168	9	3	4	209	9	307	7	
大兴区	314	6	1	13	231	6	406	5	35
怀柔区	39	2	2	3	152	19	123	5	
平谷区	51	1	1	2	34	6	91	1	7
密云区	17			3	52	5	109		
延庆区	3			1	23	2	17		2

4-11b　各地区分性别、职业中类的就业人口(镇)

单位：人

地区 性别	合计	党的机关、国家机关、群众团体和社会组织、企事业单位负责人						
		小计	中国共产党机关负责人	国家机关负责人	民主党派和工商联负责人	人民团体和群众团体、社会组织及其他成员组织负责人	基层群众自治组织负责人	企事业单位负责人
北　京	**65835**	**2198**	**4**	**30**		**41**	**75**	**2048**
东城区								
西城区								
朝阳区	1314	14					2	12
丰台区	479	12						12
石景山区								
海淀区								
门头沟区	1265	21		2		2	2	15
房山区	3683	94		1		5	9	79
通州区	13127	792		8		5	11	768
顺义区	8790	171		1		2	6	162
昌平区	20016	573		8		16	20	529
大兴区	8749	318	3	6		8	12	289
怀柔区	2018	44		1			1	42
平谷区	2333	67		1		2	3	61
密云区	2464	30					4	26
延庆区	1597	62	1	2		1	5	53
男	**41436**	**1549**	**3**	**20**		**25**	**55**	**1446**
东城区								
西城区								
朝阳区	770	8						8
丰台区	278	5						5
石景山区								
海淀区								
门头沟区	789	13		2		1	1	9
房山区	2317	63		1		4	7	51
通州区	8129	554		5		5	11	533
顺义区	5688	123		1		1	5	116
昌平区	12301	410		6		10	13	381
大兴区	5794	230	3	4		3	8	212
怀柔区	1364	32		1			1	30
平谷区	1412	47				1	3	43
密云区	1560	23					3	20
延庆区	1034	41					3	38
女	**24399**	**649**	**1**	**10**		**16**	**20**	**602**
东城区								
西城区								
朝阳区	544	6					2	4
丰台区	201	7						7
石景山区								
海淀区								
门头沟区	476	8				1	1	6
房山区	1366	31				1	2	28
通州区	4998	238		3				235
顺义区	3102	48				1	1	46
昌平区	7715	163		2		6	7	148
大兴区	2955	88		2		5	4	77
怀柔区	654	12						12
平谷区	921	20		1		1		18
密云区	904	7					1	6
延庆区	563	21	1	2		1	2	15

4-11b 续表 1

单位：人

地区 性别	专业技术人员									
	小计	科学研究人员	工程技术人员	农业技术人员	飞机和船舶技术人员	卫生专业技术人员	经济和金融专业人员	法律、社会和宗教专业人员	教学人员	文学艺术、体育专业人员
北京	**10898**	**159**	**3663**	**74**	**75**	**1166**	**2728**	**241**	**1892**	**574**
东城区										
西城区										
朝阳区	196	2	70		29	17	43	4	25	2
丰台区	103		13			21	32	8	12	12
石景山区										
海淀区										
门头沟区	179	3	40	2		22	46	11	51	
房山区	549	4	155	2		85	140	18	122	5
通州区	2546	60	798	4	4	242	637	46	402	289
顺义区	871	3	249	7	24	101	265	19	140	38
昌平区	4296	64	1584	21	11	380	1060	75	756	188
大兴区	1234	13	484	6	6	141	294	41	189	30
怀柔区	245	2	84	23		26	43	3	52	5
平谷区	341	1	96	2	1	64	94	8	70	1
密云区	144	1	42	4		36	35	1	18	4
延庆区	194	6	48	3		31	39	7	55	
男	**5281**	**96**	**2879**	**60**	**68**	**283**	**750**	**104**	**537**	**358**
东城区										
西城区										
朝阳区	110	1	57		28	7	9	2	3	2
丰台区	40		11			5	9	6	3	5
石景山区										
海淀区										
门头沟区	74	2	35	2		5	11	5	13	
房山区	240	4	138	1		17	38	6	28	2
通州区	1260	38	602	4	3	63	168	23	130	192
顺义区	413	2	205	5	22	29	68	9	42	22
昌平区	2102	33	1206	14	9	86	308	31	230	109
大兴区	612	9	383	4	5	35	89	13	49	18
怀柔区	127	1	75	23		6	9	1	5	4
平谷区	149	1	87	2	1	11	24	3	18	1
密云区	65	1	37	3		10	6	1	3	3
延庆区	89	4	43	2		9	11	4	13	
女	**5617**	**63**	**784**	**14**	**7**	**883**	**1978**	**137**	**1355**	**216**
东城区										
西城区										
朝阳区	86	1	13		1	10	34	2	22	
丰台区	63		2			16	23	2	9	7
石景山区										
海淀区										
门头沟区	105	1	5			17	35	6	38	
房山区	309		17	1		68	102	12	94	3
通州区	1286	22	196		1	179	469	23	272	97
顺义区	458	1	44	2	2	72	197	10	98	16
昌平区	2194	31	378	7	2	294	752	44	526	79
大兴区	622	4	101	2	1	106	205	28	140	12
怀柔区	118	1	9			20	34	2	47	1
平谷区	192		9			53	70	5	52	
密云区	79		5	1		26	29		15	1
延庆区	105	2	5	1		22	28	3	42	

4-11b　续表 2　　　　单位：人

地区 性别	专业技术人员		办事人员和有关人员				社会生产服务和生活服务人员		
	新闻出版、文化专业人员	其他专业技术人员	小计	办事人员	安全和消防人员	其他办事人员和有关人员	小计	批发与零售服务人员	交通运输、仓储和邮政业服务人员
北京	**281**	**45**	**7118**	**5755**	**1339**	**24**	**31164**	**8922**	**7336**
东城区									
西城区									
朝阳区	4		227	174	52	1	691	125	291
丰台区	5		91	71	20		242	66	41
石景山区									
海淀区									
门头沟区	4		187	156	31		675	125	192
房山区	16	2	473	344	128	1	1753	423	498
通州区	47	17	1339	1103	226	10	5606	1958	1204
顺义区	24	1	824	628	193	3	4818	890	1859
昌平区	138	19	1986	1851	128	7	10292	3414	1384
大兴区	28	2	1047	786	261		3441	972	925
怀柔区	5	2	224	143	80	1	782	191	182
平谷区	3	1	216	170	46		935	273	282
密云区	2	1	282	175	107		1177	290	298
延庆区	5		222	154	67	1	752	195	180
男	**115**	**31**	**4032**	**2801**	**1219**	**12**	**19112**	**4739**	**5916**
东城区									
西城区									
朝阳区	1		136	86	50		349	58	135
丰台区	1		59	39	20		150	37	33
石景山区									
海淀区									
门头沟区	1		97	68	29		434	62	170
房山区	4	2	281	165	116		1069	207	425
通州区	24	13	756	543	209	4	3471	1034	993
顺义区	8	1	472	297	174	1	3010	465	1479
昌平区	64	12	1038	918	115	5	6323	1905	1177
大兴区	7		609	383	226		2102	509	672
怀柔区	2	1	142	64	77	1	458	99	158
平谷区		1	120	79	41		596	136	252
密云区		1	176	75	101		695	139	269
延庆区	3		146	84	61	1	455	88	153
女	**166**	**14**	**3086**	**2954**	**120**	**12**	**12052**	**4183**	**1420**
东城区									
西城区									
朝阳区	3		91	88	2	1	342	67	156
丰台区	4		32	32			92	29	8
石景山区									
海淀区									
门头沟区	3		90	88	2		241	63	22
房山区	12		192	179	12	1	684	216	73
通州区	23	4	583	560	17	6	2135	924	211
顺义区	16		352	331	19	2	1808	425	380
昌平区	74	7	948	933	13	2	3969	1509	207
大兴区	21	2	438	403	35		1339	463	253
怀柔区	3	1	82	79	3		324	92	24
平谷区	3		96	91	5		339	137	30
密云区	2		106	100	6		482	151	29
延庆区	2		76	70	6		297	107	27

4-11b 续表 3 单位：人

地区 性别	社会生产服务和生活服务人员								
	住宿和餐饮服务人员	信息传输、软件和信息技术服务人员	金融服务人员	房地产服务人员	租赁和商务服务人员	技术辅助服务人员	水利、环境和公共设施管理服务人员	居民服务人员	电力、燃气及水供应服务人员
北京	**3180**	**2095**	**494**	**756**	**1968**	**870**	**2677**	**1542**	**221**
东城区									
西城区									
朝阳区	57	21	10	10	79	14	38	19	3
丰台区	29	18	10	3	12	7	39	6	2
石景山区									
海淀区									
门头沟区	70	15	20	25	55	6	120	19	12
房山区	167	48	26	40	100	41	244	75	19
通州区	505	401	109	102	233	253	411	200	38
顺义区	573	140	51	79	347	89	407	218	36
昌平区	965	1242	172	357	662	335	552	742	56
大兴区	268	119	39	73	349	75	348	130	22
怀柔区	148	22	6	14	32	20	95	35	8
平谷区	77	30	15	10	43	12	115	27	10
密云区	223	22	22	23	27	5	176	49	11
延庆区	98	17	14	20	29	13	132	22	4
男	**1617**	**1484**	**219**	**520**	**1300**	**556**	**1265**	**437**	**203**
东城区									
西城区									
朝阳区	33	19	1	6	36	9	22	5	3
丰台区	18	14	4	1	8	4	20		2
石景山区									
海淀区									
门头沟区	28	9	5	20	42	3	64	4	12
房山区	58	29	11	30	72	27	118	18	17
通州区	294	289	54	74	121	159	177	90	35
顺义区	284	92	22	47	208	57	184	37	36
昌平区	515	903	82	248	504	213	222	191	53
大兴区	136	81	20	48	236	51	194	51	16
怀柔区	69	12	3	12	11	13	36	14	7
平谷区	29	14	6	8	29	8	68	4	8
密云区	101	14	5	9	19	3	89	11	10
延庆区	52	8	6	17	14	9	71	12	4
女	**1563**	**611**	**275**	**236**	**668**	**314**	**1412**	**1105**	**18**
东城区									
西城区									
朝阳区	24	2	9	4	43	5	16	14	
丰台区	11	4	6	2	4	3	19	6	
石景山区									
海淀区									
门头沟区	42	6	15	5	13	3	56	15	
房山区	109	19	15	10	28	14	126	57	2
通州区	211	112	55	28	112	94	234	110	3
顺义区	289	48	29	32	139	32	223	181	
昌平区	450	339	90	109	158	122	330	551	3
大兴区	132	38	19	25	113	24	154	79	6
怀柔区	79	10	3	2	21	7	59	21	1
平谷区	48	16	9	2	14	4	47	23	2
密云区	122	8	17	14	8	2	87	38	1
延庆区	46	9	8	3	15	4	61	10	

4-11b　续表 4　　单位：人

地　区 性　别	社会生产服务和生活服务人员				农、林、牧、渔业生产及辅助人员				
	修理及制作服务人员	文化、体育和娱乐服务人员	健康服务人员	其他社会生产和生活服务人员	小计	农业生产人员	林业生产人员	畜牧业生产人员	渔业生产人员
北　京	**738**	**246**	**109**	**10**	**1412**	**1051**	**205**	**123**	**17**
东城区									
西城区									
朝阳区	15	8	1		10	8	2		
丰台区	8	1							
石景山区									
海淀区									
门头沟区	13	2	1		39	9	29		
房山区	61	6	3	2	86	44	24	15	3
通州区	137	39	15	1	91	44	38	6	1
顺义区	98	19	11	1	106	60	18	23	2
昌平区	234	133	39	5	161	99	26	27	2
大兴区	72	17	31	1	108	90	4	14	
怀柔区	20	7	2		40	34	5		
平谷区	32	7	2		389	356	11	15	5
密云区	26	3	2		313	280	19	10	4
延庆区	22	4	2		69	27	29	13	
男	**664**	**151**	**35**	**6**	**844**	**601**	**132**	**86**	**13**
东城区									
西城区									
朝阳区	15	7			9	7	2		
丰台区	8	1							
石景山区									
海淀区									
门头沟区	13	1	1		20	8	12		
房山区	53	3		1	56	24	18	12	2
通州区	125	19	6	1	61	31	23	5	1
顺义区	87	10	2		67	33	13	18	1
昌平区	209	85	13	3	101	61	18	14	2
大兴区	68	11	8	1	66	54	3	9	
怀柔区	19	4	1		32	27	4		
平谷区	27	5	2		212	189	7	10	4
密云区	22	2	2		175	152	12	8	3
延庆区	18	3			45	15	20	10	
女	**74**	**95**	**74**	**4**	**568**	**450**	**73**	**37**	**4**
东城区									
西城区									
朝阳区		1	1		1	1			
丰台区									
石景山区									
海淀区									
门头沟区		1			19	1	17		
房山区	8	3	3	1	30	20	6	3	1
通州区	12	20	9		30	13	15	1	
顺义区	11	9	9	1	39	27	5	5	1
昌平区	25	48	26	2	60	38	8	13	
大兴区	4	6	23		42	36	1	5	
怀柔区	1	3	1		8	7	1		
平谷区	5	2			177	167	4	5	1
密云区	4	1			138	128	7	2	1
延庆区	4	1	2		24	12	9	3	

4-11b 续表 5 单位：人

地区 性别	农林牧渔生产辅助人员	其他农、林、牧、渔业生产加工人员	生产制造及有关人员						
			小计	农副产品加工人员	食品、饮料生产加工人员	烟草及其制品加工人员	纺织、针织、印染人员	纺织品、服装和皮革、毛皮制品加工制作人员	木材加工、家具与木制品制作人员
北京	**13**	**3**	**13013**	**118**	**401**	**1**	**11**	**304**	**481**
东城区									
西城区									
朝阳区			176	1	1				
丰台区			31		5				
石景山区									
海淀区									
门头沟区	1		164						1
房山区			728	5	28		1	16	16
通州区	2		2725	32	140		1	20	112
顺义区	3		2000	26	109		3	43	27
昌平区	4	3	2708	17	58			24	61
大兴区			2599	10	25		1	159	220
怀柔区	1		683	7	11			2	12
平谷区	2		383	5	11	1	2	20	14
密云区			518	8	9		3	19	4
延庆区			298	7	4			1	14
男	**9**	**3**	**10596**	**60**	**210**	**1**	**3**	**125**	**441**
东城区									
西城区									
朝阳区			158						
丰台区			24		4				
石景山区									
海淀区									
门头沟区			151						1
房山区			608	1	10			7	15
通州区	1		2009	15	79		1	8	104
顺义区	2		1603	15	63		1	12	23
昌平区	3	3	2327	11	26			11	55
大兴区			2173	4	9			79	201
怀柔区	1		573	4	6				12
平谷区	2		286	2	5	1		2	13
密云区			426	5	7		1	6	4
延庆区			258	3	1				13
女	**4**		**2417**	**58**	**191**		**8**	**179**	**40**
东城区									
西城区									
朝阳区			18	1	1				
丰台区			7		1				
石景山区									
海淀区									
门头沟区	1		13						
房山区			120	4	18		1	9	1
通州区	1		716	17	61			12	8
顺义区	1		397	11	46		2	31	4
昌平区	1		381	6	32			13	6
大兴区			426	6	16		1	80	19
怀柔区			110	3	5			2	
平谷区			97	3	6		2	18	1
密云区			92	3	2		2	13	
延庆区			40	4	3			1	1

4-11b 续表 6 单位：人

地区 性别	生产制造及有关人员								
	纸及纸制品生产加工人员	印刷和记录媒介复制人员	文教、工美、体育和娱乐用品制造人员	石油加工和炼焦、煤化工生产人员	化学原料和化学制品制造人员	医药制造人员	化学纤维制造人员	橡胶和塑料制品制造人员	非金属矿物制品制造人员
北京	**70**	**197**	**89**	**4**	**72**	**224**	**1**	**54**	**122**
东城区									
西城区									
朝阳区									1
丰台区						2			
石景山区									
海淀区									
门头沟区		1	1			2		1	1
房山区	34	6	21	2	10	17		5	7
通州区	8	78	30		12	99		10	26
顺义区	5	58	14		12	11		6	18
昌平区	6	19	7	1	6	48		1	18
大兴区	2	26	9	1	18	21		17	24
怀柔区	3	2	2		5	12	1	5	4
平谷区	8	2	3		5	3		1	1
密云区	3	4			3	4		8	14
延庆区	1	1	2		1	5			8
男	**50**	**124**	**57**	**1**	**43**	**110**		**40**	**104**
东城区									
西城区									
朝阳区									1
丰台区						1			
石景山区									
海淀区									
门头沟区		1	1			2		1	1
房山区	32	6	18	1	5	6		5	6
通州区	4	49	21		9	50		8	23
顺义区	2	35	7		8	6		4	16
昌平区	3	11	5		4	23			17
大兴区		18			11	13		12	22
怀柔区	2	2	2		3	5		4	
平谷区	6	1	1			2			1
密云区	1	1			2			6	10
延庆区			2		1	2			7
女	**20**	**73**	**32**	**3**	**29**	**114**	**1**	**14**	**18**
东城区									
西城区									
朝阳区									
丰台区						1			
石景山区									
海淀区									
门头沟区									
房山区	2		3	1	5	11			1
通州区	4	29	9		3	49		2	3
顺义区	3	23	7		4	5		2	2
昌平区	3	8	2	1	2	25		1	1
大兴区	2	8	9	1	7	8		5	2
怀柔区	1				2	7	1	1	4
平谷区	2	1	2		5	1		1	
密云区	2	3			1	4		2	4
延庆区	1	1				3			1

4-11b 续表 7

单位：人

地区 性别	生产制造及有关人员								
	采矿人员	金属冶炼和压延加工人员	机械制造基础加工人员	金属制品制造人员	通用设备制造人员	专用设备制造人员	汽车制造人员	铁路、船舶、航空设备制造人员	电气机械和器材制造人员
北京	**44**	**43**	**363**	**158**	**96**	**133**	**581**	**43**	**210**
东城区									
西城区									
朝阳区	1	1						3	
丰台区					1			1	
石景山区									
海淀区									
门头沟区	4	1	4	1					
房山区	11	5	28	17	4	5	19	3	14
通州区	8	6	77	34	53	47	254	1	90
顺义区	1	4	66	38	15	21	89	3	16
昌平区	10	9	69	19	8	31	10	9	14
大兴区	3	5	52	10	8	18	100	17	31
怀柔区		3	16	10	1	2	26		29
平谷区	2	1	14	8	2	6	24	4	5
密云区	4	4	34	13	3	2	54	1	6
延庆区		4	3	8	1	1	5	1	5
男	**43**	**38**	**325**	**127**	**77**	**80**	**492**	**37**	**141**
东城区									
西城区									
朝阳区	1	1						3	
丰台区					1			1	
石景山区									
海淀区									
门头沟区	4	1	3	1					
房山区	11	5	26	13	4	4	19	3	13
通州区	8	4	65	28	40	22	230	1	50
顺义区	1	3	62	34	12	14	56	3	13
昌平区	9	8	60	17	7	20	10	7	11
大兴区	3	5	48	6	6	15	84	14	23
怀柔区		3	15	8	1	1	24		19
平谷区	2	1	12	6	2	2	21	3	5
密云区	4	4	31	8	3	1	43	1	3
延庆区		3	3	6	1	1	5	1	4
女	**1**	**5**	**38**	**31**	**19**	**53**	**89**	**6**	**69**
东城区									
西城区									
朝阳区									
丰台区									
石景山区									
海淀区									
门头沟区			1						
房山区			2	4		1			1
通州区		2	12	6	13	25	24		40
顺义区		1	4	4	3	7	33		3
昌平区	1	1	9	2	1	11		2	3
大兴区			4	4	2	3	16	3	8
怀柔区			1	2		1	2		10
平谷区			2	2		4	3	1	
密云区			3	5		1	11		3
延庆区		1		2					1

4-11b　续表 8　　　　　　单位：人

地区 性别	生产制造及有关人员								不便分类的其他从业人员
	计算机、通信和其他电子设备制造人员	仪器仪表制造人员	废弃资源综合利用人员	电力、热力、气体、水生产和输配人员	建筑施工人员	运输设备和通用工程机械操作人员及有关人员	生产辅助人员	其他生产制造及有关人员	
北　京	**858**	**29**	**16**	**89**	**5924**	**422**	**1833**	**22**	**32**
东城区									
西城区									
朝阳区	1				92	10	65		
丰台区	1			1	8	3	9		
石景山区									
海淀区									
门头沟区	4			17	87	10	29		
房山区	17	1	1	6	279	31	118	1	
通州区	518	19	1	8	575	65	396	5	28
顺义区	110		5	4	936	64	293	3	
昌平区	96	6	2	23	1737	77	313	9	
大兴区	56	3	7	12	1366	77	301		2
怀柔区	12			9	361	34	110	4	
平谷区	19			6	130	13	73		2
密云区	11			2	214	19	72		
延庆区	13			1	139	19	54		
男	**557**	**17**	**12**	**85**	**5392**	**408**	**1380**	**16**	**22**
东城区									
西城区									
朝阳区	1				87	9	55		
丰台区	1				7	2	7		
石景山区									
海淀区									
门头沟区	2			17	83	10	23		
房山区	13	1	1	6	248	31	98		
通州区	350	11		7	493	63	263	3	18
顺义区	52		4	4	861	63	228	1	
昌平区	66	3	1	22	1606	73	232	9	
大兴区	37	2	6	12	1237	73	233		2
怀柔区	7			8	320	33	91	3	
平谷区	13			6	116	13	50		2
密云区	7			2	200	19	57		
延庆区	8			1	134	19	43		
女	**301**	**12**	**4**	**4**	**532**	**14**	**453**	**6**	**10**
东城区									
西城区									
朝阳区					5	1	10		
丰台区				1	1	1	2		
石景山区									
海淀区									
门头沟区	2				4		6		
房山区	4				31		20	1	
通州区	168	8	1	1	82	2	133	2	10
顺义区	58		1		75	1	65	2	
昌平区	30	3	1	1	131	4	81		
大兴区	19	1	1		129	4	68		
怀柔区	5			1	41	1	19	1	
平谷区	6				14		23		
密云区	4				14		15		
延庆区	5				5		11		

4-11c 各地区分性别、职业中类的就业人口(乡村)

单位：人

地区 性别	合计	党的机关、国家机关、群众团体和社会组织、企事业单位负责人						
		小计	中国共产党机关负责人	国家机关负责人	民主党派和工商联负责人	人民团体和群众团体、社会组织及其他成员组织负责人	基层群众自治组织负责人	企事业单位负责人
北京	**139098**	**2872**	**11**	**50**	**3**	**81**	**275**	**2452**
东城区								
西城区								
朝阳区								
丰台区	672	8				3		5
石景山区								
海淀区	4280	137				1	2	134
门头沟区	1410	27				1	18	8
房山区	12331	277		8		19	24	226
通州区	23656	660	2	7	1	15	42	593
顺义区	25438	332		8		8	26	290
昌平区	24105	442	3	9		5	38	387
大兴区	20046	494	5	6	1	11	32	439
怀柔区	4449	83		4		1	18	60
平谷区	8843	176		1	1	12	25	137
密云区	8070	115	1			1	30	83
延庆区	5798	121		7		4	20	90
男	**91402**	**2177**	**8**	**39**	**3**	**44**	**220**	**1863**
东城区								
西城区								
朝阳区								
丰台区	443	6				1		5
石景山区								
海淀区	2776	108				1	2	105
门头沟区	858	20					12	8
房山区	8175	201		5		12	19	165
通州区	15721	492	1	6	1	10	28	446
顺义区	16900	260		5		4	24	227
昌平区	15859	347	3	8		4	33	299
大兴区	13433	367	3	5	1	3	23	332
怀柔区	2834	62		3		1	16	42
平谷区	5457	126		1	1	5	21	98
密云区	5184	95	1			1	26	67
延庆区	3762	93		6		2	16	69
女	**47696**	**695**	**3**	**11**		**37**	**55**	**589**
东城区								
西城区								
朝阳区								
丰台区	229	2				2		
石景山区								
海淀区	1504	29						29
门头沟区	552	7				1	6	
房山区	4156	76		3		7	5	61
通州区	7935	168	1	1		5	14	147
顺义区	8538	72		3		4	2	63
昌平区	8246	95		1		1	5	88
大兴区	6613	127	2	1		8	9	107
怀柔区	1615	21		1			2	18
平谷区	3386	50				7	4	39
密云区	2886	20					4	16
延庆区	2036	28		1		2	4	21

4-11c　续表 1　　　　单位：人

地区 性别	专业技术人员									
	小计	科学研究人员	工程技术人员	农业技术人员	飞机和船舶技术人员	卫生专业技术人员	经济和金融专业人员	法律、社会和宗教专业人员	教学人员	文学艺术、体育专业人员
北　京	**15511**	**199**	**4673**	**170**	**16**	**2268**	**3902**	**322**	**3067**	**460**
东城区										
西城区										
朝阳区										
丰台区	137		50			20	22	4	38	1
石景山区										
海淀区	746	8	228	6		118	165	18	145	24
门头沟区	114		15			23	35	9	30	2
房山区	1589	10	476	17	1	275	361	34	328	32
通州区	2776	25	821	27	5	392	750	56	511	104
顺义区	2330	15	683	21	3	294	655	39	457	106
昌平区	3609	114	1124	25	1	413	847	55	821	112
大兴区	1894	15	608	28	3	247	512	55	345	41
怀柔区	392	3	112	9		73	92	10	73	16
平谷区	841	6	251	13	3	149	201	26	160	12
密云区	542	1	120	12		152	142	11	84	5
延庆区	541	2	185	12		112	120	5	75	5
男	**7308**	**116**	**3953**	**126**	**15**	**521**	**996**	**141**	**892**	**322**
东城区										
西城区										
朝阳区										
丰台区	68		45			4	4	3	9	1
石景山区										
海淀区	330	7	182	4		19	35	3	50	14
门头沟区	44		13			4	10	7	8	2
房山区	739	6	412	13	1	53	98	16	93	24
通州区	1277	11	702	21	5	79	189	28	128	68
顺义区	1062	10	575	16	3	68	145	13	129	74
昌平区	1827	67	931	21	1	108	239	24	305	82
大兴区	899	8	528	18	3	56	130	30	73	30
怀柔区	182	2	95	3		20	19	5	24	12
平谷区	387	3	208	10	2	44	51	9	41	8
密云区	233	1	106	9		37	48	3	19	4
延庆区	260	1	156	11		29	28		13	3
女	**8203**	**83**	**720**	**44**	**1**	**1747**	**2906**	**181**	**2175**	**138**
东城区										
西城区										
朝阳区										
丰台区	69		5			16	18	1	29	
石景山区										
海淀区	416	1	46	2		99	130	15	95	10
门头沟区	70		2			19	25	2	22	
房山区	850	4	64	4		222	263	18	235	8
通州区	1499	14	119	6		313	561	28	383	36
顺义区	1268	5	108	5		226	510	26	328	32
昌平区	1782	47	193	4		305	608	31	516	30
大兴区	995	7	80	10		191	382	25	272	11
怀柔区	210	1	17	6		53	73	5	49	4
平谷区	454	3	43	3	1	105	150	17	119	4
密云区	309		14	3		115	94	8	65	1
延庆区	281	1	29	1		83	92	5	62	2

4–11c 续表 2

单位：人

地区 性别	专业技术人员		办事人员和有关人员				社会生产服务和生活服务人员		
	新闻出版、文化专业人员	其他专业技术人员	小计	办事人员	安全和消防人员	其他办事人员和有关人员	小计	批发与零售服务人员	交通运输、仓储和邮政业服务人员
北京	**368**	**66**	**13039**	**9426**	**3548**	**65**	**65942**	**16318**	**18738**
东城区									
西城区									
朝阳区									
丰台区	1	1	82	67	15		316	73	91
石景山区									
海淀区	25	9	570	403	163	4	2040	500	464
门头沟区			161	108	53		740	110	187
房山区	48	7	1202	857	342	3	6048	1606	1955
通州区	79	6	2232	1647	575	10	12171	3358	3705
顺义区	46	11	2341	1740	577	24	12174	2774	3740
昌平区	90	7	2097	1764	324	9	12275	3557	2557
大兴区	33	7	1803	1227	572	4	9246	2200	3057
怀柔区	4		492	330	162		1857	306	441
平谷区	17	3	665	440	219	6	3118	708	996
密云区	15		798	467	330	1	3400	716	948
延庆区	10	15	596	376	216	4	2557	410	597
男	**168**	**58**	**7907**	**4649**	**3230**	**28**	**42553**	**8653**	**16261**
东城区									
西城区									
朝阳区									
丰台区	1	1	45	32	13		209	36	79
石景山区									
海淀区	9	7	367	222	143	2	1317	283	401
门头沟区			100	51	49		462	50	152
房山区	16	7	766	448	315	3	4034	834	1720
通州区	41	5	1303	765	536	2	8123	1802	3228
顺义区	18	11	1383	854	525	4	7667	1437	3241
昌平区	43	6	1167	884	275	8	7994	1979	2236
大兴区	18	5	1130	593	533	4	6087	1254	2576
怀柔区	2		304	158	146		1159	154	374
平谷区	8	3	415	214	198	3	1947	322	885
密云区	6		535	227	307	1	2040	324	843
延庆区	6	13	392	201	190	1	1514	178	526
女	**200**	**8**	**5132**	**4777**	**318**	**37**	**23389**	**7665**	**2477**
东城区									
西城区									
朝阳区									
丰台区			37	35	2		107	37	12
石景山区									
海淀区	16	2	203	181	20	2	723	217	63
门头沟区			61	57	4		278	60	35
房山区	32		436	409	27		2014	772	235
通州区	38	1	929	882	39	8	4048	1556	477
顺义区	28		958	886	52	20	4507	1337	499
昌平区	47	1	930	880	49	1	4281	1578	321
大兴区	15	2	673	634	39		3159	946	481
怀柔区	2		188	172	16		698	152	67
平谷区	9		250	226	21	3	1171	386	111
密云区	9		263	240	23		1360	392	105
延庆区	4	2	204	175	26	3	1043	232	71

4-11c　续表 3　　　　单位：人

地　区 性　别	社会生产服务和生活服务人员 住宿和餐饮服务人员	信息传输、软件和信息技术服务人员	金融服务人员	房地产服务人员	租赁和商务服务人员	技术辅助服务人员	水利、环境和公共设施管理服务人员	居民服务人员	电力、燃气及水供应服务人员
北　京	**6254**	**2481**	**975**	**1261**	**3058**	**1294**	**9735**	**2478**	**839**
东 城 区									
西 城 区									
朝 阳 区									
丰 台 区	32	16	9	7	22	3	30	10	2
石景山区									
海 淀 区	221	173	34	65	98	38	215	119	19
门头沟区	60	28	6	29	97	4	163	27	7
房 山 区	514	114	85	103	333	92	691	192	120
通 州 区	820	412	190	172	478	239	1848	331	117
顺 义 区	1204	339	155	195	549	270	1808	593	141
昌 平 区	1186	990	209	336	713	276	1298	526	160
大 兴 区	777	184	102	175	354	178	1373	320	119
怀 柔 区	286	29	26	37	58	30	488	65	19
平 谷 区	312	95	49	42	140	64	417	126	47
密 云 区	521	58	76	54	68	60	686	99	37
延 庆 区	321	43	34	46	148	40	718	70	51
男	**2881**	**1781**	**416**	**873**	**2230**	**812**	**5128**	**685**	**761**
东 城 区									
西 城 区									
朝 阳 区									
丰 台 区	22	9	4	5	17	2	19	1	2
石景山区									
海 淀 区	113	134	14	46	52	26	111	44	16
门头沟区	27	15	3	25	75	3	86	4	6
房 山 区	228	81	36	62	269	61	378	64	106
通 州 区	425	289	90	109	343	154	1055	100	108
顺 义 区	555	226	51	126	375	161	890	127	123
昌 平 区	584	763	108	250	573	174	646	152	148
大 兴 区	344	124	42	120	270	115	703	101	111
怀 柔 区	132	20	10	30	39	20	279	20	18
平 谷 区	104	60	20	30	91	37	217	31	45
密 云 区	217	36	25	38	31	38	377	15	31
延 庆 区	130	24	13	32	95	21	367	26	47
女	**3373**	**700**	**559**	**388**	**828**	**482**	**4607**	**1793**	**78**
东 城 区									
西 城 区									
朝 阳 区									
丰 台 区	10	7	5	2	5	1	11	9	
石景山区									
海 淀 区	108	39	20	19	46	12	104	75	3
门头沟区	33	13	3	4	22	1	77	23	1
房 山 区	286	33	49	41	64	31	313	128	14
通 州 区	395	123	100	63	135	85	793	231	9
顺 义 区	649	113	104	69	174	109	918	466	18
昌 平 区	602	227	101	86	140	102	652	374	12
大 兴 区	433	60	60	55	84	63	670	219	8
怀 柔 区	154	9	16	7	19	10	209	45	1
平 谷 区	208	35	29	12	49	27	200	95	2
密 云 区	304	22	51	16	37	22	309	84	6
延 庆 区	191	19	21	14	53	19	351	44	4

4-11c 续表 4

单位：人

地区 性别	社会生产服务和生活服务人员				农、林、牧、渔业生产及辅助人员				
	修理及制作服务人员	文化、体育和娱乐服务人员	健康服务人员	其他社会生产和生活服务人员	小计	农业生产人员	林业生产人员	畜牧业生产人员	渔业生产人员
北京	**1931**	**371**	**197**	**12**	**11503**	**8525**	**2140**	**616**	**91**
东城区									
西城区									
朝阳区									
丰台区	9	6	6		4	2	2		
石景山区									
海淀区	72	15	6	1	135	82	43	4	
门头沟区	10	2	10		223	60	161	2	
房山区	182	38	23		996	657	250	72	3
通州区	416	64	20	1	798	523	177	60	24
顺义区	323	63	14	6	1135	871	89	138	22
昌平区	343	91	33		848	415	327	82	3
大兴区	323	32	51	1	1370	1275	42	39	2
怀柔区	55	12	5		686	204	446	12	3
平谷区	96	10	15	1	2657	2463	72	86	21
密云区	56	18	3		1664	1468	133	47	12
延庆区	46	20	11	2	987	505	398	74	1
男	**1791**	**204**	**69**	**8**	**6840**	**5012**	**1217**	**449**	**73**
东城区									
西城区									
朝阳区									
丰台区	9	2	2		3	2	1		
石景山区									
海淀区	66	9	1	1	92	57	27	4	
门头沟区	10	1	5		105	37	66	2	
房山区	171	18	6		621	409	138	63	3
通州区	378	37	5		532	327	130	46	19
顺义区	304	44	4	3	716	517	69	101	19
昌平区	315	54	12		487	247	168	52	2
大兴区	299	11	16	1	803	730	34	28	2
怀柔区	55	5	3		372	127	222	10	1
平谷区	87	7	10	1	1494	1369	53	49	15
密云区	52	11	2		1003	869	80	39	11
延庆区	45	5	3	2	612	321	229	55	1
女	**140**	**167**	**128**	**4**	**4663**	**3513**	**923**	**167**	**18**
东城区									
西城区									
朝阳区									
丰台区		4	4		1		1		
石景山区									
海淀区	6	6	5		43	25	16		
门头沟区		1	5		118	23	95		
房山区	11	20	17		375	248	112	9	
通州区	38	27	15	1	266	196	47	14	5
顺义区	19	19	10	3	419	354	20	37	3
昌平区	28	37	21		361	168	159	30	1
大兴区	24	21	35		567	545	8	11	
怀柔区		7	2		314	77	224	2	2
平谷区	9	3	5		1163	1094	19	37	6
密云区	4	7	1		661	599	53	8	1
延庆区	1	15	8		375	184	169	19	

4-11c　续表 5　　　　单位：人

地　区 性　别	农林牧渔生产辅助人员	其他农、林、牧、渔业生产加工人员	生产制造及有关人员						
			小计	农副产品加工人员	食品、饮料生产加工人员	烟草及其制品加工人员	纺织、针织、印染人员	纺织品、服装和皮革、毛皮制品加工制作人员	木材加工、家具与木制品制作人员
北　京	**127**	**4**	**30165**	**442**	**952**	**6**	**29**	**591**	**857**
东 城 区									
西 城 区									
朝 阳 区									
丰 台 区			125		1	1		1	2
石景山区									
海 淀 区	6		647		5			8	8
门头沟区			145	2	2		1		2
房 山 区	13	1	2219	86	74	1	6	58	57
通 州 区	14		4985	79	102	2	1	109	193
顺 义 区	15		7126	67	219		7	176	189
昌 平 区	21		4834	36	225	1		23	145
大 兴 区	12		5228	82	183	1		123	175
怀 柔 区	21		939	33	33			7	29
平 谷 区	13	2	1378	14	56		7	55	7
密 云 区	4		1551	26	40		4	28	22
延 庆 区	8	1	988	17	12		3	3	28
男	**87**	**2**	**24578**	**273**	**501**	**4**	**4**	**192**	**738**
东 城 区									
西 城 区									
朝 阳 区									
丰 台 区			112		1				2
石景山区									
海 淀 区	4		557		2			7	7
门头沟区			127	1	1				2
房 山 区	7	1	1814	47	39	1	1	17	51
通 州 区	10		3977	54	54	2	1	35	157
顺 义 区	10		5812	43	136		1	42	158
昌 平 区	18		4037	25	121			12	131
大 兴 区	9		4139	49	89	1		60	157
怀 柔 区	12		755	22	15			2	20
平 谷 区	7	1	1084	7	24		1	10	7
密 云 区	4		1278	12	15			7	19
延 庆 区	6		886	13	4				27
女	**40**	**2**	**5587**	**169**	**451**	**2**	**25**	**399**	**119**
东 城 区									
西 城 区									
朝 阳 区									
丰 台 区			13			1		1	
石景山区									
海 淀 区	2		90		3			1	1
门头沟区			18	1	1		1		
房 山 区	6		405	39	35		5	41	6
通 州 区	4		1008	25	48			74	36
顺 义 区	5		1314	24	83		6	134	31
昌 平 区	3		797	11	104	1		11	14
大 兴 区	3		1089	33	94			63	18
怀 柔 区	9		184	11	18			5	9
平 谷 区	6	1	294	7	32		6	45	
密 云 区			273	14	25		4	21	3
延 庆 区	2	1	102	4	8		3	3	1

4-11c 续表 6

单位：人

地 区 性 别	生产制造及有关人员								
	纸及纸制品生产加工人员	印刷和记录媒介复制人员	文教、工美、体育和娱乐用品制造人员	石油加工和炼焦、煤化工生产人员	化学原料和化学制品制造人员	医药制造人员	化学纤维制造人员	橡胶和塑料制品制造人员	非金属矿物制品制造人员
北 京	**86**	**425**	**188**	**14**	**171**	**497**	**4**	**148**	**386**
东 城 区									
西 城 区									
朝 阳 区									
丰 台 区					2	1			
石景山区									
海 淀 区	1	3	1		2	5		2	4
门头沟区	1			1		1			1
房 山 区	31	16	8	4	16	19		26	39
通 州 区	13	101	57	2	43	123	1	28	62
顺 义 区	14	92	65	2	25	52	1	30	85
昌 平 区	3	74	19		18	85		8	115
大 兴 区	4	87	14	4	40	166	1	20	24
怀 柔 区	3	18	1		8	8	1	7	1
平 谷 区	8	5	16	1	9	18		8	21
密 云 区	7	25	6		7	8		17	25
延 庆 区	1	4	1		1	11		2	9
男	**45**	**282**	**113**	**11**	**118**	**224**	**2**	**97**	**333**
东 城 区									
西 城 区									
朝 阳 区									
丰 台 区					1				
石景山区									
海 淀 区	1	3			1	1		1	4
门头沟区				1		1			
房 山 区	17	13	7	2	11	3		18	30
通 州 区	3	71	32	2	32	61		17	47
顺 义 区	8	61	39	2	15	23	1	22	69
昌 平 区	2	44	12		16	46		6	108
大 兴 区	1	64	10	3	29	72	1	16	21
怀 柔 区	2	10			1	2		2	
平 谷 区	5	2	8	1	7	6		4	21
密 云 区	5	12	4		4	4		9	25
延 庆 区	1	2	1		1	5		2	8
女	**41**	**143**	**75**	**3**	**53**	**273**	**2**	**51**	**53**
东 城 区									
西 城 区									
朝 阳 区									
丰 台 区					1	1			
石景山区									
海 淀 区			1		1	4		1	
门头沟区	1								1
房 山 区	14	3	1	2	5	16		8	9
通 州 区	10	30	25		11	62	1	11	15
顺 义 区	6	31	26		10	29		8	16
昌 平 区	1	30	7		2	39		2	7
大 兴 区	3	23	4	1	11	94		4	3
怀 柔 区	1	8	1		7	6	1	5	1
平 谷 区	3	3	8		2	12		4	
密 云 区	2	13	2		3	4		8	
延 庆 区		2				6			1

4-11c　续表 7　　　　　　　　　　　　　　　　　　　　　　单位：人

地　区 性　别	生产制造及有关人员								
	采矿人员	金属冶炼和压延加工人员	机械制造基础加工人员	金属制品制造人员	通用设备制造人员	专用设备制造人员	汽车制造人员	铁路、船舶、航空设备制造人员	电气机械和器材制造人员
北　京	**63**	**84**	**1326**	**546**	**244**	**251**	**1490**	**89**	**308**
东城区									
西城区									
朝阳区									
丰台区			13	1	1		2	4	1
石景山区									
海淀区			43	8	2	3	8	2	3
门头沟区	6		1	7	1		1	1	
房山区	4	11	120	53	22	17	50	12	31
通州区	5	6	166	80	34	63	119	11	118
顺义区	1	13	303	162	50	31	502	15	35
昌平区	5	18	275	59	58	43	144	18	9
大兴区	8	17	179	71	22	61	327	14	39
怀柔区		3	57	25	11	8	170		13
平谷区	2	6	47	32	16	15	93	7	12
密云区	32	6	84	27	23	9	67	4	21
延庆区		4	38	21	4	1	7	1	26
男	**62**	**75**	**1215**	**456**	**217**	**138**	**1235**	**76**	**242**
东城区									
西城区									
朝阳区									
丰台区			11	1	1		2	4	1
石景山区									
海淀区			41	8	2	2	8	1	2
门头沟区	6		1	6	1			1	
房山区	3	9	114	45	20	8	47	11	30
通州区	5	5	150	66	30	48	95	10	98
顺义区	1	12	277	141	46	16	399	11	26
昌平区	5	18	253	47	53	23	121	17	7
大兴区	8	13	162	62	17	25	275	11	25
怀柔区		3	55	22	9	2	148		10
平谷区	2	6	39	24	14	9	82	5	11
密云区	32	5	75	17	20	4	52	4	17
延庆区		4	37	17	4	1	6	1	15
女	**1**	**9**	**111**	**90**	**27**	**113**	**255**	**13**	**66**
东城区									
西城区									
朝阳区									
丰台区			2						
石景山区									
海淀区			2			1		1	1
门头沟区				1			1		
房山区	1	2	6	8	2	9	3	1	1
通州区		1	16	14	4	15	24	1	20
顺义区		1	26	21	4	15	103	4	9
昌平区			22	12	5	20	23	1	2
大兴区		4	17	9	5	36	52	3	14
怀柔区			2	3	2	6	22		3
平谷区			8	8	2	6	11	2	1
密云区		1	9	10	3	5	15		4
延庆区			1	4			1		11

4-11c 续表 8

单位：人

地　区 性　别	生产制造及有关人员								不便分类的其他从业人员
	计算机、通信和其他电子设备制造人员	仪器仪表制造人员	废弃资源综合利用人员	电力、热力、气体、水生产和输配人员	建筑施工人员	运输设备和通用工程机械操作人员及有关人员	生产辅助人员	其他生产制造及有关人员	
北　京	**1474**	**47**	**56**	**267**	**12976**	**1204**	**4908**	**36**	**66**
东城区									
西城区									
朝阳区									
丰台区	10				65	7	13		
石景山区									
海淀区	53		9	9	328	15	123	2	5
门头沟区	6	1		7	72	8	23		
房山区	76	5	8	23	865	86	390	5	
通州区	303	8	5	25	2105	174	846	1	34
顺义区	358	7	10	45	3191	235	1126	18	
昌平区	308	15	2	38	2248	142	698	2	
大兴区	177	9	15	51	2194	296	819	5	11
怀柔区	19		1	17	227	51	188		
平谷区	107		2	16	490	72	233	3	8
密云区	44	2		17	616	73	311		
延庆区	13		4	19	575	45	138		8
男	**977**	**28**	**43**	**242**	**11879**	**1157**	**3572**	**27**	**39**
东城区									
西城区									
朝阳区									
丰台区	7				62	7	12		
石景山区									
海淀区	40		5	7	300	15	97	2	5
门头沟区	4			6	71	6	19		
房山区	65	3	6	19	790	81	302	4	
通州区	205	6	4	21	1906	168	591	1	17
顺义区	229	5	10	39	2902	227	838	13	
昌平区	203	7	1	36	2058	134	531		
大兴区	107	6	13	50	1991	287	510	4	8
怀柔区	10			16	208	50	146		
平谷区	68		2	14	457	70	175	3	4
密云区	28	1		15	579	68	245		
延庆区	11		2	19	555	44	106		5
女	**497**	**19**	**13**	**25**	**1097**	**47**	**1336**	**9**	**27**
东城区									
西城区									
朝阳区									
丰台区	3				3		1		
石景山区									
海淀区	13		4	2	28		26		
门头沟区	2	1		1	1	2	4		
房山区	11	2	2	4	75	5	88	1	
通州区	98	2	1	4	199	6	255		17
顺义区	129	2		6	289	8	288	5	
昌平区	105	8	1	2	190	8	167	2	
大兴区	70	3	2	1	203	9	309	1	3
怀柔区	9		1	1	19	1	42		
平谷区	39			2	33	2	58		4
密云区	16	1		2	37	5	66		
延庆区	2		2		20	1	32		3

4-12　各地区分性别、职业中类的外来就业人口

单位：人

地区 性别	合计	党的机关、国家机关、群众团体和社会组织、企事业单位负责人						
		小计	中国共产党机关负责人	国家机关负责人	民主党派和工商联负责人	人民团体和群众团体、社会组织及其他成员组织负责人	基层群众自治组织负责人	企事业单位负责人
北　京	**507801**	**18224**	**4**	**54**		**216**	**9**	**17941**
东 城 区	10179	449				7		442
西 城 区	17598	580		3		8	1	568
朝 阳 区	80875	2649		5		17		2627
丰 台 区	47254	1665	1	12		43		1609
石景山区	9918	419				8		411
海 淀 区	71821	3284	1	17		27		3239
门头沟区	5562	172						172
房 山 区	20837	1023		4		26		993
通 州 区	46223	2384		3		16	1	2364
顺 义 区	41212	580				7	1	572
昌 平 区	83690	1822		2		21	4	1795
大 兴 区	54156	2678	2	4		29		2643
怀 柔 区	7231	200		2		2		196
平 谷 区	3327	118		1		5		112
密 云 区	5135	128					2	126
延 庆 区	2783	73		1				72
男	**298429**	**12602**	**3**	**40**		**136**	**7**	**12416**
东 城 区	5399	285				3		282
西 城 区	9504	363		2		4	1	356
朝 阳 区	44104	1764		5		11		1748
丰 台 区	25996	1158	1	8		27		1122
石景山区	5255	270				3		267
海 淀 区	40695	2201		10		15		2176
门头沟区	3171	124						124
房 山 区	12655	715		4		18		693
通 州 区	28034	1647		3		11		1633
顺 义 区	26436	407				4	1	402
昌 平 区	51359	1347		1		16	3	1327
大 兴 区	33867	1945	2	3		18		1922
怀 柔 区	4801	144		2		2		140
平 谷 区	2020	80		1		4		75
密 云 区	3230	101					2	99
延 庆 区	1903	51		1				50
女	**209372**	**5622**	**1**	**14**		**80**	**2**	**5525**
东 城 区	4780	164				4		160
西 城 区	8094	217		1		4		212
朝 阳 区	36771	885				6		879
丰 台 区	21258	507		4		16		487
石景山区	4663	149				5		144
海 淀 区	31126	1083	1	7		12		1063
门头沟区	2391	48						48
房 山 区	8182	308				8		300
通 州 区	18189	737				5	1	731
顺 义 区	14776	173				3		170
昌 平 区	32331	475		1		5	1	468
大 兴 区	20289	733		1		11		721
怀 柔 区	2430	56						56
平 谷 区	1307	38				1		37
密 云 区	1905	27						27
延 庆 区	880	22						22

4—12 续表 1 单位：人

地区 性别	专业技术人员									
	小计	科学研究人员	工程技术人员	农业技术人员	飞机和船舶技术人员	卫生专业技术人员	经济和金融专业人员	法律、社会和宗教专业人员	教学人员	文学艺术、体育专业人员
北京	**103228**	**1937**	**34703**	**338**	**127**	**9189**	**30269**	**2601**	**13802**	**5458**
东城区	1713	32	356		1	224	622	89	163	78
西城区	3490	49	944	7	2	452	1208	101	368	155
朝阳区	17906	276	4601	40	19	1175	6204	712	2177	1530
丰台区	10969	112	3444	25	6	1354	3617	307	1190	451
石景山区	2636	44	859	7		361	719	68	340	76
海淀区	16755	489	6088	67	4	1680	4149	364	2557	617
门头沟区	1137	14	308	2		224	334	25	169	25
房山区	4113	41	1468	10	1	486	1127	90	593	116
通州区	9049	107	2580	28	2	539	2998	246	1157	912
顺义区	4960	59	1813	25	71	325	1406	77	741	298
昌平区	18791	341	7784	65	6	1282	4615	295	3009	760
大兴区	9925	357	3766	30	13	909	2840	201	1061	374
怀柔区	625	7	256	26		50	134	7	98	29
平谷区	385	4	145	1	1	48	89	8	55	17
密云区	471	3	181	1	1	48	144	3	68	11
延庆区	303	2	110	4		32	63	8	56	9
男	**47112**	**866**	**25988**	**217**	**117**	**2115**	**8276**	**1107**	**3821**	**2881**
东城区	689	16	269		1	58	184	38	42	34
西城区	1462	23	683	5	2	123	374	43	69	78
朝阳区	7672	116	3321	24	19	291	1825	275	595	777
丰台区	4732	47	2573	15	6	296	1014	128	279	222
石景山区	1142	22	637	2		70	183	37	82	41
海淀区	7355	227	4405	35	3	294	981	154	722	304
门头沟区	451	4	233			45	104	10	34	9
房山区	1900	21	1126	6	1	120	291	34	172	61
通州区	4217	56	2002	22	1	127	873	111	325	506
顺义区	2421	26	1394	20	66	88	357	33	209	175
昌平区	9424	162	5919	42	5	315	1222	134	958	438
大兴区	4761	133	2862	17	12	241	777	98	276	193
怀柔区	333	5	208	23		17	30	2	18	21
平谷区	182	3	114	1		9	17	4	20	8
密云区	226	3	153	1	1	14	34	1	11	7
延庆区	145	2	89	4		7	10	5	9	7
女	**56116**	**1071**	**8715**	**121**	**10**	**7074**	**21993**	**1494**	**9981**	**2577**
东城区	1024	16	87			166	438	51	121	44
西城区	2028	26	261	2		329	834	58	299	77
朝阳区	10234	160	1280	16		884	4379	437	1582	753
丰台区	6237	65	871	10		1058	2603	179	911	229
石景山区	1494	22	222	5		291	536	31	258	35
海淀区	9400	262	1683	32	1	1386	3168	210	1835	313
门头沟区	686	10	75	2		179	230	15	135	16
房山区	2213	20	342	4		366	836	56	421	55
通州区	4832	51	578	6	1	412	2125	135	832	406
顺义区	2539	33	419	5	5	237	1049	44	532	123
昌平区	9367	179	1865	23	1	967	3393	161	2051	322
大兴区	5164	224	904	13	1	668	2063	103	785	181
怀柔区	292	2	48	3		33	104	5	80	8
平谷区	203	1	31		1	39	72	4	35	9
密云区	245		28			34	110	2	57	4
延庆区	158		21			25	53	3	47	2

4-12　续表 2

单位：人

地区 性别	专业技术人员		办事人员和有关人员				社会生产服务和生活服务人员		
	新闻出版、文化专业人员	其他专业技术人员	小计	办事人员	安全和消防人员	其他办事人员和有关人员	小计	批发与零售服务人员	交通运输、仓储和邮政业服务人员
北　京	**4388**	**416**	**47582**	**40305**	**7040**	**237**	**263871**	**87550**	**33353**
东城区	136	12	1476	1055	411	10	5980	1724	453
西城区	186	18	2273	1744	520	9	10420	2445	649
朝阳区	1096	76	9202	8336	812	54	44479	15399	4868
丰台区	441	22	5138	4583	544	11	25236	10716	2589
石景山区	135	27	1090	948	135	7	4767	1652	348
海淀区	647	93	7331	5529	1759	43	37945	9811	3186
门头沟区	34	2	432	393	39		2944	1043	387
房山区	169	12	1705	1467	229	9	9806	4018	1339
通州区	446	34	4193	3593	570	30	22466	8383	3558
顺义区	127	18	3037	2433	588	16	21076	5417	5624
昌平区	580	54	6230	5836	366	28	45964	14717	4589
大兴区	341	33	4309	3575	719	15	24743	9338	4594
怀柔区	15	3	438	279	159		3033	940	575
平谷区	16	1	222	163	56	3	1373	563	153
密云区	10	1	346	276	70		2534	973	347
延庆区	9	10	160	95	63	2	1105	411	94
男	**1465**	**259**	**24010**	**17248**	**6642**	**120**	**153684**	**45618**	**28243**
东城区	40	7	853	447	399	7	3094	775	405
西城区	47	15	1292	780	506	6	5671	1148	579
朝阳区	389	40	4302	3500	774	28	24689	7743	4199
丰台区	141	11	2514	2010	501	3	14052	5440	2265
石景山区	50	18	497	366	126	5	2512	773	291
海淀区	176	54	4005	2323	1663	19	21698	4998	2841
门头沟区	10	2	169	135	34		1662	492	322
房山区	60	8	806	595	205	6	5903	2186	1133
通州区	170	24	2080	1527	539	14	13703	4499	3031
顺义区	40	13	1709	1149	554	6	12550	2911	4352
昌平区	196	33	2936	2583	336	17	28662	8133	4036
大兴区	132	20	2179	1495	677	7	15060	5108	3785
怀柔区	7	2	265	114	151		1764	478	502
平谷区	5	1	118	65	52	1	698	254	127
密云区		1	187	122	65		1376	467	298
延庆区	2	10	98	37	60	1	590	213	77
女	**2923**	**157**	**23572**	**23057**	**398**	**117**	**110187**	**41932**	**5110**
东城区	96	5	623	608	12	3	2886	949	48
西城区	139	3	981	964	14	3	4749	1297	70
朝阳区	707	36	4900	4836	38	26	19790	7656	669
丰台区	300	11	2624	2573	43	8	11184	5276	324
石景山区	85	9	593	582	9	2	2255	879	57
海淀区	471	39	3326	3206	96	24	16247	4813	345
门头沟区	24		263	258	5		1282	551	65
房山区	109	4	899	872	24	3	3903	1832	206
通州区	276	10	2113	2066	31	16	8763	3884	527
顺义区	87	5	1328	1284	34	10	8526	2506	1272
昌平区	384	21	3294	3253	30	11	17302	6584	553
大兴区	209	13	2130	2080	42	8	9683	4230	809
怀柔区	8	1	173	165	8		1269	462	73
平谷区	11		104	98	4	2	675	309	26
密云区	10		159	154	5		1158	506	49
延庆区	7		62	58	3	1	515	198	17

4-12 续表 3　　　　单位：人

地区 性别	社会生产服务和生活服务人员								
	住宿和餐饮服务人员	信息传输、软件和信息技术服务人员	金融服务人员	房地产服务人员	租赁和商务服务人员	技术辅助服务人员	水利、环境和公共设施管理服务人员	居民服务人员	电力、燃气及水供应服务人员
北　京	**32461**	**32128**	**4849**	**7622**	**13161**	**10152**	**15296**	**17079**	**975**
东 城 区	1394	276	175	228	310	180	531	549	20
西 城 区	2764	466	319	646	841	164	799	1015	42
朝 阳 区	4843	4520	1054	1427	2169	2512	2610	3056	111
丰 台 区	2465	2220	585	732	1304	882	1192	1618	74
石景山区	525	623	168	152	215	162	319	391	25
海 淀 区	6547	6363	492	1345	1865	901	2891	3225	165
门头沟区	334	381	71	89	144	79	136	179	13
房 山 区	1103	798	155	189	408	352	333	583	70
通 州 区	1815	1993	487	485	1022	1326	1448	1015	54
顺 义 区	2534	1518	219	336	1191	682	1562	1263	94
昌 平 区	3966	11107	658	1345	2040	1723	1849	2348	167
大 兴 区	2308	1709	369	533	1427	996	1282	1196	111
怀 柔 区	684	69	17	45	97	71	168	236	8
平 谷 区	321	32	17	7	47	32	41	113	5
密 云 区	565	38	54	48	39	55	81	214	6
延 庆 区	293	15	9	15	42	35	54	78	10
男	**17596**	**22810**	**2148**	**4972**	**8530**	**5542**	**6523**	**3986**	**897**
东 城 区	732	189	60	159	221	91	257	97	20
西 城 区	1497	307	143	447	680	85	396	172	36
朝 阳 区	2713	3107	463	903	1233	1319	944	655	101
丰 台 区	1216	1566	240	493	829	470	513	361	61
石景山区	266	426	62	104	126	92	140	74	20
海 淀 区	3645	4479	218	887	1267	484	1237	594	155
门头沟区	170	275	30	44	105	43	48	55	13
房 山 区	587	571	76	93	275	213	166	186	68
通 州 区	1097	1422	249	310	563	757	700	343	51
顺 义 区	1275	1027	108	204	764	392	640	277	90
昌 平 区	2147	8126	316	927	1378	955	778	620	158
大 兴 区	1258	1217	163	340	963	542	552	373	98
怀 柔 区	352	45	5	30	61	40	70	72	7
平 谷 区	164	20	5	3	26	18	15	27	5
密 云 区	327	25	7	22	15	24	41	57	6
延 庆 区	150	8	3	6	24	17	26	23	8
女	**14865**	**9318**	**2701**	**2650**	**4631**	**4610**	**8773**	**13093**	**78**
东 城 区	662	87	115	69	89	89	274	452	
西 城 区	1267	159	176	199	161	79	403	843	6
朝 阳 区	2130	1413	591	524	936	1193	1666	2401	10
丰 台 区	1249	654	345	239	475	412	679	1257	13
石景山区	259	197	106	48	89	70	179	317	5
海 淀 区	2902	1884	274	458	598	417	1654	2631	10
门头沟区	164	106	41	45	39	36	88	124	
房 山 区	516	227	79	96	133	139	167	397	2
通 州 区	718	571	238	175	459	569	748	672	3
顺 义 区	1259	491	111	132	427	290	922	986	4
昌 平 区	1819	2981	342	418	662	768	1071	1728	9
大 兴 区	1050	492	206	193	464	454	730	823	13
怀 柔 区	332	24	12	15	36	31	98	164	1
平 谷 区	157	12	12	4	21	14	26	86	
密 云 区	238	13	47	26	24	31	40	157	
延 庆 区	143	7	6	9	18	18	28	55	2

4-12 续表 4

单位：人

地区 性别	社会生产服务和生活服务人员				农、林、牧、渔业生产及辅助人员				
	修理及制作服务人员	文化、体育和娱乐服务人员	健康服务人员	其他社会生产和生活服务人员	小计	农业生产人员	林业生产人员	畜牧业生产人员	渔业生产人员
北京	**5560**	**2824**	**792**	**69**	**3434**	**2377**	**479**	**458**	**37**
东城区	58	45	23	14	3	1	2		
西城区	117	108	38	7	8	6		2	
朝阳区	948	805	146	11	82	35	29	16	
丰台区	489	269	94	7	33	21	4	5	1
石景山区	115	48	24		11	10	1		
海淀区	747	309	87	11	221	153	40	15	2
门头沟区	59	19	10		18	11	7		
房山区	327	100	30	1	442	355	30	54	
通州区	513	313	50	4	401	233	114	40	6
顺义区	450	146	34	6	663	439	96	108	6
昌平区	909	404	140	2	477	273	89	88	11
大兴区	602	183	89	6	726	663	24	22	4
怀柔区	90	29	4		63	34	22	4	
平谷区	35	4	3		89	41	5	30	6
密云区	70	31	13		88	53	10	24	1
延庆区	31	11	7		109	49	6	50	
男	**5031**	**1541**	**226**	**21**	**2142**	**1405**	**339**	**315**	**27**
东城区	53	22	6	7	3	1	2		
西城区	103	60	15	3	3	3			
朝阳区	855	413	38	3	64	27	25	11	
丰台区	442	128	28		22	15	2	3	
石景山区	103	25	10		6	5	1		
海淀区	697	172	21	3	148	102	29	7	2
门头沟区	53	10	2		10	6	4		
房山区	284	57	8		270	201	21	46	
通州区	468	192	20	1	246	143	67	28	3
顺义区	410	88	10	2	414	258	67	75	4
昌平区	817	232	38	1	321	170	73	56	10
大兴区	539	98	23	1	418	374	18	15	2
怀柔区	85	15	2		39	21	13	3	
平谷区	30	3	1		53	24	4	18	5
密云区	64	22	1		48	22	8	17	1
延庆区	28	4	3		77	33	5	36	
女	**529**	**1283**	**566**	**48**	**1292**	**972**	**140**	**143**	**10**
东城区	5	23	17	7					
西城区	14	48	23	4	5	3		2	
朝阳区	93	392	108	8	18	8	4	5	
丰台区	47	141	66	7	11	6	2	2	1
石景山区	12	23	14		5	5			
海淀区	50	137	66	8	73	51	11	8	
门头沟区	6	9	8		8	5	3		
房山区	43	43	22	1	172	154	9	8	
通州区	45	121	30	3	155	90	47	12	3
顺义区	40	58	24	4	249	181	29	33	2
昌平区	92	172	102	1	156	103	16	32	1
大兴区	63	85	66	5	308	289	6	7	2
怀柔区	5	14	2		24	13	9	1	
平谷区	5	1	2		36	17	1	12	1
密云区	6	9	12		40	31	2	7	
延庆区	3	7	4		32	16	1	14	

4-12 续表 5　　　　　　　　　　　　　　　　　　　　　　　　　　单位：人

地区 性别	农林牧渔生产辅助人员	其他农、林、牧、渔业生产加工人员	生产制造及有关人员						
			小计	农副产品加工人员	食品、饮料生产加工人员	烟草及其制品加工人员	纺织、针织、印染人员	纺织品、服装和皮革、毛皮制品加工制作人员	木材加工、家具与木制品制作人员
北　京	**73**	**10**	**71136**	**641**	**1984**	**4**	**58**	**1119**	**2414**
东城区			557	6	24			11	3
西城区			824	5	37			2	8
朝阳区	2		6548	15	187		4	78	210
丰台区	2		4213	26	91	2	5	65	121
石景山区			980	1	18		2	11	34
海淀区	10	1	6154	9	155		2	53	188
门头沟区			853	2	14			1	17
房山区	1	2	3748	93	111		3	95	84
通州区	8		7645	87	255	1	4	112	348
顺义区	12	2	10896	118	273		14	211	310
昌平区	13	3	10406	61	326	1	6	75	293
大兴区	12	1	11705	104	240		11	341	591
怀柔区	3		2872	65	131			8	83
平谷区	7		1135	27	73		3	18	24
密云区			1568	19	41		4	32	34
延庆区	3	1	1032	3	8			6	66
男	**49**	**7**	**58693**	**369**	**991**	**1**	**26**	**464**	**2175**
东城区			475	6	12			5	3
西城区			711	3	19				7
朝阳区	1		5609	8	97		1	30	198
丰台区	2		3518	16	42	1	2	33	117
石景山区			822	1	11		1	2	34
海淀区	7	1	5210	6	77		2	33	170
门头沟区			752		10				15
房山区	1	1	3061	52	62			37	76
通州区	5		6093	53	129		3	46	305
顺义区	9	1	8935	63	134		8	63	261
昌平区	9	3	8669	39	153		3	31	269
大兴区	8	1	9459	55	111		4	164	537
怀柔区	2		2256	34	66			2	72
平谷区	2		889	19	34		1	7	19
密云区			1292	11	30		1	10	28
延庆区	3		942	3	4			1	64
女	**24**	**3**	**12443**	**272**	**993**	**3**	**32**	**655**	**239**
东城区			82		12			6	
西城区			113	2	18			2	1
朝阳区	1		939	7	90		3	48	12
丰台区			695	10	49	1	3	32	4
石景山区			158		7		1	9	
海淀区	3		944	3	78			20	18
门头沟区			101	2	4			1	2
房山区		1	687	41	49		3	58	8
通州区	3		1552	34	126	1	1	66	43
顺义区	3	1	1961	55	139		6	148	49
昌平区	4		1737	22	173	1	3	44	24
大兴区	4		2246	49	129		7	177	54
怀柔区	1		616	31	65			6	11
平谷区	5		246	8	39		2	11	5
密云区			276	8	11		3	22	6
延庆区		1	90		4			5	2

4-12 续表 6 单位：人

地区 性别	生产制造及有关人员								
	纸及纸制品生产加工人员	印刷和记录媒介复制人员	文教、工美、体育和娱乐用品制造人员	石油加工和炼焦、煤化工生产人员	化学原料和化学制品制造人员	医药制造人员	化学纤维制造人员	橡胶和塑料制品制造人员	非金属矿物制品制造人员
北京	**126**	**920**	**413**	**42**	**285**	**994**	**14**	**187**	**725**
东城区		12	11			6			
西城区	3	17	20			9		2	1
朝阳区	2	75	31	1	16	30		1	56
丰台区	1	37	37		21	39		15	54
石景山区	2	4	5	1	2	2		2	5
海淀区	9	67	12	4	18	64		6	67
门头沟区	1	2	2	1	3	2		1	
房山区	43	30	20	7	30	38		18	86
通州区	10	190	77	2	39	167	1	29	73
顺义区	18	142	90	6	44	67		26	102
昌平区	13	100	40	1	29	181		6	140
大兴区	11	195	52	18	51	319		31	58
怀柔区	6	18	8		20	49	13	26	7
平谷区	2		3	1	3	8		8	31
密云区	5	28	4		9	11		15	40
延庆区		3	1			2		1	5
男	**72**	**572**	**253**	**33**	**189**	**489**	**5**	**132**	**609**
东城区		4	7			2			
西城区	1	9	16			6		1	1
朝阳区		36	14	1	8	5			47
丰台区		19	18		12	17		12	50
石景山区		2	4	1	1			1	2
海淀区	6	41	4	2	10	22		4	59
门头沟区			2	1	2	1		1	
房山区	34	17	11	5	19	18		11	65
通州区	4	120	52	2	27	92		21	59
顺义区	12	93	57	6	28	24		20	83
昌平区	7	59	26	1	23	95		4	127
大兴区	5	139	33	13	39	174		24	49
怀柔区		13	4		10	20	5	17	3
平谷区	1		1	1	2	4		7	27
密云区	2	19	3		8	8		8	33
延庆区		1	1			1		1	4
女	**54**	**348**	**160**	**9**	**96**	**505**	**9**	**55**	**116**
东城区		8	4			4			
西城区	2	8	4			3		1	
朝阳区	2	39	17		8	25		1	9
丰台区	1	18	19		9	22		3	4
石景山区	2	2	1		1	2		1	3
海淀区	3	26	8	2	8	42		2	8
门头沟区	1	2			1	1			
房山区	9	13	9	2	11	20		7	21
通州区	6	70	25		12	75	1	8	14
顺义区	6	49	33		16	43		6	19
昌平区	6	41	14		6	86		2	13
大兴区	6	56	19	5	12	145		7	9
怀柔区	6	5	4		10	29	8	9	4
平谷区	1		2		1	4		1	4
密云区	3	9	1		1	3		7	7
延庆区		2				1			1

4-12 续表 7 单位：人

地区 性别	生产制造及有关人员								
	采矿人员	金属冶炼和压延加工人员	机械制造基础加工人员	金属制品制造人员	通用设备制造人员	专用设备制造人员	汽车制造人员	铁路、船舶、航空设备制造人员	电气机械和器材制造人员
北　京	**102**	**141**	**2088**	**908**	**422**	**501**	**1940**	**233**	**578**
东城区			21	4	1		2	1	1
西城区	2		9	1	4	6	2	1	5
朝阳区	7	5	76	44	30	12	18	15	41
丰台区	16	7	135	38	43	32	28	67	19
石景山区	1	4	53	2	2	3	1	2	1
海淀区	8	44	157	43	24	24	12	32	19
门头沟区	12		33	9	1	5	2	4	2
房山区	12	4	188	85	15	13	55	7	35
通州区	10	9	192	101	55	95	261	4	171
顺义区	3	11	327	205	54	46	538	25	46
昌平区	15	21	406	132	92	106	194	30	36
大兴区	10	15	241	103	72	102	348	24	79
怀柔区		14	106	46	9	21	273	10	61
平谷区	1		34	43	5	31	95	1	6
密云区	5	5	80	29	14	5	110	8	32
延庆区		2	30	23	1		1	2	24
男	**91**	**119**	**1901**	**750**	**341**	**297**	**1580**	**194**	**430**
东城区			21	2	1		1		1
西城区	2		7	1	3	5	2	1	2
朝阳区	7	4	71	36	30	5	15	13	34
丰台区	12	5	128	32	28	16	25	64	13
石景山区	1	2	48	1	2	2	1	1	1
海淀区	6	39	138	40	19	14	11	21	10
门头沟区	12		30	8	1	2	2	3	2
房山区	10	3	172	68	14	8	47	5	33
通州区	8	6	169	82	44	63	230	3	124
顺义区	3	9	304	182	47	30	411	23	38
昌平区	15	19	357	103	77	69	160	28	26
大兴区	9	13	225	88	51	62	280	18	58
怀柔区		12	97	38	7	5	231	5	44
平谷区	1		29	34	5	14	76		6
密云区	5	5	75	18	11	2	87	7	26
延庆区		2	30	17	1		1	2	12
女	**11**	**22**	**187**	**158**	**81**	**204**	**360**	**39**	**148**
东城区				2			1	1	
西城区			2		1	1			3
朝阳区		1	5	8		7	3	2	7
丰台区	4	2	7	6	15	16	3	3	6
石景山区		2	5	1		1		1	
海淀区	2	5	19	3	5	10	1	11	9
门头沟区			3	1		3		1	
房山区	2	1	16	17	1	5	8	2	2
通州区	2	3	23	19	11	32	31	1	47
顺义区		2	23	23	7	16	127	2	8
昌平区		2	49	29	15	37	34	2	10
大兴区	1	2	16	15	21	40	68	6	21
怀柔区		2	9	8	2	16	42	5	17
平谷区			5	9		17	19	1	
密云区			5	11	3	3	23	1	6
延庆区				6					12

4-12　续表 8　　　　　　　　　　　　　　　　　　　　　　单位：人

地区 性别	生产制造及有关人员								不便分类的其他从业人员
	计算机、通信和其他电子设备制造人员	仪器仪表制造人员	废弃资源综合利用人员	电力、热力、气体、水生产和输配人员	建筑施工人员	运输设备和通用工程机械操作人员及有关人员	生产辅助人员	其他生产制造及有关人员	
北　京	**3705**	**106**	**134**	**404**	**38712**	**1815**	**9316**	**105**	**326**
东城区	12	2		7	339	9	85		1
西城区	24	2	8	21	475	14	143	3	3
朝阳区	101	5	15	25	4465	165	809	9	9
丰台区	156	3	10	51	2268	171	653	2	
石景山区	29		1	12	630	37	113		15
海淀区	386	24	17	75	3401	120	1102	12	131
门头沟区	23	1		28	575	28	84		6
房山区	119	6	12	14	1862	118	541	4	
通州区	685	19	7	20	3494	181	941	5	85
顺义区	430	8	19	24	6264	238	1222	15	
昌平区	702	19	9	47	5798	230	1267	30	
大兴区	862	15	21	59	5755	331	1633	13	70
怀柔区	79	1	7	12	1418	82	289	10	
平谷区	49	1	4	2	482	20	158	2	5
密云区	41			5	728	39	225		
延庆区	7		4	2	758	32	51		1
男	**2467**	**74**	**103**	**345**	**35142**	**1705**	**6704**	**70**	**186**
东城区	5	1		5	323	8	68		
西城区	18	1	5	19	444	13	122	3	2
朝阳区	72	2	11	19	4076	154	610	5	4
丰台区	115	2	9	41	2055	145	487	2	
石景山区	22		1	10	552	35	83		6
海淀区	271	24	12	66	3148	118	829	8	78
门头沟区	16			26	523	26	69		3
房山区	94	5	10	10	1664	110	399	2	
通州区	473	12	4	15	3129	176	639	3	48
顺义区	257	5	17	22	5630	216	879	10	
昌平区	472	12	6	44	5293	224	905	22	
大兴区	547	9	18	53	5228	320	1125	8	45
怀柔区	44		5	8	1239	69	201	5	
平谷区	26	1	3	1	446	20	102	2	
密云区	31			4	667	39	154		
延庆区	4		2	2	725	32	32		
女	**1238**	**32**	**31**	**59**	**3570**	**110**	**2612**	**35**	**140**
东城区	7	1		2	16	1	17		1
西城区	6	1	3	2	31	1	21		1
朝阳区	29	3	4	6	389	11	199	4	5
丰台区	41	1	1	10	213	26	166		
石景山区	7			2	78	2	30		9
海淀区	115		5	9	253	2	273	4	53
门头沟区	7	1		2	52	2	15		3
房山区	25	1	2	4	198	8	142	2	
通州区	212	7	3	5	365	5	302	2	37
顺义区	173	3	2	2	634	22	343	5	
昌平区	230	7	3	3	505	6	362	8	
大兴区	315	6	3	6	527	11	508	5	25
怀柔区	35	1	2	4	179	13	88	5	
平谷区	23		1	1	36		56		5
密云区	10			1	61		71		
延庆区	3		2		33		19		1

4-13 全市分年龄、性别、职业中类的就业人口

单位：人

年龄组 性别	合计	党的机关、国家机关、群众团体和社会组织、企事业单位负责人						
		小计	中国共产党机关负责人	国家机关负责人	民主党派和工商联负责人	人民团体和群众团体、社会组织及其他成员组织负责人	基层群众自治组织负责人	企事业单位负责人
总　计	**1015007**	**41802**	**93**	**1158**	**9**	**794**	**663**	**39085**
16-19岁	6760	18						18
20-24岁	60517	521		7		7		507
25-29岁	140709	2495	1	19		46	7	2422
30-34岁	201948	6667	10	79	1	107	37	6433
35-39岁	177447	8918	16	167	1	131	67	8536
40-44岁	129632	7700	8	196	2	124	55	7315
45-49岁	122464	6724	20	215		130	145	6214
50-54岁	95748	4990	13	221	2	118	143	4493
55-59岁	61123	3154	19	231	1	97	130	2676
60-64岁	12168	437	4	16	2	21	62	332
65-69岁	4965	142	2	5		11	15	109
70-74岁	1144	23		2		1	2	18
75岁及以上	382	13				1		12
男	**587409**	**29324**	**57**	**823**	**6**	**481**	**424**	**27533**
16-19岁	4495	13						13
20-24岁	32722	311		3		2		306
25-29岁	74897	1536	1	10		25	2	1498
30-34岁	110313	4281	7	44	1	56	14	4159
35-39岁	97260	5913	9	108		70	31	5695
40-44岁	72445	5362	5	140	2	72	35	5108
45-49岁	69124	4781	6	147		87	74	4467
50-54岁	63479	3861	10	164	1	67	104	3515
55-59岁	49049	2768	14	188	1	79	100	2386
60-64岁	8883	359	3	14	1	14	52	275
65-69岁	3614	109	2	3		7	10	87
70-74岁	850	19		2		1	2	14
75岁及以上	278	11				1		10
女	**427598**	**12478**	**36**	**335**	**3**	**313**	**239**	**11552**
16-19岁	2265	5						5
20-24岁	27795	210		4		5		201
25-29岁	65812	959		9		21	5	924
30-34岁	91635	2386	3	35		51	23	2274
35-39岁	80187	3005	7	59	1	61	36	2841
40-44岁	57187	2338	3	56		52	20	2207
45-49岁	53340	1943	14	68		43	71	1747
50-54岁	32269	1129	3	57	1	51	39	978
55-59岁	12074	386	5	43		18	30	290
60-64岁	3285	78	1	2	1	7	10	57
65-69岁	1351	33		2		4	5	22
70-74岁	294	4						4
75岁及以上	104	2						2

4-13　续表 1　　　　单位：人

年龄组 性　别	专业技术人员									
	小计	科学研究人员	工程技术人员	农业技术人员	飞机和船舶技术人员	卫生专业技术人员	经济和金融专业人员	法律、社会和宗教专业人员	教学人员	文学艺术、体育专业人员
总　计	**260724**	**7310**	**74347**	**947**	**619**	**27428**	**73407**	**9090**	**46195**	**8945**
16-19岁	599	1	144	1		59	74	1	209	89
20-24岁	17444	321	4447	59	31	2516	3780	304	4116	1054
25-29岁	45812	1165	13498	116	142	4882	12491	1341	7877	2045
30-34岁	59423	1774	17876	169	173	6220	17962	1954	8444	2152
35-39岁	50793	1427	14961	147	124	4698	16022	2124	7243	1567
40-44岁	33657	1046	9011	93	55	3013	10126	1435	6376	859
45-49岁	25239	648	6259	113	39	2647	7291	931	5666	524
50-54岁	16861	442	4476	96	36	2127	3824	597	4155	336
55-59岁	9145	410	3280	113	17	866	1539	335	1768	255
60-64岁	1099	58	284	27	2	206	197	43	209	36
65-69岁	451	7	86	11		134	66	19	91	16
70-74岁	115	5	11	2		39	26	5	19	4
75岁及以上	86	6	14			21	9	1	22	8
男	**116939**	**3912**	**55494**	**607**	**581**	**6730**	**22214**	**3664**	**14055**	**4915**
16-19岁	285	1	120	1		20	22		50	59
20-24岁	6754	128	3256	37	29	491	1051	98	879	505
25-29岁	18714	522	9498	57	136	914	3534	447	1913	972
30-34岁	25505	905	12927	90	157	1222	5235	636	2230	1156
35-39岁	22542	767	11014	80	118	1155	4677	803	2168	872
40-44岁	14966	595	6788	54	49	874	2941	591	1917	521
45-49岁	11175	369	4796	82	39	720	2088	412	1857	336
50-54岁	8660	249	3667	72	34	634	1488	347	1600	223
55-59岁	7124	316	3076	97	17	475	1029	278	1203	216
60-64岁	775	44	252	24	2	116	95	36	152	32
65-69岁	305	6	80	11		70	37	12	59	14
70-74岁	77	5	10	2		27	13	3	11	3
75岁及以上	57	5	10			12	4	1	16	6
女	**143785**	**3398**	**18853**	**340**	**38**	**20698**	**51193**	**5426**	**32140**	**4030**
16-19岁	314		24			39	52	1	159	30
20-24岁	10690	193	1191	22	2	2025	2729	206	3237	549
25-29岁	27098	643	4000	59	6	3968	8957	894	5964	1073
30-34岁	33918	869	4949	79	16	4998	12727	1318	6214	996
35-39岁	28251	660	3947	67	6	3543	11345	1321	5075	695
40-44岁	18691	451	2223	39	6	2139	7185	844	4459	338
45-49岁	14064	279	1463	31		1927	5203	519	3809	188
50-54岁	8201	193	809	24	2	1493	2336	250	2555	113
55-59岁	2021	94	204	16		391	510	57	565	39
60-64岁	324	14	32	3		90	102	7	57	4
65-69岁	146	1	6			64	29	7	32	2
70-74岁	38		1			12	13	2	8	1
75岁及以上	29	1	4			9	5		6	2

4-13 续表 2 单位：人

年龄组 性 别	专业技术人员		办事人员和有关人员				社会生产服务和生活服务人员		
	新闻出版、文化专业人员	其他专业技术人员	小计	办事人员	安全和消防人员	其他办事人员和有关人员	小计	批发与零售服务人员	交通运输、仓储和邮政业服务人员
总 计	**11467**	**969**	**154552**	**133156**	**20552**	**844**	**436524**	**135129**	**69116**
16-19岁	20	1	478	270	208		4680	930	337
20-24岁	754	62	6951	5775	1132	44	30174	8276	3288
25-29岁	2106	149	18026	16001	1908	117	63367	19438	6935
30-34岁	2473	226	30342	27351	2852	139	86460	30462	12121
35-39岁	2285	195	30095	27519	2414	162	71634	26989	11437
40-44岁	1524	119	21263	18964	2183	116	52792	19111	9859
45-49岁	1022	99	19203	16196	2877	130	53622	15543	11006
50-54岁	712	60	14476	11384	3015	77	41100	9077	8611
55-59岁	506	56	11747	8662	3038	47	24711	4152	5001
60-64岁	35	2	1331	717	608	6	5425	742	401
65-69岁	21		463	231	228	4	2085	325	102
70-74岁	4		137	59	77	1	380	66	14
75岁及以上	5		40	27	12	1	94	18	4
男	**4148**	**619**	**84183**	**65385**	**18352**	**446**	**261773**	**70941**	**57980**
16-19岁	11	1	310	113	197		3072	524	291
20-24岁	248	32	3296	2220	1056	20	18070	4287	2455
25-29岁	638	83	8082	6315	1708	59	38093	10008	5474
30-34岁	804	143	13743	11218	2456	69	51807	15672	9722
35-39岁	768	120	14361	12288	1998	75	42346	13690	9422
40-44岁	561	75	11054	9171	1819	64	30393	9705	8110
45-49岁	410	66	10937	8384	2486	67	28712	7715	9153
50-54岁	300	46	10320	7442	2831	47	25503	5469	8020
55-59岁	366	51	10437	7470	2928	39	18245	3065	4844
60-64岁	20	2	1100	525	573	2	3681	513	379
65-69岁	16		392	173	217	2	1485	231	92
70-74岁	3		118	44	73	1	293	50	14
75岁及以上	3		33	22	10	1	73	12	4
女	**7319**	**350**	**70369**	**67771**	**2200**	**398**	**174751**	**64188**	**11136**
16-19岁	9		168	157	11		1608	406	46
20-24岁	506	30	3655	3555	76	24	12104	3989	833
25-29岁	1468	66	9944	9686	200	58	25274	9430	1461
30-34岁	1669	83	16599	16133	396	70	34653	14790	2399
35-39岁	1517	75	15734	15231	416	87	29288	13299	2015
40-44岁	963	44	10209	9793	364	52	22399	9406	1749
45-49岁	612	33	8266	7812	391	63	24910	7828	1853
50-54岁	412	14	4156	3942	184	30	15597	3608	591
55-59岁	140	5	1310	1192	110	8	6466	1087	157
60-64岁	15		231	192	35	4	1744	229	22
65-69岁	5		71	58	11	2	600	94	10
70-74岁	1		19	15	4		87	16	
75岁及以上	2		7	5	2		21	6	

4-13　续表 3　　　　单位：人

年龄组 性　别	社会生产服务和生活服务人员								
	住宿和餐饮服务人　员	信息传输、软件和信息技术服务人　员	金融服务人　　员	房地产服务人员	租赁和商务服务人　员	技术辅助服务人员	水利、环境和公共设施管理服务人员	居民服务人　　员	电力、燃气及水供应服务人　员
总　计	**41395**	**48577**	**16974**	**14564**	**23923**	**16731**	**29323**	**21761**	**3314**
16-19岁	1637	182	30	111	509	111	35	517	14
20-24岁	4171	5213	983	980	2198	1684	215	1458	144
25-29岁	4803	14374	3132	2032	3411	3996	543	1805	275
30-34岁	6303	13586	4666	2736	4741	4407	1270	2344	507
35-39岁	5332	8139	3787	2280	3919	3017	1811	2071	449
40-44岁	4948	3911	1815	1719	2565	1638	2740	2403	414
45-49岁	6294	1929	1301	1808	2319	993	6259	4108	526
50-54岁	4762	818	914	1472	2075	525	7120	3970	503
55-59岁	2390	373	313	1159	1665	317	5767	2306	403
60-64岁	567	33	24	189	343	31	2354	542	53
65-69岁	159	12	5	65	144	7	985	198	23
70-74岁	21	5	2	8	27	1	193	30	3
75岁及以上	8	2	2	5	7	4	31	9	
男	**22200**	**34224**	**7620**	**9756**	**15073**	**9498**	**14176**	**5943**	**2811**
16-19岁	1140	129	14	56	327	73	23	254	13
20-24岁	2663	3579	436	599	1219	874	136	561	123
25-29岁	3070	9902	1395	1307	1795	2041	356	720	227
30-34岁	3742	9527	2056	1778	2510	2462	707	836	414
35-39岁	2907	5774	1631	1409	2133	1753	843	678	361
40-44岁	2321	2886	820	1068	1550	1003	897	506	321
45-49岁	2423	1408	554	1114	1648	625	1884	655	415
50-54岁	2112	640	435	1161	1824	364	3248	759	476
55-59岁	1375	336	259	1054	1578	271	3574	737	389
60-64岁	337	29	15	147	327	25	1591	151	49
65-69岁	93	7	3	54	129	4	735	69	20
70-74岁	11	5	1	7	27		153	13	3
75岁及以上	6	2	1	2	6	3	29	4	
女	**19195**	**14353**	**9354**	**4808**	**8850**	**7233**	**15147**	**15818**	**503**
16-19岁	497	53	16	55	182	38	12	263	1
20-24岁	1508	1634	547	381	979	810	79	897	21
25-29岁	1733	4472	1737	725	1616	1955	187	1085	48
30-34岁	2561	4059	2610	958	2231	1945	563	1508	93
35-39岁	2425	2365	2156	871	1786	1264	968	1393	88
40-44岁	2627	1025	995	651	1015	635	1843	1897	93
45-49岁	3871	521	747	694	671	368	4375	3453	111
50-54岁	2650	178	479	311	251	161	3872	3211	27
55-59岁	1015	37	54	105	87	46	2193	1569	14
60-64岁	230	4	9	42	16	6	763	391	4
65-69岁	66	5	2	11	15	3	250	129	3
70-74岁	10		1	1		1	40	17	
75岁及以上	2		1	3	1	1	2	5	

4-13 续表 4 单位：人

年龄组 性别	社会生产服务和生活服务人员 修理及制作服务人员	文化、体育和娱乐服务人员	健康服务人员	其他社会生产和生活服务人员	农、林、牧、渔业生产及辅助人员 小计	农业生产人员	林业生产人员	畜牧业生产人员	渔业生产人员
总计	**9122**	**4757**	**1657**	**181**	**14568**	**10441**	**2755**	**963**	**144**
16-19岁	197	56	10	4	20	14	2	2	1
20-24岁	768	639	144	13	163	112	21	25	2
25-29岁	1164	1207	235	17	353	239	49	43	7
30-34岁	1872	1119	288	38	747	515	88	99	17
35-39岁	1357	769	249	28	804	508	125	115	12
40-44岁	1042	398	209	20	855	577	138	109	6
45-49岁	1035	263	212	26	1637	1139	298	155	15
50-54岁	893	168	173	19	2797	1944	606	163	36
55-59岁	637	116	101	11	3116	2227	676	138	28
60-64岁	104	12	26	4	2155	1618	438	71	11
65-69岁	43	8	8	1	1365	1084	237	30	8
70-74岁	7	1	2		422	358	56	8	
75岁及以上	3	1			134	106	21	5	1
男	**8287**	**2655**	**521**	**88**	**8796**	**6165**	**1662**	**680**	**112**
16-19岁	190	34	4		14	8	2	2	1
20-24岁	721	370	43	4	118	80	19	16	2
25-29岁	1055	661	77	5	242	162	37	30	6
30-34岁	1688	602	74	17	485	329	55	71	14
35-39岁	1221	429	77	18	497	315	73	76	7
40-44岁	912	216	69	9	487	332	69	62	6
45-49岁	922	132	50	14	896	600	164	100	10
50-54岁	822	102	61	10	1564	1036	352	117	29
55-59岁	609	93	53	8	1867	1300	398	112	20
60-64岁	97	10	9	2	1350	981	285	60	11
65-69岁	40	4	3	1	899	705	158	26	5
70-74岁	7	1	1		282	243	35	4	
75岁及以上	3	1			95	74	15	4	1
女	**835**	**2102**	**1136**	**93**	**5772**	**4276**	**1093**	**283**	**32**
16-19岁	7	22	6	4	6	6			
20-24岁	47	269	101	9	45	32	2	9	
25-29岁	109	546	158	12	111	77	12	13	1
30-34岁	184	517	214	21	262	186	33	28	3
35-39岁	136	340	172	10	307	193	52	39	5
40-44岁	130	182	140	11	368	245	69	47	
45-49岁	113	131	162	12	741	539	134	55	5
50-54岁	71	66	112	9	1233	908	254	46	7
55-59岁	28	23	48	3	1249	927	278	26	8
60-64岁	7	2	17	2	805	637	153	11	
65-69岁	3	4	5		466	379	79	4	3
70-74岁			1		140	115	21	4	
75岁及以上					39	32	6	1	

4-13 续表 5

单位：人

年龄组 性 别	农林牧渔生产辅助人员	其他农、林、牧、渔业生产加工人员	生产制造及有关人员 小计	农副产品加工人员	食品、饮料生产加工人员	烟草及其制品加工人员	纺织、针织、印染人员	纺织品、服装和皮革、毛皮制品加工制作人员	木材加工、家具与木制品制作人员
总 计	**248**	**17**	**105932**	**917**	**3126**	**49**	**111**	**1673**	**2623**
16-19岁	1		935	11	84			13	9
20-24岁	3		5195	31	262	1	3	57	84
25-29岁	14	1	10536	58	340	3	6	128	190
30-34岁	27	1	18147	125	604	15	9	239	355
35-39岁	40	4	15058	132	493	9	22	255	286
40-44岁	24	1	13260	128	458	8	18	293	305
45-49岁	26	4	15943	189	473	10	27	344	504
50-54岁	46	2	15423	141	264	2	17	230	517
55-59岁	43	4	9180	80	120	1	6	88	299
60-64岁	17		1716	10	24		2	17	64
65-69岁	6		457	10	2			7	6
70-74岁			67	2	2		1	2	3
75岁及以上	1		15						1
男	**167**	**10**	**85841**	**539**	**1648**	**29**	**37**	**616**	**2353**
16-19岁	1		793	11	58			8	9
20-24岁	1		4132	21	148	1	3	25	74
25-29岁	6	1	8163	41	199	2	3	64	165
30-34岁	16		14394	79	321	9	3	107	316
35-39岁	24	2	11511	80	259	4	8	82	261
40-44岁	18		10116	65	191	3	5	99	263
45-49岁	19	3	12569	83	206	7	4	96	430
50-54岁	29	1	13506	84	160	2	7	80	479
55-59岁	34	3	8552	60	85	1	3	41	284
60-64岁	13		1613	6	17			10	63
65-69岁	5		422	7	2			3	6
70-74岁			61	2	2		1	1	3
75岁及以上	1		9						
女	**81**	**7**	**20091**	**378**	**1478**	**20**	**74**	**1057**	**270**
16-19岁			142		26			5	
20-24岁	2		1063	10	114			32	10
25-29岁	8		2373	17	141	1	3	64	25
30-34岁	11	1	3753	46	283	6	6	132	39
35-39岁	16	2	3547	52	234	5	14	173	25
40-44岁	6	1	3144	63	267	5	13	194	42
45-49岁	7	1	3374	106	267	3	23	248	74
50-54岁	17	1	1917	57	104		10	150	38
55-59岁	9	1	628	20	35		3	47	15
60-64岁	4		103	4	7		2	7	1
65-69岁	1		35	3				4	
70-74岁			6					1	
75岁及以上			6						1

4−13 续表 6 单位：人

年龄组 性别	生产制造及有关人员								
	纸及纸制品生产加工人员	印刷和记录媒介复制人员	文教、工美、体育和娱乐用品制造人员	石油加工和炼焦、煤化工生产人员	化学原料和化学制品制造人员	医药制造人员	化学纤维制造人员	橡胶和塑料制品制造人员	非金属矿物制品制造人员
总计	**268**	**1448**	**652**	**226**	**765**	**1986**	**19**	**386**	**979**
16−19岁	2	47	8		1	24		4	3
20−24岁	14	117	32	3	23	163		15	35
25−29岁	25	178	83	11	68	325	8	31	93
30−34岁	35	317	108	21	131	507	2	60	169
35−39岁	43	248	109	32	145	370	6	67	135
40−44岁	36	165	111	59	120	228	2	65	124
45−49岁	60	185	88	52	130	198		65	152
50−54岁	39	98	69	31	107	107		50	156
55−59岁	11	88	32	16	33	59	1	26	93
60−64岁		5	8	1	5	4		3	12
65−69岁	3		3		1	1			5
70−74岁			1						
75岁及以上					1				2
男	**166**	**918**	**402**	**166**	**504**	**934**	**9**	**272**	**824**
16−19岁		28	6		1	14		4	3
20−24岁	7	71	22	2	10	86		13	30
25−29岁	16	110	47	5	30	158	1	26	73
30−34岁	28	215	61	17	84	253	2	45	135
35−39岁	28	164	68	22	92	149	4	45	113
40−44岁	22	99	67	38	73	93	1	41	103
45−49岁	32	86	53	39	92	72		37	121
50−54岁	23	65	41	28	86	58		37	141
55−59岁	8	79	27	14	32	48	1	21	87
60−64岁		1	8	1	3	3		3	12
65−69岁	2		2		1				5
70−74岁									
75岁及以上									1
女	**102**	**530**	**250**	**60**	**261**	**1052**	**10**	**114**	**155**
16−19岁	2	19	2			10			
20−24岁	7	46	10	1	13	77		2	5
25−29岁	9	68	36	6	38	167	7	5	20
30−34岁	7	102	47	4	47	254		15	34
35−39岁	15	84	41	10	53	221	2	22	22
40−44岁	14	66	44	21	47	135	1	24	21
45−49岁	28	99	35	13	38	126		28	31
50−54岁	16	33	28	3	21	49		13	15
55−59岁	3	9	5	2	1	11		5	6
60−64岁		4			2	1			
65−69岁	1		1			1			
70−74岁			1						
75岁及以上					1				1

4-13　续表 7　　　　单位：人

年龄组 性　别	生产制造及有关人员								
	采矿人员	金属冶炼和压延加工人员	机械制造基础加工人员	金属制品制造人员	通用设备制造人员	专用设备制造人员	汽车制造人员	铁路、船舶、航空设备制造人员	电气机械和器材制造人员
总　计	**329**	**433**	**3473**	**1256**	**840**	**977**	**3770**	**636**	**913**
16–19岁		1	29	23	12	13	75	1	20
20–24岁	8	10	193	62	43	70	321	56	76
25–29岁	18	30	332	145	99	132	589	111	126
30–34岁	41	70	706	274	173	250	1231	143	221
35–39岁	50	65	545	201	134	193	680	102	170
40–44岁	47	75	433	178	96	128	404	62	120
45–49岁	56	79	515	157	123	106	253	60	90
50–54岁	78	68	438	129	103	62	149	57	48
55–59岁	29	27	238	76	52	18	58	41	33
60–64岁	2	7	29	5	3	4	6	1	5
65–69岁			14	5	2	1	3	2	4
70–74岁		1	1	1			1		
75岁及以上									
男	**285**	**374**	**3140**	**1029**	**694**	**582**	**3113**	**524**	**681**
16–19岁		1	28	22	10	6	74	1	18
20–24岁	8	9	181	59	36	47	301	52	65
25–29岁	15	23	303	124	75	81	501	93	94
30–34岁	35	64	647	230	143	154	1053	110	167
35–39岁	41	53	486	161	106	102	539	84	117
40–44岁	35	62	361	132	83	71	282	47	80
45–49岁	50	65	452	120	97	59	178	45	60
50–54岁	73	65	416	103	92	42	124	51	44
55–59岁	26	26	227	67	50	17	52	38	28
60–64岁	2	6	27	5	1	2	5	1	5
65–69岁			12	5	1	1	3	2	3
70–74岁				1			1		
75岁及以上									
女	**44**	**59**	**333**	**227**	**146**	**395**	**657**	**112**	**232**
16–19岁			1	1	2	7	1		2
20–24岁		1	12	3	7	23	20	4	11
25–29岁	3	7	29	21	24	51	88	18	32
30–34岁	6	6	59	44	30	96	178	33	54
35–39岁	9	12	59	40	28	91	141	18	53
40–44岁	12	13	72	46	13	57	122	15	40
45–49岁	6	14	63	37	26	47	75	15	30
50–54岁	5	3	22	26	11	20	25	6	4
55–59岁	3	1	11	9	2	1	6	3	5
60–64岁		1	2		2	2	1		
65–69岁			2		1				1
70–74岁		1	1						
75岁及以上									

4–13 续表 8　　　　单位：人

年龄组 性　别	生产制造及有关人员								不便分类的其他从业人员
	计算机、通信和其他电子设备制造人　员	仪器仪表制造人员	废弃资源综合利用人　　员	电力、热力、气体、水生产和输配人员	建筑施工人　　员	运输设备和通用工程机械操作人员及有关人员	生产辅助人　　员	其他生产制造及有关人员	
总　计	**6102**	**271**	**152**	**1353**	**44397**	**4372**	**21227**	**203**	**905**
16–19岁	164	4	2		233	32	119	1	30
20–24岁	647	16	3	51	1236	216	1339	8	69
25–29岁	1076	37	6	102	2967	460	2744	15	120
30–34岁	1520	55	18	163	5525	785	4227	48	162
35–39岁	1086	59	11	154	5076	687	3468	25	145
40–44岁	688	33	16	162	5541	571	2555	31	105
45–49岁	430	33	28	227	8047	608	2625	29	96
50–54岁	272	16	33	245	8986	588	2294	29	101
55–59岁	195	14	23	218	5173	396	1620	16	70
60–64岁	17	4	8	25	1251	25	168	1	5
65–69岁	5		4	6	314	4	55		2
70–74岁					39		13		
75岁及以上	2				9				
男	**4174**	**185**	**114**	**1167**	**40254**	**4067**	**15892**	**149**	**553**
16–19岁	138	4	2		226	31	89	1	8
20–24岁	490	13	3	45	1133	200	970	7	41
25–29岁	724	26	2	83	2711	418	1937	13	67
30–34岁	1037	39	11	129	5077	723	3067	33	98
35–39岁	660	32	8	119	4569	637	2401	17	90
40–44岁	435	20	12	126	4896	520	1772	19	67
45–49岁	279	24	21	200	7060	562	1920	19	54
50–54岁	215	13	27	225	8147	562	1992	24	65
55–59岁	179	12	19	212	4885	386	1522	15	56
60–64岁	14	2	6	22	1202	24	161	1	5
65–69岁	3		3	6	303	4	48		2
70–74岁					37		13		
75岁及以上					8				
女	**1928**	**86**	**38**	**186**	**4143**	**305**	**5335**	**54**	**352**
16–19岁	26				7	1	30		22
20–24岁	157	3		6	103	16	369	1	28
25–29岁	352	11	4	19	256	42	807	2	53
30–34岁	483	16	7	34	448	62	1160	15	64
35–39岁	426	27	3	35	507	50	1067	8	55
40–44岁	253	13	4	36	645	51	783	12	38
45–49岁	151	9	7	27	987	46	705	10	42
50–54岁	57	3	6	20	839	26	302	5	36
55–59岁	16	2	4	6	288	10	98	1	14
60–64岁	3	2	2	3	49	1	7		
65–69岁	2		1		11		7		
70–74岁					2				
75岁及以上	2				1				

4-13a 全市分年龄、性别、职业中类的就业人口(城市)

单位：人

年龄组 性别	合计	党的机关、国家机关、群众团体和社会组织、企事业单位负责人						
		小计	中国共产党机关负责人	国家机关负责人	民主党派和工商联负责人	人民团体和群众团体、社会组织及其他成员组织负责人	基层群众自治组织负责人	企事业单位负责人
总　计	**810074**	**36732**	**78**	**1078**	**6**	**672**	**313**	**34585**
16-19岁	5181	15						15
20-24岁	47723	423		5		5		413
25-29岁	115973	2119	1	16		40	3	2059
30-34岁	162059	5615	8	71	1	93	24	5418
35-39岁	148762	7928	14	157	1	107	41	7608
40-44岁	108117	6969	8	187	1	111	31	6631
45-49岁	97171	6040	17	201		112	88	5622
50-54岁	71792	4402	11	208	2	95	56	4030
55-59岁	44466	2763	17	213		82	47	2404
60-64岁	6090	317	2	14	1	15	15	270
65-69岁	2185	113		4		10	7	92
70-74岁	381	17		2		1	1	13
75岁及以上	174	11				1		10
男	**454571**	**25598**	**46**	**764**	**3**	**412**	**149**	**24224**
16-19岁	3373	11						11
20-24岁	25141	249		2		2		245
25-29岁	59896	1295	1	9		22	1	1262
30-34岁	85581	3566	5	40	1	50	7	3463
35-39岁	79128	5209	8	100		56	13	5032
40-44岁	58933	4820	5	133	1	65	14	4602
45-49岁	53335	4260	4	138		76	29	4013
50-54岁	46590	3390	8	154	1	53	31	3143
55-59岁	36247	2426	13	172		69	36	2136
60-64岁	4393	262	2	12		11	13	224
65-69岁	1560	87		2		6	4	75
70-74岁	278	14		2		1	1	10
75岁及以上	116	9				1		8
女	**355503**	**11134**	**32**	**314**	**3**	**260**	**164**	**10361**
16-19岁	1808	4						4
20-24岁	22582	174		3		3		168
25-29岁	56077	824		7		18	2	797
30-34岁	76478	2049	3	31		43	17	1955
35-39岁	69634	2719	6	57	1	51	28	2576
40-44岁	49184	2149	3	54		46	17	2029
45-49岁	43836	1780	13	63		36	59	1609
50-54岁	25202	1012	3	54	1	42	25	887
55-59岁	8219	337	4	41		13	11	268
60-64岁	1697	55		2	1	4	2	46
65-69岁	625	26		2		4	3	17
70-74岁	103	3						3
75岁及以上	58	2						2

4-13a　续表 1　　　　单位：人

年龄组 性　别	专业技术人员									
	小计	科学研究人　员	工程技术人　员	农业技术人　员	飞机和船舶技术人　员	卫生专业技术人员	经济和金融专业人　员	法律、社会和宗教专业人员	教学人员	文学艺术、体育专业人员
总　计	**234315**	**6952**	**66011**	**703**	**528**	**23994**	**66777**	**8527**	**41236**	**7911**
16-19岁	465	1	104			48	53	1	170	71
20-24岁	14591	279	3752	42	24	1966	3244	274	3361	922
25-29岁	40159	1063	11870	94	110	3934	11166	1249	6724	1848
30-34岁	52345	1667	15527	142	142	5337	15991	1815	7286	1935
35-39岁	46783	1382	13555	125	110	4343	14829	2027	6641	1423
40-44岁	31413	1027	8299	79	53	2860	9485	1372	5907	758
45-49岁	23433	629	5662	81	37	2478	6853	873	5297	450
50-54岁	15493	430	4005	62	33	1957	3572	553	3865	279
55-59岁	8350	399	2952	71	17	815	1390	310	1667	189
60-64岁	822	58	201	5	2	136	133	35	196	22
65-69岁	321	6	63	2		84	41	13	86	10
70-74岁	70	5	9			20	13	4	15	2
75岁及以上	70	6	12			16	7	1	21	2
男	**104350**	**3700**	**48662**	**421**	**498**	**5926**	**20468**	**3419**	**12626**	**4235**
16-19岁	222	1	88			17	17		47	43
20-24岁	5614	106	2718	26	22	361	907	90	714	429
25-29岁	16355	464	8236	45	107	743	3176	414	1658	858
30-34岁	22352	842	11046	69	129	1078	4781	592	1941	1012
35-39岁	20599	737	9877	67	105	1065	4399	761	1987	778
40-44岁	13840	581	6164	46	47	835	2783	564	1765	460
45-49岁	10229	359	4292	61	37	673	1980	384	1709	282
50-54岁	7810	242	3236	44	32	575	1397	315	1459	186
55-59岁	6470	308	2759	58	17	447	945	257	1125	157
60-64岁	574	44	173	3	2	80	61	30	142	19
65-69岁	196	6	57	2		32	15	8	55	8
70-74岁	46	5	8			13	4	3	9	2
75岁及以上	43	5	8			7	3	1	15	1
女	**129965**	**3252**	**17349**	**282**	**30**	**18068**	**46309**	**5108**	**28610**	**3676**
16-19岁	243		16			31	36	1	123	28
20-24岁	8977	173	1034	16	2	1605	2337	184	2647	493
25-29岁	23804	599	3634	49	3	3191	7990	835	5066	990
30-34岁	29993	825	4481	73	13	4259	11210	1223	5345	923
35-39岁	26184	645	3678	58	5	3278	10430	1266	4654	645
40-44岁	17573	446	2135	33	6	2025	6702	808	4142	298
45-49岁	13204	270	1370	20		1805	4873	489	3588	168
50-54岁	7683	188	769	18	1	1382	2175	238	2406	93
55-59岁	1880	91	193	13		368	445	53	542	32
60-64岁	248	14	28	2		56	72	5	54	3
65-69岁	125		6			52	26	5	31	2
70-74岁	24		1			7	9	1	6	
75岁及以上	27	1	4			9	4		6	1

4-13a　续表 2　　　　单位：人

年龄组 性　别	专业技术人员		办事人员和有关人员				社会生产服务和生活服务人员		
	新闻出版、文化专业人员	其他专业技术人员	小计	办事人员	安全和消防人员	其他办事人员和有关人员	小计	批发与零售服务人　员	交通运输、仓储和邮政业服务人员
总　计	**10818**	**858**	**134395**	**117975**	**15665**	**755**	**339418**	**109889**	**43042**
16–19岁	17		386	227	159		3795	729	208
20–24岁	672	55	5628	4773	816	39	23915	6520	1939
25–29岁	1974	127	15158	13619	1433	106	52025	15875	4223
30–34岁	2308	195	25674	23374	2178	122	67939	24327	7151
35–39岁	2164	184	27046	24946	1952	148	57638	22500	7083
40–44岁	1466	107	19374	17444	1818	112	41936	16064	6365
45–49岁	985	88	17138	14758	2267	113	40472	12803	6989
50–54岁	683	54	12719	10350	2305	64	29593	7186	5426
55–59岁	493	47	10107	7777	2287	43	17420	3183	3413
60–64岁	33	1	807	493	311	3	3232	454	179
65–69岁	16		260	149	107	4	1223	205	55
70–74岁	2		71	44	27		178	30	7
75岁及以上	5		27	21	5	1	52	13	4
男	**3865**	**530**	**72244**	**57935**	**13903**	**406**	**200108**	**57549**	**35803**
16–19岁	9		238	89	149		2480	395	186
20–24岁	216	25	2582	1806	758	18	14226	3342	1489
25–29岁	587	67	6619	5299	1269	51	30738	8039	3349
30–34岁	741	121	11506	9576	1868	62	39952	12474	5670
35–39岁	711	112	12767	11092	1607	68	33500	11467	5749
40–44岁	529	66	10044	8468	1514	62	23843	8185	5136
45–49岁	397	55	9641	7632	1946	63	21259	6341	5664
50–54岁	284	40	8905	6709	2154	42	18095	4382	5023
55–59岁	354	43	9008	6757	2214	37	12929	2433	3310
60–64岁	19	1	647	354	293		2085	316	167
65–69岁	13		211	106	103	2	835	146	49
70–74岁	2		56	31	25		129	20	7
75岁及以上	3		20	16	3	1	37	9	4
女	**6953**	**328**	**62151**	**60040**	**1762**	**349**	**139310**	**52340**	**7239**
16–19岁	8		148	138	10		1315	334	22
20–24岁	456	30	3046	2967	58	21	9689	3178	450
25–29岁	1387	60	8539	8320	164	55	21287	7836	874
30–34岁	1567	74	14168	13798	310	60	27987	11853	1481
35–39岁	1453	72	14279	13854	345	80	24138	11033	1334
40–44岁	937	41	9330	8976	304	50	18093	7879	1229
45–49岁	588	33	7497	7126	321	50	19213	6462	1325
50–54岁	399	14	3814	3641	151	22	11498	2804	403
55–59岁	139	4	1099	1020	73	6	4491	750	103
60–64岁	14		160	139	18	3	1147	138	12
65–69岁	3		49	43	4	2	388	59	6
70–74岁			15	13	2		49	10	
75岁及以上	2		7	5	2		15	4	

4-13a 续表 3 单位：人

年龄组 性　别	社会生产服务和生活服务人员								
	住宿和餐饮服务人　员	信息传输、软件和信息技术服务人　员	金融服务人　　员	房地产服务人员	租赁和商务服务人　员	技术辅助服务人员	水利、环境和公共设施管理服务人员	居民服务人　　员	电力、燃气及水供应服务人　员
总　计	**31961**	**44001**	**15505**	**12547**	**18897**	**14567**	**16911**	**17741**	**2254**
16-19岁	1446	125	17	96	395	84	27	459	6
20-24岁	3563	4581	815	848	1570	1385	136	1266	98
25-29岁	3925	13040	2824	1774	2762	3524	341	1468	194
30-34岁	4890	12074	4231	2274	3834	3772	766	1850	332
35-39岁	4009	7525	3523	1981	3344	2701	1146	1652	316
40-44岁	3717	3681	1719	1497	2170	1469	1685	1931	310
45-49岁	4688	1824	1216	1572	1841	877	3781	3313	370
50-54岁	3504	771	849	1270	1519	445	4065	3250	335
55-59岁	1707	338	281	1015	1168	273	3151	1931	261
60-64岁	396	26	22	158	209	26	1207	441	22
65-69岁	101	11	4	50	77	6	514	151	10
70-74岁	13	3	2	7	7	1	82	22	
75岁及以上	2	2	2	5	1	4	10	7	
男	**17702**	**30959**	**6985**	**8363**	**11543**	**8130**	**7783**	**4821**	**1847**
16-19岁	1013	94	6	48	255	55	18	229	6
20-24岁	2302	3142	365	520	868	710	79	477	83
25-29岁	2542	8945	1250	1136	1421	1759	215	568	157
30-34岁	2954	8463	1860	1479	1985	2056	412	671	264
35-39岁	2269	5329	1521	1222	1774	1548	534	553	238
40-44岁	1801	2720	785	933	1271	890	548	414	229
45-49岁	1861	1325	522	946	1272	548	1134	522	272
50-54岁	1613	600	416	992	1311	303	1754	610	316
55-59岁	1035	306	242	920	1111	233	1851	617	254
60-64岁	241	24	14	117	198	21	789	105	20
65-69岁	63	6	2	42	70	4	374	43	8
70-74岁	6	3	1	6	7		66	9	
75岁及以上	2	2	1	2		3	9	3	
女	**14259**	**13042**	**8520**	**4184**	**7354**	**6437**	**9128**	**12920**	**407**
16-19岁	433	31	11	48	140	29	9	230	
20-24岁	1261	1439	450	328	702	675	57	789	15
25-29岁	1383	4095	1574	638	1341	1765	126	900	37
30-34岁	1936	3611	2371	795	1849	1716	354	1179	68
35-39岁	1740	2196	2002	759	1570	1153	612	1099	78
40-44岁	1916	961	934	564	899	579	1137	1517	81
45-49岁	2827	499	694	626	569	329	2647	2791	98
50-54岁	1891	171	433	278	208	142	2311	2640	19
55-59岁	672	32	39	95	57	40	1300	1314	7
60-64岁	155	2	8	41	11	5	418	336	2
65-69岁	38	5	2	8	7	2	140	108	2
70-74岁	7		1	1		1	16	13	
75岁及以上			1	3	1	1	1	4	

4-13a 续表 4 单位：人

年龄组 性 别	社会生产服务和生活服务人员				农、林、牧、渔业生产及辅助人员				
	修理及制作服务人员	文化、体育和娱乐服务人员	健康服务人员	其他社会生产和生活服务人员	小计	农业生产人员	林业生产人员	畜牧业生产人员	渔业生产人员
总 计	**6453**	**4140**	**1351**	**159**	**1653**	**865**	**410**	**224**	**36**
16-19岁	146	43	10	4	1				
20-24岁	538	532	111	13	25	12	6	6	1
25-29岁	788	1075	199	13	93	48	21	11	6
30-34岁	1228	948	226	36	178	88	27	35	8
35-39岁	925	696	211	26	199	92	35	37	8
40-44岁	776	356	179	17	169	92	25	35	
45-49岁	776	226	175	21	221	113	55	38	2
50-54岁	675	142	139	17	311	160	96	32	6
55-59岁	508	105	78	8	256	137	83	20	3
60-64岁	64	8	17	3	117	71	36	7	
65-69岁	25	7	6	1	64	35	25	2	2
70-74岁	3	1			16	14	1	1	
75岁及以上	1	1			3	3			
男	**5832**	**2300**	**417**	**74**	**1112**	**552**	**313**	**145**	**26**
16-19岁	139	32	4		1				
20-24岁	507	305	33	4	19	8	6	4	1
25-29岁	713	576	64	4	59	32	14	5	5
30-34岁	1092	503	54	15	112	50	19	26	6
35-39岁	826	390	64	16	114	55	24	18	4
40-44岁	671	193	59	8	101	56	12	20	
45-49岁	688	112	42	10	134	67	37	21	1
50-54岁	626	89	51	9	227	107	76	26	5
55-59岁	486	87	38	6	205	98	75	17	3
60-64岁	58	7	7	1	81	44	30	5	
65-69岁	22	4	1	1	49	27	19	2	1
70-74岁	3	1			8	6	1	1	
75岁及以上	1	1			2	2			
女	**621**	**1840**	**934**	**85**	**541**	**313**	**97**	**79**	**10**
16-19岁	7	11	6	4					
20-24岁	31	227	78	9	6	4		2	
25-29岁	75	499	135	9	34	16	7	6	1
30-34岁	136	445	172	21	66	38	8	9	2
35-39岁	99	306	147	10	85	37	11	19	4
40-44岁	105	163	120	9	68	36	13	15	
45-49岁	88	114	133	11	87	46	18	17	1
50-54岁	49	53	88	8	84	53	20	6	1
55-59岁	22	18	40	2	51	39	8	3	
60-64岁	6	1	10	2	36	27	6	2	
65-69岁	3	3	5		15	8	6		1
70-74岁					8	8			
75岁及以上					1	1			

4-13a 续表 5 单位：人

年龄组 性别	农林牧渔生产辅助人员	其他农、林、牧、渔业生产加工人员	生产制造及有关人员						
			小计	农副产品加工人员	食品、饮料生产加工人员	烟草及其制品加工人员	纺织、针织、印染人员	纺织品、服装和皮革、毛皮制品加工制作人员	木材加工、家具与木制品制作人员
总　计	**108**	**10**	**62754**	**357**	**1773**	**42**	**71**	**778**	**1285**
16-19岁	1		500	8	51				4
20-24岁			3079	14	165		3	27	42
25-29岁	6	1	6309	19	199	3	3	50	93
30-34岁	19	1	10170	57	294	10	8	106	159
35-39岁	24	3	9042	47	256	9	13	125	122
40-44岁	17		8155	44	276	8	14	146	147
45-49岁	11	2	9778	81	284	9	15	156	256
50-54岁	17		9187	56	162	2	9	108	281
55-59岁	10	3	5502	27	73	1	4	47	148
60-64岁	3		790	2	10		1	6	25
65-69岁			202	2	1			6	4
70-74岁			29		2		1	1	3
75岁及以上			11						1
男	**71**	**5**	**50667**	**206**	**937**	**24**	**30**	**299**	**1174**
16-19岁	1		413	8	35				4
20-24岁			2417	9	90		3	15	36
25-29岁	2	1	4770	14	117	2	1	23	85
30-34岁	11		8010	33	157	6	3	48	142
35-39岁	12	1	6862	25	126	4	5	39	111
40-44岁	13		6220	22	123	3	5	51	126
45-49岁	7	1	7763	36	123	6	3	44	230
50-54岁	13		8108	35	102	2	6	46	267
55-59岁	10	2	5155	22	55	1	3	26	141
60-64岁	2		739	1	6			5	25
65-69岁			180	1	1			2	4
70-74岁			25		2		1		3
75岁及以上			5						
女	**37**	**5**	**12087**	**151**	**836**	**18**	**41**	**479**	**111**
16-19岁			87		16				
20-24岁			662	5	75			12	6
25-29岁	4		1539	5	82	1	2	27	8
30-34岁	8	1	2160	24	137	4	5	58	17
35-39岁	12	2	2180	22	130	5	8	86	11
40-44岁	4		1935	22	153	5	9	95	21
45-49岁	4	1	2015	45	161	3	12	112	26
50-54岁	4		1079	21	60		3	62	14
55-59岁		1	347	5	18		1	21	7
60-64岁	1		51	1	4		1	1	
65-69岁			22	1				4	
70-74岁			4					1	
75岁及以上			6						1

4-13a　续表 6　　　　　　　　　　　　　　　　　　　　　　　　　　　　　　单位：人

年龄组 性　别	生产制造及有关人员								
	纸及纸制品生产加工人员	印刷和记录媒介复制人员	文教、工美、体育和娱乐用品制造人　员	石油加工和炼焦、煤化工生产人员	化学原料和化学制品制造人　员	医药制造人　　员	化学纤维制造人员	橡胶和塑料制品制造人员	非金属矿物制品制造人员
总　计	**112**	**826**	**375**	**208**	**522**	**1265**	**14**	**184**	**471**
16-19岁		17	6		1	17		2	2
20-24岁	3	54	19	2	19	115		8	12
25-29岁	12	89	61	10	40	223	7	14	41
30-34岁	14	161	65	19	75	291	1	31	80
35-39岁	21	130	68	29	94	242	5	33	66
40-44岁	16	107	62	57	95	145		30	65
45-49岁	30	125	38	46	93	123		30	75
50-54岁	12	67	31	30	77	67		21	66
55-59岁	4	74	20	14	25	38	1	13	54
60-64岁		2	3	1	2	4		2	5
65-69岁			2						3
70-74岁									
75岁及以上					1				2
男	**71**	**512**	**232**	**154**	**343**	**600**	**7**	**135**	**387**
16-19岁		7	4		1	10		2	2
20-24岁	2	32	15	2	7	58		6	9
25-29岁	8	43	30	4	15	104	1	12	30
30-34岁	12	105	36	16	45	148	1	22	61
35-39岁	12	82	39	20	61	100	4	23	54
40-44岁	10	60	43	36	58	66		20	52
45-49岁	16	63	24	34	68	50		19	61
50-54岁	8	50	20	28	64	32		17	60
55-59岁	3	70	17	13	24	29	1	12	49
60-64岁			3	1		3		2	5
65-69岁			1						3
70-74岁									
75岁及以上									1
女	**41**	**314**	**143**	**54**	**179**	**665**	**7**	**49**	**84**
16-19岁		10	2			7			
20-24岁	1	22	4		12	57		2	3
25-29岁	4	46	31	6	25	119	6	2	11
30-34岁	2	56	29	3	30	143		9	19
35-39岁	9	48	29	9	33	142	1	10	12
40-44岁	6	47	19	21	37	79		10	13
45-49岁	14	62	14	12	25	73		11	14
50-54岁	4	17	11	2	13	35		4	6
55-59岁	1	4	3	1	1	9		1	5
60-64岁		2			2	1			
65-69岁			1						
70-74岁									
75岁及以上					1				1

4-13a 续表 7 单位：人

年龄组 性 别	生产制造及有关人员								
	采矿人员	金属冶炼和压延加工人员	机械制造基础加工人员	金属制品制造人员	通用设备制造人员	专用设备制造人员	汽车制造人员	铁路、船舶、航空设备制造人员	电气机械和器材制造人员
总 计	**222**	**306**	**1784**	**552**	**500**	**593**	**1699**	**504**	**395**
16—19岁		1	16	4	6	5	35	1	5
20—24岁	7	7	98	28	29	41	94	33	26
25—29岁	13	20	180	52	64	79	215	84	52
30—34岁	29	37	368	122	82	132	488	107	73
35—39岁	40	48	267	84	81	126	375	90	76
40—44岁	29	59	209	82	61	86	214	52	55
45—49岁	38	57	265	77	81	69	148	52	54
50—54岁	44	52	227	52	57	38	94	46	31
55—59岁	22	18	134	46	35	13	29	37	19
60—64岁		6	15	3	3	3	6	1	2
65—69岁			5	2	1	1	1	1	2
70—74岁		1							
75岁及以上									
男	**180**	**261**	**1600**	**446**	**400**	**364**	**1386**	**411**	**298**
16—19岁		1	15	3	4	1	35	1	4
20—24岁	7	7	92	28	23	25	86	31	22
25—29岁	10	14	163	44	48	49	184	69	38
30—34岁	23	35	336	98	61	86	402	81	55
35—39岁	31	39	235	64	63	71	306	75	54
40—44岁	17	46	168	59	53	50	153	40	40
45—49岁	34	46	230	63	61	39	109	38	36
50—54岁	39	50	217	42	52	27	79	40	29
55—59岁	19	18	127	40	34	13	26	34	17
60—64岁		5	13	3	1	2	5	1	2
65—69岁			4	2		1	1	1	1
70—74岁									
75岁及以上									
女	**42**	**45**	**184**	**106**	**100**	**229**	**313**	**93**	**97**
16—19岁			1	1	2	4			1
20—24岁			6		6	16	8	2	4
25—29岁	3	6	17	8	16	30	31	15	14
30—34岁	6	2	32	24	21	46	86	26	18
35—39岁	9	9	32	20	18	55	69	15	22
40—44岁	12	13	41	23	8	36	61	12	15
45—49岁	4	11	35	14	20	30	39	14	18
50—54岁	5	2	10	10	5	11	15	6	2
55—59岁	3		7	6	1		3	3	2
60—64岁		1	2		2	1	1		
65—69岁			1		1				1
70—74岁		1							
75岁及以上									

4-13a　续表 8　　单位：人

年龄组 性　别	生产制造及有关人员								不便分类的其他从业人员
	计算机、通信和其他电子设备制造人　员	仪器仪表制造人员	废弃资源综合利用人　　员	电力、热力、气体、水生产和输配人员	建筑施工人　　员	运输设备和通用工程机械操作人员及有关人员	生产辅助人　　员	其他生产制造及有关人员	
总　计	**3770**	**195**	**80**	**997**	**25497**	**2746**	**14486**	**145**	**807**
16–19岁	88	3			133	15	79	1	19
20–24岁	421	12	1	32	762	120	880	5	62
25–29岁	686	27	5	78	1748	282	1849	11	110
30–34岁	851	35	12	124	3217	446	2649	27	138
35–39岁	662	39	4	119	2916	397	2443	15	126
40–44岁	463	24	7	139	3274	365	1797	27	101
45–49岁	271	27	12	178	4768	418	1876	26	89
50–54岁	178	12	15	171	5179	398	1584	20	87
55–59岁	134	12	15	140	2804	288	1201	12	68
60–64岁	10	4	7	11	546	14	95	1	5
65–69岁	4		2	5	128	3	29		2
70–74岁					17		4		
75岁及以上	2				5				
男	**2640**	**140**	**59**	**840**	**22983**	**2502**	**10940**	**106**	**492**
16–19岁	71	3			128	14	59	1	8
20–24岁	318	11	1	27	688	111	651	5	34
25–29岁	454	20	2	63	1582	246	1286	9	60
30–34岁	603	24	7	96	2940	397	1913	18	83
35–39岁	421	21	2	92	2596	360	1719	8	77
40–44岁	310	17	5	104	2869	323	1272	19	65
45–49岁	184	22	9	155	4172	378	1392	18	49
50–54岁	143	10	12	153	4698	378	1386	16	55
55–59岁	124	10	13	136	2645	279	1143	11	54
60–64岁	10	2	6	9	525	13	90	1	5
65–69岁	2		2	5	121	3	25		2
70–74岁					15		4		
75岁及以上					4				
女	**1130**	**55**	**21**	**157**	**2514**	**244**	**3546**	**39**	**315**
16–19岁	17				5	1	20		11
20–24岁	103	1		5	74	9	229		28
25–29岁	232	7	3	15	166	36	563	2	50
30–34岁	248	11	5	28	277	49	736	9	55
35–39岁	241	18	2	27	320	37	724	7	49
40–44岁	153	7	2	35	405	42	525	8	36
45–49岁	87	5	3	23	596	40	484	8	40
50–54岁	35	2	3	18	481	20	198	4	32
55–59岁	10	2	2	4	159	9	58	1	14
60–64岁		2	1	2	21	1	5		
65–69岁	2				7		4		
70–74岁					2				
75岁及以上	2				1				

4-13b 全市分年龄、性别、职业中类的就业人口(镇)

单位：人

年龄组 性 别	合计	党的机关、国家机关、群众团体和社会组织、企事业单位负责人						
		小计	中国共产党机关负责人	国家机关负责人	民主党派和工商联负责人	人民团体和群众团体、社会组织及其他成员组织负责人	基层群众自治组织负责人	企事业单位负责人
总 计	**65835**	**2198**	**4**	**30**		**41**	**75**	**2048**
16-19岁	623							
20-24岁	5059	39		1		1		37
25-29岁	9424	168				4		164
30-34岁	13695	446	1	5		3	5	432
35-39岁	10068	475		2		9	9	455
40-44岁	7073	350		2		1	9	338
45-49岁	7485	313	1	8		6	14	284
50-54岁	6507	230		6		8	11	205
55-59岁	4108	142		6		7	20	109
60-64岁	1165	25	1			2	6	16
65-69岁	474	7	1				1	5
70-74岁	113	2						2
75岁及以上	41	1						1
男	**41436**	**1549**	**3**	**20**		**25**	**55**	**1446**
16-19岁	431							
20-24岁	2824	25		1				24
25-29岁	5518	109				2		107
30-34岁	8205	278	1	1		1	1	274
35-39岁	6208	319		2		4	7	306
40-44岁	4376	253		2		1	7	243
45-49岁	4633	232		4		5	11	212
50-54岁	4625	176		5		6	7	158
55-59岁	3261	128		5		4	16	103
60-64岁	885	22	1			2	5	14
65-69岁	366	5	1				1	3
70-74岁	74	1						1
75岁及以上	30	1						1
女	**24399**	**649**	**1**	**10**		**16**	**20**	**602**
16-19岁	192							
20-24岁	2235	14				1		13
25-29岁	3906	59				2		57
30-34岁	5490	168		4		2	4	158
35-39岁	3860	156				5	2	149
40-44岁	2697	97					2	95
45-49岁	2852	81	1	4		1	3	72
50-54岁	1882	54		1		2	4	47
55-59岁	847	14		1		3	4	6
60-64岁	280	3					1	2
65-69岁	108	2						2
70-74岁	39	1						1
75岁及以上	11							

4-13b　续表 1　　　　　单位：人

年龄组 性　别	专业技术人员									
	小计	科学研究人员	工程技术人员	农业技术人员	飞机和船舶技术人员	卫生专业技术人员	经济和金融专业人员	法律、社会和宗教专业人员	教学人员	文学艺术、体育专业人员
总　计	**10898**	**159**	**3663**	**74**	**75**	**1166**	**2728**	**241**	**1892**	**574**
16-19岁	44		15	1			5		15	7
20-24岁	1068	14	320	6	6	144	198	9	271	70
25-29岁	2238	44	680	5	24	279	567	37	442	102
30-34岁	2891	45	1009	8	27	326	785	60	441	107
35-39岁	1897	31	714	7	12	163	523	44	262	76
40-44岁	1017	10	318	4	1	67	302	37	169	67
45-49岁	724	9	257	8	2	70	166	24	125	40
50-54岁	550	3	186	11	3	69	98	9	113	40
55-59岁	322	3	130	13		17	56	15	41	41
60-64岁	88		22	8		16	19	3	7	13
65-69岁	43		10	3		13	5	3	3	6
70-74岁	11		1			2	4		3	1
75岁及以上	5		1							4
男	**5281**	**96**	**2879**	**60**	**68**	**283**	**750**	**104**	**537**	**358**
16-19岁	22		13	1					1	6
20-24岁	431	6	231	3	6	33	52	3	51	35
25-29岁	970	26	506	3	21	62	153	16	102	61
30-34岁	1313	29	767	6	25	56	204	17	114	65
35-39岁	954	22	561	5	11	45	128	17	86	48
40-44岁	519	6	268	2	1	19	87	18	53	40
45-49岁	371	5	208	7	2	20	39	11	41	26
50-54岁	327		169	9	2	21	40	6	48	22
55-59岁	263	2	124	13		9	30	13	32	34
60-64岁	63		20	8		7	9	2	5	12
65-69岁	38		10	3		10	5	1	3	6
70-74岁	6		1			1	3		1	
75岁及以上	4		1							3
女	**5617**	**63**	**784**	**14**	**7**	**883**	**1978**	**137**	**1355**	**216**
16-19岁	22		2				5		14	1
20-24岁	637	8	89	3		111	146	6	220	35
25-29岁	1268	18	174	2	3	217	414	21	340	41
30-34岁	1578	16	242	2	2	270	581	43	327	42
35-39岁	943	9	153	2	1	118	395	27	176	28
40-44岁	498	4	50	2		48	215	19	116	27
45-49岁	353	4	49	1		50	127	13	84	14
50-54岁	223	3	17	2	1	48	58	3	65	18
55-59岁	59	1	6			8	26	2	9	7
60-64岁	25		2			9	10	1	2	1
65-69岁	5					3		2		
70-74岁	5					1	1		2	1
75岁及以上	1									1

4-13b 续表 2 单位：人

年龄组 性别	专业技术人员		办事人员和有关人员				社会生产服务和生活服务人员		
	新闻出版、文化专业人员	其他专业技术人员	小计	办事人员	安全和消防人员	其他办事人员和有关人员	小计	批发与零售服务人员	交通运输、仓储和邮政业服务人员
总　计	**281**	**45**	**7118**	**5755**	**1339**	**24**	**31164**	**8922**	**7336**
16-19岁	1		28	16	12		375	89	50
20-24岁	27	3	459	370	86	3	2721	763	591
25-29岁	48	10	1057	932	119	6	4494	1425	989
30-34岁	71	12	1703	1491	207	5	6257	2130	1409
35-39岁	61	4	1246	1096	146	4	4549	1529	1163
40-44岁	36	6	740	632	108		3373	1089	939
45-49岁	18	5	714	522	189	3	3774	902	1014
50-54岁	16	2	528	336	189	3	3116	593	743
55-59岁	3	3	493	291	202		1799	266	377
60-64岁			105	44	61		478	85	50
65-69岁			34	21	13		176	38	7
70-74岁			9	3	6		40	11	4
75岁及以上			2	1	1		12	2	
男	**115**	**31**	**4032**	**2801**	**1219**	**12**	**19112**	**4739**	**5916**
16-19岁	1		20	8	12		233	54	30
20-24岁	8	3	230	147	81	2	1534	390	339
25-29岁	14	6	512	398	110	4	2772	782	699
30-34岁	25	5	808	624	183	1	3921	1128	1113
35-39岁	29	2	639	512	124	3	2834	763	964
40-44岁	20	5	394	298	96		2001	552	785
45-49岁	7	5	440	272	167	1	2081	461	862
50-54岁	8	2	423	240	182	1	1950	343	701
55-59岁	3	3	434	246	188		1279	172	365
60-64岁			90	34	56		340	57	48
65-69岁			32	19	13		128	28	6
70-74岁			8	2	6		29	8	4
75岁及以上			2	1	1		10	1	
女	**166**	**14**	**3086**	**2954**	**120**	**12**	**12052**	**4183**	**1420**
16-19岁			8	8			142	35	20
20-24岁	19		229	223	5	1	1187	373	252
25-29岁	34	4	545	534	9	2	1722	643	290
30-34岁	46	7	895	867	24	4	2336	1002	296
35-39岁	32	2	607	584	22	1	1715	766	199
40-44岁	16	1	346	334	12		1372	537	154
45-49岁	11		274	250	22	2	1693	441	152
50-54岁	8		105	96	7	2	1166	250	42
55-59岁			59	45	14		520	94	12
60-64岁			15	10	5		138	28	2
65-69岁			2	2			48	10	1
70-74岁			1	1			11	3	
75岁及以上							2	1	

4-13b　续表 3　　　　　　　　　　　　　　　　　　　　　　　　　　单位：人

年龄组 性　别	社会生产服务和生活服务人员								
	住宿和餐饮服务人　员	信息传输、软件和信息技术服务人　员	金融服务人　　员	房地产服务人员	租赁和商务服务人　员	技术辅助服务人员	水利、环境和公共设施管理服务人员	居民服务人　　员	电力、燃气及水供应服务人　员
总　计	**3180**	**2095**	**494**	**756**	**1968**	**870**	**2677**	**1542**	**221**
16-19岁	92	11	2	9	69	10	1	23	1
20-24岁	242	263	41	57	383	100	24	101	8
25-29岁	376	610	117	112	290	188	58	148	15
30-34岁	519	693	138	171	324	253	121	210	37
35-39岁	422	335	97	113	235	141	152	154	30
40-44岁	399	106	31	81	142	77	233	161	25
45-49岁	471	56	33	80	150	46	584	307	34
50-54岁	399	10	29	74	187	31	678	260	35
55-59岁	199	8	5	43	139	21	522	136	27
60-64岁	40	2		9	30	3	209	31	7
65-69岁	17		1	7	13		78	9	2
70-74岁	1	1			5		14	1	
75岁及以上	3				1		3	1	
男	**1617**	**1484**	**219**	**520**	**1300**	**556**	**1265**	**437**	**203**
16-19岁	62	8	1	5	39	8		11	1
20-24岁	148	181	18	31	199	52	13	42	7
25-29岁	221	430	55	65	163	114	37	67	11
30-34岁	302	490	58	110	188	159	67	75	29
35-39岁	208	244	43	74	150	92	74	54	29
40-44岁	187	73	17	53	99	53	56	31	23
45-49岁	173	41	14	60	115	32	170	48	33
50-54岁	175	8	9	66	173	26	311	51	34
55-59岁	106	6	3	41	127	18	330	39	27
60-64岁	25	2		9	28	2	141	13	7
65-69岁	8		1	6	13		55	5	2
70-74岁		1			5		8		
75岁及以上	2				1		3	1	
女	**1563**	**611**	**275**	**236**	**668**	**314**	**1412**	**1105**	**18**
16-19岁	30	3	1	4	30	2	1	12	
20-24岁	94	82	23	26	184	48	11	59	1
25-29岁	155	180	62	47	127	74	21	81	4
30-34岁	217	203	80	61	136	94	54	135	8
35-39岁	214	91	54	39	85	49	78	100	1
40-44岁	212	33	14	28	43	24	177	130	2
45-49岁	298	15	19	20	35	14	414	259	1
50-54岁	224	2	20	8	14	5	367	209	1
55-59岁	93	2	2	2	12	3	192	97	
60-64岁	15				2	1	68	18	
65-69岁	9			1			23	4	
70-74岁	1						6	1	
75岁及以上	1								

4－13b　续表 4　　　　单位：人

年龄组 性　别	社会生产服务和生活服务人员				农、林、牧、渔业生产及辅助人员				
	修理及制作服务人　员	文化、体育和娱乐服务人员	健康服务人　　员	其他社会生产和生活服务人　员	小计	农业生产人　　员	林业生产人　　员	畜牧业生产人员	渔业生产人　　员
总　计	**738**	**246**	**109**	**10**	**1412**	**1051**	**205**	**123**	**17**
16－19岁	13	5			1		1		
20－24岁	82	54	12		18	10	4	3	1
25－29岁	98	49	16	3	41	26	3	10	1
30－34岁	165	70	17		80	52	9	17	2
35－39岁	133	27	16	2	70	43	6	15	
40－44岁	66	15	8	1	72	52	11	7	2
45－49岁	66	14	15	2	154	116	17	15	3
50－54岁	56	7	14		246	170	51	20	2
55－59岁	42	5	8	1	277	212	46	18	1
60－64岁	8		3	1	233	191	28	8	3
65－69岁	4				157	123	25	7	2
70－74岁	3				43	39	2	2	
75岁及以上	2				20	17	2	1	
男	**664**	**151**	**35**	**6**	**844**	**601**	**132**	**86**	**13**
16－19岁	13	1			1		1		
20－24岁	77	33	4		15	7	4	3	1
25－29岁	88	32	7	1	30	16	2	10	1
30－34岁	150	47	5		47	29	5	11	2
35－39岁	116	14	7	2	46	26	5	11	
40－44岁	60	10	2		37	26	4	5	2
45－49岁	58	9	4	1	78	59	12	4	1
50－54岁	47	3	3		136	89	29	15	1
55－59岁	39	2	3	1	165	117	32	15	1
60－64岁	7			1	145	112	20	7	3
65－69岁	4				108	86	17	4	1
70－74岁	3				24	24			
75岁及以上	2				12	10	1	1	
女	**74**	**95**	**74**	**4**	**568**	**450**	**73**	**37**	**4**
16－19岁		4							
20－24岁	5	21	8		3	3			
25－29岁	10	17	9	2	11	10	1		
30－34岁	15	23	12		33	23	4	6	
35－39岁	17	13	9		24	17	1	4	
40－44岁	6	5	6	1	35	26	7	2	
45－49岁	8	5	11	1	76	57	5	11	2
50－54岁	9	4	11		110	81	22	5	1
55－59岁	3	3	5		112	95	14	3	
60－64岁	1		3		88	79	8	1	
65－69岁					49	37	8	3	1
70－74岁					19	15	2	2	
75岁及以上					8	7	1		

4-13b　续表 5　　　　单位：人

年龄组 性　别			生产制造及有关人员						
	农林牧渔生产辅助人　　员	其他农、林、牧、渔业生产加工人员	小计	农副产品加工人员	食品、饮料生产加工人员	烟草及其制品加工人员	纺织、针织、印染人员	纺织品、服装和皮革、毛皮制品加工制作人员	木材加工、家具与木制品制作人员
总　计	**13**	**3**	**13013**	**118**	**401**	**1**	**11**	**304**	**481**
16–19岁			175		23			9	1
20–24岁			751	2	51	1		10	13
25–29岁	1		1423	11	44		1	36	26
30–34岁			2309	13	65			59	71
35–39岁	6		1826	12	75		3	48	59
40–44岁			1519	17	51		1	49	56
45–49岁	1	2	1805	28	48		3	51	93
50–54岁	2	1	1829	19	26		2	29	92
55–59岁			1074	13	16		1	11	56
60–64岁	3		236	1	2			2	14
65–69岁			57	2					
70–74岁			8						
75岁及以上			1						
男	**9**	**3**	**10596**	**60**	**210**	**1**	**3**	**125**	**441**
16–19岁			155		19			5	1
20–24岁			586	2	31	1		3	12
25–29岁	1		1123	6	23		1	20	24
30–34岁			1832	7	32			27	69
35–39岁	4		1412	7	44		2	18	57
40–44岁			1171	6	17			21	50
45–49岁		2	1430	8	18			17	76
50–54岁	1	1	1609	13	14			7	84
55–59岁			991	9	10			5	54
60–64岁	3		225		2			2	14
65–69岁			55	2					
70–74岁			6						
75岁及以上			1						
女	**4**		**2417**	**58**	**191**		**8**	**179**	**40**
16–19岁			20		4			4	
20–24岁			165		20			7	1
25–29岁			300	5	21			16	2
30–34岁			477	6	33			32	2
35–39岁	2		414	5	31		1	30	2
40–44岁			348	11	34		1	28	6
45–49岁	1		375	20	30		3	34	17
50–54岁	1		220	6	12		2	22	8
55–59岁			83	4	6		1	6	2
60–64岁			11	1					
65–69岁			2						
70–74岁			2						
75岁及以上									

4-13b 续表 6　　　　单位：人

年龄组 性　别	生产制造及有关人员								
	纸及纸制品生产加工人员	印刷和记录媒介复制人员	文教、工美、体育和娱乐用品制造人　员	石油加工和炼焦、煤化工生产人员	化学原料和化学制品制造人　员	医药制造人　　员	化学纤维制造人员	橡胶和塑料制品制造人员	非金属矿物制品制造人员
总　计	**70**	**197**	**89**	**4**	**72**	**224**	**1**	**54**	**122**
16-19岁	1	9	1			3		1	
20-24岁	6	24	5		3	18		3	1
25-29岁	4	31	9		12	42		2	10
30-34岁	12	43	7	1	20	57		10	23
35-39岁	10	41	10		17	45	1	10	15
40-44岁	7	21	17		7	24		9	13
45-49岁	16	10	16	1	7	14		9	24
50-54岁	10	10	17	1	3	11		6	28
55-59岁	3	6	4	1	1	10		4	7
60-64岁		2	2		1				1
65-69岁	1				1				
70-74岁			1						
75岁及以上									
男	**50**	**124**	**57**	**1**	**43**	**110**		**40**	**104**
16-19岁		5	1			2		1	
20-24岁	3	13	2		2	11		3	1
25-29岁	4	27	9		5	22		2	10
30-34岁	10	29	5		13	31		8	19
35-39岁	8	22	6		10	18		5	13
40-44岁	4	14	7		3	9		7	10
45-49岁	11	4	10	1	5	2		7	17
50-54岁	6	4	11		2	6		5	26
55-59岁	3	5	4		1	9		2	7
60-64岁		1	2		1				1
65-69岁	1				1				
70-74岁									
75岁及以上									
女	**20**	**73**	**32**	**3**	**29**	**114**	**1**	**14**	**18**
16-19岁	1	4				1			
20-24岁	3	11	3		1	7			
25-29岁		4			7	20			
30-34岁	2	14	2	1	7	26		2	4
35-39岁	2	19	4		7	27	1	5	2
40-44岁	3	7	10		4	15		2	3
45-49岁	5	6	6		2	12		2	7
50-54岁	4	6	6	1	1	5		1	2
55-59岁		1		1		1		2	
60-64岁		1							
65-69岁									
70-74岁			1						
75岁及以上									

4-13b　续表 7　　　　单位：人

年龄组 性　别	生产制造及有关人员								
	采矿人员	金属冶炼和压延加工人员	机械制造基础加工人员	金属制品制造人员	通用设备制造人员	专用设备制造人员	汽车制造人员	铁路、船舶、航空设备制造人员	电气机械和器材制造人员
总　计	**44**	**43**	**363**	**158**	**96**	**133**	**581**	**43**	**210**
16–19岁			6	10	1	1	16		1
20–24岁	1	1	23	7	5	11	82	6	18
25–29岁	2	6	35	30	13	21	118	12	31
30–34岁	6	11	70	30	30	53	183	7	71
35–39岁	4	5	65	26	8	16	92	4	39
40–44岁	7	4	41	20	7	10	54	4	28
45–49岁	7	6	46	11	14	13	18	4	10
50–54岁	15	6	48	16	13	8	11	4	7
55–59岁	2	4	25	8	5		6	2	5
60–64岁			3						
65–69岁									
70–74岁			1				1		
75岁及以上									
男	**43**	**38**	**325**	**127**	**77**	**80**	**492**	**37**	**141**
16–19岁			6	10	1		16		
20–24岁	1	1	22	6	5	9	77	5	13
25–29岁	2	5	32	24	7	13	99	10	18
30–34岁	6	10	63	25	25	32	165	6	52
35–39岁	4	4	57	22	6	10	73	4	25
40–44岁	7	4	37	15	7	2	37	2	16
45–49岁	6	5	39	7	11	6	10	4	6
50–54岁	15	6	43	11	11	8	8	4	7
55–59岁	2	3	23	7	4		6	2	4
60–64岁			3						
65–69岁									
70–74岁							1		
75岁及以上									
女	**1**	**5**	**38**	**31**	**19**	**53**	**89**	**6**	**69**
16–19岁						1			1
20–24岁			1	1		2	5	1	5
25–29岁		1	3	6	6	8	19	2	13
30–34岁		1	7	5	5	21	18	1	19
35–39岁		1	8	4	2	6	19		14
40–44岁			4	5		8	17	2	12
45–49岁	1	1	7	4	3	7	8		4
50–54岁			5	5	2		3		
55–59岁		1	2	1	1				1
60–64岁									
65–69岁									
70–74岁			1						
75岁及以上									

4–13b 续表 8 单位：人

年龄组 性 别	生产制造及有关人员								不便分类的其他从业人员
	计算机、通信和其他电子设备制造人员	仪器仪表制造人员	废弃资源综合利用人员	电力、热力、气体、水生产和输配人员	建筑施工人员	运输设备和通用工程机械操作人员及有关人员	生产辅助人员	其他生产制造及有关人员	
总 计	**858**	**29**	**16**	**89**	**5924**	**422**	**1833**	**22**	**32**
16–19岁	46	1	2		31	7	5		
20–24岁	111	2		7	151	21	166	2	3
25–29岁	167	5	1	10	421	37	285	1	3
30–34岁	243	10	1	9	710	90	397	7	9
35–39岁	145	5	3	11	676	87	291	3	5
40–44岁	61	3	1	7	741	48	209	2	2
45–49岁	45	1	2	10	1076	50	170	2	1
50–54岁	27	1	3	17	1184	43	168	4	8
55–59岁	12	1	3	13	699	34	121	1	1
60–64岁	1			4	183	4	16		
65–69岁				1	48	1	3		
70–74岁					3		2		
75岁及以上					1				
男	**557**	**17**	**12**	**85**	**5392**	**408**	**1380**	**16**	**22**
16–19岁	45	1	2		31	7	2		
20–24岁	83	2		7	138	20	112	1	3
25–29岁	111	3		9	389	36	211	1	2
30–34岁	144	7	1	9	648	87	297	5	6
35–39岁	74	1	2	10	624	82	201	3	4
40–44岁	38	1	1	6	658	46	146		1
45–49岁	29		1	10	943	49	127	1	1
50–54岁	20	1	3	17	1079	43	151	4	4
55–59岁	12	1	2	13	657	33	112	1	1
60–64岁	1			3	175	4	16		
65–69岁				1	46	1	3		
70–74岁					3		2		
75岁及以上					1				
女	**301**	**12**	**4**	**4**	**532**	**14**	**453**	**6**	**10**
16–19岁	1						3		
20–24岁	28				13	1	54	1	
25–29岁	56	2	1	1	32	1	74		1
30–34岁	99	3			62	3	100	2	3
35–39岁	71	4	1	1	52	5	90		1
40–44岁	23	2		1	83	2	63	2	1
45–49岁	16	1	1		133	1	43	1	
50–54岁	7				105		17		4
55–59岁			1		42	1	9		
60–64岁				1	8				
65–69岁					2				
70–74岁									
75岁及以上									

4-13c　全市分年龄、性别、职业中类的就业人口(乡村)

单位：人

年龄组 性　别	合计	党的机关、国家机关、群众团体和社会组织、企事业单位负责人						
		小计	中国共产党机关负责人	国家机关负责人	民主党派和工商联负责人	人民团体和群众团体、社会组织及其他成员组织负责人	基层群众自治组织负责人	企事业单位负责人
总　计	**139098**	**2872**	**11**	**50**	**3**	**81**	**275**	**2452**
16-19岁	956	3						3
20-24岁	7735	59		1		1		57
25-29岁	15312	208		3		2	4	199
30-34岁	26194	606	1	3		11	8	583
35-39岁	18617	515	2	8		15	17	473
40-44岁	14442	381		7	1	12	15	346
45-49岁	17808	371	2	6		12	43	308
50-54岁	17449	358	2	7		15	76	258
55-59岁	12549	249	2	12	1	8	63	163
60-64岁	4913	95	1	2	1	4	41	46
65-69岁	2306	22	1	1		1	7	12
70-74岁	650	4					1	3
75岁及以上	167	1						1
男	**91402**	**2177**	**8**	**39**	**3**	**44**	**220**	**1863**
16-19岁	691	2						2
20-24岁	4757	37						37
25-29岁	9483	132		1		1	1	129
30-34岁	16527	437	1	3		5	6	422
35-39岁	11924	385	1	6		10	11	357
40-44岁	9136	289		5	1	6	14	263
45-49岁	11156	289	2	5		6	34	242
50-54岁	12264	295	2	5		8	66	214
55-59岁	9541	214	1	11	1	6	48	147
60-64岁	3605	75		2	1	1	34	37
65-69岁	1688	17	1	1		1	5	9
70-74岁	498	4					1	3
75岁及以上	132	1						1
女	**47696**	**695**	**3**	**11**		**37**	**55**	**589**
16-19岁	265	1						1
20-24岁	2978	22		1		1		20
25-29岁	5829	76		2		1	3	70
30-34岁	9667	169				6	2	161
35-39岁	6693	130	1	2		5	6	116
40-44岁	5306	92		2		6	1	83
45-49岁	6652	82		1		6	9	66
50-54岁	5185	63		2		7	10	44
55-59岁	3008	35	1	1		2	15	16
60-64岁	1308	20	1			3	7	9
65-69岁	618	5					2	3
70-74岁	152							
75岁及以上	35							

4-13c 续表 1

单位：人

年龄组 性 别	专业技术人员									
	小计	科学研究人员	工程技术人员	农业技术人员	飞机和船舶技术人员	卫生专业技术人员	经济和金融专业人员	法律、社会和宗教专业人员	教学人员	文学艺术、体育专业人员
总　计	**15511**	**199**	**4673**	**170**	**16**	**2268**	**3902**	**322**	**3067**	**460**
16-19岁	90		25			11	16		24	11
20-24岁	1785	28	375	11	1	406	338	21	484	62
25-29岁	3415	58	948	17	8	669	758	55	711	95
30-34岁	4187	62	1340	19	4	557	1186	79	717	110
35-39岁	2113	14	692	15	2	192	670	53	340	68
40-44岁	1227	9	394	10	1	86	339	26	300	34
45-49岁	1082	10	340	24		99	272	34	244	34
50-54岁	818	9	285	23		101	154	35	177	17
55-59岁	473	8	198	29		34	93	10	60	25
60-64岁	189		61	14		54	45	5	6	1
65-69岁	87	1	13	6		37	20	3	2	
70-74岁	34		1	2		17	9	1	1	1
75岁及以上	11		1			5	2		1	2
男	**7308**	**116**	**3953**	**126**	**15**	**521**	**996**	**141**	**892**	**322**
16-19岁	41		19			3	5		2	10
20-24岁	709	16	307	8	1	97	92	5	114	41
25-29岁	1389	32	756	9	8	109	205	17	153	53
30-34岁	1840	34	1114	15	3	88	250	27	175	79
35-39岁	989	8	576	8	2	45	150	25	95	46
40-44岁	607	8	356	6	1	20	71	9	99	21
45-49岁	575	5	296	14		27	69	17	107	28
50-54岁	523	7	262	19		38	51	26	93	15
55-59岁	391	6	193	26		19	54	8	46	25
60-64岁	138		59	13		29	25	4	5	1
65-69岁	71		13	6		28	17	3	1	
70-74岁	25		1	2		13	6		1	1
75岁及以上	10		1			5	1		1	2
女	**8203**	**83**	**720**	**44**	**1**	**1747**	**2906**	**181**	**2175**	**138**
16-19岁	49		6			8	11		22	1
20-24岁	1076	12	68	3		309	246	16	370	21
25-29岁	2026	26	192	8		560	553	38	558	42
30-34岁	2347	28	226	4	1	469	936	52	542	31
35-39岁	1124	6	116	7		147	520	28	245	22
40-44岁	620	1	38	4		66	268	17	201	13
45-49岁	507	5	44	10		72	203	17	137	6
50-54岁	295	2	23	4		63	103	9	84	2
55-59岁	82	2	5	3		15	39	2	14	
60-64岁	51		2	1		25	20	1	1	
65-69岁	16	1				9	3		1	
70-74岁	9					4	3	1		
75岁及以上	1						1			

4-13c 续表 2

单位：人

年龄组 性 别	专业技术人员		办事人员和有关人员				社会生产服务和生活服务人员		
	新闻出版、文化专业人员	其他专业技术人员	小计	办事人员	安全和消防人员	其他办事人员和有关人员	小计	批发与零售服务人员	交通运输、仓储和邮政业服务人员
总 计	**368**	**66**	**13039**	**9426**	**3548**	**65**	**65942**	**16318**	**18738**
16-19岁	2	1	64	27	37		510	112	79
20-24岁	55	4	864	632	230	2	3538	993	758
25-29岁	84	12	1811	1450	356	5	6848	2138	1723
30-34岁	94	19	2965	2486	467	12	12264	4005	3561
35-39岁	60	7	1803	1477	316	10	9447	2960	3191
40-44岁	22	6	1149	888	257	4	7483	1958	2555
45-49岁	19	6	1351	916	421	14	9376	1838	3003
50-54岁	13	4	1229	698	521	10	8391	1298	2442
55-59岁	10	6	1147	594	549	4	5492	703	1211
60-64岁	2	1	419	180	236	3	1715	203	172
65-69岁	5		169	61	108		686	82	40
70-74岁	2		57	12	44	1	162	25	3
75岁及以上			11	5	6		30	3	
男	**168**	**58**	**7907**	**4649**	**3230**	**28**	**42553**	**8653**	**16261**
16-19岁	1	1	52	16	36		359	75	75
20-24岁	24	4	484	267	217		2310	555	627
25-29岁	37	10	951	618	329	4	4583	1187	1426
30-34岁	38	17	1429	1018	405	6	7934	2070	2939
35-39岁	28	6	955	684	267	4	6012	1460	2709
40-44岁	12	4	616	405	209	2	4549	968	2189
45-49岁	6	6	856	480	373	3	5372	913	2627
50-54岁	8	4	992	493	495	4	5458	744	2296
55-59岁	9	5	995	467	526	2	4037	460	1169
60-64岁	1	1	363	137	224	2	1256	140	164
65-69岁	3		149	48	101		522	57	37
70-74岁	1		54	11	42	1	135	22	3
75岁及以上			11	5	6		26	2	
女	**200**	**8**	**5132**	**4777**	**318**	**37**	**23389**	**7665**	**2477**
16-19岁	1		12	11	1		151	37	4
20-24岁	31		380	365	13	2	1228	438	131
25-29岁	47	2	860	832	27	1	2265	951	297
30-34岁	56	2	1536	1468	62	6	4330	1935	622
35-39岁	32	1	848	793	49	6	3435	1500	482
40-44岁	10	2	533	483	48	2	2934	990	366
45-49岁	13		495	436	48	11	4004	925	376
50-54岁	5		237	205	26	6	2933	554	146
55-59岁	1	1	152	127	23	2	1455	243	42
60-64岁	1		56	43	12	1	459	63	8
65-69岁	2		20	13	7		164	25	3
70-74岁	1		3	1	2		27	3	
75岁及以上							4	1	

4-13c 续表 3

单位：人

年龄组 性　别	社会生产服务和生活服务人员								
	住宿和餐饮服务人　员	信息传输、软件和信息技术服务人　员	金融服务人　　员	房地产服务人员	租赁和商务服务人　员	技术辅助服务人员	水利、环境和公共设施管理服务人员	居民服务人　　员	电力、燃气及水供应服务人　员
总　计	**6254**	**2481**	**975**	**1261**	**3058**	**1294**	**9735**	**2478**	**839**
16-19岁	99	46	11	6	45	17	7	35	7
20-24岁	366	369	127	75	245	199	55	91	38
25-29岁	502	724	191	146	359	284	144	189	66
30-34岁	894	819	297	291	583	382	383	284	138
35-39岁	901	279	167	186	340	175	513	265	103
40-44岁	832	124	65	141	253	92	822	311	79
45-49岁	1135	49	52	156	328	70	1894	488	122
50-54岁	859	37	36	128	369	49	2377	460	133
55-59岁	484	27	27	101	358	23	2094	239	115
60-64岁	131	5	2	22	104	2	938	70	24
65-69岁	41	1		8	54	1	393	38	11
70-74岁	7	1		1	15		97	7	3
75岁及以上	3				5		18	1	
男	**2881**	**1781**	**416**	**873**	**2230**	**812**	**5128**	**685**	**761**
16-19岁	65	27	7	3	33	10	5	14	6
20-24岁	213	256	53	48	152	112	44	42	33
25-29岁	307	527	90	106	211	168	104	85	59
30-34岁	486	574	138	189	337	247	228	90	121
35-39岁	430	201	67	113	209	113	235	71	94
40-44岁	333	93	18	82	180	60	293	61	69
45-49岁	389	42	18	108	261	45	580	85	110
50-54岁	324	32	10	103	340	35	1183	98	126
55-59岁	234	24	14	93	340	20	1393	81	108
60-64岁	71	3	1	21	101	2	661	33	22
65-69岁	22	1		6	46		306	21	10
70-74岁	5	1		1	15		79	4	3
75岁及以上	2				5		17		
女	**3373**	**700**	**559**	**388**	**828**	**482**	**4607**	**1793**	**78**
16-19岁	34	19	4	3	12	7	2	21	1
20-24岁	153	113	74	27	93	87	11	49	5
25-29岁	195	197	101	40	148	116	40	104	7
30-34岁	408	245	159	102	246	135	155	194	17
35-39岁	471	78	100	73	131	62	278	194	9
40-44岁	499	31	47	59	73	32	529	250	10
45-49岁	746	7	34	48	67	25	1314	403	12
50-54岁	535	5	26	25	29	14	1194	362	7
55-59岁	250	3	13	8	18	3	701	158	7
60-64岁	60	2	1	1	3		277	37	2
65-69岁	19			2	8	1	87	17	1
70-74岁	2						18	3	
75岁及以上	1						1	1	

4-13c　续表 4　　　　单位：人

年龄组 性　别	社会生产服务和生活服务人员				农、林、牧、渔业生产及辅助人员				
	修理及制作服务人员	文化、体育和娱乐服务人员	健康服务人员	其他社会生产和生活服务人员	小计	农业生产人员	林业生产人员	畜牧业生产人员	渔业生产人员
总　计	**1931**	**371**	**197**	**12**	**11503**	**8525**	**2140**	**616**	**91**
16–19岁	38	8			18	14	1	2	1
20–24岁	148	53	21		120	90	11	16	
25–29岁	278	83	20	1	219	165	25	22	
30–34岁	479	101	45	2	489	375	52	47	7
35–39岁	299	46	22		535	373	84	63	4
40–44岁	200	27	22	2	614	433	102	67	4
45–49岁	193	23	22	3	1262	910	226	102	10
50–54岁	162	19	20	2	2240	1614	459	111	28
55–59岁	87	6	15	2	2583	1878	547	100	24
60–64岁	32	4	6		1805	1356	374	56	8
65–69岁	14	1	2		1144	926	187	21	4
70–74岁	1		2		363	305	53	5	
75岁及以上					111	86	19	4	1
男	**1791**	**204**	**69**	**8**	**6840**	**5012**	**1217**	**449**	**73**
16–19岁	38	1			12	8	1	2	1
20–24岁	137	32	6		84	65	9	9	
25–29岁	254	53	6		153	114	21	15	
30–34岁	446	52	15	2	326	250	31	34	6
35–39岁	279	25	6		337	234	44	47	3
40–44岁	181	13	8	1	349	250	53	37	4
45–49岁	176	11	4	3	684	474	115	75	8
50–54岁	149	10	7	1	1201	840	247	76	23
55–59岁	84	4	12	1	1497	1085	291	80	16
60–64岁	32	3	2		1124	825	235	48	8
65–69岁	14		2		742	592	122	20	3
70–74岁	1		1		250	213	34	3	
75岁及以上					81	62	14	3	1
女	**140**	**167**	**128**	**4**	**4663**	**3513**	**923**	**167**	**18**
16–19岁		7			6	6			
20–24岁	11	21	15		36	25	2	7	
25–29岁	24	30	14	1	66	51	4	7	
30–34岁	33	49	30		163	125	21	13	1
35–39岁	20	21	16		198	139	40	16	1
40–44岁	19	14	14	1	265	183	49	30	
45–49岁	17	12	18		578	436	111	27	2
50–54岁	13	9	13	1	1039	774	212	35	5
55–59岁	3	2	3	1	1086	793	256	20	8
60–64岁		1	4		681	531	139	8	
65–69岁		1			402	334	65	1	1
70–74岁			1		113	92	19	2	
75岁及以上					30	24	5	1	

4-13c 续表 5

单位：人

年龄组 性别	农林牧渔生产辅助人员	其他农、林、牧、渔业生产加工人员	生产制造及有关人员						
			小计	农副产品加工人员	食品、饮料生产加工人员	烟草及其制品加工人员	纺织、针织、印染人员	纺织品、服装和皮革、毛皮制品加工制作人员	木材加工、家具与木制品制作人员
总计	**127**	**4**	**30165**	**442**	**952**	**6**	**29**	**591**	**857**
16-19岁			260	3	10			4	4
20-24岁	3		1365	15	46			20	29
25-29岁	7		2804	28	97		2	42	71
30-34岁	8		5668	55	245	5	1	74	125
35-39岁	10	1	4190	73	162		6	82	105
40-44岁	7	1	3586	67	131		3	98	102
45-49岁	14		4360	80	141	1	9	137	155
50-54岁	27	1	4407	66	76		6	93	144
55-59岁	33	1	2604	40	31		1	30	95
60-64岁	11		690	7	12		1	9	25
65-69岁	6		198	6	1			1	2
70-74岁			30	2				1	
75岁及以上	1		3						
男	**87**	**2**	**24578**	**273**	**501**	**4**	**4**	**192**	**738**
16-19岁			225	3	4			3	4
20-24岁	1		1129	10	27			7	26
25-29岁	3		2270	21	59		1	21	56
30-34岁	5		4552	39	132	3		32	105
35-39岁	8	1	3237	48	89		1	25	93
40-44岁	5		2725	37	51			27	87
45-49岁	12		3376	39	65	1	1	35	124
50-54岁	15		3789	36	44		1	27	128
55-59岁	24	1	2406	29	20			10	89
60-64岁	8		649	5	9			3	24
65-69岁	5		187	4	1			1	2
70-74岁			30	2				1	
75岁及以上	1		3						
女	**40**	**2**	**5587**	**169**	**451**	**2**	**25**	**399**	**119**
16-19岁			35		6			1	
20-24岁	2		236	5	19			13	3
25-29岁	4		534	7	38		1	21	15
30-34岁	3		1116	16	113	2	1	42	20
35-39岁	2		953	25	73		5	57	12
40-44岁	2	1	861	30	80		3	71	15
45-49岁	2		984	41	76		8	102	31
50-54岁	12	1	618	30	32		5	66	16
55-59岁	9		198	11	11		1	20	6
60-64岁	3		41	2	3		1	6	1
65-69岁	1		11	2					
70-74岁									
75岁及以上									

4-13c　续表 6　　　　单位：人

年龄组 性　别	生产制造及有关人员								
	纸及纸制品生产加工人员	印刷和记录媒介复制人员	文教、工美、体育和娱乐用品制造人　员	石油加工和炼焦、煤化工生产人员	化学原料和化学制品制造人　员	医药制造人　　员	化学纤维制造人员	橡胶和塑料制品制造人员	非金属矿物制品制造人员
总　计	**86**	**425**	**188**	**14**	**171**	**497**	**4**	**148**	**386**
16−19岁	1	21	1			4		1	1
20−24岁	5	39	8	1	1	30		4	22
25−29岁	9	58	13	1	16	60	1	15	42
30−34岁	9	113	36	1	36	159	1	19	66
35−39岁	12	77	31	3	34	83		24	54
40−44岁	13	37	32	2	18	59	2	26	46
45−49岁	14	50	34	5	30	61		26	53
50−54岁	17	21	21		27	29		23	62
55−59岁	4	8	8	1	7	11		9	32
60−64岁		1	3		2			1	6
65−69岁	2		1			1			2
70−74岁									
75岁及以上									
男	**45**	**282**	**113**	**11**	**118**	**224**	**2**	**97**	**333**
16−19岁		16	1			2		1	1
20−24岁	2	26	5		1	17		4	20
25−29岁	4	40	8	1	10	32		12	33
30−34岁	6	81	20	1	26	74	1	15	55
35−39岁	8	60	23	2	21	31		17	46
40−44岁	8	25	17	2	12	18	1	14	41
45−49岁	5	19	19	4	19	20		11	43
50−54岁	9	11	10		20	20		15	55
55−59岁	2	4	6	1	7	10		7	31
60−64岁			3		2			1	6
65−69岁	1		1						2
70−74岁									
75岁及以上									
女	**41**	**143**	**75**	**3**	**53**	**273**	**2**	**51**	**53**
16−19岁	1	5				2			
20−24岁	3	13	3	1		13			2
25−29岁	5	18	5		6	28	1	3	9
30−34岁	3	32	16		10	85		4	11
35−39岁	4	17	8	1	13	52		7	8
40−44岁	5	12	15		6	41	1	12	5
45−49岁	9	31	15	1	11	41		15	10
50−54岁	8	10	11		7	9		8	7
55−59岁	2	4	2			1		2	1
60−64岁		1							
65−69岁	1					1			
70−74岁									
75岁及以上									

4-13c 续表 7 单位：人

年龄组 性 别	生产制造及有关人员								
	采矿人员	金属冶炼和压延加工人员	机械制造基础加工人员	金属制品制造人员	通用设备制造人员	专用设备制造人员	汽车制造人员	铁路、船舶、航空设备制造人员	电气机械和器材制造人员
总 计	**63**	**84**	**1326**	**546**	**244**	**251**	**1490**	**89**	**308**
16-19岁			7	9	5	7	24		14
20-24岁		2	72	27	9	18	145	17	32
25-29岁	3	4	117	63	22	32	256	15	43
30-34岁	6	22	268	122	61	65	560	29	77
35-39岁	6	12	213	91	45	51	213	8	55
40-44岁	11	12	183	76	28	32	136	6	37
45-49岁	11	16	204	69	28	24	87	4	26
50-54岁	19	10	163	61	33	16	44	7	10
55-59岁	5	5	79	22	12	5	23	2	9
60-64岁	2	1	11	2		1			3
65-69岁			9	3	1		2	1	2
70-74岁				1					
75岁及以上									
男	**62**	**75**	**1215**	**456**	**217**	**138**	**1235**	**76**	**242**
16-19岁			7	9	5	5	23		14
20-24岁		1	67	25	8	13	138	16	30
25-29岁	3	4	108	56	20	19	218	14	38
30-34岁	6	19	248	107	57	36	486	23	60
35-39岁	6	10	194	75	37	21	160	5	38
40-44岁	11	12	156	58	23	19	92	5	24
45-49岁	10	14	183	50	25	14	59	3	18
50-54岁	19	9	156	50	29	7	37	7	8
55-59岁	5	5	77	20	12	4	20	2	7
60-64岁	2	1	11	2					3
65-69岁			8	3	1		2	1	2
70-74岁				1					
75岁及以上									
女	**1**	**9**	**111**	**90**	**27**	**113**	**255**	**13**	**66**
16-19岁						2	1		
20-24岁		1	5	2	1	5	7	1	2
25-29岁			9	7	2	13	38	1	5
30-34岁		3	20	15	4	29	74	6	17
35-39岁		2	19	16	8	30	53	3	17
40-44岁			27	18	5	13	44	1	13
45-49岁	1	2	21	19	3	10	28	1	8
50-54岁		1	7	11	4	9	7		2
55-59岁			2	2		1	3		2
60-64岁						1			
65-69岁			1						
70-74岁									
75岁及以上									

4-13c　续表 8　　　　单位：人

年龄组 性　别	生产制造及有关人员								不便分类的其他从业人员
	计算机、通信和其他电子设备制造人　员	仪器仪表制造人员	废弃资源综合利用人　　员	电力、热力、气体、水生产和输配人员	建筑施工人　　员	运输设备和通用工程机械操作人员及有关人员	生产辅助人　　员	其他生产制造及有关人员	
总　计	**1474**	**47**	**56**	**267**	**12976**	**1204**	**4908**	**36**	**66**
16-19岁	30				69	10	35		11
20-24岁	115	2	2	12	323	75	293	1	4
25-29岁	223	5		14	798	141	610	3	7
30-34岁	426	10	5	30	1598	249	1181	14	15
35-39岁	279	15	4	24	1484	203	734	7	14
40-44岁	164	6	8	16	1526	158	549	2	2
45-49岁	114	5	14	39	2203	140	579	1	6
50-54岁	67	3	15	57	2623	147	542	5	6
55-59岁	49	1	5	65	1670	74	298	3	1
60-64岁	6		1	10	522	7	57		
65-69岁	1		2		138		23		
70-74岁					19		7		
75岁及以上					3				
男	**977**	**28**	**43**	**242**	**11879**	**1157**	**3572**	**27**	**39**
16-19岁	22				67	10	28		
20-24岁	89		2	11	307	69	207	1	4
25-29岁	159	3		11	740	136	440	3	5
30-34岁	290	8	3	24	1489	239	857	10	9
35-39岁	165	10	4	17	1349	195	481	6	9
40-44岁	87	2	6	16	1369	151	354		1
45-49岁	66	2	11	35	1945	135	401		4
50-54岁	52	2	12	55	2370	141	455	4	6
55-59岁	43	1	4	63	1583	74	267	3	1
60-64岁	3			10	502	7	55		
65-69岁	1		1		136		20		
70-74岁					19		7		
75岁及以上					3				
女	**497**	**19**	**13**	**25**	**1097**	**47**	**1336**	**9**	**27**
16-19岁	8				2		7		11
20-24岁	26	2		1	16	6	86		
25-29岁	64	2		3	58	5	170		2
30-34岁	136	2	2	6	109	10	324	4	6
35-39岁	114	5		7	135	8	253	1	5
40-44岁	77	4	2		157	7	195	2	1
45-49岁	48	3	3	4	258	5	178	1	2
50-54岁	15	1	3	2	253	6	87	1	
55-59岁	6		1	2	87		31		
60-64岁	3		1		20		2		
65-69岁			1		2		3		
70-74岁									
75岁及以上									

4-14 全市分年龄、性别、职业中类的外来就业人口

单位：人

年龄组 性　别	合计	党的机关、国家机关、群众团体和社会组织、企事业单位负责人						
		小计	中国共产党机关负责人	国家机关负责人	民主党派和工商联负责人	人民团体和群众团体、社会组织及其他成员组织负责人	基层群众自治组织负责人	企事业单位负责人
总　计	**507801**	**18224**	**4**	**54**		**216**	**9**	**17941**
16-19岁	6488	14						14
20-24岁	45273	368		2		4		362
25-29岁	94011	1548		1		23	1	1523
30-34岁	108692	3535	2	5		38	1	3489
35-39岁	79364	4331		11		44	2	4274
40-44岁	56054	3676	1	10		41	2	3622
45-49岁	49845	2484		7		38		2439
50-54岁	39673	1493		7		17	1	1468
55-59岁	20202	622	1	9		7	2	603
60-64岁	5629	99				3		96
65-69岁	2165	43		1		1		41
70-74岁	334	9		1				8
75岁及以上	71	2						2
男	**298429**	**12602**	**3**	**40**		**136**	**7**	**12416**
16-19岁	4315	10						10
20-24岁	25019	223				2		221
25-29岁	51419	954		1		11		942
30-34岁	62196	2251	2	2		19	1	2227
35-39岁	45740	2900		9		29	1	2861
40-44岁	33285	2563	1	6		26	2	2528
45-49岁	30018	1830		5		27		1798
50-54岁	25854	1199		7		15	1	1176
55-59岁	14419	548		8		5	2	533
60-64岁	4173	79				1		78
65-69岁	1671	37		1		1		35
70-74岁	267	7		1				6
75岁及以上	53	1						1
女	**209372**	**5622**	**1**	**14**		**80**	**2**	**5525**
16-19岁	2173	4						4
20-24岁	20254	145		2		2		141
25-29岁	42592	594				12	1	581
30-34岁	46496	1284		3		19		1262
35-39岁	33624	1431		2		15	1	1413
40-44岁	22769	1113		4		15		1094
45-49岁	19827	654		2		11		641
50-54岁	13819	294				2		292
55-59岁	5783	74	1	1		2		70
60-64岁	1456	20				2		18
65-69岁	494	6						6
70-74岁	67	2						2
75岁及以上	18	1						1

4-14　续表 1

单位：人

年龄组 性　别	专业技术人员									
	小计	科学研究人员	工程技术人员	农业技术人员	飞机和船舶技术人员	卫生专业技术人员	经济和金融专业人员	法律、社会和宗教专业人员	教学人员	文学艺术、体育专业人员
总　计	**103228**	**1937**	**34703**	**338**	**127**	**9189**	**30269**	**2601**	**13802**	**5458**
16-19岁	516	1	136	1		49	70	1	176	66
20-24岁	11425	217	3414	44	3	1304	2579	131	2400	818
25-29岁	27525	666	9111	66	32	2329	7688	631	4106	1536
30-34岁	27211	575	9470	66	42	2381	8283	634	3217	1375
35-39岁	18085	242	6093	47	30	1541	5882	563	1983	803
40-44岁	9210	124	2999	21	15	623	3256	350	936	396
45-49岁	4753	47	1622	18	2	379	1613	159	496	215
50-54岁	2708	31	1093	26	2	318	641	96	272	139
55-59岁	1368	26	626	28		173	212	22	161	75
60-64岁	279	7	103	10	1	58	29	9	34	19
65-69岁	106	1	27	9		27	13	2	10	11
70-74岁	28		7	2		5	1	3	7	3
75岁及以上	14		2			2	2		4	2
男	**47112**	**866**	**25988**	**217**	**117**	**2115**	**8276**	**1107**	**3821**	**2881**
16-19岁	234	1	114	1		16	19		33	41
20-24岁	4576	68	2472	27	3	212	657	43	545	378
25-29岁	11525	270	6454	28	30	394	1946	205	1070	717
30-34岁	12149	259	6911	35	38	438	2212	204	917	729
35-39岁	8359	119	4564	26	28	415	1614	259	574	444
40-44岁	4579	71	2428	18	13	223	891	189	290	246
45-49岁	2523	31	1348	15	2	136	498	106	151	137
50-54岁	1769	18	979	22	2	135	291	70	100	93
55-59岁	1067	21	588	24		90	126	20	103	63
60-64岁	216	7	96	10	1	37	13	7	23	18
65-69岁	82	1	26	9		13	8	2	7	11
70-74岁	23		7	2		4		2	5	3
75岁及以上	10		1			2	1		3	1
女	**56116**	**1071**	**8715**	**121**	**10**	**7074**	**21993**	**1494**	**9981**	**2577**
16-19岁	282		22			33	51	1	143	25
20-24岁	6849	149	942	17		1092	1922	88	1855	440
25-29岁	16000	396	2657	38	2	1935	5742	426	3036	819
30-34岁	15062	316	2559	31	4	1943	6071	430	2300	646
35-39岁	9726	123	1529	21	2	1126	4268	304	1409	359
40-44岁	4631	53	571	3	2	400	2365	161	646	150
45-49岁	2230	16	274	3		243	1115	53	345	78
50-54岁	939	13	114	4		183	350	26	172	46
55-59岁	301	5	38	4		83	86	2	58	12
60-64岁	63		7			21	16	2	11	1
65-69岁	24		1			14	5		3	
70-74岁	5					1	1	1	2	
75岁及以上	4		1				1		1	1

4-14 续表 2 单位：人

年龄组 性 别	专业技术人员		办事人员和有关人员				社会生产服务和生活服务人员		
	新闻出版、文化专业人员	其他专业技术人员	小计	办事人员	安全和消防人员	其他办事人员和有关人员	小计	批发与零售服务人员	交通运输、仓储和邮政业服务人员
总 计	**4388**	**416**	**47582**	**40305**	**7040**	**237**	**263871**	**87550**	**33353**
16-19岁	15	1	453	253	200		4561	891	322
20-24岁	474	41	4035	3310	702	23	25144	6955	2570
25-29岁	1251	109	8565	7764	749	52	48295	15150	4994
30-34岁	1049	119	10774	9859	873	42	54722	20106	7164
35-39岁	835	66	8915	8179	688	48	38362	15762	5440
40-44岁	456	34	5827	5177	628	22	28278	11485	4371
45-49岁	175	27	3886	2999	855	32	27411	8909	4316
50-54岁	80	10	2700	1648	1041	11	21456	5531	2886
55-59岁	36	9	1736	884	849	3	10690	2100	1041
60-64岁	9		453	146	306	1	3363	439	187
65-69岁	6		183	66	114	3	1367	186	55
70-74岁			45	14	31		190	32	6
75岁及以上	2		10	6	4		32	4	1
男	**1465**	**259**	**24010**	**17248**	**6642**	**120**	**153684**	**45618**	**28243**
16-19岁	8	1	292	102	190		2994	505	279
20-24岁	149	22	1781	1105	667	9	15066	3564	1919
25-29岁	351	60	3488	2764	697	27	29206	7713	4037
30-34岁	329	77	4522	3681	821	20	33282	10255	6043
35-39岁	278	38	4182	3520	640	22	22664	7914	4691
40-44岁	184	26	3053	2453	587	13	15960	5878	3751
45-49岁	82	17	2485	1670	796	19	13998	4662	3726
50-54岁	50	9	2072	1075	991	6	11085	3234	2601
55-59岁	23	9	1522	699	820	3	6095	1400	965
60-64岁	4		404	112	292		2184	324	173
65-69岁	5		163	52	110	1	977	141	51
70-74岁			38	10	28		147	25	6
75岁及以上	2		8	5	3		26	3	1
女	**2923**	**157**	**23572**	**23057**	**398**	**117**	**110187**	**41932**	**5110**
16-19岁	7		161	151	10		1567	386	43
20-24岁	325	19	2254	2205	35	14	10078	3391	651
25-29岁	900	49	5077	5000	52	25	19089	7437	957
30-34岁	720	42	6252	6178	52	22	21440	9851	1121
35-39岁	557	28	4733	4659	48	26	15698	7848	749
40-44岁	272	8	2774	2724	41	9	12318	5607	620
45-49岁	93	10	1401	1329	59	13	13413	4247	590
50-54岁	30	1	628	573	50	5	10371	2297	285
55-59岁	13		214	185	29		4595	700	76
60-64岁	5		49	34	14	1	1179	115	14
65-69岁	1		20	14	4	2	390	45	4
70-74岁			7	4	3		43	7	
75岁及以上			2	1	1		6	1	

4-14　续表 3　　　　单位：人

年龄组 性　别	社会生产服务和生活服务人员								
	住宿和餐饮服务人　员	信息传输、软件和信息技术服务人　员	金融服务人　　员	房地产服务人员	租赁和商务服务人　员	技术辅助服务人员	水利、环境和公共设施管理服务人员	居民服务人　　员	电力、燃气及水供应服务人　员
总　计	**32461**	**32128**	**4849**	**7622**	**13161**	**10152**	**15296**	**17079**	**975**
16-19岁	1611	175	28	106	495	107	32	515	14
20-24岁	3855	4542	435	819	1814	1351	142	1372	51
25-29岁	4250	11815	1244	1589	2327	3029	331	1579	103
30-34岁	5166	9214	1404	1681	2523	2756	663	1833	180
35-39岁	3963	4132	924	1043	1823	1537	853	1493	131
40-44岁	3661	1536	427	725	1166	775	1361	1783	123
45-49岁	4450	462	238	629	997	353	3049	3062	163
50-54岁	3402	175	111	531	999	155	3829	3176	118
55-59岁	1511	59	34	321	725	70	2850	1633	71
60-64岁	444	12	3	121	188	16	1422	453	16
65-69岁	126	5	1	48	88	3	660	159	4
70-74岁	17	1		7	12		93	18	1
75岁及以上	5			2	4		11	3	
男	**17596**	**22810**	**2148**	**4972**	**8530**	**5542**	**6523**	**3986**	**897**
16-19岁	1122	123	12	52	318	70	22	252	13
20-24岁	2472	3128	193	486	1016	687	87	530	48
25-29岁	2721	8201	569	1012	1239	1501	203	634	95
30-34岁	3106	6604	643	1127	1380	1493	328	651	165
35-39岁	2178	3000	404	659	1062	881	350	474	119
40-44岁	1741	1179	164	459	805	496	393	338	106
45-49岁	1753	366	85	408	816	233	838	372	146
50-54岁	1398	145	50	379	925	114	1362	340	115
55-59岁	747	52	25	252	690	52	1398	232	69
60-64岁	268	9	2	91	181	14	949	106	16
65-69岁	76	2	1	40	82	1	505	51	4
70-74岁	10	1		6	12		77	6	1
75岁及以上	4			1	4		11		
女	**14865**	**9318**	**2701**	**2650**	**4631**	**4610**	**8773**	**13093**	**78**
16-19岁	489	52	16	54	177	37	10	263	1
20-24岁	1383	1414	242	333	798	664	55	842	3
25-29岁	1529	3614	675	577	1088	1528	128	945	8
30-34岁	2060	2610	761	554	1143	1263	335	1182	15
35-39岁	1785	1132	520	384	761	656	503	1019	12
40-44岁	1920	357	263	266	361	279	968	1445	17
45-49岁	2697	96	153	221	181	120	2211	2690	17
50-54岁	2004	30	61	152	74	41	2467	2836	3
55-59岁	764	7	9	69	35	18	1452	1401	2
60-64岁	176	3	1	30	7	2	473	347	
65-69岁	50	3		8	6	2	155	108	
70-74岁	7			1			16	12	
75岁及以上	1			1				3	

4-14 续表 4 单位：人

年龄组 性别	社会生产服务和生活服务人员				农、林、牧、渔业生产及辅助人员				
	修理及制作服务人员	文化、体育和娱乐服务人员	健康服务人员	其他社会生产和生活服务人员	小计	农业生产人员	林业生产人员	畜牧业生产人员	渔业生产人员
总　计	**5560**	**2824**	**792**	**69**	**3434**	**2377**	**479**	**458**	**37**
16-19岁	195	56	10	4	17	12	1	2	1
20-24岁	643	501	85	9	94	65	9	17	1
25-29岁	853	876	147	8	192	135	12	30	3
30-34岁	1212	677	124	19	307	214	24	46	7
35-39岁	779	363	111	8	287	194	26	55	3
40-44岁	613	169	79	4	337	243	39	44	2
45-49岁	593	102	80	8	527	376	54	83	6
50-54岁	404	50	84	5	715	524	91	82	6
55-59岁	192	23	57	3	506	346	95	51	4
60-64岁	50	2	9	1	271	167	64	36	1
65-69岁	22	4	6		151	85	54	8	3
70-74岁	3				22	12	8	2	
75岁及以上	1	1			8	4	2	2	
男	**5031**	**1541**	**226**	**21**	**2142**	**1405**	**339**	**315**	**27**
16-19岁	188	34	4		12	7	1	2	1
20-24岁	613	292	29	2	63	43	8	10	1
25-29岁	772	466	42	1	123	84	8	22	3
30-34岁	1088	365	28	6	194	130	17	34	4
35-39岁	707	190	31	4	175	112	15	38	3
40-44岁	536	93	21		187	128	25	26	2
45-49岁	524	48	17	4	300	206	33	51	3
50-54岁	360	33	27	2	434	296	69	55	4
55-59岁	174	15	22	2	330	221	64	37	2
60-64岁	45	2	4		188	104	51	30	1
65-69岁	20	2	1		116	64	40	8	3
70-74岁	3				15	7	7	1	
75岁及以上	1	1			5	3	1	1	
女	**529**	**1283**	**566**	**48**	**1292**	**972**	**140**	**143**	**10**
16-19岁	7	22	6	4	5	5			
20-24岁	30	209	56	7	31	22	1	7	
25-29岁	81	410	105	7	69	51	4	8	
30-34岁	124	312	96	13	113	84	7	12	3
35-39岁	72	173	80	4	112	82	11	17	
40-44岁	77	76	58	4	150	115	14	18	
45-49岁	69	54	63	4	227	170	21	32	3
50-54岁	44	17	57	3	281	228	22	27	2
55-59岁	18	8	35	1	176	125	31	14	2
60-64岁	5		5	1	83	63	13	6	
65-69岁	2	2	5		35	21	14		
70-74岁					7	5	1	1	
75岁及以上					3	1	1	1	

4-14　续表 5

单位：人

年龄组 性　别	农林牧渔生产辅助人　　员	其他农、林、牧、渔业生产加工人员	生产制造及有关人员 小计	农副产品加工人员	食品、饮料生产加工人员	烟草及其制品加工人员	纺织、针织、印染人员	纺织品、服装和皮革、毛皮制品加工制作人员	木材加工、家具与木制品制作人员
总　计	**73**	**10**	**71136**	**641**	**1984**	**4**	**58**	**1119**	**2414**
16-19岁	1		908	10	84			13	9
20-24岁	2		4162	29	238		3	50	82
25-29岁	11	1	7829	52	273	1	4	110	182
30-34岁	15	1	12078	95	396		5	190	337
35-39岁	8	1	9347	87	301	2	15	180	265
40-44岁	9		8693	102	239		6	215	285
45-49岁	5	3	10762	132	235	1	11	189	475
50-54岁	11	1	10568	86	148		13	120	487
55-59岁	7	3	5268	41	52		1	37	240
60-64岁	3		1163	3	15			9	46
65-69岁	1		313	4	1			5	3
70-74岁			40		2			1	3
75岁及以上			5						
男	**49**	**7**	**58693**	**369**	**991**	**1**	**26**	**464**	**2175**
16-19岁	1		769	10	58			8	9
20-24岁	1		3284	19	132		3	20	73
25-29岁	5	1	6095	38	151	1	1	55	159
30-34岁	9		9760	61	204		2	82	302
35-39岁	7		7437	54	146		8	67	245
40-44岁	6		6923	51	89		3	85	248
45-49岁	4	3	8866	53	95		2	74	408
50-54岁	9	1	9276	47	78		6	46	451
55-59岁	4	2	4848	30	25		1	19	229
60-64岁	2		1101	2	10			6	45
65-69岁	1		294	4	1			2	3
70-74岁			37		2				3
75岁及以上			3						
女	**24**	**3**	**12443**	**272**	**993**	**3**	**32**	**655**	**239**
16-19岁			139		26			5	
20-24岁	1		878	10	106			30	9
25-29岁	6		1734	14	122		3	55	23
30-34岁	6	1	2318	34	192		3	108	35
35-39岁	1	1	1910	33	155	2	7	113	20
40-44岁	3		1770	51	150		3	130	37
45-49岁	1		1896	79	140	1	9	115	67
50-54岁	2		1292	39	70		7	74	36
55-59岁	3	1	420	11	27			18	11
60-64岁	1		62	1	5			3	1
65-69岁			19					3	
70-74岁			3					1	
75岁及以上			2						

4-14 续表 6 单位：人

年龄组 性 别	生产制造及有关人员								
	纸及纸制品生产加工人员	印刷和记录媒介复制人员	文教、工美、体育和娱乐用品制造人 员	石油加工和炼焦、煤化工生产人员	化学原料和化学制品制造人 员	医药制造人 员	化学纤维制造人员	橡胶和塑料制品制造人员	非金属矿物制品制造人员
总 计	**126**	**920**	**413**	**42**	**285**	**994**	**14**	**187**	**725**
16-19岁	2	47	8		1	22		4	3
20-24岁	12	107	22	2	15	127		10	35
25-29岁	18	146	57	4	40	225	7	22	78
30-34岁	18	234	75	5	62	242	1	37	130
35-39岁	19	148	73	7	56	154	5	27	96
40-44岁	15	109	74	9	22	86	1	35	90
45-49岁	25	83	49	11	44	72		26	115
50-54岁	15	31	38	3	36	42		16	107
55-59岁	2	14	11	1	5	22		9	57
60-64岁		1	4		3	2		1	10
65-69岁			1		1				3
70-74岁			1						
75岁及以上									1
男	**72**	**572**	**253**	**33**	**189**	**489**	**5**	**132**	**609**
16-19岁		28	6		1	12		4	3
20-24岁	5	64	14	2	6	68		9	30
25-29岁	11	93	35	3	19	115	1	17	60
30-34岁	14	158	44	5	42	117	1	28	105
35-39岁	11	97	49	5	37	59	3	17	83
40-44岁	8	65	36	7	15	45		24	76
45-49岁	14	35	33	8	32	33		13	91
50-54岁	8	20	23	2	29	22		12	96
55-59岁	1	12	9	1	5	17		7	52
60-64岁			4		2	1		1	10
65-69岁					1				3
70-74岁									
75岁及以上									
女	**54**	**348**	**160**	**9**	**96**	**505**	**9**	**55**	**116**
16-19岁	2	19	2			10			
20-24岁	7	43	8		9	59		1	5
25-29岁	7	53	22	1	21	110	6	5	18
30-34岁	4	76	31		20	125		9	25
35-39岁	8	51	24	2	19	95	2	10	13
40-44岁	7	44	38	2	7	41	1	11	14
45-49岁	11	48	16	3	12	39		13	24
50-54岁	7	11	15	1	7	20		4	11
55-59岁	1	2	2			5		2	5
60-64岁		1			1	1			
65-69岁			1						
70-74岁			1						
75岁及以上									1

4-14 续表 7　　　　单位：人

年龄组 性 别	生产制造及有关人员								
	采矿人员	金属冶炼和压延加工人员	机械制造基础加工人员	金属制品制造人员	通用设备制造人员	专用设备制造人员	汽车制造人员	铁路、船舶、航空设备制造人员	电气机械和器材制造人员
总 计	**102**	**141**	**2088**	**908**	**422**	**501**	**1940**	**233**	**578**
16-19岁		1	21	23	12	13	74	1	19
20-24岁	5	8	162	57	34	60	271	17	67
25-29岁	11	20	241	128	65	87	404	56	94
30-34岁	12	35	469	206	106	147	549	56	154
35-39岁	12	16	346	134	56	86	304	32	88
40-44岁	17	20	244	128	41	46	171	22	75
45-49岁	17	18	300	96	48	32	88	21	44
50-54岁	22	14	212	86	44	24	57	17	23
55-59岁	5	8	72	44	15	4	16	9	9
60-64岁	1	1	11	3	1	1	4	1	3
65-69岁			10	3		1	2	1	2
70-74岁									
75岁及以上									
男	**91**	**119**	**1901**	**750**	**341**	**297**	**1580**	**194**	**430**
16-19岁		1	20	22	10	6	73	1	17
20-24岁	5	8	151	54	27	38	253	16	57
25-29岁	9	16	218	109	46	53	331	48	70
30-34岁	11	33	436	176	85	94	446	43	111
35-39岁	11	11	319	110	43	49	235	26	58
40-44岁	13	16	209	99	38	18	115	14	52
45-49岁	15	14	263	75	38	19	62	19	31
50-54岁	21	12	199	63	39	15	48	16	21
55-59岁	5	7	67	36	14	4	12	9	8
60-64岁	1	1	10	3	1		3	1	3
65-69岁			9	3		1	2	1	2
70-74岁									
75岁及以上									
女	**11**	**22**	**187**	**158**	**81**	**204**	**360**	**39**	**148**
16-19岁			1	1	2	7	1		2
20-24岁			11	3	7	22	18	1	10
25-29岁	2	4	23	19	19	34	73	8	24
30-34岁	1	2	33	30	21	53	103	13	43
35-39岁	1	5	27	24	13	37	69	6	30
40-44岁	4	4	35	29	3	28	56	8	23
45-49岁	2	4	37	21	10	13	26	2	13
50-54岁	1	2	13	23	5	9	9	1	2
55-59岁		1	5	8	1		4		1
60-64岁			1			1	1		
65-69岁			1						
70-74岁									
75岁及以上									

4-14 续表 8

单位：人

年龄组 性 别	生产制造及有关人员								不便分类的其他从业人员
	计算机、通信和其他电子设备制造人员	仪器仪表制造人员	废弃资源综合利用人员	电力、热力、气体、水生产和输配人员	建筑施工人员	运输设备和通用工程机械操作人员及有关人员	生产辅助人员	其他生产制造及有关人员	
总 计	**3705**	**106**	**134**	**404**	**38712**	**1815**	**9316**	**105**	**326**
16-19岁	162	4	2		229	30	113	1	19
20-24岁	557	8	3	22	1148	144	860	7	45
25-29岁	824	20	5	46	2721	250	1628	10	57
30-34岁	963	30	15	63	4993	380	2047	26	65
35-39岁	539	27	7	50	4473	314	1414	14	37
40-44岁	323	6	16	35	4982	232	1033	14	33
45-49岁	162	8	27	59	7202	221	935	16	22
50-54岁	97	3	32	70	7769	165	779	12	33
55-59岁	65		18	45	3994	68	399	5	12
60-64岁	12		7	11	927	9	77		1
65-69岁	1		2	3	241	2	27		2
70-74岁					29		4		
75岁及以上					4				
男	**2467**	**74**	**103**	**345**	**35142**	**1705**	**6704**	**70**	**186**
16-19岁	136	4	2		222	30	85	1	4
20-24岁	416	8	3	19	1054	135	589	6	26
25-29岁	538	14	2	34	2498	236	1105	9	28
30-34岁	629	22	10	50	4621	368	1446	14	38
35-39岁	308	16	4	42	4055	294	964	11	23
40-44岁	200	2	12	30	4422	213	712	6	20
45-49岁	102	5	21	52	6345	207	698	9	16
50-54岁	71	3	27	63	7026	151	652	9	19
55-59岁	58		14	42	3747	61	351	5	9
60-64岁	9		6	10	890	8	74		1
65-69岁			2	3	231	2	24		2
70-74岁					28		4		
75岁及以上					3				
女	**1238**	**32**	**31**	**59**	**3570**	**110**	**2612**	**35**	**140**
16-19岁	26				7		28		15
20-24岁	141			3	94	9	271	1	19
25-29岁	286	6	3	12	223	14	523	1	29
30-34岁	334	8	5	13	372	12	601	12	27
35-39岁	231	11	3	8	418	20	450	3	14
40-44岁	123	4	4	5	560	19	321	8	13
45-49岁	60	3	6	7	857	14	237	7	6
50-54岁	26		5	7	743	14	127	3	14
55-59岁	7		4	3	247	7	48		3
60-64岁	3		1	1	37	1	3		
65-69岁	1				10		3		
70-74岁					1				
75岁及以上					1				

第二部分 长表数据资料

第五卷 婚姻

5-1 各地区分性别、婚姻状况的15岁及以上人口

单位：人

地区	15岁及以上人口			未婚		
	合计	男	女	小计	男	女
北京	**1852002**	**936729**	**915273**	**385045**	**207421**	**177624**
东城区	64459	30790	33669	10980	5493	5487
西城区	101101	48730	52371	17107	8734	8373
朝阳区	290948	142199	148749	62436	30352	32084
丰台区	183449	90350	93099	33435	16977	16458
石景山区	49726	24485	25241	8988	4805	4183
海淀区	280541	139304	141237	79807	41805	38002
门头沟区	32297	16053	16244	4901	2753	2148
房山区	105088	53230	51858	17099	9572	7527
通州区	143057	73792	69265	28678	15673	13005
顺义区	112255	60207	52048	19262	11210	8052
昌平区	193802	103862	89940	53038	31353	21685
大兴区	150740	79796	70944	29965	16968	12997
怀柔区	34785	18237	16548	5558	3370	2188
平谷区	38195	19366	18829	4618	2837	1781
密云区	44024	22100	21924	5275	3149	2126
延庆区	27535	14228	13307	3898	2370	1528

5-1 续表

单位：人

地区	有配偶			离婚			丧偶		
	小计	男	女	小计	男	女	小计	男	女
北京	**1338026**	**689321**	**648705**	**52412**	**22303**	**30109**	**76519**	**17684**	**58835**
东城区	47304	23492	23812	2631	1065	1566	3544	740	2804
西城区	75150	37386	37764	3536	1442	2094	5308	1168	4140
朝阳区	207426	105579	101847	9126	3602	5524	11960	2666	9294
丰台区	134988	68919	66069	6416	2629	3787	8610	1825	6785
石景山区	36732	18423	18309	1597	685	912	2409	572	1837
海淀区	183551	92442	91109	7220	2839	4381	9963	2218	7745
门头沟区	24540	12469	12071	1031	442	589	1825	389	1436
房山区	79788	40919	38869	3089	1449	1640	5112	1290	3822
通州区	105921	55424	50497	3252	1437	1815	5206	1258	3948
顺义区	86417	46745	39672	2491	1221	1270	4085	1031	3054
昌平区	130604	69246	61358	4588	2011	2577	5572	1252	4320
大兴区	112295	60056	52239	3618	1592	2026	4862	1180	3682
怀柔区	26594	13973	12621	964	447	517	1669	447	1222
平谷区	30358	15454	14904	914	465	449	2305	610	1695
密云区	35041	17764	17277	1105	539	566	2603	648	1955
延庆区	21317	11030	10287	834	438	396	1486	390	1096

5–1a　各地区分性别、婚姻状况的15岁及以上人口(城市)

单位：人

地　区	15岁及以上人口			未　婚		
	合计	男	女	小计	男	女
北　京	**1492645**	**740425**	**752220**	**327239**	**170964**	**156275**
东城区	64459	30790	33669	10980	5493	5487
西城区	101101	48730	52371	17107	8734	8373
朝阳区	288952	141153	147799	61922	30108	31814
丰台区	181172	89164	92008	33038	16749	16289
石景山区	49726	24485	25241	8988	4805	4183
海淀区	273471	135384	138087	78677	41126	37551
门头沟区	26640	13124	13516	4211	2318	1893
房山区	71716	35869	35847	13340	7197	6143
通州区	78464	38463	40001	17830	8999	8831
顺义区	57856	29580	28276	11229	6026	5203
昌平区	122553	64072	58481	36742	21125	15617
大兴区	103751	53100	50651	22887	12493	10394
怀柔区	20941	10789	10152	3162	1805	1357
平谷区	17888	8899	8989	2423	1419	1004
密云区	22688	11162	11526	3063	1663	1400
延庆区	11267	5661	5606	1640	904	736

5–1a　续表

单位：人

地　区	有配偶			离　婚			丧　偶		
	小计	男	女	小计	男	女	小计	男	女
北　京	**1062884**	**539135**	**523749**	**43789**	**17474**	**26315**	**58733**	**12852**	**45881**
东城区	47304	23492	23812	2631	1065	1566	3544	740	2804
西城区	75150	37386	37764	3536	1442	2094	5308	1168	4140
朝阳区	206098	104825	101273	9056	3579	5477	11876	2641	9235
丰台区	133306	68034	65272	6346	2589	3757	8482	1792	6690
石景山区	36732	18423	18309	1597	685	912	2409	572	1837
海淀区	178142	89392	88750	7002	2731	4271	9650	2135	7515
门头沟区	20188	10183	10005	863	349	514	1378	274	1104
房山区	53265	27051	26214	2173	904	1269	2938	717	2221
通州区	56211	28220	27991	1911	728	1183	2512	516	1996
顺义区	43726	22714	21012	1254	492	762	1647	348	1299
昌平区	79866	41191	38675	2788	1117	1671	3157	639	2518
大兴区	75153	38890	36263	2693	1065	1628	3018	652	2366
怀柔区	16413	8551	7862	627	252	375	739	181	558
平谷区	14246	7123	7123	437	177	260	782	180	602
密云区	18194	9101	9093	582	202	380	849	196	653
延庆区	8890	4559	4331	293	97	196	444	101	343

5-1b 各地区分性别、婚姻状况的15岁及以上人口(镇)

单位：人

地　　区	15岁及以上人口			未　　婚		
	合计	男	女	小计	男	女
北　　京	**113315**	**61380**	**51935**	**23471**	**13936**	**9535**
东 城 区						
西 城 区						
朝 阳 区	1996	1046	950	514	244	270
丰 台 区	926	472	454	193	115	78
石景山区						
海 淀 区						
门头沟区	2704	1393	1311	329	197	132
房 山 区	7913	4030	3883	839	523	316
通 州 区	22101	11914	10187	5008	2938	2070
顺 义 区	13225	7446	5779	2624	1577	1047
昌 平 区	32505	17630	14875	7741	4570	3171
大 兴 区	14315	8119	6196	2902	1698	1204
怀 柔 区	4407	2487	1920	1370	836	534
平 谷 区	4249	2149	2100	454	283	171
密 云 区	4789	2484	2305	493	340	153
延 庆 区	4185	2210	1975	1004	615	389

5-1b 续表

单位：人

地　　区	有 配 偶			离　　婚			丧　　偶		
	小计	男	女	小计	男	女	小计	男	女
北　　京	**82699**	**44943**	**37756**	**2777**	**1362**	**1415**	**4368**	**1139**	**3229**
东 城 区									
西 城 区									
朝 阳 区	1328	754	574	70	23	47	84	25	59
丰 台 区	653	332	321	32	15	17	48	10	38
石景山区									
海 淀 区									
门头沟区	2104	1105	999	88	42	46	183	49	134
房 山 区	6289	3224	3065	223	132	91	562	151	411
通 州 区	15940	8558	7382	516	247	269	637	171	466
顺 义 区	9837	5572	4265	328	171	157	436	126	310
昌 平 区	23035	12499	10536	780	331	449	949	230	719
大 兴 区	10673	6163	4510	289	141	148	451	117	334
怀 柔 区	2797	1574	1223	79	43	36	161	34	127
平 谷 区	3394	1729	1665	110	62	48	291	75	216
密 云 区	3787	1956	1831	137	88	49	372	100	272
延 庆 区	2862	1477	1385	125	67	58	194	51	143

5-1c　各地区分性别、婚姻状况的15岁及以上人口(乡村)

单位：人

地　区	15岁及以上人口			未　婚		
	合计	男	女	小计	男	女
北　京	**246042**	**134924**	**111118**	**34335**	**22521**	**11814**
东城区						
西城区						
朝阳区						
丰台区	1351	714	637	204	113	91
石景山区						
海淀区	7070	3920	3150	1130	679	451
门头沟区	2953	1536	1417	361	238	123
房山区	25459	13331	12128	2920	1852	1068
通州区	42492	23415	19077	5840	3736	2104
顺义区	41174	23181	17993	5409	3607	1802
昌平区	38744	22160	16584	8555	5658	2897
大兴区	32674	18577	14097	4176	2777	1399
怀柔区	9437	4961	4476	1026	729	297
平谷区	16058	8318	7740	1741	1135	606
密云区	16547	8454	8093	1719	1146	573
延庆区	12083	6357	5726	1254	851	403

5-1c　续表

单位：人

地　区	有配偶			离　婚			丧　偶		
	小计	男	女	小计	男	女	小计	男	女
北　京	**192443**	**105243**	**87200**	**5846**	**3467**	**2379**	**13418**	**3693**	**9725**
东城区									
西城区									
朝阳区									
丰台区	1029	553	476	38	25	13	80	23	57
石景山区									
海淀区	5409	3050	2359	218	108	110	313	83	230
门头沟区	2248	1181	1067	80	51	29	264	66	198
房山区	20234	10644	9590	693	413	280	1612	422	1190
通州区	33770	18646	15124	825	462	363	2057	571	1486
顺义区	32854	18459	14395	909	558	351	2002	557	1445
昌平区	27703	15556	12147	1020	563	457	1466	383	1083
大兴区	26469	15003	11466	636	386	250	1393	411	982
怀柔区	7384	3848	3536	258	152	106	769	232	537
平谷区	12718	6602	6116	367	226	141	1232	355	877
密云区	13060	6707	6353	386	249	137	1382	352	1030
延庆区	9565	4994	4571	416	274	142	848	238	610

5-2 各地区分性别、婚姻状况的15岁及以上外省来京人员

单位：人

地区	15岁及以上人口			未婚		
	合计	男	女	小计	男	女
北京	**690070**	**366400**	**323670**	**200781**	**111720**	**89061**
东城区	13164	6412	6752	3399	1745	1654
西城区	23935	11740	12195	6030	3166	2864
朝阳区	106301	52753	53548	32790	15995	16795
丰台区	61775	30882	30893	16372	8231	8141
石景山区	14085	6794	7291	3673	1982	1691
海淀区	105838	54812	51026	38308	20920	17388
门头沟区	7913	3921	3992	1707	1016	691
房山区	30723	16081	14642	6701	3949	2752
通州区	64509	34876	29633	18144	10143	8001
顺义区	50885	29654	21231	11658	7095	4563
昌平区	112413	62961	49452	38255	23239	15016
大兴区	72672	40851	31821	18602	10875	7727
怀柔区	10401	6122	4279	2637	1732	905
平谷区	4355	2300	2055	632	409	223
密云区	6958	3796	3162	979	643	336
延庆区	4143	2445	1698	894	580	314

5-2 续表

单位：人

地区	有配偶			离婚			丧偶		
	小计	男	女	小计	男	女	小计	男	女
北京	**465478**	**246543**	**218935**	**14038**	**6245**	**7793**	**9773**	**1892**	**7881**
东城区	9162	4482	4680	348	140	208	255	45	210
西城区	16851	8262	8589	572	226	346	482	86	396
朝阳区	69840	35616	34224	2299	929	1370	1372	213	1159
丰台区	42818	21825	20993	1550	625	925	1035	201	834
石景山区	9891	4655	5236	268	103	165	253	54	199
海淀区	63940	32796	31144	1946	814	1132	1644	282	1362
门头沟区	5880	2804	3076	170	68	102	156	33	123
房山区	22762	11683	11079	702	332	370	558	117	441
通州区	44414	24062	20352	1115	504	611	836	167	669
顺义区	37682	21850	15832	989	551	438	556	158	398
昌平区	70822	38517	32305	1978	942	1036	1358	263	1095
大兴区	51772	29117	22655	1457	689	768	841	170	671
怀柔区	7376	4228	3148	247	129	118	141	33	108
平谷区	3527	1819	1708	114	50	64	82	22	60
密云区	5655	3026	2629	198	96	102	126	31	95
延庆区	3086	1801	1285	85	47	38	78	17	61

5-3　全市分性别、职业、婚姻状况的人口

单位：人

职业大类	15岁及以上人口			未　婚		
	合计	男	女	小计	男	女
总　计	**1015152**	**587523**	**427629**	**226277**	**124635**	**101642**
党的机关、国家机关、群众团体和社会组织、企事业单位负责人	41802	29324	12478	4443	2571	1872
专业技术人员	260735	116948	143787	70303	29958	40345
办事人员和有关人员	154557	84187	70370	29592	13902	15690
社会生产服务和生活服务人员	436638	261862	174776	104998	64452	40546
农、林、牧、渔业生产及辅助人员	14569	8797	5772	722	592	130
生产制造及有关人员	105944	85851	20093	15976	13028	2948
不便分类的其他从业人员	907	554	353	243	132	111

5-3　续表

单位：人

职业大类	有配偶			离　婚			丧　偶		
	小计	男	女	小计	男	女	小计	男	女
总　计	**758509**	**448404**	**310105**	**26290**	**12995**	**13295**	**4076**	**1489**	**2587**
党的机关、国家机关、群众团体和社会组织、企事业单位负责人	35843	25959	9884	1415	753	662	101	41	60
专业技术人员	184212	84931	99281	5687	1916	3771	533	143	390
办事人员和有关人员	119997	67913	52084	4445	2117	2328	523	255	268
社会生产服务和生活服务人员	317326	190587	126739	12184	6187	5997	2130	636	1494
农、林、牧、渔业生产及辅助人员	13052	7740	5312	356	271	85	439	194	245
生产制造及有关人员	87443	70867	16576	2177	1736	441	348	220	128
不便分类的其他从业人员	636	407	229	26	15	11	2		2

5-3a 全市分性别、职业、婚姻状况的人口(城市)

单位：人

职业大类	15岁及以上人口			未婚		
	合计	男	女	小计	男	女
总计	**810184**	**454654**	**355530**	**190320**	**101202**	**89118**
党的机关、国家机关、群众团体和社会组织、企事业单位负责人	36732	25598	11134	3912	2241	1671
专业技术人员	234322	104355	129967	62524	26372	36152
办事人员和有关人员	134398	72247	62151	25620	11651	13969
社会生产服务和生活服务人员	339509	200177	139332	87972	52904	35068
农、林、牧、渔业生产及辅助人员	1654	1113	541	140	106	34
生产制造及有关人员	62761	50672	12089	9942	7814	2128
不便分类的其他从业人员	808	492	316	210	114	96

5-3a 续表

单位：人

职业大类	有配偶			离婚			丧偶		
	小计	男	女	小计	男	女	小计	男	女
总计	**596169**	**342827**	**253342**	**21154**	**9815**	**11339**	**2541**	**810**	**1731**
党的机关、国家机关、群众团体和社会组织、企事业单位负责人	31484	22674	8810	1256	654	602	80	29	51
专业技术人员	166160	76136	90024	5191	1726	3465	447	121	326
办事人员和有关人员	104495	58610	45885	3875	1803	2072	408	183	225
社会生产服务和生活服务人员	240667	142316	98351	9454	4579	4875	1416	378	1038
农、林、牧、渔业生产及辅助人员	1451	975	476	42	27	15	21	5	16
生产制造及有关人员	51340	41751	9589	1312	1013	299	167	94	73
不便分类的其他从业人员	572	365	207	24	13	11	2		2

5–3b　全市分性别、职业、婚姻状况的人口(镇)

单位：人

职业大类	15岁及以上人口			未　婚		
	合计	男	女	小计	男	女
总　计	**65844**	**41444**	**24400**	**14406**	**8826**	**5580**
党的机关、国家机关、群众团体和社会组织、企事业单位负责人	2198	1549	649	252	156	96
专业技术人员	10898	5281	5617	3174	1468	1706
办事人员和有关人员	7118	4032	3086	1532	805	727
社会生产服务和生活服务人员	31171	19118	12053	7222	4546	2676
农、林、牧、渔业生产及辅助人员	1412	844	568	73	64	9
生产制造及有关人员	13014	10597	2417	2145	1780	365
不便分类的其他从业人员	33	23	10	8	7	1

5–3b　续表

单位：人

职业大类	有配偶			离　婚			丧　偶		
	小计	男	女	小计	男	女	小计	男	女
总　计	**49574**	**31639**	**17935**	**1556**	**847**	**709**	**308**	**132**	**176**
党的机关、国家机关、群众团体和社会组织、企事业单位负责人	1852	1340	512	88	50	38	6	3	3
专业技术人员	7500	3735	3765	204	75	129	20	3	17
办事人员和有关人员	5353	3114	2239	202	93	109	31	20	11
社会生产服务和生活服务人员	22949	14075	8874	824	438	386	176	59	117
农、林、牧、渔业生产及辅助人员	1274	737	537	26	21	5	39	22	17
生产制造及有关人员	10621	8622	1999	212	170	42	36	25	11
不便分类的其他从业人员	25	16	9						

5-3c 全市分性别、职业、婚姻状况的人口(乡村)

单位：人

职业大类	15岁及以上人口			未婚		
	合计	男	女	小计	男	女
总　计	**139124**	**91425**	**47699**	**21551**	**14607**	**6944**
党的机关、国家机关、群众团体和社会组织、企事业单位负责人	2872	2177	695	279	174	105
专业技术人员	15515	7312	8203	4605	2118	2487
办事人员和有关人员	13041	7908	5133	2440	1446	994
社会生产服务和生活服务人员	65958	42567	23391	9804	7002	2802
农、林、牧、渔业生产及辅助人员	11503	6840	4663	509	422	87
生产制造及有关人员	30169	24582	5587	3889	3434	455
不便分类的其他从业人员	66	39	27	25	11	14

5-3c 续表

单位：人

职业大类	有配偶			离婚			丧偶		
	小计	男	女	小计	男	女	小计	男	女
总　计	**112766**	**73938**	**38828**	**3580**	**2333**	**1247**	**1227**	**547**	**680**
党的机关、国家机关、群众团体和社会组织、企事业单位负责人	2507	1945	562	71	49	22	15	9	6
专业技术人员	10552	5060	5492	292	115	177	66	19	47
办事人员和有关人员	10149	6189	3960	368	221	147	84	52	32
社会生产服务和生活服务人员	53710	34196	19514	1906	1170	736	538	199	339
农、林、牧、渔业生产及辅助人员	10327	6028	4299	288	223	65	379	167	212
生产制造及有关人员	25482	20494	4988	653	553	100	145	101	44
不便分类的其他从业人员	39	26	13	2	2				

5-4 全市分性别、职业、婚姻状况的外省来京人员

单位：人

职业大类	15岁及以上人口			未婚		
	合计	男	女	小计	男	女
总计	**507929**	**298533**	**209396**	**150480**	**85532**	**64948**
党的机关、国家机关、群众团体和社会组织、企事业单位负责人	18224	12602	5622	2533	1473	1060
专业技术人员	103232	47115	56117	41711	18095	23616
办事人员和有关人员	47586	24014	23572	14568	6638	7930
社会生产服务和生活服务人员	263979	153771	110208	79298	49194	30104
农、林、牧、渔业生产及辅助人员	3434	2142	1292	320	249	71
生产制造及有关人员	71148	58703	12445	11929	9820	2109
不便分类的其他从业人员	326	186	140	121	63	58

5-4 续表

单位：人

职业大类	有配偶			离婚			丧偶		
	小计	男	女	小计	男	女	小计	男	女
总计	**345400**	**207045**	**138355**	**10466**	**5421**	**5045**	**1583**	**535**	**1048**
党的机关、国家机关、群众团体和社会组织、企事业单位负责人	15050	10793	4257	615	328	287	26	8	18
专业技术人员	59922	28380	31542	1489	605	884	110	35	75
办事人员和有关人员	31685	16662	15023	1185	628	557	148	86	62
社会生产服务和生活服务人员	177621	101469	76152	5951	2833	3118	1109	275	834
农、林、牧、渔业生产及辅助人员	3032	1831	1201	49	41	8	33	21	12
生产制造及有关人员	57889	47788	10101	1173	985	188	157	110	47
不便分类的其他从业人员	201	122	79	4	1	3			

5-5 全市分年龄、性别、受教育

受教育程度 / 年龄	15岁及以上人口			未婚		
	合计	男	女	小计	男	女
总　计	**1852002**	**936729**	**915273**	**385045**	**207421**	**177624**
15-19岁	**58182**	**30955**	**27227**	**58028**	**30910**	**27118**
15	8660	4566	4094	8660	4566	4094
16	9220	4897	4323	9220	4897	4323
17	8576	4640	3936	8559	4637	3922
18	13428	7160	6268	13392	7152	6240
19	18298	9692	8606	18197	9658	8539
20-24岁	**121999**	**63206**	**58793**	**114701**	**60220**	**54481**
20	21578	11414	10164	21307	11311	9996
21	21308	10975	10333	20814	10796	10018
22	22786	12023	10763	21747	11607	10140
23	27011	13926	13085	24934	13077	11857
24	29316	14868	14448	25899	13429	12470
25-29岁	**172444**	**88820**	**83624**	**106654**	**57663**	**48991**
25	31885	16312	15573	26006	13742	12264
26	32808	16765	16043	24075	12762	11313
27	35236	18197	17039	22072	12028	10044
28	35921	18631	17290	18984	10501	8483
29	36594	18915	17679	15517	8630	6887
30-34岁	**238038**	**122869**	**115169**	**56850**	**31587**	**25263**
30	47466	24774	22692	16400	9198	7202
31	47978	24906	23072	13245	7439	5806
32	47633	24483	23150	10981	6033	4948
33	50293	25885	24408	9330	5182	4148
34	44668	22821	21847	6894	3735	3159
35-39岁	**210916**	**108605**	**102311**	**22434**	**11688**	**10746**
35	39269	20141	19128	5413	2864	2549
36	40927	21142	19785	4795	2530	2265
37	42768	22002	20766	4576	2365	2211
38	48619	25001	23618	4439	2283	2156
39	39333	20319	19014	3211	1646	1565
40-44岁	**155841**	**81577**	**74264**	**9546**	**4924**	**4622**
40	35679	18581	17098	2531	1335	1196
41	34633	18050	16583	2238	1147	1091
42	31811	16759	15052	1960	971	989
43	26789	14131	12658	1506	808	698
44	26929	14056	12873	1311	663	648
45-49岁	**153789**	**79885**	**73904**	**6189**	**3405**	**2784**
45	26109	13474	12635	1186	618	568
46	29297	15241	14056	1242	689	553
47	32145	16618	15527	1322	695	627
48	32807	17181	15626	1240	726	514
49	33431	17371	16060	1199	677	522
50-54岁	**153949**	**79487**	**74462**	**4025**	**2596**	**1429**
50	34406	17854	16552	1049	644	405
51	32417	16847	15570	913	575	338
52	34014	17582	16432	914	591	323
53	24814	12702	12112	573	386	187
54	28298	14502	13796	576	400	176
55-59岁	**158842**	**79929**	**78913**	**2721**	**1911**	**810**
55	29816	15173	14643	545	390	155
56	34094	17271	16823	647	464	183
57	43367	21813	21554	734	497	237
58	30291	15166	15125	477	337	140
59	21274	10506	10768	318	223	95
60-64岁	**139906**	**67919**	**71987**	**1638**	**1072**	**566**
60	28042	13886	14156	346	241	105
61	25078	12142	12936	306	203	103
62	28605	13941	14664	331	220	111
63	30364	14639	15725	347	221	126
64	27817	13311	14506	308	187	121
65岁及以上	**288096**	**133477**	**154619**	**2259**	**1445**	**814**

程度、婚姻状况的人口

单位：人

有配偶			离婚			丧偶		
小计	男	女	小计	男	女	小计	男	女
1338026	**689321**	**648705**	**52412**	**22303**	**30109**	**76519**	**17684**	**58835**
154	**45**	**109**						
17	3	14						
36	8	28						
101	34	67						
7256	**2965**	**4291**	**41**	**20**	**21**	**1**	**1**	
271	103	168						
491	178	313	2		2	1	1	
1028	411	617	11	5	6			
2068	847	1221	9	2	7			
3398	1426	1972	19	13	6			
64891	**30748**	**34143**	**885**	**406**	**479**	**14**	**3**	**11**
5833	2547	3286	45	23	22	1		1
8636	3973	4663	97	30	67			
13007	6099	6908	153	69	84	4	1	3
16700	8028	8672	233	100	133	4	2	2
20715	10101	10614	357	184	173	5		5
176617	**89071**	**87546**	**4479**	**2185**	**2294**	**92**	**26**	**66**
30455	15254	15201	601	317	284	10	5	5
34023	17110	16913	696	350	346	14	7	7
35700	18011	17689	935	437	498	17	2	15
39822	20140	19682	1121	560	561	20	3	17
36617	18556	18061	1126	521	605	31	9	22
181463	**93632**	**87831**	**6797**	**3229**	**3568**	**222**	**56**	**166**
32777	16751	16026	1061	521	540	18	5	13
34850	17998	16852	1251	607	644	31	7	24
36778	18940	17838	1370	689	681	44	8	36
42359	21901	20458	1747	795	952	74	22	52
34699	18042	16657	1368	617	751	55	14	41
139658	**73855**	**65803**	**6204**	**2699**	**3505**	**433**	**99**	**334**
31745	16608	15137	1354	623	731	49	15	34
30925	16296	14629	1373	581	792	97	26	71
28516	15227	13289	1250	544	706	85	17	68
24075	12801	11274	1114	500	614	94	22	72
24397	12923	11474	1113	451	662	108	19	89
139492	**73479**	**66013**	**7127**	**2815**	**4312**	**981**	**186**	**795**
23698	12389	11309	1117	451	666	108	16	92
26630	13986	12644	1291	535	756	134	31	103
29122	15322	13800	1498	569	929	203	32	171
29730	15787	13943	1577	617	960	260	51	209
30312	15995	14317	1644	643	1001	276	56	220
140089	**73457**	**66632**	**7560**	**3010**	**4550**	**2275**	**424**	**1851**
31287	16471	14816	1699	673	1026	371	66	305
29417	15545	13872	1690	665	1025	397	62	335
30950	16244	14706	1637	653	984	513	94	419
22583	11743	10840	1198	484	714	460	89	371
25852	13454	12398	1336	535	801	534	113	421
143690	**73903**	**69787**	**7953**	**3260**	**4693**	**4478**	**855**	**3623**
27230	14089	13141	1404	588	816	637	106	531
30846	15961	14885	1706	675	1031	895	171	724
39175	20209	18966	2216	887	1329	1242	220	1022
27355	14001	13354	1543	631	912	916	197	719
19084	9643	9441	1084	479	605	788	161	627
125321	**63034**	**62287**	**5807**	**2377**	**3430**	**7140**	**1436**	**5704**
25233	12829	12404	1310	570	740	1153	246	907
22510	11254	11256	1079	444	635	1183	241	942
25635	12939	12696	1202	487	715	1437	295	1142
27105	13613	13492	1208	490	718	1704	315	1389
24838	12399	12439	1008	386	622	1663	339	1324
219395	**115132**	**104263**	**5559**	**2302**	**3257**	**60883**	**14598**	**46285**

5-5 续表 1

受教育程度 年龄	15岁及以上人口			未婚		
	合计	男	女	小计	男	女
未上过学	**18930**	**4010**	**14920**	**1607**	**1240**	**367**
15-19岁	**82**	**55**	**27**	**82**	**55**	**27**
15	13	8	5	13	8	5
16	23	8	15	23	8	15
17	17	15	2	17	15	2
18	18	15	3	18	15	3
19	11	9	2	11	9	2
20-24岁	**110**	**66**	**44**	**107**	**66**	**41**
20	29	19	10	29	19	10
21	23	12	11	23	12	11
22	23	14	9	22	14	8
23	20	12	8	19	12	7
24	15	9	6	14	9	5
25-29岁	**133**	**89**	**44**	**119**	**84**	**35**
25	24	17	7	23	16	7
26	21	13	8	20	13	7
27	30	16	14	26	16	10
28	27	19	8	23	16	7
29	31	24	7	27	23	4
30-34岁	**210**	**120**	**90**	**134**	**89**	**45**
30	36	24	12	23	17	6
31	46	24	22	28	18	10
32	40	23	17	30	18	12
33	45	20	25	30	16	14
34	43	29	14	23	20	3
35-39岁	**245**	**125**	**120**	**125**	**84**	**41**
35	42	20	22	27	16	11
36	39	18	21	19	14	5
37	49	27	22	25	16	9
38	60	36	24	33	28	5
39	55	24	31	21	10	11
40-44岁	**257**	**105**	**152**	**84**	**55**	**29**
40	41	20	21	20	14	6
41	53	19	34	16	9	7
42	38	14	24	11	5	6
43	56	23	33	22	14	8
44	69	29	40	15	13	2
45-49岁	**631**	**191**	**440**	**132**	**99**	**33**
45	72	22	50	12	7	5
46	115	39	76	27	22	5
47	118	27	91	25	18	7
48	153	43	110	27	21	6
49	173	60	113	41	31	10
50-54岁	**1030**	**347**	**683**	**153**	**117**	**36**
50	189	62	127	30	23	7
51	223	68	155	35	24	11
52	210	74	136	31	24	7
53	187	63	124	27	19	8
54	221	80	141	30	27	3
55-59岁	**1027**	**272**	**755**	**126**	**98**	**28**
55	180	56	124	17	14	3
56	221	59	162	35	30	5
57	263	74	189	35	25	10
58	216	43	173	23	16	7
59	147	40	107	16	13	3
60-64岁	**1743**	**386**	**1357**	**139**	**120**	**19**
60	225	54	171	28	23	5
61	299	80	219	29	24	5
62	355	86	269	24	21	3
63	432	84	348	28	25	3
64	432	82	350	30	27	3
65岁及以上	**13462**	**2254**	**11208**	**406**	**373**	**33**

单位：人

有配偶			离婚			丧偶		
小计	男	女	小计	男	女	小计	男	女
9038	**1998**	**7040**	**209**	**76**	**133**	**8076**	**696**	**7380**
3		**3**						
1		1						
1		1						
1		1						
14	**5**	**9**						
1	1							
1		1						
4		4						
4	3	1						
4	1	3						
71	**28**	**43**	**5**	**3**	**2**			
12	6	6	1	1				
17	5	12	1	1				
10	5	5						
13	3	10	2	1	1			
19	9	10	1		1			
107	**36**	**71**	**11**	**5**	**6**	**2**		**2**
13	3	10	2	1	1			
17	3	14	3	1	2			
20	9	11	4	2	2			
26	8	18				1		1
31	13	18	2	1	1	1		1
165	**47**	**118**	**6**	**3**	**3**	**2**		**2**
21	6	15						
35	8	27	2	2				
26	9	17				1		1
34	9	25						
49	15	34	4	1	3	1		1
471	**87**	**384**	**20**	**4**	**16**	**8**	**1**	**7**
57	14	43	2	1	1	1		1
87	16	71	1	1				
84	9	75	6		6	3		3
118	21	97	7	1	6	1		1
125	27	98	4	1	3	3	1	2
816	**208**	**608**	**31**	**18**	**13**	**30**	**4**	**26**
147	34	113	9	4	5	3	1	2
180	41	139	5	3	2	3		3
171	46	125	4	4		4		4
151	40	111	6	3	3	3	1	2
167	47	120	7	4	3	17	2	15
814	**158**	**656**	**26**	**13**	**13**	**61**	**3**	**58**
151	38	113	6	4	2	6		6
170	26	144	5	3	2	11		11
208	46	162	6	2	4	14	1	13
169	25	144	6	2	4	18		18
116	23	93	3	2	1	12	2	10
1344	**235**	**1109**	**28**	**6**	**22**	**232**	**25**	**207**
166	29	137				31	2	29
221	48	173	9	2	7	40	6	34
280	60	220	8		8	43	5	38
337	54	283	3	1	2	64	4	60
340	44	296	8	3	5	54	8	46
5233	**1194**	**4039**	**82**	**24**	**58**	**7741**	**663**	**7078**

5-5 续表 2

受教育程度	15岁及以上人口			未　婚		
年　龄	合计	男	女	小计	男	女
学前教育	**478**	**181**	**297**	**67**	**41**	**26**
15-19岁	**15**	**5**	**10**	**15**	**5**	**10**
15	3		3	3		3
16	4	2	2	4	2	2
17	3	1	2	3	1	2
18	3	1	2	3	1	2
19	2	1	1	2	1	1
20-24岁	**10**	**5**	**5**	**10**	**5**	**5**
20	2	2		2	2	
21						
22	1		1	1		1
23	5	2	3	5	2	3
24	2	1	1	2	1	1
25-29岁	**16**	**10**	**6**	**12**	**9**	**3**
25	1		1	1		1
26	1	1		1	1	
27	3	3		2	2	
28	7	4	3	4	4	
29	4	2	2	4	2	2
30-34岁	**20**	**11**	**9**	**7**	**5**	**2**
30	2	1	1	2	1	1
31	4	1	3			
32	6	4	2	4	3	1
33	5	3	2	1	1	
34	3	2	1			
35-39岁	**17**	**8**	**9**	**3**	**2**	**1**
35	5		5	1		1
36	3	3				
37	4	1	3			
38	4	4		2	2	
39	1		1			
40-44岁	**22**	**12**	**10**	**4**	**2**	**2**
40	6	3	3	2	1	1
41	6	3	3	1		1
42	5	3	2	1	1	
43	2	1	1			
44	3	2	1			
45-49岁	**19**	**8**	**11**	**2**	**2**	
45	1	1				
46	4	1	3			
47	4		4			
48	7	5	2	1	1	
49	3	1	2	1	1	
50-54岁	**39**	**18**	**21**	**3**	**3**	
50	6	4	2			
51	7	3	4			
52	10	3	7			
53	6	4	2	2	2	
54	10	4	6	1	1	
55-59岁	**45**	**19**	**26**	**3**	**2**	**1**
55	4	4				
56	10	3	7			
57	15	5	10	1	1	
58	6	3	3			
59	10	4	6	2	1	1
60-64岁	**42**	**13**	**29**	**3**	**2**	**1**
60	8	4	4			
61	9	2	7			
62	11	5	6	1	1	
63	8	2	6	2	1	1
64	6		6			
65岁及以上	**233**	**72**	**161**	**5**	**4**	**1**

单位：人

有配偶			离婚			丧偶		
小计	男	女	小计	男	女	小计	男	女
263	**113**	**150**	**7**	**1**	**6**	**141**	**26**	**115**
4	**1**	**3**						
1	1							
3		3						
13	**6**	**7**						
4	1	3						
2	1	1						
4	2	2						
3	2	1						
14	**6**	**8**						
4		4						
3	3							
4	1	3						
2	2							
1		1						
15	**9**	**6**	**3**	**1**	**2**			
4	2	2						
4	3	1	1		1			
3	2	1	1		1			
2	1	1						
2	1	1	1	1				
16	**6**	**10**				**1**		**1**
1	1							
4	1	3						
4		4						
5	4	1				1		1
2		2						
33	**15**	**18**	**1**		**1**	**2**		**2**
6	4	2						
7	3	4						
9	3	6				1		1
3	2	1				1		1
8	3	5	1		1			
38	**16**	**22**	**1**		**1**	**3**	**1**	**2**
4	4							
10	3	7						
12	3	9	1		1	1	1	
6	3	3						
6	3	3				2		2
34	**11**	**23**	**1**		**1**	**4**		**4**
7	4	3				1		1
9	2	7						
8	4	4	1		1	1		1
6	1	5						
4		4				2		2
96	**43**	**53**	**1**		**1**	**131**	**25**	**106**

5-5 续表 3

受教育程度 / 年龄	15岁及以上人口 合计	男	女	未婚 小计	男	女
小 学	**112324**	**46583**	**65741**	**3480**	**2842**	**638**
15-19岁	**194**	**139**	**55**	**190**	**138**	**52**
15	14	10	4	14	10	4
16	27	19	8	27	19	8
17	40	32	8	40	32	8
18	42	29	13	41	29	12
19	71	49	22	68	48	20
20-24岁	**330**	**230**	**100**	**246**	**196**	**50**
20	56	36	20	50	35	15
21	50	35	15	45	33	12
22	80	63	17	66	58	8
23	63	40	23	43	31	12
24	81	56	25	42	39	3
25-29岁	**756**	**531**	**225**	**352**	**277**	**75**
25	101	66	35	59	43	16
26	121	84	37	71	56	15
27	139	97	42	62	50	12
28	160	117	43	72	54	18
29	235	167	68	88	74	14
30-34岁	**1793**	**1163**	**630**	**415**	**331**	**84**
30	299	200	99	86	68	18
31	346	255	91	106	87	19
32	343	220	123	74	60	14
33	412	247	165	86	68	18
34	393	241	152	63	48	15
35-39岁	**2089**	**1167**	**922**	**267**	**200**	**67**
35	336	198	138	56	44	12
36	357	205	152	53	40	13
37	416	221	195	55	41	14
38	493	276	217	60	42	18
39	487	267	220	43	33	10
40-44岁	**3652**	**1835**	**1817**	**246**	**193**	**53**
40	526	256	270	50	40	10
41	697	373	324	52	41	11
42	739	380	359	48	30	18
43	782	385	397	56	47	9
44	908	441	467	40	35	5
45-49岁	**7667**	**3586**	**4081**	**289**	**224**	**65**
45	1001	481	520	46	34	12
46	1358	660	698	50	41	9
47	1470	672	798	52	41	11
48	1857	874	983	74	55	19
49	1981	899	1082	67	53	14
50-54岁	**12816**	**6074**	**6742**	**411**	**331**	**80**
50	2334	1032	1302	76	57	19
51	2535	1229	1306	89	74	15
52	2928	1409	1519	95	74	21
53	2310	1076	1234	70	55	15
54	2709	1328	1381	81	71	10
55-59岁	**10408**	**4765**	**5643**	**295**	**260**	**35**
55	2484	1188	1296	72	64	8
56	2287	1087	1200	62	58	4
57	2528	1158	1370	70	59	11
58	1913	828	1085	63	55	8
59	1196	504	692	28	24	4
60-64岁	**12166**	**4729**	**7437**	**249**	**224**	**25**
60	1920	800	1120	47	44	3
61	1968	775	1193	32	29	3
62	2508	1010	1498	61	53	8
63	2758	1076	1682	61	58	3
64	3012	1068	1944	48	40	8
65岁及以上	**60453**	**22364**	**38089**	**520**	**468**	**52**

单位：人

有配偶			离　婚			丧　偶		
小计	男	女	小计	男	女	小计	男	女
83564	**37458**	**46106**	**2165**	**1071**	**1094**	**23115**	**5212**	**17903**
4	**1**	**3**						
1		1						
3	1	2						
83	**34**	**49**	**1**		**1**			
6	1	5						
5	2	3						
14	5	9						
19	9	10	1		1			
39	17	22						
389	**245**	**144**	**15**	**9**	**6**			
40	23	17	2		2			
49	28	21	1		1			
74	44	30	3	3				
85	60	25	3	3				
141	90	51	6	3	3			
1317	**794**	**523**	**60**	**37**	**23**	**1**	**1**	
200	123	77	13	9	4			
226	159	67	14	9	5			
259	153	106	10	7	3			
318	174	144	7	4	3	1	1	
314	185	129	16	8	8			
1716	**904**	**812**	**99**	**61**	**38**	**7**	**2**	**5**
267	145	122	13	9	4			
290	157	133	13	8	5	1		1
337	161	176	22	18	4	2	1	1
404	219	185	25	14	11	4	1	3
418	222	196	26	12	14			
3238	**1569**	**1669**	**147**	**71**	**76**	**21**	**2**	**19**
453	205	248	21	10	11	2	1	1
616	323	293	25	9	16	4		4
655	331	324	32	19	13	4		4
692	322	370	29	15	14	5	1	4
822	388	434	40	18	22	6		6
7055	**3227**	**3828**	**253**	**121**	**132**	**70**	**14**	**56**
915	430	485	36	17	19	4		4
1258	596	662	40	20	20	10	3	7
1363	608	755	41	20	21	14	3	11
1700	789	911	62	28	34	21	2	19
1819	804	1015	74	36	38	21	6	15
11755	**5490**	**6265**	**372**	**197**	**175**	**278**	**56**	**222**
2153	929	1224	66	37	29	39	9	30
2326	1111	1215	74	36	38	46	8	38
2679	1283	1396	89	44	45	65	8	57
2114	980	1134	62	29	33	64	12	52
2483	1187	1296	81	51	30	64	19	45
9383	**4278**	**5105**	**301**	**154**	**147**	**429**	**73**	**356**
2257	1071	1186	75	39	36	80	14	66
2048	979	1069	72	33	39	105	17	88
2290	1044	1246	62	39	23	106	16	90
1717	736	981	61	26	35	72	11	61
1071	448	623	31	17	14	66	15	51
10582	**4176**	**6406**	**288**	**141**	**147**	**1047**	**188**	**859**
1713	700	1013	57	33	24	103	23	80
1733	690	1043	51	22	29	152	34	118
2173	882	1291	72	39	33	202	36	166
2371	944	1427	53	23	30	273	51	222
2592	960	1632	55	24	31	317	44	273
38042	**16740**	**21302**	**629**	**280**	**349**	**21262**	**4876**	**16386**

5-5 续表 4

受教育程度 年 龄	15岁及以上人口			未 婚		
	合计	男	女	小计	男	女
初 中	**428225**	**234757**	**193468**	**32970**	**24508**	**8462**
15-19岁	**7389**	**4775**	**2614**	**7307**	**4754**	**2553**
15	2822	1597	1225	2822	1597	1225
16	1134	702	432	1134	702	432
17	990	702	288	979	699	280
18	1125	817	308	1102	813	289
19	1318	957	361	1270	943	327
20-24岁	**8957**	**6131**	**2826**	**7071**	**5244**	**1827**
20	1450	1037	413	1338	993	345
21	1572	1074	498	1375	998	377
22	1887	1290	597	1538	1144	394
23	1973	1324	649	1432	1056	376
24	2075	1406	669	1388	1053	335
25-29岁	**15484**	**10463**	**5021**	**6186**	**4913**	**1273**
25	2494	1695	799	1429	1121	308
26	2590	1765	825	1249	978	271
27	3137	2131	1006	1243	982	261
28	3376	2297	1079	1169	933	236
29	3887	2575	1312	1096	899	197
30-34岁	**29000**	**19008**	**9992**	**4752**	**3867**	**885**
30	5354	3573	1781	1210	986	224
31	5715	3775	1940	1077	880	197
32	5568	3660	1908	871	713	158
33	6532	4274	2258	920	743	177
34	5831	3726	2105	674	545	129
35-39岁	**28913**	**17984**	**10929**	**2206**	**1703**	**503**
35	5250	3329	1921	531	432	99
36	5557	3510	2047	475	383	92
37	5664	3534	2130	439	328	111
38	6498	3966	2532	418	295	123
39	5944	3645	2299	343	265	78
40-44岁	**31375**	**18127**	**13248**	**1453**	**1059**	**394**
40	5708	3416	2292	302	236	66
41	6380	3786	2594	345	253	92
42	6318	3636	2682	308	216	92
43	6067	3453	2614	248	188	60
44	6902	3836	3066	250	166	84
45-49岁	**49733**	**26923**	**22810**	**1338**	**975**	**363**
45	7418	4044	3374	242	167	75
46	9055	4920	4135	269	199	70
47	10119	5362	4757	264	189	75
48	11131	6034	5097	290	214	76
49	12010	6563	5447	273	206	67
50-54岁	**61060**	**32697**	**28363**	**1050**	**816**	**234**
50	12778	6916	5862	247	189	58
51	12271	6630	5641	223	163	60
52	13296	7125	6171	243	196	47
53	10658	5644	5014	164	135	29
54	12057	6382	5675	173	133	40
55-59岁	**53785**	**27972**	**25813**	**680**	**548**	**132**
55	12179	6272	5907	155	125	30
56	12338	6373	5965	166	134	32
57	14184	7435	6749	168	130	38
58	9270	4897	4373	119	99	20
59	5814	2995	2819	72	60	12
60-64岁	**44113**	**22466**	**21647**	**361**	**278**	**83**
60	7689	3958	3731	66	52	14
61	6970	3510	3460	64	52	12
62	8867	4559	4308	67	53	14
63	10025	5143	4882	73	57	16
64	10562	5296	5266	91	64	27
65岁及以上	**98416**	**48211**	**50205**	**566**	**351**	**215**

单位：人

有配偶			离婚			丧偶		
小计	男	女	小计	男	女	小计	男	女
359929	**197656**	**162273**	**13373**	**6890**	**6483**	**21953**	**5703**	**16250**
82	**21**	**61**						
11	3	8						
23	4	19						
48	14	34						
1872	**881**	**991**	**14**	**6**	**8**			
112	44	68						
197	76	121						
343	144	199	6	2	4			
539	268	271	2		2			
681	349	332	6	4	2			
9073	**5419**	**3654**	**223**	**131**	**92**	**2**		**2**
1048	564	484	17	10	7			
1318	775	543	23	12	11			
1855	1129	726	38	20	18	1		1
2147	1327	820	60	37	23			
2705	1624	1081	85	52	33	1		1
23324	**14563**	**8761**	**903**	**572**	**331**	**21**	**6**	**15**
4001	2492	1509	141	95	46	2		2
4497	2808	1689	136	85	51	5	2	3
4495	2828	1667	198	118	80	4	1	3
5405	3400	2005	203	130	73	4	1	3
4926	3035	1891	225	144	81	6	2	4
25483	**15519**	**9964**	**1184**	**754**	**430**	**40**	**8**	**32**
4521	2773	1748	196	123	73	2	1	1
4835	2977	1858	240	150	90	7		7
4986	3050	1936	231	155	76	8	1	7
5777	3485	2292	288	183	105	15	3	12
5364	3234	2130	229	143	86	8	3	5
28476	**16275**	**12201**	**1317**	**762**	**555**	**129**	**31**	**98**
5140	3025	2115	253	151	102	13	4	9
5736	3372	2364	274	154	120	25	7	18
5719	3260	2459	257	151	106	34	9	25
5525	3094	2431	270	165	105	24	6	18
6356	3524	2832	263	141	122	33	5	28
45997	**24926**	**21071**	**1953**	**930**	**1023**	**445**	**92**	**353**
6826	3730	3096	301	140	161	49	7	42
8375	4531	3844	354	178	176	57	12	45
9376	4979	4397	390	175	215	89	19	70
10289	5594	4695	437	200	237	115	26	89
11131	6092	5039	471	237	234	135	28	107
56619	**30560**	**26059**	**2350**	**1107**	**1243**	**1041**	**214**	**827**
11894	6443	5451	482	253	229	155	31	124
11367	6202	5165	513	233	280	168	32	136
12309	6651	5658	489	223	266	255	55	200
9863	5273	4590	420	194	226	211	42	169
11186	5991	5195	446	204	242	252	54	198
49483	**26113**	**23370**	**1882**	**937**	**945**	**1740**	**374**	**1366**
11300	5884	5416	414	204	210	310	59	251
11377	5957	5420	426	202	224	369	80	289
13021	6946	6075	519	263	256	476	96	380
8492	4553	3939	327	160	167	332	85	247
5293	2773	2520	196	108	88	253	54	199
39707	**20850**	**18857**	**1488**	**736**	**752**	**2557**	**602**	**1955**
6982	3682	3300	263	131	132	378	93	285
6319	3259	3060	216	113	103	371	86	285
7993	4226	3767	298	157	141	509	123	386
8987	4782	4205	350	176	174	615	128	487
9426	4901	4525	361	159	202	684	172	512
79813	**42529**	**37284**	**2059**	**955**	**1104**	**15978**	**4376**	**11602**

5–5 续表 5

受教育程度 年 龄	15岁及以上人口			未 婚		
	合计	男	女	小计	男	女
高 中	**369616**	**190317**	**179299**	**63317**	**38972**	**24345**
15–19岁	**26392**	**14088**	**12304**	**26343**	**14072**	**12271**
15	5711	2896	2815	5711	2896	2815
16	7753	4029	3724	7753	4029	3724
17	6417	3370	3047	6413	3370	3043
18	3951	2265	1686	3940	2262	1678
19	2560	1528	1032	2526	1515	1011
20–24岁	**14125**	**8946**	**5179**	**12247**	**8111**	**4136**
20	2594	1636	958	2510	1600	910
21	2590	1655	935	2434	1592	842
22	2754	1758	996	2450	1621	829
23	2990	1923	1067	2463	1696	767
24	3197	1974	1223	2390	1602	788
25–29岁	**20591**	**12737**	**7854**	**9869**	**7003**	**2866**
25	3427	2133	1294	2271	1576	695
26	3687	2285	1402	2146	1492	654
27	4188	2623	1565	2060	1484	576
28	4324	2666	1658	1778	1285	493
29	4965	3030	1935	1614	1166	448
30–34岁	**34693**	**20652**	**14041**	**6697**	**4762**	**1935**
30	6767	4140	2627	1840	1327	513
31	6964	4194	2770	1527	1101	426
32	6979	4152	2827	1322	942	380
33	7405	4382	3023	1111	784	327
34	6578	3784	2794	897	608	289
35–39岁	**30623**	**16969**	**13654**	**2876**	**1864**	**1012**
35	5543	3149	2394	648	425	223
36	5650	3149	2501	625	412	213
37	5952	3318	2634	531	364	167
38	7343	4022	3321	607	392	215
39	6135	3331	2804	465	271	194
40–44岁	**27222**	**14484**	**12738**	**1545**	**906**	**639**
40	5968	3246	2722	398	262	136
41	5989	3196	2793	338	185	153
42	5583	3043	2540	309	179	130
43	4796	2529	2267	254	148	106
44	4886	2470	2416	246	132	114
45–49岁	**28570**	**14339**	**14231**	**1158**	**651**	**507**
45	4813	2388	2425	222	123	99
46	5330	2697	2633	206	122	84
47	6076	3061	3015	258	134	124
48	6078	3071	3007	240	146	94
49	6273	3122	3151	232	126	106
50–54岁	**30410**	**14881**	**15529**	**878**	**554**	**324**
50	6827	3414	3413	221	132	89
51	6475	3248	3227	206	133	73
52	6653	3277	3376	206	132	74
53	4717	2288	2429	118	76	42
54	5738	2654	3084	127	81	46
55–59岁	**52037**	**24344**	**27693**	**901**	**622**	**279**
55	7132	3374	3758	146	100	46
56	10155	4735	5420	215	147	68
57	14703	6842	7861	257	177	80
58	11084	5195	5889	148	104	44
59	8963	4198	4765	135	94	41
60–64岁	**52674**	**24411**	**28263**	**502**	**304**	**198**
60	12248	5770	6478	124	81	43
61	10983	5139	5844	101	70	31
62	11194	5196	5998	103	64	39
63	10680	4828	5852	96	50	46
64	7569	3478	4091	78	39	39
65岁及以上	**52279**	**24466**	**27813**	**301**	**123**	**178**

单位：人

有配偶			离婚			丧偶		
小计	男	女	小计	男	女	小计	男	女
278947	**142448**	**136499**	**14468**	**6015**	**8453**	**12884**	**2882**	**10002**
49	**16**	**33**						
4		4						
11	3	8						
34	13	21						
1863	**826**	**1037**	**14**	**8**	**6**	**1**	**1**	
84	36	48						
154	62	92	1		1	1	1	
300	134	166	4	3	1			
523	226	297	4	1	3			
802	368	434	5	4	1			
10499	**5634**	**4865**	**220**	**100**	**120**	**3**		**3**
1149	553	596	7	4	3			
1511	789	722	30	4	26			
2087	1118	969	41	21	20			
2496	1364	1132	49	17	32	1		1
3256	1810	1446	93	54	39	2		2
27009	**15322**	**11687**	**964**	**564**	**400**	**23**	**4**	**19**
4784	2734	2050	141	78	63	2	1	1
5283	3001	2282	150	91	59	4	1	3
5442	3083	2359	211	127	84	4		4
6042	3451	2591	247	147	100	5		5
5458	3053	2405	215	121	94	8	2	6
26334	**14374**	**11960**	**1347**	**709**	**638**	**66**	**22**	**44**
4663	2604	2059	225	117	108	7	3	4
4776	2596	2180	241	138	103	8	3	5
5149	2812	2337	260	139	121	12	3	9
6366	3435	2931	353	190	163	17	5	12
5380	2927	2453	268	125	143	22	8	14
24235	**12977**	**11258**	**1333**	**583**	**750**	**109**	**18**	**91**
5250	2822	2428	307	158	149	13	4	9
5344	2882	2462	284	123	161	23	6	17
4985	2744	2241	268	119	149	21	1	20
4285	2282	2003	233	95	138	24	4	20
4371	2247	2124	241	88	153	28	3	25
25583	**13000**	**12583**	**1638**	**663**	**975**	**191**	**25**	**166**
4321	2151	2170	249	113	136	21	1	20
4803	2452	2351	294	119	175	27	4	23
5429	2788	2641	355	137	218	34	2	32
5396	2772	2624	381	146	235	61	7	54
5634	2837	2797	359	148	211	48	11	37
27125	**13533**	**13592**	**1888**	**713**	**1175**	**519**	**81**	**438**
6107	3118	2989	424	155	269	75	9	66
5777	2943	2834	396	159	237	96	13	83
5921	2970	2951	422	160	262	104	15	89
4217	2084	2133	274	110	164	108	18	90
5103	2418	2685	372	129	243	136	26	110
46194	**22149**	**24045**	**3357**	**1303**	**2054**	**1585**	**270**	**1315**
6374	3078	3296	455	175	280	157	21	136
8983	4296	4687	678	246	432	279	46	233
13035	6230	6805	958	369	589	453	66	387
9866	4736	5130	717	284	433	353	71	282
7936	3809	4127	549	229	320	343	66	277
47194	**22696**	**24498**	**2524**	**961**	**1563**	**2454**	**450**	**2004**
10973	5316	5657	662	272	390	489	101	388
9850	4764	5086	537	215	322	495	90	405
10027	4833	5194	545	202	343	519	97	422
9557	4517	5040	479	172	307	548	89	459
6787	3266	3521	301	100	201	403	73	330
42862	**21921**	**20941**	**1183**	**411**	**772**	**7933**	**2011**	**5922**

5-5 续表 6

受教育程度 年龄	15岁及以上人口			未婚		
	合计	男	女	小计	男	女
大学专科	**294307**	**148470**	**145837**	**73661**	**39841**	**33820**
15-19岁	**5902**	**3056**	**2846**	**5886**	**3051**	**2835**
15	71	42	29	71	42	29
16	170	85	85	170	85	85
17	448	233	215	446	233	213
18	2041	1054	987	2041	1054	987
19	3172	1642	1530	3158	1637	1521
20-24岁	**28087**	**14311**	**13776**	**25998**	**13542**	**12456**
20	4179	2113	2066	4129	2100	2029
21	4608	2339	2269	4496	2308	2188
22	5642	2875	2767	5400	2790	2610
23	6656	3428	3228	6028	3205	2823
24	7002	3556	3446	5945	3139	2806
25-29岁	**37909**	**19881**	**18028**	**21675**	**12373**	**9302**
25	7430	3931	3499	5675	3186	2489
26	7436	3929	3507	5002	2853	2149
27	7636	4022	3614	4373	2548	1825
28	7600	3970	3630	3619	2101	1518
29	7807	4029	3778	3006	1685	1321
30-34岁	**51246**	**25909**	**25337**	**11474**	**6562**	**4912**
30	10360	5387	4973	3267	1927	1340
31	10485	5325	5160	2658	1494	1164
32	10248	5171	5077	2213	1229	984
33	10800	5401	5399	1934	1118	816
34	9353	4625	4728	1402	794	608
35-39岁	**39958**	**19753**	**20205**	**4345**	**2258**	**2087**
35	7636	3766	3870	1046	571	475
36	7739	3928	3811	919	461	458
37	8141	4054	4087	922	490	432
38	9120	4456	4664	838	435	403
39	7322	3549	3773	620	301	319
40-44岁	**27494**	**13377**	**14117**	**1795**	**875**	**920**
40	6710	3305	3405	479	247	232
41	6205	2975	3230	413	198	215
42	5593	2720	2873	387	197	190
43	4611	2223	2388	294	127	167
44	4375	2154	2221	222	106	116
45-49岁	**22577**	**11081**	**11496**	**1137**	**538**	**599**
45	4141	1997	2144	236	120	116
46	4407	2143	2264	211	101	110
47	4899	2408	2491	258	110	148
48	4609	2292	2317	218	106	112
49	4521	2241	2280	214	101	113
50-54岁	**17815**	**8616**	**9199**	**617**	**344**	**273**
50	4458	2178	2280	195	102	93
51	4128	2027	2101	158	90	68
52	4026	1960	2066	131	73	58
53	2517	1180	1337	77	48	29
54	2686	1271	1415	56	31	25
55-59岁	**17386**	**8265**	**9121**	**295**	**165**	**130**
55	2766	1334	1432	53	30	23
56	3629	1769	1860	66	40	26
57	5023	2391	2632	101	56	45
58	3490	1575	1915	48	25	23
59	2478	1196	1282	27	14	13
60-64岁	**15359**	**7737**	**7622**	**212**	**79**	**133**
60	2946	1461	1485	43	21	22
61	2476	1252	1224	43	15	28
62	3091	1570	1521	44	15	29
63	3525	1773	1752	50	18	32
64	3321	1681	1640	32	10	22
65岁及以上	**30574**	**16484**	**14090**	**227**	**54**	**173**

单位：人

有配偶			离　婚			丧　偶		
小计	男	女	小计	男	女	小计	男	女
206508	**103917**	**102591**	**9231**	**3447**	**5784**	**4907**	**1265**	**3642**
16	**5**	**11**						
2		2						
14	5	9						
2083	**767**	**1316**	**6**	**2**	**4**			
50	13	37						
111	31	80	1		1			
241	85	156	1		1			
627	223	404	1		1			
1054	415	639	3	2	1			
16003	**7416**	**8587**	**227**	**90**	**137**	**4**	**2**	**2**
1739	736	1003	16	9	7			
2409	1067	1342	25	9	16			
3225	1461	1764	36	12	24	2	1	1
3927	1850	2077	53	18	35	1	1	
4703	2302	2401	97	42	55	1		1
38703	**18895**	**19808**	**1044**	**445**	**599**	**25**	**7**	**18**
6949	3396	3553	140	62	78	4	2	2
7649	3755	3894	175	73	102	3	3	
7835	3858	3977	195	84	111	5		5
8586	4164	4422	273	119	154	7		7
7684	3722	3962	261	107	154	6	2	4
34208	**16895**	**17313**	**1368**	**590**	**778**	**37**	**10**	**27**
6363	3086	3277	224	108	116	3	1	2
6566	3357	3209	246	107	139	8	3	5
6931	3435	3496	281	128	153	7	1	6
7903	3878	4025	370	140	230	9	3	6
6445	3139	3306	247	107	140	10	2	8
24357	**11999**	**12358**	**1278**	**493**	**785**	**64**	**10**	**54**
5941	2942	2999	284	116	168	6		6
5496	2661	2835	281	113	168	15	3	12
4940	2426	2514	256	96	160	10	1	9
4076	2011	2065	224	83	141	17	2	15
3904	1959	1945	233	85	148	16	4	12
20010	**10057**	**9953**	**1299**	**466**	**833**	**131**	**20**	**111**
3696	1809	1887	188	66	122	21	2	19
3932	1945	1987	246	91	155	18	6	12
4323	2190	2133	282	104	178	36	4	32
4084	2072	2012	280	108	172	27	6	21
3975	2041	1934	303	97	206	29	2	27
15735	**7823**	**7912**	**1248**	**424**	**824**	**215**	**25**	**190**
3911	1977	1934	303	90	213	49	9	40
3590	1820	1770	335	115	220	45	2	43
3597	1783	1814	251	98	153	47	6	41
2220	1065	1155	182	62	120	38	5	33
2417	1178	1239	177	59	118	36	3	33
15591	**7678**	**7913**	**1128**	**363**	**765**	**372**	**59**	**313**
2495	1246	1249	177	55	122	41	3	38
3241	1630	1611	245	85	160	77	14	63
4501	2230	2271	319	88	231	102	17	85
3140	1464	1676	219	75	144	83	11	72
2214	1108	1106	168	60	108	69	14	55
13842	**7307**	**6535**	**799**	**261**	**538**	**506**	**90**	**416**
2649	1365	1284	165	62	103	89	13	76
2231	1182	1049	138	42	96	64	13	51
2811	1496	1315	144	44	100	92	15	77
3155	1668	1487	187	65	122	133	22	111
2996	1596	1400	165	48	117	128	27	101
25960	**15075**	**10885**	**834**	**313**	**521**	**3553**	**1042**	**2511**

5-5 续表 7

受教育程度 年 龄	15岁及以上人口			未 婚		
	合计	男	女	小计	男	女
大学本科	**475729**	**235001**	**240728**	**157768**	**76222**	**81546**
15-19岁	**18176**	**8820**	**9356**	**18173**	**8818**	**9355**
15	26	13	13	26	13	13
16	109	52	57	109	52	57
17	658	286	372	658	286	372
18	6238	2973	3265	6237	2972	3265
19	11145	5496	5649	11143	5495	5648
20-24岁	**55251**	**26633**	**28618**	**53989**	**26201**	**27788**
20	13182	6524	6658	13163	6515	6648
21	11834	5601	6233	11810	5594	6216
22	9133	4497	4636	9012	4457	4555
23	9919	4752	5167	9576	4633	4943
24	11183	5259	5924	10428	5002	5426
25-29岁	**68633**	**32205**	**36428**	**46059**	**22713**	**23346**
25	12679	5834	6845	11041	5242	5799
26	13316	6183	7133	10492	5062	5430
27	14260	6679	7581	9630	4769	4861
28	14485	6969	7516	8373	4317	4056
29	13893	6540	7353	6523	3323	3200
30-34岁	**87939**	**40844**	**47095**	**23568**	**11449**	**12119**
30	17516	8297	9219	6821	3427	3394
31	17533	8189	9344	5429	2692	2737
32	17946	8289	9657	4667	2244	2423
33	18505	8509	9996	3849	1810	2039
34	16439	7560	8879	2802	1276	1526
35-39岁	**79611**	**37914**	**41697**	**9572**	**4279**	**5293**
35	15018	7038	7980	2350	1048	1302
36	15793	7501	8292	2035	914	1121
37	16520	7833	8687	1996	860	1136
38	18273	8759	9514	1888	860	1028
39	14007	6783	7224	1303	597	706
40-44岁	**47101**	**23401**	**23700**	**3312**	**1389**	**1923**
40	12154	5941	6213	964	406	558
41	10857	5364	5493	791	346	445
42	9640	4768	4872	674	263	411
43	7445	3777	3668	487	216	271
44	7005	3551	3454	396	158	238
45-49岁	**33296**	**16979**	**16317**	**1669**	**733**	**936**
45	6317	3157	3160	325	132	193
46	6684	3410	3274	367	157	210
47	6993	3588	3405	368	167	201
48	6776	3539	3237	314	148	166
49	6526	3285	3241	295	129	166
50-54岁	**24146**	**12638**	**11508**	**729**	**348**	**381**
50	6097	3192	2905	219	105	114
51	5318	2714	2604	167	80	87
52	5487	2854	2633	168	80	88
53	3490	1850	1640	95	42	53
54	3754	2028	1726	80	41	39
55-59岁	**19023**	**10672**	**8351**	**341**	**172**	**169**
55	3853	2095	1758	85	43	42
56	4243	2398	1845	82	43	39
57	5251	2914	2337	83	42	41
58	3463	2023	1440	61	31	30
59	2213	1242	971	30	13	17
60-64岁	**11879**	**6746**	**5133**	**143**	**55**	**88**
60	2583	1523	1060	32	17	15
61	2044	1139	905	32	11	21
62	2208	1242	966	27	9	18
63	2505	1424	1081	29	11	18
64	2539	1418	1121	23	7	16
65岁及以上	**30674**	**18149**	**12525**	**213**	**65**	**148**

单位：人

有配偶			离婚			丧偶		
小计	男	女	小计	男	女	小计	男	女
302568	**153200**	**149368**	**10283**	**3820**	**6463**	**5110**	**1759**	**3351**
3	**2**	**1**						
1	1							
2	1	1						
1256	**428**	**828**	**6**	**4**	**2**			
19	9	10						
24	7	17						
121	40	81						
342	118	224	1	1				
750	254	496	5	3	2			
22398	**9424**	**12974**	**173**	**68**	**105**	**3**		**3**
1634	592	1042	3		3	1		1
2809	1117	1692	15	4	11			
4596	1898	2698	33	12	21	1		1
6058	2631	3427	54	21	33			
7301	3186	4115	68	31	37	1		1
63122	**28925**	**34197**	**1231**	**465**	**766**	**18**	**5**	**13**
10546	4806	5740	147	62	85	2	2	
11917	5418	6499	185	78	107	2	1	1
13017	5963	7054	259	82	177	3		3
14340	6569	7771	314	130	184	2		2
13302	6169	7133	326	113	213	9	2	7
67852	**32752**	**35100**	**2129**	**873**	**1256**	**58**	**10**	**48**
12361	5864	6497	301	126	175	6		6
13361	6424	6937	391	162	229	6	1	5
14058	6765	7293	453	206	247	13	2	11
15823	7688	8135	540	205	335	22	6	16
12249	6011	6238	444	174	270	11	1	10
42086	**21401**	**20685**	**1620**	**584**	**1036**	**83**	**27**	**56**
10790	5389	5401	389	142	247	11	4	7
9644	4876	4768	398	134	264	24	8	16
8629	4382	4247	326	120	206	11	3	8
6683	3454	3229	258	101	157	17	6	11
6340	3300	3040	249	87	162	20	6	14
29985	**15738**	**14247**	**1532**	**488**	**1044**	**110**	**20**	**90**
5723	2930	2793	260	91	169	9	4	5
6027	3165	2862	270	84	186	20	4	16
6273	3317	2956	330	101	229	22	3	19
6112	3275	2837	323	110	213	27	6	21
5850	3051	2799	349	102	247	32	3	29
21960	**11815**	**10145**	**1300**	**443**	**857**	**157**	**32**	**125**
5518	2981	2537	322	104	218	38	2	36
4839	2537	2302	284	92	192	28	5	23
4974	2657	2317	311	108	203	34	9	25
3170	1728	1442	193	71	122	32	9	23
3459	1912	1547	190	68	122	25	7	18
17427	**10049**	**7378**	**1002**	**388**	**614**	**253**	**63**	**190**
3512	1957	1555	217	89	128	39	6	33
3901	2264	1637	211	78	133	49	13	36
4817	2762	2055	275	93	182	76	17	59
3172	1901	1271	179	73	106	51	18	33
2025	1165	860	120	55	65	38	9	29
10842	**6401**	**4441**	**585**	**222**	**363**	**309**	**68**	**241**
2351	1432	919	146	63	83	54	11	43
1847	1080	767	111	39	72	54	9	45
2003	1181	822	113	35	78	65	17	48
2299	1351	948	114	44	70	63	18	45
2342	1357	985	101	41	60	73	13	60
25637	**16265**	**9372**	**705**	**285**	**420**	**4119**	**1534**	**2585**

5-5 续表 8

受教育程度 年龄	15岁及以上人口			未婚		
	合计	男	女	小计	男	女
硕士研究生	**128601**	**63063**	**65538**	**44250**	**19304**	**24946**
15-19岁	**30**	**16**	**14**	**30**	**16**	**14**
15						
16						
17	3	1	2	3	1	2
18	10	6	4	10	6	4
19	17	9	8	17	9	8
20-24岁	**13638**	**6044**	**7594**	**13551**	**6017**	**7534**
20	76	42	34	76	42	34
21	567	234	333	567	234	333
22	2954	1362	1592	2947	1359	1588
23	4926	2159	2767	4910	2156	2754
24	5115	2247	2868	5051	2226	2825
25-29岁	**23948**	**10152**	**13796**	**18324**	**8012**	**10312**
25	4881	2151	2730	4695	2095	2600
26	4604	1943	2661	4139	1777	2362
27	4748	2021	2727	3751	1666	2085
28	4932	2031	2901	3209	1366	1843
29	4783	2006	2777	2530	1108	1422
30-34岁	**28564**	**12571**	**15993**	**8155**	**3566**	**4589**
30	6033	2539	3494	2582	1117	1465
31	5950	2617	3333	2021	930	1091
32	5609	2470	3139	1488	652	836
33	5706	2546	3160	1173	507	666
34	5266	2399	2867	891	360	531
35-39岁	**25442**	**12312**	**13130**	**2591**	**1052**	**1539**
35	4700	2220	2480	646	268	378
36	5028	2372	2656	563	247	316
37	5200	2532	2668	522	221	301
38	5894	2934	2960	501	182	319
39	4620	2254	2366	359	134	225
40-44岁	**15576**	**8391**	**7185**	**959**	**377**	**582**
40	3921	2028	1893	280	112	168
41	3722	1916	1806	241	96	145
42	3234	1806	1428	190	69	121
43	2472	1400	1072	129	57	72
44	2227	1241	986	119	43	76
45-49岁	**9018**	**5308**	**3710**	**395**	**150**	**245**
45	1882	1100	782	86	26	60
46	1843	1054	789	97	40	57
47	1956	1162	794	82	30	52
48	1797	1066	731	66	29	37
49	1540	926	614	64	25	39
50-54岁	**5193**	**3212**	**1981**	**150**	**69**	**81**
50	1372	827	545	53	32	21
51	1154	714	440	29	10	19
52	1099	677	422	33	10	23
53	717	442	275	14	5	9
54	851	552	299	21	12	9
55-59岁	**3932**	**2686**	**1246**	**53**	**31**	**22**
55	922	619	303	12	10	2
56	910	619	291	15	10	5
57	1059	728	331	14	4	10
58	669	458	211	7	3	4
59	372	262	110	5	4	1
60-64岁	**1560**	**1128**	**432**	**25**	**9**	**16**
60	339	244	95	4	2	2
61	273	199	74	4	2	2
62	299	214	85	4	4	
63	347	246	101	7	1	6
64	302	225	77	6		6
65岁及以上	**1700**	**1243**	**457**	**17**	**5**	**12**

单位：人

有配偶			离婚			丧偶		
小计	男	女	小计	男	女	小计	男	女
81772	**42829**	**38943**	**2295**	**815**	**1480**	**284**	**115**	**169**
87	**27**	**60**						
7	3	4						
16	3	13						
64	21	43						
5598	**2132**	**3466**	**24**	**7**	**17**	**2**	**1**	**1**
186	56	130						
462	165	297	3	1	2			
995	354	641	2	1	1			
1708	660	1048	13	4	9	2	1	1
2247	897	1350	6	1	5			
20161	**8913**	**11248**	**244**	**89**	**155**	**4**	**3**	**1**
3434	1413	2021	17	9	8			
3899	1675	2224	30	12	18			
4062	1799	2263	58	18	40	1	1	
4466	2013	2453	66	25	41	1	1	
4300	2013	2287	73	25	48	2	1	1
22250	**11047**	**11203**	**590**	**209**	**381**	**11**	**4**	**7**
3963	1916	2047	91	36	55			
4355	2088	2267	109	37	72	1		1
4570	2279	2291	106	32	74	2		2
5235	2692	2543	152	56	96	6	4	2
4127	2072	2055	132	48	84	2		2
14165	**7838**	**6327**	**428**	**166**	**262**	**24**	**10**	**14**
3553	1878	1675	85	37	48	3	1	2
3379	1780	1599	96	38	58	6	2	4
2949	1701	1248	91	33	58	4	3	1
2253	1308	945	83	32	51	7	3	4
2031	1171	860	73	26	47	4	1	3
8253	**5040**	**3213**	**352**	**109**	**243**	**18**	**9**	**9**
1730	1058	672	65	16	49	1		1
1675	980	695	69	32	37	2	2	
1798	1106	692	72	25	47	4	1	3
1649	1013	636	76	20	56	6	4	2
1401	883	518	70	16	54	5	2	3
4709	**3045**	**1664**	**306**	**89**	**217**	**28**	**9**	**19**
1231	766	465	78	25	53	10	4	6
1048	679	369	66	23	43	11	2	9
1003	654	349	61	12	49	2	1	1
649	423	226	52	13	39	2	1	1
778	523	255	49	16	33	3	1	2
3631	**2569**	**1062**	**217**	**77**	**140**	**31**	**9**	**22**
857	591	266	50	16	34	3	2	1
832	585	247	58	23	35	5	1	4
970	697	273	63	22	41	12	5	7
625	445	180	30	9	21	7	1	6
347	251	96	16	7	9	4		4
1426	**1066**	**360**	**81**	**42**	**39**	**28**	**11**	**17**
312	231	81	16	8	8	7	3	4
247	185	62	16	10	6	6	2	4
273	202	71	17	7	10	5	1	4
315	235	80	17	7	10	8	3	5
279	213	66	15	10	5	2	2	
1492	**1152**	**340**	**53**	**27**	**26**	**138**	**59**	**79**

5-5 续表 9

受教育程度 年龄	15岁及以上人口			未婚		
	合计	男	女	小计	男	女
博士研究生	**23792**	**14347**	**9445**	**7925**	**4451**	**3474**
15-19岁	**2**	**1**	**1**	**2**	**1**	**1**
15						
16						
17						
18						
19	2	1	1	2	1	1
20-24岁	**1491**	**840**	**651**	**1482**	**838**	**644**
20	10	5	5	10	5	5
21	64	25	39	64	25	39
22	312	164	148	311	164	147
23	459	286	173	458	286	172
24	646	360	286	639	358	281
25-29岁	**4974**	**2752**	**2222**	**4058**	**2279**	**1779**
25	848	485	363	812	463	349
26	1032	562	470	955	530	425
27	1095	605	490	925	511	414
28	1010	558	452	737	425	312
29	989	542	447	629	350	279
30-34岁	**4573**	**2591**	**1982**	**1648**	**956**	**692**
30	1099	613	486	569	328	241
31	935	526	409	399	237	162
32	894	494	400	312	172	140
33	883	503	380	226	135	91
34	762	455	307	142	84	58
35-39岁	**4018**	**2373**	**1645**	**449**	**246**	**203**
35	739	421	318	108	60	48
36	761	456	305	106	59	47
37	822	482	340	86	45	41
38	934	548	386	92	47	45
39	762	466	296	57	35	22
40-44岁	**3142**	**1845**	**1297**	**148**	**68**	**80**
40	645	366	279	36	17	19
41	724	418	306	41	19	22
42	661	389	272	32	11	21
43	558	340	218	16	11	5
44	554	332	222	23	10	13
45-49岁	**2278**	**1470**	**808**	**69**	**33**	**36**
45	464	284	180	17	9	8
46	501	317	184	15	7	8
47	510	338	172	15	6	9
48	399	257	142	10	6	4
49	404	274	130	12	5	7
50-54岁	**1440**	**1004**	**436**	**34**	**14**	**20**
50	345	229	116	8	4	4
51	306	214	92	6	1	5
52	305	203	102	7	2	5
53	212	155	57	6	4	2
54	272	203	69	7	3	4
55-59岁	**1199**	**934**	**265**	**27**	**13**	**14**
55	296	231	65	5	4	1
56	301	228	73	6	2	4
57	341	266	75	5	3	2
58	180	144	36	8	4	4
59	81	65	16	3		3
60-64岁	**370**	**303**	**67**	**4**	**1**	**3**
60	84	72	12	2	1	1
61	56	46	10	1		1
62	72	59	13			
63	84	63	21	1		1
64	74	63	11			
65岁及以上	**305**	**234**	**71**	**4**	**2**	**2**

单位：人

有配偶			离　婚			丧　偶		
小计	男	女	小计	男	女	小计	男	女
15437	**9702**	**5735**	**381**	**168**	**213**	**49**	**26**	**23**
9	**2**	**7**						
1		1						
1		1						
7	2	5						
913	**472**	**441**	**3**	**1**	**2**			
36	22	14						
77	32	45						
170	94	76						
272	133	139	1		1			
358	191	167	2	1	1			
2897	**1625**	**1272**	**28**	**10**	**18**			
529	284	245	1	1				
531	288	243	5	1	4			
578	321	257	4	1	3			
648	364	284	9	4	5			
611	368	243	9	3	6			
3499	**2099**	**1400**	**69**	**28**	**41**	**1**		**1**
622	360	262	9	1	8			
647	393	254	8	4	4			
723	428	295	13	9	4			
823	494	329	19	7	12			
684	424	260	20	7	13	1		1
2921	**1740**	**1181**	**72**	**36**	**36**	**1**	**1**	
593	339	254	15	9	6	1	1	
671	391	280	12	8	4			
610	372	238	19	6	13			
525	320	205	17	9	8			
522	318	204	9	4	5			
2122	**1398**	**724**	**80**	**34**	**46**	**7**	**5**	**2**
429	266	163	16	7	9	2	2	
469	300	169	17	10	7			
472	325	147	22	7	15	1		1
377	247	130	11	4	7	1		1
375	260	115	14	6	8	3	3	
1337	**968**	**369**	**64**	**19**	**45**	**5**	**3**	**2**
320	219	101	15	5	10	2	1	1
283	209	74	17	4	13			
287	197	90	10	4	6	1		1
196	148	48	9	2	7	1	1	
251	195	56	13	4	9	1	1	
1129	**893**	**236**	**39**	**25**	**14**	**4**	**3**	**1**
280	220	60	10	6	4	1	1	
284	221	63	11	5	6			
321	251	70	13	11	2	2	1	1
168	138	30	4	2	2			
76	63	13	1	1		1	1	
350	**292**	**58**	**13**	**8**	**5**	**3**	**2**	**1**
80	70	10	1	1		1		1
53	44	9	1	1		1	1	
67	55	12	4	3	1	1	1	
78	61	17	5	2	3			
72	62	10	2	1	1			
260	**213**	**47**	**13**	**7**	**6**	**28**	**12**	**16**

5-5a 全市分年龄、性别、受教育

受教育程度 年 龄	15岁及以上人口			未 婚		
	合计	男	女	小计	男	女
总 计	**1492645**	**740425**	**752220**	**327239**	**170964**	**156275**
15-19岁	**48902**	**25654**	**23248**	**48802**	**25621**	**23181**
15	7186	3784	3402	7186	3784	3402
16	7827	4133	3694	7827	4133	3694
17	7147	3836	3311	7135	3834	3301
18	11292	5921	5371	11266	5913	5353
19	15450	7980	7470	15388	7957	7431
20-24岁	**101188**	**51362**	**49826**	**96212**	**49353**	**46859**
20	18204	9450	8754	18027	9381	8646
21	17687	8936	8751	17378	8832	8546
22	18430	9521	8909	17742	9252	8490
23	22343	11277	11066	20952	10719	10233
24	24524	12178	12346	22113	11169	10944
25-29岁	**142408**	**71742**	**70666**	**92145**	**48438**	**43707**
25	26534	13304	13230	22283	11471	10812
26	27413	13771	13642	20855	10810	10045
27	29242	14776	14466	19145	10142	9003
28	29736	15015	14721	16555	8863	7692
29	29483	14876	14607	13307	7152	6155
30-34岁	**189659**	**95259**	**94400**	**48619**	**25925**	**22694**
30	37939	19364	18575	14085	7593	6492
31	38036	19183	18853	11322	6127	5195
32	37928	18922	19006	9393	4941	4452
33	39902	19955	19947	7887	4175	3712
34	35854	17835	18019	5932	3089	2843
35-39岁	**175602**	**88162**	**87440**	**19633**	**9864**	**9769**
35	31949	15912	16037	4672	2377	2295
36	33982	17127	16855	4194	2142	2052
37	35823	17985	17838	4036	2001	2035
38	40895	20568	20327	3935	1963	1972
39	32953	16570	16383	2796	1381	1415
40-44岁	**129473**	**66272**	**63201**	**8296**	**4090**	**4206**
40	29941	15242	14699	2190	1102	1088
41	28789	14625	14164	1910	933	977
42	26524	13676	12848	1730	820	910
43	22199	11479	10720	1310	672	638
44	22020	11250	10770	1156	563	593
45-49岁	**121483**	**61698**	**59785**	**5311**	**2762**	**2549**
45	21148	10717	10431	1041	523	518
46	23203	11761	11442	1040	542	498
47	25590	12997	12593	1160	582	578
48	25620	13139	12481	1051	579	472
49	25922	13084	12838	1019	536	483
50-54岁	**116822**	**58829**	**57993**	**3275**	**1991**	**1284**
50	26292	13330	12962	881	514	367
51	24926	12606	12320	740	439	301
52	26165	13215	12950	756	466	290
53	18528	9218	9310	462	293	169
54	20911	10460	10451	436	279	157
55-59岁	**123000**	**61030**	**61970**	**2247**	**1503**	**744**
55	22132	11085	11047	451	309	142
56	26173	13086	13087	531	364	167
57	34080	16932	17148	610	390	220
58	23639	11662	11977	391	265	126
59	16976	8265	8711	264	175	89
60-64岁	**111923**	**53669**	**58254**	**1276**	**745**	**531**
60	22008	10689	11319	287	187	100
61	19786	9484	10302	245	151	94
62	22892	11004	11888	251	147	104
63	24806	11825	12981	266	147	119
64	22431	10667	11764	227	113	114
65岁及以上	**232185**	**106748**	**125437**	**1423**	**672**	**751**

程度、婚姻状况的人口(城市)

单位：人

有配偶			离婚			丧偶		
小计	男	女	小计	男	女	小计	男	女
1062884	**539135**	**523749**	**43789**	**17474**	**26315**	**58733**	**12852**	**45881**
100	**33**	**67**						
12	2	10						
26	8	18						
62	23	39						
4945	**1994**	**2951**	**30**	**14**	**16**	**1**	**1**	
177	69	108						
306	103	203	2		2	1	1	
681	267	414	7	2	5			
1384	556	828	7	2	5			
2397	999	1398	14	10	4			
49627	**23031**	**26596**	**627**	**271**	**356**	**9**	**2**	**7**
4217	1816	2401	33	17	16	1		1
6486	2942	3544	72	19	53			
9983	4580	5403	111	53	58	3	1	2
13007	6085	6922	171	66	105	3	1	2
15934	7608	8326	240	116	124	2		2
137609	**67767**	**69842**	**3377**	**1551**	**1826**	**54**	**16**	**38**
23396	11537	11859	452	230	222	6	4	2
26206	12810	13396	501	242	259	7	4	3
27842	13687	14155	684	293	391	9	1	8
31134	15358	15776	869	420	449	12	2	10
29031	14375	14656	871	366	505	20	5	15
150324	**75805**	**74519**	**5491**	**2456**	**3035**	**154**	**37**	**117**
26434	13149	13285	831	382	449	12	4	8
28775	14519	14256	993	462	531	20	4	16
30660	15460	15200	1100	519	581	27	5	22
35490	17988	17502	1417	603	814	53	14	39
28965	14689	14276	1150	490	660	42	10	32
115786	**60046**	**55740**	**5060**	**2062**	**2998**	**331**	**74**	**257**
26645	13674	12971	1069	455	614	37	11	26
25683	13233	12450	1122	442	680	74	17	57
23689	12418	11271	1038	424	614	67	14	53
19903	10406	9497	910	385	525	76	16	60
19866	10315	9551	921	356	565	77	16	61
109601	**56676**	**52925**	**5862**	**2139**	**3723**	**709**	**121**	**588**
19111	9844	9267	914	339	575	82	11	71
21013	10793	10220	1057	405	652	93	21	72
23036	11951	11085	1249	448	801	145	16	129
23084	12059	11025	1299	465	834	186	36	150
23357	12029	11328	1343	482	861	203	37	166
105578	**54264**	**51314**	**6318**	**2325**	**3993**	**1651**	**249**	**1402**
23727	12257	11470	1418	523	895	266	36	230
22491	11629	10862	1411	503	908	284	35	249
23650	12173	11477	1376	521	855	383	55	328
16724	8491	8233	1005	378	627	337	56	281
18986	9714	9272	1108	400	708	381	67	314
110532	**56250**	**54282**	**6923**	**2713**	**4210**	**3298**	**564**	**2734**
20048	10236	9812	1192	476	716	441	64	377
23509	12051	11458	1479	564	915	654	107	547
30594	15643	14951	1959	750	1209	917	149	768
21227	10746	10481	1351	526	825	670	125	545
15154	7574	7580	942	397	545	616	119	497
100009	**49898**	**50111**	**5178**	**2030**	**3148**	**5460**	**996**	**4464**
19682	9857	9825	1142	469	673	897	176	721
17695	8789	8906	955	378	577	891	166	725
20458	10235	10223	1070	409	661	1113	213	900
22121	11017	11104	1102	433	669	1317	228	1089
20053	10000	10053	909	341	568	1242	213	1029
178773	**93371**	**85402**	**4923**	**1913**	**3010**	**47066**	**10792**	**36274**

5-5a 续表 1

受教育程度 年龄	15岁及以上人口			未婚		
	合计	男	女	小计	男	女
未上过学	**10668**	**1943**	**8725**	**721**	**481**	**240**
15-19岁	**40**	**22**	**18**	**40**	**22**	**18**
15	6	2	4	6	2	4
16	14	3	11	14	3	11
17	5	5		5	5	
18	8	6	2	8	6	2
19	7	6	1	7	6	1
20-24岁	**44**	**28**	**16**	**43**	**28**	**15**
20	15	10	5	15	10	5
21	10	6	4	10	6	4
22	7	5	2	7	5	2
23	7	5	2	7	5	2
24	5	2	3	4	2	2
25-29岁	**68**	**45**	**23**	**61**	**41**	**20**
25	9	7	2	9	7	2
26	13	9	4	13	9	4
27	17	7	10	15	7	8
28	14	8	6	10	5	5
29	15	14	1	14	13	1
30-34岁	**122**	**71**	**51**	**80**	**52**	**28**
30	18	13	5	10	8	2
31	23	11	12	17	10	7
32	27	16	11	20	12	8
33	30	14	16	19	10	9
34	24	17	7	14	12	2
35-39岁	**145**	**81**	**64**	**81**	**55**	**26**
35	22	14	8	16	11	5
36	22	11	11	11	8	3
37	29	17	12	17	10	7
38	36	21	15	22	17	5
39	36	18	18	15	9	6
40-44岁	**173**	**66**	**107**	**51**	**31**	**20**
40	24	11	13	10	8	2
41	33	11	22	9	4	5
42	26	8	18	7	2	5
43	42	14	28	17	9	8
44	48	22	26	8	8	
45-49岁	**378**	**99**	**279**	**75**	**50**	**25**
45	42	13	29	8	4	4
46	63	16	47	11	7	4
47	74	14	60	15	10	5
48	94	24	70	18	14	4
49	105	32	73	23	15	8
50-54岁	**615**	**171**	**444**	**64**	**38**	**26**
50	118	34	84	12	6	6
51	149	42	107	23	15	8
52	130	35	95	11	6	5
53	102	24	78	12	6	6
54	116	36	80	6	5	1
55-59岁	**644**	**148**	**496**	**66**	**45**	**21**
55	121	38	83	11	9	2
56	137	33	104	17	14	3
57	155	34	121	18	9	9
58	144	23	121	15	10	5
59	87	20	67	5	3	2
60-64岁	**945**	**191**	**754**	**53**	**37**	**16**
60	125	26	99	10	6	4
61	168	43	125	11	7	4
62	196	40	156	11	9	2
63	234	43	191	12	9	3
64	222	39	183	9	6	3
65岁及以上	**7494**	**1021**	**6473**	**107**	**82**	**25**

单位：人

有配偶			离婚			丧偶		
小计	男	女	小计	男	女	小计	男	女
5039	**1093**	**3946**	**123**	**37**	**86**	**4785**	**332**	**4453**
1		**1**						
1		1						
7	**4**	**3**						
2		2						
4	3	1						
1	1							
40	**18**	**22**	**2**	**1**	**1**			
8	5	3						
6	1	5						
7	4	3						
9	3	6	2	1	1			
10	5	5						
56	**21**	**35**	**7**	**5**	**2**	**1**		**1**
5	2	3	1	1				
9	2	7	2	1	1			
10	5	5	2	2				
14	4	10						
18	8	10	2	1	1	1		1
118	**33**	**85**	**3**	**2**	**1**	**1**		**1**
14	3	11						
23	6	17	1	1				
18	6	12				1		1
25	5	20						
38	13	25	2	1	1			
285	**47**	**238**	**15**	**2**	**13**	**3**		**3**
31	8	23	2	1	1	1		1
52	9	43						
53	4	49	5		5	1		1
70	9	61	6	1	5			
79	17	62	2		2	1		1
521	**125**	**396**	**18**	**8**	**10**	**12**		**12**
99	25	74	6	3	3	1		1
122	27	95	2		2	2		2
114	26	88	3	3		2		2
86	18	68	3		3	1		1
100	29	71	4	2	2	6		6
523	**95**	**428**	**17**	**7**	**10**	**38**	**1**	**37**
102	25	77	5	4	1	3		3
110	18	92	3	1	2	7		7
125	25	100	3		3	9		9
114	12	102	4	1	3	11		11
72	15	57	2	1	1	8	1	7
748	**135**	**613**	**17**	**4**	**13**	**127**	**15**	**112**
99	18	81				16	2	14
126	30	96	7	2	5	24	4	20
158	28	130	4		4	23	3	20
183	30	153	1		1	38	4	34
182	29	153	5	2	3	26	2	24
2740	**615**	**2125**	**44**	**8**	**36**	**4603**	**316**	**4287**

5-5a 续表 2

受教育程度 年 龄	15岁及以上人口			未 婚		
	合计	男	女	小计	男	女
学前教育	**311**	**97**	**214**	**51**	**28**	**23**
15-19岁	**13**	**5**	**8**	**13**	**5**	**8**
15	3		3	3		3
16	4	2	2	4	2	2
17	1	1		1	1	
18	3	1	2	3	1	2
19	2	1	1	2	1	1
20-24岁	**9**	**5**	**4**	**9**	**5**	**4**
20	2	2		2	2	
21						
22						
23	5	2	3	5	2	3
24	2	1	1	2	1	1
25-29岁	**11**	**7**	**4**	**10**	**7**	**3**
25	1		1	1		1
26	1	1		1	1	
27	2	2		2	2	
28	4	3	1	3	3	
29	3	1	2	3	1	2
30-34岁	**14**	**6**	**8**	**6**	**4**	**2**
30	2	1	1	2	1	1
31	3		3			
32	5	3	2	3	2	1
33	2	1	1	1	1	
34	2	1	1			
35-39岁	**11**	**4**	**7**	**2**	**1**	**1**
35	4		4	1		1
36	2	2				
37	2		2			
38	2	2		1	1	
39	1		1			
40-44岁	**18**	**8**	**10**	**4**	**2**	**2**
40	5	2	3	2	1	1
41	5	2	3	1		1
42	5	3	2	1	1	
43	1		1			
44	2	1	1			
45-49岁	**12**	**4**	**8**	**2**	**2**	
45						
46	3	1	2			
47	3		3			
48	4	2	2	1	1	
49	2	1	1	1	1	
50-54岁	**25**	**9**	**16**			
50	3	1	2			
51	7	3	4			
52	4		4			
53	3	2	1			
54	8	3	5			
55-59岁	**32**	**11**	**21**	**1**		**1**
55	2	2				
56	8	2	6			
57	10	2	8			
58	6	3	3			
59	6	2	4	1		1
60-64岁	**24**	**3**	**21**	**1**		**1**
60	6	2	4			
61	6		6			
62	4		4			
63	5	1	4	1		1
64	3		3			
65岁及以上	**142**	**35**	**107**	**3**	**2**	**1**

单位：人

有配偶			离婚			丧偶		
小计	男	女	小计	男	女	小计	男	女
162	**56**	**106**	**7**	**1**	**6**	**91**	**12**	**79**
1		**1**						
1		1						
8	**2**	**6**						
3		3						
2	1	1						
1		1						
2	1	1						
9	**3**	**6**						
3		3						
2	2							
2		2						
1	1							
1		1						
11	**5**	**6**	**3**	**1**	**2**			
3	1	2						
3	2	1	1		1			
3	2	1	1		1			
1		1						
1		1	1	1				
9	**2**	**7**				**1**		**1**
3	1	2						
3		3						
2	1	1				1		1
1		1						
23	**9**	**14**	**1**		**1**	**1**		**1**
3	1	2						
7	3	4						
3		3				1		1
3	2	1						
7	3	4	1		1			
28	**10**	**18**	**1**		**1**	**2**	**1**	**1**
2	2							
8	2	6						
8	1	7	1		1	1	1	
6	3	3						
4	2	2				1		1
20	**3**	**17**	**1**		**1**	**2**		**2**
5	2	3				1		1
6		6						
3		3	1		1			
4	1	3						
2		2				1		1
53	**22**	**31**	**1**		**1**	**85**	**11**	**74**

5-5a 续表 3

受教育程度 年龄	15岁及以上人口			未婚		
	合计	男	女	小计	男	女
小 学	**67431**	**25847**	**41584**	**1944**	**1472**	**472**
15-19岁	**129**	**89**	**40**	**127**	**89**	**38**
15	8	5	3	8	5	3
16	18	12	6	18	12	6
17	26	20	6	26	20	6
18	31	21	10	30	21	9
19	46	31	15	45	31	14
20-24岁	**201**	**144**	**57**	**157**	**127**	**30**
20	32	19	13	28	19	9
21	34	25	9	31	24	7
22	46	36	10	40	35	5
23	41	28	13	30	24	6
24	48	36	12	28	25	3
25-29岁	**461**	**332**	**129**	**233**	**183**	**50**
25	66	46	20	36	28	8
26	77	54	23	45	36	9
27	88	64	24	46	36	10
28	107	78	29	51	38	13
29	123	90	33	55	45	10
30-34岁	**1046**	**666**	**380**	**255**	**199**	**56**
30	183	118	65	53	37	16
31	191	143	48	62	52	10
32	199	128	71	48	38	10
33	242	140	102	53	42	11
34	231	137	94	39	30	9
35-39岁	**1256**	**686**	**570**	**163**	**115**	**48**
35	200	109	91	33	25	8
36	217	127	90	39	28	11
37	240	120	120	30	20	10
38	292	167	125	40	26	14
39	307	163	144	21	16	5
40-44岁	**2230**	**1062**	**1168**	**162**	**119**	**43**
40	306	141	165	33	25	8
41	408	209	199	37	26	11
42	452	228	224	32	19	13
43	506	236	270	31	25	6
44	558	248	310	29	24	5
45-49岁	**4809**	**2102**	**2707**	**182**	**130**	**52**
45	645	303	342	33	23	10
46	838	377	461	26	20	6
47	921	382	539	36	26	10
48	1159	504	655	46	32	14
49	1246	536	710	41	29	12
50-54岁	**7818**	**3412**	**4406**	**231**	**166**	**65**
50	1442	596	846	51	35	16
51	1553	692	861	46	33	13
52	1813	798	1015	61	44	17
53	1415	596	819	35	24	11
54	1595	730	865	38	30	8
55-59岁	**5946**	**2613**	**3333**	**157**	**129**	**28**
55	1482	671	811	40	34	6
56	1303	602	701	34	31	3
57	1448	642	806	31	23	8
58	1077	439	638	37	29	8
59	636	259	377	15	12	3
60-64岁	**6633**	**2439**	**4194**	**121**	**99**	**22**
60	1011	391	620	30	27	3
61	1071	397	674	15	13	2
62	1372	513	859	27	19	8
63	1556	582	974	27	24	3
64	1623	556	1067	22	16	6
65岁及以上	**36902**	**12302**	**24600**	**156**	**116**	**40**

单位：人

有配偶			离婚			丧偶		
小计	男	女	小计	男	女	小计	男	女
48806	**20817**	**27989**	**1357**	**567**	**790**	**15324**	**2991**	**12333**
2		**2**						
1		1						
1		1						
44	**17**	**27**						
4		4						
3	1	2						
6	1	5						
11	4	7						
20	11	9						
217	**143**	**74**	**11**	**6**	**5**			
28	18	10	2		2			
32	18	14						
40	26	14	2	2				
54	38	16	2	2				
63	43	20	5	2	3			
755	**449**	**306**	**36**	**18**	**18**			
123	76	47	7	5	2			
121	87	34	8	4	4			
143	85	58	8	5	3			
185	97	88	4	1	3			
183	104	79	9	3	6			
1027	**531**	**496**	**63**	**39**	**24**	**3**	**1**	**2**
159	79	80	8	5	3			
169	93	76	8	6	2	1		1
193	85	108	16	14	2	1	1	
236	133	103	15	8	7	1		1
270	141	129	16	6	10			
1953	**895**	**1058**	**101**	**47**	**54**	**14**	**1**	**13**
262	111	151	11	5	6			
348	176	172	20	7	13	3		3
394	197	197	22	12	10	4		4
453	199	254	18	11	7	4	1	3
496	212	284	30	12	18	3		3
4417	**1894**	**2523**	**167**	**71**	**96**	**43**	**7**	**36**
584	270	314	24	10	14	4		4
781	345	436	25	11	14	6	1	5
850	341	509	28	14	14	7	1	6
1061	454	607	39	16	23	13	2	11
1141	484	657	51	20	31	13	3	10
7195	**3135**	**4060**	**211**	**87**	**124**	**181**	**24**	**157**
1328	540	788	37	18	19	26	3	23
1438	643	795	38	13	25	31	3	28
1659	734	925	50	18	32	43	2	41
1299	549	750	40	16	24	41	7	34
1471	669	802	46	22	24	40	9	31
5362	**2361**	**3001**	**197**	**94**	**103**	**230**	**29**	**201**
1352	608	744	47	24	23	43	5	38
1162	539	623	52	25	27	55	7	48
1324	590	734	42	23	19	51	6	45
959	388	571	40	17	23	41	5	36
565	236	329	16	5	11	40	6	34
5792	**2204**	**3588**	**168**	**66**	**102**	**552**	**70**	**482**
897	347	550	24	9	15	60	8	52
941	357	584	35	12	23	80	15	65
1189	459	730	44	19	25	112	16	96
1356	527	829	31	12	19	142	19	123
1409	514	895	34	14	20	158	12	146
22042	**9188**	**12854**	**403**	**139**	**264**	**14301**	**2859**	**11442**

5-5a 续表 4

受教育程度	15岁及以上人口			未婚		
年龄	合计	男	女	小计	男	女
初中	**279706**	**147658**	**132048**	**23221**	**16742**	**6479**
15-19岁	**5645**	**3594**	**2051**	**5592**	**3578**	**2014**
15	2228	1262	966	2228	1262	966
16	874	535	339	874	535	339
17	725	502	223	716	500	216
18	834	591	243	818	587	231
19	984	704	280	956	694	262
20-24岁	**6167**	**4191**	**1976**	**5023**	**3667**	**1356**
20	1036	726	310	963	696	267
21	1117	758	359	998	717	281
22	1284	872	412	1082	790	292
23	1337	899	438	1001	736	265
24	1393	936	457	979	728	251
25-29岁	**9665**	**6490**	**3175**	**4113**	**3198**	**915**
25	1607	1098	509	966	748	218
26	1683	1129	554	850	646	204
27	1924	1302	622	820	637	183
28	2077	1386	691	753	586	167
29	2374	1575	799	724	581	143
30-34岁	**16831**	**10988**	**5843**	**3104**	**2451**	**653**
30	3220	2137	1083	785	621	164
31	3288	2149	1139	706	563	143
32	3249	2120	1129	561	443	118
33	3726	2447	1279	594	462	132
34	3348	2135	1213	458	362	96
35-39岁	**16541**	**10139**	**6402**	**1479**	**1091**	**388**
35	2947	1825	1122	333	263	70
36	3236	2029	1207	335	264	71
37	3226	1985	1241	291	205	86
38	3723	2233	1490	291	192	99
39	3409	2067	1342	229	167	62
40-44岁	**18708**	**10561**	**8147**	**1012**	**699**	**313**
40	3350	1981	1369	206	156	50
41	3756	2181	1575	225	155	70
42	3748	2102	1646	226	147	79
43	3628	2007	1621	169	122	47
44	4226	2290	1936	186	119	67
45-49岁	**29863**	**15609**	**14254**	**940**	**654**	**286**
45	4578	2432	2146	181	121	60
46	5431	2849	2582	179	127	52
47	6070	3106	2964	187	130	57
48	6650	3494	3156	200	139	61
49	7134	3728	3406	193	137	56
50-54岁	**36657**	**18986**	**17671**	**761**	**577**	**184**
50	7507	3894	3613	182	132	50
51	7455	3890	3565	158	109	49
52	8172	4278	3894	178	148	30
53	6404	3270	3134	121	98	23
54	7119	3654	3465	122	90	32
55-59岁	**31481**	**15950**	**15531**	**492**	**391**	**101**
55	7008	3518	3490	117	93	24
56	7173	3604	3569	117	92	25
57	8427	4322	4105	127	97	30
58	5414	2771	2643	81	68	13
59	3459	1735	1724	50	41	9
60-64岁	**30028**	**14785**	**15243**	**267**	**193**	**74**
60	4586	2260	2326	51	39	12
61	4382	2139	2243	50	40	10
62	6021	3012	3009	47	35	12
63	7214	3599	3615	53	39	14
64	7825	3775	4050	66	40	26
65岁及以上	**78120**	**36365**	**41755**	**438**	**243**	**195**

单位：人

有配偶			离　婚			丧　偶		
小计	男	女	小计	男	女	小计	男	女
230120	**122501**	**107619**	**9493**	**4471**	**5022**	**16872**	**3944**	**12928**
53	**16**	**37**						
9	2	7						
16	4	12						
28	10	18						
1134	**520**	**614**	**10**	**4**	**6**			
73	30	43						
119	41	78						
198	81	117	4	1	3			
334	163	171	2		2			
410	205	205	4	3	1			
5401	**3209**	**2192**	**150**	**83**	**67**	**1**		**1**
627	341	286	14	9	5			
820	478	342	13	5	8			
1077	649	428	26	16	10	1		1
1282	777	505	42	23	19			
1595	964	631	55	30	25			
13176	**8202**	**4974**	**546**	**333**	**213**	**5**	**2**	**3**
2349	1459	890	86	57	29			
2509	1545	964	72	41	31	1		1
2561	1603	958	127	74	53			
2997	1897	1100	133	87	46	2	1	1
2760	1698	1062	128	74	54	2	1	1
14335	**8637**	**5698**	**709**	**408**	**301**	**18**	**3**	**15**
2490	1492	998	123	70	53	1		1
2752	1683	1069	145	82	63	4		4
2802	1700	1102	129	79	50	4	1	3
3250	1938	1312	177	102	75	5	1	4
3041	1824	1217	135	75	60	4	1	3
16806	**9407**	**7399**	**813**	**435**	**378**	**77**	**20**	**57**
2995	1744	1251	142	78	64	7	3	4
3356	1942	1414	160	81	79	15	3	12
3336	1856	1480	164	92	72	22	7	15
3265	1784	1481	177	97	80	17	4	13
3854	2081	1773	170	87	83	16	3	13
27403	**14389**	**13014**	**1250**	**519**	**731**	**270**	**47**	**223**
4156	2225	1931	210	83	127	31	3	28
5003	2619	2384	221	99	122	28	4	24
5586	2869	2717	245	99	146	52	8	44
6100	3232	2868	279	108	171	71	15	56
6558	3444	3114	295	130	165	88	17	71
33626	**17610**	**16016**	**1638**	**699**	**939**	**632**	**100**	**532**
6920	3596	3324	322	153	169	83	13	70
6839	3622	3217	365	144	221	93	15	78
7498	3960	3538	338	146	192	158	24	134
5841	3024	2817	301	126	175	141	22	119
6528	3408	3120	312	130	182	157	26	131
28646	**14753**	**13893**	**1340**	**628**	**712**	**1003**	**178**	**825**
6417	3258	3159	299	137	162	175	30	145
6549	3352	3197	289	128	161	218	32	186
7637	3983	3654	383	189	194	280	53	227
4916	2561	2355	237	108	129	180	34	146
3127	1599	1528	132	66	66	150	29	121
26761	**13654**	**13107**	**1228**	**579**	**649**	**1772**	**359**	**1413**
4097	2078	2019	196	91	105	242	52	190
3934	1973	1961	164	79	85	234	47	187
5373	2776	2597	247	122	125	354	79	275
6416	3327	3089	305	149	156	440	84	356
6941	3500	3441	316	138	178	502	97	405
62779	**32104**	**30675**	**1809**	**783**	**1026**	**13094**	**3235**	**9859**

5-5a 续表 5

受教育程度 年　　龄	15岁及以上人口			未　　婚		
	合计	男	女	小计	男	女
高　中	**298219**	**149252**	**148967**	**49917**	**29965**	**19952**
15-19岁	**22384**	**11896**	**10488**	**22352**	**11884**	**10468**
15	4878	2481	2397	4878	2481	2397
16	6732	3500	3232	6732	3500	3232
17	5521	2891	2630	5519	2891	2628
18	3286	1877	1409	3278	1874	1404
19	1967	1147	820	1945	1138	807
20-24岁	**10028**	**6305**	**3723**	**8825**	**5759**	**3066**
20	1915	1197	718	1857	1172	685
21	1855	1176	679	1755	1136	619
22	1961	1242	719	1771	1152	619
23	2077	1324	753	1754	1188	566
24	2220	1366	854	1688	1111	577
25-29岁	**13747**	**8468**	**5279**	**7107**	**4925**	**2182**
25	2385	1468	917	1646	1116	530
26	2509	1549	960	1531	1049	482
27	2811	1763	1048	1478	1043	435
28	2854	1754	1100	1295	914	381
29	3188	1934	1254	1157	803	354
30-34岁	**21694**	**12800**	**8894**	**4732**	**3236**	**1496**
30	4269	2611	1658	1295	896	399
31	4282	2544	1738	1052	733	319
32	4282	2527	1755	934	639	295
33	4660	2714	1946	791	534	257
34	4201	2404	1797	660	434	226
35-39岁	**21001**	**11392**	**9609**	**2250**	**1413**	**837**
35	3572	1996	1576	489	307	182
36	3863	2114	1749	484	312	172
37	4085	2251	1834	414	276	138
38	5139	2750	2389	488	306	182
39	4342	2281	2061	375	212	163
40-44岁	**20551**	**10584**	**9967**	**1280**	**746**	**534**
40	4360	2295	2065	318	204	114
41	4438	2283	2155	271	151	120
42	4244	2265	1979	264	152	112
43	3711	1906	1805	214	125	89
44	3798	1835	1963	213	114	99
45-49岁	**22766**	**11059**	**11707**	**1012**	**557**	**455**
45	3816	1834	1982	191	105	86
46	4165	2010	2155	172	102	70
47	4892	2412	2480	238	119	119
48	4795	2354	2441	204	119	85
49	5098	2449	2649	207	112	95
50-54岁	**25617**	**12254**	**13363**	**770**	**476**	**294**
50	5627	2764	2863	191	113	78
51	5391	2638	2753	174	112	62
52	5666	2727	2939	181	111	70
53	4015	1910	2105	111	71	40
54	4918	2215	2703	113	69	44
55-59岁	**45240**	**20876**	**24364**	**847**	**583**	**264**
55	6085	2822	3263	133	90	43
56	8866	4075	4791	203	138	65
57	12876	5938	6938	242	166	76
58	9552	4425	5127	139	99	40
59	7861	3616	4245	130	90	40
60-64岁	**46457**	**21190**	**25267**	**465**	**278**	**187**
60	10608	4899	5709	117	75	42
61	9526	4406	5120	93	65	28
62	9905	4531	5374	95	57	38
63	9606	4266	5340	89	46	43
64	6812	3088	3724	71	35	36
65岁及以上	**48734**	**22428**	**26306**	**277**	**108**	**169**

单位：人

有配偶			离婚			丧偶		
小计	男	女	小计	男	女	小计	男	女
224173	**111830**	**112343**	**12345**	**4890**	**7455**	**11784**	**2567**	**9217**
32	**12**	**20**						
2		2						
8	3	5						
22	9	13						
1192	**540**	**652**	**10**	**5**	**5**	**1**	**1**	
58	25	33						
98	39	59	1		1	1	1	
188	89	99	2	1	1			
320	135	185	3	1	2			
528	252	276	4	3	1			
6500	**3484**	**3016**	**138**	**59**	**79**	**2**		**2**
735	350	385	4	2	2			
952	496	456	26	4	22			
1309	707	602	24	13	11			
1527	832	695	31	8	23	1		1
1977	1099	878	53	32	21	1		1
16322	**9212**	**7110**	**627**	**351**	**276**	**13**	**1**	**12**
2871	1659	1212	103	56	47			
3126	1748	1378	102	62	40	2	1	1
3226	1823	1403	119	65	54	3		3
3707	2088	1619	158	92	66	4		4
3392	1894	1498	145	76	69	4		4
17778	**9502**	**8276**	**932**	**465**	**467**	**41**	**12**	**29**
2931	1620	1311	148	66	82	4	3	1
3219	1713	1506	157	88	69	3	1	2
3488	1883	1605	179	91	88	4	1	3
4391	2316	2075	247	127	120	13	1	12
3749	1970	1779	201	93	108	17	6	11
18160	**9411**	**8749**	**1031**	**415**	**616**	**80**	**12**	**68**
3823	1992	1831	210	97	113	9	2	7
3925	2036	1889	224	91	133	18	5	13
3752	2026	1726	212	87	125	16		16
3296	1706	1590	183	72	111	18	3	15
3364	1651	1713	202	68	134	19	2	17
20247	**9958**	**10289**	**1354**	**524**	**830**	**153**	**20**	**133**
3418	1646	1772	188	82	106	19	1	18
3730	1812	1918	242	92	150	21	4	17
4329	2184	2145	296	107	189	29	2	27
4225	2115	2110	319	115	204	47	5	42
4545	2201	2344	309	128	181	37	8	29
22729	**11101**	**11628**	**1676**	**617**	**1059**	**442**	**60**	**382**
5003	2513	2490	370	133	237	63	5	58
4796	2385	2411	343	133	210	78	8	70
5012	2462	2550	375	140	235	98	14	84
3566	1727	1839	252	100	152	86	12	74
4352	2014	2338	336	111	225	117	21	96
39901	**18881**	**21020**	**3099**	**1184**	**1915**	**1393**	**228**	**1165**
5396	2555	2841	417	160	257	139	17	122
7781	3669	4112	632	225	407	250	43	207
11353	5385	5968	889	337	552	392	50	342
8452	4016	4436	657	251	406	304	59	245
6919	3256	3663	504	211	293	308	59	249
41444	**19638**	**21806**	**2356**	**886**	**1470**	**2192**	**388**	**1804**
9448	4488	4960	612	248	364	431	88	343
8501	4065	4436	500	201	299	432	75	357
8838	4210	4628	506	181	325	466	83	383
8558	3978	4580	456	161	295	503	81	422
6099	2897	3202	282	95	187	360	61	299
39868	**20091**	**19777**	**1122**	**384**	**738**	**7467**	**1845**	**5622**

5-5a 续表 6

受教育程度 年龄	15岁及以上人口			未婚		
	合计	男	女	小计	男	女
大学专科	**248819**	**123885**	**124934**	**58777**	**31092**	**27685**
15-19岁	**4579**	**2295**	**2284**	**4569**	**2292**	**2277**
15	39	22	17	39	22	17
16	116	48	68	116	48	68
17	303	164	139	302	164	138
18	1580	790	790	1580	790	790
19	2541	1271	1270	2532	1268	1264
20-24岁	**21411**	**10713**	**10698**	**19987**	**10195**	**9792**
20	3294	1643	1651	3266	1635	1631
21	3455	1725	1730	3382	1707	1675
22	4263	2118	2145	4086	2058	2028
23	5042	2564	2478	4620	2411	2209
24	5357	2663	2694	4633	2384	2249
25-29岁	**28924**	**15027**	**13897**	**17192**	**9602**	**7590**
25	5680	2983	2697	4453	2450	2003
26	5703	3002	2701	3958	2223	1735
27	5872	3064	2808	3480	1979	1501
28	5873	3015	2858	2945	1658	1287
29	5796	2963	2833	2356	1292	1064
30-34岁	**38822**	**19464**	**19358**	**9340**	**5193**	**4147**
30	7690	4024	3666	2629	1514	1115
31	7884	3971	3913	2178	1190	988
32	7736	3837	3899	1809	963	846
33	8244	4065	4179	1571	884	687
34	7268	3567	3701	1153	642	511
35-39岁	**33517**	**16395**	**17122**	**3773**	**1943**	**1830**
35	6170	3033	3137	879	478	401
36	6358	3195	3163	805	399	406
37	6852	3370	3482	798	417	381
38	7826	3796	4030	753	389	364
39	6311	3001	3310	538	260	278
40-44岁	**24500**	**11758**	**12742**	**1604**	**772**	**832**
40	5892	2863	3029	419	214	205
41	5450	2573	2877	361	169	192
42	5005	2394	2611	349	173	176
43	4189	1996	2193	270	115	155
44	3964	1932	2032	205	101	104
45-49岁	**20599**	**9963**	**10636**	**1050**	**497**	**553**
45	3729	1776	1953	217	110	107
46	3994	1912	2082	192	93	99
47	4488	2178	2310	234	102	132
48	4226	2064	2162	204	97	107
49	4162	2033	2129	203	95	108
50-54岁	**16441**	**7812**	**8629**	**565**	**321**	**244**
50	4083	1960	2123	174	93	81
51	3835	1852	1983	144	85	59
52	3738	1780	1958	124	67	57
53	2326	1071	1255	72	46	26
54	2459	1149	1310	51	30	21
55-59岁	**16313**	**7635**	**8678**	**272**	**147**	**125**
55	2560	1208	1352	49	27	22
56	3395	1623	1772	58	35	23
57	4729	2218	2511	93	49	44
58	3280	1472	1808	46	23	23
59	2349	1114	1235	26	13	13
60-64岁	**14505**	**7209**	**7296**	**204**	**76**	**128**
60	2785	1362	1423	43	21	22
61	2333	1166	1167	40	14	26
62	2904	1455	1449	41	14	27
63	3340	1655	1685	48	17	31
64	3143	1571	1572	32	10	22
65岁及以上	**29208**	**15614**	**13594**	**221**	**54**	**167**

单位：人

有配偶			离　婚			丧　偶		
小计	男	女	小计	男	女	小计	男	女
177202	**88623**	**88579**	**8165**	**2991**	**5174**	**4675**	**1179**	**3496**
10	**3**	**7**						
1		1						
9	3	6						
1419	**517**	**902**	**5**	**1**	**4**			
28	8	20						
72	18	54	1		1			
176	60	116	1		1			
421	153	268	1		1			
722	278	444	2	1	1			
11575	**5365**	**6210**	**156**	**59**	**97**	**1**	**1**	
1217	527	690	10	6	4			
1727	773	954	18	6	12			
2366	1075	1291	25	9	16	1	1	
2890	1344	1546	38	13	25			
3375	1646	1729	65	25	40			
28675	**13931**	**14744**	**789**	**335**	**454**	**18**	**5**	**13**
4951	2462	2489	106	46	60	4	2	2
5583	2724	2859	121	55	66	2	2	
5790	2817	2973	134	57	77	3		3
6455	3089	3366	213	92	121	5		5
5896	2839	3057	215	85	130	4	1	3
28571	**13948**	**14623**	**1146**	**496**	**650**	**27**	**8**	**19**
5111	2465	2646	178	89	89	2	1	1
5343	2702	2641	204	92	112	6	2	4
5813	2848	2965	236	104	132	5	1	4
6757	3290	3467	309	115	194	7	2	5
5547	2643	2904	219	96	123	7	2	5
21739	**10555**	**11184**	**1101**	**424**	**677**	**56**	**7**	**49**
5222	2548	2674	245	101	144	6		6
4843	2311	2532	236	92	144	10	1	9
4427	2137	2290	220	83	137	9	1	8
3711	1809	1902	192	71	121	16	1	15
3536	1750	1786	208	77	131	15	4	11
18241	**9026**	**9215**	**1195**	**423**	**772**	**113**	**17**	**96**
3326	1606	1720	168	58	110	18	2	16
3562	1731	1831	223	82	141	17	6	11
3959	1975	1984	265	99	166	30	2	28
3738	1865	1873	262	97	165	22	5	17
3656	1849	1807	277	87	190	26	2	24
14509	**7077**	**7432**	**1166**	**392**	**774**	**201**	**22**	**179**
3584	1773	1811	281	86	195	44	8	36
3338	1662	1676	311	103	208	42	2	40
3327	1614	1713	242	93	149	45	6	39
2052	965	1087	166	56	110	36	4	32
2208	1063	1145	166	54	112	34	2	32
14625	**7103**	**7522**	**1058**	**331**	**727**	**358**	**54**	**304**
2307	1130	1177	163	48	115	41	3	38
3028	1493	1535	234	82	152	75	13	62
4240	2074	2166	297	79	218	99	16	83
2950	1373	1577	207	68	139	77	8	69
2100	1033	1067	157	54	103	66	14	52
13068	**6814**	**6254**	**751**	**235**	**516**	**482**	**84**	**398**
2502	1274	1228	153	55	98	87	12	75
2105	1101	1004	128	38	90	60	13	47
2640	1385	1255	135	42	93	88	14	74
2992	1561	1431	176	58	118	124	19	105
2829	1493	1336	159	42	117	123	26	97
24770	**14284**	**10486**	**798**	**295**	**503**	**3419**	**981**	**2438**

5-5a 续表 7

受教育程度 年 龄	15岁及以上人口			未 婚		
	合计	男	女	小计	男	女
大学本科	**440956**	**217335**	**223621**	**143254**	**68839**	**74415**
15-19岁	**16084**	**7737**	**8347**	**16081**	**7735**	**8346**
15	24	12	12	24	12	12
16	69	33	36	69	33	36
17	564	252	312	564	252	312
18	5540	2629	2911	5539	2628	2911
19	9887	4811	5076	9885	4810	5075
20-24岁	**49536**	**23802**	**25734**	**48470**	**23427**	**25043**
20	11843	5812	6031	11829	5806	6023
21	10731	5042	5689	10717	5038	5679
22	8158	4022	4136	8053	3989	4064
23	8817	4217	4600	8533	4118	4415
24	9987	4709	5278	9338	4476	4862
25-29岁	**61789**	**28991**	**32798**	**41958**	**20627**	**21331**
25	11334	5203	6131	9928	4700	5228
26	12018	5632	6386	9572	4647	4925
27	12918	6047	6871	8809	4341	4468
28	13103	6275	6828	7707	3936	3771
29	12416	5834	6582	5942	3003	2939
30-34岁	**79386**	**36743**	**42643**	**21682**	**10458**	**11224**
30	15709	7436	8273	6275	3131	3144
31	15752	7342	8410	4979	2457	2522
32	16195	7456	8739	4295	2054	2241
33	16697	7645	9052	3515	1631	1884
34	15033	6864	8169	2618	1185	1433
35-39岁	**74611**	**35278**	**39333**	**8971**	**3993**	**4978**
35	13830	6416	7414	2195	975	1220
36	14732	6946	7786	1890	839	1051
37	15529	7320	8209	1899	817	1082
38	17226	8211	9015	1767	810	957
39	13294	6385	6909	1220	552	668
40-44岁	**44969**	**22231**	**22738**	**3124**	**1299**	**1825**
40	11549	5621	5928	904	374	530
41	10356	5090	5266	740	320	420
42	9216	4523	4693	635	247	388
43	7153	3613	3540	469	211	258
44	6695	3384	3311	376	147	229
45-49岁	**31998**	**16229**	**15769**	**1595**	**691**	**904**
45	6035	3001	3034	309	125	184
46	6413	3255	3158	349	146	203
47	6733	3442	3291	356	161	195
48	6544	3398	3146	305	142	163
49	6273	3133	3140	276	117	159
50-54岁	**23149**	**12054**	**11095**	**704**	**332**	**372**
50	5826	3041	2785	213	100	113
51	5105	2580	2525	160	74	86
52	5273	2742	2531	161	78	83
53	3351	1760	1591	92	40	52
54	3594	1931	1663	78	40	38
55-59岁	**18333**	**10258**	**8075**	**332**	**164**	**168**
55	3679	1992	1687	84	42	42
56	4105	2317	1788	81	42	39
57	5071	2804	2267	80	39	41
58	3346	1948	1398	58	29	29
59	2132	1197	935	29	12	17
60-64岁	**11450**	**6458**	**4992**	**137**	**53**	**84**
60	2473	1441	1032	31	17	14
61	1978	1094	884	31	10	21
62	2133	1188	945	26	9	17
63	2428	1377	1051	28	11	17
64	2438	1358	1080	21	6	15
65岁及以上	**29651**	**17554**	**12097**	**200**	**60**	**140**

单位：人

有配偶			离婚			丧偶		
小计	男	女	小计	男	女	小计	男	女
283112	**143234**	**139878**	**9706**	**3571**	**6135**	**4884**	**1691**	**3193**
3	**2**	**1**						
1	1							
2	1	1						
1061	**371**	**690**	**5**	**4**	**1**			
14	6	8						
14	4	10						
105	33	72						
283	98	185	1	1				
645	230	415	4	3	1			
19683	**8308**	**11375**	**145**	**56**	**89**	**3**		**3**
1402	503	899	3		3	1		1
2434	982	1452	12	3	9			
4076	1694	2382	32	12	20	1		1
5352	2323	3029	44	16	28			
6419	2806	3613	54	25	29	1		1
56578	**25864**	**30714**	**1112**	**416**	**696**	**14**	**5**	**9**
9300	4247	5053	132	56	76	2	2	
10607	4817	5790	164	67	97	2	1	1
11664	5329	6335	234	73	161	2		2
12896	5895	7001	286	119	167			
12111	5576	6535	296	101	195	8	2	6
63590	**30460**	**33130**	**1996**	**816**	**1180**	**54**	**9**	**45**
11354	5325	6029	276	116	160	5		5
12475	5953	6522	362	153	209	5	1	4
13193	6312	6881	426	190	236	11	1	10
14934	7204	7730	503	191	312	22	6	16
11634	5666	5968	429	166	263	11	1	10
40243	**20368**	**19875**	**1524**	**541**	**983**	**78**	**23**	**55**
10271	5113	5158	363	130	233	11	4	7
9216	4639	4577	378	125	253	22	6	16
8260	4161	4099	310	112	198	11	3	8
6428	3305	3123	242	93	149	14	4	10
6068	3150	2918	231	81	150	20	6	14
28837	**15056**	**13781**	**1464**	**465**	**999**	**102**	**17**	**85**
5474	2789	2685	246	84	162	6	3	3
5782	3024	2758	263	81	182	19	4	15
6039	3182	2857	317	97	220	21	2	19
5905	3146	2759	309	105	204	25	5	20
5637	2915	2722	329	98	231	31	3	28
21050	**11273**	**9777**	**1246**	**418**	**828**	**149**	**31**	**118**
5266	2839	2427	310	100	210	37	2	35
4647	2416	2231	271	85	186	27	5	22
4782	2551	2231	297	105	192	33	8	25
3046	1646	1400	184	65	119	29	9	20
3309	1821	1488	184	63	121	23	7	16
16798	**9664**	**7134**	**963**	**369**	**594**	**240**	**61**	**179**
3356	1862	1494	203	82	121	36	6	30
3778	2188	1590	202	76	126	44	11	33
4650	2659	1991	270	89	181	71	17	54
3063	1831	1232	174	70	104	51	18	33
1951	1124	827	114	52	62	38	9	29
10445	**6127**	**4318**	**566**	**211**	**355**	**302**	**67**	**235**
2249	1355	894	141	58	83	52	11	41
1789	1040	749	104	35	69	54	9	45
1930	1128	802	113	35	78	64	16	48
2227	1304	923	111	44	67	62	18	44
2250	1300	950	97	39	58	70	13	57
24824	**15741**	**9083**	**685**	**275**	**410**	**3942**	**1478**	**2464**

5-5a 续表 8

受教育程度 年龄	15岁及以上人口			未婚		
	合计	男	女	小计	男	女
硕士研究生	**123399**	**60424**	**62975**	**41761**	**18056**	**23705**
15-19岁	**26**	**15**	**11**	**26**	**15**	**11**
15						
16						
17	2	1	1	2	1	1
18	10	6	4	10	6	4
19	14	8	6	14	8	6
20-24岁	**12424**	**5371**	**7053**	**12339**	**5344**	**6995**
20	59	36	23	59	36	23
21	438	180	258	438	180	258
22	2465	1079	1386	2458	1076	1382
23	4582	1962	2620	4568	1959	2609
24	4880	2114	2766	4816	2093	2723
25-29岁	**22924**	**9724**	**13200**	**17547**	**7658**	**9889**
25	4635	2034	2601	4461	1979	2482
26	4418	1860	2558	3968	1695	2273
27	4539	1940	2599	3591	1601	1990
28	4734	1958	2776	3087	1315	1772
29	4598	1932	2666	2440	1068	1372
30-34岁	**27317**	**12014**	**15303**	**7823**	**3407**	**4416**
30	5784	2429	3355	2483	1069	1414
31	5709	2516	3193	1943	895	1048
32	5372	2360	3012	1422	623	799
33	5444	2436	3008	1125	478	647
34	5008	2273	2735	850	342	508
35-39岁	**24601**	**11870**	**12731**	**2484**	**1016**	**1468**
35	4484	2107	2377	621	258	363
36	4816	2263	2553	528	235	293
37	5056	2452	2604	507	215	292
38	5736	2851	2885	485	177	308
39	4509	2197	2312	343	131	212
40-44岁	**15224**	**8179**	**7045**	**915**	**356**	**559**
40	3822	1969	1853	262	103	159
41	3631	1864	1767	227	90	137
42	3175	1767	1408	185	68	117
43	2415	1369	1046	124	54	70
44	2181	1210	971	117	41	76
45-49岁	**8806**	**5182**	**3624**	**386**	**148**	**238**
45	1843	1078	765	85	26	59
46	1801	1027	774	96	40	56
47	1906	1130	776	79	28	51
48	1750	1043	707	63	29	34
49	1506	904	602	63	25	38
50-54岁	**5078**	**3139**	**1939**	**146**	**67**	**79**
50	1345	812	533	50	31	19
51	1130	698	432	29	10	19
52	1068	656	412	33	10	23
53	702	431	271	13	4	9
54	833	542	291	21	12	9
55-59岁	**3834**	**2621**	**1213**	**53**	**31**	**22**
55	905	606	299	12	10	2
56	889	605	284	15	10	5
57	1031	713	318	14	4	10
58	643	439	204	7	3	4
59	366	258	108	5	4	1
60-64岁	**1526**	**1105**	**421**	**25**	**9**	**16**
60	333	239	94	4	2	2
61	268	195	73	4	2	2
62	288	208	80	4	4	
63	342	242	100	7	1	6
64	295	221	74	6		6
65岁及以上	**1639**	**1204**	**435**	**17**	**5**	**12**

单位：人

有配偶			离婚			丧偶		
小计	男	女	小计	男	女	小计	男	女
79147	**41473**	**37674**	**2218**	**782**	**1436**	**273**	**113**	**160**
85	**27**	**58**						
7	3	4						
14	3	11						
64	21	43						
5351	**2058**	**3293**	**24**	**7**	**17**	**2**	**1**	**1**
174	55	119						
447	164	283	3	1	2			
946	338	608	2	1	1			
1632	638	994	13	4	9	2	1	1
2152	863	1289	6	1	5			
19253	**8517**	**10736**	**237**	**87**	**150**	**4**	**3**	**1**
3284	1351	1933	17	9	8			
3737	1609	2128	29	12	17			
3891	1718	2173	58	18	40	1	1	
4254	1933	2321	64	24	40	1	1	
4087	1906	2181	69	24	45	2	1	1
21536	**10650**	**10886**	**572**	**200**	**372**	**9**	**4**	**5**
3775	1815	1960	88	34	54			
4180	1992	2188	107	36	71	1		1
4447	2206	2241	100	31	69	2		2
5098	2617	2481	148	53	95	5	4	1
4036	2020	2016	129	46	83	1		1
13873	**7652**	**6221**	**412**	**161**	**251**	**24**	**10**	**14**
3474	1830	1644	83	35	48	3	1	2
3308	1735	1573	90	37	53	6	2	4
2896	1664	1232	90	32	58	4	3	1
2203	1280	923	81	32	49	7	3	4
1992	1143	849	68	25	43	4	1	3
8063	**4922**	**3141**	**339**	**103**	**236**	**18**	**9**	**9**
1696	1037	659	61	15	46	1		1
1637	955	682	66	30	36	2	2	
1752	1076	676	71	25	46	4	1	3
1607	991	616	74	19	55	6	4	2
1371	863	508	67	14	53	5	2	3
4606	**2978**	**1628**	**298**	**85**	**213**	**28**	**9**	**19**
1208	752	456	77	25	52	10	4	6
1026	665	361	64	21	43	11	2	9
972	633	339	61	12	49	2	1	1
637	413	224	50	13	37	2	1	1
763	515	248	46	14	32	3	1	2
3542	**2506**	**1036**	**209**	**75**	**134**	**30**	**9**	**21**
842	579	263	48	15	33	3	2	1
813	572	241	56	22	34	5	1	4
944	682	262	61	22	39	12	5	7
602	426	176	28	9	19	6	1	5
341	247	94	16	7	9	4		4
1395	**1044**	**351**	**78**	**41**	**37**	**28**	**11**	**17**
307	227	80	15	7	8	7	3	4
242	181	61	16	10	6	6	2	4
263	196	67	16	7	9	5	1	4
310	231	79	17	7	10	8	3	5
273	209	64	14	10	4	2	2	
1443	**1119**	**324**	**49**	**23**	**26**	**130**	**57**	**73**

5-5a 续表 9

受教育程度 年　　龄	15岁及以上人口			未　婚		
	合计	男	女	小计	男	女
博士研究生	**23136**	**13984**	**9152**	**7593**	**4289**	**3304**
15-19岁	**2**	**1**	**1**	**2**	**1**	**1**
15						
16						
17						
18						
19	2	1	1	2	1	1
20-24岁	**1368**	**803**	**565**	**1359**	**801**	**558**
20	8	5	3	8	5	3
21	47	24	23	47	24	23
22	246	147	99	245	147	98
23	435	276	159	434	276	158
24	632	351	281	625	349	276
25-29岁	**4819**	**2658**	**2161**	**3924**	**2197**	**1727**
25	817	465	352	783	443	340
26	991	535	456	917	504	413
27	1071	587	484	904	496	408
28	970	538	432	704	408	296
29	970	533	437	616	346	270
30-34岁	**4427**	**2507**	**1920**	**1597**	**925**	**672**
30	1064	595	469	553	316	237
31	904	507	397	385	227	158
32	863	475	388	301	167	134
33	857	493	364	218	133	85
34	739	437	302	140	82	58
35-39岁	**3919**	**2317**	**1602**	**430**	**237**	**193**
35	720	412	308	105	60	45
36	736	440	296	102	57	45
37	804	470	334	80	41	39
38	915	537	378	88	45	43
39	744	458	286	55	34	21
40-44岁	**3100**	**1823**	**1277**	**144**	**66**	**78**
40	633	359	274	36	17	19
41	712	412	300	39	18	21
42	653	386	267	31	11	20
43	554	338	216	16	11	5
44	548	328	220	22	9	13
45-49岁	**2252**	**1451**	**801**	**69**	**33**	**36**
45	460	280	180	17	9	8
46	495	314	181	15	7	8
47	503	333	170	15	6	9
48	398	256	142	10	6	4
49	396	268	128	12	5	7
50-54岁	**1422**	**992**	**430**	**34**	**14**	**20**
50	341	228	113	8	4	4
51	301	211	90	6	1	5
52	301	199	102	7	2	5
53	210	154	56	6	4	2
54	269	200	69	7	3	4
55-59岁	**1177**	**918**	**259**	**27**	**13**	**14**
55	290	228	62	5	4	1
56	297	225	72	6	2	4
57	333	259	74	5	3	2
58	177	142	35	8	4	4
59	80	64	16	3		3
60-64岁	**355**	**289**	**66**	**3**		**3**
60	81	69	12	1		1
61	54	44	10	1		1
62	69	57	12			
63	81	60	21	1		1
64	70	59	11			
65岁及以上	**295**	**225**	**70**	**4**	**2**	**2**

单位：人

有配偶			离婚			丧偶		
小计	男	女	小计	男	女	小计	男	女
15123	**9508**	**5615**	**375**	**164**	**211**	**45**	**23**	**22**
9	**2**	**7**						
1		1						
1		1						
7	2	5						
892	**460**	**432**	**3**	**1**	**2**			
34	22	12						
74	31	43						
167	91	76						
265	130	135	1		1			
352	186	166	2	1	1			
2802	**1572**	**1230**	**28**	**10**	**18**			
510	278	232	1	1				
514	279	235	5	1	4			
558	307	251	4	1	3			
630	356	274	9	4	5			
590	352	238	9	3	6			
3422	**2053**	**1369**	**66**	**27**	**39**	**1**		**1**
606	351	255	9	1	8			
626	379	247	8	4	4			
712	421	291	12	8	4			
809	485	324	18	7	11			
669	417	252	19	7	12	1		1
2883	**1720**	**1163**	**72**	**36**	**36**	**1**	**1**	
581	332	249	15	9	6	1	1	
661	386	275	12	8	4			
603	369	234	19	6	13			
521	318	203	17	9	8			
517	315	202	9	4	5			
2099	**1382**	**717**	**78**	**32**	**46**	**6**	**4**	**2**
426	263	163	15	6	9	2	2	
463	297	166	17	10	7			
465	320	145	22	7	15	1		1
376	246	130	11	4	7	1		1
369	256	113	13	5	8	2	2	
1319	**956**	**363**	**64**	**19**	**45**	**5**	**3**	**2**
316	218	98	15	5	10	2	1	1
278	206	72	17	4	13			
283	193	90	10	4	6	1		1
194	147	47	9	2	7	1	1	
248	192	56	13	4	9	1	1	
1107	**877**	**230**	**39**	**25**	**14**	**4**	**3**	**1**
274	217	57	10	6	4	1	1	
280	218	62	11	5	6			
313	244	69	13	11	2	2	1	1
165	136	29	4	2	2			
75	62	13	1	1		1	1	
336	**279**	**57**	**13**	**8**	**5**	**3**	**2**	**1**
78	68	10	1	1		1		1
51	42	9	1	1		1	1	
64	53	11	4	3	1	1	1	
75	58	17	5	2	3			
68	58	10	2	1	1			
254	**207**	**47**	**12**	**6**	**6**	**25**	**10**	**15**

5-5b 全市分年龄、性别、受教育

受教育程度 年　　龄	15岁及以上人口			未　　婚		
	合计	男	女	小计	男	女
总　计	**113315**	**61380**	**51935**	**23471**	**13936**	**9535**
15-19岁	**3464**	**1934**	**1530**	**3448**	**1929**	**1519**
15	438	227	211	438	227	211
16	458	244	214	458	244	214
17	497	276	221	493	275	218
18	819	476	343	817	476	341
19	1252	711	541	1242	707	535
20-24岁	**9046**	**4950**	**4096**	**8306**	**4637**	**3669**
20	1442	789	653	1409	772	637
21	1661	891	770	1603	868	735
22	2057	1141	916	1947	1096	851
23	1955	1090	865	1736	996	740
24	1931	1039	892	1611	905	706
25-29岁	**11316**	**6295**	**5021**	**5995**	**3628**	**2367**
25	2064	1116	948	1526	879	647
26	2011	1080	931	1301	737	564
27	2310	1307	1003	1262	775	487
28	2356	1356	1000	1016	652	364
29	2575	1436	1139	890	585	305
30-34岁	**16429**	**9162**	**7267**	**3092**	**2037**	**1055**
30	3247	1874	1373	849	576	273
31	3293	1817	1476	713	459	254
32	3383	1849	1534	614	398	216
33	3528	1982	1546	555	364	191
34	2978	1640	1338	361	240	121
35-39岁	**12499**	**7081**	**5418**	**1142**	**675**	**467**
35	2581	1462	1119	287	182	105
36	2486	1400	1086	251	143	108
37	2473	1410	1063	215	130	85
38	2770	1564	1206	210	119	91
39	2189	1245	944	179	101	78
40-44岁	**8727**	**4999**	**3728**	**527**	**309**	**218**
40	1990	1114	876	150	89	61
41	1951	1134	817	130	77	53
42	1755	1003	752	105	55	50
43	1432	827	605	78	49	29
44	1599	921	678	64	39	25
45-49岁	**9591**	**5342**	**4249**	**300**	**199**	**101**
45	1559	862	697	49	29	20
46	1837	1034	803	64	39	25
47	1941	1042	899	61	37	24
48	2124	1197	927	62	47	15
49	2130	1207	923	64	47	17
50-54岁	**10436**	**5838**	**4598**	**248**	**182**	**66**
50	2326	1276	1050	59	39	20
51	2189	1232	957	61	43	18
52	2187	1228	959	52	36	16
53	1704	965	739	27	22	5
54	2030	1137	893	49	42	7
55-59岁	**9776**	**5166**	**4610**	**142**	**115**	**27**
55	2060	1123	937	24	17	7
56	2138	1155	983	44	35	9
57	2562	1319	1243	31	28	3
58	1822	961	861	24	18	6
59	1194	608	586	19	17	2
60-64岁	**7687**	**3817**	**3870**	**90**	**69**	**21**
60	1624	824	800	14	11	3
61	1416	695	721	22	17	5
62	1554	803	751	22	18	4
63	1581	782	799	14	10	4
64	1512	713	799	18	13	5
65岁及以上	**14344**	**6796**	**7548**	**181**	**156**	**25**

程度、婚姻状况的人口(镇)

单位：人

有配偶			离婚			丧偶		
小计	男	女	小计	男	女	小计	男	女
82699	**44943**	**37756**	**2777**	**1362**	**1415**	**4368**	**1139**	**3229**
16	**5**	**11**						
4	1	3						
2		2						
10	4	6						
737	**310**	**427**	**3**	**3**				
33	17	16						
58	23	35						
109	44	65	1	1				
219	94	125						
318	132	186	2	2				
5251	**2638**	**2613**	**69**	**28**	**41**	**1**	**1**	
535	235	300	3	2	1			
702	340	362	8	3	5			
1040	529	511	8	3	5			
1324	697	627	15	6	9	1	1	
1650	837	813	35	14	21			
12999	**6949**	**6050**	**329**	**175**	**154**	**9**	**1**	**8**
2357	1273	1084	41	25	16			
2523	1331	1192	55	27	28	2		2
2682	1409	1273	86	42	44	1		1
2897	1579	1318	72	39	33	4		4
2540	1357	1183	75	42	33	2	1	1
10917	**6180**	**4737**	**427**	**222**	**205**	**13**	**4**	**9**
2216	1241	975	78	39	39			
2159	1221	938	75	36	39	1		1
2170	1230	940	87	50	37	1		1
2447	1386	1061	107	57	50	6	2	4
1925	1102	823	80	40	40	5	2	3
7806	**4507**	**3299**	**369**	**178**	**191**	**25**	**5**	**20**
1752	979	773	88	46	42			
1729	1012	717	88	43	45	4	2	2
1579	915	664	65	33	32	6		6
1284	748	536	62	27	35	8	3	5
1462	853	609	66	29	37	7		7
8835	**4945**	**3890**	**390**	**180**	**210**	**66**	**18**	**48**
1447	809	638	56	22	34	7	2	5
1694	955	739	70	37	33	9	3	6
1786	969	817	82	33	49	12	3	9
1956	1100	856	88	44	44	18	6	12
1952	1112	840	94	44	50	20	4	16
9610	**5404**	**4206**	**420**	**213**	**207**	**158**	**39**	**119**
2142	1178	964	99	53	46	26	6	20
1993	1128	865	106	55	51	29	6	23
2026	1146	880	80	38	42	29	8	21
1593	908	685	57	28	29	27	7	20
1856	1044	812	78	39	39	47	12	35
8988	**4828**	**4160**	**336**	**153**	**183**	**310**	**70**	**240**
1916	1056	860	72	36	36	48	14	34
1956	1079	877	73	26	47	65	15	50
2368	1240	1128	75	37	38	88	14	74
1655	892	763	69	31	38	74	20	54
1093	561	532	47	23	24	35	7	28
6924	**3535**	**3389**	**241**	**113**	**128**	**432**	**100**	**332**
1492	773	719	62	32	30	56	8	48
1276	640	636	39	17	22	79	21	58
1393	733	660	50	26	24	89	26	63
1412	727	685	49	24	25	106	21	85
1351	662	689	41	14	27	102	24	78
10616	**5642**	**4974**	**193**	**97**	**96**	**3354**	**901**	**2453**

5-5b 续表 1

受教育程度 年龄	15岁及以上人口			未婚		
	合计	男	女	小计	男	女
未上过学	**1703**	**468**	**1235**	**194**	**166**	**28**
15-19岁	**12**	**11**	**1**	**12**	**11**	**1**
15	3	2	1	3	2	1
16						
17	6	6		6	6	
18	2	2		2	2	
19	1	1		1	1	
20-24岁	**21**	**18**	**3**	**21**	**18**	**3**
20	5	5		5	5	
21	5	5		5	5	
22	4	2	2	4	2	2
23	3	3		3	3	
24	4	3	1	4	3	1
25-29岁	**14**	**8**	**6**	**13**	**8**	**5**
25	5	4	1	5	4	1
26	3	1	2	3	1	2
27	2	1	1	2	1	1
28	3	2	1	3	2	1
29	1		1			
30-34岁	**19**	**12**	**7**	**13**	**9**	**4**
30	5	3	2	5	3	2
31	5	3	2	1	1	
32	3	2	1	3	2	1
33	2	1	1	2	1	1
34	4	3	1	2	2	
35-39岁	**26**	**14**	**12**	**13**	**11**	**2**
35	2		2			
36	6	3	3	4	3	1
37	6	3	3	3	2	1
38	10	7	3	6	6	
39	2	1	1			
40-44岁	**18**	**9**	**9**	**5**	**3**	**2**
40	5	1	4	2	1	1
41	3	1	2			
42	1	1				
43	3	3		1	1	
44	6	3	3	2	1	1
45-49岁	**52**	**21**	**31**	**11**	**8**	**3**
45	7	1	6	2	1	1
46	12	5	7	3	3	
47	9	3	6	1	1	
48	13	5	8	2	1	1
49	11	7	4	3	2	1
50-54岁	**87**	**39**	**48**	**13**	**13**	
50	18	5	13	3	3	
51	13	5	8	1	1	
52	14	8	6	4	4	
53	20	10	10			
54	22	11	11	5	5	
55-59岁	**108**	**35**	**73**	**19**	**14**	**5**
55	14	5	9	3	2	1
56	34	10	24	8	6	2
57	25	9	16	3	2	1
58	21	7	14	2	1	1
59	14	4	10	3	3	
60-64岁	**176**	**45**	**131**	**14**	**14**	
60	25	5	20	2	2	
61	31	13	18	5	5	
62	33	13	20	2	2	
63	39	8	31	2	2	
64	48	6	42	3	3	
65岁及以上	**1170**	**256**	**914**	**60**	**57**	**3**

单位：人

有配偶			离婚			丧偶		
小计	男	女	小计	男	女	小计	男	女
834	**208**	**626**	**19**	**11**	**8**	**656**	**83**	**573**
1		**1**						
1		1						
6	**3**	**3**						
4	2	2						
2	1	1						
13	**3**	**10**						
2		2						
2		2						
3	1	2						
4	1	3						
2	1	1						
13	**6**	**7**						
3		3						
3	1	2						
1	1							
2	2							
4	2	2						
38	**12**	**26**	**2**	**1**	**1**	**1**		**1**
5		5						
8	1	7	1	1				
7	2	5				1		1
11	4	7						
7	5	2	1		1			
67	**24**	**43**	**4**	**2**	**2**	**3**		**3**
14	2	12	1		1			
12	4	8						
10	4	6						
19	9	10	1	1				
12	5	7	2	1	1	3		3
79	**18**	**61**	**2**	**2**		**8**	**1**	**7**
10	3	7				1		1
22	3	19	1	1		3		3
20	6	14				2	1	1
16	5	11	1	1		2		2
11	1	10						
137	**27**	**110**	**4**		**4**	**21**	**4**	**17**
20	3	17				3		3
23	7	16				3	1	2
27	10	17	2		2	2	1	1
32	6	26	1		1	4		4
35	1	34	1		1	9	2	7
480	**115**	**365**	**7**	**6**	**1**	**623**	**78**	**545**

5-5b 续表 2

受教育程度 年 龄	15岁及以上人口			未 婚		
	合计	男	女	小计	男	女
学前教育	**51**	**33**	**18**	**6**	**4**	**2**
15-19岁	**1**		**1**	**1**		**1**
15						
16						
17	1		1	1		1
18						
19						
20-24岁	**1**		**1**	**1**		**1**
20						
21						
22	1		1	1		1
23						
24						
25-29岁	**2**	**2**		**1**	**1**	
25						
26						
27	1	1				
28						
29	1	1		1	1	
30-34岁	**2**	**2**		**1**	**1**	
30						
31						
32	1	1		1	1	
33	1	1				
34						
35-39岁	**2**	**1**	**1**			
35	1		1			
36						
37						
38	1	1				
39						
40-44岁	**3**	**3**				
40						
41	1	1				
42						
43	1	1				
44	1	1				
45-49岁	**5**	**3**	**2**			
45	1	1				
46	1		1			
47	1		1			
48	2	2				
49						
50-54岁	**9**	**7**	**2**	**2**	**2**	
50	3	3				
51						
52	4	2	2			
53	1	1		1	1	
54	1	1		1	1	
55-59岁	**7**	**6**	**1**			
55	2	2				
56	1	1				
57	3	2	1			
58						
59	1	1				
60-64岁	**4**	**3**	**1**			
60	1	1				
61	1	1				
62	1	1				
63						
64	1		1			
65岁及以上	**15**	**6**	**9**			

单位：人

有配偶			离婚			丧偶		
小计	男	女	小计	男	女	小计	男	女
34	**26**	**8**				**11**	**3**	**8**
1	**1**							
1	1							
1	**1**							
1	1							
2	**1**	**1**						
1		1						
1	1							
3	**3**							
1	1							
1	1							
1	1							
5	**3**	**2**						
1	1							
1		1						
1		1						
2	2							
7	**5**	**2**						
3	3							
4	2	2						
7	**6**	**1**						
2	2							
1	1							
3	2	1						
1	1							
3	**3**					**1**		**1**
1	1							
1	1							
1	1							
						1		1
5	**3**	**2**				**10**	**3**	**7**

5-5b 续表 3

受教育程度 年龄	15岁及以上人口			未婚		
	合计	男	女	小计	男	女
小学	**10467**	**4853**	**5614**	**384**	**331**	**53**
15-19岁	**22**	**19**	**3**	**21**	**19**	**2**
15	1	1		1	1	
16						
17	6	6		6	6	
18	5	4	1	5	4	1
19	10	8	2	9	8	1
20-24岁	**44**	**28**	**16**	**29**	**22**	**7**
20	5	4	1	5	4	1
21	7	4	3	5	3	2
22	14	11	3	10	9	1
23	6	2	4	4	1	3
24	12	7	5	5	5	
25-29岁	**94**	**68**	**26**	**41**	**32**	**9**
25	11	7	4	8	6	2
26	7	5	2	6	5	1
27	15	9	6	5	3	2
28	18	16	2	7	5	2
29	43	31	12	15	13	2
30-34岁	**212**	**144**	**68**	**44**	**32**	**12**
30	40	29	11	8	7	1
31	46	30	16	12	7	5
32	36	25	11	9	8	1
33	45	33	12	7	5	2
34	45	27	18	8	5	3
35-39岁	**256**	**164**	**92**	**37**	**32**	**5**
35	47	30	17	13	11	2
36	44	29	15	7	5	2
37	57	39	18	5	5	
38	66	41	25	7	7	
39	42	25	17	5	4	1
40-44岁	**414**	**233**	**181**	**21**	**16**	**5**
40	61	33	28	4	3	1
41	79	42	37	4	4	
42	102	52	50	7	3	4
43	61	37	24	5	5	
44	111	69	42	1	1	
45-49岁	**756**	**398**	**358**	**24**	**21**	**3**
45	96	54	42	2	2	
46	147	75	72	5	4	1
47	152	86	66	3	2	1
48	182	95	87	7	6	1
49	179	88	91	7	7	
50-54岁	**1333**	**729**	**604**	**48**	**43**	**5**
50	246	114	132	3	1	2
51	279	154	125	11	11	
52	282	156	126	12	11	1
53	229	129	100	7	6	1
54	297	176	121	15	14	1
55-59岁	**1079**	**531**	**548**	**20**	**20**	
55	251	140	111	4	4	
56	248	127	121	3	3	
57	250	122	128	6	6	
58	205	94	111	3	3	
59	125	48	77	4	4	
60-64岁	**1261**	**522**	**739**	**26**	**25**	**1**
60	201	92	109	2	2	
61	194	84	110	3	3	
62	263	118	145	12	12	
63	286	110	176	4	4	
64	317	118	199	5	4	1
65岁及以上	**4996**	**2017**	**2979**	**73**	**69**	**4**

单位：人

有配偶			离婚			丧偶		
小计	男	女	小计	男	女	小计	男	女
8109	**3938**	**4171**	**198**	**115**	**83**	**1776**	**469**	**1307**
1		**1**						
1		1						
15	**6**	**9**						
2	1	1						
4	2	2						
2	1	1						
7	2	5						
53	**36**	**17**						
3	1	2						
1		1						
10	6	4						
11	11							
28	18	10						
159	**106**	**53**	**9**	**6**	**3**			
30	21	9	2	1	1			
31	21	10	3	2	1			
27	17	10						
37	27	10	1	1				
34	20	14	3	2	1			
207	**125**	**82**	**11**	**6**	**5**	**1**	**1**	
32	18	14	2	1	1			
35	23	12	2	1	1			
50	32	18	2	2				
54	31	23	4	2	2	1	1	
36	21	15	1		1			
378	**210**	**168**	**12**	**7**	**5**	**3**		**3**
55	29	26	2	1	1			
74	38	36	1		1			
91	46	45	4	3	1			
53	31	22	2	1	1	1		1
105	66	39	3	2	1	2		2
705	**363**	**342**	**21**	**12**	**9**	**6**	**2**	**4**
88	48	40	6	4	2			
139	69	70	2	1	1	1	1	
146	83	63	2		2	1	1	
167	86	81	6	3	3	2		2
165	77	88	5	4	1	2		2
1215	**649**	**566**	**44**	**28**	**16**	**26**	**9**	**17**
233	107	126	8	4	4	2	2	
248	132	116	14	10	4	6	1	5
259	139	120	9	6	3	2		2
213	121	92	2		2	7	2	5
262	150	112	11	8	3	9	4	5
987	**487**	**500**	**25**	**15**	**10**	**47**	**9**	**38**
233	130	103	7	4	3	7	2	5
230	119	111	7	2	5	8	3	5
219	108	111	6	5	1	19	3	16
190	89	101	2	1	1	10	1	9
115	41	74	3	3		3		3
1082	**450**	**632**	**33**	**17**	**16**	**120**	**30**	**90**
180	80	100	8	6	2	11	4	7
173	76	97	2	1	1	16	4	12
221	96	125	7	3	4	23	7	16
235	92	143	10	6	4	37	8	29
273	106	167	6	1	5	33	7	26
3307	**1506**	**1801**	**43**	**24**	**19**	**1573**	**418**	**1155**

5-5b 续表 4

受教育程度	15岁及以上人口			未婚		
年龄	合计	男	女	小计	男	女
初中	**37934**	**22203**	**15731**	**3096**	**2397**	**699**
15-19岁	**508**	**360**	**148**	**505**	**358**	**147**
15	173	102	71	173	102	71
16	68	47	21	68	47	21
17	83	63	20	81	62	19
18	86	69	17	86	69	17
19	98	79	19	97	78	19
20-24岁	**851**	**569**	**282**	**664**	**483**	**181**
20	130	101	29	119	94	25
21	124	83	41	111	79	32
22	185	114	71	150	103	47
23	198	132	66	137	98	39
24	214	139	75	147	109	38
25-29岁	**1789**	**1213**	**576**	**703**	**557**	**146**
25	279	171	108	156	116	40
26	273	195	78	134	107	27
27	365	249	116	138	111	27
28	413	284	129	139	107	32
29	459	314	145	136	116	20
30-34岁	**3332**	**2222**	**1110**	**549**	**460**	**89**
30	620	439	181	133	111	22
31	688	457	231	133	115	18
32	640	408	232	98	81	17
33	741	499	242	108	92	16
34	643	419	224	77	61	16
35-39岁	**3294**	**2103**	**1191**	**217**	**176**	**41**
35	588	378	210	58	48	10
36	614	400	214	41	33	8
37	664	410	254	44	36	8
38	761	491	270	35	25	10
39	667	424	243	39	34	5
40-44岁	**3290**	**1938**	**1352**	**138**	**113**	**25**
40	603	363	240	26	22	4
41	689	432	257	34	28	6
42	664	377	287	28	22	6
43	618	360	258	23	19	4
44	716	406	310	27	22	5
45-49岁	**5105**	**2890**	**2215**	**119**	**89**	**30**
45	776	441	335	16	13	3
46	945	547	398	20	14	6
47	1019	554	465	33	23	10
48	1158	655	503	24	19	5
49	1207	693	514	26	20	6
50-54岁	**6044**	**3450**	**2594**	**91**	**73**	**18**
50	1313	756	557	18	16	2
51	1259	712	547	23	19	4
52	1280	739	541	23	12	11
53	1015	585	430	9	9	
54	1177	658	519	18	17	1
55-59岁	**5169**	**2818**	**2351**	**58**	**46**	**12**
55	1204	661	543	8	5	3
56	1192	657	535	19	15	4
57	1381	736	645	10	9	1
58	856	487	369	13	10	3
59	536	277	259	8	7	1
60-64岁	**3364**	**1768**	**1596**	**22**	**17**	**5**
60	711	355	356	4	2	2
61	591	304	287	7	6	1
62	662	353	309	2	1	1
63	728	404	324	4	4	
64	672	352	320	5	4	1
65岁及以上	**5188**	**2872**	**2316**	**30**	**25**	**5**

单位：人

有配偶			离婚			丧偶		
小计	男	女	小计	男	女	小计	男	女
32562	**18826**	**13736**	**1028**	**580**	**448**	**1248**	**400**	**848**
3	**2**	**1**						
2	1	1						
1	1							
187	**86**	**101**						
11	7	4						
13	4	9						
35	11	24						
61	34	27						
67	30	37						
1066	**646**	**420**	**20**	**10**	**10**			
123	55	68						
137	87	50	2	1	1			
224	138	86	3		3			
268	174	94	6	3	3			
314	192	122	9	6	3			
2689	**1706**	**983**	**91**	**55**	**36**	**3**	**1**	**2**
471	317	154	16	11	5			
536	331	205	18	11	7	1		1
524	316	208	18	11	7			
615	399	216	17	8	9	1		1
543	343	200	22	14	8	1	1	
2960	**1844**	**1116**	**113**	**81**	**32**	**4**	**2**	**2**
516	322	194	14	8	6			
550	350	200	23	17	6			
596	357	239	24	17	7			
696	444	252	27	21	6	3	1	2
602	371	231	25	18	7	1	1	
3025	**1757**	**1268**	**118**	**67**	**51**	**9**	**1**	**8**
554	329	225	23	12	11			
622	384	238	32	19	13	1	1	
609	344	265	23	11	12	4		4
577	330	247	17	11	6	1		1
663	370	293	23	14	9	3		3
4765	**2689**	**2076**	**185**	**102**	**83**	**36**	**10**	**26**
738	420	318	16	6	10	6	2	4
881	508	373	37	23	14	7	2	5
937	508	429	43	22	21	6	1	5
1088	612	476	39	21	18	7	3	4
1121	641	480	50	30	20	10	2	8
5660	**3237**	**2423**	**199**	**115**	**84**	**94**	**25**	**69**
1230	706	524	46	31	15	19	3	16
1172	665	507	48	25	23	16	3	13
1195	696	499	39	24	15	23	7	16
963	552	411	31	19	12	12	5	7
1100	618	482	35	16	19	24	7	17
4804	**2663**	**2141**	**137**	**66**	**71**	**170**	**43**	**127**
1132	626	506	34	19	15	30	11	19
1107	621	486	31	13	18	35	8	27
1299	709	590	26	12	14	46	6	40
774	453	321	29	11	18	40	13	27
492	254	238	17	11	6	19	5	14
3074	**1666**	**1408**	**83**	**42**	**41**	**185**	**43**	**142**
665	342	323	17	8	9	25	3	22
536	284	252	11	5	6	37	9	28
601	330	271	17	13	4	42	9	33
659	378	281	20	11	9	45	11	34
613	332	281	18	5	13	36	11	25
4329	**2530**	**1799**	**82**	**42**	**40**	**747**	**275**	**472**

5-5b 续表 5

受教育程度 年龄	15岁及以上人口			未婚		
	合计	男	女	小计	男	女
高 中	**23095**	**12995**	**10100**	**4841**	**3098**	**1743**
15-19岁	**1389**	**735**	**654**	**1381**	**733**	**648**
15	252	119	133	252	119	133
16	333	167	166	333	167	166
17	297	147	150	296	147	149
18	250	138	112	248	138	110
19	257	164	93	252	162	90
20-24岁	**1586**	**964**	**622**	**1367**	**865**	**502**
20	309	184	125	294	176	118
21	321	192	129	302	184	118
22	310	202	108	275	185	90
23	305	186	119	244	162	82
24	341	200	141	252	158	94
25-29岁	**2243**	**1418**	**825**	**1041**	**767**	**274**
25	366	234	132	235	169	66
26	371	241	130	218	156	62
27	474	306	168	233	175	58
28	474	301	173	183	139	44
29	558	336	222	172	128	44
30-34岁	**3644**	**2228**	**1416**	**584**	**443**	**141**
30	728	473	255	166	132	34
31	729	440	289	129	97	32
32	761	449	312	109	81	28
33	784	482	302	101	75	26
34	642	384	258	79	58	21
35-39岁	**2809**	**1634**	**1175**	**210**	**146**	**64**
35	593	363	230	52	40	12
36	513	294	219	44	31	13
37	532	309	223	38	26	12
38	650	367	283	41	27	14
39	521	301	220	35	22	13
40-44岁	**2030**	**1194**	**836**	**105**	**53**	**52**
40	471	274	197	26	14	12
41	469	273	196	28	15	13
42	410	234	176	19	7	12
43	340	205	135	20	13	7
44	340	208	132	12	4	8
45-49岁	**1872**	**1014**	**858**	**59**	**36**	**23**
45	299	160	139	12	5	7
46	381	214	167	16	8	8
47	378	185	193	7	4	3
48	416	235	181	14	13	1
49	398	220	178	10	6	4
50-54岁	**1612**	**863**	**749**	**42**	**26**	**16**
50	401	213	188	16	9	7
51	338	185	153	12	5	7
52	324	168	156	5	5	
53	251	130	121	3	2	1
54	298	167	131	6	5	1
55-59岁	**2327**	**1163**	**1164**	**23**	**16**	**7**
55	369	187	182	6	4	2
56	444	228	216	7	6	1
57	605	286	319	5	4	1
58	518	255	263	3	1	2
59	391	207	184	2	1	1
60-64岁	**2102**	**1014**	**1088**	**19**	**10**	**9**
60	525	263	262	4	4	
61	477	222	255	5	2	3
62	425	222	203	2	2	
63	384	176	208	3		3
64	291	131	160	5	2	3
65岁及以上	**1481**	**768**	**713**	**10**	**3**	**7**

单位：人

有配偶			离婚			丧偶		
小计	男	女	小计	男	女	小计	男	女
17141	**9467**	**7674**	**715**	**332**	**383**	**398**	**98**	**300**
8	**2**	**6**						
1		1						
2		2						
5	2	3						
217	**97**	**120**	**2**	**2**				
15	8	7						
19	8	11						
34	16	18	1	1				
61	24	37						
88	41	47	1	1				
1185	**642**	**543**	**17**	**9**	**8**			
131	65	66						
151	85	66	2		2			
237	128	109	4	3	1			
290	161	129	1	1				
376	203	173	10	5	5			
2964	**1728**	**1236**	**94**	**57**	**37**	**2**		**2**
551	333	218	11	8	3			
587	338	249	12	5	7	1		1
621	352	269	31	16	15			
659	392	267	23	15	8	1		1
546	313	233	17	13	4			
2467	**1420**	**1047**	**131**	**67**	**64**	**1**	**1**	
520	307	213	21	16	5			
445	254	191	24	9	15			
471	271	200	23	12	11			
574	321	253	35	19	16			
457	267	190	28	11	17	1	1	
1823	**1093**	**730**	**95**	**48**	**47**	**7**		**7**
411	239	172	34	21	13			
422	250	172	17	8	9	2		2
378	221	157	12	6	6	1		1
297	184	113	21	8	13	2		2
315	199	116	11	5	6	2		2
1711	**942**	**769**	**88**	**34**	**54**	**14**	**2**	**12**
278	151	127	9	4	5			
347	199	148	17	7	10	1		1
348	173	175	21	8	13	2		2
373	211	162	23	10	13	6	1	5
365	208	157	18	5	13	5	1	4
1460	**803**	**657**	**84**	**30**	**54**	**26**	**4**	**22**
358	193	165	23	10	13	4	1	3
302	171	131	18	7	11	6	2	4
303	160	143	13	3	10	3		3
232	125	107	11	3	8	5		5
265	154	111	19	7	12	8	1	7
2136	**1091**	**1045**	**103**	**44**	**59**	**65**	**12**	**53**
344	178	166	12	4	8	7	1	6
404	214	190	21	7	14	12	1	11
555	265	290	28	14	14	17	3	14
470	234	236	27	15	12	18	5	13
363	200	163	15	4	11	11	2	9
1921	**953**	**968**	**76**	**31**	**45**	**86**	**20**	**66**
481	248	233	26	10	16	14	1	13
435	207	228	17	6	11	20	7	13
389	204	185	16	9	7	18	7	11
356	171	185	9	4	5	16	1	15
260	123	137	8	2	6	18	4	14
1249	**696**	**553**	**25**	**10**	**15**	**197**	**59**	**138**

5–5b 续表 6

受教育程度 年龄	15岁及以上人口			未婚		
	合计	男	女	小计	男	女
大学专科	**17686**	**9341**	**8345**	**5758**	**3254**	**2504**
15–19岁	**459**	**258**	**201**	**455**	**257**	**198**
15	9	3	6	9	3	6
16	26	16	10	26	16	10
17	58	33	25	57	33	24
18	155	94	61	155	94	61
19	211	112	99	208	111	97
20–24岁	**2545**	**1322**	**1223**	**2319**	**1225**	**1094**
20	296	147	149	291	146	145
21	420	218	202	400	210	190
22	565	296	269	540	285	255
23	643	344	299	575	316	259
24	621	317	304	513	268	245
25–29岁	**3264**	**1740**	**1524**	**1733**	**1021**	**712**
25	612	316	296	449	251	198
26	630	321	309	395	215	180
27	639	351	288	348	215	133
28	657	375	282	289	185	104
29	726	377	349	252	155	97
30–34岁	**4216**	**2160**	**2056**	**792**	**512**	**280**
30	892	456	436	229	156	73
31	841	442	399	171	107	64
32	895	454	441	161	100	61
33	871	450	421	136	89	47
34	717	358	359	95	60	35
35–39岁	**2528**	**1273**	**1255**	**263**	**137**	**126**
35	556	265	291	73	39	34
36	510	256	254	49	25	24
37	507	277	230	59	32	27
38	530	254	276	44	25	19
39	425	221	204	38	16	22
40–44岁	**1393**	**746**	**647**	**101**	**52**	**49**
40	379	190	189	37	20	17
41	345	186	159	25	12	13
42	273	153	120	18	11	7
43	190	103	87	13	5	8
44	206	114	92	8	4	4
45–49岁	**863**	**478**	**385**	**38**	**20**	**18**
45	188	100	88	10	6	4
46	155	82	73	8	3	5
47	186	100	86	7	3	4
48	179	101	78	7	4	3
49	155	95	60	6	4	2
50–54岁	**633**	**336**	**297**	**34**	**16**	**18**
50	156	85	71	15	8	7
51	147	79	68	10	4	6
52	131	74	57	3	3	
53	83	46	37	3	1	2
54	116	52	64	3		3
55–59岁	**552**	**300**	**252**	**16**	**13**	**3**
55	95	57	38	3	2	1
56	117	69	48	6	4	2
57	153	83	70	5	5	
58	117	53	64	1	1	
59	70	38	32	1	1	
60–64岁	**483**	**275**	**208**	**4**	**1**	**3**
60	87	51	36			
61	75	41	34	1		1
62	112	59	53	3	1	2
63	96	56	40			
64	113	68	45			
65岁及以上	**750**	**453**	**297**	**3**		**3**

单位：人

有配偶			离婚			丧偶		
小计	男	女	小计	男	女	小计	男	女
11376	**5871**	**5505**	**446**	**175**	**271**	**106**	**41**	**65**
4	**1**	**3**						
1		1						
3	1	2						
225	**96**	**129**	**1**	**1**				
5	1	4						
20	8	12						
25	11	14						
68	28	40						
107	48	59	1	1				
1508	**711**	**797**	**22**	**7**	**15**	**1**	**1**	
160	63	97	3	2	1			
231	104	127	4	2	2			
290	136	154	1		1			
365	189	176	2		2	1	1	
462	219	243	12	3	9			
3347	**1612**	**1735**	**76**	**36**	**40**	**1**		**1**
659	299	360	4	1	3			
657	328	329	13	7	6			
713	345	368	21	9	12			
714	350	364	21	11	10			
604	290	314	17	8	9	1		1
2175	**1105**	**1070**	**87**	**31**	**56**	**3**		**3**
461	220	241	22	6	16			
448	227	221	13	4	9			
430	236	194	18	9	9			
466	223	243	19	6	13	1		1
370	199	171	15	6	9	2		2
1208	**662**	**546**	**81**	**30**	**51**	**3**	**2**	**1**
327	165	162	15	5	10			
299	164	135	20	9	11	1	1	
239	137	102	15	5	10	1		1
163	92	71	13	5	8	1	1	
180	104	76	18	6	12			
776	**440**	**336**	**44**	**16**	**28**	**5**	**2**	**3**
166	90	76	12	4	8			
140	76	64	7	3	4			
169	95	74	8	1	7	2	1	1
160	90	70	10	6	4	2	1	1
141	89	52	7	2	5	1		1
554	**304**	**250**	**42**	**16**	**26**	**3**		**3**
129	73	56	11	4	7	1		1
120	68	52	16	7	9	1		1
122	69	53	6	2	4			
75	44	31	5	1	4			
108	50	58	4	2	2	1		1
488	**270**	**218**	**40**	**14**	**26**	**8**	**3**	**5**
85	51	34	7	4	3			
102	63	39	7	1	6	2	1	1
133	71	62	14	6	8	1	1	
108	50	58	5	1	4	3	1	2
60	35	25	7	2	5	2		2
434	**255**	**179**	**33**	**17**	**16**	**12**	**2**	**10**
79	47	32	7	4	3	1		1
65	38	27	6	3	3	3		3
99	56	43	7	1	6	3	1	2
86	52	34	7	3	4	3	1	2
105	62	43	6	6		2		2
657	**415**	**242**	**20**	**7**	**13**	**70**	**31**	**39**

5-5b 续表 7

受教育程度 年龄	15岁及以上人口			未婚		
	合计	男	女	小计	男	女
大学本科	**18034**	**9221**	**8813**	**7005**	**3541**	**3464**
15-19岁	**1071**	**550**	**521**	**1071**	**550**	**521**
15						
16	31	14	17	31	14	17
17	45	21	24	45	21	24
18	321	169	152	321	169	152
19	674	346	328	674	346	328
20-24岁	**2775**	**1376**	**1399**	**2682**	**1351**	**1331**
20	679	342	337	677	341	336
21	642	334	308	638	332	306
22	446	227	219	435	223	212
23	470	227	243	443	220	223
24	538	246	292	489	235	254
25-29岁	**3137**	**1483**	**1654**	**1872**	**942**	**930**
25	610	284	326	500	234	266
26	579	238	341	410	176	234
27	655	321	334	413	213	200
28	639	322	317	299	175	124
29	654	318	336	250	144	106
30-34岁	**4102**	**1986**	**2116**	**869**	**459**	**410**
30	780	388	392	237	129	108
31	825	380	445	208	103	105
32	880	429	451	186	105	81
33	885	435	450	162	80	82
34	732	354	378	76	42	34
35-39岁	**2890**	**1534**	**1356**	**319**	**147**	**172**
35	620	333	287	71	37	34
36	620	326	294	79	37	42
37	590	308	282	54	24	30
38	625	337	288	66	25	41
39	435	230	205	49	24	25
40-44岁	**1296**	**710**	**586**	**121**	**52**	**69**
40	382	200	182	40	20	20
41	298	162	136	29	12	17
42	257	156	101	27	11	16
43	179	99	80	12	3	9
44	180	93	87	13	6	7
45-49岁	**758**	**434**	**324**	**41**	**23**	**18**
45	157	84	73	6	2	4
46	158	88	70	11	7	4
47	154	89	65	7	2	5
48	136	85	51	5	4	1
49	153	88	65	12	8	4
50-54岁	**616**	**350**	**266**	**15**	**8**	**7**
50	165	89	76	2	2	
51	130	82	48	4	3	1
52	124	61	63	5	1	4
53	93	55	38	3	2	1
54	104	63	41	1		1
55-59岁	**443**	**250**	**193**	**6**	**6**	
55	109	59	50			
56	82	48	34	1	1	
57	120	67	53	2	2	
58	79	46	33	2	2	
59	53	30	23	1	1	
60-64岁	**257**	**159**	**98**	**4**	**1**	**3**
60	66	49	17	1		1
61	41	25	16	1	1	
62	45	30	15	1		1
63	42	23	19	1		1
64	63	32	31			
65岁及以上	**689**	**389**	**300**	**5**	**2**	**3**

单位：人

有配偶			离　婚			丧　偶		
小计	男	女	小计	男	女	小计	男	女
10553	**5512**	**5041**	**314**	**125**	**189**	**162**	**43**	**119**
93	**25**	**68**						
2	1	1						
4	2	2						
11	4	7						
27	7	20						
49	11	38						
1255	**539**	**716**	**10**	**2**	**8**			
110	50	60						
169	62	107						
242	108	134						
334	145	189	6	2	4			
400	174	226	4		4			
3175	**1506**	**1669**	**55**	**21**	**34**	**3**		**3**
535	255	280	8	4	4			
609	275	334	8	2	6			
677	318	359	16	6	10	1		1
711	351	360	10	4	6	2		2
643	307	336	13	5	8			
2497	**1357**	**1140**	**72**	**30**	**42**	**2**		**2**
533	290	243	16	6	10			
527	284	243	13	5	8	1		1
520	276	244	15	8	7	1		1
540	305	235	19	7	12			
377	202	175	9	4	5			
1121	**632**	**489**	**51**	**24**	**27**	**3**	**2**	**1**
328	173	155	14	7	7			
256	143	113	13	7	6			
220	138	82	10	7	3			
157	92	65	7	2	5	3	2	1
160	86	74	7	1	6			
677	**401**	**276**	**37**	**9**	**28**	**3**	**1**	**2**
141	79	62	9	3	6	1		1
144	81	63	3		3			
140	85	55	7	2	5			
122	77	45	8	3	5	1	1	
130	79	51	10	1	9	1		1
553	**322**	**231**	**42**	**19**	**23**	**6**	**1**	**5**
153	83	70	10	4	6			
117	74	43	9	5	4			
105	56	49	13	3	10	1	1	
81	49	32	6	4	2	3		3
97	60	37	4	3	1	2		2
401	**231**	**170**	**25**	**11**	**14**	**11**	**2**	**9**
96	55	41	10	4	6	3		3
70	43	27	6	2	4	5	2	3
115	65	50				3		3
73	42	31	4	2	2			
47	26	21	5	3	2			
236	**152**	**84**	**10**	**5**	**5**	**7**	**1**	**6**
60	46	14	3	3		2		2
37	22	15	3	2	1			
43	29	14				1	1	
38	23	15	2		2	1		1
58	32	26	2		2	3		3
545	**347**	**198**	**12**	**4**	**8**	**127**	**36**	**91**

5－5b 续表 8

受教育程度 年　　龄	15岁及以上人口			未　　婚		
	合计	男	女	小计	男	女
硕士研究生	**3814**	**1969**	**1845**	**1903**	**1001**	**902**
15－19岁	**2**	**1**	**1**	**2**	**1**	**1**
15						
16						
17	1		1	1		1
18						
19	1	1		1	1	
20－24岁	**1102**	**637**	**465**	**1102**	**637**	**465**
20	16	6	10	16	6	10
21	125	54	71	125	54	71
22	467	273	194	467	273	194
23	306	186	120	306	186	120
24	188	118	70	188	118	70
25－29岁	**650**	**281**	**369**	**483**	**227**	**256**
25	155	81	74	148	80	68
26	115	54	61	105	53	52
27	140	55	85	106	45	61
28	121	41	80	69	25	44
29	119	50	69	55	24	31
30－34岁	**797**	**343**	**454**	**202**	**96**	**106**
30	158	72	86	57	27	30
31	138	51	87	50	22	28
32	145	66	79	39	16	23
33	180	74	106	33	20	13
34	176	80	96	23	11	12
35－39岁	**612**	**312**	**300**	**70**	**19**	**51**
35	158	86	72	18	7	11
36	157	78	79	24	7	17
37	105	56	49	10	3	7
38	110	56	54	7	2	5
39	82	36	46	11		11
40－44岁	**253**	**149**	**104**	**33**	**18**	**15**
40	80	48	32	15	9	6
41	60	33	27	9	5	4
42	42	28	14	5	1	4
43	37	17	20	4	3	1
44	34	23	11			
45－49岁	**161**	**91**	**70**	**8**	**2**	**6**
45	32	18	14	1		1
46	34	21	13	1		1
47	37	22	15	3	2	1
48	37	18	19	3		3
49	21	12	9			
50－54岁	**88**	**56**	**32**	**3**	**1**	**2**
50	21	11	10	2		2
51	18	12	6			
52	25	17	8			
53	11	9	2	1	1	
54	13	7	6			
55－59岁	**75**	**52**	**23**			
55	10	9	1			
56	17	12	5			
57	20	10	10			
58	24	18	6			
59	4	3	1			
60－64岁	**27**	**19**	**8**			
60	5	5				
61	4	3	1			
62	10	5	5			
63	3	2	1			
64	5	4	1			
65岁及以上	**47**	**28**	**19**			

单位：人

有配偶			离婚			丧偶		
小计	男	女	小计	男	女	小计	男	女
1849	**945**	**904**	**54**	**23**	**31**	**8**		**8**
167	**54**	**113**						
7	1	6						
10	1	9						
34	10	24						
52	16	36						
64	26	38						
591	**247**	**344**	**4**		**4**			
101	45	56						
87	29	58	1		1			
106	50	56						
147	54	93						
150	69	81	3		3			
530	**287**	**243**	**10**	**6**	**4**	**2**		**2**
137	77	60	3	2	1			
133	71	62						
91	52	39	4	1	3			
100	52	48	2	2		1		1
69	35	34	1	1		1		1
208	**129**	**79**	**12**	**2**	**10**			
65	39	26						
46	28	18	5		5			
36	26	10	1	1				
31	14	17	2		2			
30	22	8	4	1	3			
140	**83**	**57**	**13**	**6**	**7**			
27	17	10	4	1	3			
30	19	11	3	2	1			
33	20	13	1		1			
32	17	15	2	1	1			
18	10	8	3	2	1			
80	**52**	**28**	**5**	**3**	**2**			
19	11	8						
17	11	6	1	1				
25	17	8						
9	8	1	1		1			
10	5	5	3	2	1			
70	**51**	**19**	**4**	**1**	**3**	**1**		**1**
8	8		2	1	1			
17	12	5						
19	10	9	1		1			
22	18	4	1		1	1		1
4	3	1						
25	**18**	**7**	**2**	**1**	**1**			
4	4		1	1				
4	3	1						
9	5	4	1		1			
3	2	1						
5	4	1						
38	**24**	**14**	**4**	**4**		**5**		**5**

5-5b 续表 9

受教育程度 年 龄	15岁及以上人口			未 婚		
	合计	男	女	小计	男	女
博士研究生	**531**	**297**	**234**	**284**	**144**	**140**
15-19岁						
15						
16						
17						
18						
19						
20-24岁	**121**	**36**	**85**	**121**	**36**	**85**
20	2		2	2		2
21	17	1	16	17	1	16
22	65	16	49	65	16	49
23	24	10	14	24	10	14
24	13	9	4	13	9	4
25-29岁	**123**	**82**	**41**	**108**	**73**	**35**
25	26	19	7	25	19	6
26	33	25	8	30	24	6
27	19	14	5	17	12	5
28	31	15	16	27	14	13
29	14	9	5	9	4	5
30-34岁	**105**	**65**	**40**	**38**	**25**	**13**
30	24	14	10	14	11	3
31	21	14	7	9	7	2
32	22	15	7	8	4	4
33	19	7	12	6	2	4
34	19	15	4	1	1	
35-39岁	**82**	**46**	**36**	**13**	**7**	**6**
35	16	7	9	2		2
36	22	14	8	3	2	1
37	12	8	4	2	2	
38	17	10	7	4	2	2
39	15	7	8	2	1	1
40-44岁	**30**	**17**	**13**	**3**	**2**	**1**
40	9	5	4			
41	7	4	3	1	1	
42	6	2	4	1		1
43	3	2	1			
44	5	4	1	1	1	
45-49岁	**19**	**13**	**6**			
45	3	3				
46	4	2	2			
47	5	3	2			
48	1	1				
49	6	4	2			
50-54岁	**14**	**8**	**6**			
50	3		3			
51	5	3	2			
52	3	3				
53	1		1			
54	2	2				
55-59岁	**16**	**11**	**5**			
55	6	3	3			
56	3	3				
57	5	4	1			
58	2	1	1			
59						
60-64岁	**13**	**12**	**1**	**1**	**1**	
60	3	3		1	1	
61	2	2				
62	3	2	1			
63	3	3				
64	2	2				
65岁及以上	**8**	**7**	**1**			

单位：人

有配偶			离婚			丧偶		
小计	男	女	小计	男	女	小计	男	女
241	**150**	**91**	**3**	**1**	**2**	**3**	**2**	**1**
15	**9**	**6**						
1		1						
3	1	2						
2	2							
4	1	3						
5	5							
67	**40**	**27**						
10	3	7						
12	7	5						
14	11	3						
13	5	8						
18	14	4						
66	**38**	**28**	**3**	**1**	**2**			
14	7	7						
19	12	7						
9	5	4	1	1				
12	8	4	1		1			
12	6	6	1		1			
27	**15**	**12**						
9	5	4						
6	3	3						
5	2	3						
3	2	1						
4	3	1						
18	**12**	**6**				**1**	**1**	
3	3							
4	2	2						
5	3	2						
1	1							
5	3	2				1	1	
14	**8**	**6**						
3		3						
5	3	2						
3	3							
1		1						
2	2							
16	**11**	**5**						
6	3	3						
3	3							
5	4	1						
2	1	1						
12	**11**	**1**						
2	2							
2	2							
3	2	1						
3	3							
2	2							
6	**6**					**2**	**1**	**1**

5-5c 全市分年龄、性别、受教育

受教育程度 年龄	15岁及以上人口 合计	男	女	未婚 小计	男	女
总计	**246042**	**134924**	**111118**	**34335**	**22521**	**11814**
15-19岁	**5816**	**3367**	**2449**	**5778**	**3360**	**2418**
15	1036	555	481	1036	555	481
16	935	520	415	935	520	415
17	932	528	404	931	528	403
18	1317	763	554	1309	763	546
19	1596	1001	595	1567	994	573
20-24岁	**11765**	**6894**	**4871**	**10183**	**6230**	**3953**
20	1932	1175	757	1871	1158	713
21	1960	1148	812	1833	1096	737
22	2299	1361	938	2058	1259	799
23	2713	1559	1154	2246	1362	884
24	2861	1651	1210	2175	1355	820
25-29岁	**18720**	**10783**	**7937**	**8514**	**5597**	**2917**
25	3287	1892	1395	2197	1392	805
26	3384	1914	1470	1919	1215	704
27	3684	2114	1570	1665	1111	554
28	3829	2260	1569	1413	986	427
29	4536	2603	1933	1320	893	427
30-34岁	**31950**	**18448**	**13502**	**5139**	**3625**	**1514**
30	6280	3536	2744	1466	1029	437
31	6649	3906	2743	1210	853	357
32	6322	3712	2610	974	694	280
33	6863	3948	2915	888	643	245
34	5836	3346	2490	601	406	195
35-39岁	**22815**	**13362**	**9453**	**1659**	**1149**	**510**
35	4739	2767	1972	454	305	149
36	4459	2615	1844	350	245	105
37	4472	2607	1865	325	234	91
38	4954	2869	2085	294	201	93
39	4191	2504	1687	236	164	72
40-44岁	**17641**	**10306**	**7335**	**723**	**525**	**198**
40	3748	2225	1523	191	144	47
41	3893	2291	1602	198	137	61
42	3532	2080	1452	125	96	29
43	3158	1825	1333	118	87	31
44	3310	1885	1425	91	61	30
45-49岁	**22715**	**12845**	**9870**	**578**	**444**	**134**
45	3402	1895	1507	96	66	30
46	4257	2446	1811	138	108	30
47	4614	2579	2035	101	76	25
48	5063	2845	2218	127	100	27
49	5379	3080	2299	116	94	22
50-54岁	**26691**	**14820**	**11871**	**502**	**423**	**79**
50	5788	3248	2540	109	91	18
51	5302	3009	2293	112	93	19
52	5662	3139	2523	106	89	17
53	4582	2519	2063	84	71	13
54	5357	2905	2452	91	79	12
55-59岁	**26066**	**13733**	**12333**	**332**	**293**	**39**
55	5624	2965	2659	70	64	6
56	5783	3030	2753	72	65	7
57	6725	3562	3163	93	79	14
58	4830	2543	2287	62	54	8
59	3104	1633	1471	35	31	4
60-64岁	**20296**	**10433**	**9863**	**272**	**258**	**14**
60	4410	2373	2037	45	43	2
61	3876	1963	1913	39	35	4
62	4159	2134	2025	58	55	3
63	3977	2032	1945	67	64	3
64	3874	1931	1943	63	61	2
65岁及以上	**41567**	**19933**	**21634**	**655**	**617**	**38**

程度、婚姻状况的人口(乡村)

单位：人

有配偶			离婚			丧偶		
小计	男	女	小计	男	女	小计	男	女
192443	**105243**	**87200**	**5846**	**3467**	**2379**	**13418**	**3693**	**9725**
38	**7**	**31**						
1		1						
8		8						
29	7	22						
1574	**661**	**913**	**8**	**3**	**5**			
61	17	44						
127	52	75						
238	100	138	3	2	1			
465	197	268	2		2			
683	295	388	3	1	2			
10013	**5079**	**4934**	**189**	**107**	**82**	**4**		**4**
1081	496	585	9	4	5			
1448	691	757	17	8	9			
1984	990	994	34	13	21	1		1
2369	1246	1123	47	28	19			
3131	1656	1475	82	54	28	3		3
26009	**14355**	**11654**	**773**	**459**	**314**	**29**	**9**	**20**
4702	2444	2258	108	62	46	4	1	3
5294	2969	2325	140	81	59	5	3	2
5176	2915	2261	165	102	63	7	1	6
5791	3203	2588	180	101	79	4	1	3
5046	2824	2222	180	113	67	9	3	6
20222	**11647**	**8575**	**879**	**551**	**328**	**55**	**15**	**40**
4127	2361	1766	152	100	52	6	1	5
3916	2258	1658	183	109	74	10	3	7
3948	2250	1698	183	120	63	16	3	13
4422	2527	1895	223	135	88	15	6	9
3809	2251	1558	138	87	51	8	2	6
16066	**9302**	**6764**	**775**	**459**	**316**	**77**	**20**	**57**
3348	1955	1393	197	122	75	12	4	8
3513	2051	1462	163	96	67	19	7	12
3248	1894	1354	147	87	60	12	3	9
2888	1647	1241	142	88	54	10	3	7
3069	1755	1314	126	66	60	24	3	21
21056	**11858**	**9198**	**875**	**496**	**379**	**206**	**47**	**159**
3140	1736	1404	147	90	57	19	3	16
3923	2238	1685	164	93	71	32	7	25
4300	2402	1898	167	88	79	46	13	33
4690	2628	2062	190	108	82	56	9	47
5003	2854	2149	207	117	90	53	15	38
24901	**13789**	**11112**	**822**	**472**	**350**	**466**	**136**	**330**
5418	3036	2382	182	97	85	79	24	55
4933	2788	2145	173	107	66	84	21	63
5274	2925	2349	181	94	87	101	31	70
4266	2344	1922	136	78	58	96	26	70
5010	2696	2314	150	96	54	106	34	72
24170	**12825**	**11345**	**694**	**394**	**300**	**870**	**221**	**649**
5266	2797	2469	140	76	64	148	28	120
5381	2831	2550	154	85	69	176	49	127
6213	3326	2887	182	100	82	237	57	180
4473	2363	2110	123	74	49	172	52	120
2837	1508	1329	95	59	36	137	35	102
18388	**9601**	**8787**	**388**	**234**	**154**	**1248**	**340**	**908**
4059	2199	1860	106	69	37	200	62	138
3539	1825	1714	85	49	36	213	54	159
3784	1971	1813	82	52	30	235	56	179
3572	1869	1703	57	33	24	281	66	215
3434	1737	1697	58	31	27	319	102	217
30006	**16119**	**13887**	**443**	**292**	**151**	**10463**	**2905**	**7558**

5-5c 续表 1

受教育程度 年　　龄	15岁及以上人口			未　婚		
	合计	男	女	小计	男	女
未上过学	**6559**	**1599**	**4960**	**692**	**593**	**99**
15-19岁	**30**	**22**	**8**	**30**	**22**	**8**
15	4	4		4	4	
16	9	5	4	9	5	4
17	6	4	2	6	4	2
18	8	7	1	8	7	1
19	3	2	1	3	2	1
20-24岁	**45**	**20**	**25**	**43**	**20**	**23**
20	9	4	5	9	4	5
21	8	1	7	8	1	7
22	12	7	5	11	7	4
23	10	4	6	9	4	5
24	6	4	2	6	4	2
25-29岁	**51**	**36**	**15**	**45**	**35**	**10**
25	10	6	4	9	5	4
26	5	3	2	4	3	1
27	11	8	3	9	8	1
28	10	9	1	10	9	1
29	15	10	5	13	10	3
30-34岁	**69**	**37**	**32**	**41**	**28**	**13**
30	13	8	5	8	6	2
31	18	10	8	10	7	3
32	10	5	5	7	4	3
33	13	5	8	9	5	4
34	15	9	6	7	6	1
35-39岁	**74**	**30**	**44**	**31**	**18**	**13**
35	18	6	12	11	5	6
36	11	4	7	4	3	1
37	14	7	7	5	4	1
38	14	8	6	5	5	
39	17	5	12	6	1	5
40-44岁	**66**	**30**	**36**	**28**	**21**	**7**
40	12	8	4	8	5	3
41	17	7	10	7	5	2
42	11	5	6	4	3	1
43	11	6	5	4	4	
44	15	4	11	5	4	1
45-49岁	**201**	**71**	**130**	**46**	**41**	**5**
45	23	8	15	2	2	
46	40	18	22	13	12	1
47	35	10	25	9	7	2
48	46	14	32	7	6	1
49	57	21	36	15	14	1
50-54岁	**328**	**137**	**191**	**76**	**66**	**10**
50	53	23	30	15	14	1
51	61	21	40	11	8	3
52	66	31	35	16	14	2
53	65	29	36	15	13	2
54	83	33	50	19	17	2
55-59岁	**275**	**89**	**186**	**41**	**39**	**2**
55	45	13	32	3	3	
56	50	16	34	10	10	
57	83	31	52	14	14	
58	51	13	38	6	5	1
59	46	16	30	8	7	1
60-64岁	**622**	**150**	**472**	**72**	**69**	**3**
60	75	23	52	16	15	1
61	100	24	76	13	12	1
62	126	33	93	11	10	1
63	159	33	126	14	14	
64	162	37	125	18	18	
65岁及以上	**4798**	**977**	**3821**	**239**	**234**	**5**

单位：人

有配偶			离婚			丧偶		
小计	男	女	小计	男	女	小计	男	女
3165	**697**	**2468**	**67**	**28**	**39**	**2635**	**281**	**2354**
2		**2**						
1		1						
1		1						
6	**1**	**5**						
1	1							
1		1						
2		2						
2		2						
25	**7**	**18**	**3**	**2**	**1**			
4	1	3	1	1				
7	2	5	1	1				
3	1	2						
4		4						
7	3	4	1		1			
38	**12**	**26**	**4**		**4**	**1**		**1**
6	1	5	1		1			
6	1	5	1		1			
7	3	4	2		2			
8	3	5				1		1
11	4	7						
34	**8**	**26**	**3**	**1**	**2**	**1**		**1**
4	3	1						
9	1	8	1	1				
7	2	5						
7	2	5						
7		7	2		2	1		1
148	**28**	**120**	**3**	**1**	**2**	**4**	**1**	**3**
21	6	15						
27	6	21						
24	3	21	1		1	1		1
37	8	29	1		1	1		1
39	5	34	1	1		2	1	1
228	**59**	**169**	**9**	**8**	**1**	**15**	**4**	**11**
34	7	27	2	1	1	2	1	1
46	10	36	3	3		1		1
47	16	31	1	1		2		2
46	13	33	2	2		2	1	1
55	13	42	1	1		8	2	6
212	**45**	**167**	**7**	**4**	**3**	**15**	**1**	**14**
39	10	29	1		1	2		2
38	5	33	1	1		1		1
63	15	48	3	2	1	3		3
39	8	31	1		1	5		5
33	7	26	1	1		4	1	3
459	**73**	**386**	**7**	**2**	**5**	**84**	**6**	**78**
47	8	39				12		12
72	11	61	2		2	13	1	12
95	22	73	2		2	18	1	17
122	18	104	1	1		22		22
123	14	109	2	1	1	19	4	15
2013	**464**	**1549**	**31**	**10**	**21**	**2515**	**269**	**2246**

5-5c 续表 2

受教育程度 年龄	15岁及以上人口			未婚		
	合计	男	女	小计	男	女
学前教育	**116**	**51**	**65**	**10**	**9**	**1**
15-19岁	**1**		**1**	**1**		**1**
15						
16						
17	1		1	1		1
18						
19						
20-24岁						
20						
21						
22						
23						
24						
25-29岁	**3**	**1**	**2**	**1**	**1**	
25						
26						
27						
28	3	1	2	1	1	
29						
30-34岁	**4**	**3**	**1**			
30						
31	1	1				
32						
33	2	1	1			
34	1	1				
35-39岁	**4**	**3**	**1**	**1**	**1**	
35						
36	1	1				
37	2	1	1			
38	1	1		1	1	
39						
40-44岁	**1**	**1**				
40	1	1				
41						
42						
43						
44						
45-49岁	**2**	**1**	**1**			
45						
46						
47						
48	1	1				
49	1		1			
50-54岁	**5**	**2**	**3**	**1**	**1**	
50						
51						
52	2	1	1			
53	2	1	1	1	1	
54	1		1			
55-59岁	**6**	**2**	**4**	**2**	**2**	
55						
56	1		1			
57	2	1	1	1	1	
58						
59	3	1	2	1	1	
60-64岁	**14**	**7**	**7**	**2**	**2**	
60	1	1				
61	2	1	1			
62	6	4	2	1	1	
63	3	1	2	1	1	
64	2		2			
65岁及以上	**76**	**31**	**45**	**2**	**2**	

单位：人

有配偶			离婚			丧偶		
小计	男	女	小计	男	女	小计	男	女
67	**31**	**36**				**39**	**11**	**28**
2		**2**						
2		2						
4	**3**	**1**						
1	1							
2	1	1						
1	1							
3	**2**	**1**						
1	1							
2	1	1						
1	**1**							
1	1							
2	**1**	**1**						
1	1							
1		1						
3	**1**	**2**				**1**		**1**
2	1	1						
						1		1
1		1						
3		**3**				**1**		**1**
1		1						
1		1						
1		1				1		1
11	**5**	**6**				**1**		**1**
1	1							
2	1	1						
4	3	1				1		1
2		2						
2		2						
38	**18**	**20**				**36**	**11**	**25**

5-5c 续表 3

受教育程度 年 龄	15岁及以上人口			未 婚		
	合计	男	女	小计	男	女
小 学	**34426**	**15883**	**18543**	**1152**	**1039**	**113**
15-19岁	**43**	**31**	**12**	**42**	**30**	**12**
15	5	4	1	5	4	1
16	9	7	2	9	7	2
17	8	6	2	8	6	2
18	6	4	2	6	4	2
19	15	10	5	14	9	5
20-24岁	**85**	**58**	**27**	**60**	**47**	**13**
20	19	13	6	17	12	5
21	9	6	3	9	6	3
22	20	16	4	16	14	2
23	16	10	6	9	6	3
24	21	13	8	9	9	
25-29岁	**201**	**131**	**70**	**78**	**62**	**16**
25	24	13	11	15	9	6
26	37	25	12	20	15	5
27	36	24	12	11	11	
28	35	23	12	14	11	3
29	69	46	23	18	16	2
30-34岁	**535**	**353**	**182**	**116**	**100**	**16**
30	76	53	23	25	24	1
31	109	82	27	32	28	4
32	108	67	41	17	14	3
33	125	74	51	26	21	5
34	117	77	40	16	13	3
35-39岁	**577**	**317**	**260**	**67**	**53**	**14**
35	89	59	30	10	8	2
36	96	49	47	7	7	
37	119	62	57	20	16	4
38	135	68	67	13	9	4
39	138	79	59	17	13	4
40-44岁	**1008**	**540**	**468**	**63**	**58**	**5**
40	159	82	77	13	12	1
41	210	122	88	11	11	
42	185	100	85	9	8	1
43	215	112	103	20	17	3
44	239	124	115	10	10	
45-49岁	**2102**	**1086**	**1016**	**83**	**73**	**10**
45	260	124	136	11	9	2
46	373	208	165	19	17	2
47	397	204	193	13	13	
48	516	275	241	21	17	4
49	556	275	281	19	17	2
50-54岁	**3665**	**1933**	**1732**	**132**	**122**	**10**
50	646	322	324	22	21	1
51	703	383	320	32	30	2
52	833	455	378	22	19	3
53	666	351	315	28	25	3
54	817	422	395	28	27	1
55-59岁	**3383**	**1621**	**1762**	**118**	**111**	**7**
55	751	377	374	28	26	2
56	736	358	378	25	24	1
57	830	394	436	33	30	3
58	631	295	336	23	23	
59	435	197	238	9	8	1
60-64岁	**4272**	**1768**	**2504**	**102**	**100**	**2**
60	708	317	391	15	15	
61	703	294	409	14	13	1
62	873	379	494	22	22	
63	916	384	532	30	30	
64	1072	394	678	21	20	1
65岁及以上	**18555**	**8045**	**10510**	**291**	**283**	**8**

单位：人

有配偶			离婚			丧偶		
小计	男	女	小计	男	女	小计	男	女
26649	**12703**	**13946**	**610**	**389**	**221**	**6015**	**1752**	**4263**
1	**1**							
1	1							
24	**11**	**13**	**1**		**1**			
2	1	1						
4	2	2						
6	4	2	1		1			
12	4	8						
119	**66**	**53**	**4**	**3**	**1**			
9	4	5						
16	10	6	1		1			
24	12	12	1	1				
20	11	9	1	1				
50	29	21	1	1				
403	**239**	**164**	**15**	**13**	**2**	**1**	**1**	
47	26	21	4	3	1			
74	51	23	3	3				
89	51	38	2	2				
96	50	46	2	2		1	1	
97	61	36	4	3	1			
482	**248**	**234**	**25**	**16**	**9**	**3**		**3**
76	48	28	3	3				
86	41	45	3	1	2			
94	44	50	4	2	2	1		1
114	55	59	6	4	2	2		2
112	60	52	9	6	3			
907	**464**	**443**	**34**	**17**	**17**	**4**	**1**	**3**
136	65	71	8	4	4	2	1	1
194	109	85	4	2	2	1		1
170	88	82	6	4	2			
186	92	94	9	3	6			
221	110	111	7	4	3	1		1
1933	**970**	**963**	**65**	**38**	**27**	**21**	**5**	**16**
243	112	131	6	3	3			
338	182	156	13	8	5	3	1	2
367	184	183	11	6	5	6	1	5
472	249	223	17	9	8	6		6
513	243	270	18	12	6	6	3	3
3345	**1706**	**1639**	**117**	**82**	**35**	**71**	**23**	**48**
592	282	310	21	15	6	11	4	7
640	336	304	22	13	9	9	4	5
761	410	351	30	20	10	20	6	14
602	310	292	20	13	7	16	3	13
750	368	382	24	21	3	15	6	9
3034	**1430**	**1604**	**79**	**45**	**34**	**152**	**35**	**117**
672	333	339	21	11	10	30	7	23
656	321	335	13	6	7	42	7	35
747	346	401	14	11	3	36	7	29
568	259	309	19	8	11	21	5	16
391	171	220	12	9	3	23	9	14
3708	**1522**	**2186**	**87**	**58**	**29**	**375**	**88**	**287**
636	273	363	25	18	7	32	11	21
619	257	362	14	9	5	56	15	41
763	327	436	21	17	4	67	13	54
780	325	455	12	5	7	94	24	70
910	340	570	15	9	6	126	25	101
12693	**6046**	**6647**	**183**	**117**	**66**	**5388**	**1599**	**3789**

5-5c 续表 4

受教育程度 年　龄	15岁及以上人口			未　婚		
	合计	男	女	小计	男	女
初　中	**110585**	**64896**	**45689**	**6653**	**5369**	**1284**
15-19岁	**1236**	**821**	**415**	**1210**	**818**	**392**
15	421	233	188	421	233	188
16	192	120	72	192	120	72
17	182	137	45	182	137	45
18	205	157	48	198	157	41
19	236	174	62	217	171	46
20-24岁	**1939**	**1371**	**568**	**1384**	**1094**	**290**
20	284	210	74	256	203	53
21	331	233	98	266	202	64
22	418	304	114	306	251	55
23	438	293	145	294	222	72
24	468	331	137	262	216	46
25-29岁	**4030**	**2760**	**1270**	**1370**	**1158**	**212**
25	608	426	182	307	257	50
26	634	441	193	265	225	40
27	848	580	268	285	234	51
28	886	627	259	277	240	37
29	1054	686	368	236	202	34
30-34岁	**8837**	**5798**	**3039**	**1099**	**956**	**143**
30	1514	997	517	292	254	38
31	1739	1169	570	238	202	36
32	1679	1132	547	212	189	23
33	2065	1328	737	218	189	29
34	1840	1172	668	139	122	17
35-39岁	**9078**	**5742**	**3336**	**510**	**436**	**74**
35	1715	1126	589	140	121	19
36	1707	1081	626	99	86	13
37	1774	1139	635	104	87	17
38	2014	1242	772	92	78	14
39	1868	1154	714	75	64	11
40-44岁	**9377**	**5628**	**3749**	**303**	**247**	**56**
40	1755	1072	683	70	58	12
41	1935	1173	762	86	70	16
42	1906	1157	749	54	47	7
43	1821	1086	735	56	47	9
44	1960	1140	820	37	25	12
45-49岁	**14765**	**8424**	**6341**	**279**	**232**	**47**
45	2064	1171	893	45	33	12
46	2679	1524	1155	70	58	12
47	3030	1702	1328	44	36	8
48	3323	1885	1438	66	56	10
49	3669	2142	1527	54	49	5
50-54岁	**18359**	**10261**	**8098**	**198**	**166**	**32**
50	3958	2266	1692	47	41	6
51	3557	2028	1529	42	35	7
52	3844	2108	1736	42	36	6
53	3239	1789	1450	34	28	6
54	3761	2070	1691	33	26	7
55-59岁	**17135**	**9204**	**7931**	**130**	**111**	**19**
55	3967	2093	1874	30	27	3
56	3973	2112	1861	30	27	3
57	4376	2377	1999	31	24	7
58	3000	1639	1361	25	21	4
59	1819	983	836	14	12	2
60-64岁	**10721**	**5913**	**4808**	**72**	**68**	**4**
60	2392	1343	1049	11	11	
61	1997	1067	930	7	6	1
62	2184	1194	990	18	17	1
63	2083	1140	943	16	14	2
64	2065	1169	896	20	20	
65岁及以上	**15108**	**8974**	**6134**	**98**	**83**	**15**

单位：人

有配偶			离婚			丧偶		
小计	男	女	小计	男	女	小计	男	女
97247	**56329**	**40918**	**2852**	**1839**	**1013**	**3833**	**1359**	**2474**
26	**3**	**23**						
7		7						
19	3	16						
551	**275**	**276**	**4**	**2**	**2**			
28	7	21						
65	31	34						
110	52	58	2	1	1			
144	71	73						
204	114	90	2	1	1			
2606	**1564**	**1042**	**53**	**38**	**15**	**1**		**1**
298	168	130	3	1	2			
361	210	151	8	6	2			
554	342	212	9	4	5			
597	376	221	12	11	1			
796	468	328	21	16	5	1		1
7459	**4655**	**2804**	**266**	**184**	**82**	**13**	**3**	**10**
1181	716	465	39	27	12	2		2
1452	932	520	46	33	13	3	2	1
1410	909	501	53	33	20	4	1	3
1793	1104	689	53	35	18	1		1
1623	994	629	75	56	19	3		3
8188	**5038**	**3150**	**362**	**265**	**97**	**18**	**3**	**15**
1515	959	556	59	45	14	1	1	
1533	944	589	72	51	21	3		3
1588	993	595	78	59	19	4		4
1831	1103	728	84	60	24	7	1	6
1721	1039	682	69	50	19	3	1	2
8645	**5111**	**3534**	**386**	**260**	**126**	**43**	**10**	**33**
1591	952	639	88	61	27	6	1	5
1758	1046	712	82	54	28	9	3	6
1774	1060	714	70	48	22	8	2	6
1683	980	703	76	57	19	6	2	4
1839	1073	766	70	40	30	14	2	12
13829	**7848**	**5981**	**518**	**309**	**209**	**139**	**35**	**104**
1932	1085	847	75	51	24	12	2	10
2491	1404	1087	96	56	40	22	6	16
2853	1602	1251	102	54	48	31	10	21
3101	1750	1351	119	71	48	37	8	29
3452	2007	1445	126	77	49	37	9	28
17333	**9713**	**7620**	**513**	**293**	**220**	**315**	**89**	**226**
3744	2141	1603	114	69	45	53	15	38
3356	1915	1441	100	64	36	59	14	45
3616	1995	1621	112	53	59	74	24	50
3059	1697	1362	88	49	39	58	15	43
3558	1965	1593	99	58	41	71	21	50
16033	**8697**	**7336**	**405**	**243**	**162**	**567**	**153**	**414**
3751	2000	1751	81	48	33	105	18	87
3721	1984	1737	106	61	45	116	40	76
4085	2254	1831	110	62	48	150	37	113
2802	1539	1263	61	41	20	112	38	74
1674	920	754	47	31	16	84	20	64
9872	**5530**	**4342**	**177**	**115**	**62**	**600**	**200**	**400**
2220	1262	958	50	32	18	111	38	73
1849	1002	847	41	29	12	100	30	70
2019	1120	899	34	22	12	113	35	78
1912	1077	835	25	16	9	130	33	97
1872	1069	803	27	16	11	146	64	82
12705	**7895**	**4810**	**168**	**130**	**38**	**2137**	**866**	**1271**

5-5c 续表 5

受教育程度 年 龄	15岁及以上人口			未 婚		
	合计	男	女	小计	男	女
高 中	**48302**	**28070**	**20232**	**8559**	**5909**	**2650**
15-19岁	**2619**	**1457**	**1162**	**2610**	**1455**	**1155**
15	581	296	285	581	296	285
16	688	362	326	688	362	326
17	599	332	267	598	332	266
18	415	250	165	414	250	164
19	336	217	119	329	215	114
20-24岁	**2511**	**1677**	**834**	**2055**	**1487**	**568**
20	370	255	115	359	252	107
21	414	287	127	377	272	105
22	483	314	169	404	284	120
23	608	413	195	465	346	119
24	636	408	228	450	333	117
25-29岁	**4601**	**2851**	**1750**	**1721**	**1311**	**410**
25	676	431	245	390	291	99
26	807	495	312	397	287	110
27	903	554	349	349	266	83
28	996	611	385	300	232	68
29	1219	760	459	285	235	50
30-34岁	**9355**	**5624**	**3731**	**1381**	**1083**	**298**
30	1770	1056	714	379	299	80
31	1953	1210	743	346	271	75
32	1936	1176	760	279	222	57
33	1961	1186	775	219	175	44
34	1735	996	739	158	116	42
35-39岁	**6813**	**3943**	**2870**	**416**	**305**	**111**
35	1378	790	588	107	78	29
36	1274	741	533	97	69	28
37	1335	758	577	79	62	17
38	1554	905	649	78	59	19
39	1272	749	523	55	37	18
40-44岁	**4641**	**2706**	**1935**	**160**	**107**	**53**
40	1137	677	460	54	44	10
41	1082	640	442	39	19	20
42	929	544	385	26	20	6
43	745	418	327	20	10	10
44	748	427	321	21	14	7
45-49岁	**3932**	**2266**	**1666**	**87**	**58**	**29**
45	698	394	304	19	13	6
46	784	473	311	18	12	6
47	806	464	342	13	11	2
48	867	482	385	22	14	8
49	777	453	324	15	8	7
50-54岁	**3181**	**1764**	**1417**	**66**	**52**	**14**
50	799	437	362	14	10	4
51	746	425	321	20	16	4
52	663	382	281	20	16	4
53	451	248	203	4	3	1
54	522	272	250	8	7	1
55-59岁	**4470**	**2305**	**2165**	**31**	**23**	**8**
55	678	365	313	7	6	1
56	845	432	413	5	3	2
57	1222	618	604	10	7	3
58	1014	515	499	6	4	2
59	711	375	336	3	3	
60-64岁	**4115**	**2207**	**1908**	**18**	**16**	**2**
60	1115	608	507	3	2	1
61	980	511	469	3	3	
62	864	443	421	6	5	1
63	690	386	304	4	4	
64	466	259	207	2	2	
65岁及以上	**2064**	**1270**	**794**	**14**	**12**	**2**

单位：人

有配偶			离婚			丧偶		
小计	男	女	小计	男	女	小计	男	女
37633	**21151**	**16482**	**1408**	**793**	**615**	**702**	**217**	**485**
9	**2**	**7**						
1		1						
1		1						
7	2	5						
454	**189**	**265**	**2**	**1**	**1**			
11	3	8						
37	15	22						
78	29	49	1	1				
142	67	75	1		1			
186	75	111						
2814	**1508**	**1306**	**65**	**32**	**33**	**1**		**1**
283	138	145	3	2	1			
408	208	200	2		2			
541	283	258	13	5	8			
679	371	308	17	8	9			
903	508	395	30	17	13	1		1
7723	**4382**	**3341**	**243**	**156**	**87**	**8**	**3**	**5**
1362	742	620	27	14	13	2	1	1
1570	915	655	36	24	12	1		1
1595	908	687	61	46	15	1		1
1676	971	705	66	40	26			
1520	846	674	53	32	21	4	2	2
6089	**3452**	**2637**	**284**	**177**	**107**	**24**	**9**	**15**
1212	677	535	56	35	21	3		3
1112	629	483	60	41	19	5	2	3
1190	658	532	58	36	22	8	2	6
1401	798	603	71	44	27	4	4	
1174	690	484	39	21	18	4	1	3
4252	**2473**	**1779**	**207**	**120**	**87**	**22**	**6**	**16**
1016	591	425	63	40	23	4	2	2
997	596	401	43	24	19	3	1	2
855	497	358	44	26	18	4	1	3
692	392	300	29	15	14	4	1	3
692	397	295	28	15	13	7	1	6
3625	**2100**	**1525**	**196**	**105**	**91**	**24**	**3**	**21**
625	354	271	52	27	25	2		2
726	441	285	35	20	15	5		5
752	431	321	38	22	16	3		3
798	446	352	39	21	18	8	1	7
724	428	296	32	15	17	6	2	4
2936	**1629**	**1307**	**128**	**66**	**62**	**51**	**17**	**34**
746	412	334	31	12	19	8	3	5
679	387	292	35	19	16	12	3	9
606	348	258	34	17	17	3	1	2
419	232	187	11	7	4	17	6	11
486	250	236	17	11	6	11	4	7
4157	**2177**	**1980**	**155**	**75**	**80**	**127**	**30**	**97**
634	345	289	26	11	15	11	3	8
798	413	385	25	14	11	17	2	15
1127	580	547	41	18	23	44	13	31
944	486	458	33	18	15	31	7	24
654	353	301	30	14	16	24	5	19
3829	**2105**	**1724**	**92**	**44**	**48**	**176**	**42**	**134**
1044	580	464	24	14	10	44	12	32
914	492	422	20	8	12	43	8	35
800	419	381	23	12	11	35	7	28
643	368	275	14	7	7	29	7	22
428	246	182	11	3	8	25	8	17
1745	**1134**	**611**	**36**	**17**	**19**	**269**	**107**	**162**

5-5c 续表 6

受教育程度 年　　龄	15岁及以上人口			未　　婚		
	合计	男	女	小计	男	女
大学专科	**27802**	**15244**	**12558**	**9126**	**5495**	**3631**
15-19岁	**864**	**503**	**361**	**862**	**502**	**360**
15	23	17	6	23	17	6
16	28	21	7	28	21	7
17	87	36	51	87	36	51
18	306	170	136	306	170	136
19	420	259	161	418	258	160
20-24岁	**4131**	**2276**	**1855**	**3692**	**2122**	**1570**
20	589	323	266	572	319	253
21	733	396	337	714	391	323
22	814	461	353	774	447	327
23	971	520	451	833	478	355
24	1024	576	448	799	487	312
25-29岁	**5721**	**3114**	**2607**	**2750**	**1750**	**1000**
25	1138	632	506	773	485	288
26	1103	606	497	649	415	234
27	1125	607	518	545	354	191
28	1070	580	490	385	258	127
29	1285	689	596	398	238	160
30-34岁	**8208**	**4285**	**3923**	**1342**	**857**	**485**
30	1778	907	871	409	257	152
31	1760	912	848	309	197	112
32	1617	880	737	243	166	77
33	1685	886	799	227	145	82
34	1368	700	668	154	92	62
35-39岁	**3913**	**2085**	**1828**	**309**	**178**	**131**
35	910	468	442	94	54	40
36	871	477	394	65	37	28
37	782	407	375	65	41	24
38	764	406	358	41	21	20
39	586	327	259	44	25	19
40-44岁	**1601**	**873**	**728**	**90**	**51**	**39**
40	439	252	187	23	13	10
41	410	216	194	27	17	10
42	315	173	142	20	13	7
43	232	124	108	11	7	4
44	205	108	97	9	1	8
45-49岁	**1115**	**640**	**475**	**49**	**21**	**28**
45	224	121	103	9	4	5
46	258	149	109	11	5	6
47	225	130	95	17	5	12
48	204	127	77	7	5	2
49	204	113	91	5	2	3
50-54岁	**741**	**468**	**273**	**18**	**7**	**11**
50	219	133	86	6	1	5
51	146	96	50	4	1	3
52	157	106	51	4	3	1
53	108	63	45	2	1	1
54	111	70	41	2	1	1
55-59岁	**521**	**330**	**191**	**7**	**5**	**2**
55	111	69	42	1	1	
56	117	77	40	2	1	1
57	141	90	51	3	2	1
58	93	50	43	1	1	
59	59	44	15			
60-64岁	**371**	**253**	**118**	**4**	**2**	**2**
60	74	48	26			
61	68	45	23	2	1	1
62	75	56	19			
63	89	62	27	2	1	1
64	65	42	23			
65岁及以上	**616**	**417**	**199**	**3**		**3**

单位：人

有配偶			离　婚			丧　偶		
小计	男	女	小计	男	女	小计	男	女
17930	**9423**	**8507**	**620**	**281**	**339**	**126**	**45**	**81**
2	**1**	**1**						
2	1	1						
439	**154**	**285**						
17	4	13						
19	5	14						
40	14	26						
138	42	96						
225	89	136						
2920	**1340**	**1580**	**49**	**24**	**25**	**2**		**2**
362	146	216	3	1	2			
451	190	261	3	1	2			
569	250	319	10	3	7	1		1
672	317	355	13	5	8			
866	437	429	20	14	6	1		1
6681	**3352**	**3329**	**179**	**74**	**105**	**6**	**2**	**4**
1339	635	704	30	15	15			
1409	703	706	41	11	30	1	1	
1332	696	636	40	18	22	2		2
1417	725	692	39	16	23	2		2
1184	593	591	29	14	15	1	1	
3462	**1842**	**1620**	**135**	**63**	**72**	**7**	**2**	**5**
791	401	390	24	13	11	1		1
775	428	347	29	11	18	2	1	1
688	351	337	27	15	12	2		2
680	365	315	42	19	23	1	1	
528	297	231	13	5	8	1		1
1410	**782**	**628**	**96**	**39**	**57**	**5**	**1**	**4**
392	229	163	24	10	14			
354	186	168	25	12	13	4	1	3
274	152	122	21	8	13			
202	110	92	19	7	12			
188	105	83	7	2	5	1		1
993	**591**	**402**	**60**	**27**	**33**	**13**	**1**	**12**
204	113	91	8	4	4	3		3
230	138	92	16	6	10	1		1
195	120	75	9	4	5	4	1	3
186	117	69	8	5	3	3		3
178	103	75	19	8	11	2		2
672	**442**	**230**	**40**	**16**	**24**	**11**	**3**	**8**
198	131	67	11		11	4	1	3
132	90	42	8	5	3	2		2
148	100	48	3	3		2		2
93	56	37	11	5	6	2	1	1
101	65	36	7	3	4	1	1	
478	**305**	**173**	**30**	**18**	**12**	**6**	**2**	**4**
103	65	38	7	3	4			
111	74	37	4	2	2			
128	85	43	8	3	5	2		2
82	41	41	7	6	1	3	2	1
54	40	14	4	4		1		1
340	**238**	**102**	**15**	**9**	**6**	**12**	**4**	**8**
68	44	24	5	3	2	1	1	
61	43	18	4	1	3	1		1
72	55	17	2	1	1	1		1
77	55	22	4	4		6	2	4
62	41	21				3	1	2
533	**376**	**157**	**16**	**11**	**5**	**64**	**30**	**34**

5-5c 续表 7

受教育程度 年 龄	15岁及以上人口			未 婚		
	合计	男	女	小计	男	女
大学本科	**16739**	**8445**	**8294**	**7509**	**3842**	**3667**
15-19岁	**1021**	**533**	**488**	**1021**	**533**	**488**
15	2	1	1	2	1	1
16	9	5	4	9	5	4
17	49	13	36	49	13	36
18	377	175	202	377	175	202
19	584	339	245	584	339	245
20-24岁	**2940**	**1455**	**1485**	**2837**	**1423**	**1414**
20	660	370	290	657	368	289
21	461	225	236	455	224	231
22	529	248	281	524	245	279
23	632	308	324	600	295	305
24	658	304	354	601	291	310
25-29岁	**3707**	**1731**	**1976**	**2229**	**1144**	**1085**
25	735	347	388	613	308	305
26	719	313	406	510	239	271
27	687	311	376	408	215	193
28	743	372	371	367	206	161
29	823	388	435	331	176	155
30-34岁	**4451**	**2115**	**2336**	**1017**	**532**	**485**
30	1027	473	554	309	167	142
31	956	467	489	242	132	110
32	871	404	467	186	85	101
33	923	429	494	172	99	73
34	674	342	332	108	49	59
35-39岁	**2110**	**1102**	**1008**	**282**	**139**	**143**
35	568	289	279	84	36	48
36	441	229	212	66	38	28
37	401	205	196	43	19	24
38	422	211	211	55	25	30
39	278	168	110	34	21	13
40-44岁	**836**	**460**	**376**	**67**	**38**	**29**
40	223	120	103	20	12	8
41	203	112	91	22	14	8
42	167	89	78	12	5	7
43	113	65	48	6	2	4
44	130	74	56	7	5	2
45-49岁	**540**	**316**	**224**	**33**	**19**	**14**
45	125	72	53	10	5	5
46	113	67	46	7	4	3
47	106	57	49	5	4	1
48	96	56	40	4	2	2
49	100	64	36	7	4	3
50-54岁	**381**	**234**	**147**	**10**	**8**	**2**
50	106	62	44	4	3	1
51	83	52	31	3	3	
52	90	51	39	2	1	1
53	46	35	11			
54	56	34	22	1	1	
55-59岁	**247**	**164**	**83**	**3**	**2**	**1**
55	65	44	21	1	1	
56	56	33	23			
57	60	43	17	1	1	
58	38	29	9	1		1
59	28	15	13			
60-64岁	**172**	**129**	**43**	**2**	**1**	**1**
60	44	33	11			
61	25	20	5			
62	30	24	6			
63	35	24	11			
64	38	28	10	2	1	1
65岁及以上	**334**	**206**	**128**	**8**	**3**	**5**

单位：人

有配偶			离婚			丧偶		
小计	男	女	小计	男	女	小计	男	女
8903	**4454**	**4449**	**263**	**124**	**139**	**64**	**25**	**39**
102	**32**	**70**	**1**		**1**			
3	2	1						
6	1	5						
5	3	2						
32	13	19						
56	13	43	1		1			
1460	**577**	**883**	**18**	**10**	**8**			
122	39	83						
206	73	133	3	1	2			
278	96	182	1		1			
372	163	209	4	3	1			
482	206	276	10	6	4			
3369	**1555**	**1814**	**64**	**28**	**36**	**1**		**1**
711	304	407	7	2	5			
701	326	375	13	9	4			
676	316	360	9	3	6			
733	323	410	18	7	11			
548	286	262	17	7	10	1		1
1765	**935**	**830**	**61**	**27**	**34**	**2**	**1**	**1**
474	249	225	9	4	5	1		1
359	187	172	16	4	12			
345	177	168	12	8	4	1	1	
349	179	170	18	7	11			
238	143	95	6	4	2			
722	**401**	**321**	**45**	**19**	**26**	**2**	**2**	
191	103	88	12	5	7			
172	94	78	7	2	5	2	2	
149	83	66	6	1	5			
98	57	41	9	6	3			
112	64	48	11	5	6			
471	**281**	**190**	**31**	**14**	**17**	**5**	**2**	**3**
108	62	46	5	4	1	2	1	1
101	60	41	4	3	1	1		1
94	50	44	6	2	4	1	1	
85	52	33	6	2	4	1		1
83	57	26	10	3	7			
357	**220**	**137**	**12**	**6**	**6**	**2**		**2**
99	59	40	2		2	1		1
75	47	28	4	2	2	1		1
87	50	37	1		1			
43	33	10	3	2	1			
53	31	22	2	2				
228	**154**	**74**	**14**	**8**	**6**	**2**		**2**
60	40	20	4	3	1			
53	33	20	3		3			
52	38	14	5	4	1	2		2
36	28	8	1	1				
27	15	12	1		1			
161	**122**	**39**	**9**	**6**	**3**			
42	31	11	2	2				
21	18	3	4	2	2			
30	24	6						
34	24	10	1		1			
34	25	9	2	2				
268	**177**	**91**	**8**	**6**	**2**	**50**	**20**	**30**

5-5c 续表 8

受教育程度 年龄	15岁及以上人口			未婚		
	合计	男	女	小计	男	女
硕士研究生	**1388**	**670**	**718**	**586**	**247**	**339**
15-19岁	**2**		**2**	**2**		**2**
15						
16						
17						
18						
19	2		2	2		2
20-24岁	**112**	**36**	**76**	**110**	**36**	**74**
20	1		1	1		1
21	4		4	4		4
22	22	10	12	22	10	12
23	38	11	27	36	11	25
24	47	15	32	47	15	32
25-29岁	**374**	**147**	**227**	**294**	**127**	**167**
25	91	36	55	86	36	50
26	71	29	42	66	29	37
27	69	26	43	54	20	34
28	77	32	45	53	26	27
29	66	24	42	35	16	19
30-34岁	**450**	**214**	**236**	**130**	**63**	**67**
30	91	38	53	42	21	21
31	103	50	53	28	13	15
32	92	44	48	27	13	14
33	82	36	46	15	9	6
34	82	46	36	18	7	11
35-39岁	**229**	**130**	**99**	**37**	**17**	**20**
35	58	27	31	7	3	4
36	55	31	24	11	5	6
37	39	24	15	5	3	2
38	48	27	21	9	3	6
39	29	21	8	5	3	2
40-44岁	**99**	**63**	**36**	**11**	**3**	**8**
40	19	11	8	3		3
41	31	19	12	5	1	4
42	17	11	6			
43	20	14	6	1		1
44	12	8	4	2	2	
45-49岁	**51**	**35**	**16**	**1**		**1**
45	7	4	3			
46	8	6	2			
47	13	10	3			
48	10	5	5			
49	13	10	3	1		1
50-54岁	**27**	**17**	**10**	**1**	**1**	
50	6	4	2	1	1	
51	6	4	2			
52	6	4	2			
53	4	2	2			
54	5	3	2			
55-59岁	**23**	**13**	**10**			
55	7	4	3			
56	4	2	2			
57	8	5	3			
58	2	1	1			
59	2	1	1			
60-64岁	**7**	**4**	**3**			
60	1		1			
61	1	1				
62	1	1				
63	2	2				
64	2		2			
65岁及以上	**14**	**11**	**3**			

单位：人

有配偶			离婚			丧偶		
小计	男	女	小计	男	女	小计	男	女
776	**411**	**365**	**23**	**10**	**13**	**3**	**2**	**1**
2		**2**						
2		2						
80	**20**	**60**						
5		5						
5		5						
15	6	9						
24	6	18						
31	8	23						
317	**149**	**168**	**3**	**2**	**1**			
49	17	32						
75	37	38						
65	31	34						
65	26	39	2	1	1			
63	38	25	1	1				
184	**110**	**74**	**8**	**3**	**5**			
51	24	27						
42	25	17	2	1	1			
32	21	11	2		2			
37	23	14	2	1	1			
22	17	5	2	1	1			
84	**57**	**27**	**4**	**3**	**1**			
14	9	5	2	2				
25	17	8	1	1				
17	11	6						
19	14	5						
9	6	3	1		1			
50	**35**	**15**						
7	4	3						
8	6	2						
13	10	3						
10	5	5						
12	10	2						
23	**15**	**8**	**3**	**1**	**2**			
4	3	1	1		1			
5	3	2	1	1				
6	4	2						
3	2	1	1		1			
5	3	2						
19	**12**	**7**	**4**	**1**	**3**			
7	4	3						
2	1	1	2	1	1			
7	5	2	1		1			
1	1		1		1			
2	1	1						
6	**4**	**2**	**1**		**1**			
1		1						
1	1							
1	1							
2	2							
1		1	1		1			
11	**9**	**2**				**3**	**2**	**1**

5-5c 续表 9

受教育程度 年龄	15岁及以上人口			未婚		
	合计	男	女	小计	男	女
博士研究生	**125**	**66**	**59**	**48**	**18**	**30**
15-19岁						
15						
16						
17						
18						
19						
20-24岁	**2**	**1**	**1**	**2**	**1**	**1**
20						
21						
22	1	1		1	1	
23						
24	1		1	1		1
25-29岁	**32**	**12**	**20**	**26**	**9**	**17**
25	5	1	4	4	1	3
26	8	2	6	8	2	6
27	5	4	1	4	3	1
28	9	5	4	6	3	3
29	5		5	4		4
30-34岁	**41**	**19**	**22**	**13**	**6**	**7**
30	11	4	7	2	1	1
31	10	5	5	5	3	2
32	9	4	5	3	1	2
33	7	3	4	2		2
34	4	3	1	1	1	
35-39岁	**17**	**10**	**7**	**6**	**2**	**4**
35	3	2	1	1		1
36	3	2	1	1		1
37	6	4	2	4	2	2
38	2	1	1			
39	3	1	2			
40-44岁	**12**	**5**	**7**	**1**		**1**
40	3	2	1			
41	5	2	3	1		1
42	2	1	1			
43	1		1			
44	1		1			
45-49岁	**7**	**6**	**1**			
45	1	1				
46	2	1	1			
47	2	2				
48						
49	2	2				
50-54岁	**4**	**4**				
50	1	1				
51						
52	1	1				
53	1	1				
54	1	1				
55-59岁	**6**	**5**	**1**			
55						
56	1		1			
57	3	3				
58	1	1				
59	1	1				
60-64岁	**2**	**2**				
60						
61						
62						
63						
64	2	2				
65岁及以上	**2**	**2**				

单位：人

有配偶			离婚			丧偶		
小计	男	女	小计	男	女	小计	男	女
73	**44**	**29**	**3**	**3**		**1**	**1**	
6	**3**	**3**						
1		1						
1	1							
3	2	1						
1		1						
28	**13**	**15**						
9	3	6						
5	2	3						
6	3	3						
5	3	2						
3	2	1						
11	**8**	**3**						
2	2							
2	2							
2	2							
2	1	1						
3	1	2						
11	**5**	**6**						
3	2	1						
4	2	2						
2	1	1						
1		1						
1		1						
5	**4**	**1**	**2**	**2**				
			1	1				
2	1	1						
2	2							
1	1		1	1				
4	**4**							
1	1							
1	1							
1	1							
1	1							
6	**5**	**1**						
1		1						
3	3							
1	1							
1	1							
2	**2**							
2	2							
			1	**1**		**1**	**1**	

5-6 全市分年龄、性别、受教育

受教育程度 年龄	15岁及以上人口			未婚		
	合计	男	女	小计	男	女
总计	**690070**	**366400**	**323670**	**200781**	**111720**	**89061**
15-19岁	**17657**	**10487**	**7170**	**17508**	**10445**	**7063**
15	1289	754	535	1289	754	535
16	1795	1075	720	1795	1075	720
17	2628	1646	982	2611	1643	968
18	4256	2564	1692	4222	2558	1664
19	7689	4448	3241	7591	4415	3176
20-24岁	**68324**	**36341**	**31983**	**62681**	**33955**	**28726**
20	9781	5508	4273	9531	5411	4120
21	10445	5680	4765	9999	5507	4492
22	13199	7102	6097	12300	6735	5565
23	16273	8560	7713	14690	7882	6808
24	18626	9491	9135	16161	8420	7741
25-29岁	**109844**	**57524**	**52320**	**68345**	**37421**	**30924**
25	20568	10593	9975	16639	8844	7795
26	21166	10836	10330	15516	8234	7282
27	22947	12064	10883	14322	7898	6424
28	22659	12068	10591	12025	6809	5216
29	22504	11963	10541	9843	5636	4207
30-34岁	**124885**	**66757**	**58128**	**32181**	**18513**	**13668**
30	27888	14998	12890	9946	5740	4206
31	26163	14014	12149	7590	4392	3198
32	24363	13058	11305	6040	3479	2561
33	24799	13298	11501	4928	2862	2066
34	21672	11389	10283	3677	2040	1637
35-39岁	**91570**	**49040**	**42530**	**10546**	**5704**	**4842**
35	18423	9803	8620	2720	1492	1228
36	18718	10098	8620	2367	1290	1077
37	18143	9620	8523	2055	1100	955
38	20026	10596	9430	1973	1037	936
39	16260	8923	7337	1431	785	646
40-44岁	**65320**	**35876**	**29444**	**4299**	**2351**	**1948**
40	14277	7777	6500	1066	588	478
41	14342	7829	6513	1038	562	476
42	13135	7277	5858	882	479	403
43	11683	6467	5216	712	399	313
44	11883	6526	5357	601	323	278
45-49岁	**58638**	**32547**	**26091**	**2636**	**1543**	**1093**
45	11099	6067	5032	563	323	240
46	11656	6489	5167	581	347	234
47	11780	6480	5300	527	281	246
48	12070	6743	5327	509	317	192
49	12033	6768	5265	456	275	181
50-54岁	**52660**	**29264**	**23396**	**1440**	**941**	**499**
50	12316	6969	5347	422	257	165
51	10935	6045	4890	297	187	110
52	11312	6315	4997	304	213	91
53	8722	4784	3938	200	136	64
54	9375	5151	4224	217	148	69
55-59岁	**37470**	**19060**	**18410**	**658**	**502**	**156**
55	8818	4732	4086	168	126	42
56	8295	4302	3993	161	124	37
57	9558	4767	4791	166	124	42
58	6841	3381	3460	96	76	20
59	3958	1878	2080	67	52	15
60-64岁	**26057**	**12041**	**14016**	**272**	**197**	**75**
60	4947	2310	2637	66	51	15
61	4483	2059	2424	52	32	20
62	5490	2523	2967	60	43	17
63	5813	2680	3133	59	45	14
64	5324	2469	2855	35	26	9
65岁及以上	**37645**	**17463**	**20182**	**215**	**148**	**67**

程度、婚姻状况的外省来京人员

单位：人

有配偶			离婚			丧偶		
小计	男	女	小计	男	女	小计	男	女
465478	**246543**	**218935**	**14038**	**6245**	**7793**	**9773**	**1892**	**7881**
149	**42**	**107**						
17	3	14						
34	6	28						
98	33	65						
5613	**2369**	**3244**	**29**	**16**	**13**	**1**	**1**	
250	97	153						
445	172	273				1	1	
889	362	527	10	5	5			
1574	676	898	9	2	7			
2455	1062	1393	10	9	1			
40997	**19852**	**21145**	**497**	**249**	**248**	**5**	**2**	**3**
3904	1737	2167	25	12	13			
5588	2584	3004	62	18	44			
8534	4119	4415	90	46	44	1	1	
10494	5191	5303	137	67	70	3	1	2
12477	6221	6256	183	106	77	1		1
90561	**47155**	**43406**	**2099**	**1077**	**1022**	**44**	**12**	**32**
17612	9074	8538	328	183	145	2	1	1
18250	9457	8793	313	160	153	10	5	5
17876	9366	8510	438	212	226	9	1	8
19380	10173	9207	482	262	220	9	1	8
17443	9085	8358	538	260	278	14	4	10
78353	**41966**	**36387**	**2597**	**1349**	**1248**	**74**	**21**	**53**
15240	8079	7161	454	229	225	9	3	6
15817	8526	7291	524	279	245	10	3	7
15582	8256	7326	490	260	230	16	4	12
17419	9242	8177	614	310	304	20	7	13
14295	7863	6432	515	271	244	19	4	15
58435	**32366**	**26069**	**2414**	**1126**	**1288**	**172**	**33**	**139**
12678	6932	5746	514	251	263	19	6	13
12741	7025	5716	527	234	293	36	8	28
11720	6561	5159	491	234	257	42	3	39
10493	5831	4662	442	227	215	36	10	26
10803	6017	4786	440	180	260	39	6	33
53350	**29980**	**23370**	**2327**	**950**	**1377**	**325**	**74**	**251**
10055	5563	4492	431	174	257	50	7	43
10556	5916	4640	475	215	260	44	11	33
10745	6016	4729	442	171	271	66	12	54
10975	6209	4766	505	195	310	81	22	59
11019	6276	4743	474	195	279	84	22	62
48713	**27437**	**21276**	**1801**	**742**	**1059**	**706**	**144**	**562**
11367	6502	4865	436	187	249	91	23	68
10108	5671	4437	401	172	229	129	15	114
10492	5942	4550	349	130	219	167	30	137
8069	4498	3571	308	117	191	145	33	112
8677	4824	3853	307	136	171	174	43	131
34581	**17979**	**16602**	**1192**	**421**	**771**	**1039**	**158**	**881**
8196	4478	3718	270	99	171	184	29	155
7635	4031	3604	289	109	180	210	38	172
8818	4507	4311	281	97	184	293	39	254
6315	3203	3112	223	70	153	207	32	175
3617	1760	1857	129	46	83	145	20	125
23707	**11414**	**12293**	**616**	**185**	**431**	**1462**	**245**	**1217**
4524	2180	2344	132	41	91	225	38	187
4085	1955	2130	122	36	86	224	36	188
4985	2380	2605	144	45	99	301	55	246
5271	2538	2733	120	41	79	363	56	307
4842	2361	2481	98	22	76	349	60	289
31019	**15983**	**15036**	**466**	**130**	**336**	**5945**	**1202**	**4743**

5-6 续表 1

受教育程度 年龄	15岁及以上人口			未婚		
	合计	男	女	小计	男	女
未上过学	**4749**	**1058**	**3691**	**209**	**148**	**61**
15-19岁	**16**	**11**	**5**	**16**	**11**	**5**
15						
16	4		4	4		4
17	4	4		4	4	
18	4	4		4	4	
19	4	3	1	4	3	1
20-24岁	**22**	**13**	**9**	**20**	**13**	**7**
20	5	4	1	5	4	1
21	3	2	1	3	2	1
22	8	4	4	7	4	3
23	2	1	1	2	1	1
24	4	2	2	3	2	1
25-29岁	**28**	**18**	**10**	**21**	**14**	**7**
25	6	5	1	5	4	1
26	3	1	2	3	1	2
27	7	4	3	6	4	2
28	5	3	2	2	1	1
29	7	5	2	5	4	1
30-34岁	**65**	**40**	**25**	**23**	**16**	**7**
30	16	13	3	6	6	
31	14	8	6	6	4	2
32	11	6	5	4	2	2
33	11	5	6	4	2	2
34	13	8	5	3	2	1
35-39岁	**82**	**39**	**43**	**18**	**11**	**7**
35	10	5	5	5	2	3
36	12	3	9	2	1	1
37	14	11	3	3	3	
38	21	9	12	4	3	1
39	25	11	14	4	2	2
40-44岁	**125**	**41**	**84**	**13**	**9**	**4**
40	10	2	8	1	1	
41	22	7	15	3	2	1
42	17	6	11	2	1	1
43	28	7	21	3	1	2
44	48	19	29	4	4	
45-49岁	**408**	**91**	**317**	**25**	**17**	**8**
45	46	14	32			
46	70	13	57	3	2	1
47	81	11	70	8	5	3
48	99	27	72	8	7	1
49	112	26	86	6	3	3
50-54岁	**697**	**185**	**512**	**23**	**16**	**7**
50	126	30	96	2		2
51	157	37	120	7	5	2
52	151	45	106	7	5	2
53	116	33	83	3	2	1
54	147	40	107	4	4	
55-59岁	**668**	**133**	**535**	**16**	**11**	**5**
55	127	33	94	2	1	1
56	141	27	114	5	4	1
57	158	31	127	3	2	1
58	152	25	127	4	3	1
59	90	17	73	2	1	1
60-64岁	**813**	**148**	**665**	**13**	**11**	**2**
60	107	21	86	1	1	
61	142	30	112	4	3	1
62	168	36	132	3	2	1
63	216	35	181	2	2	
64	180	26	154	3	3	
65岁及以上	**1825**	**339**	**1486**	**21**	**19**	**2**

单位：人

有配偶			离婚			丧偶		
小计	男	女	小计	男	女	小计	男	女
3649	**810**	**2839**	**69**	**26**	**43**	**822**	**74**	**748**
2		**2**						
1		1						
1		1						
7	**4**	**3**						
1	1							
1		1						
3	2	1						
2	1	1						
39	**21**	**18**	**3**	**3**				
9	6	3	1	1				
7	3	4	1	1				
7	4	3						
6	2	4	1	1				
10	6	4						
59	**25**	**34**	**5**	**3**	**2**			
4	2	2	1	1				
9	2	7	1		1			
10	7	3	1	1				
17	6	11						
19	8	11	2	1	1			
109	**31**	**78**	**2**	**1**	**1**	**1**		**1**
9	1	8						
19	5	14						
15	5	10						
25	6	19						
41	14	27	2	1	1	1		1
369	**72**	**297**	**11**	**2**	**9**	**3**		**3**
43	13	30	2	1	1	1		1
67	11	56						
69	6	63	3		3	1		1
87	19	68	4	1	3			
103	23	80	2		2	1		1
645	**162**	**483**	**12**	**7**	**5**	**17**		**17**
120	28	92	3	2	1	1		1
146	32	114	2		2	2		2
140	37	103	3	3		1		1
111	31	80	1		1	1		1
128	34	94	3	2	1	12		12
600	**115**	**485**	**15**	**6**	**9**	**37**	**1**	**36**
119	30	89	3	2	1	3		3
126	21	105	2	2		8		8
144	29	115	3		3	8		8
132	21	111	5	1	4	11		11
79	14	65	2	1	1	7	1	6
688	**125**	**563**	**8**	**1**	**7**	**104**	**11**	**93**
94	20	74				12		12
121	24	97	2		2	15	3	12
145	31	114	2		2	18	3	15
177	30	147	1		1	36	3	33
151	20	131	3	1	2	23	2	21
1131	**255**	**876**	**13**	**3**	**10**	**660**	**62**	**598**

5-6 续表 2

受教育程度 年　　龄	15岁及以上人口			未　　婚		
	合计	男	女	小计	男	女
学前教育	**199**	**85**	**114**	**32**	**19**	**13**
15-19岁	**7**	**3**	**4**	**7**	**3**	**4**
15						
16	1		1	1		1
17	2	1	1	2	1	1
18	2	1	1	2	1	1
19	2	1	1	2	1	1
20-24岁	**5**	**2**	**3**	**5**	**2**	**3**
20						
21						
22	1		1	1		1
23	2	1	1	2	1	1
24	2	1	1	2	1	1
25-29岁	**9**	**5**	**4**	**6**	**4**	**2**
25	1		1	1		1
26	1	1		1	1	
27	1	1				
28	3	1	2	1	1	
29	3	2	1	3	2	1
30-34岁	**14**	**8**	**6**	**5**	**3**	**2**
30	2	1	1	2	1	1
31	3	1	2			
32	3	2	1	2	1	1
33	3	2	1	1	1	
34	3	2	1			
35-39岁	**11**	**4**	**7**	**1**		**1**
35	3		3	1		1
36	2	2				
37	4	1	3			
38	1	1				
39	1		1			
40-44岁	**14**	**9**	**5**	**1**	**1**	
40	3	2	1	1	1	
41	4	3	1			
42	3	1	2			
43	1	1				
44	3	2	1			
45-49岁	**18**	**7**	**11**	**1**	**1**	
45	1	1				
46	4	1	3			
47	4		4			
48	6	4	2			
49	3	1	2	1	1	
50-54岁	**32**	**14**	**18**	**3**	**3**	
50	3	2	1			
51	7	3	4			
52	10	3	7			
53	6	4	2	2	2	
54	6	2	4	1	1	
55-59岁	**34**	**12**	**22**			
55	3	3				
56	10	3	7			
57	11	3	8			
58	4	1	3			
59	6	2	4			
60-64岁	**27**	**9**	**18**	**2**	**1**	**1**
60	7	4	3			
61	6	2	4			
62	6	2	4	1	1	
63	5	1	4	1		1
64	3		3			
65岁及以上	**28**	**12**	**16**	**1**	**1**	

单位：人

有配偶			离婚			丧偶		
小计	男	女	小计	男	女	小计	男	女
146	**61**	**85**	**5**	**1**	**4**	**16**	**4**	**12**
3	**1**	**2**						
1	1							
2		2						
9	**5**	**4**						
3	1	2						
1	1							
2	1	1						
3	2	1						
10	**4**	**6**						
2		2						
2	2							
4	1	3						
1	1							
1		1						
11	**7**	**4**	**2**	**1**	**1**			
2	1	1						
4	3	1						
2	1	1	1		1			
1	1							
2	1	1	1	1				
16	**6**	**10**				**1**		**1**
1	1							
4	1	3						
4		4						
5	4	1				1		1
2		2						
27	**11**	**16**				**2**		**2**
3	2	1						
7	3	4						
9	3	6				1		1
3	2	1				1		1
5	1	4						
31	**11**	**20**	**1**		**1**	**2**	**1**	**1**
3	3							
10	3	7						
9	2	7	1		1	1	1	
4	1	3						
5	2	3				1		1
22	**8**	**14**	**1**		**1**	**2**		**2**
6	4	2				1		1
6	2	4						
4	1	3	1		1			
4	1	3						
2		2				1		1
17	**8**	**9**	**1**		**1**	**9**	**3**	**6**

5-6 续表 3

受教育程度 年 龄	15岁及以上人口 合计	男	女	未婚 小计	男	女
小 学	**41851**	**19851**	**22000**	**1893**	**1522**	**371**
15-19岁	**149**	**116**	**33**	**145**	**115**	**30**
15	6	4	2	6	4	2
16	22	16	6	22	16	6
17	27	23	4	27	23	4
18	34	27	7	33	27	6
19	60	46	14	57	45	12
20-24岁	**261**	**191**	**70**	**185**	**157**	**28**
20	46	30	16	40	29	11
21	35	30	5	31	28	3
22	57	45	12	44	40	4
23	49	33	16	31	24	7
24	74	53	21	39	36	3
25-29岁	**625**	**460**	**165**	**271**	**225**	**46**
25	87	60	27	47	38	9
26	94	68	26	50	42	8
27	122	91	31	53	46	7
28	136	99	37	57	43	14
29	186	142	44	64	56	8
30-34岁	**1403**	**946**	**457**	**274**	**223**	**51**
30	250	171	79	59	50	9
31	286	217	69	71	59	12
32	256	168	88	53	41	12
33	312	198	114	57	46	11
34	299	192	107	34	27	7
35-39岁	**1639**	**937**	**702**	**149**	**111**	**38**
35	270	158	112	34	26	8
36	278	170	108	30	25	5
37	306	160	146	26	19	7
38	396	226	170	35	22	13
39	389	223	166	24	19	5
40-44岁	**3100**	**1580**	**1520**	**172**	**134**	**38**
40	430	205	225	32	24	8
41	580	310	270	38	30	8
42	637	340	297	35	21	14
43	664	334	330	38	32	6
44	789	391	398	29	27	2
45-49岁	**6369**	**3013**	**3356**	**192**	**143**	**49**
45	859	428	431	29	22	7
46	1137	557	580	36	29	7
47	1224	548	676	31	22	9
48	1522	725	797	49	35	14
49	1627	755	872	47	35	12
50-54岁	**9606**	**4637**	**4969**	**229**	**172**	**57**
50	1834	841	993	52	35	17
51	1929	960	969	47	35	12
52	2208	1087	1121	60	47	13
53	1712	804	908	31	23	8
54	1923	945	978	39	32	7
55-59岁	**6362**	**3036**	**3326**	**138**	**120**	**18**
55	1669	828	841	34	30	4
56	1436	720	716	28	25	3
57	1543	722	821	37	31	6
58	1140	515	625	25	22	3
59	574	251	323	14	12	2
60-64岁	**4473**	**1840**	**2633**	**83**	**72**	**11**
60	797	333	464	22	20	2
61	740	300	440	11	8	3
62	921	377	544	21	17	4
63	1063	466	597	19	19	
64	952	364	588	10	8	2
65岁及以上	**7864**	**3095**	**4769**	**55**	**50**	**5**

单位：人

有配偶			离婚			丧偶		
小计	男	女	小计	男	女	小计	男	女
36565	**17442**	**19123**	**881**	**410**	**471**	**2512**	**477**	**2035**
4	**1**	**3**						
1		1						
3	1	2						
75	**34**	**41**	**1**		**1**			
6	1	5						
4	2	2						
13	5	8						
17	9	8	1		1			
35	17	18						
341	**227**	**114**	**13**	**8**	**5**			
38	22	16	2		2			
43	26	17	1		1			
66	42	24	3	3				
77	54	23	2	2				
117	83	34	5	3	2			
1085	**698**	**387**	**44**	**25**	**19**			
182	115	67	9	6	3			
203	151	52	12	7	5			
195	122	73	8	5	3			
250	149	101	5	3	2			
255	161	94	10	4	6			
1418	**785**	**633**	**69**	**40**	**29**	**3**	**1**	**2**
225	125	100	11	7	4			
238	138	100	9	7	2	1		1
266	131	135	13	9	4	1	1	
340	194	146	20	10	10	1		1
349	197	152	16	7	9			
2807	**1388**	**1419**	**105**	**56**	**49**	**16**	**2**	**14**
385	175	210	11	5	6	2	1	1
523	272	251	17	8	9	2		2
575	304	271	24	15	9	3		3
599	287	312	23	14	9	4	1	3
725	350	375	30	14	16	5		5
5976	**2792**	**3184**	**163**	**68**	**95**	**38**	**10**	**28**
802	393	409	25	13	12	3		3
1067	514	553	29	12	17	5	2	3
1162	517	645	22	7	15	9	2	7
1422	671	751	41	17	24	10	2	8
1523	697	826	46	19	27	11	4	7
9022	**4338**	**4684**	**196**	**96**	**100**	**159**	**31**	**128**
1728	783	945	34	18	16	20	5	15
1812	901	911	40	20	20	30	4	26
2069	1014	1055	46	21	25	33	5	28
1610	760	850	33	13	20	38	8	30
1803	880	923	43	24	19	38	9	29
5907	**2837**	**3070**	**127**	**55**	**72**	**190**	**24**	**166**
1568	781	787	33	14	19	34	3	31
1331	676	655	34	16	18	43	3	40
1434	673	761	20	11	9	52	7	45
1051	481	570	28	8	20	36	4	32
523	226	297	12	6	6	25	7	18
4001	**1686**	**2315**	**79**	**34**	**45**	**310**	**48**	**262**
721	297	424	17	8	9	37	8	29
673	282	391	16	6	10	40	4	36
826	346	480	17	8	9	57	6	51
931	417	514	15	7	8	98	23	75
850	344	506	14	5	9	78	7	71
5929	**2656**	**3273**	**84**	**28**	**56**	**1796**	**361**	**1435**

5-6 续表 4

受教育程度 / 年龄	15岁及以上人口			未婚		
	合计	男	女	小计	男	女
初 中	**187896**	**114255**	**73641**	**25192**	**19333**	**5859**
15—19岁	**4147**	**3000**	**1147**	**4066**	**2980**	**1086**
15	591	386	205	591	386	205
16	568	413	155	568	413	155
17	777	567	210	766	564	202
18	988	741	247	966	738	228
19	1223	893	330	1175	879	296
20—24岁	**8473**	**5815**	**2658**	**6652**	**4953**	**1699**
20	1390	998	392	1279	955	324
21	1491	1031	460	1301	955	346
22	1787	1220	567	1447	1078	369
23	1866	1255	611	1345	995	350
24	1939	1311	628	1280	970	310
25—29岁	**14273**	**9724**	**4549**	**5642**	**4497**	**1145**
25	2320	1585	735	1319	1045	274
26	2398	1638	760	1140	896	244
27	2906	1993	913	1135	900	235
28	3109	2142	967	1054	842	212
29	3540	2366	1174	994	814	180
30—34岁	**24542**	**16389**	**8153**	**4046**	**3278**	**768**
30	4787	3239	1548	1072	871	201
31	4919	3296	1623	928	754	174
32	4715	3171	1544	731	600	131
33	5395	3612	1783	760	613	147
34	4726	3071	1655	555	440	115
35—39岁	**21946**	**14192**	**7754**	**1714**	**1333**	**381**
35	4168	2732	1436	434	354	80
36	4373	2864	1509	367	301	66
37	4291	2791	1500	339	252	87
38	4782	3028	1754	310	219	91
39	4332	2777	1555	264	207	57
40—44岁	**22347**	**13478**	**8869**	**1081**	**787**	**294**
40	4144	2574	1570	216	172	44
41	4553	2789	1764	250	182	68
42	4470	2699	1771	236	164	72
43	4367	2594	1773	189	143	46
44	4813	2822	1991	190	126	64
45—49岁	**28564**	**16626**	**11938**	**917**	**669**	**248**
45	4928	2848	2080	173	122	51
46	5530	3204	2326	202	151	51
47	5759	3317	2442	179	124	55
48	6109	3542	2567	184	139	45
49	6238	3715	2523	179	133	46
50—54岁	**27080**	**16002**	**11078**	**622**	**468**	**154**
50	6340	3779	2561	167	121	46
51	5588	3288	2300	130	91	39
52	5780	3440	2340	124	99	25
53	4589	2686	1903	99	78	21
54	4783	2809	1974	102	79	23
55—59岁	**16828**	**9392**	**7436**	**302**	**246**	**56**
55	4411	2526	1885	80	66	14
56	3900	2174	1726	74	59	15
57	4192	2324	1868	68	54	14
58	2845	1600	1245	49	41	8
59	1480	768	712	31	26	5
60—64岁	**8370**	**4263**	**4107**	**87**	**72**	**15**
60	1691	899	792	26	21	5
61	1450	742	708	20	15	5
62	1780	897	883	16	14	2
63	1818	894	924	14	13	1
64	1631	831	800	11	9	2
65岁及以上	**11326**	**5374**	**5952**	**63**	**50**	**13**

单位：人

有配偶			离婚			丧偶		
小计	男	女	小计	男	女	小计	男	女
154769	**91673**	**63096**	**4837**	**2587**	**2250**	**3098**	**662**	**2436**
81	**20**	**61**						
11	3	8						
22	3	19						
48	14	34						
1810	**856**	**954**	**11**	**6**	**5**			
111	43	68						
190	76	114						
335	140	195	5	2	3			
519	260	259	2		2			
655	337	318	4	4				
8443	**5115**	**3328**	**188**	**112**	**76**			
986	532	454	15	8	7			
1238	732	506	20	10	10			
1742	1075	667	29	18	11			
2001	1267	734	54	33	21			
2476	1509	967	70	43	27			
19768	**12652**	**7116**	**720**	**456**	**264**	**8**	**3**	**5**
3589	2283	1306	126	85	41			
3893	2483	1410	95	58	37	3	1	2
3817	2470	1347	166	101	65	1		1
4469	2888	1581	165	110	55	1	1	
4000	2528	1472	168	102	66	3	1	2
19429	**12355**	**7074**	**783**	**499**	**284**	**20**	**5**	**15**
3596	2297	1299	137	81	56	1		1
3837	2458	1379	166	105	61	3		3
3793	2433	1360	154	105	49	5	1	4
4277	2689	1588	187	117	70	8	3	5
3926	2478	1448	139	91	48	3	1	2
20425	**12219**	**8206**	**776**	**458**	**318**	**65**	**14**	**51**
3758	2302	1456	162	97	65	8	3	5
4133	2510	1623	161	94	67	9	3	6
4061	2441	1620	152	92	60	21	2	19
4002	2344	1658	165	104	61	11	3	8
4471	2622	1849	136	71	65	16	3	13
26568	**15483**	**11085**	**906**	**431**	**475**	**173**	**43**	**130**
4563	2648	1915	166	74	92	26	4	22
5129	2957	2172	179	93	86	20	3	17
5370	3105	2265	176	79	97	34	9	25
5683	3306	2377	198	84	114	44	13	31
5823	3467	2356	187	101	86	49	14	35
25378	**15104**	**10274**	**750**	**350**	**400**	**330**	**80**	**250**
5959	3549	2410	171	95	76	43	14	29
5225	3108	2117	178	82	96	55	7	48
5425	3266	2159	139	56	83	92	19	73
4287	2530	1757	138	62	76	65	16	49
4482	2651	1831	124	55	69	75	24	51
15685	**8889**	**6796**	**402**	**175**	**227**	**439**	**82**	**357**
4135	2393	1742	105	48	57	91	19	72
3636	2051	1585	100	41	59	90	23	67
3922	2216	1706	83	37	46	119	17	102
2633	1508	1125	78	34	44	85	17	68
1359	721	638	36	15	21	54	6	48
7643	**4026**	**3617**	**180**	**70**	**110**	**460**	**95**	**365**
1553	843	710	39	17	22	73	18	55
1321	696	625	37	16	21	72	15	57
1617	840	777	38	14	24	109	29	80
1663	853	810	39	17	22	102	11	91
1489	794	695	27	6	21	104	22	82
9539	**4954**	**4585**	**121**	**30**	**91**	**1603**	**340**	**1263**

5-6 续表 5

受教育程度 年龄	15岁及以上人口			未婚		
	合计	男	女	小计	男	女
高 中	**125070**	**69153**	**55917**	**31063**	**20225**	**10838**
15-19岁	**6602**	**3824**	**2778**	**6554**	**3808**	**2746**
15	675	355	320	675	355	320
16	1091	591	500	1091	591	500
17	1478	859	619	1474	859	615
18	1566	920	646	1555	917	638
19	1792	1099	693	1759	1086	673
20-24岁	**11136**	**6939**	**4197**	**9523**	**6228**	**3295**
20	1965	1246	719	1888	1211	677
21	2018	1269	749	1873	1209	664
22	2248	1413	835	1977	1293	684
23	2381	1498	883	1920	1296	624
24	2524	1513	1011	1865	1219	646
25-29岁	**15334**	**9430**	**5904**	**7475**	**5226**	**2249**
25	2674	1626	1048	1769	1199	570
26	2743	1670	1073	1587	1084	503
27	3223	2024	1199	1601	1145	456
28	3194	1966	1228	1338	959	379
29	3500	2144	1356	1180	839	341
30-34岁	**20564**	**12371**	**8193**	**4308**	**3057**	**1251**
30	4597	2824	1773	1319	942	377
31	4286	2612	1674	988	714	274
32	4109	2476	1633	819	597	222
33	4050	2420	1630	641	451	190
34	3522	2039	1483	541	353	188
35-39岁	**14527**	**8179**	**6348**	**1507**	**977**	**530**
35	2921	1675	1246	370	243	127
36	2933	1676	1257	340	217	123
37	2723	1519	1204	267	189	78
38	3230	1799	1431	294	184	110
39	2720	1510	1210	236	144	92
40-44岁	**12078**	**6435**	**5643**	**756**	**412**	**344**
40	2536	1393	1143	183	115	68
41	2610	1384	1226	174	87	87
42	2467	1336	1131	158	88	70
43	2193	1160	1033	131	74	57
44	2272	1162	1110	110	48	62
45-49岁	**10691**	**5726**	**4965**	**507**	**269**	**238**
45	2094	1087	1007	115	60	55
46	2139	1143	996	97	57	40
47	2211	1190	1021	107	48	59
48	2125	1151	974	100	56	44
49	2122	1155	967	88	48	40
50-54岁	**8727**	**4676**	**4051**	**244**	**138**	**106**
50	2156	1189	967	72	35	37
51	1854	980	874	48	27	21
52	1805	975	830	54	37	17
53	1386	739	647	30	17	13
54	1526	793	733	40	22	18
55-59岁	**8709**	**3972**	**4737**	**116**	**73**	**43**
55	1609	795	814	30	17	13
56	1733	798	935	30	21	9
57	2352	1044	1308	34	21	13
58	1803	803	1000	9	5	4
59	1212	532	680	13	9	4
60-64岁	**8128**	**3548**	**4580**	**42**	**25**	**17**
60	1591	668	923	8	5	3
61	1490	660	830	8	5	3
62	1730	750	980	10	5	5
63	1763	767	996	9	5	4
64	1554	703	851	7	5	2
65岁及以上	**8574**	**4053**	**4521**	**31**	**12**	**19**

单位：人

有配偶			离婚			丧偶		
小计	男	女	小计	男	女	小计	男	女
88632	**47242**	**41390**	**3383**	**1328**	**2055**	**1992**	**358**	**1634**
48	**16**	**32**						
4		4						
11	3	8						
33	13	20						
1602	**704**	**898**	**10**	**6**	**4**	**1**	**1**	
77	35	42						
144	59	85				1	1	
267	117	150	4	3	1			
457	201	256	4	1	3			
657	292	365	2	2				
7728	**4142**	**3586**	**130**	**62**	**68**	**1**		**1**
901	425	476	4	2	2			
1136	583	553	20	3	17			
1595	863	732	27	16	11			
1822	996	826	33	11	22	1		1
2274	1275	999	46	30	16			
15767	**9050**	**6717**	**475**	**262**	**213**	**14**	**2**	**12**
3196	1837	1359	82	45	37			
3217	1853	1364	77	44	33	4	1	3
3190	1831	1359	97	48	49	3		3
3298	1909	1389	108	60	48	3		3
2866	1620	1246	111	65	46	4	1	3
12457	**6915**	**5542**	**542**	**280**	**262**	**21**	**7**	**14**
2451	1382	1069	95	47	48	5	3	2
2479	1393	1086	114	66	48			
2360	1284	1076	93	45	48	3	1	2
2806	1544	1262	126	70	56	4	1	3
2361	1312	1049	114	52	62	9	2	7
10739	**5805**	**4934**	**547**	**214**	**333**	**36**	**4**	**32**
2231	1224	1007	119	53	66	3	1	2
2294	1245	1049	132	50	82	10	2	8
2202	1208	994	97	40	57	10		10
1961	1044	917	95	41	54	6	1	5
2051	1084	967	104	30	74	7		7
9553	**5228**	**4325**	**574**	**220**	**354**	**57**	**9**	**48**
1872	983	889	100	44	56	7		7
1910	1034	876	121	49	72	11	3	8
1985	1104	881	109	38	71	10		10
1882	1049	833	127	43	84	16	3	13
1904	1058	846	117	46	71	13	3	10
7919	**4372**	**3547**	**422**	**138**	**284**	**142**	**28**	**114**
1959	1117	842	110	33	77	15	4	11
1689	919	770	88	31	57	29	3	26
1642	907	735	84	26	58	25	5	20
1261	698	563	63	18	45	32	6	26
1368	731	637	77	30	47	41	10	31
7965	**3780**	**4185**	**349**	**80**	**269**	**279**	**39**	**240**
1475	760	715	60	11	49	44	7	37
1565	743	822	88	24	64	50	10	40
2152	992	1160	86	21	65	80	10	70
1672	779	893	64	11	53	58	8	50
1101	506	595	51	13	38	47	4	43
7441	**3412**	**4029**	**219**	**47**	**172**	**426**	**64**	**362**
1459	645	814	45	8	37	79	10	69
1368	635	733	42	10	32	72	10	62
1575	715	860	61	16	45	84	14	70
1617	737	880	43	12	31	94	13	81
1422	680	742	28	1	27	97	17	80
7413	**3818**	**3595**	**115**	**19**	**96**	**1015**	**204**	**811**

5-6 续表 6

受教育程度 年龄	15岁及以上人口			未婚		
	合计	男	女	小计	男	女
大学专科	**112319**	**55604**	**56715**	**42882**	**22452**	**20430**
15-19岁	**2315**	**1186**	**1129**	**2299**	**1181**	**1118**
15	14	8	6	14	8	6
16	72	36	36	72	36	36
17	228	130	98	226	130	96
18	689	358	331	689	358	331
19	1312	654	658	1298	649	649
20-24岁	**17435**	**8417**	**9018**	**16105**	**7912**	**8193**
20	2141	1007	1134	2098	995	1103
21	2689	1263	1426	2601	1234	1367
22	3671	1742	1929	3480	1672	1808
23	4343	2152	2191	3964	2013	1951
24	4591	2253	2338	3962	1998	1964
25-29岁	**23934**	**12170**	**11764**	**14616**	**8015**	**6601**
25	4773	2430	2343	3800	2040	1760
26	4801	2430	2371	3412	1847	1565
27	4876	2488	2388	2942	1653	1289
28	4855	2485	2370	2463	1382	1081
29	4629	2337	2292	1999	1093	906
30-34岁	**24898**	**12245**	**12653**	**6608**	**3746**	**2862**
30	5828	3013	2815	2086	1219	867
31	5364	2615	2749	1557	876	681
32	4770	2314	2456	1219	677	542
33	4798	2339	2459	1003	570	433
34	4138	1964	2174	743	404	339
35-39岁	**15681**	**7411**	**8270**	**1896**	**977**	**919**
35	3255	1557	1698	478	250	228
36	3248	1592	1656	433	220	213
37	3065	1404	1661	374	187	187
38	3345	1537	1808	362	193	169
39	2768	1321	1447	249	127	122
40-44岁	**10195**	**4933**	**5262**	**727**	**329**	**398**
40	2383	1138	1245	177	81	96
41	2314	1106	1208	179	91	88
42	2055	988	1067	152	72	80
43	1765	841	924	122	44	78
44	1678	860	818	97	41	56
45-49岁	**5645**	**3019**	**2626**	**398**	**174**	**224**
45	1403	700	703	111	64	47
46	1224	679	545	79	35	44
47	1122	580	542	76	18	58
48	1019	571	448	74	37	37
49	877	489	388	58	20	38
50-54岁	**3028**	**1627**	**1401**	**147**	**76**	**71**
50	835	474	361	58	32	26
51	671	361	310	35	18	17
52	633	328	305	23	13	10
53	424	224	200	19	10	9
54	465	240	225	12	3	9
55-59岁	**2398**	**1058**	**1340**	**40**	**26**	**14**
55	450	223	227	9	5	4
56	512	236	276	12	8	4
57	651	268	383	13	9	4
58	483	192	291	4	3	1
59	302	139	163	2	1	1
60-64岁	**2483**	**1215**	**1268**	**30**	**10**	**20**
60	411	178	233	8	4	4
61	384	184	200	7		7
62	527	253	274	5	1	4
63	553	286	267	7	4	3
64	608	314	294	3	1	2
65岁及以上	**4307**	**2323**	**1984**	**16**	**6**	**10**

单位：人

有配偶			离　婚			丧　偶		
小计	男	女	小计	男	女	小计	男	女
66558	**32210**	**34348**	**2146**	**795**	**1351**	**733**	**147**	**586**
16	**5**	**11**						
2		2						
14	5	9						
1326	**504**	**822**	**4**	**1**	**3**			
43	12	31						
88	29	59						
190	70	120	1		1			
378	139	239	1		1			
627	254	373	2	1	1			
9222	**4115**	**5107**	**94**	**38**	**56**	**2**	**2**	
970	388	582	3	2	1			
1377	579	798	12	4	8			
1918	830	1088	15	4	11	1	1	
2366	1092	1274	25	10	15	1	1	
2591	1226	1365	39	18	21			
17905	**8342**	**9563**	**374**	**154**	**220**	**11**	**3**	**8**
3687	1773	1914	54	21	33	1		1
3744	1715	2029	61	22	39	2	2	
3485	1608	1877	64	29	35	2		2
3703	1730	1973	89	39	50	3		3
3286	1516	1770	106	43	63	3	1	2
13364	**6261**	**7103**	**409**	**169**	**240**	**12**	**4**	**8**
2692	1269	1423	84	38	46	1		1
2718	1326	1392	93	44	49	4	2	2
2622	1196	1426	68	21	47	1		1
2890	1312	1578	90	30	60	3	2	1
2442	1158	1284	74	36	38	3		3
9005	**4427**	**4578**	**439**	**174**	**265**	**24**	**3**	**21**
2118	1023	1095	85	34	51	3		3
2032	973	1059	99	42	57	4		4
1806	878	928	94	38	56	3		3
1562	771	791	71	24	47	10	2	8
1487	782	705	90	36	54	4	1	3
4881	**2727**	**2154**	**336**	**112**	**224**	**30**	**6**	**24**
1220	620	600	64	15	49	8	1	7
1065	606	459	74	35	39	6	3	3
975	539	436	62	22	40	9	1	8
861	501	360	78	32	46	6	1	5
760	461	299	58	8	50	1		1
2649	**1487**	**1162**	**197**	**63**	**134**	**35**	**1**	**34**
714	426	288	58	16	42	5		5
576	323	253	50	20	30	10		10
566	304	262	31	10	21	13	1	12
367	206	161	34	8	26	4		4
426	228	198	24	9	15	3		3
2151	**983**	**1168**	**158**	**46**	**112**	**49**	**3**	**46**
399	208	191	35	10	25	7		7
455	214	241	35	14	21	10		10
571	246	325	48	11	37	19	2	17
451	185	266	20	3	17	8	1	7
275	130	145	20	8	12	5		5
2290	**1180**	**1110**	**59**	**10**	**49**	**104**	**15**	**89**
375	170	205	13	2	11	15	2	13
351	177	174	12	4	8	14	3	11
489	248	241	12	2	10	21	2	19
513	278	235	10	1	9	23	3	20
562	307	255	12	1	11	31	5	26
3749	**2179**	**1570**	**76**	**28**	**48**	**466**	**110**	**356**

5-6 续表 7

受教育程度 年　　龄	15岁及以上人口			未　　婚		
	合计	男	女	小计	男	女
大学本科	**176421**	**86867**	**89554**	**77692**	**38198**	**39494**
15-19岁	**4410**	**2341**	**2069**	**4410**	**2341**	**2069**
15	3	1	2	3	1	2
16	37	19	18	37	19	18
17	112	62	50	112	62	50
18	967	510	457	967	510	457
19	3291	1749	1542	3291	1749	1542
20-24岁	**24470**	**11903**	**12567**	**23718**	**11646**	**12072**
20	4199	2205	1994	4186	2199	1987
21	3923	1969	1954	3904	1963	1941
22	4075	2006	2069	3994	1976	2018
23	5383	2539	2844	5188	2474	2714
24	6890	3184	3706	6446	3034	3412
25-29岁	**43021**	**20270**	**22751**	**30254**	**14933**	**15321**
25	8075	3705	4370	7172	3371	3801
26	8530	3898	4632	6966	3305	3661
27	9246	4356	4890	6506	3218	3288
28	8878	4330	4548	5389	2831	2558
29	8292	3981	4311	4221	2208	2013
30-34岁	**42647**	**20102**	**22545**	**13063**	**6495**	**6568**
30	9738	4650	5088	4114	2101	2013
31	8887	4229	4658	3048	1529	1519
32	8452	3993	4459	2513	1236	1277
33	8259	3857	4402	1973	964	1009
34	7311	3373	3938	1415	665	750
35-39岁	**31132**	**15107**	**16025**	**4253**	**1893**	**2360**
35	6389	3008	3381	1123	505	618
36	6532	3155	3377	964	429	535
37	6417	3088	3329	861	377	484
38	6808	3297	3511	771	342	429
39	4986	2559	2427	534	240	294
40-44岁	**14619**	**7762**	**6857**	**1265**	**565**	**700**
40	3983	2023	1960	373	161	212
41	3541	1834	1707	322	144	178
42	2919	1571	1348	244	111	133
43	2239	1264	975	190	85	105
44	1937	1070	867	136	64	72
45-49岁	**5835**	**3361**	**2474**	**500**	**229**	**271**
45	1479	811	668	117	47	70
46	1297	731	566	136	60	76
47	1171	710	461	104	54	50
48	994	592	402	81	38	43
49	894	517	377	62	30	32
50-54岁	**2953**	**1745**	**1208**	**150**	**58**	**92**
50	858	533	325	60	28	32
51	603	334	269	27	10	17
52	627	373	254	32	12	20
53	420	248	172	14	3	11
54	445	257	188	17	5	12
55-59岁	**2137**	**1201**	**936**	**38**	**23**	**15**
55	483	277	206	11	6	5
56	479	276	203	9	6	3
57	545	292	253	9	6	3
58	360	208	152	4	2	2
59	270	148	122	5	3	2
60-64岁	**1623**	**919**	**704**	**13**	**5**	**8**
60	315	188	127			
61	247	126	121	2	1	1
62	329	189	140	4	3	1
63	365	210	155	6	1	5
64	367	206	161	1		1
65岁及以上	**3574**	**2156**	**1418**	**28**	**10**	**18**

单位：人

有配偶			离婚			丧偶		
小计	男	女	小计	男	女	小计	男	女
95850	**47581**	**48269**	**2304**	**928**	**1376**	**575**	**160**	**415**
749	**254**	**495**	**3**	**3**				
13	6	7						
19	6	13						
81	30	51						
194	64	130	1	1				
442	148	294	2	2				
12700	**5309**	**7391**	**66**	**28**	**38**	**1**		**1**
902	334	568	1		1			
1556	592	964	8	1	7			
2724	1133	1591	16	5	11			
3471	1489	1982	18	10	8			
4047	1761	2286	23	12	11	1		1
29152	**13446**	**15706**	**422**	**158**	**264**	**10**	**3**	**7**
5573	2526	3047	50	22	28	1	1	
5776	2674	3102	62	25	37	1	1	
5849	2733	3116	88	24	64	2		2
6185	2848	3337	99	45	54	2		2
5769	2665	3104	123	42	81	4	1	3
26204	**12920**	**13284**	**658**	**290**	**368**	**17**	**4**	**13**
5159	2460	2699	105	43	62	2		2
5447	2674	2773	119	51	68	2	1	1
5413	2645	2768	138	65	73	5	1	4
5874	2891	2983	159	63	96	4	1	3
4311	2250	2061	137	68	69	4	1	3
12870	**6999**	**5871**	**457**	**189**	**268**	**27**	**9**	**18**
3488	1808	1680	119	53	66	3	1	2
3110	1653	1457	100	35	65	9	2	7
2566	1418	1148	104	41	63	5	1	4
1974	1140	834	70	36	34	5	3	2
1732	980	752	64	24	40	5	2	3
5034	**3026**	**2008**	**279**	**101**	**178**	**22**	**5**	**17**
1295	740	555	62	22	40	5	2	3
1102	650	452	57	21	36	2		2
1005	632	373	59	24	35	3		3
866	538	328	44	14	30	3	2	1
766	466	300	57	20	37	9	1	8
2600	**1613**	**987**	**183**	**70**	**113**	**20**	**4**	**16**
744	487	257	48	18	30	6		6
540	310	230	33	13	20	3	1	2
553	348	205	40	13	27	2		2
374	231	143	28	11	17	4	3	1
389	237	152	34	15	19	5		5
1941	**1122**	**819**	**118**	**49**	**69**	**40**	**7**	**33**
438	260	178	29	11	18	5		5
439	260	179	22	8	14	9	2	7
488	270	218	36	15	21	12	1	11
324	192	132	24	12	12	8	2	6
252	140	112	7	3	4	6	2	4
1493	**882**	**611**	**65**	**21**	**44**	**52**	**11**	**41**
290	182	108	18	6	12	7		7
225	124	101	11		11	9	1	8
300	180	120	13	5	8	12	1	11
338	203	135	11	3	8	10	3	7
340	193	147	12	7	5	14	6	8
3107	**2010**	**1097**	**53**	**19**	**34**	**386**	**117**	**269**

5-6 续表 8

受教育程度 年　龄	15岁及以上人口			未　婚		
	合计	男	女	小计	男	女
硕士研究生	**37779**	**17362**	**20417**	**19596**	**8600**	**10996**
15-19岁	**11**	**6**	**5**	**11**	**6**	**5**
15						
16						
17						
18	6	3	3	6	3	3
19	5	3	2	5	3	2
20-24岁	**6048**	**2826**	**3222**	**6004**	**2811**	**3193**
20	32	18	14	32	18	14
21	259	110	149	259	110	149
22	1232	623	609	1230	623	607
23	2125	1014	1111	2116	1011	1105
24	2400	1061	1339	2367	1049	1318
25-29岁	**11134**	**4621**	**6513**	**8820**	**3812**	**5008**
25	2400	1052	1348	2306	1025	1281
26	2287	952	1335	2071	888	1183
27	2231	926	1305	1800	782	1018
28	2148	866	1282	1461	608	853
29	2068	825	1243	1182	509	673
30-34岁	**9881**	**4174**	**5707**	**3449**	**1462**	**1987**
30	2402	945	1457	1134	466	668
31	2194	919	1275	892	399	493
32	1869	829	1040	612	272	340
33	1858	800	1058	449	187	262
34	1558	681	877	362	138	224
35-39岁	**6116**	**2908**	**3208**	**934**	**360**	**574**
35	1317	613	704	255	98	157
36	1248	579	669	211	87	124
37	1240	593	647	174	67	107
38	1343	641	702	182	66	116
39	968	482	486	112	42	70
40-44岁	**2620**	**1496**	**1124**	**266**	**103**	**163**
40	742	412	330	79	30	49
41	653	351	302	65	22	43
42	511	301	210	51	21	30
43	392	246	146	37	18	19
44	322	186	136	34	12	22
45-49岁	**984**	**624**	**360**	**86**	**35**	**51**
45	256	157	99	16	6	10
46	231	144	87	24	11	13
47	188	113	75	21	9	12
48	172	118	54	11	4	7
49	137	92	45	14	5	9
50-54岁	**468**	**326**	**142**	**19**	**9**	**10**
50	148	108	40	8	5	3
51	108	71	37	3	1	2
52	89	57	32	4		4
53	57	38	19	2	1	1
54	66	52	14	2	2	
55-59岁	**270**	**200**	**70**	**5**	**1**	**4**
55	55	38	17	2	1	1
56	66	52	14	1		1
57	87	65	22	1		1
58	44	30	14	1		1
59	18	15	3			
60-64岁	**122**	**85**	**37**	**2**	**1**	**1**
60	26	17	9	1		1
61	23	14	9			
62	20	13	7			
63	26	18	8	1	1	
64	27	23	4			
65岁及以上	**125**	**96**	**29**			

单位：人

有配偶			离　婚			丧　偶		
小计	男	女	小计	男	女	小计	男	女
17785	**8600**	**9185**	**377**	**153**	**224**	**21**	**9**	**12**
44	**15**	**29**						
2		2						
9	3	6						
33	12	21						
2307	**808**	**1499**	**6**	**1**	**5**	**1**		**1**
94	27	67						
215	64	151	1		1			
431	144	287						
681	257	424	5	1	4	1		1
886	316	570						
6372	**2692**	**3680**	**59**	**19**	**40**	**1**	**1**	
1262	476	786	6	3	3			
1297	517	780	5	3	2			
1241	551	690	15	5	10	1	1	
1394	609	785	15	4	11			
1178	539	639	18	4	14			
5060	**2485**	**2575**	**121**	**63**	**58**	**1**		**1**
1041	503	538	21	12	9			
1015	486	529	22	6	16			
1046	514	532	19	12	7	1		1
1132	556	576	29	19	10			
826	426	400	30	14	16			
2272	**1363**	**909**	**79**	**29**	**50**	**3**	**1**	**2**
647	375	272	16	7	9			
569	323	246	17	5	12	2	1	1
441	272	169	19	8	11			
339	221	118	16	7	9			
276	172	104	11	2	9	1		1
847	**575**	**272**	**50**	**13**	**37**	**1**	**1**	
231	148	83	9	3	6			
193	128	65	14	5	9			
158	103	55	9	1	8			
148	109	39	12	4	8	1	1	
117	87	30	6		6			
412	**301**	**111**	**36**	**16**	**20**	**1**		**1**
127	98	29	12	5	7	1		1
99	66	33	6	4	2			
80	56	24	5	1	4			
44	32	12	11	5	6			
62	49	13	2	1	1			
243	**190**	**53**	**19**	**8**	**11**	**3**	**1**	**2**
48	34	14	5	3	2			
59	49	10	6	3	3			
80	62	18	4	2	2	2	1	1
39	30	9	3		3	1		1
17	15	2	1		1			
111	**81**	**30**	**5**	**2**	**3**	**4**	**1**	**3**
24	17	7				1		1
19	14	5	2		2	2		2
20	13	7						
24	16	8	1	1				
24	21	3	2	1	1	1	1	
117	**90**	**27**	**2**	**2**		**6**	**4**	**2**

5-6 续表 9

受教育程度	15岁及以上人口			未婚		
年龄	合计	男	女	小计	男	女
博士研究生	**3786**	**2165**	**1621**	**2222**	**1223**	**999**
15-19岁						
15						
16						
17						
18						
19						
20-24岁	**474**	**235**	**239**	**469**	**233**	**236**
20	3		3	3		3
21	27	6	21	27	6	21
22	120	49	71	120	49	71
23	122	67	55	122	67	55
24	202	113	89	197	111	86
25-29岁	**1486**	**826**	**660**	**1240**	**695**	**545**
25	232	130	102	220	122	98
26	309	178	131	286	170	116
27	335	181	154	279	150	129
28	331	176	155	260	142	118
29	279	161	118	195	111	84
30-34岁	**871**	**482**	**389**	**405**	**233**	**172**
30	268	142	126	154	84	70
31	210	117	93	100	57	43
32	178	99	79	87	53	34
33	113	65	48	40	28	12
34	102	59	43	24	11	13
35-39岁	**436**	**263**	**173**	**74**	**42**	**32**
35	90	55	35	20	14	6
36	92	57	35	20	10	10
37	83	53	30	11	6	5
38	100	58	42	15	8	7
39	71	40	31	8	4	4
40-44岁	**222**	**142**	**80**	**18**	**11**	**7**
40	46	28	18	4	3	1
41	65	45	20	7	4	3
42	56	35	21	4	1	3
43	34	20	14	2	2	
44	21	14	7	1	1	
45-49岁	**124**	**80**	**44**	**10**	**6**	**4**
45	33	21	12	2	2	
46	24	17	7	4	2	2
47	20	11	9	1	1	
48	24	13	11	2	1	1
49	23	18	5	1		1
50-54岁	**69**	**52**	**17**	**3**	**1**	**2**
50	16	13	3	3	1	2
51	18	11	7			
52	9	7	2			
53	12	8	4			
54	14	13	1			
55-59岁	**64**	**56**	**8**	**3**	**2**	**1**
55	11	9	2			
56	18	16	2	2	1	1
57	19	18	1	1	1	
58	10	7	3			
59	6	6				
60-64岁	**18**	**14**	**4**			
60	2	2				
61	1	1				
62	9	6	3			
63	4	3	1			
64	2	2				
65岁及以上	**22**	**15**	**7**			

单位：人

有配偶			离婚			丧偶		
小计	男	女	小计	男	女	小计	男	女
1524	**924**	**600**	**36**	**17**	**19**	**4**	**1**	**3**
5	**2**	**3**						
5	2	3						
246	**131**	**115**						
12	8	4						
23	8	15						
56	31	25						
71	34	37						
84	50	34						
464	**249**	**215**	**2**		**2**			
114	58	56						
110	60	50						
91	46	45						
73	37	36						
76	48	28	2		2			
352	**216**	**136**	**10**	**5**	**5**			
70	41	29						
72	47	25						
68	45	23	4	2	2			
82	49	33	3	1	2			
60	34	26	3	2	1			
197	**127**	**70**	**7**	**4**	**3**			
40	23	17	2	2				
57	41	16	1		1			
52	34	18						
30	17	13	2	1	1			
18	12	6	2	1	1			
106	**71**	**35**	**8**	**3**	**5**			
28	17	11	3	2	1			
19	15	4	1		1			
17	10	7	2		2			
21	12	9	1		1			
21	17	4	1	1				
61	**49**	**12**	**5**	**2**	**3**			
13	12	1						
14	9	5	4	2	2			
8	7	1	1		1			
12	8	4						
14	13	1						
58	**52**	**6**	**3**	**2**	**1**			
11	9	2						
14	14		2	1	1			
18	17	1						
9	6	3	1	1				
6	6							
18	**14**	**4**						
2	2							
1	1							
9	6	3						
4	3	1						
2	2							
17	**13**	**4**	**1**	**1**		**4**	**1**	**3**

5-7 全市分初婚年龄、性别、初婚年份的人口

单位：人

初婚年龄	初婚年份								
	合计			1980年			1981年		
	合计	男	女	小计	男	女	小计	男	女
总　计	**1222394**	**624587**	**597807**	**40414**	**19068**	**21346**	**34719**	**16337**	**18382**
15岁以下	**367**	**150**	**217**	**30**	**13**	**17**	**18**	**8**	**10**
15-19岁	**48550**	**17272**	**31278**	**1799**	**557**	**1242**	**1428**	**410**	**1018**
15	2048	806	1242	118	49	69	61	19	42
16	3280	1190	2090	220	61	159	104	31	73
17	6085	2136	3949	367	114	253	228	79	149
18	11734	4144	7590	437	128	309	467	124	343
19	25403	8996	16407	657	205	452	568	157	411
20-24岁	**507744**	**228556**	**279188**	**19043**	**7745**	**11298**	**17985**	**7349**	**10636**
20	47161	17055	30106	1367	475	892	1081	343	738
21	75559	33270	42289	2224	887	1337	2172	789	1383
22	116179	55912	60267	3760	1543	2217	3397	1382	2015
23	129293	57018	72275	5337	2124	3213	5325	2173	3152
24	139552	65301	74251	6355	2716	3639	6010	2662	3348
25-29岁	**498740**	**271815**	**226925**	**17938**	**9621**	**8317**	**14091**	**7763**	**6328**
25	145260	73368	71892	6778	3318	3460	5482	2694	2788
26	123660	65321	58339	4932	2647	2285	3972	2215	1757
27	99133	55131	44002	3230	1811	1419	2420	1488	932
28	75805	44601	31204	1939	1169	770	1450	883	567
29	54882	33394	21488	1059	676	383	767	483	284
30-34岁	**117588**	**74008**	**43580**	**1318**	**920**	**398**	**990**	**656**	**334**
30	39751	24627	15124	573	384	189	411	266	145
31	28053	17737	10316	331	227	104	265	170	95
32	21049	13351	7698	188	133	55	152	108	44
33	16034	10185	5849	134	104	30	95	66	29
34	12701	8108	4593	92	72	20	67	46	21
35-39岁	**31464**	**20567**	**10897**	**196**	**152**	**44**	**135**	**100**	**35**
35	9975	6368	3607	71	56	15	46	29	17
36	7344	4732	2612	43	32	11	24	19	5
37	5966	3933	2033	36	31	5	26	19	7
38	4577	3086	1491	29	22	7	22	21	1
39	3602	2448	1154	17	11	6	17	12	5
40-44岁	**10187**	**6955**	**3232**	**63**	**45**	**18**	**43**	**35**	**8**
40	2862	1962	900	10	9	1	16	13	3
41	2296	1595	701	17	13	4	9	9	
42	2006	1353	653	16	10	6	5	4	1
43	1650	1131	519	13	7	6	9	8	1
44	1373	914	459	7	6	1	4	1	3
45-49岁	**4430**	**3082**	**1348**	**19**	**12**	**7**	**21**	**11**	**10**
45	1233	827	406	6	6		7	2	5
46	1012	722	290	4	2	2	6	5	1
47	810	564	246	6	2	4	2	1	1
48	730	514	216				4	3	1
49	645	455	190	3	2	1	2		2
50岁及以上	**3324**	**2182**	**1142**	**8**	**3**	**5**	**8**	**5**	**3**
平均初婚年龄	**26.00**	**26.63**	**25.34**	**24.90**	**25.46**	**24.41**	**24.75**	**25.31**	**24.26**

5-7　续表 1　　　　单位：人

初婚年龄	初婚年份								
	1982年			1983年			1984年		
	小计	男	女	小计	男	女	小计	男	女
总　计	**33840**	**15974**	**17866**	**29984**	**14211**	**15773**	**28982**	**13863**	**15119**
15岁以下	**14**	**6**	**8**	**25**	**3**	**22**	**12**	**3**	**9**
15-19岁	**2257**	**709**	**1548**	**2158**	**702**	**1456**	**1950**	**645**	**1305**
15	81	32	49	89	28	61	102	38	64
16	144	53	91	133	49	84	123	44	79
17	263	90	173	217	74	143	230	75	155
18	535	155	380	460	143	317	462	151	311
19	1234	379	855	1259	408	851	1033	337	696
20-24岁	**17848**	**7475**	**10373**	**15776**	**6580**	**9196**	**16531**	**7090**	**9441**
20	1452	490	962	2175	775	1400	2170	785	1385
21	2174	829	1345	2207	923	1284	3554	1555	1999
22	3906	1701	2205	3050	1325	1725	3372	1516	1856
23	4627	1939	2688	4124	1656	2468	3416	1410	2006
24	5689	2516	3173	4220	1901	2319	4019	1824	2195
25-29岁	**12501**	**6994**	**5507**	**10818**	**6150**	**4668**	**9362**	**5418**	**3944**
25	4910	2465	2445	4213	2201	2012	3283	1727	1556
26	3337	1902	1435	2947	1666	1281	2684	1555	1129
27	2155	1287	868	1841	1125	716	1730	1085	645
28	1274	813	461	1174	746	428	1012	641	371
29	825	527	298	643	412	231	653	410	243
30-34岁	**1018**	**649**	**369**	**994**	**633**	**361**	**919**	**568**	**351**
30	444	262	182	399	261	138	361	224	137
31	237	154	83	272	176	96	216	132	84
32	173	121	52	159	95	64	139	93	46
33	94	65	29	101	59	42	124	70	54
34	70	47	23	63	42	21	79	49	30
35-39岁	**141**	**95**	**46**	**150**	**99**	**51**	**129**	**90**	**39**
35	59	33	26	43	31	12	35	27	8
36	32	20	12	33	24	9	29	16	13
37	25	22	3	40	23	17	29	23	6
38	13	11	2	17	11	6	23	16	7
39	12	9	3	17	10	7	13	8	5
40-44岁	**41**	**32**	**9**	**40**	**26**	**14**	**42**	**27**	**15**
40	12	9	3	13	10	3	9	5	4
41	10	9	1	7	5	2	11	6	5
42	12	10	2	9	5	4	8	6	2
43	4	3	1	5	3	2	7	5	2
44	3	1	2	6	3	3	7	5	2
45-49岁	**15**	**12**	**3**	**15**	**12**	**3**	**26**	**15**	**11**
45	6	6		1	1		8	3	5
46	3		3	8	5	3	4	3	1
47	1	1		2	2		4	2	2
48	1	1		2	2		5	4	1
49	4	4		2	2		5	3	2
50岁及以上	**5**	**2**	**3**	**8**	**6**	**2**	**11**	**7**	**4**
平均初婚年龄	**24.48**	**25.05**	**23.98**	**24.35**	**24.94**	**23.82**	**24.16**	**24.71**	**23.65**

5-7 续表 2 单位：人

初婚年龄	初婚年份								
	1985年			1986年			1987年		
	小计	男	女	小计	男	女	小计	男	女
总 计	**34970**	**16792**	**18178**	**34661**	**16641**	**18020**	**32526**	**15775**	**16751**
15岁以下	**18**	**8**	**10**	**17**	**4**	**13**	**17**	**8**	**9**
15–19岁	**2561**	**904**	**1657**	**2306**	**771**	**1535**	**2247**	**775**	**1472**
15	124	53	71	80	23	57	61	14	47
16	238	88	150	150	39	111	102	28	74
17	320	100	220	314	105	209	276	97	179
18	584	195	389	569	183	386	614	212	402
19	1295	468	827	1193	421	772	1194	424	770
20–24岁	**21093**	**9216**	**11877**	**22204**	**9760**	**12444**	**21084**	**9385**	**11699**
20	2281	785	1496	2266	839	1427	2007	747	1260
21	4421	1897	2524	3591	1599	1992	3410	1516	1894
22	6208	2863	3345	6035	2748	3287	4720	2227	2493
23	4317	1878	2439	6529	2747	3782	5629	2380	3249
24	3866	1793	2073	3783	1827	1956	5318	2515	2803
25–29岁	**9824**	**5745**	**4079**	**8681**	**5225**	**3456**	**7683**	**4698**	**2985**
25	3865	2039	1826	3043	1652	1391	2897	1619	1278
26	2325	1387	938	2461	1508	953	1886	1138	748
27	1782	1127	655	1467	918	549	1481	960	521
28	1151	756	395	1045	689	356	814	581	233
29	701	436	265	665	458	207	605	400	205
30–34岁	**1175**	**725**	**450**	**1127**	**693**	**434**	**1101**	**664**	**437**
30	427	269	158	433	273	160	390	244	146
31	295	179	116	272	156	116	267	170	97
32	228	135	93	192	124	68	183	106	77
33	122	78	44	124	81	43	125	68	57
34	103	64	39	106	59	47	136	76	60
35–39岁	**202**	**128**	**74**	**210**	**116**	**94**	**266**	**154**	**112**
35	68	40	28	77	40	37	93	55	38
36	52	36	16	53	37	16	61	34	27
37	34	21	13	28	15	13	47	30	17
38	28	16	12	21	12	9	43	22	21
39	20	15	5	31	12	19	22	13	9
40–44岁	**53**	**33**	**20**	**66**	**40**	**26**	**70**	**47**	**23**
40	17	12	5	21	9	12	23	17	6
41	12	7	5	11	8	3	22	13	9
42	11	5	6	6	4	2	9	6	3
43	8	6	2	16	11	5	9	7	2
44	5	3	2	12	8	4	7	4	3
45–49岁	**29**	**21**	**8**	**30**	**23**	**7**	**34**	**27**	**7**
45	5	4	1	7	4	3	5	5	
46	10	7	3	9	7	2	12	10	2
47	2	2		4	3	1	7	4	3
48	4	4		5	5		8	6	2
49	8	4	4	5	4	1	2	2	
50岁及以上	**15**	**12**	**3**	**20**	**9**	**11**	**24**	**17**	**7**
平均初婚年龄	**23.94**	**24.48**	**23.44**	**23.95**	**24.47**	**23.47**	**24.04**	**24.56**	**23.55**

5-7　续表 3　　　　单位：人

初婚年龄	初婚年份								
	1988年			1989年			1990年		
	小计	男	女	小计	男	女	小计	男	女
总　计	**30697**	**15023**	**15674**	**29283**	**14560**	**14723**	**31193**	**15890**	**15303**
15岁以下	**13**	**7**	**6**	**16**	**9**	**7**	**21**	**8**	**13**
15-19岁	**2373**	**813**	**1560**	**2365**	**880**	**1485**	**2831**	**1062**	**1769**
15	64	19	45	79	27	52	92	35	57
16	123	35	88	138	49	89	164	66	98
17	271	85	186	262	90	172	374	127	247
18	603	205	398	594	205	389	719	289	430
19	1312	469	843	1292	509	783	1482	545	937
20-24岁	**18408**	**8265**	**10143**	**16826**	**7592**	**9234**	**18369**	**8643**	**9726**
20	2152	806	1346	2462	958	1504	2616	1068	1548
21	2823	1325	1498	3138	1459	1679	3916	1878	2038
22	4251	1993	2258	3849	1861	1988	4595	2268	2327
23	4404	1907	2497	3835	1614	2221	3831	1658	2173
24	4778	2234	2544	3542	1700	1842	3411	1771	1640
25-29岁	**8441**	**5023**	**3418**	**8644**	**5177**	**3467**	**8370**	**5165**	**3205**
25	4236	2318	1918	3594	1994	1600	2883	1646	1237
26	1790	1093	697	2648	1579	1069	2464	1525	939
27	1043	699	344	1184	772	412	1784	1163	621
28	820	570	250	695	473	222	766	519	247
29	552	343	209	523	359	164	473	312	161
30-34岁	**1130**	**715**	**415**	**1022**	**643**	**379**	**1086**	**702**	**384**
30	398	266	132	313	203	110	346	228	118
31	279	196	83	249	159	90	262	171	91
32	210	115	95	189	117	72	195	130	65
33	127	67	60	138	78	60	163	100	63
34	116	71	45	133	86	47	120	73	47
35-39岁	**216**	**127**	**89**	**285**	**178**	**107**	**341**	**205**	**136**
35	76	44	32	106	60	46	111	67	44
36	46	26	20	74	50	24	84	45	39
37	42	26	16	42	24	18	52	35	17
38	30	20	10	33	22	11	43	26	17
39	22	11	11	30	22	8	51	32	19
40-44岁	**56**	**38**	**18**	**76**	**48**	**28**	**93**	**58**	**35**
40	19	11	8	23	17	6	32	22	10
41	16	13	3	18	10	8	22	14	8
42	8	6	2	12	8	4	9	4	5
43	6	4	2	7	2	5	15	11	4
44	7	4	3	16	11	5	15	7	8
45-49岁	**37**	**21**	**16**	**26**	**20**	**6**	**46**	**29**	**17**
45	9	4	5	7	4	3	12	7	5
46	9	4	5	5	5		5	4	1
47	6	4	2	6	4	2	11	8	3
48	7	4	3	2	2		13	8	5
49	6	5	1	6	5	1	5	2	3
50岁及以上	**23**	**14**	**9**	**23**	**13**	**10**	**36**	**18**	**18**
平均初婚年龄	**24.07**	**24.57**	**23.58**	**24.05**	**24.58**	**23.54**	**23.94**	**24.46**	**23.41**

5–7　续表 4　　　　单位：人

初婚年龄	初婚年份								
	1991年			1992年			1993年		
	小计	男	女	小计	男	女	小计	男	女
总　计	**21949**	**10923**	**11026**	**25281**	**12761**	**12520**	**25789**	**13075**	**12714**
15岁以下	**10**	**3**	**7**	**7**	**5**	**2**	**10**	**5**	**5**
15–19岁	**1605**	**549**	**1056**	**1604**	**552**	**1052**	**1426**	**513**	**913**
15	62	17	45	53	23	30	56	22	34
16	80	25	55	78	25	53	100	27	73
17	191	57	134	180	61	119	151	54	97
18	374	128	246	404	164	240	309	115	194
19	898	322	576	889	279	610	810	295	515
20–24岁	**13354**	**5912**	**7442**	**15673**	**6962**	**8711**	**15920**	**7184**	**8736**
20	1666	620	1046	1689	618	1071	1625	561	1064
21	2505	1115	1390	2739	1240	1499	2652	1184	1468
22	3577	1682	1895	3904	1890	2014	3872	1913	1959
23	3335	1380	1955	4162	1664	2498	4190	1790	2400
24	2271	1115	1156	3179	1550	1629	3581	1736	1845
25–29岁	**5928**	**3764**	**2164**	**6606**	**4321**	**2285**	**6636**	**4165**	**2471**
25	1977	1109	868	2188	1285	903	2715	1494	1221
26	1479	930	549	1602	1028	574	1427	858	569
27	1188	831	357	1108	762	346	1028	731	297
28	914	644	270	1006	745	261	758	540	218
29	370	250	120	702	501	201	708	542	166
30–34岁	**706**	**476**	**230**	**925**	**627**	**298**	**1283**	**908**	**375**
30	228	168	60	346	241	105	569	421	148
31	162	107	55	178	128	50	241	178	63
32	121	79	42	142	96	46	171	118	53
33	113	72	41	146	98	48	168	111	57
34	82	50	32	113	64	49	134	80	54
35–39岁	**245**	**148**	**97**	**315**	**196**	**119**	**326**	**188**	**138**
35	73	45	28	96	60	36	101	60	41
36	58	34	24	71	41	30	85	53	32
37	48	33	15	60	40	20	52	26	26
38	44	25	19	45	28	17	43	23	20
39	22	11	11	43	27	16	45	26	19
40–44岁	**58**	**42**	**16**	**82**	**50**	**32**	**113**	**70**	**43**
40	15	9	6	28	16	12	33	23	10
41	13	9	4	15	10	5	31	18	13
42	16	13	3	18	11	7	18	8	10
43	5	4	1	14	9	5	15	11	4
44	9	7	2	7	4	3	16	10	6
45–49岁	**30**	**19**	**11**	**45**	**33**	**12**	**35**	**22**	**13**
45	9	6	3	16	9	7	10	5	5
46	10	7	3	13	11	2	9	6	3
47	4	4		7	6	1	6	5	1
48	3	2	1	1	1		3	1	2
49	4		4	8	6	2	7	5	2
50岁及以上	**13**	**10**	**3**	**24**	**15**	**9**	**40**	**20**	**20**
平均初婚年龄	**24.06**	**24.72**	**23.41**	**24.26**	**24.92**	**23.59**	**24.41**	**25.03**	**23.77**

5-7　续表 5　　　　单位：人

初婚年龄	初婚年份								
	1994年			1995年			1996年		
	小计	男	女	小计	男	女	小计	男	女
总　计	**23395**	**11843**	**11552**	**26761**	**13681**	**13080**	**25188**	**12903**	**12285**
15岁以下	**7**		**7**	**7**	**4**	**3**	**11**	**5**	**6**
15–19岁	**1220**	**379**	**841**	**1183**	**407**	**776**	**968**	**348**	**620**
15	46	17	29	43	21	22	44	14	30
16	62	21	41	99	49	50	67	28	39
17	132	36	96	142	48	94	123	46	77
18	259	73	186	262	87	175	229	78	151
19	721	232	489	637	202	435	505	182	323
20–24岁	**13833**	**6250**	**7583**	**14693**	**6542**	**8151**	**12901**	**5721**	**7180**
20	1272	441	831	1217	420	797	1046	336	710
21	2250	958	1292	2238	1000	1238	1740	722	1018
22	3386	1677	1709	3523	1649	1874	3072	1484	1588
23	3712	1608	2104	3908	1652	2256	3609	1565	2044
24	3213	1566	1647	3807	1821	1986	3434	1614	1820
25–29岁	**6560**	**3997**	**2563**	**8455**	**5051**	**3404**	**8915**	**5199**	**3716**
25	2815	1516	1299	3422	1900	1522	3373	1793	1580
26	1657	993	664	2212	1278	934	2213	1243	970
27	861	583	278	1416	919	497	1689	1042	647
28	698	508	190	759	503	256	1043	706	337
29	529	397	132	646	451	195	597	415	182
30–34岁	**1288**	**917**	**371**	**1689**	**1219**	**470**	**1671**	**1180**	**491**
30	471	363	108	478	354	124	493	341	152
31	405	289	116	470	341	129	351	249	102
32	171	112	59	408	297	111	361	264	97
33	137	92	45	193	139	54	327	226	101
34	104	61	43	140	88	52	139	100	39
35–39岁	**307**	**191**	**116**	**427**	**281**	**146**	**397**	**266**	**131**
35	90	53	37	136	87	49	124	80	44
36	73	41	32	79	50	29	98	70	28
37	63	46	17	89	58	31	67	49	18
38	49	32	17	68	46	22	63	43	20
39	32	19	13	55	40	15	45	24	21
40–44岁	**103**	**63**	**40**	**180**	**109**	**71**	**159**	**100**	**59**
40	32	21	11	53	35	18	45	31	14
41	26	15	11	42	28	14	35	20	15
42	15	9	6	42	26	16	34	21	13
43	11	6	5	21	10	11	19	11	8
44	19	12	7	22	10	12	26	17	9
45–49岁	**46**	**29**	**17**	**55**	**36**	**19**	**69**	**33**	**36**
45	17	8	9	20	15	5	19	9	10
46	9	6	3	8	5	3	21	11	10
47	6	4	2	7	6	1	11	4	7
48	2	2		14	6	8	10	4	6
49	12	9	3	6	4	2	8	5	3
50岁及以上	**31**	**17**	**14**	**72**	**32**	**40**	**97**	**51**	**46**
平均初婚年龄	**24.57**	**25.23**	**23.89**	**24.99**	**25.63**	**24.31**	**25.28**	**25.91**	**24.61**

5–7 续表 6 单位：人

初婚年龄	初婚年份								
	1997年			1998年			1999年		
	小计	男	女	小计	男	女	小计	男	女
总　计	**23855**	**12263**	**11592**	**24988**	**12951**	**12037**	**22266**	**11553**	**10713**
15岁以下	**4**	**1**	**3**	**5**	**3**	**2**	**6**	**3**	**3**
15–19岁	**911**	**317**	**594**	**975**	**343**	**632**	**940**	**315**	**625**
15	39	11	28	44	19	25	49	16	33
16	53	16	37	70	26	44	84	31	53
17	139	43	96	108	33	75	134	43	91
18	214	77	137	231	81	150	212	71	141
19	466	170	296	522	184	338	461	154	307
20–24岁	**11426**	**4919**	**6507**	**11084**	**4894**	**6190**	**9640**	**4251**	**5389**
20	924	289	635	999	337	662	960	299	661
21	1505	581	924	1495	606	889	1337	554	783
22	2469	1177	1292	2460	1169	1291	2173	1067	1106
23	3177	1366	1811	2943	1290	1653	2568	1091	1477
24	3351	1506	1845	3187	1492	1695	2602	1240	1362
25–29岁	**9088**	**5383**	**3705**	**9924**	**5693**	**4231**	**9239**	**5302**	**3937**
25	3252	1726	1526	3282	1716	1566	3033	1561	1472
26	2317	1318	999	2474	1373	1101	2382	1273	1109
27	1601	1017	584	1835	1067	768	1694	1035	659
28	1178	797	381	1359	890	469	1236	816	420
29	740	525	215	974	647	327	894	617	277
30–34岁	**1576**	**1120**	**456**	**2084**	**1387**	**697**	**1705**	**1157**	**548**
30	444	317	127	683	458	225	651	442	209
31	328	225	103	366	238	128	420	297	123
32	289	208	81	384	248	136	248	142	106
33	286	206	80	319	223	96	215	153	62
34	229	164	65	332	220	112	171	123	48
35–39岁	**416**	**273**	**143**	**595**	**423**	**172**	**516**	**382**	**134**
35	149	99	50	275	190	85	188	132	56
36	86	61	25	115	80	35	130	100	30
37	76	51	25	77	55	22	84	60	24
38	42	25	17	75	63	12	65	56	9
39	63	37	26	53	35	18	49	34	15
40–44岁	**248**	**135**	**113**	**188**	**125**	**63**	**136**	**88**	**48**
40	56	32	24	45	34	11	35	25	10
41	39	20	19	44	28	16	25	16	9
42	59	34	25	43	24	19	27	15	12
43	54	32	22	30	21	9	27	17	10
44	40	17	23	26	18	8	22	15	7
45–49岁	**130**	**81**	**49**	**76**	**49**	**27**	**56**	**33**	**23**
45	33	14	19	26	16	10	10	4	6
46	37	23	14	22	14	8	18	12	6
47	25	19	6	9	7	2	13	8	5
48	17	11	6	9	4	5	6	4	2
49	18	14	4	10	8	2	9	5	4
50岁及以上	**56**	**34**	**22**	**57**	**34**	**23**	**28**	**22**	**6**
平均初婚年龄	**25.57**	**26.29**	**24.81**	**25.77**	**26.48**	**25.00**	**25.63**	**26.37**	**24.82**

5-7　续表 7　　　　　　　　　　　　　　　　　　　　　　　　　　　　　　单位：人

初婚年龄	初婚年份								
	2000年			2001年			2002年		
	小计	男	女	小计	男	女	小计	男	女
总　计	26997	14306	12691	17224	9019	8205	19028	10069	8959
15岁以下	20	8	12	13	7	6	15	5	10
15-19岁	1592	617	975	851	304	547	799	304	495
15	112	54	58	59	31	28	62	27	35
16	149	55	94	73	24	49	71	28	43
17	252	104	148	88	34	54	98	37	61
18	406	163	243	200	72	128	184	70	114
19	673	241	432	431	143	288	384	142	242
20-24岁	11992	5552	6440	7568	3355	4213	8495	3903	4592
20	1178	389	789	641	218	423	891	299	592
21	1921	866	1055	1155	484	671	1213	526	687
22	2917	1450	1467	1903	925	978	2047	1032	1015
23	2938	1365	1573	1936	825	1111	2240	1053	1187
24	3038	1482	1556	1933	903	1030	2104	993	1111
25-29岁	10246	5930	4316	6690	3872	2818	7140	4027	3113
25	2965	1511	1454	1978	1024	954	2045	1035	1010
26	2580	1422	1158	1581	838	743	1737	901	836
27	2056	1244	812	1364	835	529	1332	779	553
28	1568	1032	536	1023	683	340	1127	703	424
29	1077	721	356	744	492	252	899	609	290
30-34岁	2162	1491	671	1542	1072	470	1964	1374	590
30	813	541	272	585	412	173	706	491	215
31	521	352	169	357	239	118	447	314	133
32	407	292	115	277	183	94	350	246	104
33	225	165	60	191	131	60	259	189	70
34	196	141	55	132	107	25	202	134	68
35-39岁	645	475	170	389	292	97	401	306	95
35	173	120	53	97	72	25	116	86	30
36	179	137	42	89	71	18	72	53	19
37	171	126	45	77	50	27	65	43	22
38	72	54	18	87	70	17	82	75	7
39	50	38	12	39	29	10	66	49	17
40-44岁	190	132	58	99	70	29	129	100	29
40	50	33	17	25	17	8	40	29	11
41	44	29	15	19	14	5	38	32	6
42	45	37	8	13	10	3	19	16	3
43	28	17	11	27	18	9	16	12	4
44	23	16	7	15	11	4	16	11	5
45-49岁	93	67	26	48	32	16	50	34	16
45	26	17	9	13	8	5	18	12	6
46	32	24	8	5	3	2	10	7	3
47	14	10	4	12	10	2	11	11	
48	14	10	4	12	8	4	7	2	5
49	7	6	1	6	3	3	4	2	2
50岁及以上	57	34	23	24	15	9	35	16	19
平均初婚年龄	25.52	26.25	24.69	25.65	26.43	24.78	25.76	26.51	24.91

5-7 续表 8

单位：人

初婚年龄	初婚年份								
	2003年			2004年			2005年		
	小计	男	女	小计	男	女	小计	男	女
总　计	**23481**	**12467**	**11014**	**25846**	**13675**	**12171**	**25235**	**13520**	**11715**
15岁以下	**9**	**5**	**4**	**12**	**5**	**7**	**4**	**1**	**3**
15-19岁	**836**	**316**	**520**	**840**	**328**	**512**	**980**	**393**	**587**
15	76	31	45	60	30	30	69	41	28
16	78	42	36	85	44	41	103	46	57
17	103	47	56	135	56	79	138	58	80
18	204	68	136	186	62	124	223	96	127
19	375	128	247	374	136	238	447	152	295
20-24岁	**10065**	**4654**	**5411**	**10526**	**4865**	**5661**	**9937**	**4796**	**5141**
20	875	291	584	789	242	547	843	314	529
21	1594	672	922	1455	615	840	1347	648	699
22	2296	1159	1137	2776	1419	1357	2326	1192	1134
23	2508	1156	1352	2517	1199	1318	2779	1395	1384
24	2792	1376	1416	2989	1390	1599	2642	1247	1395
25-29岁	**9011**	**4992**	**4019**	**10560**	**5727**	**4833**	**10213**	**5559**	**4654**
25	2715	1350	1365	3229	1582	1647	2996	1500	1496
26	2239	1173	1066	2702	1389	1313	2704	1395	1309
27	1688	970	718	2012	1130	882	2000	1127	873
28	1295	790	505	1470	891	579	1480	898	582
29	1074	709	365	1147	735	412	1033	639	394
30-34岁	**2629**	**1834**	**795**	**2926**	**2025**	**901**	**2873**	**1885**	**988**
30	846	575	271	925	621	304	827	524	303
31	636	457	179	701	487	214	621	404	217
32	468	331	137	561	392	169	579	389	190
33	374	253	121	401	284	117	467	314	153
34	305	218	87	338	241	97	379	254	125
35-39岁	**585**	**409**	**176**	**641**	**469**	**172**	**795**	**565**	**230**
35	198	129	69	258	180	78	266	192	74
36	117	81	36	146	102	44	196	130	66
37	100	73	27	92	76	16	153	109	44
38	85	60	25	75	58	17	99	75	24
39	85	66	19	70	53	17	81	59	22
40-44岁	**204**	**157**	**47**	**207**	**163**	**44**	**255**	**190**	**65**
40	74	60	14	69	56	13	71	55	16
41	37	30	7	62	47	15	70	49	21
42	39	29	10	30	23	7	57	45	12
43	24	19	5	26	23	3	40	28	12
44	30	19	11	20	14	6	17	13	4
45-49岁	**79**	**60**	**19**	**76**	**55**	**21**	**108**	**82**	**26**
45	19	14	5	22	17	5	32	23	9
46	18	15	3	16	12	4	22	18	4
47	9	5	4	11	9	2	17	15	2
48	24	20	4	16	8	8	19	13	6
49	9	6	3	11	9	2	18	13	5
50岁及以上	**63**	**40**	**23**	**58**	**38**	**20**	**70**	**49**	**21**
平均初婚年龄	**26.04**	**26.80**	**25.19**	**26.13**	**26.85**	**25.32**	**26.29**	**26.93**	**25.54**

5-7　续表 9　　　　单位：人

初婚年龄	初婚年份								
	2006年			2007年			2008年		
	小计	男	女	小计	男	女	小计	男	女
总　计	**35267**	**18386**	**16881**	**26940**	**14318**	**12622**	**37506**	**19893**	**17613**
15岁以下	**5**	**3**	**2**	**2**		**2**	**5**	**5**	
15-19岁	**922**	**368**	**554**	**759**	**318**	**441**	**943**	**404**	**539**
15	41	16	25	15	6	9	31	13	18
16	83	42	41	40	18	22	45	19	26
17	115	45	70	91	44	47	103	45	58
18	223	93	130	181	74	107	254	112	142
19	460	172	288	432	176	256	510	215	295
20-24岁	**11802**	**5311**	**6491**	**9032**	**4353**	**4679**	**11678**	**5651**	**6027**
20	834	276	558	851	300	551	1075	432	643
21	1354	586	768	1203	540	663	1920	881	1039
22	2485	1229	1256	1887	1038	849	2624	1387	1237
23	3013	1377	1636	2075	1075	1000	2652	1340	1312
24	4116	1843	2273	3016	1400	1616	3407	1611	1796
25-29岁	**17040**	**8876**	**8164**	**12776**	**6708**	**6068**	**18649**	**9625**	**9024**
25	4618	2135	2483	3714	1778	1936	4866	2289	2577
26	4405	2149	2256	2959	1471	1488	5135	2563	2572
27	3638	1898	1740	2639	1405	1234	3638	1886	1752
28	2647	1607	1040	2114	1220	894	2886	1617	1269
29	1732	1087	645	1350	834	516	2124	1270	854
30-34岁	**3995**	**2722**	**1273**	**2967**	**1928**	**1039**	**4138**	**2702**	**1436**
30	1264	817	447	913	576	337	1454	933	521
31	903	618	285	700	464	236	986	635	351
32	777	557	220	533	337	196	697	452	245
33	604	407	197	422	278	144	526	362	164
34	447	323	124	399	273	126	475	320	155
35-39岁	**1036**	**767**	**269**	**946**	**669**	**277**	**1396**	**1016**	**380**
35	345	253	92	289	199	90	440	329	111
36	250	182	68	227	156	71	342	243	99
37	201	151	50	171	127	44	261	185	76
38	143	107	36	164	116	48	196	146	50
39	97	74	23	95	71	24	157	113	44
40-44岁	**289**	**214**	**75**	**286**	**219**	**67**	**412**	**301**	**111**
40	73	49	24	66	54	12	125	87	38
41	68	54	14	64	43	21	77	58	19
42	63	49	14	49	36	13	85	62	23
43	56	45	11	63	52	11	62	46	16
44	29	17	12	44	34	10	63	48	15
45-49岁	**91**	**68**	**23**	**95**	**74**	**21**	**156**	**115**	**41**
45	30	19	11	27	20	7	68	51	17
46	23	19	4	17	15	2	30	23	7
47	12	10	2	21	17	4	15	6	9
48	13	10	3	15	12	3	21	17	4
49	13	10	3	15	10	5	22	18	4
50岁及以上	**87**	**57**	**30**	**77**	**49**	**28**	**129**	**74**	**55**
平均初婚年龄	**26.63**	**27.33**	**25.86**	**26.69**	**27.30**	**26.00**	**26.82**	**27.40**	**26.17**

5-7 续表 10 单位：人

初婚年龄	初婚年份								
	2009年			2010年			2011年		
	小计	男	女	小计	男	女	小计	男	女
总　计	**39285**	**20750**	**18535**	**38563**	**20655**	**17908**	**35273**	**18642**	**16631**
15岁以下	**5**	**2**	**3**	**4**	**2**	**2**	**1**		**1**
15-19岁	**841**	**360**	**481**	**844**	**361**	**483**	**514**	**212**	**302**
15	23	12	11	31	13	18	8	4	4
16	29	9	20	47	19	28	16	4	12
17	83	35	48	86	39	47	55	24	31
18	183	84	99	192	91	101	134	50	84
19	523	220	303	488	199	289	301	130	171
20-24岁	**11430**	**5465**	**5965**	**12653**	**6351**	**6302**	**10123**	**4912**	**5211**
20	932	375	557	1111	488	623	679	273	406
21	1671	776	895	1716	859	857	1261	626	635
22	2818	1472	1346	2881	1558	1323	2161	1139	1022
23	2746	1335	1411	3231	1626	1605	2628	1292	1336
24	3263	1507	1756	3714	1820	1894	3394	1582	1812
25-29岁	**20384**	**10503**	**9881**	**17974**	**9432**	**8542**	**18319**	**9374**	**8945**
25	4560	2175	2385	3976	1929	2047	4127	1978	2149
26	5295	2516	2779	4102	2073	2029	4087	1911	2176
27	5068	2623	2445	4125	2147	1978	3894	2015	1879
28	3113	1788	1325	3592	2030	1562	3522	1903	1619
29	2348	1401	947	2179	1253	926	2689	1567	1122
30-34岁	**4534**	**2939**	**1595**	**4702**	**2887**	**1815**	**4518**	**2891**	**1627**
30	1671	1037	634	1623	990	633	1582	1000	582
31	1110	734	376	1166	714	452	1136	704	432
32	713	474	239	839	512	327	833	548	285
33	601	396	205	575	381	194	590	392	198
34	439	298	141	499	290	209	377	247	130
35-39岁	**1346**	**937**	**409**	**1479**	**970**	**509**	**1150**	**760**	**390**
35	376	263	113	395	265	130	314	197	117
36	331	234	97	336	209	127	264	169	95
37	298	205	93	297	201	96	210	134	76
38	188	123	65	229	151	78	190	140	50
39	153	112	41	222	144	78	172	120	52
40-44岁	**438**	**315**	**123**	**529**	**375**	**154**	**383**	**298**	**85**
40	149	117	32	149	101	48	121	84	37
41	99	69	30	156	114	42	90	72	18
42	71	47	24	99	73	26	82	68	14
43	58	37	21	55	37	18	50	44	6
44	61	45	16	70	50	20	40	30	10
45-49岁	**182**	**141**	**41**	**232**	**167**	**65**	**172**	**130**	**42**
45	63	53	10	56	38	18	40	29	11
46	51	38	13	63	48	15	26	16	10
47	18	15	3	57	38	19	47	38	9
48	28	18	10	31	22	9	36	29	7
49	22	17	5	25	21	4	23	18	5
50岁及以上	**125**	**88**	**37**	**146**	**110**	**36**	**93**	**65**	**28**
平均初婚年龄	**26.99**	**27.56**	**26.35**	**27.05**	**27.52**	**26.50**	**27.22**	**27.74**	**26.64**

5-7　续表 11　　　　　　　　　　　　　　　　　　　　　　　　　　　　单位：人

初婚年龄	初婚年份								
	2012年			2013年			2014年		
	小计	男	女	小计	男	女	小计	男	女
总　计	**41435**	**21994**	**19441**	**37213**	**19711**	**17502**	**36420**	**19117**	**17303**
15岁以下	**1**	**1**					**1**		**1**
15–19岁	**582**	**252**	**330**	**449**	**167**	**282**	**388**	**156**	**232**
15	12	3	9	15	8	7	21	10	11
16	28	8	20	17	9	8	23	10	13
17	67	27	40	48	13	35	42	12	30
18	130	55	75	95	33	62	96	40	56
19	345	159	186	274	104	170	206	84	122
20–24岁	**11463**	**5672**	**5791**	**9779**	**4818**	**4961**	**8038**	**3790**	**4248**
20	628	274	354	533	233	300	453	177	276
21	1244	604	640	942	458	484	790	390	400
22	2500	1341	1159	1900	996	904	1391	693	698
23	2924	1468	1456	2705	1308	1397	1986	963	1023
24	4167	1985	2182	3699	1823	1876	3418	1567	1851
25–29岁	**21002**	**10795**	**10207**	**18791**	**9584**	**9207**	**19388**	**9826**	**9562**
25	5391	2551	2840	4712	2261	2451	4568	2192	2376
26	4942	2419	2523	4688	2286	2402	4801	2314	2487
27	4055	2057	1998	3842	1913	1929	4345	2217	2128
28	3557	1952	1605	3110	1700	1410	3260	1740	1520
29	3057	1816	1241	2439	1424	1015	2414	1363	1051
30–34岁	**6226**	**3809**	**2417**	**5898**	**3602**	**2296**	**6123**	**3699**	**2424**
30	2408	1442	966	2067	1231	836	1843	1073	770
31	1406	873	533	1495	907	588	1548	945	603
32	1032	642	390	976	626	350	1293	771	522
33	797	478	319	777	479	298	757	453	304
34	583	374	209	583	359	224	682	457	225
35–39岁	**1294**	**841**	**453**	**1436**	**916**	**520**	**1489**	**939**	**550**
35	404	254	150	444	252	192	495	306	189
36	285	177	108	319	204	115	323	195	128
37	223	150	73	280	187	93	279	170	109
38	211	144	67	207	135	72	221	151	70
39	171	116	55	186	138	48	171	117	54
40–44岁	**529**	**381**	**148**	**527**	**375**	**152**	**589**	**413**	**176**
40	143	97	46	136	102	34	157	108	49
41	124	98	26	122	88	34	141	97	44
42	106	67	39	111	83	28	116	75	41
43	95	80	15	90	57	33	102	79	23
44	61	39	22	68	45	23	73	54	19
45–49岁	**196**	**145**	**51**	**188**	**142**	**46**	**227**	**166**	**61**
45	38	30	8	46	33	13	73	48	25
46	44	36	8	33	26	7	54	41	13
47	34	22	12	25	18	7	33	28	5
48	39	28	11	41	31	10	35	26	9
49	41	29	12	43	34	9	32	23	9
50岁及以上	**142**	**98**	**44**	**145**	**107**	**38**	**177**	**128**	**49**
平均初婚年龄	**27.37**	**27.83**	**26.85**	**27.60**	**28.09**	**27.03**	**27.95**	**28.48**	**27.36**

5–7 续表 12

单位：人

初婚年龄	初婚年份								
	2015年			2016年			2017年		
	小计	男	女	小计	男	女	小计	男	女
总 计	**37693**	**19928**	**17765**	**32893**	**17171**	**15722**	**30223**	**15835**	**14388**
15岁以下	**1**		**1**				**1**		**1**
15–19岁	**339**	**133**	**206**	**286**	**96**	**190**	**208**	**74**	**134**
15	10	7	3	6	3	3	5		5
16	20	9	11	18	8	10	5	3	2
17	41	17	24	35	16	19	37	15	22
18	85	39	46	70	22	48	37	13	24
19	183	61	122	157	47	110	124	43	81
20–24岁	**7158**	**3399**	**3759**	**5605**	**2561**	**3044**	**5042**	**2236**	**2806**
20	367	117	250	276	100	176	237	75	162
21	672	319	353	550	221	329	451	201	250
22	1353	704	649	1124	537	587	965	460	505
23	1727	819	908	1489	700	789	1237	523	714
24	3039	1440	1599	2166	1003	1163	2152	977	1175
25–29岁	**20790**	**10625**	**10165**	**17942**	**9113**	**8829**	**16448**	**8447**	**8001**
25	4608	2267	2341	3405	1617	1788	2774	1309	1465
26	4926	2391	2535	4236	2100	2136	3583	1767	1816
27	4717	2422	2295	4101	2002	2099	3979	2013	1966
28	3867	2057	1810	3553	1885	1668	3415	1863	1552
29	2672	1488	1184	2647	1509	1138	2697	1495	1202
30–34岁	**6476**	**3849**	**2627**	**6170**	**3601**	**2569**	**5796**	**3351**	**2445**
30	1896	1094	802	1907	1082	825	1975	1090	885
31	1545	952	593	1310	759	551	1324	811	513
32	1238	740	498	1142	672	470	898	528	370
33	1059	622	437	961	582	379	825	473	352
34	738	441	297	850	506	344	774	449	325
35–39岁	**1766**	**1132**	**634**	**1853**	**1104**	**749**	**1806**	**1103**	**703**
35	614	393	221	569	327	242	667	382	285
36	434	260	174	455	267	188	395	252	143
37	313	216	97	368	218	150	323	201	122
38	218	139	79	287	180	107	250	151	99
39	187	124	63	174	112	62	171	117	54
40–44岁	**640**	**428**	**212**	**591**	**387**	**204**	**458**	**309**	**149**
40	137	87	50	144	98	46	142	92	50
41	131	90	41	101	68	33	89	63	26
42	151	102	49	141	89	52	75	54	21
43	131	85	46	113	72	41	70	48	22
44	90	64	26	92	60	32	82	52	30
45–49岁	**309**	**207**	**102**	**266**	**181**	**85**	**260**	**175**	**85**
45	94	58	36	86	57	29	68	47	21
46	73	53	20	61	40	21	45	32	13
47	64	45	19	53	34	19	52	31	21
48	38	26	12	45	34	11	55	36	19
49	40	25	15	21	16	5	40	29	11
50岁及以上	**214**	**155**	**59**	**180**	**128**	**52**	**204**	**140**	**64**
平均初婚年龄	**28.28**	**28.77**	**27.73**	**28.60**	**29.11**	**28.04**	**28.72**	**29.24**	**28.15**

5-7　续表 13　　　　单位：人

初婚年龄	初婚年份								
	2018年			2019年			2020年		
	小计	男	女	小计	男	女	小计	男	女
总　计	**31987**	**16627**	**15360**	**25439**	**13238**	**12201**	**17705**	**9179**	**8526**
15岁以下									
15-19岁	**200**	**68**	**132**	**173**	**56**	**117**	**97**	**34**	**63**
15	2		2	3		3			
16	9		9	5	1	4	4	1	3
17	20	6	14	20	3	17	6	2	4
18	55	22	33	37	15	22	21	6	15
19	114	40	74	108	37	71	66	25	41
20-24岁	**5116**	**2317**	**2799**	**3971**	**1746**	**2225**	**2580**	**1114**	**1466**
20	228	80	148	183	59	124	130	51	79
21	432	170	262	352	126	226	225	85	140
22	997	453	544	777	369	408	472	224	248
23	1327	611	716	1010	428	582	647	268	379
24	2132	1003	1129	1649	764	885	1106	486	620
25-29岁	**16719**	**8423**	**8296**	**12558**	**6324**	**6234**	**8396**	**4199**	**4197**
25	3036	1413	1623	2255	1031	1224	1481	668	813
26	3285	1604	1681	2670	1276	1394	1794	854	940
27	3637	1799	1838	2543	1265	1278	1923	962	961
28	3773	1980	1793	2649	1388	1261	1693	885	808
29	2988	1627	1361	2441	1364	1077	1505	830	675
30-34岁	**6787**	**3893**	**2894**	**5910**	**3389**	**2521**	**4445**	**2506**	**1939**
30	2259	1265	994	1880	1054	826	1449	794	655
31	1729	966	763	1462	857	605	1084	603	481
32	1161	695	466	1155	669	486	817	454	363
33	910	528	382	795	464	331	667	398	269
34	728	439	289	618	345	273	428	257	171
35-39岁	**2143**	**1282**	**861**	**1823**	**1073**	**750**	**1230**	**750**	**480**
35	667	401	266	537	306	231	294	174	120
36	558	330	228	422	237	185	278	174	104
37	404	232	172	389	229	160	274	163	111
38	294	179	115	267	157	110	216	135	81
39	220	140	80	208	144	64	168	104	64
40-44岁	**535**	**322**	**213**	**522**	**322**	**200**	**465**	**273**	**192**
40	148	88	60	192	116	76	114	72	42
41	116	69	47	106	66	40	117	74	43
42	93	53	40	91	56	35	93	50	43
43	102	60	42	74	41	33	73	43	30
44	76	52	24	59	43	16	68	34	34
45-49岁	**263**	**174**	**89**	**254**	**172**	**82**	**245**	**157**	**88**
45	77	54	23	49	33	16	55	34	21
46	53	35	18	61	40	21	53	34	19
47	50	30	20	51	36	15	65	40	25
48	44	33	11	43	32	11	38	25	13
49	39	22	17	50	31	19	34	24	10
50岁及以上	**224**	**148**	**76**	**228**	**156**	**72**	**247**	**146**	**101**
平均初婚年龄	**28.95**	**29.43**	**28.43**	**29.24**	**29.80**	**28.63**	**29.63**	**30.18**	**29.04**

5-7a 全市分初婚年龄、性别、初婚年份的人口(城市)

单位：人

初婚年龄	初婚年份								
	合　计			1980年			1981年		
	合计	男	女	小计	男	女	小计	男	女
总　计	**972486**	**487608**	**484878**	**32596**	**15147**	**17449**	**27981**	**12980**	**15001**
15岁以下	**255**	**96**	**159**	**25**	**9**	**16**	**13**	**5**	**8**
15-19岁	**31867**	**10888**	**20979**	**1231**	**377**	**854**	**965**	**259**	**706**
15	1427	524	903	82	33	49	44	14	30
16	2274	799	1475	163	44	119	73	24	49
17	4138	1436	2702	273	88	185	151	57	94
18	7636	2611	5025	297	90	207	299	71	228
19	16392	5518	10874	416	122	294	398	93	305
20-24岁	**366238**	**153397**	**212841**	**14390**	**5497**	**8893**	**13832**	**5345**	**8487**
20	30348	10182	20166	924	292	632	701	191	510
21	49255	19969	29286	1573	592	981	1474	475	999
22	79768	35310	44458	2707	1022	1685	2501	945	1556
23	96098	38793	57305	4055	1488	2567	4187	1600	2587
24	110769	49143	61626	5131	2103	3028	4969	2134	2835
25-29岁	**429001**	**230634**	**198367**	**15547**	**8284**	**7263**	**12148**	**6692**	**5456**
25	120948	59576	61372	5742	2751	2991	4626	2241	2385
26	106346	55155	51191	4283	2302	1981	3456	1935	1521
27	86592	47654	38938	2836	1590	1246	2110	1312	798
28	66651	38893	27758	1715	1023	692	1277	781	496
29	48464	29356	19108	971	618	353	679	423	256
30-34岁	**102934**	**64660**	**38274**	**1156**	**800**	**356**	**858**	**557**	**301**
30	34956	21602	13354	496	327	169	361	233	128
31	24614	15555	9059	304	206	98	231	143	88
32	18373	11599	6774	160	114	46	130	91	39
33	13927	8868	5059	117	92	25	80	53	27
34	11064	7036	4028	79	61	18	56	37	19
35-39岁	**27396**	**17820**	**9576**	**166**	**127**	**39**	**104**	**78**	**26**
35	8738	5543	3195	65	50	15	35	23	12
36	6404	4104	2300	35	25	10	17	13	4
37	5199	3396	1803	28	25	3	23	17	6
38	3983	2686	1297	25	20	5	17	16	1
39	3072	2091	981	13	7	6	12	9	3
40-44岁	**8539**	**5865**	**2674**	**55**	**39**	**16**	**37**	**29**	**8**
40	2429	1677	752	8	7	1	13	10	3
41	1932	1339	593	14	11	3	8	8	
42	1675	1145	530	15	9	6	4	3	1
43	1372	953	419	11	6	5	8	7	1
44	1131	751	380	7	6	1	4	1	3
45-49岁	**3611**	**2523**	**1088**	**18**	**11**	**7**	**18**	**10**	**8**
45	999	680	319	6	6		6	2	4
46	825	584	241	4	2	2	6	5	1
47	674	476	198	5	1	4	1		1
48	592	423	169				4	3	1
49	521	360	161	3	2	1	1		1
50岁及以上	**2645**	**1725**	**920**	**8**	**3**	**5**	**6**	**5**	**1**
平均初婚年龄	**26.35**	**27.06**	**25.63**	**25.13**	**25.73**	**24.60**	**24.95**	**25.56**	**24.42**

5-7a　续表 1　　　　单位：人

初婚年龄	初婚年份								
	1982年			1983年			1984年		
	小计	男	女	小计	男	女	小计	男	女
总　计	**26793**	**12442**	**14351**	**23225**	**10802**	**12423**	**21909**	**10273**	**11636**
15岁以下	**9**	**4**	**5**	**18**	**1**	**17**	**10**	**1**	**9**
15-19岁	**1542**	**462**	**1080**	**1409**	**437**	**972**	**1239**	**406**	**833**
15	55	17	38	64	22	42	67	21	46
16	99	39	60	97	34	63	82	27	55
17	188	64	124	135	46	89	149	54	95
18	365	95	270	292	87	205	296	96	200
19	835	247	588	821	248	573	645	208	437
20-24岁	**13351**	**5230**	**8121**	**11435**	**4377**	**7058**	**11628**	**4575**	**7053**
20	980	289	691	1407	459	948	1338	437	901
21	1493	497	996	1424	525	899	2228	878	1350
22	2723	1061	1662	2166	839	1327	2291	936	1355
23	3457	1341	2116	3058	1108	1950	2583	942	1641
24	4698	2042	2656	3380	1446	1934	3188	1382	1806
25-29岁	**10838**	**6069**	**4769**	**9341**	**5349**	**3992**	**8104**	**4725**	**3379**
25	4174	2083	2091	3567	1850	1717	2780	1475	1305
26	2899	1652	1247	2579	1467	1112	2312	1341	971
27	1885	1134	751	1621	1014	607	1541	970	571
28	1141	729	412	1012	652	360	890	574	316
29	739	471	268	562	366	196	581	365	216
30-34岁	**885**	**562**	**323**	**853**	**527**	**326**	**771**	**467**	**304**
30	386	229	157	352	226	126	298	182	116
31	210	137	73	238	150	88	184	107	77
32	148	102	46	134	76	58	122	79	43
33	81	55	26	82	44	38	106	61	45
34	60	39	21	47	31	16	61	38	23
35-39岁	**117**	**77**	**40**	**121**	**76**	**45**	**94**	**62**	**32**
35	49	29	20	33	24	9	26	20	6
36	27	15	12	26	17	9	23	13	10
37	19	16	3	33	16	17	21	16	5
38	11	9	2	15	10	5	17	11	6
39	11	8	3	14	9	5	7	2	5
40-44岁	**33**	**25**	**8**	**28**	**20**	**8**	**32**	**19**	**13**
40	9	7	2	8	7	1	8	4	4
41	7	6	1	5	3	2	7	3	4
42	10	8	2	6	4	2	6	5	1
43	4	3	1	5	3	2	5	3	2
44	3	1	2	4	3	1	6	4	2
45-49岁	**14**	**11**	**3**	**12**	**9**	**3**	**22**	**13**	**9**
45	5	5		1	1		6	2	4
46	3		3	6	3	3	4	3	1
47	1	1		1	1		3	2	1
48	1	1		2	2		4	3	1
49	4	4		2	2		5	3	2
50岁及以上	**4**	**2**	**2**	**8**	**6**	**2**	**9**	**5**	**4**
平均初婚年龄	**24.73**	**25.38**	**24.17**	**24.65**	**25.32**	**24.06**	**24.50**	**25.14**	**23.94**

5-7a 续表 2

单位：人

初婚年龄	初婚年份								
	1985年			1986年			1987年		
	小计	男	女	小计	男	女	小计	男	女
总　计	**26562**	**12468**	**14094**	**26448**	**12418**	**14030**	**24936**	**11804**	**13132**
15岁以下	**13**	**5**	**8**	**12**	**2**	**10**	**13**	**5**	**8**
15-19岁	**1663**	**558**	**1105**	**1504**	**470**	**1034**	**1442**	**469**	**973**
15	87	35	52	61	16	45	44	9	35
16	175	64	111	103	24	79	64	18	46
17	224	67	157	226	73	153	185	61	124
18	375	116	259	366	112	254	385	126	259
19	802	276	526	748	245	503	764	255	509
20-24岁	**15133**	**6157**	**8976**	**16042**	**6585**	**9457**	**15373**	**6373**	**9000**
20	1435	442	993	1420	477	943	1248	416	832
21	2919	1148	1771	2262	906	1356	2140	833	1307
22	4329	1811	2518	4233	1749	2484	3202	1364	1838
23	3254	1300	1954	5054	1988	3066	4373	1717	2656
24	3196	1456	1740	3073	1465	1608	4410	2043	2367
25-29岁	**8521**	**4998**	**3523**	**7676**	**4641**	**3035**	**6804**	**4174**	**2630**
25	3295	1742	1553	2675	1446	1229	2521	1411	1110
26	2038	1219	819	2182	1350	832	1700	1023	677
27	1573	995	578	1321	839	482	1324	863	461
28	1009	664	345	906	595	311	713	512	201
29	606	378	228	592	411	181	546	365	181
30-34岁	**989**	**607**	**382**	**944**	**570**	**374**	**957**	**571**	**386**
30	373	235	138	372	229	143	350	216	134
31	249	147	102	225	132	93	238	152	86
32	188	114	74	152	96	56	145	84	61
33	97	62	35	108	67	41	104	54	50
34	82	49	33	87	46	41	120	65	55
35-39岁	**160**	**90**	**70**	**175**	**92**	**83**	**239**	**137**	**102**
35	54	27	27	62	29	33	84	49	35
36	41	26	15	47	32	15	53	30	23
37	30	18	12	24	12	12	41	26	15
38	20	9	11	18	11	7	41	21	20
39	15	10	5	24	8	16	20	11	9
40-44岁	**43**	**24**	**19**	**54**	**31**	**23**	**58**	**38**	**20**
40	11	6	5	19	8	11	21	15	6
41	10	5	5	9	6	3	18	10	8
42	9	4	5	6	4	2	6	5	1
43	8	6	2	12	8	4	7	5	2
44	5	3	2	8	5	3	6	3	3
45-49岁	**25**	**17**	**8**	**24**	**19**	**5**	**28**	**22**	**6**
45	4	3	1	6	4	2	3	3	
46	10	7	3	6	5	1	10	9	1
47	2	2		3	2	1	7	4	3
48	3	3		5	5		6	4	2
49	6	2	4	4	3	1	2	2	
50岁及以上	**15**	**12**	**3**	**17**	**8**	**9**	**22**	**15**	**7**
平均初婚年龄	**24.25**	**24.88**	**23.70**	**24.26**	**24.88**	**23.71**	**24.38**	**25.01**	**23.82**

5-7a　续表 3　　　　　单位：人

初婚年龄	初婚年份								
	1988年			1989年			1990年		
	小计	男	女	小计	男	女	小计	男	女
总　计	**23603**	**11284**	**12319**	**22300**	**10772**	**11528**	**23565**	**11663**	**11902**
15岁以下	**9**	**5**	**4**	**11**	**7**	**4**	**14**	**5**	**9**
15-19岁	**1502**	**475**	**1027**	**1517**	**527**	**990**	**1844**	**659**	**1185**
15	49	15	34	57	14	43	67	24	43
16	74	20	54	105	33	72	121	49	72
17	160	47	113	163	54	109	244	78	166
18	376	117	259	384	131	253	455	183	272
19	843	276	567	808	295	513	957	325	632
20-24岁	**13284**	**5556**	**7728**	**11879**	**4902**	**6977**	**13011**	**5651**	**7360**
20	1363	445	918	1593	550	1043	1670	634	1036
21	1845	810	1035	1974	830	1144	2616	1135	1481
22	2844	1215	1629	2617	1141	1476	3181	1431	1750
23	3274	1316	1958	2848	1062	1786	2861	1122	1739
24	3958	1770	2188	2847	1319	1528	2683	1329	1354
25-29岁	**7539**	**4460**	**3079**	**7658**	**4576**	**3082**	**7328**	**4495**	**2833**
25	3750	2030	1720	3115	1721	1394	2409	1343	1066
26	1599	970	629	2358	1402	956	2199	1352	847
27	950	644	306	1075	703	372	1598	1046	552
28	746	517	229	632	423	209	691	469	222
29	494	299	195	478	327	151	431	285	146
30-34岁	**979**	**622**	**357**	**908**	**565**	**343**	**945**	**604**	**341**
30	360	244	116	285	182	103	304	198	106
31	238	169	69	222	136	86	226	147	79
32	173	93	80	166	104	62	170	109	61
33	111	58	53	123	70	53	144	89	55
34	97	58	39	112	73	39	101	61	40
35-39岁	**190**	**104**	**86**	**229**	**134**	**95**	**284**	**164**	**120**
35	67	37	30	88	46	42	94	54	40
36	40	21	19	59	40	19	72	37	35
37	36	20	16	30	13	17	39	25	14
38	27	17	10	28	17	11	33	20	13
39	20	9	11	24	18	6	46	28	18
40-44岁	**47**	**33**	**14**	**60**	**36**	**24**	**71**	**47**	**24**
40	16	10	6	19	15	4	27	18	9
41	14	12	2	15	7	8	16	11	5
42	7	5	2	8	5	3	6	3	3
43	4	3	1	5	1	4	12	10	2
44	6	3	3	13	8	5	10	5	5
45-49岁	**31**	**16**	**15**	**17**	**13**	**4**	**36**	**23**	**13**
45	7	3	4	4	3	1	10	6	4
46	7	2	5	4	4		4	3	1
47	6	4	2	4	2	2	9	7	2
48	5	2	3	1	1		10	7	3
49	6	5	1	4	3	1	3		3
50岁及以上	**22**	**13**	**9**	**21**	**12**	**9**	**32**	**15**	**17**
平均初婚年龄	**24.42**	**25.02**	**23.88**	**24.42**	**25.05**	**23.83**	**24.30**	**24.92**	**23.69**

5-7a 续表 4 单位：人

初婚年龄	初婚年份								
	1991年			1992年			1993年		
	小计	男	女	小计	男	女	小计	男	女
总　计	**16734**	**8123**	**8611**	**19194**	**9429**	**9765**	**19320**	**9526**	**9794**
15岁以下	**7**	**2**	**5**	**4**	**4**		**4**	**2**	**2**
15-19岁	**1072**	**345**	**727**	**1053**	**345**	**708**	**906**	**301**	**605**
15	40	14	26	35	13	22	32	9	23
16	52	17	35	53	14	39	61	16	45
17	133	36	97	118	42	76	101	34	67
18	235	78	157	268	105	163	191	62	129
19	612	200	412	579	171	408	521	180	341
20-24岁	**9583**	**3876**	**5707**	**11250**	**4558**	**6692**	**11256**	**4662**	**6594**
20	1066	358	708	1094	375	719	1021	324	697
21	1602	639	963	1748	713	1035	1690	703	987
22	2487	1036	1451	2661	1170	1491	2566	1142	1424
23	2609	989	1620	3211	1135	2076	3096	1180	1916
24	1819	854	965	2536	1165	1371	2883	1313	1570
25-29岁	**5176**	**3308**	**1868**	**5700**	**3734**	**1966**	**5632**	**3534**	**2098**
25	1667	926	741	1838	1050	788	2268	1221	1047
26	1285	815	470	1368	880	488	1198	721	477
27	1060	747	313	969	674	295	883	631	252
28	822	586	236	900	677	223	650	466	184
29	342	234	108	625	453	172	633	495	138
30-34岁	**610**	**416**	**194**	**804**	**552**	**252**	**1111**	**793**	**318**
30	203	149	54	311	219	92	504	379	125
31	143	94	49	158	119	39	213	160	53
32	104	68	36	125	85	40	147	103	44
33	90	61	29	115	78	37	142	93	49
34	70	44	26	95	51	44	105	58	47
35-39岁	**208**	**121**	**87**	**264**	**159**	**105**	**268**	**151**	**117**
35	63	38	25	81	50	31	78	46	32
36	48	27	21	62	34	28	71	45	26
37	43	29	14	49	32	17	44	21	23
38	38	20	18	39	24	15	36	17	19
39	16	7	9	33	19	14	39	22	17
40-44岁	**43**	**32**	**11**	**63**	**37**	**26**	**89**	**53**	**36**
40	10	7	3	24	14	10	28	18	10
41	13	9	4	10	6	4	23	15	8
42	9	7	2	10	6	4	14	6	8
43	3	3		12	7	5	13	9	4
44	8	6	2	7	4	3	11	5	6
45-49岁	**27**	**17**	**10**	**36**	**28**	**8**	**25**	**16**	**9**
45	8	5	3	13	9	4	6	4	2
46	8	6	2	11	9	2	7	5	2
47	4	4		6	6		5	4	1
48	3	2	1	1	1		2		2
49	4		4	5	3	2	5	3	2
50岁及以上	**8**	**6**	**2**	**20**	**12**	**8**	**29**	**14**	**15**
平均初婚年龄	**24.40**	**25.19**	**23.65**	**24.59**	**25.38**	**23.82**	**24.74**	**25.49**	**24.01**

5–7a 续表 5 单位：人

初婚年龄	初婚年份								
	1994年			1995年			1996年		
	小计	男	女	小计	男	女	小计	男	女
总 计	**17614**	**8671**	**8943**	**20652**	**10282**	**10370**	**19678**	**9804**	**9874**
15岁以下	**5**		**5**	**5**	**3**	**2**	**9**	**5**	**4**
15–19岁	**815**	**248**	**567**	**797**	**260**	**537**	**641**	**225**	**416**
15	36	15	21	24	8	16	26	6	20
16	41	15	26	70	33	37	48	21	27
17	91	20	71	100	33	67	96	32	64
18	178	55	123	176	56	120	152	52	100
19	469	143	326	427	130	297	319	114	205
20–24岁	**9734**	**4025**	**5709**	**10607**	**4312**	**6295**	**9349**	**3782**	**5567**
20	828	267	561	804	257	547	706	207	499
21	1422	575	847	1442	578	864	1144	444	700
22	2284	1028	1256	2441	1042	1399	2082	929	1153
23	2741	1056	1685	2901	1081	1820	2684	1025	1659
24	2459	1099	1360	3019	1354	1665	2733	1177	1556
25–29岁	**5533**	**3347**	**2186**	**7189**	**4274**	**2915**	**7603**	**4378**	**3225**
25	2346	1238	1108	2817	1532	1285	2809	1451	1358
26	1383	815	568	1919	1101	818	1884	1046	838
27	736	502	234	1246	810	436	1479	900	579
28	602	440	162	646	432	214	925	632	293
29	466	352	114	561	399	162	506	349	157
30–34岁	**1125**	**805**	**320**	**1465**	**1069**	**396**	**1453**	**1027**	**426**
30	411	320	91	422	315	107	416	288	128
31	357	256	101	409	308	101	311	225	86
32	150	99	51	353	255	98	315	234	81
33	122	83	39	162	117	45	290	195	95
34	85	47	38	119	74	45	121	85	36
35–39岁	**260**	**165**	**95**	**351**	**228**	**123**	**363**	**243**	**120**
35	81	49	32	113	70	43	114	73	41
36	56	32	24	66	43	23	87	62	25
37	54	40	14	74	48	26	62	46	16
38	40	27	13	56	38	18	57	38	19
39	29	17	12	42	29	13	43	24	19
40–44岁	**77**	**44**	**33**	**138**	**87**	**51**	**123**	**75**	**48**
40	23	16	7	40	28	12	37	26	11
41	21	11	10	31	22	9	32	17	15
42	9	5	4	36	24	12	27	16	11
43	9	4	5	15	7	8	9	4	5
44	15	8	7	16	6	10	18	12	6
45–49岁	**38**	**22**	**16**	**43**	**25**	**18**	**54**	**26**	**28**
45	14	5	9	14	9	5	13	7	6
46	7	4	3	7	4	3	18	9	9
47	4	3	1	6	5	1	9	4	5
48	2	2		11	4	7	8	3	5
49	11	8	3	5	3	2	6	3	3
50岁及以上	**27**	**15**	**12**	**57**	**24**	**33**	**83**	**43**	**40**
平均初婚年龄	**24.88**	**25.65**	**24.13**	**25.27**	**26.04**	**24.51**	**25.58**	**26.33**	**24.85**

5−7a 续表 6 单位：人

初婚年龄	初婚年份								
	1997年			1998年			1999年		
	小计	男	女	小计	男	女	小计	男	女
总　计	**18843**	**9515**	**9328**	**19692**	**9904**	**9788**	**17915**	**9089**	**8826**
15岁以下	**1**	**1**		**4**	**3**	**1**	**6**	**3**	**3**
15−19岁	**603**	**202**	**401**	**628**	**211**	**417**	**643**	**217**	**426**
15	28	7	21	27	15	12	43	14	29
16	34	11	23	49	16	33	64	25	39
17	91	29	62	74	20	54	94	30	64
18	145	48	97	151	48	103	148	47	101
19	305	107	198	327	112	215	294	101	193
20−24岁	**8419**	**3350**	**5069**	**8024**	**3200**	**4824**	**7136**	**2887**	**4249**
20	608	187	421	642	195	447	647	198	449
21	1013	367	646	978	360	618	877	334	543
22	1732	758	974	1675	705	970	1563	699	864
23	2389	930	1459	2195	854	1341	1972	747	1225
24	2677	1108	1569	2534	1086	1448	2077	909	1168
25−29岁	**7726**	**4531**	**3195**	**8510**	**4779**	**3731**	**8021**	**4525**	**3496**
25	2722	1406	1316	2735	1358	1377	2572	1278	1294
26	1962	1094	868	2147	1172	975	2072	1082	990
27	1364	871	493	1584	908	676	1499	914	585
28	1024	694	330	1191	771	420	1080	706	374
29	654	466	188	853	570	283	798	545	253
30−34岁	**1366**	**983**	**383**	**1753**	**1177**	**576**	**1470**	**1000**	**470**
30	386	280	106	587	400	187	573	389	184
31	277	190	87	303	202	101	359	253	106
32	254	186	68	315	202	113	208	120	88
33	250	185	65	264	182	82	179	129	50
34	199	142	57	284	191	93	151	109	42
35−39岁	**378**	**245**	**133**	**509**	**363**	**146**	**450**	**333**	**117**
35	139	92	47	239	163	76	171	122	49
36	78	56	22	95	66	29	111	86	25
37	68	44	24	69	50	19	72	49	23
38	39	23	16	62	54	8	56	48	8
39	54	30	24	44	30	14	40	28	12
40−44岁	**202**	**108**	**94**	**152**	**101**	**51**	**117**	**75**	**42**
40	51	29	22	38	30	8	32	23	9
41	32	16	16	36	22	14	22	15	7
42	48	27	21	35	19	16	23	12	11
43	38	24	14	23	16	7	25	15	10
44	33	12	21	20	14	6	15	10	5
45−49岁	**97**	**64**	**33**	**66**	**42**	**24**	**48**	**31**	**17**
45	24	10	14	20	12	8	8	4	4
46	25	17	8	19	12	7	15	10	5
47	24	18	6	9	7	2	11	8	3
48	13	10	3	9	4	5	5	4	1
49	11	9	2	9	7	2	9	5	4
50岁及以上	**51**	**31**	**20**	**46**	**28**	**18**	**24**	**18**	**6**
平均初婚年龄	**25.86**	**26.67**	**25.03**	**26.07**	**26.91**	**25.23**	**25.91**	**26.74**	**25.06**

5-7a　续表 7　　　　　　　　　　　　　　　　　　　　　　单位：人

初婚年龄	初婚年份								
	2000年			2001年			2002年		
	小计	男	女	小计	男	女	小计	男	女
总　计	**21658**	**11181**	**10477**	**13821**	**7087**	**6734**	**15183**	**7850**	**7333**
15岁以下	**11**	**4**	**7**	**7**	**2**	**5**	**12**	**4**	**8**
15-19岁	**1150**	**437**	**713**	**573**	**204**	**369**	**555**	**204**	**351**
15	83	38	45	40	21	19	52	20	32
16	108	38	70	56	19	37	55	22	33
17	191	78	113	66	26	40	71	23	48
18	286	123	163	139	48	91	134	53	81
19	482	160	322	272	90	182	243	86	157
20-24岁	**8872**	**3779**	**5093**	**5563**	**2271**	**3292**	**6146**	**2609**	**3537**
20	792	252	540	411	130	281	571	178	393
21	1337	581	756	774	298	476	804	334	470
22	2082	938	1144	1326	589	737	1439	678	761
23	2214	902	1312	1467	554	913	1673	698	975
24	2447	1106	1341	1585	700	885	1659	721	938
25-29岁	**8884**	**5034**	**3850**	**5825**	**3303**	**2522**	**6178**	**3411**	**2767**
25	2486	1220	1266	1673	830	843	1714	831	883
26	2243	1209	1034	1361	695	666	1504	765	739
27	1801	1060	741	1197	721	476	1158	658	500
28	1388	906	482	925	617	308	998	619	379
29	966	639	327	669	440	229	804	538	266
30-34岁	**1882**	**1303**	**579**	**1364**	**952**	**412**	**1766**	**1230**	**536**
30	704	471	233	519	363	156	638	438	200
31	456	309	147	318	217	101	402	288	114
32	356	254	102	246	166	80	306	211	95
33	196	145	51	167	115	52	237	173	64
34	170	124	46	114	91	23	183	120	63
35-39岁	**574**	**428**	**146**	**347**	**260**	**87**	**351**	**271**	**80**
35	143	103	40	83	60	23	106	77	29
36	165	127	38	81	66	15	58	44	14
37	153	112	41	72	47	25	54	37	17
38	67	51	16	77	61	16	75	68	7
39	46	35	11	34	26	8	58	45	13
40-44岁	**164**	**115**	**49**	**90**	**63**	**27**	**108**	**84**	**24**
40	42	30	12	25	17	8	32	22	10
41	36	22	14	17	13	4	34	28	6
42	39	32	7	11	8	3	16	14	2
43	27	17	10	25	17	8	12	11	1
44	20	14	6	12	8	4	14	9	5
45-49岁	**76**	**54**	**22**	**37**	**23**	**14**	**38**	**25**	**13**
45	23	14	9	9	4	5	14	9	5
46	27	21	6	4	2	2	10	7	3
47	8	6	2	9	7	2	8	8	
48	14	10	4	10	8	2	4		4
49	4	3	1	5	2	3	2	1	1
50岁及以上	**45**	**27**	**18**	**15**	**9**	**6**	**29**	**12**	**17**
平均初婚年龄	**25.82**	**26.66**	**24.93**	**25.99**	**26.87**	**25.07**	**26.11**	**26.96**	**25.20**

5－7a 续表 8 单位：人

初婚年龄	初婚年份								
	2003年			2004年			2005年		
	小计	男	女	小计	男	女	小计	男	女
总　计	**18734**	**9687**	**9047**	**21068**	**10897**	**10171**	**20235**	**10571**	**9664**
15岁以下	**6**	**4**	**2**	**7**	**3**	**4**	**3**		**3**
15－19岁	**546**	**201**	**345**	**537**	**201**	**336**	**628**	**243**	**385**
15	49	17	32	37	18	19	49	29	20
16	56	31	25	52	21	31	67	26	41
17	71	31	40	90	38	52	91	41	50
18	132	41	91	121	39	82	140	58	82
19	238	81	157	237	85	152	281	89	192
20－24岁	**7176**	**3054**	**4122**	**7658**	**3277**	**4381**	**7121**	**3211**	**3910**
20	548	173	375	500	148	352	548	195	353
21	1058	417	641	959	371	588	874	395	479
22	1567	731	836	1928	906	1022	1598	768	830
23	1841	753	1088	1853	795	1058	2024	945	1079
24	2162	980	1182	2418	1057	1361	2077	908	1169
25－29岁	**7861**	**4226**	**3635**	**9344**	**4936**	**4408**	**8863**	**4659**	**4204**
25	2293	1083	1210	2740	1276	1464	2494	1180	1314
26	1953	984	969	2397	1195	1202	2355	1164	1191
27	1520	853	667	1819	1000	819	1779	966	813
28	1160	699	461	1333	794	539	1314	785	529
29	935	607	328	1055	671	384	921	564	357
30－34岁	**2336**	**1626**	**710**	**2652**	**1828**	**824**	**2562**	**1691**	**871**
30	768	518	250	832	560	272	755	481	274
31	563	407	156	637	442	195	558	368	190
32	406	286	120	506	346	160	511	345	166
33	318	215	103	364	259	105	401	273	128
34	281	200	81	313	221	92	337	224	113
35－39岁	**518**	**359**	**159**	**567**	**421**	**146**	**703**	**502**	**201**
35	177	115	62	231	164	67	241	174	67
36	103	69	34	129	92	37	170	111	59
37	89	64	25	79	64	15	135	97	38
38	72	50	22	65	52	13	91	70	21
39	77	61	16	63	49	14	66	50	16
40－44岁	**177**	**139**	**38**	**191**	**155**	**36**	**219**	**164**	**55**
40	67	55	12	64	53	11	58	44	14
41	31	24	7	58	45	13	63	45	18
42	35	29	6	29	23	6	49	39	10
43	18	14	4	23	21	2	34	25	9
44	26	17	9	17	13	4	15	11	4
45－49岁	**68**	**51**	**17**	**64**	**44**	**20**	**89**	**66**	**23**
45	18	14	4	19	14	5	29	21	8
46	13	10	3	11	8	3	16	12	4
47	8	4	4	9	7	2	15	13	2
48	22	19	3	16	8	8	12	7	5
49	7	4	3	9	7	2	17	13	4
50岁及以上	**46**	**27**	**19**	**48**	**32**	**16**	**47**	**35**	**12**
平均初婚年龄	**26.43**	**27.28**	**25.51**	**26.52**	**27.35**	**25.63**	**26.66**	**27.41**	**25.84**

5-7a　续表 9　　　　单位：人

初婚年龄	初婚年份								
	2006年			2007年			2008年		
	小计	男	女	小计	男	女	小计	男	女
总　计	**29525**	**15095**	**14430**	**22215**	**11549**	**10666**	**30917**	**16083**	**14834**
15岁以下	**4**	**2**	**2**	**2**		**2**	**3**	**3**	
15-19岁	**590**	**225**	**365**	**486**	**208**	**278**	**621**	**253**	**368**
15	29	12	17	14	6	8	26	9	17
16	58	29	29	24	11	13	28	10	18
17	78	31	47	70	34	36	65	31	34
18	146	52	94	110	45	65	165	70	95
19	279	101	178	268	112	156	337	133	204
20-24岁	**8675**	**3618**	**5057**	**6470**	**2895**	**3575**	**8300**	**3801**	**4499**
20	529	169	360	545	176	369	685	274	411
21	887	346	541	781	318	463	1228	528	700
22	1712	792	920	1243	642	601	1757	878	879
23	2238	944	1294	1462	708	754	1915	912	1003
24	3309	1367	1942	2439	1051	1388	2715	1209	1506
25-29岁	**15277**	**7779**	**7498**	**11329**	**5794**	**5535**	**16444**	**8283**	**8161**
25	3983	1744	2239	3166	1442	1724	4128	1866	2262
26	3957	1869	2088	2649	1275	1374	4513	2161	2352
27	3298	1688	1610	2367	1225	1142	3261	1664	1597
28	2439	1470	969	1926	1098	828	2597	1442	1155
29	1600	1008	592	1221	754	467	1945	1150	795
30-34岁	**3632**	**2478**	**1154**	**2696**	**1757**	**939**	**3749**	**2443**	**1306**
30	1151	748	403	832	526	306	1319	847	472
31	817	558	259	642	424	218	906	578	328
32	709	508	201	485	304	181	637	414	223
33	551	372	179	374	254	120	468	323	145
34	404	292	112	363	249	114	419	281	138
35-39岁	**945**	**702**	**243**	**831**	**591**	**240**	**1219**	**886**	**333**
35	319	236	83	266	186	80	382	284	98
36	228	168	60	199	134	65	306	218	88
37	185	138	47	151	112	39	232	160	72
38	126	96	30	134	95	39	169	128	41
39	87	64	23	81	64	17	130	96	34
40-44岁	**253**	**187**	**66**	**251**	**194**	**57**	**344**	**258**	**86**
40	62	42	20	63	52	11	108	77	31
41	56	44	12	59	42	17	58	44	14
42	57	44	13	37	27	10	77	58	19
43	51	42	9	57	47	10	50	38	12
44	27	15	12	35	26	9	51	41	10
45-49岁	**81**	**61**	**20**	**82**	**65**	**17**	**136**	**100**	**36**
45	26	17	9	23	18	5	61	45	16
46	22	18	4	13	12	1	25	19	6
47	11	9	2	20	16	4	14	6	8
48	10	8	2	13	11	2	18	16	2
49	12	9	3	13	8	5	18	14	4
50岁及以上	**68**	**43**	**25**	**68**	**45**	**23**	**101**	**56**	**45**
平均初婚年龄	**26.96**	**27.75**	**26.13**	**27.06**	**27.77**	**26.29**	**27.16**	**27.82**	**26.45**

5-7a 续表 10 单位：人

初婚年龄	初婚年份								
	2009年			2010年			2011年		
	小计	男	女	小计	男	女	小计	男	女
总　计	**32675**	**16965**	**15710**	**31233**	**16395**	**14838**	**28917**	**15025**	**13892**
15岁以下	**3**		**3**	**2**	**1**	**1**			
15-19岁	**527**	**224**	**303**	**558**	**239**	**319**	**336**	**132**	**204**
15	15	7	8	19	9	10	4	1	3
16	17	5	12	31	12	19	12	3	9
17	50	18	32	61	26	35	34	16	18
18	113	54	59	131	65	66	87	30	57
19	332	140	192	316	127	189	199	82	117
20-24岁	**8080**	**3661**	**4419**	**8881**	**4227**	**4654**	**6970**	**3183**	**3787**
20	574	233	341	731	325	406	436	175	261
21	1088	486	602	1149	539	610	776	384	392
22	1867	947	920	1911	984	927	1386	680	706
23	1958	883	1075	2276	1083	1193	1809	835	974
24	2593	1112	1481	2814	1296	1518	2563	1109	1454
25-29岁	**18077**	**9085**	**8992**	**15563**	**7975**	**7588**	**15996**	**8029**	**7967**
25	3832	1743	2089	3265	1514	1751	3359	1572	1787
26	4689	2155	2534	3538	1731	1807	3522	1592	1930
27	4578	2311	2267	3635	1857	1778	3474	1755	1719
28	2839	1606	1233	3195	1773	1422	3206	1703	1503
29	2139	1270	869	1930	1100	830	2435	1407	1028
30-34岁	**4151**	**2697**	**1454**	**4197**	**2559**	**1638**	**4072**	**2597**	**1475**
30	1532	957	575	1428	857	571	1431	905	526
31	1017	673	344	1065	647	418	1019	621	398
32	658	436	222	759	462	297	743	490	253
33	547	362	185	517	342	175	540	360	180
34	397	269	128	428	251	177	339	221	118
35-39岁	**1195**	**827**	**368**	**1285**	**852**	**433**	**999**	**666**	**333**
35	329	228	101	358	239	119	281	176	105
36	304	215	89	295	184	111	231	150	81
37	261	181	80	256	176	80	179	115	64
38	168	107	61	193	132	61	165	125	40
39	133	96	37	183	121	62	143	100	43
40-44岁	**383**	**277**	**106**	**443**	**319**	**124**	**327**	**252**	**75**
40	133	108	25	133	91	42	103	69	34
41	83	56	27	129	94	35	76	60	16
42	63	41	22	84	62	22	72	60	12
43	52	33	19	44	32	12	42	36	6
44	52	39	13	53	40	13	34	27	7
45-49岁	**154**	**121**	**33**	**193**	**139**	**54**	**143**	**113**	**30**
45	52	43	9	45	29	16	34	27	7
46	46	35	11	54	44	10	21	12	9
47	17	14	3	51	34	17	40	34	6
48	18	13	5	24	16	8	31	27	4
49	21	16	5	19	16	3	17	13	4
50岁及以上	**105**	**73**	**32**	**111**	**84**	**27**	**74**	**53**	**21**
平均初婚年龄	**27.35**	**27.98**	**26.67**	**27.39**	**27.94**	**26.78**	**27.57**	**28.17**	**26.92**

5-7a 续表 11

单位：人

初婚年龄	初婚年份								
	2012年			2013年			2014年		
	小计	男	女	小计	男	女	小计	男	女
总 计	**33721**	**17597**	**16124**	**30023**	**15679**	**14344**	**29389**	**15267**	**14122**
15岁以下	**1**	**1**							
15-19岁	**379**	**156**	**223**	**285**	**107**	**178**	**244**	**98**	**146**
15	8	2	6	11	7	4	9	2	7
16	18	4	14	11	6	5	13	5	8
17	47	21	26	27	7	20	23	7	16
18	81	30	51	63	20	43	62	29	33
19	225	99	126	173	67	106	137	55	82
20-24岁	**7992**	**3755**	**4237**	**6810**	**3233**	**3577**	**5598**	**2548**	**3050**
20	392	159	233	350	157	193	303	123	180
21	789	378	411	614	291	323	517	255	262
22	1633	851	782	1231	627	604	916	453	463
23	2014	946	1068	1840	869	971	1350	625	725
24	3164	1421	1743	2775	1289	1486	2512	1092	1420
25-29岁	**17938**	**9047**	**8891**	**15726**	**7841**	**7885**	**16121**	**8027**	**8094**
25	4239	1926	2313	3729	1748	1981	3574	1678	1896
26	4219	2006	2213	3835	1796	2039	3989	1881	2108
27	3561	1782	1779	3297	1594	1703	3655	1835	1820
28	3166	1713	1453	2684	1444	1240	2804	1462	1342
29	2753	1620	1133	2181	1259	922	2099	1171	928
30-34岁	**5548**	**3372**	**2176**	**5224**	**3178**	**2046**	**5314**	**3194**	**2120**
30	2168	1295	873	1832	1081	751	1603	923	680
31	1252	771	481	1326	808	518	1376	850	526
32	902	560	342	878	555	323	1106	651	455
33	706	415	291	671	413	258	639	379	260
34	520	331	189	517	321	196	590	391	199
35-39岁	**1149**	**747**	**402**	**1280**	**812**	**468**	**1303**	**814**	**489**
35	365	230	135	403	230	173	432	263	169
36	253	155	98	283	181	102	279	171	108
37	193	132	61	255	168	87	245	141	104
38	184	127	57	174	112	62	200	137	63
39	154	103	51	165	121	44	147	102	45
40-44岁	**446**	**323**	**123**	**431**	**306**	**125**	**497**	**356**	**141**
40	117	79	38	109	83	26	134	93	41
41	105	82	23	101	72	29	120	84	36
42	87	55	32	90	67	23	98	66	32
43	82	69	13	72	45	27	84	66	18
44	55	38	17	59	39	20	61	47	14
45-49岁	**161**	**120**	**41**	**153**	**118**	**35**	**170**	**129**	**41**
45	28	23	5	39	29	10	58	40	18
46	37	29	8	22	17	5	39	31	8
47	30	21	9	21	16	5	24	22	2
48	34	25	9	34	26	8	29	21	8
49	32	22	10	37	30	7	20	15	5
50岁及以上	**107**	**76**	**31**	**114**	**84**	**30**	**142**	**101**	**41**
平均初婚年龄	**27.70**	**28.22**	**27.12**	**27.91**	**28.46**	**27.32**	**28.22**	**28.78**	**27.60**

5-7a 续表 12

单位：人

初婚年龄	初婚年份								
	2015年			2016年			2017年		
	小计	男	女	小计	男	女	小计	男	女
总　计	**30421**	**15842**	**14579**	**26594**	**13749**	**12845**	**24646**	**12801**	**11845**
15岁以下	**1**		**1**				**1**		**1**
15-19岁	**225**	**92**	**133**	**174**	**56**	**118**	**133**	**50**	**83**
15	6	4	2	2	1	1	1		1
16	10	5	5	11	4	7	4	2	2
17	28	11	17	23	13	10	29	12	17
18	59	29	30	42	11	31	20	8	12
19	122	43	79	96	27	69	79	28	51
20-24岁	**5050**	**2320**	**2730**	**4002**	**1783**	**2219**	**3690**	**1600**	**2090**
20	240	79	161	179	71	108	157	41	116
21	433	199	234	364	139	225	307	134	173
22	881	441	440	761	359	402	675	320	355
23	1230	561	669	1059	481	578	906	381	525
24	2266	1040	1226	1639	733	906	1645	724	921
25-29岁	**16956**	**8440**	**8516**	**14649**	**7301**	**7348**	**13576**	**6863**	**6713**
25	3521	1680	1841	2654	1222	1432	2207	1013	1194
26	3968	1852	2116	3359	1618	1741	2904	1383	1521
27	3909	1946	1963	3421	1637	1784	3313	1649	1664
28	3287	1707	1580	2989	1564	1425	2874	1552	1322
29	2271	1255	1016	2226	1260	966	2278	1266	1012
30-34岁	**5679**	**3349**	**2330**	**5293**	**3078**	**2215**	**4951**	**2848**	**2103**
30	1670	939	731	1639	927	712	1655	916	739
31	1338	821	517	1104	636	468	1130	680	450
32	1087	654	433	1000	587	413	780	448	332
33	937	548	389	821	497	324	716	412	304
34	647	387	260	729	431	298	670	392	278
35-39岁	**1554**	**979**	**575**	**1612**	**948**	**664**	**1556**	**943**	**613**
35	542	345	197	487	272	215	574	325	249
36	374	216	158	399	234	165	342	215	127
37	281	193	88	325	189	136	278	172	106
38	194	117	77	252	156	96	215	128	87
39	163	108	55	149	97	52	147	103	44
40-44岁	**541**	**370**	**171**	**495**	**323**	**172**	**386**	**257**	**129**
40	117	73	44	127	87	40	122	78	44
41	114	79	35	86	58	28	78	55	23
42	123	87	36	116	73	43	64	46	18
43	114	76	38	89	57	32	55	36	19
44	73	55	18	77	48	29	67	42	25
45-49岁	**252**	**175**	**77**	**221**	**150**	**71**	**201**	**137**	**64**
45	73	49	24	70	46	24	53	37	16
46	62	46	16	49	32	17	33	24	9
47	52	39	13	47	31	16	36	21	15
48	31	21	10	36	27	9	47	30	17
49	34	20	14	19	14	5	32	25	7
50岁及以上	**163**	**117**	**46**	**148**	**110**	**38**	**152**	**103**	**49**
平均初婚年龄	**28.54**	**29.08**	**27.95**	**28.84**	**29.38**	**28.26**	**28.89**	**29.42**	**28.31**

5-7a 续表 13 单位：人

初婚年龄	初婚年份								
	2018年			2019年			2020年		
	小计	男	女	小计	男	女	小计	男	女
总　计	**26176**	**13457**	**12719**	**21002**	**10824**	**10178**	**14773**	**7611**	**7162**
15岁以下									
15-19岁	**131**	**43**	**88**	**113**	**38**	**75**	**60**	**24**	**36**
15	2		2	3		3			
16	7		7	5	1	4	3	1	2
17	12	3	9	14	3	11	1	1	
18	38	16	22	19	9	10	14	6	8
19	72	24	48	72	25	47	42	16	26
20-24岁	**3744**	**1651**	**2093**	**2849**	**1226**	**1623**	**1875**	**795**	**1080**
20	156	54	102	123	38	85	83	32	51
21	278	102	176	227	78	149	147	54	93
22	710	310	400	533	240	293	327	153	174
23	986	453	533	703	290	413	478	194	284
24	1614	732	882	1263	580	683	840	362	478
25-29岁	**13951**	**6889**	**7062**	**10646**	**5271**	**5375**	**7203**	**3568**	**3635**
25	2444	1107	1337	1843	819	1024	1176	529	647
26	2731	1288	1443	2298	1076	1222	1539	721	818
27	3047	1492	1555	2179	1063	1116	1669	831	838
28	3200	1661	1539	2270	1169	1101	1485	766	719
29	2529	1341	1188	2056	1144	912	1334	721	613
30-34岁	**5681**	**3258**	**2423**	**4997**	**2840**	**2157**	**3786**	**2108**	**1678**
30	1889	1056	833	1592	883	709	1249	671	578
31	1431	798	633	1234	717	517	928	509	419
32	964	573	391	982	558	424	693	377	316
33	768	452	316	663	391	272	559	340	219
34	629	379	250	526	291	235	357	211	146
35-39岁	**1849**	**1100**	**749**	**1568**	**916**	**652**	**1061**	**647**	**414**
35	579	345	234	457	256	201	247	144	103
36	481	282	199	359	198	161	251	154	97
37	344	193	151	337	199	138	236	143	93
38	258	160	98	238	141	97	191	123	68
39	187	120	67	177	122	55	136	83	53
40-44岁	**447**	**272**	**175**	**438**	**270**	**168**	**386**	**228**	**158**
40	116	69	47	162	97	65	93	60	33
41	107	62	45	85	56	29	93	59	34
42	78	47	31	80	48	32	76	42	34
43	83	52	31	62	34	28	68	41	27
44	63	42	21	49	35	14	56	26	30
45-49岁	**206**	**134**	**72**	**205**	**138**	**67**	**202**	**125**	**77**
45	58	42	16	44	30	14	45	26	19
46	44	26	18	49	31	18	47	29	18
47	42	25	17	37	24	13	55	34	21
48	31	25	6	35	28	7	28	16	12
49	31	16	15	40	25	15	27	20	7
50岁及以上	**167**	**110**	**57**	**186**	**125**	**61**	**200**	**116**	**84**
平均初婚年龄	**29.09**	**29.59**	**28.56**	**29.40**	**29.96**	**28.80**	**29.77**	**30.30**	**29.22**

5-7b 全市分初婚年龄、性别、初婚年份的人口(镇)

单位：人

初婚年龄	初婚年份								
	合计			1980年			1981年		
	合计	男	女	小计	男	女	小计	男	女
总　计	**76793**	**41728**	**35065**	**2241**	**1113**	**1128**	**1866**	**919**	**947**
15岁以下	**38**	**19**	**19**	**2**	**2**		**1**	**1**	
15-19岁	**4484**	**1747**	**2737**	**168**	**45**	**123**	**112**	**34**	**78**
15	167	82	85	16	6	10	6	1	5
16	279	119	160	20	8	12	4	2	2
17	535	202	333	27	7	20	23	7	16
18	1141	417	724	45	11	34	40	12	28
19	2362	927	1435	60	13	47	39	12	27
20-24岁	**40134**	**20988**	**19146**	**1314**	**629**	**685**	**1124**	**526**	**598**
20	4511	1834	2677	123	56	67	89	33	56
21	7172	3587	3585	184	82	102	176	63	113
22	9996	5542	4454	302	159	143	227	113	114
23	9644	5201	4443	378	178	200	315	165	150
24	8811	4824	3987	327	154	173	317	152	165
25-29岁	**24276**	**13914**	**10362**	**702**	**392**	**310**	**572**	**316**	**256**
25	7819	4286	3533	297	170	127	239	126	113
26	5958	3365	2593	185	90	95	154	82	72
27	4580	2643	1937	118	66	52	106	63	43
28	3435	2089	1346	70	46	24	53	32	21
29	2484	1531	953	32	20	12	20	13	7
30-34岁	**5416**	**3431**	**1985**	**50**	**40**	**10**	**42**	**32**	**10**
30	1800	1126	674	23	20	3	16	12	4
31	1296	814	482	8	6	2	18	15	3
32	947	612	335	9	6	3	5	4	1
33	785	498	287	8	6	2	2	1	1
34	588	381	207	2	2		1		1
35-39岁	**1457**	**961**	**496**	**4**	**4**		**11**	**7**	**4**
35	475	297	178	3	3		3	1	2
36	329	216	113				3	2	1
37	270	195	75						
38	200	136	64				3	3	
39	183	117	66	1	1		2	1	1
40-44岁	**528**	**350**	**178**	**1**	**1**		**2**	**2**	
40	153	101	52						
41	122	92	30						
42	92	53	39	1	1		1	1	
43	85	54	31				1	1	
44	76	50	26						
45-49岁	**266**	**188**	**78**				**1**	**1**	
45	83	54	29						
46	64	44	20						
47	41	29	12				1	1	
48	47	37	10						
49	31	24	7						
50岁及以上	**194**	**130**	**64**				**1**		**1**
平均初婚年龄	**25.06**	**25.50**	**24.54**	**23.95**	**24.41**	**23.51**	**24.15**	**24.62**	**23.69**

5-7b　续表 1　　　　单位：人

初婚年龄	初婚年份								
	1982年			1983年			1984年		
	小计	男	女	小计	男	女	小计	男	女
总　计	**1852**	**906**	**946**	**1837**	**909**	**928**	**1842**	**918**	**924**
15岁以下				**2**		**2**			
15-19岁	**197**	**68**	**129**	**203**	**78**	**125**	**155**	**59**	**96**
15	9	5	4	7	2	5	12	8	4
16	12	5	7	7	2	5	8	3	5
17	22	10	12	28	7	21	21	4	17
18	52	14	38	42	19	23	35	12	23
19	102	34	68	119	48	71	79	32	47
20-24岁	**1139**	**553**	**586**	**1122**	**550**	**572**	**1250**	**608**	**642**
20	113	47	66	199	83	116	200	82	118
21	188	92	96	197	104	93	331	157	174
22	292	153	139	227	115	112	261	137	124
23	294	131	163	264	127	137	225	122	103
24	252	130	122	235	121	114	233	110	123
25-29岁	**475**	**259**	**216**	**457**	**244**	**213**	**378**	**212**	**166**
25	192	102	90	188	97	91	135	67	68
26	132	70	62	116	67	49	121	68	53
27	83	42	41	70	35	35	52	32	20
28	45	29	16	49	25	24	44	28	16
29	23	16	7	34	20	14	26	17	9
30-34岁	**33**	**22**	**11**	**42**	**30**	**12**	**49**	**30**	**19**
30	14	8	6	15	10	5	23	14	9
31	8	5	3	9	8	1	6	5	1
32	7	5	2	8	5	3	4	3	1
33	3	3		6	3	3	11	5	6
34	1	1		4	4		5	3	2
35-39岁	**7**	**3**	**4**	**8**	**6**	**2**	**7**	**6**	**1**
35	6	2	4	1		1	3	2	1
36				4	4				
37	1	1		2	2		2	2	
38									
39				1		1	2	2	
40-44岁	**1**	**1**		**2**		**2**	**2**	**2**	
40							1	1	
41	1	1							
42				2		2			
43							1	1	
44									
45-49岁				**1**	**1**		**1**	**1**	
45									
46				1	1				
47									
48							1	1	
49									
50岁及以上									
平均初婚年龄	**23.57**	**23.91**	**23.25**	**23.51**	**23.86**	**23.16**	**23.35**	**23.74**	**22.97**

5-7b 续表 2

单位：人

初婚年龄	初婚年份								
	1985年			1986年			1987年		
	小计	男	女	小计	男	女	小计	男	女
总　计	**2232**	**1132**	**1100**	**2117**	**1079**	**1038**	**2035**	**1083**	**952**
15岁以下	**2**	**2**		**3**	**2**	**1**	**2**	**1**	**1**
15-19岁	**239**	**86**	**153**	**200**	**78**	**122**	**195**	**82**	**113**
15	12	5	7	1		1	3	1	2
16	21	8	13	14	4	10	9	3	6
17	24	10	14	26	11	15	16	7	9
18	64	14	50	45	18	27	64	25	39
19	118	49	69	114	45	69	103	46	57
20-24岁	**1568**	**793**	**775**	**1550**	**783**	**767**	**1493**	**786**	**707**
20	215	98	117	205	96	109	182	77	105
21	399	187	212	342	175	167	321	193	128
22	486	264	222	421	233	188	380	206	174
23	293	160	133	393	185	208	349	182	167
24	175	84	91	189	94	95	261	128	133
25-29岁	**372**	**217**	**155**	**296**	**171**	**125**	**294**	**180**	**114**
25	164	83	81	112	66	46	126	73	53
26	85	50	35	86	42	44	63	36	27
27	60	43	17	38	22	16	54	37	17
28	33	18	15	37	25	12	37	25	12
29	30	23	7	23	16	7	14	9	5
30-34岁	**43**	**26**	**17**	**53**	**35**	**18**	**39**	**26**	**13**
30	16	8	8	17	13	4	14	9	5
31	11	8	3	13	7	6	7	4	3
32	11	6	5	16	11	5	7	5	2
33	2	1	1	3	2	1	6	4	2
34	3	3		4	2	2	5	4	1
35-39岁	**5**	**5**		**7**	**5**	**2**	**8**	**4**	**4**
35	1	1		5	4	1	3	2	1
36	1	1		1	1		4	1	3
37	1	1		1		1	1	1	
38	1	1							
39	1	1							
40-44岁	**2**	**2**		**3**	**2**	**1**	**2**	**2**	
40	1	1					1	1	
41				1	1				
42	1	1					1	1	
43									
44				2	1	1			
45-49岁	**1**	**1**		**4**	**3**	**1**	**2**	**2**	
45				1		1	1	1	
46				2	2				
47									
48	1	1					1	1	
49				1	1				
50岁及以上				**1**		**1**			
平均初婚年龄	**22.92**	**23.30**	**22.52**	**23.10**	**23.37**	**22.82**	**23.11**	**23.37**	**22.82**

5-7b　续表 3

单位：人

初婚年龄	初婚年份								
	1988年			1989年			1990年		
	小计	男	女	小计	男	女	小计	男	女
总　计	**2010**	**1053**	**957**	**1901**	**1041**	**860**	**2069**	**1152**	**917**
15岁以下	**2**	**1**	**1**	**1**		**1**	**1**	**1**	
15-19岁	**225**	**84**	**141**	**204**	**76**	**128**	**252**	**105**	**147**
15	1		1	10	5	5	3	2	1
16	14	6	8	12	6	6	7	4	3
17	28	11	17	22	7	15	35	15	20
18	59	21	38	45	9	36	64	27	37
19	123	46	77	115	49	66	143	57	86
20-24岁	**1422**	**741**	**681**	**1312**	**716**	**596**	**1421**	**794**	**627**
20	226	108	118	227	110	117	257	111	146
21	258	143	115	310	151	159	345	192	153
22	376	190	186	311	188	123	329	208	121
23	319	159	160	266	155	111	284	153	131
24	243	141	102	198	112	86	206	130	76
25-29岁	**303**	**191**	**112**	**320**	**208**	**112**	**322**	**205**	**117**
25	153	93	60	143	88	55	129	80	49
26	69	43	26	100	63	37	86	57	29
27	35	23	12	45	32	13	68	38	30
28	28	20	8	16	12	4	27	20	7
29	18	12	6	16	13	3	12	10	2
30-34岁	**46**	**26**	**20**	**47**	**29**	**18**	**48**	**31**	**17**
30	13	7	6	10	7	3	20	13	7
31	17	8	9	12	11	1	11	6	5
32	4	2	2	8	4	4	9	7	2
33	6	5	1	10	4	6	4	4	
34	6	4	2	7	3	4	4	1	3
35-39岁	**7**	**6**	**1**	**12**	**9**	**3**	**19**	**12**	**7**
35	2	1	1	4	3	1	6	4	2
36	2	2		4	3	1	2		2
37	3	3		3	2	1	7	5	2
38							3	2	1
39				1	1		1	1	
40-44岁	**1**	**1**		**3**	**2**	**1**	**5**	**3**	**2**
40									
41	1	1		1	1		2	1	1
42							1	1	
43				1		1	2	1	1
44				1	1				
45-49岁	**3**	**2**	**1**	**2**	**1**	**1**			
45	1		1	1		1			
46	1	1							
47									
48	1	1		1	1				
49									
50岁及以上	**1**	**1**					**1**	**1**	
平均初婚年龄	**23.05**	**23.41**	**22.64**	**23.09**	**23.49**	**22.60**	**23.02**	**23.36**	**22.58**

5-7b 续表 4

单位：人

初婚年龄	初婚年份								
	1991年			1992年			1993年		
	小计	男	女	小计	男	女	小计	男	女
总　计	**1457**	**775**	**682**	**1727**	**933**	**794**	**1895**	**1030**	**865**
15岁以下	**2**	**1**	**1**				**3**	**1**	**2**
15-19岁	**124**	**50**	**74**	**146**	**63**	**83**	**143**	**62**	**81**
15	4		4	4	4		3	2	1
16	5	1	4	9	5	4	11	2	9
17	18	6	12	14	3	11	12	7	5
18	27	11	16	39	15	24	40	19	21
19	70	32	38	80	36	44	77	32	45
20-24岁	**1029**	**541**	**488**	**1248**	**658**	**590**	**1309**	**683**	**626**
20	152	67	85	154	58	96	168	63	105
21	248	129	119	268	138	130	261	129	132
22	282	159	123	348	199	149	362	204	158
23	207	104	103	276	141	135	295	165	130
24	140	82	58	202	122	80	223	122	101
25-29岁	**253**	**155**	**98**	**278**	**182**	**96**	**354**	**226**	**128**
25	103	53	50	99	67	32	150	93	57
26	66	41	25	77	53	24	84	50	34
27	51	37	14	42	25	17	47	33	14
28	27	19	8	39	26	13	45	32	13
29	6	5	1	21	11	10	28	18	10
30-34岁	**35**	**21**	**14**	**34**	**16**	**18**	**57**	**40**	**17**
30	13	10	3	7	4	3	17	10	7
31	4	2	2	9	3	6	13	10	3
32	5	3	2	4	2	2	5	2	3
33	6	3	3	8	3	5	13	11	2
34	7	3	4	6	4	2	9	7	2
35-39岁	**8**	**3**	**5**	**10**	**6**	**4**	**18**	**12**	**6**
35	4	1	3	5	2	3	10	6	4
36	1		1	1	1		1	1	
37	1	1		2	2		4	2	2
38	1	1		2	1	1	2	2	
39	1		1				1	1	
40-44岁	**4**	**2**	**2**	**4**	**3**	**1**	**6**	**4**	**2**
40	2	1	1	1	1		2	2	
41				1	1		1		1
42	1		1	1		1	2	1	1
43				1	1				
44	1	1					1	1	
45-49岁	**1**	**1**		**5**	**3**	**2**	**1**		**1**
45	1	1		1		1			
46				1	1		1		1
47				1		1			
48									
49				2	2				
50岁及以上	**1**	**1**		**2**	**2**		**4**	**2**	**2**
平均初婚年龄	**23.23**	**23.55**	**22.88**	**23.36**	**23.68**	**22.99**	**23.62**	**24.03**	**23.14**

5-7b　续表 5　　　　　　　　　　　　　　　　　　　　　　　　　　　　　　　　　单位：人

初婚年龄	初婚年份								
	1994年			1995年			1996年		
	小计	男	女	小计	男	女	小计	男	女
总　计	**1613**	**895**	**718**	**1832**	**990**	**842**	**1621**	**910**	**711**
15岁以下	**1**		**1**	**1**	**1**				
15-19岁	**111**	**48**	**63**	**120**	**42**	**78**	**84**	**30**	**54**
15	5	1	4	8	7	1			
16	7	4	3	5	2	3	7	4	3
17	12	7	5	16	6	10	6	3	3
18	22	7	15	27	6	21	26	8	18
19	65	29	36	64	21	43	45	15	30
20-24岁	**1129**	**614**	**515**	**1179**	**618**	**561**	**985**	**538**	**447**
20	125	51	74	112	48	64	88	31	57
21	239	115	124	224	107	117	140	63	77
22	308	172	136	313	163	150	286	158	128
23	248	144	104	299	164	135	262	155	107
24	209	132	77	231	136	95	209	131	78
25-29岁	**301**	**189**	**112**	**408**	**251**	**157**	**452**	**272**	**180**
25	140	84	56	191	113	78	170	100	70
26	63	39	24	88	55	33	127	66	61
27	44	27	17	58	36	22	78	52	26
28	38	28	10	38	25	13	43	30	13
29	16	11	5	33	22	11	34	24	10
30-34岁	**44**	**28**	**16**	**72**	**47**	**25**	**70**	**51**	**19**
30	15	11	4	12	10	2	27	20	7
31	17	11	6	25	16	9	7	5	2
32	6	4	2	20	12	8	16	9	7
33	2	1	1	11	6	5	15	13	2
34	4	1	3	4	3	1	5	4	1
35-39岁	**18**	**10**	**8**	**24**	**15**	**9**	**14**	**8**	**6**
35	3	2	1	4	2	2	3	1	2
36	6	2	4	6	3	3	4	3	1
37	2	2		4	3	1	3	2	1
38	5	3	2	3	1	2	3	2	1
39	2	1	1	7	6	1	1		1
40-44岁	**7**	**4**	**3**	**16**	**8**	**8**	**10**	**8**	**2**
40	2		2	5	2	3	3	2	1
41	1		1	5	2	3	1	1	
42				2	1	1	3	2	1
43	1	1		1	1		2	2	
44	3	3		3	2	1	1	1	
45-49岁	**1**	**1**		**6**	**5**	**1**	**3**	**2**	**1**
45	1	1		3	3				
46							2	1	1
47									
48				2	1	1			
49				1	1		1	1	
50岁及以上	**1**	**1**		**6**	**3**	**3**	**3**	**1**	**2**
平均初婚年龄	**23.64**	**23.99**	**23.21**	**24.24**	**24.65**	**23.76**	**24.46**	**24.91**	**23.90**

5-7b 续表 6

单位：人

初婚年龄	初婚年份								
	1997年			1998年			1999年		
	小计	男	女	小计	男	女	小计	男	女
总　计	**1466**	**798**	**668**	**1539**	**873**	**666**	**1301**	**729**	**572**
15岁以下				**1**		**1**			
15-19岁	**93**	**41**	**52**	**96**	**39**	**57**	**86**	**31**	**55**
15	1		1	3	1	2	1		1
16	2	1	1	5	2	3	8	2	6
17	14	5	9	8	4	4	11	5	6
18	22	9	13	22	8	14	17	6	11
19	54	26	28	58	24	34	49	18	31
20-24岁	**856**	**444**	**412**	**872**	**463**	**409**	**738**	**395**	**343**
20	75	17	58	111	44	67	90	31	59
21	139	68	71	150	75	75	130	58	72
22	214	124	90	203	108	95	175	107	68
23	232	119	113	233	129	104	172	99	73
24	196	116	80	175	107	68	171	100	71
25-29岁	**421**	**251**	**170**	**436**	**279**	**157**	**390**	**245**	**145**
25	157	83	74	173	104	69	149	89	60
26	123	73	50	99	62	37	95	56	39
27	58	36	22	82	53	29	64	41	23
28	52	33	19	53	39	14	52	36	16
29	31	26	5	29	21	8	30	23	7
30-34岁	**66**	**44**	**22**	**94**	**65**	**29**	**59**	**40**	**19**
30	13	9	4	28	17	11	23	15	8
31	21	14	7	16	12	4	17	14	3
32	12	7	5	14	10	4	9	3	6
33	9	6	3	17	14	3	6	5	1
34	11	8	3	19	12	7	4	3	1
35-39岁	**12**	**9**	**3**	**29**	**20**	**9**	**18**	**14**	**4**
35	3	3		15	11	4	4	3	1
36	3	2	1	8	5	3	5	3	2
37	4	3	1	2	1	1	6	6	
38				2	2		2	2	
39	2	1	1	2	1	1	1		1
40-44岁	**10**	**4**	**6**	**9**	**5**	**4**	**6**	**3**	**3**
40	1		1	3	2	1			
41	2	1	1	3	2	1	2	1	1
42	2	1	1				2	1	1
43	3	1	2	2	1	1	1	1	
44	2	1	1	1		1	1		1
45-49岁	**6**	**3**	**3**	**1**	**1**		**3**		**3**
45	3	2	1	1	1		2		2
46	1		1						
47	1	1					1		1
48									
49	1		1						
50岁及以上	**2**	**2**		**1**	**1**		**1**	**1**	
平均初婚年龄	**24.55**	**24.97**	**24.04**	**24.61**	**25.14**	**23.91**	**24.48**	**24.96**	**23.85**

5-7b　续表 7　　　　　　　　　　　　　　　　　　　　　　　　　　　　单位：人

初婚年龄	初婚年份								
	2000年			2001年			2002年		
	小计	男	女	小计	男	女	小计	男	女
总　计	**1685**	**967**	**718**	**979**	**555**	**424**	**1106**	**638**	**468**
15岁以下	**4**	**1**	**3**	**1**	**1**		**2**	**1**	**1**
15-19岁	**108**	**46**	**62**	**79**	**28**	**51**	**62**	**27**	**35**
15	6	4	2	4	2	2	3	3	
16	14	6	8	3	1	2	3	1	2
17	15	7	8	8	3	5	6	3	3
18	35	14	21	21	9	12	12	5	7
19	38	15	23	43	13	30	38	15	23
20-24岁	**947**	**515**	**432**	**559**	**302**	**257**	**656**	**354**	**302**
20	118	33	85	51	19	32	83	32	51
21	161	75	86	110	54	56	109	45	64
22	234	139	95	160	96	64	158	92	66
23	219	139	80	134	73	61	178	117	61
24	215	129	86	104	60	44	128	68	60
25-29岁	**501**	**315**	**186**	**266**	**170**	**96**	**302**	**192**	**110**
25	178	103	75	111	66	45	104	63	41
26	121	74	47	58	37	21	80	48	32
27	98	61	37	51	37	14	52	34	18
28	67	49	18	30	20	10	36	24	12
29	37	28	9	16	10	6	30	23	7
30-34岁	**94**	**67**	**27**	**55**	**40**	**15**	**61**	**44**	**17**
30	40	26	14	20	17	3	26	18	8
31	25	18	7	10	6	4	10	7	3
32	16	14	2	11	6	5	16	12	4
33	9	6	3	8	6	2	6	4	2
34	4	3	1	6	5	1	3	3	
35-39岁	**24**	**19**	**5**	**12**	**9**	**3**	**12**	**9**	**3**
35	11	7	4	2	2		3	3	
36	4	3	1	2	1	1	1	1	
37	7	7		4	3	1	2	1	1
38	2	2		2	2		2	2	
39				2	1	1	4	2	2
40-44岁	**4**	**2**	**2**	**3**	**2**	**1**	**6**	**6**	
40	1		1				4	4	
41	2	2					2	2	
42									
43				2	1	1			
44	1		1	1	1				
45-49岁	**1**	**1**		**2**	**2**		**3**	**3**	
45							2	2	
46	1	1							
47				2	2				
48							1	1	
49									
50岁及以上	**2**	**1**	**1**	**2**	**1**	**1**	**2**	**2**	
平均初婚年龄	**24.45**	**25.00**	**23.70**	**24.34**	**24.91**	**23.61**	**24.50**	**25.11**	**23.67**

5−7b 续表 8 单位：人

初婚年龄	初婚年份								
	2003年			2004年			2005年		
	小计	男	女	小计	男	女	小计	男	女
总　计	**1462**	**850**	**612**	**1456**	**822**	**634**	**1657**	**985**	**672**
15岁以下	**1**		**1**	**2**		**2**	**1**	**1**	
15−19岁	**87**	**33**	**54**	**81**	**30**	**51**	**111**	**51**	**60**
15	6	2	4	6	2	4	6	5	1
16	4	2	2	9	5	4	14	9	5
17	7	2	5	11	2	9	15	5	10
18	21	8	13	21	7	14	29	14	15
19	49	19	30	34	14	20	47	18	29
20−24岁	**867**	**474**	**393**	**817**	**443**	**374**	**913**	**525**	**388**
20	88	31	57	75	26	49	81	31	50
21	159	77	82	123	55	68	141	77	64
22	208	120	88	236	140	96	234	137	97
23	203	119	84	199	118	81	251	158	93
24	209	127	82	184	104	80	206	122	84
25−29岁	**385**	**256**	**129**	**407**	**246**	**161**	**468**	**300**	**168**
25	131	85	46	160	90	70	174	97	77
26	90	58	32	97	59	38	117	84	33
27	60	39	21	68	43	25	77	51	26
28	57	40	17	51	32	19	60	42	18
29	47	34	13	31	22	9	40	26	14
30−34岁	**96**	**67**	**29**	**107**	**75**	**32**	**115**	**72**	**43**
30	27	21	6	38	25	13	31	18	13
31	22	15	7	24	12	12	25	14	11
32	19	15	4	23	21	2	21	13	8
33	20	11	9	11	8	3	18	12	6
34	8	5	3	11	9	2	20	15	5
35−39岁	**14**	**10**	**4**	**29**	**18**	**11**	**28**	**19**	**9**
35	6	4	2	13	9	4	7	5	2
36	3	3		9	3	6	7	6	1
37				5	4	1	4	3	1
38	2	1	1	1	1		4	3	1
39	3	2	1	1	1		6	2	4
40−44岁	**5**	**4**	**1**	**5**	**3**	**2**	**14**	**11**	**3**
40	1	1		3	2	1	5	4	1
41	1	1		2	1	1	2	2	
42	1		1				3	3	
43	2	2					3	1	2
44							1	1	
45−49岁	**3**	**2**	**1**	**6**	**6**		**7**	**6**	**1**
45	1		1	1	1		2	1	1
46	1	1		3	3		2	2	
47				1	1				
48	1	1					3	3	
49				1	1				
50岁及以上	**4**	**4**		**2**	**1**	**1**			
平均初婚年龄	**24.60**	**25.19**	**23.79**	**24.82**	**25.37**	**24.10**	**24.85**	**25.24**	**24.28**

5-7b 续表 9 单位：人

初婚年龄	初婚年份								
	2006年			2007年			2008年		
	小计	男	女	小计	男	女	小计	男	女
总 计	1859	1042	817	1509	861	648	2241	1268	973
15岁以下	1	1							
15-19岁	97	49	48	74	22	52	100	48	52
15	6	3	3				3	2	1
16	11	7	4	1		1	8	5	3
17	13	8	5	9	2	7	13	7	6
18	17	9	8	23	8	15	26	12	14
19	50	22	28	41	12	29	50	22	28
20-24岁	923	477	446	767	439	328	1008	544	464
20	86	25	61	81	31	50	110	42	68
21	145	76	69	123	68	55	169	91	78
22	210	113	97	191	125	66	271	154	117
23	227	128	99	177	102	75	217	125	92
24	255	135	120	195	113	82	241	132	109
25-29岁	641	377	264	493	288	205	864	489	375
25	211	111	100	173	98	75	278	151	127
26	162	103	59	110	66	44	248	148	100
27	129	75	54	98	59	39	139	74	65
28	78	53	25	66	40	26	119	65	54
29	61	35	26	46	25	21	80	51	29
30-34岁	141	98	43	112	65	47	164	116	48
30	50	33	17	35	21	14	57	37	20
31	33	23	10	28	19	9	36	31	5
32	27	19	8	18	11	7	21	14	7
33	16	13	3	20	6	14	26	19	7
34	15	10	5	11	8	3	24	15	9
35-39岁	37	27	10	42	33	9	66	46	20
35	9	8	1	8	4	4	23	15	8
36	11	8	3	9	8	1	14	9	5
37	7	5	2	7	6	1	9	7	2
38	7	3	4	14	12	2	7	6	1
39	3	3		4	3	1	13	9	4
40-44岁	11	9	2	9	7	2	24	16	8
40	5	3	2				8	4	4
41	5	5		1		1	7	6	1
42	1	1					3	2	1
43				3	3				
44				5	4	1	6	4	2
45-49岁	2	1	1	6	4	2	9	7	2
45				2	1	1	2	2	
46				2	1	1	2	2	
47				1	1		1		1
48	2	1	1	1	1		2	1	1
49							2	2	
50岁及以上	6	3	3	6	3	3	6	2	4
平均初婚年龄	25.26	25.70	24.70	25.40	25.79	24.89	25.67	26.05	25.17

5-7b 续表 10

单位：人

初婚年龄	初婚年份								
	2009年			2010年			2011年		
	小计	男	女	小计	男	女	小计	男	女
总 计	**2194**	**1221**	**973**	**2492**	**1415**	**1077**	**2168**	**1206**	**962**
15岁以下				**1**	**1**				
15-19岁	**94**	**45**	**49**	**83**	**29**	**54**	**57**	**21**	**36**
15	3	3		4	1	3			
16	3	2	1	3		3	2		2
17	8	4	4	9	4	5	4	2	2
18	28	12	16	22	10	12	17	7	10
19	52	24	28	45	14	31	34	12	22
20-24岁	**994**	**516**	**478**	**1159**	**646**	**513**	**949**	**513**	**436**
20	109	41	68	107	48	59	87	34	53
21	168	77	91	178	102	76	139	77	62
22	260	141	119	280	154	126	227	137	90
23	241	140	101	300	170	130	253	134	119
24	216	117	99	294	172	122	243	131	112
25-29岁	**900**	**524**	**376**	**924**	**531**	**393**	**893**	**495**	**398**
25	254	135	119	246	132	114	261	130	131
26	225	123	102	202	124	78	223	116	107
27	219	140	79	203	114	89	164	100	64
28	105	66	39	166	99	67	131	81	50
29	97	60	37	107	62	45	114	68	46
30-34岁	**121**	**77**	**44**	**208**	**132**	**76**	**187**	**127**	**60**
30	46	29	17	74	48	26	67	42	25
31	32	22	10	48	28	20	46	29	17
32	19	10	9	26	18	8	36	27	9
33	15	9	6	29	19	10	26	19	7
34	9	7	2	31	19	12	12	10	2
35-39岁	**57**	**39**	**18**	**72**	**42**	**30**	**56**	**34**	**22**
35	17	10	7	15	9	6	14	8	6
36	6	4	2	12	6	6	11	6	5
37	18	11	7	17	10	7	9	6	3
38	6	5	1	15	9	6	11	6	5
39	10	9	1	13	8	5	11	8	3
40-44岁	**10**	**7**	**3**	**22**	**18**	**4**	**16**	**13**	**3**
40	5	3	2	6	5	1	6	4	2
41	2	2		9	8	1	4	3	1
42	1		1	2	2		2	2	
43	1	1		1		1	3	3	
44	1	1		4	3	1	1	1	
45-49岁	**9**	**6**	**3**	**12**	**7**	**5**	**4**		**4**
45	3	3		2	2		2		2
46	3	1	2	4	1	3	1		1
47							1		1
48	3	2	1	3	2	1			
49				3	2	1			
50岁及以上	**9**	**7**	**2**	**11**	**9**	**2**	**6**	**3**	**3**
平均初婚年龄	**25.52**	**25.96**	**24.97**	**25.94**	**26.28**	**25.49**	**25.94**	**26.26**	**25.53**

5-7b 续表 11 单位：人

初婚年龄	初婚年份								
	2012年			2013年			2014年		
	小计	男	女	小计	男	女	小计	男	女
总　计	**2698**	**1504**	**1194**	**2534**	**1398**	**1136**	**2511**	**1361**	**1150**
15岁以下							**1**		**1**
15-19岁	**63**	**30**	**33**	**49**	**18**	**31**	**43**	**16**	**27**
15	3		3	1		1	5	4	1
16	4	1	3	2	1	1	2	2	
17	8	1	7	8	4	4	5	1	4
18	12	6	6	11	5	6	11	4	7
19	36	22	14	27	8	19	20	5	15
20-24岁	**1060**	**575**	**485**	**932**	**501**	**431**	**788**	**404**	**384**
20	75	38	37	56	25	31	46	16	30
21	143	74	69	95	47	48	79	33	46
22	262	139	123	210	122	88	156	79	77
23	268	152	116	265	135	130	218	116	102
24	312	172	140	306	172	134	289	160	129
25-29岁	**1175**	**637**	**538**	**1156**	**625**	**531**	**1209**	**638**	**571**
25	398	207	191	348	173	175	300	148	152
26	278	145	133	282	146	136	302	156	146
27	198	103	95	215	120	95	269	140	129
28	166	97	69	190	113	77	200	112	88
29	135	85	50	121	73	48	138	82	56
30-34岁	**300**	**195**	**105**	**297**	**186**	**111**	**338**	**212**	**126**
30	116	73	43	105	63	42	102	64	38
31	64	45	19	70	37	33	77	42	35
32	59	34	25	52	40	12	71	44	27
33	37	23	14	45	31	14	44	30	14
34	24	20	4	25	15	10	44	32	12
35-39岁	**52**	**35**	**17**	**50**	**29**	**21**	**70**	**46**	**24**
35	18	10	8	17	8	9	19	13	6
36	15	11	4	7	4	3	21	13	8
37	8	7	1	11	8	3	12	10	2
38	8	5	3	9	6	3	7	4	3
39	3	2	1	6	3	3	11	6	5
40-44岁	**27**	**18**	**9**	**32**	**25**	**7**	**31**	**22**	**9**
40	10	7	3	10	9	1	8	5	3
41	6	5	1	7	6	1	6	5	1
42	6	3	3	7	5	2	8	5	3
43	4	3	1	7	4	3	4	3	1
44	1		1	1	1		5	4	1
45-49岁	**11**	**10**	**1**	**11**	**9**	**2**	**19**	**14**	**5**
45	4	3	1	4	3	1	5	4	1
46	5	5		2	2		5	2	3
47	1	1		1	1		1	1	
48	1	1		2	2		4	3	1
49				2	1	1	4	4	
50岁及以上	**10**	**4**	**6**	**7**	**5**	**2**	**12**	**9**	**3**
平均初婚年龄	**26.28**	**26.60**	**25.88**	**26.57**	**26.96**	**26.10**	**27.17**	**27.69**	**26.56**

5–7b 续表 12　　单位：人

初婚年龄	初婚年份								
	2015年			2016年			2017年		
	小计	男	女	小计	男	女	小计	男	女
总　计	**2647**	**1480**	**1167**	**2307**	**1244**	**1063**	**1977**	**1063**	**914**
15岁以下									
15–19岁	**34**	**12**	**22**	**35**	**11**	**24**	**24**	**11**	**13**
15	1	1					1		1
16	4	1	3	3	1	2	1	1	
17	3	1	2	2		2	3	2	1
18	12	6	6	8	2	6	6	2	4
19	14	3	11	22	8	14	13	6	7
20–24岁	**680**	**355**	**325**	**544**	**272**	**272**	**430**	**209**	**221**
20	41	15	26	26	7	19	26	10	16
21	79	41	38	67	35	32	36	20	16
22	157	91	66	114	54	60	90	42	48
23	160	83	77	154	85	69	104	48	56
24	243	125	118	183	91	92	174	89	85
25–29岁	**1421**	**787**	**634**	**1205**	**640**	**565**	**1028**	**540**	**488**
25	360	195	165	254	129	125	202	93	109
26	361	182	179	300	165	135	236	134	102
27	315	184	131	255	121	134	220	117	103
28	218	135	83	208	119	89	201	107	94
29	167	91	76	188	106	82	169	89	80
30–34岁	**344**	**219**	**125**	**366**	**216**	**150**	**312**	**183**	**129**
30	95	66	29	101	60	41	115	62	53
31	94	67	27	88	46	42	74	48	26
32	66	35	31	59	35	24	45	30	15
33	51	32	19	62	43	19	40	24	16
34	38	19	19	56	32	24	38	19	19
35–39岁	**92**	**64**	**28**	**92**	**61**	**31**	**111**	**68**	**43**
35	32	19	13	33	19	14	47	27	20
36	32	23	9	23	15	8	25	16	9
37	14	10	4	12	10	2	16	9	7
38	7	7		15	11	4	14	11	3
39	7	5	2	9	6	3	9	5	4
40–44岁	**40**	**18**	**22**	**32**	**22**	**10**	**34**	**25**	**9**
40	8	5	3	6	4	2	7	6	1
41	5	3	2	5	4	1	6	5	1
42	9	2	7	9	6	3	6	4	2
43	6	2	4	9	5	4	9	7	2
44	12	6	6	3	3		6	3	3
45–49岁	**22**	**15**	**7**	**24**	**16**	**8**	**20**	**12**	**8**
45	7	4	3	10	6	4	7	4	3
46	6	4	2	5	3	2	3	2	1
47	5	3	2	2	1	1	4	3	1
48	1	1		6	5	1	4	2	2
49	3	3		1	1		2	1	1
50岁及以上	**14**	**10**	**4**	**9**	**6**	**3**	**18**	**15**	**3**
平均初婚年龄	**27.51**	**27.82**	**27.10**	**27.88**	**28.35**	**27.34**	**28.32**	**28.81**	**27.74**

5-7b　续表 13　　单位：人

初婚年龄	初婚年份								
	2018年			2019年			2020年		
	小计	男	女	小计	男	女	小计	男	女
总　计	**2138**	**1158**	**980**	**1654**	**888**	**766**	**1066**	**564**	**502**
15岁以下									
15-19岁	**18**	**7**	**11**	**17**	**8**	**9**	**15**	**4**	**11**
15									
16							1		1
17	2	1	1				3	1	2
18	4	3	1	6	3	3	2		2
19	12	3	9	11	5	6	9	3	6
20-24岁	**462**	**212**	**250**	**374**	**164**	**210**	**245**	**115**	**130**
20	21	7	14	19	6	13	14	6	8
21	36	15	21	33	13	20	29	14	15
22	105	49	56	73	35	38	57	23	34
23	104	45	59	110	51	59	58	26	32
24	196	96	100	139	59	80	87	46	41
25-29岁	**1071**	**592**	**479**	**746**	**399**	**347**	**437**	**228**	**209**
25	238	132	106	137	73	64	91	44	47
26	204	119	85	146	70	76	97	45	52
27	245	122	123	153	87	66	99	49	50
28	214	115	99	154	79	75	92	53	39
29	170	104	66	156	90	66	58	37	21
30-34岁	**393**	**220**	**173**	**344**	**204**	**140**	**238**	**137**	**101**
30	137	74	63	111	64	47	71	38	33
31	105	57	48	81	45	36	55	33	22
32	62	41	21	58	38	20	43	25	18
33	49	24	25	56	31	25	49	28	21
34	40	24	16	38	26	12	20	13	7
35-39岁	**121**	**79**	**42**	**109**	**70**	**39**	**65**	**40**	**25**
35	37	25	12	36	25	11	20	13	7
36	29	21	8	23	15	8	9	6	3
37	25	19	6	20	12	8	14	8	6
38	14	7	7	17	8	9	9	5	4
39	16	7	9	13	10	3	13	8	5
40-44岁	**41**	**23**	**18**	**32**	**20**	**12**	**34**	**20**	**14**
40	17	10	7	13	8	5	8	4	4
41	5	4	1	9	5	4	14	10	4
42	6	2	4	3	3		5	2	3
43	10	5	5	4	2	2	1	1	
44	3	2	1	3	2	1	6	3	3
45-49岁	**15**	**12**	**3**	**20**	**15**	**5**	**18**	**12**	**6**
45	4	3	1	4	3	1	5	3	2
46	3	3		4	3	1	3	2	1
47	6	4	2	6	6		5	3	2
48	1	1		3	2	1	2	2	
49	1	1		3	1	2	3	2	1
50岁及以上	**17**	**13**	**4**	**12**	**8**	**4**	**14**	**8**	**6**
平均初婚年龄	**28.42**	**28.88**	**27.88**	**28.75**	**29.37**	**28.03**	**29.03**	**29.64**	**28.35**

5-7c 全市分初婚年龄、性别、初婚年份的人口(乡村)

单位：人

初婚年龄	初婚年份								
	合计			1980年			1981年		
	合计	男	女	小计	男	女	小计	男	女
总　计	**173115**	**95251**	**77864**	**5577**	**2808**	**2769**	**4872**	**2438**	**2434**
15岁以下	**74**	**35**	**39**	**3**	**2**	**1**	**4**	**2**	**2**
15-19岁	**12199**	**4637**	**7562**	**400**	**135**	**265**	**351**	**117**	**234**
15	454	200	254	20	10	10	11	4	7
16	727	272	455	37	9	28	27	5	22
17	1412	498	914	67	19	48	54	15	39
18	2957	1116	1841	95	27	68	128	41	87
19	6649	2551	4098	181	70	111	131	52	79
20-24岁	**101372**	**54171**	**47201**	**3339**	**1619**	**1720**	**3029**	**1478**	**1551**
20	12302	5039	7263	320	127	193	291	119	172
21	19132	9714	9418	467	213	254	522	251	271
22	26415	15060	11355	751	362	389	669	324	345
23	23551	13024	10527	904	458	446	823	408	415
24	19972	11334	8638	897	459	438	724	376	348
25-29岁	**45463**	**27267**	**18196**	**1689**	**945**	**744**	**1371**	**755**	**616**
25	16493	9506	6987	739	397	342	617	327	290
26	11356	6801	4555	464	255	209	362	198	164
27	7961	4834	3127	276	155	121	204	113	91
28	5719	3619	2100	154	100	54	120	70	50
29	3934	2507	1427	56	38	18	68	47	21
30-34岁	**9238**	**5917**	**3321**	**112**	**80**	**32**	**90**	**67**	**23**
30	2995	1899	1096	54	37	17	34	21	13
31	2143	1368	775	19	15	4	16	12	4
32	1729	1140	589	19	13	6	17	13	4
33	1322	819	503	9	6	3	13	12	1
34	1049	691	358	11	9	2	10	9	1
35-39岁	**2611**	**1786**	**825**	**26**	**21**	**5**	**20**	**15**	**5**
35	762	528	234	3	3		8	5	3
36	611	412	199	8	7	1	4	4	
37	497	342	155	8	6	2	3	2	1
38	394	264	130	4	2	2	2	2	
39	347	240	107	3	3		3	2	1
40-44岁	**1120**	**740**	**380**	**7**	**5**	**2**	**4**	**4**	
40	280	184	96	2	2		3	3	
41	242	164	78	3	2	1	1	1	
42	239	155	84						
43	193	124	69	2	1	1			
44	166	113	53						
45-49岁	**553**	**371**	**182**	**1**	**1**		**2**		**2**
45	151	93	58				1		1
46	123	94	29						
47	95	59	36	1	1				
48	91	54	37						
49	93	71	22				1		1
50岁及以上	**485**	**327**	**158**				**1**		**1**
平均初婚年龄	**24.49**	**24.94**	**23.94**	**23.99**	**24.41**	**23.55**	**23.84**	**24.23**	**23.44**

5-7c　续表 1　　　　单位：人

初婚年龄	初婚年份								
	1982年			1983年			1984年		
	小计	男	女	小计	男	女	小计	男	女
总　计	**5195**	**2626**	**2569**	**4922**	**2500**	**2422**	**5231**	**2672**	**2559**
15岁以下	**5**	**2**	**3**	**5**	**2**	**3**	**2**	**2**	
15–19岁	**518**	**179**	**339**	**546**	**187**	**359**	**556**	**180**	**376**
15	17	10	7	18	4	14	23	9	14
16	33	9	24	29	13	16	33	14	19
17	53	16	37	54	21	33	60	17	43
18	118	46	72	126	37	89	131	43	88
19	297	98	199	319	112	207	309	97	212
20–24岁	**3358**	**1692**	**1666**	**3219**	**1653**	**1566**	**3653**	**1907**	**1746**
20	359	154	205	569	233	336	632	266	366
21	493	240	253	586	294	292	995	520	475
22	891	487	404	657	371	286	820	443	377
23	876	467	409	802	421	381	608	346	262
24	739	344	395	605	334	271	598	332	266
25–29岁	**1188**	**666**	**522**	**1020**	**557**	**463**	**880**	**481**	**399**
25	544	280	264	458	254	204	368	185	183
26	306	180	126	252	132	120	251	146	105
27	187	111	76	150	76	74	137	83	54
28	88	55	33	113	69	44	78	39	39
29	63	40	23	47	26	21	46	28	18
30–34岁	**100**	**65**	**35**	**99**	**76**	**23**	**99**	**71**	**28**
30	44	25	19	32	25	7	40	28	12
31	19	12	7	25	18	7	26	20	6
32	18	14	4	17	14	3	13	11	2
33	10	7	3	13	12	1	7	4	3
34	9	7	2	12	7	5	13	8	5
35–39岁	**17**	**15**	**2**	**21**	**17**	**4**	**28**	**22**	**6**
35	4	2	2	9	7	2	6	5	1
36	5	5		3	3		6	3	3
37	5	5		5	5		6	5	1
38	2	2		2	1	1	6	5	1
39	1	1		2	1	1	4	4	
40–44岁	**7**	**6**	**1**	**10**	**6**	**4**	**8**	**6**	**2**
40	3	2	1	5	3	2			
41	2	2		2	2		4	3	1
42	2	2		1	1		2	1	1
43							1	1	
44				2		2	1	1	
45–49岁	**1**	**1**		**2**	**2**		**3**	**1**	**2**
45	1	1					2	1	1
46				1	1				
47				1	1		1		1
48									
49									
50岁及以上	**1**		**1**				**2**	**2**	
平均初婚年龄	**23.51**	**23.87**	**23.15**	**23.28**	**23.70**	**22.84**	**23.00**	**23.40**	**22.58**

5-7c　续表 2　　　　　　　　　　　　　　　　　　　　　　　　　　　单位：人

初婚年龄	初婚年份								
	1985年			1986年			1987年		
	小计	男	女	小计	男	女	小计	男	女
总　计	**6176**	**3192**	**2984**	**6096**	**3144**	**2952**	**5555**	**2888**	**2667**
15岁以下	**3**	**1**	**2**	**2**		**2**	**2**	**2**	
15-19岁	**659**	**260**	**399**	**602**	**223**	**379**	**610**	**224**	**386**
15	25	13	12	18	7	11	14	4	10
16	42	16	26	33	11	22	29	7	22
17	72	23	49	62	21	41	75	29	46
18	145	65	80	158	53	105	165	61	104
19	375	143	232	331	131	200	327	123	204
20-24岁	**4392**	**2266**	**2126**	**4612**	**2392**	**2220**	**4218**	**2226**	**1992**
20	631	245	386	641	266	375	577	254	323
21	1103	562	541	987	518	469	949	490	459
22	1393	788	605	1381	766	615	1138	657	481
23	770	418	352	1082	574	508	907	481	426
24	495	253	242	521	268	253	647	344	303
25-29岁	**931**	**530**	**401**	**709**	**413**	**296**	**585**	**344**	**241**
25	406	214	192	256	140	116	250	135	115
26	202	118	84	193	116	77	123	79	44
27	149	89	60	108	57	51	103	60	43
28	109	74	35	102	69	33	64	44	20
29	65	35	30	50	31	19	45	26	19
30-34岁	**143**	**92**	**51**	**130**	**88**	**42**	**105**	**67**	**38**
30	38	26	12	44	31	13	26	19	7
31	35	24	11	34	17	17	22	14	8
32	29	15	14	24	17	7	31	17	14
33	23	15	8	13	12	1	15	10	5
34	18	12	6	15	11	4	11	7	4
35-39岁	**37**	**33**	**4**	**28**	**19**	**9**	**19**	**13**	**6**
35	13	12	1	10	7	3	6	4	2
36	10	9	1	5	4	1	4	3	1
37	3	2	1	3	3		5	3	2
38	7	6	1	3	1	2	2	1	1
39	4	4		7	4	3	2	2	
40-44岁	**8**	**7**	**1**	**9**	**7**	**2**	**10**	**7**	**3**
40	5	5		2	1	1	1	1	
41	2	2		1	1		4	3	1
42	1		1				2		2
43				4	3	1	2	2	
44				2	2		1	1	
45-49岁	**3**	**3**		**2**	**1**	**1**	**4**	**3**	**1**
45	1	1					1	1	
46				1		1	2	1	1
47				1	1				
48							1	1	
49	2	2							
50岁及以上				**2**	**1**	**1**	**2**	**2**	
平均初婚年龄	**22.97**	**23.34**	**22.57**	**22.92**	**23.25**	**22.57**	**22.84**	**23.16**	**22.50**

5-7c　续表 3　　　　　　　　　　　　　　　　　　　　　　单位：人

初婚年龄	初婚年份								
	1988年			1989年			1990年		
	小计	男	女	小计	男	女	小计	男	女
总　计	**5084**	**2686**	**2398**	**5082**	**2747**	**2335**	**5559**	**3075**	**2484**
15岁以下	**2**	**1**	**1**	**4**	**2**	**2**	**6**	**2**	**4**
15-19岁	**646**	**254**	**392**	**644**	**277**	**367**	**735**	**298**	**437**
15	14	4	10	12	8	4	22	9	13
16	35	9	26	21	10	11	36	13	23
17	83	27	56	77	29	48	95	34	61
18	168	67	101	165	65	100	200	79	121
19	346	147	199	369	165	204	382	163	219
20-24岁	**3702**	**1968**	**1734**	**3635**	**1974**	**1661**	**3937**	**2198**	**1739**
20	563	253	310	642	298	344	689	323	366
21	720	372	348	854	478	376	955	551	404
22	1031	588	443	921	532	389	1085	629	456
23	811	432	379	721	397	324	686	383	303
24	577	323	254	497	269	228	522	312	210
25-29岁	**599**	**372**	**227**	**666**	**393**	**273**	**720**	**465**	**255**
25	333	195	138	336	185	151	345	223	122
26	122	80	42	190	114	76	179	116	63
27	58	32	26	64	37	27	118	79	39
28	46	33	13	47	38	9	48	30	18
29	40	32	8	29	19	10	30	17	13
30-34岁	**105**	**67**	**38**	**67**	**49**	**18**	**93**	**67**	**26**
30	25	15	10	18	14	4	22	17	5
31	24	19	5	15	12	3	25	18	7
32	33	20	13	15	9	6	16	14	2
33	10	4	6	5	4	1	15	7	8
34	13	9	4	14	10	4	15	11	4
35-39岁	**19**	**17**	**2**	**44**	**35**	**9**	**38**	**29**	**9**
35	7	6	1	14	11	3	11	9	2
36	4	3	1	11	7	4	10	8	2
37	3	3		9	9		6	5	1
38	3	3		5	5		7	4	3
39	2	2		5	3	2	4	3	1
40-44岁	**8**	**4**	**4**	**13**	**10**	**3**	**17**	**8**	**9**
40	3	1	2	4	2	2	5	4	1
41	1		1	2	2		4	2	2
42	1	1		4	3	1	2		2
43	2	1	1	1	1		1		1
44	1	1		2	2		5	2	3
45-49岁	**3**	**3**		**7**	**6**	**1**	**10**	**6**	**4**
45	1	1		2	1	1	2	1	1
46	1	1		1	1		1	1	
47				2	2		2	1	1
48	1	1					3	1	2
49				2	2		2	2	
50岁及以上				**2**	**1**	**1**	**3**	**2**	**1**
平均初婚年龄	**22.80**	**23.17**	**22.38**	**22.80**	**23.13**	**22.41**	**22.77**	**23.13**	**22.34**

5-7c 续表 4

单位：人

初婚年龄	初婚年份								
	1991年			1992年			1993年		
	小计	男	女	小计	男	女	小计	男	女
总　计	**3758**	**2025**	**1733**	**4360**	**2399**	**1961**	**4574**	**2519**	**2055**
15岁以下	**1**		**1**	**3**	**1**	**2**	**3**	**2**	**1**
15-19岁	**409**	**154**	**255**	**405**	**144**	**261**	**377**	**150**	**227**
15	18	3	15	14	6	8	21	11	10
16	23	7	16	16	6	10	28	9	19
17	40	15	25	48	16	32	38	13	25
18	112	39	73	97	44	53	78	34	44
19	216	90	126	230	72	158	212	83	129
20-24岁	**2742**	**1495**	**1247**	**3175**	**1746**	**1429**	**3355**	**1839**	**1516**
20	448	195	253	441	185	256	436	174	262
21	655	347	308	723	389	334	701	352	349
22	808	487	321	895	521	374	944	567	377
23	519	287	232	675	388	287	799	445	354
24	312	179	133	441	263	178	475	301	174
25-29岁	**499**	**301**	**198**	**628**	**405**	**223**	**650**	**405**	**245**
25	207	130	77	251	168	83	297	180	117
26	128	74	54	157	95	62	145	87	58
27	77	47	30	97	63	34	98	67	31
28	65	39	26	67	42	25	63	42	21
29	22	11	11	56	37	19	47	29	18
30-34岁	**61**	**39**	**22**	**87**	**59**	**28**	**115**	**75**	**40**
30	12	9	3	28	18	10	48	32	16
31	15	11	4	11	6	5	15	8	7
32	12	8	4	13	9	4	19	13	6
33	17	8	9	23	17	6	13	7	6
34	5	3	2	12	9	3	20	15	5
35-39岁	**29**	**24**	**5**	**41**	**31**	**10**	**40**	**25**	**15**
35	6	6		10	8	2	13	8	5
36	9	7	2	8	6	2	13	7	6
37	4	3	1	9	6	3	4	3	1
38	5	4	1	4	3	1	5	4	1
39	5	4	1	10	8	2	5	3	2
40-44岁	**11**	**8**	**3**	**15**	**10**	**5**	**18**	**13**	**5**
40	3	1	2	3	1	2	3	3	
41				4	3	1	7	3	4
42	6	6		7	5	2	2	1	1
43	2	1	1	1	1		2	2	
44							4	4	
45-49岁	**2**	**1**	**1**	**4**	**2**	**2**	**9**	**6**	**3**
45				2		2	4	1	3
46	2	1	1	1	1		1	1	
47							1	1	
48							1	1	
49				1	1		2	2	
50岁及以上	**4**	**3**	**1**	**2**	**1**	**1**	**7**	**4**	**3**
平均初婚年龄	**22.90**	**23.28**	**22.45**	**23.18**	**23.60**	**22.68**	**23.33**	**23.70**	**22.88**

5-7c　续表 5　　　　单位：人

初婚年龄	初婚年份								
	1994年			1995年			1996年		
	小计	男	女	小计	男	女	小计	男	女
总　计	**4168**	**2277**	**1891**	**4277**	**2409**	**1868**	**3889**	**2189**	**1700**
15岁以下	**1**		**1**	**1**		**1**	**2**		**2**
15-19岁	**294**	**83**	**211**	**266**	**105**	**161**	**243**	**93**	**150**
15	5	1	4	11	6	5	18	8	10
16	14	2	12	24	14	10	12	3	9
17	29	9	20	26	9	17	21	11	10
18	59	11	48	59	25	34	51	18	33
19	187	60	127	146	51	95	141	53	88
20-24岁	**2970**	**1611**	**1359**	**2907**	**1612**	**1295**	**2567**	**1401**	**1166**
20	319	123	196	301	115	186	252	98	154
21	589	268	321	572	315	257	456	215	241
22	794	477	317	769	444	325	704	397	307
23	723	408	315	708	407	301	663	385	278
24	545	335	210	557	331	226	492	306	186
25-29岁	**726**	**461**	**265**	**858**	**526**	**332**	**860**	**549**	**311**
25	329	194	135	414	255	159	394	242	152
26	211	139	72	205	122	83	202	131	71
27	81	54	27	112	73	39	132	90	42
28	58	40	18	75	46	29	75	44	31
29	47	34	13	52	30	22	57	42	15
30-34岁	**119**	**84**	**35**	**152**	**103**	**49**	**148**	**102**	**46**
30	45	32	13	44	29	15	50	33	17
31	31	22	9	36	17	19	33	19	14
32	15	9	6	35	30	5	30	21	9
33	13	8	5	20	16	4	22	18	4
34	15	13	2	17	11	6	13	11	2
35-39岁	**29**	**16**	**13**	**52**	**38**	**14**	**20**	**15**	**5**
35	6	2	4	19	15	4	7	6	1
36	11	7	4	7	4	3	7	5	2
37	7	4	3	11	7	4	2	1	1
38	4	2	2	9	7	2	3	3	
39	1	1		6	5	1	1		1
40-44岁	**19**	**15**	**4**	**26**	**14**	**12**	**26**	**17**	**9**
40	7	5	2	8	5	3	5	3	2
41	4	4		6	4	2	2	2	
42	6	4	2	4	1	3	4	3	1
43	1	1		5	2	3	8	5	3
44	1	1		3	2	1	7	4	3
45-49岁	**7**	**6**	**1**	**6**	**6**		**12**	**5**	**7**
45	2	2		3	3		6	2	4
46	2	2		1	1		1	1	
47	2	1	1	1	1		2		2
48				1	1		2	1	1
49	1	1					1	1	
50岁及以上	**3**	**1**	**2**	**9**	**5**	**4**	**11**	**7**	**4**
平均初婚年龄	**23.60**	**24.10**	**22.99**	**23.94**	**24.29**	**23.49**	**24.05**	**24.48**	**23.51**

5−7c 续表 6

单位：人

初婚年龄	初婚年份								
	1997年			1998年			1999年		
	小计	男	女	小计	男	女	小计	男	女
总　计	**3546**	**1950**	**1596**	**3757**	**2174**	**1583**	**3050**	**1735**	**1315**
15岁以下	**3**		**3**						
15−19岁	**215**	**74**	**141**	**251**	**93**	**158**	**211**	**67**	**144**
15	10	4	6	14	3	11	5	2	3
16	17	4	13	16	8	8	12	4	8
17	34	9	25	26	9	17	29	8	21
18	47	20	27	58	25	33	47	18	29
19	107	37	70	137	48	89	118	35	83
20−24岁	**2151**	**1125**	**1026**	**2188**	**1231**	**957**	**1766**	**969**	**797**
20	241	85	156	246	98	148	223	70	153
21	353	146	207	367	171	196	330	162	168
22	523	295	228	582	356	226	435	261	174
23	556	317	239	515	307	208	424	245	179
24	478	282	196	478	299	179	354	231	123
25−29岁	**941**	**601**	**340**	**978**	**635**	**343**	**828**	**532**	**296**
25	373	237	136	374	254	120	312	194	118
26	232	151	81	228	139	89	215	135	80
27	179	110	69	169	106	63	131	80	51
28	102	70	32	115	80	35	104	74	30
29	55	33	22	92	56	36	66	49	17
30−34岁	**144**	**93**	**51**	**237**	**145**	**92**	**176**	**117**	**59**
30	45	28	17	68	41	27	55	38	17
31	30	21	9	47	24	23	44	30	14
32	23	15	8	55	36	19	31	19	12
33	27	15	12	38	27	11	30	19	11
34	19	14	5	29	17	12	16	11	5
35−39岁	**26**	**19**	**7**	**57**	**40**	**17**	**48**	**35**	**13**
35	7	4	3	21	16	5	13	7	6
36	5	3	2	12	9	3	14	11	3
37	4	4		6	4	2	6	5	1
38	3	2	1	11	7	4	7	6	1
39	7	6	1	7	4	3	8	6	2
40−44岁	**36**	**23**	**13**	**27**	**19**	**8**	**13**	**10**	**3**
40	4	3	1	4	2	2	3	2	1
41	5	3	2	5	4	1	1		1
42	9	6	3	8	5	3	2	2	
43	13	7	6	5	4	1	1	1	
44	5	4	1	5	4	1	6	5	1
45−49岁	**27**	**14**	**13**	**9**	**6**	**3**	**5**	**2**	**3**
45	6	2	4	5	3	2			
46	11	6	5	3	2	1	3	2	1
47							1		1
48	4	1	3				1		1
49	6	5	1	1	1				
50岁及以上	**3**	**1**	**2**	**10**	**5**	**5**	**3**	**3**	
平均初婚年龄	**24.47**	**24.97**	**23.86**	**24.63**	**25.05**	**24.05**	**24.45**	**25.05**	**23.66**

5-7c　续表 7　　　　　　　　　　　　　　　　　　　　　单位：人

初婚年龄	初婚年份								
	2000年			2001年			2002年		
	小计	男	女	小计	男	女	小计	男	女
总　计	**3654**	**2158**	**1496**	**2424**	**1377**	**1047**	**2739**	**1581**	**1158**
15岁以下	**5**	**3**	**2**	**5**	**4**	**1**	**1**		**1**
15-19岁	**334**	**134**	**200**	**199**	**72**	**127**	**182**	**73**	**109**
15	23	12	11	15	8	7	7	4	3
16	27	11	16	14	4	10	13	5	8
17	46	19	27	14	5	9	21	11	10
18	85	26	59	40	15	25	38	12	26
19	153	66	87	116	40	76	103	41	62
20-24岁	**2173**	**1258**	**915**	**1446**	**782**	**664**	**1693**	**940**	**753**
20	268	104	164	179	69	110	237	89	148
21	423	210	213	271	132	139	300	147	153
22	601	373	228	417	240	177	450	262	188
23	505	324	181	335	198	137	389	238	151
24	376	247	129	244	143	101	317	204	113
25-29岁	**861**	**581**	**280**	**599**	**399**	**200**	**660**	**424**	**236**
25	301	188	113	194	128	66	227	141	86
26	216	139	77	162	106	56	153	88	65
27	157	123	34	116	77	39	122	87	35
28	113	77	36	68	46	22	93	60	33
29	74	54	20	59	42	17	65	48	17
30-34岁	**186**	**121**	**65**	**123**	**80**	**43**	**137**	**100**	**37**
30	69	44	25	46	32	14	42	35	7
31	40	25	15	29	16	13	35	19	16
32	35	24	11	20	11	9	28	23	5
33	20	14	6	16	10	6	16	12	4
34	22	14	8	12	11	1	16	11	5
35-39岁	**47**	**28**	**19**	**30**	**23**	**7**	**38**	**26**	**12**
35	19	10	9	12	10	2	7	6	1
36	10	7	3	6	4	2	13	8	5
37	11	7	4	1		1	9	5	4
38	3	1	2	8	7	1	5	5	
39	4	3	1	3	2	1	4	2	2
40-44岁	**22**	**15**	**7**	**6**	**5**	**1**	**15**	**10**	**5**
40	7	3	4				4	3	1
41	6	5	1	2	1	1	2	2	
42	6	5	1	2	2		3	2	1
43	1		1				4	1	3
44	2	2		2	2		2	2	
45-49岁	**16**	**12**	**4**	**9**	**7**	**2**	**9**	**6**	**3**
45	3	3		4	4		2	1	1
46	4	2	2	1	1				
47	6	4	2	1	1		3	3	
48				2		2	2	1	1
49	3	3		1	1		2	1	1
50岁及以上	**10**	**6**	**4**	**7**	**5**	**2**	**4**	**2**	**2**
平均初婚年龄	**24.19**	**24.68**	**23.48**	**24.21**	**24.79**	**23.44**	**24.31**	**24.82**	**23.61**

5-7c 续表 8

单位：人

初婚年龄	初婚年份								
	2003年			2004年			2005年		
	小计	男	女	小计	男	女	小计	男	女
总　计	**3285**	**1930**	**1355**	**3322**	**1956**	**1366**	**3343**	**1964**	**1379**
15岁以下	**2**	**1**	**1**	**3**	**2**	**1**			
15-19岁	**203**	**82**	**121**	**222**	**97**	**125**	**241**	**99**	**142**
15	21	12	9	17	10	7	14	7	7
16	18	9	9	24	18	6	22	11	11
17	25	14	11	34	16	18	32	12	20
18	51	19	32	44	16	28	54	24	30
19	88	28	60	103	37	66	119	45	74
20-24岁	**2022**	**1126**	**896**	**2051**	**1145**	**906**	**1903**	**1060**	**843**
20	239	87	152	214	68	146	214	88	126
21	377	178	199	373	189	184	332	176	156
22	521	308	213	612	373	239	494	287	207
23	464	284	180	465	286	179	504	292	212
24	421	269	152	387	229	158	359	217	142
25-29岁	**765**	**510**	**255**	**809**	**545**	**264**	**882**	**600**	**282**
25	291	182	109	329	216	113	328	223	105
26	196	131	65	208	135	73	232	147	85
27	108	78	30	125	87	38	144	110	34
28	78	51	27	86	65	21	106	71	35
29	92	68	24	61	42	19	72	49	23
30-34岁	**197**	**141**	**56**	**167**	**122**	**45**	**196**	**122**	**74**
30	51	36	15	55	36	19	41	25	16
31	51	35	16	40	33	7	38	22	16
32	43	30	13	32	25	7	47	31	16
33	36	27	9	26	17	9	48	29	19
34	16	13	3	14	11	3	22	15	7
35-39岁	**53**	**40**	**13**	**45**	**30**	**15**	**64**	**44**	**20**
35	15	10	5	14	7	7	18	13	5
36	11	9	2	8	7	1	19	13	6
37	11	9	2	8	8		14	9	5
38	11	9	2	9	5	4	4	2	2
39	5	3	2	6	3	3	9	7	2
40-44岁	**22**	**14**	**8**	**11**	**5**	**6**	**22**	**15**	**7**
40	6	4	2	2	1	1	8	7	1
41	5	5		2	1	1	5	2	3
42	3		3	1		1	5	3	2
43	4	3	1	3	2	1	3	2	1
44	4	2	2	3	1	2	1	1	
45-49岁	**8**	**7**	**1**	**6**	**5**	**1**	**12**	**10**	**2**
45				2	2		1	1	
46	4	4		2	1	1	4	4	
47	1	1		1	1		2	2	
48	1		1				4	3	1
49	2	2		1	1		1		1
50岁及以上	**13**	**9**	**4**	**8**	**5**	**3**	**23**	**14**	**9**
平均初婚年龄	**24.50**	**25.08**	**23.66**	**24.22**	**24.66**	**23.58**	**24.74**	**25.21**	**24.08**

5-7c 续表 9

单位：人

初婚年龄	初婚年份								
	2006年			2007年			2008年		
	小计	男	女	小计	男	女	小计	男	女
总　计	**3883**	**2249**	**1634**	**3216**	**1908**	**1308**	**4348**	**2542**	**1806**
15岁以下							**2**	**2**	
15-19岁	**235**	**94**	**141**	**199**	**88**	**111**	**222**	**103**	**119**
15	6	1	5	1		1	2	2	
16	14	6	8	15	7	8	9	4	5
17	24	6	18	12	8	4	25	7	18
18	60	32	28	48	21	27	63	30	33
19	131	49	82	123	52	71	123	60	63
20-24岁	**2204**	**1216**	**988**	**1795**	**1019**	**776**	**2370**	**1306**	**1064**
20	219	82	137	225	93	132	280	116	164
21	322	164	158	299	154	145	523	262	261
22	563	324	239	453	271	182	596	355	241
23	548	305	243	436	265	171	520	303	217
24	552	341	211	382	236	146	451	270	181
25-29岁	**1122**	**720**	**402**	**954**	**626**	**328**	**1341**	**853**	**488**
25	424	280	144	375	238	137	460	272	188
26	286	177	109	200	130	70	374	254	120
27	211	135	76	174	121	53	238	148	90
28	130	84	46	122	82	40	170	110	60
29	71	44	27	83	55	28	99	69	30
30-34岁	**222**	**146**	**76**	**159**	**106**	**53**	**225**	**143**	**82**
30	63	36	27	46	29	17	78	49	29
31	53	37	16	30	21	9	44	26	18
32	41	30	11	30	22	8	39	24	15
33	37	22	15	28	18	10	32	20	12
34	28	21	7	25	16	9	32	24	8
35-39岁	**54**	**38**	**16**	**73**	**45**	**28**	**111**	**84**	**27**
35	17	9	8	15	9	6	35	30	5
36	11	6	5	19	14	5	22	16	6
37	9	8	1	13	9	4	20	18	2
38	10	8	2	16	9	7	20	12	8
39	7	7		10	4	6	14	8	6
40-44岁	**25**	**18**	**7**	**26**	**18**	**8**	**44**	**27**	**17**
40	6	4	2	3	2	1	9	6	3
41	7	5	2	4	1	3	12	8	4
42	5	4	1	12	9	3	5	2	3
43	5	3	2	3	2	1	12	8	4
44	2	2		4	4		6	3	3
45-49岁	**8**	**6**	**2**	**7**	**5**	**2**	**11**	**8**	**3**
45	4	2	2	2	1	1	5	4	1
46	1	1		2	2		3	2	1
47	1	1							
48	1	1		1		1	1		1
49	1	1		2	2		2	2	
50岁及以上	**13**	**11**	**2**	**3**	**1**	**2**	**22**	**16**	**6**
平均初婚年龄	**24.75**	**25.23**	**24.09**	**24.75**	**25.12**	**24.22**	**24.99**	**25.43**	**24.37**

5-7c 续表 10

单位：人

初婚年龄	初婚年份								
	2009年			2010年			2011年		
	小计	男	女	小计	男	女	小计	男	女
总 计	**4416**	**2564**	**1852**	**4838**	**2845**	**1993**	**4188**	**2411**	**1777**
15岁以下	**2**	**2**		**1**		**1**	**1**		**1**
15-19岁	**220**	**91**	**129**	**203**	**93**	**110**	**121**	**59**	**62**
15	5	2	3	8	3	5	4	3	1
16	9	2	7	13	7	6	2	1	1
17	25	13	12	16	9	7	17	6	11
18	42	18	24	39	16	23	30	13	17
19	139	56	83	127	58	69	68	36	32
20-24岁	**2356**	**1288**	**1068**	**2613**	**1478**	**1135**	**2204**	**1216**	**988**
20	249	101	148	273	115	158	156	64	92
21	415	213	202	389	218	171	346	165	181
22	691	384	307	690	420	270	548	322	226
23	547	312	235	655	373	282	566	323	243
24	454	278	176	606	352	254	588	342	246
25-29岁	**1407**	**894**	**513**	**1487**	**926**	**561**	**1430**	**850**	**580**
25	474	297	177	465	283	182	507	276	231
26	381	238	143	362	218	144	342	203	139
27	271	172	99	287	176	111	256	160	96
28	169	116	53	231	158	73	185	119	66
29	112	71	41	142	91	51	140	92	48
30-34岁	**262**	**165**	**97**	**297**	**196**	**101**	**259**	**167**	**92**
30	93	51	42	121	85	36	84	53	31
31	61	39	22	53	39	14	71	54	17
32	36	28	8	54	32	22	54	31	23
33	39	25	14	29	20	9	24	13	11
34	33	22	11	40	20	20	26	16	10
35-39岁	**94**	**71**	**23**	**122**	**76**	**46**	**95**	**60**	**35**
35	30	25	5	22	17	5	19	13	6
36	21	15	6	29	19	10	22	13	9
37	19	13	6	24	15	9	22	13	9
38	14	11	3	21	10	11	14	9	5
39	10	7	3	26	15	11	18	12	6
40-44岁	**45**	**31**	**14**	**64**	**38**	**26**	**40**	**33**	**7**
40	11	6	5	10	5	5	12	11	1
41	14	11	3	18	12	6	10	9	1
42	7	6	1	13	9	4	8	6	2
43	5	3	2	10	5	5	5	5	
44	8	5	3	13	7	6	5	2	3
45-49岁	**19**	**14**	**5**	**27**	**21**	**6**	**25**	**17**	**8**
45	8	7	1	9	7	2	4	2	2
46	2	2		5	3	2	4	4	
47	1	1		6	4	2	6	4	2
48	7	3	4	4	4		5	2	3
49	1	1		3	3		6	5	1
50岁及以上	**11**	**8**	**3**	**24**	**17**	**7**	**13**	**9**	**4**
平均初婚年龄	**25.06**	**25.53**	**24.42**	**25.41**	**25.72**	**24.96**	**25.49**	**25.84**	**25.00**

5-7c　续表 11　　　　单位：人

初婚年龄	初婚年份								
	2012年			2013年			2014年		
	小计	男	女	小计	男	女	小计	男	女
总　计	**5016**	**2893**	**2123**	**4656**	**2634**	**2022**	**4520**	**2489**	**2031**
15岁以下									
15-19岁	**140**	**66**	**74**	**115**	**42**	**73**	**101**	**42**	**59**
15	1	1		3	1	2	7	4	3
16	6	3	3	4	2	2	8	3	5
17	12	5	7	13	2	11	14	4	10
18	37	19	18	21	8	13	23	7	16
19	84	38	46	74	29	45	49	24	25
20-24岁	**2411**	**1342**	**1069**	**2037**	**1084**	**953**	**1652**	**838**	**814**
20	161	77	84	127	51	76	104	38	66
21	312	152	160	233	120	113	194	102	92
22	605	351	254	459	247	212	319	161	158
23	642	370	272	600	304	296	418	222	196
24	691	392	299	618	362	256	617	315	302
25-29岁	**1889**	**1111**	**778**	**1909**	**1118**	**791**	**2058**	**1161**	**897**
25	754	418	336	635	340	295	694	366	328
26	445	268	177	571	344	227	510	277	233
27	296	172	124	330	199	131	421	242	179
28	225	142	83	236	143	93	256	166	90
29	169	111	58	137	92	45	177	110	67
30-34岁	**378**	**242**	**136**	**377**	**238**	**139**	**471**	**293**	**178**
30	124	74	50	130	87	43	138	86	52
31	90	57	33	99	62	37	95	53	42
32	71	48	23	46	31	15	116	76	40
33	54	40	14	61	35	26	74	44	30
34	39	23	16	41	23	18	48	34	14
35-39岁	**93**	**59**	**34**	**106**	**75**	**31**	**116**	**79**	**37**
35	21	14	7	24	14	10	44	30	14
36	17	11	6	29	19	10	23	11	12
37	22	11	11	14	11	3	22	19	3
38	19	12	7	24	17	7	14	10	4
39	14	11	3	15	14	1	13	9	4
40-44岁	**56**	**40**	**16**	**64**	**44**	**20**	**61**	**35**	**26**
40	16	11	5	17	10	7	15	10	5
41	13	11	2	14	10	4	15	8	7
42	13	9	4	14	11	3	10	4	6
43	9	8	1	11	8	3	14	10	4
44	5	1	4	8	5	3	7	3	4
45-49岁	**24**	**15**	**9**	**24**	**15**	**9**	**38**	**23**	**15**
45	6	4	2	3	1	2	10	4	6
46	2	2		9	7	2	10	8	2
47	3		3	3	1	2	8	5	3
48	4	2	2	5	3	2	2	2	
49	9	7	2	4	3	1	8	4	4
50岁及以上	**25**	**18**	**7**	**24**	**18**	**6**	**23**	**18**	**5**
平均初婚年龄	**25.75**	**26.05**	**25.34**	**26.11**	**26.54**	**25.54**	**26.66**	**27.08**	**26.14**

5-7c 续表 12 单位：人

初婚年龄	初婚年份								
	2015年			2016年			2017年		
	小计	男	女	小计	男	女	小计	男	女
总　计	**4625**	**2606**	**2019**	**3992**	**2178**	**1814**	**3600**	**1971**	**1629**
15岁以下									
15-19岁	**80**	**29**	**51**	**77**	**29**	**48**	**51**	**13**	**38**
15	3	2	1	4	2	2	3		3
16	6	3	3	4	3	1			
17	10	5	5	10	3	7	5	1	4
18	14	4	10	20	9	11	11	3	8
19	47	15	32	39	12	27	32	9	23
20-24岁	**1428**	**724**	**704**	**1059**	**506**	**553**	**922**	**427**	**495**
20	86	23	63	71	22	49	54	24	30
21	160	79	81	119	47	72	108	47	61
22	315	172	143	249	124	125	200	98	102
23	337	175	162	276	134	142	227	94	133
24	530	275	255	344	179	165	333	164	169
25-29岁	**2413**	**1398**	**1015**	**2088**	**1172**	**916**	**1844**	**1044**	**800**
25	727	392	335	497	266	231	365	203	162
26	597	357	240	577	317	260	443	250	193
27	493	292	201	425	244	181	446	247	199
28	362	215	147	356	202	154	340	204	136
29	234	142	92	233	143	90	250	140	110
30-34岁	**453**	**281**	**172**	**511**	**307**	**204**	**533**	**320**	**213**
30	131	89	42	167	95	72	205	112	93
31	113	64	49	118	77	41	120	83	37
32	85	51	34	83	50	33	73	50	23
33	71	42	29	78	42	36	69	37	32
34	53	35	18	65	43	22	66	38	28
35-39岁	**120**	**89**	**31**	**149**	**95**	**54**	**139**	**92**	**47**
35	40	29	11	49	36	13	46	30	16
36	28	21	7	33	18	15	28	21	7
37	18	13	5	31	19	12	29	20	9
38	17	15	2	20	13	7	21	12	9
39	17	11	6	16	9	7	15	9	6
40-44岁	**59**	**40**	**19**	**64**	**42**	**22**	**38**	**27**	**11**
40	12	9	3	11	7	4	13	8	5
41	12	8	4	10	6	4	5	3	2
42	19	13	6	16	10	6	5	4	1
43	11	7	4	15	10	5	6	5	1
44	5	3	2	12	9	3	9	7	2
45-49岁	**35**	**17**	**18**	**21**	**15**	**6**	**39**	**26**	**13**
45	14	5	9	6	5	1	8	6	2
46	5	3	2	7	5	2	9	6	3
47	7	3	4	4	2	2	12	7	5
48	6	4	2	3	2	1	4	4	
49	3	2	1	1	1		6	3	3
50岁及以上	**37**	**28**	**9**	**23**	**12**	**11**	**34**	**22**	**12**
平均初婚年龄	**26.98**	**27.41**	**26.43**	**27.40**	**27.84**	**26.87**	**27.80**	**28.32**	**27.17**

5-7c　续表 13　　　　单位：人

初婚年龄	初婚年份								
	2018年			2019年			2020年		
	小计	男	女	小计	男	女	小计	男	女
总　计	**3673**	**2012**	**1661**	**2783**	**1526**	**1257**	**1866**	**1004**	**862**
15岁以下									
15-19岁	**51**	**18**	**33**	**43**	**10**	**33**	**22**	**6**	**16**
15									
16	2		2						
17	6	2	4	6		6	2		2
18	13	3	10	12	3	9	5		5
19	30	13	17	25	7	18	15	6	9
20-24岁	**910**	**454**	**456**	**748**	**356**	**392**	**460**	**204**	**256**
20	51	19	32	41	15	26	33	13	20
21	118	53	65	92	35	57	49	17	32
22	182	94	88	171	94	77	88	48	40
23	237	113	124	197	87	110	111	48	63
24	322	175	147	247	125	122	179	78	101
25-29岁	**1697**	**942**	**755**	**1166**	**654**	**512**	**756**	**403**	**353**
25	354	174	180	275	139	136	214	95	119
26	350	197	153	226	130	96	158	88	70
27	345	185	160	211	115	96	155	82	73
28	359	204	155	225	140	85	116	66	50
29	289	182	107	229	130	99	113	72	41
30-34岁	**713**	**415**	**298**	**569**	**345**	**224**	**421**	**261**	**160**
30	233	135	98	177	107	70	129	85	44
31	193	111	82	147	95	52	101	61	40
32	135	81	54	115	73	42	81	52	29
33	93	52	41	76	42	34	59	30	29
34	59	36	23	54	28	26	51	33	18
35-39岁	**173**	**103**	**70**	**146**	**87**	**59**	**104**	**63**	**41**
35	51	31	20	44	25	19	27	17	10
36	48	27	21	40	24	16	18	14	4
37	35	20	15	32	18	14	24	12	12
38	22	12	10	12	8	4	16	7	9
39	17	13	4	18	12	6	19	13	6
40-44岁	**47**	**27**	**20**	**52**	**32**	**20**	**45**	**25**	**20**
40	15	9	6	17	11	6	13	8	5
41	4	3	1	12	5	7	10	5	5
42	9	4	5	8	5	3	12	6	6
43	9	3	6	8	5	3	4	1	3
44	10	8	2	7	6	1	6	5	1
45-49岁	**42**	**28**	**14**	**29**	**19**	**10**	**25**	**20**	**5**
45	15	9	6	1		1	5	5	
46	6	6		8	6	2	3	3	
47	2	1	1	8	6	2	5	3	2
48	12	7	5	5	2	3	8	7	1
49	7	5	2	7	5	2	4	2	2
50岁及以上	**40**	**25**	**15**	**30**	**23**	**7**	**33**	**22**	**11**
平均初婚年龄	**28.25**	**28.64**	**27.77**	**28.31**	**28.89**	**27.60**	**28.82**	**29.57**	**27.95**

5-8 全市分年龄、性别、初婚年龄的人口

单位：人

年 龄	初婚年龄					
	合 计			15岁以下		
	合计	男	女	小计	男	女
总 计	**1466957**	**729308**	**737649**	**816**	**270**	**546**
20岁以下	**154**	**45**	**109**	**2**		**2**
20-24岁	**7298**	**2986**	**4312**	**5**	**3**	**2**
20	271	103	168			
21	494	179	315	1		1
22	1039	416	623	1	1	
23	2077	849	1228			
24	3417	1439	1978	3	2	1
25-29岁	**65790**	**31157**	**34633**	**26**	**13**	**13**
25	5879	2570	3309	4	1	3
26	8733	4003	4730	6	2	4
27	13164	6169	6995	6	5	1
28	16937	8130	8807	2	1	1
29	21077	10285	10792	8	4	4
30-34岁	**181188**	**91282**	**89906**	**61**	**25**	**36**
30	31066	15576	15490	6	1	5
31	34733	17467	17266	14	4	10
32	36652	18450	18202	9	5	4
33	40963	20703	20260	16	6	10
34	37774	19086	18688	16	9	7
35-39岁	**188482**	**96917**	**91565**	**42**	**20**	**22**
35	33856	17277	16579	14	6	8
36	36132	18612	17520	5	4	1
37	38192	19637	18555	9	3	6
38	44180	22718	21462	4	1	3
39	36122	18673	17449	10	6	4
40-44岁	**146295**	**76653**	**69642**	**60**	**24**	**36**
40	33148	17246	15902	5	2	3
41	32395	16903	15492	9	2	7
42	29851	15788	14063	11	6	5
43	25283	13323	11960	14	5	9
44	25618	13393	12225	21	9	12
45-49岁	**147600**	**76480**	**71120**	**73**	**30**	**43**
45	24923	12856	12067	12	4	8
46	28055	14552	13503	13	7	6
47	30823	15923	14900	13	6	7
48	31567	16455	15112	19	6	13
49	32232	16694	15538	16	7	9
50-54岁	**149924**	**76891**	**73033**	**87**	**26**	**61**
50	33357	17210	16147	15	6	9
51	31504	16272	15232	16	4	12
52	33100	16991	16109	28	6	22
53	24241	12316	11925	10	4	6
54	27722	14102	13620	18	6	12
55-59岁	**156121**	**78018**	**78103**	**35**	**18**	**17**
55	29271	14783	14488	24	13	11
56	33447	16807	16640	3	3	
57	42633	21316	21317	4	2	2
58	29814	14829	14985	1		1
59	20956	10283	10673	3		3
60-64岁	**138268**	**66847**	**71421**	**47**	**8**	**39**
60	27696	13645	14051	3	1	2
61	24772	11939	12833	7	1	6
62	28274	13721	14553	14	3	11
63	30017	14418	15599	13	3	10
64	27509	13124	14385	10		10
65岁及以上	**285837**	**132032**	**153805**	**378**	**103**	**275**

5-8 续表 1

单位：人

年 龄	初婚年龄								
	15岁			16岁			17岁		
	小计	男	女	小计	男	女	小计	男	女
总 计	**4093**	**1223**	**2870**	**6965**	**1856**	**5109**	**12790**	**3328**	**9462**
20岁以下	**13**	**2**	**11**	**23**	**5**	**18**	**39**	**9**	**30**
20-24岁	**69**	**33**	**36**	**96**	**40**	**56**	**183**	**67**	**116**
20	8	4	4	8	3	5	35	13	22
21	18	11	7	23	13	10	27	11	16
22	16	8	8	19	5	14	42	20	22
23	13	5	8	22	13	9	44	16	28
24	14	5	9	24	6	18	35	7	28
25-29岁	**126**	**55**	**71**	**166**	**64**	**102**	**375**	**159**	**216**
25	19	7	12	22	7	15	62	18	44
26	29	14	15	30	14	16	71	30	41
27	27	12	15	38	12	26	77	42	35
28	18	9	9	43	15	28	73	32	41
29	33	13	20	33	16	17	92	37	55
30-34岁	**326**	**158**	**168**	**413**	**201**	**212**	**590**	**253**	**337**
30	62	35	27	66	31	35	100	44	56
31	64	30	34	104	57	47	113	44	69
32	64	29	35	91	39	52	123	60	63
33	71	29	42	91	47	44	150	63	87
34	65	35	30	61	27	34	104	42	62
35-39岁	**281**	**116**	**165**	**445**	**158**	**287**	**680**	**254**	**426**
35	87	49	38	76	28	48	96	38	58
36	73	25	48	120	47	73	91	35	56
37	49	17	32	116	39	77	193	87	106
38	39	11	28	67	25	42	190	60	130
39	33	14	19	66	19	47	110	34	76
40-44岁	**257**	**101**	**156**	**388**	**145**	**243**	**667**	**221**	**446**
40	49	19	30	54	25	29	117	37	80
41	52	21	31	89	38	51	145	50	95
42	48	15	33	74	32	42	123	46	77
43	55	27	28	87	24	63	133	37	96
44	53	19	34	84	26	58	149	51	98
45-49岁	**366**	**115**	**251**	**600**	**201**	**399**	**1222**	**405**	**817**
45	83	25	58	78	25	53	169	55	114
46	84	31	53	119	47	72	172	62	110
47	64	20	44	163	62	101	295	90	205
48	65	17	48	118	33	85	325	117	208
49	70	22	48	122	34	88	261	81	180
50-54岁	**464**	**170**	**294**	**767**	**262**	**505**	**1382**	**456**	**926**
50	105	36	69	132	36	96	268	92	176
51	126	53	73	193	66	127	323	109	214
52	85	29	56	185	65	120	304	98	206
53	70	26	44	108	45	63	255	79	176
54	78	26	52	149	50	99	232	78	154
55-59岁	**292**	**104**	**188**	**565**	**157**	**408**	**1086**	**344**	**742**
55	107	38	69	122	45	77	241	88	153
56	68	27	41	165	48	117	234	74	160
57	61	21	40	162	33	129	335	110	225
58	33	10	23	80	23	57	200	55	145
59	23	8	15	36	8	28	76	17	59
60-64岁	**163**	**36**	**127**	**240**	**55**	**185**	**493**	**117**	**376**
60	37	7	30	38	7	31	97	19	78
61	28	4	24	44	10	34	101	28	73
62	29	8	21	47	9	38	104	26	78
63	36	8	28	39	10	29	108	27	81
64	33	9	24	72	19	53	83	17	66
65岁及以上	**1736**	**333**	**1403**	**3262**	**568**	**2694**	**6073**	**1043**	**5030**

5-8 续表 2

单位：人

年龄	初婚年龄								
	18岁			19岁			20岁		
	小计	男	女	小计	男	女	小计	男	女
总 计	**21813**	**6181**	**15632**	**40887**	**13359**	**27528**	**66044**	**23196**	**42848**
20岁以下	**45**	**14**	**31**	**32**	**15**	**17**			
20-24岁	**312**	**125**	**187**	**632**	**214**	**418**	**934**	**322**	**612**
20	50	21	29	100	35	65	70	27	43
21	40	14	26	101	38	63	173	62	111
22	57	20	37	125	38	87	196	72	124
23	77	28	49	142	45	97	250	75	175
24	88	42	46	164	58	106	245	86	159
25-29岁	**688**	**295**	**393**	**1489**	**623**	**866**	**2520**	**1012**	**1508**
25	104	43	61	200	73	127	351	121	230
26	101	29	72	234	93	141	405	136	269
27	150	71	79	323	138	185	518	231	287
28	147	65	82	325	142	183	591	252	339
29	186	87	99	407	177	230	655	272	383
30-34岁	**1097**	**456**	**641**	**2411**	**964**	**1447**	**4792**	**1881**	**2911**
30	261	115	146	508	196	312	996	416	580
31	205	85	120	525	236	289	1006	433	573
32	189	75	114	443	183	260	983	382	601
33	249	106	143	475	182	293	986	371	615
34	193	75	118	460	167	293	821	279	542
35-39岁	**1198**	**441**	**757**	**2135**	**737**	**1398**	**4086**	**1381**	**2705**
35	184	61	123	375	125	250	802	291	511
36	185	67	118	374	128	246	795	256	539
37	204	78	126	389	133	256	859	293	566
38	320	127	193	431	161	270	925	307	618
39	305	108	197	566	190	376	705	234	471
40-44岁	**1163**	**387**	**776**	**2586**	**913**	**1673**	**4946**	**1599**	**3347**
40	208	67	141	518	179	339	910	290	620
41	227	81	146	547	190	357	1104	354	750
42	230	86	144	461	165	296	1031	354	677
43	238	83	155	482	175	307	907	285	622
44	260	70	190	578	204	374	994	316	678
45-49岁	**2276**	**850**	**1426**	**4432**	**1535**	**2897**	**7264**	**2559**	**4705**
45	290	103	187	638	202	436	1102	378	724
46	341	131	210	806	277	529	1310	440	870
47	393	155	238	859	289	570	1533	525	1008
48	576	220	356	932	316	616	1650	592	1058
49	676	241	435	1197	451	746	1669	624	1045
50-54岁	**2868**	**972**	**1896**	**6349**	**2298**	**4051**	**11270**	**4339**	**6931**
50	573	196	377	1403	519	884	2308	916	1392
51	609	216	393	1243	461	782	2487	1005	1482
52	649	210	439	1341	487	854	2377	898	1479
53	527	174	353	1081	367	714	1867	666	1201
54	510	176	334	1281	464	817	2231	854	1377
55-59岁	**2170**	**626**	**1544**	**5042**	**1608**	**3434**	**9490**	**3320**	**6170**
55	461	145	316	1178	416	762	2238	785	1453
56	471	138	333	1093	347	746	2168	783	1385
57	562	157	405	1328	429	899	2335	832	1503
58	448	123	325	873	244	629	1697	592	1105
59	228	63	165	570	172	398	1052	328	724
60-64岁	**805**	**217**	**588**	**1921**	**619**	**1302**	**4101**	**1383**	**2718**
60	180	45	135	533	171	362	1352	457	895
61	136	33	103	365	135	230	930	330	600
62	146	43	103	335	108	227	683	231	452
63	186	49	137	357	100	257	551	188	363
64	157	47	110	331	105	226	585	177	408
65岁及以上	**9191**	**1798**	**7393**	**13858**	**3833**	**10025**	**16641**	**5400**	**11241**

5-8 续表 3　　单位：人

年 龄	初婚年龄								
	21岁			22岁			23岁		
	小计	男	女	小计	男	女	小计	男	女
总 计	**95769**	**40546**	**55223**	**139210**	**64693**	**74517**	**154873**	**67142**	**87731**
20岁以下									
20-24岁	**1280**	**495**	**785**	**1877**	**888**	**989**	**1351**	**554**	**797**
20									
21	111	30	81						
22	315	117	198	268	135	133			
23	397	150	247	720	344	376	412	173	239
24	457	198	259	889	409	480	939	381	558
25-29岁	**3841**	**1798**	**2043**	**6337**	**3142**	**3195**	**7337**	**3403**	**3934**
25	495	194	301	981	454	527	1194	545	649
26	619	285	334	1041	502	539	1251	553	698
27	724	329	395	1300	651	649	1433	644	789
28	897	455	442	1359	691	668	1647	806	841
29	1106	535	571	1656	844	812	1812	855	957
30-34岁	**7898**	**3764**	**4134**	**12999**	**6913**	**6086**	**14321**	**7078**	**7243**
30	1326	660	666	2372	1290	1082	2551	1245	1306
31	1557	768	789	2352	1252	1100	2955	1470	1485
32	1664	793	871	2581	1393	1188	2675	1331	1344
33	1871	870	1001	2991	1563	1428	3130	1552	1578
34	1480	673	807	2703	1415	1288	3010	1480	1530
35-39岁	**6907**	**3025**	**3882**	**11825**	**6115**	**5710**	**13001**	**6367**	**6634**
35	1234	535	699	2027	1107	920	2493	1264	1229
36	1385	660	725	2321	1202	1119	2270	1139	1131
37	1360	596	764	2245	1139	1106	2620	1249	1371
38	1627	668	959	2792	1427	1365	2995	1460	1535
39	1301	566	735	2440	1240	1200	2623	1255	1368
40-44岁	**7289**	**3067**	**4222**	**11372**	**5615**	**5757**	**12153**	**5510**	**6643**
40	1189	508	681	2019	1005	1014	2525	1161	1364
41	1675	731	944	2002	981	1021	2293	1110	1183
42	1569	683	886	2645	1320	1325	2023	861	1162
43	1357	554	803	2365	1165	1200	2542	1153	1389
44	1499	591	908	2341	1144	1197	2770	1225	1545
45-49岁	**11183**	**4861**	**6322**	**15847**	**7654**	**8193**	**16982**	**7310**	**9672**
45	1634	676	958	2455	1167	1288	2781	1208	1573
46	2080	888	1192	2893	1398	1495	3095	1358	1737
47	2264	970	1294	3280	1506	1774	3567	1518	2049
48	2487	1085	1402	3542	1744	1798	3736	1592	2144
49	2718	1242	1476	3677	1839	1838	3803	1634	2169
50-54岁	**15561**	**7183**	**8378**	**20107**	**9730**	**10377**	**19305**	**8093**	**11212**
50	2627	1177	1450	4002	1917	2085	4208	1815	2393
51	3219	1515	1704	3521	1726	1795	4005	1607	2398
52	3798	1805	1993	4530	2185	2345	3775	1538	2237
53	2646	1207	1439	3844	1884	1960	3359	1461	1898
54	3271	1479	1792	4210	2018	2192	3958	1672	2286
55-59岁	**16174**	**6998**	**9176**	**23509**	**10691**	**12818**	**24165**	**10285**	**13880**
55	3513	1565	1948	4480	2092	2388	4193	1804	2389
56	3840	1677	2163	5351	2437	2914	5000	2113	2887
57	4222	1816	2406	6746	3126	3620	6742	2837	3905
58	2719	1186	1533	4198	1872	2326	4986	2151	2835
59	1880	754	1126	2734	1164	1570	3244	1380	1864
60-64岁	**8185**	**3013**	**5172**	**15276**	**6285**	**8991**	**22539**	**9115**	**13424**
60	2388	901	1487	3826	1707	2119	4012	1645	2367
61	2112	808	1304	3324	1348	1976	4182	1674	2508
62	1626	608	1018	3677	1502	2175	4982	2097	2885
63	1112	383	729	2686	1082	1604	5573	2225	3348
64	947	313	634	1763	646	1117	3790	1474	2316
65岁及以上	**17451**	**6342**	**11109**	**20061**	**7660**	**12401**	**23719**	**9427**	**14292**

5-8 续表 4

单位：人

年龄	初婚年龄								
	24岁			25岁			26岁		
	小计	男	女	小计	男	女	小计	男	女
总　计	**167556**	**77082**	**90474**	**171829**	**85764**	**86065**	**144940**	**76529**	**68411**
20岁以下									
20-24岁	**559**	**245**	**314**						
20									
21									
22									
23									
24	559	245	314						
25-29岁	**10322**	**4816**	**5506**	**11628**	**5416**	**6212**	**9895**	**4778**	**5117**
25	1473	676	797	974	431	543			
26	1881	888	993	1945	914	1031	1120	543	577
27	2154	983	1171	2779	1274	1505	2404	1149	1255
28	2190	1012	1178	2889	1340	1549	3184	1517	1667
29	2624	1257	1367	3041	1457	1584	3187	1569	1618
30-34岁	**18501**	**8804**	**9697**	**23424**	**11252**	**12172**	**23530**	**11491**	**12039**
30	3332	1531	1801	4386	2137	2249	4192	2076	2116
31	3617	1732	1885	4453	2161	2292	4768	2339	2429
32	4000	1923	2077	4555	2183	2372	4724	2278	2446
33	3832	1826	2006	5591	2673	2918	4836	2342	2494
34	3720	1792	1928	4439	2098	2341	5010	2456	2554
35-39岁	**16684**	**7751**	**8933**	**21559**	**10252**	**11307**	**22212**	**10813**	**11399**
35	3345	1562	1783	4004	1950	2054	4201	2012	2189
36	3248	1536	1712	4417	2107	2310	4249	2115	2134
37	3087	1440	1647	4442	2114	2328	4860	2338	2522
38	3987	1791	2196	4549	2124	2425	5285	2612	2673
39	3017	1422	1595	4147	1957	2190	3617	1736	1881
40-44岁	**12828**	**6097**	**6731**	**13825**	**6846**	**6979**	**14132**	**7208**	**6924**
40	2876	1343	1533	3527	1740	1787	3911	1933	1978
41	2941	1400	1541	3165	1511	1654	3141	1587	1554
42	2378	1139	1239	2999	1496	1503	2869	1457	1412
43	1929	861	1068	2128	1070	1058	2319	1236	1083
44	2704	1354	1350	2006	1029	977	1892	995	897
45-49岁	**16070**	**7512**	**8558**	**15560**	**8094**	**7466**	**11192**	**6091**	**5101**
45	2684	1290	1394	2600	1326	1274	1574	819	755
46	3085	1439	1646	3123	1591	1532	2199	1181	1018
47	3223	1431	1792	3238	1710	1528	2570	1384	1186
48	3374	1601	1773	3219	1698	1521	2480	1375	1105
49	3704	1751	1953	3380	1769	1611	2369	1332	1037
50-54岁	**15851**	**7773**	**8078**	**13501**	**7504**	**5997**	**9293**	**5475**	**3818**
50	3518	1679	1839	3530	1923	1607	2308	1294	1014
51	3411	1658	1753	2805	1567	1238	2068	1219	849
52	3471	1692	1779	2962	1607	1355	1992	1173	819
53	2353	1168	1185	2152	1262	890	1321	782	539
54	3098	1576	1522	2052	1145	907	1604	1007	597
55-59岁	**20823**	**9903**	**10920**	**16193**	**8993**	**7200**	**10132**	**6189**	**3943**
55	3518	1737	1781	2611	1483	1128	1526	972	554
56	4060	1914	2146	3294	1850	1444	2059	1278	781
57	5681	2656	3025	4384	2392	1992	2864	1722	1142
58	4283	2077	2206	3247	1814	1433	2027	1229	798
59	3281	1519	1762	2657	1454	1203	1656	988	668
60-64岁	**25645**	**11408**	**14237**	**20826**	**10702**	**10124**	**13277**	**7772**	**5505**
60	4277	1968	2309	3856	2054	1802	2395	1481	914
61	3890	1780	2110	3166	1643	1523	2259	1332	927
62	5194	2295	2899	3914	2040	1874	2537	1514	1023
63	6028	2661	3367	4777	2423	2354	2976	1674	1302
64	6256	2704	3552	5113	2542	2571	3110	1771	1339
65岁及以上	**30273**	**12773**	**17500**	**35313**	**16705**	**18608**	**31277**	**16712**	**14565**

5-8　续表 5　　　　单位：人

年　龄	初婚年龄								
	27岁			28岁			29岁		
	小计	男	女	小计	男	女	小计	男	女
总　计	**114483**	**64262**	**50221**	**85829**	**51147**	**34682**	**61441**	**38049**	**23392**
20岁以下									
20-24岁									
20									
21									
22									
23									
24									
25-29岁	**6742**	**3320**	**3422**	**3341**	**1737**	**1604**	**957**	**526**	**431**
25									
26									
27	1231	628	603						
28	2373	1168	1205	1199	625	574			
29	3138	1524	1614	2142	1112	1030	957	526	431
30-34岁	**21140**	**10659**	**10481**	**17932**	**9502**	**8430**	**13280**	**7376**	**5904**
30	4007	2066	1941	3661	1933	1728	2295	1269	1026
31	4195	2027	2168	3469	1869	1600	2813	1565	1248
32	4455	2255	2200	3442	1823	1619	2648	1424	1224
33	4465	2274	2191	3964	2113	1851	2831	1617	1214
34	4018	2037	1981	3396	1764	1632	2693	1501	1192
35-39岁	**20867**	**10755**	**10112**	**17067**	**9476**	**7591**	**12960**	**7532**	**5428**
35	3961	1974	1987	3002	1687	1315	2310	1283	1027
36	3907	2033	1874	3572	1944	1628	2442	1442	1000
37	4067	2101	1966	3408	1858	1550	2850	1684	1166
38	5094	2652	2442	3807	2121	1686	2959	1722	1237
39	3838	1995	1843	3278	1866	1412	2399	1401	998
40-44岁	**12624**	**6838**	**5786**	**10923**	**6415**	**4508**	**8793**	**5329**	**3464**
40	2947	1546	1401	2806	1582	1224	2294	1335	959
41	3380	1787	1593	2332	1341	991	2041	1224	817
42	2466	1344	1122	2580	1524	1056	1661	1016	645
43	1988	1123	865	1656	1035	621	1561	979	582
44	1843	1038	805	1549	933	616	1236	775	461
45-49岁	**8211**	**4919**	**3292**	**6342**	**4073**	**2269**	**4918**	**3234**	**1684**
45	1363	793	570	1357	824	533	1106	706	400
46	1366	823	543	1141	702	439	1108	714	394
47	1870	1134	736	1088	714	374	950	646	304
48	1828	1131	697	1351	903	448	805	533	272
49	1784	1038	746	1405	930	475	949	635	314
50-54岁	**6825**	**4394**	**2431**	**5197**	**3493**	**1704**	**3984**	**2736**	**1248**
50	1717	1066	651	1330	850	480	985	675	310
51	1567	956	611	1187	812	375	904	615	289
52	1651	1071	580	1184	813	371	880	609	271
53	881	579	302	758	502	256	561	375	186
54	1009	722	287	738	516	222	654	462	192
55-59岁	**6265**	**4203**	**2062**	**4073**	**2889**	**1184**	**2827**	**2048**	**779**
55	1045	716	329	715	507	208	573	434	139
56	1132	793	339	896	664	232	625	469	156
57	1728	1153	575	1023	731	292	771	572	199
58	1403	903	500	811	565	246	473	316	157
59	957	638	319	628	422	206	385	257	128
60-64岁	**8046**	**5082**	**2964**	**4764**	**3198**	**1566**	**3011**	**1981**	**1030**
60	1426	933	493	875	603	272	559	374	185
61	1396	885	511	740	526	214	518	339	179
62	1663	1054	609	962	644	318	558	353	205
63	1800	1123	677	1158	770	388	699	474	225
64	1761	1087	674	1029	655	374	677	441	236
65岁及以上	**23763**	**14092**	**9671**	**16190**	**10364**	**5826**	**10711**	**7287**	**3424**

5–8 续表 6 单位：人

年龄	初婚年龄								
	30岁			31岁			32岁		
	小计	男	女	小计	男	女	小计	男	女
总 计	**43507**	**27367**	**16140**	**30285**	**19465**	**10820**	**22560**	**14513**	**8047**
20岁以下									
20–24岁									
20									
21									
22									
23									
24									
25–29岁									
25									
26									
27									
28									
29									
30–34岁	**8920**	**4977**	**3943**	**5222**	**3010**	**2212**	**2799**	**1616**	**1183**
30	945	531	414						
31	1794	996	798	729	399	330			
32	2122	1177	945	1349	792	557	535	305	230
33	2139	1189	950	1716	970	746	1084	627	457
34	1920	1084	836	1428	849	579	1180	684	496
35–39岁	**9911**	**5864**	**4047**	**7276**	**4404**	**2872**	**5582**	**3355**	**2227**
35	1846	1065	781	1278	752	526	938	552	386
36	1872	1070	802	1483	897	586	1071	634	437
37	1942	1159	783	1472	907	565	1238	737	501
38	2475	1468	1007	1630	995	635	1273	770	503
39	1776	1102	674	1413	853	560	1062	662	400
40–44岁	**7025**	**4416**	**2609**	**5316**	**3386**	**1930**	**4210**	**2681**	**1529**
40	1594	991	603	1189	742	447	1029	651	378
41	1708	1039	669	1199	741	458	913	579	334
42	1447	928	519	1144	735	409	858	539	319
43	1087	689	398	980	639	341	697	446	251
44	1189	769	420	804	529	275	713	466	247
45–49岁	**4053**	**2719**	**1334**	**3337**	**2295**	**1042**	**2988**	**2036**	**952**
45	881	558	323	822	552	270	597	383	214
46	891	596	295	677	453	224	684	477	207
47	941	630	311	714	496	218	621	431	190
48	701	489	212	657	455	202	581	395	186
49	639	446	193	467	339	128	505	350	155
50–54岁	**3115**	**2130**	**985**	**2054**	**1392**	**662**	**1668**	**1124**	**544**
50	760	516	244	405	278	127	376	270	106
51	699	475	224	456	303	153	292	199	93
52	721	473	248	506	356	150	399	288	111
53	446	317	129	342	226	116	274	155	119
54	489	349	140	345	229	116	327	212	115
55–59岁	**2163**	**1593**	**570**	**1677**	**1206**	**471**	**1459**	**1039**	**420**
55	491	352	139	334	236	98	331	232	99
56	444	342	102	415	300	115	331	245	86
57	601	456	145	462	329	133	417	301	116
58	400	278	122	288	215	73	237	162	75
59	227	165	62	178	126	52	143	99	44
60–64岁	**1820**	**1190**	**630**	**1191**	**789**	**402**	**861**	**543**	**318**
60	334	226	108	176	123	53	171	112	59
61	296	190	106	242	166	76	121	84	37
62	387	259	128	238	141	97	177	122	55
63	396	246	150	278	192	86	188	114	74
64	407	269	138	257	167	90	204	111	93
65岁及以上	**6500**	**4478**	**2022**	**4212**	**2983**	**1229**	**2993**	**2119**	**874**

5-8　续表 7　　　　单位：人

年　龄	初婚年龄								
	33岁			34岁			35岁		
	小计	男	女	小计	男	女	小计	男	女
总　计	**16990**	**10893**	**6097**	**13350**	**8579**	**4771**	**10431**	**6689**	**3742**
20岁以下									
20-24岁									
20									
21									
22									
23									
24									
25-29岁									
25									
26									
27									
28									
29									
30-34岁	**1245**	**730**	**515**	**287**	**172**	**115**			
30									
31									
32									
33	475	283	192						
34	770	447	323	287	172	115			
35-39岁	**4513**	**2658**	**1855**	**3645**	**2150**	**1495**	**2584**	**1514**	**1070**
35	836	496	340	540	310	230	207	130	77
36	879	488	391	710	410	300	482	267	215
37	886	544	342	762	450	312	594	351	243
38	1073	633	440	872	512	360	712	426	286
39	839	497	342	761	468	293	589	340	249
40-44岁	**3402**	**2154**	**1248**	**2798**	**1772**	**1026**	**2329**	**1417**	**912**
40	775	480	295	662	422	240	595	350	245
41	793	487	306	603	380	223	522	338	184
42	649	412	237	626	400	226	467	268	199
43	579	378	201	417	277	140	423	259	164
44	606	397	209	490	293	197	322	202	120
45-49岁	**2448**	**1657**	**791**	**2153**	**1452**	**701**	**1849**	**1310**	**539**
45	507	349	158	448	285	163	385	251	134
46	460	305	155	460	316	144	369	262	107
47	587	405	182	423	285	138	419	313	106
48	478	319	159	421	309	112	341	233	108
49	416	279	137	401	257	144	335	251	84
50-54岁	**1318**	**930**	**388**	**1229**	**884**	**345**	**993**	**699**	**294**
50	404	277	127	366	262	104	284	194	90
51	273	192	81	280	208	72	254	185	69
52	225	160	65	268	175	93	238	161	77
53	201	147	54	130	105	25	121	83	38
54	215	154	61	185	134	51	96	76	20
55-59岁	**1286**	**905**	**381**	**1022**	**704**	**318**	**897**	**617**	**280**
55	295	208	87	181	127	54	150	104	46
56	279	197	82	280	189	91	179	124	55
57	348	244	104	284	199	85	272	196	76
58	227	169	58	153	108	45	175	110	65
59	137	87	50	124	81	43	121	83	38
60-64岁	**741**	**468**	**273**	**557**	**333**	**224**	**517**	**315**	**202**
60	165	110	55	132	85	47	141	84	57
61	152	102	50	108	66	42	97	63	34
62	122	83	39	112	60	52	106	63	43
63	155	93	62	102	57	45	97	56	41
64	147	80	67	103	65	38	76	49	27
65岁及以上	**2037**	**1391**	**646**	**1659**	**1112**	**547**	**1262**	**817**	**445**

5-8 续表 8

单位：人

年龄	初婚年龄								
	36岁			37岁			38岁		
	小计	男	女	小计	男	女	小计	男	女
总计	**7667**	**4959**	**2708**	**6174**	**4087**	**2087**	**4740**	**3207**	**1533**
20岁以下									
20-24岁									
20									
21									
22									
23									
24									
25-29岁									
25									
26									
27									
28									
29									
30-34岁									
30									
31									
32									
33									
34									
35-39岁	**1536**	**912**	**624**	**947**	**541**	**406**	**419**	**254**	**165**
35									
36	181	106	75						
37	369	221	148	171	99	72			
38	537	317	220	387	230	157	150	98	52
39	449	268	181	389	212	177	269	156	113
40-44岁	**1855**	**1134**	**721**	**1613**	**1026**	**587**	**1270**	**796**	**474**
40	438	265	173	366	235	131	278	165	113
41	437	270	167	345	209	136	262	159	103
42	346	206	140	335	224	111	279	182	97
43	317	193	124	267	168	99	234	138	96
44	317	200	117	300	190	110	217	152	65
45-49岁	**1500**	**1010**	**490**	**1273**	**861**	**412**	**1033**	**691**	**342**
45	252	159	93	226	145	81	216	142	74
46	319	199	120	215	150	65	198	135	63
47	358	249	109	263	172	91	193	138	55
48	315	218	97	312	221	91	232	161	71
49	256	185	71	257	173	84	194	115	79
50-54岁	**837**	**580**	**257**	**772**	**579**	**193**	**710**	**526**	**184**
50	266	192	74	204	152	52	192	142	50
51	196	131	65	182	136	46	177	126	51
52	175	117	58	188	134	54	153	114	39
53	112	82	30	103	81	22	104	80	24
54	88	58	30	95	76	19	84	64	20
55-59岁	**588**	**446**	**142**	**482**	**344**	**138**	**395**	**322**	**73**
55	89	73	16	81	52	29	80	57	23
56	139	104	35	62	39	23	83	72	11
57	167	130	37	160	120	40	85	73	12
58	114	81	33	100	74	26	80	60	20
59	79	58	21	79	59	20	67	60	7
60-64岁	**418**	**268**	**150**	**351**	**231**	**120**	**301**	**210**	**91**
60	107	78	29	76	45	31	69	54	15
61	73	46	27	73	53	20	53	37	16
62	76	49	27	81	55	26	58	41	17
63	80	44	36	78	52	26	72	46	26
64	82	51	31	43	26	17	49	32	17
65岁及以上	**933**	**609**	**324**	**736**	**505**	**231**	**612**	**408**	**204**

5-8 续表 9 单位：人

年 龄	初婚年龄					
	39岁			40岁及以上		
	小计	男	女	小计	男	女
总 计	**3712**	**2520**	**1192**	**18203**	**12402**	**5801**
20岁以下						
20-24岁						
20						
21						
22						
23						
24						
25-29岁						
25						
26						
27						
28						
29						
30-34岁						
30						
31						
32						
33						
34						
35-39岁	**120**	**72**	**48**			
35						
36						
37						
38						
39	120	72	48			
40-44岁	**957**	**635**	**322**	**1514**	**921**	**593**
40	191	126	65	76	47	29
41	214	141	73	256	152	104
42	187	135	52	345	215	130
43	157	104	53	364	220	144
44	208	129	79	473	287	186
45-49岁	**910**	**627**	**283**	**3518**	**2379**	**1139**
45	167	111	56	496	320	176
46	180	133	47	667	437	230
47	175	119	56	759	525	234
48	186	132	54	836	560	276
49	202	132	70	760	537	223
50-54岁	**618**	**451**	**167**	**3799**	**2692**	**1107**
50	184	129	55	887	601	286
51	142	97	45	869	631	238
52	122	99	23	893	628	265
53	82	66	16	533	393	140
54	88	60	28	617	439	178
55-59岁	**312**	**235**	**77**	**2999**	**2231**	**768**
55	76	56	20	618	446	172
56	76	58	18	700	522	178
57	82	63	19	807	616	191
58	42	29	13	519	383	136
59	36	29	7	355	264	91
60-64岁	**271**	**173**	**98**	**1901**	**1336**	**565**
60	65	46	19	406	309	97
61	45	32	13	314	224	90
62	54	33	21	392	280	112
63	54	28	26	418	290	128
64	53	34	19	371	233	138
65岁及以上	**524**	**327**	**197**	**4472**	**2843**	**1629**

5-8a 全市分年龄、性别、初婚年龄的人口(城市)

单位：人

年龄	初婚年龄					
	合计			15岁以下		
	合计	男	女	小计	男	女
总计	**1165406**	**569461**	**595945**	**579**	**185**	**394**
20岁以下	**100**	**33**	**67**	**2**		**2**
20-24岁	**4976**	**2009**	**2967**	**2**	**2**	
20	177	69	108			
21	309	104	205			
22	688	269	419	1	1	
23	1391	558	833			
24	2411	1009	1402	1	1	
25-29岁	**50263**	**23304**	**26959**	**19**	**8**	**11**
25	4251	1833	2418	3	1	2
26	6558	2961	3597	4		4
27	10097	4634	5463	4	3	1
28	13181	6152	7029	2	1	1
29	16176	7724	8452	6	3	3
30-34岁	**141040**	**69334**	**71706**	**37**	**14**	**23**
30	23854	11771	12083	4		4
31	26714	13056	13658	8	2	6
32	28535	13981	14554	7	3	4
33	32015	15780	16235	9	4	5
34	29922	14746	15176	9	5	4
35-39岁	**155969**	**78298**	**77671**	**30**	**16**	**14**
35	27277	13535	13742	8	3	5
36	29788	14985	14803	5	4	1
37	31787	15984	15803	7	3	4
38	36960	18605	18355	2	1	1
39	30157	15189	14968	8	5	3
40-44岁	**121177**	**62182**	**58995**	**39**	**15**	**24**
40	27751	14140	13611	4	1	3
41	26879	13692	13187	7	2	5
42	24794	12856	11938	6	3	3
43	20889	10807	10082	9	5	4
44	20864	10687	10177	13	4	9
45-49岁	**116172**	**58936**	**57236**	**53**	**21**	**32**
45	20107	10194	9913	7	2	5
46	22163	11219	10944	10	5	5
47	24430	12415	12015	10	4	6
48	24569	12560	12009	15	5	10
49	24903	12548	12355	11	5	6
50-54岁	**113547**	**56838**	**56709**	**63**	**13**	**50**
50	25411	12816	12595	8	1	7
51	24186	12167	12019	14	3	11
52	25409	12749	12660	22	3	19
53	18066	8925	9141	7	3	4
54	20475	10181	10294	12	3	9
55-59岁	**120753**	**59527**	**61226**	**27**	**12**	**15**
55	21681	10776	10905	19	9	10
56	25642	12722	12920	2	2	
57	33470	16542	16928	3	1	2
58	23248	11397	11851	1		1
59	16712	8090	8622	2		2
60-64岁	**110647**	**52924**	**57723**	**34**	**7**	**27**
60	21721	10502	11219	3	1	2
61	19541	9333	10208	6	1	5
62	22641	10857	11784	9	2	7
63	24540	11678	12862	8	3	5
64	22204	10554	11650	8		8
65岁及以上	**230762**	**106076**	**124686**	**273**	**77**	**196**

5–8a　续表 1　　　　　　　　　　　　　　　　　　　　　　　　　　　　　　　　单位：人

年　龄	初婚年龄								
	15岁			16岁			17岁		
	小计	男	女	小计	男	女	小计	男	女
总　计	**2858**	**836**	**2022**	**4812**	**1267**	**3545**	**8786**	**2272**	**6514**
20岁以下	**8**	**1**	**7**	**19**	**4**	**15**	**22**	**6**	**16**
20–24岁	**37**	**16**	**21**	**56**	**23**	**33**	**121**	**48**	**73**
20	2		2	5	2	3	27	10	17
21	8	5	3	12	6	6	17	8	9
22	10	5	5	11	3	8	31	15	16
23	9	4	5	13	8	5	25	10	15
24	8	2	6	15	4	11	21	5	16
25–29岁	**91**	**38**	**53**	**104**	**35**	**69**	**240**	**101**	**139**
25	14	5	9	16	3	13	38	11	27
26	17	9	8	20	8	12	50	25	25
27	22	8	14	23	8	15	50	23	27
28	16	7	9	28	8	20	46	19	27
29	22	9	13	17	8	9	56	23	33
30–34岁	**230**	**104**	**126**	**282**	**128**	**154**	**407**	**177**	**230**
30	50	29	21	50	25	25	69	32	37
31	40	18	22	66	33	33	85	34	51
32	38	15	23	54	18	36	78	39	39
33	52	17	35	65	30	35	108	47	61
34	50	25	25	47	22	25	67	25	42
35–39岁	**205**	**84**	**121**	**326**	**116**	**210**	**493**	**180**	**313**
35	60	35	25	59	23	36	62	24	38
36	62	20	42	89	34	55	72	26	46
37	36	14	22	83	28	55	140	62	78
38	24	8	16	46	14	32	146	47	99
39	23	7	16	49	17	32	73	21	52
40–44岁	**165**	**58**	**107**	**258**	**96**	**162**	**466**	**144**	**322**
40	26	7	19	38	18	20	80	25	55
41	38	15	23	63	25	38	105	34	71
42	28	7	21	49	23	26	81	29	52
43	36	14	22	57	16	41	101	25	76
44	37	15	22	51	14	37	99	31	68
45–49岁	**265**	**76**	**189**	**413**	**135**	**278**	**791**	**252**	**539**
45	57	19	38	49	15	34	113	38	75
46	63	18	45	87	32	55	116	41	75
47	46	11	35	121	45	76	197	59	138
48	48	14	34	82	22	60	207	71	136
49	51	14	37	74	21	53	158	43	115
50–54岁	**324**	**108**	**216**	**541**	**180**	**361**	**936**	**303**	**633**
50	80	27	53	90	22	68	169	53	116
51	83	29	54	142	48	94	221	73	148
52	57	22	35	125	42	83	223	72	151
53	53	17	36	80	32	48	176	51	125
54	51	13	38	104	36	68	147	54	93
55–59岁	**205**	**71**	**134**	**404**	**112**	**292**	**760**	**246**	**514**
55	79	28	51	84	32	52	158	59	99
56	39	16	23	115	35	80	158	52	106
57	44	13	31	120	21	99	246	84	162
58	27	8	19	57	17	40	141	39	102
59	16	6	10	28	7	21	57	12	45
60–64岁	**125**	**28**	**97**	**167**	**42**	**125**	**329**	**79**	**250**
60	28	4	24	31	6	25	63	11	52
61	17	3	14	31	6	25	63	19	44
62	23	6	17	34	7	27	78	17	61
63	32	7	25	26	8	18	77	21	56
64	25	8	17	45	15	30	48	11	37
65岁及以上	**1203**	**252**	**951**	**2242**	**396**	**1846**	**4221**	**736**	**3485**

5-8a 续表 2　　单位：人

年龄	初婚年龄								
	18岁			19岁			20岁		
	小计	男	女	小计	男	女	小计	男	女
总　计	**14639**	**3994**	**10645**	**27260**	**8389**	**18871**	**43592**	**14210**	**29382**
20岁以下	**26**	**12**	**14**	**23**	**10**	**13**			
20-24岁	**201**	**84**	**117**	**407**	**138**	**269**	**623**	**204**	**419**
20	34	15	19	62	23	39	47	19	28
21	24	9	15	65	23	42	110	35	75
22	30	8	22	77	23	54	138	52	86
23	47	18	29	89	29	60	167	46	121
24	66	34	32	114	40	74	161	52	109
25-29岁	**451**	**187**	**264**	**961**	**396**	**565**	**1628**	**654**	**974**
25	66	27	39	127	47	80	225	85	140
26	67	19	48	153	58	95	274	97	177
27	90	36	54	204	90	114	330	154	176
28	101	47	54	220	91	129	390	153	237
29	127	58	69	257	110	147	409	165	244
30-34岁	**692**	**274**	**418**	**1529**	**593**	**936**	**3056**	**1196**	**1860**
30	164	74	90	335	126	209	646	274	372
31	124	49	75	333	147	186	638	276	362
32	123	46	77	287	116	171	616	244	372
33	161	63	98	292	112	180	642	231	411
34	120	42	78	282	92	190	514	171	343
35-39岁	**831**	**312**	**519**	**1379**	**465**	**914**	**2615**	**832**	**1783**
35	122	39	83	230	76	154	508	170	338
36	129	47	82	241	84	157	524	166	358
37	147	59	88	255	82	173	519	165	354
38	218	89	129	264	101	163	601	186	415
39	215	78	137	389	122	267	463	145	318
40-44岁	**783**	**253**	**530**	**1695**	**585**	**1110**	**3274**	**1001**	**2273**
40	135	41	94	365	123	242	602	185	417
41	154	49	105	336	115	221	741	222	519
42	156	59	97	292	98	194	677	219	458
43	160	53	107	316	114	202	586	177	409
44	178	51	127	386	135	251	668	198	470
45-49岁	**1454**	**529**	**925**	**2909**	**944**	**1965**	**4693**	**1537**	**3156**
45	192	64	128	405	122	283	741	241	500
46	218	76	142	517	167	350	848	260	588
47	247	97	150	571	185	386	980	315	665
48	371	143	228	609	194	415	1055	345	710
49	426	149	277	807	276	531	1069	376	693
50-54岁	**1822**	**581**	**1241**	**4009**	**1348**	**2661**	**7156**	**2471**	**4685**
50	372	116	256	871	297	574	1494	534	960
51	373	126	247	783	263	520	1598	598	1000
52	427	132	295	866	287	579	1498	489	1009
53	331	102	229	699	231	468	1184	374	810
54	319	105	214	790	270	520	1382	476	906
55-59岁	**1422**	**393**	**1029**	**3292**	**984**	**2308**	**6059**	**1905**	**4154**
55	293	95	198	724	239	485	1396	437	959
56	324	86	238	710	218	492	1346	441	905
57	364	90	274	883	274	609	1499	485	1014
58	298	79	219	594	151	443	1104	353	751
59	143	43	100	381	102	279	714	189	525
60-64岁	**536**	**151**	**385**	**1266**	**407**	**859**	**2736**	**861**	**1875**
60	118	28	90	334	98	236	904	262	642
61	90	21	69	231	91	140	596	205	391
62	92	27	65	230	78	152	466	149	317
63	132	36	96	242	68	174	387	131	256
64	104	39	65	229	72	157	383	114	269
65岁及以上	**6421**	**1218**	**5203**	**9790**	**2519**	**7271**	**11752**	**3549**	**8203**

5-8a　续表 3　　　　单位：人

年　龄	初婚年龄								
	21岁			22岁			23岁		
	小计	男	女	小计	男	女	小计	男	女
总　计	**63677**	**24753**	**38924**	**96911**	**41357**	**55554**	**115823**	**46021**	**69802**
20岁以下									
20–24岁	**841**	**313**	**528**	**1298**	**595**	**703**	**965**	**395**	**570**
20									
21	73	18	55						
22	199	72	127	191	90	101			
23	254	90	164	491	229	262	296	124	172
24	315	133	182	616	276	340	669	271	398
25–29岁	**2494**	**1138**	**1356**	**4247**	**2057**	**2190**	**5228**	**2358**	**2870**
25	327	121	206	698	317	381	866	385	481
26	394	175	219	716	339	377	921	401	520
27	486	225	261	845	402	443	1020	453	567
28	579	283	296	905	456	449	1171	550	621
29	708	334	374	1083	543	540	1250	569	681
30–34岁	**5083**	**2320**	**2763**	**8529**	**4336**	**4193**	**9920**	**4637**	**5283**
30	828	409	419	1539	831	708	1731	817	914
31	1009	476	533	1497	742	755	2026	960	1066
32	1103	505	598	1715	874	841	1816	841	975
33	1196	521	675	1975	992	983	2240	1055	1185
34	947	409	538	1803	897	906	2107	964	1143
35–39岁	**4553**	**1832**	**2721**	**8065**	**3896**	**4169**	**9463**	**4290**	**5173**
35	826	314	512	1323	681	642	1786	844	942
36	876	393	483	1589	765	824	1640	773	867
37	911	367	544	1549	752	797	1898	832	1066
38	1091	416	675	1926	914	1012	2218	1007	1211
39	849	342	507	1678	784	894	1921	834	1087
40–44岁	**4878**	**1933**	**2945**	**7992**	**3596**	**4396**	**9113**	**3653**	**5460**
40	810	329	481	1410	651	759	1865	761	1104
41	1138	471	667	1406	630	776	1705	735	970
42	1045	433	612	1884	859	1025	1533	576	957
43	901	334	567	1698	762	936	1915	756	1159
44	984	366	618	1594	694	900	2095	825	1270
45–49岁	**7192**	**2868**	**4324**	**10826**	**4764**	**6062**	**12659**	**4836**	**7823**
45	1097	422	675	1729	746	983	2120	826	1294
46	1341	518	823	1961	876	1085	2297	903	1394
47	1441	574	867	2288	966	1322	2670	1002	1668
48	1588	644	944	2391	1054	1337	2747	1036	1711
49	1725	710	1015	2457	1122	1335	2825	1069	1756
50–54岁	**10028**	**4200**	**5828**	**13713**	**5993**	**7720**	**14574**	**5479**	**9095**
50	1673	680	993	2693	1173	1520	3114	1205	1909
51	2128	914	1214	2413	1054	1359	3048	1075	1973
52	2457	1065	1392	3138	1364	1774	2982	1111	1871
53	1685	695	990	2617	1151	1466	2504	977	1527
54	2085	846	1239	2852	1251	1601	2926	1111	1815
55–59岁	**10415**	**4049**	**6366**	**16233**	**6685**	**9548**	**18478**	**7258**	**11220**
55	2218	894	1324	2990	1277	1713	3092	1211	1881
56	2486	979	1507	3723	1535	2188	3824	1494	2330
57	2718	1066	1652	4729	1989	2740	5260	2066	3194
58	1743	666	1077	2884	1158	1726	3803	1528	2275
59	1250	444	806	1907	726	1181	2499	959	1540
60–64岁	**5618**	**1908**	**3710**	**10955**	**4141**	**6814**	**17037**	**6317**	**10720**
60	1621	536	1085	2672	1064	1608	2944	1080	1864
61	1484	529	955	2414	892	1522	3096	1128	1968
62	1119	397	722	2709	1013	1696	3814	1511	2303
63	747	247	500	1922	741	1181	4383	1609	2774
64	647	199	448	1238	431	807	2800	989	1811
65岁及以上	**12575**	**4192**	**8383**	**15053**	**5294**	**9759**	**18386**	**6798**	**11588**

5-8a 续表 4

单位：人

年龄	初婚年龄								
	24岁			25岁			26岁		
	小计	男	女	小计	男	女	小计	男	女
总计	**133415**	**58140**	**75275**	**143333**	**69690**	**73643**	**124880**	**64779**	**60101**
20岁以下									
20-24岁	**425**	**191**	**234**						
20									
21									
22									
23									
24	425	191	234						
25-29岁	**7780**	**3513**	**4267**	**9266**	**4200**	**5066**	**8266**	**3876**	**4390**
25	1111	490	621	760	341	419			
26	1418	660	758	1572	718	854	952	452	500
27	1642	718	924	2235	989	1246	2079	984	1095
28	1661	749	912	2320	1047	1273	2663	1222	1441
29	1948	896	1052	2379	1105	1274	2572	1218	1354
30-34岁	**13925**	**6255**	**7670**	**18405**	**8590**	**9815**	**19273**	**9125**	**10148**
30	2470	1090	1380	3363	1602	1761	3373	1627	1746
31	2700	1213	1487	3441	1628	1813	3807	1796	2011
32	3025	1374	1651	3597	1674	1923	3885	1813	2072
33	2897	1293	1604	4433	2044	2389	3979	1867	2112
34	2833	1285	1548	3571	1642	1929	4229	2022	2207
35-39岁	**13260**	**5727**	**7533**	**18126**	**8229**	**9897**	**19425**	**9117**	**10308**
35	2591	1122	1469	3245	1530	1715	3585	1655	1930
36	2576	1136	1440	3713	1680	2033	3685	1781	1904
37	2491	1076	1415	3727	1707	2020	4275	1977	2298
38	3213	1345	1868	3894	1731	2163	4645	2208	2437
39	2389	1048	1341	3547	1581	1966	3235	1496	1739
40-44岁	**10244**	**4513**	**5731**	**11704**	**5516**	**6188**	**12494**	**6163**	**6331**
40	2305	1006	1299	3015	1423	1592	3533	1701	1832
41	2329	1019	1310	2675	1204	1471	2749	1339	1410
42	1856	822	1034	2540	1207	1333	2540	1239	1301
43	1574	659	915	1779	847	932	2032	1044	988
44	2180	1007	1173	1695	835	860	1640	840	800
45-49岁	**12786**	**5505**	**7281**	**13038**	**6541**	**6497**	**9685**	**5156**	**4529**
45	2171	976	1195	2180	1079	1101	1364	687	677
46	2427	1027	1400	2638	1292	1346	1905	992	913
47	2596	1063	1533	2715	1364	1351	2241	1181	1060
48	2646	1155	1491	2699	1385	1314	2136	1172	964
49	2946	1284	1662	2806	1421	1385	2039	1124	915
50-54岁	**12544**	**5781**	**6763**	**11266**	**6130**	**5136**	**7893**	**4607**	**3286**
50	2729	1213	1516	2911	1556	1355	1953	1071	882
51	2736	1235	1501	2325	1265	1060	1786	1053	733
52	2782	1286	1496	2491	1325	1166	1691	982	709
53	1854	870	984	1801	1031	770	1109	649	460
54	2443	1177	1266	1738	953	785	1354	852	502
55-59岁	**17094**	**7908**	**9186**	**14045**	**7730**	**6315**	**9007**	**5483**	**3524**
55	2799	1334	1465	2162	1196	966	1323	851	472
56	3328	1504	1824	2829	1579	1250	1813	1122	691
57	4722	2155	2567	3890	2097	1793	2584	1543	1041
58	3522	1670	1852	2826	1579	1247	1785	1076	709
59	2723	1245	1478	2338	1279	1059	1502	891	611
60-64岁	**20840**	**8956**	**11884**	**17680**	**9040**	**8640**	**11616**	**6833**	**4783**
60	3416	1524	1892	3307	1760	1547	2129	1328	801
61	3112	1363	1749	2672	1385	1287	1997	1191	806
62	4229	1794	2435	3290	1731	1559	2188	1307	881
63	5003	2150	2853	4085	2043	2042	2593	1461	1132
64	5080	2125	2955	4326	2121	2205	2709	1546	1163
65岁及以上	**24517**	**9791**	**14726**	**29803**	**13714**	**16089**	**27221**	**14419**	**12802**

5-8a 续表 5 单位：人

年 龄	初婚年龄								
	27岁			28岁			29岁		
	小计	男	女	小计	男	女	小计	男	女
总 计	**100216**	**55671**	**44545**	**75693**	**44798**	**30895**	**54382**	**33532**	**20850**
20岁以下									
20–24岁									
20									
21									
22									
23									
24									
25–29岁	**5744**	**2794**	**2950**	**2895**	**1489**	**1406**	**849**	**460**	**389**
25									
26									
27	1067	541	526						
28	2035	984	1051	1044	535	509			
29	2642	1269	1373	1851	954	897	849	460	389
30–34岁	**17687**	**8729**	**8958**	**15209**	**7917**	**7292**	**11218**	**6165**	**5053**
30	3352	1703	1649	3110	1617	1493	1948	1061	887
31	3491	1655	1836	2943	1561	1382	2373	1303	1070
32	3660	1794	1866	2873	1511	1362	2272	1212	1060
33	3757	1881	1876	3337	1737	1600	2345	1328	1017
34	3427	1696	1731	2946	1491	1455	2280	1261	1019
35–39岁	**18542**	**9351**	**9191**	**15199**	**8302**	**6897**	**11567**	**6665**	**4902**
35	3448	1682	1766	2575	1425	1150	2001	1092	909
36	3474	1774	1700	3156	1694	1462	2164	1270	894
37	3613	1824	1789	3068	1645	1423	2554	1495	1059
38	4560	2328	2232	3416	1870	1546	2684	1548	1136
39	3447	1743	1704	2984	1668	1316	2164	1260	904
40–44岁	**11383**	**6029**	**5354**	**9900**	**5749**	**4151**	**8003**	**4823**	**3180**
40	2666	1376	1290	2518	1412	1106	2060	1187	873
41	3040	1573	1467	2128	1206	922	1860	1107	753
42	2218	1169	1049	2357	1376	981	1530	932	598
43	1803	999	804	1509	938	571	1420	891	529
44	1656	912	744	1388	817	571	1133	706	427
45–49岁	**7198**	**4228**	**2970**	**5652**	**3599**	**2053**	**4394**	**2859**	**1535**
45	1202	679	523	1216	730	486	997	634	363
46	1193	704	489	1027	623	404	983	618	365
47	1631	963	668	980	653	327	840	569	271
48	1614	994	620	1195	778	417	733	481	252
49	1558	888	670	1234	815	419	841	557	284
50–54岁	**5896**	**3798**	**2098**	**4534**	**3051**	**1483**	**3498**	**2403**	**1095**
50	1468	913	555	1168	744	424	887	601	286
51	1365	830	535	1025	696	329	794	543	251
52	1454	935	519	1052	728	324	773	537	236
53	748	501	247	655	438	217	478	318	160
54	861	619	242	634	445	189	566	404	162
55–59岁	**5605**	**3784**	**1821**	**3629**	**2593**	**1036**	**2534**	**1860**	**674**
55	914	632	282	613	438	175	501	382	119
56	1004	706	298	792	596	196	563	433	130
57	1555	1045	510	914	661	253	695	520	175
58	1261	811	450	734	514	220	425	291	134
59	871	590	281	576	384	192	350	234	116
60–64岁	**7157**	**4560**	**2597**	**4204**	**2824**	**1380**	**2694**	**1773**	**921**
60	1274	832	442	789	538	251	508	340	168
61	1261	818	443	663	472	191	466	298	168
62	1487	947	540	828	553	275	498	317	181
63	1597	995	602	1019	677	342	628	428	200
64	1538	968	570	905	584	321	594	390	204
65岁及以上	**21004**	**12398**	**8606**	**14471**	**9274**	**5197**	**9625**	**6524**	**3101**

5-8a 续表 6　　单位：人

年龄	初婚年龄								
	30岁			31岁			32岁		
	小计	男	女	小计	男	女	小计	男	女
总　计	**38347**	**24074**	**14273**	**26593**	**17084**	**9509**	**19695**	**12615**	**7080**
20岁以下									
20-24岁									
20									
21									
22									
23									
24									
25-29岁									
25									
26									
27									
28									
29									
30-34岁	**7546**	**4181**	**3365**	**4380**	**2498**	**1882**	**2354**	**1333**	**1021**
30	822	454	368						
31	1513	824	689	620	339	281			
32	1797	990	807	1140	660	480	449	252	197
33	1772	993	779	1439	807	632	924	521	403
34	1642	920	722	1181	692	489	981	560	421
35-39岁	**8789**	**5159**	**3630**	**6380**	**3866**	**2514**	**4877**	**2916**	**1961**
35	1611	920	691	1091	637	454	811	477	334
36	1640	920	720	1277	773	504	939	551	388
37	1719	1015	704	1305	810	495	1090	645	445
38	2226	1317	909	1449	889	560	1098	661	437
39	1593	987	606	1258	757	501	939	582	357
40-44岁	**6350**	**3989**	**2361**	**4835**	**3053**	**1782**	**3776**	**2396**	**1380**
40	1412	869	543	1067	650	417	900	561	339
41	1552	942	610	1086	670	416	809	514	295
42	1314	847	467	1048	671	377	766	482	284
43	990	630	360	892	578	314	652	418	234
44	1082	701	381	742	484	258	649	421	228
45-49岁	**3665**	**2453**	**1212**	**3008**	**2079**	**929**	**2692**	**1825**	**867**
45	805	513	292	748	501	247	540	347	193
46	810	543	267	612	412	200	623	436	187
47	850	566	284	649	454	195	556	386	170
48	628	432	196	586	408	178	526	355	171
49	572	399	173	413	304	109	447	301	146
50-54岁	**2697**	**1855**	**842**	**1767**	**1208**	**559**	**1432**	**965**	**467**
50	663	451	212	356	252	104	319	226	93
51	611	417	194	403	268	135	259	179	80
52	624	414	210	442	310	132	356	258	98
53	383	273	110	284	191	93	228	130	98
54	416	300	116	282	187	95	270	172	98
55-59岁	**1912**	**1422**	**490**	**1479**	**1088**	**391**	**1264**	**908**	**356**
55	424	305	119	296	215	81	275	197	78
56	390	304	86	360	266	94	293	219	74
57	541	416	125	414	300	114	367	269	98
58	354	249	105	255	194	61	204	136	68
59	203	148	55	154	113	41	125	87	38
60-64岁	**1621**	**1051**	**570**	**1040**	**686**	**354**	**741**	**464**	**277**
60	287	191	96	156	110	46	149	97	52
61	270	174	96	208	142	66	106	77	29
62	352	234	118	212	123	89	153	102	51
63	358	221	137	240	165	75	164	99	65
64	354	231	123	224	146	78	169	89	80
65岁及以上	**5767**	**3964**	**1803**	**3704**	**2606**	**1098**	**2559**	**1808**	**751**

5-8a 续表 7

单位：人

年龄	初婚年龄								
	33岁			34岁			35岁		
	小计	男	女	小计	男	女	小计	男	女
总 计	**14761**	**9480**	**5281**	**11631**	**7447**	**4184**	**9130**	**5817**	**3313**
20岁以下									
20-24岁									
20									
21									
22									
23									
24									
25-29岁									
25									
26									
27									
28									
29									
30-34岁	**1040**	**622**	**418**	**238**	**140**	**98**			
30									
31									
32									
33	392	237	155						
34	648	385	263	238	140	98			
35-39岁	**3888**	**2293**	**1595**	**3141**	**1849**	**1292**	**2212**	**1278**	**934**
35	708	422	286	454	258	196	173	106	67
36	748	418	330	617	357	260	408	223	185
37	759	465	294	660	390	270	518	303	215
38	948	560	388	748	439	309	613	363	250
39	725	428	297	662	405	257	500	283	217
40-44岁	**3016**	**1901**	**1115**	**2460**	**1555**	**905**	**2073**	**1255**	**818**
40	659	404	255	582	371	211	516	298	218
41	690	418	272	520	328	192	455	292	163
42	595	376	219	563	355	208	432	249	183
43	523	345	178	373	249	124	381	233	148
44	549	358	191	422	252	170	289	183	106
45-49岁	**2181**	**1491**	**690**	**1932**	**1301**	**631**	**1656**	**1171**	**485**
45	457	316	141	401	255	146	349	227	122
46	407	273	134	407	279	128	324	227	97
47	535	374	161	382	259	123	371	278	93
48	413	278	135	380	280	100	301	204	97
49	369	250	119	362	228	134	311	235	76
50-54岁	**1151**	**814**	**337**	**1112**	**795**	**317**	**893**	**628**	**265**
50	351	243	108	333	237	96	255	176	79
51	247	172	75	257	192	65	232	170	62
52	198	141	57	245	157	88	209	142	67
53	176	129	47	114	91	23	113	76	37
54	179	129	50	163	118	45	84	64	20
55-59岁	**1109**	**781**	**328**	**882**	**608**	**274**	**793**	**549**	**244**
55	248	172	76	157	111	46	124	88	36
56	234	170	64	238	162	76	161	114	47
57	310	216	94	249	176	73	235	170	65
58	193	144	49	129	89	40	162	101	61
59	124	79	45	109	70	39	111	76	35
60-64岁	**622**	**396**	**226**	**464**	**270**	**194**	**435**	**262**	**173**
60	139	92	47	112	69	43	120	69	51
61	120	80	40	82	49	33	83	55	28
62	103	72	31	94	46	48	86	49	37
63	130	80	50	84	46	38	84	50	34
64	130	72	58	92	60	32	62	39	23
65岁及以上	**1754**	**1182**	**572**	**1402**	**929**	**473**	**1068**	**674**	**394**

5–8a 续表 8 单位：人

年龄	初婚年龄								
	36岁			37岁			38岁		
	小计	男	女	小计	男	女	小计	男	女
总 计	**6696**	**4305**	**2391**	**5379**	**3527**	**1852**	**4123**	**2792**	**1331**
20岁以下									
20–24岁									
20									
21									
22									
23									
24									
25–29岁									
25									
26									
27									
28									
29									
30–34岁									
30									
31									
32									
33									
34									
35–39岁	**1328**	**775**	**553**	**812**	**464**	**348**	**368**	**228**	**140**
35									
36	164	96	68						
37	316	183	133	147	85	62			
38	459	270	189	339	203	136	132	90	42
39	389	226	163	326	176	150	236	138	98
40–44岁	**1625**	**989**	**636**	**1428**	**892**	**536**	**1124**	**698**	**426**
40	388	239	149	323	205	118	248	151	97
41	380	226	154	300	180	120	224	134	90
42	298	177	121	295	195	100	244	156	88
43	281	171	110	241	147	94	212	121	91
44	278	176	102	269	165	104	196	136	60
45–49岁	**1335**	**899**	**436**	**1109**	**754**	**355**	**891**	**601**	**290**
45	218	138	80	196	126	70	184	121	63
46	284	177	107	180	129	51	176	117	59
47	323	225	98	230	150	80	163	119	44
48	284	197	87	278	203	75	197	143	54
49	226	162	64	225	146	79	171	101	70
50–54岁	**737**	**512**	**225**	**684**	**508**	**176**	**612**	**460**	**152**
50	237	172	65	177	131	46	165	122	43
51	171	113	58	166	122	44	154	111	43
52	156	106	50	169	123	46	124	95	29
53	101	74	27	90	69	21	98	76	22
54	72	47	25	82	63	19	71	56	15
55–59岁	**520**	**397**	**123**	**428**	**305**	**123**	**354**	**287**	**67**
55	81	67	14	72	48	24	72	50	22
56	128	97	31	55	35	20	72	63	9
57	146	114	32	140	104	36	78	66	12
58	95	68	27	90	65	25	72	54	18
59	70	51	19	71	53	18	60	54	6
60–64岁	**350**	**227**	**123**	**308**	**203**	**105**	**256**	**179**	**77**
60	94	69	25	66	38	28	58	47	11
61	61	40	21	66	48	18	46	31	15
62	60	37	23	69	48	21	52	36	16
63	68	41	27	71	48	23	62	39	23
64	67	40	27	36	21	15	38	26	12
65岁及以上	**801**	**506**	**295**	**610**	**401**	**209**	**518**	**339**	**179**

5-8a　续表 9　　　　单位：人

年　龄	初婚年龄					
	39岁			40岁及以上		
	小计	男	女	小计	男	女
总　计	**3172**	**2157**	**1015**	**15023**	**10269**	**4754**
20岁以下						
20-24岁						
20						
21						
22						
23						
24						
25-29岁						
25						
26						
27						
28						
29						
30-34岁						
30						
31						
32						
33						
34						
35-39岁	**95**	**56**	**39**			
35						
36						
37						
38						
39	95	56	39			
40-44岁	**815**	**544**	**271**	**1284**	**783**	**501**
40	163	107	56	61	39	22
41	183	121	62	206	121	85
42	160	114	46	287	183	104
43	132	92	40	316	189	127
44	177	110	67	414	251	163
45-49岁	**788**	**543**	**245**	**2907**	**1969**	**938**
45	149	99	50	420	271	149
46	155	115	40	554	359	195
47	161	108	53	636	445	191
48	161	114	47	679	453	226
49	162	107	55	618	441	177
50-54岁	**526**	**390**	**136**	**3139**	**2257**	**882**
50	158	111	47	717	489	228
51	120	84	36	732	534	198
52	103	86	17	745	537	208
53	71	58	13	427	318	109
54	74	51	23	518	379	139
55-59岁	**278**	**214**	**64**	**2525**	**1895**	**630**
55	68	51	17	499	358	141
56	68	52	16	587	442	145
57	73	60	13	691	541	150
58	36	25	11	453	332	121
59	33	26	7	295	222	73
60-64岁	**235**	**150**	**85**	**1581**	**1109**	**472**
60	55	40	15	344	268	76
61	42	31	11	258	184	74
62	42	23	19	324	231	93
63	48	26	22	350	238	112
64	48	30	18	305	188	117
65岁及以上	**435**	**260**	**175**	**3587**	**2256**	**1331**

5-8b 全市分年龄、性别、初婚年龄的人口(镇)

单位：人

年龄	初婚年龄					
	合计			15岁以下		
	合计	男	女	小计	男	女
总计	**89844**	**47444**	**42400**	**75**	**31**	**44**
20岁以下	**16**	**5**	**11**			
20-24岁	**740**	**313**	**427**	**2**	**1**	**1**
20	33	17	16			
21	58	23	35	1		1
22	110	45	65			
23	219	94	125			
24	320	134	186	1	1	
25-29岁	**5321**	**2667**	**2654**	**1**	**1**	
25	538	237	301			
26	710	343	367			
27	1048	532	516			
28	1340	704	636			
29	1685	851	834	1	1	
30-34岁	**13337**	**7125**	**6212**	**10**	**3**	**7**
30	2398	1298	1100	1	1	
31	2580	1358	1222	3		3
32	2769	1451	1318			
33	2973	1618	1355	4	1	3
34	2617	1400	1217	2	1	1
35-39岁	**11357**	**6406**	**4951**	**4**	**2**	**2**
35	2294	1280	1014	1	1	
36	2235	1257	978			
37	2258	1280	978	2		2
38	2560	1445	1115			
39	2010	1144	866	1	1	
40-44岁	**8200**	**4690**	**3510**	**8**	**4**	**4**
40	1840	1025	815	1	1	
41	1821	1057	764	1		1
42	1650	948	702	1		1
43	1354	778	576	1		1
44	1535	882	653	4	3	1
45-49岁	**9291**	**5143**	**4148**	**7**	**3**	**4**
45	1510	833	677	1		1
46	1773	995	778	1	1	
47	1880	1005	875	1		1
48	2062	1150	912	3	1	2
49	2066	1160	906	1	1	
50-54岁	**10188**	**5656**	**4532**	**6**	**4**	**2**
50	2267	1237	1030	2	2	
51	2128	1189	939	1		1
52	2135	1192	943	1	1	
53	1677	943	734	1		1
54	1981	1095	886	1	1	
55-59岁	**9634**	**5051**	**4583**	**2**	**2**	
55	2036	1106	930	2	2	
56	2094	1120	974			
57	2531	1291	1240			
58	1798	943	855			
59	1175	591	584			
60-64岁	**7597**	**3748**	**3849**	**3**		**3**
60	1610	813	797			
61	1394	678	716			
62	1532	785	747	2		2
63	1567	772	795			
64	1494	700	794	1		1
65岁及以上	**14163**	**6640**	**7523**	**32**	**11**	**21**

5-8b　续表 1　　　　　　　　　　　　　　　　　　　　　　　　　　　　单位：人

年　龄	初婚年龄								
	15岁			16岁			17岁		
	小计	男	女	小计	男	女	小计	男	女
总　计	**307**	**113**	**194**	**533**	**160**	**373**	**963**	**273**	**690**
20岁以下	**1**		**1**	**2**	**1**	**1**	**3**	**1**	**2**
20-24岁	**11**	**5**	**6**	**14**	**5**	**9**	**18**	**6**	**12**
20	1	1		2	1	1	4	2	2
21	3	3		4	1	3	2	1	1
22	3	1	2	3	2	1	2		2
23	2		2	2	1	1	5	2	3
24	2		2	3		3	5	1	4
25-29岁	**15**	**9**	**6**	**18**	**8**	**10**	**42**	**19**	**23**
25	1		1	3	1	2	9	3	6
26	5	4	1	2		2	6	1	5
27	1		1	2	1	1	8	6	2
28	2	2		7	5	2	5	1	4
29	6	3	3	4	1	3	14	8	6
30-34岁	**24**	**14**	**10**	**41**	**24**	**17**	**55**	**20**	**35**
30	2	1	1	3	1	2	13	4	9
31	7	4	3	17	13	4	5	3	2
32	6	3	3	13	6	7	20	9	11
33	6	4	2	5	3	2	10	2	8
34	3	2	1	3	1	2	7	2	5
35-39岁	**12**	**5**	**7**	**31**	**11**	**20**	**50**	**22**	**28**
35	6	4	2	1		1	10	3	7
36	2		2	13	6	7	4	2	2
37	1		1	9	3	6	15	8	7
38	3	1	2	6	2	4	13	5	8
39				2		2	8	4	4
40-44岁	**22**	**14**	**8**	**38**	**17**	**21**	**59**	**27**	**32**
40	5	4	1	4	3	1	8	3	5
41	6	3	3	7	4	3	12	5	7
42	4	2	2	7	2	5	14	6	8
43	4	4		7	3	4	13	6	7
44	3	1	2	13	5	8	12	7	5
45-49岁	**19**	**8**	**11**	**46**	**20**	**26**	**109**	**41**	**68**
45	3	1	2	5	2	3	12	4	8
46	7	3	4	6	3	3	18	6	12
47	5	3	2	12	6	6	26	8	18
48	4	1	3	10	4	6	32	12	20
49				13	5	8	21	11	10
50-54岁	**43**	**21**	**22**	**60**	**20**	**40**	**115**	**39**	**76**
50	5	1	4	10	4	6	22	8	14
51	19	11	8	19	8	11	26	10	16
52	5	1	4	15	4	11	16	8	8
53	4	3	1	7	2	5	25	8	17
54	10	5	5	9	2	7	26	5	21
55-59岁	**34**	**13**	**21**	**48**	**17**	**31**	**91**	**29**	**62**
55	15	4	11	9	5	4	24	8	16
56	7	2	5	13	5	8	22	8	14
57	7	5	2	14	5	9	28	7	21
58	1		1	9	2	7	14	6	8
59	4	2	2	3		3	3		3
60-64岁	**12**	**3**	**9**	**13**	**2**	**11**	**46**	**10**	**36**
60	4	1	3	1		1	16	7	9
61	2	1	1	2	1	1	7	2	5
62	2		2	3		3	3	1	2
63	1	1		2		2	9		9
64	3		3	5	1	4	11		11
65岁及以上	**114**	**21**	**93**	**222**	**35**	**187**	**375**	**59**	**316**

5-8b 续表 2 单位：人

年龄	初婚年龄								
	18岁			19岁			20岁		
	小计	男	女	小计	男	女	小计	男	女
总 计	**1864**	**594**	**1270**	**3408**	**1275**	**2133**	**5853**	**2349**	**3504**
20岁以下	**5**	**1**	**4**	**5**	**2**	**3**			
20-24岁	**39**	**17**	**22**	**68**	**25**	**43**	**90**	**31**	**59**
20	6	4	2	12	5	7	8	4	4
21	4	2	2	9	3	6	18	6	12
22	6	3	3	15	5	10	18	6	12
23	15	5	10	18	7	11	27	10	17
24	8	3	5	14	5	9	19	5	14
25-29岁	**81**	**37**	**44**	**151**	**56**	**95**	**290**	**118**	**172**
25	14	6	8	19	3	16	41	14	27
26	7	2	5	21	8	13	42	13	29
27	17	10	7	35	13	22	58	25	33
28	20	9	11	35	19	16	64	37	27
29	23	10	13	41	13	28	85	29	56
30-34岁	**126**	**55**	**71**	**240**	**99**	**141**	**499**	**193**	**306**
30	32	15	17	45	19	26	102	45	57
31	21	8	13	56	23	33	110	48	62
32	21	7	14	39	16	23	104	34	70
33	29	15	14	50	21	29	94	40	54
34	23	10	13	50	20	30	89	26	63
35-39岁	**107**	**41**	**66**	**206**	**77**	**129**	**383**	**140**	**243**
35	15	5	10	42	15	27	77	29	48
36	17	7	10	40	13	27	69	25	44
37	14	5	9	43	19	24	94	32	62
38	37	16	21	43	13	30	87	33	54
39	24	8	16	38	17	21	56	21	35
40-44岁	**114**	**34**	**80**	**260**	**97**	**163**	**481**	**156**	**325**
40	17	5	12	38	14	24	87	22	65
41	22	9	13	64	22	42	112	41	71
42	26	10	16	50	25	25	109	43	66
43	24	6	18	49	17	32	81	21	60
44	25	4	21	59	19	40	92	29	63
45-49岁	**206**	**82**	**124**	**394**	**169**	**225**	**685**	**269**	**416**
45	35	18	17	66	29	37	92	37	55
46	32	14	18	66	29	37	123	50	73
47	32	12	20	80	32	48	139	50	89
48	53	22	31	82	42	40	174	68	106
49	54	16	38	100	37	63	157	64	93
50-54岁	**268**	**90**	**178**	**580**	**238**	**342**	**1073**	**494**	**579**
50	48	13	35	143	59	84	202	92	110
51	65	27	38	109	45	64	256	121	135
52	54	21	33	123	54	69	241	115	126
53	46	14	32	88	34	54	169	74	95
54	55	15	40	117	46	71	205	92	113
55-59岁	**205**	**64**	**141**	**437**	**158**	**279**	**839**	**359**	**480**
55	41	15	26	114	52	62	217	99	118
56	44	13	31	87	30	57	183	82	101
57	50	15	35	107	42	65	220	89	131
58	48	14	34	78	24	54	147	59	88
59	22	7	15	51	10	41	72	30	42
60-64岁	**73**	**20**	**53**	**165**	**59**	**106**	**378**	**148**	**230**
60	19	5	14	41	16	25	123	54	69
61	13	5	8	29	10	19	93	33	60
62	18	6	12	22	9	13	62	22	40
63	14	3	11	41	9	32	47	18	29
64	9	1	8	32	15	17	53	21	32
65岁及以上	**640**	**153**	**487**	**902**	**295**	**607**	**1135**	**441**	**694**

5-8b 续表 3

单位：人

年 龄	初婚年龄								
	21岁			22岁			23岁		
	小计	男	女	小计	男	女	小计	男	女
总 计	**8536**	**4145**	**4391**	**11488**	**6179**	**5309**	**11115**	**5870**	**5245**
20岁以下									
20-24岁	**121**	**54**	**67**	**198**	**89**	**109**	**136**	**59**	**77**
20									
21	17	7	10						
22	34	16	18	29	12	17			
23	34	14	20	72	34	38	44	21	23
24	36	17	19	97	43	54	92	38	54
25-29岁	**413**	**202**	**211**	**674**	**348**	**326**	**703**	**355**	**348**
25	51	26	25	98	47	51	101	46	55
26	76	41	35	100	48	52	100	48	52
27	73	29	44	145	82	63	136	70	66
28	93	47	46	150	77	73	175	94	81
29	120	59	61	181	94	87	191	97	94
30-34岁	**801**	**422**	**379**	**1296**	**730**	**566**	**1339**	**737**	**602**
30	161	93	68	258	141	117	242	132	110
31	144	79	65	246	148	98	288	149	139
32	165	80	85	267	149	118	263	147	116
33	184	100	84	273	152	121	277	153	124
34	147	70	77	252	140	112	269	156	113
35-39岁	**671**	**341**	**330**	**1121**	**661**	**460**	**1079**	**641**	**438**
35	116	63	53	234	145	89	210	122	88
36	165	90	75	205	120	85	187	108	79
37	110	54	56	207	117	90	208	121	87
38	155	76	79	264	157	107	252	151	101
39	125	58	67	211	122	89	222	139	83
40-44岁	**678**	**319**	**359**	**930**	**543**	**387**	**909**	**548**	**361**
40	117	52	65	163	90	73	195	106	89
41	138	69	69	161	98	63	186	124	62
42	154	66	88	211	125	86	145	81	64
43	126	59	67	182	113	69	184	114	70
44	143	73	70	213	117	96	199	123	76
45-49岁	**1094**	**535**	**559**	**1406**	**781**	**625**	**1254**	**696**	**558**
45	148	73	75	199	114	85	210	108	102
46	201	86	115	269	158	111	237	132	105
47	218	104	114	285	141	144	257	144	113
48	269	139	130	329	187	142	299	169	130
49	258	133	125	324	181	143	251	143	108
50-54岁	**1469**	**791**	**678**	**1669**	**968**	**701**	**1310**	**705**	**605**
50	261	128	133	369	199	170	291	161	130
51	292	162	130	299	179	120	273	144	129
52	358	182	176	338	198	140	230	114	116
53	252	129	123	299	197	102	239	139	100
54	306	190	116	364	195	169	277	147	130
55-59岁	**1480**	**734**	**746**	**1794**	**952**	**842**	**1579**	**819**	**760**
55	324	170	154	366	184	182	323	174	149
56	357	170	187	395	220	175	330	168	162
57	385	179	206	511	277	234	388	192	196
58	236	128	108	319	173	146	327	164	163
59	178	87	91	203	98	105	211	121	90
60-64岁	**652**	**259**	**393**	**1153**	**561**	**592**	**1470**	**714**	**756**
60	201	89	112	289	149	140	274	131	143
61	162	65	97	236	121	115	270	123	147
62	140	54	86	268	141	127	307	157	150
63	88	30	58	222	104	118	346	170	176
64	61	21	40	138	46	92	273	133	140
65岁及以上	**1157**	**488**	**669**	**1247**	**546**	**701**	**1336**	**596**	**740**

5—8b 续表 4 单位：人

年龄	初婚年龄								
	24岁			25岁			26岁		
	小计	男	女	小计	男	女	小计	男	女
总　计	**10272**	**5535**	**4737**	**8942**	**4876**	**4066**	**6751**	**3805**	**2946**
20岁以下									
20—24岁	**43**	**21**	**22**						
20									
21									
22									
23									
24	43	21	22						
25—29岁	**888**	**444**	**444**	**822**	**420**	**402**	**597**	**320**	**277**
25	135	61	74	66	30	36			
26	169	80	89	120	67	53	62	31	31
27	180	94	86	208	117	91	122	51	71
28	179	85	94	207	100	107	194	111	83
29	225	124	101	221	106	115	219	127	92
30—34岁	**1437**	**796**	**641**	**1677**	**858**	**819**	**1548**	**807**	**741**
30	271	146	125	354	189	165	279	152	127
31	282	159	123	305	158	147	346	173	173
32	324	171	153	309	150	159	325	183	142
33	281	160	121	418	226	192	299	146	153
34	279	160	119	291	135	156	299	153	146
35—39岁	**1148**	**634**	**514**	**1198**	**645**	**553**	**1042**	**596**	**446**
35	250	139	111	271	144	127	222	120	102
36	220	119	101	242	130	112	214	122	92
37	210	122	88	270	146	124	225	134	91
38	250	130	120	214	117	97	236	139	97
39	218	124	94	201	108	93	145	81	64
40—44岁	**828**	**483**	**345**	**713**	**421**	**292**	**548**	**356**	**192**
40	187	108	79	173	92	81	129	88	41
41	207	124	83	166	96	70	144	90	54
42	156	88	68	152	95	57	104	66	38
43	100	52	48	104	66	38	93	65	28
44	178	111	67	118	72	46	78	47	31
45—49岁	**986**	**595**	**391**	**800**	**457**	**343**	**480**	**286**	**194**
45	181	107	74	144	76	68	66	41	25
46	189	114	75	166	102	64	95	59	36
47	181	107	74	166	102	64	111	61	50
48	211	126	85	149	76	73	99	61	38
49	224	141	83	175	101	74	109	64	45
50—54岁	**990**	**586**	**404**	**700**	**422**	**278**	**461**	**276**	**185**
50	220	127	93	199	115	84	136	80	56
51	212	121	91	154	96	58	90	50	40
52	210	124	86	148	94	54	78	48	30
53	160	98	62	99	62	37	76	47	29
54	188	116	72	100	55	45	81	51	30
55—59岁	**1058**	**563**	**495**	**658**	**396**	**262**	**387**	**246**	**141**
55	198	119	79	131	82	49	68	48	20
56	218	127	91	125	78	47	84	52	32
57	283	137	146	160	97	63	99	66	33
58	216	116	100	140	84	56	78	47	31
59	143	64	79	102	55	47	58	33	25
60—64岁	**1333**	**654**	**679**	**874**	**456**	**418**	**513**	**278**	**235**
60	221	102	119	161	90	71	81	42	39
61	227	120	107	127	62	65	75	41	34
62	245	129	116	176	84	92	100	55	45
63	300	146	154	180	100	80	130	74	56
64	340	157	183	230	120	110	127	66	61
65岁及以上	**1561**	**759**	**802**	**1500**	**801**	**699**	**1175**	**640**	**535**

5-8b 续表 5 单位：人

年 龄	初婚年龄								
	27岁			28岁			29岁		
	小计	男	女	小计	男	女	小计	男	女
总 计	**5105**	**2965**	**2140**	**3737**	**2279**	**1458**	**2674**	**1670**	**1004**
20岁以下									
20-24岁									
20									
21									
22									
23									
24									
25-29岁	**400**	**206**	**194**	**188**	**101**	**87**	**38**	**23**	**15**
25									
26									
27	63	34	29						
28	135	75	60	74	42	32			
29	202	97	105	114	59	55	38	23	15
30-34岁	**1306**	**690**	**616**	**1042**	**585**	**457**	**831**	**474**	**357**
30	236	129	107	210	116	94	144	88	56
31	254	121	133	199	98	101	159	95	64
32	316	172	144	208	122	86	161	81	80
33	281	153	128	234	138	96	202	115	87
34	219	115	104	191	111	80	165	95	70
35-39岁	**955**	**561**	**394**	**787**	**471**	**316**	**622**	**368**	**254**
35	212	119	93	177	104	73	138	82	56
36	165	97	68	192	109	83	124	72	52
37	193	113	80	134	84	50	143	90	53
38	233	140	93	173	109	64	119	67	52
39	152	92	60	111	65	46	98	57	41
40-44岁	**448**	**270**	**178**	**390**	**243**	**147**	**341**	**211**	**130**
40	109	59	50	120	66	54	100	62	38
41	113	66	47	72	43	29	86	56	30
42	88	57	31	84	56	28	56	31	25
43	72	45	27	51	35	16	58	34	24
44	66	43	23	63	43	20	41	28	13
45-49岁	**335**	**219**	**116**	**243**	**169**	**74**	**167**	**118**	**49**
45	52	34	18	59	41	18	37	22	15
46	52	35	17	34	23	11	42	34	8
47	87	56	31	36	23	13	38	25	13
48	69	41	28	51	43	8	14	10	4
49	75	53	22	63	39	24	36	27	9
50-54岁	**303**	**192**	**111**	**226**	**157**	**69**	**157**	**117**	**40**
50	73	50	23	44	30	14	28	22	6
51	69	38	31	60	44	16	31	23	8
52	65	47	18	43	30	13	35	28	7
53	49	26	23	36	23	13	31	21	10
54	47	31	16	43	30	13	32	23	9
55-59岁	**244**	**158**	**86**	**159**	**111**	**48**	**88**	**57**	**31**
55	44	28	16	41	30	11	20	15	5
56	45	34	11	35	25	10	19	12	7
57	63	36	27	40	27	13	26	17	9
58	59	41	18	27	18	9	12	4	8
59	33	19	14	16	11	5	11	9	2
60-64岁	**263**	**165**	**98**	**163**	**108**	**55**	**91**	**67**	**24**
60	53	40	13	27	21	6	16	14	2
61	34	17	17	29	19	10	16	13	3
62	48	34	14	40	28	12	16	8	8
63	57	39	18	30	16	14	20	14	6
64	71	35	36	37	24	13	23	18	5
65岁及以上	**851**	**504**	**347**	**539**	**334**	**205**	**339**	**235**	**104**

5-8b 续表 6

单位：人

年龄	初婚年龄								
	30岁			31岁			32岁		
	小计	男	女	小计	男	女	小计	男	女
总 计	**1911**	**1206**	**705**	**1365**	**868**	**497**	**1011**	**657**	**354**
20岁以下									
20-24岁									
20									
21									
22									
23									
24									
25-29岁									
25									
26									
27									
28									
29									
30-34岁	**506**	**284**	**222**	**304**	**177**	**127**	**148**	**95**	**53**
30	45	26	19						
31	104	60	44	34	19	15			
32	125	64	61	74	40	34	29	17	12
33	136	75	61	99	57	42	55	37	18
34	96	59	37	97	61	36	64	41	23
35-39岁	**493**	**309**	**184**	**383**	**229**	**154**	**285**	**175**	**110**
35	95	58	37	80	43	37	48	28	20
36	105	67	38	94	64	30	51	33	18
37	96	60	36	68	37	31	65	38	27
38	118	72	46	80	45	35	67	40	27
39	79	52	27	61	40	21	54	36	18
40-44岁	**269**	**172**	**97**	**203**	**138**	**65**	**174**	**116**	**58**
40	76	47	29	52	36	16	62	43	19
41	46	32	14	50	28	22	45	27	18
42	55	33	22	37	23	14	34	25	9
43	44	28	16	32	27	5	13	7	6
44	48	32	16	32	24	8	20	14	6
45-49岁	**152**	**104**	**48**	**118**	**73**	**45**	**109**	**77**	**32**
45	32	19	13	32	23	9	24	14	10
46	34	21	13	26	14	12	24	14	10
47	32	23	9	23	14	9	23	18	5
48	29	24	5	22	12	10	17	12	5
49	25	17	8	15	10	5	21	19	2
50-54岁	**129**	**88**	**41**	**90**	**66**	**24**	**71**	**50**	**21**
50	32	20	12	13	8	5	21	16	5
51	27	20	7	19	13	6	11	7	4
52	30	18	12	23	19	4	15	12	3
53	15	10	5	12	10	2	12	5	7
54	25	20	5	23	16	7	12	10	2
55-59岁	**66**	**45**	**21**	**71**	**45**	**26**	**59**	**35**	**24**
55	16	11	5	6	2	4	14	7	7
56	13	10	3	23	16	7	13	9	4
57	16	11	5	16	10	6	21	10	11
58	8	4	4	13	9	4	9	7	2
59	13	9	4	13	8	5	2	2	
60-64岁	**71**	**47**	**24**	**52**	**31**	**21**	**33**	**19**	**14**
60	20	14	6	6	3	3	7	2	5
61	10	5	5	10	5	5	5	3	2
62	14	10	4	10	8	2	7	6	1
63	13	9	4	15	9	6	7	3	4
64	14	9	5	11	6	5	7	5	2
65岁及以上	**225**	**157**	**68**	**144**	**109**	**35**	**132**	**90**	**42**

5-8b 续表 7 单位：人

年 龄	初婚年龄								
	33岁			34岁			35岁		
	小计	男	女	小计	男	女	小计	男	女
总 计	**820**	**522**	**298**	**618**	**402**	**216**	**491**	**309**	**182**
20岁以下									
20-24岁									
20									
21									
22									
23									
24									
25-29岁									
25									
26									
27									
28									
29									
30-34岁	**91**	**51**	**40**	**16**	**11**	**5**			
30									
31									
32									
33	36	20	16						
34	55	31	24	16	11	5			
35-39岁	**246**	**150**	**96**	**205**	**119**	**86**	**163**	**103**	**60**
35	43	23	20	31	22	9	15	11	4
36	50	27	23	36	21	15	35	23	12
37	57	38	19	41	22	19	31	19	12
38	51	32	19	52	30	22	47	32	15
39	45	30	15	45	24	21	35	18	17
40-44岁	**163**	**111**	**52**	**138**	**96**	**42**	**106**	**61**	**45**
40	50	35	15	39	23	16	38	23	15
41	38	25	13	30	20	10	21	13	8
42	27	20	7	25	20	5	16	8	8
43	27	15	12	16	14	2	16	10	6
44	21	16	5	28	19	9	15	7	8
45-49岁	**94**	**58**	**36**	**76**	**52**	**24**	**75**	**48**	**27**
45	17	11	6	13	8	5	14	8	6
46	22	12	10	19	12	7	18	12	6
47	20	11	9	17	11	6	21	12	9
48	20	14	6	12	9	3	14	9	5
49	15	10	5	15	12	3	8	7	1
50-54岁	**48**	**32**	**16**	**42**	**31**	**11**	**31**	**23**	**8**
50	18	10	8	17	12	5	7	4	3
51	6	4	2	10	6	4	10	8	2
52	8	6	2	5	5		10	7	3
53	9	6	3	4	4		2	2	
54	7	6	1	6	4	2	2	2	
55-59岁	**54**	**40**	**14**	**43**	**30**	**13**	**36**	**26**	**10**
55	13	11	2	4	3	1	9	5	4
56	13	11	2	15	9	6	5	5	
57	14	10	4	14	10	4	16	12	4
58	12	7	5	6	5	1	4	3	1
59	2	1	1	4	3	1	2	1	1
60-64岁	**42**	**26**	**16**	**26**	**15**	**11**	**26**	**12**	**14**
60	12	10	2	2	1	1	5	2	3
61	8	4	4	7	4	3	2	1	1
62	6	3	3	6	5	1	9	6	3
63	5	4	1	9	5	4	6	3	3
64	11	5	6	2		2	4		4
65岁及以上	**82**	**54**	**28**	**72**	**48**	**24**	**54**	**36**	**18**

5－8b 续表 8

单位：人

年龄	初婚年龄								
	36岁			37岁			38岁		
	小计	男	女	小计	男	女	小计	男	女
总　计	**336**	**222**	**114**	**279**	**203**	**76**	**208**	**142**	**66**
20岁以下									
20－24岁									
20									
21									
22									
23									
24									
25－29岁									
25									
26									
27									
28									
29									
30－34岁									
30									
31									
32									
33									
34									
35－39岁	**80**	**55**	**25**	**51**	**32**	**19**	**23**	**11**	**12**
35									
36	5	2	3						
37	16	13	3	6	5	1			
38	33	23	10	19	11	8	8	4	4
39	26	17	9	26	16	10	15	7	8
40－44岁	**99**	**65**	**34**	**69**	**51**	**18**	**58**	**40**	**18**
40	21	12	9	18	13	5	14	6	8
41	29	21	8	12	7	5	15	12	3
42	25	17	8	18	14	4	13	11	2
43	12	7	5	9	8	1	9	7	2
44	12	8	4	12	9	3	7	4	3
45－49岁	**53**	**34**	**19**	**60**	**40**	**20**	**50**	**32**	**18**
45	13	9	4	9	7	2	8	5	3
46	13	6	7	12	9	3	6	5	1
47	6	4	2	11	6	5	11	7	4
48	11	7	4	16	9	7	14	9	5
49	10	8	2	12	9	3	11	6	5
50－54岁	**35**	**24**	**11**	**28**	**22**	**6**	**34**	**26**	**8**
50	13	10	3	11	9	2	8	7	1
51	9	6	3	7	6	1	7	5	2
52	8	4	4	4	2	2	14	10	4
53	3	2	1	5	4	1	1	1	
54	2	2		1	1		4	3	1
55－59岁	**21**	**14**	**7**	**21**	**18**	**3**	**9**	**8**	**1**
55	2	1	1	2	1	1	1	1	
56	3	2	1	2	1	1	3	2	1
57	5	3	2	9	9		1	1	
58	6	4	2	5	5		2	2	
59	5	4	1	3	2	1	2	2	
60－64岁	**19**	**10**	**9**	**16**	**11**	**5**	**12**	**8**	**4**
60	4	3	1	4	3	1	3	3	
61	6	3	3	3	2	1			
62	4	2	2	3	2	1	2	2	
63	4	1	3	2	2		1		1
64	1	1		4	2	2	6	3	3
65岁及以上	**29**	**20**	**9**	**34**	**29**	**5**	**22**	**17**	**5**

5-8b　续表 9　　　　　　　　　　　　　　　　　　　　单位：人

年　龄	初婚年龄					
	39岁			40岁及以上		
	小计	男	女	小计	男	女
总　计	**184**	**118**	**66**	**998**	**676**	**322**
20岁以下						
20–24岁						
20						
21						
22						
23						
24						
25–29岁						
25						
26						
27						
28						
29						
30–34岁						
30						
31						
32						
33						
34						
35–39岁	**12**	**7**	**5**			
35						
36						
37						
38						
39	12	7	5			
40–44岁	**55**	**34**	**21**	**99**	**63**	**36**
40	11	9	2	6	3	3
41	13	5	8	25	17	8
42	11	9	2	28	15	13
43	10	3	7	17	12	5
44	10	8	2	23	16	7
45–49岁	**39**	**25**	**14**	**234**	**152**	**82**
45	7	3	4	31	19	12
46	10	6	4	51	35	16
47	1	1		41	24	17
48	7	5	2	52	38	14
49	14	10	4	59	36	23
50–54岁	**40**	**27**	**13**	**210**	**147**	**63**
50	13	10	3	61	40	21
51	8	5	3	39	30	9
52	10	8	2	48	32	16
53	4	3	1	29	19	10
54	5	1	4	33	26	7
55–59岁	**11**	**7**	**4**	**140**	**105**	**35**
55	2	2		30	27	3
56	3	2	1	37	27	10
57	3	1	2	35	23	12
58	3	2	1	19	15	4
59				19	13	6
60–64岁	**8**	**4**	**4**	**90**	**61**	**29**
60	1		1	19	11	8
61				21	18	3
62	3	2	1	16	11	5
63	2		2	16	12	4
64	2	2		18	9	9
65岁及以上	**19**	**14**	**5**	**225**	**148**	**77**

5-8c 全市分年龄、性别、初婚年龄的人口(乡村)

单位：人

年龄	初婚年龄					
	合计			15岁以下		
	合计	男	女	小计	男	女
总计	**211707**	**112403**	**99304**	**162**	**54**	**108**
20岁以下	**38**	**7**	**31**			
20-24岁	**1582**	**664**	**918**	**1**		**1**
20	61	17	44			
21	127	52	75			
22	241	102	139			
23	467	197	270			
24	686	296	390	1		1
25-29岁	**10206**	**5186**	**5020**	**6**	**4**	**2**
25	1090	500	590	1		1
26	1465	699	766	2	2	
27	2019	1003	1016	2	2	
28	2416	1274	1142			
29	3216	1710	1506	1		1
30-34岁	**26811**	**14823**	**11988**	**14**	**8**	**6**
30	4814	2507	2307	1		1
31	5439	3053	2386	3	2	1
32	5348	3018	2330	2	2	
33	5975	3305	2670	3	1	2
34	5235	2940	2295	5	3	2
35-39岁	**21156**	**12213**	**8943**	**8**	**2**	**6**
35	4285	2462	1823	5	2	3
36	4109	2370	1739			
37	4147	2373	1774			
38	4660	2668	1992	2		2
39	3955	2340	1615	1		1
40-44岁	**16918**	**9781**	**7137**	**13**	**5**	**8**
40	3557	2081	1476			
41	3695	2154	1541	1		1
42	3407	1984	1423	4	3	1
43	3040	1738	1302	4		4
44	3219	1824	1395	4	2	2
45-49岁	**22137**	**12401**	**9736**	**13**	**6**	**7**
45	3306	1829	1477	4	2	2
46	4119	2338	1781	2	1	1
47	4513	2503	2010	2	2	
48	4936	2745	2191	1		1
49	5263	2986	2277	4	1	3
50-54岁	**26189**	**14397**	**11792**	**18**	**9**	**9**
50	5679	3157	2522	5	3	2
51	5190	2916	2274	1	1	
52	5556	3050	2506	5	2	3
53	4498	2448	2050	2	1	1
54	5266	2826	2440	5	2	3
55-59岁	**25734**	**13440**	**12294**	**6**	**4**	**2**
55	5554	2901	2653	3	2	1
56	5711	2965	2746	1	1	
57	6632	3483	3149	1	1	
58	4768	2489	2279			
59	3069	1602	1467	1		1
60-64岁	**20024**	**10175**	**9849**	**10**	**1**	**9**
60	4365	2330	2035			
61	3837	1928	1909	1		1
62	4101	2079	2022	3	1	2
63	3910	1968	1942	5		5
64	3811	1870	1941	1		1
65岁及以上	**40912**	**19316**	**21596**	**73**	**15**	**58**

5-8c　续表 1　　　　单位：人

年　龄	初婚年龄								
	15岁			16岁			17岁		
	小计	男	女	小计	男	女	小计	男	女
总　计	**928**	**274**	**654**	**1620**	**429**	**1191**	**3041**	**783**	**2258**
20岁以下	**4**	**1**	**3**	**2**		**2**	**14**	**2**	**12**
20-24岁	**21**	**12**	**9**	**26**	**12**	**14**	**44**	**13**	**31**
20	5	3	2	1		1	4	1	3
21	7	3	4	7	6	1	8	2	6
22	3	2	1	5		5	9	5	4
23	2	1	1	7	4	3	14	4	10
24	4	3	1	6	2	4	9	1	8
25-29岁	**20**	**8**	**12**	**44**	**21**	**23**	**93**	**39**	**54**
25	4	2	2	3	3		15	4	11
26	7	1	6	8	6	2	15	4	11
27	4	4		13	3	10	19	13	6
28				8	2	6	22	12	10
29	5	1	4	12	7	5	22	6	16
30-34岁	**72**	**40**	**32**	**90**	**49**	**41**	**128**	**56**	**72**
30	10	5	5	13	5	8	18	8	10
31	17	8	9	21	11	10	23	7	16
32	20	11	9	24	15	9	25	12	13
33	13	8	5	21	14	7	32	14	18
34	12	8	4	11	4	7	30	15	15
35-39岁	**64**	**27**	**37**	**88**	**31**	**57**	**137**	**52**	**85**
35	21	10	11	16	5	11	24	11	13
36	9	5	4	18	7	11	15	7	8
37	12	3	9	24	8	16	38	17	21
38	12	2	10	15	9	6	31	8	23
39	10	7	3	15	2	13	29	9	20
40-44岁	**70**	**29**	**41**	**92**	**32**	**60**	**142**	**50**	**92**
40	18	8	10	12	4	8	29	9	20
41	8	3	5	19	9	10	28	11	17
42	16	6	10	18	7	11	28	11	17
43	15	9	6	23	5	18	19	6	13
44	13	3	10	20	7	13	38	13	25
45-49岁	**82**	**31**	**51**	**141**	**46**	**95**	**322**	**112**	**210**
45	23	5	18	24	8	16	44	13	31
46	14	10	4	26	12	14	38	15	23
47	13	6	7	30	11	19	72	23	49
48	13	2	11	26	7	19	86	34	52
49	19	8	11	35	8	27	82	27	55
50-54岁	**97**	**41**	**56**	**166**	**62**	**104**	**331**	**114**	**217**
50	20	8	12	32	10	22	77	31	46
51	24	13	11	32	10	22	76	26	50
52	23	6	17	45	19	26	65	18	47
53	13	6	7	21	11	10	54	20	34
54	17	8	9	36	12	24	59	19	40
55-59岁	**53**	**20**	**33**	**113**	**28**	**85**	**235**	**69**	**166**
55	13	6	7	29	8	21	59	21	38
56	22	9	13	37	8	29	54	14	40
57	10	3	7	28	7	21	61	19	42
58	5	2	3	14	4	10	45	10	35
59	3		3	5	1	4	16	5	11
60-64岁	**26**	**5**	**21**	**60**	**11**	**49**	**118**	**28**	**90**
60	5	2	3	6	1	5	18	1	17
61	9		9	11	3	8	31	7	24
62	4	2	2	10	2	8	23	8	15
63	3		3	11	2	9	22	6	16
64	5	1	4	22	3	19	24	6	18
65岁及以上	**419**	**60**	**359**	**798**	**137**	**661**	**1477**	**248**	**1229**

5-8c 续表 2

单位：人

年龄	初婚年龄								
	18岁			19岁			20岁		
	小计	男	女	小计	男	女	小计	男	女
总 计	**5310**	**1593**	**3717**	**10219**	**3695**	**6524**	**16599**	**6637**	**9962**
20岁以下	**14**	**1**	**13**	**4**	**3**	**1**			
20-24岁	**72**	**24**	**48**	**157**	**51**	**106**	**221**	**87**	**134**
20	10	2	8	26	7	19	15	4	11
21	12	3	9	27	12	15	45	21	24
22	21	9	12	33	10	23	40	14	26
23	15	5	10	35	9	26	56	19	37
24	14	5	9	36	13	23	65	29	36
25-29岁	**156**	**71**	**85**	**377**	**171**	**206**	**602**	**240**	**362**
25	24	10	14	54	23	31	85	22	63
26	27	8	19	60	27	33	89	26	63
27	43	25	18	84	35	49	130	52	78
28	26	9	17	70	32	38	137	62	75
29	36	19	17	109	54	55	161	78	83
30-34岁	**279**	**127**	**152**	**642**	**272**	**370**	**1237**	**492**	**745**
30	65	26	39	128	51	77	248	97	151
31	60	28	32	136	66	70	258	109	149
32	45	22	23	117	51	66	263	104	159
33	59	28	31	133	49	84	250	100	150
34	50	23	27	128	55	73	218	82	136
35-39岁	**260**	**88**	**172**	**550**	**195**	**355**	**1088**	**409**	**679**
35	47	17	30	103	34	69	217	92	125
36	39	13	26	93	31	62	202	65	137
37	43	14	29	91	32	59	246	96	150
38	65	22	43	124	47	77	237	88	149
39	66	22	44	139	51	88	186	68	118
40-44岁	**266**	**100**	**166**	**631**	**231**	**400**	**1191**	**442**	**749**
40	56	21	35	115	42	73	221	83	138
41	51	23	28	147	53	94	251	91	160
42	48	17	31	119	42	77	245	92	153
43	54	24	30	117	44	73	240	87	153
44	57	15	42	133	50	83	234	89	145
45-49岁	**616**	**239**	**377**	**1129**	**422**	**707**	**1886**	**753**	**1133**
45	63	21	42	167	51	116	269	100	169
46	91	41	50	223	81	142	339	130	209
47	114	46	68	208	72	136	414	160	254
48	152	55	97	241	80	161	421	179	242
49	196	76	120	290	138	152	443	184	259
50-54岁	**778**	**301**	**477**	**1760**	**712**	**1048**	**3041**	**1374**	**1667**
50	153	67	86	389	163	226	612	290	322
51	171	63	108	351	153	198	633	286	347
52	168	57	111	352	146	206	638	294	344
53	150	58	92	294	102	192	514	218	296
54	136	56	80	374	148	226	644	286	358
55-59岁	**543**	**169**	**374**	**1313**	**466**	**847**	**2592**	**1056**	**1536**
55	127	35	92	340	125	215	625	249	376
56	103	39	64	296	99	197	639	260	379
57	148	52	96	338	113	225	616	258	358
58	102	30	72	201	69	132	446	180	266
59	63	13	50	138	60	78	266	109	157
60-64岁	**196**	**46**	**150**	**490**	**153**	**337**	**987**	**374**	**613**
60	43	12	31	158	57	101	325	141	184
61	33	7	26	105	34	71	241	92	149
62	36	10	26	83	21	62	155	60	95
63	40	10	30	74	23	51	117	39	78
64	44	7	37	70	18	52	149	42	107
65岁及以上	**2130**	**427**	**1703**	**3166**	**1019**	**2147**	**3754**	**1410**	**2344**

5-8c 续表 3

单位：人

年 龄	初婚年龄								
	21岁			22岁			23岁		
	小计	男	女	小计	男	女	小计	男	女
总 计	**23556**	**11648**	**11908**	**30811**	**17157**	**13654**	**27935**	**15251**	**12684**
20岁以下									
20–24岁	**318**	**128**	**190**	**381**	**204**	**177**	**250**	**100**	**150**
20									
21	21	5	16						
22	82	29	53	48	33	15			
23	109	46	63	157	81	76	72	28	44
24	106	48	58	176	90	86	178	72	106
25–29岁	**934**	**458**	**476**	**1416**	**737**	**679**	**1406**	**690**	**716**
25	117	47	70	185	90	95	227	114	113
26	149	69	80	225	115	110	230	104	126
27	165	75	90	310	167	143	277	121	156
28	225	125	100	304	158	146	301	162	139
29	278	142	136	392	207	185	371	189	182
30–34岁	**2014**	**1022**	**992**	**3174**	**1847**	**1327**	**3062**	**1704**	**1358**
30	337	158	179	575	318	257	578	296	282
31	404	213	191	609	362	247	641	361	280
32	396	208	188	599	370	229	596	343	253
33	491	249	242	743	419	324	613	344	269
34	386	194	192	648	378	270	634	360	274
35–39岁	**1683**	**852**	**831**	**2639**	**1558**	**1081**	**2459**	**1436**	**1023**
35	292	158	134	470	281	189	497	298	199
36	344	177	167	527	317	210	443	258	185
37	339	175	164	489	270	219	514	296	218
38	381	176	205	602	356	246	525	302	223
39	327	166	161	551	334	217	480	282	198
40–44岁	**1733**	**815**	**918**	**2450**	**1476**	**974**	**2131**	**1309**	**822**
40	262	127	135	446	264	182	465	294	171
41	399	191	208	435	253	182	402	251	151
42	370	184	186	550	336	214	345	204	141
43	330	161	169	485	290	195	443	283	160
44	372	152	220	534	333	201	476	277	199
45–49岁	**2897**	**1458**	**1439**	**3615**	**2109**	**1506**	**3069**	**1778**	**1291**
45	389	181	208	527	307	220	451	274	177
46	538	284	254	663	364	299	561	323	238
47	605	292	313	707	399	308	640	372	268
48	630	302	328	822	503	319	690	387	303
49	735	399	336	896	536	360	727	422	305
50–54岁	**4064**	**2192**	**1872**	**4725**	**2769**	**1956**	**3421**	**1909**	**1512**
50	693	369	324	940	545	395	803	449	354
51	799	439	360	809	493	316	684	388	296
52	983	558	425	1054	623	431	563	313	250
53	709	383	326	928	536	392	616	345	271
54	880	443	437	994	572	422	755	414	341
55–59岁	**4279**	**2215**	**2064**	**5482**	**3054**	**2428**	**4108**	**2208**	**1900**
55	971	501	470	1124	631	493	778	419	359
56	997	528	469	1233	682	551	846	451	395
57	1119	571	548	1506	860	646	1094	579	515
58	740	392	348	995	541	454	856	459	397
59	452	223	229	624	340	284	534	300	234
60–64岁	**1915**	**846**	**1069**	**3168**	**1583**	**1585**	**4032**	**2084**	**1948**
60	566	276	290	865	494	371	794	434	360
61	466	214	252	674	335	339	816	423	393
62	367	157	210	700	348	352	861	429	432
63	277	106	171	542	237	305	844	446	398
64	239	93	146	387	169	218	717	352	365
65岁及以上	**3719**	**1662**	**2057**	**3761**	**1820**	**1941**	**3997**	**2033**	**1964**

5-8c 续表 4 单位：人

年龄	初婚年龄								
	24岁			25岁			26岁		
	小计	男	女	小计	男	女	小计	男	女
总 计	**23869**	**13407**	**10462**	**19554**	**11198**	**8356**	**13309**	**7945**	**5364**
20岁以下									
20-24岁	**91**	**33**	**58**						
20									
21									
22									
23									
24	91	33	58						
25-29岁	**1654**	**859**	**795**	**1540**	**796**	**744**	**1032**	**582**	**450**
25	227	125	102	148	60	88			
26	294	148	146	253	129	124	106	60	46
27	332	171	161	336	168	168	203	114	89
28	350	178	172	362	193	169	327	184	143
29	451	237	214	441	246	195	396	224	172
30-34岁	**3139**	**1753**	**1386**	**3342**	**1804**	**1538**	**2709**	**1559**	**1150**
30	591	295	296	669	346	323	540	297	243
31	635	360	275	707	375	332	615	370	245
32	651	378	273	649	359	290	514	282	232
33	654	373	281	740	403	337	558	329	229
34	608	347	261	577	321	256	482	281	201
35-39岁	**2276**	**1390**	**886**	**2235**	**1378**	**857**	**1745**	**1100**	**645**
35	504	301	203	488	276	212	394	237	157
36	452	281	171	462	297	165	350	212	138
37	386	242	144	445	261	184	360	227	133
38	524	316	208	441	276	165	404	265	139
39	410	250	160	399	268	131	237	159	78
40-44岁	**1756**	**1101**	**655**	**1408**	**909**	**499**	**1090**	**689**	**401**
40	384	229	155	339	225	114	249	144	105
41	405	257	148	324	211	113	248	158	90
42	366	229	137	307	194	113	225	152	73
43	255	150	105	245	157	88	194	127	67
44	346	236	110	193	122	71	174	108	66
45-49岁	**2298**	**1412**	**886**	**1722**	**1096**	**626**	**1027**	**649**	**378**
45	332	207	125	276	171	105	144	91	53
46	469	298	171	319	197	122	199	130	69
47	446	261	185	357	244	113	218	142	76
48	517	320	197	371	237	134	245	142	103
49	534	326	208	399	247	152	221	144	77
50-54岁	**2317**	**1406**	**911**	**1535**	**952**	**583**	**939**	**592**	**347**
50	569	339	230	420	252	168	219	143	76
51	463	302	161	326	206	120	192	116	76
52	479	282	197	323	188	135	223	143	80
53	339	200	139	252	169	83	136	86	50
54	467	283	184	214	137	77	169	104	65
55-59岁	**2671**	**1432**	**1239**	**1490**	**867**	**623**	**738**	**460**	**278**
55	521	284	237	318	205	113	135	73	62
56	514	283	231	340	193	147	162	104	58
57	676	364	312	334	198	136	181	113	68
58	545	291	254	281	151	130	164	106	58
59	415	210	205	217	120	97	96	64	32
60-64岁	**3472**	**1798**	**1674**	**2272**	**1206**	**1066**	**1148**	**661**	**487**
60	640	342	298	388	204	184	185	111	74
61	551	297	254	367	196	171	187	100	87
62	720	372	348	448	225	223	249	152	97
63	725	365	360	512	280	232	253	139	114
64	836	422	414	557	301	256	274	159	115
65岁及以上	**4195**	**2223**	**1972**	**4010**	**2190**	**1820**	**2881**	**1653**	**1228**

5-8c　续表 5

单位：人

年　龄	初婚年龄								
	27岁			28岁			29岁		
	小计	男	女	小计	男	女	小计	男	女
总　计	**9162**	**5626**	**3536**	**6399**	**4070**	**2329**	**4385**	**2847**	**1538**
20岁以下									
20-24岁									
20									
21									
22									
23									
24									
25-29岁	**598**	**320**	**278**	**258**	**147**	**111**	**70**	**43**	**27**
25									
26									
27	101	53	48						
28	203	109	94	81	48	33			
29	294	158	136	177	99	78	70	43	27
30-34岁	**2147**	**1240**	**907**	**1681**	**1000**	**681**	**1231**	**737**	**494**
30	419	234	185	341	200	141	203	120	83
31	450	251	199	327	210	117	281	167	114
32	479	289	190	361	190	171	215	131	84
33	427	240	187	393	238	155	284	174	110
34	372	226	146	259	162	97	248	145	103
35-39岁	**1370**	**843**	**527**	**1081**	**703**	**378**	**771**	**499**	**272**
35	301	173	128	250	158	92	171	109	62
36	268	162	106	224	141	83	154	100	54
37	261	164	97	206	129	77	153	99	54
38	301	184	117	218	142	76	156	107	49
39	239	160	79	183	133	50	137	84	53
40-44岁	**793**	**539**	**254**	**633**	**423**	**210**	**449**	**295**	**154**
40	172	111	61	168	104	64	134	86	48
41	227	148	79	132	92	40	95	61	34
42	160	118	42	139	92	47	75	53	22
43	113	79	34	96	62	34	83	54	29
44	121	83	38	98	73	25	62	41	21
45-49岁	**678**	**472**	**206**	**447**	**305**	**142**	**357**	**257**	**100**
45	109	80	29	82	53	29	72	50	22
46	121	84	37	80	56	24	83	62	21
47	152	115	37	72	38	34	72	52	20
48	145	96	49	105	82	23	58	42	16
49	151	97	54	108	76	32	72	51	21
50-54岁	**626**	**404**	**222**	**437**	**285**	**152**	**329**	**216**	**113**
50	176	103	73	118	76	42	70	52	18
51	133	88	45	102	72	30	79	49	30
52	132	89	43	89	55	34	72	44	28
53	84	52	32	67	41	26	52	36	16
54	101	72	29	61	41	20	56	35	21
55-59岁	**416**	**261**	**155**	**285**	**185**	**100**	**205**	**131**	**74**
55	87	56	31	61	39	22	52	37	15
56	83	53	30	69	43	26	43	24	19
57	110	72	38	69	43	26	50	35	15
58	83	51	32	50	33	17	36	21	15
59	53	29	24	36	27	9	24	14	10
60-64岁	**626**	**357**	**269**	**397**	**266**	**131**	**226**	**141**	**85**
60	99	61	38	59	44	15	35	20	15
61	101	50	51	48	35	13	36	28	8
62	128	73	55	94	63	31	44	28	16
63	146	89	57	109	77	32	51	32	19
64	152	84	68	87	47	40	60	33	27
65岁及以上	**1908**	**1190**	**718**	**1180**	**756**	**424**	**747**	**528**	**219**

5-8c 续表 6

单位：人

年龄	初婚年龄								
	30岁			31岁			32岁		
	小计	男	女	小计	男	女	小计	男	女
总　计	**3249**	**2087**	**1162**	**2327**	**1513**	**814**	**1854**	**1241**	**613**
20岁以下									
20-24岁									
20									
21									
22									
23									
24									
25-29岁									
25									
26									
27									
28									
29									
30-34岁	**868**	**512**	**356**	**538**	**335**	**203**	**297**	**188**	**109**
30	78	51	27						
31	177	112	65	75	41	34			
32	200	123	77	135	92	43	57	36	21
33	231	121	110	178	106	72	105	69	36
34	182	105	77	150	96	54	135	83	52
35-39岁	**629**	**396**	**233**	**513**	**309**	**204**	**420**	**264**	**156**
35	140	87	53	107	72	35	79	47	32
36	127	83	44	112	60	52	81	50	31
37	127	84	43	99	60	39	83	54	29
38	131	79	52	101	61	40	108	69	39
39	104	63	41	94	56	38	69	44	25
40-44岁	**406**	**255**	**151**	**278**	**195**	**83**	**260**	**169**	**91**
40	106	75	31	70	56	14	67	47	20
41	110	65	45	63	43	20	59	38	21
42	78	48	30	59	41	18	58	32	26
43	53	31	22	56	34	22	32	21	11
44	59	36	23	30	21	9	44	31	13
45-49岁	**236**	**162**	**74**	**211**	**143**	**68**	**187**	**134**	**53**
45	44	26	18	42	28	14	33	22	11
46	47	32	15	39	27	12	37	27	10
47	59	41	18	42	28	14	42	27	15
48	44	33	11	49	35	14	38	28	10
49	42	30	12	39	25	14	37	30	7
50-54岁	**289**	**187**	**102**	**197**	**118**	**79**	**165**	**109**	**56**
50	65	45	20	36	18	18	36	28	8
51	61	38	23	34	22	12	22	13	9
52	67	41	26	41	27	14	28	18	10
53	48	34	14	46	25	21	34	20	14
54	48	29	19	40	26	14	45	30	15
55-59岁	**185**	**126**	**59**	**127**	**73**	**54**	**136**	**96**	**40**
55	51	36	15	32	19	13	42	28	14
56	41	28	13	32	18	14	25	17	8
57	44	29	15	32	19	13	29	22	7
58	38	25	13	20	12	8	24	19	5
59	11	8	3	11	5	6	16	10	6
60-64岁	**128**	**92**	**36**	**99**	**72**	**27**	**87**	**60**	**27**
60	27	21	6	14	10	4	15	13	2
61	16	11	5	24	19	5	10	4	6
62	21	15	6	16	10	6	17	14	3
63	25	16	9	23	18	5	17	12	5
64	39	29	10	22	15	7	28	17	11
65岁及以上	**508**	**357**	**151**	**364**	**268**	**96**	**302**	**221**	**81**

5-8c 续表 7

单位：人

年 龄	初婚年龄								
	33岁			34岁			35岁		
	小计	男	女	小计	男	女	小计	男	女
总 计	**1409**	**891**	**518**	**1101**	**730**	**371**	**810**	**563**	**247**
20岁以下									
20–24岁									
20									
21									
22									
23									
24									
25–29岁									
25									
26									
27									
28									
29									
30–34岁	**114**	**57**	**57**	**33**	**21**	**12**			
30									
31									
32									
33	47	26	21						
34	67	31	36	33	21	12			
35–39岁	**379**	**215**	**164**	**299**	**182**	**117**	**209**	**133**	**76**
35	85	51	34	55	30	25	19	13	6
36	81	43	38	57	32	25	39	21	18
37	70	41	29	61	38	23	45	29	16
38	74	41	33	72	43	29	52	31	21
39	69	39	30	54	39	15	54	39	15
40–44岁	**223**	**142**	**81**	**200**	**121**	**79**	**150**	**101**	**49**
40	66	41	25	41	28	13	41	29	12
41	65	44	21	53	32	21	46	33	13
42	27	16	11	38	25	13	19	11	8
43	29	18	11	28	14	14	26	16	10
44	36	23	13	40	22	18	18	12	6
45–49岁	**173**	**108**	**65**	**145**	**99**	**46**	**118**	**91**	**27**
45	33	22	11	34	22	12	22	16	6
46	31	20	11	34	25	9	27	23	4
47	32	20	12	24	15	9	27	23	4
48	45	27	18	29	20	9	26	20	6
49	32	19	13	24	17	7	16	9	7
50–54岁	**119**	**84**	**35**	**75**	**58**	**17**	**69**	**48**	**21**
50	35	24	11	16	13	3	22	14	8
51	20	16	4	13	10	3	12	7	5
52	19	13	6	18	13	5	19	12	7
53	16	12	4	12	10	2	6	5	1
54	29	19	10	16	12	4	10	10	
55–59岁	**123**	**84**	**39**	**97**	**66**	**31**	**68**	**42**	**26**
55	34	25	9	20	13	7	17	11	6
56	32	16	16	27	18	9	13	5	8
57	24	18	6	21	13	8	21	14	7
58	22	18	4	18	14	4	9	6	3
59	11	7	4	11	8	3	8	6	2
60–64岁	**77**	**46**	**31**	**67**	**48**	**19**	**56**	**41**	**15**
60	14	8	6	18	15	3	16	13	3
61	24	18	6	19	13	6	12	7	5
62	13	8	5	12	9	3	11	8	3
63	20	9	11	9	6	3	7	3	4
64	6	3	3	9	5	4	10	10	
65岁及以上	**201**	**155**	**46**	**185**	**135**	**50**	**140**	**107**	**33**

5-8c 续表 8

单位：人

年龄	初婚年龄								
	36岁			37岁			38岁		
	小计	男	女	小计	男	女	小计	男	女
总计	**635**	**432**	**203**	**516**	**357**	**159**	**409**	**273**	**136**
20岁以下									
20-24岁									
20									
21									
22									
23									
24									
25-29岁									
25									
26									
27									
28									
29									
30-34岁									
30									
31									
32									
33									
34									
35-39岁	**128**	**82**	**46**	**84**	**45**	**39**	**28**	**15**	**13**
35									
36	12	8	4						
37	37	25	12	18	9	9			
38	45	24	21	29	16	13	10	4	6
39	34	25	9	37	20	17	18	11	7
40-44岁	**131**	**80**	**51**	**116**	**83**	**33**	**88**	**58**	**30**
40	29	14	15	25	17	8	16	8	8
41	28	23	5	33	22	11	23	13	10
42	23	12	11	22	15	7	22	15	7
43	24	15	9	17	13	4	13	10	3
44	27	16	11	19	16	3	14	12	2
45-49岁	**112**	**77**	**35**	**104**	**67**	**37**	**92**	**58**	**34**
45	21	12	9	21	12	9	24	16	8
46	22	16	6	23	12	11	16	13	3
47	29	20	9	22	16	6	19	12	7
48	20	14	6	18	9	9	21	9	12
49	20	15	5	20	18	2	12	8	4
50-54岁	**65**	**44**	**21**	**60**	**49**	**11**	**64**	**40**	**24**
50	16	10	6	16	12	4	19	13	6
51	16	12	4	9	8	1	16	10	6
52	11	7	4	15	9	6	15	9	6
53	8	6	2	8	8		5	3	2
54	14	9	5	12	12		9	5	4
55-59岁	**47**	**35**	**12**	**33**	**21**	**12**	**32**	**27**	**5**
55	6	5	1	7	3	4	7	6	1
56	8	5	3	5	3	2	8	7	1
57	16	13	3	11	7	4	6	6	
58	13	9	4	5	4	1	6	4	2
59	4	3	1	5	4	1	5	4	1
60-64岁	**49**	**31**	**18**	**27**	**17**	**10**	**33**	**23**	**10**
60	9	6	3	6	4	2	8	4	4
61	6	3	3	4	3	1	7	6	1
62	12	10	2	9	5	4	4	3	1
63	8	2	6	5	2	3	9	7	2
64	14	10	4	3	3		5	3	2
65岁及以上	**103**	**83**	**20**	**92**	**75**	**17**	**72**	**52**	**20**

5-8c　续表 9　　单位：人

年　龄	初婚年龄					
	39岁			40岁及以上		
	小计	男	女	小计	男	女
总　计	**356**	**245**	**111**	**2182**	**1457**	**725**
20岁以下						
20–24岁						
20						
21						
22						
23						
24						
25–29岁						
25						
26						
27						
28						
29						
30–34岁						
30						
31						
32						
33						
34						
35–39岁	**13**	**9**	**4**			
35						
36						
37						
38						
39	13	9	4			
40–44岁	**87**	**57**	**30**	**131**	**75**	**56**
40	17	10	7	9	5	4
41	18	15	3	25	14	11
42	16	12	4	30	17	13
43	15	9	6	31	19	12
44	21	11	10	36	20	16
45–49岁	**83**	**59**	**24**	**377**	**258**	**119**
45	11	9	2	45	30	15
46	15	12	3	62	43	19
47	13	10	3	82	56	26
48	18	13	5	105	69	36
49	26	15	11	83	60	23
50–54岁	**52**	**34**	**18**	**450**	**288**	**162**
50	13	8	5	109	72	37
51	14	8	6	98	67	31
52	9	5	4	100	59	41
53	7	5	2	77	56	21
54	9	8	1	66	34	32
55–59岁	**23**	**14**	**9**	**334**	**231**	**103**
55	6	3	3	89	61	28
56	5	4	1	76	53	23
57	6	2	4	81	52	29
58	3	2	1	47	36	11
59	3	3		41	29	12
60–64岁	**28**	**19**	**9**	**230**	**166**	**64**
60	9	6	3	43	30	13
61	3	1	2	35	22	13
62	9	8	1	52	38	14
63	4	2	2	52	40	12
64	3	2	1	48	36	12
65岁及以上	**70**	**53**	**17**	**660**	**439**	**221**

5-9 全市分年龄、性别、初婚年龄的外省来京人员

单位：人

年龄	初婚年龄					
	合计			15岁以下		
	合计	男	女	小计	男	女
总计	**489289**	**254680**	**234609**	**313**	**129**	**184**
20岁以下	**149**	**42**	**107**	**2**		**2**
20-24岁	**5643**	**2386**	**3257**	**5**	**3**	**2**
20	250	97	153			
21	446	173	273	1		1
22	899	367	532	1	1	
23	1583	678	905			
24	2465	1071	1394	3	2	1
25-29岁	**41499**	**20103**	**21396**	**18**	**10**	**8**
25	3929	1749	2180	4	1	3
26	5650	2602	3048	5	2	3
27	8625	4166	4459	4	4	
28	10634	5259	5375	1	1	
29	12661	6327	6334	4	2	2
30-34岁	**92704**	**48244**	**44460**	**42**	**19**	**23**
30	17942	9258	8684	5	1	4
31	18573	9622	8951	9	2	7
32	18323	9579	8744	6	3	3
33	19871	10436	9435	12	5	7
34	17995	9349	8646	10	8	2
35-39岁	**81024**	**43336**	**37688**	**23**	**9**	**14**
35	15703	8311	7392	7	2	5
36	16351	8808	7543	3	2	1
37	16088	8520	7568	6	3	3
38	18053	9559	8494	1		1
39	14829	8138	6691	6	2	4
40-44岁	**61021**	**33525**	**27496**	**50**	**21**	**29**
40	13211	7189	6022	4	2	2
41	13304	7267	6037	8	2	6
42	12253	6798	5455	11	6	5
43	10971	6068	4903	12	4	8
44	11282	6203	5079	15	7	8
45-49岁	**56002**	**31004**	**24998**	**46**	**22**	**24**
45	10536	5744	4792	9	3	6
46	11075	6142	4933	7	4	3
47	11253	6199	5054	6	4	2
48	11561	6426	5135	13	4	9
49	11577	6493	5084	11	7	4
50-54岁	**51220**	**28323**	**22897**	**64**	**23**	**41**
50	11894	6712	5182	9	6	3
51	10638	5858	4780	13	3	10
52	11008	6102	4906	21	6	15
53	8522	4648	3874	9	4	5
54	9158	5003	4155	12	4	8
55-59岁	**36812**	**18558**	**18254**	**20**	**14**	**6**
55	8650	4606	4044	14	10	4
56	8134	4178	3956	2	2	
57	9392	4643	4749	3	2	1
58	6745	3305	3440	1		1
59	3891	1826	2065			
60-64岁	**25785**	**11844**	**13941**	**21**	**6**	**15**
60	4881	2259	2622	1	1	
61	4431	2027	2404	2		2
62	5430	2480	2950	4	2	2
63	5754	2635	3119	6	3	3
64	5289	2443	2846	8		8
65岁及以上	**37430**	**17315**	**20115**	**22**	**2**	**20**

5-9　续表 1　　　　单位：人

年　龄	初婚年龄								
	15岁			16岁			17岁		
	小计	男	女	小计	男	女	小计	男	女
总　计	**1658**	**640**	**1018**	**2675**	**949**	**1726**	**5074**	**1799**	**3275**
20岁以下	**13**	**2**	**11**	**22**	**5**	**17**	**39**	**9**	**30**
20-24岁	**64**	**30**	**34**	**92**	**40**	**52**	**173**	**63**	**110**
20	8	4	4	8	3	5	32	12	20
21	18	11	7	23	13	10	26	11	15
22	15	7	8	17	5	12	39	18	21
23	12	4	8	22	13	9	43	15	28
24	11	4	7	22	6	16	33	7	26
25-29岁	**95**	**43**	**52**	**140**	**58**	**82**	**341**	**146**	**195**
25	17	6	11	22	7	15	57	15	42
26	25	14	11	27	13	14	67	29	38
27	21	9	12	33	11	22	68	37	31
28	13	6	7	33	13	20	66	30	36
29	19	8	11	25	14	11	83	35	48
30-34岁	**207**	**107**	**100**	**293**	**145**	**148**	**452**	**197**	**255**
30	39	23	16	48	22	26	88	40	48
31	46	24	22	69	40	29	98	38	60
32	37	16	21	63	32	31	85	44	41
33	42	20	22	70	32	38	104	43	61
34	43	24	19	43	19	24	77	32	45
35-39岁	**182**	**80**	**102**	**280**	**102**	**178**	**449**	**171**	**278**
35	55	32	23	53	19	34	61	25	36
36	44	16	28	79	32	47	67	23	44
37	36	13	23	65	23	42	122	60	62
38	23	8	15	46	18	28	125	37	88
39	24	11	13	37	10	27	74	26	48
40-44岁	**190**	**81**	**109**	**274**	**114**	**160**	**502**	**179**	**323**
40	30	16	14	37	16	21	86	31	55
41	35	15	20	62	33	29	102	37	65
42	40	13	27	51	24	27	93	38	55
43	42	22	20	64	21	43	103	28	75
44	43	15	28	60	20	40	118	45	73
45-49岁	**221**	**81**	**140**	**392**	**142**	**250**	**846**	**316**	**530**
45	57	19	38	58	19	39	127	43	84
46	56	21	35	90	36	54	123	50	73
47	37	15	22	103	42	61	212	83	129
48	33	12	21	78	24	54	209	82	127
49	38	14	24	63	21	42	175	58	117
50-54岁	**290**	**114**	**176**	**465**	**175**	**290**	**835**	**312**	**523**
50	61	22	39	86	27	59	166	60	106
51	85	35	50	113	43	70	203	83	120
52	46	15	31	111	39	72	175	66	109
53	48	22	26	72	31	41	154	53	101
54	50	20	30	83	35	48	137	50	87
55-59岁	**148**	**54**	**94**	**287**	**83**	**204**	**549**	**197**	**352**
55	65	22	43	75	27	48	129	57	72
56	39	17	22	69	23	46	116	44	72
57	29	11	18	80	19	61	161	58	103
58	10	2	8	43	12	31	102	31	71
59	5	2	3	20	2	18	41	7	34
60-64岁	**70**	**16**	**54**	**106**	**24**	**82**	**210**	**55**	**155**
60	14	4	10	19	2	17	42	8	34
61	14	2	12	21	4	17	35	11	24
62	16	4	12	23	3	20	45	11	34
63	14	2	12	15	6	9	53	14	39
64	12	4	8	28	9	19	35	11	24
65岁及以上	**178**	**32**	**146**	**324**	**61**	**263**	**678**	**154**	**524**

5-9 续表 2

单位：人

年龄	初婚年龄								
	18岁			19岁			20岁		
	小计	男	女	小计	男	女	小计	男	女
总计	**9402**	**3452**	**5950**	**18986**	**7301**	**11685**	**30519**	**12539**	**17980**
20岁以下	**42**	**11**	**31**	**31**	**15**	**16**			
20-24岁	**300**	**121**	**179**	**574**	**210**	**364**	**828**	**304**	**524**
20	48	21	27	95	33	62	59	24	35
21	36	13	23	95	38	57	158	61	97
22	55	19	36	121	38	83	185	71	114
23	75	28	47	122	44	78	214	68	146
24	86	40	46	141	57	84	212	80	132
25-29岁	**648**	**289**	**359**	**1334**	**597**	**737**	**2146**	**970**	**1176**
25	102	42	60	179	72	107	296	116	180
26	99	29	70	215	91	124	341	132	209
27	142	71	71	299	134	165	447	219	228
28	130	61	69	284	135	149	513	245	268
29	175	86	89	357	165	192	549	258	291
30-34岁	**876**	**390**	**486**	**1963**	**867**	**1096**	**3728**	**1717**	**2011**
30	236	108	128	453	184	269	825	393	432
31	175	74	101	449	222	227	815	406	409
32	143	63	80	362	160	202	772	350	422
33	184	87	97	362	156	206	732	329	403
34	138	58	80	337	145	192	584	239	345
35-39岁	**864**	**346**	**518**	**1487**	**580**	**907**	**2726**	**1140**	**1586**
35	135	53	82	271	104	167	567	253	314
36	137	54	83	263	106	157	536	215	321
37	154	69	85	289	109	180	547	224	323
38	219	92	127	274	120	154	622	257	365
39	219	78	141	390	141	249	454	191	263
40-44岁	**870**	**302**	**568**	**1858**	**720**	**1138**	**3338**	**1261**	**2077**
40	148	50	98	375	142	233	587	224	363
41	166	57	109	385	155	230	743	276	467
42	176	72	104	340	134	206	690	272	418
43	179	65	114	345	139	206	633	236	397
44	201	58	143	413	150	263	685	253	432
45-49岁	**1600**	**642**	**958**	**2978**	**1147**	**1831**	**4347**	**1779**	**2568**
45	224	81	143	462	163	299	697	275	422
46	231	95	136	553	215	338	840	321	519
47	290	126	164	575	220	355	876	354	522
48	412	170	242	609	222	387	955	394	561
49	443	170	273	779	327	452	979	435	544
50-54岁	**1675**	**633**	**1042**	**3681**	**1487**	**2194**	**5698**	**2518**	**3180**
50	337	137	200	828	341	487	1311	608	703
51	355	136	219	750	306	444	1307	601	706
52	381	135	246	779	313	466	1177	510	667
53	310	112	198	613	242	371	909	371	538
54	292	113	179	711	285	426	994	428	566
55-59岁	**1114**	**353**	**761**	**2439**	**853**	**1586**	**3886**	**1523**	**2363**
55	252	90	162	600	234	366	963	380	583
56	254	81	173	529	179	350	903	367	536
57	276	77	199	652	235	417	939	373	566
58	233	67	166	426	139	287	722	290	432
59	99	38	61	232	66	166	359	113	246
60-64岁	**369**	**113**	**256**	**850**	**289**	**561**	**1574**	**569**	**1005**
60	73	21	52	209	66	143	474	174	300
61	62	19	43	160	64	96	332	120	212
62	68	20	48	147	50	97	296	108	188
63	96	28	68	174	50	124	241	89	152
64	70	25	45	160	59	101	231	78	153
65岁及以上	**1044**	**252**	**792**	**1791**	**536**	**1255**	**2248**	**758**	**1490**

5-9 续表 3

单位：人

年 龄	初婚年龄								
	21岁			22岁			23岁		
	小计	男	女	小计	男	女	小计	男	女
总 计	**42284**	**20723**	**21561**	**54279**	**29725**	**24554**	**52969**	**28229**	**24740**
20岁以下									
20-24岁	**1029**	**429**	**600**	**1322**	**660**	**662**	**917**	**379**	**538**
20									
21	89	26	63						
22	259	103	156	207	105	102			
23	323	129	194	498	257	241	274	120	154
24	358	171	187	617	298	319	643	259	384
25-29岁	**2914**	**1514**	**1400**	**4209**	**2242**	**1967**	**4647**	**2303**	**2344**
25	380	162	218	645	309	336	755	362	393
26	477	233	244	677	348	329	785	348	437
27	573	286	287	886	490	396	918	451	467
28	679	384	295	928	513	415	1062	576	486
29	805	449	356	1073	582	491	1127	566	561
30-34岁	**5695**	**3066**	**2629**	**7817**	**4616**	**3201**	**8046**	**4422**	**3624**
30	987	542	445	1518	908	610	1542	817	725
31	1121	618	503	1364	815	549	1701	949	752
32	1198	652	546	1543	913	630	1468	801	667
33	1346	712	634	1768	1038	730	1700	956	744
34	1043	542	501	1624	942	682	1635	899	736
35-39岁	**4364**	**2275**	**2089**	**6573**	**3935**	**2638**	**6659**	**3805**	**2854**
35	821	415	406	1252	767	485	1385	800	585
36	932	508	424	1325	782	543	1298	743	555
37	823	438	385	1257	750	507	1272	696	576
38	985	473	512	1430	849	581	1461	829	632
39	803	441	362	1309	787	522	1243	737	506
40-44岁	**4607**	**2277**	**2330**	**6327**	**3789**	**2538**	**5813**	**3356**	**2457**
40	726	370	356	1115	662	453	1148	656	492
41	1037	524	513	1006	596	410	1106	652	454
42	975	494	481	1445	878	567	947	521	426
43	903	432	471	1393	836	557	1270	735	535
44	966	457	509	1368	817	551	1342	792	550
45-49岁	**6094**	**3017**	**3077**	**7401**	**4263**	**3138**	**6997**	**4052**	**2945**
45	979	477	502	1285	763	522	1300	749	551
46	1200	584	616	1472	858	614	1309	763	546
47	1232	615	617	1494	826	668	1485	846	639
48	1294	633	661	1594	909	685	1516	869	647
49	1389	708	681	1556	907	649	1387	825	562
50-54岁	**7041**	**3693**	**3348**	**7537**	**4312**	**3225**	**6279**	**3609**	**2670**
50	1275	658	617	1592	931	661	1455	842	613
51	1547	816	731	1329	767	562	1256	723	533
52	1754	943	811	1718	999	719	1169	665	504
53	1164	590	574	1435	821	614	1203	691	512
54	1301	686	615	1463	794	669	1196	688	508
55-59岁	**5379**	**2506**	**2873**	**6011**	**2991**	**3020**	**5277**	**2788**	**2489**
55	1258	633	625	1266	666	600	1187	653	534
56	1262	610	652	1323	681	642	1095	588	507
57	1427	642	785	1715	853	862	1287	652	635
58	904	401	503	1096	522	574	1096	589	507
59	528	220	308	611	269	342	612	306	306
60-64岁	**2546**	**978**	**1568**	**3830**	**1643**	**2187**	**4500**	**1899**	**2601**
60	608	235	373	842	377	465	734	331	403
61	643	257	386	707	296	411	790	340	450
62	562	218	344	966	416	550	933	393	540
63	415	148	267	774	332	442	1181	494	687
64	318	120	198	541	222	319	862	341	521
65岁及以上	**2615**	**968**	**1647**	**3252**	**1274**	**1978**	**3834**	**1616**	**2218**

5-9 续表 4 单位：人

年龄	初婚年龄								
	24岁			25岁			26岁		
	小计	男	女	小计	男	女	小计	男	女
总 计	**50309**	**26698**	**23611**	**47386**	**24973**	**22413**	**41017**	**21311**	**19706**
20岁以下									
20-24岁	**339**	**147**	**192**						
20									
21									
22									
23									
24	339	147	192						
25-29岁	**6049**	**2887**	**3162**	**6619**	**3068**	**3551**	**5824**	**2755**	**3069**
25	905	409	496	567	248	319			
26	1138	545	593	1103	507	596	691	311	380
27	1302	602	700	1670	755	915	1501	713	788
28	1281	615	666	1640	770	870	1862	871	991
29	1423	716	707	1639	788	851	1770	860	910
30-34岁	**8726**	**4494**	**4232**	**10196**	**5063**	**5133**	**10535**	**5094**	**5441**
30	1793	919	874	2269	1138	1131	2188	1048	1140
31	1781	913	868	2022	1008	1014	2292	1117	1175
32	1785	945	840	1912	962	950	2080	997	1083
33	1657	837	820	2257	1103	1154	1995	974	1021
34	1710	880	830	1736	852	884	1980	958	1022
35-39岁	**7001**	**3654**	**3347**	**7983**	**3993**	**3990**	**8179**	**4007**	**4172**
35	1474	771	703	1630	816	814	1608	763	845
36	1464	780	684	1763	873	890	1699	885	814
37	1354	695	659	1622	820	802	1719	805	914
38	1505	752	753	1602	791	811	1891	927	964
39	1204	656	548	1366	693	673	1262	627	635
40-44岁	**5096**	**2953**	**2143**	**4661**	**2575**	**2086**	**4393**	**2345**	**2048**
40	1086	608	478	1235	667	568	1152	591	561
41	1090	630	460	1057	555	502	1044	544	500
42	1002	574	428	959	550	409	883	466	417
43	749	407	342	733	410	323	691	400	291
44	1169	734	435	677	393	284	623	344	279
45-49岁	**5630**	**3324**	**2306**	**4459**	**2736**	**1723**	**3043**	**1822**	**1221**
45	1063	623	440	893	512	381	504	276	228
46	1146	675	471	944	565	379	625	366	259
47	1077	605	472	872	548	324	676	413	263
48	1114	679	435	848	541	307	647	395	252
49	1230	742	488	902	570	332	591	372	219
50-54岁	**4738**	**2961**	**1777**	**3377**	**2178**	**1199**	**2186**	**1406**	**780**
50	1163	716	447	1007	653	354	571	358	213
51	971	598	373	703	450	253	494	313	181
52	961	606	355	672	421	251	455	298	157
53	687	422	265	529	366	163	321	211	110
54	956	619	337	466	288	178	345	226	119
55-59岁	**3953**	**2235**	**1718**	**2579**	**1542**	**1037**	**1450**	**921**	**529**
55	980	596	384	636	396	240	266	179	87
56	831	467	364	550	348	202	353	228	125
57	897	482	415	644	377	267	374	242	132
58	735	417	318	427	234	193	279	171	108
59	510	273	237	322	187	135	178	101	77
60-64岁	**4249**	**2010**	**2239**	**2807**	**1479**	**1328**	**1650**	**931**	**719**
60	652	334	318	460	256	204	249	134	115
61	581	290	291	388	195	193	248	149	99
62	906	417	489	522	278	244	330	180	150
63	961	436	525	702	376	326	401	230	171
64	1149	533	616	735	374	361	422	238	184
65岁及以上	**4528**	**2033**	**2495**	**4705**	**2339**	**2366**	**3757**	**2030**	**1727**

5-9 续表 5 单位：人

年 龄	初婚年龄								
	27岁			28岁			29岁		
	小计	男	女	小计	男	女	小计	男	女
总 计	**33328**	**17890**	**15438**	**26186**	**14609**	**11577**	**18930**	**10942**	**7988**
20岁以下									
20-24岁									
20									
21									
22									
23									
24									
25-29岁	**3942**	**1920**	**2022**	**2020**	**1007**	**1013**	**553**	**294**	**259**
25									
26									
27	761	384	377						
28	1378	653	725	764	386	378			
29	1803	883	920	1256	621	635	553	294	259
30-34岁	**9780**	**4903**	**4877**	**8558**	**4489**	**4069**	**6518**	**3541**	**2977**
30	2130	1070	1060	1975	1038	937	1300	707	593
31	2071	976	1095	1736	915	821	1456	780	676
32	1994	1005	989	1592	841	751	1255	675	580
33	1898	1006	892	1772	944	828	1291	723	568
34	1687	846	841	1483	751	732	1216	656	560
35-39岁	**7614**	**3895**	**3719**	**6555**	**3599**	**2956**	**4984**	**2831**	**2153**
35	1583	778	805	1262	695	567	978	530	448
36	1396	736	660	1410	778	632	989	582	407
37	1494	753	741	1290	684	606	1062	608	454
38	1770	903	867	1412	778	634	1078	605	473
39	1371	725	646	1181	664	517	877	506	371
40-44岁	**4071**	**2244**	**1827**	**3654**	**2086**	**1568**	**3009**	**1720**	**1289**
40	992	522	470	966	536	430	781	439	342
41	1082	585	497	814	466	348	704	400	304
42	796	452	344	820	464	356	558	315	243
43	624	360	264	560	342	218	537	311	226
44	577	325	252	494	278	216	429	255	174
45-49岁	**2027**	**1268**	**759**	**1497**	**964**	**533**	**1167**	**775**	**392**
45	377	226	151	380	224	156	331	204	127
46	344	216	128	271	172	99	272	183	89
47	448	273	175	216	147	69	193	130	63
48	413	277	136	306	207	99	152	106	46
49	445	276	169	324	214	110	219	152	67
50-54岁	**1441**	**943**	**498**	**1120**	**734**	**386**	**846**	**591**	**255**
50	401	263	138	330	205	125	235	169	66
51	307	192	115	244	163	81	179	126	53
52	342	234	108	224	156	68	193	134	59
53	177	107	70	170	109	61	109	72	37
54	214	147	67	152	101	51	130	90	40
55-59岁	**833**	**543**	**290**	**486**	**329**	**157**	**338**	**222**	**116**
55	167	110	57	105	72	33	115	79	36
56	144	102	42	93	65	28	72	46	26
57	218	142	76	103	68	35	75	49	26
58	202	123	79	113	81	32	42	26	16
59	102	66	36	72	43	29	34	22	12
60-64岁	**980**	**605**	**375**	**564**	**341**	**223**	**363**	**221**	**142**
60	145	90	55	109	73	36	57	37	20
61	149	86	63	83	50	33	46	34	12
62	209	133	76	97	58	39	70	42	28
63	230	141	89	146	85	61	89	54	35
64	247	155	92	129	75	54	101	54	47
65岁及以上	**2640**	**1569**	**1071**	**1732**	**1060**	**672**	**1152**	**747**	**405**

5-9 续表 6　　　　单位：人

年　龄	初婚年龄								
	30岁			31岁			32岁		
	小计	男	女	小计	男	女	小计	男	女
总　计	**13801**	**8213**	**5588**	**9539**	**5725**	**3814**	**7138**	**4355**	**2783**
20岁以下									
20-24岁									
20									
21									
22									
23									
24									
25-29岁									
25									
26									
27									
28									
29									
30-34岁	**4477**	**2458**	**2019**	**2585**	**1419**	**1166**	**1466**	**808**	**658**
30	546	300	246						
31	948	501	447	420	224	196			
32	1067	583	484	671	377	294	290	160	130
33	1052	578	474	822	445	377	569	309	260
34	864	496	368	672	373	299	607	339	268
35-39岁	**3882**	**2303**	**1579**	**2971**	**1785**	**1186**	**2308**	**1381**	**927**
35	811	465	346	591	350	241	442	258	184
36	788	456	332	630	382	248	471	275	196
37	739	436	303	588	366	222	494	292	202
38	890	520	370	659	383	276	489	293	196
39	654	426	228	503	304	199	412	263	149
40-44岁	**2473**	**1519**	**954**	**1924**	**1190**	**734**	**1599**	**994**	**605**
40	562	345	217	417	247	170	395	242	153
41	637	367	270	443	281	162	388	245	143
42	492	315	177	426	263	163	287	175	112
43	377	246	131	348	225	123	265	165	100
44	405	246	159	290	174	116	264	167	97
45-49岁	**1001**	**646**	**355**	**809**	**512**	**297**	**789**	**510**	**279**
45	295	180	115	241	150	91	210	120	90
46	216	129	87	187	118	69	181	124	57
47	207	138	69	150	92	58	164	112	52
48	156	106	50	142	92	50	129	81	48
49	127	93	34	89	60	29	105	73	32
50-54岁	**719**	**488**	**231**	**415**	**278**	**137**	**353**	**225**	**128**
50	174	125	49	60	39	21	79	51	28
51	147	95	52	77	52	25	43	27	16
52	171	112	59	99	66	33	73	55	18
53	114	76	38	86	60	26	70	38	32
54	113	80	33	93	61	32	88	54	34
55-59岁	**321**	**217**	**104**	**235**	**155**	**80**	**202**	**148**	**54**
55	98	70	28	67	42	25	65	47	18
56	70	44	26	67	46	21	40	32	8
57	72	50	22	58	41	17	59	42	17
58	52	32	20	27	17	10	31	22	9
59	29	21	8	16	9	7	7	5	2
60-64岁	**217**	**131**	**86**	**128**	**81**	**47**	**88**	**52**	**36**
60	29	18	11	12	8	4	15	8	7
61	30	17	13	22	12	10	7	5	2
62	44	30	14	32	20	12	14	10	4
63	54	25	29	39	27	12	25	14	11
64	60	41	19	23	14	9	27	15	12
65岁及以上	**711**	**451**	**260**	**472**	**305**	**167**	**333**	**237**	**96**

5-9　续表 7　　　　单位：人

年　龄	初婚年龄								
	33岁			34岁			35岁		
	小计	男	女	小计	男	女	小计	男	女
总　计	**5381**	**3304**	**2077**	**4043**	**2521**	**1522**	**3013**	**1862**	**1151**
20岁以下									
20–24岁									
20									
21									
22									
23									
24									
25–29岁									
25									
26									
27									
28									
29									
30–34岁	**609**	**352**	**257**	**135**	**77**	**58**			
30									
31									
32									
33	238	139	99						
34	371	213	158	135	77	58			
35–39岁	**1964**	**1154**	**810**	**1568**	**911**	**657**	**1080**	**639**	**441**
35	374	219	155	246	134	112	97	62	35
36	422	230	192	343	193	150	214	113	101
37	361	222	139	316	178	138	239	142	97
38	462	267	195	364	225	139	286	172	114
39	345	216	129	299	181	118	244	150	94
40–44岁	**1328**	**830**	**498**	**1086**	**687**	**399**	**918**	**541**	**377**
40	314	197	117	260	171	89	253	148	105
41	312	183	129	226	141	85	204	135	69
42	251	164	87	236	151	85	162	94	68
43	237	151	86	162	112	50	178	95	83
44	214	135	79	202	112	90	121	69	52
45–49岁	**657**	**432**	**225**	**597**	**393**	**204**	**525**	**368**	**157**
45	199	140	59	150	89	61	144	97	47
46	131	84	47	150	103	47	134	97	37
47	120	73	47	109	76	33	109	76	33
48	119	81	38	108	73	35	92	62	30
49	88	54	34	80	52	28	46	36	10
50–54岁	**254**	**169**	**85**	**222**	**160**	**62**	**177**	**111**	**66**
50	76	51	25	66	46	20	67	37	30
51	51	30	21	42	31	11	30	18	12
52	36	23	13	56	41	15	36	23	13
53	42	34	8	25	18	7	25	18	7
54	49	31	18	33	24	9	19	15	4
55–59岁	**228**	**151**	**77**	**158**	**114**	**44**	**130**	**88**	**42**
55	79	59	20	35	26	9	31	21	10
56	47	29	18	60	42	18	18	10	8
57	47	30	17	35	27	8	44	32	12
58	41	26	15	17	11	6	26	18	8
59	14	7	7	11	8	3	11	7	4
60–64岁	**90**	**55**	**35**	**66**	**37**	**29**	**58**	**34**	**24**
60	12	6	6	18	9	9	11	7	4
61	16	11	5	18	9	9	11	7	4
62	19	11	8	11	8	3	12	6	6
63	26	18	8	11	5	6	13	7	6
64	17	9	8	8	6	2	11	7	4
65岁及以上	**251**	**161**	**90**	**211**	**142**	**69**	**125**	**81**	**44**

5-9 续表 8

单位：人

年龄	初婚年龄								
	36岁			37岁			38岁		
	小计	男	女	小计	男	女	小计	男	女
总　计	**2262**	**1330**	**932**	**1737**	**1062**	**675**	**1336**	**818**	**518**
20岁以下									
20-24岁									
20									
21									
22									
23									
24									
25-29岁									
25									
26									
27									
28									
29									
30-34岁									
30									
31									
32									
33									
34									
35-39岁	**657**	**367**	**290**	**419**	**229**	**190**	**187**	**105**	**82**
35									
36	78	44	34						
37	168	89	79	71	45	26			
38	229	133	96	167	91	76	63	36	27
39	182	101	81	181	93	88	124	69	55
40-44岁	**727**	**418**	**309**	**593**	**363**	**230**	**520**	**300**	**220**
40	167	90	77	138	81	57	118	65	53
41	167	101	66	139	91	48	112	60	52
42	125	70	55	126	75	51	114	67	47
43	133	74	59	86	50	36	100	59	41
44	135	83	52	104	66	38	76	49	27
45-49岁	**454**	**273**	**181**	**399**	**256**	**143**	**324**	**197**	**127**
45	84	41	43	84	52	32	95	52	43
46	122	68	54	62	40	22	63	44	19
47	106	69	37	95	56	39	51	33	18
48	74	47	27	91	61	30	66	41	25
49	68	48	20	67	47	20	49	27	22
50-54岁	**182**	**115**	**67**	**152**	**107**	**45**	**169**	**121**	**48**
50	64	42	22	55	41	14	57	43	14
51	36	22	14	27	18	9	37	22	15
52	35	22	13	29	17	12	29	21	8
53	22	15	7	23	17	6	30	23	7
54	25	14	11	18	14	4	16	12	4
55-59岁	**81**	**57**	**24**	**69**	**43**	**26**	**44**	**34**	**10**
55	13	10	3	11	5	6	14	9	5
56	25	18	7	7	1	6	9	7	2
57	24	17	7	28	22	6	9	9	
58	12	8	4	10	6	4	5	2	3
59	7	4	3	13	9	4	7	7	
60-64岁	**46**	**30**	**16**	**42**	**21**	**21**	**33**	**24**	**9**
60	15	10	5	11	6	5	4	2	2
61	8	6	2	4	3	1	6	5	1
62	6	4	2	9	4	5	6	3	3
63	5	2	3	10	3	7	11	9	2
64	12	8	4	8	5	3	6	5	1
65岁及以上	**115**	**70**	**45**	**63**	**43**	**20**	**59**	**37**	**22**

5-9　续表 9　　　　单位：人

年　龄	初婚年龄					
	39岁			40岁及以上		
	小计	男	女	小计	男	女
总　计	**1076**	**662**	**414**	**4648**	**2919**	**1729**
20岁以下						
20-24岁						
20						
21						
22						
23						
24						
25-29岁						
25						
26						
27						
28						
29						
30-34岁						
30						
31						
32						
33						
34						
35-39岁	**65**	**40**	**25**			
35						
36						
37						
38						
39	65	40	25			
40-44岁	**427**	**254**	**173**	**713**	**406**	**307**
40	85	50	35	34	21	13
41	98	53	45	137	83	54
42	79	57	22	169	94	75
43	74	44	30	173	99	74
44	91	50	41	200	109	91
45-49岁	**307**	**191**	**116**	**1395**	**876**	**519**
45	63	29	34	225	137	88
46	64	42	22	282	169	113
47	56	36	20	294	191	103
48	64	47	17	327	211	116
49	60	37	23	267	168	99
50-54岁	**147**	**101**	**46**	**1157**	**759**	**398**
50	50	35	15	319	206	113
51	30	18	12	262	170	92
52	24	18	6	242	164	78
53	12	11	1	163	114	49
54	31	19	12	171	105	66
55-59岁	**33**	**25**	**8**	**562**	**372**	**190**
55	9	7	2	150	106	44
56	15	11	4	141	90	51
57	4	4		132	87	45
58	4	2	2	89	56	33
59	1	1		50	33	17
60-64岁	**45**	**22**	**23**	**283**	**178**	**105**
60	10	6	4	56	36	20
61	6	5	1	42	30	12
62	18	9	9	65	42	23
63	8	1	7	54	36	18
64	3	1	2	66	34	32
65岁及以上	**52**	**29**	**23**	**538**	**328**	**210**

5-10 全市分性别、受教育程度、初婚年龄的人口

单位：人

受教育程度	初婚年龄					
	合计			15岁以下		
	合计	男	女	小计	男	女
总计	**1466957**	**729308**	**737649**	**816**	**270**	**546**
未上过学	17323	2770	14553	101	9	92
学前教育	411	140	271			
小学	108844	43741	65103	212	54	158
初中	395255	210249	185006	239	104	135
高中	306299	151345	154954	133	49	84
大学专科	220646	108629	112017	49	19	30
大学本科	317961	158779	159182	72	34	38
硕士研究生	84351	43759	40592	9	1	8
博士研究生	15867	9896	5971	1		1

5-10 续表 1

单位：人

受教育程度	初婚年龄								
	15岁			16岁			17岁		
	小计	男	女	小计	男	女	小计	男	女
总计	**4093**	**1223**	**2870**	**6965**	**1856**	**5109**	**12790**	**3328**	**9462**
未上过学	419	15	404	801	29	772	1346	68	1278
学前教育	6		6	6		6	19	3	16
小学	1031	203	828	2055	373	1682	3744	636	3108
初中	1302	513	789	2293	775	1518	4565	1543	3022
高中	658	230	428	907	329	578	1837	593	1244
大学专科	301	117	184	403	154	249	639	235	404
大学本科	322	119	203	423	164	259	542	217	325
硕士研究生	46	23	23	68	26	42	85	27	58
博士研究生	8	3	5	9	6	3	13	6	7

5-10 续表 2

单位：人

受教育程度	初婚年龄								
	18岁			19岁			20岁		
	小计	男	女	小计	男	女	小计	男	女
总 计	**21813**	**6181**	**15632**	**40887**	**13359**	**27528**	**66044**	**23196**	**42848**
未上过学	1662	89	1573	2117	178	1939	2186	250	1936
学前教育	31	6	25	45	7	38	44	13	31
小 学	5852	1180	4672	9267	2423	6844	11600	3520	8080
初 中	9022	3080	5942	18434	6958	11476	31321	12623	18698
高 中	3250	1100	2150	7084	2406	4678	13336	4520	8816
大学专科	1037	362	675	2275	750	1525	4526	1324	3202
大学本科	842	321	521	1483	558	925	2729	831	1898
硕士研究生	105	38	67	155	69	86	256	89	167
博士研究生	12	5	7	27	10	17	46	26	20

5-10 续表 3

单位：人

受教育程度	初婚年龄								
	21岁			22岁			23岁		
	小计	男	女	小计	男	女	小计	男	女
总 计	**95769**	**40546**	**55223**	**139210**	**64693**	**74517**	**154873**	**67142**	**87731**
未上过学	1764	263	1501	1596	284	1312	1334	277	1057
学前教育	46	17	29	35	16	19	38	14	24
小 学	12446	4635	7811	13062	5482	7580	11980	5240	6740
初 中	44532	21814	22718	57173	31424	25749	52624	27889	24735
高 中	22340	8913	13427	35958	15838	20120	41297	16904	24393
大学专科	8775	2998	5777	17235	6703	10532	22668	8390	14278
大学本科	5291	1669	3622	12707	4371	8336	21641	7110	14531
硕士研究生	488	193	295	1225	467	758	2731	1027	1704
博士研究生	87	44	43	219	108	111	560	291	269

5-10 续表 4

单位：人

受教育程度	初婚年龄								
	24岁			25岁			26岁		
	小计	男	女	小计	男	女	小计	男	女
总　计	**167556**	**77082**	**90474**	**171829**	**85764**	**86065**	**144940**	**76529**	**68411**
未上过学	1031	265	766	754	187	567	503	166	337
学前教育	42	12	30	29	19	10	17	6	11
小　学	10124	4676	5448	7625	3764	3861	5157	2633	2524
初　中	45355	24612	20743	36914	20881	16033	26008	15445	10563
高　中	41861	18985	22876	38381	19903	18478	27581	15734	11847
大学专科	28318	12162	16156	31246	15049	16197	26755	14073	12682
大学本科	33926	13323	20603	45534	20618	24916	44471	21564	22907
硕士研究生	5736	2440	3296	9603	4358	5245	12312	5651	6661
博士研究生	1163	607	556	1743	985	758	2136	1257	879

5-10 续表 5

单位：人

受教育程度	初婚年龄								
	27岁			28岁			29岁		
	小计	男	女	小计	男	女	小计	男	女
总　计	**114483**	**64262**	**50221**	**85829**	**51147**	**34682**	**61441**	**38049**	**23392**
未上过学	360	117	243	282	102	180	200	84	116
学前教育	11	5	6	7	4	3	1		1
小　学	3487	1942	1545	2444	1466	978	1733	1076	657
初　中	17759	11169	6590	11835	7749	4086	8128	5469	2659
高　中	19107	11624	7483	13182	8456	4726	9224	6008	3216
大学专科	20291	11441	8850	14957	8922	6035	10650	6530	4120
大学本科	38442	20345	18097	30203	17345	12858	21732	13178	8554
硕士研究生	12867	6333	6534	10984	5891	5093	8237	4680	3557
博士研究生	2159	1286	873	1935	1212	723	1536	1024	512

5-10　续表 6　　　　　　　　　　　　　　　　单位：人

受教育程度	初婚年龄								
	30岁			31岁			32岁		
	小计	男	女	小计	男	女	小计	男	女
总　计	**43507**	**27367**	**16140**	**30285**	**19465**	**10820**	**22560**	**14513**	**8047**
未上过学	149	60	89	99	46	53	96	44	52
学前教育	6	2	4	7	4	3	7	4	3
小　学	1271	789	482	931	580	351	739	478	261
初　中	5678	3770	1908	4096	2707	1389	3271	2171	1100
高　中	6490	4272	2218	4564	2990	1574	3667	2393	1274
大学专科	7563	4670	2893	5237	3303	1934	4007	2524	1483
大学本科	15488	9612	5876	10710	6854	3856	7611	4823	2788
硕士研究生	5680	3398	2282	3814	2399	1415	2605	1659	946
博士研究生	1182	794	388	827	582	245	557	417	140

5-10　续表 7　　　　　　　　　　　　　　　　单位：人

受教育程度	初婚年龄								
	33岁			34岁			35岁		
	小计	男	女	小计	男	女	小计	男	女
总　计	**16990**	**10893**	**6097**	**13350**	**8579**	**4771**	**10431**	**6689**	**3742**
未上过学	88	40	48	58	28	30	48	27	21
学前教育	1		1	2	2		2	1	1
小　学	584	357	227	505	334	171	383	255	128
初　中	2544	1664	880	2053	1370	683	1615	1033	582
高　中	2895	1883	1012	2343	1482	861	1871	1216	655
大学专科	2931	1853	1078	2323	1456	867	1871	1165	706
大学本科	5612	3558	2054	4352	2747	1605	3395	2167	1228
硕士研究生	1955	1264	691	1405	931	474	1013	662	351
博士研究生	380	274	106	309	229	80	233	163	70

5-10 续表 8

单位：人

受教育程度	初婚年龄								
	36岁			37岁			38岁		
	小计	男	女	小计	男	女	小计	男	女
总 计	**7667**	**4959**	**2708**	**6174**	**4087**	**2087**	**4740**	**3207**	**1533**
未上过学	28	17	11	26	15	11	28	14	14
学前教育	2		2				1	1	
小 学	289	178	111	252	158	94	223	153	70
初 中	1286	836	450	1025	686	339	837	551	286
高 中	1382	893	489	1193	802	391	920	608	312
大学专科	1372	839	533	1035	675	360	832	563	269
大学本科	2422	1595	827	1886	1222	664	1409	964	445
硕士研究生	709	466	243	623	430	193	405	290	115
博士研究生	177	135	42	134	99	35	85	63	22

5-10 续表 9

单位：人

受教育程度	初婚年龄					
	39岁			40岁及以上		
	小计	男	女	小计	男	女
总 计	**3712**	**2520**	**1192**	**18203**	**12402**	**5801**
未上过学	22	3	19	225	93	132
学前教育				6	4	2
小 学	203	127	76	1645	1029	616
初 中	789	509	280	4557	2904	1653
高 中	724	488	236	4114	2726	1388
大学专科	634	424	210	2716	1928	788
大学本科	956	675	281	3760	2795	965
硕士研究生	309	234	75	926	713	213
博士研究生	75	60	15	254	210	44

5-10a 全市分性别、受教育程度、初婚年龄的人口(城市)

单位：人

受教育程度	初婚年龄					
	合　计			15岁以下		
	合计	男	女	小计	男	女
总　计	**1165406**	**569461**	**595945**	**579**	**185**	**394**
未上过学	9947	1462	8485	64	6	58
学前教育	260	69	191			
小　学	65487	24375	41112	135	35	100
初　中	256485	130916	125569	157	61	96
高　中	248302	119287	129015	105	36	69
大学专科	190042	92793	97249	40	13	27
大学本科	297702	148496	149206	68	33	35
硕士研究生	81638	42368	39270	9	1	8
博士研究生	15543	9695	5848	1		1

5-10a 续表 1

单位：人

受教育程度	初婚年龄								
	15岁			16岁			17岁		
	小计	男	女	小计	男	女	小计	男	女
总　计	**2858**	**836**	**2022**	**4812**	**1267**	**3545**	**8786**	**2272**	**6514**
未上过学	250	12	238	458	18	440	778	36	742
学前教育	4		4	4		4	11	1	10
小　学	627	127	500	1311	227	1084	2378	381	1997
初　中	830	287	543	1499	472	1027	3004	961	2043
高　中	543	186	357	740	243	497	1466	467	999
大学专科	249	89	160	333	124	209	553	196	357
大学本科	302	110	192	392	152	240	502	200	302
硕士研究生	45	22	23	66	25	41	81	24	57
博士研究生	8	3	5	9	6	3	13	6	7

5-10a 续表 2

单位：人

受教育程度	初婚年龄								
	18岁			19岁			20岁		
	小计	男	女	小计	男	女	小计	男	女
总 计	**14639**	**3994**	**10645**	**27260**	**8389**	**18871**	**43592**	**14210**	**29382**
未上过学	980	44	936	1227	92	1135	1201	129	1072
学前教育	19	3	16	36	6	30	26	6	20
小 学	3643	675	2968	5804	1365	4439	7017	1925	5092
初 中	5710	1828	3882	11318	3988	7330	18806	7002	11804
高 中	2529	809	1720	5445	1746	3699	10028	3220	6808
大学专科	860	299	561	1898	605	1293	3746	1064	2682
大学本科	784	294	490	1358	512	846	2480	753	1727
硕士研究生	103	38	65	149	67	82	244	85	159
博士研究生	11	4	7	25	8	17	44	26	18

5-10a 续表 3

单位：人

受教育程度	初婚年龄								
	21岁			22岁			23岁		
	小计	男	女	小计	男	女	小计	男	女
总 计	**63677**	**24753**	**38924**	**96911**	**41357**	**55554**	**115823**	**46021**	**69802**
未上过学	976	132	844	912	156	756	778	155	623
学前教育	27	8	19	23	9	14	23	5	18
小 学	7313	2496	4817	7643	2986	4657	7034	2865	4169
初 中	26169	11922	14247	34063	17511	16552	32734	16107	16627
高 中	16629	6132	10497	27193	11000	16193	32828	12360	20468
大学专科	7194	2360	4834	14051	5217	8834	19170	6780	12390
大学本科	4808	1472	3336	11629	3920	7709	20066	6477	13589
硕士研究生	477	188	289	1183	452	731	2641	987	1654
博士研究生	84	43	41	214	106	108	549	285	264

5-10a　续表 4　　单位：人

受教育程度	初婚年龄								
	24岁			25岁			26岁		
	小计	男	女	小计	男	女	小计	男	女
总　计	**133415**	**58140**	**75275**	**143333**	**69690**	**73643**	**124880**	**64779**	**60101**
未上过学	639	159	480	436	98	338	287	78	209
学前教育	28	5	23	18	9	9	8	1	7
小　学	5972	2574	3398	4598	2180	2418	3136	1531	1605
初　中	29919	15292	14627	25672	13952	11720	18923	10960	7963
高　中	34303	14707	19596	32072	16218	15854	23336	13117	10219
大学专科	24188	10107	14081	26957	12834	14123	23372	12186	11186
大学本科	31639	12335	19304	42545	19197	23348	41737	20178	21559
硕士研究生	5586	2367	3219	9327	4238	5089	11986	5496	6490
博士研究生	1141	594	547	1708	964	744	2095	1232	863

5-10a　续表 5　　单位：人

受教育程度	初婚年龄								
	27岁			28岁			29岁		
	小计	男	女	小计	男	女	小计	男	女
总　计	**100216**	**55671**	**44545**	**75693**	**44798**	**30895**	**54382**	**33532**	**20850**
未上过学	213	63	150	168	56	112	122	45	77
学前教育	5	2	3	4	3	1	1		1
小　学	2135	1116	1019	1518	833	685	1108	661	447
初　中	13189	8157	5032	8895	5768	3127	6079	4052	2027
高　中	16247	9833	6414	11193	7148	4045	7849	5112	2737
大学专科	17675	9933	7742	13060	7791	5269	9342	5740	3602
大学本科	36168	19145	17023	28379	16321	12058	20423	12390	8033
硕士研究生	12463	6163	6300	10584	5687	4897	7945	4521	3424
博士研究生	2121	1259	862	1892	1191	701	1513	1011	502

5-10a 续表 6

单位：人

受教育程度	初婚年龄								
	30岁			31岁			32岁		
	小计	男	女	小计	男	女	小计	男	女
总　计	**38347**	**24074**	**14273**	**26593**	**17084**	**9509**	**19695**	**12615**	**7080**
未上过学	88	38	50	56	20	36	47	18	29
学前教育	5	1	4	4	2	2	3	2	1
小　学	791	453	338	529	309	220	426	257	169
初　中	4114	2719	1395	2915	1920	995	2319	1512	807
高　中	5482	3631	1851	3858	2534	1324	3103	2021	1082
大学专科	6623	4103	2520	4654	2952	1702	3554	2246	1308
大学本科	14591	9065	5526	10101	6468	3633	7184	4545	2639
硕士研究生	5504	3293	2211	3669	2312	1357	2516	1608	908
博士研究生	1149	771	378	807	567	240	543	406	137

5-10a 续表 7

单位：人

受教育程度	初婚年龄								
	33岁			34岁			35岁		
	小计	男	女	小计	男	女	小计	男	女
总　计	**14761**	**9480**	**5281**	**11631**	**7447**	**4184**	**9130**	**5817**	**3313**
未上过学	52	21	31	26	14	12	31	15	16
学前教育	1		1	2	2				
小　学	355	199	156	298	186	112	226	146	80
初　中	1724	1111	613	1431	936	495	1120	692	428
高　中	2449	1604	845	2007	1269	738	1614	1050	564
大学专科	2622	1673	949	2100	1322	778	1709	1055	654
大学本科	5301	3383	1918	4117	2601	1516	3229	2059	1170
硕士研究生	1882	1216	666	1348	894	454	973	639	334
博士研究生	375	273	102	302	223	79	228	161	67

5-10a　续表 8　　单位：人

受教育程度	初婚年龄								
	36岁			37岁			38岁		
	小计	男	女	小计	男	女	小计	男	女
总　计	**6696**	**4305**	**2391**	**5379**	**3527**	**1852**	**4123**	**2792**	**1331**
未上过学	15	9	6	16	8	8	13	6	7
学前教育	2		2				1	1	
小　学	180	101	79	145	80	65	134	88	46
初　中	917	578	339	708	446	262	591	376	215
高　中	1174	750	424	1032	697	335	797	537	260
大学专科	1257	773	484	956	622	334	773	529	244
大学本科	2285	1508	777	1796	1169	627	1333	910	423
硕士研究生	692	453	239	595	409	186	396	282	114
博士研究生	174	133	41	131	96	35	85	63	22

5-10a　续表 9　　单位：人

受教育程度	初婚年龄					
	39岁			40岁及以上		
	小计	男	女	小计	男	女
总　计	**3172**	**2157**	**1015**	**15023**	**10269**	**4754**
未上过学	15	1	14	99	33	66
学前教育				5	3	2
小　学	118	66	52	913	513	400
初　中	537	337	200	3142	1969	1173
高　中	636	433	203	3644	2427	1217
大学专科	592	396	196	2514	1784	730
大学本科	905	640	265	3580	2659	921
硕士研究生	296	225	71	878	676	202
博士研究生	73	59	14	248	205	43

5-10b 全市分性别、受教育程度、初婚年龄的人口(镇)

单位：人

受教育程度	初婚年龄					
	合计			15岁以下		
	合计	男	女	小计	男	女
总计	**89844**	**47444**	**42400**	**75**	**31**	**44**
未上过学	1509	302	1207	13	2	11
学前教育	45	29	16			
小学	10083	4522	5561	20	6	14
初中	34838	19806	15032	19	13	6
高中	18254	9897	8357	15	6	9
大学专科	11928	6087	5841	6	4	2
大学本科	11029	5680	5349	2		2
硕士研究生	1911	968	943			
博士研究生	247	153	94			

5-10b 续表 1

单位：人

受教育程度	初婚年龄								
	15岁			16岁			17岁		
	小计	男	女	小计	男	女	小计	男	女
总计	**307**	**113**	**194**	**533**	**160**	**373**	**963**	**273**	**690**
未上过学	24		24	58	3	55	107	9	98
学前教育							1	1	
小学	98	24	74	161	27	134	273	48	225
初中	120	60	60	204	83	121	376	144	232
高中	38	14	24	58	26	32	141	48	93
大学专科	16	8	8	29	13	16	36	13	23
大学本科	10	6	4	21	7	14	27	9	18
硕士研究生	1	1		2	1	1	2	1	1
博士研究生									

 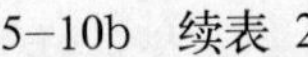

5-10b　续表 2　　　　单位：人

受教育程度	初婚年龄								
	18岁			19岁			20岁		
	小计	男	女	小计	男	女	小计	男	女
总　计	**1864**	**594**	**1270**	**3408**	**1275**	**2133**	**5853**	**2349**	**3504**
未上过学	125	11	114	168	16	152	195	33	162
学前教育	2		2	3	1	2	6	5	1
小　学	518	118	400	769	250	519	1078	386	692
初　中	851	324	527	1724	716	1008	3110	1368	1742
高　中	240	92	148	532	215	317	1019	406	613
大学专科	91	32	59	146	50	96	308	110	198
大学本科	35	16	19	61	24	37	124	38	86
硕士研究生	1		1	4	2	2	11	3	8
博士研究生	1	1		1	1		2		2

5-10b　续表 3　　　　单位：人

受教育程度	初婚年龄								
	21岁			22岁			23岁		
	小计	男	女	小计	男	女	小计	男	女
总　计	**8536**	**4145**	**4391**	**11488**	**6179**	**5309**	**11115**	**5870**	**5245**
未上过学	168	36	132	163	34	129	133	28	105
学前教育	8	7	1	6	4	2	5	2	3
小　学	1217	509	708	1292	597	695	1161	555	606
初　中	4622	2453	2169	5683	3393	2290	4949	2964	1985
高　中	1688	816	872	2619	1391	1228	2673	1367	1306
大学专科	600	236	364	1133	515	618	1303	584	719
大学本科	226	86	140	561	233	328	813	332	481
硕士研究生	6	1	5	29	11	18	69	33	36
博士研究生	1	1		2	1	1	9	5	4

5-10b 续表 4

单位：人

受教育程度	初婚年龄								
	24岁			25岁			26岁		
	小计	男	女	小计	男	女	小计	男	女
总 计	**10272**	**5535**	**4737**	**8942**	**4876**	**4066**	**6751**	**3805**	**2946**
未上过学	88	25	63	66	18	48	35	13	22
学前教育	7	4	3	2	2		2	1	1
小 学	963	499	464	736	402	334	494	267	227
初 中	3923	2360	1563	2772	1702	1070	1844	1117	727
高 中	2442	1340	1102	1944	1096	848	1320	790	530
大学专科	1554	744	810	1621	809	812	1356	769	587
大学本科	1168	503	665	1583	751	832	1449	731	718
硕士研究生	108	50	58	191	79	112	218	99	119
博士研究生	19	10	9	27	17	10	33	18	15

5-10b 续表 5

单位：人

受教育程度	初婚年龄								
	27岁			28岁			29岁		
	小计	男	女	小计	男	女	小计	男	女
总 计	**5105**	**2965**	**2140**	**3737**	**2279**	**1458**	**2674**	**1670**	**1004**
未上过学	29	10	19	28	12	16	17	7	10
学前教育	1		1						
小 学	311	185	126	212	139	73	139	84	55
初 中	1209	785	424	745	505	240	543	386	157
高 中	933	575	358	624	429	195	453	297	156
大学专科	1013	571	442	787	439	348	546	323	223
大学本科	1285	697	588	1021	588	433	754	451	303
硕士研究生	292	121	171	289	150	139	204	112	92
博士研究生	32	21	11	31	17	14	18	10	8

5-10b　续表 6　　单位：人

受教育程度	初婚年龄								
	30岁			31岁			32岁		
	小计	男	女	小计	男	女	小计	男	女
总　计	**1911**	**1206**	**705**	**1365**	**868**	**497**	**1011**	**657**	**354**
未上过学	14	2	12	9	5	4	10	5	5
学前教育				1	1				
小　学	118	78	40	98	60	38	66	46	20
初　中	398	271	127	312	203	109	229	152	77
高　中	340	213	127	231	155	76	186	123	63
大学专科	380	236	144	243	143	100	194	121	73
大学本科	521	323	198	348	225	123	259	170	89
硕士研究生	119	70	49	105	61	44	57	32	25
博士研究生	21	13	8	18	15	3	10	8	2

5-10b　续表 7　　单位：人

受教育程度	初婚年龄								
	33岁			34岁			35岁		
	小计	男	女	小计	男	女	小计	男	女
总　计	**820**	**522**	**298**	**618**	**402**	**216**	**491**	**309**	**182**
未上过学	12	6	6	11	5	6	6	3	3
学前教育									
小　学	55	34	21	47	28	19	35	22	13
初　中	225	150	75	155	109	46	132	81	51
高　中	155	105	50	118	80	38	101	63	38
大学专科	142	93	49	102	59	43	84	53	31
大学本科	175	101	74	150	95	55	99	68	31
硕士研究生	52	32	20	29	21	8	30	18	12
博士研究生	4	1	3	6	5	1	4	1	3

5-10b 续表 8 单位：人

受教育程度	初婚年龄								
	36岁			37岁			38岁		
	小计	男	女	小计	男	女	小计	男	女
总 计	**336**	**222**	**114**	**279**	**203**	**76**	**208**	**142**	**66**
未上过学	2	2		2	2		3	1	2
学前教育									
小 学	19	12	7	25	18	7	10	8	2
初 中	90	63	27	88	66	22	67	49	18
高 中	78	55	23	51	35	16	46	27	19
大学专科	47	27	20	34	25	9	29	20	9
大学本科	85	52	33	53	37	16	46	31	15
硕士研究生	14	10	4	24	18	6	7	6	1
博士研究生	1	1		2	2				

5-10b 续表 9 单位：人

受教育程度	初婚年龄					
	39岁			40岁及以上		
	小计	男	女	小计	男	女
总 计	**184**	**118**	**66**	**998**	**676**	**322**
未上过学	1	1		22	13	9
学前教育				1	1	
小 学	18	16	2	150	104	46
初 中	63	37	26	385	252	133
高 中	34	21	13	175	112	63
大学专科	22	15	7	106	75	31
大学本科	38	22	16	115	84	31
硕士研究生	8	6	2	39	30	9
博士研究生				5	5	

5-10c　全市分性别、受教育程度、初婚年龄的人口(乡村)

单位：人

受教育程度	初婚年龄					
	合计			15岁以下		
	合计	男	女	小计	男	女
总　计	**211707**	**112403**	**99304**	**162**	**54**	**108**
未上过学	5867	1006	4861	24	1	23
学前教育	106	42	64			
小　学	33274	14844	18430	57	13	44
初　中	103932	59527	44405	63	30	33
高　中	39743	22161	17582	13	7	6
大学专科	18676	9749	8927	3	2	1
大学本科	9230	4603	4627	2	1	1
硕士研究生	802	423	379			
博士研究生	77	48	29			

5-10c　续表 1

单位：人

受教育程度	初婚年龄								
	15岁			16岁			17岁		
	小计	男	女	小计	男	女	小计	男	女
总　计	**928**	**274**	**654**	**1620**	**429**	**1191**	**3041**	**783**	**2258**
未上过学	145	3	142	285	8	277	461	23	438
学前教育	2		2	2		2	7	1	6
小　学	306	52	254	583	119	464	1093	207	886
初　中	352	166	186	590	220	370	1185	438	747
高　中	77	30	47	109	60	49	230	78	152
大学专科	36	20	16	41	17	24	50	26	24
大学本科	10	3	7	10	5	5	13	8	5
硕士研究生							2	2	
博士研究生									

5-10c 续表 2

单位：人

受教育程度	初婚年龄								
	18岁			19岁			20岁		
	小计	男	女	小计	男	女	小计	男	女
总　计	**5310**	**1593**	**3717**	**10219**	**3695**	**6524**	**16599**	**6637**	**9962**
未上过学	557	34	523	722	70	652	790	88	702
学前教育	10	3	7	6		6	12	2	10
小　学	1691	387	1304	2694	808	1886	3505	1209	2296
初　中	2461	928	1533	5392	2254	3138	9405	4253	5152
高　中	481	199	282	1107	445	662	2289	894	1395
大学专科	86	31	55	231	95	136	472	150	322
大学本科	23	11	12	64	22	42	125	40	85
硕士研究生	1		1	2		2	1	1	
博士研究生				1	1				

5-10c 续表 3

单位：人

受教育程度	初婚年龄								
	21岁			22岁			23岁		
	小计	男	女	小计	男	女	小计	男	女
总　计	**23556**	**11648**	**11908**	**30811**	**17157**	**13654**	**27935**	**15251**	**12684**
未上过学	620	95	525	521	94	427	423	94	329
学前教育	11	2	9	6	3	3	10	7	3
小　学	3916	1630	2286	4127	1899	2228	3785	1820	1965
初　中	13741	7439	6302	17427	10520	6907	14941	8818	6123
高　中	4023	1965	2058	6146	3447	2699	5796	3177	2619
大学专科	981	402	579	2051	971	1080	2195	1026	1169
大学本科	257	111	146	517	218	299	762	301	461
硕士研究生	5	4	1	13	4	9	21	7	14
博士研究生	2		2	3	1	2	2	1	1

5-10c　续表 4　　　　　　　　　　　　　　　　　　　　　　　　单位：人

受教育程度	初婚年龄								
	24岁			25岁			26岁		
	小计	男	女	小计	男	女	小计	男	女
总　计	**23869**	**13407**	**10462**	**19554**	**11198**	**8356**	**13309**	**7945**	**5364**
未上过学	304	81	223	252	71	181	181	75	106
学前教育	7	3	4	9	8	1	7	4	3
小　学	3189	1603	1586	2291	1182	1109	1527	835	692
初　中	11513	6960	4553	8470	5227	3243	5241	3368	1873
高　中	5116	2938	2178	4365	2589	1776	2925	1827	1098
大学专科	2576	1311	1265	2668	1406	1262	2027	1118	909
大学本科	1119	485	634	1406	670	736	1285	655	630
硕士研究生	42	23	19	85	41	44	108	56	52
博士研究生	3	3		8	4	4	8	7	1

5-10c　续表 5　　　　　　　　　　　　　　　　　　　　　　　　单位：人

受教育程度	初婚年龄								
	27岁			28岁			29岁		
	小计	男	女	小计	男	女	小计	男	女
总　计	**9162**	**5626**	**3536**	**6399**	**4070**	**2329**	**4385**	**2847**	**1538**
未上过学	118	44	74	86	34	52	61	32	29
学前教育	5	3	2	3	1	2			
小　学	1041	641	400	714	494	220	486	331	155
初　中	3361	2227	1134	2195	1476	719	1506	1031	475
高　中	1927	1216	711	1365	879	486	922	599	323
大学专科	1603	937	666	1110	692	418	762	467	295
大学本科	989	503	486	803	436	367	555	337	218
硕士研究生	112	49	63	111	54	57	88	47	41
博士研究生	6	6		12	4	8	5	3	2

5-10c 续表 6

单位：人

受教育程度	初婚年龄								
	30岁			31岁			32岁		
	小计	男	女	小计	男	女	小计	男	女
总　计	**3249**	**2087**	**1162**	**2327**	**1513**	**814**	**1854**	**1241**	**613**
未上过学	47	20	27	34	21	13	39	21	18
学前教育	1	1		2	1	1	4	2	2
小　学	362	258	104	304	211	93	247	175	72
初　中	1166	780	386	869	584	285	723	507	216
高　中	668	428	240	475	301	174	378	249	129
大学专科	560	331	229	340	208	132	259	157	102
大学本科	376	224	152	261	161	100	168	108	60
硕士研究生	57	35	22	40	26	14	32	19	13
博士研究生	12	10	2	2		2	4	3	1

5-10c 续表 7

单位：人

受教育程度	初婚年龄								
	33岁			34岁			35岁		
	小计	男	女	小计	男	女	小计	男	女
总　计	**1409**	**891**	**518**	**1101**	**730**	**371**	**810**	**563**	**247**
未上过学	24	13	11	21	9	12	11	9	2
学前教育							2	1	1
小　学	174	124	50	160	120	40	122	87	35
初　中	595	403	192	467	325	142	363	260	103
高　中	291	174	117	218	133	85	156	103	53
大学专科	167	87	80	121	75	46	78	57	21
大学本科	136	74	62	85	51	34	67	40	27
硕士研究生	21	16	5	28	16	12	10	5	5
博士研究生	1		1	1	1		1	1	

5-10c　续表 8　　单位：人

受教育程度	初婚年龄								
	36岁			37岁			38岁		
	小计	男	女	小计	男	女	小计	男	女
总　计	**635**	**432**	**203**	**516**	**357**	**159**	**409**	**273**	**136**
未上过学	11	6	5	8	5	3	12	7	5
学前教育									
小　学	90	65	25	82	60	22	79	57	22
初　中	279	195	84	229	174	55	179	126	53
高　中	130	88	42	110	70	40	77	44	33
大学专科	68	39	29	45	28	17	30	14	16
大学本科	52	35	17	37	16	21	30	23	7
硕士研究生	3	3		4	3	1	2	2	
博士研究生	2	1	1	1	1				

5-10c　续表 9　　单位：人

受教育程度	初婚年龄					
	39岁			40岁及以上		
	小计	男	女	小计	男	女
总　计	**356**	**245**	**111**	**2182**	**1457**	**725**
未上过学	6	1	5	104	47	57
学前教育						
小　学	67	45	22	582	412	170
初　中	189	135	54	1030	683	347
高　中	54	34	20	295	187	108
大学专科	20	13	7	96	69	27
大学本科	13	13		65	52	13
硕士研究生	5	3	2	9	7	2
博士研究生	2	1	1	1		1

5-11 全市分性别、受教育程度、初婚年龄的外省来京人员

单位：人

受教育程度	初婚年龄					
	合　计			15岁以下		
	合计	男	女	小计	男	女
总　计	**489289**	**254680**	**234609**	**313**	**129**	**184**
未上过学	4540	910	3630	11	1	10
学前教育	167	66	101			
小　学	39958	18329	21629	42	13	29
初　中	162704	94922	67782	143	74	69
高　中	94007	48928	45079	65	24	41
大学专科	69437	33152	36285	23	10	13
大学本科	98729	48669	50060	24	7	17
硕士研究生	18183	8762	9421	5		5
博士研究生	1564	942	622			

5-11　续表 1

单位：人

受教育程度	初婚年龄								
	15岁			16岁			17岁		
	小计	男	女	小计	男	女	小计	男	女
总　计	**1658**	**640**	**1018**	**2675**	**949**	**1726**	**5074**	**1799**	**3275**
未上过学	54	4	50	118	9	109	207	12	195
学前教育	2		2	2		2	6	2	4
小　学	285	84	201	524	142	382	1008	263	745
初　中	773	350	423	1263	499	764	2460	1014	1446
高　中	319	114	205	460	187	273	944	341	603
大学专科	116	45	71	157	60	97	237	79	158
大学本科	102	39	63	132	47	85	193	83	110
硕士研究生	7	4	3	17	3	14	19	5	14
博士研究生				2	2				

5-11　续表 2　　　　单位：人

受教育程度	初婚年龄								
	18岁			19岁			20岁		
	小计	男	女	小计	男	女	小计	男	女
总　计	**9402**	**3452**	**5950**	**18986**	**7301**	**11685**	**30519**	**12539**	**17980**
未上过学	282	22	260	442	45	397	545	84	461
学前教育	8	4	4	17	3	14	19	6	13
小　学	1756	474	1282	3309	1051	2258	4646	1622	3024
初　中	4860	1983	2877	9826	4185	5641	15800	7191	8609
高　中	1717	673	1044	3794	1441	2353	6576	2667	3909
大学专科	451	169	282	1052	386	666	1896	635	1261
大学本科	298	116	182	506	174	332	974	319	655
硕士研究生	29	10	19	36	15	21	58	12	46
博士研究生	1	1		4	1	3	5	3	2

5-11　续表 3　　　　单位：人

受教育程度	初婚年龄								
	21岁			22岁			23岁		
	小计	男	女	小计	男	女	小计	男	女
总　计	**42284**	**20723**	**21561**	**54279**	**29725**	**24554**	**52969**	**28229**	**24740**
未上过学	542	100	442	601	128	473	502	116	386
学前教育	26	13	13	14	8	6	11	5	6
小　学	5444	2303	3141	5634	2704	2930	4865	2500	2365
初　中	21382	11717	9665	25474	15829	9645	21814	13671	8143
高　中	9714	4619	5095	12923	6941	5982	12536	6487	6049
大学专科	3382	1315	2067	5686	2514	3172	7079	3070	4009
大学本科	1674	605	1069	3666	1466	2200	5614	2155	3459
硕士研究生	111	46	65	256	120	136	495	200	295
博士研究生	9	5	4	25	15	10	53	25	28

5-11 续表 4

单位：人

受教育程度	初婚年龄								
	24岁			25岁			26岁		
	小计	男	女	小计	男	女	小计	男	女
总　计	**50309**	**26698**	**23611**	**47386**	**24973**	**22413**	**41017**	**21311**	**19706**
未上过学	346	90	256	242	63	179	149	43	106
学前教育	20	5	15	16	11	5	9	4	5
小　学	3660	1994	1666	2474	1367	1107	1538	889	649
初　中	16757	10783	5974	12084	7829	4255	7944	5214	2730
高　中	11189	6020	5169	9124	5067	4057	6533	3698	2835
大学专科	8208	3658	4550	8914	4165	4749	8152	3929	4223
大学本科	8985	3651	5334	12613	5643	6970	14009	6449	7560
硕士研究生	1042	441	601	1757	741	1016	2459	963	1496
博士研究生	102	56	46	162	87	75	224	122	102

5-11 续表 5

单位：人

受教育程度	初婚年龄								
	27岁			28岁			29岁		
	小计	男	女	小计	男	女	小计	男	女
总　计	**33328**	**17890**	**15438**	**26186**	**14609**	**11577**	**18930**	**10942**	**7988**
未上过学	126	46	80	78	24	54	62	26	36
学前教育	1		1	1	1		1		1
小　学	1061	650	411	779	462	317	543	341	202
初　中	5199	3494	1705	3640	2444	1196	2674	1805	869
高　中	4576	2677	1899	3214	1943	1271	2300	1366	934
大学专科	6357	3254	3103	4907	2566	2341	3463	1886	1577
大学本科	12924	6393	6531	10682	5763	4919	7701	4343	3358
硕士研究生	2841	1245	1596	2692	1297	1395	2006	1047	959
博士研究生	243	131	112	193	109	84	180	128	52

5-11　续表 6　　单位：人

受教育程度	初婚年龄								
	30岁			31岁			32岁		
	小计	男	女	小计	男	女	小计	男	女
总　计	**13801**	**8213**	**5588**	**9539**	**5725**	**3814**	**7138**	**4355**	**2783**
未上过学	41	17	24	34	14	20	25	5	20
学前教育	2		2	4	2	2	3	1	2
小　学	448	271	177	317	190	127	268	180	88
初　中	2149	1435	714	1545	999	546	1272	830	442
高　中	1704	1005	699	1256	705	551	1023	617	406
大学专科	2466	1382	1084	1747	1004	743	1308	781	527
大学本科	5543	3300	2243	3681	2236	1445	2579	1536	1043
硕士研究生	1349	734	615	885	526	359	611	368	243
博士研究生	99	69	30	70	49	21	49	37	12

5-11　续表 7　　单位：人

受教育程度	初婚年龄								
	33岁			34岁			35岁		
	小计	男	女	小计	男	女	小计	男	女
总　计	**5381**	**3304**	**2077**	**4043**	**2521**	**1522**	**3013**	**1862**	**1151**
未上过学	25	11	14	9	6	3	17	8	9
学前教育	1		1				1		1
小　学	232	143	89	190	119	71	114	77	37
初　中	1037	676	361	810	557	253	650	413	237
高　中	787	464	323	656	382	274	484	299	185
大学专科	958	550	408	669	375	294	549	315	234
大学本科	1853	1148	705	1363	855	508	996	618	378
硕士研究生	455	286	169	321	212	109	179	118	61
博士研究生	33	26	7	25	15	10	23	14	9

5-11 续表 8

单位：人

受教育程度	初婚年龄								
	36岁			37岁			38岁		
	小计	男	女	小计	男	女	小计	男	女
总　计	**2262**	**1330**	**932**	**1737**	**1062**	**675**	**1336**	**818**	**518**
未上过学	6	5	1	10	5	5	9	4	5
学前教育	1		1				1	1	
小　学	108	62	46	78	44	34	82	55	27
初　中	529	339	190	391	241	150	327	212	115
高　中	388	214	174	297	170	127	243	131	112
大学专科	396	199	197	278	172	106	236	141	95
大学本科	674	417	257	550	344	206	366	229	137
硕士研究生	145	83	62	124	80	44	67	41	26
博士研究生	15	11	4	9	6	3	5	4	1

5-11 续表 9

单位：人

受教育程度	初婚年龄					
	39岁			40岁及以上		
	小计	男	女	小计	男	女
总　计	**1076**	**662**	**414**	**4648**	**2919**	**1729**
未上过学	9	1	8	48	21	27
学前教育				1		1
小　学	73	39	34	480	290	190
初　中	322	189	133	1579	949	630
高　中	199	119	80	986	557	429
大学专科	171	105	66	579	387	192
大学本科	245	172	73	782	561	221
硕士研究生	49	32	17	168	133	35
博士研究生	8	5	3	25	21	4

2020

北京市人口普查年鉴

（下册）

BEIJING POPULATION CENSUS YEARBOOK 2020

(BOOK 3)

北京市第七次全国人口普查领导小组办公室
北　京　市　统　计　局　编

Compiled by
Office of the Leading Group of Beijing Municipality for the Seventh National Population Census
Beijing Municipal Bureau of Statistics

图书在版编目（CIP）数据

北京市人口普查年鉴. 2020. 下册 / 北京市第七次全国人口普查领导小组办公室, 北京市统计局编. -- 北京 : 中国统计出版社, 2022.8
ISBN 978-7-5037-9805-4

Ⅰ. ①北… Ⅱ. ①北… ②北… Ⅲ. ①人口普查－统计资料－北京－2020－年鉴 Ⅳ. ①C924.251-54

中国版本图书馆 CIP 数据核字(2022)第 134636 号

北京市人口普查年鉴-2020（下册）
Beijing Population Census Yearbook 2020 (Book 3)

作　　者/北京市第七次全国人口普查领导小组办公室　北京市统计局
责任编辑/张　洁
封面设计/李雪燕
出版发行/中国统计出版社有限公司
通信地址/北京市丰台区西三环南路甲 6 号　邮政编码/100073
发行电话/邮购（010）63376909　书店（010）68783171
网　　址/http://www.zgtjcbs.com/
印　　刷/河北鑫兆源印刷有限公司
经　　销/新华书店
开　　本/880mm×1230mm　1/16
字　　数/1280 千字
印　　张/40
版　　别/2022 年 8 月第 1 版
版　　次/2022 年 8 月第 1 次印刷
定　　价/910.00 元（全三册附光盘）

目　录

下　册

第二部分　长表数据资料(续)

第七卷　迁移和户口登记地

第八卷　老年人口

第三部分 乡镇街道数据资料

第四部分 附 录

第二部分　长表数据资料

第六卷　生育

6–1 各地区分性别、孩次的出生人口
(2019.11.1–2020.10.31)

单位：人

地　区	出生人数				第　一　孩			
	合计	男	女	性别比（女=100）	小计	男	女	性别比（女=100）
北　京	**16828**	**8817**	**8011**	**110.06**	**10514**	**5546**	**4968**	**111.63**
东 城 区	377	196	181	108.29	249	129	120	107.50
西 城 区	642	340	302	112.58	375	187	188	99.47
朝 阳 区	2556	1364	1192	114.43	1744	927	817	113.46
丰 台 区	1654	876	778	112.60	1115	601	514	116.93
石景山区	458	240	218	110.09	306	164	142	115.49
海 淀 区	2100	1123	977	114.94	1288	699	589	118.68
门头沟区	325	162	163	99.39	224	116	108	107.41
房 山 区	1133	570	563	101.24	657	315	342	92.11
通 州 区	1436	760	676	112.43	881	478	403	118.61
顺 义 区	1140	625	515	121.36	663	361	302	119.54
昌 平 区	1958	992	966	102.69	1327	672	655	102.60
大 兴 区	1717	879	838	104.89	1032	544	488	111.48
怀 柔 区	332	158	174	90.80	172	76	96	79.17
平 谷 区	355	192	163	117.79	179	101	78	129.49
密 云 区	399	213	186	114.52	182	103	79	130.38
延 庆 区	246	127	119	106.72	120	73	47	155.32

6–1　续表 1

单位：人

地　区	第　二　孩				第　三　孩			
	小计	男	女	性别比（女=100）	小计	男	女	性别比（女=100）
北　京	**5988**	**3098**	**2890**	**107.20**	**288**	**157**	**131**	**119.85**
东 城 区	120	63	57	110.53	8	4	4	100.00
西 城 区	255	146	109	133.94	9	7	2	350.00
朝 阳 区	759	405	354	114.41	45	28	17	164.71
丰 台 区	507	257	250	102.80	27	15	12	125.00
石景山区	149	74	75	98.67	3	2	1	200.00
海 淀 区	778	407	371	109.70	31	16	15	106.67
门头沟区	99	45	54	83.33	2	1	1	100.00
房 山 区	453	243	210	115.71	23	12	11	109.09
通 州 区	533	271	262	103.44	18	10	8	125.00
顺 义 区	448	249	199	125.13	26	13	13	100.00
昌 平 区	600	302	298	101.34	29	17	12	141.67
大 兴 区	639	314	325	96.62	44	20	24	83.33
怀 柔 区	153	77	76	101.32	5	4	1	400.00
平 谷 区	169	87	82	106.10	4	2	2	100.00
密 云 区	205	105	100	105.00	10	5	5	100.00
延 庆 区	121	53	68	77.94	4	1	3	33.33

6-1　续表 2

单位：人

地　区	第四孩				第五孩及以上			
	小计	男	女	性别比(女=100)	小计	男	女	性别比(女=100)
北　京	**29**	**14**	**15**	**93.33**	**9**	**2**	**7**	**28.57**
东城区								
西城区	2		2		1		1	
朝阳区	5	3	2	150.00	3	1	2	50.00
丰台区	4	3	1	300.00	1		1	
石景山区								
海淀区	3	1	2	50.00				
门头沟区								
房山区								
通州区	2	1	1	100.00	2		2	
顺义区	2	1	1	100.00	1	1		
昌平区	2	1	1	100.00				
大兴区	2	1	1	100.00				
怀柔区	2	1	1	100.00				
平谷区	3	2	1	200.00				
密云区	1		1		1		1	
延庆区	1		1					

6-1a　各地区分性别、孩次的出生人口 (2019.11.1-2020.10.31)(城市)

单位：人

地　区	出生人数				第一孩			
	合计	男	女	性别比(女=100)	小计	男	女	性别比(女=100)
北　京	**13614**	**7153**	**6461**	**110.71**	**8717**	**4603**	**4114**	**111.89**
东城区	377	196	181	108.29	249	129	120	107.50
西城区	642	340	302	112.58	375	187	188	99.47
朝阳区	2544	1355	1189	113.96	1734	919	815	112.76
丰台区	1630	865	765	113.07	1101	594	507	117.16
石景山区	458	240	218	110.09	306	164	142	115.49
海淀区	2051	1099	952	115.44	1256	686	570	120.35
门头沟区	289	142	147	96.60	200	101	99	102.02
房山区	827	418	409	102.20	491	240	251	95.62
通州区	798	421	377	111.67	513	283	230	123.04
顺义区	681	366	315	116.19	418	224	194	115.46
昌平区	1281	650	631	103.01	894	445	449	99.11
大兴区	1235	652	583	111.84	768	409	359	113.93
怀柔区	241	110	131	83.97	133	58	75	77.33
平谷区	175	92	83	110.84	96	54	42	128.57
密云区	273	149	124	120.16	127	75	52	144.23
延庆区	112	58	54	107.41	56	35	21	166.67

6–1a 续表 1 单位：人

地区	第二孩				第三孩			
	小计	男	女	性别比(女=100)	小计	男	女	性别比(女=100)
北京	**4641**	**2411**	**2230**	**108.12**	**226**	**128**	**98**	**130.61**
东城区	120	63	57	110.53	8	4	4	100.00
西城区	255	146	109	133.94	9	7	2	350.00
朝阳区	757	404	353	114.45	45	28	17	164.71
丰台区	498	253	245	103.27	26	15	11	136.36
石景山区	149	74	75	98.67	3	2	1	200.00
海淀区	761	396	365	108.49	31	16	15	106.67
门头沟区	87	40	47	85.11	2	1	1	100.00
房山区	321	170	151	112.58	15	8	7	114.29
通州区	277	136	141	96.45	6	2	4	50.00
顺义区	244	131	113	115.93	17	10	7	142.86
昌平区	362	191	171	111.70	24	14	10	140.00
大兴区	439	230	209	110.05	26	12	14	85.71
怀柔区	103	49	54	90.74	4	3	1	300.00
平谷区	77	36	41	87.80	1	1		
密云区	136	69	67	102.99	8	5	3	166.67
延庆区	55	23	32	71.88	1		1	

6–1a 续表 2 单位：人

地区	第四孩				第五孩及以上			
	小计	男	女	性别比(女=100)	小计	男	女	性别比(女=100)
北京	**22**	**10**	**12**	**83.33**	**8**	**1**	**7**	**14.29**
东城区								
西城区	2		2		1		1	
朝阳区	5	3	2	150.00	3	1	2	50.00
丰台区	4	3	1	300.00	1		1	
石景山区								
海淀区	3	1	2	50.00				
门头沟区								
房山区								
通州区					2		2	
顺义区	2	1	1	100.00				
昌平区	1		1					
大兴区	2	1	1	100.00				
怀柔区	1		1					
平谷区	1	1						
密云区	1		1		1		1	
延庆区								

6-1b 各地区分性别、孩次的出生人口
(2019.11.1-2020.10.31)(镇)

单位：人

地 区	出生人数				第 一 孩			
	合计	男	女	性别比(女=100)	小计	男	女	性别比(女=100)
北 京	**1101**	**568**	**533**	**106.57**	**642**	**337**	**305**	**110.49**
东城区								
西城区								
朝阳区	12	9	3	300.00	10	8	2	400.00
丰台区	9	3	6	50.00	6	2	4	50.00
石景山区								
海淀区								
门头沟区	22	13	9	144.44	15	10	5	200.00
房山区	65	29	36	80.56	35	13	22	59.09
通州区	240	132	108	122.22	148	82	66	124.24
顺义区	114	65	49	132.65	52	30	22	136.36
昌平区	348	173	175	98.86	227	121	106	114.15
大兴区	147	73	74	98.65	80	38	42	90.48
怀柔区	29	15	14	107.14	11	6	5	120.00
平谷区	44	23	21	109.52	23	12	11	109.09
密云区	29	12	17	70.59	16	4	12	33.33
延庆区	42	21	21	100.00	19	11	8	137.50

6-1b 续表 1

单位：人

地 区	第 二 孩				第 三 孩			
	小计	男	女	性别比(女=100)	小计	男	女	性别比(女=100)
北 京	**437**	**222**	**215**	**103.26**	**20**	**8**	**12**	**66.67**
东城区								
西城区								
朝阳区	2	1	1	100.00				
丰台区	2	1	1	100.00	1		1	
石景山区								
海淀区								
门头沟区	7	3	4	75.00				
房山区	27	15	12	125.00	3	1	2	50.00
通州区	84	45	39	115.38	7	5	2	250.00
顺义区	59	34	25	136.00	2		2	
昌平区	118	51	67	76.12	3	1	2	50.00
大兴区	64	34	30	113.33	3	1	2	50.00
怀柔区	18	9	9	100.00				
平谷区	20	11	9	122.22	1		1	
密云区	13	8	5	160.00				
延庆区	23	10	13	76.92				

6-1b 续表 2

单位：人

地区	第四孩				第五孩及以上			
	小计	男	女	性别比(女=100)	小计	男	女	性别比(女=100)
北京	**1**		**1**		**1**	**1**		
东城区								
西城区								
朝阳区								
丰台区								
石景山区								
海淀区								
门头沟区								
房山区								
通州区	1		1					
顺义区					1	1		
昌平区								
大兴区								
怀柔区								
平谷区								
密云区								
延庆区								

6-1c 各地区分性别、孩次的出生人口(2019.11.1-2020.10.31)(乡村)

单位：人

地区	出生人数				第一孩			
	合计	男	女	性别比(女=100)	小计	男	女	性别比(女=100)
北京	**2113**	**1096**	**1017**	**107.77**	**1155**	**606**	**549**	**110.38**
东城区								
西城区								
朝阳区								
丰台区	15	8	7	114.29	8	5	3	166.67
石景山区								
海淀区	49	24	25	96.00	32	13	19	68.42
门头沟区	14	7	7	100.00	9	5	4	125.00
房山区	241	123	118	104.24	131	62	69	89.86
通州区	398	207	191	108.38	220	113	107	105.61
顺义区	345	194	151	128.48	193	107	86	124.42
昌平区	329	169	160	105.63	206	106	100	106.00
大兴区	335	154	181	85.08	184	97	87	111.49
怀柔区	62	33	29	113.79	28	12	16	75.00
平谷区	136	77	59	130.51	60	35	25	140.00
密云区	97	52	45	115.56	39	24	15	160.00
延庆区	92	48	44	109.09	45	27	18	150.00

6-1c　续表 1　　　　单位：人

地　区	第二孩				第三孩			
	小计	男	女	性别比(女=100)	小计	男	女	性别比(女=100)
北　京	**910**	**465**	**445**	**104.49**	**42**	**21**	**21**	**100.00**
东城区								
西城区								
朝阳区								
丰台区	7	3	4	75.00				
石景山区								
海淀区	17	11	6	183.33				
门头沟区	5	2	3	66.67				
房山区	105	58	47	123.40	5	3	2	150.00
通州区	172	90	82	109.76	5	3	2	150.00
顺义区	145	84	61	137.70	7	3	4	75.00
昌平区	120	60	60	100.00	2	2		
大兴区	136	50	86	58.14	15	7	8	87.50
怀柔区	32	19	13	146.15	1	1		
平谷区	72	40	32	125.00	2	1	1	100.00
密云区	56	28	28	100.00	2		2	
延庆区	43	20	23	86.96	3	1	2	50.00

6-1c　续表 2　　　　单位：人

地　区	第四孩				第五孩及以上			
	小计	男	女	性别比(女=100)	小计	男	女	性别比(女=100)
北　京	**6**	**4**	**2**	**200.00**				
东城区								
西城区								
朝阳区								
丰台区								
石景山区								
海淀区								
门头沟区								
房山区								
通州区	1	1						
顺义区								
昌平区	1	1						
大兴区								
怀柔区	1	1						
平谷区	2	1	1	100.00				
密云区								
延庆区	1		1					

6–2 全市按年龄、受教育程度、生育孩次

受教育程度 年 龄	合 计	生男孩的 妇女人数	生女孩的 妇女人数	一 孩		
				小计	男	女
总 计	**16828**	**8817**	**8011**	**10514**	**5546**	**4968**
15–19岁	**20**	**12**	**8**	**18**	**10**	**8**
15						
16						
17	5	2	3	4	1	3
18	2	1	1	2	1	1
19	13	9	4	12	8	4
20–24岁	**601**	**295**	**306**	**502**	**257**	**245**
20	27	20	7	27	20	7
21	45	26	19	37	21	16
22	92	54	38	78	45	33
23	151	58	93	120	51	69
24	286	137	149	240	120	120
25–29岁	**4171**	**2185**	**1986**	**3391**	**1778**	**1613**
25	356	189	167	297	159	138
26	567	292	275	481	245	236
27	855	452	403	708	366	342
28	1089	574	515	902	478	424
29	1304	678	626	1003	530	473
30–34岁	**7930**	**4147**	**3783**	**4969**	**2616**	**2353**
30	1785	947	838	1332	729	603
31	1835	960	875	1240	656	584
32	1604	848	756	989	527	462
33	1506	771	735	827	404	423
34	1200	621	579	581	300	281
35–39岁	**3384**	**1769**	**1615**	**1349**	**710**	**639**
35	913	475	438	413	213	200
36	778	403	375	303	150	153
37	702	354	348	257	137	120
38	596	326	270	226	122	104
39	395	211	184	150	88	62
40–44岁	**631**	**352**	**279**	**240**	**142**	**98**
40	242	144	98	81	53	28
41	171	92	79	69	41	28
42	105	54	51	46	22	24
43	72	41	31	28	16	12
44	41	21	20	16	10	6
45–49岁	**91**	**57**	**34**	**45**	**33**	**12**
45	29	15	14	12	8	4
46	27	21	6	13	12	1
47	13	12	1	9	8	1
48	9	4	5	7	4	3
49	13	5	8	4	1	3

分的育龄妇女人数(2019.11.1-2020.10.31)

单位：人

二孩			三孩及以上		
小计	男	女	小计	男	女
5988	**3098**	**2890**	**326**	**173**	**153**
2	**2**				
1	1				
1	1				
95	**36**	**59**	**4**	**2**	**2**
8	5	3			
14	9	5			
30	7	23	1		1
43	15	28	3	2	1
752	**393**	**359**	**28**	**14**	**14**
56	29	27	3	1	2
85	46	39	1	1	
142	84	58	5	2	3
179	92	87	8	4	4
290	142	148	11	6	5
2830	**1465**	**1365**	**131**	**66**	**65**
433	207	226	20	11	9
570	291	279	25	13	12
586	308	278	29	13	16
648	350	298	31	17	14
593	309	284	26	12	14
1913	**990**	**923**	**122**	**69**	**53**
477	248	229	23	14	9
455	243	212	20	10	10
414	195	219	31	22	9
340	188	152	30	16	14
227	116	111	18	7	11
357	**191**	**166**	**34**	**19**	**15**
147	82	65	14	9	5
98	49	49	4	2	2
56	29	27	3	3	
36	22	14	8	3	5
20	9	11	5	2	3
39	**21**	**18**	**7**	**3**	**4**
13	5	8	4	2	2
14	9	5			
3	3		1	1	
2		2			
7	4	3	2		2

6-2 续表 1

受教育程度 年　　龄	合　计	生男孩的妇女人数	生女孩的妇女人数	一　孩		
				小计	男	女
未上过学	**6**	**3**	**3**	**3**	**2**	**1**
15-19岁						
15						
16						
17						
18						
19						
20-24岁	**1**		**1**			
20						
21						
22						
23	1		1			
24						
25-29岁	**2**	**2**		**2**	**2**	
25						
26						
27	1	1		1	1	
28						
29	1	1		1	1	
30-34岁	**2**	**1**	**1**			
30						
31	1	1				
32	1		1			
33						
34						
35-39岁						
35						
36						
37						
38						
39						
40-44岁						
40						
41						
42						
43						
44						
45-49岁	**1**		**1**	**1**		**1**
45						
46						
47	1		1	1		1
48						
49						

单位：人

二　孩			三孩及以上		
小计	男	女	小计	男	女
3	**1**	**2**			
1		**1**			
1		1			
2	**1**	**1**			
1	1				
1		1			

6-2 续表 2

受教育程度 年龄	合计	生男孩的妇女人数	生女孩的妇女人数	一孩		
				小计	男	女
学前教育	**3**	**1**	**2**	**2**	**1**	**1**
15–19岁						
15						
16						
17						
18						
19						
20–24岁						
20						
21						
22						
23						
24						
25–29岁	**1**	**1**		**1**	**1**	
25						
26						
27						
28	1	1		1	1	
29						
30–34岁	**1**		**1**	**1**		**1**
30						
31	1		1	1		1
32						
33						
34						
35–39岁	**1**		**1**			
35						
36						
37	1		1			
38						
39						
40–44岁						
40						
41						
42						
43						
44						
45–49岁						
45						
46						
47						
48						
49						

单位：人

二孩			三孩及以上		
小计	男	女	小计	男	女
1		**1**			
1		**1**			
1		1			

6-2 续表 3

受教育程度 年龄	合计	生男孩的妇女人数	生女孩的妇女人数	一孩		
				小计	男	女
小学	**58**	**29**	**29**	**25**	**12**	**13**
15-19岁						
15						
16						
17						
18						
19						
20-24岁	**4**	**1**	**3**	**4**	**1**	**3**
20						
21						
22	1		1	1		1
23	2	1	1	2	1	1
24	1		1	1		1
25-29岁	**15**	**7**	**8**	**10**	**6**	**4**
25	1		1	1		1
26	4	2	2	4	2	2
27	6	3	3	2	2	
28	1	1		1	1	
29	3	1	2	2	1	1
30-34岁	**16**	**9**	**7**	**4**	**2**	**2**
30	2		2			
31	4	3	1	1	1	
32	4	2	2	1		1
33	4	2	2	1		1
34	2	2		1	1	
35-39岁	**13**	**7**	**6**	**4**	**1**	**3**
35	4	3	1	1	1	
36	1	1				
37	4	1	3	2		2
38	4	2	2	1		1
39						
40-44岁	**6**	**2**	**4**	**2**	**1**	**1**
40	2	1	1	1	1	
41	2		2			
42						
43	2	1	1	1		1
44						
45-49岁	**4**	**3**	**1**	**1**	**1**	
45						
46	1		1			
47	2	2		1	1	
48						
49	1	1				

单位：人

二孩			三孩及以上		
小计	男	女	小计	男	女
24	**11**	**13**	**9**	**6**	**3**
4	**1**	**3**	**1**		**1**
3	1	2	1		1
1		1			
7	**4**	**3**	**5**	**3**	**2**
1		1	1		1
2	1	1	1	1	
2	1	1	1	1	
1	1		2	1	1
1	1				
7	**4**	**3**	**2**	**2**	
3	2	1			
			1	1	
2	1	1			
2	1	1	1	1	
3		**3**	**1**	**1**	
1		1			
2		2			
			1	1	
3	**2**	**1**			
1		1			
1	1				
1	1				

6-2 续表 4

受教育程度 年龄	合计	生男孩的妇女人数	生女孩的妇女人数	一孩		
				小计	男	女
初 中	**1115**	**576**	**539**	**489**	**275**	**214**
15-19岁	**14**	**7**	**7**	**13**	**6**	**7**
15						
16						
17	3	1	2	2		2
18	2	1	1	2	1	1
19	9	5	4	9	5	4
20-24岁	**132**	**71**	**61**	**101**	**59**	**42**
20	12	10	2	12	10	2
21	17	9	8	14	7	7
22	27	16	11	23	14	9
23	33	15	18	21	11	10
24	43	21	22	31	17	14
25-29岁	**273**	**150**	**123**	**147**	**83**	**64**
25	44	23	21	23	11	12
26	30	15	15	19	8	11
27	62	35	27	34	19	15
28	52	29	23	29	18	11
29	85	48	37	42	27	15
30-34岁	**406**	**202**	**204**	**149**	**82**	**67**
30	81	41	40	30	16	14
31	89	43	46	38	19	19
32	88	45	43	35	22	13
33	72	36	36	21	12	9
34	76	37	39	25	13	12
35-39岁	**202**	**101**	**101**	**49**	**25**	**24**
35	49	23	26	13	6	7
36	47	28	19	10	5	5
37	44	21	23	8	5	3
38	35	20	15	14	9	5
39	27	9	18	4		4
40-44岁	**62**	**31**	**31**	**20**	**12**	**8**
40	22	11	11	9	5	4
41	14	7	7	1	1	
42	13	7	6	5	3	2
43	10	4	6	3	1	2
44	3	2	1	2	2	
45-49岁	**26**	**14**	**12**	**10**	**8**	**2**
45	7	3	4	1	1	
46	5	5		4	4	
47	3	3		2	2	
48	4	1	3	2	1	1
49	7	2	5	1		1

单位：人

二孩			三孩及以上		
小计	男	女	小计	男	女
553	**262**	**291**	**73**	**39**	**34**
1	**1**				
1	1				
29	**11**	**18**	**2**	**1**	**1**
3	2	1			
4	2	2			
11	4	7	1		1
11	3	8	1	1	
119	**64**	**55**	**7**	**3**	**4**
20	11	9	1	1	
10	6	4	1	1	
27	16	11	1		1
22	11	11	1		1
40	20	20	3	1	2
224	**100**	**124**	**33**	**20**	**13**
42	18	24	9	7	2
44	21	23	7	3	4
47	20	27	6	3	3
46	21	25	5	3	2
45	20	25	6	4	2
135	**67**	**68**	**18**	**9**	**9**
34	17	17	2		2
33	21	12	4	2	2
31	12	19	5	4	1
20	11	9	1		1
17	6	11	6	3	3
34	**15**	**19**	**8**	**4**	**4**
10	4	6	3	2	1
13	6	7			
7	3	4	1	1	
4	2	2	3	1	2
			1		1
11	**4**	**7**	**5**	**2**	**3**
4	1	3	2	1	1
1	1				
			1	1	
2		2			
4	2	2	2		2

6-2 续表 5

受教育程度 年龄	合计	生男孩的妇女人数	生女孩的妇女人数	一孩		
				小计	男	女
高中	**1870**	**1013**	**857**	**968**	**538**	**430**
15-19岁	**6**	**5**	**1**	**5**	**4**	**1**
15						
16						
17	2	1	1	2	1	1
18						
19	4	4		3	3	
20-24岁	**162**	**82**	**80**	**123**	**68**	**55**
20	8	5	3	8	5	3
21	17	12	5	15	10	5
22	33	21	12	26	16	10
23	39	13	26	26	11	15
24	65	31	34	48	26	22
25-29岁	**513**	**274**	**239**	**355**	**187**	**168**
25	64	35	29	54	30	24
26	93	50	43	69	36	33
27	121	61	60	88	42	46
28	114	60	54	79	38	41
29	121	68	53	65	41	24
30-34岁	**739**	**401**	**338**	**324**	**186**	**138**
30	162	91	71	84	49	35
31	163	96	67	80	49	31
32	156	79	77	64	33	31
33	131	72	59	47	28	19
34	127	63	64	49	27	22
35-39岁	**371**	**209**	**162**	**129**	**75**	**54**
35	98	54	44	38	21	17
36	82	47	35	22	13	9
37	73	43	30	18	11	7
38	64	34	30	22	11	11
39	54	31	23	29	19	10
40-44岁	**70**	**37**	**33**	**28**	**15**	**13**
40	24	16	8	11	7	4
41	23	10	13	6	3	3
42	10	5	5	6	3	3
43	7	2	5	4	1	3
44	6	4	2	1	1	
45-49岁	**9**	**5**	**4**	**4**	**3**	**1**
45	3	2	1	1	1	
46	3	1	2	1		1
47						
48	2	2		2	2	
49	1		1			

单位：人

二孩			三孩及以上		
小计	男	女	小计	男	女
840	**439**	**401**	**62**	**36**	**26**
1	**1**				
1	1				
38	**14**	**24**	**1**		**1**
2	2				
7	5	2			
13	2	11			
16	5	11	1		1
154	**83**	**71**	**4**	**4**	
10	5	5			
24	14	10			
32	18	14	1	1	
34	21	13	1	1	
54	25	29	2	2	
390	**202**	**188**	**25**	**13**	**12**
75	41	34	3	1	2
78	43	35	5	4	1
86	44	42	6	2	4
76	39	37	8	5	3
75	35	40	3	1	2
215	**119**	**96**	**27**	**15**	**12**
54	30	24	6	3	3
56	33	23	4	1	3
49	28	21	6	4	2
32	16	16	10	7	3
24	12	12	1		1
37	**18**	**19**	**5**	**4**	**1**
12	8	4	1	1	
15	6	9	2	1	1
4	2	2			
3	1	2			
3	1	2	2	2	
5	**2**	**3**			
2	1	1			
2	1	1			
1		1			

6-2 续表 6

受教育程度 年　　龄	合　计	生男孩的妇女人数	生女孩的妇女人数	一　孩		
				小计	男	女
大学专科	**3765**	**1938**	**1827**	**2307**	**1194**	**1113**
15-19岁						
15						
16						
17						
18						
19						
20-24岁	**195**	**92**	**103**	**175**	**84**	**91**
20	5	3	2	5	3	2
21	8	3	5	5	2	3
22	23	12	11	20	10	10
23	56	20	36	52	19	33
24	103	54	49	93	50	43
25-29岁	**1141**	**600**	**541**	**915**	**486**	**429**
25	130	66	64	110	56	54
26	207	118	89	183	102	81
27	234	125	109	200	103	97
28	271	137	134	208	110	98
29	299	154	145	214	115	99
30-34岁	**1696**	**847**	**849**	**931**	**463**	**468**
30	368	187	181	249	136	113
31	417	208	209	243	118	125
32	316	156	160	178	90	88
33	336	166	170	148	61	87
34	259	130	129	113	58	55
35-39岁	**616**	**334**	**282**	**241**	**137**	**104**
35	154	81	73	74	42	32
36	151	82	69	52	31	21
37	133	76	57	55	32	23
38	104	57	47	37	19	18
39	74	38	36	23	13	10
40-44岁	**110**	**62**	**48**	**43**	**23**	**20**
40	46	29	17	11	8	3
41	27	12	15	15	6	9
42	14	6	8	6	1	5
43	15	11	4	7	6	1
44	8	4	4	4	2	2
45-49岁	**7**	**3**	**4**	**2**	**1**	**1**
45	3	1	2	2	1	1
46	3	1	2			
47	1	1				
48						
49						

单位：人

二孩			三孩及以上		
小计	男	女	小计	男	女
1393	**711**	**682**	**65**	**33**	**32**
19	**7**	**12**	**1**	**1**	
3	1	2			
3	2	1			
4	1	3			
9	3	6	1	1	
216	**109**	**107**	**10**	**5**	**5**
19	10	9	1		1
24	16	8			
33	21	12	1	1	
59	25	34	4	2	2
81	37	44	4	2	2
733	**367**	**366**	**32**	**17**	**15**
115	49	66	4	2	2
168	86	82	6	4	2
131	63	68	7	3	4
183	102	81	5	3	2
136	67	69	10	5	5
359	**191**	**168**	**16**	**6**	**10**
77	39	38	3		3
95	50	45	4	1	3
72	40	32	6	4	2
66	38	28	1		1
49	24	25	2	1	1
61	**35**	**26**	**6**	**4**	**2**
32	19	13	3	2	1
10	5	5	2	1	1
7	4	3	1	1	
8	5	3			
4	2	2			
5	**2**	**3**			
1		1			
3	1	2			
1	1				

6-2 续表 7

受教育程度 年龄	合计	生男孩的妇女人数	生女孩的妇女人数	一孩		
				小计	男	女
大学本科	**7054**	**3698**	**3356**	**4742**	**2496**	**2246**
15-19岁						
15						
16						
17						
18						
19						
20-24岁	**102**	**48**	**54**	**94**	**44**	**50**
20	2	2		2	2	
21	3	2	1	3	2	1
22	8	5	3	8	5	3
23	20	9	11	19	9	10
24	69	30	39	62	26	36
25-29岁	**1807**	**930**	**877**	**1574**	**806**	**768**
25	110	60	50	103	57	46
26	217	101	116	193	92	101
27	377	201	176	330	173	157
28	521	279	242	466	249	217
29	582	289	293	482	235	247
30-34岁	**3413**	**1830**	**1583**	**2308**	**1239**	**1069**
30	798	434	364	625	353	272
31	785	417	368	556	300	256
32	694	377	317	461	246	215
33	644	344	300	410	213	197
34	492	258	234	256	127	129
35-39岁	**1458**	**732**	**726**	**640**	**328**	**312**
35	408	207	201	196	101	95
36	330	156	174	151	69	82
37	292	136	156	116	57	59
38	272	145	127	114	61	53
39	156	88	68	63	40	23
40-44岁	**245**	**139**	**106**	**107**	**67**	**40**
40	90	51	39	33	21	12
41	67	37	30	34	21	13
42	47	27	20	24	14	10
43	22	13	9	9	6	3
44	19	11	8	7	5	2
45-49岁	**29**	**19**	**10**	**19**	**12**	**7**
45	9	4	5	5	2	3
46	10	9	1	5	5	
47	4	4		4	4	
48	2		2	2		2
49	4	2	2	3	1	2

单位：人

二孩			三孩及以上		
小计	男	女	小计	男	女
2232	**1165**	**1067**	**80**	**37**	**43**
8	**4**	**4**			
1		1			
7	4	3			
229	**123**	**106**	**4**	**1**	**3**
6	3	3	1		1
24	9	15			
46	28	18	1		1
54	30	24	1		1
99	53	46	1	1	
1076	**582**	**494**	**29**	**9**	**20**
170	80	90	3	1	2
223	116	107	6	1	5
228	129	99	5	2	3
225	128	97	9	3	6
230	129	101	6	2	4
782	**380**	**402**	**36**	**24**	**12**
205	100	105	7	6	1
177	85	92	2	2	
165	71	94	11	8	3
146	77	69	12	7	5
89	47	42	4	1	3
127	**69**	**58**	**11**	**3**	**8**
52	28	24	5	2	3
33	16	17			
22	12	10	1	1	
10	7	3	3		3
10	6	4	2		2
10	**7**	**3**			
4	2	2			
5	4	1			
1	1				

6-2 续表 8

受教育程度 年　龄	合　计	生男孩的妇女人数	生女孩的妇女人数	一　孩		
				小计	男	女
硕士研究生	**2634**	**1391**	**1243**	**1768**	**917**	**851**
15-19岁						
15						
16						
17						
18						
19						
20-24岁	**3**	**1**	**2**	**3**	**1**	**2**
20						
21						
22						
23						
24	3	1	2	3	1	2
25-29岁	**383**	**199**	**184**	**355**	**188**	**167**
25	7	5	2	6	5	1
26	13	4	9	10	3	7
27	51	23	28	50	23	27
28	117	58	59	109	54	55
29	195	109	86	180	103	77
30-34岁	**1482**	**773**	**709**	**1118**	**579**	**539**
30	335	177	158	306	158	148
31	343	174	169	293	154	139
32	305	171	134	221	121	100
33	282	132	150	176	77	99
34	217	119	98	122	69	53
35-39岁	**639**	**341**	**298**	**253**	**125**	**128**
35	174	90	84	79	34	45
36	151	84	67	60	30	30
37	141	70	71	54	29	25
38	101	59	42	32	18	14
39	72	38	34	28	14	14
40-44岁	**117**	**68**	**49**	**34**	**19**	**15**
40	50	31	19	13	8	5
41	31	20	11	11	8	3
42	17	8	9	4	1	3
43	14	9	5	4	2	2
44	5		5	2		2
45-49岁	**10**	**9**	**1**	**5**	**5**	
45	5	4	1	2	2	
46	3	3		2	2	
47	2	2		1	1	
48						
49						

单位：人

二孩			三孩及以上		
小计	男	女	小计	男	女
836	**453**	**383**	**30**	**21**	**9**
26	**10**	**16**	**2**	**1**	**1**
1		1			
3	1	2			
1		1			
7	3	4	1	1	
14	6	8	1		1
358	**190**	**168**	**6**	**4**	**2**
29	19	10			
50	20	30			
81	48	33	3	2	1
104	53	51	2	2	
94	50	44	1		1
368	**203**	**165**	**18**	**13**	**5**
90	51	39	5	5	
87	51	36	4	3	1
84	39	45	3	2	1
67	40	27	2	1	1
40	22	18	4	2	2
81	**47**	**34**	**2**	**2**	
35	21	14	2	2	
20	12	8			
13	7	6			
10	7	3			
3		3			
3	**3**		**2**	**1**	**1**
1	1		2	1	1
1	1				
1	1				

6-2 续表 9

受教育程度 年龄	合计	生男孩的妇女人数	生女孩的妇女人数	一孩		
				小计	男	女
博士研究生	**323**	**168**	**155**	**210**	**111**	**99**
15-19岁						
15						
16						
17						
18						
19						
20-24岁	**2**		**2**	**2**		**2**
20						
21						
22						
23						
24	2		2	2		2
25-29岁	**36**	**22**	**14**	**32**	**19**	**13**
25						
26	3	2	1	3	2	1
27	3	3		3	3	
28	12	9	3	9	7	2
29	18	8	10	17	7	10
30-34岁	**175**	**84**	**91**	**134**	**65**	**69**
30	39	17	22	38	17	21
31	32	18	14	28	15	13
32	40	18	22	29	15	14
33	37	19	18	24	13	11
34	27	12	15	15	5	10
35-39岁	**84**	**45**	**39**	**33**	**19**	**14**
35	26	17	9	12	8	4
36	16	5	11	8	2	6
37	14	7	7	4	3	1
38	16	9	7	6	4	2
39	12	7	5	3	2	1
40-44岁	**21**	**13**	**8**	**6**	**5**	**1**
40	8	5	3	3	3	
41	7	6	1	2	2	
42	4	1	3	1		1
43	2	1	1			
44						
45-49岁	**5**	**4**	**1**	**3**	**3**	
45	2	1	1	1	1	
46	2	2		1	1	
47						
48	1	1		1	1	
49						

单位：人

二孩			三孩及以上		
小计	男	女	小计	男	女
106	**56**	**50**	**7**	**1**	**6**
4	**3**	**1**			
3	2	1			
1	1				
40	**19**	**21**	**1**		**1**
1		1			
4	3	1			
10	3	7	1		1
13	6	7			
12	7	5			
46	**26**	**20**	**5**		**5**
14	9	5			
7	3	4	1		1
10	4	6			
7	5	2	3		3
8	5	3	1		1
14	**7**	**7**	**1**	**1**	
5	2	3			
5	4	1			
3	1	2			
1		1	1	1	
2	**1**	**1**			
1		1			
1	1				

6–2a 全市按年龄、受教育程度、生育孩次

受教育程度 年龄	合计	生男孩的妇女人数	生女孩的妇女人数	一孩		
				小计	男	女
总计	**13614**	**7153**	**6461**	**8717**	**4603**	**4114**
15–19岁	**13**	**7**	**6**	**12**	**6**	**6**
15						
16						
17	5	2	3	4	1	3
18	2	1	1	2	1	1
19	6	4	2	6	4	2
20–24岁	**386**	**184**	**202**	**323**	**162**	**161**
20	17	12	5	17	12	5
21	32	18	14	27	15	12
22	53	30	23	46	26	20
23	98	38	60	81	34	47
24	186	86	100	152	75	77
25–29岁	**3202**	**1678**	**1524**	**2672**	**1401**	**1271**
25	242	127	115	210	109	101
26	417	217	200	350	182	168
27	635	332	303	541	280	261
28	878	461	417	747	396	351
29	1030	541	489	824	434	390
30–34岁	**6490**	**3410**	**3080**	**4271**	**2260**	**2011**
30	1443	772	671	1136	624	512
31	1512	801	711	1073	580	493
32	1307	693	614	848	453	395
33	1219	624	595	704	343	361
34	1009	520	489	510	260	250
35–39岁	**2896**	**1515**	**1381**	**1191**	**625**	**566**
35	765	400	365	357	183	174
36	646	335	311	273	136	137
37	600	301	299	222	121	101
38	527	288	239	203	109	94
39	358	191	167	136	76	60
40–44岁	**555**	**315**	**240**	**212**	**124**	**88**
40	212	126	86	68	45	23
41	146	84	62	64	38	26
42	94	47	47	42	19	23
43	65	39	26	24	14	10
44	38	19	19	14	8	6
45–49岁	**72**	**44**	**28**	**36**	**25**	**11**
45	24	12	12	9	6	3
46	19	15	4	10	9	1
47	12	11	1	8	7	1
48	7	2	5	5	2	3
49	10	4	6	4	1	3

分的育龄妇女人数(2019.11.1–2020.10.31)(城市)

单位：人

二孩			三孩及以上		
小计	男	女	小计	男	女
4641	**2411**	**2230**	**256**	**139**	**117**
1	**1**				
1	1				
60	**20**	**40**	**3**	**2**	**1**
5	3	2			
7	4	3			
17	4	13			
31	9	22	3	2	1
508	**266**	**242**	**22**	**11**	**11**
30	17	13	2	1	1
66	34	32	1	1	
91	51	40	3	1	2
124	62	62	7	3	4
197	102	95	9	5	4
2125	**1101**	**1024**	**94**	**49**	**45**
297	142	155	10	6	4
418	210	208	21	11	10
441	232	209	18	8	10
492	268	224	23	13	10
477	249	228	22	11	11
1604	**832**	**772**	**101**	**58**	**43**
390	205	185	18	12	6
361	193	168	12	6	6
352	162	190	26	18	8
295	163	132	29	16	13
206	109	97	16	6	10
314	**175**	**139**	**29**	**16**	**13**
133	74	59	11	7	4
79	44	35	3	2	1
50	26	24	2	2	
33	22	11	8	3	5
19	9	10	5	2	3
29	**16**	**13**	**7**	**3**	**4**
11	4	7	4	2	2
9	6	3			
3	3		1	1	
2		2			
4	3	1	2		2

6–2a 续表 1

受教育程度 年龄	合计	生男孩的妇女人数	生女孩的妇女人数	一孩		
				小计	男	女
未上过学	**3**	**1**	**2**	**2**	**1**	**1**
15–19岁						
15						
16						
17						
18						
19						
20–24岁						
20						
21						
22						
23						
24						
25–29岁	**1**	**1**		**1**	**1**	
25						
26						
27	1	1		1	1	
28						
29						
30–34岁	**1**		**1**			
30						
31						
32	1		1			
33						
34						
35–39岁						
35						
36						
37						
38						
39						
40–44岁						
40						
41						
42						
43						
44						
45–49岁	**1**		**1**	**1**		**1**
45						
46						
47	1		1	1		1
48						
49						

单位：人

二　孩			三孩及以上		
小计	男	女	小计	男	女
1		1			
1		1			
1		1			

6-2a 续表 2

受教育程度 年 龄	合 计	生男孩的妇女人数	生女孩的妇女人数	一 孩		
				小计	男	女
学前教育	**3**	**1**	**2**	**2**	**1**	**1**
15-19岁						
15						
16						
17						
18						
19						
20-24岁						
20						
21						
22						
23						
24						
25-29岁	**1**	**1**		**1**	**1**	
25						
26						
27						
28	1	1		1	1	
29						
30-34岁	**1**		**1**	**1**		**1**
30						
31	1		1	1		1
32						
33						
34						
35-39岁	**1**		**1**			
35						
36						
37	1		1			
38						
39						
40-44岁						
40						
41						
42						
43						
44						
45-49岁						
45						
46						
47						
48						
49						

单位：人

二孩			三孩及以上		
小计	男	女	小计	男	女
1		**1**			
1		**1**			
1		1			

6-2a 续表 3

受教育程度 年　　龄	合　计	生男孩的妇女人数	生女孩的妇女人数	一　孩		
				小计	男	女
小　学	**28**	**17**	**11**	**12**	**7**	**5**
15-19岁						
15						
16						
17						
18						
19						
20-24岁						
20						
21						
22						
23						
24						
25-29岁	**5**	**3**	**2**	**4**	**3**	**1**
25						
26	2	1	1	2	1	1
27	2	1	1	1	1	
28	1	1		1	1	
29						
30-34岁	**12**	**7**	**5**	**4**	**2**	**2**
30	1		1			
31	4	3	1	1	1	
32	2	1	1	1		1
33	4	2	2	1		1
34	1	1		1	1	
35-39岁	**5**	**3**	**2**	**2**	**1**	**1**
35	1	1		1	1	
36	1	1				
37	1		1	1		1
38	2	1	1			
39						
40-44岁	**3**	**1**	**2**	**1**		**1**
40	1		1			
41						
42						
43	2	1	1	1		1
44						
45-49岁	**3**	**3**		**1**	**1**	
45						
46						
47	2	2		1	1	
48						
49	1	1				

单位：人

二孩			三孩及以上		
小计	男	女	小计	男	女
9	**4**	**5**	**7**	**6**	**1**
1		**1**			
1		1			
4	**2**	**2**	**4**	**3**	**1**
1		1			
2	1	1	1	1	
			1	1	
1	1		2	1	1
1		**1**	**2**	**2**	
			1	1	
1		1	1	1	
1		**1**	**1**	**1**	
1		1			
			1	1	
2	**2**				
1	1				
1	1				

6-2a 续表 4

受教育程度 年龄	合计	生男孩的妇女人数	生女孩的妇女人数	一孩		
				小计	男	女
初 中	**598**	**300**	**298**	**271**	**148**	**123**
15-19岁	**9**	**4**	**5**	**8**	**3**	**5**
15						
16						
17	3	1	2	2		2
18	2	1	1	2	1	1
19	4	2	2	4	2	2
20-24岁	**81**	**39**	**42**	**59**	**32**	**27**
20	6	5	1	6	5	1
21	14	7	7	11	5	6
22	15	8	7	13	8	5
23	21	8	13	13	6	7
24	25	11	14	16	8	8
25-29岁	**143**	**82**	**61**	**76**	**44**	**32**
25	21	10	11	13	5	8
26	18	12	6	9	6	3
27	28	17	11	14	9	5
28	28	16	12	15	9	6
29	48	27	21	25	15	10
30-34岁	**209**	**98**	**111**	**84**	**46**	**38**
30	43	20	23	19	10	9
31	43	19	24	19	9	10
32	44	18	26	18	11	7
33	37	19	18	13	8	5
34	42	22	20	15	8	7
35-39岁	**108**	**54**	**54**	**28**	**13**	**15**
35	28	14	14	7	3	4
36	17	9	8	4	1	3
37	21	9	12	3	1	2
38	26	15	11	11	8	3
39	16	7	9	3		3
40-44岁	**30**	**15**	**15**	**11**	**7**	**4**
40	8	5	3	5	4	1
41	6	2	4			
42	6	3	3	3	1	2
43	7	3	4	1		1
44	3	2	1	2	2	
45-49岁	**18**	**8**	**10**	**5**	**3**	**2**
45	6	2	4			
46	2	2		2	2	
47	2	2		1	1	
48	3		3	1		1
49	5	2	3	1		1

单位：人

二孩			三孩及以上		
小计	男	女	小计	男	女
287	**131**	**156**	**40**	**21**	**19**
1	**1**				
1	1				
21	**6**	**15**	**1**	**1**	
3	2	1			
2		2			
8	2	6			
8	2	6	1	1	
61	**35**	**26**	**6**	**3**	**3**
7	4	3	1	1	
8	5	3	1	1	
13	8	5	1		1
12	7	5	1		1
21	11	10	2	1	1
110	**42**	**68**	**15**	**10**	**5**
22	8	14	2	2	
19	8	11	5	2	3
24	6	18	2	1	1
22	9	13	2	2	
23	11	12	4	3	1
71	**37**	**34**	**9**	**4**	**5**
21	11	10			
12	8	4	1		1
15	6	9	3	2	1
14	7	7	1		1
9	5	4	4	2	2
15	**7**	**8**	**4**	**1**	**3**
3	1	2			
6	2	4			
3	2	1			
3	2	1	3	1	2
			1		1
8	**3**	**5**	**5**	**2**	**3**
4	1	3	2	1	1
			1	1	
2		2			
2	2		2		2

6–2a 续表 5

受教育程度 年龄	合 计	生男孩的妇女人数	生女孩的妇女人数	一孩 小计	一孩 男	一孩 女
高 中	**1124**	**607**	**517**	**615**	**340**	**275**
15–19岁	**4**	**3**	**1**	**4**	**3**	**1**
15						
16						
17	2	1	1	2	1	1
18						
19	2	2		2	2	
20–24岁	**99**	**52**	**47**	**79**	**45**	**34**
20	6	4	2	6	4	2
21	12	9	3	11	8	3
22	17	11	6	14	8	6
23	25	11	14	19	10	9
24	39	17	22	29	15	14
25–29岁	**299**	**157**	**142**	**212**	**105**	**107**
25	42	25	17	37	21	16
26	57	34	23	41	25	16
27	68	30	38	51	20	31
28	63	31	32	46	19	27
29	69	37	32	37	20	17
30–34岁	**412**	**226**	**186**	**202**	**123**	**79**
30	88	52	36	54	34	20
31	98	53	45	52	33	19
32	87	49	38	39	24	15
33	70	40	30	25	15	10
34	69	32	37	32	17	15
35–39岁	**253**	**140**	**113**	**95**	**53**	**42**
35	57	30	27	24	13	11
36	61	35	26	19	11	8
37	45	28	17	12	8	4
38	48	25	23	18	8	10
39	42	22	20	22	13	9
40–44岁	**52**	**28**	**24**	**21**	**10**	**11**
40	18	12	6	8	5	3
41	16	8	8	5	2	3
42	7	3	4	4	2	2
43	6	2	4	4	1	3
44	5	3	2			
45–49岁	**5**	**1**	**4**	**2**	**1**	**1**
45	1		1			
46	2		2	1		1
47						
48	1	1		1	1	
49	1		1			

单位：人

二孩			三孩及以上		
小计	男	女	小计	男	女
458	**239**	**219**	**51**	**28**	**23**
19	**7**	**12**	**1**		**1**
1	1				
3	3				
6	1	5			
9	2	7	1		1
86	**51**	**35**	**1**	**1**	
5	4	1			
16	9	7			
17	10	7			
17	12	5			
31	16	15	1	1	
191	**93**	**98**	**19**	**10**	**9**
31	17	14	3	1	2
41	16	25	5	4	1
45	24	21	3	1	2
39	22	17	6	3	3
35	14	21	2	1	1
133	**74**	**59**	**25**	**13**	**12**
29	16	13	4	1	3
38	23	15	4	1	3
27	16	11	6	4	2
20	10	10	10	7	3
19	9	10	1		1
26	**14**	**12**	**5**	**4**	**1**
9	6	3	1	1	
9	5	4	2	1	1
3	1	2			
2	1	1			
3	1	2	2	2	
3		**3**			
1		1			
1		1			
1		1			

6-2a 续表 6

受教育程度 年龄	合计	生男孩的妇女人数	生女孩的妇女人数	一孩		
				小计	男	女
大学专科	**2805**	**1447**	**1358**	**1737**	**902**	**835**
15-19岁						
15						
16						
17						
18						
19						
20-24岁	**119**	**56**	**63**	**105**	**51**	**54**
20	4	2	2	4	2	2
21	4	1	3	3	1	2
22	13	6	7	11	5	6
23	35	12	23	33	11	22
24	63	35	28	54	32	22
25-29岁	**823**	**436**	**387**	**670**	**360**	**310**
25	85	41	44	74	35	39
26	141	77	64	124	66	58
27	170	94	76	145	79	66
28	213	108	105	168	90	78
29	214	116	98	159	90	69
30-34岁	**1264**	**629**	**635**	**726**	**360**	**366**
30	266	132	134	189	99	90
31	305	161	144	190	100	90
32	232	115	117	138	69	69
33	255	123	132	117	47	70
34	206	98	108	92	45	47
35-39岁	**494**	**267**	**227**	**195**	**110**	**85**
35	117	60	57	56	31	25
36	114	66	48	45	28	17
37	111	63	48	45	27	18
38	87	46	41	30	15	15
39	65	32	33	19	9	10
40-44岁	**99**	**56**	**43**	**40**	**20**	**20**
40	42	26	16	11	8	3
41	23	11	12	14	5	9
42	14	6	8	6	1	5
43	13	10	3	6	5	1
44	7	3	4	3	1	2
45-49岁	**6**	**3**	**3**	**1**	**1**	
45	2	1	1	1	1	
46	3	1	2			
47	1	1				
48						
49						

单位：人

二孩			三孩及以上		
小计	男	女	小计	男	女
1019	**517**	**502**	**49**	**28**	**21**
13	**4**	**9**	**1**	**1**	
1		1			
2	1	1			
2	1	1			
8	2	6	1	1	
144	**71**	**73**	**9**	**5**	**4**
11	6	5			
17	11	6			
24	14	10	1	1	
41	16	25	4	2	2
51	24	27	4	2	2
515	**256**	**259**	**23**	**13**	**10**
74	31	43	3	2	1
111	58	53	4	3	1
91	45	46	3	1	2
134	74	60	4	2	2
105	48	57	9	5	4
288	**152**	**136**	**11**	**5**	**6**
59	29	30	2		2
69	38	31			
60	32	28	6	4	2
56	31	25	1		1
44	22	22	2	1	1
54	**32**	**22**	**5**	**4**	**1**
28	16	12	3	2	1
8	5	3	1	1	
7	4	3	1	1	
7	5	2			
4	2	2			
5	**2**	**3**			
1		1			
3	1	2			
1	1				

6-2a 续表 7

受教育程度 年　龄	合　计	生男孩的妇女人数	生女孩的妇女人数	一　孩		
				小计	男	女
大学本科	**6225**	**3274**	**2951**	**4199**	**2219**	**1980**
15-19岁						
15						
16						
17						
18						
19						
20-24岁	**82**	**36**	**46**	**75**	**33**	**42**
20	1	1		1	1	
21	2	1	1	2	1	1
22	8	5	3	8	5	3
23	17	7	10	16	7	9
24	54	22	32	48	19	29
25-29岁	**1533**	**787**	**746**	**1341**	**689**	**652**
25	87	46	41	80	43	37
26	183	87	96	161	79	82
27	317	166	151	281	147	134
28	448	238	210	403	216	187
29	498	250	248	416	204	212
30-34岁	**3019**	**1631**	**1388**	**2074**	**1117**	**957**
30	692	382	310	549	314	235
31	703	379	324	504	274	230
32	612	329	283	416	219	197
33	555	302	253	365	193	172
34	457	239	218	240	117	123
35-39岁	**1330**	**667**	**663**	**589**	**304**	**285**
35	367	188	179	179	93	86
36	293	137	156	139	64	75
37	269	124	145	104	53	51
38	250	133	117	106	56	50
39	151	85	66	61	38	23
40-44岁	**236**	**136**	**100**	**102**	**65**	**37**
40	87	49	38	30	19	11
41	63	37	26	32	21	11
42	46	26	20	24	14	10
43	22	13	9	9	6	3
44	18	11	7	7	5	2
45-49岁	**25**	**17**	**8**	**18**	**11**	**7**
45	8	4	4	5	2	3
46	8	8		4	4	
47	4	4		4	4	
48	2		2	2		2
49	3	1	2	3	1	2

单位：人

二孩			三孩及以上		
小计	男	女	小计	男	女
1954	**1021**	**933**	**72**	**34**	**38**
7	**3**	**4**			
1		1			
6	3	3			
188	**97**	**91**	**4**	**1**	**3**
6	3	3	1		1
22	8	14			
35	19	16	1		1
44	22	22	1		1
81	45	36	1	1	
919	**505**	**414**	**26**	**9**	**17**
141	67	74	2	1	1
193	104	89	6	1	5
191	108	83	5	2	3
183	106	77	7	3	4
211	120	91	6	2	4
710	**342**	**368**	**31**	**21**	**10**
181	89	92	7	6	1
153	72	81	1	1	
157	65	92	8	6	2
133	70	63	11	7	4
86	46	40	4	1	3
123	**68**	**55**	**11**	**3**	**8**
52	28	24	5	2	3
31	16	15			
21	11	10	1	1	
10	7	3	3		3
9	6	3	2		2
7	**6**	**1**			
3	2	1			
4	4				

6-2a 续表 8

受教育程度 年龄	合计	生男孩的妇女人数	生女孩的妇女人数	一孩		
				小计	男	女
硕士研究生	**2511**	**1342**	**1169**	**1675**	**878**	**797**
15-19岁						
15						
16						
17						
18						
19						
20-24岁	**3**	**1**	**2**	**3**	**1**	**2**
20						
21						
22						
23						
24	3	1	2	3	1	2
25-29岁	**361**	**189**	**172**	**335**	**179**	**156**
25	7	5	2	6	5	1
26	13	4	9	10	3	7
27	46	20	26	45	20	25
28	112	57	55	104	53	51
29	183	103	80	170	98	72
30-34岁	**1402**	**738**	**664**	**1051**	**550**	**501**
30	317	170	147	290	151	139
31	328	170	158	280	150	130
32	289	163	126	207	115	92
33	261	119	142	159	67	92
34	207	116	91	115	67	48
35-39岁	**621**	**339**	**282**	**249**	**125**	**124**
35	169	90	79	78	34	44
36	144	82	62	58	30	28
37	138	70	68	53	29	24
38	98	59	39	32	18	14
39	72	38	34	28	14	14
40-44岁	**115**	**67**	**48**	**32**	**18**	**14**
40	49	30	19	12	7	5
41	31	20	11	11	8	3
42	17	8	9	4	1	3
43	13	9	4	3	2	1
44	5		5	2		2
45-49岁	**9**	**8**	**1**	**5**	**5**	
45	5	4	1	2	2	
46	2	2		2	2	
47	2	2		1	1	
48						
49						

单位：人

二孩			三孩及以上		
小计	男	女	小计	男	女
806	**443**	**363**	**30**	**21**	**9**
24	**9**	**15**	**2**	**1**	**1**
1		1			
3	1	2			
1		1			
7	3	4	1	1	
12	5	7	1		1
345	**184**	**161**	**6**	**4**	**2**
27	19	8			
48	20	28			
79	46	33	3	2	1
100	50	50	2	2	
91	49	42	1		1
354	**201**	**153**	**18**	**13**	**5**
86	51	35	5	5	
82	49	33	4	3	1
82	39	43	3	2	1
64	40	24	2	1	1
40	22	18	4	2	2
81	**47**	**34**	**2**	**2**	
35	21	14	2	2	
20	12	8			
13	7	6			
10	7	3			
3		3			
2	**2**		**2**	**1**	**1**
1	1		2	1	1
1	1				

6-2a 续表 9

受教育程度 年龄	合计	生男孩的妇女人数	生女孩的妇女人数	一孩 小计	一孩 男	一孩 女
博士研究生	**317**	**164**	**153**	**204**	**107**	**97**
15-19岁						
15						
16						
17						
18						
19						
20-24岁	**2**		**2**	**2**		**2**
20						
21						
22						
23						
24	2		2	2		2
25-29岁	**36**	**22**	**14**	**32**	**19**	**13**
25						
26	3	2	1	3	2	1
27	3	3		3	3	
28	12	9	3	9	7	2
29	18	8	10	17	7	10
30-34岁	**170**	**81**	**89**	**129**	**62**	**67**
30	36	16	20	35	16	19
31	30	16	14	26	13	13
32	40	18	22	29	15	14
33	37	19	18	24	13	11
34	27	12	15	15	5	10
35-39岁	**84**	**45**	**39**	**33**	**19**	**14**
35	26	17	9	12	8	4
36	16	5	11	8	2	6
37	14	7	7	4	3	1
38	16	9	7	6	4	2
39	12	7	5	3	2	1
40-44岁	**20**	**12**	**8**	**5**	**4**	**1**
40	7	4	3	2	2	
41	7	6	1	2	2	
42	4	1	3	1		1
43	2	1	1			
44						
45-49岁	**5**	**4**	**1**	**3**	**3**	
45	2	1	1	1	1	
46	2	2		1	1	
47						
48	1	1		1	1	
49						

单位：人

二孩			三孩及以上		
小计	男	女	小计	男	女
106	**56**	**50**	**7**	**1**	**6**
4	**3**	**1**			
3	2	1			
1	1				
40	**19**	**21**	**1**		**1**
1		1			
4	3	1			
10	3	7	1		1
13	6	7			
12	7	5			
46	**26**	**20**	**5**		**5**
14	9	5			
7	3	4	1		1
10	4	6			
7	5	2	3		3
8	5	3	1		1
14	**7**	**7**	**1**	**1**	
5	2	3			
5	4	1			
3	1	2			
1		1	1	1	
2	**1**	**1**			
1		1			
1	1				

6-2b 全市按年龄、受教育程度、生育孩次

受教育程度 年　　龄	合　计	生男孩的 妇女人数	生女孩的 妇女人数	一　孩		
				小计	男	女
总　计	**1101**	**568**	**533**	**642**	**337**	**305**
15-19岁	**1**	**1**				
15						
16						
17						
18						
19	1	1				
20-24岁	**63**	**39**	**24**	**54**	**32**	**22**
20	2	2		2	2	
21	4	2	2	3	2	1
22	10	4	6	8	3	5
23	11	7	4	9	5	4
24	36	24	12	32	20	12
25-29岁	**309**	**163**	**146**	**240**	**128**	**112**
25	37	21	16	29	18	11
26	47	21	26	43	18	25
27	59	39	20	45	29	16
28	68	33	35	53	24	29
29	98	49	49	70	39	31
30-34岁	**514**	**257**	**257**	**269**	**135**	**134**
30	112	54	58	73	39	34
31	127	57	70	70	26	44
32	115	64	51	60	34	26
33	97	48	49	45	24	21
34	63	34	29	21	12	9
35-39岁	**174**	**88**	**86**	**57**	**27**	**30**
35	47	22	25	16	8	8
36	51	24	27	14	6	8
37	40	22	18	17	7	10
38	26	13	13	6	3	3
39	10	7	3	4	3	1
40-44岁	**32**	**16**	**16**	**18**	**12**	**6**
40	10	6	4	8	6	2
41	9	2	7	3	1	2
42	8	6	2	4	3	1
43	3	1	2	2	1	1
44	2	1	1	1	1	
45-49岁	**8**	**4**	**4**	**4**	**3**	**1**
45	2		2	1		1
46	4	3	1	2	2	
47						
48	1	1		1	1	
49	1		1			

分的育龄妇女人数(2019.11.1-2020.10.31)(镇)

单位：人

二孩			三孩及以上		
小计	男	女	小计	男	女
437	**222**	**215**	**22**	**9**	**13**
1	**1**				
1	1				
9	**7**	**2**			
1		1			
2	1	1			
2	2				
4	4				
68	**34**	**34**	**1**	**1**	
8	3	5			
4	3	1			
14	10	4			
15	9	6			
27	9	18	1	1	
233	**118**	**115**	**12**	**4**	**8**
36	14	22	3	1	2
54	29	25	3	2	1
53	30	23	2		2
49	23	26	3	1	2
41	22	19	1		1
109	**58**	**51**	**8**	**3**	**5**
30	14	16	1		1
32	16	16	5	2	3
21	14	7	2	1	1
20	10	10			
6	4	2			
13	**3**	**10**	**1**	**1**	
2		2			
6	1	5			
3	2	1	1	1	
1		1			
1		1			
4	**1**	**3**			
1		1			
2	1	1			
1		1			

6-2b 续表 1

受教育程度 年龄	合计	生男孩的妇女人数	生女孩的妇女人数	一孩		
				小计	男	女
未上过学						
15-19岁						
15						
16						
17						
18						
19						
20-24岁						
20						
21						
22						
23						
24						
25-29岁						
25						
26						
27						
28						
29						
30-34岁						
30						
31						
32						
33						
34						
35-39岁						
35						
36						
37						
38						
39						
40-44岁						
40						
41						
42						
43						
44						
45-49岁						
45						
46						
47						
48						
49						

单位：人

二　孩			三孩及以上		
小计	男	女	小计	男	女

6-2b 续表 2

受教育程度 年 龄	合 计	生男孩的 妇女人数	生女孩的 妇女人数	一 孩		
				小计	男	女
学前教育						
15-19岁						
15						
16						
17						
18						
19						
20-24岁						
20						
21						
22						
23						
24						
25-29岁						
25						
26						
27						
28						
29						
30-34岁						
30						
31						
32						
33						
34						
35-39岁						
35						
36						
37						
38						
39						
40-44岁						
40						
41						
42						
43						
44						
45-49岁						
45						
46						
47						
48						
49						

单位：人

二孩			三孩及以上		
小计	男	女	小计	男	女

6-2b 续表 3

受教育程度 年龄	合计	生男孩的妇女人数	生女孩的妇女人数	一孩		
				小计	男	女
小学	**10**	**6**	**4**	**4**	**3**	**1**
15-19岁						
15						
16						
17						
18						
19						
20-24岁	**1**		**1**	**1**		**1**
20						
21						
22	1		1	1		1
23						
24						
25-29岁	**3**	**3**		**2**	**2**	
25						
26						
27	2	2		1	1	
28						
29	1	1		1	1	
30-34岁						
30						
31						
32						
33						
34						
35-39岁	**3**	**2**	**1**			
35	2	1	1			
36						
37	1	1				
38						
39						
40-44岁	**3**	**1**	**2**	**1**	**1**	
40	1	1		1	1	
41	2		2			
42						
43						
44						
45-49岁						
45						
46						
47						
48						
49						

单位：人

二孩			三孩及以上		
小计	男	女	小计	男	女
6	**3**	**3**			
1	**1**				
1	1				
3	**2**	**1**			
2	1	1			
1	1				
2		**2**			
2		2			

6-2b 续表 4

受教育程度 年　　龄	合　计	生男孩的 妇女人数	生女孩的 妇女人数	一　孩		
				小计	男	女
初　中	**128**	**65**	**63**	**61**	**34**	**27**
15-19岁						
15						
16						
17						
18						
19						
20-24岁	**14**	**10**	**4**	**11**	**7**	**4**
20	1	1		1	1	
21						
22	4	2	2	3	1	2
23	3	3		2	2	
24	6	4	2	5	3	2
25-29岁	**32**	**15**	**17**	**18**	**8**	**10**
25	3	2	1	1	1	
26	5	2	3	4	1	3
27	8	5	3	5	3	2
28	4	1	3	2		2
29	12	5	7	6	3	3
30-34岁	**48**	**21**	**27**	**20**	**9**	**11**
30	8	2	6	2	1	1
31	15	6	9	8	3	5
32	10	6	4	5	3	2
33	4	2	2	1		1
34	11	5	6	4	2	2
35-39岁	**20**	**10**	**10**	**5**	**3**	**2**
35	4	1	3	1		1
36	7	4	3	2	1	1
37	7	4	3	1	1	
38	2	1	1	1	1	
39						
40-44岁	**11**	**7**	**4**	**5**	**5**	
40	3	1	2	1	1	
41	2	2		1	1	
42	4	3	1	2	2	
43	2	1	1	1	1	
44						
45-49岁	**3**	**2**	**1**	**2**	**2**	
45						
46	1	1		1	1	
47						
48	1	1		1	1	
49	1		1			

单位：人

二孩			三孩及以上		
小计	男	女	小计	男	女
59	**28**	**31**	**8**	**3**	**5**
3	**3**				
1	1				
1	1				
1	1				
14	**7**	**7**			
2	1	1			
1	1				
3	2	1			
2	1	1			
6	2	4			
23	**10**	**13**	**5**	**2**	**3**
5		5	1	1	
5	2	3	2	1	1
4	3	1	1		1
2	2		1		1
7	3	4			
13	**7**	**6**	**2**		**2**
2	1	1	1		1
4	3	1	1		1
6	3	3			
1		1			
5	**1**	**4**	**1**	**1**	
2		2			
1	1				
1		1	1	1	
1		1			
1		**1**			
1		1			

6-2b 续表 5

受教育程度 年龄	合计	生男孩的妇女人数	生女孩的妇女人数	一孩		
				小计	男	女
高中	**186**	**109**	**77**	**91**	**54**	**37**
15-19岁	**1**	**1**				
15						
16						
17						
18						
19	1	1				
20-24岁	**15**	**9**	**6**	**11**	**6**	**5**
20						
21	2	1	1	2	1	1
22	3	1	2	2	1	1
23	1	1				
24	9	6	3	7	4	3
25-29岁	**63**	**39**	**24**	**46**	**31**	**15**
25	7	4	3	6	4	2
26	11	5	6	8	3	5
27	17	13	4	13	11	2
28	9	6	3	6	4	2
29	19	11	8	13	9	4
30-34岁	**69**	**39**	**30**	**20**	**10**	**10**
30	11	7	4	4	2	2
31	18	13	5	5	2	3
32	15	7	8	4	1	3
33	14	6	8	5	4	1
34	11	6	5	2	1	1
35-39岁	**30**	**17**	**13**	**9**	**4**	**5**
35	9	5	4	4	2	2
36	8	4	4	2	1	1
37	7	5	2	2	1	1
38	3	2	1			
39	3	1	2	1		1
40-44岁	**8**	**4**	**4**	**5**	**3**	**2**
40	2	1	1	2	1	1
41	2		2			
42	3	2	1	2	1	1
43						
44	1	1		1	1	
45-49岁						
45						
46						
47						
48						
49						

单位：人

二孩			三孩及以上		
小计	男	女	小计	男	女
92	**54**	**38**	**3**	**1**	**2**
1	**1**				
1	1				
4	**3**	**1**			
1		1			
1	1				
2	2				
16	**7**	**9**	**1**	**1**	
1		1			
3	2	1			
4	2	2			
3	2	1			
5	1	4	1	1	
47	**29**	**18**	**2**		**2**
7	5	2			
13	11	2			
10	6	4	1		1
9	2	7			
8	5	3	1		1
21	**13**	**8**			
5	3	2			
6	3	3			
5	4	1			
3	2	1			
2	1	1			
3	**1**	**2**			
2		2			
1	1				

6-2b 续表 6

受教育程度 年龄	合计	生男孩的妇女人数	生女孩的妇女人数	一孩 小计	一孩 男	一孩 女
大学专科	**307**	**148**	**159**	**169**	**79**	**90**
15-19岁						
15						
16						
17						
18						
19						
20-24岁	**22**	**11**	**11**	**21**	**11**	**10**
20	1	1		1	1	
21	1		1			
22	2	1	1	2	1	1
23	5	1	4	5	1	4
24	13	8	5	13	8	5
25-29岁	**82**	**41**	**41**	**59**	**29**	**30**
25	16	7	9	11	5	6
26	14	8	6	14	8	6
27	14	8	6	12	6	6
28	14	7	7	6	3	3
29	24	11	13	16	7	9
30-34岁	**158**	**72**	**86**	**73**	**31**	**42**
30	36	17	19	21	12	9
31	43	16	27	20	4	16
32	36	14	22	18	8	10
33	28	14	14	9	3	6
34	15	11	4	5	4	1
35-39岁	**43**	**24**	**19**	**15**	**8**	**7**
35	8	4	4	3	2	1
36	15	6	9	3	1	2
37	10	6	4	6	3	3
38	7	5	2	2	1	1
39	3	3		1	1	
40-44岁	**1**		**1**			
40						
41	1		1			
42						
43						
44						
45-49岁	**1**		**1**	**1**		**1**
45	1		1	1		1
46						
47						
48						
49						

单位：人

二孩			三孩及以上		
小计	男	女	小计	男	女
132	**66**	**66**	**6**	**3**	**3**
1		**1**			
1		1			
23	**12**	**11**			
5	2	3			
2	2				
8	4	4			
8	4	4			
82	**39**	**43**	**3**	**2**	**1**
14	5	9	1		1
22	11	11	1	1	
18	6	12			
18	10	8	1	1	
10	7	3			
25	**15**	**10**	**3**	**1**	**2**
5	2	3			
9	4	5	3	1	2
4	3	1			
5	4	1			
2	2				
1		**1**			
1		1			

6-2b 续表 7

受教育程度 年龄	合计	生男孩的妇女人数	生女孩的妇女人数	一孩		
				小计	男	女
大学本科	**384**	**203**	**181**	**251**	**135**	**116**
15-19岁						
15						
16						
17						
18						
19						
20-24岁	**11**	**9**	**2**	**10**	**8**	**2**
20						
21	1	1		1	1	
22						
23	2	2		2	2	
24	8	6	2	7	5	2
25-29岁	**114**	**58**	**56**	**101**	**51**	**50**
25	11	8	3	11	8	3
26	17	6	11	17	6	11
27	16	10	6	12	7	5
28	37	18	19	35	16	19
29	33	16	17	26	14	12
30-34岁	**182**	**97**	**85**	**107**	**61**	**46**
30	42	22	20	32	18	14
31	41	17	24	28	12	16
32	45	32	13	25	18	7
33	35	16	19	17	9	8
34	19	10	9	5	4	1
35-39岁	**67**	**35**	**32**	**27**	**12**	**15**
35	21	11	10	8	4	4
36	18	10	8	7	3	4
37	13	6	7	7	2	5
38	11	5	6	3	1	2
39	4	3	1	2	2	
40-44岁	**7**	**3**	**4**	**5**	**2**	**3**
40	3	2	1	3	2	1
41	2		2	2		2
42	1	1				
43						
44	1		1			
45-49岁	**3**	**1**	**2**	**1**	**1**	
45	1		1			
46	2	1	1	1	1	
47						
48						
49						

单位：人

二孩			三孩及以上		
小计	男	女	小计	男	女
128	**66**	**62**	**5**	**2**	**3**
1	**1**				
1	1				
13	**7**	**6**			
4	3	1			
2	2				
7	2	5			
73	**36**	**37**	**2**		**2**
9	4	5	1		1
13	5	8			
20	14	6			
17	7	10	1		1
14	6	8			
37	**21**	**16**	**3**	**2**	**1**
13	7	6			
10	6	4	1	1	
4	3	1	2	1	1
8	4	4			
2	1	1			
2	**1**	**1**			
1	1				
1		1			
2		**2**			
1		1			
1		1			

6-2b 续表 8

受教育程度 年龄	合计	生男孩的妇女人数	生女孩的妇女人数	一孩		
				小计	男	女
硕士研究生	**83**	**34**	**49**	**63**	**29**	**34**
15-19岁						
15						
16						
17						
18						
19						
20-24岁						
20						
21						
22						
23						
24						
25-29岁	**15**	**7**	**8**	**14**	**7**	**7**
25						
26						
27	2	1	1	2	1	1
28	4	1	3	4	1	3
29	9	5	4	8	5	3
30-34岁	**54**	**25**	**29**	**46**	**21**	**25**
30	14	5	9	13	5	8
31	8	3	5	7	3	4
32	9	5	4	8	4	4
33	16	10	6	13	8	5
34	7	2	5	5	1	4
35-39岁	**11**		**11**	**1**		**1**
35	3		3			
36	3		3			
37	2		2	1		1
38	3		3			
39						
40-44岁	**2**	**1**	**1**	**2**	**1**	**1**
40	1	1		1	1	
41						
42						
43	1		1	1		1
44						
45-49岁	**1**	**1**				
45						
46	1	1				
47						
48						
49						

单位：人

二孩			三孩及以上		
小计	男	女	小计	男	女
20	**5**	**15**			
1		**1**			
1		1			
8	**4**	**4**			
1		1			
1		1			
1	1				
3	2	1			
2	1	1			
10		**10**			
3		3			
3		3			
1		1			
3		3			
1	**1**				
1	1				

6-2b 续表 9

受教育程度 年龄	合计	生男孩的妇女人数	生女孩的妇女人数	一孩		
				小计	男	女
博士研究生	**3**	**3**		**3**	**3**	
15-19岁						
15						
16						
17						
18						
19						
20-24岁						
20						
21						
22						
23						
24						
25-29岁						
25						
26						
27						
28						
29						
30-34岁	**3**	**3**		**3**	**3**	
30	1	1		1	1	
31	2	2		2	2	
32						
33						
34						
35-39岁						
35						
36						
37						
38						
39						
40-44岁						
40						
41						
42						
43						
44						
45-49岁						
45						
46						
47						
48						
49						

单位：人

二孩			三孩及以上		
小计	男	女	小计	男	女

6-2c 全市按年龄、受教育程度、生育孩次

受教育程度 年龄	合计	生男孩的妇女人数	生女孩的妇女人数	一孩		
				小计	男	女
总计	**2113**	**1096**	**1017**	**1155**	**606**	**549**
15-19岁	**6**	**4**	**2**	**6**	**4**	**2**
15						
16						
17						
18						
19	6	4	2	6	4	2
20-24岁	**152**	**72**	**80**	**125**	**63**	**62**
20	8	6	2	8	6	2
21	9	6	3	7	4	3
22	29	20	9	24	16	8
23	42	13	29	30	12	18
24	64	27	37	56	25	31
25-29岁	**660**	**344**	**316**	**479**	**249**	**230**
25	77	41	36	58	32	26
26	103	54	49	88	45	43
27	161	81	80	122	57	65
28	143	80	63	102	58	44
29	176	88	88	109	57	52
30-34岁	**926**	**480**	**446**	**429**	**221**	**208**
30	230	121	109	123	66	57
31	196	102	94	97	50	47
32	182	91	91	81	40	41
33	190	99	91	78	37	41
34	128	67	61	50	28	22
35-39岁	**314**	**166**	**148**	**101**	**58**	**43**
35	101	53	48	40	22	18
36	81	44	37	16	8	8
37	62	31	31	18	9	9
38	43	25	18	17	10	7
39	27	13	14	10	9	1
40-44岁	**44**	**21**	**23**	**10**	**6**	**4**
40	20	12	8	5	2	3
41	16	6	10	2	2	
42	3	1	2			
43	4	1	3	2	1	1
44	1	1		1	1	
45-49岁	**11**	**9**	**2**	**5**	**5**	
45	3	3		2	2	
46	4	3	1	1	1	
47	1	1		1	1	
48	1	1		1	1	
49	2	1	1			

分的育龄妇女人数(2019.11.1–2020.10.31)(乡村)

单位：人

二孩			三孩及以上		
小计	男	女	小计	男	女
910	**465**	**445**	**48**	**25**	**23**
26	**9**	**17**	**1**		**1**
2	2				
5	4	1			
11	1	10	1		1
8	2	6			
176	**93**	**83**	**5**	**2**	**3**
18	9	9	1		1
15	9	6			
37	23	14	2	1	1
40	21	19	1	1	
66	31	35	1		1
472	**246**	**226**	**25**	**13**	**12**
100	51	49	7	4	3
98	52	46	1		1
92	46	46	9	5	4
107	59	48	5	3	2
75	38	37	3	1	2
200	**100**	**100**	**13**	**8**	**5**
57	29	28	4	2	2
62	34	28	3	2	1
41	19	22	3	3	
25	15	10	1		1
15	3	12	2	1	1
30	**13**	**17**	**4**	**2**	**2**
12	8	4	3	2	1
13	4	9	1		1
3	1	2			
2		2			
6	**4**	**2**			
1	1				
3	2	1			
2	1	1			

6-2c 续表 1

受教育程度 年龄	合计	生男孩的妇女人数	生女孩的妇女人数	一孩		
				小计	男	女
未上过学	**3**	**2**	**1**	**1**	**1**	
15-19岁						
15						
16						
17						
18						
19						
20-24岁	**1**		**1**			
20						
21						
22						
23	1		1			
24						
25-29岁	**1**	**1**		**1**	**1**	
25						
26						
27						
28						
29	1	1		1	1	
30-34岁	**1**	**1**				
30						
31	1	1				
32						
33						
34						
35-39岁						
35						
36						
37						
38						
39						
40-44岁						
40						
41						
42						
43						
44						
45-49岁						
45						
46						
47						
48						
49						

单位：人

二孩			三孩及以上		
小计	男	女	小计	男	女
2	**1**	**1**			
1		**1**			
1		1			
1	**1**				
1	1				

6-2c 续表 2

受教育程度 年 龄	合 计	生男孩的妇女人数	生女孩的妇女人数	一 孩		
				小计	男	女
学前教育						
15-19岁						
15						
16						
17						
18						
19						
20-24岁						
20						
21						
22						
23						
24						
25-29岁						
25						
26						
27						
28						
29						
30-34岁						
30						
31						
32						
33						
34						
35-39岁						
35						
36						
37						
38						
39						
40-44岁						
40						
41						
42						
43						
44						
45-49岁						
45						
46						
47						
48						
49						

单位：人

二　孩			三孩及以上		
小计	男	女	小计	男	女

6-2c 续表 3

受教育程度 年　龄	合 计	生男孩的 妇女人数	生女孩的 妇女人数	一　孩		
				小计	男	女
小　学	**20**	**6**	**14**	**9**	**2**	**7**
15-19岁						
15						
16						
17						
18						
19						
20-24岁	**3**	**1**	**2**	**3**	**1**	**2**
20						
21						
22						
23	2	1	1	2	1	1
24	1		1	1		1
25-29岁	**7**	**1**	**6**	**4**	**1**	**3**
25	1		1	1		1
26	2	1	1	2	1	1
27	2		2			
28						
29	2		2	1		1
30-34岁	**4**	**2**	**2**			
30	1		1			
31						
32	2	1	1			
33						
34	1	1				
35-39岁	**5**	**2**	**3**	**2**		**2**
35	1	1				
36						
37	2		2	1		1
38	2	1	1	1		1
39						
40-44岁						
40						
41						
42						
43						
44						
45-49岁	**1**		**1**			
45						
46	1		1			
47						
48						
49						

单位：人

二孩			三孩及以上		
小计	男	女	小计	男	女
9	**4**	**5**	**2**		**2**
2		**2**	**1**		**1**
1		1	1		1
1		1			
3	**2**	**1**	**1**		**1**
			1		1
2	1	1			
1	1				
3	**2**	**1**			
1	1				
1		1			
1	1				
1		**1**			
1		1			

6-2c 续表 4

受教育程度 年龄	合计	生男孩的妇女人数	生女孩的妇女人数	一孩 小计	一孩 男	一孩 女
初中	**389**	**211**	**178**	**157**	**93**	**64**
15-19岁	**5**	**3**	**2**	**5**	**3**	**2**
15						
16						
17						
18						
19	5	3	2	5	3	2
20-24岁	**37**	**22**	**15**	**31**	**20**	**11**
20	5	4	1	5	4	1
21	3	2	1	3	2	1
22	8	6	2	7	5	2
23	9	4	5	6	3	3
24	12	6	6	10	6	4
25-29岁	**98**	**53**	**45**	**53**	**31**	**22**
25	20	11	9	9	5	4
26	7	1	6	6	1	5
27	26	13	13	15	7	8
28	20	12	8	12	9	3
29	25	16	9	11	9	2
30-34岁	**149**	**83**	**66**	**45**	**27**	**18**
30	30	19	11	9	5	4
31	31	18	13	11	7	4
32	34	21	13	12	8	4
33	31	15	16	7	4	3
34	23	10	13	6	3	3
35-39岁	**74**	**37**	**37**	**16**	**9**	**7**
35	17	8	9	5	3	2
36	23	15	8	4	3	1
37	16	8	8	4	3	1
38	7	4	3	2		2
39	11	2	9	1		1
40-44岁	**21**	**9**	**12**	**4**		**4**
40	11	5	6	3		3
41	6	3	3			
42	3	1	2			
43	1		1	1		1
44						
45-49岁	**5**	**4**	**1**	**3**	**3**	
45	1	1		1	1	
46	2	2		1	1	
47	1	1		1	1	
48						
49	1		1			

单位：人

二孩			三孩及以上		
小计	男	女	小计	男	女
207	**103**	**104**	**25**	**15**	**10**
5	**2**	**3**	**1**		**1**
1	1				
2	1	1	1		1
2		2			
44	**22**	**22**	**1**		**1**
11	6	5			
1		1			
11	6	5			
8	3	5			
13	7	6	1		1
91	**48**	**43**	**13**	**8**	**5**
15	10	5	6	4	2
20	11	9			
19	11	8	3	2	1
22	10	12	2	1	1
15	6	9	2	1	1
51	**23**	**28**	**7**	**5**	**2**
11	5	6	1		1
17	10	7	2	2	
10	3	7	2	2	
5	4	1			
8	1	7	2	1	1
14	**7**	**7**	**3**	**2**	**1**
5	3	2	3	2	1
6	3	3			
3	1	2			
2	**1**	**1**			
1	1				
1		1			

6-2c 续表 5

受教育程度 年龄	合计	生男孩的妇女人数	生女孩的妇女人数	一孩		
				小计	男	女
高中	**560**	**297**	**263**	**262**	**144**	**118**
15-19岁	**1**	**1**		**1**	**1**	
15						
16						
17						
18						
19	1	1		1	1	
20-24岁	**48**	**21**	**27**	**33**	**17**	**16**
20	2	1	1	2	1	1
21	3	2	1	2	1	1
22	13	9	4	10	7	3
23	13	1	12	7	1	6
24	17	8	9	12	7	5
25-29岁	**151**	**78**	**73**	**97**	**51**	**46**
25	15	6	9	11	5	6
26	25	11	14	20	8	12
27	36	18	18	24	11	13
28	42	23	19	27	15	12
29	33	20	13	15	12	3
30-34岁	**258**	**136**	**122**	**102**	**53**	**49**
30	63	32	31	26	13	13
31	47	30	17	23	14	9
32	54	23	31	21	8	13
33	47	26	21	17	9	8
34	47	25	22	15	9	6
35-39岁	**88**	**52**	**36**	**25**	**18**	**7**
35	32	19	13	10	6	4
36	13	8	5	1	1	
37	21	10	11	4	2	2
38	13	7	6	4	3	1
39	9	8	1	6	6	
40-44岁	**10**	**5**	**5**	**2**	**2**	
40	4	3	1	1	1	
41	5	2	3	1	1	
42						
43	1		1			
44						
45-49岁	**4**	**4**		**2**	**2**	
45	2	2		1	1	
46	1	1				
47						
48	1	1		1	1	
49						

单位：人

二孩			三孩及以上		
小计	男	女	小计	男	女
290	**146**	**144**	**8**	**7**	**1**
15	**4**	**11**			
1	1				
3	2	1			
6		6			
5	1	4			
52	**25**	**27**	**2**	**2**	
4	1	3			
5	3	2			
11	6	5	1	1	
14	7	7	1	1	
18	8	10			
152	**80**	**72**	**4**	**3**	**1**
37	19	18			
24	16	8			
31	14	17	2	1	1
28	15	13	2	2	
32	16	16			
61	**32**	**29**	**2**	**2**	
20	11	9	2	2	
12	7	5			
17	8	9			
9	4	5			
3	2	1			
8	**3**	**5**			
3	2	1			
4	1	3			
1		1			
2	**2**				
1	1				
1	1				

6-2c 续表 6

受教育程度 年龄	合计	生男孩的妇女人数	生女孩的妇女人数	一孩		
				小计	男	女
大学专科	**653**	**343**	**310**	**401**	**213**	**188**
15-19岁						
15						
16						
17						
18						
19						
20-24岁	**54**	**25**	**29**	**49**	**22**	**27**
20						
21	3	2	1	2	1	1
22	8	5	3	7	4	3
23	16	7	9	14	7	7
24	27	11	16	26	10	16
25-29岁	**236**	**123**	**113**	**186**	**97**	**89**
25	29	18	11	25	16	9
26	52	33	19	45	28	17
27	50	23	27	43	18	25
28	44	22	22	34	17	17
29	61	27	34	39	18	21
30-34岁	**274**	**146**	**128**	**132**	**72**	**60**
30	66	38	28	39	25	14
31	69	31	38	33	14	19
32	48	27	21	22	13	9
33	53	29	24	22	11	11
34	38	21	17	16	9	7
35-39岁	**79**	**43**	**36**	**31**	**19**	**12**
35	29	17	12	15	9	6
36	22	10	12	4	2	2
37	12	7	5	4	2	2
38	10	6	4	5	3	2
39	6	3	3	3	3	
40-44岁	**10**	**6**	**4**	**3**	**3**	
40	4	3	1			
41	3	1	2	1	1	
42						
43	2	1	1	1	1	
44	1	1		1	1	
45-49岁						
45						
46						
47						
48						
49						

单位：人

二孩			三孩及以上		
小计	男	女	小计	男	女
242	**128**	**114**	**10**	**2**	**8**
5	**3**	**2**			
1	1				
1	1				
2		2			
1	1				
49	**26**	**23**	**1**		**1**
3	2	1	1		1
7	5	2			
7	5	2			
10	5	5			
22	9	13			
136	**72**	**64**	**6**	**2**	**4**
27	13	14			
35	17	18	1		1
22	12	10	4	2	2
31	18	13			
21	12	9	1		1
46	**24**	**22**	**2**		**2**
13	8	5	1		1
17	8	9	1		1
8	5	3			
5	3	2			
3		3			
6	**3**	**3**	**1**		**1**
4	3	1			
1		1	1		1
1		1			

6–2c 续表 7

受教育程度 年龄	合计	生男孩的妇女人数	生女孩的妇女人数	一孩		
				小计	男	女
大学本科	**445**	**221**	**224**	**292**	**142**	**150**
15–19岁						
15						
16						
17						
18						
19						
20–24岁	**9**	**3**	**6**	**9**	**3**	**6**
20	1	1		1	1	
21						
22						
23	1		1	1		1
24	7	2	5	7	2	5
25–29岁	**160**	**85**	**75**	**132**	**66**	**66**
25	12	6	6	12	6	6
26	17	8	9	15	7	8
27	44	25	19	37	19	18
28	36	23	13	28	17	11
29	51	23	28	40	17	23
30–34岁	**212**	**102**	**110**	**127**	**61**	**66**
30	64	30	34	44	21	23
31	41	21	20	24	14	10
32	37	16	21	20	9	11
33	54	26	28	28	11	17
34	16	9	7	11	6	5
35–39岁	**61**	**30**	**31**	**24**	**12**	**12**
35	20	8	12	9	4	5
36	19	9	10	5	2	3
37	10	6	4	5	2	3
38	11	7	4	5	4	1
39	1		1			
40–44岁	**2**		**2**			
40						
41	2		2			
42						
43						
44						
45–49岁	**1**	**1**				
45						
46						
47						
48						
49	1	1				

单位：人

二孩			三孩及以上		
小计	男	女	小计	男	女
150	**78**	**72**	**3**	**1**	**2**
28	**19**	**9**			
2	1	1			
7	6	1			
8	6	2			
11	6	5			
84	**41**	**43**	**1**		**1**
20	9	11			
17	7	10			
17	7	10			
25	15	10	1		1
5	3	2			
35	**17**	**18**	**2**	**1**	**1**
11	4	7			
14	7	7			
4	3	1	1	1	
5	3	2	1		1
1		1			
2		**2**			
2		2			
1	**1**				
1	1				

6-2c 续表 8

受教育程度 年龄	合计	生男孩的妇女人数	生女孩的妇女人数	一孩		
				小计	男	女
硕士研究生	**40**	**15**	**25**	**30**	**10**	**20**
15-19岁						
15						
16						
17						
18						
19						
20-24岁						
20						
21						
22						
23						
24						
25-29岁	**7**	**3**	**4**	**6**	**2**	**4**
25						
26						
27	3	2	1	3	2	1
28	1		1	1		1
29	3	1	2	2		2
30-34岁	**26**	**10**	**16**	**21**	**8**	**13**
30	4	2	2	3	2	1
31	7	1	6	6	1	5
32	7	3	4	6	2	4
33	5	3	2	4	2	2
34	3	1	2	2	1	1
35-39岁	**7**	**2**	**5**	**3**		**3**
35	2		2	1		1
36	4	2	2	2		2
37	1		1			
38						
39						
40-44岁						
40						
41						
42						
43						
44						
45-49岁						
45						
46						
47						
48						
49						

单位：人

二孩			三孩及以上		
小计	男	女	小计	男	女
10	**5**	**5**			
1	**1**				
1	1				
5	**2**	**3**			
1		1			
1		1			
1	1				
1	1				
1		1			
4	**2**	**2**			
1		1			
2	2				
1		1			

6-2c 续表 9

受教育程度 年龄	合计	生男孩的妇女人数	生女孩的妇女人数	一孩		
				小计	男	女
博士研究生	**3**	**1**	**2**	**3**	**1**	**2**
15-19岁						
15						
16						
17						
18						
19						
20-24岁						
20						
21						
22						
23						
24						
25-29岁						
25						
26						
27						
28						
29						
30-34岁	**2**		**2**	**2**		**2**
30	2		2	2		2
31						
32						
33						
34						
35-39岁						
35						
36						
37						
38						
39						
40-44岁	**1**	**1**		**1**	**1**	
40	1	1		1	1	
41						
42						
43						
44						
45-49岁						
45						
46						
47						
48						
49						

单位：人

二　孩			三孩及以上		
小计	男	女	小计	男	女

6-3 全市育龄妇女分年龄、孩次的生育状况
(2019.11.1-2020.10.31)

单位：人、‰

年龄	平均育龄妇女人数	出生人数	生育率	第一孩		第二孩		第三孩及以上	
				出生数	生育率	出生数	生育率	出生数	生育率
总计	**541403**	**16835**	**31.10**	**10516**	**19.42**	**5991**	**11.07**	**328**	**0.61**
15-19岁	**30270**	**29**	**0.96**	**27**	**0.89**	**2**	**0.07**		
15	4605								
16	3409	1	0.29	1	0.29				
17	5583	6	1.07	5	0.90	1	0.18		
18	7014	7	1.00	6	0.86	1	0.14		
19	9659	15	1.55	15	1.55				
20-24岁	**61385**	**729**	**11.88**	**610**	**9.94**	**114**	**1.86**	**5**	**0.08**
20	10311	41	3.98	37	3.59	4	0.39		
21	10287	68	6.61	57	5.54	11	1.07		
22	11991	107	8.92	89	7.42	18	1.50		
23	13784	228	16.54	191	13.86	35	2.54	2	0.15
24	15012	285	18.98	236	15.72	46	3.06	3	0.20
25-29岁	**87024**	**4847**	**55.70**	**3892**	**44.72**	**920**	**10.57**	**35**	**0.40**
25	15878	464	29.22	392	24.69	69	4.35	3	0.19
26	16408	712	43.39	592	36.08	118	7.19	2	0.12
27	17434	966	55.41	803	46.06	154	8.83	9	0.52
28	16801	1204	71.66	969	57.68	228	13.57	7	0.42
29	20503	1501	73.21	1136	55.41	351	17.12	14	0.68
30-34岁	**113778**	**7585**	**66.66**	**4564**	**40.11**	**2888**	**25.38**	**133**	**1.17**
30	23109	1873	81.05	1342	58.07	506	21.90	25	1.08
31	23065	1803	78.17	1188	51.51	591	25.62	24	1.04
32	24350	1542	63.33	867	35.61	641	26.32	34	1.40
33	22610	1328	58.74	688	30.43	612	27.07	28	1.24
34	20644	1039	50.33	479	23.20	538	26.06	22	1.07
35-39岁	**100979**	**3025**	**29.96**	**1171**	**11.60**	**1733**	**17.16**	**121**	**1.20**
35	19230	814	42.33	350	18.20	443	23.04	21	1.09
36	20049	745	37.16	276	13.77	442	22.05	27	1.35
37	22475	701	31.19	256	11.39	418	18.60	27	1.20
38	22037	493	22.37	190	8.62	273	12.39	30	1.36
39	17188	272	15.82	99	5.76	157	9.13	16	0.93
40-44岁	**72314**	**539**	**7.45**	**210**	**2.90**	**300**	**4.15**	**29**	**0.40**
40	17128	211	12.32	75	4.38	129	7.53	7	0.41
41	15948	158	9.91	68	4.26	87	5.46	3	0.19
42	13719	81	5.90	36	2.62	38	2.77	7	0.51
43	12834	54	4.21	21	1.64	27	2.10	6	0.47
44	12685	35	2.76	10	0.79	19	1.50	6	0.47
45-49岁	**75653**	**81**	**1.07**	**42**	**0.56**	**34**	**0.45**	**5**	**0.07**
45	13034	24	1.84	12	0.92	12	0.92		
46	14960	25	1.67	14	0.94	10	0.67	1	0.07
47	15848	7	0.44	6	0.38	1	0.06		
48	15718	15	0.95	7	0.45	7	0.45	1	0.06
49	16093	10	0.62	3	0.19	4	0.25	3	0.19

6-3a　全市育龄妇女分年龄、孩次的生育状况
(2019.11.1-2020.10.31)(城市)

单位：人、‰

年　龄	平均育龄妇女人数	出生人数	生育率	第一孩		第二孩		第三孩及以上	
				出生数	生育率	出生数	生育率	出生数	生育率
总　计	**453293**	**13617**	**30.04**	**8718**	**19.23**	**4642**	**10.24**	**257**	**0.57**
15-19岁	**25993**	**21**	**0.81**	**20**	**0.77**	**1**	**0.04**		
15	3899								
16	2887	1	0.35	1	0.35				
17	4786	6	1.25	5	1.04	1	0.21		
18	6039	2	0.33	2	0.33				
19	8382	12	1.43	12	1.43				
20-24岁	**51945**	**473**	**9.11**	**399**	**7.68**	**70**	**1.35**	**4**	**0.08**
20	8822	25	2.83	23	2.61	2	0.23		
21	8556	42	4.91	35	4.09	7	0.82		
22	10036	64	6.38	55	5.48	9	0.90		
23	11766	153	13.00	128	10.88	24	2.04	1	0.08
24	12765	189	14.81	158	12.38	28	2.19	3	0.24
25-29岁	**73317**	**3779**	**51.54**	**3118**	**42.53**	**635**	**8.66**	**26**	**0.35**
25	13503	332	24.59	285	21.11	45	3.33	2	0.15
26	13920	525	37.72	440	31.61	84	6.03	1	0.07
27	14871	747	50.23	635	42.70	104	6.99	8	0.54
28	14093	952	67.55	797	56.55	150	10.64	5	0.35
29	16930	1223	72.24	961	56.76	252	14.88	10	0.59
30-34岁	**93288**	**6210**	**66.57**	**3930**	**42.13**	**2183**	**23.40**	**97**	**1.04**
30	18828	1515	80.47	1152	61.19	347	18.43	16	0.85
31	18872	1473	78.05	1021	54.10	436	23.10	16	0.85
32	19916	1251	62.81	741	37.21	486	24.40	24	1.21
33	18549	1103	59.46	595	32.08	486	26.20	22	1.19
34	17123	868	50.69	421	24.59	428	25.00	19	1.11
35-39岁	**86537**	**2596**	**30.00**	**1029**	**11.89**	**1467**	**16.95**	**100**	**1.16**
35	16317	681	41.74	304	18.63	364	22.31	13	0.80
36	17140	626	36.52	243	14.18	360	21.00	23	1.34
37	19346	611	31.58	227	11.73	361	18.66	23	1.19
38	18988	438	23.07	172	9.06	239	12.59	27	1.42
39	14746	240	16.28	83	5.63	143	9.70	14	0.95
40-44岁	**61333**	**476**	**7.76**	**188**	**3.07**	**262**	**4.27**	**26**	**0.42**
40	14665	183	12.48	65	4.43	113	7.71	5	0.34
41	13647	141	10.33	66	4.84	72	5.28	3	0.22
42	11691	73	6.24	32	2.74	35	2.99	6	0.51
43	10744	50	4.65	18	1.68	26	2.42	6	0.56
44	10586	29	2.74	7	0.66	16	1.51	6	0.57
45-49岁	**60880**	**62**	**1.02**	**34**	**0.56**	**24**	**0.39**	**4**	**0.07**
45	10658	20	1.88	10	0.94	10	0.94		
46	12159	20	1.64	12	0.99	7	0.58	1	0.08
47	12771	5	0.39	4	0.31	1	0.08		
48	12585	11	0.87	6	0.48	4	0.32	1	0.08
49	12707	6	0.47	2	0.16	2	0.16	2	0.16

6-3b 全市育龄妇女分年龄、孩次的生育状况 (2019.11.1-2020.10.31)(镇)

单位：人、‰

年 龄	平均育龄妇女人数	出生人数	生育率	第 一 孩		第 二 孩		第三孩及以上	
				出生数	生育率	出生数	生育率	出生数	生育率
总 计	**31711**	**1102**	**34.75**	**642**	**20.25**	**437**	**13.78**	**23**	**0.73**
15-19岁	**1731**	**1**	**0.58**			**1**	**0.58**		
15	229								
16	175								
17	313								
18	402	1	2.49			1	2.49		
19	612								
20-24岁	**4250**	**78**	**18.35**	**67**	**15.76**	**11**	**2.59**		
20	700	4	5.71	3	4.29	1	1.43		
21	885	7	7.91	5	5.65	2	2.26		
22	891	10	11.22	10	11.22				
23	857	21	24.50	18	21.00	3	3.50		
24	917	36	39.26	31	33.81	5	5.45		
25-29岁	**5197**	**344**	**66.19**	**263**	**50.61**	**79**	**15.20**	**2**	**0.38**
25	948	39	41.14	32	33.76	7	7.38		
26	951	55	57.83	48	50.47	7	7.36		
27	1011	66	65.28	47	46.49	19	18.79		
28	1038	87	83.82	65	62.62	21	20.23	1	0.96
29	1249	97	77.66	71	56.85	25	20.02	1	0.80
30-34岁	**7214**	**489**	**67.78**	**238**	**32.99**	**240**	**33.27**	**11**	**1.52**
30	1440	126	87.50	74	51.39	48	33.33	4	2.78
31	1531	124	80.99	64	41.80	59	38.54	1	0.65
32	1578	110	69.71	52	32.95	54	34.22	4	2.53
33	1385	66	47.65	31	22.38	33	23.83	2	1.44
34	1280	63	49.22	17	13.28	46	35.94		
35-39岁	**5262**	**154**	**29.27**	**57**	**10.83**	**89**	**16.91**	**8**	**1.52**
35	1075	45	41.86	19	17.67	23	21.40	3	2.79
36	1060	47	44.34	16	15.09	28	26.42	3	2.83
37	1157	36	31.11	10	8.64	24	20.74	2	1.73
38	1078	18	16.70	6	5.57	12	11.13		
39	892	8	8.97	6	6.73	2	2.24		
40-44岁	**3648**	**28**	**7.68**	**13**	**3.56**	**14**	**3.84**	**1**	**0.27**
40	871	10	11.48	6	6.89	4	4.59		
41	799	9	11.26	2	2.50	7	8.76		
42	635	5	7.87	3	4.72	1	1.57	1	1.57
43	650	1	1.54	1	1.54				
44	693	3	4.33	1	1.44	2	2.89		
45-49岁	**4409**	**8**	**1.81**	**4**	**0.91**	**3**	**0.68**	**1**	**0.23**
45	726	2	2.75	2	2.75				
46	883	3	3.40	1	1.13	2	2.27		
47	913	1	1.10	1	1.10				
48	919	1	1.09			1	1.09		
49	968	1	1.03					1	1.03

6-3c　全市育龄妇女分年龄、孩次的生育状况 (2019.11.1-2020.10.31)(乡村)

单位：人、‰

年　龄	平均育龄妇女人数	出生人数	生育率	第一孩		第二孩		第三孩及以上	
				出生数	生育率	出生数	生育率	出生数	生育率
总　计	**56399**	**2116**	**37.52**	**1156**	**20.50**	**912**	**16.17**	**48**	**0.85**
15-19岁	**2546**	**7**	**2.75**	**7**	**2.75**				
15	477								
16	347								
17	484								
18	573	4	6.98	4	6.98				
19	665	3	4.51	3	4.51				
20-24岁	**5190**	**178**	**34.30**	**144**	**27.75**	**33**	**6.36**	**1**	**0.19**
20	789	12	15.21	11	13.94	1	1.27		
21	846	19	22.46	17	20.09	2	2.36		
22	1064	33	31.02	24	22.56	9	8.46		
23	1161	54	46.51	45	38.76	8	6.89	1	0.86
24	1330	60	45.11	47	35.34	13	9.77		
25-29岁	**8510**	**724**	**85.08**	**511**	**60.05**	**206**	**24.21**	**7**	**0.82**
25	1427	93	65.17	75	52.56	17	11.91	1	0.70
26	1537	132	85.88	104	67.66	27	17.57	1	0.65
27	1552	153	98.58	121	77.96	31	19.97	1	0.64
28	1670	165	98.80	107	64.07	57	34.13	1	0.60
29	2324	181	77.88	104	44.75	74	31.84	3	1.29
30-34岁	**13276**	**886**	**66.74**	**396**	**29.83**	**465**	**35.03**	**25**	**1.88**
30	2841	232	81.66	116	40.83	111	39.07	5	1.76
31	2662	206	77.39	103	38.69	96	36.06	7	2.63
32	2856	181	63.38	74	25.91	101	35.36	6	2.10
33	2676	159	59.42	62	23.17	93	34.75	4	1.49
34	2241	108	48.19	41	18.30	64	28.56	3	1.34
35-39岁	**9180**	**275**	**29.96**	**85**	**9.26**	**177**	**19.28**	**13**	**1.42**
35	1838	88	47.88	27	14.69	56	30.47	5	2.72
36	1849	72	38.94	17	9.19	54	29.20	1	0.54
37	1972	54	27.38	19	9.63	33	16.73	2	1.01
38	1971	37	18.77	12	6.09	22	11.16	3	1.52
39	1550	24	15.48	10	6.45	12	7.74	2	1.29
40-44岁	**7333**	**35**	**4.77**	**9**	**1.23**	**24**	**3.27**	**2**	**0.27**
40	1592	18	11.31	4	2.51	12	7.54	2	1.26
41	1502	8	5.33			8	5.33		
42	1393	3	2.15	1	0.72	2	1.44		
43	1440	3	2.08	2	1.39	1	0.69		
44	1406	3	2.13	2	1.42	1	0.71		
45-49岁	**10364**	**11**	**1.06**	**4**	**0.39**	**7**	**0.68**		
45	1650	2	1.21			2	1.21		
46	1918	2	1.04	1	0.52	1	0.52		
47	2164	1	0.46	1	0.46				
48	2214	3	1.36	1	0.45	2	0.90		
49	2418	3	1.24	1	0.41	2	0.83		

6−4 全市外来育龄妇女分年龄、孩次的生育状况

(2019.11.1−2020.10.31)

单位：人、‰

年 龄	平均育龄妇女人数	出生人数	生育率	第一孩		第二孩		第三孩及以上	
				出生数	生育率	出生数	生育率	出生数	生育率
总 计	**250102**	**8218**	**32.86**	**5352**	**21.40**	**2679**	**10.71**	**187**	**0.75**
15−19岁	**8926**	**27**	**3.02**	**25**	**2.80**	**2**	**0.22**		
15	649								
16	709	1	1.41	1	1.41				
17	1386	6	4.33	5	3.61	1	0.72		
18	2384	7	2.94	6	2.52	1	0.42		
19	3798	13	3.42	13	3.42				
20−24岁	**34864**	**510**	**14.63**	**421**	**12.08**	**85**	**2.44**	**4**	**0.11**
20	4539	39	8.59	35	7.71	4	0.88		
21	5369	61	11.36	50	9.31	11	2.05		
22	6872	79	11.50	65	9.46	14	2.04		
23	8570	153	17.85	124	14.47	27	3.15	2	0.23
24	9514	178	18.71	147	15.45	29	3.05	2	0.21
25−29岁	**53797**	**2715**	**50.47**	**2164**	**40.23**	**527**	**9.80**	**24**	**0.45**
25	10183	270	26.51	221	21.70	47	4.62	2	0.20
26	10518	409	38.89	340	32.33	68	6.47	1	0.10
27	10895	558	51.22	451	41.40	99	9.09	8	0.73
28	10342	676	65.36	545	52.70	127	12.28	4	0.39
29	11859	802	67.63	607	51.18	186	15.68	9	0.76
30−34岁	**56174**	**3527**	**62.79**	**2169**	**38.61**	**1277**	**22.73**	**81**	**1.44**
30	12652	977	77.22	700	55.33	262	20.71	15	1.19
31	11726	828	70.61	544	46.39	270	23.03	14	1.19
32	11639	669	57.48	406	34.88	248	21.31	15	1.29
33	10774	611	56.71	313	29.05	276	25.62	22	2.04
34	9383	442	47.11	206	21.95	221	23.55	15	1.60
35−39岁	**41320**	**1217**	**29.45**	**484**	**11.71**	**674**	**16.31**	**59**	**1.43**
35	8611	364	42.27	163	18.93	191	22.18	10	1.16
36	8530	298	34.94	115	13.48	169	19.81	14	1.64
37	8897	253	28.44	89	10.00	151	16.97	13	1.46
38	8701	185	21.26	71	8.16	99	11.38	15	1.72
39	6581	117	17.78	46	6.99	64	9.72	7	1.06
40−44岁	**28792**	**187**	**6.49**	**72**	**2.50**	**99**	**3.44**	**16**	**0.56**
40	6612	74	11.19	25	3.78	45	6.81	4	0.60
41	6221	53	8.52	20	3.21	31	4.98	2	0.32
42	5450	31	5.69	18	3.30	10	1.83	3	0.55
43	5306	17	3.20	7	1.32	7	1.32	3	0.57
44	5203	12	2.31	2	0.38	6	1.15	4	0.77
45−49岁	**26229**	**35**	**1.33**	**17**	**0.65**	**15**	**0.57**	**3**	**0.11**
45	4974	6	1.21	3	0.60	3	0.60		
46	5228	13	2.49	8	1.53	5	0.96		
47	5448	4	0.73	3	0.55	1	0.18		
48	5244	7	1.33	1	0.19	5	0.95	1	0.19
49	5335	5	0.94	2	0.37	1	0.19	2	0.37

6-5　各地区育龄妇女年龄别生育率

单位：‰

地　　区	15-19岁	20-24岁	25-29岁	30-34岁	35-39岁	40-44岁	45-49岁	总　和 生育率
北　　京	**0.96**	**11.88**	**55.70**	**66.66**	**29.96**	**7.45**	**1.07**	**868.39**
东 城 区		3.83	31.72	57.64	21.72	6.32		606.14
西 城 区		5.67	32.07	58.25	26.99	9.02	1.17	665.89
朝 阳 区	0.81	10.87	43.94	62.58	28.00	7.85	1.42	777.35
丰 台 区	0.93	10.57	53.10	68.29	29.06	6.80	1.08	849.10
石景山区	1.43	9.33	55.29	80.85	26.98	11.14	1.49	932.52
海 淀 区	0.64	3.47	39.41	65.47	30.96	7.64	0.77	741.84
门头沟区		23.65	81.54	78.79	33.38	4.12		1107.41
房 山 区	0.51	24.23	88.66	72.40	34.69	6.10	0.88	1137.32
通 州 区	0.95	17.02	64.59	60.17	30.65	7.01	0.95	906.68
顺 义 区	1.45	19.91	72.31	63.43	29.42	4.77	1.69	964.91
昌 平 区	0.84	10.65	51.04	70.78	31.79	7.87	1.32	871.38
大 兴 区	1.67	18.97	74.24	67.60	33.19	8.94	1.35	1029.80
怀 柔 区	4.25	21.68	103.77	76.74	26.23	11.27	1.17	1225.58
平 谷 区	4.74	24.78	88.19	70.00	30.11	4.34	1.71	1119.37
密 云 区		36.28	78.21	80.09	34.33	5.41		1171.54
延 庆 区	3.53	28.72	104.48	78.59	39.42	7.33		1310.30

6-5a　各地区育龄妇女年龄别生育率(城市)

单位：‰

地　　区	15-19岁	20-24岁	25-29岁	30-34岁	35-39岁	40-44岁	45-49岁	总　和 生育率
北　　京	**0.81**	**9.11**	**51.54**	**66.57**	**30.00**	**7.76**	**1.02**	**834.02**
东 城 区		3.83	31.72	57.64	21.72	6.32		606.14
西 城 区		5.67	32.07	58.25	26.99	9.02	1.17	665.89
朝 阳 区	0.82	11.03	44.02	62.59	28.14	7.88	1.43	779.46
丰 台 区	0.94	10.48	52.88	68.14	28.89	6.88	1.09	846.47
石景山区	1.43	9.33	55.29	80.85	26.98	11.14	1.49	932.52
海 淀 区	0.65	3.31	39.01	65.43	31.41	7.79	0.79	741.95
门头沟区		22.76	83.48	76.09	34.72	4.80		1109.24
房 山 区	0.59	21.32	86.05	72.27	34.85	5.58	1.31	1109.87
通 州 区		9.92	53.35	60.18	32.44	7.28	1.07	821.23
顺 义 区	1.26	13.61	70.98	65.12	31.08	6.61	0.83	947.46
昌 平 区		7.28	46.58	72.73	30.79	7.64	0.50	827.64
大 兴 区	1.59	12.74	68.60	68.25	34.99	9.96	1.25	986.90
怀 柔 区	5.18	26.87	112.66	71.07	26.13	13.33	1.77	1285.12
平 谷 区	7.72	29.33	73.55	63.38	25.97	4.36	2.08	1032.01
密 云 区		22.26	80.51	86.43	39.54	5.30		1170.25
延 庆 区	3.13	20.16	111.82	73.32	33.10	10.00		1257.66

6–5b 各地区育龄妇女年龄别生育率(镇)

单位：‰

地　区	15–19岁	20–24岁	25–29岁	30–34岁	35–39岁	40–44岁	45–49岁	总和生育率
北　京	**0.58**	**18.35**	**66.19**	**67.78**	**29.27**	**7.68**	**1.81**	**958.32**
东城区								
西城区								
朝阳区			33.90	61.54				477.18
丰台区		35.71	60.00	61.22	39.22			980.77
石景山区								
海淀区								
门头沟区		37.74	78.43	89.29	22.73			1140.90
房山区		41.38	80.51	76.23	16.95	3.88		1094.73
通州区		21.28	64.70	60.17	29.66	6.43	1.34	917.85
顺义区		10.96	61.26	68.97	24.91	2.22	1.64	849.82
昌平区		18.84	58.09	72.11	33.97	12.23	4.07	996.56
大兴区	4.76	18.18	77.50	62.77	29.73	12.17		1025.53
怀柔区		8.85	63.49	69.36	35.21			884.59
平谷区		16.67	101.45	71.86	24.54		6.33	1104.21
密云区		70.42	55.56	58.54	26.04	7.41		1089.82
延庆区		11.49	133.33	77.82	35.21	9.62		1337.38

6–5c 各地区育龄妇女年龄别生育率(乡村)

单位：‰

地　区	15–19岁	20–24岁	25–29岁	30–34岁	35–39岁	40–44岁	45–49岁	总和生育率
北　京	**2.75**	**34.30**	**85.08**	**66.74**	**29.96**	**4.77**	**1.06**	**1123.25**
东城区								
西城区								
朝阳区								
丰台区			86.96	93.02	47.62			1137.99
石景山区								
海淀区		17.86	58.22	67.02	11.76			774.33
门头沟区		20.41	41.67	125.00	23.53			1053.02
房山区		32.82	100.76	71.64	39.14	8.46		1264.09
通州区	5.13	35.39	92.86	60.17	25.94	6.65	0.58	1133.54
顺义区	3.26	38.87	79.68	58.42	27.38	2.38	2.92	1064.52
昌平区	3.90	17.97	66.39	62.11	33.79	4.35	1.24	948.73
大兴区		51.82	97.33	67.31	26.40	3.84	2.09	1243.90
怀柔区		44.78	89.39	102.56	21.98	8.44		1335.71
平谷区		19.92	108.24	79.95	39.45	5.68		1266.17
密云区		55.15	79.55	70.42	23.86	4.98		1169.74
延庆区	10.75	58.82	83.33	85.89	52.47	2.85		1470.59

6–6　各地区按活产子女数分的15–64岁妇女人数

单位：人

地　区	15–64岁妇女人数	活产0个	活产1个	活产2个	活产3个	活产4个	活产5个及以上
北　京	**760654**	**241799**	**380265**	**124951**	**11748**	**1608**	**283**
东 城 区	26157	7749	15262	2867	245	33	1
西 城 区	40743	11737	23367	5120	436	72	11
朝 阳 区	122361	44868	61384	14589	1309	164	47
丰 台 区	75809	23827	41461	9335	1002	159	25
石景山区	20309	6168	11748	2158	201	30	4
海 淀 区	118608	47279	54221	15452	1420	203	33
门头沟区	13221	3276	7508	2208	179	44	6
房 山 区	42999	10202	22174	9653	860	88	22
通 州 区	58651	18033	29160	10427	874	132	25
顺 义 区	44563	11176	21159	10883	1185	134	26
昌 平 区	78537	29189	35492	12243	1388	200	25
大 兴 区	61462	18157	27947	13712	1430	183	33
怀 柔 区	13847	2890	7173	3488	259	34	3
平 谷 区	14831	2412	6890	4991	465	65	8
密 云 区	17868	2872	9931	4779	246	35	5
延 庆 区	10688	1964	5388	3046	249	32	9

6–7　各地区按活产子女数分的15–64岁外来妇女人数

单位：人

地　区	15–64岁妇女人数	活产0个	活产1个	活产2个	活产3个	活产4个	活产5个及以上
北　京	**303488**	**117672**	**111514**	**64040**	**8842**	**1197**	**223**
东 城 区	6227	2166	2488	1346	198	28	1
西 城 区	11019	3793	4367	2437	360	54	8
朝 阳 区	50417	22063	17957	9108	1111	139	39
丰 台 区	29016	10985	11173	5817	885	134	22
石景山区	6743	2447	2853	1247	170	23	3
海 淀 区	47191	21291	15262	9194	1247	172	25
门头沟区	3777	1083	1739	809	123	18	5
房 山 区	13705	3843	5926	3407	457	57	15
通 州 区	27721	10765	10787	5397	654	98	20
顺 义 区	20358	6268	7304	5750	908	106	22
昌 平 区	46647	19976	16225	8982	1262	178	24
大 兴 区	30089	10528	11064	7277	1056	136	28
怀 柔 区	4061	1153	1483	1242	164	17	2
平 谷 区	1955	367	898	604	69	14	3
密 云 区	2977	540	1348	955	117	15	2
延 庆 区	1585	404	640	468	61	8	4

6-8 全市按受教育程度、活产子女数分的15-64岁妇女人数

单位：人

受教育程度	15-64岁妇女人数	活产0个	活产1个	活产2个	活产3个	活产4个	活产5个及以上
总 计	**760654**	**241799**	**380265**	**124951**	**11748**	**1608**	**283**
未上过学	3712	436	956	1711	484	98	27
学前教育	136	30	40	53	13		
小 学	27652	1210	10368	13075	2559	364	76
初 中	143263	13472	77578	45771	5615	713	114
高 中	151486	32679	94210	22545	1765	250	37
大学专科	131747	47577	69477	14067	542	73	11
大学本科	228203	108152	99316	20047	593	83	12
硕士研究生	65081	33524	24665	6710	152	25	5
博士研究生	9374	4719	3655	972	25	2	1

6-9 全市按受教育程度、活产子女数分的15-64岁外来妇女人数

单位：人

受教育程度	15-64岁妇女人数	活产0个	活产1个	活产2个	活产3个	活产4个	活产5个及以上
总 计	**303488**	**117672**	**111514**	**64040**	**8842**	**1197**	**223**
未上过学	2205	97	463	1139	401	82	23
学前教育	98	16	28	41	13		
小 学	17231	722	5265	8740	2116	317	71
初 中	67689	9085	26474	27098	4374	565	93
高 中	51396	14598	23682	11660	1274	157	25
大学专科	54731	26728	21160	6449	350	38	6
大学本科	88136	51115	29189	7518	277	32	5
硕士研究生	20388	14075	4950	1321	36	6	
博士研究生	1614	1236	303	74	1		

6-10 全市按职业、活产子女数分的15-64岁妇女人数

单位：人

职业大类	15-64岁妇女人数	活产0个	活产1个	活产2个	活产3个	活产4个	活产5个及以上	妇女平均活产子女数
总 计	**425880**	**148844**	**198614**	**71426**	**6052**	**811**	**133**	**0.85**
党的机关、国家机关、群众团体和社会组织、企事业单位负责人	12439	3302	6780	2163	167	22	5	0.94
专业技术人员	143574	58700	68871	15476	451	61	15	0.71
办事人员和有关人员	70273	24321	36783	8851	267	44	7	0.79
社会生产服务和生活服务人员	174068	57702	74907	36613	4193	567	86	0.94
农、林、牧、渔业生产及辅助人员	5127	253	2050	2498	281	39	6	1.57
生产制造及有关人员	20046	4404	9085	5781	688	74	14	1.15
不便分类的其他从业人员	353	162	138	44	5	4		0.73

6-11 各地区按存活子女数分的15-64岁妇女人数

单位：人

地 区	15-64岁妇女人数	存活0个	存活1个	存活2个	存活3个	存活4个	存活5个及以上
北 京	**760654**	**250772**	**375622**	**121541**	**11157**	**1358**	**204**
东城区	26157	8022	15085	2790	232	27	1
西城区	40743	12198	23100	4958	420	62	5
朝阳区	122361	46396	60470	14062	1260	142	31
丰台区	75809	24962	40723	9006	958	139	21
石景山区	20309	6354	11637	2102	188	25	3
海淀区	118608	48385	53621	15034	1371	173	24
门头沟区	13221	3481	7384	2144	175	33	4
房山区	42999	10267	22239	9571	823	83	16
通州区	58651	18726	28816	10178	807	105	19
顺义区	44563	12041	20790	10489	1105	118	20
昌平区	78537	30002	35047	11970	1325	174	19
大兴区	61462	18989	27559	13361	1375	153	25
怀柔区	13847	3046	7138	3396	240	26	1
平谷区	14831	2576	6880	4880	436	52	7
密云区	17868	3138	9833	4645	219	30	3
延庆区	10688	2189	5300	2955	223	16	5

6-12　全市按受教育程度、存活子女数分的15-64岁妇女人数

单位：人

受教育程度	15-64岁妇女人数	存活0个	存活1个	存活2个	存活3个	存活4个	存活5个及以上
总　计	**760654**	**250772**	**375622**	**121541**	**11157**	**1358**	**204**
未上过学	3712	483	977	1671	462	94	25
学前教育	136	33	41	50	12		
小　学	27652	1759	10318	12714	2457	342	62
初　中	143263	15953	76608	44663	5343	612	84
高　中	151486	34878	92845	21863	1679	197	24
大学专科	131747	48945	68589	13654	512	44	3
大学本科	228203	109982	98188	19439	535	55	4
硕士研究生	65081	33948	24444	6540	136	12	1
博士研究生	9374	4791	3612	947	21	2	1

6-13　全市按职业、存活子女数分的15-64岁妇女人数

单位：人

职业大类	15-64岁妇女人数	存活0个	存活1个	存活2个	存活3个	存活4个	存活5个及以上	妇女平均存活子女数
总　计	**425880**	**153380**	**196314**	**69653**	**5762**	**669**	**102**	**0.84**
党的机关、国家机关、群众团体和社会组织、企事业单位负责人	12439	3452	6690	2112	164	17	4	0.92
专业技术人员	143574	59886	68173	15075	401	34	5	0.69
办事人员和有关人员	70273	25057	36367	8573	244	28	4	0.77
社会生产服务和生活服务人员	174068	59749	73918	35800	4034	496	71	0.92
农、林、牧、渔业生产及辅助人员	5127	329	2061	2441	259	31	6	1.54
生产制造及有关人员	20046	4741	8966	5609	657	61	12	1.12
不便分类的其他从业人员	353	166	139	43	3	2		0.69

6-14　各地区15-64岁妇女平均活产子女数和平均存活子女数

单位：人、%

地　区	15-64岁妇女人数	活产子女总数			存活子女总数			存活子女数占活产子女数的百分比	妇女平均活产子女数	妇女平均存活子女数
		合计	男	女	合计	男	女			
北　京	**760654**	**673331**	**358764**	**314567**	**658663**	**350116**	**308547**	**97.82**	**0.89**	**0.87**
东城区	26157	21868	11454	10414	21474	11231	10243	98.20	0.84	0.82
西城区	40743	35260	18672	16588	34549	18254	16295	97.98	0.87	0.85
朝阳区	122361	95393	50550	44843	93104	49246	43858	97.60	0.78	0.76
丰台区	75809	63904	34031	29873	62273	33069	29204	97.45	0.84	0.82
石景山区	20309	16807	8884	7923	16520	8713	7807	98.29	0.83	0.81
海淀区	118608	90372	48360	42012	88621	47348	41273	98.06	0.76	0.75
门头沟区	13221	12670	6646	6024	12350	6451	5899	97.47	0.96	0.93
房山区	42999	44529	23454	21075	44268	23271	20997	99.41	1.04	1.03
通州区	58651	53294	28773	24521	52112	28068	24044	97.78	0.91	0.89
顺义区	44563	47153	25304	21849	45655	24420	21235	96.82	1.06	1.02
昌平区	78537	65073	35156	29917	63756	34341	29415	97.98	0.83	0.81
大兴区	61462	60567	32471	28096	59146	31657	27489	97.65	0.99	0.96
怀柔区	13847	15077	8007	7070	14759	7817	6942	97.89	1.09	1.07
平谷区	14831	18567	9815	8752	18191	9578	8613	97.97	1.25	1.23
密云区	17868	20394	10647	9747	19915	10362	9553	97.65	1.14	1.11
延庆区	10688	12403	6540	5863	11970	6290	5680	96.51	1.16	1.12

6–15 全市按年龄分的15–64岁妇女平均活产子女数和平均存活子女数

单位：人、%

年龄	15–64岁妇女人数	活产子女总数			存活子女总数			存活子女数占活产子女数的百分比	妇女平均活产子女数	妇女平均存活子女数
		合计	男	女	合计	男	女			
总 计	**760654**	**673331**	**358764**	**314567**	**658663**	**350116**	**308547**	**97.82**	**0.89**	**0.87**
15–19岁	**27227**	**39**	**21**	**18**	**39**	**21**	**18**	**100.00**		
15	4094									
16	4323									
17	3936	7	3	4	7	3	4	100.00		
18	6268	8	3	5	8	3	5	100.00		
19	8606	24	15	9	24	15	9	100.00		
20–24岁	**58793**	**2178**	**1114**	**1064**	**2147**	**1097**	**1050**	**98.58**	**0.04**	**0.04**
20	10164	75	48	27	74	47	27	98.67	0.01	0.01
21	10333	153	79	74	151	77	74	98.69	0.01	0.01
22	10763	331	177	154	327	175	152	98.79	0.03	0.03
23	13085	616	296	320	611	295	316	99.19	0.05	0.05
24	14448	1003	514	489	984	503	481	98.11	0.07	0.07
25–29岁	**83624**	**22920**	**12190**	**10730**	**22467**	**11947**	**10520**	**98.02**	**0.27**	**0.27**
25	15573	1746	928	818	1706	912	794	97.71	0.11	0.11
26	16043	2635	1392	1243	2576	1362	1214	97.76	0.16	0.16
27	17039	4234	2246	1988	4167	2208	1959	98.42	0.25	0.24
28	17290	5797	3098	2699	5698	3044	2654	98.29	0.34	0.33
29	17679	8508	4526	3982	8320	4421	3899	97.79	0.48	0.47
30–34岁	**115169**	**91517**	**48564**	**42953**	**89777**	**47560**	**42217**	**98.10**	**0.79**	**0.78**
30	22692	13578	7154	6424	13345	7031	6314	98.28	0.60	0.59
31	23072	16282	8634	7648	15993	8470	7523	98.23	0.71	0.69
32	23150	18487	9839	8648	18153	9651	8502	98.19	0.80	0.78
33	24408	21983	11648	10335	21528	11384	10144	97.93	0.90	0.88
34	21847	21187	11289	9898	20758	11024	9734	97.98	0.97	0.95
35–39岁	**102311**	**110079**	**58572**	**51507**	**107956**	**57312**	**50644**	**98.07**	**1.08**	**1.06**
35	19128	19308	10267	9041	18935	10045	8890	98.07	1.01	0.99
36	19785	20753	11047	9706	20335	10794	9541	97.99	1.05	1.03
37	20766	22469	11877	10592	22059	11640	10419	98.18	1.08	1.06
38	23618	26130	13969	12161	25638	13678	11960	98.12	1.11	1.09
39	19014	21419	11412	10007	20989	11155	9834	97.99	1.13	1.10
40–44岁	**74264**	**83411**	**44759**	**38652**	**81719**	**43757**	**37962**	**97.97**	**1.12**	**1.10**
40	17098	19412	10341	9071	19043	10122	8921	98.10	1.14	1.11
41	16583	18658	9896	8762	18260	9669	8591	97.87	1.13	1.10
42	15052	16716	8989	7727	16369	8778	7591	97.92	1.11	1.09
43	12658	14200	7701	6499	13918	7539	6379	98.01	1.12	1.10
44	12873	14425	7832	6593	14129	7649	6480	97.95	1.12	1.10
45–49岁	**73904**	**83468**	**45613**	**37855**	**81662**	**44571**	**37091**	**97.84**	**1.13**	**1.10**
45	12635	14116	7729	6387	13785	7534	6251	97.66	1.12	1.09
46	14056	15869	8711	7158	15539	8515	7024	97.92	1.13	1.11
47	15527	17378	9498	7880	17025	9288	7737	97.97	1.12	1.10
48	15626	17773	9699	8074	17367	9478	7889	97.72	1.14	1.11
49	16060	18332	9976	8356	17946	9756	8190	97.89	1.14	1.12
50–54岁	**74462**	**89530**	**48218**	**41312**	**87407**	**46963**	**40444**	**97.63**	**1.20**	**1.17**
50	16552	19262	10397	8865	18830	10140	8690	97.76	1.16	1.14
51	15570	18260	9966	8294	17830	9713	8117	97.65	1.17	1.15
52	16432	19593	10558	9035	19098	10242	8856	97.47	1.19	1.16
53	12112	15061	8134	6927	14705	7935	6770	97.64	1.24	1.21
54	13796	17354	9163	8191	16944	8933	8011	97.64	1.26	1.23
55–59岁	**78913**	**98734**	**52206**	**46528**	**96344**	**50778**	**45566**	**97.58**	**1.25**	**1.22**
55	14643	18528	9869	8659	18137	9636	8501	97.89	1.27	1.24
56	16823	21049	11124	9925	20530	10800	9730	97.53	1.25	1.22
57	21554	26732	14116	12616	26057	13727	12330	97.47	1.24	1.21
58	15125	19144	10152	8992	18692	9885	8807	97.64	1.27	1.24
59	10768	13281	6945	6336	12928	6730	6198	97.34	1.23	1.20
60–64岁	**71987**	**91455**	**47507**	**43948**	**89145**	**46110**	**43035**	**97.47**	**1.27**	**1.24**
60	14156	17715	9151	8564	17291	8904	8387	97.61	1.25	1.22
61	12936	16482	8683	7799	16096	8447	7649	97.66	1.27	1.24
62	14664	18676	9746	8930	18212	9456	8756	97.52	1.27	1.24
63	15725	19908	10236	9672	19390	9932	9458	97.40	1.27	1.23
64	14506	18674	9691	8983	18156	9371	8785	97.23	1.29	1.25

6–16 全市按受教育程度分的15–64岁妇女平均活产子女数和平均存活子女数

单位：人、%

受教育程度	15–64岁妇女人数	活产子女总数			存活子女总数			存活子女数占活产子女数的百分比	妇女平均活产子女数	妇女平均存活子女数
		合计	男	女	合计	男	女			
总　计	**760654**	**673331**	**358764**	**314567**	**658663**	**350116**	**308547**	**97.82**	**0.89**	**0.87**
未上过学	3712	6360	3468	2892	6209	3379	2830	97.63	1.71	1.67
学前教育	136	185	106	79	177	101	76	95.68	1.36	1.30
小　学	27652	46055	25542	20513	44810	24792	20018	97.30	1.67	1.62
初　中	143263	189415	102885	86530	184841	100124	84717	97.59	1.32	1.29
高　中	151486	145790	77136	68654	142520	75230	67290	97.76	0.96	0.94
大学专科	131747	99586	51955	47631	97625	50812	46813	98.03	0.76	0.74
大学本科	228203	141583	74486	67097	138912	72939	65973	98.11	0.62	0.61
硕士研究生	65081	38669	20212	18457	37986	19829	18157	98.23	0.59	0.58
博士研究生	9374	5688	2974	2714	5583	2910	2673	98.15	0.61	0.60

第二部分 长表数据资料

第七卷 迁移和户口登记地

7–1　全市按现住地、户口登记地类型分的户口登记地在外乡镇街道人口

现住地	合计					市内				
	合计	乡	镇的村委会	镇的居委会	街道	小计	乡	镇的村委会	镇的居委会	街道
北　京	**1191206**	**145416**	**429486**	**131656**	**484648**	**453656**	**18857**	**93675**	**51884**	**289240**
东城区	25020	1779	5571	2174	15496	11254	118	287	450	10399
西城区	44621	3296	10354	4295	26676	19615	175	475	1340	17625
朝阳区	187924	24293	45337	18052	100242	75085	6870	3179	4791	60245
丰台区	123696	12914	28395	12442	69945	57446	1638	2393	4616	48799
石景山区	30083	1621	6334	2769	19359	14932	62	609	818	13443
海淀区	166536	21255	46140	18468	80673	54961	986	3536	6276	44163
门头沟区	20961	2164	6636	3141	9020	12423	268	2724	2182	7249
房山区	60723	8026	28450	8316	15931	26914	2252	10558	4303	9801
通州区	101666	13699	42909	12373	32685	31847	1508	9474	4746	16119
顺义区	82891	10588	50731	6184	15388	28717	927	16934	2826	8030
昌平区	163853	24740	63405	19640	56068	43177	1085	8106	6995	26991
大兴区	117405	12117	54023	18069	33196	39333	907	11397	8368	18661
怀柔区	19954	4163	11374	1312	3105	8834	722	4975	837	2300
平谷区	13364	1499	9157	850	1858	8640	427	6083	647	1483
密云区	20434	2151	12514	2601	3168	12804	598	7712	2024	2470
延庆区	12075	1111	8156	970	1838	7674	314	5233	665	1462

7–1　续表 1

现住地	市外									
	小计					天津				
	小计	乡	镇的村委会	镇的居委会	街道	小计	乡	镇的村委会	镇的居委会	街道
北　京	**737550**	**126559**	**335811**	**79772**	**195408**	**27460**	**1190**	**3529**	**4670**	**18071**
东城区	13766	1661	5284	1724	5097	468	9	48	41	370
西城区	25006	3121	9879	2955	9051	756	17	90	92	557
朝阳区	112839	17423	42158	13261	39997	5062	250	397	687	3728
丰台区	66250	11276	26002	7826	21146	2876	104	255	429	2088
石景山区	15151	1559	5725	1951	5916	655	10	61	79	505
海淀区	111575	20269	42604	12192	36510	4158	159	358	587	3054
门头沟区	8538	1896	3912	959	1771	205	25	30	33	117
房山区	33809	5774	17892	4013	6130	986	34	174	266	512
通州区	69819	12191	33435	7627	16566	3124	191	558	542	1833
顺义区	54174	9661	33797	3358	7358	1270	50	351	218	651
昌平区	120676	23655	55299	12645	29077	4620	190	549	808	3073
大兴区	78072	11210	42626	9701	14535	2861	118	460	823	1460
怀柔区	11120	3441	6399	475	805	108	11	40	23	34
平谷区	4724	1072	3074	203	375	137	16	92	11	18
密云区	7630	1553	4802	577	698	117	3	42	23	49
延庆区	4401	797	2923	305	376	57	3	24	8	22

7-1 续表 2

现住地	市外									
	河北					山西				
	小计	乡	镇的村委会	镇的居委会	街道	小计	乡	镇的村委会	镇的居委会	街道
北京	**189315**	**37869**	**100929**	**17464**	**33053**	**42797**	**7798**	**20464**	**4439**	**10096**
东城区	3024	433	1398	361	832	849	115	396	94	244
西城区	5460	812	2607	590	1451	1809	266	851	195	497
朝阳区	23574	4419	10557	2541	6057	6056	1021	2491	703	1841
丰台区	17216	3276	7832	1969	4139	3770	629	1483	428	1230
石景山区	3885	441	1664	492	1288	906	81	347	117	361
海淀区	24055	5425	11261	2286	5083	6961	1419	2900	706	1936
门头沟区	2862	681	1449	295	437	432	97	173	49	113
房山区	10142	1858	5952	1054	1278	1816	330	960	210	316
通州区	18672	3612	10143	1774	3143	3933	757	2044	393	739
顺义区	15846	3201	10780	700	1165	3289	596	2210	144	339
昌平区	31979	7403	17081	2723	4772	7767	1604	3680	848	1635
大兴区	21865	3490	13134	2307	2934	4110	598	2326	474	712
怀柔区	4074	1184	2607	109	174	464	156	232	22	54
平谷区	1607	367	1109	51	80	233	64	133	12	24
密云区	3153	868	2007	148	130	245	39	146	27	33
延庆区	1901	399	1348	64	90	157	26	92	17	22

7-1 续表 3

现住地	市外									
	内蒙古					辽宁				
	小计	乡	镇的村委会	镇的居委会	街道	小计	乡	镇的村委会	镇的居委会	街道
北京	**26551**	**3930**	**10229**	**4046**	**8346**	**33754**	**3874**	**11008**	**4334**	**14538**
东城区	369	30	104	60	175	680	48	134	83	415
西城区	739	71	228	132	308	1231	105	311	140	675
朝阳区	3993	562	1152	642	1637	5888	633	1273	820	3162
丰台区	2080	269	606	327	878	3027	326	832	345	1524
石景山区	551	47	153	91	260	702	47	199	97	359
海淀区	3590	526	1118	562	1384	4856	551	1254	623	2428
门头沟区	266	49	103	54	60	336	45	130	52	109
房山区	1214	169	552	207	286	1496	191	611	239	455
通州区	3050	499	1176	481	894	3549	459	1327	447	1316
顺义区	2048	342	1182	181	343	2238	303	1105	172	658
昌平区	4900	779	1975	783	1363	5505	682	1905	677	2241
大兴区	2529	325	1138	419	647	3125	265	1308	538	1014
怀柔区	439	104	251	39	45	470	124	246	27	73
平谷区	288	61	186	28	13	174	26	115	15	18
密云区	278	57	172	23	26	346	57	166	51	72
延庆区	217	40	133	17	27	131	12	92	8	19

7-1　续表 4

现住地	市外									
	吉林					黑龙江				
	小计	乡	镇的村委会	镇的居委会	街道	小计	乡	镇的村委会	镇的居委会	街道
北　京	**24816**	**3269**	**8797**	**3363**	**9387**	**50943**	**7290**	**17533**	**8053**	**18067**
东城区	452	61	133	57	201	880	84	225	166	405
西城区	749	82	174	132	361	1419	132	366	259	662
朝阳区	4092	514	1025	559	1994	8037	1072	2274	1303	3388
丰台区	2038	266	594	305	873	4675	610	1249	757	2059
石景山区	513	38	139	80	256	983	68	252	188	475
海淀区	3166	438	815	426	1487	5893	875	1568	952	2498
门头沟区	296	44	104	45	103	609	99	186	105	219
房山区	1148	148	514	187	299	2494	387	965	438	704
通州区	2712	375	1059	371	907	5983	944	2278	857	1904
顺义区	1886	276	954	171	485	3734	581	1889	427	837
昌平区	4234	593	1612	562	1467	8902	1438	3067	1316	3081
大兴区	2542	276	1106	385	775	5516	660	2250	1080	1526
怀柔区	436	98	265	29	44	678	154	354	67	103
平谷区	163	26	87	7	43	354	65	211	24	54
密云区	284	26	151	40	67	554	86	276	77	115
延庆区	105	8	65	7	25	232	35	123	37	37

7-1　续表 5

现住地	市外									
	上海					江苏				
	小计	乡	镇的村委会	镇的居委会	街道	小计	乡	镇的村委会	镇的居委会	街道
北　京	**1972**	**67**	**88**	**247**	**1570**	**15114**	**1896**	**6395**	**2052**	**4771**
东城区	84	6	1	8	69	304	18	120	45	121
西城区	155	3	1	20	131	577	48	153	67	309
朝阳区	590	23	10	44	513	3045	356	1167	397	1125
丰台区	155	2	13	13	127	1360	177	506	210	467
石景山区	40	2	1	2	35	285	14	89	35	147
海淀区	430	7	14	53	356	2434	291	766	326	1051
门头沟区	4			2	2	182	28	73	31	50
房山区	34	8		2	24	587	85	296	99	107
通州区	102	6	7	22	67	1333	193	602	187	351
顺义区	73	1	7	13	52	944	136	546	89	173
昌平区	166	3	19	33	111	2055	291	958	274	532
大兴区	129	4	13	35	77	1536	167	832	255	282
怀柔区	6	2			4	180	58	97	6	19
平谷区						70	9	45	5	11
密云区	1		1			131	19	85	12	15
延庆区	3		1		2	91	6	60	14	11

7−1 续表 6

现住地	市外									
	浙江					安徽				
	小计	乡	镇的村委会	镇的居委会	街道	小计	乡	镇的村委会	镇的居委会	街道
北京	**7409**	**762**	**2726**	**935**	**2986**	**31561**	**5793**	**17965**	**2704**	**5099**
东城区	245	22	71	49	103	804	132	423	68	181
西城区	297	24	82	39	152	1209	183	618	113	295
朝阳区	1422	127	367	207	721	4958	816	2681	463	998
丰台区	1006	110	511	116	269	3061	623	1559	322	557
石景山区	128	5	31	5	87	687	116	346	66	159
海淀区	1384	135	374	155	720	5375	1106	2619	528	1122
门头沟区	41	7	15	5	14	343	77	191	32	43
房山区	270	42	121	30	77	1326	221	854	100	151
通州区	507	68	181	78	180	2457	425	1432	234	366
顺义区	297	18	160	35	84	2286	394	1636	92	164
昌平区	875	85	318	106	366	4710	1009	2682	369	650
大兴区	737	64	397	93	183	3340	469	2228	276	367
怀柔区	74	40	19	2	13	410	124	260	13	13
平谷区	13	1	10		2	155	21	115	5	14
密云区	63	9	45	5	4	320	52	237	15	16
延庆区	50	5	24	10	11	120	25	84	8	3

7−1 续表 7

现住地	市外									
	福建					江西				
	小计	乡	镇的村委会	镇的居委会	街道	小计	乡	镇的村委会	镇的居委会	街道
北京	**6935**	**949**	**3239**	**774**	**1973**	**10245**	**1696**	**4003**	**1438**	**3108**
东城区	196	19	73	33	71	224	34	84	38	68
西城区	414	31	209	43	131	333	33	96	43	161
朝阳区	1268	135	492	150	491	1634	245	533	232	624
丰台区	976	198	469	96	213	1051	177	363	170	341
石景山区	126	2	52	19	53	169	8	63	25	73
海淀区	1170	179	414	133	444	1750	254	524	274	698
门头沟区	49	8	26	4	11	72	12	31	9	20
房山区	264	57	150	9	48	515	98	276	56	85
通州区	524	70	273	67	114	924	162	397	154	211
顺义区	365	45	246	27	47	648	142	357	59	90
昌平区	780	92	354	118	216	1558	290	592	214	462
大兴区	560	71	303	67	119	1030	133	511	145	241
怀柔区	109	33	63	4	9	129	59	51	9	10
平谷区	17	1	15		1	60	18	32	3	7
密云区	99	7	86	2	4	93	18	60	5	10
延庆区	18	1	14	2	1	55	13	33	2	7

7-1 续表 8

现住地	市外									
	山东					河南				
	小计	乡	镇的村委会	镇的居委会	街道	小计	乡	镇的村委会	镇的居委会	街道
北京	**61641**	**9006**	**32497**	**5393**	**14745**	**87098**	**22206**	**47962**	**5534**	**11396**
东城区	1171	107	484	130	450	1468	271	763	168	266
西城区	2117	234	882	221	780	2708	487	1391	255	575
朝阳区	9489	1240	4096	1037	3116	12470	2935	6503	880	2152
丰台区	5298	781	2537	496	1484	7558	2124	3549	550	1335
石景山区	1171	95	486	164	426	1747	343	881	154	369
海淀区	10448	1547	4761	936	3204	13481	3712	6420	1007	2342
门头沟区	672	125	375	53	119	928	290	495	46	97
房山区	2544	418	1514	209	403	3988	938	2469	245	336
通州区	5668	888	3252	451	1077	7762	1909	4518	460	875
顺义区	4242	600	2906	213	523	7447	1801	5072	198	376
昌平区	9706	1608	5308	760	2030	14671	4418	7692	829	1732
大兴区	7249	929	4688	644	988	10112	2168	6484	639	821
怀柔区	781	258	433	22	68	1157	419	678	33	27
平谷区	342	78	242	9	13	518	149	330	6	33
密云区	489	48	362	37	42	632	147	411	39	35
延庆区	254	50	171	11	22	451	95	306	25	25

7-1 续表 9

现住地	市外									
	湖北					湖南				
	小计	乡	镇的村委会	镇的居委会	街道	小计	乡	镇的村委会	镇的居委会	街道
北京	**23014**	**3318**	**9857**	**2899**	**6940**	**12069**	**1781**	**4312**	**1718**	**4258**
东城区	359	25	101	55	178	218	21	55	35	107
西城区	805	85	280	106	334	482	28	135	73	246
朝阳区	3794	529	1369	483	1413	2024	247	551	308	918
丰台区	2210	332	811	305	762	1016	168	328	146	374
石景山区	499	42	165	82	210	233	28	60	38	107
海淀区	3774	551	1294	514	1415	2512	371	837	319	985
门头沟区	252	65	107	34	46	90	27	30	12	21
房山区	1077	133	597	138	209	533	64	255	94	120
通州区	1987	291	876	273	547	1013	171	395	145	302
顺义区	1420	180	901	123	216	633	83	317	79	154
昌平区	3737	622	1604	424	1087	1976	358	781	246	591
大兴区	2354	266	1308	307	473	1049	127	432	189	301
怀柔区	325	132	143	22	28	127	61	55		11
平谷区	106	25	65	7	9	40	13	20	5	2
密云区	187	21	140	13	13	60	3	37	13	7
延庆区	128	19	96	13		63	11	24	16	12

7-1 续表 10

现住地	市外									
	广东					广西				
	小计	乡	镇的村委会	镇的居委会	街道	小计	乡	镇的村委会	镇的居委会	街道
北京	**7872**	**498**	**1484**	**1127**	**4763**	**3170**	**438**	**1040**	**473**	**1219**
东城区	359	20	77	44	218	59	6	19	8	26
西城区	401	16	51	52	282	145	10	43	21	71
朝阳区	1817	118	221	240	1238	568	62	143	98	265
丰台区	780	42	220	91	427	267	34	65	55	113
石景山区	121	1	17	19	84	66	4	24	10	28
海淀区	1775	94	245	191	1245	707	105	205	98	299
门头沟区	53	4	21	4	24	23	5	8	1	9
房山区	174	14	68	32	60	125	26	42	24	33
通州区	529	57	148	86	238	271	41	119	25	86
顺义区	323	26	83	47	167	154	21	81	11	41
昌平区	894	40	161	185	508	483	60	160	78	185
大兴区	543	31	130	128	254	235	37	97	43	58
怀柔区	66	34	20	3	9	31	17	11		3
平谷区	14	1	11		2	14	3	11		
密云区	9		4	2	3	13	6	7		
延庆区	14		7	3	4	9	1	5	1	2

7-1 续表 11

现住地	市外									
	海南					重庆				
	小计	乡	镇的村委会	镇的居委会	街道	小计	乡	镇的村委会	镇的居委会	街道
北京	**1256**	**82**	**221**	**223**	**730**	**6085**	**821**	**2482**	**774**	**2008**
东城区	25	1	4	2	18	115	6	36	13	60
西城区	37	1	6	8	22	239	21	90	25	103
朝阳区	277	17	26	48	186	1225	131	454	174	466
丰台区	88	6	14	12	56	507	84	181	99	143
石景山区	15		5		10	152	14	59	22	57
海淀区	253	16	43	37	157	1311	184	458	149	520
门头沟区	10		2	1	7	64	16	26	11	11
房山区	62	4	18	11	29	227	38	106	30	53
通州区	65	6	10	8	41	431	70	191	34	136
顺义区	105	11	20	17	57	336	35	185	35	81
昌平区	193	11	44	41	97	856	131	367	100	258
大兴区	90	3	23	21	43	446	48	228	74	96
怀柔区	6	4		1	1	99	34	51	2	12
平谷区	8		2	5	1	15	3	10		2
密云区	7	2			5	35	2	31	1	1
延庆区	15		4	11		27	4	9	5	9

7-1 续表 12

现住地	市外									
	四川					贵州				
	小计	乡	镇的村委会	镇的居委会	街道	小计	乡	镇的村委会	镇的居委会	街道
北京	**21787**	**4745**	**10612**	**1866**	**4564**	**3681**	**626**	**1449**	**463**	**1143**
东城区	479	73	185	70	151	63	8	23	14	18
西城区	812	134	379	89	210	122	13	41	20	48
朝阳区	4566	1025	2115	351	1075	559	62	182	73	242
丰台区	1764	416	744	165	439	208	27	56	32	93
石景山区	480	47	269	37	127	88	1	31	10	46
海淀区	3600	813	1281	361	1145	782	141	252	103	286
门头沟区	316	96	164	24	32	28	7	15		6
房山区	943	188	548	88	119	190	50	102	15	23
通州区	1493	348	790	106	249	296	54	117	41	84
顺义区	1745	332	1135	86	192	235	41	110	16	68
昌平区	2936	725	1377	279	555	598	104	262	73	159
大兴区	1955	360	1190	170	235	397	70	200	65	62
怀柔区	340	109	192	20	19	55	32	18	1	4
平谷区	117	27	80	3	7	11	3	8		
密云区	143	24	103	10	6	23	7	14		2
延庆区	98	28	60	7	3	26	6	18		2

7-1 续表 13

现住地	市外									
	云南					西藏				
	小计	乡	镇的村委会	镇的居委会	街道	小计	乡	镇的村委会	镇的居委会	街道
北京	**3247**	**548**	**1371**	**409**	**919**	**296**	**77**	**83**	**45**	**91**
东城区	60	5	17	7	31	1				1
西城区	118	7	38	15	58	2		1		1
朝阳区	491	55	182	62	192	58	9	9	18	22
丰台区	189	27	77	20	65	7	2			5
石景山区	61	6	21	4	30	4		4		
海淀区	772	124	260	119	269	78	19	30	5	24
门头沟区	8	1	4		3	3				3
房山区	133	24	74	15	20	53	23	8	8	14
通州区	243	54	126	22	41	11	3	1	3	4
顺义区	189	18	116	30	25					
昌平区	495	81	211	68	135	42	10	19	6	7
大兴区	344	89	168	37	50	36	10	11	5	10
怀柔区	74	47	25	2		1	1			
平谷区	22	6	16							
密云区	29	3	25	1						
延庆区	19	1	11	7						

7-1 续表 14

现住地	市外									
	陕西					甘肃				
	小计	乡	镇的村委会	镇的居委会	街道	小计	乡	镇的村委会	镇的居委会	街道
北京	**15545**	**2146**	**6583**	**1733**	**5083**	**14603**	**3022**	**7446**	**1286**	**2849**
东城区	310	28	113	31	138	357	75	176	23	83
西城区	665	74	220	85	286	904	178	482	75	169
朝阳区	2482	293	804	315	1070	2081	382	887	218	594
丰台区	1319	175	492	150	502	1204	243	582	112	267
石景山区	357	36	123	44	154	335	55	149	32	99
海淀区	3039	466	1144	324	1105	2455	574	1110	225	546
门头沟区	146	30	57	21	38	163	48	78	22	15
房山区	618	77	307	83	151	537	103	288	43	103
通州区	1207	173	549	114	371	1287	265	683	124	215
顺义区	952	145	588	84	135	1137	243	767	34	93
昌平区	2550	378	1148	273	751	2248	507	1101	215	425
大兴区	1395	158	706	189	342	1348	211	789	140	208
怀柔区	241	72	151	7	11	197	60	124	6	7
平谷区	89	24	56	1	8	123	42	68	3	10
密云区	109	14	76	8	11	160	32	108	10	10
延庆区	66	3	49	4	10	67	4	54	4	5

7-1 续表 15

现住地	市外									
	青海					宁夏				
	小计	乡	镇的村委会	镇的居委会	街道	小计	乡	镇的村委会	镇的居委会	街道
北京	**1294**	**139**	**276**	**222**	**657**	**2241**	**302**	**569**	**404**	**966**
东城区	23		3	5	15	43	1	7	5	30
西城区	45	4	7	7	27	119	15	24	16	64
朝阳区	187	16	25	36	110	375	49	80	66	180
丰台区	105	10	22	18	55	171	16	28	34	93
石景山区	33	2	5	10	16	59	3	6	12	38
海淀区	257	22	63	32	140	436	65	99	66	206
门头沟区	11	1	5	3	2	17	5	1	5	6
房山区	73	5	25	13	30	95	16	21	22	36
通州区	89	15	21	10	43	201	26	69	46	60
顺义区	56	8	21	6	21	100	11	37	15	37
昌平区	262	28	41	35	158	401	62	115	71	153
大兴区	111	6	30	40	35	194	26	62	43	63
怀柔区	2	1	1			13	5	8		
平谷区	22	21			1	5		3	2	
密云区	10		1	6	3	4	1	2	1	
延庆区	8		6	1	1	8	1	7		

7-1　续表 16

现住地	市外				
	新疆				
	小计	乡	镇的村委会	镇的居委会	街道
北　京	**3779**	**421**	**662**	**684**	**2012**
东城区	77	3	11	11	52
西城区	137	7	23	22	85
朝阳区	757	80	92	106	479
丰台区	268	22	24	54	168
石景山区	100	3	23	17	57
海淀区	673	100	117	95	361
门头沟区	57	4	13	6	34
房山区	145	25	25	46	49
通州区	396	59	93	72	172
顺义区	176	21	35	36	84
昌平区	577	53	116	131	277
大兴区	334	31	74	70	159
怀柔区	28	8	4	6	10
平谷区	7	2	2	1	2
密云区	36	2	7	8	19
延庆区	11	1	3	3	4

7-2　全市按现住地、职业和性别分的户口登记地在本市其他乡镇街道人口

单位：人

现住地	合计			党的机关、国家机关、群众团体和社会组织、企事业单位负责人		
	合计	男	女	小计	男	女
北　京	**193811**	**104904**	**88907**	**9766**	**6854**	**2912**
东城区	5094	2582	2512	332	217	115
西城区	8944	4564	4380	541	371	170
朝阳区	32603	17520	15083	1285	916	369
丰台区	24414	12999	11415	1166	793	373
石景山区	6241	3292	2949	310	219	91
海淀区	24926	13118	11808	1957	1322	635
门头沟区	4654	2659	1995	136	85	51
房山区	11082	6191	4891	547	403	144
通州区	12436	6920	5516	736	534	202
顺义区	13426	7349	6077	402	281	121
昌平区	16736	9356	7380	665	471	194
大兴区	16007	8907	7100	1025	743	282
怀柔区	4133	2296	1837	198	153	45
平谷区	4226	2179	2047	182	125	57
密云区	5682	3156	2526	147	119	28
延庆区	3207	1816	1391	137	102	35

7-2 续表 1

单位：人

现住地	专业技术人员			办事人员和有关人员			社会生产服务和生活服务人员		
	小计	男	女	小计	男	女	小计	男	女
北　京	**66277**	**28219**	**38058**	**43997**	**24028**	**19969**	**62014**	**36981**	**25033**
东城区	1823	726	1097	1383	751	632	1416	784	632
西城区	3497	1494	2003	2298	1220	1078	2376	1310	1066
朝阳区	11592	5084	6508	7993	4320	3673	10757	6454	4303
丰台区	8844	3713	5131	5800	3188	2612	7494	4480	3014
石景山区	2249	931	1318	1567	873	694	1796	1016	780
海淀区	10616	4642	5974	5306	2799	2507	6122	3703	2419
门头沟区	1239	484	755	1016	572	444	1920	1233	687
房山区	3453	1483	1970	2222	1225	997	3723	2185	1538
通州区	3873	1558	2315	2633	1484	1149	4335	2702	1633
顺义区	3662	1507	2155	3024	1586	1438	4801	2828	1973
昌平区	6221	2856	3365	3432	1921	1511	5591	3492	2099
大兴区	5398	2330	3068	3592	1993	1599	4865	2994	1871
怀柔区	963	375	588	823	458	365	1508	834	674
平谷区	1104	381	723	891	473	418	1519	844	675
密云区	1040	382	658	1241	710	531	2491	1369	1122
延庆区	703	273	430	776	455	321	1300	753	547

7-2 续表 2

单位：人

现住地	农、林、牧、渔业生产及辅助人员			生产制造及有关人员			不便分类的其他从业人员		
	小计	男	女	小计	男	女	小计	男	女
北　京	**573**	**376**	**197**	**10946**	**8295**	**2651**	**238**	**151**	**87**
东城区	1	1		133	100	33	6	3	3
西城区	8	7	1	214	156	58	10	6	4
朝阳区	12	8	4	909	699	210	55	39	16
丰台区	24	18	6	1086	807	279			
石景山区	7	6	1	295	236	59	17	11	6
海淀区	41	27	14	808	585	223	76	40	36
门头沟区	15	13	2	320	267	53	8	5	3
房山区	58	40	18	1079	855	224			
通州区	31	21	10	791	596	195	37	25	12
顺义区	50	33	17	1487	1114	373			
昌平区	51	31	20	776	585	191			
大兴区	34	28	6	1072	803	269	21	16	5
怀柔区	22	16	6	619	460	159			
平谷区	90	54	36	434	297	137	6	5	1
密云区	67	37	30	695	538	157	1	1	
延庆区	62	36	26	228	197	31	1		1

7–3　全市按现住地、职业和性别分的户口登记地在外省人口

单位：人

现住地	合计			党的机关、国家机关、群众团体和社会组织、企事业单位负责人		
	合计	男	女	小计	男	女
北　京	**507929**	**298533**	**209396**	**18224**	**12602**	**5622**
东城区	10182	5401	4781	449	285	164
西城区	17603	9507	8096	580	363	217
朝阳区	80891	44118	36773	2649	1764	885
丰台区	47274	26013	21261	1665	1158	507
石景山区	9920	5257	4663	419	270	149
海淀区	71836	40708	31128	3284	2201	1083
门头沟区	5562	3171	2391	172	124	48
房山区	20843	12659	8184	1023	715	308
通州区	46234	28045	18189	2384	1647	737
顺义区	41224	26445	14779	580	407	173
昌平区	83704	51368	32336	1822	1347	475
大兴区	54173	33880	20293	2678	1945	733
怀柔区	7235	4805	2430	200	144	56
平谷区	3327	2020	1307	118	80	38
密云区	5137	3232	1905	128	101	27
延庆区	2784	1904	880	73	51	22

7–3　续表 1

单位：人

现住地	专业技术人员			办事人员和有关人员			社会生产服务和生活服务人员		
	小计	男	女	小计	男	女	小计	男	女
北　京	**103232**	**47115**	**56117**	**47586**	**24014**	**23572**	**263979**	**153771**	**110208**
东城区	1713	689	1024	1476	853	623	5983	3096	2887
西城区	3490	1462	2028	2273	1292	981	10424	5674	4750
朝阳区	17906	7672	10234	9203	4303	4900	44494	24702	19792
丰台区	10970	4732	6238	5138	2514	2624	25252	14066	11186
石景山区	2636	1142	1494	1090	497	593	4769	2514	2255
海淀区	16755	7355	9400	7332	4006	3326	37958	21709	16249
门头沟区	1137	451	686	432	169	263	2944	1662	1282
房山区	4113	1900	2213	1706	807	899	9810	5905	3905
通州区	9050	4218	4832	4193	2080	2113	22475	13712	8763
顺义区	4962	2423	2539	3037	1709	1328	21084	12556	8528
昌平区	18791	9424	9367	6230	2936	3294	45977	28670	17307
大兴区	9925	4761	5164	4310	2180	2130	24758	15071	9687
怀柔区	625	333	292	438	265	173	3037	1768	1269
平谷区	385	182	203	222	118	104	1373	698	675
密云区	471	226	245	346	187	159	2535	1377	1158
延庆区	303	145	158	160	98	62	1106	591	515

7-3 续表 2

单位：人

现住地	农、林、牧、渔业生产及辅助人员			生产制造及有关人员			不便分类的其他从业人员		
	小计	男	女	小计	男	女	小计	男	女
北　京	**3434**	**2142**	**1292**	**71148**	**58703**	**12445**	**326**	**186**	**140**
东城区	3	3		557	475	82	1		1
西城区	8	3	5	825	711	114	3	2	1
朝阳区	82	64	18	6548	5609	939	9	4	5
丰台区	33	22	11	4216	3521	695			
石景山区	11	6	5	980	822	158	15	6	9
海淀区	221	148	73	6155	5211	944	131	78	53
门头沟区	18	10	8	853	752	101	6	3	3
房山区	442	270	172	3749	3062	687			
通州区	401	246	155	7646	6094	1552	85	48	37
顺义区	663	414	249	10898	8936	1962			
昌平区	477	321	156	10407	8670	1737			
大兴区	726	418	308	11706	9460	2246	70	45	25
怀柔区	63	39	24	2872	2256	616			
平谷区	89	53	36	1135	889	246	5		5
密云区	88	48	40	1569	1293	276			
延庆区	109	77	32	1032	942	90	1		1

7-4 全市按现住地、户口登记地类型、受教育程度分的户口登记地在本市其他乡镇街道人口

单位：人

现住地	合计					未上过学				
	合计	乡	镇的村委会	镇的居委会	街道	小计	乡	镇的村委会	镇的居委会	街道
北　京	**444221**	**18512**	**91119**	**50704**	**283886**	**4346**	**227**	**1245**	**511**	**2363**
东城区	11148	118	283	446	10301	76	2	1	3	70
西城区	19388	175	474	1326	17413	132	1	4	5	122
朝阳区	73872	6760	3123	4725	59264	590	71	23	32	464
丰台区	56278	1605	2336	4511	47826	551	19	33	32	467
石景山区	14638	60	604	802	13172	156		2	15	139
海淀区	53908	970	3482	6133	43323	419	6	48	62	303
门头沟区	12114	260	2653	2130	7071	221	4	53	32	132
房山区	26174	2207	10209	4168	9590	308	41	133	55	79
通州区	31190	1476	9230	4662	15822	258	16	98	32	112
顺义区	27960	909	16446	2758	7847	239	10	163	11	55
昌平区	42320	1070	7908	6850	26492	377	7	82	88	200
大兴区	38319	885	11018	8160	18256	428	16	163	93	156
怀柔区	8597	709	4848	806	2234	134	8	92	11	23
平谷区	8393	415	5901	625	1452	107	4	82	10	11
密云区	12471	585	7531	1959	2396	213	12	164	20	17
延庆区	7451	308	5073	643	1427	137	10	104	10	13

7–4　续表 1　　单位：人

现住地	学前教育					小学				
	小计	乡	镇的村委会	镇的居委会	街道	小计	乡	镇的村委会	镇的居委会	街道
北　京	**13497**	**483**	**3389**	**1605**	**8020**	**33610**	**1744**	**9744**	**3885**	**18237**
东城区	235	4	3	12	216	781	8	13	28	732
西城区	356	2	4	21	329	1434	9	23	88	1314
朝阳区	1824	185	64	105	1470	4520	651	217	275	3377
丰台区	1666	38	53	134	1441	3791	133	170	283	3205
石景山区	367	1	4	22	340	935	2	34	45	854
海淀区	1570	17	88	188	1277	3440	57	260	432	2691
门头沟区	344	7	67	60	210	1114	30	312	197	575
房山区	1043	71	450	167	355	2341	236	1118	369	618
通州区	972	38	364	147	423	2386	134	848	344	1060
顺义区	1101	23	715	91	272	2765	77	1952	226	510
昌平区	1262	21	273	225	743	2677	63	637	526	1451
大兴区	1420	25	481	258	656	3246	81	1276	692	1197
怀柔区	258	7	155	32	64	933	95	581	74	183
平谷区	361	27	239	37	58	858	46	639	43	130
密云区	477	10	251	94	122	1488	61	978	217	232
延庆区	241	7	178	12	44	901	61	686	46	108

7–4　续表 2　　单位：人

现住地	初中					高中				
	小计	乡	镇的村委会	镇的居委会	街道	小计	乡	镇的村委会	镇的居委会	街道
北　京	**64937**	**3913**	**20615**	**7366**	**33043**	**84655**	**3700**	**19547**	**9810**	**51598**
东城区	1132	20	55	64	993	2247	28	88	93	2038
西城区	2053	26	95	120	1812	3332	25	78	236	2993
朝阳区	8761	1281	544	551	6385	13567	1341	649	877	10700
丰台区	7313	383	491	604	5835	11396	339	494	917	9646
石景山区	1846	8	78	101	1659	2903	16	123	171	2593
海淀区	5082	128	624	745	3585	7303	141	543	949	5670
门头沟区	2443	52	705	398	1288	2988	66	640	541	1741
房山区	5011	602	2243	709	1457	5147	408	2086	797	1856
通州区	5418	259	1877	825	2457	6326	265	1843	936	3282
顺义区	5293	205	3715	411	962	5334	223	3244	517	1350
昌平区	5911	204	1564	970	3173	8026	242	1690	1326	4768
大兴区	5897	180	2290	1164	2263	7683	146	2288	1669	3580
怀柔区	1958	199	1284	131	344	1971	168	1211	178	414
平谷区	1615	72	1223	106	214	2013	109	1518	118	268
密云区	3490	198	2542	355	395	2793	119	1841	382	451
延庆区	1714	96	1285	112	221	1626	64	1211	103	248

7-4 续表 3

单位：人

现住地	大学专科					大学本科				
	小计	乡	镇的村委会	镇的居委会	街道	小计	乡	镇的村委会	镇的居委会	街道
北京	**73896**	**3312**	**17181**	**8997**	**44406**	**126576**	**4203**	**17838**	**14383**	**90152**
东城区	1673	15	44	54	1560	3577	32	65	131	3349
西城区	2713	25	91	186	2411	6227	53	139	447	5588
朝阳区	11561	1154	614	762	9031	24227	1696	844	1608	20079
丰台区	9094	279	397	776	7642	16924	328	598	1348	14650
石景山区	2472	12	162	131	2167	4450	15	168	247	4020
海淀区	6897	153	563	865	5316	18138	319	1094	1880	14845
门头沟区	2163	47	479	414	1223	2375	45	373	420	1537
房山区	4857	344	2085	797	1631	6321	466	1972	1064	2819
通州区	6477	334	2067	975	3101	8080	378	1999	1203	4500
顺义区	4928	163	2986	509	1270	7201	175	3502	841	2683
昌平区	7533	217	1724	1284	4308	12364	247	1735	1849	8533
大兴区	6892	178	2094	1401	3219	10215	217	2251	2328	5419
怀柔区	1579	164	808	159	448	1582	55	682	196	649
平谷区	1644	84	1143	146	271	1697	71	1030	153	443
密云区	2118	110	1084	432	492	1757	71	643	435	608
延庆区	1295	33	840	106	316	1441	35	743	233	430

7-4 续表 4

单位：人

现住地	硕士研究生					博士研究生				
	小计	乡	镇的村委会	镇的居委会	街道	小计	乡	镇的村委会	镇的居委会	街道
北京	**35538**	**798**	**1391**	**3539**	**29810**	**7166**	**132**	**169**	**608**	**6257**
东城区	1180	9	11	50	1110	247		3	11	233
西城区	2718	31	34	195	2458	423	3	6	28	386
朝阳区	7648	322	150	465	6711	1174	59	18	50	1047
丰台区	4816	77	93	372	4274	727	9	7	45	666
石景山区	1266	6	29	60	1171	243		4	10	229
海淀区	8437	116	218	803	7300	2622	33	44	209	2336
门头沟区	393	8	22	60	303	73	1	2	8	62
房山区	930	31	110	177	612	216	8	12	33	163
通州区	1152	46	124	180	802	121	6	10	20	85
顺义区	989	32	164	139	654	110	1	5	13	91
昌平区	3318	62	171	473	2612	852	7	32	109	704
大兴区	2238	38	162	494	1544	300	4	13	61	222
怀柔区	147	12	27	19	89	35	1	8	6	20
平谷区	89	2	25	10	52	9		2	2	5
密云区	128	4	27	22	75	7		1	2	4
延庆区	89	2	24	20	43	7		2	1	4

7-5　全市按现住地、户口登记地类型、受教育程度分的户口登记地在外省人口

单位：人

现住地	合计					未上过学				
	合计	乡	镇的村委会	镇的居委会	街道	小计	乡	镇的村委会	镇的居委会	街道
北　京	**728252**	**125225**	**331772**	**78620**	**192635**	**6495**	**1394**	**3607**	**480**	**1014**
东城区	13689	1652	5261	1711	5065	105	14	55	15	21
西城区	24863	3103	9831	2936	8993	251	40	145	16	50
朝阳区	111724	17254	41799	13114	39557	809	171	379	62	197
丰台区	65355	11148	25671	7715	20821	595	147	308	40	100
石景山区	14920	1540	5639	1924	5817	194	38	108	10	38
海淀区	110605	20115	42259	12072	36159	952	228	487	82	155
门头沟区	8384	1869	3850	935	1730	93	21	54	6	12
房山区	33192	5692	17550	3934	6016	364	65	212	35	52
通州区	68836	12046	32986	7515	16289	530	83	303	47	97
顺义区	53477	9560	33415	3302	7200	472	96	329	19	28
昌平区	118713	23357	54474	12399	28483	1053	247	568	66	172
大兴区	76949	11100	42042	9526	14281	688	124	414	70	80
怀柔区	10992	3410	6326	466	790	139	46	86	3	4
平谷区	4664	1059	3034	201	370	61	17	37	4	3
密云区	7531	1533	4741	568	689	106	34	66	3	3
延庆区	4358	787	2894	302	375	83	23	56	2	2

7-5　续表 1

单位：人

现住地	学前教育					小学				
	小计	乡	镇的村委会	镇的居委会	街道	小计	乡	镇的村委会	镇的居委会	街道
北　京	**12174**	**1560**	**4882**	**1602**	**4130**	**61576**	**12767**	**33479**	**4708**	**10622**
东城区	95	9	28	18	40	1030	171	533	108	218
西城区	215	18	73	26	98	2141	360	1145	172	464
朝阳区	1577	174	458	217	728	8065	1555	3917	690	1903
丰台区	1076	139	378	129	430	5360	1272	2566	416	1106
石景山区	266	14	89	30	133	1247	193	638	119	297
海淀区	1314	197	442	152	523	8372	1891	3968	669	1844
门头沟区	157	39	58	20	40	796	209	425	64	98
房山区	816	99	408	139	170	3474	682	2045	307	440
通州区	1361	161	546	189	465	5945	1148	3125	528	1144
顺义区	870	110	485	81	194	5746	1137	3925	243	441
昌平区	2420	340	907	322	851	8673	2011	4400	656	1606
大兴区	1559	167	717	255	420	6947	1173	4229	630	915
怀柔区	171	43	105	8	15	1340	333	917	32	58
平谷区	79	14	56	2	7	625	165	419	16	25
密云区	159	29	107	11	12	1138	300	752	45	41
延庆区	39	7	25	3	4	677	167	475	13	22

7-5 续表 2

单位：人

现住地	初中					高中				
	小计	乡	镇的村委会	镇的居委会	街道	小计	乡	镇的村委会	镇的居委会	街道
北京	**192510**	**43951**	**118679**	**11265**	**18615**	**125192**	**23023**	**63470**	**13013**	**25686**
东城区	3328	576	1849	350	553	3112	464	1438	356	854
西城区	6663	1142	3856	595	1070	5178	740	2329	632	1477
朝阳区	24960	5416	14912	1612	3020	18099	3181	8367	1970	4581
丰台区	15808	3846	8624	1243	2095	11924	2143	5238	1437	3106
石景山区	3106	504	1709	309	584	2368	280	981	334	773
海淀区	24203	6164	13151	1732	3156	18032	3649	8020	1961	4402
门头沟区	2370	667	1343	145	215	1525	332	718	166	309
房山区	9863	2145	6362	600	756	5738	922	3229	671	916
通州区	18032	4124	11187	955	1766	12064	2301	6301	1177	2285
顺义区	21753	4651	15660	588	854	8796	1626	5714	520	936
昌平区	27488	7348	16164	1487	2489	19494	4335	9988	1833	3338
大兴区	23435	4528	15992	1294	1621	13911	2008	8030	1627	2246
怀柔区	4564	1248	3055	112	149	1959	458	1203	117	181
平谷区	1940	487	1317	47	89	897	196	586	49	66
密云区	3067	694	2099	137	137	1480	295	916	112	157
延庆区	1930	411	1399	59	61	615	93	412	51	59

7-5 续表 3

单位：人

现住地	大学专科					大学本科				
	小计	乡	镇的村委会	镇的居委会	街道	小计	乡	镇的村委会	镇的居委会	街道
北京	**112319**	**17830**	**47915**	**14744**	**31830**	**176421**	**20067**	**51464**	**27141**	**77749**
东城区	1981	180	684	293	824	3167	211	587	462	1907
西城区	3360	391	1067	503	1399	5232	342	1002	767	3121
朝阳区	16808	2549	5796	2316	6147	33348	3629	6955	5098	17666
丰台区	10685	1647	3834	1482	3722	16421	1723	4183	2448	8067
石景山区	2403	218	845	333	1007	4412	257	1086	658	2411
海淀区	14397	2693	5349	1825	4530	30432	3733	7895	4235	14569
门头沟区	1454	275	614	215	350	1747	296	571	280	600
房山区	5445	801	2615	862	1167	6526	849	2416	1141	2120
通州区	12571	1930	5701	1626	3314	16416	2048	5368	2673	6327
顺义区	6606	1030	3683	593	1300	8128	830	3300	1093	2905
昌平区	21002	4019	9610	2451	4922	32968	4551	11415	4763	12239
大兴区	12571	1610	6335	1947	2679	15356	1336	5647	3143	5230
怀柔区	1036	203	577	88	168	733	109	344	95	185
平谷区	615	111	382	41	81	414	62	226	37	89
密云区	884	117	506	126	135	640	61	274	120	185
延庆区	501	56	317	43	85	481	30	195	128	128

7-5 续表 4

单位：人

现住地	硕士研究生					博士研究生				
	小计	乡	镇的村委会	镇的居委会	街道	小计	乡	镇的村委会	镇的居委会	街道
北 京	**37779**	**4079**	**7464**	**5269**	**20967**	**3786**	**554**	**812**	**398**	**2022**
东城区	809	25	79	101	604	62	2	8	8	44
西城区	1708	67	205	210	1226	115	3	9	15	88
朝阳区	7637	539	949	1092	5057	421	40	66	57	258
丰台区	3293	215	520	492	2066	193	16	20	28	129
石景山区	869	34	167	123	545	55	2	16	8	29
海淀区	10773	1278	2422	1253	5820	2130	282	525	163	1160
门头沟区	229	26	66	36	101	13	4	1	3	5
房山区	869	102	241	168	358	97	27	22	11	37
通州区	1842	244	436	309	853	75	7	19	11	38
顺义区	1054	75	314	150	515	52	5	5	15	27
昌平区	5292	468	1333	774	2717	323	38	89	47	149
大兴区	2368	148	651	531	1038	114	6	27	29	52
怀柔区	917	850	34	9	24	133	120	5	2	6
平谷区	30	5	11	4	10	3	2		1	
密云区	57	3	21	14	19					
延庆区	32		15	3	14					

7-6 全市按现住地和出生地分的人口

单位：人

现住地	出生地						
	合计	市内		市外			
		本区	本市其他区	天津	河北	山西	内蒙古
北 京	**2090903**	**963594**	**173155**	**19025**	**234975**	**56599**	**34701**
东城区	74443	44626	5307	674	5376	1521	757
西城区	117517	64418	7529	1171	9451	3156	1440
朝阳区	325656	136971	34328	4119	31423	8684	5592
丰台区	204623	83428	29030	1970	24409	5569	2963
石景山区	55888	24694	7035	507	6371	1476	921
海淀区	317203	116835	20184	3575	34165	11237	5883
门头沟区	36275	22600	2421	157	4013	570	362
房山区	120391	71235	6760	515	13356	2159	1488
通州区	162210	77878	11498	1839	19506	4218	3291
顺义区	126551	62339	7626	806	16357	3340	2209
昌平区	214751	62040	21705	1960	33295	8694	5376
大兴区	170510	68910	15790	1364	23723	4699	2984
怀柔区	39348	25724	1209	75	4544	534	476
平谷区	43903	37287	785	161	2191	246	336
密云区	50480	39795	1254	93	4070	293	373
延庆区	31154	24814	694	39	2725	203	250

7-6 续表 1 单位：人

现住地	出生地								
	市外								
	辽宁	吉林	黑龙江	上海	江苏	浙江	安徽	福建	江西
北京	**48935**	**35064**	**67400**	**4746**	**24461**	**10852**	**37696**	**9160**	**14896**
东城区	1380	867	1585	238	788	435	1088	314	425
西城区	2645	1501	2796	488	1469	715	1838	637	839
朝阳区	8967	5993	11422	1216	4952	2169	6040	1725	2506
丰台区	4700	3166	6572	518	2383	1311	3774	1089	1467
石景山区	1540	872	1426	120	589	227	893	181	340
海淀区	9340	6094	9876	1410	5955	2829	7709	2176	3374
门头沟区	471	405	801	13	232	51	359	53	112
房山区	2219	1654	3143	80	806	332	1490	318	645
通州区	3811	3088	6523	125	1443	526	2516	541	997
顺义区	2442	2114	4064	99	1063	311	2367	385	688
昌平区	6412	5028	10039	249	2512	947	5058	906	1975
大兴区	3711	3133	7050	167	1738	795	3448	589	1158
怀柔区	517	479	756	6	205	85	442	114	152
平谷区	197	199	399	5	76	15	180	17	70
密云区	409	336	661	8	161	54	352	97	91
延庆区	174	135	287	4	89	50	142	18	57

7-6 续表 2 单位：人

现住地	出生地								
	市外								
	山东	河南	湖北	湖南	广东	广西	海南	重庆	四川
北京	**88568**	**101063**	**32094**	**19641**	**6800**	**5035**	**1227**	**8288**	**29352**
东城区	2441	2114	750	500	331	115	28	228	770
西城区	4452	3965	1595	1163	374	264	50	430	1382
朝阳区	14709	14806	5535	3467	1485	920	208	1623	5818
丰台区	8605	9364	3057	1782	605	404	86	733	2551
石景山区	2178	2371	852	490	122	109	25	231	722
海淀区	18622	18658	7176	5208	1843	1350	306	2191	6124
门头沟区	983	1079	304	141	39	38	9	77	442
房山区	3321	4415	1292	745	162	186	45	287	1245
通州区	6239	7947	2110	1190	406	320	66	421	1671
顺义区	4777	7325	1533	751	232	217	69	351	1887
昌平区	11482	15562	4353	2523	674	636	200	1017	3540
大兴区	8476	10506	2648	1288	402	295	95	483	2299
怀柔区	929	1200	374	175	75	75	7	118	401
平谷区	394	531	132	56	13	73	9	26	170
密云区	627	721	237	87	19	22	7	49	219
延庆区	333	499	146	75	18	11	17	23	111

7-6 续表 3

单位：人

现住地	出生地								
	市外								港澳台或国外
	贵州	云南	西藏	陕西	甘肃	青海	宁夏	新疆	
北京	**5150**	**4887**	**368**	**21657**	**18302**	**1902**	**3132**	**6965**	**1213**
东城区	108	134	5	622	497	56	94	202	67
西城区	255	253	5	1260	1182	131	218	346	99
朝阳区	882	791	70	3684	2847	335	565	1531	273
丰台区	358	314	13	1917	1510	169	261	468	77
石景山区	133	105	8	568	455	47	79	181	20
海淀区	1267	1378	113	5228	3589	468	708	1848	484
门头沟区	40	17	3	190	195	14	24	59	1
房山区	268	184	53	815	745	88	115	213	12
通州区	305	267	9	1273	1366	113	211	476	20
顺义区	262	232	4	1001	1237	58	124	241	40
昌平区	709	631	47	2981	2565	249	463	848	75
大兴区	420	376	36	1545	1517	129	230	467	39
怀柔区	54	93	1	267	206	3	14	36	2
平谷区	21	42		94	138	25	7	8	
密云区	41	42		135	180	8	9	26	4
延庆区	27	28	1	77	73	9	10	15	

7-7 全市按现住地和五年前常住地分的人口

单位：人

现住地	五年前常住地						
	合计	市内		市外			
		本区	本市其他区	天津	河北	山西	内蒙古
北京	**1999554**	**1662103**	**78135**	**6809**	**60188**	**17719**	**8200**
东城区	71299	64778	2256	105	919	290	90
西城区	112511	101521	3223	197	1535	692	205
朝阳区	312969	267649	10373	1050	6653	2225	1054
丰台区	196442	168849	8610	591	4551	1391	527
石景山区	53485	45975	2658	141	1058	284	150
海淀区	305074	239503	9552	1493	8889	3706	1567
门头沟区	34608	30567	1722	55	691	145	82
房山区	113915	98011	5019	192	3036	674	363
通州区	154323	126850	5285	609	6294	1443	799
顺义区	120618	97662	5808	435	5092	1234	668
昌平区	205675	148509	11907	1106	11184	3561	1568
大兴区	161953	127417	9445	640	6925	1610	812
怀柔区	37567	33076	598	61	1147	199	113
平谷区	41417	39191	496	73	616	98	79
密云区	48026	45048	731	42	986	103	65
延庆区	29672	27497	452	19	612	64	58

7-7 续表 1

单位：人

现住地	五年前常住地								
	市外								
	辽宁	吉林	黑龙江	上海	江苏	浙江	安徽	福建	江西
北　京	**13080**	**8214**	**16134**	**2241**	**6327**	**3181**	**8262**	**2494**	**3514**
东城区	226	105	218	65	123	48	123	81	58
西城区	416	212	372	110	234	124	236	80	94
朝阳区	1911	1154	2355	449	886	472	1210	366	458
丰台区	1029	565	1324	222	447	229	584	185	228
石景山区	273	138	276	32	132	66	151	36	49
海淀区	2719	1658	2609	609	1786	993	1818	837	1009
门头沟区	123	91	185	10	50	21	63	8	16
房山区	471	332	719	74	229	133	385	91	193
通州区	1057	742	1669	100	477	157	723	155	233
顺义区	834	583	1216	96	338	126	427	107	176
昌平区	2354	1520	3127	283	891	462	1523	353	609
大兴区	1180	803	1545	168	531	247	749	143	297
怀柔区	222	129	168	7	88	47	133	29	51
平谷区	82	60	100	12	30	4	42	5	16
密云区	126	77	156	1	34	14	55	13	17
延庆区	57	45	95	3	51	38	40	5	10

7-7 续表 2

单位：人

现住地	五年前常住地								
	市外								
	山东	河南	湖北	湖南	广东	广西	海南	重庆	四川
北　京	**21008**	**28004**	**7460**	**4671**	**4164**	**1635**	**650**	**2682**	**7991**
东城区	379	409	97	57	102	19	7	38	142
西城区	677	646	180	151	164	38	16	77	242
朝阳区	2872	3732	1033	591	759	215	89	403	1429
丰台区	1565	2007	507	284	319	87	37	152	481
石景山区	379	523	168	87	62	39	10	59	163
海淀区	5037	5379	1947	1541	1294	625	203	865	1997
门头沟区	158	243	62	21	16	5	3	31	73
房山区	785	1175	279	231	98	62	32	102	310
通州区	1739	2766	553	266	237	89	27	158	468
顺义区	1219	2056	367	207	156	56	37	112	468
昌平区	3537	5097	1278	736	554	274	110	405	1172
大兴区	2008	3047	694	340	323	96	52	202	744
怀柔区	331	379	159	74	44	20	5	50	157
平谷区	108	155	23	16	17	4	4	6	48
密云区	101	168	63	22	4	4	2	16	45
延庆区	113	222	50	47	15	2	16	6	52

7-7　续表 3　　　　单位：人

现住地	五年前常住地								
	市　外								港澳台或国外
	贵州	云南	西藏	陕西	甘肃	青海	宁夏	新疆	
北　京	**1867**	**2055**	**274**	**6301**	**5666**	**541**	**1005**	**2306**	**4673**
东城区	27	25	2	91	100	5	12	19	283
西城区	39	57	4	206	254	9	46	57	397
朝阳区	207	220	49	813	695	50	114	308	1125
丰台区	102	88	3	441	419	34	61	88	435
石景山区	43	42	4	154	110	11	23	65	124
海淀区	567	685	85	1858	1267	172	297	789	1718
门头沟区	11	6		49	39	2	5	39	16
房山区	87	104	54	246	207	32	45	92	52
通州区	109	113	6	384	500	23	63	164	65
顺义区	106	85		321	392	18	43	76	97
昌平区	297	312	33	1067	936	104	218	382	206
大兴区	211	222	33	502	547	51	65	174	130
怀柔区	34	55	1	85	70	3	5	21	6
平谷区	2	12		28	55	21	3	4	7
密云区	11	14		31	43		1	23	10
延庆区	14	15		25	32	6	4	5	2

第二部分　长表数据资料

第八卷　老年人口

8-1　各地区分性别、健康状况的60岁及以上老年人口

单位：人

地　区	60岁及以上人口			健　康		
	合计	男	女	小计	男	女
北　京	**428002**	**201396**	**226606**	**265572**	**129309**	**136263**
东城区	20430	9493	10937	12233	5951	6282
西城区	30963	14345	16618	18976	9102	9874
朝阳区	70524	32950	37574	45206	21834	23372
丰台区	48304	22622	25682	29522	14317	15205
石景山区	13891	6559	7332	8301	4031	4270
海淀区	59271	27429	31842	38869	18448	20421
门头沟区	8557	4017	4540	4996	2470	2526
房山区	25254	11964	13290	13869	6876	6993
通州区	29909	14112	15797	18813	9144	9669
顺义区	21321	10220	11101	13691	6790	6901
昌平区	33269	15809	17460	22002	10820	11182
大兴区	27438	12943	14495	19419	9415	10004
怀柔区	8183	4048	4135	3894	2046	1848
平谷区	11014	5244	5770	5802	2927	2875
密云区	12017	5840	6177	5937	3050	2887
延庆区	7657	3801	3856	4042	2088	1954

8-1　续表

单位：人

地　区	基本健康			不健康，但生活能自理			不健康，生活不能自理		
	小计	男	女	小计	男	女	小计	男	女
北　京	**122493**	**54331**	**68162**	**27755**	**12459**	**15296**	**12182**	**5297**	**6885**
东城区	6153	2677	3476	1401	614	787	643	251	392
西城区	9071	3992	5079	1906	849	1057	1010	402	608
朝阳区	19891	8743	11148	3799	1668	2131	1628	705	923
丰台区	14556	6403	8153	2848	1284	1564	1378	618	760
石景山区	4331	2000	2331	849	361	488	410	167	243
海淀区	15853	6940	8913	2943	1309	1634	1606	732	874
门头沟区	2528	1103	1425	736	323	413	297	121	176
房山区	8323	3697	4626	2343	1074	1269	719	317	402
通州区	8698	3903	4795	1690	760	930	708	305	403
顺义区	5601	2535	3066	1421	630	791	608	265	343
昌平区	8656	3862	4794	1785	750	1035	826	377	449
大兴区	5866	2549	3317	1332	617	715	821	362	459
怀柔区	2885	1356	1529	1088	514	574	316	132	184
平谷区	3549	1562	1987	1226	574	652	437	181	256
密云区	4055	1837	2218	1554	744	810	471	209	262
延庆区	2477	1172	1305	834	388	446	304	153	151

8-1a 各地区分性别、健康状况的60岁及以上老年人口(城市)

单位：人

地区	60岁及以上人口			健康		
	合计	男	女	小计	男	女
北京	**344108**	**160417**	**183691**	**222790**	**107103**	**115687**
东城区	20430	9493	10937	12233	5951	6282
西城区	30963	14345	16618	18976	9102	9874
朝阳区	70053	32714	37339	44918	21679	23239
丰台区	47784	22391	25393	29208	14171	15037
石景山区	13891	6559	7332	8301	4031	4270
海淀区	57737	26656	31081	37966	17973	19993
门头沟区	6653	3063	3590	4206	2024	2182
房山区	15660	7412	8248	9692	4743	4949
通州区	16499	7639	8860	11649	5529	6120
顺义区	9810	4548	5262	7116	3359	3757
昌平区	20836	9748	11088	14754	7085	7669
大兴区	18825	8759	10066	14005	6662	7343
怀柔区	3924	1898	2026	2358	1197	1161
平谷区	4024	1856	2168	2617	1269	1348
密云区	4588	2192	2396	3160	1554	1606
延庆区	2431	1144	1287	1631	774	857

8-1a 续表

单位：人

地区	基本健康			不健康，但生活能自理			不健康，生活不能自理		
	小计	男	女	小计	男	女	小计	男	女
北京	**94037**	**41327**	**52710**	**18351**	**8107**	**10244**	**8930**	**3880**	**5050**
东城区	6153	2677	3476	1401	614	787	643	251	392
西城区	9071	3992	5079	1906	849	1057	1010	402	608
朝阳区	19772	8696	11076	3761	1648	2113	1602	691	911
丰台区	14410	6344	8066	2797	1261	1536	1369	615	754
石景山区	4331	2000	2331	849	361	488	410	167	243
海淀区	15415	6743	8672	2837	1250	1587	1519	690	829
门头沟区	1819	778	1041	420	179	241	208	82	126
房山区	4575	2025	2550	1014	465	549	379	179	200
通州区	4001	1730	2271	568	256	312	281	124	157
顺义区	2103	944	1159	402	169	233	189	76	113
昌平区	4820	2121	2699	807	329	478	455	213	242
大兴区	3728	1581	2147	650	311	339	442	205	237
怀柔区	1150	517	633	318	146	172	98	38	60
平谷区	1028	435	593	252	102	150	127	50	77
密云区	1099	484	615	217	101	116	112	53	59
延庆区	562	260	302	152	66	86	86	44	42

8-1b　各地区分性别、健康状况的60岁及以上老年人口(镇)

单位：人

地　区	60岁及以上人口			健　康		
	合计	男	女	小计	男	女
北　京	**22031**	**10613**	**11418**	**12798**	**6463**	**6335**
东城区						
西城区						
朝阳区	471	236	235	288	155	133
丰台区	216	94	122	138	63	75
石景山区						
海淀区						
门头沟区	776	385	391	371	202	169
房山区	2351	1114	1237	1135	594	541
通州区	3589	1708	1881	2385	1164	1221
顺义区	2115	1039	1076	1252	638	614
昌平区	5573	2639	2934	3517	1741	1776
大兴区	2362	1168	1194	1703	871	832
怀柔区	774	385	389	404	216	188
平谷区	1258	589	669	520	266	254
密云区	1536	759	777	626	325	301
延庆区	1010	497	513	459	228	231

8-1b　续表

单位：人

地　区	基本健康			不健康，但生活能自理			不健康，生活不能自理		
	小计	男	女	小计	男	女	小计	男	女
北　京	**6721**	**2978**	**3743**	**1774**	**847**	**927**	**738**	**325**	**413**
东城区									
西城区									
朝阳区	119	47	72	38	20	18	26	14	12
丰台区	54	22	32	19	8	11	5	1	4
石景山区									
海淀区									
门头沟区	272	122	150	100	46	54	33	15	18
房山区	856	375	481	273	115	158	87	30	57
通州区	950	430	520	177	85	92	77	29	48
顺义区	638	287	351	140	77	63	85	37	48
昌平区	1667	725	942	273	118	155	116	55	61
大兴区	468	208	260	118	61	57	73	28	45
怀柔区	226	98	128	105	55	50	39	16	23
平谷区	523	225	298	163	77	86	52	21	31
密云区	568	267	301	244	119	125	98	48	50
延庆区	380	172	208	124	66	58	47	31	16

8-1c 各地区分性别、健康状况的60岁及以上老年人口(乡村)

单位：人

地　区	60岁及以上人口			健　康		
	合计	男	女	小计	男	女
北　京	**61863**	**30366**	**31497**	**29984**	**15743**	**14241**
东城区						
西城区						
朝阳区						
丰台区	304	137	167	176	83	93
石景山区						
海淀区	1534	773	761	903	475	428
门头沟区	1128	569	559	419	244	175
房山区	7243	3438	3805	3042	1539	1503
通州区	9821	4765	5056	4779	2451	2328
顺义区	9396	4633	4763	5323	2793	2530
昌平区	6860	3422	3438	3731	1994	1737
大兴区	6251	3016	3235	3711	1882	1829
怀柔区	3485	1765	1720	1132	633	499
平谷区	5732	2799	2933	2665	1392	1273
密云区	5893	2889	3004	2151	1171	980
延庆区	4216	2160	2056	1952	1086	866

8-1c 续表

单位：人

地　区	基本健康			不健康，但生活能自理			不健康，生活不能自理		
	小计	男	女	小计	男	女	小计	男	女
北　京	**21735**	**10026**	**11709**	**7630**	**3505**	**4125**	**2514**	**1092**	**1422**
东城区									
西城区									
朝阳区									
丰台区	92	37	55	32	15	17	4	2	2
石景山区									
海淀区	438	197	241	106	59	47	87	42	45
门头沟区	437	203	234	216	98	118	56	24	32
房山区	2892	1297	1595	1056	494	562	253	108	145
通州区	3747	1743	2004	945	419	526	350	152	198
顺义区	2860	1304	1556	879	384	495	334	152	182
昌平区	2169	1016	1153	705	303	402	255	109	146
大兴区	1670	760	910	564	245	319	306	129	177
怀柔区	1509	741	768	665	313	352	179	78	101
平谷区	1998	902	1096	811	395	416	258	110	148
密云区	2388	1086	1302	1093	524	569	261	108	153
延庆区	1535	740	795	558	256	302	171	78	93

8-2 各地区分性别、健康状况的60岁及以上外来老年人口

单位：人

地区	60岁及以上人口			健康		
	合计	男	女	小计	男	女
北京	**63702**	**29504**	**34198**	**48872**	**23140**	**25732**
东城区	1566	715	851	1145	547	598
西城区	3317	1478	1839	2492	1122	1370
朝阳区	9418	4213	5205	7377	3383	3994
丰台区	5817	2674	3143	4330	2045	2285
石景山区	1601	718	883	1202	547	655
海淀区	11080	4937	6143	8622	3924	4698
门头沟区	673	299	374	486	224	262
房山区	3249	1544	1705	2392	1168	1224
通州区	6144	2876	3268	4707	2237	2470
顺义区	3432	1813	1619	2630	1413	1217
昌平区	9281	4341	4940	7134	3412	3722
大兴区	5907	2775	3132	4826	2315	2511
怀柔区	774	399	375	547	297	250
平谷区	359	174	185	257	131	126
密云区	691	346	345	482	245	237
延庆区	393	202	191	243	130	113

8-2 续表

单位：人

地区	基本健康			不健康，但生活能自理			不健康，生活不能自理		
	小计	男	女	小计	男	女	小计	男	女
北京	**12853**	**5490**	**7363**	**1432**	**617**	**815**	**545**	**257**	**288**
东城区	366	148	218	46	17	29	9	3	6
西城区	740	315	425	68	33	35	17	8	9
朝阳区	1827	746	1081	160	60	100	54	24	30
丰台区	1283	542	741	145	55	90	59	32	27
石景山区	350	150	200	33	14	19	16	7	9
海淀区	2178	886	1292	189	88	101	91	39	52
门头沟区	153	60	93	22	9	13	12	6	6
房山区	710	303	407	107	56	51	40	17	23
通州区	1263	558	705	132	59	73	42	22	20
顺义区	686	339	347	85	41	44	31	20	11
昌平区	1884	823	1061	190	72	118	73	34	39
大兴区	903	384	519	116	52	64	62	24	38
怀柔区	170	78	92	48	20	28	9	4	5
平谷区	66	28	38	23	8	15	13	7	6
密云区	161	80	81	37	16	21	11	5	6
延庆区	113	50	63	31	17	14	6	5	1

8-3 全市分年龄、性别、健康状况的60岁及以上老年人口

单位：人

年 龄	60岁及以上人口			健 康		
	合计	男	女	小计	男	女
总 计	**428002**	**201396**	**226606**	**265572**	**129309**	**136263**
60-64岁	**139906**	**67919**	**71987**	**105825**	**51785**	**54040**
60	28042	13886	14156	22000	10956	11044
61	25078	12142	12936	19295	9379	9916
62	28605	13941	14664	21535	10513	11022
63	30364	14639	15725	22538	10977	11561
64	27817	13311	14506	20457	9960	10497
65-69岁	**120793**	**57405**	**63388**	**82696**	**39898**	**42798**
65	27971	13401	14570	20092	9669	10423
66	27420	12967	14453	19373	9282	10091
67	23927	11279	12648	16171	7717	8454
68	22666	10801	11865	14856	7310	7546
69	18809	8957	9852	12204	5920	6284
70-74岁	**66649**	**31529**	**35120**	**38766**	**19023**	**19743**
70	17262	8209	9053	10726	5235	5491
71	14591	6904	7687	8669	4175	4494
72	12077	5620	6457	6894	3351	3543
73	11801	5645	6156	6643	3340	3303
74	10918	5151	5767	5834	2922	2912
75-79岁	**40749**	**18267**	**22482**	**19585**	**9482**	**10103**
75	9775	4441	5334	5055	2429	2626
76	8008	3736	4272	3928	1995	1933
77	7700	3423	4277	3684	1750	1934
78	7913	3429	4484	3655	1709	1946
79	7353	3238	4115	3263	1599	1664
80-84岁	**33622**	**14683**	**18939**	**12270**	**5947**	**6323**
80	7302	3252	4050	3024	1483	1541
81	6862	2929	3933	2576	1211	1365
82	6892	3023	3869	2491	1240	1251
83	6618	2893	3725	2273	1094	1179
84	5948	2586	3362	1906	919	987
85-89岁	**19118**	**8491**	**10627**	**5074**	**2493**	**2581**
85	5509	2430	3079	1616	796	820
86	4348	1966	2382	1180	588	592
87	3923	1754	2169	1011	500	511
88	3017	1329	1688	766	366	400
89	2321	1012	1309	501	243	258
90-94岁	**5995**	**2633**	**3362**	**1198**	**606**	**592**
90	2061	910	1151	463	230	233
91	1435	635	800	280	149	131
92	1177	528	649	207	105	102
93	790	342	448	145	78	67
94	532	218	314	103	44	59
95-99岁	**1076**	**439**	**637**	**148**	**71**	**77**
95	407	155	252	69	33	36
96	297	130	167	37	17	20
97	172	73	99	22	13	9
98	125	53	72	13	5	8
99	75	28	47	7	3	4
100岁及以上	**94**	**30**	**64**	**10**	**4**	**6**

8-3 续表 单位：人

年 龄	基本健康			不健康，但生活能自理			不健康，生活不能自理		
	小计	男	女	小计	男	女	小计	男	女
总 计	**122493**	**54331**	**68162**	**27755**	**12459**	**15296**	**12182**	**5297**	**6885**
60–64岁	**28998**	**13310**	**15688**	**4101**	**2246**	**1855**	**982**	**578**	**404**
60	5174	2429	2745	714	412	302	154	89	65
61	4910	2288	2622	696	379	317	177	96	81
62	5990	2799	3191	871	495	376	209	134	75
63	6691	3040	3651	919	499	420	216	123	93
64	6233	2754	3479	901	461	440	226	136	90
65–69岁	**31806**	**14267**	**17539**	**4928**	**2446**	**2482**	**1363**	**794**	**569**
65	6685	3093	3592	961	485	476	233	154	79
66	6815	3033	3782	970	487	483	262	165	97
67	6443	2856	3587	1024	540	484	289	166	123
68	6439	2817	3622	1075	506	569	296	168	128
69	5424	2468	2956	898	428	470	283	141	142
70–74岁	**21997**	**9698**	**12299**	**4536**	**2100**	**2436**	**1350**	**708**	**642**
70	5310	2367	2943	956	460	496	270	147	123
71	4682	2101	2581	969	482	487	271	146	125
72	4119	1782	2337	832	374	458	232	113	119
73	3972	1762	2210	903	402	501	283	141	142
74	3914	1686	2228	876	382	494	294	161	133
75–79岁	**15732**	**6552**	**9180**	**4005**	**1578**	**2427**	**1427**	**655**	**772**
75	3591	1526	2065	849	342	507	280	144	136
76	3116	1347	1769	726	282	444	238	112	126
77	2962	1252	1710	774	304	470	280	117	163
78	3115	1249	1866	838	331	507	305	140	165
79	2948	1178	1770	818	319	499	324	142	182
80–84岁	**13823**	**5854**	**7969**	**5011**	**1912**	**3099**	**2518**	**970**	**1548**
80	2948	1224	1724	935	390	545	395	155	240
81	2845	1177	1668	1000	355	645	441	186	255
82	2838	1221	1617	1019	370	649	544	192	352
83	2758	1189	1569	1054	405	649	533	205	328
84	2434	1043	1391	1003	392	611	605	232	373
85–89岁	**7730**	**3517**	**4213**	**3617**	**1521**	**2096**	**2697**	**960**	**1737**
85	2251	989	1262	996	421	575	646	224	422
86	1785	800	985	804	359	445	579	219	360
87	1597	746	851	783	315	468	532	193	339
88	1196	551	645	548	231	317	507	181	326
89	901	431	470	486	195	291	433	143	290
90–94岁	**2059**	**973**	**1086**	**1315**	**552**	**763**	**1423**	**502**	**921**
90	743	349	394	455	195	260	400	136	264
91	502	243	259	318	119	199	335	124	211
92	383	187	196	277	125	152	310	111	199
93	263	118	145	162	75	87	220	71	149
94	168	76	92	103	38	65	158	60	98
95–99岁	**324**	**150**	**174**	**218**	**99**	**119**	**386**	**119**	**267**
95	127	58	69	77	30	47	134	34	100
96	93	46	47	71	31	40	96	36	60
97	52	23	29	30	14	16	68	23	45
98	32	15	17	26	17	9	54	16	38
99	20	8	12	14	7	7	34	10	24
100岁及以上	**24**	**10**	**14**	**24**	**5**	**19**	**36**	**11**	**25**

8-3a 全市分年龄、性别、健康状况的60岁及以上老年人口(城市)

单位：人

年龄	60岁及以上人口			健康		
	合计	男	女	小计	男	女
总计	**344108**	**160417**	**183691**	**222790**	**107103**	**115687**
60-64岁	**111923**	**53669**	**58254**	**87043**	**41880**	**45163**
60	22008	10689	11319	17646	8608	9038
61	19786	9484	10302	15613	7472	8141
62	22892	11004	11888	17705	8505	9200
63	24806	11825	12981	18986	9082	9904
64	22431	10667	11764	17093	8213	8880
65-69岁	**97001**	**45697**	**51304**	**69508**	**33178**	**36330**
65	22686	10782	11904	16889	8055	8834
66	22157	10420	11737	16320	7755	8565
67	19094	8912	10182	13507	6383	7124
68	17911	8449	9462	12429	6024	6405
69	15153	7134	8019	10363	4961	5402
70-74岁	**52424**	**24662**	**27762**	**32563**	**15818**	**16745**
70	13688	6516	7172	8964	4379	4585
71	11379	5343	6036	7232	3437	3795
72	9497	4348	5149	5814	2770	3044
73	9222	4416	4806	5580	2789	2791
74	8638	4039	4599	4973	2443	2530
75-79岁	**32288**	**14326**	**17962**	**16811**	**8031**	**8780**
75	7657	3467	4190	4292	2050	2242
76	6212	2871	3341	3324	1663	1661
77	6069	2669	3400	3146	1468	1678
78	6345	2713	3632	3185	1466	1719
79	6005	2606	3399	2864	1384	1480
80-84岁	**28296**	**12184**	**16112**	**11067**	**5321**	**5746**
80	6034	2633	3401	2675	1301	1374
81	5798	2416	3382	2321	1080	1241
82	5773	2527	3246	2259	1121	1138
83	5611	2411	3200	2077	984	1093
84	5080	2197	2883	1735	835	900
85-89岁	**16104**	**7184**	**8920**	**4554**	**2248**	**2306**
85	4655	2036	2619	1457	721	736
86	3673	1643	2030	1053	517	536
87	3297	1496	1801	908	455	453
88	2537	1136	1401	695	339	356
89	1942	873	1069	441	216	225
90-94岁	**5055**	**2275**	**2780**	**1095**	**556**	**539**
90	1737	772	965	419	209	210
91	1201	545	656	252	135	117
92	986	465	521	198	101	97
93	673	296	377	136	73	63
94	458	197	261	90	38	52
95-99岁	**932**	**390**	**542**	**139**	**67**	**72**
95	345	134	211	67	32	35
96	257	117	140	33	17	16
97	146	65	81	20	11	9
98	111	47	64	12	4	8
99	73	27	46	7	3	4
100岁及以上	**85**	**30**	**55**	**10**	**4**	**6**

8-3a　续表　　　　单位：人

年　龄	基本健康			不健康，但生活能自理			不健康，生活不能自理		
	小计	男	女	小计	男	女	小计	男	女
总　计	**94037**	**41327**	**52710**	**18351**	**8107**	**10244**	**8930**	**3880**	**5050**
60-64岁	**21610**	**9929**	**11681**	**2618**	**1456**	**1162**	**652**	**404**	**248**
60	3805	1766	2039	460	261	199	97	54	43
61	3622	1705	1917	434	237	197	117	70	47
62	4487	2075	2412	559	324	235	141	100	41
63	5088	2323	2765	584	332	252	148	88	60
64	4608	2060	2548	581	302	279	149	92	57
65-69岁	**23608**	**10522**	**13086**	**3022**	**1479**	**1543**	**863**	**518**	**345**
65	5043	2330	2713	618	301	317	136	96	40
66	5078	2253	2825	581	297	284	178	115	63
67	4789	2105	2684	628	322	306	170	102	68
68	4658	2016	2642	633	302	331	191	107	84
69	4040	1818	2222	562	257	305	188	98	90
70-74岁	**16276**	**7089**	**9187**	**2711**	**1267**	**1444**	**874**	**488**	**386**
70	3959	1746	2213	594	291	303	171	100	71
71	3418	1537	1881	558	273	285	171	96	75
72	3040	1278	1762	498	227	271	145	73	72
73	2923	1290	1633	532	239	293	187	98	89
74	2936	1238	1698	529	237	292	200	121	79
75-79岁	**12055**	**4909**	**7146**	**2453**	**937**	**1516**	**969**	**449**	**520**
75	2680	1125	1555	518	202	316	167	90	77
76	2297	975	1322	431	161	270	160	72	88
77	2282	949	1333	460	178	282	181	74	107
78	2432	950	1482	515	193	322	213	104	109
79	2364	910	1454	529	203	326	248	109	139
80-84岁	**11729**	**4867**	**6862**	**3597**	**1304**	**2293**	**1903**	**692**	**1211**
80	2429	976	1453	648	250	398	282	106	176
81	2427	981	1446	717	231	486	333	124	209
82	2402	1024	1378	703	251	452	409	131	278
83	2368	998	1370	759	279	480	407	150	257
84	2103	888	1215	770	293	477	472	181	291
85-89岁	**6665**	**3014**	**3651**	**2716**	**1141**	**1575**	**2169**	**781**	**1388**
85	1941	836	1105	742	310	432	515	169	346
86	1540	673	867	620	276	344	460	177	283
87	1363	643	720	595	241	354	431	157	274
88	1043	474	569	392	171	221	407	152	255
89	778	388	390	367	143	224	356	126	230
90-94岁	**1783**	**850**	**933**	**1038**	**441**	**597**	**1139**	**428**	**711**
90	640	302	338	356	148	208	322	113	209
91	435	214	221	243	88	155	271	108	163
92	331	163	168	214	106	108	243	95	148
93	226	100	126	135	64	71	176	59	117
94	151	71	80	90	35	55	127	53	74
95-99岁	**288**	**137**	**151**	**176**	**77**	**99**	**329**	**109**	**220**
95	109	51	58	60	24	36	109	27	82
96	84	43	41	59	23	36	81	34	47
97	48	22	26	21	10	11	57	22	35
98	29	14	15	22	13	9	48	16	32
99	18	7	11	14	7	7	34	10	24
100岁及以上	**23**	**10**	**13**	**20**	**5**	**15**	**32**	**11**	**21**

8-3b 全市分年龄、性别、健康状况的60岁及以上老年人口(镇)

单位：人

年龄	60岁及以上人口			健康		
	合计	男	女	小计	男	女
总计	**22031**	**10613**	**11418**	**12798**	**6463**	**6335**
60-64岁	**7687**	**3817**	**3870**	**5608**	**2870**	**2738**
60	1624	824	800	1244	651	593
61	1416	695	721	1057	534	523
62	1554	803	751	1140	580	560
63	1581	782	799	1104	581	523
64	1512	713	799	1063	524	539
65-69岁	**6221**	**3056**	**3165**	**3883**	**1949**	**1934**
65	1422	717	705	940	480	460
66	1458	706	752	933	455	478
67	1193	558	635	736	359	377
68	1175	588	587	726	381	345
69	973	487	486	548	274	274
70-74岁	**3514**	**1679**	**1835**	**1837**	**936**	**901**
70	943	430	513	534	251	283
71	800	372	428	435	207	228
72	601	311	290	315	178	137
73	639	315	324	310	165	145
74	531	251	280	243	135	108
75-79岁	**2038**	**923**	**1115**	**821**	**400**	**421**
75	514	223	291	233	104	129
76	434	198	236	180	91	89
77	366	171	195	146	69	77
78	376	167	209	132	63	69
79	348	164	184	130	73	57
80-84岁	**1450**	**635**	**815**	**412**	**188**	**224**
80	338	153	185	108	49	59
81	267	124	143	88	44	44
82	314	136	178	89	37	52
83	288	124	164	68	34	34
84	243	98	145	59	24	35
85-89岁	**827**	**383**	**444**	**199**	**100**	**99**
85	233	107	126	60	30	30
86	202	103	99	47	27	20
87	175	83	92	39	20	19
88	112	44	68	22	7	15
89	105	46	59	31	16	15
90-94岁	**254**	**107**	**147**	**35**	**20**	**15**
90	90	40	50	16	10	6
91	58	27	31	10	7	3
92	53	19	34	3		3
93	36	13	23	3	2	1
94	17	8	9	3	1	2
95-99岁	**36**	**13**	**23**	**3**		**3**
95	16	5	11	1		1
96	9	2	7	2		2
97	6	3	3			
98	4	2	2			
99	1	1				
100岁及以上	**4**		**4**			

8-3b　续表　　　　　　　　　　　　　　　　　　　　　　　　　　　　　　单位：人

年　龄	基本健康			不健康，但生活能自理			不健康，生活不能自理		
	小计	男	女	小计	男	女	小计	男	女
总　计	**6721**	**2978**	**3743**	**1774**	**847**	**927**	**738**	**325**	**413**
60–64岁	**1726**	**756**	**970**	**283**	**152**	**131**	**70**	**39**	**31**
60	323	146	177	45	21	24	12	6	6
61	302	128	174	47	27	20	10	6	4
62	339	174	165	60	39	21	15	10	5
63	396	162	234	65	30	35	16	9	7
64	366	146	220	66	35	31	17	8	9
65–69岁	**1878**	**861**	**1017**	**346**	**185**	**161**	**114**	**61**	**53**
65	393	185	208	68	39	29	21	13	8
66	443	211	232	65	30	35	17	10	7
67	361	144	217	68	42	26	28	13	15
68	348	161	187	77	33	44	24	13	11
69	333	160	173	68	41	27	24	12	12
70–74岁	**1280**	**557**	**723**	**311**	**139**	**172**	**86**	**47**	**39**
70	315	134	181	71	32	39	23	13	10
71	283	121	162	64	32	32	18	12	6
72	217	98	119	56	25	31	13	10	3
73	253	116	137	61	28	33	15	6	9
74	212	88	124	59	22	37	17	6	11
75–79岁	**847**	**363**	**484**	**277**	**120**	**157**	**93**	**40**	**53**
75	200	83	117	58	25	33	23	11	12
76	192	80	112	53	23	30	9	4	5
77	145	63	82	48	26	22	27	13	14
78	169	73	96	54	24	30	21	7	14
79	141	64	77	64	22	42	13	5	8
80–84岁	**586**	**248**	**338**	**297**	**132**	**165**	**155**	**67**	**88**
80	151	64	87	57	31	26	22	9	13
81	101	44	57	57	25	32	21	11	10
82	122	53	69	69	32	37	34	14	20
83	111	46	65	65	26	39	44	18	26
84	101	41	60	49	18	31	34	15	19
85–89岁	**314**	**146**	**168**	**184**	**90**	**94**	**130**	**47**	**83**
85	98	44	54	44	23	21	31	10	21
86	74	37	37	47	26	21	34	13	21
87	68	33	35	33	15	18	35	15	20
88	42	19	23	30	13	17	18	5	13
89	32	13	19	30	13	17	12	4	8
90–94岁	**75**	**39**	**36**	**66**	**26**	**40**	**78**	**22**	**56**
90	27	15	12	24	9	15	23	6	17
91	20	10	10	19	8	11	9	2	7
92	14	7	7	14	5	9	22	7	15
93	9	4	5	7	3	4	17	4	13
94	5	3	2	2	1	1	7	3	4
95–99岁	**14**	**8**	**6**	**8**	**3**	**5**	**11**	**2**	**9**
95	7	4	3	4	1	3	4		4
96	3	1	2	1		1	3	1	2
97	1	1		2	1	1	3	1	2
98	2	1	1	1	1		1		1
99	1	1							
100岁及以上	**1**		**1**	**2**		**2**	**1**		**1**

8−3c 全市分年龄、性别、健康状况的60岁及以上老年人口(乡村)

单位：人

年龄	60岁及以上人口			健康		
	合计	男	女	小计	男	女
总计	**61863**	**30366**	**31497**	**29984**	**15743**	**14241**
60−64岁	**20296**	**10433**	**9863**	**13174**	**7035**	**6139**
60	4410	2373	2037	3110	1697	1413
61	3876	1963	1913	2625	1373	1252
62	4159	2134	2025	2690	1428	1262
63	3977	2032	1945	2448	1314	1134
64	3874	1931	1943	2301	1223	1078
65−69岁	**17571**	**8652**	**8919**	**9305**	**4771**	**4534**
65	3863	1902	1961	2263	1134	1129
66	3805	1841	1964	2120	1072	1048
67	3640	1809	1831	1928	975	953
68	3580	1764	1816	1701	905	796
69	2683	1336	1347	1293	685	608
70−74岁	**10711**	**5188**	**5523**	**4366**	**2269**	**2097**
70	2631	1263	1368	1228	605	623
71	2412	1189	1223	1002	531	471
72	1979	961	1018	765	403	362
73	1940	914	1026	753	386	367
74	1749	861	888	618	344	274
75−79岁	**6423**	**3018**	**3405**	**1953**	**1051**	**902**
75	1604	751	853	530	275	255
76	1362	667	695	424	241	183
77	1265	583	682	392	213	179
78	1192	549	643	338	180	158
79	1000	468	532	269	142	127
80−84岁	**3876**	**1864**	**2012**	**791**	**438**	**353**
80	930	466	464	241	133	108
81	797	389	408	167	87	80
82	805	360	445	143	82	61
83	719	358	361	128	76	52
84	625	291	334	112	60	52
85−89岁	**2187**	**924**	**1263**	**321**	**145**	**176**
85	621	287	334	99	45	54
86	473	220	253	80	44	36
87	451	175	276	64	25	39
88	368	149	219	49	20	29
89	274	93	181	29	11	18
90−94岁	**686**	**251**	**435**	**68**	**30**	**38**
90	234	98	136	28	11	17
91	176	63	113	18	7	11
92	138	44	94	6	4	2
93	81	33	48	6	3	3
94	57	13	44	10	5	5
95−99岁	**108**	**36**	**72**	**6**	**4**	**2**
95	46	16	30	1	1	
96	31	11	20	2		2
97	20	5	15	2	2	
98	10	4	6	1	1	
99	1		1			
100岁及以上	**5**		**5**			

8-3c　续表　　　　　　　　　　　　　　　　　　　　　　　　　　　　单位：人

年　龄	基本健康			不健康，但生活能自理			不健康，生活不能自理		
	小计	男	女	小计	男	女	小计	男	女
总　计	**21735**	**10026**	**11709**	**7630**	**3505**	**4125**	**2514**	**1092**	**1422**
60–64岁	**5662**	**2625**	**3037**	**1200**	**638**	**562**	**260**	**135**	**125**
60	1046	517	529	209	130	79	45	29	16
61	986	455	531	215	115	100	50	20	30
62	1164	550	614	252	132	120	53	24	29
63	1207	555	652	270	137	133	52	26	26
64	1259	548	711	254	124	130	60	36	24
65–69岁	**6320**	**2884**	**3436**	**1560**	**782**	**778**	**386**	**215**	**171**
65	1249	578	671	275	145	130	76	45	31
66	1294	569	725	324	160	164	67	40	27
67	1293	607	686	328	176	152	91	51	40
68	1433	640	793	365	171	194	81	48	33
69	1051	490	561	268	130	138	71	31	40
70–74岁	**4441**	**2052**	**2389**	**1514**	**694**	**820**	**390**	**173**	**217**
70	1036	487	549	291	137	154	76	34	42
71	981	443	538	347	177	170	82	38	44
72	862	406	456	278	122	156	74	30	44
73	796	356	440	310	135	175	81	37	44
74	766	360	406	288	123	165	77	34	43
75–79岁	**2830**	**1280**	**1550**	**1275**	**521**	**754**	**365**	**166**	**199**
75	711	318	393	273	115	158	90	43	47
76	627	292	335	242	98	144	69	36	33
77	535	240	295	266	100	166	72	30	42
78	514	226	288	269	114	155	71	29	42
79	443	204	239	225	94	131	63	28	35
80–84岁	**1508**	**739**	**769**	**1117**	**476**	**641**	**460**	**211**	**249**
80	368	184	184	230	109	121	91	40	51
81	317	152	165	226	99	127	87	51	36
82	314	144	170	247	87	160	101	47	54
83	279	145	134	230	100	130	82	37	45
84	230	114	116	184	81	103	99	36	63
85–89岁	**751**	**357**	**394**	**717**	**290**	**427**	**398**	**132**	**266**
85	212	109	103	210	88	122	100	45	55
86	171	90	81	137	57	80	85	29	56
87	166	70	96	155	59	96	66	21	45
88	111	58	53	126	47	79	82	24	58
89	91	30	61	89	39	50	65	13	52
90–94岁	**201**	**84**	**117**	**211**	**85**	**126**	**206**	**52**	**154**
90	76	32	44	75	38	37	55	17	38
91	47	19	28	56	23	33	55	14	41
92	38	17	21	49	14	35	45	9	36
93	28	14	14	20	8	12	27	8	19
94	12	2	10	11	2	9	24	4	20
95–99岁	**22**	**5**	**17**	**34**	**19**	**15**	**46**	**8**	**38**
95	11	3	8	13	5	8	21	7	14
96	6	2	4	11	8	3	12	1	11
97	3		3	7	3	4	8		8
98	1		1	3	3		5		5
99	1		1						
100岁及以上				**2**		**2**	**3**		**3**

8–4 全市分年龄、性别、健康状况的60岁及以上外来老年人口

单位：人

年 龄	60岁及以上人口			健 康		
	合计	男	女	小计	男	女
总 计	**63702**	**29504**	**34198**	**48872**	**23140**	**25732**
60–64岁	**26057**	**12041**	**14016**	**21810**	**10183**	**11627**
60	4947	2310	2637	4277	2020	2257
61	4483	2059	2424	3773	1770	2003
62	5490	2523	2967	4563	2105	2458
63	5813	2680	3133	4799	2229	2570
64	5324	2469	2855	4398	2059	2339
65–69岁	**20831**	**9617**	**11214**	**16490**	**7759**	**8731**
65	5176	2430	2746	4189	2002	2187
66	4979	2292	2687	4015	1880	2135
67	4021	1831	2190	3195	1477	1718
68	3642	1684	1958	2783	1313	1470
69	3013	1380	1633	2308	1087	1221
70–74岁	**9234**	**4384**	**4850**	**6485**	**3185**	**3300**
70	2622	1262	1360	1905	939	966
71	2150	1000	1150	1522	715	807
72	1669	770	899	1155	567	588
73	1494	694	800	1023	507	516
74	1299	658	641	880	457	423
75–79岁	**4215**	**1934**	**2281**	**2597**	**1272**	**1325**
75	1059	496	563	665	323	342
76	934	448	486	590	301	289
77	852	392	460	535	267	268
78	738	323	415	452	212	240
79	632	275	357	355	169	186
80–84岁	**2194**	**1025**	**1169**	**1116**	**558**	**558**
80	585	269	316	319	159	160
81	469	206	263	241	113	128
82	442	226	216	223	129	94
83	384	180	204	192	89	103
84	314	144	170	141	68	73
85–89岁	**854**	**373**	**481**	**296**	**150**	**146**
85	274	126	148	107	55	52
86	176	64	112	57	23	34
87	185	83	102	67	35	32
88	118	50	68	30	16	14
89	101	50	51	35	21	14
90–94岁	**266**	**112**	**154**	**67**	**27**	**40**
90	86	39	47	19	5	14
91	67	24	43	20	8	12
92	56	26	30	14	6	8
93	35	16	19	6	4	2
94	22	7	15	8	4	4
95–99岁	**46**	**18**	**28**	**10**	**6**	**4**
95	19	6	13	4	2	2
96	12	4	8	3	2	1
97	9	6	3	2	2	
98	3		3	1		1
99	3	2	1			
100岁及以上	**5**		**5**	**1**		**1**

8-4　续表　　　　　　　　　　　　　　　　　　　　　　　　　　　　　单位：人

年　龄	基本健康			不健康，但生活能自理			不健康，生活不能自理		
	小计	男	女	小计	男	女	小计	男	女
总　计	**12853**	**5490**	**7363**	**1432**	**617**	**815**	**545**	**257**	**288**
60–64岁	**3932**	**1704**	**2228**	**267**	**132**	**135**	**48**	**22**	**26**
60	628	270	358	38	17	21	4	3	1
61	662	265	397	45	22	23	3	2	1
62	851	377	474	63	34	29	13	7	6
63	944	417	527	57	30	27	13	4	9
64	847	375	472	64	29	35	15	6	9
65–69岁	**3917**	**1652**	**2265**	**349**	**156**	**193**	**75**	**50**	**25**
65	895	382	513	77	34	43	15	12	3
66	881	372	509	74	33	41	9	7	2
67	750	313	437	57	29	28	19	12	7
68	771	328	443	73	31	42	15	12	3
69	620	257	363	68	29	39	17	7	10
70–74岁	**2412**	**1042**	**1370**	**248**	**112**	**136**	**89**	**45**	**44**
70	637	285	352	63	29	34	17	9	8
71	554	245	309	52	28	24	22	12	10
72	452	176	276	45	18	27	17	9	8
73	406	160	246	43	19	24	22	8	14
74	363	176	187	45	18	27	11	7	4
75–79岁	**1316**	**542**	**774**	**212**	**83**	**129**	**90**	**37**	**53**
75	336	148	188	44	18	26	14	7	7
76	286	126	160	43	14	29	15	7	8
77	255	101	154	45	17	28	17	7	10
78	227	88	139	39	17	22	20	6	14
79	212	79	133	41	17	24	24	10	14
80–84岁	**793**	**357**	**436**	**192**	**70**	**122**	**93**	**40**	**53**
80	199	86	113	44	17	27	23	7	16
81	166	76	90	49	11	38	13	6	7
82	159	74	85	37	13	24	23	10	13
83	138	63	75	33	18	15	21	10	11
84	131	58	73	29	11	18	13	7	6
85–89岁	**360**	**146**	**214**	**116**	**44**	**72**	**82**	**33**	**49**
85	116	47	69	34	16	18	17	8	9
86	79	27	52	23	9	14	17	5	12
87	77	35	42	23	6	17	18	7	11
88	56	22	34	17	4	13	15	8	7
89	32	15	17	19	9	10	15	5	10
90–94岁	**107**	**41**	**66**	**38**	**19**	**19**	**54**	**25**	**29**
90	41	17	24	14	9	5	12	8	4
91	22	8	14	13	3	10	12	5	7
92	19	8	11	6	5	1	17	7	10
93	18	7	11	4	2	2	7	3	4
94	7	1	6	1		1	6	2	4
95–99岁	**15**	**6**	**9**	**7**	**1**	**6**	**14**	**5**	**9**
95	7	3	4	1		1	7	1	6
96	2		2	4		4	3	2	1
97	3	2	1	1		1	3	2	1
98	2		2						
99	1	1		1	1		1		1
100岁及以上	**1**		**1**	**3**		**3**			

8-5 全市分性别、婚姻状况、健康状况的60岁及以上老年人口

单位：人

婚姻状况	60岁及以上人口			健康		
	合计	男	女	小计	男	女
总计	**428002**	**201396**	**226606**	**265572**	**129309**	**136263**
未婚	3897	2517	1380	1760	979	781
有配偶	344716	178166	166550	229942	119663	110279
离婚	11366	4679	6687	7042	2708	4334
丧偶	68023	16034	51989	26828	5959	20869

8-5 续表

单位：人

婚姻状况	基本健康			不健康，但生活能自理			不健康，生活不能自理		
	小计	男	女	小计	男	女	小计	男	女
总计	**122493**	**54331**	**68162**	**27755**	**12459**	**15296**	**12182**	**5297**	**6885**
未婚	1128	718	410	667	548	119	342	272	70
有配偶	92345	46122	46223	16510	8923	7587	5919	3458	2461
离婚	3199	1338	1861	901	504	397	224	129	95
丧偶	25821	6153	19668	9677	2484	7193	5697	1438	4259

8-5a 全市分性别、婚姻状况、健康状况的60岁及以上老年人口(城市)

单位：人

婚姻状况	60岁及以上人口			健康		
	合计	男	女	小计	男	女
总计	**344108**	**160417**	**183691**	**222790**	**107103**	**115687**
未婚	2699	1417	1282	1453	724	729
有配偶	278782	143269	135513	192848	99432	93416
离婚	10101	3943	6158	6356	2329	4027
丧偶	52526	11788	40738	22133	4618	17515

8-5a 续表

单位：人

婚姻状况	基本健康			不健康，但生活能自理			不健康，生活不能自理		
	小计	男	女	小计	男	女	小计	男	女
总计	**94037**	**41327**	**52710**	**18351**	**8107**	**10244**	**8930**	**3880**	**5050**
未婚	754	369	385	299	187	112	193	137	56
有配偶	70714	35313	35401	10933	5956	4977	4287	2568	1719
离婚	2826	1120	1706	735	392	343	184	102	82
丧偶	19743	4525	15218	6384	1572	4812	4266	1073	3193

8–5b　全市分性别、婚姻状况、健康状况的60岁及以上老年人口(镇)

单位：人

婚姻状况	60岁及以上人口			健　康		
	合计	男	女	小计	男	女
总　计	**22031**	**10613**	**11418**	**12798**	**6463**	**6335**
未　婚	271	225	46	82	51	31
有配偶	17540	9177	8363	11096	5928	5168
离　婚	434	210	224	260	122	138
丧　偶	3786	1001	2785	1360	362	998

8–5b　续表

单位：人

婚姻状况	基本健康			不健康，但生活能自理			不健康，生活不能自理		
	小计	男	女	小计	男	女	小计	男	女
总　计	**6721**	**2978**	**3743**	**1774**	**847**	**927**	**738**	**325**	**413**
未　婚	61	54	7	80	76	4	48	44	4
有配偶	5113	2514	2599	994	550	444	337	185	152
离　婚	115	51	64	46	29	17	13	8	5
丧　偶	1432	359	1073	654	192	462	340	88	252

8–5c　全市分性别、婚姻状况、健康状况的60岁及以上老年人口(乡村)

单位：人

婚姻状况	60岁及以上人口			健　康		
	合计	男	女	小计	男	女
总　计	**61863**	**30366**	**31497**	**29984**	**15743**	**14241**
未　婚	927	875	52	225	204	21
有配偶	48394	25720	22674	25998	14303	11695
离　婚	831	526	305	426	257	169
丧　偶	11711	3245	8466	3335	979	2356

8–5c　续表

单位：人

婚姻状况	基本健康			不健康，但生活能自理			不健康，生活不能自理		
	小计	男	女	小计	男	女	小计	男	女
总　计	**21735**	**10026**	**11709**	**7630**	**3505**	**4125**	**2514**	**1092**	**1422**
未　婚	313	295	18	288	285	3	101	91	10
有配偶	16518	8295	8223	4583	2417	2166	1295	705	590
离　婚	258	167	91	120	83	37	27	19	8
丧　偶	4646	1269	3377	2639	720	1919	1091	277	814

8−6 全市分性别、婚姻状况、健康状况的60岁及以上外来老年人口

单位：人

婚姻状况	60岁及以上人口			健康		
	合计	男	女	小计	男	女
总 计	**63702**	**29504**	**34198**	**48872**	**23140**	**25732**
未 婚	487	345	142	378	267	111
有配偶	54726	27397	27329	43287	21851	21436
离 婚	1082	315	767	824	215	609
丧 偶	7407	1447	5960	4383	807	3576

8−6 续表

单位：人

婚姻状况	基本健康			不健康，但生活能自理			不健康，生活不能自理		
	小计	男	女	小计	男	女	小计	男	女
总 计	**12853**	**5490**	**7363**	**1432**	**617**	**815**	**545**	**257**	**288**
未 婚	83	55	28	17	16	1	9	7	2
有配偶	10275	4911	5364	901	478	423	263	157	106
离 婚	208	74	134	36	18	18	14	8	6
丧 偶	2287	450	1837	478	105	373	259	85	174

8–7　全市分性别、主要生活来源、健康状况的60岁及以上老年人口

单位：人

主要生活来源	60岁及以上人口			健　康		
	合计	男	女	小计	男	女
总　计	**428002**	**201396**	**226606**	**265572**	**129309**	**136263**
劳动收入	17760	13069	4691	14537	10799	3738
离退休金/养老金	358222	170072	188150	224514	109292	115222
最低生活保障金	5747	2664	3083	1871	775	1096
失业保险金	3	1	2			
财产性收入	1776	878	898	1140	575	565
家庭其他成员供养	35938	11036	24902	18729	5738	12991
其　他	8556	3676	4880	4781	2130	2651

8–7　续表

单位：人

主要生活来源	基本健康			不健康，但生活能自理			不健康，生活不能自理		
	小计	男	女	小计	男	女	小计	男	女
总　计	**122493**	**54331**	**68162**	**27755**	**12459**	**15296**	**12182**	**5297**	**6885**
劳动收入	3047	2140	907	158	118	40	18	12	6
离退休金/养老金	103441	46841	56600	21195	9766	11429	9072	4173	4899
最低生活保障金	1949	857	1092	1449	819	630	478	213	265
失业保险金	1		1	2	1	1			
财产性收入	487	228	259	128	65	63	21	10	11
家庭其他成员供养	11023	3236	7787	3994	1357	2637	2192	705	1487
其　他	2545	1029	1516	829	333	496	401	184	217

8–7a 全市分性别、主要生活来源、健康状况的60岁及以上老年人口(城市)

单位：人

主要生活来源	60岁及以上人口			健康		
	合计	男	女	小计	男	女
总计	**344108**	**160417**	**183691**	**222790**	**107103**	**115687**
劳动收入	8608	6211	2397	7530	5468	2062
离退休金/养老金	309830	146111	163719	199938	96611	103327
最低生活保障金	1883	779	1104	781	299	482
失业保险金	3	1	2			
财产性收入	812	401	411	592	300	292
家庭其他成员供养	18854	5278	13576	11255	3311	7944
其他	4118	1636	2482	2694	1114	1580

8–7a 续表

单位：人

主要生活来源	基本健康			不健康，但生活能自理			不健康，生活不能自理		
	小计	男	女	小计	男	女	小计	男	女
总计	**94037**	**41327**	**52710**	**18351**	**8107**	**10244**	**8930**	**3880**	**5050**
劳动收入	1027	709	318	41	26	15	10	8	2
离退休金/养老金	86214	38674	47540	16163	7384	8779	7515	3442	4073
最低生活保障金	551	227	324	389	193	196	162	60	102
失业保险金	1		1	2	1	1			
财产性收入	175	80	95	39	17	22	6	4	2
家庭其他成员供养	5129	1294	3835	1452	397	1055	1018	276	742
其他	940	343	597	265	89	176	219	90	129

8-7b　全市分性别、主要生活来源、健康状况的60岁及以上老年人口(镇)

单位：人

主要生活来源	60岁及以上人口			健　康		
	合计	男	女	小计	男	女
总　计	**22031**	**10613**	**11418**	**12798**	**6463**	**6335**
劳动收入	1675	1279	396	1357	1039	318
离退休金/养老金	14700	7210	7490	8714	4432	4282
最低生活保障金	734	329	405	242	99	143
失业保险金						
财产性收入	283	134	149	160	78	82
家庭其他成员供养	3733	1234	2499	1818	583	1235
其　他	906	427	479	507	232	275

8-7b　续表

单位：人

主要生活来源	基本健康			不健康，但生活能自理			不健康，生活不能自理		
	小计	男	女	小计	男	女	小计	男	女
总　计	**6721**	**2978**	**3743**	**1774**	**847**	**927**	**738**	**325**	**413**
劳动收入	297	224	73	20	16	4	1		1
离退休金/养老金	4602	2122	2480	989	473	516	395	183	212
最低生活保障金	227	88	139	193	109	84	72	33	39
失业保险金									
财产性收入	89	36	53	27	17	10	7	3	4
家庭其他成员供养	1225	382	843	456	182	274	234	87	147
其　他	281	126	155	89	50	39	29	19	10

8-7c　全市分性别、主要生活来源、健康状况的60岁及以上老年人口(乡村)

单位：人

主要生活来源	60岁及以上人口			健康		
	合计	男	女	小计	男	女
总　计	**61863**	**30366**	**31497**	**29984**	**15743**	**14241**
劳动收入	7477	5579	1898	5650	4292	1358
离退休金/养老金	33692	16751	16941	15862	8249	7613
最低生活保障金	3130	1556	1574	848	377	471
失业保险金						
财产性收入	681	343	338	388	197	191
家庭其他成员供养	13351	4524	8827	5656	1844	3812
其　他	3532	1613	1919	1580	784	796

8-7c　续表

单位：人

主要生活来源	基本健康			不健康，但生活能自理			不健康，生活不能自理		
	小计	男	女	小计	男	女	小计	男	女
总　计	**21735**	**10026**	**11709**	**7630**	**3505**	**4125**	**2514**	**1092**	**1422**
劳动收入	1723	1207	516	97	76	21	7	4	3
离退休金/养老金	12625	6045	6580	4043	1909	2134	1162	548	614
最低生活保障金	1171	542	629	867	517	350	244	120	124
失业保险金									
财产性收入	223	112	111	62	31	31	8	3	5
家庭其他成员供养	4669	1560	3109	2086	778	1308	940	342	598
其　他	1324	560	764	475	194	281	153	75	78

8-8　全市分性别、主要生活来源、健康状况的60岁及以上外来老年人口

单位：人

主要生活来源	60岁及以上人口			健　康		
	合计	男	女	小计	男	女
总　计	**63702**	**29504**	**34198**	**48872**	**23140**	**25732**
劳动收入	8226	6181	2045	7195	5429	1766
离退休金/养老金	41268	18461	22807	31813	14334	17479
最低生活保障金	222	72	150	144	49	95
失业保险金						
财产性收入	160	84	76	134	70	64
家庭其他成员供养	12146	3986	8160	8305	2707	5598
其　他	1680	720	960	1281	551	730

8-8　续表

单位：人

主要生活来源	基本健康			不健康，但生活能自理			不健康，生活不能自理		
	小计	男	女	小计	男	女	小计	男	女
总　计	**12853**	**5490**	**7363**	**1432**	**617**	**815**	**545**	**257**	**288**
劳动收入	1006	735	271	23	15	8	2	2	
离退休金/养老金	8353	3596	4757	781	366	415	321	165	156
最低生活保障金	52	15	37	20	8	12	6		6
失业保险金									
财产性收入	21	11	10	5	3	2			
家庭其他成员供养	3085	988	2097	556	206	350	200	85	115
其　他	336	145	191	47	19	28	16	5	11

8-9 全市分性别、居住状况、健康状况的60岁及以上老年人口

单位：人

居住状况	60岁及以上人口			健　康		
	合计	男	女	小计	男	女
总　计	**428002**	**201396**	**226606**	**265572**	**129309**	**136263**
与配偶和子女同住	128572	67534	61038	89804	47452	42352
与配偶同住	173235	90773	82462	109564	58004	51560
与子女同住	66966	16895	50071	35481	9057	26424
独居(有保姆)	2632	1182	1450	549	276	273
独居(无保姆)	36915	14651	22264	19340	8400	10940
养老机构	3799	1657	2142	318	131	187
其　他	15883	8704	7179	10516	5989	4527

8-9　续表

单位：人

居住状况	基本健康			不健康，但生活能自理			不健康，生活不能自理		
	小计	男	女	小计	男	女	小计	男	女
总　计	**122493**	**54331**	**68162**	**27755**	**12459**	**15296**	**12182**	**5297**	**6885**
与配偶和子女同住	30988	15681	15307	5719	3150	2569	2061	1251	810
与配偶同住	51479	26024	25455	9302	5052	4250	2890	1693	1197
与子女同住	21440	5323	16117	6289	1631	4658	3756	884	2872
独居(有保姆)	806	377	429	528	246	282	749	283	466
独居(无保姆)	13122	4697	8425	3977	1404	2573	476	150	326
养老机构	962	386	576	988	477	511	1531	663	868
其　他	3696	1843	1853	952	499	453	719	373	346

8-9a　全市分性别、居住状况、健康状况的60岁及以上老年人口(城市)

单位：人

居住状况	60岁及以上人口			健　康		
	合计	男	女	小计	男	女
总　计	**344108**	**160417**	**183691**	**222790**	**107103**	**115687**
与配偶和子女同住	106870	56216	50654	77236	40739	36497
与配偶同住	135672	71097	64575	89437	47184	42253
与子女同住	55248	13590	41658	30965	7732	23233
独居(有保姆)	2359	1050	1309	492	237	255
独居(无保姆)	28660	10886	17774	15825	6556	9269
养老机构	2393	996	1397	212	78	134
其　他	12906	6582	6324	8623	4577	4046

8-9a　续表

单位：人

居住状况	基本健康			不健康，但生活能自理			不健康，生活不能自理		
	小计	男	女	小计	男	女	小计	男	女
总　计	**94037**	**41327**	**52710**	**18351**	**8107**	**10244**	**8930**	**3880**	**5050**
与配偶和子女同住	24349	12430	11919	3814	2127	1687	1471	920	551
与配偶同住	38253	19417	18836	5977	3274	2703	2005	1222	783
与子女同住	17164	4138	13026	4296	1068	3228	2823	652	2171
独居(有保姆)	748	347	401	468	218	250	651	248	403
独居(无保姆)	9943	3388	6555	2557	845	1712	335	97	238
养老机构	596	229	367	542	247	295	1043	442	601
其　他	2984	1378	1606	697	328	369	602	299	303

8-9b 全市分性别、居住状况、健康状况的60岁及以上老年人口(镇)

单位：人

居住状况	60岁及以上人口			健　康		
	合计	男	女	小计	男	女
总　计	**22031**	**10613**	**11418**	**12798**	**6463**	**6335**
与配偶和子女同住	5425	2838	2587	3606	1917	1689
与配偶同住	9729	5093	4636	5883	3142	2741
与子女同住	3185	837	2348	1587	421	1166
独居(有保姆)	100	43	57	21	12	9
独居(无保姆)	2215	977	1238	1103	557	546
养老机构	562	275	287	25	10	15
其　他	815	550	265	573	404	169

8-9b　续表

单位：人

居住状况	基本健康			不健康，但生活能自理			不健康，生活不能自理		
	小计	男	女	小计	男	女	小计	男	女
总　计	**6721**	**2978**	**3743**	**1774**	**847**	**927**	**738**	**325**	**413**
与配偶和子女同住	1416	693	723	306	176	130	97	52	45
与配偶同住	3070	1523	1547	592	324	268	184	104	80
与子女同住	1056	272	784	366	105	261	176	39	137
独居(有保姆)	24	11	13	27	12	15	28	8	20
独居(无保姆)	810	309	501	280	104	176	22	7	15
养老机构	180	74	106	155	96	59	202	95	107
其　他	165	96	69	48	30	18	29	20	9

8–9c　全市分性别、居住状况、健康状况的60岁及以上老年人口(乡村)

单位：人

居住状况	60岁及以上人口			健　康		
	合计	男	女	小计	男	女
总　计	**61863**	**30366**	**31497**	**29984**	**15743**	**14241**
与配偶和子女同住	16277	8480	7797	8962	4796	4166
与配偶同住	27834	14583	13251	14244	7678	6566
与子女同住	8533	2468	6065	2929	904	2025
独居(有保姆)	173	89	84	36	27	9
独居(无保姆)	6040	2788	3252	2412	1287	1125
养老机构	844	386	458	81	43	38
其　他	2162	1572	590	1320	1008	312

8–9c　续表　　单位：人

居住状况	基本健康			不健康，但生活能自理			不健康，生活不能自理		
	小计	男	女	小计	男	女	小计	男	女
总　计	**21735**	**10026**	**11709**	**7630**	**3505**	**4125**	**2514**	**1092**	**1422**
与配偶和子女同住	5223	2558	2665	1599	847	752	493	279	214
与配偶同住	10156	5084	5072	2733	1454	1279	701	367	334
与子女同住	3220	913	2307	1627	458	1169	757	193	564
独居(有保姆)	34	19	15	33	16	17	70	27	43
独居(无保姆)	2369	1000	1369	1140	455	685	119	46	73
养老机构	186	83	103	291	134	157	286	126	160
其　他	547	369	178	207	141	66	88	54	34

8–10 全市分性别、居住状况、健康状况的60岁及以上外来老年人口

单位：人

居住状况	60岁及以上人口			健康		
	合计	男	女	小计	男	女
总　计	**63702**	**29504**	**34198**	**48872**	**23140**	**25732**
与配偶和子女同住	24935	12886	12049	20015	10375	9640
与配偶同住	13800	7331	6469	10215	5524	4691
与子女同住	15496	3555	11941	11281	2590	8691
独居(有保姆)	138	59	79	60	27	33
独居(无保姆)	3601	1945	1656	2669	1507	1162
养老机构	269	103	166	50	21	29
其　他	5463	3625	1838	4582	3096	1486

8–10　续表

单位：人

居住状况	基本健康			不健康，但生活能自理			不健康，生活不能自理		
	小计	男	女	小计	男	女	小计	男	女
总　计	**12853**	**5490**	**7363**	**1432**	**617**	**815**	**545**	**257**	**288**
与配偶和子女同住	4407	2214	2193	405	228	177	108	69	39
与配偶同住	3159	1570	1589	328	176	152	98	61	37
与子女同住	3584	809	2775	446	96	350	185	60	125
独居(有保姆)	31	10	21	19	9	10	28	13	15
独居(无保姆)	816	391	425	106	41	65	10	6	4
养老机构	59	17	42	66	29	37	94	36	58
其　他	797	479	318	62	38	24	22	12	10

8-11　各地区分性别、主要生活来源的60岁及以上老年人口

单位：人

地　区	60岁及以上人口			劳动收入		
	合计	男	女	小计	男	女
北　京	**428002**	**201396**	**226606**	**17760**	**13069**	**4691**
东城区	20430	9493	10937	367	257	110
西城区	30963	14345	16618	571	385	186
朝阳区	70524	32950	37574	1441	1049	392
丰台区	48304	22622	25682	950	680	270
石景山区	13891	6559	7332	216	159	57
海淀区	59271	27429	31842	2016	1436	580
门头沟区	8557	4017	4540	342	225	117
房山区	25254	11964	13290	1252	960	292
通州区	29909	14112	15797	1464	1101	363
顺义区	21321	10220	11101	1665	1342	323
昌平区	33269	15809	17460	1843	1351	492
大兴区	27438	12943	14495	1525	1163	362
怀柔区	8183	4048	4135	900	655	245
平谷区	11014	5244	5770	1480	967	513
密云区	12017	5840	6177	936	723	213
延庆区	7657	3801	3856	792	616	176

8-11　续表 1

单位：人

地　区	离退休金/养老金			最低生活保障金			失业保险金		
	小计	男	女	小计	男	女	小计	男	女
北　京	**358222**	**170072**	**188150**	**5747**	**2664**	**3083**	**3**	**1**	**2**
东城区	19512	9071	10441	103	51	52	1		1
西城区	29318	13630	15688	127	61	66	1	1	
朝阳区	66279	30919	35360	219	110	109			
丰台区	44996	21219	23777	204	86	118	1		1
石景山区	13069	6225	6844	52	30	22			
海淀区	53778	24879	28899	158	68	90			
门头沟区	6785	3380	3405	251	105	146			
房山区	18259	9147	9112	704	289	415			
通州区	21858	10536	11322	553	251	302			
顺义区	14001	6832	7169	611	268	343			
昌平区	25622	12411	13211	555	225	330			
大兴区	19989	9613	10376	384	171	213			
怀柔区	5087	2551	2536	306	181	125			
平谷区	6696	3321	3375	422	183	239			
密云区	9134	4347	4787	472	277	195			
延庆区	3839	1991	1848	626	308	318			

8-11 续表 2

单位：人

地　区	财产性收入			家庭其他成员供养			其　他		
	小计	男	女	小计	男	女	小计	男	女
北　京	**1776**	**878**	**898**	**35938**	**11036**	**24902**	**8556**	**3676**	**4880**
东城区	10	9	1	351	74	277	86	31	55
西城区	22	11	11	743	193	550	181	64	117
朝阳区	105	47	58	1819	523	1296	661	302	359
丰台区	27	16	11	1658	444	1214	468	177	291
石景山区	4	3	1	473	118	355	77	24	53
海淀区	103	54	49	2634	742	1892	582	250	332
门头沟区	12	3	9	708	153	555	459	151	308
房山区	107	61	46	4354	1244	3110	578	263	315
通州区	393	188	205	4286	1413	2873	1355	623	732
顺义区	165	86	79	4426	1492	2934	453	200	253
昌平区	306	149	157	4245	1370	2875	698	303	395
大兴区	356	164	192	4386	1502	2884	798	330	468
怀柔区	71	31	40	1488	461	1027	331	169	162
平谷区	18	9	9	1818	530	1288	580	234	346
密云区	32	22	10	1085	322	763	358	149	209
延庆区	45	25	20	1464	455	1009	891	406	485

8-11a 各地区分性别、主要生活来源的60岁及以上老年人口(城市)

单位：人

地　区	60岁及以上人口			劳动收入		
	合计	男	女	小计	男	女
北　京	**344108**	**160417**	**183691**	**8608**	**6211**	**2397**
东城区	20430	9493	10937	367	257	110
西城区	30963	14345	16618	571	385	186
朝阳区	70053	32714	37339	1412	1022	390
丰台区	47784	22391	25393	946	678	268
石景山区	13891	6559	7332	216	159	57
海淀区	57737	26656	31081	1863	1314	549
门头沟区	6653	3063	3590	121	84	37
房山区	15660	7412	8248	478	351	127
通州区	16499	7639	8860	347	257	90
顺义区	9810	4548	5262	403	313	90
昌平区	20836	9748	11088	604	429	175
大兴区	18825	8759	10066	531	414	117
怀柔区	3924	1898	2026	290	218	72
平谷区	4024	1856	2168	185	129	56
密云区	4588	2192	2396	162	122	40
延庆区	2431	1144	1287	112	79	33

8-11a　续表 1　　　　单位：人

地　区	离退休金/养老金			最低生活保障金			失业保险金		
	小计	男	女	小计	男	女	小计	男	女
北　京	**309830**	**146111**	**163719**	**1883**	**779**	**1104**	**3**	**1**	**2**
东 城 区	19512	9071	10441	103	51	52	1		1
西 城 区	29318	13630	15688	127	61	66	1	1	
朝 阳 区	65869	30717	35152	215	109	106			
丰 台 区	44502	20996	23506	203	86	117	1		1
石景山区	13069	6225	6844	52	30	22			
海 淀 区	52568	24295	28273	136	58	78			
门头沟区	5703	2790	2913	75	25	50			
房 山 区	12274	6172	6102	224	82	142			
通 州 区	14338	6790	7548	67	21	46			
顺 义 区	7766	3708	4058	111	39	72			
昌 平 区	17669	8462	9207	106	36	70			
大 兴 区	15934	7598	8336	94	38	56			
怀 柔 区	2719	1400	1319	74	34	40			
平 谷 区	3176	1539	1637	69	20	49			
密 云 区	3662	1828	1834	94	35	59			
延 庆 区	1751	890	861	133	54	79			

8-11a　续表 2　　　　单位：人

地　区	财产性收入			家庭其他成员供养			其　他		
	小计	男	女	小计	男	女	小计	男	女
北　京	**812**	**401**	**411**	**18854**	**5278**	**13576**	**4118**	**1636**	**2482**
东 城 区	10	9	1	351	74	277	86	31	55
西 城 区	22	11	11	743	193	550	181	64	117
朝 阳 区	105	47	58	1791	517	1274	661	302	359
丰 台 区	27	16	11	1642	440	1202	463	175	288
石景山区	4	3	1	473	118	355	77	24	53
海 淀 区	94	51	43	2531	708	1823	545	230	315
门头沟区	11	2	9	525	102	423	218	60	158
房 山 区	59	36	23	2290	629	1661	335	142	193
通 州 区	85	36	49	1269	375	894	393	160	233
顺 义 区	59	30	29	1322	396	926	149	62	87
昌 平 区	112	51	61	2031	650	1381	314	120	194
大 兴 区	173	78	95	1737	501	1236	356	130	226
怀 柔 区	28	16	12	725	191	534	88	39	49
平 谷 区	4	2	2	508	134	374	82	32	50
密 云 区	8	7	1	577	164	413	85	36	49
延 庆 区	11	6	5	339	86	253	85	29	56

8–11b 各地区分性别、主要生活来源的60岁及以上老年人口(镇)

单位：人

地区	60岁及以上人口			劳动收入		
	合计	男	女	小计	男	女
北京	**22031**	**10613**	**11418**	**1675**	**1279**	**396**
东城区						
西城区						
朝阳区	471	236	235	29	27	2
丰台区	216	94	122	1		1
石景山区						
海淀区						
门头沟区	776	385	391	53	37	16
房山区	2351	1114	1237	167	127	40
通州区	3589	1708	1881	198	148	50
顺义区	2115	1039	1076	221	181	40
昌平区	5573	2639	2934	327	238	89
大兴区	2362	1168	1194	222	184	38
怀柔区	774	385	389	89	76	13
平谷区	1258	589	669	190	124	66
密云区	1536	759	777	138	105	33
延庆区	1010	497	513	40	32	8

8–11b 续表 1

单位：人

地区	离退休金/养老金			最低生活保障金			失业保险金		
	小计	男	女	小计	男	女	小计	男	女
北京	**14700**	**7210**	**7490**	**734**	**329**	**405**			
东城区									
西城区									
朝阳区	410	202	208	4	1	3			
丰台区	202	90	112						
石景山区									
海淀区									
门头沟区	489	269	220	68	25	43			
房山区	1563	800	763	154	53	101			
通州区	2524	1222	1302	74	40	34			
顺义区	1174	593	581	43	24	19			
昌平区	4182	2012	2170	79	29	50			
大兴区	1457	709	748	62	26	36			
怀柔区	359	178	181	17	11	6			
平谷区	585	299	286	94	38	56			
密云区	1195	552	643	67	43	24			
延庆区	560	284	276	72	39	33			

8-11b 续表 2

单位：人

地 区	财产性收入			家庭其他成员供养			其 他		
	小计	男	女	小计	男	女	小计	男	女
北 京	**283**	**134**	**149**	**3733**	**1234**	**2499**	**906**	**427**	**479**
东城区									
西城区									
朝阳区				28	6	22			
丰台区				9	2	7	4	2	2
石景山区									
海淀区									
门头沟区	1	1		46	9	37	119	44	75
房山区	3	2	1	398	103	295	66	29	37
通州区	79	36	43	565	195	370	149	67	82
顺义区	30	14	16	577	198	379	70	29	41
昌平区	81	45	36	778	252	526	126	63	63
大兴区	42	19	23	446	169	277	133	61	72
怀柔区	40	13	27	214	74	140	55	33	22
平谷区	3	2	1	311	90	221	75	36	39
密云区				121	51	70	15	8	7
延庆区	4	2	2	240	85	155	94	55	39

8-11c 各地区分性别、主要生活来源的60岁及以上老年人口(乡村)

单位：人

地 区	60岁及以上人口			劳动收入		
	合计	男	女	小计	男	女
北 京	**61863**	**30366**	**31497**	**7477**	**5579**	**1898**
东城区						
西城区						
朝阳区						
丰台区	304	137	167	3	2	1
石景山区						
海淀区	1534	773	761	153	122	31
门头沟区	1128	569	559	168	104	64
房山区	7243	3438	3805	607	482	125
通州区	9821	4765	5056	919	696	223
顺义区	9396	4633	4763	1041	848	193
昌平区	6860	3422	3438	912	684	228
大兴区	6251	3016	3235	772	565	207
怀柔区	3485	1765	1720	521	361	160
平谷区	5732	2799	2933	1105	714	391
密云区	5893	2889	3004	636	496	140
延庆区	4216	2160	2056	640	505	135

8-11c 续表 1

单位：人

地区	离退休金/养老金			最低生活保障金			失业保险金		
	小计	男	女	小计	男	女	小计	男	女
北京	**33692**	**16751**	**16941**	**3130**	**1556**	**1574**			
东城区									
西城区									
朝阳区									
丰台区	292	133	159	1		1			
石景山区									
海淀区	1210	584	626	22	10	12			
门头沟区	593	321	272	108	55	53			
房山区	4422	2175	2247	326	154	172			
通州区	4996	2524	2472	412	190	222			
顺义区	5061	2531	2530	457	205	252			
昌平区	3771	1937	1834	370	160	210			
大兴区	2598	1306	1292	228	107	121			
怀柔区	2009	973	1036	215	136	79			
平谷区	2935	1483	1452	259	125	134			
密云区	4277	1967	2310	311	199	112			
延庆区	1528	817	711	421	215	206			

8-11c 续表 2

单位：人

地区	财产性收入			家庭其他成员供养			其他		
	小计	男	女	小计	男	女	小计	男	女
北京	**681**	**343**	**338**	**13351**	**4524**	**8827**	**3532**	**1613**	**1919**
东城区									
西城区									
朝阳区									
丰台区				7	2	5	1		1
石景山区									
海淀区	9	3	6	103	34	69	37	20	17
门头沟区				137	42	95	122	47	75
房山区	45	23	22	1666	512	1154	177	92	85
通州区	229	116	113	2452	843	1609	813	396	417
顺义区	76	42	34	2527	898	1629	234	109	125
昌平区	113	53	60	1436	468	968	258	120	138
大兴区	141	67	74	2203	832	1371	309	139	170
怀柔区	3	2	1	549	196	353	188	97	91
平谷区	11	5	6	999	306	693	423	166	257
密云区	24	15	9	387	107	280	258	105	153
延庆区	30	17	13	885	284	601	712	322	390

8-12　各地区分性别、主要生活来源的60岁及以上外来老年人口

单位：人

地　区	60岁及以上人口			劳动收入		
	合计	男	女	小计	男	女
北　京	**63702**	**29504**	**34198**	**8226**	**6181**	**2045**
东城区	1566	715	851	234	171	63
西城区	3317	1478	1839	340	226	114
朝阳区	9418	4213	5205	920	680	240
丰台区	5817	2674	3143	675	487	188
石景山区	1601	718	883	142	105	37
海淀区	11080	4937	6143	1362	967	395
门头沟区	673	299	374	89	67	22
房山区	3249	1544	1705	397	313	84
通州区	6144	2876	3268	669	511	158
顺义区	3432	1813	1619	895	728	167
昌平区	9281	4341	4940	1150	873	277
大兴区	5907	2775	3132	781	614	167
怀柔区	774	399	375	236	187	49
平谷区	359	174	185	94	65	29
密云区	691	346	345	142	106	36
延庆区	393	202	191	100	81	19

8-12　续表 1

单位：人

地　区	离退休金/养老金			最低生活保障金			失业保险金		
	小计	男	女	小计	男	女	小计	男	女
北　京	**41268**	**18461**	**22807**	**222**	**72**	**150**			
东城区	1154	492	662	3	1	2			
西城区	2483	1094	1389	8	3	5			
朝阳区	7229	3101	4128	21	7	14			
丰台区	3976	1795	2181	30	7	23			
石景山区	1150	513	637						
海淀区	7577	3294	4283	29	7	22			
门头沟区	361	167	194	2	1	1			
房山区	1758	851	907	10	2	8			
通州区	4028	1838	2190	18	5	13			
顺义区	1521	710	811	14	8	6			
昌平区	5690	2617	3073	39	12	27			
大兴区	3582	1623	1959	14	4	10			
怀柔区	227	108	119	10	4	6			
平谷区	117	59	58						
密云区	309	146	163	9	5	4			
延庆区	106	53	53	15	6	9			

8-12 续表 2

单位：人

地　区	财产性收入			家庭其他成员供养			其　他		
	小计	男	女	小计	男	女	小计	男	女
北　京	**160**	**84**	**76**	**12146**	**3986**	**8160**	**1680**	**720**	**960**
东 城 区	2	2		145	41	104	28	8	20
西 城 区	12	6	6	419	127	292	55	22	33
朝 阳 区	18	6	12	1047	339	708	183	80	103
丰 台 区	9	6	3	962	310	652	165	69	96
石景山区	1	1		274	86	188	34	13	21
海 淀 区	19	11	8	1857	561	1296	236	97	139
门头沟区				185	55	130	36	9	27
房 山 区	6	4	2	957	314	643	121	60	61
通 州 区	18	8	10	1172	410	762	239	104	135
顺 义 区	17	9	8	929	332	597	56	26	30
昌 平 区	17	7	10	2144	734	1410	241	98	143
大 兴 区	28	15	13	1304	428	876	198	91	107
怀 柔 区	3	2	1	267	82	185	31	16	15
平 谷 区	3	1	2	138	45	93	7	4	3
密 云 区	4	4		210	76	134	17	9	8
延 庆 区	3	2	1	136	46	90	33	14	19

8-13　全市分年龄、性别、主要生活来源的人口

单位：人

年　龄	15岁及以上人口			劳动收入		
	合计	男	女	小计	男	女
总　计	**1852002**	**936729**	**915273**	**1017992**	**589865**	**428127**
45岁以下	**957420**	**496032**	**461388**	**719975**	**394245**	**325730**
45–49岁	**153789**	**79885**	**73904**	**122982**	**69528**	**53454**
45	26109	13474	12635	21497	11926	9571
46	29297	15241	14056	24006	13477	10529
47	32145	16618	15527	25828	14470	11358
48	32807	17181	15626	25984	14848	11136
49	33431	17371	16060	25667	14807	10860
50–54岁	**153949**	**79487**	**74462**	**96099**	**63812**	**32287**
50	34406	17854	16552	23416	15014	8402
51	32417	16847	15570	20861	13685	7176
52	34014	17582	16432	21048	14019	7029
53	24814	12702	12112	14805	9963	4842
54	28298	14502	13796	15969	11131	4838
55–59岁	**158842**	**79929**	**78913**	**61176**	**49211**	**11965**
55	29816	15173	14643	14176	10866	3310
56	34094	17271	16823	14133	11297	2836
57	43367	21813	21554	16232	13301	2931
58	30291	15166	15125	10642	8735	1907
59	21274	10506	10768	5993	5012	981
60–64岁	**139906**	**67919**	**71987**	**11839**	**8707**	**3132**
60	28042	13886	14156	3237	2341	896
61	25078	12142	12936	2424	1783	641
62	28605	13941	14664	2392	1750	642
63	30364	14639	15725	2090	1580	510
64	27817	13311	14506	1696	1253	443
65–69岁	**120793**	**57405**	**63388**	**4639**	**3407**	**1232**
65	27971	13401	14570	1450	1097	353
66	27420	12967	14453	1200	872	328
67	23927	11279	12648	838	601	237
68	22666	10801	11865	708	528	180
69	18809	8957	9852	443	309	134

8-13 续表 1 单位：人

年龄	15岁及以上人口			劳动收入		
	合计	男	女	小计	男	女
70-74岁	**66649**	**31529**	**35120**	**998**	**756**	**242**
70	17262	8209	9053	350	269	81
71	14591	6904	7687	253	184	69
72	12077	5620	6457	160	128	32
73	11801	5645	6156	138	106	32
74	10918	5151	5767	97	69	28
75-79岁	**40749**	**18267**	**22482**	**187**	**135**	**52**
75	9775	4441	5334	69	53	16
76	8008	3736	4272	39	27	12
77	7700	3423	4277	34	22	12
78	7913	3429	4484	27	19	8
79	7353	3238	4115	18	14	4
80-84岁	**33622**	**14683**	**18939**	**66**	**45**	**21**
80	7302	3252	4050	23	19	4
81	6862	2929	3933	12	8	4
82	6892	3023	3869	17	9	8
83	6618	2893	3725	7	4	3
84	5948	2586	3362	7	5	2
85-89岁	**19118**	**8491**	**10627**	**20**	**14**	**6**
85	5509	2430	3079	5	4	1
86	4348	1966	2382	3	3	
87	3923	1754	2169	3	1	2
88	3017	1329	1688	5	3	2
89	2321	1012	1309	4	3	1
90-94岁	**5995**	**2633**	**3362**	**9**	**4**	**5**
90	2061	910	1151	2	1	1
91	1435	635	800	2	2	
92	1177	528	649	2		2
93	790	342	448			
94	532	218	314	3	1	2
95-99岁	**1076**	**439**	**637**	**2**	**1**	**1**
95	407	155	252			
96	297	130	167	1		1
97	172	73	99	1	1	
98	125	53	72			
99	75	28	47			
100岁及以上	**94**	**30**	**64**			

8-13 续表 2 单位：人

年 龄	离退休金/养老金			最低生活保障金			失业保险金		
	小计	男	女	小计	男	女	小计	男	女
总 计	**458083**	**189907**	**268176**	**11908**	**6257**	**5651**	**1613**	**1041**	**572**
45岁以下	**123**	**58**	**65**	**1996**	**1050**	**946**	**937**	**555**	**382**
45-49岁	**2212**	**156**	**2056**	**999**	**531**	**468**	**326**	**155**	**171**
45	127	19	108	112	52	60	40	23	17
46	238	23	215	171	95	76	45	24	21
47	357	35	322	205	91	114	77	40	37
48	501	37	464	236	137	99	82	30	52
49	989	42	947	275	156	119	82	38	44
50-54岁	**28188**	**3076**	**25112**	**1353**	**857**	**496**	**222**	**208**	**14**
50	4620	279	4341	258	140	118	58	46	12
51	5612	522	5090	269	179	90	44	43	1
52	6444	678	5766	286	195	91	41	41	
53	4948	622	4326	259	151	108	36	36	
54	6564	975	5589	281	192	89	43	42	1
55-59岁	**69338**	**16545**	**52793**	**1813**	**1155**	**658**	**125**	**122**	**3**
55	9966	1741	8225	315	196	119	46	46	
56	13698	2920	10778	425	268	157	13	13	
57	19507	4562	14945	473	311	162	25	23	2
58	14289	3668	10621	366	228	138	17	16	1
59	11878	3654	8224	234	152	82	24	24	
60-64岁	**111761**	**53096**	**58665**	**1596**	**858**	**738**	**3**	**1**	**2**
60	21379	10183	11196	299	165	134			
61	19745	9273	10472	280	147	133			
62	22859	10943	11916	341	183	158	2		2
63	24876	11796	13080	340	182	158			
64	22902	10901	12001	336	181	155	1	1	
65-69岁	**101684**	**48768**	**52916**	**1597**	**754**	**843**			
65	23301	11122	12179	378	177	201			
66	23072	10967	12105	326	163	163			
67	20198	9649	10549	325	158	167			
68	19069	9217	9852	324	152	172			
69	16044	7813	8231	244	104	140			

8-13 续表 3 单位：人

年 龄	离退休金/养老金			最低生活保障金			失业保险金		
	小计	男	女	小计	男	女	小计	男	女
70—74岁	**56933**	**27652**	**29281**	**1058**	**486**	**572**			
70	14678	7168	7510	277	128	149			
71	12415	6013	6402	222	103	119			
72	10331	4912	5419	189	84	105			
73	10129	4994	5135	195	85	110			
74	9380	4565	4815	175	86	89			
75—79岁	**35260**	**16323**	**18937**	**693**	**287**	**406**			
75	8424	3935	4489	180	70	110			
76	6908	3345	3563	128	54	74			
77	6642	3074	3568	129	53	76			
78	6844	3049	3795	135	62	73			
79	6442	2920	3522	121	48	73			
80—84岁	**29906**	**13528**	**16378**	**444**	**179**	**265**			
80	6481	2981	3500	89	37	52			
81	6129	2701	3428	105	44	61			
82	6123	2770	3353	90	39	51			
83	5886	2670	3216	87	33	54			
84	5287	2406	2881	73	26	47			
85—89岁	**16682**	**7848**	**8834**	**255**	**78**	**177**			
85	4846	2236	2610	80	28	52			
86	3844	1820	2024	48	20	28			
87	3418	1631	1787	47	14	33			
88	2588	1227	1361	37	5	32			
89	1986	934	1052	43	11	32			
90—94岁	**5071**	**2431**	**2640**	**87**	**20**	**67**			
90	1773	837	936	28	10	18			
91	1211	588	623	17	4	13			
92	988	488	500	18	2	16			
93	660	315	345	12	4	8			
94	439	203	236	12		12			
95—99岁	**857**	**400**	**457**	**15**	**2**	**13**			
95	324	145	179	5		5			
96	234	115	119	5	2	3			
97	140	66	74	1		1			
98	97	50	47	2		2			
99	62	24	38	2		2			
100岁及以上	**68**	**26**	**42**	**2**		**2**			

8-13 续表 4 单位：人

年 龄	财产性收入			家庭其他成员供养			其 他		
	小计	男	女	小计	男	女	小计	男	女
总 计	**15507**	**8589**	**6918**	**273730**	**102156**	**171574**	**73169**	**38914**	**34255**
45岁以下	**7369**	**3833**	**3536**	**185253**	**74563**	**110690**	**41767**	**21728**	**20039**
45–49岁	**2290**	**1206**	**1084**	**16386**	**3936**	**12450**	**8594**	**4373**	**4221**
45	360	171	189	2588	583	2005	1385	700	685
46	360	182	178	2963	658	2305	1514	782	732
47	512	263	249	3297	785	2512	1869	934	935
48	530	295	235	3613	914	2699	1861	920	941
49	528	295	233	3925	996	2929	1965	1037	928
50–54岁	**2226**	**1422**	**804**	**18177**	**5404**	**12773**	**7684**	**4708**	**2976**
50	519	305	214	3768	1034	2734	1767	1036	731
51	463	290	173	3527	1100	2427	1641	1028	613
52	491	322	169	3982	1227	2755	1722	1100	622
53	348	244	104	3174	930	2244	1244	756	488
54	405	261	144	3726	1113	2613	1310	788	522
55–59岁	**1846**	**1250**	**596**	**17976**	**7217**	**10759**	**6568**	**4429**	**2139**
55	328	214	114	3666	1254	2412	1319	856	463
56	425	278	147	3919	1516	2403	1481	979	502
57	518	359	159	4839	2019	2820	1773	1238	535
58	338	235	103	3427	1452	1975	1212	832	380
59	237	164	73	2125	976	1149	783	524	259
60–64岁	**717**	**375**	**342**	**11019**	**3480**	**7539**	**2971**	**1402**	**1569**
60	170	90	80	2272	759	1513	685	348	337
61	118	64	54	1973	613	1360	538	262	276
62	147	84	63	2251	712	1539	613	269	344
63	157	82	75	2326	728	1598	575	271	304
64	125	55	70	2197	668	1529	560	252	308
65–69岁	**560**	**265**	**295**	**9899**	**3130**	**6769**	**2414**	**1081**	**1333**
65	120	54	66	2194	700	1494	528	251	277
66	124	63	61	2158	669	1489	540	233	307
67	107	50	57	2000	618	1382	459	203	256
68	111	55	56	1941	623	1318	513	226	287
69	98	43	55	1606	520	1086	374	168	206

8-13 续表 5 单位：人

年 龄	财产性收入			家庭其他成员供养			其 他		
	小计	男	女	小计	男	女	小计	男	女
70-74岁	**284**	**137**	**147**	**5974**	**1925**	**4049**	**1402**	**573**	**829**
70	83	36	47	1537	482	1055	337	126	211
71	69	39	30	1314	427	887	318	138	180
72	50	24	26	1073	361	712	274	111	163
73	49	24	25	1054	337	717	236	99	137
74	33	14	19	996	318	678	237	99	138
75-79岁	**137**	**66**	**71**	**3683**	**1149**	**2534**	**789**	**307**	**482**
75	44	24	20	868	289	579	190	70	120
76	29	15	14	755	234	521	149	61	88
77	22	10	12	705	207	498	168	57	111
78	28	11	17	723	219	504	156	69	87
79	14	6	8	632	200	432	126	50	76
80-84岁	**52**	**26**	**26**	**2661**	**745**	**1916**	**493**	**160**	**333**
80	17	10	7	596	174	422	96	31	65
81	7	5	2	499	130	369	110	41	69
82	7	1	6	544	168	376	111	36	75
83	11	5	6	540	149	391	87	32	55
84	10	5	5	482	124	358	89	20	69
85-89岁	**23**	**8**	**15**	**1801**	**433**	**1368**	**337**	**110**	**227**
85	9	4	5	467	119	348	102	39	63
86	4	2	2	380	98	282	69	23	46
87	4	1	3	378	87	291	73	20	53
88	1		1	335	81	254	51	13	38
89	5	1	4	241	48	193	42	15	27
90-94岁	**3**	**1**	**2**	**706**	**142**	**564**	**119**	**35**	**84**
90	1		1	212	50	162	45	12	33
91				179	35	144	26	6	20
92	1		1	149	31	118	19	7	12
93	1	1		98	16	82	19	6	13
94				68	10	58	10	4	6
95-99岁				**172**	**28**	**144**	**30**	**8**	**22**
95				70	9	61	8	1	7
96				50	9	41	7	4	3
97				24	5	19	6	1	5
98				20	1	19	6	2	4
99				8	4	4	3		3
100岁及以上				**23**	**4**	**19**	**1**		**1**

8–13a 全市分年龄、性别、主要生活来源的人口(城市)

单位：人

年 龄	15岁及以上人口			劳动收入		
	合计	男	女	小计	男	女
总 计	**1492645**	**740425**	**752220**	**812131**	**456128**	**356003**
45岁以下	**787232**	**398451**	**388781**	**589714**	**313362**	**276352**
45–49岁	**121483**	**61698**	**59785**	**97461**	**53569**	**43892**
45	21148	10717	10431	17415	9463	7952
46	23203	11761	11442	19091	10400	8691
47	25590	12997	12593	20623	11288	9335
48	25620	13139	12481	20369	11318	9051
49	25922	13084	12838	19963	11100	8863
50–54岁	**116822**	**58829**	**57993**	**71937**	**46743**	**25194**
50	26292	13330	12962	17730	11128	6602
51	24926	12606	12320	15847	10167	5680
52	26165	13215	12950	15949	10395	5554
53	18528	9218	9310	10897	7140	3757
54	20911	10460	10451	11514	7913	3601
55–59岁	**123000**	**61030**	**61970**	**44411**	**36243**	**8168**
55	22132	11085	11047	10008	7757	2251
56	26173	13086	13087	10269	8300	1969
57	34080	16932	17148	12062	10026	2036
58	23639	11662	11977	7688	6421	1267
59	16976	8265	8711	4384	3739	645
60–64岁	**111923**	**53669**	**58254**	**5980**	**4335**	**1645**
60	22008	10689	11319	1651	1176	475
61	19786	9484	10302	1220	887	333
62	22892	11004	11888	1249	904	345
63	24806	11825	12981	1079	799	280
64	22431	10667	11764	781	569	212
65–69岁	**97001**	**45697**	**51304**	**2110**	**1508**	**602**
65	22686	10782	11904	738	546	192
66	22157	10420	11737	527	378	149
67	19094	8912	10182	354	240	114
68	17911	8449	9462	298	214	84
69	15153	7134	8019	193	130	63

8–13a　续表 1　　　　　　　　　　　　　　　　　　　　　　　　　　　　单位：人

年　龄	15岁及以上人口			劳动收入		
	合计	男	女	小计	男	女
70–74岁	**52424**	**24662**	**27762**	**365**	**269**	**96**
70	13688	6516	7172	130	98	32
71	11379	5343	6036	101	70	31
72	9497	4348	5149	45	34	11
73	9222	4416	4806	48	37	11
74	8638	4039	4599	41	30	11
75–79岁	**32288**	**14326**	**17962**	**84**	**54**	**30**
75	7657	3467	4190	29	20	9
76	6212	2871	3341	14	9	5
77	6069	2669	3400	17	8	9
78	6345	2713	3632	15	11	4
79	6005	2606	3399	9	6	3
80–84岁	**28296**	**12184**	**16112**	**44**	**29**	**15**
80	6034	2633	3401	15	11	4
81	5798	2416	3382	10	7	3
82	5773	2527	3246	8	5	3
83	5611	2411	3200	5	2	3
84	5080	2197	2883	6	4	2
85–89岁	**16104**	**7184**	**8920**	**15**	**11**	**4**
85	4655	2036	2619	4	4	
86	3673	1643	2030	2	2	
87	3297	1496	1801	2		2
88	2537	1136	1401	3	2	1
89	1942	873	1069	4	3	1
90–94岁	**5055**	**2275**	**2780**	**8**	**4**	**4**
90	1737	772	965	2	1	1
91	1201	545	656	2	2	
92	986	465	521	2		2
93	673	296	377			
94	458	197	261	2	1	1
95–99岁	**932**	**390**	**542**	**2**	**1**	**1**
95	345	134	211			
96	257	117	140	1		1
97	146	65	81	1	1	
98	111	47	64			
99	73	27	46			
100岁及以上	**85**	**30**	**55**			

8-13a 续表 2

单位：人

年 龄	离退休金/养老金			最低生活保障金			失业保险金		
	小计	男	女	小计	男	女	小计	男	女
总 计	**398831**	**164052**	**234779**	**5927**	**3225**	**2702**	**1356**	**858**	**498**
45岁以下	**110**	**53**	**57**	**1362**	**678**	**684**	**771**	**440**	**331**
45-49岁	**2030**	**143**	**1887**	**705**	**350**	**355**	**282**	**133**	**149**
45	119	18	101	76	33	43	35	20	15
46	214	21	193	113	55	58	35	17	18
47	328	29	299	156	66	90	71	37	34
48	455	34	421	172	96	76	70	25	45
49	914	41	873	188	100	88	71	34	37
50-54岁	**25575**	**2734**	**22841**	**885**	**571**	**314**	**189**	**176**	**13**
50	4204	246	3958	170	88	82	49	38	11
51	5123	460	4663	178	118	60	41	40	1
52	5882	610	5272	201	141	60	35	35	
53	4469	555	3914	164	101	63	29	29	
54	5897	863	5034	172	123	49	35	34	1
55-59岁	**61286**	**15011**	**46275**	**1092**	**847**	**245**	**111**	**108**	**3**
55	8692	1546	7146	172	135	37	37	37	
56	12134	2679	9455	250	194	56	12	12	
57	17237	4142	13095	297	237	60	25	23	2
58	12651	3342	9309	234	173	61	15	14	1
59	10572	3302	7270	139	108	31	22	22	
60-64岁	**97430**	**46266**	**51164**	**618**	**350**	**268**	**3**	**1**	**2**
60	18588	8827	9761	133	78	55			
61	17123	8081	9042	106	61	45			
62	19893	9505	10388	124	64	60	2		2
63	21867	10337	11530	129	77	52			
64	19959	9516	10443	126	70	56	1	1	
65-69岁	**87726**	**41766**	**45960**	**464**	**196**	**268**			
65	20266	9655	10611	114	51	63			
66	20051	9500	10551	96	45	51			
67	17342	8225	9117	83	34	49			
68	16269	7771	8498	92	39	53			
69	13798	6615	7183	79	27	52			

8–13a 续表 3 单位：人

年 龄	离退休金/养老金			最低生活保障金			失业保险金		
	小计	男	女	小计	男	女	小计	男	女
70–74岁	**48091**	**23141**	**24950**	**315**	**114**	**201**			
70	12530	6096	6434	78	29	49			
71	10409	4999	5410	65	21	44			
72	8704	4078	4626	55	16	39			
73	8501	4160	4341	61	23	38			
74	7947	3808	4139	56	25	31			
75–79岁	**29892**	**13645**	**16247**	**208**	**61**	**147**			
75	7067	3284	3783	63	21	42			
76	5718	2723	2995	42	12	30			
77	5626	2556	3070	33	10	23			
78	5877	2579	3298	30	7	23			
79	5604	2503	3101	40	11	29			
80–84岁	**26536**	**11802**	**14734**	**132**	**35**	**97**			
80	5654	2552	3102	27	5	22			
81	5450	2335	3115	26	9	17			
82	5436	2434	3002	28	10	18			
83	5259	2351	2908	30	5	25			
84	4737	2130	2607	21	6	15			
85–89岁	**14798**	**6922**	**7876**	**101**	**17**	**84**			
85	4304	1956	2348	28	8	20			
86	3397	1586	1811	16	4	12			
87	3036	1451	1585	21	2	19			
88	2303	1089	1214	18	2	16			
89	1758	840	918	18	1	17			
90–94岁	**4520**	**2177**	**2343**	**34**	**5**	**29**			
90	1578	737	841	6	2	4			
91	1075	527	548	8	1	7			
92	876	446	430	6		6			
93	590	280	310	7	2	5			
94	401	187	214	7		7			
95–99岁	**772**	**366**	**406**	**9**	**1**	**8**			
95	287	131	156	3		3			
96	215	108	107	2	1	1			
97	125	60	65						
98	85	44	41	2		2			
99	60	23	37	2		2			
100岁及以上	**65**	**26**	**39**	**2**		**2**			

8-13a　续表 4　　　　单位：人

年　龄	财产性收入			家庭其他成员供养			其　他		
	小计	男	女	小计	男	女	小计	男	女
总　计	**11545**	**6434**	**5111**	**207813**	**80445**	**127368**	**55042**	**29283**	**25759**
45岁以下	**6089**	**3129**	**2960**	**155295**	**63513**	**91782**	**33891**	**17276**	**16615**
45–49岁	**1843**	**964**	**879**	**12276**	**3077**	**9199**	**6886**	**3462**	**3424**
45	284	139	145	2071	477	1594	1148	567	581
46	295	144	151	2257	523	1734	1198	601	597
47	417	211	206	2492	625	1867	1503	741	762
48	422	237	185	2658	701	1957	1474	728	746
49	425	233	192	2798	751	2047	1563	825	738
50–54岁	**1631**	**1087**	**544**	**10954**	**3887**	**7067**	**5651**	**3631**	**2020**
50	404	247	157	2386	765	1621	1349	818	531
51	345	217	128	2188	818	1370	1204	786	418
52	370	259	111	2419	901	1518	1309	874	435
53	242	176	66	1847	649	1198	880	568	312
54	270	188	82	2114	754	1360	909	585	324
55–59岁	**1170**	**853**	**317**	**10434**	**4690**	**5744**	**4496**	**3278**	**1218**
55	224	154	70	2100	818	1282	899	638	261
56	268	188	80	2238	987	1251	1002	726	276
57	341	253	88	2862	1311	1551	1256	940	316
58	196	153	43	2009	944	1065	846	615	231
59	141	105	36	1225	630	595	493	359	134
60–64岁	**361**	**193**	**168**	**6017**	**1838**	**4179**	**1514**	**686**	**828**
60	85	48	37	1203	385	818	348	175	173
61	59	33	26	1032	310	722	246	112	134
62	79	41	38	1235	367	868	310	123	187
63	84	45	39	1343	428	915	304	139	165
64	54	26	28	1204	348	856	306	137	169
65–69岁	**256**	**117**	**139**	**5306**	**1622**	**3684**	**1139**	**488**	**651**
65	61	27	34	1240	385	855	267	118	149
66	60	32	28	1149	349	800	274	116	158
67	44	21	23	1061	312	749	210	80	130
68	49	22	27	977	305	672	226	98	128
69	42	15	27	879	271	608	162	76	86

8–13a 续表 5 单位：人

年 龄	财产性收入			家庭其他成员供养			其 他		
	小计	男	女	小计	男	女	小计	男	女
70–74岁	**108**	**53**	**55**	**2938**	**858**	**2080**	**607**	**227**	**380**
70	29	14	15	771	230	541	150	49	101
71	29	16	13	646	187	459	129	50	79
72	24	12	12	549	163	386	120	45	75
73	17	8	9	487	142	345	108	46	62
74	9	3	6	485	136	349	100	37	63
75–79岁	**58**	**28**	**30**	**1715**	**434**	**1281**	**331**	**104**	**227**
75	12	7	5	409	111	298	77	24	53
76	12	6	6	361	95	266	65	26	39
77	12	5	7	313	70	243	68	20	48
78	13	6	7	342	89	253	68	21	47
79	9	4	5	290	69	221	53	13	40
80–84岁	**22**	**7**	**15**	**1321**	**254**	**1067**	**241**	**57**	**184**
80	6	1	5	278	52	226	54	12	42
81	3	1	2	249	46	203	60	18	42
82	1		1	262	69	193	38	9	29
83	8	3	5	269	40	229	40	10	30
84	4	2	2	263	47	216	49	8	41
85–89岁	**5**	**2**	**3**	**993**	**183**	**810**	**192**	**49**	**143**
85	1		1	263	50	213	55	18	37
86	1	1		215	40	175	42	10	32
87	1	1		198	33	165	39	9	30
88	1		1	184	39	145	28	4	24
89	1		1	133	21	112	28	8	20
90–94岁	**2**	**1**	**1**	**422**	**69**	**353**	**69**	**19**	**50**
90	1		1	130	27	103	20	5	15
91				100	13	87	16	2	14
92				92	15	77	10	4	6
93	1	1		59	9	50	16	4	12
94				41	5	36	7	4	3
95–99岁				**125**	**16**	**109**	**24**	**6**	**18**
95				49	2	47	6	1	5
96				35	6	29	4	2	2
97				15	3	12	5	1	4
98				18	1	17	6	2	4
99				8	4	4	3		3
100岁及以上				**17**	**4**	**13**	**1**		**1**

8-13b 全市分年龄、性别、主要生活来源的人口(镇)

单位：人

年 龄	15岁及以上人口			劳动收入		
	合计	男	女	小计	男	女
总 计	**113315**	**61380**	**51935**	**66340**	**41830**	**24510**
45岁以下	**61481**	**34421**	**27060**	**46409**	**27886**	**18523**
45–49岁	**9591**	**5342**	**4249**	**7564**	**4692**	**2872**
45	1559	862	697	1283	776	507
46	1837	1034	803	1499	930	569
47	1941	1042	899	1526	905	621
48	2124	1197	927	1660	1051	609
49	2130	1207	923	1596	1030	566
50–54岁	**10436**	**5838**	**4598**	**6544**	**4666**	**1878**
50	2326	1276	1050	1576	1064	512
51	2189	1232	957	1431	1003	428
52	2187	1228	959	1397	978	419
53	1704	965	739	998	759	239
54	2030	1137	893	1142	862	280
55–59岁	**9776**	**5166**	**4610**	**4148**	**3307**	**841**
55	2060	1123	937	1061	824	237
56	2138	1155	983	978	783	195
57	2562	1319	1243	1020	820	200
58	1822	961	861	731	581	150
59	1194	608	586	358	299	59
60–64岁	**7687**	**3817**	**3870**	**1132**	**860**	**272**
60	1624	824	800	323	246	77
61	1416	695	721	228	169	59
62	1554	803	751	219	172	47
63	1581	782	799	196	146	50
64	1512	713	799	166	127	39
65–69岁	**6221**	**3056**	**3165**	**436**	**344**	**92**
65	1422	717	705	121	103	18
66	1458	706	752	126	97	29
67	1193	558	635	82	63	19
68	1175	588	587	69	53	16
69	973	487	486	38	28	10

8-13b 续表 1 单位：人

年 龄	15岁及以上人口			劳动收入		
	合计	男	女	小计	男	女
70-74岁	**3514**	**1679**	**1835**	**88**	**60**	**28**
70	943	430	513	26	20	6
71	800	372	428	20	12	8
72	601	311	290	17	15	2
73	639	315	324	15	8	7
74	531	251	280	10	5	5
75-79岁	**2038**	**923**	**1115**	**16**	**13**	**3**
75	514	223	291	4	3	1
76	434	198	236	3	2	1
77	366	171	195	5	4	1
78	376	167	209	2	2	
79	348	164	184	2	2	
80-84岁	**1450**	**635**	**815**	**3**	**2**	**1**
80	338	153	185			
81	267	124	143	1	1	
82	314	136	178	2	1	1
83	288	124	164			
84	243	98	145			
85-89岁	**827**	**383**	**444**			
85	233	107	126			
86	202	103	99			
87	175	83	92			
88	112	44	68			
89	105	46	59			
90-94岁	**254**	**107**	**147**			
90	90	40	50			
91	58	27	31			
92	53	19	34			
93	36	13	23			
94	17	8	9			
95-99岁	**36**	**13**	**23**			
95	16	5	11			
96	9	2	7			
97	6	3	3			
98	4	2	2			
99	1	1				
100岁及以上	**4**		**4**			

8-13b　续表 2　　　　　　　　　　　　　　　　　　　　　　　　　　　　　　单位：人

年　龄	离退休金/养老金			最低生活保障金			失业保险金		
	小计	男	女	小计	男	女	小计	男	女
总　计	**18929**	**8126**	**10803**	**1232**	**608**	**624**	**96**	**63**	**33**
45岁以下	**4**	**2**	**2**	**171**	**104**	**67**	**57**	**36**	**21**
45–49岁	**84**	**8**	**76**	**68**	**44**	**24**	**19**	**7**	**12**
45	4	1	3	7	3	4	2	1	1
46	11		11	12	9	3	3		3
47	13	5	8	6	4	2	3	1	2
48	21	1	20	17	11	6	6	2	4
49	35	1	34	26	17	9	5	3	2
50–54岁	**1198**	**183**	**1015**	**98**	**62**	**36**	**15**	**15**	
50	192	19	173	19	12	7	3	3	
51	229	36	193	20	13	7			
52	233	31	202	25	15	10	3	3	
53	229	34	195	15	9	6	5	5	
54	315	63	252	19	13	6	4	4	
55–59岁	**2943**	**723**	**2220**	**161**	**69**	**92**	**5**	**5**	
55	457	95	362	36	13	23	2	2	
56	573	124	449	41	20	21			
57	840	189	651	45	19	26			
58	597	165	432	20	8	12	1	1	
59	476	150	326	19	9	10	2	2	
60–64岁	**4720**	**2252**	**2468**	**197**	**103**	**94**			
60	938	438	500	29	15	14			
61	836	398	438	29	14	15			
62	966	476	490	46	25	21			
63	1007	502	505	42	22	20			
64	973	438	535	51	27	24			
65–69岁	**4191**	**2105**	**2086**	**213**	**97**	**116**			
65	960	468	492	52	29	23			
66	947	474	473	48	21	27			
67	817	386	431	50	18	32			
68	797	422	375	30	14	16			
69	670	355	315	33	15	18			

8-13b 续表 3

单位：人

年 龄	离退休金/养老金			最低生活保障金			失业保险金		
	小计	男	女	小计	男	女	小计	男	女
70-74岁	**2465**	**1249**	**1216**	**152**	**60**	**92**			
70	655	318	337	44	16	28			
71	552	270	282	35	17	18			
72	433	234	199	24	10	14			
73	451	232	219	21	9	12			
74	374	195	179	28	8	20			
75-79岁	**1464**	**699**	**765**	**82**	**37**	**45**			
75	357	163	194	17	5	12			
76	331	167	164	15	6	9			
77	264	129	135	16	8	8			
78	276	123	153	21	12	9			
79	236	117	119	13	6	7			
80-84岁	**1046**	**496**	**550**	**43**	**21**	**22**			
80	251	121	130	11	4	7			
81	192	98	94	7	4	3			
82	221	106	115	11	6	5			
83	203	92	111	6	3	3			
84	179	79	100	8	4	4			
85-89岁	**610**	**308**	**302**	**34**	**10**	**24**			
85	168	90	78	11	2	9			
86	158	86	72	7	2	5			
87	126	62	64	5	5				
88	85	34	51	4		4			
89	73	36	37	7	1	6			
90-94岁	**177**	**90**	**87**	**10**	**1**	**9**			
90	67	35	32	5	1	4			
91	39	21	18	1		1			
92	34	15	19	2		2			
93	25	12	13	1		1			
94	12	7	5	1		1			
95-99岁	**26**	**11**	**15**	**3**		**3**			
95	11	4	7	1		1			
96	5	1	4	2		2			
97	5	3	2						
98	4	2	2						
99	1	1							
100岁及以上	**1**		**1**						

8-13b　续表 4　　　　单位：人

年　龄	财产性收入			家庭其他成员供养			其　他		
	小计	男	女	小计	男	女	小计	男	女
总　计	**1617**	**870**	**747**	**19542**	**6932**	**12610**	**5559**	**2951**	**2608**
45岁以下	**659**	**345**	**314**	**11260**	**4466**	**6794**	**2921**	**1582**	**1339**
45–49岁	**208**	**105**	**103**	**1104**	**215**	**889**	**544**	**271**	**273**
45	33	12	21	161	33	128	69	36	33
46	23	12	11	198	32	166	91	51	40
47	43	20	23	222	43	179	128	64	64
48	52	32	20	243	43	200	125	57	68
49	57	29	28	280	64	216	131	63	68
50–54岁	**237**	**145**	**92**	**1711**	**424**	**1287**	**633**	**343**	**290**
50	43	22	21	339	66	273	154	90	64
51	46	27	19	331	84	247	132	69	63
52	46	30	16	360	104	256	123	67	56
53	49	29	20	301	75	226	107	54	53
54	53	37	16	380	95	285	117	63	54
55–59岁	**230**	**141**	**89**	**1734**	**593**	**1141**	**555**	**328**	**227**
55	42	22	20	343	102	241	119	65	54
56	50	31	19	386	132	254	110	65	45
57	55	37	18	467	173	294	135	81	54
58	51	32	19	317	108	209	105	66	39
59	32	19	13	221	78	143	86	51	35
60–64岁	**107**	**53**	**54**	**1200**	**386**	**814**	**331**	**163**	**168**
60	25	12	13	234	74	160	75	39	36
61	18	9	9	235	71	164	70	34	36
62	21	13	8	238	81	157	64	36	28
63	22	10	12	258	80	178	56	22	34
64	21	9	12	235	80	155	66	32	34
65–69岁	**87**	**40**	**47**	**1033**	**343**	**690**	**261**	**127**	**134**
65	16	7	9	216	81	135	57	29	28
66	18	8	10	251	75	176	68	31	37
67	17	10	7	191	60	131	36	21	15
68	13	3	10	209	69	140	57	27	30
69	23	12	11	166	58	108	43	19	24

8-13b 续表 5 单位：人

年 龄	财产性收入			家庭其他成员供养			其 他		
	小计	男	女	小计	男	女	小计	男	女
70–74岁	**40**	**17**	**23**	**597**	**219**	**378**	**172**	**74**	**98**
70	11	5	6	161	52	109	46	19	27
71	10	4	6	145	52	93	38	17	21
72	7	5	2	90	34	56	30	13	17
73	5	2	3	118	51	67	29	13	16
74	7	1	6	83	30	53	29	12	17
75–79岁	**29**	**14**	**15**	**367**	**125**	**242**	**80**	**35**	**45**
75	12	7	5	102	34	68	22	11	11
76	7	2	5	64	16	48	14	5	9
77	4	2	2	63	24	39	14	4	10
78	5	2	3	55	19	36	17	9	8
79	1	1		83	32	51	13	6	7
80–84岁	**11**	**7**	**4**	**314**	**98**	**216**	**33**	**11**	**22**
80	3	3		67	23	44	6	2	4
81	2	2		60	19	41	5		5
82	2		2	66	20	46	12	3	9
83	1		1	71	24	47	7	5	2
84	3	2	1	50	12	38	3	1	2
85–89岁	**9**	**3**	**6**	**150**	**48**	**102**	**24**	**14**	**10**
85	5	1	4	45	11	34	4	3	1
86	2	1	1	31	12	19	4	2	2
87	1		1	37	12	25	6	4	2
88				17	7	10	6	3	3
89	1	1		20	6	14	4	2	2
90–94岁				**63**	**14**	**49**	**4**	**2**	**2**
90				18	4	14			
91				18	6	12			
92				15	3	12	2	1	1
93				8		8	2	1	1
94				4	1	3			
95–99岁				**6**	**1**	**5**	**1**	**1**	
95				4	1	3			
96				1		1	1	1	
97				1		1			
98									
99									
100岁及以上				**3**		**3**			

8-13c　全市分年龄、性别、主要生活来源的人口(乡村)

单位：人

年　龄	15岁及以上人口			劳动收入		
	合计	男	女	小计	男	女
总　计	**246042**	**134924**	**111118**	**139521**	**91907**	**47614**
45岁以下	**108707**	**63160**	**45547**	**83852**	**52997**	**30855**
45–49岁	**22715**	**12845**	**9870**	**17957**	**11267**	**6690**
45	3402	1895	1507	2799	1687	1112
46	4257	2446	1811	3416	2147	1269
47	4614	2579	2035	3679	2277	1402
48	5063	2845	2218	3955	2479	1476
49	5379	3080	2299	4108	2677	1431
50–54岁	**26691**	**14820**	**11871**	**17618**	**12403**	**5215**
50	5788	3248	2540	4110	2822	1288
51	5302	3009	2293	3583	2515	1068
52	5662	3139	2523	3702	2646	1056
53	4582	2519	2063	2910	2064	846
54	5357	2905	2452	3313	2356	957
55–59岁	**26066**	**13733**	**12333**	**12617**	**9661**	**2956**
55	5624	2965	2659	3107	2285	822
56	5783	3030	2753	2886	2214	672
57	6725	3562	3163	3150	2455	695
58	4830	2543	2287	2223	1733	490
59	3104	1633	1471	1251	974	277
60–64岁	**20296**	**10433**	**9863**	**4727**	**3512**	**1215**
60	4410	2373	2037	1263	919	344
61	3876	1963	1913	976	727	249
62	4159	2134	2025	924	674	250
63	3977	2032	1945	815	635	180
64	3874	1931	1943	749	557	192
65–69岁	**17571**	**8652**	**8919**	**2093**	**1555**	**538**
65	3863	1902	1961	591	448	143
66	3805	1841	1964	547	397	150
67	3640	1809	1831	402	298	104
68	3580	1764	1816	341	261	80
69	2683	1336	1347	212	151	61

8-13c 续表 1 单位：人

年 龄	15岁及以上人口			劳动收入		
	合计	男	女	小计	男	女
70-74岁	**10711**	**5188**	**5523**	**545**	**427**	**118**
70	2631	1263	1368	194	151	43
71	2412	1189	1223	132	102	30
72	1979	961	1018	98	79	19
73	1940	914	1026	75	61	14
74	1749	861	888	46	34	12
75-79岁	**6423**	**3018**	**3405**	**87**	**68**	**19**
75	1604	751	853	36	30	6
76	1362	667	695	22	16	6
77	1265	583	682	12	10	2
78	1192	549	643	10	6	4
79	1000	468	532	7	6	1
80-84岁	**3876**	**1864**	**2012**	**19**	**14**	**5**
80	930	466	464	8	8	
81	797	389	408	1		1
82	805	360	445	7	3	4
83	719	358	361	2	2	
84	625	291	334	1	1	
85-89岁	**2187**	**924**	**1263**	**5**	**3**	**2**
85	621	287	334	1		1
86	473	220	253	1	1	
87	451	175	276	1	1	
88	368	149	219	2	1	1
89	274	93	181			
90-94岁	**686**	**251**	**435**	**1**		**1**
90	234	98	136			
91	176	63	113			
92	138	44	94			
93	81	33	48			
94	57	13	44	1		1
95-99岁	**108**	**36**	**72**			
95	46	16	30			
96	31	11	20			
97	20	5	15			
98	10	4	6			
99	1		1			
100岁及以上	**5**		**5**			

8-13c　续表 2　　单位：人

年 龄	离退休金/养老金			最低生活保障金			失业保险金		
	小计	男	女	小计	男	女	小计	男	女
总　计	**40323**	**17729**	**22594**	**4749**	**2424**	**2325**	**161**	**120**	**41**
45岁以下	**9**	**3**	**6**	**463**	**268**	**195**	**109**	**79**	**30**
45-49岁	**98**	**5**	**93**	**226**	**137**	**89**	**25**	**15**	**10**
45	4		4	29	16	13	3	2	1
46	13	2	11	46	31	15	7	7	
47	16	1	15	43	21	22	3	2	1
48	25	2	23	47	30	17	6	3	3
49	40		40	61	39	22	6	1	5
50-54岁	**1415**	**159**	**1256**	**370**	**224**	**146**	**18**	**17**	**1**
50	224	14	210	69	40	29	6	5	1
51	260	26	234	71	48	23	3	3	
52	329	37	292	60	39	21	3	3	
53	250	33	217	80	41	39	2	2	
54	352	49	303	90	56	34	4	4	
55-59岁	**5109**	**811**	**4298**	**560**	**239**	**321**	**9**	**9**	
55	817	100	717	107	48	59	7	7	
56	991	117	874	134	54	80	1	1	
57	1430	231	1199	131	55	76			
58	1041	161	880	112	47	65	1	1	
59	830	202	628	76	35	41			
60-64岁	**9611**	**4578**	**5033**	**781**	**405**	**376**			
60	1853	918	935	137	72	65			
61	1786	794	992	145	72	73			
62	2000	962	1038	171	94	77			
63	2002	957	1045	169	83	86			
64	1970	947	1023	159	84	75			
65-69岁	**9767**	**4897**	**4870**	**920**	**461**	**459**			
65	2075	999	1076	212	97	115			
66	2074	993	1081	182	97	85			
67	2039	1038	1001	192	106	86			
68	2003	1024	979	202	99	103			
69	1576	843	733	132	62	70			

8-13c 续表 3

单位：人

年龄	离退休金/养老金			最低生活保障金			失业保险金		
	小计	男	女	小计	男	女	小计	男	女
70-74岁	**6377**	**3262**	**3115**	**591**	**312**	**279**			
70	1493	754	739	155	83	72			
71	1454	744	710	122	65	57			
72	1194	600	594	110	58	52			
73	1177	602	575	113	53	60			
74	1059	562	497	91	53	38			
75-79岁	**3904**	**1979**	**1925**	**403**	**189**	**214**			
75	1000	488	512	100	44	56			
76	859	455	404	71	36	35			
77	752	389	363	80	35	45			
78	691	347	344	84	43	41			
79	602	300	302	68	31	37			
80-84岁	**2324**	**1230**	**1094**	**269**	**123**	**146**			
80	576	308	268	51	28	23			
81	487	268	219	72	31	41			
82	466	230	236	51	23	28			
83	424	227	197	51	25	26			
84	371	197	174	44	16	28			
85-89岁	**1274**	**618**	**656**	**120**	**51**	**69**			
85	374	190	184	41	18	23			
86	289	148	141	25	14	11			
87	256	118	138	21	7	14			
88	200	104	96	15	3	12			
89	155	58	97	18	9	9			
90-94岁	**374**	**164**	**210**	**43**	**14**	**29**			
90	128	65	63	17	7	10			
91	97	40	57	8	3	5			
92	78	27	51	10	2	8			
93	45	23	22	4	2	2			
94	26	9	17	4		4			
95-99岁	**59**	**23**	**36**	**3**	**1**	**2**			
95	26	10	16	1		1			
96	14	6	8	1	1				
97	10	3	7	1		1			
98	8	4	4						
99	1		1						
100岁及以上	**2**		**2**						

8-13c　续表 4　　　　　　　　　　　　　　　　　　　　　　　　　　单位：人

年　龄	财产性收入			家庭其他成员供养			其　他		
	小计	男	女	小计	男	女	小计	男	女
总　计	**2345**	**1285**	**1060**	**46375**	**14779**	**31596**	**12568**	**6680**	**5888**
45岁以下	**621**	**359**	**262**	**18698**	**6584**	**12114**	**4955**	**2870**	**2085**
45-49岁	**239**	**137**	**102**	**3006**	**644**	**2362**	**1164**	**640**	**524**
45	43	20	23	356	73	283	168	97	71
46	42	26	16	508	103	405	225	130	95
47	52	32	20	583	117	466	238	129	109
48	56	26	30	712	170	542	262	135	127
49	46	33	13	847	181	666	271	149	122
50-54岁	**358**	**190**	**168**	**5512**	**1093**	**4419**	**1400**	**734**	**666**
50	72	36	36	1043	203	840	264	128	136
51	72	46	26	1008	198	810	305	173	132
52	75	33	42	1203	222	981	290	159	131
53	57	39	18	1026	206	820	257	134	123
54	82	36	46	1232	264	968	284	140	144
55-59岁	**446**	**256**	**190**	**5808**	**1934**	**3874**	**1517**	**823**	**694**
55	62	38	24	1223	334	889	301	153	148
56	107	59	48	1295	397	898	369	188	181
57	122	69	53	1510	535	975	382	217	165
58	91	50	41	1101	400	701	261	151	110
59	64	40	24	679	268	411	204	114	90
60-64岁	**249**	**129**	**120**	**3802**	**1256**	**2546**	**1126**	**553**	**573**
60	60	30	30	835	300	535	262	134	128
61	41	22	19	706	232	474	222	116	106
62	47	30	17	778	264	514	239	110	129
63	51	27	24	725	220	505	215	110	105
64	50	20	30	758	240	518	188	83	105
65-69岁	**217**	**108**	**109**	**3560**	**1165**	**2395**	**1014**	**466**	**548**
65	43	20	23	738	234	504	204	104	100
66	46	23	23	758	245	513	198	86	112
67	46	19	27	748	246	502	213	102	111
68	49	30	19	755	249	506	230	101	129
69	33	16	17	561	191	370	169	73	96

8-13c 续表 5 单位：人

年 龄	财产性收入			家庭其他成员供养			其 他		
	小计	男	女	小计	男	女	小计	男	女
70-74岁	**136**	**67**	**69**	**2439**	**848**	**1591**	**623**	**272**	**351**
70	43	17	26	605	200	405	141	58	83
71	30	19	11	523	188	335	151	71	80
72	19	7	12	434	164	270	124	53	71
73	27	14	13	449	144	305	99	40	59
74	17	10	7	428	152	276	108	50	58
75-79岁	**50**	**24**	**26**	**1601**	**590**	**1011**	**378**	**168**	**210**
75	20	10	10	357	144	213	91	35	56
76	10	7	3	330	123	207	70	30	40
77	6	3	3	329	113	216	86	33	53
78	10	3	7	326	111	215	71	39	32
79	4	1	3	259	99	160	60	31	29
80-84岁	**19**	**12**	**7**	**1026**	**393**	**633**	**219**	**92**	**127**
80	8	6	2	251	99	152	36	17	19
81	2	2		190	65	125	45	23	22
82	4	1	3	216	79	137	61	24	37
83	2	2		200	85	115	40	17	23
84	3	1	2	169	65	104	37	11	26
85-89岁	**9**	**3**	**6**	**658**	**202**	**456**	**121**	**47**	**74**
85	3	3		159	58	101	43	18	25
86	1		1	134	46	88	23	11	12
87	2		2	143	42	101	28	7	21
88				134	35	99	17	6	11
89	3		3	88	21	67	10	5	5
90-94岁	**1**		**1**	**221**	**59**	**162**	**46**	**14**	**32**
90				64	19	45	25	7	18
91				61	16	45	10	4	6
92	1		1	42	13	29	7	2	5
93				31	7	24	1	1	
94				23	4	19	3		3
95-99岁				**41**	**11**	**30**	**5**	**1**	**4**
95				17	6	11	2		2
96				14	3	11	2	1	1
97				8	2	6	1		1
98				2		2			
99									
100岁及以上				**3**		**3**			

8-14　全市分性别、婚姻状况、主要生活来源的60岁及以上老年人口

单位：人

婚姻状况	60岁及以上人口			劳动收入		
	合计	男	女	小计	男	女
总　计	**428002**	**201396**	**226606**	**17760**	**13069**	**4691**
未　婚	3897	2517	1380	368	311	57
有配偶	344716	178166	166550	16110	12072	4038
离　婚	11366	4679	6687	425	274	151
丧　偶	68023	16034	51989	857	412	445

8-14　续表 1　　单位：人

婚姻状况	离退休金/养老金			最低生活保障金			失业保险金		
	小计	男	女	小计	男	女	小计	男	女
总　计	**358222**	**170072**	**188150**	**5747**	**2664**	**3083**	**3**	**1**	**2**
未　婚	2356	1208	1148	598	567	31			
有配偶	291094	151510	139584	3576	1648	1928	2	1	1
离　婚	9988	3933	6055	283	194	89	1		1
丧　偶	54784	13421	41363	1290	255	1035			

8-14　续表 2　　单位：人

婚姻状况	财产性收入			家庭其他成员供养			其　他		
	小计	男	女	小计	男	女	小计	男	女
总　计	**1776**	**878**	**898**	**35938**	**11036**	**24902**	**8556**	**3676**	**4880**
未　婚	20	18	2	250	195	55	305	218	87
有配偶	1491	780	711	25977	9120	16857	6466	3035	3431
离　婚	33	16	17	448	161	287	188	101	87
丧　偶	232	64	168	9263	1560	7703	1597	322	1275

8-14a　全市分性别、婚姻状况、主要生活来源的60岁及以上老年人口(城市)

单位：人

婚姻状况	60岁及以上人口			劳动收入		
	合计	男	女	小计	男	女
总　计	**344108**	**160417**	**183691**	**8608**	**6211**	**2397**
未　婚	2699	1417	1282	246	198	48
有配偶	278782	143269	135513	7700	5706	1994
离　婚	10101	3943	6158	278	156	122
丧　偶	52526	11788	40738	384	151	233

8-14a　续表 1

单位：人

婚姻状况	离退休金/养老金			最低生活保障金			失业保险金		
	小计	男	女	小计	男	女	小计	男	女
总　计	**309830**	**146111**	**163719**	**1883**	**779**	**1104**	**3**	**1**	**2**
未　婚	1982	888	1094	138	112	26			
有配偶	252774	130903	121871	1067	469	598	2	1	1
离　婚	9199	3507	5692	195	130	65	1		1
丧　偶	45875	10813	35062	483	68	415			

8-14a　续表 2

单位：人

婚姻状况	财产性收入			家庭其他成员供养			其　他		
	小计	男	女	小计	男	女	小计	男	女
总　计	**812**	**401**	**411**	**18854**	**5278**	**13576**	**4118**	**1636**	**2482**
未　婚	9	8	1	158	113	45	166	98	68
有配偶	680	362	318	13487	4453	9034	3072	1375	1697
离　婚	26	10	16	286	87	199	116	53	63
丧　偶	97	21	76	4923	625	4298	764	110	654

8-14b 全市分性别、婚姻状况、主要生活来源的60岁及以上老年人口(镇)

单位：人

婚姻状况	60岁及以上人口			劳动收入		
	合计	男	女	小计	男	女
总 计	**22031**	**10613**	**11418**	**1675**	**1279**	**396**
未 婚	271	225	46	30	26	4
有配偶	17540	9177	8363	1549	1194	355
离 婚	434	210	224	26	20	6
丧 偶	3786	1001	2785	70	39	31

8-14b 续表 1

单位：人

婚姻状况	离退休金/养老金			最低生活保障金			失业保险金		
	小计	男	女	小计	男	女	小计	男	女
总 计	**14700**	**7210**	**7490**	**734**	**329**	**405**			
未 婚	102	75	27	71	68	3			
有配偶	11847	6326	5521	456	205	251			
离 婚	329	149	180	20	14	6			
丧 偶	2422	660	1762	187	42	145			

8-14b 续表 2

单位：人

婚姻状况	财产性收入			家庭其他成员供养			其 他		
	小计	男	女	小计	男	女	小计	男	女
总 计	**283**	**134**	**149**	**3733**	**1234**	**2499**	**906**	**427**	**479**
未 婚	1	1		20	16	4	47	39	8
有配偶	235	119	116	2750	992	1758	703	341	362
离 婚	1		1	39	17	22	19	10	9
丧 偶	46	14	32	924	209	715	137	37	100

8-14c 全市分性别、婚姻状况、主要生活来源的60岁及以上老年人口(乡村)

单位：人

婚姻状况	60岁及以上人口			劳动收入		
	合计	男	女	小计	男	女
总　计	**61863**	**30366**	**31497**	**7477**	**5579**	**1898**
未　婚	927	875	52	92	87	5
有配偶	48394	25720	22674	6861	5172	1689
离　婚	831	526	305	121	98	23
丧　偶	11711	3245	8466	403	222	181

8-14c 续表 1

单位：人

婚姻状况	离退休金/养老金			最低生活保障金			失业保险金		
	小计	男	女	小计	男	女	小计	男	女
总　计	**33692**	**16751**	**16941**	**3130**	**1556**	**1574**			
未　婚	272	245	27	389	387	2			
有配偶	26473	14281	12192	2053	974	1079			
离　婚	460	277	183	68	50	18			
丧　偶	6487	1948	4539	620	145	475			

8-14c 续表 2

单位：人

婚姻状况	财产性收入			家庭其他成员供养			其　他		
	小计	男	女	小计	男	女	小计	男	女
总　计	**681**	**343**	**338**	**13351**	**4524**	**8827**	**3532**	**1613**	**1919**
未　婚	10	9	1	72	66	6	92	81	11
有配偶	576	299	277	9740	3675	6065	2691	1319	1372
离　婚	6	6		123	57	66	53	38	15
丧　偶	89	29	60	3416	726	2690	696	175	521

8–15 全市分性别、婚姻状况、主要生活来源的60岁及以上外来老年人口

单位：人

婚姻状况	60岁及以上人口			劳动收入		
	合计	男	女	小计	男	女
总　计	**63702**	**29504**	**34198**	**8226**	**6181**	**2045**
未　婚	487	345	142	266	235	31
有配偶	54726	27397	27329	7446	5659	1787
离　婚	1082	315	767	158	110	48
丧　偶	7407	1447	5960	356	177	179

8–15 续表 1

单位：人

婚姻状况	离退休金/养老金			最低生活保障金			失业保险金		
	小计	男	女	小计	男	女	小计	男	女
总　计	**41268**	**18461**	**22807**	**222**	**72**	**150**			
未　婚	125	50	75	6	5	1			
有配偶	35875	17407	18468	150	57	93			
离　婚	750	154	596	5	1	4			
丧　偶	4518	850	3668	61	9	52			

8–15 续表 2

单位：人

婚姻状况	财产性收入			家庭其他成员供养			其　他		
	小计	男	女	小计	男	女	小计	男	女
总　计	**160**	**84**	**76**	**12146**	**3986**	**8160**	**1680**	**720**	**960**
未　婚	4	4		44	28	16	42	23	19
有配偶	142	77	65	9709	3552	6157	1404	645	759
离　婚	3	1	2	132	39	93	34	10	24
丧　偶	11	2	9	2261	367	1894	200	42	158

8-16 全市分性别、居住状况、主要生活来源的60岁及以上老年人口

单位：人

居住状况	60岁及以上人口			劳动收入		
	合计	男	女	小计	男	女
总　计	**428002**	**201396**	**226606**	**17760**	**13069**	**4691**
与配偶和子女同住	128572	67534	61038	3860	2931	929
与配偶同住	173235	90773	82462	6747	4839	1908
与子女同住	66966	16895	50071	870	505	365
独居(有保姆)	2632	1182	1450	29	17	12
独居(无保姆)	36915	14651	22264	1983	1523	460
养老机构	3799	1657	2142	30	16	14
其　他	15883	8704	7179	4241	3238	1003

8-16 续表 1

单位：人

居住状况	离退休金/养老金			最低生活保障金			失业保险金		
	小计	男	女	小计	男	女	小计	男	女
总　计	**358222**	**170072**	**188150**	**5747**	**2664**	**3083**	**3**	**1**	**2**
与配偶和子女同住	109076	58019	51057	1170	556	614			
与配偶同住	150802	79745	71057	2141	979	1162	2	1	1
与子女同住	52780	13895	38885	1002	241	761	1		1
独居(有保姆)	2345	1094	1251	26	13	13			
独居(无保姆)	30563	11581	18982	978	547	431			
养老机构	2924	1235	1689	122	92	30			
其　他	9732	4503	5229	308	236	72			

8-16 续表 2

单位：人

居住状况	财产性收入			家庭其他成员供养			其　他		
	小计	男	女	小计	男	女	小计	男	女
总　计	**1776**	**878**	**898**	**35938**	**11036**	**24902**	**8556**	**3676**	**4880**
与配偶和子女同住	590	304	286	11722	4678	7044	2154	1046	1108
与配偶同住	773	407	366	9579	3269	6310	3191	1533	1658
与子女同住	209	66	143	10683	1891	8792	1421	297	1124
独居(有保姆)	9	7	2	191	42	149	32	9	23
独居(无保姆)	157	72	85	2372	589	1783	862	339	523
养老机构				574	227	347	149	87	62
其　他	38	22	16	817	340	477	747	365	382

8-16a 全市分性别、居住状况、主要生活来源的60岁及以上老年人口(城市)

单位：人

居住状况	60岁及以上人口			劳动收入		
	合计	男	女	小计	男	女
总　计	**344108**	**160417**	**183691**	**8608**	**6211**	**2397**
与配偶和子女同住	106870	56216	50654	1605	1231	374
与配偶同住	135672	71097	64575	2538	1803	735
与子女同住	55248	13590	41658	463	252	211
独居(有保姆)	2359	1050	1309	17	7	10
独居(无保姆)	28660	10886	17774	1152	882	270
养老机构	2393	996	1397	16	9	7
其　他	12906	6582	6324	2817	2027	790

8-16a 续表 1

单位：人

居住状况	离退休金/养老金			最低生活保障金			失业保险金		
	小计	男	女	小计	男	女	小计	男	女
总　计	**309830**	**146111**	**163719**	**1883**	**779**	**1104**	**3**	**1**	**2**
与配偶和子女同住	97227	51648	45579	359	176	183			
与配偶同住	127407	67157	60250	571	236	335	2	1	1
与子女同住	46466	12000	34466	455	104	351	1		1
独居(有保姆)	2182	1005	1177	14	5	9			
独居(无保姆)	25664	9454	16210	328	162	166			
养老机构	2008	828	1180	23	14	9			
其　他	8876	4019	4857	133	82	51			

8-16a 续表 2

单位：人

居住状况	财产性收入			家庭其他成员供养			其　他		
	小计	男	女	小计	男	女	小计	男	女
总　计	**812**	**401**	**411**	**18854**	**5278**	**13576**	**4118**	**1636**	**2482**
与配偶和子女同住	249	128	121	6297	2499	3798	1133	534	599
与配偶同住	354	193	161	3671	1173	2498	1129	534	595
与子女同住	108	28	80	6868	1048	5820	887	158	729
独居(有保姆)	4	3	1	119	24	95	23	6	17
独居(无保姆)	75	35	40	1084	217	867	357	136	221
养老机构				286	117	169	60	28	32
其　他	22	14	8	529	200	329	529	240	289

8-16b 全市分性别、居住状况、主要生活来源的60岁及以上老年人口(镇)

单位：人

居住状况	60岁及以上人口			劳动收入		
	合计	男	女	小计	男	女
总　计	**22031**	**10613**	**11418**	**1675**	**1279**	**396**
与配偶和子女同住	5425	2838	2587	378	290	88
与配偶同住	9729	5093	4636	665	485	180
与子女同住	3185	837	2348	69	43	26
独居(有保姆)	100	43	57	2	1	1
独居(无保姆)	2215	977	1238	167	132	35
养老机构	562	275	287	3	2	1
其　他	815	550	265	391	326	65

8-16b 续表 1

单位：人

居住状况	离退休金/养老金			最低生活保障金			失业保险金		
	小计	男	女	小计	男	女	小计	男	女
总　计	**14700**	**7210**	**7490**	**734**	**329**	**405**			
与配偶和子女同住	3442	1857	1585	122	53	69			
与配偶同住	7129	3848	3281	290	131	159			
与子女同住	1874	519	1355	120	32	88			
独居(有保姆)	75	36	39	3	1	2			
独居(无保姆)	1497	631	866	128	57	71			
养老机构	390	174	216	36	28	8			
其　他	293	145	148	35	27	8			

8-16b 续表 2

单位：人

居住状况	财产性收入			家庭其他成员供养			其　他		
	小计	男	女	小计	男	女	小计	男	女
总　计	**283**	**134**	**149**	**3733**	**1234**	**2499**	**906**	**427**	**479**
与配偶和子女同住	98	49	49	1163	480	683	222	109	113
与配偶同住	111	59	52	1158	382	776	376	188	188
与子女同住	37	12	25	965	206	759	120	25	95
独居(有保姆)	2	1	1	16	3	13	2	1	1
独居(无保姆)	30	13	17	280	92	188	113	52	61
养老机构				98	41	57	35	30	5
其　他	5		5	53	30	23	38	22	16

8-16c 全市分性别、居住状况、主要生活来源的60岁及以上老年人口(乡村)

单位：人

居住状况	60岁及以上人口			劳动收入		
	合计	男	女	小计	男	女
总　计	**61863**	**30366**	**31497**	**7477**	**5579**	**1898**
与配偶和子女同住	16277	8480	7797	1877	1410	467
与配偶同住	27834	14583	13251	3544	2551	993
与子女同住	8533	2468	6065	338	210	128
独居(有保姆)	173	89	84	10	9	1
独居(无保姆)	6040	2788	3252	664	509	155
养老机构	844	386	458	11	5	6
其　他	2162	1572	590	1033	885	148

8-16c 续表 1

单位：人

居住状况	离退休金/养老金			最低生活保障金			失业保险金		
	小计	男	女	小计	男	女	小计	男	女
总　计	**33692**	**16751**	**16941**	**3130**	**1556**	**1574**			
与配偶和子女同住	8407	4514	3893	689	327	362			
与配偶同住	16266	8740	7526	1280	612	668			
与子女同住	4440	1376	3064	427	105	322			
独居(有保姆)	88	53	35	9	7	2			
独居(无保姆)	3402	1496	1906	522	328	194			
养老机构	526	233	293	63	50	13			
其　他	563	339	224	140	127	13			

8-16c 续表 2

单位：人

居住状况	财产性收入			家庭其他成员供养			其　他		
	小计	男	女	小计	男	女	小计	男	女
总　计	**681**	**343**	**338**	**13351**	**4524**	**8827**	**3532**	**1613**	**1919**
与配偶和子女同住	243	127	116	4262	1699	2563	799	403	396
与配偶同住	308	155	153	4750	1714	3036	1686	811	875
与子女同住	64	26	38	2850	637	2213	414	114	300
独居(有保姆)	3	3		56	15	41	7	2	5
独居(无保姆)	52	24	28	1008	280	728	392	151	241
养老机构				190	69	121	54	29	25
其　他	11	8	3	235	110	125	180	103	77

8-17 全市分性别、居住状况、主要生活来源的60岁及以上外来老年人口

单位：人

居住状况	60岁及以上人口			劳动收入		
	合计	男	女	小计	男	女
总　计	**63702**	**29504**	**34198**	**8226**	**6181**	**2045**
与配偶和子女同住	24935	12886	12049	707	537	170
与配偶同住	13800	7331	6469	2070	1439	631
与子女同住	15496	3555	11941	335	212	123
独居(有保姆)	138	59	79	17	10	7
独居(无保姆)	3601	1945	1656	1230	1019	211
养老机构	269	103	166	22	11	11
其　他	5463	3625	1838	3845	2953	892

8-17 续表 1

单位：人

居住状况	离退休金/养老金			最低生活保障金			失业保险金		
	小计	男	女	小计	男	女	小计	男	女
总　计	**41268**	**18461**	**22807**	**222**	**72**	**150**			
与配偶和子女同住	18794	9886	8908	63	26	37			
与配偶同住	9644	5023	4621	50	23	27			
与子女同住	9749	2356	7393	77	8	69			
独居(有保姆)	97	42	55						
独居(无保姆)	1768	674	1094	16	6	10			
养老机构	189	71	118	1		1			
其　他	1027	409	618	15	9	6			

8-17 续表 2

单位：人

居住状况	财产性收入			家庭其他成员供养			其　他		
	小计	男	女	小计	男	女	小计	男	女
总　计	**160**	**84**	**76**	**12146**	**3986**	**8160**	**1680**	**720**	**960**
与配偶和子女同住	58	33	25	4743	2120	2623	570	284	286
与配偶同住	49	26	23	1689	661	1028	298	159	139
与子女同住	27	7	20	4854	879	3975	454	93	361
独居(有保姆)	1	1		19	4	15	4	2	2
独居(无保姆)	15	10	5	473	180	293	99	56	43
养老机构				54	20	34	3	1	2
其　他	10	7	3	314	122	192	252	125	127

8-18　各地区分性别、居住状况的60岁及以上老年人口

单位：人

地　区	60岁及以上人口			与配偶和子女同住		
	合计	男	女	小计	男	女
北　京	**428002**	**201396**	**226606**	**128572**	**67534**	**61038**
东城区	20430	9493	10937	7722	4077	3645
西城区	30963	14345	16618	10995	5779	5216
朝阳区	70524	32950	37574	21648	11453	10195
丰台区	48304	22622	25682	13533	7169	6364
石景山区	13891	6559	7332	3896	2085	1811
海淀区	59271	27429	31842	20936	10912	10024
门头沟区	8557	4017	4540	1478	784	694
房山区	25254	11964	13290	6461	3368	3093
通州区	29909	14112	15797	8996	4685	4311
顺义区	21321	10220	11101	6033	3133	2900
昌平区	33269	15809	17460	10554	5543	5011
大兴区	27438	12943	14495	8277	4293	3984
怀柔区	8183	4048	4135	1668	893	775
平谷区	11014	5244	5770	3118	1616	1502
密云区	12017	5840	6177	2232	1186	1046
延庆区	7657	3801	3856	1025	558	467

8-18　续表 1

单位：人

地　区	与配偶同住			与子女同住			独居(有保姆)		
	小计	男	女	小计	男	女	小计	男	女
北　京	**173235**	**90773**	**82462**	**66966**	**16895**	**50071**	**2632**	**1182**	**1450**
东城区	5900	3096	2804	3850	1041	2809	136	57	79
西城区	10185	5347	4838	5383	1372	4011	276	118	158
朝阳区	27254	14334	12920	11163	2774	8389	418	181	237
丰台区	21268	11156	10112	6945	1664	5281	304	135	169
石景山区	6028	3167	2861	2112	541	1571	91	41	50
海淀区	20421	10635	9786	10100	2469	7631	506	222	284
门头沟区	4577	2425	2152	1043	243	800	49	20	29
房山区	11808	6132	5676	3677	978	2699	121	62	59
通州区	12171	6325	5846	4668	1191	3477	123	48	75
顺义区	9342	4841	4501	3517	954	2563	99	48	51
昌平区	12881	6813	6068	5401	1299	4102	159	72	87
大兴区	11243	5881	5362	4400	1067	3333	128	65	63
怀柔区	4170	2207	1963	1066	275	791	82	44	38
平谷区	4869	2534	2335	1575	454	1121	46	23	23
密云区	6475	3425	3050	1316	352	964	68	36	32
延庆区	4643	2455	2188	750	221	529	26	10	16

8-18 续表 2

单位：人

地区	独居(无保姆)			养老机构			其他		
	小计	男	女	小计	男	女	小计	男	女
北京	**36915**	**14651**	**22264**	**3799**	**1657**	**2142**	**15883**	**8704**	**7179**
东城区	1851	770	1081	66	23	43	905	429	476
西城区	2598	1027	1571	233	92	141	1293	610	683
朝阳区	6694	2622	4072	528	217	311	2819	1369	1450
丰台区	4243	1523	2720	305	129	176	1706	846	860
石景山区	1154	416	738	165	64	101	445	245	200
海淀区	4017	1483	2534	479	213	266	2812	1495	1317
门头沟区	1102	393	709	48	20	28	260	132	128
房山区	2412	968	1444	201	96	105	574	360	214
通州区	2623	1108	1515	135	61	74	1193	694	499
顺义区	1603	730	873	103	50	53	624	464	160
昌平区	2358	1019	1339	609	254	355	1307	809	498
大兴区	1975	826	1149	385	165	220	1030	646	384
怀柔区	828	376	452	63	40	23	306	213	93
平谷区	1053	436	617	166	75	91	187	106	81
密云区	1473	578	895	213	101	112	240	162	78
延庆区	931	376	555	100	57	43	182	124	58

8-18a 各地区分性别、居住状况的60岁及以上老年人口(城市)

单位：人

地区	60岁及以上人口			与配偶和子女同住		
	合计	男	女	小计	男	女
北京	**344108**	**160417**	**183691**	**106870**	**56216**	**50654**
东城区	20430	9493	10937	7722	4077	3645
西城区	30963	14345	16618	10995	5779	5216
朝阳区	70053	32714	37339	21564	11404	10160
丰台区	47784	22391	25393	13409	7105	6304
石景山区	13891	6559	7332	3896	2085	1811
海淀区	57737	26656	31081	20508	10693	9815
门头沟区	6653	3063	3590	1297	686	611
房山区	15660	7412	8248	3771	1992	1779
通州区	16499	7639	8860	5113	2667	2446
顺义区	9810	4548	5262	2612	1366	1246
昌平区	20836	9748	11088	6996	3672	3324
大兴区	18825	8759	10066	5585	2909	2676
怀柔区	3924	1898	2026	901	480	421
平谷区	4024	1856	2168	1036	530	506
密云区	4588	2192	2396	1056	558	498
延庆区	2431	1144	1287	409	213	196

8-18a　续表 1

单位：人

地　区	与配偶同住			与子女同住			独居(有保姆)		
	小计	男	女	小计	男	女	小计	男	女
北　京	**135672**	**71097**	**64575**	**55248**	**13590**	**41658**	**2359**	**1050**	**1309**
东城区	5900	3096	2804	3850	1041	2809	136	57	79
西城区	10185	5347	4838	5383	1372	4011	276	118	158
朝阳区	27031	14218	12813	11107	2760	8347	413	179	234
丰台区	21049	11044	10005	6853	1639	5214	302	134	168
石景山区	6028	3167	2861	2112	541	1571	91	41	50
海淀区	19814	10302	9512	9891	2418	7473	500	220	280
门头沟区	3442	1822	1620	881	195	686	41	15	26
房山区	7450	3895	3555	2376	633	1743	99	51	48
通州区	6600	3441	3159	2671	645	2026	89	33	56
顺义区	4566	2363	2203	1643	385	1258	66	31	35
昌平区	8063	4250	3813	3502	825	2677	102	46	56
大兴区	7839	4125	3714	3094	693	2401	99	49	50
怀柔区	1952	1026	926	505	118	387	51	26	25
平谷区	1889	977	912	596	147	449	32	18	14
密云区	2417	1270	1147	518	120	398	45	25	20
延庆区	1447	754	693	266	58	208	17	7	10

8-18a　续表 2

单位：人

地　区	独居(无保姆)			养老机构			其　他		
	小计	男	女	小计	男	女	小计	男	女
北　京	**28660**	**10886**	**17774**	**2393**	**996**	**1397**	**12906**	**6582**	**6324**
东城区	1851	770	1081	66	23	43	905	429	476
西城区	2598	1027	1571	233	92	141	1293	610	683
朝阳区	6642	2605	4037	504	203	301	2792	1345	1447
丰台区	4188	1506	2682	299	126	173	1684	837	847
石景山区	1154	416	738	165	64	101	445	245	200
海淀区	3921	1437	2484	385	161	224	2718	1425	1293
门头沟区	764	245	519	32	9	23	196	91	105
房山区	1491	595	896	134	57	77	339	189	150
通州区	1414	532	882	30	19	11	582	302	280
顺义区	642	225	417	23	11	12	258	167	91
昌平区	1352	526	826	128	51	77	693	378	315
大兴区	1332	526	806	221	91	130	655	366	289
怀柔区	364	151	213	31	21	10	120	76	44
平谷区	343	119	224	48	24	24	80	41	39
密云区	408	144	264	54	25	29	90	50	40
延庆区	196	62	134	40	19	21	56	31	25

8-18b 各地区分性别、居住状况的60岁及以上老年人口(镇)

单位：人

地区	60岁及以上人口			与配偶和子女同住		
	合计	男	女	小计	男	女
北京	**22031**	**10613**	**11418**	**5425**	**2838**	**2587**
东城区						
西城区						
朝阳区	471	236	235	84	49	35
丰台区	216	94	122	33	19	14
石景山区						
海淀区						
门头沟区	776	385	391	95	53	42
房山区	2351	1114	1237	578	299	279
通州区	3589	1708	1881	936	486	450
顺义区	2115	1039	1076	641	331	310
昌平区	5573	2639	2934	1610	831	779
大兴区	2362	1168	1194	550	296	254
怀柔区	774	385	389	168	90	78
平谷区	1258	589	669	394	205	189
密云区	1536	759	777	196	105	91
延庆区	1010	497	513	140	74	66

8-18b 续表 1

单位：人

地区	与配偶同住			与子女同住			独居(有保姆)		
	小计	男	女	小计	男	女	小计	男	女
北京	**9729**	**5093**	**4636**	**3185**	**837**	**2348**	**100**	**43**	**57**
东城区									
西城区									
朝阳区	223	116	107	56	14	42	5	2	3
丰台区	102	53	49	34	6	28	2	1	1
石景山区									
海淀区									
门头沟区	460	241	219	85	26	59	1	1	
房山区	1097	568	529	324	88	236	9	3	6
通州区	1481	788	693	544	138	406	8	2	6
顺义区	818	422	396	349	100	249	6	2	4
昌平区	2176	1146	1030	902	216	686	38	16	22
大兴区	1073	558	515	327	90	237	13	7	6
怀柔区	359	188	171	110	23	87	7	4	3
平谷区	515	263	252	177	44	133	5	3	2
密云区	844	446	398	178	56	122	6	2	4
延庆区	581	304	277	99	36	63			

8-18b　续表 2

单位：人

地区	独居(无保姆)			养老机构			其他		
	小计	男	女	小计	男	女	小计	男	女
北京	**2215**	**977**	**1238**	**562**	**275**	**287**	**815**	**550**	**265**
东城区									
西城区									
朝阳区	52	17	35	24	14	10	27	24	3
丰台区	33	10	23	6	3	3	6	2	4
石景山区									
海淀区									
门头沟区	107	43	64	9	7	2	19	14	5
房山区	277	115	162	13	4	9	53	37	16
通州区	363	166	197	69	27	42	188	101	87
顺义区	188	111	77	50	22	28	63	51	12
昌平区	459	225	234	182	73	109	206	132	74
大兴区	215	85	130	33	19	14	151	113	38
怀柔区	69	27	42	16	13	3	45	40	5
平谷区	113	48	65	36	17	19	18	9	9
密云区	204	84	120	80	48	32	28	18	10
延庆区	135	46	89	44	28	16	11	9	2

8-18c　各地区分性别、居住状况的60岁及以上老年人口(乡村)

单位：人

地区	60岁及以上人口			与配偶和子女同住		
	合计	男	女	小计	男	女
北京	**61863**	**30366**	**31497**	**16277**	**8480**	**7797**
东城区						
西城区						
朝阳区						
丰台区	304	137	167	91	45	46
石景山区						
海淀区	1534	773	761	428	219	209
门头沟区	1128	569	559	86	45	41
房山区	7243	3438	3805	2112	1077	1035
通州区	9821	4765	5056	2947	1532	1415
顺义区	9396	4633	4763	2780	1436	1344
昌平区	6860	3422	3438	1948	1040	908
大兴区	6251	3016	3235	2142	1088	1054
怀柔区	3485	1765	1720	599	323	276
平谷区	5732	2799	2933	1688	881	807
密云区	5893	2889	3004	980	523	457
延庆区	4216	2160	2056	476	271	205

8−18c 续表 1

单位：人

地 区	与配偶同住			与子女同住			独居(有保姆)		
	小计	男	女	小计	男	女	小计	男	女
北 京	**27834**	**14583**	**13251**	**8533**	**2468**	**6065**	**173**	**89**	**84**
东城区									
西城区									
朝阳区									
丰台区	117	59	58	58	19	39			
石景山区									
海淀区	607	333	274	209	51	158	6	2	4
门头沟区	675	362	313	77	22	55	7	4	3
房山区	3261	1669	1592	977	257	720	13	8	5
通州区	4090	2096	1994	1453	408	1045	26	13	13
顺义区	3958	2056	1902	1525	469	1056	27	15	12
昌平区	2642	1417	1225	997	258	739	19	10	9
大兴区	2331	1198	1133	979	284	695	16	9	7
怀柔区	1859	993	866	451	134	317	24	14	10
平谷区	2465	1294	1171	802	263	539	9	2	7
密云区	3214	1709	1505	620	176	444	17	9	8
延庆区	2615	1397	1218	385	127	258	9	3	6

8−18c 续表 2

单位：人

地 区	独居(无保姆)			养老机构			其 他		
	小计	男	女	小计	男	女	小计	男	女
北 京	**6040**	**2788**	**3252**	**844**	**386**	**458**	**2162**	**1572**	**590**
东城区									
西城区									
朝阳区									
丰台区	22	7	15				16	7	9
石景山区									
海淀区	96	46	50	94	52	42	94	70	24
门头沟区	231	105	126	7	4	3	45	27	18
房山区	644	258	386	54	35	19	182	134	48
通州区	846	410	436	36	15	21	423	291	132
顺义区	773	394	379	30	17	13	303	246	57
昌平区	547	268	279	299	130	169	408	299	109
大兴区	428	215	213	131	55	76	224	167	57
怀柔区	395	198	197	16	6	10	141	97	44
平谷区	597	269	328	82	34	48	89	56	33
密云区	861	350	511	79	28	51	122	94	28
延庆区	600	268	332	16	10	6	115	84	31

8-19　各地区分性别、居住状况的60岁及以上外来老年人口

单位：人

地　区	60岁及以上人口			与配偶和子女同住		
	合计	男	女	小计	男	女
北　京	**63702**	**29504**	**34198**	**24935**	**12886**	**12049**
东城区	1566	715	851	562	288	274
西城区	3317	1478	1839	1372	699	673
朝阳区	9418	4213	5205	3681	1903	1778
丰台区	5817	2674	3143	2179	1130	1049
石景山区	1601	718	883	646	341	305
海淀区	11080	4937	6143	4661	2370	2291
门头沟区	673	299	374	209	106	103
房山区	3249	1544	1705	1196	635	561
通州区	6144	2876	3268	2481	1275	1206
顺义区	3432	1813	1619	1079	579	500
昌平区	9281	4341	4940	3840	1978	1862
大兴区	5907	2775	3132	2423	1258	1165
怀柔区	774	399	375	217	112	105
平谷区	359	174	185	105	58	47
密云区	691	346	345	197	106	91
延庆区	393	202	191	87	48	39

8-19　续表 1

单位：人

地　区	与配偶同住			与子女同住			独居(有保姆)		
	小计	男	女	小计	男	女	小计	男	女
北　京	**13800**	**7331**	**6469**	**15496**	**3555**	**11941**	**138**	**59**	**79**
东城区	329	169	160	361	83	278	4	1	3
西城区	699	363	336	801	176	625	8	2	6
朝阳区	2089	1115	974	2275	487	1788	28	10	18
丰台区	1411	754	657	1436	335	1101	12	3	9
石景山区	344	185	159	407	92	315	3	3	
海淀区	1925	999	926	2877	616	2261	23	10	13
门头沟区	173	91	82	191	47	144	2	1	1
房山区	853	451	402	770	194	576	5	1	4
通州区	1304	691	613	1456	345	1111	11	8	3
顺义区	837	459	378	794	215	579	11	4	7
昌平区	1945	1055	890	2282	553	1729	17	7	10
大兴区	1236	662	574	1409	303	1106	9	6	3
怀柔区	214	108	106	141	30	111	3	2	1
平谷区	77	39	38	81	22	59			
密云区	215	111	104	145	43	102	2	1	1
延庆区	149	79	70	70	14	56			

8-19 续表 2 单位：人

地区	独居(无保姆)			养老机构			其他		
	小计	男	女	小计	男	女	小计	男	女
北京	**3601**	**1945**	**1656**	**269**	**103**	**166**	**5463**	**3625**	**1838**
东城区	111	50	61	3		3	196	124	72
西城区	153	82	71	3	1	2	281	155	126
朝阳区	667	314	353	25	9	16	653	375	278
丰台区	332	182	150	15	8	7	432	262	170
石景山区	75	28	47	14	5	9	112	64	48
海淀区	450	224	226	41	15	26	1103	703	400
门头沟区	43	19	24	3	2	1	52	33	19
房山区	206	112	94	18	3	15	201	148	53
通州区	341	192	149	10	5	5	541	360	181
顺义区	302	223	79	3	2	1	406	331	75
昌平区	438	237	201	72	26	46	687	485	202
大兴区	303	167	136	32	14	18	495	365	130
怀柔区	82	60	22	2	1	1	115	86	29
平谷区	23	8	15	18	8	10	55	39	16
密云区	47	31	16	5	1	4	80	53	27
延庆区	28	16	12	5	3	2	54	42	12

8-20　全市分年龄、性别、居住状况的60岁及以上老年人口

单位：人

年　龄	60岁及以上人口			与配偶和子女同住		
	合计	男	女	小计	男	女
总　计	**428002**	**201396**	**226606**	**128572**	**67534**	**61038**
60–64岁	**139906**	**67919**	**71987**	**50555**	**25828**	**24727**
60	28042	13886	14156	10113	5256	4857
61	25078	12142	12936	9090	4598	4492
62	28605	13941	14664	10417	5334	5083
63	30364	14639	15725	10953	5578	5375
64	27817	13311	14506	9982	5062	4920
65–69岁	**120793**	**57405**	**63388**	**40611**	**20802**	**19809**
65	27971	13401	14570	9823	5051	4772
66	27420	12967	14453	9323	4641	4682
67	23927	11279	12648	8192	4169	4023
68	22666	10801	11865	7367	3852	3515
69	18809	8957	9852	5906	3089	2817
70–74岁	**66649**	**31529**	**35120**	**18939**	**10145**	**8794**
70	17262	8209	9053	5201	2785	2416
71	14591	6904	7687	4245	2239	2006
72	12077	5620	6457	3422	1826	1596
73	11801	5645	6156	3225	1749	1476
74	10918	5151	5767	2846	1546	1300
75–79岁	**40749**	**18267**	**22482**	**9401**	**5191**	**4210**
75	9775	4441	5334	2471	1313	1158
76	8008	3736	4272	1901	1070	831
77	7700	3423	4277	1730	965	765
78	7913	3429	4484	1720	925	795
79	7353	3238	4115	1579	918	661
80–84岁	**33622**	**14683**	**18939**	**6052**	**3526**	**2526**
80	7302	3252	4050	1485	834	651
81	6862	2929	3933	1256	700	556
82	6892	3023	3869	1252	729	523
83	6618	2893	3725	1155	697	458
84	5948	2586	3362	904	566	338
85–89岁	**19118**	**8491**	**10627**	**2456**	**1632**	**824**
85	5509	2430	3079	787	497	290
86	4348	1966	2382	602	380	222
87	3923	1754	2169	484	338	146
88	3017	1329	1688	327	236	91
89	2321	1012	1309	256	181	75
90–94岁	**5995**	**2633**	**3362**	**510**	**374**	**136**
90	2061	910	1151	195	138	57
91	1435	635	800	135	98	37
92	1177	528	649	111	85	26
93	790	342	448	46	35	11
94	532	218	314	23	18	5
95–99岁	**1076**	**439**	**637**	**47**	**35**	**12**
95	407	155	252	23	17	6
96	297	130	167	10	8	2
97	172	73	99	5	3	2
98	125	53	72	6	6	
99	75	28	47	3	1	2
100岁及以上	**94**	**30**	**64**	**1**	**1**	

8-20 续表 1　　单位：人

年龄	与配偶同住			与子女同住			独居(有保姆)		
	小计	男	女	小计	男	女	小计	男	女
总　计	**173235**	**90773**	**82462**	**66966**	**16895**	**50071**	**2632**	**1182**	**1450**
60-64岁	**56047**	**28441**	**27606**	**15787**	**4030**	**11757**	**140**	**71**	**69**
60	11081	5666	5415	3022	789	2233	34	18	16
61	9943	5036	4907	2763	684	2079	27	11	16
62	11393	5789	5604	3289	860	2429	23	12	11
63	12215	6210	6005	3497	857	2640	26	16	10
64	11415	5740	5675	3216	840	2376	30	14	16
65-69岁	**52778**	**26622**	**26156**	**14190**	**3623**	**10567**	**135**	**71**	**64**
65	11804	5942	5862	3242	802	2440	24	14	10
66	11905	6017	5888	3175	837	2338	28	19	9
67	10372	5169	5203	2735	698	2037	28	13	15
68	10129	5112	5017	2726	689	2037	33	17	16
69	8568	4382	4186	2312	597	1715	22	8	14
70-74岁	**30345**	**15881**	**14464**	**9323**	**2280**	**7043**	**154**	**73**	**81**
70	7927	4047	3880	2221	571	1650	22	9	13
71	6654	3448	3206	1992	479	1513	29	14	15
72	5486	2832	2654	1674	373	1301	36	13	23
73	5391	2919	2472	1750	423	1327	30	19	11
74	4887	2635	2252	1686	434	1252	37	18	19
75-79岁	**17180**	**9256**	**7924**	**7968**	**1820**	**6148**	**262**	**98**	**164**
75	4331	2295	2036	1624	375	1249	41	18	23
76	3511	1920	1591	1469	359	1110	41	16	25
77	3246	1721	1525	1573	371	1202	43	15	28
78	3224	1758	1466	1658	357	1301	55	20	35
79	2868	1562	1306	1644	358	1286	82	29	53
80-84岁	**11387**	**6802**	**4585**	**9226**	**2162**	**7064**	**605**	**236**	**369**
80	2778	1595	1183	1717	397	1320	77	32	45
81	2467	1414	1053	1780	391	1389	112	48	64
82	2318	1415	903	1858	423	1435	135	46	89
83	2098	1277	821	1958	477	1481	135	52	83
84	1726	1101	625	1913	474	1439	146	58	88
85-89岁	**4557**	**3065**	**1492**	**7059**	**1930**	**5129**	**786**	**356**	**430**
85	1553	1033	520	1854	476	1378	173	67	106
86	1053	703	350	1548	436	1112	165	73	92
87	910	620	290	1475	397	1078	168	77	91
88	605	405	200	1213	348	865	144	69	75
89	436	304	132	969	273	696	136	70	66
90-94岁	**857**	**632**	**225**	**2768**	**851**	**1917**	**440**	**221**	**219**
90	355	258	97	879	267	612	151	73	78
91	206	158	48	684	221	463	86	42	44
92	147	106	41	525	156	369	97	53	44
93	101	76	25	392	125	267	60	30	30
94	48	34	14	288	82	206	46	23	23
95-99岁	**78**	**68**	**10**	**595**	**186**	**409**	**101**	**51**	**50**
95	34	31	3	219	58	161	35	15	20
96	24	19	5	170	64	106	30	12	18
97	13	12	1	91	26	65	20	12	8
98	5	4	1	67	20	47	10	9	1
99	2	2		48	18	30	6	3	3
100岁及以上	**6**	**6**		**50**	**13**	**37**	**9**	**5**	**4**

8-20 续表 2　　单位：人

年 龄	独居(无保姆)			养老机构			其 他		
	小计	男	女	小计	男	女	小计	男	女
总 计	**36915**	**14651**	**22264**	**3799**	**1657**	**2142**	**15883**	**8704**	**7179**
60-64岁	**9587**	**4784**	**4803**	**233**	**162**	**71**	**7557**	**4603**	**2954**
60	1939	1022	917	36	28	8	1817	1107	710
61	1697	888	809	41	28	13	1517	897	620
62	1904	949	955	54	39	15	1525	958	567
63	2153	1047	1106	47	32	15	1473	899	574
64	1894	878	1016	55	35	20	1225	742	483
65-69岁	**8625**	**3800**	**4825**	**324**	**198**	**126**	**4130**	**2289**	**1841**
65	1927	918	1009	45	36	9	1106	638	468
66	1910	827	1083	62	38	24	1017	588	429
67	1707	750	957	80	49	31	813	431	382
68	1669	717	952	70	42	28	672	372	300
69	1412	588	824	67	33	34	522	260	262
70-74岁	**5871**	**2134**	**3737**	**380**	**202**	**178**	**1637**	**814**	**823**
70	1367	532	835	63	37	26	461	228	233
71	1221	483	738	72	40	32	378	201	177
72	1104	396	708	61	21	40	294	159	135
73	1060	381	679	90	44	46	255	110	145
74	1119	342	777	94	60	34	249	116	133
75-79岁	**4652**	**1369**	**3283**	**480**	**182**	**298**	**806**	**351**	**455**
75	1037	308	729	85	33	52	186	99	87
76	860	273	587	73	25	48	153	73	80
77	870	253	617	92	39	53	146	59	87
78	987	271	716	108	38	70	161	60	101
79	898	264	634	122	47	75	160	60	100
80-84岁	**4591**	**1310**	**3281**	**938**	**338**	**600**	**823**	**309**	**514**
80	915	284	631	155	47	108	175	63	112
81	937	266	671	156	57	99	154	53	101
82	964	271	693	191	70	121	174	69	105
83	913	247	666	203	80	123	156	63	93
84	862	242	620	233	84	149	164	61	103
85-89岁	**2735**	**924**	**1811**	**926**	**377**	**549**	**599**	**207**	**392**
85	769	228	541	223	80	143	150	49	101
86	652	238	414	194	91	103	134	45	89
87	551	195	356	204	79	125	131	48	83
88	463	161	302	162	69	93	103	41	62
89	300	102	198	143	58	85	81	24	57
90-94岁	**729**	**276**	**453**	**422**	**173**	**249**	**269**	**106**	**163**
90	266	86	180	145	61	84	70	27	43
91	170	60	110	86	30	56	68	26	42
92	153	69	84	88	39	49	56	20	36
93	81	35	46	61	22	39	49	19	30
94	59	26	33	42	21	21	26	14	12
95-99岁	**116**	**51**	**65**	**86**	**24**	**62**	**53**	**24**	**29**
95	44	18	26	33	9	24	19	7	12
96	36	16	20	20	7	13	7	4	3
97	20	12	8	14	3	11	9	5	4
98	12	5	7	12	4	8	13	5	8
99	4		4	7	1	6	5	3	2
100岁及以上	**9**	**3**	**6**	**10**	**1**	**9**	**9**	**1**	**8**

8–20a 全市分年龄、性别、居住状况的60岁及以上老年人口(城市)

单位：人

年 龄	60岁及以上人口			与配偶和子女同住		
	合计	男	女	小计	男	女
总 计	**344108**	**160417**	**183691**	**106870**	**56216**	**50654**
60–64岁	**111923**	**53669**	**58254**	**41603**	**21338**	**20265**
60	22008	10689	11319	8155	4248	3907
61	19786	9484	10302	7360	3752	3608
62	22892	11004	11888	8516	4368	4148
63	24806	11825	12981	9230	4716	4514
64	22431	10667	11764	8342	4254	4088
65–69岁	**97001**	**45697**	**51304**	**33895**	**17378**	**16517**
65	22686	10782	11904	8183	4219	3964
66	22157	10420	11737	7855	3914	3941
67	19094	8912	10182	6806	3471	3335
68	17911	8449	9462	6064	3172	2892
69	15153	7134	8019	4987	2602	2385
70–74岁	**52424**	**24662**	**27762**	**15711**	**8435**	**7276**
70	13688	6516	7172	4326	2358	1968
71	11379	5343	6036	3496	1833	1663
72	9497	4348	5149	2842	1504	1338
73	9222	4416	4806	2645	1444	1201
74	8638	4039	4599	2402	1296	1106
75–79岁	**32288**	**14326**	**17962**	**7721**	**4227**	**3494**
75	7657	3467	4190	2009	1056	953
76	6212	2871	3341	1528	851	677
77	6069	2669	3400	1403	779	624
78	6345	2713	3632	1443	774	669
79	6005	2606	3399	1338	767	571
80–84岁	**28296**	**12184**	**16112**	**5256**	**3015**	**2241**
80	6034	2633	3401	1266	693	573
81	5798	2416	3382	1111	607	504
82	5773	2527	3246	1081	629	452
83	5611	2411	3200	1004	598	406
84	5080	2197	2883	794	488	306
85–89岁	**16104**	**7184**	**8920**	**2186**	**1451**	**735**
85	4655	2036	2619	696	436	260
86	3673	1643	2030	528	330	198
87	3297	1496	1801	440	305	135
88	2537	1136	1401	292	215	77
89	1942	873	1069	230	165	65
90–94岁	**5055**	**2275**	**2780**	**454**	**338**	**116**
90	1737	772	965	172	123	49
91	1201	545	656	117	90	27
92	986	465	521	106	81	25
93	673	296	377	37	27	10
94	458	197	261	22	17	5
95–99岁	**932**	**390**	**542**	**43**	**33**	**10**
95	345	134	211	21	17	4
96	257	117	140	8	6	2
97	146	65	81	5	3	2
98	111	47	64	6	6	
99	73	27	46	3	1	2
100岁及以上	**85**	**30**	**55**	**1**	**1**	

8-20a　续表 1

单位：人

年　龄	与配偶同住			与子女同住			独居(有保姆)		
	小计	男	女	小计	男	女	小计	男	女
总　计	**135672**	**71097**	**64575**	**55248**	**13590**	**41658**	**2359**	**1050**	**1309**
60–64岁	**42864**	**21739**	**21125**	**13523**	**3367**	**10156**	**110**	**52**	**58**
60	8247	4158	4089	2576	649	1927	27	13	14
61	7464	3783	3681	2343	564	1779	20	6	14
62	8778	4477	4301	2831	715	2116	15	8	7
63	9540	4832	4708	3031	739	2292	26	16	10
64	8835	4489	4346	2742	700	2042	22	9	13
65–69岁	**41008**	**20758**	**20250**	**11926**	**2982**	**8944**	**99**	**50**	**49**
65	9316	4719	4597	2777	677	2100	17	8	9
66	9256	4734	4522	2686	697	1989	24	17	7
67	8001	3988	4013	2274	559	1715	22	10	12
68	7762	3913	3849	2250	563	1687	21	10	11
69	6673	3404	3269	1939	486	1453	15	5	10
70–74岁	**23344**	**12178**	**11166**	**7406**	**1743**	**5663**	**133**	**63**	**70**
70	6070	3114	2956	1816	461	1355	21	8	13
71	5046	2636	2410	1607	350	1257	26	12	14
72	4212	2153	2059	1322	278	1044	31	11	20
73	4190	2267	1923	1348	320	1028	25	18	7
74	3826	2008	1818	1313	334	979	30	14	16
75–79岁	**13761**	**7303**	**6458**	**6197**	**1357**	**4840**	**232**	**84**	**148**
75	3365	1787	1578	1285	291	994	35	16	19
76	2725	1461	1264	1113	271	842	35	12	23
77	2615	1362	1253	1200	265	935	39	14	25
78	2641	1406	1235	1289	260	1029	49	17	32
79	2415	1287	1128	1310	270	1040	74	25	49
80–84岁	**9841**	**5802**	**4039**	**7587**	**1692**	**5895**	**540**	**209**	**331**
80	2355	1318	1037	1388	310	1078	64	23	41
81	2118	1186	932	1461	299	1162	102	45	57
82	1996	1218	778	1526	328	1198	113	40	73
83	1851	1113	738	1613	374	1239	126	48	78
84	1521	967	554	1599	381	1218	135	53	82
85–89岁	**4000**	**2675**	**1325**	**5790**	**1572**	**4218**	**723**	**328**	**395**
85	1357	888	469	1531	376	1155	162	62	100
86	921	608	313	1277	348	929	150	69	81
87	789	543	246	1209	328	881	155	71	84
88	542	365	177	993	289	704	132	65	67
89	391	271	120	780	231	549	124	61	63
90–94岁	**776**	**574**	**202**	**2267**	**702**	**1565**	**417**	**211**	**206**
90	317	226	91	729	215	514	140	68	72
91	188	146	42	548	179	369	82	40	42
92	132	97	35	420	133	287	92	51	41
93	95	73	22	328	102	226	58	30	28
94	44	32	12	242	73	169	45	22	23
95–99岁	**72**	**62**	**10**	**509**	**162**	**347**	**96**	**48**	**48**
95	30	27	3	182	49	133	32	14	18
96	24	19	5	146	57	89	30	12	18
97	11	10	1	76	23	53	19	11	8
98	5	4	1	58	16	42	9	8	1
99	2	2		47	17	30	6	3	3
100岁及以上	**6**	**6**		**43**	**13**	**30**	**9**	**5**	**4**

8-20a 续表 2

单位：人

年 龄	独居(无保姆)			养老机构			其 他		
	小计	男	女	小计	男	女	小计	男	女
总 计	**28660**	**10886**	**17774**	**2393**	**996**	**1397**	**12906**	**6582**	**6324**
60-64岁	**7604**	**3604**	**4000**	**122**	**84**	**38**	**6097**	**3485**	**2612**
60	1536	781	755	17	14	3	1450	826	624
61	1351	683	668	24	15	9	1224	681	543
62	1482	682	800	28	22	6	1242	732	510
63	1752	813	939	28	18	10	1199	691	508
64	1483	645	838	25	15	10	982	555	427
65-69岁	**6654**	**2785**	**3869**	**149**	**87**	**62**	**3270**	**1657**	**1613**
65	1489	676	813	19	15	4	885	468	417
66	1505	616	889	27	19	8	804	423	381
67	1320	558	762	40	22	18	631	304	327
68	1256	508	748	29	15	14	529	268	261
69	1084	427	657	34	16	18	421	194	227
70-74岁	**4289**	**1511**	**2778**	**208**	**114**	**94**	**1333**	**618**	**715**
70	1038	380	658	28	16	12	389	179	210
71	875	343	532	38	21	17	291	148	143
72	814	268	546	39	13	26	237	121	116
73	756	264	492	45	21	24	213	82	131
74	806	256	550	58	43	15	203	88	115
75-79岁	**3445**	**986**	**2459**	**277**	**100**	**177**	**655**	**269**	**386**
75	772	228	544	42	14	28	149	75	74
76	637	206	431	49	14	35	125	56	69
77	644	183	461	50	20	30	118	46	72
78	731	190	541	64	23	41	128	43	85
79	661	179	482	72	29	43	135	49	86
80-84岁	**3747**	**1004**	**2743**	**600**	**207**	**393**	**725**	**255**	**470**
80	721	218	503	91	23	68	149	48	101
81	767	202	565	104	36	68	135	41	94
82	782	206	576	121	46	75	154	60	94
83	751	179	572	125	44	81	141	55	86
84	726	199	527	159	58	101	146	51	95
85-89岁	**2212**	**718**	**1494**	**659**	**259**	**400**	**534**	**181**	**353**
85	624	181	443	151	51	100	134	42	92
86	536	185	351	139	63	76	122	40	82
87	444	153	291	144	55	89	116	41	75
88	371	121	250	117	46	71	90	35	55
89	237	78	159	108	44	64	72	23	49
90-94岁	**601**	**233**	**368**	**308**	**125**	**183**	**232**	**92**	**140**
90	216	72	144	105	48	57	58	20	38
91	140	45	95	65	21	44	61	24	37
92	123	59	64	61	26	35	52	18	34
93	72	33	39	45	14	31	38	17	21
94	50	24	26	32	16	16	23	13	10
95-99岁	**99**	**42**	**57**	**62**	**19**	**43**	**51**	**24**	**27**
95	36	13	23	26	7	19	18	7	11
96	32	14	18	10	5	5	7	4	3
97	17	11	6	9	2	7	9	5	4
98	11	4	7	10	4	6	12	5	7
99	3		3	7	1	6	5	3	2
100岁及以上	**9**	**3**	**6**	**8**	**1**	**7**	**9**	**1**	**8**

8-20b　全市分年龄、性别、居住状况的60岁及以上老年人口(镇)

单位：人

年龄	60岁及以上人口			与配偶和子女同住		
	合计	男	女	小计	男	女
总　计	**22031**	**10613**	**11418**	**5425**	**2838**	**2587**
60-64岁	**7687**	**3817**	**3870**	**2330**	**1168**	**1162**
60	1624	824	800	494	246	248
61	1416	695	721	434	216	218
62	1554	803	751	506	251	255
63	1581	782	799	454	233	221
64	1512	713	799	442	222	220
65-69岁	**6221**	**3056**	**3165**	**1701**	**885**	**816**
65	1422	717	705	433	233	200
66	1458	706	752	407	198	209
67	1193	558	635	306	152	154
68	1175	588	587	311	173	138
69	973	487	486	244	129	115
70-74岁	**3514**	**1679**	**1835**	**767**	**403**	**364**
70	943	430	513	216	101	115
71	800	372	428	179	85	94
72	601	311	290	142	89	53
73	639	315	324	144	85	59
74	531	251	280	86	43	43
75-79岁	**2038**	**923**	**1115**	**357**	**212**	**145**
75	514	223	291	88	50	38
76	434	198	236	89	53	36
77	366	171	195	59	38	21
78	376	167	209	61	30	31
79	348	164	184	60	41	19
80-84岁	**1450**	**635**	**815**	**183**	**115**	**68**
80	338	153	185	51	31	20
81	267	124	143	35	22	13
82	314	136	178	32	20	12
83	288	124	164	38	24	14
84	243	98	145	27	18	9
85-89岁	**827**	**383**	**444**	**74**	**46**	**28**
85	233	107	126	27	15	12
86	202	103	99	24	18	6
87	175	83	92	8	5	3
88	112	44	68	8	4	4
89	105	46	59	7	4	3
90-94岁	**254**	**107**	**147**	**11**	**8**	**3**
90	90	40	50	5	3	2
91	58	27	31	3	2	1
92	53	19	34	1	1	
93	36	13	23	2	2	
94	17	8	9			
95-99岁	**36**	**13**	**23**	**2**	**1**	**1**
95	16	5	11	1		1
96	9	2	7	1	1	
97	6	3	3			
98	4	2	2			
99	1	1				
100岁及以上	**4**		**4**			

8-20b 续表 1

单位：人

年 龄	与配偶同住			与子女同住			独居(有保姆)		
	小计	男	女	小计	男	女	小计	男	女
总 计	**9729**	**5093**	**4636**	**3185**	**837**	**2348**	**100**	**43**	**57**
60-64岁	**3455**	**1744**	**1711**	**791**	**191**	**600**	**9**	**4**	**5**
60	723	371	352	151	36	115	2	2	
61	623	316	307	164	34	130	2		2
62	661	340	321	142	44	98	2		2
63	753	389	364	175	42	133			
64	695	328	367	159	35	124	3	2	1
65-69岁	**3040**	**1559**	**1481**	**667**	**181**	**486**	**14**	**5**	**9**
65	637	319	318	138	36	102	2	1	1
66	712	364	348	165	44	121	1		1
67	599	294	305	136	37	99	4	1	3
68	587	306	281	128	33	95	4	2	2
69	505	276	229	100	31	69	3	1	2
70-74岁	**1736**	**915**	**821**	**484**	**124**	**360**	**7**	**3**	**4**
70	491	237	254	122	31	91			
71	387	198	189	107	29	78	2	1	1
72	311	163	148	73	20	53	2	1	1
73	292	162	130	96	22	74	2	1	1
74	255	155	100	86	22	64	1		1
75-79岁	**838**	**453**	**385**	**407**	**108**	**299**	**9**	**4**	**5**
75	237	119	118	92	23	69	1		1
76	187	94	93	69	13	56	2	1	1
77	155	85	70	80	24	56	1		1
78	150	87	63	81	23	58	1	1	
79	109	68	41	85	25	60	4	2	2
80-84岁	**450**	**270**	**180**	**417**	**99**	**318**	**24**	**9**	**15**
80	119	69	50	79	14	65	3	2	1
81	79	52	27	80	21	59	4	2	2
82	112	72	40	82	19	63	8	1	7
83	79	44	35	94	24	70	5	2	3
84	61	33	28	82	21	61	4	2	2
85-89岁	**180**	**127**	**53**	**288**	**90**	**198**	**27**	**12**	**15**
85	53	38	15	71	25	46	4	2	2
86	35	29	6	80	26	54	6	2	4
87	46	31	15	59	20	39	6	1	5
88	27	15	12	37	8	29	5	1	4
89	19	14	5	41	11	30	6	6	
90-94岁	**28**	**23**	**5**	**110**	**38**	**72**	**10**	**6**	**4**
90	14	12	2	35	12	23	4	3	1
91	7	5	2	30	12	18	3	2	1
92	3	3		22	6	16	2	1	1
93	2	1	1	14	5	9	1		1
94	2	2		9	3	6			
95-99岁	**2**	**2**		**19**	**6**	**13**			
95	1	1		8	2	6			
96				6	1	5			
97	1	1		2	1	1			
98				2	1	1			
99				1	1				
100岁及以上				**2**		**2**			

8-20b 续表 2

单位：人

年龄	独居(无保姆)			养老机构			其他		
	小计	男	女	小计	男	女	小计	男	女
总计	**2215**	**977**	**1238**	**562**	**275**	**287**	**815**	**550**	**265**
60–64岁	**614**	**353**	**261**	**45**	**33**	**12**	**443**	**324**	**119**
60	129	72	57	6	4	2	119	93	26
61	106	62	44	8	7	1	79	60	19
62	135	88	47	15	9	6	93	71	22
63	117	61	56	7	6	1	75	51	24
64	127	70	57	9	7	2	77	49	28
65–69岁	**523**	**246**	**277**	**64**	**41**	**23**	**212**	**139**	**73**
65	136	71	65	13	11	2	63	46	17
66	106	52	54	10	7	3	57	41	16
67	92	39	53	13	8	5	43	27	16
68	99	47	52	16	10	6	30	17	13
69	90	37	53	12	5	7	19	8	11
70–74岁	**384**	**153**	**231**	**62**	**35**	**27**	**74**	**46**	**28**
70	81	38	43	13	8	5	20	15	5
71	91	39	52	14	9	5	20	11	9
72	57	28	29	6	3	3	10	7	3
73	77	29	48	12	7	5	16	9	7
74	78	19	59	17	8	9	8	4	4
75–79岁	**311**	**96**	**215**	**75**	**30**	**45**	**41**	**20**	**21**
75	66	18	48	16	7	9	14	6	8
76	67	26	41	10	5	5	10	6	4
77	48	13	35	18	9	9	5	2	3
78	63	17	46	14	5	9	6	4	2
79	67	22	45	17	4	13	6	2	4
80–84岁	**213**	**68**	**145**	**146**	**63**	**83**	**17**	**11**	**6**
80	55	17	38	28	17	11	3	3	
81	49	17	32	17	8	9	3	2	1
82	44	15	29	33	8	25	3	1	2
83	33	10	23	35	16	19	4	4	
84	32	9	23	33	14	19	4	1	3
85–89岁	**138**	**53**	**85**	**107**	**49**	**58**	**13**	**6**	**7**
85	46	15	31	28	11	17	4	1	3
86	30	13	17	24	14	10	3	1	2
87	28	11	17	25	13	12	3	2	1
88	18	8	10	15	6	9	2	2	
89	16	6	10	15	5	10	1		1
90–94岁	**28**	**6**	**22**	**54**	**22**	**32**	**13**	**4**	**9**
90	11	2	9	16	5	11	5	3	2
91	5	2	3	9	4	5	1		1
92	8	1	7	17	7	10			
93	4	1	3	8	4	4	5		5
94				4	2	2	2	1	1
95–99岁	**4**	**2**	**2**	**7**	**2**	**5**	**2**		**2**
95	2	1	1	3	1	2	1		1
96	1		1	1		1			
97				3	1	2			
98	1	1					1		1
99									
100岁及以上				**2**		**2**			

8-20c 全市分年龄、性别、居住状况的60岁及以上老年人口(乡村)

单位：人

年 龄	60岁及以上人口			与配偶和子女同住		
	合计	男	女	小计	男	女
总 计	**61863**	**30366**	**31497**	**16277**	**8480**	**7797**
60-64岁	**20296**	**10433**	**9863**	**6622**	**3322**	**3300**
60	4410	2373	2037	1464	762	702
61	3876	1963	1913	1296	630	666
62	4159	2134	2025	1395	715	680
63	3977	2032	1945	1269	629	640
64	3874	1931	1943	1198	586	612
65-69岁	**17571**	**8652**	**8919**	**5015**	**2539**	**2476**
65	3863	1902	1961	1207	599	608
66	3805	1841	1964	1061	529	532
67	3640	1809	1831	1080	546	534
68	3580	1764	1816	992	507	485
69	2683	1336	1347	675	358	317
70-74岁	**10711**	**5188**	**5523**	**2461**	**1307**	**1154**
70	2631	1263	1368	659	326	333
71	2412	1189	1223	570	321	249
72	1979	961	1018	438	233	205
73	1940	914	1026	436	220	216
74	1749	861	888	358	207	151
75-79岁	**6423**	**3018**	**3405**	**1323**	**752**	**571**
75	1604	751	853	374	207	167
76	1362	667	695	284	166	118
77	1265	583	682	268	148	120
78	1192	549	643	216	121	95
79	1000	468	532	181	110	71
80-84岁	**3876**	**1864**	**2012**	**613**	**396**	**217**
80	930	466	464	168	110	58
81	797	389	408	110	71	39
82	805	360	445	139	80	59
83	719	358	361	113	75	38
84	625	291	334	83	60	23
85-89岁	**2187**	**924**	**1263**	**196**	**135**	**61**
85	621	287	334	64	46	18
86	473	220	253	50	32	18
87	451	175	276	36	28	8
88	368	149	219	27	17	10
89	274	93	181	19	12	7
90-94岁	**686**	**251**	**435**	**45**	**28**	**17**
90	234	98	136	18	12	6
91	176	63	113	15	6	9
92	138	44	94	4	3	1
93	81	33	48	7	6	1
94	57	13	44	1	1	
95-99岁	**108**	**36**	**72**	**2**	**1**	**1**
95	46	16	30	1		1
96	31	11	20	1	1	
97	20	5	15			
98	10	4	6			
99	1		1			
100岁及以上	**5**		**5**			

8-20c　续表 1　　　　单位：人

年　龄	与配偶同住			与子女同住			独居(有保姆)		
	小计	男	女	小计	男	女	小计	男	女
总　计	**27834**	**14583**	**13251**	**8533**	**2468**	**6065**	**173**	**89**	**84**
60–64岁	**9728**	**4958**	**4770**	**1473**	**472**	**1001**	**21**	**15**	**6**
60	2111	1137	974	295	104	191	5	3	2
61	1856	937	919	256	86	170	5	5	
62	1954	972	982	316	101	215	6	4	2
63	1922	989	933	291	76	215			
64	1885	923	962	315	105	210	5	3	2
65–69岁	**8730**	**4305**	**4425**	**1597**	**460**	**1137**	**22**	**16**	**6**
65	1851	904	947	327	89	238	5	5	
66	1937	919	1018	324	96	228	3	2	1
67	1772	887	885	325	102	223	2	2	
68	1780	893	887	348	93	255	8	5	3
69	1390	702	688	273	80	193	4	2	2
70–74岁	**5265**	**2788**	**2477**	**1433**	**413**	**1020**	**14**	**7**	**7**
70	1366	696	670	283	79	204	1	1	
71	1221	614	607	278	100	178	1	1	
72	963	516	447	279	75	204	3	1	2
73	909	490	419	306	81	225	3		3
74	806	472	334	287	78	209	6	4	2
75–79岁	**2581**	**1500**	**1081**	**1364**	**355**	**1009**	**21**	**10**	**11**
75	729	389	340	247	61	186	5	2	3
76	599	365	234	287	75	212	4	3	1
77	476	274	202	293	82	211	3	1	2
78	433	265	168	288	74	214	5	2	3
79	344	207	137	249	63	186	4	2	2
80–84岁	**1096**	**730**	**366**	**1222**	**371**	**851**	**41**	**18**	**23**
80	304	208	96	250	73	177	10	7	3
81	270	176	94	239	71	168	6	1	5
82	210	125	85	250	76	174	14	5	9
83	168	120	48	251	79	172	4	2	2
84	144	101	43	232	72	160	7	3	4
85–89岁	**377**	**263**	**114**	**981**	**268**	**713**	**36**	**16**	**20**
85	143	107	36	252	75	177	7	3	4
86	97	66	31	191	62	129	9	2	7
87	75	46	29	207	49	158	7	5	2
88	36	25	11	183	51	132	7	3	4
89	26	19	7	148	31	117	6	3	3
90–94岁	**53**	**35**	**18**	**391**	**111**	**280**	**13**	**4**	**9**
90	24	20	4	115	40	75	7	2	5
91	11	7	4	106	30	76	1		1
92	12	6	6	83	17	66	3	1	2
93	4	2	2	50	18	32	1		1
94	2		2	37	6	31	1	1	
95–99岁	**4**	**4**		**67**	**18**	**49**	**5**	**3**	**2**
95	3	3		29	7	22	3	1	2
96				18	6	12			
97	1	1		13	2	11	1	1	
98				7	3	4	1	1	
99									
100岁及以上				**5**		**5**			

8-20c 续表 2 单位：人

年 龄	独居(无保姆)			养老机构			其 他		
	小计	男	女	小计	男	女	小计	男	女
总 计	**6040**	**2788**	**3252**	**844**	**386**	**458**	**2162**	**1572**	**590**
60-64岁	**1369**	**827**	**542**	**66**	**45**	**21**	**1017**	**794**	**223**
60	274	169	105	13	10	3	248	188	60
61	240	143	97	9	6	3	214	156	58
62	287	179	108	11	8	3	190	155	35
63	284	173	111	12	8	4	199	157	42
64	284	163	121	21	13	8	166	138	28
65-69岁	**1448**	**769**	**679**	**111**	**70**	**41**	**648**	**493**	**155**
65	302	171	131	13	10	3	158	124	34
66	299	159	140	25	12	13	156	124	32
67	295	153	142	27	19	8	139	100	39
68	314	162	152	25	17	8	113	87	26
69	238	124	114	21	12	9	82	58	24
70-74岁	**1198**	**470**	**728**	**110**	**53**	**57**	**230**	**150**	**80**
70	248	114	134	22	13	9	52	34	18
71	255	101	154	20	10	10	67	42	25
72	233	100	133	16	5	11	47	31	16
73	227	88	139	33	16	17	26	19	7
74	235	67	168	19	9	10	38	24	14
75-79岁	**896**	**287**	**609**	**128**	**52**	**76**	**110**	**62**	**48**
75	199	62	137	27	12	15	23	18	5
76	156	41	115	14	6	8	18	11	7
77	178	57	121	24	10	14	23	11	12
78	193	64	129	30	10	20	27	13	14
79	170	63	107	33	14	19	19	9	10
80-84岁	**631**	**238**	**393**	**192**	**68**	**124**	**81**	**43**	**38**
80	139	49	90	36	7	29	23	12	11
81	121	47	74	35	13	22	16	10	6
82	138	50	88	37	16	21	17	8	9
83	129	58	71	43	20	23	11	4	7
84	104	34	70	41	12	29	14	9	5
85-89岁	**385**	**153**	**232**	**160**	**69**	**91**	**52**	**20**	**32**
85	99	32	67	44	18	26	12	6	6
86	86	40	46	31	14	17	9	4	5
87	79	31	48	35	11	24	12	5	7
88	74	32	42	30	17	13	11	4	7
89	47	18	29	20	9	11	8	1	7
90-94岁	**100**	**37**	**63**	**60**	**26**	**34**	**24**	**10**	**14**
90	39	12	27	24	8	16	7	4	3
91	25	13	12	12	5	7	6	2	4
92	22	9	13	10	6	4	4	2	2
93	5	1	4	8	4	4	6	2	4
94	9	2	7	6	3	3	1		1
95-99岁	**13**	**7**	**6**	**17**	**3**	**14**			
95	6	4	2	4	1	3			
96	3	2	1	9	2	7			
97	3	1	2	2		2			
98				2		2			
99	1		1						
100岁及以上									

8–21　全市分年龄、性别、居住状况的60岁及以上外来老年人口

单位：人

年　龄	60岁及以上人口			与配偶和子女同住		
	合计	男	女	小计	男	女
总　计	**63702**	**29504**	**34198**	**24935**	**12886**	**12049**
60–64岁	**26057**	**12041**	**14016**	**10125**	**4895**	**5230**
60	4947	2310	2637	1670	811	859
61	4483	2059	2424	1660	771	889
62	5490	2523	2967	2126	1007	1119
63	5813	2680	3133	2367	1151	1216
64	5324	2469	2855	2302	1155	1147
65–69岁	**20831**	**9617**	**11214**	**9097**	**4670**	**4427**
65	5176	2430	2746	2262	1163	1099
66	4979	2292	2687	2141	1047	1094
67	4021	1831	2190	1824	939	885
68	3642	1684	1958	1584	838	746
69	3013	1380	1633	1286	683	603
70–74岁	**9234**	**4384**	**4850**	**3675**	**2064**	**1611**
70	2622	1262	1360	1090	610	480
71	2150	1000	1150	860	465	395
72	1669	770	899	694	378	316
73	1494	694	800	551	323	228
74	1299	658	641	480	288	192
75–79岁	**4215**	**1934**	**2281**	**1284**	**769**	**515**
75	1059	496	563	381	218	163
76	934	448	486	285	178	107
77	852	392	460	238	146	92
78	738	323	415	209	124	85
79	632	275	357	171	103	68
80–84岁	**2194**	**1025**	**1169**	**565**	**364**	**201**
80	585	269	316	159	100	59
81	469	206	263	123	78	45
82	442	226	216	122	83	39
83	384	180	204	96	59	37
84	314	144	170	65	44	21
85–89岁	**854**	**373**	**481**	**163**	**108**	**55**
85	274	126	148	64	41	23
86	176	64	112	36	19	17
87	185	83	102	29	24	5
88	118	50	68	17	11	6
89	101	50	51	17	13	4
90–94岁	**266**	**112**	**154**	**25**	**15**	**10**
90	86	39	47	7	3	4
91	67	24	43	8	4	4
92	56	26	30	4	3	1
93	35	16	19	5	4	1
94	22	7	15	1	1	
95–99岁	**46**	**18**	**28**	**1**	**1**	
95	19	6	13	1	1	
96	12	4	8			
97	9	6	3			
98	3		3			
99	3	2	1			
100岁及以上	**5**		**5**			

8-21 续表 1 单位：人

年龄	与配偶同住			与子女同住			独居(有保姆)		
	小计	男	女	小计	男	女	小计	男	女
总计	**13800**	**7331**	**6469**	**15496**	**3555**	**11941**	**138**	**59**	**79**
60-64岁	**4962**	**2560**	**2402**	**5967**	**1268**	**4699**	**25**	**11**	**14**
60	978	503	475	1082	205	877	9	5	4
61	811	424	387	1020	197	823	7	3	4
62	1021	522	499	1298	292	1006	2	1	1
63	1115	597	518	1369	284	1085	4	2	2
64	1037	514	523	1198	290	908	3		3
65-69岁	**4441**	**2264**	**2177**	**4741**	**1104**	**3637**	**19**	**9**	**10**
65	1015	526	489	1167	242	925	3	1	2
66	1040	554	486	1137	286	851	6	4	2
67	826	416	410	918	204	714	1		1
68	813	409	404	841	197	644	6	4	2
69	747	359	388	678	175	503	3		3
70-74岁	**2417**	**1328**	**1089**	**2210**	**534**	**1676**	**15**	**7**	**8**
70	633	357	276	610	147	463	5	2	3
71	550	290	260	534	133	401	1		1
72	438	228	210	384	89	295	1	1	
73	420	234	186	377	73	304	5	3	2
74	376	219	157	305	92	213	3	1	2
75-79岁	**1248**	**704**	**544**	**1229**	**289**	**940**	**23**	**6**	**17**
75	294	169	125	290	72	218	1	1	
76	288	171	117	269	66	203	3	1	2
77	281	151	130	243	58	185	3		3
78	211	124	87	221	44	177	4	2	2
79	174	89	85	206	49	157	12	2	10
80-84岁	**559**	**357**	**202**	**759**	**185**	**574**	**28**	**12**	**16**
80	153	92	61	193	46	147	6	1	5
81	130	79	51	160	31	129	4	1	3
82	114	81	33	140	38	102	5	2	3
83	86	55	31	142	37	105	5	3	2
84	76	50	26	124	33	91	8	5	3
85-89岁	**148**	**101**	**47**	**401**	**107**	**294**	**20**	**10**	**10**
85	59	39	20	117	34	83	6	3	3
86	29	15	14	82	16	66	3	1	2
87	30	25	5	92	27	65	4	1	3
88	17	11	6	59	14	45	2	2	
89	13	11	2	51	16	35	5	3	2
90-94岁	**23**	**15**	**8**	**152**	**56**	**96**	**6**	**3**	**3**
90	11	6	5	46	19	27			
91	5	4	1	41	14	27			
92	4	3	1	34	14	20	2	1	1
93	2	2		19	6	13	2	1	1
94	1		1	12	3	9	2	1	1
95-99岁	**2**	**2**		**33**	**12**	**21**	**2**	**1**	**1**
95				11	3	8	2	1	1
96				11	4	7			
97	2	2		6	3	3			
98				2		2			
99				3	2	1			
100岁及以上				**4**		**4**			

8-21 续表 2 单位：人

年 龄	独居(无保姆)			养老机构			其 他		
	小计	男	女	小计	男	女	小计	男	女
总 计	**3601**	**1945**	**1656**	**269**	**103**	**166**	**5463**	**3625**	**1838**
60-64岁	**1558**	**963**	**595**	**28**	**12**	**16**	**3392**	**2332**	**1060**
60	348	217	131	5	2	3	855	567	288
61	283	192	91	6	2	4	696	470	226
62	332	206	126	8	4	4	703	491	212
63	333	195	138	5	2	3	620	449	171
64	262	153	109	4	2	2	518	355	163
65-69岁	**1025**	**572**	**453**	**33**	**16**	**17**	**1475**	**982**	**493**
65	277	176	101	6	5	1	446	317	129
66	266	149	117	9	3	6	380	249	131
67	175	90	85	5	2	3	272	180	92
68	165	88	77	7	4	3	226	144	82
69	142	69	73	6	2	4	151	92	59
70-74岁	**517**	**228**	**289**	**31**	**12**	**19**	**369**	**211**	**158**
70	139	69	70	8	3	5	137	74	63
71	116	54	62	6	2	4	83	56	27
72	91	38	53	4	1	3	57	35	22
73	90	36	54	9	3	6	42	22	20
74	81	31	50	4	3	1	50	24	26
75-79岁	**264**	**91**	**173**	**44**	**14**	**30**	**123**	**61**	**62**
75	52	17	35	8	2	6	33	17	16
76	58	20	38	7	1	6	24	11	13
77	55	21	34	7	2	5	25	14	11
78	61	19	42	11	3	8	21	7	14
79	38	14	24	11	6	5	20	12	8
80-84岁	**172**	**64**	**108**	**50**	**18**	**32**	**61**	**25**	**36**
80	50	21	29	10	3	7	14	6	8
81	31	11	20	7		7	14	6	8
82	33	13	20	11	1	10	17	8	9
83	36	13	23	11	9	2	8	4	4
84	22	6	16	11	5	6	8	1	7
85-89岁	**46**	**19**	**27**	**48**	**21**	**27**	**28**	**7**	**21**
85	11	4	7	8	3	5	9	2	7
86	13	5	8	7	6	1	6	2	4
87	11	3	8	12	1	11	7	2	5
88	9	5	4	10	6	4	4	1	3
89	2	2		11	5	6	2		2
90-94岁	**18**	**8**	**10**	**28**	**9**	**19**	**14**	**6**	**8**
90	9	5	4	9	4	5	4	2	2
91	2		2	6	1	5	5	1	4
92	3	1	2	7	3	4	2	1	1
93	2	1	1	4	1	3	1	1	
94	2	1	1	2		2	2	1	1
95-99岁	**1**		**1**	**6**	**1**	**5**	**1**	**1**	
95				5	1	4			
96				1		1			
97							1	1	
98	1		1						
99									
100岁及以上				**1**		**1**			

8-22 全市分性别、婚姻状况、居住状况的60岁及以上老年人口

单位：人

居住状况	60岁及以上人口			未婚		
	合计	男	女	小计	男	女
总 计	**428002**	**201396**	**226606**	**3897**	**2517**	**1380**
与配偶和子女同住	128572	67534	61038			
与配偶同住	173235	90773	82462			
与子女同住	66966	16895	50071	86	51	35
独居(有保姆)	2632	1182	1450	59	36	23
独居(无保姆)	36915	14651	22264	1799	1128	671
养老机构	3799	1657	2142	285	243	42
其 他	15883	8704	7179	1668	1059	609

8-22 续表

单位：人

居住状况	有配偶			离婚			丧偶		
	小计	男	女	小计	男	女	小计	男	女
总 计	**344716**	**178166**	**166550**	**11366**	**4679**	**6687**	**68023**	**16034**	**51989**
与配偶和子女同住	128572	67534	61038						
与配偶同住	173235	90773	82462						
与子女同住	21173	7047	14126	4745	1352	3393	40962	8445	32517
独居(有保姆)	297	160	137	104	60	44	2172	926	1246
独居(无保姆)	10703	6182	4521	4621	2218	2403	19792	5123	14669
养老机构	1186	611	575	106	66	40	2222	737	1485
其 他	9550	5859	3691	1790	983	807	2875	803	2072

8-22a　全市分性别、婚姻状况、居住状况的60岁及以上老年人口(城市)

单位：人

居住状况	60岁及以上人口			未婚		
	合计	男	女	小计	男	女
总　计	**344108**	**160417**	**183691**	**2699**	**1417**	**1282**
与配偶和子女同住	106870	56216	50654			
与配偶同住	135672	71097	64575			
与子女同住	55248	13590	41658	54	22	32
独居(有保姆)	2359	1050	1309	43	23	20
独居(无保姆)	28660	10886	17774	1265	629	636
养老机构	2393	996	1397	101	77	24
其　他	12906	6582	6324	1236	666	570

8-22a　续表

单位：人

居住状况	有配偶			离婚			丧偶		
	小计	男	女	小计	男	女	小计	男	女
总　计	**278782**	**143269**	**135513**	**10101**	**3943**	**6158**	**52526**	**11788**	**40738**
与配偶和子女同住	106870	56216	50654						
与配偶同住	135672	71097	64575						
与子女同住	18788	6135	12653	4329	1170	3159	32077	6263	25814
独居(有保姆)	262	139	123	93	53	40	1961	835	1126
独居(无保姆)	8700	4828	3872	4013	1829	2184	14682	3600	11082
养老机构	809	416	393	58	37	21	1425	466	959
其　他	7681	4438	3243	1608	854	754	2381	624	1757

8–22b 全市分性别、婚姻状况、居住状况的60岁及以上老年人口(镇)

单位：人

居住状况	60岁及以上人口			未婚		
	合计	男	女	小计	男	女
总计	**22031**	**10613**	**11418**	**271**	**225**	**46**
与配偶和子女同住	5425	2838	2587			
与配偶同住	9729	5093	4636			
与子女同住	3185	837	2348	6	5	1
独居(有保姆)	100	43	57	4	2	2
独居(无保姆)	2215	977	1238	100	80	20
养老机构	562	275	287	78	71	7
其他	815	550	265	83	67	16

8–22b 续表

单位：人

居住状况	有配偶			离婚			丧偶		
	小计	男	女	小计	男	女	小计	男	女
总计	**17540**	**9177**	**8363**	**434**	**210**	**224**	**3786**	**1001**	**2785**
与配偶和子女同住	5425	2838	2587						
与配偶同住	9729	5093	4636						
与子女同住	998	328	670	148	42	106	2033	462	1571
独居(有保姆)	12	4	8	4	1	3	80	36	44
独居(无保姆)	645	413	232	211	124	87	1259	360	899
养老机构	164	88	76	19	8	11	301	108	193
其他	567	413	154	52	35	17	113	35	78

8-22c 全市分性别、婚姻状况、居住状况的60岁及以上老年人口(乡村)

单位：人

居住状况	60岁及以上人口			未婚		
	合计	男	女	小计	男	女
总　计	**61863**	**30366**	**31497**	**927**	**875**	**52**
与配偶和子女同住	16277	8480	7797			
与配偶同住	27834	14583	13251			
与子女同住	8533	2468	6065	26	24	2
独居(有保姆)	173	89	84	12	11	1
独居(无保姆)	6040	2788	3252	434	419	15
养老机构	844	386	458	106	95	11
其　他	2162	1572	590	349	326	23

8-22c 续表

单位：人

居住状况	有配偶			离婚			丧偶		
	小计	男	女	小计	男	女	小计	男	女
总　计	**48394**	**25720**	**22674**	**831**	**526**	**305**	**11711**	**3245**	**8466**
与配偶和子女同住	16277	8480	7797						
与配偶同住	27834	14583	13251						
与子女同住	1387	584	803	268	140	128	6852	1720	5132
独居(有保姆)	23	17	6	7	6	1	131	55	76
独居(无保姆)	1358	941	417	397	265	132	3851	1163	2688
养老机构	213	107	106	29	21	8	496	163	333
其　他	1302	1008	294	130	94	36	381	144	237

8-23 全市分性别、婚姻状况、居住状况的60岁及以上外来老年人口

单位：人

居住状况	60岁及以上人口			未婚		
	合计	男	女	小计	男	女
总　计	**63702**	**29504**	**34198**	**487**	**345**	**142**
与配偶和子女同住	24935	12886	12049			
与配偶同住	13800	7331	6469			
与子女同住	15496	3555	11941	11	6	5
独居(有保姆)	138	59	79	11	5	6
独居(无保姆)	3601	1945	1656	147	105	42
养老机构	269	103	166	7	5	2
其　他	5463	3625	1838	311	224	87

8-23　续表

单位：人

居住状况	有配偶			离婚			丧偶		
	小计	男	女	小计	男	女	小计	男	女
总　计	**54726**	**27397**	**27329**	**1082**	**315**	**767**	**7407**	**1447**	**5960**
与配偶和子女同住	24935	12886	12049						
与配偶同住	13800	7331	6469						
与子女同住	9243	2543	6700	584	86	498	5658	920	4738
独居(有保姆)	48	24	24	5	4	1	74	26	48
独居(无保姆)	2185	1453	732	269	110	159	1000	277	723
养老机构	95	45	50	7	3	4	160	50	110
其　他	4420	3115	1305	217	112	105	515	174	341

第二部分 长表数据资料

第九卷 住房

9-1　各地区按建筑层数、承重类型分的家庭户户数

单位：户

地　区	合　计	建筑层数				承重类型				
		平房	多层(7层及以下)	高层(8-33层)	超高层(34层及以上)	钢及钢筋混凝土结构	混合结构	砖木结构	竹草土坯结构	其他结构
北　京	**772865**	**142296**	**333180**	**296022**	**1367**	**487369**	**208163**	**75900**	**137**	**1296**
东城区	27524	7236	10182	10101	5	13924	7071	6505	3	21
西城区	41922	7805	17912	16203	2	23966	10514	7407	5	30
朝阳区	135425	8814	51838	74232	541	98425	32425	4400	1	174
丰台区	79216	6036	32743	40368	69	54372	21217	3491	3	133
石景山区	21134	1248	9141	10745		15293	5185	643	1	12
海淀区	104641	9220	51952	43390	79	71788	29006	3677	1	169
门头沟区	14887	2910	5506	6470	1	10797	2799	1275	2	14
房山区	42508	11381	19269	11847	11	26268	10784	5239	5	212
通州区	59315	16115	20689	22197	314	35294	12546	11429	6	40
顺义区	48478	17521	20055	10901	1	28823	12847	6776	6	26
昌平区	78470	9080	48924	20198	268	47251	27550	3521	4	144
大兴区	59008	13793	22436	22703	76	37981	13930	7001	1	95
怀柔区	14369	7500	5492	1377		7054	5509	1766	6	34
平谷区	15411	8491	4965	1955		5918	5591	3875	13	14
密云区	18791	9326	6941	2524		6475	6381	5832	4	99
延庆区	11766	5820	5135	811		3740	4808	3063	76	79

注：本表数据为居住在普通住宅的家庭户，下表同。

9-1a　各地区按建筑层数、承重类型分的家庭户户数(城市)

单位：户

地　区	合　计	建筑层数				承重类型				
		平房	多层(7层及以下)	高层(8-33层)	超高层(34层及以上)	钢及钢筋混凝土结构	混合结构	砖木结构	竹草土坯结构	其他结构
北　京	**628559**	**57893**	**290005**	**279299**	**1362**	**429308**	**164948**	**33452**	**20**	**831**
东城区	27524	7236	10182	10101	5	13924	7071	6505	3	21
西城区	41922	7805	17912	16203	2	23966	10514	7407	5	30
朝阳区	134633	8762	51198	74132	541	98016	32083	4359	1	174
丰台区	78336	5703	32470	40094	69	54017	20834	3349	3	133
石景山区	21134	1248	9141	10745		15293	5185	643	1	12
海淀区	102115	7559	51297	43180	79	71024	27867	3058		166
门头沟区	12214	1063	4844	6307		9698	2011	501	1	3
房山区	30051	2787	15812	11441	11	21342	7363	1248	2	96
通州区	34052	1078	16601	16059	314	25580	7668	790		14
顺义区	25814	3288	12935	9590	1	18837	5906	1063	1	7
昌平区	48290	2286	29490	16250	264	31312	15944	963		71
大兴区	41384	2257	19504	19547	76	31444	8526	1333		81
怀柔区	9246	3315	4765	1166		5411	3269	559	1	6
平谷区	7518	1901	4267	1350		3030	3602	882	1	3
密云区	9602	853	6274	2475		4813	4344	437	1	7
延庆区	4724	752	3313	659		1601	2761	355		7

9–1b 各地区按建筑层数、承重类型分的家庭户户数(镇)

单位：户

地区	合计	建筑层数				承重类型				
		平房	多层(7层及以下)	高层(8–33层)	超高层(34层及以上)	钢及钢筋混凝土结构	混合结构	砖木结构	竹草土坯结构	其他结构
北京	**45863**	**13317**	**20871**	**11674**	**1**	**26472**	**12491**	**6808**	**9**	**83**
东城区										
西城区										
朝阳区	792	52	640	100		409	342	41		
丰台区	421	47	100	274		305	82	34		
石景山区										
海淀区										
门头沟区	1205	515	527	162	1	731	291	175	1	7
房山区	3088	1828	891	369		1491	778	795	2	22
通州区	8822	1965	2550	4307		6101	1333	1382	1	5
顺义区	5844	2527	2937	380		3207	1657	978		2
昌平区	14227	1342	10504	2381		8007	5729	470	1	20
大兴区	4890	897	1133	2860		3726	598	562		4
怀柔区	1240	626	403	211		555	484	200		1
平谷区	1638	965	195	478		899	316	423		
密云区	2088	1784	298	6		443	296	1326	1	22
延庆区	1608	769	693	146		598	585	422	3	

9–1c 各地区按建筑层数、承重类型分的家庭户户数(乡村)

单位：户

地区	合计	建筑层数				承重类型				
		平房	多层(7层及以下)	高层(8–33层)	超高层(34层及以上)	钢及钢筋混凝土结构	混合结构	砖木结构	竹草土坯结构	其他结构
北京	**98443**	**71086**	**22304**	**5049**	**4**	**31589**	**30724**	**35640**	**108**	**382**
东城区										
西城区										
朝阳区										
丰台区	459	286	173			50	301	108		
石景山区										
海淀区	2526	1661	655	210		764	1139	619	1	3
门头沟区	1468	1332	135	1		368	497	599		4
房山区	9369	6766	2566	37		3435	2643	3196	1	94
通州区	16441	13072	1538	1831		3613	3545	9257	5	21
顺义区	16820	11706	4183	931		6779	5284	4735	5	17
昌平区	15953	5452	8930	1567	4	7932	5877	2088	3	53
大兴区	12734	10639	1799	296		2811	4806	5106	1	10
怀柔区	3883	3559	324			1088	1756	1007	5	27
平谷区	6255	5625	503	127		1989	1673	2570	12	11
密云区	7101	6689	369	43		1219	1741	4069	2	70
延庆区	5434	4299	1129	6		1541	1462	2286	73	72

9-2　各地区按住房建成时间分的家庭户住房状况

单位：户、间、平方米

地　区	合计			1949年以前		
	户数	间数	面积	户数	间数	面积
北　京	**772865**	**1777895**	**62759882**	**4568**	**7541**	**118702**
东城区	27524	53308	1702079	1924	2988	43145
西城区	41922	82806	2665016	2107	3257	46024
朝阳区	135425	275081	10622019	32	70	2213
丰台区	79216	168221	6080073	77	174	3340
石景山区	21134	43584	1558885	17	37	626
海淀区	104641	226708	8072116	84	185	4931
门头沟区	14887	33876	1105106	26	82	1408
房山区	42508	123598	4363734	40	95	1701
通州区	59315	150315	5038671	122	227	4634
顺义区	48478	119920	3995181	13	31	888
昌平区	78470	167054	6070267	16	54	1199
大兴区	59008	152561	5487275	15	52	1420
怀柔区	14369	39860	1272764	6	20	667
平谷区	15411	51012	1645337	9	44	883
密云区	18791	51415	1928067	27	77	2522
延庆区	11766	38576	1153292	53	148	3101

9-2　续表 1

单位：户、间、平方米

地　区	1949-1959年			1960-1969年		
	户数	间数	面积	户数	间数	面积
北　京	**9667**	**16749**	**384443**	**8772**	**17808**	**430365**
东城区	1680	2630	49990	1443	2440	48221
西城区	2531	4392	100700	1497	2566	52900
朝阳区	1775	2758	63703	1716	3140	83109
丰台区	753	1234	25151	801	1535	35891
石景山区	151	260	6344	404	828	21880
海淀区	2106	3876	99559	1569	3109	85303
门头沟区	86	189	3116	146	343	6557
房山区	92	190	4087	256	740	17349
通州区	123	333	7873	183	594	13566
顺义区	22	63	1830	95	296	7205
昌平区	119	218	5072	141	329	8095
大兴区	53	169	4831	91	647	16696
怀柔区	15	37	1032	62	173	4560
平谷区	20	55	1525	80	241	6861
密云区	88	204	6628	181	491	15116
延庆区	53	141	3002	107	336	7056

9-2 续表 2

单位：户、间、平方米

地区	1970-1979年			1980-1989年			1990-1999年		
	户数	间数	面积	户数	间数	面积	户数	间数	面积
北京	**23315**	**53737**	**1319162**	**100708**	**245330**	**6688733**	**158113**	**370039**	**12117279**
东城区	2544	4811	114091	5115	10257	277707	4010	8219	286640
西城区	3773	7088	174537	8847	17689	490086	10120	20494	693305
朝阳区	3569	6599	159797	20121	40267	1108145	29774	59695	2035197
丰台区	1861	3573	79276	11904	25668	690169	20369	41901	1349953
石景山区	1106	2174	48843	4353	8903	239252	4820	9720	330423
海淀区	3263	6655	170934	18340	39761	1095345	26597	58060	1891694
门头沟区	463	1164	25816	1689	3991	101962	2076	4767	144682
房山区	1384	3958	99158	5227	17478	483320	6918	21359	701227
通州区	1593	5490	116748	5540	18481	437978	10839	29049	878993
顺义区	513	1813	46259	3460	11587	312135	8562	23059	738643
昌平区	597	1464	35357	2934	7750	208266	9539	23931	843587
大兴区	752	3569	98620	3826	14973	413807	9843	27528	893427
怀柔区	278	692	20706	1883	4904	144451	3908	10565	313842
平谷区	434	1330	37744	2654	8774	255723	3740	12041	367939
密云区	708	1819	57610	2894	8195	276194	4439	11681	414886
延庆区	477	1538	33666	1921	6652	154193	2559	7970	232841

9-2 续表 3

单位：户、间、平方米

地区	2000-2009年			2010-2014年			2015年以后		
	户数	间数	面积	户数	间数	面积	户数	间数	面积
北京	**252700**	**594526**	**24463375**	**135291**	**290774**	**10897398**	**79731**	**181391**	**6340425**
东城区	9834	20133	825999	439	868	31657	535	962	24629
西城区	10645	22596	941124	1682	3378	126386	720	1346	39954
朝阳区	48519	107602	5048947	20430	38763	1532730	9489	16187	588178
丰台区	28197	61674	2628659	9651	20281	807639	5603	12181	459995
石景山区	6147	13656	594826	2771	5470	217003	1365	2536	99688
海淀区	32815	76260	3219442	12743	24970	993296	7124	13832	511612
门头沟区	2384	5491	204435	5158	11059	387654	2859	6790	229476
房山区	10983	29561	1164489	10586	28503	1070827	7022	21714	821576
通州区	21372	51906	1959179	12612	28861	1082860	6931	15374	536840
顺义区	14773	37004	1338811	10097	22687	815684	10943	23380	733726
昌平区	31598	71545	2936690	21984	38904	1313588	11542	22859	718413
大兴区	19575	51723	1969935	17273	37584	1476876	7580	16316	611663
怀柔区	3697	10378	346759	2755	7464	255346	1765	5627	185401
平谷区	3549	11420	390474	2518	8166	280043	2407	8941	304145
密云区	5935	15449	627327	2696	7687	310154	1823	5812	217630
延庆区	2677	8128	266279	1896	6129	195655	2023	7534	257499

9–2a　各地区按住房建成时间分的家庭户住房状况(城市)

单位：户、间、平方米

地　区	合　计			1949年以前		
	户数	间数	面积	户数	间数	面积
北　京	**628559**	**1322527**	**48800530**	**4411**	**7043**	**106636**
东城区	27524	53308	1702079	1924	2988	43145
西城区	41922	82806	2665016	2107	3257	46024
朝阳区	134633	273539	10573435	32	70	2213
丰台区	78336	165053	5983454	76	171	3240
石景山区	21134	43584	1558885	17	37	626
海淀区	102115	217847	7818691	84	185	4931
门头沟区	12214	25809	885674	15	45	862
房山区	30051	71750	2665288	17	24	507
通州区	34052	70279	2864503	103	164	3084
顺义区	25814	54052	2068083	2	2	30
昌平区	48290	97765	3765560	7	21	415
大兴区	41384	88504	3487542	7	15	435
怀柔区	9246	21445	684063	1	1	15
平谷区	7518	22400	785408	3	30	443
密云区	9602	22058	882589	1	3	175
延庆区	4724	12328	410260	15	30	491

9–2a　续表 1

单位：户、间、平方米

地　区	1949–1959年			1960–1969年		
	户数	间数	面积	户数	间数	面积
北　京	**9267**	**15635**	**353506**	**7825**	**14447**	**346226**
东城区	1680	2630	49990	1443	2440	48221
西城区	2531	4392	100700	1497	2566	52900
朝阳区	1725	2660	60935	1708	3125	82677
丰台区	729	1198	24273	798	1525	35649
石景山区	151	260	6344	404	828	21880
海淀区	2098	3866	99279	1563	3088	84687
门头沟区	66	131	2018	85	179	3778
房山区	77	137	3035	86	219	6144
通州区	67	116	2508	77	135	2952
顺义区	3	10	110	12	31	780
昌平区	83	144	2402	87	168	3527
大兴区	35	53	1215	17	48	828
怀柔区	1	1	12	20	27	433
平谷区	2	4	130	12	45	1100
密云区	18	30	510	5	10	441
延庆区	1	3	45	11	13	229

9-2a 续表 2

单位：户、间、平方米

地　区	1970-1979年			1980-1989年			1990-1999年		
	户数	间数	面积	户数	间数	面积	户数	间数	面积
北　京	**18741**	**36590**	**885676**	**81580**	**171593**	**4706793**	**135020**	**287465**	**9684090**
东城区	2544	4811	114091	5115	10257	277707	4010	8219	286640
西城区	3773	7088	174537	8847	17689	490086	10120	20494	693305
朝阳区	3497	6457	155701	19953	39928	1097893	29403	58930	2012159
丰台区	1836	3468	76867	11800	25127	676206	20299	41542	1340692
石景山区	1106	2174	48843	4353	8903	239252	4820	9720	330423
海淀区	3236	6579	168672	18080	38366	1060670	26148	56075	1839485
门头沟区	247	506	11605	1197	2465	63402	1711	3512	112811
房山区	836	1995	50620	2673	7237	205296	4523	11465	389260
通州区	464	935	22070	1820	3874	105793	6387	13202	488936
顺义区	65	181	3578	1070	2412	60642	5059	10910	400316
昌平区	333	680	15607	1800	3837	101724	5997	13086	468930
大兴区	323	652	15518	1971	4658	126270	7365	16370	561940
怀柔区	94	194	5507	1094	2192	59726	3073	7593	220855
平谷区	121	360	10699	793	2442	77026	2295	6961	222482
密云区	188	354	8655	607	1185	37657	2296	5171	183663
延庆区	78	156	3106	407	1021	27443	1514	4215	132193

9-2a 续表 3

单位：户、间、平方米

地　区	2000-2009年			2010-2014年			2015年以后		
	户数	间数	面积	户数	间数	面积	户数	间数	面积
北　京	**217046**	**484194**	**20968865**	**102670**	**204946**	**8073185**	**51999**	**100614**	**3675553**
东城区	9834	20133	825999	439	868	31657	535	962	24629
西城区	10645	22596	941124	1682	3378	126386	720	1346	39954
朝阳区	48470	107511	5045341	20422	38755	1532596	9423	16103	583920
丰台区	28087	61098	2612379	9428	19619	784584	5283	11305	429564
石景山区	6147	13656	594826	2771	5470	217003	1365	2536	99688
海淀区	31865	73164	3128789	12266	23770	952204	6775	12754	479974
门头沟区	1845	3935	157178	4464	9281	330408	2584	5755	203612
房山区	8897	21391	896244	8197	18967	734564	4745	10315	379618
通州区	14180	29654	1314150	7425	15082	643638	3529	7117	281372
顺义区	9090	21050	852043	5627	11304	467172	4886	8152	283412
昌平区	23592	51863	2218797	11803	20248	708840	4588	7718	245318
大兴区	13675	31081	1335604	12999	25838	1066396	4992	9789	379336
怀柔区	2529	6042	207394	1654	3662	132389	780	1733	57732
平谷区	2152	6217	236554	1232	3292	122779	908	3049	114195
密云区	4319	10249	437692	1602	3797	166302	566	1259	47494
延庆区	1719	4554	164751	659	1615	56267	320	721	25735

9-2b　各地区按住房建成时间分的家庭户住房状况(镇)

单位：户、间、平方米

地　区	合　计			1949年以前		
	户数	间数	面积	户数	间数	面积
北　京	**45863**	**111260**	**3847902**	**33**	**93**	**2279**
东城区						
西城区						
朝阳区	792	1542	48584			
丰台区	421	863	30866			
石景山区						
海淀区						
门头沟区	1205	2966	95444	5	11	195
房山区	3088	11182	358994	3	8	116
通州区	8822	20152	691676	7	21	427
顺义区	5844	12686	392886	1	1	10
昌平区	14227	29476	1077350	2	7	210
大兴区	4890	11610	485034	2	7	300
怀柔区	1240	3853	123658	1	4	267
平谷区	1638	5555	169347			
密云区	2088	6102	221113	2	5	200
延庆区	1608	5273	152950	10	29	554

9-2b　续表 1

单位：户、间、平方米

地　区	1949-1959年			1960-1969年		
	户数	间数	面积	户数	间数	面积
北　京	**121**	**243**	**6832**	**207**	**583**	**15464**
东城区						
西城区						
朝阳区	50	98	2768	8	15	432
丰台区	24	36	878	2	4	42
石景山区						
海淀区						
门头沟区	6	19	368	9	33	519
房山区	4	17	340	74	196	4007
通州区	13	17	225	16	54	1140
顺义区				7	14	380
昌平区	9	21	908	11	24	508
大兴区	2	4	380	11	45	2690
怀柔区	3	8	255	3	13	479
平谷区				8	25	530
密云区	8	15	590	43	107	3621
延庆区	2	8	120	15	53	1116

9-2b 续表 2

单位：户、间、平方米

地区	1970-1979年			1980-1989年			1990-1999年		
	户数	间数	面积	户数	间数	面积	户数	间数	面积
北　京	**1113**	**3227**	**84854**	**3550**	**11369**	**331416**	**6330**	**18703**	**633335**
东城区									
西城区									
朝阳区	72	142	4096	168	339	10252	371	765	23038
丰台区	15	26	589	32	62	1488	20	33	891
石景山区									
海淀区									
门头沟区	91	246	5653	146	388	10664	128	370	10667
房山区	163	554	13297	602	2200	63274	604	2381	79104
通州区	299	855	17446	482	1589	35805	1053	2979	92730
顺义区	67	213	6426	409	1250	37719	854	2275	65726
昌平区	71	193	4640	258	672	15875	1680	4893	199122
大兴区	41	160	8180	192	796	34198	314	1000	41917
怀柔区	65	148	4552	158	511	17214	245	830	24834
平谷区	35	99	2695	302	991	26789	213	728	19831
密云区	99	274	10355	541	1605	57129	606	1609	53600
延庆区	95	317	6925	260	966	21009	242	840	21875

9-2b 续表 3

单位：户、间、平方米

地区	2000-2009年			2010-2014年			2015年以后		
	户数	间数	面积	户数	间数	面积	户数	间数	面积
北　京	**11976**	**28962**	**1117649**	**12782**	**26972**	**936891**	**9751**	**21108**	**719182**
东城区									
西城区									
朝阳区	49	91	3606	8	8	134	66	84	4258
丰台区	40	75	3570	21	36	997	267	591	22411
石景山区									
海淀区									
门头沟区	270	640	22893	509	1130	40640	41	129	3845
房山区	531	1870	57649	659	2065	70334	448	1891	70873
通州区	2802	6169	246886	2098	4563	161527	2052	3905	135490
顺义区	2034	4370	156786	1123	2058	57926	1349	2505	67913
昌平区	4419	10009	420557	4933	8552	278549	2844	5105	156981
大兴区	720	2228	89180	2158	4402	183122	1450	2968	125067
怀柔区	301	1020	32092	324	867	29439	140	452	14526
平谷区	238	766	22521	464	1744	58660	378	1202	38321
密云区	408	1126	43094	198	700	27997	183	661	24527
延庆区	164	598	18815	287	847	27566	533	1615	54970

9-2c　各地区按住房建成时间分的家庭户住房状况(乡村)

单位：户、间、平方米

地　区	合计			1949年以前		
	户数	间数	面积	户数	间数	面积
北　京	**98443**	**344108**	**10111450**	**124**	**405**	**9787**
东 城 区						
西 城 区						
朝 阳 区						
丰 台 区	459	2305	65753	1	3	100
石景山区						
海 淀 区	2526	8861	253425			
门头沟区	1468	5101	123988	6	26	351
房 山 区	9369	40666	1339452	20	63	1078
通 州 区	16441	59884	1482492	12	42	1123
顺 义 区	16820	53182	1534212	10	28	848
昌 平 区	15953	39813	1227357	7	26	574
大 兴 区	12734	52447	1514699	6	30	685
怀 柔 区	3883	14562	465043	4	15	385
平 谷 区	6255	23057	690582	6	14	440
密 云 区	7101	23255	824365	24	69	2147
延 庆 区	5434	20975	590082	28	89	2056

9-2c　续表 1

单位：户、间、平方米

地　区	1949-1959年			1960-1969年		
	户数	间数	面积	户数	间数	面积
北　京	**279**	**871**	**24105**	**740**	**2778**	**68675**
东 城 区						
西 城 区						
朝 阳 区						
丰 台 区				1	6	200
石景山区						
海 淀 区	8	10	280	6	21	616
门头沟区	14	39	730	52	131	2260
房 山 区	11	36	712	96	325	7198
通 州 区	43	200	5140	90	405	9474
顺 义 区	19	53	1720	76	251	6045
昌 平 区	27	53	1762	43	137	4060
大 兴 区	16	112	3236	63	554	13178
怀 柔 区	11	28	765	39	133	3648
平 谷 区	18	51	1395	60	171	5231
密 云 区	62	159	5528	133	374	11054
延 庆 区	50	130	2837	81	270	5711

9-2c 续表 2

单位：户、间、平方米

地区	1970-1979年			1980-1989年			1990-1999年		
	户数	间数	面积	户数	间数	面积	户数	间数	面积
北京	**3461**	**13920**	**348632**	**15578**	**62368**	**1650524**	**16763**	**63871**	**1799854**
东城区									
西城区									
朝阳区									
丰台区	10	79	1820	72	479	12475	50	326	8370
石景山区									
海淀区	27	76	2262	260	1395	34675	449	1985	52209
门头沟区	125	412	8558	346	1138	27896	237	885	21204
房山区	385	1409	35241	1952	8041	214750	1791	7513	232863
通州区	830	3700	77232	3238	13018	296380	3399	12868	297327
顺义区	381	1419	36255	1981	7925	213774	2649	9874	272601
昌平区	193	591	15110	876	3241	90667	1862	5952	175535
大兴区	388	2757	74922	1663	9519	253339	2164	10158	289570
怀柔区	119	350	10647	631	2201	67511	590	2142	68153
平谷区	278	871	24350	1559	5341	151908	1232	4352	125626
密云区	421	1191	38600	1746	5405	181408	1537	4901	177623
延庆区	304	1065	23635	1254	4665	105741	803	2915	78773

9-2c 续表 3

单位：户、间、平方米

地区	2000-2009年			2010-2014年			2015年以后		
	户数	间数	面积	户数	间数	面积	户数	间数	面积
北京	**23678**	**81370**	**2376861**	**19839**	**58856**	**1887322**	**17981**	**59669**	**1945690**
东城区									
西城区									
朝阳区									
丰台区	70	501	12710	202	626	22058	53	285	8020
石景山区									
海淀区	950	3096	90653	477	1200	41092	349	1078	31638
门头沟区	269	916	24364	185	648	16606	234	906	22019
房山区	1555	6300	210596	1730	7471	265929	1829	9508	371085
通州区	4390	16083	398143	3089	9216	277695	1350	4352	119978
顺义区	3649	11584	329982	3347	9325	290586	4708	12723	382401
昌平区	3587	9673	297336	5248	10104	326199	4110	10036	316114
大兴区	5180	18414	545151	2116	7344	227358	1138	3559	107260
怀柔区	867	3316	107273	777	2935	93518	845	3442	113143
平谷区	1159	4437	131399	822	3130	98604	1121	4690	151629
密云区	1208	4074	146541	896	3190	115855	1074	3892	145609
延庆区	794	2976	82713	950	3667	111822	1170	5198	176794

9-3　各地区按住房设施状况分的家庭户户数

单位：户

地　区	合　计	住房所在建筑有无电梯		主要炊事燃料				
		有	无	燃气	电	煤炭	柴草	其他
北　京	**772865**	**329644**	**443221**	**673455**	**85038**	**659**	**812**	**12901**
东城区	27524	11154	16370	25579	1570	6		369
西城区	41922	17788	24134	38027	2448	51		1396
朝阳区	135425	80436	54989	121322	12245	13		1845
丰台区	79216	44526	34690	73485	4184	34	1	1512
石景山区	21134	11296	9838	20165	834	1	1	133
海淀区	104641	51155	53486	92297	9868	54		2422
门头沟区	14887	6934	7953	13555	965	88	14	265
房山区	42508	13379	29129	39498	2826	158	1	25
通州区	59315	24023	35292	54354	3971	17	2	971
顺义区	48478	12317	36161	33907	14553	11	1	6
昌平区	78470	23082	55388	56950	19397	106	18	1999
大兴区	59008	25337	33671	49214	9031	6	2	755
怀柔区	14369	1749	12620	12475	1073	37	146	638
平谷区	15411	2143	13268	14297	795	17	7	295
密云区	18791	2974	15817	18009	563	31	105	83
延庆区	11766	1351	10415	10321	715	29	514	187

9-3　续表 1

单位：户

地　区	住房内有无管道自来水		住房内有无厨房			住房内有无厕所	
	有	无	独立使用	与其他户合用	无	水冲式卫生厕所	水冲式非卫生厕所
北　京	**734458**	**38407**	**701903**	**22767**	**48195**	**702370**	**7513**
东城区	26640	884	24929	639	1956	21219	94
西城区	40558	1364	37589	900	3433	35183	135
朝阳区	127180	8245	124242	2821	8362	125610	627
丰台区	76076	3140	72435	2421	4360	73483	273
石景山区	20570	564	20064	403	667	20059	32
海淀区	98841	5800	90862	5989	7790	96458	425
门头沟区	14415	472	14114	215	558	13444	214
房山区	41954	554	41250	462	796	38356	419
通州区	56117	3198	53991	2150	3174	53657	1006
顺义区	44511	3967	42167	1607	4704	43282	1026
昌平区	75967	2503	70808	3158	4504	74726	891
大兴区	54562	4446	52572	1425	5011	53306	954
怀柔区	13561	808	13089	270	1010	13146	296
平谷区	14948	463	14792	80	539	14562	323
密云区	17625	1166	17906	103	782	16842	425
延庆区	10933	833	11093	124	549	9037	373

9-3 续表 2

单位：户

地　区	住房内有无厕所			住房内有无洗澡设施			
	卫生旱厕	普通旱厕	无	统一供热水	家庭自装热水器	其他	无
北　京	**8043**	**4982**	**49957**	**48763**	**661531**	**8751**	**53820**
东 城 区	31	14	6166	3083	21995	46	2400
西 城 区	115	48	6441	2503	36244	144	3031
朝 阳 区	179	118	8891	17635	108445	1033	8312
丰 台 区	253	178	5029	3929	70066	528	4693
石景山区	72	21	950	844	19413	38	839
海 淀 区	363	184	7211	9888	86867	675	7211
门头沟区	100	110	1019	373	13595	81	838
房 山 区	2226	605	902	975	38888	749	1896
通 州 区	1008	468	3176	1994	52101	1319	3901
顺 义 区	991	869	2310	1327	40399	1017	5735
昌 平 区	587	469	1797	3020	71537	763	3150
大 兴 区	276	439	4033	2761	49311	856	6080
怀 柔 区	263	198	466	175	12026	630	1538
平 谷 区	241	93	192	77	14402	337	595
密 云 区	530	540	454	106	17073	193	1419
延 庆 区	808	628	920	73	9169	342	2182

9-3a 各地区按住房设施状况分的家庭户户数(城市)

单位：户

地　区	合　计	住房所在建筑有无电梯		主要炊事燃料				
		有	无	燃气	电	煤炭	柴草	其他
北　京	**628559**	**309435**	**319124**	**562845**	**55046**	**267**	**7**	**10394**
东 城 区	27524	11154	16370	25579	1570	6		369
西 城 区	41922	17788	24134	38027	2448	51		1396
朝 阳 区	134633	80314	54319	120570	12206	13		1844
丰 台 区	78336	44225	34111	72655	4167	22	1	1491
石景山区	21134	11296	9838	20165	834	1	1	133
海 淀 区	102115	50851	51264	90498	9189	46		2382
门头沟区	12214	6756	5458	11293	775	34		112
房 山 区	30051	12888	17163	27871	2157	9		14
通 州 区	34052	17326	16726	32694	1081	5		272
顺 义 区	25814	10649	15165	20653	5145	11		5
昌 平 区	48290	18098	30192	37966	9165	50		1109
大 兴 区	41384	21363	20021	36473	4508	6		397
怀 柔 区	9246	1497	7749	7849	847	2	2	546
平 谷 区	7518	1453	6065	6773	508	1		236
密 云 区	9602	2903	6699	9251	303	9		39
延 庆 区	4724	874	3850	4528	143	1	3	49

9-3a 续表 1

单位：户

地区	住房内有无管道自来水		住房内有无厨房			住房内有无厕所	
	有	无	独立使用	与其他户合用	无	水冲式卫生厕所	水冲式非卫生厕所
北京	**602348**	**26211**	**573175**	**19613**	**35771**	**580883**	**2573**
东城区	26640	884	24929	639	1956	21219	94
西城区	40558	1364	37589	900	3433	35183	135
朝阳区	126430	8203	123493	2814	8326	124863	622
丰台区	75208	3128	71580	2407	4349	72669	255
石景山区	20570	564	20064	403	667	20059	32
海淀区	96458	5657	88627	5942	7546	94221	391
门头沟区	11962	252	11692	150	372	11384	62
房山区	29982	69	29287	364	400	28698	125
通州区	33481	571	32422	1106	524	33266	48
顺义区	24357	1457	23081	896	1837	24055	190
昌平区	47003	1287	42877	2699	2714	46729	194
大兴区	39331	2053	38458	923	2003	39069	115
怀柔区	8925	321	8252	229	765	8670	177
平谷区	7397	121	7128	66	324	7329	61
密云区	9470	132	9240	48	314	9188	41
延庆区	4576	148	4456	27	241	4281	31

9-3a 续表 2

单位：户

地区	住房内有无厕所			住房内有无洗澡设施			
	卫生旱厕	普通旱厕	无	统一供热水	家庭自装热水器	其他	无
北京	**2369**	**1905**	**40829**	**45853**	**542382**	**4594**	**35730**
东城区	31	14	6166	3083	21995	46	2400
西城区	115	48	6441	2503	36244	144	3031
朝阳区	179	113	8856	17631	107700	1032	8270
丰台区	236	163	5013	3917	69230	514	4675
石景山区	72	21	950	844	19413	38	839
海淀区	326	157	7020	9872	84666	616	6961
门头沟区	63	17	688	356	11321	33	504
房山区	640	251	337	925	28068	275	783
通州区	28	25	685	1618	31602	366	466
顺义区	123	286	1160	1117	22451	292	1954
昌平区	176	116	1075	1227	45142	366	1555
大兴区	102	300	1798	2435	36219	368	2362
怀柔区	67	75	257	168	7786	328	964
平谷区	68	29	31	60	7166	68	224
密云区	97	201	75	63	9097	76	366
延庆区	46	89	277	34	4282	32	376

9-3b 各地区按住房设施状况分的家庭户户数(镇)

单位：户

地　　区	合　计	住房所在建筑有无电梯		主要炊事燃料				
		有	无	燃气	电	煤炭	柴草	其他
北　　京	**45863**	**13763**	**32100**	**35218**	**9750**	**74**	**74**	**747**
东 城 区								
西 城 区								
朝 阳 区	792	122	670	752	39			1
丰 台 区	421	300	121	399	7	12		3
石景山区								
海 淀 区								
门头沟区	1205	176	1029	1102	48	11		44
房 山 区	3088	403	2685	2992	86	10		
通 州 区	8822	4637	4185	7651	1023	1		147
顺 义 区	5844	608	5236	2755	3089			
昌 平 区	14227	3068	11159	8960	4873	38	1	355
大 兴 区	4890	3361	1529	4374	401		1	114
怀 柔 区	1240	251	989	1120	67		12	41
平 谷 区	1638	539	1099	1622	15			1
密 云 区	2088	12	2076	1980	69	2	3	34
延 庆 区	1608	286	1322	1511	33		57	7

9-3b 续表 1

单位：户

地　　区	住房内有无管道自来水		住房内有无厨房			住房内有无厕所	
	有	无	独立使用	与其他户合用	无	水冲式卫生厕所	水冲式非卫生厕所
北　　京	**43315**	**2548**	**41977**	**699**	**3187**	**41240**	**1010**
东 城 区							
西 城 区							
朝 阳 区	750	42	749	7	36	747	5
丰 台 区	411	10	397	14	10	405	
石景山区							
海 淀 区							
门头沟区	1142	63	1128	22	55	1016	73
房 山 区	3032	56	3023	17	48	2675	37
通 州 区	8237	585	7719	200	903	7916	123
顺 义 区	5138	706	4565	172	1107	4826	193
昌 平 区	13812	415	13723	152	352	13558	280
大 兴 区	4733	157	4575	53	262	4604	96
怀 柔 区	1187	53	1169	10	61	1143	25
平 谷 区	1599	39	1632	2	4	1540	58
密 云 区	1773	315	1818	16	254	1626	81
延 庆 区	1501	107	1479	34	95	1184	39

9-3b 续表 2

单位：户

地区	住房内有无厕所			住房内有无洗澡设施			
	卫生旱厕	普通旱厕	无	统一供热水	家庭自装热水器	其他	无
北京	**913**	**747**	**1953**	**1424**	**39901**	**666**	**3872**
东城区							
西城区							
朝阳区		5	35	4	745	1	42
丰台区		1	15	12	394		15
石景山区							
海淀区							
门头沟区	15	14	87	16	1094	23	72
房山区	186	78	112	18	2767	135	168
通州区	42	59	682	224	7654	89	855
顺义区	286	255	284	64	4331	146	1303
昌平区	77	94	218	818	12887	109	413
大兴区	19	17	154	231	4392	39	228
怀柔区	26	11	35	1	1091	37	111
平谷区	29	11		4	1589	13	32
密云区	91	34	256	5	1703	21	359
延庆区	142	168	75	27	1254	53	274

9-3c 各地区按住房设施状况分的家庭户户数(乡村)

单位：户

地区	合计	住房所在建筑有无电梯		主要炊事燃料				
		有	无	燃气	电	煤炭	柴草	其他
北京	**98443**	**6446**	**91997**	**75392**	**20242**	**318**	**731**	**1760**
东城区								
西城区								
朝阳区								
丰台区	459	1	458	431	10			18
石景山区								
海淀区	2526	304	2222	1799	679	8		40
门头沟区	1468	2	1466	1160	142	43	14	109
房山区	9369	88	9281	8635	583	139	1	11
通州区	16441	2060	14381	14009	1867	11	2	552
顺义区	16820	1060	15760	10499	6319		1	1
昌平区	15953	1916	14037	10024	5359	18	17	535
大兴区	12734	613	12121	8367	4122		1	244
怀柔区	3883	1	3882	3506	159	35	132	51
平谷区	6255	151	6104	5902	272	16	7	58
密云区	7101	59	7042	6778	191	20	102	10
延庆区	5434	191	5243	4282	539	28	454	131

9-3c 续表 1

单位：户

地区	住房内有无管道自来水		住房内有无厨房			住房内有无厕所	
	有	无	独立使用	与其他户合用	无	水冲式卫生厕所	水冲式非卫生厕所
北京	**88795**	**9648**	**86751**	**2455**	**9237**	**80247**	**3930**
东城区							
西城区							
朝阳区							
丰台区	457	2	458		1	409	18
石景山区							
海淀区	2383	143	2235	47	244	2237	34
门头沟区	1311	157	1294	43	131	1044	79
房山区	8940	429	8940	81	348	6983	257
通州区	14399	2042	13850	844	1747	12475	835
顺义区	15016	1804	14521	539	1760	14401	643
昌平区	15152	801	14208	307	1438	14439	417
大兴区	10498	2236	9539	449	2746	9633	743
怀柔区	3449	434	3668	31	184	3333	94
平谷区	5952	303	6032	12	211	5693	204
密云区	6382	719	6848	39	214	6028	303
延庆区	4856	578	5158	63	213	3572	303

9-3c 续表 2

单位：户

地区	住房内有无厕所			住房内有无洗澡设施			
	卫生旱厕	普通旱厕	无	统一供热水	家庭自装热水器	其他	无
北京	**4761**	**2330**	**7175**	**1486**	**79248**	**3491**	**14218**
东城区							
西城区							
朝阳区							
丰台区	17	14	1		442	14	3
石景山区							
海淀区	37	27	191	16	2201	59	250
门头沟区	22	79	244	1	1180	25	262
房山区	1400	276	453	32	8053	339	945
通州区	938	384	1809	152	12845	864	2580
顺义区	582	328	866	146	13617	579	2478
昌平区	334	259	504	975	13508	288	1182
大兴区	155	122	2081	95	8700	449	3490
怀柔区	170	112	174	6	3149	265	463
平谷区	144	53	161	13	5647	256	339
密云区	342	305	123	38	6273	96	694
延庆区	620	371	568	12	3633	257	1532

9-4　各地区按住房来源分的家庭户户数

单位：户

地　区	合　计	租赁廉租住房/公租房	租　赁其他住房	购买新建商品房	购　买二手房	购买原公有住房	购买经济适用房/两限房	自建住房	继承或赠　予	其　他
北　京	**772865**	**39712**	**234215**	**128444**	**81010**	**90312**	**45529**	**84393**	**7518**	**61732**
东城区	27524	5163	5526	2759	2821	5721	2862	493	775	1404
西城区	41922	5629	8948	4422	4763	12127	1690	402	1405	2536
朝阳区	135425	5952	41252	22487	19232	21998	8349	2236	504	13415
丰台区	79216	4205	21708	11637	8456	12489	9214	1993	1405	8109
石景山区	21134	689	4590	2974	2720	5519	2291	318	166	1867
海淀区	104641	7789	33597	14854	9821	21790	5586	2807	779	7618
门头沟区	14887	505	3126	2370	947	1070	449	2227	270	3923
房山区	42508	1290	8635	8534	3857	3383	1787	11702	234	3086
通州区	59315	1733	18479	14048	3925	1516	1925	9891	853	6945
顺义区	48478	1134	21064	7519	3792	629	1253	10291	204	2592
昌平区	78470	2390	36671	9798	8692	1662	6748	6775	192	5542
大兴区	59008	2656	21246	14638	6322	1340	2564	7293	402	2547
怀柔区	14369	224	4007	2861	1133	387	255	5121	38	343
平谷区	15411	142	1355	2783	1342	201	78	8859	89	562
密云区	18791	121	2765	4293	2155	230	295	8193	88	651
延庆区	11766	90	1246	2467	1032	250	183	5792	114	592

9-4a　各地区按住房来源分的家庭户户数(城市)

单位：户

地　区	合　计	租赁廉租住房/公租房	租　赁其他住房	购买新建商品房	购　买二手房	购买原公有住房	购买经济适用房/两限房	自建住房	继承或赠　予	其　他
北　京	**628559**	**36233**	**185766**	**119343**	**77552**	**89291**	**43752**	**17248**	**6711**	**52663**
东城区	27524	5163	5526	2759	2821	5721	2862	493	775	1404
西城区	41922	5629	8948	4422	4763	12127	1690	402	1405	2536
朝阳区	134633	5930	41020	22481	19072	21743	8269	2236	496	13386
丰台区	78336	4193	21519	11636	8453	12451	9188	1693	1391	7812
石景山区	21134	689	4590	2974	2720	5519	2291	318	166	1867
海淀区	102115	7720	32523	14563	9796	21716	5481	2038	767	7511
门头沟区	12214	459	2772	2172	916	1028	447	554	207	3659
房山区	30051	1226	7265	8437	3723	3269	1584	2072	185	2290
通州区	34052	705	9752	10879	3406	1496	1656	416	702	5040
顺义区	25814	802	10180	6816	3398	537	1176	916	124	1865
昌平区	48290	1150	20761	7337	7135	1403	6178	1414	96	2816
大兴区	41384	2129	13555	13324	6109	1328	2369	733	289	1548
怀柔区	9246	161	3387	2752	1046	366	121	1244	11	158
平谷区	7518	135	1152	2527	1307	199	39	1948	39	172
密云区	9602	106	1965	4158	2059	189	295	383	28	419
延庆区	4724	36	851	2106	828	199	106	388	30	180

9-4b 各地区按住房来源分的家庭户户数(镇)

单位：户

地　　区	合　计	租赁廉租住房/公租房	租　　赁其他住房	购买新建商品房	购　买二手房	购买原公有住房	购买经济适用房/两限房	自建住房	继承或赠　予	其　他
北　　京	**45863**	**1439**	**18217**	**6959**	**2760**	**602**	**1362**	**9688**	**340**	**4496**
东 城 区										
西 城 区										
朝 阳 区	792	22	232	6	160	255	80		8	29
丰 台 区	421	12	154		3	38	26	2		186
石景山区										
海 淀 区										
门头沟区	1205	45	210	197	24	25	2	419	42	241
房 山 区	3088	17	371	54	84	96	187	1951	16	312
通 州 区	8822	573	3240	2384	414	17	251	938	47	958
顺 义 区	5844	108	3466	470	336	10	9	1250	16	179
昌 平 区	14227	304	7672	2059	1330	65	363	929	67	1438
大 兴 区	4890	253	1848	1106	165	12	194	561	98	653
怀 柔 区	1240	39	297	86	64	19	134	467	7	127
平 谷 区	1638	5	104	241	15		39	999	21	214
密 云 区	2088	13	431	121	52	28		1392	5	46
延 庆 区	1608	48	192	235	113	37	77	780	13	113

9-4c 各地区按住房来源分的家庭户户数(乡村)

单位：户

地　　区	合　计	租赁廉租住房/公租房	租　　赁其他住房	购买新建商品房	购　买二手房	购买原公有住房	购买经济适用房/两限房	自建住房	继承或赠　予	其　他
北　　京	**98443**	**2040**	**30232**	**2142**	**698**	**419**	**415**	**57457**	**467**	**4573**
东 城 区										
西 城 区										
朝 阳 区										
丰 台 区	459		35	1				298	14	111
石景山区										
海 淀 区	2526	69	1074	291	25	74	105	769	12	107
门头沟区	1468	1	144	1	7	17		1254	21	23
房 山 区	9369	47	999	43	50	18	16	7679	33	484
通 州 区	16441	455	5487	785	105	3	18	8537	104	947
顺 义 区	16820	224	7418	233	58	82	68	8125	64	548
昌 平 区	15953	936	8238	402	227	194	207	4432	29	1288
大 兴 区	12734	274	5843	208	48		1	5999	15	346
怀 柔 区	3883	24	323	23	23	2		3410	20	58
平 谷 区	6255	2	99	15	20	2		5912	29	176
密 云 区	7101	2	369	14	44	13		6418	55	186
延 庆 区	5434	6	203	126	91	14		4624	71	299

9–5　各地区按月租房费用分的家庭户户数

单位：户

地　区	合　计	200元以下	200–499元	500–999元	1000–1999元
北　京	**273927**	**26118**	**23051**	**44053**	**52982**
东城区	10689	5857	265	186	635
西城区	14577	5893	415	341	1007
朝阳区	47204	3298	795	5860	10347
丰台区	25913	4211	754	2804	3258
石景山区	5279	517	239	547	545
海淀区	41386	3284	1630	3928	9111
门头沟区	3631	318	205	549	537
房山区	9925	390	1093	1734	3170
通州区	20212	507	2911	2630	3208
顺义区	22198	310	4898	8248	3211
昌平区	39061	627	2450	10994	11444
大兴区	23902	425	4327	4038	4144
怀柔区	4231	187	1701	1088	498
平谷区	1497	42	396	394	550
密云区	2886	187	732	413	971
延庆区	1336	65	240	299	346

9–5　续表　　单位：户

地　区	2000–2999元	3000–3999元	4000–5999元	6000–7999元	8000–9999元	10000元及以上
北　京	**31927**	**28974**	**35522**	**18807**	**6198**	**6295**
东城区	489	404	898	1021	445	489
西城区	868	795	1698	1907	814	839
朝阳区	3755	3578	9180	5876	2082	2433
丰台区	3243	2974	6141	1958	390	180
石景山区	687	783	1518	305	70	68
海淀区	5231	3708	5638	5213	1888	1755
门头沟区	1243	576	180	13	9	1
房山区	2019	1107	353	33	8	18
通州区	3254	4837	2444	309	57	55
顺义区	1874	2079	1127	175	57	219
昌平区	4053	3543	3999	1569	255	127
大兴区	3632	4424	2289	412	118	93
怀柔区	608	103	27	10	2	7
平谷区	92	14	4	3		2
密云区	528	30	17	3	1	4
延庆区	351	19	9		2	5

9-5a 各地区按月租房费用分的家庭户户数(城市)

单位：户

地　　区	合　计	200元以下	200-499元	500-999元	1000-1999元
北　　京	**221999**	**24686**	**10954**	**27229**	**41469**
东 城 区	10689	5857	265	186	635
西 城 区	14577	5893	415	341	1007
朝 阳 区	46950	3292	788	5839	10312
丰 台 区	25712	4178	753	2789	3245
石景山区	5279	517	239	547	545
海 淀 区	40243	3259	1449	3519	8883
门头沟区	3231	256	127	436	458
房 山 区	8491	257	745	1241	2839
通 州 区	10457	173	157	483	1394
顺 义 区	10982	69	1846	2945	1666
昌 平 区	21911	431	1080	4603	5442
大 兴 区	15684	233	709	2595	3230
怀 柔 区	3548	147	1447	923	383
平 谷 区	1287	22	346	342	475
密 云 区	2071	91	405	218	805
延 庆 区	887	11	183	222	150

9-5a　续表

单位：户

地　　区	2000-2999元	3000-3999元	4000-5999元	6000-7999元	8000-9999元	10000元及以上
北　　京	**27434**	**25687**	**33644**	**18628**	**6129**	**6139**
东 城 区	489	404	898	1021	445	489
西 城 区	868	795	1698	1907	814	839
朝 阳 区	3725	3482	9122	5876	2081	2433
丰 台 区	3208	2954	6079	1936	390	180
石景山区	687	783	1518	305	70	68
海 淀 区	5127	3573	5588	5207	1887	1751
门头沟区	1188	568	178	11	9	
房 山 区	1946	1088	332	27	6	10
通 州 区	2073	3751	2080	272	43	31
顺 义 区	1368	1768	942	158	48	172
昌 平 区	3107	2340	3125	1493	219	71
大 兴 区	2226	4038	2049	403	114	87
怀 柔 区	530	88	17	7	1	5
平 谷 区	81	13	4	3		1
密 云 区	509	26	12	2	1	2
延 庆 区	302	16	2		1	

9-5b 各地区按月租房费用分的家庭户户数(镇)

单位：户

地 区	合 计	200元以下	200–499元	500–999元	1000–1999元
北 京	**19656**	**597**	**2641**	**5169**	**5339**
东城区					
西城区					
朝阳区	254	6	7	21	35
丰台区	166	33		11	10
石景山区					
海淀区					
门头沟区	255	57	38	58	43
房山区	388	70	89	67	137
通州区	3813	125	650	553	685
顺义区	3574	73	935	1840	369
昌平区	7976	93	384	2284	3449
大兴区	2101	38	166	126	295
怀柔区	336	25	110	67	62
平谷区	109	7	21	17	60
密云区	444	56	226	86	63
延庆区	240	14	15	39	131

9-5b 续表

单位：户

地 区	2000–2999元	3000–3999元	4000–5999元	6000–7999元	8000–9999元	10000元及以上
北 京	**2483**	**2081**	**1109**	**109**	**47**	**81**
东城区						
西城区						
朝阳区	30	96	58		1	
丰台区	13	15	62	22		
石景山区						
海淀区						
门头沟区	48	6	2	2		1
房山区	19	1	2	1	1	1
通州区	751	787	216	23	13	10
顺义区	137	142	49	5	1	23
昌平区	411	723	513	51	29	39
大兴区	964	302	204	4	1	1
怀柔区	61	7	1	1		2
平谷区	4					
密云区	8	1	2			2
延庆区	37	1			1	2

9-5c 各地区按月租房费用分的家庭户户数(乡村)

单位：户

地　　区	合　计	200元以下	200-499元	500-999元	1000-1999元
北　　京	**32272**	**835**	**9456**	**11655**	**6174**
东 城 区					
西 城 区					
朝 阳 区					
丰 台 区	35		1	4	3
石景山区					
海 淀 区	1143	25	181	409	228
门头沟区	145	5	40	55	36
房 山 区	1046	63	259	426	194
通 州 区	5942	209	2104	1594	1129
顺 义 区	7642	168	2117	3463	1176
昌 平 区	9174	103	986	4107	2553
大 兴 区	6117	154	3452	1317	619
怀 柔 区	347	15	144	98	53
平 谷 区	101	13	29	35	15
密 云 区	371	40	101	109	103
延 庆 区	209	40	42	38	65

9-5c 续表

单位：户

地　　区	2000-2999元	3000-3999元	4000-5999元	6000-7999元	8000-9999元	10000元及以上
北　　京	**2010**	**1206**	**769**	**70**	**22**	**75**
东 城 区						
西 城 区						
朝 阳 区						
丰 台 区	22	5				
石景山区						
海 淀 区	104	135	50	6	1	4
门头沟区	7	2				
房 山 区	54	18	19	5	1	7
通 州 区	430	299	148	14	1	14
顺 义 区	369	169	136	12	8	24
昌 平 区	535	480	361	25	7	17
大 兴 区	442	84	36	5	3	5
怀 柔 区	17	8	9	2	1	
平 谷 区	7	1				1
密 云 区	11	3	3	1		
延 庆 区	12	2	7			3

9-6 各地区按住房来源分的同时拥有厨房和厕所的家庭户户数

单位：户

地区	合计	租赁廉租住房/公租房	租赁其他住房	购买新建商品房	购买二手房	购买原公有住房	购买经济适用房/两限房	自建住房	继承或赠予	其他
北京	**705793**	**30558**	**187870**	**128187**	**80678**	**89823**	**45522**	**78785**	**6255**	**58115**
东城区	21181	1777	3839	2757	2790	5642	2861	112	408	995
西城区	34898	2464	6941	4378	4660	11995	1689	104	789	1878
朝阳区	124707	5486	32086	22461	19201	21895	8348	1801	490	12939
丰台区	73210	3834	17098	11600	8421	12440	9213	1608	1308	7688
石景山区	20104	668	3780	2972	2720	5502	2291	259	165	1747
海淀区	95244	7083	26276	14826	9787	21739	5585	2492	710	6746
门头沟区	13767	453	2497	2370	938	1048	449	1858	257	3897
房山区	41035	1225	8029	8532	3850	3376	1787	11045	223	2968
通州区	55089	1625	15076	13999	3909	1504	1925	9398	831	6822
顺义区	43389	1035	16533	7477	3782	628	1252	9931	201	2550
昌平区	73419	1945	32460	9792	8658	1659	6748	6622	184	5351
大兴区	53258	2413	16030	14634	6319	1333	2564	7120	396	2449
怀柔区	13153	213	3044	2861	1128	385	255	4908	34	325
平谷区	14855	136	1040	2783	1341	200	78	8640	81	556
密云区	17888	113	2209	4278	2155	229	294	7900	81	629
延庆区	10596	88	932	2467	1019	248	183	4987	97	575

9-6a 各地区按住房来源分的同时拥有厨房和厕所的家庭户户数(城市)

单位：户

地区	合计	租赁廉租住房/公租房	租赁其他住房	购买新建商品房	购买二手房	购买原公有住房	购买经济适用房/两限房	自建住房	继承或赠予	其他
北京	**576861**	**27744**	**150495**	**119160**	**77255**	**88813**	**43745**	**14773**	**5505**	**49371**
东城区	21181	1777	3839	2757	2790	5642	2861	112	408	995
西城区	34898	2464	6941	4378	4660	11995	1689	104	789	1878
朝阳区	123956	5464	31892	22455	19041	21640	8268	1801	482	12913
丰台区	72349	3824	16919	11599	8418	12403	9187	1310	1294	7395
石景山区	20104	668	3780	2972	2720	5502	2291	259	165	1747
海淀区	93019	7014	25477	14535	9762	21665	5480	1734	698	6654
门头沟区	11492	416	2256	2172	908	1010	447	440	199	3644
房山区	29395	1169	6834	8435	3719	3263	1584	2016	181	2194
通州区	33161	657	9156	10875	3394	1484	1656	257	687	4995
顺义区	23738	753	8269	6789	3393	536	1175	847	124	1852
昌平区	45263	1010	18086	7331	7103	1402	6178	1353	91	2709
大兴区	39101	2102	11423	13321	6107	1321	2369	684	287	1487
怀柔区	8385	157	2547	2752	1046	364	121	1237	11	150
平谷区	7190	129	841	2527	1307	199	39	1940	38	170
密云区	9259	106	1648	4156	2059	189	294	366	28	413
延庆区	4370	34	587	2106	828	198	106	313	23	175

9-6b 各地区按住房来源分的同时拥有厨房和厕所的家庭户户数(镇)

单位：户

地区	合计	租赁廉租住房/公租房	租赁其他住房	购买新建商品房	购买二手房	购买原公有住房	购买经济适用房/两限房	自建住房	继承或赠予	其他
北京	**42121**	**1351**	**15163**	**6912**	**2748**	**599**	**1362**	**9249**	**325**	**4412**
东城区										
西城区										
朝阳区	751	22	194	6	160	255	80		8	26
丰台区	404	10	145		3	37	26	1		182
石景山区										
海淀区										
门头沟区	1094	36	163	197	23	24	2	374	38	237
房山区	2943	11	324	54	84	96	187	1868	16	303
通州区	7789	543	2359	2339	413	17	251	873	44	950
顺义区	4699	91	2372	470	334	10	9	1223	16	174
昌平区	13795	296	7306	2059	1329	65	363	907	66	1404
大兴区	4591	245	1579	1105	164	12	194	551	96	645
怀柔区	1155	39	234	86	61	19	134	449	6	127
平谷区	1634	5	102	241	15		39	997	21	214
密云区	1808	5	212	120	52	27		1350	3	39
延庆区	1458	48	173	235	110	37	77	656	11	111

9-6c 各地区按住房来源分的同时拥有厨房和厕所的家庭户户数(乡村)

单位：户

地区	合计	租赁廉租住房/公租房	租赁其他住房	购买新建商品房	购买二手房	购买原公有住房	购买经济适用房/两限房	自建住房	继承或赠予	其他
北京	**86811**	**1463**	**22212**	**2115**	**675**	**411**	**415**	**54763**	**425**	**4332**
东城区										
西城区										
朝阳区										
丰台区	457		34	1				297	14	111
石景山区										
海淀区	2225	69	799	291	25	74	105	758	12	92
门头沟区	1181	1	78	1	7	14		1044	20	16
房山区	8697	45	871	43	47	17	16	7161	26	471
通州区	14139	425	3561	785	102	3	18	8268	100	877
顺义区	14952	191	5892	218	55	82	68	7861	61	524
昌平区	14361	639	7068	402	226	192	207	4362	27	1238
大兴区	9566	66	3028	208	48		1	5885	13	317
怀柔区	3613	17	263	23	21	2		3222	17	48
平谷区	6031	2	97	15	19	1		5703	22	172
密云区	6821	2	349	2	44	13		6184	50	177
延庆区	4768	6	172	126	81	13		4018	63	289

9-7　全市按户主的受教育程度、住房来源分的家庭户户数

单位：户

受教育程度	合　计	租赁廉租住房/公租房	租　赁其他住房	购买新建商品房	购　买二手房	购买原公有住房	购买经济适用房/两限房	自建住房	继承或赠　予	其　他
总　计	**753452**	**38030**	**230580**	**125857**	**79080**	**85314**	**44473**	**82217**	**7267**	**60634**
未上过学	6534	415	976	475	168	1075	217	2435	76	697
学前教育	260	34	54	25	10	32	8	61	2	34
小　学	46614	1888	11799	3695	1292	5505	1580	15834	500	4521
初　中	185890	8061	66114	16823	6977	16717	6896	44587	2015	17700
高　中	143825	10076	41339	20864	10252	21944	10194	13534	1912	13710
大学专科	116213	5995	36436	23152	12402	14340	8688	4011	1160	10029
大学本科	186840	8332	55841	44749	30430	20219	12940	1657	1350	11322
硕士研究生	57506	2661	15565	14150	15168	4252	3261	85	215	2149
博士研究生	9770	568	2456	1924	2381	1230	689	13	37	472

9-7a　全市按户主的受教育程度、住房来源分的家庭户户数(城市)

单位：户

受教育程度	合　计	租赁廉租住房/公租房	租　赁其他住房	购买新建商品房	购　买二手房	购买原公有住房	购买经济适用房/两限房	自建住房	继承或赠　予	其　他
总　计	**611836**	**34602**	**182585**	**116887**	**75696**	**84345**	**42722**	**16846**	**6476**	**51677**
未上过学	3863	393	734	432	145	1048	208	293	58	552
学前教育	190	31	40	21	10	32	8	12	2	34
小　学	27356	1718	8010	3149	1164	5413	1482	2464	397	3559
初　中	119154	7097	43514	14864	6389	16394	6492	8377	1685	14342
高　中	118046	9271	31454	19192	9684	21685	9779	3557	1723	11701
大学专科	102219	5287	30200	21427	11749	14203	8319	1299	1061	8674
大学本科	175795	7682	51275	42428	29347	20098	12575	774	1301	10315
硕士研究生	55651	2567	14955	13515	14873	4244	3182	60	212	2043
博士研究生	9562	556	2403	1859	2335	1228	677	10	37	457

9-7b 全市按户主的受教育程度、住房来源分的家庭户户数(镇)

单位：户

受教育程度	合 计	租赁廉租住房/公租房	租 赁 其他住房	购买新建商品房	购 买 二手房	购买原公有住房	购买经济适用房/两限房	自建住房	继承或赠 予	其 他
总 计	**45071**	**1414**	**18001**	**6865**	**2697**	**560**	**1345**	**9424**	**333**	**4432**
未上过学	498	13	67	30	12	19	9	274	4	70
学前教育	14	1	6	2				5		
小 学	4077	56	1096	370	62	63	78	1890	35	427
初 中	16137	318	6691	1341	362	148	263	5240	132	1642
高 中	9033	338	3988	1274	432	153	313	1442	90	1003
大学专科	7023	304	3236	1380	571	85	295	405	44	703
大学本科	6790	310	2511	1885	970	83	305	164	27	535
硕士研究生	1341	63	374	528	245	7	71	4	1	48
博士研究生	158	11	32	55	43	2	11			4

9-7c 全市按户主的受教育程度、住房来源分的家庭户户数(乡村)

单位：户

受教育程度	合 计	租赁廉租住房/公租房	租 赁 其他住房	购买新建商品房	购 买 二手房	购买原公有住房	购买经济适用房/两限房	自建住房	继承或赠 予	其 他
总 计	**96545**	**2014**	**29994**	**2105**	**687**	**409**	**406**	**55947**	**458**	**4525**
未上过学	2173	9	175	13	11	8		1868	14	75
学前教育	56	2	8	2				44		
小 学	15181	114	2693	176	66	29	20	11480	68	535
初 中	50599	646	15909	618	226	175	141	30970	198	1716
高 中	16746	467	5897	398	136	106	102	8535	99	1006
大学专科	6971	404	3000	345	82	52	74	2307	55	652
大学本科	4255	340	2055	436	113	38	60	719	22	472
硕士研究生	514	31	236	107	50	1	8	21	2	58
博士研究生	50	1	21	10	3		1	3		11

9-8 全市按户主的受教育程度、月租房费用分的家庭户户数

单位：户

受教育程度	合 计	200元以下	200-499元	500-999元	1000-1999元
总 计	**268610**	**24474**	**22840**	**43718**	**52460**
未上过学	1391	420	169	257	246
学前教育	88	34	11	9	20
小 学	13687	1782	2649	3978	2791
初 中	74175	6899	13085	22414	17319
高 中	51415	8156	4101	9680	12269
大学专科	42431	3088	1298	4513	9516
大学本科	64173	3349	1191	2437	8514
硕士研究生	18226	609	283	357	1435
博士研究生	3024	137	53	73	350

9-8 续表

单位：户

受教育程度	2000-2999元	3000-3999元	4000-5999元	6000-7999元	8000-9999元	10000元及以上
总 计	**31487**	**28492**	**34737**	**18289**	**6013**	**6100**
未上过学	105	72	78	26	10	8
学前教育	6	2	5	1		
小 学	912	660	603	218	41	53
初 中	5356	3770	3541	1219	313	259
高 中	5536	4177	4699	1828	504	465
大学专科	6455	6213	6754	2985	818	791
大学本科	10351	10498	14195	8055	2805	2778
硕士研究生	2460	2780	4263	3329	1276	1434
博士研究生	306	320	599	628	246	312

9-8a 全市按户主的受教育程度、月租房费用分的家庭户户数(城市)

单位：户

受教育程度	合 计	200元以下	200-499元	500-999元	1000-1999元
总 计	**217187**	**23064**	**10812**	**27029**	**41062**
未上过学	1127	399	86	185	202
学前教育	71	31	9	5	15
小 学	9728	1581	1218	2646	2182
初 中	50611	6111	5335	13649	13293
高 中	40725	7905	2021	5936	9460
大学专科	35487	3020	804	2678	7230
大学本科	58957	3284	1015	1563	7040
硕士研究生	17522	598	271	300	1300
博士研究生	2959	135	53	67	340

9-8a 续表

单位：户

受教育程度	2000-2999元	3000-3999元	4000-5999元	6000-7999元	8000-9999元	10000元及以上
总 计	**27055**	**25262**	**32897**	**18114**	**5945**	**5947**
未上过学	78	62	72	26	10	7
学前教育	5	2	3	1		
小 学	694	558	549	212	40	48
初 中	4139	3183	3230	1173	296	202
高 中	4600	3671	4398	1801	490	443
大学专科	5509	5385	6347	2946	806	762
大学本科	9409	9517	13581	8014	2784	2750
硕士研究生	2326	2584	4131	3315	1273	1424
博士研究生	295	300	586	626	246	311

9-8b 全市按户主的受教育程度、月租房费用分的家庭户户数(镇)

单位：户

受教育程度	合 计	200元以下	200-499元	500-999元	1000-1999元
总 计	**19415**	**584**	**2622**	**5130**	**5285**
未上过学	80	11	13	18	20
学前教育	7	3		1	2
小 学	1152	68	317	332	239
初 中	7009	276	1633	2420	1666
高 中	4326	121	470	1303	1426
大学专科	3540	48	133	731	1189
大学本科	2821	49	52	301	673
硕士研究生	437	6	4	22	62
博士研究生	43	2		2	8

9-8b 续表

单位：户

受教育程度	2000-2999元	3000-3999元	4000-5999元	6000-7999元	8000-9999元	10000元及以上
总 计	**2444**	**2039**	**1081**	**105**	**47**	**78**
未上过学	9	6	3			
学前教育			1			
小 学	103	64	24	3		2
初 中	507	310	151	19	9	18
高 中	496	307	170	15	9	9
大学专科	581	559	251	21	8	19
大学本科	638	648	388	33	18	21
硕士研究生	102	134	84	12	3	8
博士研究生	8	11	9	2		1

9-8c 全市按户主的受教育程度、月租房费用分的家庭户户数(乡村)

单位：户

受教育程度	合 计	200元以下	200-499元	500-999元	1000-1999元
总 计	**32008**	**826**	**9406**	**11559**	**6113**
未上过学	184	10	70	54	24
学前教育	10		2	3	3
小 学	2807	133	1114	1000	370
初 中	16555	512	6117	6345	2360
高 中	6364	130	1610	2441	1383
大学专科	3404	20	361	1104	1097
大学本科	2395	16	124	573	801
硕士研究生	267	5	8	35	73
博士研究生	22			4	2

9-8c 续表

单位：户

受教育程度	2000-2999元	3000-3999元	4000-5999元	6000-7999元	8000-9999元	10000元及以上
总 计	**1988**	**1191**	**759**	**70**	**21**	**75**
未上过学	18	4	3			1
学前教育	1		1			
小 学	115	38	30	3	1	3
初 中	710	277	160	27	8	39
高 中	440	199	131	12	5	13
大学专科	365	269	156	18	4	10
大学本科	304	333	226	8	3	7
硕士研究生	32	62	48	2		2
博士研究生	3	9	4			

9–9　全市按户主的职业、住房来源分的家庭户户数

单位：户

职业大类	合　计	租赁廉租住房/公租房	租　赁其他住房	购买新建商品房	购　买二手房
总　计	**441238**	**18688**	**186392**	**70846**	**55741**
党的机关、国家机关、群众团体和社会组织、企事业单位负责人	21754	636	6238	6833	3662
专业技术人员	112493	5491	38737	23041	21349
办事人员和有关人员	67476	3624	16660	15337	10561
社会生产服务和生活服务人员	187716	7389	97564	22105	17505
农、林、牧、渔业生产及辅助人员	7057	35	927	148	90
生产制造及有关人员	44368	1465	26143	3329	2542
不便分类的其他从业人员	374	48	123	53	32

9–9　续表

单位：户

职业大类	购买原公有住房	购买经济适用房/两限房	自建住房	继承或赠　予	其　他
总　计	**22902**	**20481**	**35643**	**3070**	**27475**
党的机关、国家机关、群众团体和社会组织、企事业单位负责人	1227	998	828	153	1179
专业技术人员	7899	6590	2384	679	6323
办事人员和有关人员	5347	5053	4165	709	6020
社会生产服务和生活服务人员	6746	6556	17019	1284	11548
农、林、牧、渔业生产及辅助人员	50	33	5548	25	201
生产制造及有关人员	1587	1239	5684	215	2164
不便分类的其他从业人员	46	12	15	5	40

9-9a 全市按户主的职业、住房来源分的家庭户户数(城市)

单位：户

职业大类	合　计	租赁廉租住房/公租房	租　赁其他住房	购买新建商品房	购　买二手房
总　计	**357179**	**16205**	**146501**	**66182**	**53600**
党的机关、国家机关、群众团体和社会组织、企事业单位负责人	19208	570	5301	6341	3514
专业技术人员	103539	5053	34842	21746	20708
办事人员和有关人员	59909	3301	14645	14605	10222
社会生产服务和生活服务人员	146067	6101	75966	20360	16674
农、林、牧、渔业生产及辅助人员	780	21	218	122	73
生产制造及有关人员	27330	1113	15417	2957	2378
不便分类的其他从业人员	346	46	112	51	31

9-9a 续表

单位：户

职业大类	购买原公有住房	购买经济适用房/两限房	自建住房	继承或赠　予	其　他
总　计	**22635**	**19607**	**6525**	**2665**	**23259**
党的机关、国家机关、群众团体和社会组织、企事业单位负责人	1222	962	171	136	991
专业技术人员	7850	6367	717	625	5631
办事人员和有关人员	5284	4855	1034	636	5327
社会生产服务和生活服务人员	6636	6227	3444	1084	9575
农、林、牧、渔业生产及辅助人员	46	29	189	6	76
生产制造及有关人员	1551	1156	962	173	1623
不便分类的其他从业人员	46	11	8	5	36

9-9b 全市按户主的职业、住房来源分的家庭户户数(镇)

单位：户

职业大类	合 计	租赁廉租住房/公租房	租 赁其他住房	购买新建商品房	购 买二手房
总 计	**27759**	**910**	**14497**	**3632**	**1760**
党的机关、国家机关、群众团体和社会组织、企事业单位负责人	1180	25	408	400	127
专业技术人员	4500	159	1921	1048	548
办事人员和有关人员	3021	204	973	557	282
社会生产服务和生活服务人员	14218	438	8425	1318	681
农、林、牧、渔业生产及辅助人员	632	4	58	17	9
生产制造及有关人员	4197	80	2706	292	112
不便分类的其他从业人员	11		6		1

9-9b 续表

单位：户

职业大类	购买原公有住房	购买经济适用房/两限房	自建住房	继承或赠 予	其 他
总 计	**145**	**701**	**3981**	**159**	**1974**
党的机关、国家机关、群众团体和社会组织、企事业单位负责人	3	31	90	9	87
专业技术人员	28	177	235	21	363
办事人员和有关人员	34	165	457	31	318
社会生产服务和生活服务人员	52	254	2005	83	962
农、林、牧、渔业生产及辅助人员	1	2	521	2	18
生产制造及有关人员	27	71	671	13	225
不便分类的其他从业人员		1	2		1

9-9c 全市按户主的职业、住房来源分的家庭户户数(乡村)

单位：户

职业大类	合 计	租赁廉租住房/公租房	租 赁其他住房	购买新建商品房	购 买二手房
总 计	**56300**	**1573**	**25394**	**1032**	**381**
党的机关、国家机关、群众团体和社会组织、企事业单位负责人	1366	41	529	92	21
专业技术人员	4454	279	1974	247	93
办事人员和有关人员	4546	119	1042	175	57
社会生产服务和生活服务人员	27431	850	13173	427	150
农、林、牧、渔业生产及辅助人员	5645	10	651	9	8
生产制造及有关人员	12841	272	8020	80	52
不便分类的其他从业人员	17	2	5	2	

9-9c 续表

单位：户

职业大类	购买原公有住房	购买经济适用房/两限房	自建住房	继承或赠 予	其 他
总 计	**122**	**173**	**25137**	**246**	**2242**
党的机关、国家机关、群众团体和社会组织、企事业单位负责人	2	5	567	8	101
专业技术人员	21	46	1432	33	329
办事人员和有关人员	29	33	2674	42	375
社会生产服务和生活服务人员	58	75	11570	117	1011
农、林、牧、渔业生产及辅助人员	3	2	4838	17	107
生产制造及有关人员	9	12	4051	29	316
不便分类的其他从业人员			5		3

9-10　全市按户主的职业、月租房费用分的家庭户户数

单位：户

职业大类	合　计	200元以下	200-499元	500-999元	1000-1999元
总　计	**205080**	**7704**	**18775**	**37564**	**43158**
党的机关、国家机关、群众团体和社会组织、企事业单位负责人	6874	291	203	411	913
专业技术人员	44228	1786	1174	3028	7221
办事人员和有关人员	20284	1509	888	1903	3425
社会生产服务和生活服务人员	104953	3075	8633	21890	25946
农、林、牧、渔业生产及辅助人员	962	98	372	223	136
生产制造及有关人员	27608	937	7497	10074	5468
不便分类的其他从业人员	171	8	8	35	49

9-10　续表

单位：户

职业大类	2000-2999元	3000-3999元	4000-5999元	6000-7999元	8000-9999元	10000元及以上
总　计	**24579**	**22242**	**27025**	**14590**	**4811**	**4632**
党的机关、国家机关、群众团体和社会组织、企事业单位负责人	818	998	1299	859	376	706
专业技术人员	6822	6716	8938	5242	1753	1548
办事人员和有关人员	2850	2443	3395	2132	841	898
社会生产服务和生活服务人员	12606	10994	12623	6037	1742	1407
农、林、牧、渔业生产及辅助人员	54	43	14	15	5	2
生产制造及有关人员	1412	1034	736	293	89	68
不便分类的其他从业人员	17	14	20	12	5	3

9−10a 全市按户主的职业、月租房费用分的家庭户户数(城市)

单位：户

职业大类	合 计	200元以下	200−499元	500−999元	1000−1999元
总 计	**162706**	**6731**	**8221**	**23145**	**33862**
党的机关、国家机关、群众团体和社会组织、企事业单位负责人	5871	281	100	223	671
专业技术人员	39895	1730	798	2021	5928
办事人员和有关人员	17946	1455	566	1325	2855
社会生产服务和生活服务人员	82067	2648	3499	13717	20383
农、林、牧、渔业生产及辅助人员	239	12	38	53	52
生产制造及有关人员	16530	597	3215	5772	3928
不便分类的其他从业人员	158	8	5	34	45

9−10a 续表

单位：户

职业大类	2000−2999元	3000−3999元	4000−5999元	6000−7999元	8000−9999元	10000元及以上
总 计	**21488**	**19810**	**25704**	**14465**	**4756**	**4524**
党的机关、国家机关、群众团体和社会组织、企事业单位负责人	652	833	1207	850	366	688
专业技术人员	6268	6098	8558	5216	1748	1530
办事人员和有关人员	2447	2191	3267	2122	830	888
社会生产服务和生活服务人员	11024	9790	11976	5966	1714	1350
农、林、牧、渔业生产及辅助人员	24	30	11	13	5	1
生产制造及有关人员	1057	855	668	286	88	64
不便分类的其他从业人员	16	13	17	12	5	3

9-10b　全市按户主的职业、月租房费用分的家庭户户数(镇)

单位：户

职业大类	合　计	200元以下	200-499元	500-999元	1000-1999元
总　计	**15407**	**314**	**2248**	**4355**	**4364**
党的机关、国家机关、群众团体和社会组织、企事业单位负责人	433	3	21	57	78
专业技术人员	2080	31	104	315	612
办事人员和有关人员	1177	28	87	198	308
社会生产服务和生活服务人员	8863	149	1235	2775	2733
农、林、牧、渔业生产及辅助人员	62	4	16	16	13
生产制造及有关人员	2786	99	785	993	620
不便分类的其他从业人员	6			1	

9-10b　续表

单位：户

职业大类	2000-2999元	3000-3999元	4000-5999元	6000-7999元	8000-9999元	10000元及以上
总　计	**1674**	**1501**	**785**	**75**	**37**	**54**
党的机关、国家机关、群众团体和社会组织、企事业单位负责人	79	117	54	6	6	12
专业技术人员	341	387	255	19	4	12
办事人员和有关人员	285	174	77	7	8	5
社会生产服务和生活服务人员	815	710	362	40	19	25
农、林、牧、渔业生产及辅助人员	5	7	1			
生产制造及有关人员	148	105	33	3		
不便分类的其他从业人员	1	1	3			

9-10c 全市按户主的职业、月租房费用分的家庭户户数(乡村)

单位：户

职业大类	合 计	200元以下	200-499元	500-999元	1000-1999元
总 计	**26967**	**659**	**8306**	**10064**	**4932**
党的机关、国家机关、群众团体和社会组织、企事业单位负责人	570	7	82	131	164
专业技术人员	2253	25	272	692	681
办事人员和有关人员	1161	26	235	380	262
社会生产服务和生活服务人员	14023	278	3899	5398	2830
农、林、牧、渔业生产及辅助人员	661	82	318	154	71
生产制造及有关人员	8292	241	3497	3309	920
不便分类的其他从业人员	7		3		4

9-10c 续表

单位：户

职业大类	2000-2999元	3000-3999元	4000-5999元	6000-7999元	8000-9999元	10000元及以上
总 计	**1417**	**931**	**536**	**50**	**18**	**54**
党的机关、国家机关、群众团体和社会组织、企事业单位负责人	87	48	38	3	4	6
专业技术人员	213	231	125	7	1	6
办事人员和有关人员	118	78	51	3	3	5
社会生产服务和生活服务人员	767	494	285	31	9	32
农、林、牧、渔业生产及辅助人员	25	6	2	2		1
生产制造及有关人员	207	74	35	4	1	4
不便分类的其他从业人员						

9-11　全市按户主的职业分的家庭户住房状况

职业大类	户　数 (户)	人　数 (人)	平均每户住房间数 (间/户)	人均住房建筑面积 (平方米/人)	人均住房间　数 (间/人)
总　计	**441238**	**1063809**	**2.11**	**31.19**	**0.88**
党的机关、国家机关、群众团体和社会组织、企事业单位负责人	21754	59625	2.48	38.51	0.90
专业技术人员	112493	281132	2.09	32.30	0.84
办事人员和有关人员	67476	175634	2.30	33.70	0.88
社会生产服务和生活服务人员	187716	430255	2.00	29.28	0.87
农、林、牧、渔业生产及辅助人员	7057	19826	3.86	40.24	1.37
生产制造及有关人员	44368	96439	1.90	25.49	0.88
不便分类的其他从业人员	374	898	2.05	30.56	0.85

9-11a　全市按户主的职业分的家庭户住房状况(城市)

职业大类	户　数 (户)	人　数 (人)	平均每户住房间数 (间/户)	人均住房建筑面积 (平方米/人)	人均住房间　数 (间/人)
总　计	**357179**	**866740**	**1.98**	**30.40**	**0.82**
党的机关、国家机关、群众团体和社会组织、企事业单位负责人	19208	53038	2.40	37.92	0.87
专业技术人员	103539	260391	2.07	32.01	0.82
办事人员和有关人员	59909	155998	2.18	32.87	0.84
社会生产服务和生活服务人员	146067	333970	1.82	28.06	0.80
农、林、牧、渔业生产及辅助人员	780	2119	2.79	33.30	1.03
生产制造及有关人员	27330	60396	1.69	23.30	0.77
不便分类的其他从业人员	346	828	2.04	30.54	0.85

9-11b 全市按户主的职业分的家庭户住房状况(镇)

职业大类	户 数 (户)	人 数 (人)	平均每户 住房间数 (间/户)	人均住房 建筑面积 (平方米/人)	人均住房 间 数 (间/人)
总 计	**27759**	**62474**	**2.13**	**32.02**	**0.95**
党的机关、国家机关、群众团体和社会组织、企事业单位负责人	1180	3055	2.66	43.92	1.03
专业技术人员	4500	10616	2.11	35.05	0.90
办事人员和有关人员	3021	7424	2.41	36.15	0.98
社会生产服务和生活服务人员	14218	30614	2.01	29.99	0.94
农、林、牧、渔业生产及辅助人员	632	1847	3.49	37.15	1.19
生产制造及有关人员	4197	8884	1.97	26.84	0.93
不便分类的其他从业人员	11	34	2.18	26.71	0.71

9-11c 全市按户主的职业分的家庭户住房状况(乡村)

职业大类	户 数 (户)	人 数 (人)	平均每户 住房间数 (间/户)	人均住房 建筑面积 (平方米/人)	人均住房 间 数 (间/人)
总 计	**56300**	**134595**	**2.96**	**35.89**	**1.24**
党的机关、国家机关、群众团体和社会组织、企事业单位负责人	1366	3532	3.45	42.85	1.33
专业技术人员	4454	10125	2.67	36.81	1.17
办事人员和有关人员	4546	12212	3.79	42.83	1.41
社会生产服务和生活服务人员	27431	65671	2.91	35.20	1.22
农、林、牧、渔业生产及辅助人员	5645	15860	4.04	41.52	1.44
生产制造及有关人员	12841	27159	2.33	29.92	1.10
不便分类的其他从业人员	17	36	2.06	34.78	0.97

9–12 全市按户主的职业、人均住房建筑面积分的家庭户户数

单位：户

职业大类	合 计	人均住房建筑面积(平方米)			
		8及以下	9–12	13–16	17–19
总 计	**441238**	**27267**	**37711**	**41980**	**27751**
党的机关、国家机关、群众团体和社会组织、企事业单位负责人	21754	461	746	1253	1149
专业技术人员	112493	2158	5190	8810	7925
办事人员和有关人员	67476	1688	2937	4672	4220
社会生产服务和生活服务人员	187716	16753	20774	20194	11698
农、林、牧、渔业生产及辅助人员	7057	164	299	441	176
生产制造及有关人员	44368	6019	7739	6576	2555
不便分类的其他从业人员	374	24	26	34	28

9–12 续表

单位：户

职业大类	人均住房建筑面积(平方米)					
	20–29	30–39	40–49	50–59	60–69	70及以上
总 计	**104871**	**64629**	**46855**	**25573**	**18912**	**45689**
党的机关、国家机关、群众团体和社会组织、企事业单位负责人	4957	3693	2886	1709	1217	3683
专业技术人员	29661	19030	13927	7583	5409	12800
办事人员和有关人员	17144	11809	8817	4693	3361	8135
社会生产服务和生活服务人员	42690	24473	17288	9490	7142	17214
农、林、牧、渔业生产及辅助人员	1304	1123	1081	642	572	1255
生产制造及有关人员	9029	4442	2815	1435	1192	2566
不便分类的其他从业人员	86	59	41	21	19	36

9-12a 全市按户主的职业、人均住房建筑面积分的家庭户户数(城市)

单位：户

职业大类	合 计	人均住房建筑面积(平方米)			
		8及以下	9-12	13-16	17-19
总 计	**357179**	**21366**	**28270**	**31822**	**23290**
党的机关、国家机关、群众团体和社会组织、企事业单位负责人	19208	395	617	1099	1042
专业技术人员	103539	1860	4616	7991	7313
办事人员和有关人员	59909	1491	2531	4103	3871
社会生产服务和生活服务人员	146067	13418	15676	14789	9333
农、林、牧、渔业生产及辅助人员	780	52	47	63	36
生产制造及有关人员	27330	4126	4761	3744	1668
不便分类的其他从业人员	346	24	22	33	27

9-12a 续表

单位：户

职业大类	人均住房建筑面积(平方米)					
	20-29	30-39	40-49	50-59	60-69	70及以上
总 计	**88202**	**54820**	**38766**	**20596**	**14794**	**35253**
党的机关、国家机关、群众团体和社会组织、企事业单位负责人	4430	3328	2601	1503	1059	3134
专业技术人员	27498	17865	12889	7018	4998	11491
办事人员和有关人员	15568	10718	7853	4089	2889	6796
社会生产服务和生活服务人员	34526	19827	13570	7172	5203	12553
农、林、牧、渔业生产及辅助人员	192	118	109	53	31	79
生产制造及有关人员	5907	2912	1708	743	596	1165
不便分类的其他从业人员	81	52	36	18	18	35

9-12b　全市按户主的职业、人均住房建筑面积分的家庭户户数(镇)

单位：户

职业大类	合　计	人均住房建筑面积(平方米)			
		8及以下	9-12	13-16	17-19
总　计	**27759**	**2023**	**2782**	**3616**	**1887**
党的机关、国家机关、群众团体和社会组织、企事业单位负责人	1180	28	38	47	56
专业技术人员	4500	108	207	378	321
办事人员和有关人员	3021	67	153	240	179
社会生产服务和生活服务人员	14218	1298	1643	2219	1056
农、林、牧、渔业生产及辅助人员	632	15	25	44	20
生产制造及有关人员	4197	507	715	687	254
不便分类的其他从业人员	11		1	1	1

9-12b　续表

单位：户

职业大类	人均住房建筑面积(平方米)					
	20-29	30-39	40-49	50-59	60-69	70及以上
总　计	**5841**	**3222**	**2818**	**1405**	**1107**	**3058**
党的机关、国家机关、群众团体和社会组织、企事业单位负责人	261	180	154	84	70	262
专业技术人员	1130	606	601	282	198	669
办事人员和有关人员	749	436	419	205	141	432
社会生产服务和生活服务人员	2813	1464	1259	630	531	1305
农、林、牧、渔业生产及辅助人员	122	119	96	46	42	103
生产制造及有关人员	764	414	286	158	125	287
不便分类的其他从业人员	2	3	3			

9-12c 全市按户主的职业、人均住房建筑面积分的家庭户户数(乡村)

单位：户

职业大类	合　计	人均住房建筑面积(平方米)			
		8及以下	9-12	13-16	17-19
总　计	**56300**	**3878**	**6659**	**6542**	**2574**
党的机关、国家机关、群众团体和社会组织、企事业单位负责人	1366	38	91	107	51
专业技术人员	4454	190	367	441	291
办事人员和有关人员	4546	130	253	329	170
社会生产服务和生活服务人员	27431	2037	3455	3186	1309
农、林、牧、渔业生产及辅助人员	5645	97	227	334	120
生产制造及有关人员	12841	1386	2263	2145	633
不便分类的其他从业人员	17		3		

9-12c 续表

单位：户

职业大类	人均住房建筑面积(平方米)					
	20-29	30-39	40-49	50-59	60-69	70及以上
总　计	**10828**	**6587**	**5271**	**3572**	**3011**	**7378**
党的机关、国家机关、群众团体和社会组织、企事业单位负责人	266	185	131	122	88	287
专业技术人员	1033	559	437	283	213	640
办事人员和有关人员	827	655	545	399	331	907
社会生产服务和生活服务人员	5351	3182	2459	1688	1408	3356
农、林、牧、渔业生产及辅助人员	990	886	876	543	499	1073
生产制造及有关人员	2358	1116	821	534	471	1114
不便分类的其他从业人员	3	4	2	3	1	1

9-13　各地区按拥有全部家用汽车总价分的家庭户户数

单位：户

地　区	合　计	不　满 10万元	10万元以上， 不满20万元	20万元以上， 不满30万元	30万元以上， 不满50万元	50万元以上， 不满100万元	100万元 及以上	没有汽车
北　　京	**772865**	**64678**	**149345**	**84622**	**51470**	**19809**	**5567**	**397374**
东 城 区	27524	1314	4771	3482	2237	888	190	14642
西 城 区	41922	1815	7674	5808	3629	1306	288	21402
朝 阳 区	135425	6249	22567	16635	10838	4480	1468	73188
丰 台 区	79216	4679	15074	9216	5526	1915	458	42348
石景山区	21134	1298	4498	2543	1410	411	77	10897
海 淀 区	104641	5189	19331	14266	9503	3970	1111	51271
门头沟区	14887	1462	3026	1253	603	209	42	8292
房 山 区	42508	6463	9979	3581	1884	552	140	19909
通 州 区	59315	4929	12150	5842	3109	1018	249	32018
顺 义 区	48478	6691	9756	4161	2701	1197	479	23493
昌 平 区	78470	6761	14512	7167	4011	1502	359	44158
大 兴 区	59008	6025	13354	6761	4030	1735	519	26584
怀 柔 区	14369	2316	3009	1055	603	217	65	7104
平 谷 区	15411	3767	3693	907	409	134	33	6468
密 云 区	18791	3336	3788	1141	600	177	57	9692
延 庆 区	11766	2384	2163	804	377	98	32	5908

9-13a　各地区按拥有全部家用汽车总价分的家庭户户数(城市)

单位：户

地　区	合　计	不　满 10万元	10万元以上， 不满20万元	20万元以上， 不满30万元	30万元以上， 不满50万元	50万元以上， 不满100万元	100万元 及以上	没有汽车
北　　京	**628559**	**40044**	**120734**	**76270**	**47338**	**18195**	**5046**	**320932**
东 城 区	27524	1314	4771	3482	2237	888	190	14642
西 城 区	41922	1815	7674	5808	3629	1306	288	21402
朝 阳 区	134633	6203	22389	16538	10776	4462	1463	72802
丰 台 区	78336	4548	14888	9126	5491	1903	457	41923
石景山区	21134	1298	4498	2543	1410	411	77	10897
海 淀 区	102115	4854	18730	14053	9377	3932	1101	50068
门头沟区	12214	1052	2634	1166	573	194	41	6554
房 山 区	30051	3705	7419	3028	1643	459	118	13679
通 州 区	34052	1741	6580	4180	2342	756	156	18297
顺 义 区	25814	2551	5353	2940	2001	947	333	11689
昌 平 区	48290	3118	9084	5042	2884	983	203	26976
大 兴 区	41384	2857	8856	5414	3419	1488	468	18882
怀 柔 区	9246	1289	2045	819	474	168	54	4397
平 谷 区	7518	1546	2099	642	300	95	24	2812
密 云 区	9602	1470	2543	942	506	141	50	3950
延 庆 区	4724	683	1171	547	276	62	23	1962

9-13b 各地区按拥有全部家用汽车总价分的家庭户户数(镇)

单位：户

地　区	合　计	不　满 10万元	10万元以上， 不满20万元	20万元以上， 不满30万元	30万元以上， 不满50万元	50万元以上， 不满100万元	100万元 及以上	没有汽车
北　京	**45863**	**5691**	**9158**	**3464**	**1768**	**777**	**304**	**24701**
东城区								
西城区								
朝阳区	792	46	178	97	62	18	5	386
丰台区	421	29	62	50	23	6		251
石景山区								
海淀区								
门头沟区	1205	168	213	71	16	8	1	728
房山区	3088	633	651	134	44	26	7	1593
通州区	8822	810	1995	741	325	127	55	4769
顺义区	5844	888	976	329	210	89	92	3260
昌平区	14227	1122	2528	1227	711	347	110	8182
大兴区	4890	582	1307	539	266	113	24	2059
怀柔区	1240	227	296	79	30	18	6	584
平谷区	1638	426	407	83	30	10	1	681
密云区	2088	409	290	47	27	6		1309
延庆区	1608	351	255	67	24	9	3	899

9-13c 各地区按拥有全部家用汽车总价分的家庭户户数(乡村)

单位：户

地　区	合　计	不　满 10万元	10万元以上， 不满20万元	20万元以上， 不满30万元	30万元以上， 不满50万元	50万元以上， 不满100万元	100万元 及以上	没有汽车
北　京	**98443**	**18943**	**19453**	**4888**	**2364**	**837**	**217**	**51741**
东城区								
西城区								
朝阳区								
丰台区	459	102	124	40	12	6	1	174
石景山区								
海淀区	2526	335	601	213	126	38	10	1203
门头沟区	1468	242	179	16	14	7		1010
房山区	9369	2125	1909	419	197	67	15	4637
通州区	16441	2378	3575	921	442	135	38	8952
顺义区	16820	3252	3427	892	490	161	54	8544
昌平区	15953	2521	2900	898	416	172	46	9000
大兴区	12734	2586	3191	808	345	134	27	5643
怀柔区	3883	800	668	157	99	31	5	2123
平谷区	6255	1795	1187	182	79	29	8	2975
密云区	7101	1457	955	152	67	30	7	4433
延庆区	5434	1350	737	190	77	27	6	3047

第三部分

乡镇街道数据资料

表1　各地区户数

单位：户、人

地　区	户　数			人　口　数			平均家庭户规模（人/户）
	合计	家庭户	集体户	合计	家庭户	集体户	
北　京	**9137928**	**8230792**	**907136**	**21893095**	**19014338**	**2878757**	**2.31**
东城区	**299866**	**285543**	**14323**	**708829**	**664218**	**44611**	**2.33**
东华门街道	16068	14802	1266	38090	34035	4055	2.30
景山街道	11668	11259	409	25374	24087	1287	2.14
交道口街道	13569	12606	963	31951	29210	2741	2.32
安定门街道	14638	14102	536	32173	30420	1753	2.16
北新桥街道	23458	22618	840	55449	52705	2744	2.33
东四街道	13849	13226	623	33670	31577	2093	2.39
朝阳门街道	12690	12159	531	30473	28941	1532	2.38
建国门街道	14152	13348	804	33094	29646	3448	2.22
东直门街道	19593	18491	1102	46712	43362	3350	2.35
和平里街道	42957	40606	2351	102227	95646	6581	2.36
前门街道	3947	3483	464	9081	7406	1675	2.13
崇文门外街道	18086	17169	917	44545	41885	2660	2.44
东花市街道	19151	18253	898	47864	45214	2650	2.48
龙潭街道	21593	20832	761	53930	51571	2359	2.48
体育馆路街道	14941	14430	511	31977	30552	1425	2.12
天坛街道	12321	12009	312	27429	26524	905	2.21
永定门外街道	27185	26150	1035	64790	61437	3353	2.35
西城区	**460843**	**440708**	**20135**	**1106214**	**1044441**	**61773**	**2.37**
西长安街街道	14549	13946	603	36645	33347	3298	2.39
新街口街道	35197	33620	1577	84866	79589	5277	2.37
月坛街道	41604	40007	1597	97771	94408	3363	2.36
展览路街道	46772	44183	2589	114831	106337	8494	2.41
德胜街道	46294	44751	1543	116338	112360	3978	2.51
金融街街道	21858	19910	1948	54849	48468	6381	2.43
什刹海街道	32684	31107	1577	75447	70348	5099	2.26
大栅栏街道	14022	13292	730	28985	26801	2184	2.02
天桥街道	15157	14487	670	34427	32172	2255	2.22
椿树街道	11342	10882	460	27417	25713	1704	2.36
陶然亭街道	17092	16507	585	42231	40476	1755	2.45
广安门内街道	26443	25336	1107	60318	56792	3526	2.24

表1 续表 1

单位：户、人

地 区	户 数			人 口 数			平均家庭户规模（人/户）
	合计	家庭户	集体户	合计	家庭户	集体户	
牛街街道	21030	20202	828	51410	48359	3051	2.39
白纸坊街道	34656	33765	891	82022	79828	2194	2.36
广安门外街道	82143	78713	3430	198657	189443	9214	2.41
朝阳区	**1562291**	**1465020**	**97271**	**3452460**	**3167579**	**284881**	**2.16**
建外街道	16736	15902	834	36414	33308	3106	2.09
朝外街道	14786	13506	1280	33212	29291	3921	2.17
呼家楼街道	23932	22186	1746	53018	47558	5460	2.14
三里屯街道	14332	13707	625	32347	30250	2097	2.21
左家庄街道	33014	32140	874	70245	67453	2792	2.10
香河园街道	19122	18481	641	43002	41205	1797	2.23
和平街街道	36866	31602	5264	81180	67289	13891	2.13
安贞街道	25192	24160	1032	57016	53679	3337	2.22
亚运村街道	29723	27174	2549	67745	60356	7389	2.22
小关街道	25591	21390	4201	61966	47702	14264	2.23
酒仙桥街道	28785	27331	1454	63910	59221	4689	2.17
麦子店街道	13817	12878	939	30143	27343	2800	2.12
团结湖街道	15568	14604	964	32091	29633	2458	2.03
六里屯街道	35194	33197	1997	75229	69770	5459	2.10
八里庄街道	44875	42785	2090	98084	92164	5920	2.15
双井街道	44999	43346	1653	93962	89045	4917	2.05
劲松街道	47928	44929	2999	103316	95359	7957	2.12
潘家园街道	44339	42467	1872	100272	94382	5890	2.22
垡头街道	35077	34006	1071	78952	76030	2922	2.24
南磨房地区	57997	54629	3368	127268	116791	10477	2.14
高碑店地区	52419	50134	2285	109631	102948	6683	2.05
将台地区	25287	23416	1871	53714	48879	4835	2.09
太阳宫地区	36337	34062	2275	86935	80503	6432	2.36
大屯街道	54695	50915	3780	132457	118815	13642	2.33
望京街道	61061	57570	3491	146220	135428	10792	2.35
小红门地区	38189	36902	1287	83675	79442	4233	2.15
十八里店地区	95377	91891	3486	178177	168433	9744	1.83
平房地区	42039	40035	2004	85581	79974	5607	2.00

表1　续表 2　　　　单位：户、人

地　　区	户　数			人　口　数			平均家庭户规模（人/户）
	合计	家庭户	集体户	合计	家庭户	集体户	
东风地区	29239	27754	1485	63236	59035	4201	2.13
奥运村街道	47218	43948	3270	109688	101464	8224	2.31
来广营地区	69973	65639	4334	163970	151349	12621	2.31
常营地区	47482	43955	3527	113891	103386	10505	2.35
三间房地区	49268	42464	6804	109672	90941	18731	2.14
管庄地区	40197	38002	2195	93273	87816	5457	2.31
金盏地区	43283	40969	2314	82756	75628	7128	1.85
孙河地区	12471	11016	1455	31288	26061	5227	2.37
崔各庄地区	53566	48097	5469	107029	92870	14159	1.93
东坝地区	52205	49447	2758	124163	117128	7035	2.37
黑庄户地区	21616	20487	1129	49983	45768	4215	2.23
豆各庄地区	22140	20697	1443	53766	48880	4886	2.36
王四营地区	25852	23947	1905	54679	49242	5437	2.06
东湖街道	26362	25771	591	62467	60608	1859	2.35
首都机场街道	8142	7482	660	16837	15152	1685	2.03
丰台区	**872901**	**828157**	**44744**	**2019764**	**1889810**	**129954**	**2.28**
右安门街道	30987	28287	2700	73499	65157	8342	2.30
太平桥街道	31274	29157	2117	74275	68114	6161	2.34
西罗园街道	35915	34899	1016	83815	80816	2999	2.32
大红门街道	77706	74978	2728	177946	170077	7869	2.27
南苑街道	27942	27148	794	61926	59727	2199	2.20
东高地街道	19309	18447	862	42705	40613	2092	2.20
东铁匠营街道	68166	65793	2373	152873	146766	6107	2.23
卢沟桥街道	97801	94937	2864	223304	215041	8263	2.27
丰台街道	57047	55000	2047	137290	131374	5916	2.39
新村街道	88680	80498	8182	204697	180892	23805	2.25
长辛店街道	38125	37051	1074	85636	82577	3059	2.23
云岗街道	15032	14004	1028	34537	32087	2450	2.29
方庄地区	32545	31329	1216	74999	71161	3838	2.27
宛平城地区	20025	18947	1078	46208	42376	3832	2.24
马家堡街道	48014	46619	1395	111470	106844	4626	2.29
和义街道	17137	16841	296	40108	39242	866	2.33

表1 续表 3

单位：户、人

地区	户数			人口数			平均家庭户规模（人/户）
	合计	家庭户	集体户	合计	家庭户	集体户	
卢沟桥地区	48874	45248	3626	112087	102922	9165	2.27
花乡地区	50995	46335	4660	119171	106543	12628	2.30
南苑地区	28123	25700	2423	59408	53096	6312	2.07
长辛店镇	19342	18219	1123	44358	40142	4216	2.20
王佐镇	19862	18720	1142	59452	54243	5209	2.90
石景山区	**237695**	**222821**	**14874**	**567851**	**522548**	**45303**	**2.35**
八宝山街道	24628	24095	533	61211	59469	1742	2.47
老山街道	16918	15232	1686	40023	35683	4340	2.34
八角街道	45406	41150	4256	110929	96886	14043	2.35
古城街道	29200	26232	2968	67685	58992	8693	2.25
苹果园街道	40385	38548	1837	97543	91016	6527	2.36
金顶街街道	27923	27051	872	67734	65473	2261	2.42
广宁街道	6972	6756	216	14684	14035	649	2.08
五里坨街道	18345	17092	1253	41248	37434	3814	2.19
鲁谷街道	27918	26665	1253	66794	63560	3234	2.38
海淀区	**1278799**	**1118037**	**160762**	**3133469**	**2602895**	**530574**	**2.33**
万寿路街道	46186	44030	2156	121453	112517	8936	2.56
永定路街道	35824	33701	2123	90879	84230	6649	2.50
羊坊店街道	47710	45580	2130	120302	113045	7257	2.48
甘家口街道	45730	40583	5147	117946	100072	17874	2.47
八里庄街道	52977	48176	4801	133400	116108	17292	2.41
紫竹院街道	49938	37569	12369	129367	89653	39714	2.39
北下关街道	58070	47136	10934	146366	111697	34669	2.37
北太平庄街道	65549	53747	11802	163920	123115	40805	2.29
学院路街道	79254	58556	20698	226315	136643	89672	2.33
中关村街道	56833	52039	4794	130672	119121	11551	2.29
海淀街道	50371	42605	7766	123191	100505	22686	2.36
青龙桥街道	39664	36502	3162	84221	74539	9682	2.04
清华园街道	23663	13365	10298	56592	29329	27263	2.19
燕园街道	12500	4690	7810	29779	10530	19249	2.25
香山街道	15451	14792	659	27614	25582	2032	1.73
清河街道	65424	63927	1497	147395	142868	4527	2.23

表1　续表 4　　　　单位：户、人

地　区	户　数			人　口　数			平均家庭户规模（人/户）
	合计	家庭户	集体户	合计	家庭户	集体户	
花园路街道	55358	43970	11388	139362	106521	32841	2.42
西三旗街道	63058	58004	5054	157643	140828	16815	2.43
马连洼街道	51260	47591	3669	119022	107317	11705	2.25
田村路街道	45216	43678	1538	108088	101868	6220	2.33
上地街道	25832	20493	5339	67139	48649	18490	2.37
万柳地区	634	353	281	2022	799	1223	2.26
东升地区	23390	20375	3015	58151	49699	8452	2.44
曙光街道	31524	29926	1598	86181	80404	5777	2.69
温泉地区	29947	28365	1582	69165	62946	6219	2.22
四季青地区	70822	65772	5050	162700	145680	17020	2.21
西北旺地区	79418	69851	9567	164795	140641	24154	2.01
苏家坨地区	27735	24686	3049	78235	62118	16117	2.52
上庄地区	29461	27975	1486	71554	65871	5683	2.35
门头沟区	**167059**	**155912**	**11147**	**392606**	**355253**	**37353**	**2.28**
大峪街道	35911	33598	2313	87097	79488	7609	2.37
城子街道	18753	17706	1047	44644	41323	3321	2.33
东辛房街道	15725	14632	1093	36076	32704	3372	2.24
大台街道	1866	1674	192	3728	3095	633	1.85
王平地区	3322	3059	263	7013	6150	863	2.01
永定地区	42813	39269	3544	106112	93128	12984	2.37
龙泉地区	23301	21871	1430	52072	47536	4536	2.17
潭柘寺镇	4491	4094	397	11053	9843	1210	2.40
军庄镇	6661	6283	378	16128	14803	1325	2.36
雁翅镇	2678	2600	78	5160	4952	208	1.90
斋堂镇	3684	3540	144	7486	7038	448	1.99
清水镇	3131	3026	105	6025	5723	302	1.89
妙峰山镇	4723	4560	163	10012	9470	542	2.08
房山区	**508475**	**454271**	**54204**	**1312778**	**1131310**	**181468**	**2.49**
城关街道	46266	41516	4750	121242	103658	17584	2.50
新镇街道	4853	4097	756	10681	8513	2168	2.08
向阳街道	7682	6944	738	19142	16575	2567	2.39
东风街道	10090	9079	1011	22556	19287	3269	2.12

表1 续表 5

单位：户、人

地　区	户数			人口数			平均家庭户规模（人/户）
	合计	家庭户	集体户	合计	家庭户	集体户	
迎风街道	15653	13795	1858	34721	29319	5402	2.13
星城街道	9064	8371	693	21663	19490	2173	2.33
良乡地区	8153	7578	575	24317	21174	3143	2.79
周口店地区	15647	14898	749	41868	39175	2693	2.63
琉璃河地区	24208	22649	1559	66787	60150	6637	2.66
拱辰街道	88413	70934	17479	214622	162757	51865	2.29
西潞街道	28324	25483	2841	75903	66525	9378	2.61
阎村镇	30129	27511	2618	77621	67016	10605	2.44
窦店镇	35527	31833	3694	96184	82291	13893	2.59
石楼镇	11054	10484	570	32131	30051	2080	2.87
长阳镇	92844	81775	11069	241691	205737	35954	2.52
河北镇	7869	7459	410	18895	17439	1456	2.34
长沟镇	7912	7589	323	22002	20827	1175	2.74
大石窝镇	11673	11381	292	31000	29900	1100	2.63
张坊镇	7091	6864	227	18299	17531	768	2.55
十渡镇	3971	3767	204	9132	8489	643	2.25
青龙湖镇	17859	16701	1158	52319	47733	4586	2.86
韩村河镇	13474	13093	381	37435	36042	1393	2.75
霞云岭乡	2323	2310	13	4885	4856	29	2.10
南窖乡	1527	1476	51	3190	3010	180	2.04
佛子庄乡	2631	2567	64	6183	5861	322	2.28
大安山乡	1488	1387	101	2871	2522	349	1.82
史家营乡	1596	1584	12	3364	3333	31	2.10
蒲洼乡	1154	1146	8	2074	2049	25	1.79
通州区	**745543**	**639191**	**106352**	**1840295**	**1494172**	**346123**	**2.34**
中仓街道	28523	25018	3505	66803	55416	11387	2.22
新华街道	15066	11549	3517	37286	26471	10815	2.29
北苑街道	43667	37212	6455	108840	87606	21234	2.35
玉桥街道	44291	38128	6163	115813	95923	19890	2.52
潞源街道	3432	1956	1476	8472	4127	4345	2.11
通运街道	19120	16082	3038	49613	39801	9812	2.47
宋庄镇	60792	54713	6079	145247	125525	19722	2.29

表1　续表 6　　单位：户、人

地　区	户　数			人　口　数			平均家庭户规模（人/户）
	合计	家庭户	集体户	合计	家庭户	集体户	
张家湾镇	51589	46841	4748	127992	109464	18528	2.34
漷县镇	26093	24529	1564	68466	63257	5209	2.58
马驹桥镇	67539	50843	16696	175794	120194	55600	2.36
西集镇	17608	16948	660	46678	44281	2397	2.61
台湖镇	71406	62565	8841	151735	125497	26238	2.01
永乐店镇	15937	15344	593	43308	40900	2408	2.67
潞城镇	27035	22906	4129	69288	55718	13570	2.43
永顺镇	127669	107079	20590	304781	237229	67552	2.22
梨园镇	114803	96957	17846	285445	230168	55277	2.37
于家务回族乡	10973	10521	452	34734	32595	2139	3.10
顺义区	**559147**	**510917**	**48230**	**1324044**	**1177328**	**146716**	**2.30**
胜利街道	18163	16480	1683	46494	41107	5387	2.49
光明街道	26129	23815	2314	70609	63901	6708	2.68
仁和地区	30438	26531	3907	67391	55133	12258	2.08
后沙峪地区	33836	29738	4098	74841	62494	12347	2.10
天竺地区	14761	13025	1736	32979	27254	5725	2.09
杨镇地区	23514	19784	3730	64578	53103	11475	2.68
牛栏山地区	21349	18527	2822	54687	45921	8766	2.48
南法信地区	31303	28635	2668	54195	47081	7114	1.64
马坡地区	17739	16813	926	38547	35902	2645	2.14
石园街道	25442	23012	2430	68302	61093	7209	2.65
空港街道	40113	35780	4333	99297	85967	13330	2.40
双丰街道	27182	25085	2097	68176	61367	6809	2.45
旺泉街道	37809	34619	3190	94415	84555	9860	2.44
高丽营镇	39500	36405	3095	80840	71041	9799	1.95
李桥镇	46645	43688	2957	97059	88836	8223	2.03
李遂镇	8821	8376	445	22538	21207	1331	2.53
南彩镇	33769	32328	1441	73163	68781	4382	2.13
北务镇	5510	5156	354	13980	13001	979	2.52
大孙各庄镇	8817	8433	384	23712	22614	1098	2.68
张　镇	9372	8958	414	24795	23559	1236	2.63
龙湾屯镇	5349	5121	228	14212	13409	803	2.62

表1 续表 7　　单位：户、人

地 区	户 数			人 口 数			平均家庭户规模（人/户）
	合计	家庭户	集体户	合计	家庭户	集体户	
木林镇	12748	12317	431	34114	32747	1367	2.66
北小营镇	14988	14187	801	42805	39785	3020	2.80
北石槽镇	5594	5402	192	15109	14517	592	2.69
赵全营镇	20256	18702	1554	47206	42953	4253	2.30
昌平区	**962252**	**815773**	**146479**	**2269487**	**1819742**	**449745**	**2.23**
城北街道	91010	77207	13803	228561	184469	44092	2.39
南口地区	33090	26105	6985	82146	59450	22696	2.28
马池口地区	37833	34476	3357	87506	76328	11178	2.21
沙河地区	132300	104449	27851	294408	213707	80701	2.05
城南街道	35538	29165	6373	88963	68471	20492	2.35
东小口地区	46193	40648	5545	85874	70165	15709	1.73
天通苑北街道	50728	40637	10091	142707	106390	36317	2.62
天通苑南街道	46304	40576	5728	116529	98017	18512	2.42
霍营街道	36365	30935	5430	93545	78316	15229	2.53
回龙观街道	68502	56856	11646	166074	134073	32001	2.36
龙泽园街道	70249	57172	13077	181906	144842	37064	2.53
史各庄街道	27301	17678	9623	64910	33681	31229	1.91
阳坊镇	10231	9087	1144	26470	22286	4184	2.45
小汤山镇	36217	33342	2875	80273	71230	9043	2.14
南邵镇	27996	24823	3173	65403	55864	9539	2.25
崔村镇	9149	8534	615	24630	21761	2869	2.55
百善镇	17544	16840	704	36546	34482	2064	2.05
北七家镇	151639	136321	15318	308907	265959	42948	1.95
兴寿镇	12019	11217	802	34139	28996	5143	2.59
流村镇	6644	6334	310	18139	15972	2167	2.52
十三陵镇	12164	10196	1968	34085	27731	6354	2.72
延寿镇	3236	3175	61	7766	7552	214	2.38
大兴区	**791632**	**660307**	**131325**	**1993591**	**1579029**	**414562**	**2.39**
兴丰街道	30545	26778	3767	79851	67771	12080	2.53
林校路街道	30158	25313	4845	81389	65589	15800	2.59
清源街道	54768	45785	8983	147810	118778	29032	2.59
亦庄地区	41759	34804	6955	108255	86095	22160	2.47

表1　续表 8　　　　单位：户、人

地　区	户　数			人　口　数			平均家庭户规模（人/户）
	合计	家庭户	集体户	合计	家庭户	集体户	
黄村地区	79843	65627	14216	176890	132361	44529	2.02
旧宫地区	77533	64784	12749	189300	149157	40143	2.30
西红门地区	77905	65406	12499	179974	140745	39229	2.15
瀛海地区	40270	33360	6910	102463	81553	20910	2.44
观音寺街道	41304	34560	6744	111225	85574	25651	2.48
天宫院街道	32607	27028	5579	87415	68577	18838	2.54
高米店街道	37400	31345	6055	99959	80526	19433	2.57
青云店镇	30227	28530	1697	69612	64129	5483	2.25
采育镇	20882	18495	2387	54690	46489	8201	2.51
安定镇	9764	9376	388	30764	29088	1676	3.10
礼贤镇	14263	11028	3235	40930	31545	9385	2.86
榆垡镇	27140	21092	6048	71812	54887	16925	2.60
庞各庄镇	27995	24138	3857	74912	63768	11144	2.64
北臧村镇	16725	15961	764	35391	33123	2268	2.08
魏善庄镇	16084	15057	1027	46661	42331	4330	2.81
长子营镇	13115	12472	643	34588	32697	1891	2.62
中关村国家自主创新示范区大兴生物医药产业基地	4515	2616	1899	10201	4861	5340	1.86
国家新媒体产业基地	5062	3115	1947	9827	4837	4990	1.55
大兴国际机场(大兴部分)	1171	765	406	1527	794	733	1.04
北京经济技术开发区	60597	42872	17725	148145	93754	54391	2.19
怀柔区	**171483**	**153338**	**18145**	**441040**	**366957**	**74083**	**2.39**
泉河街道	30269	26560	3709	78632	66458	12174	2.50
龙山街道	28935	25943	2992	74596	63246	11350	2.44
怀柔地区	16766	14508	2258	41990	32222	9768	2.22
雁栖地区	15674	13773	1901	38483	31270	7213	2.27
庙城地区	16942	15092	1850	40883	35007	5876	2.32
北房镇	13086	11829	1257	33712	29526	4186	2.50
杨宋镇	12791	11414	1377	31270	27118	4152	2.38
桥梓镇	9419	8793	626	25076	22863	2213	2.60
怀北镇	5199	4077	1122	22487	10459	12028	2.57

表1 续表 9 单位：户、人

地区	户数			人口数			平均家庭户规模（人/户）
	合计	家庭户	集体户	合计	家庭户	集体户	
汤河口镇	2445	2340	105	5445	5118	327	2.19
渤海镇	5058	4851	207	12702	11980	722	2.47
九渡河镇	5181	5023	158	12533	11994	539	2.39
琉璃庙镇	2008	1942	66	4312	4130	182	2.13
宝山镇	2737	2631	106	6246	5932	314	2.25
长哨营满族乡	2443	2397	46	5378	5249	129	2.19
喇叭沟门满族乡	1991	1955	36	4034	3930	104	2.01
北京雁栖经济开发区	539	210	329	3261	455	2806	2.17
平谷区	**171837**	**160875**	**10962**	**457313**	**420199**	**37114**	**2.61**
滨河街道	19462	17602	1860	50541	44170	6371	2.51
兴谷街道	24156	21727	2429	61949	54185	7764	2.49
渔阳地区	23756	21773	1983	62694	56251	6443	2.58
峪口地区	10682	10254	428	28385	26597	1788	2.59
马坊地区	11199	10215	984	29601	26599	3002	2.60
金海湖地区	9171	8912	259	25376	24182	1194	2.71
东高村镇	9947	9494	453	28406	27034	1372	2.85
山东庄镇	6018	5652	366	16315	15050	1265	2.66
南独乐河镇	7053	6875	178	18847	18167	680	2.64
大华山镇	5963	5817	146	15209	14746	463	2.53
夏各庄镇	9635	9039	596	26185	24191	1994	2.68
马昌营镇	6041	5743	298	16794	15594	1200	2.72
王辛庄镇	11118	10752	366	30586	29397	1189	2.73
大兴庄镇	8486	8074	412	23739	21997	1742	2.72
刘家店镇	2828	2759	69	7155	6934	221	2.51
镇罗营镇	3171	3080	91	7610	7340	270	2.38
黄松峪乡	1959	1929	30	5062	4935	127	2.56
熊儿寨乡	1192	1178	14	2859	2830	29	2.40
密云区	**209634**	**195078**	**14556**	**527683**	**481339**	**46344**	**2.47**
鼓楼街道	58168	53297	4871	154739	139500	15239	2.62
果园街道	32943	30110	2833	88764	79778	8986	2.65
檀营地区	5620	5140	480	15466	13356	2110	2.60
密云镇	8946	8219	727	20392	17722	2670	2.16
溪翁庄镇	8035	7422	613	20438	18469	1969	2.49
西田各庄镇	13225	12919	306	33702	32522	1180	2.52

表1　续表 10　　单位：户、人

地　区	户　数			人　口　数			平均家庭户规模（人/户）
	合计	家庭户	集体户	合计	家庭户	集体户	
十里堡镇	12587	11727	860	29824	27325	2499	2.33
河南寨镇	8614	8163	451	24155	22501	1654	2.76
巨各庄镇	8703	8361	342	22032	20770	1262	2.48
穆家峪镇	9666	9028	638	23084	21027	2057	2.33
太师屯镇	9858	9517	341	22388	21408	980	2.25
高岭镇	4618	4525	93	9967	9713	254	2.15
不老屯镇	5913	5723	190	12705	12153	552	2.12
冯家峪镇	2219	2162	57	4485	4338	147	2.01
古北口镇	2961	2510	451	7170	5510	1660	2.20
大城子镇	4077	3994	83	9443	9182	261	2.30
东邵渠镇	4258	4066	192	9495	8990	505	2.21
北庄镇	2563	2469	94	5993	5737	256	2.32
新城子镇	3040	2957	83	6528	6328	200	2.14
石城镇	2012	1914	98	4014	3751	263	1.96
北京密云经济开发区	1608	855	753	2899	1259	1640	1.47
延庆区	**138471**	**124844**	**13627**	**345671**	**297518**	**48153**	**2.38**
百泉街道	12891	10969	1922	36013	29510	6503	2.69
香水园街道	18440	16007	2433	48251	40371	7880	2.52
儒林街道	10735	9419	1316	28230	24109	4121	2.56
延庆镇	22186	19456	2730	54790	44461	10329	2.29
康庄镇	12942	10890	2052	32815	25449	7366	2.34
八达岭镇	3808	3457	351	10024	8529	1495	2.47
永宁镇	10316	9510	806	23483	20768	2715	2.18
旧县镇	7493	7251	242	17676	16955	721	2.34
张山营镇	9581	9040	541	24259	21144	3115	2.34
四海镇	1997	1940	57	4343	4163	180	2.15
千家店镇	2900	2783	117	6273	5917	356	2.13
沈家营镇	6831	6387	444	16661	15308	1353	2.40
大榆树镇	6763	6487	276	16166	15252	914	2.35
井庄镇	4076	3929	147	9500	9065	435	2.31
大庄科乡	1849	1790	59	4202	3978	224	2.22
刘斌堡乡	1967	1913	54	4497	4322	175	2.26
香营乡	2596	2536	60	6019	5793	226	2.28
珍珠泉乡	1100	1080	20	2469	2424	45	2.24

表2 各地区常住人口和性别比

单位：人

地区	人口数							
	常住人口				常住外来人口			
	合计	男	女	性别比(女=100)	合计	男	女	性别比(女=100)
北 京	**21893095**	**11195390**	**10697705**	**104.65**	**8418418**	**4545480**	**3872938**	**117.37**
东城区	**708829**	**343913**	**364916**	**94.24**	**158101**	**79465**	**78636**	**101.05**
东华门街道	38090	18512	19578	94.56	10175	5293	4882	108.42
景山街道	25374	12371	13003	95.14	5959	3000	2959	101.39
交道口街道	31951	15567	16384	95.01	6449	3261	3188	102.29
安定门街道	32173	15651	16522	94.73	6835	3423	3412	100.32
北新桥街道	55449	27016	28433	95.02	10609	5449	5160	105.60
东四街道	33670	16132	17538	91.98	7296	3562	3734	95.39
朝阳门街道	30473	14735	15738	93.63	5904	3003	2901	103.52
建国门街道	33094	16359	16735	97.75	8507	4654	3853	120.79
东直门街道	46712	22858	23854	95.82	11471	5992	5479	109.36
和平里街道	102227	48957	53270	91.90	20772	10162	10610	95.78
前门街道	9081	4943	4138	119.45	3360	2158	1202	179.53
崇文门外街道	44545	21218	23327	90.96	9666	4486	5180	86.60
东花市街道	47864	22789	25075	90.88	9439	4219	5220	80.82
龙潭街道	53930	25742	28188	91.32	9279	4270	5009	85.25
体育馆路街道	31977	15739	16238	96.93	8335	4307	4028	106.93
天坛街道	27429	13413	14016	95.70	6104	3081	3023	101.92
永定门外街道	64790	31911	32879	97.06	17941	9145	8796	103.97
西城区	**1106214**	**536462**	**569752**	**94.16**	**244156**	**120498**	**123658**	**97.44**
西长安街街道	36645	18241	18404	99.11	9353	5064	4289	118.07
新街口街道	84866	41780	43086	96.97	21933	11446	10487	109.14
月坛街道	97771	46523	51248	90.78	12884	5794	7090	81.72
展览路街道	114831	55045	59786	92.07	26147	12697	13450	94.40
德胜街道	116338	56701	59637	95.08	22271	10623	11648	91.20
金融街街道	54849	26707	28142	94.90	12773	6675	6098	109.46
什刹海街道	75447	37130	38317	96.90	18809	9873	8936	110.49
大栅栏街道	28985	14326	14659	97.73	9106	4682	4424	105.83
天桥街道	34427	16362	18065	90.57	5692	2726	2966	91.91
椿树街道	27417	13671	13746	99.45	6750	3600	3150	114.29
陶然亭街道	42231	20390	21841	93.36	7111	3472	3639	95.41
广安门内街道	60318	29254	31064	94.17	11784	5926	5858	101.16

表2　续表 1　　　　单位：人

地　区	人口数							
	常住人口				常住外来人口			
	合计	男	女	性别比(女=100)	合计	男	女	性别比(女=100)
牛街街道	51410	24988	26422	94.57	10920	5518	5402	102.15
白纸坊街道	82022	39657	42365	93.61	15671	7630	8041	94.89
广安门外街道	198657	95687	102970	92.93	52952	24772	28180	87.91
朝阳区	**3452460**	**1706125**	**1746335**	**97.70**	**1280747**	**647113**	**633634**	**102.13**
建外街道	36414	17981	18433	97.55	16735	8517	8218	103.64
朝外街道	33212	16075	17137	93.80	11249	5561	5688	97.77
呼家楼街道	53018	25322	27696	91.43	15201	7264	7937	91.52
三里屯街道	32347	15282	17065	89.55	7941	3792	4149	91.40
左家庄街道	70245	33273	36972	90.00	17695	7933	9762	81.26
香河园街道	43002	20318	22684	89.57	8371	3718	4653	79.91
和平街街道	81180	38210	42970	88.92	14750	6822	7928	86.05
安贞街道	57016	26910	30106	89.38	12184	5658	6526	86.70
亚运村街道	67745	32931	34814	94.59	19986	9722	10264	94.72
小关街道	61966	27708	34258	80.88	18396	7990	10406	76.78
酒仙桥街道	63910	31476	32434	97.05	22090	10909	11181	97.57
麦子店街道	30143	14382	15761	91.25	9657	4552	5105	89.17
团结湖街道	32091	14965	17126	87.38	7443	3300	4143	79.65
六里屯街道	75229	35314	39915	88.47	20030	8842	11188	79.03
八里庄街道	98084	46477	51607	90.06	30678	14121	16557	85.29
双井街道	93962	44198	49764	88.82	29476	13445	16031	83.87
劲松街道	103316	49126	54190	90.66	25555	11019	14536	75.80
潘家园街道	100272	47602	52670	90.38	27744	12686	15058	84.25
垡头街道	78952	38656	40296	95.93	20279	9386	10893	86.17
南磨房地区	127268	62372	64896	96.11	44119	21183	22936	92.36
高碑店地区	109631	54552	55079	99.04	46698	23605	23093	102.22
将台地区	53714	26860	26854	100.02	23592	12204	11388	107.17
太阳宫地区	86935	41844	45091	92.80	25324	11781	13543	86.99
大屯街道	132457	62714	69743	89.92	40242	18209	22033	82.64
望京街道	146220	70244	75976	92.46	48249	22770	25479	89.37
小红门地区	83675	43512	40163	108.34	44109	24203	19906	121.59
十八里店地区	178177	100093	78084	128.19	120443	71746	48697	147.33
平房地区	85581	43688	41893	104.28	33401	17883	15518	115.24

表2 续表 2

单位：人

地区	人口数							
	常住人口				常住外来人口			
	合计	男	女	性别比(女=100)	合计	男	女	性别比(女=100)
东风地区	63236	31065	32171	96.56	22868	11643	11225	103.72
奥运村街道	109688	52979	56709	93.42	30972	14717	16255	90.54
来广营地区	163970	80527	83443	96.51	70367	33923	36444	93.08
常营地区	113891	55358	58533	94.58	42555	19176	23379	82.02
三间房地区	109672	51436	58236	88.32	42327	19463	22864	85.13
管庄地区	93273	45743	47530	96.24	33984	16137	17847	90.42
金盏地区	82756	47448	35308	134.38	53615	33001	20614	160.09
孙河地区	31288	16632	14656	113.48	11490	7024	4466	157.28
崔各庄地区	107029	58571	48458	120.87	69853	39684	30169	131.54
东坝地区	124163	61878	62285	99.35	40020	19320	20700	93.33
黑庄户地区	49983	27519	22464	122.50	25902	15466	10436	148.20
豆各庄地区	53766	27273	26493	102.94	22690	11415	11275	101.24
王四营地区	54679	29848	24831	120.20	30474	17763	12711	139.75
东湖街道	62467	30035	32432	92.61	15859	7273	8586	84.71
首都机场街道	16837	7728	9109	84.84	6134	2287	3847	59.45
丰台区	**2019764**	**999286**	**1020478**	**97.92**	**645322**	**325448**	**319874**	**101.74**
右安门街道	73499	35289	38210	92.36	17872	8622	9250	93.21
太平桥街道	74275	36230	38045	95.23	24002	11657	12345	94.43
西罗园街道	83815	40283	43532	92.54	21350	9930	11420	86.95
大红门街道	177946	87088	90858	95.85	67596	32915	34681	94.91
南苑街道	61926	30480	31446	96.93	23946	11970	11976	99.95
东高地街道	42705	20957	21748	96.36	8850	4133	4717	87.62
东铁匠营街道	152873	73514	79359	92.63	40525	18776	21749	86.33
卢沟桥街道	223304	109257	114047	95.80	70331	34384	35947	95.65
丰台街道	137290	65996	71294	92.57	37036	17337	19699	88.01
新村街道	204697	101973	102724	99.27	78290	39049	39241	99.51
长辛店街道	85636	42530	43106	98.66	21831	10967	10864	100.95
云岗街道	34537	17383	17154	101.33	7711	3856	3855	100.03
方庄地区	74999	35257	39742	88.71	19278	8644	10634	81.29
宛平城地区	46208	24956	21252	117.43	22961	13091	9870	132.63
马家堡街道	111470	53617	57853	92.68	30637	14219	16418	86.61
和义街道	40108	19837	20271	97.86	13423	6633	6790	97.69

表2　续表 3　　　　单位：人

地　区	人口数							
	常住人口				常住外来人口			
	合计	男	女	性别比(女=100)	合计	男	女	性别比(女=100)
卢沟桥地区	112087	56221	55866	100.64	31361	17066	14295	119.38
花乡地区	119171	62617	56554	110.72	51849	29380	22469	130.76
南苑地区	59408	30088	29320	102.62	24957	13368	11589	115.35
长辛店镇	44358	24638	19720	124.94	18286	11606	6680	173.74
王佐镇	59452	31075	28377	109.51	13230	7845	5385	145.68
石景山区	**567851**	**281740**	**286111**	**98.47**	**166387**	**83341**	**83046**	**100.36**
八宝山街道	61211	29551	31660	93.34	18973	8694	10279	84.58
老山街道	40023	20209	19814	101.99	11985	6220	5765	107.89
八角街道	110929	54494	56435	96.56	29916	14318	15598	91.79
古城街道	67685	35631	32054	111.16	26648	15179	11469	132.35
苹果园街道	97543	47718	49825	95.77	30603	15444	15159	101.88
金顶街街道	67734	32683	35051	93.24	12158	5261	6897	76.28
广宁街道	14684	7812	6872	113.68	7026	4074	2952	138.01
五里坨街道	41248	21059	20189	104.31	9021	4676	4345	107.62
鲁谷街道	66794	32583	34211	95.24	20057	9475	10582	89.54
海淀区	**3133469**	**1562094**	**1571375**	**99.41**	**1118215**	**580271**	**537944**	**107.87**
万寿路街道	121453	56213	65240	86.16	26998	11670	15328	76.14
永定路街道	90879	43340	47539	91.17	22378	10557	11821	89.31
羊坊店街道	120302	56636	63666	88.96	26632	12326	14306	86.16
甘家口街道	117946	54578	63368	86.13	28108	12317	15791	78.00
八里庄街道	133400	63070	70330	89.68	37893	17736	20157	87.99
紫竹院街道	129367	60730	68637	88.48	39760	18533	21227	87.31
北下关街道	146366	72722	73644	98.75	43314	22275	21039	105.87
北太平庄街道	163920	79391	84529	93.92	52912	26022	26890	96.77
学院路街道	226315	112532	113783	98.90	79845	40786	39059	104.42
中关村街道	130672	65783	64889	101.38	37903	19348	18555	104.27
海淀街道	123191	58821	64370	91.38	34781	16841	17940	93.87
青龙桥街道	84221	42183	42038	100.34	36959	20086	16873	119.04
清华园街道	56592	32793	23799	137.79	13553	8413	5140	163.68
燕园街道	29779	16520	13259	124.59	6992	4188	2804	149.36
香山街道	27614	14219	13395	106.15	14611	7996	6615	120.88
清河街道	147395	72684	74711	97.29	61872	30904	30968	99.79

表2 续表 4 单位：人

地区	人口数							
	常住人口				常住外来人口			
	合计	男	女	性别比（女=100）	合计	男	女	性别比（女=100）
花园路街道	139362	69790	69572	100.31	38606	20367	18239	111.67
西三旗街道	157643	79200	78443	100.97	68477	34419	34058	101.06
马连洼街道	119022	58415	60607	96.38	48748	24392	24356	100.15
田村路街道	108088	54007	54081	99.86	41382	21247	20135	105.52
上地街道	67139	34626	32513	106.50	28261	15691	12570	124.83
万柳地区	2022	1299	723	179.67	1515	1040	475	218.95
东升地区	58151	29173	28978	100.67	25242	12905	12337	104.60
曙光街道	86181	41362	44819	92.29	21870	10533	11337	92.91
温泉地区	69165	36676	32489	112.89	30612	17272	13340	129.48
四季青地区	162700	84880	77820	109.07	80940	45343	35597	127.38
西北旺地区	164795	89326	75469	118.36	97234	56094	41140	136.35
苏家坨地区	78235	42281	35954	117.60	34212	19953	14259	139.93
上庄地区	71554	38844	32710	118.75	36605	21017	15588	134.83
门头沟区	**392606**	**199066**	**193540**	**102.86**	**115249**	**60252**	**54997**	**109.56**
大峪街道	87097	42454	44643	95.10	19742	9540	10202	93.51
城子街道	44644	22216	22428	99.05	11782	5766	6016	95.84
东辛房街道	36076	17887	18189	98.34	10455	5215	5240	99.52
大台街道	3728	1998	1730	115.49	1515	836	679	123.12
王平地区	7013	3625	3388	107.00	1453	769	684	112.43
永定地区	106112	54543	51569	105.77	39351	21018	18333	114.65
龙泉地区	52072	27135	24937	108.81	19524	10753	8771	122.60
潭柘寺镇	11053	5769	5284	109.18	2570	1452	1118	129.87
军庄镇	16128	8262	7866	105.03	3652	1859	1793	103.68
雁翅镇	5160	2774	2386	116.26	883	539	344	156.69
斋堂镇	7486	3952	3534	111.83	1310	769	541	142.14
清水镇	6025	3213	2812	114.26	1055	633	422	150.00
妙峰山镇	10012	5238	4774	109.72	1957	1103	854	129.16
房山区	**1312778**	**675427**	**637351**	**105.97**	**438353**	**237463**	**200890**	**118.21**
城关街道	121242	61889	59353	104.27	38198	20827	17371	119.90
新镇街道	10681	5587	5094	109.68	3422	1881	1541	122.06
向阳街道	19142	9988	9154	109.11	5658	3217	2441	131.79
东风街道	22556	11651	10905	106.84	6337	3499	2838	123.29

表2　续表 5　　　　单位：人

地　区	人口数							
	常住人口				常住外来人口			
	合计	男	女	性别比(女=100)	合计	男	女	性别比(女=100)
迎风街道	34721	17420	17301	100.69	11060	5744	5316	108.05
星城街道	21663	10563	11100	95.16	3694	1857	1837	101.09
良乡地区	24317	13698	10619	129.00	10212	6574	3638	180.70
周口店地区	41868	21301	20567	103.57	7945	4239	3706	114.38
琉璃河地区	66787	34872	31915	109.27	16309	9268	7041	131.63
拱辰街道	214622	107507	107115	100.37	88295	45833	42462	107.94
西潞街道	75903	37983	37920	100.17	22738	11841	10897	108.66
阎村镇	77621	42204	35417	119.16	29383	17448	11935	146.19
窦店镇	96184	50410	45774	110.13	40442	22479	17963	125.14
石楼镇	32131	16777	15354	109.27	6042	3588	2454	146.21
长阳镇	241691	124647	117044	106.50	116199	60825	55374	109.84
河北镇	18895	9615	9280	103.61	2505	1377	1128	122.07
长沟镇	22002	11187	10815	103.44	2960	1603	1357	118.13
大石窝镇	31000	15713	15287	102.79	3504	1832	1672	109.57
张坊镇	18299	9331	8968	104.05	2243	1225	1018	120.33
十渡镇	9132	4699	4433	106.00	1175	678	497	136.42
青龙湖镇	52319	27540	24779	111.14	11941	7077	4864	145.50
韩村河镇	37435	18919	18516	102.18	4661	2422	2239	108.17
霞云岭乡	4885	2561	2324	110.20	523	313	210	149.05
南窖乡	3190	1637	1553	105.41	560	303	257	117.90
佛子庄乡	6183	3293	2890	113.94	863	568	295	192.54
大安山乡	2871	1627	1244	130.79	772	526	246	213.82
史家营乡	3364	1747	1617	108.04	461	270	191	141.36
蒲洼乡	2074	1061	1013	104.74	251	149	102	146.08
通州区	**1840295**	**968061**	**872234**	**110.99**	**898000**	**498252**	**399748**	**124.64**
中仓街道	66803	34036	32767	103.87	29230	15675	13555	115.64
新华街道	37286	19714	17572	112.19	22910	12588	10322	121.95
北苑街道	108840	53897	54943	98.10	57134	29128	28006	104.01
玉桥街道	115813	58280	57533	101.30	52054	26806	25248	106.17
潞源街道	8472	4597	3875	118.63	4258	2448	1810	135.25
通运街道	49613	25410	24203	104.99	25252	13448	11804	113.93
宋庄镇	145247	81153	64094	126.62	74054	45538	28516	159.69

表2 续表 6

单位：人

地区	人口数							
	常住人口							
					常住外来人口			
	合计	男	女	性别比（女=100）	合计	男	女	性别比（女=100）
张家湾镇	127992	68975	59017	116.87	59796	35041	24755	141.55
漷县镇	68466	36023	32443	111.03	18501	10842	7659	141.56
马驹桥镇	175794	97826	77968	125.47	105485	62164	43321	143.50
西集镇	46678	24183	22495	107.50	9168	5321	3847	138.32
台湖镇	151735	83281	68454	121.66	82897	48446	34451	140.62
永乐店镇	43308	22732	20576	110.48	8406	5113	3293	155.27
潞城镇	69288	36873	32415	113.75	26027	15567	10460	148.82
永顺镇	304781	156422	148359	105.43	163392	86060	77332	111.29
梨园镇	285445	145889	139556	104.54	148315	77342	70973	108.97
于家务回族乡	34734	18770	15964	117.58	11121	6725	4396	152.98
顺义区	**1324044**	**710705**	**613339**	**115.87**	**599286**	**348965**	**250321**	**139.41**
胜利街道	46494	22975	23519	97.69	18249	9306	8943	104.06
光明街道	70609	34722	35887	96.75	21509	10873	10636	102.23
仁和地区	67391	38152	29239	130.48	34012	21619	12393	174.45
后沙峪地区	74841	41568	33273	124.93	50024	29157	20867	139.73
天竺地区	32979	17841	15138	117.86	18371	10290	8081	127.34
杨镇地区	64578	33514	31064	107.89	17759	10313	7446	138.50
牛栏山地区	54687	28620	26067	109.79	20222	11617	8605	135.00
南法信地区	54195	31964	22231	143.78	44874	27216	17658	154.13
马坡地区	38547	21495	17052	126.06	20246	12490	7756	161.04
石园街道	68302	33882	34420	98.44	19442	10021	9421	106.37
空港街道	99297	49676	49621	100.11	51227	25905	25322	102.30
双丰街道	68176	35923	32253	111.38	26202	15214	10988	138.46
旺泉街道	94415	47268	47147	100.26	39335	19799	19536	101.35
高丽营镇	80840	48541	32299	150.29	55640	35753	19887	179.78
李桥镇	97059	54724	42335	129.26	56240	33770	22470	150.29
李遂镇	22538	12135	10403	116.65	6747	4212	2535	166.15
南彩镇	73163	40829	32334	126.27	36055	22115	13940	158.64
北务镇	13980	7754	6226	124.54	4987	3194	1793	178.14
大孙各庄镇	23712	12539	11173	112.23	4740	2786	1954	142.58
张　镇	24795	12946	11849	109.26	5622	3259	2363	137.92
龙湾屯镇	14212	7508	6704	111.99	2277	1360	917	148.31

表2　续表 7

单位：人

地　区	人口数							
	常住人口				常住外来人口			
	合计	男	女	性别比(女=100)	合计	男	女	性别比(女=100)
木林镇	34114	17991	16123	111.59	6620	3989	2631	151.62
北小营镇	42805	23051	19754	116.69	13818	8492	5326	159.44
北石槽镇	15109	8044	7065	113.86	3664	2255	1409	160.04
赵全营镇	47206	27043	20163	134.12	21404	13960	7444	187.53
昌平区	**2269487**	**1219677**	**1049810**	**116.18**	**1310382**	**735725**	**574657**	**128.03**
城北街道	228561	115060	113501	101.37	102472	53598	48874	109.67
南口地区	82146	46909	35237	133.12	31632	19352	12280	157.59
马池口地区	87506	49387	38119	129.56	51014	31107	19907	156.26
沙河地区	294408	167125	127283	131.30	202135	118993	83142	143.12
城南街道	88963	46997	41966	111.99	49273	27280	21993	124.04
东小口地区	85874	50225	35649	140.89	67996	41167	26829	153.44
天通苑北街道	142707	72661	70046	103.73	72180	37102	35078	105.77
天通苑南街道	116529	58555	57974	101.00	65432	33019	32413	101.87
霍营街道	93545	48543	45002	107.87	58621	30821	27800	110.87
回龙观街道	166074	85559	80515	106.26	95645	50018	45627	109.62
龙泽园街道	181906	92976	88930	104.55	106816	54949	51867	105.94
史各庄街道	64910	36807	28103	130.97	41358	24552	16806	146.09
阳坊镇	26470	14300	12170	117.50	11094	6791	4303	157.82
小汤山镇	80273	44242	36031	122.79	41963	25343	16620	152.48
南邵镇	65403	35087	30316	115.74	34325	19564	14761	132.54
崔村镇	24630	13355	11275	118.45	9522	5737	3785	151.57
百善镇	36546	20309	16237	125.08	19885	11981	7904	151.58
北七家镇	308907	170270	138637	122.82	218692	125371	93321	134.34
兴寿镇	34139	19217	14922	128.78	14054	9105	4949	183.98
流村镇	18139	10010	8129	123.14	4195	2779	1416	196.26
十三陵镇	34085	18015	16070	112.10	11173	6553	4620	141.84
延寿镇	7766	4068	3698	110.01	905	543	362	150.00
大兴区	**1993591**	**1072459**	**921132**	**116.43**	**1017900**	**580900**	**437000**	**132.93**
兴丰街道	79851	40287	39564	101.83	33111	17434	15677	111.21
林校路街道	81389	41338	40051	103.21	36242	19083	17159	111.21
清源街道	147810	74316	73494	101.12	65264	33172	32092	103.37
亦庄地区	108255	55798	52457	106.37	53247	28316	24931	113.58

表2 续表 8 单位：人

地区	人口数							
	常住人口				常住外来人口			
	合计	男	女	性别比(女=100)	合计	男	女	性别比(女=100)
黄村地区	176890	103892	72998	142.32	117259	73424	43835	167.50
旧宫地区	189300	99697	89603	111.27	99130	54633	44497	122.78
西红门地区	179974	99769	80205	124.39	116947	67648	49299	137.22
瀛海地区	102463	53973	48490	111.31	56240	30908	25332	122.01
观音寺街道	111225	58653	52572	111.57	51246	27997	23249	120.42
天宫院街道	87415	44817	42598	105.21	47247	24763	22484	110.14
高米店街道	99959	49937	50022	99.83	48695	24652	24043	102.53
青云店镇	69612	40542	29070	139.46	36601	23837	12764	186.75
采育镇	54690	30082	24608	122.24	21084	13008	8076	161.07
安定镇	30764	16019	14745	108.64	4970	2914	2056	141.73
礼贤镇	40930	23949	16981	141.03	14849	10634	4215	252.29
榆垡镇	71812	38999	32813	118.85	25708	15701	10007	156.90
庞各庄镇	74912	40122	34790	115.33	28171	16559	11612	142.60
北臧村镇	35391	20953	14438	145.12	21456	13973	7483	186.73
魏善庄镇	46661	25870	20791	124.43	17963	11366	6597	172.29
长子营镇	34588	18906	15682	120.56	10800	6804	3996	170.27
中关村国家自主创新示范区大兴生物医药产业基地	10201	6045	4156	145.45	9020	5388	3632	148.35
国家新媒体产业基地	9827	5903	3924	150.43	7903	4731	3172	149.15
大兴国际机场(大兴部分)	1527	846	681	124.23	1273	647	626	103.35
北京经济技术开发区	148145	81746	66399	123.11	93474	53308	40166	132.72
怀柔区	**441040**	**235006**	**206034**	**114.06**	**155777**	**92552**	**63225**	**146.39**
泉河街道	78632	39268	39364	99.76	21773	11684	10089	115.81
龙山街道	74596	37624	36972	101.76	22999	12311	10688	115.19
怀柔地区	41990	23914	18076	132.30	19749	12712	7037	180.65
雁栖地区	38483	20869	17614	118.48	16675	9912	6763	146.56
庙城地区	40883	22813	18070	126.25	17736	11179	6557	170.49
北房镇	33712	18298	15414	118.71	13892	8314	5578	149.05
杨宋镇	31270	17011	14259	119.30	12926	7766	5160	150.50
桥梓镇	25076	13195	11881	111.06	6190	3643	2547	143.03
怀北镇	22487	13004	9483	137.13	13701	8517	5184	164.29

表2　续表 9　　　　单位：人

地　区	人口数							
	常住人口				常住外来人口			
	合计	男	女	性别比（女=100）	合计	男	女	性别比（女=100）
汤河口镇	5445	2869	2576	111.37	963	578	385	150.13
渤海镇	12702	6615	6087	108.67	1862	1092	770	141.82
九渡河镇	12533	6527	6006	108.67	1662	950	712	133.43
琉璃庙镇	4312	2308	2004	115.17	600	357	243	146.91
宝山镇	6246	3357	2889	116.20	1041	637	404	157.67
长哨营满族乡	5378	2836	2542	111.57	771	471	300	157.00
喇叭沟门满族乡	4034	2117	1917	110.43	523	314	209	150.24
北京雁栖经济开发区	3261	2381	880	270.57	2714	2115	599	353.09
平谷区	**457313**	**233891**	**223422**	**104.69**	**78276**	**43631**	**34645**	**125.94**
滨河街道	50541	25081	25460	98.51	8853	4817	4036	119.35
兴谷街道	61949	31683	30266	104.68	14966	8409	6557	128.24
渔阳地区	62694	31919	30775	103.72	13577	7473	6104	122.43
峪口地区	28385	14581	13804	105.63	4343	2392	1951	122.60
马坊地区	29601	15146	14455	104.78	6978	3704	3274	113.13
金海湖地区	25376	13205	12171	108.50	2857	1698	1159	146.51
东高村镇	28406	14665	13741	106.72	3463	1910	1553	122.99
山东庄镇	16315	8422	7893	106.70	2556	1435	1121	128.01
南独乐河镇	18847	9633	9214	104.55	2014	1090	924	117.97
大华山镇	15209	7844	7365	106.50	1454	814	640	127.19
夏各庄镇	26185	13550	12635	107.24	4037	2386	1651	144.52
马昌营镇	16794	8601	8193	104.98	2661	1462	1199	121.93
王辛庄镇	30586	15626	14960	104.45	4504	2555	1949	131.09
大兴庄镇	23739	12246	11493	106.55	3583	2128	1455	146.25
刘家店镇	7155	3657	3498	104.55	703	380	323	117.65
镇罗营镇	7610	3932	3678	106.91	853	479	374	128.07
黄松峪乡	5062	2601	2461	105.69	621	355	266	133.46
熊儿寨乡	2859	1499	1360	110.22	253	144	109	132.11
密云区	**527683**	**269688**	**257995**	**104.53**	**111531**	**62810**	**48721**	**128.92**
鼓楼街道	154739	76344	78395	97.38	32643	17069	15574	109.60
果园街道	88764	44163	44601	99.02	19021	9762	9259	105.43
檀营地区	15466	8044	7422	108.38	3732	2306	1426	161.71
密云镇	20392	11205	9187	121.97	8206	5138	3068	167.47
溪翁庄镇	20438	10576	9862	107.24	3952	2317	1635	141.71
西田各庄镇	33702	17445	16257	107.31	5397	3197	2200	145.32

表2 续表 10

单位：人

地区	人口数							
	常住人口				常住外来人口			
	合计	男	女	性别比(女=100)	合计	男	女	性别比(女=100)
十里堡镇	29824	16061	13763	116.70	10370	6188	4182	147.97
河南寨镇	24155	12640	11515	109.77	4857	2961	1896	156.17
巨各庄镇	22032	11480	10552	108.79	3796	2258	1538	146.81
穆家峪镇	23084	12190	10894	111.90	4654	2895	1759	164.58
太师屯镇	22388	11513	10875	105.87	3504	1949	1555	125.34
高岭镇	9967	5100	4867	104.79	920	502	418	120.10
不老屯镇	12705	6496	6209	104.62	1438	821	617	133.06
冯家峪镇	4485	2334	2151	108.51	498	295	203	145.32
古北口镇	7170	3640	3530	103.12	1933	1040	893	116.46
大城子镇	9443	4876	4567	106.77	934	531	403	131.76
东邵渠镇	9495	4930	4565	108.00	1192	663	529	125.33
北庄镇	5993	3104	2889	107.44	766	429	337	127.30
新城子镇	6528	3427	3101	110.51	709	398	311	127.97
石城镇	4014	2118	1896	111.71	613	394	219	179.91
北京密云经济开发区	2899	2002	897	223.19	2396	1697	699	242.78
延庆区	**345671**	**181790**	**163881**	**110.93**	**80736**	**48794**	**31942**	**152.76**
百泉街道	36013	18033	17980	100.29	6916	3845	3071	125.20
香水园街道	48251	24281	23970	101.30	10405	6066	4339	139.80
儒林街道	28230	14065	14165	99.29	5214	2928	2286	128.08
延庆镇	54790	30146	24644	122.33	18969	12137	6832	177.65
康庄镇	32815	17477	15338	113.95	9870	5727	4143	138.23
八达岭镇	10024	5554	4470	124.25	3096	2043	1053	194.02
永宁镇	23483	12414	11069	112.15	4589	2754	1835	150.08
旧县镇	17676	9241	8435	109.56	3009	1681	1328	126.58
张山营镇	24259	13534	10725	126.19	5883	4116	1767	232.94
四海镇	4343	2340	2003	116.82	647	411	236	174.15
千家店镇	6273	3347	2926	114.39	786	463	323	143.34
沈家营镇	16661	8678	7983	108.71	3820	2127	1693	125.63
大榆树镇	16166	8420	7746	108.70	3244	1868	1376	135.76
井庄镇	9500	5039	4461	112.96	1531	924	607	152.22
大庄科乡	4202	2281	1921	118.74	763	490	273	179.49
刘斌堡乡	4497	2423	2074	116.83	669	430	239	179.92
香营乡	6019	3206	2813	113.97	987	604	383	157.70
珍珠泉乡	2469	1311	1158	113.21	338	180	158	113.92

表3　各地区按户口登记状况分的常住人口

单位：人

地　　区	合　计	居住本乡、镇、街道，户口在本乡、镇、街道	居住本乡、镇、街道，户口在外乡、镇、街道，离开户口登记地半年以上	居住本乡、镇、街道，户口待定	原住本乡、镇、街道，现在港澳台或国外工作学习
北　京	**21893095**	**8277744**	**13409576**	**74458**	**131317**
东城区	**708829**	**419008**	**278939**	**948**	**9934**
东华门街道	38090	21032	15732	55	1271
景山街道	25374	16228	8761	21	364
交道口街道	31951	21078	10326	34	513
安定门街道	32173	21875	9980	24	294
北新桥街道	55449	36334	18324	31	760
东四街道	33670	20747	12426	44	453
朝阳门街道	30473	18065	11870	15	523
建国门街道	33094	19470	13117	29	478
东直门街道	46712	26107	19546	272	787
和平里街道	102227	62020	38570	109	1528
前门街道	9081	4344	4624	9	104
崇文门外街道	44545	23031	20998	60	456
东花市街道	47864	27593	19577	51	643
龙潭街道	53930	33487	19715	54	674
体育馆路街道	31977	18092	13456	21	408
天坛街道	27429	17048	10064	17	300
永定门外街道	64790	32457	31853	102	378
西城区	**1106214**	**642058**	**446612**	**1998**	**15546**
西长安街街道	36645	21077	14728	104	736
新街口街道	84866	46303	37234	77	1252
月坛街道	97771	67431	28173	137	2030
展览路街道	114831	66116	46628	104	1983
德胜街道	116338	73453	40839	200	1846
金融街街道	54849	31377	21547	449	1476
什刹海街道	75447	45367	28632	74	1374
大栅栏街道	28985	16369	12193	15	408
天桥街道	34427	22921	11172	46	288
椿树街道	27417	14789	12252	14	362
陶然亭街道	42231	26094	15737	75	325
广安门内街道	60318	36518	23210	93	497

表3 续表 1

单位：人

地　　区	合　计	居住本乡、镇、街道，户口在本乡、镇、街道	居住本乡、镇、街道，户口在外乡、镇、街道，离开户口登记地半年以上	居住本乡、镇、街道，户口待定	原住本乡、镇、街道，现在港澳台或国外工作学习
牛街街道	51410	27352	23375	41	642
白纸坊街道	82022	47638	33535	93	756
广安门外街道	198657	99253	97357	476	1571
朝阳区	**3452460**	**1303732**	**2117258**	**7601**	**23869**
建外街道	36414	11219	24685	84	426
朝外街道	33212	12922	19615	28	647
呼家楼街道	53018	28228	23878	137	775
三里屯街道	32347	16942	14676	58	671
左家庄街道	70245	35113	34189	83	860
香河园街道	43002	21174	21172	47	609
和平街街道	81180	45233	34687	195	1065
安贞街道	57016	26032	30153	69	762
亚运村街道	67745	27936	38712	108	989
小关街道	61966	27316	33368	548	734
酒仙桥街道	63910	30618	32519	85	688
麦子店街道	30143	12486	17097	158	402
团结湖街道	32091	16753	14724	41	573
六里屯街道	75229	33120	41325	147	637
八里庄街道	98084	47712	49454	140	778
双井街道	93962	37624	54992	597	749
劲松街道	103316	48620	53438	197	1061
潘家园街道	100272	47678	51539	147	908
垡头街道	78952	25638	52958	110	246
南磨房地区	127268	43569	82994	461	244
高碑店地区	109631	35482	73649	181	319
将台地区	53714	16078	37079	148	409
太阳宫地区	86935	40999	45150	151	635
大屯街道	132457	58619	72177	372	1289
望京街道	146220	64098	80679	221	1222
小红门地区	83675	24991	58385	210	89
十八里店地区	178177	32092	145725	215	145
平房地区	85581	29525	55616	132	308

表3　续表 2　　　　单位：人

地　区	合　计	居住本乡、镇、街道，户口在本乡、镇、街道	居住本乡、镇、街道，户口在外乡、镇、街道，离开户口登记地半年以上	居住本乡、镇、街道，户口待定	原住本乡、镇、街道，现在港澳台或国外工作学习
东风地区	63236	23546	39333	78	279
奥运村街道	109688	41746	66181	286	1475
来广营地区	163970	54334	108550	341	745
常营地区	113891	31409	82072	231	179
三间房地区	109672	41201	67838	103	530
管庄地区	93273	38436	53864	281	692
金盏地区	82756	21093	61533	116	14
孙河地区	31288	15059	16087	127	15
崔各庄地区	107029	19168	87596	188	77
东坝地区	124163	40983	82540	280	360
黑庄户地区	49983	13925	35871	47	140
豆各庄地区	53766	13845	39554	261	106
王四营地区	54679	13693	40806	82	98
东湖街道	62467	30017	31660	92	698
首都机场街道	16837	7460	9138	18	221
丰台区	**2019764**	**760579**	**1243293**	**5509**	**10383**
右安门街道	73499	27881	45043	79	496
太平桥街道	74275	20843	52397	504	531
西罗园街道	83815	32421	50795	88	511
大红门街道	177946	52150	124840	347	609
南苑街道	61926	18876	42725	159	166
东高地街道	42705	25880	15992	86	747
东铁匠营街道	152873	54860	96813	244	956
卢沟桥街道	223304	66075	155560	663	1006
丰台街道	137290	66278	69564	366	1082
新村街道	204697	57650	145285	861	901
长辛店街道	85636	46576	38412	155	493
云岗街道	34537	20158	13814	122	443
方庄地区	74999	31617	42028	116	1238
宛平城地区	46208	13917	31927	271	93
马家堡街道	111470	37498	73247	244	481
和义街道	40108	14315	25620	84	89

表3 续表 3 单位：人

地　　区	合　计	居住本乡、镇、街道，户口在本乡、镇、街道	居住本乡、镇、街道，户口在外乡、镇、街道，离开户口登记地半年以上	居住本乡、镇、街道，户口待定	原住本乡、镇、街道，现在港澳台或国外工作学习
卢沟桥地区	112087	53461	58062	397	167
花乡地区	119171	42613	76085	234	239
南苑地区	59408	22386	36687	322	13
长辛店镇	44358	20732	23501	88	37
王佐镇	59452	34392	24896	79	85
石景山区	**567851**	**238529**	**324850**	**1007**	**3465**
八宝山街道	61211	21710	38923	109	469
老山街道	40023	16869	22551	70	533
八角街道	110929	46975	63009	166	779
古城街道	67685	25068	42218	199	200
苹果园街道	97543	40486	56421	172	464
金顶街街道	67734	38170	29092	70	402
广宁街道	14684	5320	9300	13	51
五里坨街道	41248	17094	23968	85	101
鲁谷街道	66794	26837	39368	123	466
海淀区	**3133469**	**1359276**	**1694567**	**24394**	**55232**
万寿路街道	121453	75427	43591	302	2133
永定路街道	90879	51867	36862	293	1857
羊坊店街道	120302	66734	50790	339	2439
甘家口街道	117946	64905	49902	317	2822
八里庄街道	133400	58073	73114	271	1942
紫竹院街道	129367	64342	60380	2178	2467
北下关街道	146366	75988	64155	3218	3005
北太平庄街道	163920	73434	86544	1820	2122
学院路街道	226315	93222	110276	4741	18076
中关村街道	130672	68417	58636	420	3199
海淀街道	123191	65668	55646	340	1537
青龙桥街道	84221	36189	46551	266	1215
清华园街道	56592	30790	21003	3017	1782
燕园街道	29779	16800	10384	1874	721
香山街道	27614	9602	17774	140	98
清河街道	147395	57060	89228	471	636

表3　续表 4　　　　单位：人

地　区	合　计	居住本乡、镇、街道，户口在本乡、镇、街道	居住本乡、镇、街道，户口在外乡、镇、街道，离开户口登记地半年以上	居住本乡、镇、街道，户口待定	原住本乡、镇、街道，现在港澳台或国外工作学习
花园路街道	139362	73346	62393	563	3060
西三旗街道	157643	53584	102332	514	1213
马连洼街道	119022	38558	79153	426	885
田村路街道	108088	36292	70770	271	755
上地街道	67139	21693	44274	643	529
万柳地区	2022	246	1766	1	9
东升地区	58151	16209	41514	159	269
曙光街道	86181	46781	37727	291	1382
温泉地区	69165	21718	47035	101	311
四季青地区	162700	49409	112520	375	396
西北旺地区	164795	39372	124848	393	182
苏家坨地区	78235	30717	47245	175	98
上庄地区	71554	22833	48154	475	92
门头沟区	**392606**	**144096**	**247098**	**943**	**469**
大峪街道	87097	35221	51441	209	226
城子街道	44644	11615	32914	62	53
东辛房街道	36076	9246	26654	150	26
大台街道	3728	1745	1972	2	9
王平地区	7013	3619	3379	9	6
永定地区	106112	29497	76220	332	63
龙泉地区	52072	16683	35250	109	30
潭柘寺镇	11053	7162	3862	11	18
军庄镇	16128	8561	7526	25	16
雁翅镇	5160	3880	1273	4	3
斋堂镇	7486	5569	1900	10	7
清水镇	6025	4550	1459	12	4
妙峰山镇	10012	6748	3248	8	8
房山区	**1312778**	**562440**	**744906**	**3451**	**1981**
城关街道	121242	49423	71566	137	116
新镇街道	10681	4341	5995	103	242
向阳街道	19142	3128	15960	33	21
东风街道	22556	11059	11395	13	89

表3　续表 5　　单位：人

地　　区	合　计	居住本乡、镇、街道，户口在本乡、镇、街道	居住本乡、镇、街道，户口在外乡、镇、街道，离开户口登记地半年以上	居住本乡、镇、街道，户口待定	原住本乡、镇、街道，现在港澳台或国外工作学习
迎风街道	34721	15086	19394	31	210
星城街道	21663	13990	7359	12	302
良乡地区	24317	12583	11685	23	26
周口店地区	41868	25576	16250	28	14
琉璃河地区	66787	43235	23407	98	47
拱辰街道	214622	58434	154346	1635	207
西潞街道	75903	21065	54603	101	134
阎村镇	77621	28786	48680	103	52
窦店镇	96184	37003	58934	138	109
石楼镇	32131	22994	9042	68	27
长阳镇	241691	55342	185381	750	218
河北镇	18895	12754	6103	26	12
长沟镇	22002	17714	4263	12	13
大石窝镇	31000	25892	5059	30	19
张坊镇	18299	15051	3223	18	7
十渡镇	9132	7332	1793	4	3
青龙湖镇	52319	33902	18332	39	46
韩村河镇	37435	30036	7310	41	48
霞云岭乡	4885	4133	749		3
南窖乡	3190	2414	769	1	6
佛子庄乡	6183	4935	1242	2	4
大安山乡	2871	1838	1028	3	2
史家营乡	3364	2724	639	1	
蒲洼乡	2074	1670	399	1	4
通州区	**1840295**	**559556**	**1276127**	**3238**	**1374**
中仓街道	66803	19961	46603	88	151
新华街道	37286	5699	31438	66	83
北苑街道	108840	24881	83589	194	176
玉桥街道	115813	26934	88575	190	114
潞源街道	8472	860	7603	9	
通运街道	49613	8043	41457	66	47
宋庄镇	145247	56384	88617	166	80

表3　续表 6　　　　单位：人

地　区	合 计	居住本乡、镇、街道，户口在本乡、镇、街道	居住本乡、镇、街道，户口在外乡、镇、街道，离开户口登记地半年以上	居住本乡、镇、街道，户口待定	原住本乡、镇、街道，现在港澳台或国外工作学习
张家湾镇	127992	49708	78045	192	47
漷县镇	68466	44629	23770	43	24
马驹桥镇	175794	45550	129917	255	72
西集镇	46678	34320	12285	22	51
台湖镇	151735	43471	107814	408	42
永乐店镇	43308	32115	11144	32	17
潞城镇	69288	35065	34128	72	23
永顺镇	304781	56581	247413	596	191
梨园镇	285445	54603	229785	803	254
于家务回族乡	34734	20752	13944	36	2
顺义区	**1324044**	**405342**	**914431**	**2722**	**1549**
胜利街道	46494	11590	34696	96	112
光明街道	70609	17032	53363	84	130
仁和地区	67391	14512	52652	145	82
后沙峪地区	74841	12559	61989	195	98
天竺地区	32979	5153	27772	34	20
杨镇地区	64578	34037	30124	374	43
牛栏山地区	54687	21261	33288	82	56
南法信地区	54195	4968	49092	110	25
马坡地区	38547	11234	27189	118	6
石园街道	68302	10888	57218	131	65
空港街道	99297	17804	80829	349	315
双丰街道	68176	9695	58224	146	111
旺泉街道	94415	13429	80716	207	63
高丽营镇	80840	19640	61028	135	37
李桥镇	97059	29436	67343	183	97
李遂镇	22538	13329	9160	20	29
南彩镇	73163	28091	44946	73	53
北务镇	13980	7871	6089	17	3
大孙各庄镇	23712	17222	6447	11	32
张　镇	24795	16046	8694	23	32
龙湾屯镇	14212	10640	3532	16	24

表3 续表 7

单位：人

地　　区	合　计	居住本乡、镇、街道，户口在本乡、镇、街道	居住本乡、镇、街道，户口在外乡、镇、街道，离开户口登记地半年以上	居住本乡、镇、街道，户口待定	原住本乡、镇、街道，现在港澳台或国外工作学习
木林镇	34114	24370	9677	36	31
北小营镇	42805	25255	17438	60	52
北石槽镇	15109	9817	5270	12	10
赵全营镇	47206	19463	27655	65	23
昌平区	**2269487**	**466730**	**1783664**	**14948**	**4145**
城北街道	228561	67067	159569	1470	455
南口地区	82146	31891	46984	3156	115
马池口地区	87506	26177	61062	189	78
沙河地区	294408	37988	251243	4953	224
城南街道	88963	16283	72462	136	82
东小口地区	85874	7699	78001	121	53
天通苑北街道	142707	21954	120302	252	199
天通苑南街道	116529	15012	100812	264	441
霍营街道	93545	13072	79998	250	225
回龙观街道	166074	23736	141384	465	489
龙泽园街道	181906	26696	153908	440	862
史各庄街道	64910	11127	52449	1189	145
阳坊镇	26470	12033	14319	91	27
小汤山镇	80273	25368	54504	208	193
南邵镇	65403	16545	48676	99	83
崔村镇	24630	11149	13429	27	25
百善镇	36546	11534	24916	55	41
北七家镇	308907	36861	270212	1498	336
兴寿镇	34139	16528	17529	51	31
流村镇	18139	12702	5405	17	15
十三陵镇	34085	18880	15170	14	21
延寿镇	7766	6428	1330	3	5
大兴区	**1993591**	**510449**	**1475964**	**5258**	**1920**
兴丰街道	79851	19255	60364	100	132
林校路街道	81389	16219	64978	128	64
清源街道	147810	33227	114018	290	275
亦庄地区	108255	25175	82741	228	111

表3　续表 8　　　　　　　　　　　　　　　　　　　　　　　　　　　　　单位：人

地　区	合　计	居住本乡、镇、街道，户口在本乡、镇、街道	居住本乡、镇、街道，户口在外乡、镇、街道，离开户口登记地半年以上	居住本乡、镇、街道，户口待定	原住本乡、镇、街道，现在港澳台或国外工作学习
黄村地区	176890	35282	141360	191	57
旧宫地区	189300	29313	159491	328	168
西红门地区	179974	24014	155463	337	160
瀛海地区	102463	22958	79178	293	34
观音寺街道	111225	17809	93018	309	89
天宫院街道	87415	12520	74581	241	73
高米店街道	99959	18760	80616	379	204
青云店镇	69612	27655	41763	180	14
采育镇	54690	27747	26831	89	23
安定镇	30764	23790	6943	12	19
礼贤镇	40930	23786	17079	28	37
榆垡镇	71812	39107	32594	89	22
庞各庄镇	74912	37498	37195	184	35
北臧村镇	35391	11606	23729	53	3
魏善庄镇	46661	24837	21718	87	19
长子营镇	34588	21714	12816	31	27
中关村国家自主创新示范区大兴生物医药产业基地	10201	8	10163	30	
国家新媒体产业基地	9827	35	9564	228	
大兴国际机场(大兴部分)	1527		1527		
北京经济技术开发区	148145	18134	128234	1423	354
怀柔区	**441040**	**180451**	**259582**	**656**	**351**
泉河街道	78632	26931	51486	144	71
龙山街道	74596	26823	47530	127	116
怀柔地区	41990	14066	27845	59	20
雁栖地区	38483	10859	27543	62	19
庙城地区	40883	14162	26654	48	19
北房镇	33712	13105	20514	60	33
杨宋镇	31270	12991	18212	47	20
桥梓镇	25076	14634	10400	25	17
怀北镇	22487	7098	15369	13	7

表3 续表 9

单位：人

地 区	合 计	居住本乡、镇、街道，户口在本乡、镇、街道	居住本乡、镇、街道，户口在外乡、镇、街道，离开户口登记地半年以上	居住本乡、镇、街道，户口待定	原住本乡、镇、街道，现在港澳台或国外工作学习
汤河口镇	5445	4070	1364	11	
渤海镇	12702	9853	2833	9	7
九渡河镇	12533	10074	2426	24	9
琉璃庙镇	4312	3408	893	8	3
宝山镇	6246	4716	1518	10	2
长哨营满族乡	5378	4300	1071	3	4
喇叭沟门满族乡	4034	3331	693	6	4
北京雁栖经济开发区	3261	30	3231		
平谷区	**457313**	**276960**	**179343**	**664**	**346**
滨河街道	50541	18184	32246	48	63
兴谷街道	61949	18613	43236	47	53
渔阳地区	62694	29608	32843	193	50
峪口地区	28385	21184	7162	23	16
马坊地区	29601	17094	12409	85	13
金海湖地区	25376	21363	3981	19	13
东高村镇	28406	22787	5562	26	31
山东庄镇	16315	12535	3748	21	11
南独乐河镇	18847	15517	3300	25	5
大华山镇	15209	12986	2198	13	12
夏各庄镇	26185	19163	6953	54	15
马昌营镇	16794	11531	5215	43	5
王辛庄镇	30586	23050	7489	25	22
大兴庄镇	23739	14549	9160	18	12
刘家店镇	7155	5987	1150	8	10
镇罗营镇	7610	6360	1245	4	1
黄松峪乡	5062	4034	1009	9	10
熊儿寨乡	2859	2415	437	3	4
密云区	**527683**	**272919**	**253569**	**667**	**528**
鼓楼街道	154739	62722	91607	232	178
果园街道	88764	23871	64685	113	95
檀营地区	15466	4431	11014	17	4
密云镇	20392	6856	13499	26	11
溪翁庄镇	20438	13412	6978	24	24
西田各庄镇	33702	25557	8079	40	26

表3　续表 10　　　　　　　　　　　　　　　　　　　　　　　　　　　　单位：人

地　区	合　计	居住本乡、镇、街道，户口在本乡、镇、街道	居住本乡、镇、街道，户口在外乡、镇、街道，离开户口登记地半年以上	居住本乡、镇、街道，户口待定	原住本乡、镇、街道，现在港澳台或国外工作学习
十里堡镇	29824	13269	16503	39	13
河南寨镇	24155	17069	7035	34	17
巨各庄镇	22032	15466	6525	19	22
穆家峪镇	23084	16177	6847	29	31
太师屯镇	22388	17354	4993	18	23
高岭镇	9967	8555	1396	4	12
不老屯镇	12705	10666	2007	19	13
冯家峪镇	4485	3679	797	5	4
古北口镇	7170	4538	2606	8	18
大城子镇	9443	8087	1336	13	7
东邵渠镇	9495	7679	1787	17	12
北庄镇	5993	4865	1113	6	9
新城子镇	6528	5535	983	3	7
石城镇	4014	3131	880	1	2
北京密云经济开发区	2899		2899		
延庆区	**345671**	**175619**	**169373**	**454**	**225**
百泉街道	36013	10110	25803	85	15
香水园街道	48251	17444	30730	42	35
儒林街道	28230	8659	19517	35	19
延庆镇	54790	23740	30946	62	42
康庄镇	32815	17812	14934	40	29
八达岭镇	10024	5675	4325	15	9
永宁镇	23483	16345	7104	17	17
旧县镇	17676	13415	4232	14	15
张山营镇	24259	16051	8146	51	11
四海镇	4343	3453	875	13	2
千家店镇	6273	5157	1095	16	5
沈家营镇	16661	7943	8697	16	5
大榆树镇	16166	9502	6642	15	7
井庄镇	9500	7084	2404	7	5
大庄科乡	4202	3148	1048	5	1
刘斌堡乡	4497	3547	942	5	3
香营乡	6019	4546	1459	9	5
珍珠泉乡	2469	1988	474	7	

表4　各地区分民族的常住人口

单位：人

地　区	人　口　数								
	合计	汉族	蒙古族	回族	藏族	维吾尔族	苗族	彝族	壮族
北　京	**21893095**	**20845166**	**123340**	**274112**	**8698**	**8678**	**18054**	**9997**	**21288**
东城区	**708829**	**667875**	**3919**	**15269**	**179**	**146**	**408**	**194**	**512**
东华门街道	38090	36161	186	628	12	20	30	21	36
景山街道	25374	23812	125	616	4	4	15	6	12
交道口街道	31951	29739	210	769	5	5	13	14	18
安定门街道	32173	29990	141	804	8	8	13	5	23
北新桥街道	55449	51145	378	1428	29	6	27	19	35
东四街道	33670	30975	191	1416	1	5	10	4	17
朝阳门街道	30473	28443	185	931	4	3	14	4	24
建国门街道	33094	31403	148	671	19	5	14	10	30
东直门街道	46712	43984	328	940	14	10	26	12	43
和平里街道	102227	96716	672	1581	47	34	77	42	78
前门街道	9081	8681	45	157	2	9	9	7	4
崇文门外街道	44545	42206	237	936	4	10	27	6	31
东花市街道	47864	44686	294	1210	9	3	47	8	48
龙潭街道	53930	51041	302	1013	10	4	36	20	52
体育馆路街道	31977	30447	106	680	1	7	6	5	6
天坛街道	27429	26332	98	468	4	5	3	4	23
永定门外街道	64790	62114	273	1021	6	8	41	7	32
西城区	**1106214**	**1034497**	**6095**	**33749**	**247**	**321**	**700**	**359**	**815**
西长安街街道	36645	34668	155	698	1		24	18	16
新街口街道	84866	79625	543	1670	15	10	57	24	51
月坛街道	97771	92905	539	1672	38	31	75	27	72
展览路街道	114831	109092	607	1832	18	22	77	53	94
德胜街道	116338	110110	651	2160	29	11	87	36	136
金融街街道	54849	51451	430	1060	20	17	50	36	63
什刹海街道	75447	70600	412	1718	11	11	38	16	51
大栅栏街道	28985	27247	101	1018	3	4	8	4	5
天桥街道	34427	32524	135	984	8	5	11	11	12
椿树街道	27417	25713	173	666	9	21	12	5	25
陶然亭街道	42231	39719	283	1043	13	11	17	18	28
广安门内街道	60318	56768	306	1675	9	21	20	19	20

表4　续表 1　　　　单位：人

地　区	人口数								
	合计	汉族	蒙古族	回族	藏族	维吾尔族	苗族	彝族	壮族
牛街街道	51410	39780	157	10358		87	23	7	26
白纸坊街道	82022	76652	331	2959	13	27	55	20	54
广安门外街道	198657	187643	1272	4236	60	43	146	65	162
朝阳区	**3452460**	**3282108**	**19915**	**53459**	**1639**	**1290**	**2676**	**1155**	**2875**
建外街道	36414	34793	261	448	13	16	17	14	41
朝外街道	33212	30248	186	1829	9	47	26	17	28
呼家楼街道	53018	50130	316	1040	7	27	35	15	41
三里屯街道	32347	30748	197	497	8	14	27	11	28
左家庄街道	70245	66671	408	1151	5	19	49	28	53
香河园街道	43002	40583	272	788	9	15	23	9	26
和平街街道	81180	77176	460	1075	36	75	59	42	67
安贞街道	57016	53949	312	1016	88	12	37	16	40
亚运村街道	67745	64703	413	726	28	31	62	28	73
小关街道	61966	57858	468	885	471	84	95	45	161
酒仙桥街道	63910	60802	341	1017	19	10	41	26	62
麦子店街道	30143	28585	231	374	10	12	18	17	20
团结湖街道	32091	30493	152	520	4	11	13	16	25
六里屯街道	75229	71271	405	1390	25	28	45	30	49
八里庄街道	98084	93156	513	1807	13	25	48	14	83
双井街道	93962	89764	532	1194	71	31	57	33	69
劲松街道	103316	98432	564	1682	20	25	47	11	88
潘家园街道	100272	94710	514	2039	20	28	62	14	77
垡头街道	78952	75455	338	1080	24	30	38	16	28
南磨房地区	127268	121558	762	1556	52	99	77	30	114
高碑店地区	109631	104866	628	1252	20	28	75	29	99
将台地区	53714	51207	306	592	21	14	42	13	33
太阳宫地区	86935	82625	583	968	7	47	53	30	100
大屯街道	132457	125955	903	1392	138	40	125	77	143
望京街道	146220	137533	868	1887	29	23	126	43	119
小红门地区	83675	80356	388	695	12	3	48	23	52
十八里店地区	178177	173146	632	914	136	48	356	39	84
平房地区	85581	82394	429	798	13	24	68	14	44

表4 续表 2 单位：人

地区	人口数								
	合计	汉族	蒙古族	回族	藏族	维吾尔族	苗族	彝族	壮族
东风地区	63236	60113	349	833	4	10	36	23	31
奥运村街道	109688	104217	788	1296	29	26	96	45	110
来广营地区	163970	156755	1200	1290	31	87	126	34	172
常营地区	113891	100805	743	9527	17	55	78	28	79
三间房地区	109672	104066	707	1362	87	137	123	91	188
管庄地区	93273	86712	769	2985	23	11	70	23	89
金盏地区	82756	81214	275	131	8	6	39	27	25
孙河地区	31288	29343	167	1041	12	16	23	49	14
崔各庄地区	107029	103301	561	551	21	29	95	59	59
东坝地区	124163	119123	689	1256	22	23	63	20	83
黑庄户地区	49983	47961	227	981	9	2	23	4	22
豆各庄地区	53766	51222	331	548	8	12	51	22	38
王四营地区	54679	52976	205	266	6	4	33	21	23
东湖街道	62467	58998	424	636	53	6	37	8	79
首都机场街道	16837	16135	98	144	1		14	1	16
丰台区	**2019764**	**1935375**	**9544**	**27157**	**369**	**404**	**1146**	**490**	**1165**
右安门街道	73499	69130	351	2043	20	66	45	23	51
太平桥街道	74275	70447	456	1276	7	6	41	27	77
西罗园街道	83815	79884	304	1927	11	7	29	5	35
大红门街道	177946	169272	977	2988	32	18	73	35	94
南苑街道	61926	59799	256	695	2	6	30	18	32
东高地街道	42705	41358	155	328	2	4	17	15	24
东铁匠营街道	152873	146468	646	2341	17	20	65	19	63
卢沟桥街道	223304	214529	1214	2434	22	18	149	42	166
丰台街道	137290	132490	530	1578	26	11	95	15	72
新村街道	204697	195059	1259	2676	148	127	189	109	164
长辛店街道	85636	82857	302	999	10	3	29	13	26
云岗街道	34537	33366	157	217	2	1	35	3	16
方庄地区	74999	71176	370	1349	12	18	52	19	40
宛平城地区	46208	44474	247	415	3	7	12	14	49
马家堡街道	111470	105078	593	2768	29	10	63	23	73
和义街道	40108	38516	189	528	2		20	8	15

表4　续表 3　　　　单位：人

地　区	人口数								
	合计	汉族	蒙古族	回族	藏族	维吾尔族	苗族	彝族	壮族
卢沟桥地区	112087	108792	449	874	8	17	65	49	51
花乡地区	119171	115337	524	795	11	54	60	30	51
南苑地区	59408	56164	240	442	3	5	26	7	28
长辛店镇	44358	43100	158	272		5	23	7	24
王佐镇	59452	58079	167	212	2	1	28	9	14
石景山区	**567851**	**544918**	**2886**	**5754**	**165**	**355**	**425**	**237**	**600**
八宝山街道	61211	58439	414	620	17	5	55	36	94
老山街道	40023	38435	179	378	16	16	57	27	61
八角街道	110929	105693	630	1370	56	89	116	39	185
古城街道	67685	65180	327	591	27	17	37	53	57
苹果园街道	97543	93957	485	783	22	8	60	40	72
金顶街街道	67734	65117	231	811	9	207	28	21	46
广宁街道	14684	14282	62	51	1		5	1	10
五里坨街道	41248	40010	215	258	5	1	9	4	18
鲁谷街道	66794	63805	343	892	12	12	58	16	57
海淀区	**3133469**	**2977009**	**20847**	**33191**	**2489**	**2513**	**4474**	**2244**	**5048**
万寿路街道	121453	116685	642	1127	34	12	72	22	107
永定路街道	90879	87219	495	802	22	9	98	22	124
羊坊店街道	120302	115341	597	1365	21	7	73	32	99
甘家口街道	117946	112200	655	1449	47	66	127	77	139
八里庄街道	133400	127307	812	1389	89	160	108	50	140
紫竹院街道	129367	115651	1794	2604	903	627	510	405	620
北下关街道	146366	137832	1079	1776	189	216	225	149	354
北太平庄街道	163920	155516	976	2096	128	109	219	110	333
学院路街道	226315	213086	1739	2603	338	379	398	301	638
中关村街道	130672	123541	898	1670	23	33	159	49	267
海淀街道	123191	116732	907	1252	110	103	185	101	224
青龙桥街道	84221	81157	438	610	19	28	83	47	69
清华园街道	56592	52947	410	569	54	32	180	88	227
燕园街道	29779	27581	266	369	48	43	114	32	157
香山街道	27614	26676	182	184	3	3	13		19
清河街道	147395	141820	817	1303	23	16	129	53	143

表4　续表 4　　　　单位：人

地　　区	人　口　数								
	合计	汉族	蒙古族	回族	藏族	维吾尔族	苗族	彝族	壮族
花园路街道	139362	130169	1022	2752	86	153	248	99	301
西三旗街道	157643	148770	1131	2012	81	100	212	84	181
马连洼街道	119022	112449	943	1270	77	179	281	73	185
田村路街道	108088	103429	773	915	24	5	84	46	90
上地街道	67139	62677	509	827	34	118	124	53	115
万柳地区	2022	1956	11	9				9	1
东升地区	58151	55279	439	532	19	9	76	21	72
曙光街道	86181	81747	627	1020	19	14	85	47	69
温泉地区	69165	66777	319	454	14	10	72	21	48
四季青地区	162700	157556	858	781	21	25	135	70	98
西北旺地区	164795	159306	835	759	32	43	356	73	144
苏家坨地区	78235	76100	346	341	18	7	48	74	50
上庄地区	71554	69503	327	351	13	7	60	36	34
门头沟区	**392606**	**381869**	**1697**	**1823**	**51**	**151**	**236**	**154**	**226**
大峪街道	87097	84709	340	502	8	118	39	22	52
城子街道	44644	43736	148	184	9	2	18	8	12
东辛房街道	36076	35105	138	204	6	6	22	12	16
大台街道	3728	3514	37	17	2	2	2	4	
王平地区	7013	6835	28	21	1	1	1	1	6
永定地区	106112	102570	605	564	18	10	106	67	78
龙泉地区	52072	50930	192	173	5	4	32	19	30
潭柘寺镇	11053	10771	43	45		4	2	1	10
军庄镇	16128	15629	93	53		2	3	9	10
雁翅镇	5160	5101	11	13		1	4		1
斋堂镇	7486	7398	13	16		1	3	1	6
清水镇	6025	5938	12	12			1	3	2
妙峰山镇	10012	9633	37	19	2		3	7	3
房山区	**1312778**	**1262396**	**5639**	**10612**	**661**	**515**	**975**	**491**	**931**
城关街道	121242	117795	406	583	16	10	60	41	61
新镇街道	10681	10208	53	79		1	14	8	13
向阳街道	19142	18276	83	165	125	2	9	11	12
东风街道	22556	21824	70	151	10	2	19	18	9

表4　续表 5　　单位：人

地　　区	人　口　数								
	合计	汉族	蒙古族	回族	藏族	维吾尔族	苗族	彝族	壮族
迎风街道	34721	33025	152	299	201	4	23	10	30
星城街道	21663	20811	66	243		2	12	4	10
良乡地区	24317	22987	69	425	2		67	5	13
周口店地区	41868	39772	77	1297		1	26	5	16
琉璃河地区	66787	65527	161	225	6	6	37	27	24
拱辰街道	214622	203471	1251	2605	197	189	276	180	290
西潞街道	75903	72678	362	508	19	213	41	9	26
阎村镇	77621	75389	242	396	11	13	28	13	54
窦店镇	96184	92304	436	1213	10	9	79	23	76
石楼镇	32131	31510	73	83	2	3	14	3	8
长阳镇	241691	231378	1635	1717	50	45	181	88	210
河北镇	18895	18552	39	45	3		5	3	7
长沟镇	22002	20508	37	71	2	2	8	3	9
大石窝镇	31000	30372	48	83	1	2	11	6	10
张坊镇	18299	18008	35	54			5	8	6
十渡镇	9132	9033	22	5		4	4	4	1
青龙湖镇	52319	50691	172	213	3	3	28	17	20
韩村河镇	37435	36023	98	115	1	2	15		9
霞云岭乡	4885	4834	11	5	1		5	1	2
南窖乡	3190	3149	5	5		1	1		1
佛子庄乡	6183	6092	10	11	1		4	3	9
大安山乡	2871	2830	4	9			1		1
史家营乡	3364	3300	13	6		1	2		2
蒲洼乡	2074	2049	9	1				1	2
通州区	**1840295**	**1753609**	**11321**	**28359**	**415**	**770**	**1372**	**781**	**1726**
中仓街道	66803	61291	404	3443	14	11	46	19	63
新华街道	37286	35012	306	580	10	19	38	57	53
北苑街道	108840	102612	823	1768	29	360	85	30	121
玉桥街道	115813	109782	802	2088	19	21	102	43	99
潞源街道	8472	8025	74	74	4	3	9	7	9
通运街道	49613	46936	370	868	8	9	35	55	54
宋庄镇	145247	140534	748	651	23	26	102	49	104

表4 续表 6　　　　单位：人

地　区	人口数								
	合计	汉族	蒙古族	回族	藏族	维吾尔族	苗族	彝族	壮族
张家湾镇	127992	120444	554	4630	13	19	67	50	105
漷县镇	68466	67011	262	204	2	4	61	20	38
马驹桥镇	175794	167625	1039	2725	39	37	149	76	155
西集镇	46678	45698	161	118	3	1	10	3	22
台湖镇	151735	146417	858	914	38	15	95	46	123
永乐店镇	43308	42412	142	294	3	1	15	8	38
潞城镇	69288	67349	341	261	10	5	38	22	48
永顺镇	304781	290859	1996	3342	93	136	257	160	332
梨园镇	285445	270489	2288	3533	105	99	241	121	303
于家务回族乡	34734	31113	153	2866	2	4	22	15	59
顺义区	**1324044**	**1266782**	**7498**	**8295**	**170**	**168**	**730**	**541**	**1254**
胜利街道	46494	44372	298	255	6	6	34	19	61
光明街道	70609	67553	309	293	17	8	37	15	63
仁和地区	67391	65167	294	169	21	5	47	27	40
后沙峪地区	74841	69681	507	2445	9	9	60	44	54
天竺地区	32979	31888	186	136	3	3	10	7	28
杨镇地区	64578	62098	289	396	5	26	38	16	69
牛栏山地区	54687	51280	344	554	14	3	46	33	30
南法信地区	54195	51695	417	172	9	7	38	36	57
马坡地区	38547	37143	215	119	1	3	16	7	22
石园街道	68302	65385	388	271	5	6	25	9	56
空港街道	99297	94366	776	794	28	27	81	85	109
双丰街道	68176	64685	442	339	7	5	16	22	59
旺泉街道	94415	89987	612	523	10	11	45	60	187
高丽营镇	80840	77545	517	778	6	15	57	70	32
李桥镇	97059	93442	625	348	7	8	45	17	49
李遂镇	22538	21894	68	70		1	6	12	60
南彩镇	73163	70745	286	145	5	7	38	15	35
北务镇	13980	13469	85	31	1	3	4		34
大孙各庄镇	23712	23096	70	40		4	2	6	66
张　镇	24795	24011	83	37	1	2	5	10	30
龙湾屯镇	14212	13797	41	29	3	2	11	3	28

表4　续表 7　　　　　　　　　　　　　　　　　　　　　　　　　　　　单位：人

地　区	人口数								
	合计	汉族	蒙古族	回族	藏族	维吾尔族	苗族	彝族	壮族
木林镇	34114	32784	153	49			11	5	22
北小营镇	42805	41233	193	87	9		35	14	21
北石槽镇	15109	14081	85	48		1	5	3	15
赵全营镇	47206	45385	215	167	3	6	18	6	27
昌平区	**2269487**	**2168560**	**15499**	**21219**	**1083**	**1098**	**2155**	**1210**	**2654**
城北街道	228561	216685	1562	3300	211	288	222	125	310
南口地区	82146	79034	443	746	55	53	87	95	108
马池口地区	87506	84581	518	335	22	16	84	42	60
沙河地区	294408	278854	2331	3202	219	203	376	216	482
城南街道	88963	85721	549	631	9	15	56	35	51
东小口地区	85874	81851	569	1029	53	34	110	38	61
天通苑北街道	142707	136728	924	1218	39	44	86	49	110
天通苑南街道	116529	110725	1009	1152	58	36	109	40	130
霍营街道	93545	88976	782	800	27	20	95	26	113
回龙观街道	166074	158159	1236	1693	55	30	152	52	254
龙泽园街道	181906	173045	1499	1723	54	36	164	62	278
史各庄街道	64910	60328	590	983	188	213	164	85	224
阳坊镇	26470	24447	86	1476		3	17	23	27
小汤山镇	80273	77753	457	337	10	8	74	28	33
南邵镇	65403	62996	391	421	3	6	58	41	61
崔村镇	24630	24036	126	83	4	3	7	6	14
百善镇	36546	35387	157	187	3	2	18	13	20
北七家镇	308907	297693	1901	1705	57	68	225	178	268
兴寿镇	34139	33183	153	68	9	2	34	39	23
流村镇	18139	17891	71	30	1	2	5	7	5
十三陵镇	34085	32846	127	95	6	16	11	10	15
延寿镇	7766	7641	18	5			1		7
大兴区	**1993591**	**1908585**	**10597**	**26847**	**724**	**655**	**1566**	**1285**	**1399**
兴丰街道	79851	76349	341	1611	14	13	50	34	33
林校路街道	81389	78779	387	873	9	15	54	34	37
清源街道	147810	141045	902	1903	191	99	139	67	137
亦庄地区	108255	103404	658	981	22	35	66	33	94

表4 续表 8 单位：人

地区	人口数								
	合计	汉族	蒙古族	回族	藏族	维吾尔族	苗族	彝族	壮族
黄村地区	176890	171187	704	1861	68	153	168	141	129
旧宫地区	189300	181232	1109	1608	48	52	132	106	116
西红门地区	179974	170228	972	3665	35	32	114	76	107
瀛海地区	102463	98707	539	624	13	13	89	66	83
观音寺街道	111225	105800	716	1649	173	62	103	72	106
天宫院街道	87415	83396	635	1044	8	12	97	31	74
高米店街道	99959	95020	666	1239	47	61	86	45	90
青云店镇	69612	68239	232	233	8	6	27	34	26
采育镇	54690	53253	224	310	6	10	83	31	21
安定镇	30764	28418	69	2034	4	2	7	11	4
礼贤镇	40930	38722	174	1139	8	5	32	125	13
榆垡镇	71812	68640	282	1577	9	10	56	121	46
庞各庄镇	74912	70768	317	2560	11	12	42	64	24
北臧村镇	35391	34794	100	78	3	2	5	3	8
魏善庄镇	46661	45714	170	180	2	6	18	10	22
长子营镇	34588	33975	87	85	5	3	28	16	15
中关村国家自主创新示范区大兴生物医药产业基地	10201	9794	72	61	2	1	8	10	8
国家新媒体产业基地	9827	9305	83	77	1	3	13	5	17
大兴国际机场(大兴部分)	1527	1427	13	26			3		2
北京经济技术开发区	148145	140389	1145	1429	37	48	146	150	187
怀柔区	**441040**	**398956**	**2733**	**1356**	**74**	**69**	**502**	**281**	**657**
泉河街道	78632	70986	380	250	18	22	44	29	61
龙山街道	74596	67548	428	265	12	9	67	36	335
怀柔地区	41990	37782	274	96	4	7	103	61	37
雁栖地区	38483	34853	322	140	10	4	30	30	34
庙城地区	40883	37705	279	151	4	3	35	28	30
北房镇	33712	29666	304	85	3	3	38	9	22
杨宋镇	31270	27914	255	80	1	2	23	11	34
桥梓镇	25076	23584	150	77	1	2	48	7	22
怀北镇	22487	20854	124	89	14	12	47	34	46

表4　续表 9　　　　单位：人

地　区	人　口　数								
	合计	汉族	蒙古族	回族	藏族	维吾尔族	苗族	彝族	壮族
汤河口镇	5445	4502	30	23			5	8	3
渤海镇	12702	12065	51	34	1	2	27	4	11
九渡河镇	12533	12142	42	17	3	1	10	3	8
琉璃庙镇	4312	4100	7	9	1	1	6	1	
宝山镇	6246	5738	20	19			4	2	3
长哨营满族乡	5378	3882	26	5	1	1	1	1	3
喇叭沟门满族乡	4034	2737	15	7			4	2	4
北京雁栖经济开发区	3261	2898	26	9	1		10	15	4
平谷区	**457313**	**447857**	**1570**	**607**	**246**	**55**	**208**	**184**	**865**
滨河街道	50541	49609	122	68	203	3	15	7	32
兴谷街道	61949	60601	181	109	10	5	32	18	60
渔阳地区	62694	61574	213	89	14	5	13	27	48
峪口地区	28385	27739	123	35	4	4	21	10	64
马坊地区	29601	28688	106	70	3	8	7	7	98
金海湖地区	25376	24966	52	21	1	3	9	10	77
东高村镇	28406	27918	87	23	1	2	12	4	54
山东庄镇	16315	16028	69	21		2	3	2	29
南独乐河镇	18847	18548	30	25	1	1	11	2	27
大华山镇	15209	14777	46	8	1	1	2	3	133
夏各庄镇	26185	25771	78	37	6	3	18	8	28
马昌营镇	16794	16435	86	20		5	3	6	23
王辛庄镇	30586	29947	156	40	1	5	11	11	48
大兴庄镇	23739	23165	102	18	1	3	13	17	71
刘家店镇	7155	6991	43	7			3	2	20
镇罗营镇	7610	7365	55	11		1	23	20	25
黄松峪乡	5062	4964	9	3		2	7	5	24
熊儿寨乡	2859	2771	12	2		2	5	25	4
密云区	**527683**	**484859**	**2447**	**5229**	**73**	**116**	**308**	**236**	**396**
鼓楼街道	154739	139821	694	3112	37	78	70	47	110
果园街道	88764	80954	479	889	12	14	53	85	94
檀营地区	15466	13291	185	93		1	13	5	10
密云镇	20392	18868	123	111		2	15	8	18
溪翁庄镇	20438	19324	74	91	3	1	12	6	22
西田各庄镇	33702	31347	145	69	4	4	33	13	22

表4 续表 10 单位：人

地区	人口数								
	合计	汉族	蒙古族	回族	藏族	维吾尔族	苗族	彝族	壮族
十里堡镇	29824	27874	201	98	5	4	22	8	17
河南寨镇	24155	21753	115	74	1	1	30	20	13
巨各庄镇	22032	20805	80	37	2	1	5	5	11
穆家峪镇	23084	20885	74	261	2	1	14	3	10
太师屯镇	22388	20643	59	142		1	8	14	3
高岭镇	9967	9389	14	87	2	4	6	4	5
不老屯镇	12705	12178	42	11	1		3		10
冯家峪镇	4485	4268	8	5		1	6		6
古北口镇	7170	6264	33	67		2	3	3	9
大城子镇	9443	9231	24	35	2	1	3	1	13
东邵渠镇	9495	9250	21	9	1		2	6	11
北庄镇	5993	5811	31	5			1		5
新城子镇	6528	6357	10	9	1		1	3	3
石城镇	4014	3843	11	8			2	1	1
北京密云经济开发区	2899	2703	24	16			6	4	3
延庆区	**345671**	**329911**	**1133**	**1186**	**113**	**52**	**173**	**155**	**165**
百泉街道	36013	33755	166	137	86	5	16	10	18
香水园街道	48251	45703	168	181	2	15	25	20	36
儒林街道	28230	26806	113	104	6	4	12	6	8
延庆镇	54790	52553	191	167	5	15	28	39	22
康庄镇	32815	31024	127	202	4	2	28	20	21
八达岭镇	10024	9721	36	78	2	1	7	5	4
永宁镇	23483	21449	63	59	4		16	5	14
旧县镇	17676	17403	37	41		1	6	3	6
张山营镇	24259	23828	52	61		3	8	7	8
四海镇	4343	4277	6	4		1	1	5	3
千家店镇	6273	6099	7	9	1	1	3	2	1
沈家营镇	16661	16155	48	58	2	1	7	10	8
大榆树镇	16166	15701	45	41	1	2	9	2	7
井庄镇	9500	8907	24	15		1	1	15	4
大庄科乡	4202	3879	12	7			1	2	
刘斌堡乡	4497	4388	7	6			2	3	
香营乡	6019	5862	22	10			1	1	4
珍珠泉乡	2469	2401	9	6			2		1

表4　续表 11　　单位：人

地　　区	人　口　数									
	布依族	朝鲜族	满族	侗族	瑶族	白族	土家族	哈尼族	哈萨克族	傣族
北　京	**4572**	**32984**	**469995**	**6325**	**4757**	**5143**	**29580**	**1226**	**2393**	**1235**
东城区	**98**	**802**	**17477**	**143**	**134**	**151**	**688**	**18**	**63**	**34**
东华门街道	6	45	849	11	8	10	42			
景山街道		27	700	6		5	20		2	2
交道口街道	5	33	1050	2	9	8	26	2	3	1
安定门街道	2	30	1063	5	9	2	29	1	3	
北新桥街道	12	47	2190	10	7	10	48	2		3
东四街道	5	36	919	5	3	6	22	1	1	12
朝阳门街道	8	23	759	3	4	8	19	1	1	2
建国门街道	3	44	656	8	2	15	31			2
东直门街道	5	65	1135	12	4	12	56	1	3	2
和平里街道	13	170	2416	19	32	28	116	5	39	5
前门街道	2	1	146		1		8	1		
崇文门外街道	8	48	916	8	8	7	42	2	1	
东花市街道	6	74	1293	20	15	19	78		7	3
龙潭街道	6	60	1243	13	20	7	62		1	
体育馆路街道	3	35	622	7	3	7	18			1
天坛街道	4	19	423	4	2	1	19		1	
永定门外街道	10	45	1097	10	7	6	52	2	1	1
西城区	**111**	**1260**	**24297**	**305**	**264**	**276**	**1565**	**27**	**89**	**84**
西长安街街道	1	29	896	12	12	8	62		1	5
新街口街道	8	57	2512	26	23	18	124	3		7
月坛街道	10	175	1901	31	21	29	141		20	10
展览路街道	15	108	2518	37	18	24	175	3	8	5
德胜街道	8	130	2542	34	30	42	193	1	3	11
金融街街道	13	96	1335	22	23	33	106	4	7	8
什刹海街道	4	72	2349	22	12	11	56		3	6
大栅栏街道	1	29	495	2		7	31			3
天桥街道		20	651	10	2	4	25	1		2
椿树街道	6	34	652	8	7	6	39	1	12	1
陶然亭街道		38	928	5	4	13	65	1		1
广安门内街道	8	53	1248	6	15	11	74		9	4

表4 续表 12 单位：人

地区	人口数									
	布依族	朝鲜族	满族	侗族	瑶族	白族	土家族	哈尼族	哈萨克族	傣族
牛街街道	10	49	797	11	6	7	37	1	3	
白纸坊街道	7	80	1603	19	14	11	84	4	6	2
广安门外街道	20	290	3870	60	77	52	353	8	17	19
朝阳区	**645**	**8715**	**66342**	**994**	**679**	**804**	**4455**	**142**	**344**	**203**
建外街道	7	61	601	11	14	14	46	2	4	7
朝外街道	4	39	681	2	10	10	26		1	
呼家楼街道	8	55	1191	7	13	6	65	3	1	3
三里屯街道	7	43	649	8	1	6	53	2	1	5
左家庄街道	11	167	1493	14	11	12	67		4	9
香河园街道	5	86	1044	10	4	17	54	3		2
和平街街道	24	141	1636	52	20	17	114	6	23	14
安贞街道	6	75	1279	12	3	16	93		1	6
亚运村街道	9	119	1282	25	14	21	100		10	2
小关街道	25	134	1255	52	37	32	179	2	36	10
酒仙桥街道	5	138	1295	7	7	22	56		1	3
麦子店街道	6	102	635	11	12	8	49	6	1	10
团结湖街道	7	50	716		5	7	25		2	
六里屯街道	14	157	1605	15	13	15	84	2	9	7
八里庄街道	16	204	1921	24	14	17	132	5	1	4
双井街道	21	194	1712	26	14	33	87	3	2	3
劲松街道	21	175	1979	30	14	21	100	2	2	3
潘家园街道	11	160	2386	15	20	18	99	2	1	1
垡头街道	7	77	1694	18	10	6	59	3	3	2
南磨房地区	26	210	2315	34	29	18	192	5	16	6
高碑店地区	18	224	2100	24	16	18	128	2	6	4
将台地区	9	207	1063	24	12	19	48	2	7	10
太阳宫地区	16	232	1965	38	14	23	132	4	6	4
大屯街道	59	277	2668	57	19	43	303	13	14	8
望京街道	23	1800	3199	51	43	56	198	5	12	5
小红门地区	8	66	1843	12	2	4	88		1	4
十八里店地区	16	104	2289	26	8	38	195	5	6	11
平房地区	25	139	1401	16	15	14	83	3	9	4

表4　续表 13　　　　单位：人

地　　区	人　口　数									
	布依族	朝鲜族	满族	侗族	瑶族	白族	土家族	哈尼族	哈萨克族	傣族
东风地区	11	176	1460	3	14	9	75	1	3	4
奥运村街道	29	274	2233	40	25	43	218	2	16	7
来广营地区	20	580	3016	70	42	55	240	3	20	1
常营地区	17	265	1908	34	24	10	139	4	14	3
三间房地区	55	195	2002	64	44	35	238	11	72	9
管庄地区	14	260	1993	27	20	28	131	1	3	9
金盏地区	4	43	868	13	12	4	46	5	1	1
孙河地区	5	55	426	5	11	12	36	8		2
崔各庄地区	14	249	1800	28	22	12	87	20	11	2
东坝地区	34	259	2251	28	31	16	127	4	9	9
黑庄户地区	4	36	631	6	4	2	35		1	1
豆各庄地区	13	136	1190	31	9	6	61	1	11	4
王四营地区	3	30	1030	5	5	3	38		1	1
东湖街道	5	687	1330	15	15	18	97			
首都机场街道	3	34	307	4	7	20	32	2	2	3
丰台区	**268**	**1961**	**36563**	**513**	**347**	**292**	**2121**	**75**	**73**	**75**
右安门街道	11	73	1462	25	10	10	75	3	23	4
太平桥街道	11	70	1571	21	24	27	101	3	10	10
西罗园街道	5	73	1402	7	17	4	56		1	3
大红门街道	19	201	3807	50	38	16	150	4	6	9
南苑街道	8	52	935	2	2	6	45	3	1	
东高地街道	2	35	687	12	5	4	32			
东铁匠营街道	17	166	2730	24	24	23	128	2	4	2
卢沟桥街道	45	254	3785	63	44	27	265	7	6	2
丰台街道	22	112	1985	67	14	17	140	3	2	4
新村街道	43	252	3813	80	60	65	344	6	11	9
长辛店街道	4	57	1156	14	5	15	86	1	1	2
云岗街道	1	31	589	10	8	6	41	5	1	3
方庄地区	12	118	1646	14	2	9	90	3		2
宛平城地区	6	44	818	9	8	1	66	3		
马家堡街道	18	157	2369	20	18	20	134	3	3	4
和义街道	1	17	740	7	4	3	30	1		

表4 续表 14

单位：人

地　　区	人　口　数									
	布依族	朝鲜族	满族	侗族	瑶族	白族	土家族	哈尼族	哈萨克族	傣族
卢沟桥地区	17	66	1456	34	12	6	108	7	2	3
花乡地区	11	99	1934	30	19	13	90	3	1	9
南苑地区	6	29	2361	8	7	4	35	2		2
长辛店镇	7	19	567	11	25	3	53	14		4
王佐镇	2	36	750	5	1	13	52	2	1	3
石景山区	**80**	**654**	**9855**	**142**	**127**	**108**	**820**	**31**	**62**	**16**
八宝山街道	10	111	1130	20	19	25	108	7	4	4
老山街道	5	33	600	11	17	30	102		3	2
八角街道	29	157	2104	36	30	17	175		30	3
古城街道	9	55	1136	16	21	4	84	10	1	
苹果园街道	16	95	1682	18	6	11	163	4	4	4
金顶街街道	6	58	1056	8	9	7	62		20	2
广宁街道	1	5	224	3	5		18	3		
五里坨街道	2	65	582	4	4	4	45	1		1
鲁谷街道	2	75	1341	26	16	10	63	6		
海淀区	**1098**	**5180**	**60534**	**1645**	**1285**	**1447**	**7783**	**211**	**875**	**270**
万寿路街道	7	161	2141	44	31	28	184	6	1	9
永定路街道	23	133	1609	40	23	29	123	9		
羊坊店街道	20	148	2140	25	44	54	187	3	3	6
甘家口街道	23	185	2457	45	36	44	208	2	15	6
八里庄街道	21	161	2544	53	24	38	296	7	32	11
紫竹院街道	193	684	2795	205	190	243	785	44	263	54
北下关街道	81	262	3043	113	80	87	454	4	73	12
北太平庄街道	68	243	3009	94	77	100	470	16	46	15
学院路街道	129	486	4227	173	127	146	869	19	164	30
中关村街道	20	293	3011	57	66	65	310	7	4	15
海淀街道	51	284	2234	96	48	90	439	8	50	11
青龙桥街道	9	104	1367	31	18	30	131	2	2	3
清华园街道	50	130	1106	55	65	70	409	7	11	6
燕园街道	24	94	540	47	35	25	243	8	24	4
香山街道	2	17	447	5	1	2	36			2
清河街道	26	216	2338	52	35	26	219	2	5	7

表4　续表 15　　　　单位：人

地　　区	人　口　数									
	布依族	朝鲜族	满族	侗族	瑶族	白族	土家族	哈尼族	哈萨克族	傣族
花园路街道	71	267	3152	89	70	85	412	14	72	21
西三旗街道	48	251	3889	111	66	55	337	5	10	8
马连洼街道	36	149	2653	59	42	35	323	8	51	5
田村路街道	21	166	2118	37	26	24	182	4	4	1
上地街道	38	127	2024	46	29	46	192	1	25	12
万柳地区		2	34							
东升地区	16	112	1294	27	14	11	123	1	2	6
曙光街道	22	146	2024	36	25	33	165	3	2	3
温泉地区	11	48	1199	13	15	14	77		1	4
四季青地区	17	99	2652	40	40	18	177	4	2	8
西北旺地区	47	155	2485	36	36	38	289	7	11	2
苏家坨地区	15	29	986	4	10	4	70	19		6
上庄地区	9	28	1016	12	12	7	73	1	2	3
门头沟区	**48**	**259**	**5256**	**79**	**36**	**38**	**314**	**12**	**34**	**36**
大峪街道	11	51	1090	6	13	3	56	2	23	4
城子街道	1	17	444	2	3	3	26		2	
东辛房街道	5	17	478	6	1	3	23	1	3	
大台街道		2	143				3			
王平地区	1	2	102	1		3	2			1
永定地区	15	130	1607	43	17	23	124	6	2	25
龙泉地区	2	19	575	8	1	1	42	2	3	
潭柘寺镇	6	4	145				9		1	1
军庄镇	2	7	295	1			18			
雁翅镇		2	20	5						
斋堂镇	1	2	32	4	1	2	1			
清水镇		4	43	2			4			
妙峰山镇	4	2	282	1			6	1		5
房山区	**374**	**977**	**25250**	**268**	**212**	**247**	**1548**	**111**	**168**	**64**
城关街道	23	82	1961	15	9	17	74	4	1	3
新镇街道		10	251	7	1	1	15		4	
向阳街道	2	14	382	4	4	2	17	2		3
东风街道	6	12	384	2	5	3	18	1		

表4 续表 16

单位：人

地区	人口数									
	布依族	朝鲜族	满族	侗族	瑶族	白族	土家族	哈尼族	哈萨克族	傣族
迎风街道	9	53	813	3	5	5	30			
星城街道	6	17	450				10	1		
良乡地区	24	1	661	1	7	1	34	2		1
周口店地区	10	18	596	2	3	3	18		1	
琉璃河地区	17	13	659	10	6	3	24		4	2
拱辰街道	86	236	4525	92	69	117	505	23	96	16
西潞街道	16	57	1775	9	8	11	75	2	17	5
阎村镇	48	41	1153	8	10	10	74	51	5	5
窦店镇	21	53	1687	30	10	11	130	3	5	6
石楼镇	3	8	367	1	2	4	31	1	2	1
长阳镇	54	276	5173	73	60	55	351	11	29	17
河北镇	6	3	202	1	2		17	1		2
长沟镇	3	4	1303	1	4		16	4		2
大石窝镇	5	9	423		1		18		1	
张坊镇	3	5	159		2		4			
十渡镇		2	45	2			3			
青龙湖镇	18	36	1037	2	1	2	53	3		
韩村河镇	5	12	1105	2	2	1	25	1	2	
霞云岭乡	1	3	18		1		1	1	1	
南窖乡	1	2	21				2			
佛子庄乡		1	44	2			3			
大安山乡	2	4	18			1				
史家营乡	4	4	29	1						1
蒲洼乡	1	1	9							
通州区	**369**	**3689**	**32478**	**438**	**293**	**313**	**1923**	**121**	**128**	**92**
中仓街道	13	114	1221	12	7	14	51	3	10	6
新华街道	14	188	800	6	8	16	72	21	2	1
北苑街道	14	418	2199	36	27	27	126	7	3	4
玉桥街道	28	224	2286	29	13	15	112	1	8	3
潞源街道	2	10	195	3	2	3	22			1
通运街道	7	156	907	17	8	10	74	14	5	3
宋庄镇	16	115	2549	27	16	29	92	7	9	5

表4　续表 17　　　　单位：人

地　区	人口数									
	布依族	朝鲜族	满族	侗族	瑶族	白族	土家族	哈尼族	哈萨克族	傣族
张家湾镇	18	109	1727	25	10	22	87	3	7	8
漷县镇	13	34	721	8	7	2	49	3		
马驹桥镇	51	253	3137	33	18	30	179	11	6	14
西集镇	6	19	582	9	1	4	19	1	1	1
台湖镇	22	184	2624	30	20	22	158	3	3	12
永乐店镇	11	7	318	2	5		30			
潞城镇	10	41	1035	9	3	14	44	6	5	1
永顺镇	71	757	5720	97	64	50	367	25	41	17
梨园镇	71	1038	6049	89	79	53	420	16	26	15
于家务回族乡	2	22	408	6	5	2	21		2	1
顺义区	**164**	**3218**	**31749**	**227**	**247**	**280**	**1357**	**62**	**43**	**44**
胜利街道	3	154	1188	2	8	12	42	2	1	2
光明街道	4	406	1729	16	7	18	73		1	1
仁和地区	4	183	1277	14	12	15	65	6	1	1
后沙峪地区	16	245	1507	18	48	14	59	5	3	10
天竺地区	2	19	597	12	4	23	36			1
杨镇地区	10	116	1369	4	5	6	54		5	1
牛栏山地区	23	117	2076	16	11	11	76	3		1
南法信地区	12	158	1375	8	19	15	102	3	5	3
马坡地区	5	49	882	2	3	15	33	2	1	1
石园街道	5	350	1687	8	15	4	50		1	3
空港街道	16	359	2215	31	25	29	182	13	7	3
双丰街道	8	324	2074	14	14	7	87	2	5	
旺泉街道	9	337	2312	23	19	30	136	4	4	4
高丽营镇	17	60	1545	2	21	13	65	6	2	3
李桥镇	12	107	2116	16	13	27	128	3	3	2
李遂镇		16	390	4	1	1	6			
南彩镇	5	37	1724	5	4	13	44			3
北务镇		11	308	2	4	1	7			
大孙各庄镇	1	8	387	4	1	3	12	1		
张　镇	1	25	541	7	2	1	23		1	1
龙湾屯镇	1	1	278	1			5	5		

表4 续表 18 单位：人

地区	人口数									
	布依族	朝鲜族	满族	侗族	瑶族	白族	土家族	哈尼族	哈萨克族	傣族
木林镇	1	9	1052	1	1		7		2	
北小营镇	4	46	1105	10	2	6	15	7		
北石槽镇	1	12	834			1	16			
赵全营镇	4	69	1181	7	8	15	34		1	4
昌平区	**659**	**3027**	**43138**	**819**	**573**	**538**	**3435**	**161**	**347**	**144**
城北街道	102	322	4383	68	54	52	355	13	73	18
南口地区	24	68	1057	35	17	24	129	5	34	7
马池口地区	36	32	1539	20	13	10	72	7	3	3
沙河地区	123	315	6441	167	101	114	566	30	79	48
城南街道	17	101	1543	17	13	10	84	2	6	2
东小口地区	22	95	1691	21	20	14	132	18	1	5
天通苑北街道	17	268	2788	43	23	32	173	8	6	5
天通苑南街道	22	269	2534	48	20	33	180	4	11	6
霍营街道	27	180	2113	19	37	10	178	2	1	3
回龙观街道	33	300	3298	87	65	49	312	6	15	4
龙泽园街道	48	385	3784	84	77	47	350	7	8	5
史各庄街道	69	93	1297	66	40	51	226	4	92	8
阳坊镇	8	8	306	10	2	2	24	1	1	1
小汤山镇	13	90	1194	12	19	23	145	1	1	4
南邵镇	9	58	1180	8	9	10	81		3	5
崔村镇	7	9	303	2	1	1	13	1		
百善镇	7	20	662	6	2	1	32	1		3
北七家镇	54	369	5504	91	53	52	338	25	10	15
兴寿镇	17	12	459	3			24	25		
流村镇		10	100	4	1	1	2			
十三陵镇	3	20	881	7	6	1	16		3	2
延寿镇	1	3	81	1		1	3	1		
大兴区	**398**	**2051**	**33414**	**474**	**332**	**435**	**2086**	**156**	**132**	**116**
兴丰街道	8	55	1183	13	10	7	45	7	3	4
林校路街道	13	54	951	9	5	11	68	4	3	1
清源街道	64	206	2539	39	32	31	171	7	36	8
亦庄地区	17	153	2507	21	17	15	101	3	4	8

表4　续表 19

单位：人

地　区	人　口　数									
	布依族	朝鲜族	满族	侗族	瑶族	白族	土家族	哈尼族	哈萨克族	傣族
黄村地区	13	86	1978	46	13	30	121	12	5	10
旧宫地区	36	251	3983	43	18	79	205	20	4	9
西红门地区	31	131	4039	26	41	21	214	8	4	12
瀛海地区	24	111	1839	28	15	23	121	16	4	7
观音寺街道	18	94	1983	31	24	22	176	8	12	7
天宫院街道	16	138	1698	38	28	21	85	3	4	6
高米店街道	24	134	2118	34	24	27	132	11	30	5
青云店镇	18	21	622	8	9	3	78	3	2	
采育镇	9	35	586	11	11	8	38	1	1	2
安定镇	2	4	192				9			
礼贤镇	21	9	490	6	1	40	57	4	2	11
榆垡镇	10	36	772	17	6	36	63	37	2	5
庞各庄镇	20	39	919	12	10	7	54		1	3
北臧村镇	2	16	320	2	4	1	32		2	1
魏善庄镇	7	14	449	5	6	6	24	2		1
长子营镇	5	4	302	5		2	12	1	1	6
中关村国家自主创新示范区大兴生物医药产业基地		13	180	8	3	2	21	1	2	2
国家新媒体产业基地	4	38	221	15	3	1	24	2		1
大兴国际机场(大兴部分)	2		49		1			1		
北京经济技术开发区	34	409	3494	57	51	42	235	5	10	7
怀柔区	**80**	**265**	**34564**	**95**	**73**	**81**	**708**	**26**	**12**	**15**
泉河街道	13	50	6567	11	5	7	94	2	4	3
龙山街道	15	62	5438	20	5	11	278	3		1
怀柔地区	7	19	3440	7	5	11	43	6	2	1
雁栖地区	6	43	2906	5	16	3	30			1
庙城地区	4	23	2529	7	3	4	45	7		
北房镇	6	8	3501	7	7	1	23	1		1
杨宋镇	5	27	2819	6	9	1	40	1		2
桥梓镇	3	12	1127	3	4	1	18	1	1	1
怀北镇	11	7	1077	17	11	18	92	2	5	2

表4　续表 20　　单位：人

地　区	人　口　数									
	布依族	朝鲜族	满族	侗族	瑶族	白族	土家族	哈尼族	哈萨克族	傣族
汤河口镇			857	1		1	9			
渤海镇		4	482	2	2		6			2
九渡河镇	1	4	262	3	4	2	19			
琉璃庙镇	1		181							
宝山镇	3	2	447							
长哨营满族乡	3	2	1444	2	1		1	1		
喇叭沟门满族乡	2	1	1260				2			
北京雁栖经济开发区		1	227	4	1	21	8	2		1
平谷区	**71**	**319**	**4604**	**56**	**59**	**29**	**245**	**21**	**7**	**18**
滨河街道	4	32	398	3	4	1	17			4
兴谷街道	5	104	734	4	3	4	41	3	1	2
渔阳地区	10	60	546	10	12	5	20	2	3	1
峪口地区	16	8	316	1	4		26			1
马坊地区	3	36	531	7	3	3	17	1		2
金海湖地区		4	203	3	2		8	2		
东高村镇		6	247	7			17		1	5
山东庄镇		9	116	1		4	7	1	1	
南独乐河镇		4	168	3	1	1	9	2		1
大华山镇	9	2	181		10		18	1		1
夏各庄镇	3	13	193	1		3	11	1		1
马昌营镇	1	7	177	5	2	1	7			
王辛庄镇	7	10	297	7	6		27	2		
大兴庄镇	9	18	269	1	2	3	7	6		
刘家店镇	1	3	74		2	1	4			
镇罗营镇	1	2	90		7	2	1		1	
黄松峪乡		1	38			1	3			
熊儿寨乡	2		26	3	1		5			
密云区	**62**	**454**	**32591**	**72**	**66**	**50**	**301**	**34**	**10**	**8**
鼓楼街道	13	196	10288	17	25	19	102	8	1	4
果园街道	15	137	5873	13	13	9	56	5	3	1
檀营地区	4	7	1825	2	3		4	3		
密云镇		13	1194	4	1	3	13	1	1	1
溪翁庄镇		9	849	2	5	1	9			1
西田各庄镇	9	11	1987	18	3	5	9	2	1	1

表4　续表 21　　　　单位：人

地　区	人　口　数									
	布依族	朝鲜族	满族	侗族	瑶族	白族	土家族	哈尼族	哈萨克族	傣族
十里堡镇		28	1517	1	1	2	24	2		
河南寨镇		6	2106		2		14	5	1	
巨各庄镇	2	9	1059	1	2		7	2		
穆家峪镇	3	4	1793	1	4		13	2	1	
太师屯镇	2	6	1464	6		2	16	2		
高岭镇	1	4	438	4		1	4		1	
不老屯镇	6	3	432				5	1		
冯家峪镇		1	182	1	3		2			
古北口镇		3	774		1	2	2	1		
大城子镇		6	116	1		3	4			
东邵渠镇	1	2	174				6		1	
北庄镇			123	1			4			
新城子镇		2	138		2		1			
石城镇	1	2	136		1		1			
北京密云经济开发区	5	5	123			3	5			
延庆区	**47**	**153**	**11883**	**55**	**30**	**54**	**231**	**18**	**6**	**16**
百泉街道	5	23	1729	2	4	6	19	1		1
香水园街道	6	25	1965	16	2	3	31	4	2	2
儒林街道	1	10	1107	2	6	5	15	2	1	4
延庆镇	5	14	1622	7	9	8	52	2	1	6
康庄镇	10	30	1214	7	5	10	40	2		1
八达岭镇	1	3	151	2		1	7		1	
永宁镇	3	8	1832		1	4	10			
旧县镇	2	5	150	5		3	2			
张山营镇	4	5	238	5	2	7	20	1		1
四海镇	1	4	35	1			4			
千家店镇		3	142				1			1
沈家营镇		10	332	1	1	1	8			
大榆树镇	2	3	322	4		4	12	2		
井庄镇	1	3	514	2		1	5	2		
大庄科乡		1	292			1	1	1	1	
刘斌堡乡	2	2	85							
香营乡	3	2	110	1			2			
珍珠泉乡	1	2	43				2	1		

表4 续表 22　　　　单位：人

地　区	人　口　数									
	黎族	傈僳族	佤族	畲族	高山族	拉祜族	水族	东乡族	纳西族	景颇族
北　京	**1472**	**528**	**836**	**1992**	**169**	**910**	**507**	**1504**	**805**	**220**
东城区	**41**	**8**	**19**	**62**	**8**	**19**	**7**	**27**	**23**	
东华门街道			2	2		2		2	1	
景山街道		1	1					1		
交道口街道	1		2	4	1	3	1	2	1	
安定门街道	2	2	3	5		2			2	
北新桥街道	5		4	3		2	2	5		
东四街道	3	1		2	2			2		
朝阳门街道	1	1		1						
建国门街道	2				1					
东直门街道	6	1		7		1		3	1	
和平里街道	7	2		16		2		7	13	
前门街道				3						
崇文门外街道	1			5	2		2	1		
东花市街道				5		2			2	
龙潭街道	2				2				2	
体育馆路街道				1			2	2		
天坛街道	4		4					1		
永定门外街道	7		3	8		5		1	1	
西城区	**64**	**8**	**22**	**131**	**5**	**2**	**12**	**35**	**55**	**5**
西长安街街道									2	
新街口街道	4		1	7	2		2	2	4	
月坛街道	4		1	3			1		7	2
展览路街道	8		1	8			4	3	10	2
德胜街道	5		3	9					9	
金融街街道	4	6	1	12	2		1	4	7	
什刹海街道	2	1	4	5					4	1
大栅栏街道	7	1		3						
天桥街道	1		1	4						
椿树街道			1	2					2	
陶然亭街道	9		2	8				1	2	
广安门内街道	2			11					1	

表4　续表 23　　单位：人

地　区	人　口　数									
	黎族	傈僳族	佤族	畲族	高山族	拉祜族	水族	东乡族	纳西族	景颇族
牛街街道			1		1			13		
白纸坊街道	5		2	11				4	2	
广安门外街道	13		4	48		2	4	8	5	
朝阳区	**200**	**56**	**74**	**381**	**27**	**94**	**53**	**111**	**158**	**19**
建外街道	2	1	1	6		1		1	3	
朝外街道	2		1	2	1		1	5	2	
呼家楼街道			1	2	3	1	2	5		4
三里屯街道	1		2	3		1			1	
左家庄街道	2	2	4	11		1	1		1	
香河园街道				2				1	1	1
和平街街道	9	1	1	10	1	1	1	4	8	1
安贞街道		2		6				2	1	
亚运村街道	8			9			1	8		1
小关街道	11	3		11		1	3	5	6	1
酒仙桥街道	3			9	1	2	1	1	1	
麦子店街道	1		1	3		1	2		2	
团结湖街道				10		1		1	3	
六里屯街道	11	6	1	3				1	4	1
八里庄街道	1			10	1	1			4	
双井街道	5	5		9	1	3	1		7	
劲松街道	11	1	5	12	3	1		2	1	
潘家园街道	4	1		12	2	4	1	5	2	
垡头街道	7		1	3			2	2	3	
南磨房地区	4	4	8	19	1	6	4	5	10	
高碑店地区	5	2		6		4	1	2	2	1
将台地区	1			8		1		2	4	1
太阳宫地区	6		1	4	1	1	1		3	
大屯街道	1	5		23	1		9	2	8	
望京街道	13	5	2	4	1		2		17	
小红门地区	6		6	5	1					2
十八里店地区	4		1	21	2	7	1	8	1	3
平房地区	4	2	8	15			1	3	3	

表4 续表 24 单位：人

地区	人口数									
	黎族	傈僳族	佤族	畲族	高山族	拉祜族	水族	东乡族	纳西族	景颇族
东风地区	3			7		2	1	1	7	1
奥运村街道	12	2	2	30		1	3	2	14	
来广营地区	9	3	5	22	3	2	1	6	9	
常营地区	10	2		11		3		12	3	
三间房地区	11	6	4	13	1	2	3	4	8	
管庄地区	1		1	13		2	3	1	3	
金盏地区	2			3			1	2	1	1
孙河地区		1	1	3		34		1		
崔各庄地区	9	1	3	6	1	1	4	5	2	
东坝地区	13		3	9		3	1	3	3	
黑庄户地区	2			9		1		2	1	1
豆各庄地区	1	1	5	11	2	4		6		
王四营地区	2		4			1	1		1	
东湖街道			2	5				1	7	
首都机场街道	3			1					1	
丰台区	**99**	**25**	**35**	**176**	**18**	**65**	**42**	**45**	**43**	**6**
右安门街道	4			11			2	1	2	
太平桥街道	5		1	16	4	7	2	1	5	
西罗园街道	1			3	1	2	2		2	
大红门街道	6	2	3	17	1	9	2	2	2	1
南苑街道	5	2		1		1	1	3		
东高地街道	4			2						
东铁匠营街道	9	2		6	2	2	1	3	3	2
卢沟桥街道	8	1	3	29	3	2	11	4	7	
丰台街道	7	3		11		1			5	1
新村街道	17	2	13	20	2	6	6	6	4	
长辛店街道	6	1		1				6	1	
云岗街道			1	1					3	
方庄地区	5			8	2		1	2	1	
宛平城地区	2			3		1	3	1	1	
马家堡街道	5		4	7		2		3		
和义街道	2	1		4						

表4　续表 25　　　　单位：人

地　区	人　口　数									
	黎族	傈僳族	佤族	畲族	高山族	拉祜族	水族	东乡族	纳西族	景颇族
卢沟桥地区	4	1		11		6	4	2	5	1
花乡地区	6			20	3	1	4	5	2	
南苑地区	1					8	2			
长辛店镇		1	5	2		15		3		1
王佐镇	2	9	5	3		2	1	3		
石景山区	**33**	**11**	**25**	**57**	**10**	**8**	**19**	**12**	**12**	**8**
八宝山街道	5		5	14	3	1	3			
老山街道	2	3		6		2	1	1	1	1
八角街道	12		3	15			8	7	1	
古城街道	2	3	11	2	1	1	1		2	2
苹果园街道	6	2	5	8		2	4	3	1	5
金顶街街道	5		1	2				1	2	
广宁街道		2		1						
五里坨街道						1	2		3	
鲁谷街道	1	1		9	6	1			2	
海淀区	**342**	**109**	**77**	**514**	**39**	**97**	**122**	**205**	**219**	**31**
万寿路街道	8	3		13	7	3	2	7	7	1
永定路街道	3			7	1	1	2	9	13	1
羊坊店街道	5		1	13	1	3	3	4	8	1
甘家口街道	12	2	1	4			1	3	11	
八里庄街道	8	1	3	21		2	1	4	7	1
紫竹院街道	72	27	8	50	13	10	31	23	30	10
北下关街道	12	1	2	30		10	5	20	13	2
北太平庄街道	21	4	3	30	1	3	10	7	10	
学院路街道	42	8	4	49		2	12	9	27	1
中关村街道	6	2	1	24		1	6	8	2	1
海淀街道	15	4		41	2	3	2	6	20	1
青龙桥街道	3			9		1	1	6	4	
清华园街道	9	2	1	23	1	3	8	7	8	2
燕园街道	7		2	15		2	8	2	8	
香山街道	2		1					2		
清河街道	10	6	1	15			3	1	7	

表4 续表 26

单位：人

地　区	人　口　数									
	黎族	傈僳族	佤族	畲族	高山族	拉祜族	水族	东乡族	纳西族	景颇族
花园路街道	15	5	3	36	2	2	2	11	12	2
西三旗街道	16	8		32	3	6	7	11	3	
马连洼街道	15	1	7	15		11	3	14	4	1
田村路街道	8	2	1	10	8	4	1	3	9	
上地街道	15	4	1	16		1	6	4	5	1
万柳地区										
东升地区	1	1		9		4	2	2	4	
曙光街道	10	2		12		1		3	1	
温泉地区	5	1		9		1	1	11		3
四季青地区	9	1	1	13		1	1	9	4	
西北旺地区	7	4	4	16		1	2	17	2	1
苏家坨地区	2	18	31			19		2		1
上庄地区	4	2	1	2		2	2			1
门头沟区	**21**		**13**	**15**	**1**	**19**	**14**	**34**	**2**	**4**
大峪街道	4			2	1	4	1	5	1	
城子街道			1	1		1		1		1
东辛房街道	3		1			2	3	9	1	
大台街道				1						1
王平地区	1		2			1	1			
永定地区	8		4	9			4	8		
龙泉地区				2		10		5		1
潭柘寺镇	4		2				2	1		
军庄镇	1		3					1		
雁翅镇										1
斋堂镇								3		
清水镇						1	1			
妙峰山镇							2	1		
房山区	**61**	**37**	**39**	**67**	**1**	**47**	**27**	**116**	**48**	**5**
城关街道	3	1	1	4		4	2	7		
新镇街道	1					1		2		1
向阳街道			6					1	2	
东风街道		1		3		1		2		

表4　续表 27　　　　　　　　　　　　　　　　　　　　　　　　单位：人

地　区	人　口　数									
	黎族	傈僳族	佤族	畲族	高山族	拉祜族	水族	东乡族	纳西族	景颇族
迎风街道			4	1		1		13	2	1
星城街道	1							7		
良乡地区	1	2								
周口店地区	2	1	1			2		1		
琉璃河地区	3	1		4		1		4		
拱辰街道	21	14	7	34		14	11	27	20	2
西潞街道	1	1	4	1		2	1	2	5	
阎村镇	3	8				5	3	11	4	
窦店镇	5	2	1	3		5	3	2	2	
石楼镇	1	1								
长阳镇	15	5	5	15	1	8	5	16	9	
河北镇			2						1	
长沟镇			3					1		
大石窝镇	2		1	1				1	2	
张坊镇			1	1				2		
十渡镇						1		5		
青龙湖镇			2			1	2	2		1
韩村河镇	1		1			1		8		
霞云岭乡										
南窖乡									1	
佛子庄乡										
大安山乡								1		
史家营乡								1		
蒲洼乡	1									
通州区	**112**	**68**	**76**	**139**	**18**	**74**	**34**	**137**	**55**	**28**
中仓街道	1	3	3	4	1	1	4	4	2	1
新华街道	2	1		2		7	2	6	6	
北苑街道	14	3	7	15	1	6	3	10	1	2
玉桥街道	6	4	7	4	2	2	2	12	1	1
潞源街道			1	3			1	4		
通运街道	1	11	2	3				5	7	
宋庄镇	5	6	7	14	2	10	6	2	4	5

表4 续表 28　　单位：人

地　区	人　口　数									
	黎族	傈僳族	佤族	畲族	高山族	拉祜族	水族	东乡族	纳西族	景颇族
张家湾镇	6		4	5	1	9		9	1	
漷县镇	1		3	4		1		2		1
马驹桥镇	7	9	8	7	3	8	6	12	2	
西集镇		2						4		3
台湖镇	6	4	3	20	5	2	1	12	1	3
永乐店镇				5		2				
潞城镇	2	2	3	1		3		3	1	1
永顺镇	30	12	14	25	3	10	6	24	15	5
梨园镇	25	8	14	26		13	3	27	12	6
于家务回族乡	6	3		1				1	2	
顺义区	**46**	**39**	**56**	**68**	**6**	**63**	**12**	**167**	**32**	**11**
胜利街道		1	1			2	1	4	1	1
光明街道	5	1	4	7		2		6		
仁和地区		3	3	2	1	3		5		2
后沙峪地区	6	4	2	8		19	2	2	3	
天竺地区		3	4			1	1	4		
杨镇地区	1		2		1		2	16	4	1
牛栏山地区	3	1	1	1			1	5	1	1
南法信地区	3	1	1	4			1	4	1	
马坡地区		1				5		2	4	
石园街道	3	2				1	1	2	3	
空港街道	6	1	5	14		3		13	3	
双丰街道	1	3	3	2				9	2	
旺泉街道	4	6	3	12	2	3		5	2	
高丽营镇	2	4	3	2		3	1	29	2	1
李桥镇	4	2	1	9	1	1	1	11	2	2
李遂镇								6		
南彩镇	1	6	6	3	1	7		7	2	2
北务镇	1		9			2				
大孙各庄镇						2		5		
张　镇						1		9		
龙湾屯镇	1					2				

表4 续表 29 单位：人

地 区	人 口 数									
	黎族	傈僳族	佤族	畲族	高山族	拉祜族	水族	东乡族	纳西族	景颇族
木林镇	3		3			1	1	3		
北小营镇	1		5			3		1		
北石槽镇				1				1		
赵全营镇	1			3		2		18	2	1
昌平区	**207**	**69**	**104**	**193**	**17**	**107**	**93**	**240**	**62**	**28**
城北街道	35	6	11	18	1	6	9	31	11	
南口地区	12	3	7	12		3	6	16		1
马池口地区	4	1	4			3	9	20	1	1
沙河地区	35	10	12	37	4	16	16	47	10	5
城南街道	2	2	6	7		4	4	12	1	2
东小口地区	7	1	7	5		6	3	10	2	3
天通苑北街道	10	2	4	6	1	4	3	5	3	3
天通苑南街道	3	3	5	7	1	6	6	14	2	
霍营街道	4	4	2	8		1	3	1	4	1
回龙观街道	24	3	4	29	2	3	3	19	6	1
龙泽园街道	8	5	1	20	5	2	4	11	5	1
史各庄街道	26	4	7	9		1	6	6	8	1
阳坊镇		3						12	4	1
小汤山镇	2	5	2	4		2	5	5	2	
南邵镇	5	1	2	6		1		7		2
崔村镇		1		1				1		
百善镇	4	1		1				3		
北七家镇	21	10	6	21	3	12	14	15	1	5
兴寿镇	3	2	22			37		1		
流村镇		1		1			1	4		
十三陵镇	2	1	1	1			1		2	1
延寿镇			1							
大兴区	**159**	**54**	**168**	**130**	**16**	**199**	**42**	**133**	**65**	**49**
兴丰街道	4	2	6	4	2	3	5	5	1	3
林校路街道	11	1	2	3	1	8	3	10	1	
清源街道	15	4	6	8		5	2	7	8	2
亦庄地区	5	4	7	12		9	1	6	2	2

表4 续表 30 单位：人

地区	人口数									
	黎族	傈僳族	佤族	畲族	高山族	拉祜族	水族	东乡族	纳西族	景颇族
黄村地区	4	4	32	3	1	15	2	11	5	2
旧宫地区	16	5	23	19	2	36	2	15	6	7
西红门地区	19	4	13	7	1	11	3	26	3	4
瀛海地区	8	4	12	11		26	3	3	2	3
观音寺街道	29	2	21	10	5	7	1	8	6	
天宫院街道	6		5	4		4	4	2	6	2
高米店街道	11	2	4	21		10	5	9	7	
青云店镇	4		1	1		2		3	1	2
采育镇	7	1	3	2		2	1	3		3
安定镇			1					3		
礼贤镇		4	3			29		1	1	9
榆垡镇	2	2	6	7		14	1	2	5	1
庞各庄镇	1	3	5	1		1		7	2	4
北臧村镇	1			2		1	1			
魏善庄镇	2			3		2	1			
长子营镇		5	15	1			1			
中关村国家自主创新示范区大兴生物医药产业基地	1			1		1		1		
国家新媒体产业基地							1		1	
大兴国际机场(大兴部分)			1							
北京经济技术开发区	13	7	2	10	4	13	5	11	8	5
怀柔区	**14**	**17**	**39**	**22**		**49**	**9**	**71**	**12**	**11**
泉河街道	1	1	4	4		7	4	8	6	4
龙山街道	2		2	4		1	2	5	2	
怀柔地区	2	2	25	1		3		10	3	2
雁栖地区	3	7	1			1	1	8	1	2
庙城地区	1	1	2			3		1		1
北房镇	2	1				1		10		
杨宋镇	1		1	8			1	10		1
桥梓镇				2		1		4		
怀北镇			1	3				2		1

表4　续表 31　　单位：人

地　区	人　口　数									
	黎族	傈僳族	佤族	畲族	高山族	拉祜族	水族	东乡族	纳西族	景颇族
汤河口镇						1		3		
渤海镇	1					1	1	4		
九渡河镇	1	3						3		
琉璃庙镇		1	1							
宝山镇						1		2		
长哨营满族乡			2							
喇叭沟门满族乡										
北京雁栖经济开发区		1				29		1		
平谷区	**17**	**12**	**42**	**12**		**27**	**7**	**66**	**5**	**3**
滨河街道	1	1		1		3		3	2	1
兴谷街道	4	3	3			1	1	8		1
渔阳地区	3	1	2	5		4		8	1	
峪口地区		1						6		
马坊地区	1							2		
金海湖地区			3			8				
东高村镇	2	1	12			1		3		1
山东庄镇			1	3		1		8		
南独乐河镇		1		2				6	1	
大华山镇		1	1	1		1		7		
夏各庄镇	1		1			2		2		
马昌营镇			3				1	7		
王辛庄镇		1	2			1				
大兴庄镇	4	2	10			5	4	2		
刘家店镇								3		
镇罗营镇			3				1			
黄松峪乡	1		1					1		
熊儿寨乡									1	
密云区	**17**	**12**	**33**	**6**	**1**	**28**	**8**	**68**	**6**	**8**
鼓楼街道	8	4	5	3		12	1	8	2	2
果园街道	2	4	8	1		2		10		
檀营地区	1		9				4		1	
密云镇						2		1		1
溪翁庄镇			1			1		18	2	
西田各庄镇	3		1			3	1	5		3

表4 续表 32

单位：人

地区	人口数									
	黎族	傈僳族	佤族	畲族	高山族	拉祜族	水族	东乡族	纳西族	景颇族
十里堡镇			2	1			1	3		
河南寨镇	1		1	1		4		4		
巨各庄镇			1			1				
穆家峪镇		1	2			1	1			1
太师屯镇	1		1			1		8	1	
高岭镇										
不老屯镇	1	1	1					1		
冯家峪镇		1								
古北口镇								4		
大城子镇					1			1		
东邵渠镇								5		
北庄镇		1								1
新城子镇										
石城镇			1			1				
北京密云经济开发区										
延庆区	**39**	**3**	**14**	**19**	**2**	**12**	**6**	**37**	**8**	**4**
百泉街道	3		1		1	2	1	4	2	1
香水园街道	1		4	2	1	2	1	2		
儒林街道	4			1		1	1	3		
延庆镇	6	1	1			2	1	7	2	
康庄镇	17		4	10				15	3	1
八达岭镇			1						1	
永宁镇				1		1		2		
旧县镇	2	1	2			1	1			1
张山营镇	1			2				1		
四海镇				1						
千家店镇							1			
沈家营镇	3			2						
大榆树镇		1	1					3		1
井庄镇	1					3				
大庄科乡	1									
刘斌堡乡										
香营乡										
珍珠泉乡										

表4　续表 33　　　　单位：人

地　区	人　口　数									
	柯尔克孜族	土族	达斡尔族	仫佬族	羌族	布朗族	撒拉族	毛南族	仡佬族	锡伯族
北　京	**249**	**736**	**3519**	**720**	**1041**	**126**	**391**	**247**	**1802**	**4277**
东城区	**6**	**8**	**133**	**21**	**28**		**13**		**25**	**167**
东华门街道			5		2					6
景山街道			9							2
交道口街道	1		2	3					6	9
安定门街道			6		1		1		2	7
北新桥街道		1	6	1	1					8
东四街道			6	2	4					16
朝阳门街道			14	2					1	14
建国门街道	1	1	7		4					12
东直门街道			11	2	3		3		1	12
和平里街道		1	30	6	1		1		5	28
前门街道	2			1						2
崇文门外街道			9		10				5	9
东花市街道	2	4	9						1	13
龙潭街道		1	6	3			2			14
体育馆路街道			1	1			5		2	5
天坛街道			5						2	
永定门外街道			7		2		1			10
西城区	**5**	**27**	**182**	**27**	**38**	**2**	**53**	**10**	**54**	**257**
西长安街街道			6	1			13			8
新街口街道			11		5		16		5	24
月坛街道		4	14				1	1	4	19
展览路街道	2	3	19	4	12		1		1	34
德胜街道			25	1	6	1		5	4	33
金融街街道	1	1	9		1		8		3	10
什刹海街道		1	2	1	3		3		3	17
大栅栏街道		3	9							3
天桥街道			6	1			1			4
椿树街道			5						2	14
陶然亭街道		2	9		1					6
广安门内街道		4	8	3					1	9

表4 续表 34 单位：人

地区	人口数									
	柯尔克孜族	土族	达斡尔族	仫佬族	羌族	布朗族	撒拉族	毛南族	仡佬族	锡伯族
牛街街道		1	5	3			6	1	4	7
白纸坊街道	1	1	12	2			4		6	14
广安门外街道	1	7	42	11	10	1		3	21	55
朝阳区	**32**	**100**	**672**	**120**	**125**	**28**	**68**	**43**	**188**	**873**
建外街道			9	2	2				1	9
朝外街道		1	11	1			2		1	17
呼家楼街道		2	12	3	2		1		2	12
三里屯街道			7	3					2	17
左家庄街道		3	3	5	4	2	2	2	3	17
香河园街道	4		9	2	1			3	2	14
和平街街道	1	9	14	2	2		1	1	13	35
安贞街道		1	11		1				3	18
亚运村街道		7	11	2	6	3		2	3	20
小关街道	2	7	9	5	3		1	3	7	32
酒仙桥街道	1		14		1		1		2	16
麦子店街道		2	11						1	12
团结湖街道	1	4	5	2					1	6
六里屯街道		2	11	1	1	1			2	13
八里庄街道	2	3	22	5	6			1	4	19
双井街道			20	3	4		7		4	25
劲松街道		1	14	1	2	2	5		4	22
潘家园街道		1	19	2	1	1	3	1	7	19
垡头街道		8	10	2	3				1	10
南磨房地区	1	3	27	4	8	1	5	1	4	35
高碑店地区		1	20	3	2	1		2	7	17
将台地区		5	13	1			1	1	1	19
太阳宫地区		10	19	3				1	8	20
大屯街道	7	2	36	9	14			3	16	51
望京街道	2	3	44	2	9	2	1	1	6	61
小红门地区			17	3	3			1	3	13
十八里店地区		5	7	2	6	4	15	1	5	8
平房地区		1	9		4		1		4	22

表4　续表 35　　　　单位：人

地　区	人　口　数									
	柯尔克孜族	土族	达斡尔族	仫佬族	羌族	布朗族	撒拉族	毛南族	仡佬族	锡伯族
东风地区		2	18	1		1		3	5	14
奥运村街道		1	29	4	3	1			10	62
来广营地区	1	3	36	15	5		4	1	3	53
常营地区	3		35	1	2		9		1	34
三间房地区	3	3	26	6	10	2	3	7	10	37
管庄地区	1	3	25	1	9	3	2		2	14
金盏地区	3	1	9	1	2				1	3
孙河地区			3	2		1			3	9
崔各庄地区			20	4	3	3	3	2	12	5
东坝地区		1	21	4	1		1	6	6	31
黑庄户地区		1	5	1	1				3	3
豆各庄地区		2	16	3	2				3	10
王四营地区			6						7	1
东湖街道		2	8	6	2				5	13
首都机场街道			1	3						5
丰台区	**21**	**32**	**257**	**66**	**85**	**5**	**14**	**18**	**137**	**405**
右安门街道	4	4	7	1	8				8	15
太平桥街道		1	8	3	2	3			1	20
西罗园街道		1	2	3	3			1	3	14
大红门街道	3	3	21	3	2		1	1	9	44
南苑街道			8	1	1	1		3		5
东高地街道			5	2	2				3	4
东铁匠营街道			23	5	5		4	4	9	20
卢沟桥街道	4	6	33	12	10			1	17	62
丰台街道	2	1	21	4	10	1		1	4	17
新村街道	3	8	37	6	6		3	2	17	71
长辛店街道		1	13		9				2	11
云岗街道			13		2				2	19
方庄地区			4	6	5				6	19
宛平城地区			7	3	2				1	7
马家堡街道	2	4	16	1	1		3		4	24
和义街道		1	4		1				2	5

表4 续表 36　　　　单位：人

地　区	人　口　数									
	柯尔克孜族	土族	达斡尔族	仫佬族	羌族	布朗族	撒拉族	毛南族	仡佬族	锡伯族
卢沟桥地区	1		5	4	6				4	11
花乡地区		1	11	6	3			1	12	13
南苑地区	2		7	2			3		1	10
长辛店镇		1	1		2			2	22	5
王佐镇			11	4	5			2	10	9
石景山区	**7**	**26**	**105**	**10**	**18**	**2**	**5**	**8**	**37**	**127**
八宝山街道	3		18	2	1		2	2	4	16
老山街道			7	1	5				5	12
八角街道	2	6	23	7	6		2	3	15	39
古城街道		5	5		2				4	15
苹果园街道		11	15						5	23
金顶街街道	2		9		1		1	1	1	9
广宁街道			6		1					3
五里坨街道		1	5		1				1	1
鲁谷街道		3	17		1	2		2	2	9
海淀区	**82**	**216**	**653**	**170**	**294**	**27**	**68**	**71**	**413**	**812**
万寿路街道		1	30	5	2				6	24
永定路街道		1	17	10	2				4	20
羊坊店街道	2	2	17	8	3	2		2	4	35
甘家口街道		2	26	5	13		2	3	11	41
八里庄街道	4	13	23	6	4	1	4		7	29
紫竹院街道	20	45	58	24	48	9	13	8	52	69
北下关街道	4	17	29	11	33	2	2	5	28	54
北太平庄街道	2	14	40	9	16		6	8	34	39
学院路街道	11	34	38	14	24	2	10	7	41	68
中关村街道		9	31	3	12		9	6	15	31
海淀街道	2	5	29	7	12	2	1	7	27	36
青龙桥街道		2	13	1	1			3	13	5
清华园街道	1	17	14	9	17	2	2	1	14	21
燕园街道	2	9	7	6	5			3	19	11
香山街道			8		2				4	
清河街道		6	31	5	11				9	41

表4　续表 37　　　　单位：人

地　　区	人口数									
	柯尔克孜族	土族	达斡尔族	仫佬族	羌族	布朗族	撒拉族	毛南族	仡佬族	锡伯族
花园路街道	3	11	21	13	13	1	1	4	26	53
西三旗街道	5	8	56	7	16	1	4	5	23	53
马连洼街道	10	2	23	3	12		3	3	23	35
田村路街道			23	3	9	1		1	11	31
上地街道	14	1	10	3	5	2		1	18	17
万柳地区										
东升地区		7	24	5	1		1		1	20
曙光街道		3	18		12		4		1	22
温泉地区			10	1	5		2	1	2	10
四季青地区			19	3	5		1		5	12
西北旺地区	1	5	17	2	10	1	3	3	10	16
苏家坨地区	1		5	4		1			5	6
上庄地区		2	16	3	1					13
门头沟区	**5**	**16**	**45**		**14**	**2**	**6**	**1**	**11**	**38**
大峪街道	2	1	10		4	1	1		1	3
城子街道	1	1	5						2	9
东辛房街道		6	2						1	2
大台街道										
王平地区								1		
永定地区		4	23		4		4		5	21
龙泉地区	2	4	3		4				1	1
潭柘寺镇							1			
军庄镇										1
雁翅镇						1				
斋堂镇									1	1
清水镇			1							
妙峰山镇			1		2					
房山区	**18**	**30**	**171**	**22**	**53**	**3**	**18**	**10**	**151**	**198**
城关街道		1	12	1	5		4		14	9
新镇街道			9							2
向阳街道							1	3	3	12
东风街道			5	1					3	3

表4 续表 38 单位：人

地　区	人　口　数									
	柯尔克孜族	土族	达斡尔族	仫佬族	羌族	布朗族	撒拉族	毛南族	仡佬族	锡伯族
迎风街道		1	7	2			1		4	18
星城街道			4		1			1		13
良乡地区		3	4				1		1	2
周口店地区		1	2							3
琉璃河地区			8					1	3	2
拱辰街道	10	12	19	10	21	2	3	2	41	44
西潞街道	2	2	17	4	8	1			3	13
阎村镇	3		5	1			2	1	6	8
窦店镇			11	1	2		3		11	19
石楼镇									9	2
长阳镇	2	7	62	2	9		3	2	30	41
河北镇					2					1
长沟镇		3			1				14	1
大石窝镇									1	2
张坊镇	1		2		3					
十渡镇										
青龙湖镇					1				6	
韩村河镇			4							1
霞云岭乡										
南窖乡									1	
佛子庄乡									1	2
大安山乡										
史家营乡										
蒲洼乡										
通州区	**13**	**47**	**291**	**59**	**80**	**10**	**32**	**21**	**184**	**353**
中仓街道		1	3	2	1	1	5		8	12
新华街道	2		10	4	16				4	16
北苑街道		5	24	1	5	1		1	7	24
玉桥街道		4	29	2	7		3	1	7	26
潞源街道			4	3	1				4	7
通运街道		1	14					1	3	12
宋庄镇	3	3	24	6	3	2		3	9	22

表4　续表 39　　单位：人

地　区	人　口　数									
	柯尔克孜族	土族	达斡尔族	仫佬族	羌族	布朗族	撒拉族	毛南族	仡佬族	锡伯族
张家湾镇		1	19	2	3		1	3	7	6
漷县镇			3	1				1	1	3
马驹桥镇	2	11	20	7	8	1	4		25	46
西集镇		1			1				6	
台湖镇		2	23	5	7	1	4		23	14
永乐店镇		2	3		2				2	4
潞城镇			7	1	2	1	1		8	7
永顺镇	2	7	48	10	16	3	5	5	40	59
梨园镇	4	3	55	15	8		8	6	29	93
于家务回族乡		6	5				1		1	2
顺义区	**7**	**21**	**186**	**27**	**44**	**5**	**8**	**5**	**78**	**170**
胜利街道	1		2		1	1	2		1	5
光明街道			16	1					5	7
仁和地区			5		1				1	7
后沙峪地区		2	15	2	1				9	12
天竺地区			3	1	2					1
杨镇地区	2	1	4	1				1	13	13
牛栏山地区		2	9	5	3			1	5	7
南法信地区	1		18		2		1		10	7
马坡地区			5		2	1			2	2
石园街道		1	7		1			2		5
空港街道		1	16	4	15				6	26
双丰街道	1	7	12		3		2		3	13
旺泉街道		1	22	3				1	1	19
高丽营镇		2	10		6	1			6	5
李桥镇		1	21		3		2		5	19
李遂镇			1							1
南彩镇			6	1		1	1		3	3
北务镇			1						3	4
大孙各庄镇		1							1	2
张　镇		1	1							2
龙湾屯镇			1		1				1	1

表4 续表 40 单位：人

地　　区	人　口　数									
	柯尔克孜族	土族	达斡尔族	仫佬族	羌族	布朗族	撒拉族	毛南族	仡佬族	锡伯族
木林镇			2	1					1	2
北小营镇			1		2				1	2
北石槽镇			1	1		1			1	
赵全营镇	2	1	7	7	1					5
昌平区	**28**	**120**	**449**	**102**	**112**	**21**	**60**	**27**	**237**	**478**
城北街道	5	29	50	13	23	1	14	3	29	62
南口地区	5	3	6	2	8	1	2	2	15	6
马池口地区	2	3	14	4	1	1	1		19	12
沙河地区	4	20	70	14	30	5	9	5	57	64
城南街道		2	12	4	3		4		8	18
东小口地区		6	16	1	3	2	1	2	6	16
天通苑北街道	1	5	30	2	4		1	1	7	27
天通苑南街道		4	34	10	3	3	2		7	19
霍营街道		5	25	9	3	2	2		12	33
回龙观街道	5	6	37	8	10	2	1		7	59
龙泽园街道		11	53	3	8		10	3	16	52
史各庄街道	4	16	7	10	4	1	2	6	24	18
阳坊镇		2	1				1		3	1
小汤山镇	1		13			1			3	13
南邵镇		1	9	3	1		1		10	8
崔村镇			1	5	1				1	2
百善镇		3	6			1		2		1
北七家镇	1	4	59	14	6		5	3	13	55
兴寿镇			5							9
流村镇					1					
十三陵镇			1		3		4			2
延寿镇						1				1
大兴区	**22**	**58**	**261**	**48**	**87**	**13**	**25**	**21**	**206**	**293**
兴丰街道	1		4	1	2		1		6	17
林校路街道	2		7		4				9	7
清源街道		5	30	5	6	2	6	3	20	42
亦庄地区	1	3	15		2	2	3	3	10	17

表4　续表 41　　　　　　　　　　　　　　　　　　　　　　　　　　　　单位：人

地　区	人　口　数									
	柯尔克孜族	土族	达斡尔族	仫佬族	羌族	布朗族	撒拉族	毛南族	仡佬族	锡伯族
黄村地区	2	5	19	5	9		3	3	15	8
旧宫地区	1	7	30	5	7	1	1		16	28
西红门地区	3	5	25	5	8	3	2		14	33
瀛海地区	1	3	12	3	6	2			14	7
观音寺街道		7	27	2	5		1	1	5	17
天宫院街道		2	9	2				1	2	13
高米店街道	1	4	14	4	11	3	1	3	11	20
青云店镇	1	4	6	1	1		1		8	7
采育镇			9	1					5	5
安定镇	2								2	
礼贤镇			3	5	1			2	10	2
榆垡镇			4		5				20	11
庞各庄镇	1			1	4		1		5	3
北臧村镇		1	2	2					2	1
魏善庄镇		1	4		5				2	3
长子营镇	2		1						2	6
中关村国家自主创新示范区大兴生物医药产业基地		1	2		1					2
国家新媒体产业基地		1	2					1	4	2
大兴国际机场(大兴部分)										2
北京经济技术开发区	4	9	36	6	10		5	4	24	40
怀柔区		**9**	**35**	**17**	**40**	**3**	**6**	**4**	**26**	**51**
泉河街道		1	9	1	5	1			5	13
龙山街道		1	8	9			3	1	5	7
怀柔地区		1	2	1	24				1	2
雁栖地区			5	1	2	1		1	6	3
庙城地区		1	4	1	1				1	8
北房镇			2		1				1	3
杨宋镇		1	2	2	2				2	6
桥梓镇		1	1	1			1			
怀北镇		1	1		4	1		1	1	5

表4 续表 42

单位：人

地区	人口数									
	柯尔克孜族	土族	达斡尔族	仫佬族	羌族	布朗族	撒拉族	毛南族	仡佬族	锡伯族
汤河口镇							1			
渤海镇				1	1					
九渡河镇		2								2
琉璃庙镇									2	
宝山镇									2	2
长哨营满族乡							1			
喇叭沟门满族乡										
北京雁栖经济开发区			1					1		
平谷区	**1**	**5**	**20**	**5**	**10**	**2**	**5**	**1**	**11**	**16**
滨河街道			2							2
兴谷街道		1	3	1	1				2	1
渔阳地区	1		5		5	1			2	3
峪口地区		2			1					1
马坊地区			2							4
金海湖地区							1		1	
东高村镇							1			1
山东庄镇		1	2						2	1
南独乐河镇			1	1	1					
大华山镇			2						2	
夏各庄镇			1					1		
马昌营镇			2	1			1			1
王辛庄镇		1					2			1
大兴庄镇				1	2	1			1	
刘家店镇										
镇罗营镇										1
黄松峪乡				1					1	
熊儿寨乡										
密云区	**2**	**11**	**34**	**16**	**8**	**2**	**4**	**6**	**17**	**23**
鼓楼街道		4	9	11				2	2	8
果园街道		2	7	2	2	1		3	3	6
檀营地区			2						1	
密云镇		1				1	2		2	
溪翁庄镇	1									3
西田各庄镇					1					

表4　续表 43　　　　单位：人

地　　区	人口数									
	柯尔克孜族	土族	达斡尔族	仫佬族	羌族	布朗族	撒拉族	毛南族	仡佬族	锡伯族
十里堡镇		3	2		1				2	
河南寨镇										
巨各庄镇										
穆家峪镇			1				1		2	
太师屯镇		1		3						1
高岭镇			1					1		1
不老屯镇							1			
冯家峪镇										1
古北口镇			1							
大城子镇									1	
东邵渠镇			1		3					2
北庄镇			8		1					1
新城子镇			1							
石城镇	1								4	
北京密云经济开发区			1							
延庆区		**10**	**25**	**10**	**5**	**1**	**6**	**1**	**27**	**16**
百泉街道			5	3					1	1
香水园街道		2	4	3			4		6	5
儒林街道		1	1				1		1	
延庆镇		3	5	2					6	
康庄镇			6		2	1		1	2	1
八达岭镇										2
永宁镇							1		2	2
旧县镇		1	1						2	
张山营镇		1	2						1	
四海镇										
千家店镇									1	1
沈家营镇		1			2				3	4
大榆树镇				2	1					
井庄镇			1							
大庄科乡									1	
刘斌堡乡		1								
香营乡										
珍珠泉乡									1	

表4 续表 44

单位：人

地 区	人口数									
	阿昌族	普米族	塔吉克族	怒族	乌孜别克族	俄罗斯族	鄂温克族	德昂族	保安族	裕固族
北 京	**44**	**87**	**52**	**37**	**87**	**584**	**727**	**17**	**47**	**153**
东城区				**1**	**7**	**35**	**23**		**1**	**4**
东华门街道						1	2			
景山街道							4			
交道口街道							1			
安定门街道							3			
北新桥街道						8				
东四街道										2
朝阳门街道					1		2			
建国门街道							4			
东直门街道					1	6				
和平里街道				1	1	8	2			2
前门街道										
崇文门外街道						1	1			
东花市街道						2			1	
龙潭街道						3	2			
体育馆路街道					1		1			
天坛街道							1			
永定门外街道					3	6				
西城区		**4**			**3**	**47**	**31**			**9**
西长安街街道		1				3	3			
新街口街道							6			
月坛街道						5	1			2
展览路街道		2					5			
德胜街道						4	2			1
金融街街道							2			
什刹海街道						5	1			
大栅栏街道						1				
天桥街道						4				
椿树街道		1								
陶然亭街道										
广安门内街道						1	1			

表4　续表 45　　　　单位：人

地　区	人　口　数									
	阿昌族	普米族	塔吉克族	怒族	乌孜别克族	俄罗斯族	鄂温克族	德昂族	保安族	裕固族
牛街街道					3	3				3
白纸坊街道						10	4			
广安门外街道						11	6			3
朝阳区	**7**	**9**	**11**	**8**	**13**	**118**	**126**	**4**	**2**	**23**
建外街道						2	1			
朝外街道										
呼家楼街道					1					
三里屯街道						1				
左家庄街道			1		1	1	1			1
香河园街道						4	2			3
和平街街道	1					8	4			3
安贞街道						4	1			
亚运村街道	2	1				1	3			1
小关街道	1	2				2	3			
酒仙桥街道					1	1	2			
麦子店街道										
团结湖街道				2		3	3			
六里屯街道				1		2				
八里庄街道					1	1	2			
双井街道			1		3	1	6			
劲松街道						7	1		1	
潘家园街道			1			2	4			
垡头街道					1	2	4			
南磨房地区		1				4	1			
高碑店地区						5	8			
将台地区		1				6	7			
太阳宫地区						4	4			1
大屯街道						8	2			5
望京街道				3		9	1			
小红门地区						2	5			
十八里店地区				1			7	2		
平房地区			1			2	2	1		

表4 续表 46　　单位：人

地区	人口数									
	阿昌族	普米族	塔吉克族	怒族	乌孜别克族	俄罗斯族	鄂温克族	德昂族	保安族	裕固族
东风地区			1			2	6	1		1
奥运村街道		1			1	4	6			5
来广营地区		1	1			9	14			
常营地区						5	6			
三间房地区	1	1	2		1	3	3			
管庄地区	2		3	1		7	1		1	
金盏地区		1					1			1
孙河地区					1		1			
崔各庄地区						3	8			1
东坝地区					1	1	3			
黑庄户地区					1		1			
豆各庄地区							2			
王四营地区										
东湖街道						2				1
首都机场街道										
丰台区	**6**	**6**	**1**	**1**	**7**	**39**	**49**		**3**	**6**
右安门街道						2	2			
太平桥街道						5	1			1
西罗园街道					1					
大红门街道					1	6	4			
南苑街道							1			
东高地街道									2	
东铁匠营街道		3				2	1			
卢沟桥街道							7			2
丰台街道						7	2			1
新村街道	2	2	1		4	5	9			
长辛店街道							2			
云岗街道		1								
方庄地区						6				
宛平城地区										
马家堡街道					1	2	4		1	
和义街道						2	2			

表4　续表 47　　　　单位：人

地　区	人　口　数									
	阿昌族	普米族	塔吉克族	怒族	乌孜别克族	俄罗斯族	鄂温克族	德昂族	保安族	裕固族
卢沟桥地区							3			
花乡地区	4						1			2
南苑地区						1				
长辛店镇						1	2			
王佐镇				1			8			
石景山区	**1**	**7**	**1**			**9**	**16**		**3**	**3**
八宝山街道							2			2
老山街道		1				1				
八角街道						6	2		1	
古城街道		1					2			
苹果园街道	1	4				1	6		1	
金顶街街道						1				
广宁街道										
五里坨街道		1					2			1
鲁谷街道			1				2		1	
海淀区	**12**	**29**	**13**	**6**	**26**	**131**	**113**	**5**	**14**	**46**
万寿路街道					1	7	7			
永定路街道						3	2			2
羊坊店街道						8	10		1	1
甘家口街道						5	9			3
八里庄街道		2				3	4			
紫竹院街道	2	7	5	3	15	5	23	5	4	17
北下关街道	1				1	8	12		1	1
北太平庄街道	2					5	2		1	1
学院路街道		4	2		4	8	5		1	1
中关村街道		1				10	1			2
海淀街道		4			1	8	5		1	4
青龙桥街道	1					7	2			
清华园街道						2				2
燕园街道		1			2	5				
香山街道							3			
清河街道						7	1			

表4 续表 48 单位：人

地区	人口数									
	阿昌族	普米族	塔吉克族	怒族	乌孜别克族	俄罗斯族	鄂温克族	德昂族	保安族	裕固族
花园路街道	1	2	1	1		5	7			
西三旗街道	2	3				7	3		1	
马连洼街道		2	4	1		5	1			2
田村路街道		2		1						1
上地街道			1			6	2			2
万柳地区										
东升地区						7	2			5
曙光街道										
温泉地区	1						1			1
四季青地区						7	1			
西北旺地区	2	1			2	2	2		1	
苏家坨地区							4		3	1
上庄地区						1	4			
门头沟区	**1**				**2**	**5**	**7**		**1**	
大峪街道						2	4			
城子街道						3				
东辛房街道										
大台街道										
王平地区										
永定地区					2		2		1	
龙泉地区	1									
潭柘寺镇										
军庄镇										
雁翅镇										
斋堂镇										
清水镇							1			
妙峰山镇										
房山区	**5**	**2**	**16**		**2**	**31**	**44**	**6**	**4**	**6**
城关街道						3	1			
新镇街道										
向阳街道										
东风街道										

表4　续表 49　　单位：人

地区	人口数									
	阿昌族	普米族	塔吉克族	怒族	乌孜别克族	俄罗斯族	鄂温克族	德昂族	保安族	裕固族
迎风街道						1	3			
星城街道									2	
良乡地区								3		
周口店地区							1			
琉璃河地区	2						1			
拱辰街道	3	2	14		2	15	12	2	2	2
西潞街道			1			1				
阎村镇							5			
窦店镇						2	1			1
石楼镇										
长阳镇			1			9	12	1		3
河北镇							1			
长沟镇							1			
大石窝镇										
张坊镇										
十渡镇							1			
青龙湖镇							5			
韩村河镇										
霞云岭乡										
南窖乡										
佛子庄乡										
大安山乡										
史家营乡										
蒲洼乡										
通州区	**3**	**3**	**1**	**4**	**5**	**32**	**83**		**4**	**10**
中仓街道										
新华街道		1					1			1
北苑街道	2					4	7		1	3
玉桥街道						1	9			1
潞源街道										
通运街道						4	6			
宋庄镇		1			1		1			

表4　续表 50　　　　单位：人

地　　区	人口数									
	阿昌族	普米族	塔吉克族	怒族	乌孜别克族	俄罗斯族	鄂温克族	德昂族	保安族	裕固族
张家湾镇					1		6			
漷县镇						1				
马驹桥镇					1	3	9			1
西集镇										
台湖镇		1		1		1	5			1
永乐店镇							1			1
潞城镇				1						1
永顺镇	1		1		1	12	22			1
梨园镇				2	1	6	16			
于家务回族乡									3	
顺义区	**1**	**9**	**2**		**3**	**30**	**31**		**3**	**8**
胜利街道		2					1			
光明街道						2	1			
仁和地区						3	3			
后沙峪地区		1			2		4			1
天竺地区					1		1			
杨镇地区			1			1	1			
牛栏山地区						1			1	
南法信地区						1	2			
马坡地区						2	1			
石园街道							4			
空港街道		1	1			11	3		1	2
双丰街道										
旺泉街道		1				6	4			4
高丽营镇	1						3		1	
李桥镇						2	1			
李遂镇						1				
南彩镇										1
北务镇										
大孙各庄镇										
张　镇										
龙湾屯镇										

表4　续表 51　　　　单位：人

地　　区	人　口　数									
	阿昌族	普米族	塔吉克族	怒族	乌孜别克族	俄罗斯族	鄂温克族	德昂族	保安族	裕固族
木林镇										
北小营镇							2			
北石槽镇										
赵全营镇		4								
昌平区	**3**	**7**	**3**	**7**	**9**	**62**	**103**	**1**	**2**	**20**
城北街道	1		2		3	4	19	1		2
南口地区				1		1	2		1	
马池口地区	1	1					1			
沙河地区	1	1		1	1	8	17		1	4
城南街道					1	2	2			1
东小口地区		1				1	3			1
天通苑北街道		1				2	6			2
天通苑南街道		1					4			
霍营街道						2	3			4
回龙观街道				1	3	14	13			3
龙泽园街道		2				12	11			2
史各庄街道			1	1		4				
阳坊镇										
小汤山镇				2		2	3			1
南邵镇						1	3			
崔村镇							1			
百善镇										
北七家镇				1	1	3	14			
兴寿镇						6	1			
流村镇										
十三陵镇										
延寿镇										
大兴区	**3**	**8**	**2**	**4**	**9**	**33**	**69**	**1**	**3**	**14**
兴丰街道						1	3			
林校路街道						2	4		1	
清源街道		1	1			3	4			
亦庄地区		1			6		1		1	

表4　续表 52　　　　单位：人

地　　区	人　口　数									
	阿昌族	普米族	塔吉克族	怒族	乌孜别克族	俄罗斯族	鄂温克族	德昂族	保安族	裕固族
黄村地区		2				3	5			3
旧宫地区					2	2	4	1	1	1
西红门地区		1		1			10			2
瀛海地区			1	2	1	1	7			1
观音寺街道							2			2
天宫院街道		2				2	10			1
高米店街道		1				4	2			3
青云店镇										
采育镇	1						1			
安定镇										
礼贤镇										
榆垡镇							3			
庞各庄镇							2			
北臧村镇							1			1
魏善庄镇							1			
长子营镇							2			
中关村国家自主创新示范区大兴生物医药产业基地										
国家新媒体产业基地	1					1				
大兴国际机场(大兴部分)										
北京经济技术开发区	1			1		14	7			
怀柔区		**3**	**1**	**3**	**1**	**3**	**8**		**1**	**3**
泉河街道				1		1	1			2
龙山街道									1	
怀柔地区				1						
雁栖地区							3			
庙城地区										
北房镇				1			1			
杨宋镇					1		1			
桥梓镇		2					1			
怀北镇		1				1	1			1

表4　续表 53　　　　单位：人

地　区	人　口　数									
	阿昌族	普米族	塔吉克族	怒族	乌孜别克族	俄罗斯族	鄂温克族	德昂族	保安族	裕固族
汤河口镇										
渤海镇										
九渡河镇										
琉璃庙镇			1							
宝山镇						1				
长哨营满族乡										
喇叭沟门满族乡										
北京雁栖经济开发区										
平谷区			**1**			**1**	**8**		**1**	**1**
滨河街道			1				1			
兴谷街道							1			
渔阳地区										
峪口地区							2			
马坊地区										
金海湖地区						1				
东高村镇										
山东庄镇									1	1
南独乐河镇										
大华山镇										
夏各庄镇										
马昌营镇										
王辛庄镇							1			
大兴庄镇							2			
刘家店镇							1			
镇罗营镇										
黄松峪乡										
熊儿寨乡										
密云区	**2**			**3**		**6**	**11**		**3**	
鼓楼街道	2					2	5		2	
果园街道							1		1	
檀营地区				1						
密云镇						1	1			
溪翁庄镇				2						
西田各庄镇										

表4 续表 54

单位：人

地区	人口数									
	阿昌族	普米族	塔吉克族	怒族	乌孜别克族	俄罗斯族	鄂温克族	德昂族	保安族	裕固族
十里堡镇						2				
河南寨镇							1			
巨各庄镇						1				
穆家峪镇										
太师屯镇							1			
高岭镇										
不老屯镇							2			
冯家峪镇										
古北口镇										
大城子镇										
东邵渠镇										
北庄镇										
新城子镇										
石城镇										
北京密云经济开发区										
延庆区						**2**	**5**		**2**	
百泉街道										
香水园街道						1				
儒林街道						1			1	
延庆镇							1		1	
康庄镇							2			
八达岭镇										
永宁镇							2			
旧县镇										
张山营镇										
四海镇										
千家店镇										
沈家营镇										
大榆树镇										
井庄镇										
大庄科乡										
刘斌堡乡										
香营乡										
珍珠泉乡										

表4　续表 55　　　　单位：人

地　区	人　口　数									
	京族	塔塔尔族	独龙族	鄂伦春族	赫哲族	门巴族	珞巴族	基诺族	未定族称人口	入籍
北　京	**46**	**38**	**15**	**247**	**295**	**41**	**9**	**39**	**861**	**75**
东城区	**1**			**1**	**9**	**5**	**1**	**2**	**13**	**1**
东华门街道										
景山街道										
交道口街道									2	
安定门街道									1	
北新桥街道						4	1		2	
东四街道					1					
朝阳门街道										
建国门街道	1									
东直门街道					2					
和平里街道					1			2	1	
前门街道										
崇文门外街道					1				1	
东花市街道					1				2	
龙潭街道					3					
体育馆路街道									1	1
天坛街道				1		1				
永定门外街道									3	
西城区	**2**	**1**	**3**	**13**	**17**	**1**			**19**	**9**
西长安街街道					1				1	
新街口街道			2		1				1	
月坛街道			1							4
展览路街道					3				3	
德胜街道	2			1	5				4	4
金融街街道				1	1	1				
什刹海街道				1					1	
大栅栏街道										
天桥街道										
椿树街道										
陶然亭街道				1	2				1	
广安门内街道				4					7	

表4 续表 56　　单位：人

地　区	人　口　数									
	京族	塔塔尔族	独龙族	鄂伦春族	赫哲族	门巴族	珞巴族	基诺族	未定族称人口	入籍
牛街街道										
白纸坊街道				1	1					1
广安门外街道		1		4	3				1	
朝阳区	**5**	**10**	**1**	**52**	**62**	**3**		**10**	**119**	**15**
建外街道				3						
朝外街道									1	1
呼家楼街道					1				1	
三里屯街道				2					1	1
左家庄街道		2			3					
香河园街道	1				2					
和平街街道	2	1						1	8	
安贞街道				3	2					
亚运村街道					2				5	3
小关街道				1	2	1		2	12	1
酒仙桥街道									1	
麦子店街道										
团结湖街道				2					1	
六里屯街道				2					2	
八里庄街道					1				1	2
双井街道		1		1	1				7	1
劲松街道				2	2					
潘家园街道					3					
垡头街道				1					2	2
南磨房地区		1		4	4				4	
高碑店地区					5					
将台地区				1	2			1	9	
太阳宫地区									1	
大屯街道				6	6				9	
望京街道		3		4	2				3	
小红门地区				2					1	
十八里店地区				2	1			1	7	2
平房地区				3					1	1

表4 续表 57

单位：人

地区	人口数									
	京族	塔塔尔族	独龙族	鄂伦春族	赫哲族	门巴族	珞巴族	基诺族	未定族称人口	入籍
东风地区					1			2	1	
奥运村街道									1	
来广营地区		1		6	11			1	3	
常营地区					3				1	
三间房地区		1		1	3	2		1	8	
管庄地区	1			1					4	
金盏地区									1	
孙河地区	1								2	
崔各庄地区					1			1	10	
东坝地区				3	2					
黑庄户地区									2	
豆各庄地区				2	1				1	
王四营地区			1						5	
东湖街道					1				3	1
首都机场街道										
丰台区	**3**	**2**		**16**	**40**	**4**		**3**	**42**	**4**
右安门街道		1			1				1	
太平桥街道					2				2	
西罗园街道				2	4					
大红门街道				2	2			1	8	1
南苑街道									1	
东高地街道								1		
东铁匠营街道				4	3				1	
卢沟桥街道				4	3				3	
丰台街道		1			6			1		
新村街道	1			3	6	3			16	2
长辛店街道					1				1	1
云岗街道					2				1	
方庄地区					1				1	
宛平城地区									1	
马家堡街道				1					2	
和义街道					3					

表4 续表 58 单位：人

地区	人口数									
	京族	塔塔尔族	独龙族	鄂伦春族	赫哲族	门巴族	珞巴族	基诺族	未定族称人口	入籍
卢沟桥地区					1	1			1	
花乡地区					4				1	
南苑地区									2	
长辛店镇	2				1					
王佐镇										
石景山区	**1**	**1**	**2**	**6**	**10**	**1**		**1**	**13**	**1**
八宝山街道	1		2		5				1	1
老山街道		1				1				
八角街道					1			1	10	
古城街道									1	
苹果园街道				6	3				1	
金顶街街道										
广宁街道										
五里坨街道					1					
鲁谷街道										
海淀区	**19**	**17**	**4**	**49**	**52**	**13**	**4**	**7**	**188**	**17**
万寿路街道	3				1				2	
永定路街道									1	
羊坊店街道		1			1				1	
甘家口街道					3		1		7	
八里庄街道	1	1		1				1	6	
紫竹院街道	4	5	3	23	13	4	1	2	36	
北下关街道	1	1		4	4	3			20	
北太平庄街道	1	2		2	4	3			14	1
学院路街道	2		1	1	1	1	1	1	24	3
中关村街道					3					
海淀街道	1	1		4	4	1	1		7	2
青龙桥街道		1								
清华园街道	1								9	
燕园街道					1				9	1
香山街道										
清河街道		2							5	4

表4　续表 59　　单位：人

地　区	人　口　数									
	京族	塔塔尔族	独龙族	鄂伦春族	赫哲族	门巴族	珞巴族	基诺族	未定族称人口	入籍
花园路街道		3		4	4				15	
西三旗街道	2			1					8	1
马连洼街道					2				1	1
田村路街道				2	3				1	4
上地街道	1								6	
万柳地区										
东升地区					1				1	
曙光街道				3					2	
温泉地区					2			1		
四季青地区				1				1	5	
西北旺地区	1				5				3	
苏家坨地区	1			1		1			2	
上庄地区				2				1	3	
门头沟区				**1**	**2**				**7**	
大峪街道									1	
城子街道					2				1	
东辛房街道										
大台街道										
王平地区				1						
永定地区									3	
龙泉地区										
潭柘寺镇									1	
军庄镇										
雁翅镇										
斋堂镇										
清水镇										
妙峰山镇									1	
房山区	**4**	**2**		**17**	**16**		**1**	**4**	**55**	**2**
城关街道				5				1	3	
新镇街道										
向阳街道									1	
东风街道								1	2	

表4 续表 60

单位：人

地　区	人　口　数									
	京族	塔塔尔族	独龙族	鄂伦春族	赫哲族	门巴族	珞巴族	基诺族	未定族称人口	入籍
迎风街道										
星城街道									2	
良乡地区										
周口店地区				1					8	
琉璃河地区				1	3				2	
拱辰街道	2				2			1	24	1
西潞街道		1			2					
阎村镇		1			2				2	
窦店镇					1		1		2	
石楼镇									2	
长阳镇	1			10	6				7	1
河北镇										
长沟镇								1		
大石窝镇										
张坊镇										
十渡镇										
青龙湖镇										
韩村河镇	1									
霞云岭乡										
南窖乡										
佛子庄乡										
大安山乡										
史家营乡										
蒲洼乡										
通州区	**2**	**1**	**1**	**27**	**24**	**1**		**1**	**62**	**3**
中仓街道					3				1	
新华街道									2	
北苑街道		1							3	
玉桥街道					3				4	
潞源街道									1	
通运街道									7	
宋庄镇				2	1	1			1	1

表4　续表 61　　　　　　　　　　　　　　　　　　　　　　　　　　单位：人

地　区	人　口　数									
	京族	塔塔尔族	独龙族	鄂伦春族	赫哲族	门巴族	珞巴族	基诺族	未定族称人口	入籍
张家湾镇					2				8	
漷县镇				2					3	
马驹桥镇			1	4	3				8	1
西集镇									1	1
台湖镇					3				3	
永乐店镇										
潞城镇									1	
永顺镇				8	3			1	8	
梨园镇	2			11	6				11	
于家务回族乡										
顺义区			**1**	**4**	**9**	**3**		**1**	**51**	**8**
胜利街道					2					
光明街道									2	
仁和地区					4					
后沙峪地区					2				6	4
天竺地区									2	
杨镇地区						1			5	
牛栏山地区				1						
南法信地区					1				6	
马坡地区									1	
石园街道									2	
空港街道				1					15	3
双丰街道				1					4	
旺泉街道								1	2	
高丽营镇			1						3	
李桥镇						2			1	
李遂镇										
南彩镇				1						
北务镇										
大孙各庄镇										
张　镇										
龙湾屯镇										

表4 续表 62

单位：人

地区	人口数									
	京族	塔塔尔族	独龙族	鄂伦春族	赫哲族	门巴族	珞巴族	基诺族	未定族称人口	入籍
木林镇										
北小营镇										
北石槽镇									1	
赵全营镇									1	1
昌平区	**7**	**3**	**1**	**22**	**14**	**7**	**2**	**6**	**130**	**5**
城北街道	1				5	1		3	19	
南口地区							1		7	2
马池口地区				1		1			8	
沙河地区	2			5	1	4			25	
城南街道									4	
东小口地区				1					6	
天通苑北街道	1	2		4	4				5	
天通苑南街道					1			1	7	
霍营街道				4					4	
回龙观街道				1	1				9	
龙泽园街道				1				1	3	
史各庄街道	1					1	1		19	1
阳坊镇										
小汤山镇					1				4	
南邵镇				1						1
崔村镇										
百善镇				1	1				1	
北七家镇				3				1	9	1
兴寿镇	2									
流村镇			1							
十三陵镇		1								
延寿镇										
大兴区	**1**	**1**	**1**	**20**	**36**	**2**	**1**	**1**	**71**	**10**
兴丰街道										
林校路街道									6	
清源街道		1	1	2	2				3	
亦庄地区					1				2	

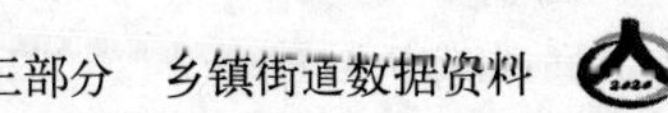

表4　续表 63　　单位：人

地　区	人　口　数									
	京族	塔塔尔族	独龙族	鄂伦春族	赫哲族	门巴族	珞巴族	基诺族	未定族称人口	入籍
黄村地区							1		3	
旧宫地区				1	1				8	1
西红门地区				1	10				4	
瀛海地区				1					7	
观音寺街道						1		1	9	
天宫院街道				1	1				2	
高米店街道				5	6	1			3	
青云店镇										
采育镇				1	1				4	
安定镇										
礼贤镇									1	
榆垡镇				2	1				1	
庞各庄镇				2	4				2	
北臧村镇									3	
魏善庄镇					1					
长子营镇				1						
中关村国家自主创新示范区大兴生物医药产业基地				1					2	
国家新媒体产业基地										
大兴国际机场(大兴部分)										
北京经济技术开发区	1			2	8				11	9
怀柔区	**1**			**9**				**3**	**22**	
泉河街道				3				1	3	
龙山街道				6					4	
怀柔地区								1	4	
雁栖地区									4	
庙城地区	1									
北房镇									4	
杨宋镇									1	
桥梓镇										
怀北镇										

表4 续表 64 单位：人

地区	人口数									
	京族	塔塔尔族	独龙族	鄂伦春族	赫哲族	门巴族	珞巴族	基诺族	未定族称人口	入籍
汤河口镇									1	
渤海镇										
九渡河镇								1		
琉璃庙镇										
宝山镇										
长哨营满族乡									1	
喇叭沟门满族乡										
北京雁栖经济开发区										
平谷区					**1**				**12**	
滨河街道									1	
兴谷街道									1	
渔阳地区									1	
峪口地区										
马坊地区									2	
金海湖地区									1	
东高村镇										
山东庄镇									1	
南独乐河镇										
大华山镇									1	
夏各庄镇									2	
马昌营镇										
王辛庄镇									2	
大兴庄镇										
刘家店镇										
镇罗营镇					1					
黄松峪乡										
熊儿寨乡										
密云区				**8**	**3**	**1**			**24**	
鼓楼街道				2					3	
果园街道				1	1				2	
檀营地区									1	
密云镇				1					3	
溪翁庄镇				1						
西田各庄镇									2	

表4　续表 65　　　　　　　　　　　　　　　　　　　　　　　　　　　　　　单位：人

地　区	人　口　数									
	京族	塔塔尔族	独龙族	鄂伦春族	赫哲族	门巴族	珞巴族	基诺族	未定族称人口	入籍
十里堡镇				1		1			1	
河南寨镇									2	
巨各庄镇									1	
穆家峪镇					2				1	
太师屯镇				2						
高岭镇										
不老屯镇									6	
冯家峪镇										
古北口镇									1	
大城子镇										
东邵渠镇										
北庄镇										
新城子镇										
石城镇										
北京密云经济开发区									1	
延庆区			**1**	**2**					**33**	
百泉街道				1					4	
香水园街道									7	
儒林街道			1						1	
延庆镇									6	
康庄镇				1					2	
八达岭镇										
永宁镇									4	
旧县镇										
张山营镇									1	
四海镇										
千家店镇										
沈家营镇									4	
大榆树镇										
井庄镇										
大庄科乡									2	
刘斌堡乡									1	
香营乡									1	
珍珠泉乡										

表5 各地区分年龄、性别的常住人口

单位：人

地 区	合 计			0-4岁		
	合计	男	女	小计	男	女
北 京	**21893095**	**11195390**	**10697705**	**1016250**	**526553**	**489697**
东城区	**708829**	**343913**	**364916**	**30039**	**15458**	**14581**
东华门街道	38090	18512	19578	1296	678	618
景山街道	25374	12371	13003	942	498	444
交道口街道	31951	15567	16384	1230	652	578
安定门街道	32173	15651	16522	1248	638	610
北新桥街道	55449	27016	28433	2258	1127	1131
东四街道	33670	16132	17538	1361	682	679
朝阳门街道	30473	14735	15738	1229	612	617
建国门街道	33094	16359	16735	1204	609	595
东直门街道	46712	22858	23854	2127	1139	988
和平里街道	102227	48957	53270	4639	2374	2265
前门街道	9081	4943	4138	257	128	129
崇文门外街道	44545	21218	23327	2142	1104	1038
东花市街道	47864	22789	25075	2474	1299	1175
龙潭街道	53930	25742	28188	2619	1363	1256
体育馆路街道	31977	15739	16238	1081	554	527
天坛街道	27429	13413	14016	957	440	517
永定门外街道	64790	31911	32879	2975	1561	1414
西城区	**1106214**	**536462**	**569752**	**47641**	**24593**	**23048**
西长安街街道	36645	18241	18404	1374	693	681
新街口街道	84866	41780	43086	3361	1697	1664
月坛街道	97771	46523	51248	4166	2148	2018
展览路街道	114831	55045	59786	4451	2275	2176
德胜街道	116338	56701	59637	5978	3151	2827
金融街街道	54849	26707	28142	2231	1172	1059
什刹海街道	75447	37130	38317	2956	1570	1386
大栅栏街道	28985	14326	14659	867	437	430
天桥街道	34427	16362	18065	1273	657	616
椿树街道	27417	13671	13746	1209	622	587
陶然亭街道	42231	20390	21841	2277	1158	1119
广安门内街道	60318	29254	31064	2204	1130	1074

表5 续表 1 单位：人

地 区	合 计			0-4岁		
	合计	男	女	小计	男	女
牛街街道	51410	24988	26422	1781	921	860
白纸坊街道	82022	39657	42365	3547	1871	1676
广安门外街道	198657	95687	102970	9966	5091	4875
朝阳区	**3452460**	**1706125**	**1746335**	**150751**	**78377**	**72374**
建外街道	36414	17981	18433	1253	650	603
朝外街道	33212	16075	17137	1156	592	564
呼家楼街道	53018	25322	27696	1949	1027	922
三里屯街道	32347	15282	17065	1246	661	585
左家庄街道	70245	33273	36972	2703	1412	1291
香河园街道	43002	20318	22684	1810	955	855
和平街街道	81180	38210	42970	2310	1193	1117
安贞街道	57016	26910	30106	2026	1049	977
亚运村街道	67745	32931	34814	2808	1460	1348
小关街道	61966	27708	34258	2113	1110	1003
酒仙桥街道	63910	31476	32434	2270	1194	1076
麦子店街道	30143	14382	15761	1304	693	611
团结湖街道	32091	14965	17126	1110	577	533
六里屯街道	75229	35314	39915	3232	1690	1542
八里庄街道	98084	46477	51607	4106	2137	1969
双井街道	93962	44198	49764	3895	2011	1884
劲松街道	103316	49126	54190	4407	2277	2130
潘家园街道	100272	47602	52670	3790	1959	1831
垡头街道	78952	38656	40296	3287	1730	1557
南磨房地区	127268	62372	64896	5789	3021	2768
高碑店地区	109631	54552	55079	4698	2420	2278
将台地区	53714	26860	26854	2432	1233	1199
太阳宫地区	86935	41844	45091	4716	2509	2207
大屯街道	132457	62714	69743	6367	3331	3036
望京街道	146220	70244	75976	7105	3711	3394
小红门地区	83675	43512	40163	3872	2060	1812
十八里店地区	178177	100093	78084	5188	2666	2522
平房地区	85581	43688	41893	3693	1941	1752

表5 续表 2 单位：人

地区	合计			0-4岁		
	合计	男	女	小计	男	女
东风地区	63236	31065	32171	2874	1456	1418
奥运村街道	109688	52979	56709	5523	2886	2637
来广营地区	163970	80527	83443	9818	5080	4738
常营地区	113891	55358	58533	5424	2825	2599
三间房地区	109672	51436	58236	4322	2200	2122
管庄地区	93273	45743	47530	5823	3051	2772
金盏地区	82756	47448	35308	2620	1351	1269
孙河地区	31288	16632	14656	1436	737	699
崔各庄地区	107029	58571	48458	3588	1883	1705
东坝地区	124163	61878	62285	7722	4002	3720
黑庄户地区	49983	27519	22464	1861	933	928
豆各庄地区	53766	27273	26493	3292	1709	1583
王四营地区	54679	29848	24831	1897	981	916
东湖街道	62467	30035	32432	3066	1586	1480
首都机场街道	16837	7728	9109	850	428	422
丰台区	**2019764**	**999286**	**1020478**	**88314**	**45792**	**42522**
右安门街道	73499	35289	38210	2479	1305	1174
太平桥街道	74275	36230	38045	3108	1663	1445
西罗园街道	83815	40283	43532	3112	1656	1456
大红门街道	177946	87088	90858	7813	4014	3799
南苑街道	61926	30480	31446	3129	1668	1461
东高地街道	42705	20957	21748	1484	769	715
东铁匠营街道	152873	73514	79359	5897	3075	2822
卢沟桥街道	223304	109257	114047	10215	5251	4964
丰台街道	137290	65996	71294	6128	3150	2978
新村街道	204697	101973	102724	9761	5113	4648
长辛店街道	85636	42530	43106	3772	1950	1822
云岗街道	34537	17383	17154	1395	702	693
方庄地区	74999	35257	39742	3057	1558	1499
宛平城地区	46208	24956	21252	2089	1114	975
马家堡街道	111470	53617	57853	4790	2448	2342
和义街道	40108	19837	20271	1843	927	916

表5　续表 3　　单位：人

地　区	合　计			0–4岁		
	合计	男	女	小计	男	女
卢沟桥地区	112087	56221	55866	5195	2666	2529
花乡地区	119171	62617	56554	5107	2622	2485
南苑地区	59408	30088	29320	2472	1265	1207
长辛店镇	44358	24638	19720	1947	1034	913
王佐镇	59452	31075	28377	3521	1842	1679
石景山区	**567851**	**281740**	**286111**	**25182**	**13041**	**12141**
八宝山街道	61211	29551	31660	2851	1455	1396
老山街道	40023	20209	19814	1495	738	757
八角街道	110929	54494	56435	4896	2591	2305
古城街道	67685	35631	32054	2766	1432	1334
苹果园街道	97543	47718	49825	4685	2388	2297
金顶街街道	67734	32683	35051	2891	1512	1379
广宁街道	14684	7812	6872	468	237	231
五里坨街道	41248	21059	20189	1866	1003	863
鲁谷街道	66794	32583	34211	3264	1685	1579
海淀区	**3133469**	**1562094**	**1571375**	**125856**	**65268**	**60588**
万寿路街道	121453	56213	65240	5862	2996	2866
永定路街道	90879	43340	47539	3676	1891	1785
羊坊店街道	120302	56636	63666	5393	2765	2628
甘家口街道	117946	54578	63368	4127	2147	1980
八里庄街道	133400	63070	70330	5386	2767	2619
紫竹院街道	129367	60730	68637	3856	1990	1866
北下关街道	146366	72722	73644	4713	2435	2278
北太平庄街道	163920	79391	84529	5169	2618	2551
学院路街道	226315	112532	113783	6304	3307	2997
中关村街道	130672	65783	64889	5138	2701	2437
海淀街道	123191	58821	64370	4454	2351	2103
青龙桥街道	84221	42183	42038	2997	1589	1408
清华园街道	56592	32793	23799	1172	618	554
燕园街道	29779	16520	13259	401	215	186
香山街道	27614	14219	13395	806	424	382
清河街道	147395	72684	74711	7834	4026	3808

表5 续表 4

单位：人

地　　区	合　计			0-4岁		
	合计	男	女	小计	男	女
花园路街道	139362	69790	69572	4621	2427	2194
西三旗街道	157643	79200	78443	8592	4372	4220
马连洼街道	119022	58415	60607	5419	2837	2582
田村路街道	108088	54007	54081	4999	2609	2390
上地街道	67139	34626	32513	2408	1273	1135
万柳地区	2022	1299	723	32	17	15
东升地区	58151	29173	28978	3100	1584	1516
曙光街道	86181	41362	44819	4137	2124	2013
温泉地区	69165	36676	32489	3300	1687	1613
四季青地区	162700	84880	77820	5881	3110	2771
西北旺地区	164795	89326	75469	7927	4089	3838
苏家坨地区	78235	42281	35954	4054	2129	1925
上庄地区	71554	38844	32710	4098	2170	1928
门头沟区	**392606**	**199066**	**193540**	**18872**	**9748**	**9124**
大峪街道	87097	42454	44643	4047	2049	1998
城子街道	44644	22216	22428	1797	911	886
东辛房街道	36076	17887	18189	1673	836	837
大台街道	3728	1998	1730	87	46	41
王平地区	7013	3625	3388	188	89	99
永定地区	106112	54543	51569	6691	3482	3209
龙泉地区	52072	27135	24937	2215	1200	1015
潭柘寺镇	11053	5769	5284	593	299	294
军庄镇	16128	8262	7866	682	357	325
雁翅镇	5160	2774	2386	119	63	56
斋堂镇	7486	3952	3534	209	104	105
清水镇	6025	3213	2812	179	90	89
妙峰山镇	10012	5238	4774	392	222	170
房山区	**1312778**	**675427**	**637351**	**71435**	**37150**	**34285**
城关街道	121242	61889	59353	6590	3482	3108
新镇街道	10681	5587	5094	406	215	191
向阳街道	19142	9988	9154	754	404	350
东风街道	22556	11651	10905	709	355	354

表5　续表 5　　　　单位：人

地　　区	合　计			0–4岁		
	合计	男	女	小计	男	女
迎风街道	34721	17420	17301	1184	625	559
星城街道	21663	10563	11100	720	368	352
良乡地区	24317	13698	10619	1204	636	568
周口店地区	41868	21301	20567	2048	1073	975
琉璃河地区	66787	34872	31915	3345	1698	1647
拱辰街道	214622	107507	107115	10958	5653	5305
西潞街道	75903	37983	37920	4304	2206	2098
阎村镇	77621	42204	35417	3947	2040	1907
窦店镇	96184	50410	45774	5463	2834	2629
石楼镇	32131	16777	15354	1455	767	688
长阳镇	241691	124647	117044	17619	9190	8429
河北镇	18895	9615	9280	821	424	397
长沟镇	22002	11187	10815	1254	659	595
大石窝镇	31000	15713	15287	1598	864	734
张坊镇	18299	9331	8968	938	486	452
十渡镇	9132	4699	4433	383	215	168
青龙湖镇	52319	27540	24779	2945	1558	1387
韩村河镇	37435	18919	18516	2045	1028	1017
霞云岭乡	4885	2561	2324	138	65	73
南窖乡	3190	1637	1553	136	62	74
佛子庄乡	6183	3293	2890	194	102	92
大安山乡	2871	1627	1244	82	41	41
史家营乡	3364	1747	1617	136	67	69
蒲洼乡	2074	1061	1013	59	33	26
通州区	**1840295**	**968061**	**872234**	**92752**	**48034**	**44718**
中仓街道	66803	34036	32767	2815	1516	1299
新华街道	37286	19714	17572	1778	881	897
北苑街道	108840	53897	54943	5422	2833	2589
玉桥街道	115813	58280	57533	6040	3128	2912
潞源街道	8472	4597	3875	447	239	208
通运街道	49613	25410	24203	2269	1091	1178
宋庄镇	145247	81153	64094	6490	3359	3131

表5 续表 6

单位：人

地区	合计			0-4岁		
	合计	男	女	小计	男	女
张家湾镇	127992	68975	59017	6605	3351	3254
漷县镇	68466	36023	32443	3586	1845	1741
马驹桥镇	175794	97826	77968	8879	4616	4263
西集镇	46678	24183	22495	2458	1296	1162
台湖镇	151735	83281	68454	7231	3771	3460
永乐店镇	43308	22732	20576	2406	1273	1133
潞城镇	69288	36873	32415	3950	2037	1913
永顺镇	304781	156422	148359	14910	7756	7154
梨园镇	285445	145889	139556	15461	7994	7467
于家务回族乡	34734	18770	15964	2005	1048	957
顺义区	**1324044**	**710705**	**613339**	**66373**	**34178**	**32195**
胜利街道	46494	22975	23519	2639	1327	1312
光明街道	70609	34722	35887	4466	2299	2167
仁和地区	67391	38152	29239	2984	1533	1451
后沙峪地区	74841	41568	33273	3483	1785	1698
天竺地区	32979	17841	15138	1230	633	597
杨镇地区	64578	33514	31064	3209	1620	1589
牛栏山地区	54687	28620	26067	2641	1371	1270
南法信地区	54195	31964	22231	1403	730	673
马坡地区	38547	21495	17052	1827	930	897
石园街道	68302	33882	34420	4476	2321	2155
空港街道	99297	49676	49621	5878	2980	2898
双丰街道	68176	35923	32253	4377	2298	2079
旺泉街道	94415	47268	47147	6354	3277	3077
高丽营镇	80840	48541	32299	2875	1496	1379
李桥镇	97059	54724	42335	3932	2030	1902
李遂镇	22538	12135	10403	1065	562	503
南彩镇	73163	40829	32334	3029	1580	1449
北务镇	13980	7754	6226	662	332	330
大孙各庄镇	23712	12539	11173	1101	596	505
张　镇	24795	12946	11849	1298	667	631
龙湾屯镇	14212	7508	6704	614	316	298

表5　续表 7　　　　单位：人

地　区	合　计			0–4岁		
	合计	男	女	小计	男	女
木林镇	34114	17991	16123	1628	827	801
北小营镇	42805	23051	19754	2258	1149	1109
北石槽镇	15109	8044	7065	673	360	313
赵全营镇	47206	27043	20163	2271	1159	1112
昌平区	**2269487**	**1219677**	**1049810**	**105427**	**54503**	**50924**
城北街道	228561	115060	113501	11049	5749	5300
南口地区	82146	46909	35237	3004	1540	1464
马池口地区	87506	49387	38119	3943	2013	1930
沙河地区	294408	167125	127283	13971	7280	6691
城南街道	88963	46997	41966	4315	2289	2026
东小口地区	85874	50225	35649	2575	1329	1246
天通苑北街道	142707	72661	70046	5702	2961	2741
天通苑南街道	116529	58555	57974	5759	2988	2771
霍营街道	93545	48543	45002	5607	2849	2758
回龙观街道	166074	85559	80515	9047	4539	4508
龙泽园街道	181906	92976	88930	10078	5296	4782
史各庄街道	64910	36807	28103	2073	1083	990
阳坊镇	26470	14300	12170	1409	741	668
小汤山镇	80273	44242	36031	3291	1700	1591
南邵镇	65403	35087	30316	3991	2077	1914
崔村镇	24630	13355	11275	960	505	455
百善镇	36546	20309	16237	1984	972	1012
北七家镇	308907	170270	138637	13307	6860	6447
兴寿镇	34139	19217	14922	1219	627	592
流村镇	18139	10010	8129	654	319	335
十三陵镇	34085	18015	16070	1222	645	577
延寿镇	7766	4068	3698	267	141	126
大兴区	**1993591**	**1072459**	**921132**	**104563**	**54380**	**50183**
兴丰街道	79851	40287	39564	4116	2139	1977
林校路街道	81389	41338	40051	4452	2332	2120
清源街道	147810	74316	73494	8392	4380	4012
亦庄地区	108255	55798	52457	5839	3010	2829

表5 续表 8 单位：人

地　　区	合　　计			0–4岁		
	合计	男	女	小计	男	女
黄村地区	176890	103892	72998	6990	3647	3343
旧宫地区	189300	99697	89603	9133	4731	4402
西红门地区	179974	99769	80205	7357	3861	3496
瀛海地区	102463	53973	48490	6636	3453	3183
观音寺街道	111225	58653	52572	5619	2893	2726
天宫院街道	87415	44817	42598	6368	3340	3028
高米店街道	99959	49937	50022	5876	3030	2846
青云店镇	69612	40542	29070	3315	1772	1543
采育镇	54690	30082	24608	3265	1697	1568
安定镇	30764	16019	14745	2149	1084	1065
礼贤镇	40930	23949	16981	2319	1213	1106
榆垡镇	71812	38999	32813	4270	2205	2065
庞各庄镇	74912	40122	34790	4218	2191	2027
北臧村镇	35391	20953	14438	1391	746	645
魏善庄镇	46661	25870	20791	2984	1545	1439
长子营镇	34588	18906	15682	1961	998	963
中关村国家自主创新示范区大兴生物医药产业基地	10201	6045	4156	350	168	182
国家新媒体产业基地	9827	5903	3924	209	99	110
大兴国际机场(大兴部分)	1527	846	681	8	4	4
北京经济技术开发区	148145	81746	66399	7346	3842	3504
怀柔区	**441040**	**235006**	**206034**	**20140**	**10454**	**9686**
泉河街道	78632	39268	39364	4184	2228	1956
龙山街道	74596	37624	36972	3933	2046	1887
怀柔地区	41990	23914	18076	1737	880	857
雁栖地区	38483	20869	17614	2065	1060	1005
庙城地区	40883	22813	18070	1822	917	905
北房镇	33712	18298	15414	1699	861	838
杨宋镇	31270	17011	14259	1501	773	728
桥梓镇	25076	13195	11881	1117	608	509
怀北镇	22487	13004	9483	544	278	266

表5　续表 9　　单位：人

地　　区	合　　计			0–4岁		
	合计	男	女	小计	男	女
汤河口镇	5445	2869	2576	157	79	78
渤海镇	12702	6615	6087	394	209	185
九渡河镇	12533	6527	6006	412	219	193
琉璃庙镇	4312	2308	2004	122	66	56
宝山镇	6246	3357	2889	165	88	77
长哨营满族乡	5378	2836	2542	159	74	85
喇叭沟门满族乡	4034	2117	1917	96	50	46
北京雁栖经济开发区	3261	2381	880	33	18	15
平谷区	**457313**	**233891**	**223422**	**26078**	**13465**	**12613**
滨河街道	50541	25081	25460	2767	1431	1336
兴谷街道	61949	31683	30266	3449	1807	1642
渔阳地区	62694	31919	30775	3580	1843	1737
峪口地区	28385	14581	13804	1661	853	808
马坊地区	29601	15146	14455	2176	1110	1066
金海湖地区	25376	13205	12171	1309	703	606
东高村镇	28406	14665	13741	1599	833	766
山东庄镇	16315	8422	7893	852	443	409
南独乐河镇	18847	9633	9214	972	499	473
大华山镇	15209	7844	7365	666	335	331
夏各庄镇	26185	13550	12635	1608	841	767
马昌营镇	16794	8601	8193	1088	548	540
王辛庄镇	30586	15626	14960	1724	861	863
大兴庄镇	23739	12246	11493	1665	868	797
刘家店镇	7155	3657	3498	316	172	144
镇罗营镇	7610	3932	3678	272	128	144
黄松峪乡	5062	2601	2461	258	124	134
熊儿寨乡	2859	1499	1360	116	66	50
密云区	**527683**	**269688**	**257995**	**26408**	**13595**	**12813**
鼓楼街道	154739	76344	78395	9181	4704	4477
果园街道	88764	44163	44601	5916	3098	2818
檀营地区	15466	8044	7422	921	475	446
密云镇	20392	11205	9187	842	424	418
溪翁庄镇	20438	10576	9862	820	429	391
西田各庄镇	33702	17445	16257	1400	721	679

表5 续表 10 单位：人

地　　区	合　计			0–4岁		
	合计	男	女	小计	男	女
十里堡镇	29824	16061	13763	1569	784	785
河南寨镇	24155	12640	11515	1185	591	594
巨各庄镇	22032	11480	10552	1023	532	491
穆家峪镇	23084	12190	10894	831	433	398
太师屯镇	22388	11513	10875	749	380	369
高岭镇	9967	5100	4867	254	121	133
不老屯镇	12705	6496	6209	333	175	158
冯家峪镇	4485	2334	2151	83	31	52
古北口镇	7170	3640	3530	202	95	107
大城子镇	9443	4876	4567	226	115	111
东邵渠镇	9495	4930	4565	348	193	155
北庄镇	5993	3104	2889	227	129	98
新城子镇	6528	3427	3101	151	90	61
石城镇	4014	2118	1896	100	53	47
北京密云经济开发区	2899	2002	897	47	22	25
延庆区	**345671**	**181790**	**163881**	**16419**	**8517**	**7902**
百泉街道	36013	18033	17980	1912	1039	873
香水园街道	48251	24281	23970	2717	1358	1359
儒林街道	28230	14065	14165	1567	797	770
延庆镇	54790	30146	24644	2571	1326	1245
康庄镇	32815	17477	15338	1536	803	733
八达岭镇	10024	5554	4470	447	238	209
永宁镇	23483	12414	11069	928	501	427
旧县镇	17676	9241	8435	809	414	395
张山营镇	24259	13534	10725	957	487	470
四海镇	4343	2340	2003	141	81	60
千家店镇	6273	3347	2926	160	84	76
沈家营镇	16661	8678	7983	981	499	482
大榆树镇	16166	8420	7746	814	436	378
井庄镇	9500	5039	4461	337	181	156
大庄科乡	4202	2281	1921	136	67	69
刘斌堡乡	4497	2423	2074	143	74	69
香营乡	6019	3206	2813	206	99	107
珍珠泉乡	2469	1311	1158	57	33	24

表5 续表 11 单位：人

地区	5-9岁			10-14岁		
	小计	男	女	小计	男	女
北 京	**932953**	**485161**	**447792**	**642304**	**335714**	**306590**
东城区	**41319**	**21577**	**19742**	**26932**	**13924**	**13008**
东华门街道	1812	950	862	1404	742	662
景山街道	1132	603	529	775	400	375
交道口街道	1931	998	933	1357	734	623
安定门街道	1766	915	851	1049	522	527
北新桥街道	3208	1684	1524	2007	1017	990
东四街道	1909	1001	908	1384	697	687
朝阳门街道	1755	915	840	1348	731	617
建国门街道	1613	844	769	1053	510	543
东直门街道	3064	1589	1475	1848	921	927
和平里街道	6459	3380	3079	4383	2300	2083
前门街道	306	183	123	215	106	109
崇文门外街道	2792	1417	1375	1712	856	856
东花市街道	3808	1997	1811	2093	1085	1008
龙潭街道	3942	2039	1903	2441	1234	1207
体育馆路街道	1513	797	716	1032	553	479
天坛街道	1135	614	521	823	457	366
永定门外街道	3174	1651	1523	2008	1059	949
西城区	**66683**	**35042**	**31641**	**43588**	**22773**	**20815**
西长安街街道	2067	1062	1005	1451	759	692
新街口街道	4932	2582	2350	3311	1771	1540
月坛街道	6152	3275	2877	4354	2318	2036
展览路街道	6554	3431	3123	4551	2355	2196
德胜街道	9294	4955	4339	5965	3191	2774
金融街街道	3359	1737	1622	2380	1274	1106
什刹海街道	3795	1979	1816	2682	1410	1272
大栅栏街道	1117	600	517	782	397	385
天桥街道	1575	805	770	1180	596	584
椿树街道	1785	972	813	1103	609	494
陶然亭街道	2906	1530	1376	1745	876	869
广安门内街道	3162	1628	1534	2272	1201	1071

表5 续表 12

单位：人

地区	5-9岁			10-14岁		
	小计	男	女	小计	男	女
牛街街道	2487	1285	1202	1896	981	915
白纸坊街道	4816	2508	2308	2814	1458	1356
广安门外街道	12682	6693	5989	7102	3577	3525
朝阳区	**147162**	**76137**	**71025**	**97279**	**50283**	**46996**
建外街道	1108	542	566	696	355	341
朝外街道	1422	743	679	916	481	435
呼家楼街道	2187	1122	1065	1455	761	694
三里屯街道	1649	855	794	1172	593	579
左家庄街道	2774	1423	1351	2008	1071	937
香河园街道	1704	892	812	1347	692	655
和平街街道	2503	1255	1248	2250	1182	1068
安贞街道	2096	1106	990	1765	870	895
亚运村街道	2557	1333	1224	1790	897	893
小关街道	1790	946	844	1197	622	575
酒仙桥街道	1868	987	881	1367	745	622
麦子店街道	1233	651	582	727	358	369
团结湖街道	1066	537	529	749	401	348
六里屯街道	2495	1265	1230	1821	931	890
八里庄街道	3734	1891	1843	2457	1281	1176
双井街道	3895	1987	1908	2656	1372	1284
劲松街道	4591	2364	2227	2825	1482	1343
潘家园街道	3603	1871	1732	2243	1138	1105
垡头街道	3218	1640	1578	2139	1075	1064
南磨房地区	5396	2761	2635	3422	1742	1680
高碑店地区	3889	2021	1868	2649	1404	1245
将台地区	1963	1030	933	1414	758	656
太阳宫地区	5663	2873	2790	3741	1943	1798
大屯街道	8007	4081	3926	4781	2459	2322
望京街道	8771	4453	4318	5928	2987	2941
小红门地区	3138	1625	1513	2048	1089	959
十八里店地区	4702	2485	2217	3336	1839	1497
平房地区	3568	1832	1736	2597	1329	1268

表5　续表 13　　单位：人

地　区	5-9岁			10-14岁		
	小计	男	女	小计	男	女
东风地区	2590	1347	1243	1761	876	885
奥运村街道	5337	2717	2620	3857	1983	1874
来广营地区	9557	4981	4576	5263	2649	2614
常营地区	5354	2769	2585	3551	1852	1699
三间房地区	3552	1827	1725	2296	1184	1112
管庄地区	5663	3017	2646	2822	1437	1385
金盏地区	2227	1219	1008	1652	887	765
孙河地区	1342	710	632	944	480	464
崔各庄地区	2781	1501	1280	1892	1029	863
东坝地区	6864	3586	3278	3736	1883	1853
黑庄户地区	1753	950	803	1395	733	662
豆各庄地区	3197	1690	1507	1870	956	914
王四营地区	1887	998	889	1530	836	694
东湖街道	3881	1955	1926	2907	1488	1419
首都机场街道	587	299	288	307	153	154
丰台区	**76228**	**39559**	**36669**	**55138**	**28822**	**26316**
右安门街道	2538	1342	1196	1825	930	895
太平桥街道	3027	1614	1413	2040	1104	936
西罗园街道	2750	1455	1295	1801	918	883
大红门街道	5923	3091	2832	3947	2108	1839
南苑街道	2205	1142	1063	1450	767	683
东高地街道	1418	703	715	1005	536	469
东铁匠营街道	5007	2573	2434	3760	1958	1802
卢沟桥街道	8654	4510	4144	6920	3665	3255
丰台街道	5651	2915	2736	4001	2064	1937
新村街道	8470	4389	4081	5978	3176	2802
长辛店街道	3163	1600	1563	2251	1174	1077
云岗街道	1135	600	535	907	429	478
方庄地区	3163	1602	1561	2299	1142	1157
宛平城地区	1968	1045	923	1319	695	624
马家堡街道	4100	2086	2014	3346	1656	1690
和义街道	1459	742	717	973	501	472

表5 续表 14 单位：人

地区	5-9岁			10-14岁		
	小计	男	女	小计	男	女
卢沟桥地区	4550	2381	2169	3813	1989	1824
花乡地区	4548	2382	2166	3240	1769	1471
南苑地区	1864	941	923	1301	708	593
长辛店镇	1605	871	734	1108	570	538
王佐镇	3030	1575	1455	1854	963	891
石景山区	**22805**	**11869**	**10936**	**16522**	**8604**	**7918**
八宝山街道	3172	1614	1558	2721	1393	1328
老山街道	1216	668	548	938	498	440
八角街道	4555	2302	2253	3196	1674	1522
古城街道	2223	1185	1038	1656	866	790
苹果园街道	3908	2054	1854	2630	1340	1290
金顶街街道	3028	1578	1450	1821	989	832
广宁街道	361	194	167	318	179	139
五里坨街道	1581	803	778	1216	649	567
鲁谷街道	2761	1471	1290	2026	1016	1010
海淀区	**139680**	**72804**	**66876**	**105575**	**55545**	**50030**
万寿路街道	7231	3730	3501	5139	2669	2470
永定路街道	4140	2058	2082	3352	1721	1631
羊坊店街道	6474	3363	3111	5083	2608	2475
甘家口街道	5637	2955	2682	4468	2327	2141
八里庄街道	5935	3047	2888	4530	2337	2193
紫竹院街道	5010	2619	2391	4077	2169	1908
北下关街道	5674	2977	2697	4331	2306	2025
北太平庄街道	5609	2935	2674	4483	2386	2097
学院路街道	6875	3466	3409	5381	2805	2576
中关村街道	7843	4172	3671	6762	3680	3082
海淀街道	7232	3835	3397	5857	3176	2681
青龙桥街道	3030	1607	1423	2713	1483	1230
清华园街道	1307	678	629	1234	651	583
燕园街道	537	286	251	496	275	221
香山街道	806	423	383	740	395	345
清河街道	8541	4448	4093	6383	3377	3006

表5　续表 15　　单位：人

地　区	5-9岁			10-14岁		
	小计	男	女	小计	男	女
花园路街道	5632	2911	2721	4009	2096	1913
西三旗街道	8449	4471	3978	4910	2539	2371
马连洼街道	5958	3104	2854	4534	2365	2169
田村路街道	5313	2812	2501	4111	2145	1966
上地街道	2999	1628	1371	2593	1345	1248
万柳地区	45	21	24	36	28	8
东升地区	2734	1420	1314	2080	1073	1007
曙光街道	4991	2605	2386	4259	2117	2142
温泉地区	3087	1625	1462	1748	898	850
四季青地区	6014	3137	2877	4882	2613	2269
西北旺地区	6386	3279	3107	3718	1999	1719
苏家坨地区	3034	1590	1444	1886	991	895
上庄地区	3157	1602	1555	1780	971	809
门头沟区	**14788**	**7602**	**7186**	**11100**	**5742**	**5358**
大峪街道	3394	1726	1668	2568	1311	1257
城子街道	1591	823	768	1394	737	657
东辛房街道	1282	665	617	940	468	472
大台街道	87	48	39	117	60	57
王平地区	155	81	74	145	83	62
永定地区	4744	2428	2316	2945	1537	1408
龙泉地区	1914	999	915	1578	815	763
潭柘寺镇	453	220	233	300	152	148
军庄镇	493	261	232	417	218	199
雁翅镇	89	47	42	103	59	44
斋堂镇	158	84	74	181	97	84
清水镇	129	63	66	135	73	62
妙峰山镇	299	157	142	277	132	145
房山区	**58677**	**30583**	**28094**	**39105**	**20351**	**18754**
城关街道	5435	2789	2646	4053	2094	1959
新镇街道	331	181	150	229	128	101
向阳街道	703	369	334	653	326	327
东风街道	676	333	343	670	349	321

表5 续表 16 单位：人

地区	5-9岁			10-14岁		
	小计	男	女	小计	男	女
迎风街道	1241	622	619	1077	579	498
星城街道	628	323	305	504	268	236
良乡地区	960	527	433	693	356	337
周口店地区	1590	825	765	1265	648	617
琉璃河地区	2553	1320	1233	1922	1019	903
拱辰街道	8934	4694	4240	5743	2994	2749
西潞街道	4127	2188	1939	3248	1711	1537
阎村镇	3363	1796	1567	2239	1207	1032
窦店镇	4333	2297	2036	2651	1362	1289
石楼镇	1055	533	522	926	473	453
长阳镇	14522	7581	6941	6562	3457	3105
河北镇	578	307	271	542	281	261
长沟镇	922	484	438	737	380	357
大石窝镇	1173	592	581	1010	510	500
张坊镇	671	340	331	532	254	278
十渡镇	294	148	146	298	158	140
青龙湖镇	2327	1180	1147	1533	779	754
韩村河镇	1561	778	783	1195	590	605
霞云岭乡	147	81	66	169	93	76
南窖乡	126	55	71	129	69	60
佛子庄乡	177	100	77	217	110	107
大安山乡	74	44	30	119	58	61
史家营乡	121	65	56	147	76	71
蒲洼乡	55	31	24	42	22	20
通州区	**78948**	**41148**	**37800**	**51026**	**26606**	**24420**
中仓街道	2562	1335	1227	2094	1081	1013
新华街道	1757	943	814	1153	659	494
北苑街道	5347	2733	2614	3337	1761	1576
玉桥街道	6227	3278	2949	4245	2181	2064
潞源街道	497	267	230	270	146	124
通运街道	2595	1346	1249	1722	897	825
宋庄镇	4899	2577	2322	3481	1800	1681

表5 续表 17

单位：人

地区	5-9岁			10-14岁		
	小计	男	女	小计	男	女
张家湾镇	4835	2518	2317	3312	1726	1586
漷县镇	2546	1338	1208	1836	950	886
马驹桥镇	6920	3632	3288	3948	2021	1927
西集镇	1715	904	811	1005	507	498
台湖镇	5676	2995	2681	3689	1984	1705
永乐店镇	1609	828	781	1108	607	501
潞城镇	2722	1375	1347	1789	933	856
永顺镇	12031	6234	5797	7248	3794	3454
梨园镇	15607	8099	7508	9952	5111	4841
于家务回族乡	1403	746	657	837	448	389
顺义区	**53554**	**27862**	**25692**	**35391**	**18676**	**16715**
胜利街道	2454	1299	1155	1916	976	940
光明街道	4489	2348	2141	2885	1553	1332
仁和地区	2593	1293	1300	1643	887	756
后沙峪地区	2741	1396	1345	1915	956	959
天竺地区	950	517	433	637	326	311
杨镇地区	2390	1284	1106	1635	848	787
牛栏山地区	2272	1197	1075	1480	772	708
南法信地区	896	477	419	707	406	301
马坡地区	1425	758	667	881	479	402
石园街道	3913	2035	1878	2439	1299	1140
空港街道	5087	2635	2452	3078	1578	1500
双丰街道	4688	2400	2288	2380	1233	1147
旺泉街道	4964	2567	2397	3170	1682	1488
高丽营镇	2107	1114	993	1472	781	691
李桥镇	2890	1535	1355	1960	1012	948
李遂镇	742	374	368	524	282	242
南彩镇	2047	1035	1012	1526	847	679
北务镇	425	217	208	324	167	157
大孙各庄镇	619	324	295	503	266	237
张 镇	767	384	383	656	349	307
龙湾屯镇	381	214	167	344	170	174

表5 续表 18

单位：人

地　区	5–9岁			10–14岁		
	小计	男	女	小计	男	女
木林镇	1084	569	515	841	455	386
北小营镇	1645	837	808	1166	620	546
北石槽镇	448	218	230	317	172	145
赵全营镇	1537	835	702	992	560	432
昌平区	**80328**	**41765**	**38563**	**50210**	**26512**	**23698**
城北街道	10064	5193	4871	6714	3464	3250
南口地区	2293	1187	1106	1699	895	804
马池口地区	3098	1638	1460	2030	1093	937
沙河地区	8458	4509	3949	4208	2272	1936
城南街道	3838	1962	1876	2400	1290	1110
东小口地区	1627	867	760	1006	552	454
天通苑北街道	4823	2505	2318	3343	1727	1616
天通苑南街道	4369	2258	2111	2495	1360	1135
霍营街道	4275	2211	2064	2500	1344	1156
回龙观街道	7132	3679	3453	4784	2492	2292
龙泽园街道	8018	4157	3861	4984	2636	2348
史各庄街道	1413	756	657	792	450	342
阳坊镇	1045	528	517	747	402	345
小汤山镇	2685	1384	1301	1774	926	848
南邵镇	2737	1447	1290	1521	752	769
崔村镇	824	452	372	732	404	328
百善镇	1226	629	597	765	396	369
北七家镇	9642	4976	4666	5415	2819	2596
兴寿镇	1071	557	514	819	442	377
流村镇	521	266	255	470	253	217
十三陵镇	974	493	481	807	431	376
延寿镇	195	111	84	205	112	93
大兴区	**81263**	**42503**	**38760**	**51090**	**27269**	**23821**
兴丰街道	3790	1927	1863	2783	1481	1302
林校路街道	3719	1982	1737	2350	1255	1095
清源街道	7026	3655	3371	4647	2435	2212
亦庄地区	5135	2675	2460	2898	1585	1313

表5　续表 19　　　　单位：人

地　区	5–9岁			10–14岁		
	小计	男	女	小计	男	女
黄村地区	5073	2708	2365	3563	1933	1630
旧宫地区	6540	3423	3117	4667	2472	2195
西红门地区	6067	3212	2855	4133	2292	1841
瀛海地区	4061	2172	1889	2222	1163	1059
观音寺街道	4343	2322	2021	3002	1550	1452
天宫院街道	4238	2196	2042	1877	978	899
高米店街道	5850	2981	2869	3512	1872	1640
青云店镇	2504	1292	1212	1526	839	687
采育镇	2423	1281	1142	1275	690	585
安定镇	1392	724	668	939	471	468
礼贤镇	1666	881	785	1011	540	471
榆垡镇	2938	1509	1429	1812	954	858
庞各庄镇	3066	1595	1471	1931	1024	907
北臧村镇	1046	524	522	680	355	325
魏善庄镇	2011	1072	939	1266	698	568
长子营镇	1490	793	697	893	499	394
中关村国家自主创新示范区大兴生物医药产业基地	197	98	99	122	63	59
国家新媒体产业基地	125	78	47	105	65	40
大兴国际机场(大兴部分)	6	5	1	2	1	1
北京经济技术开发区	6557	3398	3159	3874	2054	1820
怀柔区	**17260**	**8807**	**8453**	**14532**	**7565**	**6967**
泉河街道	3681	1862	1819	3090	1587	1503
龙山街道	3638	1872	1766	2702	1433	1269
怀柔地区	1646	833	813	1319	698	621
雁栖地区	1604	834	770	1182	615	567
庙城地区	1479	737	742	1250	620	630
北房镇	1488	780	708	1262	670	592
杨宋镇	1242	638	604	920	465	455
桥梓镇	857	415	442	739	395	344
怀北镇	423	223	200	388	201	187

表5 续表 20　　单位：人

地　区	5-9岁			10-14岁		
	小计	男	女	小计	男	女
汤河口镇	145	73	72	201	108	93
渤海镇	318	157	161	389	211	178
九渡河镇	327	165	162	408	202	206
琉璃庙镇	61	33	28	96	47	49
宝山镇	136	73	63	212	108	104
长哨营满族乡	122	65	57	182	104	78
喇叭沟门满族乡	65	33	32	160	81	79
北京雁栖经济开发区	28	14	14	32	20	12
平谷区	**19736**	**10148**	**9588**	**14946**	**7682**	**7264**
滨河街道	2421	1233	1188	2021	1010	1011
兴谷街道	3135	1604	1531	2487	1285	1202
渔阳地区	2943	1528	1415	2325	1235	1090
峪口地区	1146	589	557	823	437	386
马坊地区	1493	766	727	818	425	393
金海湖地区	934	477	457	773	377	396
东高村镇	1135	588	547	797	419	378
山东庄镇	598	322	276	475	248	227
南独乐河镇	617	315	302	504	250	254
大华山镇	452	235	217	371	175	196
夏各庄镇	1111	590	521	788	412	376
马昌营镇	671	352	319	521	250	271
王辛庄镇	1282	651	631	885	472	413
大兴庄镇	1181	593	588	756	390	366
刘家店镇	193	91	102	161	71	90
镇罗营镇	182	94	88	219	120	99
黄松峪乡	166	80	86	151	67	84
熊儿寨乡	76	40	36	71	39	32
密云区	**21620**	**11096**	**10524**	**18719**	**9694**	**9025**
鼓楼街道	7813	4078	3735	6038	3175	2863
果园街道	4720	2442	2278	3621	1889	1732
檀营地区	659	333	326	557	257	300
密云镇	737	379	358	655	336	319
溪翁庄镇	667	333	334	651	332	319
西田各庄镇	1123	542	581	1050	515	535

表5　续表 21　　　　单位：人

地　区	5–9岁			10–14岁		
	小计	男	女	小计	男	女
十里堡镇	1186	614	572	918	484	434
河南寨镇	850	411	439	784	384	400
巨各庄镇	720	362	358	670	359	311
穆家峪镇	701	380	321	720	395	325
太师屯镇	718	370	348	840	432	408
高岭镇	256	137	119	350	187	163
不老屯镇	325	155	170	374	193	181
冯家峪镇	62	29	33	113	62	51
古北口镇	176	99	77	205	96	109
大城子镇	221	110	111	314	148	166
东邵渠镇	218	113	105	271	124	147
北庄镇	179	63	116	215	111	104
新城子镇	152	73	79	237	142	95
石城镇	84	46	38	116	61	55
北京密云经济开发区	53	27	26	20	12	8
延庆区	**12902**	**6659**	**6243**	**11151**	**5666**	**5485**
百泉街道	1533	812	721	1504	755	749
香水园街道	2221	1138	1083	1771	899	872
儒林街道	1343	669	674	1107	556	551
延庆镇	1995	1015	980	1781	982	799
康庄镇	1124	565	559	819	393	426
八达岭镇	347	188	159	295	159	136
永宁镇	774	403	371	649	334	315
旧县镇	577	297	280	472	220	252
张山营镇	681	357	324	608	282	326
四海镇	87	48	39	113	63	50
千家店镇	127	67	60	196	104	92
沈家营镇	946	498	448	570	294	276
大榆树镇	549	285	264	505	253	252
井庄镇	248	121	127	257	121	136
大庄科乡	95	53	42	148	71	77
刘斌堡乡	102	48	54	131	71	60
香营乡	121	74	47	147	69	78
珍珠泉乡	32	21	11	78	40	38

表5　续表 22　　　　单位：人

地　　区	15-19岁			20-24岁			25-29岁		
	小计	男	女	小计	男	女	小计	男	女
北　京	**633557**	**345715**	**287842**	**1350502**	**715999**	**634503**	**1904688**	**995896**	**908792**
东城区	**16436**	**8768**	**7668**	**24037**	**12350**	**11687**	**39887**	**19117**	**20770**
东华门街道	953	489	464	1868	937	931	2438	1114	1324
景山街道	530	279	251	823	427	396	1306	637	669
交道口街道	755	430	325	1358	646	712	1517	744	773
安定门街道	680	359	321	1051	555	496	1712	839	873
北新桥街道	1334	741	593	1908	1005	903	3169	1605	1564
东四街道	831	467	364	1231	605	626	1978	902	1076
朝阳门街道	869	469	400	1067	588	479	1563	795	768
建国门街道	910	499	411	1410	743	667	2046	1046	1000
东直门街道	1042	563	479	1668	842	826	3002	1450	1552
和平里街道	2545	1311	1234	3325	1695	1630	5916	2810	3106
前门街道	193	129	64	381	228	153	550	315	235
崇文门外街道	815	447	368	1280	647	633	2652	1197	1455
东花市街道	992	484	508	1247	610	637	2251	994	1257
龙潭街道	1318	690	628	1389	723	666	2206	1023	1183
体育馆路街道	707	361	346	1050	557	493	1761	876	885
天坛街道	543	286	257	912	471	441	1576	772	804
永定门外街道	1419	764	655	2069	1071	998	4244	1998	2246
西城区	**25930**	**13800**	**12130**	**38486**	**19199**	**19287**	**61264**	**29632**	**31632**
西长安街街道	1006	566	440	1523	810	713	1877	1044	833
新街口街道	2167	1205	962	3207	1705	1502	4502	2289	2213
月坛街道	2343	1248	1095	2596	1359	1237	4321	2024	2297
展览路街道	2841	1521	1320	5682	2624	3058	7430	3547	3883
德胜街道	2609	1361	1248	3282	1644	1638	5707	2775	2932
金融街街道	2146	1073	1073	2844	1389	1455	3215	1626	1589
什刹海街道	1861	989	872	2824	1455	1369	4170	2089	2081
大栅栏街道	640	387	253	1317	677	640	1904	947	957
天桥街道	826	444	382	1406	613	793	1829	818	1011
椿树街道	832	432	400	792	438	354	1354	709	645
陶然亭街道	1044	541	503	1043	501	542	1741	803	938
广安门内街道	1355	709	646	1749	918	831	3144	1551	1593

表5　续表 23

单位：人

地　区	15-19岁			20-24岁			25-29岁		
	小计	男	女	小计	男	女	小计	男	女
牛街街道	1182	649	533	1938	1022	916	3047	1474	1573
白纸坊街道	1636	888	748	2326	1220	1106	4070	1951	2119
广安门外街道	3442	1787	1655	5957	2824	3133	12953	5985	6968
朝阳区	**78554**	**41172**	**37382**	**183228**	**88221**	**95007**	**306262**	**147320**	**158942**
建外街道	815	489	326	2348	1254	1094	4416	2044	2372
朝外街道	826	438	388	1490	736	754	2912	1322	1590
呼家楼街道	919	552	367	2663	1286	1377	4755	2102	2653
三里屯街道	713	398	315	1333	748	585	2100	963	1137
左家庄街道	1244	631	613	2388	1158	1230	5587	2463	3124
香河园街道	719	388	331	1183	596	587	2592	1127	1465
和平街街道	1869	795	1074	9901	4303	5598	6551	2979	3572
安贞街道	1171	604	567	1978	917	1061	4090	1866	2224
亚运村街道	1990	1033	957	3940	2027	1913	5664	2765	2899
小关街道	4015	1409	2606	8588	2773	5815	5816	2549	3267
酒仙桥街道	1088	610	478	2868	1484	1384	5964	2922	3042
麦子店街道	547	306	241	1157	566	591	2465	1146	1319
团结湖街道	1012	451	561	1052	504	548	2660	1138	1522
六里屯街道	1592	778	814	2842	1302	1540	6213	2690	3523
八里庄街道	1538	836	702	3625	1741	1884	8367	3674	4693
双井街道	1790	932	858	3495	1642	1853	7928	3469	4459
劲松街道	1656	884	772	5634	2724	2910	8272	3641	4631
潘家园街道	1472	824	648	3714	1750	1964	8367	3614	4753
垡头街道	1340	743	597	3065	1521	1544	6184	2907	3277
南磨房地区	3301	1859	1442	8168	4073	4095	11514	5330	6184
高碑店地区	1872	1054	818	6371	3090	3281	12116	5724	6392
将台地区	1180	705	475	2431	1355	1076	4696	2334	2362
太阳宫地区	1756	854	902	3417	1468	1949	6893	3108	3785
大屯街道	3945	1707	2238	7300	2911	4389	9328	4281	5047
望京街道	3674	1769	1905	7232	3187	4045	11495	5440	6055
小红门地区	1809	1090	719	5099	2675	2424	9612	4898	4714
十八里店地区	4976	3236	1740	11908	6712	5196	20730	11632	9098
平房地区	1537	841	696	3778	1978	1800	7406	3715	3691

表5 续表 24 单位：人

地区	15-19岁			20-24岁			25-29岁		
	小计	男	女	小计	男	女	小计	男	女
东风地区	1176	644	532	2335	1214	1121	4708	2188	2520
奥运村街道	2525	1363	1162	4369	2033	2336	8410	3868	4542
来广营地区	3308	1702	1606	6830	3451	3379	15553	7308	8245
常营地区	1970	1110	860	5255	2489	2766	11388	5131	6257
三间房地区	5608	2244	3364	11957	4449	7508	10625	4785	5840
管庄地区	1416	762	654	3490	1762	1728	6730	3211	3519
金盏地区	1833	1148	685	4811	2780	2031	7985	4601	3384
孙河地区	555	308	247	1393	740	653	2917	1508	1409
崔各庄地区	1989	1182	807	8559	4792	3767	16486	9291	7195
东坝地区	2334	1369	965	4249	2229	2020	8246	4043	4203
黑庄户地区	1056	629	427	2076	1196	880	3380	1929	1451
豆各庄地区	1098	671	427	2114	1179	935	3823	1934	1889
王四营地区	1278	810	468	3142	1817	1325	5388	2993	2395
东湖街道	1754	883	871	2035	1028	1007	4038	1902	2136
首都机场街道	288	131	157	1645	581	1064	1892	785	1107
丰台区	**42369**	**22658**	**19711**	**86826**	**43235**	**43591**	**159636**	**77311**	**82325**
右安门街道	2243	1018	1225	3617	1591	2026	4963	2275	2688
太平桥街道	1704	779	925	3648	1555	2093	6017	2934	3083
西罗园街道	1199	666	533	2626	1264	1362	5787	2637	3150
大红门街道	2698	1497	1201	7681	3792	3889	17174	8031	9143
南苑街道	908	471	437	2977	1519	1458	6398	3157	3241
东高地街道	799	464	335	1504	848	656	3013	1668	1345
东铁匠营街道	2441	1359	1082	5349	2585	2764	12834	5708	7126
卢沟桥街道	4279	2275	2004	7792	3946	3846	15862	7725	8137
丰台街道	2807	1476	1331	4905	2428	2477	10197	4625	5572
新村街道	7034	3555	3479	14641	6703	7938	18026	8685	9341
长辛店街道	1380	758	622	2579	1395	1184	4550	2361	2189
云岗街道	530	291	239	1464	883	581	2661	1608	1053
方庄地区	1549	804	745	2355	1100	1255	5275	2280	2995
宛平城地区	871	537	334	1894	1071	823	3185	1762	1423
马家堡街道	2685	1444	1241	3853	1866	1987	8624	3984	4640
和义街道	581	321	260	1341	698	643	2820	1409	1411

表5　续表 25　　　　单位：人

地　区	15–19岁			20–24岁			25–29岁		
	小计	男	女	小计	男	女	小计	男	女
卢沟桥地区	2796	1560	1236	4857	2481	2376	8437	4099	4338
花乡地区	2464	1419	1045	6207	3398	2809	10761	5571	5190
南苑地区	1171	656	515	3638	1856	1782	6602	3244	3358
长辛店镇	901	542	359	1991	1164	827	3208	1809	1399
王佐镇	1329	766	563	1907	1092	815	3242	1739	1503
石景山区	**15911**	**8962**	**6949**	**28679**	**15558**	**13121**	**40207**	**20116**	**20091**
八宝山街道	1449	793	656	1936	964	972	4146	1950	2196
老山街道	1171	778	393	2592	1579	1013	3217	1678	1539
八角街道	5384	2964	2420	9517	5156	4361	6962	3412	3550
古城街道	1138	629	509	3612	1950	1662	6436	3484	2952
苹果园街道	1980	1057	923	4141	2115	2026	7914	3928	3986
金顶街街道	1397	695	702	1991	946	1045	3814	1767	2047
广宁街道	264	152	112	578	326	252	968	580	388
五里坨街道	1973	1284	689	2135	1352	783	1937	1007	930
鲁谷街道	1155	610	545	2177	1170	1007	4813	2310	2503
海淀区	**135408**	**69602**	**65806**	**305428**	**155066**	**150362**	**292736**	**151792**	**140944**
万寿路街道	3013	1584	1429	4863	2157	2706	7007	3119	3888
永定路街道	2860	1499	1361	3513	1787	1726	5837	2979	2858
羊坊店街道	2971	1572	1399	4107	2039	2068	6902	3334	3568
甘家口街道	4091	1779	2312	10571	3656	6915	7936	3445	4491
八里庄街道	5582	2633	2949	10451	3881	6570	10455	4874	5581
紫竹院街道	9667	3678	5989	22523	10029	12494	10940	5558	5382
北下关街道	9039	4892	4147	20110	10341	9769	12471	6305	6166
北太平庄街道	7514	3281	4233	27923	13623	14300	16051	7864	8187
学院路街道	18714	8863	9851	45924	23137	22787	26886	14039	12847
中关村街道	4524	2438	2086	7918	4548	3370	12855	7066	5789
海淀街道	7262	3502	3760	14605	6020	8585	10559	5098	5461
青龙桥街道	3560	1920	1640	6383	3281	3102	7568	4015	3553
清华园街道	6400	4241	2159	14811	9667	5144	7301	4489	2812
燕园街道	4947	2958	1989	9028	5163	3865	4728	2714	2014
香山街道	570	305	265	1464	741	723	2604	1333	1271
清河街道	3144	1740	1404	6584	3287	3297	13894	6982	6912

表5 续表 26

单位：人

地区	15-19岁			20-24岁			25-29岁		
	小计	男	女	小计	男	女	小计	男	女
花园路街道	7609	4279	3330	19281	11241	8040	11724	6267	5457
西三旗街道	5042	2751	2291	10608	5826	4782	15079	7649	7430
马连洼街道	3655	1743	1912	8940	3918	5022	12912	6428	6484
田村路街道	2317	1298	1019	4593	2325	2268	8786	4389	4397
上地街道	4883	2665	2218	9804	5569	4235	7077	3739	3338
万柳地区	67	47	20	199	143	56	215	140	75
东升地区	1702	811	891	3616	1729	1887	6324	3203	3121
曙光街道	2975	1560	1415	3659	1855	1804	4924	2375	2549
温泉地区	1201	640	561	3428	1998	1430	7499	4238	3261
四季青地区	4536	2617	1919	10019	5510	4509	16769	8899	7870
西北旺地区	4174	2155	2019	13308	7337	5971	24557	13992	10565
苏家坨地区	1691	1027	664	4126	2384	1742	7467	4198	3269
上庄地区	1698	1124	574	3069	1874	1195	5409	3061	2348
门头沟区	**8714**	**4780**	**3934**	**17160**	**9228**	**7932**	**29142**	**15316**	**13826**
大峪街道	2352	1199	1153	3202	1662	1540	5390	2702	2688
城子街道	1078	575	503	1789	956	833	2841	1445	1396
东辛房街道	712	393	319	1902	964	938	3524	1833	1691
大台街道	66	44	22	131	82	49	172	100	72
王平地区	116	70	46	235	142	93	370	211	159
永定地区	2347	1312	1035	5578	3050	2528	10043	5248	4795
龙泉地区	1092	621	471	2310	1279	1031	3699	2034	1665
潭柘寺镇	188	111	77	440	240	200	765	423	342
军庄镇	263	152	111	629	340	289	1072	597	475
雁翅镇	83	52	31	147	80	67	188	107	81
斋堂镇	133	83	50	250	138	112	291	176	115
清水镇	99	56	43	159	91	68	223	133	90
妙峰山镇	185	112	73	388	204	184	564	307	257
房山区	**42805**	**23077**	**19728**	**69712**	**37674**	**32038**	**92631**	**49193**	**43438**
城关街道	3109	1650	1459	5218	2905	2313	8107	4222	3885
新镇街道	440	235	205	572	366	206	950	558	392
向阳街道	590	296	294	865	479	386	1092	621	471
东风街道	541	314	227	877	504	373	1171	659	512

表5　续表 27　　　　　　　　　　　　　　　　　　　　　　　　单位：人

地　区	15–19岁			20–24岁			25–29岁		
	小计	男	女	小计	男	女	小计	男	女
迎风街道	1192	622	570	1711	939	772	2148	1116	1032
星城街道	313	182	131	634	333	301	1249	645	604
良乡地区	350	222	128	1068	666	402	1971	1202	769
周口店地区	824	466	358	1386	769	617	2268	1168	1100
琉璃河地区	1568	1041	527	2311	1341	970	3623	1955	1668
拱辰街道	16446	8143	8303	23824	11750	12074	17884	9087	8797
西潞街道	2858	1403	1455	3131	1713	1418	5204	2686	2518
阎村镇	2997	1758	1239	3506	2128	1378	5879	3362	2517
窦店镇	3589	2002	1587	4382	2568	1814	6275	3460	2815
石楼镇	465	287	178	1224	706	518	1868	1016	852
长阳镇	4438	2723	1715	11380	6205	5175	21583	11274	10309
河北镇	278	148	130	708	379	329	954	508	446
长沟镇	279	160	119	731	417	314	1109	566	543
大石窝镇	385	209	176	978	563	415	1432	765	667
张坊镇	301	161	140	632	346	286	821	431	390
十渡镇	128	71	57	315	185	130	405	222	183
青龙湖镇	775	459	316	1942	1136	806	3507	1928	1579
韩村河镇	585	313	272	1419	756	663	2046	1093	953
霞云岭乡	73	37	36	164	93	71	230	142	88
南窖乡	53	39	14	122	76	46	184	114	70
佛子庄乡	74	38	36	269	150	119	270	156	114
大安山乡	58	39	19	115	76	39	138	86	52
史家营乡	78	49	29	169	90	79	198	111	87
蒲洼乡	18	10	8	59	35	24	65	40	25
通州区	**47745**	**26329**	**21416**	**108947**	**59446**	**49501**	**180820**	**96602**	**84218**
中仓街道	1643	962	681	3938	2148	1790	6539	3436	3103
新华街道	707	409	298	2456	1288	1168	4510	2225	2285
北苑街道	3794	1463	2331	6011	3037	2974	11183	5586	5597
玉桥街道	3145	1812	1333	6292	3338	2954	10435	5289	5146
潞源街道	544	223	321	902	459	443	877	534	343
通运街道	986	580	406	2526	1374	1152	4464	2333	2131
宋庄镇	5638	3136	2502	8258	4818	3440	11395	6669	4726

表5 续表 28 单位：人

地区	15-19岁			20-24岁			25-29岁		
	小计	男	女	小计	男	女	小计	男	女
张家湾镇	2678	1559	1119	6276	3469	2807	11238	6171	5067
漷县镇	1067	606	461	2510	1394	1116	4747	2579	2168
马驹桥镇	3749	2514	1235	12397	7414	4983	21535	12459	9076
西集镇	487	286	201	1374	827	547	2697	1468	1229
台湖镇	2949	1752	1197	9447	5298	4149	18266	10103	8163
永乐店镇	943	518	425	1475	840	635	2661	1448	1213
潞城镇	1437	855	582	3376	1895	1481	6150	3313	2837
永顺镇	10435	5425	5010	23697	12003	11694	35263	18075	17188
梨园镇	6954	3878	3076	16688	9064	7624	26301	13467	12834
于家务回族乡	589	351	238	1324	780	544	2559	1447	1112
顺义区	**31647**	**17652**	**13995**	**70987**	**39565**	**31422**	**116606**	**64466**	**52140**
胜利街道	927	527	400	2243	1180	1063	4486	2307	2179
光明街道	1522	803	719	2836	1423	1413	5226	2604	2622
仁和地区	2603	1437	1166	3206	1941	1265	5675	3325	2350
后沙峪地区	2411	1340	1071	4150	2376	1774	8064	4521	3543
天竺地区	639	375	264	2780	1538	1242	3711	2017	1694
杨镇地区	4918	2124	2794	4778	2593	2185	3583	2035	1548
牛栏山地区	3364	1752	1612	3931	2113	1818	3427	1895	1532
南法信地区	976	663	313	5497	3058	2439	8911	5040	3871
马坡地区	775	446	329	2182	1292	890	4013	2327	1686
石园街道	1210	672	538	2712	1404	1308	5081	2575	2506
空港街道	1722	1025	697	5322	2674	2648	10208	5074	5134
双丰街道	1078	667	411	2596	1577	1019	4646	2556	2090
旺泉街道	1653	910	743	5071	2383	2688	10896	5392	5504
高丽营镇	1448	927	521	4220	2648	1572	7736	4842	2894
李桥镇	1746	1047	699	6064	3337	2727	9073	5278	3795
李遂镇	329	216	113	821	500	321	1413	798	615
南彩镇	1219	754	465	4673	2659	2014	7595	4502	3093
北务镇	202	121	81	489	297	192	879	504	375
大孙各庄镇	280	161	119	756	449	307	1249	703	546
张　镇	298	174	124	885	511	374	1436	821	615
龙湾屯镇	174	100	74	441	272	169	694	397	297

表5　续表 29　　　　单位：人

地　　区	15-19岁			20-24岁			25-29岁		
	小计	男	女	小计	男	女	小计	男	女
木林镇	437	268	169	1080	628	452	1805	978	827
北小营镇	726	454	272	1525	909	616	2573	1448	1125
北石槽镇	141	88	53	426	250	176	800	454	346
赵全营镇	849	601	248	2303	1553	750	3426	2073	1353
昌平区	**78905**	**45693**	**33212**	**194801**	**109997**	**84804**	**282871**	**159647**	**123224**
城北街道	11880	6125	5755	22941	11826	11115	20016	10549	9467
南口地区	7504	5089	2415	9511	6794	2717	5761	3568	2193
马池口地区	2761	1656	1105	6930	4045	2885	7795	4621	3174
沙河地区	18196	11267	6929	36242	21376	14866	47295	28104	19191
城南街道	5134	2561	2573	7533	4134	3399	8101	4424	3677
东小口地区	1802	1115	687	8370	4914	3456	15210	9134	6076
天通苑北街道	2226	1250	976	10470	5380	5090	18016	9508	8508
天通苑南街道	1918	1109	809	7437	3871	3566	15829	8006	7823
霍营街道	1089	600	489	6041	3418	2623	14620	8100	6520
回龙观街道	2931	1818	1113	11116	6000	5116	26134	14155	11979
龙泽园街道	3022	1650	1372	11569	6052	5517	27444	14731	12713
史各庄街道	5723	3296	2427	16103	9148	6955	9574	5443	4131
阳坊镇	559	343	216	1127	683	444	1767	1060	707
小汤山镇	1394	860	534	3267	1884	1383	5753	3305	2448
南邵镇	1162	667	495	4234	2379	1855	7390	4228	3162
崔村镇	493	256	237	965	556	409	1548	907	641
百善镇	527	335	192	2028	1248	780	3820	2250	1570
北七家镇	7719	4084	3635	24206	13555	10651	41206	24229	16977
兴寿镇	696	431	265	1257	734	523	2082	1260	822
流村镇	309	184	125	651	389	262	992	593	399
十三陵镇	1727	920	807	2574	1490	1084	2147	1263	884
延寿镇	133	77	56	229	121	108	371	209	162
大兴区	**61504**	**36682**	**24822**	**137380**	**78257**	**59123**	**190904**	**104327**	**86577**
兴丰街道	2189	1220	969	4415	2301	2114	7129	3652	3477
林校路街道	2802	1322	1480	5592	2836	2756	7797	4046	3751
清源街道	7655	4179	3476	10557	5532	5025	12713	6530	6183
亦庄地区	2455	1436	1019	6019	3301	2718	10392	5402	4990

表5 续表 30 单位：人

地区	15-19岁			20-24岁			25-29岁		
	小计	男	女	小计	男	女	小计	男	女
黄村地区	7002	4386	2616	16210	9919	6291	17880	10797	7083
旧宫地区	4567	2822	1745	10981	6216	4765	18239	9626	8613
西红门地区	4425	2734	1691	11457	6558	4899	18959	10662	8297
瀛海地区	1779	1076	703	5954	3295	2659	12516	6424	6092
观音寺街道	7044	4184	2860	10932	6860	4072	8462	4426	4036
天宫院街道	1641	980	661	4651	2526	2125	8826	4506	4320
高米店街道	3163	1637	1526	8567	4205	4362	7997	4089	3908
青云店镇	1390	966	424	3042	2022	1020	5544	3420	2124
采育镇	1539	1196	343	2345	1456	889	4186	2394	1792
安定镇	462	262	200	1206	688	518	2237	1187	1050
礼贤镇	583	363	220	2177	1354	823	3214	1935	1279
榆垡镇	2503	1271	1232	7019	3838	3181	6474	3537	2937
庞各庄镇	1687	966	721	4723	2530	2193	5691	3084	2607
北臧村镇	725	458	267	1739	1100	639	2944	1847	1097
魏善庄镇	759	492	267	1824	1129	695	3401	1937	1464
长子营镇	414	258	156	1498	890	608	2595	1517	1078
中关村国家自主创新示范区大兴生物医药产业基地	406	260	146	1297	654	643	1638	874	764
国家新媒体产业基地	646	482	164	1945	1136	809	1739	945	794
大兴国际机场(大兴部分)	16	9	7	760	345	415	399	233	166
北京经济技术开发区	5652	3723	1929	12470	7566	4904	19932	11257	8675
怀柔区	**11611**	**6584**	**5027**	**28982**	**16831**	**12151**	**31434**	**17497**	**13937**
泉河街道	3318	1672	1646	4511	2374	2137	5940	3039	2901
龙山街道	2617	1427	1190	3888	2105	1783	5768	2958	2810
怀柔地区	863	517	346	1929	1200	729	2932	1728	1204
雁栖地区	656	390	266	2087	1206	881	3546	1987	1559
庙城地区	889	640	249	2293	1571	722	2923	1705	1218
北房镇	577	343	234	1553	961	592	2508	1470	1038
杨宋镇	588	327	261	1364	814	550	2205	1270	935
桥梓镇	454	245	209	824	481	343	1432	787	645
怀北镇	215	134	81	8537	4991	3546	1595	1031	564

表5　续表 31　　　　单位：人

地　区	15-19岁			20-24岁			25-29岁		
	小计	男	女	小计	男	女	小计	男	女
汤河口镇	113	74	39	156	103	53	199	109	90
渤海镇	200	109	91	464	242	222	602	346	256
九渡河镇	220	123	97	443	231	212	641	342	299
琉璃庙镇	101	62	39	147	86	61	149	98	51
宝山镇	113	76	37	218	126	92	259	150	109
长哨营满族乡	118	70	48	154	79	75	170	102	68
喇叭沟门满族乡	85	57	28	109	64	45	118	74	44
北京雁栖经济开发区	484	318	166	305	197	108	447	301	146
平谷区	**10037**	**5599**	**4438**	**16957**	**9533**	**7424**	**28615**	**15439**	**13176**
滨河街道	2449	1315	1134	2240	1226	1014	3376	1736	1640
兴谷街道	2056	1139	917	2801	1523	1278	4565	2459	2106
渔阳地区	1566	898	668	2546	1449	1097	4289	2308	1981
峪口地区	301	172	129	909	512	397	1588	842	746
马坊地区	533	298	235	1156	673	483	2315	1229	1086
金海湖地区	292	157	135	879	525	354	1292	718	574
东高村镇	482	285	197	941	536	405	1856	1042	814
山东庄镇	239	139	100	547	316	231	913	505	408
南独乐河镇	249	137	112	533	298	235	1032	569	463
大华山镇	190	120	70	515	287	228	680	380	300
夏各庄镇	383	241	142	828	473	355	1507	814	693
马昌营镇	262	131	131	629	353	276	1009	539	470
王辛庄镇	444	237	207	998	539	459	1809	1003	806
大兴庄镇	327	192	135	734	426	308	1361	713	648
刘家店镇	76	35	41	190	98	92	286	163	123
镇罗营镇	93	47	46	246	143	103	361	208	153
黄松峪乡	77	49	28	157	99	58	251	138	113
熊儿寨乡	18	7	11	108	57	51	125	73	52
密云区	**13806**	**7592**	**6214**	**21589**	**11841**	**9748**	**31973**	**17228**	**14745**
鼓楼街道	5090	2659	2431	6527	3434	3093	10598	5386	5212
果园街道	3313	1744	1569	4081	2162	1919	6437	3300	3137
檀营地区	367	219	148	698	351	347	1089	604	485
密云镇	875	517	358	917	533	384	1362	785	577
溪翁庄镇	405	243	162	846	476	370	1144	657	487
西田各庄镇	480	258	222	1007	547	460	1498	854	644

表5 续表 32 单位：人

地 区	15-19岁			20-24岁			25-29岁		
	小计	男	女	小计	男	女	小计	男	女
十里堡镇	592	346	246	1269	765	504	2214	1326	888
河南寨镇	322	197	125	765	458	307	1293	689	604
巨各庄镇	390	262	128	757	426	331	1117	613	504
穆家峪镇	584	334	250	845	497	348	1152	661	491
太师屯镇	281	158	123	814	454	360	923	511	412
高岭镇	158	89	69	381	207	174	329	199	130
不老屯镇	185	114	71	418	219	199	408	222	186
冯家峪镇	42	28	14	141	75	66	99	63	36
古北口镇	131	74	57	455	259	196	524	306	218
大城子镇	167	95	72	407	220	187	345	186	159
东邵渠镇	108	70	38	278	145	133	343	191	152
北庄镇	70	48	22	220	137	83	210	123	87
新城子镇	91	40	51	232	133	99	222	121	101
石城镇	105	67	38	193	111	82	176	104	72
北京密云经济开发区	50	30	20	338	232	106	490	327	163
延庆区	**12175**	**6765**	**5410**	**17303**	**9998**	**7305**	**19700**	**10893**	**8807**
百泉街道	2894	1345	1549	1733	907	826	2121	1096	1025
香水园街道	1558	875	683	2189	1202	987	3018	1586	1432
儒林街道	1364	684	680	1316	692	624	1709	888	821
延庆镇	1307	783	524	2591	1577	1014	3600	2077	1523
康庄镇	2760	1731	1029	3596	2081	1515	1521	803	718
八达岭镇	191	117	74	505	323	182	700	397	303
永宁镇	389	232	157	1050	612	438	1248	723	525
旧县镇	259	154	105	609	353	256	987	534	453
张山营镇	425	256	169	978	643	335	1336	803	533
四海镇	52	31	21	168	95	73	175	95	80
千家店镇	95	59	36	248	153	95	267	173	94
沈家营镇	261	142	119	575	326	249	903	508	395
大榆树镇	273	142	131	638	364	274	910	495	415
井庄镇	133	77	56	388	234	154	456	259	197
大庄科乡	55	34	21	189	114	75	180	117	63
刘斌堡乡	59	38	21	170	107	63	173	110	63
香营乡	68	43	25	263	156	107	292	165	127
珍珠泉乡	32	22	10	97	59	38	104	64	40

表5　续表 33　　单位：人

地　区	30–34岁			35–39岁			40–44岁		
	小计	男	女	小计	男	女	小计	男	女
北　京	**2503029**	**1309189**	**1193840**	**2143185**	**1108136**	**1035049**	**1602133**	**838444**	**763689**
东城区	**59373**	**28394**	**30979**	**72901**	**34173**	**38728**	**57182**	**27966**	**29216**
东华门街道	3110	1547	1563	3599	1741	1858	3043	1506	1537
景山街道	2073	1007	1066	2392	1169	1223	1778	885	893
交道口街道	2464	1208	1256	3097	1404	1693	2638	1253	1385
安定门街道	2543	1248	1295	3043	1454	1589	2449	1228	1221
北新桥街道	4549	2221	2328	5520	2577	2943	4366	2162	2204
东四街道	2787	1343	1444	3308	1561	1747	2743	1306	1437
朝阳门街道	2404	1161	1243	2941	1305	1636	2639	1236	1403
建国门街道	2845	1446	1399	3198	1596	1602	2445	1202	1243
东直门街道	4259	2031	2228	5305	2480	2825	4118	2050	2068
和平里街道	8125	3790	4335	10469	4734	5735	8545	4034	4511
前门街道	822	473	349	834	457	377	658	357	301
崇文门外街道	4131	1863	2268	5013	2256	2757	3824	1923	1901
东花市街道	3763	1633	2130	5742	2555	3187	4200	2052	2148
龙潭街道	3959	1814	2145	5728	2585	3143	4727	2223	2504
体育馆路街道	2677	1324	1353	3155	1536	1619	2557	1272	1285
天坛街道	2257	1115	1142	2563	1253	1310	1852	925	927
永定门外街道	6605	3170	3435	6994	3510	3484	4600	2352	2248
西城区	**88314**	**42457**	**45857**	**113826**	**52961**	**60865**	**94807**	**45809**	**48998**
西长安街街道	2776	1418	1358	3652	1770	1882	3228	1572	1656
新街口街道	6716	3317	3399	8645	4087	4558	7536	3692	3844
月坛街道	6640	3153	3487	9414	4199	5215	8452	3935	4517
展览路街道	9201	4414	4787	11557	5365	6192	9619	4609	5010
德胜街道	7914	3752	4162	12503	5585	6918	12024	5759	6265
金融街街道	3963	1990	1973	5117	2464	2653	4885	2306	2579
什刹海街道	5831	2841	2990	7145	3363	3782	6031	2893	3138
大栅栏街道	2494	1271	1223	2641	1301	1340	2164	1066	1098
天桥街道	2402	1118	1284	2919	1367	1552	2245	1085	1160
椿树街道	2287	1137	1150	2941	1409	1532	2389	1147	1242
陶然亭街道	3245	1492	1753	4476	2097	2379	3501	1663	1838
广安门内街道	4634	2281	2353	6034	2801	3233	4753	2343	2410

表5 续表 34 单位：人

地区	30—34岁			35—39岁			40—44岁		
	小计	男	女	小计	男	女	小计	男	女
牛街街道	4077	1977	2100	4980	2346	2634	4172	1997	2175
白纸坊街道	6712	3192	3520	8629	4078	4551	6340	3076	3264
广安门外街道	19422	9104	10318	23173	10729	12444	17468	8666	8802
朝阳区	**403274**	**200028**	**203246**	**366745**	**182892**	**183853**	**271600**	**138380**	**133220**
建外街道	5107	2482	2625	3866	1939	1927	2580	1307	1273
朝外街道	3893	1890	2003	3492	1719	1773	2608	1284	1324
呼家楼街道	5665	2670	2995	5147	2522	2625	3573	1722	1851
三里屯街道	2933	1330	1603	3162	1438	1724	2510	1155	1355
左家庄街道	7702	3564	4138	7134	3371	3763	5116	2445	2671
香河园街道	4222	1924	2298	4299	2007	2292	3128	1476	1652
和平街街道	5916	2832	3084	6036	2839	3197	5192	2447	2745
安贞街道	5520	2583	2937	5255	2469	2786	4152	1944	2208
亚运村街道	6935	3345	3590	6582	3197	3385	4740	2317	2423
小关街道	6403	3052	3351	5027	2488	2539	3235	1587	1648
酒仙桥街道	7136	3585	3551	5454	2755	2699	3939	1940	1999
麦子店街道	3623	1596	2027	3251	1488	1763	2313	1136	1177
团结湖街道	3342	1556	1786	3095	1485	1610	2012	938	1074
六里屯街道	9218	4117	5101	7674	3648	4026	4807	2299	2508
八里庄街道	11200	5190	6010	9884	4740	5144	6960	3396	3564
双井街道	10688	4817	5871	9730	4483	5247	7702	3611	4091
劲松街道	10702	4850	5852	10288	4814	5474	7419	3505	3914
潘家园街道	10593	4868	5725	9695	4720	4975	6176	3081	3095
垡头街道	8675	4200	4475	7919	3921	3998	5708	2901	2807
南磨房地区	15381	7260	8121	13851	6758	7093	9940	5097	4843
高碑店地区	15055	7539	7516	12323	6379	5944	8209	4251	3958
将台地区	6864	3396	3468	5996	2987	3009	4553	2230	2323
太阳宫地区	9076	4275	4801	9694	4563	5131	7747	3813	3934
大屯街道	12687	5839	6848	14639	6857	7782	11221	5401	5820
望京街道	14620	6905	7715	16402	7665	8737	13249	6421	6828
小红门地区	11812	6242	5570	8626	4709	3917	6460	3508	2952
十八里店地区	27047	16011	11036	20047	11851	8196	16051	9382	6669
平房地区	9829	4991	4838	9601	4868	4733	8245	4281	3964

表5　续表 35　　　　单位：人

地　区	30-34岁			35-39岁			40-44岁		
	小计	男	女	小计	男	女	小计	男	女
东风地区	7270	3512	3758	6733	3351	3382	4922	2464	2458
奥运村街道	10891	5162	5729	10518	4922	5596	8559	4070	4489
来广营地区	20922	10028	10894	20851	10091	10760	14863	7717	7146
常营地区	14450	6866	7584	13565	6463	7102	9961	5148	4813
三间房地区	12733	6222	6511	10239	5157	5082	6644	3381	3263
管庄地区	11191	5300	5891	12321	6001	6320	7747	4093	3654
金盏地区	11105	6643	4462	8729	5171	3558	7657	4550	3107
孙河地区	3706	1983	1723	2987	1605	1382	2284	1250	1034
崔各庄地区	16946	9825	7121	10716	6115	4601	7976	4373	3603
东坝地区	15266	7353	7913	15896	7921	7975	10699	5571	5128
黑庄户地区	5521	3225	2296	5258	2992	2266	4527	2578	1949
豆各庄地区	6733	3412	3321	6770	3399	3371	4662	2439	2223
王四营地区	7154	4083	3071	5862	3290	2572	4768	2688	2080
东湖街道	5410	2474	2936	6656	3033	3623	6013	2799	3214
首都机场街道	2132	1031	1101	1475	701	774	773	384	389
丰台区	**222632**	**110443**	**112189**	**196526**	**98529**	**97997**	**145774**	**74278**	**71496**
右安门街道	6926	3357	3569	7242	3562	3680	4701	2361	2340
太平桥街道	7722	3739	3983	7508	3674	3834	5601	2852	2749
西罗园街道	8717	4148	4569	8250	4042	4208	5148	2607	2541
大红门街道	22946	11241	11705	17864	9039	8825	12146	6257	5889
南苑街道	8099	4038	4061	5829	2858	2971	3956	2039	1917
东高地街道	3520	1739	1781	2747	1347	1400	2282	1054	1228
东铁匠营街道	16846	7976	8870	14922	7261	7661	10434	5099	5335
卢沟桥街道	24125	11685	12440	21334	10418	10916	17427	8547	8880
丰台街道	14458	6867	7591	12560	6048	6512	9394	4525	4869
新村街道	24098	12183	11915	21514	10878	10636	15977	8417	7560
长辛店街道	7714	3790	3924	7207	3610	3597	5936	2981	2955
云岗街道	2919	1556	1363	2371	1189	1182	2102	1024	1078
方庄地区	7082	3261	3821	7808	3702	4106	5378	2511	2867
宛平城地区	5270	2943	2327	4955	2707	2248	4059	2256	1803
马家堡街道	12378	5918	6460	11168	5434	5734	8078	4000	4078
和义街道	4548	2214	2334	4044	2088	1956	2764	1408	1356

表5 续表 36 单位：人

地区	30-34岁			35-39岁			40-44岁		
	小计	男	女	小计	男	女	小计	男	女
卢沟桥地区	12000	6030	5970	11392	5797	5595	8560	4379	4181
花乡地区	14578	7848	6730	11906	6337	5569	9292	5102	4190
南苑地区	7737	4023	3714	5679	3025	2654	4057	2090	1967
长辛店镇	4795	2702	2093	4446	2547	1899	3620	2099	1521
王佐镇	6154	3185	2969	5780	2966	2814	4862	2670	2192
石景山区	**57695**	**28458**	**29237**	**53781**	**26234**	**27547**	**40354**	**19958**	**20396**
八宝山街道	5920	2780	3140	6171	2841	3330	5883	2800	3083
老山街道	3816	1931	1885	3219	1625	1594	2576	1227	1349
八角街道	10947	5311	5636	10406	4924	5482	7312	3598	3714
古城街道	8281	4535	3746	6927	3720	3207	4871	2614	2257
苹果园街道	10418	5076	5342	8928	4264	4664	6540	3220	3320
金顶街街道	6306	2998	3308	6791	3304	3487	4082	1974	2108
广宁街道	1331	730	601	1239	689	550	1157	640	517
五里坨街道	3276	1559	1717	3378	1602	1776	2749	1322	1427
鲁谷街道	7400	3538	3862	6722	3265	3457	5184	2563	2621
海淀区	**301115**	**154663**	**146452**	**280222**	**137347**	**142875**	**231034**	**114163**	**116871**
万寿路街道	9221	4067	5154	11208	4884	6324	9677	4411	5266
永定路街道	7627	3650	3977	7477	3462	4015	6572	2953	3619
羊坊店街道	9539	4334	5205	11659	5129	6530	9814	4489	5325
甘家口街道	8789	4207	4582	9959	4610	5349	8919	4217	4702
八里庄街道	11950	5750	6200	12351	5889	6462	10084	4883	5201
紫竹院街道	8687	4226	4461	9580	4397	5183	8253	3874	4379
北下关街道	11355	5645	5710	11410	5508	5902	9817	4760	5057
北太平庄街道	13623	6672	6951	13010	6256	6754	10769	5263	5506
学院路街道	22989	11822	11167	16652	8276	8376	12031	5873	6158
中关村街道	10217	5272	4945	11955	5545	6410	12186	5735	6451
海淀街道	8778	4313	4465	10747	4875	5872	10417	4945	5472
青龙桥街道	8831	4824	4007	7457	3751	3706	6340	3009	3331
清华园街道	3456	1996	1460	2611	1327	1284	2774	1352	1422
燕园街道	1589	910	679	1106	548	558	1057	512	545
香山街道	3271	1764	1507	2724	1501	1223	2271	1245	1026
清河街道	15952	7919	8033	16062	7606	8456	13438	6676	6762

表5　续表 37　　单位：人

地　　区	30–34岁			35–39岁			40–44岁		
	小计	男	女	小计	男	女	小计	男	女
花园路街道	10524	5302	5222	10751	5082	5669	9033	4280	4753
西三旗街道	18892	9515	9377	17593	8792	8801	12130	6313	5817
马连洼街道	11738	5957	5781	11430	5615	5815	9665	4734	4931
田村路街道	11107	5658	5449	10997	5323	5674	9473	4639	4834
上地街道	5812	3024	2788	5389	2646	2743	4934	2419	2515
万柳地区	219	163	56	157	90	67	143	78	65
东升地区	7059	3623	3436	5992	3000	2992	4857	2550	2307
曙光街道	6428	3027	3401	7237	3211	4026	7129	3221	3908
温泉地区	8740	4808	3932	7128	3810	3318	4818	2651	2167
四季青地区	19691	10755	8936	15806	8411	7395	13095	6848	6247
西北旺地区	25080	14283	10797	16817	9388	7429	11405	6602	4803
苏家坨地区	10296	5765	4531	7361	4142	3219	4792	2699	2093
上庄地区	9655	5412	4243	7596	4273	3323	5141	2932	2209
门头沟区	**41012**	**21112**	**19900**	**33699**	**17291**	**16408**	**26432**	**13432**	**13000**
大峪街道	8553	4178	4375	7431	3626	3805	5943	2869	3074
城子街道	4224	2163	2061	3533	1809	1724	3052	1460	1592
东辛房街道	4221	2179	2042	3097	1580	1517	2126	1036	1090
大台街道	197	116	81	161	82	79	224	109	115
王平地区	418	247	171	322	176	146	261	147	114
永定地区	14109	7293	6816	11083	5716	5367	7662	4064	3598
龙泉地区	5247	2731	2516	4558	2410	2148	4045	2112	1933
潭柘寺镇	1052	548	504	827	434	393	687	378	309
军庄镇	1315	692	623	1054	560	494	974	473	501
雁翅镇	262	172	90	212	123	89	217	126	91
斋堂镇	403	248	155	388	215	173	390	200	190
清水镇	300	178	122	311	176	135	260	143	117
妙峰山镇	711	367	344	722	384	338	591	315	276
房山区	**151600**	**78750**	**72850**	**126140**	**66176**	**59964**	**89657**	**48139**	**41518**
城关街道	14642	7514	7128	11636	6072	5564	8931	4614	4317
新镇街道	985	549	436	713	392	321	543	277	266
向阳街道	1377	722	655	1668	836	832	1623	802	821
东风街道	1724	918	806	1615	826	789	1524	751	773

表5 续表 38 单位：人

地 区	30-34岁			35-39岁			40-44岁		
	小计	男	女	小计	男	女	小计	男	女
迎风街道	2902	1525	1377	2668	1352	1316	2351	1127	1224
星城街道	1624	807	817	1334	646	688	1085	521	564
良乡地区	3144	1837	1307	2488	1438	1050	2019	1174	845
周口店地区	4315	2283	2032	3113	1629	1484	2382	1260	1122
琉璃河地区	6593	3583	3010	5148	2781	2367	4190	2303	1887
拱辰街道	25534	12919	12615	20665	10671	9994	13612	7115	6497
西潞街道	8476	4213	4263	7764	3809	3955	6502	3282	3220
阎村镇	10020	5627	4393	7626	4235	3391	5907	3298	2609
窦店镇	11094	5870	5224	9633	5065	4568	6974	3888	3086
石楼镇	2905	1586	1319	2320	1217	1103	2176	1189	987
长阳镇	36739	18501	18238	32540	17218	15322	17481	9824	7657
河北镇	1481	806	675	1120	590	530	905	476	429
长沟镇	2093	1066	1027	1721	868	853	1307	726	581
大石窝镇	2545	1302	1243	2132	1068	1064	1787	920	867
张坊镇	1634	832	802	1146	623	523	1025	516	509
十渡镇	644	334	310	549	277	272	467	265	202
青龙湖镇	6083	3316	2767	4426	2385	2041	3375	1868	1507
韩村河镇	3616	1851	1765	2927	1516	1411	2310	1250	1060
霞云岭乡	303	168	135	245	128	117	225	134	91
南窖乡	247	123	124	174	95	79	199	100	99
佛子庄乡	390	232	158	355	203	152	355	217	138
大安山乡	150	81	69	150	85	65	152	90	62
史家营乡	255	137	118	195	111	84	164	101	63
蒲洼乡	85	48	37	69	40	29	86	51	35
通州区	**237439**	**128020**	**109419**	**195679**	**104924**	**90755**	**140247**	**77408**	**62839**
中仓街道	7480	3933	3547	6384	3242	3142	4924	2515	2409
新华街道	5067	2625	2442	4366	2300	2066	3194	1806	1388
北苑街道	13163	6653	6510	12553	6232	6321	9119	4774	4345
玉桥街道	13773	6771	7002	13641	6732	6909	9860	5104	4756
潞源街道	1031	608	423	1062	572	490	736	419	317
通运街道	5746	2983	2763	5780	2874	2906	4538	2358	2180
宋庄镇	16618	9777	6841	13501	7908	5593	11207	6592	4615

表5　续表 39　　　　单位：人

地　区	30-34岁			35-39岁			40-44岁		
	小计	男	女	小计	男	女	小计	男	女
张家湾镇	16874	9521	7353	12429	7028	5401	9191	5333	3858
漷县镇	7569	4098	3471	5425	3042	2383	4126	2321	1805
马驹桥镇	28848	16765	12083	20131	11515	8616	12393	7324	5069
西集镇	4670	2482	2188	3192	1736	1456	2396	1334	1062
台湖镇	23455	13241	10214	16429	9506	6923	11203	6467	4736
永乐店镇	4147	2250	1897	3055	1690	1365	2439	1327	1112
潞城镇	8646	4774	3872	5916	3314	2602	4602	2574	2028
永顺镇	41605	21746	19859	32741	17275	15466	21960	11864	10096
梨园镇	34483	17411	17072	36071	18196	17875	26266	14079	12187
于家务回族乡	4264	2382	1882	3003	1762	1241	2093	1217	876
顺义区	**183717**	**101440**	**82277**	**133067**	**74226**	**58841**	**95998**	**53972**	**42026**
胜利街道	5981	3031	2950	5085	2537	2548	3605	1862	1743
光明街道	8916	4375	4541	8148	4013	4135	5316	2664	2652
仁和地区	9801	5694	4107	6821	3999	2822	5234	3082	2152
后沙峪地区	11639	6534	5105	8558	4853	3705	6103	3592	2511
天竺地区	4119	2319	1800	2996	1694	1302	2431	1379	1052
杨镇地区	7357	4018	3339	4924	2681	2243	3687	2046	1641
牛栏山地区	6554	3525	3029	5059	2734	2325	3890	2048	1842
南法信地区	9537	5832	3705	5799	3587	2212	4386	2681	1705
马坡地区	5926	3361	2565	3698	2202	1496	2778	1586	1192
石园街道	9587	4758	4829	7302	3706	3596	4774	2425	2349
空港街道	13365	6739	6626	10863	5458	5405	7595	3811	3784
双丰街道	10237	5251	4986	9124	4865	4259	5530	3023	2507
旺泉街道	15584	7804	7780	10851	5722	5129	6344	3453	2891
高丽营镇	11695	7337	4358	8961	5620	3341	7229	4449	2780
李桥镇	13746	8074	5672	9921	6007	3914	7460	4535	2925
李遂镇	2855	1624	1231	1798	1044	754	1380	768	612
南彩镇	11173	6641	4532	6897	4137	2760	5315	3059	2256
北务镇	1562	936	626	1120	670	450	875	528	347
大孙各庄镇	2238	1234	1004	1379	763	616	1265	734	531
张　镇	2876	1613	1263	1790	985	805	1402	754	648
龙湾屯镇	1410	804	606	898	503	395	685	371	314

表5　续表 40　　　　单位：人

地区	30-34岁			35-39岁			40-44岁		
	小计	男	女	小计	男	女	小计	男	女
木林镇	3917	2183	1734	2089	1169	920	1869	1091	778
北小营镇	5798	3197	2601	3606	2060	1546	2710	1531	1179
北石槽镇	1564	887	677	985	528	457	934	526	408
赵全营镇	6280	3669	2611	4395	2689	1706	3201	1974	1227
昌平区	**309602**	**173853**	**135749**	**220159**	**121640**	**98519**	**153529**	**84801**	**68728**
城北街道	25544	12961	12583	22744	11608	11136	15710	8089	7621
南口地区	7811	4462	3349	5798	3228	2570	4519	2489	2030
马池口地区	11312	6815	4497	8368	4989	3379	6752	3967	2785
沙河地区	47278	28109	19169	26517	15855	10662	15965	9389	6576
城南街道	10962	6027	4935	9388	5066	4322	6529	3566	2963
东小口地区	14861	9300	5561	8408	5131	3277	6277	3696	2581
天通苑北街道	17157	9083	8074	13973	7199	6774	10301	5446	4855
天通苑南街道	16188	8421	7767	11894	6083	5811	7607	4017	3590
霍营街道	14493	7691	6802	10181	5292	4889	6818	3663	3155
回龙观街道	24041	12863	11178	17217	8844	8373	12423	6537	5886
龙泽园街道	26778	14255	12523	18601	9642	8959	12803	6547	6256
史各庄街道	7991	4741	3250	4857	2936	1921	3013	1835	1178
阳坊镇	2910	1607	1303	2464	1359	1105	2064	1108	956
小汤山镇	9150	5291	3859	7492	4369	3123	6239	3646	2593
南邵镇	9376	5174	4202	7259	4071	3188	4368	2474	1894
崔村镇	2239	1271	968	1934	1098	836	1735	955	780
百善镇	5197	3047	2150	3767	2231	1536	2429	1403	1026
北七家镇	48027	27981	20046	32539	18791	13748	22213	12687	9526
兴寿镇	3387	2002	1385	2907	1712	1195	2524	1483	1041
流村镇	1497	870	627	1171	664	507	1073	613	460
十三陵镇	2925	1619	1306	2305	1253	1052	1903	1043	860
延寿镇	478	263	215	375	219	156	264	148	116
大兴区	**272231**	**149107**	**123124**	**206643**	**115161**	**91482**	**143589**	**80780**	**62809**
兴丰街道	10064	5067	4997	8110	4137	3973	5901	3038	2863
林校路街道	10772	5571	5201	8668	4527	4141	5861	3082	2779
清源街道	18192	9044	9148	16496	8428	8068	10633	5556	5077
亦庄地区	14695	7555	7140	12220	6461	5759	7788	4163	3625

表5　续表 41　　单位：人

地　区	30-34岁			35-39岁			40-44岁		
	小计	男	女	小计	男	女	小计	男	女
黄村地区	24658	15118	9540	17941	11172	6769	14361	8742	5619
旧宫地区	25329	13546	11783	19569	10641	8928	14227	7707	6520
西红门地区	25828	14664	11164	20112	11688	8424	15037	8684	6353
瀛海地区	17191	9268	7923	10796	6050	4746	6499	3707	2792
观音寺街道	13272	6953	6319	10501	5535	4966	7366	3923	3443
天宫院街道	14560	7320	7240	11279	6094	5185	5793	3233	2560
高米店街道	11644	5768	5876	11159	5565	5594	7786	4070	3716
青云店镇	9644	5894	3750	6749	4163	2586	5564	3412	2152
采育镇	7756	4350	3406	4897	2801	2096	3171	1873	1298
安定镇	3610	1909	1701	2265	1250	1015	1752	972	780
礼贤镇	4801	2851	1950	3129	1992	1137	2601	1637	964
榆垡镇	8342	4678	3664	5587	3280	2307	3656	2179	1477
庞各庄镇	9284	5101	4183	6606	3762	2844	4787	2729	2058
北臧村镇	5094	3243	1851	3911	2488	1423	3192	1960	1232
魏善庄镇	6169	3540	2629	4370	2606	1764	3300	1926	1374
长子营镇	4749	2759	1990	2932	1715	1217	2156	1235	921
中关村国家自主创新示范区大兴生物医药产业基地	1658	1029	629	1056	663	393	745	496	249
国家新媒体产业基地	1366	817	549	900	543	357	687	411	276
大兴国际机场(大兴部分)	141	106	35	63	53	10	37	28	9
北京经济技术开发区	23412	12956	10456	17327	9547	7780	10689	6017	4672
怀柔区	**42628**	**23262**	**19366**	**37723**	**20623**	**17100**	**29290**	**15959**	**13331**
泉河街道	7953	3995	3958	7293	3647	3646	5887	2925	2962
龙山街道	8066	4145	3921	7082	3552	3530	5217	2712	2505
怀柔地区	4594	2708	1886	4041	2431	1610	3367	1989	1378
雁栖地区	4734	2661	2073	3874	2167	1707	2849	1590	1259
庙城地区	4228	2387	1841	3789	2181	1608	2979	1689	1290
北房镇	3788	2073	1715	3588	2037	1551	2519	1394	1125
杨宋镇	3427	1938	1489	2838	1621	1217	2165	1223	942
桥梓镇	1909	1021	888	1791	969	822	1365	731	634
怀北镇	1296	767	529	1048	646	402	822	503	319

表5 续表 42　　单位：人

地　区	30—34岁			35—39岁			40—44岁		
	小计	男	女	小计	男	女	小计	男	女
汤河口镇	240	129	111	235	129	106	205	106	99
渤海镇	682	393	289	554	297	257	531	272	259
九渡河镇	620	356	264	555	320	235	478	250	228
琉璃庙镇	178	112	66	135	67	68	142	78	64
宝山镇	268	149	119	262	147	115	208	120	88
长哨营满族乡	178	102	76	192	102	90	172	98	74
喇叭沟门满族乡	125	69	56	168	94	74	121	73	48
北京雁栖经济开发区	342	257	85	278	216	62	263	206	57
平谷区	**50803**	**26581**	**24222**	**37607**	**19916**	**17691**	**27543**	**14533**	**13010**
滨河街道	5153	2480	2673	4763	2358	2405	4043	1982	2061
兴谷街道	7927	4106	3821	6593	3420	3173	4686	2484	2202
渔阳地区	7067	3673	3394	5853	3066	2787	4563	2291	2272
峪口地区	3069	1646	1423	2049	1134	915	1445	773	672
马坊地区	4474	2254	2220	2648	1415	1233	1600	867	733
金海湖地区	2402	1339	1063	1529	823	706	1175	629	546
东高村镇	3008	1610	1398	1927	1067	860	1394	775	619
山东庄镇	1747	948	799	1303	713	590	859	472	387
南独乐河镇	1650	891	759	1177	622	555	939	528	411
大华山镇	1273	720	553	855	494	361	664	362	302
夏各庄镇	2927	1564	1363	1985	1061	924	1442	789	653
马昌营镇	2087	1095	992	1355	736	619	865	494	371
王辛庄镇	3127	1671	1456	2303	1230	1073	1564	836	728
大兴庄镇	3213	1661	1552	2151	1174	977	1342	745	597
刘家店镇	559	315	244	374	202	172	298	163	135
镇罗营镇	481	270	211	306	166	140	337	167	170
黄松峪乡	446	232	214	300	160	140	191	102	89
熊儿寨乡	193	106	87	136	75	61	136	74	62
密云区	**49319**	**25367**	**23952**	**43146**	**22387**	**20759**	**33310**	**17466**	**15844**
鼓楼街道	15728	7569	8159	15180	7565	7615	11469	5791	5678
果园街道	10828	5234	5594	9340	4658	4682	6468	3301	3167
檀营地区	1721	894	827	1388	741	647	956	530	426
密云镇	2103	1193	910	1918	1089	829	1604	890	714
溪翁庄镇	1532	798	734	1272	651	621	1084	581	503
西田各庄镇	2481	1324	1157	2332	1263	1069	1833	1000	833

表5　续表 43　　单位：人

地　区	30-34岁			35-39岁			40-44岁		
	小计	男	女	小计	男	女	小计	男	女
十里堡镇	3739	2126	1613	2902	1630	1272	2052	1137	915
河南寨镇	2272	1263	1009	1720	943	777	1361	763	598
巨各庄镇	1891	1021	870	1352	722	630	1093	615	478
穆家峪镇	1636	877	759	1437	801	636	1287	733	554
太师屯镇	1269	700	569	1153	611	542	1120	585	535
高岭镇	468	260	208	380	192	188	352	179	173
不老屯镇	646	355	291	464	257	207	411	218	193
冯家峪镇	177	99	78	142	88	54	104	48	56
古北口镇	568	298	270	491	262	229	414	178	236
大城子镇	418	245	173	303	150	153	350	177	173
东邵渠镇	558	318	240	388	192	196	421	208	213
北庄镇	310	156	154	255	131	124	255	130	125
新城子镇	253	137	116	242	121	121	261	137	124
石城镇	232	140	92	168	98	70	157	78	79
北京密云经济开发区	489	360	129	319	222	97	258	187	71
延庆区	**32275**	**17254**	**15021**	**25321**	**13656**	**11665**	**21787**	**11400**	**10387**
百泉街道	3417	1723	1694	3178	1567	1611	2903	1432	1471
香水园街道	5188	2620	2568	4202	2151	2051	3492	1729	1763
儒林街道	2764	1376	1388	2555	1254	1301	2196	1088	1108
延庆镇	5941	3331	2610	4430	2493	1937	3875	2159	1716
康庄镇	2892	1509	1383	1990	1143	847	1595	827	768
八达岭镇	985	552	433	734	434	300	685	396	289
永宁镇	1925	1054	871	1420	785	635	1106	589	517
旧县镇	1432	775	657	930	509	421	870	427	443
张山营镇	2231	1353	878	1575	960	615	1429	848	581
四海镇	193	121	72	176	102	74	157	82	75
千家店镇	298	172	126	245	142	103	225	114	111
沈家营镇	2061	1016	1045	1533	836	697	1045	573	472
大榆树镇	1453	788	665	1139	606	533	1040	526	514
井庄镇	602	327	275	468	260	208	461	232	229
大庄科乡	229	142	87	197	112	85	177	96	81
刘斌堡乡	250	152	98	174	100	74	179	91	88
香营乡	334	200	134	283	153	130	270	156	114
珍珠泉乡	80	43	37	92	49	43	82	35	47

表5 续表 44　　　　单位：人

地　区	45-49岁			50-54岁			55-59岁		
	小计	男	女	小计	男	女	小计	男	女
北　京	**1618574**	**842337**	**776237**	**1619791**	**842484**	**777307**	**1627539**	**828013**	**799526**
东城区	**49372**	**24285**	**25087**	**46355**	**22672**	**23683**	**57468**	**28767**	**28701**
东华门街道	3035	1510	1525	2735	1387	1348	2952	1476	1476
景山街道	1884	902	982	1889	937	952	2420	1165	1255
交道口街道	2394	1176	1218	2110	1044	1066	2760	1426	1334
安定门街道	2285	1087	1198	2366	1082	1284	3007	1504	1503
北新桥街道	3604	1773	1831	3616	1726	1890	4824	2416	2408
东四街道	2417	1153	1264	2207	1106	1101	2787	1313	1474
朝阳门街道	2418	1135	1283	2038	999	1039	2367	1183	1184
建国门街道	2459	1234	1225	2339	1139	1200	2777	1431	1346
东直门街道	3355	1728	1627	2971	1503	1468	3246	1681	1565
和平里街道	7280	3540	3740	6406	3087	3319	7372	3760	3612
前门街道	737	400	337	927	571	356	861	494	367
崇文门外街道	2794	1389	1405	2640	1229	1411	3420	1641	1779
东花市街道	3185	1578	1607	2829	1328	1501	3469	1681	1788
龙潭街道	3709	1835	1874	3239	1566	1673	4127	2028	2099
体育馆路街道	2217	1098	1119	2222	1073	1149	2855	1441	1414
天坛街道	1747	851	896	1913	928	985	2632	1330	1302
永定门外街道	3852	1896	1956	3908	1967	1941	5592	2797	2795
西城区	**81644**	**40438**	**41206**	**71339**	**34938**	**36401**	**85371**	**42720**	**42651**
西长安街街道	3044	1535	1509	2624	1297	1327	2845	1480	1365
新街口街道	6980	3454	3526	6023	2989	3034	6687	3471	3216
月坛街道	7255	3508	3747	6318	3030	3288	6896	3255	3641
展览路街道	8121	4007	4114	7254	3482	3772	8381	4153	4228
德胜街道	9225	4725	4500	7002	3579	3423	7265	3696	3569
金融街街道	5035	2392	2643	4004	1993	2011	3861	1976	1885
什刹海街道	6154	3025	3129	5541	2783	2758	6532	3375	3157
大栅栏街道	2276	1099	1177	2144	1028	1116	2951	1458	1493
天桥街道	2172	1042	1130	2275	1076	1199	3248	1642	1606
椿树街道	2279	1119	1160	1957	1018	939	2174	1120	1054
陶然亭街道	3148	1550	1598	2643	1329	1314	3445	1717	1728
广安门内街道	4220	2097	2123	4098	1979	2119	5121	2584	2537

表5　续表 45　　　　单位：人

地　区	45-49岁			50-54岁			55-59岁		
	小计	男	女	小计	男	女	小计	男	女
牛街街道	3305	1716	1589	3124	1499	1625	4255	2116	2139
白纸坊街道	5396	2607	2789	5004	2357	2647	7206	3519	3687
广安门外街道	13034	6562	6472	11328	5499	5829	14504	7158	7346
朝阳区	**252638**	**128147**	**124491**	**240124**	**121902**	**118222**	**245974**	**124131**	**121843**
建外街道	2495	1272	1223	2536	1246	1290	2595	1309	1286
朝外街道	2309	1131	1178	2077	1039	1038	2374	1135	1239
呼家楼街道	3305	1603	1702	3233	1515	1718	3938	1979	1959
三里屯街道	2237	1048	1189	2061	998	1063	2323	1113	1210
左家庄街道	4612	2205	2407	4517	2132	2385	5320	2653	2667
香河园街道	2849	1358	1491	2720	1330	1390	3219	1552	1667
和平街街道	5370	2560	2810	5255	2643	2612	5922	3035	2887
安贞街道	3946	1917	2029	3663	1802	1861	4296	2117	2179
亚运村街道	4530	2229	2301	4420	2172	2248	4702	2357	2345
小关街道	3154	1490	1664	3321	1526	1795	4179	2038	2141
酒仙桥街道	4417	2118	2299	4701	2377	2324	5322	2708	2614
麦子店街道	2123	1057	1066	1970	931	1039	2360	1195	1165
团结湖街道	1873	853	1020	2016	964	1052	2403	1171	1232
六里屯街道	4462	2041	2421	4683	2223	2460	6084	2984	3100
八里庄街道	6291	3020	3271	6379	3017	3362	7981	3915	4066
双井街道	7147	3395	3752	6381	3045	3336	7271	3581	3690
劲松街道	6572	3245	3327	6189	3047	3142	7610	3792	3818
潘家园街道	5697	2683	3014	6145	2951	3194	8184	4005	4179
垡头街道	4983	2439	2544	5326	2535	2791	7300	3661	3639
南磨房地区	8908	4463	4445	8045	3996	4049	9186	4603	4583
高碑店地区	7485	3829	3656	7168	3660	3508	7283	3554	3729
将台地区	4522	2251	2271	4546	2288	2258	3874	2004	1870
太阳宫地区	6230	3119	3111	5131	2532	2599	5712	2770	2942
大屯街道	9607	4760	4847	8648	4184	4464	8720	4288	4432
望京街道	11437	5670	5767	9944	4921	5023	9123	4592	4531
小红门地区	6785	3597	3188	6817	3516	3301	5800	2990	2810
十八里店地区	17676	9744	7932	16205	9198	7007	11104	6092	5012
平房地区	7739	4192	3547	6902	3698	3204	5910	3081	2829

表5 续表 46 单位：人

地区	45-49岁			50-54岁			55-59岁		
	小计	男	女	小计	男	女	小计	男	女
东风地区	4927	2420	2507	5145	2591	2554	5306	2648	2658
奥运村街道	9041	4351	4690	8618	4277	4341	8424	4330	4094
来广营地区	11016	5702	5314	9636	4834	4802	9716	4681	5035
常营地区	6825	3440	3385	6307	3093	3214	7907	3793	4114
三间房地区	6162	3066	3096	6208	3049	3159	7580	3713	3867
管庄地区	5712	2915	2797	5468	2743	2725	5841	2825	3016
金盏地区	9595	5524	4071	8950	5344	3606	6046	3554	2492
孙河地区	2411	1411	1000	2887	1672	1215	2696	1526	1170
崔各庄地区	9191	4838	4353	8623	4661	3962	6580	3481	3099
东坝地区	8276	4275	4001	7833	3922	3911	8881	4329	4552
黑庄户地区	5042	2823	2219	5095	2880	2215	4056	2325	1731
豆各庄地区	3846	2051	1795	3448	1772	1676	3504	1730	1774
王四营地区	5361	2928	2433	5103	2718	2385	4068	2261	1807
东湖街道	5636	2704	2932	4757	2370	2387	4082	2095	1987
首都机场街道	836	410	426	1047	490	557	1192	566	626
丰台区	**146208**	**72875**	**73333**	**148976**	**75037**	**73939**	**172151**	**86680**	**85471**
右安门街道	4557	2136	2421	4787	2340	2447	6613	3306	3307
太平桥街道	5149	2570	2579	4880	2402	2478	5961	2935	3026
西罗园街道	4857	2273	2584	5247	2450	2797	7739	3778	3961
大红门街道	10940	5248	5692	11027	5370	5657	14679	7090	7589
南苑街道	3933	1878	2055	4372	2094	2278	5440	2619	2821
东高地街道	3090	1443	1647	3472	1753	1719	4002	2036	1966
东铁匠营街道	9588	4551	5037	10242	4850	5392	14156	7042	7114
卢沟桥街道	18061	8866	9195	17304	8471	8833	19302	9688	9614
丰台街道	9503	4572	4931	9910	4815	5095	12510	6320	6190
新村街道	14159	7277	6882	13446	6854	6592	14582	7356	7226
长辛店街道	6157	3027	3130	7124	3581	3543	8867	4558	4309
云岗街道	2706	1264	1442	2949	1490	1459	3045	1586	1459
方庄地区	4965	2411	2554	4886	2314	2572	5618	2679	2939
宛平城地区	4252	2409	1843	4157	2326	1831	3688	2012	1676
马家堡街道	6853	3275	3578	6633	3206	3427	9218	4379	4839
和义街道	2667	1321	1346	2811	1403	1408	3731	1831	1900

表5　续表 47　　　　单位：人

地　　区	45-49岁			50-54岁			55-59岁		
	小计	男	女	小计	男	女	小计	男	女
卢沟桥地区	9836	4970	4866	9907	5144	4763	9429	4853	4576
花乡地区	10552	5709	4843	10720	5773	4947	9764	5143	4621
南苑地区	4960	2469	2491	5121	2653	2468	4619	2379	2240
长辛店镇	4233	2395	1838	4547	2702	1845	3941	2252	1689
王佐镇	5190	2811	2379	5434	3046	2388	5247	2838	2409
石景山区	**39974**	**19791**	**20183**	**41261**	**20676**	**20585**	**47712**	**23967**	**23745**
八宝山街道	5392	2733	2659	4221	2107	2114	4045	1967	2078
老山街道	2797	1379	1418	2934	1434	1500	3274	1630	1644
八角街道	6934	3249	3685	7001	3442	3559	8245	4064	4181
古城街道	4949	2743	2206	5421	3003	2418	5668	3094	2574
苹果园街道	6683	3298	3385	7360	3583	3777	9002	4455	4547
金顶街街道	3802	1725	2077	4555	2131	2424	6883	3364	3519
广宁街道	1599	838	761	1811	1006	805	1314	740	574
五里坨街道	3144	1522	1622	3593	1835	1758	4118	2124	1994
鲁谷街道	4674	2304	2370	4365	2135	2230	5163	2529	2634
海淀区	**225617**	**112019**	**113598**	**209786**	**105536**	**104250**	**202665**	**102570**	**100095**
万寿路街道	9233	4263	4970	8345	3847	4498	9429	4534	4895
永定路街道	7511	3561	3950	7061	3483	3578	7001	3424	3577
羊坊店街道	8959	4222	4737	8094	3730	4364	9434	4576	4858
甘家口街道	8364	4029	4335	8029	3939	4090	8376	4163	4213
八里庄街道	10348	5014	5334	9584	4642	4942	9504	4799	4705
紫竹院街道	8192	3920	4272	7397	3627	3770	7401	3729	3672
北下关街道	10001	4824	5177	9312	4624	4688	9061	4642	4419
北太平庄街道	10475	5082	5393	9584	4845	4739	9712	4875	4837
学院路街道	11723	5675	6048	11112	5523	5589	10502	5364	5138
中关村街道	11849	5846	6003	8824	4543	4281	6938	3551	3387
海淀街道	9341	4591	4750	7499	3727	3772	6887	3476	3411
青龙桥街道	6843	3272	3571	6285	3101	3184	5755	2825	2930
清华园街道	2932	1539	1393	2516	1366	1150	2172	1171	1001
燕园街道	1189	599	590	1042	589	453	824	492	332
香山街道	2524	1250	1274	2523	1311	1212	2245	1177	1068
清河街道	11489	5803	5686	10174	5027	5147	9421	4678	4743

表5 续表 48 单位：人

地区	45–49岁			50–54岁			55–59岁		
	小计	男	女	小计	男	女	小计	男	女
花园路街道	8972	4252	4720	8519	4143	4376	8640	4295	4345
西三旗街道	9393	4895	4498	8850	4307	4543	9925	4748	5177
马连洼街道	9298	4625	4673	8666	4357	4309	7593	3868	3725
田村路街道	9500	4774	4726	8797	4515	4282	8164	4221	3943
上地街道	4527	2259	2268	3797	1930	1867	3512	1807	1705
万柳地区	219	137	82	269	169	100	186	133	53
东升地区	4009	2067	1942	3773	1939	1834	3515	1813	1702
曙光街道	8569	4000	4569	7810	3819	3991	6845	3546	3299
温泉地区	4623	2462	2161	4971	2712	2259	5149	2650	2499
四季青地区	13933	7223	6710	13906	7182	6724	12150	6449	5701
西北旺地区	10913	5924	4989	11113	6008	5105	9787	4995	4792
苏家坨地区	5345	2956	2389	6121	3375	2746	6643	3517	3126
上庄地区	5343	2955	2388	5813	3156	2657	5894	3052	2842
门头沟区	**30494**	**15327**	**15167**	**34685**	**17761**	**16924**	**37749**	**19610**	**18139**
大峪街道	6061	2924	3137	6901	3362	3539	8369	4165	4204
城子街道	3615	1729	1886	4343	2158	2185	4614	2414	2200
东辛房街道	2455	1143	1312	3211	1585	1626	3730	1886	1844
大台街道	394	213	181	506	275	231	478	292	186
王平地区	549	265	284	845	443	402	988	552	436
永定地区	7710	4010	3700	8103	4241	3862	8332	4237	4095
龙泉地区	4986	2584	2402	5246	2777	2469	4864	2597	2267
潭柘寺镇	1009	530	479	1010	545	465	1026	550	476
军庄镇	1437	744	693	1856	966	890	1793	964	829
雁翅镇	386	212	174	440	225	215	627	343	284
斋堂镇	558	282	276	721	371	350	961	520	441
清水镇	467	253	214	535	276	259	788	448	340
妙峰山镇	867	438	429	968	537	431	1179	642	537
房山区	**100148**	**52771**	**47377**	**105578**	**55358**	**50220**	**105130**	**53319**	**51811**
城关街道	10806	5641	5165	10430	5451	4979	9877	5014	4863
新镇街道	694	364	330	781	403	378	897	439	458
向阳街道	2244	1210	1034	2186	1259	927	1366	736	630
东风街道	2240	1141	1099	2157	1204	953	2203	1109	1094

表5　续表 49　　　　　　　　　　　　　　　　　　　　　　　　　　　　　　　单位：人

地　区	45-49岁			50-54岁			55-59岁		
	小计	男	女	小计	男	女	小计	男	女
迎风街道	3189	1532	1657	3497	1847	1650	2754	1421	1333
星城街道	1085	545	540	1794	701	1093	2775	1415	1360
良乡地区	2212	1308	904	2134	1265	869	1898	1051	847
周口店地区	3350	1764	1586	4221	2181	2040	4368	2208	2160
琉璃河地区	5429	2886	2543	6035	3246	2789	6873	3580	3293
拱辰街道	14064	7165	6899	13632	6933	6699	13153	6390	6763
西潞街道	6523	3287	3236	6106	3127	2979	5316	2646	2670
阎村镇	6655	3713	2942	6852	3688	3164	6132	3334	2798
窦店镇	7371	3998	3373	7585	4036	3549	7486	3814	3672
石楼镇	3063	1646	1417	3224	1783	1441	3074	1618	1456
长阳镇	14728	7837	6891	14644	7660	6984	14619	6940	7679
河北镇	1352	710	642	1993	1053	940	2246	1184	1062
长沟镇	1781	923	858	2063	1081	982	2194	1127	1067
大石窝镇	2531	1350	1181	3124	1592	1532	3395	1719	1676
张坊镇	1592	818	774	1828	970	858	2121	1109	1012
十渡镇	545	277	268	862	417	445	1081	545	536
青龙湖镇	4173	2253	1920	4793	2559	2234	5089	2692	2397
韩村河镇	2971	1554	1417	3456	1722	1734	3461	1746	1715
霞云岭乡	249	134	115	405	191	214	611	303	308
南窖乡	257	135	122	333	176	157	361	197	164
佛子庄乡	414	233	181	614	335	279	792	443	349
大安山乡	288	179	109	353	225	128	356	214	142
史家营乡	207	101	106	286	159	127	381	197	184
蒲洼乡	135	67	68	190	94	96	251	128	123
通州区	**134181**	**73884**	**60297**	**132990**	**72141**	**60849**	**123545**	**63063**	**60482**
中仓街道	5075	2558	2517	5060	2550	2510	5035	2548	2487
新华街道	2581	1522	1059	2503	1471	1032	2128	1157	971
北苑街道	7104	3758	3346	6405	3312	3093	6272	2990	3282
玉桥街道	8444	4405	4039	7578	3860	3718	7149	3476	3673
潞源街道	656	355	301	574	327	247	365	208	157
通运街道	3821	2094	1727	3267	1774	1493	3019	1544	1475
宋庄镇	13193	7666	5527	13928	8021	5907	11789	6638	5151

表5 续表 50 单位：人

地区	45-49岁			50-54岁			55-59岁		
	小计	男	女	小计	男	女	小计	男	女
张家湾镇	10152	5791	4361	10888	6075	4813	9742	5034	4708
漷县镇	5138	2820	2318	6247	3418	2829	6503	3341	3162
马驹桥镇	12005	6726	5279	11695	6473	5222	10393	5312	5081
西集镇	3418	1873	1545	4404	2354	2050	4771	2385	2386
台湖镇	11704	6616	5088	11579	6508	5071	9524	5022	4502
永乐店镇	3409	1890	1519	4225	2242	1983	4133	2056	2077
潞城镇	5221	2884	2337	5821	3201	2620	5519	2925	2594
永顺镇	19988	10702	9286	18962	10052	8910	18493	9141	9352
梨园镇	19561	10709	8852	16640	8734	7906	15579	7670	7909
于家务回族乡	2711	1515	1196	3214	1769	1445	3131	1616	1515
顺义区	**106954**	**59559**	**47395**	**110997**	**61631**	**49366**	**100002**	**52859**	**47143**
胜利街道	2918	1447	1471	2840	1347	1493	2929	1282	1647
光明街道	5166	2593	2573	4765	2327	2438	4583	2089	2494
仁和地区	6224	3718	2506	6491	3874	2617	5141	3020	2121
后沙峪地区	6722	3857	2865	6670	3958	2712	4707	2681	2026
天竺地区	3095	1699	1396	2950	1617	1333	2392	1259	1133
杨镇地区	4215	2281	1934	4833	2587	2246	5439	2826	2613
牛栏山地区	4343	2334	2009	4210	2277	1933	3977	2075	1902
南法信地区	5089	3069	2020	4809	2967	1842	2876	1762	1114
马坡地区	3325	1939	1386	3565	2079	1486	2908	1580	1328
石园街道	4886	2520	2366	4690	2324	2366	4631	2178	2453
空港街道	7681	3877	3804	7502	3825	3677	6758	3455	3303
双丰街道	5649	3133	2516	4927	2734	2193	4180	2129	2051
旺泉街道	5758	3084	2674	5521	2725	2796	5559	2469	3090
高丽营镇	8751	5312	3439	8838	5465	3373	6043	3676	2367
李桥镇	8942	5154	3788	9183	5346	3837	7723	4238	3485
李遂镇	1720	969	751	2059	1135	924	2296	1217	1079
南彩镇	6175	3462	2713	6261	3537	2724	5651	3039	2612
北务镇	1051	624	427	1450	849	601	1546	826	720
大孙各庄镇	1647	867	780	2409	1305	1104	2787	1480	1307
张 镇	1841	995	846	2235	1135	1100	2573	1334	1239
龙湾屯镇	908	491	417	1419	728	691	1649	862	787

表5　续表 51　　单位：人

地　区	45-49岁			50-54岁			55-59岁		
	小计	男	女	小计	男	女	小计	男	女
木林镇	2488	1363	1125	3281	1783	1498	3688	1945	1743
北小营镇	3496	1984	1512	4058	2243	1815	3892	2098	1794
北石槽镇	1187	650	537	1568	865	703	1718	910	808
赵全营镇	3677	2137	1540	4463	2599	1864	4356	2429	1927
昌平区	**153789**	**83093**	**70696**	**153850**	**81630**	**72220**	**146845**	**74417**	**72428**
城北街道	15529	7778	7751	15633	7727	7906	15064	7388	7676
南口地区	5683	3035	2648	6631	3594	3037	6733	3581	3152
马池口地区	7693	4363	3330	7764	4408	3356	6482	3543	2939
沙河地区	16208	8974	7234	16995	8921	8074	15405	7690	7715
城南街道	6938	3656	3282	6750	3613	3137	5815	3010	2805
东小口地区	7560	4288	3272	6864	3849	3015	5007	2875	2132
天通苑北街道	8747	4579	4168	8019	4003	4016	9638	4644	4994
天通苑南街道	6773	3419	3354	6486	3142	3344	7620	3517	4103
霍营街道	4436	2432	2004	4162	2062	2100	4850	2124	2726
回龙观街道	9470	4929	4541	8387	4158	4229	9158	4252	4906
龙泽园街道	10230	5370	4860	8892	4385	4507	9694	4466	5228
史各庄街道	3019	1707	1312	3191	1787	1404	2630	1431	1199
阳坊镇	2315	1291	1024	2514	1414	1100	2276	1244	1032
小汤山镇	7735	4408	3327	8323	4774	3549	7214	3940	3274
南邵镇	4385	2372	2013	4638	2511	2127	4420	2224	2196
崔村镇	2166	1195	971	2574	1428	1146	2487	1335	1152
百善镇	2645	1499	1146	3186	1747	1439	2968	1576	1392
北七家镇	24137	13251	10886	23244	12729	10515	19335	10135	9200
兴寿镇	3197	1897	1300	3685	2174	1511	3596	2074	1522
流村镇	1655	910	745	1897	1080	817	1973	1062	911
十三陵镇	2695	1440	1255	3159	1685	1474	3391	1762	1629
延寿镇	573	300	273	856	439	417	1089	544	545
大兴区	**153882**	**84844**	**69038**	**152479**	**84395**	**68084**	**138855**	**72333**	**66522**
兴丰街道	6347	3239	3108	5821	2986	2835	5501	2727	2774
林校路街道	5869	3036	2833	5531	2840	2691	5260	2572	2688
清源街道	9609	4841	4768	8992	4563	4429	8922	4197	4725
亦庄地区	7708	4111	3597	7801	3990	3811	7585	3795	3790

表5 续表 52 单位：人

地区	45-49岁			50-54岁			55-59岁		
	小计	男	女	小计	男	女	小计	男	女
黄村地区	17600	10230	7370	16779	10109	6670	11239	6536	4703
旧宫地区	14684	7931	6753	14741	7860	6881	14419	7410	7009
西红门地区	16243	9061	7182	15410	8743	6667	12036	6393	5643
瀛海地区	6589	3566	3023	7015	3724	3291	6854	3314	3540
观音寺街道	7579	3948	3631	6969	3576	3393	7689	3776	3913
天宫院街道	5705	3085	2620	5336	2745	2591	5324	2424	2900
高米店街道	6859	3507	3352	6296	3247	3049	6207	2993	3214
青云店镇	7020	4170	2850	7039	4111	2928	5807	3304	2503
采育镇	3761	2113	1648	4499	2547	1952	4785	2449	2336
安定镇	2234	1181	1053	2715	1459	1256	2934	1535	1399
礼贤镇	3529	2249	1280	4273	2730	1543	4047	2416	1631
榆垡镇	5066	2897	2169	5770	3420	2350	5862	3244	2618
庞各庄镇	6026	3360	2666	6445	3558	2887	6198	3333	2865
北臧村镇	3844	2279	1565	3585	2119	1466	2533	1502	1031
魏善庄镇	3957	2270	1687	4176	2403	1773	3906	2115	1791
长子营镇	2738	1552	1186	3037	1675	1362	3238	1712	1526
中关村国家自主创新示范区大兴生物医药产业基地	854	549	305	781	524	257	538	356	182
国家新媒体产业基地	679	416	263	585	388	197	430	281	149
大兴国际机场(大兴部分)	32	24	8	27	18	9	18	8	10
北京经济技术开发区	9350	5229	4121	8856	5060	3796	7523	3941	3582
怀柔区	**38294**	**20622**	**17672**	**43308**	**23092**	**20216**	**39622**	**20906**	**18716**
泉河街道	7251	3639	3612	7117	3532	3585	5850	2900	2950
龙山街道	6231	3149	3082	6516	3158	3358	5942	2880	3062
怀柔地区	4223	2501	1722	4930	2828	2102	4003	2320	1683
雁栖地区	3590	1981	1609	3655	1956	1699	3143	1682	1461
庙城地区	3942	2237	1705	4385	2476	1909	3747	2070	1677
北房镇	2958	1629	1329	3205	1729	1476	2719	1455	1264
杨宋镇	2914	1592	1322	3334	1882	1452	2828	1514	1314
桥梓镇	2111	1121	990	2629	1396	1233	2963	1551	1412
怀北镇	1202	734	468	1662	1009	653	1635	946	689

表5　续表 53　　　　单位：人

地　区	45-49岁			50-54岁			55-59岁		
	小计	男	女	小计	男	女	小计	男	女
汤河口镇	356	170	186	580	305	275	709	362	347
渤海镇	948	481	467	1405	728	677	1706	874	832
九渡河镇	966	476	490	1343	684	659	1603	835	768
琉璃庙镇	239	117	122	480	240	240	518	269	249
宝山镇	369	186	183	664	345	319	775	420	355
长哨营满族乡	355	182	173	600	312	288	696	367	329
喇叭沟门满族乡	254	131	123	437	205	232	587	300	287
北京雁栖经济开发区	385	296	89	366	307	59	198	161	37
平谷区	**35126**	**18162**	**16964**	**39236**	**19969**	**19267**	**40763**	**20245**	**20518**
滨河街道	5114	2586	2528	4427	2188	2239	3490	1766	1724
兴谷街道	5800	2953	2847	5058	2507	2551	4170	2065	2105
渔阳地区	5701	2897	2804	5224	2636	2588	4661	2302	2359
峪口地区	1928	1042	886	2393	1201	1192	2933	1460	1473
马坊地区	1825	970	855	2282	1155	1127	2300	1111	1189
金海湖地区	1653	851	802	2326	1200	1126	2768	1393	1375
东高村镇	1850	957	893	2470	1309	1161	2678	1353	1325
山东庄镇	1083	561	522	1319	690	629	1627	831	796
南独乐河镇	1247	638	609	1666	868	798	2064	1040	1024
大华山镇	1003	518	485	1469	726	743	1888	890	998
夏各庄镇	1776	951	825	2425	1297	1128	2408	1196	1212
马昌营镇	1012	534	478	1431	738	693	1562	759	803
王辛庄镇	2116	1116	1000	2558	1328	1230	3075	1540	1535
大兴庄镇	1553	839	714	1898	1037	861	2108	1058	1050
刘家店镇	461	238	223	736	364	372	960	490	470
镇罗营镇	495	254	241	843	365	478	1067	538	529
黄松峪乡	316	156	160	437	229	208	623	282	341
熊儿寨乡	193	101	92	274	131	143	381	171	210
密云区	**40926**	**21123**	**19803**	**53192**	**26831**	**26361**	**51569**	**25769**	**25800**
鼓楼街道	12527	6224	6303	14436	6929	7507	12924	6191	6733
果园街道	6792	3410	3382	7894	3876	4018	6526	3080	3446
檀营地区	1287	702	585	1679	903	776	1556	786	770
密云镇	1974	1093	881	2337	1299	1038	1849	1044	805
溪翁庄镇	1555	831	724	2228	1137	1091	2281	1179	1102
西田各庄镇	2549	1376	1173	3633	1895	1738	4015	2103	1912

表5 续表 54 单位：人

地 区	45-49岁			50-54岁			55-59岁		
	小计	男	女	小计	男	女	小计	男	女
十里堡镇	2282	1260	1022	2880	1532	1348	2601	1331	1270
河南寨镇	1852	1024	828	2663	1412	1251	2714	1390	1324
巨各庄镇	1546	801	745	2348	1194	1154	2667	1335	1332
穆家峪镇	1820	978	842	2703	1437	1266	2734	1427	1307
太师屯镇	1743	867	876	2563	1288	1275	2658	1346	1312
高岭镇	693	347	346	1113	554	559	1287	643	644
不老屯镇	752	358	394	1426	683	743	1749	858	891
冯家峪镇	234	117	117	450	209	241	650	333	317
古北口镇	557	254	303	656	347	309	758	365	393
大城子镇	626	316	310	948	464	484	1246	643	603
东邵渠镇	725	390	335	1085	542	543	1157	560	597
北庄镇	428	223	205	706	338	368	748	388	360
新城子镇	422	215	207	724	371	353	786	387	399
石城镇	318	161	157	465	230	235	488	255	233
北京密云经济开发区	244	176	68	255	191	64	175	125	50
延庆区	**29327**	**15397**	**13930**	**35635**	**18915**	**16720**	**32118**	**16657**	**15461**
百泉街道	3244	1683	1561	3178	1572	1606	2620	1318	1302
香水园街道	4186	2121	2065	4539	2325	2214	3803	1887	1916
儒林街道	2822	1421	1401	2677	1341	1336	1980	984	996
延庆镇	5435	2944	2491	6400	3650	2750	4934	2744	2190
康庄镇	2140	1126	1014	2826	1479	1347	2824	1421	1403
八达岭镇	994	545	449	1065	610	455	960	513	447
永宁镇	1749	896	853	2557	1374	1183	2666	1355	1311
旧县镇	1385	732	653	1948	1014	934	1972	1027	945
张山营镇	2104	1192	912	2778	1583	1195	2563	1368	1195
四海镇	306	162	144	508	252	256	589	333	256
千家店镇	398	185	213	707	363	344	815	435	380
沈家营镇	1237	668	569	1516	796	720	1413	707	706
大榆树镇	1337	698	639	1815	929	886	1653	845	808
井庄镇	732	391	341	1117	592	525	1138	596	542
大庄科乡	331	166	165	460	231	229	589	309	280
刘斌堡乡	286	156	130	506	260	246	584	298	286
香营乡	447	229	218	704	375	329	742	369	373
珍珠泉乡	194	82	112	334	169	165	273	148	125

表5　续表 55　　　　单位：人

地　区	60-64岁			65-69岁			70-74岁		
	小计	男	女	小计	男	女	小计	男	女
北　京	**1386530**	**677025**	**709505**	**1194671**	**568385**	**626286**	**668541**	**314838**	**353703**
东城区	**58279**	**27964**	**30315**	**51749**	**24441**	**27308**	**27606**	**13244**	**14362**
东华门街道	2763	1291	1472	2635	1248	1387	1345	636	709
景山街道	2454	1210	1244	1979	946	1033	1087	528	559
交道口街道	2793	1365	1428	2294	1099	1195	1289	611	678
安定门街道	3124	1570	1554	2428	1158	1270	1309	662	647
北新桥街道	5049	2446	2603	4214	1994	2220	2215	1068	1147
东四街道	2847	1392	1455	2468	1143	1325	1338	607	731
朝阳门街道	2457	1182	1275	2223	1038	1185	1238	611	627
建国门街道	2594	1266	1328	2368	1109	1259	1281	612	669
东直门街道	3084	1442	1642	2901	1354	1547	1683	762	921
和平里街道	7188	3359	3829	7054	3272	3782	3871	1814	2057
前门街道	805	412	393	635	301	334	296	149	147
崇文门外街道	3460	1611	1849	3384	1599	1785	1813	859	954
东花市街道	3535	1665	1870	3390	1605	1785	1750	844	906
龙潭街道	4393	2070	2323	3956	1828	2128	2282	1098	1184
体育馆路街道	2961	1443	1518	2493	1226	1267	1197	574	623
天坛街道	2793	1373	1420	2312	1118	1194	1168	596	572
永定门外街道	5979	2867	3112	5015	2403	2612	2444	1213	1231
西城区	**86289**	**41154**	**45135**	**78956**	**37033**	**41923**	**42636**	**20204**	**22432**
西长安街街道	2744	1328	1416	2465	1195	1270	1439	649	790
新街口街道	6492	3101	3391	5809	2704	3105	3037	1459	1578
月坛街道	7426	3517	3909	7440	3434	4006	4074	1902	2172
展览路街道	8515	4043	4472	7581	3522	4059	4144	1923	2221
德胜街道	7119	3279	3840	7350	3297	4053	4384	1983	2401
金融街街道	3315	1531	1784	3229	1507	1722	1813	836	977
什刹海街道	6536	3256	3280	5628	2714	2914	2949	1451	1498
大栅栏街道	2908	1472	1436	2143	1071	1072	1034	514	520
天桥街道	3443	1696	1747	2828	1342	1486	1444	684	760
椿树街道	2049	1015	1034	1811	850	961	952	447	505
陶然亭街道	3499	1709	1790	3020	1428	1592	1652	777	875
广安门内街道	5085	2404	2681	4794	2267	2527	2499	1218	1281

表5 续表 56　　单位：人

地区	60-64岁			65-69岁			70-74岁		
	小计	男	女	小计	男	女	小计	男	女
牛街街道	4438	2116	2322	4180	1975	2205	2320	1112	1208
白纸坊街道	7519	3612	3907	6348	3039	3309	3470	1654	1816
广安门外街道	15201	7075	8126	14330	6688	7642	7425	3595	3830
朝阳区	**216094**	**104303**	**111791**	**190826**	**89009**	**101817**	**109725**	**50634**	**59091**
建外街道	2101	1049	1052	1712	820	892	830	403	427
朝外街道	2269	1080	1189	1928	889	1039	1160	519	641
呼家楼街道	3927	1884	2043	3341	1557	1784	2044	939	1105
三里屯街道	2245	1044	1201	2179	1021	1158	1198	559	639
左家庄街道	5261	2521	2740	4559	2141	2418	2851	1244	1607
香河园街道	3327	1524	1803	3361	1542	1819	2249	987	1262
和平街街道	5420	2623	2797	5202	2410	2792	3104	1389	1715
安贞街道	4316	1991	2325	4006	1819	2187	2594	1108	1486
亚运村街道	4106	1915	2191	4061	1870	2191	2696	1213	1483
小关街道	3748	1783	1965	3298	1559	1739	1911	891	1020
酒仙桥街道	4149	2077	2072	3297	1548	1749	2317	989	1328
麦子店街道	2106	989	1117	1869	895	974	1129	489	640
团结湖街道	2481	1198	1283	2465	1136	1329	1327	613	714
六里屯街道	6087	2984	3103	5179	2395	2784	3108	1441	1667
八里庄街道	7418	3621	3797	5918	2747	3171	3726	1723	2003
双井街道	6024	2878	3146	5842	2708	3134	3272	1563	1709
劲松街道	7636	3625	4011	7071	3270	3801	4287	1996	2291
潘家园街道	8538	4057	4481	8037	3757	4280	4722	2140	2582
垡头街道	6896	3383	3513	5530	2644	2886	2882	1414	1468
南磨房地区	8532	4093	4439	7314	3389	3925	3868	1881	1987
高碑店地区	6756	3261	3495	5896	2772	3124	3383	1587	1796
将台地区	2728	1300	1428	2519	1160	1359	1459	657	802
太阳宫地区	5531	2677	2854	4901	2222	2679	2800	1347	1453
大屯街道	7643	3553	4090	7416	3404	4012	4293	1963	2330
望京街道	8204	3884	4320	7416	3328	4088	4598	2110	2488
小红门地区	4208	2078	2130	3491	1629	1862	1931	901	1030
十八里店地区	7156	3664	3492	5512	2782	2730	2871	1299	1572
平房地区	4998	2490	2508	4456	2062	2394	2508	1166	1342

表5　续表 57　　　　单位：人

地　区	60-64岁			65-69岁			70-74岁		
	小计	男	女	小计	男	女	小计	男	女
东风地区	4416	2140	2276	3776	1764	2012	2083	980	1103
奥运村街道	6653	3224	3429	6436	2968	3468	3770	1672	2098
来广营地区	8881	4088	4793	7987	3659	4328	4134	1964	2170
常营地区	8059	3905	4154	6610	3057	3553	3522	1731	1791
三间房地区	7202	3443	3759	6205	2966	3239	3291	1552	1739
管庄地区	5919	2773	3146	5482	2487	2995	3109	1399	1710
金盏地区	3397	1815	1582	2747	1351	1396	1468	671	797
孙河地区	1877	984	893	1709	803	906	873	389	484
崔各庄地区	4131	2129	2002	3262	1630	1632	1584	726	858
东坝地区	8681	4171	4510	7285	3444	3841	3791	1811	1980
黑庄户地区	2898	1487	1411	2551	1275	1276	1536	700	836
豆各庄地区	3157	1506	1651	2774	1257	1517	1591	754	837
王四营地区	2531	1303	1228	2007	955	1052	1147	522	625
东湖街道	3394	1589	1805	3457	1550	1907	2147	970	1177
首都机场街道	1087	520	567	762	367	395	561	262	299
丰台区	**158966**	**77289**	**81677**	**131869**	**62572**	**69297**	**71908**	**34287**	**37621**
右安门街道	6859	3285	3574	5904	2788	3116	3053	1502	1551
太平桥街道	5513	2592	2921	5326	2514	2812	2912	1394	1518
西罗园街道	8182	3917	4265	7136	3340	3796	4198	2055	2143
大红门街道	15188	7322	7866	12869	6111	6758	6363	3188	3175
南苑街道	4928	2462	2466	3659	1769	1890	1842	912	930
东高地街道	3230	1639	1591	1972	908	1064	1883	738	1145
东铁匠营街道	14246	6995	7251	11630	5539	6091	6017	2968	3049
卢沟桥街道	17201	8279	8922	14677	6927	7750	7865	3671	4194
丰台街道	12270	5905	6365	8931	4282	4649	4662	2197	2465
新村街道	12956	6242	6714	11116	5225	5891	5513	2687	2826
长辛店街道	7793	3904	3889	6440	3059	3381	3612	1783	1829
云岗街道	2509	1249	1260	1916	876	1040	1652	690	962
方庄地区	5781	2667	3114	5725	2628	3097	3449	1563	1886
宛平城地区	2822	1428	1394	2437	1181	1256	1364	689	675
马家堡街道	10202	4851	5351	8928	4186	4742	4793	2353	2440
和义街道	4002	1940	2062	2963	1448	1515	1462	708	754

表5 续表 58 单位：人

地区	60-64岁			65-69岁			70-74岁		
	小计	男	女	小计	男	女	小计	男	女
卢沟桥地区	7553	3683	3870	5807	2759	3048	3351	1531	1820
花乡地区	7272	3646	3626	5770	2829	2941	3072	1415	1657
南苑地区	3676	1863	1813	2841	1370	1471	1561	690	871
长辛店镇	2877	1491	1386	2309	1171	1138	1293	624	669
王佐镇	3906	1929	1977	3513	1662	1851	1991	929	1062
石景山区	**44748**	**21671**	**23077**	**38963**	**18792**	**20171**	**19604**	**9324**	**10280**
八宝山街道	3866	1819	2047	3831	1753	2078	2126	982	1144
老山街道	2869	1374	1495	3017	1436	1581	1627	766	861
八角街道	7762	3749	4013	6920	3223	3697	3904	1856	2048
古城街道	4785	2384	2401	3683	1766	1917	1762	820	942
苹果园街道	8375	4029	4346	6727	3281	3446	3140	1534	1606
金顶街街道	7472	3621	3851	6068	3109	2959	2274	1107	1167
广宁街道	952	479	473	787	391	396	386	172	214
五里坨街道	3677	1853	1824	2949	1506	1443	1480	706	774
鲁谷街道	4990	2363	2627	4981	2327	2654	2905	1381	1524
海淀区	**169028**	**80462**	**88566**	**151062**	**70326**	**80736**	**85979**	**39442**	**46537**
万寿路街道	8380	3895	4485	8170	3759	4411	4635	2129	2506
永定路街道	6243	2976	3267	4835	2256	2579	3659	1524	2135
羊坊店街道	9059	4145	4914	8614	4079	4535	4597	2103	2494
甘家口街道	7505	3568	3937	7191	3365	3826	4070	1883	2187
八里庄街道	7905	3734	4171	7293	3399	3894	4080	1913	2167
紫竹院街道	6280	2942	3338	6213	2886	3327	3467	1596	1871
北下关街道	7744	3725	4019	7058	3270	3788	4097	1868	2229
北太平庄街道	8373	3980	4393	7837	3596	4241	4504	2097	2407
学院路街道	8444	3966	4478	7281	3381	3900	4308	1915	2393
中关村街道	5552	2577	2975	5543	2435	3108	3623	1554	2069
海淀街道	5647	2696	2951	5266	2419	2847	2933	1324	1609
青龙桥街道	4843	2289	2554	4385	2132	2253	2297	1000	1297
清华园街道	1458	692	766	1380	651	729	1301	562	739
燕园街道	507	245	262	647	280	367	356	143	213
香山街道	1580	799	781	1326	648	678	753	348	405
清河街道	7982	3642	4340	7064	3193	3871	3727	1751	1976

表5　续表 59　　　　单位：人

地　区	60–64岁			65–69岁			70–74岁		
	小计	男	女	小计	男	女	小计	男	女
花园路街道	7398	3457	3941	7227	3330	3897	4209	1895	2314
西三旗街道	9754	4573	5181	8084	3723	4361	4181	1977	2204
马连洼街道	6095	2868	3227	5336	2477	2859	2935	1340	1595
田村路街道	6695	3251	3444	5633	2618	3015	2982	1398	1584
上地街道	2881	1373	1508	2738	1222	1516	1577	735	842
万柳地区	90	58	32	62	35	27	35	17	18
东升地区	3108	1472	1636	2750	1258	1492	1459	646	813
曙光街道	4901	2299	2602	4595	2115	2480	2914	1303	1611
温泉地区	4329	2193	2136	3565	1731	1834	1991	943	1048
四季青地区	8606	4337	4269	7259	3427	3832	4091	1901	2190
西北旺地区	7257	3500	3757	5953	2824	3129	2918	1415	1503
苏家坨地区	5658	2822	2836	4250	2088	2162	2263	1173	1090
上庄地区	4754	2388	2366	3507	1729	1778	2017	989	1028
门头沟区	**30825**	**15541**	**15284**	**24825**	**12296**	**12529**	**13411**	**6442**	**6969**
大峪街道	7653	3794	3859	6554	3182	3372	3272	1550	1722
城子街道	3751	1894	1857	2943	1457	1486	1526	739	787
东辛房街道	2855	1424	1431	1884	938	946	775	361	414
大台街道	349	184	165	245	140	105	154	78	76
王平地区	744	396	348	579	306	273	356	160	196
永定地区	6518	3206	3312	4978	2387	2591	2341	1099	1242
龙泉地区	3763	1935	1828	2989	1488	1501	1670	805	865
潭柘寺镇	877	470	407	764	379	385	515	254	261
军庄镇	1375	713	662	1118	566	552	669	309	360
雁翅镇	579	314	265	617	308	309	503	271	232
斋堂镇	752	380	372	762	404	358	629	310	319
清水镇	672	349	323	625	326	299	499	252	247
妙峰山镇	937	482	455	767	415	352	502	254	248
房山区	**86712**	**42607**	**44105**	**76104**	**36555**	**39549**	**43671**	**20194**	**23477**
城关街道	7410	3705	3705	6454	3119	3335	3693	1586	2107
新镇街道	699	359	340	520	250	270	436	175	261
向阳街道	1347	693	654	1262	625	637	576	275	301
东风街道	2292	1222	1070	1847	950	897	937	411	526

表5 续表 60 单位：人

地区	60-64岁			65-69岁			70-74岁		
	小计	男	女	小计	男	女	小计	男	女
迎风街道	2904	1425	1479	2530	1255	1275	1163	486	677
星城街道	2033	1039	994	2148	1037	1111	1457	658	799
良乡地区	1365	690	675	1185	552	633	789	401	388
周口店地区	3721	1845	1876	3238	1551	1687	1818	801	1017
琉璃河地区	5516	2745	2771	4842	2339	2503	3042	1400	1642
拱辰街道	10584	5061	5523	8728	4205	4523	4560	2073	2487
西潞街道	3983	1922	2061	3776	1717	2059	2185	977	1208
阎村镇	4350	2201	2149	3627	1706	1921	2104	1046	1058
窦店镇	6355	3104	3251	5919	2799	3120	3481	1702	1779
石楼镇	2463	1284	1179	2614	1223	1391	1768	795	973
长阳镇	13760	6368	7392	10785	5131	5654	5008	2332	2676
河北镇	1957	996	961	1628	793	835	983	449	534
长沟镇	1809	878	931	1725	823	902	1135	533	602
大石窝镇	2750	1356	1394	2693	1320	1373	1704	808	896
张坊镇	1553	770	783	1437	705	732	944	455	489
十渡镇	956	501	455	809	398	411	572	302	270
青龙湖镇	3679	1878	1801	3315	1608	1707	1952	941	1011
韩村河镇	3068	1484	1584	3060	1469	1591	1789	850	939
霞云岭乡	521	278	243	479	254	225	416	194	222
南窖乡	263	129	134	215	94	121	174	85	89
佛子庄乡	624	301	323	532	267	265	420	194	226
大安山乡	260	135	125	209	104	105	157	70	87
史家营乡	295	131	164	304	161	143	179	88	91
蒲洼乡	195	107	88	223	100	123	229	107	122
通州区	**104120**	**50565**	**53555**	**96668**	**46038**	**50630**	**53145**	**25325**	**27820**
中仓街道	4216	2063	2153	3898	1878	2020	2014	918	1096
新华街道	1840	904	936	1642	774	868	740	356	384
北苑街道	6102	2832	3270	5772	2631	3141	3150	1477	1673
玉桥街道	6553	3087	3466	5949	2797	3152	3057	1446	1611
潞源街道	202	101	101	154	63	91	65	34	31
通运街道	2792	1297	1495	2748	1278	1470	1617	746	871
宋庄镇	8434	4314	4120	7514	3744	3770	4123	1982	2141

表5　续表 61　　单位：人

地　　区	60-64岁			65-69岁			70-74岁		
	小计	男	女	小计	男	女	小计	男	女
张家湾镇	7531	3677	3854	7335	3530	3805	4214	2034	2180
漷县镇	5207	2548	2659	5251	2554	2697	2998	1476	1522
马驹桥镇	8099	3935	4164	7077	3399	3678	3551	1725	1826
西集镇	4045	2017	2028	4102	2020	2082	2591	1229	1362
台湖镇	7398	3717	3681	6263	3019	3244	3305	1583	1722
永乐店镇	3268	1600	1668	3523	1732	1791	2270	1116	1154
潞城镇	4314	2163	2151	4215	2075	2140	2490	1182	1308
永顺镇	16657	8081	8576	14173	6592	7581	7841	3717	4124
梨园镇	15055	7070	7985	14813	6850	7963	7796	3684	4112
于家务回族乡	2407	1159	1248	2239	1102	1137	1323	620	703
顺义区	**75184**	**37824**	**37360**	**63296**	**30328**	**32968**	**35223**	**16569**	**18654**
胜利街道	2653	1281	1372	2466	1119	1347	1326	564	762
光明街道	4079	1916	2163	3824	1723	2101	2072	929	1143
仁和地区	3223	1669	1554	2533	1239	1294	1372	626	746
后沙峪地区	3012	1521	1491	2267	1074	1193	1105	533	572
天竺地区	1796	915	881	1380	670	710	826	377	449
杨镇地区	4304	2185	2119	3924	1892	2032	2367	1132	1235
牛栏山地区	3078	1548	1530	2850	1336	1514	1594	766	828
南法信地区	1416	812	604	871	446	425	454	194	260
马坡地区	1895	959	936	1437	696	741	843	381	462
石园街道	4028	1869	2159	3572	1557	2015	2226	1003	1223
空港街道	5104	2422	2682	4141	1913	2228	2141	985	1156
双丰街道	3425	1649	1776	2690	1255	1435	1169	534	635
旺泉街道	4865	2315	2550	3850	1738	2112	1901	862	1039
高丽营镇	3545	1975	1570	2723	1385	1338	1440	703	737
李桥镇	5220	2765	2455	4182	2071	2111	2197	1067	1130
李遂镇	1806	909	897	1510	741	769	912	442	470
南彩镇	4018	1992	2026	3367	1700	1667	1833	888	945
北务镇	1091	567	524	957	501	456	551	252	299
大孙各庄镇	2192	1150	1042	2187	1067	1120	1306	664	642
张　镇	2063	1051	1012	1898	933	965	1260	575	685
龙湾屯镇	1448	762	686	1350	653	697	742	377	365

表5 续表 62 单位：人

地区	60-64岁			65-69岁			70-74岁		
	小计	男	女	小计	男	女	小计	男	女
木林镇	3091	1533	1558	2856	1376	1480	1779	864	915
北小营镇	3081	1597	1484	2631	1277	1354	1679	790	889
北石槽镇	1363	699	664	1177	594	583	715	346	369
赵全营镇	3388	1763	1625	2653	1372	1281	1413	715	698
昌平区	**118637**	**58052**	**60585**	**96364**	**46319**	**50045**	**53316**	**25731**	**27585**
城北街道	12286	5794	6492	9992	4730	5262	5490	2518	2972
南口地区	5309	2799	2510	4198	2101	2097	2276	1095	1181
马池口地区	4544	2403	2141	3351	1698	1653	2104	990	1114
沙河地区	10965	5468	5497	7948	3836	4112	3985	1953	2032
城南街道	4390	2211	2179	3131	1480	1651	1679	787	892
东小口地区	2605	1387	1218	1796	898	898	833	421	412
天通苑北街道	9869	4611	5258	9171	4341	4830	5286	2569	2717
天通苑南街道	7051	3258	3793	6343	2988	3355	3640	1758	1882
霍营街道	5307	2406	2901	4641	2171	2470	2227	1101	1126
回龙观街道	8515	3953	4562	7391	3422	3969	3929	1892	2037
龙泽园街道	9599	4338	5261	8855	4014	4841	5156	2478	2678
史各庄街道	1819	928	891	1244	610	634	575	281	294
阳坊镇	1775	908	867	1500	708	792	861	417	444
小汤山镇	5208	2669	2539	4127	2078	2049	2392	1158	1234
南邵镇	3523	1751	1772	2441	1184	1257	1374	663	711
崔村镇	2020	1081	939	1620	867	753	972	478	494
百善镇	2214	1145	1069	1714	857	857	943	461	482
北七家镇	13980	6798	7182	10875	5236	5639	5571	2748	2823
兴寿镇	2584	1390	1194	2079	1054	1025	1230	596	634
流村镇	1675	971	704	1371	730	641	962	504	458
十三陵镇	2532	1314	1218	1959	987	972	1343	627	716
延寿镇	867	469	398	617	329	288	488	236	252
大兴区	**105681**	**52524**	**53157**	**84617**	**40877**	**43740**	**47270**	**21810**	**25460**
兴丰街道	4438	2143	2295	3746	1759	1987	2307	1027	1280
林校路街道	4285	2114	2171	3648	1681	1967	2010	914	1096
清源街道	8359	3845	4514	6961	3208	3753	3724	1683	2041
亦庄地区	6451	3147	3304	5019	2428	2591	2696	1229	1467

表5　续表 63　　单位：人

地　区	60-64岁			65-69岁			70-74岁		
	小计	男	女	小计	男	女	小计	男	女
黄村地区	6447	3402	3045	4807	2422	2385	2882	1302	1580
旧宫地区	11535	5748	5787	8760	4213	4547	4704	2201	2503
西红门地区	8836	4546	4290	6840	3359	3481	3336	1575	1761
瀛海地区	5472	2666	2806	4180	2024	2156	2162	999	1163
观音寺街道	6458	3162	3296	4919	2347	2572	2791	1320	1471
天宫院街道	4821	2201	2620	3537	1649	1888	1558	716	842
高米店街道	5625	2594	3031	4672	2194	2478	2151	1010	1141
青云店镇	3642	1919	1723	2954	1526	1428	1727	804	923
采育镇	3685	1859	1826	3029	1529	1500	1883	876	1007
安定镇	2065	1080	985	1923	928	995	1328	564	764
礼贤镇	2451	1372	1079	2019	1008	1011	1418	641	777
榆垡镇	4129	2094	2035	3203	1568	1635	2248	1071	1177
庞各庄镇	4698	2395	2303	4009	1979	2030	2451	1148	1303
北臧村镇	1442	792	650	1212	611	601	846	378	468
魏善庄镇	2720	1425	1295	2399	1180	1219	1561	702	859
长子营镇	2203	1103	1100	1920	943	977	1242	582	660
中关村国家自主创新示范区大兴生物医药产业基地	261	162	99	158	79	79	66	34	32
国家新媒体产业基地	195	122	73	133	80	53	32	16	16
大兴国际机场(大兴部分)	8	4	4	5	5		3	2	1
北京经济技术开发区	5455	2629	2826	4564	2157	2407	2144	1016	1128
怀柔区	**29927**	**15431**	**14496**	**23392**	**11553**	**11839**	**12963**	**6295**	**6668**
泉河街道	4498	2153	2345	3758	1765	1993	1691	765	926
龙山街道	4989	2521	2468	3727	1717	2010	1682	805	877
怀柔地区	2463	1315	1148	1664	869	795	890	446	444
雁栖地区	2077	1041	1036	1411	717	694	767	371	396
庙城地区	2637	1384	1253	1968	974	994	1066	537	529
北房镇	2073	1060	1013	1561	740	821	947	477	470
杨宋镇	2097	1085	1012	1632	817	815	931	451	480
桥梓镇	2225	1164	1061	1896	975	921	1051	511	540
怀北镇	1141	616	525	747	393	354	398	176	222

表5 续表 64 单位：人

地区	60-64岁			65-69岁			70-74岁		
	小计	男	女	小计	男	女	小计	男	女
汤河口镇	615	333	282	576	299	277	380	211	169
渤海镇	1351	737	614	1095	547	548	793	367	426
九渡河镇	1237	677	560	1134	565	569	822	390	432
琉璃庙镇	560	310	250	472	250	222	360	202	158
宝山镇	729	378	351	702	367	335	482	257	225
长哨营满族乡	663	345	318	627	332	295	406	194	212
喇叭沟门满族乡	508	264	244	401	214	187	288	130	158
北京雁栖经济开发区	64	48	16	21	12	9	9	5	4
平谷区	**34720**	**17287**	**17433**	**30764**	**15048**	**15716**	**19627**	**9411**	**10216**
滨河街道	2590	1269	1321	2383	1108	1275	1334	585	749
兴谷街道	3062	1477	1585	2619	1276	1343	1511	692	819
渔阳地区	4045	1993	2052	3583	1710	1873	2195	1010	1185
峪口地区	2542	1236	1306	2224	1113	1111	1460	730	730
马坊地区	1918	948	970	1619	780	839	1093	543	550
金海湖地区	2503	1308	1195	2275	1116	1159	1510	752	758
东高村镇	2436	1215	1221	2300	1118	1182	1523	696	827
山东庄镇	1507	744	763	1337	618	719	887	442	445
南独乐河镇	1854	921	933	1787	857	930	1208	580	628
大华山镇	1674	866	808	1492	778	714	916	455	461
夏各庄镇	2287	1126	1161	1914	938	976	1278	601	677
马昌营镇	1393	683	710	1159	572	587	811	398	413
王辛庄镇	2656	1313	1343	2485	1206	1279	1540	744	796
大兴庄镇	1759	850	909	1465	716	749	949	442	507
刘家店镇	826	421	405	671	341	330	418	214	204
镇罗营镇	805	435	370	720	413	307	496	256	240
黄松峪乡	563	297	266	467	251	216	283	147	136
熊儿寨乡	300	185	115	264	137	127	215	124	91
密云区	**41971**	**21245**	**20726**	**33347**	**16591**	**16756**	**18832**	**9120**	**9712**
鼓楼街道	9700	4636	5064	7821	3693	4128	3791	1776	2015
果园街道	4723	2227	2496	3850	1797	2053	1744	811	933
檀营地区	1000	510	490	706	345	361	355	157	198
密云镇	1238	676	562	895	432	463	474	252	222
溪翁庄镇	1915	976	939	1598	833	765	848	414	434
西田各庄镇	3589	1803	1786	2790	1391	1399	1540	720	820

表5　续表 65　　单位：人

地　区	60−64岁			65−69岁			70−74岁		
	小计	男	女	小计	男	女	小计	男	女
十里堡镇	2122	1064	1058	1513	748	765	793	390	403
河南寨镇	2255	1133	1122	1659	843	816	941	469	472
巨各庄镇	2165	1115	1050	1715	896	819	1048	525	523
穆家峪镇	2265	1137	1128	1730	884	846	1092	525	567
太师屯镇	2501	1308	1193	1930	991	939	1326	642	684
高岭镇	1287	690	597	1005	506	499	685	338	347
不老屯镇	1688	914	774	1323	723	600	847	390	457
冯家峪镇	669	377	292	559	314	245	395	202	193
古北口镇	634	332	302	545	267	278	342	181	161
大城子镇	1125	608	517	1039	523	516	770	409	361
东邵渠镇	1037	582	455	1047	539	508	631	329	302
北庄镇	715	390	325	504	275	229	410	197	213
新城子镇	842	492	350	725	368	357	516	257	259
石城镇	413	225	188	349	195	154	273	130	143
北京密云经济开发区	88	50	38	44	28	16	11	6	5
延庆区	**25349**	**13106**	**12243**	**21869**	**10607**	**11262**	**13625**	**6806**	**6819**
百泉街道	2066	989	1077	1809	854	955	921	458	463
香水园街道	3010	1431	1579	2763	1271	1492	1484	709	775
儒林街道	1642	812	830	1456	680	776	742	343	399
延庆镇	3385	1816	1569	2614	1335	1279	1685	813	872
康庄镇	2315	1182	1133	1927	949	978	1230	619	611
八达岭镇	679	352	327	561	286	275	363	177	186
永宁镇	2180	1133	1047	1866	906	960	1244	633	611
旧县镇	1658	874	784	1546	725	821	908	474	434
张山营镇	1968	1059	909	1796	876	920	1182	600	582
四海镇	479	269	210	399	206	193	333	161	172
千家店镇	763	420	343	629	311	318	492	252	240
沈家营镇	1140	562	578	1002	483	519	623	326	297
大榆树镇	1305	686	619	1128	548	580	704	340	364
井庄镇	912	499	413	819	381	438	594	320	274
大庄科乡	413	260	153	301	157	144	265	133	132
刘斌堡乡	497	278	219	437	204	233	318	168	150
香营乡	633	309	324	585	309	276	352	189	163
珍珠泉乡	304	175	129	231	126	105	185	91	94

表5 续表 66 单位：人

地区	75-79岁			80-84岁			85岁及以上		
	小计	男	女	小计	男	女	小计	男	女
北 京	**415173**	**184665**	**230508**	**348786**	**152087**	**196699**	**284889**	**124749**	**160140**
东城区	**16313**	**7332**	**8981**	**16678**	**6550**	**10128**	**16903**	**6931**	**9972**
东华门街道	908	396	512	968	383	585	1226	481	745
景山街道	587	264	323	634	235	399	689	279	410
交道口街道	626	291	335	630	228	402	708	258	450
安定门街道	690	305	385	659	241	418	764	284	480
北新桥街道	1203	560	643	1200	462	738	1205	432	773
东四街道	705	337	368	687	266	421	682	251	431
朝阳门街道	609	274	335	647	244	403	661	257	404
建国门街道	769	352	417	843	331	512	940	390	550
东直门街道	1046	477	569	1039	419	620	954	427	527
和平里街道	2821	1201	1620	3036	1296	1740	2793	1200	1593
前门街道	190	76	114	213	84	129	201	80	121
崇文门外街道	968	452	516	814	343	471	891	385	506
东花市街道	1123	494	629	1085	473	612	928	412	516
龙潭街道	1310	588	722	1317	487	830	1268	548	720
体育馆路街道	766	350	416	851	319	532	882	385	497
天坛街道	649	277	372	742	272	470	855	335	520
永定门外街道	1343	638	705	1313	467	846	1256	527	729
西城区	**25699**	**11531**	**14168**	**25773**	**10271**	**15502**	**27968**	**11907**	**16061**
西长安街街道	749	330	419	764	311	453	1017	422	595
新街口街道	1873	838	1035	1776	704	1072	1812	715	1097
月坛街道	2681	1165	1516	3056	1236	1820	4187	1817	2370
展览路街道	2606	1138	1468	2856	1096	1760	3487	1540	1947
德胜街道	3128	1373	1755	3031	1347	1684	2558	1249	1309
金融街街道	1221	540	681	1045	411	634	1186	490	696
什刹海街道	1565	734	831	1562	584	978	1685	619	1066
大栅栏街道	501	214	287	489	170	319	613	217	396
天桥街道	910	390	520	1092	437	655	1360	550	810
椿树街道	535	259	276	452	164	288	516	204	312
陶然亭街道	962	435	527	950	372	578	934	412	522
广安门内街道	1544	699	845	1682	650	1032	1968	794	1174

表5　续表 67　　单位：人

地　区	75-79岁			80-84岁			85岁及以上		
	小计	男	女	小计	男	女	小计	男	女
牛街街道	1347	606	741	1407	577	830	1474	619	855
白纸坊街道	1997	908	1089	2025	782	1243	2167	937	1230
广安门外街道	4080	1902	2178	3586	1430	2156	3004	1322	1682
朝阳区	**73055**	**32240**	**40815**	**67367**	**29164**	**38203**	**51802**	**23785**	**28017**
建外街道	604	248	356	682	276	406	670	296	374
朝外街道	762	354	408	858	353	505	760	370	390
呼家楼街道	1576	692	884	1626	654	972	1715	735	980
三里屯街道	925	398	527	1112	426	686	1249	534	715
左家庄街道	2265	972	1293	2302	971	1331	1902	896	1006
香河园街道	1603	759	844	1516	657	859	1154	552	602
和平街街道	2652	1119	1533	3045	1355	1690	2682	1251	1431
安贞街道	2124	925	1199	2104	878	1226	1914	945	969
亚运村街道	2167	893	1274	2273	1074	1199	1784	834	950
小关街道	1429	629	800	1487	615	872	1255	641	614
酒仙桥街道	2658	1068	1590	3348	1490	1858	1747	879	868
麦子店街道	796	344	452	685	310	375	485	232	253
团结湖街道	1055	425	630	1153	462	691	1220	556	664
六里屯街道	1985	895	1090	2069	877	1192	1678	754	924
八里庄街道	2439	1042	1397	3374	1260	2114	2687	1246	1441
双井街道	2183	990	1193	2180	866	1314	1883	848	1035
劲松街道	2999	1306	1693	2911	1245	1666	2247	1059	1188
潘家园街道	3489	1602	1887	3324	1437	1887	2483	1145	1338
垡头街道	1648	726	922	1658	674	984	1194	542	652
南磨房地区	1854	883	971	1552	638	914	1247	525	722
高碑店地区	1930	910	1020	1393	596	797	1155	501	654
将台地区	1107	488	619	939	440	499	491	244	247
太阳宫地区	1626	753	873	1336	574	762	965	444	521
大屯街道	3145	1345	1800	2782	1323	1459	1928	1027	901
望京街道	2987	1350	1637	2476	1131	1345	1559	720	839
小红门地区	1050	449	601	647	266	381	470	190	280
十八里店地区	1554	696	858	1080	432	648	1034	372	662
平房地区	1303	585	718	909	389	520	602	249	353

表5 续表 68 单位：人

地区	75-79岁			80-84岁			85岁及以上		
	小计	男	女	小计	男	女	小计	男	女
东风地区	1382	642	740	1066	476	590	766	352	414
奥运村街道	2917	1272	1645	2490	1238	1252	1350	643	707
来广营地区	2436	1105	1331	1794	857	937	1405	630	775
常营地区	1686	788	898	1135	500	635	922	398	524
三间房地区	1925	866	1059	1790	718	1072	1333	614	719
管庄地区	1731	753	978	1725	734	991	1083	480	603
金盏地区	899	392	507	554	262	292	481	185	296
孙河地区	632	252	380	347	171	176	292	103	189
崔各庄地区	1102	476	626	860	338	522	763	301	462
东坝地区	1953	909	1044	1425	613	812	1026	447	579
黑庄户地区	945	409	536	583	273	310	450	182	268
豆各庄地区	823	362	461	600	255	345	464	197	267
王四营地区	703	306	397	457	195	262	396	164	232
东湖街道	1483	678	805	1155	625	530	596	306	290
首都机场街道	523	184	339	565	240	325	315	196	119
丰台区	**43847**	**19027**	**24820**	**40374**	**16871**	**23503**	**32022**	**14021**	**18001**
右安门街道	1813	795	1018	1786	704	1082	1593	692	901
太平桥街道	1705	774	931	1415	664	751	1039	471	568
西罗园街道	2546	1160	1386	2390	954	1436	2130	963	1167
大红门街道	3034	1394	1640	2895	1128	1767	2759	1167	1592
南苑街道	994	461	533	940	323	617	867	303	564
东高地街道	2251	785	1466	3186	1500	1686	1847	1027	820
东铁匠营街道	3397	1589	1808	3180	1193	1987	2927	1193	1734
卢沟桥街道	5036	2124	2912	4305	1904	2401	2945	1305	1640
丰台街道	2949	1221	1728	3401	1322	2079	3053	1264	1789
新村街道	3001	1360	1641	2554	1083	1471	1871	790	1081
长辛店街道	2510	1073	1437	2659	1109	1550	1922	817	1105
云岗街道	1610	615	995	1741	836	905	925	495	430
方庄地区	2462	1094	1368	2165	987	1178	1982	954	1028
宛平城地区	750	324	426	628	241	387	500	216	284
马家堡街道	2230	1080	1150	1879	740	1139	1712	711	1001
和义街道	706	339	367	659	234	425	734	305	429

表5　续表 69　　　　单位：人

地　区	75-79岁			80-84岁			85岁及以上		
	小计	男	女	小计	男	女	小计	男	女
卢沟桥地区	2079	851	1228	1502	638	864	1023	410	613
花乡地区	1789	754	1035	1219	520	699	910	380	530
南苑地区	887	371	516	671	249	422	551	236	315
长辛店镇	761	332	429	458	199	259	318	134	184
王佐镇	1337	531	806	741	343	398	414	188	226
石景山区	**12413**	**5329**	**7084**	**12135**	**5034**	**7101**	**9905**	**4356**	**5549**
八宝山街道	1382	597	785	1261	588	673	838	415	423
老山街道	1143	485	658	1256	558	698	866	425	441
八角街道	2389	1034	1355	2425	959	1466	2174	986	1188
古城街道	1109	427	682	1269	487	782	1129	492	637
苹果园街道	1848	814	1034	1720	657	1063	1544	625	919
金顶街街道	1545	634	911	1577	648	929	1437	581	856
广宁街道	343	126	217	395	176	219	413	157	256
五里坨街道	868	386	482	741	311	430	567	235	332
鲁谷街道	1786	826	960	1491	650	841	937	440	497
海淀区	**61517**	**25657**	**35860**	**61449**	**27301**	**34148**	**49312**	**22531**	**26781**
万寿路街道	3503	1499	2004	3431	1454	1977	3106	1216	1890
永定路街道	3505	1392	2113	3615	1647	1968	2395	1077	1318
羊坊店街道	2914	1231	1683	3210	1353	1857	3479	1564	1915
甘家口街道	3143	1300	1843	3524	1534	1990	3247	1454	1793
八里庄街道	2784	1162	1622	2979	1324	1655	2199	1022	1177
紫竹院街道	2648	1070	1578	2796	1253	1543	2380	1167	1213
北下关街道	3377	1402	1975	3882	1787	2095	2914	1411	1503
北太平庄街道	3129	1338	1791	3325	1387	1938	2830	1293	1537
学院路街道	3664	1385	2279	4382	2077	2305	3143	1658	1485
中关村街道	3301	1326	1975	3417	1674	1743	2227	1120	1107
海淀街道	1966	818	1148	1982	845	1137	1759	810	949
青龙桥街道	1803	800	1003	1632	691	941	1499	594	905
清华园街道	1112	459	653	1472	683	789	1183	651	532
燕园街道	310	111	199	530	231	299	485	249	236
香山街道	466	197	269	439	162	277	502	196	306
清河街道	2337	1040	1297	2016	883	1133	1353	606	747

表5 续表 70　　　　单位：人

地区	75-79岁			80-84岁			85岁及以上		
	小计	男	女	小计	男	女	小计	男	女
花园路街道	3409	1378	2031	4134	1684	2450	3670	1471	2199
西三旗街道	2377	1042	1335	2157	940	1217	1627	767	860
马连洼街道	1934	797	1137	1747	821	926	1167	561	606
田村路街道	1969	826	1143	1572	720	852	1080	486	594
上地街道	927	396	531	730	314	416	551	282	269
万柳地区	16	8	8	19	9	10	13	6	7
东升地区	983	429	554	762	403	359	328	153	175
曙光街道	2001	860	1141	1633	752	881	1174	573	601
温泉地区	1309	548	761	1227	594	633	1052	488	564
四季青地区	2527	1016	1511	2031	829	1202	1504	616	888
西北旺地区	1566	692	874	1067	485	582	849	359	490
苏家坨地区	1346	584	762	975	441	534	927	400	527
上庄地区	1191	551	640	763	324	439	669	281	388
门头沟区	**8084**	**3344**	**4740**	**6675**	**2551**	**4124**	**4939**	**1943**	**2996**
大峪街道	2055	873	1182	1890	712	1178	1462	570	892
城子街道	996	380	616	890	325	565	667	241	426
东辛房街道	597	223	374	643	222	421	449	151	298
大台街道	129	36	93	145	58	87	86	35	51
王平地区	296	96	200	290	101	189	156	60	96
永定地区	1359	558	801	902	380	522	667	295	372
龙泉地区	809	331	478	637	233	404	450	184	266
潭柘寺镇	262	111	151	158	75	83	127	50	77
军庄镇	396	149	247	399	133	266	186	68	118
雁翅镇	285	138	147	141	71	70	162	63	99
斋堂镇	337	183	154	182	74	108	181	83	98
清水镇	299	162	137	178	86	92	167	58	109
妙峰山镇	264	104	160	220	81	139	179	85	94
房山区	**25896**	**11242**	**14654**	**16632**	**7313**	**9319**	**11145**	**4975**	**6170**
城关街道	2329	957	1372	1507	629	878	1015	445	570
新镇街道	465	181	284	629	301	328	391	214	177
向阳街道	371	139	232	287	111	176	178	85	93
东风街道	578	256	322	481	199	282	314	150	164

表5　续表 71　　　　单位：人

地　区	75–79岁			80–84岁			85岁及以上		
	小计	男	女	小计	男	女	小计	男	女
迎风街道	899	359	540	836	341	495	475	247	228
星城街道	989	466	523	830	345	485	461	264	197
良乡地区	464	220	244	223	103	120	150	50	100
周口店地区	970	424	546	580	250	330	411	156	255
琉璃河地区	1878	814	1064	1085	454	631	834	367	467
拱辰街道	2754	1142	1612	2112	867	1245	1435	645	790
西潞街道	1264	562	702	717	339	378	419	195	224
阎村镇	1213	528	685	763	344	419	441	193	248
窦店镇	1894	836	1058	995	480	515	704	295	409
石楼镇	908	372	536	381	175	206	242	107	135
长阳镇	2525	1127	1398	1580	753	827	1178	526	652
河北镇	627	229	398	460	174	286	262	108	154
长沟镇	661	280	381	286	135	151	195	81	114
大石窝镇	913	426	487	500	227	273	350	122	228
张坊镇	557	257	300	330	160	170	237	98	139
十渡镇	309	150	159	284	126	158	231	108	123
青龙湖镇	1266	520	746	691	297	394	448	183	265
韩村河镇	1058	539	519	490	216	274	378	164	214
霞云岭乡	251	123	128	143	82	61	116	61	55
南窖乡	109	49	60	64	28	36	44	11	33
佛子庄乡	269	121	148	135	60	75	82	31	51
大安山乡	96	40	56	75	42	33	39	18	21
史家营乡	121	50	71	69	30	39	59	23	36
蒲洼乡	158	75	83	99	45	54	56	28	28
通州区	**28964**	**13651**	**15313**	**18557**	**8675**	**9882**	**14522**	**6202**	**8320**
中仓街道	1368	607	761	1023	417	606	735	329	406
新华街道	391	190	201	282	114	168	191	90	101
北苑街道	1812	843	969	1356	573	783	938	409	529
玉桥街道	1604	747	857	1037	479	558	784	350	434
潞源街道	35	16	19	23	9	14	32	17	15
通运街道	822	396	426	553	275	278	348	170	178
宋庄镇	2314	1068	1246	1365	654	711	1100	430	670

表5 续表 72 单位：人

地区	75-79岁			80-84岁			85岁及以上		
	小计	男	女	小计	男	女	小计	男	女
张家湾镇	2204	1042	1162	1347	632	715	1141	484	657
漷县镇	1739	826	913	1087	527	560	884	340	544
马驹桥镇	1938	958	980	1152	564	588	1084	474	610
西集镇	1666	772	894	965	435	530	722	258	464
台湖镇	1766	843	923	951	464	487	900	392	508
永乐店镇	1174	606	568	809	433	376	654	276	378
潞城镇	1519	664	855	920	448	472	681	261	420
永顺镇	3950	1815	2135	2696	1199	1497	2131	951	1180
梨园镇	3927	1878	2049	2513	1209	1304	1778	786	992
于家务回族乡	735	380	355	478	243	235	419	185	234
顺义区	**21707**	**9861**	**11846**	**13297**	**6101**	**7196**	**10044**	**3936**	**6108**
胜利街道	918	403	515	645	280	365	463	206	257
光明街道	1162	521	641	728	355	373	426	187	239
仁和地区	872	384	488	540	249	291	435	182	253
后沙峪地区	629	291	338	410	193	217	255	107	148
天竺地区	473	222	251	371	179	192	203	105	98
杨镇地区	1449	715	734	910	414	496	656	233	423
牛栏山地区	1030	483	547	563	224	339	424	170	254
南法信地区	295	135	160	154	64	90	119	41	78
马坡地区	574	271	303	275	133	142	220	76	144
石园街道	1347	597	750	819	398	421	609	241	368
空港街道	1336	562	774	892	392	500	624	271	353
双丰街道	764	335	429	408	181	227	308	103	205
旺泉街道	1040	443	597	620	279	341	414	163	251
高丽营镇	866	423	443	501	242	259	390	146	244
李桥镇	1384	612	772	780	352	428	656	264	392
李遂镇	585	246	339	383	177	206	340	131	209
南彩镇	1103	471	632	694	321	373	587	205	382
北务镇	359	178	181	219	101	118	218	84	134
大孙各庄镇	798	357	441	539	238	301	457	181	276
张　镇	719	329	390	441	198	243	357	138	219
龙湾屯镇	474	232	242	334	154	180	247	102	145

表5　续表 73　　　　单位：人

地　区	75–79岁			80–84岁			85岁及以上		
	小计	男	女	小计	男	女	小计	男	女
木林镇	1021	481	540	643	300	343	517	178	339
北小营镇	975	446	529	561	246	315	425	165	260
北石槽镇	542	256	286	305	148	157	246	93	153
赵全营镇	992	468	524	562	283	279	448	164	284
昌平区	**30982**	**14277**	**16705**	**22154**	**10021**	**12133**	**17718**	**7726**	**9992**
城北街道	3465	1539	1926	2616	1195	1421	1824	827	997
南口地区	1352	616	736	1066	450	616	998	386	612
马池口地区	1240	579	661	762	340	422	577	226	351
沙河地区	2211	1026	1185	1445	643	802	1116	453	663
城南街道	960	449	511	638	286	352	462	186	276
东小口地区	491	231	260	263	113	150	319	125	194
天通苑北街道	2692	1309	1383	1892	890	1002	1382	656	726
天通苑南街道	2230	1026	1204	1682	788	894	1208	546	662
霍营街道	1019	496	523	739	336	403	540	247	293
回龙观街道	1992	961	1031	1388	630	758	1019	435	584
龙泽园街道	2947	1395	1552	1934	933	1001	1302	631	671
史各庄街道	341	131	210	272	120	152	280	124	156
阳坊镇	524	213	311	343	149	194	270	125	145
小汤山镇	1624	735	889	1295	574	721	1310	541	769
南邵镇	932	397	535	802	332	470	850	384	466
崔村镇	583	253	330	451	195	256	327	119	208
百善镇	559	268	291	312	146	166	262	99	163
北七家镇	3087	1400	1687	2373	1073	1300	2031	918	1113
兴寿镇	881	387	494	491	218	273	434	179	255
流村镇	568	276	292	382	177	205	318	149	169
十三陵镇	977	455	522	762	314	448	683	274	409
延寿镇	307	135	172	246	119	127	206	96	110
大兴区	**26962**	**12031**	**14931**	**18822**	**8375**	**10447**	**15856**	**6804**	**9052**
兴丰街道	1445	640	805	997	456	541	752	348	404
林校路街道	1233	533	700	896	389	507	644	306	338
清源街道	2261	1024	1237	1551	717	834	1120	499	621
亦庄地区	1519	642	877	1085	469	616	950	399	551

表5 续表 74 单位：人

地区	75-79岁			80-84岁			85岁及以上		
	小计	男	女	小计	男	女	小计	男	女
黄村地区	1623	684	939	913	415	498	922	370	552
旧宫地区	2836	1280	1556	2371	999	1372	1998	871	1127
西红门地区	1695	774	921	1201	526	675	1002	437	565
瀛海地区	1091	481	610	746	306	440	700	285	415
观音寺街道	1608	701	907	1472	611	861	1199	566	633
天宫院街道	803	342	461	580	224	356	518	258	260
高米店街道	1171	531	640	805	367	438	619	277	342
青云店镇	1044	460	584	641	295	346	460	173	287
采育镇	1041	470	571	642	297	345	508	204	304
安定镇	711	346	365	439	216	223	403	163	240
礼贤镇	797	369	428	463	226	237	432	172	260
榆垡镇	1388	594	794	819	357	462	726	303	423
庞各庄镇	1318	642	676	903	385	518	871	340	531
北臧村镇	500	249	251	349	164	185	358	138	220
魏善庄镇	882	391	491	514	266	248	462	173	289
长子营镇	725	312	413	441	222	219	356	141	215
中关村国家自主创新示范区大兴生物医药产业基地	25	13	12	22	8	14	27	15	12
国家新媒体产业基地	21	12	9	15	4	11	15	8	7
大兴国际机场(大兴部分)	1	1		1		1			
北京经济技术开发区	1224	540	684	956	456	500	814	358	456
怀柔区	**8255**	**4072**	**4183**	**6410**	**3075**	**3335**	**5269**	**2378**	**2891**
泉河街道	1124	512	612	836	368	468	650	305	345
龙山街道	1122	512	610	836	358	478	640	274	366
怀柔地区	557	263	294	423	201	222	409	187	222
雁栖地区	488	250	238	425	193	232	330	168	162
庙城地区	699	328	371	403	203	200	384	157	227
北房镇	575	296	279	378	189	189	314	134	180
杨宋镇	583	285	298	380	192	188	321	124	197
桥梓镇	781	374	407	526	270	256	406	181	225
怀北镇	284	128	156	286	110	176	264	118	146

表5 续表 75 单位：人

地区	75–79岁			80–84岁			85岁及以上		
	小计	男	女	小计	男	女	小计	男	女
汤河口镇	214	113	101	202	97	105	162	69	93
渤海镇	487	264	223	413	210	203	370	171	199
九渡河镇	556	307	249	440	232	208	328	153	175
琉璃庙镇	184	94	90	196	102	94	172	75	97
宝山镇	212	117	95	268	136	132	204	114	90
长哨营满族乡	198	123	75	218	104	114	168	81	87
喇叭沟门满族乡	188	103	85	179	109	70	145	66	79
北京雁栖经济开发区	3	3		1	1		2	1	1
平谷区	**11101**	**5122**	**5979**	**7487**	**3372**	**4115**	**6167**	**2379**	**3788**
滨河街道	895	368	527	653	272	381	422	168	254
兴谷街道	919	410	509	598	271	327	513	205	308
渔阳地区	1185	541	644	757	323	434	611	216	395
峪口地区	875	404	471	559	255	304	480	182	298
马坊地区	621	290	331	419	195	224	311	117	194
金海湖地区	736	386	350	535	267	268	485	184	301
东高村镇	858	383	475	600	264	336	552	215	337
山东庄镇	465	208	257	309	121	188	248	101	147
南独乐河镇	599	298	301	403	183	220	346	139	207
大华山镇	474	225	249	331	171	160	296	107	189
夏各庄镇	679	306	373	450	206	244	389	144	245
马昌营镇	433	208	225	293	134	159	213	77	136
王辛庄镇	955	442	513	589	261	328	476	176	300
大兴庄镇	599	253	346	375	161	214	303	128	175
刘家店镇	264	121	143	195	91	104	171	67	104
镇罗营镇	294	146	148	205	96	109	188	86	102
黄松峪乡	146	83	63	129	61	68	101	44	57
熊儿寨乡	104	50	54	87	40	47	62	23	39
密云区	**12340**	**5939**	**6401**	**8862**	**4144**	**4718**	**6754**	**2660**	**4094**
鼓楼街道	2534	1149	1385	1887	810	1077	1495	575	920
果园街道	1159	534	625	819	373	446	533	227	306
檀营地区	205	102	103	186	84	102	136	51	85
密云镇	299	143	156	177	74	103	136	46	90
溪翁庄镇	684	298	386	521	251	270	387	157	230
西田各庄镇	1085	545	540	756	359	397	541	229	312

表5 续表 76 单位：人

地 区	75-79岁			80-84岁			85岁及以上		
	小计	男	女	小计	男	女	小计	男	女
十里堡镇	492	231	261	384	177	207	316	116	200
河南寨镇	652	326	326	450	202	248	417	142	275
巨各庄镇	678	316	362	453	236	217	399	150	249
穆家峪镇	699	330	369	465	228	237	383	133	250
太师屯镇	809	409	400	571	278	293	420	183	237
高岭镇	472	234	238	315	142	173	182	75	107
不老屯镇	575	303	272	445	217	228	336	142	194
冯家峪镇	223	113	110	179	88	91	163	58	105
古北口镇	239	117	122	154	67	87	119	43	76
大城子镇	434	215	219	303	166	137	201	86	115
东邵渠镇	427	225	202	244	116	128	209	93	116
北庄镇	249	128	121	180	97	83	112	40	72
新城子镇	299	165	134	220	107	113	153	71	82
石城镇	118	52	66	148	69	79	111	43	68
北京密云经济开发区	8	4	4	5	3	2	5		5
延庆区	**8038**	**4010**	**4028**	**6114**	**3269**	**2845**	**4563**	**2215**	**2348**
百泉街道	454	222	232	329	169	160	197	92	105
香水园街道	906	412	494	697	330	367	507	237	270
儒林街道	476	219	257	312	158	154	202	103	99
延庆镇	996	479	517	711	370	341	539	252	287
康庄镇	746	359	387	570	310	260	404	177	227
八达岭镇	225	114	111	156	85	71	132	68	64
永宁镇	739	372	367	585	309	276	408	203	205
旧县镇	581	308	273	422	242	180	311	162	149
张山营镇	683	366	317	574	312	262	391	189	202
四海镇	199	101	98	132	74	58	136	64	72
千家店镇	204	93	111	219	117	102	185	103	82
沈家营镇	358	186	172	270	143	127	227	115	112
大榆树镇	424	238	186	274	159	115	205	82	123
井庄镇	374	197	177	262	143	119	202	108	94
大庄科乡	145	70	75	162	86	76	130	63	67
刘斌堡乡	161	83	78	163	103	60	164	82	82
香营乡	258	133	125	172	101	71	142	77	65
珍珠泉乡	109	58	51	104	58	46	81	38	43

表6　各地区分性别、受教育程度的3岁及以上常住人口

单位：人

地　区	3岁及以上人口			未上过学		
	合计	男	女	小计	男	女
北　京	**21344070**	**10910612**	**10433458**	**300020**	**99043**	**200977**
东城区	**693631**	**336027**	**357604**	**8107**	**2822**	**5285**
东华门街道	37400	18162	19238	437	171	266
景山街道	24871	12104	12767	272	84	188
交道口街道	31362	15248	16114	282	74	208
安定门街道	31549	15324	16225	434	168	266
北新桥街道	54301	26428	27873	446	154	292
东四街道	32977	15776	17201	336	108	228
朝阳门街道	29882	14435	15447	294	102	192
建国门街道	32456	16047	16409	285	113	172
东直门街道	45658	22285	23373	447	164	283
和平里街道	99910	47751	52159	1151	403	748
前门街道	8945	4875	4070	125	37	88
崇文门外街道	43438	20644	22794	541	202	339
东花市街道	46653	22165	24488	718	281	437
龙潭街道	52649	25065	27584	660	226	434
体育馆路街道	31447	15464	15983	321	102	219
天坛街道	26915	13169	13746	436	120	316
永定门外街道	63218	31085	32133	922	313	609
西城区	**1082356**	**524215**	**558141**	**12707**	**4205**	**8502**
西长安街街道	35946	17887	18059	395	126	269
新街口街道	83242	40958	42284	955	304	651
月坛街道	95649	45473	50176	1175	451	724
展览路街道	112575	53905	58670	1006	315	691
德胜街道	113541	55264	58277	1355	505	850
金融街街道	53691	26099	27592	529	172	357
什刹海街道	73977	36368	37609	876	200	676
大栅栏街道	28542	14110	14432	312	77	235
天桥街道	33757	16013	17744	491	150	341
椿树街道	26795	13356	13439	270	77	193
陶然亭街道	41079	19805	21274	1038	428	610
广安门内街道	59189	28686	30503	621	220	401

表6 续表 1

单位：人

地　区	3岁及以上人口			未上过学		
	合计	男	女	小计	男	女
牛街街道	50508	24517	25991	422	137	285
白纸坊街道	80238	38694	41544	777	190	587
广安门外街道	193627	93080	100547	2485	853	1632
朝阳区	**3371966**	**1664291**	**1707675**	**37472**	**13562**	**23910**
建外街道	35669	17604	18065	301	112	189
朝外街道	32613	15771	16842	265	83	182
呼家楼街道	51970	24787	27183	611	199	412
三里屯街道	31710	14956	16754	401	161	240
左家庄街道	68827	32520	36307	839	284	555
香河园街道	42011	19812	22199	555	221	334
和平街街道	79916	37566	42350	711	221	490
安贞街道	55962	26367	29595	589	198	391
亚运村街道	66250	32133	34117	620	211	409
小关街道	60811	27097	33714	544	197	347
酒仙桥街道	62631	30785	31846	801	253	548
麦子店街道	29419	14003	15416	295	114	181
团结湖街道	31486	14666	16820	341	97	244
六里屯街道	73399	34336	39063	798	273	525
八里庄街道	95868	45318	50550	1180	404	776
双井街道	91870	43110	48760	1030	401	629
劲松街道	101011	47932	53079	1169	413	756
潘家园街道	98163	46496	51667	1497	482	1015
垡头街道	77235	37742	39493	1076	329	747
南磨房地区	124092	60740	63352	1549	623	926
高碑店地区	106984	53190	53794	1117	429	688
将台地区	52365	26167	26198	508	168	340
太阳宫地区	84575	40579	43996	948	392	556
大屯街道	129229	61004	68225	1010	402	608
望京街道	142679	68445	74234	1591	619	972
小红门地区	81516	42381	39135	1172	406	766
十八里店地区	175359	98633	76726	1940	667	1273
平房地区	83602	42641	40961	719	273	446

表6　续表 2　　单位：人

地　区	3岁及以上人口			未上过学		
	合计	男	女	小计	男	女
东风地区	61683	30299	31384	757	266	491
奥运村街道	106741	51429	55312	962	384	578
来广营地区	158845	77901	80944	1721	715	1006
常营地区	111037	53889	57148	1011	386	625
三间房地区	107323	50264	57059	1012	339	673
管庄地区	90247	44152	46095	1311	458	853
金盏地区	81384	46741	34643	796	322	474
孙河地区	30510	16226	14284	413	122	291
崔各庄地区	104991	57501	47490	1250	447	803
东坝地区	120069	59750	60319	1158	408	750
黑庄户地区	48973	26985	21988	669	223	446
豆各庄地区	52007	26360	25647	713	267	446
王四营地区	53650	29302	24348	747	276	471
东湖街道	60924	29215	31709	564	258	306
首都机场街道	16360	7496	8864	211	59	152
丰台区	**1971414**	**974054**	**997360**	**24976**	**7546**	**17430**
右安门街道	72169	34586	37583	1136	317	819
太平桥街道	72569	35315	37254	752	250	502
西罗园街道	82088	39353	42735	1094	298	796
大红门街道	173468	84789	88679	2464	767	1697
南苑街道	60085	29482	30603	791	190	601
东高地街道	41895	20534	21361	609	139	470
东铁匠营街道	149643	71824	77819	1858	576	1282
卢沟桥街道	217813	106436	111377	2344	760	1584
丰台街道	133998	64289	69709	1391	355	1036
新村街道	199309	99149	100160	2180	696	1484
长辛店街道	83662	41496	42166	1144	266	878
云岗街道	33794	17012	16782	465	104	361
方庄地区	73409	34429	38980	711	248	463
宛平城地区	45073	24341	20732	740	224	516
马家堡街道	108823	52240	56583	1272	394	878
和义街道	39079	19317	19762	543	138	405

表6 续表 3

单位：人

地区	3岁及以上人口			未上过学		
	合计	男	女	小计	男	女
卢沟桥地区	109328	54780	54548	1564	512	1052
花乡地区	116408	61213	55195	1604	543	1061
南苑地区	58003	29353	28650	943	308	635
长辛店镇	43299	24071	19228	589	209	380
王佐镇	57499	30045	27454	782	252	530
石景山区	**554257**	**274673**	**279584**	**8186**	**2453**	**5733**
八宝山街道	59720	28801	30919	607	213	394
老山街道	39211	19802	19409	601	167	434
八角街道	108326	53080	55246	1499	433	1066
古城街道	66152	34838	31314	1163	400	763
苹果园街道	95017	46425	48592	1523	417	1106
金顶街街道	66155	31861	34294	1161	306	855
广宁街道	14410	7672	6738	257	81	176
五里坨街道	40246	20535	19711	641	206	435
鲁谷街道	65020	31659	33361	734	230	504
海淀区	**3068268**	**1528303**	**1539965**	**30673**	**10955**	**19718**
万寿路街道	118575	54747	63828	1359	470	889
永定路街道	88925	42332	46593	1027	313	714
羊坊店街道	117630	55282	62348	1184	408	776
甘家口街道	115902	53522	62380	1105	371	734
八里庄街道	130643	61664	68979	1302	507	795
紫竹院街道	127444	59733	67711	925	353	572
北下关街道	144002	71507	72495	1282	419	863
北太平庄街道	161219	78018	83201	1245	410	835
学院路街道	223016	110794	112222	1259	459	800
中关村街道	128190	64483	63707	1090	363	727
海淀街道	121017	57709	63308	1015	355	660
青龙桥街道	82667	41355	41312	695	268	427
清华园街道	56032	32496	23536	227	79	148
燕园街道	29580	16414	13166	94	22	72
香山街道	27184	13989	13195	538	198	340
清河街道	143354	70599	72755	1834	727	1107

表6　续表 4　　　　　　　　　　　　　　　　　　　　　　　　　　单位：人

地　区	3岁及以上人口			未上过学		
	合计	男	女	小计	男	女
花园路街道	136992	68518	68474	1128	332	796
西三旗街道	153007	76875	76132	1769	552	1217
马连洼街道	116219	56955	59264	1114	381	733
田村路街道	105560	52695	52865	1195	412	783
上地街道	65941	33989	31952	557	221	336
万柳地区	2004	1288	716	14	5	9
东升地区	56465	28321	28144	521	164	357
曙光街道	84078	40268	43810	985	427	558
温泉地区	67435	35806	31629	1010	366	644
四季青地区	159573	83226	76347	1789	671	1118
西北旺地区	160390	87051	73339	1693	673	1020
苏家坨地区	75951	41067	34884	1294	460	834
上庄地区	69273	37600	31673	1423	569	854
门头沟区	**382043**	**193587**	**188456**	**7333**	**2048**	**5285**
大峪街道	84942	41351	43591	1509	392	1117
城子街道	43609	21684	21925	859	195	664
东辛房街道	35137	17416	17721	746	182	564
大台街道	3672	1967	1705	124	28	96
王平地区	6891	3567	3324	268	51	217
永定地区	102400	52618	49782	1346	443	903
龙泉地区	50864	26478	24386	712	234	478
潭柘寺镇	10704	5602	5102	331	99	232
军庄镇	15709	8038	7671	347	75	272
雁翅镇	5080	2733	2347	264	90	174
斋堂镇	7349	3885	3464	195	66	129
清水镇	5912	3153	2759	296	91	205
妙峰山镇	9774	5095	4679	336	102	234
房山区	**1273137**	**654868**	**618269**	**22118**	**6643**	**15475**
城关街道	117645	60008	57637	1748	513	1235
新镇街道	10469	5474	4995	171	41	130
向阳街道	18767	9791	8976	238	77	161
东风街道	22172	11467	10705	427	109	318

表6 续表 5

单位：人

地区	3岁及以上人口			未上过学		
	合计	男	女	小计	男	女
迎风街道	34073	17101	16972	430	116	314
星城街道	21265	10361	10904	229	63	166
良乡地区	23647	13338	10309	310	100	210
周口店地区	40702	20703	19999	1008	309	699
琉璃河地区	64908	33948	30960	1307	403	904
拱辰街道	208335	104253	104082	2333	761	1572
西潞街道	73601	36801	36800	559	196	363
阎村镇	75475	41106	34369	1208	402	806
窦店镇	93211	48879	44332	1423	437	986
石楼镇	31258	16320	14938	538	178	360
长阳镇	232203	119659	112544	3155	1143	2012
河北镇	18427	9373	9054	475	112	363
长沟镇	21263	10787	10476	532	121	411
大石窝镇	30073	15200	14873	1390	338	1052
张坊镇	17744	9046	8698	729	186	543
十渡镇	8895	4564	4331	575	155	420
青龙湖镇	50638	26655	23983	999	280	719
韩村河镇	36256	18344	17912	1173	306	867
霞云岭乡	4803	2523	2280	401	123	278
南窖乡	3111	1593	1518	109	18	91
佛子庄乡	6064	3232	2832	229	59	170
大安山乡	2817	1598	1219	114	28	86
史家营乡	3282	1706	1576	92	25	67
蒲洼乡	2033	1038	995	216	44	172
通州区	**1790216**	**942106**	**848110**	**21382**	**7702**	**13680**
中仓街道	65262	33203	32059	685	260	425
新华街道	36337	19240	17097	293	105	188
北苑街道	105997	52419	53578	878	321	557
玉桥街道	112636	56626	56010	1135	445	690
潞源街道	8253	4492	3761	98	39	59
通运街道	48430	24835	23595	489	208	281
宋庄镇	141751	79347	62404	1747	606	1141

表6　续表 6　　　　　　　　　　　　　　　　　　　　　　单位：人

地　　区	3岁及以上人口			未上过学		
	合计	男	女	小计	男	女
张家湾镇	124230	67079	57151	2064	722	1342
漷县镇	66417	34978	31439	1137	345	792
马驹桥镇	170942	95281	75661	1910	647	1263
西集镇	45297	23473	21824	964	277	687
台湖镇	147710	81173	66537	1632	617	1015
永乐店镇	41983	22028	19955	998	295	703
潞城镇	67188	35799	31389	1027	312	715
永顺镇	296767	152248	144519	2650	996	1654
梨园镇	277448	141708	135740	2483	1000	1483
于家务回族乡	33568	18177	15391	1192	507	685
顺义区	**1287413**	**691730**	**595683**	**18229**	**5733**	**12496**
胜利街道	45042	22216	22826	388	104	284
光明街道	68267	33491	34776	685	215	470
仁和地区	65774	37314	28460	689	249	440
后沙峪地区	72913	40574	32339	668	261	407
天竺地区	32310	17510	14800	288	94	194
杨镇地区	62753	32572	30181	1209	319	890
牛栏山地区	53229	27868	25361	613	183	430
南法信地区	53364	31534	21830	441	162	279
马坡地区	37506	20960	16546	470	171	299
石园街道	65908	32621	33287	737	190	547
空港街道	96187	48077	48110	1112	406	706
双丰街道	65929	34711	31218	544	177	367
旺泉街道	90885	45439	45446	815	263	552
高丽营镇	79240	47710	31530	1248	549	699
李桥镇	94882	53626	41256	1131	361	770
李遂镇	21935	11812	10123	428	125	303
南彩镇	71446	39932	31514	921	272	649
北务镇	13571	7554	6017	340	99	241
大孙各庄镇	23055	12172	10883	884	232	652
张　镇	24063	12574	11489	679	172	507
龙湾屯镇	13842	7323	6519	518	124	394

表6 续表 7 单位：人

地 区	3岁及以上人口			未上过学		
	合计	男	女	小计	男	女
木林镇	33166	17502	15664	1215	286	929
北小营镇	41529	22412	19117	1131	354	777
北石槽镇	14714	7838	6876	336	95	241
赵全营镇	45903	26388	19515	739	270	469
昌平区	**2210964**	**1189428**	**1021536**	**27088**	**9724**	**17364**
城北街道	222675	111985	110690	2057	762	1295
南口地区	80488	46075	34413	1442	444	998
马池口地区	85315	48262	37053	1317	473	844
沙河地区	286299	162857	123442	3143	1146	1997
城南街道	86638	45776	40862	937	337	600
东小口地区	84418	49455	34963	871	348	523
天通苑北街道	139653	71056	68597	1395	544	851
天通苑南街道	113345	56948	56397	1023	391	632
霍营街道	90421	46953	43468	1114	422	692
回龙观街道	161084	83036	78048	1853	657	1196
龙泽园街道	176433	90136	86297	1657	662	995
史各庄街道	63702	36180	27522	426	172	254
阳坊镇	25731	13908	11823	495	180	315
小汤山镇	78435	43289	35146	1117	364	753
南邵镇	63209	33948	29261	910	334	576
崔村镇	24087	13069	11018	451	118	333
百善镇	35406	19747	15659	485	141	344
北七家镇	301395	166417	134978	3527	1336	2191
兴寿镇	33481	18889	14592	659	223	436
流村镇	17770	9837	7933	773	253	520
十三陵镇	33383	17630	15753	872	249	623
延寿镇	7596	3975	3621	564	168	396
大兴区	**1935773**	**1042316**	**893457**	**26778**	**9653**	**17125**
兴丰街道	77572	39094	38478	932	344	588
林校路街道	78898	40018	38880	900	341	559
清源街道	143285	71942	71343	1664	618	1046
亦庄地区	105190	54210	50980	1261	442	819

表6　续表 8　　　　单位：人

地　区	3岁及以上人口			未上过学		
	合计	男	女	小计	男	女
黄村地区	173037	101895	71142	1978	708	1270
旧宫地区	184298	97131	87167	2594	935	1659
西红门地区	175991	97689	78302	1920	765	1155
瀛海地区	98586	51996	46590	1228	416	812
观音寺街道	108100	56987	51113	1123	403	720
天宫院街道	83932	42966	40966	1220	460	760
高米店街道	96916	48360	48556	1070	383	687
青云店镇	67707	39517	28190	1397	467	930
采育镇	52865	29120	23745	845	286	559
安定镇	29513	15397	14116	750	247	503
礼贤镇	39603	23231	16372	1151	469	682
榆垡镇	69309	37725	31584	1320	378	942
庞各庄镇	72523	38873	33650	1281	490	791
北臧村镇	34581	20509	14072	401	151	250
魏善庄镇	45007	25021	19986	1229	363	866
长子营镇	33454	18337	15117	914	323	591
中关村国家自主创新示范区大兴生物医药产业基地	9985	5940	4045	76	35	41
国家新媒体产业基地	9710	5850	3860	63	26	37
大兴国际机场(大兴部分)	1521	844	677	2		2
北京经济技术开发区	144190	79664	64526	1459	603	856
怀柔区	**429895**	**229237**	**200658**	**12584**	**3867**	**8717**
泉河街道	76444	38083	38361	1059	388	671
龙山街道	72543	36566	35977	752	219	533
怀柔地区	41020	23442	17578	992	347	645
雁栖地区	37299	20261	17038	815	267	548
庙城地区	39852	22295	17557	779	271	508
北房镇	32726	17781	14945	851	246	605
杨宋镇	30458	16596	13862	691	188	503
桥梓镇	24439	12852	11587	703	213	490
怀北镇	22162	12841	9321	468	116	352

表6 续表 9

单位：人

地区	3岁及以上人口			未上过学		
	合计	男	女	小计	男	女
汤河口镇	5349	2823	2526	677	172	505
渤海镇	12470	6488	5982	1044	341	703
九渡河镇	12284	6399	5885	1157	358	799
琉璃庙镇	4219	2264	1955	633	192	441
宝山镇	6138	3297	2841	745	215	530
长哨营满族乡	5274	2790	2484	638	164	474
喇叭沟门满族乡	3972	2087	1885	564	162	402
北京雁栖经济开发区	3246	2372	874	16	8	8
平谷区	**443078**	**226542**	**216536**	**14484**	**3454**	**11030**
滨河街道	49178	24374	24804	377	92	285
兴谷街道	60143	30733	29410	860	234	626
渔阳地区	60738	30933	29805	1579	464	1115
峪口地区	27474	14115	13359	1074	251	823
马坊地区	28370	14521	13849	757	169	588
金海湖地区	24624	12799	11825	1183	271	912
东高村镇	27510	14196	13314	1365	312	1053
山东庄镇	15855	8179	7676	748	175	573
南独乐河镇	18279	9327	8952	558	99	459
大华山镇	14825	7652	7173	767	168	599
夏各庄镇	25299	13083	12216	1317	295	1022
马昌营镇	16191	8300	7891	525	121	404
王辛庄镇	29647	15155	14492	1314	297	1017
大兴庄镇	22846	11777	11069	753	194	559
刘家店镇	6965	3552	3413	397	107	290
镇罗营镇	7441	3857	3584	429	88	341
黄松峪乡	4905	2533	2372	249	59	190
熊儿寨乡	2788	1456	1332	232	58	174
密云区	**513302**	**262311**	**250991**	**16059**	**4698**	**11361**
鼓楼街道	149953	73890	76063	2258	693	1565
果园街道	85492	42455	43037	1066	331	735
檀营地区	14964	7793	7171	206	49	157
密云镇	19958	10988	8970	437	134	303
溪翁庄镇	19976	10345	9631	512	156	356
西田各庄镇	32886	17014	15872	1091	314	777

表6　续表 10　　　　单位：人

地　区	3岁及以上人口			未上过学		
	合计	男	女	小计	男	女
十里堡镇	28960	15627	13333	636	187	449
河南寨镇	23471	12315	11156	882	258	624
巨各庄镇	21436	11169	10267	1197	336	861
穆家峪镇	22656	11973	10683	946	285	661
太师屯镇	21974	11301	10673	1313	360	953
高岭镇	9832	5037	4795	670	203	467
不老屯镇	12525	6403	6122	799	271	528
冯家峪镇	4431	2314	2117	663	227	436
古北口镇	7060	3587	3473	510	105	405
大城子镇	9304	4802	4502	883	226	657
东邵渠镇	9299	4825	4474	549	133	416
北庄镇	5852	3018	2834	497	159	338
新城子镇	6440	3372	3068	685	197	488
石城镇	3959	2091	1868	245	68	177
北京密云经济开发区	2874	1992	882	14	6	8
延庆区	**336357**	**176924**	**159433**	**11844**	**3978**	**7866**
百泉街道	34989	17489	17500	463	178	285
香水园街道	46839	23583	23256	614	205	409
儒林街道	27417	13644	13773	362	136	226
延庆镇	53352	29410	23942	1172	419	753
康庄镇	31930	17008	14922	759	250	509
八达岭镇	9753	5407	4346	273	94	179
永宁镇	22924	12103	10821	1026	341	685
旧县镇	17177	8983	8194	1406	479	927
张山营镇	23695	13241	10454	1111	374	737
四海镇	4245	2282	1963	415	124	291
千家店镇	6156	3288	2868	735	242	493
沈家营镇	16095	8382	7713	660	216	444
大榆树镇	15675	8145	7530	582	168	414
井庄镇	9282	4923	4359	673	239	434
大庄科乡	4111	2235	1876	401	121	280
刘斌堡乡	4404	2371	2033	366	103	263
香营乡	5882	3143	2739	414	148	266
珍珠泉乡	2431	1287	1144	412	141	271

表6 续表 11 单位：人

地区	学前教育			小学		
	小计	男	女	小计	男	女
北京	**603292**	**311609**	**291683**	**2299436**	**1083828**	**1215608**
东城区	**19951**	**10185**	**9766**	**72741**	**33806**	**38935**
东华门街道	771	418	353	3472	1588	1884
景山街道	671	345	326	2366	1088	1278
交道口街道	974	510	464	3516	1617	1899
安定门街道	817	396	421	3491	1548	1943
北新桥街道	1522	756	766	5748	2612	3136
东四街道	885	429	456	3503	1611	1892
朝阳门街道	826	406	420	3079	1445	1634
建国门街道	752	399	353	3024	1359	1665
东直门街道	1490	783	707	5139	2421	2718
和平里街道	3271	1672	1599	10435	4951	5484
前门街道	171	89	82	781	389	392
崇文门外街道	1342	688	654	4448	2043	2405
东花市街道	1643	855	788	5507	2682	2825
龙潭街道	1785	911	874	6412	2997	3415
体育馆路街道	763	392	371	3029	1378	1651
天坛街道	501	225	276	2742	1255	1487
永定门外街道	1767	911	856	6049	2822	3227
西城区	**32784**	**17178**	**15606**	**114787**	**52942**	**61845**
西长安街街道	909	465	444	3808	1725	2083
新街口街道	2375	1218	1157	9001	4165	4836
月坛街道	2708	1458	1250	10006	4619	5387
展览路街道	3000	1574	1426	11405	5128	6277
德胜街道	4285	2308	1977	13828	6740	7088
金融街街道	1552	793	759	5523	2571	2952
什刹海街道	2209	1150	1059	7787	3576	4211
大栅栏街道	583	300	283	2800	1222	1578
天桥街道	781	404	377	3874	1712	2162
椿树街道	836	441	395	2918	1395	1523
陶然亭街道	1965	1036	929	4168	2012	2156
广安门内街道	1487	768	719	7306	3231	4075

表6　续表 12　　　　单位：人

地　区	学前教育			小　学		
	小计	男	女	小计	男	女
牛街街道	1201	627	574	4652	2115	2537
白纸坊街道	2558	1320	1238	8550	3830	4720
广安门外街道	6335	3316	3019	19161	8901	10260
朝阳区	**90034**	**46620**	**43414**	**300504**	**139609**	**160895**
建外街道	644	344	300	2279	984	1295
朝外街道	740	385	355	2541	1131	1410
呼家楼街道	1109	581	528	4666	2053	2613
三里屯街道	822	431	391	3086	1377	1709
左家庄街道	1741	876	865	5624	2439	3185
香河园街道	968	517	451	3293	1445	1848
和平街街道	1343	692	651	5026	2200	2826
安贞街道	1262	669	593	4390	1862	2528
亚运村街道	1617	826	791	4636	2028	2608
小关街道	1217	627	590	3222	1417	1805
酒仙桥街道	1172	584	588	4992	2128	2864
麦子店街道	769	414	355	2303	1076	1227
团结湖街道	630	329	301	2281	960	1321
六里屯街道	1700	857	843	5417	2316	3101
八里庄街道	2330	1186	1144	8388	3510	4878
双井街道	2259	1146	1113	6793	3050	3743
劲松街道	2797	1442	1355	8126	3647	4479
潘家园街道	2032	1036	996	7627	3247	4380
垡头街道	1974	1017	957	6336	2794	3542
南磨房地区	3255	1694	1561	10214	4655	5559
高碑店地区	2573	1337	1236	8761	3980	4781
将台地区	1330	683	647	4510	2114	2396
太阳宫地区	3082	1566	1516	8506	4089	4417
大屯街道	4261	2190	2071	11554	5394	6160
望京街道	4688	2489	2199	13624	6379	7245
小红门地区	2126	1122	1004	8532	4026	4506
十八里店地区	2959	1528	1431	18069	9086	8983
平房地区	2288	1201	1087	8476	3991	4485

表6 续表 13

单位：人

地　区	学前教育			小　学		
	小计	男	女	小计	男	女
东风地区	1586	838	748	5990	2835	3155
奥运村街道	3491	1760	1731	8240	3908	4332
来广营地区	6155	3204	2951	14342	6851	7491
常营地区	3252	1708	1544	10435	4940	5495
三间房地区	2518	1326	1192	7683	3328	4355
管庄地区	3612	1914	1698	9459	4358	5101
金盏地区	1673	875	798	10267	5317	4950
孙河地区	868	446	422	4415	2460	1955
崔各庄地区	2029	1028	1001	9682	4660	5022
东坝地区	4812	2488	2324	11982	5668	6314
黑庄户地区	1000	506	494	6367	3231	3136
豆各庄地区	1904	1001	903	5766	2747	3019
王四营地区	1016	528	488	6019	2898	3121
东湖街道	1986	985	1001	5482	2602	2880
首都机场街道	444	244	200	1103	428	675
丰台区	**51035**	**26173**	**24862**	**176032**	**79420**	**96612**
右安门街道	1482	779	703	5891	2572	3319
太平桥街道	1865	975	890	5294	2470	2824
西罗园街道	1740	903	837	6590	2770	3820
大红门街道	4100	2123	1977	13829	6115	7714
南苑街道	1629	855	774	5069	2213	2856
东高地街道	876	438	438	3767	1483	2284
东铁匠营街道	3225	1623	1602	11356	4865	6491
卢沟桥街道	6098	3136	2962	17319	7740	9579
丰台街道	3808	1944	1864	11052	4727	6325
新村街道	5712	2986	2726	16589	7791	8798
长辛店街道	2278	1134	1144	7972	3323	4649
云岗街道	826	430	396	2735	1120	1615
方庄地区	1915	944	971	5606	2487	3119
宛平城地区	1215	620	595	5368	2593	2775
马家堡街道	2633	1312	1321	7730	3311	4419
和义街道	981	477	504	3518	1539	1979

表6　续表 14　　单位：人

地　　区	学前教育			小　学		
	小计	男	女	小计	男	女
卢沟桥地区	3160	1593	1567	12540	6038	6502
花乡地区	3109	1633	1476	14057	6778	7279
南苑地区	1325	668	657	6485	3012	3473
长辛店镇	1068	571	497	5239	2706	2533
王佐镇	1990	1029	961	8026	3767	4259
石景山区	**14677**	**7613**	**7064**	**49784**	**23000**	**26784**
八宝山街道	1768	896	872	5290	2394	2896
老山街道	830	441	389	2930	1300	1630
八角街道	2861	1462	1399	8658	3821	4837
古城街道	1476	781	695	6638	3513	3125
苹果园街道	2762	1453	1309	8569	3940	4629
金顶街街道	1685	864	821	6141	2769	3372
广宁街道	287	138	149	2107	975	1132
五里坨街道	1079	567	512	3997	1808	2189
鲁谷街道	1929	1011	918	5454	2480	2974
海淀区	**79987**	**41286**	**38701**	**265419**	**124523**	**140896**
万寿路街道	3862	1961	1901	11637	5237	6400
永定路街道	2285	1147	1138	8318	3578	4740
羊坊店街道	3595	1815	1780	10642	4904	5738
甘家口街道	2812	1478	1334	9701	4443	5258
八里庄街道	3313	1704	1609	10009	4634	5375
紫竹院街道	2491	1312	1179	8436	3926	4510
北下关街道	3085	1631	1454	10187	4697	5490
北太平庄街道	3233	1622	1611	10658	4857	5801
学院路街道	4102	2093	2009	11600	5188	6412
中关村街道	3708	1962	1746	12733	6142	6591
海淀街道	3209	1730	1479	11518	5711	5807
青龙桥街道	1846	953	893	6864	3213	3651
清华园街道	951	512	439	2442	1273	1169
燕园街道	324	170	154	932	448	484
香山街道	488	246	242	3756	1810	1946
清河街道	4995	2545	2450	15053	7161	7892

表6　续表 15　　单位：人

地　　区	学前教育			小　　学		
	小计	男	女	小计	男	女
花园路街道	3114	1610	1504	10184	4531	5653
西三旗街道	5319	2742	2577	14398	6679	7719
马连洼街道	3484	1835	1649	11189	5121	6068
田村路街道	3179	1647	1532	10247	4842	5405
上地街道	1520	819	701	5508	2671	2837
万柳地区	19	9	10	189	95	94
东升地区	1833	929	904	5304	2561	2743
曙光街道	2583	1303	1280	8301	3989	4312
温泉地区	2046	1045	1001	6599	3084	3515
四季青地区	3812	2012	1800	15692	7588	8104
西北旺地区	4434	2255	2179	15794	7656	8138
苏家坨地区	2235	1154	1081	9106	4427	4679
上庄地区	2110	1045	1065	8422	4057	4365
门头沟区	**10305**	**5266**	**5039**	**47064**	**21001**	**26063**
大峪街道	2253	1136	1117	8297	3518	4779
城子街道	968	479	489	5072	2192	2880
东辛房街道	901	457	444	3577	1552	2025
大台街道	42	21	21	797	346	451
王平地区	95	45	50	1351	543	808
永定地区	3701	1912	1789	11077	5172	5905
龙泉地区	1273	679	594	6628	3118	3510
潭柘寺镇	303	149	154	1777	758	1019
军庄镇	347	176	171	2444	1035	1409
雁翅镇	55	28	27	1202	558	644
斋堂镇	103	49	54	1453	637	816
清水镇	76	37	39	1437	662	775
妙峰山镇	188	98	90	1952	910	1042
房山区	**41157**	**21427**	**19730**	**167742**	**76188**	**91554**
城关街道	3901	2042	1859	15603	7178	8425
新镇街道	251	137	114	956	417	539
向阳街道	481	258	223	1795	798	997
东风街道	369	207	162	2464	1091	1373

表6　续表 16　　　　单位：人

地　区	学前教育			小　学		
	小计	男	女	小计	男	女
迎风街道	743	397	346	3571	1557	2014
星城街道	411	214	197	2021	832	1189
良乡地区	722	382	340	3740	1822	1918
周口店地区	1089	583	506	6481	2745	3736
琉璃河地区	1787	958	829	10145	4290	5855
拱辰街道	5923	3064	2859	19843	9195	10648
西潞街道	2675	1391	1284	8339	3839	4500
阎村镇	2329	1215	1114	10317	5015	5302
窦店镇	3251	1703	1548	12765	5974	6791
石楼镇	741	388	353	4822	2122	2700
长阳镇	10580	5460	5120	26852	12982	13870
河北镇	439	234	205	2809	1112	1697
长沟镇	689	347	342	4186	1743	2443
大石窝镇	886	451	435	6204	2602	3602
张坊镇	504	262	242	3519	1467	2052
十渡镇	203	109	94	1982	868	1114
青龙湖镇	1680	881	799	7924	3564	4360
韩村河镇	1110	558	552	6672	2867	3805
霞云岭乡	100	44	56	1183	535	648
南窖乡	72	23	49	545	211	334
佛子庄乡	96	54	42	923	405	518
大安山乡	39	19	20	670	342	328
史家营乡	65	36	29	714	305	409
蒲洼乡	21	10	11	697	310	387
通州区	**54770**	**28249**	**26521**	**220410**	**105927**	**114483**
中仓街道	1515	808	707	6955	3141	3814
新华街道	1118	570	548	3901	2096	1805
北苑街道	3337	1765	1572	10561	4861	5700
玉桥街道	3554	1841	1713	11938	5676	6262
潞源街道	243	145	98	910	496	414
通运街道	1421	683	738	5108	2608	2500
宋庄镇	3696	1880	1816	20636	10197	10439

表6 续表 17

单位：人

地　区	学前教育			小　学		
	小计	男	女	小计	男	女
张家湾镇	3470	1776	1694	17787	8547	9240
漷县镇	1975	1027	948	11797	5421	6376
马驹桥镇	5375	2755	2620	21172	10245	10927
西集镇	1312	692	620	6995	3065	3930
台湖镇	4133	2139	1994	19669	9888	9781
永乐店镇	1344	702	642	8743	4075	4668
潞城镇	2189	1123	1066	9413	4479	4934
永顺镇	9032	4668	4364	27835	13247	14588
梨园镇	9824	5025	4799	30550	14653	15897
于家务回族乡	1232	650	582	6440	3232	3208
顺义区	**38664**	**19867**	**18797**	**165306**	**81319**	**83987**
胜利街道	1568	798	770	4890	2173	2717
光明街道	2763	1409	1354	7639	3517	4122
仁和地区	1814	915	899	8485	4676	3809
后沙峪地区	2065	1045	1020	8870	4877	3993
天竺地区	695	377	318	2807	1402	1405
杨镇地区	1757	870	887	8844	4162	4682
牛栏山地区	1593	836	757	6336	2945	3391
南法信地区	698	366	332	5473	2993	2480
马坡地区	1049	537	512	5573	3019	2554
石园街道	2775	1430	1345	7617	3458	4159
空港街道	3583	1823	1760	10520	5100	5420
双丰街道	3064	1572	1492	7825	3850	3975
旺泉街道	3640	1866	1774	9342	4421	4921
高丽营镇	1652	870	782	11728	6622	5106
李桥镇	2211	1178	1033	11338	5569	5769
李遂镇	563	284	279	3084	1395	1689
南彩镇	1662	851	811	9376	4600	4776
北务镇	319	163	156	2470	1166	1304
大孙各庄镇	535	280	255	4559	1980	2579
张　镇	702	344	358	4129	1832	2297
龙湾屯镇	340	194	146	2848	1254	1594

表6　续表 18　　　　单位：人

地　区	学前教育			小　学		
	小计	男	女	小计	男	女
木林镇	879	447	432	6079	2747	3332
北小营镇	1234	625	609	6979	3366	3613
北石槽镇	348	183	165	2315	1060	1255
赵全营镇	1155	604	551	6180	3135	3045
昌平区	**59485**	**30805**	**28680**	**199590**	**95876**	**103714**
城北街道	6614	3390	3224	20361	9241	11120
南口地区	1620	848	772	7970	3783	4187
马池口地区	2123	1086	1037	10290	5121	5169
沙河地区	7222	3743	3479	20824	10069	10755
城南街道	2601	1378	1223	8679	4204	4475
东小口地区	1333	681	652	7761	4068	3693
天通苑北街道	3271	1674	1597	9273	4309	4964
天通苑南街道	3169	1699	1470	7924	3618	4306
霍营街道	3145	1603	1542	7413	3486	3927
回龙观街道	5017	2552	2465	13210	6124	7086
龙泽园街道	6043	3193	2850	13852	6466	7386
史各庄街道	1066	565	501	3972	2093	1879
阳坊镇	808	410	398	3592	1719	1873
小汤山镇	1851	970	881	9191	4425	4766
南邵镇	2268	1168	1100	6494	3090	3404
崔村镇	569	297	272	3295	1627	1668
百善镇	1046	528	518	3820	1848	1972
北七家镇	7756	4039	3717	27361	13736	13625
兴寿镇	678	345	333	4405	2188	2217
流村镇	451	231	220	3494	1718	1776
十三陵镇	743	364	379	4847	2214	2633
延寿镇	91	41	50	1562	729	833
大兴区	**59003**	**30599**	**28404**	**230343**	**112313**	**118030**
兴丰街道	2286	1148	1138	8371	3956	4415
林校路街道	2323	1212	1111	7953	3623	4330
清源街道	4796	2492	2304	14438	6614	7824
亦庄地区	3759	1947	1812	12024	5686	6338

表6 续表 19 单位：人

地区	学前教育			小学		
	小计	男	女	小计	男	女
黄村地区	3935	2072	1863	21511	11152	10359
旧宫地区	4891	2585	2306	17471	8358	9113
西红门地区	4186	2217	1969	18855	9442	9413
瀛海地区	3421	1843	1578	11136	5278	5858
观音寺街道	3067	1533	1534	10485	4746	5739
天宫院街道	3631	1899	1732	8465	4010	4455
高米店街道	3835	1968	1867	10155	4832	5323
青云店镇	1857	965	892	11061	5622	5439
采育镇	1827	931	896	8158	3895	4263
安定镇	1067	542	525	6965	3266	3699
礼贤镇	1325	701	624	7142	3928	3214
榆垡镇	2282	1205	1077	11028	5552	5476
庞各庄镇	2207	1125	1082	11758	5551	6207
北臧村镇	733	368	365	5091	2455	2636
魏善庄镇	1626	851	775	8222	4082	4140
长子营镇	1141	562	579	6367	3064	3303
中关村国家自主创新示范区大兴生物医药产业基地	168	77	91	786	502	284
国家新媒体产业基地	123	63	60	768	474	294
大兴国际机场(大兴部分)	5	3	2	31	18	13
北京经济技术开发区	4512	2290	2222	12102	6207	5895
怀柔区	**11457**	**5877**	**5580**	**63871**	**31014**	**32857**
泉河街道	2368	1214	1154	8639	3861	4778
龙山街道	2490	1284	1206	8236	3775	4461
怀柔地区	1001	526	475	6830	3614	3216
雁栖地区	1175	589	586	5167	2526	2641
庙城地区	988	489	499	5498	2676	2822
北房镇	873	431	442	5427	2621	2806
杨宋镇	835	436	399	4624	2248	2376
桥梓镇	618	342	276	4277	2057	2220
怀北镇	320	169	151	2373	1216	1157

表6　续表 20　　　　单位：人

地　区	学前教育			小　学		
	小计	男	女	小计	男	女
汤河口镇	78	41	37	1372	672	700
渤海镇	213	101	112	2623	1288	1335
九渡河镇	237	125	112	2958	1452	1506
琉璃庙镇	48	24	24	1131	594	537
宝山镇	76	40	36	1794	894	900
长哨营满族乡	70	35	35	1541	775	766
喇叭沟门满族乡	38	17	21	1077	517	560
北京雁栖经济开发区	29	14	15	304	228	76
平谷区	**15428**	**7905**	**7523**	**77122**	**35236**	**41886**
滨河街道	1881	962	919	5212	2256	2956
兴谷街道	2226	1140	1086	7229	3336	3893
渔阳地区	2101	1090	1011	8429	3851	4578
峪口地区	966	487	479	5293	2400	2893
马坊地区	1256	631	625	4802	2184	2618
金海湖地区	712	388	324	5792	2657	3135
东高村镇	929	472	457	6055	2783	3272
山东庄镇	494	247	247	3254	1528	1726
南独乐河镇	549	268	281	4232	1879	2353
大华山镇	344	180	164	2963	1309	1654
夏各庄镇	858	455	403	5008	2416	2592
马昌营镇	608	316	292	3187	1390	1797
王辛庄镇	991	507	484	5948	2692	3256
大兴庄镇	999	510	489	4574	2238	2336
刘家店镇	163	79	84	1443	637	806
镇罗营镇	137	66	71	1893	854	1039
黄松峪乡	147	74	73	1143	517	626
熊儿寨乡	67	33	34	665	309	356
密云区	**15631**	**8000**	**7631**	**86594**	**40777**	**45817**
鼓楼街道	5622	2851	2771	17642	7904	9738
果园街道	3422	1800	1622	9862	4484	5378
檀营地区	536	286	250	2173	1159	1014
密云镇	508	264	244	3600	1848	1752
溪翁庄镇	467	246	221	4154	1937	2217
西田各庄镇	782	379	403	6722	3138	3584

表6　续表 21　　单位：人

地　区	学前教育			小　学		
	小计	男	女	小计	男	女
十里堡镇	891	450	441	4516	2109	2407
河南寨镇	617	313	304	4704	2221	2483
巨各庄镇	566	294	272	4694	2268	2426
穆家峪镇	566	294	272	4644	2257	2387
太师屯镇	462	225	237	4914	2300	2614
高岭镇	162	84	78	2771	1280	1491
不老屯镇	217	110	107	3714	1761	1953
冯家峪镇	35	14	21	1224	600	624
古北口镇	115	57	58	1470	691	779
大城子镇	148	71	77	2538	1267	1271
东邵渠镇	204	111	93	2414	1135	1279
北庄镇	119	50	69	1527	729	798
新城子镇	95	47	48	2038	1033	1005
石城镇	58	32	26	1051	516	535
北京密云经济开发区	39	22	17	222	140	82
延庆区	**8924**	**4559**	**4365**	**62127**	**30877**	**31250**
百泉街道	1050	567	483	4028	1837	2191
香水园街道	1524	758	766	5949	2731	3218
儒林街道	962	467	495	3246	1442	1804
延庆镇	1476	787	689	9598	4949	4649
康庄镇	793	395	398	5620	2687	2933
八达岭镇	244	132	112	1848	949	899
永宁镇	525	273	252	5416	2681	2735
旧县镇	382	190	192	4325	2259	2066
张山营镇	518	256	262	5490	2789	2701
四海镇	58	33	25	1206	612	594
千家店镇	55	31	24	1682	844	838
沈家营镇	566	274	292	3189	1612	1577
大榆树镇	364	187	177	3404	1707	1697
井庄镇	169	85	84	2350	1249	1101
大庄科乡	43	27	16	1089	573	516
刘斌堡乡	71	30	41	1329	730	599
香营乡	99	52	47	1710	876	834
珍珠泉乡	25	15	10	648	350	298

表6　续表 22　　　　单位：人

地　区	初　中			高　中			大学专科		
	小计	男	女	小计	男	女	小计	男	女
北　京	**5098789**	**2835520**	**2263269**	**3851750**	**1998990**	**1852760**	**2928407**	**1473704**	**1454703**
东城区	**112238**	**58091**	**54147**	**157185**	**76609**	**80576**	**96591**	**46632**	**49959**
东华门街道	5994	3268	2726	7661	3774	3887	4899	2268	2631
景山街道	4655	2427	2228	7160	3497	3663	3667	1803	1864
交道口街道	5661	2971	2690	7509	3798	3711	4445	2158	2287
安定门街道	6456	3305	3151	8829	4378	4451	4652	2309	2343
北新桥街道	9485	4923	4562	14459	7148	7311	7635	3729	3906
东四街道	5660	2950	2710	7711	3776	3935	4785	2242	2543
朝阳门街道	4667	2445	2222	7593	3703	3890	4495	2128	2367
建国门街道	5455	2865	2590	8920	4487	4433	4455	2166	2289
东直门街道	6941	3804	3137	8918	4364	4554	5590	2668	2922
和平里街道	13341	6651	6690	17839	8361	9478	13797	6612	7185
前门街道	2591	1641	950	2260	1208	1052	1126	590	536
崇文门外街道	5681	2789	2892	8064	3745	4319	5552	2665	2887
东花市街道	5715	2783	2932	7842	3572	4270	6167	2913	3254
龙潭街道	7506	3622	3884	10717	5040	5677	7570	3600	3970
体育馆路街道	6134	3242	2892	8483	4228	4255	4296	2070	2226
天坛街道	5434	2841	2593	7631	3807	3824	4039	2023	2016
永定门外街道	10862	5564	5298	15589	7723	7866	9421	4688	4733
西城区	**173262**	**88476**	**84786**	**212617**	**102798**	**109819**	**142327**	**67792**	**74535**
西长安街街道	6725	3628	3097	8099	4093	4006	4834	2340	2494
新街口街道	15156	8087	7069	17968	8990	8978	11147	5413	5734
月坛街道	11599	5489	6110	14639	6625	8014	13516	6170	7346
展览路街道	16690	8438	8252	20466	9956	10510	14707	6896	7811
德胜街道	14208	7082	7126	16524	7784	8740	13684	6356	7328
金融街街道	8557	4697	3860	8914	4312	4602	5698	2643	3055
什刹海街道	16207	8858	7349	17920	9036	8884	9710	4668	5042
大栅栏街道	7463	4057	3406	8367	4220	4147	3633	1815	1818
天桥街道	6816	3341	3475	8784	4352	4432	4707	2272	2435
椿树街道	4672	2570	2102	5113	2501	2612	3147	1553	1594
陶然亭街道	6482	3188	3294	7896	3708	4188	5124	2459	2665
广安门内街道	10982	5696	5286	13383	6554	6829	7681	3695	3986

表6 续表 23 单位：人

地区	初中			高中			大学专科		
	小计	男	女	小计	男	女	小计	男	女
牛街街道	7914	3853	4061	12126	5902	6224	7174	3489	3685
白纸坊街道	13453	6701	6752	17822	8495	9327	10915	5385	5530
广安门外街道	26338	12791	13547	34596	16270	18326	26650	12638	14012
朝阳区	**640306**	**344929**	**295377**	**603797**	**301887**	**301910**	**467230**	**226764**	**240466**
建外街道	4897	2707	2190	6994	3702	3292	5042	2432	2610
朝外街道	4782	2415	2367	6885	3439	3446	4894	2334	2560
呼家楼街道	8018	4073	3945	10400	5123	5277	7336	3570	3766
三里屯街道	4408	2135	2273	6189	2992	3197	4460	2083	2377
左家庄街道	10295	5025	5270	13439	6395	7044	10336	4981	5355
香河园街道	6086	2906	3180	8017	3704	4313	6186	2955	3231
和平街街道	9093	4382	4711	13055	6064	6991	9638	4453	5185
安贞街道	7788	3750	4038	11005	5122	5883	7949	3818	4131
亚运村街道	8742	4374	4368	10768	5121	5647	8774	4105	4669
小关街道	5972	2860	3112	8448	3908	4540	7011	3354	3657
酒仙桥街道	12189	6126	6063	14525	7409	7116	9295	4608	4687
麦子店街道	4144	2063	2081	4805	2297	2508	4169	1899	2270
团结湖街道	4567	2222	2345	6837	3159	3678	4646	2219	2427
六里屯街道	11001	5341	5660	14653	7012	7641	10846	5174	5672
八里庄街道	14338	7118	7220	19525	9562	9963	13606	6463	7143
双井街道	10365	5072	5293	15027	7003	8024	13286	6108	7178
劲松街道	13580	6671	6909	18007	8452	9555	13753	6583	7170
潘家园街道	16835	8272	8563	21567	10422	11145	15218	7363	7855
垡头街道	13675	6897	6778	18647	9245	9402	13592	6910	6682
南磨房地区	19645	10222	9423	21637	10654	10983	17925	8471	9454
高碑店地区	20785	11172	9613	20595	10565	10030	17104	8484	8620
将台地区	12506	7025	5481	8266	4240	4026	6179	2943	3236
太阳宫地区	11113	5470	5643	11798	5632	6166	9978	4621	5357
大屯街道	14372	6830	7542	16156	7212	8944	16839	7680	9159
望京街道	19015	9527	9488	19923	9514	10409	18439	8628	9811
小红门地区	24934	14266	10668	15323	8269	7054	12083	5969	6114
十八里店地区	73913	44844	29069	38642	22550	16092	19589	10145	9444
平房地区	19509	11077	8432	14016	7293	6723	11064	5361	5703

表6　续表 24　　　　单位：人

地　区	初　中			高　中			大学专科		
	小计	男	女	小计	男	女	小计	男	女
东风地区	13402	7316	6086	10830	5402	5428	8168	3850	4318
奥运村街道	11348	5776	5572	12677	5785	6892	12915	5780	7135
来广营地区	20244	10155	10089	20451	9754	10697	21489	10198	11291
常营地区	18168	9392	8776	19211	9214	9997	18841	9226	9615
三间房地区	16725	8482	8243	25452	11410	14042	14944	7577	7367
管庄地区	15662	7979	7683	14853	7087	7766	12631	6181	6450
金盏地区	38052	23087	14965	16848	10192	6656	7675	4082	3593
孙河地区	9319	5384	3935	4959	2630	2329	4191	2123	2068
崔各庄地区	30931	18174	12757	20873	12072	8801	17134	9290	7844
东坝地区	23536	12089	11447	21841	10764	11077	18288	9240	9048
黑庄户地区	18137	10987	7150	9673	5410	4263	5689	2907	2782
豆各庄地区	10081	5619	4462	9424	4922	4502	8267	4076	4191
王四营地区	20203	11909	8294	10955	6308	4647	7140	3680	3460
东湖街道	5930	2823	3107	7462	3379	4083	7459	3360	4099
首都机场街道	2001	915	1086	3139	1498	1641	3162	1480	1682
丰台区	**403642**	**211925**	**191717**	**417086**	**206153**	**210933**	**293187**	**145189**	**147998**
右安门街道	13577	6888	6689	16288	7844	8444	9946	5052	4894
太平桥街道	10006	5018	4988	12637	5882	6755	10940	5219	5721
西罗园街道	15846	7735	8111	21212	10141	11071	12875	6398	6477
大红门街道	32826	16770	16056	39356	19249	20107	26175	13110	13065
南苑街道	12343	6377	5966	13720	6773	6947	9592	4810	4782
东高地街道	6784	3155	3629	9997	4900	5097	6272	3173	3099
东铁匠营街道	25495	12527	12968	34971	16971	18000	23534	11605	11929
卢沟桥街道	37705	18973	18732	41481	19801	21680	33541	16321	17220
丰台街道	23257	11323	11934	29435	14162	15273	21517	10455	11062
新村街道	31031	16405	14626	35084	17890	17194	28059	13847	14212
长辛店街道	19944	10459	9485	22252	11278	10974	12488	6266	6222
云岗街道	6267	3001	3266	7332	3533	3799	4953	2521	2432
方庄地区	9916	4708	5208	13707	6116	7591	11478	5416	6062
宛平城地区	13134	7872	5262	9447	5246	4201	6436	3380	3056
马家堡街道	17164	8313	8851	23843	11191	12652	16986	8479	8507
和义街道	9015	4661	4354	10424	5211	5213	5733	2913	2820

表6 续表 25 单位：人

地区	初中			高中			大学专科		
	小计	男	女	小计	男	女	小计	男	女
卢沟桥地区	30458	16671	13787	20094	10003	10091	15784	7530	8254
花乡地区	33790	19685	14105	22874	12252	10622	16734	8527	8207
南苑地区	17626	9632	7994	12103	6387	5716	8516	4135	4381
长辛店镇	17574	10658	6916	9306	5182	4124	4743	2442	2301
王佐镇	19884	11094	8790	11523	6141	5382	6885	3590	3295
石景山区	**99698**	**51840**	**47858**	**113430**	**55364**	**58066**	**85412**	**42723**	**42689**
八宝山街道	7973	3801	4172	8879	4120	4759	8025	3764	4261
老山街道	6650	3422	3228	7172	3525	3647	5242	2508	2734
八角街道	15922	7871	8051	20915	10089	10826	15828	7767	8061
古城街道	14391	8396	5995	14541	7449	7092	10914	5688	5226
苹果园街道	17120	8921	8199	19393	9376	10017	14918	7314	7604
金顶街街道	12654	6384	6270	17660	8529	9131	10087	4945	5142
广宁街道	5382	3144	2238	3045	1646	1399	1658	890	768
五里坨街道	8968	4684	4284	9261	4689	4572	8355	4694	3661
鲁谷街道	10638	5217	5421	12564	5941	6623	10385	5153	5232
海淀区	**469350**	**250536**	**218814**	**453957**	**226774**	**227183**	**361424**	**172069**	**189355**
万寿路街道	14293	6525	7768	18073	8043	10030	17774	7675	10099
永定路街道	14172	6663	7509	16109	7415	8694	12944	6178	6766
羊坊店街道	15240	7122	8118	19067	8475	10592	16372	7406	8966
甘家口街道	14279	7168	7111	16555	7710	8845	15115	6729	8386
八里庄街道	16482	8390	8092	18689	8857	9832	15965	7108	8857
紫竹院街道	13548	6907	6641	16288	7490	8798	12168	5545	6623
北下关街道	16698	8770	7928	18529	9002	9527	15182	6914	8268
北太平庄街道	19268	9945	9323	21852	10596	11256	16294	7740	8554
学院路街道	19120	9836	9284	20037	9321	10716	15876	7274	8602
中关村街道	15787	8162	7625	16467	7967	8500	12683	5737	6946
海淀街道	13263	6793	6470	15629	7786	7843	11531	5232	6299
青龙桥街道	15921	8738	7183	19392	10336	9056	10759	5153	5606
清华园街道	4458	2651	1807	3727	1819	1908	2404	978	1426
燕园街道	2014	1233	781	3178	2047	1131	1278	551	727
香山街道	6997	3779	3218	6385	3419	2966	4305	2286	2019
清河街道	21389	10912	10477	23071	11504	11567	17356	8176	9180

表6　续表 26　　单位：人

地　区	初　中			高　中			大学专科		
	小计	男	女	小计	男	女	小计	男	女
花园路街道	16630	8482	8148	17835	8356	9479	15053	6789	8264
西三旗街道	21967	11533	10434	22405	10961	11444	19721	9691	10030
马连洼街道	18141	9739	8402	15882	7799	8083	12041	5844	6197
田村路街道	21341	11661	9680	17282	8635	8647	13859	6448	7411
上地街道	9672	5358	4314	8365	4554	3811	7029	3637	3392
万柳地区	853	652	201	350	228	122	218	123	95
东升地区	9045	4907	4138	7567	3789	3778	7855	3580	4275
曙光街道	10969	5543	5426	11206	5038	6168	9935	4296	5639
温泉地区	15300	8687	6613	10998	5725	5273	10081	5283	4798
四季青地区	40175	22964	17211	34376	18589	15787	25155	12420	12735
西北旺地区	36365	21096	15269	25865	14847	11018	22865	12802	10063
苏家坨地区	21898	12451	9447	15800	9044	6756	11075	5929	5146
上庄地区	24065	13869	10196	12978	7422	5556	8531	4545	3986
门头沟区	**107034**	**58274**	**48760**	**82540**	**42610**	**39930**	**56951**	**29494**	**27457**
大峪街道	17701	8931	8770	20746	10162	10584	14791	7595	7196
城子街道	12454	6536	5918	11634	5940	5694	6556	3440	3116
东辛房街道	8534	4384	4150	8548	4380	4168	6186	3221	2965
大台街道	1564	920	644	721	413	308	244	141	103
王平地区	2882	1650	1232	1431	793	638	500	284	216
永定地区	23543	13104	10439	18487	9540	8947	16441	8412	8029
龙泉地区	17831	10020	7811	11334	6006	5328	6817	3452	3365
潭柘寺镇	3921	2264	1657	1936	1081	855	1302	704	598
军庄镇	6026	3322	2704	3176	1698	1478	2038	1105	933
雁翅镇	2307	1324	983	766	475	291	290	164	126
斋堂镇	3624	2032	1592	1191	680	511	476	262	214
清水镇	2799	1626	1173	763	438	325	320	193	127
妙峰山镇	3848	2161	1687	1807	1004	803	990	521	469
房山区	**410149**	**225469**	**184680**	**227396**	**120914**	**106482**	**172294**	**89326**	**82968**
城关街道	40418	21690	18728	23336	12216	11120	16855	8845	8010
新镇街道	2142	1179	963	2167	1047	1120	1238	607	631
向阳街道	5544	3179	2365	4573	2395	2178	2848	1516	1332
东风街道	7197	3911	3286	5749	3073	2676	2945	1576	1369

表6 续表 27

单位：人

地区	初中			高中			大学专科		
	小计	男	女	小计	男	女	小计	男	女
迎风街道	9729	5219	4510	8342	4181	4161	5034	2656	2378
星城街道	5549	2824	2725	5415	2642	2773	3262	1640	1622
良乡地区	11456	6856	4600	4457	2690	1767	1975	1021	954
周口店地区	17868	9500	8368	7813	4307	3506	4243	2210	2033
琉璃河地区	29186	16125	13061	12589	7070	5519	6322	3364	2958
拱辰街道	45501	24310	21191	33349	16764	16585	30818	15772	15046
西潞街道	17412	8956	8456	14463	7106	7357	12771	6583	6188
阎村镇	28082	16445	11637	14360	8018	6342	10112	5406	4706
窦店镇	31672	17560	14112	17901	9749	8152	14575	7552	7023
石楼镇	15838	8632	7206	4875	2762	2113	2827	1494	1333
长阳镇	50688	28446	22242	35139	18101	17038	37747	19143	18604
河北镇	8808	4747	4061	3278	1823	1455	1645	879	766
长沟镇	9275	5069	4206	3282	1853	1429	2192	1143	1049
大石窝镇	13375	7363	6012	4411	2472	1939	2432	1310	1122
张坊镇	8122	4429	3693	2670	1545	1125	1429	800	629
十渡镇	3766	2066	1700	1446	873	573	559	297	262
青龙湖镇	22786	12791	9995	8965	5102	3863	5183	2679	2504
韩村河镇	15181	8146	7035	5957	3372	2585	3862	2029	1833
霞云岭乡	2154	1244	910	536	347	189	239	133	106
南窖乡	1421	800	621	566	325	241	241	135	106
佛子庄乡	3401	1899	1502	777	469	308	370	210	160
大安山乡	1248	749	499	385	246	139	196	121	75
史家营乡	1582	875	707	410	245	165	284	151	133
蒲洼乡	748	459	289	185	121	64	90	54	36
通州区	**537648**	**308300**	**229348**	**309327**	**166952**	**142375**	**269332**	**137505**	**131827**
中仓街道	17228	9490	7738	12486	6333	6153	10568	5367	5201
新华街道	7760	4891	2869	5116	2614	2502	5698	2852	2846
北苑街道	21306	11562	9744	17386	8419	8967	17068	8105	8963
玉桥街道	23759	12647	11112	19772	10040	9732	19646	9885	9761
潞源街道	1884	1149	735	1472	834	638	892	387	505
通运街道	9941	5755	4186	7306	3584	3722	8031	3961	4070
宋庄镇	60845	36637	24208	25000	14327	10673	14837	8073	6764

表6　续表 28　　　　单位：人

地　区	初中			高中			大学专科		
	小计	男	女	小计	男	女	小计	男	女
张家湾镇	49015	28547	20468	23289	13133	10156	16411	8445	7966
漷县镇	30776	17262	13514	10487	5905	4582	6588	3428	3160
马驹桥镇	54385	32892	21493	35269	20896	14373	23288	12547	10741
西集镇	22789	12431	10358	6638	3680	2958	4320	2251	2069
台湖镇	49245	29357	19888	26479	15110	11369	22377	11715	10662
永乐店镇	18269	10180	8089	6868	3851	3017	3904	2057	1847
潞城镇	27881	15898	11983	11258	6363	4895	8564	4335	4229
永顺镇	71038	39942	31096	48643	25141	23502	56156	28374	27782
梨园镇	60922	33624	27298	45420	23134	22286	46798	23446	23352
于家务回族乡	10605	6036	4569	6438	3588	2850	4186	2277	1909
顺义区	**453441**	**265742**	**187699**	**218579**	**121708**	**96871**	**159201**	**81891**	**77310**
胜利街道	9940	4920	5020	7432	3671	3761	7179	3638	3541
光明街道	12850	6360	6490	10321	5008	5313	10668	5462	5206
仁和地区	25720	16235	9485	10851	5983	4868	7956	4097	3859
后沙峪地区	25080	15406	9674	12922	7326	5596	8030	4100	3930
天竺地区	10020	5867	4153	5583	3030	2553	6026	3122	2904
杨镇地区	24022	13493	10529	10657	5957	4700	6317	3059	3258
牛栏山地区	17933	10264	7669	10447	5641	4806	5884	2944	2940
南法信地区	23718	15217	8501	8963	5565	3398	6021	3249	2772
马坡地区	14300	8558	5742	6406	3597	2809	4820	2625	2195
石园街道	15677	7970	7707	11139	5564	5575	11185	5764	5421
空港街道	20832	11450	9382	12648	6342	6306	13543	6450	7093
双丰街道	16262	9666	6596	10997	5814	5183	10088	5046	5042
旺泉街道	18627	9753	8874	13730	7003	6727	14896	7447	7449
高丽营镇	40156	25453	14703	13915	8673	5242	5983	3282	2701
李桥镇	41397	24916	16481	19388	11475	7913	10808	5710	5098
李遂镇	10792	6204	4588	3545	2046	1499	2232	1170	1062
南彩镇	32386	19275	13111	14897	8578	6319	7478	3982	3496
北务镇	6238	3777	2461	2226	1338	888	1269	675	594
大孙各庄镇	11107	6366	4741	2894	1692	1202	1983	1116	867
张　镇	10204	5691	4513	3915	2273	1642	2569	1403	1166
龙湾屯镇	6272	3506	2766	2268	1401	867	1041	578	463

表6 续表 29 单位：人

地区	初中			高中			大学专科		
	小计	男	女	小计	男	女	小计	男	女
木林镇	14764	8549	6215	5409	3050	2359	2863	1528	1335
北小营镇	18193	10632	7561	6778	3911	2867	4162	2104	2058
北石槽镇	7021	4004	3017	2340	1327	1013	1378	716	662
赵全营镇	19930	12210	7720	8908	5443	3465	4822	2624	2198
昌平区	**530479**	**304121**	**226358**	**387706**	**212718**	**174988**	**339555**	**180755**	**158800**
城北街道	46715	24454	22261	41451	20684	20767	34338	17411	16927
南口地区	24707	14028	10679	18389	11248	7141	9501	5473	4028
马池口地区	33946	20486	13460	18060	10699	7361	10629	5886	4743
沙河地区	59057	34995	24062	47167	27520	19647	51595	29661	21934
城南街道	24823	14142	10681	17185	9316	7869	15579	7893	7686
东小口地区	25993	16164	9829	19170	11771	7399	13279	7739	5540
天通苑北街道	21970	11348	10622	24130	12116	12014	28568	14558	14010
天通苑南街道	15946	8259	7687	16193	7749	8444	19835	9806	10029
霍营街道	12317	6549	5768	11338	5521	5817	13806	7204	6602
回龙观街道	24755	13205	11550	21506	10776	10730	21889	11032	10857
龙泽园街道	22601	11659	10942	21539	10321	11218	24501	12092	12409
史各庄街道	10860	6868	3992	7482	4658	2824	7157	4018	3139
阳坊镇	10860	6385	4475	4387	2487	1900	2886	1488	1398
小汤山镇	34922	21102	13820	12962	7127	5835	9126	4659	4467
南邵镇	15509	9060	6449	11450	6351	5099	9508	5019	4489
崔村镇	9968	5834	4134	4643	2550	2093	2802	1488	1314
百善镇	12126	7314	4812	7224	4201	3023	5612	3081	2531
北七家镇	81883	47902	33981	65049	37131	27918	50566	27726	22840
兴寿镇	17344	10636	6708	5592	3048	2544	2719	1428	1291
流村镇	7719	4605	3114	3160	1901	1259	1469	813	656
十三陵镇	13273	7328	5945	8335	4785	3550	3572	1929	1643
延寿镇	3185	1798	1387	1294	758	536	618	351	267
大兴区	**570405**	**337433**	**232972**	**350168**	**192771**	**157397**	**282021**	**146327**	**135694**
兴丰街道	18002	9746	8256	15150	7604	7546	13990	7014	6976
林校路街道	17985	9909	8076	15648	7781	7867	14490	7453	7037
清源街道	27946	14834	13112	28179	14086	14093	21743	10885	10858
亦庄地区	24307	13557	10750	17266	9066	8200	17308	8829	8479

表6　续表 30

单位：人

地　区	初　中			高　中			大学专科		
	小计	男	女	小计	男	女	小计	男	女
黄村地区	74411	47256	27155	30008	18037	11971	17201	9464	7737
旧宫地区	48536	28089	20447	36461	19285	17176	29270	14965	14305
西红门地区	59625	36541	23084	35083	19654	15429	23382	12247	11135
瀛海地区	25642	14542	11100	16602	9131	7471	17271	9144	8127
观音寺街道	23264	12625	10639	20928	11021	9907	21249	10352	10897
天宫院街道	17907	10109	7798	13433	6918	6515	13438	6843	6595
高米店街道	16869	9289	7580	14712	7239	7473	14813	7332	7481
青云店镇	32852	20684	12168	11975	7391	4584	5486	2917	2569
采育镇	21118	12618	8500	9368	5387	3981	6152	3286	2866
安定镇	11939	6608	5331	4868	2717	2151	2691	1416	1275
礼贤镇	17297	11032	6265	6214	3712	2502	4069	2184	1885
榆垡镇	25154	14835	10319	13122	7296	5826	10171	5357	4814
庞各庄镇	28995	16892	12103	12232	6769	5463	8731	4514	4217
北臧村镇	18531	11819	6712	6246	3834	2412	2434	1314	1120
魏善庄镇	18202	11184	7018	7777	4497	3280	4942	2609	2333
长子营镇	13965	8208	5757	6405	3753	2652	3024	1615	1409
中关村国家自主创新示范区大兴生物医药产业基地	2301	1559	742	1944	1276	668	2157	1186	971
国家新媒体产业基地	2237	1517	720	1860	1275	585	1866	998	868
大兴国际机场(大兴部分)	104	68	36	59	49	10	540	269	271
北京经济技术开发区	23216	13912	9304	24628	14993	9635	25603	14134	11469
怀柔区	**145793**	**83957**	**61836**	**82533**	**45578**	**36955**	**49589**	**26588**	**23001**
泉河街道	18423	9582	8841	16626	8204	8422	12312	6551	5761
龙山街道	19416	10232	9184	15821	8080	7741	10887	5679	5208
怀柔地区	17766	10986	6780	7323	4275	3048	3689	1983	1706
雁栖地区	12720	7477	5243	6890	3961	2929	4807	2567	2240
庙城地区	16555	9861	6694	8071	4937	3134	4203	2219	1984
北房镇	12959	7563	5396	6693	3829	2864	3417	1859	1558
杨宋镇	12776	7530	5246	5348	2985	2363	3256	1741	1515
桥梓镇	9261	5137	4124	5197	2894	2303	2503	1307	1196
怀北镇	5661	3536	2125	2597	1534	1063	1401	855	546

表6 续表 31

单位：人

地　区	初　中			高　中			大学专科		
	小计	男	女	小计	男	女	小计	男	女
汤河口镇	2042	1243	799	712	430	282	277	173	104
渤海镇	5202	2927	2275	1973	1105	868	823	454	369
九渡河镇	4688	2619	2069	1985	1191	794	778	417	361
琉璃庙镇	1493	881	612	552	355	197	209	138	71
宝山镇	2209	1368	841	771	493	278	275	151	124
长哨营满族乡	2100	1294	806	560	332	228	196	106	90
喇叭沟门满族乡	1466	879	587	508	316	192	188	122	66
北京雁栖经济开发区	1056	842	214	906	657	249	368	266	102
平谷区	**148645**	**82299**	**66346**	**83963**	**45426**	**38537**	**54312**	**28446**	**25866**
滨河街道	10258	5376	4882	11322	5676	5646	8626	4453	4173
兴谷街道	16119	8790	7329	13606	7163	6443	9586	4979	4607
渔阳地区	18143	9968	8175	12824	6630	6194	8535	4419	4116
峪口地区	11048	6144	4904	4776	2662	2114	2793	1464	1329
马坊地区	8932	4966	3966	4878	2653	2225	3862	1982	1880
金海湖地区	10030	5651	4379	3728	2147	1581	2088	1127	961
东高村镇	10161	5692	4469	4999	2830	2169	2742	1478	1264
山东庄镇	6175	3464	2711	2646	1457	1189	1590	853	737
南独乐河镇	7359	4040	3319	3230	1855	1375	1500	812	688
大华山镇	6386	3516	2870	2461	1457	1004	1191	657	534
夏各庄镇	9271	5191	4080	4370	2472	1898	2696	1410	1286
马昌营镇	6440	3608	2832	2404	1356	1048	1795	930	865
王辛庄镇	11607	6534	5073	5290	2886	2404	2873	1510	1363
大兴庄镇	7980	4494	3486	3642	1926	1716	2721	1392	1329
刘家店镇	2860	1553	1307	1311	776	535	514	275	239
镇罗营镇	3034	1715	1319	1133	686	447	526	316	210
黄松峪乡	1807	1006	801	888	508	380	442	261	181
熊儿寨乡	1035	591	444	455	286	169	232	128	104
密云区	**182054**	**98897**	**83157**	**93713**	**49950**	**43763**	**59937**	**31432**	**28505**
鼓楼街道	39648	20292	19356	31332	15651	15681	23679	12254	11425
果园街道	23006	11658	11348	18134	9265	8869	14736	7577	7159
檀营地区	4951	2689	2262	2782	1459	1323	2165	1134	1031
密云镇	8876	5263	3613	3546	1970	1576	1724	893	831
溪翁庄镇	8245	4514	3731	3293	1795	1498	1949	1025	924
西田各庄镇	14503	8009	6494	6092	3296	2796	2441	1298	1143

表6　续表 32　　　　单位：人

地　区	初　中			高　中			大学专科		
	小计	男	女	小计	男	女	小计	男	女
十里堡镇	12063	6814	5249	6102	3539	2563	2872	1595	1277
河南寨镇	10634	5969	4665	3768	2115	1653	1883	981	902
巨各庄镇	8914	4961	3953	3535	2024	1511	1675	894	781
穆家峪镇	10778	6061	4717	3334	1830	1504	1472	803	669
太师屯镇	10527	5762	4765	2804	1634	1170	1203	652	551
高岭镇	4266	2366	1900	1238	723	515	436	249	187
不老屯镇	5502	3030	2472	1344	733	611	575	321	254
冯家峪镇	1797	1036	761	428	281	147	167	92	75
古北口镇	2812	1573	1239	1136	659	477	608	313	295
大城子镇	4027	2288	1739	929	536	393	476	273	203
东邵渠镇	4044	2277	1767	1307	766	541	490	257	233
北庄镇	2508	1381	1127	722	433	289	286	161	125
新城子镇	2470	1455	1015	699	401	298	256	132	124
石城镇	1581	865	716	574	353	221	293	165	128
北京密云经济开发区	902	634	268	614	487	127	551	363	188
延庆区	**114645**	**65231**	**49414**	**57753**	**30778**	**26975**	**39044**	**20771**	**18273**
百泉街道	8607	4578	4029	7164	3574	3590	6178	3102	3076
香水园街道	11454	6218	5236	9091	4515	4576	7751	4106	3645
儒林街道	6235	3319	2916	5375	2639	2736	4517	2422	2095
延庆镇	21829	13135	8694	9553	5142	4411	5273	2824	2449
康庄镇	10836	6090	4746	5038	2799	2239	3268	1674	1594
八达岭镇	4032	2375	1657	1533	871	662	1143	642	501
永宁镇	9182	5172	4010	3540	1961	1579	1982	1082	900
旧县镇	6501	3591	2910	2550	1446	1104	1301	705	596
张山营镇	9882	5979	3903	3449	2039	1410	2085	1193	892
四海镇	1637	969	668	562	347	215	229	122	107
千家店镇	2411	1431	980	716	435	281	330	198	132
沈家营镇	5890	3291	2599	2987	1571	1416	1753	917	836
大榆树镇	6008	3317	2691	2780	1478	1302	1558	827	731
井庄镇	3596	2023	1573	1399	759	640	666	364	302
大庄科乡	1668	956	712	500	312	188	261	167	94
刘斌堡乡	1738	984	754	507	306	201	239	140	99
香营乡	2232	1288	944	775	421	354	388	221	167
珍珠泉乡	907	515	392	234	163	71	122	65	57

表6 续表 33

单位：人

地　区	大学本科			硕士研究生			博士研究生		
	小计	男	女	小计	男	女	小计	男	女
北　京	**4771495**	**2353594**	**2417901**	**1263015**	**616649**	**646366**	**227866**	**137675**	**90191**
东城区	**175281**	**82886**	**92395**	**45193**	**21548**	**23645**	**6344**	**3448**	**2896**
东华门街道	11199	5336	5863	2296	1096	1200	671	243	428
景山街道	5233	2465	2768	734	337	397	113	58	55
交道口街道	7376	3390	3986	1363	596	767	236	134	102
安定门街道	5763	2677	3086	978	462	516	129	81	48
北新桥街道	12600	5925	6675	2152	1042	1110	254	139	115
东四街道	7949	3615	4334	1922	914	1008	226	131	95
朝阳门街道	7206	3389	3817	1509	689	820	213	128	85
建国门街道	7942	3843	4099	1432	720	712	191	95	96
东直门街道	13150	6107	7043	3606	1764	1842	377	210	167
和平里街道	28681	13561	15120	9996	4745	5251	1399	795	604
前门街道	1545	768	777	296	126	170	50	27	23
崇文门外街道	12395	5867	6528	4729	2248	2481	686	397	289
东花市街道	13394	6293	7101	4998	2399	2599	669	387	282
龙潭街道	14249	6817	7432	3376	1651	1725	374	201	173
体育馆路街道	6912	3322	3590	1327	625	702	182	105	77
天坛街道	5108	2414	2694	896	410	486	128	74	54
永定门外街道	14579	7097	7482	3583	1724	1859	446	243	203
西城区	**277406**	**132631**	**144775**	**101815**	**49491**	**52324**	**14651**	**8702**	**5949**
西长安街街道	8398	4086	4312	2427	1203	1224	351	221	130
新街口街道	19884	9397	10487	5901	2892	3009	855	492	363
月坛街道	29264	14137	15127	11041	5498	5543	1701	1026	675
展览路街道	31364	14766	16598	12093	5788	6305	1844	1044	800
德胜街道	32112	15580	16532	15151	7508	7643	2394	1401	993
金融街街道	14300	6673	7627	7482	3535	3947	1136	703	433
什刹海街道	15218	6963	8255	3291	1543	1748	759	374	385
大栅栏街道	4453	2021	2432	869	362	507	62	36	26
天桥街道	6797	3113	3684	1265	546	719	242	123	119
椿树街道	6396	3086	3310	2977	1440	1537	466	293	173
陶然亭街道	9338	4425	4913	4351	2111	2240	717	438	279
广安门内街道	13687	6529	7158	3662	1754	1908	380	239	141

表6　续表 34　　　　单位：人

地　　区	大学本科			硕士研究生			博士研究生		
	小计	男	女	小计	男	女	小计	男	女
牛街街道	13584	6664	6920	3043	1490	1553	392	240	152
白纸坊街道	20073	9701	10372	5432	2673	2759	658	399	259
广安门外街道	52538	25490	27048	22830	11148	11682	2694	1673	1021
朝阳区	**940276**	**447919**	**492357**	**259236**	**123332**	**135904**	**33111**	**19669**	**13442**
建外街道	10834	5182	5652	4321	1942	2379	357	199	158
朝外街道	9431	4528	4903	2802	1294	1508	273	162	111
呼家楼街道	14902	6948	7954	4503	1991	2512	425	249	176
三里屯街道	9911	4664	5247	2170	971	1199	263	142	121
左家庄街道	20055	9418	10637	5911	2730	3181	587	372	215
香河园街道	12776	6058	6718	3662	1726	1936	468	280	188
和平街街道	29122	13770	15352	10082	4783	5299	1846	1001	845
安贞街道	17056	8088	8968	5169	2430	2739	754	430	324
亚运村街道	22519	11039	11480	6864	3370	3494	1710	1059	651
小关街道	24431	10272	14159	8558	3715	4843	1408	747	661
酒仙桥街道	15635	7718	7917	3705	1757	1948	317	202	115
麦子店街道	9353	4377	4976	3268	1563	1705	313	200	113
团结湖街道	9323	4379	4944	2621	1155	1466	240	146	94
六里屯街道	22581	10407	12174	5874	2637	3237	529	319	210
八里庄街道	28221	13164	15057	7686	3562	4124	594	349	245
双井街道	33284	15584	17700	9099	4320	4779	727	426	301
劲松街道	31703	14996	16707	11199	5316	5883	677	412	265
潘家园街道	26323	12510	13813	6139	2667	3472	925	497	428
垡头街道	18724	9016	9708	2885	1357	1528	326	177	149
南磨房地区	38142	18374	19768	9883	4861	5022	1842	1186	656
高碑店地区	28913	13802	15111	6592	3109	3483	544	312	232
将台地区	13890	6494	7396	4773	2238	2535	403	262	141
太阳宫地区	27320	12878	14442	10627	5178	5449	1203	753	450
大屯街道	46557	21907	24650	16085	7917	8168	2395	1472	923
望京街道	48894	23151	25743	15138	7275	7863	1367	863	504
小红门地区	14628	7065	7563	2490	1127	1363	228	131	97
十八里店地区	17653	8581	9072	2341	1084	1257	253	148	105
平房地区	22112	10774	11338	5023	2442	2581	395	229	166

表6 续表 35 单位：人

地区	大学本科			硕士研究生			博士研究生		
	小计	男	女	小计	男	女	小计	男	女
东风地区	16466	7675	8791	4160	1923	2237	324	194	130
奥运村街道	36455	17509	18946	15342	7471	7871	5311	3056	2255
来广营地区	56103	27465	28638	16657	8491	8166	1683	1068	615
常营地区	33745	16016	17729	5919	2733	3186	455	274	181
三间房地区	31721	14569	17152	6470	2794	3676	798	439	359
管庄地区	24924	12307	12617	7232	3531	3701	563	337	226
金盏地区	5574	2646	2928	458	196	262	41	24	17
孙河地区	5430	2629	2801	815	376	439	100	56	44
崔各庄地区	19668	10083	9585	3095	1556	1539	329	191	138
东坝地区	30855	15209	15646	7026	3521	3505	571	363	208
黑庄户地区	6427	3224	3203	911	438	473	100	59	41
豆各庄地区	12402	6031	6371	3045	1465	1580	405	232	173
王四营地区	6774	3323	3451	724	337	387	72	43	29
东湖街道	23826	11546	12280	7267	3682	3585	948	580	368
首都机场街道	5613	2543	3070	645	301	344	42	28	14
丰台区	**474631**	**232704**	**241927**	**117380**	**56878**	**60502**	**13445**	**8066**	**5379**
右安门街道	18468	8637	9831	4589	2128	2461	792	369	423
太平桥街道	22757	11327	11430	7464	3621	3843	854	553	301
西罗园街道	18457	9006	9451	3852	1837	2015	422	265	157
大红门街道	43198	21070	22128	10525	4999	5526	995	586	409
南苑街道	14245	7013	7232	2496	1140	1356	200	111	89
东高地街道	9748	4918	4830	3411	2018	1393	431	310	121
东铁匠营街道	39332	18971	20361	9032	4202	4830	840	484	356
卢沟桥街道	60927	30269	30658	16306	8141	8165	2092	1295	797
丰台街道	35984	17768	18216	6867	3149	3718	687	406	281
新村街道	60843	30012	30831	17730	8336	9394	2081	1186	895
长辛店街道	14697	7290	7407	2545	1261	1284	342	219	123
云岗街道	7896	4161	3735	2886	1821	1065	434	321	113
方庄地区	22943	11111	11832	6397	2970	3427	736	429	307
宛平城地区	7428	3734	3694	1190	601	589	115	71	44
马家堡街道	29870	14715	15155	8484	4024	4460	841	501	340
和义街道	7311	3583	3728	1415	719	696	139	76	63

表6 续表 36

单位：人

地 区	大学本科			硕士研究生			博士研究生		
	小计	男	女	小计	男	女	小计	男	女
卢沟桥地区	20778	9922	10856	4336	2134	2202	614	377	237
花乡地区	19503	9546	9957	4273	1976	2297	464	273	191
南苑地区	9514	4516	4998	1366	619	747	125	76	49
长辛店镇	4241	2037	2204	493	241	252	46	25	21
王佐镇	6491	3098	3393	1723	941	782	195	133	62
石景山区	**141770**	**70458**	**71312**	**35901**	**17870**	**18031**	**5399**	**3352**	**2047**
八宝山街道	18950	9359	9591	7341	3687	3654	887	567	320
老山街道	11103	5882	5221	3421	1741	1680	1262	816	446
八角街道	33962	17176	16786	7786	3932	3854	895	529	366
古城街道	13724	6878	6846	2956	1521	1435	349	212	137
苹果园街道	23963	11645	12318	5728	2733	2995	1041	626	415
金顶街街道	13941	6659	7282	2544	1222	1322	282	183	99
广宁街道	1516	729	787	143	59	84	15	10	5
五里坨街道	6954	3420	3534	900	418	482	91	49	42
鲁谷街道	17657	8710	8947	5082	2557	2525	577	360	217
海淀区	**915413**	**446833**	**468580**	**378515**	**185890**	**192625**	**113530**	**69437**	**44093**
万寿路街道	37138	17602	19536	12434	6041	6393	2005	1193	812
永定路街道	23995	11676	12319	8495	4413	4082	1580	949	631
羊坊店街道	38011	18400	19611	11885	5741	6144	1634	1011	623
甘家口街道	37921	17026	20895	15644	6896	8748	2770	1701	1069
八里庄街道	44993	20636	24357	17067	8210	8857	2823	1618	1205
紫竹院街道	45457	20175	25282	22007	10173	11834	6124	3852	2272
北下关街道	50005	25273	24732	22153	10635	11518	6881	4166	2715
北太平庄街道	52869	25460	27409	28864	13472	15392	6936	3916	3020
学院路街道	89620	43806	45814	46018	23147	22871	15384	9670	5714
中关村街道	34993	16894	18099	20234	10568	9666	10495	6688	3807
海淀街道	41121	18994	22127	18535	8310	10225	5196	2798	2398
青龙桥街道	18816	8569	10247	6505	3093	3412	1869	1032	837
清华园街道	20422	12064	8358	8157	4351	3806	13244	8769	4475
燕园街道	12587	6855	5732	3227	1507	1720	5946	3581	2365
香山街道	3395	1645	1750	859	386	473	461	220	241
清河街道	41026	20029	20997	15973	7902	8071	2657	1643	1014

表6 续表 37

单位：人

地区	大学本科			硕士研究生			博士研究生		
	小计	男	女	小计	男	女	小计	男	女
花园路街道	45107	23059	22048	20439	10739	9700	7502	4620	2882
西三旗街道	47409	24298	23111	17269	8696	8573	2750	1723	1027
马连洼街道	31744	14942	16802	16663	7966	8697	5961	3328	2633
田村路街道	26894	13149	13745	9971	4921	5050	1592	980	612
上地街道	23261	11667	11594	8478	4193	4285	1551	869	682
万柳地区	264	128	136	80	38	42	17	10	7
东升地区	15678	7881	7797	7194	3602	3592	1468	908	560
曙光街道	27270	13017	14253	10601	5305	5296	2228	1350	878
温泉地区	15116	8005	7111	5502	3107	2395	783	504	279
四季青地区	30364	14760	15604	7071	3530	3541	1139	692	447
西北旺地区	39074	19989	19085	12299	6407	5892	2001	1326	675
苏家坨地区	11727	6143	5584	2593	1326	1267	223	133	90
上庄地区	9136	4691	4445	2298	1215	1083	310	187	123
门头沟区	**59862**	**29290**	**30572**	**9709**	**4851**	**4858**	**1245**	**753**	**492**
大峪街道	16814	8184	8630	2575	1268	1307	256	165	91
城子街道	5505	2634	2871	502	231	271	59	37	22
东辛房街道	6003	2918	3085	563	270	293	79	52	27
大台街道	149	82	67	24	11	13	7	5	2
王平地区	338	191	147	19	6	13	7	4	3
永定地区	22055	11027	11028	5034	2599	2435	716	409	307
龙泉地区	5547	2607	2940	644	311	333	78	51	27
潭柘寺镇	1018	492	526	101	47	54	15	8	7
军庄镇	1219	581	638	106	41	65	6	5	1
雁翅镇	172	84	88	22	8	14	2	2	
斋堂镇	268	136	132	29	14	15	10	9	1
清水镇	181	89	92	38	16	22	2	1	1
妙峰山镇	593	265	328	52	29	23	8	5	3
房山区	**195547**	**96787**	**98760**	**31308**	**15124**	**16184**	**5426**	**2990**	**2436**
城关街道	14194	6751	7443	1397	661	736	193	112	81
新镇街道	2491	1398	1093	831	485	346	222	163	59
向阳街道	2943	1397	1546	315	155	160	30	16	14
东风街道	2646	1309	1337	325	161	164	50	30	20

表6　续表 38　　　　　　　　　　　　　　　　　　　　　　　　　　　　　单位：人

地　区	大学本科			硕士研究生			博士研究生		
	小计	男	女	小计	男	女	小计	男	女
迎风街道	5372	2600	2772	765	326	439	87	49	38
星城街道	3832	1886	1946	492	219	273	54	41	13
良乡地区	900	427	473	74	32	42	13	8	5
周口店地区	2006	956	1050	155	71	84	39	22	17
琉璃河地区	3197	1554	1643	329	154	175	46	30	16
拱辰街道	59259	29354	29905	8713	3813	4900	2596	1220	1376
西潞街道	15633	7837	7796	1605	806	799	144	87	57
阎村镇	7988	4025	3963	970	508	462	109	72	37
窦店镇	10235	5168	5067	1250	644	606	139	92	47
石楼镇	1485	682	803	118	53	65	14	9	5
长阳镇	53311	26777	26534	13148	6638	6510	1583	969	614
河北镇	872	414	458	93	48	45	8	4	4
长沟镇	1036	475	561	61	28	33	10	8	2
大石窝镇	1271	599	672	94	60	34	10	5	5
张坊镇	688	312	376	71	38	33	12	7	5
十渡镇	309	168	141	46	21	25	9	7	2
青龙湖镇	2874	1257	1617	202	82	120	25	19	6
韩村河镇	2134	987	1147	149	69	80	18	10	8
霞云岭乡	164	83	81	21	10	11	5	4	1
南窖乡	140	75	65	14	5	9	3	1	2
佛子庄乡	237	118	119	26	14	12	5	4	1
大安山乡	147	83	64	17	10	7	1		1
史家营乡	121	61	60	14	8	6			
蒲洼乡	62	34	28	13	5	8	1	1	
通州区	**324096**	**161579**	**162517**	**48778**	**23298**	**25480**	**4473**	**2594**	**1879**
中仓街道	13727	6786	6941	1926	925	1001	172	93	79
新华街道	10649	5257	5392	1651	768	883	151	87	64
北苑街道	30047	14745	15302	4918	2343	2575	496	298	198
玉桥街道	28717	14102	14615	3734	1773	1961	381	217	164
潞源街道	1527	807	720	1121	564	557	106	71	35
通运街道	13930	6954	6976	1987	966	1021	217	116	101
宋庄镇	13412	6833	6579	1396	688	708	182	106	76

表6 续表 39

单位：人

地区	大学本科			硕士研究生			博士研究生		
	小计	男	女	小计	男	女	小计	男	女
张家湾镇	10982	5369	5613	1071	451	620	141	89	52
漷县镇	3097	1384	1713	483	168	315	77	38	39
马驹桥镇	24210	12616	11594	4871	2397	2474	462	286	176
西集镇	2065	973	1092	190	88	102	24	16	8
台湖镇	20540	10604	9936	3328	1563	1765	307	180	127
永乐店镇	1697	801	896	136	55	81	24	12	12
潞城镇	5987	2919	3068	751	307	444	118	63	55
永顺镇	70503	34616	35887	10198	4858	5340	712	406	306
梨园镇	69808	35064	34744	10779	5271	5508	864	491	373
于家务回族乡	3198	1749	1449	238	113	125	39	25	14
顺义区	**202206**	**99979**	**102227**	**29160**	**13954**	**15206**	**2627**	**1537**	**1090**
胜利街道	12152	6142	6010	1403	718	685	90	52	38
光明街道	20636	10200	10436	2525	1220	1305	180	100	80
仁和地区	8979	4504	4475	1182	602	580	98	53	45
后沙峪地区	12327	6157	6170	2722	1274	1448	229	128	101
天竺地区	6155	3228	2927	695	368	327	41	22	19
杨镇地区	9461	4507	4954	421	169	252	65	36	29
牛栏山地区	9395	4551	4844	932	445	487	96	59	37
南法信地区	7071	3560	3511	910	388	522	69	34	35
马坡地区	4357	2226	2131	479	199	280	52	28	24
石园街道	15027	7403	7624	1647	782	865	104	60	44
空港街道	26470	12857	13613	6770	3239	3531	709	410	299
双丰街道	14986	7514	7472	1996	967	1029	167	105	62
旺泉街道	25191	12412	12779	4293	2044	2249	351	230	121
高丽营镇	3935	1968	1967	542	246	296	81	47	34
李桥镇	7590	3871	3719	950	500	450	69	46	23
李遂镇	1184	534	650	85	39	46	22	15	7
南彩镇	4362	2203	2159	315	140	175	49	31	18
北务镇	652	307	345	51	26	25	6	3	3
大孙各庄镇	1029	481	548	55	22	33	9	3	6
张 镇	1675	770	905	162	74	88	28	15	13
龙湾屯镇	494	239	255	44	19	25	17	8	9

表6　续表 40　　单位：人

地　区	大学本科			硕士研究生			博士研究生		
	小计	男	女	小计	男	女	小计	男	女
木林镇	1823	846	977	124	44	80	10	5	5
北小营镇	2780	1290	1490	244	115	129	28	15	13
北石槽镇	904	420	484	67	31	36	5	2	3
赵全营镇	3571	1789	1782	546	283	263	52	30	22
昌平区	**535630**	**285884**	**249746**	**114196**	**58617**	**55579**	**17235**	**10928**	**6307**
城北街道	58331	29183	29148	10949	5581	5368	1859	1279	580
南口地区	15627	9533	6094	1098	630	468	134	88	46
马池口地区	8165	4142	4023	687	309	378	98	60	38
沙河地区	78673	45426	33247	14958	7926	7032	3660	2371	1289
城南街道	13934	7104	6830	2496	1155	1341	404	247	157
东小口地区	12907	7109	5798	2715	1360	1355	389	215	174
天通苑北街道	43965	22786	21179	6157	3165	2992	924	556	368
天通苑南街道	39823	20494	19329	8390	4275	4115	1042	657	385
霍营街道	33197	17899	15298	7244	3742	3502	847	527	320
回龙观街道	53849	28547	25302	17058	8918	8140	1947	1225	722
龙泽园街道	65432	34825	30607	18486	9501	8985	2322	1417	905
史各庄街道	23952	13186	10766	7514	3793	3721	1273	827	446
阳坊镇	2220	1031	1189	425	176	249	58	32	26
小汤山镇	7644	3803	3841	1388	695	693	234	144	90
南邵镇	13822	7251	6571	2886	1439	1447	362	236	126
崔村镇	2017	968	1049	299	160	139	43	27	16
百善镇	4392	2279	2113	585	279	306	116	76	40
北七家镇	53355	28339	25016	10447	5314	5133	1451	894	557
兴寿镇	1811	882	929	236	114	122	37	25	12
流村镇	653	291	362	38	14	24	13	11	2
十三陵镇	1606	693	913	115	56	59	20	12	8
延寿镇	255	113	142	25	15	10	2	2	
大兴区	**342757**	**175444**	**167313**	**67383**	**33652**	**33731**	**6915**	**4124**	**2791**
兴丰街道	16640	8215	8425	2015	955	1060	186	112	74
林校路街道	16990	8439	8551	2389	1140	1249	220	120	100
清源街道	36661	18433	18228	7125	3553	3572	733	427	306
亦庄地区	23643	11820	11823	5078	2544	2534	544	319	225

表6 续表 41 单位：人

地 区	大学本科			硕士研究生			博士研究生		
	小计	男	女	小计	男	女	小计	男	女
黄村地区	20328	11176	9152	3211	1763	1448	454	267	187
旧宫地区	35769	18071	17698	8406	4276	4130	900	567	333
西红门地区	27567	14111	13456	4832	2377	2455	541	335	206
瀛海地区	18666	9444	9222	4223	1966	2257	397	232	165
观音寺街道	24879	14687	10192	2840	1466	1374	265	154	111
天宫院街道	20536	10177	10359	4843	2295	2548	459	255	204
高米店街道	29034	14016	15018	5827	2955	2872	601	346	255
青云店镇	2787	1342	1445	246	110	136	46	19	27
采育镇	4586	2294	2292	728	373	355	83	50	33
安定镇	1113	556	557	105	36	69	15	9	6
礼贤镇	2153	1098	1055	217	83	134	35	24	11
榆垡镇	5557	2756	2801	588	293	295	87	53	34
庞各庄镇	6567	3163	3404	657	319	338	95	50	45
北臧村镇	1025	524	501	107	36	71	13	8	5
魏善庄镇	2731	1305	1426	249	111	138	29	19	10
长子营镇	1494	724	770	125	72	53	19	16	3
中关村国家自主创新示范区大兴生物医药产业基地	2100	1088	1012	401	188	213	52	29	23
国家新媒体产业基地	1869	922	947	893	559	334	31	16	15
大兴国际机场(大兴部分)	723	403	320	57	34	23			
北京经济技术开发区	39339	20680	18659	12221	6148	6073	1110	697	413
怀柔区	**49118**	**24137**	**24981**	**12842**	**6891**	**5951**	**2108**	**1328**	**780**
泉河街道	15443	7522	7921	1400	658	742	174	103	71
龙山街道	13490	6619	6871	1325	613	712	126	65	61
怀柔地区	3010	1516	1494	347	161	186	62	34	28
雁栖地区	4577	2248	2329	918	473	445	230	153	77
庙城地区	3360	1643	1717	341	167	174	57	32	25
北房镇	2235	1092	1143	229	118	111	42	22	20
杨宋镇	2596	1291	1305	273	139	134	59	38	21
桥梓镇	1714	816	898	148	77	71	18	9	9
怀北镇	644	319	325	7455	4285	3170	1243	811	432

表6　续表 42　　　　单位：人

地　区	大学本科			硕士研究生			博士研究生		
	小计	男	女	小计	男	女	小计	男	女
汤河口镇	167	85	82	21	5	16	3	2	1
渤海镇	549	252	297	42	19	23	1	1	
九渡河镇	413	206	207	52	20	32	16	11	5
琉璃庙镇	138	71	67	13	8	5	2	1	1
宝山镇	228	117	111	36	18	18	4	1	3
长哨营满族乡	143	71	72	23	11	12	3	2	1
喇叭沟门满族乡	110	59	51	19	14	5	2	1	1
北京雁栖经济开发区	301	210	91	200	105	95	66	42	24
平谷区	**45253**	**21966**	**23287**	**3474**	**1580**	**1894**	**397**	**230**	**167**
滨河街道	10674	5193	5481	742	320	422	86	46	40
兴谷街道	9843	4753	5090	621	300	321	53	38	15
渔阳地区	8439	4179	4260	623	291	332	65	41	24
峪口地区	1387	643	744	123	56	67	14	8	6
马坊地区	3421	1742	1679	427	176	251	35	18	17
金海湖地区	997	508	489	79	40	39	15	10	5
东高村镇	1148	573	575	93	45	48	18	11	7
山东庄镇	857	407	450	77	39	38	14	9	5
南独乐河镇	788	345	443	56	25	31	7	4	3
大华山镇	653	336	317	47	21	26	13	8	5
夏各庄镇	1652	788	864	110	49	61	17	7	10
马昌营镇	1138	537	601	80	34	46	14	8	6
王辛庄镇	1476	666	810	129	57	72	19	6	13
大兴庄镇	1983	925	1058	179	90	89	15	8	7
刘家店镇	247	110	137	28	13	15	2	2	
镇罗营镇	250	117	133	33	12	21	6	3	3
黄松峪乡	209	102	107	18	5	13	2	1	1
熊儿寨乡	91	42	49	9	7	2	2	2	
密云区	**54082**	**26157**	**27925**	**4700**	**2114**	**2586**	**532**	**286**	**246**
鼓楼街道	27282	13110	14172	2273	1018	1255	217	117	100
果园街道	13930	6740	7190	1207	528	679	129	72	57
檀营地区	2016	958	1058	128	58	70	7	1	6
密云镇	1124	555	569	125	50	75	18	11	7
溪翁庄镇	1213	605	608	126	59	67	17	8	9
西田各庄镇	1143	525	618	95	44	51	17	11	6

表6 续表 43 单位：人

地区	大学本科			硕士研究生			博士研究生		
	小计	男	女	小计	男	女	小计	男	女
十里堡镇	1694	842	852	157	77	80	29	14	15
河南寨镇	905	422	483	69	30	39	9	6	3
巨各庄镇	782	352	430	67	37	30	6	3	3
穆家峪镇	820	402	418	77	31	46	19	10	9
太师屯镇	660	320	340	81	42	39	10	6	4
高岭镇	242	112	130	40	15	25	7	5	2
不老屯镇	322	152	170	40	21	19	12	4	8
冯家峪镇	109	61	48	7	3	4	1		1
古北口镇	365	171	194	38	14	24	6	4	2
大城子镇	271	127	144	30	12	18	2	2	
东邵渠镇	264	135	129	24	9	15	3	2	1
北庄镇	167	88	79	20	13	7	6	4	2
新城子镇	168	89	79	25	16	9	4	2	2
石城镇	143	87	56	11	4	7	3	1	2
北京密云经济开发区	462	304	158	60	33	27	10	3	7
延庆区	**38167**	**18940**	**19227**	**3425**	**1559**	**1866**	**428**	**231**	**197**
百泉街道	6872	3389	3483	567	242	325	60	22	38
香水园街道	9495	4617	4878	873	392	481	88	41	47
儒林街道	6109	2937	3172	571	261	310	40	21	19
延庆镇	3977	1931	2046	413	186	227	61	37	24
康庄镇	5287	2947	2340	288	140	148	41	26	15
八达岭镇	566	288	278	97	46	51	17	10	7
永宁镇	1094	509	585	126	64	62	33	20	13
旧县镇	645	284	361	57	24	33	10	5	5
张山营镇	1057	560	497	87	42	45	16	9	7
四海镇	118	63	55	18	11	7	2	1	1
千家店镇	196	90	106	25	15	10	6	2	4
沈家营镇	921	438	483	104	43	61	25	20	5
大榆树镇	906	424	482	64	32	32	9	5	4
井庄镇	376	175	201	49	26	23	4	3	1
大庄科乡	121	68	53	24	9	15	4	2	2
刘斌堡乡	127	64	63	21	9	12	6	5	1
香营乡	229	122	107	31	13	18	4	2	2
珍珠泉乡	71	34	37	10	4	6	2		2

表7　各地区分性别的15岁及以上文盲人口

单位：人、%

地　区	15岁及以上人口			文盲人口			文盲人口占15岁及以上人口比重		
	合计	男	女	合计	男	女	合计	男	女
北　京	**19301588**	**9847962**	**9453626**	**172141**	**38227**	**133914**	**0.89**	**0.39**	**1.42**
东城区	**610539**	**292954**	**317585**	**2874**	**426**	**2448**	**0.47**	**0.15**	**0.77**
东华门街道	33578	16142	17436	119	23	96	0.35	0.14	0.55
景山街道	22525	10870	11655	125	17	108	0.55	0.16	0.93
交道口街道	27433	13183	14250	154	23	131	0.56	0.17	0.92
安定门街道	28110	13576	14534	162	28	134	0.58	0.21	0.92
北新桥街道	47976	23188	24788	154	28	126	0.32	0.12	0.51
东四街道	29016	13752	15264	132	17	115	0.45	0.12	0.75
朝阳门街道	26141	12477	13664	107	15	92	0.41	0.12	0.67
建国门街道	29224	14396	14828	89	25	64	0.30	0.17	0.43
东直门街道	39673	19209	20464	122	20	102	0.31	0.10	0.50
和平里街道	86746	40903	45843	345	39	306	0.40	0.10	0.67
前门街道	8303	4526	3777	80	19	61	0.96	0.42	1.62
崇文门外街道	37899	17841	20058	160	29	131	0.42	0.16	0.65
东花市街道	39489	18408	21081	192	29	163	0.49	0.16	0.77
龙潭街道	44928	21106	23822	228	24	204	0.51	0.11	0.86
体育馆路街道	28351	13835	14516	129	16	113	0.46	0.12	0.78
天坛街道	24514	11902	12612	217	26	191	0.89	0.22	1.51
永定门外街道	56633	27640	28993	359	48	311	0.63	0.17	1.07
西城区	**948302**	**454054**	**494248**	**5095**	**740**	**4355**	**0.54**	**0.16**	**0.88**
西长安街街道	31753	15727	16026	153	20	133	0.48	0.13	0.83
新街口街道	73262	35730	37532	425	59	366	0.58	0.17	0.98
月坛街道	83099	38782	44317	346	54	292	0.42	0.14	0.66
展览路街道	99275	46984	52291	471	74	397	0.47	0.16	0.76
德胜街道	95101	45404	49697	471	64	407	0.50	0.14	0.82
金融街街道	46879	22524	24355	253	46	207	0.54	0.20	0.85
什刹海街道	66014	32171	33843	476	55	421	0.72	0.17	1.24
大栅栏街道	26219	12892	13327	170	26	144	0.65	0.20	1.08
天桥街道	30399	14304	16095	236	43	193	0.78	0.30	1.20
椿树街道	23320	11468	11852	127	12	115	0.54	0.10	0.97
陶然亭街道	35303	16826	18477	241	49	192	0.68	0.29	1.04
广安门内街道	52680	25295	27385	255	50	205	0.48	0.20	0.75

表7 续表 1

单位：人、%

地区	15岁及以上人口			文盲人口			文盲人口占15岁及以上人口比重		
	合计	男	女	合计	男	女	合计	男	女
牛街街道	45246	21801	23445	156	27	129	0.34	0.12	0.55
白纸坊街道	70845	33820	37025	433	49	384	0.61	0.14	1.04
广安门外街道	168907	80326	88581	882	112	770	0.52	0.14	0.87
朝阳区	**3057268**	**1501328**	**1555940**	**15008**	**2890**	**12118**	**0.49**	**0.19**	**0.78**
建外街道	33357	16434	16923	105	18	87	0.31	0.11	0.51
朝外街道	29718	14259	15459	101	15	86	0.34	0.11	0.56
呼家楼街道	47427	22412	25015	245	34	211	0.52	0.15	0.84
三里屯街道	28280	13173	15107	142	26	116	0.50	0.20	0.77
左家庄街道	62760	29367	33393	367	60	307	0.58	0.20	0.92
香河园街道	38141	17779	20362	192	38	154	0.50	0.21	0.76
和平街街道	74117	34580	39537	289	42	247	0.39	0.12	0.62
安贞街道	51129	23885	27244	213	30	183	0.42	0.13	0.67
亚运村街道	60590	29241	31349	231	27	204	0.38	0.09	0.65
小关街道	56866	25030	31836	204	29	175	0.36	0.12	0.55
酒仙桥街道	58405	28550	29855	350	47	303	0.60	0.16	1.01
麦子店街道	26879	12680	14199	117	15	102	0.44	0.12	0.72
团结湖街道	29166	13450	15716	164	16	148	0.56	0.12	0.94
六里屯街道	67681	31428	36253	297	48	249	0.44	0.15	0.69
八里庄街道	87787	41168	46619	422	52	370	0.48	0.13	0.79
双井街道	83516	38828	44688	325	61	264	0.39	0.16	0.59
劲松街道	91493	43003	48490	377	58	319	0.41	0.13	0.66
潘家园街道	90636	42634	48002	622	87	535	0.69	0.20	1.11
垡头街道	70308	34211	36097	560	88	472	0.80	0.26	1.31
南磨房地区	112661	54848	57813	536	130	406	0.48	0.24	0.70
高碑店地区	98395	48707	49688	429	86	343	0.44	0.18	0.69
将台地区	47905	23839	24066	246	50	196	0.51	0.21	0.81
太阳宫地区	72815	34519	38296	235	49	186	0.32	0.14	0.49
大屯街道	113302	52843	60459	318	60	258	0.28	0.11	0.43
望京街道	124416	59093	65323	524	97	427	0.42	0.16	0.65
小红门地区	74617	38738	35879	602	120	482	0.81	0.31	1.34
十八里店地区	164951	93103	71848	958	232	726	0.58	0.25	1.01
平房地区	75723	38586	37137	326	73	253	0.43	0.19	0.68

表7　续表 2　　　　单位：人、%

地　区	15岁及以上人口			文盲人口			文盲人口占15岁及以上人口比重		
	合计	男	女	合计	男	女	合计	男	女
东风地区	56011	27386	28625	282	46	236	0.50	0.17	0.82
奥运村街道	94971	45393	49578	287	50	237	0.30	0.11	0.48
来广营地区	139332	67817	71515	419	73	346	0.30	0.11	0.48
常营地区	99562	47912	51650	334	72	262	0.34	0.15	0.51
三间房地区	99502	46225	53277	406	74	332	0.41	0.16	0.62
管庄地区	78965	38238	40727	580	119	461	0.73	0.31	1.13
金盏地区	76257	43991	32266	417	111	306	0.55	0.25	0.95
孙河地区	27566	14705	12861	293	58	235	1.06	0.39	1.83
崔各庄地区	98768	54158	44610	746	185	561	0.76	0.34	1.26
东坝地区	105841	52407	53434	530	103	427	0.50	0.20	0.80
黑庄户地区	44974	24903	20071	388	111	277	0.86	0.45	1.38
豆各庄地区	45407	22918	22489	274	72	202	0.60	0.31	0.90
王四营地区	49365	27033	22332	376	99	277	0.76	0.37	1.24
东湖街道	52613	25006	27607	96	18	78	0.18	0.07	0.28
首都机场街道	15093	6848	8245	83	11	72	0.55	0.16	0.87
丰台区	**1800084**	**885113**	**914971**	**13261**	**2176**	**11085**	**0.74**	**0.25**	**1.21**
右安门街道	66657	31712	34945	591	88	503	0.89	0.28	1.44
太平桥街道	66100	31849	34251	352	45	307	0.53	0.14	0.90
西罗园街道	76152	36254	39898	600	86	514	0.79	0.24	1.29
大红门街道	160263	77875	82388	1212	195	1017	0.76	0.25	1.23
南苑街道	55142	26903	28239	467	76	391	0.85	0.28	1.38
东高地街道	38798	18949	19849	371	48	323	0.96	0.25	1.63
东铁匠营街道	138209	65908	72301	904	110	794	0.65	0.17	1.10
卢沟桥街道	197515	95831	101684	1078	156	922	0.55	0.16	0.91
丰台街道	121510	57867	63643	770	93	677	0.63	0.16	1.06
新村街道	180488	89295	91193	1083	171	912	0.60	0.19	1.00
长辛店街道	76450	37806	38644	738	81	657	0.97	0.21	1.70
云岗街道	31100	15652	15448	267	33	234	0.86	0.21	1.51
方庄地区	66480	30955	35525	258	31	227	0.39	0.10	0.64
宛平城地区	40832	22102	18730	463	83	380	1.13	0.38	2.03
马家堡街道	99234	47427	51807	564	73	491	0.57	0.15	0.95
和义街道	35833	17667	18166	298	48	250	0.83	0.27	1.38

表7 续表 3

单位：人、%

地 区	15岁及以上人口			文盲人口			文盲人口占15岁及以上人口比重		
	合计	男	女	合计	男	女	合计	男	女
卢沟桥地区	98529	49185	49344	880	172	708	0.89	0.35	1.43
花乡地区	106276	55844	50432	1053	279	774	0.99	0.50	1.53
南苑地区	53771	27174	26597	578	144	434	1.07	0.53	1.63
长辛店镇	39698	22163	17535	296	68	228	0.75	0.31	1.30
王佐镇	51047	26695	24352	438	96	342	0.86	0.36	1.40
石景山区	**503342**	**248226**	**255116**	**4430**	**757**	**3673**	**0.88**	**0.30**	**1.44**
八宝山街道	52467	25089	27378	219	24	195	0.42	0.10	0.71
老山街道	36374	18305	18069	297	43	254	0.82	0.23	1.41
八角街道	98282	47927	50355	751	101	650	0.76	0.21	1.29
古城街道	61040	32148	28892	696	169	527	1.14	0.53	1.82
苹果园街道	86320	41936	44384	857	145	712	0.99	0.35	1.60
金顶街街道	59994	28604	31390	723	116	607	1.21	0.41	1.93
广宁街道	13537	7202	6335	149	30	119	1.10	0.42	1.88
五里坨街道	36585	18604	17981	355	71	284	0.97	0.38	1.58
鲁谷街道	58743	28411	30332	383	58	325	0.65	0.20	1.07
海淀区	**2762358**	**1368477**	**1393881**	**14351**	**2613**	**11738**	**0.52**	**0.19**	**0.84**
万寿路街道	103221	46818	56403	614	80	534	0.59	0.17	0.95
永定路街道	79711	37670	42041	531	53	478	0.67	0.14	1.14
羊坊店街道	103352	47900	55452	478	60	418	0.46	0.13	0.75
甘家口街道	103714	47149	56565	519	68	451	0.50	0.14	0.80
八里庄街道	117549	54919	62630	430	87	343	0.37	0.16	0.55
紫竹院街道	116424	53952	62472	320	53	267	0.27	0.10	0.43
北下关街道	131648	65004	66644	554	76	478	0.42	0.12	0.72
北太平庄街道	148659	71452	77207	582	74	508	0.39	0.10	0.66
学院路街道	207755	102954	104801	531	85	446	0.26	0.08	0.43
中关村街道	110929	55230	55699	562	68	494	0.51	0.12	0.89
海淀街道	105648	49459	56189	387	52	335	0.37	0.11	0.60
青龙桥街道	75481	37504	37977	297	58	239	0.39	0.15	0.63
清华园街道	52879	30846	22033	97	17	80	0.18	0.06	0.36
燕园街道	28345	15744	12601	50	2	48	0.18	0.01	0.38
香山街道	25262	12977	12285	244	50	194	0.97	0.39	1.58
清河街道	124637	60833	63804	665	151	514	0.53	0.25	0.81

表7　续表 4　　　　单位：人、%

地　区	15岁及以上人口			文盲人口			文盲人口占15岁及以上人口比重		
	合计	男	女	合计	男	女	合计	男	女
花园路街道	125100	62356	62744	644	87	557	0.51	0.14	0.89
西三旗街道	135692	67818	67874	997	131	866	0.73	0.19	1.28
马连洼街道	103111	50109	53002	555	106	449	0.54	0.21	0.85
田村路街道	93665	46441	47224	641	111	530	0.68	0.24	1.12
上地街道	59139	30380	28759	250	44	206	0.42	0.14	0.72
万柳地区	1909	1233	676	3	1	2	0.16	0.08	0.30
东升地区	50237	25096	25141	299	47	252	0.60	0.19	1.00
曙光街道	72794	34516	38278	250	45	205	0.34	0.13	0.54
温泉地区	61030	32466	28564	524	113	411	0.86	0.35	1.44
四季青地区	145923	76020	69903	793	167	626	0.54	0.22	0.90
西北旺地区	146764	79959	66805	887	232	655	0.60	0.29	0.98
苏家坨地区	69261	37571	31690	915	272	643	1.32	0.72	2.03
上庄地区	62519	34101	28418	732	223	509	1.17	0.65	1.79
门头沟区	**347846**	**175974**	**171872**	**4933**	**985**	**3948**	**1.42**	**0.56**	**2.30**
大峪街道	77088	37368	39720	854	114	740	1.11	0.31	1.86
城子街道	39862	19745	20117	588	89	499	1.48	0.45	2.48
东辛房街道	32181	15918	16263	485	75	410	1.51	0.47	2.52
大台街道	3437	1844	1593	103	18	85	3.00	0.98	5.34
王平地区	6525	3372	3153	224	37	187	3.43	1.10	5.93
永定地区	91732	47096	44636	780	154	626	0.85	0.33	1.40
龙泉地区	46365	24121	22244	444	105	339	0.96	0.44	1.52
潭柘寺镇	9707	5098	4609	251	59	192	2.59	1.16	4.17
军庄镇	14536	7426	7110	259	43	216	1.78	0.58	3.04
雁翅镇	4849	2605	2244	215	70	145	4.43	2.69	6.46
斋堂镇	6938	3667	3271	155	46	109	2.23	1.25	3.33
清水镇	5582	2987	2595	270	85	185	4.84	2.85	7.13
妙峰山镇	9044	4727	4317	305	90	215	3.37	1.90	4.98
房山区	**1143561**	**587343**	**556218**	**15172**	**3343**	**11829**	**1.33**	**0.57**	**2.13**
城关街道	105164	53524	51640	1105	219	886	1.05	0.41	1.72
新镇街道	9715	5063	4652	113	11	102	1.16	0.22	2.19
向阳街道	17032	8889	8143	136	25	111	0.80	0.28	1.36
东风街道	20501	10614	9887	296	49	247	1.44	0.46	2.50

表7 续表 5

单位：人、%

地 区	15岁及以上人口			文盲人口			文盲人口占15岁及以上人口比重		
	合计	男	女	合计	男	女	合计	男	女
迎风街道	31219	15594	15625	321	66	255	1.03	0.42	1.63
星城街道	19811	9604	10207	160	26	134	0.81	0.27	1.31
良乡地区	21460	12179	9281	235	65	170	1.10	0.53	1.83
周口店地区	36965	18755	18210	765	183	582	2.07	0.98	3.20
琉璃河地区	58967	30835	28132	857	195	662	1.45	0.63	2.35
拱辰街道	188987	94166	94821	1154	194	960	0.61	0.21	1.01
西潞街道	64224	31878	32346	354	97	257	0.55	0.30	0.79
阎村镇	68072	37161	30911	826	198	628	1.21	0.53	2.03
窦店镇	83737	43917	39820	928	196	732	1.11	0.45	1.84
石楼镇	28695	15004	13691	400	116	284	1.39	0.77	2.07
长阳镇	202988	104419	98569	1597	364	1233	0.79	0.35	1.25
河北镇	16954	8603	8351	381	79	302	2.25	0.92	3.62
长沟镇	19089	9664	9425	448	79	369	2.35	0.82	3.92
大石窝镇	27219	13747	13472	1240	277	963	4.56	2.01	7.15
张坊镇	16158	8251	7907	617	139	478	3.82	1.68	6.05
十渡镇	8157	4178	3979	516	128	388	6.33	3.06	9.75
青龙湖镇	45514	24023	21491	786	182	604	1.73	0.76	2.81
韩村河镇	32634	16523	16111	889	200	689	2.72	1.21	4.28
霞云岭乡	4431	2322	2109	398	116	282	8.98	5.00	13.37
南窖乡	2799	1451	1348	98	17	81	3.50	1.17	6.01
佛子庄乡	5595	2981	2614	197	44	153	3.52	1.48	5.85
大安山乡	2596	1484	1112	94	24	70	3.62	1.62	6.29
史家营乡	2960	1539	1421	76	22	54	2.57	1.43	3.80
蒲洼乡	1918	975	943	185	32	153	9.65	3.28	16.22
通州区	**1617569**	**852273**	**765296**	**11154**	**2657**	**8497**	**0.69**	**0.31**	**1.11**
中仓街道	59332	30104	29228	323	71	252	0.54	0.24	0.86
新华街道	32598	17231	15367	123	38	85	0.38	0.22	0.55
北苑街道	94734	46570	48164	333	51	282	0.35	0.11	0.59
玉桥街道	99301	49693	49608	387	71	316	0.39	0.14	0.64
潞源街道	7258	3945	3313	24	6	18	0.33	0.15	0.54
通运街道	43027	22076	20951	178	50	128	0.41	0.23	0.61
宋庄镇	130377	73417	56960	1017	229	788	0.78	0.31	1.38

表7 续表 6　　　　单位：人、%

地　区	15岁及以上人口			文盲人口			文盲人口占15岁及以上人口比重		
	合计	男	女	合计	男	女	合计	男	女
张家湾镇	113240	61380	51860	1254	309	945	1.11	0.50	1.82
漷县镇	60498	31890	28608	912	225	687	1.51	0.71	2.40
马驹桥镇	156047	87557	68490	1161	293	868	0.74	0.33	1.27
西集镇	41500	21476	20024	680	134	546	1.64	0.62	2.73
台湖镇	135139	74531	60608	912	254	658	0.67	0.34	1.09
永乐店镇	38185	20024	18161	647	129	518	1.69	0.64	2.85
潞城镇	60827	32528	28299	598	125	473	0.98	0.38	1.67
永顺镇	270592	138638	131954	1137	245	892	0.42	0.18	0.68
梨园镇	244425	124685	119740	929	217	712	0.38	0.17	0.59
于家务回族乡	30489	16528	13961	539	210	329	1.77	1.27	2.36
顺义区	**1168726**	**629989**	**538737**	**11609**	**2674**	**8935**	**0.99**	**0.42**	**1.66**
胜利街道	39485	19373	20112	221	32	189	0.56	0.17	0.94
光明街道	58769	28522	30247	315	50	265	0.54	0.18	0.88
仁和地区	60171	34439	25732	340	84	256	0.57	0.24	0.99
后沙峪地区	66702	37431	29271	362	101	261	0.54	0.27	0.89
天竺地区	30162	16365	13797	133	29	104	0.44	0.18	0.75
杨镇地区	57344	29762	27582	878	181	697	1.53	0.61	2.53
牛栏山地区	48294	25280	23014	363	75	288	0.75	0.30	1.25
南法信地区	51189	30351	20838	250	69	181	0.49	0.23	0.87
马坡地区	34414	19328	15086	276	80	196	0.80	0.41	1.30
石园街道	57474	28227	29247	418	62	356	0.73	0.22	1.22
空港街道	85254	42483	42771	600	140	460	0.70	0.33	1.08
双丰街道	56731	29992	26739	277	39	238	0.49	0.13	0.89
旺泉街道	79927	39742	40185	359	50	309	0.45	0.13	0.77
高丽营镇	74386	45150	29236	871	368	503	1.17	0.82	1.72
李桥镇	88277	50147	38130	633	130	503	0.72	0.26	1.32
李遂镇	20207	10917	9290	305	73	232	1.51	0.67	2.50
南彩镇	66561	37367	29194	642	126	516	0.96	0.34	1.77
北务镇	12569	7038	5531	263	63	200	2.09	0.90	3.62
大孙各庄镇	21489	11353	10136	688	152	536	3.20	1.34	5.29
张　镇	22074	11546	10528	556	117	439	2.52	1.01	4.17
龙湾屯镇	12873	6808	6065	434	102	332	3.37	1.50	5.47

表7 续表 7 单位：人、%

地区	15岁及以上人口			文盲人口			文盲人口占15岁及以上人口比重		
	合计	男	女	合计	男	女	合计	男	女
木林镇	30561	16140	14421	916	175	741	3.00	1.08	5.14
北小营镇	37736	20445	17291	758	176	582	2.01	0.86	3.37
北石槽镇	13671	7294	6377	275	70	205	2.01	0.96	3.21
赵全营镇	42406	24489	17917	476	130	346	1.12	0.53	1.93
昌平区	**2033522**	**1096897**	**936625**	**14828**	**3646**	**11182**	**0.73**	**0.33**	**1.19**
城北街道	200734	100654	100080	1032	193	839	0.51	0.19	0.84
南口地区	75150	43287	31863	1014	249	765	1.35	0.58	2.40
马池口地区	78435	44643	33792	839	210	629	1.07	0.47	1.86
沙河地区	267771	153064	114707	1704	421	1283	0.64	0.28	1.12
城南街道	78410	41456	36954	402	78	324	0.51	0.19	0.88
东小口地区	80666	47477	33189	433	137	296	0.54	0.29	0.89
天通苑北街道	128839	65468	63371	447	86	361	0.35	0.13	0.57
天通苑南街道	103906	51949	51957	400	75	325	0.38	0.14	0.63
霍营街道	81163	42139	39024	427	79	348	0.53	0.19	0.89
回龙观街道	145111	74849	70262	753	143	610	0.52	0.19	0.87
龙泽园街道	158826	80887	77939	566	91	475	0.36	0.11	0.61
史各庄街道	60632	34518	26114	214	61	153	0.35	0.18	0.59
阳坊镇	23269	12629	10640	392	124	268	1.68	0.98	2.52
小汤山镇	72523	40232	32291	684	158	526	0.94	0.39	1.63
南邵镇	57154	30811	26343	469	104	365	0.82	0.34	1.39
崔村镇	22114	11994	10120	348	69	279	1.57	0.58	2.76
百善镇	32571	18312	14259	311	65	246	0.95	0.35	1.73
北七家镇	280543	155615	124928	2053	650	1403	0.73	0.42	1.12
兴寿镇	31030	17591	13439	458	115	343	1.48	0.65	2.55
流村镇	16494	9172	7322	653	203	450	3.96	2.21	6.15
十三陵镇	31082	16446	14636	797	219	578	2.56	1.33	3.95
延寿镇	7099	3704	3395	432	116	316	6.09	3.13	9.31
大兴区	**1756675**	**948307**	**808368**	**14508**	**3562**	**10946**	**0.83**	**0.38**	**1.35**
兴丰街道	69162	34740	34422	417	96	321	0.60	0.28	0.93
林校路街道	70868	35769	35099	346	66	280	0.49	0.18	0.80
清源街道	127745	63846	63899	672	140	532	0.53	0.22	0.83
亦庄地区	94383	48528	45855	642	145	497	0.68	0.30	1.08

表7　续表 8　　　　单位：人、%

地　区	15岁及以上人口			文盲人口			文盲人口占15岁及以上人口比重		
	合计	男	女	合计	男	女	合计	男	女
黄村地区	161264	95604	65660	1217	315	902	0.75	0.33	1.37
旧宫地区	168960	89071	79889	1168	249	919	0.69	0.28	1.15
西红门地区	162417	90404	72013	922	254	668	0.57	0.28	0.93
瀛海地区	89544	47185	42359	602	127	475	0.67	0.27	1.12
观音寺街道	98261	51888	46373	533	106	427	0.54	0.20	0.92
天宫院街道	74932	38303	36629	510	132	378	0.68	0.34	1.03
高米店街道	84721	42054	42667	425	89	336	0.50	0.21	0.79
青云店镇	62267	36639	25628	966	263	703	1.55	0.72	2.74
采育镇	47727	26414	21313	517	134	383	1.08	0.51	1.80
安定镇	26284	13740	12544	518	139	379	1.97	1.01	3.02
礼贤镇	35934	21315	14619	962	357	605	2.68	1.67	4.14
榆垡镇	62792	34331	28461	938	186	752	1.49	0.54	2.64
庞各庄镇	65697	35312	30385	804	212	592	1.22	0.60	1.95
北臧村镇	32274	19328	12946	198	48	150	0.61	0.25	1.16
魏善庄镇	40400	22555	17845	938	226	712	2.32	1.00	3.99
长子营镇	30244	16616	13628	577	149	428	1.91	0.90	3.14
中关村国家自主创新示范区大兴生物医药产业基地	9532	5716	3816	26	9	17	0.27	0.16	0.45
国家新媒体产业基地	9388	5661	3727	49	16	33	0.52	0.28	0.89
大兴国际机场(大兴部分)	1511	836	675	2		2	0.13		0.30
北京经济技术开发区	130368	72452	57916	559	104	455	0.43	0.14	0.79
怀柔区	**389108**	**208180**	**180928**	**9645**	**2589**	**7056**	**2.48**	**1.24**	**3.90**
泉河街道	67677	33591	34086	483	97	386	0.71	0.29	1.13
龙山街道	64323	32273	32050	480	82	398	0.75	0.25	1.24
怀柔地区	37288	21503	15785	693	224	469	1.86	1.04	2.97
雁栖地区	33632	18360	15272	549	159	390	1.63	0.87	2.55
庙城地区	36332	20539	15793	489	122	367	1.35	0.59	2.32
北房镇	29263	15987	13276	621	161	460	2.12	1.01	3.46
杨宋镇	27607	15135	12472	471	92	379	1.71	0.61	3.04
桥梓镇	22363	11777	10586	558	160	398	2.50	1.36	3.76
怀北镇	21132	12302	8830	397	104	293	1.88	0.85	3.32

表7 续表 9

单位：人、%

地　区	15岁及以上人口			文盲人口			文盲人口占15岁及以上人口比重		
	合计	男	女	合计	男	女	合计	男	女
汤河口镇	4942	2609	2333	591	147	444	11.96	5.63	19.03
渤海镇	11601	6038	5563	957	307	650	8.25	5.08	11.68
九渡河镇	11386	5941	5445	1006	293	713	8.84	4.93	13.09
琉璃庙镇	4033	2162	1871	586	171	415	14.53	7.91	22.18
宝山镇	5733	3088	2645	689	186	503	12.02	6.02	19.02
长哨营满族乡	4915	2593	2322	553	133	420	11.25	5.13	18.09
喇叭沟门满族乡	3713	1953	1760	504	143	361	13.57	7.32	20.51
北京雁栖经济开发区	3168	2329	839	18	8	10	0.57	0.34	1.19
平谷区	**396553**	**202596**	**193957**	**12495**	**2670**	**9825**	**3.15**	**1.32**	**5.07**
滨河街道	43332	21407	21925	256	38	218	0.59	0.18	0.99
兴谷街道	52878	26987	25891	655	140	515	1.24	0.52	1.99
渔阳地区	53846	27313	26533	1368	356	1012	2.54	1.30	3.81
峪口地区	24755	12702	12053	882	182	700	3.56	1.43	5.81
马坊地区	25114	12845	12269	644	114	530	2.56	0.89	4.32
金海湖地区	22360	11648	10712	1083	238	845	4.84	2.04	7.89
东高村镇	24875	12825	12050	1245	274	971	5.01	2.14	8.06
山东庄镇	14390	7409	6981	689	148	541	4.79	2.00	7.75
南独乐河镇	16754	8569	8185	477	80	397	2.85	0.93	4.85
大华山镇	13720	7099	6621	685	143	542	4.99	2.01	8.19
夏各庄镇	22678	11707	10971	1175	239	936	5.18	2.04	8.53
马昌营镇	14514	7451	7063	400	79	321	2.76	1.06	4.54
王辛庄镇	26695	13642	13053	1127	234	893	4.22	1.72	6.84
大兴庄镇	20137	10395	9742	640	151	489	3.18	1.45	5.02
刘家店镇	6485	3323	3162	365	85	280	5.63	2.56	8.86
镇罗营镇	6937	3590	3347	379	71	308	5.46	1.98	9.20
黄松峪乡	4487	2330	2157	208	44	164	4.64	1.89	7.60
熊儿寨乡	2596	1354	1242	217	54	163	8.36	3.99	13.12
密云区	**460936**	**235303**	**225633**	**13297**	**3542**	**9755**	**2.88**	**1.51**	**4.32**
鼓楼街道	131707	64387	67320	1481	330	1151	1.12	0.51	1.71
果园街道	74507	36734	37773	574	99	475	0.77	0.27	1.26
檀营地区	13329	6979	6350	145	28	117	1.09	0.40	1.84
密云镇	18158	10066	8092	339	94	245	1.87	0.93	3.03
溪翁庄镇	18300	9482	8818	394	97	297	2.15	1.02	3.37
西田各庄镇	30129	15667	14462	837	224	613	2.78	1.43	4.24

表7　续表 10　　　　单位：人、%

地　区	15岁及以上人口			文盲人口			文盲人口占15岁及以上人口比重		
	合计	男	女	合计	男	女	合计	男	女
十里堡镇	26151	14179	11972	505	136	369	1.93	0.96	3.08
河南寨镇	21336	11254	10082	806	219	587	3.78	1.95	5.82
巨各庄镇	19619	10227	9392	956	250	706	4.87	2.44	7.52
穆家峪镇	20832	10982	9850	845	246	599	4.06	2.24	6.08
太师屯镇	20081	10331	9750	1270	346	924	6.32	3.35	9.48
高岭镇	9107	4655	4452	641	189	452	7.04	4.06	10.15
不老屯镇	11673	5973	5700	760	256	504	6.51	4.29	8.84
冯家峪镇	4227	2212	2015	632	223	409	14.95	10.08	20.30
古北口镇	6587	3350	3237	489	97	392	7.42	2.90	12.11
大城子镇	8682	4503	4179	811	205	606	9.34	4.55	14.50
东邵渠镇	8658	4500	4158	477	110	367	5.51	2.44	8.83
北庄镇	5372	2801	2571	468	147	321	8.71	5.25	12.49
新城子镇	5988	3122	2866	640	184	456	10.69	5.89	15.91
石城镇	3714	1958	1756	217	59	158	5.84	3.01	9.00
北京密云经济开发区	2779	1941	838	10	3	7	0.36	0.15	0.84
延庆区	**305199**	**160948**	**144251**	**9481**	**2957**	**6524**	**3.11**	**1.84**	**4.52**
百泉街道	31064	15427	15637	248	58	190	0.80	0.38	1.22
香水园街道	41542	20886	20656	286	47	239	0.69	0.23	1.16
儒林街道	24213	12043	12170	199	53	146	0.82	0.44	1.20
延庆镇	48443	26823	21620	929	308	621	1.92	1.15	2.87
康庄镇	29336	15716	13620	590	169	421	2.01	1.08	3.09
八达岭镇	8935	4969	3966	192	54	138	2.15	1.09	3.48
永宁镇	21132	11176	9956	875	282	593	4.14	2.52	5.96
旧县镇	15818	8310	7508	1200	402	798	7.59	4.84	10.63
张山营镇	22013	12408	9605	953	311	642	4.33	2.51	6.68
四海镇	4002	2148	1854	386	118	268	9.65	5.49	14.46
千家店镇	5790	3092	2698	652	222	430	11.26	7.18	15.94
沈家营镇	14164	7387	6777	543	175	368	3.83	2.37	5.43
大榆树镇	14298	7446	6852	446	117	329	3.12	1.57	4.80
井庄镇	8658	4616	4042	598	202	396	6.91	4.38	9.80
大庄科乡	3823	2090	1733	356	103	253	9.31	4.93	14.60
刘斌堡乡	4121	2230	1891	297	83	214	7.21	3.72	11.32
香营乡	5545	2964	2581	348	118	230	6.28	3.98	8.91
珍珠泉乡	2302	1217	1085	383	135	248	16.64	11.09	22.86

表8　各地区家庭户规模

单位：户、%

地　区	家庭户户　数	一人户		二人户		三人户	
		户数	比重	户数	比重	户数	比重
北　京	**8230792**	**2463325**	**29.93**	**2727924**	**33.14**	**1787020**	**21.71**
东城区	**285543**	**83563**	**29.26**	**88568**	**31.02**	**70989**	**24.86**
东华门街道	14802	4542	30.69	4585	30.98	3503	23.67
景山街道	11259	3983	35.38	3618	32.13	2351	20.88
交道口街道	12606	3840	30.46	3791	30.07	3069	24.35
安定门街道	14102	5020	35.60	4371	31.00	3037	21.54
北新桥街道	22618	6893	30.48	6691	29.58	5565	24.60
东四街道	13226	3755	28.39	4003	30.27	3273	24.75
朝阳门街道	12159	3396	27.93	3641	29.94	3200	26.32
建国门街道	13348	4523	33.89	4092	30.66	2987	22.38
东直门街道	18491	5498	29.73	5434	29.39	4629	25.03
和平里街道	40606	11355	27.96	12554	30.92	10514	25.89
前门街道	3483	1241	35.63	1119	32.13	751	21.56
崇文门外街道	17169	4302	25.06	5273	30.71	4758	27.71
东花市街道	18253	4318	23.66	5546	30.38	5220	28.60
龙潭街道	20832	4899	23.52	6396	30.70	5933	28.48
体育馆路街道	14430	5102	35.36	4696	32.54	3111	21.56
天坛街道	12009	3923	32.67	3955	32.93	2598	21.63
永定门外街道	26150	6973	26.67	8803	33.66	6490	24.82
西城区	**440708**	**124928**	**28.35**	**133966**	**30.40**	**112497**	**25.53**
西长安街街道	13946	4078	29.24	4077	29.23	3546	25.43
新街口街道	33620	9624	28.63	10115	30.09	8628	25.66
月坛街道	40007	11537	28.84	11840	29.59	10451	26.12
展览路街道	44183	12187	27.58	13110	29.67	11610	26.28
德胜街道	44751	11396	25.47	12327	27.55	12357	27.61
金融街街道	19910	5341	26.83	5844	29.35	5396	27.10
什刹海街道	31107	9823	31.58	10075	32.39	6884	22.13
大栅栏街道	13292	5100	38.37	4562	34.32	2504	18.84
天桥街道	14487	4668	32.22	4734	32.68	3227	22.28
椿树街道	10882	3086	28.36	3299	30.32	2823	25.94
陶然亭街道	16507	4140	25.08	4998	30.28	4534	27.47
广安门内街道	25336	8173	32.26	7843	30.96	5970	23.56

表8　续表 1　　　　单位：户、%

地　区	家庭户	一人户		二人户		三人户	
	户　数	户数	比重	户数	比重	户数	比重
牛街街道	20202	5414	26.80	6321	31.29	5319	26.33
白纸坊街道	33765	9118	27.00	10804	32.00	8761	25.95
广安门外街道	78713	21243	26.99	24017	30.51	20487	26.03
朝阳区	**1465020**	**503179**	**34.35**	**483063**	**32.97**	**302721**	**20.66**
建外街道	15902	6442	40.51	4649	29.24	2805	17.64
朝外街道	13506	4799	35.53	4164	30.83	2829	20.95
呼家楼街道	22186	7862	35.44	7116	32.07	4551	20.51
三里屯街道	13707	4677	34.12	4165	30.39	3062	22.34
左家庄街道	32140	11860	36.90	10069	31.33	6783	21.10
香河园街道	18481	5371	29.06	6521	35.28	4431	23.98
和平街街道	31602	10811	34.21	10475	33.15	7060	22.34
安贞街道	24160	7172	29.69	8487	35.13	5667	23.46
亚运村街道	27174	8703	32.03	8809	32.42	6209	22.85
小关街道	21390	6462	30.21	7384	34.52	4939	23.09
酒仙桥街道	27331	8959	32.78	9492	34.73	5700	20.86
麦子店街道	12878	4678	36.33	4070	31.60	2683	20.83
团结湖街道	14604	5570	38.14	4855	33.24	2890	19.79
六里屯街道	33197	11612	34.98	11355	34.20	6894	20.77
八里庄街道	42785	14678	34.31	14010	32.75	9134	21.35
双井街道	43346	17054	39.34	13384	30.88	8417	19.42
劲松街道	44929	15703	34.95	14809	32.96	9634	21.44
潘家园街道	42467	12502	29.44	15223	35.85	9782	23.03
垡头街道	34006	10028	29.49	11859	34.87	7982	23.47
南磨房地区	54629	19496	35.69	17651	32.31	11244	20.58
高碑店地区	50134	19698	39.29	16056	32.03	9116	18.18
将台地区	23416	8513	36.36	8033	34.31	4355	18.60
太阳宫地区	34062	9264	27.20	10690	31.38	8886	26.09
大屯街道	50915	15034	29.53	15429	30.30	12682	24.91
望京街道	57570	16048	27.88	18150	31.53	14641	25.43
小红门地区	36902	12702	34.42	12771	34.61	6790	18.40
十八里店地区	91891	43294	47.11	31685	34.48	10235	11.14
平房地区	40035	16946	42.33	12035	30.06	7147	17.85

表8 续表 2 单位：户、%

地区	家庭户户数	一人户		二人户		三人户	
		户数	比重	户数	比重	户数	比重
东风地区	27754	9413	33.92	9568	34.47	5848	21.07
奥运村街道	43948	12580	28.62	14280	32.49	10942	24.90
来广营地区	65639	19679	29.98	20800	31.69	15394	23.45
常营地区	43955	12021	27.35	14402	32.77	10753	24.46
三间房地区	42464	14533	34.22	14458	34.05	8649	20.37
管庄地区	38002	11003	28.95	12286	32.33	9233	24.30
金盏地区	40969	19400	47.35	13884	33.89	4391	10.72
孙河地区	11016	2819	25.59	3904	35.44	2605	23.65
崔各庄地区	48097	20199	42.00	17424	36.23	6307	13.11
东坝地区	49447	13009	26.31	16790	33.96	11942	24.15
黑庄户地区	20487	7341	35.83	6701	32.71	3187	15.56
豆各庄地区	20697	5799	28.02	6622	31.99	4902	23.68
王四营地区	23947	9556	39.90	7990	33.37	3659	15.28
东湖街道	25771	7107	27.58	7942	30.82	6906	26.80
首都机场街道	7482	2782	37.18	2616	34.96	1455	19.45
丰台区	**828157**	**235973**	**28.49**	**291542**	**35.20**	**189837**	**22.92**
右安门街道	28287	7150	25.28	10470	37.01	7125	25.19
太平桥街道	29157	7638	26.20	10325	35.41	7083	24.29
西罗园街道	34899	8729	25.01	13101	37.54	8553	24.51
大红门街道	74978	20899	27.87	27464	36.63	17022	22.70
南苑街道	27148	8181	30.13	10149	37.38	5566	20.50
东高地街道	18447	5282	28.63	6933	37.58	4304	23.33
东铁匠营街道	65793	19158	29.12	23484	35.69	15517	23.58
卢沟桥街道	94937	27947	29.44	32526	34.26	21998	23.17
丰台街道	55000	13675	24.86	19078	34.69	13808	25.11
新村街道	80498	26044	32.35	25350	31.49	17904	22.24
长辛店街道	37051	10571	28.53	14039	37.89	7991	21.57
云岗街道	14004	3611	25.79	5376	38.39	3286	23.46
方庄地区	31329	8790	28.06	11154	35.60	7405	23.64
宛平城地区	18947	6048	31.92	6360	33.57	3917	20.67
马家堡街道	46619	12419	26.64	16883	36.21	11381	24.41
和义街道	16841	4215	25.03	6264	37.19	4075	24.20

表8　续表 3　　　　单位：户、%

地　　区	家庭户	一人户		二人户		三人户	
	户　数	户数	比重	户数	比重	户数	比重
卢沟桥地区	45248	13308	29.41	15432	34.11	10411	23.01
花乡地区	46335	13472	29.08	16206	34.98	9931	21.43
南苑地区	25700	8986	34.96	9501	36.97	4844	18.85
长辛店镇	18219	6624	36.36	5799	31.83	3119	17.12
王佐镇	18720	3226	17.23	5648	30.17	4597	24.56
石景山区	**222821**	**56219**	**25.23**	**79058**	**35.48**	**56594**	**25.40**
八宝山街道	24095	5691	23.62	7614	31.60	6709	27.84
老山街道	15232	3711	24.36	5659	37.15	3761	24.69
八角街道	41150	10327	25.10	14132	34.34	11071	26.90
古城街道	26232	7502	28.60	9287	35.40	6260	23.86
苹果园街道	38548	9583	24.86	13798	35.79	9500	24.64
金顶街街道	27051	5948	21.99	9722	35.94	7369	27.24
广宁街道	6756	2338	34.61	2575	38.11	1188	17.58
五里坨街道	17092	4727	27.66	6828	39.95	3835	22.44
鲁谷街道	26665	6392	23.97	9443	35.41	6901	25.88
海淀区	**1118037**	**348723**	**31.19**	**333150**	**29.80**	**256764**	**22.97**
万寿路街道	44030	10078	22.89	13332	30.28	11841	26.89
永定路街道	33701	8023	23.81	10550	31.30	8890	26.38
羊坊店街道	45580	10671	23.41	14614	32.06	12295	26.97
甘家口街道	40583	9981	24.59	12411	30.58	11228	27.67
八里庄街道	48176	12949	26.88	14491	30.08	12855	26.68
紫竹院街道	37569	10655	28.36	11094	29.53	9703	25.83
北下关街道	47136	13882	29.45	13562	28.77	12167	25.81
北太平庄街道	53747	16243	30.22	17113	31.84	12725	23.68
学院路街道	58556	17932	30.62	16836	28.75	14777	25.24
中关村街道	52039	18758	36.05	12188	23.42	12723	24.45
海淀街道	42605	13556	31.82	11052	25.94	10820	25.40
青龙桥街道	36502	15030	41.18	11579	31.72	5717	15.66
清华园街道	13365	5519	41.29	2938	21.98	2852	21.34
燕园街道	4690	1604	34.20	1307	27.87	1124	23.97
香山街道	14792	8753	59.17	3389	22.91	1516	10.25
清河街道	63927	22688	35.49	18339	28.69	13288	20.79

表8 续表 4

单位：户、%

地 区	家庭户 户 数	一人户 户数	一人户 比重	二人户 户数	二人户 比重	三人户 户数	三人户 比重
花园路街道	43970	11664	26.53	13585	30.90	11222	25.52
西三旗街道	58004	16623	28.66	16950	29.22	13523	23.31
马连洼街道	47591	16536	34.75	13707	28.80	10013	21.04
田村路街道	43678	13353	30.57	13486	30.88	9828	22.50
上地街道	20493	6058	29.56	6044	29.49	4911	23.96
万柳地区	353	118	33.43	110	31.16	75	21.25
东升地区	20375	5159	25.32	6653	32.65	4981	24.45
曙光街道	29926	5732	19.15	8555	28.59	8923	29.82
温泉地区	28365	10164	35.83	8694	30.65	5339	18.82
四季青地区	65772	21946	33.37	22043	33.51	12706	19.32
西北旺地区	69851	30011	42.96	21384	30.61	10282	14.72
苏家坨地区	24686	6064	24.56	8429	34.14	5298	21.46
上庄地区	27975	8973	32.08	8715	31.15	5142	18.38
门头沟区	**155912**	**41187**	**26.42**	**58429**	**37.48**	**36812**	**23.61**
大峪街道	33598	7539	22.44	12744	37.93	8864	26.38
城子街道	17706	4123	23.29	6736	38.04	4624	26.12
东辛房街道	14632	4162	28.44	5289	36.15	3502	23.93
大台街道	1674	672	40.14	698	41.70	212	12.66
王平地区	3059	970	31.71	1384	45.24	490	16.02
永定地区	39269	9980	25.41	13553	34.51	9775	24.89
龙泉地区	21871	6662	30.46	8075	36.92	4841	22.13
潭柘寺镇	4094	864	21.10	1662	40.60	954	23.30
军庄镇	6283	1373	21.85	2520	40.11	1534	24.42
雁翅镇	2600	970	37.31	1139	43.81	305	11.73
斋堂镇	3540	1217	34.38	1514	42.77	531	15.00
清水镇	3026	1159	38.30	1295	42.80	363	12.00
妙峰山镇	4560	1496	32.81	1820	39.91	817	17.92
房山区	**454271**	**106390**	**23.42**	**158538**	**34.90**	**105058**	**23.13**
城关街道	41516	8380	20.18	15385	37.06	10699	25.77
新镇街道	4097	1408	34.37	1581	38.59	710	17.33
向阳街道	6944	1397	20.12	2764	39.80	1898	27.33
东风街道	9079	2441	26.89	4017	44.24	1944	21.41

表8　续表 5　　　　　　单位：户、%

地　　区	家庭户	一人户		二人户		三人户	
	户　数	户数	比重	户数	比重	户数	比重
迎风街道	13795	4094	29.68	5487	39.78	3081	22.33
星城街道	8371	1523	18.19	3897	46.55	2025	24.19
良乡地区	7578	1951	25.75	2220	29.30	1254	16.55
周口店地区	14898	2886	19.37	5359	35.97	3451	23.16
琉璃河地区	22649	4613	20.37	7960	35.15	4816	21.26
拱辰街道	70934	20398	28.76	24403	34.40	16152	22.77
西潞街道	25483	4297	16.86	8826	34.63	7413	29.09
阎村镇	27511	7998	29.07	8726	31.72	5719	20.79
窦店镇	31833	7198	22.61	10671	33.52	7081	22.24
石楼镇	10484	1607	15.33	3423	32.65	2471	23.57
长阳镇	81775	19649	24.03	26042	31.85	19780	24.19
河北镇	7459	1843	24.71	2999	40.21	1502	20.14
长沟镇	7589	1261	16.62	2719	35.83	1743	22.97
大石窝镇	11381	2066	18.15	4290	37.69	2546	22.37
张坊镇	6864	1388	20.22	2618	38.14	1480	21.56
十渡镇	3767	931	24.71	1656	43.96	725	19.25
青龙湖镇	16701	2812	16.84	5368	32.14	3862	23.12
韩村河镇	13093	2674	20.42	3988	30.46	2983	22.78
霞云岭乡	2310	739	31.99	941	40.74	399	17.27
南窖乡	1476	498	33.74	580	39.30	274	18.56
佛子庄乡	2567	719	28.01	976	38.02	502	19.56
大安山乡	1387	601	43.33	548	39.51	162	11.68
史家营乡	1584	571	36.05	544	34.34	285	17.99
蒲洼乡	1146	447	39.01	550	47.99	101	8.81
通州区	**639191**	**190801**	**29.85**	**211339**	**33.06**	**133350**	**20.86**
中仓街道	25018	7615	30.44	8765	35.03	5641	22.55
新华街道	11549	3701	32.05	3518	30.46	2491	21.57
北苑街道	37212	10042	26.99	12570	33.78	8869	23.83
玉桥街道	38128	7824	20.52	12718	33.36	10969	28.77
潞源街道	1956	709	36.25	607	31.03	434	22.19
通运街道	16082	3804	23.65	5349	33.26	3938	24.49
宋庄镇	54713	20407	37.30	15944	29.14	8492	15.52

表8　续表 6　　　　单位：户、%

地　　区	家庭户	一人户		二人户		三人户	
	户　数	户数	比重	户数	比重	户数	比重
张家湾镇	46841	14760	31.51	15497	33.08	8546	18.24
漷县镇	24529	5882	23.98	8208	33.46	5029	20.50
马驹桥镇	50843	14108	27.75	18172	35.74	10093	19.85
西集镇	16948	3464	20.44	6174	36.43	3581	21.13
台湖镇	62565	27285	43.61	18764	29.99	9432	15.08
永乐店镇	15344	3062	19.96	5415	35.29	3218	20.97
潞城镇	22906	6086	26.57	8057	35.17	4596	20.06
永顺镇	107079	34541	32.26	36314	33.91	21975	20.52
梨园镇	96957	25441	26.24	32432	33.45	23906	24.66
于家务回族乡	10521	2070	19.67	2835	26.95	2140	20.34
顺义区	**510917**	**165902**	**32.47**	**166041**	**32.50**	**95136**	**18.62**
胜利街道	16480	3539	21.47	5712	34.66	4244	25.75
光明街道	23815	3479	14.61	8171	34.31	7152	30.03
仁和地区	26531	10670	40.22	8198	30.90	4579	17.26
后沙峪地区	29738	11441	38.47	10037	33.75	4471	15.03
天竺地区	13025	4491	34.48	4958	38.07	2230	17.12
杨镇地区	19784	4687	23.69	6119	30.93	4039	20.42
牛栏山地区	18527	4747	25.62	6261	33.79	3979	21.48
南法信地区	28635	15802	55.18	9640	33.67	1792	6.26
马坡地区	16813	6352	37.78	5383	32.02	2860	17.01
石园街道	23012	3241	14.08	8213	35.69	7102	30.86
空港街道	35780	10720	29.96	10806	30.20	7627	21.32
双丰街道	25085	6853	27.32	7286	29.05	6444	25.69
旺泉街道	34619	8721	25.19	11046	31.91	8752	25.28
高丽营镇	36405	16714	45.91	11960	32.85	3735	10.26
李桥镇	43688	19826	45.38	13055	29.88	5148	11.78
李遂镇	8376	2257	26.95	2770	33.07	1496	17.86
南彩镇	32328	13317	41.19	10180	31.49	4207	13.01
北务镇	5156	1415	27.44	1783	34.58	832	16.14
大孙各庄镇	8433	1632	19.35	3072	36.43	1702	20.18
张　镇	8958	1948	21.75	3062	34.18	1875	20.93
龙湾屯镇	5121	965	18.84	1957	38.22	1108	21.64

表8　续表 7　　　　单位：户、%

地　区	家庭户	一人户		二人户		三人户	
	户　数	户数	比重	户数	比重	户数	比重
木林镇	12317	2484	20.17	4329	35.15	2632	21.37
北小营镇	14187	3050	21.50	4254	29.99	2911	20.52
北石槽镇	5402	1123	20.79	1902	35.21	1041	19.27
赵全营镇	18702	6428	34.37	5887	31.48	3178	16.99
昌平区	**815773**	**275300**	**33.75**	**272466**	**33.40**	**146291**	**17.93**
城北街道	77207	20193	26.15	25770	33.38	18703	24.22
南口地区	26105	7909	30.30	9320	35.70	5148	19.72
马池口地区	34476	12073	35.02	11512	33.39	5732	16.63
沙河地区	104449	41649	39.87	35014	33.52	15522	14.86
城南街道	29165	8343	28.61	9672	33.16	6581	22.56
东小口地区	40648	20301	49.94	14631	35.99	3542	8.71
天通苑北街道	40637	9303	22.89	12508	30.78	9605	23.64
天通苑南街道	40576	10472	25.81	14255	35.13	8639	21.29
霍营街道	30935	7443	24.06	10153	32.82	6739	21.78
回龙观街道	56856	16174	28.45	19135	33.66	11871	20.88
龙泽园街道	57172	13351	23.35	19166	33.52	12725	22.26
史各庄街道	17678	8628	48.81	4974	28.14	2246	12.71
阳坊镇	9087	2752	30.29	2882	31.72	1555	17.11
小汤山镇	33342	12313	36.93	11558	34.66	5106	15.31
南邵镇	24823	8387	33.79	7752	31.23	4862	19.59
崔村镇	8534	2155	25.25	2821	33.06	1674	19.62
百善镇	16840	7049	41.86	5120	30.40	2635	15.65
北七家镇	136321	59472	43.63	45610	33.46	17423	12.78
兴寿镇	11217	2710	24.16	3879	34.58	2081	18.55
流村镇	6334	1445	22.81	2362	37.29	1249	19.72
十三陵镇	10196	2391	23.45	3137	30.77	1995	19.57
延寿镇	3175	787	24.79	1235	38.90	658	20.72
大兴区	**660307**	**188507**	**28.55**	**220056**	**33.33**	**134039**	**20.30**
兴丰街道	26778	5026	18.77	9638	35.99	7277	27.18
林校路街道	25313	4741	18.73	8585	33.92	6901	27.26
清源街道	45785	9016	19.69	15170	33.13	11970	26.14
亦庄地区	34804	8029	23.07	12043	34.60	8395	24.12

表8 续表 8

单位：户、%

地区	家庭户	一人户		二人户		三人户	
	户数	户数	比重	户数	比重	户数	比重
黄村地区	65627	28060	42.76	21851	33.30	7995	12.18
旧宫地区	64784	17476	26.98	23987	37.03	14148	21.84
西红门地区	65406	22163	33.89	24042	36.76	10918	16.69
瀛海地区	33360	7309	21.91	12278	36.80	7946	23.82
观音寺街道	34560	7698	22.27	12049	34.86	8667	25.08
天宫院街道	27028	6114	22.62	8860	32.78	6435	23.81
高米店街道	31345	6742	21.51	10134	32.33	7906	25.22
青云店镇	28530	11542	40.46	8091	28.36	3852	13.50
采育镇	18495	4840	26.17	6090	32.93	3689	19.95
安定镇	9376	1590	16.96	2446	26.09	2042	21.78
礼贤镇	11028	2350	21.31	3447	31.26	2001	18.14
榆垡镇	21092	5098	24.17	7088	33.61	4139	19.62
庞各庄镇	24138	6679	27.67	7160	29.66	4311	17.86
北臧村镇	15961	7240	45.36	4703	29.47	1789	11.21
魏善庄镇	15057	3557	23.62	4356	28.93	2798	18.58
长子营镇	12472	3293	26.40	3853	30.89	2239	17.95
中关村国家自主创新示范区大兴生物医药产业基地	2616	1256	48.01	795	30.39	352	13.46
国家新媒体产业基地	3115	1933	62.05	828	26.58	220	7.06
大兴国际机场(大兴部分)	765	741	96.86	21	2.75	1	0.13
北京经济技术开发区	42872	16014	37.35	12541	29.25	8048	18.77
怀柔区	**153338**	**38876**	**25.35**	**55802**	**36.39**	**33216**	**21.66**
泉河街道	26560	5432	20.45	9220	34.71	7270	27.37
龙山街道	25943	5915	22.80	9167	35.34	6599	25.44
怀柔地区	14508	4623	31.87	5296	36.50	2645	18.23
雁栖地区	13773	3986	28.94	4986	36.20	2910	21.13
庙城地区	15092	4631	30.69	5146	34.10	2861	18.96
北房镇	11829	3063	25.89	3953	33.42	2453	20.74
杨宋镇	11414	3324	29.12	3958	34.68	2058	18.03
桥梓镇	8793	1759	20.00	3336	37.94	1766	20.08
怀北镇	4077	876	21.49	1529	37.50	813	19.94

表8　续表 9　　　　单位：户、%

地　区	家庭户	一人户		二人户		三人户	
	户　数	户数	比重	户数	比重	户数	比重
汤河口镇	2340	649	27.74	1045	44.66	357	15.26
渤海镇	4851	1012	20.86	1966	40.53	973	20.06
九渡河镇	5023	1125	22.40	2069	41.19	999	19.89
琉璃庙镇	1942	555	28.58	851	43.82	331	17.04
宝山镇	2631	632	24.02	1180	44.85	485	18.43
长哨营满族乡	2397	619	25.82	1108	46.22	379	15.81
喇叭沟门满族乡	1955	617	31.56	898	45.93	282	14.42
北京雁栖经济开发区	210	58	27.62	94	44.76	35	16.67
平谷区	**160875**	**33818**	**21.02**	**53785**	**33.43**	**38169**	**23.73**
滨河街道	17602	3066	17.42	6374	36.21	5380	30.56
兴谷街道	21727	4811	22.14	7135	32.84	5968	27.47
渔阳地区	21773	4646	21.34	7230	33.21	5394	24.77
峪口地区	10254	2308	22.51	3474	33.88	2136	20.83
马坊地区	10215	2665	26.09	2927	28.65	2190	21.44
金海湖地区	8912	1743	19.56	3013	33.81	1906	21.39
东高村镇	9494	1704	17.95	2993	31.53	2095	22.07
山东庄镇	5652	1278	22.61	1814	32.09	1163	20.58
南独乐河镇	6875	1363	19.83	2484	36.13	1417	20.61
大华山镇	5817	1265	21.75	2135	36.70	1230	21.14
夏各庄镇	9039	1964	21.73	2994	33.12	1854	20.51
马昌营镇	5743	1143	19.90	1821	31.71	1338	23.30
王辛庄镇	10752	2186	20.33	3454	32.12	2357	21.92
大兴庄镇	8074	1544	19.12	2595	32.14	1950	24.15
刘家店镇	2759	591	21.42	1078	39.07	548	19.86
镇罗营镇	3080	780	25.32	1178	38.25	622	20.19
黄松峪乡	1929	453	23.48	658	34.11	388	20.11
熊儿寨乡	1178	308	26.15	428	36.33	233	19.78
密云区	**195078**	**42541**	**21.81**	**72676**	**37.25**	**45945**	**23.55**
鼓楼街道	53297	8635	16.20	18888	35.44	15514	29.11
果园街道	30110	4983	16.55	9851	32.72	9149	30.39
檀营地区	5140	818	15.91	1896	36.89	1454	28.29
密云镇	8219	2784	33.87	2947	35.86	1506	18.32
溪翁庄镇	7422	1538	20.72	2960	39.88	1569	21.14
西田各庄镇	12919	2627	20.33	5229	40.48	2617	20.26

表8 续表 10　　单位：户、%

地　区	家庭户	一人户		二人户		三人户	
	户　数	户数	比重	户数	比重	户数	比重
十里堡镇	11727	3756	32.03	3773	32.17	2164	18.45
河南寨镇	8163	1523	18.66	2802	34.33	1763	21.60
巨各庄镇	8361	1758	21.03	3291	39.36	1782	21.31
穆家峪镇	9028	2453	27.17	3528	39.08	1622	17.97
太师屯镇	9517	2517	26.45	4018	42.22	1724	18.11
高岭镇	4525	1271	28.09	2002	44.24	781	17.26
不老屯镇	5723	1658	28.97	2558	44.70	941	16.44
冯家峪镇	2162	699	32.33	990	45.79	301	13.92
古北口镇	2510	731	29.12	1032	41.12	432	17.21
大城子镇	3994	990	24.79	1703	42.64	729	18.25
东邵渠镇	4066	1022	25.14	1919	47.20	644	15.84
北庄镇	2469	609	24.67	1057	42.81	433	17.54
新城子镇	2957	861	29.12	1297	43.86	480	16.23
石城镇	1914	707	36.94	764	39.92	295	15.41
北京密云经济开发区	855	601	70.29	171	20.00	45	5.26
延庆区	**124844**	**27418**	**21.96**	**49445**	**39.61**	**29602**	**23.71**
百泉街道	10969	1470	13.40	3680	33.55	3667	33.43
香水园街道	16007	2546	15.91	6233	38.94	4684	29.26
儒林街道	9419	1391	14.77	3427	36.38	3143	33.37
延庆镇	19456	5185	26.65	7571	38.91	4066	20.90
康庄镇	10890	2585	23.74	4523	41.53	2177	19.99
八达岭镇	3457	740	21.41	1312	37.95	783	22.65
永宁镇	9510	2622	27.57	4051	42.60	1788	18.80
旧县镇	7251	1712	23.61	2996	41.32	1499	20.67
张山营镇	9040	2121	23.46	3721	41.16	1891	20.92
四海镇	1940	608	31.34	775	39.95	331	17.06
千家店镇	2783	738	26.52	1321	47.47	461	16.56
沈家营镇	6387	1290	20.20	2547	39.88	1625	25.44
大榆树镇	6487	1618	24.94	2530	39.00	1341	20.67
井庄镇	3929	926	23.57	1644	41.84	808	20.57
大庄科乡	1790	509	28.44	715	39.94	324	18.10
刘斌堡乡	1913	471	24.62	856	44.75	311	16.26
香营乡	2536	600	23.66	1091	43.02	520	20.50
珍珠泉乡	1080	286	26.48	452	41.85	183	16.94

表8　续表 11　　　　单位：户、%

地　　区	四人户		五人户		六人户	
	户数	比重	户数	比重	户数	比重
北　京	**736163**	**8.94**	**362811**	**4.41**	**122068**	**1.48**
东城区	**27005**	**9.46**	**11438**	**4.01**	**3221**	**1.13**
东华门街道	1387	9.37	553	3.74	182	1.23
景山街道	863	7.66	328	2.91	94	0.83
交道口街道	1191	9.45	527	4.18	152	1.21
安定门街道	1082	7.67	428	3.04	114	0.81
北新桥街道	2129	9.41	978	4.32	282	1.25
东四街道	1333	10.08	634	4.79	164	1.24
朝阳门街道	1204	9.90	540	4.44	150	1.23
建国门街道	1131	8.47	444	3.33	115	0.86
东直门街道	1887	10.20	763	4.13	235	1.27
和平里街道	4017	9.89	1604	3.95	467	1.15
前门街道	231	6.63	107	3.07	29	0.83
崇文门外街道	1744	10.16	826	4.81	223	1.30
东花市街道	2037	11.16	845	4.63	249	1.36
龙潭街道	2296	11.02	997	4.79	278	1.33
体育馆路街道	1023	7.09	381	2.64	98	0.68
天坛街道	986	8.21	393	3.27	121	1.01
永定门外街道	2464	9.42	1090	4.17	268	1.02
西城区	**42465**	**9.64**	**19514**	**4.43**	**5899**	**1.34**
西长安街街道	1335	9.57	625	4.48	192	1.38
新街口街道	3205	9.53	1481	4.41	438	1.30
月坛街道	3896	9.74	1664	4.16	465	1.16
展览路街道	4390	9.94	2077	4.70	632	1.43
德胜街道	5297	11.84	2463	5.50	764	1.71
金融街街道	2010	10.10	920	4.62	297	1.49
什刹海街道	2718	8.74	1098	3.53	361	1.16
大栅栏街道	738	5.55	272	2.05	84	0.63
天桥街道	1194	8.24	499	3.44	128	0.88
椿树街道	1044	9.59	438	4.02	162	1.49
陶然亭街道	1782	10.80	774	4.69	237	1.44
广安门内街道	2124	8.38	918	3.62	247	0.97

表8 续表 12

单位：户、%

地区	四人户		五人户		六人户	
	户数	比重	户数	比重	户数	比重
牛街街道	1845	9.13	972	4.81	269	1.33
白纸坊街道	3193	9.46	1384	4.10	435	1.29
广安门外街道	7694	9.77	3929	4.99	1188	1.51
朝阳区	**111561**	**7.61**	**47578**	**3.25**	**14115**	**0.96**
建外街道	1203	7.57	571	3.59	178	1.12
朝外街道	1107	8.20	451	3.34	117	0.87
呼家楼街道	1775	8.00	648	2.92	186	0.84
三里屯街道	1161	8.47	486	3.55	119	0.87
左家庄街道	2344	7.29	836	2.60	205	0.64
香河园街道	1457	7.88	558	3.02	125	0.68
和平街街道	2248	7.11	761	2.41	200	0.63
安贞街道	1883	7.79	752	3.11	168	0.70
亚运村街道	2239	8.24	900	3.31	266	0.98
小关街道	1676	7.84	704	3.29	184	0.86
酒仙桥街道	2086	7.63	853	3.12	184	0.67
麦子店街道	938	7.28	370	2.87	114	0.89
团结湖街道	870	5.96	327	2.24	80	0.55
六里屯街道	2192	6.60	915	2.76	188	0.57
八里庄街道	3243	7.58	1310	3.06	352	0.82
双井街道	2900	6.69	1229	2.84	314	0.72
劲松街道	3218	7.16	1205	2.68	317	0.71
潘家园街道	3226	7.60	1335	3.14	326	0.77
垡头街道	2686	7.90	1152	3.39	272	0.80
南磨房地区	3883	7.11	1683	3.08	529	0.97
高碑店地区	3278	6.54	1450	2.89	423	0.84
将台地区	1630	6.96	668	2.85	176	0.75
太阳宫地区	3414	10.02	1372	4.03	382	1.12
大屯街道	4894	9.61	2119	4.16	647	1.27
望京街道	5523	9.59	2369	4.11	714	1.24
小红门地区	2963	8.03	1189	3.22	409	1.11
十八里店地区	3860	4.20	1760	1.92	763	0.83
平房地区	2515	6.28	1018	2.54	302	0.75

表8　续表 13　　单位：户、%

地　区	四人户		五人户		六人户	
	户数	比重	户数	比重	户数	比重
东风地区	1921	6.92	796	2.87	185	0.67
奥运村街道	3926	8.93	1628	3.70	510	1.16
来广营地区	6064	9.24	2737	4.17	857	1.31
常营地区	4259	9.69	1945	4.42	510	1.16
三间房地区	3065	7.22	1350	3.18	358	0.84
管庄地区	3439	9.05	1532	4.03	455	1.20
金盏地区	1871	4.57	917	2.24	393	0.96
孙河地区	1049	9.52	462	4.19	156	1.42
崔各庄地区	2544	5.29	1159	2.41	385	0.80
东坝地区	4698	9.50	2232	4.51	696	1.41
黑庄户地区	1625	7.93	1062	5.18	433	2.11
豆各庄地区	2159	10.43	863	4.17	306	1.48
王四营地区	1573	6.57	761	3.18	312	1.30
东湖街道	2513	9.75	998	3.87	286	1.11
首都机场街道	443	5.92	145	1.94	33	0.44
丰台区	**67263**	**8.12**	**32475**	**3.92**	**9195**	**1.11**
右安门街道	2299	8.13	1004	3.55	208	0.74
太平桥街道	2468	8.46	1242	4.26	337	1.16
西罗园街道	2825	8.09	1320	3.78	306	0.88
大红门街道	5876	7.84	2842	3.79	728	0.97
南苑街道	2028	7.47	969	3.57	218	0.80
东高地街道	1250	6.78	537	2.91	125	0.68
东铁匠营街道	4781	7.27	2256	3.43	523	0.79
卢沟桥街道	7674	8.08	3635	3.83	995	1.05
丰台街道	5063	9.21	2575	4.68	681	1.24
新村街道	6853	8.51	3249	4.04	964	1.20
长辛店街道	2777	7.50	1270	3.43	339	0.91
云岗街道	1003	7.16	547	3.91	157	1.12
方庄地区	2506	8.00	1113	3.55	304	0.97
宛平城地区	1587	8.38	752	3.97	244	1.29
马家堡街道	3715	7.97	1754	3.76	403	0.86
和义街道	1395	8.28	701	4.16	161	0.96

表8 续表 14

单位：户、%

地 区	四人户		五人户		六人户	
	户数	比重	户数	比重	户数	比重
卢沟桥地区	3676	8.12	1796	3.97	565	1.25
花乡地区	4015	8.67	1878	4.05	647	1.40
南苑地区	1646	6.40	548	2.13	134	0.52
长辛店镇	1424	7.82	810	4.45	360	1.98
王佐镇	2402	12.83	1677	8.96	796	4.25
石景山区	**19411**	**8.71**	**8992**	**4.04**	**2226**	**1.00**
八宝山街道	2490	10.33	1178	4.89	354	1.47
老山街道	1308	8.59	640	4.20	134	0.88
八角街道	3574	8.69	1613	3.92	381	0.93
古城街道	2121	8.09	801	3.05	222	0.85
苹果园街道	3532	9.16	1688	4.38	396	1.03
金顶街街道	2437	9.01	1258	4.65	288	1.06
广宁街道	400	5.92	177	2.62	61	0.90
五里坨街道	1123	6.57	442	2.59	122	0.71
鲁谷街道	2426	9.10	1195	4.48	268	1.01
海淀区	**106227**	**9.50**	**52665**	**4.71**	**16848**	**1.51**
万寿路街道	5088	11.56	2641	6.00	831	1.89
永定路街道	3653	10.84	1920	5.70	518	1.54
羊坊店街道	4768	10.46	2409	5.29	688	1.51
甘家口街道	4310	10.62	1860	4.58	627	1.54
八里庄街道	4797	9.96	2307	4.79	637	1.32
紫竹院街道	3674	9.78	1795	4.78	554	1.47
北下关街道	4540	9.63	2128	4.51	698	1.48
北太平庄街道	4734	8.81	2213	4.12	609	1.13
学院路街道	5458	9.32	2592	4.43	846	1.44
中关村街道	5156	9.91	2269	4.36	802	1.54
海淀街道	4500	10.56	1897	4.45	647	1.52
青龙桥街道	2393	6.56	1282	3.51	365	1.00
清华园街道	1220	9.13	579	4.33	214	1.60
燕园街道	428	9.13	151	3.22	64	1.36
香山街道	636	4.30	324	2.19	95	0.64
清河街道	5725	8.96	2795	4.37	941	1.47

表8　续表 15　　　　单位：户、%

地　区	四人户		五人户		六人户	
	户数	比重	户数	比重	户数	比重
花园路街道	4492	10.22	2189	4.98	677	1.54
西三旗街道	6217	10.72	3445	5.94	1114	1.92
马连洼街道	4323	9.08	2214	4.65	674	1.42
田村路街道	4038	9.24	2147	4.92	701	1.60
上地街道	2078	10.14	1016	4.96	343	1.67
万柳地区	31	8.78	8	2.27	8	2.27
东升地区	2081	10.21	1088	5.34	374	1.84
曙光街道	3879	12.96	2002	6.69	674	2.25
温泉地区	2341	8.25	1239	4.37	461	1.63
四季青地区	5418	8.24	2574	3.91	819	1.25
西北旺地区	4896	7.01	2423	3.47	724	1.04
苏家坨地区	2643	10.71	1465	5.93	559	2.26
上庄地区	2710	9.69	1693	6.05	584	2.09
门头沟区	**12714**	**8.15**	**5164**	**3.31**	**1361**	**0.87**
大峪街道	2800	8.33	1284	3.82	330	0.98
城子街道	1476	8.34	568	3.21	149	0.84
东辛房街道	1088	7.44	472	3.23	100	0.68
大台街道	71	4.24	19	1.14	2	0.12
王平地区	153	5.00	46	1.50	13	0.42
永定地区	3800	9.68	1616	4.12	460	1.17
龙泉地区	1535	7.02	571	2.61	149	0.68
潭柘寺镇	383	9.36	156	3.81	63	1.54
军庄镇	583	9.28	211	3.36	52	0.83
雁翅镇	153	5.88	29	1.12	2	0.08
斋堂镇	216	6.10	47	1.33	11	0.31
清水镇	167	5.52	35	1.16	7	0.23
妙峰山镇	289	6.34	110	2.41	23	0.50
房山区	**46626**	**10.26**	**25253**	**5.56**	**9362**	**2.06**
城关街道	4123	9.93	2028	4.88	708	1.71
新镇街道	234	5.71	115	2.81	44	1.07
向阳街道	580	8.35	224	3.23	61	0.88
东风街道	464	5.11	159	1.75	50	0.55

表8　续表 16　　　　单位：户、%

地　　区	四人户		五人户		六人户	
	户数	比重	户数	比重	户数	比重
迎风街道	780	5.65	274	1.99	65	0.47
星城街道	599	7.16	270	3.23	50	0.60
良乡地区	821	10.83	712	9.40	379	5.00
周口店地区	1598	10.73	1037	6.96	416	2.79
琉璃河地区	2546	11.24	1728	7.63	710	3.13
拱辰街道	6107	8.61	2857	4.03	844	1.19
西潞街道	3025	11.87	1386	5.44	474	1.86
阎村镇	2509	9.12	1622	5.90	669	2.43
窦店镇	3628	11.40	2110	6.63	849	2.67
石楼镇	1478	14.10	995	9.49	370	3.53
长阳镇	9530	11.65	4774	5.84	1644	2.01
河北镇	676	9.06	293	3.93	111	1.49
长沟镇	934	12.31	580	7.64	253	3.33
大石窝镇	1327	11.66	758	6.66	292	2.57
张坊镇	746	10.87	407	5.93	159	2.32
十渡镇	285	7.57	108	2.87	51	1.35
青龙湖镇	2207	13.21	1485	8.89	654	3.92
韩村河镇	1735	13.25	1081	8.26	445	3.40
霞云岭乡	151	6.54	58	2.51	14	0.61
南窖乡	96	6.50	22	1.49	6	0.41
佛子庄乡	227	8.84	101	3.93	30	1.17
大安山乡	56	4.04	12	0.87	7	0.50
史家营乡	123	7.77	50	3.16	7	0.44
蒲洼乡	41	3.58	7	0.61		
通州区	**59361**	**9.29**	**29830**	**4.67**	**10855**	**1.70**
中仓街道	1927	7.70	829	3.31	208	0.83
新华街道	1139	9.86	520	4.50	166	1.44
北苑街道	3487	9.37	1716	4.61	459	1.23
玉桥街道	4062	10.65	1895	4.97	604	1.58
潞源街道	147	7.52	40	2.04	19	0.97
通运街道	1844	11.47	835	5.19	265	1.65
宋庄镇	4819	8.81	3013	5.51	1402	2.56

表8　续表 17　　　　单位：户、%

地　　区	四人户		五人户		六人户	
	户数	比重	户数	比重	户数	比重
张家湾镇	4366	9.32	2268	4.84	962	2.05
漷县镇	2652	10.81	1774	7.23	699	2.85
马驹桥镇	4821	9.48	2314	4.55	1005	1.98
西集镇	1877	11.08	1205	7.11	474	2.80
台湖镇	4387	7.01	1781	2.85	687	1.10
永乐店镇	1848	12.04	1137	7.41	481	3.13
潞城镇	2253	9.84	1168	5.10	518	2.26
永顺镇	8854	8.27	4021	3.76	1130	1.06
梨园镇	9392	9.69	4358	4.49	1269	1.31
于家务回族乡	1486	14.12	956	9.09	507	4.82
顺义区	**44277**	**8.67**	**26071**	**5.10**	**10053**	**1.97**
胜利街道	1889	11.46	755	4.58	311	1.89
光明街道	3025	12.70	1456	6.11	486	2.04
仁和地区	1750	6.60	894	3.37	324	1.22
后沙峪地区	2100	7.06	1152	3.87	412	1.39
天竺地区	782	6.00	400	3.07	135	1.04
杨镇地区	2302	11.64	1589	8.03	720	3.64
牛栏山地区	1828	9.87	1127	6.08	430	2.32
南法信地区	743	2.59	412	1.44	170	0.59
马坡地区	1290	7.67	624	3.71	239	1.42
石园街道	2699	11.73	1291	5.61	409	1.78
空港街道	3661	10.23	2046	5.72	689	1.93
双丰街道	2636	10.51	1268	5.05	498	1.99
旺泉街道	3751	10.84	1714	4.95	559	1.61
高丽营镇	1940	5.33	1268	3.48	558	1.53
李桥镇	2580	5.91	1932	4.42	786	1.80
李遂镇	827	9.87	669	7.99	270	3.22
南彩镇	2086	6.45	1588	4.91	646	2.00
北务镇	468	9.08	391	7.58	200	3.88
大孙各庄镇	970	11.50	684	8.11	254	3.01
张　镇	1040	11.61	644	7.19	284	3.17
龙湾屯镇	533	10.41	353	6.89	150	2.93

表8 续表 18

单位：户、%

地区	四人户		五人户		六人户	
	户数	比重	户数	比重	户数	比重
木林镇	1385	11.24	977	7.93	360	2.92
北小营镇	1798	12.67	1287	9.07	573	4.04
北石槽镇	594	11.00	472	8.74	201	3.72
赵全营镇	1600	8.56	1078	5.76	389	2.08
昌平区	**67660**	**8.29**	**38900**	**4.77**	**12364**	**1.52**
城北街道	7626	9.88	3599	4.66	1167	1.51
南口地区	2002	7.67	1214	4.65	380	1.46
马池口地区	2752	7.98	1656	4.80	597	1.73
沙河地区	7436	7.12	3572	3.42	1051	1.01
城南街道	2579	8.84	1374	4.71	514	1.76
东小口地区	1267	3.12	640	1.57	200	0.49
天通苑北街道	4764	11.72	3118	7.67	991	2.44
天通苑南街道	3975	9.80	2408	5.93	679	1.67
霍营街道	3581	11.58	2221	7.18	698	2.26
回龙观街道	5552	9.77	3125	5.50	865	1.52
龙泽园街道	6313	11.04	4201	7.35	1251	2.19
史各庄街道	1064	6.02	541	3.06	193	1.09
阳坊镇	881	9.70	648	7.13	287	3.16
小汤山镇	2264	6.79	1450	4.35	494	1.48
南邵镇	2228	8.98	1187	4.78	349	1.41
崔村镇	864	10.12	720	8.44	242	2.84
百善镇	1214	7.21	576	3.42	198	1.18
北七家镇	8069	5.92	4211	3.09	1242	0.91
兴寿镇	1161	10.35	916	8.17	350	3.12
流村镇	636	10.04	414	6.54	180	2.84
十三陵镇	1169	11.47	959	9.41	370	3.63
延寿镇	263	8.28	150	4.72	66	2.08
大兴区	**65375**	**9.90**	**34276**	**5.19**	**13843**	**2.10**
兴丰街道	3130	11.69	1221	4.56	430	1.61
林校路街道	3113	12.30	1443	5.70	458	1.81
清源街道	5801	12.67	2794	6.10	927	2.02
亦庄地区	3786	10.88	1851	5.32	574	1.65

表8　续表 19　　　　单位：户、%

地　区	四人户		五人户		六人户	
	户数	比重	户数	比重	户数	比重
黄村地区	4095	6.24	2273	3.46	962	1.47
旧宫地区	5598	8.64	2752	4.25	702	1.08
西红门地区	4935	7.55	2375	3.63	779	1.19
瀛海地区	3843	11.52	1503	4.51	421	1.26
观音寺街道	3744	10.83	1740	5.03	576	1.67
天宫院街道	3324	12.30	1710	6.33	528	1.95
高米店街道	3901	12.45	1916	6.11	638	2.04
青云店镇	2238	7.84	1562	5.47	884	3.10
采育镇	1941	10.49	1219	6.59	564	3.05
安定镇	1383	14.75	1003	10.70	627	6.69
礼贤镇	1302	11.81	1005	9.11	619	5.61
榆垡镇	2426	11.50	1225	5.81	744	3.53
庞各庄镇	2561	10.61	1812	7.51	1108	4.59
北臧村镇	1012	6.34	633	3.97	383	2.40
魏善庄镇	1815	12.05	1396	9.27	777	5.16
长子营镇	1383	11.09	1048	8.40	489	3.92
中关村国家自主创新示范区大兴生物医药产业基地	137	5.24	55	2.10	15	0.57
国家新媒体产业基地	94	3.02	29	0.93	10	0.32
大兴国际机场(大兴部分)	2	0.26				
北京经济技术开发区	3811	8.89	1711	3.99	628	1.46
怀柔区	**14961**	**9.76**	**6989**	**4.56**	**2871**	**1.87**
泉河街道	3022	11.38	1113	4.19	444	1.67
龙山街道	2705	10.43	1087	4.19	424	1.63
怀柔地区	1101	7.59	545	3.76	227	1.56
雁栖地区	1161	8.43	486	3.53	210	1.52
庙城地区	1314	8.71	729	4.83	329	2.18
北房镇	1189	10.05	749	6.33	330	2.79
杨宋镇	1097	9.61	641	5.62	272	2.38
桥梓镇	953	10.84	632	7.19	285	3.24
怀北镇	435	10.67	261	6.40	127	3.12

表8 续表 20 单位：户、%

地区	四人户		五人户		六人户	
	户数	比重	户数	比重	户数	比重
汤河口镇	187	7.99	71	3.03	22	0.94
渤海镇	518	10.68	274	5.65	86	1.77
九渡河镇	547	10.89	193	3.84	59	1.17
琉璃庙镇	160	8.24	33	1.70	10	0.51
宝山镇	225	8.55	81	3.08	20	0.76
长哨营满族乡	201	8.39	72	3.00	15	0.63
喇叭沟门满族乡	129	6.60	20	1.02	8	0.41
北京雁栖经济开发区	17	8.10	2	0.95	3	1.43
平谷区	**19300**	**12.00**	**9929**	**6.17**	**4422**	**2.75**
滨河街道	1975	11.22	568	3.23	214	1.22
兴谷街道	2441	11.23	932	4.29	362	1.67
渔阳地区	2552	11.72	1250	5.74	509	2.34
峪口地区	1298	12.66	660	6.44	277	2.70
马坊地区	1270	12.43	717	7.02	337	3.30
金海湖地区	1152	12.93	654	7.34	338	3.79
东高村镇	1271	13.39	836	8.81	433	4.56
山东庄镇	702	12.42	433	7.66	187	3.31
南独乐河镇	835	12.15	495	7.20	220	3.20
大华山镇	649	11.16	365	6.27	131	2.25
夏各庄镇	1077	11.92	698	7.72	342	3.78
马昌营镇	765	13.32	422	7.35	194	3.38
王辛庄镇	1346	12.52	851	7.91	394	3.66
大兴庄镇	1037	12.84	561	6.95	286	3.54
刘家店镇	290	10.51	164	5.94	67	2.43
镇罗营镇	285	9.25	138	4.48	57	1.85
黄松峪乡	231	11.98	134	6.95	49	2.54
熊儿寨乡	124	10.53	51	4.33	25	2.12
密云区	**19868**	**10.18**	**9394**	**4.82**	**3853**	**1.98**
鼓楼街道	6238	11.70	2762	5.18	1097	2.06
果园街道	3778	12.55	1657	5.50	618	2.05
檀营地区	615	11.96	247	4.81	97	1.89
密云镇	574	6.98	251	3.05	134	1.63
溪翁庄镇	768	10.35	370	4.99	166	2.24
西田各庄镇	1268	9.82	747	5.78	332	2.57

表8　续表 21　　单位：户、%

地　区	四人户		五人户		六人户	
	户数	比重	户数	比重	户数	比重
十里堡镇	1071	9.13	617	5.26	284	2.42
河南寨镇	956	11.71	665	8.15	337	4.13
巨各庄镇	860	10.29	437	5.23	192	2.30
穆家峪镇	796	8.82	400	4.43	170	1.88
太师屯镇	778	8.17	339	3.56	117	1.23
高岭镇	318	7.03	109	2.41	33	0.73
不老屯镇	363	6.34	141	2.46	43	0.75
冯家峪镇	119	5.50	42	1.94	9	0.42
古北口镇	196	7.81	86	3.43	29	1.16
大城子镇	361	9.04	137	3.43	56	1.40
东邵渠镇	276	6.79	145	3.57	52	1.28
北庄镇	197	7.98	119	4.82	48	1.94
新城子镇	203	6.87	81	2.74	31	1.05
石城镇	115	6.01	28	1.46	4	0.21
北京密云经济开发区	18	2.11	14	1.64	4	0.47
延庆区	**12089**	**9.68**	**4343**	**3.48**	**1580**	**1.27**
百泉街道	1340	12.22	588	5.36	198	1.81
香水园街道	1693	10.58	611	3.82	207	1.29
儒林街道	1010	10.72	304	3.23	133	1.41
延庆镇	1672	8.59	619	3.18	286	1.47
康庄镇	1033	9.49	395	3.63	132	1.21
八达岭镇	407	11.77	146	4.22	46	1.33
永宁镇	702	7.38	245	2.58	81	0.85
旧县镇	644	8.88	265	3.65	102	1.41
张山营镇	885	9.79	279	3.09	96	1.06
四海镇	147	7.58	57	2.94	19	0.98
千家店镇	191	6.86	49	1.76	17	0.61
沈家营镇	672	10.52	183	2.87	54	0.85
大榆树镇	605	9.33	254	3.92	120	1.85
井庄镇	386	9.82	121	3.08	35	0.89
大庄科乡	172	9.61	49	2.74	15	0.84
刘斌堡乡	194	10.14	60	3.14	18	0.94
香营乡	219	8.64	82	3.23	16	0.63
珍珠泉乡	117	10.83	36	3.33	5	0.46

表8 续表 22　　单位：户、%

地　区	七人户		八人户		九人户		十人及以上户	
	户数	比重	户数	比重	户数	比重	户数	比重
北　京	**20084**	**0.24**	**6721**	**0.08**	**2426**	**0.03**	**2250**	**0.03**
东城区	**490**	**0.17**	**133**	**0.05**	**64**	**0.02**	**72**	**0.03**
东华门街道	29	0.20	8	0.05	9	0.06	4	0.03
景山街道	18	0.16	3	0.03	1	0.01		
交道口街道	25	0.20	6	0.05	3	0.02	2	0.02
安定门街道	29	0.21	11	0.08	6	0.04	4	0.03
北新桥街道	49	0.22	10	0.04	10	0.04	11	0.05
东四街道	36	0.27	17	0.13	4	0.03	7	0.05
朝阳门街道	18	0.15	2	0.02	3	0.02	5	0.04
建国门街道	29	0.22	5	0.04	5	0.04	17	0.13
东直门街道	30	0.16	11	0.06	3	0.02	1	0.01
和平里街道	63	0.16	16	0.04	7	0.02	9	0.02
前门街道	3	0.09	1	0.03			1	0.03
崇文门外街道	32	0.19	8	0.05	1	0.01	2	0.01
东花市街道	32	0.18	3	0.02	1	0.01	2	0.01
龙潭街道	24	0.12	6	0.03	2	0.01	1	
体育馆路街道	15	0.10	3	0.02			1	0.01
天坛街道	16	0.13	10	0.08	5	0.04	2	0.02
永定门外街道	42	0.16	13	0.05	4	0.02	3	0.01
西城区	**933**	**0.21**	**271**	**0.06**	**108**	**0.02**	**127**	**0.03**
西长安街街道	42	0.30	18	0.13	5	0.04	28	0.20
新街口街道	85	0.25	26	0.08	6	0.02	12	0.04
月坛街道	107	0.27	32	0.08	12	0.03	3	0.01
展览路街道	111	0.25	35	0.08	17	0.04	14	0.03
德胜街道	105	0.23	23	0.05	8	0.02	11	0.02
金融街街道	47	0.24	27	0.14	16	0.08	12	0.06
什刹海街道	84	0.27	26	0.08	22	0.07	16	0.05
大栅栏街道	20	0.15	7	0.05	2	0.02	3	0.02
天桥街道	21	0.14	8	0.06	2	0.01	6	0.04
椿树街道	23	0.21	4	0.04	1	0.01	2	0.02
陶然亭街道	30	0.18	9	0.05	1	0.01	2	0.01
广安门内街道	44	0.17	14	0.06			3	0.01

表8　续表 23

单位：户、%

地　区	七人户		八人户		九人户		十人及以上户	
	户数	比重	户数	比重	户数	比重	户数	比重
牛街街道	43	0.21	9	0.04	5	0.02	5	0.02
白纸坊街道	52	0.15	13	0.04	2	0.01	3	0.01
广安门外街道	119	0.15	20	0.03	9	0.01	7	0.01
朝阳区	**1876**	**0.13**	**593**	**0.04**	**180**	**0.01**	**154**	**0.01**
建外街道	33	0.21	11	0.07	4	0.03	6	0.04
朝外街道	26	0.19	10	0.07			3	0.02
呼家楼街道	37	0.17	6	0.03	3	0.01	2	0.01
三里屯街道	29	0.21	7	0.05			1	0.01
左家庄街道	32	0.10	5	0.02	4	0.01	2	0.01
香河园街道	13	0.07	5	0.03				
和平街街道	31	0.10	11	0.03	4	0.01	1	
安贞街道	19	0.08	9	0.04	3	0.01		
亚运村街道	38	0.14	4	0.01	2	0.01	4	0.01
小关街道	26	0.12	3	0.01	5	0.02	7	0.03
酒仙桥街道	36	0.13	10	0.04	3	0.01	8	0.03
麦子店街道	19	0.15	5	0.04			1	0.01
团结湖街道	8	0.05	4	0.03				
六里屯街道	35	0.11	4	0.01	2	0.01		
八里庄街道	38	0.09	17	0.04	2		1	
双井街道	42	0.10	5	0.01	1			
劲松街道	29	0.06	8	0.02	3	0.01	3	0.01
潘家园街道	50	0.12	16	0.04	3	0.01	4	0.01
垡头街道	18	0.05	6	0.02	2	0.01	1	
南磨房地区	72	0.13	53	0.10	5	0.01	13	0.02
高碑店地区	63	0.13	29	0.06	11	0.02	10	0.02
将台地区	21	0.09	14	0.06	2	0.01	4	0.02
太阳宫地区	41	0.12	12	0.04			1	
大屯街道	81	0.16	13	0.03	14	0.03	2	
望京街道	88	0.15	23	0.04	10	0.02	4	0.01
小红门地区	57	0.15	14	0.04	5	0.01	2	0.01
十八里店地区	176	0.19	74	0.08	29	0.03	15	0.02
平房地区	45	0.11	19	0.05	3	0.01	5	0.01

表8 续表 24 单位：户、%

地区	七人户		八人户		九人户		十人及以上户	
	户数	比重	户数	比重	户数	比重	户数	比重
东风地区	16	0.06	7	0.03				
奥运村街道	68	0.15	9	0.02	4	0.01	1	
来广营地区	81	0.12	17	0.03	6	0.01	4	0.01
常营地区	50	0.11	9	0.02	4	0.01	2	
三间房地区	37	0.09	8	0.02	1		5	0.01
管庄地区	38	0.10	15	0.04			1	
金盏地区	77	0.19	26	0.06	3	0.01	7	0.02
孙河地区	8	0.07	6	0.05	4	0.04	3	0.03
崔各庄地区	50	0.10	13	0.03	9	0.02	7	0.01
东坝地区	57	0.12	21	0.04	2			
黑庄户地区	81	0.40	36	0.18	14	0.07	7	0.03
豆各庄地区	35	0.17	7	0.03	1		3	0.01
王四营地区	57	0.24	18	0.08	12	0.05	9	0.04
东湖街道	14	0.05	4	0.02			1	
首都机场街道	4	0.05					4	0.05
丰台区	**1209**	**0.15**	**359**	**0.04**	**134**	**0.02**	**170**	**0.02**
右安门街道	23	0.08	5	0.02	3	0.01		
太平桥街道	48	0.16	10	0.03	3	0.01	3	0.01
西罗园街道	49	0.14	9	0.03	3	0.01	4	0.01
大红门街道	108	0.14	22	0.03	8	0.01	9	0.01
南苑街道	25	0.09	6	0.02	3	0.01	3	0.01
东高地街道	12	0.07	2	0.01	2	0.01		
东铁匠营街道	59	0.09	10	0.02	1		4	0.01
卢沟桥街道	113	0.12	33	0.03	12	0.01	4	
丰台街道	85	0.15	20	0.04	5	0.01	10	0.02
新村街道	97	0.12	25	0.03	8	0.01	4	
长辛店街道	50	0.13	13	0.04	1			
云岗街道	18	0.13	4	0.03	1	0.01	1	0.01
方庄地区	41	0.13	10	0.03	2	0.01	4	0.01
宛平城地区	31	0.16	5	0.03	2	0.01	1	0.01
马家堡街道	46	0.10	17	0.04			1	
和义街道	21	0.12	6	0.04	2	0.01	1	0.01

表8　续表 25　　　　单位：户、%

地　区	七人户		八人户		九人户		十人及以上户	
	户数	比重	户数	比重	户数	比重	户数	比重
卢沟桥地区	44	0.10	9	0.02	7	0.02		
花乡地区	104	0.22	34	0.07	16	0.03	32	0.07
南苑地区	16	0.06	5	0.02	3	0.01	17	0.07
长辛店镇	43	0.24	26	0.14	6	0.03	8	0.04
王佐镇	176	0.94	88	0.47	46	0.25	64	0.34
石景山区	**232**	**0.10**	**51**	**0.02**	**15**	**0.01**	**23**	**0.01**
八宝山街道	41	0.17	12	0.05	4	0.02	2	0.01
老山街道	17	0.11	2	0.01				
八角街道	33	0.08	8	0.02	2		9	0.02
古城街道	26	0.10	7	0.03	2	0.01	4	0.02
苹果园街道	37	0.10	7	0.02	3	0.01	4	0.01
金顶街街道	26	0.10	2	0.01			1	
广宁街道	11	0.16	2	0.03	2	0.03	2	0.03
五里坨街道	9	0.05	5	0.03	1	0.01		
鲁谷街道	32	0.12	6	0.02	1		1	
海淀区	**2468**	**0.22**	**700**	**0.06**	**208**	**0.02**	**284**	**0.03**
万寿路街道	138	0.31	53	0.12	11	0.02	17	0.04
永定路街道	109	0.32	23	0.07	7	0.02	8	0.02
羊坊店街道	102	0.22	22	0.05	5	0.01	6	0.01
甘家口街道	111	0.27	32	0.08	8	0.02	15	0.04
八里庄街道	102	0.21	25	0.05	4	0.01	9	0.02
紫竹院街道	58	0.15	29	0.08	4	0.01	3	0.01
北下关街道	114	0.24	31	0.07	6	0.01	8	0.02
北太平庄街道	83	0.15	16	0.03	6	0.01	5	0.01
学院路街道	88	0.15	21	0.04	4	0.01	2	
中关村街道	115	0.22	23	0.04	2		3	0.01
海淀街道	97	0.23	19	0.04	7	0.02	10	0.02
青龙桥街道	89	0.24	33	0.09	5	0.01	9	0.02
清华园街道	30	0.22	10	0.07	1	0.01	2	0.01
燕园街道	8	0.17	3	0.06	1	0.02		
香山街道	31	0.21	17	0.11	10	0.07	21	0.14
清河街道	116	0.18	20	0.03	11	0.02	4	0.01

表8 续表 26 单位：户、%

地区	七人户		八人户		九人户		十人及以上户	
	户数	比重	户数	比重	户数	比重	户数	比重
花园路街道	110	0.25	17	0.04	9	0.02	5	0.01
西三旗街道	108	0.19	17	0.03	6	0.01	1	
马连洼街道	94	0.20	19	0.04	6	0.01	5	0.01
田村路街道	81	0.19	26	0.06	7	0.02	11	0.03
上地街道	30	0.15	8	0.04	4	0.02	1	
万柳地区	1	0.28	1	0.28	1	0.28		
东升地区	30	0.15	8	0.04	1			
曙光街道	116	0.39	25	0.08	8	0.03	12	0.04
温泉地区	57	0.20	33	0.12	13	0.05	24	0.08
四季青地区	166	0.25	50	0.08	25	0.04	25	0.04
西北旺地区	95	0.14	25	0.04	6	0.01	5	0.01
苏家坨地区	96	0.39	55	0.22	17	0.07	60	0.24
上庄地区	93	0.33	39	0.14	13	0.05	13	0.05
门头沟区	**158**	**0.10**	**47**	**0.03**	**13**	**0.01**	**27**	**0.02**
大峪街道	29	0.09	7	0.02			1	
城子街道	24	0.14	5	0.03			1	0.01
东辛房街道	15	0.10	3	0.02			1	0.01
大台街道								
王平地区	2	0.07	1	0.03				
永定地区	52	0.13	20	0.05	4	0.01	9	0.02
龙泉地区	22	0.10	3	0.01	4	0.02	9	0.04
潭柘寺镇	6	0.15	3	0.07	2	0.05	1	0.02
军庄镇	4	0.06	3	0.05			3	0.05
雁翅镇					1	0.04	1	0.04
斋堂镇	2	0.06			1	0.03	1	0.03
清水镇								
妙峰山镇	2	0.04	2	0.04	1	0.02		
房山区	**1837**	**0.40**	**714**	**0.16**	**270**	**0.06**	**223**	**0.05**
城关街道	112	0.27	45	0.11	16	0.04	20	0.05
新镇街道	2	0.05	3	0.07				
向阳街道	13	0.19	5	0.07	1	0.01	1	0.01
东风街道	3	0.03	1	0.01				

表8　续表 27　　单位：户、%

地　区	七人户		八人户		九人户		十人及以上户	
	户数	比重	户数	比重	户数	比重	户数	比重
迎风街道	9	0.07	1	0.01			4	0.03
星城街道	4	0.05	3	0.04				
良乡地区	133	1.76	56	0.74	31	0.41	21	0.28
周口店地区	90	0.60	41	0.28	15	0.10	5	0.03
琉璃河地区	170	0.75	73	0.32	23	0.10	10	0.04
拱辰街道	122	0.17	27	0.04	13	0.02	11	0.02
西潞街道	45	0.18	11	0.04	4	0.02	2	0.01
阎村镇	141	0.51	69	0.25	27	0.10	31	0.11
窦店镇	170	0.53	69	0.22	24	0.08	33	0.10
石楼镇	88	0.84	38	0.36	6	0.06	8	0.08
长阳镇	210	0.26	75	0.09	34	0.04	37	0.05
河北镇	25	0.34	8	0.11	2	0.03		
长沟镇	66	0.87	22	0.29	6	0.08	5	0.07
大石窝镇	70	0.62	21	0.18	7	0.06	4	0.04
张坊镇	42	0.61	18	0.26	4	0.06	2	0.03
十渡镇	7	0.19	1	0.03	2	0.05	1	0.03
青龙湖镇	188	1.13	75	0.45	34	0.20	16	0.10
韩村河镇	113	0.86	46	0.35	18	0.14	10	0.08
霞云岭乡	5	0.22	2	0.09	1	0.04		
南窖乡								
佛子庄乡	7	0.27	3	0.12	2	0.08		
大安山乡							1	0.07
史家营乡	2	0.13	1	0.06			1	0.06
蒲洼乡								
通州区	**2110**	**0.33**	**831**	**0.13**	**345**	**0.05**	**369**	**0.06**
中仓街道	22	0.09	8	0.03	2	0.01	1	
新华街道	8	0.07	3	0.03	2	0.02	1	0.01
北苑街道	45	0.12	13	0.03	5	0.01	6	0.02
玉桥街道	44	0.12	7	0.02	5	0.01		
潞源街道								
通运街道	36	0.22	8	0.05	2	0.01	1	0.01
宋庄镇	357	0.65	149	0.27	67	0.12	63	0.12

表8 续表 28

单位：户、%

地 区	七人户		八人户		九人户		十人及以上户	
	户数	比重	户数	比重	户数	比重	户数	比重
张家湾镇	236	0.50	119	0.25	50	0.11	37	0.08
漷县镇	172	0.70	76	0.31	21	0.09	16	0.07
马驹桥镇	192	0.38	84	0.17	28	0.06	26	0.05
西集镇	101	0.60	37	0.22	20	0.12	15	0.09
台湖镇	140	0.22	40	0.06	21	0.03	28	0.04
永乐店镇	108	0.70	51	0.33	18	0.12	6	0.04
潞城镇	134	0.58	55	0.24	24	0.10	15	0.07
永顺镇	172	0.16	47	0.04	15	0.01	10	0.01
梨园镇	124	0.13	25	0.03	3		7	0.01
于家务回族乡	219	2.08	109	1.04	62	0.59	137	1.30
顺义区	**2169**	**0.42**	**798**	**0.16**	**291**	**0.06**	**179**	**0.04**
胜利街道	25	0.15	5	0.03				
光明街道	42	0.18	2	0.01	2	0.01		
仁和地区	63	0.24	29	0.11	10	0.04	14	0.05
后沙峪地区	88	0.30	25	0.08	6	0.02	6	0.02
天竺地区	19	0.15	5	0.04	4	0.03	1	0.01
杨镇地区	185	0.94	78	0.39	32	0.16	33	0.17
牛栏山地区	93	0.50	44	0.24	12	0.06	6	0.03
南法信地区	50	0.17	19	0.07	5	0.02	2	0.01
马坡地区	42	0.25	15	0.09	4	0.02	4	0.02
石园街道	47	0.20	8	0.03	1		1	
空港街道	159	0.44	41	0.11	19	0.05	12	0.03
双丰街道	73	0.29	20	0.08	4	0.02	3	0.01
旺泉街道	61	0.18	10	0.03	3	0.01	2	0.01
高丽营镇	139	0.38	54	0.15	28	0.08	9	0.02
李桥镇	209	0.48	97	0.22	37	0.08	18	0.04
李遂镇	57	0.68	23	0.27	5	0.06	2	0.02
南彩镇	181	0.56	77	0.24	27	0.08	19	0.06
北务镇	46	0.89	14	0.27	7	0.14		
大孙各庄镇	76	0.90	26	0.31	10	0.12	7	0.08
张 镇	72	0.80	26	0.29	5	0.06	2	0.02
龙湾屯镇	36	0.70	14	0.27	5	0.10		

表8　续表 29　　单位：户、%

地　区	七人户		八人户		九人户		十人及以上户	
	户数	比重	户数	比重	户数	比重	户数	比重
木林镇	102	0.83	31	0.25	12	0.10	5	0.04
北小营镇	170	1.20	91	0.64	34	0.24	19	0.13
北石槽镇	43	0.80	15	0.28	8	0.15	3	0.06
赵全营镇	91	0.49	29	0.16	11	0.06	11	0.06
昌平区	**1824**	**0.22**	**605**	**0.07**	**179**	**0.02**	**184**	**0.02**
城北街道	105	0.14	26	0.03	11	0.01	7	0.01
南口地区	71	0.27	28	0.11	10	0.04	23	0.09
马池口地区	100	0.29	33	0.10	12	0.03	9	0.03
沙河地区	137	0.13	46	0.04	10	0.01	12	0.01
城南街道	68	0.23	26	0.09	3	0.01	5	0.02
东小口地区	44	0.11	13	0.03	5	0.01	5	0.01
天通苑北街道	208	0.51	88	0.22	29	0.07	23	0.06
天通苑南街道	106	0.26	26	0.06	12	0.03	4	0.01
霍营街道	79	0.26	14	0.05	5	0.02	2	0.01
回龙观街道	103	0.18	21	0.04	3	0.01	7	0.01
龙泽园街道	123	0.22	27	0.05	8	0.01	7	0.01
史各庄街道	18	0.10	10	0.06	2	0.01	2	0.01
阳坊镇	50	0.55	22	0.24	7	0.08	3	0.03
小汤山镇	98	0.29	35	0.10	11	0.03	13	0.04
南邵镇	41	0.17	11	0.04	2	0.01	4	0.02
崔村镇	38	0.45	16	0.19	2	0.02	2	0.02
百善镇	36	0.21	5	0.03	2	0.01	5	0.03
北七家镇	194	0.14	63	0.05	24	0.02	13	0.01
兴寿镇	68	0.61	31	0.28	7	0.06	14	0.12
流村镇	31	0.49	16	0.25			1	0.02
十三陵镇	96	0.94	44	0.43	13	0.13	22	0.22
延寿镇	10	0.31	4	0.13	1	0.03	1	0.03
大兴区	**2568**	**0.39**	**962**	**0.15**	**403**	**0.06**	**278**	**0.04**
兴丰街道	35	0.13	14	0.05	3	0.01	4	0.01
林校路街道	53	0.21	12	0.05	1		6	0.02
清源街道	91	0.20	10	0.02	3	0.01	3	0.01
亦庄地区	90	0.26	19	0.05	10	0.03	7	0.02

表8　续表 30　　单位：户、%

地　　区	七人户		八人户		九人户		十人及以上户	
	户数	比重	户数	比重	户数	比重	户数	比重
黄村地区	206	0.31	105	0.16	39	0.06	41	0.06
旧宫地区	92	0.14	17	0.03	6	0.01	6	0.01
西红门地区	131	0.20	37	0.06	19	0.03	7	0.01
瀛海地区	47	0.14	9	0.03	4	0.01		
观音寺街道	65	0.19	14	0.04	2	0.01	5	0.01
天宫院街道	40	0.15	11	0.04	4	0.01	2	0.01
高米店街道	83	0.26	20	0.06	5	0.02		
青云店镇	212	0.74	86	0.30	40	0.14	23	0.08
采育镇	96	0.52	40	0.22	7	0.04	9	0.05
安定镇	180	1.92	55	0.59	35	0.37	15	0.16
礼贤镇	160	1.45	87	0.79	36	0.33	21	0.19
榆垡镇	205	0.97	96	0.46	41	0.19	30	0.14
庞各庄镇	291	1.21	137	0.57	52	0.22	27	0.11
北臧村镇	106	0.66	44	0.28	30	0.19	21	0.13
魏善庄镇	202	1.34	89	0.59	42	0.28	25	0.17
长子营镇	101	0.81	40	0.32	17	0.14	9	0.07
中关村国家自主创新示范区大兴生物医药产业基地	4	0.15	1	0.04			1	0.04
国家新媒体产业基地	1	0.03						
大兴国际机场(大兴部分)								
北京经济技术开发区	77	0.18	19	0.04	7	0.02	16	0.04
怀柔区	**422**	**0.28**	**115**	**0.07**	**46**	**0.03**	**40**	**0.03**
泉河街道	47	0.18	4	0.02	4	0.02	4	0.02
龙山街道	31	0.12	4	0.02	2	0.01	9	0.03
怀柔地区	41	0.28	15	0.10	6	0.04	9	0.06
雁栖地区	26	0.19	6	0.04	2	0.01		
庙城地区	47	0.31	27	0.18	3	0.02	5	0.03
北房镇	52	0.44	23	0.19	10	0.08	7	0.06
杨宋镇	45	0.39	10	0.09	7	0.06	2	0.02
桥梓镇	50	0.57	6	0.07	6	0.07		
怀北镇	25	0.61	7	0.17	2	0.05	2	0.05

表8　续表 31　　单位：户、%

地　区	七人户		八人户		九人户		十人及以上户	
	户数	比重	户数	比重	户数	比重	户数	比重
汤河口镇	6	0.26	2	0.09			1	0.04
渤海镇	18	0.37	3	0.06	1	0.02		
九渡河镇	25	0.50	4	0.08	1	0.02	1	0.02
琉璃庙镇	1	0.05	1	0.05				
宝山镇	5	0.19	2	0.08	1	0.04		
长哨营满族乡	2	0.08			1	0.04		
喇叭沟门满族乡	1	0.05						
北京雁栖经济开发区			1	0.48				
平谷区	**977**	**0.61**	**330**	**0.21**	**96**	**0.06**	**49**	**0.03**
滨河街道	16	0.09	6	0.03	1	0.01	2	0.01
兴谷街道	53	0.24	17	0.08	3	0.01	5	0.02
渔阳地区	122	0.56	45	0.21	19	0.09	6	0.03
峪口地区	67	0.65	24	0.23	7	0.07	3	0.03
马坊地区	67	0.66	28	0.27	12	0.12	2	0.02
金海湖地区	79	0.89	21	0.24	2	0.02	4	0.04
东高村镇	113	1.19	39	0.41	7	0.07	3	0.03
山东庄镇	50	0.88	17	0.30	6	0.11	2	0.04
南独乐河镇	45	0.65	11	0.16	4	0.06	1	0.01
大华山镇	28	0.48	10	0.17	2	0.03	2	0.03
夏各庄镇	73	0.81	26	0.29	8	0.09	3	0.03
马昌营镇	32	0.56	20	0.35	6	0.10	2	0.03
王辛庄镇	112	1.04	33	0.31	14	0.13	5	0.05
大兴庄镇	74	0.92	21	0.26	2	0.02	4	0.05
刘家店镇	12	0.43	6	0.22	1	0.04	2	0.07
镇罗营镇	13	0.42	3	0.10	1	0.03	3	0.10
黄松峪乡	14	0.73	2	0.10				
熊儿寨乡	7	0.59	1	0.08	1	0.08		
密云区	**564**	**0.29**	**148**	**0.08**	**47**	**0.02**	**42**	**0.02**
鼓楼街道	128	0.24	24	0.05	6	0.01	5	0.01
果园街道	58	0.19	11	0.04	3	0.01	2	0.01
檀营地区	6	0.12	2	0.04	1	0.02	4	0.08
密云镇	16	0.19	4	0.05	3	0.04		
溪翁庄镇	33	0.44	11	0.15	5	0.07	2	0.03
西田各庄镇	65	0.50	21	0.16	3	0.02	10	0.08

表8 续表 32 单位：户、%

地区	七人户		八人户		九人户		十人及以上户	
	户数	比重	户数	比重	户数	比重	户数	比重
十里堡镇	46	0.39	10	0.09	4	0.03	2	0.02
河南寨镇	76	0.93	22	0.27	8	0.10	11	0.13
巨各庄镇	26	0.31	12	0.14	1	0.01	2	0.02
穆家峪镇	38	0.42	12	0.13	6	0.07	3	0.03
太师屯镇	20	0.21	2	0.02	2	0.02		
高岭镇	8	0.18	3	0.07				
不老屯镇	13	0.23	4	0.07	2	0.03		
冯家峪镇	1	0.05			1	0.05		
古北口镇	3	0.12					1	0.04
大城子镇	12	0.30	4	0.10	2	0.05		
东邵渠镇	7	0.17	1	0.02				
北庄镇	4	0.16	2	0.08				
新城子镇	2	0.07	2	0.07				
石城镇	1	0.05						
北京密云经济开发区	1	0.12	1	0.12				
延庆区	**247**	**0.20**	**64**	**0.05**	**27**	**0.02**	**29**	**0.02**
百泉街道	19	0.17	5	0.05	2	0.02		
香水园街道	28	0.17	4	0.02			1	0.01
儒林街道	11	0.12						
延庆镇	38	0.20	9	0.05	6	0.03	4	0.02
康庄镇	26	0.24	8	0.07	4	0.04	7	0.06
八达岭镇	14	0.40	5	0.14	2	0.06	2	0.06
永宁镇	12	0.13	6	0.06	2	0.02	1	0.01
旧县镇	25	0.34	6	0.08	2	0.03		
张山营镇	26	0.29	4	0.04	6	0.07	11	0.12
四海镇	2	0.10					1	0.05
千家店镇	5	0.18	1	0.04				
沈家营镇	10	0.16	4	0.06	1	0.02	1	0.02
大榆树镇	12	0.18	6	0.09	1	0.02		
井庄镇	5	0.13	3	0.08	1	0.03		
大庄科乡	4	0.22	2	0.11				
刘斌堡乡	2	0.10	1	0.05				
香营乡	7	0.28					1	0.04
珍珠泉乡	1	0.09						

表9　各地区家庭户类别

单位：户、%

地　　区	家庭户	一代户		二代户	
	户　数	户数	比重	户数	比重
北　京	**8230792**	**4842948**	**58.84**	**2532522**	**30.77**
东城区	**285543**	**148077**	**51.86**	**105698**	**37.02**
东华门街道	14802	8252	55.75	5068	34.24
景山街道	11259	6564	58.30	3643	32.36
交道口街道	12606	6372	50.55	4712	37.38
安定门街道	14102	7879	55.87	4878	34.59
北新桥街道	22618	11543	51.03	8325	36.81
东四街道	13226	6515	49.26	5025	37.99
朝阳门街道	12159	6131	50.42	4660	38.33
建国门街道	13348	7574	56.74	4519	33.86
东直门街道	18491	9563	51.72	6895	37.29
和平里街道	40606	19980	49.20	15929	39.23
前门街道	3483	2115	60.72	1080	31.01
崇文门外街道	17169	8304	48.37	6786	39.52
东花市街道	18253	8044	44.07	7861	43.07
龙潭街道	20832	9246	44.38	8808	42.28
体育馆路街道	14430	8810	61.05	4483	31.07
天坛街道	12009	7049	58.70	3851	32.07
永定门外街道	26150	14136	54.06	9175	35.09
西城区	**440708**	**227080**	**51.53**	**163513**	**37.10**
西长安街街道	13946	7165	51.38	5201	37.29
新街口街道	33620	17584	52.30	12384	36.84
月坛街道	40007	19614	49.03	15881	39.70
展览路街道	44183	22467	50.85	16535	37.42
德胜街道	44751	20314	45.39	18339	40.98
金融街街道	19910	9690	48.67	7966	40.01
什刹海街道	31107	17398	55.93	10474	33.67
大栅栏街道	13292	8765	65.94	3729	28.05
天桥街道	14487	8097	55.89	4998	34.50
椿树街道	10882	5511	50.64	4207	38.66
陶然亭街道	16507	7726	46.80	6767	40.99
广安门内街道	25336	14077	55.56	8742	34.50

表9　续表 1　　　　单位：户、%

地　区	家庭户	一代户		二代户	
	户　数	户数	比重	户数	比重
牛街街道	20202	10554	52.24	7322	36.24
白纸坊街道	33765	17732	52.52	12303	36.44
广安门外街道	78713	40386	51.31	28665	36.42
朝阳区	**1465020**	**914816**	**62.44**	**433336**	**29.58**
建外街道	15902	11290	71.00	3715	23.36
朝外街道	13506	8228	60.92	4096	30.33
呼家楼街道	22186	13471	60.72	6726	30.32
三里屯街道	13707	7851	57.28	4542	33.14
左家庄街道	32140	19696	61.28	9886	30.76
香河园街道	18481	10501	56.82	6337	34.29
和平街街道	31602	19052	60.29	10282	32.54
安贞街道	24160	13870	57.41	8121	33.61
亚运村街道	27174	16293	59.96	8481	31.21
小关街道	21390	12912	60.36	6634	31.01
酒仙桥街道	27331	17165	62.80	7976	29.18
麦子店街道	12878	8071	62.67	3855	29.93
团结湖街道	14604	9167	62.77	4418	30.25
六里屯街道	33197	20480	61.69	10107	30.45
八里庄街道	42785	26043	60.87	13203	30.86
双井街道	43346	27828	64.20	12599	29.07
劲松街道	44929	27276	60.71	14224	31.66
潘家园街道	42467	25438	59.90	13306	31.33
垡头街道	34006	20018	58.87	10972	32.26
南磨房地区	54629	35056	64.17	15814	28.95
高碑店地区	50134	34299	68.41	12325	24.58
将台地区	23416	15511	66.24	6307	26.93
太阳宫地区	34062	17644	51.80	13050	38.31
大屯街道	50915	27227	53.48	18555	36.44
望京街道	57570	30909	53.69	21067	36.59
小红门地区	36902	25242	68.40	9146	24.78
十八里店地区	91891	73734	80.24	14278	15.54
平房地区	40035	26939	67.29	10568	26.40

表9　续表 2　　单位：户、%

地　　区	家庭户	一代户		二代户	
	户　数	户数	比重	户数	比重
东风地区	27754	17398	62.69	8387	30.22
奥运村街道	43948	24123	54.89	15893	36.16
来广营地区	65639	37553	57.21	21936	33.42
常营地区	43955	24675	56.14	14920	33.94
三间房地区	42464	26889	63.32	12214	28.76
管庄地区	38002	20767	54.65	13325	35.06
金盏地区	40969	32339	78.94	6562	16.02
孙河地区	11016	6439	58.45	3578	32.48
崔各庄地区	48097	36721	76.35	8934	18.57
东坝地区	49447	26956	54.51	17236	34.86
黑庄户地区	20487	13346	65.14	4846	23.65
豆各庄地区	20697	11378	54.97	7314	35.34
王四营地区	23947	16788	70.10	5468	22.83
东湖街道	25771	13246	51.40	10098	39.18
首都机场街道	7482	4987	66.65	2035	27.20
丰台区	**828157**	**487920**	**58.92**	**261653**	**31.59**
右安门街道	28287	15902	56.22	9717	34.35
太平桥街道	29157	16796	57.61	9562	32.79
西罗园街道	34899	20134	57.69	11324	32.45
大红门街道	74978	45969	61.31	22360	29.82
南苑街道	27148	16911	62.29	7844	28.89
东高地街道	18447	11056	59.93	5912	32.05
东铁匠营街道	65793	39397	59.88	20796	31.61
卢沟桥街道	94937	55307	58.26	30804	32.45
丰台街道	55000	29850	54.27	18832	34.24
新村街道	80498	47742	59.31	25184	31.29
长辛店街道	37051	22114	59.69	11471	30.96
云岗街道	14004	8271	59.06	4332	30.93
方庄地区	31329	17838	56.94	10597	33.82
宛平城地区	18947	11709	61.80	5489	28.97
马家堡街道	46619	26969	57.85	15419	33.07
和义街道	16841	9631	57.19	5468	32.47

表9 续表 3

单位：户、%

地　　区	家庭户	一代户		二代户	
	户　数	户数	比重	户数	比重
卢沟桥地区	45248	26014	57.49	14966	33.08
花乡地区	46335	28457	61.42	13806	29.80
南苑地区	25700	17659	68.71	6709	26.11
长辛店镇	18219	12004	65.89	4416	24.24
王佐镇	18720	8190	43.75	6645	35.50
石景山区	**222821**	**122938**	**55.17**	**76881**	**34.50**
八宝山街道	24095	12230	50.76	9064	37.62
老山街道	15232	8542	56.08	5054	33.18
八角街道	41150	21839	53.07	15051	36.58
古城街道	26232	15881	60.54	8231	31.38
苹果园街道	38548	21239	55.10	13015	33.76
金顶街街道	27051	13806	51.04	9984	36.91
广宁街道	6756	4659	68.96	1645	24.35
五里坨街道	17092	10258	60.02	5614	32.85
鲁谷街道	26665	14484	54.32	9223	34.59
海淀区	**1118037**	**623941**	**55.81**	**367996**	**32.91**
万寿路街道	44030	19453	44.18	17825	40.48
永定路街道	33701	16460	48.84	12338	36.61
羊坊店街道	45580	21254	46.63	18271	40.09
甘家口街道	40583	19657	48.44	15968	39.35
八里庄街道	48176	25215	52.34	17654	36.64
紫竹院街道	37569	18989	50.54	14132	37.62
北下关街道	47136	25052	53.15	16733	35.50
北太平庄街道	53747	30621	56.97	17830	33.17
学院路街道	58556	31957	54.58	20159	34.43
中关村街道	52039	27646	53.13	18798	36.12
海淀街道	42605	21699	50.93	16506	38.74
青龙桥街道	36502	24439	66.95	8978	24.60
清华园街道	13365	7836	58.63	4100	30.68
燕园街道	4690	2581	55.03	1667	35.54
香山街道	14792	11802	79.79	2303	15.57
清河街道	63927	37633	58.87	19841	31.04

表9 续表 4　　单位：户、%

地　　区	家庭户	一代户		二代户	
	户　数	户数	比重	户数	比重
花园路街道	43970	22247	50.60	16001	36.39
西三旗街道	58004	31131	53.67	18487	31.87
马连洼街道	47591	27923	58.67	14710	30.91
田村路街道	43678	24685	56.52	14031	32.12
上地街道	20493	10992	53.64	7216	35.21
万柳地区	353	217	61.47	114	32.29
东升地区	20375	10852	53.26	6983	34.27
曙光街道	29926	11996	40.09	13420	44.84
温泉地区	28365	18095	63.79	7417	26.15
四季青地区	65772	43131	65.58	17334	26.35
西北旺地区	69851	49457	70.80	14611	20.92
苏家坨地区	24686	13971	56.59	7235	29.31
上庄地区	27975	16950	60.59	7334	26.22
门头沟区	**155912**	**92472**	**59.31**	**51048**	**32.74**
大峪街道	33598	18196	54.16	12104	36.03
城子街道	17706	9776	55.21	6394	36.11
东辛房街道	14632	8633	59.00	4882	33.37
大台街道	1674	1256	75.03	370	22.10
王平地区	3059	2170	70.94	767	25.07
永定地区	39269	22074	56.21	13452	34.26
龙泉地区	21871	13821	63.19	6760	30.91
潭柘寺镇	4094	2394	58.48	1374	33.56
军庄镇	6283	3523	56.07	2225	35.41
雁翅镇	2600	2173	83.58	384	14.77
斋堂镇	3540	2697	76.19	733	20.71
清水镇	3026	2493	82.39	479	15.83
妙峰山镇	4560	3266	71.62	1124	24.65
房山区	**454271**	**245709**	**54.09**	**149370**	**32.88**
城关街道	41516	21463	51.70	15152	36.50
新镇街道	4097	2805	68.46	995	24.29
向阳街道	6944	3872	55.76	2520	36.29
东风街道	9079	5803	63.92	2767	30.48

表9 续表 5

单位：户、%

地区	家庭户户数	一代户		二代户	
		户数	比重	户数	比重
迎风街道	13795	8556	62.02	4419	32.03
星城街道	8371	4788	57.20	2754	32.90
良乡地区	7578	4219	55.67	1790	23.62
周口店地区	14898	7680	51.55	4861	32.63
琉璃河地区	22649	11834	52.25	6895	30.44
拱辰街道	70934	41384	58.34	22647	31.93
西潞街道	25483	11806	46.33	10408	40.84
阎村镇	27511	15701	57.07	8226	29.90
窦店镇	31833	16608	52.17	10380	32.61
石楼镇	10484	4739	45.20	3475	33.15
长阳镇	81775	42418	51.87	28400	34.73
河北镇	7459	4502	60.36	2188	29.33
长沟镇	7589	3674	48.41	2486	32.76
大石窝镇	11381	5972	52.47	3542	31.12
张坊镇	6864	3822	55.68	2075	30.23
十渡镇	3767	2472	65.62	1022	27.13
青龙湖镇	16701	7817	46.81	5633	33.73
韩村河镇	13093	6162	47.06	4385	33.49
霞云岭乡	2310	1670	72.29	519	22.47
南窖乡	1476	1010	68.43	423	28.66
佛子庄乡	2567	1679	65.41	677	26.37
大安山乡	1387	1098	79.16	254	18.31
史家营乡	1584	1134	71.59	362	22.85
蒲洼乡	1146	1021	89.09	115	10.03
通州区	**639191**	**382878**	**59.90**	**188301**	**29.46**
中仓街道	25018	15054	60.17	7928	31.69
新华街道	11549	6536	56.59	3761	32.57
北苑街道	37212	20789	55.87	12449	33.45
玉桥街道	38128	18424	48.32	15173	39.79
潞源街道	1956	1058	54.09	805	41.16
通运街道	16082	8487	52.77	5822	36.20
宋庄镇	54713	36748	67.17	11435	20.90

表9　续表 6　　单位：户、%

地　区	家庭户	一代户		二代户	
	户　数	户数	比重	户数	比重
张家湾镇	46841	29615	63.22	12023	25.67
漷县镇	24529	13698	55.84	6999	28.53
马驹桥镇	50843	30481	59.95	14795	29.10
西集镇	16948	9484	55.96	4802	28.33
台湖镇	62565	45351	72.49	13068	20.89
永乐店镇	15344	8378	54.60	4422	28.82
潞城镇	22906	13648	59.58	6588	28.76
永顺镇	107079	67044	62.61	30888	28.85
梨园镇	96957	52572	54.22	34384	35.46
于家务回族乡	10521	5511	52.38	2959	28.12
顺义区	**510917**	**323681**	**63.35**	**129680**	**25.38**
胜利街道	16480	8698	52.78	5745	34.86
光明街道	23815	10696	44.91	9665	40.58
仁和地区	26531	18393	69.33	6270	23.63
后沙峪地区	29738	21113	71.00	6280	21.12
天竺地区	13025	9123	70.04	3004	23.06
杨镇地区	19784	10611	53.63	5593	28.27
牛栏山地区	18527	10538	56.88	5483	29.59
南法信地区	28635	25058	87.51	2660	9.29
马坡地区	16813	11869	70.59	3584	21.32
石园街道	23012	10502	45.64	9418	40.93
空港街道	35780	20707	57.87	10958	30.63
双丰街道	25085	13127	52.33	8972	35.77
旺泉街道	34619	18973	54.81	11593	33.49
高丽营镇	36405	28699	78.83	5117	14.06
李桥镇	43688	32637	74.70	6934	15.87
李遂镇	8376	4918	58.72	2060	24.59
南彩镇	32328	23299	72.07	5655	17.49
北务镇	5156	3207	62.20	1094	21.22
大孙各庄镇	8433	4740	56.21	2185	25.91
张　镇	8958	4791	53.48	2652	29.60
龙湾屯镇	5121	2790	54.48	1512	29.53

表9 续表 7

单位：户、%

地区	家庭户	一代户		二代户	
	户数	户数	比重	户数	比重
木林镇	12317	6565	53.30	3616	29.36
北小营镇	14187	7306	51.50	4021	28.34
北石槽镇	5402	3002	55.57	1385	25.64
赵全营镇	18702	12319	65.87	4224	22.59
昌平区	**815773**	**529310**	**64.88**	**202214**	**24.79**
城北街道	77207	42856	55.51	25808	33.43
南口地区	26105	16335	62.57	7130	27.31
马池口地区	34476	23116	67.05	7945	23.05
沙河地区	104449	75082	71.88	21213	20.31
城南街道	29165	16870	57.84	9135	31.32
东小口地区	40648	33940	83.50	5284	13.00
天通苑北街道	40637	20942	51.53	13645	33.58
天通苑南街道	40576	24092	59.38	11476	28.28
霍营街道	30935	17419	56.31	8842	28.58
回龙观街道	56856	33174	58.35	16690	29.35
龙泽园街道	57172	30797	53.87	17454	30.53
史各庄街道	17678	13320	75.35	3107	17.58
阳坊镇	9087	5152	56.70	2398	26.39
小汤山镇	33342	22998	68.98	7340	22.01
南邵镇	24823	15770	63.53	6461	26.03
崔村镇	8534	4856	56.90	2251	26.38
百善镇	16840	11984	71.16	3561	21.15
北七家镇	136321	102666	75.31	24442	17.93
兴寿镇	11217	6632	59.12	2829	25.22
流村镇	6334	3735	58.97	1708	26.97
十三陵镇	10196	5612	55.04	2643	25.92
延寿镇	3175	1962	61.80	852	26.83
大兴区	**660307**	**391075**	**59.23**	**193153**	**29.25**
兴丰街道	26778	13716	51.22	10128	37.82
林校路街道	25313	12946	51.14	9284	36.68
清源街道	45785	22287	48.68	17083	37.31
亦庄地区	34804	18896	54.29	12032	34.57

表9　续表 8　　单位：户、%

地　区	家庭户	一代户		二代户	
	户　数	户数	比重	户数	比重
黄村地区	65627	48869	74.46	12021	18.32
旧宫地区	64784	38838	59.95	20156	31.11
西红门地区	65406	44373	67.84	16197	24.76
瀛海地区	33360	18937	56.77	10884	32.63
观音寺街道	34560	18241	52.78	12312	35.63
天宫院街道	27028	13621	50.40	9346	34.58
高米店街道	31345	15312	48.85	12021	38.35
青云店镇	28530	20041	70.25	5173	18.13
采育镇	18495	10434	56.42	5285	28.58
安定镇	9376	3989	42.54	2990	31.89
礼贤镇	11028	5761	52.24	2915	26.43
榆垡镇	21092	11747	55.69	6359	30.15
庞各庄镇	24138	13621	56.43	6223	25.78
北臧村镇	15961	12280	76.94	2363	14.80
魏善庄镇	15057	7994	53.09	3952	26.25
长子营镇	12472	7185	57.61	3137	25.15
中关村国家自主创新示范区大兴生物医药产业基地	2616	1985	75.88	519	19.84
国家新媒体产业基地	3115	2711	87.03	314	10.08
大兴国际机场(大兴部分)	765	752	98.30	12	1.57
北京经济技术开发区	42872	26539	61.90	12447	29.03
怀柔区	**153338**	**90031**	**58.71**	**47473**	**30.96**
泉河街道	26560	13264	49.94	10671	40.18
龙山街道	25943	13795	53.17	9626	37.10
怀柔地区	14508	9402	64.81	3962	27.31
雁栖地区	13773	8504	61.74	4112	29.86
庙城地区	15092	9342	61.90	4118	27.29
北房镇	11829	6740	56.98	3460	29.25
杨宋镇	11414	7003	61.35	3024	26.49
桥梓镇	8793	5030	57.20	2342	26.63
怀北镇	4077	2370	58.13	1129	27.69

表9 续表 9 单位：户、%

地 区	家庭户	一代户		二代户	
	户 数	户数	比重	户数	比重
汤河口镇	2340	1716	73.33	478	20.43
渤海镇	4851	2990	61.64	1266	26.10
九渡河镇	5023	3135	62.41	1383	27.53
琉璃庙镇	1942	1427	73.48	419	21.58
宝山镇	2631	1861	70.73	592	22.50
长哨营满族乡	2397	1769	73.80	477	19.90
喇叭沟门满族乡	1955	1543	78.93	356	18.21
北京雁栖经济开发区	210	140	66.67	58	27.62
平谷区	**160875**	**81374**	**50.58**	**55407**	**34.44**
滨河街道	17602	8484	48.20	7694	43.71
兴谷街道	21727	10834	49.86	8719	40.13
渔阳地区	21773	10718	49.23	8026	36.86
峪口地区	10254	5453	53.18	3139	30.61
马坊地区	10215	5178	50.69	3248	31.80
金海湖地区	8912	4560	51.17	2735	30.69
东高村镇	9494	4411	46.46	3083	32.47
山东庄镇	5652	2852	50.46	1747	30.91
南独乐河镇	6875	3694	53.73	2018	29.35
大华山镇	5817	3236	55.63	1689	29.04
夏各庄镇	9039	4644	51.38	2745	30.37
马昌营镇	5743	2772	48.27	1953	34.01
王辛庄镇	10752	5388	50.11	3325	30.92
大兴庄镇	8074	3843	47.60	2839	35.16
刘家店镇	2759	1596	57.85	764	27.69
镇罗营镇	3080	1898	61.62	818	26.56
黄松峪乡	1929	1102	57.13	533	27.63
熊儿寨乡	1178	711	60.36	332	28.18
密云区	**195078**	**108960**	**55.85**	**64734**	**33.18**
鼓楼街道	53297	24910	46.74	22270	41.78
果园街道	30110	13247	44.00	13135	43.62
檀营地区	5140	2474	48.13	2131	41.46
密云镇	8219	5406	65.77	2220	27.01
溪翁庄镇	7422	4385	59.08	2165	29.17
西田各庄镇	12919	7729	59.83	3494	27.05

表9　续表 10　　　　单位：户、%

地　区	家庭户	一代户		二代户	
	户　数	户数	比重	户数	比重
十里堡镇	11727	7198	61.38	3102	26.45
河南寨镇	8163	4353	53.33	2321	28.43
巨各庄镇	8361	4952	59.23	2384	28.51
穆家峪镇	9028	5829	64.57	2271	25.16
太师屯镇	9517	6392	67.16	2329	24.47
高岭镇	4525	3164	69.92	1066	23.56
不老屯镇	5723	4088	71.43	1275	22.28
冯家峪镇	2162	1697	78.49	386	17.85
古北口镇	2510	1722	68.61	583	23.23
大城子镇	3994	2648	66.30	975	24.41
东邵渠镇	4066	2836	69.75	899	22.11
北庄镇	2469	1607	65.09	613	24.83
新城子镇	2957	2119	71.66	638	21.58
石城镇	1914	1445	75.50	411	21.47
北京密云经济开发区	855	759	88.77	66	7.72
延庆区	**124844**	**72686**	**58.22**	**42065**	**33.69**
百泉街道	10969	4547	41.45	5111	46.59
香水园街道	16007	7823	48.87	6670	41.67
儒林街道	9419	4256	45.19	4389	46.60
延庆镇	19456	11855	60.93	6112	31.41
康庄镇	10890	6849	62.89	3199	29.38
八达岭镇	3457	2083	60.25	1067	30.86
永宁镇	9510	6312	66.37	2634	27.70
旧县镇	7251	4504	62.12	2146	29.60
张山营镇	9040	5841	64.61	2547	28.17
四海镇	1940	1399	72.11	437	22.53
千家店镇	2783	2000	71.86	643	23.10
沈家营镇	6387	3620	56.68	2347	36.75
大榆树镇	6487	3970	61.20	1954	30.12
井庄镇	3929	2565	65.28	1075	27.36
大庄科乡	1790	1239	69.22	435	24.30
刘斌堡乡	1913	1331	69.58	428	22.37
香营乡	2536	1723	67.94	632	24.92
珍珠泉乡	1080	769	71.20	239	22.13

表9 续表 11

单位：户、%

地　区	三代户		四代户		五代及以上户	
	户数	比重	户数	比重	户数	比重
北　京	**839474**	**10.20**	**15839**	**0.19**	**9**	
东城区	**31448**	**11.01**	**320**	**0.11**		
东华门街道	1472	9.94	10	0.07		
景山街道	1049	9.32	3	0.03		
交道口街道	1502	11.91	20	0.16		
安定门街道	1331	9.44	14	0.10		
北新桥街道	2720	12.03	30	0.13		
东四街道	1663	12.57	23	0.17		
朝阳门街道	1343	11.05	25	0.21		
建国门街道	1249	9.36	6	0.04		
东直门街道	2014	10.89	19	0.10		
和平里街道	4672	11.51	25	0.06		
前门街道	286	8.21	2	0.06		
崇文门外街道	2055	11.97	24	0.14		
东花市街道	2325	12.74	23	0.13		
龙潭街道	2738	13.14	40	0.19		
体育馆路街道	1130	7.83	7	0.05		
天坛街道	1099	9.15	10	0.08		
永定门外街道	2800	10.71	39	0.15		
西城区	**49538**	**11.24**	**577**	**0.13**		
西长安街街道	1564	11.21	16	0.11		
新街口街道	3612	10.74	40	0.12		
月坛街道	4456	11.14	56	0.14		
展览路街道	5119	11.59	62	0.14		
德胜街道	6019	13.45	79	0.18		
金融街街道	2228	11.19	26	0.13		
什刹海街道	3186	10.24	49	0.16		
大栅栏街道	789	5.94	9	0.07		
天桥街道	1376	9.50	16	0.11		
椿树街道	1153	10.60	11	0.10		
陶然亭街道	1981	12.00	33	0.20		
广安门内街道	2485	9.81	32	0.13		

表9　续表 12　　　　单位：户、%

地　区	三代户		四代户		五代及以上户	
	户数	比重	户数	比重	户数	比重
牛街街道	2293	11.35	33	0.16		
白纸坊街道	3685	10.91	45	0.13		
广安门外街道	9592	12.19	70	0.09		
朝阳区	**115598**	**7.89**	**1268**	**0.09**	**2**	
建外街道	891	5.60	6	0.04		
朝外街道	1172	8.68	10	0.07		
呼家楼街道	1966	8.86	23	0.10		
三里屯街道	1305	9.52	9	0.07		
左家庄街道	2545	7.92	13	0.04		
香河园街道	1627	8.80	16	0.09		
和平街街道	2259	7.15	9	0.03		
安贞街道	2151	8.90	18	0.07		
亚运村街道	2383	8.77	17	0.06		
小关街道	1835	8.58	9	0.04		
酒仙桥街道	2168	7.93	22	0.08		
麦子店街道	945	7.34	7	0.05		
团结湖街道	1011	6.92	8	0.05		
六里屯街道	2586	7.79	24	0.07		
八里庄街道	3509	8.20	30	0.07		
双井街道	2889	6.66	30	0.07		
劲松街道	3402	7.57	27	0.06		
潘家园街道	3682	8.67	41	0.10		
垡头街道	2973	8.74	43	0.13		
南磨房地区	3716	6.80	43	0.08		
高碑店地区	3471	6.92	39	0.08		
将台地区	1579	6.74	19	0.08		
太阳宫地区	3334	9.79	34	0.10		
大屯街道	5091	10.00	42	0.08		
望京街道	5531	9.61	63	0.11		
小红门地区	2484	6.73	29	0.08	1	
十八里店地区	3790	4.12	89	0.10		
平房地区	2495	6.23	33	0.08		

表9 续表 13

单位：户、%

地区	三代户		四代户		五代及以上户	
	户数	比重	户数	比重	户数	比重
东风地区	1945	7.01	24	0.09		
奥运村街道	3892	8.86	40	0.09		
来广营地区	6098	9.29	52	0.08		
常营地区	4321	9.83	39	0.09		
三间房地区	3337	7.86	24	0.06		
管庄地区	3874	10.19	36	0.09		
金盏地区	2021	4.93	47	0.11		
孙河地区	981	8.91	18	0.16		
崔各庄地区	2398	4.99	43	0.09	1	
东坝地区	5208	10.53	47	0.10		
黑庄户地区	2225	10.86	70	0.34		
豆各庄地区	1983	9.58	22	0.11		
王四营地区	1657	6.92	34	0.14		
东湖街道	2408	9.34	19	0.07		
首都机场街道	460	6.15				
丰台区	**77473**	**9.35**	**1111**	**0.13**		
右安门街道	2624	9.28	44	0.16		
太平桥街道	2753	9.44	46	0.16		
西罗园街道	3408	9.77	33	0.09		
大红门街道	6542	8.73	107	0.14		
南苑街道	2374	8.74	19	0.07		
东高地街道	1468	7.96	11	0.06		
东铁匠营街道	5534	8.41	66	0.10		
卢沟桥街道	8708	9.17	118	0.12		
丰台街道	6253	11.37	65	0.12		
新村街道	7486	9.30	86	0.11		
长辛店街道	3421	9.23	45	0.12		
云岗街道	1396	9.97	5	0.04		
方庄地区	2863	9.14	31	0.10		
宛平城地区	1712	9.04	37	0.20		
马家堡街道	4158	8.92	73	0.16		
和义街道	1719	10.21	23	0.14		

表9　续表 14　　　　　　　　　　　　　　　　　　　　　　　　　　　　单位：户、%

地　区	三代户		四代户		五代及以上户	
	户数	比重	户数	比重	户数	比重
卢沟桥地区	4200	9.28	68	0.15		
花乡地区	3983	8.60	89	0.19		
南苑地区	1325	5.16	7	0.03		
长辛店镇	1744	9.57	55	0.30		
王佐镇	3802	20.31	83	0.44		
石景山区	**22777**	**10.22**	**225**	**0.10**		
八宝山街道	2786	11.56	15	0.06		
老山街道	1625	10.67	11	0.07		
八角街道	4214	10.24	46	0.11		
古城街道	2095	7.99	25	0.10		
苹果园街道	4250	11.03	44	0.11		
金顶街街道	3223	11.91	38	0.14		
广宁街道	449	6.65	3	0.04		
五里坨街道	1212	7.09	8	0.05		
鲁谷街道	2923	10.96	35	0.13		
海淀区	**124505**	**11.14**	**1594**	**0.14**	**1**	
万寿路街道	6658	15.12	94	0.21		
永定路街道	4817	14.29	86	0.26		
羊坊店街道	5998	13.16	57	0.13		
甘家口街道	4888	12.04	70	0.17		
八里庄街道	5271	10.94	36	0.07		
紫竹院街道	4407	11.73	41	0.11		
北下关街道	5275	11.19	75	0.16	1	
北太平庄街道	5228	9.73	68	0.13		
学院路街道	6377	10.89	63	0.11		
中关村街道	5515	10.60	80	0.15		
海淀街道	4364	10.24	36	0.08		
青龙桥街道	3052	8.36	33	0.09		
清华园街道	1424	10.65	5	0.04		
燕园街道	440	9.38	2	0.04		
香山街道	680	4.60	7	0.05		
清河街道	6411	10.03	42	0.07		

表9　续表 15

单位：户、%

地　区	三代户		四代户		五代及以上户	
	户数	比重	户数	比重	户数	比重
花园路街道	5621	12.78	101	0.23		
西三旗街道	8286	14.29	100	0.17		
马连洼街道	4914	10.33	44	0.09		
田村路街道	4880	11.17	82	0.19		
上地街道	2269	11.07	16	0.08		
万柳地区	22	6.23				
东升地区	2510	12.32	30	0.15		
曙光街道	4457	14.89	53	0.18		
温泉地区	2786	9.82	67	0.24		
四季青地区	5230	7.95	77	0.12		
西北旺地区	5694	8.15	89	0.13		
苏家坨地区	3404	13.79	76	0.31		
上庄地区	3627	12.97	64	0.23		
门头沟区	**12187**	**7.82**	**205**	**0.13**		
大峪街道	3254	9.69	44	0.13		
城子街道	1505	8.50	31	0.18		
东辛房街道	1088	7.44	29	0.20		
大台街道	47	2.81	1	0.06		
王平地区	119	3.89	3	0.10		
永定地区	3690	9.40	53	0.13		
龙泉地区	1268	5.80	22	0.10		
潭柘寺镇	319	7.79	7	0.17		
军庄镇	527	8.39	8	0.13		
雁翅镇	42	1.62	1	0.04		
斋堂镇	107	3.02	3	0.08		
清水镇	53	1.75	1	0.03		
妙峰山镇	168	3.68	2	0.04		
房山区	**57859**	**12.74**	**1332**	**0.29**	**1**	
城关街道	4826	11.62	75	0.18		
新镇街道	291	7.10	6	0.15		
向阳街道	544	7.83	8	0.12		
东风街道	503	5.54	6	0.07		

表9　续表 16　　　　单位：户、%

地　　区	三代户		四代户		五代及以上户	
	户数	比重	户数	比重	户数	比重
迎风街道	813	5.89	7	0.05		
星城街道	826	9.87	3	0.04		
良乡地区	1485	19.60	84	1.11		
周口店地区	2299	15.43	58	0.39		
琉璃河地区	3787	16.72	132	0.58	1	
拱辰街道	6793	9.58	110	0.16		
西潞街道	3222	12.64	47	0.18		
阎村镇	3492	12.69	92	0.33		
窦店镇	4727	14.85	118	0.37		
石楼镇	2199	20.97	71	0.68		
长阳镇	10832	13.25	125	0.15		
河北镇	747	10.01	22	0.29		
长沟镇	1382	18.21	47	0.62		
大石窝镇	1805	15.86	62	0.54		
张坊镇	927	13.51	40	0.58		
十渡镇	265	7.03	8	0.21		
青龙湖镇	3140	18.80	111	0.66		
韩村河镇	2458	18.77	88	0.67		
霞云岭乡	115	4.98	6	0.26		
南窖乡	42	2.85	1	0.07		
佛子庄乡	208	8.10	3	0.12		
大安山乡	35	2.52				
史家营乡	86	5.43	2	0.13		
蒲洼乡	10	0.87				
通州区	**66561**	**10.41**	**1450**	**0.23**	**1**	
中仓街道	2021	8.08	15	0.06		
新华街道	1248	10.81	4	0.03		
北苑街道	3944	10.60	30	0.08		
玉桥街道	4496	11.79	35	0.09		
潞源街道	93	4.75				
通运街道	1755	10.91	18	0.11		
宋庄镇	6268	11.46	262	0.48		

表9 续表 17 单位：户、%

地　　区	三代户		四代户		五代及以上户	
	户数	比重	户数	比重	户数	比重
张家湾镇	5051	10.78	152	0.32		
漷县镇	3659	14.92	173	0.71		
马驹桥镇	5470	10.76	97	0.19		
西集镇	2567	15.15	95	0.56		
台湖镇	4058	6.49	88	0.14		
永乐店镇	2452	15.98	92	0.60		
潞城镇	2556	11.16	114	0.50		
永顺镇	9040	8.44	106	0.10	1	
梨园镇	9905	10.22	96	0.10		
于家务回族乡	1978	18.80	73	0.69		
顺义区	**55458**	**10.85**	**2096**	**0.41**	**2**	
胜利街道	2011	12.20	26	0.16		
光明街道	3409	14.31	45	0.19		
仁和地区	1804	6.80	64	0.24		
后沙峪地区	2288	7.69	57	0.19		
天竺地区	881	6.76	17	0.13		
杨镇地区	3415	17.26	165	0.83		
牛栏山地区	2372	12.80	134	0.72		
南法信地区	887	3.10	30	0.10		
马坡地区	1310	7.79	50	0.30		
石园街道	3039	13.21	53	0.23		
空港街道	4055	11.33	60	0.17		
双丰街道	2941	11.72	45	0.18		
旺泉街道	4011	11.59	42	0.12		
高丽营镇	2428	6.67	160	0.44	1	
李桥镇	3911	8.95	206	0.47		
李遂镇	1316	15.71	82	0.98		
南彩镇	3204	9.91	170	0.53		
北务镇	802	15.55	53	1.03		
大孙各庄镇	1416	16.79	92	1.09		
张　镇	1440	16.08	74	0.83	1	0.01
龙湾屯镇	773	15.09	46	0.90		

表9　续表 18　　　　单位：户、%

地　区	三代户		四代户		五代及以上户	
	户数	比重	户数	比重	户数	比重
木林镇	2039	16.55	97	0.79		
北小营镇	2710	19.10	150	1.06		
北石槽镇	948	17.55	67	1.24		
赵全营镇	2048	10.95	111	0.59		
昌平区	**82744**	**10.14**	**1505**	**0.18**		
城北街道	8400	10.88	143	0.19		
南口地区	2550	9.77	90	0.34		
马池口地区	3284	9.53	131	0.38		
沙河地区	8024	7.68	130	0.12		
城南街道	3115	10.68	45	0.15		
东小口地区	1393	3.43	31	0.08		
天通苑北街道	5971	14.69	79	0.19		
天通苑南街道	4945	12.19	63	0.16		
霍营街道	4626	14.95	48	0.16		
回龙观街道	6937	12.20	55	0.10		
龙泽园街道	8848	15.48	73	0.13		
史各庄街道	1238	7.00	13	0.07		
阳坊镇	1481	16.30	56	0.62		
小汤山镇	2909	8.72	95	0.28		
南邵镇	2542	10.24	50	0.20		
崔村镇	1360	15.94	67	0.79		
百善镇	1246	7.40	49	0.29		
北七家镇	9087	6.67	126	0.09		
兴寿镇	1697	15.13	59	0.53		
流村镇	870	13.74	21	0.33		
十三陵镇	1879	18.43	62	0.61		
延寿镇	342	10.77	19	0.60		
大兴区	**74157**	**11.23**	**1920**	**0.29**	**2**	
兴丰街道	2915	10.89	19	0.07		
林校路街道	3053	12.06	30	0.12		
清源街道	6368	13.91	47	0.10		
亦庄地区	3837	11.02	39	0.11		

表9 续表 19　　　　单位：户、%

地区	三代户		四代户		五代及以上户	
	户数	比重	户数	比重	户数	比重
黄村地区	4593	7.00	144	0.22		
旧宫地区	5737	8.86	53	0.08		
西红门地区	4758	7.27	78	0.12		
瀛海地区	3515	10.54	24	0.07		
观音寺街道	3956	11.45	51	0.15		
天宫院街道	4026	14.90	35	0.13		
高米店街道	3964	12.65	48	0.15		
青云店镇	3133	10.98	183	0.64		
采育镇	2675	14.46	101	0.55		
安定镇	2267	24.18	130	1.39		
礼贤镇	2171	19.69	181	1.64		
榆垡镇	2821	13.37	165	0.78		
庞各庄镇	4094	16.96	200	0.83		
北臧村镇	1248	7.82	70	0.44		
魏善庄镇	2962	19.67	148	0.98	1	0.01
长子营镇	2034	16.31	115	0.92	1	0.01
中关村国家自主创新示范区大兴生物医药产业基地	111	4.24	1	0.04		
国家新媒体产业基地	88	2.83	2	0.06		
大兴国际机场(大兴部分)	1	0.13				
北京经济技术开发区	3830	8.93	56	0.13		
怀柔区	**15346**	**10.01**	**488**	**0.32**		
泉河街道	2575	9.70	50	0.19		
龙山街道	2496	9.62	26	0.10		
怀柔地区	1101	7.59	43	0.30		
雁栖地区	1130	8.20	27	0.20		
庙城地区	1574	10.43	58	0.38		
北房镇	1561	13.20	68	0.57		
杨宋镇	1329	11.64	58	0.51		
桥梓镇	1366	15.54	55	0.63		
怀北镇	543	13.32	35	0.86		

表9　续表 20　　　　单位：户、%

地　区	三代户		四代户		五代及以上户	
	户数	比重	户数	比重	户数	比重
汤河口镇	136	5.81	10	0.43		
渤海镇	567	11.69	28	0.58		
九渡河镇	487	9.70	18	0.36		
琉璃庙镇	92	4.74	4	0.21		
宝山镇	176	6.69	2	0.08		
长哨营满族乡	146	6.09	5	0.21		
喇叭沟门满族乡	55	2.81	1	0.05		
北京雁栖经济开发区	12	5.71				
平谷区	**23048**	**14.33**	**1046**	**0.65**		
滨河街道	1410	8.01	14	0.08		
兴谷街道	2135	9.83	39	0.18		
渔阳地区	2908	13.36	121	0.56		
峪口地区	1591	15.52	71	0.69		
马坊地区	1715	16.79	74	0.72		
金海湖地区	1528	17.15	89	1.00		
东高村镇	1891	19.92	109	1.15		
山东庄镇	1009	17.85	44	0.78		
南独乐河镇	1095	15.93	68	0.99		
大华山镇	858	14.75	34	0.58		
夏各庄镇	1565	17.31	85	0.94		
马昌营镇	976	16.99	42	0.73		
王辛庄镇	1910	17.76	129	1.20		
大兴庄镇	1321	16.36	71	0.88		
刘家店镇	381	13.81	18	0.65		
镇罗营镇	349	11.33	15	0.49		
黄松峪乡	280	14.52	14	0.73		
熊儿寨乡	126	10.70	9	0.76		
密云区	**20875**	**10.70**	**509**	**0.26**		
鼓楼街道	6033	11.32	84	0.16		
果园街道	3687	12.25	41	0.14		
檀营地区	524	10.19	11	0.21		
密云镇	577	7.02	16	0.19		
溪翁庄镇	841	11.33	31	0.42		
西田各庄镇	1627	12.59	69	0.53		

表9 续表 21

单位：户、%

地　　区	三代户		四代户		五代及以上户	
	户数	比重	户数	比重	户数	比重
十里堡镇	1377	11.74	50	0.43		
河南寨镇	1410	17.27	79	0.97		
巨各庄镇	986	11.79	39	0.47		
穆家峪镇	904	10.01	24	0.27		
太师屯镇	782	8.22	14	0.15		
高岭镇	288	6.36	7	0.15		
不老屯镇	351	6.13	9	0.16		
冯家峪镇	76	3.52	3	0.14		
古北口镇	201	8.01	4	0.16		
大城子镇	361	9.04	10	0.25		
东邵渠镇	329	8.09	2	0.05		
北庄镇	240	9.72	9	0.36		
新城子镇	195	6.59	5	0.17		
石城镇	56	2.93	2	0.10		
北京密云经济开发区	30	3.51				
延庆区	**9900**	**7.93**	**193**	**0.15**		
百泉街道	1294	11.80	17	0.15		
香水园街道	1490	9.31	24	0.15		
儒林街道	765	8.12	9	0.10		
延庆镇	1458	7.49	31	0.16		
康庄镇	819	7.52	23	0.21		
八达岭镇	300	8.68	7	0.20		
永宁镇	552	5.80	12	0.13		
旧县镇	586	8.08	15	0.21		
张山营镇	636	7.04	16	0.18		
四海镇	103	5.31	1	0.05		
千家店镇	138	4.96	2	0.07		
沈家营镇	414	6.48	6	0.09		
大榆树镇	551	8.49	12	0.18		
井庄镇	281	7.15	8	0.20		
大庄科乡	114	6.37	2	0.11		
刘斌堡乡	151	7.89	3	0.16		
香营乡	178	7.02	3	0.12		
珍珠泉乡	70	6.48	2	0.19		

第四部分　附录

附录 1　北京市第七次全国人口普查港澳台居民和外籍人员数据

1-1　按年龄、性别分的港澳台居民和外籍人员

单位：人

年　龄	合　计			香港特别行政区居民		
	合计	男	女	小计	男	女
总　计	**62812**	**35334**	**27478**	**10365**	**5318**	**5047**
0-4岁	2729	1411	1318	360	185	175
5-9岁	5215	2712	2503	1904	1006	898
10-14岁	4383	2273	2110	1466	790	676
15-19岁	4206	1988	2218	690	304	386
20-24岁	5796	2698	3098	1063	453	610
25-29岁	5734	3186	2548	473	250	223
30-34岁	6149	3788	2361	498	241	257
35-39岁	5899	3541	2358	492	243	249
40-44岁	5367	3126	2241	489	224	265
45-49岁	5252	2961	2291	613	279	334
50-54岁	4558	2746	1812	684	371	313
55-59岁	3596	2354	1242	636	376	260
60-64岁	1883	1283	600	386	242	144
65-69岁	1055	687	368	265	166	99
70-74岁	494	313	181	150	89	61
75-79岁	221	130	91	75	45	30
80岁及以上	275	137	138	121	54	67

1-1　续表

单位：人

年　龄	澳门特别行政区居民			台湾地区居民			外籍人员		
	小计	男	女	小计	男	女	小计	男	女
总　计	**1130**	**472**	**658**	**6320**	**3515**	**2805**	**44997**	**26029**	**18968**
0-4岁	15	5	10	181	104	77	2173	1117	1056
5-9岁	20	10	10	276	150	126	3015	1546	1469
10-14岁	23	13	10	216	112	104	2678	1358	1320
15-19岁	349	120	229	467	211	256	2700	1353	1347
20-24岁	445	161	284	907	374	533	3381	1710	1671
25-29岁	87	57	30	791	380	411	4383	2499	1884
30-34岁	38	20	18	579	333	246	5034	3194	1840
35-39岁	29	15	14	524	321	203	4854	2962	1892
40-44岁	26	14	12	534	315	219	4318	2573	1745
45-49岁	25	17	8	490	306	184	4124	2359	1765
50-54岁	16	5	11	498	318	180	3360	2052	1308
55-59岁	23	13	10	389	267	122	2548	1698	850
60-64岁	21	16	5	201	145	56	1275	880	395
65-69岁	3	1	2	141	99	42	646	421	225
70-74岁	5	3	2	73	49	24	266	172	94
75-79岁	2	1	1	25	13	12	119	71	48
80岁及以上	3	1	2	28	18	10	123	64	59

1-2　按来内地(大陆)或来华目的分的港澳台居民和外籍人员

单位：人

来内地(大陆)或来华目的	合　计	香港特别行政区居民	澳门特别行政区居民	台湾地区居民	外籍人员
合　计	**62812**	**10365**	**1130**	**6320**	**44997**
商　务	2998	356	10	351	2281
就　业	21244	1795	102	2451	16896
学　习	16078	3003	832	1835	10408
定　居	11272	3628	106	1040	6498
探　亲	4836	505	25	243	4063
其　他	6384	1078	55	400	4851

1-3　按受教育程度分的港澳台居民和外籍人员

单位：人

受教育程度	合　计	香港特别行政区居民	澳门特别行政区居民	台湾地区居民	外籍人员
合　计	**61471**	**10192**	**1124**	**6232**	**43923**
未上过学	494	51	3	29	411
学前教育	2005	283	9	133	1580
小　学	6595	2744	32	313	3506
初　中	2815	627	22	156	2010
高　中	3573	717	63	394	2399
大学专科	3473	610	34	434	2395
大学本科	27607	3769	784	2877	20177
硕士研究生	11688	1175	148	1584	8781
博士研究生	3221	216	29	312	2664

第四部分　附录

附录 2　北京市 2020 年第七次全国人口普查主要数据公报

北京市第七次全国人口普查公报[1]（第一号）

——常住人口情况

北京市统计局

北京市第七次全国人口普查领导小组办公室

2021 年 5 月 19 日

根据《中华人民共和国统计法》《全国人口普查条例》规定和《国务院关于开展第七次全国人口普查的通知》（国发〔2019〕24 号）要求，我国以 2020 年 11 月 1 日零时为标准时点进行了第七次全国人口普查[2]。在以习近平同志为核心的党中央坚强领导下，按照国务院第七次全国人口普查领导小组统一部署，在市委市政府和地方各级党委政府的领导下，在各有关部门的大力支持下，在各级普查机构和普查人员的共同努力下，在广大普查对象的积极配合下，北京市第七次全国人口普查圆满完成普查现场登记和普查主要数据汇总评估工作。根据北京市第七次全国人口普查结果，现将 2020 年 11 月 1 日零时我市常住人口基本情况公布如下：

一、常住人口

全市常住人口[3] 为 21893095 人，与 2010 年第六次全国人口普查的 19612368 人相比，增加 2280727 人，增长 11.6%，年平均增长 1.1%。

全市常住人口中，外省市来京人口为 8418418 人，占常住人口的 38.5%，与 2010 年第六次全国人口普查的 7044533 人相比，增加 1373885 人，增长 19.5%，年平均增长 1.8%。

二、户别人口

全市常住人口中，共有家庭户[4] 8230792 户，集体户 907136 户，家庭户人口为 19014338 人，集体户人口为 2878757 人。平均每个家庭户的人口为 2.31 人，与 2010 年第六次全国人口普查的 2.45 人相比，减少 0.14 人。

三、民族人口

全市常住人口中，汉族人口为 20845166 人，占 95.2%；各少数民族人口为 1047929 人，占 4.8%。与 2010 年第六次全国人口普查相比，汉族人口增加 2034012 人，增长 10.8%，年平均增长 1%；各少数民族人口增加 246715 人，增长 30.8%，年平均增长 2.7%。

注释：

[1]本公报数据均为初步汇总数据。

[2]普查标准时点为 2020 年 11 月 1 日零时，普查对象是普查标准时点在中华人民共和国境内的自然人以及在中华人民共和国境外但未定居的中国公民，不包括在中华人民共和国境内短期停留的境外人员。

[3]常住人口包括：居住在本乡镇街道且户口在本乡镇街道或户口待定的人；居住在本乡镇街道且离开户口登记地所在的乡镇街道半年以上的人；户口在本乡镇街道且外出不满半年或在境外工作学习的人。

[4]家庭户是指以家庭成员关系为主、居住一处共同生活的人组成的户。

北京市第七次全国人口普查公报[1]（第二号）

——人口分布情况

北京市统计局

北京市第七次全国人口普查领导小组办公室

2021 年 5 月 19 日

根据北京市第七次全国人口普查结果，现将 2020 年 11 月 1 日零时我市常住人口分布情况公布如下：

一、常住人口地区分布

全市 16 个区中，常住人口在 200 万人以上的区有 4 个，分别是朝阳区、海淀区、昌平区和丰台区；在 100 万人-200 万人之间的区有 5 个，分别是大兴区、通州区、顺义区、房山区和西城区；在 100 万人以下的区有 7 个，分别是东城区、石景山区、密云区、平谷区、怀柔区、门头沟区和延庆区。

分区域[2] 看，中心城区常住人口为 10988587 人，占 50.2%，其中，核心区常住人口为 1815043 人，占 8.3%；其他十区常住人口为 10904508 人，占 49.8%。与 2010 年第六次全国人口普查相比，中心城区常住人口所占比重下降 9.5 个百分点，其中，核心区常住人口所占比重下降 2.7 个百分点；其他十区常住人口所占比重上升 9.5 个百分点。

表　各区常住人口

单位：人、%

地　区	人口数	比重	
		2020 年	2010 年
全　市	21893095	100.0	100.0
东城区	708829	3.2	4.7
西城区	1106214	5.1	6.3
朝阳区	3452460	15.8	18.1
丰台区	2019764	9.2	10.8
石景山区	567851	2.6	3.1
海淀区	3133469	14.3	16.7
门头沟区	392606	1.8	1.5
房山区	1312778	6.0	4.8
通州区	1840295	8.4	6.0
顺义区	1324044	6.0	4.5
昌平区	2269487	10.4	8.5
大兴区	1993591	9.1	7.0
怀柔区	441040	2.0	1.9
平谷区	457313	2.1	2.1
密云区	527683	2.4	2.4
延庆区	345671	1.6	1.6

二、常住人口城乡分布[3]

全市常住人口中，居住在城镇的人口为 19166433 人，占 87.5%；居住在乡村的人口为 2726662 人，占 12.5%。与 2010 年第六次全国人口普查相比，城镇人口增加 2307741 人，增长 13.7%，年平均增长 1.3%；乡村人口减少 27014 人，下降 1%，年平均下降 0.1%；城镇人口比重上升 1.5 个百分点。

注释：

[1]本公报数据均为初步汇总数据。

[2]中心城区是指东城区、西城区、朝阳区、丰台区、石景山区和海淀区；核心区是指东城区和西城区；其他十区是指门头沟区、房山区、通州区、顺义区、昌平区、大兴区、怀柔区、平谷区、密云区和延庆区。

[3]城镇、乡村是按国家统计局《统计上划分城乡的规定》划分的。

北京市第七次全国人口普查公报[1]（第三号）

——人口性别、年龄构成情况

北京市统计局

北京市第七次全国人口普查领导小组办公室

2021年5月19日

根据北京市第七次全国人口普查结果，现将2020年11月1日零时我市常住人口性别、年龄构成情况公布如下：

一、常住人口性别构成

全市常住人口中，男性人口为11195390人，占51.1%；女性人口为10697705人，占48.9%。常住人口性别比（以女性为100，男性对女性的比例）为104.7，与2010年第六次全国人口普查相比下降2.1。

二、常住人口年龄构成

全市常住人口中，0-14岁[2]人口为2591507人，占11.9%；15-59岁人口为15002998人，占68.5%；60岁及以上人口为4298590人，占19.6%，其中65岁及以上人口为2912060人，占13.3%。

与2010年第六次全国人口普查相比，0-14岁人口的比重上升3.3个百分点，15-59岁人口的比重下降10.4个百分点，60岁及以上人口的比重上升7.1个百分点，65岁及以上人口的比重上升4.6个百分点。

表　全市常住人口年龄构成

单位：人、%

年　龄	人口数	比重	
		2020年	2010年
总　计	21893095	100.0	100.0
0-14岁	2591507	11.9	8.6
15-59岁	15002998	68.5	78.9
60岁及以上	4298590	19.6	12.5
其中：65岁及以上	2912060	13.3	8.7

注释：

[1]本公报数据均为初步汇总数据。

[2]0-15岁人口为2687643人，16-59岁人口为14906862人。

北京市第七次全国人口普查公报[1]（第四号）
——人口受教育情况

北京市统计局
北京市第七次全国人口普查领导小组办公室
2021 年 5 月 19 日

根据北京市第七次全国人口普查结果，现将 2020 年 11 月 1 日零时我市常住人口受教育基本情况公布如下：

一、受教育程度人口

全市常住人口中，拥有大学（指大专及以上）文化程度的人口为 9190783 人；拥有高中（含中专）文化程度的人口为 3851750 人；拥有初中文化程度的人口为 5098789 人；拥有小学文化程度的人口为 2299436 人（以上各种受教育程度的人包括各类学校的毕业生、肄业生和在校生）。

与 2010 年第六次全国人口普查相比，每 10 万人中拥有大学文化程度的由 31499 人上升为 41980 人；拥有高中文化程度的由 21220 人下降为 17593 人；拥有初中文化程度的由 31396 人下降为 23289 人；拥有小学文化程度的由 9956 人上升为 10503 人。

二、平均受教育年限[2]

15 岁及以上常住人口的平均受教育年限为 12.6 年，与 2010 年第六次全国人口普查相比，提高 0.9 年。

三、文盲人口

全市常住人口中，文盲人口（15 岁及以上不识字的人）为 172244 人，文盲率[3] 为 0.8%。与 2010 年第六次全国人口普查相比，文盲人口减少 160854 人，文盲率下降 0.9 个百分点。

注释：

[1]本公报数据均为初步汇总数据。

[2]平均受教育年限是将各种受教育程度折算成受教育年限计算平均数得出的，具体的折算标准是：小学=6 年，初中=9 年，高中=12 年，大专及以上=16 年。

[3]文盲率是指常住人口中 15 岁及以上不识字人口所占比例。

第四部分 附录

附录3 国务院关于开展第七次全国人口普查的通知

国务院关于开展第七次全国人口普查的通知

国发〔2019〕24号

各省、自治区、直辖市人民政府，国务院各部委、各直属机构：

根据《中华人民共和国统计法》和《全国人口普查条例》规定，国务院决定于2020年开展第七次全国人口普查。现将有关事项通知如下：

一、总体要求

（一）指导思想。以习近平新时代中国特色社会主义思想为指导，全面贯彻党的十九大和十九届二中、三中、四中全会精神，认真落实党中央、国务院关于统计改革发展的决策部署，坚持实事求是、改革创新，科学设计、精心组织，周密部署、依法实施，确保第七次全国人口普查数据真实准确，全面客观反映我国人口发展状况。

（二）普查目的。第七次全国人口普查是在中国特色社会主义进入新时代开展的重大国情国力调查，将全面查清我国人口数量、结构、分布、城乡住房等方面情况，为完善人口发展战略和政策体系，促进人口长期均衡发展，科学制定国民经济和社会发展规划，推动经济高质量发展，开启全面建设社会主义现代化国家新征程，向第二个百年奋斗目标进军，提供科学准确的统计信息支持。

二、普查对象、内容和时间

普查对象是普查标准时点在中华人民共和国境内的自然人以及在中华人民共和国境外但未定居的中国公民，不包括在中华人民共和国境内短期停留的境外人员。

普查主要调查人口和住户的基本情况，内容包括：姓名、公民身份号码、性别、年龄、民族、受教育程度、行业、职业、迁移流动、婚姻生育、死亡、住房情况等。

普查标准时点是2020年11月1日零时。

三、组织实施

第七次全国人口普查涉及范围广、参与部门多、技术要求高、工作难度大，各地区、各部门要按照“全国统一领导、部门分工协作、地方分级负责、各方共同参与”的原则，认真做好普查的宣传动员和组织实施工作。

为加强组织领导，国务院决定成立第七次全国人口普查领导小组，负责普查组织实施中重大问题的研究和决策。普查领导小组办公室设在国家统计局，具体负责普查的组织实施。各成员单位要按照职能分工，各负其责、通力协作、密切配合，共同做好普查工作。对普查工作中遇到的困难和问题，要及时采取措施予以解决。

地方各级人民政府要设立相应的普查领导小组及其办公室，认真做好本地区普查工作。要充分发挥街道办事处和乡镇政府、居民委员会和村民委员会的作用，广泛引导、动员和组织社会力量积极参与并认真配合做好普查工作。

地方普查机构可根据工作需要，招聘或者从有关单位借调符合条件的普查指导员和普查员。为稳定普查工作队伍，确保普查工作顺利进行，应及时支付招聘人员的劳动报酬，保证借调人员在原单位的工资、福利及其他待遇不变，并保留其原有工作岗位。

四、经费保障

第七次全国人口普查所需经费，由中央和地方各级人民政府共同负担，并列入相应年度的财政预算，按时拨付、确保到位。

五、工作要求

（一）坚持依法普查。各地区、各部门要按照《中华人民共和国统计法》、《中华人民共和国统计法实施条例》、《全国人口普查条例》等法律法规要求，认真做好普查各项工作。普查取得的数据，严格限定用于普查目的，不得作为任何部门和单位对各级行政管理工作实施考核、奖惩的依据。普查中获得的能够识别或者推断单个普查对象身份的资料，不得作为对普查对象实施处罚等具体行政行为的依据。

（二）确保数据质量。建立健全普查数据质量追溯和问责机制，各级人民政府统计机构要加大对普查工作中违纪违法行为的查处和通报曝光力度，坚决杜绝人为干扰普查工作的现象，确保普查工作顺利进行和普查数据真实准确。对普查中发现应当给予党纪政务处分或组织处理的统计违纪违法责任人，由统计机构按规定提出处分处理建议并及时移送任免机关、纪检监察机关或组织（人事）部门。

（三）提升信息化水平。采取电子化方式开展普查登记，探索使用智能手机采集数据。广泛应用部门行政记录，推进大数据在普查中的应用，提高普查数据采集处理效能。全流程加强对公民个人信息的保护，各级普查机构及其工作人员必须严格履行保密义务，严禁向任何机构、单位、个人泄露或出售公民个人信息。

（四）加强宣传工作。各级普查机构要会同宣传部门认真做好普查宣传的策划和组织工作。采用多种手段，广泛深入宣传第七次全国人口普查的重要意义和要求，引导广大普查对象依法配合普查，如实申报普查项目，为普查工作顺利实施创造良好舆论环境。

附件：国务院第七次全国人口普查领导小组组成人员名单（略）

国务院

2019 年 10 月 31 日

（此件公开发布）

第四部分 附录

附录 4 北京市人民政府关于开展第七次全国人口普查的通知

北京市人民政府关于开展第七次全国人口普查的通知

京政发〔2019〕21号

各区人民政府，市政府各委、办、局，各市属机构：

根据《国务院关于开展第七次全国人口普查的通知》(国发〔2019〕24号)要求，为切实做好本市第七次全国人口普查工作，现将有关事项通知如下：

一、总体要求

(一)指导思想。以习近平新时代中国特色社会主义思想为指导，全面贯彻党的十九大和十九届二中、三中、四中全会精神，认真落实党中央、国务院关于统计改革发展的决策部署，坚持实事求是、改革创新，科学设计、精心组织，周密部署、依法实施，确保本市第七次全国人口普查数据真实准确，全面客观反映人口发展状况。

(二)普查目的。第七次全国人口普查是在中国特色社会主义进入新时代开展的重大国情国力调查，将全面查清本市人口数量、结构、分布、城乡住房等方面情况，为落实《北京城市总体规划(2016年—2035年)》，完善人口发展战略和政策体系，加强城市精细化管理，推动经济高质量发展，加快建设国际一流的和谐宜居之都，提供科学准确的统计信息支持。

二、普查对象、内容和时间

普查对象是普查标准时点在中华人民共和国境内的自然人以及在中华人民共和国境外但未定居的中国公民，不包括在中华人民共和国境内短期停留的境外人员。

普查主要调查人口和住户的基本情况，内容包括：姓名、公民身份号码、性别、年龄、民族、受教育程度、行业、职业、迁移流动、婚姻生育、死亡、住房情况等。

普查标准时点是2020年11月1日零时。

三、组织实施

第七次全国人口普查涉及范围广、参与部门多、技术要求高、工作难度大。尤其是近年来，本市人口流动频繁，人户分离情况较为严重，调查环境复杂，普查工作任务艰巨。各区、各部门、各单位要充分认识这次普查的重大意义及工作艰巨性，坚持依法普查、科学普查，按照国务院确定的“全国统一领导、部门分工协作、地方分级负责、各方共同参与”的原则，认真做好此次普查工作的宣传动员和组织实施。

为加强组织领导，市政府决定成立北京市第七次全国人口普查领导小组，负责本市人口普查组织和实施工作。普查领导小组由市政府领导同志任组长，成员单位由市统计局、市发展改革委、市公安局等部门及相关单位组成。领导小组下设办公室，办公室设在市统计局，具体负责人口普查的日常组织和协调。办公室工作人员从领导小组成员单位选调。

各区人民政府主要负责同志为本区普查工作的第一责任人。各区要建立相应的普查领导小组及其办公室，认真做好本地区普查工作，在人力、物力、财力等方面给予保障。各乡镇政府、街道办事处要建立相应的普查机构，负责本地区普查工作的组织实施。要充分发挥社区居委会和村民委员会作用，广泛动员和组织社会力量积极参与并认真配合做好普查工作。

各级普查机构可根据工作需要，招聘或者从有关单位借调符合条件的普查指导员和普查员。为稳定普查工作队伍，确保普查工作顺利进行，应及时支付招聘人员的劳动报酬，保证借调人员在原单位的工资、福利及其他待遇不变，并保留其原有工作岗位。

四、经费保障

本市第七次全国人口普查所需经费，由市、区政府共同负担，并列入相应年度的财政预算，按时拨付、确保到位。各级普查机构要加强管理，厉行节约，保证经费科学合理使用。

五、工作要求

(一)坚持依法普查。各区、各部门、各单位要按照《中华人民共和国统计法》《中华人民共和国统计法实施条例》《全国人口普查条例》等法律法规要求，认真做好普查各项工作。普查取得的数据，严格限定用于普查目的，不得作为任何部门和单位对各级行政管理工作实施考核、奖惩的依据。普查中获得的能够识别或者推断单个普查对象身份的资料，不得作为对普查对象实施处罚等具体行政行为的依据。

(二)确保数据质量。建立健全普查数据质量追溯和问责机制，市、区统计机构要加大对普查工作中违纪违法行为的查处和通报曝光力度，坚决杜绝人为干扰普查工作的现象，确保普查工作顺利进行和普查数据真实准确。对普查中发现应当给予党纪政务处分或组织处理的统计违纪违法责任人，由统计机构按规定提出处分处理建议并及时移送任免机关、纪检监察机关或组织(人事)部门。

(三)提升信息化水平。采取电子化方式开展普查登记，探索使用智能手机采集数据。广泛应用部门行政记录，推进大数据等在普查中的应用，提高普查数据采集处理效能。全流程加强对公民个人信息的保护，各级普查机构及其工作人员必须严格履行保密义务，严禁向任何机构、单位、个人泄露或出售公民个人信息。

(四)加强宣传工作。各级普查机构要会同宣传部门认真做好普查宣传的策划和组织工作。要采用多种手段，广泛深入宣传第七次全国人口普查的重要意义和要求，引导广大普查对象依法配合普查，如实申报普查项目，为普查工作顺利实施创造良好舆论环境。

附件：北京市第七次全国人口普查领导小组人员名单（略）

北京市人民政府

2019 年 12 月 27 日

第四部分 附录

附录 5 全国人口普查条例

中华人民共和国国务院令

第 576 号

《全国人口普查条例》已经 2010 年 5 月 12 日国务院第 111 次常务会议通过，现予公布，自 2010 年 6 月 1 日起施行。

总理　温家宝

二〇一〇年五月二十四日

全国人口普查条例

第一章　总　则

第一条　为了科学、有效地组织实施全国人口普查，保障人口普查数据的真实性、准确性、完整性和及时性，根据《中华人民共和国统计法》，制定本条例。

第二条　人口普查的目的是全面掌握全国人口的基本情况，为研究制定人口政策和经济社会发展规划提供依据，为社会公众提供人口统计信息服务。

第三条　人口普查工作按照全国统一领导、部门分工协作、地方分级负责、各方共同参与的原则组织实施。

国务院统一领导全国人口普查工作，研究决定人口普查中的重大问题。地方各级人民政府按照国务院的统一规定和要求，领导本行政区域的人口普查工作。

在人口普查工作期间，各级人民政府设立由统计机构和有关部门组成的人口普查机构（以下简称普查机构），负责人口普查的组织实施工作。

村民委员会、居民委员会应当协助所在地人民政府动员和组织社会力量，做好本区域的人口普查工作。

国家机关、社会团体、企业事业单位应当按照《中华人民共和国统计法》和本条例的规定，参与并配合人口普查工作。

第四条　人口普查对象应当按照《中华人民共和国统计法》和本条例的规定，真实、准确、完整、及时地提供人口普查所需的资料。

人口普查对象提供的资料，应当依法予以保密。

第五条　普查机构和普查机构工作人员、普查指导员、普查员（以下统称普查人员）依法独立行使调查、报告、监督的职权，任何单位和个人不得干涉。

地方各级人民政府、各部门、各单位及其负责人，不得自行修改普查机构和普查人员依法搜集、整理的人口普查资料，不得以任何方式要求普查机构和普查人员及其他单位和个人伪造、篡改人口普查资料，不得对依法履行职责或者拒绝、抵制人口普查违法行为的普查人员打击报复。

第六条　各级人民政府应当利用报刊、广播、电视、互联网和户外广告等媒介，开展人口普查的宣传动员工作。

第七条　人口普查所需经费，由国务院和地方各级人民政府共同负担，并列入相应年度的财政预算，按时拨付，确保足额到位。

人口普查经费应当统一管理、专款专用，从严控制支出。

第八条　人口普查每10年进行一次，尾数逢0的年份为普查年度，标准时点为普查年度的11月1日零时。

第九条　国家统计局会同国务院有关部门制定全国人口普查方案（以下简称普查方案），报国务院批准。

人口普查应当按照普查方案的规定执行。

第十条　对认真执行本条例，忠于职守、坚持原则，做出显著成绩的单位和个人，按照国家有关规定给予表彰和奖励。

第二章　人口普查的对象、内容和方法

第十一条　人口普查对象是指普查标准时点在中华人民共和国境内的自然人以及在中华人民共和国境外但未定居的中国公民，不包括在中华人民共和国境内短期停留的境外人员。

第十二条　人口普查主要调查人口和住户的基本情况，内容包括姓名、性别、年龄、民族、国籍、受教育程度、行业、职业、迁移流动、社会保障、婚姻、生育、死亡、住房情况等。

第十三条　人口普查采用全面调查的方法，以户为单位进行登记。

第十四条　人口普查采用国家统计分类标准。

第三章　人口普查的组织实施

第十五条　人口普查登记前，公安机关应当按照普查方案的规定完成户口整顿工作，并将有关资料提交本级人口普查机构。

第十六条　人口普查登记前应当划分普查区，普查区以村民委员会、居民委员会所辖区域为基础划分，每个普查区划分为若干普查小区。

第十七条　每个普查小区应当至少有一名普查员，负责入户登记等普查工作。每个普查区应当至少有一名普查指导员，负责安排、指导、督促和检查普查员的工作，也可以直接进行入户登记。

第十八条　普查指导员和普查员应当具有初中以上文化水平，身体健康，责任心强。

第十九条　普查指导员和普查员可以从国家机关、社会团体、企业事业单位借调，也可以从村民委员会、居民委员会或者社会招聘。借调和招聘工作由县级人民政府负责。

国家鼓励符合条件的公民作为志愿者参与人口普查工作。

第二十条　借调的普查指导员和普查员的工资由原单位支付，其福利待遇保持不变，并保留其原有工作岗位。

招聘的普查指导员和普查员的劳动报酬，在人口普查经费中予以安排，由聘用单位支付。

第二十一条　普查机构应当对普查指导员和普查员进行业务培训，并对考核合格的人员颁发全国统一的普查指导员证或者普查员证。

普查指导员和普查员执行人口普查任务时，应当出示普查指导员证或者普查员证。

第二十二条　人口普查登记前，普查指导员、普查员应当绘制普查小区图，编制普查小区户主姓名底册。

第二十三条　普查指导员、普查员入户登记时，应当向人口普查对象说明人口普查的目的、法律依据以及人口普查对象的权利和义务。

第二十四条　人口普查对象应当按时提供人口普查所需的资料，如实回答相关问题，不得隐瞒有关情况，不得提供虚假信息，不得拒绝或者阻碍人口普查工作。

第二十五条　人口普查对象应当在普查表上签字或者盖章确认，并对其内容的真实性负责。

第二十六条　普查人员应当坚持实事求是，恪守职业道德，拒绝、抵制人口普查工作中的违法行为。

普查机构和普查人员不得伪造、篡改普查资料，不得以任何方式要求任何单位和个人提供虚假的普查资料。

第二十七条　人口普查实行质量控制岗位责任制，普查机构应当对人口普查实施中的每个环节实行质量控制和检查，对人口普查数据进行审核、复查和验收。

第二十八条　国家统计局统一组织人口普查数据的事后质量抽查工作。

第四章　人口普查资料的管理和公布

第二十九条　地方各级普查机构应当按照普查方案的规定进行数据处理，并按时上报人口普查资料。

第三十条　人口普查汇总资料，除依法应当保密的外，应当予以公布。

全国和各省、自治区、直辖市主要人口普查数据，由国家统计局以公报形式公布。

地方人民政府统计机构公布本行政区域主要人口普查数据，应当报经上一级人民政府统计机构核准。

第三十一条　各级人民政府统计机构应当做好人口普查资料的管理、开发和应用，为社会公众提供查询、咨询等服务。

第三十二条　人口普查中获得的原始普查资料，按照国家有关规定保存、销毁。

第三十三条　人口普查中获得的能够识别或者推断单个普查对象身份的资料，任何单位和个人不得对外提供、泄露，不得作为对人口普查对象作出具体行政行为的依据，不得用于人口普查以外的目的。

人口普查数据不得作为对地方人民政府进行政绩考核和责任追究的依据。

第五章　法律责任

第三十四条　地方人民政府、政府统计机构或者有关部门、单位的负责人有下列行为之一的，由任免机关或者监察机关依法给予处分，并由县级以上人民政府统计机构予以通报；构成犯罪的，依法追究刑事责任：

（一）自行修改人口普查资料、编造虚假人口普查数据的；

（二）要求有关单位和个人伪造、篡改人口普查资料的；

（三）不按照国家有关规定保存、销毁人口普查资料的；

（四）违法公布人口普查资料的；

（五）对依法履行职责或者拒绝、抵制人口普查违法行为的普查人员打击报复的；

（六）对本地方、本部门、本单位发生的严重人口普查违法行为失察的。

第三十五条　普查机构在组织实施人口普查活动中有下列违法行为之一的，由本级人民政府或者上级人民政府统计机构责令改正，予以通报；对直接负责的主管人员和其他直接责任人员，由任免机关或者监察机关依法给予处分：

（一）不执行普查方案的；

（二）伪造、篡改人口普查资料的；

（三）要求人口普查对象提供不真实的人口普查资料的；

（四）未按照普查方案的规定报送人口普查资料的；

（五）违反国家有关规定，造成人口普查资料毁损、灭失的；

（六）泄露或者向他人提供能够识别或者推断单个普查对象身份的资料的。

普查人员有前款所列行为之一的，责令其停止执行人口普查任务，予以通报，依法给予处分。

第三十六条　人口普查对象拒绝提供人口普查所需的资料，或者提供不真实、不完整的人口普查资料的，由县级以上人民政府统计机构责令改正，予以批评教育。

人口普查对象阻碍普查机构和普查人员依法开展人口普查工作，构成违反治安管理行为的，由公安机关依法给予处罚。

第三十七条　县级以上人民政府统计机构应当设立举报电话和信箱，接受社会各界对人口普查违法行为的检举和监督。

第六章　附　　则

第三十八条　中国人民解放军现役军人、人民武装警察等人员的普查内容和方法，由国家统计局会同国务院有关部门、军队有关部门规定。

交通极为不便地区的人口普查登记的时间和方法，由国家统计局会同国务院有关部门规定。

第三十九条　香港特别行政区、澳门特别行政区的人口数，按照香港特别行政区政府、澳门特别行政区政府公布的资料计算。

台湾地区的人口数，按照台湾地区有关主管部门公布的资料计算。

第四十条　为及时掌握人口发展变化情况，在两次人口普查之间进行全国 1%人口抽样调查。全国 1%人口抽样调查参照本条例执行。

第四十一条　本条例自 2010 年 6 月 1 日起施行。

第四部分 附录

附录6 北京市第七次全国人口普查实施方案

北京市第七次全国人口普查实施方案

第一部分　总说明

根据《中华人民共和国统计法》《中华人民共和国统计法实施条例》《全国人口普查条例》《国务院关于开展第七次全国人口普查的通知》《北京市人民政府关于开展第七次全国人口普查的通知》和《第七次全国人口普查方案》，制定本实施方案。

一、普查目的

北京市第七次全国人口普查是在中国特色社会主义进入新时代开展的重大国情国力调查，将全面查清本市人口数量、结构、分布、城乡住房等方面情况，为落实《北京城市总体规划（2016年－2035年）》，完善人口发展战略和政策体系，加强城市精细化管理，推动经济高质量发展，加快建设国际一流的和谐宜居之都，提供科学准确的统计信息支持。

二、普查时点

普查的标准时点是2020年11月1日零时。

三、普查对象

普查对象是指普查标准时点在中华人民共和国境内的自然人以及在中华人民共和国境外但未定居的中国公民，不包括在中华人民共和国境内短期停留的境外人员。

四、普查内容和普查表

普查登记的主要内容包括：姓名、公民身份号码、性别、年龄、民族、受教育程度、行业、职业、迁移流动、婚姻生育、死亡、住房情况等。

根据不同的普查对象和普查内容，具体分为四种普查表。

（一）第七次全国人口普查短表

普查短表包括反映人口基本状况的项目，由全部住户（不包括港澳台居民和外籍人员）填报。

（二）第七次全国人口普查长表

普查长表包括所有短表项目和人口的经济活动、婚姻生育和住房等情况的项目，在全部住户中抽取10%的户（不包括港澳台居民和外籍人员）填报。

（三）第七次全国人口普查港澳台居民和外籍人员普查表

港澳台居民和外籍人员普查表包括反映人口基本状况的项目以及入境目的、居住时间、身份或国籍、就业情况等项目，由在境内居住的港澳台居民和外籍人员填报。

（四）第七次全国人口普查死亡人口调查表

死亡人口调查表包括死亡人口的基本信息，由2019年11月1日至2020年10月31日期间有死亡人口的户填报。

五、普查方法

普查采用全面调查的方法，以户为单位进行登记。

普查采用按现住地登记的原则，每个人必须在现住地进行登记。普查对象不在户口登记地居住的，户口登记地要登记相应信息。

普查登记采用普查员入户询问、当场填报，或由普查对象自主填报等方式进行。

普查数据采集原则上采用电子化的方式。采取普查员使用电子采集设备（PAD 或智能手机）登记普查对象信息并联网实时上报，或由普查对象通过互联网自主填报等方式进行。

普查员应按照工作要求，在户口整顿基础上，对所负责普查小区进行全面摸底，掌握普查小区内的人口和居住情况，编制《户主姓名底册》，根据《户主姓名底册》进行入户登记工作，并参考部门行政记录等资料进行比对复查，确保普查登记真实准确、不重不漏。

六、普查数据处理

国务院人口普查办公室统一编制数据采集、审核、编辑、汇总程序。各级普查机构负责普查数据处理。

国务院人口普查办公室集中部署数据采集处理环境。各级普查机构应保障必要数据处理办公环境和网络条件，采取必要的安全措施，确保数据处理工作安全、顺利地进行。

七、普查组织实施

（一）全市统一领导

北京市第七次全国人口普查领导小组负责普查组织实施中重大问题的研究和决策。领导小组办公室设在北京市统计局，负责人口普查的组织实施和专业技术工作；负责组织协调各区、各有关部门开展普查各项工作。

（二）部门分工协作

领导小组各成员单位按照职责分工，各负其责、通力协作、密切配合，协调推进本单位职责和任务的落实，及时发现问题、反馈情况，确保人口普查各项工作顺利进行。

（三）地方分级负责

各区人民政府要建立普查领导小组及其办公室，领导和组织实施本区域内的普查工作，在人力、物力、财力等方面给予保障。各乡镇政府、街道办事处要建立相应的普查机构，负责本区域普查工作的组织实施。村民委员会和居民委员会设立人口普查小组，协助乡镇政府和街道办事处动员及组织社会力量，做好本区域内的普查工作。

（四）各方共同参与

国家机关、社会团体、企业事业单位应当按照《中华人民共和国统计法》《中华人民共和国统计法实施条例》和《全国人口普查条例》的规定，参与并配合普查工作。

八、普查指导员和普查员选聘、培训

普查指导员和普查员的选聘工作由各区人民政府负责，各区人口普查机构具体实施。普查指导员和普查员可以从党政机关、社会团体、企业事业单位借调，也可以从村（居）委会或社会招募选聘。要把基层社区村（居）委会的骨干、疫情防控期间的基层防控队伍和志愿者力量以及流管员充分吸纳到普查队伍中，要充分发挥网格员、协管员、物业人员等积极作用。

在常态化疫情防控背景下，要创新形式，采用集中与分散相结合、线上与线下相融合的方式，开展业务培训，确保普查指导员和普查员准确掌握普查方案，精通询问技巧，熟练掌握信息化数据采集技术。

九、普查质量控制

普查实行严格的质量控制制度，建立健全普查数据质量追溯和问责机制，确保普查数据可核查、可追溯、可问责。北京市人口普查办公室统一领导、统筹协调普查全过程质量控制的有关工作。各级普查机构主要负责人对本行政区域普查数据质量负总责，确保普查数据真实、准确、完整、及时。各级普查办公室必须严格执行各阶段工作要求，保证各阶段工作质量达到规定标准，确保普查工作质量与数据质量合格达标。

十、普查宣传

各级宣传部门和普查机构应制定宣传工作方案，组织开展广泛深入的宣传工作。

各级宣传部门应组织协调新闻媒体及有关部门，通过报刊、广播、电视、互联网、手机和户外广告等多种渠道，充分利用微博、微信、短视频等新媒体传播手段，宣传普查的重大意义、政策规定和工作要求，积极营造良好的普查氛围。

各级宣传部门和普查机构要组织开展形式多样的宣传活动，及时回应社会关切，扩大人口普查的影响力和知晓度，动员社会各界支持、参与普查。

十一、普查法规与纪律要求

坚持依法普查，普查工作要严格按照《中华人民共和国统计法》《中华人民共和国统计法实施条例》《全国人口普查条例》《国务院关于开展第七次全国人口普查的通知》《北京市人民政府关于开展第七次全国人口普查的通知》及相关规定组织开展。

普查对象应当依法履行普查义务，如实提供普查信息，不得虚报、瞒报、拒报。拒绝提供普查所需的资料，或者提供不真实、不完整的普查资料的，由县级以上人民政府统计机构责令改正，予以批评教育，情节严重的依法严肃处理。各级普查机构及其工作人员，必须严格履行保密义务。普查取得的数据，严格限定用于普查目的，不得作为任何部门和单位对各级行政管理工作实施考核、奖惩的依据。普查中获得的能够识别或者推断单个普查对象身份的资料，任何单位和个人不得对外提供、泄露，不得作为对普查对象实施处罚等具体行政行为的依据，不得用于普查以外的目的。

十二、普查主要工作阶段

普查工作分三个阶段进行：

一是准备阶段（2019 年 10 月－2020 年 10 月）。这一阶段的主要工作是：组建各级普查机构，制定普查方案和工作计划，进行普查试点，落实普查经费和物资，准备数据采集处理环境，开展普查宣传，选聘培训普查指导员和普查员，普查区域划分及绘图，进行户口整顿，开展摸底等。

二是普查登记阶段（2020 年 11 月－12 月）。这一阶段的主要工作是：普查员入户登记，进行比对复查，开展事后质量抽查等。

三是数据汇总和发布阶段（2020 年 12 月－2022 年 12 月）。这一阶段的主要工作是：数据处理、汇总、评估，发布主要数据公报，普查资料开发利用等。

十三、疫情防控应对工作

北京市人口普查办公室负责组织疫情突发事件应对工作，协调疫情防控应对保障工作。各级普查机构应根据《北京市第七次全国人口普查疫情防控应对工作指导意见》，进行统筹安排，妥善应对。

普查指导员和普查员选聘、培训和管理工作要严格按照北京新冠肺炎疫情防控防疫要求开展。普查指导员和普查员要做好个人防护，确保安全，按程序开展工作。

常态化疫情防控下，要创新培训形式，细化培训内容，确保培训效果，提高普查人员业务能力和水平。由于疫情影响而无法按照人口普查方案的规定开展普查登记时，要及时报告市人口普查办公室，根据不同风险等级对登记方式进行调整。要根据风险等级细化质量控制手段，通过设置专线咨询电话、加强平台审核和监测等途径，开展实地检查或线上指导，确保普查数据质量。

普查工作期间，应建立值班制度和报告制度。各级人口普查办公室应明确疫情防控应对工作的联络员或负责人。在普查过程中，出现疫情突发事件时，应严格按照属地防控管理要求立即采取措施，同时逐级向人口普查办公室报告。

十四、其他

（一）对认真执行本方案，忠于职守，坚持原则，在普查工作中做出显著成绩的单位和个人，按照国家有关规定给予表彰奖励。

（二）本实施方案由北京市人口普查办公室负责解释。

第二部分 普查表式

第七次全国人口普查短表

经国务院批准进行第七次全国人口普查
人口普查的标准时点为2020年11月1日零时
人口普查的原始资料不向任何单位和个人提供，仅供汇总使用
公民应履行如实申报普查项目的义务

表 号：R 6 0 1 表
制定机关：国 家 统 计 局
国务院人口普查办公室
批准文号：国发（2019）24 号
有效期至：2 0 2 1 年 3 月

地址：_____省（区、市）_____市（地、州、盟）_____县（市、区、旗）_____乡（镇、街道）_____普查区_____普查小区_____户编号

一、住户项目

H1．户别
1．家庭户
2．集体户

H2．本户应登记人数
2020年10月31日晚居住本户的人数_____人
户口在本户，2020年10月31日晚未住本户的人数_____人

H3．本户2019年11月1日至2020年10月31日期间的出生人口
男_____人 女_____人

H4．本户2019年11月1日至2020年10月31日期间的死亡人口
男_____人 女_____人

H5．住所类型
1．普通住宅
2．集体住所
3．工作地住所
4．其他住房
5．无住房
（选择2—5的，跳至个人项目。）

H6．本户现住房建筑面积
_____平方米

H7．本户现住房间数

_____间

二、个人项目

每个人都填报的项目

D1．姓名

____

D2．与户主关系

0．户主

1．配偶

2．子女

3．父母

4．岳父母或公婆

5．祖父母

6．媳婿

7．孙子女

8．兄弟姐妹

9．其他

D3．公民身份号码

□□□□□□□□□□□□□□□□□□

D4．性别

1．男

2．女

D5．出生年月

出生于：_______年_______月

D6．民族

_______族

D7．普查时点（2020 年 11 月 1 日零时）居住地

1．本普查小区

2．本村（居）委会其他普查小区

3．本乡（镇、街道）其他村（居）委会

4．本县（市、区、旗）其他乡（镇、街道）

5．其他县（市、区、旗），请在下面填写地址

_______省（区、市）
_______市（地、州、盟）
_______县（市、区、旗）
6．香港特别行政区、澳门特别行政区、台湾地区
7．国外

D8．户口登记地
1．本村（居）委会
2．本乡（镇、街道）其他村（居）委会
3．本县（市、区、旗）其他乡（镇、街道）
4．其他县（市、区、旗），请在下面填写地址
_______省（区、市）
_______市（地、州、盟）
_______县（市、区、旗）
5．户口待定→D11

D9．离开户口登记地时间
1．没有离开户口登记地→D11
2．不满半年
3．半年以上，不满一年
4．一年以上，不满二年
5．二年以上，不满三年
6．三年以上，不满四年
7．四年以上，不满五年
8．五年以上，不满十年
9．十年以上

D10．离开户口登记地原因
0．工作就业
1．学习培训
2．随同离开/投亲靠友
3．拆迁/搬家
4．寄挂户口
5．婚姻嫁娶
6．照料孙子女
7．为子女就学
8．养老/康养
9．其他

3 周岁及以上（2017 年 10 月 31 日以前出生）的人填报的项目
D11．受教育程度
1．未上过学

2．学前教育

3．小学

4．初中

5．高中

6．大学专科

7．大学本科

8．硕士研究生

9．博士研究生

15 周岁及以上（2005 年 10 月 31 日以前出生）的人填报的项目

D12．是否识字

1．是

2．否

第七次全国人口普查长表

经国务院批准进行第七次全国人口普查
人口普查的标准时点为2020年11月1日零时
人口普查的原始资料不向任何单位和个人提供，
仅供汇总使用
公民应履行如实申报普查项目的义务

表　　号：R 6 0 2 表
制定机关：国　家　统　计　局
国务院人口普查办公室
批准文号：国发（2019）24号
有效期至：2021年3月

地址：_____省（区、市）_____市（地、州、盟）_____县（市、区、旗）_____乡（镇、街道）_____普查区_____普查小区_____户编号

一、住户项目

H1．户别

1．家庭户

2．集体户

H2．本户应登记人数

2020年10月31日晚居住本户的人数_____人

户口在本户，2020年10月31日晚未住本户的人数_____人

H3．本户2019年11月1日至2020年10月31日期间的出生人口

男_____人　女_____人

H4．本户2019年11月1日至2020年10月31日期间的死亡人口

男_____人　女_____人

H5．住所类型

1．普通住宅

2．集体住所

3．工作地住所

4．其他住房

5．无住房

（选择2—5的，跳至个人项目。）

H6．本户现住房建筑面积

_____平方米

H7．本户现住房间数

_____间

H8．住房所在建筑的总层数

1．平房

2．多层（7 层及以下）

3．高层（8—33 层）

4．超高层（34 层及以上）

H9．承重类型

1．钢及钢筋混凝土结构

2．混合结构

3．砖木结构

4．竹草土坯结构

5．其他结构

H10．住房建成年代

1．1949 年以前

2．1949—1959 年

3．1960—1969 年

4．1970—1979 年

5．1980—1989 年

6．1990—1999 年

7．2000—2009 年

8．2010—2014 年

9．2015 年以后

H11．住房所在建筑有无电梯

1．有

2．无

H12．主要炊事燃料

1．燃气

2．电

3．煤炭

4．柴草

5．其他

H13．住房内有无管道自来水

1．有

2．无

H14．住房内有无厨房

1．独立使用

2．与其他户合用

3．无

H15．住房内有无厕所

1．水冲式卫生厕所

2．水冲式非卫生厕所

3．卫生旱厕

4．普通旱厕

5．无

H16．住房内有无洗澡设施

1．统一供热水

2．家庭自装热水器

3．其他

4．无

H17．住房来源

1．租赁廉租房/公租房

2．租赁其他住房

3．购买新建商品房

4．购买二手房

5．购买原公有住房

6．购买经济适用房/两限房

7．自建住房

8．继承或赠予

9．其他

（选择 3—9 的，跳至 H19。）

H18．月租房费用

0．200 元以下

1．200—499 元

2．500—999 元

3．1000—1999 元

4．2000—2999 元

5．3000—3999 元

6．4000—5999 元

7．6000—7999 元

8．8000—9999 元

9．10000 元以上

H19．拥有全部家用汽车的总价

1．不满 10 万元

2．10 万元以上，不满 20 万元

3．20 万元以上，不满 30 万元
4．30 万元以上，不满 50 万元
5．50 万元以上，不满 100 万元
6．100 万元以上
7．没有汽车

二、个人项目

每个人都填报的项目

C1．姓名

______

C2．与户主关系

0．户主
1．配偶
2．子女
3．父母
4．岳父母或公婆
5．祖父母
6．媳婿
7．孙子女
8．兄弟姐妹
9．其他

C3．公民身份号码

□□□□□□□□□□□□□□□□□□

C4．性别

1．男
2．女

C5．出生年月

出生于：______年______月

C6．民族

______族

C7．普查时点（2020 年 11 月 1 日零时）居住地

1．本普查小区
2．本村（居）委会其他普查小区
3．本乡（镇、街道）其他村（居）委会
4．本县（市、区、旗）其他乡（镇、街道）

5．其他县（市、区、旗），请在下面填写地址

______省（区、市）

______市（地、州、盟）

______县（市、区、旗）

6．香港特别行政区、澳门特别行政区、台湾地区

7．国外

C8．户口登记地

1．本村（居）委会

2．本乡（镇、街道）其他村（居）委会

3．本县（市、区、旗）其他乡（镇、街道）

4．其他县（市、区、旗），请在下面填写地址

______省（区、市）

______市（地、州、盟）

______县（市、区、旗）

5．户口待定→C12

C9．离开户口登记地时间

1．没有离开户口登记地→C12

2．不满半年

3．半年以上，不满一年

4．一年以上，不满二年

5．二年以上，不满三年

6．三年以上，不满四年

7．四年以上，不满五年

8．五年以上，不满十年

9．十年以上

C10．离开户口登记地原因

0．工作就业

1．学习培训

2．随同离开/投亲靠友

3．拆迁/搬家

4．寄挂户口

5．婚姻嫁娶

6．照料孙子女

7．为子女就学

8．养老/康养

9．其他

C11．户口登记地类型

1．乡

2．镇的村委会
3．镇的居委会
4．街道

C12．是否有农村土地承包经营权
1．有
2．无

C13．出生地
1．本县（市、区、旗）
2．本省其他县（市、区、旗）
3．省外：________省（区、市）

5周岁及以上（2015年10月31日以前出生）的人填报的项目
C14．五年前常住地
2015年11月1日常住地：
1．本县（市、区、旗）
2．其他地区，请在下面填写地址
______省（区、市）
______市（地、州、盟）
______县（市、区、旗）

3周岁及以上（2017年10月31日以前出生）的人填报的项目
C15．受教育程度
1．未上过学→C17
2．学前教育→C17
3．小学
4．初中
5．高中
6．大学专科
7．大学本科
8．硕士研究生
9．博士研究生

C16．学业完成情况
1．在校
2．毕业
3．肄业
4．辍学
5．其他

15 周岁及以上（2005 年 10 月 31 日以前出生）的人填报的项目

C17．是否识字

1．是

2．否

C18．工作情况

10 月 25—31 日是否为取得收入而工作了一小时以上（包括临时工、依托互联网平台灵活就业、家庭经营无酬帮工等）

1．是，上周工作时间_______小时

2．在职休假、在职学习培训、临时停工（保留工资）

3．未做任何工作→C22

C19．工作单位或生产经营活动所属类型

1．企业、事业、机关或社会团体等法人单位

2．个体经营户

3．经营农村家庭承包地（家庭农林牧渔生产经营活动）

4．自由职业/灵活就业

C20．行业

单位详细名称：______________________________________

主要产品或主要业务：________________________________

C21．职业

本人从事的具体工作：________________________________→C23

C22．未工作原因

1．在校学习

2．离退休

3．料理家务

4．丧失工作能力

5．其他

C23．主要生活来源

1．劳动收入

2．离退休金/养老金

3．最低生活保障金

4．失业保险金

5．财产性收入

6．家庭其他成员供养

7．其他

C24．婚姻状况

1．未婚→C28

2．有配偶

3．离婚

4．丧偶

C25．初婚年月

_______年_______月

15至64周岁（1955年11月1日—2005年10月31日出生）的妇女填报的项目

C26．生育子女数

1．未生育→C28

2．有生育（请填报生育的子女数）

生过几个孩子：

男_______人

女_______人

其中现在存活几个孩子：

男_______人

女_______人

15至50周岁（1969年11月1日—2005年10月31日出生）的妇女填报的项目

C27．过去一年（2019年11月1日—2020年10月31日）的生育状况

1．一年内未生育（结束）

2．一年内有生育（请填报生育时间和孩子性别）

生育时间：

____月

婴儿性别：

1．男

2．女

一年内生育两个以上孩子的，请填报第二个孩子的状况。

生育时间：

____月

婴儿性别：

1．男

2．女

60周岁及以上（1960年10月31日以前出生）的人填报的项目

C28．居住状况

1．与配偶和子女同住

2．与配偶同住

3．与子女同住
4．独居（有保姆）
5．独居（无保姆）
6．养老机构
7．其他

C29．身体健康状况

1．健康
2．基本健康
3．不健康，但生活能自理
4．不健康，生活不能自理

第七次全国人口普查港澳台居民和外籍人员普查表

The Seventh National Population Census Form for Residents from Hong Kong, Macao, Taiwan and from Foreign Countries

中国政府决定进行第七次全国人口普查人口普查标准时点为2020年11月1日零时我们将对您在普查表中填写的信息给予保密，敬请合作。

The Government of China has decided to conduct the 7th National Population Census, with zero hour on 1 November 2020 as the reference time.
Information provided will be kept confidential.
Your cooperation is highly appreciated.

表　号：R603表
制定机关：国家统计局
国务院人口普查办公室
批准文号：国发（2019）24号
有效期至：2021年3月

Form number: R603
Form issued by: National Bureau of Statistics
Office of the State Council for the Seventh National Population Census
Approval number: （2019）24
Valid until: March 2021

地址 Address：

_____省（区、市）Province

_____市（地、州、盟）City (prefecture)

_____县（市、区、旗）County (city, district)

_____乡（镇、街道）Town (township, street)

_____普查区 Enumeration area (village/community committee)

_____普查小区 Enumeration block

_____户编号 Household number

一、住户项目

Household Information

F1. 户别

Type of household

1. 家庭户 Family household
2. 集体户 Collective household

F2. 住所类型

Type of dwelling

1. 普通住宅 Conventional dwellings
2. 集体住所 Collective living quarters
3. 工作地住所 Living in work places
4. 其他住房 Other dwellings
5. 无住房 With no dwellings

（选择2—5的，跳至个人项目。）

(If the answer is 2-5, then skip to 'Individual Information'.)

F3. 本户现住房建筑面积

Floor space for this household

_____平方米 m^2

F4. 本户现住房间数

Number of rooms for this household

_____间 rooms

二、个人项目

Individual Information

R1. 姓名 Full name

______

R2. 与户主关系

Relationship with head of household

0. 户主 Head of household
1. 配偶 Spouse
2. 子女 Son or daughter
3. 父母 Parent
4. 岳父母或公婆 Parent-in-law
5. 祖父母 Grandparent
6. 媳婿 Son-in-law or daughter-in-law
7. 孙子女 Grandchild
8. 兄弟姐妹 Brother or sister
9. 其他 Other relationship

R3. 性别

Sex

1. 男 Male
2. 女 Female

R4. 出生年月

Date of birth

出生于 Born in：_______年 year_______月 month

R5. 来内地（大陆）或来华目的

Purpose for stay in the mainland of China

1. 商务 Business
2. 就业 Work
3. 学习 Study
4. 定居 Residence
5. 探亲 Visiting relatives

6. 其他 Others

R6. 已在内地（大陆）或在华居住时间

Duration of stay in the mainland of China

1. 不满三个月 Less than 3 months
2. 三个月以上，不满半年 3 months to less than 6 months
3. 半年以上，不满一年 6 months to less than 12 months
4. 一年以上，不满二年 1 year to less than 2 years
5. 二年以上，不满五年 2 years to less than 5 years
6. 五年以上 5 years or more

R7. 受教育程度

3 周岁及以上（2017 年 10 月 31 日以前出生）的人填报

Educational attainment

For persons aged 3 and over（Born before 31st Oct. 2017）

1. 未上过学 No schooling
2. 学前教育 Pre-primary education
3. 小学 Primary education
4. 初中 Junior secondary education
5. 高中 Senior secondary education
6. 大学专科 College
7. 大学本科 University
8. 硕士研究生 Master
9. 博士研究生 Doctor

R8. 身份或国籍

Citizenship

1. 香港特别行政区居民 Hong Kong SAR resident
2. 澳门特别行政区居民 Macao SAR resident
3. 台湾地区居民 Taiwan resident
4. 外国人 Foreigner：国籍 Country_______ （结束）(End)

15 周岁及以上（2005 年 10 月 31 日以前出生）港澳台居民填报的项目

For persons aged 15 and over (Born before 31st Oct. 2005) from Hong Kong, Macao and Taiwan

R9. 工作情况

10 月 25—31 日是否为取得收入而工作了一小时以上

1．是

2．在职休假、在职学习培训、临时停工（保留工资）

3．未做任何工作→R12

R10．行业

1．农、林、牧、渔业

2．采矿业
3．制造业
4．电力、热力、燃气及水生产和供应业
5．建筑业
6．批发和零售业
7．交通运输、仓储和邮政业
8．住宿和餐饮业
9．信息传输、软件和信息技术服务业
10．金融业
11．房地产业
12．租赁和商务服务业
13．科学研究和技术服务业
14．水利、环境和公共设施管理业
15．居民服务、修理和其他服务业
16．教育
17．卫生和社会工作
18．文化、体育和娱乐业
19．公共管理、社会保障和社会组织
20．国际组织

R11．职业
1．党的机关、国家机关、群众团体和社会组织、企事业单位负责人
2．专业技术人员
3．办事人员和有关人员
4．社会生产服务和生活服务人员
5．农、林、牧、渔业生产及辅助人员
6．生产制造及有关人员
7．不便分类的其他从业人员

R12．婚姻状况
1．未婚
2．有配偶
3．离婚
4．丧偶

第七次全国人口普查死亡人口调查表

（2019年11月1日至2020年10月31日死亡的人口登记）

经国务院批准进行第七次全国人口普查
人口普查的标准时点为2020年11月1日零时
人口普查的原始资料不向任何单位和个人提供，
仅供汇总使用
公民应履行如实申报普查项目的义务

表　　号：R 6 0 4 表
制定机关：国 家 统 计 局
国务院人口普查办公室
批准文号：国发（2019）24号
有效期至：2 0 2 1 年 3 月

地址：_____省（区、市）_____市（地、州、盟）_____县（市、区、旗）_____乡（镇、街道）_____普查区_____普查小区_____户编号

每个死亡人口都登记的项目

S1．姓名

____

S2．公民身份号码

□□□□□□□□□□□□□□□□□□

S3．性别

1．男

2．女

S4．出生年月

出生于：_______年_______月

S5．死亡时间

死亡于：_______月

S6．民族

_______族

死亡时满3周岁的人登记的项目

S7．受教育程度

1．未上过学

2．学前教育

3．小学

4．初中

5．高中

6．大学专科

7．大学本科

8．硕士研究生

9．博士研究生

死亡时满15周岁的人登记的项目

S8．婚姻状况

1．未婚

2．有配偶

3．离婚

4．丧偶

第三部分　普查表填写说明

一、普查表的种类

第七次全国人口普查表分为《第七次全国人口普查短表》《第七次全国人口普查长表》《第七次全国人口普查港澳台居民和外籍人员普查表》和《第七次全国人口普查死亡人口调查表》四种表。

二、标准时点

第七次全国人口普查的标准时点为2020年11月1日零时。

普查员在掌握普查标准时点时，应注意以下两点：

（一）2020年11月1日零时以后出生的人不登记；2020年11月1日零时以后死亡的人仍要在普查短表中登记。

（二）2020年11月1日零时以后居住地发生变化的人，仍在原居住地登记。

三、普查对象

普查对象是指普查标准时点在中华人民共和国境内的自然人以及在中华人民共和国境外但未定居的中国公民，不包括在中华人民共和国境内短期停留的境外人员。

（一）普查短表和普查长表的普查对象具体是指2020年10月31日晚住本普查小区的人，以及户口登记在本普查小区但2020年10月31日晚未住本普查小区的人。

1.2020年10月31日晚住本普查小区的人，无论其户口登记在何处。

2.户口登记在本普查小区，但2020年10月31日晚未住本普查小区的人，无论其外出时间长短、外出原因如何。

（二）港澳台居民和外籍人员普查表的普查对象具体是指2020年10月31日晚住本普查小区的港澳台居民和外籍人员。

（三）死亡人口调查表的登记对象具体是指2019年11月1日至2020年10月31日期间本普查小区的死亡人口。

四、登记原则

人口普查采用按现住地登记的原则，每个人必须在现住地进行登记。普查对象不在户口登记地居住的，户口登记地要登记相应信息。

人口普查以户为单位进行登记，户分为家庭户和集体户。集体户以一个住房单元为一户进行普查登记。

为便于理解登记对象，并考虑到普查中可能遇到的特殊情况，普查员在入户登记时可采取以下方式询问住户：

应在您家普查登记的人包括：

•2020年10月31日晚住在您家里的人。

•经常居住在您家，由于临时出差、探亲、旅游或值夜班等原因，2020年10月31日晚未住在您家的人（视为2020年10月31日晚住在您家）。

•幼儿园全托孩子，小学、初中住校生（视为2020年10月31日晚住在您家）。

•户口登记在现住房地址的其他人。

不包括：

•现役军人和武警。

•由于临时出差、探亲、旅游等原因，2020 年 10 月 31 日晚暂住在您家的人。

•2020 年 11 月 1 日零时以后出生的人。

五、普查项目

（一）普查短表

按户填报的项目有：户别、本户应登记人数、本户 2019 年 11 月 1 日至 2020 年 10 月 31 日期间的出生人口、本户 2019 年 11 月 1 日至 2020 年 10 月 31 日期间的死亡人口、住所类型、本户现住房建筑面积、本户现住房间数。

按人填报的项目有：姓名、与户主关系、公民身份号码、性别、出生年月、民族、普查时点（2020 年 11 月 1 日零时）居住地、户口登记地、离开户口登记地时间、离开户口登记地原因、受教育程度、是否识字。

（二）普查长表

按户填报的项目有：户别、本户应登记人数、本户 2019 年 11 月 1 日至 2020 年 10 月 31 日期间的出生人口、本户 2019 年 11 月 1 日至 2020 年 10 月 31 日期间的死亡人口、住所类型、本户现住房建筑面积、本户现住房间数、住房所在建筑的总层数、承重类型、住房建成年代、住房所在建筑有无电梯、主要炊事燃料、住房内有无管道自来水、住房内有无厨房、住房内有无厕所、住房内有无洗澡设施、住房来源、月租房费用、拥有全部家用汽车的总价。

按人填报的项目有：姓名、与户主关系、公民身份号码、性别、出生年月、民族、普查时点（2020 年 11 月 1 日零时）居住地、户口登记地、离开户口登记地时间、离开户口登记地原因、户口登记地类型、是否有农村土地承包经营权、出生地、五年前常住地、受教育程度、学业完成情况、是否识字、工作情况、经常工作单位或生产经营活动所属类型、行业、职业、未工作原因、主要生活来源、婚姻状况、初婚年月、生育子女数、过去一年（2019 年 11 月 1 日—2020 年 10 月 31 日）的生育状况、居住状况、身体健康状况。

（三）港澳台居民和外籍人员普查表

按户填报的项目有：户别、住所类型、本户现住房建筑面积、本户现住房间数。

按人填报的项目有：姓名、与户主关系、性别、出生年月、来内地（大陆）或来华目的、已在内地（大陆）或在华居住时间、受教育程度、身份或国籍、工作情况、行业、职业、婚姻状况。

（四）死亡人口调查表

填报的项目有：姓名、公民身份号码、性别、出生年月、死亡时间、民族、受教育程度、婚姻状况。

六、普查表的填写方法

（一）普查表以户为单位进行登记。普查短表、死亡人口调查表采用普查员入户询问、当场填报，或由普查对象通过互联网自主填报等方式进行。普查长表、港澳台居民和外籍人员普查表采用普查指导员和普查员入户询问、当场填报的登记方式。

（二）普查小区中的每一户有且只有一个户编号，为“001”开始的 3 位顺序码，在《户主姓名底册》编制完成后自动生成，普查表上的户编号与其一致，不可修改。

（三）普查表的填写顺序：先填写住户项目，再逐人填写个人项目。

普查员填写普查短表时，填写按人登记的项目时，表内第一人应填户主，然后依次填户主的配偶和其他关系的人。全户死亡的户，只填写“H4. 本户 2019 年 11 月 1 日至 2020 年 10 月 31 日期间的死亡人口”，其他住户项目和个人项目均不再登记。

普查员填写普查长表时，与普查短表相同的项目直接代入短表信息，经向普查对象核实确认后，再填报其他项目。

（四）普查表每户最多可以填写 20 人。对于超过 20 人的大集体户，可酌情分成若干集体户填写。

（五）有标准选项的项目，根据实际情况选填，并且每个问题只能选择一个标准选项。民族、普查时点（2020 年 11 月 1 日零时）居住地、户口登记地、出生地、五年前常住地等项目可根据列表栏进行选择。没有标准选项的项目，用文字或阿拉伯数字据情填报。

（六）如果填写错误或发生逻辑关系异常，数据采集程序会给出审核提示。审核类型分为强制性审核和确认性审核，若为强制性审核错误，必须根据提示信息对错误项目进行修改；若为确认性审核提示，应根据提示信息对异常项目进行核实，确认无误后，继续进行填报。

（七）普查员每填完一户，应即刻进行审核，将通过审核的信息向申报人当面宣读，核对无误后，由申报人签字确认。

第四部分　指标解释

一、普查短表

(一) 住户项目

H1.户别——按家庭户、集体户的类别填报。

1.家庭户：以家庭成员关系为主，居住一处共同生活的人口，作为一个家庭户。单身居住独自生活的，也作为一个家庭户。

2.集体户：相互之间没有家庭成员关系，集体居住共同生活的人口作为一个集体户。

H2.本户应登记人数——包括两个部分。一部分是2020年10月31日晚居住本户的人数，既包括户口在本户、2020年10月31日晚居住本户的人数，也包括户口不在本户、2020年10月31日晚居住本户的人数，填写H2的第一项；另一部分是户口在本户，2020年10月31日晚未居住本户的人数，填写H2的第二项。

H3.本户2019年11月1日至2020年10月31日期间的出生人口——填写本户在2019年11月1日至2020年10月31日期间出生的人数。分别填写男、女的合计数。若本户在此期间没有出生人口，请填写“0”。

H4.本户2019年11月1日至2020年10月31日期间的死亡人口——填写本户在2019年11月1日至2020年10月31日期间死亡的人数。分别填写男、女的合计数。若本户在此期间没有死亡人口，请填写“0”。

填写H3、H4时应注意：

不要漏掉出生时有某种生命现象（如在胎儿脱离母体时，有呼吸或心跳，脐带搏动、随意肌收缩等）不久即死亡的婴儿，既要填写出生人数，也要填写死亡人数。

H5.住所类型——按居住的住所类型填报。

1.普通住宅：指人工建造的，有墙、顶、门、窗等结构，具有独立入口，专门供人居住的房屋或场所。如单元房、平房、四合院、独栋别墅、筒子楼、窑洞等传统意义上的住宅。

2.集体住所：指学生宿舍、职工宿舍、工棚、养老院、福利院、宗教场所等。

3.工作地住所：指居住在办公楼、发廊、商铺、餐馆等工作场所。

4.其他住房：指居住在上述场所以外的其他房屋或场所。

5.无住房：指本户没有住房，居无定所（如流动人口中那些睡在桥下、公园、车站或睡在运载货物、商品车辆上的人等）。

H6.本户现住房建筑面积——本户现住房的建筑面积以房屋所有权证（不动产权证）或租赁凭证上的相关信息为准。

若只知道使用面积的，可用使用面积乘以1.33，换算成建筑面积。填写本项目时应注意：

1.在租借房屋居住的户，按租借住房的实际情况填写其住房建筑面积。

2.合住在同一所住房里的住户，其建筑面积为各户所独立使用的房间面积加上公共使用面积（包括厨房、厕所、门厅、阳台等）的分摊部分：两户合住的，各按二分之一计算；三户合住的，各按三分之一计算，依此类推。

3.建筑面积应填写整数，不为整数时四舍五入获得。

H7.本户现住房间数——指除厨房、厕所、过道和厅以外的所有自然间数（包括扩建的房间）。填写本项目时应注意：

1.在租借房屋居住的户，按租借住房的实际居住情况填写其住房间数。

2.合住同一所住房的，在填写住房间数时，填写其独立使用的房间数。

（二）个人项目

D1.姓名——填写被登记人的正式姓名。没有正式姓名的可填小名或某某氏，但不能填笔名、代号等。婴儿未起名的，可填“未取名”。

D2.与户主关系——指被登记人与本户户主的关系。申报人不是户主的，不要将被登记人与申报人的关系错填为与户主的关系。

0.户主：按家庭日常生活习惯确定户主。

1.配偶：指户主的妻子或丈夫。

2.子女：指户主的子女。

3.父母：指户主的父母或继父母、养父母。

4.岳父母或公婆：指户主配偶的父母或继父母、养父母。

5.祖父母：指户主或配偶的祖父母、外祖父母、曾祖父母、外曾祖父母。

6.媳婿：指户主子女的配偶。

7.孙子女：指户主的孙子女、外孙子女、孙媳婿、外孙媳婿、重孙子女、重孙媳婿、重外孙子女、重外孙媳婿。

8.兄弟姐妹：指户主及其配偶的兄弟姐妹以及他们的配偶。

9.其他：指以上九种人以外的成员。

在登记家庭户时，户主应登记为第一人，选填“0.户主”。如果户主的配偶也在本户登记，应登记为第二人，选填“1.配偶”，然后再登记该户的其他成员；如果户主没有配偶，或户主配偶不在本户登记，第二人登记本户其他成员。

在登记集体户时，任选一人登记为户主，选填“0.户主”，本户其他成员与户主关系一律登记为其他，选填“9.其他”。

D3.公民身份号码——指18位公民身份号码。无公民身份号码的填写18位0。

D4.性别——指被登记人的性别。

D5.出生年月——指被登记人的出生年、月。

出生年月按公历填写，只知道农历的，要换算成公历。按照一般的规律，农历的月份与公历的月份相差一个月左右，换算时农历的月份加1即可作为公历的月份，但要注意农历的12月应当是公历下一年的1月。

D6.民族——指被登记人的民族。

外国人加入中国籍，其民族和我国的某一民族相同的，就选填某一民族；没有相同民族的，按外国人加入中国籍填写，选填“入籍”。

D7.普查时点（2020年11月1日零时）居住地——指被登记人在普查标准时点居住的地址。

1.本普查小区：指普查时点居住在本普查小区的人。如果本户在本普查小区拥有一套以上的住房，可确定其中一处进行登记。

2.本村（居）委会其他普查小区：指户口登记地在本普查小区，普查时点居住在本村（居）委会其他普查小区的人。

3.本乡（镇、街道）其他村（居）委会：指户口登记地在本普查小区，普查时点居住在本乡（镇、街道）其他村（居）委会的人。

4.本县（市、区、旗）其他乡（镇、街道）：指户口登记地在本普查小区，普查时点居住在本县（市、区、旗）的其他乡（镇、街道）的人。

5.其他县（市、区、旗）：指户口登记地在本普查小区，普查时点居住在本县（市、区、旗）以外地区的人。填报本选项的人还需选填普查时点居住地所在省（区、市）、市（地、州、盟）、县（市、区、旗）

的具体名称。

6.香港特别行政区、澳门特别行政区、台湾地区：指户口登记地在本户，普查时点居住在香港特别行政区、澳门特别行政区、台湾地区的人。

7.国外：指户口登记地在本户，普查时点居住在国外的人。

D8.户口登记地——指被登记人的居民户口簿上的地址。

1.本村（居）委会：指户口登记地在本村（居）委会的人。

2.本乡（镇、街道）其他村（居）委会：指普查时点居住本普查小区，户口登记地在本乡（镇、街道）其他村（居）委会的人。

3.本县（市、区、旗）其他乡（镇、街道）：指普查时点居住本普查小区，户口登记地在本县（市、区、旗）的其他乡（镇、街道）的人。

4.其他县（市、区、旗）：指普查时点居住本普查小区，户口登记地在本县（市、区、旗）以外地区的人。填报本选项的人还需填写户口登记地所在省（区、市）、市（地、州、盟）、县（市、区、旗）的具体名称。

5.户口待定：指普查时点居住本普查小区，在任何地方都没有登记户口的人。包括手持户口迁移证、出生证、退伍证等情况。

D9.离开户口登记地时间——指到普查标准时点为止，被登记人离开户口登记地（居住地与户口登记地不一致）的时间。

没有离开户口登记地是指户口登记地在本村（居）委会，普查标准时点居住在本普查小区或本村（居）委会其他普查小区。

若常年外出的人由于农忙、节假日等原因偶尔回家的，或回家后因疫情原因推迟外出的，还应该从第一次离开户口登记地的时间开始计算。

D10.离开户口登记地原因——指被登记人离开户口登记地（居住地与户口登记地不一致）的原因。

0.工作就业：指十五周岁及以上因务工经商、工作招聘、调动等原因离开户口登记地的人。

1.学习培训：指六周岁及以上因考入各级各类学校或参加各种学习班、培训班而离开户口登记地的人。

2.随同离开/投亲靠友：指因跟随亲属、投亲靠友而离开户口登记地的人。

3.拆迁/搬家：指因房屋拆迁、改造或者搬家而离开户口登记地的人。

4.寄挂户口：指户口落在集体户或没有在户口登记地居住过、只落户口的人。

5.婚姻嫁娶：指十五周岁及以上因结婚而离开户口登记地的人。

6.照料孙子女：指为照料孙子女而离开户口登记地的人。

7.为子女就学：指为子女就学而离开户口登记地的人。

8.养老/康养：指因旅游（度假）养老/康养、候鸟式养老/康养、回籍贯地养老/康养、居住在养老院而离开户口登记地的人，不包括跟随子女养老。

9.其他：指上述几种以外的原因。

凡具有两种以上原因的，按其主要的原因选填一个标准选项。

D11.受教育程度——指按照国家教育体制，被登记人接受教育的情况。通过自学或成人学历教育经国家统一考试合格的，分别归入相应的受教育程度。

1.未上过学：指从未接受过各级各类学校教育。包括参加过各种扫盲班或成人识字班学习，且以后再没有接受过各级各类学校教育的人。

2.学前教育：指仅接受过或正在接受专门学前教育机构教育，即在幼儿园或附设幼儿班接受保育和教育。

3.小学：指接受的最高一级教育为小学，无论其是否在校、毕业、肄业或辍学。

4.初中：指接受的最高一级教育为初中，无论其是否在校、毕业、肄业或辍学。

5.高中：指接受的最高一级教育为普通高中、成人高中和中等职业学校，无论其是否在校、毕业、肄业或辍学。

6.大学专科：指接受的最高一级教育为大学专科。在普通高等学校学习大学专科的，无论其是否在校、毕业、肄业或辍学，都填报此项。

凡国家授权承认学历的开放大学、广播电视大学、职工大学等成人高校和普通高等学校举办的函授大学、夜大学和其他形式的大学，按教育部颁布的大学专科教学大纲进行授课的，其毕业生选填此项；其肄业生、在校生按原有受教育程度填报。含成人专科和网络专科。

通过自学，经国家统一举办的自学考试合格，并取得大学专科毕业证书的，也选填此项。

7.大学本科：指接受的最高一级教育为大学本科。在普通高等学校学习大学本科的，无论其是否在校、毕业、肄业或辍学，都填报此项。

凡国家授权承认学历的开放大学、广播电视大学、职工大学等成人高校和普通高等学校举办的函授大学、夜大学和其他形式的大学，按教育部颁布的大学本科教学大纲进行授课的，其毕业生选填此项；其肄业生、在校生按原有受教育程度填报。含成人本科和网络本科。

通过自学和进修大学课程，经考试合格，并取得大学本科毕业证书的，也选填此项。

8.硕士研究生：指接受的最高一级教育为硕士研究生，无论其是否在校、毕业、肄业或辍学。含 2016 年 12 月 1 日以后录取的非全日制硕士研究生。

在职接受硕士研究生教育的，其毕业生选填此项；肄业生和在校生按原有受教育程度填报。

9.博士研究生：指接受的最高一级教育为博士研究生，无论其是否在校、毕业、肄业或辍学。含 2016 年 12 月 1 日以后录取的非全日制博士研究生。

在职接受博士研究生教育的，其毕业生选填此项；肄业生和在校生按原有受教育程度填报。

凡是没有按教育部的教学大纲培养或只学单科的人，不能填报“大学专科”“大学本科”“硕士研究生”或“博士研究生”，一律按原有受教育程度填报。

D12.是否识字：指被登记人是否达到国家规定的脱盲标准（城镇居民和企、事业单位职工识字 2000 个，农村居民识字 1500 个）。登记时可询问，日常生活中是否能读懂简单的书信或书写简短的句子。如果能阅读通俗书报、能写便条就认为具有识字能力。

二、普查长表

（一）住户项目

H1.户别——与短表 H1 相同。

H2.本户应登记人数——与短表 H2 相同。

H3.本户 2019 年 11 月 1 日至 2020 年 10 月 31 日期间的出生人口——与短表 H3 相同。

H4.本户 2019 年 11 月 1 日至 2020 年 10 月 31 日期间的死亡人口——与短表 H4 相同。

H5.住所类型——与短表 H5 相同。

H6.本户现住房建筑面积——与短表 H6 相同。

H7.本户现住房间数——与短表 H7 相同。

H8.住房所在建筑的总层数——层数是指建筑物的自然层数，一般按室内地坪以上计算。

采光窗在室外地坪以上的半地下室，其室内层高在 2.20m 以上（不含 2.20m）的，计算自然层数；假层、附层（夹层）、插层、阁楼（暗楼）、装饰性塔楼，以及突出屋面的楼梯间、水箱间不计层数。

其中，平房是指只有一层的房子。

H9.承重类型——指在房屋建筑中，由各种构件（屋架、梁、板、柱等）组成的能够承受各种作用的体系。

1.钢及钢筋混凝土结构：指承重的主要构件是用钢及钢筋混凝土建造的。它包括“钢结构”“钢、钢筋混凝土”和“钢筋混凝土”三种结构类型。

钢结构：承重的主要构件是钢材料建成的，包括悬索结构。

钢、钢筋混凝土结构：承重的主要构件是用钢、钢筋混凝土建造的。如一幢房屋一部分梁柱采用钢、钢筋混凝土构架建成。

钢筋混凝土结构：承重的主要构件是用钢筋混凝土建造的。包括薄壳结构、大模板现浇结构及使用滑模、升板等建造的钢筋混凝土结构的建筑物。

2.混合结构：指承重的主要构件是用钢筋混凝土和砖木建造的。如一幢房屋的梁是用钢筋混凝土制成，以砖墙为承重墙，或者梁是用木材建造，柱是用钢筋混凝土建造。

3.砖木结构：指承重的主要构件是用砖、木材建造的。如一幢房屋是木制房架、砖墙、木柱建成的。

4.竹草土坯结构：指承重的主要构件是用竹、草、土坯等建造的。如竹楼、土窑洞等。

5.其他结构：指不属于上述类型的结构。

H10.住房建成年代——指本户住房所属建筑物的建成年份。

本户住房所属建筑物翻修过的，按翻修时的年份选填。经过改建的，如改建面积大于原面积的，按改建时的年份选填；如改建面积小于原面积的，按原建成年份选填。

H11.住房所在建筑有无电梯——指本户住房所属建筑物内部、外部是否安装电梯。

H12.主要炊事燃料——指本户用于炊事的主要燃料。

如果本户用于炊事的燃料有两种以上，选填主要的一种。

H13.住房内有无管道自来水——指本户住房内是否有经过公用设施净化处理的管道输送水。

在院子里自己打的机井不能算作有自来水。

H14.住房内有无厨房——指本户住房内是否有专供做饭使用的房间，无论是否装有上下水道及固定灶具。

在公用过道、客堂等处烧饭的和在庭院、路边搭建的、临时简陋设施中做饭的都不算有厨房。

H15.住房内有无厕所——指本户住房内是否有厕所。

1.水冲式卫生厕所：指有上下水系统，或厕间有备水桶（瓢冲），坐便或蹲便器有水封或无水封的厕所，且粪便及污水冲入到下水道、化粪池和厕坑，无蝇，不会造成环境污染。

2.水冲式非卫生厕所：指虽然是水冲式厕所，但是粪便被冲到开放的水渠、沟塘等开放水体或者不确定冲到何处，会污染环境。

3.卫生旱厕：指有固定盖板的厕所，粪便基本无暴露，保持无蝇。比如通风改良厕所、堆肥厕所、双坑交替厕所、粪尿分集厕所、阁楼厕所、深坑防冻厕所等。

4.普通旱厕：包括无盖板的敞开式旱厕，有或无防渗处理。通常粪便暴露、有蛆蝇。

5.无：指没有厕所。

H16.住房内有无洗澡设施——指住房内是否有固定浴缸（浴盆）或淋浴龙头等能使用的洗浴设施。

1.统一供热水：指本户洗浴用热水由社区、物业管理部门或其他公共设施统一供应。

2.家庭自装热水器：指本户洗浴用热水是由自己安装的各种热水器，如电热水器、燃气（罐装、管道）热水器等。

3.其他：指上述两种以外的洗浴设施。

4.无：指住房内没有洗浴设施。

H17.住房来源——指本户获取现住房的方式。

1.租赁廉租房/公租房：指向政府相关部门申请并租住廉租房、公租房。

2.租赁其他住房：指通过私人、单位或房屋中介等渠道租住住房。

3.购买新建商品房：指按市场价购买的新建商品房。

4.购买二手房：指购买那些进入房屋市场进行交易，第二次及以上进行产权登记的住房，包括二手商品房、允许上市交易的已售公房、经济适用房等。

5.购买原公有住房：指个人以成本价或优惠价购买的、原作为福利分配给本单位职工的住房。

6.购买经济适用房/两限房：指向政府相关部门申请并购买经济适用房、两限房。

7.自建住房：指个人建造的住房，其产权属于个人所有。

8.继承或赠予：指从亲属处继承而来或者受他人赠予而获取住房。

9.其他：指上述几种住房来源以外的情况。

H18.月租房费用——指最近用于交纳房租的单月金额，不包括水电费、物业费、取暖费等附加费用。月租房费用不为整数时，按四舍五入计算。

若多人合租作一户登记时，则需将每人月租费加总计算。

H19.拥有全部家用汽车的总价——是指住户拥有的全部供家庭生活使用的汽车价格之和。

汽车价格按汽车实际购买价格（含税）的方式计算。

若住户有多辆家用汽车，则按全部家用汽车的价格总和选填。

（二）个人项目

C1.姓名——与短表 D1 相同。

C2.与户主关系——与短表 D2 相同。

C3.公民身份号码——与短表 D3 相同。

C4.性别——与短表 D4 相同。

C5.出生年月——与短表 D5 相同。

C6.民族——与短表 D6 相同。

C7.普查时点（2020 年 11 月 1 日零时）居住地——与短表 D7 相同。

C8.户口登记地——与短表 D8 相同。

C9.离开户口登记地时间——与短表 D9 相同。

C10.离开户口登记地原因——与短表 D10 相同。

C11.户口登记地类型——指离开户口登记地（居住地与户口登记地不一致）时的户口登记地类型。

若离开时户口登记地的类型是“乡”，而现在已改成“镇”，应选填“1.乡”，不要填报“2.镇的村委会”或“3.镇的居委会”。

C12.是否有农村土地承包经营权——指被登记人户口所在的户是否有农村土地承包经营权。

户口所在的户应以被登记人的户口簿为准。拥有农村土地承包经营权是指被登记人户口登记地在农村地区或以前的农村地区，目前户口所在的户与集体经济组织签订了农村土地承包合同。

拥有农村土地承包经营权的户，目前可能实际经营承包地，也可能因各种原因不再经营承包地，包括以转包、出租、入股、托管等方式流转所承包土地经营权。

C13.出生地——指被登记人的出生地点。

1.本县（市、区、旗）：指出生在本县、县级市、区、旗。

2.本省其他县（市、区、旗）：指出生在本省的其他县、县级市、区、旗。

3.省外：指出生在本省（区、市）以外其他地区，并选填出生地所在省（区、市）的名称。在港、澳、台或国外出生的，根据实际情况选填 “香港特别行政区”“澳门特别行政区”“台湾地区”或“国外”。

C14.五年前常住地——指被登记人在普查标准时点的五年前，即 2015 年 11 月 1 日零时的常住地。

五年前居住在本县（市、区、旗）以外其他地区的人，还需选填五年前常住地的地址。

五年前居住在港、澳、台或国外的，根据实际情况选填“香港特别行政区”“澳门特别行政区”“台湾地区”或“国外”。

C15.受教育程度——与短表 D11 项相同。

C16.学业完成情况——指受教育程度为小学及以上的人完成学业的情况。

1.在校：正在接受各级各类学校教育并有学籍。

2.毕业：已修完全部课程，并经过考试鉴定合格。

3.肄业：修完全部课程，但考试不及格或因种种原因未取得毕业资格。

4.辍学：未能修完所规定的全部课程，中途退学。

5.其他：私塾、自学等其他方式。

C17.是否识字——与短表 D12 项相同。

C18.工作情况——指被登记人在 10 月 25—31 日期间，即普查标准时点前一周，是否为取得收入而工作了 1 小时以上，包括临时工、互联网灵活就业、家庭经营无酬帮工。

工作是指为获取工资、实物报酬或经营收入而从事的各种生产、经营或服务性活动，其目的是为了取得收入，无论实际是否取得。不包括义务劳动和公益性劳动。

1.是：指在 10 月 25—31 日期间，为取得收入而干过固定的、临时的或兼职的工作，并且工作时间超过 1 小时。在校学生利用课余或假期以及退休人员为取得收入而从事了工作，也选填此项。

家庭成员在自家或亲属经营的公司、企业、商铺或网店工作，即使本人没有劳动报酬，也选填此项。

选填“1.是”的人，还需填写工作时间。工作时间按在 10 月 25—31 日期间实际的工作时间填写，而不是按国家或企业规定的制度工作时间填写。

计算工作时间，要注意把握以下几种情况：

（1）从事一种以上有收入工作的，几项工作时间相加计算。

（2）在规定的工作时间以外加班工作的，加班时间一并计算在内。

（3）农村既干家务又从事农业或其他有收入工作的人，家务劳动时间除外。

2.在职休假、在职学习培训、临时停工（保留工资）：

在职休假是指在 10 月 25—31 日期间，因各种休假或请假临时未工作，包括公休假、年休假、空勤人员、船员、火车乘务人员的轮休假、病假、工伤假、产假、事假、探亲假、婚丧假等。个人档案、人事关系已在某单位，但因各种原因尚未到新单位报到上班，如军人转业或工作调动等，也视为休假。

在职学习培训是指有工作单位，在 10 月 25—31 日期间参加脱产学习或培训。

临时停工（保留工资）是指在 10 月 25—31 日期间，由于机械或电力故障、原料或燃料短缺、天气或其他灾害等原因导致的暂时未工作，但仍可以有工资收入。

打零工、计件工等临时就业或灵活就业的人，因为上述原因停工并且没有收入，不填此项，应填“3.未做任何工作”。

3.未做任何工作：指在 10 月 25—31 日期间，没有工作单位，也未从事过任何可以有收入的工作。

对于下岗、内退人员，如果未与原单位解除劳动合同，仍有工资性收入的，选填“2.在职休假、在职学习培训、临时停工”；如果没有工资性收入，选填“3.未做任何工作”。对于承包土地的农民，在 10 月 25—31 日期间，如果干农活或其他有收入的工作超过 1 小时，选填“1.是”；如果外出打工，未从事任何工作，选填“3.未做任何工作”；如果正处于农业生产季节，没有外出打工，期间临时没有干农活，选填“2.在职休假、在职学习培训、临时停工”。

对于从事季节性生产经营的人，如果生产经营仍在进行中，只是在 10 月 25—31 日期间没有工作，选填“2.在职休假、在职学习培训、临时停工”；如果正处于季节性歇业，选填“3.未做任何工作”。

C19.工作单位或生产经营活动所属类型——指普查标准时点前一周的主要工作单位或生产经营活动类型。

1.企业、事业、机关或社会团体等法人单位：法人单位指依法成立，有自己的名称、组织机构和场所，能够独立承担民事责任，独立拥有和使用（或授权使用）资产承担负债，有权与其他单位签订合同，会计上独立核算，能够编制资产负债表的单位。包括企业、事业、机关、社会团体、民办非企业单位、基金会、居委会、村委会、农民专业合作社、农村集体经济组织和其他组织机构。

2.个体经营户：指资产归个人所有，以个体劳动为基础，劳动成果归劳动者个人占有和支配的一种经济组织。既包括在各级工商行政管理机关登记注册、领取《营业执照》的个体工商户，也包括没有领取《营业执照》，但实际从事个体经营活动的人。

3.经营农村家庭承包地（家庭农林牧渔生产经营活动）：指在自家承包的耕地、林地、草地、池塘以及其他合法用于农业的土地上，从事农林牧渔业生产经营活动，也包括家庭在转包和租用他人农业用地上从事农林牧渔业生产经营活动，所从事的农业生产活动以自营劳动为主，不雇佣长期雇工，但可能雇佣临时短工。

农业生产季节在承包土地上从事农业生产，但上周未做任何工作的人，也选填此项。

普查标准时点前一周未在自家承包土地上工作而从事其他生产经营活动的人，或外出务工经商的人不填此项，选填上周实际工作单位或生产经营活动。

4.自由职业/灵活就业：指除个体经营户以外的自雇就业或自主型的个体就业。包括律师、自由撰稿人、歌手、模特等自主就业人员，也包括家庭自雇家政服务、街头小贩、其他类型打零工的临时就业人员，还包括依赖平台承接工作任务、不隶属于任何雇主的劳动者。

C20.行业——指普查标准时点前一周主要工作所在单位的生产经营活动。如果前一周从事两项不同工作，按工作时间长短确定主要工作；如果工作时间相同，再按报酬高低确定主要工作。

行业是按照经济活动的同一性进行分类的，不是按其所属的行政管理系统来分的。产业活动单位是划分行业的分类标准。产业活动单位是指：(1) 具有一个场所、从事一种或主要从事一种经济活动；(2) 单独组织生产、经营或业务活动；(3) 掌握收入和支出的会计核算资料。

填写行业时要注意以下情况：

有工作单位的，既要填写单位名称，也要填写单位的主要产品或从事的主要业务。单位名称要具体到分厂、分公司或营业部，即产业活动单位，不能笼统地只填写总厂名称。最重要的是单位的主要产品或主要业务要详细填写，要用动宾词组表达，如“生产服装”或“销售服装”，不能简写为“服装”。保密单位，填写其公开使用的名称和公开的主要产品或主要业务。

没有工作单位的，只填写主要产品或主要业务，如“送外卖”“当滴滴司机”。务农人员不能笼统地填写“农业”，要根据其具体的农业生产活动或农户具体从事的主要业务填写。如“种粮食”“养猪”等。

C21.职业——指普查标准时点前一周主要工作具体是干什么。如果前一周从事两项不同工作，按工作时间长短确定主要工作；如果工作时间相同，再按报酬高低确定主要工作。

职业分类是以工作性质的同一性为基本原则。所谓“同一性”，是指不论其所在工作单位是什么经济类型，不论用工形式是固定工还是临时工，也不论其隶属于哪个行业，凡是从事同一性质工作的人都划分为同一类。

填写职业时应注意以下情况：

填写职业要具体、详细。不能笼统地写“工人”“农民”“公务员”“工程师”等，而应具体填写其实际工作种类，如“铸轧工”“捕鱼”“统计人员”“通信工程技术员”等。具有专业技术职称的行政领导人员，应按行政领导职务填写其职业；同时担任两个以上职务的领导干部，应按主要职务填写其职业。工种尚未确定，暂时又无具体工作岗位的，要填写“工种未定”。

C22.未工作原因——指被登记人在普查标准时点前一周没有工作的主要原因。

1.在校学习：指在各级各类学校学习，并有正式学籍的人员。不包括有工作单位，脱产学习的人员。

2.离退休：指已办理离休、退休手续，定期领取离退休生活费，且未从事任何有收入劳动的人。

3.料理家务：指主要在自己家里从事家务劳动，且没有劳动收入的人。离、退休人员从事家务劳动的，选填“2.离退休”。为自家经营的摊位、商店、门市部、工厂工作的人，农村中既料理家务又务农或从事家庭副业的人，在别人家干家务活的临时工或小时工，均属于有工作的人，不选填此项。

4.丧失工作能力：指经专门机构鉴定或虽未鉴定但本人或其法定监护人认为，其因生理或心理疾患已丧失了从事劳动的能力。包括年老体弱生活不能自理的人员，但不包括离休、退休人员，这些人不论是身体残疾还是年老体弱生活不能自理，均选填“2.离退休”。

5.其他：指上述几种以外的原因。

C23.主要生活来源——指被登记人主要依靠什么生活。

如果被登记人同时有几种生活来源，选填其认为最主要的一项。

1.劳动收入：指主要依靠劳动报酬、经营利润或家庭收益（包括现金和实物收入）生活。

2.离退休金/养老金：指办理了离休、退休或退职手续，主要依靠从原工作单位或社会保险经办机构领取的离退休金（包括退职费）生活。

3.最低生活保障金：指建立最低生活保障制度的地区，家庭人均收入低于当地规定的最低生活保障线，主要依靠从政府有关部门或集体领取最低生活保障金生活，以及依靠民政部门发放的烈军属、五保户、残疾人等的生活抚恤金生活。

4.失业保险金：指失业保险经办机构依法支付给符合条件的失业人员的基本生活费用，是对失业人员在失业期间失去工资收入的一种临时补偿。

5.财产性收入：指以资金储蓄、借贷入股以及财产运营、房屋租赁等所取得的利息、股息、红利、租金等收入。

6.家庭其他成员供养：指主要依靠家庭其他成员或亲属的供养和资助生活。

7.其他：指上述几种以外的情况。

C24.婚姻状况——指被登记人在普查标准时点的实际婚姻状况。

1.未婚：指从未结过婚。

2.有配偶：指有配偶，处于婚姻中。

3.离婚：指曾经结过婚，但已办理了离婚手续且没有再婚，或正在办理离婚手续。

4.丧偶：指配偶已去世，且没有再婚。

人口普查的婚姻是指事实婚姻，不是单指法律意义上的婚姻，对不到法定结婚年龄，或未办理结婚手续而同居、实际结婚的人，应根据其在普查标准时点的实际情况，按照被登记人的申报选填。

C25.初婚年月——指被登记人第一次结婚时的年、月。

C26.生育子女数——指截止到普查标准时点，15 至 64 周岁妇女的生育状况。

1.未生育：指被登记妇女没有生育过子女。

2.有生育：指被登记妇女生育过子女，需分别填写生过和存活的子女数。

生过几个孩子：指生育的活产男孩和女孩数，包括产后不久就死亡的婴儿。胎儿脱离母体时（不管孕期长短），凡有过呼吸或心跳、脐带搏动、随意肌收缩等生命现象的，都视为“活产”。这里所说的“子女”是指该妇女的亲生子女，不包括丈夫前妻的子女和领养的子女，但鉴于有些家庭不愿公开领养关系，可尊重申报人的意愿，按亲生子女填报。

其中现在存活几个孩子：指活产子女中，仍然存活的男孩和女孩数，无论是否与父母一起居住。在普查标准时点前已死亡的孩子不包括在内。无存活子女的填写“0”。

C27.过去一年（2019 年 11 月 1 日—2020 年 10 月 31 日）的生育状况——指普查标准时点前 12 个月内，15 至 50 周岁被登记妇女的生育状况。

1.一年内未生育：指过去一年内没有生育过子女。

2.一年内有生育：指过去一年内生育过子女，需选填生育时间和孩子性别。

一年内生育两个以上孩子的，包括两次生育或生育多胞胎，还需填报第二个孩子的状况，第三个或以上的孩子不用填报。

C28.居住状况——指普查标准时点前一个月，60 周岁及以上被登记人的主要居住状况。

1.与配偶和子女同住：指与配偶和子女住在一起。

2.与配偶同住：指子女不在身边，与配偶住在一起。

3.与子女同住：指配偶不在身边，与子女住在一起。

4.独居（有保姆）：指本户中只有老人和保姆。

5.独居（无保姆）：指独身一人居住。

6.养老机构：指在提供养老服务的场所，包括敬老院、老年公寓等居住的情况。凡在养老机构居住的老年人，不论与谁同住。

7.其他：指上述几种以外的状况。

C29.身体健康状况——指60周岁及以上被登记人根据自身健康状况，对普查标准时点前一个月能否保证正常生活做出的自我判断。

1.健康：指过去一个月健康状况良好，完全可以保证日常的生活。

2.基本健康：指过去一个月健康状况一般，可以保证日常的生活。

3.不健康，但生活能自理：指普查标准时点前一个月健康状况不是太好，但可以基本保证正常的生活。

4.不健康，生活不能自理：指普查标准时点前一个月健康状况较差，不能照顾自己日常的生活起居，如吃饭、穿衣、自行走动等。

三、港澳台居民和外籍人员普查表

（一）住户项目

F1.户别——与短表H1相同。

F2.住所类型——与短表H5相同。

F3.本户现住房建筑面积——与短表H6相同。

F4.本户现住房间数——与短表H7相同。

（二）个人项目

R1.姓名——填写被登记人的正式姓名。婴儿未起名的，可填“未取名”。外籍人员的姓名最好用中文填写，也可以用其它文字填写。

R2.与户主关系——与短表D2相同。

R3.性别——与短表D4相同。

R4.出生年月——与短表D5相同。

R5.来内地（大陆）或来华目的——指被登记人来中华人民共和国境内居住的原因。

1.商务：指进行各种商务活动的人。

2.就业：指已有工作或正在寻找工作的人。

3.学习：指已经或准备在各类学校学习的人。

4.定居：指在中华人民共和国境内定居但没有工作或上学的人。包括在中华人民共和国境内工作人士的家属。

5.探亲：指探望亲戚或朋友的人。

6.其他：指上述以外的其他原因。

R6.已在内地（大陆）或在华居住时间——指到普查标准时点为止，被登记人在中华人民共和国境内居住的时间。

R7.受教育程度——指被登记人接受教育情况。按照被登记人的申报选填。

R8.身份或国籍——指被登记人是香港特别行政区居民、澳门特别行政区居民还是台湾地区居民。如果是外国人，还应填写国籍。

R9.工作情况——参照长表C18。

R10.行业——指被登记人的工作单位主要生产的产品或提供的服务类别，参照《国民经济行业分类（GB/T4754—2017)》，按标准选项据情选填。

R11.职业——指被登记人所从事的工作类别，按标准选项据情选填。

1.党的机关、国家机关、群众团体和社会组织、企事业单位负责人：指在中国共产党机关，国家机关，民主党派和工商联，人民团体和群众团体、社会组织及其工作机构，基层群众自治组织，企业、事业单位中担任领导职务并具有决策、管理权的人员。

2.专业技术人员：指从事科学研究和专业技术工作的人员。

3.办事人员和有关人员：指在公共管理和社会组织机构中从事行政业务、行政事务、行政执法和仲裁、安全保卫、消防和应急救援等工作的人员。

4.社会生产服务和生活服务人员：指从事商品批发零售、交通运输、仓储、邮政和快递、信息传输、软件和信息技术、住宿和餐饮以及金融、房地产、租赁和商务技术辅助、生态保护、文化、体育和娱乐等社会生产服务与生活服务工作的人员。

5.农、林、牧、渔业生产及辅助人员：指从事农、林、牧、渔业生产活动及辅助生产的人员。

6.生产制造及有关人员：指从事产品生产及设备制造，矿产开采，工程施工和运输设备操作的人员及有关人员。

7.不便分类的其他从业人员。

R12.婚姻状况——参照长表 C24。

四、死亡人口调查表

凡在普查短表户记录 H4 中，登记了 2019 年 11 月 1 日至 2020 年 10 月 31 日期间有死亡人口的户，还要登记死亡人口的具体情况。

S1.姓名——与短表 D1 相同。

S2.公民身份号码——与短表 D3 相同。

S3.性别——与短表 D4 相同。

S4.出生年月——与短表 D5 相同。

S5.死亡时间——指死亡人口死亡时的月份。

S6.民族——与短表 D6 相同。

S7.受教育程度——与短表 D11 相同。

S8.婚姻状况——与长表 C24 相同。

为保证死亡人口的登记质量，普查员在入户登记时应注意以下几点：

1.登记死亡人口时，一般以死亡前的常住地为登记地，而不以死亡发生时的地点（如医院等）为登记地。

2.本户常住人口中有死亡的，不论其与该户有无亲属关系，都应作为该户死亡人口予以登记。

3.对于无法确定死亡人口常住地，或登记时与死亡人口常住地联系不上的，如孤寡老人、流动人口等，一律在死亡发生地登记。

第五部分　人口普查疫情防控应对工作指导意见

为确保北京市第七次全国人口普查在常态化疫情防控下顺利开展，规范疫情防控应对处置工作程序，提高应对疫情的反应能力，降低疫情对人口普查工作的影响，特制定本指导意见。

一、基本原则

（一）统一领导，快速反应

疫情防控应对工作由北京市第七次全国人口普查领导小组办公室（以下简称市人普办）统一领导，针对普查各阶段工作，及时研究部署落实防控措施，确保疫情发现、报告、处置等环节紧密衔接，形成快速反应机制。

（二）分级负责，加强管理

各级普查机构负责组织实施本地区的疫情防控工作，强化应急意识，建立预警机制，加强对普查各环节风险点的排查，做好疫情防控应对工作预案。

（三）预防为本，保障到位

宣传普及疫情防控知识，提高全体普查工作人员防护意识和公共卫生水平，有效降低疫情传播风险；充分做好防疫物资准备，最大限度保障普查人员和被调查人员生命健康安全。

二、应对措施

各级普查机构要明确分工，严格流程，积极应对，妥善处置。

（一）保障普查指导员和普查员安全

普查指导员和普查员是做好人口普查现场登记工作的主力军，也是确保普查工作质量的关键。常态化疫情防控下，普查指导员和普查员要做好个人防护，按要求开展工作。

1.严格工作要求。普查指导员和普查员选聘、培训和管理工作应严格按照北京市新冠肺炎疫情防控防疫要求开展。

2.规范工作程序。各级普查机构要加强对普查指导员、普查员的健康宣教，在开展工作前要确保身体健康、体温正常，健康码无异常；开展工作时要做好个人防护，科学佩戴口罩，注意保持 1 米以上的社交距离，减少非必要的聚集性活动。

3.及时发现处置。各级普查机构要做到早发现、早报告，每日对普查指导员和普查员开展健康监测，如发现出现发热、干咳等异常症状，普查人员应立即停止工作，安排去医院进行诊治，如经医疗机构诊断为新冠肺炎病例，应立即上报上级单位，不得出现瞒报、漏报、迟报。

（二）确保培训效果

培训是做好普查工作的重要前提，常态化疫情防控下，要创新培训形式，细化培训内容，确保培训效果，提高普查人员业务能力和水平。

1.优化培训形式。市区两级普查机构要根据疫情形势变化科学评估培训方式，确定培训形式、规模、场次和时间，确保每一位普查指导员和普查员掌握普查工作内容和流程。疫情响应级别在二级及以上时，采用视频方式开展培训；响应级别为三级时，经评估可采用面授方式开展培训。

中高风险地区采用视频形式开展培训，视频内容应涵盖工作方案、调查指标、入户技巧、个人防护要求等方面，低风险地区按照防疫要求，可采用现场培训，控制参会人员规模，由区人普办和乡（镇、街道）人普办分级组织培训。

2.强化培训保障。针对线下培训，要按照疫情防控要求，做好培训各项准备工作；针对线上培训，要准备好视频培训设备和环境，确保普查人员能够按时参加视频培训。

（三）调整登记方式

普查登记是人口普查的关键环节，由于疫情影响而无法按照人口普查方案中规定的登记方法进行时，要及时报告市人普办，根据不同风险等级对登记方式进行调整。

1.高风险地区可参考部门行政记录等资料，采用电话访问、网络自主填报等非接触方式开展普查登记；中风险地区可采取设站登记、网络自主填报等方式开展普查登记；低风险地区按原有方式开展人口普查入户摸底和登记工作。

2.做好情况记录。对于采用电话访问，以及中高风险地区利用疫情防控、户籍管理记录和大数据等辅助普查登记的，要做好相关情况的记录，以备核验。

（四）细化质量控制手段

可通过设置专线咨询电话、加强平台审核和监测等途径，开展实地检查和线上指导，强化质量控制，确保普查数据真实准确。

1.开展多种形式质量控制。中高风险地区不宜开展现场检查，要对普查登记的各个环节进行电话或视频督导，做好相应记录，确保每个工作环节按时保质完成。低风险地区可按照普查方案要求，以现场检查等形式组织开展全过程质量控制工作。

2.强化比对复查。对于通过电话访问或者利用疫情防控、部门行政记录等填写普查表的，要着重开展大数据和普查数据的比对评估分析，确保普查数据的完整性和质量。

三、保障措施

（一）组织保障

市人普办负责组织疫情突发事件应对工作，协调疫情防控应对保障工作。

各级人口普查机构要根据本地区可能发生的疫情，按照指导意见进行统筹安排，妥善应对。

（二）制度保障

市人普办建立疫情防控值班制度和报告制度。

1.值班制度。普查工作期间，各级人普办应明确疫情防控应对工作的联络员或负责人，并安排值班人员负责接收疫情防控事件的情况汇报。

2.报告制度。在普查过程中，出现疫情突发事件时，应严格按照属地防控管理要求立即采取措施，同时逐级向人口普查办公室报告。遇到特殊问题，不能判断或者需要上级协调的，应及时请示、汇报，不得延误。

四、其他事项

本指导意见由市人普办负责解释，自印发之日起执行。